Deutsches Namenlexikon

Hans Bahlow

Deutsches Namenlexikon

Familien- und Vornamen nach Ursprung und Sinn erklärt

Lizenzausgabe für den Gondrom Verlag, Bayreuth
mit Genehmigung der Keyserschen Verlagsbuchhandlung GmbH, München

ISBN 3-8112-0294-4

Gewidmet
meiner lieben Frau
URSULA BAHLOW
geb. Stahl

Vorwort

An Versuchen, die bunte Vielfalt unserer Familiennamen dem Verständnis der Allgemeinheit näher zu bringen, hat es bisher nicht gefehlt. Wenn trotzdem allbekannte Namen wie *Schröder, Schubert, Schiller* oder *Menzel, Riedel, Seidel* auch dem Gebildeten vielfach ein Buch mit sieben Siegeln sind, so ergibt sich daraus nach wie vor die Notwendigkeit eines Nachschlagewerkes, das *die ursprüngliche Lautform* aufzeigt und *die landschaftliche Verwurzelung der Namen* erkennen läßt. Vorliegendes Werk, das weitgehend auf eigenen, langjährigen Quellenforschungen des Verfassers beruht, sucht diesen Erfordernissen gerecht zu werden. Zahlreiche urkundliche Belege und stete Beachtung der Namengeographie bieten Gewähr für weitreichende Zuverlässigkeit der Deutungen. Eine systematische Einführung orientiert über die verschiedenen Gruppen der Familiennamen und ihre Verwurzelung im Volks- und Kulturleben des ausgehenden Mittelalters, auch über den Anteil der einzelnen Landschaften und ihrer Mundarten an dem unendlichen Formenreichtum unserer Namenwelt.

Mitberücksichtigt sind auch die sog. Vornamen, die ja vielfach auf germanische Personennamen und kirchliche Heiligennamen zurückgehen und oft unkenntlich in Familiennamen fortleben. Ebenso werden viele Orts-, Flur- und Flußnamen als Herkunfts- und Wohnstättennamen in mannigfach verschliffener Form erkennbar. Die Fülle des gebotenen Stoffes – es sind rund 30000 Namen und Tausende von urkundlichen Belegen – dürfte auch den, der zunächst nur seinen eigenen Namen sucht, alsbald in den Bann schlagen – als ungeahnte Erkenntnisquelle vielseitiger Art.

Danken möchte ich für fördernde Anteilnahme meinem Bruder *Helmut* (O. Bibl. Rat i. R., Universität Marburg) und meinem Sohne *Henning*. Nicht zuletzt gilt mein Dank der verständnisvollen Verlagsleitung; ein Lob auch der Druckerei für die Bewältigung des mühevollen Satzes.

Hamburg, im Herbst 1967 bzw. 1980
Hochallee 24

Hans Bahlow

Abkürzungen

Allgemeines

MA. = Mittelalter
Wb. = Wörterbuch
s. = siehe

Sprachbezeichnungen

ahd(t). = althochdeutsch
alem. = alemannisch
altd(t). = altdeutsch
bair. = bairisch
dt. = deutsch
fries. = friesisch
frk. = fränkisch
holld. = holländisch
md(t). = mitteldeutsch
mhd(t). = mittelhochdeutsch
mnd(t). = mittelniederdeutsch
ndd(t). = niederdeutsch
ndld. = niederländisch
ndrhein. = niederrheinisch
nordd(t). = norddeutsch
obd(t). = oberdeutsch
südd(t). = süddeutsch

Namengattungen

BN. = Berufsname
FN. (Fam.N.) = Familienname
Heil. N. = Heiligenname
Herk. N. = Herkunftsname
ON. = Ortsname
ÖN. = Örtlichkeitsname
Pers.N. = Personenname
TN. = Taufname
ÜN. = Übername vom Beruf
VN. = Vorname

KF. = Kurzform (Koseform)
Metr. = Metronym
Patr. = Patronym

Landschaften

Meckl. = Mecklenburg
OBay. = Oberbayern
O.Laus. = Oberlausitz
Oldbg. = Oldenburg
OÖ. = Oberösterreich
Pomm. = Pommern
Schles. = Schlesien
Sa. = Sachsen
Westf. = Westfalen
Württ. = Württemberg

Orte

Brschwg. = Braunschweig
Brsl. = Breslau
Eßl. = Eßlingen
Flsbg. = Flensburg
Frkf. = Frankfurt
Görl. = Görlitz
Greifsw. = Greifswald
Haldsl. = Haldensleben
Hbg. = Hamburg
Hann. = Hannover
Heilbr. = Heilbronn
Lbg. = Ludwigsburg
Lpz. = Leipzig
Lg. = Liegnitz
Lüb. = Lübeck
Lünebg. = Lüneburg
Mchn. = München
Nbg. = Nürnberg
Pforzh. = Pforzheim
Reutl. = Reutlingen
Ro. = Rostock
Rottw. = Rottweil
Strals. = Stralsund
Straßb. = Straßburg
Stuttg. = Stuttgart
Villgn. = Villingen

Einführung

Wie alles historisch Gewordene sich dem Verständnis nur erschließt, wenn wir uns in die Zeit der Entstehung zurückversetzen, so auch die organisch gewachsene Welt der Familiennamen, deren ursprüngliche Formen zum Glück in vielen Urkunden und sonstigen Quellen auf uns gekommen sind. Mit ihren Wurzeln reichen sie noch ins germanische Mittelalter zurück, mit ihrer Ausbildung und Vollendung berühren sie die Schwelle zur Neuzeit. Deutsches und Abendländisches hat sich in ihnen vereint, und deutlich spüren wir bei aller Statik des bürgerlich-bäuerlichen Kulturgefüges die Dynamik, den Wandel, der sich seit den Kreuzzügen und der Erschließung des Orients bemerkbar macht.

So können wir anhand der Quellen um 1350 und besonders im 15. Jahrhundert mit dem Einbruch der kirchlich-internationalen Heiligennamen ins Volksbewußtsein von Generation zu Generation die Schrumpfung der germanischen Namenwelt beobachten, und doch haben sich von dem einstigen Reichtum, der in die Tausende ging, immerhin noch rund 400 altdeutsche Personennamen (z. T. durch Heiligsprechung ihrer Träger) in die Welt der Familiennamen hinübergerettet: als Abglanz einer versunkenen, in sich geschlossenen Volks- und Gedankenwelt; darunter auch Namen aus Heldensage und Volksdichtung (wie Dietrich, Hildebrand, Siegfried, Rüdeger usw. mit zahlreichen Sproßformen), die von längerem Fortklingen altdeutscher Spielmannslieder im Volke künden. Zu den Personennamen, die als Vaternamen (Patronymika) oder Mutternamen (Metronymika) zu erblichen Familiennamen werden konnten, gesellten sich dann als eigentliche Zunamen (zunächst persönlicher Art) all die zahlreichen Benennungen, die der Alltag des Mittelalters lieferte, und zwar aus allen sozialen Lebensbereichen, dem bäuerlichen wie dem bürgerlichen, dem ritterlichen wie dem geistlichen. Und so spiegelt sich sowohl die mittelalterliche Agrarwirtschaft (mit ihrem Lehns-, Zins- und Hörigenwesen) als auch – fast noch vielseitiger – die aufblühende Städtekultur (mit ihrem Zunftwesen und der weitreichenden Arbeitsteilung im Handwerks- und Gewerbeleben) bis ins kleinste wider; bereichert um die große Gruppe der seit alters beliebten persönlichen Beinamen, die dem lieben Nächsten wegen auffallender körperlicher oder geistig-seelischer Merkmale angehängt wurden (die sog. Eigenschaftsnamen), in denen sich zugleich der Volkshumor mehr oder weniger derb kundtut.

Mit zu den ältesten Zunamen gehören die Bezeichnungen nach der Wohnstätte, vor allem in ländlichen Gegenden, wo lockere Hofsiedlung vorherrschte, so in den bergigen Landschaften der Schweiz, Tirols und Bayerns, auch im westfälisch-niederrheinischen Gebiet; in der Stadt auch die nach Häusernamen, so besonders im alemannischen Südwesten: Elsaß – Baden – Württemberg – Schweiz, auch Frankfurt und Köln.

Aber auch die Binnenwanderung, der stete Zug vom Lande in die Stadt, läßt sich vielfach an den Namen ablesen, da der Zuziehende meist nach seinem Heimatdorf benannt zu werden pflegte. Besonders wertvoll werden die Herkunftsnamen als Zeugen der großen West-Ost-Bewegung, der Besiedlung und Erschließung jungfräulichen Bodens durch deutschen Kaufmannsgeist und Siedlerfleiß.

Die bunte Mannigfaltigkeit unserer Namenwelt resultiert freilich nicht nur aus den vielerlei historischen Elementen und Schichten: Sie beruht ebenso auf der uralten Gliederung in Volksstämme und Landschaften, die sich schon früh in der Vorliebe für bestimmte, dynastisch bedingte Personennamen verrät, vor allem aber in sprachlicher Hinsicht das Gesicht unserer Familiennamen bestimmt. Von dieser mundartlichen Färbung und der Gesamtgliederung in Niederdeutsch, Mitteldeutsch und Oberdeutsch wird sogleich noch zu sprechen sein. Denn die landschaftliche Prägung, die heimatliche Einordnung ist eine Voraussetzung für zuverlässige Deutung. Ein gemeinsames Merkmal in formeller Hinsicht sei aber hier hervorgehoben: Es ist die mundgerechte Lautgestalt der meisten Namen; sie zeugt von der ungebrochenen Schöpferkraft einer im Volksmund wirklich lebenden, noch nicht in den Fesseln der Schrift erstarrten Sprache (vgl. Göpfert für Gotfrid), auch bei Eindeutschung fremder Elemente (Hans und Grete für Johannes und Margarete).

Das Schriftbild der FN. kam übrigens erst um 1600, z. T. noch später zur Ruhe; es spiegelt somit noch die Schreibgewohnheiten jener Zeit, besonders die Konsonantenhäufung (dt, th, ff, ll usw.). Auch die Umsetzung niederdeutscher Formen in hochdeutsche ist ein Werk der Kanzleischreiber um 1550/1600, als die Sprache der Lutherbibel tonangebend wurde.

Wie schon angedeutet, datiert die *Erblichkeit,* die heute zum Begriff des Familiennamens gehört, zwar schon seit etlichen Jahrhunderten (von den Friesen abgesehen), aber in den ersten Anfängen waren es durchweg lockere, auf die Person gemünzte Beinamen, die den also Benannten kaum überlebten. Es kam sogar vor, daß dieselbe Person unter verschiedenen Namen bekannt war und daß der ursprüngliche Beinamen einem anderen weichen mußte. Noch im 15. Jahrhundert ist uns solch ein Fall für Braunschweig bezeugt, wo um 1460 ein Cord van Scheppenstede lebte, dem das Haus »zum Strauß« gehörte; wenige Jahre darauf (1467) begegnet er als Cord Struß, und der folgende Besitzer des Hauses, sicherlich sein Sohn, heißt Hans Struß.

Daß die Lust zur Erfindung von Beinamen seit alters einem natürlichen Bedürfnis menschlichen Zusammenlebens entsprang, liegt auf der Hand. Schon aus den Tagen der alten Germanen hören wir von einem Fürsten Alarich, der wegen seiner Kühnheit den Zunamen *Baltha* (»der Kühne«) erhielt; 638 begegnet ein Westgotenkönig *Wamba* qui et Petrus (Wamme = Bauch), um 600 ein fränkischer Herzog Guntchramn(us) *Boso* (»der Böse«), 823 ein Bayer Amalperaht cognomento *Fugal* (»Vogel«); von den Karolingern sind Karl der *Dicke* und Karl der *Kahle* bekannt, von ihren Gelehrten: Walahfrid *Strabo* (»der Schieler«); um 900 die St. Galler Mönche Notker *Balbulus* (»der Stammler«) und Notker *Labeo* (»der Großlippige«); und zwei Friesenapostel mit gleichem Taufnamen (Ewald) wurden nach ihrer Haarfarbe als Ewald der *Weiße* und Ewald der *Schwarze* unterschieden.

So blieb es auch weiterhin, als mit der Entstehung der städtischen Gemeinwesen neben dem bäuerlichen der bürgerliche Stand sich herausbildete, während die Vertreter des zur Karolinger- und Ottonenzeit mächtig entwickelten Grundbesitzes, die adligen Geschlechter, sich nach dem Vorbilde der oberitalienischen nach ihrem Besitz, ihrer Burg benannten: so auch die ritterbürtigen Dichter der Stauferzeit Heinrich v. Veldeke, Hartmann v. Aue, Wolfram v. Eschenbach, Walther v. d. Vogelweide; aber auch die städtischen Patrizier mit Landbesitz ahmten diesen Brauch nach, ebenso die bürgerlichen Dichter Konrad von Würzburg und Gottfried von Straßburg.

Daß die zunächst nur an der Person haftenden Beinamen, die mit dem Aufblühen der Städte alsbald in üppiger Fülle wucherten, schließlich ihren persönlichen Charakter einbüßten, indem sie erstarrten und sich von Generation zu Generation vererbten, hat seine inneren und äußeren Gründe. Innere lassen sich erkennen, wenn wir z. B. an die Vorliebe für bestimmte Taufnamen innerhalb der Familien denken, die sich also leicht vom Vater auf Sohn und Enkel vererben konnten; oder an körperliche Merkmale wie die sich leicht vererbende Haarfarbe; auch die Berufe (Handwerk und Gewerbe) blieben in der Familie nicht selten erblich. Diese immanente Tendenz zur Festigung wurde aber entscheidend gefördert durch die Eintragung der Beinamen in die Bürgerbücher, Steuerlisten und Zinsregister (»Geschoßbücher«), die bei stark gewachsener Einwohnerzahl und zunehmendem Rechtsverkehr unumgänglich war. Diese urkundliche Festlegung ist sozusagen die Geburtsstunde der Familiennamen, auch wenn im einzelnen (wie wir schon sahen) noch bis ins 16. Jahrhundert eine gewisse Bewegung unverkennbar ist und mancher seltene oder mißliebige Name wieder verschwand.

Das landschaftliche Bild der Familiennamen innerhalb ihrer Gruppen

Angesichts der fast unübersehbaren Menge und des gewaltigen Formenreichtums unserer Namen wäre es nicht selten ein hoffnungsloses Unterfangen, den wahren Sinn eines Namens zu ermitteln, ohne seine Heimatlandschaft und seine ursprüngliche Form zu kennen. Dies sind die beiden *Voraussetzungen zuverlässiger Deutung.* Dank der methodischen Lokalforschungen eines halben Jahrhunderts sind wir heute bei genügender eigener Quellenkenntnis in der Lage, aus der landschaftlich geprägten Form eines Namens, seiner Bildungsweise oder auch mundartlicher Färbung, seine Heimat und ursprüngliche Lautgestaltung zu erkennen, ohne eine umständliche Sonderuntersuchung anstellen zu müssen. Die beste Einführung in das Verständnis unserer Namenwelt ist daher eine Übersicht über die *landschaftliche Verteilung* der Namen, eine *»Namengeographie«,* und zwar zweckmäßig innerhalb ihrer Gruppen, wie sie schon eingangs angedeutet wurden.

Beginnen wir mit den aus Taufnamen, den ursprünglichen Einzelnamen hervorgegangenen Familiennamen. Da gilt als Grundsatz, der nicht genug betont werden kann, daß als Quelle dieser Gruppe nur jene Taufnamen in Frage kommen, die in dem fraglichen Zeitraum von etwa *1150 bis 1550* wirklich in Gebrauch waren. Mit anderen Worten: Viele klangreiche Namen, die einst das Bild der *altgermanischen Namenwelt* mitgeprägt haben, müssen leider ausscheiden, da sie mit der Schrumpfung des ererbten Vorrates um 1100 und dem *Einbruch der kirchlichen Namen,* vor allem der Heiligen und Märtyrer, aus der urkundlichen Überlieferung verschwinden. Die Nichtbeachtung dieser Erkenntnis hat in älteren Namenbüchern zu zahlreichen Fehldeutungen geführt. Anderseits – welche Ironie der Geschichte! – hat eine ganze Anzahl germanischer Namen sich nur im Schutz der Kirche, durch Heiligsprechung ihrer Träger, als Tauf- und somit als Familiennamen halten können (vgl. Adelgis: Adelgeist; Oswald; Sindberth: Simprecht; Swidger: Schweickert; Dietbald: Diebold usw.). Bei anderen wieder beruht zumindest ihre auffallende Häufigkeit auf der Beliebtheit der im Hintergrund stehenden großen Heiligengestalten (vgl. Adalbert: Albrecht, mit zahlreichen Sproßformen; Udalrich: Ulrich; Landbert: Lamprecht). Im Rheinland und im Südwesten (Baden, Württemberg) beherrschen die kirchlichen Namen schon um 1300 weitgehend das Feld, entsprechend ihrem Eindringen aus den romanischen Ländern. Und die geographische Verbreitung der zugehörigen Familiennamen entspricht der allgemeinen oder nur lokalen Verehrung der betreffenden Heiligen: Während Johannes, Petrus, Paulus, Nicolaus, Georg usw. allenthalben FN. geliefert haben, sind Landes- oder Ortsheilige wie Achatius, Albinus, Aurelius, Auctor, Florian, Kilian, Quirinus, Sebaldus, Sixtus usw. auf ihre süddeutschen und rheinischen Kultzentren beschränkt geblieben: daher die FN. Orelli (Schweiz), Sebald (Nürnberg), Krings (Rheinland) usw.

Trotz dieser »Überfremdung« hält sich der zusammengeschrumpfte Bestand an germanischen Taufnamen im Schutze des *Adels* und der *Landesdynastien:* ja das Vorbild der heimischen Herzogsgestalten wirkt allenthalben dynamisch. So spiegelt sich im alemannischen Raum in den zahlreichen *Benz* und *Bertsch* die Beliebtheit des Zähringernamens *Berthold,* in den vielen *Bürkli, Buck, Butz* die Beliebtheit Herzog *Burkhards;* daher dort die Formel »Butz und Bentz« wie im »Reiche« die Redewendung »Hinz und Kunz« für Heinrich und Konrad (die alten deutschen Kaisernamen!), vgl. auch Fritz, Fritsch für Friedrich (als N. der Staufenkaiser). Dazu der häufige alemannisch-schweizerische *Ruof* für *Rudolf* (v. Habsburg vor allem!), unter Mitwirkung des Heiligen (St. Ruof/Schweiz). Auch württembergisch Egloff (Egilolf), entstellt Egelhaf, ist dynastisch bedingt: durch

Agilolf, König der Langobarden, der Agilolfinger. Und ebenso geht auf die *Ludolfinger*, das Herrschergeschlecht Niedersachsens, der dort altbeliebte *Ludolf* mit den Sproßformen *Lüder, Lüdeke, Lüdemann* zurück, wie ebenda *Otto* auf das berühmte Kaisergeschlecht der *Ottonen*. Aus dem altsächsisch-friesischen Raume sei der typische *Aldag (Adeldag)* erwähnt (mit dem Vorbild auch des Erzbischofs v. Hamburg-Bremen), noch im 16. Jahrhundert als Vorname verwendet, einer der cheruskischen Namen auf *dag* (der strahlende Tag); wie *Reddag, Siddag*. Hier, im alten ingwäonischen Stammesraum, sind auch die Namen auf *-ward* zu Hause (wie Agil-: Eilward; Adel-: Allward; Volkward; Markward; Rikward) oder auf *-brand* und *-bern* (wie Adel-: Albrand; Wilbrand; Dietbern: Dibbern; Sigbern: Sibbern; Osbern usw.). Solch landschaftliche Vorliebe für bestimmte Namen und Namenwörter ist, wie schon angedeutet, ein Nachklang der uralten Gliederung in Stammes- und Kultverbände. Aus alter Nachbarschaft (mit den Ingwäonen) erklärt sich auch bei den Langobarden (Bardengau a. d. Nieder-Elbe) die Vorliebe für *brand*-Namen, daher Heribrand, Hildebrand, Hadubrand im langobardischen Hildebrandsliede und *Liutbrand* (obd. Leibbrand): langob. Königsname.

Als dynamische Kraft für die Erhaltung alten Erbgutes wirkte nicht zuletzt die deutsche Heldensage mit ihren im Volksbewußtsein verwurzelten Gestalten, allen voran *Dietrich* (von Bern, an den Gotenherrscher Theoderich d. Gr. erinnernd) mit seinem Waffenmeister *Hildebrand* (Brand, Brendeke). Dann die Gestalten der Nibelungensage: *Siegfried* (Seifriedslied! Seifert, Seidel, Seitz, Sievers, Sieveke), *Rüdiger* (Rückert, Rieger, Riedel), *Giselher* (Geisler), *Wolfhart* (umgedeutet zu Wohlfahrt) u. v. a., deren Nachblüte gerade im mitteldeutschen Osten (Schlesien) von längerem Fortklingen altdeutscher Spielmannslieder und dem deutschen Volkscharakter der Siedler ein beredtes Zeugnis ablegt. Besonders augenfällig ist der Bezug auf die Sage, wenn in einer Liegnitzer Urkunde um 1300 ein vornehmes Brüderpaar *Gunther* und *Gelfrat* begegnet (heute Günther und Gelfert).

Parsefal und *Tristram* stammen aus höfischer Lektüre. Volkstümlich war *Wieland* der Schmied. Auch die Sage von *Walthari* und *Hildegund* verrät sich mit zahlreichen Sproßformen wie Walzel, Welzel, Hille, Hiller; die Harlungen-Sage hat den getreuen *Eckehard* (Eckert, Eckel, ndd. Eggers) beigesteuert. Und sogar Kraftmeier wie die Riesen *Asprian* (aus der Rother-Sage) und *Kuprian* (aus der Siegfried-Sage) leben in Familiennamen fort.

Die einstige Beliebtheit eines Namens tut sich vor allem in der Zahl und Verbreitung seiner Sproßformen der *Kurz- und Koseformen*, kund, bei deren allzu häufigem Gebrauch freilich auch eine begriffliche Entwertung eintreten konnte, wie bei Metze für Mechthild (Mahthild, als Mathilde durch Kaiser Ottos Mutter bekannt). In der Bildung der »Koseformen« unterscheiden sich die Sprachräume und Landschaften besonders deutlich: Für das Oberdeutsche sind seit alters die Endsilben oder Suffixe *-izo, -ilo*, auch kombiniert *-izilo* kennzeichnend, im Alemannischen (Schweiz/Elsaß/Baden) auch einfach *-i (Lüthi, Wälti, Felmy)* neben *-lin, -li*. Im Schwäbischen herrscht *-le, -len* vor, im Bairischen und Österreichischen *-l*. Daher *Märki, Märkle, Märklin, Märkl* für Markward; *Äbi, Abele, Abl* für Albrecht. Für z+l vgl. *Künzel, Kienzle* (= Kunrad), für einfaches *z: Heinz* = Heinrich, im Elsaß auch *Heitz!*, *Kunz* = Kunrad, *Götz* = Gottfried, *Manz* = Mangold!, *Benz* = Berthold! (seltener = Bernhard); *Fritz, Fritsch, Frisch* = Friedrich; *Dietz, Dietsch, Diesch* = Dietrich (bair.-öst. *Dietl*). Und so auch bei den kirchlichen, den Heiligennamen, nur mit dem Unterschied, daß die öftere Drei- oder gar Viersilbigkeit je nach der Betonung Kurzformen vom Anfang oder vom Ende bilden ließ: Neben *Jäckle* und *Köble* (= Jakob) haben wir somit *Nickel* und *Klaus* von Nikolaus, *Anderl* und *Drebes* (ndd. *Drewes*) von Andrewes (Andreas), *Barthel* und *Mebes (Mewes)* von Bartholomäus (Bartelmewes). *Matz(el)* und *Thewes* von Matthäus usw. Im südwestdt. und rhein. Grenzraum kamen auch romanische Einflüsse zur Geltung: so bei Ägidius, das über Gilius zu *Gilg, Gilch(er)* wurde. Markus und Lukas (Spätlinge des 16. Jh.) wurden allgemein zu *Marx* und *Lux* kontrahiert.

Die obd. Suffixe *l* und *z* gelten auch für den ostmitteldeutschen Namenkreis (Thüringen, Sachsen, Schlesien, nebst Böhmen/Mähren), vermehrt um die slawisch-deutschen Endungen *-isch, -usch, -ke (-ek)* u. ä. So haben wir *Heinze, Fritsche, Nitsche, Kunze, Tietze,* dazu die *l*-Formen: *Heinzel, Künzel, Günzel, Menzel, Stenzel, Wenzel, Reichel, Kühnel, Hempel, Hampel, Elbel, Örtel, Völkel, Weigel(t), Riedel, Seidel, Hentschel, Hensel, Härtel.* Für thür.-fränk. *Apel* trat in Sachsen-Schlesien unter slawischer Einwirkung *Apecz* ein, daher heute *Opitz.* Wie dieses, so zeigt auch *Ulbrich, Olbrich* für Albrecht und *Geppert* für Gotfrid das Wirken der Mundart. – Zahlreich sind die deutsch-slawischen Mischformen bei den kirchlichen Namen: so *Peschel, Pietsch, Peschke, Pechmann, Pätzold* für Peter, *Jänisch, Jeschke, Jochmann* für Johannes, *Paschke* für Paul und *Raschke* für Radslav. *Wabersinke* meint Laurentius, *Wanderscheck:* Andreas! *Bartusch* für Bartholomäus ergab Bartsch, und so auch *Rein(i)sch* für Reinhold. In diesem Suffix liegt auch der Schlüssel zum Verständnis der schlesischen Metronymika *Al(i)scher* und *Hielscher* als »Angehörige der Adelheid bzw. Elisabeth«! Ebenso *Irmischer* von Irmentrud und *Küntscher (Kintscher)* von Kunigunde, einem der beliebtesten Frauennamen. (Zu den Metronymen siehe ausführlich Bahlow, Schles. Namenbuch, S. 18/19.) Bei den Männernamen ist das patronymische (obd.) *-er* mit *Hensler, Menzler, Seidler, Michler, Methner, Jenkner* usw. vertreten, bei den Frauennamen (außer obigen) mit *Eitner* (Agathe), *Jüttner* (Jutta), *Leuschner* (Lusche), *Ilgner, Tilgner* (Ottilie) usw. –

An den ostmitteldeutschen Raum schließt sich nach Westen hin der thür.-fränkisch-hessische, der viele Siedler für den Osten gestellt hat, so daß auch in den Namen mancherlei Verbindungslinien zu diesen Mutterlandschaften nachweisbar sind. Hier nur ein Hinweis auf die KF. *Betz* für Bernhard, den in Hessen verwurzelten Pers.-Namen *Maht-, Mechtfrid,* der über Meffrit den FN. *Meffert* ergab, mundartl. Maffert (vgl. Maffersdorf/Böhmen), und den hess.-fränk. Pers. N. *Rücker* (der Markgraf Rüdeger des Nibelungenliedes); auch des Dichters *Rückert* Ahnen schrieben sich noch Rücker. Dazu (durch Kontraktion unkenntlich geworden) *Merbt (Mirbt)* und *Seibt: Merbot* ist schon um 300 als germ.-fränkischer Adelsname bezeugt, und im Fränk.-Thüringischen ist auch *Sibot (Sigibot)* zu Hause. *Witzel* ist in Hessen als KF. zu Wigand bezeugt, *Lotze* für Lodwig; *Künkel* für Kunrad wie *Heinkel, Henkel* für Heinrich, und *Vopel, Vaupel* für Volpert wie *Happel* für Happert (Hadebert) und *Ruppel* für Ruppert; rhein-fränk. sind *Lan(t)z* für Landfrid, Lampert und *Wen(t)z* für Wernher. Als Metronym ist *Luckhardt, Lauckhardt* beachtenswert: die adlige *Liutgard* (Gattin Heinrichs I., auch Tochter Ottos d. Gr.).

Bei einem Blick über die Mainlinie fallen im Fränkischen Mundartformen mit Vokalrundung auf wie *Wörnhör* für Wernher, *Seubert* für Seibert (Sigbert), *Seuffert* für Seifert, d. i. Si(g)frid, der fränkische Sagenheld, der auch im frk.-bair. *Seitz* (alt Sitz) fortlebt; während *Ermrich, Ermelrich* an den Ostgotenherrscher Ermenrich und *Eyring, Eyrich* an den Iring des Nibelungenliedes erinnert. Im auffallenden *Wortwein, Würthwein* steckt *Ortwin* aus der Kudrun-Sage. Interessant ist *Schweicker(t),* Schweickhardt urkdl. *Swicker: Swidger,* ein niedersächs. Name, durch Bischof Sw. von Bamberg um 1040 ins Land gekommen und fruchtbar geworden! Auch im eigentlichen Bayern sind germ. Namen im Schutz der Kirche, als Heiligennamen, am Leben geblieben und populär geworden: allen voran *Rup(p)recht (Rüppel, Rüpel!),* Salzburger Bischof und Apostel der bair.-

österr. Lande; dazu drei Regensburger Bischöfe: *E(h)rhard, Heimeram* (Heimerl, lat. St. Emmeram) und *Wolfgang,* der erst durch Mozart und Goethe als Vorname zur heutigen Geltung gekommen ist. Als Patron der Landleute und Pferde sei der heilige *Leonhard (Lienhard, Liendl)* nicht vergessen, als Landespatron Österreichs: *Leopold* (bair. Luitpold), germ. *Liutbald:* daher Leupold, Leipold.

Ähnlich hat im katholischen Rheinland der Heiligenkult seinen Anteil am Fortleben altdeutschen Namengutes gehabt: daher rheinische Patronymika wie *Lempertz, Limpertz* (Lambert, Lamprecht), *Lennartz, Linnartz* (Leonhard), *Huppertz* (Hubertus), *Luppertz* (Liutbert); dazu (ohne sichtbare kirchl. Stütze): *Ruppertz, Roppertz, Albertz, Wolbertz, Meinertz, Leufertz, Humpertz, Gumpertz, Göddertz* (Godehard) usw. *Engelbertz* aber nach dem Erzbischof von Köln. Daneben die zahlreichen rheinischen Koseformen auf *-gen* (-ken) wie *Hupgen(s), Leuffgen(s), Güsgen(s), Geusgen* neben *Geussen* (Goswin) usw., alle patronymisch wie auch *Gerritzen* (Gerhards Sohn), *Göbbels* (zu Gobbert, Godbert, Godbold) und so weiter.

Westfalen ist gekennzeichnet durch die vielen Patronymika auf *-ing* wie *Humperding, Frederking, Alberding,* auch von KF. auf -ke: *Sieveking, Beneking* (Beneke = Bernhard); -ing wird etwa um 1500 durch *-er* verdrängt: daher *Gödeking,* später *Gödeker,* Göker. Häufig ist der ndd. Schwund des *d* zwischen Vokalen: daher *Lücke* neben *Lüdeke* (zu Ludolf). Von kirchlichen Namen sind typisch: *Börries, Plönnies, Lönnies, Tönnies.* An den Führer der Niedersachsen, Widukind, erinnert *Wedekind* mit KF. wie *Wedege, Weddigen* usw.

Ans Niedersächsische schließt sich der friesische Raum entlang der Nordseeküste, gekennzeichnet durch gedrungene, kontrahierte Formen wie *Alms, Wilms, Dierks, Siebs, Harms* oder *Focken, Oncken, Tjaden,* auch eigenwüchsige Patronymika wie *Bojunga, Reemtsma, Wiarda,* lauter Genitive pluralis. Die Namen auf *-bern, -brand, -dag* waren bereits genannt. Holstein und besonders Schleswig ist geprägt durch die Patronymika auf *-sen* »Sohn« wie *Diederichsen, Friederichsen (Freerksen), Ingwersen, Volquardsen, Hansen, Claussen, Petersen, Thomsen, Boysen,* die nach der dänischen Grenze zu (Andersen!) bis zu 90% aller FN. ausmachen. Daneben die einfachen Genetivformen auf *-s* wie *Ahrens, Behrens, Jördens, Jürgens, Steffens, Karstens* oder *Ahlers, Ehlers, Evers, Folkers, Reimers, Rickers, Wiggers, Albers, Lüders,* die für den Hamburger Raum bis hin nach Mecklenburg typisch sind.

Als Vertreter Dithmarschens sind *Frenssen* und *Hebbel* höchst bemerkenswert: *Frens* ist Kürzung aus *Lafrens* = Laurentius (in Meckl. Lewerenz) und *Hebbele* ist altfries. KF. zu Helburg, Hildburg, wie *Wobbele* zu Wolburg, *Abele* zu Alburg, lauter Metronymika, zu denen mit Vorsatz von *vor, ver* (d. i. Frau) auch *Vornabelen, Vernebelen, Vernaleken* u. ä. gehören.

Friesische und niedersächsische Elemente strahlen auch nach Mecklenburg und Pommern aus: so *Boldt, Alm, Helms, Siems, Tack, Maack, Heise, Lübbe, Wessel* oder *Behnke, Bethke, Ehmke, Lembke, Köpke, Röpke, Rathke, Warnke, Wienke, Wilken, Mahnke* usw., auch mit patr. *-ing: Ebeling, Henning.* Dazwischen (aus ländlichen Reliktgebieten) sporadische Spuren aus der wendischen Frühzeit wie *Susemihl, Tesmer, Gustloff, Stoisloff,* die sich dann in Pommern mit *Gützlaff, Bugslaff, Mitzlaff, Retzlaff, Tetzlaff, Triloff* u. ä. fortsetzen, während im übrigen auch für den pommerschen Raum der deutsche bzw. niederdeutsche Gesamteindruck vorherrscht. Mit dem Vordringen der hochdeutschen Luthersprache läßt sich im 16. Jahrhundert das Umsetzen niederdeutscher Formen in hochdeutsche beobachten wie z. B. *Wienholt* in *Weinholtz* oder *Helm(h)olt* in *Helmholtz.*

Im ehemaligen West- und Ostpreußen wiesen vor allem die alten Zentren des Deutschen Ordens (Danzig, Königsberg) entsprechend ihrer Besiedlung vom westfäl.-ndd. Raum her vorwiegend deutsche Namen auf; vom Land her und dem angrenzenden Litauen sind dann viele undeutsche Namensformen zugeströmt, kenntlich schon an den Endungen *at(is), ait(is),* auch *u(h)n, ies* u. ä. Daher *Adomeit, Albat, Jankuhn, Steppuhn, Jogschies* usw.

Unerschöpfliche Fülle und Formenreichtum kennzeichnen auch die große Gruppe der sogenannten Übernamen, zu denen schon eingangs bemerkt war, daß sie der sprachliche Ausdruck einer rapiden Entfaltung städtischen Gemeinschaftslebens sind, dessen Formen nicht zuletzt vom Handwerks- und Zunftwesen geprägt wurden. Schon die gesteigerte Bevölkerungsdichte bot der Beobachtungsgabe und Spottlust ein viel reicheres Betätigungsfeld als auf dem Lande. Körperliche Erscheinung, Haar- und Barttracht, Kleidung, Wesensart und Lebensweise haben so in anschaulicher Weise ihren tausendfachen Niederschlag gefunden – für uns nicht immer gleich erkennbar, wenn veraltetes Wortgut oder Mundartformen vorliegen. Voran natürlich die mancherlei Gebrechen des lieben Nächsten: Da erscheint der Taube ndd. als *Dove,* der Schielende ndd. als *Scheel,* obd. als *Schelble, Schölch, Schilcher,* heute *Schiller (!),* der Stotternde als *Stammler,* ndd. *Stahmer;* dem *Linke(hand)* entspricht ndd. der *Luchterhand,* dem obd. *Vornefeist* der ndd. *Vornefett,* dem schwäb. *Megerle* der *Mager,* dem obd. *Übele, Böse* der ndd. *Quade,* dem obd.-md. *Grimme* der ndd. *Wrede,* dem obd. *Heuß(i)* der md. *Fröhlich* und der ndd. *Blide,* dem obd. *Frommel* der ndd. *Frahm,* dem obd. *Straub, Strobel* der ndd. *Struve,* dem obd. *Glatthaar* der ndd. *Schlichtekrull* (entstellt Schlichtegroll), dem obd.-md. *Ungefüge* der ndd. *Vöge* (»geschickt«), dem obd. *Resch* oder *Zanger* der ndd. *Karsch,* dem *Fürchtenicht* der ndd. *Unverfehrt* (»unerschrocken«). Der *Wahnschaffe (Wanschap)* ist der Mißgestaltete, der *Wohlgefahr(t)* der Gutaussehende. Der *Langenacht* hat neben sich den *Kortenacht* und *Frühauf;* der Geizhals *Gebenicht* oder *Schimmelpfennig* den Freigebigen *mit der milden Hand (Mildehand).*

Hier und in ähnlichen Fällen urkundlicher Formen können wir erkennen, wie der FN. sich aus ursprünglich losen syntaktischen Gebilden (mit Präposition) entwickelt hat, womit auch bloße Bezeichnungen von Körperteilen als FN. verständlich werden, wie *Mund, Hals, Ohr, Aug, Nase, Finger, Daume, Hand, Faust* usw. – es ist immer ein auffallendes Merkmal gemeint: urkdl. (Hensel) *mit den lieben augen; mit dem scharlachsmunde; mit der einen hand; mit dem dumen* (heute Duhm, Daume), auch *mit der schrammen* (heute Schramm, obd. auch Schrimpf, Schrempf), *mit dem barte* (Barth), *mit dem gelen har* (Gehlhar), *mit der vust* (Faust, obd. Feistel!) usw.

Auch die Derbsinnlichen kommen nicht zu kurz: *Fiesel* und *Zumpf* (= penis), auch *Geng-, Stülp-, Wackernagel.* Und die verschiedensten Temperamente verbergen sich hinter den Nomina agentis, den Ableitungen von Verben auf -er: so obd. *Pfleiderer, Trütschler, Voßler, Neuscheler, Pfauser, Greiner, Lechler, Leckler, Rumpler,* seltener im Ndd.: *Klünder, Schmüser, Prüser, Prüter.* Und wetterwendische Naturen sind die *Brausewetter, Ungewitter, Stoffregen* u. ä. Abstrakta. – Armut ist noch immer verspottet worden: *Krumeneter, Nagenranft, Hertrampf, Truckenbrot, Brodangst;* aber auch Reichtum und Wohlleben sind vertreten: mit *Lebansorg, Ansorge, Sachtleben, Achtsinnicht, Immerselig, Sommerselde, Freudenreich* usw. Dazu die Modegecken: *Pfauenzagel, Seidenschwanz, Seidenzopf (Siedentop!), Feder in dem hute.*

Von der Farbenfreudigkeit städtischer Mode um 1400 zeugen *Gelhose, Blauhose, Gelärmel, Rotärmel,* denen ndd. *Rodemouwe, Blauemouwe, Grönemouwe* (Mau!) entsprechen, während *Graurock, Schlappe* und *Bundschuh* zur Bauerntracht gehören. Als typische Bauernnamen sind uns (durch Fastnachtsspiele usw.) *Knauer, Knebel, Knothe, Knospe, Knoll* und *Knorr* bezeugt, aus denen sinnfällig das Knorrige oder Grobe bäuerlichen Wesens herauszuhören ist. Zum bäuerlichen Lebenskreis fügen sich auch Übernamen wie *Krauel* (Mistforke), *Flegel* (Schwenkenflegel), *Faulhaber, Rübenstrunk, Bohnenstengel, Roggenbauch, Lämmerzagel, Kuharsch* u. ä. Und welche Rolle das Zins- und Abgabenwesen (die »Zehnten«) im bäuerlichen Leben spielte, verraten uns nicht wenige Terminnamen und Münznamen, so *Fastnacht, Pfingsten, Herbst* (nach den Fastnachts- und Herbsthühnern, Gänsen, Lämmern, Eiern, Fischen usw.); dazu *Halbscheffel, Dreischerf, Dreiheller, Fünfschilling, Helbling, Vierdung* usw. Auch Wochentagsnamen *(Montag, Freitag, Sonntag)* beruhen mitunter auf zeitgebundenen Beschäftigungen (vgl. Sonntagsbäcker, Winterbäcker, Winterhöker u. ä.). Jahreszeiten sind freilich auch anders deutbar: ein Brüderpaar *Sumar* und *Wintar* begegnet schon a. 858, ein anderes: *Mai* und *Herbest* (Ritter!) a. 1295. Auf ein Dienstverhältnis zum Grundherrn weisen z. T. auch Standesbezeichnungen (als Bauernnamen!) wie *Bischof, Abt, Herzog, Graf, Markgraf* hin.

Eine Erinnerung an die Fehden des Mittelalters steckt in *Herforth*, Herfert (Teilnehmer an einer Heerfahrt), an die üblichen Pilgerfahrten in *Merforth*, Merfert (d. i. »Meerfahrt«); vgl. auch *Kumsteller* (Compostella/Spanien), und mit *Dühnfahr* ist der Hansekaufmann gemeint, der ins Baltikum fuhr; ihm wünschte man *Beholdenereise* (»wohlbehaltene, glückliche Fahrt!«). Aber auch dem über Land fahrenden Kaufmann drohten Gefahren: Raubritter wie *Haltaufderheide, Durchdenbusch, Stürzenwagen* lauerten ihm auf. Im Zeitalter der Landsknechte waren solche Namen in Satzform allerorten Mode; *Hauenschild, Schlagdenhaufen, Jagenteufel* usw.; oder *Schneidenwind, Morgenweg, Aufunddavon* fürs »fahrende Volk«; oder man denke an Spielmanns-, Sänger- und Dichternamen wie *Rumsland, Suchenwirt, Irrgang, Singuf, Klingsohr.* – Vielhundertfach haben wir solche Satznamen auch aus anderen Lebensbereichen: *Räumschüssel* und *Rühmekorf* für den Plünderer, *Klingensporn* und *Klebesattel* für den Reitersmann, *Scheuenpflug* für den entlaufenen Bauernsohn (mit dem Gegenstück, dem *Plogversworn), Störtebeker* für den Zechkumpan, *Nievergalt (Niebergall)* für den Zechpreller (Gegenteil: Zahldenwirt), *Zerrenkittel, Hebenstreit, Makeprang* für Streitsüchtige oder Aufrührer, und nicht wenigen sieht man die Herkunft aus den Zunftstuben an: sog. Gesellen-Namen: so etwa *Lernesbas, Tuesgerne, Regenarm, Seumeswerk, Sparndienst,* oft auf bestimmte Handwerke oder Berufe gemünzt wie *Treffenreif* (der Böttcher), *Rupfengast* (der Wirt), *Schnurrpfeil* (der Bogenschütze), *Schleppegrelle* (der Gewappnete), *Lickefett* (der Koch), *Fretwurst* (der Wurstmacher), *Zerrleder* (der Schuster), *Böteführ* (der Heizer). Weniger schöne, obszöne Namen haben den Träger freilich selten überlebt: so *Haar im Arsch, Rutsch uf die Käthe, Tusder Maid, Greifirdran.* – Als stärkste Gruppe der Gesellennamen in Satzform seien aber die der Schmiede noch kurz gestreift, die uns aus Zürcher Zunftrollen und süddt. Urkunden überliefert sind, wie *Fleck-, Glüh-, Flamm-, Schind-, Schmelz-, Schleif-, Spalt-, Schreck-, Streck-, Treff-, Zerreisen,* während *Raiffeisen, Gerteis(en), Gareis(en)* usw. Eisengeräte oder Werkzeuge meinen. Satzname ist auch *Riefenstahl* (»mache Rinnen«). Dazu etliche auf *-nagel (-nail)* für Nagelschmiede wie *Senkenail, Hauennail,* und zahlreiche Spezialsorten von Nägeln wie *Faß-, Huf-, Holz-, Kupfer-, Silber-, Spitz-, Spann-, Steuer-, Thür-, Nothnagel* (wie Notheisen, vgl. Gengnagel: Gengeisen).

Aber auch *Nagel, Hammer, Amboß, Zange, Funke, Flamm, Pinkepank* u. ä. sind uns urkdl. als Schmiedenamen bezeugt, und mit dieser Erkenntnis gewinnen wir Zugang zu dem Sinngehalt zahlreicher Beinamen, die früher als Produkte der Laune oder des Zufalls galten. Es sind vielmehr Produkte einer gemeinschaftsgebundenen Zeit, die uns den Menschen in seinem Verhältnis zur Umwelt, mitten in seinem Beruf aufzeigen, und somit nur durch Einordnung in die zugehörigen Lebensbereiche Plastik und Farbe gewinnen können.

Das Wesen dieser

Übernamen vom Beruf

(auch »mittelbare oder indirekte Berufsnamen« genannt) besteht darin, daß an die Stelle der eigentlichen Berufsbezeichnungen die Attribute der einzelnen Handwerke oder Gewerbe treten, also vor allem Werkzeug, Erzeugnis und Handelsware, ja sogar typische Arbeitsgeräusche und Begleiterscheinungen. Und so begegnen nicht nur *Funke* und *Hammer* als Schmiedenamen, sondern auch *Taphart* und *Joppe* als Schneidernamen!

Striezel und *Fladen* sind also nicht »Lieblingsspeisen« des Urahns, sondern Bäckernamen. So fällt mit Knüllemehl und Klunkerteig, mit Surhebel und Sauerteig unser Blick in die Backstube, mit Hebelwecke und Mohnstriezel in den Bäckerladen (vgl. *Hebel* und *Spitzweg!*), bei *Wurst* und *Schmalz* nebst *Rindfleisch, Flaischlen,* Anefleisch und Fleisch im huse in den Fleischerladen. Und so ist *Dünnbier* und *Biersack* nicht der Säufer, sondern der Brauer oder Schankwirt, *Pfankuch, Eierimschmalz, Leckentwirl* der Koch, *Hering, Neunauge, Schlie* (wie Schliemann) der Fischhändler, *Runge* der Wagner, *Weyrauch* der Priester, *Böseferkel* der Viehhändler, *Knake* (ndd.) der Knochenhauer, *Würfel (Werfel!)* der Drechsler (aber Schüttenwürfel und Karnöffel der leidenschaftliche Spieler).

Damit fällt auch Licht auf den Sinn der Siebenzahl in Übernamen, zumal ein Bäcker *Siebenstriezel* und ein Schuhmacher *Siebenschuh* ausdrücklich bezeugt sind. *Siebenrock* (Simrock!), *Siebenmantel, Siebenbeutel, Siebenbrot* ordnen sich damit sinnvoll ein.

Ein ebenso buntes landschaftliches Bild zeigen die eigentlichen

Berufsnamen

Im bäuerlichen Bereich spiegeln sie die alte Gliederung der Dorfbewohnerschaft in Vollbauern *(Gebauer, Huber, Hübner)*, Kleinbauern *(Häusler, Hübner, Öchsner: Exner)* und Hilfskräfte *(Ackerknecht, Drescher [Döscher], Miet-, Mittmann, Schafhirt* u. ä.). Für den Dorfgastwirt haben wir obd. *Wirth*, ndd. *Kröger, Krogmann*, schles. *Kretschmer*. Für den Imker steht ostmd.-schles. der *Zeidler, Zedler*. Inhaber eines Lehnsgutes war der *Lehmann;* zum Landgut gehörte der *Hofmann* (obd.) oder *Hoffmann* (schles.) bzw. *Havemann* (ndd.), als Verwalter und Aufseher über die Zinsabgaben (Zehnten) der obd. *Maier*, westfäl. *Meier*. Für den Vorsteher der Dorfgemeinde war obd. *Schultheiß, Schulze* (schles. *Scholz*, ndd.-westfäl. *Schulte*) gebräuchlich, sudetisch-schles. auch *Richter*, hessisch *Grebe*, vgl. ndd. *Grewe* (Graf) neben *Burmeister*. Für *Müller, Müllner* heißt es obd.-bair. *Miller*, ndd. *Möller*. Der *Schmidt* hat neben sich den obd. *Schmitt* bzw. *Schmid*, ndd. *Smed*, rheinisch *Schmitz*.
Im bürgerlichen Bereich liefern uns die Berufsnamen ein anschauliches Bild mittelalterlichen Handwerks- und Gewerbelebens mit seiner weitgehenden Arbeitsteilung, obwohl viele Spezialhandwerke (wie »noldenvessler« = Drechsler von Nadelbüchsen u. ä.) mit den Wandlungen des Wirtschaftslebens wieder verschwunden sind. Hier sei nur auf die Wortgeographie, die landschaftlichen Bezeichnungen einiger Hauptgewerbe hingewiesen. Dem obd.-md. *Schneider* entspricht der ndd. *Schröder*, rhein. *Schröer(s)*, ostfäl. *Schrader;* dem ostmd. *Tischer* (!) der westdt.-süddt. *Schreiner* u. der norddt. *Kistenmacher*, nordwestdt. *Snitker* (Arp Schnitger). Dem ostdt. *Schubert* (schuworcht »Schuhwirker«) entspricht der hess. *Schuchardt, Schuckert*, der norddt. *Schomaker*, der alem.-schwäb. *Suter, Sütterlin, Seuterlin, Seiterle* (zu lat. sutor) nebst süddt. *Schüster* (schuochsuter). Ans ostdt. Gebiet des *Fleischers* schließt sich sudet.-bair. *Fleischhacker*, dann das allg. süddt. *Me(t)zger* württ.-südfrk. auch *Metzler*, aus lat. macellarius), norddt. gilt *Schlachter, Schlächter* nebst *Knochenhauer (Knaken-)*, in Hessen: *Beinhauer*. Für *Becker* hat das Süddt. noch die ältere Form *Beck (Brotbeck)* bzw. bair. *Peck;* vgl. rhein. Beckers, ostfries.-ndld. Bakker. *Pfister* (württ.) ist lat. pistor. Ähnlich obd. *Bräu, Breu* für den *Brauer, Breuer*, dazu der ostdt. *Melzer*, obfrk. *Mulzer*, ndd. *Molter, Multer*. Der *Töpfer (Tepper)* ist ostmd. gegenüber dem süddt. *Hafner* und dem norddt.-westfäl. *Pötter;* speziell nassauisch-moselfrk. ist *Eulner, Euler, Auler*. Bier- und Weinfässer lieferte der ostdt. *Büttner (Bittner)*, der westdt.-ndd. *Böttcher, Bödeker* (ndrhein. *Bädeker*, fries. *Bätjer*) nebst *Kümper* und der süddt. *Küfer* (rhein. *Küper, Küppers, Küppenbender* nebst *Büddenbender, Faßbinder* und einfach *Binder, Bender*). Für *Seiler (Sailer)*, ostfäl. *Seilwinder, Seel(en)binder* (!), galt ndd. *Reper, Repschläger, Reifschläger* (Reper-, Reiferbahn!); für *Klempner (Klemperer)* süddt. *Spengler* und *Fläschner (Pflöschner* bair.); und neben *Wagner, Wegener* (obd.), kontrahiert *Weiner(t), Wehner(t)* im Mitteldt.-Schlesischen, gilt *Stellmacher*, im Ndd.: *Rademacher;* dazu *Leuchsner, Leixner* (obd.) und *Aßhauer, Assemaker* (ndrhein.).
Die Bezeichnungen für den »Kirchendiener« verraten im Südwesten ihren Ursprung aus dem Mittellatein: so *Meßner*, schwäb. *Meßmer*, bair. gerundet *Mößner, Mößmer*, mlat. mansionarius, auch *Siegrist* (sacrista). In Thür. entspricht *Kirchner*, im Hessischen *Opfermann* neben ndd. *Oppermann*, ndrhein. *Offermann(s);* dazu norddt. *Köster, Küster*, westfäl. *Köstering*, z. T. auch *Glöckner*.

Als letzte große Gruppe erfordern die

Herkunftsnamen

eine Würdigung ihrer landschaftlichen Mannigfaltigkeit und Bildungsweise. Schon die Verschiedenheiten des Landschaftsbildes in Süd-, Mittel- und Norddeutschland und die mannigfachen Bezeichnungen für Berge, Hügel, Wälder, Büsche, Täler, Niederungen, Bäche, Sümpfe, Moore usw. haben ein buntes Gesamtbild dieser Namengruppe ergeben. Man denke z. B. an die Ausdrücke für feuchtes oder sumpfiges Gelände wie süddt. *Moos, Ried,* mit FN. wie *Deutelmoser, Westenrieder,* gegenüber westfäl. *siek, siepen, seifen,* mit FN. wie *Klincksiek, Schlingensiepen, Dornseiff.* – Auch in der Bildungsweise unterscheiden sich Süd und Nord grundsätzlich: Süddeutschland ist die Heimat der *Bühler, Hofer, Moser,* der *Speckbacher, Gabelsberger, Binswanger, Furtwängler, Rosegger,* der *Grillparzer, Ganghofer, Anzengruber, Hutschenreuter, Bernreiter,* der *Weilheimer, Hundhammer, Straubinger, Heimerdinger,* alle mit der Endung *-er,* die in Norddeutschland fremd ist (mit wenigen Ausnahmen wie *Bremer* u. ä.). Norddeutschland ist die Heimat der *Brinkmann, Mindemann, Hamelmann, Uffelmann, Rintelmann, Wesermann, Förstemann, Westermann, Ostermann,* lauter Bildungen von Orts-, Flur- und Flußnamen auf *-mann;* im übrigen aber sucht man Endungen vergebens: Flur- und Ortsnamen bleiben unverändert (so *Steinbrink, Buddenbrock, Honcamp, Mordhorst, Hagenbeck, Möllenbeck, Osterloh*), z. T. mundartlich verschliffen, wie westfäl. *trop, trup* für *torp (Ribbentrop)* oder *Marbke, Gelpke* für Marbeke, Gelbeke. Die zahlreichen ON. auf *-husen* (-hausen) erscheinen vielfach verschliffen zu *-sen,* wie *Mackensen, Algermissen* (Alegrimeshusen), oder noch ndd.: *Wachenhusen:* in Westfalen gewöhnlich *-hus, -haus: Brockhaus, Grothues,* ndrhein.-holld. *-huis, -huys: Bauhuys;* sogar gekürzt zu *-es: Backes* für Backhus. Für das Harzvorland (Nordthüringen) sind die ON. auf *-leben* kennzeichnend, in FN. oft gekürzt zu *-leb* (im Sinne von »Hinterlassenschaft, Erbgut«), meist uralte Wörter für Wasser oder Sumpf enthaltend, selten Personen-Namen: *Auleb, Briegleb, Kutzleb, Witzleb, Memleb, Hemleb* nebst *Hemlepp, Ortlepp, Uthlepp.* Durchweg auf Wasserbegriffe beziehen sich die ndsächs. *stede*-Namen, wie *Hustedt, Lockstedt;* desgl. die auf *-ungen* in Nordthüringen-Hessen, gekürzt zu -ung: *Kauffung, Fladung, Hellrung.* Im selben Raum haben die N. auf *-rode* zahlreiche FN. auf *roth, -rott* geliefert wie *Billroth, Klapproth, Wilgerodt,* denen im Rheinland die N. auf *-rath* entsprechen wie *Benrath, Neurath,* im Hunsrück (bis nach Nassau) die zu *-ert* verschliffenen: *Laudert, Hattert.*

Auch auf süddeutschem Boden hat die Mundart landschaftliche Sonderformen hervorgebracht, besonders bei den N. auf *-heim* und *-ingen:* für *-heimer* gilt im alem. Raum *-emer* (vgl. die Mannemer!), daher *Hattemer, Herxemer* usw., so daß man schließlich *-mer* als Ableitungssilbe empfand und etwa zu Stetten *Stettemer* bildete (so bei J. P. Hebel). Im Bayrischen entspricht *-ham(m)er: Forchhammer, Kohlhammer,* bzw. *-kammer: Birnkammer* (Berinc-heim), *Herkomer* (zu Herkheim). (Im ndd. Raum ist -heim zu *-em, -um* abgeschwächt: *Einem, Medem, Ankum, Schlickum.*)

Die süddt. Namen auf *-inger* haben im Alemannischen Formen auf *-iger* oder gar *-ger* neben sich: so schweizer. *Fruttiger, Öschger;* oder *Nöttger* aus Nöttingen/Baden. In Bayern ist *-ing* vorherrschend: *Mehring, Notzing, Sterzing,* gekürzt zu *-ig: Mettig, Mödig,* – *Zolliker, Albiker* kommen von Zollikon, Albikon (Schweiz). Fürs Rheinische sei *-scheid* (Waldbezirk) genannt: *Reifferscheid, Langenscheid;* zu *-rath* siehe oben unter

-rode. – Fürs Hessische sind die N. auf *-lar* und *-mar* bekannt (alle auf Wasser und Sumpf deutend): *Uslar, Goßler; Bothmer, Weimer, Vilmar.*
Jenseits der Elbe haben die slawischen Ortsnamen auf *-ow, -itz, -witz, vitz, -in* usw. zahlreiche FN. geliefert. Sie verteilen sich etwa so, daß im Norden, in Mecklenburg-Pommern die N. auf -ow *(Bülow, Bahlow, Grabow, Virchow)* und -in *(Beythien, Zeppelin, Zechlin)* vorherrschen, auf Rügen die N. auf -vitz *(Thesenvitz, Triddelfitz)*, in der Lausitz und Schlesien die N. auf -witz (auch in Sachsen, nebst -itz, -itsch, -itzsch: *Delitzsch, Brauchitsch*): *Kollwitz, Leisewitz, Seydlitz, Leibniz.* Auch in *Dobschütz, Nauschütz* steckt diese Endung. Zuweilen erscheint neben -ow auch *-au: Bülau, Rantzau.*
Dazu treten in Mecklenburg-Pommern viele mit *-mann* gebildete Namen, wertvoll dadurch, daß sie uns die Herkunft der Siedler verraten (bes. aus Westfalen, Ostfalen), aber auch von einstiger Binnenwanderung zeugen: so *Haltermann, Mindemann, Pei(ne)-mann; Nevermann, Röbelmann;* mit ndd. *-ing: Vemerling* (Insel Fehmarn). Weit größere Beweglichkeit eignet der deutschen Namengebung im östl. Mitteldeutschland, besonders Schlesien, wo sich in den zahlreichen Bildungen auf *-er* das obd. Element kundtut: so in *Langner* (aus Langenau), *Reichner* (aus Reichenau), *Elsner* (aus slaw. olesna: Ölsen »sumpfiger Erlenort«), *Zwicker(t)* aus Zwickau, *Krocker* aus Krakau, immer unter kraftvoller Mitwirkung der Mundart, die aus Meyenwalde: *Mehwald,* aus Hohberg: *Hubrich,* aus Viehweg: *Fiebig* werden ließ und aus der Stadt des Boleslaw: Bunzlau: *Bunzel* machte, während die Adelsfamilie *Baudissin* noch die alte Form des ON. Bautzen (Budissin) bewahrt hat. Stammesnamen wie *Böhm, Pohl, Wünsche* (der Windische) neben *Meißner, Döhring, Franke, Beyer, Heß* und *Reimann* zeugen gleichfalls von der deutsch-slawischen Symbiose und dem Anteil der Mutterlande.
Mit einem Hinweis auf die nicht unbeachtliche Gruppe der Wohnstättennamen mag diese Übersicht ihren Abschluß finden. Sie sind am häufigsten in Gegenden mit alter, durch Gelände und Stammestradition bedingter Hofsiedlung, daher *Abderhalden, Ambühl* in der Schweiz, *Anderleit, Amstickel, Forcher, Hofer* in Tirol, *Aufmbroich, Zumtobel (Tobler), Aufmbrink, Zumwinkel* in Westfalen, dazu *Overbeck* (»jenseits des Baches«), *Tersteegen, Imhoff* u. ä. am Niederrhein, *Amende* (der Straße oder des Ortes), *Amort* (desgl., obd.); *Babendererde* (Meckl.); auch in Städten waren ähnliche Umschreibungen der Wohnstätte üblich, da es noch keine Hausnummern gab: *aus der Waage, us der Apotheke, im Keller, amthor, am Viehweg* (Viebig), *bi dem borne* (Bormann), *im Loche* usw.; ein Pezolt v. d. Aue um 1305 in Görlitz hieß nach seinem Hofe fortan: P. *in dem winkele.* Die Sitte der Hausnamen hat vor allem im Südwesten, wo es auch bemalte Häuser gab, viele FN. geliefert: *zum Adler, zum Rebstock, zum Einhorn, zum Nußbaum* usw.; in Mainz trug um 1350 jeder Zweite einen Hausnamen: auch der Buchdruckerfinder Joh. *Gutenberg* aus Mainz, eigentlich Henne *Gensfleisch,* hat den Hausnamen »zum Guttenberg« (FN. seiner Mutter) angenommen.

Namenlexikon

A

Aa: von der Aa: einst Name von Rittergeschlechtern in Westfalen wie in der Schweiz. *Aa, Ahe* (süddeutsch *Ach*) ist uralte Bezeichnung für fließendes Wasser, Bach (got. *ahwa,* lat. *aqua*), in vielen Bach- und Ortsnamen.

Aaken, van Aaken, Acken: aus Aachen (urkdl. *Aken*), vgl. auch Aken a. Elbe, dazu Heinrich *Aken* aus Beelitz 1484. Um 1300 in Lübeck, Rostock, Stralsund, Greifswald deutet *de Aken* die Herkunft aus Aachen an. Auch **Ackemann** (Hbg., Rostock) meint dasselbe, vgl. Mindemann aus Minden, Winsemann aus Winsen, Apmann aus Apen.

Aalden siehe Ahlden!

Aalderk (patronymisch **Aaldring**) ist fries. Form mit d-Einschub zwischen *l-r* für *Alrich,* älter *Adel-rich,* wie **Aaldert** für *Alert, Adelhart.* Vgl. auch **Ahlerich.**

Aalfs (ostfries.) siehe **Alf,** Ahlff!

Aalrep, Ahlrep, Ahlreip (ndd.) meint den Aalfischer, **Ahlfänger,** nach dessen Fanggerät, dem *alrep* »Aalreif« (Joh. *alreper* 1306 Stralsund), während der *Alesteker* (1449 in Kiel) sich des Stechgeräts bediente, vgl. die Aalstecherstraße in Rostock. Ein Heinr. *Alkopf* 1563, Kaufmann in Mecklenburg.

Aapken siehe **Ape(ken)!**

Aar ist die alte Bezeichnung für Adler *(adel-ar):* Frid. dictus *Ar* 1258 b. Konstanz. Siehe auch **Ahr!**

Aaron siehe L'Arronge!

Abb, Abben, Abbes, Abbing, mit k-Suffix, **Abbeke, Abken:** niedersächs.-friesisch war *Abbo* beliebte Kurzform für *Albert, albern, Albrand* u. ä. wie *Ubbo* für *Ulbert* u. ä., vgl. *Abbio* oder *Albio,* Herzog der Sachsen 785. Assimilation *lb: bb* wie in Wobbe für Wolburg u. Hebbele für Helburg: fries. Frauennamen, auch *Abba* für Alburg (1258 in Rostock).
Ein *Abbo* Heemsta 1422 Friesland, ein Woldericus filius *Abben* 1252 Hbg.

Abbrecht siehe Abrecht, Albrecht!

Abbühl: obd. *bühel* meint Hügel, vgl. **Ambühl, Zumbühl,** schweiz. Wohnstättennamen. Uolrich *ab dem Bühel* 1260 Lindau.

Abderhalden (Schweiz): »von der Halde« (Bergabhang), nach der Lage des Gehöftes wie auch **Anderhalden.** Vgl. *ab der Wand* 1388 Tirol; *ab der Lauben* 1341 Konstanz; *ab dem Wasen* 1295 usw.

Abegg (Schweiz, Tirol): von der Wohnstätte am Eck (Bergvorsprung). Heinrich *ab egge* 1272 Toggenburg. H. *auf dem Egg* 1297 Tirol. Vgl. Abbühl, Abhöh!

Abeke(n), Abeking sind ndd. Patronymika (Vatersnamen), siehe **Aben!** Zur Form vgl. Gödeke, Gödeking (Westf.): von Godefrid stammend. Zu fries. *Abekena* (Genitiv pluralis) vgl. Allekena, Ukena: zur Sippe des Abo, Allo, Uko gehörig.

Abel, Abels: war im Mittelalter an der »Waterkant« als Rufname für *Albrecht* beliebt, wie das weibl. **Abele** (fries.) für *Alburg* (vgl. Hebele für Helburg). Südwestdt. galt alem. **Abeli(n).** Der bibl. *Abel* kam erst mit der Reformation in Aufnahme! (z. B. Abel Faschang 1592 Krain, Abel Barner 1579 Flensburg).
Sproß eines A. meint norddt. **Abeling** (vgl. Abeking), Abels (Köln oft) und **Abelmann** (schon 1481 in Hann.). Ostfries. **Abekena.** Ein Friese *Abel* Tamminga 1424.

Aben wie **Abben:** fries. Patronym »Sohn des *Abo, Abbo*«, vgl. Eden: Edo; Duden: Dudo; Aven: Avo usw. Mit k-Suffix: Abeken, Abeking. Mit patr. -ing: **Abing.** Siehe auch Abben!

Abend: deutbar wie **Feierabend** (alter Bauern- und Handwerkername): der den Abend liebt; aber auf Abendbeschäftigung deutet Herman *des Avendes* 1455 Kiel (vgl. *Werenabund* »wehre dem A.« 1378 Freiberg/Sa. Heinrich *Abund* 1432 Dresden, H. der *heilige Abund* 1310 Freiburg, *Gottsabend* u. ä.). Abend ist auch ON. (Sachsen) u. Flurname (vgl. *Abendgrund* 1439 Villingen). S. auch Morgen, Mittag, Mittnacht, Vesperzeit (1414). Deutlich ist *Obintfreude:* mhd. abentvröude. *Godavent* 1349 Lbg., *Mertensavent* 1390 Brschwg.

Abendroth: allgemein verbreiteter Phantasiename, seltener **Abendschein,** -schön. Vereinzelt mag der Riese *Abentrot* aus der mhd. König-Rother-Sage hineinspielen. Zu Abenroth vgl. auch H. von *Abenrode* 1250 Frkf. (ON.). Ein *Aventrot* schon 1400 in Kiel, 1339 in Lübeck. Zu **Abendstern** vgl. Morgenstern (z. T. als Hausnamen deutbar; in Torgau 1750 auch ein am

Abend gefundenes Findelkind). Wie Abendschein so auch Morgenschein.

Abenteuer, mit Umlaut **Ebentheuer:** mhd. *aventürer* meint den umherziehenden Kaufmann (urspr. den abenteuernden Ritter). So ist z. B. Jakob *mit der Aben-, Ebenteuer* 1394 in Iglau, um dieselbe Zeit aber auch in Liegnitz nachweisbar. Ein Jessen *de Aventure* 1399 in Greifswald.

Aber meint wie **Abert** dasselbe wie alem. Abrecht, d. i. Albrecht: z. B. um 1250 Ritter *Abero (Albero)* Gruber = *Albrecht* G.

Aberle, Aberlin ist schwäb.-alemannische Kurzform zu **Abrecht** = Albrecht: z. B. *Aberlin* oder *Albrecht* Mutzscheler um 1350/Württ.; *Aberlin* oder *Albrecht* v. Strubenhard 1374. Siehe auch **Auberle!** Oberlin! Desgl. **Äbli:** z. B. *Äbli = Albrecht* Gierai 1353 Rottweil.

Äbersold (Schweiz oft) beruht auf dem dortigen ON. Ä. bzw. Ebersol (wie Hirschsol, Bärensohl), »wo sich Wildschweine (Eber) suhlen«.

Abesser: aus Abes bzw. Abesser in Bayern: schon 1367 H. *Abesser* b. Regensburg.

Abfalter(er) siehe **Affolter!** – **Abhöh** siehe Abbühl!

Abholz(er) (Tirol): wohl von e. Flurnamen (wie auch Holzer, Antholzer). Vgl. Ableiter.

Abicht: in Thüringen beheimatet, offenbar Variante zu Albrecht, wie das alem. Abrecht. Im übrigen war in Thür. *Apel* (in Sachsen und Schlesien *Apetz: Opitz*) als Kurzform für Albrecht üblich. Vgl. Ratsherr Heinr. *Abecht* 1428 Saalfeld; Vgl. *Abicht* 1472 Naumburg.

Abitz deutet nebst Abitzsch auf e. slaw. ON. wie Kunitz, Delitzsch, Brauchitsch.

Ablaß: mhd. *abelas* meint »Wasserablaß, Schleuse«; ein ON. Ablas in Sa. Ein **Ablaßmeyer** in Zürich. Vgl. Eberh. *Ablauf* 1481 Lpz.

Ableit(n)er (Österr.-Tirol): wie **Achleit(n)er** von e. ON. oder Hofnamen auf -leite (mhd. *lîte* = Bergabhang). Vgl. auch Abholzer.

Äbli siehe Aberle!

Abraham (hebr. *Abram* »Vater der Menge«), der Patriarch des A. T., z. T. jüdisch (so schon um 1300 in Breslau: A. der jude und *Abrosch,* Bruder Jacobs des juden; desgl. in Liegnitz 1416: *Abraham,* Söhne Mosche und Merkel). Aber nichtjüdisch: **Abrams,** Abramsen in Ostfriesland, (daher holländisch-fries. **Brahms!** Noch heute in Holland Vorname: *Bram* Risseuw). Schon 1438 Conrad *Abraham* in Tirol, Hans *A.* 1477 in Tüb., *Aberram* sartor 1348 Lünebg. Ostpr.-lit. ist **Abromeit** »A.'s Sohn«.

Abrecht ist alem. Form für Albrecht, siehe **Aberle!**
Abrecht oder *Albrecht* ab dem Berg 1299 Württ. Urk.; Heini *Abrecht* (Albrecht) 1408.

Abrell, Aberell, April: alte obd. Form für »Aprill« (lat. *aprilis*); nach einer zeitgebundenen Tätigkeit oder Zinsleistung, daher früh. Bauernname. Burchart *Abrelle* 1320 Memmingen; die *Aberellen (Abröll),* Bauern 1532 Kempten.

Abrusch, Abrosch, siehe Abraham!

Abs, Aps: im norddt. Raum verbreitet, ist fries. Patronym zu *Ab(b), Abo,* wie auch **Abbes,** neben **Aben, Abben.** Siehe Aben!

Absalon (hebr. »Vater des Friedens«, der Sohn König Davids: II. Sam. 14, 25): schon im Mittelalter bei Bauern, Bürgern u. Klerikern, aber selten. Heinr. A. 1274 Durlach, Petrus *Absolonis* 1413 Stralsd. – Dazu als KF.: **Apsel** (Lüb., Stettin, Danzig) und (schwedisch) **Axel,** bekannt durch Graf Axel Oxenstierna, den Kanzler Gustav Adolfs: als *Absalom* oder *Axel* ist schon um 1200 der Erzbischof von Lund/Schweden bezeugt! Dazu **Axelsen** (Schleswig, Hbg.).

Abschatz (Liegnitz): *abeschatz* war eine Abgabe oder Steuer, vgl. mhd. achtschatz, slegeschatz, schatzung. Bekannt durch den Dichter Hans Aßmann Frh. v. *Abschatz* 1646 b. Lg. Ebenda schon 1311 Ritter Albert *Abeschatz* (Sohn: Gawin!).

Abschlag (obd.): mhd. *abe-slac* meint »Abschlagzahlung«, örtlich auch »Abfallholz«; der Flurname (für abschüssige Stelle) dürfte jung sein. Joh. *Abschlag* 1385 Durlach, Nic. *Abslach* 1417 Leitomischl. In ON. wie Abtschlag (nebst Schlag u. Eppenschlag)/Bayr. Wald ist »Holzschlag« zur Rodung gemeint.

Abshagen (Stralsund oft): aus Abtshagen/ Kr. Str.: »Siedlung des Klosterabtes«.

Absmeier (Mchn): Meier eines Abtes.

Abstreiter (München): aus Abstreit / O. Bayern (urkdl. *Abts-reut:* Rodung des Abtes) wie Bärnreiter aus Bernreut. Burk

Absrüter 1387 Ravensburg (**Absreuter**) gehört zum ON. Absenreute/Württ.

Abt (Stuttgart oft), auch Abbt, Apt: mhd. *abbet* (aus bibl. *abba* »Vater«) meint den Klostervorsteher: meister über die münche; als Name auf einen zinsenden Klosterbauern deutend! Aus Württ. ist Thomas **Abbt** (1738 Ulm) als Schriftst. bekannt. Ein Henneke *Abbet* 1331 in Lüneburg.

Abzieher (obd.): der Fellabzieher, Schinder: Bernh. Rot der *abzieher* 1396 Württ., Hannus *A.* 1404 Iglau/Mähren.

Achatz(y): der bes. in Bayern verehrte »Nothelfer« *Achatius* (Heiliger aus Byzanz), auch **Agatz** (slaw. Agaciak). Vgl. Nied, Heiligenverehrung (1923) S. 79. *Achachtius* Heißwasser 1477 Landau; Israel *Achatius* 1556 Pforzheim; *Achatz* Parucker 1764 Aschau/Bayern.

Achelis, Achgelis (norddt.): d. i. *Achilles,* der trojan. Held (Gegner Hektors). Als ritterl. VN. (um 1240 mehrfach in Westf.) ist *Achilles* wie auch *Hektor* literarisch bedingt: ein Zeuge für die Lektüre höfischer Kreise, vgl. Herbert v. Fritzlars »Liet von Troye« um 1200! Auch in Stralsund 1288 ein *A.* – **Achilles** ist auch jüdisch.

Achenbach (Hessen): ON. in Hessen u. Westf. Andreas A., Maler (Kassel 1815).

Acher(er), Achler, Achner, Achmann, Achmüller sind obd. Namen: nach Wohnstätte oder Herkunft (siehe **Aa!**). Ein Hans *Achler* wohnte 1350 in Waldsee/Württ. *an der Ach!* Vgl. auch ON. wie Achern/Baden u. ä.

Achilles siehe Achelis!

Achleit(n)er (Bayern, Tirol): vom ON. Achleiten (vgl. Ableiter, Hausleiter), zu mhd. *lîte* »Abhang« und *ach* »Wasser, Bach«. Jürg *Achleyter* 1485 O. Bay.; Arthur *Achleitner,* Schriftst. (Straubing 1858).

Achner siehe Acher!

Achshalm siehe Axthalm! – **Achsel,** Acksel siehe Axel!

Achter, Achtert (Wien, München, Brsl.): nicht eindeutig; zugrunde liegen mag ein Flurname, vgl. *von der Acht.* Ein Jörg *Achter* war 1416 Schreiber zu Freising, ein Hans *Achter, Ächter,* 1414 in Mähren, vgl. **Ächter** (Mchn.). Ein Hans *Achtmann* 1538 Ihringen/Breisach. Mhd. *âchte, ächte* auch »Frondienst«.

Achtermann, – meyer (ndrhein.-westf.) meint den hinteren Siedler (*achter* = obd. after), vgl. Achternbosch, -feld, -holt; Achterkirchen: Evert *achter der kerken* 1486. **Achtrut** = Achtern-ut.

Achtschilling: gewöhnlich auf eine Zinsverpflichtung deutend, wie auch Hans *Achtmark* 1501 Tirol. Ein C. Bendel den man nennt *Achtschilling* 1416 in Reutlgn.; ein ndld. Maler Lukas *Acht*schelling 1626. Siehe auch Schilling, Schelling! Ähnlich Vierdung, Heller usw.

Achtsnicht, Achzenicht, Achtznick, Ach(t)nich, -nig u. ä.: einst verbreiteter Übername für Unbekümmerte, in Satzform: »ich achte sin nicht«! Niclos *(ich) achtsinnicht* um 1350 in Brsl., Peter *a.* 1415 Liegnitz, *Achtseinnicht* 1378 Olmütz, Hans *Achtenicht* 1453 Haldensleben, Joh. *Achzinit* 1503 Tüb., *Achznit* 1504 Zürich.

Achtzehn, Achtzig: vgl. *Achczenheller* in Alt-Breslau, was auf Zinsverpflichtungen u. ä. deutet.

Acke (Jeverld., Hbg.) ist fries.-dän., schon 1268 in Rostock: *Ake, Aco,* deutlich in Olof *Akessohn* (Rostock 1914), daher fries. **Axen,** Axsen (alt *Ackessone*); offenbar mit fries. l-Schwund für *Alke* = Alhard, Aldag u. ä. Zu **Ackeman** (Hbg., Stade, Rostock) vgl. unter Aaken!

Ackenheil (Stuttgart) zeigt schwäb. Entrundung: heil für häule = hau, häufig als Flurname für Waldstücke (Holzschlag) wie in Schreiberhau. Vgl. Bürklin *Haw* 1383, Hans *Höwli* 1484 b. Stuttgart. Zu *ack* (mhd. »fauler Geruch«) vgl. Ackensteig, Aggenbühl, Ackenbrache (1357 b. Eßlingen).

Ackerknecht (Württ. öfter): der pflugführende, ackernde Knecht: Heinr. *Ackerknecht* 1351 b. Gerabronn. Auch norddt.: Cord *Ackerknecht* = *Ackermann* 1542. Dazu Herm. *Ackergang* (mhd. = Ackerbau) 1296/Konstanz, Stephan *Ackerpferd* 1431/Schwaben, Tylo *Ackerscholle* 1311/Erfurt, Peter *uf dem acker* 1508/Kirnach, Hänslin *Äckerlin* 1482/Stuttg.

Ackermann: alte Bezeichnung des ackernden Bauern (vgl. Ackerknecht), im Dienste eines Grundherrn. Oft in Stuttgart, Basel, auch Dresden. Vgl. den »Ackermann aus Böhmen« 1400, berühmtes Streitgespräch mit dem Tode.

Acksel siehe Axel!

Adalbert siehe Albrecht (Adelbrecht)!

Adam, Adamy (hebr. »Mensch aus Erde«): als bibl. Name zur Reformationszeit (Adam Riese) beliebt. Ostdt.-oberschles.: **Adamek,** Adamschik, ostpr.-lit.: **Adomeit.** Mit slaw. Suffix auch: Adam *Adasch* 1404 Glatz. In Württ.: mundartl. *Ade* (Stuttg. oft), z. T. auch urkdl. Genitivform (lat. Adae): Martin *Ade* = M. *Adam* 1438 Altenburg, Heinr. *Ade* 1255 Fritzlar.

Adde, Adden: altfries. Kurzform aus germ. Zeit zu *Ada-wulf: Adolf* u. ä.: *Adde* Wyersna 1461 Friesld. Zum *dd* vgl. Dedde, Edde, Odde; 982 freilich ist ein *Addo* auch als *Aldo* bezeugt, wie fries.-ndsächs. *Hiddo* für *Hildo* steht; vgl. fries. *Addike* (patron. **Addicks,** Bremen oft) neben *Aldike* **(Aldick).** Friesisches Patronym ist auch *Addana, Adena:* Genitiv plur. (zur Sippe des Addo). Siehe auch Athen, Atsma! Ein Friese *Addek* Rembers 1428.

Ade (obd.) siehe Adam!

Adeba(h)r (Hbg., Königsbg. oft!): die alte niederdt. Bezeichnung des Storches (mnd. *odevar,* ndld. ooievaar), daher häufiger N. in Ostpr., Pommern, Mecklenbg., Hbg. Auch **Adebor.** Vgl. Joh. *Adeber* 1426 Anklam, Slacke *Adebor* 1558 Kolberg.

Adel, Adelmann ist alte obd. Kurzform zu Adelbrecht, Adelold, Adelgoß, Adelrich, Adelger, Adelhard, Adelber: germ. *Adalo* (fries. *Allo*). Vgl. *Adelo,* Ministeriale zu Eichstätt 1189. **Adelmann** oft im fränk. Württ.

Adelbe(e)r: ist der altdt. Pers.-Name *Adelbero (Al-bero);* bero meint »Bär« (als Sinnbild der Stärke): Hans *Adelber* 1399 Urach. *Adalbero (Alber)* Saz 1155 Würzburg. Bedeutend war *Adelbero,* Erzbischof v. Trier 1138.

Adelbold siehe Albold!

Adelbrecht: gewöhnlich zu **Albrecht** kontrahiert (*brecht* ist das germ. *bercht* »glänzend«, vgl. *Berchta:* Berta). Ein Bauer Bertschi *Adelbrecht* 1313 Württ. – **Adeldag** siehe Aldag! **Adelbrand:** Ahlbrand!

Adelgeiß, -geist (Württ.): germ. *Adelgis* (zu *gis, gisel* »edler Sproß«). So hieß der Schwager Karls d. Gr., ein Langobarde. Vgl. Ulrich *Adelgeiß* 1545 Neresheim. Zu *Amalgis* (II. Jh./Bayern) siehe Ahmels!

Adelger, Alger, Algermann: *Adalger* hieß z. B. ein Erzbischof v. Bremen-Hamburg um 900; *Adelger* + *Alger:* ein Brüderpaar 1138 Köln! Ein Hans *Adelger* 1374 in Reutlgn. Vgl. ital. Dante *Al(d)ighieri!*

Adelgoß (nur obd./württ.): germ. Pers. Name *Adal-gaut, -got* = »edler Gote«; Name mehrerer Schweizer Bischöfe (aus dem Adel) v. 10. bis 12. Jh. Vgl. *Magin-, Mein-, Mengoß,* gleichfalls südwestdt. Als FN.: Bentze *Adelgoß* 1350 Waiblingen, Diethalm *Algoß* 1269 ebenda.

Adelhard (obd.), vgl. ndd. Alhard: Ahlert: *hard* meint »kühn«. Joh. *Adelhart* 1417 Sulz/Württ. Ein Edelknecht Joh. gen. *Alhart* 1360 Oppenheim.

Adelheid (siehe auch **Alheit, Alscher** und **Vernaleken!**): einer der beliebtesten Frauennamen des Mittelalters, berühmt durch die Gemahlin Ottos d. Gr., die heilig gespr. Kaiserin *Adelheid* (gest. 999); die volkstümliche Form war *Alheit* (im »Reineke Fuchs« sogar der Gans), mit ndd. KF. *Aleke (Taleke),* fries. *Aaltje,* schles. *Alusch.* In Fam. N. als Mutter oder Gattin zu verstehen. Ein Heinr. *Adelhait* 1359 Horb, Henil *Adelheid* 1361 Glatz, Niclos *Alheit* 1415 Kr. Glogau.

Adelhelm (Hbg.) s. Ahlhelm! Auch Alm(s)!

Ad(e)lhoch (obd., Mchn.): seltener germ. Pers.-Name, wie *Gerhoch* (Gerok!) und *Berchthoch* (Bertuch!).

Adelmann s. Adel!

Ad(e)lmar (obd.): selten, dafür ndd. **Almer** (Allmers)!

Adelmut: seltener germ. Frauenname (heute *Almut*/Holstein): *Adalmod* (mit Tochter *Adalgard*) 1150 b. Werden a. Ruhr. Heinrich *Adelmut* 1424 Kassel.

Adelolt: seltener, germ. Name, letzter Nachklang des berühmten Langobardenkönigs *Adalwald* (7. Jh.), gebildet wie *Amelolt (Amal-wald); -walt* meint »waltend«. Die mhd. Dichtung (»Wolfdietrich« D) hat dafür *Adelung.* Vgl. *Adelolt* der Besserer 1295 Konstanz. *Adeloldus* 1291, Ratsherr/Lünebg. Auch im ON. *Adeloltesheim:* Adelsheim/Tauber.

Adelram s. Allram!

Adelrich (seltener germ. Name) siehe ndd. Allrich! Ein Hans *Adelrich* 1301 in Eßlingen. *Adelrich* (gest. 690, heiliggespr.) Herzog im Elsaß, war Vater der hl. Odilia u. Gründer des Klosters Odilienberg. Ein Alemanne war auch Herzog Burkhards Sohn *Adelrich* (970 heilig).

Adelt (selten): urspr. Adolt, Pers.-Name: Jöhlin *Adolt* 1379 Mies/Böhmen.

Adelung: die altertümliche Endung *-ung* findet sich häufig bei Namen aus der Heldensage, wie *Amelung, Nibelung, Ramung, Ilsung, Harlung, Hartung, Billung, Gerung, Nudung, Morung, Berchtung, Balmung* (Siegfrieds Schwert), im Sinne von »zugehörig, Nachkomme«. Siehe auch unter *Adelolt!* Ein *Adelung* war im 9. Jh. Bischof v. Sitten/Schweiz. Ruhm erntete J. C. Adelung um 1800 mit s. »Deutschen Wörterbuch«. Ein Ort *Adelungesbach:* Adelsbach in Schlesien.

Adelward siehe Ahlwardt!

Aden (Hbg., Kiel): patronymische Genitivform zu **Ade,** Kurzform zu Namen mit *Ad-* wie Adolf; vgl. fries. **Adden, Adena.** Doch gibt es auch **Aden** u. **Ahden** als ON. in Westf. (alt *Adana*), zu *ad* »Wasser«, siehe Bahlow, Deutschlands geogr. Namenwelt, S. 98.

Adenauer, -euer: Adenau liegt nahe der Ahr/Rhld: Laur. de *Adenau,* Zinsbauer zu Sinzig a. Rh. 1334.

Ader: deutbar als N. des Barbiers, der zur Ader ließ (mhd. *aderlasser,* nd. *aderlater:* Joh. aderlater 1288 Strals.). Vgl. im obd. Raum: Eberh. gen. *Ader* 1282 Württ., Cuonrat *Äderlin* 1358 Württ.

Adermann (Hbg.): nicht eindeutig, offenbar Erweiterung zu **Ader** bzw. **Aders** (Ahders) im selben ndd. Raum. Ein Flurname liegt zugrunde bei **Aderhold(t), -holz** (Hbg.), vgl. Th. *Aderpul* 1527 Malchin, Ägid. *Aderpol* (»Pfuhl«) 1635 Holstein, mnd. adelpol »Schmutzlache«.

Adickes, Addicks siehe Adde!

Adleff, Adloff siehe Adolf, Alf!

Adler (z. T. jüdisch): im Südwesten einst mehrfach als Hausname bezeugt (noch heute Wirtshäuser »Zum Adler«); im übrigen wohl auf Vergleich beruhend, so z. B. in e. mhd. Klagelied auf König Ottokar v. Böhmen (1278): »Ein löwe an gemüete, ein adelar an güete, der werde künc ist tot.« Ein Petsche *adelar* 1372 in Liegnitz. Zum Hausnamen vgl. Wernher *ze dem adeler* der winschenke 1316 Freiburg (wohnhaft im Haus zum schwarzen Adler), 1309 auch W. *der Adeler* genannt! Ebenso in Rottweil 1300: K. Bletz *zem adeler,* auch kurz *der adeler!*

Adloff (Hbg) siehe Adolf, Alf!

Adlung siehe Adelung!

Adnet, Adnot (obd.): ON. Adnet/Salzburg.

Adolf(f), Adolph, Adolphsen: uralter germ. Pers.-Name; schon der erste König der Westgoten hieß *Atha-ulf: ad* wie in *adal, -ulf* meint den Wolf (den ständigen Begleiter Wodans), später nur noch als Endung empfunden. Als Vorname einst dynastisch in Holstein u. Nassau beliebt. Hinricus *Adolfi* 1265 Rostock, Heinr. *Adolf* 1303 Mainz. Siehe auch **Alf!**

Adrian (Hbg. oft!), Adrion, ndl. Adriaan, Arianns, daher ostfries.-holst. **Arriens!** Heiliger (Märtyrer), Patron der Schmiede, in Flandern und der Schweiz verehrt: Em. *Adriansen,* ndld. Musiker 1584; *Adrian* Wettach, Schweizer (= Clown Grock).

Adt (Hbg.) siehe Ade(n), Adde!

Aff (obd.): mhd. *affe* (nd. ape) übertr. »Tor, Narr« (z. T. auch Hausname, tom apen 1526 Brschwg.). Heinr. *Affo* u. Ulrich *Affo* sin sun 1340 Zürich, Herm. *mit dem affen* um 1250 in Erfurt. Vgl. *Güldenaff.*

Affeld(t): im Hamburger Raum, nach e. Ort Affelde, wie Afferdt aus Afferde. Siehe auch Affemann.

Affelmann: aus Affeln in Westf. wie Uffelmann aus Uffeln (siehe Bahlow, ON. S. 2 über *Af-lohun* »zum feuchten Gehölz«).

Affemann deutet wie *van Affen* 16. Jh./ Stettin auf Herkunft aus e. Ort Affen (zu *aff* »Schmutzwasser«), vgl. ON. Affeln i. W. u. FN. Affelmann! Dazu Sumpf *Afwidel* 1004 b. Ülzen. (Bahlow, ON. Seite 2).

Affenschmalz: mhd. = Narrenlob, törichte Schmeichelei, wie affenheit »Narrheit«, affenspiel »Narrenspiel, Gaukelei«. H. v. Killer gen. *Affenschmalz* 1385/ Württ.

Afferdt: aus Afferde (Westf.). Z. B. 1505 in Barth/P.

Affolter, Apfolter, Abfalter u. ä. (obd.): zum häufigsten Flur- u. Ortsnamen Affolter u. ä. (aber fraglich, ob zu ahd. *affoltra,* mhd. *aphalter* »Apfelbaum«, siehe Bahlow, ON. S. 2/3). Vgl. den Flurnamen »im *Affhöller«* im Lahntal von Marburg. Andreas *Apholter* 1412 Iglau, H. *Apfolter* 1454 Sterzing/Tirol, S. *Abfalter* 1730 Graz.

Afken (1681 Aveken, fries.) siehe Ave!

Afteiker (ndd.) siehe Apteker!

Agapitus, Gapitus, Apitus: griech. »Geliebter«, Märtyrer um 275, Patron von Kremsmünster/Ö. (Agaptentag: 18. August).

Agatz siehe Achatz! **Ageley** siehe Akeley!

Agethen, Agahd, kontrahiert **Eyth,** Eitner (vgl. »an sant Aiten tag« 1295 Wien): »Muttername« (Metronym) nach der heil. Agathe (griech. »die Gute«), Märtyrin aus Sizilien a. 251. Im MA. deutschbetont auf der ersten Silbe, daher FN. **Agthe:** Opecz der *Ayten* 1388 Lg., *Aytener* 1451 Lg., *Aythe* melczerynne 1397 Lg.

Agge(n), Aggesen: in Friesland u. Schleswig, (auch **Agena** wie Adena, Ukena), von einem altfries.-germ. Pers. Namen *Ag(g)o,* fries. auch kontrahiert **Aye,** Eye (Ayssen, Eyssen). Siehe **Aye!**

Ägidi, Egidy: der heil. Aegidius (von griech. aigis = Schild des Gottes Zeus b. Homer), um 700 Abt in Südfrkr. (Kloster St. Gilles) war als »Nothelfer« allenthalben beliebt. *Gidius* wurde erweicht zu *Gilius* (roman.-süddt.), daher **Gilles,** Gilly, Gilg, Gilcher, vgl. Jacobus *Aegidii alias Gilii* 1262 Siena. *Gillige* Rütstock 1406 Freiburg.

Aglaster, Agster (Baden): meint die Elster (mhd. *agelster*).

Agnes, Agnesen, Nesensohn, auch Angenete, Agneter: die heil. Agnes (Märtyrin in Rom um 300; Sinnbild: das Lamm, lat. agnus), auch Agnete genannt, vgl. G. Hauptmanns Agnetendorf; im MA. als *Nese, Nethe* beliebt. Oft in »Mutternamen«, den Sohn oder Mann einer A. meinend: Henne *vern Agnesen* um 1370 Kassel; obd. Benz *Agneser* 1403 Rottweil, H. *Agneter* 1382 Mähren; *Nesensohn* (Schweiz).

Agreiter (Tirol): vom Hofe Agareit: Ajarei/Tirol.

Agricola (lat. »Landmann«): Humanistenname für Ackermann, Baumann, Bauer, Beuerlein, Schnitter (Nachweise b. Brechenmacher I, S. 12). Vgl. Joh. *Agricola* (eigtl. *Schnitter*) aus Eisleben, Luthers Freund u. Sprichwörtersammler.

Agstein (obd.): mhd. *agestein* »Bernstein« (auch als Hausname) meint den Bernsteindrechsler. Burkart *zu dem Agstein* 1337 Freiburg, H. *Agstein* 1396 St. Blasien. In Breslau: *Aytstein* um 1400. Vgl. auch Augstein!

Agster siehe Aglaster! – **Agthen** siehe Agethen!

Ahe, von der Ahe: in Holstein. Siehe Aa!

Ahl, Aal ist als N. des Aalfischers deutbar, siehe Ahl-, Aalrep! Doch vgl. auch **Ahle** (nebst Ahlenstiel) für die Schusterahle!

Ahland siehe Aland!

Ahlbeer, Ahlbrecht siehe Adelbrecht, Albrecht!

Ahlborn (Hbg. oft): entstellt aus dem einst beliebten ndd.-fries. Pers.N. *Albern (Adel-bern)* wie **Osborn,** Ausborn aus *Osbern* (es konkurriert der ON. Alborn/Lippe). Vgl. im selben Raum **Ahlbrand, Ahlward.**

Ahlbrand, Albrand, Allebrand: von Friesland bis Pommern war um 1300 der fries.-langobardische Pers.-N. *Alebrand (Adelbrand)* beliebt, wie auch *Wil-brand, Si(g)-brand, Wul-brand* u. ä.; *brand* meint das flammende Schwert, vgl. auch *Hildebrand, Liutbrand.* In der Thidreksaga ersetzt der heimische Alebrand den Hadubrand des Nibelungenliedes. Vgl. den Erzbischof v. Bremen a. 1035: *Alebrandus,* auch *Adelbrandus.* Als FN. schon 1340 in Strals.: Evert Alebrant.

Ahldach siehe Aldag! – **Ahlden** (Bremen): Ort a. d. Aller (Bahlow, S. 6).

Ahle siehe Ahl und Ahlenstiel!

Ahlefeldt (Hbg.): aus Ahlefeld südl. Schleswig (vgl. auch Alfeld a. d. Leine). Bendix de *Alefeld* 1320, Bartram *van Alevelde* 1560 Flensburg.

Ahlemann (Rostock): siehe Ahlen! -mann oft in norddt. Namen zur Bezeichnung der Herkunft aus e. Orte. Vgl. Mindemann aus Minden, Apmann aus Apen, Rintelmann aus Rinteln, Huntemann von der Hunte.

Ahlen, von Ahlen (Hbg.): auch Ahlemann (Ro), meint den Mann aus Ahlen bzw. Ahle i. Westf.: Joh. *de Alen* 1303 Rostock, Tideman *de Alen* 1297 Stralsd.

Ahlenstiel (Hbg., Kiel), auch obd.: C. *Alunstil* 1333 Kempten, meint den Schuhmacher, der mit der Ahle Löcher sticht, daher auch **Ahlstich:** *Alenstich* 1365 in Baden, wo auch ein *Alenschmidt* 1493. Vgl. Pfannenstiel f. d. Koch, Häppenstiel (Sichelgriff) f. d. Winzer, Bungenstel f. d. Trommler, Schopenstel f. d. Brauer.

Ahlering siehe Allerding und Aaldring!

Ahlers, Ahlert, auch **Allers,** Allert (Bremen, Hbg., Lübeck, Rostock usw.) ist der im MA. beliebte, bes. ndd. Pers.-Name *Alard (Adel-hard),* auch wechselnd mit *Alward (Adelward),* so 1252 in Hbg.: *Alardus* = *Alwardus* de Bremen (FN. Ahlward, Allwardt). Vgl. ndl.-fries. Aaldert westf. Allerding!

Ahlf (Hbg. oft), **Ahlfs** (Ostfriesld. oft) neben Alf, Alfs ist über *Aleff, Aloff* aus *Adloff: Adolf* kontrahiert, vgl. »hertoch *Aloff* van Holstein« 1559; analog zu **Rahlf(s)** aus *Radloff, Radolf.* Dazu **Alves** und hertoch *Aleff* v. Schleswig 1453; *Alvesman* 1509. Siehe auch **Adolf!**

Ahlfeld siehe Ahlefeld! – **Ahlften,** von A. (Hbg.): ON. b. Soltau (*Alvete* wie Wulften *[Wulvete]*). Zum Wasserwort *alv* siehe Bahlow, ON., S. 109.

Ahlgrimm (Hbg., Rostock oft): *Adalgrim* (wie Hildegrim u. ä.), altdt. Pers.-Name, im MA. selten, auch im ON. *Alegrimeshusen* (um 900): heute Algermissen bei Hildesh.; *grim* meint furchterregende Maske (des Krieges).

Ahlheit siehe Adelheid!

Ahlhelm (Lpz.): seltener germ. Pers.-Name *Adelhelm,* im Friesischen zu **Alm(s)** kontrahiert wie *Wilhelm* zu **Wilm(s).** Ein frater *Adelhelm* 1298 in Württ., ein Graf *A.* um 850 im Thurgau, Gebrüder *Alhelm,* Gerlach u. Friedrich 1313 in Nassau; Heinr. *Alhelm* 1341 b. Mainz.

Ahlicke, Ahlke, Ahlckes; **Ahles; Alken:** alle im fries.-niederdt. Raum, wie auch **Allecke,** Allen, Alles: Patronymika (mit k-Suffix) zu den Pers. Namen mit *Al-(Adel-),* Kurzform *Adalo: Al(l)o,* siehe **Allen;** deutlich auch in *Alensoon* (nd.) und *Allekenson* 1335 Stade. – Der ndd. Frauenname *Aleke (= Alheit)* lebt fort im Metronym *Vernaleken* (Frauen A.'s Sohn bzw. Mann.) Ein Cord *Aleken* 1467 in Duderstadt, ein M. *Alckenhans* 1524 in Kassel.

Das Masculinum *Alke* ist noch heute fries. VN., als KF. auch zu *Alerk* (Ahlrichs) gehörig, vgl. *Alke (Alleke),* Yneke Onneken son, um 1400; *Alconis* filius 1490 Friese, *Alico, Alike* um 1300 auch in Bremen, Ro., Strals. Mit l-Schwund: fries. **Acke,** wie Ulke: Ucke, Hilcke: Hicke.

Ahlmann siehe Ahlemann! **Ahlmeyer** (westf.): nach der Wohnstätte wie Brock-, Sehl-, Siek-, Modde-meyer; Ahle ist Bach- und Sumpfname (Ahlbrock, Ahlbeck, Ahlenmoor: Bahlow, ON. S. 5/6).

Ahlrep s. Aalrep!

Ahlrich(s): fries. Alerk, Aalderk, Alderichs (mit d-Einschub), ist der germ. Pers. Name *Adel-rich:* vgl. Ahlers, Ahlward usw. Kurzform fries. *Alke.* Variante: Allrich. Obd. Beispiele unter Adelrich!

Ahlroth, Ahlrath siehe Allroth! **Ahlschläger** (ndd.) = Ohlschläger der Ölmüller!

Ahlschwede, Ahlswede, Ahlswe: alle entstellt aus dem ON. Alswede/Westf. (»sumpf. Wald, Sumpffurt«), vgl. Godeke *Alswede* 1515 Hameln. Ähnlich **Ahlschweig** (Kiel), Ahlzweig (Hbg.) aus *Alswik* (wik »Dorf«) wie Braunschweig aus *Brunswik,* Erkenzweig aus *Erkenswik!* (E. Schröder, S. 90, dachte fälschlich an fem. Adel-swind). Zu *als* »Sumpfwasser« vgl. Alssiepen! Dazu Bahlow, ON. S. 7. Zu *Als-wede: Hülswede, Marwede!*

Ahlvers (Hbg.) siehe Alvers! – **Ahlstich** s. Ahlenstiel!

Ahlwardt, Allwardt: im altsächs.-nordelbischen Raum waren die Pers. Namen auf *-ward* (»Hüter, Wart«) wie *Adelward, Markward, Volkward* beliebt. Vgl. *Adelward,* Bischof v. Verden um 900, erster Glaubensbote unter den Wenden. Daher oft FN. von Bremen bis Meckl. (siehe auch Ahlers!) *Alwardus (Alardus)* de Bremen 1252 Hbg.; *Alwardus* hotwalkere 1250 Rostock.

Ahlzweig siehe Ahlschwede!

Ahme(e) (Hbg., Rostock) soll ndd. *ame* »Ohm« (Maßbezeichnung) meinen (»ein *ame* holdet 32 stoveken«). Vgl. das *amehus* der Böttcher in Wismar. Aber **Ameke** siehe **Ahmels!**

Ahmels (Ostfriesld. oft), Ahmel, Ahmelmann: *Amalo, Amel* ist Kurzform zu *Amelrich,* berühmter germ. Name, den schon der Ostgotenkönig *Amalarich* trug (vom got. Königsgeschlecht der *Amaler,* in der Heldensage *Amelungen* genannt), noch im MA. beliebt. Siehe unter Amelrich! Auch *Ameke, Emeke* (Ehmke) gehört als KF. dazu. Vgl. ON. *Amaleshusen:* Ahmsen i. W.

Ahmling siehe Amelung!

Ahn, Ahnen (von Ahn, von Ahnen oft in Hbg.): auch Ahnemann (Bremen), deutet auf den Gewässernamen Ahne (zur Jade wie zur Fulda: vgl. H. *von der Ane* 1442

Kassel); auch im ON. Zwischen-Ahn/ Oldbg. Das uralte Wort *an* meint Sumpfwasser, vgl. Ahnebeck, Ahne-Berg, *Anewede* »Sumpfwald« (Bahlow, ON. S. 117/118).

Ahner, Ahnert (Hbg.): siehe Ahn!

Ahnesorge, Ansorge, Ohnsorge: der sorglos Dahinlebende, Heintz *Lebonsorge* (Solnhofen); *sorgen âne und vröudenrich* nennt es der Minnesänger Neidhart v. Reuental. *Anesorge* ist im MA. allenthalben beliebter Zuname. Ein *Sundersorge* in AltHbg.

Ahnfeldt (Hbg. Rostock): ON. in Holstein. Schon 1339 *Anevelde* in Lübeck, 1309 in Stralsd.

Ahnhudt, Anhuth (Wismar, Hbg.): »ohne Hut«, etwa Spottname für den Hutmacher, Hutwalker, Hutfilter (vgl. Vilthuth) wie *anevleysch, anetasche* (Alt-Breslau) für den Fleischer u. den Täschner! **Ahnsehl** (Kiel): »ohne Seele«: urkdl. *anesele:* vgl. *Modersele* 15. Jh.

Ahorn, Ahorner: nach der Wohnstätte; auch ÖN. und ON. Peter *Ahorn* 1391 Dresden, vgl. Mohorn (ON. in Sa.: im-Ohorn!).

Ahr, Ahrbeck, Ahrberg, im norddt. Raum enthalten das uralte Gewässerwort *ar,* wie auch die ON. Arloh, Arlage und mehrere Flußnamen Ahr, Aar. Siehe dazu Bahlow, ON. S. 3/4 u. 15. Schon 1304 in Rostock *de Are.* Auch Gerh. von Ahr 1193. Im Obd. mag mhd. *ar* »Aar, Adler« hineinspielen: Frid. dictus *Ar* 1258 b. Konstanz.

Ahrendt, Ahrens siehe Arndt! In Hbg. ca. 900 mal!

Ahrhold siehe Arold! – **Ahrenholz** siehe Arnhold!

Ahr(n)ing (Hbg.), Ahringsmann: norddeutsch-westfälisches Patronym (urkdl. aus *Arnding* verschliffen, also zur Sippe des Arndt).

Ahrnholz siehe Arnhold! **Aibl** siehe Eibl!

Aich- siehe Eich-! **Aierle** siehe Ayrer! **Aigner** (Bay.): Bauer mit Eigengut; *auf dem Aigen, im Aigen* 1400 Tirol.

Aigel, Aigelwart s. Eigel! **Aigen-** siehe Eigen-!

Ailts (fries.) s. Eilts! **Aineter** s. Ein-öder!

Ainkürn (obd.): entstellt aus mhd. *eingehürne* »Einhorn«, im MA. als Hausname beliebt. Hans *Ainkürn* 1152 Nürnberg; auch *Aingehürn* 1388. Siehe Einhorn!

Airer siehe Ayrer!

Aisch, Aischmann: von der Aisch (Fluß u. Ort in Franken). Vgl. auch mhd. *eisch* »häßlich«.

Aisenbrey (Stuttgart), Eisenpreis: schwäbisch für Ösenbrei! Der *Ösenbry* 1394 Kempten. *Ösenkorb* 1393 Stuttg., mhd. *ösen* »ausleeren, vertilgen« (vgl. Landöse »Landvernichter«).

Aissen, Eyssen (fries.) siehe Aye!

Aistleitner (Wien): aus Aistleite(n), d. i. Leite (Abhang) an der Aist (OÖ.). Zum Flußn. siehe Bahlow, ON. S. 4.

Aitrang (Obd.): Ort in Schwaben (alt Aiterwang) Joh. *A.* 1333 Kempten.

Akeley, Ageley: k ist ndd., g obd. (schon ahd. agaleia). Pflanze, Blume. Im MA. Heilpflanze! Auch Mädchenname: Aglaja.

Aken, van Aken, siehe Aaken!

Aland, Ahland: alter Fischname (Karpfenart), auch Alander. Godeko dictus *Allant* um 1300 Lübeck. Jakob *Aland* 1584 Freiburg. Aber auch eine Heilpflanze (vgl. Alantwein).

Alban, Albany, Albohn: westdt. Heiliger; ein St. Albanskloster in Mainz u. Basel. Henneke gen. *Alban* 1340 Sulzheim/ Alzey.

Albat: ostpr.-lit. *-at(is)* meint Sohn des Albin, wie Adamat: Sohn des Adam.

Albeck: ndd. Form des Bachnamens **Albach.** Schon 1270 in Rostock: *de Albeke* H. *Albach* 1355 Mainz.

Alber (obd.): *Adal-bero: Alber* war beliebter altdt. Pers. Name (bero meint »Bär«), berühmt durch Erasmus *Alberus,* Reformator u. Fabeldichter aus der Wetterau. *Alber = Adalbero* Saz 1155 Würzbg., *Albero* miles de Ertingen 1254/Ob. Rhein. Dietlin *Alber* 1394/Tirol, C. *Alber* 1360 Reutlgn. Aber Berchtold *under dem Alber* 1295 Weingarten meint den Pappelbaum (mhd.-schwäb.), dazu **Alberer,** Albermann.

Alberding: westfäl. Patronym zu Albert wie Alferding, Allerding, Humperding usw., verschliffen zu **Albrink,** vgl. Hilbrink.

Alberich siehe Alverik!

Albern (Hbg.): ndd.-fries. Pers. Name *Adel-bern, Albern* (bern meint »Bär«). Öfter um 1200/1300 in Rostock, Hbg., Bremen, Stralsund. Friesisch mitunter mit *Albrand* wechselnd, wie Sibern mit Sibrand (Bahlow, Alt-Stralsunder Bürgernamen, S. 4). Ritter Albern v. d. Wisch 1356/Holstein.

Albers (Hbg. zahlr.): ndd. patron. Form zu **Albert** (Albrecht): Lütke *Alberdes* 1478 Kiel. **Albertz** ist ndrheinisch, **Alberti** ist Humanistenname. Vgl. auch **Alpers!**

Albien siehe Albin!

Albiez, Alpiez ist alemann. Variante zu Altbüßer, siehe dies!

Albig: ON. b. Alzey/Worms. Joh. *Albich* 1534 Alzey.

Albiker (schweiz.): aus Albikon (alt Albinghoven)/Schweiz wie Zolliker aus Zollikon, – Hunziker aus Hunzikon (Tobler-Meyer, S. 12 u. 52).

Albin, Albien (Wien): Johann Fischart (um 1550) nennt den März »Albin-Monat« nach dem heil. Albin (Bischof von Brixen/Tirol, bzw. von Angers: frz. St. Aubin). Hans *Albin* 1520 Waldshut. Aber FN. **Albinus** ist Humanisten-Name für Weiß, Weißer (lat. albus), vgl. den Leibarzt der Königin Christine, Albinus, geadelt als Weiß v. Weißenstein; Peter *Albinus* 1569 Schneeberg/Sa. – Der Tiroler Bischof (aus Kärntner Adel) hieß eigtl. *Alboin* (wie der Langobardenkönig, mit Rosamunde), d. i. *Alb-win* »Freund der Alben (Elfen)«, vgl. noch 1270 *Albewin* in Bruchsal, 1223 *Elbewin* in Zweibr./Pfalz.

Albisser (Schweiz): vom Berghof Albis/Schweiz (ab Albis: Tobler S. 143).

Albold: seltener germ. Pers. Name *Adelbold* (bald »kühn«). Bezeugt in Adelskreisen, z. B. am Hofe König Dagoberts um 650, auch als Heil. N.: Bischof v. Winchester um 1100; berühmt war Bischof A. v. Utrecht um 1000. Vgl. *Alboldus* braxator um 1250 Erfurt. Joh. *Alboldi* 1291 Lünebg.

Alböter siehe Altbüßer!

Albracht (ndrhein.-westf.) s. Allebracht! – **Albrand** siehe Ahlbrand!

Albrecht: siehe Adel-brecht! Obd.-md. Form gegenüber dem ndd. **Albert, Albers.** Auf der lat. Urkundenform *Adalbertus* beruht die archaische Form des im 19. Jahrh. üblichen Vornamens Adalbert (vgl. A., Prinz v. Preußen, A., Graf v. Baudissin, A. Stifter); Ritterpoesie u. Romantik haben ihn um 1800 zuerst beim Adel eingebürgert (vgl. A. v. Weislingen in Goethes »Götz«). Die Beliebtheit des Namens *Albrecht* im MA. (A. der Bär, A. Dürer) erklärt sich aus der überragenden Gestalt des heil. Adalbert v. Prag, Erzbischof u. Märtyrer (erschlagen 997, als er die Preußen bekehren wollte); als böhm. Fürstensohn hieß er tschech. Woitech (poln. Woycziech), nahm aber den N. seines Pflegevaters A., Erzb. zu Magdeburg, an. Vgl. auch Erzb. A. v. Bremen. – Im md. Osten (Schlesien, Sachsen, Böhmen) lautete Albrecht mundartlich *Olbrich(t), Ulbricht*, siehe diese! Belege auch im »Schlesischen Namenbuch« des Verf. s. S. 51! – S. auch Apel, Opitz, Aberle, Auberle!

Albrink siehe Alberding!

Aldag (Hbg. zahlr.): einer der typischen Namen des altsächs.-ingwäonischen Nordseeraumes auf *-dag* (: lichter Tag), urspr. *Adeldag*, wie *Reddag, Siddag, Eldag, Mardag, Wildag:* berühmt durch Erzbischof *Aldag* v. Bremen-Hbg., Berater Ottos d. Gr. (gest. 988). Noch im 16. Jh. als VN.: *Aldach* Wrede/Hbg., Aldag Tegeder 1553. Ein Heyneke *Aldeges* 1353 in Lünebg. Varianten: Ahldach, O(h)ldach, **Oldag.** Dazu Oldegesdorf b. Rostock (13. Jh.).

Alde, Alden; **Olde,** Olden, Oldsen: »der Alte (Senior)« im Unterschied zum Sohn; im ndd. Gebiet auch mit der Funktion eines Pers. Namens, wie die patron. Form auf *-sen* zeigt. Dominus Joh. dictus *Olde* um 1300 Lübeck. Auch **Alder** und Edo *Aldersna* 1277 Friesld. wie Hillersna (patr.). Zu **Alderich,** Oldrich vgl. unter Aalderk! **Aldey:** Flur b. Arolsen.

Aldinger: aus Aldingen/Württ. **Alefanz:** mhd. = »Schalk«.

Alefsen siehe Ahlf! **Alert,** Alertz siehe Ahlers!

Aleken siehe Ahlicke! Auch Vernaleken!

Aleit siehe Adelheid!

Aleth meint Adelheid: vgl. Heinrich *vern Aleth* 1407 Konstanz.

Alewyn meint *Adelwin* (win = Freund), wie *Aleward: Adelward.*

Alexander (griech. = männerabwehrend): heute auch jüd. FN. Die Gestalt A.'s des Großen, Eroberers des Orients, rückte mit den Kreuzzügen ins Blickfeld des Abendlandes u. der mhd. Dichter (Lamprechts »A.-Lied« um 1130, Rud. v. Ems »A.« u. a.); als VN. erst wieder im 18. Jh.

neubelebt: A. v. Humboldt 1769, A. u. Cäsar (!) v. Lengerke (Brüder) 1802/1803. Dazu die KF. **Sander(s), Zander(s)!** Aber obd. Lex, Lexer gehören zum Heil. N. Alexius. Vgl. *Alexsander* 1229 Brsl., Schultheiß; *Sander* der schenke 1383 Lg, *Sander* Swarenpenning 1285 Rostock.

Aleydt siehe Adelheid!

Alf, Alfs, Ahlf(s): oft in Ostfriesld., Hbg. usw. Über *Alef, Alof* aus Adlof, Adolf kontrahiert. Siehe Adolf! Vgl. *Alf* de Erteneburg 1291 Lünebg., *Aleff,* Herzog v. Schleswig 1453, hertoch *Aloff* van Holsten 1559, Hinrik *Alves* = Hinricus *Adolfi* 1324 Stettin. Wie Alf aus Adolf, so Ralf aus Radolf.

Alferding: westfäl. Patronym zu *Alfhard,* wie Deterding zu Dethard, Allerding zu Alhard, Humperding zu Humbert u. v. a. Kontrahiert **Alfring** wie Alberding: Albrink. Dazu **Alfert** (Allfahrt, wie Seifahrt, Meifahrt) und Alfers (siehe auch Alvers!), Alfermann (Alvermann, westfäl.). Die KF. **Alfke** gehört auch zu *Alverik.*

Alfke, Alfken (Hbg., Bremen) siehe Alferding! Dazu westfäl. *Alveking* 1409.

Alften (Hbg.) siehe Ahlften!

Alfter (Hbg.): ON. b. Bonn (urkdl. *Alveter,* wie Elveter/Brabant). Deutung b. Bahlow, ON. S. 109.

Alfus ist latinisiertes Alf.

Algenstädt: ON./Prov. Sachsen. Bekannt durch Luise A. (Diakonissenroman).

Algermann: ndsächs. Historiker Franz A. um 1600; gebildet wie westf. Alver-, Lükermann. Siehe Adelger, Alger.

Algoß siehe Adelgoß! **Algermissen** (Alegrimeshusen): Ort nö. Hildesheim.

Alhart, Alhelm siehe Adelhart, Adelhelm!

Alken (Ostfriesld. oft!): s. Ahlicke! Aber Alken in Trier meint den Ort im Rhld.

Alker (obd.) s. Adelger! (*Alkerus* 1145/Ob. Rh.).

Allebracht siehe Albrecht! *bracht* ist die rhein.-westfäl. Form von *brecht* »glänzend« wie in Gerbracht, Humbracht, Öhlbracht, Vollbracht, Wybracht.

Allen (Hbg., Bremen): auch **Alle,** Alles, Allecke, Alleckna (wie Abekena), lauter fries. Formen zum Pers. N. *Allo (Adalo):* Folcmarus *Allenius cuius parens Allo* 1355 Friesland (Stark, S. 174). Aber: Aschen van Allen (14. Jh.) meint den ON. in Westf.

Allerdt siehe Ahlert! **Allerding** siehe A(l)ferding!

Allerhand: vgl. als Zuname eines Krämers in Rostock 1285: Lambertus *allerhanderwar!* Ähnlich **Allerlei:** 1410 in Mähren, 1424 in Württ., 1657 in Baden: L. Neidinger gen. *Allerley,* ein »Fahrender«!

Allermann: von der Aller, wie Wesermann von der Weser.

Allers, Allerssen siehe Ahlers! **Allewelt** s. Allwelt!

Allgeier (obd.) meint den Allgäuer! Auch All-gayr, -göwer.

Allinger (Wien, Mchn. oft): aus Alling in Bay. u. Österr.

Allmann, Allmang: im dt.-roman. Grenzraum (Elsaß) Bezeichnung des Deutschen, weil die Alemannen das alte Grenzvolk waren: Joh. *Alman* 1477 Surburg/Elsaß. Otto cognomento *Alamannus,* Abt zu Marseille 1113.

Allmeder (Wien): vom Hof Almed (1451 *Alm-öd*) in OÖ.

Al(l)meier (Regensbg.): wie Vilsmeier; vgl. die Al-ach b. Straubing.

Allmen: im Berner Oberland eine bürgerl. Familie »von Allmen«.

Allmendinger (Stuttg., Karlsruhe, Basel): aus Allmendingen (Württ. u. Schweiz). Württ. Volksschriftsteller Karl A. (1863).

Allmers (Hbg.): wie Hillmers häufiger ndd.-fries. Pers. Name auf -mar, d. i. »berühmt«; All- ist kontrahiert aus Adel- wie in Allers, Allen Allebrecht, Almut. Vgl. obd. Almer! Bekannt ist Hermann Allmers und sein »Marschenbuch« 1858.

Allnach, Allnoch (obd.): ON.

Allner: ON. b. Siegburg/Rhld. **Allofs** (Hbg.) meint Adlofs.

Allram (obd.-österr.): *Adal-ram, Alram* war um 1100/1200 in Österreich (Steiermark) bes. beim Adel beliebter germ. Pers. Name; *ram* meint ahd. *hraban* »Rabe« (Wodans) wie in Wolfram, Gundram, Sindram. Auch im Minnesang ein *Alram* v. Gresten aus Ö., in Mähren 1352 Jacob Alram, 1414 Seidel *Ollram,* aber auch »*Alram,* Ruoprecht, Friderich« als Knechte ebd.

Allrath: ON./Rhld., wie **Allroth:** ON./Südharz.

All(e)raun (Nürnbg.): wohl N. für Apotheker, (Alraune = Heilpflanze gegen die Pest) Hinse *Alerune* 1376 Lünebg.

Allrich siehe Ahlrich!
Allripp s. Ahlrep!
Allroggen (Hbg.) siehe Altrogge, Ollrogge! **Allroth** s. Allrath!
Allwardt (Wismar oft, Rostock, Hbg.) siehe Ahlwardt!
Allwein (obd.) ist *Adelwin, Alwin* altdt. Pers. N. (win »Freund«).
All(e)welt: im MA. beliebter Ausruf, z. B. bei Walther v. d. Vogelweide: *al diu werlt, ich hân min leben!* Vgl. *Aldewerlt* 1291 Rostock, 1412 Hameln, *Allewerld* um 1300 Brsl., *Allwelt* 1504 Schweiz. Frz.: Tout le monde 1464 Köln.
Allwörden (Stade, Hbg. oft: von A.): ON. im Stader Land. Vgl. Wör(de)mann!
Allzeit: Phantasiename wie Gutzeit, Liebezeit, z. T. nach Redensarten. Vgl. auch **Alletag, Allewelt.** Ein *Allentag* 1485 Mersebg.
Almann siehe Allmann! – **Alm** siehe Alms!
Almer: germ. *Adelmar* (mar »berühmt«), vgl. Allmers! *Almarus* um 1300 in Hbg., Lübeck, Rostock. Ein A. *Almer* 1410 in Freiburg.
Almoser (Augsbg. oft!): aus Al-moos, Almos, wie Rohrmoser usw.
Alms: fries. Patronym (wie Almsen) zu **Alm** (Hbg., Rostock oft!), kontrahiert aus *Alhelm (Adelhelm)* wie **Wilm(s)** aus *Wilhelm.* Magnus *Almessone* 1438 Kiel.
Alpers (Hbg., Stade oft), Alpert, Alpermann, Alps: nd.-fries. Pers. Name, Variante zu **Albers!** Vgl. Volpers, Wolpers neben Volbers, Wolbers. – Nicht zu verwechseln mit dem obd. *Alp-hart* (Dietrichsage): schon 1020 Mönch *Alphart*/Metz, *Alphart* von Peyten 1353, öst. Lehnsmann, Peter Alphart 1360 b. Prag. Ein König *Alp-her* in der Walther-Sage.
Alscher (Schlesien oft), Alischer, Altscher, Alschner: Sohn oder Gatte der Frau *Alheit (Adelheid)* – vgl. ndd. Vernaleken! –, mitunter auch der Schwiegersohn; geformt aus der KF. *Alusch* (mit slaw. Suffix) u. der obd. Endung *-er,* wie auch schles. **Hielscher,** Thielscher, Irmischer. Belege: *Alusch (Alheyd)* Anesorgynne 1383 Lg., Hannus *Alusch* 1413 Lg, Augustin *der Aluschyn* 1413 Neiße, Lorenz *Alischer* 1434 Görlitz. (Bahlow, Schles. Nbch., S. 33).
Alschweig (Lübeck, Kiel) siehe Ahlschwede!
Alsen (Hbg. oft), Alse, Alsing, Alsema: lauter Patronyme zu fries. *Als:* KF. *Alo* mit s-Formans, vgl. ndl. *Alensone!* Siehe auch Allen! Zum Stamm *Al-* vgl. auch *Alarich* und *Allo,* Söhne des *Alafridus* (9. Jh.). Zu fries. *Alsema* vgl. Ailema, Onnema, Reemtsma, auch fem. *Alseke* ist friesisch. Zu Alsen (schon 1350 Lübeck) vgl. auch Insel Alsen!
Alsleben: ON. in Nordthür., wie Eisleben, Memleben (s. Bahlow, ON. S. 107, 328).
Alster: uralter Flußname (b. Hamburg u. in Westf.). Vgl. FN. *Alstervoget* 1309 Hbg.
Alswede siehe Ahlschwede!
Altbüßer: ndd. **Olböter,** alte Bezeichnung des Flickschusters (vgl. die Altbüßerstraße in Brsl., die Ol(t)böterstr. in Wismar und Stettin); mhd. *büeßen* meint »ausbessern« wie in *Hosenbüßer, Panzerbieter, Ketelböter* (Kesselflicker). Im Klettgau **Albeißer,** alemannisch **Albiez:** 1464 *Altbütz,* 1634 *Albütz,* 1738 *Alpiez.*
Alt(er): der Alte, auch der Vater (Senior), ndd. Alder.
Altermann: ndd. *aldermann* hieß der Gildevorsteher, vgl. *olderman* unses godeshuses 1415 Haldensleben.
Altgeld, Altgelt (Hbg.): meint wohl den Geizhals oder auch Geldwechsler. Vgl. Redegeld »bares Geld«.
Althamer (obd.): aus Altheim (Württ., Bayern). Auch Altheimer (in Augsbg.).
Althaus: zu den westfäl. Namen auf -hus, -haus gehörig (auf Herkunft bzw. Wohnstätte deutend), wie Brockhaus, Grothues, Oldehues, meist Hofnamen.
Althenne: Henne war in Hessen für Johann, Hans gebräuchlich, vgl. Henne Swertzing gen. *Aldehenne* 1366 Lorch/Rheingau.
Altherr: mhd. *altherre* »Senior einer Körperschaft«.
Althoff, Ol(de)hoff: westfäl. Hofname (vgl. Althaus) wie Dykhoff, Eckhoff, Braukhoff, Lehnhoff. Vgl. Bene *im alden hove* 1590 Lippe. Aber *Oldehof* 1260 Rostock = Althoff b. Doberan.
Altmann (Hbg. oft) mhd. *altmann* = alter, erfahrener Mann. Ndd. Oldmann, Oltmann. Auch als Pers. N. im MA. gebraucht.
Altland (Hbg.): vom Altenlande b. Hbg., vgl. M. *Oldeland* 1328 Lübeck.

Altner neben **Altnau:** aus Altenau/Bayern.

Altrath: aus Altenrath b. Siegburg.

Altreiter: auch Altenreiter, aus Altenreut/Österreich wie Bärnreiter aus Bernreut usw.

Altreuß, Altreiß: mhd. *altriuße* meint den Schuhflicker (siehe auch Altbüßer!). Eine Zunft 1485 in Bingen. Fritz *Altreuß* 1470 Bayern. Siehe auch Reuß!

Altrich, Oltrich: seltener alter Pers. N., einst auch Alderich, Oldrich. Vgl. Socin, S. 130. Ein Bischof v. Straßbg. 965: Erkenbald gen. *Altrich.* Ein Ort Altrich b. Trier.

Altrogge, Altrock, auch rein ndd. **Olderogge,** Ollrogge, Olderog, -rock! Altrogge ist in Örlighausen/Lippe z. B. verhochdeutscht aus *Olderogghe* 1458. Alter Bauernname wie *Oldehaver.*

Altschuh: meint den Schuhflicker (wie Altreuß, Altbüßer), in Göppingen im 14. Jh. Vgl. Ruf *Altschüher* 1353 Eßlingen (Brech., S. 24).

Altschwager, ndd. Oldschwager: »Schwiegervater«. Vgl. Altmutter, Altvater, Altsohn.

Altvater: meint »Großvater«.

Altwasser: ON. in Schlesien. Theodor A., schles. Dichter 1824/79. Sonst auch Flurname: *de Oldenwater* 1282 Rostock.

Altweck (obd.): auch Altwegg (Zürich). Zuname des Bäckers wie Spitzweck, Spitzweg, Butterweck, Weißweck.

Altwein: wie Gutwein, Kühlwein. Zuname des Weinhändlers, Weinschenken. Sixtus Altewein, Brauer 1697 Halberstadt.

Alvensleben: Ort a. d. Bever b. Haldensleben. Wichard de *Alvensleve* 1163.

Alver(s), Alvermann, auch Ahlvers, Alfers, sind Patronyme zu ndd. *Alver* = *Alverik* (**Alverichs:** Ostfriesld.), **Alverk** = obd. *Alberich,* der N. des Zwergenkönigs der Nibelungensage, »Herrscher der Alben«. *Alvericus* um 1300 in Bremen, Hbg., Lübeck, Rostock. *Alverik* Raleves 1406 Jeverld.; Henneke *Alverkes* 1415 Kiel.
Mit Umlaut: *Elverich* v. Heyle 1229 Westf. *Elver* (Bremen, Lübeck, Rostock, Strals. um 1300).

Alves, Alving, Alvesmann siehe Alfs! Auch Alferding!

Alwardt siehe Ahlwardt!

Alwig: in Württ. urkdl. als Pers. Name bezeugt (germ. *Adalwig,* wig = Kampf): *Alwich* der Lange u. seine Söhne *Alwich* u. *Diemar* (cognomine Alwich!) nebst Enkeln *Alwich* u. *Diemar* (Söhne Diemars) 1278/1290 Schwäb.-Gmünd (Brech. I, S. 25). Dazu Berthold *Alwich,* Bauer zu Mengen/Württ. 1280.

Amandus, Amandi: der heilige A. (lat. »liebenswert«) war Bischof v. Maastricht, daher Apostel der Niederlande. Magister Paul *Amandus* 1558 Jena.

Amann siehe Ammann!

Ambelang, Amblank siehe Amelung! (Jakob Amblung oder Amelung 1417/Württ.).

Amboldt (mnd.): »Amboß«, Schmiedename.

Ambos: Zuname des Schmiedes (wie Funke, Hammer, Stahl, Pinkepank), mhd. anebos. Joh. *Anebuß* 1380 Hessen, Jakob *Amboß* 1479 Schwaben.

Ambros, Ambrosch (obd.): der heilige Ambrosius (»unsterblich, göttlich«) war Bischof v. Mailand, Lehrer des heiligen Augustinus. KF. Bros, Brösel, Broseke, Broschek.

Ambs siehe Ams!

Ambühl, Ambihl (obd.): »am Hügel«, vgl. Abbühl, Zumbühl (Schweiz).

Ameis, Ohmeis, Emeis: ein »emsiger« Mensch. Otto *Ameiß* 1180 OÖ., Hensel *Omeys* 1372 Lg.

Amelang siehe Amelung!

Amelbrecht (obd.): germ. Pers. Name *Amal-berht* (vgl. das got. Königsgeschlecht der Amaler!), siehe Amelung! *Amalperaht* 823, *Amelprecht* 1395 Kremsmstr., Wenczlab *Amelprecht* 1414 Mähren. Auch ital. FN.: Amalberti.

Amelrich: schon N. eines Ostgotenherrschers, im MA. beliebt; als A. gibt sich Hagen beim Donau-Übergang der Nibelungen aus. Siehe Amelung! Ein Ritter *Amelrich* v. Isenheim 1253 im Elsaß. Fritz A. 1338 Eßlingen. Bernardus filius *Amelrici* 1270 Stralsd. Nd. KF.: *Ameke, Emeke* (Ehmke). Siehe auch Emmelrich! – **Amels** siehe Ahmels! Vgl. **Amler!**

Amelung, Amelang, Ameling, Ahmling u. ä.: *Amelungen* heißen in der Heldensage die Mannen Dietrichs von Bern, auch die Nachkommen der Gotenherrscher, der *Amaler,* in deren Geschlecht die Namen mit *Amal-* (»Tatkraft, Energie«) beliebt waren, *Amala-ricus, Amala-frida,*

-berga, -swintha, Angehörige Theoderichs d. Gr.; auch *Amelolt,* Held Dietrichs, wird im mhd. Gedicht »Rosengarten« C *Amelung* genannt. Zur Endung *-ung* siehe Adelung! Um 1100/1300 in Süd u. Nord, bei Adel, Bürgern u. Bauern war Adelung beliebter Name. Noch um 1600 nennt der Kieler Bürgermstr. *Amelung* von Lengerke s. Sohn gleichfalls *Amelung!* Siehe auch Amelrich, Amelbrecht.

Amend(e): »am Ende der Straße oder des Ortes wohnend«, oft in Bayern, Sachsen/Schlesien nebst Ende, Endemann. Südwestdt. dafür Amort! Albrecht *an dem ende,* Krämer 1363 Brsl. Paul *am ende* (Sohn: Hensel am ende) 1410 Braunau/Böhmen.

Ameseder, -öder: zu den bair.-öst. N. auf -öd »Ödland«.

Amira (von A.): nach Fam.-Überlieferung türkischen Ursprungs, vgl. arab. *amir al ma* (mhd. amiral »Kalif, Fürst«), »Admiral, Befehlshaber zur See«.

Amlehn (obd.): mhd. lên, lêhen »Lehngut«, vgl. Walther v. d. Vogelweide: *»al diu werlt, ich hân min lêhen«.* Cunrat *an dem Len* 1293 Konstanz.

Amling, Amlung siehe Amelung! Vgl. patron. **Amler,** Emler: zu Amelrich.

Ammann (süddt.: Zürich zahlr., Stuttg. oft): mhd. *ambetman* »Amtmann, Vogt, Gemeindevorsteher«; mitunter auch nur »einem Vogte hörig«: vgl. das leibeigene Ehepaar Herm. u. Mathilde *Amman* 1277 Württ., aber Ritter Joh. *der Amman* 1281 Waldkirch. Auch **Ammon!** Bekannt ist der Holzschnittkünstler Jost Amman aus Zürich 1539.

Ammelt (Hbg.): fries. Pers. N. (siehe Amels) wie Eddelt, Garrelt, Sibbelt.

Ammen (Hbg.): patronymische Form zum fries. Pers. N. *Ammo* (**Amme!** Hbg.): vgl. *Amme* Oyken um 1550, Fadeke *Ammessen* 1427 Ostfriesld.; Hinricus *Ammonis* um 1250 Hbg. Auch fem.: *Amka* 1426, vgl. her Hinrik *vorn Ammeken* 1350 Haldsl. Aber Nickel *mit der ammen* 1352 Brsl. wie *Amensun* 1291 Freiburg meint die Nährmutter.

Ammer: finkenartiger Singvogel, vgl. Goldammer, *Burammer* 1380 Lünebg. Im Süden konkurriert der Flußname Ammer (alt *Ambra*) in Württ. u. Bayern (siehe Bahlow, ON. S. 9). Ein Ort Ammern a. d. Unstrut/Thür.

Ammermann (Oldbg.): aus dem oldenburgischen Ammerland. Botke *A.* 1440 Oldbg.

Amolter(n): Ort in Südbaden. Ritter Joh. von *Amoltron* 1245/Zürich.

Ammon siehe Ammann!

Amort (obd.): = md. **Amende.** Cunrat *an dem orte* 1216 b. Ulm, Riprecht *am ort* = R. in fine 1315/24 Überlingen.

Ampferl (bair.): Sauerampfer.

Ampler (obd.): wie Fritz *Ampelgießer* 1362 Augsbg. neben Hainr. *der Ampeler* 1344 Urach lehrt, ist es der Hersteller von Ampeln (Lampen u. Gefäße) aus Zinn. Mhd. *ampel* (aus lat. ampulla) ist das süddt. Wort für md.-ndd. Lampe, Leuchter (so b. Luther); vgl. den ndd. Luchtenmeker.

Ampletzer (Mchn.): vgl. Hof Amplatz/Tirol, Pletzer ebd.

Amrain (obd.): nach der Wohnstätte am Acker-Rain. Vgl. Frau Regel *Amrain* (Zürich) b. Gottfr. Keller. Aber **Amrhein:** am Flusse Rhein wohnend: Arnolt *am Rine* 1366 Selz a. Rh. (Elsaß). Vgl. Rei(n)mann!

Ams, Ambs (obd.): Ruodin *Ams* 1407 Kolmar, Th. Ams = Ampser 1571 Waldkirch. Nach einem Flurnamen.

Amsinck (Hbg. öfter): fries. Patronym »Sproß des *Amso*«, wie Mensing: Menso.

Amsler Amsel: obd. = Amselfänger, Vogelsteller; vgl. Vogler u. Vogel. Thür.-fränk.-obd. Amschler, Amsch(e)l. Heinrich *Amseler* 1446 Konstanz. Ein ON. Amslau b. Friedld./Böhmen (1381 auch FN. dort); ON. Amslen/Schweiz.

Amstutz (Schweiz, Tirol): »am Steilhang«. Vgl. Amstalden »am steilen Weg«, Amstad; **Amt(h)or:** Engelfrid *am tor* 1396 Rottenbg.; **Amwerth** (mhd. wert, ndd. werder »Flußinsel, Aue«): Rud. *an dem Werde* 1295 Ob. Elsaß.

Amter (Lübeck): aus Amtern in Oldbg.

Amtrup, Antrup, -trop: zu den westfäl. Namen auf *-trop, -trup* = dorp »Dorf«, wie Istrup, Ribbentrop, Wentrup; *am* »Wasser« wie in Amelo, Amewik (siehe Bahlow, ON. S. 115).

Anacker: *âne* = »ohne«, also »ohne Akker«, ein Häusler oder Tagelöhner, der fremden Grund u. Boden beackert. Clawes *Aneacker* 1401 Brschwg.

Andelfinger: ON. auf -ingen (Württ.), vgl. Gundelfinger.

Anderegg (Schweiz oft): »an der Ecke wohnhaft« (vgl. Abegg), d. h. soviel wie abseits, am Ende: *an der Egge* oder »in solitudine« 1248 in Pfullendorf. Vgl. Anderangst (der engsten Stelle), **Andergast** (»an der Gassen«, obd. noch heute »Gaß«): Heinrich *an der gassen* 1286/ Württ., **Anderhalden** (vgl. Abderhalden), **Andermatt** usw.

Anders: bes. ostdt.-schles. Form für **Andres** = Andreas, der Apostel (griech. »mannhaft«). Siehe Bahlow, Unsere Vornamen, S. 7 und Bahlow, Schles. Namenbuch, S. 55. *Anders* von der Wede 1372 Schles., K. *Anders* 1547 Lg. **Andersen,** Andreesen (patronymisch) ist in Schleswig-Holstein heimisch, wie Petersen, Claussen, Frenssen usw. Ndd. ist **Drews! Ander(er), Anderl** sind süddt. Siehe auch die Umlautformen Enders, Enderl! sowie slaw.-dt. Jander, Wandrey, Ondra, Andrick, Handrock!

Andersnicht: ein Übername aus der Gesellentaufe, evtl. auch Redensart. Hans *Andersnicht* 1387 Duderstadt. Joh. Andersnicht ca. 1350 Hbg. (1345 Str.).

Andert siehe Ander(s)!

Andler (obd.): Heini *Andler* 1373 Dattingen/Baden, Wernher *Andler* 1381 Kayh/ Württ. Offenbar zum ON. Andlau/Elsaß, vgl. den els. Uradel v. Andlau.

Andrasch siehe Andrich!

Andrich: vgl. wendisch-dt. **Andrick,** -ock, -uck für Andreas, vgl. auch Angrick!

Andritzky (oberschles.): zu Andreas gehörig.

Anekost: »ohne Beköstigung oder Unterhalt«. Henrich *Anekost* 1446 Duderstadt. Ähnlich *Anefleisch, Anetasche,* siehe Ahnhudt!

Angel (obd.): mhd. ange(l) »Stachel, Angel«, auch Hausname. Rüd. *Angel, Ritter (Alt-Eger).*

Angelbeck: norddt. Bach- u. ON., z. B. b. Quakenbrück. Schon 1328 in Lübeck: *Anghelbeke.* Zum alteurop. Wasserwort *ang, angel* siehe Bahlow, ON. S. II.

Angelroth, -rodt: aus Angelroda/Thür. wie Allroth aus Allrode.

Angenfeld: ndrheinisch mit Gutturalisierung *nd: ng* = »an dem Felde«; ebenso Angenendt, Angenheister (»am Buchengehölz«), Angenhülsen (»an feuchtem Gehölz«), Angenrieth (Wesel, »am Röhricht«).

Angermann: der am Anger, am Wiesenfeld Wohnende. Desgl. **Angerer** (obd.). Peter *am anger* = *uf dem anger* = *der Angerer* 1398 Füssen/Allgäu.

Angler: kein Fischangler, sondern nach der Wohnstätte, der Herkunft: Hans *Angler* 1369 Augsb., Seb. *Angler* 1558 Tirol (Hofname, wie Engler vom Hof Englen/ Tirol). M. *Anghelere* 1276 Hbg. (vgl. Joh. Hadelere = J. de Hadelen 1274/76 Hbg.), aus der Landschaft Angeln!

Angrick, Angrück ist ostmd. Mundartvariante zu wend. Andrick, vgl. *Angress* für Andress, wie hinger für hinter!

Angst, Angstmann (obd.): nach einem Flurnamen (Angst = engste Stelle, vgl. lat. angustia): Bertschi *an der angist* 1382; Konrad gen. *Angstman* 1368 b. Saulgau; Hans *Angster* 1525 Lenzkirch/Schwarzw. Bloßes Angst nebst **Angstl** wohl auch = mhd. angest »Bedrängnis, Besorgnis, Furcht«, vgl. *Angstwurm* (bair.) 1585 Wien; *Unangst; Brodangst* 1300 Stralsund; *Anangst* 1599.

Anhalt, Anholt: vgl. Grafschaft Anhalt u. ON. Anholt i. Westf., Wasserburg Anehalt a. d. Ijssel. Hans *Anhalt* 1547 Halberstadt.

Anheißer (obd.): entrundet aus *Anhäuser* wie Dannheißer aus Tannhäuser. ON. Anhausen mehrfach südwestdt. Joh. *Anhuser* 1384 b. Zürich.

Anhudt (norddt.) siehe Ahnhudt!

Anich (Tirol): Hofname ebendort. Peter *Anich,* Schöpfer der Karte v. Tirol (18. Jh.).

Ani(e)ser (Tirol, Allgäu): vom Anisen-Tal/ Tirol (also nicht zum Gewürz Anis).

Anke (Hbg.): wie der Beleg Rederus filius *Anken (Ankonis)* 1301 in Hbg. zeigt, liegt ein alter (fries.) Pers. Name vor, wie *Onke, Onken,* neben *Anno – Onno* (ohne k-Suffix). Vgl. Menke – Menno; Manke – Manno; Nonke – Nonno; Ineke – Inno.

Ankele (schwäb.): dial. = Nacken (Schwäb. Wb.), mhd. *anke* »Genick«. Balth. *Anckelin* 1578 Reutlingen.

Ankenbrand: obd. Flurname wie **Ankenmoos,** Ankenreute, Ankenbuck, Ankenbrunn. Zum Wasserwort *ank* siehe Bahlow, ON. S. 12. Vgl. auch Ankenbauer.

Anker, Ankermann: deutbar als N. des Ankerschmieds: Joh. *Ankerman* = Joh. *ankerslegere* um 1300 Stralsund. Ein Schmied »der Ankerman« 1412 in Württ. Im Südwesten auch Hausname, vgl. »Zum goldenen Anker«.

Anklam: Stadt in Vorpommern. Ertmar Anklem 1303 Stralsd.

Anlauf, Antlauf (Schlesien): mhd. anlauf = »Angriff«. Ein Angriffslustiger.

Annen, Annecke, Ann: norddt. zum Pers. N. *Anno,* wie Nannen zu Nanno, bekannt durch Erzbischof Anno v. Köln u. das ahd. *Annolied* um 1100. Wohl verschliffen aus *Arno,* wie Benno aus Berno. Annen auch in der Schweiz, wo aber ein Metronym vorliegt, vgl. dictus *vron Annen* 1207 Minseln ö. Lörrach (wie V. frater *Anne* 1306 Bremen); auch *Verannemann:* Dazu **Anneler** (Schweiz). Abrecht *Annensun* 1293/Lahr. B. *Annenmann* 1448/Tüb.

Annuscheit, Anscheit: lit.-ostpr. »Sohn der Anna«. **Anneser** (Mchn.) s. Aniser!

Anreiter (Tirol): zu den ÖN. auf -reut(h) »Rodung« (vgl. Bayreuth) wie Bärnreiter, Stollreiter.

Ansahl (Hbg.): wie Lehmsahl b. Hbg. zu den ÖN. auf -sahl »feuchte Niederung«. Vgl. das Große Sahl b. Hbg. Zu *an* »Sumpfwasser« s. Bahlow, ON. S. 118.

Anschlipp: aus Andisleben a. Gera nö. Erfurt, wie Büschlepp, Elchlepp, Ortlepp, -lipp. Zu den thür. ON. auf -leben (-leve) »Hinterlassenschaft« s. Bahlow, Deutsches Namenbuch (1932), S. 93.

Anschütz (Hbg., Kiel, Rostock): bisher ungedeutet. Wohl Umdeutung aus slaw. ON. auf -itz wie Nauschütz, Nieschütz, Wildschütz, Doberschütz, Kubschütz.

Anselm: Heil. Name (nach Anselm v. Canterbury), germ. *Ans-helm;* obd. Anshalm. Ansen (Asen) waren germ. Halbgötter. Siehe auch KF. **Ensslin!** (Änsle, Ansli, Anselmann). Bekannt ist der Maler Anselm Feuerbach.

Ansorg siehe Ansorge! **Anspann** (Mchn.): chd. = espan, aspan, anspan »Weide«.

Anstett (obd.-els., Stuttg. oft): so heißt bei den Elsässern Murner u. Geiler der heil. Anastasius (Patron gegen Epilepsie); b. J. Fischart: Angstett (Brech. S. 35). Ludwig Anstett 1768 Hagenau/Elsaß.

Anstötz (Ndrhein): nach d. Wohnstätte wie Ansteeg.

Ante: nd. = »Ente«, Desgl. **Antvogel.** Vgl. Antepohl, Antpöhler, Antenbrink, Antefuhr.

Antelmann: vgl. Rintel-, Hamel-, Affelmann, von ON. hergeleitet. Aber auch Hantelmann, Pantelmann.

Anthes: westdt.-rhein. für Anton, vgl. *Anthis* Ide 1446 Worms, K. A. *Anthes* 1640 Taunus. Am *Anthistag* wurde der heil. Antonius (Vater des Mönchstums) als Patron der Bauern (und Schweine) verehrt; nach ihm der heil. A. von Padua (»Er las bei s. Heiligenschein oft tief bis in die Nacht hinein«: Wilh. Busch). Siehe auch Thönnes u. Theng!

Antholz(er): wie Abholz(er) in Tirol (Eisacktal) beheimatet.

Anthon(g), Anthenissen u. ä. siehe Anthes! Patron.: Anthonier 1365 Brünn.

Antlat (mnd.) »Antlitz, Maske« (»Maskentänzer«: »it en scal ok nement reven (tanzen) mit Antlaten«). Hinrik Antlat 1315 Lbg.

Antlauf siehe Anlauf! **Antlitz** (obd.): nach e. Haus m. gemaltem Antlitz!

Antosch, Antusch: ostdt. mit slaw. Endung zu Anton. Lit.: Antonat.

Antrag, Antrack, Andrag: ostdt.-wendisch für Andreas.

Antrech(t): mhd. *antreche* »Entrich«. Antreche 1225 Villingen, Antrecht 1595 Feuerbach.

Antretter, Antritt (Mchn.): Antrat, Antritt sind Höfe in Tirol; trat, tret = Weidetrift.

Antrop, Antrup: siehe Amtrup!

Antwerk (obd.): mhd. = »Belagerungsmaschine, auch Werkzeugarbeit der Mechaniker«. Hans *Antwerck* 1477 Saulgau.

Antwort (obd.): mhd. = »Verteidigung vor Gericht«, etwa Übername des *fürspreche,* des Rechtsanwalts. Jakob A. 1423 Aargau.

Anwander (Württ., Schweiz, Bayern, Tirol): der Ackernachbar, Angrenzer zu mhd. *anwand(er)* »Ackergrenze«, wo der Pflug sich wendet.

Anz (rheinhess.): im Raum Mainz-Worms einst beliebte KF. (= Arnz, Arnold, wie ebda **Wenz** = Wernz, Wernher!) *Anzo* zum Lode 1330 Nierstein, *Anzo* Haverman 1326; Joh. *Anzo* 1301 Worms. Werner *Anzeman* (Edelknecht) 1366 b. Mainz.

Apeken, Aapken, Ape: ndd. = »Affe«,

Äffchen. Auch Hausname *tom Apen* 1526 Brschwg. Siehe auch **Aff!** 1596 ward in Flsbg. »ein wanschapen Kind geboren, hadde ein Angesicht als ein *Ape*«.

Apel (Thür.): um 1200/1400 in Thüringen u. Franken beliebte KF. zu Albrecht, entsprechend dem fränk.-württemb. **Appel.** In Sachsen-Schlesien galt dafür (unter slaw. Einfluß) *Apetz:* heute **Opitz!** Dazu auch **Apelt, Appelt** mit sekundärem -t. *Apel* saltzkastener 1296 Würzburg. *Apel* Endevenger 1442 Duderstadt. *Appel* Gerenbrecht 1409 Würzburg. *Appelin* = *Albertus* 1281 Heilbronn. *Appelman* = *Albrecht* v. Crailsheim 1330.

Apelles: Humanistenname, um 1570 in Freiberg/Sa. urkdl. für Ap(p)el!

Apen (Holstein): ON. in Oldbg., vgl. Appen nö. Hbg. Evert *van Apen* 1585 Flsbg. Desgl. **Apmann.** Zum Wasserwort *ap* s. Bahlow, ON. S. 14.

Apengeter, -gießer: im nd. Raum von Bremen bis Greifswald Bezeichnung der Rotgießer bzw. Gelbgießer: Hersteller von Kupfer-, Messing u. Bronzegefäßen, auch von Glocken u. Geschützen (?), in Lübeck noch bis um 1650 (mit den *Gropengetern,* Grapengießern in einer Zunft). Conrad *Apengetere* 1337 Lübeck.

Apfelkammer: aus Apfelkam/Ob.Bay. (ham = heim) wie Vollkammer, Birnkammer (Berinc-heimer) usw.

Apfelstädt: aus A./Thür., am Flüßchen A. (prähistor. *Aplosta,* siehe Bahlow, ON. S. 14).

Apfler (obd.): der Obsthändler (s. auch Obster!).
In Württ. konkurriert der ON. Apflau. Berthold Apfler 1437 Konstanz. Auch mit Umlaut: Äpfler. Phil. *epphelkramer* 1414 Mähren, G. *Appelkrämer* 1617 Neuß; R. *Epfeler* 1367 Glatz, J. *Eppeler* 1485 Görlitz. Auch einfach *Apfel:* 1437 Konstanz. Vgl. nd.-rhein. **Appelbaum,** -bohm.

Apfolter (obd.) siehe Affolter!

Apitus siehe Agapitus!

Apitz, Apetz siehe Opitz!

Apollonius siehe Plönnies!

Apostel, Aposter: deutbar als Apostel-darsteller in den kirchlichen Schauspielen des MA. Paul *Apostel* 1660 Oberglogau. Vgl. Clemens *Osterspil* 1400 Münsterberg/Schlesien.

Appe, App (obd.): KF. zu Apprecht = Albrecht. Vgl. Lutz *Apprecht* 1358/Württ. Heinr. gen. *Appe* 1291 Oppenheim; Albrecht, auch *Appehans* gen. 1344 Mengen.

Appel, Appelt siehe Apel!

Appelbohm: Wohnstättenname. Vgl. Appelhoke 1332 Str.; Sûrappel 1307 Gr.; Einappel 1613 Edesheim.

Appeldorn: ON. Apeldorn (Emsland, Holland usw.), s. Bahlow, ON. S. 14.

Appelles siehe Apelles!

Appold, Appoll, Apolde: aus Apolda/Thür. Rud. *Apolde* 1406 Jena, M. Pfanne *de Apoll* 1500 Mersebg.

Appen, von Appen (Hbg. oft): ON. b. Pinneberg/Hbg. Siehe auch Apen!

Appenrodt (z. B. Quedlbg. 1509): aus Appenrode bzw. Abbenrode/Harz.

Appenzeller (Schweiz oft, Stuttg., Karlsruhe): aus Appenzell/Thurgau.

Apprecht siehe Appe! Desgl. Äpple.

Appuhn: ostpr.-lit. wie Steppuhn (Stephan), Jankuhn (Johannes).

Aprill siehe Abrill! Joh. *Aprill* (Bgmstr.) 1425 Ahlen.

Apsel siehe Absalon!

Apteker, Afteiker (ndd.): der Apotheker, im MA. Heilpflanzen- u. Gewürzkrämer, daher in Frkf. zur Krämerzunft gehörig: Peter *Apteker* (auch Krämer!) 1375 Frkf. Hesselin *in der apteken* 1281 Straßbg., Franzke der *aptheker* 1349 Brsl. Conr. *Abbetekere* 1383 Brschwg. S. auch ndd. **Krüdener.** Viele Belege b. Brech., Der heilkdl. Beruf, S. 44.

Arbeit(er) siehe Arbter!

Arbenz (Zürich): die Arbenz sind im 16. Jh. aus Savoyen dort eingewandert, vgl. Tobler-Meyer, S. 200/201. Eingedeutscht aus frz. Arbanson (ON. Albenson/Savoyen), vgl. 1637 in Zürich: Barb. *Arbenzung* von Andelfingen (dort Sippennest!).

Arber, Arbert (obd.): vgl. in Schwaben Gehölz- u. Waldnamen wie *Arbenholz, Arbenhau, Arbet* (»ein ungelöstes Rätsel«: Buck, S. 10); mlat. arbua »Gehölz«, lat. arbor »Baum«.

Arb(o)gast (Straßbg. oft!), **Argast,** (Basel oft), KF. **Gast,** Gastli: Der heil. A. (Bischof, 678) war Patron des Elsaß; arbi »Erbe«, gast »Fremdling«. *Arbegast* Röder, Edelknecht 1335 Elsaß, P. *Argast* 1500 Baden.

Arbter neben Arbeiter, Arbeit: oft in Schlesien, wo es an die slaw. Hörigen der Kolonisationszeit erinnert; denn *arbeit* meint eigtl. »Knechtsarbeit, Mühsal, Not«. *Arbaiter, Erbeter* um 1400 in Mähren, vgl. *erbten* 1416 Liegnitz. Wernher gen. *Arbeit* 1271 Württ.

Arbs siehe Arps!

Archenholz siehe Arkenholz!

Arcularius: Humanistenname für Kästner, Kistner, Schreiner, zu lat. arca, mhd. arche »Kiste«.

Ardelt siehe Arlt!

Arend siehe Arndt!

Aretin, von A.: Nachkomme eines armenischen Fürsten Aroutioun, 1769 als Frhr. von Aretin geadelt. – **Aretz** (Nd.rhein) s. Arndt!

Arf, Arff, **Arfs,** Arft, Arfmann: nd.-fries. (Hbg., Kiel, Rostock), vgl. Arfsten (Holstein, wie Brunsten, Thorsten, nordisch); zu germ. arbi-, ndld. erf »Erbe«, auch im westdt. Pers. N. *Erf.* Vgl. Arbogast!

Arfert (Rostock, Kiel, Hbg. oft), Arvert: siehe Arf! Aber Gerardus *van der Arffe* 15. Jh. Köln bezieht sich auf e. ON. bzw. Flußn. *Ar-afa* (s. Bahlow, ON. S. 15).

Arg, Argeli (obd.) meint »arg, böse«, auch »geizig«, vgl. K. *Argenhaß* 1348 Lorch. H. *Arge* 1415 Elsaß. B. *Argelin* 1274 Reutlgn. Aber **Arge,** Argemann in Lippe neben Henke *van Argen* 1507 deuten auf e. ON.

Argast siehe Arbogast!

Argelander: Humanistenname für Lehmann (als Lehm-mann aufgefaßt, griech. argillos, lat. argilla »Töpfererde, Lehm«) vgl. Neander »Neumann«, Chrysander »Goldmann«, Sercander »Fleischmann«.

Arheiliger: aus Arheilgen b. Darmstadt.

Arkenberg, Arkenstedt, Arkenholz (-hold): zum Wasserwort *ark* (auch in Ark-lo, Arkel/Holld. u. Landschaft »die **Arke**« in Oldbg.) vgl. Bahlow, ON. S. 123; -holz ist verhochdeutscht aus -holt: H. *Arckenholtz* 1648 Peine. Arkenberg liegt b. Nienburg/Weser (daher Fam. N. in Hann. u. Hbg.).

Arlt, Arlet, Arlitt, Arloth: zahlr. in Schlesien-Oberlausitz, erst im 16. Jahrh. aus Arnold entwickelt durch Umspringen des l, vgl. Humblot aus Humbold; auch in ON.: Arlstein für Arnoldstein; Arlesgrün 1542 für Arnoltzgrün 1370; Hof Arlt/Tirol: 1500 noch Arnold! Im Fränkischen vgl. **Aroldt!** *Arnold (Arlot)* Niclas 1571 Lg., *Arlott, Arlett,* Bauern 1586 Striegau. Näheres: Bahlow, Schlesisches Namenbuch, S. 33.

Armbrecht: (Hbg.) zerdehnt Arrenbracht (wie Helm-: Hellenbrecht): Variante zum germ. Pers. N. *Ermbrecht, Irminbrecht* wie Armgard zu Erm-, Irmingard. *Irmin* war der Beiname des höchsten germ. Gottes Tiu als »gewaltig groß«. Vgl. Cord *Armbrecht* neben Hans *Ermbrecht* 1463/76 Duderstadt u. H. *Yrmbreht* 1336 Villingen.

Armbruster, -brüster, -briester (oft Stuttgart, Karlsr., Straßbg., Basel, Freiburg, Frkf., Zürich), ndd. **Armborster,** -burster; auch Armbrust, Armborst. Kontrahiert **Armster,** Armbster. Der Armbrustmacher u. -schütze, auch im Dienste der Städte.

Armeke neben **Ermke** (ndd.) siehe Armbrecht! Vgl. ON. Ermke/Oldbg. (947: Armike).

Armerding ist westfäl. Patronym wie Deterding, Humperding u. v. a., zu Armhard. Siehe Armbrecht!

Armgardt: Variante zu **Ermgard,** Irm(in)-gard wie Armbrecht zu Erm-, Irminbrecht: siehe Armbrecht! Im 19. Jh. als adliger Frauen-N. gebräuchlich, so auch in Schillers »Tell« u. in Fontanes »Stechlin«; auch der Romantiker Achim v. Arnim nannte 1822 s. Töchter *Armgard* u. Gisela. Eine Frau *Armegart* schon 1283 in Stralsd.; Joh. *Ermegard* 1310 Bremen; Dyle *Ermgarde sun* 1362 b. Nidda.

Armknecht: mhd. = »Leibeigener«. (Vgl. »Gesch. d. Fam. A.«, Worms 1935.) Henning *Armeknecht* 1358 Neuhaldsl.

Armleder: obd. »mit Lederärmeln«, N. eines Bauernführers b. d. Judenverfolgung im Elsaß 1338 (Brech. I, S. 40). Auch in Württ. 1381: B. v. Massenbach gen. *Armleder.*

Armstark: vgl. Goczil *Armstark* 1369 Iglau. Ähnlich Baumstark.

Armstroff (Hbg.): aus Armstorf w. Stade.

Armut(h): der Arme. Joh. *Armut* 1535 Nürnbg. Vgl. G. *Armesele* 1293 Lünebg.

Arndt (ndd. = Arnold), zerdehnt **A(h)-rend, Ahrens,** Ahrendsen, ndrhein. **Aretz, Arntz,** Arntzen, westfäl. patron. *Arnding:* A(h)rning – mit k-Suffix – **Arnecke,**

Arnke; zu Arndt, Ahrens vgl. Berndt, Behrens! *arn* »Adler« (vgl. Udalricus Aquila alias Arnds 1556 Warburg, auch Henn *zum Arn* 1439 Mainz). *Arnoldus* Wendeler alias Schipper *Arnd* 1467 Kiel, *Arnd* Botel u. Bernd B. 1458 Hameln. Hans *Arndes* 1443 Kiel. *Arneke* Gherken/Ostfriesld., Henning *Arneken* 1602 Ndsachs. Siehe auch *Anz!*

Arneck(er), Arnegger (obd.): Herk.-N. (Arnegg b./Ulm) wie Rienecker, Rosegger.

Arnemann (Hbg.): KF. zu Arnold. Hans *A.* 1505 Ardegsen.

Arner, Arnert (obd.): mhd. = »Schnitter« (zu *arn* »Ernte«). Nik. gen. *Arner* 1374 Bühl/Baden. Aber Rud. *der Arner* (oder *de Arne*) 1258/74 Zürich meint den aus Arn b. Zürich!

Arneth (obd.) = Arnold. Vgl. Arnetsried/Schwaben (urkdl. Arnoltzried).

Arnheiter: entstellt aus Arnheider: aus Arnheide, vgl. Westheider, Schönheit (ON. Schönheide!), Grünheit (Grünheide!); also kein weibl. N. (wie E. Schröder meinte).

Arnhold(t) (oft in Sachsen) = Arnold, wie Bernhold = Bernold und Weinhold = Winold. Arnholtz (ndd.) wie Weinholtz, Reinholtz. Auch **Arnold** zahlr. in Lpz., Chemnitz, Dresden usw. Siehe auch **Arlt** und **Arold!**

Arni, Erni (Schweiz oft): KF. zu Arnold, auch Ernemann; desgl. **Arnli.** Der alte *Arni* 1354 Rottweil; *Arnold (Erni)* v. Rotberg 1387.

Arnim: Ort b. Stendal. Bekannt durch den Romantiker Achim v. Arnim.

Arning: westfäl. Patronym, urkdl. aus *Arnding* 1590 (Lippe) verschliffen.

Arnst siehe Ernst! – **Arntz** siehe Arndt!

Arnswaldt: Ort b. Stolberg/Harz.

Arnwaldt: nicht = Arnold (da germ. -wald längst zu -old geworden war!), sondern ON. auf -walde, wie Buchwald, Maiwald, Mehwald, Krautwald, Luckenwaldt, Ringwald usw.

Arold(t) (Nürnbg., Ansbach oft): fränk. Form für Arnold, schles. Arlt. Auch **Arhold.** Vgl. Gregor *Arholt (Aroldt)* 1504 Lützen.

Arp (Hbg., Kiel, Rostock, Friesld.); Arps, Arpke, Arp(p)e, **Arper,** Arpert: nd.-fries. Pers. Name, bekannt durch den Orgelbauer *Arp* Schnitger. Ursprüngl. *Erp,* um 1300 zu *Arp* gewandelt. Germ. *erp* »braun«. *Erpo* Crumholt 1270 Hbg. Vgl. *Erpeshagen* 1330, heute Arpshagen/Meckl.

Arpke ist ON. b. Peine, vgl. Tiges Ludeke van Arpke (Ar-beke!) 1521 Hi. **Arper** wohl zum ON. Arpe b. Meschede.

Arriens (Hbg., Jeverland: **Arians** oft!): ndld.-ostfries. Form für *Adrian(s),* von Flandern aus verbreitet, wo der Märtyrer *Adrianus* (Patron der Schmiede u. Pestheiliger) verehrt wurde (auch i. d. Schweiz). E. Adriansen, ndld. Musiker.

L'Arronge (Hbg.): französiert aus *Aaron* (Bruder des Moses); schon im 14. Jh. in Brsl. *Aaron jude.* Auch Fam. N. Aron(sohn), Aronstein.

Arsch: Alb. Arshar 1444 Hann., Bernd Vul-ars 1489 b. Hi, Joh. Pagen-ers 1309 Soest, Düvels-ers 1385 Ro, Clowen-ers (kratz den A.) 14. Jh. Lüb.,

Artel(t): mundartl.-sudet. Form für Ertel = Örtel (Ortolf, Ortwin). *Artel* Lawran u. Hans *Artel* 1414 Mähren.

Artmeier, Artmann (Bayern oft): mhd. *artland* »Acker«, zu *arn* »ackern«.

Artopé: Theodor A., Schriftsteller. *Artopäus* ist Humanistenname für »Bäcker« (griech. artos »Brot«). Ein Peter Becker (Artopäus) war gelehrter Rektor in Stettin 1530 (Ferd. Bahlow, Ref. gesch. Stettins, S. 176).

Artschwager: = blutsverwandter Schwager (mnd. art »Sprößling, Kind«).

Artus (Hbg.): aus der Sage! Domherr Artus 1253 Kolberg, Arend Artus 1378 Soest.

Artzen (ndrhein.), Aartsen (ndld.) = Arnts Sohn.

Arvert siehe Arfert! – **Arwe** (Hbg.) siehe Arfe! Auch **Arwen.**

Arx, von Arx (Schweiz): Ort im Baseler Land. B. *von Arx* 1516 Basel, Cäsar v. A., Dramatiker.

Arzt: aus dem mlat. arciater, griech. archiatros, z. Zt. Karls d. Gr. übernommen: obd. galt noch das mhd. *lâchener* »Besprecher«. Mhd. *arzat, arzet* ist schon früh, um 1300, zum Fam. N. geworden; meint meist den nebenberufl. Heilkundigen, daher auch Zuname von Bauern (um 1200/1300) und in Städten auch = Bader! Vgl. meister Peter *der Arczt* = P. *der Bader*

1382/1399 Liegnitz. Weitere Belege b. Brech., Der heilkdl. Beruf, S. 6ff. Ein Nic. *Ercztel* 1365 in Iglau.

Asam, Asum: oft in Mchn., Augsbg.; ist bair.-öst. Variante zu Asm(us) = Erasmus, analog zu Rasem. Vgl. Asemstat 1471 für Asmanstat 1500/Tauber. Auch unser Brosame steht für mhd. brosme! Belege: *Asem* (Conditor) 1396 Augsbg., *Asam* Aster 1543/Tirol. Eine Künstlerfamilie Asam um 1700 in Bayern!

Asang, Asanger: obd. Flurname, mhd. â-sang »durch Brand gerodete Waldstelle«. Ulrich der *Asank* 1272 b. Graz. Joh. *Ansang* 1427 Memmingen. Vgl. O-, Onsang.

Asbach: verbreiteter Bach- u. ON. im Sieg-Lahn-Raum, norddt. **Asbeck;** auch Asbrock. Zur Deutung (*as* = »Schmutzwasser«) siehe Bahlow, ON. S. 16.

Asbahr (Kiel, Hbg.): siehe Osbahr! **Asbrand** (Hbg.): ndd. Pers. N.; zu *as* siehe Anselm! *brand* = »Schwert«. Vgl. Sigbrand, Albrand usw.

Asch, Aschen (Hbg., Ostfriesld. oft): *Aseke* war altsächs.-fries. Pers. Name! Auch in ON.: *Asekendorp* = Aschendorf a. Ems. Urkdl. ist 816 *Asico* als KF. zu *Adalricus* in Westf. erwiesen (Stark, Kosenamen, S. 94). Vgl. *Goseke* (Gosch, Göschen) für Godeschalk. Auch *Asche* = *Aschwin* van Salder 1314 Hoya.

Aschenbrenner (obd.), ndd. -berner: altes Gewerbe; durch Holzbrand gewann man Asche für Glashütten u. Seifensiedereien. Eggherd *Aschenberner* 1392 Barth.

Aschendorf s. Asch!

Aschenreiter (Wien): wie Anreiter, Bärnreiter zu den obd. ÖN. auf -reut.

Ascher, Aschmann, Asch sind in Süddeutschland Ableitungen von ÖN. u. ON. wie Asch, Ascha, Aschau. Vgl. Wolf *(von) Asch* 1432/Württ., H. *Aschman* 1404 Eßlgn., Conr. *Ascher* 1340 Eger (dort ON. Asch!). Als Judenname meint Ascher »Glücklicher«, wie Ascher **sohn,** = Ben-Aschér! *Asser,* Sohn des Rabbi Chajim 1350 Brsl.

Aschoff: westfäl. ÖN. auf -hoff wie Althoff, Dykhoff usw.; die Hofsiedlung ist für Westfalen bezeichnend.

Aselmann: aus Asel *(As-lo)* i. Westf. wie Asselmann aus Assel.

Asenbaum (obd.): mhd. = »Pfosten, Stützbalken«, wohl Zuname des Zimmermanns. Walther *Asenbaum* 1321 b. Zürich, Dietmar A. 1462/OÖ.

Asmus s. Assmann!

Asp(er) (obd.): zum ÖN. Asp, Aspen, Aspern. Vgl. Konr. von *Asp* 1356 Villingen; Rudi *Asper* 1448 b. Luzern; S. *Aspmair* 1481 Tirol; *zem Asper* 1288 Hofn. in Tirol; N. *Asparer* 1414 Mähren. Hans *Asper,* Schweizer Maler um 1550. Mhd. aspe meint »Espe«.

Asprian, Asprion (obd., Württ./Ö.): N. eines Riesen in der mhd. Sagendichtung von »König Rother« (vgl. auch Kuprian!), m. d. Variante *Aspelan* in d. Thidreksaga (daher in Lübeck 1322: *Aspelanus Sak*). Obd. Belege: Steinmar u. *Asprian* 1267/Neckar; e. Landmann *Asprian* 1266/Tirol; Hans *Asprion* 1486 Rottweil.

Asselmann, Asselmeyer: aus Asseln i. W. bzw. Assel b. Stade; vgl. Aselmann, Rintelmann, Uffelmann. Ein ndd. weibl. N. *Assel* (wohl fries.) mehrfach um 1300 in Bremen, Lüb., Rostock, Grfsw., mit Metronym: Conr. *vern Asselen* 1340 Lüb., desgl. 1358 N.-Haldsl.

Assemaker, Ass(en)macher (ndrhein.: Köln oft, Essen, Bonn): der Wagenachsen herstellt (ndd. *asse* = Achse, wie osse = Ochse), also = Wagner, Rademacher, Stellmacher. Vgl. As(s)hauer!

Asser (Hbg.): alter fries. Pers. N.: um 1200/1400 in Bremen, Rostock, Strals.

Aßfalg s. Astfalk!

As(s)hauer, -heuer (Dortmd., Düsseld. oft): ndrhein.-westfäl. = Assemaker! In Koblenz 1360 Joh. *Assinslegir.*

Assing (jüd.): Ludmilla A., Tochter des jüd. Arztes *Assing* (Altona) u. der Varnhagen v. Ense 1827ff. *Asser,* Sohn des Rabbi Chajim um 1350 Brsl.

Assler: aus Aßlar b. Wetzlar. Zur Deutung s. Asbach, auch Bahlow, ON., S. 17.

Assmann (Thür., Sachsen, Schlesien) = **Asmus** = Erasmus. Der heil. Erasmus zählte zu den 14 Nothelfern, um 1500 beliebt. *Erasmus* v. Rotterdam, berühmter Humanist. Hans *Aßmann* Frh. v. Abschatz, schles. Dichter. Vgl. *Aßman* = *Aßmus* = *Eraßmus* Wincke 1565 Liegnitz; *Aßmann* = *Eraßman* Jünger 1445 Freiberg/Sa. Vgl. **Raßmann!** In Schleswig-Holstein patron. **Asmussen, Rasmussen** (oft in Dänemark), auch **Asme-**

s(en): *Asmes* Festersen 1568, Nis *Asmesen* 1599 Flsbg. Dazu **Asmy,** Erasmy (lat. Genitiv).

Ast: Übername des Asthauers, Waldarbeiters, vgl. *Fellnast! Dürrast.* Hannus *Ast* 1384 Lg., Rud. *Ästlin* 1369 Biberach. Vgl. auch ON. Ast (Bayern).

Aster (Tirol); auch **Astner:** vom Flur- u. Hofnamen Ast, Asten/Tirol (die Aste = Voralpe, Weideplatz). Vgl. Astegger, Astfeller (-felder), Asthalter (-halder), Asthofer – alle in Tirol.
Aber »van **Asten**« (Ro.) meint den ON. Asten (Holld.), s. Bahlow, ON. S. 18.

Astfalk, -falg, -fahl (obd.): wohl Zuname des Falkners.

Astrup: aus Astrup b. Vechta (1050 Adisthorp).

Athen (ostfries. oft): Variante zu **Aden,** s. dies! (wie Athenstedt neben Adenstedt). Vgl. auch *Athger, Atcher* 1308 Strals., Ro.

At(h)mer (Hbg.): deutet auf e. ON. wie Bothmer (Aller/Leine), Weimer usw., die alle das alte *mar* »sumpfiger Quellbezirk« enthalten. Zu *ad* siehe unter Aden!

Atsma (fries.) siehe Adde!

Attelmann: aus Atteln/Westf. wie Asselmann aus Asseln.

Attendorn: Ort in Westf., also Zuwanderer von dort, schon um 1270 in Lübeck, Rostock usw. G. *de Atendern* 1277 Rostock. Vgl. Bahlow, ON. S. 19.

Attenhofer, Attenhauser, Attenheimer, Attenberger usw. sind süddt. Herkunftsnamen. Zum Wortsinn von *att* siehe Bahlow, ON. S. 19.

Atz(e), Atzen: eine uralte KF. zu Adelbert, Adolf u. ä. auf obd. Boden. Vgl. Karl Atz, Tiroler Schriftsteller. Sigismund *Atze* 1400, Dompropst/Liegnitz. W. *Atzen* 1356 Basel. *Azzo* (Sohn: Rüdeger) 1222 Konstanz; Cunr. u. Hainr. gen. *Azzo* 1259 ebd. Stark, Kosenamen der Germanen, S. 78 belegt *Ado qui et Azo* 955; *Azo = Adelbertus* 927; S. 92: *Azelo = Alberto* 1071; S. 93: *Adelbertus qui et Azili* 1014.

Atzel: siehe Atze! In Hessen-Nassau kommt das mundartl. Atzel = Elster in Frage (schon mhd.): Anton *Atzel* 1661 Wetzlar, Joh. *Atzele* 1346 Wetzlar.

Atzeroth, Atzrott: aus Atzenrode/Hessen bzw. Atzerode/Thür. (nö. Schmalkalden), vgl. Almeroth, Billroth, Klapproth, Lutteroth. Atz- ist hier nicht Pers. Name, sondern altes Wasserwort (Bahlow, ON. S. 19), wie in Atzenbach, Atzenmoos, Atzenholz.

Atzler (obd.: Wien oft): zu obd. ON. wie Atzel(en)/Schweiz, Atzlern/Bay., Hof Atzl/Tirol. Vgl. Ulrich *Atzler* 1408 St. Gallen, Joh. *Aczler(us)* 1369 Klattau/Böhmen. Ebenso Riezler: aus Riezlern!

Atzwanger (Tirol): aus Atzwang/Tirol. Vgl. Binzwanger.

Aub (obd.): mundartl. für Auw = mhd. *ouwe* »Aue, Wasserland«. Heinz *Aub* 1430 Kirchheim/Württ. Auch ON. Aub/Main.

Aube(r)le, -lin: alem.-schwäb. für **Abe(r)le** = Albrecht. *Aubelli = Albrecht* der Hafner 1398 Mengen/Württ., *Auberlin Auber = Aubrecht A. = Albrecht A.* 1448 Urach.

Aubke (Hbg.) neben Aubeck meint den ndd. Bachnamen Au-beke, vgl. Sülbke = Sülbeke.

Aubrecht siehe Auberle!

Auch(t) (obd., Stuttg. oft); **Auchter** mhd. *ûchte* »Nachtweide, Aucht«, noch heute heißen die Nachthirten *Auchter* (Buck, Obd. Flurn., S. 13/14). Vgl. 1226 *Uchtweide.* Auch in Tirol: »Äcker samt Anewandten u. *Auchten*«, vgl. Fam. N. Anwander. Cuntz *Uchter* 1410 Kempten, Klaus *Auchter* 1530 Ulm.

Auctor, Autor, Auter: ein Lokalheiliger Auctor (lat. »Urheber, Mehrer«), schon in H. v. Veldekes »Servatius« um 1170 gen., wurde in Braunschweig (wo die Reliquien) verehrt, daher dort VN.: *Autor* Steinhusen, Ratsherr 1542.

Aude (Hbg., Rostock): ndd. Variante zu **O(h)de** = Oderik bzw. Odelrik = Ulrich; vgl. Aulerich neben Ohlerich.

Auer (obd., oft in Mchn.): von der Wohnstätte an der Aue, vgl. Hartmann v. d. Aue (»der Ouwäre«!). Joh. *us der ouwe* 1294; L. *Ouwer* 1269 Eßlingen.

Auerbach: bekannt durch Berthold A., den Schwarzwälder Volksschriftsteller, ist mehrfach ON. in Baden, Württ., Bayern, Rheinhessen, urkdl. *Urbach: ur* ist uralte Bezeichnung für Wasser (Schmutz-, Sumpfwasser, schon bei Plinius), wie in *Urach, Aurach, Urstede* (Auerstädt), Kanton *Uri* u. schweiz. *urig* »feucht«. Ein Ludwig Aurbacher ist der Urheber des Volksbuches »Die 7 Schwaben«.

Aufderheide, Aufderhorst u. ä. in Westfalen: schon 1050 *uppan dero hetha,* Flur b. Freckenhorst.

Auf der Mauer (Schweiz): von der Wohnstätte. Vgl. den Hans auf der Mauer in Schillers »Wilhelm Tell«. Ähnlich **Auf der Flüh** (Schweiz): mhd. fluo »Steilhang«.

Auffahrt, -farth (Thür.): mhd. *ûf-vart* = Tag der Himmelfahrt Christi. Noch Luther sagte: »Ostern, *Auffahrt,* Pfingsten«. Auch Ostern u. Pfingsten sind Fam. N. Bemerkenswert, daß seit Jahrhunderten A. Name eines thür. Pfarrergeschlechtes ist.

Auf(f)ermann: rheinisch neben Offermann = Opfer-, Oppermann: der Küster!

Auffinger: aus Aufing/Ob. Bayern.

Aufhammer, Aufheimer (Bayern): aus Aufham bzw. Aufheim/Bayern.

Aufleger (München): dort noch heute Gewerbe = »Auflader, Spediteur« (mhd. *ûfleger*). Vgl. ndd. **Uplegger!**

AufmOrdt: ndd. = md. Am Ende (des Ortes, der Straße): *up dem orde* 1350 Lübeck. Dazu **Aufmbroich** (Ndrhein), Aufmkolk, Aufmbrink (Westf.). Im bergigen Süden vgl.: Heinr. (Ritter), gen. *uffe deme bühele* 1296.

Aufrecht (oft in Wien, auch Brsl., Stuttgart): mhd. *ûfrecht* »aufrichtig«.

Aufreither (Wien): zu den obd. ÖN. auf -reuth »Rodung«. Achatzy *Aufreutter* 1590 OÖ.

Aufschneider (Bayern); auch Aufschnaiter (!): v. Hof Aufschnait/Tirol! Leonh. A. 1671 aus Kitzbühel. Vgl. Lardschneider, Oberschneiter (*schneite* »Schneise«).

Aufseß, Aufseeßer (Bayern): auf Aufseß/Oberfranken. Fränk. Uradel *von u. zu Aufseß* (nach der Stammburg). Ein Herm. *Ufseßer* 1467 aus Bamberg.

Aufstößer: mhd. *ûfstößer* »Auflader« von Waren. Vgl. ndd. Splettstößer. Lampert *Ufstößer* 1307 Worms.

Auf und dahin: deutbar als N. eines Fahrenden. Elias *Aufunddahin,* Sohn des Joh. A. aus Budweis 1583 Stuttgart.

(Auge): in vielen Kompositis wie **Liebaug, Rothaug,** Weinaug, Gansauge; obd. Grünäugl, Schwarzeigl, Feinaigle; dazu in Urkunden: *Schönäugli, Äugli* (Schweiz), *Glotzauge, Cronauge* (Kranichs-), *Goldauge, (-oghe), Kiperoghe, Spanoghe* (ndd. = Triefauge). Ein Hensel *mit den liben owgen* 1368 in Liegnitz, auch ein Hencze *mit den sichen ougen.*

Augener siehe Auner! **Augenstein** siehe Augstein!

Augst, Augstein, Augstien: der heil. Augustinus, berühmter Kirchenvater. Siehe auch **Aust(en)** und Stinnes! *Augestein* Ehm 1530 Kempten. *Augenstin* Henckel 1533 Schaffhsn. Ulrich *Augst* 1362 Freiburg, Märkli *Augstman* 1397 Württ. In Württ. beachte man die schwäb. Variante zu mhd. *agstein* »Bernstein« (siehe Agstein!) ein Augstein-Bergwerk z. B. 1444 b. Backnang! Ein Konrad *Augsteindreher* 1418 in Kirchheim/Teck!

Auke(n), Äuckens, **Eucken,** Aukama: fries. Patronym (zum Pers. N. Auke, wohl aus *Aveke*). *Auco* Kempius 1500, Hero *Aucama (Aukinga!)* 1413/19 (Stark, S. 174).

Aul, Auls (Hbg., Rostock): Variante zu ndd. **Ohl(s),** als KF. zu **Aul(e)rich** (Hbg., Ro.) bzw. **Ohl(e)rich,** d. i. der heil. Ulrich: *sente Olerik, Odelrik.* Auch **Aulmann** (Hbg.) neben Ohlmann.

Auleb: aus Auleben a. Helme/Nordthür., vgl. Billeb, Witzleb.

Auler siehe Aulner! – **Aulerich** siehe Aul!

Aulich, Aulig, Aulock (Schlesien): vgl. ON. Auligk b. Borna/Sa. Herr Apecz *von Ulok* 1289 Hirschbg., Bosse *von Awluck* 1391 Lg.

Aulner, Auler, Eulner, Euler: in Moselfranken u. Hessen-Nassau (Wetterau noch heute Eulner) = Töpfer (lat. olla, mhd. ûle »Topf«, mhd. *ûlner* »Töpfer«). Gerhard der *Ülener* to Linepe 1362.

Aumann (Ö., Bay., Rhld.): von der Wohnstätte auf der Aue (Wasser-, Flußinsel). In Sa. auch vom ON. Aue, vgl. Auner!

Aumer (Bayern öfter) ist kontrahiertes **Aumeier,** wie Stromer (Nürnbg.) urkdl. aus Stro-meier verschliffen ist! Vgl. auch **Aumüller:** Inhaber der Aumühle (in Bay. oft auch ON.): Hans Aumüllner 1446.

Auner (Thür.-Sachsen): auf der Aue(n) wohnhaft, wie Wiesner auf der Wiese(n). Ein Gehöft Auner (Steierm.) hieß 1339 *in der Auen!* Vgl. Andr. *Auner* 1476 Chemnitz; B. *Auener (Augner)* 1586 Thür.

Aupperle (Stuttg. oft): jüngere Variante zu Auberle, d. i. Albrecht.

Auras (Schlesien): Ort Kr. Wohlau. Willusch von *Uras (Owras)* 1359 Brsl.

Aurelius siehe Orelli!

Aurich, Auricht (Hbg.): aus Aurich/Ostfriesld.

Ausborn (Hbg. oft!): ist der nd. Pers. N. Os-bern, schon 1340 in Lübeck: Nic. *Osborn,* mit Anlehnung des nicht mehr verstandenen *-bern* (»Bär«!) an »Born«, auch in Strals. 1286: *Osbern (Osborn)* faber; 1345 ebda: *Ostborn* Ratte; *Osbern* auch in Rostock u. Hbg. um 1300; wie Albern, Wulbern, Wigbern. *Os* steht ndd. für *Ans* (germ. Halbgötter), vgl. Osger (Oskar), Oswin, Oswald.

Aus'm Werth (rhein.): mhd. wert (ndd. werder) »Wasser-, Flußinsel«.

Außem (Ndrh.), urkdl. Olveshem, z. Flußn. Olve, wie Mules-, Poles-, Soreshem!

Aust, Austen, Austmann (Schlesien): = Augustin(us), Heil.N. *Austin* Knebel = *Augustin* K. 1453 Lg., *Austen* Meißner 1491 Lg. (Bahlow, Schles. Nbch., S. 55).

Austbeer: »August-, Erntebier«? Gerlich Owestbere 1327 Strals.

Austerling (Westf.) neben **Osterling,** wie **Austermann** neben **Ostermann:** westf. FN. u. Hofnamen, von der Wohnlage: *oster* = ostwärts, östlich, vgl. Osterbrink, Osterloh, Osterhoff. **Austermuth** s. Ostermuth!

Austermühle, Austerwischen (ndd.): »aus der Mühle«, »aus der Wiese«. Vgl. Albert *aus der Mühle* 1299 Bauna b. Kassel. Ndd. Utermöhlen!

Autenrieth (Schwaben): ON. Autenried mehrfach in Bayern.

Auter, Autor siehe Auctor!

Autrum (Rostock, Hbg.): fries. ON. auf -um = -heim wie Baltrum, Sottrum, alle auf Wasser u. Sumpf bezüglich (Bahlow, ON. S. 455).

Autze(n), Outzen siehe Otzen!

Auwärter (Stuttg. oft): Flurwächter.

Ave (Hbg.), auch **Awe** (Hbg., Rostock oft): fries. Pers. N., patron. **Aven** (Jeverland!), **Aving, Aveke:** Marquardus filius *Avekonis* um 1300 Lübeck; Detmer *Aving* 1428 Oldb.; Jürgen *Aven,* Bauer 1556/ Meckl. Zum fem. *Ava* (oft Alt-Rostock), vgl. Peter *Veraven (Ave)* 1340 Barth; Frau *Aveke* 1331 Stralsd.

Avenarius: Humanistenname für Habermann. Bekannt ist der Dichter Ferd. A.; auch Joh. A. (1564) durch s. Gebetbuch.

Ave(n)marg: = Ave Maria (kirchl. Grußformel), liturg. Name wie Kyrieleis. *Ave Maria* 1324 Strals., Herman *AveMárie* 1434 Lippe.

Averdar, Aberdar: »wieder da« (Bote?). Nic. fil. Averdar 1324 Stettin.

Averdieck, Averhoff, Averdung (Westf.): nach der Wohnstätte; ndd. *aver* = *over* »jenseits«: vgl. Overbeck, *Averdebeke* 1465 Barth. **Avermann** (Westf.): *Overmann* 1557 neben *Nederman!*

Awe (Hbg. oft) siehe Ave!

Axel, Axelsen siehe Absalon!

Axen, Axsen (Jeverld. oft): ostfries. Patronym (wie Rixen), verschliffen aus *Ackesson* (Strackerjahn, S. 22), vgl. Akessohn. Siehe unter **Acke!**

Axe(n)macher (Köln, Aachen) siehe Assemaker!

Axmann siehe Axt! – **Axnick** siehe Achtsnicht!

Axt, Ax, Ax(t)mann: meint den Zimmermann oder auch Axtschmied. Vgl. Peter *mit der ax* = P. *ax* 1352 Brsl., Cunot *mit der ax* = C. *ax* 1354 Brsl. Michel *Gutaxt* 1390/Böhmen. **Axthalb, Axthelm** (Bayern) meint »Axtstiel» (mhd. *halbe, halm* »Griff«).

Aye (Hbg. oft), **Ayecke** (Hbg.): altfries. Pers. N., Kurzform zu altgerm. Namen mit *Ag-* (Schwertschärfe, -spitze) wie Haye zu Hag-; vgl. den Langobardenkönig *Ago (Agio)* oder *Agi(l)ulf* 591, desgl. *Ajo* (L.-Führer im 4. Jh.). In Hbg., um 1250 Joh. *Aye (Ayonis).* Dazu patron. **Aissen,** Eyssen.

Ayerle, Aierle (schwäb.) siehe Ayrer!

Ayrer (obd.): der Eierhändler (mhd. *eierære*), bekannt durch den Nürnberger Komödiendichter Jakob Ayrer (Nachahmer Hans Sachsens). Als FN. schon um 1350 in Eßlingen: Berthold *Ayrer,* Kürschner! Dazu schwäb. **Ayerle.** Auch Joh. *Aiermann* 1360 Tienggen, Hans *Ayresser* 1478 Weichs, *Ayerkuch* u. ä. Mehrfach auch *Ayrimschmalz,* ein beliebtes Gericht (Spiegeleier).

Aythe, Eyth siehe Agathe und Eitner!

B

Baack, Baake, Backe, Backen: nordfriesische KF., verschliffen aus *Balke (Baldeke),* d. i. Baldewin, wie Hicke aus Hilke, Ucke aus Ulke (Ulrich), Acke aus Alke, Eicke aus Eilke (Eilward) usw. Es spielt aber auch fries.-ndd. *bake* »die Bake, Seezeichen für die Schiffahrt« hinein, vgl. Herman *Bake* schon 1285 in Rostock. Otto *Bake* 1414 Haldensl. Ein *Bako* 1288 in Stade, *Backe* um 1300 in Bremen.

Baade siehe Bade! – **Baader** s. Bader! **Baake** siehe Baack!

Baalke siehe Bahlke! – **Baalhorn** siehe Balhorn!

Baar (Hbg. oft, nebst **Bahr**): mnd. *bare* »der Bär«, vor ca. 1300: *Bere.* Vgl. auch *Barensteker* = obd. Ber-stecher »Kastrator«, wo *ber* = »Eber«. In Lübeck um 1300 auch *Berenstert, Bernschinke* (-schenkel). Drewes to dem beren 1435 Haldensleben deutet auf e. Hausnamen, wie B. zum Bären 1460 Freiburg, aber Herr Huge *de Bare (Bere)* 1288 Westf. = »Bär«.

Baark, Barck (Hbg., Rostock): ein Thid. dictus *Barke* schon 1294 in Hbg., ein Gerke *im Barke* 1488 Lippe. Mnd. *berke (barke)* = »Birkenrinde«, vgl. den Hence *Berkenben* (Birkenbein) 1264 in Rostock. Auch ON. wie Barke, Bark.

Baars (Hbg., Rostock) siehe Bars!

Baas, Baasch (Hbg. oft): ndd.-ndld. *baas* »Meister, Aufseher« (vgl. Heuerbaas, Schlafbaas »Matrosenwirt«). Ein »Böttcher Baasch« b. Th. Storm.

Babbe (Hbg.), Babbeke: Lallname. Herman *Babbe (Babbeke)* u. Joh. *Babbekensone* (aus Flensbg.) 1357 Kiel; *Babbe* 1277 u. Hinr. *Babbeke* 1323 Strals. In ON. wie *Babbelage*/Westf., *Babbelake*/Engld. meint babbe »Breiige Masse, Schlamm«.

Babe (obd.): alter Lallname *Babo* (wie Boppo u. ä.), vgl. *Babenberg:* Bamberg (Bay., Schwz.).

Babekuhl: ON./Prignitz.

Babendererde, Babenerde, Babenihr (Meckl., Hbg.): ndd. boven, baven, baben = »oben, oberhalb«; also nicht zu ebener Erde, sondern oberhalb wohnend, wie *Darboven* gegenüber *Darneden.* Vgl. Bovenuth u. Achteruth. Ähnlich »uf der erde« 1194 Bay., »under der erde«/Wetzlar. Ein *Bovenerde* um 1300 in Quedlbg., ein Peter *Babendererde* 1573 in Stargardt/Meckl. Vgl. auch Bovenkerken, -siepen; Bovenblot (»oben nackt«), Bovenschulte, Babendreier, -schneider; to Baben.

Babick, Babcke, Babuck (ostdt.): zu slaw. *baba, babka* »Babuschka, alte Frau, Großmutter«; vgl. Jacobus dictus *babka* (Mikl., S. 31).

Babo (v. Lintpach 1140 Bay.) s. Babe!

Babst (obd.): mhd. babes (aus gr.-lat. papas) »der Papst«; Heinricus der *Babest* um 1250/Ob. Rhein, her Burchard der *Babest,* Ratsherr zu Breisach 1290. Mensch mit päpstlichem Charakter; mitunter wohl auch auf Beziehungen zur Kurie deutend.

Bach: von der Wohnstätte am Bach. Vgl. auch Bachmann, Bachmayer, Bachmüller; auch *Bach-elbel,* Pachelbel (Elbel = Albrecht am Bach) in Eger (wie Bachdietel, Bacheberlin u. ä.). Dazu um 1300: *bi dem bach, by der bach, an der bach, im bach, us dem bach, uf der bach; over de beke* (Overbeck).

Bache (obd.): mhd. bache »Schinken«, bachen-swin »Schinkenschwein« (vgl. Leberecht Bachenschwanz 1729 Zerbst). Auch Hausname *zum Bachen* 1316 Worms, dort 1307 Gerlach gen. *Bache.* Meint den Metzger. Aber ostdt.-böhm. *Bacha, Bachnik, Bachura* = Bartholomäus!

Bachem: ON. (Rhld. u. Saar); auch jüdisch.

Bacher (obd.): aus Orten wie Bach, Bachern; z. T. jüdisch (hebr. bachur »Jüngling«). Bair. **Pacher.**

Bachmann s. Bach!

Bachofen s. Backofen!

Bachstelz (obd.).

Back (mnd.) »Schüssel, Mulde« Bakenhower (Ratm.) 1419 Brschwg. Vgl. Kike-, Schade-, Spöleback.

Backe, Backen s. Baack! – **Bäck,** Bäcker s. Beck(er)! – **Bächtold** s. Bechtold!

Backe: vgl. Vetteback 1435 Haldsl. (FN. Fettback (wie obd. Feistback), Smoltebake (Ratm.) 1335 Kolbg., Starkebacke 1392 Dortmd., Bredebake 1325 Hi.

Backenstoß (Konstanz): »Backenstreich« wie mhd. *backenboß, -slac!*

Backfisch: wie Bratfisch: der Fischbrater, Garkoch.

Backhaus (ndrhein. Backhus, **Backes!**): am

dörfl. Backhaus wohnend oder beschäftigt, vgl. Backofen! Auch ON.! Henne *Bakhus* 1387 Frkf.

Bäckler s. Böckler!

Backof(en), Bachofen: entspricht Backhaus. Auch wohl Bäckername: vgl. den Bäcker *Guckinofen* 1350 Olmütz.

Backs s. Backhaus!

Bacmeister: Die Familie B. führt ihren N. auf Lütke Willens zurück, der vor 400 Jahren am Hofe zu Lüneburg oberster Bäcker war u. daher Lütke (Lüdeke) *Bacmeister* genannt wurde.

Bade, Baade (oft in Hbg., Rostock), Bahde, patr. **Baden,** Badenius, Bading: einst beliebte KF. zu ndd. *Segebade,* auch **Garbade,** um 1300 noch *Bode (Bodo)* neben *Segebode, Gerbode* (obd. Sigbot, Gerbot): *bod, bot* = »Gebieter«. Zum Patronym Baden vgl. Henricus *Bodensone* (H. filius domini *Boden*) 1250 Hbg.; zu **Badeke:** *Bodeke (Bodemannus)* 1300 Strals. Selten ist Bade = »Bote«, vgl. badenlohn.

Bäd(e)ker, kontrahiert Bäker, ist breitgesprochenes **Bödeker** (Böcker), die ndd. Form von **Böttcher;** vgl. Kähler für Köhler oder Gädtke für Gödeke. Friesisch ist Bätjer.

Badel(t): ON. Badel/Altmark. – **Badenmöller** (Ro.): ON. B-mühle/Doberan.

Badendiek: alte ndd. Form von Bodenteich südl. Ülzen, auch ON. in Meckl.

Bader, Baader, Beder: obd. und md. Bezeichnung für den Pächter oder Besitzer einer öffentl. Badestube, neben **Badstüber** (Patschdieber!). Ndd. war **Stöwer** (Badstover) gebräuchlich, vgl. obd. **Stüber.** Der Bader war zugleich Bartscherer (Barbier) und Aderlasser (Arzt). Geogr. Verbreitung und urkdl. Belege bei Brechenmacher, Der heilkdl. Beruf (Görlitz 1937), S. 24ff. Vgl. *Badeschilt*/Brsl. + *Bademuter* »Hebamme«.

Bag(e)horn: ON. wie Balehorn, Gifhorn usw. Zu *bag* »Sumpf« s. Bahlow, ON., S. 22.

Bagemühl: ON./Uckermark. Vgl. *Boghe(n)mile* (Lüb., Ro., Strals.).

Bagge: nord. Pers. N., neben Baggesen noch heute FN. in Dänemark u. Schweden (vgl. den Dichter Jens Baggesen/Dänemark). Ein Joh. *Bacghe* 1300 in Strals., wo auch der ON. Baggendorf.

Baggel: ON./Westf., Joh. de Baghele 1290 Gemen, H. Baggele 1435 Mstr., Winold Baggele (Bgmstr.) 14. Jh. Ro.

Baginski (ostdt.): poln. -ski bezeichnet die Herkunft aus einem Orte, vgl. Kaminski u. ä.; Baginski ist auch ON. in Ostpreußen. Vgl. Simon *Bagynski, Polonus* 1592 Univ. Königsbg. *bag* (poln. bagn-) meint »Sumpf«.

Baguhn: ostpr.-lit. wie Appuhn, Steppuhn u. ä.

Bahe, Bahmann = Bade, Bademann!

Bahde siehe Bade! – **Bahlhorn** siehe Balhorn!

Bahl, Bahls, Bahlke, Bahlmann (alle oft in Hbg. usw.) beruhen auf *Bole, Boleke, Bolemann,* um 1300 an der Waterkante beliebte Kurzformen zu *Bol(d)ewin* (Baldewin): Jac. *Boleke (Baleke)* 1568 b. Bukow/Meckl.

Bahlow, Balow: uckermärkisches Bauerngeschlecht, um 1500 in Meckl.-Strelitz nachweisbar; bei Rostock (Marienehe) schon um 1440 ein Klosterbauer Hans *Balow.* Das Dorf **Balow** liegt ö. Grabow in Meckl. Ein *fluvius Balow* 1323 b. Tillendorf Kr. Stuhm/Westpr., wo ein Ritter dominus Schamborius Stange miles *de Balow* 1326 (Preuß. UB II 293 bzw. S. 375); dazu Andreas *Balow* de Danczk 1441 Univ. Erfurt. S. auch Bahlsen! Thid. Balowe 1385 Hbg. Ein Balen-See b. Fürstenberg (stagnum Balam: zu balt.-lit. bala »Sumpf«!).

Bahlrüß s. Ballrüß!

Bahlsen: wie **Ahlsen** auf Alehusen und **Vahlsen** auf Valehusen beruht, so Bahlsen auf *Balehusen,* lauter Synonyma für Siedlungen an Sumpf- und Moorgewässern. Zu *bal* »Sumpf« (wie in *Balehorn*) vgl. Bahlow, ON. S. 24. – Zu **Bahmann** (Hbg.) vgl. Bahmeier (*Bademeier* 1530/Lippe, wie Uhmeier: Udemeier).

Bahnemann (Hbg.): aus Bahne in Hadeln.

Bähnisch, Bänsch (Schlesien); auch Behnisch, Bensch (O/S.): Im 15. Jh. beliebte schles. KF. mit slaw. Suffix zum Heil.-N. Benedikt (s. Bahlow, Unsere Vornamen, S. 13 und Schles. N.-Buch, S. 55f.). *Benisch* Falkenhayn 1438 = *Benedictus* F. 1435 Liegnitz; noch 1532: *Benisch* Lauring/Neustadt O/S. Vgl. tschech. Benesch. (Bähnisch, Die dt. Pers. Namen. S. 41).

Bahns, Bahnsen (Hbg. oft): fries. Pers. N.;

Bane Laurensen 1568 Husum, Owe Banessen 1524 ebda; auch Bahnson.

Bahr (Hbg. zahlr.), Bare s. Baar! Vgl. Huge *de Bare (Bere)* »Bär« 1288 in Westf. (UB VI, Nr. 1396). Peter *Bare* 1582 Flsbg.

Bahrs, Baars s. Bars! – **Bähr** s. Behr! – **Bahrdt** s. Bart!

Bährisch s. Behrisch! – **Bährle** s. Beerle!

Baier s. Bayer!

Baiker, Baikert sind fränk. Varianten zu (schles.) Peuker(t) = »Pauker«. (Nied, Fränk. FN., S. 21).

Bailer (Stuttg.); **Beiler** (Bern): angeblich »Eichmeister« (Brech.) vgl. mhd. beigel, beil »Visieren der Fässer«, beigler »Visierer«.

Baintner, Paintner (obd.: bair.-öst.): mhd. biunte »eingehegtes Grundstück«, oft in Flur- und Hofnamen; vgl. Hug *in der bünde* 1295 Konstanz, Conr. *in der peunt* 1376.

Baitinger (Stuttg. oft): aus Beutingen/Württ.

Baitz: ON./in der Mark. Thomas B. 1541 Brdbg.

Bajohr: ON. b. Memel.

Bake s. Baack! – **Bakker** s. Becker!

Balbach (Franken): ON./Tauber. – **Balbier(er):** der Barbier.

Balck, Balcke (Hbg.) s. Balke!

Baldas: obd. wie **Baldus,** Baldes einst als KF. zu Baldasar, Balthasar gebräuchlich (nicht zu Sebaldus, da dieser nur in Nürnberg Lokalheiliger). Oft in Saarbrücken. Vgl. *Balthas* Hirt 1554/Württ., *Baltas* = *Balthus* = *Balthasar* Mäder um 1600 (Nied, Südwestdt. FN., S. 21).

Baldauf, Balduf, Balluf, **Ballauf,** Pallauf: obd. verbreiteter Übername, ursprüngl. *Baldolf,* so 1329 u. ö. in Württ., später zu *Baldlouf, Balduf(f)* usw. entstellt, wie Kuterolf zu Kuttruf u. ä., Biterolf zu Bittroff, Bitterauf! Mhd. *balden* meint »eilen«, *balde* »verwegen, schnell«, *-olf* diente gern als persönl. Suffix, vgl. mhd. triegolf »Betrüger«. *-olf: -auf* wie in Gundolf: Gundauf; Landolf: Landauf. Belege bei Nied, S. 16, u. Brech., S. 61, 62, 63 (dort irrig als altgerm. Pers. Name aufgefaßt).

Balde (obd.): der neulat. Barockdichter Jakob Balde (1604) war Elsässer. Als KF. zu Baldemar, Baldewin ist *Bäldi* (Schweizer Chronist 1550) bzw. *Bäldelin (Baldemarus)* 1371/86 in Eßlingen bezeugt. Ein *Balde* Schrod 1346 Frkf. Vgl. auch Baldemann. Ein uralter Bach- u. ON. **Balde** in Hessen, nebst Baldeborn im Elsaß (!) u. Württ.

Baldemar: germ. Pers. N.: *Baldemar* 1260 Bacharach; *Bal(de)mar* = *Bäldelin* s. Balde!

Baldenweg, -weck (obd.): deutlicher bei Conrad *Baldhinweg* 1559 aus Augsburg. Ein Bauer Cunrat *Baldenweg* 1300/Entringen/Württ. Vgl. Morneweg!

Baldes s. Baldas!

Baldinger: aus Baldingen (Württ. u. Aargau).

Baldewein, Ballwein (obd.): altdt. Pers. N. *Baldewin* (bald »kühn«, win »Freund«). Vgl. Baldewin und Baldeke in Alt-Brsl. (1366, 1310); *Baldewin* 1387 Frkf., Wernh. Baldewin 1206 Krems; Jörg Paldwein 1363 Prag; Jörg Baldwein 1583 Zofingen. Siehe auch ndd. Boldewin!

Baldram: germ. Pers. N. wie Wolfram, Adalram: bair. **Paltram!**

Baldrich: seltener germ. Pers. N. (bald »kühn«, rich »mächtig«). Konr. *Baldrich* 1480 Ravensbg., Ludolf *Bolderich* 1296 Rostock. Ein Graf Baldrich v. Lothr. im 11. Jh., auch e. Graf u. Bischof B. v. Lüttich im 10. Jh.

Baldung: *-ung* bezeichnet die Zugehörigkeit, bes. in Namen aus der Heldensage, vgl. Berchtung, Adelung, Gerung, Amelung, Ilsung usw. Zu *bald* siehe Baldewin, Baldrich! *Baldungus* 1283 Mainz, Henr. *Baldunc* 1313 Worms. Ein Maler Hans *Baldung* gen. Grien zur Dürerzeit.

Baldus (Rhld. oft) s. Baldas!

Baleke s. Bahlke! – **Balensiefen** (Köln): ON. (s. Bahlow S. 24).

Balfanz: ON. (Pommern, Neumark).

Balg: auch in Kompositis = Tierhaut (aber *Smerbalch* »Fettbauch«! Reinh. *Balg* 1187 Köln), vgl. den Kürschner *Frambalch* »guter Balg« 1298 Lüneburg. Lederbalg 1252 Hbg. Ähnlich Hasenbalg, Ziegenbalg; Kalbesbalg 1194, Pfefferbalg. Aber Blasebalg (1383 Lg., 1455 Lpz.) meint den Schmied oder Heizer.

Balgé (Rostock): mnd. balge »Wanne«. Joh. *Balghe* 1353 Hann. Vgl. ON. Balge b. Nienburg/Weser (balg »feucht«).

Balhorn (Ball-, Bahl-, Baalhorn): mehrfach ON. in Westf. u. Hessen. *Balehorn* meint »Sumpfwinkel« (wie Ahlhorn, Beinhorn,

Gifhorn, Segehorn, Tockhorn, Uhlhorn u. v. a.), s. Bahlow, Deutschlands geogr. Namenwelt (1965). Schon 1307 in Stettin, 1333 in Kiel als FN. Auf den Buchdrucker Joh. B. in Lübeck um 1550 geht die Redewendung »verballhornen« zurück.

Balke (Balck), oft in Hbg., Rostock usw., meint »Balken«, Beiname des Zimmermanns; schon 1270 in Rostock, Bern. *Balke* (lat. trabes), 1292 in Hbg. u. Lübeck; ein Deutschmeister Herm. B. 1233 in Preußen. Vgl. auch *Rambalke* 1258 Hbg., *Sengebalke*/Lünebg. Nicht zu verwechseln mit Bahlcke, Baleke, das auf Boleke (Boldewin) zurückgeht!

Balkenhol (westfäl. Flurname) wie Lemen-, Oden-, Ulenhol, lauter »feuchte, sumpfige« Kuhlen. Vgl. Balkenslede u. ä. Zu *balk* »feucht« s. Bahlow, ON. S. 25.

Ball (obd.): mehrdeutig, viell. der Ballspieler (auf Jahrmärkten); oder = Balle (Warenballen). Auch ON. im Rhld. Vgl. Konr. *Ball* 1377 Württ. Pfälzer war der Dichter Hugo Ball 1885.

Balle (obd.): mhd. balle = »Warenballen«, vgl. H. *Ballenbinder* 1341 Frkf. und *Bindeballe*.

Ballauf s. Baldauf!

Balles, Ballas (Karlsr., Frkf., Saar) siehe Baldas, Baldes!

Ballin (Hbg.): vgl. ON. Ballin b. Woldegk.

Balling, Ballinger (Mchn.): vgl. ON. Baldingen und Ballingshausen/Bay. Kaum mhd. banlinc, ballinc »Verbannter«.

Ballmoos (Schweiz): ON. – **Ballreich** s. Baldrich!

Ballrüß, Bahlrüß: mnd. *rüse, balrüse* »Ballreuse«, Stellnetz f. d. Fischfang in Flüssen. Arnold *Balrüse* 1379 Barth/Pom.

Ballschmieter, -schmiede(r): ndd. = »Ballspieler« (auf Jahrmärkten) Hinr. *Bal-smiter* 1325 Greifsw. Vgl. auch Schmieter!

Ballweg (obd.): ursprüngl. Ballenweg, Baldenweg, s. dies!

Ballwein s. Baldewin!

Balmer (obd.): aus Balm (Schweiz, Baden); balma ist roman. Alpenwort = Felshöhlung mit überhängendem Gestein. Heinr. *von der Balme,* Ritter, 1246 Zürich, Bernh. *Balmer* 1430 Bern.

Balow s. Bahlow!

Bals (Mchn.), Balser: vgl. *Balser* Hülsing 1540 Hann., also = Balthasar.

Balster, Balsters: ostfries. = Balthasar (Winkler, S. 24), vgl. ON. Balster b. Köslin, Balsterholz b. Ennepe/Ruhr. Schwäb. ist (Berthold) *Balsterli* 1286 b. Saulgau (balster »Sattel« f. Lasten: Brech. I 65).

Balthasar, meist **Baltzer,** selten Balser: Kaspar, Melchior und Balthasar sind bekannt als die heil. 3 Könige (wörtlich: »Gott schütze sein Leben!«). Noch um 1700 als VN.: B. Neumann, Barockbaumeister; *Baltzer* Bruswitz 18. Jh./Pom. Obd. KF.: *Bal(t)z, Balzel, Balzli, Bälzle: Balthas, Baltus, Baltes, Baldas, Baldus!*

Baltner (Württ.): mhd. paltenäre, balteniere (mlat. paltonarius) = »Wallfahrer in grobem Wollrock, Bettler, Landstreicher, Krämer«. Albrecht der *Baltener* 1342 Söflingen.

Baltrusch, Baltruschat, Baltruweit: ostpr.-lit. = Balthasar bzw. Balthasars Sohn.

Baltus, Baltes (Rhld., Württ.) = Balthasar, s. Baldas! Vgl. Hans *Baltusor* 1502 Füssen, *Baltus* Geber 1527 Memmingen; *Baltes* Barnow 1535 b. Stettin.

Baltzer, Balzer, Balser: volkstüml. für Balthasar, s. dies! Erst im 15./16. Jh. in Blüte. *Baltzer* Hartusch 1455 Dresden, noch im 18. Jh.: Baltzer Brüswitz/Pom. Vgl. lit. Balzereit, Baltzuhn, Baldzuweit.

Balve: ON. b. Dortmund. Vgl. Balf(er)!

Balz, Bälzle, u. ä. sind obd. KF. zu Balthasar, Balzer.

Bamlach(er): aus Bamlach/Baden (1130 Bamenang, ON. auf -wang, wie Backnang: feuchtes Wiesenfeld; s. Bahlow, ON. S. 50).

Bamler, Bämler (Württ./Schwaben): ein Bummelnder, Bummliger. Vgl. den Augsburger Buchdrucker Johann *Bämler* um 1475.

Bamm: ON. Bamme im Havelland. Vgl. *Bamme* 1350 Haldensl. (wie *Cramme* ebda: ON. Cr.). Wohl auch **Bammann** (Hbg.), wie Hemmann urkdl. aus Hemme.

Bammert (obd.) = Bannwart, s. dies!

Banck s. Bank(e).

Band, Bandt(e): meint den *Bandthauer* (1562 b. Magdebg.), wie auch **Bandtholt,** -holtz (mnd. *bant* »Faßreifen«). Joh. *Bant* 1307 Stralsund.

Bandel, Bandle (obd.): meint den Bandmacher, vgl. Kniebandel! Bendichin; Sydinbant. Vgl. auch Bandleon = Pantaleon!

Bandemer (Brsl.), Bandomir: slaw. Pers.-

N., wie Jaromir (Jarmer), Tesimer (Tesmer), Gostimer (Gustmer), Venzmer u. ä.; -mir = »Ruhm«. Auch im ON. *Bandemerstorp* 1285: Bandelstorf/Meckl. Vgl. die KF. **Bandusch** wie Bogusch; auch ON. wie **Bando(w)**, Bandelow, Bandekow (alle in Meckl.-Pommern). Zu wend. **Bandahl** vgl. Landahl!

Bandholt, -holtz siehe Band! Desgl. **Bandhauer** u. Bandmacher: Clevi *Bandmacher* 1417 b. St. Blasien.

Bandmann (Hbg.): aus Band/Oldbg.

Bandix(en), holst., s. Bendix!

Bandow, Bandekow: s. Bandemer!

Banger(t): obd. = Baumgart (aber im Elsaß = Ban-wart, so Joh. Fischart im »Gargantua«). Hans *Bangart* 1525 Külsheim/Tauber.

Bangratz s. Pankratz!

Banhardt: obd. »Bannwald«. V. *Banhart* 1281 Württ.

Banholz(er): obd. = Banhard. H. *Banholzer* 1372 Württ., J. Panholzer 1394 Tirol (Tarneller, S. 156).

Bank(e): ostdt.-schles. vom ON. Bankau, mehrfach in Ob. Schlesien, erwiesen durch Hans *Banke* = *Banckaw* 1487 Bresl., auch Alexius *Bang* = *Banckow* 1436 Bresl. Vgl. Bankmann (Görlitz), wie Tinzmann aus Tinz. (Bahlow, Schles. N. Buch, 1953, S. 78).

Bankert: mhd. banc-hart, ndld. bankaard »unehelicher (auf der Bank erzeugter) Sproß eines Adligen oder Fürsten«. Ein Ritter Gerhart v. Neuenburg der Banckhart 1395/Schweiz; ein Glasmaler Jooris Banckaert 1544/Holld. (Brech., S. 67).

Bannasch (Bannaski), Bannach sind slaw. wie **Jannasch**, Jannack!

Bannier, Bannehr: ostdt.-wendisch wie Bernier, Hallier, Polthier usw., in Meckl. und der Mark. Achim *Bannére* 1544 Russow/Meckl.

Bannwarth: mhd. banwart = »Flurschütz, Feldhüter«, vgl. Bammert! Heinrich der *Banewart* 1278 b. Schopfheim.

Ban(n)wolf (obd.): ein Augsburger Patriziergeschlecht: Hainr. *Banwolf* 1324 Augsbg. (Brech., S. 68). – **Bänsch** siehe Bähnisch!

Bans(e): md., ndd. = Getreideschober. Vgl. Zum Banse 1496 Gütersloh. Heinr. gen. *Banse* 1384 b. Kassel.

Bantele, Bantli, Bentele, Bentlin: alem.-schwäb. KF. zu **Bantleon** d. i. der heil. Pantaleon, Nothelfer, Patron der Ärzte. *Benteli* = *Bantaleon* 14. Jh./Zürich.

Bantelmann (Hbg.): aus Banteln b. Elze/Leine, wie Rintelmann aus Rinteln.

Bantin (Hbg.): ON. b. Hagenow/Meckl. – **Banz**: ON./Franken: schon in Alt-Brsl. 1345 Opecz *v. Bancz*.

Banzer (obd.) s. Panzer! Zu Banzhaf vgl. Mosthaf, Kochhaf, Ölhaf.

Banzhaf(f): oft in Stuttg., zu schwäb.-bair. *banz* »Bierfaß« (hafen = Gefäß), meint den *Banzenmacher*: H. Strehl, Banzenmacher 1565 Württ.

Bär: der Bär (als Sinnbild der Stärke, auch als Hausname: zum Bären, vgl. Drewes *to dem beren* 1435 Haldensl.) lebt in FN. als **Bär, Bähr, Behr, Beer**, ndd. **Bahr!** Vgl. auch Komposita wie *Berenvreter; Berenstert, Bernschinke* (Schenkel)/Lübeck.

Barbe: karpfenartiger Fisch, meint den Fischhändler oder Fischer.

Barber = »Barbier«, vgl. Balbier!

Barbrack: ON. b. Hoya.

Barby: ON. b. Calbe a. Saale.

Barche(n)t: Übername des Barchentwebers. Herm. *Barchantweber* 1445 Gmünd, Hans *Barchat* 1550 Überlgn. – **Barchfeld**: ON./Thür.

Barck – siehe Bark-!

Bardeleben, -wik, -wisch s. Barleben!

Bardenheuer (ndd.), oft in Aachen-Köln, Bartenheier (obd., wie Kolbenheyer) nebst *Barde* 1442/Hann.: Hersteller der hölzernen Schäfte für Streitäxte: die Barten (ndd. Barden); vgl. Schwepenheuer, Bomheuer, Moldenhauer, Schopenhauer u. ä. Dazu **Bardtenschlager** (wie Becken-, Kannenschlager) und **Bardenwerper** (wie Rodenwerper, Kegelwerper): in Hannover u. Brschwg. schon um 1300 (in Kiel 1436), um 1550 zu *Bartenwerfer* verhochdeutscht; vgl. »mit exsen, bylen u. barden beworpen ...«

Bardey: urkdl. *Bordey, Burdey* 1479, 1453 im Raum Lüneburg-Prignitz, wendisch (Bortaj = Bartholomäus?). Henneke *Bordeye* 1413 Kiel. Vgl. auch Bardohn, **Barduhn**; Bardehl.

Bareis: der in Paris Gewesene. Burkhart gen. *von Barîs 1279 Breisgau.*

Bär(e)nklau: ON. (mehrfach in Brandenbg. u. Sachsen).

Bärenreiter, Bernreiter: aus Bernreut/Bay.

Barensteker (mnd.): »Bärentöter«. Thid. Barensteker 1307 Str. (= Th. Barenspliter 1305: spliten »spleißen«). Vgl. »se wulden de hudt (das Fell) verkopen, er se den baren steken«! Im 18. Jh. bei Rostocker Studenten auch Spottname f. Polizeidiener. Dazu FN. Bahrenfuß/Kiel, Barenstert 1359 Mstr.

Baresel, Bahresel: mhd. bar »nackt, bloß, ledig«. Vgl. *Bellesel* 1410 Württ.

Barfknecht (Stettin): Chr. Barfknecht 1716 Greifenberg. Urkdl. Bederveknecht 1350 Hbg./Meckl. später Berve-, Barveknecht! »Biederer Vasall« (bisher ungedeutet). Zu berve = bederve »Bieder« vgl. »vrome, berve lüde = vrome, bederve Lüde« 1420 UB Herford (A. Lasch § 221, 326).

Barfoth, -faut (ndd.) = obd. Barfuß: der Barfüßermönch! Hinrik der *Barfoten broder* 1395 Haldsl.

Barfurth (Hbg.): aus Barförde b. Lauenburg/Elbe, alt *Berefurd* »Furt durch morastiges Gelände«.

Barg, Barge, Bargen (ndd. barg = Berg) beruhen z. T. auf Ortsnamen, z. T. auf Wohnstättenbezeichnungen, desgl. **Bargmann** = Bergmann = Berger: d. i. am Berge oder vom Berge. Öfter »v. Bargen« in Hbg. (ON. Bargen, 2mal in Holstein, bzw. Barge b. Stade).

Bargha(h)n = Barkhahn: ndd., urspr. *Berkhahn* »Birkhahn«; Joh. *Berchane* 1296 Hbg., vgl. Auerhahn.

Bargheer: wendisch wie Banneer u. ä.

Bargholz (ndd.) = Bergholz = Berkholz »Birkengehölz«.

Bargum: ON. b. Husum.

Baring (ndd.) = Bering, Behring. – **Baritsch:** ON. b. Jauer/Schles.

Bark, Barck (ndd.) = Barg (Berg), aber z. T. wohl zu ndd. berke »Birke«, vgl. im Bark, Barkhop, Barkemeyer, Barkei (Westf.). Ein Herm. *Barchower (Berckhouwer)* 1469 Kiel.

Barkhahn s. Barghahn!

Barkholt, -holz (ndd.) = Berkholt, -holz »Birkengehölz«.

Barkmann (ndd.) = Berkmann = Bergmann: siehe Barg! und Bark!

Barlach (Holstein, Hbg.): s. Barlag!

Barlag(e): ON./Oldbg. (lage meint »feuchte Wiese«).

Barleben: ON. b. Magdebg. (vgl. Herm. de *Bardeleve* 1159, Cord v. Bardeleben 1562 Hameln). Zum Wasserwort *bard* s. Bahlow, ON. S. 26! Vgl. auch Joh. de *Bardelaghe* miles 1356 Holstein, Diderich *Bardewisch* 1425 Oldbg., Niklas *Bardewieck* 1552 Holstein, de Bardewik 1284 Rostock, Joh. *Bardenvlet* 1383 Oldbg.

Barlemann (Westf.): aus Barl *(Berl-lo)* i. W., wie Werlemann aus Werl. *Berle-, Barlemann* 1526/Meckl., *de Berle* 1355 Grfsw.

Barlösius (-losius, -lesius), in Magdebg. u. Thür., Humanistenname, offenbar aus e. slaw. ON. Barlose(n), vgl. Gorlosen, Parlösen.

Barmann, Baar-, Bahrmann (ndd.) = Bermann.

Barmbrok *(Bernebrok),* Barmbek *(Bernebek): Berne* ist alter Gewässername (*ber, bern* = »Modder, Schlamm, Morast«, wie auch in Barenbruch [Bernbruch], siehe Bahlow, ON. S. 34!). Vgl. Berne a. d. Berne b. Bremen.

Barmföhr, Barneföhr = ON. Berneförde. Vgl. Barmbek = Bernebeke! Barmwater (Hbg.): Bernewater »gebranntes Wasser«. Vgl. Bernewyn 1321 Ro. Bernevüre (Knappe) 1360 Br./Lbg. »Brandstifter«!

Barme (Hbg.): aus Barmen. Brant *van Barme (Barmen)* 1383 Lünebg., Clawes *Barme* 1451 Kiel. Vgl. auch ON. Barme b. Verden/Aller!

Barmwater (Hbg.): ndd., beruht auf *Bernewater* (vgl. Barmföhr!), deutbar auch als Satzname »brenne Wasser«, vgl. *Bernewin* 1321 Rostock, *Bernebom* 1278 Ro., *Berneblas* 1319 Lüb.

Barnebeck: ON. b. Salzwedel (*Bernebek,* vgl. Barmbek!). **Barnehl:** slaw. wie Possehl!

Barnekow: ON. b. Wismar/Meckl. – **Barnewitz:** ON./Havelland.

Barner (Hbg.): ndd. für *Berner* (germ. Bern-her), vereinzelt in Hbg., Lübeck, Strals. um 1300: *Berner(us).* Es konkurriert Berner = Brenner!

Barold: germ. Pers. N. *Berold.* Rodolphus miles (!) dictus *Barolt* 1313 Pom. UB V, S. 125. Rentze *Barold* (Ratsherr) 1454 Barth/Pom. *Baroldus* 14. Jh. Rostock.

Báron (Schles.): slaw. wie Staron, Garon, Maron!

Barpfennig (obd.): entspricht dem ndd. Redepenning; meint den Geldwechsler. Rüllin *Barpfennig* 1413 Straßburg.

Bars, Baars, Bahrs, Barsch (alle an der Waterkant oft): Fischname (der Barsch), meint den Fischhändler oder Fischer. Herm. *Bars* 1263 Ro. nebst Wilh. *Sebars* 1273 Ro., R. *Culebars* 1356 Greifsw. (Kaulbarsch). Vgl. auch Stint, Stör, Schlie, Schnepel usw. Zu *Barsman* 1306 Hann. vgl. Schliemann!

Bart s. Barth! – **Bartel,** Bartelmann s. Barthel!

Bartels (zahlr. an der Waterkant): patronymisch zu *Bartelt,* d. i. der germ. Pers.-Name *Berthold,* mit ndd. Wandel *er: ar* um 1300, daher auch **Barthold,** Bartheldes, Bartholz: vgl. Hermen *Berteldes* 1455 Kiel. Noch 1597 in Flsbg.: *Bartelt* Sarow. 1680 in Hbg.: *Barthold* Hinr. Brockes.

Bartenschlager, Barter (obd.) s. Bardenheuer! (Nied, S. 97).

Barth (überall verbreitet): der Bärtige, auch einer mit auffallendem Barte. Seit dem 12. Jh. wurde das glatte Gesicht eine Zeitlang Mode (vgl. Schultze, Modenarrheiten, S. 43), im 16. Jh. wieder wurde die Barttracht in mannigfachsten Formen Mode. Die ursprüngliche Form ist deutlich in: Kaiser Otto *»mit dem Barte«,* Cuntze *mit dem barte* = Cuncze *bart* 1382 Lg. H. *mit dem barde* = *Bartmann!* 1397 Brschwg.; Graf Eberhard *im Bart,* den man den *Bartmann* nennet 1540. *Mötebart* »wehre dem Bart« (1528 Hann.). Vgl. auch Thid. *anebart* 1290 Hildesh.; in Strals. mehrfach *de Barth* um 1300: vom Orte B. ebda! Auch Hausname: C. *zem barte* 1341 Basel.

Barthel (obd. md.), **Bartle** (schwäb.): KF. zum Heil. N. Bartholomäus, **Barthelme** (s. Bahlow, Unsere Vornamen 1965, S. 12, auch Bahlow, Schles. Nbch., 1953, S. 56).

Barthold s. Bartels!

Bartholomä u. ä.: obd. verbreitet, nebst KF. **Barthel,** Bartl.

Bartke, Bartek, Bartilla: slaw. KF. zu Bartholomäus.

Bartling, Bertling: westfäl. Patronym, eigtl. Bertholding.

Bartloff: ON. Gr.- und Kl.-Bartloff/Eichsfeld (vgl. Bartlowo/Ostpr.); ähnlich ON. Haseloff!

Bartmann s. Barth!

Bartnick (Bresl. oft), Bartnig, -ing; Bartnitzki: poln. *bartnik* = Zeidler, Imker. Vgl. auch ON. Bartnig b. Brsl.

Barton: ostd.-slaw. KF. zu Bartholomäus, vgl. Bartek, Bartke, Bartosch.

Bartram: ndd. Form für **Bertram.** Vgl. Barthold, Bartels! Zum Wandel *er: ar* vgl. Lübben § 19, Lasch § 76.

Bartsch (ostd.-schles.): urkdl. *Bartusch* (slaw. Bartosch), *Bartisch:* um 1300/1400 beliebte KF. zu Bartholomäus. Belege b. Bahlow, Schles. Nbch., S. 56. *Bartusch* = *Bartilmeus* Wolf 1370 Brsl., *Bartsch* Lemberg 1495 Görlitz, *Bartisch* Lindener 1491 Lg.

Bartscheer: kontrahiert aus *Bartscherer,* wie **Scheer** aus *Scherer.* Letzteres hauptsächlich süddeutsch, ersteres nordd.: *Bartscherere* um 1250/1300 in Ro., Stralsd., Greifsw. usw. Auch Satzn.: **Scheerbarth:** *Scerebard* 13. Jh. in Ro.

Bartz (Hgb. oft), Barz; patron. Bartzen: rheinisch, zu Bartholomäus, wie ndld. Baerts, Baertson.

Baruth, Bahruth: ON. (Brandbg., Sa.).

Bärwald: aus Bärwalde (mehrf.: Sachs., Brdbg., Schles.).

Barwick, Barwig: norddt., z. T. für ON. Berwick b. Soest, z. T. für Pers. N. *Berwig,* s. dies! – **Bärwolf:** mhd. ber-welf »junger Bär«. N. *Berwelf* 1335 Worms, *Berwolf* 1375 Oppenh.

Barz s. Bartz! Auch ON. Barz in Meckl.

Bäschle (schwäb.) = Baschtian!

Bäschler (Württ.): = Bastler? (Brech. S. 77). Nikol. *Bäschler* 1425 Löffingen; der Bäschler 1281 Echterdingen.

Baschnagel (Württ.): vielleicht »Bastnagel« (Nied S. 96), für den Nagelschmied?

Bäsecke, Beseke: als ndd. KF. zum Heil.-N. *Basilius* bezeugt; *Beseke* = *Basilius* von der Gartow 1342 (Bahlow, Nbch. S. 60). Urkdl. auch in Quedlbg. (14. Jh.). *Bäseke, Beseke* auch in Alt-Lüb. C. *Beseken* 1324 Duderst.

Bas(e)dahl (Hbg.): ON. Basdahl b. Bremervörde. Schon 1302 in Strals.: Hinceko *Basdal.*

Basedow: ON. in Meckl., wendisch wie Garsedow u. ä.

Bas(e)ler: aus Basel.

Basse (Hbg.): aus Basse (b. Wunstorf u. b. Rostock); auch **Bassemann,** wie Gressmann aus Gresse und Plessemann aus Plesse. Vgl. Joh. *van Basse* 1380 u. H. *Basseman* 1309 Hann.; Joh. *Basse* miles 1362 Holstein. Ebenso **Bassen:** ON. b. Verden.

Bassel(mann): aus Bassel b. Soltau. – **Bassermann** (jüd.) s. Wassermann!

Bassewitz: slaw. ON.

Bassler (mnd.): »Baccal auch »Knappe«. Jac. Basselere 1382 Hbf., Thid. Bascelere 1295

Bassüner: mnd. *basûner* »Posaunenbläser«. Stacius *Basunre* 1288 Rostock. Lüdeke *Passunere* 1324 Stettin.

Bast, Bastke, Basten, Basting: KF. zu Bastian = Sebastian. Lit. Bastigkeit.

Bastard: »unehelicher Sproß« (vgl. Bankart!): Albr. *Bastard* 1449/Baden.

Bastian = Sebastian, Märtyrer u. Heiliger, bes. im Süden u. im Rheinland verehrt, wie die zahlr. KF. verraten: **Bastl,** Baschtel, Baschi, Bäschele, **Bästle,** Bestel (Fischart); Best(gen), rhein., usw. Vgl. auch **Baustian,** Paustian.

Bästle s. Bastian! – **Bastmann:** = Bastian.

Bastöver = Badstöver »Inhaber einer öfftl. Badestube. Lubbeke Bastover 1382 Ro. (1378 Kiel). Dazu **Ba(h)steen** »badestein edder ryffstein«, also Reibestein (vgl. wriver »Reiber, Badeknecht«).

Bath(e), Bathke: slaw. Pers. N., vgl. *Batek* (zu russ. batja, batika »Vater«, Miklosich S. 31). Ein *Bateke* 1280 Stralsund. **Bathies** (ostpr.-lit.) wie Bartschies, Jogschies usw. Vgl. ON. Batevitz! Aber *Batevest* 1453 (ndd.) = »hilf tüchtig!«

Bäther s. Böther!

Bäthke, Bäthge, Bätje s. Bethke, Bethge!

Bätjer (fries.), Bötjer: s. Böttcher!

Batt, Battmann: obd.-alem.: Sankt Batt (lat. Beatus »der Selige, Glückliche«) galt als Apostel der Schweiz (ON. St. Batten b. Bern). Thomas Murners Bruder um 1500 hieß *Batt* Murner; ein Hans *Battman* 1469 in Baden.

Batz, Batzle(n): alem.-schwäb. »Klumpen, Haufen« (ein Batzen Geld!), dann auch eine Münze, vgl. FN. *Batzenschlag(er)* in Württ. Cuntz *Batze* 1350 Waiblingen.

Batzlaff: ON./Pommern (slaw.).

Bauch, Bäuchle; ndd. Bu(u)k: mit auffallendem Bauch. Vgl. Altbauch, Breitbauch, Schmalbauch, Spitzbauch, Schmerbauch, Gutschebauch, Bleckebauch, Rockenbauch usw.

Baucke s. Bauke!

Baudach (Schles.): slaw. ON. (2mal/Brdbg.): Bartel Baudach 1465 Görlitz. Zum Stamm *bud* wie Baudissin (Budissin), vgl. Pers. N. Budislaw.

Baude (Schlesien): slaw. wie Baudach, Baudemann. Vgl. Hentschel *Bawde* 1420 u. Bernh. *Budaw* 1419 (gleiche Fam.) b. Lg. ON. Budau/Böhmen u. Bauda/Sa. Zu **Baudemann** (1636/Schl.) vgl. ON. Baudmannsdorf (aus Budwinsdorf, wie Gießmannsdorf aus Goswinsdorf).

Bauder (neben **Buder**): schwäb. »Schläger« (mhd. buden »schlagen«): der *Buder* 1350/Stuttgart.

Baudis (Dresden oft): ON. Kr. Liegnitz und Neumarkt/Schles., vgl. Baudissin, Bauditz, Bauditsch, wie Abitz, Abitsch; Baudach. **Baudisch,** Baudusch sind KF. zum slaw. Pers.-N. *Budislaw, Budimir.*

Baudissin (alt *Budissin:* so hieß Bautzen, Ort des *Budislaw*). Bakannte Lausitzer Adelsfamilie.

Baudistel (Stuttg. oft): Bauernname in Satzform. Eberlin *Buwendistel* 1471 Stuttg.

Bau(e)r (zahlr. in Bayern): mhd. *bûwære* (bûwen = Ackerbau treiben). In Schwaben **Bäuerle,** Beuerle, Beyerle (entrundet, wie Seyerle).

Bauermeister siehe Burmeister!

Bauer(n)feind (obd.); auch Paurnfeindt: Name für Ritter und Raubritter. Heintz von Redwitz, *Bauernfeind* gen. (15. Jh.). Vgl. *Geburenhaß* 1290 b. Seifrid Helbling.

Bauerochs: verhochdeutscht aus ndd. *Buhrosse* (1604 Flsbg.). Eine Liegnitzer Familie B. ließ sich 1912 in Rodewald umtaufen!

Baugatz: ostdt.-slawisch wie Bogatz, Baratz, Glowatz, Heinatz. Zu *bog* »Gott« vgl. Bogumil, Bogislaw, Bogdan.

Bauhuys (ndrhein.) = Bauhaus (ON.), wie Broekhuis, Veenhuis, Panhuis, Steenhuys.

Bauke, Baucke: 1) in Schlesien zum ON. Baucke Kr. Neiße, 2) in Friesland aber Pers. N. mit k-Suffix: aus *Baveke,* wie **Aucke** aus *Aveke,* **Haucke** aus *Haveke.* Zu patr. **Baucken** vgl. **Aucken.**

Bauknecht (Württ.): mhd. *bûknecht* »Akkerknecht« (auch dies ist württ.).

Baum (obd.-schles.), **Bäumle** (schwäb.): nach der Wohnstätte; auch Flurname. Z.T. Übername für den Baumhauer,

Baumhäckel, -hacker, und für den Baumgärtner. Lodewig zum grünen Baume 1387 Frkf.

Baumann (obd.): mhd. *bûmann* »Bauer«. Ndd. Bu(h)mann!

Baumbach, Bombach, Bombeck (ndd.): ON. in Hessen, Baden, Rheinland, Westf., Altmark.

Baumer, Baumert (md.-schles. s. Bahlow, Schles. Nbch., S. 78, auch obd.): Herkunfts- u. Wohnstättenname, wie Eschbaumer u. ä. In Westf.: **Bäumer** (Böhmer!), wie Brinkbäumer, Schuckenbäumer: vor dem Schuckenbome, auch auf den Schlagbaum bezüglich.

Baumgart(e), -garten, -gärtl, -gärtner: am (Obst-) Baumgarten wohnend, auch Besitzer: Obstgärtner. Vgl. *Seczebaum* 14. Jh./Brsl. Ähnl. Pfropfreis, Buckreis. Die er-Formen sind obd. Ein Hannos Schindel, Baumgarte gen. (Liegn.) heißt schließlich nur Hannos Baumgarte, 15. Jh. (vgl. Bahlow, Schles. Nbch., S. 78). Auch zahlr. Orte u. Weiler heißen Baumgarten.

Baumgratz siehe Pankratz!

Baumhäckel, -hacker: obd. und ostmd. = Baumhauer. Mhd. heckel = hacker.

Baumhauer, -heuer; -heier, -höer (obd.): der Baumfäller, aber auch der Zimmermann, der Baumstämme oder Balken zurechthaut. Vgl. ndd. Bo(h)mhauer! Auch Baumhacker, -häckel!

Bäumle siehe Baum! – **Bäumler** (oft in Bayern-Franken): wie Bäumle nach der Wohnstätte. Vgl. den Flurnamen: »zem Böumelin«.

Baumöl (obd.-öst.): für Baumhöwel = Baumhauer, vgl. Steinhöwel!

Baumstark: vgl. Wasmodus Bomstark 1418 Lpz.

Baunach (Nürnbg., Würzbg.): ON. b. Bamberg, am Einfluß der Baunach in den Main (alt Bunach; zur Bedeutung s. Bahlow, ON. S. 29). Vgl. Baunack (oft in Lpz.).

Baur (Bayern, Öst.) s. Bauer! – **Baureis(s):** obd., nicht eindeutig, vgl. Buckreis (Kronach), Propfreis! Also wohl »pflanze Reiser!« (der Gärtner).

Baus, Bausnik, Bauske, **Bauschke,** Bauschat, Bauschus sind dt.-slawisch, vgl. ON. wie Bausa, Bauska, Bauschwitz. S. auch Bus-!

Bausback (obd.), Pausback: ein Pausbäckiger. *Busbacke* 1351 Würzburg.

Bausch (obd.): mhd. *bûsch* »Bausch«. Vgl. mhd. *bûs* »schwellende Fülle«. Vgl. Kornbausch, *Bauschwängel* 14. Jh./Olmütz. *Bauschweckel* (-Semmel) 1414 Mähren. – **Bauschke** (slaw.) s. Baus!

Bause(n)wein (obd.): = Schwendenwein, ein Zechername (bûsen »schlemmen«). Eberh. B. 1527 Kürnbach. Dazu **Bauser** (obd.) »Zecher«: Nicol. miles dictus *Busere* 1293 Ingelheim. Desgl. *Busemann* (ein Mainzer Erzbischof, 1350), »darum daß er gerne trank«! Vgl. Otto *Bausmann* 1653 Kaub.

Baustian siehe Bastian!

Bautz(e), Bautzmann (obd., Bautz oft in Stuttg., Konstanz): mhd. butz »kleiner Kerl«. Joh. Bautz (Butz) 1486 aus Bottwar/Württ.

Bauwens (ndld.-ndrhein.) = Baudewins = Baldewins (vgl. Baudouin). Martin *Baudewyns (Balduini)* 1512/83 Bischof von Ypern.

Bax (Hbg., Ro.), Baxmann (Hbg.), Baxmeier; Baxhenrich; Backs (Osn.): H. *Bakkesman* 1370 Hann. (zu Backes = Backhus).

Bayer, Baier, Beyer, Beier; Bayerle, -lein: für die vielen Beyer in Schlesien siehe Bahlow, Schles. Nbch., S. 78. Der N. enthält den Namen der keltischen Bojer (vgl. auch Böhmen: Bojohemum).

Bebber (van Bebber): ON. am Deister (alt *Bedebur;* s. Bahlow, ON. S. 37).

Bebel (obd.-württ.); auch Böbel: etwas Kleines (schwäb. »böbbele«). Bekannt durch Aug. Bebel (Sozialdemokrat). Vgl. Heinr. *Bebel* (Humanist) um 1500 aus Württ. Wernh. dictus *Bebele* 1307 b. Frkf., Hans der *Bebler* 1376 Waldshut. Hans *Bäbler* 1358 Aargau, Hans *Böbel* 1480 Württ.

Beber(t), md. für Biber (vgl. ndd. Bewer, Bever): vgl. Hans *Behber (Biber)* 1557 Jena. Dazu *Bevernest*/Haldsl. ON. wie Bebra, Bevern beruhen auf altem Flußnamen. Vgl. »am Beberberge«, Bebermeier.

Beck (obd.): mhd. bech = »Pech«. Dazu auch **Bechmann:** der Pechsammler, Pechbrenner (mhd. becherer!). Ein ON. Nd.-Bech im Rhld. – **Bechler,** Bächler (obd.): der am Bächle Wohnende: Berchtold der *Becheler* 1350 b. Überlgn.

Bechem, Bechen (Köln): ein ON. wie Bachem (»Bachheim«); vgl. ON. Bechen im Bergischen.

Becher (München, Köln oft), Bechert, Becherle, Becherer (ndd. bekerer, bekerwerte): meint den Drechsler hölzerner Trinkgefäße oder Becher; doch mag im Obd. mhd. *becher(er)* »Pechsammler, Pechbrenner« hineinspielen! Eine Gilde der Becherer einst in Nordhsn. Ein Hans *Becherlin* 1428 in Basel; Thomas *Becherer* 1372 Lg., Stephan *Becherer* textor (!) 1387 Brsl. Zechernamen sind: Leren-, Neigen-, Schwenken-, Stürzenbecher (ndd. Störte(n)becker). – Jörg *Becherer* 1443 Straßbg. führt 3 Becher im Siegel: vgl. Cl. *Drebecher* 1370 Frkf.

Bechler, Bächler (obd.): am Bächle wohnend. Cunrat Bächeler 1259 Konstanz.

Bechlin (Rostock): ON./Brdbg.

Bechmann (Mchn.) s. Bech!

Bechstein: sowohl der Märchensammler Ludwig B. wie auch der Klavierbauer Carl B. waren Thüringer. Schon 1216 b. Mainz: Diderich B., 1300 ebda: Herbordus dictus *Bechstein;* in Lohr a. M.: 1150 *Pechstein,* 1338 *Bechstein!* In Bresl. um 1350: *Pechstein* neben Quarz! »Pechstein« ist ein quarzartiger, glasiger Stein.

Becht, Bechtle, Bechtel: KF. zu *Bechtold* (auch *Bechtolf, Bechtram*); *Becht-* ist südwestdeutsche u. hessische Mundartform für *Bercht-* (germ. = »glänzend, berühmt«). Vgl. *Becht* Nebeger 1367 Frkf., K. *Bechtli* 1504 Stuttg.

Bechtold, Bechtolf, Bechtloff, -luft siehe Becht! *Bechtold* Suleffel 1442 Frkf., Tiburtius *Bechtolf* 1568 ebd. *Bechtram* Nuzeman 1347 Wetzlar. *Bechtold, Bechtoldes son* 1387 Fulda.

Beck, Becke (bair. **Böck**) ist die ältere, süddt. Bezeichnung für den »Bäcker« **(Becker).** Zur geogr. Verteilung beider Formen vgl. Brech., S. 89 u. 90! **Pfister** (Württ.) aus lat. pistor deutet eigtl. auf den Klosterbäcker. Als Komposita begegnen: Brodbeck (– eine Brotbeckenzunft in Alt-Konstanz), Dürrbeck, Hofbeck, Kornbeck, Sauerbeck, Semmelbeck, Weitzenbeck, Täglichsbeck. Dazu Beinamen wie Butterweck, Hebelwecke, Surhebel, Spitzweck (-weg!), Backwerk, Simmel, Siebenstriezel, Mohnstriezel; Klunkerteig, Teigfuß, Schmatzenteig, Sauerteig, Knüllemehl, Machhörndl, Saffran, Fladen(maul), Pustkuchen, Guckinofen, Ofenloch, Backesbas, Hefenbauch usw.

Becken (norddt.): siehe Beecken!

Becken-, Beckel**haub**: obd. (mhd. beckelhûbe »Pickelhaube, Helm«), also der Helmschmied: hubensmid. Auch alter Hausname: zuo der Beckelhuben 1343 Straßburg.

Beckenschlager: meint den Kupferschmied, der Kupfer- u. Messinggefäße (Becken) herstellte, in Alt-Lübeck, Alt-Breslau usw. neben dem Messingschlager bezeugt.

Becker siehe Beck!

Beckhardt: = »Begharde, Laienbruder« (einer religiös-sozialen Gemeinschaft um 1300, wie auch die weibl. Beghinen). *Begehart* 14. Jh. Brsl.

Beckmann: ndd., entspricht dem md.-obd. **Bachmann:** nach der Wohnstätte am Bach. (Statistik bei Brech, S. 90.) Ndd. *beke* »Bach«. Vgl. Overdebeke.

Bedbur (Köln): ON. Bedburg b. Köln (urkdl. *Bedebur*), mit alter Wasserburg. Zum Wasserwort *bed* vgl. ausführlich Bahlow, ON. (1965) S. 37.

Beddies: beruht auf Beddinges, wie Wirries auf Wirringes.

Bedepenning (ndd.): bede = »Abgabe, Steuer«, vgl. Bedenknecht.

Beder: Umlautform für **Bader** (in Alt-Frkf. üblich), auch Alt-Brsl. u. Haldensl.!

Bednar, Bednarek u. ä.: poln.-tschech. = Büttner, »Faßbinder«.

Bee(c)ken, Becken (ndd.); **Beeck:** = ndld. van der Beeck (Verbeeck), nach der Wohnstätte an der Beke (am Bache). Vgl. Beckmann!

Beel(e): Hbg., *de Belen* 1280 Ro. (ON./Westf. Vgl. Bahlow, S. 31.)

Beenck, Beenken siehe Behnke!

Beer, Behr, Bä(h)r: süddt., west- u. ostmd. für den »Bär«, meist Beiname, z. T. auch Hausname (Drewes *to dem Beren* 1435 Haldsl.). Vgl. Markgraf Albrecht der Bär (»nach seiner Tapferkeit«). Im schles.-sächs. Raum (wo Behr u. Beer häufig) spielt die Mundartform für Beyer hinein (Näheres: Bahlow, Schles. Nbch., S. 122!); im Süden (wo Beer vorherrscht) mag vereinzelt der alte Pers. N. *Bero* (für Berwin, Bernhard) mitspielen, vgl. Bero Rußwurm 1178 Bamberg, *Ber* v. Ramungen 1294 Ulm, auch *Berlin* = *Bernhard* um 1400/1500 in Heilbronn, doch gilt obd. für Bernhard meist Benz! – **Beerli** ist schweizerisch oft Ndd. herrscht **Baar, Bahr** (Her Huge *de Bare* [*Bere*] 1298 Westf.).

Beerbohm, Behrbohm: ndd., nach der Wohnstätte am Birnbaum (vgl. Nottebohm: Nußbaum). Auch Hausname. Hinr. *Berbom* um 1300 Lüb.

Beerle (schwäb.) s. Beer! **Beerhold** s. Berold!

Beermann (ndd.) siehe Behrmann!

Beerschneider, Beerstecher s. Barensteker!

Beese (Hbg., Rostock oft): ndd. *bêse,* ndld. bies »Binse«, wie in ON. Besenhorst, -bruch, -kamp u. ON. Beesen (Altmark, Holstein, Westf.): Henr. (de) Besen = H. Bese 1282 Ro.; Joh. *Bese* 1283 Strals. Vgl. **Biese** u. Biesenbinder!

Beesten (Hbg.): ON b. Lingen/Ems.

Beethoven (flämisch): = »Rübengarten«.

Beetz (Hbg. oft): ON./Havel.

Begemann, Begemeyer (Lippe): von der Bega (Flüßchen b. Detmold), wie Huntemann, Wippermann, Bestemann.

Beggerow (Meckl.): ON. b. Demmin.

Behaghel (Bentheim): ndld. behaghel »behagend, freudig«; vgl. mishagelik »mißfallend«. FN. Unbehagen.

Beha(i)m (obd.): der Böhme. Vgl. **Behm,** Böhm!

Behler (obd.): vgl. Burkart der *Beler* 1314 b. Donau-Eschingen, zum ON. Behla ebda. – Zu **Behl(e),** Behla, Behlau vgl. ON. Behl/Holst., Behla/Netze, Behle/Schles., s. Biehler! – **Behlmer:** ON. b. Hoya.

Behling (Hbg.): ON./Ruhr; auch ON. Behlingen/Weser.

Behm siehe Böhm!

Behn, *Behne,* **Behnk(e),** Behnken (alle ndd., auch mit ck) sind KF. zu Bernhard. Bei Behn mag vereinzelt »Bein« hineinspielen (vgl. z. B. Henning mit dem bene; Hans Röreben 1459 Hann.). Ro. Belege: *Bene* carnifex 1289 Strals., Hans *Bene* 1412 Barth, *Beneke (Bernart)* Sachtelevent 1301 Strals., *Beneke (Bernard)* Vleminc 1300 ebda. In Westf. auch **Beine,** Beinker!

Behnisch siehe Bähnisch!

Behr (Thür., Sa., Schles.) siehe Beer! **Behrbohm** siehe Beerbohm!

Behre (Hbg.) gehört zum ON. Behren (mehrfach: Hann., Meckl.); zum Abfall des -n vgl. Beese(n)! Eine Behre fließt b. Ilfeld/Harz. Vgl. Behren!

Behren (von)/Hbg.: ON. (s. Behre!). Lüder *von der Beren* 1317 Lübeck. Vgl. Theod. *von Beeren* 1267 (ON. Gr.-Beeren/Teltow).

Behrens, *Berends,* **Behrend,** Behrendsen: zerdehnt aus *Bernd* = Bernhard, wie **Ahrens** aus *Arnd* = Arnold. Norddeutsch einst beliebt, neben *Beneke* (Behnke). Im ostfries. Jeverland noch 1860: *Behrend* Janssen Iben. Die urkdl. Form für Behrens ist (Hinrik) *Berndes* 1387 Greifsw.

Behrenstengel s. Birnstengel.

Behringer (obd.): aus Behringen bzw. Böhringen/Württ. (C. *Beringer* 1317 Zürich). Aber norddt. **Behring** ist Patr. vgl. Lippold *Bere (Bering)* 1237/51 = ursus./ Pom.

Be(h)risch (Dresden oft, Schles.): KF. zum slaw. Pers. N. *Beroslaw,* wie Bohrisch zu Boroslaw. M. *Berisch* 1432 Görlitz, P. *Berusch* 1367 Brsl., *Beruschke* koch 1391 Brsl.

Behrle (Württ.), Beerli s. Beer!

Behrmann (ndd.) meint den Bierhändler (Biermann) wie Wienmann den Weinhändler; die Schreibung entstammt dem 17. Jahrh., vgl. »verdrunken 3 kan behr« 1673. Ebenso Vehlbehr (Hbg.): »viel Bier«, Suhrbeer »Sauerbier«, Mügebeer (Mögebier). Sluckeber 1327 Ro., Drinkeber um 1300 Lüb.

Behrstecher, -schneider, -sauter s. Barensteker! **Be(h)schnitt** (Brsl.): slaw. wie Ragnit b. Tilsit.

Beiche, Beichmann: aus Beicha u. Beucha/ Sa., Beichau/Schles. (wie Tinzmann aus Tinz/Schl.)

Beiderwieden (ndd.): »bei der Weide wohnend«; vgl. Wiedenbohm, Wiedenkamp, Wiedenmann. **Beier** siehe Bayer!

Beifuß (Peyfuß/Ö.): Pflanzenname.

Beil (obd.): meint den **Beilschmidt** (Mchn.) bzw. Zimmermann: vgl. Timmerbeil. Dazu Breitbeil, Dünnebeil, Blankebeil, Hakkebeil (Beilhack), Klingbeil (ndd. Klinkebil 1355 Rendsbg.); H. *Bilmeker* 1535/ Ndrh. J. *Bilhower* 1480 Ulm. Zu mhd. bîhel vgl. württ. Beyel! (1436 Bihel).

Beiler (Württ., Schweiz) siehe Bailer!

Beil(i)cke, Behlike: ON. Belicke b. Magdebg.

Beilstein: ON. (Hessen, Mosel, Württ.). Vgl. Bielstein!

Beimfohr (Westf.) wird deutlich durch BeimForde »bei der Furt«, wie Tomfohr durch TomForde! Vgl. Hans vorm Fohrde 1602 in Stemmen. Ähnlich Beimbrinke, Beimgraben, Beimdieke.
Bein, Beyn (Hbg. oft): nur selten den Körperteil meinend (vgl. Henning mit dem bene), sondern im ndd. Raum = **Behn** = Bernhard! Daher **Beine** neben Behne, und **Beinke** neben Behnke, **Beining** neben Be(h)ning. Vgl. auch Beinker (patr.) in Westf., wo *ei* für *e* üblich. S. auch Beinhorn (Benhorn)!
Beindner (Mchn.) siehe Baintner!
Beinhauer (Hessen): hess. für Knochenhauer, Fleischer (mhd. bein »Knochen«). Vgl. W. *Beinheuer, fleischheuer* 1416 Köln.
Beinhorn: ON. b. Lehrte (urkdl. *Benhorn* »Sumpfwinkel«), wie Benhorn b. Walsrode; Druchhorn, Balhorn usw. (Bahlow, ON. S. 30, 33).
Beining, Beinker s. Bein! (*Beineker* 1666 Lippe: zu Beneke, wie Gödeker zu Gödeke). Vgl. *Benckers* 1501 Bremen.
Beinlich (Glatz/Schles.): Niclas *Beinling* 1465 Gl. (mhd. beinlinc »Hosenbein«).
Beinroth: aus Beinrode/Eichsfeld, wie Billroth, Klapproth usw.
Beischlag siehe Beyschlag!
Beise: Zufluß der Fulda, mit Beiseförth u. Beisheim (Bahlow, ON. S. 30).
Beisele(n): württ., wie in dem Namenpaar »Eisele und Beisele« (Appellativ in den »Fliegenden Blätter«).
Beisker siehe Peisker!
Beißenhirtz, -herz: meint den Jäger (u. seine Meute).
Beißer (obd.): ein Bissiger. Ulrich *Beyßer,* Ritter 1317. *Beismichnit* 1542 Freiburg.
Beißwenger, -winger(t): aus Beiswang/Württ.; vgl. Binswanger aus Binswangen.
Beitl, Beitler siehe Beutler!
Beitz: wohl zum ostdt. ON. Baitz, Beitzsch usw.
Bekerer, Tymme 1263 Ro. »Becherdrechsler«. Dazu R. Bekerholt 1371 Hbg.
Belde, Beldel s. Balde(win)! Vgl. *Beldewin* 1387 Frkf., der *Belde*/Alt-Brsl. **Beldner** (obd.): Belde = »Weidenbaum«, vgl. Beldach »Weidicht«; Beldengraben.
Beleites, Behleit (ostpr.-lit.): wie Mickeleit, Poweleit (-eit ist patr. Endung).
Belke, Belkner: vgl. ON. Belkau (mehrfach, ostdt.).
Bell (Köln oft): ON./Rhld. (2mal). – **Belleb** (Thür.): ON. Belleben!
Beller (obd.-württ.): = »Zänker« (mhd. bellen »keifen, zanken«). Wigand *Beller* 1166 b. Wertheim, H. *der Beller* 1308 Württ. A. *Bellesel* 1410 Württ.
Bellermann: aus Beller/Westf.
Bellmann (Hbg. oft): aus Belle/Westf., Bell/Rhld. bzw. Bellen südl. Bremen. Vgl. Bassemann: aus Basse; Bestmann: aus Besten usw. E. *von Belle* 1531 Stettin.
Bellon (ital. »schön«): um 1650 nach Ulm zugewandert.
Below: ON. in Meckl. (3mal). – **Belschner:** obd.
Belser (obd.): aus Belsen/Württ. (bels = »Sumpf«: Bahlow, ON. S. 32). Belsemeyer: aus Belsen/Celle.
Belter (mnd.): »Riemer, Gürtler« (zu schwed. bälte »Gürtel vgl. »bältare och remsnidere« 1461 Stockholm. Chr. Belter 1291 Riga, Winand B. 1263 Dzg., Wulhard B. 1280 Ro. Vgl. »der belter gerhús« (Gerbehaus) in Alt-Riga!
Bel(t)z (obd.): meint wohl den Pelzhändler oder Kürschner, vgl. Heinr. *Belzwerk* 1330 Franken; Hans *Beltzner* 1553 Schw.-Hall. J. *Beltzlin* 1513 Reutlingen. E. *Beltzer* 1357 Zürich. Berth. *Belz* 1293 Frkn.
Bemmann: deutet auf Benne-mann (Köln), zu ndd. *benne* »Torf-, Moorwiese«. Vgl. Bahlow, ON. S. 32/33.
Benck (ndd.) = Behncke = Beneke (Bernhard), siehe Behn!
Benda, Beneda (ostdt.) = Benedikt, vgl. Bendig, Bendix.
Bend(e)l (obd.): der mit Bandwerk (Bändeln) handelt (oder sich schmückt). Desgl. **Bendler.** Alb. *Bendel* 1286 Böhringen/Württ.
Bender (Köln, Frkf., Mchn. oft): = Binder = Faßbender, -binder. Eine Zunft der *Bender* in Alt-Frkf.
Bendfeldt (Hbg.): ON. b. Plön.
Bendha(a)ck (ndd.), Benthaack: Höker, Kleinhändler mit Faßbändern, -reifen, die der **Bendheuer** (Köln) oder **Bendschneider** (Hbg.) herstellte. Vgl. Semmelhaack u. ä. Joh. *bentsnidere* 1290 Rostock.
Bendig, Bendix, Benditt (Banditt): ostdt. = Benedikt. In Schl.-Holst. patr. Bendixen.
Bendleb (Thür.): ON. Bendleben, wie Memleb, Briegleb.

Bendler, siehe Bendel!
Bendschneider siehe Bendhaack!
Bendt (Hbg.): wie Bendtsen, s. Bente!
Bendtrodt: ON. Benterode/Th.
Benduhn (ostpr.-lit.) = Benda = Benedikt; vgl. Steppuhn!
Bene(ke), Beneking (ndd.) s. Behn(ke)! Desgl. Benemann.
Benesch (Wien zahlr.): tschech. für Benedikt. Vgl. Bähnisch!
Benfer, Benver, Bänfer (Köln): aus Benfe (nebst Banfe/ b. Laasphe), d. i. *Ban-apa* »Sumpfbach« (Bahlow, ON. S. 25).
Benfey (jüd.): = ben-Fey »Sohn des Phöbus«.
Bengehals (Brschwg.) »Windehals«. Heyneke B. 1333.
Beng(e)l, Bengler, Benglmann (obd.): mhd. bengel »Knüttel«, persönl. »derber Kerl«. Burkh. *Bengel,* Leibeigener 1282 Württ. Vgl. auch ON. Bengel (Mosel, Bay.).
Benger(t): aus Bengen/Rhld.
Bengs, Bengsen = schwed. Bengtson: »Benedikts Sohn«.
Bening (patr.) s. Beneke, Behn! – **Benholt,** -holz: ON. wie Bensiek, Benhorn.
Benker(t): Mchn. oft! Zum ON. Benk (mehrfach in Bay.). Aber Herburt *benkker* 1387 Frkf. wohl zu mhd. benken »Bänke machen«. S. auch Beinker!
Benn, Benne, Bennen, Bennecke, **Benning** (ndd.): KF. und Patronym zu Bernhard. Urkdl.: *Benno* qui et *Bernhardus,* dux Saxoniae 11. Jh. Ludolf *Benning* 1288 Strals. Hans *Benne* 1523 Hann. (s. aber Bennemann).
Bennemann (Köln): von der Wohnstätte (ndd. benne = »Torfwiese«). Hans *Benne* 1367 Selz/Els.
Benner (obd.), Bennert: der Bennenmacher (mhd. benne »Korbwagen«). Joh. *Benner* 1432 Schw.-Hall.
Benninger (obd.): aus Benningen/Württ. (2mal).
Benrath: ON. b. Düsseldorf. Auch Bennrath/Sieg. (ben »Sumpf«: Bahlow, ON. S. 32/33).
Bensch: s. Benesch, Bähnisch!
Bense, Bensemann: aus Bensen b. Hameln (alt Benhusen, vgl. Winsen: Winhusen: *ben, win* = »Sumpf«).
Bensel (obd.): mhd. *bensel, pensel* »Pinsel«. Hugo Bensel 1563 Gmünd.
Benseler (Westf.), auch Ben(t)zler: offenbar alter ON. auf -lar »feuchter Boden«, wie Manzlar, Winzlar, vgl. Bentler aus Benteler i. W., Methler aus M. i. W.
Bensieck, Bensieg: ON. in Westf. Vgl. Benrath! (siek deutet auf sumpfige Lage).
Bensing (Westf.): patr. zu Bens(o), wie **Mensing** zu Menso! Soweit nicht = obd. Benzing, vgl. Bensinger: Benzinger!
Bente (Hbg. oft): fries. KF. (nebst Bent, Beint) zu Bernt (Bernhart), F. Stark, S. 130, Ruprecht, S. 7. Vgl. Meint, Ment zu Meinhart. Dazu auch fries. Bentjen(s), Bentinck. Vgl. Bendt, Bendtsen, Bentzen!
Bentele, Bentli(n), Bentl (obd.): KF. zu Pantaleon, s. Bantele! Vgl. K. Bentele, Geschichte der Familie B. (Ulm 1941).
Bentfeldt: ON. (Holstein, Hann.). Vgl. Bentfurt, Bentheim, Bentlage, Bentwisch (*bent* = »sumpfige Fläche«, oft im Nordwesten, bes. Westf.: ein Torfmoor »das Bent« b. Hiddesen. Preuß, S. 95).
Bentha(a)ck (Hbg. oft): s. Bendhaack!
Benthien, Bentien (Hbg. oft): ON. Bentin b. Gadebusch/Meckl.
Bentinck siehe Bente!
Bentlage: ON. in Westf., s. Bentfeld!
Bentler, Benteler: ON. Benteler b. Bekkum i. W.
Bentrup: ON. in Westf. (-trup = -torp »Dorf«).
Bentwisch: ON. b. Rostock, Stade u. Perleberg (»Sumpfwiese«), vgl. Bentlage, Bentfeld!
Bentz siehe Benz!
Bentzen (Hbg.), Bentsen, Bentzen: Patronym zu Bent(e)! Vgl. in Flensburg 1593: Carsten *Bentzen,* Bonnick *Bentzen.*
Bentzien: ON. Benzin (mehrf./Meckl.-Pom.). – **Bentzler** s. Benseler!
Bentzmann: aus Benzen b. Soltau. Vgl. H. *Bentzeman* 1388 Haldensl., wo auch *Nuntzman* = van Nuntz!
Benz, Bentz (obd.): im alemann. Raum einst häufigste KF. zu Berthold (seltener zu Bernhard), beliebt durch das Herzogsgeschlecht der Zähringer! Vgl. *Benz* = *Berthold* v. Hüfingen 1331/48. *Bentz* = *Berchtold* auch im Aargau 1344/47. Siehe auch **Betz** u. **Bertsch!**
Benzin s. Bentzien! – **Benzler** s. Benseler!
Benzi(n)ger: aus Benzingen/Württ. (-iger für -inger ist alem.-schweizerisch). Auch **Benzing,** wie Hirbling a. Hirblingen.
Beranek (Wien zahlr.): slaw. = »Lamm«.

Berard(t): = Berhard = Bernhard. *Berhardus (Bernhardus)* Honech 1255 Pom. *Berardus* 1264 Hbg.
Berber: vgl. ON. Berber b. Kevelaer.
Berberich (Franken): aus *Ber-berg,* wie Herbrich, Hubrich (Hoberg!), Hirsbrich (Bahlow, Schl. Nbch., S. 87, 122)!
Berbig s. Berwig! – **Berchem:** ON. Berchem/Lux. (wie Bachem, Aussem).
Bercht, Berchtold s. Berthold! – **Berchtel(mann):** vgl. C. *Berchtelmann* 1303 Worms, s. Berthold.
Berck- siehe Berk-!
Berdel: ON./Westf. (alt Ber-lo »sumpf. Niederung«).
Bereit(er), Bereuter: bair.-tirol., wie Anreiter u. ä. zu den ON. auf -reut »Rodung«!
Berend(t), Berends, -sen s. Behrens!
Berg: nach der Wohnstätte am Berge, daher süddt. und westdt. zahlreiche (ndd. Barg!) Ebenso **Bergmann, Berger** (auch schles.): Peter *Berger* = *P. der uf dem berge* 1385 Brsl. (Weiteres b. Bahlow, Schles. Nbch. S. 79). Vgl. ndd. **Barg!**
Bergande(r), Begander (Brsl.): slaw. wie Machande(r), wo Mach = Matthias.
Bergel: ON./Bayern.
Bergemann (Hbg., Köln oft): bezieht sich auch auf ON. wie Berge (mehrf. in Westf. bzw. Bergen. Vgl. FN. »von Bergen, v. Bargen«.
Bergham(m)er (Bay.): aus Bergham (-heim), vgl. Kohlhammer, Hundhamer. Berghofer, Bergmaier, Bergmüller: alle in Bayern oft.
Bergler (Mchn.): aus Bergel/Bay.; vgl. Berglern/Bay. wie Riezler(n); aber auch vom ON. Bergle: D. Bergler 1441 Rottweil.
Bergmann: siehe Berg!
Bergner (obd., auch jüd.): aus Bergen (oft ON. in Bayern).
Bergold, Berggold; Bergtold: s. Berchtold! (*Berhdolt* Biederich 1336/Baden).
Bergsträßer (obd.): von der Bergstraße. – **Bergs(t)** = Berges, ndrh. = Berghus! (wie Backes = Backhus).
Bergunde(r): schles.-slaw. wie Bergande(r)!
Beringer (obd.) s. Behringer. Vgl. C. *von Beringen* gen. der swarz *Beringer* 1525 Württ.! (zum ON. Ried-Böhringen). Nied, S. 31. Vereinzelt mag der germ. Pers. N. *Bern-ger* hineinspielen (obd. und ndd. bezeugt): *Berngerus* 1245 Württ., *Beringerus* Nüßlin 1281 Brüx, *Beringer* v. Catzenfurt 1345 b. Wetzlar, *Berengerus* um 1250 Rostock (auch im dortigen ON. Bargeshagen: 1128 *Berengereshagen!*) Ulusch *Bernger* 1388 Böhmen.
Berisch siehe Behrisch!
Berke; Berkemann, Berkemeier (westfäl.): ndd. berke = »Birke«, vgl. Berkenbusch, -kamp. Also nach der Wohnstätte: J. in den Berken 1617. Zu Berke vgl. auch ON. Berka (Thür. u. Hessen).
Berkel(mann): aus Berkel (Berk-lo) b. Sulingen bzw. von der Berkel (Fluß in Gelderld.). Vgl. Rintelmann, Bockelmann u. ä.
Berkemer (Stuttg. oft): aus Berkheim b. St., wie Mannemer: a. Mannheim.
Berkha(h)n (Hannover oft): = »Birkhahn«. Schon 1296 in Hbg.: Joh. *Berchane.*
Berkholz: »Birkenholz, -gehölz«, mehrfach ON. in der Mark (wie Barkholt im Nordwesten).
Berl(e) (obd.) wie Behrle s. Beer! – Vgl. auch ON. Berl i. W.
Berlage: ON./Westf. (s. Bahlow, ON. S. 35).
Berlepsch: ON./Werra (urkdl. *Berleibeshusen*), daher um Kassel öfter. Cunr. de *Berleibessen* 1233. Bekanntes Adelsgeschlecht. Vgl. Berleb-lep (Mchn.).
Berlichingen: ON. in Württ.
Berlin (Hbg. oft): auch ein Dorf b. Segeberg/Holstein! Schon 1283 in Rostock: *de Berlin:* 1300 in Strals.
Berling: westfäl. Patronym wie in Berlinghoff, Berlinghausen/Westf. Vgl. auch ON. Berlingen (Rhld. 2mal)
Berlt, Berlet, Berlitt: thür.-fränk. Form für Berthold, wie Arlt für Arnold. *Berlt* = *Bertold* Tute 1383/81 Mühlhsn.; *Berlet* Schrötter 1588 Gotha. Vgl. Gutberlet »der gute Bertold«.
Bermbach: ON. (Thür., Hessen).
Bermel: ON./Rhld.
Bermter, Bermitter (obd.) = Pergamenter (mhd. permin[t]) »gegerbte Tierhaut«. Noch um 1400 schrieb man auf Pergament. Ein »gerber Hensli *Bermpter*« 1408 in Villingen. Berthold *bermender* 1382 Frkf.
Bernauer (obd.): ON. Bernau in Bayern, Württ., Baden. Vgl. die Augsburger Baderstochter Agnes Bernauerin um 1450!

Berndt (Hbg. oft): ndd. Form für Bernhard (s. auch **Behrend!**) wie **Arndt** für Arnold (bern »Bär«, hard »kühn«). Bernhard u. Arnold waren im ndd. Raum um 1200/1300 die beliebtesten Pers. N.! Noch 1458 in Hameln: *Bernd* Botel, *Arnd* Botel. In Schles.-Lausitz aus wend. Bernat!

Bernecker: aus Berneck (Franken, Württ.) wie Rienecker aus Rieneck.

Berner, Bernert: fließt aus verschiedenen Quellen. In Schlesien: aus ON. Berna/Lausitz (2mal) wie Kuhnert aus Kuhna u. Börner aus Borna. Vgl. »von der Berne« 1551 Görlitz, neben Berner 1449. Ndd. ist *berner* (= brenner) der *silverberner!* Vgl. auch *tegelberner!* Tyle *Bernekote* 14. Jh. – obd.: der aus Bern. Z. T. mag der alte Pers. N. *Bernher* hineinspielen: Bernherus miles de Wil 1259 b. Zürich.

Berngoß: seltener Pers. N. wie Meingoß, Adalgoß. Goplo *Berngoß* 1374 Herbstein/Hess.

Bernhard(t): »bärenkühn«, bes. im norddt. Raum neben Arnold beliebtester Taufname im MA. Daher zahlr. Sproßformen (Berndt, Behrend, Behneke, Behn, Benno usw.). Alem. ist Berni, Bernlin. In Württ. war Berthold beliebter (mit KF. Benz). Im Süden wirkte der Gründer des Zisterzienser-Ordens, der heil. Bernhard v. Clairvaux (Bernhardiner!) fördernd. Die lat. Genitivform Bernhardy an Rhein u. Donau.

Bernhelm: seltener germ. Pers. N.: Wigand fil. *Bernhelmi* 1252 b. Nidda.

Bernhöft (ndd.), -höwet: in Hbg., Lüb. usw., höved = »Haupt« (auch für Flußquellen: vgl. ON. Bornhöved (-höft). So auch Bredehöfft neben Breithaupt. Vgl. ndd. Hardehovet, Mildehovet. »Bärenhaupt« wie Bernschädel 1502 Hdlbg. Ein Conr. *Bernhowbt* 1144 in Sa.

Bernhold (obd.): germ. Pers. N. *Bernold* (Bern-walt). Bernold Nötzel 1320 Rgsbg. (Vater: Pernold N.); Bernold Spitzebauch 1299 Nassau.

Berni, Berny (Schweiz): s. Bernhard! *Bern, filius: Bern* (12. Jh./Württ.).

Bernicke (Bln. oft): Brsch. KF. zu Bernhard. Berneke Dodendorp 1340 Haldsl. Patr.: Berne-: Barneking.

Bernier (Meckl.): slaw. (endbetont!) wie Bannier, Hallier, Polthier.

Bernitt (Meckl., Rostock oft): ON. b. Rostock wie Bornitt/Ostpr. (endbetont da wendisch); *brn-* »Sumpf«, vgl. Brno: Brünn!

Bernlo(c)her (Württ.): ON. Bernloch, -lohe.

Berns (Köln): = Berens (Bernhard) wie **Arns** (= Arnold).

Bernsdorf (Görlitz): ON./Ob. Lausitz (1310 *Bernhardi villa*), u. ö.

Bernstein: »Bernsteindrechsler oder -händler«. Hermen Bernsteen 1385 Ro. (1438 Lüb., 1528 Stettin).

Bernutz, Barnutz (ostdt.-slaw.).

Berold, Börold (bair.), Beerhold, Bierhold: germ. Pers. N. *Berold* v. Ottindf. 1373 Brsl. ON. *Beroldisdorf:* Bärsdorf/Schl.

Berodt: ON. Berode/Hessen (2mal).

Berringer (obd.): wie Beringer aus e. ON. auf -ingen.

Bersch s. Bertsch!

Berschneider (obd.), **Bersauter** (schwäb.) wie Berstecher (ndd. Barensteker) meinen den »Kastrator« der (Zucht-) Eber, vgl. auch Schweinschneider, Gelzer, Heiler! Suböter!

Berser (mnd.): »Pirscher Jagdliebhaber«. Peter Berser 1339 Kiel, Bernd B. 1364 Kamin. Herman Berse 1318 Lüb., Gerd Berse 1390 Soest. aber Olrik van Bersene 1425 Bremen (1266 Ro., 1287 Riga) zum ON. Bassen b. Bremen.

Bertel(mann): in Schlesien KF. zu Berthold: Hs. Bertelmann 1483 Görl.

Bertels(en) s. Bartels! **Bertelsmann,** -meier: westf. = Bertels. Berteldessen 1554 Kiel.

Bertermann (Schlesien): für Bertram, wie Gundermann für Gundram und Sindermann für Sindram. (Bahlow, Schles. Nbch., S. 34.)

Berthel(mann) s. Bertelmann!

Berthold (ndd. Barthold, Bartels), öst. Perthold, bair. Berchtold (Bergdolt!), alem. Bechthold (Bächtold); KF. obd. Bertsch, Benz, Bechtel! Einst beliebt in Württ.-Baden durch die Zähringer, auch in Franken u. Bayern. (Bahlow, Unsere Vornamen, 1965, S. 14.)

Bertling, Bartling: ndd.-westfäl. Patronym, urkdl. *Bertholding.* Vgl. ON. Bertlingen i. W.

Bertog s. Bertuch!

Bertolf, Bertleff, alem. Bechtolf, Bechtloff: seltener germ. Pers. N., daher von dem populären Berthold verdrängt (bercht »glänzend«). *Bertolf* Schaf 1135 Köln, *Bertolfus* 12. Jh. Lg.

Bertram, ndd. Bartram, schles. Bertermann, frz. Bertrand (de Born!): *Bechtram* (hess.) Pers. N. wie Wolfram, Dietram (ram = »Rabe«: Wodans Vogel!). Oft im ndd. Raum, daher dort die KF. **Bethke,** Bethmann (s. diese!).

Bertsch, Bersch: alem.-schwäb. KF. zu Berthold, sehr häufig, da bei den Zähringern einst Lieblingsname! *Bertholdus qui dicitur Berschi* 1251 Saulgau; *Bertschi (Berchtold)* Verwer 1280/81 Basel; *Bertschman (Berchtold)* v. Reinach 1356; Jeckli *Bertscheler* 1414.

Bertuch, Bertog (Thür.!): in Erfurt um 1300 *Bertoch(us)*, Berthogus, auch in Hameln 1191–1330 mehrfach als Pers. N. (germ. *Berht-hoch*, wie Ger-hoch, Adelhoch). Bekannt durch den Weimarer Friedr. Justin B. und sein »Bilderbuch f. Kinder« 1790–1843. (Ahnentafel im »Thür. Heimatspiegel« 1930, Nr. 4 u. 12).

Bertz s. Bertsch! Vgl. Hug *Bertz* = H. Bärtsch 1350 Stuttg., J. *Bertzeman* 1336 Worms. Ein Dorf Bertz b. Düsseldf. Vgl. Joh. *Bertze* 1275 Rostock (wohl zu ON. Barz/Meckl.).

Berwald: ON. Bärwalde (Mark, Schles.), Beerwalde (Sa., Thür.).

Berwart, Beerwarth (obd.): seltener Pers.-N. wie Herwart, Heerwarth. Uolrich *Berwart* 1353 Villingen.

Berwig, Berbig (schles.-md.), Barwig (ndd.): germ. Pers. N. (ber »Bär«, wig »Kampf«). *Berwig,* Vogt 1255 Liegn., P. *Berbig* 1350 Görl.

Berwin, Bärwein, Perwein: germ. Pers.-N. (win »Freund«).

Besch, Bösch: obd.-württ. KF. zu Sebastian (vgl. Best, Bäst). Auch Bäschli (Beschtli). Vgl. Conr. *Besch* 1425 b. Saulgau, Balth. *Besch = Bösch* 1568. Heinr. *Bescheli* 1314 Schliengen/Baden. Vgl. Nied, Heil.-Verehrg., S. 53.

Bescheiden (mhd. »Bescheid wissend, erfahren«, vgl. »Freidanks Bescheidenheit« = Lebensweisheit; Spruchdichtung um 1200).

Beschnitt, Behschnitt (Schlesien): slawisch, vgl. Beschednik; Beschine/Schl.

Beschor(e)n, Beschorner (bair. Pschorn, Pschorr): der Geschorene, Mönch mit Tonsur. H. *Beschorne* 1293 Strals.; H. *Hochbeschorn* 1416 b. Glatz; S. *Bschorn* 1486 Augsbg.

Besecke s. Bäsecke!

Bes(e)ler: obd. = Baseler, Mann aus Basel. Im ndd. Raume aber zu mnd. *beseler* = (Baseler) Dolch! H. *Beseler* 1330 Greifsw.; aber P. *Beseler* 1382 Frkf.

Besemer (mhd. = »Besenbinder«). Joh. der *Besemer* 1323 Eßlgn. Wiczel *besemer* 1387 Frkf.

Besenbiel s. Sagebiel!

Besetzer (obd.): »Pflasterer«. Deutlich: N. Regel der *steynbeseczer* 1388 Lg.; J. J. *Besetzer* 1555 Freibg.; vgl. C. *wechsettere* 1366 Hann.

Besold (Franken) s. Betzold!

Besse: ON. b. Kassel/Fritzlar (vgl. Bahlow, ON. S. 36).

Bessel(mann): Köln, Hbg., deutet wie Hessel(mann) auf e. ON. bzw. Flußn. Engelke *Bessel* 1545 Hann.

Besserdich: Kiel, Hbg., Meckl., alter Satzname (aus der Gesellentaufe).

Besser(er): Württ. oft, mhd. besserer »Einzieher von Bußgeldern«. Jörg *Besserer* 1212 Ulm.

Best, Beste, **Bestmann** (Hbg. oft): von der Beste, alt *Bestene* (Zufl. der Trave! Auch in Lettld.), vgl. Bahlow, ON. S. 36. Wie Huntemann, Begemann u. ä., vgl. urkdl. Traveneman! Dazu auch ON. Besten (Kr. Lingen; Kr. Teltow).

Best(gen), Bestges (Rhld.): KF. zu Sebastian. Vgl. Bästle, Besch (Württ.).

Bethke, Beth(mann): ndd. KF. zu Bertram (seltener Bertold), daher an der Waterkant zahlreich. *Beteke (Bertram)* Schele 1223 Hbg.; *Beteman (Bertram)* Sconekind 1309 Hildesh.; *Beteman (Beteke, Bertold)* Bertoldi (Bartels) 1300 Lünebg. *Berteke (Bertram)* But 1430/47 Oldbg. Bertram selber ist z. T. auch jüd., so schon 1292: Bertrammus judeus de Hbg.

Betsch, Betschel(mann), Betschold: obd.-alem. = Betz, KF. zu Bernhard und Berthold. J. *Betschelin* 1497 Straßbg., F. *Betschold* 1471 Straßbg., B. *Betsche* 1327 Würzbg., H. *Betschelmann* 1467 Württ.

Bettziech, -ziehe, -züge (obd.-md.): der Ziechner (mhd. = Leineweber). Ein Journalist J. H. Bettziech (Pseud.: Beta) 1813/76. Ein Knothe *mit der cychen* 1348 in Lg. (Näheres: Bahlow, Diss., S. 141).

Betz (thür.-fränk.): KF. zu Bernhard (seltener Berthold), vgl. Betsch! *Betz* Rücker = *Bernhard* R. 1388 Schweinf., *Betze* Rise 1451 Fulda. Erweitert: **Betzold** (L. *Beczolt* 1489 Mersebg.) = ostd. Petzold (= Peter!).

Beu (Hbg., Ro., Köln) s. Boye! Desgl. **Beuck** (Hbg. oft) wie Boyk!

Beuche, Beiche: ON. Beucha b. Lpz. bzw. Beicha.

Beuckenhauer (westf.) = Böckenhauer!

Beuckmann, Beucker (westfäl.) s. Böckmann! (Büchmann). **Beundtner** (obd.) s. Baintner! Zu *biunde* vgl. E. Schröder, S. 224! (nach Kranzmayer).

Beust, von (altmärk. Uradel): ON. Büste Kr. Stendal.

Beuster: ON./Altmark.

Beuteführ s. Böthefür!

Beuth (Köln oft), auch Beutgen.

Beuthner (Schlesien): aus Beuthen (2mal/Schl.). Vgl. ON. Beutha/Sa. N. v. *Bewthim* 1395 Lg.

Beutin, Beuthien (Meckl., Hbg.): ON. Boitin b. Lübeck. Vgl. Beythien!

Beutler, Beitler; **Beut(e)l,** Beitl (obd.): der Beutelmacher (eine Beutlergasse in Danzig). Die Beutel waren meist aus Leder, daher auch *büdelsnider* 1250/70 Ro./Strals. Vgl. Joh. *Büdel* 1318 Lübeck, dazu Siedenbüdel, Seidenbeutel; auch Siebenbeutel (wie Siebenrock), *Czwevachbeutel* 1385 Lg. H. *Biuteli (Biutelär)* 1257 Kürnbach/Württ.

Beutnagel s. Nagel!

Bever, Bewer (ndd.) = »Biber«, wohl Beiname des Biberfängers (Biberpelzwerk f. Kürschner!); vgl. H. *Bevernest* 1458 Haldsl.

Bevermann: zum Fluß- u. ON. (Bever(n). Jorden B-mann 14. Jh. Haldsl.

Bewernick: ON./Ostpr. – **Bewig** (Hbg.): ON. (Bedewik) wie Ewig, Lo(de)wik i. W.

Bey, Beye (Hbg. oft): entrundet aus fries. **Boy(e),** beliebter Pers. N. Schon in Alt-Hbg. 1250: *Beyo, Beyko,* Alt-Lübeck: *Beieko.* Winkler, Friesche Naamlijst, S. 29 u. 43, hat Beye, Beyko neben Boye, Boyko. Zu Beye(ke) vgl. Aye(ke), Haye(ke), alle fries.

Beyer s. Bayer! – **Beyerle** (schwäb.) ist entrundet aus Beuerle »Bäuerlein«: Claus *Burlin* 1425 Speyer. Vgl. Seyerle: Surlin!

Beyerkarre (Hbg.) = **Bierkarre** (Hbg.). Vgl. beyerdreger, beyrsack, beirfründ.

Beyhl, Beiel s. Beil! – **Beyland** (Hbg.): Otto v. d. Bylandt 1550 Rheydt.

Beyn (Hbg.) s. Bein! – **Beyschlag** (obd.): mhd. *bî-slac* = »Bastard« unehel. Sproß von Adligen oder Fürsten.

Beythien (Lübeck): wie Beuthien, Beutin aus **Boitin** (2 Dörfer zw. Lübeck u. Rostock). Schon um 1300 *de Boytin* in Lüb., Ro., Strals., Grfsw. Vgl. Moitin: Meytin!

Bezold s. Betzold! **Bez** s. Betz!

Bialke, Bialek, Biallas: ostdt.-poln. wie der ON. Bialla Bialken/Ostpr. (slaw. bel-, poln. *bial-* »weiß«).

Bibernell: eine Heilpflanze. N. für Kräuterhändler, Apotheker.

Bichel, Bichler: obd., bes. bair. steht Bichel für Bühel »Hügel, Anhöhe«, oft in Flur- u. Ortsnamen (vgl. auch Biehler, Biegler neben Bichler!). Schon 1294 Cunr. *Bichel*/Main; 1380 U. der *Bichler*/Württ. Vgl. Komposita wie Aichbichler, Kitzbichler, Hirschbichler. In Bay.-Öst. viele Bichel-, Pichelmayr. – Bichleder (Öst.): aus Bichlöd!

Bick (obd.): mhd. bicke = »Spitzhacke«; auch Hausname: Herbord *zum Bycke* 1315 Mainz.

Bickel (obd.): mhd., wie bicke = »Spitzhacke« (der Humanist Conrad Celtes hieß eigtl. Pickel). Vgl. Joh. *Isenbickel* 1482.

Bicken(bach): ON. Nassau, Rhld. (Bahlow, S. 38).

Bie (obd.): mhd. *bîe* »Biene«, Beiname des Imkers: Hans *Bie* 1499 Württ.

Bieber (ndd. Bewer): Tier- u. Hausname, auch Fluß- u. Ortsname: z. B. Bieber a. d. Bieber b. Gießen, Biebern/Hunsrück (s. Bahlow, ON. S. 39).

Biebl, Biebler (obd.) enthält wie die ON. Bibelsbach, Biebelried/Bay. ein altes Wasserwort bib-l (s. Bahlow, ON. S. 38/39).

Biedebach: ON. Biedenbach/Schwalm u. Bay., Biedebach Kr. Hersfeld (Bahlow, ON. S. 40).

Biedenkapf: ON. Biedenkopf a. Lahn (kapf = »Bergkuppe«). Vgl. Biedenbach! Zum Gewässer *Bidene* s. ausführl. (Bahlow, ON. S. 40). Schon 1390 in Kassel: Herm. *Biedenkap.*

Biedenweg (norddt.): ON. (Carsten B. 1695 Greifsw.).

Bieder(er) s. Biedermann!
Biederich: alte Wüstung b. Waldkirch: Berhdolt *Biderich* 1336 Waldkirch! (Vgl. Bahlow, ON., S. 40).
Bieder(mann): mhd. *biderbe* »bieder, ehrenfest«. Herzog Leopold der Biderbe 14. Jh.; *Biderbeman* sacerdos 1262.
Biegel, Biegler (obd.): Variante zu Bühel, Bühler, Bichler, Bichel. Heinr. *von Biglen = Bigler* 1359 Bern. Vgl. Kornbiegler, -bichler, -bühler! Wartbiegler, -bichler. Nußbiegel, -bühl. – **Bieger:** mhd. »Zänker«.
Biehl (Hbg. oft, auch **Biel**): soweit ndd., mag *bîl* »Beil«, also der *Bilmeker, Bilhauer* gemeint sein (vgl. *Klinkebiel*). Dazu kommt das verklungene Sumpfwort *bil* (noch lit.-russ.), wie in Bielenberg b. Glückstadt (vgl. den Bielen-Berg u. Räuschenberg b. Höxter), Bili-sele: Bilsen/Stormarn, Bielefurt, Bileheim: Bilme i. W., Bielefeld, Bilwijk, auch Bilene: die Bille b. Hbg. Eine Flur »Auf der Bielen« in Lippe. Auch ostdt. ON. wie Bielen, Bielau, Biehla spielen hinein, s. Biehler! Obd. ist Bie(h)l = Bühel »Hügel«!
Biehler: obd. = Bühler, vgl. Koßbiehl, -bühl, Guggenbiehl, -bühl; Biehl-, Bühlmayer, oft in Stuttg., Mchn. Vgl. aber ostdt. **Bieler(t)!**
Biekark (ndd.): = Biderkarken »bei der Kirche«.
Bielefeld, Bielfeldt (Hbg. oft): ON./Westf.
Bielenberg (Hbg., Kiel oft) s. Biehl!
Bieler, Bielert (ostdt.): zu den (slaw.) ON. Bielau (Schles. mehrfach), Bielen/Thür., Biehla/Sa. Vgl. Bahlow, Schles. Nbch., S. 79! Welczil *Beler = von der Bele* 1364/71 Brsl., Joh. *Beler = Belaw* 1404/10 Lg., Hans *Biler (= Bilhans)* 1490 Glatz.
Bielke, Bielek: ostdt.-slaw., schon um 1300 in Strals.: *Bileke.* Vgl. slaw. Mielke.
Bielmayer s. Biehler!
Bielstein: ON. und Bergn. in Hessen; vgl. Beilstein!
Biemann (Hbg., Ro.), älter Bienemann (vgl. Biemüller): Biene, Bienen sind ON. im Ems-Rhein-Gebiet. Vgl. auch Bien!
Bien: in Hessen Flurnamen wie Bien (Bach u. Wiesen b. Jossklein), Bienholz, -acker, -berg, -kopf, auch Biening (Waldhöhe w. Fritzlar), alle im Sinn von »sumpfig«. – Obd. wohl auch für den »Biener« (Imker, Zeidler).
Bieneck, Bienk: ostdt.-slaw. KF. zu Benedikt.
Bienengräber: gräbt den Honig wilder Bienen aus Bäumen. Vgl. den obd. **Biener** »Zeidler«. Dazu Bernh. *Bin* 1503 Nagold. Ein H. *Binestock* 1532 in Überlingen; Clawes *Benehonig* um 1350 Lünebg. P. *Bynheckel* 1508 Görl.
Biener(t): ostdt., zu slaw. ON. wie Bienau (Bienowitz).
Bie(n)wald: ostdt.-schles., vgl. ON. Binenwalde/Mark; M. *Bynewalt* 1522 Lg.
Bienz, Bienzle (Württ.): Variante zu Benz, wie Dientz zu Denz. Vgl. *Bientz = Benz* Swab 1379, *Bientz = Berchtold* Swelcher 1364.
Bier: meint den Bierbrauer oder -händler (Biermann!), auch Bierschenk. Dazu Bierwirth, Bierzapf, Bierhake (= Höker, ndd.), Bierschröder (Schröter »Verlader«), Biereyge (s. dies!). Vgl. Bierdimpfel (bair. = Biertümpel, f. d. Schankwirt!), Bierbauch (ndd. Birbuk), Biersack (s. dies!), Bierwagen, Bierhals, Biermordt (Mordebier!); Biermaul (bermule 1270 RO.); Bringebier, Mögebier, Schluckbier; auch Dünn-, Faul-, Frisch-, Gut-, Sauer- (Suhrbehr), Süß- (Sötebeer), Warmbier meinen den Brauer oder Schankwirt! Bierenbrodt = »Bierundbrot«! (wie Käsenbrot, Milch-, Wasserundbrot).
Bierbaum (ndd. Beerbohm): mhd. *birboum,* mnd. *bêrbom* »Birnbaum«. Nach der Wohnstätte, auch Hausname: Götze *zum Birbome* 1344 Frkf. Hinr. *Berbom* um 1350 Lüb.
Bierdimpfel (bair.): anschaulicher N. des Schankwirts (»Biertümpel«, wie Milchtümpfel f. d. Milchhändler).
Bierenbrodt: »Bier-und-Brot«! Wie Bierenkraut, Bierenkäse.
Bierer (obd.): mhd. = »Birnenverkäufer, Obsthändler«. Konr. der *Birer* 1315 Rottweil. Dazu Birnstiel, Birnstengel, *Byrenmus* (1432).
Bierey(g)e Thür., Erfurt oft!): mhd. *bieroug* = Bürger, der eigenes Bier braut. Lautlich vgl. Thorey/Thür. (1176 Thorouge). Joh. *Biereug, Bierayge* 1461 Jena.
Biermann (ndd. Behrmann!) = Bierhändler, s. Bier! Vgl. Weinmann! Werner der *Bierman* 1349 Württ.
Biernath (Biernatzky): ostpr.-poln. = Bernhard. Vgl. Kunat für Kunrad.

Biersack: meint den Bier- oder Schankwirt. Auch Hausname: Gebehard *zu dem Birsake* 1284 Frkf., Wernher *Birsac, Beirsach* um 1300 Frkf., Mixo *Birsak* 1381 Prag, vgl. *Byrkegel, Byerklocz*/Böhmen.

Bierschwale: »Bierschwelger, Säufer« (mnd. ber-swalch). Ludeke Bereswale 1386 Hi. Dazu Joh. Berscamp 1366 Hbg. (schamp = »Schimpf«).

Bierwirth, -werth: = Bierschenk. C. *Birwirt, -wert* 1448 Kassel.

Biese (ndd.) = »Binse«, der Biesenbender! S. auch **Beese!** Vgl. ON. Biesewig, Biesenkamp, Biesenbach/Rhld., auch Biesen/ Lippe u. Mark. Dazu **Biesemann,** Biesmann (ndrhein.-holld.). Eine Biese fließt bei Bismarck (Altmark).

Bieske s. Bischke!

Biesterfeld: ON. in Lippe u. Oldbg. Zu Biester vgl. ON. Biestern/Ostpr.

Bietendüwel: ndd. »beiß den Teufel« (vgl. Schietend.).

Biewald (Schles.) s. Bienwald! Zu H. *Biwalt* 1148 Speyer vgl. den Bien-Wald b. Karlsruhe.

Bigalke: ostdt.-poln. wie Michalke.

Bigge, Biggen: ON./Westf. – **Bild:** als Hausname in Frkf.: Fulcze *vor dem bilde* 1387 Frkf.; in Speyer (Wernher *zum Bilde* 1307) u. Mainz (z. *Bilde* 1296).

Bildhauer (Brsl.): schon 1565 in Lg.: Casp. Trauschke ein B.

Bilfinger: aus Bilfingen b. Pforzheim.

Bilk (Ndrhein., Westf.): ON. Kr. Düss.

Billeb: ON. Billeben/Nord-Thür., vgl. Auleb, Memleb!

Biller, Billert: obd., = Biehler, Bühler; vgl. Millbiller, Gansbiller (Öst.). In Württ. wie **Bill** wohl zu mhd. bil(le) »Steinhaue«! billen »behauen«!

Billerbeck: ON. (Westf., Hann.). Auch Bilderbeck.

Billig (Köln oft): ON. Kr. Köln.

Billroth: aus Billroda/Thür.

Billung: bekannt durch den Sachsenherzog Hermann *Billung* um 950. Zur Endung -ung vgl. Amelung, Balmung, Welsung, Ilsung (alle a. d. Heldensage). Auch im Süden einst nicht selten (um 1100/1200: Socin, Mhd. Nbch). 1274 in Württ. auch e. Bauer Walther dictus *Billung.* Vgl. übrigens mhd. billunc = »Neider«.

Bilse: meint wohl die Heilpflanze (Bilsenkraut).

Bimpage neben **Bindpage:** ndd. page = »Pferd«, also wohl Pferdeknecht o. ä. Vgl. Bütepage (Pferdehändler, buten = tauschen).

Binckebanck: meint den Schmied. Auch Pinkepank. H. *Binkebank* 1405 Prag.

Bindemann: aus Binde/Altmark.

Binder meint wie **Bender** den Faßbinder, Böttcher. Auch Büdden-, Bodenbinder, -bender. Obd. Pinder, Pinther. Ein *Kuvenbinder* 1386 in Lünebg., ein *kambinder* um 1350 in Lüb. Noch 1625 in Prenzlau: »Kleinbinder« als Beruf. – **Bindernagel** = Nagel des Binders. Vgl. Bindhammer: Giselb. *Binthamer* 1317 Hessen. *Bindenkübel* 1330 Ravsbg.

Binding (Hbg.): vgl. mnd. binding »Band«. Aber ostdt. **Bindig** (Brsl.), Bendig neben Binda, Benda stellt sich zu Benedikt!

Bindseil: mhd. »Seil zum Binden«, meint den Seiler. Vgl. *Bintreme* Frkf. 1387.

Binge(mann): vgl. Orts- u. Flurnamen wie Bingen(heim), Bingum, Bingeberg/Eder, C. *von Binge* 1387 Frkf.; die alle auf sumpfige Lage deuten (Bahlow, ON. S. 43).

Binnewies (Hbg., Hann.): »binnen weise«. Herman B. 1374 Hbg., Henr. B. 1324 Hann. Vgl. Binnebös (Hann.).

Bin(t)z: obd. siehe Bienz! Ostdt. wie Binzek zu Benedikt. Aber Uli *von Binz* 1357 b. Zürich!

Binzwanger: zum ON. Binz-, Binswangen (Württ., Baden, Bayern).

Bippen (von): ON. im Moorgebiet der Hase; vgl. Beppen b. Verden (Bahlow, S. 44).

Birch, Bircher, Birchner (obd.-schweiz.), Pirch(er): zu ON. und ÖN. wie Birch (Aargau), Birchen u. ä. (mhd. birche = »Birke«). Vgl. Birchegger, -moser, -meyer u. ä.

Birck, Birckmann, Birkner, Birkigt, Birckholz: alle von der Wohnstätte. Vgl. Rüdeger *zu dem birke* 1334 Eberbach, Birkenstock (Rhein) wie Bintzenstock, Holderstock!

Birkle (Württ.): entrundet aus Bürkle = Burkhard! Joh. *Bürcklin (Bircklin)* 1552/ 1555 Waiblingen. – **Birgel:** ON./Rhld. (Herm. *von Birgel* 1379 Frkf.).

Birlinger: aus Bierlingen/Württ.

Birnbaum (ndd. Beerbohm): nach der Wohnstätte. Siehe Bierbaum! Ein Ort Birnbaum im ehem. Posen.

Birner: ndd. und md. wurde *birnen* für »brennen, schmelzen« gebraucht: *gult birnen, silver birnen!* (so in Köln, wo 1150: Heinr. *Birnere!*). Vgl. Peter *birnsmyd* 1382 Liegnitz. Gemeint ist also der Feinmetallprüfer, der Münzer (vgl. ndd. *berner, sülverb.*). Dazu Näheres b. Bahlow, Studien, S. 139, u. Hagström, S. 305!
Birnstil, Birnstengel s. Bierer! Vgl. *Birunstil* 1281 Geislingen, *Birenmus* 1432 Donauwörth, *Birnesser* 1450 Vaihingen, *Birnmenger* 1387 Frkf., *Birenvras* 1271 Köln.
Birr, Pirr (Elsaß): *Pirrin* (gall) = *Birri* (13.), = St. Pirmin. Chr. *Birr* 1599 Morschweiler/Elsaß.
Birre(n)koven: ON. b. Bonn.
Birt(h): ON./Rhld. – **Bischke,** Bieschke, Bieske: ostdt.-slaw., vgl. ON. Bischkowitz, Bieskau (Schles.).
Bischof(f), Biskupek (O./S.): zu beurteilen wie Abt, Herzog, Graf, Papst, – etwa im Dienste des Bischofs, ein kirchl. Zinsbauer o. ä. (e. Bauer Rud. Bischof 1270).
Bismarck: nach dem Ort B./Altmark (um 1200 *Biscopesmark* = »bischöfl. Grenzmark«). Herbord von B. 13. Jh.
Bisping (westfäl.), urspr. *Biskoping:* -ing meint »zugehörig«, s. Bischof. Ein ON. Bispingen b. Soltau.
Biss: obd. ein bissiger Mensch, wie Joh. miles (!) dictus *Biß* 1286 Eberbach. – Zu **Bisse** vgl. ON. Bissen i. O. u. Rhld.
Bitdendüvel (Brschwg.): ndd. = »beiß den Teufel!«, vgl. Schieten-, Jagendüvel!
Bitsch: vgl. ON. Bitsch/Lothr. (J. *Bitscher* 1460 Elsaß). In Württ. vgl. *Bitschlin* (neben *Bütschlin*) 1294, d. i. Burkhard! Wie Birkle neben Bürkle. Ein Hans Bitsch 1463 in Bretten.
Bittcher ist entrundet aus Böttcher!
Bittel (Württ.): entrundet aus »Büttel«, Gerichtsdiener, wie Bittel- aus Büttelbronn.
Bittenbinder = Büttenbinder, Faßbinder.
Bitter, schwäb. Bitterle: ein herber, bitterer Mensch. Ein Edelknecht Göttschi v. Eptingen der *Bitterli* 1347/60 Württ.
Bitterlich, -ling: s. Bitter.
Bitterolf, Bitteroff, Bittruff, Bitterauf: ein Held der Dietrich-Sage, vgl. das mhd. Epos »Biterolf und Dietleib« um 1250 und schon kurz darauf als FN.: Gerhard *Bitterolf* 1262 in Rostock, Conr. B. 1212 Erfurt, Joh. B. 1284/Freiburg. Obd. Pittroff (Nürnbg.): 1216 in Wien: *Pitrolf.*
Bittner (schles.-böhm.): entrundet aus Büttner »Böttcher«. In Bay.-Öst. Pittner.
Bittrich, obd. Pittrich: mhd. büterich: ein bauchiges Trinkgefäß, auch als Spottname des Wohlbeleibten; »stach im sin schwert in den püttrich« 1530 (Schweiz). Ludw. *Büttrich* 1347 Augsbg., Jakob *Pütrich* (Ritter) 1400ff.
Bittroff s. Bitterolf!
Bitzer (Württ.): ON. Bitz b. Balingen (auch Flurn. »in der Bitzi«). Aber **Bitzle** (schwäb.) meint Bützli (Burkhard, so urkdl. 1421/Elsaß.
Blaas, Blaase, Blaasch (Hbg.): KF. zu Blasius (wie obd. Blaasl). Doch vgl. auch mnd. blas »Kerze, Fackel« (*Berneblas* um 1350 Lübeck).
Blache (ostdt.): vgl. Blachy, Blachnitzky, zu slaw. vlach »Welscher«, vgl. Bloch aus poln. wloch. Lautlich vgl. Blady neben Vlady!
Blaffert (ndd.): *blaffert* war eine kleine Münze (ohne Bildprägung), vgl. holld. blaffaert »Glattgesicht«; blaffertbrot, blaffertnagel. Joh. *Blaffert* 1560 Rostock. Ein ON. Blaffert Kr. Gladbach.
Blage (Brschwg., Hann.): mnd. blâwe: der Blaue, Falsche, Betrügerische; blawehant »Fälscher, Meineidiger«; Henning Blâmund 1407 Hi., Ludolf Blâwe 1258 Brschwg., Joh. Blâge 1230 Dortmd. Eine blâwe Beke (gozehoke) 14. Jh. Hbg.
Blahout: tschech. Pers.-N.: *Blahut* der beme 1353 Glatz, *Blahuto* 1414 Budweis.
Blaich- s. Bleich-! – **Blaikner:** Hofname Blaiken/Tirol.
Blameuser (Köln): *blamüser,* ndrhein. Münze (vgl. Wöste, ZfdPhil. 9, 476).
Blandow: ON./Rügen. (Zu bland s. Bahlow, ON. S. 47.) Ein Bach Blanda in Litauen.
Blank, Blanck: »glänzend weiß«, vgl. *Blankehals* 1278 Rost. Rheinisch ist Blankhart, Blankarts, **Blankertz.**
Blapphart: mhd. *blaphart,* kleine Silbermünze (Schweiz, Schwaben). Erhart *Plaphart* 1397 Eßlingen.
Blarer (Schweiz, Württ.), schwäb. Blaurer: wie Glotzer (Glotzauge) »mit starrem Blick«. Berthold *Blarer* 1268 St. Gallen, Dietr. *Blarrer* 1267 Württ.
Blaschke s. Blasius!

Blasebalg: meint den Heizer oder den Schmied. *Blozebalc* 1383 Lg. H. *Bloesbelger* 1387 Frkf. (wohl der Hersteller). Henne *Blaisbalg* 1387 Frkf.

Blasenbrei (Württ.): Satzname »blas den Brei!« Der Koch.

Blasius: einst volkstüml. Heiliger u. Nothelfer (Abtei St. Blasien!). Mit zahlr. KF.: **Bla(a)s** (ndld.), Bläsing, Bläsgen (rhein.), Bläske (ndd.), Blasig (ostdt., wie Brosig zu Ambrosius), Blaschek, Blaschke (zu slaw. Blazek), obd.-öst. Plaschke; Bläsi (Schweiz), Blasl.

Blaskopf (obd.): »Kahlkopf« (mhd. blas »kahl«). Vgl. Blasbichel/Tirol (kahler Hügel).

Blattgerste: Bauernname. Hense Bl. 1374 Soest.

Blatt(n)er: obd., vgl. *uf den blatten* 1383 Konstanz, nach der Wohnstätte auf der Felsplatte; auch ON. Platten/Schweiz u. Hofname in Tirol. Vgl. auch **Platter.**

Blatz, Blatzer (obd., Württ.): nach der Wohnstätte. Vgl. Platz(er)! Aber Heilman *Blatz* 1350 Frkf. = »Blatzbäcker«.

Blau (z. T. jüd., also jung), vgl. Blauspahn wie Grünspahn. Aber schon im MA. nach der Kleidung: C. *der Blawe* 1378 Reutlgn. Joh. *Blawe* 1321 Strals. nebst *Blawerok.* Vgl. *Blawemouwe* »Blauärmel« 1282 Strals., *Blohose* u. ä., *Blohut.*

Blauer(t): mit sekundärem t wie Blüchert. Vgl. H. *Blawer* 1258 Schopfh. (ON. Blauen/Baden).

Blaufuß: eine Falkenart. *Blavot* 1415 Barth/Pom.

Blaurock: erinnert an die farbenfrohe Mode des MA. S. Heyle *Blarock* 1362 Frkf., Hence *Blaweroc* 1279 Strals. (nebst J. *Blawe* u. Joh. *Blawemove* »Blauärmel«). Vgl. *Blakogel* (Kapuze), *Blawehut*/Haldsl.

Blech (auch jüd.): im MA. = Blechschmied **(Blechschmidt),** der Blechwerk herstellt. Auch Blecher, Blechler, Blechner (obd.). Lienhard *Blech* 1567 Elsaß, H. *Blecher* 1390 Konstanz, N. *Blechhentschuoch* 1500 Salem.

Bleck, Blecke, Blecken, Bleckmann (ndd.), nach der Wohnstätte, vgl. Flurname »das Bleck« b. Versmold, »auf dem Bleck« a. d. Twiste, »am Bleck« b. Gels. usw. (Weiteres: Bahlow, ON. S. 46.) Vgl. Bleckwedel.

Blecker (obd.), Bleckert: mhd. blecken »zeigen, sehen lassen«, vgl. Egli *Bleckenzan* 1390 Feldkirch. *Bleckenzagel* 1399 Böhmen. Berchtold *Blecker* 1480 Backnang.

Bleckwedel, -wehl (ndd.): ON./Hann. (wo auch Bleckriede); entspricht Barwedel, Marwedel = Furt durch Moorgelände.

Blee(c)k, Bleeke (ndd.) »der Bleiche, Blasse«. *Bleke* schon 1262 in Ro., Lüb. usw.

Bleeker (ndd.) = »Bleicher« der Tuche, der Leinwand. Adrian de *Bleecker* 1578 Holld.

Bleese (Hbg.): ON./Meckl.

Blei, Bley (auch jüd.): Joh. *Bly* 1512 Württ., Beiname des Bleigießers, *Blighetere*/Alt-Lüb., *Bligißer* 1305 Köln. *Tuckebley* 1305 Werden/Ruhr deutet aber als anschaulicher Fischername auf den Fisch »Blei« (mit altem ei!) wie auch Joh. *Bley* 1306 Greifsw.!

Bleibaum s. Blöhbaum! **Bleibimhaus** (obd.): der Häusliche. **Bleibtreu** (dem neuen Glauben!): jüd.

Bleich s. Bleek! Arnold *Bleiche* 1293/Tauber.

Bleicher s. Bleeker! Auch Bleichert. Gregor *Bleicher* 1424 Schweidn. (s. Bahlow, Schles. Nbch., S. 102); vgl. *uff der bleichen* 1297 Mainz. Georg *Pleychmeister* 1423 Zittau.

Bleichröder: ON. **Bleicherode**/Südharz (FN. Bleichroth!); vgl. Bleichroden/Württ.

Bleichshirn, Plaichshirn (obd.-bair.): spöttisch »Glatzkopf«.

Bleick, Bleicken (Hbg.) s. Bleek, Bleeken! – **Bleickhardt** s. Blicker!

Blei(de)meister (obd.) s. Bliemeister! Vgl. *Blidenmeister* 1340 Konstanz, *Bleymeister* 1590 Ulm. Dazu die Künstler *Pleydenwurff* 15. Jh./Nürnbg.

Bleidorn (ndd.) s. Blöhdorn! – **Bleidner** s. Bliedner!

Bleier, Bleyer: Bleiarbeiter (s. unter Blei!). L. *Bleyer* 1426 Straßbg. Ein mhd. Epiker aus Öst. war *der Pleyer* um 1250: = mhd. *bliuwer* »Schläger, Bläuer« (wie Preyer = Bräuer).

Bleile s. Bleyle!

Blender, Blendermann (Hann., Brem., Kiel): ON. Blender (urkdl. *Blandere*) b. Verden/Weser (prähistor., s. Bahlow, ON. S. 47). Aber obd. ist Blender ein Beruf: B. *Blender* 1350 b. Stuttg. Zu ndd. Blenner vgl. Klünner = Klünder!

Blenker(s): rhein., blenke »kahle Stelle«; auch »Schminke«.
Blenkle (Württ.) s. Blank! Wernher *Blankelin (Blenkelin),* Ritter 1258.
Blenner s. Blender!
Blesing, Bläsing: KF. zu Blasius. *Blasius = Blasing = Blesing, Blessigk* 1540/50 in Jena. Auch obd., so in Freiburg: H. *Blessing = Plässi* 1565. »Sant *Bläsin*« 1358! Hans *Bläsin* 1411 Rottenbg.; Meister *Blesy* 1427 = *Blasius* 1438 Straßbg.
Bless(e), Blessmann: vgl. »In der Blessen«, Flur in Westf.
Bletz (obd.) »Flicken, Fleck« meint den **Bletzer,** den Flickschneider; vgl. *Bletzarsch* 1567 Reutl., Ulr. *Bletz* 1222 Rottweil, B. *Blezzer* 1271.
Bleuel, Bleuler s. Bleyle. – **Bley** s. Blei!
Bleyle, Bleile, Bleiler, Bleuler, Bleul (obd.-schwäb.) meint den Pächter der Stampfmühle (mhd. *bliuwel*), bezeugt 1431 in Reutlng. Cuntze *Blüweler* 1395 Baden. Heini *Blüwel* 1363 b. Schaffh. P. *Bleuwel* 1387 Lg.
Blicker, Blickhart, Bleickhardt (obd.) entspricht lautlich dem obd. Swicker, Schwickert, Schweickhardt: beides sind alte Pers. N. Wie Swicker (Swigger) auf *Swidger,* so beruht Blicker (Bligger) auf *Blidger* (blid »fröhlich, heiter«). Traditionell im Geschlecht des Frh. *Bligger v. Steinach* (mhd. Dichter um 1200, Stammburg am Neckar), wo Bligger u. Blickhart immer wieder begegnen (Brech., S. 160). Noch 1536 ein *Blickard* Pestel aus Plauen. Ein Joh. *Blicker* 1529 zu Speyer.
Bli(c)kslager (ndd.): der Blechschmied; KF.: **Blick.**
Blied(e): mhd. *blide* »fröhlich, heiter«. (Eine *Blideradis* um 1300/Lüb.) Hasso *Blide* 1271 Hbg. Vgl. Thid. *Blidelevent* 1279 Rostock, wie *Sachtelevent* ebda. *Maskeblide* 1293 Ro. (vgl. Bliemeister!).
Blied(t)ner s. Bliemeister! Vgl. P. *Blydener* 1409/Würzbg., J. *Blidner (Pleydner)* 1386 Brüx.
Bliedung: ON. Bliedungen/Thür. (ausführl.: Bahlow, ON. S. 48). Zu den ON. auf -ungen s. Bahlow: Ndd. Korr. Bl. 1961. – **Blieffert** s. Blievernicht!
Bliemeister (ndd., Hbg., Wismar, Rostock): mnd. *blidemeister* »Geschützführer« (obd. Bleidemeister), zu *blîde* »Belagerungsmaschine, Steinschleuder«, vgl. Henne *Blidenhûs* 1387 Frkf.; *Blidensmet.* F. *Blidemeister* 1441 Eisl.; Dethl. *Blidemester* (jactor lapidum!) 1270 Strals. S. auch Bleidemeister u. Bliedener!
Bliemel s. Blümel!
Blies(e)ner (ostdt., Meckl.-Pomm.) ist wie **Blies(e)mer** der slaw. Pers. N. *Blisemer* (so 1262 Rostock, auch Strals.) m. d. KF. *Bliseke:* **Bliese(ke).** Vgl. auch Bliesnak, Bliesekow. Ebenso *Sulimer, Suleke.*
Blievernich(t), ndd. = »bleib hier nicht«, ein Unsteter, Fahrender. H. *Blifhirnicht* 1380 Bodenteich (auch in Dortmd. 1388). Vgl. Bleibnichtlang. Gegensatz: J. *Blifalhir* 1329 Greifsw. u. *Blifir* (Briefbote) 1400 in Aachen: daher **Blief(f)ert.**
Blinde, Blindemann, ndd. Blinne: der Blinde. *Blinde* Hensel 14. Jh./Brsl.
Blinkmann (Hbg.): deutet auf e. Flurnamen Blink, vgl. Brinkmann!
Bloch (z. T. jüd., aus poln. Wloch »Welscher«, vgl. »Ungar, Bloch u. Zigeuner«!): obd. = »Block«, d. i. »vierschrötig«, aber auch »Gefängnis«. Obd. KF. Blöchlin, Blochmann. *Blocheli* 1256 Pforzh. S. Block!
Block (vgl. Bloch): von klobiger Gestalt, bes. norddt. (Brem., Hbg., Stettin, Danzig). Dose, Hartwich, Volrat *Bloc* (Knappen), Dosen *Blockes* söne 1371 Holst. Aber H. *Blockmaker* 1574 Flsbg. u. B. *Blocksleher* 1321 Augsbg. sind Berufe (Holzblock). Vgl. auch mhd. *block* = Gefängnis(block)! Ein *Winterblok* 1330 Strals.
Blöcker (Hbg.): s. Block! Wohl auch vom Flur- u. ON. Block. Vgl. Blocken u. Blockland b. Bremen; Blocksiepen i. W. – *Bloker* 1388 Grfsw.
Blöd, Blödel: der Blöde. *Blödel* neben *Klugel* in Brsl. 14. Jh.
Blödorn (ndd.), Bleu-, Bleidorn: »blühender Dornbusch«, Flurname wie Schleedorn, Hagedorn. Vgl. Bloi-, Bley-, Blöbaum. G. *bloyedistele*/Lüb. Kopke *Bloye* 1470 Kiel: heute **Blöhe.**
Bloem (ndrhein.) = Blo(h)m »Blume«. Desgl. **Blömke** = Blümeke. **Blöming** (patr. westf.): H. *Blominc* 1346 Strals., 1287 Rostock. Bloemkolk wie Bloomvenn, Blomelage, wo Blom = »Grasland«! Vgl. Blomberg!
Blohm, Blom(e): ndd. häufig, wie obd.-md. **Blum(e).** Auch als Flurname (blumi-

ges Grasland), s. unter Bloem! Vgl. Diestelbloom (Holld.). Lüdeke *Blome* 1258 Hbg., Joh. *Blome* 1293 Strals. *Blomentreder* 1381 Brschwg.

Bloibaum, Bley-, Blöboom (ndd.): »blühender Baum«, vgl. Blödorn! Kord *Bloyeboem* 1412 Lüb. Nach der Wohnstätte, wie Nottebohm, Beerbohm.

Blomberg: ON. (b. Detmold u. b. Aurich). S. unter Bloem!

Blöming s. Bloem! – **Blömer** s. Blümer!

Bloschke s. Blaschke! Bluschke!

Blöß, Blöse (obd.): gerundet aus Bleß, Blesi = Blasius. Vgl. *Blösy* Keller 15. Jh./Freiburg neben H. *Blesy* 1415 ebda.

Blöt(h)ner (ndd.) s. Blüthner!

Blücher: ON. (slaw.) b. Boizenburg/Elbe. Schon 1214 Ulr. v. Blücher. Vgl. die Brüder Joh. *von Blücheren,* Godfr. *v. Boyceneborch,* Conr. *v. Louwenborch* 1339 Lübeck.

Blühdorn s. Blödorn!

Blum, Bluhm, **Blümel, Blümke,** Blüming; ndd. Blohm, Blömke: z. T. wohl Beiname des Blumengärtners, wie Blumenstiel, Blumenstock, Blumenstengel, Blumensaat! Z. T. auch Hausname (so in Köln, Mainz, Basel, vgl. Nic. *zem Blumen* 1289). Z. T. auch auf Blumenschmuck (der Kleidung) deutend: so *Blumenhut:* vgl. den Ritter *Blümliglanz* 1378/Thurgau. Ähnlich *Blumenschein.* Ein *Blumentrost* 1326 in Schw.-Hall. Ein Bauer A. *Blümeli* 1280 b. Lörrach. Ein *Hauesblümel* in Brsl. um 1350. Entrundet: **Bliemel.**

Blumentritt: wie **Rosentritt** (und Lilientritt) allenthalben um 1300/1400 beliebter N., wohl des Blumengärtners. Hannus *Blumentrit* 1368 Lg., Peter *Rosentrit* 1372 Lg. Nic. Plumentrit 1343 Brünn. Auch Blumentreter, Rosentreter (Bahlow, Schles. Nbch., S. 122): Joh. *Blumentreter* u. Thid. *Rosentreter* 1440/33 Magdebg.; Joh. *Rosentreder* um 1340/Lüb.

Blumhardt (obd.): N. von Wäldern (in Württ. oft). Bekannt durch die württ. Pfarrer Bl. (Vater u. Sohn), 19. Jh.

Blümner: aus Blumenau (Schles., Sa.), wie Reichner a. Reichenau u. ä.

Blun(c)k (Hbg. oft!): ON. b. Segeberg. Bekannt durch d. Dichter H. F. Bl./Hbg.

Bluntschli (alem.): »dicker, plumper Mensch«, zu mhd. *blunsen* »aufblähen« (bair. plunzet »plump«), vgl. Seydel *Plunczel* 1374 Iglau, Wolfram *Plunzhart* (wie Motzhart!) 1180 Bamberg, *Blonschlin* 1381 b. Tüb. (wie B. *Blenschelin,* Ritter 1288 Bretten), F. *Bluntschli,* Chronist 1581 Zürich, J. C. *Bluntschli,* Jurist 1805 Zürich.

Bluschke (Schles.) = Bloschke = Blaschke, KF. zu Blasius. Vgl. *Bloschko* polonus 1354 Lg., *Bloschke* Bartke 1420 Brsl.

Blüthmann (Hbg.): aus Blüthen/Prignitz.

Blüthner: wohl der Blumenhändler, vgl. »Blütnerei« = Blumenhandlung (Schlesien). Vgl. den Nürnberger Dichter Hans *Rosenplüt* um 1450. Ein O. *Plütel* 1356 in Brünn. Rheinisch ist **Blüthgen.**

Boas (Württ.): der bibl. Boas, der die Ährenleserin Ruth zum Weibe nahm. Melchior *Boas* 1500 Schw. Hall.

Bobardt s. Bobbert! H. *Bobard* 1461 Hameln.

Bobbe: ON. in Anhalt. – **Böbel** (Württ.) s. Bebel! H. *Böbel* 1480 Württ.

Bob(b)ermin (Pomm.) s. Wobbermin! – **Bobber:** ON. Bobbau b. Dessau.

Bober (ostdt.): slaw. *bobr-* »Biber«, auch Flußname in Schlesien; vgl. ON. Bobrow, Boberau.

Boberg (Hbg.): ON. ö. Hbg.

Bobertag (ostdt.): J. G. Bobertag 1750 Krossen. – **Böbs** (Hbg.): ON. b. Eutin.

Bobrowski (ostdt.): aus Bobrow; s. Bober!

Bobsi(e)n, Bobzi(e)n: zahlr. in Hbg., Meckl., aus Bobzin/Meckl. (b. Parchim u. Hagenow).

Boch(e), Bochinski, Bochnik (ostdt.-slaw.): vgl. ON. Bochow (Pom., Mark).

Bocher, Bochler, Böchli, Bochtler (Württ.) meinen den »Trotzigen« (zu bochen »pochen«, bochwort »Trotzwort«). C. der *Bochler,* Bauer 1315/Kinzigtal, J. *Bochly* 1559 Solothurn, K. der *Bochter* 1342 Eßl.

Bock (zahlr.): z. T. über den alten Hausnamen, vgl. W. *zu dem Bock* 1424 Schlettstadt/Els. Im übrigen nach der Wesensart. Obd. auch Böcklin, s. dies!

Böck: Obd. = Beck »Bäcker«: Markus *Böck (Beck)* 1506/07 Mengen/Württ. Ndd. aber vom Flur- u. ON. Böcke, Bökken: »Buchenort«! In Pommern mehrfach ON. (u. FN.) Böck. Vgl. **Böckmann** = Büchmann.

Böckel: ON. in Westf. (FN. in Hbg.).

Bockel(mann): in Hbg., Meckl., aus Bokkel, mehrfach zw. Bremen u. Soltau.

Böcker (ndd.) s. Bödeker, Böttcher! Z. T. westfäl. zum ON. Böcken (Büchen).

Bockfell: mhd. vel »Tierhaut, Pergament«.

Bockholt (ndd.) = obd. md. Buchholz. Mehrfach ON.

Bockhorn (ndd.): mehrfach ON. (Hann., Holst., Oldbg.). – Bockhorst: ON. Westf.

Böcking: westfäl. wie Böckmann: an Buchen wohnend. Vgl. Bökemöller, Bökenbrink, -kamp, -holt usw. – **Böckenhauer:** »Buchenhauer«.

Bockisch s. Bocksch!

Böckler, Bäckler (ndd.): urkdl. *Bokeler* (mnd.) = »Schildträger« (mhd. buckeler »Schild mit Metallbuckel«, auch sein Träger: der Gewappnete). Vgl. im Psalm: »de herre is min bokeler«! A. *Bokeler* 1280 Rostock, Holste *bokeler* 1307 Greifsw., Did. *Bokeler* 1456 b. Hameln, *bokeler* 1453 Barth, Carsten *Bäkeler* 1628 Prenzl. (aus Meckl.! Vgl. Däbler für Döbler; Bädeker für Bödeker; Kähler für Köhler). S. auch Bückler!

Böcklin (obd.) = »Bock, Böcklein«, altes Straßburger Geschlecht, schon 1278 Ulr. *Bokelin* (Str.), mit alem.-*lin* für *-lein!* (»Wart', Frieda Schanz, ich komme mit dem Stöcklin u. klopf dir aus das Unterröcklin; ich heiße nicht Böckl*in*, ich heiße B*ö*cklin!« – so der Maler Arnold B.)

Böckmann (ndd.) = obd. Büchmann. Nach d. Wohnstätte unter Buchen, bzw. aus Böcke(n).

Bockmühl: ON. Bockemühl/Ndrhein.

Bocksch, Bockisch, Bogsch: wie Bogisch KF. zu Bogislaw (FN. Bockslaf!).

Bockshammer, Box-: aus Boxheim/Bay., wie Forchhammer aus Forchheim.

Bockwitz: mehrf. ON. in Sa., Schles., auch b. Torgau.

Bockwoldt (ndd., oft): = obd. »Buchwald«. – **Bodamer** s. Bodmer!

Boddi(e)n: ON. (Meckl. 2mal, Prignitz).

Bode, Boden (Bohden): norddt. oft = Pers.-N. *Bodo,* vgl. Henr. *Bodensone* = H. filius domini *Boden* = H. Bodonis 1248/58 Hbg. S. auch **Bade!** Zu Bodemann vgl. auch die Bode, Fluß im Harz, – wie Beste-, Huntemann. Nur selten kommt der »Bote« in Frage, vgl. ndd. Burbode »städt. Bote«.

Bodeck (Hbg.): ndd., = obd.-md. Bottich, s. Bödeker! Vgl. Bodekholt, -staff, -mann.

Bödeker, Böddeker, Bädeker (!): ndd. für Böttcher (Bottichmacher). Sohn eines Böttchers zu Rathenow (1384) war z. B. Stephan *Bodeker,* Bischof von Brandenburg (Brech., S. 170).

Bodelschwingh: ON. b. Dortmund (alt Budels-wich); auch Bolschwing. Schon 1275 Gisbert v. B.

Bodenbender (ndd.): auch Büddenbinder = Bödeker »Böttcher, Faßbinder« (ndd. büdde »Bütte«). Vgl. in Fritzlar 1332, 1383: *Boden-, Budenband!,* in Kassel 1349 *Bodenreif!,* in Lübeck 1320 *Bodenswengel!*

Bodendiek (Hbg.): ON. b. Ülzen: heute Bodenteich! Vgl. auch Badendiek b. Güstrow. In Barth/Pom.: Thid. *Bodendik* 1326, Andr. *Badendik* 1447.

Bodenschatz (Franken, Sachsen): mhd. schatz = Steuer, Abgabe, also Bodenzins. Vgl. abe-schatz, slegeschatz.

Bodensiek: westf. ON., wie Lehmensiek u. ä. (siek »sumpf. Stelle«).

Bodenstab (ndd.): meint den Bodeker (Böttcher), wie Bodenschwengel, Bodenband, Bodenreif; – in Hannover 1737, vorher *Bodeck-staff* 1513.

Bodenstedt: ON. b. Brschwg. Vgl. den Dichter Fr. B. aus Peine.

Bodenstein: ON./Ob. Pfalz (u. b. Braunschweig). Andr. *Bodenstein* (aus Karlstadt), Freund u. Gegner Luthers.

Bodenwerder: ON. (Weser). – **Bodewig** (Köln): ON. Bowick/Westf.

Bö(d)er (mnd.): vgl. bodern »waschen«; Heyne Boder 1330 Haldsl. (1394 Kiel), her Harmen Boder 1593 Hi.

Bodmer (Schweiz): zum ON. Bodmen b. Zürich, Bodman am Bodensee! Rud. *Bodemer* 1249 b. Überlingen! J. J. Bodmer (Poetiker) war Züricher. Vgl. auch **Bodamer!** Vereinzelt mag mhd. *bodem* »Boden« (Ebene) hineinspielen (vgl. Gademer zu gadem) »im Boden« (Zürich). Zu **Bodner** (H. *Bodener* 1385 Ohmen/Hess.) vgl. H. *of dem Boden* 1499.

Bödung: ON. Bodungen a. d. Bode/Thür., wie Gerstung, Kauffung.

Böe (Böhe), Böer: fries.-dän., s. Boie!

Boer (ndd.) s. Bu(h)r! Bauer.

Boethius (Holstein): humanist. »Veredelung« des fries. Pers.-N. **Boie** (Böe), Boysen. Deutlich in *Boetius Boie* 1562! Joh. Boethius 1633/Holst. Boethius war spätröm. Philosoph.

Bofer, Boffert (Württ.); Böferlin, Pöferlein: der *Böferlin* 1421 Ulm.

Bogda(h)n, Bugda(h)n: slaw.-ostdt. Personen-N. (»von Gott gegeben« wie Theodor), vgl. Bogumil, Bogislaw. Die Woiwoden a. d. Walachei hießen so im 14. Jh. Vgl. noch um 1900: Bogdan Krieger. – Ähnlich **Bogatz(ki).**

Böge (Hbg. zahlr.), Böe u. ä. siehe Boje, Boye! *Boge* Kost 1321 Lüb.

Bögehold, -holz: ON. in Westf. auch Böge, daher **Bögemann.** (1590 *Bogeholt* »Sumpfgehölz« in Lippe, wie Beleholt u. ä.).

Bögel (ndd.) = »Bügel, Ring«. Vgl. Bögelsack. Winand *Bogel* 1305 Hann., D. *Boghel* 1376 Wesel.

Bogentanz: alter Spielmannsname (wohl auch den Tanzlehrer meinend). Vgl. Lobedanz, Schicketanz, Preisendanz. Bernh. *Bogentanz* 1528 Köln. Nitsche, Hannus, Jekel *Bewgentancz* 1368 Liegn.

Bögl, Bögle (Bay., Württ.): meint den **Bögler** (beide oft in Nürnbg. u. Mchn.), d. i. **Bogner** oder Armbruster, auch Bogenschütze, desgl. **Böger** (Stuttg.). Vgl. H. *Bogelin* 1239 Ulm, *Bogeler* 1341 Freibg., M. *Boger* 1288 Württ. Ein *Tredeboge* 1389 Lünebg. Dazu auch Scheibenbogen (scheue den B., wie Scheibenpflug, obd.), Fittbogen, Klingbögl u. ä.

Bogisch (Schlesien): KF. zu slaw. Bogislaw, Bogumil, urkdl. Bogusch (wie Berusch, Bartusch; auch Bogsch wie Bartsch). *Bogusch* Sebinwirt 1350 Brsl.

Bogner, Bögner, Böger: s. Bögl! Eine Bognergasse z. B. in Wien. *Boghener* 1269 Rostock, 1322 Lüb.; Hensel *der bogener* 1368 Lg., N. *Bogener* der töpper 1399 Brsl. (Weiteres: Bahlow, Schles. Nbch., S. 102).

Bogumil: slaw. Pers. N. (»Gottlieb«), wie Wersemil, Susemil u. ä. – Bogislaw s. unter Bockslaf, Butzlaff! Bogu(h)n ist ostpr.-lit. wie Steppuhn.

Böhler: zum ON. Böhle bzw. Böhlen (beide mehrf. in Sa.), wie Döhler zu Döhlen.

Böhlke (Hbg. oft) nebst **Bölke** u. Bahlke ist die einst beliebte KF. *Boleke* (fries. für *Boldeke*) zu *Bolewin: Boldewin* (Baldwin), um 1200/1400 an der ganzen Waterkante gebräuchlich. Auch einfach *Bole* **(Bohle),** patr. *Bolen* **(Bohlen,** Bohlens, Bohlsen); desgl. *Boleman* **(Bohlmann),** *Boleken* **(Bohlken),** fries. patr. *Boling* **(Böhling),** vgl. Röhling, lat. Bohlius, Bohlenius; fries. auch Bohlje, Bolesma. S. auch Bahl(ke), Bahlmann! Urkdl. Belege: *Bole* de Malchow 1298 Ro., *Bolo* Ripperda 16. Jh. (Friese), *Boleke* stenwerter 1322 Strals., R. *Bolen(son)* 1299 Strals., H. *Boleman* 1323 Greifsw., *Bolwin (Boldewin)* de Cröpelin 1258 Ro.

Bohlmann (ndd.) siehe Böhlke!

Bohm (ndd.) = »Baum«, nach der Wohnstätte, am Schlagbaum! Wie auch Böhmer! Z. T. wohl auch = Bohmhauer (s. Böhmke!). J. *Bomslüter* 1345 Stettin, C. *prope Bom* 1275 Rostock.

Böhm (Schlesien, Sa. oft), Behm: der Böhme (Bahlow, Schles. Nbch., S. 80); mitunter auch nur auf Beziehungen nach Böhmen hin deutend: z. B. Vogt Heinrich v. Plauen »dictus *Bohemus*« und sein Bruder H. »dictus *Ruzo*«! Ein Wachna *Beme,* Sohn: Habel 1397 Glatz, Blahut *der beme* 1353 Glatz, J. *Bemischman* 1378 ebda.

Bohmbach: mehrfach Bachname in Hessen (heute auch Baumbach).

Böhme s. Böhm! Vgl. auch Fluß u. Ort Böhme *(Bomene!)* b. Fallingbostel. (Dazu Bahlow, ON. S. 50.)

Böhmer (westfäl.) = »Bäumer«, d. h. am Schlagbaum wohnend (auch tätig). S. unter Bäumer! – **Bohmgahren** (ndd.) = Baumgarten.

Böhmig (Sa.), **Böhmisch** s. Böhm! Vgl. Bömack »der Böhme«.

Böhmke (ndd.) »Bäumchen« (s. Bohm!), mnd. *bom* meint auch »Balken« (vgl. Hanebom, Seebom), so daß auch der *bomhauer,* der Zimmermann, gemeint sein kann. Thid. *Bomeke* 1281 Ro., Joh. *Bomhowere* 1331 Lüb. – Joh. *Bernebom* 1278 Ro. meint den Berner: »Brandstifter«, vgl. Sengebalke.

Bohn(e), Bohneke: meint den Bohnenbauer, desgl. Bohnemann, obd. **Bohner** (Ulrich Boner's »Edelstein«!). Dazu **Bohnsack,** Bohnenstengel, Bohnenblust (obd. = »Blüte«), Boneß (W. *Bonesse,* 1219 Zürich, wie Man-esse!). *Schelebone* 1350 Haldsl. *Vettebone, Grotebone.* L. *Bone* 1318 Lüb., F. *Boneke* 1460 Haldsl., H. Bone 1524 Hann., N. Bone 1304 Worms. Ein Ort Bone b. Zerbst (dort e. Fam. Bone 1333 ff.).

Bo(h)nert = Bohner, s. Bohn! – **Bo(h)nhoff** (Hbg.): westf. ÖN.

Böhnisch s. Bähnisch (Benedikt)! – **Böhrnsen** s. Börnsen!

Bohrisch (Schles.): KF. zu slaw. *Boroslaw* (Mikl. Nr. 16), wie **Behrisch** zu *Berislaw*. Martin *Borisch* 1203 Trebnitz.

Boie, Boje, Bojunga usw. s. Boye, Boysen!

Böing s. Boysen

Boitin s. Beythien! – **Bokelmann:** aus Bokel (ON. in Hann., Holst., Oldbg.). Vgl. Brockelmann, Hamelmann u. ä.

Bolay, Boley: der heil. Pelagius (Patron v. Konstanz), vgl. »sant Bolaien tag«. Noch 1520: *Bolai* Egolff/Rottweil. Ein *Bolay* = *Belay* = *Pelay* Brenner 1417 in Konstanz.

Böl(c)ke, Bölck, Bölicke s. Böhlke!

Böldeke s. Bolde-, Baldewin unter Böhlke! *Boldeke (Bolte)* Pistor 1344 Stettin; *Boldewin* speghelmakere um 1350 Lüb. Hinr. *Boldewin* 1353 Greifsw. Vgl. holländ. Baudewijn (belg. Baudouin); schon Joh. Fischart (16. Jh.) wußte: »Flemming heißen Baldwin«; es war der Leitname bei den Grafen v. Flandern. S. auch Boldt! Obd. vgl. *Böldelin* = *Reimbold* Rebstock 1342 Straßbg.!

Boldt, Bold, Bolte: ndd.-fries. KF. zu Boldewin (s. Böldeke, Bölte, Böhlke!).

Bölk(e) s. Böhlke! – **Bolke** (schles.) siehe Polke! – **Bolkhart** (Württ.): bolk »plumper Kerl«!

Boll, Bollmann: obd. zum mehrfachen ÖN. u. ON. Boll »runder Hügel« (Baden, Württ., Schweiz), wie in Betten-, Binsenbol! Vgl. H. *am Bollen* 1500 Zürich. Aber **Boller** = »Polterer«: Hainr. der *Boller* 1314 Rottweil. Vgl. Hainr. dictus de Bolle 1261 b. Salem.

Bollag, = Bollak = Pollak »Pole«. s. Pohl!

Bolland (Hbg.): ON. b. Wismar/Meckl.

Bollmann s. Boll! Zu norddt. Bollen/Weser, Bollmoor s. Bahlow, ON. S. 51!

Bollwahn, -wagen (!): norddt., meint *Boldewan, Boldewin,* s. Böldeke!

Bols, Bolsen, Bolsmann (Hbg.) wie Bohls, Bohlsen s. Böhlke!

Bölsche: aus Bolske, wie Fölsche aus Folske. Vgl. *Bolsken* 1561 Fallersl.

Bölsing: vgl. den Berg *Bölsing* b. Rinteln/Weser. (bols = bels, bils: feucht.)

Bolster (obd.): mhd. = »Polster«, also Polstermacher. Vgl. aber ON. Bolstern/Saulgau: R. der Bolsterer 1358 Württ.

Bolte, Bölte, Bölting = Boldt = Boldewin, s. Böhlke! Von Friesld. bis Pommern um 1200/1400 beliebter Pers. N.: *Bolte* = *Boldeke* 1344 Stettin. Patr.: Hans *Bolting* 1411 Hann. Joach. *Bolte* (Bgmstr./Wolgast) wurde 1675 geadelt als Bolte von Boltenstern.

Bölter (Hbg., Stettin): mnd. bolter = boltendreier »Drechsler von Bolzen für die Armbrust«. Conrad boltensnider 1265 Mstr.

Bolz, Bolzmann, Bolzen (Hbg. oft): andere Schreibung für Bols, Bolsmann, Bolsen (Hbg.), s. diese! – Aber obd. **Boltz,** Bölzli meint den Bolzen (f. d. Armbrust), vgl. den Joh. *Bolzmacher* 1460 Straßbg., wie ndd. *Boltendreyer* (-drechsler). Hans *Boltze* 1381 b. Eßl., H. *Böltzli* 1436 b. Zürich, *Bolczchen*/Breslau.

Bombach, Bombeck: mehrf. ON. (Bachn.) in Hess., Baden, Hann. Vgl. Bohmbach, Baumbach.

Bomheuer s. Baumhauer! Joh. *bomhowere* 1331 Lüb.; vgl. *bowmheuer*/Brsl., *Bomhouwer* 1410/Baden; J. *Bomheckel, -hekker* 1434 Guhrau. (Alle = »Zimmermann«!)

Bommer (Schweiz, Württ.): aus Bommen/Schweiz. Vgl. auch Bommern in Westf.

Bonde, Bondesen (Schlesw.-Holst.): zu dän.-schwed. Bonde = »Bauer« (ndd. Bunde).

Boneß, Bonneß (obd.): »Bohnenesser«, Spottn. f. d. Bohnenbauer. S. Bohne!

Bongardt, Bongartz (rhein.): »Baumgarten«, s. dies! **Bongratz** s. Pankratz.

Bonhoff, Bohnhoff: ÖN. (Westf.), auch ON. b. Siegburg. Vgl. *Bonhorst* 1450 Hann., *Bonschlade* b. Gladbach. Zum Sumpfbegriff *bon* s. Bahlow, ON. S. 52.

Bonin: ON. in Pomm. (2mal). – **Bönisch** (Lausitz): s. Bähnisch (Benedikt).

Bonne, Bonnen, Bonnesen, Bonnick(sen), Bonnichsen: altfries. Pers. N. mit Patr. wie Bennick, Bennichsen. Vgl. auch fries. Sonnick(sen)! *Bonnick* Bentzen 1603 Flsbg. Leo *Bonninga* 1494 Friese; *Bonno* 1534 Friese.

Bonsack s. Bohne! – **Bonsels, Bonse** (fries.).

Bontemps (franz.) = »Gutzeit«. – **Bonwetsch** (Bomwetsch): obd. bom, bon = »Baum«, vgl. Wannenwetsch (Württembg.).

Bon(t)z (Württ.): wie Buntz = »Faß« (1381 Bunz, 1515 Bonz in Stuttg.).
Boockmann (ndd.) = obd. Buchmann: wie Bookmeier »am Buchengehölz«. Joh. *Bokeman* 1316 Greifsw.
Boolsen, Bolsen (fries.) s. Bols!
Boom (ndrhein.) s. Bohm! – **Boos** (Köln): ndld. »böse«, auch ON. (Bay., Württ., Eifel, Nahe). **Bootz:** ON./Prignitz.
Bopp, Böpple (obd., Württ.), auch **Bopf:** alter Lallname (vgl. Poppo!), vgl. Graf *Boppo* v. Wertheim (z. Zt. Barbarossas); *»der Boppe«* nennt sich ein Minnesänger (Spruchdichter) um 1280 im Alemannischen (Bartsch-Golther, Liederdichter, Nr. 70). Dazu Frid. *Boppe* 1359 Offbg., H. *Böppeli* 1412 Breisach, *der Böppel* 1451 Allgäu, H. *Bopf* 1393 Gmünd. Mhd. poppe aber auch »Schwelger, Großtuer«!
Borchers (ndd. zahlr.): Patr. zu **Borchert** (Borchardt, obd. Burkhard), westfäl. Borcherding (wie Humperding, Sieverding). Zu Borchers »Borchards Sohn« vgl. Ahlers, Ehlers, Elvers u. ä. KF. war **Bosse,** s. dies! *Borchardus* Soltman 1288 Ro. Henneke *Borchardesson,* Knappe 1316 Rügen. Patronym ist auch **Borchling** (Hbg.): aus Borcherding. Ndrhein.-westfäl. ist **Borg(h)ardt,** Borgartz. Vgl. Borgerding, Borgert.
Borck s. Bork! – **Borckert,** Borckhardt (md.) s. Borchers!
Bordeke (ndd.): KF. zu Herbord (»Heer« u. »Schild«), im MA. beliebt. Deutlich *Herbordus Bordeken* 1408 Hann.; Herm. *Bordeke* 1346 Strals., *Bordeke* Bozepol 1340 ebd. – **Bordewick** = ON. Bardowick b. Lünebg.
Bording, Bordich (ndd.): mnd. = »Lastkahn«, Schiffername. Henr. *Bordinc* 1290 Rostock, Nik. *Bording,* Bergenfahrer 1469 Lübeck. **Boreck** s. Bohrisch.
Borgeest, Bergeest (Hbg. oft): wohl = Vergeest, s. Geest!
Borgenicht: »ich borge nichts«, ein Geizhals. Joh. *Borgenicht* 1459 Erfurt.
Börger, Borger (ndd.) = »Bürger«, Stadtbewohner. Börger ist auch ON. (am Hümmling).
Borges, Borgis s. Börries!
Borggrefe, -gräfe s. Burggraf! – **Borghardt** s. Borchers!
Borgmann (ndd.) = »Burgmann«. Burgmannen hießen die Gefolgsleute eines Burgherrn. Dann auch wie Burggraf = »Stadtrichter«.
Borgwardt: im ndd. Raum einst beliebter Pers. N. (wie Volk-, Adal-, Eilward).
Borgwedel: ON. Burgwedel/Hann. (*Borchwedel* 1346 Lüb.).
Borho(c)h: obd. »sehr hoch« wohnend (mhd. bor »sehr«: bore-groß). Am Oberrhein mehrf. urkdl.: *Borho* (Zinsbauer) 1290 Löffingen usw. (Vgl. Socin; Brech.)
Borisch siehe Bohrisch!
Bork, Borck (ostdt.): z. T. zum ON. Bork/Pom., Lausitz, Borek/O. S. (zu slaw. *bor-* »Kiefer«!) z. T. auch zu Borek, KF. zu Boruslaw (wie Borsch zu Boresch). Daher zahlr. in Berlin. Vgl. auch Borkow(ski): oft in Ostpr. Ein altes pomm. Adelsgeschlecht ist *v. Borcke.* Schon 1255 ein *Borko* in Pom., 1311 ein Nik. dictus *Borke,* pom. Edler. Vgl. auch ndd. *borke* = »Rinde«: FN. Borkenbrecher!
Börm, Borm (Hbg.): Börm b. Schleswig.
Bormann (Sa., Schles.): urspr. *Bornemann* (wie Lehmann: Lehnmann), nach d. Wohnstätte am Brunnen (md. Born); »der do sitzet bi dem borne« 1348 Lg., Hannus *bi dem borne* 1368 Lg. usw. (Bahlow, Schles. Nbch., S. 80). E. *bi dem borne* = E. *Bornemann* 1438 Duderst. Vgl. Val. *Bormann (Bornmann),* Buchführer 1520 in Sa. (Brech., S. 186). Auch ndd.: Joh. *Borneman* 1293 Hbg. Ein Hs. *Bornemester* 1491 Hann., *Bornevorer* (Fuhrmann) 1400 in Haldensl. Vgl. Bornträger, Borngräber, Bornewasser, Bornsack, -schlegel.
Börner (Sachsen): aus Borna (b. Lpz., Pirna, Oschatz).
Borngässer (obd.): vgl. Emmerich *Borngasse,* Ritter 1384 Lorch.
Borngräber (ndd., md.) = Brunnengräber.
Bornhöft, -hövt (Hbg.): ON. Bornhöved/Holst. (1227 Sieg über d. Dänen).
Bornhold(t), -holt (Hbg. oft): ON., vgl. Bornhorst. *Borneholt* 1331 Lüb.
Bornhorst: ON. in Oldbg. – **Bornschein** (Jena oft): »leuchtender Quell«.
Bornschlegel: vgl. Mühlschlegel u. ä.
Börnsen, Böhrnsen (Flsbg., Hbg.): dän.-norw. Björnson (björn = »Bär«). Vgl. Carsten *Bornsen* 1578 Flsbg., M. *Borns* 1587 ebd.
Bornträger: der Brunnenwasser herbeiträgt. C. *Borntreger* 1589 Witzenhausen. Concze *Bornczoger* 1387 Frkf.

Borowski (ostpr.-poln.): zum ON. Borow.
Börries, Borries, Borges, -is: KF. zu *Liborius* (Heil., Patron v. Paderborn, daher westfäl.-ndrhein.). *Borius* Ossenbrughe 1490 Oldbg., *Borges* van Everse 1348 Oldbg. Noch heute: Börries Frh. v. Münchhausen.
Borrmann siehe Bormann!
Börs, Börsch (Köln oft): wie Böres, Bories alte KF. zu Liborius. Vgl. Börries! Zu Borsch (Köln) vgl. Borschbach für Borsbach b. Köln, = »Sumpfbach«!
Borsche (Sachsen)! neben **Porsche:** urkdl. KF. zu slaw. *Borislaw.* Vgl. *Boresch (Borsch) = Boreslaus* v. Riesenburg/Böhmen, Martin *Borisch* schon 1203 Trebnitz, *Boreslaw,* Pfr. 1287 Bärsdf./Schl. Mit k-Suffix: **Borschke,** Burschke; Porschke, Purschke; Pursche. Mit l-Suffix: **Borschel** (1348 Budweis).
Borschemich: ON./Rhld. wie Brackemich (bors, brak = »Sumpf«). – **Borsig** (ostdt.) s. Borsche!
Börst, Borst (ndd., Stettin): = »Borste, Bürste«, ein borstiger Mensch. Vgl. auch ndd. *borst* »Brust«.
Borstel(mann): aus Borstel (oft ON. in Hann. u. Holst.). Herm. *van dem Borstel* 1441 Hameln. Auch Bostel(mann)!
Borte: meint den *Bortenwirker* (Brsl.). Vgl. *Bortner, Börtler* 1368/Prag, *Borte* 1352 Brüx, *Silberbort* (Hbg.).
Borutta (ostdt.-slaw.): KF. zu Boruslaw. Vgl. auch Borisch, Borsche! *Boruta* 1284 Stralsund.
Börzel, Börzler (obd.) s. Bürzel!
Bosau (Hbg.): ON., am Plöner See/Holst. wo Pfr. Helmold um 1160 die »Slawenchronik« schrieb.
Bosch (Köln oft), Bosche, Boschmann, Böschgen: alle ndrhein., von der Wohnstätte am Busch = Gehölz; vgl. Achternbosch. Auch der Maler Hieron. B. war aus Aachen. Auch in Württ. begegnet Bosch mundartl. für Busch: daher auch dort **Bosch** als FN. (zen boschen 1266, Herm. Bosche 1272).
Bösch: z. T. umgelautetes Bosch, s. dies! Vgl. Böschenbrok/Westf., Böschmeier/Westf. In Württ. aber konkurriert die KF. Besch zu Sebastian! Vgl. Balth. *Besch (Bösch)* 1568/69 Saulgau.
Böse (obd. Bös, Böß): schon um 500 ein fränk. Herzog Guntchramnus *Boso.* Auch in Kompositis: Bösehans, Bösenickel; Böseaupt; Bösewort, Böseferkel, obd.: Böspfenning (1398), Böspflug; hier böse = schlecht, wie in Bösefleisch (f. d. Fleischer). Zu Binnebös vgl. Butenschön! Zu Bösewetter: Brausewetter! – **Bösel** (Hbg.): ON./Oldbg. (Bahlow, ON. S. 53).
Böser: »Übeltäter« (bosen »Böses tun«). Hinrik Bozere 1301 Ro.; Heinr. der Boser (Bauer) 1295 b. Freiburg.
Bösger: alemann. für Bösinger, wie Öschger für Eschinger u. Nöttger für Nöttinger (Baden, Schweiz); vgl. dazu A. Götze, S. 32, Bahlow, Dt. Nbch., S. 90!
Bosler (Hbg.): aus Boslar b. Jülich. Auch Bosselaar. Aber **Boßler** im Alem.-Schwäb. meint einen »Schläger, Stößer« (ähnlich Bochler), zu mhd. bôßen »schlagen, klopfen, stoßen«, evtl. obszön! Boßolt = penis! Vgl. Boßhart, Bossert.
Bosse (ndd.): war im norddt. Raum beliebte KF. zu Borchard (Burghard). Zahlr. in Hbg., Hann., Magdebg., Dortmund, Köln. Auch **Busse,** dies auch md. Urkdl. *Bosse = Burchardus* 1282 Rostock. Vgl. *Bosse* Borchardes 1393 Haldsl. *Borchard* Breyde u. *Bosse* sin sone 1373/Holst. Auch *Bosseke* (Bremen, Brschwg.). Hans *Bosse (Busse)* 1425 Jena.
Bossel(mann): norddt. = Borstel-, Bostelmann!
Bossert (alem.) s. Boßhart! – **Boßer** (Württ.): mhd. = »Kegelspieler« (zu bôßen, auch »schlagen«; vgl. Boßhart!). – **Bost** (ndd.) = »Brust«!
Boßhart, Bossert u. ä. (Schweiz, Ob. Rhein) ist Übername wie Bolckhart, Motzhart u. ä., meint wie Boßler »Schläger, Stößer« (auch obszön), in Zürich über 300mal! (Bisher ungedeutet.) Mhd. *bôß* »Schlag, Stoß«.
Bostel(mann) s. Bossel-, Borstelmann!
Bötefü(h)r (ndd.): »mach Feuer«, = **Fürböter** »Heizer« (noch im Ostfries. einfach **Böter** [Böther]). Aber Olde-, Oltböter meint den »Altbüßer« oder Flickschuster (mnd. böten »ausbessern«), wie in Ketelböter, Grapenböter!
Both, Bothe (Hbg. oft): die Häufigkeit im ndd. Raum entspricht der einstigen Beliebtheit des ndd. Pers. N. s. *Bode* (unser Bodo, Botho). Vgl. fries. Botje.
Böthelt (Hbg.): vgl. *Botelt* als weibl. TN.

in Alt-Flsbg.: Peter Rantzowen maget Botelt 1587 Fl. Ein ON. Böthel b. Uchte ON. Bothel/Wümme.

Böt(h)er (ndd.): s. Bötefür! – **Bothfeld:** ON. Kr. Mersebg.

Böthling (Hbg., Hi.): mnd. »Hammel«. Thid. *Botling* 1313 Hann.

Bothmann (ndd., Hbg.!): Friedr. *Botman* 1296 Hbg., d. i. der Elbschiffer, vgl. ebda den Robeke *Botmakere* 1293; Thid. *Botmeker* 1307 Grfsw. S. auch **Both!** Vgl. Tid. *Bote* 1135 Köln; M. *Bote* armiger 1375 Holst. Bertholt *Both* 1552 (Bauer) Kalsow/Meckl.

Bothmer: ON. b. Soltau (Ulr. *de Botmere* 1174); *bot (bod)* meint »Sumpf« wie in Bothfeld, Bothel (Bahlow, ON. S. 54).

Botsch(e): obd.-württ.: Werner *Botsche* 1380 b. Wolfach, C. *Botze* 1269/Tauber, der *Bötzelin* 1350 b. Stuttg., wie Butsche, Butschle 1480 Stuttgart zu *butz* »Knirps« (C. dictus *Butz* 1270 Freibg.). Vgl. auch Hs. *Botschner.*

Bott (obd.) = »Bote«, Briefbott, auch **Böttle:** Hennchin *Bott,* e. Bote 1465 Stuttgart.

Böttcher, Bötticher, Böttger, Bötjer: der Bottichmacher, s. Bödeker, Bädeker! Vgl. nordwestdt. Büdden-, Bodenbender; west- u. süddt. Faßbinder!; ostdt.-schles. Büttner, Bittner!

Botter(mann), ndd.: meint den *Botterhoke* »Butterhöker«: Sifridus *Botterman* 1251 Hbg. Vgl. Botter-, Butterbrot (Hbg.), Bottersupp, Bottermund, Schmeckebotter, Mordebotter (wie Mordebier), *Botterklot* 1262 Hbg., *Bottertunne* 1309 Lünebg., *Sötebotter* 1289 Ro.

Botz, Bötzle s. Butz! – **Botzenhardt** (Württ.): ON.

Bove (ndd.): = »Bube, Knecht« (abschätzig).

Bovende-er(d)t (ndd.-ndrhein.) siehe Babendererde!

Boxhammer: aus Boxham/Nd. Bay. (1379 Poxheim).

Boysen (Schles.-Holst., Hbg. oft), Boyens, Bojens: »Sohn des Boye, Boje«, – noch heute beliebter fries. Pers. N.; Bojunga, Bojung(s) ist Patronym wie Hayunga, Hayung(s), zu Haye. Mit k-Suffix: Boyken, **Boyk(sen),** auch **Beuck** (Hbg. oft). Seltener: **Boge,** Bogen, nebst Bogena (Gen. plur., zur Sippe des Boge, wie Ukena u. ä.) S. auch Boethius! Vgl. *Boge* Kost 1321 Lüb. Frerik *Bogen,* Tyade *Bogynks* 16. Jh./Friesld., *Boinck,* fries. Häuptlg. 1356.

Braack (Hbg.): ON. (Holst., Hann.), auch Brake (Oldbg., Westf., Hann.).

Braasch (Hbg. oft): ndd. »Polterer, Lärmer« (mnd. *brâsch* »Lärm«); noch heute Johann Brasch = »grober Mensch« (Prignitz). Schon um 1300 *Brasche* oft in Lüb., Ro., Grfsw., Kiel. – **Brabandt,** Brabender: Br. war durch Tuchhandel berühmt.

Brachmann (ndd., md.) wie obd. **Bracher:** nach der Wohnstätte am Brachland (brache »brachliegendes, Weideland«).

Bracht: westdt., alter Wald- u. Gewässername (auch ON.: Westf., Rhld., Hess.). Aber auch KF. zu Gerbracht, Albracht usw.: -bracht für -brecht ist rhein.-westfäl.

Brachvogel: norddt. u. md. Name mehrerer Vögel (vgl. Meckl. Wörterbuch v. Teuchert). Wolter *Bracvogel* 1281 Pom., Hans *Bracvogel* 1389 Balow/Meckl. Bekannt ist des Dichters Br. Roman »Friedemann Bach«.

Brack (obd., Prack) meint den Spürhund: mhd. *bracke.* Henne *Bracke* 1387 Frkf. Auch Fluß Brack/Neckar.

Brackel(mann): aus Brackel (b. Höxter, Dortmd. bzw. Hbg.); Immo *von Brackeln* 1218. Joh. *Brakelman* 1376 Hameln. Vgl. Brockelmann, Bockelmann, Hamelmann, Rintelmann.

Brackmann (ndd.), Bracker (westfäl.): in feuchtem, sumpf. Gelände wohnend (Bahlow, ON. S. 55: Brackwede, Brackstedt, Brackede; Brac-bant: Brabant; Brak-lo; Brackel). Vgl. Ellerbracke! H. *Bracman* 1299 Hbg. Ebenso Brackmeier (Lippe). Brackebusch. Brakvogel siehe Brachvogel! Brackrogge wie Tapperogge, Olrogge. Brackweh(r): aus Brackwede!

Brackrog, -rock, Bragrock: »Brakroggen« (Bauernname); Jac. Brackrogge 1571 Plath/Strelitz. Vgl. Brackhahn (Hann. oft).

Brade (Hbg. oft), Braden: mnd. *brade* »Braten«, meint den Garbrater bzw. Koch. Vgl. Hasen-, Schweinebrade. *Splitebrade* 1305 Grfsw., *Bradegans, Bradenheket* 13. Jh. Hbg., *Bradena(h)l.* **Bradhe-**

ring (Meckl. oft) 1349 Grfsw., 1387 Hi. Ein Wasmod *Bradenehus* in Lübeck.

Bräger (Württ.): aus Bräg (ON. Breg/Schwarzw., eigtl. Bachn.: Bahlow, S. 59). Albr. der *Bräger* 1372 b. Balingen, Herm. *Bräg* 1361. Vgl. ON. Bräg/Schweiz.

Brägler (Württ.): zu mhd. breglen »murren, schwatzen«. – **Brahe:** ON./Westf.

Brahm (norddt.): »sumpf. Gebüsch« (Bahlow, ON. S. 55). H. im Brahm 1747/Ruhr. Flur »Am Brahm« b. Varel i. O. S. auch Bram-!

Brähmer, Brehmer s. Bremer!

Brahms (ndd., Hbg.): = Abrahams (Sohn), wie Dahms = Adams (Sohn)! Vgl. ostfries. Abrams, nordfries. Abramsen, Bramsen. In Holland ist *Bram* noch VN.! S. unter Abraham! Sekundäres -t zeigt **Brahmst** (seit 16. Jh.). S. auch Zunz, Namen der Juden. S. 53!

Braig (Württ.): Flurname, auch Breig, Breiger. Auf sumpf. Gelände deutend.

Brake, Brakmann s. Brackmann! – **Bräker** s. Breker!

Brammer (Hbg., Kiel oft!): ON. b. Rendsburg (auch b. Verden). S. Brahm! Vgl. auch Brommer! Bram- auch in ON. wie Bramhorst, Bramlo (Bramel), Bramey, Bramfeld, Bramstedt. – **Bramsen** s. Brahms!

Bran, Branek, Branig, Branke: KF. zum slaw. Pers.-N. *Branislaw* (bran »Kampf«). Vgl. Laurens *Bran* 1535 Stettin, *Branek Bohemus* 1350 Brünn. Zu Branek: Branke vgl. Janek: Janke; Hanek: Hanke; Ranek: Ranke!

Brand s. Brandt! Brant!

Brandan(i): selten (Berlin), weil literar. Ursprungs! Nur bei Rittern u. Patriziern als VN. bezeugt: Der heil. *Brandanus* (e. Ire), dessen sagenhafte Meerfahrt in der mhd. Dichtung e. Rolle spielt. Ein Ritter Heinr. *Brandanus* 1274 in Calsmunt/Nassau; e. Herold *Brandanus* 1321 Augsbg.; noch 1545 *Brandanus* David (Pfr./Stettin: F. Bahlow, Ref., S. 179). 1693 in Helmstedt: Dr. med. *Brandanus* Behrens; 1633 Buxtehude: *Brand.* Pitzenius. 1560 *Brandamus* Lemmeke in Schwartow/Meckl.

Brandecker (obd.): aus Brandeck/Baden. – **Brandeis:** ON./Böhm.

Brandes (Hbg. zahlr.): patron Genitiv zu Brand = Hildebrand! Auch Brand(t)s. Fries. Brandsma (Patr.). Siehe Brandt! Aber *Brandis* ist ON. (b. Lpz./Halle). Z. T. ist Brandes auch jüd.

Brändle, Brandel, Prantl s. Brandt (= Hildebrand). Urkdl.: *Hildebrand* (Ritter) gen. *Brendelin* 1278 Württ.; *Brendelin (Brant)* v. Seinsheim 1357/Württ.; *Brändli* = *Hildebrand* 1353/Engen. Vereinzelt auch Flurn.: »im Brendli«/Schweiz (= Brandstelle, Rodung).

Brandt, Brand (Hbg. zahlr.): im norddt. Raum einst beliebte KF. zu Hildebrand (auch Sibrand, Gerbrand, Wolbrand, Albrand, Herbrand). Vgl. süddt. Brändle, Brandel! Der Waffenmeister Dietrichs v. Bern (Nibel.-Lied; ahd. Hildebrandslied!) wurde noch im 15. Jh. als volkstüml. Sagengestalt besungen. Ndd. KF.: Brendeke, s. dies! Urkdl.: *Brand* v. Bremen = *Hildebrand* v. Br. 1277/84 Hbg.; ein Krämer *Brand* 1351 in Stettin und Söhne: *Brand* u. *Brand!* – *Brand* Krekenoghe 1407 Hann.; *Brand* Gerdes noch 1570 Rostock, *Hildebrand* Dergelo 1563 ebenda.

Brandtner (obd.): aus Brandten/Bay. – **Branke** s. Bran!

Brannemann neben Brandemann (ndd.): ON. Brande/Hbg.

Brannolte (Westf.) = Nolte (Arnold), Brand (Nolte Brandes 1590 Lippe), wie Tündernolte ebda. (O. Preuß S. 65/66.)

Brant, Brantl (obd.) s. Brandt. Vgl. Sebastian *Brant* (Dichter des »Narrenschiffs« um 1500). *Brant* v. Seinsheim = *Hildebr.* v. S. 1343/28. Ulr. *Brant* 1276 Straßbg. *Brant* Klobelauch 1493 Frkf. Beachte aber auch: W. *de Brant* 1280 b. Zürich. F. *de Brande* 1289 Württ., zum ON. u. ÖN.

Brasch s. Braasch!

Braschoß: ON./Siegkreis (Brachtschoß wie Merschoß »sumpf. Winkel«). Bahlow S. 55.

Bräse(ke) s. Bröseke!

Braß, Brasse (ndrhein./Ruhr): = »Ginster« (vgl. »am Brasberg, Braskamp, Braßhagen« ebda.).

Brasse (Hann. oft): mndl. brassen »prassen«, mnd. bras »Prasser«. Aber mnd. brasse »Brosche, Spange«: Brasse-, Bresse-maker 1343 Lüb. Diderich Brasse 1522 Hi.

Bratranek (Wien): slaw. bratr- »Bruder« (Neffe), vgl. ON. Bratrikovice: 1250 Bratrigsdorf, heute Brättersdorf/Mähren

(E. Schwarz II S. 213). Der Goetheforscher Br. war Mähre!
Bratsch(ke): s. Brattke!
Brathering (N. des Fischbraters) s. Brade!
Brattke, Brattig, Bratek, Bratka; Brat(o)sch: ostdt.-slaw. KF. zu Bratoslaw. Cl. *Bratke* 1579 Meckl. Aber Gerlach *Bratte* 1285 Ro., Lubbert *Bratte* 1318 Lüb. meinen den Wollkaufmann: bratte (ndld.) = »weichste Wolle«.
Brauch(le): schwäb., meint den Genießer (mhd. brûchen »genießen«). *Bruch(i), Bruchli* im 14. Jh.
Brauchitsch (von): schles. Adelsgeschlecht (vgl. ON. Brauchitschdorf b. Lüben). Tyne *Brauchatcz* 1457 b. Lg., Hans *Brauchitsch* v. B-df 1535, Liegnitzer Hofrichter. Wendisch *bruchacz* »Dickwanst« (vgl. Bulacz, Lubatsch).
Brauck- s. Brock-!
Brauer (auf ndd. Boden verhochdeutscht aus mnd. *Bruwer,* dies heute ndd. **Bruger!);** mhd. *briuwer* ergab **Breuer,** Bräuer (Schles., Hess.) entrundet **Breier,** Breyer (vgl. Wienbreyer neben -bräuer); rhein. ist Brauers, Breuers, ostfries. Browers, Broyers; obd.-bair.: **Breu,** Preu, Brey! (mhd. *briuwe*). Brauberechtigt waren im MA. auch viele Bürger, daher die Häufigkeit des N. (s. Bahlow, Schles. Nbch., S. 103). Vgl. auch *Medebruwer* 1263 Frkf. (Metbrauer), Hoppenbreuer (ndrhein.), Gerstenbräu, -brey (Augsbg.), Sauerbrey. Auch Breymann = **Braumann.** Braumüller (Wien, Mchn.).
Braun, Braune (obd. ohne -e!): der Braune, hinsichtlich Augen-, Haar- und Bartfarbe (Peter *Braunbart* 1378 b. Prag); *Brunehannos, Brunenitsche* 14. Jh. Brsl.; Joh. *Brune* 1381 Sagan; Ulr. *Brune* 1329 Württ. Obd.-schles. auch mit starker Flexion: (ein) **Brauner,** Braunert (wie Kahler, Kahlert), vgl. M. *Braun (Brauner)* 1560/63 Lg. Hier spielt freilich der häufige ON. Braunau hinein (Schles., Sa., Böhmen), vgl. J. *Brunower* 1448 Freibg./Sa., M. Scheyner *von Braune* 1555 Görl. (wie Gruner(t), Harter(t), Schoner(t) u. ä.). Süddt. Formen sind **Bräunle,** -lein, Breinl, -lein. Ein Lienhart *Brunswartz* 1435 Württ. **Brauns** dagegen (auf ndd. Boden! Dortmd., Hann., Magdebg.!) ist verhochdeutscht (im 16. Jh.) aus ndd. *Bruns* (= Brunos Sohn).
Braunger (obd.) s. Brun-ger (ndd.)! – **Brauneis** (Wien, Mchn.): *Brun-isen,* Schmiedename!
Braunholt, -holz (Hbg., Bln.): im 16. Jh. verhochdeutscht aus ndd. *Brunold,* wie Helmholtz aus Helmold u. Weinholtz aus Winold. Vgl. *Brunold Bruns* 1467 Hildesh.
Bräuning (obd., Stuttg.): alter Pers. N. Brüning (zu Bruno). *Brüning* von Staufen 1206 Württ. (in der Nähe s. Burg: Ort Breuningsweiler), Brech. S. 232. her Chunrat *Brünink* 1284 Augsbg. S. ndd. Brüning!
Bräunling(er): obd., ON. Bräunlingen/Baden.
Brauns = ndd. Bruns, s. unter Braun u. Bruns!
Braunwart (obd., alem.): alter Pers. N. *Brunwart* (vgl. Braunger: *Brunger*). Socin, Mhd. Nbch., S. 135, 686, 4. Vgl. Peter *Brunwart* 1343 Ulm.
Brausewetter: ein Aufbrausender (in Ostpr. N. eines Burggrafengeschlechts). Vgl. Henr. *Schureweder* 1308 Wetzlar. Auch Böse-, Faul-, Kühl-, Naßwetter.
Braut(lecht): mnd. *brûtlacht* = »Hochzeit« (westfäl. Bauerngeschlecht, um Enger i. W.: Dt. Geschl. Buch, Bd. 82). Vgl. auch Brautferger, Bräutigam. Wohl den Hochzeitsbitter meinend. Ein Arnd *Brutschatte* (Brautschatz) 1502 in Oldbg. Ein *Brutluf* (Brautlauf) 1320 in Eger.
Brebbermann: aus Brebber b. Verden (Bahlow, ON. S. 56).
Brechenmacher (Württ.): Holzhandwerker, der Hanf- u. Flachsbrechen herstellte. Hans Seibold, Wagner u. Brechenmacher um 1550 b. Stuttg. Darüber Näheres: Brech., Wb. d. dt. Fam.-N. Bd. I, 1957/60, S. 207.
Brecht, Brechtel, Brechtle: obd. KF. zu Albrecht. Bair. Prechtl.
Breckling (Hbg.): ON. b. Schleswig. Vgl. Breckwold!
Breckwold (Hbg. oft!): = »sumpfiger Wald«, zu *brick, breck* »Sumpf, Morast«, wie auch Helmold *Brekwinkel* 1386 Lünebg., Brickwedde (*Breckwide* 1240), *Bricthorp* 1238 i. W., *Brickensele* 1088 (= Brexel i. W.). Vgl. das sumpfige *Breckland*/Engld. (kelt. em-brek-to »Eingeweichtes«). Ebenso Breckelfeld i. W., Brecklenkamp. Brekehorst 1423 Kolbg.;

vgl. Hinrik Brekewold 1327 Lüb. dominus Conrad Brekewold 1461 Hbg.

Brede, Breede (ndd.): *brede* meint feuchte, sumpf. Niederung, wie im ON. Breda (mit Bruch) b. Lemgo, mit Moor in Brabant, Bredelar b. Brilon, Breden b. Höxter (u. Flandern), s. Bahlow, ON. S. 56! Vgl. auch **Bredemann,** -meier; Bredebusch, -höft, -horn, -horst. Brepohl, Breypohl (Westf.) zeigt ndd. Dentalschwund zw. Vokalen, wie auch Breihold, -holz (= Bredeholt).

Brederek(e): ON. Bredereiche b. Templin.

Brederlow: ON. b. Pyritz.

Bredow: ON. (1. Havel, 2. b. Stettin).

Breede s. Brede! – **Breese:** ON., mehrfach (auch ON. Breesen in Wendland, Meckl., Mark), zu slaw. *bres-* »Birke«, vgl. Breese im Bruch) Breese in der Marsch! Vgl. auch Briese(n). – **Breest:** ON. b. Demmin.

Breer = Breder, s. Brede!

Brefdreg(h)er (ndd.): Bote (Löper!), der im Dienste der Stadt oder des Landesherrn Nachrichten (urkdl. Schriftstücke) überbringt bzw. Antwort mitnimmt (vgl. den *Tuschebref!* 1324 Hann.).

Brehm, Brehme (obd.): »unruhiger Mensch«, zu mhd. *breme* »Bremse, Stechfliege« (vgl. Hummel). Ulr. *Breme* 1204 Bay., Hans *Bremlin* 1485 Württ. *Premunsnabel* 1330 Augsbg. Vgl. ndd. Brömse!

Brehmer s. Bremer! – **Breiding** s. Breiting! – **Breier** s. Breuer, Brauer!

Breihold, -holz s. Brede! **Breil(mann):** rhein. breiel = brühl »sumpf. Niederung« (oft in Essen u. Umg.). Rhein. WB I 1040.

Brein: bair. Form für »Brei«, d. i. Breikorn: Hirse, Grütze, daher Mahlebrein. **Breiner** also = »Breinbauer«. Vgl. Breinsack, Breinstampf (der Grützmüller), Scheichbrein (»scheu den Brei«) wie Scheichenpflug, Scheichenzuber, Scheichnast. Dazu Breinbauer, Breinhuber. – Nicht aber Breiesser, Blasdenbrei, Schmeckenbrei, die alle den Koch meinen. Ein Henke *Bri-verderber* 1334 in Frkf. – Ein Rud. *Brimelwer* 1295 in Überlgn., s. Melber!

Breinle, Breindle (schwäb.) = Bräunle: der Braune! Vgl. Breinlinger: entrundet aus Bräunlinger. Bair. vgl. Praundl (Prundlin). K. dictus *Brünlin (Preunlin)* 1329/41 Würzbg. – **Breiser** s. Preiser!

Breisger (Brisger): der Breisgauer. Nicol. *Brisger* 1284 Freibg.

Breiting, Breitung: aus Breitungen/Werra (auch Südharz). Chr. *Breitung* 1526 Mühlh./Thür., P. *Breyting* 1463 Ohrdruf, *Breiding* 1636 Witzhsn. Vgl. Fladung, Gerstung u. ä. (Zu den thür. N. auf -ungen: Bahlow in Ndd. Korresp. Bl. 1961.)

Breitkopf (ndd. *Bredekop* 1493 Mersebg.), **Breithaupt, Breitschädel** (obd., 1344 Basel).

Breitner (obd.): zum Flurnamen Breite (= Niederung), auch ON. Breiten, Breitenau (öfter), vgl. Langner aus Langenau.

Breitscheid: rhein. ON. (mehrfach).

Breitschwerdt s. Schwertfeger!

Breitsprecher (Beiname d. Mecklenburger).

Breitz(ke), Bre(i)tzmann: ostdt.-slaw. wie Brietz(ke), Britzmann.

Breker (Schweiz): wie Bräg(g)er vom Dorfe Bräg/Toggenburg. Vgl. Ulrich *Bräker,* den »armen Mann im Toggenburg« 1735 ff.; auch der Bildhauer Arno *Breker* ist Schweizer.

Brelie, Brelje (von der): aus Brelingen/Hann. (wo auch Breliendamm), wie Delliehausen aus Dellinghsn.

Bremer (Hbg. zahlr.): aus Bremen. Auch Bremert. Ein Adelsgeschlecht »von Bremen« ist jünger (vgl. Claus v. Bremen 1605 Lübeck). Zum mehrfachen ON. Bremen u. Bachn. Breme s. Bahlow, ON. S. 57! (*brem* meint »Sumpf«, vgl. die *Bremschlade*/Eder, den *Bremenpfuhl*/Elsaß, Bremenkamp i. W.)

Brendeke, Brenneke (Hbg. oft): ndd. KF. zu Hildebrand, wie obd. Brändli, Brendle. Siehe Brandt! *Brendeko* filius *Hildebrandi* 1350 Lüb.

Brenke, Brenken: ndrh. Terbrenken zeigt, daß ON. vorliegt. Vgl. ON. Brenk/Eifel.

Brenker (ndrhein.-westfäl.) = Brinker, am Brink wohnend. Vgl. Brembrenker. Aber obd. Brencker (1530 Ulm) zu mhd. brenken »prunken«!

Brenneke s. Brendeke! – **Brenneis(en):** Schmiedename.

Brenner: Obd., wie md.-ndd. Berner, Birner: mehrdeutig! z. T. »Brandstifter« (Mordbrenner), z. T. = Aschen-, Pech-, Kohlenbrenner, z. T. = Edelmetallschmelzer. Walther *Brennäre* (Incendarius) 1219 Tennenbach/Baden. Otte *der Brenner* 1338.

Brenninkmeier (Westf.): Brenning ist Patronym zu Brenneke (Hildebrand), s. Brendeke! Vgl. Benningmeier: zu Benneke = Bernhard. – **Brennmähl**, -möhl: Brendemühl, ON. b. Stettin.

Brentano: von der Brenta (Fluß in Ob. It.), im 18. Jh. eingewandert (Näheres: Brech, S. 213).

Brentz (obd.): Henni *Brentz* 1396 Schliengen/Bad., Simon *Brentzlin* 1477 Tüb.

Brenzger: alemann. Form für Brenzinger, wie Öschger für Eschinger. Vgl. Michel *Brenzger* 1484 Ulm; *Brentzinger* 1336 Eßlgn. (Brech. I, 214).

Brenzing (Württ.): wie Benzing, vgl. Brenzger! Jod. *Brentzing* 1545 Eßl.

Bresch, Breschke, Breske, Bresching: ostdt.-slaw., vgl. ON. Bresch/Prignitz. Breschine/Schl. (bres = »Birke«).

Brese (mann): ostdt., zum slaw. ON. Bre(e)se (mehrf., = »Birkenort«).

Bressel, Bressler: schles., aus Breslau (mundartl. Brassel!), vgl. Hans Teichman, *Breßler* 1508 Görl. (Bahlow, Schles. Nbch., S. 80).

Brestrich (ostdt.-slaw.): vgl. ON. Pröstrich/Thür.; Bratrik u. ä. Auch ON. wie Brestau, Brestik, Brestovac, Brest-Litowsk.

Bretsch: ON./Altmark. – **Brett:** Kurzform f. Brettschneider.

Brettner: aus Bretten/Kraichgau; bzw. Brettnau (Bodensee-Halbinsel); s. Bahlow, ON. S. 58.

Brettschneider: der Sägemüller, Pächter der Brettmühle. Ostdt.-schles.-böhm.-sächsisch. Sydel *Bretsnyder* 1372 Lg., vgl. in Brsl. 1387 »hat Peter bretsnyder die *bretmöle* gemyet eyn jar«. Desgl. *bretseger* 1377 Prag, *Bretbinder* 1733 Dessau, **Bretthauer.**

Bretzel, Bretzler: der Brezelbäcker. – **Bretzmann,** Bretzik s. Breitz-!

Breuel: ndrhein. für Brühl »feuchte, sumpf. Niederung« (aus d. Kelt.-Gall. brogilo), s. Bahlow, ON. S. 61. Vgl. auch Breughel!

Breu(er): s. Brauer! – **Breuning** s. Bräuning! – **Breuhahn** = Broihahn!

Breu(c)ker s. Bröker! – **Brey, Breyer** s. Brauer!

Breymann, Breymeier, Breypohl (Westfalen): s. Brede! – **Breyde** (Hbg.): fries. PN. (Braunschwg., Strals.).

Bricks s. Brix! – **Brick(e):** s. Breckwold! – **Briechle** (schwäb.) = Brüchle (s. Brauchle). C. *Briechlin (Brüchlin)* 1451 b. Kempten.

Briede(n): am Oberrhein = Brigitte (engl. Bride), die »Maria der Iren«. Alem. Bridlin, steyrisch Preid. Auch Breiden (= Sohn der Breide), vgl. »Breidentag«. Henni *Briden* 1342 Speyer. *Ver Prid (Preid)* 1316 Krems/Ö.

Brief(träger): s. Brefdreger! *Brieftregel* 1408 Zürich. Albr. der *Brieff* 1319 Marbach. Joh. der *Brieftrager* 1382 Reutl.

Brieger: aus Brieg/Schles.: Heinke *Briger* d. melczer = Heinr. *vom Brige* d. m. 1369 Brsl.

Briegleb: ON. Briegleben/Thür. wie Memleb, Auleb.

Briel, van der Briele: ndrhein. = Brühl, s. dies! Auch in Holld.

Briem(le): schwäb. = Bremlin = Brehm, s. dies! Vgl. Bienz für Benz!

Briese (ostdt.-slaw.): oft in slaw.-dt. ON. wie Briese, Briesen (Schles., Brandbg.) = »Birkenort«, auch Brieske/Lausitz, Briesnitz/Schl., Briest/Brandbg.

Briesemeister (Brandbg.): Tias Br., Kossate 1618 b. Angermde.

Bri(e)tzke (ostdt.) nebst Brietz, Britz: ON./Brdbg., s. Briese!

Brill (Hbg. oft): ON. Brill/Ostfriesld. – **Brimmer:** mhd. brimmen = »brummen«.

Brin(c)kmann, Brinck, Brinker: westfäl.-ndrhein., am Brink wohnend; brink = »erhöhter Grasanger« (in feuchter Umgebung). Auch in vielen Kompositis: Antenbrink, Krähenbrink, Kregenbring, Steinbrink, Steinbrinker. Dazu Brenker, Brembrenker! Albr. *uppedembrinke* 1341 Strals.

Brinkama, Brinkema (ostfries., patr.): zum Geschlecht der Brink; -ma = -mann. Vgl. Onnama, Ubbema, Scheltema, Edema, Wiggama (F. Stark, S. 174).

Bringezu (Hbg): = ndd. Bringeto = Tobringer »Verschwender«: Hartwig Tobringer (Bgmstr.) 1387 Anklam; Albert Bringeto (Kleriker) 14. Jh. Lüb. (1302 Ro., 1432 Wismar). Vgl. d. Sprichwort: »so wunnen, so tobrocht«!

Britz(mann): aus Britz/Brandbg. Britzke, Brietzke, Britzkow s. dies!

Brix, Brixle, Brigsken, Brüxkes; Bricks: der heil. *Briccius.*

Brock- s. Brook-! – **Brode** (Hbg.): ON. Broda/Meckl., Brodau/Holst.
Brockel(mann): aus Brockel im Wümme-Moor *(Brok-lo)*.
Bröckel(mann): aus Bröckel/Celle bzw. Brökeln/Weser.
Bröcker s. Brook!
Brockhaus (Westf.): zu ON. Brockhusen, -hausen (mehrf.).
Brodauf: ungedeutet; Albrecht Brodup 1378 Halle, M. Brothauf 1465 Delitzsch.
Broder(sen), Broders, Bröers!: Flsbg., Hbg., Kiel. Herm. *Brodersone* 1289 Lübeck. Verwandtschaftsname, wie fries. Feddersen. Auch als VN.: Broder Brodersen!
Brodesser: »Kostgänger«, im Dienste Jemandes; Tagelöhner, Knecht.
Brodkorb: N. des Brotverkäufers. Vgl. Käsekorb, Kersekorf. Desgl. **Brodführer** (führer = Fuhrmann).
Brodrecht (Thür.); Broderix, slaw. wie Moldrecht, Moldrix. Vgl. Brodek, Brode!
Brögel(mann): s. Brühl! – Aber alem. **Brögli, Broger** meint den Großtuer, Prahler (mhd. brogen »großtun«), vgl. *Brogelin der Broger* 1236, Cunrat der *Broger* 1294 Straßbg., Ratsherr; H. *Bröglin* 1350 Eßl.
Bröhan, Broihan, Breuhan; Brühahn: »brühe den Hahn« (ndd. Satzname f. d. Koch, spez. Hähnchenbereiter), wie Brogekalf, vgl. Henr. *Broyehet (Broye)* »brühe heiß« 1296 Hbg., Detlev *Broye* 1341 Lüb. *Brogecalf* 1278 Strals., *Broydüvel* 1339 Köln, Henr. *Broye* 1287 Ro., Joh. *Broge-, Broielant* um 1250 Ro., *Slibrogere* 1250 Hbg., *Broygher* 1428 Hann.: Broyer/Hbg.
Bröhl s. Brühl!
Brohm (Hbg.) s. Brom! **Brohmann** s. Brom(m)ann!
Broich- (ndrhein.) s. Brook!
Brokmann, -meier, -möller s. Brook-!
Brokuff, Brokob: böhm.-schles. = Prokop (Heiliger), Schutzpatron Böhmens. Vgl. *Brokuff* Rotbart 1505 Freystadt. (Bahlow, Schl. Nbch., S. 72).
Bröller (Württ.): »Brüller, Schreier«. – **Bröl-** (ON./Sieg) s. Brühl!
Brom, Brohm, Brohme, Brohmann, (Brom(m)ann, Bromfort, van den Brom!: *brom* wie *bram* begegnet in vielen Flur-, Orts- u. Gewässernamen, auf »Moor« deutend (s. Bahlow, ON. S. 61 bzw. 55), vgl. auch *brem!* Gereke *Brom* 1340 Strals.; J. *Brome* 14. Jh. Lüb., *de Brome* 1262 Ro. Val. *Brom(e)* 1564 Hann. Vgl. ON. Brome Kr. Gifhorn, Brohm/Meckl.
Brommund s. Brummund! – **Bronisch:** KF. zu Bronislaw, s. Brunzel! – **Bronner(t):** aus Bronnen (Württ., Bay.).
Brömse (ndd.): »Bremse, Stechfliege« (vgl. Brehm!): L. *Brömes* 1372 Lünebg.
Brook-, Brock-, Brok-mann, Brockmöller, Brockmeier, **Bröcker,** westfäl. auch Bräucker sowie »im Brook, im Brauk« u. ä. meinen alle den Siedler im Bruchgelände, häufig in den sumpf. oder moorigen Gegenden Nordwestfalens (Nd.-Rhein, dort meist »Broich« mit Dehnungs-*i!*). S. auch Brockelmann! – Joh. *Bröker* 1367 Kiel.
Brosamle (Zürich 1401 *Brosemli*): von Brosamen lebend, vgl. ndd. *Krumeneter.*
Brosch, Broschek (slaw.), Broscheit (lit.-ostpr.): s. Ambros(ius)!
Brose, Brosig, Brosemann, Brosenius, Brosius: s. Ambros(ius)!
Bröseke (ndd.-ostdt.): KF. zu Ambrosius, s. dies! *Broseke (Brosius)* Heinse 1270 Strals. Zu **Bröse** vgl. auch den ON. Brösa, Brösen (mehrfach in Sa.).
Brotbauch, Brotsack, Brotwurm, Brotkorb sind Beinamen des Bäckers. – **Brotbeck** (obd.), Gegensatz: Kuchenbecker. Sifrit der *brotbekke* 1285 Horb. – Zu Brodesser (s. dies!) vgl. ndd. *Broteter* 1492 Hornburg. Verschliffen Brobeck (Brech. S. 221) wie Brobeil (Württ.) neben Brotbeil. Ein Henne *Brot in der deschen* 1368 Frkf., ein H. *Brodtzan* 1417 Kassel.
Brox (böhm.-schles.) = Prox, d. i. der heil. Prokop, Schutzpatron Böhmens. Hans *Brox* 1491 Lg., Merten *Brox* 1560 Görl.
Broyer (Hbg.): der Brühkoch, s. Bröhan (Broyhan)! *Broygher* 1428 Hann. *Slibrogere* 1250 Hbg.
Bruchmann, Bruchmüller: md. »am Bruche wohnend«, Steffan *von dem bruche* 1387 Frkf., z. T. für älteres ndd. Brockmann, Brockmöller! Auch mit Umlaut: Brüchmann, Brücher (= ndd. Bröcker!), vgl. ON. Brüchen/Rh. Stephan bruchgasse 14. Jh. Brsl.
Bruck(mann): obd. »an der Brücke« (obd. Bruck!) wohnend; Peder *an der bröcken* 1387 Frkf. ndd. Brüggemann. Desgl. obd.

Brucker, Brugger, Prucker (soweit nicht = mhd. brucker »Einnehmer des Brükkenzolls«, wie österr. Mauter). Vgl. **Bruckhei** »Brückenwart« (wie Holzhei: mhd. heie »Heger, Hüter«), bair. Prugghai. **Bruckschlägl** (Wien): mhd. slegel »Schlagwerkzeug« (Ritter Heinrich gen. *Bruckslegel* 1210 Burg Kirchbg./Württ.). Ein Heinr. *uf der brugge* 1270 Eßl. In Bay. ist Bruck oft ON.! (Brucker!).

Brückmann, z. T. andere Schreibung für ndd. Brügmann. Zu **Brück** vgl. auch ON. Brück/Rhld. (mehrfach), wie Bruck in Bay.

Brückner (Schles., Ob. Laus., Sa., Böhmen; Öst.: Prückner) nebst Bruckner, Pruckner (obd.-bair.): ist in Schlesien u. Mähren um 1300/1400 als Brückenausbesserer und Straßenpflasterer bezeugt (wie mnd. brüggemann); s. Bahlow, Schles. Nbch., S. 103! (»dem *bruckener*« oder pontifex!) Brücken nannte man auch Stein- oder Bohlenstraßen! Vgl. E. Schwarz 69: »eim *prukner,* daß man die prukk pessern mug« 1414 Mähren. Vereinzelt wohl auch der Mann aus Brükkenau (Franken).

Bruck(i)sch (Schles.) = Brocksch, Procksch = Prokop (Bahlow, Schl. Nbch., S. 72).

Bruder: wie ndd. Broder, aus vertrauter Anrede. Mhd. aber auch »Klostergeistlicher« und »Wallfahrer«, auch Klosterbruder, z. B. ndd.: der barfoten broder »Barfüßermönch«!

Brüd(i)gam (ndd.) = Bräutigam; auch Brüdjam u. Breitgam. – **Bruger** (ndd.) = Brauer!

Brüggemann, Brügmann, Brügger (ndd., bes. westf.): an der Brücke wohnend, wie Anderbrügge, Toderbrüggen (vgl. Osenbrüggen für Osnabrück). Vgl. auch ON. Brügge, Brüggen (mehrfach)! Mitunter wohl auch »Brückenwart«. Den Brücken-, Straßenpflasterer meint der *brüggentreder* 1268 Ro., 1318 Lüb., *brüggenmaker* 1325 Lüb. (vgl. Brückner!).

Brugsch s. Brucksch! **Brühan** s. Brö-!

Brühl s. Breuel! (Vgl. ON. Brühl b. Köln, mehrf., auch Baden; zu **Brüel:** ON. Brüel/Meckl.). Zahlr. am Ndrhein! Auch ON.: *am brüle, tom breuel.*

Bruhn, Bruhns, Bruns (ndd.): Bruno (*Brun* »der Braune«), uralter germ. N., war der Leitname des altsächs. Herzogsgeschlechts der Brunonen um 900. Ein heil. Br. (Erzb. v. Köln) war Bruder Kaiser Ottos d. Gr.

Bruhnke s. Brüning!

Brümmer (Hbg. oft, Meckl.): ndd. = »Knurrer, Schreier«, auch **Brumm(e).** Joh. *Brummere* 1339 Lüb. Vgl. *Brummegrelle* 1369 Brschwg., grelle = »Spieß« wie in Schleppergrelle. Ein *Brummelbar* 1366 Grfsw. Zu **Brummel** vgl. aber *brum* = *brom* = *bram* »Moor« in den ON. Brummel (Westf.: *Brumlo*) u. Brümsel/Ems *(Brum-seli)* wie Bramsel (*Bram-seli* 890)!

Bru(m)mund, Brommund (Hbg.): = Brümmer!

Brümsi (alem.) nebst **Brümser:** »Brummkopf« (Brech. S. 231, Nied S. 58, Tobler S. 119). Giselb. *Brumeßere,* Ritter 1250 Rüdesh.; H. *Brümsi* 1253 Schaffh.; Heinr. *Brümsi (Brümser)* 1421/32 Villingen. Michel *Brumser* 1387 Frkf.

Brunckhorst (Hbg. oft): ON./Gelderld., zum Sumpfwort *brunk* (holld.), *brunkel* (Elsaß, Hess.) wie ON. Brunkensen/Leine, ON. Brunkel/Waldeck. W. *Brunkel* 1261 Elsaß. Vgl. Bahlow, ON. S. 62. Aber slaw. sind ON. wie Brunkow, Brunkau.

Bründel (Hbg., Ro.): aus Bründeln b. Peine. (Bahlow, ON. S. 62.)

Brüne: vgl. ON. Brünen b. Wesel, Brüne b. Hoya. Fluß Brühne im Harz.

Brünger (Hbg.): altdt. Pers. N. *Brun-ger* (selten). Um 1250 in Ro., Lüb. Vgl. obd. Braunger. Patr.: **Brungers,** Brongers! Aber **Brüngger:** ON. Brünggen/Schweiz! Rud. *Brüngger* 1344 ebd.

Brüning(s) (ndd., westf.), Brüninga (ostfries.): Patronym zu Brun(o). Vgl. ON. Brüninghsn./Westf. **Bruns** s. unter Bruhns. Dazu Brunssen, Bruhnsen (= Bruns Sohn). **Bruins** ist fries., nebst Bruinsma. Vgl. **Brauns** unter Braun! Ndd. mit k-Suffix: *Bruneke,* heute **Bru(h)nke,** Brünicke, noch um 1600, ja um 1860: *Brunke Brunken*/Friesld., heute Brüntjen (wie Röntjen), Brünjes u. ä.

Brunke, Brunken (Hbg. oft!) s. Brüning!

Brunn(en)träger: wie md.-ndd. Bornträger. H. *Brunnentreger* 1409 Würzbg.

Brunner (obd.): wie **Brünner** zu den vielen ON. Brunn (Brünn), in Bayern u. Öst./Tirol. Aber Brunnemann: wohnend

»bi dem Brunnen« 1260, »ob dem Brunnen«, »zem Br.« 1270/Württ. u. ö. – **Brunngräber** s. Borngräber!

Bruns, Brunssen (wohl auch Brunst: Hbg.): s. Bruhns u. Brüning!

Brunste(i)n (Hbg.): sehr seltener germ. Pers. N. (wie nord. Thor-ste(i)n: Steinhammer des Gottes Thor!): *brun* war Beiname Odins! In Rostock, Lübeck, Hbg. um 1250/1300 bezeugt: *Brun-sten(us);* Nik. *Brunstene* 1307 Hbg.

Brunswieck, -wig = Braunschweig.

Brunzel, Bronzel (Schlesien): KF. zum slaw. Pers. N. *Bronislaw: Bruniczlaw* de Goltberg 1371 Brsl. Dazu ON. Brunzelwaldau. (Bahlow, Schl. Nbch. S. 56.)

Brüsch, Brüschke, Brüske (ostdt.), Brüß, Bruß; Brusky: Jac. *Brus (Brusche)* 1300 Strals. zum selben slaw. Wortstamm wie ON. Bruschewitz/Schles., Brüsewitz/Pom., Meckl. Vgl. aber die Brüskenheide i. W.: mhd. brüsch »Ginster, Gestrüpp«.

Brüsehaver, -haber (ndd., von Bremen bis Stralsd. seit alters): meint den Haferbauern (wie Faulhaber, Frischhaber u. ä.), nach e. Haferart wie auch ndd. brim-, olde-, ru-, slet-, spalk-, krulle-, polehaver (Bahlow: Festschr. Wossidlo 1939, S. 49). Vgl. *Brusehavere* 1262 Ro., 1290 Brem., 1320 Lüb., 1280 Strals. (wo 1360 auch e. Ritter Maghorius Br., miles).

Brüser (ndd.): ein Brausekopf. Conr. *Bruser* 1350 Stettin.

Brust, Brüstle: mit auffallender (breiter, stolzer?) Brust (wie Arm, Hand, Faust, Bein usw.). Cuncz *mit der brust* 1409 Würzbg.; Rüd. *Brüstelin* 1287 (mhd. auch »Brustpanzer«!).

Brütsch(i), Brutscher (obd.): mürrisch, trotzig. Joh. *Brütschi* 1418 b. St. Blasien. (Vgl. A. Götze S. 65.)

Brütt, Brüttmann, Brütting wie Britt, Britting sind obd.

Bub(b)ert, Bob(b)ert: ndd. »verdickte Eiermilch« (also N. des Kochs), s. Dähnert, Pom. WB. 59a. Nicol. *bubbard* 1298 Rostock, H. *Bobard* 1461 Hameln.

Bube, Buob, Bueb, Bübelin, Buberl (obd.): mhd. *buobe* »Knecht, Troßbube, Lotterbube«. Komposita: Kleinbub, Gutbub. Vgl. Ritter Joh. von Reischach gen. Herr *Bübelin* 1374 Württ.

Bubeck (Württ. oft!): wohl alter Flurn. Vgl. Kath. *Bubeckerin* 1477 Eßl.

Bubendey (Hbg.): ON. (Flurn. mit unerklärtem -dey) wie Finkendey, Dauthendey, Momendey, Schimmedey.

Bubnick (ostdt.-slaw., Wien, Dresden): »Trommler«.

Buch: häufiger ON. (bes. in Bayern, Württ.): mhd. = »Buchgehölz«. Dazu »vom Buch«, **Bucher(t), Buchmann,** Buchmaier, Buchmüller. Mit Umlaut: **Bücher** (Rothenbücher), **Büchmann.** Aber **Buchner, Büchner** (obd.) auch von den ON. Büchen, Buchen(au). **Büchler:** zum ON. Büchle. Im übrigen sind Buchner, Bucher(er) regellos für dieselbe Person um 1500 bezeugt (Brech, S. 238)! Büchner ist gebildet wie Eichner, Birkner, Lindner, Weidner (alle auch in Schlesien häufig): Nitsche *Büchener* 1372 Lg., H. *Buchener* 1422 Görl. Vgl. auch H. *zu der buochen* 1375 Freiburg. – *Büchler* steht urkdl. auch für *Büheler* (1429 in Bern): bühel = »Hügel« (vgl. Steinbüchler, -bichler, -bühler!); dazu Büchelmann, -meier, -bauer.

Buchfeller, -fellner (Öst.): aus Buchfeld. Vgl. Rockefeller!

Buchhalter: obd., »von der Buchhalde« (1351 *Buchhalder*/Baden i. Aargau). Vgl. Winterhalder, -halter; Beerhalter u. ä.

Buchheister (ndd.-ndrhein.): »junges Buchengehölz«, Flurname.

Buchheit: aus Buchheide, wie Schönheit a. Schönheide.

Buchhol(t)z: häufiger ON. (ndd. Bokholt).

Buchka (Ob. Franken): urkdl. aus Buchba (= Buchbach?) entstellt, aber wohl = **Buchta** ebd.! (tschech. *buchta* »Mehlspeise«, auch Knirps).

Büchsel: »kl. Büchse« (für Salben), also der Drechsler. *Buchsil* 14. Jh. Brsl. Aber *Büchsenstein* (Württ.) meint den *büchsenmeister* 1385 Böhm.

Büchsenschütz, -schuß, -mann, -meister, -stein, -gießer: die Büchse war das Geschütz des MA. Vgl. Hinr. *Büssenschütte* 1468 Barth.

Buchstab: meint den Schulmeister, vgl. um 1500 Joh. *Buchstab,* Schulm. Freibg./Ü.; Hanek *Puchstabl* 1374 Böhmen. 1361 in Straßbg. e. Haus »zuo d. Buochstaben«.

Büchting, Büchtmann, Terbücht, Terbucht (ndrhein.-westf.): von der Wohnstätte. Zu Büchtemann (Hbg.) vgl. ON. Büchten b. Soltau!

Buchwald: ostdt. ON., oft in Schlesien (s. Bahlow, Schl. Nbch., S. 80/81), nebst ON. Buchwalde/Pomm. Daher auch Buchwalder, -walter! wie Kiesewalter aus Kiesewald. – **Buchweit** (ndd.) = Buchweiz(en).

Buck: am Oberrhein als alte KF. zu Burkhard bezeugt, vgl. Bischof *Burkhart* v. Worms »qui et *Buggo* nominor« 1143. S. auch Bürk u. Bürgi! Bei Saulgau 1346: Werntz u. Mantz gen. *Buggesun. Buck* Senzli 1350 Tüb. Aber auf ndd. Boden (Hbg. zahlr.) = »Bauch«! Vgl. Roggenbuck! *Smerbuk, Kortebuk, Linsenbuck, Kolbuck*, Kuchenbuck! *Bonenbuck!* Einfaches *Buk* (*Buc*, lat. venter!) um 1300 in Hbg., Bremen, Lüb., Ro., Strals. usw.

Bücking (ndd.) = »Bückling«, meint den Fischhändler. H. *Bukinc* 1150 Köln. C. *Bucking* 1387 Frkf., 1350 Hbg.

Bückmann (ndd.): aus Bücken a. Weser (s. Bahlow, ON. S. 63: buk = »Moor«). Wie Glissmann a. Glissen/Weser, Hoyemann a. Hoya/Weser. Zu **Buckmann, Bucke** (Hbg.) vgl. ON. Bucken/Holst., wo auch Buckhorn, Buckhagen; vgl. rhein. Buckpesch »Moorweide«.

Buckreis (Franken): wohl Satzname (mhd. bucken »biegen«): »biege das Reis«, wie Pfropfreis (Profferis 1383 Frkf.), also der Gärtner! Vgl. Buckeisen »bieg's Eisen« (der Schmied), *Buckenschuh* (Brsl.), Bukkenleib.

Bucksch (ostdt.) = Bocksch, Bogsch, KF. zu Bogislaw (Bockslaff, Buckslaff). S. auch Bogisch!

Budach, Budig, Budan, Budisch, Budewan, Budeke: ostdt.-slaw. zu *Budimir, Budislaw* (Budschlaff!). Auch **Budnik** (vgl. Rudnik). Ein *Budeke* v. Schybansdorf 1388 b. Lg. S. auch **Baudach,** Baudis usw.! Zu slaw. Budovan vgl. Moldovan, Radewan, Schirdewan.

Budde, Buddecke (ndd.): = »Bütte, Bottich«, meint den Buddenbender, Büddenhauer oder Böttcher. Alard *Budde* 1330 Strals., Chr. *Budde* 1349 Lüb. usw. Hugo *Budden* 1400/Ruhr. Hans *Budde(ke)* 1398 Barth.

Buddenbrock, -siek, -diek (Westf.) enthalten ein unbeachtetes *budde (bodde)* »Morast, Schmutz, Modder«, wie *Buddanbrok, Budancumbe* 978 in Engld., *Budanfliet* 961 b. Brügge (s. Bahlow, ON. S. 64).

Buder (Buderus, wie Studer, Studerus): Württ., s. Bauder!

Budel, Büdel (ndd.) s. Beutler! Ein Lüder *Büdel* 13. Jh. Hbg.

Budig, Budnik, Budweit (ostpr.-lit.), Budschlaff s. Budach!

Buer (ndd.-westf.) s. Bauer (Buhr)!

Bufe (Görl., Sa.): = Bube, Knecht. H. *Bufe,* Räuber 1389 Gö.; »den *bufen* in den marstal« 1408 Gö. Henne *Puoffe* fischer 1388 Frkf.

Buff (obd.-rhein.): mhd. = »Stoß, Puff«. Frid. dictus *Buf* 1249 Andernach. Wernlin der *Bupf (Buff)* 1393/99 Reutl. Vgl. Goethes Lotte B./Wetzlar.

Büge (Stettin): ON. Vgl. Hinr. de Bughe 1296 Wismar (1325 Strals.)

Bugenhagen: ON./Vorpomm. Der Reformator B. aus Wollin nannte sich auch Doktor Pomeranus. Deghener *Buggenhagen* 1420 Strals., W. *B.* 1278 Grfsw.

Büggel(n): Hbg., westf.-holld. ON., zu *bug* »Sumpf, Moder«, vgl. *Buggenholt, Buggensele, Bugge* (Bögge i. W.). S. Bahlow, ON. S. 64! Aber obd. Buggle (Buckle!) meint den Buckelschild (urkdl.: Haus »zem Buggel, zem Buckeler« 1395 Freiburg). A. *Bügglin* 1345. H. der *Buggeler* 1377 Württ. S. Böckler!

Buggisch: KF. zu slaw. Bogislaw (Bugslaff). Vgl. Bogisch, Bocksch, Bucksch.

Bühler (obd.): nach der Wohnstätte am Bühel (Hügel) bzw. aus Bühl/Baden. Auch **Bühl, Bühlmann** (Schweiz oft), Biehlmann u. ä. Vgl. Hainr. *ab dem bühel* 1340 b. Bregenz. – **Buhl:** mhd. *buole* »Verwandter«; Bertolf Buole 1178 Köln.

Buhmann (ndd.) = Baumann, Ackermann.

Bü(h)nemann: aus Bühne (Westf., Harz, Altmark), alter Bachname (Bahlow, ON. S. 29). – **Buhr,** Buhrmann, Buhrmester (ndd.) s. Burmeister!

Bührmann, Bürmann, Bühre(n), v. Büren: aus Büren i. W. (mehrf.), Bühren i. W., Hann., Oldbg., wo *bûr* »Wohnung, Ansiedlung« meint.

Bü(h)ring (Hbg. oft): Patronym zu Buhr (Hbg. oft) »Bauer«, wie Grewing, Schmeding usw. Vgl. Tegtbühring (Tegtbuhr) »Zehntbauer«.

Buhse s. Buse! – **Buhk,** Buuk s. Buck!

Buhtz, Buutz (Pommern): slaw., zum Pers. N. Budislaw, Budimir, Budiwoj.

Bukow: ON. in Meckl., Brandbg.
Bulach: ON. in Württ. u. Baden (Bahlow, ON. S. 65: *bul* »Sumpf«, vgl. Bulpitt, Bulen-strut usw.).
Bula(n), Bulik, Bulasch u. ä.: slaw., bula, bulka »Semmel«, Dicker. Aber **Bulke** ist schles. = Bolko = Boleslaw! Herzog *Bulko* v. Oppeln 1443 (Bahlow, Schl. Nbch. S. 71).
Bulge: mhd. »Ledersack«. Ein *Bulgenbüßer* (Ausbesserer) 1412 Freiberg. Jacob *Bulgenbloch* 1290 Offbg./Bad. (Brech., S. 245). – **Bulgrin:** ON./Pomm.
Bül(c)k (Hbg. oft): alter Flurname (f. quellige, sumpf. Gegend), vgl. *Bulkehoved*/ Holst. (wie Bornhöved, Visselhöved), auch ON. Bülk b. Kiel, Bülkau/Hadeln, *Bulkewurth, Bulkanpyt*/Engld. Herm. *Bulk* 1350 Hann.
Bulck: mnd. bulk »Bolch, Kabeljau«. Diderik Bulk 1382 Herford, Herman B. 1350 Hann.
Bull(e) (ndd., = obd. Hagen »Zuchtstier«): meint den Viehhändler, Viehbauer; vgl. Henneke *mittembullen* (pistor) 1330 Greifsw., Ludolf *Bulle* 1268 Hbg., Hence *Bulle* 1257 Rostock, *Bulleke* 1377 Lüneb., *Bullenhals* 1380 Brschwg. usw. Zu **Bullmann** (Hbg.) vgl. die Bauern Segebant u. Arendt *Bulleman* (auch *Bullenhagen!*) 1538 Amt Boizenbg./Meckl.
Büll(e), Büllmann (Hbg.): s. Bulle!
Buller (obd.): mhd. bullen = bellen, brüllen. Ritter Eberh. *Buller* 1329 Elsaß. – **Bullerja(h)n** (ndd., Pom.): urkdl. *Bulderjan*/Lünebg. = »Polterer«. jahn = Johann. Auch Joh. Bulder (Buller) presb. 1416 Kiel, Wolter B. 1377 Dzg. Bullerkiste 1389 Mstr., Buldekarre 1545 Mgd.
Bullhorn: Bauernname. Roloff Bullenhorn 1297 Str.
Bullinger (obd.): ON. Bullingen (Schw.). Schweizer Reformator Heinr. B.
Bülow: ON. in Meckl. (mehrf.).
Bultmann, Bültmann, Bülte(meier), Bülthuis, Bülthoff, Bültenbrink, Bülter; zum Bült; upper Bulten (Lippe): mnd. *bulte* = »Hügel, erhöhte Stelle« (in Sumpflage), auch als ON., bes. in Oldbg., ON. Bülten/Hann. Dazu **Bulthaupt,** wie Multhaupt: ndd. hop »Haufen«.
Bumann (ndd.), Buhmann: = obd. Baumann »Ackerbauer, Ackermann«.
Bunde (ndd.): »freier Bauer« (dän.-schwed. Bonde). Joh. *Bunde* 1284 Ro., Gobel *Bunde* 1305 Stett.
Bünde (obd.): ahd. *biunda* (bair. die Peunt) »Beunde«, fruchtbare Wiesenflur (zu Kulturzwecken eingezäunt), s. Baintner! Dazu ausführl. E. Schröder (u. E. Kranzmayer), Dt. Nkde. S. 224! (auf Grund des Bair. Sprachatlas).
Bündemann: aus Bünde i. Westf. (Evert *van Bünde* 1507 Lippe).
Bundschu(h); Puntschuh: der Schnürschuh der Bauern im MA., später ihr Feldzeichen (im Aufruhr v. 1525, daher dann = »Aufstand«). Vgl. Bahlow, Schles. Nbch., S. 123. Joh. *Bundschu* 1339 Lg. Weigand *Puntschuech* 1459/Tirol.
Bünemann (Hbg.) s. Bühne-! – **Bungart** s. Bongart!
Bünger, Bunge, Büngener (ndd.): »Trommler, Paukenschläger«. M. *Bunger (Bunge)* 13. Jh./Hbg. Dazu Bungenstock, -stab; *Bungenstel* (-stiel) 1365 Hildesh. Seltener obd. (Brech., S. 247). – Vgl. auch ON. Büngern i. W.!
Bunk(e): Hbg. oft, schon im 13. Jh. in Hbg.: Gyso *Bunke,* Freder. *Bunken.* Offenbar kontrahiert (vgl. Sunke aus Suneke) aus altsächs.-fries. *Buniko, Bunikin* (bezeugt im Raum Werden/Ruhr um 900), neben *Buno:* vgl. FN. Bunsen, Bunne, Bunning!
Bünning, Bünnig (Hbg. oft): Patronym zum fries. Pers.-N. *Bunno,* ohne -ing: **Bunne** (Bonne). Vgl. Bunke! Bunsen! *Bunne (Bonno)* 1534 in Frieslд. (Stark, S. 171). *Bunning(us)* um 1260/1300 Greifsw., Strals. Weiteres unter Bonne!
Bunsen: fries., »Sohn des Buno«, s. Bünning, Bunke! Desgl. fries. Buns(mann).
Bünte, Bünting, Büntgens: fries.-ndsächs. Pers. N. (ungedeutet); Strackerjahn, S. 30 belegt aus d. fries. Jeverland auch *Bundt, Bunten, Büntje,* 1693, *Bunting, Buntiges* 1428. Zu fries. Buntje vgl. Suntje, Ontje, Röntjen! Auch Munte, Münte, Müntjes, Muntinga!
Buntrock: mnd. bunt meint auch Pelzwerk; Büntner = Kürschner. Vgl. Hans *Buntfoder* (Pelzfutter) 1598 Münster; H. *Buntwerk* 1621 Bln.; *Buntweber* 1348 Görl.; e. Haus »zum *Buntenmantel*« 1323 Mainz. *Buntmaker* 1595 Flsbg.
Buntzen (Schl.-Holst.): Patronym *Buntesen,* wie **Bentzen:** *Bentesen,* zu fries.

Bunt, Bent. Siehe Bünte! Jens *Buntzen* 1574 Flsbg., Bonnick *Bentzen* ebda.

Bunz, Bünz, Bünzli (Schweiz, Ob. Rhein): alem. *bunz* = kl. Faß; dicker Knirps. Üellin *Bunz* 1338 b. Bern, Rud. *Büntzli* 1401 Konstanz.

Bunzel (Schlesien: Lg., Görl., Bzl.) war die mundartl. Form von Bunzlau (d. i. Stadt des Herzogs *Boleslaw, Bonczlaw!*). S. Bahlow, Schl. Nbch., 81. Vgl. Niclas *Bunczel (Bunczlaw)* canczler 1408 Brsl., Hans *Bunzel* 1452 Lg., noch 1577: C. Weickert *vom Bunczel*/Lg. Vereinzelt auch VN.: *Bonczel* Schiraw 1447 Lg. Die Eindeutschung zeigt sich schon 1293: Hartung de *Bunzlavia* (Boleslavia).

Burandt: wohl slaw. wie Horan(d), Iwan(d), vgl. Buresch!

Burdach, -ack: ostdt.-slaw., wie auch **Burda,** Burde, Burdenski, Burdey (neben Bordey; vgl. Bordan, Bordiehn, ON. Borda/Ob. Lausitz).

Burchard(t), Burchert s. Burghard(t)!

Buresch (slaw.) s. Burisch! Borisch! Vgl. *Bureslaus* (Sohn: Thezlavus) 1300 Strals.

Burfeind(t): ndd. = obd. Bauernfeind.

Bürgel (Nd.-Schles.): Wohl Zuwanderer aus Bürgel b. Jena bzw. Bürgeln b. Marburg, Bürgle, Bürglein i. Bay. Mhd. ist bürgel auch = »Bürge«. Vgl. Nic. *Bürgsnel* 1385 Iglau. In Württ.-Baden vgl. **Bürgli(n),** das wie alem. **Bürgi** zu Burghard gehören mag; aber auch e. ON. Bürglen in Baden. Vgl. grave *Burchart* u. grave *Bürgi* sines sunes sun 1316. Vgl. Bahlow, Schles. Nbch. S. 34!

Burgemeister: ältere (noch von Goethe gebrauchte, westdt. u. obdt.) Form für unser »Bürgermeister«, Oberster der Stadtgemeinde; vgl. holld. Burgemeester. Ndd. aber: Bertholdus *Borghermester* 1372 Wismar.

Burger, Bürger (die u-Form ist obd.-bair.-öst.): z. T. wohl Landbewohner mit Bürgerrecht in der Stadt, jedenfalls mit Beziehungen dahin; z. T. auch Burginsasse oder einem Burgherrn verpflichtet. Burg ist auch öfter ON. (Bay., Württ., Baden, Rhld.), nebst Burgau. Vgl. rhein. Bürgers, ndd. **Börger,** Borgers. Heino *Burger* de Sifridsdorf! 1347 Lg.

Burggraf (ndd.-westfäl. **Borggreve,** -grefe): Inhaber des Richteramtes im Burgbezirk, höchster Stadtrichter. (»Er was *lantgrâve* übers lant, *burcgrâve* in der stat genant«: Rud. v. Ems, Guter Gerhard V 1452).

Burghard(t), Burkhard(t), Burchard(t) u. ä., ndd. Borchardt, Borchers: im MA. beliebter germ. Pers.-N., im alem. Raum begünstigt durch die Herzöge Burkhard (daher dort die KF. Buri, Bürk, Bürkle, Buck [Buggo], Butschi); nord. u. md. KF. sind Bosse, Busse.

Burgmann, ndd. Borgmann: Burgmannen waren Vasallen des Burgherrn. Vgl. auch Joh. *up der Borch* 1581 = *Borchmann* 1653 Ammerld. Reinbot *von der Burg,* Domherr zu Worms 1372.

Burgmer: aus Burgheim b. Lahr/Baden, wie Rüg(e)mer, Herxemer usw.

Burgold, Burghold; öst. Purgold: seltener altdt. Pers. N. *Burgold* Warmut 1398 Brsl.

Burhenne s. Burschaper!

Burisch, Burike, Burat, Burandt: ostdt.-slaw., KF. zu *Bureslav* (1300 Strals.), vgl. Borisch!

Burk, Bürki, **Bürkle:** alem.-schwäb. KF. zu Burkhart **(Burkert),** dem beliebten alem. Herzogs-N. Vgl. *Burke* Löffeler 1336; *Bürchi* Küchler 1417; *Bürkeli* = *Burkart* de Ramsperch 1319/50; *Burkhard Bürklin* 1451.

Burmeister, -mester (ndd.): zahlr., Hbg., Rostock usw., meint den Dorfältesten neben dem Dorfschultheiß (Schulte). Godeke *Burmeister* (von Kösterbek) 1265 Ro., auch schon FN.: H. *Burmester* bodiker 1279 Ro. In Bülstring 1455 H. Jorosse-*burmester* neben St. Husing *schulte!*

Burmann (ndd.) = Bauer.

Burosse (ndd.) = obd. Bauerochs. S. dies!

Burow (Buro, Buroh!): ON. (Meckl., Pomm., Prignitz mehrf.).

Burr (Württ.): wohl = **Burrer:** zu mhd. burren »sausend brummen« (vgl. Burrkäfer). Hans *Burrer* 1373 b. Eßl., der *Burre* 1362 Eßl., Bertholt Burrarius 1298 b. Vaih. Aber **Burrack,** -asch sind slaw.

Burschaper (ndd.): Schäfer der Bauernschaft. – **Burmähl,** -mühl: bei der Mühle der Bauernschaft. – **Burhenne:** = Henne (Johann) Bauer.

Bursch(e), Burschke s. Borsche!

Bursian: slaw.-ostdt., zu Borislaw, vgl. Borsig. Ähnlich *Brosian* Teschke 1577 Thorn, zu Ambrosius.

Burst, Burster (Württ.): der Borstige (mhd.

burst »Borste«). Ritter Ulr. *Burst* 1265 Radolfszell; Oswald *Bürstli* 1423 ebda. Doch vgl. auch *Bürstel (Pürstl, Perstl)* 1366/80 in Mähren neben *pürstenpinter, pürstner* Brünn 1365/1348, also = »Bürstenbinder«! Hinr. *Burste* 14. Jh. Lüb.

Bur(t)z, Bürzel (obd.); Birzele (schwäb.): »Steiß, Stummel«, Knirps.

Burtzlaff: slaw. ON. b. Belgrad/Pom., vgl. Burzik, -ig, -ek, Burzinski.

Bury, Buri: soweit alem. = KF. zu Burkhard: *Bury (Burchard)* Boungart 1388 Schweiz. Aber ostdt. Bury s. Buresch!

Busack, Busacker (Hbg., Meckl.), Buschak, Buschik, Buschatz u. ä. sind durchweg slawisch; desgl. Busat, Busas, Busian, Busies, Buske, Buschke, Buschkiel, -kühl; Busold; Buslar (ON./Pom.); Busseel; Buscha (ON.); Buslik; Busau; vgl. die o-Formen: Bossack, Bossan(ek), Boschan.

Busch: häufiger ON. (Rhld.!) u. ÖN., ndrhein. Bosch: vgl. Cüntzlin *im Busch* 1381 Württ. *Achternbosch*, Zumbusch, Von dem Busche, Büschgen(s), **Büscher** (westf.-rhein.). Auch in vielen Kompositis (s. Heintze-Cascorbi, 1933, S. 160). Buschinger.

Buschack s. Busack! Desgl. Buschke u. ä. – **Buschor:** slaw. wie Buschora! – **Busboom** s. Buchsbaum!

Buschmann s. Busch!

Buse, Buseke, Busemann (Hbg. oft, Ro.): mnd. *buse* »Fischerboot« (Kutter) zum Heringsfang. Hinr. *Buse*, Henneke *Buseke* 1318 Lüb., Joh. *Buse* 1376 Greifsw. nebst P. *Buseman* 1353. – Noch heute »Büse«, »Heringsbüse« (holl. buis, engl. buss).

Buser (ndd.): »Schwelger«. Heyse Busere 1300 Quedlbg.

Buske s. Busack! Desgl. Buslik, Busold.

Busse (Hbg., Hann., Magdebg., Stettin, Dortmd. zahlr.): ndd. KF. zu Burghard, wie auch **Bosse**, s. dies! Aber obd.: Apel dictus *Busse* 1390/Tauber.

Busse(n)maker (ndd.) = »Büchsenmacher« (s. Büchsenschütz!). Vgl. *Bussenschütte* 1411 Brschwg., 1468 Barth; 1546 Kiel; Büssenschuß; *de Bussenschmed* 1566 Kiel. Albrecht *Pustindebussen* 1322 Göttg. Aber: G. *Honicbüsse* (= büchse).

Bußhar(d)t, Bussard, Bussert (obd.) s. Bosshart! – **Büssing** s. Busse!

Bütefisch, Bütepage s. Page!

Butenandt s. d. folgende! – **Bütefür** s. Böte-! – **Bütepage** s. Page!

Butendeich: ndd., urkdl. *Butendik* »Außen-deich« (auch ON.) wie *Butenkamp:* ndd. buten »außerhalb«. Vgl. Butenandt (= buten an), Butenbrink; Butenop, Butenuth; *Buteneaf* 1353 Greifsw.; **Butenschön** (*Butenschön* 1255 Hbg.): (nur) »außen schön«, vgl. Binnenbös!

Büt(h)er (Hbg. oft), Büthe: mnd. bute »Beute, Tausch«, vgl. vri-büter »Freibeuter«. Thid. Butere 1279 Wismar.

Butigler: mhd. »Mundschenk«. *Buteglarius* 1220 Ellwangen. H. *Putigler* 1328 Bamberg. – **Bütrich** s. Bittrich!

Butsch, Bütschli s. Butz!

Butt, Buth (Hbg.), Buthmann (Hbg. oft), Buttmann: wohl der Fischer, Fischhändler (Steinbutt: *stenbut:* Heilbutt), wie auch Schlie(mann), Stint(mann), Stör(mann), Dorsch(mann). Vgl. *Butoghe* 1270 Hbg. (nebst Gosoghe). **Buttfanger** (wie Aalfänger).

Büttel, schwäb. **Bittel:** mhd. bütel »Büttel, Gerichtsdiener«.

Butterbro(d)t; ndd. Botterbrodt (Hann., Hbg., Brem.). Vgl. **Butterweck** (Ruhr Westf., Hess., Bay.); *Botterklot* 1262 Hbg. nebst *Botterman: Botterhoke.*

Buttermann (der Butterhändler); Butter, Bütterlin; Butterfaß (Worms); Buttersack (Württ.); Buttermilch.

Buttgereit, Buttcher-, Buttker-: ostpr.-lit. = »Böttcher« (1799 Insterbg. Jokubs Butkereitis).

Buttlar, Buttler: ON./Rhön. – Aber obd.: Mich. *Buttler* 1496/Bodensee!

Buttmann: s. **Butt!** Aber der Philologe B. stammte von Réfugiés: Boudemont!

Büttner (ostdt.-schles.-böhm.), Bittner: = »Böttcher«. Näheres: Bahlow, Schles. Nbch. S. 102! Vgl. »dem *bötener* vor eine nüe *böte*« 1408 Görl.; Hannus *Groseböte* 1380 Brsl., nebst *Dreyböte.*

Büttrich siehe Bittrich!

Butz (alem. oft): meist = »Knirps, Poltergeist«, wie auch **Butzmann** (»es tanzt ein Bi-, Ba-, Butzemann ...«), urspr. offenbar KF. zu Burkhart (s. Nied, S. 108 u. 50; Brech. I S. 259). Ein *Butzenstengel* 1490. Auch Joh. *Bützli* 1392/Bad. Hans *Butzmann* 1451 Allgäu. Aber *Butzer* (1383 b. Stuttg., vgl. Martin *Bucer*, Reformator/

Elsaß) wohl = »Stößer« (mhd. butzen »stoßen«). – Ein Cunz *Butz mirs Licht* 1525 Frkf.

Butzlaff: slaw. Pers.-N. (*Budislaw* bzw. Bogislaw), auch ON./Pom. Dazu KF. **Butzke,** Butzek, Butzier, Butzkies.

Buuck (Hbg. oft, Rostock usw.): siehe Buck (Bauch)!

Buxbaum, ndd. Busboom, auch einfach Bux; öst. Puxbaum.

Buxtehude: ON. b. Stadt/Hbg. Bekannt durch d. Orgelspieler Dietr. B. und durch d. Wettlauf zw. Hase u. Igel.

Byern, von: Heinr. de Bieren 1214. Herr Jan *von Byer,* profst., 14. Jh. Haldsl.

C

Siehe auch **K** und **Z**

Cäcilie (Cilli): die heil. Caecilia (3. Jh.) gilt als Patronin der Musik, vgl. Händels »Cäcilien-Ode« u. H. v. Kleist »Die hl. C. oder die Macht der Musik«.

Camilla: altröm. Frauenname; als VN. durch Literatur u. Film aufgekommen, vgl. Camilla Horn. – **Carmen:** in Spanien beliebter weibl. VN.; bei uns durch Bizets Oper »Carmen« importiert.

Cäsar: Roms berühmte Herrschergestalt (Julius Caesar); als VN. erst im 19. Jh., vgl. den Dichter C. Flaischlen (»Von Alltag u. Sonne«); begünstigt durch die Bühne (vgl. Shakespeares Drama!); als FN. = Kaiser (dasselbe Wort!).

Cascorbi s. Käsekorb!

Cellarius s. Keller!

Centner s. Zentner!

Charbonnier: »Köhler« (Hugenottenname).

Charisius s. Carius!

Charitas: kathol. VN. (lat. caritas »Liebe«), nach der christl. Liebestätigkeit. – **Charlotte** (Lotte): zu frz. Charles (Karl), durch frz. Kultureinfluß Modename d. 18. Jh. (Bahlow, Vornamen, S. 18).

Christ- s. Krist-! Kirst-! – **Christine:** berühmt durch Gustav Adolfs Tochter, Königin v. Schweden (verfilmt!); im 18. Jh. war Christiane üblich. KF. Christa, Christel; veraltet: Stine, Tine.

Chrysander s. Goldmann! – **Cilljacks** s. Cyriacus!

Cirks(ena) s. Sierich! – **Claudia:** modischer VN., durch Film u. Bühne begünstigt; weibl. Form zu **Claudius** (röm. Kaisername, auch Heil. N.: frz. St. Claude, daher im Rhld. FN. Klodius; in Holstein auch für Claussen: vgl. Matthias Claudius!). **Cohn** (Cahn): jüd., hebr. Cohen »Priester«. **Cordua** s. Kordewan! – **Cordula:** Heil. N. (lat. »Herzchen«), a. d. Ursula-Legende. – **Corinna:** sagenhafte griech. Dichterin; als VN. durch Ovids Geliebte bekannt.

Cordes (ndd. oft) s. Kordes!

Corleis (Hbg. oft); Corleus, Corleissen: = obd. Kirleis, Kyrieleis (»Herr erbarme dich«) liturg. Name. Vgl. Mönch Heinr. Kyrieleison 1277 Brombach. Herman Corloys (Curleys) 1292 Ro., Paul Corleis 1790 Harsefeld; gekürzt mnd. loise, leise (»kirchl. Gesang« (daher Loische »Läuschen« b. Fritz Reuter).

Cornelia (Nele, engl. Conny): altröm. VN.; auch Goethes »liebes Schwesterchen« hieß so. **Cornelius** s. Nehls!

Corona (lat. »Kranz«: Krone!): Heil. N.; vgl. Corona Schröter, von Goethe verehrte Sängerin. – **Corvinus** (lat.) = Rabe. – **Cotta:** ON./Sa. – Des Coudres: frz. Herk. N., vgl. Des Moulins (: von den Mühlen). – **Creizenach** (jüd.) = Kreuznach. – **Crescentia:** in OBay. verehrte Heilige (KF. Zenzi); lat. crescere »wachsen«. **Curtius** s. Kurz! – **Cyriacus** s. Silljacks! – **Czerny** s. Tschern-!

D

Daab: sumpf. Gelände (noch hess.), ndd. *dabbe* (Dabbe-lo), schwed. dave.

Daa(c)ke (von): ON., zu mnd. *dak* »Schilf« (Dakhorst, Dakwerder, Dakwisch).

Daam(s) s. Dahms! – **Daasch** (Hbg.): ostd. ON. wie Laasch, Zaasch; s. auch Daschke!

Dabbert: schwerlich = Tabbert, sondern = Dobbert. Vgl. Dab(b)erkow für Doberkow.

Däbeler, Däbel (Meckl.): = mnd. *dobeler* »Würfelspieler, -drechsler«, in Hbg.: Döbeler. Zum ä für ö (kurz!) vgl. meckl. Kähler für Köhler. Bernh. *Dobelere* 1317 Bremen, A. *Dobelere,* Bauer 14. Jh. b.

Rostock. Auch *Döbbeler* 1455 Bln. Vgl. Dreidoppel, Knochen-, Knacken-döppel; Döpelheuer; dazu *Vifundetwe* 1337 Lüb., *Quaterdry* u. ä.

Dabelstein, -steen, Dobbelstein (ndd.): = dobel-sten »Würfel«, der Würfelspieler bzw. -drechsler. S. auch Däbeler! *Dobelsten* 1315 Kolberg, 1354 Lünebg.

Daber, Dabermann (Pomm.): ON. Daber/P. (mehrf.). Vgl. **Dabel:** ON./Meckl.

Dabergotz: ON. b. Neuruppin (slaw. Dobergost).

Däberitz (Lpz., Drsd.): ON./Sachsen (vgl. Döberitz).

Daberkow (Dobberkau): ON./Pomm. (2mal), slaw. Doberkow.

Dach, Dacher, Dachauer: mhd. tahe, dahe »Lehm, Schlamm, Sumpf«, Dachgrube »Lehmgrube«, (vgl. das Dachauer Moos/Isar). Ulr. Dach 1220 Württ.

Dachröder: Aus Dachröden, -rieden b. Mühlh./Thür. (wie Bleichröder u. ä.) Vgl. Karoline v. D. (Humboldts Gattin).

Dachs: obd., wohl N. des Dachsjägers.

Dachstein: ON./Elsaß (Wolfg. D., Reformator/Straßbg.).

Dachtler (Württ.): ON. Dachtel b. Calw.

Dade, Daden (Hbg., Meckl.): = Dode, Doden fries. VN. (vgl. Bade für Bode).

Daffner, Daffinger s. Deffner! Vgl. Daffenreither: ON. -reuth.

Dageför(de): »Sumpf-, Moorfurt«, Ort b. Celle. Zu *dag* s. Bahlow, S. 69.

Dagge (Mstr.): mnd. = »Dolch, langes Messer«; vgl. Beseler, Pook, Rüting, Stekemest.

Dahinden(an): obd.-schweiz., Wohnstätten-N.

Dahl(mann): ndd., im Tale wohnend. Vgl. auch ON. Dahl, Dahle i. Westf. mehrf.

Dahlke (Hbg., Meckl., Pomm.): *Dalike* ist KF. zum slaw. Pers. N. *Dalibor, Dalimir* (dal- »Gabe«). Vgl. ON. Dalichow, Dalkau u. ä. H. Daleke 1538 Riyn.

Dahm, Dahms, Dahmke: nordd. = Adam, Adams. *Dam* v. Hamme = *Adam* v. H. 1359 Holst., *Dam (Dameke)* Vos 1343 Hbg., *Dahm* Heiß = *Adam* H. 1649 Marmagen.

Dahme, Dahmen: ON. Dahme/Holst. u. Mark, ON. Dahmen/Meckl. (urkdl. Dame); vgl. A. *von der Dame* 1529 Oschatz.

Dahmke s. Dahm! **Dahmlos:** ON. Damlos/Holst. (Kay Dahmlos 1699 Preetz).

Dahn: ON./Pfalz (nebst Dahnen/Eifel). Vgl. Bahlow, S. 69!

Dähn, Dähne (Hbg. oft): der Däne.

Dähnhardt, Dähnert: uralter Pers. N., schon 742, 784 *Denehardus, Denihart* (Stark, S. 50). S. auch Degenhard! – **Dahse** s. Dohse! **Daigl** s. Deeg!

Dahnke, Dähneke, Dänecke, Dänick (Hbg., Meckl.): KF. zu slaw. *Danislaw* (dan- »Gabe«, vgl. Bogdan »Gottesgabe«).

Daiber (Württ.) = »Täuber« (mhd. tiuber), Taubenzüchter, bzw. mhd. töuber »Bläser, Musikant«, U. Täuber (Daiber) 1578 Ebingen.

Daimler (obd.-schwäb.) = Deimler = Däumler! (*Daumler* 1397 in Mähren.)

Daisch, Deisch, Deischle (obd.-schwäb.): mhd. teisch = »Mist«, vgl. Kiedaisch »Kuhmist«.

Dalberg: ON. b. Kreuznach u. Schwerin. – **Dalwigk:** ON./Waldeck.

Dalldorf (Hbg.): ON. Dalldorf (Hann., Brdbg.), Daldorf b. Segeberg. – **Dallmer:** ON./Westf.

Dallmann: ON. Dalle b. Celle.

Dallmeier, -mayr (Bay.), **Daller:** *dalle* »feuchte Kuhle«.

Dalp, Dapp: täppisch (mhd. talpe, tape »Pfote«).

Dalsche: »Polterer« (zu ndd. delschen); Joh. Dalsche 1228 Westf. Herman D. 1300 Strls., Henr. Dalscevoet 1296 Hbg.; Berndt Delscher 1565 Riga.

Damaschke (ostd.-slaw.) wie Domaschke = Thomas.

Damas(t), Dammast (ostd.-slaw.): in Quedlb. 1727 Damast, 1731 Damasch; wohl = Damaschke!

Dam(e)s s. Dahms! – **Damian,** Damiani, Domian, Dohmjan: Die Märtyrer Damian u. Kosmas (Zwillingsbrüder) waren Ärzte in Kl.-Asien, daher Patrone der Ärzte u. Apotheker; auch in Böhmen.

Damm, Dammann: zum ON. (ÖN.) Damm, Damme (Oldbg., Rhld., Brdbg., Pomm.). Bernerus *de Damme* 1296 Stettin (= Altdamm).

Dammer(mann): ON. Dammer (Schlesien, mehrf.).

Dammers, Dammert (ndd.): = Dankmar, beliebt an der Waterkant (in Lübeck um 1350 auch als Tammarus bezeugt).

Damp (Holstein): ON. b. Kiel. Aber auch

(dän.?) Pers. N.: *Dampo* Lauesen 1567, Sohn: Lago *Damponis* 1605/Schlesw.

Danckelmann (Staatsmann des Gr. Kurfürsten): Vgl. ON. Dankelmannshof/Pomm., Dankelmert/Westf., Dankelshausen/Göttg. Auch Dankelbrink/Hann. Hilge Dankelshausen und Hans Dankel 1396 Burg b. Mgd. (engl. dank »feucht«). Dankelman 1306 Brem.

Dandl(er): bair.-öst.-böhm. = mhd. tendeler »Trödler« (mit getragener Kleidung handelnd), sudet. Tandler (E. Schwarz, S. 315: *Tendel, Tendler, Tandler*).

Danehl, Dangel, Dengel, s. Daniel!

Danger, Dangers (Hbg. oft): Variante zu Danker(s) = Dankwart; vgl. ON. Dangersen b. Harbg.

Daniel(s): der Prophet (hebr. »mein Richter ist Gott«), schon 1268 in Hbg.: Joh. fil. Danielis. Auch Danielsen (patr., ndd.), Danigel, Dang(e)l (*Dangel* = Daniel Besserer 15. Jh. Ulm), Dannöhl, Dan(n)ehl, Danneil. Vgl. ostpr.-lit. Dangeleit. Lat. Danelius; jüd. Danielsohn.

Dan(c)kert, Dankers, Danker (Hbg. oft) neben **Dankwardt,** -werth -wirth, -worth: in Hbg., Bremen, Lübeck, Rostock usw. um 1200/1300 beliebter Pers., N., wie Volkward, Detward, Adalward u. ä. Im Nibel.-Lied heißt so der Bruder Hagens. (dank = »Gedanke«). Vgl. **Danklehf** (Danklefsen, wie Detlef), auch Deinkleff (*Dankleff* 1421 Bremen); ndd.-fries. -lef (= obd. -leib) meint »Sprößling«. Mit Umlaut (fries.) vgl. Denker!

Dankmar: neben Dankwart beliebter germ. Pers. N. (*Dankmar* Crome 14. Jh. Lüb.). Siehe auch Thamm!

Dannehl u. ä. s. Daniel!

Dannemann: nach Herkunft od. Wohnstätte. B. *van der Dannen* 1389 Köln. Micheel *Danneman* 1466 Bremen. **Danner** (obd.): = Thanner (wie Oberdanner, Oberthanner). Zum ÖN. u. ON. Thann (mhd. der *tan* = »Wald«, so noch bei Uhland). Zahlr. in Bayern, auch Württ., Schweiz (P. *Danner* 1362 Solothurn).

Dannheißer (obd.) s. Tannhäuser!

Dantzer (obd.): = »Tänzer« (auch im Sinne von Spielmann). Joh. *Dantzer* 1484 Ellwangen. Vgl. auch **Dantzfuß** (H. *Danzevuoß* 1281 b. Mainz), ndd.: H. *Danczevoet* 1393 Hann., *Dantzgeschier* 1551 Erfurt, *Dancekron* 14. Jh./Lüb., **Danzeglocke,** *Danczewol* 1384 Frkf., *Makedanz.* Rege-, Rör-, Lobedanz.

Dapper (ndrh. Dappers): ndd., schon 1294 Joh. *Dapper* in Rostock, 1327 Hinr. *Dapper* Strals., 1599 W. Dapper Düren. Der »Tapfere«. Auch Dappermann (Westf.). In Köln neben *Dapper* auch Winrich *Dappart* 1286.

Darboven (ndd.): »da oben wohnend«, vgl. Darnedden!

Darfschlag (Pomm.): entstellt aus slaw. Dargoslaw (Witte, S. 186), dargu, dragu = »lieb« (vgl. Dragatz, Dargatz), slaw. »Ruhm«. Vgl. Brettschlag, Rettschlag, Rottschlag, Siedschlag, Wendschlag (Wenzlaff). *Dargheslav, Darchslav* 1270 Rostock.

Dargatz, Dragatz, Dargusch (ostd.) Meckl./Pomm.): zum slaw. Pers. N. Dargoslaw (s. Darfschlag!), bzw. Dargomir.

Dargemann: aus Dargen/Pomm., wie Dolgemann aus Dolgen. Vgl. auch ON. Dargast/Rügen, Dargun/Meckl.

Darjes s. Dörries! (Tewes *Darges, Darriges* 1552 Bastorf/Meckl.).

Darnedden (ndd.): »da unten wohnend« (vgl. Darboven!). Hans *darnedden* 1590 Lippe. Auch Dernedden (Derboven); aber ndrhein. Ter-, Tor- (= Zur-)nedden.

Dartmann: vgl. die Dartlage b. Rahden/Westf., das Dertmoor i. W. (wie Dartmoor i. Engld.), mit Fluß Dart (Derte). *dert* meint »Moor« (Bahlow, ON. S. 75).

Dartsch: Henne *mit der darschen* 1351 Frkf. Mhd. *tar(t)sche:* ein länglichrunder Schild (aus Buchenholz, mit Leder), auch *setztarsche* (mit Spitze z. Hinstellen). Ein Heinr. *tartschener* 1372 Liegn. (Näheres: Bahlow, Studien, S. 144.)

Dasbach, Dasbeck: »Moorbach« Mehrf. ON. (Taunus, Rhld., Westf.). Vgl. die Daslage (im Hase-Moor), Daßwang/Bay., Dassel am Solling.

Daschke, Daske (ostd.): KF. zum slaw. Pers. N. *Daslaw,* wie Raschke zu Raslaw.

Dasch(n)er, Dasch(l) (obd.) s. Täschner! Vgl. Raudaschl (Bay.); Däschle(r)/Württ.; *Dasche (Tasche)* 1289 Straßbg.

Dase, Dahse s. Dohse, Dose! – **Daseler:** mhd. taselen »tätscheln«.

Dassel: ON. am Solling, urspr. *Das-lo* (wie Assel: As-lo), zu *das* »Moor«. Ebenso **Dasse,** Dass: zum ON. Dassen/Rhön, wie Diss(e) zu Dissen.

Dassler (Lpz. oft!): ON. Dasslau.
Dassow, Dassau: ON. (Meckl., Pomm.). – **Datterer:** mhd. tateren »schwatzen«.
Dathe, Daten wie Thate(n) s. Dade, Daden (= Dode, fries.).
Dau, Dauen (Ostfriesland, Hbg. oft): altfries. Pers. N. *Douwo* Poppena 1420, Herman *Douwama* 1420 Oldbg. (Stark S. 175; Strackerjan S. 40, 30). Häufig in allen Seestädten von Bremen bis Königsberg. S. aber Daumann!!
Daube, mundartl. = »Taube«, wie Dauber, Daubert: der Täuber, Taubenzüchter. Ein Haus »zu der Duben« 1352 in Worms, vgl. Benz von der Duben 1288 Speyer (mhd. *tûbe* »Taube«). Dazu C. *dûbendûscher* »Taubenhändler«, H. *Dûben-ey* 1387 Frkf. Ndd. **Duwe,** Duve (vgl. Duwenspeck, Duvenkrul-Dubenkropp, Schönduwe, -dube). Obd. vgl. Daubenschütz, Daubenmerkl, Daubenschmidt. Aber Hertwin *der Daube* 1323 Wetzlar meint den »Tauben«, obd. Daub, Daubmann, Taub, Taubmann, ndd. **Dove,** Dowe.
Däubler, Deubler, Deibler (obd.) = »Taubenhändler, -züchter«. Däuble!
Daucher (obd.-schwäb.): am Dauch (= Moos, Moor) wohnend; vgl. Dauchingen. Ein Bildschnitzer Adolf *Daucher* in Ulm (um 1500).
Daud(e): obd.-württ. Flurname *Dude, Daude* = »Sumpf, Schilf« (ausführl. Bahlow, Deutschlands Fluß- u. Ortsnamen (1962), S. 62; Buck, Obd. Flurn., S. 51. *Dauden-Berg* am Eder-See.
Daudistel (Rheinhessen): ON. Kr. Bitburg/Eifel.
Dauenhauer (Ob. Rhein): = Faßhauer, Böttcher; schwäb. Dauge (mhd. *dûge,* md. *dûbe:* Daube) = Faß-Daube, -Brett (lat. doga). Claus *Dugenhauer* 1480/Baden, *H. Dawehauer* 1538 Pfungstadt.
Dauer: ON./Uckermark. – **Dauger, Dauerer** (obd.) s. Dauenhauer!
Daum (ndd. Duhm!): mit auffallendem Daumen (alt *dûme*). Vgl. Graf Ulrich *mit dem Daumen* (um 1250/Württ.), auch *Däumling!* Henneke *mit dem dûmen* 1373 Brschwg.; *Dumelose* 1372 Liegn. nebst W. *Drydumen* 1349 (obszön!). Daumenlang (Bay.) wie Däumling, Deimling; ndd. Dühmeling.
Daumann: vgl. den Flurn. Daue (Rhld., Westf.), Joh. *vome Dawe* 1241 Köln; *in der Dauen!* Dauriede i. W.; Daudiek/Kr. Stade.
Däumler, Daimler (obd.): = Folterer (mit dem Dumeisen, der Daumenschraube), (zu mhd. *diumeln*).
Daun: ON./Eifel nebst Dhaun/Nahe (urkdl. *Dune*). Zum Sumpfwort *dun:* Bahlow, ON. S. 71.
Daunderer s. Donderer!
Daunicht (Hbg.): mundartl. = ndd. **Donicht** (Pomm.) »tue nichts!«
Daus s. Duus!
Dausch, Däuschle (schwäb.): »Mutterschwein«, alter Bauernname, z. B. in den Fastnachtsspielen des 15. Jh., wo die Bauerndirne *Tausch, Täuschel* heißt. Herm. *Tusche (Dusch)* 1350/81; »ein Münch, die Tausch gen.« 1618. Desgl. **Deusch(le).** Siehe Brech., I, S. 298/99.
Dausend, Dausendschön: eigtl. ndd. Dusend(schön) s. Tausend! Dusend!
Dauthendey: wohl Flurname, s. Bubendey! Zu *daut* »Schilf« s. Daude! Vgl. ON. Dautphe (Dud-afa)/Lahn, Dautenheim, Dauden-Berg usw.
David: s. Bahlow, Vornamen!
Debbert s. Dibbert!
Debes, Debus: südwestd. = Thebes (vgl. Thebesius) = ndd. Tewes: Matthäus. Vgl. *Thebus = Matthebus* Hirter 16. Jh. Konstanz, *Debaß* Reinhart 1542 Württ.
Debold, Debald, Debelt (Pfalz, Ob. Rhein) s. Diebold!
Debrunner: ON. Debrunnen (Schweiz).
Dechan(d)t: mhd. techan(t), dechent (lat. decanus): Vorgesetzter von 10 Leuten, auch Zunftmeister u. Jahrmarktsaufseher. Clewin *Dechan* 1370 Elsaß, Dytr. genant *Techand* 1413 Dux/Böhm.; J. Dönes, Glaser, *Techant* gen. 1515 Görl. H. *Dechent* 1515 Kassel.
Dechow, Dechau: ON. b. Ratzebg.
Dechsel, Dächsel: obd., vgl. mhd. dechsel »Beil« (vgl. David Deichsel, Dechsel 1562 Liegn.). Ein Ort Dechsel a. Warthe.
Decke (Dresden, Brsl. oft): Kurzform für Deckewert (Drsd., Görl.) = »Deckenmacher« (Flechter, Wirker von Matten); in Frkf.: Deckelacher = Decklaken-, Betttuchmacher. Auch Deckener (Frkf., Lpz., Dresd., Brsl.), schles. *tekener.*
Decken (von der): zum ON. Alt-Decken a. d. Oste. Vgl. aber ndd. Deecke(n)!

Decker, Deckert, ndrhein. Deckers: der Dachdecker. Ulr. *Deckere* 1251 Straßbg. W. *deckere* 1350 Lüb., Hugo *lemdecker* 1280 Rostock; *Leiendecker* (Rhld.) meint Schieferdecker. Deckert ist sächs.-schles., mit sekundärem t wie Weiner(t) für Wagner; Peucker(t), Kleiner(t), Rücker(t) usw. (Dazu: Bahlow, Ztschr. »Teuthonista« Jg. 3, 1926/27, S. 34.) In Württ. u. der Schweiz auch die Variante **Deck(e):** Brech. S. 282.

De(c)kner (Sachsen, Schles.): urkdl. *Tekener,* = Hersteller von teken = Decken, Matten (auch geflochten aus Bast), s. auch Decke! Wenczlow *tekener* 1345 Brsl., Jesk *tekner* 1359 (nebst H. *tekensnider* 1369) Iglau. Nic. *tekenschreiber* 1390 Budweis (E. Schwarz S. 314, Reichert S. 148; Bahlow, Diss., S. 144).

Deckwer(th), Deckwart(h): in Sachsen-Oberlausitz = »Deckenwirker, -flechter« (s. Deckener, Decke!), vgl. Schuwert, -wart, -wort (mhd. worchte = Wirker). Mich. *Deckwerth* 1662 Görl.

Dede, Dedeke (: Deecke!), ndd.: KF. zu Dederich, Dedelef, Dedeward u. ä. (ded = did = diot »Volk«). *Dedeke = Dethard* Osterwold 1431/42 Hann., Gerh. *Dhedeke* 1298 Lüb. *Thede (Thedeke)* Stolter 1292 Hbg. Patronym (westfäl.) ist **Dedekind** (F. Dedecindus 1543) für Deking (vgl. Sieveking, Gödeking), mit Anlehnung an Wedekind, -king. **Dedering** s. Detharding! **Dederichs** s. Diederichs!

Dederer (Württ.): »Stotterer« (wie Doderer). Heinr. D. 1615 Öhringen.

Deder(mann), Deter(mann) s. Detharding, Diederichs! Desgl. Dedersen.

Deding (ndd.-fries.): Patronym zu Dede. Alerd *Deding* 1502 Oldbg.

Dedlow: ON. Dedelow/Uckermark – **Dedolph** s. Dethlof, -lef!

Dee(c)ke, Deeken: ndd.-fries., urspr. *Dedeke(n),* s. Dede! Vgl. fries. *Dekena!* Zum ndd. Dentalschwund zwischen Vokalen vgl. auch Göcke für Gödeke; Lücke für Lüdeke.

Deede s. Dede! – **Deeg** (Hbg.): ndld.-ndd. = »Teig«, N. des Bäckers wie Surdech (Sauerteig). Vgl. obd. **Daigl!**

Deepholt s. Diepholz! – **Deemering** (Hbg.), Detmering s. Dietmar!

Deetjen (fries.) = ndd. Dedeken, s. Dede!

Deetz: ON. (Brandenbg., Altmark, Anhalt). – **Deeßen** (ndrhein.) = Matthäus!

Defner, Deffner (obd.): bisher ungedeutet, beruht (mundartlich verschliffen) auf urspr. Deffinger (ON. Deffingen/Schwaben, alt Tafingen), wie die Variante **Duf(f)ner** auf Duffinger (ON. Tufingen); vgl. auch Usener für Usinger, Hettner für Hettinger usw. Urkdl. ist z. B. Hans *Daffinger* 1524 in Immenstaad/Bodensee auch als H. *Taffener* 1522 bezeugt; später trat Umlaut zu Deffner ein wie im ON. In Konstanz vgl. 1471 Caspar *Deffner:* in Gutach: K. *Dufner (Duffner)* 1480, b. Triberg: H. *Tuffner* 1488, in Überlgn.: A. *Tufinger* 1226. Zugrunde liegt *tuf, taf* (schwäb. duft, daft u. ä.) = »Moos, Moor, Sumpf« (Bahlow, ON. S. 490, 473/4). Vgl. Tuffmoos (Buck, S. 47).

Defregger: aus Defregg(en) im Pustertal/Tirol, von wo auch der Maler Franz D. stammte. – **Degeding** (ndd.): »Gerichtsverhandlung«. Joh. *Degeding* ca. 1330 Haldsl.

Degen: ahd. degan., mhd. degen »freier Mann, Krieger, junger Held« (so oft im Nibel.-Lied: »Sivrit was geheißen der snelle *degen* guot«), auch »Gefolgsmann«. Dann auch KF. zum Pers. N. Degenhard: *Degenhart (Degelin)* v. Gundelfingen 1324, H. *Degen (Tegen)* 1413 Sindelfgn., J. *Tegenlin* 1350 Freibg.

Deg(e)ner (ndd.): um 1300 für Degenhard gebräuchlich, so in Greifsw. 1385/86: Henning *Deghener (Deghenard):* in Bremen 1382: *Degenere,* in Strals. 1420: *Deghener* Buggenhagen, in Hann. 1401: *Deghenerd* Gudesin, sonst auch *Degheneke!* Degneke 1418 Hameln.

Degering (westfäl.-ndd. Patronym): vgl. *Deghere* um 1100 (Werden/Ruhr), Gerwin u. Herman *Deghere* um 1270 Rostock, *Deygere* 1312 Lünebg.

Degler, Degel: ndld.-ndd. *degel* = »Tiegel, irdener Topf«. Hinr. *Deghel* 1339 Lübeck.

Dehde s. Dede!

Dehio: italien. Ursprungs (vgl. Mussolinis Mutter: Adelh. Dehio); ein Ritter Giovanni de Hio 1310 als Bannerträger Kaiser Heinrichs VII. (Brech. 285).

Dehl(s), Dehlsen (ndd.), auch Dehle, Dehling, Delius (Deling 1322 Lüb.) KF. zu Dietrich (Dederich).

Dehler, Dehlert: aus Döhlau b. Hof/Bay., wie Döhler aus Döhlen/Sachs.

Dehmel (Schlesien, Ob. Lausitz, Böhmen): Mundartform für urspr. *Thömel* = Thomas! Auch Dähmel, Döhmel, Thämelt, Demel(t), vgl. Bahlow, Schles. Nbch., S. 56, mit Statistik u. Belegen. In Brsl. 1375: *Thömel* Beyr, *Temil* winczeppe; in Lg. 1546: *Thomas Thömel,* in Görl. 1542: C. *Dömel:* in Böhmen um 1400: *Tömel, Teml, Demel.* Auch Richard Dehmel war Schlesier. Vgl. auch ON. Demling/Bay.: 1323 *Tömlingen.* Caspar *Dömel* 1520 Lg.

Dehn, Dehne (vgl. Dehneke): der Däne (Dänemarks Machtbereich erstreckte sich im MA. bis über die Eider). *Dene* 1300/1400 Lüb., Ro., Grfsw., Strals.

Dehn(e)cke: ndd. KF. zu Denhard = Degenhard: *Deneke* Scroder, Sohn *Deneke* 1458 Haldsl.; Nikol *Deneke* 1399 Greifsw. Desgl. **Dehning** (Hbg.).

Dehnert, Dehnhardt s. Dähnhardt u. Degenhard! **Dehns:** fries. VN. Deno.

Dehnkamp: westfäl.-holld. *Denekamp* (wie Venekamp), vgl. Denebrok, zu ndd.-westfäl. *dene* »feuchte Niederung« (Bahlow, ON. S. 73); kamp »Feld«.

Deible s. Deuble! Däuble! **Deibler** = Däubler = Täubler (Deus Theibler 1530 Ulm).

Deichelbohrer s. Deuchler! **Deichmann** (Hbg.) s. Dieckmann u. Teichmann!

Deichert = Teichert (Sachsen, Schlesien).

Deichsel, Deichsler s. Deisler!

Dei(c)ke (Hbg. oft), Deicken, Deycks: uralter fries.-ndsächs. Pers. N. schon im 10. Jh. in Westf. (Freckenhorst): *Deiko.* – **Deierling** s. Deuerling!

Deifel(e) s. Teufel! – **Deigmann,** -müller = Deich-, Dieck-mann!

Deigendesch (Württ.): entstellt aus Steigentesch (Satzname), vgl. Hans Smid gen. *Steigindtaschen* 15. Jh., ein »Taschendieb«, typischer N. von »Fahrenden«, von Handwerksgesellen u. dgl. (Vgl. Brech., »Springinsfeld ...«, 1937).

Deikstra, Dykstra (fries.): »am Diek (Deich) wohnend«, vgl. Brookstra, Feenstra (»am Veen« = Sumpf, Moor).

Deimer (Hbg.): ON. Deimern/Soltau.

Deimler, Deimling s. Däumler, Däumling! *Deum-, Deimler* 1489 Frkf.

Dein, Deyn (von): Hbg., zum ndd.-westfäl. Flurnamen Deine, Dene »feuchte Niederung« (Bahlow, ON. S. 73).

Deinhardt, Deinert, Deinlein = Degenhard, s. Dähnhardt! Auch Dehnert! Vgl. P. *Deinhardt (Degenhardt)* 1559/86 Marburg. Zu Deindl (bair.) vgl. Meindl!

Deininger: aus Deining(en)/Bay., mehrf.

Deiringer: aus Deuringen/Bay.

Deisch(le), schwäb.: s. Daisch! – **Deiseroth,** Deuseroth: ON. auf -rode/Thür.

Deising (Hbg.): wie Deusing, ndrh.-westf. Patronym zu Deis, Deus: Matthias, Matthäus.

Deisinger: aus Deising/Bay.

Deiß, Deis, **Deißmann:** rhein. KF. zu Matthias, vgl. Deus(sen)!

Deißler, Deichsler, Deixler, Deichsel (Schles., Sa., Sud.): der Deichselmacher, Stellmacher, Wagner: der *deyßler* 1476 b. Eger, Cunat *Deychselman* 1415 Leitomischl; Hans *Deißler (Deichsel)* 1534 Lg., David *Deichsel (Dechsel!)* 1562 Lg. (in Schles. konkurriert freilich der ON. Deichslau, 1372 Deißlaw, u. der Fluß »Schnelle Deichsel« [Haynau]! Bahlow, Schles. Nbch., S. 81.)

Deißmann s. Deiß! – **Deißner** (obd.): ON. Deising, Theusing; s. Defner!

Deister: bewaldeter Höhenzug zw. Leine u. Weser, benannt nach seiner Bodennatur (Bahlow, ON. S. 73). – **Deistler** s. Deißler!

Deistung: aus Teistungen b. Duderstadt (dazu Bahlow, ON. S. 73, u. Artikel »T«. im Ndd. Korr. Blatt 1961).

Deiter(s), Deittert: s. Deter(s)! – **Dekker,** Dekkert s. Decker!

Deken, Dekena (fries.) s. Deecke! Zu ndd. Decken vgl. mhd. *deken* »Dechant«! (Auch »Vorstand« schlechthin, z. B. der Kalandsbruderschaft, so im »Pfaffen Könemann«, Götze S. 11).

Delbrück: ON./Westf. Zum Wasserwort *del* s. Bahlow, ON. S. 74.

Delfs, Delff (fries.) = Detlef(s), s. dies! Vgl. Melfs für Meinlefs.

Delitzsch: ON. (nö. Lpz.). – **Delius** s. Dehl!

Delk(n)er (Lippe): von der *Delkene,* heute Dalke, Moorbach b. Gütersloh.

Delle(mann): aus Delle b. Dortmund. – **Delling:** ON./Köln.

Deller (westfäl.): nebst Schleifdeller, zum Flur- u. ON. Delle, vgl. das Deller Bruch

b. Schwelm, auch Dellenbusch, Delwig, Delbeck, Delbrück usw. Cord *Delle* 1391 Hann.

Delp (obd.): vgl. schweiz. Dalp: talp »Tatze«. – **Delzig:** ON. Dölzig/Lpz.

Deman(d)t, Diemant: der Edelstein Diamant, Demant (mhd. diemant). Jacob Diemant 1588/Schwz.

Demann, Themann (obd.) = Thomann = Thoma(s).

Demel(t), Deml s. Dehmel! – **Demke** (ostd.) = Thömke = Thomas. Desgl. Demchen: *Themechin* Hase 1382 Kolin/Prag, Francz *Thömechin* 1386 ebd.

Demitter, Dem(e)ter s. Dimitter, Dimter!

Demmer, Demmler, Demmel (bair.): der Schlemmer (im bair. Volkslied »Demmel«), zu mhd. demmen »schwelgen«.

Dempewolf, -wulf (Hann., Brschwg., Hbg., Dortmd., Bonn): ndd. Satzname f. d. Jäger »würge (vertilge) den Wolf«.

Demus, Demes: = Nikodemus, Jünger Jesu (vgl. slaw. Nikodemski). *Demus* Schwartzmann 1530 Ulm, Hans *Demuß* 1572 Jena.

Demuth: mhd. die-, demuot »Demut, Bescheidenheit«, als Ausdruck christlicher Tugend um 1200/1300 nicht selten weibl. Taufname, bes. im Ritterstande: *Demut,* Freundin des Ritters Winther v. Redilnheim 1335 Frkf.; *Demut* teylerynne 1429 Lg.; Hans *Demut* 1381 Frdld./Böhm.; Emercho filius *Demudis* 1336 Ingelheim; C. *Demutenman* 1383 b. Tüb., Chr. *Demuter* 1463 b. Böbl. N. *Dymuter* 1377 Iglau.

Denck- s. Denk-!

Denecke, Denicke, Dänecke, Dähnke: KF. zu Denhard, Dähnhard = Degenhard, entlang der Ostseeküste u. in der Mark; doch vgl. den Friesen L. Thorwaldsen/Hadersleben, der 1616 auswärts *Denek* genannt wurde; s. Dehneke!

Dendler, s. Dandler! Vgl. Tendler!

Dengel s. Dangel! (Hans Dängel = Hs. Daniel: Nied S. 36).

Deng(g), Dengs (obd., alem.-schwäb.) wie Theng, KF. zu St. Antheng, d. i. der heil. Anthonius, einst beliebt als Bauern- u. Schweine-Patron (Nied, Heil.-Verehrung, S. 77; Bahlow, Unsere Vornamen, S. 8). Die Form *Deng* z. B. auch in Thomas Murners »Schelmenzunft«. (A. Götze S. 55/56.)

Denger (Württ., Schweiz) = Tenger : aus Tengen. (1439 *Tenger,* 1597 *Denger*).

Dengler (obd.) wie Tengler (Tirol): der Sensen dengelt (schärft) durch Hämmern oder Klopfen (mhd. tengeln, vgl. ahd. tangol »Hammer«). K. *Tengeler* 1339 Württ.

Denhardt s. Dähn-, Degenhard! – **Denifle,** Denöffl, Danneffel: (obd.-bair.-öst.): aus Denifle in Kärnten.

Dening (Hbg.) nebst Dehning s. Dehnecke!

Denk (wie Tenk): obd.-bair. = »Link, linkisch« (so noch heute in Bay.). Auch Joh. *Denk,* der Wiedertäufer, war Bayer (Oberpfälzer). Rudgerus *Tenko* 1301 Aussee/Ö.

Den(c)ker (Hbg. oft); auch Denkert: ist fries.-ndd. Variante zu Danker, Dankert (= Dankwart), vgl. fries. **Denkena** (patron. Genitiv plur.) wie Haijena, Ukena, Siebena. *Denker(us)* 1348 Bremen, *Denker* 1302 Lünebg., 1362 Greifswald.

Denner (Württ., Franken): = Tenner, wie Danner = Tanner, zum Flur- u. ON. T(h)ann (mit Tannen bestandene Gegend). Joh. *Denner* 1498 Schweinf. (vgl. H. Tennler uff der Tannen 1451/Allgäu). Mit -t: **Dennert,** später zu **Dennhardt** entstellt (wie Tennert zu Tennhardt, – Dannert zu Dannhardt)!

Denninger: ON. Denning/Bay. bzw. Danningen (Tanningen/Baden). Vgl. Ulr. *Tenninger* 1340. Zu Denning vgl. Dennig.

Denser (ndd.) = Däntzer »Tänzer«. Herman Densere 1309 Soest, Cord Denser 1384 Hi.

Denys, Denis (ndrhein.) = Sintenis = St. Dionysius (frz. St. Denis), Heiliger (Nothelfer).

Denzler, Denzel (Denzle (Württ.): der Tänzer (auch Spielmann), mhd. *tenzeler.* Hans *Denzler* 1440 Zürich, Mich. *Denczel (Dentzer!)* 1513 Blaubeuren, Clas *Tenczel* 1423 Kempten; W. dictus Danziler (Tanziler) 1267 Reutl. (Brech. S. 272, 291). Dazu auch **Dentz:** Clas *Dentze* 1366 Lorch, C. *Dentz (Tentz)* 1325 Konstanz, mit i-Umlaut: vgl. Volmar *Tanzi* 1262 Zürich!

Depenheuer (ndrhein.), auch Doppensnyder, meint den Hersteller hölzerner Bütten oder Töpfe (doppe, duppe); vgl. Düppenbäcker (Töpfer) u. Düppengießer

(1272) Köln nebst Düppenman 1244 *Doppengieter* 1609 Wesel (Hagström S. 310).

Depmer (ndd.): assimiliert aus Detmar: vgl. Herm *Depmars (Dethmars)* 1491 b. Depmold: Detmold!

Deppe (Hbg. oft), Deppen, **Depke(n); Depping:** Ludeke *Deppeke* 1451 Hann. (vgl. *Diliendeppe*, Dilgenbartold 1537 Lippe, *Deppe* van Geldern 1571 Lippe); ndd. KF. zu *Detbern*, s. Dibbern!

Deppermann (Hann., Dortmd., Essen): Simon *Deppermann* 1645 Westf. Vgl. Dappermann (Westf.).

Deppisch (Bay.): mhd. *täpisch* »täppisch, tolpatschig«.

Dep(p)ner (entrundet) s. Döp(p)ner!

Derboven, Derboben s. Darboven!,– **Derbe:** vgl. ON. Derben b. Genthien. Obd. Derb: »grob« (Jörg Derb 1522 Weilheim), eigtl. »ungesäuert«, wie bei *Derpbrot* pistor (e. Bäcker!) 1362 Brsl. (= Grobbrot).

Derda(u): ostd.-slaw. ON. – **Derchner:** ON. Derching/Bay.

Dereser: aus Theres a. Main b. Schweinf. (urkdl. *Tarissa* »Faulwasser«, s. ausführl. Bahlow, ON. S. 480). Th. A. Dereser aus Franken 1757ff.

Derfert (obd.): mundartl. für Dörfert = »Dörfler«.

Derfflinger: aus Derfling/OÖ.; auch der Reitergeneral des Gr. Kurfürsten war Oberösterreicher. Vgl. auch ON. Dörfling/Bay.

Derholtz: westfäl. ÖN. Dernholt »Modergehölz«, vgl. Derbecke, Dermecke, Der(n)born, Der(n)schlade, Derscheid (Bahlow, ON. S. 75).

Derichs (Köln), Dericks: ndd.-ndrhein. für Dederichs. (Bernd *Derichsen* 1609 Wesel.)

Derkum: ON./Rhld. (alt: Derk-heim; derk »Schmutzwasser«, Bahlow, ON. S. 74!).

Dermer (wie Darmer): slaw. Pers. N. auf -mir, wie Tesmer, Jarmer, Jermer.

Dern: ON. Derne/Westf., Dern/Ndrhein, Dehrn/Lahn (idg. der(n) »Schlamm, Morast, Schmutz«, wie in Dernbach usw.: Bahlow, ON., S. 75).

Dernedde s. Darnedden! – **Dernehl:** slaw. wie Possehl, Baggehl.

Derr (obd.-öst.) = Dörr, Dürr: der Dürre. Georg der *Derr* 1388 Wien.

Dersch (ostd.): slaw., wie ON. Derschau (Ob. Schles., Ostpr., nebst Dirschau). Vgl. Derska! S. Dirschke!

Dertinger: aus Derdingen/Württ. bzw. Dertingen/Baden.

Der(t)z: ON./Ostpr.

Desch(n)er: mundartl. für Teschner »Taschenmacher« (vgl. Wigand *deschenmecher* 1383 Frkf. nebst *Rotdesche, Güldendesche*). In Württ. **Deschler** (Cl. *Deschler, Täschler, Töschler* 1452 Weiler), dazu **Deschle.** Vgl. auch Ruckdeschel!

Desebrock (ndd.): Wüstung in Hann. (zu *des* »Moder, Sumpf« s. Bahlow, ON. S. 73).

Desler (Sachsen, Schles.): s. Deisler! – **Deßen** s. Deessen (ndrhein. = Matthäus).

Desselmann: aus Des(t)el (Des-lo)/Westf. (s. Desebrock), vgl. Hesselmann: aus Hesseln.

Dessoir: (jüd.) = Dessauer (franz. frisiert).

Detels, Detel, Deitel (wie Dedels): KF. zu N. mit Det- (Diet-).

Deter(s), Determann, Detering, Deterding: westfäl.-ndrhein. Sproßformen (Patronymika) zu Detert: Dethard (= Diet-hard), vgl. Detharding (auch Detward!).

Dethard(ing), Deterding, Dethering: westfäl. Patronym zum einst beliebten ndd. Pers. N. *Dethard* (obd. Diethard), wie Sieverding, Egberding, Humperding, Borcherding, Goderding, Allerding usw. *Dethard* Frese 1254; *Dethard* werkmester 1319 Lüb., *Dethard (Dedeke!)* Osterwold 1431 Hann., Herm. *Detherdinc* 1354 Hann.; seit der Reformation auch in Meckl. ein Pfarrer- u. Prof.-Geschlecht *Detharding*.

Dethjen(s), Detje (fries.) = Dedeke(n), s. dies! Vgl. Lüthjens: Lüdekens.

Dethlefs, Dethlefsen (ndd.-fries., oft!) entspricht obd. Dietleib (leib, lef »Sprößling«). Vgl. fries. Redlefs, Ger-, Garlef, Godlef, Hardlef, Meinlef, Ortlef, Ricklef. Dazu kontrahiert fries. **Delfs,** Reelfs, Garfs, Jolfs, Melfs.

Dethloff (ndd. oft) Detholf (Diet-wolf) wie Radloff = Radolf, – Rodloff (Roloff) = Rodolf. *Thedolfus* Bolen 1268 Rostock (FN. Dedolph).

Dethmann (ndd.), oft für Detmar (Dietmar) gebraucht, s. Dettmann!

Dethmar s. Dettmer! – **Detjen(s),** Hbg. oft, s. Dethjens! **Detten** (v.): ON. i. W.

Detlefs(en) s. Dethlefs(en)! – **Dettbarn:** ndd. *Detbern* 14. Jh. wie Osbern, Wulbern; s. Ausborn! **Dettloff** s. Dethloff!

Detsch (obd.): Rud. *Tetsch* 1278/Ob. Rh. (rhein. »Dummkopf«; bair. = »Mist«).

Detter(s) s. Deters! Aber obd. **Detter** (München oft) ist der ON. D. in Bayern, wo auch viele ON. Dettelbach, -dorf, -hausen, -hofen, -hart, Dettenheim, Dettensee u. ä., die alle das unerkannte Wasserwort *dett* (Morast, Schlamm) enthalten. Dazu auch **Dettinger,** verschliffen **Dettner,** vgl. Deffinger: Deffner! Daffinger: Daffner!

Dettmann (Hbg., Meckl. zahlr.) für ursprüngl. *Detmar,* das heute **Dettmer** lautet, patron. (westfäl.) **Dettmering.** Ein heil. Detmar um 1150 war Missionar unter den Slawen Holsteins. Schon der Vater des Gotenkönigs Theoderich (Dietrich) hieß Theodemer (Dietmar): diet = »Volk«, mar = »berühmt«. S. auch obd. Dietmar!

Detward (ndd.-fries.) wie Volkward, Rickward: s. Deward!

Detzer (Mchn.): Mich. *Detzer* 1584 Eßl. (zu obd. *detz* »Jauche, Mist«, Detzweg!).

Deubel (alem., Schweiz) = Teufel, vgl. Jagendeubel; Deubelbeiß (1649 *Dübelbeiß;* 1409 *Tüfelbiß* Zürich). Brech., S. 356.

Deuble, Deubler (obd.-schwäb.) = Däubler = »Taubenzüchter, -händler«. Urkdl. *Tüblin (Düblin), Tübler* 14. u. 15. Jh. Württ.

Deubner (Sachsen) = Teubner »Taubenhändler«; vgl. auch ON. Deuben b. Lpz. u. Halle. Entrundet **Deibner** (1612 Jena).

Deuber(t) s. Teuber(t)!

Deubzer (Mchn.): vgl. Scheuchzer, Togzer (tockzen »schwanken«).

Deuchler (Deichler), Deichelbohrer (schwäb.-alem.): mhd. *tiucheler,* Hersteller der hölzernen Rohre *(tiuchel)* für die Wasserleitung. – **Deudeloff** s. Dethloff!

Deuer(lein): obd., meint den »Teuerkauf«, der hohe Preis nimmt H. *Tüwer* 1478 Pforzh., Bentz *Diur* 1398/Allgäu.

Deuerling, Deuerlich; Deierling: ON./Bay.

Deuker: Joh. *Deucker* 1625 Böhmen.

Deumert: aus Deumen b. Weißenfels, wie Theumer aus Theumen/Vgtld.

Deumlich: = Deumling, s. Däumling!

Deuner(t): aus Deuna (alt Dunide) im Eichsfeld (zu *dun* »Sumpf«: Bahlow, ON. S. 71).

Deurer s. Teurer!

Deuschle, Deuschler: oft in Württ., urkdl. *Tüschli:* Claus Tüschli (Tüschler!) 1435 Rottenbg./Neckar; Joh. Tuschelin (Tutschelin) 1517 Kirchheim/Teck. Bei der Häufigkeit (ca. 60mal in Stuttgart!) kaum = Däuschle, Dausch »Mutterschwein« (so Brech, S. 298), sondern zu mhd. *tiuschen, tuschen* »tauschen, handeln, auch betrügen«, also Händler oder Schelm, Betrüger, vgl. **Deuscher** (C. *Tüscher* 1396 Sonthofen), Roßteuscher, -deutscher! **Deusch** dagegen ist alem. Variante zu **Deutsch** (mhd. *tiusch,* tiutsch) z. B. in Alt-Freiburg, wie Diesch neben Dietsch. Deutsch heute auch jüd.

Deuß(en): am Nd.-Rhein (Düss., Köln) häufig, = Matthäus; auch Theuß(en). Desgl. patron.: **Deußing.**

Deut(e): ON. Deute b. Kassel/Fritzlar, alt *Düte* (zu dut »Sumpf, Schilf«: Bahlow, ON. S. 76); auch die Nachbarorte Besse, Baune, Dissen (lauter prähistor. Bachnamen) leben als FN.; vgl. die Deutmecke (*Dutenbeke*)/Lenne. – **Deuten** (von!), alt *Dutene,* ist ON. b. Reckl.

Deutelmoser (bair.): vom Deutelmoos (*Tutelmos* 12. Jh.), wie Rohrmoser vom Rohrmoos (*deutel: tutel* meint Schilf: ahd. tutel-kolbo »Schilfkolben«; in Freiburg 1332 ein Haus »zum Tutenkolben«. Vgl. auch ON. Deutelbach/Bay.

Deutloff nebst **Deutike,** Deutchen (md.) s. Dethloff!

Deutsch s. unter Deuschle! »Der Deutsche«: in Grenzgebieten mit gemischter Bevölkerung; auch Deutschmann, Deutschländer. Nicl. *Tütschman* 1299 Straßbg.! Jac. *Deucz* 1390 Prag! Thomas *Deutsch* 1471 Görl., Hans *Undeutsch!* 1574 Lg., Nic. *Deutscher* 1450 Oppeln, N. *Deutschman* 1431 Görl. (neben *Bemischman* 1378 Glatz u. *Windischman* 1354 Lg.). Dazu Deutschländer (Ob. Schles.!): *Düczlender* 1397 Glogau, Brsl., *Deuczlender* 1421 Görl.

Deutz: ON./Rhld. – **Deventer:** ON./Holld. (772 Daventre »Moorort«).

Devermann: zum Flurnamen Dever (Diever) »Moorwiese«, mehrf. in Westf. u. Holld., nebst Deverlage (Bahlow, ON. S. 79).

Devissen (Ndrh.) s. Thevissen = Matthäus.

Devrient (fläm.): »der Freund« (vgl. ndd. Fründ, ndrhein. Vrind).

Dewald: = Diebold! – **Deward,** Dewerth: urkdl. *Dedeward* (1533 Anklam) = Dietward.

Dewes (ndrhein.) = Thewes = Matthäus. – **Dex(e)l** (bair.) s. Dechsel!

Dewitz (Berlin ca. 100mal): mehrf. ON. (Meckl., Altmark, Sachsen).

Dey(e), Deyen (von, Dey(e)manns: ndrhein.-westfäl. Flurname. Vgl. Deyekamp/Oldbg.

Deycks s. Deicke!

Deyerling s. Deuerling!

Dibelius: nach Humanistenart im 16. Jh. aus obd. Diebel (= Diebold) lateinisch frisiert, s. Diebold! Dazu auch **Dibbelt,** Dibbels (wie Göbbels).

Dibbern (Dübbern, Düttbernd): altfries.-ndd. beliebter Pers. N. (= Dietbern: ber(n) = »Bär«), zahlr. in Hbg., vgl. **Sibbern** für Sigbern. Dazu auch **Dibbert** (Hbg.), vgl. ON. Dibbersen (Brem., Harbg.). Auch fries. Ditbrand ist z. T. zu Dibbern geworden, wie Sibrand zu Sibbern. Gerh. Detberni 1325 Barth.

Diburtz s. Tiburtius!

Dichte (Köln): vgl. mnd. dichte »stark«.

Dichter (Hessen), Tichter (Franken): mhd. *diechter* »Enkel« (noch b. Hans Sachs), mundartl. noch hess.-fränkisch (beim Thüringer O. Ludwig: »Tichterle«). Wigand *Dichtere* 1287 Wetzlar; vgl. »myn eldester *dichter*« 1369 ebd.

Dichtl (München), **Dichtler:** mhd. *tichter, tichtener* »der etwas schriftl. abfaßt, ersinnt, dichtet« (zu lat. dictare). Bruder Berhtold der *Tihteler* 1296 b. Zürich, Hugo *Tihteler* 1267 b. Konstanz, der *Tichtler, Dichtler* 1409, 1493 Rottweil.

Dick, Dicke: selten ist der »Dicke, Wohlbeleibte« gemeint (z. B. her Berhtold *der Dicke* 1291 Freiburg), häufiger der obd. Flurname: mhd. *dicke* »Dickicht«, so H. von der *Dicke* 1351 Offbg.; vgl. den Wald, »den man heißet der Dicke« 1283 b. Rastatt. Dazu auch **Dickert:** H. *Dicker* gesessen *in der Dick* 1495 Tirol (Tarneller, S. 34). Auch im Rhld. viele ON. Dick, Dicke, Dickschied, Dickerhoff u. ä., in Westf.: Dickenbruch, -brock, Dickede (kollektiv »sumpfiges Gebüsch«); **Dickel** (Dick-lo) b. Diepholz. Doch mag auch ndd.-rhein.-westf. *diek* »Deich, Teich« hineinspielen, vgl. **Dickmann** neben Dieckmann!

Dickhoff, Dickmann s. Dieckhoff, Dieckmann!

Dickhut(h), Dickhaut (Kassel oft): »dicke Haut«, wohl nicht »Dickhäuter« (übertragen), sondern mittelbarer Berufsname für den »Häuter« (Hautgerber, Fellhändler), zu mhd. *hut, hout* »Tierhaut, Pergament«, vgl. den *Sewhawt* Liegn., auch Hans *mit der haut* (1376 Eger)! *Dickehut* 1302 Lünebg., *Dickehaut* 1488 Bambg., 1368 Lg.

Dickopf, Dickopp, Dickob, -of (Köln oft): vgl. Grotkopp u. ä.

Didden(s): fries., Patronym (Didde = Diede, Diederich), vgl. Hidde(n). Ein fries. Häuptling *Didde* Tansen 1568.

Dieb(e)ner = Dübener: aus Düben/Anhalt, bzw. Diebenau.

Diebitsch: slaw. (vgl. ON. Rawitsch, Delitsch u. ä.), wie ON. Diwischau (Böhmen, Mähren).

Diebold (KF. Diebel): als volkstüml. Heiliger des Elsaß (mit Wallfahrtsort Thann) noch im 16. Jh. beliebt (»sant Thiebolt«), latin. Theobald, z. B. *Diebold* Ruotsch 1575/Els., *Diebold* Harscher 1645 Villgn., daher zahlr. mundartl.-landschaftliche Formen wie Diepold (Diepolder), Tippold, Theopold, Dippelt, Diepelt, Diebald, Debald, Dewald!, Debelt, Diebels (lat. Dibelius) usw. Es ist der altgerm. Theudebald (mhd. Dietbold), westfränk. Königsname (Sohn Theudeberts, Enkel Theuderichs, 6. Jh.); theud (diet) = »Volk«, bald (bold) = »kühn«. Vgl. frz. Thibaut, ital. Tebaldi.

Diebschlag, Diepschlag (Münster), westfäl. Flurname wie Holt-, Nie-, Tauschlag. Vgl. auch Diepholt, Dipe-sele, Diepenveen (zu *dip* »Moor«: Bahlow, S. 78).

Dieck (van!): Hbg. oft, wie **Dieckmann** zum ON. Dieck bzw. Anwohner eines Deiches. B. *oppen Dyke* 1323 Wesel. Vgl. westfäl.-ndd. **Dieckgrebe** »Deichgraf« (Wolter *Dicgreve* 1271 Hbg.), L. *Dykemester* 1396 Grfsw., P. *Dykman* u. Markw. *Dyk* 1335 Lübeck. S. auch *Dykstra:* Deikstra!

Die(c)kelmann (Hbg., Rostock): aus Dikkel b. Diepholz, wie Brockelmann. Joh. *Dykelman* 1331 Greifsw.

Dieckgrebe, -gräwe (ndd.-westfäl.): »Deichgraf«, Verwalter des Deichwesens, vgl. Holtgrebe, Holzgräfe; Zentgrebe u. ä. Siehe Dieck!

Dieckhoff (westfäl.): »Gehöft am Deich«, vgl. Eickhoff, Lehnhoff, Moorhoff, Küchenhoff usw., alle westf., die Gehöftsiedlung widerspiegelnd!

Dieckmann (s. Dieck!): der Deich-Anwohner: Joh. *ufm Dieke* 1590 Bentrup.

Diede: hess. für ndd. **Thiede,** KF. zu Diederich, bekannt durch W. v. Humboldts Freundin Charlotte Diede; Hans *Diede* 1387 Frkf.

Diederich(s), Diederichsen: ndd. für Dietrich, den Volkshelden des MA.

Dief(f)enbach: ON. im Rhld. (mehrf.), auch Württ.: Heinr. D. 1200 Heidlbg.

Diefer(t) s. Tiefer(t)!

Diegel (obd.): »Tiegel«, N. des Töpfers, Hafners, vgl. H. *Tygelbecker* 1417 Ndrh., Hans *Digel* 1599 Villgn., Eberh. *Tigel* 1392 Eßl.

Di(e)hl: hess.-rhein.-mainfrk. (wie ostd. Thiel) KF. zu Dietrich; desgl. Diehlmann wie Thielmann. *Diele* Montabur 1397 Frkf., *Dyle Dylemans son* 1345 Frkf.

Diehm s. Diem! – **Diek-** s. Dieck-!

Diehn s. Dien!

Dieken, Diekena (fries.) wie Ukena, Ommena. – **Diel** s. Diehl!

Dielschneider (rhein.), Dehlenschneider (ndd.): = »Brettschneider«. Desgl. **Dieler** (rheinhess.); C. *Diler* 1304 Worms.

Diem, Diehm (Württ.), KF. zu **Diemer** (Württ.), d. i. Dietmar (vgl. Rei(n)mar). *Diemo* v. Tüßlingen 1100; *Diem* Brayt 1350 Stuttg.; Joh. *Dieme* 1309 Eßl. Götz *Diemer* 1292 Ulm. *Dymar* 1387 Frkf. *Dypmar* 1360. S. auch Thieme u. Dittmer, Dettmer!

Diemke: Bachname *(Din-beke)* i. Westf. (wie Leimke, Riemke) = »Moorbach«.

Diemuter s. Demut!

Dien, Diehn (Hbg. oft): in feuchter Niederung wohnend (ndd. *diene, dene*).

Dienemann: s. Die(h)n!

Diener: obd., Bediensteter (frater Conr. *Diener* 1304 Freiburg). – **Dienger:** aus *Diengen/Württ., Bad.*

Dienst, Dienstl.: mhd. = »Diener«, auch »Dienstleistung, Zins«. Vgl. Kleindienst! *Frauendienst* 1504 Württ. **Dienstknecht** (Ndrhein.). **Dienstmann:** im Dienste eines (weltl., geistl.) Herrn, Ministeriale.

Diepel (obd.) = **Diepold** (Mchn. oft, nebst Diepolder), s. Diebold!

Diepschlag s. Diebschlag!

Dier (obd.) = Tier (mhd.: Wild, bes. Reh u. Hirsch), Jäger- bzw. Hausname. Vgl. Hans *Tierlin* 1441.

Dierig s. Düring!

Dier(c)ks, Dierck, Diercksen, Dierking: ndd.-fries. für Diederik (Dierick). Desgl.

Diers. Schon 984 ein Graf *Dirk (Diderik)* v. Holld. Vgl. auch rein ostfries. Tjark(s). – *Dierk* Albers 1632 Oldbg., Hamje *Diercks* 1681, jetzt Hamje*diers.*

Dierolf s. Thierolf!

Diers(sen) = »Dierks Sohn«, s. Diercks!

Dierschke s. Dirschke!

Diesch: alem. Form für **Dietsch** = Dietrich, wie Frisch für Fritsch.

Diesel (obd.) wohl = Hiesel = Matthiesel.

Dieser: vgl. ON. Dies/Lahn. – **Diesing** wie Thiesing = Matthias.

Dieske: slaw., aus Dieskau b. Halle.

Dießel wie Dießelmann, -meier, Dießelhorst (Westf.) = Diestel-, Distel-!

Dießner, Diesener (Sachsen oft): aus Dießen (mehrf. ON.).

Di(e)stelkamp, -horst, -mann usw. (Westf.): nach der Wohnstätte. Auch einfach **Diestel.** Vgl. Distel!

Dietdegen: mhd. = »Volksdegen, Volksheld« (Schweiz, Württ.).

Dietel, Dietlein, Dietle, Dietl (obd.) = Dietrich, auch Diethelm u. ä. *Dityl = Diterich* luerlin 1361 Brsl. Patronym: **Dietler** (vgl. Seidel: Seidler).

Dieter (obd.): gewöhnlich für Dietrich gebraucht (*Diether = Dietrich* v. Roßriet 1287, *Dieter = Dietrich* Röder 1486 Württ.), urspr. auch *Diet-her* (diet »Volk«, her »Heer«), so am Oberrhein um 1100 (Socin, Mhd. Namenbuch, S. 11 öfter). Vgl. auch Dietermann u. die KF. **Dieterle,** -len (schwäb.).

Dietert (obd.-schles.): = Dieter (mit sekundärem t), z. T. auch Diethard! Desgl. Dittert. Vgl. G. *Diettert* 1653 b. Glatz.

Dieth (Schweiz, Ob. Rhein): 1192 Dieto (Socin, S. 11). KF. zu Dietrich u. ä. Desgl. **Dietmann.** Conr. *Diethe* 1296 b. Weing. Zu Dieth: Dietold vgl. schweiz. Lüthi: Lüthold. Ein ON. Diethe (»Moorbach«) a. Weser.

Diethart, Dietert (wie ndd. Dethard): C. *Dithart* 1296 Würzbg., E. *Dyethart* 1379 b. Gießen. Vgl. auch ON. Diethardt/Taunus.

Diethelm (obd. wie alle N. auf -helm vorzugsweise), bair.-öst. Diethalm (KF. Halm): Joh. *Diethelm* 1291 Freibg. (häufig am Ob. Rhein: Socin, S. 11). Seltener ndd.: *Dethelm* (Hbg., Lüb., Ro.).

Diethold: urkdl. *Thietold* 1136 Ob. Rhein, 1271 Hbg. Ruf *Dietold* 1394 Stuttg. (diet »Volk«, olt = walt »waltend«).

Dietle(in) s. Dietel! – **Dietleip** (obd., Steiermark), Held der Dietrich-Sage, s. ndd. Detlef!

Dietmar (heute Dittmar, Dittmer, Dittmers, obd. Diemar, Diemer; ndd. Dettmer, Dettmers), KF. Diem (obd.-hess.), Thieme (md.), Timm (ndd.): bekannt durch den Minnesänger D. v. Aist, aus der Geschichte durch den Gotenkönig Theodemer (Vater Theoderichs d. Gr.); bekannter Chronist war Thietmar (Thimmo) v. Mersebg. um 1100. (diet = »Volk«, mar = »brühmt«). Zu obd. Diemar vgl. Reimar (Reinmar).

Dietram (bair.-öst.): seltener germ. Pers.-N. (ram = hraban, »Rabe« Wodans, wie in Wolfram, Gundram, Sindram, Heimram). Ein Heiliger D. gründete Dietramszell/Ob. Bay.

Dietrich, Dieterich, Dietreich (öst.), Dittrich (md.-schles.), Diederich(s), Diederichsen (ndd.), Dierk(s), Dirksen (fries.): mit zahlr. KF. wie Diede, Thiede, Thiel, Diel, Tietze, Dietz, Tieck usw., die von der einstigen Beliebtheit des Volkshelden Dietrich v. Bern (Verona) u. der Dietrichsage zeugen; im Hintergrund steht die große Gestalt des Gotenkönigs Theoderich d. Gr. (5. Jh.)! Vollst. Übersicht der Formen bei Bahlow, Dt. Nbch. (1932), S. 26. Vgl. auch Bahlow, Die dt. Heldensage im Spiegel d. dt. FN. (»Der Sammler«, Augsbg. 1926, Nr. 206.)

Dietsch, Diesch (alem.) ist obd. KF. zu Dietrich, schweiz. Dietschi. Vgl. Marg. *Dietschin = Dieterich* 1577 Villg. Hess.-thür. ist **Dietze,** Dietzel, sächs. Dietzsch (Dietzschold), schles. Tietze. Noch 1614: *Diezel* Dippach in Berka/Werra. – **Dietwein** (obd.): win »Freund«, *Ditwin* Dumlose 1382 Brsl.

Dietz(e) s. Dietsch! Desgl. Dietzel, Diezemann, Dietzsch. Zu **Dietzold** (Sachsen) vgl. Nitzold, Hensold, Petzold, Heintschold u. ä. Ein *Ditzman* Schider 1320 Eger, Heilm. *Ditzeman* 1323 Mainz; ein Heile *Dyczeler* 1351 Frkf.

Diewald s. Diebald! Vgl. Gottwald für Gotebold!

Differt: aus Differden/Saar.

Digeser (Württ.): aus (Ober-) Digisheim b. Balingen (mundartl. »Digise«, vgl. E. Nied, S. 40). M. *Digisser* 1595 Villgn. Edelknecht Heitze v. Achern, dem man do sprichet *Digensheim* 1356 b. Bühl. Der ON. enthält den prähistor. Bachn. *Digena* (darüber Bahlow, ON. S. 80).

Dihl(mann) s. Diehl – **Dijk** (van): s. Dieck (von)!

Diktes, Dictus, Dix, obd.-md. = Benedictus (»Gesegnet«, Heiliger, Gründer des Benediktiner-Ordens). So in Saalfeld um 1500: *Dictus = Benedictus:* in Jena 1587: *Benedictus (Dictus)* Willing; in Angermde um 1570: *Bendix (Dix, Dictus)* Tiden. Vgl. beim Thüringer Otto Ludwig »Heiterethei«: Der alte Benediktus – nur *Diktes* genannt. S. auch Bähnisch.

Dilger, Dilcher (obd.): wie **Dilg(e),** Dilie im Südwesten = Sohn der Ottilie, also Metronym (Muttername) auf -er, vgl. schles. Tilgner, Ilgner! Die heil. Odilia war Schutzpatronin des Elsaß (Odilienberg!), Helferin bei Augenübeln (Bahlow, Unsere Vornamen, S. 80; Linnartz, S. 89). Jäckli *Tilger* 1393 Hegau, Mathis *Dilger* 1456 Tüb., *Diliger Tyliger* u. ä. (Nied, S. 34). *Dylige = Othilie,* priolin 1355 Baden, Gyse *Odylien son* 1351 Ingelh., *Odilienhans* 1422 Kehl; Fred. fil. domine Odilie 1292 Brem. Zu schles. Tilgner s. ausführlich Bahlow, Schl. Nbch., S. 75.

Dill(mann): rheinfrk.-württ.-bair. = ndrhein. Tillmann(s) = Dietrich. Hans *Dilman (Tilman)* um 1460 Heilbronn; her *Dilman (Tilman)* 1326 Württ., Joh. fil. *Dilmanni* 1350 Pfalz.

Diller (obd.), oft in Bay., = Dillenseger, Dillschneider »Brettschneider« (mhd. dille, dill »Brett, Diele«), seltener zum Hofn. Dill (Baden, Bay.).

Dillich: ON. b. Wabern/Kassel. W. *Dilich* 1575 Wabern!

Dillner (Sachsen) = Tillner, schles. Tilgner, Sohn der Ottilie, vgl. obd. Dilger (Archiv f. Sippenf., 19, 86).

Dillschneider, Dillenseger s. Diller! Auch Dielen-, Delenschneider!

Dilltapp: = »Tölpel« (Henr. *Tiltappe* 1316 Hann.).

Dilthey (in Siegen/Siegerland beheimatet):

bekannt durch d. Philosophen Wilh. D. 1833–1911. Urkdl. *Dillendey* 1404, Dilndey, Diltey u. ä., vgl. Dauthendey, Bubendey, Mommendey, Finkendey, Hinckeldey, Dindeldey, alle auf Moor und Sumpf (Schilf) deutend, – westfäl.-ndld. Flurnamen. Zu *dil:* Bahlow, S. 80.

Dimmel(meier): bair., s. Demmel!

Dimpfl(maier), Dimpel, Dimperl (bair.): am Tümpel (mhd. tümpfel) wohnend. Vgl. Bierdimpfl, -tümpfel (Spottn. des Schankwirts). Dimpfel ist auch ON. in Bay.

Dimter (obd., bair.): eine Stoffart (mit doppeltem Faden gewebt) hieß mhd. timît, dimît (aus griech. dimitos); also Hersteller, Weber von D. Vgl. *Dimitter, Dim(p)ter* 1428 Braunau/Inn; *Tympt, Dympt* 15. Jh. Allgäu.

Dingeldey: alter Flurname, s. Dilthey! Zu *ding* »Moor«: Bahlow, ON. S. 80.

Dingelmann: aus Dingel (Dinge-lo) i. O. Siehe Dingeldey!

Dinger: obd. wohl zum ÖN. Ding. Vgl. aber mhd. dinger = »Richter, Sachwalter«.

Dinges s. Dinnies!

Dingler (obd.) s. Dengler! (Zu mhd. tengeln, tingeln.) Vgl. auch ÖN. Dingl (Bay.). Bentz der *Dingler* (Bauer) 1366 Württ.

Dingmann, Dingmeier (westfäl.): zum Flurnamen Ding, wie Brok-, Struk-, Schlingmeier usw. Vgl. Mecze uff dem dingreyne 1347 Frkf.

Dingwort(h): ndd., erhöhte Wohnstätte (Wurt, Wort) in sumpf. Gelände. Vgl. Langewort, Terwort, Worthmann, Wördemann. ON. Dingwörden a. Oste.

Dinkel, Dinkelmann, Dinkelacker, Dinkler (obd.): der Dinkelbauer. Dinkel (= Spelt) ist bair.-württ. gegenüber alem. Fese. Vgl. Burkart der *Dinkel* 1370 Villgn. H. *Dinkelbrot* 1381. *Dinkelmayer* wie Fesenmayer usw.

Dinkgräfe (westf.): Vorsteher des Dinggerichts.

Dinklage: ON. b. Vechta i. O., in Moorgelände wie Veßlage, Harplage, Babbelage, Amlage; vgl. Dinklar, Dinkloh (Bahlow, ON. S. 81). Eine Dinkel (»Moorwasser«) fließt von Münster zur Vecht/Holld.

Dinnies, Dinniges, Dinjes, Dins(e): ndrhein.-westfäl. = Dionys s. Denys! Zur Form vgl. Plönnies (Apollonius), Börries (Liborius), Thönnies (Antonius). Zu Dinnies: Dins vgl. Lönnies: Löns!

Dins-, Dinsen (ndd.) s. Dinnies!

Dinter, Dintner: »Tintenmacher«, auch Tint(n)er. Hans *Dintener* 1387 Frkf. Ula *Tyntner* 1361 Prag. Vgl. den Schreiber-N. *Tintenhörnlin, Dintenhorn* 1329 Augsburg bzw. 1415 Eßl.

Dipp(e)l (obd.-bair.): KF. zu Dippold = Diepold (Dietbold), s. Diebold! Diepel!

Dippert s. Dibbert! – **Dippold,** metron. Dippolter s. Diebold!

Dirk(s), Dirksen s. Diercks! – **Dirly,** Dierl s. Dirrler!

Dirlam: aus Dirlammen b. Lauterbach/Hess. (Hans Heinrich *Dirlam* 1650 ebd.).

Dirolf, Dierolf, Diruff u. ä.: alter Pers. N., vom Rhein bis Franken. Ursprüngl. *Tyrolf* (dazu ausführl.: Bahlow, Ztschr. »Teuthonista« 1931, S. 54).

Dirr (obd.): mundartl. für Dürr = Mager. Contze der *Dirre* (Württ.). Vgl. **Dirrigl** (bair.-öst.) = »Türriegel«, Dirnagel, **Dirly** (alem.) = »Türlein« (urkdl. zem Türlin), **Dir(r)ler** = Dürler, Türler (nach d. Wohnstätte). Vgl. die mhd. Dichter Heinr. u. Ulr. *von dem Türlin* aus Kärnten (13. Jh.). Ein Vogt Hans *Türli* 1391 b. St. Blasien. **Dirschedl** (Mchn.) = Dürrschädel, wie Breit-, Großschedl. Dirrwächter = Türw.

Dirsch, Dirschl (Bay.); auch **Dirscherl** oft: mhd. *türs(e)* »Riese«.

Dirschka, Dirska (O. Schl. oft), Di(e)rschke, Dürschke: KF. zum slaw. Pers. N. Dirslaw. Vgl. *Dirschko* der Cretschmer von Dompsl = *Dirsco (Dirslaus)* de D. 1451/56. Brsl. *Dirske* Mrokot 1339 Hofrichter zu Lg. Auch Dürschwitz Kr. Lg. hieß 1341 Dirskewitz (Bahlow, Schles. Nbch., S. 56).

Dirtheuer, Tirteier (obd.): Hersteller groben Tuches (aus Wolle u. Leinen) für Bauernkleidung (mhd. dirdendei, aus frz. tiretaine). Zile *Dirredeyer* 1389 Frkf., Konr. *Dyrenday* 1350 Eßl. (Brech. S. 318).

Discher: ndd. für ostmd. Tischer »Tischler«. Dazu lit. Dischereit!

Diss(e), Dissmann: aus Dissen am Teutoburger Wald (Peter *von Dissen* 1590 Lippe). Zum Moorwort *dis:* Bahlow, ON. S. 81/82). – **Dissel** s. Distel!

Distel, Distler (obd.): nach der Wohnstätte. Auch Distelmaier u. ä. Distelbarth ist Bauernname wie Linsenbart u. ä. Diestelkamp, Disselkamp, Diestelbrink, -horst, -mann sind westfäl. – Siehe auch Baudistel!

Dithmer, Dithmar s. Dietmar!

Ditschke, Dietschke (ostd.-schles.): KF. zu Dietrich, wie Nitschke zu Nikolaus. Vgl. *Diczke* von Baruth 1393 Brsl.

Dittberner, -borner, Diet-, Dettberner, Düttbrenner: zu ON. auf -born bzw. -bronn im obd.-bair.-sächs.-böhm. Raum, mit Entrundung *-börner: -berner* wie **Schönberner** (zu Schönborn) bzw. *-brönner: -brenner* wie Weilbrenner (zu Weilbronn)!

Dittebrandt (ndd.) s. Dibbern!

Dittfurt, Dietfurt: mehrfach ON. (Harz 2mal; Bay. 2mal); zu *dit* »Sumpf, Morast«: Bahlow ON. S. 79.

Dittloff s. Dethloff!

Dittmai(e)r, -meyer (obd., Württ., Bay.): offenbar umgedeutet aus *Dittmar, Dittmer* wie Kretschmeyer aus Kretschmar oder Vollmeyer aus Volk-, Vollmar. Vgl. Ludw. Volmayr (Volmar) 1509 Rottenburg/Neckar, Volkmeyer 1459 Biberach. Vgl. C. Ditmair = C. Ditmar 1370 Nbg.

Dittmar, Dittmer, **Dittrich** s. Dietmar, Dietrich! – **Dittmann:** in Schlesien, O. Lausitz, Sachsen-Thür. seit 15. Jh. für ursprüngl. Ditmar gebraucht, wie auch im ON. Dittmannsdorf/Schles.: 1372 *Ditmarsdorf!* Ditt- für Diet- ist md.-schles. Kennzeichen (vgl. Mittmann für Mietmann). *Ditmar,* Sohn des *Ditmar* Fleischauer 1367 Glatz, Heinke *Ditmar* 1382 Lg., erst 1438: Peter *Dittman*/Lg. Weiteres, auch zu Dittrich, Dittersdorf, s. Bahlow, Schl. Nbch., S. 34/35.

Ditz, Ditze (obd.) s. Dietz!

Dix = Benedix, s. Diktes! – **Dlugosch** (O./S.): slaw., wie ON. Dlugoschka, Dlugy. Zum Pers. N. Dlugomil (dlug »lang«). Mikl. Nr. 112.

Djurken: fries. Pers. N. (diur »teuer«) (Strackerjahn 25).

Dobbe, Dubbe (nordd.): mnd. *dobbe* = sumpf. Boden (vgl. das Dobbeloch, Sumpfstelle in e. Waldwiese b. Grebenhain/Hess., nach Herm Schmidt/Londorf). »Prußen was ein grot landt vull wiltnusse, waters unde *dobben*!« Conr. *Dobbe, Dubbe* 1289 Rostock, Wilhelm *Dobbe* 1410 Wattenscheid. Ein H. *Dobeken* 1525 Hann., vgl. aber slaw. Dobbek, Dobke (Brsl. 1349), Dobkowitz, zum Pers. N. Dobislaw.

Dobbelstein s. Dabelstein!

Dobbermann: zu den ostd. ÖN. Dobberphul/Pomm., Dobberan usw. bzw. zum slaw. Pers. N. Dobromir (Dubbermer); auch Dubbermann! (*dobr-* »gut«).

Dobberstein (Pomm.): wohl ON. wie Dobberphul (Pomm. 3mal).

Dobbert, Döbbert, Dubbert nebst **Dobberke,** Dubberke werden als ostd.-slaw. erkennbar durch ON. Dobbertin/Meckl., Dobberkau, Döbbern u. ä. – Dazu auch **Dob(b)ratz,** Dobberahn, Doberschütz. Vgl. den slaw. Pers. N. Dobromir (*dobr* »gut«, mir »Ruhm«), nebst *Dobirke* (fem.) 1361 Brsl. Vgl. auch mnd. dobbert »Sumpfpflanze«!

Dobe, Doobe (Hbg.) = Dove, ndd.: der Taube. Aber **Dobat** (lit.) = Tobias, Dobisch.

Dobel wie **Dobler** (obd.): der im Tobel (»Tal, Waldschlucht«) Wohnende. Vgl. Tobel, Tobler! Aber **Döb(e)ler** (ndd.) s. Dähler!

Döbereiner: aus Döberein/Bay. – **Döberl,** Döbl (Bay.) = Tobias.

Dobers(ch): vgl. ON. Dobers/O. Lausitz, Doberschau/Bautzen, auch Pers. N. Doberslaw (slaw. *dobr-* »gut«). Dazu auch ON. Dobergast, Doberschütz, Döberitz.

Dobmann, Dobmeier, -mayer (Bayern oft): ein Wüterich (mhd. *tob, dob* »von Sinnen«, tobehaft, tobic »wütend, tobend«). *Tobhen(d)l* 1365, 1414 Mähren, heute FN. **Dobhan.** Ein *Tobesucht* 1327 Eßl.

Dobner (Mchn. oft): Herk. N., vgl. Dobeneck(er)/Bay.

Dobrick, Dobrindt u. ä. s. Dobers, Dobbert! – **Dobroschke:** ON. Dobruschka/Böhmen.

Dobschütz: ON. b. Meißen/Sa. Vgl. Doberschütz.

Dobslaff (Pomm.): slaw. Pers. N. *Dobislav* (Miklosich, S. 55), in dt. Munde *Dubislaf,* in Pomm. u. Meckl., mit der Variante *Dubberslav* (um 1300 Greifsw., Strals.). Vgl. *Dubeslaff* von Eickstede 1316 Pomm. UB 5, 268; *Doberzlawe* 1295 Rostock, *Dubbeslaf* Smantevit 1340 Strals., P. L. *Dubschlaff* 1681 Belgrad. Ähnlich

Sitschlaff, Zitzschlaff, Mitzlaff, Gützlaff, Butzlaff, Retzlaff, Tetzlaff, Wentzlaff, Domizlaff; teilweise auch zu -schlag entstellt: Siedschlag, Dittschlag, Brettschlag, Rettschlag, Wendschlag, Darfschlag.

Dochtermann (obd.) s. Tochtermann (= Schwiegersohn)!

Dockenfuß: *Tockenfus* Alt-Augsbg. zu mhd. *tocke* »Puppe«, vgl. tockenspil, -lade. Zu **Dockenwadel** (Württemberg) vgl. Katzen-, Hasen-, Hühner-, Hurenwadel (mhd. *wadel* »Wedel, Schwanz«), viell. obszön, da mhd. *tocke* »Puppe« auch Schmeichelwort f. Mädchen; vgl. sumertocke »Geliebte, vulva«; dazu *Dockenkolb.*

Döcker (obd.) = Decker s. dies! (»kain murer noch kain *döcker*« 1479 Ulm).

Dockhorn (Hbg.): ON. wie Ahlhorn, Balhorn, Druchhorn, (horn »Winkel«. dock »Moder, Moor«, vgl. Dockfurlong/Engld. »Moorgraben« Dokkum/Holld. Weiteres: Bahlow ON. S. 83).

Döckler (Württ.): mhd. tockeler »Stützpfeiler«.

Dode, Doden: fries. Pers. N. (Strackerjan S. 20), alte Lallform wie **Dude, Duden.** Ein Graf *Dodica* (comes) 9. Jh. in Westf., vgl. auch »Walterdus qui et *Dodico* vocabatur« (Erzb. v. Magdebg.) a. 1012 (Stark, S. 35 33).

Döderlein, Doderer: obd.-schwäb. = »Stotterer« (mhd. toderer). H. Keller gen. *Döderlin* 1471 Ulm, K. *Doderer* 1374 Herrenbg.; *Toderlin* 1414. Auch Töder, Döder (Schwz.).

Doflein, Dofele: obd.-schwäb. KF. zu David (?).

Döge (Hbg.): ndd., »tauglich, tüchtig«.

Döhler (Sachsen): aus Döhlen (mehrf. ON. in Sa.). **Döhle** ist ON./Kr. Harburg. Vgl. **Dehler:** aus Döhlau b. Hof/Bay.

Döhling(er): aus Dehlingen/Württ. Vgl. Böhringen (alt Beringen).

Dohm (Hbg.), Dohme, Zumdohme (wie Zumbroich Zumdieck/Westf.-Niederrhein): alter westf. Flurname (e. Quelle »der Dom« z. B. b. Hörle/Waldeck). Tid *van dem Dome* 1325 Strals. Aber **Dohms,** Dohmann, Dohmen (Rhld. Baden) = Thomas. Vgl. Domeskirche: Thomaskirche/Schles.

Döhmel s. Dehmel!

Döhmer: mnd. domere »Schlemmer, Prasser«. Ludolf Domere 1330 Goslar, Hinrich D. 1350 Bremen. Vgl. den Landverdömer 1300 Ro.

Dohmjan s. Damian! – **Dohna** (Adelsgeschlecht): ON. Dohna (Sachsen, Schlesien, wie Dohnau b. Lg.).

Dohmstrich, Do(h)mstreich s. Domstrich!

Döhn (obd.): = Doni, Thoni, Töni = Anton (Nied, Heil.-Verehrung, S. 77). Heinz *Tön* 1423; Heinr. *Dön* 1456/Bodensee. Patr. wohl **Döhner(t):** Hans *Töner (Döner)* 1441 Rottweil (Nied). Zu Döhnert, Dönhardt, vgl. aber Dehnert (Degenhard). **Döhnel, Dohnke** = Anton.

Dohr, Dohrmann (ndd.): am Tore wohnend, vgl. **Amdohr,** Amthor.

Dohren (ndd.): zerdehnt aus **Dohrn** (Hbg. oft) = »Dörnicht«, wie **Dohrendorf** (Hbg.) aus Dorndorf (mehrfach ON./Thür.).

Döhring (mnd.-ndd.) = Döring »der Thüringer«. Siehe Düring!

Döhrmann = Dohrmann. Aber auch aus Döhren (mehrf. ON./Hann., Westf.).

Dohse s. Dose! – **Dold** (Hessen, Württ., Ob. Rhein) wie Told = Berthold! Sehr gebräuchlich in Alt-Frkf. (auch Dulde) für Berchtold: *Dolde* kommeder 1387, *Dulde* Bart 1387, Henne *Dolde* 1387; auch in Kassel: *Tolde* Gnyeß 1449, Tile *Toldeken* 1400; in Württ. vgl. *Döldli* Balgheim 1364 Pfohren. Vereinzelt spielt mhd. tolde »die Dolde« (Baumwipfel) hinein: so in Worms 1350 als Hausname: B. *zu der Dolden.* Dazu **Dolder(er),** vgl. M. *Tölderli* 1397 (wie Hölderlin: am Holderbusch).

Dolf, Dölfel: obd. KF. zu Adolf, ndrhein. **Dolfs!**

Dolge (ostd.-slaw.); Dolgemann: aus Dolgen (Meckl., Pomm. mehrf., Uckermark, Hann.,) wie Dargemann aus Dargen. Hans *Dolgeman* 1530 Stettin. Zu **Dölger** vgl. *de Dolgar, Dolgher* um 1300 Strals.

Dölker (Württ.) wie Dölk, Tölk: ein Stammler (mhd. tolken »lallen«, schwäb. dolken). Auberlin *Tölker* 1472 Schwarzw. Aber **Dölkner,** Dölken ist Herk. N., vgl. ON. Dölkau/Saale.

Doll, Dolle, Dollen (von): nordd. zum ON. Dollen bzw. Dolle, auch Flurname; vgl. auch obd. Dollenhurst u. Dollenmeier. Obd. **Doll** (Mchn. oft) auch = mhd. tol, dol »töricht, von Sinnen, toll«.

Döll, Dölle, Döllen (von): nordd., zum ON. Döllen i. O. (dul »Moorwasser«), 890 Duliun (wie Völlen/Ems: Vulliun), s. Bahlow, ON. S. 83. Ein Döllbach fließt b. Kassel.

Doller, Döller (obd.): zum Flurnamen Dolle, Dölle. Vgl. der *Töller* 1357 b. Rottweil, Fr. *Toler* 1359 Iglau, *uf der Tolen, Tölen* 1338, 1380, Villingen.

Dollfuß (obd.): soviel wie Klumpfuß. DWB 2, 1228. Schon 1273 in Bayern e. Otto *Tolvuoß*, aber *Tolinvus* 1345 in Brsl. = Dohlenfuß; 1363 Fr. *Tolfuos*/Böhmen, 1523 in Ulme e. Joh. Diepold gen. *Dollfuß (Dollfießle):* vgl. 1736 in Schwaben: »hat einen *Tollfuß* so groß wie ein Rührkübel«.

Dollhäup(t)l (Bay., Öst.): unförmiger »Wasserkopf« (vgl. Dollfuß).

Dollhopf (Bay.): = Gugelhopf, Napfkuchen. Andr. *Tolhopf* 1484 Ob. Pfalz.

Dolling(er), Dölling(er): aus Dolling/Bay. bzw. Dollingen/Ö. Fr. *Tollinger* 1413 Ob. Pfalz, Henne *Dolling* 1387 Frkf., Hannus *Tolli(n)g* 1450 Braunau/Böhm.

Dollmeier (obd.): urkdl. der »mayer ze Dollendorf« 1454 (heute Dollhof/Württemberg), 1487 *Tollenmaier*, 1521 *Dollemayer* (Brech., S. 325).

Dollmetsch: »Dolmetscher, Übersetzer, Sprachenkundiger«, a. d. Slaw. (böhm. tlumacz, madjar, tolmacs) ins Mhd. (tolmetsch) übernommen. Schon 1350 Abreht *Tolmetzsche* b. Stuttg.

Döllner (Mchn.): Herk. N., vgl. ON. Döllen/Württ.

Dölz (Plauen): ON., wie Dölitzsch, Dölzschen u. ä./Sa. Vgl. **Dölzig**/Sa., Thür. Joh. von Dolzig, Ritter = J. Dolze, Dolzge 1530.

Domann, Domandl, Thomann (obd.) = Thomas. Hans *Doman* 1350 Bauer, Überl.

Domaschke (Maschke), Domaschek, Domansky: slaw.-ostd. = Thomas. Vgl. Tomaschek: Thomaschek.

Dombrowski: aus Dombrow (slaw. »Eichenort«).

Domernicht: ndd. »tu mir nichts.« Vgl. *Tumernit* 1446 Nürnbg.

Domizlaff (Pomm.): slaw. Pers. N. *Domaslav* (so 1153, pom. Edler), *Dummeslav* (so 1307, pomm. Ritter); Joh. D. *Dumschlaff* 1752 Kammin. Vgl. Domstrich!

Domke, Dumke (schles., mit slaw. k-Suffix): wie Thomke = Thomas; vgl. Simke, Schimke = Simon (Belege: Bahlow, Schles. Nbch., S. 75; Reichert, S. 19).

Dommer(t): rheinisch, s. Dummer! Dommermuth!

Dommermuth (rhein.) = Dummermut: von einfältigem Sinn. W. *Dommermoth* 1589 Jülich, *Tummermuot* 1327 Augsbg. S. auch Dommer!

Domnick (ostd.-schles.) = Dominik(us), Gründer des Dominikaner-Ordens. Häufiger VN. u. FN. in Breslau um 1350: Czenke *Dominik,* Jeschke *Dominik,* sogar *Dominik Dominiks.* In Lg. 1384: her *Dominik* v. Beckern der prister (!), *Dompnig* Rönberg 1491, Hans *Dompnig* 1491 Lg.

Domröse (ostd.-slaw. ON. Dumröse b. Stolp) wie Dargeröse/Pomm. (vgl. Domislaw: Dargeslaw).

Domsch(ke), Domschky: ostd.-slaw. = Thomas.

Domscheit: ostpr.-lit. »Sohn des Thomas«. Vgl. Endruscheit u. ä.

Domstreich, Dohmstreich (Meckl.), Dumstrey: wendisch wie Millstreich, Milstrey, Milstroy, also ursprüngl. *Domstroy* (dom- »Heim«, mil- »lieb«). Vgl. *Domislav, Miloslav.*

Donat(h), Donaty; Donet: bes. ostd., der heil. Donatus (v. Gott »geschenkt«), Bischof u. Märtyrer unter Julian um 350 (Donatus-Stift in Meißen). *Donat* Czideler 1409 Görl., *Donet* Ratold 1400 Grünbg./Schles., *Donatt* Brix 1592 Angermde. Den Schulkindern des MA. war »Donat« als Verf. der lat. Grammatik geläufig, die z. Zt. Gutenbergs auch im Druck erschien.

Donaubauer (Mchn. oft) neben **Donabauer** = Tannenbauer, vgl. Hof Donabauer/OÖ. (1414 »vor dem Tannech«, wie auch Donach für Tannach/OÖ. die mundartl. Form darstellt; vgl. Tanngraben/OÖ.: alt Tongraben); Donhauer = Dann-, Tannhauer; auch **Donheißer** neben Dannheißer = Tannhäuser; Donabam = Tannebaum; **Donhauser** (Mchn. oft!).

Donder(er), Dundrer, Daunderer (obd.): ein »donnernder«, polternder Mensch. Hans der *Dunre* 1384 Villgn. (mit Feuerbrand im Wappen).

Donges, Dönges: rhein.-obd. = Doniges,

Thönges = Antonius. In Württ. auch Dongus (1507: Joh. Thonges b. Calw). C. *Doniges* 1467, *Anthoniges* Dethmers 1541 Hann.

Donheißer (österr.) meint Tannhäuser, s. Donaubauer!

Donicht: ndd. »tue nichts«, ein Faulpelz.

Donner(er) s. Donderer! Ein A. *Donnerschlegel* 1496 in Feuchtwangen.

Donnersmark: ON./Ob. Ungarn, bekannt durch Henckel-D., schles. Grafenfamilie.

Donnerstag: bezieht sich wie Montag, Freitag auf Dienstleistungen, Zinsverpflichtungen zu bestimmten Tagen.

Donop: ON. in Lippe (s. Bahlow, ON. S. 71). – **Dönselmann** (Hbg.): aus Dönsel b. Diepholz. – **Doose** s. Dose!

Döpfer, Döpfner (Franken): = ostmd. Töpfer, an der bair.-böhm. Grenze Töpfner (unter Einfluß von bair. Hafner), s. E. Schwarz, Sudet. Fam. N. 1957, mit Karte S. 21! – **Döpelheuer** s. Doppel!

Döpke (Hann., Hbg. oft) s. Depke! Desgl. Döpkens, Döpking. Noch 1731 in Bockhop: Döpke Twarloh.

Döpner: s. Döppner!

Dopp(e), Döppe: ndd. doppe, duppe, »kl. Gefäß«, das der *Doppengieter* (ndrhein.) oder *Doppengießer* (Frkf. 1387) herstellte. Vgl. auch ndd. *dop* »Topf«: Volkmar *Dop* 1330 Lübeck.

Doppler, Doppelstein (obd.): mhd. topeler, »Würfelspieler, -drechsler«, topelstein »Würfel«. Joh. *Doppeler* 1292 Hagenau/Elsaß, H. *Toppeler* 1408 Rothenburg (m. 2 Würfeln im Wappen).

Döp(p)ner (ostndd.) = md. Töpp(n)er »Töpfer«.

Dopsch (österr.) = Topsch, Tobsch, Tobisch = Tobias. Vgl. Kopsch = Jakob bzw. Prokop.

Dopslaf siehe Dobslaff.

Dörband, Dorband (ndd., Meckl., Hbg.): = »Türband«, meint den Schmied, der die eisernen Beschläge für Tore u. Türen schmiedete. A. *Dorebant* 1250 Hbg., Ludolf *Dorbant* 1297 Ro. Ähnlich: J. *Dornagel* 14. Jh. Lüb., s. Thürnagel!

Dordenbusch (ndd.): 1307 Strals., wie *Durchdenpusch* um 1300 b. Hugo v. Trimberg, Bamberg, Name für Raubritter, Räuber, Landsknechte, Fahrende oder Draufgänger. Vgl. *Dordenbrack, Dörrenbrack* 1587/91 Prenzlau (= Durch den Sumpf); *Dordentun* (Durch den Zaun); *Dordelant* 1270 Hildesh.; *Dordewand* (Dörwand) 1378 Brschwg.; *Durchdenwald* (1300 Ob. Rhein), *Durchdenwind* 1466 Straßbg., *Dordewrangen* 1274 Hbg.

Dören (von): Hbg., vgl. ON. Döhren/Hann., Westf. mehrfach.

Dörfer, Dörfert, entrundet Derfert, ohne Umlaut Dorfer (Tirol): alle obd. »Dorfbewohner, vom Dorfe«, im Gegensatz zum Bürger, Burger. Aber **Dörf(f)ler** (obd.) zum häuf. bair.-österr. ON. Dörfl bzw. württ. Dörfle, auch **Dörflein,** Dörfle;

Dorfner: zu Dorfen/Bay.

Dörfling(er): ON. Dörfling (Bay. mehrfach). Vgl. Derfflinger!

Dörge, Dörges s. Dörries! – **Dörgschlag** s. Dörschlag!

Döring: mittel- u. ndd., der Thüringer, alt **Düring,** s. dies! Bertram *Doringh* 1367 Greifsw.

Dörken (Hbg.), **Dörk(s),** Dörksen: am Nd. Rhein wie fries. Derk(sen) = Dietrich. Vgl. aber fries. Duhrken!

Dörle (fränk.-thür.): = kl. Tor (in der Stadtmauer), meint den dort Wohnenden bzw. den Torwärter (obd. Dorwart), vgl. **Dörler** (1287 *Törler*) in Württ.

Dörling: wohl ON. auf -ing.

Dormagen: ON./Ndrhein., kelt. Herkunft wie Remagen (Rigomagus »Wasserfeld«). Näheres: Bahlow, ON. S. 85.

Dormann, Dormeyer: am Tor wohnend. Ndrhein. Dormanns. Vgl. Dorwart!

Dörmer: mundartl. = Türmer, Turmwächter.

Dornblüth (obd., Baden): an blühender Dornhecke wohnend. Vgl. Rosenblüth.

Dornedden, Dornieden s. Darnedden!

Dörnemann (ndd.): am Dörnicht wohnend bzw. aus Dörnen (Westf., Rhld.). Vgl. ON. Dörnschlade, Dörnhagen, Dörnbrack u. ä.

Dörner, Dorner: obd., am Dörnicht bzw. aus Dorn, Dornau/Bay., Dorna/Sachs., Thür.

Dornkamp(f): westfäl. »Feld mit Dornhecken«. Martin *Dornkampf* 1633 Wismar.

Dornquast: ndd. »Dornbüschel«.

Dornseiff, -seiffer: westfäl., aus Dornseifen bzw. Dornsiepen (seifen, ndd. siepen = »feuchte, sumpf. Bachniederung«).

Dörnte (Hbg.): aus Dörnten b. Goslar. (*Dornete* 1337 Lüb.).
Dörp (ndd.): ON. Dörpe bzw. Dörpen (B. *van der Dörpe* 1363 Hann.).
Dörr, Dörre (ndd., auch pfälz.-hess.): = Dürr, der Dürre, Magere. Entrundet **Derr,** Dirr (Öst., Sachs.): Georg der *Derr* 1388 Wien. Contze der *Dirre* (Achalm). Alb. *Dörre* 1331 Lüb., H. *Dörr* 1381 Pfalz. *Dürre* Enderlin 1272 Brsl. Dürresnabel, Brsl.
Dörrbaum: nach d. Wohnstätte. E. Hartrad *zum dörren baum* 1387 Frkf.
Dörries, Dörges: ostfäl. verschliffen aus Dörringes (Döring = Thüringer). Vgl. »ut dem Lande to Dörrien« 1585 Hi. ON. Dörriesfeld: Döringsfeld/Lippe.
Dorsch, Dorschmann (wie Schlie, Schliemann): meint den Fischer bzw. Fischhändler. Bertold *Dorsch* 1291 Rostock.
Dörscher s. Döscher!
Dörschlag: mnd. dör-slag »Durchschlag, Seiher« (Küchengerät), vgl. »eyn senffmöle, eyn dorslag, eyn pfanne« 1464 Mgd. (Zoder I 385). Cordt Dorslag 1498 Ilsenbg.
Dorß (obd.): = mhd. torse »Krautstrunk« (Spottname des Krautbauern). Vgl. den Bauer »der Dorß« 1370 Kirneck/Württ.; Walpert *Torse* 1212; Cunr. *Dorse* 1240 Eßl. Wohl auch Dorsch (Mchn. oft)!
Dörwand (ndd.): *Dordewant* 1378 Braunschweig = »Durch die Wand«, s. Dordenbusch! Clawes *Dordewandt* 1544 A. Bukow/Meckl. Desgl. **Dörwald(t):** durch den Wald.
Dorwart = »Torwart« am Stadttor. Clarman *Dorwart* 1383 Hdlbg. Ein H. *Dormeister* 1387 Frkf. Franczke *der torwarte* an dem breczlawischen thore 1386 Lg. *Dorwarder* 15. Jh. Barth.
Dosch (obd.): = Busch. Vgl. *Doschenschein* 1542 (wie Blumenschein). Dazu Döschler: *Toscheler* 1250 Isny, 1530 Ulm. J. *Tosch* 1399/Bay., H. *Dosch* 1423.
Döscher (Hbg. oft): ndd., verschliffen aus **Dörscher** (nur noch selten) = Dröscher (mit r-Metathese): der Drescher. Vgl. »döscher u. tymmerlüde« 1535 Stettin.
Dose (Hbg. oft), Dohse, Doose, Dase: In Nordelbingen (Holstein, Hbg., Meckl.) häufig, wo *Dose* im MA. als VN. in Ritterkreisen bezeugt ist: Ritter *Dose* Block, Söhne: *Dose,* Hartwich, Volrat Block, Knappen 1371 Holst. *Dose* Godendorp, knappe 1368 (Holst. Urkdn. IV); ein *Doso* de Helle besaß Dorf *Dosenbeck* b. Preetz; vgl. Dosenrade/Rendsbg.; Dosen-Moor i. O. Dose ist aber auch ein Zufluß der Ems und ON. in Ostfriesld.! Als FN.: Eler *Dose* ca. 1350 Lüb.
Dössel (Hbg.): aus Dössel (Westf.).
Doss(mann), Dosse (Hbg.): aus Dosse/Altmark. (Vgl. auch Dossow a. d. Dosse Prignitz) und das Dosse-Meer in Belg.
Dost, Dostmann, Dostler (obd.): mhd. toste, doste = Büschel, Dolde, auch wilder Thymian (als Heilkraut). – **Dötsch,** Dötschmann (bair.): plumper Mensch.
Dotterweich: ein weichl. Mensch; u. Ritter K. *Totterweich* miles; ein Godeke *Doderwec* 1302 Strals. – **Dotzlar:** ON./Siegen.
Dotz, Dotz(l)er: obd. »kl., weichlicher Mensch«, urkdl. *Totz, Tötzlin* 1337. Aber **Dotzauer:** aus Totzau/Nordböhmen, vgl. slaw. **Dotzek. Dotzmann** = Dotz, vgl. *Dotzmann* (Bauer) 1450, *Totzman* 1473 Württ.
Dove (ndd.), Dowe: der Taube (vgl. unser »doof«). Ava *Dove* 1273 Hbg. Ein Joh. *Dovekat* (taube Katze) 1281 Rostock. Aber *Dovendig* (1257 Ro., 1373 Lünebg., Lüb.) meint »tobend, von Sinnen«, vgl. rasendig, lebendig, hinkendig, – **Dovermann:** ON. Doveren/Rhld.
Dövel, Döbel (ndd.) = »Dübel, Holzpflock« (*Dövelhauer*/Westf., H. *Dövel* 1345 Lüb.).
Dowidat, Dowideit: lit.-ostpr. »Sohn des David«.
Draa(c)k, Dracke (ndd.) = Drache, obd. Drach; südwestd. auch Hausname: so in Frkf. »zum Drachen«. J. *van deme Drachin* 1363 Trier; C. *Drache* 1357 Frkf.
Drabe, Draabe (Westf.), Drave: zu ndld. *drab* »Bodensatz, Schmutz«.
Draber(t): auch Drawert, s. Drawehn! – **Drabot** s. Tragebot! Vgl. Traber(t).
Drabner: deutet auf sächs.-slaw. ON., vgl. Drabitzsch/Sachs.
Drachsel (obd.) = Drechsel »Drechsler«.
Draffehn s. Drawehn! – **Dragendorff:** ON./Thür. (Drakendorf b. Jena).
Dragatz, Dragosch, Dragon: KF. zum slaw. Pers. N. Dragomir (drag »lieb«). Vgl. auch ON. Drage b. Winsen, Dragen b. Gifhorn, Dragahn/Wendld. Henneke de Draghe 1350 Greifsw.

Dräger (ndd.) = Träger. In Danzig z. B. bildeten die Dräger eine eigene Zunft!
Drahn (Hbf. oft): wohl slaw., vgl. ON. Drahnow! Aber mnd. *drâne* »Müßiggänger« (Drohne)!
Draht s. Drath! – **Drais:** ON. b. Mainz. Vgl. die Draisine, erfunden v. K. F. Frh. v. Drais.
Dralle (ndd.): drall, drell »fest (gedreht), rundlich, derb«, vgl. dralle Deern, draller Faden, Drellstoff.
Dransfeld: ON. südl. Göttgn. – **Dransmann:** aus Dranse/Prignitz.
Dratel(n), von: Hbg. oft, entspricht Nateln b. Soest: drot (wie not) meint »Moor-, Schmutzwasser«, vgl. **Drathen** (von): z. ON. Dratum b. Melle (alt *Droten*). Ein Drothwater fließt in Lippe, e. Drootbeke i. Flandern.
Drath: wie Siebdrath, Eisendrath, den Drahtzieher oder Drahtschmied meinend. Vgl. *Dratsmid* 1451 Görl., *drotcziher* 1381 Lg., Prag, Eger, (entstellt Traziger, Nürnberger Humanist), ndd. Ebeling *dratogher* 1344 Lüb. Ein Ulr. *Drato (Dratlin)* 1358/69 Budweis. Aber M. *Dratlauffer* 1414 Mähren meint den Schnelläufer (mhd. drate »schnell«).
Draude: = ndd. Drude »der Traute, Liebe«, auch **Draudt** (hess. Bibliograph, 1625: Draudius, Bibliotheca classica).
Drauz s. Trautz! – **Drave** s. Drabe!
Drawehn, Draffehn: = Polabe, Wende aus der Lüneburger Heide bzw. aus dem Wendlande. Ein ON. Drawehn in Pomm. (b. Köslin). Ähnlich Drawiel, Drawanz, Drawer(t).
Draxel, Draxler (bair.) s. Drechsel, Drechsler!
Drebber: ON. b. Diepholz (mit dem Drebber-Bruch!). Siehe Bahlow, ON. S. 80.
Drebert: aus Dreba b. Schleiz/Thür.
Drebljahr, Treblegar: slaw. ON. Drebligar b. Torgau.
Drechsel, Drechsler: von Thür. bis Schlesien. **Dressler, Dressel,** in Österr. **Draxl(er),** in Tirol Draschl. Auch Beindrechsler. S. auch Traxl(er)! Die Erzeugnisse der Drechsler bestanden aus Holz, Knochen (Bein), Elfenbein und Bernstein; in Mchn. z. B. sonderten sie sich 1347 in Würfler und Beinringer.
Dreck(mann), Drecke: westfäl., in morastigem Gelände wohnend, vgl. *Dreck* Bartold 1483, heute *Dreckmeier* in Lippe. Arnd *tom Drecke* 1606. L. *uppe den Drecke: der Dreckman* (Lippe) usw.
Drees, Drees(s)en (ndrhein.) = Andreas. Vgl. Dresbeimdieke. Auch ON. Drees/Rhld. – **Dre(e)rup:** westf. ON.
Drefahl (ostd.-slaw.) wie Kufahl, Pufahl, Landahl: ON. Drehfahl/Meckl. Aber **Drefs** s. Drews! Vgl. Drefke (Dreifke).
Dreger (ndd., Hbg. oft) = **Dreier** (Drechsler), s. dies!
Dreher (obd.: Schweiz, Württ.) = Drechsler. Auch Spindeldreher, Stockdreher, Trappendreher.
Dreibrodt: deutet auf Abgabepflicht (vgl. Dreipferd, Dreipfenning u. ä.).
Dreidoppel (ndd.) meint den Würfelspieler (urkdl. *Drydoppel*), s. Doppeler, Döbler, Däbler.
Dreier, Dreyer (ndd. zahlr.), auch **Dreger:** = Drechsler! Vgl. auch Schötteldreyer; *vlaschendreyer* (1431 Hann.); Stuhldreier; *Krochdreger* (1372 Grfsw.); *Kopdreger: Holtdreger, Rohdregher* 1354 Grfsw., *spillendreger, ringdreier* 14. Jh. Lüb., L. *dreghere* 1348 Hann., *Dreyere* 1370 Hann.; *Boltendreyer.*
Dreifuß siehe Dreyfuß!
Dreiling, Dreilich (Schles.): mhd. driling: der dritte Teil (ein Maß od. Gefäß), auch eine Münze (3 Pfennige)! *Dryling* 1368 Lg. u. Brsl., 1388 Magdbg., 1135 Köln; *Dreyling* 1415 Zittau.
Dreiocker, Dreiucker (Lg.): entstellt aus Triaker = Theriak, ein Gegengift aus Wacholder, Lorbeer, Enzian und Honig, auch Ottersalbe genannt; also ÜN. für Theriaks-Krämer (DWB II, Sp. 1373).
Dreiroß: mhd. *treiros* = Tanzmelodie! Vgl. Heinr. *Treyroß, Dreyros* 1351/Hess.
Dreis: z. T. = Andreas. Vgl. auch ON. Dreis (Eifel; Siegen).
Dreißig: ON./Sachsen. Vgl. auch ON. Droyßig/Zeitz. – **Dreißigacker:** ON./Thür.
Drei(t)zner: aus Droitzen b. Naumbg.
Dremel (Bay., Öst.) = Tremel »Grobian«, mhd. dram, tram »Balken, Riegel, Klotz, Knüttel«. Hans *Dremel* 1437 Mchn. Vgl. Kuntz *Dremelindemarsch* 14. Jh. Augsbg.
Dren(c)kha(h)n (ndd., Hbg. oft) = Drinkha(h)n = »Trinkjohann«, wie Drinkgern »en grot drenker«; desgl. **Drenker** »Trin-

ker«. Vgl. Joh. *Vroverdrunkene* 1323 Hann., wo auch Joh. *Drenkehane* 1363.

Drenkmann: aus Drenke b. Höxter.

Drescher: ländl. Beruf (der mit dem Dreschflegel Getreide ausdrischt: vgl. Drischaus: Hans *Druscute* 14. Jh. Haldsl.) Ndd. **Dröscher,** s. dies. Obd. auch Trescher, Tröscher (s. Brech. »Drescher«, Stuttg. 1939). Erweitert Dreschner, Draschner: Nickel *Dreschner,* Bauer 1463 Mertschütz/Schles.; Nickel *Vildrescher* 1372 Lg. Vgl. »den dreschern in der Stat haberschüne 1 Woche 14 gr.« 1416 Görl.

Dres(ch)ke, Dresky: ostd.-slaw., vgl. ON. Dreska, Dresow.

Dresel = Dreßel (= Dreßler), urkdl. in Sachsen (s. Brech., S. 342, 345). Ein Dorf Dresel i. Westf.

Dreske, -ky s. Dreschke! – **Drespe:** md. = mhd. trefze »Trespe« (Unkraut). Aber auch ON. (*Dres-apa*)/Waldbröl.

Dressel, Dressler s. Drechsel! (Vgl. auch Bahlow, Schles. Nbch., S. 104).

Dreusicke: slaw. Pers. N., vgl. *Droyseke* van Crocheren 1317 Meckl., s. Droysen!

Drever(mann): aus Drever/Westf. bzw. Drebber/Diepholz (Bahlow, ON. S. 80).

Drew(e)s: ndd. einst die übl. Form für Andreas, wie **Mewes** für Bartholomäus, mit labialem Reibelaut w im Hiatus zw. den Vokalen; deutlich in *Andrewes* Ebeling 1480 Harz. Vgl. *Drevs (Andreas)* Witgerwer 1334 Strals.

Drewing (Hbg.): ndd.-westf. = Drewes = Andreas, wie Mewing = Barthelmewes.

Drewitz: ON. (Brandenbg. mehrf., Meckl., Pomm.). – **Drewi(e)n:** ON./ Meckl.

Drexel (Drexelius), **Drexler** (Mchn., Wien zahlr.) s. Drechsel! M. *Drexel* 1600/Ob. Pfalz.

Drey, Dreymann (westf.): aus Dreyen/ Herford bzw. Dreye/Bremen. Vgl. *Dregman* 1595 in Lippe, heute Dreimann; *dreg (drag)* meint Morast, Sumpf, Schlick, wie auch in Dreileben *(Dregleben);* ein *Drei-Berg* am Solling (Bahlow, ON. S. 87).

Dreyer siehe Dreier!

Dreyfuß: mhd. drivuoß »dreifüßiges Geschirr, Tigel«. Ein Narr Cläwe *Tryfuoß* 1548 in e. Schweizer Fastnachtsspiel; ein Ratsherr Conr. *Tryfus* 1500 Augsbg.; zum jüd. FN. vgl. Mardechai *Trifuß* 1753 Aargau.

Dreyhaupt; -häupl (obd.): *Drihäup(t)el* 14. Jh. (Bay., Mähren).

Dreyocker s. Dreiocker! – **Dreytwein** (1548 Eßl.) = Treutwin! KF. Dreitle.

Driels: ndrh. driel »Moor«. – **Driemel:** s. Dremel!

Driesch, van den Driesch, Drieschmann: ndd., am unbebauten, als Weide benutzten Acker (mundartl. drêsch). Vgl. auch ON. Driesch (mehrf. im Rhld.). E. *uppn Dresche* 1571 Lippe: Dreischmeier.

Drieschner: vgl. ON. Drieschnitz/Cottbus. Ähnlich **Driesner:** zum ON. Driesen (Brandenburg, Posen).

Driessen (ndrhein.) wie Andriessen = Andreas' Sohn.

Driewer, Driver (ndd.) = Viehtreiber (»de meyger ackert unde drivet«). Vgl. aber auch Moorort Driever b. Leer/Ems.

Drinkuth (ndd.): »Trink aus!« ein Trinkfreudiger. Hans *Drinkut* 1304 Ro., 1529 Ilsenbg. Vgl. M. *Trinckus* 1388 Zwickau. Joh. *Utdrank* 14. Jh. Lüb. Vgl. unter Drenckhahn! (desgl. Drinkhahn).

Drippe s. Trippe!

Drischaus: der Drescher. H. *Druscute* 14. Jh. Haldsl. (wie *Rütut* ebda).

Drischmann = Drieschmann: am Driesch wohnend; s. Driesch!

Drobe, Drobisch, Drobek, Drobig, Drobnig, Drobczyk: slaw., vgl. ON. Droben/ Bautzen, Drobitz u. ä. Gerh. *Drobe* 1474 Barth. Doch legt der Joh. *Drove* 1257 Rostock die (ndd.) Deutung »der Trübe« nahe, wie *Drovighe* 1328 Lüb.

Drogan(d): slaw., wie Drogatz, Drogasch, ON. Drogen, Drognitz/Thür., Drögen/ Meckl., Drogansmühle/Lausitz. Vgl. Horan(d), Iwan(d), Trojan(d).

Dröge (ndd., Hbg., Meckl. oft): = »trokken«. Vgl. Wichman *Droghe* um 1300 Lüb. H. *Droghespot* 1332 Lüb. Dazu **Drogekopp** (vgl. »drögenlistich«). **Drög(e)möller** (vgl. Drögemühle/Lauenbg., in trockener Lage, Gegensatz: Peemöller, zu pede »Sumpfgelände«); vgl. Drögenkamp, -heide.

Drohn(e): ON. Drohne/Westf., vgl. **Drohmann:** ON. Drohe b. Ülzen.

Drolshagen: ON. b. Olpe/Westf. (vgl. Peter D., westf. Dichter).

Drömer (ndd.) = »Träumer«. – **Drope,** Dropmann: aus Drope Kr. Lingen. H. *Drope* 1494 Hann.

Drommeter (obd.) »Trompeter«.

Droschke, Druschke: ostd.-slaw., ON. Droschka(u).

Dröse (Hbg. oft), Drose, Drösemeyer, Drosemeier: mnd. *drôs* »Teufel, Tölpel«. Vgl. aber **drose** = Schmutz, Schlamm; ON. Drösede, Drosedow usw.

Drossart, Drossert: ndld. drossaard »Amtmann«.

Drossel: der Singvogel (mhd. trostel). Wenczlaw *Drossl* 1399 Chrudim.

Drößler (ostfränk.-thür.) = Dreßler!

Droste (westf.): mnd. *drossete* = mhd. *truchtsäße,* Vorsitzer der Gefolgschaft (truht) u. ihr Verpfleger, später ein oberster Hofbeamter wie Kämmerer, Marschalk, Schenke. Vgl. die Adelsfamilien des Münsterlandes: Droste zu Hülshoff; Droste zu Vischering. Hinr. *Droste* 1444 Hann.

Drotlef, Drodtloff (ndd.) = Drocht-, Drucht-lev, obd. Trucht-lieb, alter, seltener Pers. N. (ahd. mhd. *truht* »Kriegerschar, Gefolge«), bes. im Adel. Vgl. dominus *Drohtlevus* de Kolden (presbiter) 1366 Holstein, *Druchtlevus* canonicus 1361 Magdebg.; Henne *Drochtliebes* son 1387 Frkf. Bernger *Truhlieb* 1369 Eßl.; auch **Drucklieb** (als schwäb. Mundartform, vgl. Druckseß für Truchseß! Ein Ritter *Druchtolfus* Botmer um 1350 i. O.

Droysen, Droyseke s. Dreusicke!

Drube, Druve, Druwe (ndd.). *Druve* um 1280 Strals., *Druve* 1301 Grfsw. S. auch Drobe *(Drove)!* Der Trübsinnige.

Drückeferken (ndd.): Ein »Ferkeldrükker«, der gewerbsmäßig den Ferkeln gewisse Drüsen ausdrückte, der Kastrator. Ähnlich **Drückenhengst.** Zu ndd. Ferken vgl. Puttfarken!

Drückescherf wie **Drückenpfennig** meinen den Geizhals. S. unter Scherf u. Pfennig! Ein B. *Drükkescherf* 1338 in Barth.

Drückhammer: wohl den Hammerschmied meinend. (Vgl. *Drücketunne* 1377 Brschwg.: = Böttcher.) *Drückebeker* (drück den Becher) 1379 Grfsw., vgl. *Störtebeker!*

Drucklieb siehe Drotlef! – **Drucken-,** Truckenmüller s. Drögemöller!

Drude (ndd.): KF. zu *Gerdrude* = Sankt Gertrud; gêr »Speer, Ger«, trud »Kraft« (später an »traut« angelehnt). Vgl. in Lübeck: Wilh. *de sancta Druda* 1332, auch öfter VN. *Druda, Drudeke:* in Lünebg. 1352: Heyne *Druden.* Patronym dazu ist **Druding** (westf., fries.), Drüding: **Drüing!** Dentalschwund zw. Vokalen zeigt auch **Drücke** neben **Drüdecke;** auch **Drüen** für Drüden. In Lippe: *Druden, Druding, Drudener* (patr.) um 1500.

Druffel: ON. b. Wiedenbrück (1088 Druflo »moor. Niederung«). Vgl. Druffelbeck b. Gifhorn.

Drull, Droll s. Trull, Troll!

Drumm (Mchn., Hbg.): mnd. drum (mhd. trum) »Holzklotz, ungeschlachter Mensch«.

Drummer, Drümmer = »Trommler« (mhd. trumme »Trommel«, vgl. *Trumenschläger).* – **Drump** (Nürnbg., Stuttgart): mhd. trump »Trompete, Trommel«. F. *Trump* 1434 Württ. Vgl. »Pfeifer u. *Trümpeler«. Trumpenschedel* 1356 Lahr, *trumper, Trumpeke* (15. Jh.) Hann.

Druschke s. Droschke!

Druse (ndd. drus »mürrisch«): Claus *Druse* 1364 Grfsw., Godeke *Druseboc* 1262 Hbg.

Drüssel: mhd. »Kehle, Schlund, Rachen« (vgl. Wolfsdrüssel).

Druve, Druwe (ndd.); Drube: der Trübsinnige. *Druve* 1281 Strals., 1301 Greifsw.

Dryander: Humanistenname für Eichmann (vgl. Neander für Neumann, – Chrysander f. Goldmann, – Sercander f. Fleischmann).

Dubbern, Dubbert, Dubber(s) (Hbg., Bremen) sind fries. Varianten zu *Dibbern, Dibbert, Dibbers,* s. diese! Vgl. Suffrid für Siffrid. KF. ist **Dubbe(n);** s. aber auch Dobbe!

Dube siehe **Duwe!** – **Dübel:** soweit nicht Variante zu ndd. Düvel »Teufel«, dürfte mhd. tübel »Dübel, Holzpflock« gemeint sein: Eberlin *Tübel* 1383 b. Tüb.

Dub(i)slaff nebst Dubke, Dubick, Dubian s. Dobislaff!

Dübner (Sachsen): aus Düben (Sa., Thür.).

Dück, Duck (Hbg.): Wohl wie *Duckehals* der Duckmäuser. Aber **Ducks** (nd.) »Teufel«!

Dü(c)ker (ndd.): »Tauchente«, deren Balg der Pelzer (Kürschner) verarbeitete. Albert *Dukere* 1324 Lüb. Vgl. auch mnd. *düker* »Teufel«!

Dud(d)a, Dud(d)ek, Dudka, Dudy: slaw. (poln.) dudek »Wiedehopf«.

Duden, Dudden (ndd.-fries.): Patronym zum Lallnamen **Dude** *(Dudo),* wohl für **Lude** (Luden, *Ludo*) = Ludolf, beliebter Leitname im altsächs. Herrschergeschlecht der Ludolfinger (Kaiser Heinrich I., Otto d. Gr. usw.); urkdl. wird Ottos I. Sohn *L(i)udolf* 951 u. 957 auch *Dudo* genannt, s. Schwester *Luitgardis* auch *Dudicha* (Stark, S. 33). Darüber hinaus auch im Rhld. einst nicht selten: *Dudo* de Malberg 1204; Emerich *Dude* 1321 Worms, *Dudeman* de Lorch 1350. Dazu die KF. *Dudeke* (wie Ludeke): Hinr. *Dudeken* 1511 Oldbg. Neben Dude auch **Düde, Düe** (Hbg.).

Duderer (schwäb.) s. Doderer!

Duffner (Württ.) s. Deffner! – **Duf(f)t,** Dufter (obd.): = »Moor, Sumpf«. Dazu Duftschmied (auch ON./Bay.).

Dugge(n): ndd. (wohl fries.-dän.).

Duhm, Duhme (ndd. = obd. Daume): mit auffallendem Daumen. Henneke *mit dem dumen* 1373 Brschwg.; Otto *Dume* 1321 Lüb. S. auch Daum!

Duhn (Hbg.), Duhne: *dun* ist uralte Bezeichnung für »Moder, Sumpf, Morast« (s. Bahlow, ON. S. 71), wie in *Dunede, Dunope*/Westf., Dunum, Dunwarden/Ostfriesld., Dunau/Hann. Vgl. J. *Duneman* 1332 Lüb. Aber Wyt *Dunema* 1536 ist fries. Patronym!

Dühnfahr (Schwerin), Dühnfarth (Hbg.), Dühnfort: zur Hansezeit ein Kaufmann, der regelmäßig zur Düna (Riga) fuhr. So in Lübeck um 1350: Hinr. *Dunevare:* ebda. *Vlandervare, Norevare, Rostokervare,* in Rostock: *Swedhevare, Gotlandesvare.* Ähnlich **Duhnkrack** (Hbg.): mnd. *krake* = Kauffahrteischiff.

Dühr (ndd.): »teuer«. Hinrik Düre 1264 Mgd., Cordt Düre 1402 Hi.

Dühr(en), Dührssen (ndd.-fries.): Patronym zum fries. Pers. N. **Duhr.** Vgl. *Dure* Mynsen (16. Jh.); Tanno *Duren,* Friese 1468; auch Duhrke. S. auch Djurken! Duursma! *Durlef* 1327 Lüb.

Dühring siehe Düring!

Dü(h)rko(o)p siehe Dürkop! – **Duis** (ndrhein.-westf.) wie in **Duisburg,** -berg, ist uraltes Moorwort (schon altind. *dus* »Fäulnis«), s. Bahlow, ON. S. 92/93. Vgl. **Düshop** (nebst Düshorn): ON. b. Soltau.

Düker siehe Dücker! – **Dulde** s. Dold! (*Dulde* Kopp 1366 Frkf. = Berthold).

Dulheuer (Westf.) = Messerschmied (Brech., S. 359).

Dulk, Dülk(e), Dülks: ndrhein. Flurn. Vgl. ON. Dülken/Krefeld *(Dulika)* zu *dul* »Moor« (Bahlow, ON. S. 91). Dazu **Dülsen** (Dul-husen). Auch westf. Düll(mann). Vgl. ON. Dülmen (Dul-menni »Moorwasser«) i. W. Gosen (Goswin) *von Dulk* 1463 Friesld.

Düll (obd.) »Dickkopf« (G. *Tüll* 1360 Säckgn.).

Duller (obd.): *Tuller* 1294 Eßl., vgl. ON. Duller/Württ.

Dulz, Dultz: slaw. wie ON. Dulzen/Ostpr., Dulzig/Pomm.

Dumböck, Dumbeck, Dumbach: ON. Dumbach (Baden, Öst.); *-beck, -böck* für *-bach* ist bair.-österr., vgl. Meichelbeck (Bay.), Aspöck (Asbach/Ö.). Dumbach beruht urkdl. auf *Tun-bach,* wie Dombach/Bay. auf *Tun-bach* u. Dambach, Damböck auf *Tan-bach: tun, tan* sind uralte Wörter für Moder, Moor (Bahlow, ON. S. 473, 485).

Dumke siehe Domke! **Dümling** (Hbg.): ndd. für Däumling, s. Daum!

Dummann (Hbg.): ndd. »der Dumme«, wie Klockmann »der Kluge«. In Alt-Brsl. vgl. Tummisheubt neben Clugisheubt, auch *Tummer, Tummerwicht;* vgl. **Dummer,** Dummermuth (Köln). In Württ. 1293 e. Ritter Thieter v. Talheim, gen. *»der Dumbe«.* Joh. *Dumbe* 14. Jh. Lüb.

Dümmer: gr. See südl. Diepholz (auch in Meckl.). Zu *dum* s. Bahlow, S. 91.

Dümmler, Dumler (obd.): unruhiger, lärmender Mensch (mhd. tumelen, vgl. Getümmel und Tümmler = Delphin!). Endres Zobe, *Tumeler* gen. 1323 Württ. Vgl. auch mhd. *tumeler* »Steinschleudergeschütz«.

Dumrath (Pommern): slaw. Pers. N. Vgl. Domerat, Hofrichter (Preuß. UB); Könike Dumradevitz 1296 Pomm.

Dumschlaff, Dum(t)zlaff (Pomm.) = Dubislav, s. Dobslaff! Vgl. J. D. *Dumschlaff* 1752 Kammin. S. auch Domizlaff!

Dumstrey s. Domstrich!

Dunckel(mann): mnd. *dunkel* »dünkelhaft«. G. *Dunkel* 1186 Köln.

Dun(c)ker: mnd. = »dunkel«, auch blind. Evtl. auch »Tüncher«. Eine Dunkerstraße einst in Reval.

Düngen: ON. a. d. Innerste/Harz, wie

Dungen a. Weser u. Dunge b. Bremen, in »mooriger« Lage. Vgl. Diederich *v. Dungen* 1387 Frkf.

Dung(s): ndrhein., zum Flur- u. ON. Dung, Dunk, Donk = Bodenerhebung in sumpf. Gelände. Vgl. Dunkmann! Von der Dunk. Dunkhase (1388 Wesel).

Dunkel, Dunker s. Dunckel, Duncker!

Dunkelgod, -gut (ndd.): Eler *Dunkelgot* 14. Jh. Lüb. Siehe Dunckel!

Dünkler, Dünkel, Dünkelmann = Dinkler, Dinkel(mann)! Vgl. Dünkelrode für Dinkelrode; Dünkel-: Dinkelsbühl!

Dünne: der Schlanke, Magere. Schon 1354 FN.: Rapot *Dünne* u. Sohn R. D./Württ.; Ricbern *Dünne* 1294 Hbg. Vgl. Dünnebacke, Dünnehaupt, Dünnemund, Dünnebein; *Dünnebregen* (ndd. = »Hirn«) 1395 Hildesh.

Dünn(e)bier: meint den Bierbrauer oder Schankwirt (oft in Schlesien, s. Bahlow, Schles. Nbch., S. 124: Dünne-, Dinne-, Dennebier). Ähnlich *Dünnebeil, Dünneisen* (f. d. Schmied), *Dünnespeck* 1338 Lüb. f. d. Speckschneider, *Dünnschwengel* usw. Dünnfründ s. Freund!

Dünser: aus Düns/Österr.

Dünsing (Hbg., Hann.): verschliffen aus Du(d)ensing, -siek (um 1600) wie Vahlsing (Hann.) aus Vahlsiek (siek = sumpfige Stelle).

Dunst: »Dunst, Dampf«, meint wohl den Bader in der dampferfüllten Badestube. Ein Cunr. *Dunst* 1278/Nassau. Aber Dunst(maier) in Bayern wohl nach e. Flurnamen, vgl. auch Dunzmayer.

Düntzer (obd.): vgl. Dünzebach, Dünzing u. ä. (urkdl. Tuntz-, *tunt* »Kot«).

Dünz(e)l (Bay.), Dünzelmann: vgl. ON. Dünzelbach, Dünzlau, Dünzling (alle in Bayern).

Duphorn (Hbg.): ON. wie Druchhorn, Balhorn usw., lauter feuchte Winkel. Vgl. ON. Düpe/Oldbg.

Düppengießer (Ndrhein: Aachen oft): = »Topfgießer« (rhein. düppen, mnd. *duppe* »Topf«, aus Metall bzw. Ton). Desgl. **Düpper** (vgl. Ricker, Handwerkernamen, S. 24). Ein Bernd *Duppe* 1400 Hann.

Durban = Sankt Urban (nach Papst U., gest. 230; Winzerpatron), vom 14. bis 16. Jh. bes. ostd.-schles. beliebter VN., slaw. Urbach, Urbisch, Urbanek (Bahlow, Schles. Nbch., S. 76). Vgl. *Turbanstag* = Urbanstag. *Torben* = Urban 1603 Angermde. Ähnlich Durs = Urs Graf 1511 Basel.

Durchdenbusch, -wald, -wind s. Dordenbusch! Zu Durchdenwind (1466 Straßbg.) vgl. Schneidewind! Durchdenwald nannte sich auch der rhein. Räuberhauptmann Joh. Bückler (der »Schinderhannes«) um 1800. Ein Lanzenreiter (Glefner) Durchshus 1405 in Straßbg.

Dürer (obd.): Cunzelin der *Durer* 1334 b. Stuttg.; eine Mätzlin *Dürer*(lin) 14. Jh./Württ. Wohl nach der Wohnstätte, s. Dürmeyer! Dürers Vater kam aus Dorf Ajtos/Ungarn (Ajtos soll »Tür« bedeuten).

Düring, During: alte Bezeichnung des Thüringers, vgl. b. Walther v. der Vogelweide: »die *Düringe* und die Sachsen«. Ganz vereinzelt auch als VN. verwendet: *Duringus* filius Dietmari de Steyr 1240 Enns (Ö.), *Duringbertus* 1288 Erfurt. Entsprechend dem »Zug nach d. Osten« ist Dü(h)ring (md. Dö(h)ring), Dührig, Dürich, Dörich, Dierich u. ä. bes. in Schlesien-Sachsen-Böhmen häufig. (Bahlow, Schles. Nbch., S. 81.)

Dürkop, Dührko(o)p u. ä. (ndd.): um 1600 verhochdeutscht zu Theuerkauf, ist der Kaufmann, bei dem man teuer kauft; Gegensatz: **Wohlfeil** (L. *Wolveyl* 1363 Grfsw.), *Dürekop* um 1300 Hildesh., Lübeck usw. In Quedlbg. 1661 *Dürkop,* aber 1693 *Theuerkauf!* In Wetzlar 1315: C. *Durekauf.* Ein J. *Nimmerteuer* 1418 Prag. Vgl. *Teursfischel.* Hans *Tiuwer* 1478 Pforzheim.

Dürmeyer, Durmeyer (obd.): nach der Wohnstätte, wie Durwieser, Durmann, Duregger, wo *dur* wie in Durbach/Baden, Durlangen/Württ. u. ä. »Wasser« meint (Bahlow, ON. S. 92). *Durmeyer* 1342 b. Stuttg.

Dürner (obd.): zu ON. wie Dürn/Bay., Dürnau/Württ. Vgl. K. der *Dürner von Dürnau* 1365/Württ. Der Flurn. Dürn meint »Dornicht«.

Dürr (md.-ndd. Dörr): der Dürre, Hagere. Vgl. auch *Dürrehoubet* 1256 Bingen, *Dürresnabel* Brsl., *Dürrezan* 1336 Worms.

Dürschke siehe Dirschke!

Durst, Dürstle (obd.): der Kühne, Verwegene (mhd. *turst* »Kühnheit«, *türste, türstic* »verwegen«). Cuonr. der *Türste*

1295 Überlgn. In Tirol aber auch Hofname: der Mair *am Durst* 1398, Acker *»auf dem Durst«* 1534.

Duscha, Duschek, Duschau, Duschinski sind ostd.-slaw., desgl. **Duske,** Dusedau (ON.). – Zu **Dusch(l),** Duscher (Bay.) s. Dosch!

Dusen(d)schön (ndd.): »Tausendschön«, wohl ein Prunksüchtiger. Dazu **Dausend** (md. Tausig: *tûsinc* = mhd. tusend, vgl. Joh. *Dusing* 1387 Frkf.). Tausendfreund (Gegensatz: Niemandsfründ), Tausendlist, Tausendpfund, Tasendteufel *(Dusendtüfel).*

Düser (ndd.): der dösig Dahinschlendernde, auch Schwachgeistige. *Dusere* 1280/90 in Rostock, 1326 Lüb.- **Dust:** md. = »Dunst«.

Düsing: mnd. »kostbarer Schmuckgürtel« (mit Schellen); »cingulum argenteum dictum Dusing« 1390 Lüb.; »1 gulden dusynk und 1 gördel«. In Hbg. 1383 das Verbot: »ok schal neen vrûwe op ereme dusynghe ofte gordele ghold, sülver edder parlen dregen.« Vgl. dazu Dompropst Dreyer »Von der Düsing-Tracht« (Hannoverisches Magazin 1788). Herzog Albrecht v. Meckl. führte diese Tracht 1363 auch in Schweden ein. Dazu Hinrik Dusinch 1321 Lüb., Peter Duzing 1376 Hbg.

Düster -dieck, -berg, -hus, -loh, -hop, -wald: ndd. ON. (ndd. düster = »finster«).

Dutsch(ke): ostd.-wend., der Deutsche. Zu **Dutz(ke)** vgl. ON. Dutzow/Meckl. u. Dotzek!

Duttke, Duttge, Dutki: ostd.-poln. Vgl. Frz. *Dotke (Duthgi, Duthki)* aus Glogau 1541.

Düttle, Tüttle (schwäb.): mhd. *tutelin, tutte* »Brustwarze«. Aberlin *Dütlin, Tuttelin* 1381. Burkh. der *Tuttel* 1375. **Düttler** (Württ.): der Schmeichler (mhd. *tüteler*). Konr. der *Tütler* 1343 Eßl.

Du(u)s (Hbg. oft, Hann.), Daus: mnd. dûs (frz. deux): die Zwei auf dem Würfel oder das As im Kartenspiel; also Würfel- oder Kartenspieler. Ritter Bernd Dûs 1256 Ilsenbg., Knappe Arnd Dûs 1368 Herford.

Duve, Duwe (ndd. oft) = »Taube«, der Taubenhändler, -züchter, Täubner. Vgl. Schönduve, -dube. *Duvenkrul* (T-schopf) 1298 Hbg., *Duvenkropp, Düveke* »Täubchen«. Auch Hausname: K. *zer Tuben* 13. Jh. Speyer, C. *von der Duven* 1399 Köln; C. *Dubenduscher* 1387 Frkf.: s. Daube!

Düwel, Düvel (ndd.) = »Teufel«. Zahlr. in Meckl. Auch *Düvelskop* 14. Jh. Lüb., *Mandüvel* (Manteuffel): e. Mann wie e. Teufel; dazu Satznamen: *Jagedüvel, Bitdendüvel, Schietendüvel, Schreckendüvel, Kleyendüvel: Scodüvel, Bokendüvel, Herendüvel* (bekämpfe d. T.). Schlagen-, Fressenteufel. *Düvelesrok* 1287 Ro. (Teufelsgestank).

Dux: aus Dux/Böhmen. Z. T. wohl auch Humanisten-N. für Herzog (vgl. Christoph *Dux,* Bastard des Herzogs. Wilh. v. Bay., 16. Jh.), Brech., S. 368.

Dwars (mnd.): »quer«.

Dwenger, Dwinger (ndd.): Hbg. oft, ein Gewalttätiger, Peiniger (vgl. Zwingherr). – **Dwelk** (ndd.): »Zwillich« (vgl. »ene jope van dwelleke«).

Dwerg (ndd.) = »Zwerg«. Herm. *Dwerg* 1430 Herford.

Dwilling (ndd.) = »Zwilling«.

Dworak, Dvorak, -eck, Dworschak (slaw.) = *Dvoran* »Hofmann«, zum Bauernhof, Gutshof gehörig. Zahlr. in Wien. – **Dykena** s. Diekena!

Dyck, Dykhoff u. ä. s. Dieck-! – **Dyrenfurth:** ON. Dyhernfurt/Schles.

Dyroff s. Thyrolf, Dierolf! (Claus *Dyrolf,* Tolde *Tyrolf* 1445/63 Fulda.)

Dyrssen s. Dierssen!

E

Ebbe, Ebbeke, Ebke, Ebkema (fries.) nebst Ebben, Ebbesen, **Ebsen, Ebbinga** (fries. Patr.) sind ndd.-fries. Sproßformen zu Ebbert, Ebbers, **Ebbrecht = Eggebrecht** (Egbert) wie Ribbe(ke) zu Rikbert; urkdl. *Ebbeco (Ebbeke = Ecbertus* de Rode um 1290 in Hbg. Noch im 16. Jh. *Ebbe* Kallesen Flsbg., *Ebbeke* Ryckels. König *Egbert* v. Wessex gründete um 830 den angelsächs. Einheitsstaat. (Eg-, urspr. *Agi-,* meint »Spitze der Waffe«, *berht* »glänzend«). Zu fries. Ebbena vgl. Ukena, Poppena.

Ebbinghaus: ON. in Westf. (*Ebbenhusen,* wie Ebbenhorst: Bahlow, ON. S. 94).

Ebbrecht (ndd.) siehe Ebbe!

Ebe, Ebi, Eby, Eble, Eblein (obd.) = Eberhard. Vgl. *Ebo* (zwei Brüder) 1209 Bay. Dietr. *Ebo* 1273 Württ.; *Ebelin = Eberhard* von Frundsberg 1314/15 Straßburg.

Ebel: im ndd.-fries. Raum einst beliebte KF. (mask. u. fem.) zu Elbert (Eilbert) bzw. Elburg (Eilburg), patr. **Ebeling.** Zum Schwund des *l* vgl. Abel für Albert bzw. Alburg. *Ebele* de Lese 1350 Stettin, *Ebele* de Duvendike 1341 Strals., aber (Bartold) *vorn Ebelen* (siner moder) 1330 Haldsl. wie (Joh.) *vorn Abelen* 14. Jh. Hbg. Vgl. Ebeling u. Abeling!

Ebeling: Patronym zu Ebel (s. dies!) wie **Abeling** zu Abel. Im ndd. Raum um 1300/1400 äußerst beliebt. *Ebeling* Dideken 1349 Haldsl., *Ebbeling* Gudgemak 1350 Magdebg., Meyne *Ebelinghes* 1375 Lünebg.; noch 1551 in Brschwg.: *Ebeling* Lucke (Ratsherr).

Ebeloe (Hbg.): entspricht Dudelo, Odelo, Rokelo = »feuchte Niederung« (vgl. »auf der Ebe«: Bahlow, ON. S. 94).

Ebenhöh, -hoch (Allgäu, Tirol): »auf ebener Höhe«. Vgl. **Ebenböck** (Bayern) wie Adenböck, Weißenböck: bair. *-böck* = -bach! **Ebenreiter** wie Ebenreuter: ON. auf -reuth (»Rodung«), vgl. Bärnreiter; desgl. **Ebenritter** wie Bernritter neben Bernrieder: obd. ON. auf -ried.

Ebenroth: ein Nachklang der Dietrichsage. Im mhd. Ecke-Lied sind Ecke, Fasold u. Ebenrot 3 Riesen, die um 3 königl. Jungfrauen werben. Jacob *Ebenrot* 1331 b. Worms!

Ebentheuer (obd.): meint den umherziehenden (»abenteuernden«) Kaufmann, bes. den Juwelenhändler (so in Alt-Frkf.: *ebentiurer*, vgl. Volckmann, S. 141), urspr. auch den abenteuernden Ritter (Waltherus miles, *Ebentüre* dictus, um 1200). In Lg. um 1390 Ditherich u. Jocob *mit der ebentewer!*

Eber (obd.): z. T. durch Hausnamen vermittelt, vgl. Henne *zum Eber* 1387 Frkf. (auch Straßbg.). Als Sinnbild der Stärke (wie Bär, Wolf) auch in germ. Pers. Namen: Eberhard, Eberwin, Ebernand, Eberold. Zum Bachn. Eber (Ebra) s. Bahlow, ON. S. 94.

Eberding s. Everding! Vgl. ON. Eberdingen/Württ.

Eberenz: slaw. ON. wie Dobrenz. Vgl. Ebritsch: Dobritsch.

Eberhar(d)t (obd.): »kühn, stark wie ein Eber« (vgl. Eberwin, Ebernand, Eberolt); einen goldenen Eberhelm trug der nord. Gott Freyr. Als FN. auch kontrahiert zu Ebert, Ebers, ndd. Evert, Evers usw. Als alter Leitname der Dynasten von Württ. hat E. speziell württ. Klang, vgl. Uhlands Ballade »E. der Rauschebart« u. Kerners Ballade »Der reichste Fürst« (Graf E. im Bart, 1445). Siehe auch **Eberle!**

Eberlein, Eberle (schwäb.), **Eberl** (bair.): einst beliebte KF. zu Eberhard (s. dies!). *Eberlin = Eberhard* Schienli 1229 Württ. *Eberli = Eberhart* v. Reischach um 1400. Auch in Alt-Schlesien: *Eberlin* nebst mundartl. *Aberlin* (Schles. Nbch. S. 35, Reichert, S. 12), mit slaw. Suffix: *Ebrusch* 1368 b. Prag. *Eberl* auch im bair. Böhmen (E. Schwarz, S. 80).

Ebermann: verhält sich zu Eberle, wie Endermann zu Enderle. Frenczil *Eberman* 1439 Görl.

Ebermayer (Bayern): wie Geiß-, Gans-, Schaf-, Lämmer-, Hengstmayer.

Ebernand (obd.): germ. Pers. N. (nand »kühn«), wie Wignand (nebst Nantwig), Signand, Gernand, Otnand, Volknand. Ein mhd. Dichter *E.* v. Erfurt um 1220.

Ebers, ndd. für **Evers:** meint Everts (Eberharts) Sohn. Der Schriftsteller Georg Ebers hieß eigtl. Ephraim (vgl. Effraim jude, 14. Jh. Brsl.).

Ebersol, -solh (obd.): ON./Schweiz (»Wildschweinsuhle«).

Eberstein: mehrf. ON. – **Eberold** (obd.): seltener Pers. N., vgl. *Ebirold, Ebiroldes* son 1350 Frkf.

Ebert (obd. u. md. zahlr.): kontrahiert aus Eberhart; im Rhld. genitivisch **Eber(t)z.** *Ebert = Eberhart* Debolt 1566 Pfalz.

Eberwein (obd.: Bayern, Württ.): germ. Pers. N. *Eberwin* (win »Freund«).

Ebhard(t): thür. Variante zu Eberhard. Bleßigk *Ebhart* = Blasius Eberhard 1540 Jena. Auch in Wien oft.

Ebing(er): aus Ebingen/Württ. bzw. Ebing/Bay. (mehrf.).

Ebke, Ebkema siehe Ebbe!

Eble, Eblein s. Ebe! Oft in Württ. Vgl. *Eblin = Eberlin* Breckner 1391 Stuttg., *Eblin = Eberhard* v. Rammingen 1294. Mitunter mag Äbli = Albrecht hineinspielen, so urkdl. in Rottweil um 1360: *Ebelin = Ebli = Äbli = Albrecht* Gierai (Nied, S. 6). Patronym ist **Ebler.**

Ebner (obd., oft in Bayern, Öst., Württ.): nach der Wohnstätte in ebener Lage, z. B. Cunr. *aus der Eben*/Tirol; Eben ist auch ON. Dazu Breit-, Buch-, Gaß-, Kirch-, Lang-, Lind-, Pirk-ebner. Weiteres unter Ebenhöh! Selten zu mhd. ebenaere »Schiedsrichter«.

Ebnetter (obd.): zum häuf. ÖN. Ebnat, Ebnet (ahd. ebanôti »Ebene«).

Ebrech(t), Ehebrecht (südwestd.): = Egebrecht, wie Eheloif für Egelolf. Vgl. ndd. Ebbrecht.

Ebsen s. Ebbesen! »Sohn des Ebbe« (fries.).

Ebser: aus Ebs (Ebbs) in Tirol. Ott *Ebser* aus Ebs 1372.

Ebstein: ON. Eppstein (Taunus, Pfalz).

Echsle s. Öchsle! – **Echte:** ON. b. Northeim.

Echtermeyer (ndrhein.-westf.): wie Echtermann, Echterling, Echterhölter, Echterbroch auf »hintere« Wohnlage (ndd. achter) deutend. Aber **Echternach** ist prähistor. ON. (Lux.), alt Efternach, kelt. Epternacum (Bahlow, ON. S. 95).

Eck: »an der Ecke wohnend«. Janusch *an der Ecke* 1280 Schles. Obd. auch **Egg:** Heinr. *in der Egge,* Einsiedler, 1248 Württ. (Brech., S. 375). Ebenso **Eckmann:** Henne *Eckeman* 1387 Frkf., Joh. *Eggman* 1442 b. Konstanz. Luthers Gegner Dr. Eck (eigtl. Maier) stammte aus Egg a. d. Günz!

Eckar(d)t s. Eckhardt! – **Eckbert,** Eckbrett s. Eckebrecht!

Ecke (ndd.) nebst **Egge,** mit dem Patr. **Ek-k(e)s, Egges,** gehört als KF. zu Eckehard, Eggehart (Eckert, Eggert): vgl. in Hbg. um 1300 *Ecco, Ecgho* neben *Ecgehardus,* in Rostock 1257 *Ecko, Eckehardus.*

Eckebrecht, patr. Eckenbrecher (obd.) = ndd. Eggebrecht (Egbert), s. Ebbe! Edelknecht Heinchin *Eckebrecht* 1358 Speyer. Entstellt Eckbrett, vgl. Odebrett.

Eck(e)l (obd.), auch **Eckelmann:** einst beliebte KF. zu Eckehard. *Eckelin = Eckehart* v. Rosenberg um 1280 Württ., *Eckel* Schefer 1359 Glatz, *Eckel = Eckart* Krämer 1275 Wetzlar. Mit sekundärem -t: **Eckelt** (Bartel *Eckelt* 1555 Görl.). Joh. *Eckelman* 1355 Meißen. Ein ON. Eckel (Eklo) b. Lünebg.

Ecker, Egger (zahlr. in Mchn.): nach der Wohnstätte an der Ecke (uff der Egg), s. Eck! In Württ. auch für Eckhard bezeugt: Tobias *Egger = Ecker = Eckhardt* 1590 (Brech., S. 381), Jakob *Eckher = Eckhard* 1542. Vgl. auch Contz *Eckerlin* 1350 Magstadt. **Eckerl(e),** -lein (obd.).

Eckerich: germ. Pers. N. *(Eghericus* 12. Jh. Elsaß: Joh. *Eckerich* 1425). Ndd. Eggerichs. Ein Zwerg *Eggerich* i. d. Dietrichsage.

Eckermann: vom Flüßchen Ecker im Harz (urpsr. Eckerne: prähistor. Akrina; Bahlow, ON. S. 96). Henning *de Eckere* 1360 Hann., Clawes *Ekerman* 1365 Lünebg.

Eckert (ostd.-obd.) s. Eckhardt! – **Eck(e)s** s. Ecke, Egge!

Eckhardt, Eckart, **Eckert:** Lieblingsname des MA. (germ. Agihard »schwertkühn«), bekannt aus d. Nibelungenlied, auch als treuer Pfleger der Harlungen-Brüder (»der alte Getreue, der Eckart«). Um 1300 vgl. »Meister Eckart«, Vertreter der deutschen Mystik. Ndd. Form ist **Eggert,** Eggers; fries. **Edzart.** S. auch **Eckel!**

Eckhoff, Eckholt, Eckhorn, Eckhorst, Eckhusen (alle westf.) deuten auf die Wohnstätte bei Eichengehölzen (ndd. *Eek, Eik* »Eiche«). Desgl. Eckmann = Eichmann. Joh. *von der Ecken* (a quercu) 1524.

Ecklebe(n): ON. im Unstrutraum.

Eckler (obd.): patr. zu Eckle, Eckel = Ekkehard, wie Ebler zu Ebel.

Eckli(n), Eckle s. Eckel! – **Eckloff** (Hbg., Dzg.): *Ekolf(us)* 1350 Lüb. (germ. *Agiulf,* Gotenkönig). – **Eckmann** (ndd.) s. Eckhoff!

Eckner: Herk. N. Vgl. Ecke!

Eckol(d)t, Eckgold: seltener Pers. N., vgl. Eckhard, Eckebrecht; -old für -wald »waltend«. – **Ecks, Ex** s. Ecke, Egge!

Eckstein: mhd. eckestein, wohl N. des Steinmetzen oder Maurers. In Brsl. schon 1350 FN.: Cunot *eckestein* u. Sohn Nicol *eckestein.*

Eckwert: ein Markgraf *Eckewart* begegnet im Nibel.-Lied; ein *Ecwardus* 1300 in Bremen. Vgl. Eilwart, Detwart, Alwart, Volkwart.

Eddelbüttel (Hbg. oft): ON., wie Edesbüttel (Bahlow, ON. S. 97).

Edden (ndd.-fries.): Sohn des Eddo, wie **Eden:** Edo. Ein Sibrand *Edden* (Friese) 1557. Vgl. Adden: Addo. Fries.-engl. *Ed*– (Edward, Edlef) entspricht ndd. *Od*- (Odward). Dazu auch **Eddicks** wie Addicks, patr. **Edding.** – **Ed(d)eler** (fries. Pers. N.): *Ed(d)elerus* wie Giselerus/Lüb.

Ede (ndd.-fries.): alter Pers. N. *Edo* (wie *Odo*), patr. **Eden** (vgl. Edden), auch Edens, Edsen, **Edema.** *Edo* Aldersna 1277, *Ede* Winken 1511 (Stark, S. 182, 171). *Ede, Edo* auch in Hbg., Rostock, Strals. um 1250. Vgl. *Edlef(sen),* Edward.

Edel, Edeling, Edelmann: meint bes. den Freien, Nichthörigen; dann den Vornehmen, Adligen (Graf, Ritter, Edelmann ist die soziale Reihenfolge). Oft auch **Ed(e)ler.** Vgl. dominus Edelmannus miles 1285 Freibg. Ein Konr. *Halpedel* 1415.

Eder, Ederer (obd.): = **Öder,** zum häufigen Flur- u. Ortsn. Öd, Ed »unbebaute, öde Gegend«, vgl. Manzenöder, -eder u. v. a.

Edert (fries.): d. i. *Edewart* 1421, vgl. Redert: Redward.

Edinger: obd. ON. Edingen, mehrfach.

Edlböck (Bayern) entspricht Edelbach (Württ.); zu *edel* = *adel* »Schmutzwasser« s. Bahlow, ON. S. 1/2. – **Edler** s. Edel!

Ed(t)mayer, Ettmayer, Ed(t)müller (Bayern) s. Eder, Öder. Vgl. die Edmühle Kr. Urfahr: 1348 *Ödmüll.* – **Edlef(sen), Edsen** s. Ede!

Edzard: fries. (mit Zetazismus) für Eckard; noch heute: Edzard Schaper.

Eenboom (Hbg., Wismar): Reemt Eenboom, Friese; also wohl »kl. Boot, Einbaum«.

Efferen: ON. b. Köln (urkdl. Everiche = kelt. *Avriacum:* Bahlow, ON. S. 98).

Efferoth: ON. Efferode/Thür.; Almeroth, Billroth.

Effertz (rhein.) = Evertz.

Effey: ON. b. Vörde i. W., wie Ardey, Espey, Erley, Hülsey, alle auf Wasser und Sumpf bezüglich (-ey »Aue, Wasser«: Bahlow, S. 434).

Effinger: aus Effingen b. Zürich. – **Effringer:** Effringen/Württ.

Effler s. Eiffler!

Effmert (Lenne-Raum): ON., urspr. Effenbracht, wie Edemert, Ludemert, Plettmert (Bahlow, ON. S. 235, 310). Eff- (Aff-) meint Schmutzwasser wie in den ON. Effeln (Affeln), Efferen, Effey u. ä. Eine Effengrube in Lübeck.

Effner, Effler s. Öffner!

Egarter s. Egert(er)! – **Egber(t)s** (Hbg.) s. Eggebrecht!

Egelhaaf: junge fränk. Variante zu Egloff, s. dies! (Brech., S. 379).

Eg(e)lhofer: aus Eglhof (Bayern mehrfach). **Egel(s)eder** (Mchn.): aus Egelsed, -öd. **Eg(e)lseer,** -sehr (Bayern): aus Eglsee (oft in B.) **Egelmos(er):** aus Egelmoosen/Allgäu.

Egeling (ndd.) siehe Eggeling!

Egen (obd., Württ.), auch **Ege,** Egi, ist die alte dt. Form unseres Egon, ahd. *Egino* = *Eginolf* (germ. Agin-olf »Schwertspitze« u. »Wodanswolf«); Lieblingsname des alem.-schwäb. Adels: *Egeno* = *Egenolf* v. Fürstenberg 1351. Val. *Egen (Egon)* 1578 Marbach. Ein Bischof *Agino (Egino)* 8. Jh. in Konstanz. Ein Benz *Ege* 1351 in Rottweil. S. auch Egli, Egilolf!

Egenberger, -hofer, -rieder (alle obd.) enthalten das Wasserwort *eg(ag)* wie die Egenbäche, die Egnach, die Egene (Agina). Bahlow, ON. S. 99, 100.

Egenlauf: entstellt aus Egloff!

Egenolf(f) s. Egen! Variante ist Egelolf: Egloff, s. dies nebst Egli! Vgl. *Egenolf* = *Eglolf* v. Wartenberg 1380. S. auch Einhard, Einolf!

Eger, Egerer, Egermann: alle obd., zum Bach- u. Ortsn. Eger; eine Eger (762 *Agira*) fließt auch b. Bopfingen (Bahlow, ON. S. 99/100). Vgl. auch ON. Egern b. Rottach u. ON. Egerer/Bayern (FN. Egerer oft in Mchn.).

Egert(er), Egart(er), entstellt Ehgartner, Ege(n)ter (alle in Bayern u. Österr.) enthalten mhd. *egerte* »Brachland« (vgl. ndd. Driesch, Dreesch). Jacob *ab der Egert* 1320 Tirol, Rud. *in der Egerden* 1288; Sweiker *der Egerder* 1313 Tirol. Dazu Egertmayer, Egeten-, Ehgattenmeier!

Egge (Hbg. oft): alte ndd.-fries. KF. zu Eggebrecht, Eggehard, Eggerick (urkdl. in Hbg. um 1300 Ecgo neben Ecgehardus, vgl. Joh. *Ecghe* 1322 Lüb.). Patr.: **Eggen(s),** Egges, Egging, Eggena.

Eggebrecht, mit KF. Egge, verschliffen **Ebbrecht,** mit KF. Ebbe, als VN. noch heute in der Form Egbert gebräuchlich, war Lieblings-N. der Nordsee-Germanen, s. Ebbe! (Bahlow, Unsere Vornamen, S. 25).

Eggeling (Hbg. oft): Patr. zu Egge(brecht), Eggert, *Ecghelingus* van Brunswich 1367 Lünebg. *Eggeling* Berckhane 1564.

Eggen(s), Egges, Eggs (westf.) s. Egge!

Egger (obd., Mchn. oft): nach der Wohnstätte, vgl. Hainr. *auf dem Egg* 1297 Tirol, wo es viele Höfe Egg, Eggen, Egger gibt. (Tarneller, S. 37, 160). Dazu auch Arnegger, Astegger, Bernegger (Bernecker), Defregger, Heidegger (Heidecker), Niederegger, Rosegger usw.

Eggerding, Eierding: westf. Patr. zu Eggerd, wie Alberding, Elerding, Humperdinck zu Albert, Elert, Humbert. Lodew. *Eggerding* um 1320 Soest.

Eggerichs, Eggericks (ndd.-fries., vgl. obd. Eckerich): *Eggerich* Siben, Friese; *Eggerick* Hilgegeistes 1453 i. O.; ein *Egerik* Beninga schrieb 1723 die Chronik Ostfrieslands. In Stade 1306 Eckericus mehrfach.

Eggers (Hbg. zahlr.): meint »Sohn des **Eggert**« (= obd. Eckehard, Eckert). Vgl. Eggerding! Eggersmann (westf.).

Eggerstedt (Hbg. oft): ON. – **Eggl,** Eggli s. Egli!

Egg(e)s siehe Egge! – **Egidy,** Egyde: Ägidius ist Heiliger (Nothelfer), s. Bahlow, Vornamen S. 2/3. *Egidius* Ropenacke 1523 Hann.

Egli (Eggli): zahlr. im alem. Bodenseeraum (bes. Schweiz) als KF. zu Egenolf und Egloff (Egilolf), s. dies! Geogr. Übersicht bietet Brech. S. 382. *Egli* Bleckenzan 1390 Feldkirch, Uli *Egli* 1419 St. Gallen; *Egli (Eglof)* v. Rorschach 1392, *Egli* und *Eginolf* am Ort (Brüder) 1305 Überl. (Nied, S. 109). Bei **Eggli** (bair. Eggl) dürfte wie bei **Eggler** eher die Wohnstätte »am Eggli« (= Eck) gemeint sein: vgl. Joh. am *Eggeli* 1502 Appenzell.

Egloff (Schweiz, Elsaß, Baden, Württ.), entstellt Egelhaf, älter *Egilolf*, mit der KF. **Egli,** ist der langobardische Königsname *Agilolf* (vgl. das bair. Herzogsgeschlecht der *Agilolfinger*). Agil- meint die Schwertspitze, desgl. Agin-; daher neben *Agilolf* auch *Aginolf*, mit Umlaut *Egilolf*, *Eginolf* (s. Egen!): *Egenolf* = *Eglolf* v. Wartenberg 1380. Vom 7. bis ins 15. Jh. im alem. Raum beliebter VN. Entstellt: Eglauf, Egenlauf.

Egner (obd.): Herk.N. wie Ebner u. ä. Vgl. Egenbach, Egenhofen, Egenried, Egenhausen, Egenbrunnen.

Offenbar z. Bachn. Egene (Bahlow, ON. S. 100). Joh. *Egner* 1388 Konstanz.

Egon siehe Egen!

Ehalt (obd.): mhd. *êhalt* »Dienstbote«, vertragsmäßiger Hausgenosse (*ê* »Vertrag«). Peter *Ehalt* 1409 Würzbg.

Ehbauer, Ehmeier, Ehmüller, Eh(e)mann (alle obd.-bair.): unter Vertrag stehend zu mhd. *ê* »Gesetz, Vertrag«, vgl. unter »Ehe«). Herman *Eman* 1349 Eßl. Aber Ehgartner s. Egerter! – **Eh(e)brecht** = Egebrecht, wie Ehelolf = Egelolf.

Eheglücksfurtner (Mchn.): köstlich entstellt aus Eglesfurt(ner).

Ehelebe(n): ON./Thür.

Ehelolf s. Egloff! – **Ehemann** s. Ehbauer! Desgl. Ehelechner.

Ehem, Eham, Eheim (Bayern) meint Oheim, Ohm (Onkel). Zu schwäb. **Eha** (Eham) vgl. Beha (Beham).

Ehl(e), Ehls, Ehlke, Ehling (ndd.) gehören zu Ehlebracht, Ehler(t) wie Eile, Eils zu Eilebrecht, Eilert; Eil-, El- (Ehl-) beruht auf *Agil-*, *Egil-* »Schwertspitze«. Ein Westgotenkönig *Agila* im 6. Jh. S. auch Egloff!

Ehlbeck (Hbg. oft): ON. b. Lünebg. Ist alter Bachname wie die **Ehle** b. Magdebg. Zu *el* »Moder, Fäulnis« (Ele-siek, Ele-pol, Ehlscheid) s. Bahlow, ON. S. 101. Vgl. auch Eilbeck!

Ehlebracht: zerdehnt aus Eile-, Elebrecht (germ. *Agil-berht*), s. Ehle!-bracht für -brecht ist westd. (rhein.-westf.), vgl. Albracht, Gerbracht, Geselbracht, Lambracht, Öhlbracht, Vollbracht, Wybracht.

Ehler (alt *Eler*), an der Waterkant einst beliebte Variante zu **Ehlert** (*Ehlert*), d. i. Eilhart bzw. Eilwart, urspr. *Agil-hard, Agil-ward;* s. Ehl! *Eler* Scerf 1290 Hbg., *Eler* jegere 1268 Rostock. Dazu **Ehlermann.** *Eler (Elhardus!)* Muddepenning 1425 i. O.

Ehlers (zahlr. im Raum Hbg.-Bremen-Lübeck-Rostock), Patronym oder Vatersname zu **Ehlert,** wie **Eilers** zu **Eilert** = Eilhart; s. auch **Ehler!** Noch 1592 *Elert* Petersen in Flsbg. Ostfries. ist **Eilderts** (mit Dental-Einschub, wie Aaldert für Alert), gekürzt Eilts. Berühmt ist *Eilhart* von Oberge, Dienstmann Heinrichs des Löwen, durch sein Epos »Tristrant« um 1200. Im ndd.-fries. Raum noch heute als VN.: Eilhard Mitscherlich (Chemiker), Elard Hugo Meyer (Volkskundler). Vgl. *Eylardus* filius *Eylardi* 1325 Lüb., Tyleke *Eylerdes* 1379 Hann., *Eilard* v. d. Hude

(Historiker) 1590 Verden. Mitunter spielt Eilward (Agil-, Egil-ward) hinein: *Eylardus* = *Eylwardus* = *Elewardus* Kopman um 1350 Hbg. Zum westf. Patr. **Eilerding, Ehlerding** vgl. Alberding, Egberding, Detharding, Humperdinck usw. S. auch Ehl, Ehlke!

Ehlke, Ehlken, Ehlker s. Ehl! Vgl. *Elike fil. Eliken* 1306 Bremen. – **Ehlgötz** s. Ölgötz!

Ehmann (Mchn.) s. Ehbauer!

Ehm(c)ke, Ehm(e), Ehmen, Ehms, Ehmsen (alle ndd.-fries.) sind Varianten zu **Eimicke,** Eimcke, **Eime(n),** Eims, mit der Vollform **Ehmer, Ehmert** neben **Eimer(t), Eimers,** beruhend auf germ. *Agi(n)mar* (»Schwert-Ruhm«) wie **Reimer(s),** Rehmer auf *Raginmar.* Auch KF. *Eme(ke)* entspricht *Reme(ke),* beide um 1200/1400 von Bremen bis Stettin beliebte Pers. N.; 1446 in Kiel: *Emeke* Syrckes.

Ehmer (Bremen) s. Ehmcke! – **Ehmig** s. Emig!

Ehms, Ehmsen s. Ehmcke! – **Ehnert** (ndd.-fries.) s. Einhart, Einert! Vgl. Mehnert = Meinhart. Dazu kontrahiert fries. **Ehnt,** Ehnts neben Eints. KF. **Ehne,** Ehnen. Vgl. Mene, Meents.

Ehni (obd.) = Ähni = Ahn (Großvater). Eberlin der *eni* 1366; Jakob *Ehni* 1597 Nürtingen, Paul *Äny* 1505 Hirschau, Hans *Änlin* 1424 (vgl. »der knaben änlin« 1424).

Ehnimb (Hbg.): wie Arnimb, Vernimb als Kanzlei-Schreibweise für ON. Einem bzw. Einum erkennbar; Joh. van *Enum* 1592 Flsbg.

Ehrath, Ehret (oft im Breisgau) meint den heil. Erhart (Ehrhart), wie Burgath den heil. Burghard und Morath den Morhart. (A. Götze, S. 77).

Ehrck(e) s. Ehrke! Desgl. Ehrecke. – **Ehr:** Bach u. Ort südl. Boppard.

Ehren (von): ON. b. Quakenbrück (alt Ederen, wie Rehren aus Rederen: ed, red = Sumpfwasser; Bahlow, ON. S. 97). – **Ehrengut:** *Ereundgut!* 1442 Basel.

Ehr(en)brecht: *Erimbertus* Abt. v. Salem 1169, Giso *Erenberti* 1326 Volkmarsen.

Ehrenfried: alter Pers. N., schon um 1100 *Erenfrid* (Werden/Ruhr); *Ernfrit*/Württ.

Ehrenholdt: so bei Luther und Hans Sachs für »Herold«, mhd. erhalt, heralt.

Ehrenpreis: mhd. »ehrenvoller Preis«. *Erinpris* 14. Jahrh. Brsl.

Ehrenreiter: aus Ehrenreith/Bay. (-reit = -reut, wie in Bären-, Bernreiter, Stollreither usw.).

Ehrentraut (Schlesien, Görl.): zerdehnt aus Ermentraut, Irmentraut, alt *Irmintrut,* einst beliebter weibl. VN. (Bahlow, Schles. Nbch., S. 35). Entstellt auch Ehrmanntraut. Vgl. Matz *Ermtrautt (Irmetrautt)* 1560; Jorg *Irmentraut* 1554 Görl.; Adam *Ehrentraut* 1598 Zwickau. Vgl. Ehrengart: Ermengart!

Ehren(t)reich: mhd. êrenrîch »reich an Ehren«.

Ehresmann (Ehrensmann), Ehris-, Erismann: vgl. *Erishoupt* 1379 Aargau, Eriskirch/Württ.

Ehrhardt s. Erhard, Ehrath!

Ehrich, Ehrichs (Hbg. oft) s. Erich! – **E(h)rhorn** (Hbg., Brem.): ON. b. Soltau.

Ehring: Patronym (vgl. ON. Ehringshausen/Hessen). Chr. *E(h)ring* 1485 Lpz. Auch ON. Ehring (Bay.), Ehringen (Hess., Thür.). Dazu FN. Ehringer.

Ehrismann siehe Ehresmann!

Ehrke, Ehr(e)cke, Ericke (Hbg. oft), Eekres (ostfries.): nicht identisch mit dem nord. Erik (Erich). – **Ehrl** (Bayern): KF. zu Erhard.

Ehrle (alem.-schwäb.): als KF. zu Erhard (in Baden Ehret) nicht erweisbar, daher wohl ältere KF. zu germ. Erinbert, Erinfrid mit l-Suffix; vgl. *Erlin,* Sohn *Erlins* v. Horneck 1341 Straßbg., wo freilich auch Erlewin gemeint sein kann (wie bei *Erlemann* 1277 Mainz); *Erlin* Ferber 1433 Heilbronn, Henni *Erli* 1381 Baden, Berthold *Erlin* 1275 Straßbg. – **Ehrler** s. Erler!

Ehrlich: im alten Sinne von mhd. êrlich »Ehre habend, angesehen«!

Ehrmann, Erman (obd.): wohl »Ehrenmann«. Wernher Müntzmeister gen. *Ereman* 1385 Basel, Hans *Erman* 1447 b. Biberach. – **Ehrmanntraut** s. Ehrentraut!

Eib, Eiber (obd.-bair.): zum mehrf. ON. Eib, Eyb/Bay. Albrecht von Eyb, Franke, erster dt. Humanist (15. Jahrh.), nannte sich auch Eyber.

Eiben (Hbg.): fries. Patronym, vgl. *Eibe* Heringa 1516, Olrik *Ayben* (Stark S. 127).

Eibl, Eibler, Eiblmayer, Eiblhuber (obd.-bair.) deuten auf die Wohnstätte am Eibengehölz, am **Eibicht.** Vgl. *Ibejeckel* 1393 Brsl.

Eibner (Wien) wie Eibler (Wien) s. Eibl! Eiben ist auch ON.; desgl. Eibenstein (Wien): ON. in O.Ö. Eibenschütz: ON. in Mähren; Eibenstock: ON. in Sa. Zu Eibner: Eibler vgl. Eichner: Eichler.

Eich, Eicher, Eichler, Eichner (alle obd.): auf die Wohnstätte unter Eichen deutend; vgl. Birkner, Büchner, Lindner u. ä.; z. T. auch zu den ON. Eich, Eichen u. ä., z. T. auch vom Hausnamen: »domus *zer Eiche*« (Basel), Burkard *under Aichun* (Basel); Cunr. *zur Eiche* 1298 b. Freiburg. Ebenso **Eichmann,** Aichmann. Bei **Eicher** (vgl. Siebeneicher) konkurriert der Eichmeister, Visierer (mhd. îcher): Heinr. der *Icher (Ycher)* 1368 Eßl. Aber: *Aycher* 1380 Budweis! **Eichele,** Aichele ist auch Flurname. Zum verbreiteten **Eich**baum s. Brech., 386.

Eichbüchler, Aichbichler (obd.): auf der Eichenhöhe wohnend.

Eichenherr s. Eigenherr! – **Eichentopf** (Hbg.): wohl Flurname.

Eichhorn (obd. häufig): wie andere Tiernamen z. T. durch Hausnamen vermittelt: z. B. in Freiburg 1460 ein Haus *zum Eichhorn* u. e. Familie Eichhorn (auch in Mainz 1337); in Istein aber auch e. Bauer Clewi *Eychorn,* wohl ein »Vorratsammler«. (Übernamen nach Tieren behandelt A. Götze, S. 69/70.) Als ÖN. vgl. »locus qui dicitur Eichhorn«: Bodensee-Halbinsel/12. Jh.

Eichler, Eichner s. Eich! Vgl. Siebeneichler u. Siebeneich(n)er (Brsl.). Bahlow, Schles. Nbch. S. 82.

Eichrodt: hess.-thür. ON. auf -rode, wie Bleichrodt, Klapprodt.

Eick, Eyck (ndd., ndrhein.) = obd. Eich, nach der Wohnstätte: Ondereyck (Krefeld) »unter der Eiche«, Vandereicke u. ä.; die ndld. Maler *van Eyck* stammten aus Eyck a. Maas. Vgl. auch Eick(e)-meyer, Eickmann, Eickhoff, Eickhorst, Eickworth, Eickriede, meist westf.; in Lippe 1538 *Ekmeier tom Ekhove,* 1590 ein Bernt *im Ek.* Als ON. beachte Eicken b. Melle: daher FN. von Eicken. Zu **Eicker** vgl. Bröker, Büscher: H. *Eicker* 1335 b. Alzey.

Eicke (oft in Bremen, Ostfriesld.: auch Hbg.): ist (soweit nicht = Eick = Eiche) die fries. KF. Eicke oder Eilke für Eilhard, Eilward, berühmt durch *Eicke* von Repgow, Verf. des »Sachsenspiegels« (um 1220). Vgl. den Friesen *Eycke (Eylke)* Onsten 1501 (Stark, S. 72).

Eickelberg, -born, -kamp sind westf. ON. – **Eickeler** s. Eyckeler. – **Eickernjäger** (ndd.): »Eichhornjäger«.

Eide, Eiden (fries.) = Ede, Eden! Vgl. Benno Eide Siebs.

Eidem, Eidam(s): mhd. eidem »Schwiegersohn« (vgl. schwäb. Tochtermann). Auch Kleineidam.

Eidenbenz (Württ.): urkdl. Bernh. *Ytenbenz* 1472 Horb; *Eitenbenz* 17. Jh. (wie Usenbenz, Smalbenz u. ä.), d. i. »Benz (= Berthold), der *Iten* Sohn«, vgl. Arnold *Ittenson* 1300 Meersbg., Hertel *Idenson* 1375 Württ. Obd. *Itta* entspricht ndd. *Ida* (vgl. E. *Vornydensone* 1300 Dithm.).

Eideneier s. Euteneuer!

Eidtner s. Eitner!

Eierding s. Eggerding!

Eiermann, Eieresser, Eierkuch, Eiermenger (Händler), Eierknecht (Einsammler der Zinseier) s. Ayrer! Ein *Eyerczeler* 1424 in Frkf., wo 1450 auch Conr. *Eiertanz.* **Eierrund** (= Eierhändler). **Eierschmalz** (Bayern) s. Ayrimschmalz (»Spiegeleier«, der Koch): vgl. »in das Häferl ... vier Eyr hineingeschlagen u. ein *Eyrnschmalz* gemacht« (Schmeller, Bair. Wb. II, 257). Franz *Ayrenschmalz* 1519 Bay., Martin *Eyer im Smalcz* 1472 Görl., *Eyrynschmalcz* 1365 Brünn.

Eierstock (Württ.) ist schwäb. Flurname. Ein Bauer L. *Ayerstock* 1468.

Eiffe: vgl. den Bach u. Ort Eifa (Eder, Schwalm), alt *Ifa.*

Eif(f)ler (oft in Görl.): aus der Eifel zugewandert. Rolf de *Eifeler* = R. *von der Eyfelen* 1406 Lippe, Nickel *Eiffeler* 1456 Görl.; Eifelmann 1135 Köln.

Eig(e)brecht = Eggebrecht!

Eigel, Aigel (Rheinhessen): in der Sage begegnet *Egil (Eigil)* als Wielands Bruder. Ein Mönch *Eigel* schon um 800. In Worms 1321 *Eygel,* 1285 Sigel *Eygelmar,* in Frkf. 1335 *Eygelmar,* in Friedberg/Hess. um 1300 Heinr. *Eigel* u. Sohn *Eigel!,* 1375 *Eygel* Deickwecke, in Freiburg 1344 Joh. *Eigel,* in Lünebg. 1307 Lud. *Eygel,* in Reutl. 1342 Benz *Aigelwart,* 1474 H. *Eigelmann,* in Rottweil 1324 *Aigelwart* (Sohn Ulrichs v. Seedorf); vgl. auch *Eigelbert (Agil-, Egilbert),* Erzbischof v. Trier, u. *Eilbert.*

Eigenbrodt: der sein eigen Brot ißt (eigenen Hausstand führt?), im Gegensatz zum Herrenbrot!

Eigenherr: mhd. = auf eigenem Grund und Boden lebend (im Gegensatz zum Lehensbauer »Lehmann«).

Eigenmann (obd.): mhd. = Höriger, Leibeigener.

Eigensatz (Schweiz): auf eigenem Grund u. Boden sitzend. C. *Eigensatz* 1496 Basel.

Eigner, Aigner (Österr., Bay.): das häufige obd. *aigen* meint »Eigengut« zum Unterschied von Erblehen; auch in Tirol oft Hofname: hof *in dem Aigen* 1390. Vgl. Altmann *von dem Aigen* 1302 Bay., Sifrit *uf dem Aigen* 1245, Herm. *ab dem Aigen* 1406 Württ., Walther *im Aigen* 1401 Tirol, B. *Aygner = Ayger = Aigen* 1531 ff. b. Konstanz, J. *Eigner* 1492 Basel (vgl. ON. Eigen: Schweiz, Bay. usw.).

Eik – s. Eick-!

Eikelder (ten): ndrhein. ON. wie Apelder; vgl. Eyckeler wie Apeler; ten meint tom (zum), wie ten Hoff, ten Brink.

Eilbracht (westf.) = Eil(e)brecht, s. Ehlebracht!

Eilderts, Eildermann (Hbg.): = Eilert, mit fries. Dentaleinschub!

Eiler(s), Eilert, Eilderding, Eilmann, Eilke, Eileck(e) s. Ehlers!
Im westf. Hofgebiet tritt gern -mann an Vollnamen: Eilers-, Ehlersmann. Zur KF. Eile, Eyle vgl. *Eyle Eleman* 1420 Kassel, zum Patr. Eyling: Ehling *(Eling* 1300 Stade). – **Eilger** s. Elger!

Eilhauer (alt Eyl-, Eulnhauer) s. Eulner! – **Eilhart** s. Ehlers!

Eilke(n), Eileck s. Ehl(ke), Ehlers, Eilers! Auch Eicke!

Eilmann (ndd.-hess.): = Eile = Eilert (Eilhart bzw. Eilwart). *Eyleman* 1290 Hbg., Lünebg., *Eilmann* 1451 Hachenburg, *Eyle Eleman* 1420 Kassel.

Eilmar, Elmar, Elmer (ndd.): alt Agil-, Egilmar (vgl. Eigelmar!). Ein heil. *Elmar* um 700, Bischof v. Lüttich; *Elmarus* 1310 Greifsw.; *Eilmarus* Stufe 1267 Hbg., noch 1844 e. Herzog *Elimar* v. Oldbg.

Eilrich, Ellrich (ndd.): germ. Agil-rich, selten (agil »Schwertspitze«, rich »mächtig«). *Eylricus* 1299 Bremen; *Elricus*/Lüb.; *Elrich* v. Wesenberg, armiger 1372 Holstein.

Eils (Bremen), Eilts, Eilsen: patr. zu Eile = Eilert!

Eilward siehe Elwert! – **Eimbeck:** Einbeck a. Ilme/Leine, alte Hanse- u. Bierstadt.

Eim(e), Eims, Eimen, Eimecke, Eimke: ndd.-fries. KF. zur Vollform **Eimer(t), Eimers** (Hbg., Bremen), d. i. germ. Aginmar, vgl. Reimer, Reimers aus Regin-, Raginmar. *Eymer* schon 1375 Bremen. Auch Ehme, Ehms, Ehmcke, Ehmer gehören dazu. Eime, Ehme, Emke sind noch heute fries. VN. (Strackerjahn, S. 16). Vgl. auch die ON. Eime, Eimen im Leinetal.

Eimer(s): germ. Agin-mar (Agin-»Schwertspitze«, -mar »berühmt«) s. Eime!

Eimke: ON. b. Ülzen (alt Einbeke, wie Steimke: Steinbeke: Bahlow, ON. [S. 105]). Dazu Eimbcke. Doch s. Eime!

Einbrodt (Hbg.), Eimbrodt: der sein Brot allein ißt, der Einsame.

Eineigel, Einäugler (Wien): der Einäugige. Hänslin der *Ainäuglein* 1398 Traun. Vgl. in Rostock 1257 Nikol. cum uno oculo *(eenoge).*

Einem (von): ON. Einum b. Einbeck/Leine. Ekkehard de Eynem 1212 Hildesheim.

Einemann (Bremen): aus Einen b. Vechta i. O. (auch b. Münster).

Einenkel = Enenkel: alte Form von »Enkel« (wörtl. »kleiner Ahn«). Ulman Cremers *enenkel* 1342 Glatz. Ein Joh. *Enenkel* (Wien) schrieb um 1230 e. mhd. Weltchronik.

Einerhand (Hbg.): vgl. *Mitdereinenhand* (Ndrhein.) u. Alt-Brsl.

Einert = Einhart! – **Einetter,** Eineder s. Einöder!

Einfeldt (Hbg. oft): ON. b. Neumünster.

Eingrieber (Tirol): wie Einberger, Einwaller nach der Wohnstätte; -grieber ist entrundet aus -grüber, vgl. Griebler neben Grübler: an oder in der Eingruobe (einer Bodensenkung an den Berghalden).

Einhart: germ. Pers. N. *Agin-, Eginhard* (wie Meinhart: Magin-, Meginhart), »schwertkühn«; auch **Einert,** fries.-ndd. Ehnert (wie Meinert: Mehnert). Bekannt durch den Schreiber u. Biographen *(Einhart)* Karls d. Großen um 800, Erbauer des Aachener Münsters, e. Mainfranke.

Einhorn: ein Fabeltier orientalischer Herkunft, im MA. vielfach als Hausname beliebt (noch heute Apotheken »zum Einhorn«), so in Worms 1336, Basel, Köln usw. Cunr. *zem Einhorn* 1325 Basel. S. auch Ainkürn!

Einicke, Eineke: vgl. ON. Einecke b. Werl i. W. Bahlow, ON. S. 105.

Eining: Ort a. Donau b. Kelheim, altes Römerkastell.

Einig: Ort b. Mayen/Rhld., alt Inica (wie Reinig: Rinica). Bahlow, ON. S. 106.

Einöder, Eineder, Einetter (obd., Wien, Mchn. oft): zum häufigen Flur- u. Ortsn. Einöd »unbebautes Land«. Vgl. Öder, Eder.

Einold (selten): germ. Pers. N. *Agin-, Egin-old* (frz. Enault, wie Reinold: Renault). Siehe Einhart! Einolf!

Einolf (selten): germ. Pers. N. *Agin-, Egin-olf* (wie Einold, Einhart). Entspricht dem häufigeren württ. **Egenolf,** s. dies! *Eynolfus* 1311 Wetzlar, Heincze *Eynolff* 1387 Frkf., *Enolfus Ottonis* 1401 Kaub.

Einsiedel: mhd. = »Einsiedler«. Aber öfter wohl zum ÖN. Einsiedel (Bay., Österr.): Hans *Ainsiedler* zu Ainsiedeln 1445 Württ., P. *Eynsydel* 1363 Prag, Heinr. *von Einsiedel* 1265 Meißen, Hildebr. *v. E.* im Weimarer Goethekreis. Das Kloster Einsiedeln/Schweiz geht auf d. Einsiedler Meinrad um 830 zurück.

Einsle s. Ensle!

Einsporn, Einspar: ndd. spar = Sporn, vgl. Sparmacher. *Einsporn* 1369 Lg.

Einstein: ÖN. bzw. ON. wie Eppstein, Bilstein; z. T. jüd. wie Silberstein, Goldstein. – **Eints** (fries.) = Einharts, wie Meints = Meinharts.

Eins(t)mann: aus Einste b. Verden (Bahlow, ON. S. 105).

Eiper (Hbg.): urkdl. *de Ypere* »aus Ypern/Flandern« bzw. Kaufmann, der mit Flandern (Tuch-)Handel treibt. *Eyper* auch in Alt-Brsl.

Eipper(le) (Stuttg. oft): = Eiberle, wie Aupperle = Auberle.

Einwächter: Einzelwächter (Gegensatz: Scharwächter).

Eirich s. Eyring! – **Eirund** s. Eierrund! – **Eisbein** s. Eisenbein!

Eisele (Württ. oft): urkdl. *Isenlin, Isely,* gebildet von *îsen* »Eisen« wie *Hafeli(n):* **Häfele** von hafen »Topf«; wie dies (urkdl.) den Hafner, Töpfer meint, so Eisele den Eisenhändler (wie auch Eisenmann!) bzw. Eisenschmied. Vgl. ebenso Stäheli(n), Häberle usw. Ruod. dictus *Isenli* 1288 Waldshut, Hainr. *Isenlin* 1320 Balingen, H. *Isely* 1457 Villgn. (Vgl. E. Nied, S. 94/95). S. auch Eisen!

Eiselt s. Eisoldt! – **Eisen** = Eisenmann, Eisele! Hans *Ysen* 1452 Riedlgn.

Eis(e)nach, Eisenächter: ON. (Thür., auch Rhld.), keltisch (Bahlow, ON. S. 106). Andr. *Yzenach* 1369 Lg.

Eisenbart (obd.): berühmt durch das Lied vom Dr. Eisenbart (Joh. Andr. E., Chirurg, aus Viechtach/Bayern, gest. 1727 Hann.-Münden). Im MA. begegnet *Isenbart* mehrfach als Übername: Heinr. dictus *Ysinbart* 1294 Speyer, Jenni *Ysenbart* 1329 Egerkgn., Peter *Ysenbart* 1422 Waldshut. Meint wohl den Eisenharten, vgl. Eisenkopf, Eisenhaupt, Eisenbeiß, Eisenesser (Eisenfresser) oder einfach den Eisenschmied (wie Linsenbart. = Linsenbauer). Vgl. auch Wackerbart.

Eis(en)bein, heute Eisbein (Hbg.): ist urkdl. mit Joh. *Ysemben (Ysekenben)* 1294 in Hbg. bezeugt (wohl eisernes Schienbein der Rüstung, wenn nicht wörtlich, vgl. den Rigaer Ratsherrn Arnold *Isernhand* 1287).

Eisenbeiß: mhd. îsenbîß »Eisenfresser, Prahlhans«, vgl. *Isenesser* 1275. Wernher *Ysenbyß* 1363 Baden. (Dazu Brech., »Raufbold u. Eisenfresser«, Görl. 1937).

Eisenberg: ON./Thür. Henr. (von) *Ysenberg,* Bgmstr. in Lg. 1332.

Eisenblätter (Ostpr. oft): der Walzschmied bzw. der Panzerschmied. Die Häufigkeit in Ostpr. deutet auf Zuwanderer aus Salzbg.!

Eisenbold (Allgäu): vgl. »der *Ysenbolt*« (Zinsmann) 1361 Oberstdorf, dann auch ON. Eisenbolz b. Kempten *(zem Ysenboltz); Ysenbold* 1394 Xanten.

Eisenbrand, Isenbrand: alter Pers. N. (Chr. *Isebrand* 1464 Bremen).

Eisenführ(er): mhd. vürer ist der Fuhrmann, der eine Ware mit sich führt, der Händler. Auch der Eisenmann ist der Eisenhändler, wie der Weinmann der Weinhändler; desgl. der Eisenmenger; vgl. Eisenköper, Eisenkrämer, Nickel *Ysenfürer* 1423 Görl. (1362 Lg.). Ähnlich Brot-, Buch-, Korn-, Lehm-, Hopfen-, Salz-, Weizenführer. (Dazu Bahlow, Fam. N., S. 149.)

Eisengarth, Isengarth: weibl. Pers. N. (selten) wie Irmengart, Odalgart; vgl. Isentrut wie Irmentrut. Entstellt Eisengarten. Vgl. auch Isengart!

Eisengrein (Württ., Baden): alter Pers. N. *Isengrin* (wie Isegrim, der Wolf in der Tierfabel); -grîm meint furchterregende Maske des Kriegers, wie in Adalgrim, Hildegrim. Vgl. *Isegrim,* Abt v. Ottobeuren um 1150.

Eisenhar(d)t: alter Pers. N. Isenhard. Schon im 7. Jh. ein heil. *Isenhardus* (Bayern). Ein gräfl. Lehnsmann *Isenhart* 1278 Breisg. Ein Ritter Heinr. *Isenhart* 1303 in Meßkirch/Baden. *Iser(n)hardus* 1259 in Rostock, Herm. *Ysenhard* 1404 in Kassel.

Eisenhauer: als Beruf 1136 in Hallstatt erwähnt. Die Vorfahren des amerik. Generals u. Präsidenten E. saßen im Odenwald: Joh. E. 1446 usw. Vgl. Volmar *Isenhouwer* 1419 Eschau/Elsaß; *Eisenhauer* 1312 Augsbg.

Eisenhaupt, -kopf: z. T. durch Hausnamen vermittelt; vgl. Peter (zum) Eysenhaup 1406/29 Prag; Nik. *Isenhobit* 1306 Mainz. Henne *Ysenkopf* 1418 Worms.

Eisenhut (Bayern öfter): mhd. *îsenhût* »Helm aus Eisenblech«; meint den Helmschmied! Frider. *Isenhut* 1298 Nassau, Walther *Ysenhut* 1228 Württ., Nik. *Eysenhut* 1414 Mähren.

Eisenkolb (obd.): mhd. îsenkolbe »eiserne Keule« als Waffe.

Eisenlöffel: nur urkdl., Caspar *Isen-, Eysenlöffel* 1554 Bensheim; Hersteller eiserner Löffel. Das Mittelalter kannte nur Holz- u. Zinnlöffel.

Eisenlohr, -loher, -lauer (schwäb.): zum ON. Eisenloh, vgl. Eschenlohr, -lauer.

Eisenmann: der Eisenhändler. Heinr. *Isenman* 1300 Augsbg. Vereinzelt auch Pers. N.: *Isenmannus* de Grangiis (12. Jh.) Els.

Eisenmenger: mhd. îsenmenger »Eisenhändler« (ahd. mangari, lat. mango »Händler«), vgl. Eier-, Heu-, Senf-, Fisch-, Fleisch-, Pferd-, Salz-, Strohmenger. Auch ndd.: Radolf *yserenmenger* 1267 Rostock, vgl. Henr. *yserenkopere* 1291 Hbg.

Eisenreich (Mchn. oft): alter Pers. N.; herre Hainr. *Ysanrich* 1272 Augsbg. Conr. *Ysenrich (Eysenreich)* 1445 aus Brsl.

Eisenschink (Regensbg.): mhd. schinke »Schenkel«, also Hersteller von Beinpanzern.

Eis(en)traut: weibl. Pers. N. *Isentrût* (vgl. Irmentrut), obd. u. schles., einst in höf. Kreisen.

Eisenwinder: aus Eisenwind/O.Franken. Hans *Isenwinder* 1500 Jena.

Eisenzieher (obd.): nur urkdl. in Mähren (vgl. Drahtzieher). Heinr. *Eysencziher* 1348 Brünn (Budweis, Olmütz).

Eiser, Eisermann (Mchn. oft) sind Varianten zu Eisen, Eisenmann, mit dem urspr. *r* von mhd. *isern, iser* »Eisen« (auch Eisenrüstung), vgl. *Ise(r)nhard:* Eiserhardt; mhd. iser-hose, -kolze, -ram u. ä.; noch heute westf. »Eiserkuchen« (vom Waffeleisen). Auch das mhd. Adj. iserin, isenin meint den Eisenkrämer oder -schmied: so Nitsche *Yseryn* 1369 Lg., Pecz *eysereyn* 1399 neben Peter *eysneyn* 1360 Mähren. (E. Schwarz, S. 83.) *Ysernehenneke* 1352 Greifsw. Aber: *Iserin strit* in Alt Brsl.

Eisfeld: ON./Thür. Wald. – **Eisfried** (Math. *Eysfrid* 1393 Brüx): seltener Pers.-N. *Isfrid.* Vgl. Isverd(ing)!

Eising(er): ON. (obd.).

Eisler (obd.): noch schwäb.-alem. Ißler »Eisenhändler«, mhd. isener. Vgl. Eisele!

Eislich: mhd. egeslich, eislich »schrecklich«, vgl. *Eyslich* 14. Jh./Brsl.

Eisner (obd.): mhd. *îsener* »Eisenhändler«. Walther *der Isiner* 1272.

Eisold, Eiselt (zahlr. in Sa.): obd.-fränk. Pers. N. *Isolt* (noch in ON. wie Eisolzried: 1140 *Isoltesriet,* oder Iselshausen/Nagold: 1138 *Ysolteshusen),* jedoch früh außer Gebrauch. Vgl. Berthold *Isolt* 1266 M.-Franken, Leukart relicta *Eisoldi* 1289 b. Nürnbg., die *Eysoltin* 1314 Kr. Landshut, Nicl. *Eysolt* 1427 Zittau, Greger *Eiselt* a. Böhmen 1572 Görl. Daß auch die mhd. Dichtung (Tristan u. Isolde mehrfach als VN.!) hineinspielt, lehrt z. B. Heinr. *Ysoldis,* Schöffe 1284 Reichenbach/Schles. (Reichert, S. 145; Kegel, S. 113).

Eistraut: s. Eisentraut (wie Eismann: Eisenmann; Eisrich: Eisenrich). Vgl. *Eystrawt* 1391 Brsl. (neben *Isentrud* 1352), Nikl. *Ystrud* 1494 b. Kassel.

Eisvogel: mhd. *îsvogel.* Ein listiger, verschmitzter Mensch; so bei Joh. Fischart (»Gargantua« 1575): »er als ein verschmitzter Eisvogel« (DWB III S. 381). Adolf *Ysvogel* 1361 Werden/Ruhr, Hensel *Eysvogel* 1369 Budweis.

Eitel, Eytel, Eydel (obd.): mhd. îtel »nur, bloß«. Eitel-Fritz (graf *Itelfricz* zu Zolr 1419) meint »nur Fritz geheißen«; vgl. Wolf v. Spanheim, gen. *Ydel Wolf* 1372 Hessen, *Ytel Dietrich* Vogt u. Hans D. V., Söhne des Dietrich V. (Radolfzell) 1431. Hanus Herman, *Eytelhans* gen. 1486 Teplitz. Vgl. auch Gundfrid gen. *Itelguntfrid* 1356 Villgn., *Iteltegan* 1428 Echterdgn., *Ydelweise* (Ritter) 1415 Hessen, Nic. *Eytelpoß* (»böse«) 1397 Böhmen; Nic. *Ytelrocke* 1369 Lg., Cuncz *Eitelprot* 1374 Olmütz, *Itelschelm* 1499; *Eitel* Egen 1371 (Br. u. Sohn Volkart Egen).

Eitner (Schlesien), auch Eidtner, Eythner, nebst Eyth: ein Metronym (Muttername) wie Alschner, Jüttner, Leuschner, urkdl. auch *Aytener* neben *Eythener* 15. Jh. (Lg., Görl.), d. h. »Sohn der Aythe (Agathe)«, deutlich in Opecz *der Ayten* 1388 Lg., Andres *Aytener* 1461 Mertschütz, Georg *Aithe* 1564 Görl. (Weiteres: Bahlow, Schles. Nbch., S. 57; auch oben unter Agethen!) *Eythe* 1512 Saalfeld, *Eyth* 15. Jh. Württ.

Eitzen, von (Hbg. oft): ON. Eitzen u. Eitzum mehrf. in Hann. (Bahlow, ON. S. 108). Dazu auch Eitzmann (Hbg.), wie Eixmann aus Eixe.

Eixmann (Hbg.): aus Eixe b. Peine, wie Eitzmann aus Eitzen.

Ekhoff s. Eickhoff! – **Elbe** s. Elben!

Elbel (obd.-böhm.-schles.): KF. zu Albrecht (s. dies!). *Elbel (Albrecht),* Brauer 1343 Brünn, *Albrecht Elbel* kürsener 1368 Glatz; *Elbel* hefteler 1352 Brsl. (Weiteres: Bahlow, Schles. Nbch., S. 35.) Vgl. auch *Pach-elbel* (d. i. Elbel am Bach) in Eger.

Elben, Elbe: ON. Elben a. d. Elbe (Zufluß der Eder), auch a. d. Sieg und b. Olpe. Zum Flußn. Elbe *(Elbene, Albina)* s. Bahlow, ON. S. 108/109.

Elberding: westf. Patronym zu Elbert, wie Alberding zu Albert.

Elberfeld: urkdl. *Elverfeld* (dazu ausführl. Bahlow, ON. S. 109).

Elbert, patr. Elbers, rhein. Elbertz, auch Elbrecht, **Elbracht,** Ehlebracht war vom Rhein bis zur Nieder-Elbe beliebter Pers.-N., eigtl. germ. *Agil-berht, Egilbert* (z. B. Kanzler Heinrichs II. um 1000), kontrahiert *Eilbert, Eilbrecht,* schließlich *Elbert, Elbrecht, Elbracht.* (Wie Eilmar: Elmer; Eilrich: Elrich; Eilers: Ehlers; Eilward: Elwert.) Zum Wortsinn s. Ehlebracht, Ehle! Belege: *Eilbertus, Elbertus* um 1300 in Hbg., Bremen, Lüb., Greifsw., Rostock usw., *Elbertus* Louwe 1379 Xanten, *Elbrecht* Schicke 1377 Frkf., Heincze *Elbrecht* 1387 Frkf., *Elbracht* Lorber 1387 Frkf.

Elchlepp, Elchleb, Elgleb: zu den thür. ON. auf *-leben,* wie Büschlepp, Hemlepp, -leb, Eischlepp, Ortlepp usw. (Bahlow, Dt. Nbch., S. 93). Gemeint ist Ellichleben ö. Arnstadt.

Eldagsen: ON. (Kr. Minden u. Kr. Springe). Berward v. Eyldagessen 1316 Hann. (Pers. N. Agil-, Eildag wie Adeldag.)

Eldert, Elders s. Eldert!

Elend, Ellend, Ehlend: mhd. ellende »in der Fremde lebend, verbannt, unglücklich, elend« (der ellende man). Niclas *Ellend* 1352 Brünn.

Elepfandt s. Helfant! – **Elesser** s. Elösser! – **Eley** s. Eligius!

Elert(sen), Elers (Hbg.) s. Ehlers!

Elfers, Elfert s. Elvers! – **Elfeld(t):** ON. Ellefeld/Vogtld.

Elfreich (alt Elferich) s. Elverich!

Elfring (westf.): verschliffen aus Elferding wie Albring aus Alberding; meint »Sohn des Elvert«. – **Elfroth:** ON. auf -rode.

Elgast, El(l)gas: ein Nachklang der altd. Heldensage (J. Grimm, Kl. Schr. VI., 34); im mhd. »Ortnit« (Dietrich-Sage) ist *Eligast* ein listenreicher Zwerg. Schon 1178 in Köln: Albertus qui dicitur *Elegast:* ferner *Eligast* v. Kenzingen 1262 Baden, *Elgast* v. Sleheried 1241 U.-Frk., Cuonr. *Elgast;* Joh. *Elegast* 1358 Hann., Sigism. *Eligast* 1402 Prag, *Elgast* um 1350 Brsl.

Elger, Elgering: seltener altd. Pers. N. *(Agil-ger, Eilger);* b. d. Grafen v. Hohenstein war der VN. *Elger, Eilger* traditionell. Ein *Elger* Schindel um 1300 Lg., *Elger* v. Crokaw 1375 Brsl. – **Elgleb** s. Elchlepp!

Elhardt (obd.), eigtl. Ellenhardt, seltener Pers. N. wie Ellenrich!

Elias: der Prophet (I. Kön. 17). Im MA. selten; als bibl. N. erst reformatorisch. Auch Eliassen, Ellissen, Elies, Leyes. *Elias* Godjar 1268 Ro. – **Eligius** s. Eloy!

Elisabeth: hebr. »Gott hat es geschworen«. Gemeint ist die Mutter Johannes des Täufers; im MA. der beliebteste weibl. Taufname neben Margareta u. Katharina, vor allem seit der Heiligsprechung der berühmten Landgräfin E. v. Thür. (Wohltäterin der Armen) um 1230. Auch als Elsbeth, Else (vgl. Elsenhans), Bele, Nele, Liese, Lisbeth, Ilsebey u. ä. Henr. *Elisabeth* 1289 Quedlbg., Dietrich *Elisabet* (Ritter) 1289 Tautenbg./Thür., Thomas *Elsbeth* (Franke) um 1600. Patr. *Elsbetter Elspeter* 1310, 1382 Bay. In Schlesien vgl. Hielscher (wendisch)! Ein Patrizier Engelbert *Lyse(n)* = E. filius domine Lyse 1280/90 Rostock.

Elkan (wie Alkan): jüd. (»gotterworben«). Vgl. auch Elkusch, Elkisch: mit slaw. Suffix (Schles.).

Elker s. Elger!

Elle, Ell: da schon 1324 in Barth/Pomm. Henning *Elle* u. 1357 in Lg. Nicclos *Elle* (Tuchhändler) begegnen, kann nur die Schneider-Elle gemeint sein (mhd. elle, ellen, elne, aus ahd. elina); wohl als Vertreter des Tuchhandels zu deuten.

Ellebrecht, Ellbracht (Westf., Bremen) s. Elbert! – **Ellenbogen:** mehrf. ON.

Ellend, Elend: s. Elend!

Ellenhans, Ellensohn (obd.-schweiz.): Sohn der Elle (= Else), vgl. Elsensohn. Als N. einer Bäuerin b. Minnesänger Hiltbolt v. Schwangau: »*Elle* und Else tanzent wol.« Ulr. *Ellinson* 1276; Heinr. *fron Ellinun* 1331 Zürich.

Ellenhardt (obd.): als altd. Pers. N. in Straßbg. 1299 *Ellenhart,* 1433 Joh. *Ellehart;* im Allgäu 1375 Bentz *Elhart; ellen* (germ. aljan) meint »Stärke, Kampfesmut«, vgl. mhd. ellenthaft »tapfer« u. *Ellentreich* (mhd. Dichter).

Eller, Ellermann (nordd.): werden deutlich durch **Ellerbrock,** Ellersiek, Ellerbrake, Ellerbaum, Ellernkamp, – alle nach der Wohnstätte an Ellern, Ellergebüschen (ndd. *eller* »Erle«). Auch Ellerhorst, Ellerbeck, Ellerbusch, Ellermeyer, Ellerhusen. Eller ist auch prähistor. Bach- u. Ortsname (alt Elnere bzw. Elera, Alira): 1. Ndrhein. 2. Mosel, Nahe. – **Ellert,** Ellers s. Ehlers!

Ellgas siehe Elgast!

Ellguth, Illguth (O. Schles.): eine slaw. Bezeichnung f. d. zinsfreie deutsche Rodungsdorf, aus *lgota* »Erleichterung«, Befreiung von Abgaben. Oft ON. in O.Schles. (Bahlow, Schles. Nbch., S. 82) *von der El(le)got* 1423 u. ä.

Ellinger (obd.): aus Ellingen (Franken). Zu Elling (Hbg.) vgl. ON. Ellingen/Soltau.

Ellissen siehe Elias!

Ellmann (obd.), Ellmaier, Ellmüller: vgl. dazu Ellhofen am Ellbach/Württ., auch Ellwangen u. ä., zu e. Wasserbegriff *elch* (alch, *eln* (aln).

El(l)mers (Hbg.) s. Eilmar! – **Ellspermann** (westf.): aus Elspe/Lenne (Bahlow, ON. S. 112).

Ellrich (Hbg.) s. Eilrich!

Ellwanger: Ellwangen/Jagst.

Ellward (Danzig oft), **Elwert,** Eilward: beruht auf germ. *Agil-, Egil-ward,* wie Ellebrecht, Elbert auf Agil-, Egil-berht. Im ndsächs.-fries. Raum einst beliebter Pers.-N. Vgl. auch *Agilhard:* Eilhart. In Hbg. um 1300 *Eylwardus = Elewardus = Eylardus* Copman.

Elm, von (Hbg.): ON. b. Bremervörde.

Elmenhorst: mehrf. ON. (Holstein, Meckl., Pomm.); *elm* ist die germ.-altd. Lautform für »Ulme« (aus lat. ulmus).

Elmer: soweit obd., ist der Flur- u. Ortsname Elm gemeint (Werner der *Elmer* 1322 Glarus: z. ON. Elm/Schweiz). Aber ndd. Elmer ist Pers. N., s. Eilmar!

Elösser, Eleöser, Elesser nebst Lesser, Löser u. ä. sind jüd. für hebr. Eleazar, Elieser »Gott ist mein Heil«.

Eloy, Elloy, Eley, auch Gloy, Gley, Loy, Ley: rhein.-südwestd. Formen f. d. Heil. N. *Eligius,* Patron der Goldarbeiter, Schmiede u. Pferde.

Elsbeth, Elspeter, s. Elisabeth!

Else, Elsemann, Elsen (ndrhein. Tenelsen, Vanelsen) enthalten den ÖN. bzw. ON. Elsen Els(e), mehrf. ndrhein.-westf.; zum ON. Elsen bei Paderborn (s. Bahlow, ON. S. 112!) gehört Cord *Elseman* 1382 Hann. Im Raum Aachen, Düsseldf., Duisbg. ist **Els,** Elß häufig (Gerit *van Els* 1549 Wesel); els ist die ndld. Form für ndd. Eller »Erle«, deutet also auf feuchtes, sumpfiges Gelände (vgl. frz. alise, span. alisa »Erle«). Vgl. auch Elsholz, Elshorst, Elshoff, Elsenbrock. Aber Metronym ist Hans *Else* 1436 Erfurt, Hans *Elsin* 1412 Arnstadt.

Elsenhans (Württ., Baden) ist Metronym (Muttername) wie **Elsensohn:** sie entsprechen Ellenhans u. Ellensohn im selben Raum (Elle = Else)! Vgl. »Elle und Else tanzent wol« (Bäuerinnen b. Minnesänger

Hiltbolt). Cunr. *filius Else* 1323 Elsaß, Peter *Elsen sone* 1357 Grünbg./Hess., Nicze *der Elsen* 1381 Sorau.

Elser (obd., Mchn.): ist Metronym (= Elsensohn) wie **Grether** (Gretensohn) und **Neser** (Nesensohn), alle obd.-schweizerisch. Hans *Elser* 1475 Württ.

Elsler (obd.): Muttername auf -er, -ler, wie Gretler; vgl. Elser, Greter. Fanny Elßler, die Ballettänzerin, war Wienerin.

Elsner (Schlesien oft): Sohn oder Gatte einer Frau Else; Metronym wie Jüttner, Tilgner usw. Nitsche der Elsen 1381 b. Sorau, Nitsche Elsener 1388 Lg., Bartusch Elsener 1433 Jacobsdorf b. Lg., Hans Ylsener 1476 Gö. Der Name zeigt von vornherein »e«, also nicht zu verwechseln mit Ölsner (zu slaw. olesna »Erle«), vgl. »von der Ölsen« 1382 Lg., erst im 16. Jh. entrundet »von der Elsen« 1576 Lg., so daß dann Verwechslung möglich war.

Elsper – s. Ellsper-! – **Elst** (van Elst): ON./Holld. (alt Alisto).

Elste: vgl. ON. Elsten i. O., aber auch das fries. Patr. Haje *Elstena!*

Elster: in Sachsen (Lpz. oft!) zum Fluß Elster; vgl. »Elstermann von Elster« in Chemnitz. Auch ON. b. Wittenberge/Elbe u. ON. Elstra Kr. Bautzen. **Elstermann:** zum Fluß- wie zum Orts-N. – Auch der diebische Vogel spielt hinein. – **Elten:** ON./Ndrh. (B. *v. Elten* 1425 Barth).

Elsterwerth: ON. E.-werda/Sa. Hans *Elsterwerd* 1471 Görl.

Elter(mann): Westf., Hbg., Bremen, Danzig, zum ON. Eltern a. Hase (Ems).

Elting: ON. Eltingen/Württ. Uolr. *Elting(er)* 1332 Rottenbg.

Eltrich (Allgäu): s. Altrich! – **Eltester:** einer Zunft od. Gemeinde.

Eltz, Eltzer: ON. Eltz (Mosel, Neckar), eigtl. Flußname, prähistor. (Bahlow, ON. S. 113).

Eltzemann (Lüb.): ON. Eltze/Peine.

Elvers, Elfers (ohne Umlaut **Alvers**): *Elver* war von Westf. bis Pomm.-Ostpr. beliebter Pers. N., gekürzt aus *Elverich (Alverich);* vgl. den Zwergenkönig Alberich der Nibelungensage. *Alvericus* (heute auch Alverk: Kiel) um 1250/1350 oft in Hbg., Bremen, Stade, Lünebg., Rostock. H. *Alverkes* 1415 Kiel. *Elverich* v. Heyle 1229 Westf. *Elverus filius Elveri* 1313 Lünebg., *Elver* Weland um 1300 Brem., Godeke *Elfers* 1352 Brem. Patronym ist *Elvering,* Elfering. Zu Elverich: Elver vgl. Oderich: Oder und Frederich: Freder. Zu **Elfert** vgl. Alfert *(Alfhart).*

Elwert (ndd. = Eilward) s. Ellward!

Elze: Ort a. d. Leine (urkdl. *Alice,* zu *al* »Sumpfwasser«). Lüdeke *Elze* 1399 Brschwg.

Embert, Embers, Embrecht (ndd.): Pers. N. *Agin-, Eginberht.* Vgl. Agin-, Eginhard; Agin-, Egin-olf; Agin-, Egin-mar.

Embke, Emke (Hbg., Bremen) s. Ehmcke! Doch vgl. ON. Em(b)ke b. Ülzen: Borcherd *de Embike* 1308 Hann. Desgl. Eim(b)ke u. ON. Eimbeck.

Emde (Hbg., Bremen oft): aus Emden a. Ems. Zu Em(b)den vgl. auch ON. Emden b. Haldensl. Aber »von der Emde« (Marbg.) zu ON. Emde b. Höxter.

Emeis s. Ameis! – **Emhard** (obd.): *Emhard* Lüchsenring 1352/Bay.

Emig, Emich, Ehmig (hess.-fränk.-obd.): urkdl. KF. zu Emmerich (Embrich). *Emicho = Emercho* de Wolveskelen miles 1260 Wetzlar; *Emicho = Embricho,* Bischof v. Würzbg. 1140; Bentz *Emich* 1350 b. Stuttg.

Emke(n): Bremen, Hbg., s. Ehmcke! Desgl. patr. Emker. – Emler s. Emmelrich!

Emme, Emmen (Hbg.): fries. Pers. N., vgl. Ubbo *Emmius,* fries. Chronist 16. Jh.

Emmelrich, umgelautet aus **Amelrich** (s. dies!), im MA. beliebter germ. Pers. N. (schon ostgot. Herrschername Amalrich); dazu obd.-rhein. **Emmel,** Emmlein, **Emmelmann;** ndd. **E(h)mcke** *(Emeke),* soweit nicht = Eimke. *Emelricus* Pape 1320 Lübeck, *Emelricus* de Ponte 1170 Köln, *Emmelrich* Ruodel 1336 Nassau; Thylo *Emmelrich* 1317 Bingen, wo auch *Emmelman* 1338. Patr. ist *Emler, Amler.* – Zu Emmelmann vgl. auch ON. Emmeln/Ems.

Emmer (Mchn. oft): obd.-bair. Emmer (vgl. Emmerland) meint Dreschkorn. Vgl. *Halbemmer* 1414 Nikolsburg/Mähren.

Emmerich (am Mittelrhein, Frkf., Wetzlar): ein Nachklang der Ermenrich-Sage, wo die Harlungenbrüder *Imbrecke (Emerca)* u. Fritele, Neffen des Gotenkönigs, auf d. Burg zu Breisach hausen, in der Obhut des treuen Eckehard. Als VN.

in Ritter- u. Patrizierkreisen bezeugt: Ritter *Embrico* v. Lahnstein 1217, Ritter *Emercho* v. Wolveskelen 1267 Wetzlar (auch *Emicho*), *Embrico (Imbrico)* Graf v. Leiningen 1077, *Emmercho* Rosenwasser 1264 Wetzlar, *Emmerich* Schepkessel 1371 Frkf. Noch 1770 *E.* Frhr. v. Breidbach/Mainz.

Emmerling (Mchn.): bair.-österr. = Gold-Ammer.

Emmermann (Hbg.): aus Emmern b. Hameln (Fluß Emmer/Weser). Vgl. aber Emmermacher: zu ndld. emmer = Eimer.

Emmert (Mchn.): = Emmer (m. sekundärem -t). Doch vgl. auch Emhart!

Empen (Hbg.): uralter Bach- bzw. Ortsname wie Ampen i. W., vgl. ON. Empede u. Empelde in Hann. (z. Wasserwort *amp, amb:* Bahlow, ON. S. 115).

Empfenzeder (bair.-österr.): wie Lempenzeder, Leibenzeder (: Leipoldsöder) zu den ÖN. auf -öd, -ed. – **Emund,** Emundts, Emonts (ndrh.-ndld.): germ. Pers. N. (*ê* »Gesetz« und *munt* »Schutz«). Ritter *Edmund* v. Gymnich 1300; König Erik *Emundsson* 850/Schweden.

Empl (Mchn.), **Emperle:** wohl = Ambl(ing), Amelung; vgl. Lemperle Lambrecht.

Emrich siehe Emmerich!

Encke (Hbg., Bremen): fries. KF. (*Eniko* 10. Jh.) mit k-Suffix zu *En(n)o,* analog zu **Mencke:** Men(n)o u. ä. Dazu patr. **Enking,** Enneking. Vgl. Enninga: Menninga. Nicht zu verwechseln mit obd. Enke »Knecht«! – **Enckevort:** ON. auf -furt.

Ende, Endemann: der am Ende (des Ortes oder der Straße) Wohnende. Vgl. Amend. Heine *an dem ende* 1381 Sorau, Michel *am ende* 1438 Lg., Conr. in fine ville 1300 Basel; erblich schon 1410/30: Paul *amende,* Sohn Hensel *amende* (Braunau/Böhmen). Heinr. *Endeman* 1397 Brsl.

Ender, Enderle, -lein, Endel(e): obd. KF. zu Enders, Endres = Andreas. Auch Endermann. *Endelin* Kromer 1530 Ulm, Nikel *Endel* 1414 Mähren.

Enders, Endres sind obd. Formen mit Umlaut für **Anders,** Andres = Andreas.

Endler (obd.-böhm.): patr. zu Endel (Andreas), mit obd. *-er,* wie Hensler, Michler, Hempler u. ä. *Endler* seyler 1396 Budweis, Fridlin *Entler* 1359 Iglau, Nikel *Endel* 1414 Mähren. Ein ON. Endlau in Bayern.

Endres, Endraß (obd.) s. Enders! Endresser (Ö.) ist Patr., desgl. lit. Endruweit, Endrulat.

Endzweig (Regensbg.) meint »entzwei«! Vgl. Mittenzweyg! Rammenzweyg!

Enenkel (mhd.): der Enkel (eigtl. »kleiner Ahn«). Vgl. den Wiener Jansen *Enikel* um 1250, Verf. e. »Weltchronik«. S. auch Ehni!

Engbert(s), Engberding (rhein.-westf.) s. Ingbert! Vgl. Engwers: Ingwers. Enge-: Ingebrand.

Enge, Eng(e)mann: nach der Wohnstätte an enger Stelle. Doch ist in Görlitz *Eng(e)mann* so häufig (50 mal), daß Vermischung mit dortigem *Endemann* vorliegen dürfte, zumal erst um 1500 auftretend (Caspar *Engeman* gerber 1515 neben Merten *Endeman* 1503), bestätigt durch Melchior *von Enge* = Melcher *vom Ende* 1632/43 Quedlbg. – Nordd. ist *Eng-* oft = *Ang-* »nasse Wiese«, s. Engelage!

Engebrand ist Variante zu Ingebrand: *Enge-, Ingebrand* v. Wertdorf 1250 Gießen.

Engel: z. T. durch Hausnamen vermittelt, z. T. KF. zu Engelhard u. ä., so auch Engelmann, Engelke. Hans *zum Engel* 1439 Mainz, Billung *zem Engel* 13. Jh./O. Rhein. Als Metronym: Heinr. *fron Englun* = H. domine *Engele* 1244; als Übername: Ritter Iwan ... geheten *Engel* 1365 Holst. Ein Thomas *Schauenengel* 1533 Danzig. Cunr. *Engelsun* 1329 b. Meßkirch.

Engelage (Bremen): ON. b. Lübbeke i. W. (*eng* = *ang* »nasse Wiese«), vgl. Engbüttel, Engden a. Vechta (mit Moorwüste), Engelern *(Angelare)* b. Bramsche. Enger b. Herford, Engern a. Weser usw. (Bahlow, ON. S. 116).

Engelbrecht: altd. Pers. N., im MA. beliebt (*Angil-, Engel-* urspr. wohl zum Volksn. der Angeln, später zu christl. »Engel« umgedeutet). **Engelbrecher** ist österr.-schles. Patronym (wie Erkenbrecher, Weipprecher, Rainprechter u. ä. Nordd. ist **Engelbert,** -bertz (rhein). Engelbrett ist entstellt wie Eckbrett (statt Eckebrecht); Engelbrecher (obd.) wie Ekkenbrecher. Vgl. auch KF. Engelke, Engelmann. Schon Karls d. Gr. Schwiegersohn hieß Engelbert; im Rhld. hochverehrt war Erzbischof E. von Köln (Märtyrer), den Walther v. d. Vogelweide besingt.

Engelger (seltener, vornehmer Pers. N.): Ratsherr *Engelger Engelgers* 1292 Brsl.

Engelhard(t): der bekannteste aller Pers.-N. mit Engel-, im MA. gefördert durch die Freundschaftssage von »Engelhard u. Engeltrud« (höf. Versnovelle Konrads v. Würzbg.). Verschliffen: Englert (soweit nicht = Engler). Patr. (westf.): **Englerding,** wie Deterding, Humperdinck usw., desgl. **Engelking,** zur KF. Engelke, wie Gödeking.

Engelke, Engelken: ndd. KF. zu Engelhard, Engelbert. Dazu als Patr. (westf.) Engelking, wie Gödeke: Gödeking; Abeke: Abeking. Vgl. *Engelke* Mandüvel 1362.

Eng(e)lmann: KF. zu Engelhard, Engelbrecht, Engelger, Engelmar, Engelschalk. Schon 1170 in Köln: *Engelman* (Vater u. Sohn). Gunther *Engelman* 1348 Lg.

Engelmar (obd.): -mar meint »berühmt«. *Engilmarus* 1261 (ob der Enns), *Engelmar* 1387 Frkf., 1409 Würzbg.– **Engelmut** (weibl. VN.): Godefr. *Engelmudis* fil. 1245 Wetzlar.

Engels (ndrhein.) siehe Engel!

Engelschalck, -schall (obd.): öfter in Ö., wie Gottschalk, -schall.

Enger(t): obd., zum ÖN. Enge bzw. ON. Engen (Baden). Cuonr. *Enger* 1405 Villingen. Jod. *Engerer* 1498 b. Mannh.

Engesser (obd.): in enger Gasse wohnend, vgl. her Henrich, *von der Engingassen* gen. 1327 Lahnkr., Merklin *in Enggassen* 1338 Friedgn./Württ.

Engfer (Holstein): Sigfr. *Engvari, Ingwers* 1647, germ. Pers. N.

Engleder (Bay., Ö.): zum ON. Englöd, wie Bichl-, Riedl-, Schießl-eder.

Engler (obd.): patr. zu Engel, bzw. = Engelher. Heinr. *Engeler* (Bauer) 1301 Thurgau.

Englerding s. Engelhard!

Engling (Westf.): patr. wie Engelking, Englerding; vgl. Ebeling, Gobeling.

Englisch (ostd.): KF. mit slaw. Suffix, vgl. *Engelusch* 1330 Brsl. (zu Engeltrud bzw. Engelhard s. unter Engel)!

Engmann siehe Enge!

Engster, Engstler (obd.): wie Angster nach der Wohnstätte; vgl. Bertschi *an der Angist* (: der engsten Stelle) um 1300 Basel. Heinr. *Engester* 1395 b. Amorbach; *Engster = Engstler* 1624 Feldkirch.

Engwers s. Ingwers!

Enke, Enk (obd.): = mhd. enke »Knecht«. Sifrid *Enke* 1220 Ellwangen. S. auch fries. Encke!

Enking (ndd.) s. Encke!

Ennen (fries.): Sohn des *Enno* (Eino, Eno) = Einhard, vgl. *Menno* (Meino, Meno) = Meinhard. Mit k-Suffix: Enneke, Enneking; patr. Enning (Eining), Ennenga, wie Menninga. – **Enneper:** ON. Ennepe/Ruhr (Bahlow, S. 117).

Enslin, Ensle (alem.-schwäb.): KF. zu Anshelm, s. dies! (Nachweis b. Socin, Mhd. Namenbuch: *Enselinus = Anshelmus*). Auch ohne Umlaut: Conr. *Ansli* 1370 Saulgau.

Enste (Düsseldf.): ON. b. Meschede; ist prähistor. Bachname wie Ennest *(Anista)* b. Olpe. – **Ente:** »Geflügelhändler«, vgl. Mates *mit der ente* um 1350 Brsl.

Entholt: ndd. ON. (holt = Gehölz), wie Bockholt u. ä.

Entres, Entreis, Enter, Enterlein (bair.-österr.) = Endres, Ender = Andreas.

Enz, Enzmann, Enzlin (obd.): alter Pers.-N., vgl. Anz, Anzmann. *Enzman* v. Thalheim, Bauer 1138 Württ.; Hainr. *Entzen* chint v. Vels 1280 Tirol.

Epe (ndrhein.-westf.): mehrf. ON. (u. Flurn.) von Gelderld. bis Osnabr., auf nasse, moorige Gegend deutend. Auch Epen, neben Ape, Apen. Vgl. *»in den Eppen«* (Westf.); *ap, ep* ist uraltes Wasserwort.

Epp (obd.) nebst **Epple** (schwäb.) ist alte KF. zu Eberhard. *Eppo = Eberhard* v. Nellenburg 1018 Baden, *Eppo = Eberhard* Zeiße 1299 Basel. *Epplin* Haintzelman 1358 Augsbg. Vereinzelt auch = Albrecht: *Albertus (Appelinus) dictus Eppelin* 1283 Heilbronn.

Eppen(s) ist ndd. Patronym zu **Eppert,** Eppers, wie Ebben (fries.) zu Ebbert, d. i. Egbert (s. Ebbe!); dazu als westf. Patr.: **Epping,** Eppink, wie Ebbing. Vgl. **Eppmann** (Hbg.). *Eppo* de Dokum, Friese 1300.

Eppler (obd., Mchn. oft): wird verständlich durch Eppelbauer, also »Obstbauer, Obsthändler«, wie der *Epphelchramer* 1414 Mähren (vgl. den Appelkrämer 1617

Neuß). Nic. *Eppler* 1390 Iglau, Joh. *Eppeler* 1485 Görl., Rudel *Eppfeler* 1367 Glatz. Hensel *Eppel* 1390 Böhmen.

Ep(p)stein: ON. (Taunus, Pfalz). – **Eptinger:** ON. Ewatingen/Baden.

Erasmus (»liebenswert«), Erasmi, Eras (s. auch Rasmus, Asmus, Raßmann, Aßmann! bair. Rasem, Asam!): Märtyrer u. Nothelfer, Patron der Drechsler und Schiffer. Erst im 15. Jh. beliebt, vgl. den Humanisten E. v. Rotterdam.

Erath s. Erhard!

Erbe, Erb: am Oberrhein (Elsaß, Straßburg) um 1100/1400 beliebter Pers. N. (ahd. *erbo,* got. arbja »der Erbe«). Vgl. »ich *Erbo, Erben sun*«, Ritter 1282 Kolmar, *Erbo* Schonterlin 1260 Straßbg., *Erbo* Mendewin 1353 ebda, Joh. *Erbe* 1320 Konstanz. Patr. **Erben.**

Erbelding, Erpelding, Erbeling: westf. Patr. zum Pers. N. *Erbold;* vgl. *Erboldus* Ebbena (Friese) 1277 (Stark, S. 163).

Erber (obd.): wohl der vom Erb-Hof, vgl. Hans *Erber* 1441 Tirol neben Hans *Erb* 1501 Tirol; Hainr. der *Erber* 1324 Rottweil.

Erb(e)rich (Düsseldorf): ON. (2 mal) am Ndrhein. S. dazu Bahlow, ON. S. 120.

Erbs(e), Erbst: obd., meint den **Erbisser** »Erbsenbauer, -händler«. Vgl. Heinr. *Erwißman* 1342 Württ. Auch Erbsmehl, Erbsstroh, *Erweißmus* 1305.

Erbslöh (Düsseldf.), Erbschlö: ON. ebda; d. i. *Erpes-lo* (Bahlow, ON. S. 125).

Erbstößer: wohl »Erbsenhändler« (mhd. stôßen »Kleinverkauf treiben«, vgl. Splett-, Krautstößer).

Erchmeker (ndd.): entspricht dem obd. Ircher, der Bocksleder verarbeitete. Richard erchmekere 1321 Lüb. Conrad erchmekere 1265 Hi., wo noch eine Erchmekerstraße.

Erdbeer: mhd. ertber, »Erdbeeren-Gärtner, -Händler«.

Erdl (Bayern), Erdle(n): s. Örtel (= Ortlieb, Ortwin), entrundet Ertl.

Erdmann, Erdt-, Ehrtmann: vor dem 14. Jh. nicht begegnend; beruht auf dem einst verbreiteten Pers. N. *Ertmar* (ert »Erde«, mar »berühmt«). Auch die Orte Erdmannsdorf (Schles., Sa.) hießen *Ertmarsdorf.* Vgl. auch *Ertwin.* Zeugnisse: *Ertmarus* Anklem 1303 Stralsund, *Ertmar* 1288 Greifsw., *Ertmer* Walhuser 1326 Lünebg., *Ertmar* Liscow, *Ertmar* Craz vor 1400 Rostock, *Ertmar* dort schon vor 1300 8mal, auch in Lüb. mehrf.; Lemmeke *Erdman* 1343 Barth, Nic. *Ertmar* 1369 Lg., Peter *Ertman* 1381 Linderode/Sorau, *Ertwin Erdtman* 1509 Osnabr., noch 1498 *Ertmar* Knolleysen/Ostpr.; zufrühst: *Ertmar* 1264 b. Mainz. Zum heutigen Vornamen Erdmann s. Bahlow, S. 30; desgl. zum weibl. N. **Erdmuth** (schon 1302 heinr. filius *Ertmudis* in Boppard).

Erdwin, Erdwiens (win »Freund«): *Ertwin Erdtman* 1509 Osn., wo auch Harbert *Erdwining* 1350.

Erfmann, Erf s. Arfmann, Arf! **Erfling** (Lippe) ist Patronym.

Erforth, Erfurt, Erfert: ON. Erfurt/Thür. (Dazu Bahlow, ON. S. 121.) Auch ON. Erferth/Sieg.

Ergang (Hbg.): = Irrgang. Joh. *Erreganc* 1301 Hbg.

Ergele (Baden, Württ.): nach Brech., S. 413 = Erkelin = Erkenbrecht, Erkenger. *Ergelinus* Schaffrat 1397 Rottweil, Walther *Ergelin* 1294 Baldgn.

Ergmann s. Erk! – **Ergenzinger:** ON. Ergenzingen/Neckar.

Erhard(t): zahlr. in Bayern, auch **Ehrhardt,** in Baden Ehrat, **Ehret,** Ehrt. Der heil. E. war Bischof v. Regensbg. um 700. Seinem Gebet verdankte die blindgeborene Herzogstochter Odilia (Elsaß) ihr Augenlicht.

Erhorn siehe Ehrhorn!

Erich (Hbg. oft), Erichs, Erichsen (Hbg. zahlr., Kiel usw.) zeugt von dem einstigen Zusammenhang des ndd. Kulturraumes (Hanse!) mit dem skandinavischen, denn *Erik* ist uralter schwed.-dän. Herrschername (König Erik Emundsson v. Schw. im 9. Jh.); als *Erich* durch dynastische Vorbilder vermittelt: 3 Grafen (Vater, Sohn, Enkel) *Erich* v. Hoya 1377–1426, 3 Herzöge *Erich* v. Lauenbg. 1357–1422; auch mehrere welf. Herzöge *Erich* im 15./16. Jh. *Erich* v. Segern 1293 Lüb., *Erich* v. Koppelow 1320 Meckl. (S. auch Bahlow, Vornamen, S. 30.) **Erichson** ist Zuwanderer der Neuzeit (schwed.).

Erismann siehe Ehrismann! – **Ericke** s. Ehrke!

Erith, Eritt s. Erhard (Ehret, Ehrat)!

Erk, Erken(s), Erkes (Ndrhein.), auch **Erkmann,** sind Kurzformen zum germ. Pers.-

N. Erkenbrecht bzw. Erkenger, s. diese! Erkenzweig = ON. Erkenswick i. Westf.
Erkelenz: ON./Rhld. (Bahlow, S. 123).
Erkenbrecht, -bert, patr. (obd.) Erkenbrecher: im MA. rhein. u. obd. (zu ahd. *erkan* »echt, rein, vollkommen«, *berht* »glänzend«). S. auch Erk! Bezeugt 1141 in Basel, 1296 Rostock, Lübeck, 1414 Mähren. Dazu **Erkenger, Erkenfrid** (beide nur urkdl.: O.-Rhein).
Erkenzweig s. Erk! Vgl. Ahlzweig (Ahlschweig).
Erl (obd.) s. Erlewein! – **Erl(e)mann,** s. Erlewein!
Erler (obd.): nach der Wohnstätte am Erlengehölz; »der meier *in den erlon*« 1283 Breisgau. Ebenso **Erlacher** (obd., Tirol, Allgäu). **Erlach** ist auch ON. Vgl. auch Ehrler (wie Ehrlenholz)!
Erl(e)wein, Erlenwein (obd.): am O.-Rhein einst in Ritterkreisen beliebter Pers. N. (germ. *erl* »freier Mann, edler Krieger«, vgl. engl. earl »Graf«). Ritter *Erlwin* v. Möckmühl (Vater u. Sohn!) 1290, *Erlewin* Rümmelin 1295 Pforzh., Walther *Erlwin* 1272 Ehingen a. D., Beczold *E.* 1409 Würzbg., Hans *Erlenwein* 1558 Isny. Dazu als KF.: **Erl(e)mann** (*Erlemannus* 1277 Mainz; auch am O.-Rhein: Socin S. 140 bzw. 15) u. **Erl(in):** *Erlin* v. Horneck (Vater u. Sohn!) 1341 Straßbg., Berthold *Erlin* 1275 ebda. Vgl. auch *Erlebolt* 1169 Tauber, 1197 Köln. *Erlo* ist noch VN. (Württ.)
Erman (obd.) s. Ehrmann! – **Ermatinger:** ON. -ingen/Schweiz.
Ermbrecht ist verkürzt aus Ermin-, Irminbrecht, wie Ermrich aus Ermenrich; vgl. Ermtraut aus Ermentraut (Irmintrud); für Erm- begegnet auch Arm- (Armbrecht, Armgard, Armenreich, Armhart). Germ. *Irmin* war Beiname des germ. Himmelsgottes Tiu im Sinne von »gewaltig, groß«; *brecht (berht)* meint »glänzend«. *Ermbrecht* der schulmeister 1349 Brsl., Hans *Ermbrecht* 1476 Duderst., neben Cord *Armbrecht* 1463 ebda. Hainr. *Yrmbrecht* 1336 Villgn.
Ermel (obd.): soweit nicht Ermeltrud (vgl. *Ermel, Irmel* als weibl. VN. 1371, 1346 in Brsl.), alte Schreibung für »Ärmel«, meint den Ärmelschneider (Vgl. den Burkard *Ermeltucher* 1317 Rottweil) oder den Träger auffallender Ärmel, wie ndd. Mau, weiter Ärmel. In Wetzlar vgl. die Herren »mit den roten ermeln« (FN. *Rothermel,* wie Weißermel, Blauermel.) – S. aber Ermler! – **Ermeling:** westf. Patr. s. Ermert!
Ermenrich, Ermelrich s. Ermrich!
Ermentraut s. Ehrentraut, Ermisch, Ermel, Ermler.
Ermer (Mchn.): alter Pers. N., vgl. ON. Ermershausen, Ermersricht/Bay.
Ermert, Ermers, (ndd.): als alter Pers. N. deutlich in *Ermert, Ermerdinges* 1375 Hann. (vgl. FN. Armerding/Westf.). Dazu KF. **Ermke,** Patr. **Ermeling** (Westf.).
Ermgard s. Armgard! Vgl. *Ermegart,* Freundin des Marschalks Ludolf 14. Jh. Haldsl. Henr. vir *Ermengardae* nobilis feminae! 10. Jh.
Ermisch, Ermischer (Sachsen, Schles.) sind Varianten zu **Irmisch(er):** *Irmisch, Irmusch* ist KF. (mit slaw. Suffix) zu *Irmentrud, Ermetraut,* wie Irmel, Ermel, Irmler, Ermler zur Variante Irmeltrud. (Bahlow, Schles. Nbch., S. 42).
Ermke, Ermecke (ndd.): KF. zu *Ermenrich,* s. Ermrich! Ein ON. Ermke i. O. (alt Armike).
Ermler, Ermeler: = Irmler, s. dies! Jocof *Ermler* 1559 Görl.
Ermold (obd.): seltener Pers. N., s. Ermrich!
Ermrich (Ermenreich), im MA. gewöhnlich *Ermelrich* für älteres *Ermenrich* (wie Irmeltrud für Irmentrud): ein Nachklang der Heldensage vom Ostgotenkönig *Ermana-, Ermina-rik* »gewaltig-großer Herrscher« (4. Jh.). Ein Bischof v. Passau *Ermenrich* um 870; *Ermenricus* 1260 Werden/Ruhr, *Ermentrich* Keyser 1387 Frkf., Joh. *Ermenrich* 1314 Kempten, Kunr. v. Grifenberg gen. *Ermericus* 1298 Görl., Rüdeger *Irmelrich* 1347 Mainz, C. *Ermelrich* 1325 Bingen, Fritz *Ermrich* 1409 Würzbg., Nic. *Ermelrich* 1369 Lg. P. *Ermelrich* 1405 Görl. Die Form Ermrich (Hirschbg., Lg. Gö.) ist im 16. Jh. zu **Ermlich** (Lg. oft) umgedeutet (Dissimilation der beiden *r*).
Ermwein siehe Ernwein! (Erndwein).
Ermtraut s. Ehrentraut, Ermisch, Ermel, Ermler!
Erne(mann), Erni: alem.-schweizer. KF. zu Arnold (vgl. den Schweizer Freiheitshelden Arnold Winkelried, 1386). Eidge-

nosse *Arnold* an der Halden, auch *Erni* aus dem Melchtal genannt (1308). Desgl. **Ern(d)le** (vgl. Wernle: Werndle = Werner): Joh. *Erndlin* = *Ernlin* 1541 Rottweil. Zu ndd. *Erneman Ernemans* 1449 Hann. nebst *Erneke* Hund 1421 ebda vgl. auch *Ernfrid* (1391 Sangerhsn., *Erendfridius* 12. Jh./Werden); *Ernhild* 1150 Werden.

Erner, Ernert (obd.): wohl zu mhd. ern »Fußboden, Tenne«, oder zu mhd. ern »Ernte«.

Ernke: ndd. KF. zu Arnold, s. Ernemann! *Erneke* Hund 1421 Hann. (nebst M. *Erneken* 1350); *Ernke* vom Goltberg (Ratsherr) 1357 Brsl., Th. *Ernke* 1371.

Ernst (überall oft): eigtl. »ernsthafter Kampf« (vgl. angelsächs. eornost »Zweikampf«). Von höf. Kreisen einst bevorzugt (Sage u. Lied v. Herzog *Ernst* v. Schwaben, als Vorbild der Freundestreue, um 1200). Vgl. Bahlow, Vornamen, S. 31. Patr. **Ernsting** (Westf.): H. *Ernesting* 1285 Warendf. In Schles. mundartl. auch Arnst: *Arnest* v. Czedelicz 1463 Lg. Vgl. Nernst.

Ernwein, Ermwein (obd.): seltener Pers.-N. *Ernwin;* Heinz Ernwin 1343 Württ.

Erold (obd.): selten, vgl. ON. Erolzheim/Württ.

Erp s. Arp! Urkdl. *Erp (Erpo)* in Hbg. 1270, in Rostock 1272, in Waldeck 1297, b. Hoya 1241, in Frkf. 1383. Als FN.: Hans *Erp* 1456 Hann. Obd. **Erpf.** Ein ON. Erp im Rhld.

Erpel: ndd. »Enterich«. Auch ON. im Rhld. (Bahlow, ON. S. 124f.). **Ersch:** ÖN., vgl. ON. Erschwyl/Schwz. Im Elsaß (Schlettstadt) 1427 ein *Ersch.*

Ert(e)l (obd.-bair.-österr.) s. Örtel (Ortwin). Auch Ertelt, Erdtel(t).

Ertmer s. Erdmann! – **Erve,** Erven(s), Erwes: ndrhein. Pers. N., vgl. auch Arwe(n).

Erwin: im MA. am Ober- u. Mittelrhein beheimatet, bekannt durch den Erbauer des Straßburger Münsters, *Erwin* v. Steinbach, um 1300. Vgl. Ritter *Erwin* Kranich 1325 Frkf., wo auch *Erwin* Hartrad 1387 nebst Henne *Erwin* 1387 usw.; ein Edelknecht *Erwin* Halber 1334 Wetzlar.

Erxleben: ON. (2mal, Raum Magdebg.-Helmstedt), *Arkesleve* (Bahlow, ON. S. 125).

Erythropel: Humanistenname für »Rothut« (Nachweise: Heintze-Cascorbi S. 185, Brech., S. 417). Noch mehrf. in Hannover.

Esch: zum ÖN. u. ON., nach Wohnstätte u. Herkunft. Vgl. Lubbert *van den Esch* 1550 Ndrhein. Obd. **Escher** wie Aicher: am Eschen- (Eichen-) Gehölz, desgl. **Eschle.** Vgl. Eschenmair, Eschenreuter u. ä.

Eschels, Eschelsen (Flsbg.): dän. Eskelson, -sen, zum Pers. N. *Eskil.* Vgl. *Eschel* Netler 1595 Flsbg., Nils *Eschelsen* 1600 ebd.

Eschenlohr, -lauer (obd.): Eschenloh meint Eschengehölz (auch ON. in O.Bay.). Peter *Eschenloer,* schles. Geschichtsschreiber um 1470.

Escher siehe Esch!

Escherich: alter germ. Pers. N. *(Ask-rik* vgl. *Aschwin, Ask-lef:* Eschloff). Eschenholz diente zu Eschenspeeren u. Booten. *Ascericius* Belle a. Gent 1294 Strals.

Eschger, Öschger: alem. für Eschinger, Öschinger.

Eschhei, -hai (obd.): Öschhei mhd. essisch-, eschheie »Flurhüter« (essisch »Flur, Viehweide«).

Eschke s. Eske! – **Eschloff** (selten) beruht auf *Asc-lef,* s. Escherich! Berendt *Eskeleffs,* Friese 1592. Vgl. Oslef: Osloff.

Eschrich(t) siehe Escherich!

Eschstruth: ON. b. Kassel (strut »Gehölz«) Bekannt durch die Schriftst. Nath. v. Eschstruth.

Eschwe (Hbg.): verstümmelt aus Eschwede oder Eschwey (vgl. Ahlswe: Alswede; bzw. Koldeweh: -wey; auch Brückweh: Brickwede); -wede (ndd.) meint -widu »Wald« (auch wedel »Furt«).

Esders (fries.) wie Edzard = Eckard. (Stark, S. 74.)

Esemann (Hbg., Kiel, Bremen, Rostock): nebst **Eseke** (Eske, Eschke) als FK. zum fries. Pers. N. *Es-bern* (1263 Rostock, 1264 Greifsw.), fries. Variante zu *Osbern!* Siehe Ausborn! *Esico (Essico)* um 1200/1300 in Bremen, Hbg., Lüb., Rostock, Haldsl. Ein Bischof *Esico* schon 1020 in Bremen, wo im 15./16. Jh. der FN. *Esich, Essich* häufig in Ratsfamilien (vgl. das »Essighaus« dort). Wie *Esbern: Osbern* so auch *Esmund: Osmund* (ON. Esenshamm i. O.: alt Esmundeshem).

Esel: alter Beiname für Einfältige. Heinr. *Eselherz* 1339 Wetzlar; *Eselkopf; Eseles-*

vot 1266 Ro. (Eselföterstraße). Vgl. auch *Baresel, Frumesel, Riedesel, Grauesel* (im Ritterstand Hessen).

Esenwein (Württ.): entrundet aus *Ösenwein* »vertilge den Wein«, ein Weinschwelg bzw. Weinschenk, wie Bausenwein, Schlindenwein; vgl. *Ösenbrei* (Aisenbrey), *Ösenwald, Ösenkorb;* zu mhd. ösen »leer machen, ausschöpfen, vertilgen«.

Esich (Bremen) s. Esemann! Desgl. **Eske** (Hbg.), Esken(s), Esmann. – **Eskuche** s. Eßkuchen!

Esmarch (Kiel, Hbg.): ON./Schleswig. Bekannt durch F. v. E., Chirurg, aus Tönning (Th. Storms Lebenskreis). – **Espanner,** Espenner (obd., Tirol): mhd. esban, espan »Weideplatz«. Mespan: vgl. Nikle *an dem Espan* 1371 Sarntal.

Espenhahn: ON. -hain b. Lpz.

Espey (Westf.) s. Effey!

Espig, Espich: am Espengehölz; vgl. Lindig, Röhrig, (Röhricht) u. ä.

Essegern: alter Satzname, wie Lebgern u. ä. Nic. *Essgern* 1365 Brünn, Laur. *Essegern* 1453 Erfurt.

Esselmann (Hbg.): aus Essel (*Es-lo* »Moorniederung«) ö. Bremervörde, auch b. Fallingbostel; vgl. Asselmann aus Assel b. Stade. Zu *es:* Bahlow, ON., S. 126.

Essen (von): ON. (mehrf.: Ruhr, Oldbg., Osnabr.). Urkdl. *Assini* bzw. *Asnidi: Essende:* dazu Bahlow S. 125.

Esser (zahlr. am Ndrhein., nebst **Essers**): meint den Assenmacher, Essenmacher, Achsen-, Wagenbauer, Wagner, Stellmacher (noch im 16. Jh. üblich).

Essig, Essich (Württ., Pfalz O.Rhein): wie Essigmann = »Essighändler«. Auch Essigkrug (1382 Böhmen), Saueressig (wie Sauersenf, Senf). Rud. *Essich* = R. acetum 1248/65 Basel; *Essigman, Essigfrouwe, Essigmenger* (menger »Händler«) 1320/50 Frkf. Ein Wolf *Essiger* 1562 Thür. – **Essing:** ON./Bay.

Esslen (Württ.): wohl = Ens(s)len = Anshelm.

Eßkuchen, Eskuche: Satzname wie Stopfkuchen, Pustkuchen, als Spitzname des Kuchenbäckers. Curt *Eßkuche* 1452 Kassel.

Essmann (Düsseldf., Hbg.): aus Essen (s. dies!). Lambert *Esseman* 1301 Ro. Vgl. Glissmann aus Glissen. – **Eßwurm:** Nic. *Eßworm* 1400 Prag; der Schmied, vgl. Rußwurm!

Eßwein (Württ.): urkdl. 1277 = *Ößwin, Eßwin* = Oswin = Auswin (Pers. N.) wie Gießwein für Göswin.

Esterl (Mchn.): wie **Estermann,** Estermaier (Mchn.) nach der Wohnstätte am Ester (mhd. *ester, estor,* eigtl. essisch-tor meint Feld- oder Weidegatter). Desgl. **Ester(er),** soweit nicht z. ON. Ester (mehrf./Bay.). Zu Estermann vgl. auch ON. Estern (nebst Estermann!) i. Westf.

Estner (Mchn.): vgl. Astner!

Estorf(f), von ON. (b. Stade u. b. Nienburg/Weser).

Etegerne s. Essegern! Vgl. Etwat »iß was«, Etfleisch (Lbg.) »iß Fleisch« (ÜN. des Fleischers).

Ettema: fries. Patronym = Edema (Nachkomme eines Ede, Ette); desgl. **Etten** wie Eden.

Etter(er) (obd.): nach der Wohnstätte am Etter (mhd. *eter* »Dorfzaun«, eter-zûn geflochtener Grenzzaun«). – **Etterwindt:** ON. Etterwinden/Thür.

Etterli(n): mhd. etter »Vetter«.

Ettinger (obd.): aus Etting(en) bzw. Ötting(en).

Ettl(e): entrundet (obd.) aus Öttl(e) = Otto. Dazu Ettlmayr (Mchn.).

Ettmayr, Ettmüller (Mchn.): = Edt-, Ödmayr; s. Eder (Öder)!

Ettner (Mchn.): deutbar als Ettinger wie Hettner für Hettinger, s. Defner.

Ettwein (Württ.): entrundet u. diphthongiert aus *Ötwin* (Pers. N. Ot-win: od. »Besitz, Glück« wie in Otto; win »Freund«). Vgl. her *Ötwin* 1290, Benz *Ötwin* 1356, *Etwin* Sengli 1371. Ebenso Eßwein aus Oswin.

Etzel (obd., Mchn. oft) nebst Etzler (patr.): durch i-Umlaut aus *Atzilo* (= Adelbrecht) entstanden; s. Atze! Vgl. Etzel für Attila. *Etzelin* Elemosina 1135 Köln.

Etzold (Hbg., Bremen): fries. für Eckold, wie Edzard für Eckard.

Eucken (Friesld.): patr. Genitiv »Sohn des Eucke«; bekannt durch d. Philosophen Rudolf E. aus Aurich. Vgl. auch fries. *Auke (Auco),* s. dies!

Euen (Hbg.): fries. Patr. (Focke *Eusma fil. Euonis* 1415).

Euler, Eulner (seltener **Auler,** Aulner): rheinhess.-nassauisch für »Töpfer« (südd.

Hafner, nordd. Pötter); noch heute in der Wetterau üblich; mhd. ûlner (ûl, aul: lat. olla »Topf«). Cunr. *Ulenere* 1276 Dieburg. Gerh. *der Ulener* to Linepe 1362, Wilh. *Ulnere* 1303 Frkf., G. *Eulener* 1460 Wimpfen, Gerh. *Euler* 1598 Ursel/Taunus.

Eupert: ON. b. Wittenberg; vgl. ON. Eupen/Rhld.!

Euringer (Mchn. oft): aus Euring. – **Euteneuer,** Eideneier: ON. Euteneuen/Rhld.

Everding: westf. Patronym zu Evert, wie Alberding, Sieverding usw. Desgl. **Everling.** – **Even(ius)** s. Ewen!

Evermann, Ewermann siehe Evers!

Evers (ndd.): »Sohn des **Evert**«, d. i. Everhart; auch Ewers, Ewert; ndrhein. **Evertz.** Erweitert Evermann, Ewermann. Patr.: Everling, Everding (westfäl.). KF. *Everke* (1348 Hann.); Eveking wie Sieveking, Gödeking. Bei Evermann mag der ON. Evern b. Lehrte hineinspielen, vgl. Nevermann u. ON. Nevern.

Ewald, Ehwalt: »Rechtswalter« (altsächs. êo »uraltes Recht«). Lokalheiliger von Köln, Landespatron von Westf., in Erinnerung an den schwarzen u. den weißen Ewald (Brüder), die im 7. Jh. dort missionierten. Als VN. erst im 19. Jh. wieder aufgelebt (Bahlow, Vornamen, S. 32). Vgl. ndd. Ewold(s), Ewoldsen.

Ewe, Ewe(n)s (auch Eve, Even): uralte fries. Pers. N.; entstellt: Ewest.

Ewert siehe Evert, Evers!

Ewerwein, Ewerwahn s. Eberwein!

Ewig (van): ON. (und FN.) b. Attendorn. – **Ex** (Hbg.): = Eck(e)s! Aber auch = (ndd.) »Axt«: *exenhower* 1332 Lübeck.

Exle (schwäb.): entrundet aus Öchsle.

Exner: markanter N. der schles. Berglandschaft (u. der Oberlausitz) mit obd. Entrundung für urspr. *Öchsner* »Ochsenbauer« (s. Bahlow, Schles. Nbch., S. 104). Noch 1559 Mates *Öchsner* b. Glatz; Peter *ochsner* 1472 Tirol. Vereinzelt **Exler.**

Exter: ON. in Westf. (Bahlow, ON. S. 130: prähistor. Flußname). Dazu Exsternbrink. – **Extra** s. Eyxtra!

Ey, Eying siehe Aye! – **Eyb** s. Eib! – **Eybächer:** ON. Eybach/Württ. – **Eyban** s. Iwein! (wie Gaban neben Gawein 1414).

Eycke s. Eicke! **Eyck** s. Eick!

Eyckeler (Düsseldf. oft): aus Wanne-Eikkel. Vgl. Eickelborn i. W.

Eyd(e)ler (Hbg. oft): wohl = Edeler, wie fries. Eide = Ede. (Ein Bergwald »der Eideler« in Waldeck.)

Eyf(f)ert: vgl. Eiffe, Eiff! – **Eyerle** s. Ayerle!

Eylmann (Hbg.), **Eyele(s), Eylert,** Eyling s. Eilers, Eilmann!

Eyme, Eymes, Eymers s. Eime, Eimers! – **Eying** = Egging, wie Eierding = Eggerding.

Eypper siehe Eipper!

Eyring: ein Nachklang der Heldensage, wo im Nibelungenlied Markgraf *Iring* begegnet (nach Widukind v. Korvey 967 verräterischer Ratgeber des letzten Thüringerkönigs Irminfrid um 530). Vgl. *Iring* = *Eyring* v. Redwitz 1389/95 Bayern (Mon. Boica Bd. 60); Graf *Iring* 1295 Mähren, *Eyringus* 1329 Mies, *Iring* Kirslach 1311 Erfurt. Vgl. auch F. Genzmer, Das Iring-Lied (Dt. Volkstum 1935, Dez.)

Eyselein siehe Eisele! – **Eysolt** siehe Eisolt!

Eyssen, Aissen (fries.) siehe Aye!

Eyth s. Eitner u. Agethen! Max Eyth (»Hinter Pflug u. Schraubstock«) war Württemberger.

Eyxtra, Extra (Ekstra): fries. wie Brookstra, Dykstra (Deykstra) usw.; -stra meint »wohnend bei ...«.

F

Faas, Vaas (obrhein.): in Baden u. Württ. = Gervasius, Märtyrer, Patron von Breisach a. Rh.; schweizer. **Fäsi(n).** *Vasius (Gervasius)* v. Pfor 1526. Vgl. frz. Gervais. Aber patr. **Faasen,** Vaasen, Faesgens, Vaeskens sind ndrhein. = Servatius, Patron v. Maastricht (Eisheiliger), auch Servaes, Zerfas u. ä.

Faasch (Hbg. oft), urspr. *Fasche* (vgl. Braasch: Brasche). Entspricht offenbar dem fries. *Vasche* 1336 Stade, *Vasseke* um 1300 Brem. *Vaceke* um 1350 Lüb., Rostock. Vgl. fries. *Vasbern* (analog: Esche, *Eseke,* KF. zu *Esbern*). Dazu Vaske wie Eske.

Fa(a)tz, Facius: KF. zu Bonifatius, dem »Apostel der Deutschen« (eigtl. Winfrid. Angelsachse), mit Kultzentrum in Fulda. Noch im 16. Jh.: *Facius* Erbeis 1539 Jena. Am Ndrhein aber vgl. Servatz.

Fabarius: Humanistenname für Boneß (zu lat. faba »Bohne«).
Fabel siehe Fabian!
Faber: Humanistenname für Schmidt, wie Fabri für rhein. Schmitz; erweitert **Fabricius** (im Hinblick auf das berühmte röm. Geschlecht): ein Magister Phil. *Fabricius* Dortmund nennt sich 1561 als Zeuge D. Philips Smidt.
Fabian: Heil. N., nach d. Märtyrer Fabianus unter Kaiser Decius, Bischof v. Rom um 250; auch Fabion, Fabigan. Dazu KF. **Fabel** (obd.), **Fabig, Fabisch** (ostd.-schles.), **Fabianke** (O.-Schles.), Fabianek, m. slaw. *-ek.* (Bahlow, Schles. Nbch. S. 57.)
Fach(e): z. T. ON. (Vacha/Werra: Henne *Fache* 1459 Kassel, Hans *Vacher* 1409 Würzbg.) und ÖN. (Vach, Fach »Sumpfwasser«: Bahlow, ON., S. 131/132). Zu schles. Fach(e) neben Wach(e) = Waczlaw, Wenzel s. Bahlow, Schles. Nbch. S. 76. Vgl. auch Vach!
Fack, Vack (obd.): mhd. vake »Schwein«. Merkelin *Vacke,* Bauer 1350/Württ., Jekel *Vack* 1381/Böhmen.
Fackeldey: alter Flurname, wie Mackeldey, Hinckeldey u. ä., s. Dilthey!
Facker(t): obd., zu facken »Hanf, Flachs brechen«. Hans der *Facker* 1414 Augsbg.
Facklam (Meckl. oft, Schwerin, Wismar): wend. ON. wie Anklam.
Fackler (Württ.), Fäckler: kein Fackelhersteller (so Brech.); eher = Facker.
Faden: mhd. vadem. Zuname (»mittelbarer Berufsname«) des Schneiders; vgl. Seidenfaden, Spitzfaden; Petzefadem (1331 Worms, phetzen = zupfen); Fadenpeiß u. ä. Wilh. *Fädemlin* 1477 Konstanz.
Fadenrecht: mhd. vadem-recht »Richtschnur«, also der danach Lebende. Ein *Fadenricht* 1425 in Iglau.
Fager (obd.): vgl. ON. Vagen a. Mangfall. Bahlow, ON. S. 132.
Fahje (Hbg. oft), Faje: ist offenbar fries.
Fahl, Fahle (ndd.): der Fahle, Blasse (hinsichtlich Haut- und Haarfarbe), vgl. Valepaghe (»Falbe, fahles Pferd«) Alt-Lübeck; Joh. *Vale* 1274 Hbg. Joh. *Valemeyer* 1325 Hann. Obd. entspricht Falb(er).
Fahland: mhd. vâlant »Teufel« (»valant aller künege« heißt der Wilde Hagen im Gudrunlied).
Fahlbusch, Fahldieck, Fahlkampf (westf.) zu *fal* »Sumpf« (Bahlow, ON. S. 133).
Fähling: ein Westfale. Vgl. Westfehling, Westfälinger.
Fahlmer: vgl. Fallmer, Fellmer (für Fall-, Fellheimer, wie Bullmer, Rügmer, Stockner usw., alle südwestd.-bad.-württ.).
Fahnert, Fahner: aus Fahner nö. Gotha (urkdl. Vanari, zu *van* »Sumpf«: Bahlow, ON. S. 133). Dazu der Flurname »Am Fahnen« i. W. (1250 *Vane*), FN. **Fahn,** nebst Fahnenbrok, Fahnenholt »Moorgehölz«.
Fahning (Hbg., Rostock): s. Fahn, Fahner!
Fähn(d)rich: um 1500 aufkommende Weiterbildung zu mhd. vener, venre (ahd. faneri) »Fahnenträger«, vgl. auch obd. Fenner, Venner.
Fahr, Vahr: mhd. vare »Fährstelle« (an dem fare 1361 Worms, von der var 1390 Kassel), auch ON. Werner *Vare* 1317 Württ., vgl. **Fahrer** (C. der *Varer* 1329 Stuttg.), der an der Fährstelle wohnt.
Fahr(en)holz: mehrfach Flur- u. ON. in Westf.-Hann., urkdl. *Vornholt,* wie Fahrenhorst *(Vornhorst),* Fahrenkamp *(Vornekamp),* auch *Vorenbrok.* Zum Moor- u. Sumpfwort *vor, vorn* (die Vorne, Bach u. Landschaft in Holld.), s. Bahlow, ON. S. 502f.
Fahrenkrog, -krug (Hbg. oft): ON. in Holstein.
Fahrer s. Fahr! – **Fahrke** s. Fehrs!
Fahrion, Farian (Stuttg.): Humanistenname für Häring (Kapff, S. 95).
Fahrner (bad. Oberld.): aus Farn b. Oberkirch bzw. Farnau b. Schopfheim (A. Götze S. 35 u. 105). Joh. *Farnower* 1460 Freiburg, Hans *Farner* 1485 Schwarzw.
Fahs (Hbg., Ro.): = Faas (Servaes)! – **Fahsel** s. Fasel!
Faig(le): schwäb. »der Furchtsame« (mhd. veige).
Failer (Schweiz, Württ.) = Failenschmid (Württ.): mhd. *vîler* »Feilenhauer«. Auch Fail(n)er neben Feil(n)er. Zum gelegentl. *ai* für *ei (î)* vgl. auch Sayfrid 1395 Eger (E. Schwarz, S. 295).
Faist (obd., Württ. oft): mhd. veiß »feist, wohlbeleibt« = ndd. »fett«; auch in Schlesien galt einst das obd. feist, vermittelt durch Böhmen-Mähren: Heyne *veiste* 1380 Lg., *Fornefest* 1435 Lg. gegenüber ndd. *Fornefett* 1437 Göttg. Dazu **Faistle** (schwäb.), Faistl (bair.). Ein Pfaffe Joh.

Faistripp 1365 in Kirchheim/Teck; Conr. *Veistbacke* 1287.

Falbe(r) (obd.): der Fahle (mhd. val, valwes »blaß, blond, falb«), s. Fahl! Werner der *Falbe* 1329 Eßl.; Steffan *Valwe-, Falbhenne* 1420 Schlettst./Els.

Falch (obd.) = Falk! **Falchner** = Falkner!

Falger (obd.): mhd. valgen »umackern«, vgl. Peter *Falgacker* 1473 Württ., Cunr. *Falger* 1417 Tirol. Die Falge (ahd. falga) im Bair. = umgeackertes Brachland.

Falk(e): z. T. Übername des Falkners, der zum ritterl. Jagdvergnügen (Reiherbeize) Stoß-Falken abrichtete (vgl. Vogel für Vogler!). 1356 dankt König Edward III. v. England dem Grafen Heinr. v. Holstein für Übersendung eines Falken. In der mhd. Dichtung dient der Falke als Bild des Geliebten. Vgl. auch Güldenfalk (wohl Hausname), Astfalk, Baumfalk, Praunfalk, Prein-, Breinfalk (»Körnerfalke«): Diecz *Bryfalk* 1409 Würzbg. Eine Jüdin *Valkenouge* 1200 Köln.

Falkner, obd. auch Falchner, s. Falke! Häufig in Nürnbg., Lpz., Mchn., Wien. Mit Umlaut: **Felkner,** Herm. *Velkener* 1399 Kassel, Joh. *Velkener* 1318 Lüb.

Faller (Schwarzwald oft): teils vom ON. Ober- u. Unter-Fall b. Triberg, teils vom ÖN. Fall: Berschi *Faller* 1397 Furtwangen, Thoman *Faller* aus dem *Valgrund* 1564; in Tirol: Melchior *Faller,* Inhaber des *Fallhofes* 1547.

Fallmer(t) siehe Fahlmer!

Fallmerayer (Tirol): vom Hof Valmarai (1386) = »Muhrtal« b. Brixen (Tarneller S. 39).

Falser (Tirol): Hans *Valser* gesessen zu Vals 1426.

Falter, Faltor (Bayern, Württ.): nach der Wohnstätte am Falltor (mhd. valletor, valtor, valter »von selber zufallendes Gattertor« der Dorfflur; vgl. Ester: am Essischtor. Nikol. *an deme vallethore* 1336 Ingelheim.

Faltin, Falten = Valtin s. Valentin!

Fandrey meint slaw. Wandrey = Andreas, vgl. poln. Jandrey; desgl. **Fandrich** wie Jandrich.

Fandt (obd.): mhd vant »Naturalertrag von Grund u. Boden«. Es konkurriert freilich **Fendt** (Augsbg., Mchn. oft): Ulr. *Vant (Vent)* 1309/11 Augsbg., wo auch Ulr. *Fende* 1250 (mhd. vende »Bube«).

Fangauf: Satzname (Fang auf – den Ball!) wie Schnappauf u. ä. Meint wohl den Ballspieler (auf Jahrmärkten), ndd. Ballschmieter; oder den (Tier-) Fänger: FN. **Fänger** (Hühner-, Vogel-, Krähen-, Star-, Hasenfänger). Vgl. Fanghänel!

Fangerow s. Vangerow! – **Fanselow** s. Vanselow!

Fanghänel, Fankhänel (Erzgeb.): oft in Sa. (Chemnitz).

Fanny: engl. KF. zu Franziska.

Fanter (Hbg., Ro.): H. *Fantere* 1347 Strals.

Fanz (obd.): mhd. vanz »Schalk, Schelm«. Val. *Fanz* 1606 Freiburg.

Färber, Ferber: mhd. verwaere »Färber«, auch »Maler«, vgl. Michel *Farbenschaber* 1400 Dux/Böhmen; ndd. **Farber**/Hbg. 1559 *Farver*/Flsbg.

Farch (obd.): mhd. varch »Schwein, Ferkel«. Eberh. *Varch* (Wepeling) 1336 Hess.

Farke(n): ndd. (mnd. verken) = Ferkel. Vgl. Puttfarken »Pfützenferkel«. Herm. *verken* 1342 Strals. S. auch Drückeferken! *Verkenesser* 12. Jh. Köln.

Farklas, Farclas (Hbg., Lüb.): ON. Verklas b. Dömitz/Elbe, mit ndd. *ar* für *er.*

Farner s. Fahrner! Aber Joh. *Farner* 1300 Lüb. entspricht Rad. *Ferner* 1289 in Soest!

Farr, Farrenkopf (obd.): mhd. var(r)e »junger Stier«. Vgl. *varrenleder* (Brsl.). Bertsch *Farre* 1350 Worms. Ähnlich Ochsenkopf, Mollenkopf.

Farsbotter (ndd.): = Frischbutter; der Butterhändler, wie Sötebotter, Hübotter. A. *Farschebotter* 1674 Grfsw. Vgl. den *Verschebeker* 1328 Barth.

Farsche (Kiel): mhd. versch = »frisch«.

Fasant, Vasant: mhd. (lat. fasianus) = Fasan; mnd. foisan (1277 in Strals. Voyzan, Phaysan, Feysan, Phesan, Vasan). Heincze *Fasant* 1377 Frkf.

Faschang (Österr.): mhd. vaschanc meint die Faschingszeit (mit ihrem Maskentreiben). Also wohl von ausgelassener Fröhlichkeit. Als FN. heute meist **Fasching** (Wien zahlr., Mchn., Graz). Abel *Faschang* 1592 Krain.

Fascher (obd.): wohl zu **Fasche** (mhd. vasche »Binde«).

Fäsecke (Hbg.) siehe Fesecke!

Fasel, Fahsel, Vasel (obd.): mhd. vasel »Zuchttier«, auch »Junges«, Hans *Vasel* 1424 Augsbg. Vgl. *Quadvasel* (wie Quadflieg): ndd. quade »böse, schlecht«!

Fäsi (Schweiz): als KF. zu Gervasius bezeugt. S. auch Faas! – Fäskorn s. Fes-!

Fasold, Faselt, Vasold: ein Nachklang der märchenhaften Epik um Dietrich v. Bern (Tirol, Steiermark um 1200/1300), wo im mhd, »Ecken-Lied« ein riesenhafter Jüngling *Vasolt* (Bruder *Eckes*), urspr. Winddämon, von Dietrich besiegt wird. Als VN. schon 1257 Steiermark, 1274 Württ., 1266 Wetzlar; als Zuname: 1269 Ingelheim, 1285 Rostock (wo auch Bitterolf!), 1348 Liegnitz u. Bresl., 1475 Görl. (Bahlow, Schles. Nbch. S. 36).

Faß(e), Faßen s. Faas (= Servatius)!

Faßbender, Faßbinder: bes. rhein. u. ndd. (vgl. Vatebender) = Böttcher. S. auch Bender, Binder, Bütten-, Bodenbender! Desgl. Faßhauer (Vatheuer, ndrhein.); aber *Faßzieher* (1357 Brünn, 1442 Elsaß) meint den Auflader (Schröter), Joh. *vatesellere* 1279 Rostock den Faßhändler. S. auch Vietor!

Faßhauer s. Faßbender!

Fäßler, Feßler (obd.): Hersteller kleiner Holzgefäße (Fäßle), vgl. Hans *Väßli* 1405 Saulgau, Heinr. *Vesseler* 1301 Eßl. Desgl. **Fässer.** Vgl. den *Noldenvesser* 1372 Lg., *Noldenvessel* (Nadelbüchse) Alt-Brsl.; *Methfessel* (entstellt Mägdefessel)/Thür. – **Fast** s. Fastert!

Fast(el)abend (ndd.) = obd. Fastnacht. *Vastel-avent* 1397 Duderst., 1576 Münster. Heinr. *Vasenacht* 1268 Basel; heute **Faßnacht** (Schweiz, Württ., Bay.).

Fastenrath: ndrhein. ON., wie Hastenrath, Herkenrath (-rath = -rode).

Fastert, Fasterding (westf. Patr.), Vasters, KF. **Fast,** Fastje (fries., alt *Vasteke),* Fasting, Fastring (alt Fasterding): im fries.-ndsächs. Raum von Holstein bis Holland waren die N. mit *Fast* (»fest, standhaft«) seit alters beliebt; vgl. got. *fastan* »festhalten, bewahren«. *Fastida* hieß schon ein Gepidenkönig um 550, *Fastrada* e. Gattin Karls d. Gr., *Fastrad* ein Heiliger (Abt in Brabant um 1160). *Vastrat, Vasthart, Vas(t)bern* in Hbg. um 1260, *Vasbern* in Stade, *Vastmar* in Hbg.-Bremen (Knappe *Vasmar* Bolland). Vgl. auch KF. *Vasseke* Alt-Bremen, *Vasse*/Hbg. S. auch Fester! Schon 1238 in Bremen *Vester(us),* 1426 Diderik *Fester!*

Fath, Fathke, Fathmann: mainfrk. ist Fath, Vath urkdl. = Faith = Voit »Vogt« (Nied, S. 154), vgl. Stuhlfath! Ndd. vgl. vat »Faß«: vatebender »Faßbinder«.

Fathschild: ndd. Satzname »fasse den Schild«; der Schildträger. *Vateschild* 1355 Hildesh., *Fatschild* 1670 Kammin.

Fatz, Fatzer, Fatzmann (obd.), mit kurzem *a,* zu mhd. fatzen »foppen, necken« (noch b. Wieland: »ein Nachtgeist, der ihn fatzte«). Paltram der *Vatz* 1294 Wien, Bentz der *Fatzer* 1451 Allgäu, Welti *Fatz* 1357 Zürich, Heini *Fatzmann* 1515.

Fätsch)er) siehe Fetsch(er)!

Faude (Stuttg. oft): die Faude (auch Faudach, Fadach) meint im Schwäb. »Gras-Insel im Sumpf«. Im O. Elsaß auch ein Berg »die Faude«.

Fauerbach (Hessen): ON./Wetterau, urkdl. *Vurbach* »Moder-, Moorbach« Bahlow, ON. S. 152).

Faul, Faull: mhd. vûl, voul »gebrechlich, schwach; träge«. Auch als Beiname regierender Herren: Otto *der Faule,* Markgr. v. Brandenbg. 1351.

Faulbaum (Brschwg., Magdebg.): ON., nach der Wohnstätte. Ndd. Fuhlbohm.

Fauler (obd.): nach der Wohnstätte am Faulwasser (ON. Faule, in den Faulen).

Faulhaber (obd.): alter, verbreiteter Beiname des Haberbauern. Als N. eines Ritters *(Vulhavere)* 1270 b. Mainz; Werner *vulhaber* 1299 O.-Rh. Vgl. Firn-, Frisch-, Gries-, Kiff-, Resch-, Schlicht-, Vielhaber, auch einfach Häberlein. Ndd. Oldehaver, Brüsehaver. – **Faulstich** s. Stich!

Faupel, Vaupel: hess. mundartl. neben Vopel, KF. zu Vol(k)brecht.

Fauser, Faunser (schwäb.) s. Pfauser (schweiz. Pfuser: ein Aufgeblasener, zu mhd. phusen »schnauben, sich aufblähen«). S. auch BzN. 1965 (Fauser)!

Faust, obd.-schwäb. Fäustle, Feistle, ndd. **Fust,** Füsting (Hardevust: Hartfaust): dessen Faust zu fürchten ist! Ludolf *mit der vust* 1278 Strals., Wende *mit der vust* 1348 Holst.; Henr. *Vustman* 1301 Hann. (Faustmann), Rud. *Vüstli* 1329 O. Rh., *Feustel* 1377 Prag.

Faut(h), Vauth: obd. (mainfränk.-rheinhess.) Mundartform für Vogt, deutlich in Stuhlfauth, Hühnerfauth, Kirschenfauth; noch 1738 »die Chur-Fürsten von Mayntz als *Oberfauthe* erkieset«. Herte *Faut* 1387 Frkf., Heinz *Faut* 1409 Würzbg. Gewöhnlich Beauftragter eines Grundherrn, auch einfach Aufseher (Nied, Frk. FN., S. 154; Bahlow, Dt. Nbch., S. 141).

Fechner, Fechtner, Fechler: beheimatet im schles. Raum, bes. um Grünberg-Sagan, gebildet wie Machner (zu slaw. Mach = Matthias), also ein Patronym, offenbar zu slaw. *Fech (Vech)* als KF. zu *Venczlaw, Fentzlaff* (Bahlow, Schles. Nbch., S. 57). Belege: Mich. *Vechner* 1385 Prag, Heinr. *Fechner* 1457 Sprottau, Melch. *Fechener* 1507 Freystadt, David *Fechtner* 1571 Lüben, Daniel *Vechner* 1600 Goldbg., J. G. *Vechner* 1520 Schwiebus, Albr. *Fechner* 1479 Bln.

Fecht (von der): oft in Hbg., zum Fluß- u. Ortn. *Fecht, Vecht,* bzw. *Vechta* (Moorort u. Moorflüsse im nordwestd.-ndld. Flachlande). (Vgl. Bahlow, ON. S. 504 ausführlich.) Dazu Fechtmann. Christoffel *von der Fechte* 1575 Goslar. Auch im O. Elsaß fließt eine Fecht (alt Fechene, Fachina). Zu obd. Fecht (Stuttg. oft) vgl. *Fech, Vech* 1448 Württ.: mhd. vêch »buntes Pelzwerk«, also Kürschner.

Fechter (obd.): einer, der berufsmäßig Zweikämpfe ausfocht, sei es gerichtlich oder auf Jahrmärkten. Näheres bietet A. Schaer, Die altd. Fechter u. Spielleute (1901). S. auch Schirmer! – **Fechteler** (Kiel) ist der ON. *Vechtlere* (Vechtel i. W.): vecht »Moor«, s. Bahlow, ON. S. 504.

Feck, Fecke, Fecken, Fekkena (ostfries. Patr.): kontrahiert aus *Feddeke,* das als KF. zu *Fre(de)rik* 1420 bezeugt ist (F. Stark, S. 185). Vgl. fries. Decke, Dekena zu Dedeke = Dederik.

Fecker (Württ.), Feckler: angeblich: Flickschneider (Brech., S. 438). Peter *Vecker* 1435; I. *Feckler* 1599.

Fedde, Feddeke, Feddinga, Feddama (Patr.), alle fries., = **Feddercke** = Frederik (Friedrich). Vgl. *Feddeke (Frerick)* Uninga 1420 Friesld., *Feddo* Hommius 1514, Popke *Feddama* 1422.

Fed(d)eler (ndd.) s. Fiedler! Hermann *Feddelere* 1249 Hbg. C. *Veddelere* 1328 Lüb.

Fedder(s), Feddersen (Brem., Hbg., Holst. oft) entspricht im gleichen Raum Broders, Brodersen: Vetter (= Verwandter) und Bruder (Broder) wurden von den Friesen auch als VN. gebraucht: *Fedder* Brun 1593 Flsbg. Aber **Feddern** entspricht Finnern, Seggern, lauter Moor-, Sumpforte, vgl. Fedderwarden/Jever, Federwerd/Holld. (Bahlow, ON. S. 135).

Feder: gewöhnlich = **Federer** »Federhändler« (wie Federmann); auch Bauernname (vom Federvieh); z. T. auch vom Federschmuck: *Feder in dem hute* 1350 Brsl. Dazu **Federle:** Ulr. *Vederlin* 1276 Konstanz. Heinr. *Gensevedere* 1316 O. Rhein; Konr. *der Federer* 1328 Stuttg.; Herburd *Federe* 1328 Frkf. *Fedrer* = *Federl* 1387 Kolin. Vgl. *Federangel* 1419 Tüb., 1331 Böhmen, *Vederkengel* (Federkiel) 1281 Echterdgn.

Federspiel (obd.): mhd. vederspil »zur Jagd abgerichteter Vogel«, Falke, Sperber, Habicht; also N. des Falkners. Konr. *Federspil* 1500 Stuttg.

Federwisch (Thür., Erfurt oft): mhd. vederwisch ist N. des Teufels. Embricho *Federwisch* 1213 Mainz.

Fedkenheuer (rhein.) s. Pfettenhauer! desgl. **Fedtke.**

Feege, Fege (ndd.): der Feige (ndld. veeg).

Feeken siehe Fecken!

Feese, Feeser s. Fese! – **Feest** s. Feist!

Fegebank, Vegebank meint den Plünderer (urkdl. lat. »spoliator«). Heyndl *Vegpank* 1360 Iglau. 1599 b. Hann.

Fegebeutel (obd. Fegbeitel): fegen = plündern, ausrauben. Nicol. *Fegebüdel* 1352 Hess., vgl. *Vegengast! Vegesack* (auch Wirtshausname). *Fegekorn, Fegemist.* Aber **Feghelm** (wie *Vegenknopf, Vegeborde*) meint den Putzer, vgl. den Schwertfeger, Harnischfeger.

Feger (obd.) nebst Fegerlein entspricht dem Schwertfeger, dem Waffenschmied, eigtl. Schwertputzer; rhein. Fegers, mit -t: Fegert.

Fehland(t), Fiehland, Vieland (alle in Hbg.): Veh ist ndd. Form für Vieh. Gemeint ist das sumpfige Vieland b. Bremen: zu mnd. *vi* »Sumpf« (vgl. Viebrock, im Vieh, mehrfach Moorname).

Fehl(e): oft im Wupper-Raum, Ndrhein, Frkf., daher wohl z. ON. Fehlen (Vehlen) i. W., Lux., Westerwald (Fehl); *vel* meint »Sumpf« (Bahlow, ON. S. 505). Dazu auch Fehl(e)mann.

Fehleisen (Württ.) meint den Fehlhauer (Feilenhauer), urkdl. = Felenschmid (Brech. S. 439f.). Desgl. **Fehler** = Feiler.

Fehlhaber (ndd.): urkdl. *Velehaver* 1331 Lüb. (»viel Hafer«, also der reiche Haferbauer; vgl. *veleschap, vele-ber:* Fehlbeer, Vehlbehr = viel Bier). Obd. *Vilhaber* 1386 Böhmen.

Fehlhauer siehe Fehleisen!

Fehling (Hbg. oft): der Fale (Obst- oder Westfale). *Veling* 1333 Hann., Locze *Feling* 1387 Frkf.

Fehmel (selten): vgl. dazu in Alt-Brsl. *Femilyope* und *Hanyope* nebst Yope, Yopil u. Lyninyopil. Femel (Fimel, vgl. die Fimmlergasse in Lg.) meint eine Hanfsorte: den besseren, männlichen Hanf (Reichert, S. 116f.). Ein Wolfg. *Fehmel* 1518 Wurzen/Sa.; G. *Femmler* 1595 Tüb.

Fehmer(ling), Femerling: von der Insel Fehmarn. Henneke *Vemerling* = Joh. *de Vemeren* um 1290 Strals. Vgl. Henning *Vemerman*/Alt-Wismar.

Fehn(s): fries. fehn, ndld. veen »Sumpf, Moor«. Vgl. ter Vehn, van Veen. Auch Fehnemann, Fehnendahl.

Fehr (obd.-schweiz.) meint den Fährmann: mhd. *ver(e)* neben *verje, verge* (Ferge). Zahlr. in Zürich, wo 1468 ein Geselle der Schifferzunft namens *Feer* begegnet. Auch mhd. *vere:* daher **Fehr(mann)** auch an der Waterkant, nebst Fehre. Betzold *Fere* 1390 Franken.

Fehrentheil, Ferntheil (Hbg): mnd. verden-dêl »den vierten Teil«; Henrich Verdendêl pistor um 1290 Wismar. Die Butter z. B. wurde in Bremen in »verndeelkrucken« verkauft.

Fehring = Verding (mnd.), obd. Vierdung, eine Münzeinheit; »drê vęringe to wordgelde« 1393; »3 1/2 verding den gérenden (Bettlern)« 1370 Reval. Vgl. Joh. Sevenvering (verling) 1395 Soest.

Fehrle, Fehrlen (Württ.): urkdl. *Verlin,* also mhd. verlin = verhelin »Ferkel.« (vgl. *Ferlinshaut!);* gemeint ist der Ferkelhändler. Vgl. in Freiburg 1432/35 Peter *Verler (= Verlein),* im Hause zum schwarzen Verlin! Ein Heintze *Verlin* 1354 Speyer, Cunr. *Verlin* 1307 Hondingen. Albert *Värli* 1241 Konstanz; Joh. der *Verler* 1292 Freibg.; H. Bäder gen. *Ferlinshaut* 1478 Feuerbach.

Fehrs (Hbg. oft), Fehres, Fehrens, Fehrensen (auch Vehrs, Veers, Vehrens) mit k-Suffix **Fehr(e)ke,** patr. **Fehring,** Vehring, alle im fries. Raum (Holstein, Dithm., Hbg.), enthalten den seltenen altfries. Pers. N. *Fero* (wie *Hero*), und so auch *Fereko* (1290 in Hbg.) wie *Hereko.* Auch *Verest* (1264 in Hbg.), *Verst* (1320 Lüb.), *Ferst, Feerst* (1533 Kiel), mit st-Suffix ist typisch fries. wie Brunest, Meynest, Sigest. Bekannt ist der plattd. Dichter Joh. Hinr. **Fehrs** aus Holstein.

Fehse siehe Fese! – Desgl. Fehsenfeld.

Feicht, Feicht(n)er (schwäb.-bair.-tirol.) sind Varianten zu Feucht(ner) = Fichtner: nach der Wohnstätte bei der »Feuchten, Feichten«, am Fichtengehölz. Vgl. auch Feucht-, Feicht-, Faichtmayer (Bildhauer des Rokoko); Feuchten-, Feichtenbeiner: aus Feuchtenpoint/Ö. (ahd. fiohta, fiuhta).

Feick(e): mehrfach in Hbg., daher vielleicht fries. Feiko, s. Fecke! (Stark 185).

Feidt siehe Veit!

Feierabend, Feuerabend: wohl Spottname des Müßiggängers, als Bauern- und Handwerkername schon früh allenthalben. Burchard *Virabent,* Bauer 1290 Ettgn., Hannus *Vyerabund* 1383 Lg. Ähnlich **Feiertag:** Hensel *Veiertag* (14. Jh.) Böhmen.

Fei(e)rer (obd.) s. Feurer! Desgl. Feierlein.

Feierfeil siehe Feuer!

Feifel (schwäb.): Bauernname, mhd. *vivel* (mlat. vivolae) »Feifel«, Drüsenkrankheit der Pferde. Hans *Vifel* 1442 Rottweil.

Feige, obd. **Faig(le):** der Furchtsame, Feige. Als FN. ist Feige im ostd. Raum häufig, wo Luthers Bibelsprache das Wort verbreitete. Vgl. auch die Frucht (Feigenbaum, Feigenstengel, Feigenbrödel, Feigenbutz). Das schles. Feike spielt schwerlich herein: es beruht auf slaw. Voike.

Feigenspan statt Fiegenspan s. Fügenspan!

Feigl (obd.) = mhd. *vîol* »Veilchen«, vgl. Veigelmeier, alt Viol-, Vigelmayer. Conr. *Fyol* 1451 Frkf. Hans *Feigel (Feyel)* 1560 Odenwald, Nic. *Feygl* 1365 Prag.

Feike, Faika (Glatz, O/S.) beruht auf slaw. *Voike, Woi(t)ke* (= Vojslav, zu voj »Mann«).

Feil, Feyhl u. ä. (Stuttg. oft) s. Feigl! Mitunter mag der Feil(en)hauer gemeint sein, obd. auch Feiler, vgl. Rinkefeil »Spangenfeiler«. Joh. *Feil* 1370 Prag, *Feiltrager* 1358 Zürich.

Feiler, Feyler, Feuler (obd.), auch Feilner, Feulner (fränk.): der Feilenhauer, Feilenschmied, mhd. *vîlenhouwer, vîler.* S. auch Failer! Vgl. *Filisbas* »feil es besser« u. *Kloppfil* 14. Jh. Brsl.

Feilke (Meckl.) kann auf Vileke (d. i. Vilen-, Feilenhauer) beruhen, aber auch = Feil sein (»en feyl, boise mynsche«), noch Luther sagt Feil für Fehl. Vgl. Joh. Vileke 1301 Riga, Jost Feyleken 1585 Offensen, Clawes Feyle 1367 Lbg. Weiteres im Ndd. Namenbuch S. 163. Vgl. aber slaw. Fielke!

Feilner, Feulner siehe Feiler!

Feilnreiter, Feilmoser (Tirol) sind entrundet aus Feuln-, Faulnreuter bzw. Faulmoser.

Feine: nordd. konkurriert der ON. Feine b. Syke u. Berg-Feine i. W. (urkdl. Fegene).

Fein(e), Feinle, Feinmann: »fein, höfisch vornehm« (in Benehmen u. Kleidung); mhd. fîn, mit dem Ritterwesen aus Frankreich übers ndld. fijn zuerst am Rhein um 1200 eingedrungen; vgl. Arnolt *Vin* 1159 Köln, Konr. *Fynlin* 1419 Württ., *Fyngeselle* 1419 Trier.

Feinaigle (schwäb.) = Feinäuglein.

Feind(t): vgl. auch Bauernfeind, ndd. Niefind, Mötefindt u. ä.

Feiner (obd.): zu mhd. fînen »fein machen, polieren«. Vgl. den Buchdrucker Konr. *Fyner* um 1475 Württ.

Feinkohl (ndd.) meint »schöne Kapuze« (mnd. kogel, mhd. gugel, kugel, aus lat. cucullа); vgl. Linnekohl, Rodekohl, Schlapkohl, Riefkohl u. ä.

Feinler (obd.) s. Feiner! Conr. *Vyneler (Veyneler)* 1429 Salach/Württ.

Feist (obd., md.) nebst Feest, Fehst (ostmd.) s. Faist! Zu **Feistel,** Feistle, Feustel s. Faust! – Feistkohl, Feisthamel, Feistkalb, Feistkorn sind Bauernnamen, Fornefeist steht neben ndd. Fornefett.

Feistritzer (obd.): aus Feistritz/Ö. (auch Weistritz, Bistritz, slaw. = reißender Waldbach).

Feith, Feidt: vgl. mnd. feit »schmuck«; H. Feythe 1269 Hbg.; Feiteblome 1272 Ro.

Felber (obd.): nach der Wohnstätte bei Weidenbäumen *(by den felben)*, zu mhd. velwe »Weide«. Wernher *Velwer* um 1200 O.Rhein.

Felchner (obd.) = Falchner, wie Felkner = Falkner. Vgl. Felchlin.

Feld, zum Felde u. ä.: nach der Wohnstätte. Baldewin *an dem felde* 1345 Frkf.; Petrus *in dem velde* 1280, Bauer zu Mengen; Ticze *vom felde* 1390 Brsl.

Felder, Felderer (obd.): teils nach der Wohnstätte, teils nach der Herkunft (ON. Feld, Felden). Vgl. Feldner. Komposita: Haberfelder, Heufelder. Günther der *Velder* 1308 Stuttg., C. *Felderer* 1581 Tirol. S. auch Feller!

Feldewert, -bert (ndd.): »feldwärts wohnend«.

Feldhusen, -haus(en) u. ä.: mehrf. ON.

Feldle (Württ.) s. Feld! Bauer Cunr. *Veldeli* 1306.

Feldmann, Feldmaier, Feldmüller u. ä.: alle nach der Wohnstätte oder Beschäftigung (auf dem Felde, in der Feldmühle usw.)

Feldner, Fellner (obd.): zum mehrf. ON. Felden, Velden. Vgl. Seefeldner: aus Seefelden; Leinfellner: aus Leinfelden. S. auch Feller! Kaum in Betracht kommt mhd. veldener: e. Art Höriger. Nic. *Veldner* 1387 Budweis.

Feldten s. Felten!

Felgenhauer, -heuer, -heyer: obd.-md. = mhd. velgenhouwer »der die hölzernen Radfelgen zuhaut«, der Wagner oder Rademacher. Stephan *Felgenhawer* 1351 Olmütz, P. *Felgenheyer* 1588 Hainichen/Sa. Desgl. **Felgendreher** [umgedeutet: **-träger,** aus ndd. -dreger »Drechsler«, auch **-träbe(r)** aus ndd. -drewe, bzw. **-treff**]; vereinzelt spielt der ON. Felgentreu nördlich Jüterbog hinein! Zur Umdeutung vgl. Urban *Felgedrewe = Felgenträger* 1556/69 Plötzkau/Bernbg.; *Felgentreff*/Quedlbg.: nach 1700 *Felgenträger.* S. auch Felgner!

Felgenträger (häufig im ndd. Raum Magdebg.) s. Felgenhauer!

Felgentreu: ON. nö. Jüterbog, wie dies offenbar slaw. Ursprungs, schon 1285 *Velgendrewe* (Österly, S. 713). Vgl. Jakob *Felgetrewe,* Ratm. zu Jüterbog 1395, Andr. *Velgedrewe* aus Luckenwalde 1626. Zur Umdeutung vgl. ON. Felgenau b. Danzig, urkdl. Wielglowo. Zu **Felgentreff** s. auch Felgenhauer!

Felgner (von Hessen bis Schlesien) = Felgenhauer! J. *Felgner* 1553 Delitzsch.

Felix (lat. »der Glückliche«): Züricher Lokalheiliger (wie die heil. Regula), sonst im MA. selten. *Felix* becker 1349 Brsl., Jos *Felix* 1393 Breisgau.

Felke: ostd. KF. zu slaw. Velislav, Velimir.

Felkel, Velkel (Glatz): entrundet aus Völkel = Volkmar. *Felkel* Klingeler 1373

Glatz, *Velkel* Sparbyr 1350 Glatz, M. *Felkl = Fölkl* 1390 Kolin.

Felkeneuer, -eyer: = Falkenauer, wie Felkner = Falkner. ON. Falkenau (Sa., Böhm.). Zum Umlaut bzw. zur Entrundung vgl. Haseneier neben Hasenauer, zur Umdeutung in Felkenhauer, -heuer: Hasenhauer, Schwarzenhauer.

Felkner siehe Falkner!

Fellbrich (Schles.): mundartl. für **Fellberg,** Fellenberg, wie Hirschbrich f. Hirschberg; Ziesbrich f. Zeisberg; Hubrich f. Hoberg; Herbrich f. Herberg; Weißbrich f. Weißenberg. Zur Entwicklung von *-bèrg* zu *-berig, -brig* s. Behaghel, S. 130!

Fellechner, Fellehner (Tirol): Lechner, Lehner = Bauer mit Lehengut (s. Tarneller, S. 174).

Felleisen (obd.): »Mantelsack, Felleisen« (Reisetasche der wandernden Handwerksburschen), umgedeutet aus mhd. *velîs* (frz. valise). Hans *Fellisen* 1471 Südbaden.

Felle(n)baum (1452 Görl.): Satzname f. d. Waldarbeiter wie Fellnast, Fellenzweig, 1446 Görl. Vgl. die Riesen *Schellen-, Rumen-, Fellenwald.* Fellenwald (»fälle den Baum« usw.). Vgl. Fell(en)giebel.

Fellenz: wohl = ON. Veldenz/Mosel (e. prähistor. Bachname wie Ellenz: s. Bahlow, ON. S. 505).

Feller (obd.) = Felder, wie Fellerer = Felderer u. Fellner = Feldner. Vgl. Rockefeller aus Rockenfeld/Rhld., Buchfeller neben Buchfellner. Martin *Feller* 1489 Reutl., vorher: G. *Velder* 1308 Stuttg.

Fellgiebel (Schles.): Satzname, urkdl. *Fellengibel* 1491 Lg., zu mhd. gebel »Schädel, Kopf, Giebel«. Vgl. Zerr(en)giebel (1404 Görl.); Rosse-, Gaiß-, Schwitzgebel u. ä. S. auch Fellenbaum, -ast, -zweig!

Fellguth siehe Vellguth!

Fellmann: kaum mhd. velleman »Schinder« (gefallenen Viehes), eher Fellhändler, wie Biermann, Weinmann, Eiermann, Schuhmann. *Velköufel* 1345 Brünn.

Fellmer: aus Vellmar b. Kassel, wie Fillmer aus Villmar/Lahn, beide ON. urkdl. *Vilimar,* zur Gruppe prähistor. Namen auf *-mar* »sumpfiger Quellbezirk« wie Weimar, Geismar, Schötmar. Dazu Bahlow, ON. S. 509. Vgl. Heinr. *Velmer* 1526 Kassel.

Fellmeth (Baden, Württ.) erinnert an obd. Grumeth, Öhmet, wo -met = mâd! Joh. *Felmedt (Fellmieth)* 1581 Stuttg.

Fellner s. Feldner!

Felmy ist irreführende Schreibung für *Völmy,* schweizer. KF. zu Vol(k)mar, mit Entrundung *ö: e.*

Fels (obd.), auch Feltz, wie Felsmann: Feltzmann und Felser: Felzer (vgl. Hochfelzer: Lindenfelser): nach Wohnstätte u. Herkunft. Auch Felsner (Sifrid *Velsener* 1303 Böhmen).

Felsch(e): als ostd. N. wohl identisch mit **Felske** (Felski, vgl. Felskowski), zum slaw. Pers. N. *Velislav, Velimir* (velij »groß«), vgl. Velisch, Fehlisch. S. aber auch Fölsch(e)!

Felschle (schwäb.): »falscher Mensch«. *Felschelin* 1356 Lahr, Diepold *Velschelin (Valscheli)* 1284 Kirchh./Teck.

Felten, Feldten, Velten s. Valentin! – **Felter** s. Falter! Kuni *Velter* 1461 Württ.

Feltzin: ostd.-slaw. ON. wie Weltzin (Meckl.-Pomm.)

Femerling (Hbg.) siehe Fehmerling!

Fem(m)el, Femmler siehe Fehmel!

Fenchel (obd.): der Gewürzkrämer, nach dem Gewürzkraut (mhd. venichel, aus lat. föniculum). Herm. *Fenchel* 1347 b. Wetzlar. Vgl. die ndd. Form **Fen(ne)kohl,** mit Anlehnung an »Kohl«, auch Vennekohl, -kold, Fönnekold.

Fenck: der Hirsebauer, zu mhd. venich, vench (phenic aus lat. panicum »Hirse, Buchweizen, Heidekorn«). Vgl. Claus *Fencher* 1410 Württ.

Fend(t), Fendel, Fenderl (obd.): mhd. vende, vent, vendel(in), »Bube, Knabe, Fußknecht«, im Schachspiel = »Bauer«. Häufig in Augsbg., Mchn.: Ulr. *Fende* 1250 Augsbg., Rud. *Fende* 1387 Frkf. Vgl. ndd. *Grotefend.* Lat. Fendius.

Fendler (schles.) s. Wendler! – **Fender** s. Pfänder! – **Fendesak** (böhm.) s. Pfändesack!

Fengefisch (Hbg.): ÜN. des Fischers, mit i-Umlaut.

Fenger: in Schlesien offenbar Variante zu Wenger (poln. = »Ungar«), vgl. Fengler neben Wengler. Doch s. auch Fänger!

Fengler: in Schlesien = Wengler »Köhler« (vgl. poln. Wenglarczyk). Dazu Bahlow, Schles. Nbch., S. 83.

Fenn: ÖN., nordd. noch heute »Sumpf-, Moor-, Marschland«. Auch Fehn!

Fenner (rhein. Fenners), Venner: mhd. vener »Fähnrich, Bannerführer« (auch als städt. Beamter, z. B. in Bern: Tobler-Meyer, S. 105). Joh. *Venre* 1187 Köln, Bertold *Vener* 1277 Schwäb.-Gmünd. Nordd. konkurriert Fenn »Moor«.

Fensch (ostd.-slaw.) = Fenske, Fentzke, Venzke = Fentzlaff: der heil. Wenzeslav. Vgl. *Venceke* = *Vencislaus* v. Nemitz 1250 Pomm.; Nik. *Venseke* 1354 Greifswald.

Fenske (Hbg. oft) siehe Fensch!

Fenster(er): obd. = ndd. Fenstermacher *(Venstermeker)*. Auch Fenstermann. Ein *Fensterlin* 1390 Böhmen, auch Brsl.

Fent s. Fend! – **Fenthur** = Ventur, s. Bonaventura! – **Fentrop:** westf. ON. auf -torp »Dorf«.

Fentzahn, Fentsahm: wend. ON. wie Maltzahn.

Fenzl: sudetisch = Wenzel. Fenczel Kölbel 1467 Kaaden; Fenczl (Venczl, Venczlaw) Brunner 1468 Krumau. Zu Wölfin Venczlin 1409 Würzbg. vgl. aber mhd. vanz, venzelin »Schalk«.

Ferber s. Färber! – **Ferbitz:** ON./Prignitz (slaw. *vrba* »Weide«). Auch Ferwitz, Werwitz. Vgl. Ferbenz/Eger.

Ferchland: ON. a. Elbe b. Genthin, vgl. im selben Raum: Ferchesar und Ferch.

Ferckel: s. auch ndd. Farken (Ferken)! Der Ferkelhändler. Jacob *Verkel* 1379 Lg., Nik. *Ferkel* 1399 Zittau. Obd. ist: Eberh. *Varch* (Wepeling) 1336 Hess., Alb. *Värheli* 1303 Eßl.; *Böseverkel* (Lg., Brsl.) »schlechtes F.« wie Bösefleisch.

Ferdinand: dem MA. unbekannt, da erst um 1500 durch die Habsburger nach Ö. importiert; also sehr junger FN. Näheres b. Bahlow, Vornamen, S. 33/34.

Ferg, Förg (obd.): mhd. verje, verge »Fährmann«. S. auch Fehr!

Ferk, Ferck (Hbg. oft) s. Fehrke unter Fehrs!

Ferl (obd.) s. Fehrle! Vgl. ON. Verl i. W.

Ferley: wohl = Verley, in Wetzlar urkdl. »Sohn oder Gatte der Frau Lye, Leye« = Elisabeth. Gernand *ver(n)Lyen (Lye, Leye)* 1286 Wetzlar, Tochter: *Lye*. Aber ndrhein. **Verley** = VanderLeye wie Verbeek, Vermeer u. ä.

Fern(e): ON. Ferna/Eichsfeld: ON. Fernau, Fernow u. ä.

Ferner: s. Ferne! Vgl. aber auch Radolf *Fernere* 1289 in Soest, J. *Farner* um 1300 Lüb.

Fernkorn: Bauernname, auch Firnkorn, wie Verngerste, Fernekäse, Firnwein u. ä. (mhd. virn, vern »alt, vorjährig«).

Ferntheil s. Fehrentheil!

Fernschild s. Fürenschild!

Fersch (Mchn., Nbg.) wird deutlich durch Kaulfers(ch) »Klumpferse« (vgl. Kaulfuß). K. *Verse* 1369 Lg., E. *Fersenfleck,* Olmütz. Vgl. Ars(ch), Bars(ch).

Fersen (von): s. Versen! (Bahlow, ON. S. 506: Versen/Ems).

Ferster (Ö.) s. Förster! – **Ferse** s. Ferschl.

Ferstl (Bay.) s. Förstl, Fürst!

Fertig: mhd. vertic »zur Fahrt gerüstet, geschickt tüchtig«. Auch **Förtig** (frk.).

Fertsch, Förtsch (frk. gerundet wie Fertig: Förtig) s. Förtsch!

Fervers, Ferfers (rhein.) = Ferber, Färber.

-Fesche s. Fesecke!

Fese, Fehse, Vehse, Feese (obd.): mhd. vese »Getreidehülse, Spreu«, auch »Spelt, Dinkel«. Herm. *Vese* 1271 b. Durlach. Vgl. den Müller Joh. *Fäsenstaub* 1408 Zürich; Heinr. *Vesensack* 1304 Ulm, H. *Veseman* 1290; Ulr. *Veesenmaier* 1394 Konstanz, Bientz der *Veesenherr* 1354 Riedl.; dazu **Fesenbeck(er),** Fehsenmeyer, Fessenmayer; Feser, Fehser; Veeser. Feskorn; Fese(n)feld.

Feseke, Fäseke, Feesche, Fäsche s. Fese! Vgl. »10 malter väseken«;»feseroggen«.

Feser (obd.) siehe Fese!

Fess(e)ler, Fesser (obd.) s. Fässler! **Fessel** desgl.

Fest s. Feest, Feist! Vgl. *Fornefest* 1435 Lg. neben *Fornefeist!*

Fester, Festersen (Holst.), auch Vester, Vehster, Fehster, patr. **Festerling,** Vesterling: = Silvester, Papstname. S. aber auch Faster!

Fest(l): Mchn. oft, mhd. vest »beständig, ehrenfest«. Nic. *Feste* 1405 Lg.

Fetsch, Fetscher: schwäb. Fätsche »Sumpfrasen, Ried«, auch **Fetzer** dürfte dasselbe meinen, nebst Fetschle; vgl. Fetzenmoos, -graben, Fetzi, Fetzach, Fetzleacker, in der Fötzli, Fötzach. Nur aus diesen ON. erklärt sich die Häufigkeit des Namens im schwäb.-württ. Raum!

Fett, Fette (ndd.) entspricht dem obd.-md. **Feist:** der Wohlbeleibte. Vgl. auch Fornefett. Albrecht der *Fette* 1286 Brschwg.,

Hartwig *Vette* 1300 Greifsw., Joh. *de fette* 1345 Lüb. Dazu *Vetscholder* 1178 Köln, *Vettekopp* 1419 Hameln, *Fettback*. – Fetthake ist der Fetthöker, Fettmilch der Milchhändler. – **Fetter** s. Vetter!

Fetthauer, Fetken-, Pfötken-heuer s. Pfettenhauer (Zimmermann, der die Querbalken des Dachstuhls zuhaut). Dazu wohl **Fettke,** Fedtke.

Fetting (ndd.-westf.): Patr. zu Fett. Auch Fettig, soweit nicht obd. – frk. = mhd. vetach, vetich »Fittich, Flügel« (Konr. *Vettach* 1477 Württ., Henman *Vettich* 14. Jh.). Alard *Vetting* 1280 Strals., Herm. *Vetting* (Pinguis) um 1250 Westf.

Fettweiß, Vettweis (ndrhein.): ON. Vettweiß b. Düren!

Fetzer s. Fetscher! **Feucht,** (n)er s. Feicht!

Feuer, Feuerlein meinen den **Feurer** (obd.), den Feueranmacher, Heizer, wohl auch den Schmied (Fürschmid 1463 O.Bay.). Ndd. vgl. Fürböter. Im Kloster Sonnenburg um 1350: Pertholt *der feurer*. Neben Feurer entrundet auch **Feirer,** Feierle (K. *Feirlin* 1425 b. Ulm). Zur Feierfeil vgl. ndd. Fürpiel »Brandpfeil«. **Feuerhake** (Haken) u. Feuerstacke (Stange) sind verhochdeutscht aus ndd. *Fürhake, Fürstake*. Eindeutig ist Feuerherdt. **Feuerstein** (Stuttg.): Benz *Fürstein* 1347 b. Rottweil (Bauer), Wernher *Fürstein* 1160. **Feuersenger:** nach d. Wohnstätte an e. Feuerrodung.

Feulner (frk.) siehe Feilner, Feiler!

Feurich (obd.): die Variante Feuring deutet auf e. ON.

Feuß, Feußner (obd.): ungedeutet. Vgl. Faus!

Feustel s. Faust! (*Feustel* 1377 Prag, 1387 Iglau).

Fey, Feye(n): im MA. beliebte KF. zu Sophie, als Märtyrin u. Heilige verehrt (Bahlow, Vornamen, S. 93). Vgl. »dy scone *Feyge*« 1330 Haldsl., »sin wip *Veyge*« ebd.; *Fye* mehrfach um 1300 in Wetzlar, 1363 *Vey*. In Oldbg. 1457 Cord *Fyeken* (Metronym).

Feyerabend s. Feierabend! – **Feyerherdt** s. Feuerherd! – **Feyhl** s. Feil!

Feyler, Feyl s. Feiler, Feil!

Fiand: ndd. = »Feind«; Burvyant 1381 Lemgo.

Fibiger s. Fiebiger! – **Fichelmann** = Viechelmann (ON. Viecheln/Meckl.).

Ficht(n)er, Ficht(e), Fichtmann: nach Wohnstätte u. Herkunft, zum ÖN. u. ON. (bei den) Fichten (Württ., Bay., Ö.); s. Feichtner!

Fick: häufige ndd. KF. zu Friedrich (selten Ficke), auch **Vick.** *Vicke* Weserman = *Ficko (Fredericus)* de Wesera 1352 Lünebg., *Vicke (Fredericus)* Holestaf 1300 Stade. Noch um 1560 in Rostock: *Vicke* Schorler, *Ficke* van Herverden.

Fickbohm (ndd.): wohl ÖN. wie Fickmühlen/Bremen, Fickendey.

Fickenscher, Fickelscher, Fickentscher (obd.): wohl als »Beutelschneider« zu deuten, zumal *Vickelscherre* um 1300 als Gaunername begegnet (so im »Renner«, Vers 1696, des Hugo v. Trimberg); Ficke »Tasche« ist allerdings erst um 1600 bezeugt; das Mhd. kennt nur *vicken* »reiben« (dazu *Vickewolle* 1398 Görl.). Vgl. auch Henne *Fyckel* 1387 Frkf.

Fickenwirth, Fickelwirth (auch Fieken-, Finkenwirth).

Ficker(t): urspr. Ficker (J. *Ficker* 1492/Sa.), wohl zu mhd. vicken »reiben«. Als *Vicker* (14. Jh.) in Brsl., Prag, Olmütz, Iglau.

Fi(c)kus, Ficus: lat. = Feigenbaum, Feige.

Fieback, Fiebek u. ä. (oberschles.) s. Fiebig (vgl. Lieback: Liebig)!

Fiebelkorn (Hbg., Wismar, Rostock): ungedeutet (e. Getreideart).

Fiebig: Viebig, entstellt zu Fiebing (vgl. Gerbing für Gerbig, Gerwig), erweitert **Fiebiger:** speziell schles.-sächs.-böhmisch für ursprüngl. *Vieweg*, also der am Viehweg Wohnende; vgl. *by dem fiebege* 1418 Glatz; Peter *by dem vywege* 1381 Sorau, Peter *viweg* 1383 Lg.; N. *vyweger* 1381 Friedld., B. *Fibiger* 1523 Görl. (Weiteres: Bahlow, Schles. Nbch. S. 83.)

Fiebranz: ostd.-slaw. wie Kiebranz, Dobranz (ON.).

Fiederer (obd.-schwäb.): zu mhd. *videren* »Pfeile befiedern«.

Fiedler (zahlr. im sächs.-schles.-böhm. Raum): der Fiedler (vgl. Volker *der videlaere*, der Spielmann, im Nibel.-Liede) zählte später mit dem Pfeifer u. dem Pauker (Peuker) zu den »fahrenden Leuten«, dem Dorf- u. Stadtmusikanten: ein Merten *Fideluff* (»spiel auf: zum Tanze«) 1506 Görl. Blasius Hübener ein blinder *fidler* 1536 ebd.; als FN. schon 1383 in Lg.: Peter *vedeler* der vorspreche. (Statistik der Verbreitung b. Bahlow, Schles. Nbch., S. 104, u. Brech., S. 459.) Ein *Fidelbogen* 1507 im Aargau.

Fiegenbaum siehe Feigenbaum!

Fieger, Fiegert (obd.) entrundet aus **Füger** »Ordner, Aufseher«, auch **Fiegner** neben **Füg(e)ner** (mhd. vüegen »ordnen, passend machen«), vgl. Fiegen-: Fügenschuh; Fiegen-: Fügenspan »ordne, schlichte den Streit«. Ein Heinr. *Fieger* 1444 in Straßbg. Dazu **Fiege** neben Füge (mhd. vüege »passend, schicklich, geschickt«, ndd. Vöge): Berhtold *Füge* 1304 Rottweil, H. *Fügeli* 1303 Göppgn.

Fiegner: wohl entrundet aus Fügner, wie Fieger aus Füger, – Fiege aus Füge, – Fiegen- aus Fügenschuh; s. Fieger!

Fiehland siehe Fehland!

Fie(h)n: ndd. = obd. Fein, s. dies! Aber Fiehnke, Fiencke weist aufs Slaw.

Fielicke, Fielsch (ostd.) sind KF. zu slaw. **Fiezlaff** (Velislav). Vgl. Mielke: Miltzlaff (Miloslav).

Fi(e)litz: slaw. ON., vgl. Vielitz b. Neuruppin. – **Fiendt** (ndd.) s. Feind! Vgl. Möteñendt!

Fiene(mann): aus Fiene/Mark, zum selben slaw. (prähistor.) Wasserwort wie das Fiener Bruch, Fienerode, Fienstedt (Bahlow, ON. S. 139).

Fierk(e), Fierek: ostd.-slaw. wie der ON. Fieritz, Vieritz.

Fiesel, Viesel, **Fies(e)ler:** obszöner N., mhd. visel »penis«. Henneke *Visel* 1329 Greifsw., Heinr. (Tenne)*visel* 1292 Neuenbg./Rh. Herburd *Fyselere* 1330 Frkf., Ritter Hartm. *Visilere* 1239 Aargau. Vgl. schwäb. Mädlesfiseler »Schürzenjäger«.

Fieth s. Vieth (der heil. Vitus)! Auch Feidt! – **Fietense** s. Vietense!

Fietz(e), Fietzke, Fietzek: schles. KF. zu Viecens (O.Schles.), d. i. der heil. Vinzenz, in Schlesien einst beliebt, weil des Märtyrers Haupt nach der Legende in Breslau ruht (St. Vinzenz-Stift). Noch 1559 *Vicencz* Mende in Lg., *Vitze* Junckfer 1545 Lg.; *Vieczegk* Skorasz 1594. (Bahlow, Schles. Nbch. S. 58).

Fieweg, Fieweger s. Fiebig!

Figge, Figgen (Hbg.): offenbar zu ndd. Fige, Figen = Sofie, Sofien Sohn. In Oldbg. 1457 Cord *Fygeken.* S. auch Fey! Vgl. in Lippe 1380 Hinke *Fygen,* 1410 Henke *Fyginck,* 1488 *Fygener,* 1533 *Fyggener* (O. Preuß. S. 34). Zum *gg* vgl. Nig(g)e-, Niemann; Frig(g)e, Frie.

Figur, Figuhr, Figura (O. Schles.): slaw. wie Pachura, Machura; Figule wie Machule; Figoy wie Machoi; Figowski. (Bahlow, Schles. Nbch., S. 67.)

Filchner (obd.): wohl Herk. Name. Der Forschungsreisende Wilh. Filchner war Münchner.

Fild (ndd.) = Fildhut, Filthut, »Filzhut«. S. auch Filter, Hotfilter!

Filderer: Herk. N., von den Fildern (fruchtbare Hochfläche südl. Stuttg., zum Moorwort *fild;* vgl. den Filderbach/Baden. Bahlow, ON. S. 138).

Filitz siehe Fielitz!

Filler (obd.): mhd. viller »Abdecker« (zu villen: das Fell abziehen); auch »Peiniger«. Joh. *Viller* 1435 Coburg. Vgl. Mathes *Vylnhund* 1370 Lg.

Filser, Vilser: zum Fluß- u. Ortsn. Fils, Vils (Bay., Württ.).

Filter, Vilter (ndd.): der Filzhutmacher; auch Hotfilter (vgl. Hotwalker). Luder *Filter* 1288 Strals., Joh. *Viltere (Vilt)* 1262/1273 Hbg. **Filthut,** Fildhut, Fildhaut (westf.) und Fild sind mittelbare Berufsnamen für den Filter.

Filz (obd.) kann den **Filzer** meinen (Hensel *vilczer* seteler 1364 Brsl.), wie ndd. Filt den Filter oder Filzhutmacher; vgl. Filzhut u. Filthot, auch Hutfilz. Auch der obd. ON. Filz (Vilz) »Moor« spielt hinein, bes. bei Filzer: vgl. Hochfilzer (aus Hochfilzen/Tirol). Filz ist auch alte Schelte für »Geizhals«: grober, karger Filz; mhd. vilzgebûr »grober Bauer«.

Fimmel, Fimmler: meint den Hanfbauer oder -händler (Fimmelhanf, s. unter Fehmel!) In Lg. einst eine Fimmlergasse.

Fimmen (fries. Jeverld oft): patr. wie Immen, Ommen, Hemmen, Mammen, Tammen; offenbar KF. zu Fridemar (heute Fremer, Fremers), vgl. Femmo 1331.

Finck siehe Fink!

Findeis(en): im MA. allgemein verbreiteter N. für Schmiedegesellen, wie auch Schmelzeisen, Haueisen, Zerreisen, Bukkeisen (Biegeeisen), Glüheisen, Spalteisen, Gareisen, Frischeisen, Firneisen, Raiffeisen, Stolleisen, Hufeisen; teils in Satzform, teils Eisenarten oder eiserne Werkzeuge bezeichnend. Vgl. die zahlr. N. auf

-eisen b. Heintze-Cascorbi, S. 181f. Hier nur folgende Belege: Ulr. *Vindeisen* 1242 Bozen, Heynel *Fineysen* 1377 Iglau, Cuncz *Findeysen* 1381 Prag, *Vindysen* 1350 Brsl., Hinr. *Vindyseren* 1337 Lüb., H. *Fyndysen* 1409 Würzbg., *Findeisen* (Hufschmied) 1500 Frkf. (Völlig abwegig ist die Verwechslung mit mhd. vintûse »Schröpfkopf«, so Brech., S. 464). Vgl. auch die N. auf •*nagel* für Nagelschmiede (Heintze-Cascorbi, S. 362).

Findekeller, Findewirt sind deutlich Spottnamen für Zechlustige; *Vintdenwürvel* 1296 für leidenschaftl. Spieler. Joh. *Vinder* 1420 Köln. Frendel *Finder* 1371 Böhmen. Vgl. Findensinn!

Finder (rhein. Finders): mhd. *vinder* »Erfinder, Erdichter«.

Findling meint »Findelkind«, desgl. **Findl** (Bay.), Findlin: mhd. *vindelîn.* Konr. *Findlin (Fündlin)* 1455 Württ.

Findnutz (obd.): der stets seinen Vorteil zu wahren weiß. Walther *Vindennutz* 1400 b. Hechgn., Henr. *Findnuz* 1464 Haigerl.

Finger (überall): meint nicht nur Menschen mit auffallendem Finger (vgl. Mund, Hand, Fuß usw.), sondern viel häufiger den Fingerring u. seinen Hersteller, den Goldschmied; denn mhd. *vinger* auch = »Ring«! Vgl. Ludeman *Vingermakere* 1347 Lübeck. Ortolf *Finger* 1160 Bayern, Nitsche *Vinger* 1380 Lg., Hensel *Goltvinger* 1382 Lg.; ebenso **Fingerle** (schwäb. oft), Fingerli (Schwz.) sowie **Fingerling.** Zu **Fingerlos** (Wien) vgl. *Dumelose* 1372 Lg.

Fingerhut: ÜN. des Fingerhutmachers bzw. des Schneiders. Gerhard *Vingerhut* 1298 Rostock, Enderlin *Fingerhut* 1396 Prag.

Fink, Finck (überall häufig, bair. Finkl): im allg. wohl der fröhlich-unbeschwerte auch übermütige Mensch, z. T. wohl auch der Vogelfänger (Finkler, da auch Vogel für den Vogler bezeugt ist). Walther *Vinck* 1223 Zürich, Joh. *Vinke* 1272 Stettin. Vgl. *Finkenauge* 1349 Wetzlar, 1329 Hann., *Finkenflügel, Finkennest;* auch Distelfink, Buchfink, Geelvink.

Finkbein(er): oft in Bay.-Württ.-Baden, erinnert an Feichtenbeiner (Württ.), wo *-bein* das obd.-bair. *-beunt* (mhd. biunde) in Flur- u. ON. meint. Vgl. Beinder für Beunter. Variante: Finkbohner (Württ.)!

Finkeldey (westf.): offenbar alter Flurname wie Hinkeldey, Dingeldey, Dauthendey u. ä., alle auf Moor u. Sumpf bezüglich (s. Dilthey!); zum Moorwort *vink* vgl. die ÖN. (ON.) *Vinchselden* (Vinxel b. Köln) wie Worm-, Sik-selden, auch *Vinkebrok*, *Vinketh*/Flandern, *Vinke-veen, -polder*/ Holld., *Finkley*/E. Ein O. *van der Vink* 1583 Wesel.

Finkler s. Fink! Bekannt als Beiname König Heinrichs I., des Finklers oder Voglers (»Herr H. sitzt am Vogelherd«, Ballade).

Finn, Finne, Finnemann (nordwestd.): häufiger Flurname für modrig-feuchte moorige Gegenden. Vgl. mhd. vinne »fauler Geruch«. Van der Finn (ndrh.) ON. Vinn b. Mörs. Finna nö. Bremen. Vinnum i. W. Finn(ing)horst i. W., Finnenbach, -Berg, -Kopf usw. Finnsbruch (Vynbrok) b. Höxter. (Weiteres: Bahlow, ON. S. 139.)

Finneisen siehe Findeisen!

Finnern (Hbg. oft): ON. wie Seggern (finne »Moder«, segge »Sumpfgras«). Vgl. Bahlow, ON. S. 139.

Finners s. Finders! – **Finning:** ON./ Bayern.

Finsch s. Fensch!

Finsler (Schweiz): etwa = Grübler (so Schwz. Idiotikon I 871). Vgl. mhd. vinselwerk »Spielwerk, Tand«. Rud. *Vinsler* 1439 Aargau. E. der *Vintzeler* 1355 Rottw. Ein Henne *Vynsel* 1392 in Okarben/Hess., P. *Vintzel* 1362 b. Mainz.

Finster (obd.): die Erweiterung **Finsterer** (oft in Bayern) deutet auf den Flurnamen *Finster* = finsterer Wald, Tannenwald, vgl. Finsterbusch, Finsterholz, -hölzl, Finsterwald(er), Finsternau, Finsterbach. Dagegen kann **Finsterlin, -le** auch auf die Wesensart deuten: der die Finsternis liebt, vgl. Claus zum Angen gen. *Vinsterli* 1345 Kleinbasel. Bertholt *Vinster* 1312 Geisgn., Hensel *Vinster* 1381 Lg.

Fintel (von), Fintelmann: ON. Fintel a. d. Fintau (Wümme-Moor); *vin-t* meint »Moor«, vgl. auch ON. Vinte b. Bramsche. Fintel(mann) wie Rintel(mann), urkdl. *Vint-lo, Rint-lo:* »moorige Niederung«.

Fintler s. Vintler (ON. Vintl/Tirol).

Finzel s. Finsler! Vgl. aber Finzel, Fenzel unter Vinzenz bzw. Wenzel!

Firchow s. Virchow (ON. i. Pomm.); **Firchau:** ON. in Westpr.

Firmenich (Köln, Aachen, Trier): ON. b. Euskirchen.

Firneis(en): »altes Eisen«, meint den Alteisenhändler bzw. den Schmied. Weiteres unter Findeisen! Zu mhd. virne »alte« auch **Firngerste. Firnhaber, Firnkorn, Firnkäs** (Firm-, Fürm-), **Firnwein,** lauter Bauernnamen aus Bayern, Württ., Baden. Aber **Firnrohr** (Fürn-, Fürm-)/Bayern ist Flurn., vgl. Firnholzer.

Firnsler (obd.): angeblich Firnismacher, -maler.

Firtzlaff: ostd.-pomm.-slaw. Pers. N. auf -slav. wie Miltzlaff, Fielzlaff, Pritzlaff, Retzlaff, Tetzlaff, Fenzlaff.

Fisahn siehe Fasan!

Fischart: Der Vater des Satirikers Johann Fischart aus Mainz schrieb sich um 1550 »*Fischer* gen. Mentzer«; -er, -ert wechselte in der Schreibweise des 16. Jhs. gern mit -art infolge der Unsicherheit, die durch den Lautwandel -art: -ert: -er bzw. -er: -ert in Pers. N. entstanden war; so wurde auch der Pers. N. Swikker (Swidger) zu Schweicker(t) u. Schweickart.

Fisch(e)l: obd., im allg. den Fischer oder Fischhändler meinend, vgl. in Budweis 1309 Stephan *Faulfisch* und den Mertt *Faulvischel* (unter Fischern genannt!). Desgl. **Fisch,** Stockfisch u. ä. Bratfisch ist der Fischbrater.

Fischer (rhein. Fischers): Die Häufigkeit des N. (Berlin hatte über 3000 »Fischer«) zeugt von der einstigen Bedeutung dieses Urgewerbes, bes. an der Küste, in Fluß- u. Seengebieten, vor allem des Ostens, wo Fischerei u. Imkerei Hauptberufe der Slawen waren. Auch Komposita wie Teichfischer, Fronfischer, Hechtfischer. Ndd.-fries. sind Fisser, Visser, Wisser.

Fischmann, Fischmenger sind »Fischhändler« desgl. *Fischkorb* (vgl. Brot-, Käsekorb). S. auch **Fischel!** Lat. Piscator! Vgl. *Blendefisch.*

Fischhaber (Mchn.): angeblich = Fischauer.

Fischnal(l)er (Tirol): Hofname Vischnal b. Innsbruck u. Bozen.

Fischöder, -eder, -ötter (Bay., Ö.): ÖN. Fisch-öd.

Fisser (fries.) siehe Fischer!

Fissler (obd.) siehe Fieseler!

Fist(er): obd., unflätiger N. (mhd. vist »Furz«). Vgl. Hensel *Feistinssekkel* 1385 Dt.-Brod.

Fitense (Meckl.) siehe Vitense (ON. nö. Gadebusch).

Fitschen (Hbg. oft): entspricht wohl *Ritsche(n)* ebda, als fries. Patr. zu Friedrich: KF. *Ficke,* bzw. Rickart, KF. Ricke. Aber *Fitzen* ist ON./Holstein.

Fittbogen (ndd.): »Flitzbogen«, also der Bogner oder Bogenschütze.

Fitz(e), Fitzke, Fitzka, Fitzek (Ob. Schles.) s. Fietze!

Fitzer (obd.) meint »Kunstweber« (mhd. vitzen »Kunstmuster einweben«), Hans der *viczer* 1381 Engen.

Fitzner = Pfitzner, Pfützner (vgl. Fragnor: Pfragner) P. *Ficzner* 1399 Prag.

Fitzthum (Nbg.) = Vitztum (mlat. vicedominus) »Statthalter«.

Fix, Vix, Feix = Vitus, der heil. Veit. Vgl. *Fix (Veit)* Anshelm 1540 Straßbg. Stanislaus *Vix* 1375 Brsl., wo auch eine Fixsgasse oder Vitusgasse.

Flach (obd.) ist Flurname. Vgl. Flachmeier, -müller. Im schles.-böhm. Raum spielt tschech. vlach = mhd. Walch »Welscher, Romane« hinein (s. Bahlow, Schles. Nbch., S. 83). Vgl. Flachauer 1385 zum ON. Wlachow/Böhm. Wenczel *Flach* 1399 Chrudim. Lehrreich ist auch Marti *Flach* der Schmied = M. *Flachisen* d. Schmied 1498 Allgäu (mhd. vlachsmit = Kupferschmied).

Flachs(mann): obd. = Flachsbauer, -händler, ndd. **Flaß(mann);** vgl. **Flachsbart:** Flaßbart; **Flachshaar:** Flaßhaar. Flurnamen sind Flachsland (obd.), Flaskamp, Flasdiek (westf.).

Flack(e), Flackmann (nordd.): nach der Wohnstätte an stehendem, sumpf. Wasser (noch holld. *vlak* = geul; *Vlakven, Vlakwater*). Vgl. Flurnamen wie *»In der Flaken«* b. Haste/Osn., *das Flaken* b. Farenholz, *Flakenholz* b. Hameln (Bahlow, ON. S. 142).

Flad(e), Flaadt (obd.) meint den **Flader(er),** den Bäcker von Kuchenfladen (flachen, breiten Kuchen). Hesse *der Flader* 1283 Freiburg. Herm. *Flade* 1369 Lg. P. *Fledl* 1402 Prag *Fladenknecht* 1356 Prag *Fladenesser* 1386 Eßl. *Fladenmul* 1435 Hechgn. *Fladenschuver* 1397 Duderst. Mit Umlaut *Fledener* 1336 Frkf.

Fladner siehe Flade!
Fladermann: in sumpf. Gegend (schwäb. flader), vgl. Fladerer, Fladrich.
Fladrich, Flädrich, Fledrich: vgl. mhd. vladeren, vlederen »flattern«. (Aber tschech. vladarik »Befehlshaber«).
Fladung: ON. Fladungen/Rhön (flad »Sumpf«, vgl. die Fladaha/Thür., die Fladapa b. Olpe, ON. Fladen b. Bleckede/Elbe). Bahlow, ON. S. 141! Hans *von Fladungen* 1409 Würzbg. Georg *Fladungk* 1565 Gotha. Zum Abwurf der Endung vgl. Breitung, Bliedung, Gerstung, Kauffung, Madelung, Hallung, Hellrung (Heldrungen) a. d. Heldra usw., lauter Ableitungen von Gewässernamen (dazu grundsätzlich: Bahlow, Ndd. Korr.-Blatt, 1961). – **Flägel** s. Flegel!
Flaig (schwäb.-alem.) »Fliege« (zu dieser Mundartform vgl. Schwz. Idiotikon, I 1177). Übertr. wohl »unruhiger Mensch«. Ein *Fleugenfank* 14. Jh. Olmütz.
Flaischlen siehe Fleischer!
Flake s. Flacke! – **Flähmig** = Fläming, s. Flemming!
Flamm(e): obd., in Freiburg vor 1500 als Hausname (»zur Flamme«) bezeugt, dort auch FN. Sonst ist Flamme wie Funke indirekter Berufsname des Schmiedes, vgl. *Isenflamm* 1488 Basel, *Flammeisen* (Bad.).
Flander (nordd.): aus Flandern. Vgl. Hinr. *Vlandervar* 14. Jh. Lüb.
Flanse (Lg..): Mathis *Flans* 1546 Lg.; s. Flanz!
Flanz (obd.): mhd. vlans »verzerrter Mund« (Flunsch). Joh. *Flanze* 1331 Überlgn. Vgl. aber Pflanz! (Ein Weingarten *»der Flanzer«* 14. Jh. Württ.)
Flaschner, Fleschner, bair. Pflöschner: mhd. vlaschener = Klempner (der Blechflaschen herstellte). Vgl. ndd. Flaschendräger, -träger (Drechsler!): *vlaschendreyger* 1430 Hann. Auch kurz **Flasch(e),** Flaschel, Spundflasche. *Flasch, Fleschel* 1414 in Mähren, nebst *Flaschenpodem, Flaschensmyd.* Mit Umlaut am O. Rhein: Joh. *Flesche* 1389 Elsaß; *Fleschendrunk* 1489 Reutl. Fleschriem = Flaschenriemen. *Fleschener* 1400 Frkf.
Flashaar (ndd.): mit flachsblondem Haar, wie obd. Flechsenhar. Ebenso Flasbart. Clawes *Flashare* 1535 Stettin.
Flato(w), Flatau: ON. Flatow/Havel. – **Flatscher** (Tirol): vom Hofe Flatsch.
Flatter, Flatters (rhein.): vgl. Flatterbinse, zu obd. flader, flatter »Sumpf«.
Flattich: schwäb. = Rockzipfel. Aberlin *Flattich* 1530 Württ.
Flaucher (Mchn.): der Flucher. Hans der *Flucher* 1392 Württ.
Flaum (obd.): mhd. vlûm »Flaumfeder«; s. auch Fluhme u. Flumm!
Flebbe (ndd., Hbg. oft): »breites Maul« (vgl. Flabbe »Häsgelippe«). Bernd *Flebbe* 1449 Hann.
Flechsenhaar s. Flachshaar! **Flechs(n)er** s. Flachsmann!
Flechsig (Sa.): wohl slaw. ON. (Flessig, vgl. Flessau), wie Lessig, Krassig, Laußig.
Flechtner = Flechtenmacher, vgl. Henne *flechtmecher* 1387 Frkf. Andreas *Flechtener* 1369 Lg. C. *huetflechter* 1365 Brünn. (mhd. vlechte = Flechtwerk).
Fleck: mehrdeutig, im MA. sowohl »Flikken, Lappen« (also Schneider oder Schuster, vgl. *Fersenflek* 1375 Olmütz) als auch »Kuttelfleck« (vgl. *Salzenfleck:* Alt-Brsl., *Brennfleck* wie Brennwurst). Schließlich auch »Schmutzfleck« u. »Flecken Land«. In Mainz 1323 E. zum Flecke. Ein Konrad *Fleck* (Ritter) dichtete um 1220. R. *im Wiesenfleck* 1391/Tirol.
Fleckeisen: Schmiedename, s. Findeisen!
Fleckner, Flecker (Tirol): zum Hofnamen Flecken; vgl. »im Wiesefleck«/Tirol.
Fleder(er), **Fledner** = Fladerer, Fladner »Fladenbäcker«, s. Flade! *Fleder* neben *Flader* 1283 Freiburg; *Fledener* 1336 Frkf.
Fle(e)ge (ndd.) = Fliege, vgl. Joh. *Bitevleghe* 1385 Strals., *Vlegenbiß* 1254 Hbg. *Vlegenkrog* Lüb.
Fleetjer (fries.): zu ndd.-fries.-ndld. Fleet »fließendes Wasser, Kanal« (bes. an Weser- u. Elbmündung). Vgl. ON. Stockfleth, Bützfleth.
Flegel: eigtl. der Dreschflegel, also der Drescher; vgl. *Swenkenflegel* 1398 Schweidnitz, *Scheuenflegel* 1601 Görl.; dann auch »grober Kerl«.
Flegerbein (Hann.): mnd. fleger »Dreschflegel«. Hans *Flegerbein* 1585 Lühnde.
Flehmig, Flehmke s. Flemming! – **Flehe** (ndd.): ON./Düsseldf., vgl. den Flehbach b. Mülheim, Fleestedt b. Harbg.; Flehinghaus i. W.; *flê* »sumpf. Wasser« (Schönfeld, S. 68) *Vle, Fle* 1322 Lüb.
Fleige (ndd.) siehe Fleege!
Fleiner: aus Flein/Württ. (zum Moorwort

flin, auch in Fleinbach: *Flinebach,* vgl. Bahlow, ON. S. 142). Ein Ritter Cunr. *Fliner* 1282 Württ.

Fleisch: Fleischle, Flaischlen (schwäb.) meinen den Fleischer bzw. Fleischmann, Fleischhauer, Fleischhacker, Fleischmenger. Pezolt *Vleisch* 1331 Graupen, Kunr. *Fleisch* 1286 Basel, Hans *Flayshli* 1364 Württ.; *Vleyschimhuse, Anevleysch*/Brsl. Dazu Komposita: Bösefleisch, Gutfleisch, Faulfleisch, Magerfleisch, Sötefleisch, Pfefferfleisch, Kalbfleisch, Rindfleisch usw.; Kloppfleisch ist Satzname.

Fleischbein: Frankfurter Sippe (»Familie und Volk« 1956).

Fleischer ist das ostmd., von Thür. bis Schlesien übliche Synonym zum südd. Metzger (Metzler) u. nordd. Schlachter (Schlächter). Fleischmann galt im Egerland u. Franken (Nürnbg.), Fleischhaker (bair.-österr.) in Mähren, Fleischhauer in Mittel- u. Norddeutschland. Vgl. die instruktive Karte 13 bei E. Schwarz, S. 20 bzw. 93. Belege: Bahlow, Schles. Nbch., S. 104: Nic. Kolbnow *fleyscher* 1361 Lg.; in Brsl. u. Lg. schon 1384 als FN.: Peter *Vleyscher* textor, Heynke *Fleyscher* wollenweber.

Fleischfresser ist kein Liebhaber von Fleischgerichten, sondern Spottname für den Fleischer, wie Hoppenfreter urkdl. = Hopfenbauer! Vgl. auch Heinr. *Flaischesse* 1180 Ö. (wie Manesse, Bonesse).

Fleischhack, -häckel = Fleischhacker (obd.-österr.), mhd. vleischheckel (wie zimberheckel »Zimmermann«). Vgl. Karte »Fleischhacker« bei E. Schwarz, S. 20!

Fleischhauer (md.) entspricht dem ndd. Knochenhauer.

Fleischmann (Nürnbg., Eger) = Fleischer, Fleischverkäufer. Als Humanistenname Sarkander (griech.). Heinr. Lenke der *fleischman* 1379 Eger. Zu Fleischmenger (lat. mango »Händler«) vgl. Fett-, Fisch-, Strohmenger.

Fleischner (Wien oft) ist jüngere Variante zu Fleischer, wie obd. Forstner zu Forster, – Höckner zu Höcker, – Tischner zu Tischer.

Fleiser (Tirol): Hainr. *Fleiser* mesner zu *Sant Fleis* 1487 Tirol (roman. Felice: Felix wurde in dt. Munde zu *Flis, Fleis).*

Fleiß: mhd. vleiß war neben vleisch gebräuchlich, so daß auch **Fleißner** (Wien oft, Mchn.) mit Fleischner (Wien oft) identisch sein dürfte. Im Egerland spielt der ON. Fleißen hinein.

Fleißig vgl. *Scheuenfliß* 1380 Lg.

Flemming: mhd. vläming »Flame«. Ilias *Flaminc* 1135 Köln; *Vleming* um 1300 Lüb., Rostock, Strals., Barth. Flandrische Tuche waren berühmt; als Tuchmacher u. Färber kamen Flamen ins Land. Dazu Flähming, Flehmig, Flehmke, Flemisch, Flemmig u. ä. Ein Dyle *zum Fleminge* 1333 Frkf.

Flender: wohl zu flandern, flendern, »umherflattern«.

Flentje (fries.): ungeklärt. Vgl. Flenter u. Flender.

Flesch, Flesche, Fleschner s. Flaschner! Vgl. aber ndd. Flesch = Fleisch: Bernd *Vlesch* 1358 Greifsw.; *Sötevlesch; Vleschbode* usw.

Fleschutz (bair. Schwaben) meint Utz (Ulrich) Flesch, vgl. Utz Brästel gen. *Fläsch-Utz* 1415 (wie Schadutz = Utz Schad 1424); fläsch = Fleisch: vgl. *fläschhechel* (Fleischhacker) 1375 Augsburg.

Flessner: zu slaw. ON. wie **Flessau**/Altmark.

Flettner: obd., wie Flettacher (Bay.) nach der Wohnstätte an sumpf. binsenbewachsener Stelle. Hans *Fletner* 1392 b. Eger, Barth. *Flettner* 1582 Nürnbg. Vgl. ON. Flettnau.

Fleuchaus, Fleichaus (obd.-frk.): ein nicht gern Seßhafter. Vgl. den *Fluichdervon* 1409 Eßl.

Flick, Flicker: der Ausbesserer. Vgl. Flickschuh, Flickenschild.

Fliedner, Flitner: aus Flieden a. d. Fliede (Zufluß der Fulda); urkdl. *Flidene,* prähistor. Flußn. wie die *Sidene* (Siede), *Bilene* (Bille) u. a. (Bahlow, ON. S. 144). Vgl. Contze *von Fliden* 1399 Frkf.

Fliege (ndd. Flege, Fleege, Fleige; schwäb. Flaig): ein unruhiger Mensch. Vgl. auch Quadflieg, Fliegenbiß, Biteflege, Koeflieg.

Fliegner (Lg. oft, ab 1547): in Saalfeld 1600ff. mit Flieger, Pflieger, Pflüger für die gleiche Person bezeugt! Vgl. Fragner für Pfragner.

Flieher (obd.): mhd. = Flüchtling. Hensel *Flyher* 1381 Lg.

Fliemer: mhd. vlieme = vliedeme »Aderlaßeisen«; also der »Schröpfer«.

Flierbaum: ndld. vlierbaum = Flieder;

aber **Flierl** (Nürnbg.) = Flürl = Flurer »Flurhüter« wie Schnierl = Schnurer.

Fließ: ÖN., an fließendem Wasser. Auch Fließer. Vgl. ON. Schönfließ.

Flieth: vgl. ON. Flieth (sumpfig)/Ukermark; ndld. *vliet* = ndd. *vlêt* (Schönfeld, S. 145).

Fligg(e): ndd. (urkdl. *Flicke* in Lüb.) ist Variante zu Flügge *(Flucke).*

Flimm: vgl. ON. Vlimmen.

Fin(c)ker, Flenker: wohl zu e. ÖN.

Flins: mhd. = Kiesel, harter Stein, Feuerstein. Vgl. *Vlinshut* 14. Jh. Brsl. (»steinharter Helm«). Dazu auch **Flinsch.**

Flint (ndd., Hbg., Meckl.) = mhd. vlins, s. Flins! M. *Vlint* 1317 Lüb.

Flitner siehe Fliedner!

Floder, Floderer (obd., Württ.): nach der Wohnstätte am Sumpf (schwäb. vlader, vloder, vgl. Flauderwiesen); vgl. flodermüle: Herm. *floder* 1373 Brsl.

Flögel (ndd.) = Flügel, aber fränk. = Flegel! Vgl. *Swanenvlögel* 14. Jh. Hildesh. nebst *Vlögel.*

Florentz s. Flörke! Desgl. **Flohr,** Flohrs, Florich(s).

Florich(s), ndrhein., s. Flörke. Doch vgl. den Flurn. »up dem Florick« 1460 b. Viersen, zum Gewässerwort Flor (Holland).

Flörke, Flöricke, patr. Flöring: ndd. KF. zum Heil. N. *Florentinus,* ndrhein. Märtyrer; schon Joh. Fischart wußte, »daß alle Holländer Florentz heißen«. Vgl. Ludolf u. Klaus *Floreke,* Söhne des *Floreke* v. Emisse 1302 Lünebg.

Flöry, Flörl (obd.): KF. zum Heil. N. *Florian* (Schutzpatron von Ober-Österreich u. Nothelfer in Feuersgefahr: »Heiliger St. Florian, behüt' dies Haus, zünd' andre an!«). Bekannt ist der Ritter Florian Geyer aus d. Bauernkrieg.

Flöß(er), Floßmann (obd.): der Holzflößer (bes. auf der Isar u. der Iller). Flößner.

Flöter, Fleuter (ndd.) = obd. Flößer. Clawes Vlöter 1385 Ro.

Flöter (bes. Schles., Sa., Hessen): der Flötenbläser. Vgl. Flötenmeyer.

Flöthe: ON. Kr. Goslar (urkdl. *Flotide,* Kollektiv zum Wasserwort *flot,* wie Solide): Söhlde ebda. (Bahlow, ON. S. 144). Vgl. Flotwedel, Vlotho.

Floto(w): ON. Vlotho a. Weser (urkdl. *Vlotuwe* wie Veluwe, Wesuwe, Woluwe, s. Flöthe! Vgl. auch Flotow b. Penzlin/Meckl. – **Flothwedel** hieß e. sumpf. Waldstrich a. d. Aller (Kr. Celle), synonym mit Barwedel, Marwedel.

Flottmann, Flottbek s. Flothwedel!

Flötzer (obd.) s. Flößer! Flötz ist auch obd. Bachname.

Fluch(e): in Schlesien = Floche = poln. Wloch (ahd. Walch), d. i. der Welsche. Melchior *Fluche* 1536 Lg., St. *Floche* 1451 Lg., G. *Wloche* 1597 usw.

Fluck(e): obd. = mhd. vlücke »flügge«. Heinr. *Flucke* 1343 Backnang.

Flückiger (Schweiz oft): vom ON. Flükkingen/Bern.

Fluder (obd.) siehe Floder!

Flügel, ndd. Flögel: teils nach modischer Kleidung (Flügelärmel: »sol niemand gevlögelte ermel an den röcken tragen«, Brsl. 14. Jh.), teils auch Flurname.

Flügge (ndd.) s. Fluck! Hinr. *Vlügghe* 1343 Lübeck, N. *Flucke* 1292 Rostock.

Flüh (obd.-schweiz.): ahd. fluo »jäh abfallende Felswand«. Bekannt ist der Mystiker u. Einsiedler Niklaus von der Flüe (15. Jh.), auch Zurflüh, Fluh-, Flühmann u. ä.

Flu(h)rer (obd.): mhd. vluorer »Flurschütz«. Vgl. Flurhay »Flurhüter«, wie Eschhay (mhd. heie »Hüter«). Bentz *Flur(er)* 1413 Württ.

Flumm (obd.): Flurname. Vgl. den »hohen Flum« b. Schopfheim.

Flurer, Flurschütz s. Fluhrer! Desgl. **Flurhay.**

Fluthwedel (Hbg.) s. Flothwedel!

Fobbe (ndd.-fries.): KF. zu Folk-bert, Folk-brand, Folk-bern. Patr.: David *Fobben* 1619 Göttgn. Auch **Foppe(n),** Foppinga: *Foppe* Tiarda 1490.

Fobian(ke): oberschles.-poln. KF. zu Fabian.

Foche(n)zer siehe Vochenzer!

Fochler (obd.) ist jüngere Mundartform für Fachler, vgl. Focheisen für Facheisen (Breisgau).

Fock, Vock, Focke (Hbg., Bremen, Lübeck): ndd.-fries. KF. zu den Pers. N. mit *Volk-,* bes. Volkward, Volkwin, Volker. Vgl. *Focke* Ukena. Dazu patr. **Focken,** Fockens, Focks, Fox (Hbg.), Fockena, Fockenga, Fockema. S. auch Vock!

Fockelmann: = Fockel (Pers. N.), vgl. Nic. *Vockel* 1363 Olmütz, C. *Vockel* 1518 U.-Frk. *Vockelman* 1363 Eßl.

Föckerer (Mchn.): = Fecker (ungeklärt), vgl. P. *Vecker* 1435 Württ.; desgl. Föckler = *Feckler.*

Fockroth, Vockerodt: ON. Vockerode (Thür., Hess.).

Föge (ndd.) s. Vöge!

Fohl, Fohlmeister: mhd. mnd. vole »Fohlen«; dazu z. T. auch Fahl(e), Fahlke, vgl. *Vole, Voleke* 1353/70 in Barth. Joh. *Melcfole* 14. Jh. Lübeck, *Kammervole, Stangevole* 13. Jh. Rostock.

Föhl, Föhler (Württ.): der Feiler, Feilenhauer, vgl. Jos *Völeschmid* 1451 Allgäu; B. *Völe* 1384 Überlgn., K. *Föler* 1443 Blaubeuren.

Fohr, Fohrmann (ndd.): beim »Fohr«, an der Furt (Forde) wohnend, so in Westf.; vgl. Peter *im Fohre* 1783 Lippe u. Hans *vorm Fohrde* 1602 ebd. Dazu **Beimfohr,** Tomfohr u. ä. Zu Fohrmann vgl. Fuhrmann (Peter *Vorman* 1300 Barth).

Foitzik neben **Woitzik,** zahlr. einst in O. Schles., ist die slaw.-poln.-tschech. KF. Woycz(i)ech zu Woiczlaw (voj = Mann, Krieger). Auch der heil. Adalbert v. Prag hieß urspr. *Woyczech,* daher beide N. oft als identisch gebraucht: Albertus Unsliter = Woyczich U. 1359/77 Prag. Vgl. dominus *Woycech* Rinbabe 1295 Schles., *Woycech* vurman 1356 Brsl., *Woytczlaff,* Probst d. Klosters Czarnowanz 1431. (Bahlow, Schles. Nbch., S. 58).

Fokuhl = ON. Wokuhl/Meckl.-Strelitz.

Folger: mhd. mnd. volger »Begleiter, Anhänger«, auch gerichtlich: »Eideshelfer, Beistand«. Joh. *de volghere* 1379 Bremen, Herm. *volghere* 1368 Hann.

Folgmann s. Volkmann! – **Folgnand** s. Volknand!

Folgner (obd.) s. Folger! Vgl. bair. Forstner = Forster.

Fölkel s. Völkel (= Volkmar)! Auch **Folk,** Fölk ist obd. (fränk.) KF. zu Volkmar, Volker u. ä., vgl. *Folk* Schuomecher 1386 Würzbg. neben *Volko* Bergheim 1300 ebd., Erhard *Volcke (Folcke, Folg)* 1487 Jena. *Volk (Völk) = Volland* (Volknand) Nithart 1400/31 Ulm. *Fölky* ist alem.-schweiz.

Folkers (Folkerts) ist die übliche Schreibung für Volker(t)s, fries. Patronym zu Volkert (Volkhart bzw. Volkwart); vgl. *Folkert* Tyaders, Mene *Folkerts,* Ede *Folkers* 16. Jh. Friesld.

Folkmer siehe Volkmer!

Föll, Föller (obd., Württ.) s. Fell(er)! – **Follen(ius):** fries. Patr. wie Allen(ius).

Follert s. Vollert (Volkhart, Volkert)!

Föllmer, Follmer s. Volkmar!

Follstich s. Faulstich! Vgl. *Flitzstich.*

Folpt(s), Volpt(s) ist fries. verschliffen aus Volpert(s), Sohn des Volkbert. Vgl. *Folpet (Folpert)* Reindsena 1277 (F. Stark, S. 164).

Folrichs (ndd.) = Volkrichs.

Fölsch (Hbg. oft) nebst **Völsch** (u. ON. Völschow/Anklam, FN. Fölschow) beruht auf der fries.-ndd. KF. *Folske, Foltseke (Volzeke),* die um 1300 in Hbg., Rostock, Greifsw. usw. für die N. mit Folk- (Volk-) bezeugt ist; heute auch **Fölske, Völzke** (Hbg.). Vgl. ebenso *Ritseke,* Ritzeke, Ritsert (Alt-Rostock, Strals., Hbg.) für Rik-: Rickert (Richard), mit fries. *ts* für palatales *k* wie in Itzehoe für Ekehoe. Zu Völzer (Hbg.) vgl. Ritzer, Ritscher.

Fölser (Hbg.) zeigt fries. *s(ts)* für *k,* steht also für Folker; vgl. Fölster und Fölsch! *Folser (Volser)* schon um 1300 in Lüb.

Fölsner (Bay.) = Felsner. Sifrid *Felsener* 1303.

Fölster, Folster (Hbg., Bremen) zeigt fries., *st* für ts = k, = Folker (Stark, S. 74). Vgl. Fülster!

Foltin = Faltin = Valentin! – **Folwart** s. Volkwart!

Folz (obd.) s. Volz (= Volkmar!) *Folcze* Smiczekil 1357 Frkf. – **Fönnekold** s. Fenchel *(vennekol sterket den magen).*

Fontane, Fontaine, Fonteyne: Hugenottenname, aus frz. *Fontaine* »Quelle«. Ein Ahn des Dichters Theodor Fontane war der Kaufmann Pierre F. in Nîmes um 1660.

Foot (ndd.) siehe Foth! – **Fopel** (hess.) s. Vopel (Volprecht)!

Foppe(n), Foppes, Foppinga (fries.) s. Fobbe! Vgl. *Foppo* Boltinga 1422, *Foppe* Tiarda 1490; *Fopt (Folpert).*

Forbrich (schles.-sächs.), auch Vorbrich, ist über Vorberg aus Vorwerk entstanden: Verwalter auf e. Vorwerk, e. Gehöft vor der Stadt (Nachweis b. Bahlow, Schles. Nbch., S. 99; Brech. I 490). Ebenso **Forberg,** Forberger: urkdl. *in dem vorwerg (forberg); Forwerker.*

Forcher, Forchert, Forchner (obd.): von der Wohnstätte am Föhrenwald (ahd. foraha, mhd. vorhe »Föhre Kiefer«). Jacob

Forcher 1478 Tirol, C. *Sibenforcher* 1624 ebd.
Forchhammer: aus Forchheim/Bay., wie Hundhammer, Mooshammer usw.
Forch(t): obd., siehe Forcher!
Förderer (obd.): mhd. vürderer »Förderer, Unterstützer« bzw. vorderer »Kläger, der vor Gericht fordert«. Vgl. aber auch Förderreuther!
Förderreuther (obd.): aus Vorderreuth.
Forel(l) (Schweiz): »Forelle« (mhd. forhen, forhel). Alb. diu Vorhenne 1297.
Förg (Mchn.) siehe Ferg!
Fork(e)l: offenbar zum Wasserwort *fork* wie Forkenbek i. W., Forkendrecht/Holld. Aber **Forker(t)** deutet auf e. Flurnamen wie Ulr. *Furker* 1395/Tirol.
Formanek (Wien oft) wie Furmanek ist ein slawisierter »Fuhrmann«.
Fornefett, Fornefeist s. Fett, Feist! Desgl. Formfeist.
Forner: wohl Herk. N. wie Farner.
Förnsler (obd.) = **Firnsler:** angeblich Hersteller von Firnis. Wilh. *Virntzler* 1556 Württ.
Forrer = Fohrer = Forcher.
Forst: mehrf. ON. u. ÖN. Vgl. Cord *de Vorste* 1360 Frkf.
Förste(mann): aus Förste am Harz (urkdl. *Fore-sati, Vore-sete,* d. i. »Siedlung am Moorwasser«, vgl. Werste: Weresete a. d. Were usw.; dazu Bahlow, ON. S. 145).
Forster, Forstner (Bayern) meint den **Förster,** Verwalter des herrschaftl. Waldbesitzes. In Schwaben u. Bayern sagt man noch heute »der Forster« (mhd. vorstaere). Ulr. *Vorster (Forstner)* 1395 Überlgn., Wolfram *wiltforstere* 1211. Dazu entrundet (österr.) **Ferster,** wie **Ferstl** neben **Förstl** (Bay.). Vgl. Werfel (Wörfel): Würfel.
Förther (Nbg.): wie Fürther, Furter, zum ON. Forth/Franken, Fürth b. Nürnbg. u. ö.; auch »an der Furt wohnhaft«, vgl. Berhtold *in dem Vurte* 1272 Württ. Dazu **Fortmann,** Forthuber, Fortmüller, Fortner, Forth.
Förtsch (Nürnbg., Mchn.): seltener Fertsch: vgl. ON. Förtschach, Förtschendorf b. Kronach.
Foßler, Voßler (Württ.): nach d. Schwäb. Wb. Sp. 1961 ist Foseler ein grobes Schimpfwort, zu mhd. votze(l) = vulva.
Foth (ndd.) = Fuß, mit auffallendem Fuße. Vgl. Bein, Arm, Bauch, Hals usw. Auch Foot, Voth. In Alt-Lübeck und Rostock Komposita wie *Platvot, Schefvot, Crumvot, Stoltevot, Guldenvot, Dolevot, Eselesvot, Kovot, Gosevot, Barvot,* in Hbg. *Dalscevot, Lichtvot, Ruvot.* Weitere zahlr. Beispiele für -fuß u. -foth b. Bahlow, Dt. Nbch., S. 153.
Fottner (Mchn.) siehe Fortner!
Fox meint Fochs = Fuchs. Vgl. Leonh. *Fochs* 1547 Lg.; *Vochsloch. Vochswinkel, Vochszagel* (Alt-Brsl.). Doch s. auch Focks unter Fock!
Fraas, Fraß (obd.), **Fraatz** (ndd.) = Fresser, Vielfraß. Wilh. *Vraß* 1149 Köln, Gerh. *Vratz* 1275 Rostock. Vgl. *Brotvraß, Kirsinvraß* (Frkf.), *Lambervraß* (Ritter, 1247 Basel). Wegfraß (Wecke!). Mannfraß. Fräßle (Ritter Conr. *Freßeli* 1299 Württ.).
Fräd(e)rich (ndd.) s. Frederich!
Fragner siehe Pfragner!
Frahm (ndd., Hbg., Bremen, Rostock oft) nebst **Frä(h)mke,** Frö(h)mke, urkdl. *Vrome, Vrame, Vromeke, Vrameke,* ist der Tüchtige, Ehrbare, Biedere, Wackere. Vgl. obd. Fromm(el), Frommann; patr. Frömming. Zu Framhein (Hbg.) vgl. *VromeJohan* neben RodeJohan 1343 Holst.
Fraider (Württ., Baden): mhd. vreidaere »Treuloser, Flüchtiger«, auch »Verwegener, Mutiger«. Vgl. Fraiding, Freidiger! –
Frälandt s. Fredeland!
Främ(c)ke siehe Frahm! –
Fran(c)k (obd.), **Fran(c)ke:** zum Volksnamen der Franken; vereinzelt auch als VN. gebraucht. KF. **Fränk(e)l,** Fränkle. Patr. **Frenking** (ndrhein.), auch **Fran(c)ken** (ndd.). (Bahlow, Schles. Nbch., S. 84.) Ein Bischof *Franco* v. Worms (10. Jh.).
Franz, Frantz: nach d. heil. Franciscus v. Assisi (gest. 1220), s. Bahlow, Vornamen, S. 34. KF. **Fränzel, Frenz(e)l** (obd., auch schles.) nebst schles. **Franzke** (m. slaw. k-Suffix). Patr. ndd. **Frantzen,** Franssen (ndrhein.). Aber Frentz(en), Frenssen (Holstein) meint Lafrenz = Laurentius! –
Fränznick meint Nikolaus Franz.
Fraß, Fräßle s. Fraas! Desgl. **Fra(a)tz.**
Fratschner (obd.-bair.) = mhd. phretzner (pfragner) »Kleinhändler«. Nikel *Fratzschner* 1556 Görl. Auch Fretschner, Pfretzschner.
Frau, Frauen: im Dienste einer vornehmen

Frau, denn mhd. vrouwe meint »Dame«. Henneke *Vrowe* 1342 Strals. Vgl. auch Frauensohn: Konr. gen. *Vrouwensun* 1318 b. Stuttg. *Frowendiener* (Zinsmann) 1378 b. Waldshut. Sifrit *der vrouwen knecht* 1320 (im Frauenkloster Adelberg/ Württ.). Aber auch *Frowentrut, Frowenliep* (Württ.), *Frowenzucht* 1399 Mainz. **Frauenlob** (Minnesänger Heinrich v. Meißen gen. *Vrouwenlop* um 1300, weil er *vrouwe* dem üblichen *wip* als Anrede vorzog). – Aber **Frauenschuh** meint den Frauenschuhmacher (s. auch Pfreundschuh!), vgl. Knabenschuh. Nic. *Vrawnschuhel* 1365 Brünn.

Fraubös s. Frobös, Friebös! – **Fraude** s. Frohde!

Frauendienst (1504 in Ravensbg.) nebst *Jungfrowdienst* (1504 in Zürich) s. Frau! Desgl. **Frauenknecht** (Mchn. oft).

Frauenlob s. Frau! Dazu Henne *Frawenlop* 1387 Frkf. *Vruwenlof* 1300 Strals.

Frauenschuh s. Frau! – **Frauer** s. Freuer!

Frauke: fries. weibl. VN., urkdl. *Frauweke.*

Fraundorfer, Fraunhofer (Mchn. oft): bair. Herk. N.

Frebel s. Fröbel! Doch vgl. mhd. vrebel, vrevel »verwegen«.

Frech, Freche: mhd. vrech »kühn, keck, verwegen, lebhaft«.

Freck (ndd.), Frecke: = Frech. Dazu Freckmann. Doch spielt ndd. Freke = Fredeke (Frederik) hinein. Vgl. Freking für Fredeking.

Frede (Free, Freehe): »Friede«. C. Frede 1290 Lüb. Vgl. Holtdenvrede: »halt den Frieden«, ein Friedfertiger.

Fredebrecht (westf.) = Friedebrecht. Vgl. *Fredebern, Fredeward, Fredeburg, Fredegund, Freder(ich), Fredeke, Fredeking* im ndd.-fries. Raum.

Fredeking (westf.) ist Fredeke (Frederich) + patr. -ing; vgl. **Frederking** = Frederik + ing.

Fredeland, kontrahiert Frälandt (Rostock), meint Friedland/Meckl. (1288 *Vredeland*).

Fred(e)rich(s): ndd. für Fried(e)rich(s); auch Fredderich; Frederichsen wie Friedrichsen (Friedrichs Sohn). Vgl. Dederichs: Diederichs.

Fredup (ndd.): »friß auf«. Godefrid *Fretup*/Lübeck.

Freeden (van): ON. Freden a. d. Leine b. Alfeld (*de Vreden* 1293 Rostock) bzw. Vreden b. Enschede. Deutung b. Bahlow, ON. S. 146: Fredenbeke, Fredelake; fred »Moor«.

Freeken (fries. Patr.) nebst **Freek** s. Feeken, Feck!

Freels, Frels (fries.) steht für Freels = Fredlefs, wie Delfs für Dedelefs u. Lülfs für Ludelefs. Vgl. auch ON. Freelsen b. Göttingen.

Fre(e)rcks, Freericks (fries.-ndd.) = Frederiks, vgl. Deercks: Dederiks. Dazu patr. **Freerksen;** Frerking = Frederking; Freers = Freders.

Fre(e)se, Frehse (ndd.) meint den Friesen; vgl. Reese = Riese.

Freger (Hbg.): Ratsherr, der Umfrage hält. Jacob Vreger (Vrager) 1275 Hbg.

Frehde (ndd.) s. Frede! – **Frehland** s. Fredeland!

Fre(h)ner (obd.-alem.): urkdl. zum N. der heil. Verena (von Zurzach/Schweiz), KF. Vrene(le), noch b. Jeremias Gotthelf u. J. P. Hebel. Vgl. Walther vron Frenen 1297 am O. Rhein, Claus *Frener* 1401 Villgn. also »Sohn der Frau Frene« oder auch »Leibeigener der Fr.« (Nied., S. 24).

Frehse s. Freese!

Frei, Frey: der Freie im Gegensatz zum Hörigen. Auch **Freier, Freyer** obd. Vgl. **Freimann,** Freymann: mhd. vrîman »freier Bauer«, vgl. Berchtold *Friman* 1274 Reute/Württ., Ludolf *Vriman* 1238 Lübeck; Cunczel *der Frie* 1340 Eger, Ritter Cuno *Vrige* 1259 Straßbg.

Freiboth, Freyboth: mhd. vrîbote »unverletzlicher Gerichtsbote«. Conr. *Fribothel* 1157 Erfurt, Dielman *fribode* 1403 Frkf.

Freidank: mhd. dank »Gedanke«; bekannt durch die mhd. Spruchdichtung »Freidanks Bescheidenheit« um 1230. Ein »meister *Frydanck*« auch in Frkf. 1337, ein *Vrigedanck* (nebst Vruwenlof) um 1300 in Strals. M. *Freidank* 1409 in Olmütz.

Freidenreich s. Freudenreich!

Freidhof (obd.): am Friedhof (mhd. vrîthof) wohnend. Hensel *Vreidhover* 1343 Brünn.

Freidig, Freidigmann, Freidiger, Fredinger: mhd. vreidic »mutig, übermütig« (aber auch »treulos, flüchtig«), vreidiger »Frevler«. Hannus *Freidiger* 1380 Lg. – **Freidrich** s. Freudrich!

Freier, Freyer s. Frei, Frey! Auch Freiert.
Freigang s. Freygang! – **Freiholt,** -holz s. Freyholdt!
Freihammer: ON. Freiham/O. Bay.
Freihardt (Mchn., Stuttg.): mhd. vrîhart »Landstreicher, Gaukler, Spielmann«. Martin *Fryhart* 1502 Württ.
Freiheit: mhd. vrîheit »Landstreicher, Vagabund«, so in Regensbg. 1320: »daß kein Bube noch *Vreihait* in kein Haus kommen soll« (E. Schwarz, S. 96). Heincz *der Freihait* 1396 Eger. Ein Ritter Jakob *Friheit* v. Seven/Württ.
Freihube (Schlesien): Besitzer einer Freihube (Hübner, Vollbauer) ohne Dienstverpflichtungen. Andreas *Freyhube* 1547 Sprottau.
Freiknecht (ndd.): angeblich »Schinderknecht«. Beneke *Vryeknecht* (Zimmermann) 1400/22 Barth.
Freiling, Freilich: mhd. vrîlinc »Freigelassener«. Joh. *Freylich* 1432 Zittau, wo auch Dreiling: Dreilich!
Freimann s. Frei! – **Freimark:** Flurname, vgl. Freiholt.
Freimüller, Freimeier (obd.): Gegensatz Fronmüller, Fronmeier; also e. Müller ohne Fronverpflichtungen.
Freimuth, Fremuth; auch Freiermut: von freier, edler Gesinnung. Vgl. in Freiburg 1490: *Fryermut* neben Ringermut (»gering«). Ndd. ist Friemoth: Henneke *Vriemot* 1342 Strals.
Freiner (Tirol): ON. Freina. **Freins,** Vreins (Köln) s. Frings!
Freischmidt: unzünftiger Schmied. – **Freischle** s. Freis!
Freise, Freyse nebst **Freisen:** ndd. = Frese, Fresen = Friese, Friesen (Boy *Friese* = *Freise* 1661 Hann.). Daher oft in Hbg., Bremen. Vgl. Fleige für Flege, Fliege. Aber obd. ist Freise, Freis, Freiß = mhd. vreise »grausam, Schrecken erregend«, s. Freiß!
Freiseis(en): obd. (Wien, Innsbr.), Schmiedename; s. Findeisen! Ebda. (Innsbruck) auch **Freisauf,** zu mhd. vreisen »grausam behandeln«, also beides Satznamen.
Freiser, Freisler (obd.): mhd. vreiser »Wüterich«, auch vreisener (des meres vreisener = Seeräuber). Sifrit *Freiser* 1276 Württ. Desgl. Freilser, Freislich, Freißle, Freischle, Freiß.
Freisleben: der ein freies Leben führt. *Fryesleben* 14. Jh. Brsl. *Freiesleben* 1417 Görl., *Freysleben* 1365 Brünn. Vgl. *Freißhirn* 1573.
Freisleder (Ö.): wie Schießl-eder, Bichleder zu den ÖN. auf -öd »Ödland«.
Freisler, Freislich s. Freiser! Freiß!
Freiß, Freißle, Freischle (obd.): mhd. vreise »grausam, Schrecken erregend«, vgl. Freiser! Ein Ritter Heinr. *Freyse* 1259 Eberbach. Heinr. *Freislich* 1236 Oppenheim. – **Freist:** ON./Wolgast *(de Vrest).*
Freitag; Freytag, ndd. Friedag: Der häufigste Wochentagsname; auch Montag, Mittwoch, Donnerstag, Sonnabend, Samstag, Satterdach u. bes. Sonntag kommen vor. Dienstag fehlt, weil junges Wort! Oft ist an Zinstermine, Fronverpflichtungen u. dergl. zu denken. Vgl. Freitagsmüller. Sifrit *Vrietak* 1197 Worms, Jacob der *Freytag* 1356 Eger.
Freiwald(t): ostd. ON. Freienwalde *(Vryewalde),* Freiwaldau u. ä., vgl. Mehwald aus Meyenwalde; Bärwald aus Bernwalde u. ä.
Freking (ndd.-westf.) = Fredeking, patr. zu Fredeke = Fredrich. Vgl. Göcking für Gödeking, zu Gödeke = Godefrid.
Frels s. Freels! – **Fremder,** Frömter (obd.): nicht heimisch.
Frembgen, Frömbgen (ndrhein.) = ndd. Frömke: »tüchtig, wacker, bieder«.
Fremer(s): ndd.-fries. = Fredemer (Friedmar).
Fremke (ndd.) s. Frembgen u. Frahm! – **Fremuth** s. Freimut!
Frend (ndd.) siehe Fründ!
Frendel (sudet.) beruht urkdl. auf *Frenel* (= Frenzel) wie Hendel auf Henel (= Johann) u. Mendel auf Menel (= Hermann). *Frendl* Finder 1371, *Frenel* Mürrecht 1396 Böhmen (E. Schwarz, S. 91, 214).
Frenkel (obd.) = Franke. Heinr. *Frenkel* 1324 Glatz.
Frensche(e): ostd. = Frenske, Frenzke = Franz, vgl. Frenschkowski. Val. *Frentzsch* 1520 Meißen, vgl. Rentzsch = Reinhard.
Frensdorff: ON. b. Bamberg. – **Frensel** = Frenzel.
Frenssen (Holstein): vgl. Gustav Frenssen aus Dithmarschen. *Frens* ist urkdl. = *Lafrens* (Laverens), d. i. der heil. Laurentius (obd. Lorenz), in Meckl. Lewerenz. Also »Sohn des Lafrens«, nicht des Franz (wie immer zu lesen)! Nur so erklärt sich

auch der scheinbare Umlaut *e*. Beweis: *Frens* Ditmer = *Lorens* D. 1555 Meckl., *Frentz* Godtschalck = *Lorentz* G. 1573/84 ebd.; Peter *Frentz*, Sohn des Claus *Laverentz* 1538ff. Meckl. (Vgl. auch P. Steinmann, Die Bauernsippe *Laverentz [Frentz]* zu Zepkow, in Meckl. Monatsh. 1937).

Fren(t)z, Frenzen (Hbg.) s. Frenssen!

Frenzel (obd.-schles.) = Franz, s. dies! *Frenczel* Rosenstengel 1328 Brsl. Vgl. Bahlow, Schles. Nbch., S. 58.

Frerichs (ndd.) = Fredericks; desgl. fries. **Frerk(s), Frerksen, Frers;** patr. westf. Frerking = Frederking.

Fresch(ke): wohl = *Vrese(ke)*.

Frese (oft) s. Freese! – **Fresen(ius):** Humanistenname (Sohn des Frese, wie Gesenius: Sohn des Gese).

Freßle (schwäb.), Fräßle siehe Fraß!

Freter (ndd.) = Fresser, Vielfraß. Arnt *Vretere* 1351 Hann. Ekkeh. *Fresser* 1295 Würzbg. *Speckfreter* 1413 Anklam u. *Holtfreter* sind Spottnamen für den Speckhändler (Schlachter) bzw. Holzhändler, wie die Gleichung Thid. *Hoppenvreter* = *Hoppener* 1326/28 in Barth bestätigt. Vgl. auch *Fleischfresser* (Fleischer); *Fretwurst; Vreteber* (Bier) 1288 Ro. Fredup (*Vretup* 1303 Lübeck).

Fretschner siehe Fratschner!

Frettensattel: »strapaziere den Sattel«, e. Reitersmann, wie Raumensattel, Deckensattel.

Frettlöhr: ON. Frettlöh i. Westf.

Freude(mann): Der Frohgesinnte. Henne *Freude* 1395 Frkf.; *Freudmann* 1294 Böhmen.

Freudenreich; Freudrich: im MA. beliebter ÜN. Hannus *Frewdenrich* 1381 Lg.; zu Freudrich vgl. Heidenreich: Heidrich. Ein *Fröwdenler* 1357 b. Zürich.

Freudensprung: 1381 in Eger.

Freuer, Frauer: zu mhd. vrouwen, vreuwen »froh machen; sich freuen«, also ein Freudespender oder Fröhlicher.

Freuler, Fräuler (obd.): Zinsmann eines Frauenklosters. Heinr. der *Frouweler* 1291 b. Waldshut, Hainr. *Fräueler* 1288 Laufenbg. a. Rh.

Freund (vgl. ndd. Fründ): mhd. vriunt »Freund«, aber auch »Verwandter«. Dazu Freundl (Bay., Vogtld.) u. Freundlich, auch Freundschaft: aus der Verwandtschaft, Freundgen (Köln) für ndd. Fründgen. Vgl. Siebenfreund, Tausendfreund.

Freundschich s. Pfreundschich!

Freuschle s. Freischle, Freiß!

Freutel (obd.): mhd. vröudelin »kleine Freude«. *Vreudel* 1365 Brünn.

Frevel, Frebel (mhd. vrevel, vrebel): »Frevler, Übeltäter«. *Frevel* 1306 Württ., *Frebel* 1487 Kassel.

Frevert (Westf.) meint Frebert = Fredebert, Fredebrecht, vgl. Frebold = Fredebold.

Freydag s. Friedag! – **Frey** s. Frei! – **Freybe** s. Friebe! **Freya:** altnord. Göttin, Gemahlin Odins; als VN. um 1900 begünstigt durch Wagners »Rheingold«.

Freygang, Freigang (oft in Sachsen): »ein frei Umhergehender, Berufsloser«, vgl. Freiesleben, Freientritt. Ähnlich Irrgang, Müßiggang.

Freyhold, -holt, -holz (nordd.): urkdl. *Vrigeholt* 1319 Ribnitz, wohl ÖN. wie *Wakholt* (Wachholtz), also »freies Gehölz«.

Freymann s. Freimann! – **Freymark:** wohl Flurn, wie Freyholt.

Freyvogel (Schweiz, O. Rhein): wie ein freier Vogel lebend.

Frick, Fricke: ndd. KF. zu Friedrich, patr. Sicke *Fricksma* 1422 Friesld. (vgl. auch Fick!), seltener obd.: *Frike* = *Fridrich* v. Meckingen 1317, Ott u. *Frick*, Söhne des Truchsessen v. Rordorf/Württ. (Nied, S. 6). Auch Frickmann (obd.).

Frickel, Frickle (obd.) = Frick = Friedrich. *Frickel* Mauche 1348 Wetzlar.

Fricker (O. Rhein): aus Frick/Aargau bzw. vom Frick-Tal/Baden (Frick ist alter Flußname). Joh. *Frikker* 1296.

Frie, Friege, Friehe (ndd.): = obd. Frei, Frey. Der freie, nicht hörige Bauer; auch der Freie, Sorglose. Henr. *Vrighe (Frige)* 1292 Rostock. Vgl. auch Friemann.

Friebe (Schles., Lg. oft), Friebel, Frieben, Friebner: deutbar nur aus dem Slaw., analog zu **Fröbe,** Fröbel, Fröbner (vgl. ON. Friebitz: Fröbitz, slaw. *Vrbice*, zu *vrba* »Weidenbaum«).

Frieboldt siehe Friedebold!

Friebös, Friebis, Friepeß (Sachsen): Die Unsicherheit im Vokal der Endsilbe verrät den fremden, slaw. Ursprung vom ON. Friebus/Sa. (b. Plauen) wie **Frühbuß,** Fröbus vom ON. Frühbuß (Fribus/Böhmen, unweit Klingenthal), der tschech.

Pribuz hieß (vgl. ON. Pribus/Lausitz), zum slaw. Pers. N. Pribislaw. Ähnlich ON. *Friesnitz*/Thür. u. Karlsbad neben Priesnitz u. Briesnitz (»Birkenort«). Vgl. Bahlow, Schl. Nbch., S. 58.

Friedag (ndd.), halbhochd. Freydag = Freitag. Joh. *Vrigedach* 1364 Hann.

Friede, Friedemann, **Fried(e)l,** Friedlein (obd.): KF. zu Friederich; *Vridel* Stouber = *Frederich* Steuber 1355/69 Brsl. Mit slaw. Suffix: **Friedsch,** urkdl. *Fridusch,* wie Bartusch, Bartsch.

Friedebold, Friebold: seltener germ. Pers.-N. (bold = bald »kühn«). Herm. *Fridebolt* 1299 Schaffhsn. (Patrizier), Hans *Fribolt* (Junker) 1477 Aargau. Vgl. ndd. *Fre(de)bold.*

Frieder, Frieders = Friederich, wie Heiner = Heinerich. **Friederike:** wie Ulrike u. Modeschöpfung d. Goethezeit, vgl. Fr. Brion (Sesenheim/Elsaß).

Friedhelm: seltener germ. Pers. N. Ritter *Fridehelm* (Friedehelms Sohn) 1138 Württ. **Friedmar** s. Fremer!

Frie(de)wald: ON. (Sa.).

Friedländer (jüd.): nach d. Ort Friedland/ Böhmen (dort Siedlung von Schutzjuden). Aber (nichtjüd.) **Friedland:** schon 1415 Niclos *Fredelant* in Görl.; zu Friedland b. Göttgn. vgl. Conr. *Fridelant* 1319 Kassel.

Friedlieb (obd.): ehrender Beiname. Hans *Fridlieb* 1424 Feuchtwangen.

Friedmann (obd.), Friedemann s. Friede!

Friedl(meier), -huber (Mchn.) s. Friede!

Friedrich: Die Häufigkeit ist (wie bei Heinrich) dynastisch bedingt. Es ist der alte dt. Kaisername der Hohenstaufen: Friedrich I. Barbarossa, Friedrich II. usw. S. auch die KF. **Fritz, Fritsche,** Friedel, Friedemann, Fricke, Fick (Vick).

Friedrichs, Friedrichsen (vgl. Diedrichs, Diedrichsen) ist ndd. Patr. – Friedreicher ist österr. Patr.

Friege, Friehe s. Frie, Frei! – **Friehold** s. Freyhold!

Friel(e): seltene, westd. KF. zu Friedrich. *Frilo filius Frilonis* 1305 Mainz, *Frilo* zum Iselwecke 1298 Mainz (Ahne Gutenbergs).

Frieling (vgl. Friele): Sifridus et *Frilingus* 1303 Frankenbg./Eder. Aber auch »von Frieling« (Hbg. öfter) zum ON. Frieling i. W. bzw. ON. Frielingen b. Fallingbostel u. am Knüll (wo auch Frielendorf). Vgl. westf. Frielinghaus. S. auch Freiling: zu mhd. *vriling* »Freigelassener«.

Friemann (ndd.) = Freimann.

Friemelt (Schlesien) neben **Frömelt,** Fröhmelt, Frümelt ist der alte VN. *Frumold, Fromold* (zu mhd. vrum, vrom »wacker, bieder«, vgl. Frommann). Reinbold *Frumolt* 1261 O. Rhein, Herbord *Vrumold* 1325 Görl. Nic. *Vrumolt* 1365 Brünn; *Fromold* v. Czedlicz 1420 b. Lg., Michel *Frümelt* 1560 Reichenbg. Ebenso entrundet ist **Friemel** aus *Frümel,* neben **Frömel:** Hans *Frumel* 1414 Nikolsbg., Nicl. *Vromel* 1391 Lg. (Bahlow, Schles. Nbch., S. 36).

Friemuth s. Freimuth! – **Frier(s),** ndd. = Frieder(s); vgl. Freers.

Fries(e): Hbg., Bremen oft, ndd. **Freese,** Frehse, patr. **Friesen,** Fresen (Fresenius), mit k-Suffix **Frieseke** (*Friseke, Freseke,* 13. Jh. Rostock). Vgl. auch Flemming. Aber obd. **Fries** meint den »Damm- u. Schlammarbeiter«, der Entwässerungsgräben auswirft (mhd. vriese), schwäb.-schweiz., fries »Graben«, friesen »Gräben machen«, dazu auch obd. **Frieser.**

Friesleben s. Freisleben!

Frie(s)ner (Dresden) entspricht offenbar dt. Birkner: am Birkenwäldchen, da Frießnitz auf slaw. Briesnitz (Prießnitz) beruht, zu bris-»Birke« wie in Briesen nebst Friesen (ON. b. Plauen). Mich. *Frisener* 1446 Dresden neben H. *Friesen* 1413.

Fries(s)em (Ndrhein): ON. Friesheim b. Euskirchen; vgl. Aussem.

Frigge (ndd.-westf.) = Frige (der Freie), s. Frie! Vgl. Nigge neben Nige (Nie-) »neu« in Niggemann, Niggetied.

Frille: ON. nö. Minden (1168 *Frigilide,* zu frig »Schlamm«, vgl. *Frigiste* wie Argiste b. Kleve).

Frimmer (Mchn.), Frimmel (Nbg.): vgl. ON. Frimmersdorf/Bay.

Frind, Vrind (ndrhein.) s. Fründ! Auch sudetisch = Freund (mhd. vriunt).

Frings, Vrings (rhein.) = Severinus, Heil. N. (Bischof v. Köln). Dazu auch Severing, Seffring; Frins, Freins. Vgl. in Schleswig Sören(sen).

Frisch, Frische (obd.): selten im Sinne von Frischmut, Frischherz, sondern obd. (bes. alem.) KF. zu Friedrich, also verschliffen aus **Fritsche(e),** Fritschi. Vgl. *Frische* =

Fritsche Halbsester 1312/28 Offenbg., *Frische = Friederich* v. Tottinchoven 1256 Freiburg (Socin). *Frisch = Fricz* Wuster 1395 Eger, *Frische* Gudinc 1304 Worms. Ebenso **Frischmann:** *Frischman = Fritscheman* v. Schefdolzheim 1280/97 Elsaß (Socin, S. 17). S. auch Frischlin!

Frischbier, Frischbutter, Frischkorn, Frischhaber sind indirekte Berufsnamen für den Bierbrauer, Butterhändler, Korn- u. Haferbauer.

Frischeisen: einer der zahlreichen südd. Schmiedenamen, s. Findeisen.

Frischholz (Nürnbg.): wohl ÜN. des Holzhauers, vgl. Kienholz, Knüppelholz usw.

Frischlin (obd.) s. Frisch! Der Humanist u. Komödiendichter Nikodemus Frischlin 1547/90 war Württemberger.

Frischmann (Wien, Frkf., Nürnbg.) s. Frisch!

Frischmuth, Frichermuth: wie Frei(er)-, Guter-, Hohermuth.

Frithjof: nord. Sagenheld (»Friedensfürst«). Vgl. Frithjof Nansen, Nordpolforscher.

Fritsch(e), Fritzsche (Schles., Sachsen): KF. zu Friedrich (s. obd. Frisch!). *Fritsche* Wyse 1372 Lg. Peter *Friczsche* 1391 Dresden. Erweitert: *Fritschold* (wie Kitschold, Heintschold, Nitschold), vgl. *Friczold* v. Polenz 1283. Zur Form vgl. auch Nitsche, Nietzsche. **Fritschi** ist alem.

Fritz ist die seit alters beliebte obd. KF. zu Friedrich, wie Götz zu Gottfried, Heinz zu Heinrich, Kunz zu Kunrad. Daneben **Fritze, Fritz(e)l,** Fritzle; patr. **Fritzler,** Fritschler. Auch **Fritzmann** ist obd.

Fritz(en)schaf(t): schwäb. = Freundschaft (vgl. *Früntschaft* Alt-Brsl.).

Frobein s. Frowein! Desgl. Frobeen, **Froben(ius)!**

Fröbel: Sowohl der Pädagoge Friedrich Fröbel wie der Publizist Julius Fröbel waren Thüringer. Auch **Fröbe,** Fröba, **Fröber,** Fröbner sind im thür.-frk.-ostd. Raum zu Hause, entsprechend dem slaw. Ursprung aus *vrba* »Weidenbaum, Weidicht« (vgl. ON. wie Förba/Eger, Förbau/Saale, Vrbno, Vrbka, Vrbice/Böhmen; Frobel, Frobelwitz/Schles. dürften jedoch slaw. wrobel »Sperling« enthalten, auch FN. Frubel. Das *f* ist oft dt. Lautersatz für das slaw. bilabiale *w*. Zu Fröbe – Fröbel – Fröb(n)er vgl. auch **Friebe, Friebel,** Frieb(n)er!

Froböse (ndd.): »früh böse, früh verdorben«, vgl. Frühklug, Froriep »früh reif«. *Vroboze* um 1300 Hbg., Henneke *Vrobose* 1414 Kiel. Auch **Frauböse** (Hbg.).

Frödden, Früdden (fries.-dän.): vgl. *Frodde* Frese 1589 Flsbg., *Frödde* Lorensen (Sohn: Lorens *Frödden*) 1666 Morsum/Sylt. Offenbar Nachklang der dän. Heldensage vom Friedensfürst *Frode* (mhd. *Frute*), vgl. altsächs. frod »klug, verständig«. Dazu auch **Fröde** (Hbg.).

Frodermann (westf.): erweitert aus Froder; kontrahiert Frormann.

Fröhler (obd.): offenbar = Fräuler, Freuler; vgl. *Frölinkint* 1525 Frkf. = Fräuleinkind. Hainr. *Fräueler* 1288 meint Zinsmann eines Frauenklosters.

Frö(h)lich: »fröhlich, ausgelassen«. Vgl. Herzog Otto v. Österreich, der Fröhliche 1331. Ndd. Fröleke, **Fröhlck** (Wismar), patr. **Fröhlking** (Westf.): *Vroleke* 1387 Barth, *Frölich* Pritze 1500 Stolp.

Frö(h)ling (ndd.) = obd. Frühling. *Vrolynk* 1431 Barth.

Frohloff (ndd.) beruht auf Frodolf, wie Rohloff auf Rodolf.

Frohm(e), Fröhmke (ndd.): urkdl. *Vrome, Vromeke,* »der Tüchtige, Wackere«, der Ehren- oder Biedermann. Vgl. ndd. Frahm!

Frohmader (obd.-frk.) = Fronmader: ein Mäher (Mader) im Frondienst. Vgl. Froh(n)meier, Froh(n)müller.

Fröhmelt s. Friemelt! – **Frohmann** = Frommann.

Frö(h)mer(t) = Frömmert wie Fröhmelt = Frömmelt, s. Friemelt u. Frömmer!

Fro(h)napfel: wohl Obstlieferant an einen Fronhof. Vgl. den Fronhof in Salzschlirf. Ein Pfarrer M. Fronapfel 1622 Ettlingen.

Frohn(e): mhd. vrône »Gerichtsbote, Büttel«.

Frohner(t): mhd. vrôner »Fronarbeiter, Knecht in herrschaftl. Dienst«. Doch vgl. ON. Frohnau! Hugo *Froner* 1321 M.-Trübau.

Fro(h)reich (obd.): Pers. N. Frorîch. Vgl. Frowin.

Fro(h)riep (ndd.): »frühreif«. Auch Fru(h) riep. Bauer *Froriep* 1593 Meckl.

Fro(h)wein: *Vrowin* »Freund des Frohsinns«, im MA. allenthalben beliebt (bes.

beim Adel, so noch im 16. Jh. bei den Grafen v. Zimmern), ist uns geläufig durch den Stallmeister des Gr. Kurfürsten, **Froben** (thür.-frk. Form); u. Joh. **Froben(ius),** »Fürst der Buchdrucker« (Erasmus-Werke) aus Franken. Auch Frobein, ndd. Frowien. *Frowin* Mülner 1409 Würzbg., Henr. *Vrowini* 1266 Rostock, *Vrowen* de Nienkerken 1322 Greifsw., Herm. *Frowin* 1398 Frkf., Ratsh. Nitsche *Frobin* 1382 Brieg. Hartm. *Vrowin* 1276 Pfullendf./Württ.

Frölich s. Fröhlich! **Fröling** s. Fröhling!

Fromhein (Hbg.): »der tüchtige Heinrich«, vgl. Langhein, Frombkurt.

Fromm, Fromme: mhd. vrum, vrom »tüchtig, ehrenhaft, bieder«. S. auch **Frohm, Frahm.** KF. obd. **Frommel,** ndd. **Frommke,** Fröhmke. Patr. ndd. **Frömming.** Erweitert mhd. vrumman: **Frommann** »Ehrenmann, Biedermann« (bekannt aus Goethes Jenaer Zeit).

Frommer, Frömmer: ein Tüchtiger, Biederer. Vgl. aber ON. Frommern.

Fromm(h)old, -holz: umgedeutet aus dem Pers. N. Fromolt, siehe Friemelt! *Vromolt* stratenveghere 1307 Lüb. Vgl. *Helmolt: Helmholz.*

Frömter s. Fremder! **Froreich** s. Frohreich!

Fröndt (ndd.) s. Fründ!

Fronzek (O/S.): slaw. KF. zu Franz. – **Frorath:** ON. b. Linz a. Rh. – **Froriep** s. Frohriep!

Frosch, Fröschel, Fröschle: mehrfach als Hausname bezeugt, so in Frkf. 1387 Hans beder *zum Frosch,* nebst Heincze *Frosch;* in Mainz 1317 J. *zum goldenen Frosch;* in Konstanz 1433 Konr. gen. *Fröschli* im Haus zum *Frosch. Froschmul* 1363 in Prag. 1459 in Freibg., *Froschesser* 1543 Reutl.

Froschauer (Bay., Ö., Schweiz); ON. Froschau (oft in Bay.). Bekannt durch die Buchdruckerfamilie Froschauer (Augsbg., Zürich) um 1500.

Froschhammer, Frohschammer (Bay.): ON. Froschham/Bay.

Fröse (ostd.): vgl. den slaw. ON. Frohse a. Elbe (Magdebg.); *von Froze*/Brsl.

Frost: einer, der frieren muß; vgl. Nic. *Leydenfrost* 1351 Olmütz, wo auch Hannus *Leydenhunger* 1453; in Brschwg. 1378 *Lydenkumber.* Ulr. *Frost* 1200 Rottweil, Nikl. *Vrost* 1383 Glatz.

Frotscher: aus Frotschau.

Frötscher (Tirol): Thoman *Fretscher* auf Hof *Frötscher* 1535 b. Brixen.

Frowein siehe Frohwein!

Frubrich: aus Frohburg/Sa. wie **Hubrich** aus Ho(h)burg/Sa. (s. auch Fellbrich; dazu Bahlow, Schles. Nbch., S. 87).

Früchte: ON. Früchte i. W., ON. Frücht b. Koblenz.

Frücht(e)nicht (ndd.): entstellt aus Fürchtenicht(s). Hinr. *Vruchtenicht* um 1350 Lübeck, Hinr. *Frochtenicht* 1515 Hann.

Früh: der Frühaufsteher (wie Frühauf). Gegensatz: Späth. Heinr. *der Früege* 1295 Zürich. Vgl. Frühinsfeld, Frühwacht, Frühwirt, Frühbeck.

Frühauf s. Früh! (Vgl. Baldauf, Späthauf). Frühauf u. Spät begegnen in der heutigen Familie v. Speth! (Brech. I, S. 515). *Früuff* 1384 Lg., 1397 Hsw., *Früauff* 1365 Brünn usw. Vgl. *Langenacht* 1368 Lg. (Bahlow, Schles., Nbch., S. 125; E. Schwarz, S. 99).

Frühbrodt, Frühstück meinen den beruflichen Frühaufsteher, den »Frühinsfeld«. Hans *Früstück* 1473 Frkf. Vgl. den *Früetrunk* 1495.

Frühinsfeld (Nürnbg.) s. Früh! – **Frühbuß** s. Friebös! Aber **Frübeiß(er),** Mchn., Nbg., = früh bissig.

Frühling s. Fröhling!

Frühwald (Mchn., Nürnbg.): wohl ON. wie **Früholz.**

Frühwirt (Wien oft) s. Früh! – **Frühwein** (Mchn.) s. Frühbrodt!

Fründ (ndd.) = Freund. Auch Fründt, Fröndt, ndrhein. Frind (ndld. Devrient.) Herder *Vrünt* 1343 Strals., N. *Vrönt* 1323 Lüb., *Levevrünt* 1307 Greifsw. *Vrendeke* 1331 ebd., *Oldevrind* 1267 Rostock.

Frunzke s. Fronzek! Vgl. Bluschke.

Fruth (Bay., Württ.): mhd. vruot »verständig, klug«. Auch Fruthmann. Auberlin *Fruot* 1501 Württ.

Fruttiger (Schweiz): aus Fruttigen/Aargau.

Frye (ndd.) s. Frie, Frei!

Fuchs, Füchsel, ndd. Voß: teils »schlau wie ein Fuchs«, teils »rothaarig« teils auch Hausname (Nikol. Vulpes de domo *zem Fuchse* 1269). Ndrhein. Vößgen, Vossen; patr. Vössing. **Fuchsschwanz** meint mitunter wie Fuchszagel den Kürschner, vgl. Hannos *vochsczal* pellifex 1367 Brsl.

Fuchsbichler (Bay., Ö.): vom Fuchsbühel, -hügel.

Füchtbauer, Füchter, Füchtenbusch u. ä., alle obd.-bair., s. Feicht-, Feucht-! Nach der Wohnstätte am Fichtengehölz. Auch Füchtenkort.

Fude kann schwäb. (wie Fade, Faude) »sumpfige Stelle« meinen. Vgl. aber auch mhd. fude-nol »mons Veneris«, Hans *Fudwengel* 1414 Mähren, zu mhd. vut »vulva«, vüdel »Mädchen«.

Fuderholz, Fuderwein (nur urkdl.) meinen den Holz- bzw. Weinfuhrmann. *Fuderholcz* 14. Jh. Brsl., Blazko *Fuderweyn* 1405 Prag.

Füg(e), Fügel (obd. wie ndd. Vöge = passend, schicklich, geschickt) (mhd. vuoc, vüege). Auch **Fuge,** Fugmann, Fügmann, zu. mhd. vuoge »Geschicklichkeit, Kunstfertigkeit«: Herm. *mit der vuge* 1352 Brsl.; Berthold *Füge* 1304 Rottweil, Heinr. *Fügeli* 1303 Göppgn.

Fügenschuh, Fiegenschuh (Allgäu): »mache den Schuh passend!«, also der Schuster.

Fügenspan (obd.) = »schlichte den Streit«, Gegensatz: Dichtenspan (1490 Görl.) »stifte Streit«. Jacob *Fügespan* 1374 Eger.

Füger, Fügner (obd.) = öffentlicher Ordner. Hykman *Füger* 1399 Chrudim. Ein ON. Fügen im Zillertal.

Fugger (obd.): Augsburger Handelshaus, berühmt durch Jakob F. den Reichen um 1500. Eigtl. **Fucker** (vgl. Brugger für Brucker), zu spätmhd. fucker (1367 in Graben/Bay. bezeugt) = Schere zum Schafscheren, vgl. *Wollfucker!* Mertt *Fukcher* 1414 Mähren. Dazu Fuckert, Fukkart. Vgl. auch Nickel Fucker 1355 Glatz.

Fuhlbohm (ndd.): nach d. Wohnstätte am Faulbaum. S. auch Faulbaum!

Fuhlendorf (Hbg. oft): ON. b. Segeberg, auch b. Barth.

Fühling: ON. Fühlingen b. Köln.

Fuhr (ndd., Hbg.): ON., an einer Fuhr (Furt, Fahrstelle) wohnend. Vgl. Anderfuhr, Vanderfuhr, Wasserfuhr, Windfuhr; Langfuhr (Danzig).

Führ(er) = Fuhrmann, selten = Anführer. Kontrahiert Führ, vgl. Wagenführ. Mhd. vüeren »mit sich führen« (Handelsware), vgl. Brot-, Korn-, Mehl-, Weizen-, Eisen-, Lehm-, Ziegelführer (Bahlow, Lg. FN., S. 148f.). In Brsl. 1390 schon FN.: Nic. *Fürer* czichener.

Fuhrhop (ndd.): ON. wie Fuhrberg; -hop »Haufen, Hügel«, vgl. Stenhop, Sandhop.

Fuhrmann = Wagenführer, Fuhrmann, Fuhrknecht. Schon Joh. Fischart (16. Jh.) hat richtig beobachtet, daß »alle Schlesier Fuhrmann heißen« (vgl. G. Hauptmanns »Fuhrmann Henschel«). Franke *der vurman* 1386 Lg., Mathis *Furman* textor 1392 Brsl. **Fuhrmeister** ist der Aufseher über das Fuhrwesen.

Führsen, Fürs(s)en (ndd.): Hans Füers, piscator, Sohn: Fürssen 1520 Hbg.

Fuhse (Hbg.): Fluß Fuse b. Celle bzw. ON. Fuse/Lausitz. (Bahlow, ON. S. 153).

Fulbrecht, Fulpracht s. Volk-brecht!

Fuld(e) nebst **Fulda** (dies auch jüd.) meint den Mann aus Fulda/Hessen. Vgl. Bachort Fulde/Fallingb. Wiczel *von Fulde* 1397 Frkf.; Conr. *Fuldener* 1302 Mainz: heute **Füldner.** Neben Fulde auch mundartl. **Fulle** (Nikl. *Full, Fuldt* 16. Jh.), vgl. aber ON. Fullen/Ems!

Fulderer (um 1380 Frkf.) = Folterer (mhd. vultern »foltern«).

Fulfs, Fülf(s): fries. kontrahiert aus Fulklefs (Folkolfs) wie Jülfs aus Gudlefs (Godolfs); vgl. *Fulf* Syberens = *Folef* Sibrandus 1387, Tyark *Fulves* 16. Jh. (F. Stark, S. 140). Ebenso Lulfs, Lülf = Ludolfs.

Fülle: vgl. mhd. vülhe »weibl. Füllen«. Stephel *Fülher* 1414 Mähren. Joh. *Fülhinzan* 1441 Baden, (mhd. = »Milchzahn des Füllens«). – **Fulle** s. Fullmann!

Fülleborn (Schlesien): der Born- oder Brunnenmeister.

Fuller (obd.): = Walker (mlat. fullare »walken«).

Füller (obd.): = Schwelger (mhd. vüller). Sweiklin *Füller* 1418/Tirol. Vgl. *Füllendrüssel* (füll den Rachen, die Kehle) 1460 Kärnten (wie *Frettendrüssel).* Ndrhein. Füllers. Sekundär: Füllert.

Füllgrabe, Füllegrabe (Schlesien, Hessen): Satzname »füll den Graben«, *Völlegraben* 1397 Lg., *Füllegrabe* 1344 Frkf.

Füll(e)krus (obd.) = Füllkrug (Satzname), meint den Schankwirt, wie auch *Füllebecher, Füllebier, Füllewein, Fülskrügel* (1364 Iglau). Vgl. *Füllschüssel* (nebst Räumschüssel), ndd. *Vüllegrape* (grape »Topf«). Auch Lehrenkraus.

Fullmann (Hbg.): aus Fullen (Moorort b. Meppen/Ems).
Fullrich = Volrich (Folrichs), s. Volkrich! Vgl. Fulrad für Folrad.
Füllsack, Fillensack meint den Plünderer, wohl auch den Raubritter. *»Lerenbiutel* und *Füllensac* pflegent des hoves naht und tac« sagt um 1300 Hugo v. Trimberg im »Renner« V. 9035. Vgl. *Vüllesseckel* 14. Jh. Brsl., *Füllsack* 1412 Dettelbach.
Füllschüssel s. Füllekrus! *Vülleschüssel* 14. Jh. Brsl., Prag.
Fülscher (Hbg. oft) s. Fölser! Vgl. Ritscher = fries. Ritser.
Fülster (Hbg.) s. Fölster! **Fuls,** Fulst (Hbg.) s. Fulfs!
Fundengod (ndd.) = »gefundenes Gut«; ein leicht zu Besitz Gekommener, Gegensatz: *Verlorengut* um 1300 Basel. *Vundengod* um 1300 in Hbg., Lübeck, Rostock, Strals. Vgl. *Vorleghenegod* (»verliehenes Gut«) in Alt-Lüb. Ein *Vundenekonink* 1345 Strals.
Fündling = Findling (mhd. vündelinc).
Fünfschilling, Fünfheller, Fünfpfund, Fünfpfennig, Fünfmark, Fünfunzen, Fünfschock, Fünfstück beziehen sich auf Zins- u. Abgabeverpflichtungen.
Funke, Funk: mehrfach als Schmiedename bezeugt. Heinricus *faber* qui dicebatur *Vunko* 1270 Strals., H. *Funk klingensmid* 1372 Prag, Tidemannus *Funko faber* 1286 Rostock. Vgl. *Fürfunke* 1359 Frkf. Aber auch ein Ritter *Funke* 1280 Rüdesheim.
Fünsterer s. Finsterer!
Fürbom (Feuerbaum) = **Fürstake** »Stange zum Schüren des Feuers«; meint den Heizer, den Fürböter. *Fürbom* 1390 Kassel, *Fürbaum* 1387 Frkf.
Fürböter (ndd.) = Feuermacher, Heizer. Vgl. Böteführ (Satzname). S. auch Fürbom, Fürstake! In Lüb. 1321 Joh. *Vür-(eke).*
Fürbringer (obd.): mhd. vürbringer »Anzeiger, Verleumder«. Göcz F. 15. Jh. Auernhofen/Bay.
Furch, Furchner (obd.), auch Furcher(t): = Forch, Forcher(t) »am Föhrenwald«. Vgl. *Furhenawe* 1260, *Fürhenvelt* 1356 Schwaben.
Furcht (obd.) s. Furch! Vgl. Forcht (Mchn.) nebst Forchthammer, Forchhammer, -heimer.
Fürchtenicht s. Früchtenicht! Vgl. *Vorichtleben* 1343 Brünn.
Fürderer s. Förderer! Konr. *Fürderer* 1286 Backnang.
Fürenschild (1512 Brsl.), heute Ferneschild (Nürnbg.): »führ den Schild«.
Fürhake (ndd.): »Feuerhaken«; s. auch Fürstake unter Fürbom! A. *Vürhake* 1329 Lüb., C. *Feuerhak* 1373 Budweis.
Fürholzer (Bay.): zum ON. Fürholz, Fürholzen/Bay.
Fürkant siehe Vierkant!
Furkert (obd.): ÖN. Furke (Ulr. *Furker* 1395 Tirol).
Fürm-, Fürn- s. Firn-! **Fürneisen** s. Firneisen!
Fürsattel (Nürnbg.): Flurname. – **Fürnis** = mhd. firnis »Firnis, Schminke«.
Fürsich(t): obd. (Mchn.), mhd. vürsicht »Fürsorge, Vorsicht«.
Fürsprech (obd.): mhd. vür-, vorspreche »Fürsprecher vor Gericht, Verteidiger«. Peter vedeler *der vorspreche* 1383 Lg., Phil. *Fürsprech* 1500 Alzey. Noch heute im Kanton Bern = Rechtsanwalt.
Fürst: wie Herzog u. ä. wohl im Dienst eines Fürsten o. ä., vereinzelt auch Bastard e. Fürsten. Dazu *Fürstl, Ferstl* 14. Jh. in Pilsen, heute **Förstl** (Mchn.), **Ferstl** (Nürnbg.). Vgl. auch *Fürstensager* (Preiser) 1333 Brünn, *Fürstenlob* 1539 Elsaß.
Furt(er), Furterer, Fürterer, Furtner, Fürtner (alle obd.): an e. Furt wohnend. Dazu **Furtmayr** (Bay.), Furtmüller. S. auch Fort-!
Fürth(er): aus Fürth b. Nürnbg. u. ö.
Furtwängler (Württ.): aus Furtwangen bzw. Furtwängle ebd.; auch Furtwanger (wie Binswanger u. ä.), Fortwängler; -wang = Wiesenhang.
Fuse siehe Fuhse!
Fuß: wie Bein, Hals, Nase usw. nach auffallendem Merkmal; vgl. Breitfuß, Krummfuß, Kaulfuß (= Klumpfuß) usw. Obd. auch Füßel, Füßle, Füßli (Schweiz). Ndd. Foth, Foot. Übersicht der Komposita b. Bahlow, Dt. Nbch., S. 153; Heintze-Cascorbi, S. 205; Gottschald, S. 195.
Fusswasser (obd.): wie Fussbach (Bäche in Württ. u. Baden) = Sumpfwasser. Vgl. Fussach u. ä. (Bahlow, ON. S. 153). Konr. *Fusswasser* 1415 Württ. Zu **Fussing** vgl. ON. Fussingen/Nassau. **Fussenegger** wie Furtenegger (Ö.). Fußstetter, Fußwinkel.

Fust (ndd.) nebst Füsting entspricht hochd. **Faust,** Fäustlin, Feistel. Ein Mann mit harter Faust (vgl. *Hardevust*). In Strals. 1270ff.: Wessel *mit der vust,* Ludolf *mit der vust,* in Barth 1470 *Vüstken,* in Hann. 1301 Henr. *Vustman:* Faustmann. Wie Hardevust auch *Isernfust* (cum pugno ferreo 1277ff. Strals.), vgl. *Isernhand* 1287 Riga, Lüb.

Futh, Füth (obd.): ein sinnlicher Mensch (mhd. vut = vulva). Vgl. *Fut, Futbereit, Futnietel, Futpürstel* um 1350 Böhmen/Mähren (E. Schwarz, S. 102).

Fütterer (obd.): mhd. fuoterer »Futterhändler« (in Halle früher eine eigene Zunft der F.). Auch der Knecht, der das Vieh füttert: Futterknecht. Dazu Futterhäcker, -hecker, Futterschneider, Futtermenger (wie Stroh-, Fett-, Fischmenger) = Händler. Bechthold *Fuderer* 1387 Frkf., Jakob der *Vütrer* 1280 Basel. H. *Fütrer* 1348 Brünn. Ein Ulrich *Füetrer* war um 1475 Epiker u. Wappenmaler am Münchner Hof.

G

Gaarde (Hbg.): aus Gaarden b. Kiel.

Ga(a)rz, Gaartz: slaw. ON. (Meckl. mehrf., Pomm., Brdbg.). vgl. Gartz a. Oder.

Gäb (obd.): mhd. gaebe »willkommen, angenehm«. Hans *Gäb* 1371 Biberach.

Gabain (von G.): soweit nicht slaw., dürfte der Artusritter Gawein, Gawan gemeint sein, so im schles.-böhm. Raum. Vgl. in Lg. 1332 Ritter *Gawin* v. Abschatz, 1396 Hauptm. Hannos *Gawen (Gabin);* in Mähren 1414 Steph. *Gaban.*

Gabb(e), Jabbe: fries. Pers. N., vgl. *Gabbo* Holdinga, 15. Jh. Dazu **Gabbert,** wie *Gobbe: Gobbert; Gebbe: Gebbert.*

Gabel, Gabler: z. T. mag die Gabel (Mist- oder Heugabel) gemeint sein (die Tischgabel kam erst im 16. Jh. auf), vgl. Heugabler. Gabel ist aber auch Flurname (u. Hausname: *zur Gabelen* 1515 Breisach). Dem ostd. ON. Gabel (öfter) liegt wie bei Gablonz, Gablenz slaw. jablon »Apfelbaum« zugrunde: Hans *von der Gabel* 1416 Lg.; P. *Gabel* 1420 Lg.; Herm. *Gabel* 1297 Ro., vgl. ON. Gabel/Havel. – Aber *Gablo de Gabelnstein* 1266 Württ! Dazu **Gabler, Gäbler:** Walther *Gabeler* 1354 Prag (vgl. »und zog den *Gebeler* [= Gabler Paß] wieder hinauf gen Prag« 1391); Joh. *Gebeler* 1353 Brsl., P. *Gebeler* 1429 Lg. – Aber obd.: P. gen. *Gabeler* 1275 Basel, zum Flurn. bzw. = Gabelmacher, desgl. Gumbert *Gabeler* 1265 Wimpfen.

Gäbel, Gebel (obd.): mhd. gebel »Schädel« (Giebel), vgl. Schwitzgäbele, -gebel; mhd. geißgebel »Ziegenkopf«. Heinr. *Gebel* 1259 Konstanz, Ulr. *Gebli* 1359 Wangen. Vgl. auch Fellen-, Zerrengiebel, -gebel.

Gabelenz (von der G.) s. Gablenz!

Gabelsberger: aus Gabelsberg b. Freising/Bay.

Gaberl (bair.), Gaberle (schwäb.), Gaber = Gabriel.

Gabert (Schlesien): mundartl. für **Gebert** = Gebhart, wie Abert für Ebert (Bahlow, Schles. Nbch., S. 35).

Gablenz: ostd.-slaw. ON. (Schlesien, Lausitz (mehrf.), auch Gabelenz/Sa., Gablonz/Böhmen (slaw. jablon »Apfelbaum«). – **Gabler,** Gäbler s. Gabel!

Gabriel (hebr. »Gottesstreiter«), mit Michael u. Raphael zu den 3 Erzengeln des Alten Testaments gehörig. Als VN. u. FN. südd.-kathol., KF. Gaberl, Gäberlein, mit slaw. Suffix **Gabrisch;** patr. Gaberler (Ö.).

Gach, Gäch (obd.): mhd. gâch »jäh, ungestüm«; vgl. **Gächauf,** Gehauf (Ritter Konr. *Gächuf* 1497 Stuttg.). In Flurn. = abschüssig: Horngach(er)/Tirol.

Gachenbach: ON./Augsbg. (Bahlow, ON. S. 155).

Gachnang: ON./Thurgau, wie Backnang, Bettnang (wang = Wiesenhang).

Gack, Gackl, Gäckle (obd.) = mhd. geck »albern, töricht«, auch Gagg (schwäb. »einfältig«).

Gade (Hbg. oft), Gaden: zeigt ndd. *a* für urspr. *o* (kurz), also = *Gode* = *Godefrid, Godeschalk.* Vgl. in Hbg. 13. Jh.: filius domini *Goden.* Ebenso *Bode, Boden:* heute Bade, Baden. Vgl. **Gadde** = Godde.

Gäde, Gädcke, Gädecke (ndd.) = Göde, Gödeke = Godefried; *ä* für *ö* seit ca. 1600, wie in Bädeker für Bödeker oder Kähler für Köhler. Auch Jähde neben Jöde; Gäthke neben Gödtke, fries. Gädje; jünger Gädt, Gäth; ndrhein.-fries. Gädjens, Gädgens neben Gödkens.

Gadebusch: ON./Meckl., slaw. wie **Gadegast**/Jüterbog (vgl. Radegast).

Gad(e)mer, Gadamer, Gädem(l)er (obd.): mhd. gadem, gaden »Holzbude, Kramladen«, mhd. gademer »Zimmermann« (vgl. Steffan *Sibengaden* 1398 als ÜN. vom Beruf); Friderich der *Gedemler* 1344 Villgn. Aber mhd. *gadem-man* »Krämer«, vgl. Berthold *undern gaden* 1304 Worms.

Gädertz (ndrhein.) = Göd(d)ertz = Godeharts (Sohn), wie Gädgens = Gödkens.

Gadesmann (ndd.) = *Godesmann* = Gottesmann (Klosterinsasse u. ä.), obd. Gotzmann. Vgl. *Godeshertzog* 1592 Pyrmont.

Gadewohl, Gadewoltz (Hbg.): zum ON. Gadewold (-wald), wie Rewohl, -wohld zum ON. Rewold; vgl. FN. Wohl: urspr. van dem Wohlde (ndd. Wohld = Wald). In Holstein vgl. ON. Gadeland. – **Gädke** s. Gäde!

Gadow (Hbg., Rostock): ON./Meckl. – **Gädt** s. Gäde!

Gäffgen (ndd.) s. Geffken *(Geveke = Gevehard);* auch Gäfcke.

Gaffron: slaw. ON./Breslau. Vgl. das Adelsgeschlecht v. Prittwitz u. Gaffron.

Gafner (Schweiz): nach der Wohnstätte, vgl. *zen Gafinen* »bei den Hütten« (Walliser Geschlecht). – **Gagelmann** (Hbg.): ON. Gagel/Altmark, vgl. Metel-, Schwießelmann.

Gagern (von): slaw. ON./Rügen (1290 Gawere).

Gagg s. Gack! – **Gahde, Gähde** s. Gade, Gäde!

Gahl, Gahlmann: zu e. slaw. ON. wie Gahlen (FN. von Gahlen), vgl. auch Gahlenz b. Chemnitz. Godeke *Ghale* 1411 Barth/Pomm. Ein ON. Gahlen auch b. Dorsten a. Lippe. – **Gähler** s. Gehler!

Gahm: aus Gahme b. Pößneck/Thür.: vgl. ON. Gahmen i. W. (dazu Bahlow, ON. S. 156).

Gahr, Gahrmann (Hbg.): ndd. (wie fries. Jahr, Jahrmann) = *Germann* = Gerhard, Gerwin, Gerlef, Gerold usw. Urkdl. *Gereman* um 1250 (Lüb., Ro.). Vgl. Garbrand für Gerbrand; Garmer für Germar; Garwig für Gerwig; Garbade für Gerbode; Garfs für Gerolfs.

Gährs (Hbg.), Gähring s. Geers, Gering!

Gahrtz siehe Gaarz!

Gäht, Gähtgens s. Gäde! Vgl. Gäth!

Gaida, Gaidus, Gaidies: lit. (vgl. gaidis »Hahn«).

Gaier, Gayer (Österr., Bay.) s. Geier! – **Gaiken** s. Geiken!

Gail (obd.) siehe Geil! **Gailer** s. Geiler!

Gailing, Gailinger: ON. Gailingen b. Konstanz. – **Gaiser** (obd.) s. Geißer!

Gaiß- s. Geiß-! – **Gaitzsch:** ON./Sa. – **Galfert** s. Gelfert!

Galander (Berlin): mhd. = »Ringlerche«. Hannus Galander 1419 Lg.

Galgan: mhd., die Galgantwurzel (Gewürzwurzel).

Gall, Galle, Galla, Gallas, Gallasch, Galluschke (ostd.-slaw.), Gallmann u. ä. meinen den heil. Gallus (ein Ire), Gründer des Klosters St. Gallen/Thurgau. S. auch Gawel (poln.) u. Havel, Habel (tschech.). *Galle* Hug 1506 Württ., *Galle* Hosfetel 1550 Hannover. Dazu auch **Galley,** Gally, Gallan(d). Vgl. *Gallan* v. Sedlczan 1482 Glatz. Aber Jordan *Galant* 1280 Ro. = »Alantwein«!

Galler (obd.): Patr. zu Gall (Gallus); aber auch aus St. Gallen: Hans der *Galler* = Joh. *von St. Gallen* 1366/67 (Brech., S. 526). Vgl. auch Gallert.

Gallus s. Gall! – **Galling:** vgl. ON. Gallingen/Ostpr.; obd. Gallinger.

Galm: wohl zu mhd. galm »Lärm«, vgl. aber ON. Galm/Magdebg. bzw. Galmen/Ostpr. (Bahlow, ON. S. 163: »stinkendes Gewässer«). Ulr. *Galm* 1320 Prag.

Galster (Nürnbg. oft): obd. = mhd. galster »Zaubergesang, Betrug«. Hainr. *Gälsterli* 1273 Überlgn.

Galzer s. Gelzer!

Gambke (ostd.-slaw., Schles.) vgl. Pers. N. *Gamba* 1204 Trebnitz.

Gämlich s. Gehmlich!

Gamm (Hbg., Meckl.): ON. Gamme b. Hbg., ON. Gamm/Meckl. (Heinr. de Gamma 1218). – **Gammelin:** ON./Schwerin.

Gammel (Mchn.), Gammerl: mhd.-bair. = Spaß, Possen.

Gamper, Gamperl, Gampl, Gamp(p); auch Gampler, Gemperle, Gempl: alle obd., = Possenreißer, Springer, zu mhd. gampe(l)n »ausgelassen hüpfen, springen«, gampel, gempel »Possenspiel«. *Gampler* 1330 Riedlgn., *Gamper* 1384 Würzbg., 1413 Lg., *Gamp* 1461 Brsg., *Gamperlin, Gemperli* 1380 Böhmen. Vgl. auch ON.

Gamp/Schweiz. In Tirol auch Flurname: die Gampe, der Gampen = Almweide, daher dort Gampenrieder 1522.

Gampig (Schlesien) s. Gambke!

Gamradt, Gamroth: als ostd. N. nur aus dem Slaw. erklärbar, als Bezeichnung f. e. gläsernes Trinkgefäß, vgl. die Notiz »artista *Kotrolff vel gamerate*« (Hdschr. der UB Brsl., nach Reichert, S. 118); denn mhd. *kuterolf* meint solch Trinkgefäß (als FN. Guttroff). Belege: in Alt-Brsl., *Gamerad, Gamerote*, vgl. auch ON. Gamrodt b. Pleß/O. Schles.; in Böhmen-Mähren Peter *Gamerat* 1399 Chrudim, *Gamrat* cerdo (Gerber) 1365 Brünn, *Gamerat* pincerna (Schenk) 1367 Iglau; Andreas *Gameroth* 1411 Schönborn/Schles.; in Meckl. *Gammerat, Jammerath, Jameratze* (Witte, S. 257: wendisch) in Lübeck Eler *Gammeratte* 1374, in Stettin Jaspar *Gamradt* 1523, in Barth *Gameratte* 1416, bei Halle Henze *Gammerate* 1392. Zur slaw. Form vgl. Molderat, Utechorad. Mit dem Vater Parzivals *(Gahmuret)*, der in Bayern 1237ff. vereinzelt als VN. begegnet (E. Kegel, S. 74), hat der ostd. N. also schwerlich etwas zu tun (vgl. *Gameryt* v. Särching 1380 Ö., *Gamareth* Pienzenauer 1475 O. Bay.).

Gand (obd., Tirol), Gandner, Gandler, Gandl, Gandlgruber, Indergand: nach der Wohnstätte am Steingeröll (Geröllhalde), mhd. gant, roman. gonda; Ulin *Gander* 1357, Jäclin *Gändle* 1377 Tirol (Tarneller S. 45). – **Gandrich,** Ganderke s. Jander (poln. für Andreas)!

Gänge s. Genge!

Ganghofer: aus Gankhofen/Bay.

Gangler, Gangeler, Gengler (obd.): mhd. gengeler, gengel »umherziehender Händler, Aufkäufer« (von Münzen). Auch Gänger, Genger, Konr. v. Bissingen, gen. *Gangeler* 1289 Württ.

Gangolf, Gangloff, Gangl (obd.): der heil. Gangolf (Umkehrung von Wolfgang) war bes. in Bayern beliebt; zur KF. vgl. »*Gangl*, Stefl, Lindl« b. Hans Sachs; ein *Gängli* 1387 Füssen, *Gengel* 1396 Budweis. Dazu Ganglbauer, wie Jodl-, Mertlbauer.

Ganke(l): vgl. Johel *Gankerl* 1396 Budweis. S. auch Janke!

Gann, Ganner (Tirol) s. Gand, Gander!

Ganser (obd.): mhd. ganser »Gänserich«; ÜN. des Gänsehändlers, Gänsehirten (auch Gansmann, Gansner, Gänsler, Gansler); schwäb. **Gonser,** Gaunser. Dazu als indirekte Berufsnamen: **Gans,** Gansl, Gänsli, Genslein (*Gänselin* 1183 Eger), md. Gensichen; vgl. Seidl *mit der gans* 1365 Brünn, wie H. *mit der enten* 1345 Brsl. Spottnamen sind *Gansauge, -äugl, Gansohr, Ganshals, Gensefuß, Gensebein, Gensekopf, Gensschedel, Gensveder, Gensebiß, Gensevraß, Gänswürger, Genswürker. Gensfleisch* ist als Mainzer Patriziername (Hausname) durch den Buchdruckerfinder Henne Gensfleisch zum Gutenberg um 1400 bekannt.

Ganshorn (Württ.): wohl Flurname wie Fuchshorn u. ä. Vgl. **Gansbichler,** -biller (wie Fuchsbichler): Cunr. an dem *Gensebühel* 1279. **Ganseder** (wie Fuchseder): zum ÖN. Gans-öd. Ein Herm. *Gansweide* 1299 Külsheim. Joh. Genseweide 1351 Lg. – **Gansloser** (Württ.): ON. Ganslosen.

Ganster (Pfalz, Bay., Ö.): mhd. ganster »Funke« (auch ganeist, gneist).

Gantenbein (Schweiz, Württ.): »Gänsebein« (vgl. roman. ganta »wilde Gans«). Conr. *Gantaben* 1487 Bludenz/Vorarlberg. Aber Gantenbrink (Westf.) »Gänse-Anger« ist ndd. (gant, ganter »Gänserich«), wie Gantenbeck/Meckl.

Ganter, Gantner (obd.): der Versteigerer (mhd. gant »gerichtl. Versteigerung«, aus ital. incanto). Benz *der Ganther* 1321 Rottweil, *der Gantner* 1350 Stuttg. (Vgl. Nied, S. 80).

Gan(t)sch, Gantscher (ostd.-slaw.): zum ON. Gantsch (*de Gancz, Ganczka:* Alt-Brsl.); vgl. ON. Ganschow/Meckl. Ähnlich FN. **Ganzke,** Ganzig (ON. Ganzig b. Oschatz/Sa., vgl. Danzig).

Gantwurzel (ndd.): »Gänserichwurzel« (mnd. gante »Gänserich«). Vgl. Gantenbrink, Gantenbeck, Ganteföhr.

Gan(t)z (obd.): in Württ. für Gans geschrieben, s. Ganser! Ebenso **Ganzmüller** (Württ.) neben Gansmüller, zum ÖN. Gansmühle.

Ganzenmüller (obd.) = Ganz-, Gansmüller: zum ÖN. Gansmühle (mhd. ganze, ganse »Gänserich« bzw. gans »Gans«). – **Ganzer** (Hbg.): slaw. ON. Kr. Ruppin. Aber obd. = Ganser!

Ganzke, Ganske (ostd.-slaw.): vgl. ON.

Gansekow; *Gantsekendorp:* Gantschendorf/Demmin.

Ganzlin: ON./Meckl.; vgl. Penzlin, Zepelin u. ä.

Ganzwich = Ganswig: ON. (Westf.); de *Ganswic* 1268 Ro., wie Ronewic 1267 ebd.

Gapitus = Agapitus (griech. »Geliebter«), Märtyrer, Patron v. Kremsmünster.

Gapp (obd.): wohl ON., vgl. Gapper, Gappmeyer!

Garbade (ndd., Bremen) = Gerbode (germ. Pers. N. »Speergebieter«), vgl. Bade = Bode. Hartwig *Gerbode* 13. Jh. Hbg.

Garbe (ndd., Hbg., Ro. oft) ist Variante zu **Garve,** s. Garben! Aber ndd. Splittgarb s. Gerber!

Garben, Garbens, Garbs (ndd.): entstanden aus *Gerwin* über *Garwin, Garwen* (so urkdl. in Bremen); Gerwin (»Speerfreund«) war an der Waterkant beliebt. Die Varianten **Garvens,** Garves, Garvs, Garfs sind aber Patronymika zu **Garve** (neben Garbe); vgl. auch Gervens, Gerves, Gerwes, Gerbes. Der ndd. Wandel *er: ar* datiert seit ca. 1300.

Garber(s), ndd. (Hbg. oft), beruht auf Gerbert wie Harbers auf Herbert; dazu patr. **Garberding** (Westf.) wie Harberding. Bei Garber (Garver!) mag auch der Gerber hineinspielen, vgl. Farber (Farwer) neben Ferber. In Hbg. vgl. *Gerbertus* 1249, *Garbertus* 1309. Dasselbe ist **Garbrecht** neben Gerbrecht.

Gardthausen: ON. – **Gardner** (ndd.) s. Gärtner!

Gareis, Gareisen: »gares, fertig geschmiedetes Eisen«, Schmiedename wie Findeisen, s. dies! Albrecht *Gareysen* 1286 Bamberg. Vgl. Garleder.

Garfs, Garves (fries.) s. Garbens!

Garken (Kiel): = Gerken (Gereke = Gerhard), mit ndd. *ar* für *er,* wie Harken für Herken (Hereke).

Garlef(f): ndd.-fries. = Gerleff (1435), *Gerlevus* 1264 Ro., Pers. N. wie Detlef, Ricklef, Alef, Melef; -lef meint -leib »Sproß, Erbe« bzw. -lof = olf (wolf), beide Endungen gehen durcheinander. Vgl. auch Gerloff! Garrelfs.

Garlich(s) s. Gerlach!

Garling (Hbg., Ro.): ndd. = Gerling, fries. Jarling; Patr. zu den N. mit Ger-.

Garlipp, Garlepp: ON. Garlipp b. Stendal. – **Garloff** (Ro. oft) s. Garleff!

Garmatz s. Jarmatz!

Garmer, Garmers (ndd.) = Germar (ger »Speer«, mar »berühmt«).

Garms (ndd.) = **Garmens,** Garmes, d. i. *Ger-man(s),* wie **Harms,** Harmens = *Her-man(s).* Vgl. FN. Ga(h)rmann neben Gehrmann, Germann (urkdl. *Germannus*/Lüb.). Desgl. **Garmsen** wie Harmsen.

Garn, Garrn (Hbg., Bln., Brsl.): kann wie Hanfgarn mittelbarer Berufsname für den Garnzieher, Garnwinder, Garnkäufer (Händler) sein. Vgl. *Garnekoper* 1453 Bln., *Garnemester* 1380 Greifsw., *Garnzieher, -züger* 1324 Brsl., 1346 Lg. (Dazu Bahlow, Lg. FN. S. 141.) Vgl. Draht für den Drahtzieher. Ostd. spielt aber slaw. gorn- hinein, vgl. Garn: Gorn; Garny: Gorny, daher wohl die Häufigkeit von Garn in Brsl.

Garner (obd.) = Garn-, Netzfischer, so 1537 Schwyz. Konr. der *Garner* 1353 Villgn.

Garrel(mann): aus Garrel (Gor-la) i. O., wie Scharrelmann aus Scharrel (Scor-la) u. Varrelmann aus Varrel (Vor-la), lauter »Sumpf- oder Moor-Orte«. (Bahlow, ON. S. 157, 415, 503.)

Garrels, Garrelts (fries.) neben Gerrel(t)s meint Gerold (»mit dem Speer waltend«); vgl. *Garrelt* (Gerold) Canninga 1396; *Gerlt* Beninga 1379; auch Garold, Jerrold, Gerlts. (F. Stark, S. 167.)

Gars(ch)ke, Garski: ostd.-slaw., vgl. ON. Garsedow, Garsena; zu Garski vgl. Gorski.

Garssen (von): ON. b. Celle.

Garteis(en): mhd. gart-îsen »Stachel, Treibstecken«. Schmiedename wie Gareis(en), Keckeis(en), Findeis(en), s. dies! Auch Gartiser, Gerteiser (wie Kolisern). Daneben **Gerteis(en):** *Gertisen* 1290 Basel, Abelin *Gertysen* 1381 Pforzh., Peter *Gartysen* 1450 Denzlgn./Brsg.

Gartenschlager (obd.): zum ON. Gartenschlag, vgl. Feichten-, Merken-, Weidenschlager.

Garthe: ON. b. Cloppenburg. Doch s. auch Gartke!

Gartke, Jartke, Gartig, Gärtig, Gärtke, Gärthe, Garthe; ostd.-slaw., vgl. KF. Jarota zu Jaroslaw. Dazu ON. Gartow.

Gartmann, Gartenmann (obd.): der Gartenarbeiter. Vgl. Jörg *Gartenflyß (-fleiß)* 1528 Württ. (Brech., S. 531), Hans *im Garten* 1409 Würzbg.

Gärtner (obd. auch ohne Umlaut: Gartner): der berufsmäßig Gartenbau betreibt, am Rande oder vor den Toren der Stadt; als Dorfbewohner besaßen die Gärtner keine Hufen (wie die Bauern), sondern nur Gartenland. (Bahlow, Schles. Nbch., S. 105.) Dazu Baumgärtner, -gartner, Hopfengärtner, Hopfgartner, Krautgartner usw. Als mhd. Dichter ist bekannt Wernher der Gartenaere durch »Meier Helmbrecht« um 1240. S. auch Gartmann! Ndd. ist **Gardner:** Gerart *Gardener (Gardeman)* 1135 Köln.

Gartz: ostd.-slaw. ON. (mehrfach), vgl. auch Gaarz, Garz. Dazu Garzow, Garzau.

Gartzke: ostd.-slaw.

Garve, Garve(n)s, Garvs s. Garbe! Garbens, Garbs!

Garwig, Garweg (ndd.) s. Gerwig! – **Garz,** Garzmann s. Gartz!

Garzlaff: ostd.-slaw. Pers. N. (wohl *Gorislaw*), vgl. Firtzlaff, Tetzlaff, Gützlaff, Miltzlaff (Miloslaw), Burtzlaff (Borislaw), Fenzlaff usw.

Gasper(s) s. Kasper(s)! – **Gaschütz:** slaw. ON./Sa., wie Nauschütz. Wildschütz, Dobschütz usw. (-ütz ist slaw. -ice).

Gaß, Gaßmann s. Gaßner! – **Gasde:** slaw. gosd »Schenke«.

Gassen: vgl. ON. Gassen/Sorau.

Gaß(n)er, Gäß(n)er, Geß(n)er (obd.): an der Dorfgasse wohnend. Arnold *in der gassen* 1266 Ober-Alpfen, Hainr. *an der gassen* 1316 Tirol, Stephel *bey der gassen* 1414 Nikolsbg.; Mathias *Gasse* 1387 Littau/Mähren, W. *im gäßlein* 1343 Eßl., Fridel *Gaßner* 1414 Mähren, Cl. *Gaßmann* 1442 Waldkirch; s. auch Geßler, Geßner! Dazu Komposita: Holzgaßner, Kirchgasser, Borngesser, z. T. von ON. auf -gaß. Vgl. auch Straßer!

Gast: eigtl. »Fremder«, dann »Gast«. Gerardus *Gast* 1171 Köln, Hinr. *Ghast* 1319 Lüb., Jacob *Gesteli* 1353 Württ., daher **Gästle** (schwäb.), **Gastl** (bair.).

Gasteiger (obd., Tirol): mhd. gá-steige »steiler Höhenweg«, mehrf. ÖN. Chuonrad *Gasteyger* 1308 Ulten/Tirol, G. *am Gasteig* 1513.

Gaster(s), Jaster, Jester (fries.): patr. Gesterding.

Gastgeb(e): mhd., »Herbergswirt«. Peter *Gastgeb* 1414 Lundenbg. Vgl. die Spottnamen Nagengast, Rupfengast, Schrekkengast, Zerrengast, Seltengast, aber auch *Ladengast, Schickengast, Schirmengast. Ziehengast* s. Ziegengeist!

Gastram s. Jastram!

Gatermann (Hbg. oft): Herk. Name. – **Gätje(n),** ndd., s. Gödeke!

Gathmann, Gathemann, Gathe (Hbg.): Flurname Gate (Gerd *Gateman* 1465 Bremen).

Gatter(er), Gattermann: am Flur- oder Dorfgatter wohnend (obd.) Heinr. *zu den Gattern* (Hausn.) 1361 Speyer.

Gattke, Jattke, Gattig (vgl. Gatsche, Jatsche, Gatschke): ostd.-slaw.

Gatz, Gatzke, (ostd.-slaw.): vgl. Pers. N. *Gaczko* 1328 Brsl.

Gau (ndd., von Köln bis Königsbg.): mnd. gouwe »rasch, listig«. Copeke *Ghowe* 1324 Strals. Vgl. übrigens *ghoukremere* um 1300 Strals. Zum Gewässerwort Gouwe im westfries. Holland s. Schönfeld, S. 23!

Gaub s. Gaupp!

Gaubatz, Gaubitz, Gaubisch, Gaubig (ostd.-slaw.) s. Gubatz, Gubitz, Gubisch!

Gauch (obd.): mhd. gouch »Kuckuck, Tor, Narr«, alem. Gäuchlin. Vgl. ndd. *Gokestert* 1350 Hildesh.: Gauckstert Westf.

Gauck(e), Jauke, Jaukens nebst Geucke, Jeuck, Geuken sind fries. Pers. N. Vgl. Aucke, Eucken.

Gaude, Gaudig, Gauditz, Gaudlitz sind ostd.-slaw.

Gaudeck, Gaudecker: ON. Gaudeck, vgl. Posseck(er), Rienecker u. ä., alle im frk. Raum.

Gauder, Gaudert: vgl. Geuder, aber auch Gaude!

Gauer, Gauert: wohl aus Gauern b. Gera/Thür., vgl. Gauernitz/Sa. Aber am Rhein = mhd. gouwer Landmann, Ritter Wernher *Gauwer* 1283; Henne *Gauwer* 1387 Frkf.

Gauger (obd.): mhd. gougern »umherstreifen«, schwankend gehen. Vgl. auch Gaugenschädel.

Gauggele, Gaukele, *Gaukel:* obd., der Gaukler, Spaßmacher; auch Gaugler (ahd. gouggalari).

Gaul: die schwäb.-frk. Bezeichnung für Pferd; mhd. gûl aber auch = »Bestie, Ungeheuer«, vgl. Curd u. Hartmann, gebrüdere, dy man nennet dy *Gûle* (1388 Hess.). Den Hufschmied meint Bschlagengaul.

Gaulke (ostd.-slaw.): urspr. Gulke *(Guleke)*, Guhlke, auch Gohlke, Golke, zu slaw. gol-»nackt, kahl«.

Gaulrapp (obd.): mhd. rabe, rappe »Rabe«; also e. besondere Rabenart wie Gausrapp, Nachtrab, Wasserrab. Thoman *Gaulrapp* 1438 Bay.

Gaumann (obd.): mhd. gouman »Landmann«. Wernher *Gouman* 1170 Mchn.

Gaumer (obd.): mhd. goumer »Aufseher, Hüter«. Auch Gaumert, Waczlab *Gaumer* 1382 Prag.

Gaupp (schwäb.), Gaub: Mundartform für Gaab, Goob »Gabe« (vgl. Auberle für Aberle, Oberle). Joh. Appy gen. *Gaupp* 1460 Biberach.

Gauppel: Nicl. *Gauppel* 1495 Odenwald. Mundartform für Gopel *(Gopel* Berngoß 1374 Vogelsbg.) = Gotpold; vgl. im selben Raum *Vaupel* für *Vopel* (Volpert).

Gaus (ndd.) = Gans, vgl. Gausepohl »Gänsepfuhl«, urspr. Goos, vgl. Gosebrink, -bruch, -wisch. Dazu rhein. Gäusgen, Gösgen.

Gause: vgl. ostd.-slaw. Gauske, Gaußig, auch Guse, Guske, Gusewski. W. *von Gusk, Gausk* 1406 Lg.

Gausrapp (obd.) s. Gaulrapp! Vgl. *Gaus(s)-rab(e)* 1297, 1339 Wien.

Gauß (Württ., Stuttg. zahlr.): angebl. = Gans; vgl. Ulr. *Gäußlin* 1427 Württ.

Gaut(z)sch: aus Gautzsch/Sa. Vgl. Kautzsch: ON. b. Dresden. Aber schweiz. **Gautsch** meint »Narr«.

Gävert (Hbg. oft), Gäwert (ndd.) = Gevert = Gebhard. Vgl. *Geveke:* Gäffgen, Gäfke.

Gawehn: ostd.-slaw. wie Drawehn. Vgl. Gawenda, Gawantke.

Gawlik (O. Schles.): KF. zu poln. Gawel = Gallus, wie **Hawlik** zu tschech. Havel = Gallus. Dazu Gawellek, Gawelka, Gawliczek (wie Hawelka, Havlitschek). Vgl. auch **Pawlik** zu Pawel (Paul), nebst Pawellek, Pavliczek.

Gawor(ski) s. Jawor(ski)!

Gawron, Gaffron: ON. b. Brsl. Dazu Gawronski, -ka. Vgl. Gagern (Gawern)!

Gayen, Gayken (Hbg.) ist Patr. zu fries. Gay. Vgl. die Friesen *Gayko* 1443 u. Allardus *Gaicama* 1499 (F. Stark, S. 175). Ähnlich Auco, Aucama; auch Aiko, Haiko, Mayco usw.

Gayler s. Geiler!

Gebauer (ostd.-schles.-österr.): mhd. gebûr »Dorfgenosse, Bauer«, zur Gemeinde der Vollbauern gehörig; vgl. »dy gemeyne der *gebouwer* von Schibansdorf« 1372 b. Lg.; Niclas Frytag, *gebower* des Mertin Schelnschmyd, 1419 Lg., *Gebouwervynd* 1388 Lg. Ein Simon *Ungebauer* 1544 Pohlschildern/Lg. Falsche Betonung hat vereinzelt die unsinnige Schreibung Gehbauer bewirkt. Vgl. auch Neugebauer, Halbgebauer, Junggebauer; ndd. Gebuhr, Niebuhr *(Nigebur)*. In O. Schles. auch Gburek (polon.). (Bahlow, ON. S. 105.)

Gebb(e): fries. KF. zu **Gebbert,** Gebbers = Gebhard. Vgl. Ebbe zu Ebbert; Abbe, Habbe, Jabbe, Tebbe, Wobbe u. ä.

Gebecke: ndd. KF. zu Gebhard, eigtl. Geveke zu Gevehard; patr. Gebken. Vgl. aber ndd. VN. *Gebeke* = Gerburg.

Gebel s. Gäbel! Vgl. ndd. Gevel (Hogevel).

Geben (Württ.): nur urkdl., seltene KF. zu Gebwin, gekürzt Gebe. Vgl. Cuonr. *Geben* ued *Gebene* sin bruoder 1289 Freibg. i. Br., Eberh. gen. *Gebeno* 1261 Eßl. Zur Form vgl. *Egenn: Egen: Ege* (in Villingen, wo auch Geben, Gebe). – **Geberl** (Bay.) s. Gebhard!

Geber(t), Gebers: verschliffen aus Gebhard, wie Ebert, Ebers aus Eberhard. Vgl. ndd. Gevert, Gevers, wie Evert, Evers. Patr. Geberding (Westf.).

Gebhard(t), frk. Göbhardt, kontrahiert Gebert, ndd. Gevert: im MA. beliebt (ahd. geba »Gabe«, hard »kühn«, also »gebefreudig, freigebig«). Seinem N. Ehre machte der heil. Bischof Gebhard v. Konstanz um 990 als freigebiger Freund der armen Schwarzwaldbauern (: noch heute geweihte Gebhardsbrote).

Gebler s. Gäbler unter Gabel! Vgl. auch ON. Geblar/Thür. – **Gebken** s. Gebecke!

Gebsattel: ON. b. Rothenbg. o. Tauber, urkdl. *Gebesedelen* (sedel »Wohnsitz«).

Gebser (Erfurt, Halle, Magdebg.): aus Gebese nö. Erfurt. Wilh. *Gebeßer* 1574 Erfurt.

Gebühr: ON. b. Garmisch. – **Geburek** s. Gebauer!

Gebwein: germ. Pers. N. Gebwin (geba »Gabe«, win »Freund«), vgl. Gebhard! Konrad *Gebwin* 1310 Heilbronn.

Gechter, Gächter (obd.): ein Ungestümer (mhd. gächte »Eile, Ungestüm«). Vgl. Gech, Gäch unter Gach!

Geck: mhd. = alberner Mensch, Geck. Obd. auch Gegg. Vgl. Arnold *Geckli* 1323 M. *Göckli* 1351 Württ. Desgl. **Ge(c)kler:** Joh. *Geckeler* 1322 Baden.

Gedat, Gedatis (ostpr.-lit.): -atis, -at (wie -eitis, -eit) meint »zugehörig, Sohn«; vgl. Albat, Adamat. Dazu Gedan, Geduhn, Gedaschke, Gedamke (wie Adamke), Gedanke.

Gedde (ndd.-fries.) u. **Geddert** dürften Godde, Gödde, Goddert, entsprechen. Vgl. Herm. *Gedde* 1437 Attendorn. Zum Moorwort *ged* aber (in Geddingmoor/Holld., Geddenberg/Ndrhein, usw.) vgl. Bahlow, ON. S. 159.

Gedecke, Gede, Gedemann (ndd.) s. Gäde, Gädecke!

Gedemer (obd.) s. Gademer! – **Geede** s. Gäde! – **Geeb** s. Gebe! Conr. *Geb* 1456 Reutl.

Geefke s. Geffken! – **Geelhaar** s. Gehlhaar! – **Geerha(h)n** (Meckl.), **Gerahn:** slaw. wie Mellahn.

Geercken s. Gerken! – **Geerd(t)s** s. Gerd(e)s!

Geerken s. Gerken! – **Geertz** s. Gerd(e)s! Vgl. fries. *Geers.*

Geertsema (fries. Patr.) s. Geertz, Gerds!

Geese, Gese, Gehse, Geseke, Gesemann (ndd.) s. Giese, Gieseke! Vgl. Freese: Friese.

Geest (von der): die Geest (das Geestland) ist im nordd. Niederungsland das höher gelegene, sandig trockene Gelände im Gegensatz zur Marsch (vgl. Geesthacht b. Hbg.). In Westf. auch Geist (auf der Geist b. Freckenhorst: *up der Gest* 1292); dazu Geistmeyer. Vergeest (ndrh.-holld.) = van der Geest. Aber E. *Gesteman* 1301 M. *Geestemann* 1667 Bremen meint den Fluß Geeste ebda. (Bahlow, ON. S. 159), vgl. Huntemann: von der Hunte.

Geeve = Geve (ndd.) = Gevehard. In Alt-Hbg., Rostock, Bremen um 1250/1300. *Geve, Geveke* neben *Gevehard;* vgl. Gevers, Geffken, Geffe, Geffert.

Geffe, Geffken (Hbg., Bremen), urkdl. *Geve, Geveke(n),* nebst **Geffert,** Geffers meinen Gebhard (ndd. *Gevehard, Gevert, Gevers*). Noch 1584 Achim *Geveke*/Meckl. S. auch Geeve! Gewe, Gewecke. Ähnlich Leveke, Lefhard, Leffert.

Geflitter (obd.): mhd. gevlitter »Gekicher«, vlittern »flüstern, kosen«. – **Gefüge:** mhd. gevüege »geschickt, kunstfertig«; vgl. die Brüder *Gefüge* 1478 Tentschel b. Lg. David *Gefüge,* herzogl. Hofmeister, 1523 Lg. Gegensatz: Fridr. *Ungevüge* 1260 Bamberg.

Gegenbauer (obd.): der gegenüber wohnende Bauer oder Dorfgenosse.

Gegg, Geggle (obd.) s. Geck!

Gegner (obd.): aus der umgebenden Landschaft, Gegend (mhd. gegene). Eberh. *Geginer* 1280 Mengen/Württ.

Geh(auf): obd., s. Gäch, Gächauf!

Geheeb: mhd. gehebe »gewichtig; wohlwollend«.

Gehl, Gehle (Hbg. öfter) verrät sich durch **Gehlke(n), Gehlsen, Gehls,** Gehling(s) als alter (fries.) Pers. N., bezeugt in Stade, Bremen usw. um 1300 mit *Geleke, Geleken, Jeleke, Jeleken* (FN. Jelke/Friesld.), heute auch **Gelke(n),** KF. zu Geil-, Gelmar, Geil-, Gel-bern.

Gehlen (von), Hbg.: zum Flur- u. ON. Gehle, Geel (ndd.-westf. »feuchte Niederung«: Bahlow, ON. S. 160); auch Gehlmann. S. aber auch Gehl!

Gehler, Gehlert (Sachsen, O.-Laus., Schles.): urkdl. = Gehlhaar »Gelbhaar, Blondschopf«, z. B. Bartusch *Geler (Gelhor)* 1422/46 Görl. Doch liegt eigtl. die Starkform *Geler* (ein Gelbhaariger, mhd. gel »gelb«) zugrunde, analog zu *Kaler* (Kahler, Kahlert), *Kleiner* (Kleinert), *Großer* (Großert) usw., alle im selben ostmd. Raum (von Thür. bis Schlesien). S. dazu Bahlow, Schles. Nbch., S. 128/29. Vgl. auch den *Gel Michel* 14. Jh. Brsl., Mertin u. Nicze *Gele* (Brüder) 1346 Brsl. *Gele* war übrigens auch KF. zu *Gertrud* (1397 Lg., 1345 Brsl.), dazu metr. Hannus *der Gelen* 1381 Lg., H. *Gelen son* 1383 Lahn.

Gehlha(a)r, Geelhaar, Gelhaar (bes. ostmd.): der Blonde, s. auch Gehler! Ein Eseltreiber *mit dem gelen har* 1426 in Jena. Martin *Gelhar (Gelhard!)* 1446 Lpz., Andr. *Gelhar* 1502 Mersebg., Eckehart *Gelhor* 1351 Brsl., Bartusch *Geler (Gelhor)* 1426 Görl., Michel *Gelert* 1514 Jena. Das sekundäre **Gehlhardt** verhält sich zu

Gehlert wie Schweighardt zu Schweickert (Swidger); es ist Analogie-Wirkung, seitdem sich das -hart der Pers. N. zu -ert gewandelt hatte wie in Eckert zu Eckhart. (Bahlow, Teuth., 3, 33).

Gehlhose, Gehlhaas, Gehlärmel s. Hose, Ärmel. – **Gehlken, Gehlsen** s. Gehl!

Gehlich, Gehlig (Sachsen): entrundet aus **Göhlich** = Göhlke = Golick (wend. »der Kahle«).

Gehm (ostd.): vgl. ON. Gehmkendorf/Meckl. (slaw. wie Daleken-, Malekendorp).

Gehmlich, Gämlich: mnd. gemelik, mhd. gemelich »übermütig, schalkhaft«. Joh. *Gemelike* 1294 Rostock, Cunr. *Gemelich* 1192 Köln, H. *Gämelich* 1451 Allgäu.

Gehr, Gehre (Hbg.) nebst **Gehrs,** Geers, **Gehrke** = Gero = Gerhard, Gerwin, Gerbert u. ä. Obd. vgl. *Gerle, -lin.* S. auch Geer, Geeren, Geers (Grotegeers), Geertje (fries. für Gerke). Ein Markgraf *Gere* als Nibelungenheld am Wormser Hof: es ist der histor. Gero aus den Kämpfen Ottos d. Gr. mit den Slawen. Obd. vgl. Aberlin *Geren sun* 1350 Württ.

Gehrbrecht s. Garbers! **Gehrdau** s. Gerdau!

Gehrer (obd.): Zum Flurnamen Gere. Vgl. »der *Gerer*« 1349 Eßl.

Gehrholz, Gehrels s. Gerolds!

Gehring, Gering: im MA. beliebter Pers.-N. *Gerung* (obd.) bzw. *Gering* (ndd.), mit patr. Endung -ing bzw. -ung (altertüml.). Ndd. Gering erscheint fries. auch als Jering, heute **Jhering.** Vgl. *Gering* 1350 Bremen, 1270 Rostock (nebst *Gerung*). Ostmd. ist **Ge(h)rigk,** Gehrich.

Gehrke, Gehrken(s): im MA. beliebte ndd. KF. zu Gerhard (Gerbrecht, Gerwin, Gerbrand, Gerbod, Gerwig, Germar u. ä.); urkdl. *Gereke,* das vereinzelt auch **Garke(n)** ergab, s. dies! **Gehricke** ist ostndd. *Gereke (Gerhard)* Pole 1346 Lüb.

Gehrlein, Gerle (obd.): KF. zu Gerhard, urkdl. *Gerli(n); Gerlo* = *Gerlach*/O.-Rhein (Socin 17).

Gehrlich s. Gerlich, Gerlach! Gerling!

Ge(h)rmann (Hbg. oft): urkdl. *Gereman* um 1250/1300 (Hbg., Lüb., Ro.), d. i. Gerhard, Gerwig u. ä. Vgl. Thiedemann, Wilmann, Wichmann.

Gehrt, Gehrs, Ge(h)rtz: ndd. kontrahiert aus Gerhart. Gherd de Plawe 1391 Greifsw. Noch heute VN. Gerd. Vgl. auch Geerdts, Gerdes. – **Gehse** s. Geese = Giese!

Gehwolf (Bayern): urkdl. *Gebolf* (v. Gebolfhoven) 1147 Bay., Dytl *Gewolf* 1345/65 Brünn; *w* für *b* ist bair., vgl. Gotbold: Gotwold (Bahlow, Schles. Nbch., S. 39).

Geib (Pfalz): altes Wort für Schmutz, Moder (vgl. ON. Geibenstetten).

Geibel: der N. des Dichters ist saarpfälzisch, vgl. Geib! Variante: Keibel, Keib!

Geick, Gei(c)ke (Hbg.): fries. Pers. N., patr. Geyken, Gaiken, vgl. *Gayko* Lyursna 1443, Allardus *Gaicama* 1499 (Stark, S. 175, 183).

Geider, Geidel (obd.): entrundet aus Geuder, Geudel = mhd. giuder, giudel »Prahler, Verschwender« (vgl. auch Gauder). Georg *Geuder (Geider)* 1561/63 O. Pfalz; Cunz *Geuder* 1380; Albrecht *Giuder* 1271 Pfullendorf, Walther *Güdel* 1293 Württ.

Geier, Geyer, Gayer (obd.): teils auf die Wesensart bezüglich (z. B. als Rittername: Friedr. *Gîr* zu Girsberg 1255 b. Zürich), teils alter Hausn. (so in Basel 1356 *»zem Gyren«,* in Köln 1197: daher die Familie Geyer v. Schweppenburg). Zum ON. Geyer b. Zwickau gehört Walther *vom Geyer* 1466 Freiberg. Vgl. auch Meuß-, Meis-geier (Thür., Franken): »Mäusegeier«.

Geiger (obd., Stuttg., Mchn., Wien zahlr.): mhd. gîger »Geiger, Fiedler«. Dazu **Geig(e)le** (schwäb.): Rudi *mit dem Giglin* 1357 Zürich, wo auch eine Vren *Zergigen* (nach e. Hause). Auch Geigerl; Geigenfeind (Regensbg.); *Gigenhals* 1222 b. Salem, *Gigenschatz* 1399 ebd., *Gigennagel* 1409 Heilbr. Vgl. auch *Gaiger* 1413 Olmütz, mit *ai* für *î* (wie Gayer neben Geyer), dazu *Gaigl* (Mchn.).

Geike (Hbg.) s. Geick!

Geil, Gail (obd.): mhd. geil »übermütig, ausgelassen«. Desgl. Geiler, Geilfuß.

Geiler, Geilert, Gailer (obd.) = Geil. Bekannt durch d. Straßburger Münsterprediger Joh. *Geiler* v. Kaysersberg um 1500; mhd. *giler* auch »Bettler« (vgl. Luk. 11, 8: »um unverschämten Geilens willen«).

Geiling (Hbg.): mnd. geilink »Drossel« (*Geyling* 1293 Lünebg., 1298 Hbg., um 1300 Lüb., 1390 Barth, 1399 Frkf.).

Gein (Hbg.): vgl. den Gein (Gewässer in

Holld.) u. den Wald Gehn *(Gene)*/Bramsche (Bahlow, ON. S. 160). ON. Geyen b. Köln: Wolter *von Gheyne* 1309 Strals.

Geinitz: ON. Geunitz/Thür.

Geipel, Geippel, Geipelt: urkdl. *Gipel* (nur in Alt-Frkf. um 1350/1400, offenbar KF. zu Gilprecht (Giselbrecht): *Gilbracht* 1387 ebd., so *Gyppel,* Sypeln dichter (= Enkel) 1367, *Gipel* Heydorn, *Gipel* Auge 1387, *Gipel* Schiltknecht 1396. Zur Form vgl. ebda. Diepel, Sipel, Happel, Rupel, Apel.

Geise s. ndd. Giese! Hempe *Geyze* 1369 Lg.

Geiselbrecht (Bayern): altd. Pers. N. *Giselbrecht* (gisel »edler Sproß, Geisel«, brecht, berht »glänzend«). – **Geishecker** (Köln): »Ziegenschlachter«.

Geiseler, Geisel, Geiselmann, s. Geisler! Chunr. *Gisel* 1354 Bay., Berlt *Giselman* 1418 Kassel, *Geisel* Patlauner 1363 Iglau.

Geiselhard (Stuttg. oft): *Gyselhart* 1354 Stuttg., Cuncz *Giselhart* 1409 Würzbg. Vgl. auch ON. Geißelhardt bzw. Geiselharz/Württ. (1275 curia ad *Giselhartes* dicta).

Geising(er): zum obd. ON. Geising(en), alt *Gisingen.*

Geisler (zahlr. in Sachsen, Schlesien, Bayern, Österr.): urkdl. aus *Giselher, Giseler* hervorgegangen, ein deutlicher Nachklang der Nibelungensage im md. Osten; von den Brüdern Kriemhilds, den Burgunderkönigen Gunther, Gernot, Giselher, war der jüngste allbeliebt. *Gyseler* Smalcztasche 1329 Glatz, *Gislerus* de Gorlicz 1266, Symon *Gyseler (Geiselher),* heubtman 1423/35 Lg., Nikel *Geyseler* 1395 Eger, Cuncz *Geysler* 1359 Iglau. Auf ndd. Boden vgl. Gieseler!

Geislhöringer (Bay.): aus Geiselhöring/Bay. (»Giselhers Siedlung«).

Geismar, Geysmer: ON. (Thür., Hess.). Dazu ausführl. Bahlow, ON. S. 162.

Geiß (obd.), Gaiß (obd.) meint den Geißer (Gaißer), den Geißhirt, Ziegenhirt. Vgl. Wilh. *Gaißer (Gaiß, Gaißlin)* 1481 Stuttg. Ein Gobel *zum Geißhorn* 1461 Speyer. Hans *Gaißman (Gaißeler)* 1430 Augsbg.

Geißel (obd.) = Geisel = Giselher, -brecht; s. Geißelbrecht!

Geißelbrecht (obd., Mchn.) = Geisel-, Giselbrecht, s. dies!

Geißer (obd., Bay., Württ., Schweiz), auch Gaißer, s. Geiß! – **Geißler** s. Geisler!

Geist (obd.): im allg. wohl aus Geiß »Ziege« umgedeutet, z. B. in Nürnbg. 1569/70 Martin *Geist (Geiß).* Vgl. auch Geisthirt für Geißhirt (1672 Schmalkalden); Ziegengeis(t) = Ziehengast! S. auch Geest! (Auf der Geist = up der Geist; Geistmann, Geistmeister; van Geisten; ON. Geist). Vgl. aber auch Geist u. Heilgeist 1350 Frkf. (Hausname), Werntzel *Gaist* 1383 Bay., *Geysthant* 1413 Braunau, *Geistemphel* 1404 Olmütz.

Geistbeck: vgl. ON. Geistenbeck/Düsseldorf. Mnd. ge(i)st »Bodensatz«.

Geister, Geistert (Schlesien): s. Geist!

Geistler = Geisler!

Geith (Mchn. oft): wohl zu mhd. gît »Habgier, Geiz«. Stephan *Geitt* 1414 Mähren, Hans *Geit* 1485 Künzelsau.

Geit(h)ner (Thür., Sachs., Schles.): aus Geithain/Sa. Nic. *Geytaner* 1363 Prag, Mertin (vom) *Gythan* 1372 Lg. (vgl. Zeitner aus Zeithain/Sa.: H. v. Czythen 1372 Lg.).

Gelb, Gelbhaar, Gelbkopf s. Gehlhaar!

Gelbart(h), Gelbard (Frkf., Würzbg.) wie Gelhaar: mnd. gel, gelwes »gelb«. Vgl. Rotbart, Schwarzbart, Buntebart. – **Gelbern** (Hbg. 1252) s. Gelke!

Gelbert, Gelbrecht (westd.) wie Gilbert, Gilbrecht, s. dies! Ein Ritter *Gelbrecht* 1483 Friedbg./Hess.

Gelbke, Gelpke (Ostfalen) ist verschliffen aus *Gel-beke,* wie Selbke aus Selbeke u. Velpke aus Velbeke, alle = »Moor-, Sumpfbach« (Bahlow, ON.). Arpke, Harbke, Lobke, Wiepke (Raum Braunschweig).

Gelder(mann): Geller(mann): aus Geldern/Ndrhein. Meist Geller (Köln, Aachen). Auch »von Geldern« (holld. Prov.), urkdl. *Gelre, Geler:* das *d* ist nur Gleitlaut zwischen l-r. Joh. *von Gelre* = Joh. *Geller* 1560. Sekundär ist **Gellert** für urspr. **Geller** (beide in Köln, Aachen öfter). Deutung: Bahlow ON. S. 163.

Geldner (obd.-bair.-schles.): offenbar entrundet aus Göldner, wie **Gellner** aus Göllner, also der Goldarbeiter, s. Göldner! Jeclin *Geldner* de Ylaw 1329 Prag. Doch läßt der N. *Geldenbott* (Franken) an mhd. gelte »schuldiger Zins«, mhd. geltaere »Schuldner« denken; vgl. auch *Geltenprein* 1414 Nikolsbg. (»zinse Grützkorn«), *Geltkäse* 1275 Überl.,

Geldochse (»Zinsochse«) 1407 Braunau/Böhmen. Aber *Geltfuß* 1408 Aussig wie Goldfuß, Silberfuß: der Reiche.

Geldolf: verklungener altd. Pers. N., noch 1300 in Werden/Ruhr u. in Brsl.; ON. *Geldolfshusen:* Gölshausen b. Bretten, *Geltofing* b. Straubing. *Geldolf* Spede 1390 Xanten. Dazu *Gelderich* Crumminga 1614 Emden: fries. Jellerich, u. dominus *Geltmar* 1301 Bremen (1486 *Geltmers* ebda).

Geldschläger (Hbg.): wohl = Münzer (Falschmünzer?). Vgl. Öhlschläger, Repschläger u. ä. Auch Geldmacher; aber **Geldsetzer** wohl = Preisfestsetzer, vgl. Habersetzer, Setzkorn.

Gelfert, Gelfart, Gelfort, Gölfert = **Gelfrat,** ein Nachklang der Nibelungensage bis nach Schlesien, wo im 14. Jh. ein vornehmes Brüderpaar *Gunther* und *Gelfrat* begegnet (Lg. UB), auch e. Ritter *Gelfrat* v. Hugwicz 1290; e. Ritter *Gelfrat* v. Rechenbg. 1312/Öls.; schon 1140 in Mainz *Gelfradus* sacerdos, 1123 in Straßbg. *Gelfradus* telonarius (Socin). Als FN. 1296 b. Calw: Albert *Gelpfrat;* 1301 Worms: Wernher *G.*, 1341 Saar/Böhmen: G. *Gelfradus.* Im Nib.-Lied heißt so der bair. Markgraf, der die Nibelungen überfällt. *Gelf-* (germ. gelp-), noch mhd., meint »prahlende Herausforderung des Gegners, laute Spottrede vor dem Kampf« (wie im Hildebrandslied). Zur Variante **Gilfert** vgl. *Gelfrid (Gelfrad)* von der Stercz 1330 Schles. *Gelfrid* Luckaw 1408 Brsl., Hennel *Gelfrit (Gelfrat)* 1396 b. Mannheim, Nickel *Gelfrid* 1467 b. Sorau.

Gelhaar s. Gehlhaar!

Gelke, fries. Jelke, patr. Gelkens: KF. zu ndd.-fries. Gelmar (1321 Greifsw.), Ge(i)lbern 1252 Hbg. (geil »übermütig«, vgl. den Wandalenkönig *Gelimer (Geilamer)* 6. Jh. In Stade (u. Bremen) um 1300 VN. *Geleke, Jeleke* nebst *Geleken, Jeleken* (Zahrenhusen S. 71). S. auch Gehl(ken)! *Gelmer* Kemerer 1303 Strals.

Gell (Hbg.): urkdl. Radeke *Gelle (Jelle)* 1380 Greifsw. Vgl. ON. Gellen/Oder, Jellen/Meckl.

Gellekom: ON. in Brabant (urspr. Gellingheim, vgl. Deutekom: Duttinghem).

Gellenbeck: ON. b. Osnabrück u. Hagen, wie Gehlenbeck b. Lübbecke urkdl. *Gelenbeke,* vgl. Gellendorf: *Gelanthorp.* Zum Wasserwort *gel* »Sumpf, Morast, Schlick« s. Bahlow, ON. S. 160. Ein Hinr. *Gelenbeke* 1341 Barth.

Geller (Köln, Aachen oft, nebst Gellermann) s. Geldermann! Joh. *Geller* = Joh. *von Gelre* 1560, also aus Geldern (Stadt u. Landschaft). Aber obd. Geller (Wien oft) dürfte den Schreier meinen (zu mhd. gellen).

Gellersen (Hbg.): ON. b. Pyrmont.

Gellert (oft in Sachsen: Lpz., Dresden; auch der Fabel-Dichter Gellert stammte aus Freiberg/Sa.): s. Geller! (»Schreier«). Ein Gellerhof 1491 in Tirol.

Gellinek s. Jellinek!

Gelling: N. eines Waldberges b. Hagen (Bahlow, ON. S. 163).

Gellner (obd.) ist assimiliertes Geldner, wie Göllner neben Göldner.

Gellrich (Glatz, O.-Laus.): s. Göllrich!

Gelmeroth: ON. Gelmeroda b. Weimar. Vgl. Billroth aus Billroda.

Gelpf(le): obd.-schwäb., zu mhd. gelf, gelpf »lautes Prahlen« bzw. gelpfe »Glanz, Pracht« (der *Gelpfli* 1435 Württ.).

Gelpke s. Gelbke!

Geltenbot(t), Geldenbott, Gölten-, Göldenboth (Württ., Franken): Beamter, der die Gelte (die geschuldete Abgabe an Naturalien) von den Bauern einfordert. Dazu auch **Geltl,** Geltmeier; Cunr. *Gelter* 1262 Nassau.

Gelzer, Gölzer, Galzer (obd.) = Gelzen-, Gölzen-leichter, -leuchter (obd.), »Schweinschneider, Kastrierer« (zu mhd. gelze, ahd. galza »verschnittenes Schwein«, lîhten »glätten, kastrieren«). *Gelzenlichter* 1338 Frkf. Dazu J. *Gelcz* 1368 Iglau, *Gelczl* 1367 Jitschin.

Gember, Gembert (ostd.): wohl zu slaw.-balt. Gembus, Gembicki, Gemball.

Gemein (obd.): mnd., »falsch, betrügerisch«, vgl. Meineid.

Gemeinhardt (oft in Hof/Frk.): obd., am Gemeindewald wohnend. Vgl. Gmeineder, Gmeinwieser. Auch **G(e)meiner** (mhd., obd.): Mitbesitzer; Mittelsperson. Nic. *Gmeyner* 1389 Iglau.

Gemende (obd.): mhd. »froh«, mende »Freude«, menden »sich freuen«.

Gem(m)ecke (ostd.): vgl. *Gemekendorp* (Gehmkendorf/Meckl.).

Gemmer, Gemmert: vgl. Gemmecke!

Gemmerich, Gemrich: ON. b. St. Goar a. Rh. (auch i. W.).

Gemmle, Gemlein (obd.): wohl = mhd. gemelich »übermütig, ausgelassen«, gamel »Spaß, Spiel«. (s. Gehmlich!) *Gämel* 1363 Füssen/Allgäu, *Gemmelich, Gämelich* 1451 Sonthofen, *Gämelin* 1457 Göppgn.

Gemoll, Gemulla, Gomoll, Gomolka, Gomulka (ostd.-poln.): slaw. gomoly »unbewachsen, hörnerlos«. Gomolzig wie Gebelzig (ON./Lausitz).

Gemp, Gempl (obd.) s. Gamp, Gamper! Desgl. **Gemperle.**

Gems (obd.) wie Gemsjäger.

Gemuseus (Basel) ist Humanistenname für *Gschmuß* (mhd. gesmus »Küssen, Geschmuse«), wie sich der Pfarrer Augustin Gschmuß (Gemuseus) aus Mühlh./Elsaß auch noch schrieb. (Tobler, S. 179, Brech. S. 545.)

Gend(t): Hbg., aus Gent/Flandern (*von Gent,* de Gandavo 1331 Lüb.).

Gendner s. Gentner!

Gendrich, Genn(e)rich, Jennrich, Gendricke, Jendricke, Jindrich, auch Gendram, sind slaw.-wend. Formen für Heinrich. Vgl. Merten *Genderik* 1479 Barth (auch M. *Gentze,* derselbe, mit KF.!); *Gyndrzich* Weytkruk 1325 Prag. *Jindrzich* Binth 1324 Leitomischl. *Gündersich* Chalben 1494 Glatz. J. *Genderich (Jenderich)* 1585 Havelberg.

G(e)nerlich (Glatz) siehe Gnerlich!

Geng, Genge (obd.): »rüstig« (mhd. genge). Vgl. **Gengnagel,** *Gengisen* (Reutl.).

Gengler, Gengger s. Gangler! Zu *Gengl* vgl. Gangolf! – **Genike,** Genig s. Genke!

Genke, Genkel (ostd.-slaw.), auch Genike, = Jenke, Jenike = Johannes.

Genn(e)rich, Genrich (Stettin oft) s. Gendrich!

Gen(n)ewein, Jennewein (Tirol), mit Anlehnung an Januar: Jennerwein: der heil. Genuinus (Ingenuinus), Bischof v. Seben b. Brixen um 600. Auch **Gendebien,** *Genibein, Gönnebein,* Gönnewein.

Gens(s) = Jens, Jenß (= Johannes). – **Gensch,** Genschel s. Gentsch!

Genschmer: ON. Genschmar b. Küstrin/Oderbruch; s. aber auch Genzmer!

Genschow (Pommern): slaw. ON., vgl. Genzkow/Meckl.-Strelitz. FN. Genske.

Gent (Hbg.): aus Gent/Flandern, s. Gendt!

Gente(mann): aus Genten am Ndrhein. Hinr. *Genteman* 1485 Hann. (1362 Bremen).

Genth, Genthe (Hbg.): aus Gentha ö. Wittenberg.

Gent(n)er (obd.) s. Gant(n)er! »Versteigerer«. Heinr. der *Genter* 1327 Neuenburg a. Rh., Burk *Gentter* 1458 Engen, K. der *Gäntener* 1337 Eßl.

Gent(t)sch, Gentzsch (ostd.-wend.-sächs.): wie Jentzsch = Johannes (Jakob *Gentzsch [Jentzsch]* 1549 Grimma/Sa.).

Gen(t)z, Gen(t)zen (Hbg.) wie Jentz, Jentzen meint Johannsen, Sohn des Johannes (Jens).

Gentzkow: ON. Genzkow/Meckl.-Strlz.

Genz (Hbg. oft) siehe Gentz!

Genzmer (ostd.-pomm.): slaw. Pers. N. wie Venzmer. S. auch Genschmer! Vgl. KF. **Genzel.**

Georg, George, Georges, lat. Georgi (Georgius): der heil. Georg (griech. »Landmann, Bauer«), Märtyrer unter Diokletian, Nothelfer u. Schutzheiliger der Ritter (Bahlow, Unsere Vornamen, S. 37). Landschaftl. Formen sind **Jörg** (südd.-alem.), Girg (österr.), **Jürgen** (nordd.).

Geppert (Schlesien) neben Göppert, Göpfert, läßt sich urkdl. auf urspr. Gotfried zurückverfolgen, wie auch der schles. ON. Geppersdorf (mehrf.) urkdl. *Göpfridsdorff* (1316 villa *Gotfridi*) lautete. Die Umlautform *Götfrid* ergab durch Assimilation *Göpfrid,* mit Metathese *Göpfert,* md.-schles. *Göppert,* entrundet *Geppert.* Belege im Schles. Nbch. S. 37. In Bayern heute **Göpfert** nebst **Göttfried.** Vgl. auch Göbfardt, Göpferich.

Geps, Gepes, Gebs (alem.-schwäb.): seltene KF. zu Gebwin, neben Geben; urkdl. *Gebizo* (vgl. Engizo = Engelhard). *Gepzo* de *Gebinzinstein* (Gebsenstein/Württ.). Joh. *Gebso* 1295 Aargau, Heinr. *Gepzo (Gebze)* 1324 Eßl., Hans *Gebs* 1408 Isny. – **Gerahn** (Meckl.) s. Geerhahn!

Geradehand, Gradhand: mhd. gerade »gewandt«, vgl. Linkehand, Geringehand.

Gerasch, Gerratsch, Jerratsch u. ä.: wend. KF. zu Georg. Aber *Geraets* niederrhein. = Gerhards.

Geratewohl s. Grathwohl!

Gerbe(n)s = Gervens, s. Garbens!

Gerber: mhd. mnd. gerwer »der das Leder *gar* macht, gerbt«. Ndd. heute auch **Gar-**

ber. Dazu Weißgerber (der mit Alaun gerbte) u. Rothgerber (der mit Lohe von Eichenrinde gerbte), der Lohgerber. Über das Ledergewerbe im MA. vgl. Bahlow, Lg. FN. S. 141. Auch obd. **Gerb** (mhd. gerwe) und **Gerbl** (Mchn. oft) meinen den Gerber, vgl. Joh. *Gerb* = Joh. *Cerdo* 1502/Tauber, Anton *Gerbel* 1495 Pforzh. Aber *Gerbentrager* (1380 Mies) wie Hefentrager: zu mhd. *gerwe, gerben* »Hefe«.

Gerberding, Garberding: westf. Patr. zu Gerbert, wie Alberding, Humperdinck, Herberding, Elberding, Wilberding, Wolperding. Heyneke *Gerberding* 1402 Hann.

Gerbert: »speerberühmt«, germ. Pers. N.; auch Papst Silvester II. um 1000 hieß vorher Gerbert (Erzbischof v. Reims). Dazu Gehrbrecht, -bracht, Gerberich, patr. Gerberding (westf.), ndd. Garber(s), Garberding, Garbrecht. S. auch Garbers! Vereinzelt = Gerber! (Brech., S. 548).

Gerbig (thür.-sächs.-schles.) beruht auf Gerwig (»Speerkampf«); desgl. **Gerbing,** Görbing, Gerwing, Girbig (s. dies!); ndd. **Garwig.**

Gerboth, Gerpott (obd.), **Gerbode,** Garbade (ndd.): »Speergebieter«. Zu Gerbet(h) vgl. Sibeth (Sigbot). *Gerboto* 1311 Erfurt, Hartwig *Gerbodo* 1305 Hbg., K. *Gerbode* 1286 Worms.

Gerbrandt, Garbrands (ndd.-fries.): brand »flammendes Schwert«. *Gerebrand* 1442 Bremen, Dirk *Garbrands* 1664 Friesld. Ein Bischof *Gerbrand* v. Seeland 11. Jh.; Brant *Gerbrandes* 1501 Hann.

Gerbrecht, -bracht (westf.) s. Gerbert!

Gercke, Gercken(s) s. Gerke! – **Gerdeißen** (Mchn.) s. Gerteisen!

Gerdau (Hbg. oft): ON. b. Ülzen. Zum Wasserwort *gard, gerd* s. Bahlow, ON. S. 161.

Gerdemann: aus Gerden b. Hann., vgl. Hs. *van Gerden* 1443 Hann.

Gerd(e)s: ndd. = Gerds (Gerhards) Sohn, wie Gerdsen; auch Gerdts, Geerdts, Gehrtz, Geerz; Jertz. Dazu Gerdesmeyer (Westf.). Vgl. Cordes. Im Ammerland (Oldbg.): *Gerd* Renken *Gerdes* 1739, heute Renkengerdes.

Gerding: ndd. Patr. zu Gerd (Gerhard), wie Cording zu Cord.

Gerdt(s) s. Gerdes! Hinr. *Gherdes* 1414 Barth. – **Gerdtel** s. Gertel!

Gerecht (obd.): mhd. auch »geschickt, tauglich«. H. *Gerecht* 1311 Augsbg.

Gere(c)ke s. Gerke!

Gereon: Kölner Lokalheiliger. Angeblich auch Ireon. Vgl. Nied, Heil. N. S. 83.

Gerferts (ndrhein.) = Gervers (fries.) = Gerfrid (vgl. Bischof Gerfrid v. Münster 838; *Gerfridus* 1322, *Gherevert* 1392 Bremen, wie Sievert für Sigfrid). Patr. auch Gerverdinkg (Westf.) wie Gerberding.

Gerg(e)s, Gergus: nordd.-rhein. = Georges. Obd. Patr. ist **Gerger,** Jerger, Görger, Jörger (Tirol): auch Gergler (zu Gergl, Görgl).

Gerhab (obd., selten): mhd. gêr-habe »Vormund« (eigtl. »der das Kind auf dem Schoße hält«). Eberlin *Gerhap* 1439 Schlettstadt/Elsaß.

Gerhard(t), frk. Görhardt; ndrhein. Gerhartz (patr.), Gerritzen (Köln, Aachen), Gerretz (Eifel), Gerdes, Geerdts (ndd.): nebst KF. Gerecke, Gehrke, Gerckens (ndd.), Gerle (obd.) usw.: »speer-kühn«, speziell im niederrhein.-ndld. Raum beliebt gewesen, wie schon Joh. Fischart vor 400 Jahren richtig beobachtet hat (»Kölner heißen Gerhard«); auch der »gute Gerhard« (beliebte Erzählung des Rud. v. Ems um 1250) war ein Kölner Kaufmann; Meister *Gerhard* hieß auch der erste Kölner Dombaumeister. Vgl. auch *Geert Geerts* (als Humanist Desiderius Erasmus von Rotterdam).

Gerhoch s. Gerock!

Gerhold, Gehrold, Gerholz s. Gerold!

Gerhus (Hbg.): westf. ÖN. bzw. Hofname wie Brockhus, Geldehus, Veenhuis, lauter Gehöfte in sumpfig-mooriger Lage; zu *ger* (noch mnd. »Schmutz, Gestank«), auch in *Ger-vliet, Ger-siek, Ger-beke,* s. Bahlow, ON. S. 166. Der lokale, seltene weibl. VN. Gerhuse (KF. Huse), 1409 in Würzbg., ist fernzuhalten.

Gericke (ndd. oft) s. Gerke! Ostmd. **Gerigk** s. Gehring!

Gering (ndd.) s. Gehring! – **Gerisch** (ostd.) s. Giersch!

Gerke, Gerken (Hbg. oft), Gerkens: ndd. KF. bzw. Patr. zu Gerhard (auch Gerbrand, Gerbert, Gerbod, Germar, Gerwin). Mit patr. -ing: **Gerking** (Westf.). Urkdl. *Gereke* um 1250/1350 oft in Bremen, Hbg., Lüb., Rostock.

Gerlach: altd. Pers. N. auf -lach wie

Grundlach (zu got. laikan »springen«, ahd. leich »Kampfspiel«). *Gerlach Gerlachs* 1294 b. Rastatt. Auch **Gerlich, Görlich** (O/S.), Girlach (*Girlach* Czetsche 1384 Lg.), Görlach (Georg *Görloch* 1558 Glatz); obd. patr. Gerlacher, Görlacher, Gerlicher (Hans *Gerlacher* 1389 Kempten); ndd. **Garlach,** Garlich.

Gerland beruht auf Dissimilation aus *Gernand* »speerkühn«, wie Uhland (Uolant) auf Odnand bzw. Uolnant und Roland (Rulant) auf Hrodnand (vgl. dazu E. Schröder, S. 65). Ein Ordensritter *Gerlandus* de Alemannia im 13. Jh./Sizilien; *Gerland* 1265 Ro.; *Gerlant* Munt 1452 Hameln.

Gerle, Gerlein (obd.) s. Gehrlein!

Gerli, Gerlein (obd.) s. Gehrlein!

Gerlich, Görlich s. Gerlach!

Gerling, Görling: Patr. zu den N. mit Ger. Peczolt *Gerling* 1381 b. Sorau. Auch Görling, Gierling; ndd. **Garling,** Jarling.

Gerloff, Gerleff, ndd.-fries. Garleff, Garrelfs, Graalfs s. Garleff!

Germann s. Gehrmann! S. auch fries. Garms!

Germar, Germer, ndd. Garmer, Garmers altd. Pers. N. »speerberühmt«. *Germar, Jermar* 13. Jh. Hbg. Vgl. ON. Germerode, Germershausen/Eichsfeld. Aber auch ON. Görmar/Thür. (urkdl. *Germar)* »versumpfte Quellgegend« spielt hinein: Henning *de Geremar* (daher FN. Görmer).

Germund (selten): altd. Pers. N. (mund »Schutz, Schützer« wie in Vormund.) *Germundus* 1275 (Urkbch. Enns/Ö. III 640), 1260 Ro., 1291 Strals.

Germscheid: ON. b. Linz a. Rh.; zu *germ* »gäriges Sumpfwasser« s. ausführl. Bahlow, ON. S. 167.

Gern, Gerner, Gernert (obd.): zum ÖN. u. ON. Gern (mehrf., Bay./Württ., Schweiz). Vgl. »10 Morgen Holz *im Gern*« 1394 Württ.

Gernand, Görnandt: »speerkühn« (vgl. auch Gerland, Görland), wie Wignand, Signand, Volknand. Um 1250/1350 öfter in Hbg., Lüb., Rostock, Strals. (wo auch *Jarinand* 1290). *Gernand* vern Lyen 1300 Wetzlar.

Gerndt, Gerntke s. Gernot!

Gerner, sekundär **Gernert,** Gernhardt (Franken, Bayern): zum ON. Gern (5mal in Bay.). Valentin *Gerner (Gernert)* 18. Jh. Vgl. Görner.

Gern(e)groß (Nürnbg., Mchn., Lpz. usw.): allenthalben verbreiteter ÜN. Hannus *Gernegroß* 1388 Lg., Göcz *Gerngroß* 1409 Würzbg., *Gernegrot* 1266 Hbg. Vgl. *Gernreich, Gernhübsch:* Peter *Gernrich* 1363.

Gernhardt (Nürnbg., Würzbg.), Görnhardt (Bambg.) beruht auf älterem **Gernert** = Gerner, s. dies! Vgl. Gehlhardt für Gehler(t), Schweickhardt für Schweikker(t), Gemeinhardt für Gemeiner(t).

Gernler (Schweiz): Cuonr. dictus *Gernler* 1281 Basel, angeblich »Netzflechter« (mhd. garn »Netz«). S. auch Garn, Garner!

Gernoth, Giernoth (Schlesien): ein Nachklang der Nibelungen-Sage; Gunther, Gernot, Giselher hießen Kriemhilds Brüder. Kontrahiert: **Gernth,** Gerndt, Girndt, Girnth, Gürnth, Gürntke, Gerntke, Gernotke (alle schles., mit slaw. k-Suffix wie Hanotke, Hantke), vgl. Bahlow, Schles. Nbch. S. 38. Gregor *Gernoth (Gyrnot, Girnth)* 1529/44 Grünbg. Der Sinn von *not* ist »Kampfgedräng« wie in *Helmnot, Sigenot;* jünger ist die Umkehrung *Notger, Notker.* Zeugnisse: *Gernot* Swende 1206 Worms, *Gernot* Snoke 1222 Lorsch, *Gernot* Ruckenbrot 1235 Nassau, *Gernot* (Bauer) 1263 Neufra, *Gernot* Gutbrod 1409 Würzbg.; Nic. *Gernot* 1371 Iglau.

Gern(t)holz: wohl ÖN. Vgl. Garnholz (urspr. *Garnholt, im Garnholtz*/Ammerland).

Gernold: selten, obd. Vgl. Heinz *Gernolt* u. Sohn *Gernolt* 1316 Feuerbach/Württ., Chuncz *Gernold* 1386 Iglau, N. *Gernold* 1462 Görl. Wohl Umbildung aus *Gernot* bzw. Gernand (vgl. Winold: Winand).

Gerok, Geroch, Jerok, Jeroch: bekannt durch den schwäb. Dichter der »Palmblätter« Karl Gerok. Endung u. J-Anlaut deuten zwar aufs Slawische (Georg?), doch sei an den bair.-österr. Pers. N. *Gerhoch* (Abt v. Reichersperg am Inn 1169) erinnert. Schon 992 *Gerhoh*/Kremsmünster; J. *Gerhoch* 1471 Lauingen, Abt Gregor *Gerhoch* 1554 Füssen; noch 1784 *Gerhoh* Steigenberger/Bay. Vgl. *Berhthoch, Bernhoch, Diethoch, Adelhoch, Cadelhoch.*

Gerold (Wien, Mchn. oft), Gerhold, Gerholz, ndd.-fries. **Gerrel(t)s, Garrel(t)s,** Garrold, Jerrold, Gerlts, Gehrels: germ. Pers. N. *Ger-wald* »mit dem Speer waltend«. (Auch als Heil. N.: Propstei St. Gerold b. Einsiedeln.) *Gerold* und *Gerung*, Enkel eines *Gerold*/O.Rh. (Socin, S. 245); dominus *Geroldus* 1248 Hbg.; Heinr. *Geroldes* 1358 Zierenbg.; *Garrelt (Gerold)* Caninga 1396 Friesld., *Gerlt* Beninga ebd. 1379; *Gerolt* Poppe 1340 Lüb.

Gerren(s): Patr. zu fries. Gerre, Jerre, mit Suffix: *Gerrik, Jerrich, Jerrekes* 1339 Stade, *Gerricus, Jerricus* 1250 Hbg., *Jerre* 1350 ca. Lüb., KF. zu Gerrad: Gerhard bzw. Gerrold: Gerold (Jerrold).

Gerressen, Gerritzen (ndrhein.) = Gerhards Sohn. Auch Gerriets u. ä.

Gerrit u. ä. (ndrhein.) = Gerhard; **Gerriet** (ostfries.) = Gerhard.

Gers (Hbg.) wohl = Geers, Gehrs = Gerds (Gerhards Sohn), vgl. fries. Gersema neben Geertsema.

Gerson (jüd.): »Vertriebener«, Sohn Levis (Ahnherr der Gersoniten oder Leviten), nach 2. Mose 6, 16. Aber Joh. Gerson (frz. Gelehrter um 1400) hieß nach s. Geburtsort G. b. Reims, z. Fluß Gers/Frkr.

Gerst(e), Gerstl, Gerstenkorn, Gerstenbrei, Gerstengarbe nebst Reifegerste, Verngerste, Wintergerste meinen den Gerstenbauer oder Gerster, Gerstner, Gerstler, Oswald *Gerster* 1276 Ravensbg. Dazu Gerst(en)maier, **Gerstmann** (»Gerstenhändler«, wie Habermann, Hiersemann): *Gerstman* 1431 Görl. (auch Lg. u. Brsl.); Hensel *Gerste* 1372 Lg.; *Gerstenstampfer, -stempfel* 1455 Olmütz, *Gerstentrager* 1380 Eger, Fridel *Gerstner* 1396 Budweis; auch *Gerstenpauch* 1378 Iglau (vgl. Roggen-, Rockenbauch); *Gersthalm; Gerstprein* 1363 Prag (bair. prein »Grützkorn«). Vgl. auch ON. Gerste(n) i. W.

Gerstäcker: bekannt durch die Romane Friedr. Gerstäckers. Obd. Flur- u. ON. (Gerstacker bzw. Gersteneck).

Gerstenberg: ON./Thür. (Vgl. Gerstenbüttel, Gerstenbach »Faulwasser«).

Gerst(n)er (obd.) s. Gerste! – **Gerstenmaier:** Verwalter abzuliefernder Gerste.

Gerstung: ON. Gerstungen a. Werra, wo ein Bach *Gersta* »Faulwasser« floß (Bahlow, ON. S. 169; auch Ndd. Korr. Bl. 1961; zu den N. auf -ungen). Vgl. die sinnverwandten Kauffung, Hallung, Bodung, Wechsung, Hellrung, Madung u. ä.

Gersum (von): ON. im nordwestd. Moorgebiet, wie Dersum, Borsum, Morsum (-um meint -hem, -heim; *gers* meint »Moorwasser«: Bahlow, ON. S. 168).

Gerteisen, Gerdeißen (obd., Mchn.) s. Garteisen!

Gertel, Gerdtel (obd.): »Gerte, Rute«, *Gertel, Czartesgertel*/Brsl.

Gertenbach: ON. b. Hedemünden a. Werra, wo ein Hübenbach mündet, der a. 1032 *Gardenebiki* hieß (E. Schröder S. 295), entsprechend der *Gardina* in Litauen u. dem ON. Gerden *(Gardina)*. Zu *gard* s. Bahlow, ON. S. 161.

Gerth (Hbg. oft) s. Gehrt! (ein ON. Gerthe b. Bochum.)

Gertig, Gärtig, Gärtke (Schlesien) deutet auf slaw. *Jerota* (KF. zu Jeroslav). Vgl. Gerosch neben Jerosch. Ein ON. Gertewitz b. Pößneck/Saale.

Gerum (Mchn.): urkdl. = Gerung (Joh. *Gerum* = J. *Gering* 1508 Eßl.).

Gertz (Hbg.) s. Gehrtz = Geerts! – **Gerullis:** Ostpr.-lit.

Gerung: im obd. Raum im MA. als VN. allenthalben (wie **Gering** im ndd.-ostd. Raum), als patr. Form zu *Gero, Gerold* u. dergl. (vgl. Adelung für Adelolt u. Amelung für Amelolt); zur Endung *-ung* s. die Beispiele unter Adelung! *Gerung* und *Gerold* begegnen als Enkel eines *Gerold* um 1250 am O.-Rhein (Socin 17, 141). *Gerung* als VN. auch in Ö. (1306 Kremsmünster), Bayern (1379 Eger), Württ. (1348 Reutl.), Schweiz (1223 Zürich). Als FN. z. B. Phil. *Gerung* 1414 Nikolsbg., Cuncz *Gerung* 1409 Würzbg., Wolpot *Gerung* 1292 Württ. Noch 1468 in Württ. *Gerung* Monharter.

Gervas(ius) (obd.): Märtyrer, Patron von Breisach, daher am O.-Rhein einst beliebt. KF. *Vasius, Vasi, Vaslin, Vassle.* FN. Faas, Foos (Baden), s. Fäsi!

Gerve(n)s (ndd.) s. Garvens! – **Gervinus** s. Gerwin!

Gerward, Gerwert (ndd.): Hbg., Bremen; *Gereward, Jereward* 1260/65 Hbg., 1292 Bremen, 1200 Kassel; »mit dem Speer Wacht haltend«, vgl. *Edeward, Eilward, Alward, Dankward, Markward, Volkward, Detward, Odward, Bernward,* – alle im ingwäon.-fries. Nordseeraum.

Gerwi(e)n, Gerwen, Jerwien, Gervinus: »Speer-Freund«. Von Westf. bis Pommern einst beliebter Pers. N. *Gerewin* Teneke 1273 Hbg., *Gerewin* van Warne 1293 Ro., *Gerwin* Ysernmenger 1278 Strals. Vgl. *Garwen* 1484 Bremen.

Gerwig: »Speer-Kampf«, ndd. Garwig, Garweg, md. Gerbig, Gerbing, Görbing, schles. Girbig, Gürbig. *Gerwig* (Magister) 1258 Ulm, Konr. *Gerwig* 1301 Konstanz, Nic. *Girwig* 1397 Lg., M. *Girbig (Girbiger)* 1539 Görl.

Gerz(n)er: ON. Gerzen/Bay.

Gesche (ndd.) beruht auf *Geseke, Geske* = Giseke, Giselbert, vgl. Geschendorf ö. Segeberg (1336 *Gesekendorp). Gesche (Geseke, Gese)* war auch beliebte ndd.-fries. KF. zu Gertrud. **Geschen** ist Patr. vgl. Giesche neben Gieschen.

Geschke s. Jeschke (slaw.) bzw. Geske. – **Gescheidt:** mhd. geschîde »gescheit, schlau«.

Gese, Gesemann (ndd.) = Giese, Giesemann.

Geseke: s. Gese, Gesche! Vgl. aber auch ON. Gesecke i. W.: Hinr. *de Geseke* 1305 Strals.

Gesell, Gsell, Gsöll (obd.): mhd. geselle »Gefährte, Freund, Geliebter« (min geselle = penis). Komposita: Frischgesell, Gutgesell, Hergesell, Taggesell; rhein. Gesellgen, Gesellchen; lat. Gsellius.

Gesenius: Humanistenname des 16. Jhs. für Gesen, Patr. zu Gese (ndd.) = Giese (Giselbert). Aber obd. Gesensohn meint die KF. *Gese* für Gertrud: Bauer Haini *Gesensun* 1377 Vorarlberg, also Metronym wie Nesensohn, Ellensohn, Gutensohn/Schweiz. – **Geserich,** Geserick: wend. jesor »Teich«.

Gesing (ndd.-westf.) = Giesing, Patr. zu Gese, Giese.

Geske = Geseke, s. Gesche! – **Gesselmann** (Bremen): ON. Gessel/Hoya, Gesseln/Paderb.

Geßler, Geßner (obd.) s. Gaßner! Benedikt *Geßner (Geßler)* 1504, Maler zu Basel. Bekannt sind der Landvogt *Geßler* a. d. Tell-Sage um 1300 und der Naturforscher Conrad *Geßner*/Zürich 1516/1565, auch der Idyllendichter Salomon *Geßner*/Zürich 1730/88.

Gesterding, Jesterding s. Gasters! – **Geßwein** s. Gößwein!

Gestrich, Göstrich: wohl slaw. (zumal in Bln. öfter), vgl. slaw.-ostd. Milstrich, Domstrich u. ä. Ähnlich Brestrich.

Gettke, Gettig wie Gattke, Gattig deuten aufs Slawische.

Gettling, Gättling (obd.): mhd. getelinc »Verwandter, Genosse, Bauernbursche«.

Getzlaff: slaw. Pers. N. auf *-slav* »Ruhm« wie Gützlaff, Götzlaff *(Godslav),* Retzlaff, Tetzlaff. KF. Getzke, Getschke.

Geuder (Nürnbg. oft): Geuther, entrundet Geider, s. dies!

Geue, Geuke (fries.) s. Gaucke, Gauken!

Geuenich (Rhld.): keltischer ON. wie **Gevenich,** Elvenich, Lövenich, Rövenich usw.; -ich ist die kelt. Endung *-iac- (um).* Vgl. Bahlow, ON. S. 170.

Gevers, Gevert (ndd.) s. Gebers! Jochen *Gevert (Gewert, Gebhart)* 1650ff. Angermde. *Gheverd, Gheverdes* 1393 Haldsl.

G(e)währlich (obd.): mhd. gewärlich »wahrhaft, zuverlässig«; Conr. *Gewerlich* 1216 Schw.-Hall, Rud. *Gwärlich* 1292 Ulm.

Gewand(t): mittelbarer Berufsname des Gewandschneiders, der in den Tuchkammern Tuchhandel schnittweise trieb (FN. Wandschneider, Wandscheer, Wandmaker); vgl. das Leipziger »Gewandhaus«, Hannus Schicke *der gewandscherer* 1386 Lg., Tilke Sachse *der gewantscherer* (bzw. *scherer)* 1368 Brsl., Wölflin *Gewantschneider* 1404 Schw.-Gmünd; vgl. Arnold *Sconewant (wantmaker)* 1317 Greifsw., FN. *Seidenwand, Niewandt* »Neugewand«; *Wandrahm,* Straße in Hbg.; *Wantbode* 1300 Stade (pannicidia). Aber mhd. *gewande* = Ackerflur, Gewann? Slaw. ist *Gawande,* Gawantke.

Gewecke, Gewe, Geve s. Gebecke u. Geffken!

Gewehr (obd.): mhd. ge-wer »Gewährleister, Bürge«; der *Gewere* 1350 Württ.

Gewert, Gewers = Gevert, Gevers, ndd. Form für Gebhard (Gevehard). Jochen *Gewert (Gevert, Gebhart)* 1650ff. Angermünde.

Gewolf, Gehwolf (bair.) = Pers. N. *Gebolf,* s. Gehwolf!

Geyer s. Geier!

Gfell(er), Gföll(er): obd.-bair.-österr. ON. Gfell, Gföll. Vgl. Gebhard der *Geveller* 1337 Ö.; auch Gföllner (Tirol); mhd. gevelle »Schlucht, tiefes Tal«, vgl. die Mühle »im Gefell« u. Conr. *Gfellmüller* 1451 Allgäu.

Gfrör(er), Gfrerer (Bayern, Württ.): mhd. vroeren, vrieren »frieren« bzw. »gefrieren machen«, gevroerde »Frost«. W. *Frör* 1360, H. *Gefrör* 1429 Württ.

Gibbe, Gibbels: offenbar ndsächs.-fries. KF. zu Gilbert wie Hibbe zu Hilbert. Vgl. auch Gebbe, Ebbe, Habbe, Lübbe, Wobbe u. ä. Patr. **Gibbens.** Zu Gibbels vgl. rhein. Göbbels.

Gichtel (Mchn.): mhd. gicht »die Gicht«; aber auch »Bekenntnis«.

Gideon, Gideonsen (westd.-rhein.): alttestamentl. »Richter«, Befreier Israels von den Midianitern (Buch d. Richter 6–8). Noch heute VN.: Gedeon v. d. Heide, rhein. Dichter.

Giebe: vgl. ON. Gieba b. Altenburg/Thür. S. aber auch Giebecke!

Giebecke, Gibcke: ndd. KF. zu Gibehard; vgl. Gebecke: Gebhard. Aus der Nibel.-Sage bekannt ist König *Gibica* (Worms); vgl. Gibichenstein/Halle.

Giebel: mehrdeutig; mhd. gebel, gibel meint »Giebel«, aber auch »Schädel«, vgl. Zerrengiebel, Schwitzgiebel. Zum Hausnamen vgl. Joh. vom roden Gevel (Rhld.) In ON. wie Giebelscheidt/Lenne, Giebelhardt b. Wissen u. Giebelbach (z. Murg) liegt e. Wasserwort vor. Im Allgäu auch ein Berg *Giebel,* vgl. Giebelfluh, Giebelmähder. **Giebler,** Giebelmann. ON. Gieboldehausen aber hieß *Gebehildehusun!*

Giebenrath: rhein. ON. (Giebelrath) wie Fasten-, Herken-, Reiffenrath (-rath meint -rode, Rodungsort). Vgl. Gievenbeck i. W., Giebenach/Basel, Give-, Gevenich/Rhld., zum Wasserwort *gib, giv.*

Giech: alter ON., vgl. Demetrius *von Giech* 1422 Würzbg.

Giefer(s), ndrhein. = Gefers, Gevers (Gebhards). Vgl. Siefers, Sievers.

Giege, Giegel (obd.): mhd. giege, giegel »Narr«, erweitert **Giegold.** Rüdiger v. Freiburg gen. *Giege* 1356.

Giehl, Giehler: vgl. ON. Giehle mit dem Giehler Moor nö. Bremen.

Giel, Giele, Gielen (Köln oft): ndrhein., wie Gieles, Gieling wohl zu Ägidius (Heil. N.). Aber obd. Cunr. der *Giel* 1167 Thurgau zu mhd. giel »Maul, Rachen«. Ndd. = »geil«: Lüdeke *Gyle* 1380 Haldsl.

Gielow (ostd.): slaw. ON. b. Malchin/Meckl. Vgl. Gielisch, Gielnik.

Gienanth (Pfalz): zugewandert aus Burgund, urspr. *Guinand* frz. Form von dt. *Winand (Wignand)* »kampfkühn«.

Gi(e)napp, Jinapp (ostd.): slaw. wie ON. Gienow, Gienau. Dazu **Gien(c)ke** nebst Jienke, Jynek, d. i. KF. zu Heinrich; auch Gien(e), Giensch.

Gienger: aus Giengen/Württ.

Gier, Giermann: mhd. gîr »gierig«. Ndd. Gier aber = Geier. Vgl. Hartmann *Gir* (Avarus) 1197 Köln. Nikol. der *Girer* 1369 Rottweil. Aber Olricus *Gir* (»Geier«) 1229 Lüb. Am Ndrhein. auch Flurn.: *In der Gier.* Vgl. Giersiepen.

Gierahn, Gierhan (Meckl.): slaw. Pers. N. auf *-an,* wie Millahn, Landahn, Moltzahn; auch **Gierandt,** vgl. Iwan: Iwandt; **Gieras, Gieram.**

Gieraths, Geraths (ndrhein.) = Gerharts, Aber **Gieratz** (Meckl.) s. Gierahn!

Gier(e), Gieren: rhein. Flurname »In der Gier, Gieren«.

Gierer (obd.): mhd. gîrer »der Habgierige oder Geizhals«. Nik. der *Girer* 1369 Rottweil. Dazu bair. **Gierl,** Giehrl (Mchn. oft).

Gierhard = Gerhard. S. auch Gierth! Mertin *Girharth* 1508 Lg. (ON. Girharcz-: Giersdorf [Schl.]).

Gi(e)rke, Gierck(e): schles. = Gerke, KF. zu Gerhard, Girhard, mit Einfluß von slaw. Girek, Jirek = Georg! *Girke (Gerke)* vom Senicz 1347 Brsl., *Girke* von Brunswig 1345 ebd. Noch 1631 in Glatz (tschech.) *Girke* Grünberg, wo 1556 auch *Girczik.* Ein *Girig* Fritzer a. Mähren 1533 Görl. meint gleichfalls Georg. Vgl. auch **Gierek, Gierok.**

Gierl s. Gierer! – **G(i)erlich** = Gerlich = Gerlach.

Gierloff s. Gerloff!

Giermann (Hbg.) = Germann s. Gehrmann!

Giernoth (Schles.) = Gernoth ebd., s. dies!

Giersch (Schlesien, O.-Lausitz) beruht urkdl. auf *Gerusch, Gerisch,* KF. zu Gertrud (mit slaw. Suffix -usch, -isch), vgl. *Gerusch (Gerdrud)* vom Royn 1350 Brsl., Caspar *Gerusch* 1435 Lg., Hs *Girisch* 1491 Lg. Und dazu als Metr.: **Gi(e)rschner,**

Gürschner, vgl. Bartisch *Gerischer* 1453 Lg., J. *Gierscher (Giersch)* 1568 Lg. Ähnlich Alschner, Leuschner.

Giersig (Schlesien): tschech. KF. zu Georg, vgl. Herzog *Giersich* v. Glatz 1488, König *Girzik (Georg)* v. Podiebrad (Böhmen) 1420/71; *Girczik* v. Cunstadt 1556 Glatz. Heute auch **Girschik.**

Gi(e)rth (Schlesien) = Girhard: Gerhard. Mertin *Girharth* 1508 Lg.; *Gyherth* 1547, auch *Gieret, Gyrth* ebd.

Giertz (ndrhein.) = Gieraths = Gerhards.

Gies, Giesges (ndrhein.): Kf. zu Giesbert (vgl. Gieselbrecht, Giesebrecht), niederrhein. patr. Gisbertz. Schon Joh. Fischart (vor 400 Jahren) wußte: »Westfalen heißen Gisbert.« S. auch **Giese!**

Giesbert, Giesbertz s. Gies! – **Giesche,** Gieschen (fries.) = Gieske(n).

Giese, Giesecke (ndd. oft): KF. zu Giesebrecht, Gieselbrecht (gisel »edler Sprößling, Geisel«). Vgl. *Giselbertus (Giso),* Aachener Schöffe um 1250; *Ghiseke* = *Giselbertus,* Sohn des Grafen Heinrich I. v. Holstein 1304/17 (Lüb. UB); *Giseke,* Sohn des *Gise* 1309 Stettin, *Giseke* Rumeland 1290 Hbg., *Ghyseke* Rademeker 1395 Brschwg., Lüdeke *Ghisensone* usw. Variante ist **Gese,** Geseke, s. dies!

Gi(e)sebrandt (ndd.-fries., wie Gerbrand, Herbrand, Wilbrand, Albrand). Zu gis, s. Giese! brand »flammendes Schwert«.

Giesebrecht, Gieselbrecht s. Giese! Obd. ist **Geißelbrecht** (Bayern, Allgäu): Petrus *Giselbrecht* 1291 Basel, *Giselbrecht* v. Swidenicz, Ratsherr 1297 Brsl. Rheinisch ist Gilbert, s. dies!

Gieseke s. Giese!

Giesel, Gieselmann (ndd.) = Gieselbrecht, Gieselher (s. Giesebrecht!). Obd. entspricht **Geisel** (Geiselbrecht, Geiselher).

Gieseler (ndd.) = Giselher (vgl. obd.-schles. **Geisler**). *Ghiseler* Winman 1328 Strals., *Giselere* u. Sohn Joh. *Giselere* 13. Jh. Lüb.

Giesemann (ndd.) = Giese, Gieseke. – **Giesen** (ndd. Patr.) s. Giese!

Gießel, Gießelmann, Gießelbrecht, Gießler s. Giesel! *Gießel* Koch 14. Jh. Frkf.

Gießer, Gieser: der Metallgießer, Rotgießer (Kupfer)!, Zinngießer (Kannengießer), Grapengießer, Düppengießer, Pottgießer. Heintze *Gießer,* Glockengießer 1375 Elsaß. Vgl. ndd. Gieter, Geter!

Gieß(h)übel, Gissibl (obd.): häufiger südd. Flur- u. ÖN.; zum Wasserwort *gis* s. Bahlow, ON. S. 171! hübel = Hügel, Anhöhe. Peter der *Gißübel* 1383 Regensbg., Conr. *Gishübel* 1323 Frkf.

Gießmann: in Schlesien urkdl. aus *Gösman (Goswin)* entrundet, wie Guttmann auf Gutwin beruht. Auch Gießmannsdorf/Schl. hieß *Goswinsdorf.* Vgl. Seiffrid *Göswin* 1436 Görl., Michel *Gösman* 1433 Lg., Hans *Gyssman* 1571 Lg. S. auch Gießwein, Gößwein, Geßwein!

Gießwein (Franken) s. Gießmann!

Giffenig: ON. *Givenich:* Gevenich/Mosel (auch b. Jülich, s. Geuenich)! Vgl. *Givenesdorf* 870 (Gevelsdorf b. Aachen).

Giffey s. Gifhorn!

Giffhorn: ON. Gifhorn (alte Sumpfburg an Aller und Ise), wie Alhorn, Balhorn, Druchhorn, Quenhorn, lauter »sumpfige Winkel«. Vgl. *Gif-lo* Giffeln wie Dif-lo: Diffeln (Bahlow, ON. S. 171).

Gigl (Mchn.) s. Giegel!

Gilbert (Frkf., Mannh. oft), ndrhein. Gilberts, -bertz, westd. **Gilbrecht,** Gilbracht (Nassau), vgl. *Gilbracht* kleuber 1387 Frkf., ist die roman.-rhein. Form von Giselbert (vgl. Gilbert, Bischof von Meaux um 1000); urkdl. *Gilbertus (Giselbertus)* 1411 Basel (Socin 18); auch Gilbertshausen/Hessen hieß um 900 *Giselbrechteshusen.* **Gilbers** ist ndd. Patr.; *Gillebertus* = *Gilbertus* = *Giselbertus* mehrf. am Ndrhein. (F. Stark, S. 48).

Gilcher (Pflaz, O.-Rhein) ist Patr. zu Gilch, s. Ägidius!

Gildemeister, Gillmeister (ndd., Bremen, Hbg., Ro., Stettin, Danzig): der Zunftvorsteher. Thidericus *Gildemester* 1297 Rostock, Christian *Gilmeister* 1658 Danzig. Zu **Gilde** vgl. auch ON. Gilde/Gifhorn.

Gilfert s. Gelfert! Vgl. Gilfershausen/Bebra. Aber *Gilfner* (bair.) »Zänker«.

Gilg, Gilger (wie Gilch, Gilcher), Gilgmann: alem.-pfälz. = Ägidius, s. dies! Noch 1542 in Württ.: *Gilg* Crützer, 1414 in Mähren: *Gilig* Gumpold, *Gilgman* Blüwler 1472 Baden.

Gilgenschein »Lilienglanz«, Gilgenblatt, Gilgenast sind obd. Hausnamen (mhd. lilge, gilge »Lilie«); in Freiburg 1393 e. Haus »zem gelwen giligen«; in Konstanz 1522 Hs Scherer zur gilgen. Heinr. *Gil-*

genblatt 1477 Freiburg, *Gilyenschin* 1408 Zürich, *Gilyenstüdli* ebd.

Gill, Gillmann, Gill (obd.), **Gilles** (rhein.) nebst patr. Gillesen (ndrhein.) s. Ägidius! Zu Gillies (Westf.) vgl. Illies!

Giller, Gillert, Gillhard: vgl. Gillersdorf/Thür., Gillersheim/Northeim. Aber ON. Gill, Gillbach, Gillenfeld enthalten *gil* »Schmutz, Moder«.

Gillhoff, Gildhoff (westf.): ON. wie Gillhaus (Henneke bi dem gildehuse). Bekannt durch Joh. Gillhoffs Roman »Jürn Jakob Swehn der Amerikafahrer«. Gildehaus ist ON. b. Bentheim.

Gillmeister (Danzig, Königsbg.) s. Gildemeister.

Gillner s. Gellner (Geldner), vgl. Giltner für Geltner.

Gilmer entspricht *Gelmer* 1321 Greifsw.; erinnert an den letzten Wandalenkönig *Gelimer, Geilamer* (6. Jh.), s. auch Gelke! In Tirol vgl. Hermann *von Gilm!*

Gilsa (von u. zu Gilsa): ON. b. Kassel, ein prähistor. Bachname mit s-Suffix *(Gilisa)* wie die *Milisa* (in Melsungen) u. die *Gulisa* (Güls) b. Koblenz; zu *gil* »Moder, Schmutz« s. Bahlow, ON. S. 172! Ein H. *Gilseman* 1407 Kassel, Wigand von *Gilsa* 1224.

Gilster (obd.): der *Gilster* 1331 Breitenholz/Württ., wohl »Lärmer«, zu mhd. gelstern »gellen, schreien«. Vgl. auch ndd. gilsterig »lüstern«.

Giltner (obd.) s. Geltner! – **Gilten** (von): ON./Leine. – **Gilzer** s. Gelzer!

Gimbel, Gimbler (obd.): wohl entrundet aus Gümbel (Gumbold).

Gimber(lein) s. Gümperlein! – **Gindl** s. Gündel!

Gimm(e) (obd.): mhd. gimme »Edelstein, Gemme« (lat. gemma).

Gimpel (obd.): Vogelname, auch »einfältiger Mensch«; mhd. gümpel »Gimpel«, auch »Hüpfer, penis«.

Ginapp s. Gienapp! – **Ginger,** Gienger: aus Gingen bzw. Giengen/Württ.

Gindrich, Gindersich s. Gendrich!

Ginther, Ginzel (obd.): entrundet aus Günther, Günzel!

Gippe: mhd. gippe »Joppe«; **Gippner,** Giptner = Joppner, Jüptner, s. Joppe! Vgl. auch Joh. *Gippengappe* (»hohler Schwätzer«) 1293 Hann.

Gipperich: Ort a. d. Gippe b. Olpe/Westf. (gip »Moder, Moor«, Bahlow, ON. S. 173).

Gipser (Hof/Bay. oft): der Gipsmüller. Chuono *Gipsere* 1261 Basel.

Giraths s. Gieraths! – **Girbardt** s. Gerbert! Joh. *Girbert* 1579 Harz.

Girbig (schles.) s. Gerwig! Vgl. auch ON. Girbigsdorf b. Görl.

Girdan (schles.): offenbar slaw. Pers. N. auf -an (vgl. tschech. hrdan, hrdy »stolz«), wie Mordan (tschech. mrdny »flink«). Hans *Girdan* 1380 Lg., her Melcher *Gyrdan, Gyrde* 1562 Lg. Vgl. Grdanowitsch.

Girg, Girgensohn (obd.-österr.) = Georg.

Girke s. Gierke! – **Girlich** = Girlach, s. Gerlach!

Girmes: ON. Wald-, Nieder-Girmes a. Lahn b. Wetzlar, urkdl. *Germenz,* prähistor. Bachname wie die Elsenz *(germ* »sumpf., schmutziges Wasser«, wie in **Girmendonk,** donk »Hügel im Sumpf«); Bahlow, ON. 167.

Girndt (schles.) s. Gernot! – **Girschick** s. Giersig!

Girschner s. Gierschner!

Gisevius (Königsbg.): Ahnen aus Polen um 1600 zugewandert (nach d. Ort Gizice, bzw. nach Giesewen in Masuren genannt). Näheres: Brech., S. 561.

Gissel (Frkf.) = Gißel = Gießelbrecht.

Gissemann: aus Gissen i. W. (auch Brabant); zu *gis* »Sumpf, Moor« s. Bahlow, ON. S. 171. Vgl. Wissemann: aus Wissen.

Gitter(mann): aus (Salz-)Gitter b. Brschwg., prähistor. N. mit r-Suffix wie Gummer, Blender, Verder, Vechter, – alle auf Moor- oder Schmutzwasser bezüglich (Bahlow, ON. S. 174).

Gittersonke (poln.) s. Jüttersonke! – **Gittler, Gittel** s. Güttler!

Gizycki (poln.) aus Gizyce in Polen, um 1600 nach Ostpr. eingewandert. Vgl. Gisevius!

Glabbach: ON. b. Runkel a. Lahn, assimiliert aus **Gladbach,** mehrfach im Rhld., ndd. Gladbeck; Sinn: durch schlüpfriges, morastiges Gelände fließender Bach (vgl. holld. *glad* »schlüpfrig«. Daher *Gladebeke* wie *Wadebeke* (wad »Sumpf«), *Gladenbach* wie *Wadenbach.* Vgl. auch **Gladen** b. Lüttich wie *Waden* (Wahn am Hümmling). Deutlich ist **Gladebruch** (Holstein), *Gladfen*/Engld. Auch auf slaw. Boden: **Gladau** am Fiener Bruch, Gladow, Gladigau. (Bahlow, ON. S. 174f.)

Glade, Gladen s. Glabbach (Gladbach)! Vgl. Bernt *tor Gladen* 1590 Münster.

Gladiator: Humanist.-N für »Schwertfeger«. Schon in Urkunden des MAs.: Joh. *Swertfegere* = Joh. *gladiator* 1266/70 Hbg.

Gladisch, Gladke (ostd.): zu slaw. gladki »glatt«. Vgl. dt. Glatte, Glatthaar.

Gladow, Gladigau: slaw. ON., s. Glabbach!

Gläfke s. Gläveke! – **Glagau,** Glagow: slaw. ON. Zu **Glage** (Hbg.) vgl. Glawe, Glaue, m. ndd. g wie *Grage:* Grawe: Grau oder *Plage:* Plawe: Plau.

Glahe (Ruhr): wohl = Glade.

Glahn: ON./Hannover. Zum Wasserwort *glan* s. Bahlow, ON. S. 175. Auch **Glandorf**/Osnabr. liegt an einer *Glane,* – prähistor. Flußname.

Glamann, Glahmann (nordd.): wohl aus Glahn, s. dies! Vgl. Gliemann: Glien.

Glambeck: mehrf. ON. in Pommern, Meckl., Brandbg.; alter Bachname.

Glander: mhd. glander »Glanz«, der gern glänzt.

Glanz, Glantz, Glänzel (obd.): der gern glänzt, vgl. Glander! Michael *Glancz* 1359 Brünn, Hensel *Glenczel* 1380 Kolin/Prag.

Glaris, Gläre = Hilarius, Heil. N. (Bischof v. Poitiers); vgl. Glorius; rhein.-alem., auch Glari, Gläri, Glori: *Gläry* Murr 1432, *Glery* Lüprand 1542 Württ.

Glarner: aus Kanton Glarus/Schweiz, wie Urner aus Kanton Uri. Walther *Glarner* 1293 Zürich.

Glas, Glassl, Gläsel meint den **Glaser** bzw. den Glashändler, -hausierer (**Glasmann,** vgl. Biermann, Weinmann, Eiermann), vgl. *Glasträger* 1599 Villgn., der mit der Kiepe die Erzeugnisse der Glashütten über Land trägt (wie im Rübezahlmärchen). Vgl. Conr. *Glasehütte* 1414 Grimma. Zum **Glasbrenner** vgl. Cunr. *Glasoven* 1282 Württ. Nordd. u. ndrhein. ist **Glasmacher(s),** der *glasemaker, -meier, -wer(ch)te, -worchter.* Dazu *Glasenap* (Napf), *Glasekop* (Kopf = Napf, Becher), *Glasfuß.* Vgl. auch Peter *Glesel* = P. *Gleser* 1350 Brsl.

Glasenapp (ndd.): »Glasnapf«, Berufsname des Glasmachers, wie *Glasekopf,* 1329 Strals., *Glasfuß* 1411 Budweis; obd. *Glacznapf* 14. Jh. Nürnbg. In Pommern schon im 13. Jh. beim Adel (wohl von der Mode kostbarer Trinkgläser): Willeke gen. *Glasenap,* Edler 1287, dominus Joh. *Glasenap* 1344 Stettin, Pawel *Glasenap* (Pagel Dobrenze) 1518.

Gläsener, Glasner = Glaser, Gläser, s. Glas! Tile *Glesener* 1449 Duderst. Glaser u. Maler gehörten zu einer Zunft (Hersteller bunten Glases): Cunrad *glaser alias moler* 1375 Lg.; Tewes Burmeister, anders genant *Maler* offte *Glasemaker* 1563 Kiel.

Glashoff (Hbg.): ON. = Glashütte. – **Glasebeke, -berg, -wald** s. Bahlow, ON., S. 175.

Glasow: ON. (Pomm., Meckl.), Jutta *Glasow* 1351 Stettin.

Glatt(e): obd. = **Glatthaar,** Schlichthaar (ndd. Schlichtkrull, Schlichtegroll). Vgl. *Glatkopf* 1290 Basel. Alem. **Glättli** (Zürich). – **Glatter** (obd.): aus Glatt (Schweiz, Württ.) bzw. Glatten. Heinr. der *Glatter* 1287 Seebach b. Zürich.

Glatz (obd.) nebst **Glatz(e)l** meint den Kahlkopf (mhd. glatz): *mit der glaczen* 14. Jh. Brsl. Enderlin *Glacz* 1362 nebst Hensel *Gleczel* 1369 u. *Glaczaht* 1363 Iglau, Conr. der *Glatz* 1294 Vaihgn.

Glatzer, Glätzer: aus Glatz/Schlesien (Stadt u. Grafschaft)! Niclos von *Glacz* der goltsmid 1348 Brsl., Girgl *Glaczer* 1392 Böhmen.

Glau, Glaue: »scharfsichtig, pfiffig, schlau« (noch im 18. Jh.); es konkurriert der ON. Glaue b. Potsdam.

Glaube: ein Gläubiger; vgl. Unlaubeg. Nic. *Glaub* 1348 Brünn, Lotze *Glaube* 1373 Ursel/Taunus, C. *Ungelaube* 1209 O. Rhein.

Glauber: wohl = Glauer.

Glauberg: ON. b. Frkf., *Gluburg* »Sumpfburg«/Nidda, wie Gloucester/Engld. (Bahlow, ON. S. 176). Conr. *Glauburg* 1342 Frkf. Vgl. die Glu-Riede/Harz.

Glaubitz (ostd.): slaw. ON. (Sa., Ostpr.). Vgl. auch **Glaubig,** Glaubke wie Globig, Globke; Glaubitt (Ostpr.).

Glaubrech(t): N. für getaufte Juden, vgl. Bleibtreu (dem neuen Glauben). Also Satzname, wie pietistisch Leberecht. Otto Glaubrecht war Pseud. des hess. Schriftstellers Rud. Öser.

Glauch(e): ON. Glaucha u. Glauchau a. Mulde/Sa. Andreas *Glawche* 1451 Lg.

Glauer(t): Hannus *Glawer* 1383 Brünn; *Gluwer* 14. Jh. Brsl. (glu »klug«).
Glauner (Württ.): schwäb., der Schieler (vgl. Schiller: Schilcher).
Glauning (obd., Bay.): Herk. N., Otto de *Glunich* 14. Jh. UB Kremsmünster.
Glave, Glawe (Hbg., Meckl.): ON./Meckl., vgl. slaw. glava »Kopf«, glawaty »Großkopf«, **Glawatz.** Aber Hinr. *Clavie (Clavige)* 1291 Strals. *(Glavie, Glevie* auch Greifsw.) erinnert an mhd. glavie, glevie (afrz. glaive) »Lanze, Lanzenreiter«, so auch Gerh. *Glavie* 1315 Westf.
Gläve(cke), Gläwe(cke), Gläfke (Mecklenbg.) s. Glave, Glawe!
Glawe, Glawitsch, Glawatz *(Glowacz)* s. Glave!
Glede, Gleide (Hbg.): vgl. ON. *Gledinge:* Gleidingen a. Leine, zu gled »schlüpfrig« (Moorboden).
Gleffing (ostd.-slaw.) s. Gläfke, Gläveke! *Gleving* 1555 Greifsw., *Gleffing, Gleffeninge* 1429 Quedlbg.; doch s. auch Glavige, Glevie »Lanze«.
Glehn: ON. b. Neuß, alter Flußname *Glene* (prähistor. *glen* »Schleim«: Bahlow, ON. S. 177f.). Vgl. Glenewinkel.
Gleich, Gleichmann, Gleiche: mhd. gelîche »ebenmäßig, gleich«; vgl. *Gleichgvoß* 1395 Prag. Eine Luitgard *Gliche* 1320 Sindelfingen. *Auf der Gleiche, Auf dem Gleichen* (Marburger Raum) sind Flurnamen, desgl. die *Gleichen* (Schwalm), die Gleichenäcker; dazu ON. Gleichen b. Kassel u. b. Brettach (Württ.), alt *Glichen.* Der Sinn wird deutlich mit dem prähistor. *Gleichberg*/Thür. (wie Rött-, Schleif-, Schmant-, Süll-Berg, alle auf schlüpfrige Natur deutend). Vgl. Bahlow, ON. S. 176.
Gleichauf s. Gächauf!
Gleichen -Rußwurm: bekannt durch Schillers Urenkel Alex. Frhr. von Gl.-R., nach der Burg der Grafen von *Gleichen* sö. Gotha. S. unter Gleich!
Gleide s. Glede! – **Gleichsner** s. Gleißner!
Gleim: der Göttinger Hainbund-Dichter war Thüringer. Glime, Gleim ist im MA. als N. von Rittern bezeugt (mhd. glîme, gleime »Glühwürmchen«, das Leuchtende): Herm. *Glymo,* miles 1119 Würzbg.; Heinr. *Glyme,* Edelknecht 1340 Hess. Vgl. auch ON. Gleima/Thür. (glim »Schleim«).
Gleimann: zum Flußn. *Gleie* b. Goslar (auch Zufl. der Lenne, mit Gleidorf); idg.-slaw. gli, glei »Schleim, Schlamm«.
Glein: ON. Gleina (3mal im Raum Naumburg-Zeitz), zu slaw. glin»Lehm«.
Gleinig: ON./Schlesien, ebda. **Gleinitz,** Gleinau, wie Gleina/Sa., alle zu slaw. *glin* »Lehm«.
Gleisberg: ON./Sa. (auch Burgruine b. Jena), zu idg. *glis* »schlüpfrig«. Peter *Glisberg* 1391 Görl., *Glysberg* 1369 Lg. Aber Gleißenberg ist ON. in Bay.
Gleißner (obd.) nebst **Gleixner** (bair.): mhd. glîchsener »Heuchler«, zu gelichsenen »sich verstellen«, eigtl. »es jemand gleichtun«. Heinrich der *Glîchesâre* nannte sich der elsäss. Verf. der mhd. Satire vom heuchler. Fuchs *Reinhart* um 1175.
Gleitsmann (Bayern, Sachsen): bewaffneter Reiter als Begleitschutz für die Warenzüge der Kaufleute, wohl auch für Einzelreisende im Auftrage des Landesherrn. Aber *Gleitz,* Gleitzmann (nordd.) ist Herk. N.
Glemser (obd.) Fluß Glems (Württ.), s. Bahlow, ON.
Glenz, Glänz (obd.): mhd. glenze »Glanz«, s. Glanz!
Gleris s. Glaris!
Gleske, Glesmer (ostd.-slaw.): vgl. *Glessenken-, Gleskendorp,* heute Gleschendorf b. Lübeck.
Gless(mann): Köln oft, aus Glessen b. Köln. Vgl. auch Glesse a. d. Glesse b. Hameln (»Moorwasser«: Bahlow, ON. S. 178). Ähnlich Glissmann.
Gleu(e), Gleumann: s. Glaue!
Gleuel: ON. b. Köln, urkdl. *Glou-lo,* s. Glauberg!
Glewe: slaw. ON./Meckl.
Gley, Gloy (rhein.-südwestdt.): der heil. Eligius (Eley, Eloy), Patron der Goldschmiede (u. Pferde); im Kalender: Gloy-, Gley-Tag.
Glied, Glidt (nordd.): ein Glieten-Berg Kr. Altena/Lenne, also wohl Flurname (zu glit »glitschig, klebrig«).
Gliem s. Gleim!
Glien(i)cke, Glien: slaw. ON. (Brandbg., Pomm.), zu *glin* »Lehm«. Auch Glienig, Glienitz wie Gleinig, Gleinitz. Dazu **Gliemann** (aus Glien) wie Riemann (Rien), Peimann (Peine).
Glimm, Glimmann (Hbg.): Herk.-N., vgl.

ON. Glimmen (Glimmerveen)/Holld. *glim* (glem, glum) ist altes Moorwort.

Glinde(mann): aus Glinde (mehrfach ON.: b. Hbg., Bremervörde, Schönebeck), vgl. Glindow/Potsdam, Glindenberg/Magdebg.; eine *Glindene* floß b. Brilon; Glindleg/Engld.; *glind* meint »Moor, Morast«, mhd. glindeht »schlüpfrig«.

Glissmann (Hbg. oft): aus Glissen zw. Weser u. Uchter Moor. Vgl. Glessmann aus Glessen. *glis, gles* (Wurzel *gli)* meint Klebriges, Schleimiges, vgl. frz. glissant »schlüpfrig«.

Glitsch, Glitscher: die Glitsche (mhd. glitze) war ein Spieß; ein Mertin *glitschensmyd* 1386 in Lg. (auch Brsl.), Petrus *Glitzenstrumpf* (»Glitzenstumpf«) 1351 in Budweis.

Glitzenhirn: mhd. glitze »Glatze, Glanz«. Chuntz *Glitzenhirn* 1358 bair. Schwab. Aber Heinr. *Glitzysen* 1431 Württ. war Schmiedeknecht.

Globig, Globke (ostd.-slaw.), vgl. Globnitz/Pomm., Globuhnen/Ostpr., Globig b. Wittenberg.

Glockengeter (ndd.): der Glockengießer. Bertoldus *Clockengetere* 1300 Hbg.

Glockenthör, -thür wie Klockentöger, -thör, -thür (Hann.) = »Glockenzieher«, Glöckner. Vgl. Watertöger.

Glöckner (vom Mittelrhein bis Schlesien), **Glockner** (obd.-bair.), Gloggner (alem.-schweiz.), **Glocker,** Glogger (bair.-württ.), **Glöckler** (bes. württ.), **Klöckner** (ndd.): der die Kirchenglocken läutet, auch Kirchendiener (Kirchner, Mesner) schlechthin. Vgl. ndd. *Glockentöger* (Glockenzieher) wie Watertöger; *Clokkenvot* 14. Jh. Lüb.; Albrecht *Glockendon,* Maler 1432. Dazu als indirekte Berufsnamen: **Glöckle,** Glöckl, Glöggl (obd.-bair.), vgl. Jakob *Glögklin* = J. *Glöckner* 1551 Freiburg. **Glock(e)** ist auch als Hausname bezeugt: *zuo der Glocken* 1340 Straßbg.; Joh. *Glock* 1390 Frkf. wo auch Heinr. *Nuneglocke* 1331. Zu Glöckner s. auch Bahlow, Schles. Nbch. S. 105. Cuncz *Sturmglocke* 1409 Würzbg., Ludolf *Stormeclocke* 1250 Ro.

Glockzien: ON. Klocksin/Meckl.

Glöde, Glöe, (ndd.): Hbg., Ro., Wismar oft, meint mnd. glode, glude »Eisen, Feuerzange« als N. des Schmiedes. *Glode* um 1250/1350 in Ro., Lüb., Greifsw., Hann.

Glogg(n)er, Glöggl s. Glöckner!

Glog(n)er (Schlesien), auch **Gloge,** *Glogisch:* aus Glogau a. Oder. Hans *Gloger* von der Liegnitz 1542; Joh. *Gloge* 1346 Lg. Zu *Glogisch* 1560 Lg. vgl. Leypisch (Leipa), Krokisch (Krakau).

Glomm, Glommer(t) s. Glumm! Vgl. ON. Glommen/Ostpr. (zu slaw. *glom, glum* »Moor«).

Glonner, Glonn (Mchn.): z. ON. u. Flußn. Glon *(Glan),* Zufluß der Amper/Bay. u. der Mangfall. (Bahlow, ON. S. 175). G. *Glaner* 1401 Augsbg.

Glörich (Sachsen) s. Glorius! – *Glose* (Hbg.): ON., vgl. Brand *Gloseman* 1345 Hann.

Glorius, Glohr, Gloor: = Hilarius (s. Glaris!). *Glorius* Wege 1433 Eisleben, *Glorius* Buchner 1588 Gotha, *Glorius* = *Glorich* Helmrich 1586 Neustadt/Orla.

Glotter(er): aus dem Glottertal b. Freiburg (die Glotter entspricht der brit. Glodder, kelt. Flußname). Hans *von Gloter* = Hans *Gloterer* 1460ff. Freibg.

Glowka: slaw. glava »Kopf«, also »Köpfchen«, vgl. Glowatz(ki), Glawatz, Glowik, Glowa u. ä.

Gloye, Gloyer (Hbg. oft): schon 1297 in Hbg. Joh. *Gloye,* in Lübeck 1300 Herm. *Gloie,* in Haldsl. 1350 H. *Gloye;* mnd. gloi »glühend«, also wohl ÜN. des Schmiedes, vgl. Glüheisen. Zur Form Gloyer vgl. den Broyer »Brüher« neben Broye. In Bremen: **Gloystein,** öfter.

Gluck (obd.) = Glück, ohne Umlaut wie obd. drucken für drücken u. Rucksack für Rückensack. *Glukch* 1414 Mähren, Erhart *Glukh* 1510 Reutl. Der Komponist Gluck war Oberpfälzer. Zum Sinn vgl. Peter *Glückhaft* 1404 Konstanz, Gegenteil: *Seltenglück.* S. auch ndd. Godglück, Godelück!

Glümer, Gliemer (Brschwg.): ein tückisch Lauernder. Heyne Glumere 1378 ebd.

Glumm: ein Moor im Wendland, zu slaw. *glom;* vgl. *glum* »trübe, schlammig« (Luther).

Glunk, Glungg (obd.-schwäb.), schweiz. Glunggi: »lässiger Mensch«, zu mhd. glunkern »baumeln«, glunke »baumelnde Glocke«; das Villinger Geschlecht führt 1410 3 Glocken im Siegel. Heinr. *Glungg* 1320 Villgn.

Gluns, Glunz (obd. u. ndd.): glunse »Funke«. Herm. *Gluns* 1337 Lüb. Heinr. *Gluns* 1454 b. Kassel.

Glup(e), Glupp (ndd.): noch heute »glupsch«, zu glupen »tückisch, dumm-neugierig blicken« (vgl. auch wendisch glupy »dumm«). Herm. *Glupus* 1266 Rostock.

Glüsing (Hbg. oft): ON. Glüsingen b. Harburg u. Wittingen, ON. Glüsing/Dithm., alles Moororte (zu *glus* »Moor«, vgl. *glis, gles*); ein Bergwald *Glüsing* i. W. (wie der Solling, Biening, Beping, Seuling, Bölsing). Auch *Glüsenkamp* i. W. wie Bremen-, Wellenkamp. Heinr. *de Glusing* 1350 Haldsl., Herm. Glusinc 1350 Hann., *Glusing* 1298 Hbg.

Gmeiner (obd.) s. Gemeiner!

Gmelin, Gmehling, Gmehlich, Gmelch (obd.): mhd. gemechlich »gemächlich, langsam, bequem, bedächtig«. *Gemelich* 1359 Prag, *Gmeleich* 1387 Iglau; Dieterich *Gemechlich* (Quietus) 13. Jh. Erfurt.

Gnade, Gnadt (obd.): die Gunst eines Herrn (Lehnsherrn) genießend, Günstling. Auch *Gnader, Gnadenmeier* (Württ.).

Gnann, Gnamm (obd.): mhd. genanne, gename »Namensbruder, Verwandter« (vgl. des Simplicissimus »Knän«). *Gnanno* Lafger 1095 Ebersbg./Bay. Bruder *Gnanno* 1294 im Kloster Rein.

Gnapper (Württ.): mhd. gnappen »hinken« (auch gnepfen). Wernher der *Gnapper* 1398 Württ., Heinr. der *Gnepfer* 1345. – **Gnapheus** (Ostfriesld.): Humanisten-N. für Hutwalker.

Gnaß (Hbg.), Gnoß, Gnasa, Gnosa: ostd.-slaw.

Gneisenau: Der Feldmarschall hieß von s. Vorfahren her mit FN. Neithardt; der Zusatz »von G.« meint sein Gut in OÖ.

Gneist: mhd. gneiste »Funke«; wie Funke von funkensprühendem Wesen oder funkensprühender Tätigkeit (Schmied).

Gnerlich, Generlich, Gnerich (Schlesien) deutet wie Genehr, Genersch, Gnersich aufs Slawische. Vgl. aber Nerlich! – **Gneuß:** ON. b. Sebnitz/Sa.

Gniesmer: ostd.-slaw., wie Tesmer, Glesmer u. ä.

Gniffke, Gniefke: ostd.-slaw. (poln. gniew »Kampfzorn«); Pers. N. *Gnevomir* KF. *Gneweke* 1296 Strals.; ON. Gnevkow/Meckl., Gnevesmölen.

Gnoyemann: aus Gnoyen/Meckl.; Joh. *Gnoyeman* = Joh. *de Gnoya* 1288 Strals. Ebenso Boitzemann aus Boitzen; Nussemann aus Nusse. Über die nordd. Herk. N. auf *-mann* s. Bahlow, Der Zug nach d. Osten (Teuthonista 9, 1933, S. 225).

Gnutzmann (Hbg.): aus Gnutz/Holstein. S. unter Gnoyemann!

Göbbel(s): häufig am Ndrhein. als KF. zu **Göbbert,** wie Gobbel zu Gobbert, Gobert = Godebert (wie Gobrecht = Godebrecht); seltener ist dort Godebold. (*Godebold* Hun 1350 Frkf.) In Friesld. vgl. *Godber, Godbersen;* Geseke *Gobben* 1452 Bremen. Gobbele Ridder 1449 Riga.

Göbel: KF. zu Godebert (Godebold), s. Göbbel! Vom Rhein nach Osten ausstrahlend, allenthalben (bes. in Schlesien, s. Bahlow, Schles. Nbch., S. 38!). Den Übergang zum FN. zeigen Breslauer Quellen (Arnold *Göbels* 1328 usw., wo auch patr. *Gobeler:* **Göbler**): Reichert, S. 151. Zeugnisse: Gebrüder *Goblo* u. Werner 1281 Brsl., *Gobelo* de Treveris (Trier!) 1372 O/S., *Gobelo filius Gobelini* de Lippia 1346 Stettin, *Gobel* oppem Brinke 1397 Werdener Urbar, *Gobele* Hardevust 13. Jh. Köln, *Gobel* Breitschenkel 1370 Lahn. Als FN. schon 1369 in Lg.: Peter u. Cunrad *Göbel,* Brüder.

Gobert, Gobrecht (Hessen) = Godebert (s. Göbbel!); noch 1525 in Fulda: *Gobert* Reuber; Joh. *Gobert* 1547 Lauterbach.

Goch, Gocht: ON. Goch a. d. Niers/Ndrhein. S. auch Gogh! Aber Goch, Göchli (O. Rhein) = Gauch!

Göcke (ndd.) = **Gödeke** (s. dies!) = Godefrid, mit ndd. Dentalschwund zw. Vokalen. Patr. **Göcking** (= Gödeking) u. **Göcker** (= Gödecker) in Westf., auch Göcken, Göcks, alle mit langem *ö* (ck = k)!

Gockel(n): ON. Gockeln *(Goke-lo)* i. W.; *gok* ist verklungenes Moorwort (Bahlow, ON. 181).

Gödde, Gödden: ndrhein.-westf. KF. zu **Göddert** (Göddertz) = Goddert, Goddard, Godehard, altdt. Pers. N., auch Heil. N., nach Bischof G. v. Hildesheim (vgl. St. Gotthard). Noch 1510 *Godert* Duytze (Deutz), 1598 *Goddard* Sadelmecher/Neuß.

Göde, Gödecke (ndd.): im MA beliebte KF. zu ndd. Godefried (Gottfried), auch

Gäde, Gädeke (s. dies!). *Godeke = Godefrid* v. Cremun 1259 Lüb., *Godeke* Ketelbröter 1283 Strals., *Godeke (Godefrid)* Crochvinger 1282 Ro., *Godeke* Michel (Seeräuber); dominus *Gode (Godo)* 1268 Hbg., *Ghode* v. d. Heyde 1358 Haldsl. S. auch **Göcke!** Goethe! Patr. ist **Gödens** (Göens, fries.), Gödkens, Gäthgens (rhein.). **Godefroy** (Hbg.) s. Gottfried!

Godehard, Goddert s. Gödde! Patr. dazu ist Hermen *Goderding* 1473 Hann., verschliffen: P. *Goderinge* 1360 ebd.

Gödeke s. Göde!

Godelmann (Worms): KF. zu Godefrid; *Godelman (Godefrid)* Himmelstoß 1249 Braubach *Godelman* Rupel 1278 Worms.

Godelück (ndd.) = Godglück »Gutglück«, ein Heilwunsch wie Godjahr (vgl. »heil unde lucke!«, auch engl. luck »Glück«); Hinr. *Gudelucke* 1448 Barth.

Gode(mann) s. Göde! – **Gödje,** Gädje = Gödeke, s. dies!

Godenschweg(en), -schweig: aus Godenswege/Meckl.-Str. Ritter Hinr. de *Wodenswegen* 1267 Pomm. (Vgl. mnd. godensdach für Wodanstag, engl. Wednesday = Mittwoch.)

Goder, Göder(s): in Aachen urkdl. = Godefrid! Aber obd. **Goder(er),** Roßgoderer, -gotterer, Goder-, Gotterbauer zu mhd. goder »Gurgel, Schlund« (Flurname). *Goderle* 1420 Olmütz.

Godo(w): ON./Meckl.

Godtfring (westf. Patr.) = Godeferding, zur Sippe des Godefrid, wie Alfring = Alferding. KF. **Godt** = Gode, vgl. Gädt = Gäde; so auch **Gödtke,** Gädtke = Gödeke, Gädeke.

Goes s. Goos!

Goethe s. Göthe!

Goffarth (ndrhein.) neben Goffert (wie Govaart, Godevaart, ndld.) meint Godefrid; desgl. **Govert(s),** Jovers. Vgl. her *Godevard (Godeverd)* van Borgh, ridder, u. *Godevard (-verd, -vrid)* sin sone, knape 1360 Holst. UB. 4, Nr. 848, 885.

Goffe, Guffe: mnd. = Hinterkeule, Steiß.

Gogarten: ON. (Rhld.), wie Hallgarten, Thiergarten, Bomgarten; zu *go* vgl. ndd. Gogrewe (Gaugraf), aber auch das ndld. Wasserwort wie in *Gofeld, An der Gö* i. W. (Schönfeld, S. 23).

Goggeisel, Gogeißel (obd.): Klein-Tandkrämer.

Göggelmann, Geggelmann (Allgäu) = Gaukler, vgl. Göckler, Geckler!

Gogh: bekannt durch Vincent van Gogh, holld. Maler; vgl. auch ON. Goch/Ndrhein. zum Sumpfwort *gog, goch (Gog-more, -welle, -land* in Engld., *Goga* 1171 Belgien).

Gogl, Gogler (obd.): mhd. gogel »ausgelassen«, gogelen »Possen treiben«. Hainr. *Gogel* 1299 Brixen, *Gogeler* 1286 b. Urach, 1379 Böhmen.

Gogrewe (ndd.-westf.) = Gaugraf. Beneke *Gogreve* 1383 Hann.

Gohde, Gohdes (Hbg.): ndd. KF. zu Godefrid, vgl. Gode, Göde!

Gohert (Hbg.): = Godert, Godehart, mit ndd. Dentalschwund zw. Vokalen, kontrahiert **Gohrt.** – **Göhler** (obd.): mhd. goln »johlen«. Jürge *Göler* 1399 Brsl.

Gohl(ke), Göhl(ke): ostd.-slaw., auch **Göhlich** = wend. *golik* »der Kahle« (wend.-poln. goly »nackt, kahl«, vgl. gola »die Heide« in ON. wie Gohlis, Gohlitz, Gohlau). Auch **Gohlisch** = Golisch. Für G- hat das Tschechische H-, daher Höhlke, Höhlich.

Göhl(e), Göhlmann: vgl. ON. Göhl/Holst., die *Gölriehe* i. O. *Gölenkamp* i. W. *Gölenbeke, Göhlen*/Meckl. (mnd. *gol* »Sumpf«).

Gö(h)mann (westf.): vgl. Flur »An der *Gö«* u. Gofeld »Wasserfeld«ebd. S. auch Gogarten!

Gohr (Hbg. oft): mnd. gor »Morast, Sumpf«, in Flur- u. ON., vgl. ON. Gohr b. Neuß, die Görde *(Gor-idi),* Gorleben (wie Marleben); in Holld.: *Goorbeek, Goorkolk.* S. auch Göhre!

Gohrband(t): slaw. ON./Pomm. Vgl. auch Jorban(d), Gurban(d) = Urban!

Göhre (ostd.): vgl. ON. Göhren (Meckl., Rügen, Thür., zu *gor* »Sumpf, Morast« bzw. *gora* »Berg«). Göhra/Dresden.

Gohres, Gores (rhein.) s. Görres, Gregorius!

Göhring, Göring (obd.): in Württemberg und Bayern gerundet aus **Ge(h)ring,** s. dies! Friedrich *Göring (Gerinck)* 1504 O. Pfalz.

Göhrke s. Görke! – **Göing** (ndd.) = Göding, wie Göens = Gödens.

Göke, Göken (ndd.) = Gödeke, s. dies!

Gokstert, Gaukstert (ndd.) = »Kuckucksschwanz«; *Gokestert* 1350 Hildesh.

Golchert (ostd.): vgl. slaw. ON. Golchen Kr. Demmin.

Gold(a): alter ÜN., vom Goldreichtum oder Goldschmuck, so bei Rittern: Hugo v. Minfeld gen. *Golt* (Knappe) 1309 Elsaß; auch Hausname: Wernher *zem Golde* 14. Jh. Basel; Ditl *Golde* 1365 Brünn, Heynczel *Goldel* 1359 Iglau, wohl N. für Goldarbeiter, Göldner, Goldschmiede (wie Kupfer f. d. Kupferschmied u. Zinn f. d. Zinngießer), wie auch **Goldmann** (im MA. nicht jüd.): Peter *Goltman* 1394 Dux/Böhmen, 1415 Lg. Vgl. auch *Goldnagel, Goldisen, Goldkloß, Goldsack, Goldfuß, Goldauge, Goldfinger* (mhd. vinger = Ring), *Golthar, Goldmund, Goldegebe u. ä.*

Goldammer und **Goldhahn** (kleinster Singvogel) sind wohl ÜN. für den Vogelhändler. Joh. *Golthan* 1325 Worms, 1348 Brünn. Entstellt sind Goltdammer, Goldhammer (wie engl. yellow-hammer).

Goldenbaum (Hbg. oft) ist als Hausname denkbar, aber auch ON. in Meckl., wo auch **Goldenbogen,** -bagen u. **Goldenbow.**

Golder s. Göldner! – **Göldel,** Goldelius s. Gold!

Goldmann (nur z. T. jüd.) s. Gold! Henrich *Gultman* 1413 Lg.

Göldner, Göllner (Schlesien, Sachsen, Böhmen, also in Gegenden mit Goldbergbau): so urkdl. 1342 in Goldberg/Kr. Lg. »alle unse eldesten *goldner*« d. h. die Knappen des Goldbergwerkes; wohl auch Goldwäscher u. Vergolder. Andr. *Goldener* 1314 Prag. Seifrid *Goldener* 1371 Glatz (auch 1452 Görl., 1470 Freiberg/Sa.); *Golner* 1475, Neiße, *Gölner* 1541 Görl.; in Bamberg schon 1120 H. *Goldiner.* In Württ. auch *Golder* 1314, desgl. in Hessen 1297 Joh. *Goldere,* Bürgermeister. In Mecklenburg: Nic *Goldenere* 1296 Rostock.

Goldschläger: der Goldschmied, bes. der Blattgold schlägt. Joh. *Goldsleger* 1290 Basel, *Goldsleher* 14. Jh. Brsl., *goltslaher* 1348 Brünn, *goltslegere* 1350 Lüb.; vgl. *goldspinner* 14. Jh. Brsl.

Goldschmidt: die Goldschmiedekunst ist Jahrtausende alt; der Reichtum des hohen MAs. (Großkaufleute, Patrizier, Adel, Ritter, nicht zuletzt die Kirche) bedurfte des Goldschmiedes allerorten; seit der Neuzeit ist der N. (mit dem Gewerbe) z. T. auch jüd. (vgl. Goldmann).

Goldstein: mhd. = Edelstein, der wie Gold aussieht (Topas); auch Probierstein (der Chemiker). Im reichen Köln schon 1170: Gerardus *Goltstein;* ein Ritter Joh. v. Riedern nannte s. Söhne Joh. u. *Goltstein!* 14. Jh. Franken.

Goldt s. Gold! – **Golke,** Golka, Golisch s. Gohlke! ON. wie slaw. Golk meinen Heidegegend.

Gölfert (Bay.) s. Gelfert!

Golkenrath: Golkrath b. Erkelenz/Rhld., zu gol-k »Sumpf«, -rath = -rode.

Goll (obd.) = Gimpel; Narr, Tor. Die Goll aus Ehingen haben e. Gimpel im Wappen. Gebeno gen *Gollo* 1251 Eßl., Hans *Goll* 1414 Pollau/Mähren.

Golle, Golla, Gollan, Gollasch, Golletz u. ä. sind ostd.-slaw., s. Gohlke!

Goller (obd.): mhd. goller, koller »Halsbekleidung« (frz. collier). Hans *Goller* 1350 b. Stuttg.

Göller (Mchn. oft) ist gerundet aus Geller, s. dies!

Gollhardt, Gollert s. Goller!

Golling (obd.): ON. südl. Salzbg.

Gollmer: aus Gollma ö. Halle. – **Göllner** s. Göldner!

Gollnick (ostd.-slaw.): »Heidewärter, Heidmann« (gola »die Heide«, s. auch Gohlke!) – **Göllnitz:** slaw. ON. (Laus, Thür.).

Göllrich, Gellrich (Glatz, Görl.) ist assimiliert aus Göldrich, noch a. 1500 in Wünschelbg. Merten *Goldrich,* auch in Braunau. Vgl. Göllner für Göldner.

Gollub (ostd.-slaw.), auch Golob: wend. golub, tschech. holub »Taube«, also der Taubenhändler, -züchter wie Teub(n)er.

Gollwitzer (fränk.-sudetisch): z. ON. Gollwitz.

Goltermann: aus Goltern am Deister, wie Haltermann aus Haltern. Cord *van Golterne* = Cord *Golterneman* 1405 Hann. Vgl. Schriftsteller Heinr. Goltermann aus Bremen (1823/99). Goltern ist wie Haltern, Gummern, Emmern u. ä. prähistorisch, als Gewässername mit r-Suffix.

Golther (obd.-württ.) meint den *Goltermacher* (mhd. golter, kolter, kulter, afrz. coultre »gefütterte Steppdecke«). Hans *Golter* 1441 Rottw., *Goltermacher* 1437 Tüb., 1402 Prag. Auch der Germanist u.

Wagnerforscher Wolfgang Golther war Württemberger.

Gol(t)z (von der G.): ostd.-slaw. ON. Golz. Arnoldus *de Golcze* 1297, neumärk. Uradel. Vgl. auch ON. Golzow (mehrf.).

Golücke (ndd.): kontrahiert aus Gode-Lüdecke (der gute Ludolf), urkdl. *Gode Lüdiche* 1614 in Lippe. Vgl. Lücke! S. aber auch Godelück!

Gölz (Mannh., Frkf., Darmst., Worms): mundartl. für **Gelz,** s. dies! Ebenso **Gölzer** für **Gelzer,** nebst Gölzen-, Gelzenleichter.

Gömann (ndd.-westf.) s. Göhmann!

Gombel, Gumbel (westd.): KF. zu Gombert, Gumbert d. i. der germ. Pers. N. Gund-bert, auch zu Gombold, Gumbold: Gund-bald (*gund* »Krieg, Kampf«). Wigand *Gombel* 1563 Ortenberg/Hessen.

Gombert, Gombold, s. Gombel! Auch Gombart, Gombrich.

Gommel, Gummerl s. Gombel! **Gommert,** Gummert desgl. Vgl. aber ON. Gommern u. Gummern.

Gommlich, Gummlich = slaw. Gomoluch = Gomolka, s. Gemoll!

Gomoll, Gomulka, Gomolzig s. Gemoll!

Gompf (obd.) s. Gump! – **Gompertz** s. Gumpertz!

Gondermann, Gonnermann s. Gundermann!

Gönne (von der Gönne): alter Gewässername (Bahlow, ON. S. 188), vgl. ON. Gönna nö. Jena (am Gönner Bach) u. Klaus *von der Gynna* 1406 Jena; eine Gonna fließt zur Helme/Unstrut, eine Gunne zur Lippe. Dazu ON. Günne i. W. u. FN. Günnemann. ON. Gönnebeck. i. Holstein (alt Günnebeke).

Gönner: vgl. ON. Gönnern b. Laasphe, prähistor. Bachname mit r-Suffix.

Gönnewein s. Gennewein! – **Gönnrich** s. Gendrich!

Gonser (schwäb.) s. Ganser! – **Gontard** ist romanisiert aus Gundhard, wie Gontier aus Gunther.

Goos (ndd.) meint die Gans, also N. des Gänsehändlers oder -hirten: Thed. *Gos* 1262 Hbg., wo 1285 auch Meinold *Gosoghe* (obd. Gansauge); vgl. *Gosekop*/Lüb., *Gosewisch* (Gänsewiese), *Gosebrink, Gosebruch.* Dazu **Goosmann.** Aber **Gooß, Goosßen** (Hbg. oft) nebst Gooßens verrät sich deutlich als KF. zum Pers. N. *Goßwin,* im MA. auch an der Waterkant beliebt, vgl. auch Gosch, Göschen! *Gosen (Goswin)* von Dulk, Friese 1463.

Göpel (westd.-hess.): KF. zu Gotebold (Goppold, vgl. Göppel!), vergleichbar mit **Geipel** (Gipel), Diepel, Rupel, Happel im selben Raum. *Gopel* Berngoß 1374 Herbstein.

Göpfert (Bayern) s. Geppert! Auch *Göpfahrt* (wie Seifahrt).

Goppelt (obd.) nebst **Goppel,** Göppel meint Goppold, d. i. *Got-bold,* im MA. beliebter Pers. N. (s. auch Gottwald): Sidel *Goppolt* 1320 Eger, Heincz *Goppold* 1409 Würzbg., Nik. *Goppolt* 1507 Nördl., M. *Goppel,* 1385 Böhmen. ON. Goppoltsried/O. Pfalz hieß 1194 Gotpoldriut.

Goppert (obd.) wie Gobbert (ndrhein.) ist assimiliert aus *Got-bert,* im MA. wie Goppolt *(Got-bold)* im Südwesten beliebter Pers. N. Vgl. ON. Goppertshausen *(Gotbrechtshusen)* 1357/Thurgau, Goppertsweiler/Württ. Aber **Göppert** (mit Umlaut) ist schles.-sächs. Mundartform für Gotfrid, s. Geppert! Vgl. ON. Göppersdorf b. Pirna.

Göp(p)ner (obd.) s. Jöppner!

Görbig, Görbing s. Gerwig – **Görcke** s. Görke!

Gördeler (ndd.) s. Gürtler!

Görg, (rhein. **Görgen,** Görgens, Görges) = Georg s. dies! **Görger,** Görgler, Görgner (obd.) ist Patronym, entrundet Gerger, Jerger, Helmhard *Görger* 1358 Ö. Vgl. KF. **Görg(e)l** (obd.).

Göricke s. Görke! – **Göring** s. Gering, Gehring!

Görisch = Gorisch, wie Göritz = Goritz (ostd.-slaw.), KF. zum slaw. Pers. N. *Gorislaw* (vgl. Borisch zu Borislaw).

Göritz: slaw. ON. (Prenzlau, Küstrin u.a.).

Görke, Görcke, Göricke (ostd. häufig) ist dt.-slaw. KF. zu Georg; wie z. B. der ON. Görkau (tschech. Jirkov!) b. Komotau/Böhmen zeigt. Vgl. auch die ON. Görke (mehrf. in Pomm.), Görike/Prignitz, Görkwitz b. Schleiz. Zu **Gork(e)** vgl. VN. Gorcho (14. Jh. Brsl.) u. ON. Gorkau, Gorkow.

Görlach s. Gerlach! **Görland** s. Gerland!

Görler, Görl meint Gerler, obd. Patr. zu Gerle (Gerlach, Gerold), s. Gehrlein!

Görlich, Görling s. Gerlach bzw. Gerling!

Görlitz: slaw. ON. (vgl. auch Gorlice in Galizien). Wernher *von Gorlicz* 1254 Brsl., Nickel u. Hannos *Gorlicz* (Brüder) 1360 Brsl., Niclas *Gorliczer* 1419 Glatz. – **Görmer:** ON. Görmar/Thür., s. Germar!

Görn(e): aus Görna/Sa. bzw. Görne/Brdbg. – **Görnand** s. Gernand!

Görnemann: aus Görne/Brdbg., wie Peinemann aus Peine.

Görner (frk.) = Gerner (z. ON. Gern, oft in Bay.).

Görnig (Sa.) wie Gornig, Gornich, Gorny: zu slaw. gora »Berg«, vgl. ON. Gornau b. Chemnitz, Gornow usw. – **Gorr(e):** mhd. »schlechtes Pferd«; Peter *Gorre* 1369 Heppenheim.

Görres, Görries (ndrhein.-westf.) = Gregorius, s. dies! Patr. **Görrissen,** Gorrissen (ndrhein.).

Görs, Göres (ndd.): = Görres = Gregor. – *Görtemaker* (1317 Bremen) = Grützmacher. Auch in Ro. 1260.

Gör(t)z: mehrfach ON. (Ö., Bay.), slaw. wie Görtzke.

Gosau: ON. b. Hallstatt.

Gösche(n), Gösch (Hbg. oft), **Gosch** (Hbg. zahlr.) ist ndd.-fries. KF. zu Goschalk = Godeschalk (»Gottesknecht«), im MA. beliebter Pers. N., auch zu Goswin: *Gosceke* filius *Goswini* um 1330 Strals., *Gosse* Ockinga 1422 Nordfriesld., *Goske (Godschalk)* van Aleveld 16. Jh. ebda., *Godscalcus* Ywemboye (Vater u. Sohn) 1298 Hbg., *Goschalk* Mowe 1398 Werden/Ruhr. Zur Form vgl. Wesche für Wesseke (Wasmut). Obd. ist **Göschl:** *Göschlein (Gotschalich)* v. Hanveld 1378/65 Kremsmünster/Ö.

Gose, Gosemann: z. Flußn. Gose b. Goslar; vgl. auch Gosen b. Berlin (von Gosen), Gosau (Fluß b. Hallstatt) = Schmutzwasser (Bahlow, ON. S. 180).

Göseke (ndd.) s. Gösche (Godeschalk) bzw. Goswin, Goose!

Gosewisch (ndd.) = Gänsewiese; Gosejakob. = Gänsejacob. Henning *Gosewisch* 1506 Hann. Ebenso Gosewinkel, Gosebeck, Gosepol, Gosebruch.

Goslich (ndd.-fries.) = Gottschalk. Vgl. *Goslich (Gotschalck)* 1485 in Nostorf/Meckl., *Goslich* Jongama 15. Jh. Friesld. S. auch Gosselck!

Gospodar: slaw. gospody = Herr. Vgl. Gosboth, Kospot u. ON. Kospeda/Jena.

Gosse, Gösse **Göss(e)l(e),** (obd.-rhein.): KF. zu Goswin, Goßold, Goßbert, wohl auch zu Gotfrid. Mehrfach in Straßbg. um 1300: *Gosso (Gößlin)* Rebstock, *Gosso (Götzo)* Kurnagel, *Gösso* Müntzer, *Gösselin* Engelbrecht; *Gösselin* 1135 Köln; als FN.: Meingoß *Gosse* 1344 Worms, Heincz *Gosse* 1396 Frkf., Gösselin (Gossolt) Suter 1343 Eßl.

Gosselck: in Westf. ist Gösselke neben Goslik um 1500 für Godschalk bezeugt (O. Preuß., S. 35); s. auch Goslich!

Gossler: urkdl. aus Goslar a. Harz. Brun *van Gosslere* 14. Jh. Haldsl.

Gossenbrod (obd.): warmes Brot, mit Fett begossen; Marquard *Begossenbrot* 1321; Sigmund der *Gossenbrot* 1431 Augsbg.

Gößler (obd.): gerundet für Geßler, s. dies! Peter *Geßler (Gößler)* 1508 Allgäu. Ebenso **Gößner** für Geßner. – **Gößmann** (Mchn.) s. Gößwein!

Goßmann = Gößmann! Vgl. Goßmannsdorf (Würzbg., Haßfurt).

Gößwein (bair.-frk.) = Goßwin, germ. Pers. N. (gôß: gauta, zum Volksn. der Goten; win = Freund). Vgl. ON. Gößweinstein/Franken nebst Egloffstein u. Leupoldstein. In Schwaben auch entrundet: **Geßwein;** sonst md. **Gießwein,** in Schlesien heute **Gießmann,** s. dies! In Köln schon 1218 als VN.: *Goßwin* Minnevuß; als FN.: Eberlin *Gößwin* 1332 b. Stuttg., J. *Goswin* 1389 Löwenbg. Dazu **Gößmann** u. **Gössl** (Bay.).

Gothan, Guthan (ostd.-slaw.): *Gotan* war slaw. Pers. N. auf -an wie *Milan, Budan, Pechan* usw. Vgl. *Gotan (Guttan)* Mordere, pomm. Ritter, 1254 Stettin *Gote* Mortberner, rüg. Knappe, 1316 (FN. **Goth**). Auch *Gotke Gotkinus* 1254, 1347 Brsl. S. unter Guthke! Ein Barth. *Gotan* war bekannter Frühdrucker in Lübeck um 1485; *Gotan(us)* mehrf. 1279ff. Ro.

Gothe s. Gothan! Vgl. dictus *Gote* 1272 Ro., 1346 Lüb.

Goethe, Göthe, Göth: Der N. des Dichterfürsten, über den einst Herder spöttelte (»Ob von Göttern Du stammst, von Goten oder vom Kote«), wurzelt in der sprachl. Übergangslandschaft Nordthüringen, wo ndd. Formen mit dem Vordringen der Luthersprache leicht hochd. Gestalt annahmen (vgl. Luther für Luder: so noch der Vater des Reformators), hier das ndd. *Göde (Gödeke)*, KF. zu *Godefrid* (Gottfried); zufrühst 1594 Nikolaus *Göthe* in Badra. Vgl. unter Göde! Ebenso heute auch **Göthke** für *Gödeke*, vgl. *Götke* Schultze 1585 Poel.

Gothmann (Hbg. oft): ndd. = obd. Gut-, Guttmann.

Gothmar, Godemar: nur urkdl. *Gothmarus* lapicida 1291 Lünebg.; es ist der N. des Burgunderkönigs *Godomar* (6. Jh.), im Nib.-Lied durch Gernot verdrängt. In Brabant als Heil. N. bezeugt: *Gomarus, Gomaer.*

Götsch(e), Götsch(e)l, Götschmann (obd.): KF. zu Gottfried (bzw. Gottschalk), im MA. auch Götz(el), s. dies! Vgl. Schaffgotsch unter Gutsche! *Gotschelin* Vogeler 1278 Brixen/Tirol, Heinr. *Götsch* (Sohn des *Götzlein*) 1442 Bruneck/Tirol.

Gott (obd.), gekürzt aus **Gotte,** KF. zu Gottfried, vgl. *Gottefrid* 1276, *Gotteman* 1266 Württ. Ndd. Godde.

Gottberat, -brat (obd.): urkdl. *Gotberot* (Brsl. 14. Jh., Reichert, S. 115), auch *gotberat* (Augsburger Stadtrecht): »der obrist pfleger sol in alle sundersiechenhüser zwen *Gotberat* (gotberaut) geben, ... dazu supp, fleisch«; offenbar eine Speise.

Gött(e): obd. = mhd. götte, gotte »Pate«. Cuonrat der *Götti* 1329 Villgn., Hensli *Götti* 1398 Unterbaldgn. Aber ndd.-rhein. **Götte(n)** s. Gödden!

Gött(e)l, Göttler (obd., Mchn. oft): KF. zu Gottfried (Gotthard), vgl. Öttel zu Otto. Vgl. ON. Göttlishofen/Allgäu, Göttelfingen/Württ. Dazu Göttelmann. B. *Göttelin* 1345 Konstanz, Konr. der *Götteler* 1373 Eßl., K. *Göttelmann* 1582 Zabern.

Göttert: hochd. für ndrhein. Göddert (Godehard). – **Götter(mann)** vgl. ON. Göttern/Jena.

Gottfried: meist landschaftl. verschliffen (**Göpfert,** Göppert, **Geppert,** s. dies! Ndd. **Govert),** mit den KF. **Götz** und **Gödeke;** einer der beliebtesten germ. Taufnamen des MAs., gefördert durch berühmte Vertreter des Adels (Gottfried v. Bouillon, Kreuzzugsritter; G. v. Straßbg., mhd. Epiker), dann außer Mode u. erst durch d. Pietismus wieder belebt (Herder, Keller usw.).

Göttge, Göttgens, Göttjens (ndrhein.): KF. zu Gottfried bzw. Gotthard.

Gotthard(t): westd.-ndrhein. einst beliebt, s. unter Godehard, Gödde!

Götting: aus Göttingen (mehrf. ON.: a. d. Leine, a. d. Lahn, b. Beckum i. W.) wie Rating aus Ratingen/Ndrhein., Weferling aus Weferlingen, Keding aus Kehdingen, Stelling aus Stellingen. Zum Wortsinn s. Bahlow, S. 180. Aber Göttinger ist obd.: Hans *Göttinger* 1466 Ulm, z. ON. Göttgn. ebda.

Göttler s. Göttel! – **Göttlich = Göttling,** erweitert Göttlicher. Peter *Göttligk (Gotling)* 1489 Görl.

Göttsch(e) s. Götsch(e)!

Gottschalk, schles. Gottschlich, Gottschling, obd. auch Gottschald, Gottschall (vgl. Marschalk: Marschall): »Gottesknecht«, seit Einführung des Christentums beliebter VN. S. auch Goslich, Göschen, Götsche, Gutsche! *Gottschalk* Eschenbruck 1470 Fulda, W. *Gotschalk* 1317 Lg.

Gottschling, Gottschlich s. Gottschalk! Näheres in Schles. Nbch. S. 38. Zur Form vgl. Marschlich für Marschalk, bedingt durch Tonverschiebung (urkdl. *Gótschalich: Gótschlich*), wie in -berg: -berich: -brich. Vgl. *Gotschalich (Göschlein)* v. Hanveld 1378 OÖ.

Gottsleben: Claus *Gotsleben* 1512 Allendorf/Werra, wohl thür. ON. wie Witzleben, Andisleben, Merxleben, Erxleben (s. Bahlow, ON. S. 125).

Gottwald (schles.-laus.-böhm.): mundartl. Form urspr. *Got-bold,* um 1200 ostfrk.-thür. beim Adel beliebter VN. (Näheres im Schles. Nbch. S. 38.) *Godebold* Hun 1350 Frkf., *Gotebold* (Graf v. Henneberg um 1200), *Gotbold* v. Waldaw 1349 Lg., Peczold *Gotbolt* 1329 Schweidn., *Gotwold* 1393 Glatz, Nic. *Gotwald* 1403 Brieg.

Götz, Götze, Götzl, Götzlmann, Götzmann: obd. KF. zu Gottfried. Vgl. Gotfrid *(Götz)* v. Berlichingen. Zu Götzmann vgl. Heintzmann, zu Götzel: Heintzel. *Göczel* v. Prag 1362 Brsl., Hensel *Göczel* 1389 Dux. **Götzke** ist ostd., mit slaw. k-Suffix. **Götzmann** s. Gotzmann!

Götzfried (obd.): vgl. Conrad *Gotesfried* 1340 Prag; s. auch Gotzmann!

Götzger (alem., Baden): aus Götzingen, vgl. Nöttger, Öschger u. ä.

Götzloff, Götzlaff, Gützlaff (Pomm.):

slaw. Pers. N. *Godislaw* (god = wert, schön; slaw. = Ruhm). Vgl. Stoisloff, Tetzloff, Retzlaff usw.

Gotzmann (obd.): urkdl. *Gotesman* (Brsl. 14. Jh.), also ein frommer, im Dienste Gottes stehender Mann; Hensel *Goczman* 1369 Iglau. Vgl. *Goczgnad, Gocznam, Goczhulde, Goczfeint: mitgoczhilfen* 1397 Prag. *Gotzkuchen* 1338 Breisach. Aber *Gotzman* Türrigl 15. Jh. u. M. *Gotzeman* 1303 Augsbg. dürften mit Umlaut zu lesen sein, also = Götz.

Gotzmer, Götzmer (Pomm.): slaw. Pers.-N. wie Natzmer, Venzmer; vgl. Götzlaff, Natzlaff, Venzlaff.

Govert(s) s. Goffarth!

Goy (Brsl., Beuthen oft): ON. Kr. Ohlau (*vom Gay* 14. Jh.). Aber ndrhein.-westf. deutet Wennemar *von der Goy* 1590 auf den ON. Goy, vgl. an der Gö.

Graack (Hbg. oft): wohl ON.

Graaf (oft) s. Graf! – **Graage** s. Grage!

Gra(a)lfs (fries.): urkdl. *Gralf* = *Gralef* (16. Jh.), d. i. *Garlef*, s. Garleff!

Gra(a)p (Hbg. oft), Grape meint den Grapengeter, s. dies! – **Grabau** s. Grabow!

Grabbe (ndd., Lemgo, Detmold, Hbg.): bekannt durch den Dichter Chr. D. Grabbe/Detmold. Vgl. mnd. grabben »gierig greifen«. Gottschalk Grabbe 1578 Lemgo, Michel Grabbe 15. Jh. Hbg.

Grabbert (Hbg., Meckl.): s. Grabert!

Grabe (Hbg. oft) steht für ndd. Grave »Graben« (Wasserlauf), vgl. rivulus Bodegrave, Dobgrave in Holld. Vgl. Dabe neben Dave »Pfütze, Morast«; Rabe, ndd. Rave. Zum ON. Grabe, Graba/Thür. (*Grabaha*) s. Bahlow S. 181.

Grabein (Sachsen): ON. b. Sebnitz/Sa., dort auch der FN. Bekannt durch Paul Grabeins Roman »O du mein Jena!«.

Graber, Grabert: mhd. grabaere »Gräber, Totengräber« (»daß wir dem *graber* weysen, wo her graben sal … czubegrabin dy toten des spetals« 1417 Lg). Auch mit Umlaut: Gräber, Greber (Nickel *Greber* pellifex 1385 Brsl.), aber obd.: Ditl *Graber* 1365 Brünn. Komposita: Borngräber, Teichgräber, Erzgräber.

Gräbisch (Glatz), Grabsch, Grabs: ostd.-slaw., zu grabic »harken«.

Grabke, Gräbke, nebst Graba, Graban, Graband, Grabars s. Gräbisch!

Grabmann, Grabmeier (obd.): am Graben wohnend. Conr. der *Grabman* 1295 Württ.

Grabner, Gräbner (obd.): nach d. Wohnstätte am Graben oder aus d. Orte Graben. Vgl. Hans *auf dem graben* 1395 b. Eger, Eberh. *zu dem graben* 1355 Gamshurst/Baden, Michel *uff dem graben* 1399 Brsl.

Grabow, Grabau: ON. (Meckl., Pomm., Prignitz usw.), zu slaw. *grab-* »Buche«.

Gradhand s. Geradehand!

Gradl (Bay., Tirol), Gradler, Gradner, **Grader,** Gradert, Gradmann (obd.): alle nach der Wohnstätte (grad »stufenförmiges Gelände«), vgl. den Gradlwirt, die Gradlhöfe in Tirol. Zu **G(e)rade** vgl. mhd. gerade »gewandt«.

Graf (obd. oft), Grafe (rhein.), Gräfe (rhein.-westf.), Greve, Grewe, (ndd.), Grebe (hess.): höherer (u. niederer) Aufsichtsbeamter mit Gerichtsbefugnissen. Vgl. Markgraf (Statthalter einer Grenzmark), Pfalzgraf, Burggraf, Landgraf; dann Zehnt-, Zint-, Zinckgraf, Holzgraf, Salzgraf; Weiteres unter Grebe, Grewe.

Grage (Hbg. oft): ndd. Form für Grawe »der Grauhaarige«, vgl. **Gragetopf** »Grauzopf«, urkdl. *Grawetop* 1301 Ro., 1384 Greifsw., 1329 Lüb.

Gragert (Hbg.): ndd. Form für Grawert, wie Grage für Grawe; altfries. Pers. N.: Hinrich *Grawerts* 1506 Friesld. Aber **Gräger** s. Gregor!

Grahl (Hbg. oft): Grahlmann, Graalmann: aus Graal/Meckl., vgl. ON. Gra(h)low (slaw.). Heydeke gen. *Gral* 1297 Halberstadt kann »Großkopf« (slaw. gral) meinen. – **Grählert:** ostd. Herk. N.

Grah(mann) s. Graumann!

Grahn (Hbg.): ostd.-slaw. wie der ON. Granow, Grana; Gran, Granek, Granél, Granitzki; Granier (wie Hallier, Bernier u. ä.).

Grä(h)n (ndd.) s. Gröhn, Gröne! Gräning s. Gröning!

Graichen (oft in Sa./Thür.): aus Graicha b. Altenbg./Thür.

Grallert (Sa.), Gralla, Gralka s. Grellert, Grelka!

Gramann, Grahmann s. Graumann! – **Gralock,** Grolock s. Grau!

Grambeck: ON. b. Mölln., urkdl. *Granebeke*, wie ON. Grambke b. Bremen u. Gramke im Moor v. Vechta; vgl. die *Gra-*

ne b. Goslar, Granstedt, Gransee, Granow usw.; zum prähistor. Wasserwort *gran* s. Bahlow, ON. S. 182f.

Gramberg (Hbg.): ON. Grambergen b. Osn. (mit d. Grammling, vgl. den Hümmling); eine Gramme fließt z. Unstrut, e. Humme z. Weser; *gram* wie *hum* = Moorwasser, s. Bahlow, S. 182. Synonym sind Malbergen, Ladbergen i. W.

Grambow: wend. ON. (Meckl., Pomm.). Ebenso **Gramkow.**

Gramke s. Grambeck! – **Gramenz:** slaw. ON. Kr. Köslin/Pomm.

Gramm (Hbg. oft): ON. Kr. Schleswig. Aber obd. **Gramm(e)** zu mhd. gram »zornig, unmutig«: Rüdiger der *Gramme* 1333 Cannstatt; desgl. Berhtolt der *Grammer* 1282 Rottweil. – Eine Gramme fließt z. Unstrut.

Gram(m)lich verhält sich zu Gramoll wie Gommlich zu Gomoll, alle slaw. Vgl. Gramsch, Gramuschke, Gramowski, Gramenz, Gramschütz u. ä. Ein ON. Gramling in Bay. Aber **Grämmle** (Württ.) = Gramm »zornig«.

Gramp(p): obd., wohl = Gremp, Gempler »Trödler«. Volmar *Grampe* 1435 Württ.

Gramsch, Grams(e), Gramuschke: ostd.-slaw., wie Gramatke, Gramowski u. ä.

Grandt (Hbg. oft): ndd. = grober Kiessand; *Grant* 1320 Lübeck. **Grande** ist ON. b. Trittau ö. Hbg., vgl. die *Grande* 820 b. St. Goar, die *Grandine* (Holld. u. Lit.!), *Grandenborn* b. Sontra, *Grandefeld* alle auf Schmutz- oder Moorwasser deutend. – Ein Nic. *Spölegrant* 1324 Strals.

Granow: ostd.-slaw. ON., auch Granau, s. Grahn! **Granél** (slaw. wie Possehl).

Grans (obd.) = mhd. grans »Schnabel«. Wernhart der *Grans,* Burggraf zu Schärding 1323; auch Haintz *Gransman* 1414 Württ. *Grensel* 1272 Böhmen.

Gran(t)z (Hbg.): ostd.-slaw. wie Grantzau, Granzow, Granzin.

Grapengeter, -gießer neben Gropengießer: alte ndd. Bezeichnung für den Hersteller metallener Gefäße oder Tiegel (ndd. *gropen);* der *Grapenböter* besserte sie aus (wie der Ketelböter die Kessel), der *Gropenseller* (1268 Ro.), verkaufte sie; der *Grapenbrader* (1602 Flsbg.) bereitete Topfbraten (FN. Grapenbrade/Hbg.). S. auch *Apengeter!* Ein Lüdeke *Gropenspise* 1440 Oldbg. Herward *Grapen-, Gropengetere* 1250 Ro., Hillebold *Gropengetere* 1319 Bremen, Thid. *Gropengeter* bzw. *Gropeke* (!) 1397 Barth. Grapengießerstraßen noch in Rostock u. Stettin. S. auch Gräper, Gröper (= Töpfer)! Zu **Gräpel** (Hbg.) vgl. ON. Gräpel b. Stade.

Gräper, Gröper (Hbg. oft): urkdl. *groper,* machte irdene Töpfe *(gropen),* im Unterschied zum *gropengeter:* Grapengießer, s. dies! Dazu auch (als indirekter Berufsname) **Grape,** Grope, vgl. Herm. *Gropere* = Herm. *Grope* 1286/92 Hbg.; auch **Gra(a)p.** Urkdl. auch Joh. *Vullegrape* 1343 Lüb., Radeke *Ysergrope* 1345 Strals., Jordan *Senepgrope* (Senftopf) 1324 Strals. (u. Ro.) wie L. *Senfftopf* 1459 Lauenbg./Pomm. Gröpergassen noch in Halberstadt u. Magdebg.

Gräser, Graser (obd.-schles.): in Brsl. noch eine Gräsergasse (1403 under den *gresern;* auch eine *gresery*). Den Gräsern oblag das Mähen der städt. Wiesen; als FN. schon 1389 in Brsl.: Peter *Greser* czichener. Auch Bauern mit viel Wiesenwirtschaft hießen obd. Graser: so im Brsg. Heinr. *Graser* 13. Jh.; Hensel *graser* 1314 Dt.-Brod. Dazu **Graß, Gräß(e)l,** Gräsel: Ulr. *Gresel* 1345 Brünn, Rüdel *in dem grase* 1347 Brsl.; **Graßmann:** Albert *Grasman* 1367 Iglau. **Grashey** meint den Wiesenhüter (vgl. den Holzhey): Heinr. der *Grashay* 1364 Augsbg. – ON. ist **Graßhoff** (Hbg.): *van dem Grashoffe* 1452 Haldsl.

Grathwohl (obd.): »es gerate wohl!«, auch Grothewohl, Gradwohl, ein Gesellenname aus der Zunftstube.

Gratop(p), Gragetopf (ndd.) = »Graukopf«, vgl. Hotopp, Hogetopp, auch Sidentopf (Seidenzopf). Willeke *Grawetop* 1301 Ro., Hs. *Grawetop* 1472 Kiel. Vgl. auch Gralock, Graschopf.

Grätz (obd.): slaw. ON., mehrf. in Böhm. u. Mähr. Hensl *Greczer* 1379 Kolin.

Grau, Graumann: der Grauhaarige, auch Grahe, Grage (ndd.), Gra(h)mann, Gro(h)mann. Vgl. auch ON. Graue b. Verden, Grauen b. Soltau, Grauel/Holst. Dazu **Gralock,** Grolock, (Cuncze *Grolock* 1382 Lg., Vater + Sohn, also schon vererbter N.), vgl. Nic. *Groman* 1390 Prag; B. *Graman (Graweman)* 1291 Sa-

lem; Nic. *Grauschopp* 1377 Iglau; *Grauschedel* 1361 Prag; s. ndd. Gratop!
Grauf (schwäb.) = Graf (vgl. Auberle für Aberle). – **Grau(e)l** s. Greuel, Gruel!
Graulich s. Greulich! – **Graumann,** Gramann, Gromann s. Grau!
Graupner, Greupner (ostmd.-schles.-böhm.): Hersteller bzw. Verkäufer der Graupe (aus böhm. *krupa* entlehntes Wort), vgl. Marzik *kraupner (grupnik)* 1376, Petrus *kraupmacher (grupnik)* 1377 Prag (E. Schwarz, S. 116). Sie handelten mit Graupe, Grütze, Hülsenfrüchten (s. auch Grützner!); in Brsl. eine Gräupnergasse, in Teplitz e. Graupnergasse. *Grupener, Graupener* 1423 in Freiberg/Sa., M. Scholcz *der graupener* 1461 Brsl., M. Wudke *der greupner* 1568 Lg.; auch kurz **Graupe,** Graupmann: Michel *Graupe* der teschner = M. *Greupner* der frautaschner 1568 Lg. Vereinzelt mag der ON. Graupen (Gruben) b. Teplitz bzw. Graupa b. Dresden hineinspielen, vgl. Leipner aus Leipa: so (viell. zufällig) Nicusch *Graupner de Graupen* 1390 Dt.-Brod.; aber Nic. *Greupel* 1383 Komotau meint den Greupner.
Grauschopf s. Grau!
Grave, Graven (ndd.) s. Grabe!
Graveley (westf.): ON. wie Haseley u. ä.; vgl. die ON. Graveley, Graveney/Engld.
Gravenhorst (westf., wie die meisten N. auf -horst »Gebüsch, Gehölz«): entspricht Wahlenhorst (wal = Sumpf, desgl. *grave,* s. Bahlow, ON. S. 182); der Graf hieß westf. Greve! Ein Grafhorst a. d. Aller b. Öbisfelde. Dazu auch Grabenhorst!
Gravert (Hbg.) s. Grawert, Gragert!
Graw(e): ndd. = »grauhaarig«, s. auch Grage! Vgl. *Grawetop* »Grauzopf«; *Grawerock* 1336 Lüb.; Herm. *Grawe* 1320 Lüb. Aber Henr. *Grawerch* 1270 Strals. meint den Kürschner (»feines, graues Pelzwerk«).
Grawert, Gravert s. Gragert!
Grebe (hess.) = Grewe (ndd.), s. Graf! Vgl. Johan, *grebe* von Nassau 1349. Dazu Diekgrebe (Deichgraf), Holtgrebe Hogrebe (= Hochgrefe), Landgrebe (Landgraf), Zent-, Zinngrebe (Verwalter der Zehnten); Hellgrebe = »Höllengraf, Teufel«. Im übrigen galt in Hessen Grebe für Schulze, Dorfvorsteher. Vgl. die hess. ON. Grebenstein, -dorf, -hain, -roth.
Greck, Gregg (obd.): wohl zu schwäb. Gräck »Triefauge«. Aber *Greek* (Ro.): slaw. wie ON. Grekow.
Gredmeister, Gredner, Gredler (obd.): Verwalter der *grede* (mhd.), des Korn- oder Lagerhauses.
Green, Greene (Hbg.): aus Greene a. Leine (vgl. *Grene* 1113 b. Witten/Ruhr, *Grenbole, Greinkuhle, Greinlache*/Westf.-Ndrhein. = Schmutzwasser).
Greese (Hbg.): vgl. ndd. grese »Grausen«.
Grefe (ndd.) s. Graf! – **Gref(f)rath:** ON./Ndrhein (mehrf.).
Greger, Greg(g)ersen (ndd.) = Gregor, der heil. Gregorius (griech. »der Wachsame«). Die Legende vom Papst »G. dem guten Sünder« hat Hartmann von Aue um 1200 episch behandelt, jüngst auch Thomas Mann. S. auch Grieger, Gröger, Görres u. ä. Gregorovius (Historiker) ist gelehrte Umformung von poln. Grzegorzewski.
Greibke, Greibel (ostd.-slaw., grib »Pilz«): vgl. Göbel *Grybian* 1364 Brsl. (d. i. ON. Greibnig/Lg.).
Greif(f): mhd. grîf, ndd. grîp (Vagel Grip), der sagenhafte Vogel, auch als Hausname (Cunrad [*zum Grifen*] 1297 Speyer, domus *cum grip* 1261 Ro., wo auch Conr. *de grip* 1266); als ÜN. beliebt in Ritterkreisen; vgl. auch Joh. *Griffenoge* 1300 Konstanz. Ndd. ist **Griep** (vgl. Gripeswald: Greifswald). Auch der schles. Dichter Andreas *Gryphius* hieß eigtl. Greif.
Greifentroch s. Griepentrog! **Greifzu** s. Griepto! Vgl. Jobst *Greifindietaschen* 1486 Würzbg.; *Greifirdran* (obszön) Alt-Brsl.
Greiffenklau: Rheingauer Geschlecht, nach d. Wappen benannt; Embrico *Grifenclowe* 1226, Ministeriale.
Greil, Greiling, Greilich s. Greul, Greulich!
Greilsamer: mundartl. aus Crailsheim/Württ. (Bahlow, ON. S. 276). Vgl. Joh. Seb. Kreils-, Greylsheimer 1623 Durlach.
Greim (obd.), **Greimel,** Greimbl: germ. *grîma* »furchterregende Maske« des Kriegers, »Helm«, vgl. Joh. *Streitgreim* 1414 Pollau/Mähren, Hensel *Greym* 1375 Kuttenbg., Bernh. *Greymel* 1414 Mähren, Albr. *Greimel (Greymolt)* 1396 Regsbg.
Greineisen, Grien-, Grüneisen (Württ.): einer der zahlr. südwestd. Schmiedegesel-

lennamen auf -eisen, s. Findeisen, Gareisen, Raiffeisen.

Greiner (obd.): auch Greinert, mhd. grîner »Zänker«, vgl. Graf Eberhard d. Greiner 14. Jh. Württ.; Joh. Rönnow alias dictus *Griner* 14. Jh. Holst.: *Greiner* 1363 Böhmen. Dazu auch **Grein** (mhd. grîn »lautes Geschrei«): Conrat *Grine* 1349, Albert *Grinolf* 1186 Würzburg. **Greindl** ist bairisch.

Greis, Greise (obd.): der Grauhaarige (mhd. grîs), ndd. Griese.

Greiser (obd.-bair.) = Greußer, mhd. griußer »Grützner«, der Grütze (griuße) herstellt bzw. verkauft. Jesco *Greußer* (crupifex) 1345 Brünn, Hensel *Greuser (Graiser)* 1414 Kuttenbg.; H. *Greys(s)el* 1364 Prag (mhd. griußel »Körnchen, Grütze«). Dazu **Greißler,** Greißel: mhd. griußeler, auch Kreißler. Vgl. Grüeß-, Grießhaber 1602 Triberg.

Greite (Hbg., Hann.) s. Grete! – **Greith** s. Greuth!

Grelck (Hbg. oft) s. Grelka!

Grell, Grelle (ndd. u. obd.): wird deutlich durch Schleppegrell (alte Lüneburger Familie), schon um 1290 in Lünebg. u. Rostock: *Slepegrel(le)* »schleppe den Spieß«, auch kurz *Grelle* (Hbg., Lüb., Greifsw. um 1300, Köln 1188); vgl. *Slepeswert* 1311 Grfsw. Dazu H. *Grellenort* (Speerspitze) 1415 Iglau, *Grellensmit* 14. Jh. Brsl. (wie Glyczensmit ebd.).

Grelka, Grelik, Grelak ist slaw. KF. zu Gregor, wie Pelka zu Petrus.

Greller(t), mundartl. **Grallert** (Sa./Schles.), ein Zorniger (mhd. grellen »zornig, schreien«, grel »zornig laut«): *Greller* 1451 Lg. Dazu Grellmann, Grallmann; in Bayern: Gröll, Gröller.

Gremme s. Gramme!

Gremp(er), Grempler (obd.): Kleinhändler; Heinr. *Gremper* (Enkel: *Grempp)* 1425 Vaihingen.

Grendel s. Grindel!

Grentz(mann): aus (Groß-) Grenz (Meckl.-Pomm.); vgl. Grenzin; schon 1264 in Rostock: *de Grenz (Grense)*. Auch Grensemann.

Gren(t)zebach: ON./Schwalm (1142 Grinzenbach, s. Bahlow, ON. S. 184).

Gresch(ke), Greschik, Greschenz: slaw.-poln. = Gregor; vgl. Peschke = Petrus.

Gress(mann): aus Gresse/Meckl., wie Bassemann aus Basse, Schwaßmann aus Schwaß.

Gresser (obd.) = Gräßer, s. Gräser.

Grete(meier): ndd.-westf. wie Bente-, Brake-, Grabe-, Gröchte-, Kuhle-, Lake-, Rusche-, Sülte-, Wedemeier: *gret* meint Moorrasen wie in Greetsiel/Emden, Gethem (wie Rethem). Dazu Gretemann, Grethmann, Grethe, Greite (mnd., wie Reth, Reith). Aber obd. Gretenmann wie Gretensohn, Gretenhans, also zum weibl. VN. Grete, s. auch Grether!

Grether (obd.-schwz.) meint Mann oder Sohn der Grete; desgl. Gretener, schles. Gritener, Grüttner; obd. auch Gretenmann 1350 Württ., *Gretensun* 1312 Brixen, *Gretenhans* 1400 b. Rastatt. Ähnlich Ellensohn, Idtensohn, Gutensohn.

Greulich, Greilich: mhd. griuwelich »Schrecken erregend«, gräulich; ebenso *Greu(e)l* (mhd. griuwel »Greuel«), **Greuling, Greiling** (mhd. griuwelinc). Md. auch **Grauel,** Graulich (u statt ü bzw. au statt eu, vgl. Naumann: Neumann). Ein Ritter *Gruwelich* 1247 in Württ., Joh. *Grulich* 1349 Lg., H. *Greulich* 1409 Lg., H. *Greul* 1342 Brünn, L. *Grüweli* 1300 Ertingen. vgl. *Grauelé!*

Greune, Greunke: ndd.-westf. für Gröne, Grönke; Greuner für Gröner.

Greuth (obd.): mhd. geriute »durch Roden (Reuten) urbar gemachtes Gelände«. Auch »Vom Greuth«, Am Grüth; **Greuter** Greither, Kreuter, Kreiter. Greuth, Kreuth ist auch ON. in Bayern/Österreich.

Greve, Grewe (ndd.-westf.): zahlr. wie hess. Grebe = Graf, Verwaltungsbeamter, Vogt, Aufseher; vgl. Borggreve, Markgreve, Holtgreve, Diekgreve. Mitunter auch nur »im Dienste eines Grafen«: Brendeke *Markgreve* Lüb. 1320 Patr. ist **Greving,** Grewing. Auch **Grevecke.**

Greverath: ON./Rhld. urkdl. *Greverode.*

Grevsmühl: ON. Grevesmühlen/Meckl. urkdl. Gnevesmölen, Arnold *Grevesmölen* 1345 Stettin.

Grewe (ndd.) s. Greve, Grebe! Desgl. Grewing (westf.).

Grewohl(s), Grewoldt: ostd.-slaw., wie Macholl, Machold u. ä.

Greyerz: frz. Gruyères, ON./Schweiz. Vgl. Otto v. Greyerz, Dialektdichter.

Gribb(e): ndd.-holld. = »schmutziger

Wassergraben« in Moorgebieten, so 1105 »pratum inter duas *Gribbas«;* auch Grebbe, Grobbe, Grubbe (M. Schönfeld, S. 173). Vgl. Grabbe.

Gribbohm: ON. b. Itzehoe.

Griebe: mhd. griebe, griube (ndd. greve) »ausgebratener Speckwürfel«, also ÜN. des Fleischers oder Fetthändlers. Gernot *Gribe* 1400 Worms, Henr. *Gribe* carnifex(!) 1327 Wetzlar. Walther *Gribmsmalcz* 1371 Prag, Berthold *Griube* 1246 Gundelfgn. S. aber auch Grieben!

Grieb(e)l (obd., Mchn. oft) s. Grübel!

Grieben (Hbg.): slaw. ON./Meckl. u. Brdbg. Hinr. *(de) Griben* (auch Hinr. *Gribe!)* 14. Jh. Haldsl. Vgl. auch Griebenow/Pomm.

Griebke, Griebsch, Griebner (ostd.-slaw.): vgl. ON. Grybian: Greibnig/Lg.; slaw. *grib* »Pilz«.

Griefahn, s. Griewahn!

Grieger (Schlesien) = Gregor (auch Grüger, Gröger ebda.). Matz *Greger (Griger)* 16. Jh. Lg.

Griegoleit, Griegath, Griegutsch, Griguhn (lit.-ostpr.) = Gregors Sohn.

Grie(h)l: ungedeutet, angeblich »Brachvogel«.

Griem (Hbg. zahlr.), Grieme: entspricht obd. Greim! **Grien** (obd.) s. Grün!

Griep (ndd.) = Greif, s. dies! – **Grieneisen** s. Greineisen!

Griepenkerl (ndd. Satzname): »greife den Kerl«, ÜN. des Büttels. *Gripenwulf* heißt e. Räuber in der Hamburger Chronik. Vgl. *Gripentrog* (»greif in den Trog!«), *Gripenstroh: Gripto* (»greif zu!«) in Reineke Voß, V. 1156. Ein Wedeghe *Griper* (Greifer) 1385 Brschwg.

Griephan, -hahn, Greif(h)ahn (ndd., Hbg., Meckl.) verhält sich zu **Grieper** (Greifer, Raufbold) wie Drenkhahn zu Drenker (Trinker), vgl. auch Griepenkerl. *-hahn, -han* meint also Johan! Dazu *Gripto, Gripetan.* Aber **Grief(h)ahn** (Meckl.) s. *Griewahn,* slaw.

Gries, Grieser (obd. oft): nach der Wohnstätte am Sand, sandigen Ufer (mhd. grieß) Uolr. *an dem grieße* (in arena) 1241 Konstanz, Ulr. *Grießer* 1445 Freiburg. Dazu Gries-acker, -hofer, -huber, -mayer usw.

Griesbaum (Baden) = Kriesbaum »Kirschbaum«.

Griesbeck (bair. oft) = Griesbach (»Sandbach«), vgl. Meichelbeck, Rohrbeck usw.

Griese (ndd.) = der Grauhaarige, vgl. Griesehaar, Griesemann; Hinr. *grisedot* 1350 Lüb., Radolf *grise* 1259 Ro. Mecklenburger war der Schriftsteller Friedrich Griese. Vgl. auch ON. wie Griesenbrok, Griesehop, Griesemert i. W.

Grieshaber, Grießhaber (Württ., Schweiz): »Grützhafer« (mhd. grieß »grob gemahlenes Korn«), vgl. Firn-, Frisch-, Reschhaber als obd. Bauernnamen. Dazu **Grießl** (Bay.): Ulr. *Grießel* 1328 Wasserburg; *Grießler* 1414 Mähren.

Grießer s. Gries! Jost *Grießer* 1369 Tirol.

Griewank, Griewahn (Meckl.): wend. griwanek »Mähne?«.

Griffel: vgl. holld. griffe »Moorgraben«.

Griffig (ostd.) neben **Gniffig** wie **Grifke** neben **Gniffke** ist slaw. Gnieveke (gniew »Zorn«), vgl. *Gnevke.* Pers. N. Gnewomir (Grevemer 1291 Strals.); auch Grevesmühlen/Meckl. beruht auf Gnevesm.

Grigoleit, Grigat s. Grieg-! Desgl. Griguhn, Grigull; Grigarczik.

Grill (obd.-bair.-öst.): oft, die Grille; Heinr. *Grille* 12. Jh. Regensbg. Dazu Grillmair, -meier, Grillparzer, Grillpühler. Auch ON. Grill/O. Bay.

Grillparzer, -porzer: aus Grillparz (Grillporz 1162)/O.Ö., vgl. Steinparzer, Mühlparzer, Parzer. Auch der Dichter Franz Gr. war Österreicher.

Grimm, Grimme: verbreiteter ÜN. für unfreundliche, grimmige Menschen (mhd. grim »grimmig«, grimmiger »Wüterich«). Ein *Grymmenstich* 1359 in Iglau; ein Heinr. *Grimmeke* 1270 in Hbg. Nordd. spielt der ON. Grimmen/Vorpomm. hinein: so Wulfard *von Grimme* 1284 Strals. (auch in Greifsw. u. Rostock); ostmd. der ON. Grimma/Sa.: so Jorge *von Grymme* 1491 Lg., Jorge *Grimme* 1559 Lg., Henr. (de) *Grimme* 1301 Brsl. Dazu auch **Grimmer,** Grimmert (Sa.): Otto *Grymmer* 1390 Freiberg, wie Schirmer (Freiberg) = von der Schirme.

Grimmeis (obd.) = Grimmeisen, Schmiedegesellenname; s. Findeis, Gareis!

Grimming, Grimmig: ON./Bay. (auch Flußn.), vgl. Mettig: ON. Metting/Bay.; zur Endung -ing, -ig s. Bahlow, Dt. Nbch. S. 91!

Grimpe (Hbg., Hann. oft): kl. Fisch,

Gründling. Arnold Grimpe 1264 Hi., Hinr. Grimpe (Knappe) 1330 Mstr., Tileke Gr. 1450 Hbg.

Grimse(h)l, (Hi., Hann.): »grimmiger Geselle«. Hans Grim(m)eselle 1406 Hi. Zur Form vgl. Riebese(h)l.

Grindel: uralter Flurname für Moor, Sumpf, auch Grendel (vgl. den Moorunhold Grendel im Beowulf); s. Bahlow, ON. S. 185. In Hbg. noch heute Grindelberg, Grindeltal, Grindelhof nach altem Waldbezirk; *Grindele* 1215 auch in Brabant; ein *Grindle* Brook in Engld., Grendelbruch/Elsaß. Obd. mag mhd. grindel, grendel »Riegel, Balken« hineinspielen: Nic. *Grindel* 1363 Prag.

Gringmuth (obd.-schles.): der Kleinmütige (auch wohl Mensch von schlechter Gesinnung: mhd. gering »klein, gering«); Gegensatz: Hochmut; vgl. auch Nic. *Geringehand* 1378 Lg. Dazu Gringmann, Gringhuber, Gring, Gringel.

Gripp: vgl. mndl. *gripp* »Moorgraben«.

Grisebach s. Griesbeck! – **Grissauer:** aus Grüssa/Schles. *(von Grissow, Grisse).*

Gritzner, Gritzmacher s. Grützner, Grützmacher!

Grob(e): der Grobe, Derbe, im ndd. Raum urspr. Grove; Helmicus *Grove* (lat. Grossus) um 1300 Hbg.; auch Grobmann, Groffmann (Hbg.), *Grovejahn.*

Grob(b)ecker (ndd.): der Roggenbrot backt (Andr. *Grofbeckere* 1363 Bremen).

Gröbe, Gröber: aus Gröba/Sa. bzw. Gröben b. Zeitz/Thür. (b. Zossen: FN. von der Gröben) u. Gröbern b. Meißen u. Bitterfeld (Thiemo de Grober 1180 Meißen).

Grobleben: ON. b. Stendal, wie Gor-, Mar-, Rottleben usw., alle auf Moder-, Moor-, Sumpfwasser bezüglich; -leb (-lev) = Siedlung.

Groch: ostd.-slaw. wie Grocholl, Grochulla, Grochau, Grochewitz.

Grode (Hbg.): Moorgroden meint Moorrasen, vgl. ON. Groden/Hadeln.

Groffmann s. Grob! Dazu **Groffebert** (Westf.): grober Eberhard.

Gröger (schles.) wie Grieger = Gregor; s. Bahlow, Schles. Nbch. S. 58!

Grohmann (schles.-böhm.-sächs.) s. Grau! (aber ndd. = Grohnemann)! **Grohgans** = Graugans.

Gröhn (ndd.), Gröhnke, ndrhein. Greun(ke) = Grün.

Grohne (ndd.), Grone, Gronemann: aus Grone b. Göttgn., Grohn b. Stade u. ä. ÖN; vgl. aber ndd. grône »lüstern«: Joh. der grone Pape 1299 Hbg., Tyle *Grone* 1383 Haldsl., Arnd *Grone* 1389 Greifsw.

Groll, Grull (Hbg.): aus Groll i. W. bzw. Grollo/Drente, urkdl. *Gron-lo* (grasige Sumpfstelle); *de Grolle, Grulle* 1288 Ro. (auch Lüb., Hbg.). Aber Gilig *Groll* 1414 Mähren ist der Zornige.

Grolock, s. Grau! Auch Grolig, *(Grolick* 1546 Lg.) wie Herzog, Herzig.

Grolms, Grulms, Grommes, Grummes = Hieronymus: Elias *Grolmus* = Elias Hieronymus 1619 Naumbg. a. Queis.

Grommes (westd.) s. Grolms!

Gromoll, u. ä.: ostd.-slaw. wie Gomoll; vgl. Gromotka, Gromatzki, Gromowski Gromzik, Grom(m)isch, Grömig, Grömke, Grömitz, Gromnitz.

Gronau (Hbg. oft): ON. (Kr. Alfeld, Kr. Ahaus). L. *Gronaw* 1634 Hbg.

Grone(mann): aus Grone b. Göttgn., wie Peinemann aus Peine; Grohmann (Hbg.) auch = Grohnemann (ON. Grohn b. Stade). Gronemeier (Westf.): wie Lake-, Rusche-, Wedemeier, nach d. Wohnstätte; vgl. Joh. *von Grone* 1595 Lippe. S. auch Grohne!

Groner(t): vgl. Gerh. *Gronere* 1361 Bremen. Wohl Herk. N. wie Gronemann. Zu **Gröner** s. Grüner!

Gröning (Hbg. oft), Gräning: ndd. = Goldammer (Joh. *Grönink* 1399 Grfsw., Barth).

Grönwold(t): Gronwald: ndd. ÖN. u. ON., vgl. Grönwohld *(Gronenwolde)* b. Trittau ö. Hbg.; entspricht obd. Grünewald, ostmd. Grunewald.

Grope, Gropengießer, Gröper s. Grapengeter, Gräper! Dazu Gropius.

Gröpeling: ON. Gröpelingen b. Bremen. Otto von Gr. (provest) 1420 Bremen. Mnd. grope = »Schmutz«, vgl. Gobel in dem Gropenbroke 1349 Dortmund.

Gropp(e), Gröpple (obd.), Groppenschädel: ein Fisch m. großem Kopf u. breitem Maul (Kaulkopf). Werner *Groppe* 1244 Mainz, Hs. *Gröpplin* 1519 Allgäu. **Gropper** (1491 Villgn.) meint den Groppenfischer.

Gröpper (ndd.-westf.) ist Variante zu Gröper, s. Gräper! Joh. *Gröpper (Gröper)* 1503 Soest. – *Gropelinge* i. W. =

Schmutzwasser (Gropen-Berg) **Grosch, Gröschel** (obd.): beide in Olmütz 1413, = Groschen, Gold- u. Silbermünze, (ital. grosso); indirekter Berufsname.

Groschop(f), Groschupf (oft in Sa.) = Grauschopf, vgl. Gromann = Graumann; Grolock = Graulock; mhd. grâ: ostmd. grô. »grau«. L. *Groschupf* 1539 Elterlein/Sa.

Groß, Große, Grooß, Großer (vgl. ndd. Grote, Groot); obd. auch Größle(in): mhd. grôß meint auch »dick, plump«, seltener übertragen »vornehm«; das Patr. **Großer** (Großert) wie Kleiner(t) ist bes. schles.: Arnold *Großer* = *Große* Arnold 15. Jh. Glatz. Dazu **Großmann** (oft in Sa.), Großjohann, Großnickel, Großpietsch, Großgerge, Großkopf, Großhaupt, Großfuß usw.

Großner (schles.:) aus Großenau (Franz *Großnauer* 1403 Iglau) wie Langner aus Langenau.

Großweischede s. Veischede (ON. i. W.).

Grote, Groth(e), Groot(e): ndd. = obd. md. Groß(e). Bekannt sind Klaus Groth, plattd. Dichter, u. Hugo Grotius (de Groot), ndld. Jurist. Dazu Grotjohann, Groterjan, Grotklas, Grotekarst, Grotmaak, Grotschwager, Grotkopp, Grotefend, Groteguth, Grotewohl(t).

Grotefend (ndd.): großer Kerl, Fußknecht.

Grotewohl(t), Grothwahl (ndd. a für o!) s. Grathwohl!

Grothuß (westf. Hofname) wie Brockhus, Holthus u. ä.

Grotkast(en): ndd., Karsten = Christian.

Grothmaak: ndd., Maak = Markward.

Grottke, Grottker Gruttke (schles.): aus Grottkau/Schles. (P. de Grotkow 1342 Lg., A. *von Grotke* 1472, Hs. *Gruttke* 1638).

Grotz (alem.-schwäb.) = Knirps (C. *Grotze* 1259 Freiburg, Utz *Grotz* 1451 Allgäu).

Grove, Growe, Grow (ndd.): der Grobe, Grobian. Vgl. Grovejahn, Groveschroder (Alt-Lüb.), Groveroggen; Joh. Groving 1345 Lüb., Helmicus *grove* 1300 Hbg., Grovemann Groffmann. Vgl. auch ndd. grove »Grube« in ON.: *Wulfgrove.*

Grube, Grub (obd.): nach der Wohnstätte in einer Bodensenkung. Dazu Grubhofer, Grubmüller. Als Straßenname in Städten vgl. in Rostock die Faule Grube. Ein (wend.) VN. Grube (der Grobe, Dicke) in Meckl.-Holstein: *Grube* Vereghede (Viereck) 1359, nobilis vir. Vgl. *Grubko, Grub-a(n), Grubor* (Miklosisch, S. 53). *Grubeke* 1350 Haldsl. *Grubiz,* Bauer/Rügen. – **Grubbe** (Hbg.) begegnet in Holld. neben Grobbe für Schmutzwasser!

Gruber (obd. oft) meint den in der Bodensenkung Wohnenden (s. Grube!), wie **Grübler** den im **Grüb(e)l,** auch Griebler: Griebel; Grübner, **Grüber:** Grüb. Dazu Lehmgrübner, Anzengruber usw. Vgl. in Tirol 1369 C. *Grüebler,* 1410 N. der *Griebler.*

Grüder (ndd.): Hinr. *Gruder* 1418 Barth (L. *Grudere* 1288 Strals., H. G. 1300 Ro.) hatte mit heißer Asche zu tun; vgl. unser »Grudeherd«.

Grüger s. Grieger!

Grulms s. Grolms! – **Gruel** (ndd.) s. Grauel, Greuel! Aber auch ON. in Meckl.: Herm. *de Gruwel* 1334 Barth; *Gruwel* 1257 Ro., R. *Gruel* Lüb.

Grüll, Grüller (obd.): zu mhd. grüllen »spotten, grollen«. Joh. *Grüller* 1359 b. Freiburg, H. *Grüll* 1398 b. Füssen.

Gruhn, Grun s. Grün! – **Grulich** s. Greulich!

Grumme, Grumm (Hbg.): b. Bocholt, vgl. Grumeth b. Waldbroel; *grum* meint »Schmutz« (noch schwed. u. engl.), s. Bahlow, ON. S. 185.

Grummes, Grommes s. Grohms. – **Grümmer** (Hbg.) s. Grumme!

Grummt, Grumbt (obd.) meint gruonmât (grün, gemähtes, zweite Grasernte, vgl. auch Öhmd). P. *Grumat* 1344 Prag, J. *Gruemader* 1414 Mähren.

Grümper: aus Grümpen b. Sonneberg/Thür. Joh. *Grumpe* 14. Jh. Haldsl.

Grün, Grüne, md. Grun, Gruhn, ndd. Grön(e): oft nach der Wohnstätte im »Grün«, z. T. auch zu ON. wie Gruna, Grunau (Schlesien); vgl. Seb. Storch, Pauer *von Grune* 1598; z. T. auch v. d. Kleidung: P. Schuster, *Grünjop* genannt 1424 Sillein, *Grünrock* 1382, *Grünhut, Grunheubt* 1372 Lg. Dazu Komposita wie *Grünegras, Grünskräutl, Grünklee, Grünzweig, Grünsleubel (-laub), Grünfink, Grünvogel, Grunepeter, Grunehannus* (nebst Wißehannus) 1399 Görl.; auch *Grünaug, -äugl.*

Grund(mann), bes. schles.: im Grunde, im

Tal wohnend (Gegensatz: Berg, Bergmann). Nicze *in dem grunde* 1374 Görl., Nic. *Grundeman*, Bauer 1409; auch **Gründer** (Görl. oft: 1539 Hans *Gründer*). Grund ist auch mehrf. ON. in Schl. – Dazu Grundmüller, **Grundgeyer** (-geiger): Württ.

Gründgens (ndrhein.): nach der Wohnstätte im Grund, analog zu Büschgens, Rüschgens.

Grundherr (Patrizier, Nürnbg.) Ulr. *Grunther* 1466 Nbg.

Grundig, Grundke, Grundies sind ostd.-slaw. (Alb. *Grundis* 1300 Strals.).

Gründler (obd.): wohnt im **Gründl,** wie der **Grundler** (Mchn. oft) im **Grundl.** Auch **Grundner** (Tirol, Bayern). Siehe aber Gründel!

Gründling, *Gründel* (obd., auch schles.) meint den Fisch (schneller Bachfisch, daher schles. Gründel »schnelles Mädchen«), auch Gründler, Grundler mag z. T. den Fischer meinen; H. der *Grundler* 1391 Rottweil, K. der *Gründeler* 1381 b. Stuttg. sind aber vom ÖN. (im) Gründle (in Württ. 35mal!) abzuleiten, desgl. Peczold *Grundeler* 1372 Lg. Ein Hs. *Grundel* 1448 in Görl.; Heinr. *Gründele* 1318 Lich/Hess.; ein Fischer K. *Gruntel* 1398 in Dt.-Brod.

Grüneis, Grüneisen (obd.), auch Grieneisen, s. Greineisen! Auch *Grün-*, *Griennagel* ist als Schmied 1565 in Stuttg. bezeugt. In Mchn. vgl. Grüneisl.

Gruner, Grunert (Schles., Laus., Sa.): aus Grunau, Gruna (mehrf. ON.), mundartl. *Grune* (Bahlow, Schles. Nbch. S. 85), vgl. Steinau: Steine: Steiner; Bielau: Biele: Bieler. Andr. *Gruner* 1421 Brsl. neben *Grunower;* Matis *Grune* 1547 Lg. neben Seb. *von Grune* 1598.

Grüner (Mchn. oft), Grünert: Herk. N., z. B. aus Grün (mehrf. in Bay.) bzw. Grünau/Ö., auch zum Flurn. (= Anger), vgl. von der Grün; selten wohl = Grün »ein Grüner«. Peter *Grüner* 1390 b. Prag. Uolr. *Gruoner* 1351 Reutl. S. auch Gruner.

Grunewald (md.-schles.): mehrf. ON., Hinr. *Grunewalt* 1322 Schweidn. Obd. ist **Grünwald** (Mchn. oft), vgl. den Maler Matthias Grünewald aus Würzbg. S. auch ndd. Grönwold!

Grüning (Hbg. oft) s. Gröning!

Grünke = ndd. Grönke, Greunke, s. dies!

Grünziger (alem.): Herk. N. wie Hunziger (-inger) u. ä.; aber **Grunzig** ist ostd.-slaw. (wie **Grunzke,** Grunske): ON. Grunzig/Posen (ON. Grünz/Prenzlau).

Grupe (Hann., Hbg. oft): vgl. ON. Grupen-, Grubenhagen/Hann.

Grupp (Bay., Württ.) ist Variante zu **Gropp,** s. dies! Heinz *Grupp* 1375 b. Calw.

Grusche, Gruschke, Groschke sind ostd.-slaw.: *Grosko* 14. Jh. Brsl. Vgl. Gruschwitz. Aber H. *Grüschli* 1357 Endingen meint mhd. Grüsch »Kleie«.

Gruß, Grußer (Mchn.): vgl. mhd. gruß »Korn, Grütze«. Heyle *Gruß* 1387 Frkf.

Grüter (ndd.-westf.): Brauer, der mit Porst (wildem Rosmarin), mnd. *grut,* statt mit Hopfen braute. Bernh. *Grütere* 1336 Grafschaft Mark, Hinr. *Gruter* 1398 Barth. Dazu Grutmeister. Ndrhein. Grüters, **Gruiters,** ndld. *de Gruyter,* vgl. gruyten = gruten »brauen«. Werner *Grutstake* 1341 Lüb.

Grüttmöller, Grütter (ndd.) = Grützmüller. S. auch Grützmacher!

Grüttner (Schlesien), Grittner: Metr. zu Grite, Grete (s. Bahlow, Schles. Nbch. S. 59). *Gritener (Gretener)* mehrf. in Freiberg/Sa. um 1400.

Grützner (Schlesien), Gritzner, Grötzner: der **Grützmacher,** Gritzmacher, auch Grützmüller (ndd. Grüttmöller). Vgl. *Grüczener* 1348 Lg., 1365 Brsl., 1403 Glatz, dazu *Bösegrücze* (schlechte Grütze)/Brsl. Ein Matern *Grüczenschriber* (Sekretär, Buchführer) 1380 in Lg. **Grütz** neben Grützner in Oppeln oft. Ndd. vgl. *Gruttemaker, -meker* (Ro., Lüb., Greifsw., Haldsl., Hann.). **Grützebauch** ist Spottn. des Grützners.

Gruyter (de Gruyter) s. Grüter! – **Gryphius** s. Greif!

Gsänger, Gsanger (Bayern): zum ÖN. Gsang, Gseng (durch Sengen urbar gemachtes Landstück); vgl. Sengenwald u. ä.

Gscheider Gschaider (Bay., Ö.): zum ÖN. u. ON. Gschaid, d. i. Scheide, Wegscheide.

Gscheidle (Württ.), Gscheidl (Bay.): mhd. geschîde »gescheit, schlau«.

Gschlacht (obd.): mhd. geslaht »wohl geartet«; vgl. ON. Gschlachten-Bretzingen neben Rauhen-Br./Württ.

Gschlössl (Mchn. oft) s. Schlössl!

Gschmeidler (obd.): der Geschmeide-, Schmuckmacher. Vgl. Franz G., österr. Lyriker.

Gschneider (obd.) s. Schneid! – **Gschoßmann** s. Schoß!

Gschrey (Bay.-Ö.): mhd. geschreie, meint den Schreier. Andreas *Geschrey* 1361 Prag.

Gschwendtner (Bay. oft): zum ÖN. Gschwend »gerodetes Flurstück«. Hans der Geswend *in dem Geswend* 1375 b. Füssen/Allgäu.

Gschwind, Schwind (obd.): mhd. geswinde »schnell, ungestüm« (schles. noch jüngst für schnell). Vgl. *Geswindûf* 1370 Baden/Aargau.

Gsell, Gsöll (Schweiz, Württ., Bay.) s. Gesell!

Gspan, Gspandl (Ö.): mhd. gespan »Gefährte, Compagnon«.

Gstaltner (Wien) s. Stalder! – **Gstöttner,** Gstöttl = Gstettner, z. bair.-öst. ÖN. Gstetten.

Gubbe, Gubben Gubbels (Bremen, Hbg.) sind schon an der Form (Doppelung des b und patr. Endung) als fries. erkennbar; vgl. Gheseke *Gobben* 1452 Bremen (zu Godbert), Make *Guberdes* 1500 ebd. Ähnlich Lubbe(n), Ubbe(n), Wubbe(n).

Gubisch, Gaubisch wie Gubitz, Gaubitz, auch Gubatz, sind slaw. Herkunft wie ON. Guben, Gubekow. Gubatz (wend.) meint Großmaul.

Gubler, Gübeli, Gubel(mann) = obd. gubel »Bergkamm«.

Guck (obd.): mhd. »Kuckuck«. Vgl. *Guckschnabel* 1590 Thür. **Gückler** (obd.) wie *Göckler* = »Gaukler«: der *Guckeler* 1350 b. Stuttg.

Guckel (Trebnitz): nicht eindeutig, vgl. ON. Guckelitz und FN. Guckisch. Aber Wigand Wiseguckel 1241 Hess. (heute Wiesengickel).

Gudde, Gudden (fries.) s. Godde, Godden! Vgl. Gubben, Gobben. Aber ostpr. **Gu(d)dat(is)** ist litauisch, vgl. Albat, Gedat u. ä.; ON. Gudden/Ostpr., Gerh. *de Guden* 1277 Kolbg.

Gude (ndd.) = Gode: der Gute. Vgl. *Gudeluck* »Gutglück« 1448 Barth. **Gudemann** neben Godemann. Lambert *Gude* 1416 Barth. Tewes *Gudejohann* 1651 Oldesloe.

Gudenschwager (ndd.): des oder der Guden Schwager (Verwandter); *Gudensohn* 1395 = Sohn der Gude.

Guder (Schlesien, Sa.) s. Güder!

Güder (alem. Schweiz) = Geuder »Verschwender«, s. Geider! Desgl. Güdel. Vgl. Alb. *Güder* 1278 Pfullendf., M. *Güder* 1438 Hdlbg.

Guderian (ndd.) = guter Johann; auch Guderjahn, Gudrian. Der Panzergeneral stammte aus Kulm/Westpr.

Gudernatsch, -netsch: vgl. *Geudernetsch* 14. Jh. Lg., *Kudernetsche* 1324 Heilbronn. Ungedeutet. Vgl. *Kuderwal(ch)* »Kauderwelscher« 1350 Brsl.

Gufer, Gufert, Güferle (obd.): »lauter Prahler« (mhd. guofen »prahlen«, guof »Übermut, Prahlerei«). Dietz der *Gufer* 1415 Kempten, K. *Güferlin* 1345 Eßl. Ein Henne *Gufener* 1387 Frkf. *Guffe* s. Goffe! – **Gufler** (Tirol): gufel = hohle Felswand.

Gugel, Gügel, Gugelmann, Gugler, Gugelmeier (alle obd.): zu mhd. gugel, gugelin »Kapuze am Rock oder Mantel« (bes. der Bauern), aus mlat. cuculla. Dazu Gugelzipfel, Gugelhirn, Gugelfuß; auch Flur: *am Gugel* 1420. B. *Gugelli* 1290 b. Pforzh., Joh. der *Gugeler* 1325 b. Maulbronn. S. auch Kugler!

Gugerall (obd.): mhd. gügerel »Kopfschmuck der Pferde«, ÜN. des Krämers, der z. B. in Colmar 1432 »gugerell, garn, bendel, lösche« (roter Saffian) usw. feil hielt. Lütfrid *Gukrel* 1303.

Gugetzer (Mchn.) mhd. guckezen »wie der Kuckuck schreien«.

Guggenbühler, -bichler, -biller (obd.) wie Guggenberger, Guggenmoos haben weder mit »gucken« noch mit »Kuckuck« zu tun; *gug* ist offenbar altes Sumpfwort (aus kelt. Zeit), vgl. die Wasserkröte *Guggi,* Moosguggi (Buck, S. 80; Bahlow, ON. S. 186). Als Parallele vgl. Dotten-, Ennen-, Retten-, Suppenmoos. Auch Guggenbach, Guggenloch.

Gugger (Mchn.): mhd. gucken »wie der Kuckuck schreien« (gug-, gucgouch, gugg-aldei »Kuckuck«). Der *Gugger* 1359 Eßl., H. *Gucker* 1359 Elsaß.

Guhl(ke): ostd.-slaw. Pers. N. schon 1345 in Brsl. FN.: Heynusch *Gulke* (Sohn: Henlin Gulke); 1268 in Ro., 1324 in Greifsw. *Guleke.* S. auch **Gülck!**

Guhr, Guhra, Guhrke sind ostd.-slaw. (wie Gura, Gurek, Gursch) als KF. zu Georg bzw. Gregor, soweit nicht der ON. Guhrau/Schles., Guhrow/Laus. hineinspielt.

Gührs (Hbg.) s. Jührs!

Gül(c)k: ostd.-slaw., s. Guhlke! Auch Gülke, Gühlk. **Gulde** (Hbg.): ON. in Angeln.

Güld(e)ner s. Göldner! Wenczel *Guldener* 1300 Wetzlar.

Güldenpfennig, -penning, *Güldenknopf Güldenwert, Güldenschuh, Güldenvot, Güldenzopf, Güldenmund* u. ä. deuten auf den Wohlstand des so Benannten. Werner *Güldenpenning* 1304 Rostock. Aber *Güldenschaf, Güldenring, Güldenwage, Güldenkopf* sind (in Speyer, Worms u. Mainz) als Hausnamen bezeugt, auch *Güldenfaß*/Schwz.

Gülich(er), Jülicher, van Gülich: aus Jülich/Rhld. Aber ostd. Gühlich s. Guhlke!

Gülke s. Gülck!

Gulfer, Gulfert: Heinr. *Gulfere* 1269 Mainz. Vgl. mhd. golfe »Prahler«, gilfe »Zänker«.

Gülle(mann): an einer Gülle (Sumpflache, Pfütze) wohnend. Vgl. Güllenbeck/Holstein, Güllenbach/Württ., Güllenberg/Waldeck; Güll/Hessen. Vgl. obd. Güller,

Güllmer, Güllmar: = »Güll-maier«, vgl. Sellmer!

Gülther (obd.): mhd. gülter »Gläubiger« (gülte »schuldiger Zins«). Vgl. unter Geltenbott u. Gelter.

Gülzow: mehrf. ON. (Meckl., Pomm.). Vgl. ON. Gülze, Gültz.

Gümbel, Gumbel (O. Rhein.): KF. zu Gumbert, Gumbold (gund »Kampf«). S. auch Gumbrecht! Jörg *Gumbel* 1458 Straßbg. Wigand *Gombel* 1563 Hess.

Gumbrecht, Gumberich, Gumprecht, Gumprich (obd.), Gumbert, Gombert nebst Gumperz, Gompertz (rhein.) beruhen sämtlich auf dem Pers. N. *Gundberht* (germ. *gund* »Kampf«, *berht* »glänzend«). *Gumbert* Gabeler 1265 Wimpfen. KF. Gumbel, Gümbel.

Gumbold, Gombold, Gumpold: germ. Pers. N. *Gund-bald* (s. Gumbrecht!), bald = kühn; vgl. den Burgunderkönig *Gundibad* um 500. Dazu KF. Gumpel, Gümpel: »ich *Gumple* ein ritter« 1335 b. Frkf.

Gumm(e): altfries. Pers. N., *Gummo* (Lüb. 14. Jh.), vgl. Gummesson. Aber Gumme ist auch Flußname.

Gummel(s), Gummelt (rhein., obd.) = Gumbel, Gumbold. Vgl. Hs. *Gummolt* 1530 Ulm.

Gümmer (Hbg.): ON. b. Hannover, vgl. Gummern b. Lünebg.; eine Gumme fließt b. Bonn.

Gummert, Gommert (westd.) = Gumbert, Gombert. Doch vgl. in Tirol: Hof Gummer u. Jörg Gummerer 1510 ebd. Zum ON. Gummern b. Lünebg. u. Gommern b. Magdebg. s. Bahlow, ON. S. 187!

Gummlich s. Gommlich!

Gumpost, Gumposch (obd.), auch Komposch: mhd. kumpost, gumpost (lat. compositum) »Eingemachtes, Sauerkraut« (als Bauernspeise). Nickel *Kumpost* (Vater u. Sohn) 1345 Brsl. (1350 Eßl.); *Gumpostdorso* 13. Jh. O.-Rh. (torse »Krautstrunk«); als Zinsleistung 1316 Württ.: 1 Faß Kumpost.

Gumpp, Gumpper, Gümperle, Gumperlein (Bay., Württ.): »Springer, Possenreißer« (auf Jahrmärkten), zu mhd. gumpen, gumpeln; auch gumpelman. *Gumperlin,* Bauer 1293 Binswangen. Vgl. auch Gemperlein.

Gumprecht (obd.), Gumpert, Gumperz,

Gumpold (obd.-bair.) s. Gumbrecht, Gumbold! Dazu als KF. **Gumpel,** Gümpel, Gump: *Gumpe* als Bauernname um 1200 b. Neidhart v. Reuental *Gump* desgl. 1424 in Zoltringen; *Gumpel* 1363 Prag; »ich *Gumple* ein ritter« 1335 b. Frkf.; Patr.: Hensel *Gumpolder* 1368 Iglau. Sicz *Gumpp* 1409 Würzbg.

Gumtow: ON. (Pomm., Prignitz). Wulf *Gummetow* 1425 Barth.

Gumz, Gums (Hbg.): slaw. ON., vgl. Gümse *(Gumisa)* im Wendland.

Gundacker, Gunnacker (obd.-österr.): germ. Pers. N. *Gundo-wakar* (»wackerer Kämpfer«), wie Odacker (Odowakar: Ottokar). Herr *Gundacher* 12. Jh. Kremsmünster, *Gundakar* Aspeck 1395 Passau, Hensel *Gundaker* 1387 Prag.

Gündchen (Mgd.): mnd. gunteke »Krug, Schenkkanne«, noch heute mundartlich güntje »Tülle« einer Kanne. Tyleke Gunteke 1368 Hi.

Gündel, Gund(e)l (obd.), Günnel, patr. Gündler: KF. zu Gundram, Gundlach, Gundhart, Gundolf. *Gundel* kramer 1348

Brünn, Herbot *Gundelman* 1328 Alsheim.

Gundelfinger: aus Gundelfingen (Bad., Württ., Bay.). Vgl. Gundolf!

Gündelhard: ON./Bodensee. Vgl. *Gundenhart* 900 Bay. zu *gund* s. Bahlow, ON. S. 187f. H. *Gundelhart* 1326 Konstanz.

Gundelwein (obd.): *Gundelwin* (Vater u. Sohn) bzw. *Itel Gundelwin* miles ist 1335/47 als bair. Rittername bezeugt (Brech., S. 611). Ein Mich. *Gundelweyn* 1400 in Prag.

Gundermann (obd.-ostmd.) ist umgeformt aus dem germ. Pers. N. *Gundram* (gund »Kampf«, ram «Rabe«), wie **Sindermann** aus *Sindram*, **Wolfermann** aus *Wolfram*, **Bertermann** aus *Bertram*. *Gundram* hieß schon ein Frankenkönig um 550. In Brsl. 1348: *Gundram* u. Hannus *Gundram*, Enkelsöhne eines *Gundram!*

Gundert, Gündert (obd.) ist der germ. Pers. N. *Gundhard.* Vgl. ON. Gundertshausen/Ö.

Gundlach (Gundelach, Gundlack, Gundloch): im MA. rhein.-hess. in vornehmen Kreisen beliebt wie Gerlach (s. dies!), germ. Pers. N. (gund »Kampf«).

Gundling: Patr. zu Gundlach (Gundel) wie Gerling zu Gerlach (Gerl).

Gundolf: germ. Pers. N. (gund »Kampf«, olf = wolf), auch im ON. Gundelfingen, s. dies! Der Germanist F. Gundolf hieß eigtl. Gundelfinger. *Gundolf* 14. Jh. Kiedrich.

Gundram, Gundrum, Guntram s. Gundermann! Vgl. *Guntram* v. Holzheim (u. Neffe *Guntram*) 1308 Wetzlar, Sigelman *Guntrams* 1300 Speyer (alles Patrizier).

Gunkel (obd.) = Kunkel (mhd., »Spindel«, mlat. conucula), meint den Spindelmacher; g für k wie in gumpost (kumpost), gugel (kugel). Bernh. *Gunkel* 1490 Konstanz, Jörg *Gonkel* 1498 Württ.

Günnemann (Hbg.): aus Günne b. Soest (urkdl. *Gunethe,* ein Kollektiv auf -ide; zum Wasserwort *gun* s. Bahlow, ON. S. 188); eine Gunne fließt zur Lippe, eine Gonna *(Gun-aha)* z. Unstrut.

Günnewich, Gönnewig: ON. b. Wiedenbrück (s. Günnemann! -wik = Ortschaft).

Gün(t)sch, Guntzsch (Sa.): KF. zu Günther; vgl. Kuntzsch, Heintzsch u. ä.

Gunthalm (obd.) = Gund-helm (seltener germ. Pers. N.), vgl. bair. Willehalm für Wilhelm; Hainr. *Gunthalm* u. Bruder *Gunthalm* 1291 Lellwangen.

Gunthard s. Gundert! Vgl. rhein.-roman. Gontard.

Günther (obd. u. md.-schles. häufig), KF. Günzel: *Gunther, Gernot, Giselher* (vgl. Geisler!) sind aus der Nibelungensage als Burgunderkönige (am Wormser Hof) u. Brüder *Kriemhilds* bekannt. (*Gund-hari, -heri* »Kämpfer im Heer, nord. Gunnar, ags. Gud-here vgl. Gudrun). Als Leitname ist *Günther* im Fürstenhaus Schwarzburg (Thür.) seit dem MA. traditionell S. auch Günzel!

Guntram s. Gundram!

Gün(t)zel, Günzl, Günzlein, patr. Günzler (obd.), Günzelmann (wie Heinzelmann), bair.-öst. auch Ginzel (wie Ginter, Gintöhr/Tirol): urkdl. als KF. zu Günther bezeugt, vgl. *Günczel* = *Gunther* muerer 1360 Brsl. *Günczel, Günczels* Sohn 1307 Brsl., *Günczel* Grecz 1352 Lg.; Andr. *Ginczel* 1562 Lg. erweitert *Gunczold (Gunczel)* v. Feltheim 1427 in Sa., vgl. Heinczold, Friczold usw. (Bahlow, Schles. Nbch. S. 39). Seltener ist obd. **Gunz,** vgl. ON. Gunzenhausen (Württ., Bay.): W. *Guntze* 1328 Eßl.

Günzer (obd.): aus Günz a. d. Günz (prähistor. Flußname *Guntia,* wie Enz: Antia; dazu Bahlow, ON. S. 188).

Gürbig s. Girbig! **Gürgen** s. Jürgen!

Gurlitt, Gurlt, Gorldt, Gorhold (O.-Laus., Sa.) stellt sich zu Arlitt, Arlt, Arhold ebda. und Machlitt, Machlett, Machold: -lt, -let, -litt beruht also auf -olt; *Gur-olt* kann wie wendisch *Gurek, Gurisch* nur Gregor bzw. Georg meinen (wie Machold: Matthias). Aber **Gürlich** s. Gerlach!

Gürnth, Gürntke, (schles.) s. Gernth, Girnth! Zur schles. Rundung von *ir* zu *ür* vgl. Gürbig für Girbig (Gerwig) u. Gürlich für Girlich (Gerlach), Gürschner für Girschner.

Gurr (obd.): mhd. gurre »schlechte Stute«. Heinr. *Gurre* 1200; Perhtold der *Gurr* 1389 Bay., Ülin *Gürrelin* 1202 Eßl.

Gursch (Jursch), Gurek (Jurek) Gurk, Gurkasch u. ä. s. Guhr!

Gürschner (Laus., Schles.) s. Girschner, Gierschner!

Gürster (Bay.) neben Gierster s. Gerster! Vgl. Gierstenbräu.

Gürtler (ndd. Gördeler), Görtler, Gertler; Girtler (Ö.): fertigte Ledergürtel (am Gürtel trug man die Gürteltasche, vgl. Teschner). Über die Verzierung mit Messingbeschlägen berichtet die Liegnitzer Zunftordnung v. 1424 (Bahlow, Studien, S. 142), auch über die Arbeitsteilung mit den Riemern. Enderlin *gürtler* 1348 Lg., C. *Görtler* 1377 M.-Trübau, Wenc. *gertler* 1359 Prag (mit Entrundung wie Werfler, Werfel für Wörfler); dazu Ludw. *Hochgürtel* 1366 Frkf., H. Knoderer gen. *Gürtelknopf* (Bischof zu Basel 1275).

Gürtner (Mchn. oft), Girtner (Wien); wohl Variante zu Gürtler, Girtler. Aber **Gurtner:** aus Gurten/O. Bay.

Guschke, Juschke (lit. Juschkat) ist ostd.-slaw. KF., vgl. Geschke, Jeschke (= Johannes); tschech. Huschke (wie Haschke neben Jaschke); auch ON. Guschkewitz wie Geschkewitz; ON. Guskow: Juskow.

Guse (Hbg.): ostd.-slaw. wie Gusek, Guske. ON. Gusow u. ä.

Güse (Hbg.): ON. Güsen b. Genthin. – **Güssefeld:** ON./Altmark.

Güßloff (slaw. Pers. N. auf -slav »Ruhm«) vgl. Gützlaff, Gustloff.

Güßmann (ostmd.-schles.) ist = **Güßwein** = Goswin, s. Gießmann u. Gößwein! Her *Guswyn* 1324 Glatz.

Güßregen (obd.): mhd. gusregen »Platzregen«. Vgl. ndd. Stoffregen. Herr Sifrit *Gusregen* 1294 Mindelh.

Gustafsen (Holstein): = schwed. Gustafson (vgl. Erichson).

Gust(ke), Gustmann (ostd.-slaw.) s. Gustloff! KF. zu *Gostimer* (nebst *Gostek),* zu slaw. gost »Fremder, Gast«.

Guster, Güster: mhd. Variante zu Kuster (lat. custos) = Küster. Güster ist auch slaw. ON. b. Mölln, vgl. Güstrow, Gustebin/Pomm. u. Gustävel/Schwerin.

Gustloff (Meckl.): erinnert wie Stoißloff (Steusloff) an die einstige Wendenzeit Mecklenburgs; s. Gustke! Vgl. Güßloff, Gützlaff! *-slav* meint »Ruhm«. *Guzslaus (Guzlaw), Goßlavus* 1278, 1325 Strals.

Gut(h), Guthe, Gutmann: der Gute schlechthin, auch der »freie Mann«. Herman der *Guot* 1236 Sulz, wo 1413 auch *Gütmangut;* Heinricus et *Guto,* freie Meier zu Basel 1286.

Gutberlet (thür.-hess.) s. Berlt (Berthold)! Anton *Gutberlet* 1586 Fulda. Vgl. Tile *Groteberlt* = T. *Grotenbertoldes* 1457 Duderst. Ähnliche Komposita: *Guthans, Gutheinz, Gutbentz, Guttyle, Gutewernher, Guterheinze.* Ndd. vgl. Guderian, Godjohann u. ä.

Gutbier meint der Brauer, **Gutbrod** den Bäcker, **Gutaxt** den Zimmermann oder Axtmacher, **Gutfleisch** den Fleischer, **Gutkäs(e)** den Käsehändler, **Gutleder** den Gerber, **Guteisen** den Schmied.

Gutenberg: Johann Gutenberg, der Erfinder des Buchdrucks, hieß eigtl. Gensfleisch (Mainzer Patrizierfamilie); »zum Gutenberg« hieß der Besitz mütterlicherseits in Mainz. – Guttenberg ist die Schreibung bairischer ON.

Gute(n)kunst (Württ.) meint »mit der guten Kunst« (vgl. Hans *mit der Kunst* 1494; E. Nied, Südwestd. FN. S. 76); also ÜN. des Kunstfertigen.

Gutensohn (obd.): »Frau Guten's Sohn«: *Guta* war im MA. beliebter weibl. VN. im obd. Raum (vgl. ndd. Goda). Eberh. *Guotunsun* 1267 Reutl., Wernher *vorn Guden son* 1324 Gelnhsn. Vgl. die Metronymika *Itensun, Ellensun, Gerensun, Nesensun,* alle alem.-schwäb.

Gutermann (obd.) s. Gutmann, Guttmann! Dietr. *Guterman* 1352 Offenbg.

Gutermuth (vgl. Gutsmuts) wie Freiermuth u. Frischermuth stammen wohl aus der Zeit der Gesellennamen.

Gutg(e)sell (obd.): »guter Kamerad«. Cunrad *Gutgeselle* 1200 Bay. (heute bair. Gutgsöll), Heyndel *Guetgesell* 1397 Prag.

Gutglück s. Godelück! Vgl. Gutheil. **Gutjahr:** Neujahrswunsch; ndd. *Godjar* (1260 Ro., 1255 Hbg.). Vgl. engl. Goodyear. **Guthke,** Gutke, Guttke (ostd.-slaw.): KF. wie *Guthan,* s. Gothan! *Gotke* Arnold Vusils son 1347 Brsl., Hanke *Gotke* 1351 ebd., J. *Guteke* 1596 Kyritz, Sam. *Güticke* 1733 Havelbg.

Gutkind: Joh. *Gotkind* 1281 Ro., J. *Godekind* 1344 Hann.

Gutknecht: im MA. = ritterbürtiger Knappe. Wernher *Guotknecht* 1284 Els.

Gütlein, Gütl(huber), Gütler (obd.): Inhaber eines Gütle (kleinen Gehöfts), vgl. Kleinsgütl, Ringsgütl (geringes G.): Jac. *Ringsguetl* 1397 Prag.

Gutmann, Guttman, Gutermann: im MA.

eine Ehrenbezeichnung, etwa freier, ritterbürtiger Mann, auch Lehnsmann (so 1306 in e. Güstrower Urkunde *guder man* = vasallus). Ein Ritter *Guotman* (Bonusvir) 1251 im O. Elsaß. Aber in Schlesien u. Sachsen geht **Guttmann** auf den (ritterl.) Pers. N. *Gutwin* (**Guttwein**) zurück; auch ON. Guttmanssdorf/Reichenbach hieß *Gutwinsdorf*. Vgl. Ritter *Guthwin* (Vater u. Sohn) v. Tristewitz 1285; C. *Gutwyn* 1381 Lg., C. *Guttmann* 1547 Lg. Mitunter auch VN.: *Gutman* Hevenler 1312 Freiburg. *Gutman Gut* 1413 Sulz.

Gutsche (Schlesien, Sachsen), Gutschke, Gutschker, Gutscher, Gutschner; auch Gutsch(mann): KF. zu **Gutschalk**, Gotschalk (s. dies!), mit mundartl. u für o, wie im ON. Gutschdorf für Gotschalksdorf. Vgl. 1358 *Gocze* = *Gotschalk* v. Riedeburg (UB. Grimma). *Guczcze* Predel 1388 Lg., Lorenz *Gotsche* 1456 Görl.; dazu das schles. Grafengeschlecht der Schaffgotsch: *Gotsche Schoff* (Schaf) 1449 (Bahlow, Schles. Nbch. S. 39).

Gütschow: aus Gützkow b. Anklam, wie Genschow aus Gentzkow; vgl. Gutschow u. (Karl) Gutzkow. – **Guttenberg** s. Gutenberg!

Güttinger: aus Güttingen (Konstanz u. Thurgau). Heinr. *Güttinger* 1308 Zürich.

Guttke s. Gutke!

Güttler (Schles., Sa.), Güttel, entrundet Gittler, Gittel: ein Metronym (Muttername) wie Irmler zu Irmel; also Sohn (oder Gatte) der Gütel (im MA. nicht unbeliebter VN., = Guta »die Gute«): Juncfrowe *Gütel* 1349 Brsl., C. *Gütel* 1454 Görl., Gregor *Güteler* 1389 ebd., Fabian *Gütler (Güttler)* 1429 Sillein.

Guttmann s. Gutmann!

Guttrof, Guthruf, Kuttrof, Kuttruf, Kuttrauf: mhd. kuterolf (personifiziert aus guterel) war e. gläsernes Trinkgefäß (m. engem Hals), aus lat. guttarium, vgl. schwäb. »Gütterle« u. FN. **Gutterer.** Ein Ulr. v. Dornach gen. *Guterolf* 1385 Mühlh./Elsaß. S. auch Gamrad!

Guttschick s. Gutschalk, Gutsche!

Guttwein (mit KF. Guttmann) s. Gutmann! Vgl. Gießwein, Gießmann.

Gutwirt s. Wirt! Hans *Gutwirth* 1446 Dresden.

Gutzeit, Guttzeit (vgl. frz. Bontemps): wie Liebezeit u. ä. Vgl. *Gutewile* 14. Jh. Brsl.

Gutzke (ostd.-slaw.): KF. zum Pers. N. Gutzmer. Vgl. ON. Gutzkow.

Gützlaff, Götzlaff, Götzloff, Gutzlav, Güßloff (ostd.-pomm.): slaw. Pers. N. *Godislav*, s. Götzloff! Vgl. auch Gustloff! *Gutzlawus* de Cumerowe 1263 Pomm.: Martin *Gützlaff* 1526 Stolp.

Gutzmann (ostd.) s. Gotzmann!

Gutzmer, Gützmer (Pomm.): slaw. Pers.-N. s. Gotzmer, Götzmer! Ulr. *Gutsmer* 1617 Kolberg.

Gut(z)schebauch (Sachsen): bisher ungedeutet; wohl umgedeutet aus e. slaw. ON. Auch Kut(z)schebauch. Peter *Gotzschbauch* 1520 Pegau.

Gwinner (obd.) = Gewinner (mhd. gewinnen: durch Arbeit oder Mühe zum Erwerb u. Vermögen kommen). Eberh. *Gwinner* 1456 Eßl., K. der *Gewinner* 1339 Villgn.

Gymnich: ON./Rhld.

H

Haack, Haacke, Haacker (ndd. oft) beruht auf mnd. *hoke, hoker* »Höker, Kleinhändler« wie Knaack auf *knoke* »Knochen«, Kaack auf *Koke* »Koch«. Vgl. Bendhaack, Lichthaack, Semmelhaack; dazu urkdl. *botter-, kese-, speckhake: höner-, vlashoke:* Tydeke *hoke (hake, haker)* 1453/78 Barth; Heinse *hoke (hokeman)* 1277 Strals.; eine *Hakenstrate* 1446 in Bremen. S. auch schles.-obd. Hocke, Höck(n)er!

Haag, Haage, Haagen s. Hag. Hagen! – **Haake** s. Haack u. Haken!

Haalck(e): fries. Pers. N. wie Baalcke, s. Hölck!

Haamkens s. Hamckens! – **Haan** s. Hahn! Ein ON. Haan b. Solingen.

Haar: westf.-ndld. Flurname. Auf der Haar, van der Haar, ter Haar, Verhaaren (wie Vermeeren), Haarbrink, -dieck, -kamp, alle z. Begriff »Moor«; vgl. Haarhaus wie Brockhaus. Dazu Haarmann, Haarmeyer. Auch Haaren, Haren ist mehrf. ON. (Emsld., Ndrhein.). Weiteres b. Bahlow, ON. S. 198. – Zum Kopfhaar vgl. Komposita wie Flachs-, Gel-, Glatt-, Kraus-, Krumb-, Pfleghaar, Schlichthärle, Härle: Kunz *mit dem hare* 1467 Heilbronn.

Haarbrandt s. Herbrand! **Haardegen** s. Herdegen!

Haardt, Hardt (obd., ndd.): »bewaldeter Höhenzug« (auch Weidetrift), mhd. hart; vgl. die Pfälzer Ha(a)rdt (Pfälzer Wald), den Lushard b. Bruchsal (lus »Sumpf«). Berthold *uf dem Harde* 1276 Württ., Hügli *ußerm* Hard 1504 Zürich. Ertwin *von der Hartt* 1683 Osn.; ndrhein. Terhardt (= zu der H.). S. auch Hardt.

Ha(a)ren, Haars, Haarjes, Harries, Harr(sen), Haaringa (s. dies!) sind fries. Formen zu Haarbrand, Harbert u. ä., also zu den N. mit *Her*-»Heer« (Herbrand, Herwig, Herbord, Herold usw.), vgl. urkdl. *Hero, Hereke, Herema.* S. auch Harries! Beachte auch den ON. Ha(a)ren unter Haar! (*von Haren* um 1300 in Ro., Lüb., Strals.).

Haarer (obd.): »Flachsbauer, -händler« (mhd. har »Flachs«); vgl. Melanchthons Schwager Peter *Haarer* 1525. Vgl. auch ON. Haar/Bay.!

Haarmacher (ndd.) meint den Haarverarbeiter, Haardeckenmacher: urkdl. *harmekere* (1280 Ro., 1372 Greifsw., 1300 Strals., Lüb.).

Haarmeyer, Haarmann (ndd.-westf.) s. Haar!

Haars (fries.) s. Haaren, Harries!

Haartje (fries.) s. Hartje (Hartke)! Haasemann s. Hasemann! – **Haasper** s. Hasper!

Haas (obd.), **Haase** s. Hase!

Habbe, Habben, Habbes, Habbema, Habbinga sind fries. Sproßformen von **Habbert,** d. i. *Hadebert* (1361 Bremen, 1275 Strals.) wie obd. Happel zu Happert, Happrecht (s. dies!); *had* »Kampf«, Hader, *berht* »glänzend«. Vgl. auch *Hadebrand, Hadebern, Hadeward, Hademar* nebst KF. *Hadde, Hadden* (s. dies!). In Bremen 1480 Hermen *Habbe,* 1375 Hinrik *Habe:* vgl. Fulf *Habben* (Folklef, Sohn des Habbe, 16. Jh.). Weiteres unter Habeth! Westfäl. Patr. ist Haberding, vgl. Humperding.

Habeck(er), Häwecker, Hebecker (ndd.) entspricht dem obd. **Häbicher** (s. dies!), auch kurz Habeck, *Haveke:* **Häfke** (s. dies!), zu mdd. *hawek* »Habicht«, wie obd. **Häbich.**

Habedank: b. Walther v. d. Vogelweide heißt es »Swelch schoene wip mir denne gaebe ir *habedanc*«. Ndd. Hafendank!

Habekost, Haberkost, Habekuß, s. Havekost (Havekhorst)!

Habel, Habelt (Schlesien, O. Laus.): tschech. *Havel* (poln. *Gawel)* meint den heil. Gallus, wie im ON. *Havels-werd:* Habelschwerdt/Glatz. Vgl. *Habel,* Sohn des Wachna (Böhme) 1397 Glatz, Jancko *Habel* 1472 Glatz, P. *Hawel* 1381 Lg. »Pawel (Paul) und Gawel« galten sprichwörtl. wie »Hinz und Kunz«. S. auch Havelka (wie Pavelka), Havlitschek u. ä.

Haben, Habena (fries.) s. Habben, Habbena!

Habenicht (obd. Habnit, ndd. Havenith): ein »Habenichts« (mhd. nicht = nichts). Ein Ritter Walther *Habenichts* war Führer des 1. Kreuzzuges 1095. Vgl. Hablützel »hab wenig«. – Habelust, Haberecht u. ä.

Haber(er) s. Häberlein! – **Haberkampf:** »verhochdeutscht« aus ndd.-westf. Haverkamp »Haferfeld«. Vgl. obd. Haberland, ndd. Haverland.

Häberlein (obd., s. Heberlein!), Häberle (Württ.), Haberl (Bay.) meinen den **Haberer,** Häberer = »Haferbauer, -händler«, auch **Habermann** (Avenarius); dazu Habermayer (wie Gerstenmeier); als Berufs-ÜN.: Haberkorn, Habersaat, Habersack, Haberstroh, -stiel, -stuppel nebst Faulhaber, Firn-, Frisch-, Gries-, Reschhaber, ndd. Oldehaver. Habermehl = Habermelwer (mhd. melwer »Mehlhändler«). Habersetzer (mhd. setzer = Taxator). Habermalz: der Mälzer, Brauer, vgl. Haverbier. Anschaulich ist *Schüttenhaber* 1413 Olmütz (wie *Schüttenweicz).* Haberzettel (Eger), zu mhd. zeten »streuen«, vgl. Zetenweiz. Aber Haberlah ist der ON. Haverlah.

Haberstich (schweizer. Dichter, 1821): zu mhd. stich »steile Anhöhe«. – **Haberschaden:** entstellt aus Habenschaden.

Habeth(a): ostfries., verschliffen aus *Habert (Hadebert)* wie Sibeth aus Sibert (Sigbert), Folpet aus Folpert. Vgl. patr. **Habena** wie Sibena; **Habbema** wie Ubbema; **Habbert** wie Sibbert; Habs, Haps wie Siebs, Sips; Hapke wie Sipke. KF. *Habe* 1400 Bremen, wo auch fem. *Habeke* 1369, *Habele* 1447 für Hadeburg.

Häbich (obd., Stuttg. 100mal) nebst **Hebich** (so schon mhd.) meint den **Habicht,** den beliebten Jagdvogel des MA s. (neben dem Falken), der Habicher, Hebecher (mhd. häbecher) richtete ihn ab; Hs. *Habicher* 1456 Württ., P. *Häbich* 1482 Stetten. – Ein Lotze *Habichnase* 1379 Fritzlar.

Habig = Habich(t). **Habighorst** s. Havekost! – **Habke,** Hapke (fries.) s. Habeth!

Häbler (obd.), Hebeler; der mit Hefe handelt, s. Hebel u. Hefenträger! Aber *Habl* s. Habel!

Hablützel -litzel (obd.): »habe wenig«. Vgl. Habenicht!

Hach(e): mhd. hache »Bursche, Kerl«; Th. *Hache* 1289 Mockstadt. Aber nordd. **Hach(mann).** Hachmeyer, Hachmüller enthalten *hach* »Schmutz-, Moorwasser« wie die Hache b. Syke, die Hachel (zur Wipper), die Hachmecke (z. Lenne), ON. Hachen b. Olpe, nebst Hachsiek; Hachum b. Brschwg., Hachede (Geesthacht/Elbe) usw. (Bahlow, ON. S. 190). Dazu FN. »von Hacht« (oft in Hbg.). Aber ON. Hachborn b. Marbg. hieß Haveche-born.

Hachfeld (Hbg. oft) s. Hache!

Hächler, Hechler, Hächel (obd.): Handwerker, der Flachs oder Wolle durch die Hächel zieht. Cuonr. *Hächeler* 1290 Markdf./Württ.

Hachmann, Hachmeyer, Hachmöller s. Hache! Vgl. A. van der Hachdemölen 1399 Hann. – **Hachme(i)ster** (ndd.): schon 1370 in Hann., ostfäl., s. Hagemeister! Vgl. hâchtûn = hagetûn »Hagzaun«. (A. Lasch, Mnd. Grammatik S. 182)

Hachnick, Hachnek: tschech. *Hacha, Jacha,* ist KF. zu Johannes: vgl. Jachnik, ebenso Macha: Machnik (= Matthias); daher auch **Hachner** wie Machner (patr.).

Hachspieler (bair.-öst.) = Hacks-bühler (wie Radspieler, Singspieler, zu den ON. auf -bühel »Hügel, Anhöhe«).

Hacht (von): oft in Hbg., aus Hachede (Geesthacht a. Elbe), s. Hache! Vgl. Goswin *Hachtmann* = G. *auf der Hacht* 1628 i. W.

Hack (Hbg. oft) nebst **Hackmann** (Hbg.) beruhen auf urkdl. *Hoke, Hokeman* »Höker, Krämer« (s. Haack!). Vgl. Henr. *Hacke* 1335 Hann., Joh. *Hackeman* 1372 Bremen. S. aber auch Hackbusch, Hackeloh! Fries. VN. ist *Hake* (Betken, Bauer 1600 in Büttel) nebst Patr. *Hacksen.*

Hackbart(h): Hbg. oft. Vgl. Stechbarth.

Hackbusch: nordd. Flurname, wie Hackeloh (Möhne), Hackenbroich, Hackenstedt, Hackeney (hack, hach »Schmutz-, Moorwasser«), s. Bahlow, ON. S. 191.

Häckel, Heckel, bair. Hackl = **Hacker,** Häcker, Hecker. Vgl. Fleischhäckel = Fleischhacker; Baumhäckel, Zimmerhekkel (mhd. zimber »Bauholz«); Danhackl (Tann »Wald«). Auch Futterhecker, Strohhecker, Geißhecker. Hecker meint auch den Arbeiter im Weinberg. Erweiterung ist Häckermann, Häckelmann; Hekkerle, -lein; alle obd. *Hanfhacker* 1408. Sekundär ist **Hackert.**

Hackelberg (Hbg.) wie Hackelteich (e. Sumpf!) s. Hack(el)busch!

Hackenjos s. Haggenjos! – **Hackländer:** Herk. N. wie Fahrländer, Harländer, Friedländer. Bekannt durch Fr. W. H., Schriftsteller des 19. Jh.

Hackenteufel (1359 Iglau, 1346 Prag): vgl. Jagenteufel, Fressen-, Hassen-, Schlagenteufel, lauter »Teufelskerle« aus der Landsknechtszeit. Hannos *Hackentüfel*/Brsl. (Reichert, S. 62!).

Hackmack (ndd.) = Gesindel.

Hackmann s. Hack! – **Hackenschmied** (1398 Eger) schmiedet eiserne Hackwerkzeuge.

Hadamar: ON. b. Limbg./Lahn, wie Haddamar b. Fritzlar (Jos. *Hadamar* 1556 Kassel), s. aber Hadmar! Bahlow, S. 191.

Hadam(ek): slaw. = Adam; auch Hadamczik, Hadasch u. ä.

Hadde, Hadden: fries., nebst **Haddinga** (patr.), gehört zum Pers. N. **Hadder(s),** d. i. *Hadeward* (vgl. Goddert: Godeward, Godehard); *had* meint »Kampf«, vgl. auch *Hadubrand,* Hildebrands Sohn, *Hadebert* u. *Hadumar.* Ein *Hadaward* begegnet im Walthari-Lied um 900. Zu Hadde, Hadden vgl. Adde, Adden, auch Hedde, Hedden, Hedders.

Haddorp (Hbg.): ON. Haddorf b. Stade.

Hädecke, Hädge, Hedicke (ndd.): mundartl. für Heideke = Heidenreich, *Hedenrik* (schon um 1250); Cl. *Hedeken* 1350 Hann.

Hädelt (ostmd.): mundartl. für Heidel (Heiden-, Hederich!).

Hadenfeld (Hbg. oft): ON. b. Itzehoe. Vgl. Hadenbeck i. W. Zum Wasserwort *had* s. Bahlow, ON. S. 191. Dazu auch Hadeln (FN. Hadler).

Hader, Haderer, Hadermann, Haderbauer, Haderlein, Häderle (alle obd.): soweit nicht der Zänker (mhd. hader »Streit, Zank«) gemeint ist, (vgl. *Haderouge* 1372 Mainz), kommt der Hadern- oder Lumpenhändler in Frage (vgl. Kuderer, Kudermann, Küderle, Kiderlen = Werghändler). Zach. der *Haderer* 1384 Württ.; s. auch *Hodermann!* **Hadewig** s. Hedwig!

Hädge s. Hädecke! – **Häder** = Heider (urkundl. = Heidenrich).

Hadler (Hbg. oft): aus Hadeln (Marschlandschaft westl. der Elbmündung), urkdl. *Hadulo(un)* »sumpfige Gehölzlandschaft« (dazu ausführl.: Bahlow, ON. S. 191). Auch »Von Hadeln«.

Hadlich, Hatlich, Hedlich (Lpzg.) s. Hedel (Lpz.)!

Hadmar: germ. Hadumar, d. i. »Kampfruhm«. Im obd. Adel einst beliebt. Ritter *Hadamar* v. Laber, mhd. Dichter. Peter *Hadmar* 1414 Mähren.

Hädrich s. Hedrich: Heidenrich! Vgl. auch Hedderich.

Hädscher (Hedischer) s. Hedwig!

Hafe (von) s. Have!

Hafekost s. Havekost (Havikhorst)!

Häfele, Hefele (obd., alem.-schwäb.) = »Hafen, Topf«, N. des Hafners (Hefners), vgl. Heintz *Häffenli der Hafner* (v. Ulm) 1417 Zürich. Uli *Häfeli* = Uli *Hafner* 1490 Baden/Aargau, wo auch der ÜN. *Muß im Hafen* 1400. Vgl. die FN. *Mußhafen, Ölhafen, Mehlhaf, Schmalzhaf, Goldhaf, Mosthaf, Banzhaf, Kochhaf* (Chyträus). Ein Wirt »zum Hafen gen. der Hefelin« 1550 Riedlgn; Th. *Stürczenhafen* 1414 Mähren; H. *Hafenöß* (ösen »leer machen«) 1435 Hechgn; *Hafenbrädl* »Topfbraten«; Berth. *Hafen* 1333 Thurgau.

Hafemann, -meister (ndd.) s. Havemann!

Hafer (ndd. für obd. Haber): der Haferbauer, -händler (Hafermann); s. *Haber* u. **Haver! – Haferland** (ÖN.) s. Haberland! Haferkorn.

Haferung: aus Haferungen b. Nordhausen (z. Wasserwort *hav-r,* wie Haverbeck u. ä.; vgl. Holungen, Wechsungen ebda., dazu Bahlow, ON. S. 192).

Haffner: = Hafner (Töpfer). Hüglin *Haffner* 1406 Kirchheim/Teck.

Häfke, Hävecke, Häwicke (ndd.) meint den Habicht (ndd. havik), vgl. *Havekemeier:* Hafkemeier (Westf.) Haffke. Hence *Havik* 1268 Rostock; H. *Heveke* 1486 Hann. Dazu **Häf(c)ker,** Häwecker: der den H. abrichtet.

Hafner, Häfner, Hefner (obd.): der Töpfer (s. unter **Häfele!).** Hafen ist noch heute die südd. Bezeichnung für Topf. Vgl. auch hess. Euler, westf. Pötter. Desgl. Haffner, Hugo *Hafinare* 1158 Konstanz, Uli *Hafner (Häfeli)* 1490 Aargau.

Haft, Haftel (obd.): mhd. = Fessel, Band, Spange; ihr Hersteller hieß **Haftenmacher** (1502 Freiburg). Vgl. Joh. *zum Hafte* 1278 in Mainz (Hausname). Auch **Haftmann, Hafter.** Zum Flurn. Haftenkamp, -dorn s. Bahlow, ON. S. 192.

Hag, meist **Haag** (obd.): ist häufiger ÖN. u. ON. (mhd. hac »Hag, eingehegte Flur, Dorngebüsch«, vgl. Hagedorn). Hartwig *von dem Hage,* alem. Dichter um 1300; Ita *im Hage* 1330 Beromünster; Wernher *ußerm Hage,* Ritter 1219. Zum Haag usw. Dazu **Hager,** Haager: Hainr. der *Hager* = Hainr. *von dem Hag* 1294 Ö.; so auch Hägler: am Hägle wohnend.

Hage (Hbg.): im Hage wohnend (s. Hag, Haag), vgl. die nordd. ON. auf -hage in Westf. wie Baukhage, Heisterhage. Desgl. **Hagemann.** Vgl. Nik. *up den Haghe* 1409 Rhld., Joh. *van dem Hagen* 1253 Brschwg., Cort *up dem Hagen* 1507 Lippe.

Hagebohm, -böhmer (westf.) = Dornbusch (so Luther).

Hageböcke (ndd.) = Hagebuche, nach der Wohnstätte; auch Hagenböker, -beuker.

Hagedorn, Haydorn, Heydorn (ndd.): Dorngebüsch, Dornhecke, nach der Wohnstätte. Bekannt durch den Dichter Friedrich v. Hagedorn (Hbg. 1708). Vgl. Joh. *Haghedorn* 1325 Lüb., Joh. *Heydorn* 1344 Hann.

Hagel: z. T. wohl = Hagelstein »Hagel, Eisregen, Schlosse«; z. T. auch Flurname wie Grünhagel (zu »Hag, Hagen«); vgl. auch ÖN. Hagelsiepen neben Hagensiek, Hagelberg u. Hagelloch (für Hagenloch!). S. auch Hagler! Hägele! Hiltebrand gen. *Hagel* 1281 Württ.

Hägele s. Hagen! **Hägeler** s. Hegeler!

Hagelgans (mhd.): die Schneegans (alte Schelte), auch *Heilgans (Halgans* 1438 Lg.).

Hagelstange: dürfte alter Flurname sein

(wie Habechstang, wo stang = Stein). Vgl. auch **Hagelstein,** Hagelsteen (ndd.). Ein Hufschmied Hans *Hageleisen* 1530 in Ulm, vgl. *Hagelsieb* unter Hagel! Beim Volksprediger Berthold v. Regensburg ist *Hagelstein* Name des Teufels! Vgl. Lütfrid *Hagelstein* 1265 Villingen.

Hagemann: häufig im Raum Hannover-Hamburg-Meckl., entspricht dem südd. Hager, Haager, d. i. im Hag wohnend. S. auch Hagen! Zu vergleichen sind Brinkmann, Brockmann, Horstmann, Struckmann, Wiedemann, Lohmann usw.

Hageme(i)ster: von Ndsachsen bis Pommern = Aufseher der Dorfflur, auch Dorfschulze neugegründeter Dörfer. Gotfried *Haghemester* 1288 Rostock. Ostfäl. Hachmeister! – **Hagemer:** aus Hagheim!

Hagen (nordd. häufiger Flurname): Joh. *van dem Hagen* 1253 Brschwg., Cort *up dem Hagen* 1507 Lippe. Vgl. Hagemann. Obd. mag vereinzelt der VN. Hagen vorliegen: *Hageno* de Dalheim 1250 Württ. (also KF. zu Hagenrich, Heinrich) wie *Hagano* 1083 in Kremsmünster/Ö. Sonst meint südd. Hagen (Hägele) den Zuchtstier (nordd. Bulle)! Conr. *Hägelli (Hegelli, Hagen!)* 1390 Konstanz.

Hagenah (Hbg. oft): ON. b. Bremervörde.

Hagenbeck (ndd.) = obd. Hagenbach. Ritter Dietr. v. *Hagenbeke* 1332 b. Werden/Ruhr.

Hagenböcker (-beuker), -sieker, -kötter (Westf.): nach der Wohnstätte. Vgl. obd. Hagenbüchner, -büchler.

Hag(e)ner (obd.): Herk. N. wie Hag(e)nauer, Hageneier. Vgl. ON. Hagnau/Württ., Hagenau/Elsaß usw. Berth. *Hagenower* 1236 Sulz, O. *Hagner* 1324 Prag.

Hagenloch(er): Flur- u. ON. in Württ. (loch, loh »Gehölz«), auch Hagelloch.

Hagenmüller, -miller (Württ., Bay.): Pächter der Hagenmühle (dies auch mehrf. ON. ebda). Vgl. auch **Hagenmeier,** -mayer (Hagen ist Flurname).

Hagenow: ON., mehrf. in Meckl.-Pommern.

Hager, Haager (obd. oft) s. Hag! Wechselt urkdl. auch mit Hagen: Hans *Hager (Hagen)* 1464 Heinerdf./Bay., Hainr. der *Hager* (auch H. *von dem Hag!)* 1294 Ö. Dazu Komposita wie Gerhager (ON. Gerhagen/Ö.), Windhager (ON. Windhag/Bay., Ö.).

Häger, Hägermann (nordd.-westf.) wie obd. Hager nach der Wohnstätte im Hagen (Hag). Vgl. auch Laufhäger, Poppenhäger (ON. Poppenhagen/Pomm.), Steinhäger (ON. Steinhagen i. W.). S. aber Heger, Hegermann.

Hagge (fries. Pers. N.), oft in Hbg., Bremen, verhält sich zu Haye wie fries. Agge zu Aye. Zum Stamm Hag- s. Hagen: Hagenrich, Heinrich. Vgl. auch fries. Hacke! Hacksen!

Haggenjos, Hackenjos (obd., württ.) meint Jos (Jodocus) Hagg (Hack), 1597 *HaggiJoß* in Villingen, 1508 *Hagkenjos* in Kirnach. Das Geschlecht Hagg, Hack führt 2 Haken im Wappen: gg ist obd. Schreibung für ck (k)! Vgl. Herman *Hagg (Haugg)* 1309 Rottweil (au deutet auf langes â). Dazu Otto **Haggenmacher,** Schweizer Dichter des 19. Jh. wo freilich die (eiserne) Hacke konkurriert wie bei **Hackenschmied.**

Hägi, Hegi (Schweiz): Flurname (Hag). Vgl. Kägi (Kag »Krautstrunk«).

Hägner (obd.): Herk. N., vgl. Hagener u. Hegner.

Hahl, Hahlbeck, Hahlbrock (Westf.) enthalten wie die Hahle *(Hale)* im Eichsfeld (u. im Harz) u. ON. Hahlen b. Minden *(Halen)* ein uraltes *hal* »Sumpf, Schmutz«: Halbrock (Bahlow, ON., S. 192). – **Hähle:** mhd. haele heimlich. Beringer *der Häle* 1358 Giengen. S. Hehle!

Hahm, Hahme: mhd. hâme »(Eich-)Maß«, der Eicher.

Hahmann, Hamann s. Hahnemann u. Havemann (Hofmann)!

Hahmeyer, Hameyer s. Havemeyer (Hofmeyer)!

Hahn (überall oft): im allg. ist der Haushahn gemeint, auch durch Vermittlung von Hausnamen (Clewy *zem Hane* 1437 Freiburg). Joh. *Hane* 1367 Hann., Eber gen. *Hane* 1280 Möhrgn./Württ. Dazu die Komposita (urkdl.): *Hanenbiß, Hanenschenkel Hanengebel, Hanenkrat* (»Krähen«), *Hanenstert, Hanekop, Hanfeder, Weckdenhan.* Vgl. auch Auer-, Berk-, Brach-, Gold-, Kaphan. Mehrfach ist Hahn auch ON. (= Hain!), (i. O. urkdl. *Hone:* »Sumpf, Moor«), vgl. die ON. auf -hain, -hahn.

Hahndorf: ON. b. Goslar, bzw. Handorf b. Winsen, Peine usw.

Hahne, Hähne = Johannes, vgl. *Hane (Hans)* Brunlin 1355/70 Würzbg.; s. auch Hehn!

Hahnebuth, Hanebutt: die Hagebutte (Hainbutte), Frucht der Heckenrose. Eggert *Hanebuth* 1506 Hann. – **Hahnekratt** s. Hanekrad!

Hähnel, Hähnelt (Schlesien, Sa.) = Hänel, Hänelt, KF. zu Han = Johannes. Vgl. Bahlow, Schles. Nbch. S. 59. *Henel* Herbst = Joh. H. 1377 Glatz, *Henel* (Henlin) Günczel = *Hensel* G. 1362 Brsl. Obd. ohne Umlaut **Ha(h)nel:** *Hanel* Eckhard 1408 Iglau. Alem. **Häni** (Junghäni). Dasselbe ist **Hähndel,** Händel (mit Dental als Gleitlaut zwischen n und l.) S. *Henle!*

Hahnemann neben **Hannemann** meint Johannes, md. und obd.; s. auch (kontrahiert) Hamann! *Hanman (Hannos, Johannes)* v. Gint 1351/72 Brsl., Hannus *Hanemann* 1399 Lg., *Hanman* zem Huwen 1460 Freiburg.

Hahner, Hahnert (obd.-frk.): Ulrich *Haner* 1290, wohl »Geflügelzüchter«. Aber sächs.-schles. = *Hayner* = *vom Hayn* (Haynau, Haina), 1372 Lg.

Hahnheiser (obd.-öst.) = Hahnhäuser, aus Hahnhausen; vgl. Anheiser, Hochheiser, Thannheiser. – **Hahnkamm** s. Hahn!

Hahnke Hahnecke = Hanke (Johannes), aus tschech. *Hanek, Hanika,* wie Stahnke aus Stanek (Stanislaw). Vgl. *Hanek* Puchstabl 1374 Mähren.

Hähnle (schwäb.) s. Hähnel! Desgl. Hähnlein.

Ha(h)nrei(ch), Hanreh: eigtl. »Kapaun« (verschnittener Hahn). Schon 1209 b. Meersbg.: Cuonr. *Hanurai:* auch in Augsbg.: 1321 *Hanrei,* 1465 *Haneray.* Vgl. auch Kaphahn, Kapaun.

Hähnsen (Hbg.): Mundartform für Heinsen, s. dies!

Föhrer: mhd. heraere »Verheerer«. Albrecht der *Herer* 1405 b. Nagold. Aber **Hähr** (Württ.) wohl zu mhd. heher »Häher« (Vogel): Balthus *Häher* 1602 Schonach.

Haib(e)l, Haible, Heibel (Bay.) = Heubel (Thür.) = »Haube«: ÜN. des Haubenmachers.

Haiber (obd.) beruht auf mhd. höuwer »Mäher, Heumacher« (Heumader), wie Schauber auf schouwer; evtl. auch auf houber »Haubenmacher«, vgl. Haibel!

Haid, Haide s. Heide! **Haider** s. Heider!

Haidlauf (obd.) s. Heidloff! – **Haiduk** s. Hayduk!

Haidle, Haidlen (Württ.) wohl KF. zu Haidolf (Heidloff) bzw. Haidenrich; vgl. Hainr. *Haidenli* 1259 Feldkirch. Ahd. haidan, mhd. heiden »der Heide, Sarazen«, auch Kämpfer gegen die Heiden (als Teilnehmer an Kreuzzügen), vgl. Sarrazin. *Haidelin* 1200 Frommern, P. *Heidelin (Heyden)* 1447 Stuttg.

Haidler, Haidner (obd.) = Haider, auf der Heide wohnend. *Haideler,* Haidner 1360 Eßl., Peter *Haidner* 1487 Heilbronn.

Haigis, Heigis, Heiges (Württ.): enthält wohl e. ÖN. Heigenbrücken, -hausen.

Hail(e), Hailmann s. Heil(mann)!

Hailer, Heiler (obd.), Hoyler (schwäb.) meint wie Gelzer u. Nonnenmacher den Viehkastrator (»Schweinschneider, Berschneider«), vgl. ndd. Suböter, Barensteker. Luther gebraucht *Sewheiler.* Concze *Heiler* 1366 Frkf., Hs. *Heiler* 1420 Freibg./Sa., L. *Hayler* 1472. (Vgl. Brech., Der heilkdl. Beruf, 1937, S. 43).

Haim, Haym s. Heim! Desgl. **Haimerl** (Heimeran).

Hain, Hayn: von Hessen bis Schlesien als ÖN. u. ON. verbreitet, auch Haine, Haina, Hainau, Hainichen, alle im Sinn von »Wäldchen, Gehölz«. Obd. **Hainle,** Hainy, Hainmann sind KF. zu Hainrich, s. Heinemann! Der ON. Hain erscheint mundartl. auch als **Hahn** (so b. Pfungstadt: urkdl. *Hayn*); vgl. Langenhan, Ziegenhahn, Dautenhahn, Falkenhahn, -hain, Neuenhahn, -hain. Haynau b. Lg./Schlesien hieß mundartl. Hayn, daher Henczel *von dem Hayn* = Henczel *Hayn* 1352 Görl., Matz Drausche *von Hain* in der Schlesien 1566 Görl.

Hainisch (Wien) s. Heinisch!

Hainz (bair.) s. Heinz (Heinrich)! – **Haitz** s. Heitz!

Haiß (bair.-schwäb.) = Heiß = Matthias.

Hajek s. Hayek!

Hake (Hbg.) meint einerseits den »Haken« wie in *Fürhake, Ketelhake* (als ÜN. vom Beruf), andererseits aber den »Höker, Krämer« (um 1300 noch *Hoke*) wie in Bierhake, Lichthaak, Semmelhaack, – heute meist Haack, s. dies! Vgl. Haker = Haacker. Zu obd. Hagg für Hake(n) s. Haggenjos! (Vgl. »nobilis vir Rud. dictus

Hagge 1209 b. Überlgn.) Ebenso in Böhmen: *der Hake* 1330 Eger, Hempel *Hake* 1381.

Haken (von): ndd.-balt. Geschlecht (vgl. die Hakenterrasse in Stettin).

Haker(t) s. Hake! Desgl. Haakert.

Halbach, Halbeck wie Holbach, Holbeck, Helbach, Helbeck meinen Sumpf-, Moor-, Schmutzwasser (Bahlow, ON. S. 193 u. 221), deutlich in Hal-brock (Westf., Holst.).

Halbauer s. Halbgebauer!

Halbbrodt, ndd. Halfbrod: mhd. halbbrot »halbwertiges Brot«, Bäcker-N.

Halbe: ON. b. Berlin, vgl. Halbau Sagan. Der Dichter Max Halbe war Westpreuße. Im MA. war *halbe* ein Grundstück, dessen Ertrag zur Hälfte als Pachtzins zu entrichten war. Vgl. von der Halben.

Halbed(e)l (Bay.): nur von halbedler Herkunft. Herm. *Halbedel* 1434 Kr. Landsberg.

Halbeis(en): Schweiz, Württ., Schmiedename (*Halbisen* der Schmied 1400 Zürich). – **Halbekann** s. Kanne!

Halben (Hbg.) s. Halfen, Halfmann!

Halber, ndd. Halfer: Pächter einer Halbe, s. dies! Hayndl *Halber* 1364 Iglau.

Halbfaß: von einer Zinsleistung (vgl. Halbeimer, Halbscheffel).

Halb(ge)bauer (Bay., Sa.): ein »halber« Bauer, s. Halbe! Nickel *Halbergebur* 1409 Würzbg.

Halbherr: der ein Gut nur zur Hälfte besitzt (wie Halbbauer, Halbhuber, Halbmeyer), wenn nicht einer, der als halber »Herr« lebt, vgl. Halbritter! Haneman *Halbherr* 1392 Pirna.

Halbhuber (obd.): Bauer, der nur eine halbe Hube hat; vgl. **Huber.** »Halbe Hube« hieß ein Vorwerk b. Lg.

Halbig (schles.) s. Helbig (auch Hälbich geschrieben!)

Halblaib (obd.): mhd. leib »Brotlaib«, s. Halbbrot! Ulr. *Halberlaip* 1155 Bay. – **Halbmann** = »Halbbauer«: Rentze der *Halbmann* 1350 Waiblgn. Vgl. ndd. Halfmann!

Halbmayer (obd.): zinst »von ainer halben Hofstat«, so 1381 Gerlingen/Württ. Später verschliffen zu **Hallmaier** (so urkdl. 1538/73 Rottenbg.), wie Halbbauer: Hallbauer oder Halbpap: Hallpap oder Halb-: Hallwachs.

Halbmeister (obd.): wohl »nicht zünftiger Meister«. Hs. *Halbmeister* der Meier 1359 b. Stuttg., Conr. *Halbmeyster* 1361 Brünn.

Halbrecht s. Helmbrecht! Vgl. Halbig für Helbig!

Halbritter, ndd. Halfridder: der wie ein Ritter lebt (ohne ritterbürtig zu sein). Vgl. in Württ. 1390: »Cunrat, hern Berhtolt son vom Stain den man nampt den *Halbritter*«; Mertin *Halbritter* 1415 Lg.: Herm. *Halfridere* 1277 Strals. Wohl auch »nicht ehelich«, wie *Halbpfaff* (1414 Mähren)!

Halbscheffel (obd.) wie Halbsester: ein Getreidemaß (als Zinsleistung des Bauern), vgl. Halbeimer, Halbfaß (als Zinsmaß für Wein, Honig, Butter). Conr. *Halbscheffel* 1316 Jena. S. auch Sester! (Fr. *Halbsester* 1328 Offenbg.).

Halbwachs, Hallwachs, ndd. Halfwassen, Halwas: ein Halbwüchsiger. Hans *Halbwachs* 1406 Jena.

Halbwirth (obd.): Hainr. *Halpwirt* 1291 Augsbg. Vgl. *Halbergast*/Alt-Brsl. (Reichert S. 113).

Halder (obd.): an der Halde, am Berghang wohnend; Hans *Halder uff der Halden* 1451 Allgäu. Vgl. Abderhalden. Dazu Buchhalder (-halter), Beerhalter, Sommer- u. Winterhalder usw. Auch **Hald,** Häldle: Ablin *Halde* 1369 Tirol, H. *Häldelin* 1451 b. Leutkirch. Haldmeier, Haldenwang(er), Haldner. Dazu ON. Halden (Württ.), Halden (Ndrh.).

Halem (Hbg.): ndsächs. ON. auf -heim wie Einem; *hal* »Sumpf«. Vgl. Anton v. Halem, Dichter z. Goethezeit.

Halepagen (ndd.): »hol das Pferd!« (Pferdeknecht). B. Halepaghe 1428 Bremen.

Halfkath (ndd.): Inhaber einer halben Kate (Hofstätte), meist ohne Ackerland.

Halfmann (Halbmann), ndd.: Pächter eines Bauernhofes, dessen Einkünfte zur Hälfte abzuliefern sind. Ähnlich *Halfwynner* 1399 Werdener Urbar.

Halfpape, -paap (ndd.) = Halbpfaff (obd.): angehender Pfaffe, wenn nicht »Pfaffensohn«; vgl. Halbritter (Halfridder). Auch Hallpap (wie Hallwachs, Hallbauer). Thid. *Halve-*, *Halfpape* 1277 Strals.

Halfter: »Pferdehalfter« (vom Beruf). Malcher *Halffter* 1368 M.-Schles.

Hall, Halle: häufiger ON. u. ÖN.; auch »von Halle«. Auch obd. **Haller** meint z. T. den Mann aus Hall, vgl. Schwäbisch-Hall, Hall in Tirol usw. Bekannt sind die Schweizer Albrecht Haller (Arzt und Dichter) u. Herm. Haller (Bildhauer).

Hallbauer s. Halbbauer! – **Hallemann** s. Hallmann!

Hallensleben: ON. Haldensleben/Magdebg. Zu *hald* s. Bahlow, ON. S. 194 (vgl. auch Haldingen/Elsaß, Haldungen/Werra).

Haller (obd.): soweit nicht der mehrfache ON. Hall zugrunde liegt (*Haller* schon 1200 Württ.) oder i. d. Schweiz der Flurn. Halde (also = Halder), beruht Haller meist auf **Heller,** ist also Münzname (nach der Prägungsstätte Schw.-Hall), so urkdl. 1478 Freiberg/Sa.: Anton *Haller (Heller)!* Ebenso 1378 in Görl.: Joh. *Haller* (sonst stets *Heller!*), mit mundartl. *a* für *e* wie *Achczenhaller, -heller* 1387 Brsl. Vgl. auch Hallmann für Hellmann; Halbig für Helbig. – **Hallier** (Rostock oft): slaw. (endbetont) wie Bannier, Bernier, Pritzier.

Hallfahrt: wohl mundartl. für Hellfahrt. wie Hallmann für Hellmann.

Hallgart(en): ON. b. Eltville.

Hallmann (Schlesien, Lausitz, Böhmen) beruht auf Hellmann, s. dies! In Westf./Hann. z. ON. Halle!

Hallpa(a)p s. Halfpape! – **Hallmaier** (obd.) s. Halbmaier!

Hallstein: obd. ON. wie Hallberg, Hallstatt, Hallwang.

Hallung: ON. Hallungen zw. Werra u. Mühlhsn., urkdl. *Haldungen,* sinnverwandt mit Faulungen, Holungen, Rüstungen ebda. (*hal-d* »Sumpfwasser«); Bahlow, ON. S. 194. – **Hallwachs** s. Halbwachs! (ndd. Hallwaß).

Halm (obd.), auch **Hälmle:** Gras-, Getreidehalm, vgl. Gersthalm; ÜN. des Bauern. Im Kompositum Axthalm, -halb meint mhd.-bair. *halm* »Stiel«. **Halmhei,** -heu meint den Halmhüter (Feldhüter), vgl. Holzhei, -heu. **Halmschlag** (obd.) mag Flurname sein wie Gersten-, Grünschlag.

Halmich (schles.) s. Hellmich!

Halpaap s. Halfpape! – **Halpern:** wohl ON. wie Haltern, Goltern.

Hals: wie Bein, Arm, Hand, Faust nach auffallender Besonderheit. Ritter Joh. *Hals* 1270 i. W., Herm. *Hals* 14. Jh. Lübeck. Dazu *Fein-, Schön-, Kurz- (Kort-), Lang-, Speck-, Krumm-hals: mit dem krumen halse* 1386 Bay.; *Bredehals* 1365 Holstein; *Blankhals* 1339 Lüb. Auch *Gänse-, Krann-, Ziegenhals.*

Halser (Bayern): aus Hals b. Passau (Baldmar *von Halse* 1140); auch Hofname (Bay., Ö.): Christoph *Halser* um 1600/Altmühl.

Haltaufderheide: anschaulicher N. des Strauchräubers oder Raubritters, der den Kaufleuten und Fuhrleuten auflauert. Ndd. *Holtopterheyden* 1509, falsch verhochdeutscht zu Holzaufderheide!

Halter (obd.) s. Halder! Vgl. Beerhalter: aus Beerhalden/Württ. Ebenso **Halt** = Hald (vgl. Haltmayer = Haldmayer 1613 Bregenz). Aber mhd.-bair. *halter* = Hirt!

Haltermann (nordd.): aus Haltern i. W. (2 Orte), wie Goltermann aus Goltern. Vgl. Gise *Halterman* (auch G. *van Halteren*) 1330ff. Rostock. Zur Deutung (urkdl. *Halchtern,* wie Helchtern/Belg.) als Sumpfwort a. d. Lippe s. Bahlow, ON. S. 193.

Halver (Westf.): Ort b. Lüdenscheid, a. d. Halver (prähistor. Flußname, der auch in *Halverstede* (Halberstadt) steckt; Bahlow, ON. S. 194.

Hamacher, Hamecher s. Hammacher!

Hamann wie Hammann beruht md. u. obd. auf *Han(e)mann,* einst beliebte KF. zu Hans (Johannes), ndd. aber auf *Havemann* (Hofmann), wie **Hameister** (ndd.) auf *Have, Hovemester* (Hofmeister)! Belege: s. unter Hahnemann! Dazu *Haneman* Halbherr 1392 Pirna, *Hanman* Zepflin 1453 Baden, *Haman* Wolfertsperger 1449 Bregenz, *Haman* Hilfreich 1404 Prag, Thoman *Haman* 1397 ebda., Henslin *Haman* 1441 Rottweil.

Hambach: mehrf. Bach- u. ON. (O.-Rhein, Baden, Württ.), urkdl. *Hanebach* »Rohrbach«. Dazu ausführl. Bahlow, ON. S. 195. Vgl. Bambach, Wambach: *Banebach, Wanebach.*

Hamborg, -borch: Hamburg a. d. Unter-Elbe ist eine alte »Sumpfburg« (*Hammeburg*), vgl. den Moorfluß **Hamme** nö. Bremen, Hammoor ö. Hbg., ON. Hamm i. W., Hammenstedt b. Northeim, Hammel (*Hane-lo*) a. Moorfluß Radde usw. (Bahlow, ON. S. 195).

Hambrecht, Hamprecht (obd.-frk.), mit mundartl. *a,* s. Heimbrecht! Vgl. *Hamberger* = Heimberger 1616 Schefflenz; auch *Hampel* = Heimpel.

Hambrock, -bruch: ndd. ÖN., westf. Hambrauk. Vgl. **Hambeck,** Hamborn (urkdl. *Haneborn*), s. Hambach! Ein ON. Hambruch in Hann.

Hamdorf (Hbg. oft): ON. (b. Segebg. u. Rendsbg.). Vgl. Hamborg!

Hameister, -mester (Hbg. oft): ndd., verschliffen aus *Havemester, Hovemester* = Hofmeister, Verwalter eines Gutshofes; vgl. **Hamann** für *Haveman, Hoveman:* Hofmann, Hameyer: Hofmeyer.

Hamel(mann): Hbg., Hann., aus Hameln a. Weser, wo die Hamel mündet; wie Rintelmann aus Rinteln a. Weser, Attelmann aus Atteln, Uffelmann aus Uffeln usw. Joh. *Hamelmann* (neben *van Hamelen*) 1347 Hann.

Hamer (Hbg. oft) s. Hammer! **Hamers** s. Hammers! **Hamerich** s. Hammerich!

Hamester (Hbg. oft) s. Hameister!

Hameyer (ndd.) s. Hameister!

Hamfeldt (Hbg.): ON. Hamfelde ö. Hbg. – **Hamje** (fries.) s. Hamken!

Hamkens (fries. Patr. zu **Hamcke**) = Hemkens, s. Hemme(ke)! Dazu **Hamje** und Hamjediers (Diers = Diederichs). Vgl. Ramke(n) neben Remke(n). Ein M. Hamco schrieb das Buch »Frisia«.

Hamm, Hamme (van): nordd.-westf. ÖN. u. ON. (Hamm i. W.); s. unter Hamborg! Hinrich *van dem Hamme* 1294 b. Werl. i. W. Ein ON. Hamm (782 *Hamme*) auch b. Worms.

Ham(m)acher, Hamaeker, Hamecker, Hamecher (ndrhein.): mnd. hamaker, ein Sattler, der *hame* (Halsgeschirr, Kummet) für Zugtiere fertigte. Jakob *Hamecher* 1593 Neuß. Zu Hamecher (m. Umlaut) vgl. Glasmecher (Köln).

Hammann (oft) ist assimiliert aus *Hamann,* KF. zu Hans (Johannes, s. **Hamann** u. **Hahnemann!** *Hamman* Weisman 1388 Kuttenbg. Heyne *Hamman (Hanneman)* 14. Jh. Haldsl.

Hamme s. Hamm! – **Hammel** (ndd. auch Hamel): der Hammel, verschnittener Schafbock. Auch Feist-, Fleisch-, Kapphammel. Ein Metzger *Hamelskop* 1398 in Worms.

Hammelmann s. Hamelmann!

Hammer obd. auch **Hämmerle, Hammerl,** meint den Schmied (»Meister Hämmerlein«!); desgl. Ham(m)erling, Hemmerling. Als Schmiede ausdrücklich bezeugt sind *Hamer* faber 1325 Strals., meister *Hemer der smed* 1356 Brsl., Hensl *Hemerl* faber 1425 Iglau; vgl. Ulr. *Hamerl* 1390 Prag, Nicol. *Hamer* 1317 Worms; Henne *Hamerstil* 1387 Frkf., *Hamerslag*/Brsl. Dazu in Satzform: Kling-, Poch-, Schell-, Schwingehammer.

Hammerschmidt, Hemmerschmidt fertigt Hämmer. Aber **Hammermeister** und Hammermann waren im Hammerwerk (»Eisenhammer, Silberhammer«) tätig: Otto *hamermeyster* 1373 Iglau. – **Hammerer** (obd.) = Hammer.

Hammerich beruht auf dem ON. Hamberg (O.-Pfalz, Baden), mit Akzentverschiebung der Endsilbe -berg, zu -berig, -brig (in md. Mundarten von Nassau bis Schlesien), wie in Bremberig (Bremberg/Nassau), Schellmerig (Schellenberg/Nassau), Hirschbrig (Hirschbg./Schles.), auch Fellbrich, Hubrich, Weisbrich, Zeisbrich (Schles.) usw. Vgl. dazu Behaghel, Gesch. d. dt. Sprache, S. 130.

Hämmerle, Hammermeister u. ä. s. Hammer!

Ham(m)ers = Ham(m)er.

Hammerstein: mehrf. ON. (-stein meint »Felsen«, oft in Burgennamen: vgl. E. Schröder, S. 158). Bekannt durch die Freiherren von H.

Hämmling: mhd. hemelinc »Hammel« (s. dies!). Benz *Hämmling* 1371 Echterdgn., Ritter Alb. *Hemling (Hamelinc)* 1292/99 Württ. – **Hammler,** Hemler ist der Kastrator von Schafböcken (Ulin *Hamler* 1424 b. Augsbg.); mhd. hamelen, hemelen »verstümmeln«; vgl. *Hemmel* (Fleischer) 1363 Prag.

Hampe ist alter Pers. N., KF. zu Hamprecht (Variante zu Heim-, Hemprecht, d. i. *Hagenberht,* wie Heinrich zu Hagenrich); schon im 9. Jh. *Hampo* in Westf., 1428 *Hampe, Hempe* i. O., 1372 *Hampe* Luttrud in Hess. (In Haldensl. auch als weibl. VN.) In Schlesien, Mähren, Württ. Sachsen war *Hempe, Hempel* üblich (mit mundartl. *a* für *e*) auch **Hampel** neben **Hempel** *(Hempe, Hempel Geise* 1372 Lg., *Francze Hampel* 1422 Goldbg. Vgl. die Hampelbaude/Riesengeb. Patr. ist *Hem-*

peler 1381 Sorau. Bahlow, Schles. Nbch. S. 39/40). Cord *Hampelman* 1420 Duderstadt ist = Hempelmann. Zu Hampler neben Hempler vgl. Seidler, Hensler, Michler, mit obd.-schl. *-er.*

Hamprecht, Hemprecht s. Hampe, Hempe! – **Hampke** (Hbg.) s. Hamke!

Hand, Handt: wie Fuß, Bein, Arm auf eine Besonderheit deutend, vgl. Liebhard *mit der hand* 1383 (Augsburg); *mit der einen hand* 1372 Lg.; Einerhand. Walther der *hantlose* 1314 Württ. (vgl. dumelose). Dazu Komposita wie *Lamhand, Linkehand, Geringehand, Geradehand, Luchterhand, Mildehand.*

Händel, Hähndel, obd. Hand(e)l, patr. **Händler** (Schlesien, Lausitz, Bay., Böhmen), beruhen auf *Hänel,* KF. zu Johannes (Han, Hans); s. Hähnel! Auch Händels (des Komponisten) Vorfahren stammten aus Schlesien. Der Gleitlaut *d* schon 1427: Nikel *Hendel* Görl. *Hendl* Praitfuß 1381 Dt.-Brod, *Tobhen(d)l* 1414 Mähren; seltener = *Heindl.* Zur Erweiterung *Handelmann* vgl. Hanselmann, Hampelmann, Heinzelmann, Seidelmann.

Handfaß: Gefäß mit Handgriff, vgl. Ebeling des *hantfatgheteres* son 1346 Strals. – **Handke** s. Hanke!

Handlos (obd.): mhd. handlose »ohne Hand«. Vgl. »der *handlos* Schneider« um 1350 Augsbg., Walther der *hantlose* 1314 Stuppach. Auch (ein) **Handloser** (Karlsruhe), – schwerlich zu mhd. hantlöse »Abgabe f. e. Handlehen« (auf Lebenszeit), so A. Götze, S. 20.

Handorff (Hbg.): ON. Handorf b. Winsen a. Luhe, auch b. Peine, Münster, Damme. Vgl. Hahndorf, ON./Goslar. Zum Wortsinn s. Bahlow, ON. S. 195.

Handrick, Handrek, Handrock sind laus.-wendische Formen von Andreas, zu Handrock vgl. Sandrock = Sander (Alexander).

Handschke s. Hantschke!

Handschu(h), -schuch; -schiegl (-schühel) ÜN. des Handschuhmachers (Handschuhers, -schusters). Auch Hendeschuch (vgl. Wernher *hendeschuer* 1387 Frkf.). Kontrahiert (schon mhd.) *hantsche, hentsche* (Stahlhantsch, Wapenhensch), daher Hanschen-, Henschenmeker (ndd.), *hanczkenmecher, -worcht* 1372 Lg. Die Handschuhe waren gewöhnlich aus Leder (Bahlow, Studien, S. 142), aber auch gestrickt: Marscho *hantschuchstricker* 1365 Brünn; Enderl *hantschuher* 1359 Iglau, H. Kölbel der *hantschuster* 1384 Eger. *Hendschig* (frk.) wie Freundschig (Frauenschuh)! (Nied, S. 51).

Hand(t)ke s. Hanke! – **Handtmann:** dem Lehnsherrn zu Handdiensten verpflichtet (N. *hantman* 1414 Mähren).

Handwerk(er): obd.-frk., im Sinne von »Kunstwerker, Techniker«.

Hanebutt(e), -buth s. Hahnebutt!

Hanefurth, -beck werden verständlich durch *Hanebrock, Hanepol: han* ist ein verklungenes Wort für Schilf- oder Sumpfwasser (Bahlow, ON. S. 195/96).

Hanekratt -krad: mhd. hane-krât »Krähen des Hahnes«, also wohl ein »Frühauf«; auch als N. e. Spielmanns bezeugt. Heinr. *Hanencrat* 1302 A.-Buseck/Gießen.

Hanel, Hanemann s. Hähnel, Hahnemann! – **Hanert** s. Hahnert!

Hanewacker, Hann(a)wacker (obd.): wohl zu e. Flurnamen; vgl. Hanewald, Hannawald.

Hanf, Hanfft, Hampf meint den Hanfbauer oder -händler (obd. **Hampfner,** Hempfner, Henfler: *Haniffler* 1414 Mähren), auch Hanfmann; dazu **Hanfstengel** (bair. *Hanifstingel* 1356 Brünn): Renz *Hanfstengel* 1415 Eßl.; *Hanfsam* 1294 Graz; *Hanfgarn.* Walther *Hänfer* 1368 Württ.

Hänggi, Henggi (alem.-schweiz.): KF. zu Johannes bzw. zu Heinrich, vgl. Schweizer Idiotikon II, Sp. 1314; zahlr. in Basel. In Ravensbg. 1406/12 *Heinrich (Hengin)* Hundbiß (Humpis); ebda. 1406: Hans *Hänggi (Heng)* aus Weingarten, u. *Henggel* Huser 1408.

Hanglmann (Bay., Ö.) wie Hangler, Hangelberger am Hang wohnend.

Hangohr: Hängeohr. Vgl. Joh. *Hangenörli* 1400 Zürich.

Haniel (Mchn.): hebr. »Gnade Gottes«.

Hanik (Hanich): tschech. KF. *Hanek, Hanika* zu Johannes (wie *Janik); Hanek* Puchstabl 1374 Mähren. – **Hänichen** s. Heinichen!

Hänisch, Hanisch (Schleisen, Lausitz): KF. zu Johannes, mit slaw. Suffix -isch (vgl. Jänisch). Bahlow, Schles. Nbch. S. 59.

Hanke, Hancke (zahlr. in Schlesien, Lausitz): KF. zu Johannes (slaw. *Hanek*, wie **Stanke:** *Stanek:* Stanislaw und **Wanke:** *Wanek:* Johannes). Auch Hahnke u. Handke, wie Stahnke u. Standke; auch Jahnke, Janke. *Hanek* Randorf 1371 Böhmen, *Hanco (Hannus)* Polkewicz 1372 Lg., *Johanco* Finder 1404 Prag, *Hanke (Hensel)* v. d. Hart 1350 Brsl., *Hanke (Hannus)* Cranch, Hofrichter/Lg.

Hanl (bair.-österr.) s. Hähnel – **Hannappel:** = Hagenapfel (obd.) = »Hagebutte«. – **Hann(e):** obd. = Johannes; Hans v. Bopfingen, den man nennt den alten *Hanne* 1386. Vgl. Junghann.

Hanneke(n): nordd. = Johannes. Vgl. Hennecke.

Hannemann (obd.) s. Hahnemann! – **Hannig** (Hannich, Hanning): schles.-glätzische Mundartform für **Hennig** (= Johann bzw. Heinrich); *Hennyg (Joh.)* Eczel 1379 Görl., vgl. Johenning; aber *Henning (Heining)* pistor 1319 Brsl., Jako *Hannig (Hennig)* 1599 Lg. Auch Hannsdorf b. Glatz hieß *Hennigsdorf.*

Hannen (Hann.) Metronym = Sohn der Hanna: Gereke Hannen 1343 Brschwg.

Hannessen: Hennessen (ndrhein.) = Johannes' Sohn.

Han(n)over: urkdl. *Honovere*, mehrfacher ON. (auch nö. Bremen u. b. Meppen) wie *Wendovere, Fronovere, Scaldovere,* enthält ein verklungenes Wort für Sumpfwasser *(hon):* vgl. *Honredere* wie Vanredere i. W. (Bahlow, ON. S. 197).

Hannusch, Hanusch(ka), Hanuschik (wie Jannuschek, Januschke, Nuschke) sind dt.-slaw. Formen von Johannes, mit Suffix -usch, wie Hanisch, Janisch mit -isch.

Hans (obd.): KF. zu Johannes, dem beliebtesten VN. des MA.s.; mit obd. l-Suffix **Hensel** (Hansel), s. dies! Volkstümlich als »Hänsel und Gretel«, Hans und Grete – Formen, die noch von der längst verloren gegangenen Eindeutschungskraft einer wirklich gesprochenen, mit dem Ohr (ohne Mitwirkung des Auges) gehörten Volkssprache zeugen. Auch in vielen Kompositis: Althans, Junghans, Langhans, Elsenhans, (= Elsensohn), Appelhans. Erweitert: **Hans(e)mann** (oft).

Hansche(macher) s. Handschuh!

Hansch(ke), Hantsch(ke), Hantzsch Hanschmann: ostmd.-schles. = Johannes. Vgl. *Hantsch (Hannus)* Rycholff 1367 Lg., Caspar *Hantsch* 1427 Görl. *Hantschco* Richard 1372 Lg., Hs. *Hanschman* 1448 Görl. S. Hentschel!

Hansel, Hänsel s. Hensel u. Hans! Desgl. Hanselmann (obd.).

Hans(e)mann (obd.): Mertel *Hansman* 1375 Olmütz.

Hansen, Hanssen (zahlr. in Schleswig-Holstein) = Johannsen, Johannes' Sohn; vgl. Thomsen, Claussen, Petersen, Paulsen, Jenssen, Boysen, Frenssen usw., lauter Patronymika, die im Kr. Flensburg sogar 90 v. H. aller FN. ausmachen!

Hanser zeigt die obd. patr. Endung *-er:* Hans *Hanser* 1481 Freibg. Vgl. Claiser, Frantzer u. ä.

Hansing zeigt die ndd.-westf. Endung *-ing* (patr. wie obd. *-er*), vgl. Druding, Klasing, Mensing, Bläsing u. ä.

Hänsler (obd.) s. Hensler! – **Hanslik** (Wien oft): slaw. für Hans, wie Pawlik für Paul, Havlik f. Gallus. Hans *(Hanslik)* Tumar 1565.

Hansohm (ndd.): »Oheim (Onkel) Hans«, wie Clasohm »Ohm Niclas«. Vgl. den »Kasper-Ohm« John Brinckmans. – **Hanssen** (ndrh.) s. Hansen!

Hanstein: ON. (Werra, Eichsfeld), Burgruine im Werratal.

Hantel(mann): obd., Variante zu Handel(mann) = Johann, s. Händel!

Hantigk, Hantusch, Hantisch: laus.-wend. = Andreas.

Hantsch(ke), Hantzsch s. Hanschke! – **Hanusch** s. Hannusch!

Hapke (fries.) neben Habke s. Habeth! Zu *Habeke:* Hapke vgl. *Sibeke:* Sipke u. *Robeke:* Röpke. In Hbg. schon 1252 Thid. *Happeke.*

Happ (obd.-rhein.) meint den Happenmacher (mhd. heppe, happe »Winzermesser, Sichel«, vgl. *Hapenstil* 1250 Isny): Peter *Happmacher* 1450 Freiburg.

Happach (Bay.): mehrf. ON. in Bayern, alt Hagepach; Happacher (Tirol).

Happe s. Happel und Happ! Als VN. in Frkf. 1387: *Happe* Nachtschade; ebda. Hartmud *Happe.*

Happ(e)ke s. Hapke! Barteld *Happeken* 1460 Hann.

Happel: im MA. in Frkf. u. Hessen als VN. bezeugt (KF. zu Happrecht, d. i. *Hadeberht,* s. auch Habbe!), wie Ruppel zu Rupprecht, Appel zu Albrecht, Vopel zu

Volprecht. *Happel* Molfenter 1344 Wetzlar, *Happel* Treyse 1401 Fritzlar; Heincze *Happel* um 1350 Frkf., Wigand *Happel* 1529 Marbg. S. auch Happe!

Happold (Württ.): d. i. *Hadebold* (had »Kampf«, bald »kühn«), vgl. Rappold (Rat-bold). Ebenso **Happert, Happrecht** *(Hadebert, -breht* 1112 Brsg.), vgl. Rappert (Rat-brecht). ON. Happertshausen/Haßfurt.

Harbecher: aus Harbach (Hessen), wie Leutbecher, Merschbecher, mit Umlaut im hess.-mainfrk. Raum.

Harbeck: im ndd. Raum (Hbg. oft) mehrf. Bach- u. ON. (= obd. Harbach) im Sinne von Sumpf-, Moorbach (Haarbeck/Holld.) wie Marbeck; s. Bahlow, ON. S. 198! In Bayern (Mchn.) entspricht der FN. Harbeck dem ON. Harbach: *-beck* für *-bach(er)* ist bair. Besonderheit, vgl. Rohrbeck, Meichelbeck, auch *-böck:* Rohrböck u. ä. Kontrahiert ist ndd. Harbke wie Marbke, s. dies!

Harbers, Harbert (ndd.) = Herbert (*Harbert* Erdwining 1350 Osn.), wie westf. **Harberding** (patr.) = Herberding (vgl. Humperding), analog zu Garbers, Garberding, Gerberding; *heri* »Heer«, *berht* »glänzend«; ndd. ist der Lautwandel *er: ar* seit etwa 1300, vgl. plattd. Hart für Herz. S. auch Herbart! Friesisch ist **Harbs** (vgl. Garbs).

Harbig (Glatz, Schles.) neben **Herbig** (Görl.) zeigt schles. *a* für *e:* es ist der altd. Pers. N. *Herwig,* bekannt a. d. Heldensage (als Gudruns Verlobter); wig meint »Kampf«. Niclas *Herwig* 1427 Lg., Teml *Herwich* 1385 Budweis.

Harbke: ON. b. Helmstedt, s. Harbeck! (Vgl. Marbke = Marbeck).

Harbor(d)t (ndd., Hbg. oft) = Herbord, s. dies! Vgl. Harbers! – Ebenso **Harboth** = Herboth; **Harbrand** = Herbrand; **Hardegen** = Herdegen; **Harold** = Herold; **Harwig** = Herwig.

Harbrecht s. Harprecht!

Harbring (westf.) ist verschliffen aus Harber(d)ing wie Alfring aus Alferding, – Albring aus Alberding. S. Harbers!

Harcks (Hbg.) neben Harck, Harcken, Harcksen ist fries. Pers. N., urspr. *Herk (Herco)* = Hero, mit k-Suffix, KF. zu den N. mit Her-. Noch heute auch **Herck(s),** Hercksen, Herken (Hbg.). Strackerjan S. 19. Vgl. *Harco* Udinga, fries. Häuptling 1264.

Hardach (Hbg.): wohl ndd. für *Heri-dag* (Pers. N.), s. Aldag!

Harde (ndd.) neben urspr. **Herde** meint den Hirten, vgl. Heyne Lange *de harde* 1458 Haldsl. neben Reyner *Herde* 1382 ebda., Hinrik *de koherde* 1452, Bernd *Swinherde* 1456 ebda., Fr. *Herde* 1361 Barth.

Hardebeck: ON. b. Hbg., ein Zufluß der Alster ebda. (= Schmutzbach, s. Bahlow, ON. S. 198).

Hardege(n): ndd. = Herdegen, mit Lautwandel *er: ar,* s. unter Harbord! Deutung unter Herdegen! *Hardegen* v. Bardeleve, pomm. Ritter 1305 neben *Herdeghen* 1300 Greifsw.

Hardekop, *Hardevust, Hardenack* (Harnack) sind ndd. gegenüber Hartkopf, Hartfaust, Hartnack. Vgl. auch *Hardehoved* 1350 Lüb., *Hardeknak* 1542 Stolp.

Hardeland (Hbg.): ndd. Flurname.

Harden (Hbg. oft): ndd. Patr. zu Hardewig, Hardeward, Harder, Hardolf.

Hardenack (ndd.) wie Hartnack (obd.): ein unbeugsamer Mensch. Vgl. Hardekop(f), Hardehöved, Hardevust. Verschliffen **Harnack.** Heyno *Hardenacke* 1266 Hbg., auch Lüb., Strals.

Hardenberg (von): ON. (b. Göttgn. u. Altena, auch in Holld.). Der Romantiker Novalis hieß eigtl. Frhr. von Hardenberg.

Harder, Harders (Hbg. zahlr.) ist der alte ndd.-fries. Pers. N. *Herder,* s. dies! Noch 1562 in Flsbg. als VN.: *Harder* Vake. Patr. ist **Hardering,** Herdering. Aber obd. Harder meint den ON. (ON.) Haardt, s. dies! Conr. *Harder* 1348 Brünn, auch Ober-, Unter-Har*der* 1547 Tirol.

Hardewardt (Hbg.): ndd. Pers. N. *Hardeward* (selten z. B. 1274 in Hbg.; häufiger ist Hardewig, *hard* »fest, kühn«).

Hard(e)wig (ndd.) = obd. Hartwig, s. Hardeward! *Hardewig* Brunswik 1383 Haldsl. (»kühner Kämpfer«). Entstellt Hardeweg (Quedlbg.).

Hardges s. Hardtke!

Harding, Hardings: ndd. Patr. zu den N. mit Hard-, urkdl. *Herding* 14. Jh. Lübeck; vgl. Harder *(Herder),* Hardicke *(Herdeke).*

Härdle s. Härtel!

Hardolf s. Harloff! – **Hardorp:** ON. Haddrup i. W. *(Haredorp!).*

Hardt (Hbg. oft): mehrfacher Herkunft; meist = mnd. hert »Hirsch«, Detlef Hert 1411 Kiel, auch Hausname: von dem Herte: de Cervo 1260 Ro., Michel Hert (Vogt) 1303 Ro., nach dessen Sippe die dortige Hartestraße heißt wie die Hertstrate in Kiel: z. T. auch = »Hirte« (herde, harde): Ko-, Lemmer-, Pagenhardt! Z. T. aber = »Herz« in Hoghe-, Reine-, Raherte: Rahardt; vgl. auch Uterhardt, Terhardt: to der Hardt, zu hard »Weidewald«.

Hardtke, Hartke (ndd.): urkdl. *Hardeke, Harteke,* ist KF. zu Hardewig (Hartwig) »kühner Kämpfer«, vgl. *Hardeke* Kale 1378 Hann., Wernecke *Hardeke* 1393 Haldsl., *Harteke (Hartwicus)* de libra 1300 Stade. Friesisch ist **Hartje,** ndrhein. **Hardge(n)s.**

Hardung s. Hartung u. Harding! *Hardung* 1163 Köln.

Hardwig s. Hardewig u. Hartwig! – **Härendel** (Ö.) = Hörndl!

Harenberg (Hbg. oft): ON. b. Hann. (urkdl. *Horenberg:* hor »Schmutz, Sumpf«). Ludolf v. *Horenberg* 1304 Hann. Vgl. Harburg: urkdl. *Horburg.*

Harer s. Haarer! – **Harff** (von): ON. b. Köln.

Harfst (ndd.): mnd. harvest »Herbst«, auf herbstliche Zinsleistungen deutend; vgl. mhd. herbesthuon, -garbe, -vroende, -bete (»Abgabe«). Peter *Harvest* 1558 Hann. (neben Heiso *Hervest* 1583). S. Herbst!

Hargasser (Mchn.): 1442 *Horgasser* (hor »Kot«).

Hargens (Hbg.): ndd. Variante zu **Hergens** (fries. Patr.).

Harich: ndd. = *Hreke (Hereco),* so 1288 in Hbg., fries. KF. zu Hermann, Herbord, Herwig. Sofern nicht einfach aus Haring abgeschwächt.

Haring (ndd.) = Hering, ÜN. des Heringshändlers (soweit nicht das fries. Patronym *Haring(s)* für Hermann hineinspielt). In Rostock 1290 Joh. *harinc* u. Rogger *harincmester!* Vgl. *Bratharinch* 1383 Malchow.

Harjes (fries.) s. Harries!

Harke (Hbg.), patr. **Harken,** Harksen, urspr. *Herke, Herken,* s. Harcks! Vgl. aber *Harkenstel* 1420 Hann.-Münden (ndd. Harke = obd. Rechen), Tile *Harkstro*/Magdebg., sowie das Moorwort *herk, hark* in Harkelo, Harkebrügge, Harkenbleck, Harkensee, Harkenstädt *(Herkenstede).* In der Herke u. ä. (Bahlow, ON. S. 198).

Harkort: ON. Harkorten b. Hagen i. W. urkdl. *Hor-kotten* (= Kate, Kotte in sumpfiger Gegend). Henne *Horkoetten* 1381 ebda. Auch **Harkotte.**

Harland(t): Harlander obd. Flurname mhd. = Flachsland, vgl. Haberland, Erbsland.

Härle, Härlein (obd.-schwäb.) wird deutlicher durch Schlichthärle »Glatthaar«, bezieht sich also auf die Haartracht (auch Schönhärl u. ä.). Vgl. Kunz *mit dem hare* 1467 Heilbr. Hans *Härlin* 1423 Württ.

Harleb, Harlepp gehört zur großen Gruppe der Herk. N. aus ON. auf *-leben* in Nordthür.-Harzvorland, wie Hartleb, Memleb, Hemleb, Witzleb, Wiegleb neben Garlepp, Elchlepp, Hartlepp usw. (-leb meint Hinterlassenschaft, Niederlassung). Sie deuten meist auf Sumpf, Moor, Moder, entsprechend der Feuchtigkeit des Unstrutraumes.

Harling (von): »vom Harlinger Land«, ostfries. Marschlandschaft.

Harloff (Hbg. oft, Meckl.): verschliffen aus urkdl. *Hardelof* = *Hardolf* (hard »kühn«), von Bremen bis Stralsund im MA. beliebter Pers. N. *Hardolf* Oslefs 1266 Hbg., Luder *Hardelof* 1340 Haldsl.

Harm (obd., selten): »Hermelin«, vgl. Ortlip *harm* der kürsener(!) 1360 Brsl. Bentz *Harm* 1332 Württ.

Harm, Harms, Harmsen (Hbg. zahlr.) beruhen auf ndd.-fries. *Harmen, Harmens* für Hermann(s), mit dem ndd. Lautwandel *er: ar: Harmen* Cater = *Herman* Cater 1363 Friesld. Bekannt ist der Prediger Klaus Harms um 1800 in Holstein. **Harmening** ist Patr. **Harmjanz** (fries.) meint Hermann Janssen: vgl. in Oldbg. 1752 Frerich Janßen Harms, dessen Sohn 1786 Joh. *Harmjanz* heißt; ebenso Joh. Martenjanz 1750, Sohn des Brun Janßen Martens 1739.

Harmgardt: wohl entstellt aus Armgardt, s. dies!

Harmjanz s. Harm (Hermann)! – **Harm(e)-ling:** ON. Harmelingen b. Soltau. Aber Hermeling (westf.) s. dies!

Harmstorf (Hbg. oft): ON. b. Hbg., u. ö., vgl. Hermsdorf = »Hermannsdorf«.

Harmuth: = Hartmut, wie Harnagel = Hartnagel. Vgl. Hartmutshausen/Werra. *Harmod* = *Hartmod* 1300 Strals.

Harnack s. Hardenack! – **Harnagel** s. Hartnagel!

Harnasch s. Harnisch! – **Harnecker:** wie Bernecker, Rienecker zu den obd. ON. auf -eck.

Harneit: Harneid, Harney, Horney: s. Hartnid! Vgl. Richey für Richeit (1544).

Harnisch meint den Harnischmacher, Harnischfeger; auch **Harnischer,** Harnascher (obd.) nebst **Harnasch** (mhd. Form, aus altfrz. harnas »eiserne Rüstung«, kelt. Wort). Heinr. *Harnasch* 1268 Konstanz, Henslin *Harnascher* 1441 Rottweil, Stephan *harnaschmeister* 1411 Böhmen. Das altd. Wort war mhd. *brünne,* später *plate.* Die auffallende Häufigkeit in Chemnitz, Leipzig, Dresden dürfte auf Umdeutung aus **Hanisch** (= Johannes) beruhen!

Harold s. Herold – **Harpke** s. Harbke (Harbeke), vgl. Gelpke!

Harpe, Harpp ist schwerlich md. harpe »Harfe«, sondern KF. zu Harprecht (Hartbrecht), vgl. *Harpel* Licher 1315 O.-Hess., Henne *Harp* 1397 b. Frkf. *Harpern (Hartpern),* Ritter (Vater, Sohn, Enkel!). *Harprecht (Hartpertus)* Aheim 1275, Joh. *Harprecht (Hartbrecht)* 1582 Württ. Vgl. Harpersdorf/Böhmen.

Harras, Harrasser (obd.): mhd. harras, arras meint leichtes Wollgewebe (nach d. Stadt Arras), schon in Alt-Brsl. um 1350 als ÜN. *Harras;* 1408 in Eßl.: Irmel *Harrassin.* Aber **Harrasser** in Tirol ist offenbar Hofname, zur Flur Harass. Ein ON. Harras in Württ. Vgl. auch »Harras der kühne Springer«. Zu Peter *Harrasser* 1414 Pollau/Mähren vgl. Amasser 1414 ebda.

Harr(e), Har(r)s, Harrsen, Harries, Harringa sind fries. Formen (wie VN. Harro) zu den N. mit Her- (Hermann, Herbord, Herwig u. ä.).

Harrer (obd.) ist graphische Variante zu Harer (Haarer); alle 3 Formen oft in Stuttgart. Hainr. *Harrer* 1268 Markdf./Württ., Heinr. *Harrer* = Heinz *Haurer* 1413 Biberach, M. *Harrer* 1332 Prag (auch Alt-Brsl.).

Harries, Harrjes (fries.) s. Harr! Ebenso **Harringa** (Patr.). Vgl. *Harrink* Meringes 16. Jh., Aggo *Harinxma* 1422. Die Form Harries ist verschliffen aus *Harringes.*

Harsch, Harscher (obd.): einer vom *Harsch* »Heerhaufen, Kriegerschar« (mhd. harsch, harst); auch **Harst, Harster.** Heinr. *Harsch* 1335 Heilbronn, Juncherre Heinr. *Harst* 1300 Hattstatt/Elsaß, Heinr. der *Harscher* 1363 Württ.; W. *Härschelin* 1332 Plochingen. Unser »harsch, verharschen« beruht dagegen auf mhd. harsten »hart, fest werden«, vgl. *Harstysen* der Hubschmid v. Augsbg. 1539.

Harsdörfer: G. Harsdörfer aus Nürnbg., Autor des »Nürnberger Trichters«. ON. Harsdorf/Bayreuth. Aber **Harstorff** (Hbg.) aus Hastrup/Bersenbrück (1204 *Harsdorp*).

Harstall gehört zu den ÖN. auf -stall wie Horbstall, Weyerstall (alle obd.); -stall »wo Wasser steht, sich aufstaut«; *har* = *hor* »Sumpf, Schmutz«, vgl. Harlach = Horlach. Ähnlich *Haristal:* Herstelle/Weser (s. Bahlow, ON. S. 198).

Harst, Harster s. Harsch!

Hart, Harth s. Hardt! **Harte** s. Harten!

Härteiß: obd. Schmiedname wie Gerteis, Gareis usw.; s. Findeis! Fridel *Hertysen,* Schlosser 1400 Prag.

Härtel, Hertel, jünger Härtelt, Hertelt, oft in Schlesien, Lausitz, Böhmen, obd. Härdtle, Hertle, Hertlein; Hörtel; **Hartl:** im MA. beliebte KF. zu Hartwig (Hertwig), Hartlieb, Hartmann, Hartung, Hartnit (Hertnit), Hartrich, (Hertrich). Belege: *Hertel* Luft = *Hartman* Luft 1378 Iglau, her *Hertel (Hertneid)* v. Liechtenstain 1414 Mähren, *Hertel* = Hartung 1359 Glatz; *Hertel* v. Glogow, Sohn: *Hertel* 1345 Breslau; *Härtlin (Hartman)* Tarant 1266 Bozen. **Härtler,** Hertler (Görl.) ist patr. wie Seidler, Hensler.

Harten (Hbg. oft): ndd. Patr., aber auch »von Harten«!

Harter (obd., Tirol): z. ON. Hart/Ö.

Hartgers (ndd. Patr.): »kühn m. d. Speer«. *Hartcherus* 1301 Bremen.

Hartert (Schlesien, Sa.) meint Harter, den Mann aus Hartau oder Hartha (mehrf. ON. ebda.). Vgl. den Harter Schäfer 1612 (Sudeten); Ticze *von der Harta* 1387 Lg., Balth. *Hartert (Hartardt)* 1560 Lg. **Härter** s. Herter! Vgl. Hartrat!

Hartig, Hartich s. Hartke! Desgl. Hartge(n)s.

Hartisch (ostd.-schles.): KF. (mit slaw. Suffix -isch, -usch) zu Hartmann, Hartlieb u. ä. *Hartusch (Hartman, Hartlib)* köler 1356 Brsl., Baltzer *Hartusch* 1455 Dresden. Vgl. Fridusch, Thilusch u. ä.

Hartje (fries.) = Hartke.

Hartke: von Hannover bis Pommern als alte KF. zu Hartwig bezeugt. *Harteke (Hartwig)* de Libra um 1300 Stade, *Harteke* Tymmerman 1430 Osn. Weiteres unter Hardtke! **Hartig** (Hbg. oft) ist verschliffen aus Hartwig (s. dies!), urkdl. mitunter an ndd. Hartog »Herzog« angelehnt: *Hartoch (Hartwich)* Bekeman 1511 Kiel, *Hartoch* Bennick 1589 Flsbg. Vgl. Hertig für Hertwig. Ndrhein. ist **Hartgens:** Peter *Hartkens* 1483 Orsoy. Lud. *Harting* 1590 Lippe.

Hartknoch: ein hartknochiger, grober Mensch (vgl. unter Hardenack!). In ndd. Form: M. *Hardeknak* 1542 Stolp. Vgl. Knaack!

Hartkopf s. Hardekop!

Hartlaub: obd. ÖN. wie Röschlaub.

Hartleb (-lepp) ist verkürztes **Hartleben** (ON.) s. Harleb! Der Dichter Otto Erich Hartleben stammte vom Harz; zw. Harz u. Thür. liegen die vielen Orte auf -leben!

Hartlef(f), Hartleiff, Hartlev: ndd. Form von Hartlieb, -leib. *Hartlevus* Vunke 1317 Lüb. Vgl. Detleff, Gerleff, Rickleff usw. (-lev »Sproß«).

Hartlieb, Hartleib (obd. md.); Hartleff (ndd.): einst beliebter altd. Pers. N.; -leib (-lib) wie in Dietleib bzw. Ruodlieb. *Hartlieb* Gensefuß 1212 Erfurt, *Hartlib (Hartman, Hartusch)* köler 1360 Brsl., *Hartlib* (Sohn des Hanke *Hartlip,* Ratsherr) 1332 Brsl. Lutz *Hartliep* 1409 Würzbg.

Hartloff s. Harloff!

Hartmann: seit alters beliebter Pers. N., berühmt durch *Hartman* von der Aue, urkdl. auch mit *Hartlib, Hartung, Hartwig, Hertel, Hartusch* wechselnd; (s. unter Hartlieb!). -hard meint urspr. »kühn«. *Hartman (Hertel)* Luft 1362 Iglau; noch 1482 *Hartman* Somerlate/Thür.; Hartwicus *Hartmanni* 1272 Hbg., Ticze *Hartman* 1369 Lg. Dazu ON. Hartmannsdorf (Schles., Sa., Thür.).

Hartmuth: bekannt aus der Heldensage (als Entführer Gudruns), Sohn König Ludwigs v. d. Normandie. *Hartmut* Runge 1282 Rheingau, W. *Hartmuti* 1324 Brakel, *Hartmud* Dugenit 1357 Frkf. Auch Hartmuth, Hormuth!

Hartnack s. Hardenack!

Hartnagel, obd. Hertnagel, Hörtnagel meint den Nagelschmied. S. unter Nagel! Lüdecke *Hartnagel* 1378 Greifsw., Hs. *Hertnagel* 1472 Konstanz.

Hartneid *(Hartnid),* Umkehrung von Neidhart *(Nithard),* war bei Adligen u. Rittern beliebt (*nit* meint nicht »Neid«, sondern »Kampfeseifer, -grimm«). Schon die Thidrek-Saga nennt e. König *Hertnid* (u. Bruder *Herder*)! Verschliffen **Harneid** (s. dies!). *Hartnid* Ber 1298 Greifsw., *Harned(us)* 1323 Lünebg.; obd. mit Umlaut: *Hertnid* Chreßling 1250 Krems, *Hertneid* v. Liechtenstein (Hauptmann) 1394 Steyer, Caspar *Hertnid* 1455 Augsbg., Burkard *Hartnit* 1313 Württ.

Hartog, Hartoch (ndd.) = Herzog; deutet auf Dienstverpflichtungen dem herzogl. Herrn gegenüber, daher auch als Bauernname. Vgl. 1573 in Flsbg.: *Hertoch* Hans neben *Hartoch* Christoffer. Dazu Arnd *Hertoge* 1366 Hann.

Hartrampf s. Hertrampf!

Hartrath: alter (westd.-frk.) Pers. N. (»kühn im Rat«). Vgl. *Hardarad* um 1200 in Westf., *Hartradus* niger 1061 Nassau, Hartradus 1300 Lüb., *Hartrat* Scherge 1180 Bamberg. Als FN.: Heinr. *Hartrat* 1343/Tauber (1296 Lpz.), Joh. *Hartrat* 1315 Brüx, viell. auch **Hartert** (Schlesien), s. dies! Im übrigen sind die N. auf *-rat* meist weiblich (vgl. Herrad, Gundrad), abges. v. Fastrad, Volkrad u. dem Kaisern. Konrad! S. auch Hartrodt!

Hartrich s. Hertrich!

Hartrodt, -roth, -rott gehört zu den thür.-hess. ON. auf *-rode.* Vgl. Billroth, Klapprodt, Vockrodt (Vockenrode); Aschrott (Ascheroda). Hartenrod, Harterod ist mehrf. ON. ebda. Vgl. auch ON. Hartrath/Rhld. (heute wüst): Henr. Vassen aus H. 1656.

Hartsch s. Hartisch!

Hartung: das altertümliche *-ung* war bei N. der Heldensage beliebt (*Adelung, Amelung,* dort Weiteres!) Vgl. die Hartungensage! S. auch Hartneid, Hartmann, Hartlieb, Hartwig, Hartrat, Hartwin,

Hartger, Harprecht! Deutlich sagenbetont ist *Hartung Nydung* 1347 b. Oppenheim. *Hartung* Moz 1212 Erfurt, *Hartung (Hertel)* 1351 Glatz, *Hartung (Hartmud)* Brüning 1320 Wetzlar, *Hartung* Setteler 1445 Jena, *Hartung* Han 1569 Fulda.

Hartwig, obd. mit Umlaut **Hertwig,** Härtwig (»kühn im Kampfe«): von allen N. auf -hard seit alters der beliebteste; KF. Hertel! Verschliffen Hartig. Patr. Hartwiger (obd.), Hartwichsen (ndd.). Zur Mundartform **Hattwig,** Hattwich (Bahlow, Schles. Nbch., S. 40) vgl. Hartungs-, Hattungsreute um 1300 b. Stuttg. S. auch Hardewig! *Hertwig* v. Nostitz 1289 Schlesien. ON. Hertwigswalde ebda.

Hartz, Harz (Hbg. oft) beruht, soweit nordd., auf falscher Verhochdeutschung (um 1600) aus **Hart,** z. T. ÖN., z. T. = Hirsch! Vgl. *Herteshals* 1263: *Hartzehals* 1420 Magdebg. (Vgl. Harzog für Hartog!) Sonst auch wie **Harzmann:** der vom Harz; **Har(t)zer,** Härzer desgl., aber obd. = Harzsammler (Vitus *Harzer* oder Forestarius 1481 Blaubeuren).

Harwar(d)t, Harwerth (ndd.), Herward (»Heer-Hüter«); *Herward* Mule 1262 Rostock; Willeke *Herwardes* 1252 Hbg., wo einst das Kloster *Herwardeshude* (heute Stadtteil Harvestehude). – **Harwig** (ndd.) = Herwig u. Hartwig!

Harz(er), Härzer s. Hartz!

Hasch(e), Haschke = slaw. Hascha, Haschek (auch Jaschke, Jaschek), KF. zu Johannes. Oft in Sa., Schles., Böhmen. *Haschke* Teschener 1423 Lg. Jacob *Hasch(e)* 1556 Freiberg.

Hase, Haase, obd. **Haas:** wie viele Tiernamen meist wohl auf das Wesen des Benannten deutend, z. T. auch auf den Beruf (Hasenjäger), z. T. auch durch Hausnamen vermittelt (Henr. *Hase:* im Haus »zum Hasen« 1293 Basel; desgl. die *Heslin:* im Haus »zum Heslin« 1455 Freiburg). In Bayern 1173 Rüdiger *Hase:* usw. Als Judenname (Haas) schon 1383 in Lg. (Hase der jude). Dazu Komposita wie *Hasenaug* (fürstl. Jägerknecht 1481 Stuttg.), *Hasenbalg* (1291 Kr. Haigerloch), *Hasenbein* (1424 als Jägername in Hess., also der »Schnellfüßige«; vgl. *Snellehase*/Alt-Brsl.), *Hasenfratz* (Schweiz, O.-Rhein, vgl. Ulr. Fratz 1351), *Hasenfuß, -foth* (1293 Hbg.), *Hasenkop* (1283 meckl. Ritter), *Hasenohr* (1259 Hbg.), *Hasenschart* (1472 Heilbronn), *Hasenmul* (1387 Frkf.), *Hasenschlaf* (1442 Kassel), *Hasenzagel, -zahl* (»Schwanz«, 1248 Eßl., 1339 Mies, auch Hassenzahl). Deutliche Jägernamen sind: *Spör-, Schreck-, Hetze-, Stöwhase.* Vgl. auch *Kleehaas, Kohlhaas.* Aber Knie-, Leder-, Lein-, Mehl-, Trillhase s. unter Hose!

Haselbach, -bacher (obd.): zum häufigen ON. H. (bes. in Bayern, dort auch Haselböck, -peck: Ulrich *Haselpeckh* zu Haselbach 1339).

Haselhorst (nordd.): mehrf. ON. (ÖN.) in Westf.-Hannover.

Haselmayer (obd.): nach d. Wohnstätte im »Haslach«.

Haseloff: ON. westl. Jüterborg.

Hasemann (Hann., Hbg.): von der Hase (Nbfl. der Ems), wie Hunte-, Leine-, Wesermann. Zum Flußn. s. Bahlow, ON. S. 200!

Hasenbalg, -fuß, -jäger u. ä. s. Hase!

Hasenbank: wohl Flurname auf urspr. -wang, vgl. Holderbank (1263 Holderwang), Marbank (932 Marchinawanch) in Schwaben (mit bair. *b* für *w*).

Hasenclever (Wuppertal oft): aus Hasenclev b. Remscheid. Entstellt Hassenklöver. Der Dichter Walter H. war Aachener.

Haseney: z. ON. Hasenau, wie Haseneier; vgl. Morgeneier, z. ON. Marieney/Vogtld. – **Hasenkamp(f):** westf. Flurn. auf -kamp »Feld«.

Hasenkrug, -krüger: der Wirt zum »Hasenkrug« (ÖN. z. B. in Holstein). Schon 1282 Joh. *Hasenkroch* (Ratm. zu Demmin).

Hasenmüller, -miller (obd.): z. ÖN. Hasenmühle (Württ., Bay.).

Hasen-, Hassenzahl s. Hase! Wenzo *Hasenzal* 1312 Mainz (mhd. zagel = Schwanz). Vgl. ebenso Rübezahl »Rübenschwanz«!

Haserick, Haserich: vergleichbar mit Jeserick, Jeserich (ON. in Brdbg.), es dürfte ein ON. vorliegen. Vgl. Martin *Haserich* 1444 Pirna. Ein ON. Haserich b. Bullay/Mosel, zur Gruppe der rhein. ON. Mederich, Büderich.

Hasert: ein leidenschaftl. Würfel- oder Glücksspieler (mhd. mnd. hasehart, hasart »Glücksspiel«, aus frz. hasard). »Wan de dobeler hasert anropt ...« (Mnd. Wb. 6,

150). Vgl. Hildebrand *Hasart* 1270 Hbg., Herm. *Hasert (Hasart)* 1307 Greifsw., Godefrid *Hasehart (Hasart)* 1209 Köln, Heinr. *Hasart* 1256 Zürich. Joh. Hasart 1262 Ro.

Hashagen: westf. ON. wie Drolshagen, Varnhagen; die Siedlungsnamen auf -hagen ziehen sich bis Mecklbg. (Stavenhagen) u. Pommern (Poppen-, Bugenhagen) hin. Vgl. auch Haßbergen.

Haslach(er): z. häufigen obd. ON. (ÖN.) Haslach (Baden, Württ., Bay.); ebenso **Hasloch(er)** zu Hasloch. Auch abgeschwächt (mit Umlaut) **Häßlich** (z. B. Stuttgarter Vorort): Bertold *Häßlich (Heßlich)* 1485 Stuttg. – Zum Flur- u. ON. Hasel, Haselau gehört **Has(s)ler:** vgl. die Brüder Küni *Haßler* u. Heini *von Haßlen* (Schwyz). s. auch **Heßler,** Heseler!

Haspel wie Haspelmacher: Hersteller von Garnwinden. S. Hespeler!

Hasper: aus Haspe a. d. Haspe (Zufluß der Ennepe/Ruhr), prähistor. Bachname *Hasapa* »Moorwasser« (Vgl. Bahlow, ON. S. 201) wie Aspe *(Asapa)* u. ä. vgl. die Hase!

Haß: (ndd.) s. Hasse! Obd. = Hasser.

Haßbargen: aus Hasbergen (Oldbg., Osn.), wie Gram-, Lad-, Malbergen, alle auf Sumpf, Moor oder Moder bezüglich, vgl. Haßmoor; (s. unter Hasper!).

Hasse: ndd. KF. *Hasso* (noch heute VN. in Adelskreisen) zu *Hadebert, Hadeward,* wie *Bosse (Busse)* zu *Borchard, Borgward.* Ritter *Hasso* von Wedel 1288 Pomm., *Hasso* v. Manteuffel; *Hasso* Blide 1271 Hbg., *Hasso* Eldaghes 1331 Lüb. Aber obd. **Haß** (Prag 1363) meint den *Hasser* (1279 b. Tüb.).

Hassel, Hasselmann, Hasselmeier: zum ÖN. u. ON. Hassel (In den Hasseln), öfter in Hannover u. Westf., beruhend auf *Has-lo* »sumpf. Niederung bzw. Gehölz«, wie Los-lo: Lössel; Aslo: Asseln, soweit nicht die Hasel hineinspielt. Auch **Hasselfeld,** Hasseldieck, Hasselhorst, Hasselbruch, Hasselbrink, -bring, -busch. **Hasselbach** ist mehrf. ON. (Westerwald, Taunus, Rhld.). Hasselbarth s. Hessel-! **Hasselwander** (Ö., Tirol), auch Haslwanter: wie Stainwander, Rotwander, Rettenwander, Graswander nach der Wohnstätte an e. Felswand.

Hassenkerl: »haß den Kerl!«, ndd. Hatenkerl (vgl. Hatenbur), wie **Hassenteufel,** -teifel, -deibel: typischer N. für Haudegen oder Landsknechte. Vgl. Fressen-, Schlagen-, Jagenteufel.

Hassenkrug: »haß den Krug« (Gegenteil: Lerenkrug); vgl. aber Hasenkrug (ON.), wie Hassen- u. Hasenpflug. Ähnlich Hassenwein: Marti *Haßdenwin* 1369 Schwyz.

Hassenpflug, Hasenpflug: Spottname für Bauern, wie Scheuenpflug, zumal wenn sie in die Stadt zogen (– wohl auch für entlaufene Bauernsöhne). Bekannt war der unbeliebte hess. Minister Ludwig H., im Volke »Haß und Fluch« genannt.

Hasserodt: aus Hasserode/Nordthür. bzw. Hassenrath/Odenwald.

Hassforther: aus Haßfurt a. M., im Hassegau (»Riedgau«: Bahlow, ON. S. 201).

Haßkarl, Haßkerl = Hassenkerl, s. dies! – **Hassold** s. Hessold!

Haßler (obd.) s. Haslach! Ein Ort Haßlau b. Döbeln/Sa. Vgl. Häßler.

Hast (Hbg.): wohl aus Haste b. Wunstorf bzw. Osn.

Hastedt: ON. am Wümmemoor, wo auch Tostedt, Ostedt usw.; verschliffen aus *Hadestede,* wie Ostedt aus Odestede. Zu den uralten, verklungenen Wörtern *had* und *od* »Moor, Sumpf« (wie in Hadenbeck, Hadeln; Odenbach, Odeslo) s. Bahlow »Oldesloe u. Hadeln« (Ndd. Korresp. Bl. 1961; auch ON. S. 191 u. 359, 362). Auch Hattstedt/Elsaß u. Hettstedt/Thür. hießen *Hadastat.*

Hastenrath: ON./Rhld., wie Fastenrath, Herkenrath, Kolvenrath, (-rath = rode), lauter »Rodungen im Moorgelände«, vgl. Hastenbeck/Hameln, Hastenhusen, Hastenleben (Haßleben).

Haster (Hbg.): aus Hasten b. Remscheid (urkdl. *Has-sytten* 1312 = Moorsiedlung), analog zu Broxter (aus Brokseten »Bruchsiedlg.«, vgl. Lok-seten).

Hastreiter (obd.): aus Hasreit (Ö.), d. i. Has(en)reut, wie Abstreiter, Bärenreiter u. ä.; vgl. Hasenrieder, -ritter.

Hastrich dürfte ÖN. sein; vgl. Destrich u. ä. – **Hatheyer** (Ö.): Mundartform für »Heu-teuer« (*Heytheuer* 1546 Allgäu) wie *Halaiter* (1364 Mies) für Heu-leiter!

Hatje (Hbg. zahlr., auch Hattje) ist fries. KF. zu den N. mit Had- (Hadebert, Hadeward), = ndd. Hadeke, wie Ratje für

Radeke (Radlef) oder Goetje für Gödeke (Godefrid), Botje für Bodeke (Gerbode).

Hatlich s. Had(e)lich, Hedlich!

Hatscher: mundartl. für Hetscher, Hätscher *(Hedischer)*, s. Hedwig!

Hatschke: Variante zu Haschke, s. dies! *Haczco* 14. Jh. Brsl.

Hattdorf: ON./Harz. Hildebrand *Hattrop* 1457 Duderstadt.

Hatte, Hattje, Hattinga (fries.) s. Hatje! – **Hatt** (obd.): alte KF. *Hatto* (z. B. Erzb. v. Mainz 900); Berth. *Hatto* 1197, Hainz *Hatt* 1451 Württ.

Hattel, Hättler (obd.) s. Hettel, Hettler!

Hattemer (obd.): mundartl. für Hattenheimer (Baden); vgl. Herxemer, Bullemer, Stockemer, Mannemer (noch heute für Mannheimer).

Hatten (ndd.-fries.), von: Marschlandschaft zw. Oldbg. u. Bremen (Bahlow, S. 202).

Hattenbach: ON. b. Hersfeld. Ein Hattenbach fließt zur Körsch/Württ. Vgl. auch Hattenheim, Hattendorf, Hattenrode, Hattenwiesen, – alle zum Moorwort *hatt (had)*, s. Bahlow, ON. S. 202.

Hattensohl, -suer, -sauer (ndd.): »haß die Ahle«, fauler Schustergeselle. Hattesuwel 1585 Heemsen; vgl. Hattekanne 1377 Dzg.

Hattert: ON./Westerwald, verschliffen aus Hatterode/Hersfeld bzw. Hattenrod b. Gießen, wie Rettert/Taunus aus Retterode. Vgl. Hatterath b. Aachen.

Hattinga (fries. Patr.) s. Hatje! Vgl. auch Hattesen (Flsbg.).

Hattwich s. Hartwig!

Hatzfeld: ON./Eder; bekannt durch Oberst v. H. (Dreißigj. Krieg).

Hätzler (obd.): bekannt durch die Augsburgerin Klara *Hätzler(in)* u. ihr Liederbuch (1470). Angeblich zu e. ON. Hätzele.

Hatzold s. Hetzold! – **Hätzer** s. Hetzer! – **Hatz(l):** bair. »Elster«. Vgl. Hetz(l)!

Hau (obd.): ein Terminus der alten Waldwirtschaft; jeder Gemeindewald war in Haue (Holzschläge) eingeteilt. Bürklin *Haw* 1383 Kr. Tübgn. Hensel *Haw* 1399 Dux. Hans *Höwli* 1484 b. Stuttg.

Haube, Hauber: Verfertiger von Hauben (mhd. hûbe, hoube) als Kopfbedeckung; vgl. Haubenstricker (*Hubenstricker* 1515 O.Elsaß), **Haubensack** (Reutl., Stuttg.): 1488 *Hubensack*/Stuttg., Haubennestel »Haubenband« (*Hubennestel* 14. Jh./ Lahr), *Hawbenpörstel* (»Bürste«) 1397 Prag; aber auch **Haubenschmid** (Mchn).: Verfertiger von eisernen Sturmhauben, Helmen (mhd. beckenhube): *Hubensmit* (harnischer) 1463 Basel, und **Haubenreißer** *(hubenrißer)* wie Scheidenreißer; neben **Hauber** (Bastian H. 1555 Reutl.) auch **Haubner,** Heubner, Heubler, nebst Häubl, Heubel, Heibel. (Mixo *hawbner* 1397 Prag.) Die anschaulichste Schilderung einer Prunkhaube ist uns im »Meier Helmbrecht« von Wernher dem Gärtner (um 1240) überliefert.

Haubold, obd. Haupold (Patr. Haupolter): diphthongiert aus Hubold *(Hugbald,* germ. Pers. N.: hug »denkender Geist, Gedanke«, bald »kühn«, s. Hubert, Hugo!), vgl. Haunold für Hunold. Joh. *Hubold (Haubold)* 1525 Altenbg.; Fr. *Haupolt* 1394 Tirol.

Haubrich(s) neben Hubrichs (rhein.) meint Hugbert, s. Hubert!

Hauch: frk.-sächs. für Hauck, wie Huch für Huck = Hugo. Vgl. Haugk, Hugk, Hauch in Schweinfurt 15. Jh. *Hauchwitz* = Haugwitz.

Hauck, Haucke ist die schles.-sächs.-frk. Form für Huck, Hug = Hugo; in Württ. u. Bay. wird **Haug(g)** geschrieben. Vgl. Nickel *Hauck (Huck)* 1537 Jena; Hannes *Hauk* u. Lor. *Haug* 1400ff. Habelschwerdt. Dazu *Hugwitz:* Haugwitz u. *Hugsdorf:* Hausdorf b. Glatz. *Hauck* v. Wasungen, Edelknecht, 1353 Bayern. Andern Ursprungs ist der fries. VN. *Hauke* (Hayen), z. B. b. Th. Storm im »Schimmelreiter«. S. auch Haug!

Haude, Haudek, Haudan, Haudetz sind slaw.-ostd., vgl. hud- »elend«.

Haueis(en): Satzname, meint den Schmied (Schmiedegesellen), s. Findeis! Ein Schmied Hs. *Hauweysen* 1431 b. Rastatt.

Hauel (obd.), Haule s. Hau!

Hau(en)schild, Hauschild: allg. verbreiteter N. für Haudegen, Landsknechte, berufl. Zweikämpfer. Näheres b. Brech., »Raufbold u. Eisenfresser« (1937). Vgl. b. Hans Sachs »Ei schweig, du wüster *Hauenschild,* sonst schlag ich dich noch kurz und klein!« Ähnlich **Hauenhut** (mhd. hut = Helm, vgl. Eisenhut). **Haurand** (rand = Schildrand, Schild). Hauenkerl (1401

Kassel). Haudruff. Haudrein. Hauto, -tau (ndd. = »hau zu!«). Haunit. Hauentzwei (Joh. *Hawnzwey* 1420 Znaim). *Hawenschilt* 1348 Brsl., 1402 Lg. Ein Ritter *Borgeschilt* 1265 Wetzlar.

Hauenstein: mehrf. ON. (Pfalz, Schweiz usw.). Heinr. *Houwinstein* 1270 Basel.

Hauer, obd. auch Heuer (vgl. Brauer, Breuer): meint meist den Holzhauer. Hence *Howere* 1262 Hbg. Dazu Komposita wie Baum-, Molden-, Schopenhauer usw. Vgl. Hinr. *Howaf* (hau ab!) 1336 Lüb., Henr. *Howenicht* 1280 Rostock.

Hauf(f), Haufe, Hauffen (obd.): bekannt durch den schwäb. Dichter Wilh. Hauff u. seine Märchen. Wird verständlich durch Schlagenhauff (Schlaginhaufen), meint also den Heerhaufen, entspricht somit Harsch, s. dies.

Haufschild (obd.) s. Hauenschild! Der Labial *f* stammt von der mhd. Form *Houwenschild.* Vgl. Haubeis (Tirol) neben Haueis(en).

Haug(g): obd.-württ., s. Hauck! (Hugo). Ritter *Hug (Haug)* von Schilteck 1271/96 Württ.; noch 1480 Graf *Hug (Haug)* v. Werdenberg; Bernh. *Hug (Haug)* 1557 Wolfach. Patr. **Hauger** (obd.).

Hauk(e) s. Hauck! – **Haul(l)** s. Hau!

Haumann (oft in Köln, nebst **Hau**): z. ÖN. Hau (Holzschlag); auch ON. b. Kleve. In Hessen als »Heuhändler« bezeugt, vgl. Henne *Hau(we)menger* 1387 Frkf. Gerwig *Hauman* 1334 Grünbg./Hess. Obd. vgl. Heumann. Schon mhd. hieß das Heu neben *höu* auch *hou,* dazu der *höuwer, houwer.*

Haumersen: nordd. ON. auf -husen, -hausen wie Hummersen, Dangersen, Gellersen, Mengersen.

Haun (obd.): urspr. *Hun,* KF. zu Hunold: Haunold. Sipel *Hune* 1359 Frkf. Vgl. auch Heun!

Haunolt s. Hunold! – **Hauner,** Haunert: aus Haun/Bay.

Haunreiter (Mchn.): z. ON. Hauenreut (Bay., 3mal).

Haupt (ndd. Höft): wie Kopf, Bein, Fuß usw. nach einem auffallenden Merkmal. Vgl. Breithaupt, Dünnhaupt, Kraus-, Schwarz-, Weißhaupt. Z. T. (am O.-Rhein) auch durch Hausnamen vermittelt: so in Basel im 13. Jh. ein Haus u. Geschlecht *zem Houpte.* Ein Ritter Sifrit *Houbet* 1223 Pfalz. Auch **Haubt, Heubt** (Umlaut obd.-schles.-sächs.), mundartl. obd.-bair.-österr. Häuptel, Häupl, Heupl, Heppl, Happl. »Haupt« war das alte, noch von Luther gebrauchte md. u. obd. Wort für das jüngere »Kopf«. Schwäb. ist Haibt. Über Haupt als »Quellbezirk« s. E. Schröder, 308, 316.

Hauptfleisch (Schlesien, Lausitz): wohl ÜN. des Fleischers. Melcher *Hauptfleisch* 1565 Görl. Mundartform: **Hetfleisch** (vgl. schles.-böhm. Hettmann für Hauptmann).

Hauptmann: nicht zufällig war der berühmteste Vertreter des Ns. der Dichter Gerhart H. ein Schlesier. Der H. war im MA. ein hoher Verwaltungsbeamter (im Fürstentum Schlesien der Vertreter des Landesherrn, meist aus dem Adel u. der Ritterschaft, dann auch »Bezirkshauptmann«). Heincze c. Czedelitz ritter, *hewptman* u. hoferichter 1415 Lg., H. Küchenmeister *der houptman* v. Jegerdorf 1408 Görl. Hensl *Haupman* 1377 b. Prag, Elbel *Hapman* 1395 b. Eger. S. auch Hettmann!

Hauptner (obd.): zum ÖN. Haupten (sei es Berghaupt oder Bachquelle, wie Berghaupten, Roßhaupten, Tierhaupten; Lohrhaupten a. d. Quelle der Lohr; dazu E. Schröder »Haupt als Quelle«, Dt. Nkde., S. 308, 316).

Hauptvogel (häufig in Dresden, Lpz., Freibg.): wohl ÜN. für Vogelfänger oder -händler (s. Vogel!). Ähnlich *Blutvogel, Tantvogel*/Altbrsl., oder Haid-, Brach-, Schrei-, Spervogel u. ä. *Hoytvogel* 1484 Freibg./Sa., *Heuptvogel* 1590 Dresden.

Haurand s. Hauschild! – **Haurer** (schwäb.) s. Ha(a)rer! Vgl. Heinz *Haurer (Harer)* 1400/13 Biberach, Bentz *Haurer* 1427 Reutl. Zu schwäb. *au* für *â* vgl. *Haurigel* 1344 Stuttg. neben *Harigel.*

Haurwitz, Horwitz (jüd.): aus Horovitz/Böhmen.

Haury, Hauri(n): nur in der Schweiz = »Schreier« (zu alem. hauren); vgl. Brümsy »Brummer« (zu brumsen).

Hausbalk meint den Zimmermann, s. Balke!

Hausch(ke), Hauske (Lausitz, Böhmen) s. Husch(ke)!

Hauschild, Haus-schild s. Hauenschild!

Hauschopp (ndd.-westf.) meint »Hochschopf« (Haartracht) wie **Hautop** neben Hotop »Hochzopf«. Vgl. Breit-, Grau-, Hohnschop.

Hausding, Hausting, Hauschting: wend. Hauschtyn = Augustin. Aber wend. *housti »Dickicht«.*

Hausdorf: ON. b. Glatz (urkdl. *Hugisdorf*); auch b. Grimma/Sa.

Hause: vgl. in Brsl. 1389 Mathis *hause,* 1394 Nic. *vom huse,* 1364 Heinke *in dem hus.*

Hausenblas (Österr., Schweiz): wohl ÜN. des Buchbinders oder Fischleimbereiters (aus der Schwimmblase des Hausen [ahd. huso], Familie der Störe).

Hausenstein: obd. ON.

Hauser (obd.): urkdl. Hûser, aus einem der vielen Orte Hausen (Bayern, Württ., Baden). Bek. durch das geheimnisvolle Findelkind Kaspar Hauser (Ansbach).

Hausig(k), Hauske s. Hauschke: Huschke! – **Hausknoß** (Wien): mhd. hûsgenôße (1278 Eßl.).

Hausleit(n)er, -leutner (Ö.): aus Hausleiten (Leite = Abhang), wie Berg-, Esch-, Sandleiter.

Häusler (oft in Schlesien); auch Heusler, Heisler: ein Dorfbewohner ohne Ackerland, nur mit kleinem Anwesen (Häusel), daher zu Nebenerwerb genötigt (als Tagelöhner u. ä.). *Hüseler, Heuseler* im 14. Jh.

Hausmann (obd.-rhein): mhd. husman, zum Gesinde eines »Hauses« gehörig, Joh. *husman* 1364 Brsl. daher urkdl. auch = Hausknecht; z. T. wohl auch = schles. Häusler. Vereinzelt auch = Burgwart, da mhd. hûs auch = Schloß, Herrenhaus! Vgl. ndd. Husmann!

Hauß(n)er (obd.-bair.): zum ON. Hausen (oft in Bay.). Albrecht der *Hausner* 1293 Mchn. *Heusner* 1396 Budweis. – **Haustedt** s. Hustedt!

Haustein s. Hauenstein! – **Hausting** s. Hausding!

Hauswald: aus Hauswalde b. Dresden. Hannos *Huswald* 1413 Görl.

Hauswedell (Huswedel): nordd. ÖN. auf *-wedel (wede)* »Furt durch Sumpfgelände« bzw. »sumpf. Wald«, wie Marwede(l), Barwede(l), Hollwede(l), lauter Synonyma. Vgl. dazu E. Schröder, Dt. Nkde., S. 264f.

Hauswirth: mhd. hûswirt »Hausbesitzer, Hausherr«. Henr. *Huswirt* 1216 Walkenried, Hs. *Hawswirt* 1388 Eger. Vgl. Hausherr (*husherre* 1209 Hess.).

Hauswurz: wohl ÜN. des Gärtners. Auch ON. b. Fulda.

Haut(h): ndd. = Hoth »Hut«, vgl. Fildhaut (Filzhut-macher) u. Haudwalker neben Hot-, Hutwalker. Sonst (md. u. obd.) = »Haut« (mhd. hût, hout) für tierische Haut, ÜN. des Häute- oder Fellhändlers (ndd. Hütköper), vgl. Hans *mit der haut* 1376 Eger; Nickel *hauter (heuter)* 1343 Mähren. Dazu Komposita wie *Dickehout, Seuhout* 1368/83 Lg.

Haut(t)mann (obd.) s. Haut!

Hauto (ndd.) = »hau zu!« S. unter Hauenschild! – **Hautop** s. Hauschop!

Hautz (Bay., Ö.): nebst **Hautzer,** Hautzmaier, Hautzenberger, -dörfer, -eder, offenbar zu e. Flurnamen. Dietmar *Hautz* 1350 b. Neustift/O. Ö.

Have, Hafe (ndd.) wird deutlich durch »tom Have« = zum Hofe; auch »von (van) Have«, bes. ndrhein.-westf. im Bereich der Einzelhofsiedlungen.

Hävecker s. Habecker!

Havekost, -koß (ndd.) ist entstellt aus *Havek-horst* (Habicht-, Habighorst), häuf. Flurname, bes. in Westf.; auch als ON. Havekost b. Delmenhorst, Bevensen usw. Helmeke *Havikhorst* 1418 Hann.

Havel, Havelka (tschech. = Gallus) s. Habel! Vgl. Pavel(ka) = Paul.

Havemann, Haveme(i)ster (ndd.) = Hofmann, Hofmeister, urspr. *Hoveman, Hovemester;* zu einem Guts- oder Bauernhof gehörig. Bernardus *Hoveman* 1268 Rostock, Henr. *Hovemester* 1279 ebda; dann (mit ndd. Wandel *o:a)* Jakob *Haveman* 1459 Barth. S. auch Hamann! Ebenso Hafemann, Hafemeister. Nicht zu verwechseln mit dem »Hafenmeister«: Hence *Havenemester* 1270 Rostock.

Havenit(h): ndd. für Habenicht(s), s. dies!

Havenstein, Hafenstein: ON./O. Bayern.

Haver (ndd.) s. Haber! Auch *Haversack, Haverkorn, Haversaat* meinen den Haferbauern bzw. -händler. Aber **Haverbeck** (im Wümmemoor usw.) meint »Moorwasser« (wie *Haver-mere, Haverlah, Haverbach*), s. Bahlow, ON. S. 204! Joh. *Havere* 1298 Rostock; Henr. *Haverbeckere* 1282 ebda. Vgl. auch *Oldehaver, Brüsehaver, Haverbrot, Haverköper, Haverwender.*

Hävernick: wohl ostd.-slaw. ÖN. wie Jauernick (Jawornik), Obernigk.

Havighorst s. Havekost! – **Havlitschek** s. Havel!

Hawel(ka) s. Havel(ka)! – **Hawer-** s. Haver-, Hafer-!

Hawranke, Hawranek: tschech. – **Hawemann** (Köln) s. Havemann! – **Häwecker:** s. Habecker.

Hay(e), Hayen, Hayessen, Hayunga (auch Heye, Heyen, Heyenga) sind ostfries., zum beliebten Pers. N. Hajo, Hayo (Stamm Hag-); s. Hagge! Vgl. *Haye* Wubbena (fries. Häuptling) 1397, *Haye Haynges* 1437 Oldbg., Fedde *Hayessen* 1750 ebda.; Jac. *Heyen* 1260 Rostock, Hayo 1274 Hbg., 1321 Stade. Zum Patr. *Hayunga* vgl. Boyunga (zu Boye, Boysen).

Haydn (Mchn., Wien) s. Heiden!

Hayduk, Haiduk, Heyduk, Heuduk: Bezeichnung für Bediente (der ungar. Großen).

Hayek, Hajek (Wien zahlr.): tschech.-wend. haj »Hain«, also kl. Wäldchen.

Hayer (obd.) wie Heyer = Heger, Hüter (zu mhd. heien »hüten«), auch Hay, Hey (mhd. heie »Hüter«) nebst Holzhey, Halmhey, Grashey. Ulr. *Hayer* 1507/ Neckar; Cuonr. *Hay* 1423 Sigmargn.

Hayler (obd.) s. Heiler! – **Haymann** s. Heymann!

Hayn s. Hain!

Hebbel: wie der Dichter Friedrich *Hebbel* ist auch sein N. in Dithmarschen verwurzelt, als KF. zum weibl. VN. *Helburg (Heilburg),* wie *Wobbele* zu *Wolburg (Walburg).* Ein Schwesternpaar *Hebbele* u. Hille 1360 in Rendsbg., eine domina *Helburgis* 1367 in Lüb. (vgl. Helwigis neben Heilwigis). Häufiger war die Form *Hebele* im ndd. Raum (nebst *Hebeke),* wie *Abele* für *Alburg* und *Ebele* für *Elburg (Eilburg),* vgl. *Hebele* Groters 1440 Barth, *Hebele (Hildeburgis!)* 1300 Stade, *Hebele* Campitz 1352 Stettin. Vgl. dazu Bahlow, »Hebbel und Frenssen« (Ztschr. »Dithmarschen« 1974)

Hebben: ndd.-fries. Patr. wie Habben, Lübben, Wübben, Ubben, Tebben. Zur KF. Hebbe vgl. unter Habbe! (Hadebert: Hebbert, s. Hebbering!).

Hebbering: westf. Patr. *Hebberding* zu Hebbert (Hadebert), wie Lübbering zu Lübbert.

Hebborn (oft im Bergischen): ON. b. Köln (1280 *Hadeburn:* Quelle am Sumpf; auch am Harz ON. Hadeburn: Heudeper bzw. Hedeber, s. Bahlow, S. 191).

Hebebrand (Köln): ein Brandschürer wie Schürenbrand; Gegenteil: Löschenbrand; wohl ÜN. des Köhlers (vgl. Löschenkohl, Kohlbrand). Zu heben »anheben, beginnen« vgl. Hebenstreit, -krieg, -schimpf, -tanz.

Hebecker, Häwecker (ndd.) s. Häfker u. Habecker!

Hebeis(en) (obd.) wie **Hebnagel:** Schmiede-N.

Hebekerl (wie Gripenkerl): »halte den Kerl!«, Häscher.

Hebekeuser (Köln) deutet auf urspr. Hebinghäuser (ON. auf -husen, -hausen). Vgl. ON. Kausen (Westerwald), urkdl. Innik-hausen.

Hebel, Hebell: Die Verwurzelung des Dialektdichters Joh. Peter Hebel im Alemannischen entspricht der dort heimischen mhd. Lautform *hebel, hevel* für »Hefe« (vgl. A. Götze, S. 72). Hebel ist Berufs-ÜN. des Bäckers, wie *Hebelwecke* 1293 Zollern u. *Surhebel* 1428 Konstanz, vgl. *Saurheffel* 1550 Württ. (u. *Sauerteig,* Bäcker! 1389 Brsl.). *Hebel* 1381 Konstanz, *Hebili* 1460 Freibg.

Heb(e)ler (obd.), **Häbler:** s. Hebel!

Hebenbrock (Hbg.): ON. b. Soltau, wie Besen-, Elsenbrock, -bruch, zu *heb-* »Sumpf, Moor« vgl. den Heber a. d. Leine (wie Seiler, Selter), das *Heb (Hebed)* in Hessen, ON. Hebel b. Fritzlar (urkdl. Hebelde, wie Empelde, Gittelde) usw. (Bahlow, ON. S. 204).

Hebe(n)streit, Hebstreit: verbreiteter ÜN. für Streitsüchtige; auch **Hebenkrieg** (vgl. ndd. Makeprang). *Hebe(n)strit* 1220 Ravensbg., 1351 Lg., Brsl., 1369 Iglau; *Hevenstryt* 1434 Haldsl. Vgl. auch **Hebentanz** (Hebedanz); **Hebenschimpf** (mhd. schimpf »Scherz«, also »Spaßmacher«); **Hebe(n)brand** (wie Schüren-, Löschenbrand), der Köhler, Heizer bzw. Brandstifter.

Hebentheier (Ö.) = Ebentheuer, s. Abenteuer!

Heber, Hebert: der von Berufs wegen etwas hebt bzw. aufläd t (Lastträger), vgl. Faßheber, Pflugheber, Stahlheber, Weinheber. Joh. *Hebuff* 1401 Lorch a. Rhein.

Heberer (obd.), Häberer s. Haberer! Hannus *Heberer* 1396 B.-Kamnitz.

Heberle(in), Häberle(in) s. Häberlein! Cunrad der *Heberle(in)* 1357 Eger. Merten *Heberler* (!) 1363 Prag. Auch **Heberling:** Sifrit der *Heberling* = Sytz *Heberlin* 1364/70 Schw.-Gmünd, Ekkehart *Heberlin* 1336 Kassel. Vgl. Seiferling neben Seiferlin/Schw.-Hall.

Hebich, Hebig (obd.) s. Häbich (Habicht)!

Hebler s. Hebeler, Häbler!

Hebnagel: wie Hebeisen, ÜN. des Nagelschmiedes. *Hebnogel* 1414 Leitomischl.

Hebrock: ÖN./Westf., 1507 *Heybrock,* wie Hey-drecht/Holld., Hey-marsh/Heythweite/Engld. (Bahlow, ON. S. 207).

Hebstreit s. Hebenstreit! – **Hebsack** (Württ.): ÖN., oft in Württ. Ulr. *Hebsack* 1392 Waldsee.

Hechemer (Rhld.) = Hechenheimer, vgl. Herxemer, Hessemer, Mannemer. – **Hechelbart** s. Barth!

Hechler, Hechel(mann): der Flachs u. Hanf mit der Hechel bearbeitet. In Baden vgl. auch ON. Hecheln.

Hecht, bair. Höchtl, ndd. Heekt: wie alle Fischnamen (Karpfen, Hering, Gründel, Stör, Stint, Schlei usw.) meist ÜN. des Fischers, Fischhändlers; vgl. FN. Hechtfisch(er). Albrecht der *Hecht* 1340 Eger, *Hechtl* 1380 Budweis.

Heck, Heckmann: an der Hecke (am Dorfrand) wohnend. Obd. u. rhein. oft Vgl. von der Hecken, Terheggen, Anderheggen, Heggemann; Schleheck, Grünheck, Heggblom (wie Ginsterblom). Hekkenast, Heckenhauer (1435 Hechingen), Heckenmaier, Heckenschmied, Heckenbentz, Heckhenne. – alle nach der Wohnstätte. Vgl. ON. Hecken (oft im Rhld.).

Heckel, Heckelmann (obd.) s. Häckel! Cristan *Heckel* 1260 Eger, *Heckelman* 1313 Böhmen. Dazu Fleisch-, Baum-, Zimmerheckel.

Hecker (obd.-rhein.) s. Häcker, Häckel! Sekundär Heckert (Schlesien). Hannus *Hecker* 1381 Lg. Heckerle s. Häckel!

Hecking (Köln) s. Heck!

Heckler (obd.): der mit dem Häckel (kl. Hacke) Arbeitende, z. B. im Weinberg. Heinr. *Häckler* 1398 Württ.

Heckner (Brsl., Lpz., Görl.): entrundet aus **Höckner** »Höker«, wie Heppner aus Höppner.

Heckrath, Heckroth, -rott: ON. auf -rode (Hess., Thür.) bzw. -rath (Rhld.).

Heckscher (jüd.): entstellt aus Höxter (a. Weser). – **Heckt** s. Heeckt!

Hector, Heckter: der trojanische Held, im MA. als VN. in Ritterkreisen literarisch bedingt, s. Achilles! *Hector* v. Viermünden/Eder 1388.

Hedde, Hedden, Heddenga, Hedding, Heddäus: fries. KF. u. Patr., wie Hadde, Hadden; Hidde, Hidden, Hidding. Vgl. *Heddo* Kanken 1447. Auch **Hedders** wie Hadders. S. unter Hadde!

Hed(d)ergott: »hadere mit Gott« (mhd. hederer »Zänker«). Vgl. Heider-, Haddergott!

Hed(d)erich (Hbg.): Hinr. *Hederich* 1331 Lübeck lehrt, daß der Pflanzen-N. gemeint ist, mit ndd. Gemination (dd) wie im ON. Hedderhagen/Lippe (1386 Hederhagen). Anders ostd.-sächs. Hädrich (Heidenrich, Heidrich)!

Hedel, Hedelt (ostmd.-sächs.) s. Hädelt, Heidel! (Vgl. Hedluff, Hederich; auch obd. Hädelfing 1330 für Heidolfingen.)

Hed(e)ler (obd.) neben **Heidler** ist Patr. zu Heidel, Hedel, KF. zu Heidenreich, Hederich, bes. frk.-sächs.-böhm. Vgl. Kuncz *Hedeler* 1395 b. Eger, C. *Hedler* 1484 Bayreuth, Nic. *Heydler* 1362 Iglau.

Hedemann (Westf., Hann.): = **Heidemann,** auf der Heide wohnend. Joh. *up der Hede* 1557 neben Görges *Hedemann* 1631 Osn., heute dort auch Hehemann, Heemann (mit Dentalschwund zw. Vokalen). Vgl. auch ON. Heede/Hann.

Hederer, Hederle s. Hader, Häderle! (Mhd. hederer »Zänker«, aber auch »Trödler, Lumpenhändler«). Hensl *Hederler* 1362 Iglau, Fridel *Hedrar* 1401 Znaim. – **Hederich** s. Hedrich, Hedderich.

Hedermann (westf.): von der Heder, Zufluß der Lippe (1060 Hedara), vgl. Wesermann, Huntemann, Wippermann. Eine Hederbike b. Ibbenbüren.

Hedges (ndrhein.) s. Hädge, Hädeke! Desgl. **Hedicke,** Hedke.

Hedinger, Hediger: aus Hedingen/Zürich u. Sigmargn. bzw. Hödingen b. Überlgn.

Hedlefs (Hbg.): ndd.-fries. Patr. wie Detlefs, vgl. **Hedloff,** d. i. Heidlof für Heidolf, s. dies! – **Hedler** s. Hedeler! **Hedlich** s. Hedel!

Hedrich, Hädrich: ostmd.-sächs. Mundartform für **Heidrich,** s. dies! Urkdl. Peter *Hedenrich (Heydenreich)* 1399 Erfurt, Ambros *Hederich (Heidenreich)* 1471 Lpz. Dazu KF. **Hedel,** Hädel neben Heidel; vgl. ndd. Hedicke neben Heidecke. Ebenso Hedloff für Heidloff.

Hedtheuer wie Hedtkamp sind westf.: Hedt- meint Heid- »Heide«.

Hedtke (Hbg.), Hedke, Hedicke s. Hädecke (Heidecke)! Im ndd.-ostfäl. Raum war *Heydeke* um 1300/1400 beliebte KF. zu *Heydenrich,* später *Hedeke* und *Hedenrich* gesprochen. Vgl. unter **Heidecke!**

Hedwig, Hedewig, Hadewig: germ. Pers.-N. *Hadu-wig* (hadu »Hader, Streit«, wig »Kampf«, ein Walkürenname), im MA. allbeliebt, gefördert durch die heil. H. (Schutzpatronin Schlesiens); KF. *Hese,* ndd. *Heseke.* (Näheres: Bahlow, Unsere Vornamen, S. 44). Vgl. Sigefridus filius *Hedewige* 1173 Worms; obd. Metronym: Hadwiger (Michel *Hedwiger* 1381 Böhmen). In Schlesien vgl. *Hese* = *Heske* = *Hedwig* 1372 Lg., mit slaw. Suffix (metr.): *Hedisch, Hedischer* (heute Hädscher/Glatz).

He(e)ckt (ndd.) = **Hecht,** s. dies! Vgl. Wenemar *de Hecket* 1415 Mstr.

Heede, Heed (ndd.) = Heide, s. Hedemann! Auch Heeder. Heede ist auch ON.

Heeg(e), Heeger s. Hege, Heger! – **Heegel** s. Hegel!

Heek(e): ON. Heeke b. Bramsche bzw. Heek a. d. Dinkel, uralte Bachnamen (vgl. die Heke: Heekt in Holld., = »Moor-, Schmutzwasser«: Bahlow, S. 205).

Heel, Hehl (Hbg. oft) nebst Hehlke: im MA. *Heile, Heileke* = *Heilwig,* s. dies! Vgl. unter Henle u. Hehle!

Heemann (ndd.), Hehemann = Hedemann, s. dies!

Heemesaat (Westf.) s. Hemsoth!

Heemstra (fries.) s. Deikstra! Zu *hem* s. Hemsoth!

Heep, Hepe, Heps (Hbg.): fries. KF., vgl. *Hep* Folkricksna 1443. Auch Hepke. Zu **Heeb** vgl. Eeb, zu Hep: Jep.

Heepmann: aus Heepen b. Bielefeld.

Heer, Heers, Heeren, Heerkes, Heerssen: alle fries., zum Pers. N. *Hero,* KF. zu Hermann, Herbord, Herward usw.; s. auch Haars! Dazu Patr. *Herema,* wie Edema, Heinema, Hiddema, Ailema, Ubbema, Onnema, Scheltema. Urkdl. in Bremen, Hbg. usw. *Hero, Hereke* um 1300; in Oldbg. 1443 *Hero* Aptezna, 1515 Gerold *Herema.* Aber obd. Heer = Herr (vgl. Halbheer).

Heerbrandt s. Herbrand!

Heerde, Heerda, Heerdmann: zum md. ON. Heerda, Herda. Vgl. auch Hannus *hinder dem herde* 1380 Lg.

Heerdegen s. Herdegen! – **Heere** s. Heer! Vgl. ON. Heeren i. W., Gr.-Heere b. Salzgitter.

Heeren (fries. Patr.) s. Heer!

Heergeist, Herr-, Hiergeist (obd.-österr.): entstellt aus dem germ. Pers. N. *Herigis,* wie Adelgeis(t), s. dies! (aus *Adalgis).*

Heerhorst (Hbg., Lüb.): wird deutlich durch Heerbrock *(Heri-brok)*; die ON. auf -horst (Westf.) meinen durchweg feuchte, sumpfige Gehölze (vgl. Brunkhorst, Scharnhorst); auch *heri (hari)* ist eine verklungene Bezeichnung für »Sumpf, Moor, Moder« (Bahlow, ON. S. 213, 206 mit vielen Belegen!). Vgl. auch Heerstedt, Herford.

Heering s. Hering! – **Heerkloß** s. Herklotz!

Heerlein s. Herrlein! – **Heermann** s. Hermann!

Heers (fries.) s. Heer, Heeren!

Heerwagen: mhd. her-wagen »Heer-, Kriegswagen«, also Fuhrmann auf Heereszügen, bei einer »her-vart«. Vgl. Rollwagen.

Heerwarth s. Herward! – **Hees** (van): ON. b. Kevelaer (ndd. hees »Buschwald«, s. Heesch!)

Heesch, Heeschen (Hbg. oft), Heesche: ndd., beruht auf der KF. *Heseke* für *Hedwig,* wie Gösch, Göschen auf der KF. Goseke für Goswin, – Asch, Aschen auf Aseke (Aschwin), – Esch, Eschen auf Eseke (Esbern). Vgl. auch fries.-ndd. Gesche = Geseke = Gertrud. VN. *Heseke* in Hbg., Bremen, Lübeck, Rostock um 1300 öfter. Vgl. *Heseke* min moder (Mnd. Wb.). Joh. *Heseken* 1355 Hann. S. auch Hedwig!

Heese, Heesemann, van Heesen, von Heese: im nordd.-westf. Raum zum ÖN. u. ON. Hees(e), Heesen = »Buschwald« (Bahlow, ON. S. 206, 208, 216).

Heeßel (Hbg.): ON. b. Stade u. Lehrte.

Hefele (obd.) s. Häfele! – **Hefenträger** (Kassel: 1357 *Hebetreger;* Wildungen:

1629 *Häbentreger*, vgl. hess. Grebe = Gräfe): der mit Hefe hausiert, – man denke an die Hausbäckerei früherer Zeiten. Ein *Hefenheincze* um 1350 Brsl.

Hefermann = Häfermann, Hafermann: der Haferhändler; vgl. Hefermehl!

Heffner s. Hefner! – **Hefke** s. Häfke!

Hefler, Hefner s. Häfner (Töpfer)! Joh. *Hevenler* 1284 Freiburg.

Heft(l)er, Heft (obd.-schles.): der Spangenmacher (mhd. heftel »Spange«). Nicze *Hefteler* 1372 Brsl., Peter *Hefft* 1449 Görl., Cl. *Heftelin* 1419 Elsaß.

Hegar (Schweiz): aus dem Hegau nw. vom Bodensee, bekannt durch Scheffels Roman »Ekkehard« (Deutung: Bahlow, ON. S. 207); ebenso Schongar aus dem Schongau.

Hegel, Hegele, Hägle (obd., Württ., Baden): urkdl. = mhd. *hagen*, das sowohl »Zuchtstier« als auch »Dornbusch, Hekke, Hag« bedeutete. Vgl. Conrat *Hegelli (Hägelli, Hagen)* 1392 Konstanz; Cunrat *Hegenli*, Bauer 1268 b. Eßl., *Hegenlin, Hegelin* 1346 Gengenbach, Heinr. *Hegelin* 1369 Möhringen. Zur Form vgl. Hefele für Hefenli (Hafen »Topf«).

Hegeler, Hägeler (obd.): s. Hegele, Hägele! Vgl. Berchtold *Hegenler* 1308 b. Schaffhsn. Zur Form vgl. Hefenler: Hefler.

Hegemann (nord.-westf.): am Hagen (Gehege) wohnend, vgl. Heggemann. Hegemeister: Forstaufseher.

Hegenbart(h): »pflege den Bart«, wie Scheerebart wohl ÜN. des Barbiers.

Heg(e)ner (obd., Elsaß, Schweiz, Franken, Bay., Sa.): meist = **Heger,** wie Forstner = Forster oder Buchner = Bucher, also z. T. Berufs-, Herk. – u. z. T. Wohnstättenname, vgl. ON. Hegnau b. Zürich u. Hegne a. Bodensee, ON. Hegenau b. Rothenbg. u. Gerabronn. Hertwig *Hegener* 1303 Straßbg., Hans *Hegnower* 1463 Thurgau.

Heger (obd., ostmd.; rhein. Hegers): der Forstaufseher. Heintz *Heger* 1312 Straßburg, Joh. *Hegher* 1335 Lüb.; Mach *holczheger* 1374 Mies.

Hegewald (zahlr. in Sa.): ÖN. wie Hegeholz, vgl. ndd. Hegewisch. *Hegewalt* 1422 Bunzlau, 1517 Freiberg.

Heggemann (ndd.-westf.): an der Hecke wohnend; bzw. aus Heggen (ON. im Sauerld. mehrf.). Vgl. **Heggblom** »Heckenrose«.

Hegi (Schweiz): ON. ebda., mehrf. (Ritter Wezzel *von Hegi* 1287 b. Zürich).

Hegner s. Hegener! – **Hehemann** (Westf.) s. Hedemann!

Hehl(e), Hehlke (Hbg.) s. Heilwig! In Bayern beruht **Hehl(e)** urkdl. auf *Henlin, Henle*, s. dies! In Württ. mag es dem mhd. hael »verhohlen, heimlich« entsprechen (vgl. her Beringer der *Häle* 1358 Giengen). Auf nordd. Boden beachte auch das Moorwort *hel* in ON. wie Hehlen b. Pyrmont u. Celle; eine Hehlenriede b. Gifhorn (Weiteres: Bahlow, ON. S. 207).

Hehn(e), Hehnke ist in Sachsen-Schlesien als Mundartform zu Heine, Heinke (Heinrich) bezeugt: *Hene (Heinke)* goltsmid 14 Jh. Brsl. Ein ON. Hehn n. Düsseld.

Hehr s. Heer! Vgl. aber auch **Heher** (Vogel Häher) und mhd. hêr, »hehr, vornehm, stolz«. S. auch Hährer!

Hei, Hey (obd.): mhd. heie »Hüter, Aufseher«. Dazu Bruckhei (Prugghai), Eschhei (Öschhey), Flurhay, Grashei, Halmhei, Holzhei, -heu, Wieshei, -heu. Vgl. Hainr. *Eschhai* (»Flurhüter«) 1339 Augsbg. S. auch Hay(er)!

Heib(e)l, Haibel (obd.): entrundet aus **Heubel,** Häubl, s. Haube! Desgl. **Heiber** = Heuber »Haubenmacher«. R. *Heyber* 1591 Nördl. Fr. *Heyblein* 1434 Neustadt a. d. H.

Heibrook, Heibeck s. Hebrock!

Heick, Heicke, Heik, Heyck(e), Heyken, Heike(n)s, Heiking: uralter fries. Pers. N., s. auch Heye, Hay! Noch heute in Hbg. ein *Heyko, Heyken.* Schon im 10. Jh. *Haiko*; um 1300 in Stade, Kiel usw. *Heyke, Heyco.*

Heid, Heidt, **Heide,** Heyde, **Heidemann,** Heydemann: alle häufig (bes. nordd.), nach der Wohnstätte auf der Heide; ndd. auch **Hedemann** (: up der Hede), obd. **Haid,** Haidmann. Auch Auf der Heyde, von der Heyde (schles. Uradel), v. d. Heyden (Westf., verschliffen Verheyen/Ndrhein.), Anderheiden. Vgl. Gumprecht *an der Heid* 1324 Regensbg. S. auch **Heider,** Haider! Zu ON. auf -heide gehören Grünheid, Schönheit (Thür.).

Heidebrecht ist kein Pers. N., sondern ÖN. auf ndd.-westf. *-breck, -brecht* (Variante zu *-brack, -bracht)* »Sumpf-(dikkicht)«, daher auch (von) **Heydebreck** neben Heidebrock, -bruch; vgl. Ellerbreck neben Ellerbrock, -bracke. Breckwede, Brackwede »Sumpfwald«; Breckwold, Breckwinkel. Breckland/Engld. (sumpf. Gebiet). Auch Brecht, Bracht sind ÖN. im Rhein.-Westfälischen. Heide-brecher meint -breker (vgl. Breckerfeld/Ruhr). Joh. (de) *Heydebrake, -brek* 1270 Greifsw.

Heidecke, Heydecke, Hedicke, Hädicke: im ndd.-ostfäl. Raum einst beliebte KF. zum Pers. N. Heidenrich (»mächtig über die Heiden«). *Heydeke (Heydenrik)* Sconejuncherre 1305 Strals., *Heydeke (Hedeke)* v. Güstrow 1287 Strals., *Heydeke* Swedevar 1282 Rostock, *Heydeke* Betemann um 1400 Haldsl. Zur Mundartform *Hedeke* vgl. schon 1254 auch *Hedenricus de Hedebrake*/Pomm.

Heidegger, Heidecker (obd.): aus Heideck (z. B. O.-Pfalz) bzw. Heidegg b. Zürich. Der Philosoph Martin H. stammt aus Meßkirch/Südbaden.

Heidel, Heidle (obd.): KF. zu Heidenrich, Heideloff; vgl. *Heydlinus* 1363 Böhmen, Hans *Heidel* 1389 Dt.-Brod, Hans *Heydlman* 1399 Chrudim.

Heidelk s. Heidloff!

Heidelkampf: westf. ÖN. wie Erlekampf u. ä. (kamp = Feld).

Heidelmann s. Heidel! In Westf. auch (wie Heidelmeyer) z. Flurnamen wie Heidelkamp ...

Heiden (häufig). mhd. heiden »der Heide, Sarazen«, vgl. kristen »der Christ«. ÜN., auf Beziehungen zu den Heiden deutend, etwa Teilnehmer eines Heeres- oder Kreuzzuges; ähnlich Preuße, Russe (Reuße). Daher gern bei Rittern (wie ein VN., vgl. Heidenrich!). In Brsl. 1396: »der *in heydenlande* ist vorgangen«! Dazu FN. *Heydenland* ebda. Vgl. *Heiden* v. Krenkingen 1290 Konstanz. *Heiden* v. Hertenberg 1312 b. Lörrach, *Heyden* currifex 1360 Prag, Peter *Hayden* 1397 Prag, Conr. *Heydene* (Ritter) 1302 Strals.

Heidenreich (obd.) für Heidenrich, wie Heinreich für Heinrich u. Weinreich für Winrich, ostmd.-schles. zu **Heidrich** verschliffen, sächs.-thür.-frk. zu Hedrich, **Hädrich!** Der N. ist in christl. Zeit entstanden, gefördert durch die Idee der Kreuzzüge (»über die Heiden mächtig«!). S. auch KF. **Heidecke** u. **Heise!** Belege: *Heidenricus* (magister) 1279 Strals., *Hedenricus* 1108 Bay., *Heydenreich* Stosch 1354 Neiße, Peter *Hedenrich* 1399 Erfurt, Hans *Hederich (Heyderich)* 1526 Alsfeld, Ambros *Hederich (Heidenreich)* 1471 Lpz., Peter *Heiderich* 1453 Görl.

Heidepriem, Heiterprehm = Heideginster, nach der Wohnstätte.

Heider, Heyder, Haider, Hayder (obd. schles.-sächs.-böhm.): Baltzer **Heider** (auch *von der Heide!)*, Lehnsherr 1537 Lg., lehrt Herkunft aus Heide bzw. Heidau, Heida, häufiger ON. in Schles. Sa., Böhmen. Vgl. »von der Mittelheyde« (1394 Lg.), d. i. Mittel-Heidau. Steinheider: ON. Steinheide/Thür. *Heider* schon 1394 Lg., Glatz usw.; natürlich auch zum ÖN. Heide, s. unter Heid!

Heidergott s. Heddergott!

Heidfuß: der durch die Heide streift, vgl. Staudfuß (durchs Gebüsch), auch Heidwolf u. Staudfuchs.

Heidgreß = Heidepriem!

Heidle, Heidlen (Württ.) s. Heidel! Vgl. *Haidelinus* 1200 Kr. Balingen. Hainr. *Haidenli* 1259 Feldkirch, Claus *Heideli* 1499 Basel.

Heidler, Haidler (obd.): Patr. zu Heidle, sofern nicht = Haidner. Nic. *Heydler* 1362 Iglau, Kunz der *Haideler* 1360 Eßl.

Heidloff, Heidlauff ist der altd. Pers. N. *Heidolf,* mit erleichternder Metathese des -lf, wie Reichloff, Rudloff, Radloff, Egloff (Eglauff). *Heydolfus* 1288 Westf., Henr. *Heidloff* 1435 Köln, Georg *Haidlauf* 1581 Württ. Vgl. ON. *Heidolfisheim* 1299 (Heidelsheim/Bruchsal). **Heidolph** ist in Nürnbg. häufig, mit obd. -ph wie Adolph, Rudolph.

Heidner, Haidner (obd.): z. ON. Haiden, Heidenau u. a.

Heidorn, Heydorn (zahlr. in Hann., Hbg., Bremen) s. Hagedorn!

Heidrich, Heydrich s. Heidenreich! – **Heiduk** s. Hayduk!

Heidwolf, Heydwolff (obd.) meint den Heidewolf, vgl. Schneewolf, Heckwolf.

Heier, Heyer (obd.): entrundet aus Heuer = Hauer; seltener = mhd. heie »Hüter«. Vgl. Kolbenheyer.

Heigl (obd.-bair.) s. Heugel! Urban *Heigl* 1519 Tirol.

Heik(e), Heikens s. Heick!

Heil, Heile, **Heilmann** (oft): im Raum Frkf.-Mainz-Worms im MA. beliebte KF. zu Heinrich, wie Kuhlmann (Culemann) ebda. zu Cunrat: Konrad; Rule, Rulman zu Rudolf; Diele, Dielman zu Diederich. So in Frkf.: *Heile* Bule 1343, *Heile (Heilman)* Ziechener; in Mainz: *Heilman* Breithoubt 1350; b. Worms: *Heylo* Herden 1365. Vereinzelt nach Osten ausgestrahlt: *Heilman* Ditmars 1352 Brsl. – Aber ndd. ist Heile, Heileke weibl. VN., KF. zu Heilwig, s. dies!

Heiland (obd.): wohl mit Bezug auf heilende, rettende Tätigkeit (-and, heute -end, ist Partizip-Endung, vgl. mhd. wîgand »Kämpfer«). Cunr. *Heiland* 1412 Zürich, Alb. *Hailant* 1293 Tüb., *Heilant* Zorn 1413 Straßbg.

Heilborn (auch jüd.): ON. Heilbronn/Württ. u. ä.

Heilbutt: Fischername, vgl. Buttfanger (wie Ahl: Ahlfänger).

Heilcke s. Heilwig! – **Heiler** s. **Hailer!** – **Heilgans** (Lg.) = Hagelgans (wie Heylstroße = Hagelstraße/Alt-Brsl.). Vgl. Caspar *Halgans* 1438 Lg.

Heilig, Heiligmann, Heiligsetzer: Schnitzer von Heiligenbildern; vgl. auch Walther *von den Heiligen* 1310 Zittau, Nickel *der heyligen becker (Heylgebecker)* 1348 Brsl., Hs *Heiligenpfleger* 1442 Württ., Herm. *Heilgenstößer* 1387 Ingelheim (Hausierer mit H.-bildern), Georg *Heiligenman* 1456 Kassel; Cunr. *Heylig* 1331 Werth., *Heylgesele*/Brsl.

Heil(ig)geist: nach d. Wohnstätte am Hospital zum Heiligen Geist. Niclos *vom heiligen geiste* der murer, Andres *Heylgegeist* 1372 Brsl.; Kersten *Hilgegest* 1367 Greifsw., (1351 Lünebg.), Diele *Heilgeist* 1387 Frkf.

Heiligtag, Heiligabend beziehen sich, wie viele Zeitnamen, auf berufl. Tätigkeit bzw. Zinsverpflichtung. Joh. der *Heligabent* 1340 b. Freibrg., *Heylgetag* 1372 Lg.

Heiling, Heilinger (Baden, Württ.): Herk., N., wie Reiling, Reilinger. Zur ON.-Endung *-ing* s. ausführl. Bahlow, Dt. Nbch. S. 91.

Heillos: kein Glück habend, unglücklich, gebrechlich. Hans *Heylos* 1504 Zürich, Hs *Hayleß* 1449 Stuttg. Haylos 1392 O/Eger.

Heilmann s. Heil! – **Heilscher** s. Hielscher!

Heilwig: um 1100/1300 beliebter weibl. VN. vornehmen Charakters, mit der jüngeren Variante **Helwig;** beide auch als männl. VN. (heil »Glück«, wig »Kampf«), dazu der FN. Helbig, Helwig. Vgl. auch ndd.-fries. *Heilburg, Helburg (Hebbel).* Belege vom O.Rhein b. A. Socin, Mhd. Nbch. S. 56, 144, 22; Förstemann, Sp. 729. Dazu die Äbtissin des Klosters Harvestehude (Herwardeshude)/Hbg.: *Heilwig,* und viele Belege von Westf. über Bremen, Hbg. Rostock bis Pommern; mit d. KF. *Heile(ke):* domina *Heile* 1262 Ro., domina *Heleke*/Lüb., *Heile (Helewig)* 1345 Stettin, Conr. *Heyleken* 1350 Greifsw., noch 1850 in Oldbg. eine *Heilke* Detmers. (Vgl. auch fries. *Heike,* wie Eilke: Eike). Deutl. Metronymika sind Gerh. *der Heylen sun* 1365 b. Worms, Cuoni *fron Heilwige* 1293 Brsg., als Bauer wohl leibeigen! Aber: Meister *Heilwic* (Chorherr) 1323 Sindelfingen.

Heim, Heym, Haym *Higme* 1257 Ro. (obd.): ein Nachklang der Dietrich-Sage mit ihren Rekken *Witege* und *Heime,* daher häufig am O. Rhein, Bay., Ö. (Socin, S. 20). Vgl. her *Heym* u. her Otte (Brüder) 1293 Wien, *Heimo* v. Gundingen 12. Jh. Bay. Hans *Haym* 1414 Mähren. Auch als KF. zu *Heimerad, Heimeram, Heimerich* (vgl. Stark, S. 17). Hans *Heyme* 1409 Würzbg.

Heimann, Heymann (obd., md.) = Heinemann = Heinrich, vgl. Reimann für Reinmann; Hamann für Hanemann. *Heyman* Hackenteufel 1359 Iglau, Hs. *Hai(n)man* 1400 Überlgn.

Heimbrecht, Heimprecht (obd.): altd. Pers. N. Hagin-berht wie Humbrecht, Lambrecht, -precht. KF. Heimpel (Hempel). In Hessen-Südwestf. auch **Heimbrodt** aus -brat für -bracht (-beracht), vgl. *Hembrad* 1333 b. Gießen. Vgl. westf. Hemmerd(ing)!

Heimbrock, Heimbach s. Heimsoth! – **Heimbs** s. Heimes!

Heimbürge, -bürger: in Franken einst die übliche Bezeichnung für den Gemeindevorsteher, den Dorfschulzen, mhd. heimbürge. Entstellt Heimburger, Heimberger (Nied, Frk. FN. S. 68; zum Amt vgl. W.

Arnold, Freistädte I S. 293–296). – **Heimen** s. Heimers!
Heimer s. Heimers!
Heimeran, Heimeram, Heimrant (obd.-bair.), latinisiert Emmeram, Bischof v. Regensbg. (dort Kloster St. Emmeram): altd. Pers. N. Heim-hraban, wie Wolfram: Wolf-hraban (-ram »Rabe« Wodans). Noch im 15 Jh. in Straubing als VN. Dazu KF. **Heimerl** (Bay.), Haimerl.
Heimerdinger: aus Heimerdingen/Württ.; vgl. Heimertingen/Schwab.
Heimer(s), Heimert: ndd. für Heimberts, wie Eimers, Eimert f. Eimberts u. Reimers, Reimert f. Reimberts. Zur KF. Heime vgl. **Heimes,** Heimbs (wie Eimes) u. Heimen (wie Eimen) nebst Heiming als Patr.; Heiming ist aber auch ON. in Bay. (mehrf.).
Heimert (Meißen): urkdl. *Heymarckt* 1483 (also: am Heumarkt, vgl. Vimert/Frkf. = Viehmarkt). – **Heimfahrt:** mhd. = Himmelfahrt.
Heimhalt, -holt: ndd. ON. wie Anhalt für Anholt.
Heimke, Heimicke (ON. b. Olpe) ist alter Bachname auf -beke.
Heimlich: mhd. heimelich »vertraulich, heimlich«; vgl. H. *heymelerede* 1289 Ro.
Heimpel s. Hempel!
Heimrath, -roth: rhein. bzw. hess. ON. auf -rode.
Heimrich, Heimreich: seltener altd. Pers. N. vom häufigen dynast. Heinrich verdrängt. *Heymerick* Heyden 1366 Aachen, Arnold *Heymerick* 1424 Xanten (Domherr), Heinr. *Heymrich* 1368 b. Kassel.
Heims s. Heimes!
Heimsoth, Heimsath, Heemesaath: ON. Heimsath b. Iburg/Westf. (1350 tom *Hemsode). hem* meint »Sumpf, Moor«: het Heem/Holld. wie het Moeras. (Bahlow, ON. S. 206).
Heimwarth: »Heimwärter, -hüter«, vgl. Höllewarth, Holzwart, Grießwart u. ä.
Hein, Heyn = Heine, Heyne (Heinrich). Vgl. aber Hain (Hayn).
Heinatz (ostd.-slaw.) = Heintze. *Heynacz* Frederich 1400 Brsl., Hinr. *Heynatz* 1460 Haldsl. Vgl. Geracz u. ä.
Heinbockel (Hbg.): ON. b. Stade (Bokel = Bok-loh »Buchengehölz«).
Hein(e), Heyn(e): seit alters beliebte KF. zu Heinrich. Erweitert **Heinemann,** Heimann. Mit l-Suffix (obd.) **Heinel,** Heindl (wie Meindl), Heinle, -lein. S. auch Heinze, Heinzel, Heitz; Heinke (Henke), Heinkel (Henkel); Heinse, Hinse, Hintze; Heinisch, Heinsch. Patr. Heinsohn. Auch Heil(mann)!
Heine(c)ke, Heinicke: ndd. KF. zu Heinrich (im Raum Hann., Hbg., Meckl.), mit k-Suffix wie Meinecke (Meinhard), Reinecke (Reinhard), Lüdeke (Ludolf), Mahnke (Mangold), Henneke (Johannes), Behnke (Bernhard), Brendeke (Hildebrand). *Heyneke* Kunstenrike 1363 Hann. Patr. Heineken, **Heineking** (wie Meineking, Gödeking).
Heinel, Heinle s. Heine! *Heynel* Kolröser 1377 Iglau. Sekundär **Heinelt,** wie Weinel: Weinelt.
Heinemann s. Heine! Kontrahiert Heimann: *Heyman (Heynman)* v. Woycechsdorf 1318 Brsl. – **Heinen:** ndd. Patr. zu Heine, vgl. Meinen.
Heiner(t): obd. für Heinrich, wie Frieder für Friedrich.
Heinichen (Sa., Schles.): ON. ebda. *(vom Heynechen* 14. Jh. Brsl.). Caspar *Heinichen* 1554 Görl.
Heinig: ostmd.-sächs.-schles. KF. zu Heinrich. *Heynich* Lausche 1397 Dux.
Heining: ndd. Patr. zu Heinrich.
Heininger: aus Heiningen (Württ., mehrf.), vgl. ON. Heining (Bay.).
Heinisch, Heinsch, Heinschke (Schlesien) KF. mit slaw. Suffix -isch, -usch zu Heinrich, wie Reinisch, Reinsch zu Reinhold. *Heinusch (Heyncze)* Schönhor 1345 Brsl.; patr. Hannus *Heynischer* 1403 Braunau. Vgl. auch Hänisch, Jänisch, Bänisch usw.
Heinitz: slaw. ON. in Sa. (Heynitz, wie Schleinitz, Kreinitz, Geinitz).
Heinke, Henke (Schlesien): KF. zu Heinrich m. slaw. k-Suffix. *Heinke* Hellefeuer = *Heinrich* H. 1380 Lg. *Heinke (Henke)* Clette 1371 Brsl.
Heinkel, Henkel (Hessen-Nassau, O.-Hessen, Mittelrhein, Südwestf.): um 1200/1350 beliebte KF. zu Heinrich. *Heinkele Heinkelin son* 1348 Wetzlar, *Henkele* Finkenouge 1349 ebda. Henlin *Henckel-, Hinckelman* 1409 Würzbg. In Westf.: neben Henkelke auch Henkelking (patr.) u. Henkeler. Im Rhld.: Henckels. – **Heinker** (westf. Patr.) wie Beinker (zu Bernhard).

Heinle, -lein (obd.) = Heinrich, wie Künle, Kienle = Konrad.

Heinloth, Heinleth ist Variante zu **Heinold** (Heinhold), altd. Pers. N., wie Hunold (Huhnhold), mit Metathese wie Ar(n)let, Arlt für Arnold (Arnhold), – Humblot für Humbold, – Helmlot für Helmold. Herm *Heynoltz* kint 1350 Württ.

Heinrich: im MA. der verbreitetste u. populärste Taufname (mit mannigfachen KF.: Hein, Heinz, Heinel, Heinzel, Heineke, Heinkel, Henkel, Hinze, Heinse, Heitz), bedingt durch die zahlr. Dynasten wie Heinrich I. (den Vogler), Heinrich II. (auch heilig); dann die Salier Heinrich III., IV., V., der Hohenstaufe H. VI., der Luxemburger H. VII.; dazu viele Landesfürsten wie Heinrich der Löwe (Brschwg.); bei den Fürsten Reuß (Thür.) war der N. seit Jahrhunderten traditionell! In der Formel »Hinz und Kunz« spiegeln sich noch heute die alten Kaisernamen Heinrich und Konrad! Weiteres: Bahlow, Unsere Vornamen (1965) S. 45. Obd. ist **Heinreich** (*Heinreich* Grünreuter 1340 Eger). patr. Heinricher. S. auch Henner! Ndd. Hinrich(s), fries. Hinnerk, ndrhein. Hendrichs; hess. Heinritze (Ritz), gelehrt lat. Heinrici, Heinsius; wend Jendrich. Nach E. Schröder, S. 76, soll *Hein*-rich auf *Heim*-rich beruhen, also »Herrscher im Heim«.

Heinroth gehört zu den thür.-hess. ON. auf -rode, wie Billroth, Klapproth usw.; vgl. Hainrode.

Heins (Hein's Sohn), Hbg. oft, ist fries. wie Meins; vgl. Heinen: Meinen.

Heinsch s. Heinisch!

Heinse ist ndd.-fries. = Heinrich. So in Strals. 1300 *Heinse (Henricus)* Broseke, 1277 *Heinse (Hence)* Hoke. Der Dichter Wilh. Heinse aus Thür. schrieb sich urspr. Heintze.

Heinsen (Hbg. oft), Heinssen ist ndd. Patr. zu Heinrich; auch **Heinsohn** ist an der Waterkant häufig. Vgl. auch Heinkind, Heinvetter. Kaum z. ON. Heinsen (2mal Hann.).

Heinsius: Humanistenname für Heinse.

Heintschold: schles.-sächs. Erweiterung von Heintsch (Heinz) durch -old, wie Fritschold, Hitschold, Kitschold, Nitschold, Petzold, Guntzold, Hensold usw. (Dazu Näheres b. Bahlow, Studien S. 13). Vgl. *Heyntschuld* 1383 Lg.

Hein(t)ze, Heinz(mann), **Heinzel,** Heinzelmann: KF. zu Heinrich. Die endungslose Form Heinz, Hainz (Heinzmann) ist obd., Hein(t)ze vor allem schles., Heintzsch sächs., Heinzel obd.-schles. (vgl. Künzel, Günzel, Menzel, Frenzel). *Heynczel* Kiczinger = *Heinr.* K. 1346 Brsl., *Heyncze (Heynrich)* Snydenwynd 1386 Lg.; *Heinzeman (Heinrich)* Wollebe 1297 Freiburg, Ruf *Heinz* 1417 Eßl. Vgl. Heinzler.

Heinzerling (selten) ist umgeformt aus Heinzerlin wie Seiferling aus Seiferlin u. Heberling aus Heberlin (alle frk.). Urkdl. 1574 in Pfungstadt: Joh. *Heinzerling* = 1570 Joh. *Heinzerlin!*

Heinzeroth: wie Hitzeroth, Günzerodt u. ä. zu den ON. auf -rode, im Rhld. heute -rath (früher -rode, -rade), in Nassau -roth (-ert). Vgl. Heinzerath b. Bernkastel/Mosel.

Heinzler, Heintzeler (Württ.): Patr. zu Heinzel. Vgl. *Haintzler* von Wolterdingen 1439 Villingen z. *Hainzli* in der Guta 1300 Furtwgn. Eine Ulmer Fam. Heinzler hieß früher stets Heintzel! Aber **Heitzler** in Frkf. (1493 heiczeler) dürfte dem mhd. heinzeler »Lastfuhrmann mit einem Pferde« entsprechen (in Frkf. bezeugt).

Heipertz, Heypertz (rhein.): »Heimberts Sohn«, vgl. Lampertz u. ä.

Heipmann: mundartl. assimiliert aus Heitmann (wie Dorpmund aus Dortmund). Ladewig *Heipmann* 1592 Lippe neben Lag *Heitmann* 1614

Heirath, Heiroth s. Heyrath!

Heisch, Heischmann: s. Heusch(mann)!

Heischrek (obd.): mundartl. für Heuschrecke. Vgl. Jakob *Hayschreck* 1490 Alzey neben Val. *Heuschreck* 1565 ebda. – *Haygadem* 1406 Mähren, *Hay-, Heyleiter* (Heuleiter) 1371 Böhmen.

Heise, Heiseke: als ndd. KF. zu Heidenrich (s. dies!) bezeugt. So in Quedlbg. um 1300 *Heyse (Heidenrik)* Busere, *Heyse (Heydeke)* bi deme Clinghe; in Duderstadt 1379 *Heyse* Spedekorn; in Hameln 1449 *Heise* Gansawe; in Hann. 1309 *Heyseke* Basseman; in Ro. 1297 Joh. *Heyse.* Der Dichter Paul **Heyse** war Berliner.

Heisel (obd.) wie Heisler, Heyseler entrundet aus Heusler, Häusler. Vgl. Hoheisel neben Hoheusel! Hof Heisl (Häusl) in Tirol.

Heisenberg: obd. ON. Der Physiker Werner H. ist Franke.

Heiser (obd.-österr.): entrundet aus **Heuser** (Häuser), s. dies! Vgl. Tannheiser neben Tannhäuser, – Hochheiser neben Hochheuser.

Heisig (zahlr. in Neiße, Neustadt: O/S.): seltener Heising. Wohl zu e. ON. auf -ing, wie auch Heisinger (Heusinger); vgl. FN. Eisig, Mettig, Mödig: zu den ON. Eisingen, Metting, Mödingen, – alle in Bayern.

Heisler (obd.), Heyseler: entrundet aus Heusler, Häusler, s. dies! Vgl. Schriftsteller Henry v. Heiseler (Sohn: Bernt v. H.).

Heiß (obd.) s. Heuß! Vgl. aber auch Haiß!

Heißner, Heißer (obd.): entrundet aus Häußner bzw. Häußer; vgl. Dannheißer, Steinhäußer, -häuser, also zu ON. auf -hausen u. Hausen, Hauß.

Heister (ndd.) meint »junger Buchenstamm«, auch **Hester,** mnd. hêster, ndld. heester (frz. hêtre); vgl. *Heysterbom* 1413. Dazu Buchheister, Inhestern, Angenheister (ndrhein. = »an dem Buchengehölz«), von Heister (mehrf. auch ON. im Rhld.), Heisterberg (ON. b. Herborn), Heisterkamp, -hagen (Westf.), Heisterer, Heistermann, Hestermeyer; ndld. Heesters.

Heitbrink, Heidbring, Heitkamp (Westfalen) s. Heide!

Heiter, Heiterer (obd.) = Heider, Heiderer. Vgl. Arnheiter: aus Arnheide, Henni *Heiter* 1429 Baden. *Haitler* neben *Haidler*/Böhmen.

Heitgres, Heidgreß: wohl Heidegras, -priem.

Heitmann, Heitmüller s. Heidemann, Hedemann!

Heitz (Elsaß, Schweiz, Baden): alem. Variante zu Heinz (Heinrich). Auch **Heitzmann.** So urkdl. 1427ff. in Baden/Aargau: *Heitz = Heitzmann = Haintzman = Hentzman = Heintz = Heyni.* Desgl. in Freiburg 1460 *Heitzman (Heinrich)* Widmer; b. Bühl 1325 *Heitze (Heinrich)* Digensheim, Edelknecht.

Hektor s. Hector! Desgl. Heckter.

Helb (obd.): mhd. helwe »Spreu«, ÜN. Des Dreschers oder Dreschbauern. Conr. *Helwe* (Leibeigener) 1300 Laupheim, Fritz *Helb* (Bauer) 1403 b. Kirchheim. Berthold *Helwer* 1301 Bregenz. Vgl. auch ON. Helba.

Helbach, Hellbach, Helpach s. Halbach!

Helber: s. Helb! Vgl. aber ON. Helba b. Meiningen (alter Bachname, dazu Bahlow, ON. S. 209).

Helberg, Hellberg (nordd. ON., ÖN.): wie Hellbach, -brock, -feld, -rüsch *(hel* = »Sumpf«). (Bahlow, S. 207).

Helbert (ndd.): z. T. = Helmbert (»helmglänzend«), vgl. *Helenbert* van Quernham 1354; aber auch Variante zu **Hilbert** (Hildebert), wie ndd. Helmer neben Hilmer (Hildemer) u. Helwert neben Hilwert! Patr. ist fries. **Helbertsma** (vgl. Rodmersma).

Helbig, sekundär **Helbing:** in Schlesien, Sachsen, Thür. urdkl. *Helwig* (mit dem Lautwandel *lw:lb* wie in Schwalbe: mhd. swalwe). Vom O.-Rhein bis Schlesien im MA. beliebter VN., eigtl. *Heilwig* (s. dies!); für *-ig* konnte *-ing* eintreten, wie in Gerbing, weil ostmd. -ing zu -ig geschwächt wurde: F. *Helwig* (Helbing) 1454 Freiberg/Sa. **Hilbig,** Hilbing (Görl.) zeigt Tonerhöhung, bewirkt durch das *i* der Endsilbe. **Halbig** zeigt den schles. Lautwandel *e:a,* vgl. Albel = Elbel.

Helbling (obd.): mhd. = »halber Pfennig« (ndd. Scherf); ein Ritter Seifrit *Helbling* (13. Jh./Ö.) ist aus d. mhd. Literatur bekannt. Ulr. *Sparhelbling* 1293 Augsburg meint den Sparsamen oder Geizhals.

Helbok, Heilbock (obd.): »Höllenbock«, der Teufel, s. Hell! – **Helbold** s. Helmbold! – **Helbrecht** s. Helmbrecht!

Helck, Helke, Helken (fries.) ist Variante zu Hilke (Hildeke), wie fries. Gelke zu Gilke! Helmers zu Hilmers oder Helbert zu Hilbert. Vgl. auch *Heleke* neben Heilcke für Heilwig (s. dies!).

Held, Heldt: der Heldenhafte, Mutige; *»von helden lobebaeren«* kündet das Nibelungenlied. Joh. *Jungehelde, -helt* um 1330 Lüb., Cuonrat *der Helt* 1244 Villingen, Hainr. *der Helt* 1301 Prag. Dazu **Heldmann** (schon 1135 in Köln *Heldeman).* Ein ON. Helte b. Meppen: Conrad *Helte* 1344 Hann.

Helden: ON. b. Olpe.

Heldenfinger: ON. Heldenfingen/Württemberg.

Heldern: Joh. *to Helderen* 1540 (ON. Hellern b. Osn.) (s. Bahlow, S. 209).

Heldrich s. Hildrich! – **Heldriegel** s. Hellriegel!

Helena s. Bahlow, Vornamen S. 46. Sinnbild weibl. Schönheit (als Tochter der Leda u. des Gottes Zeus in Schwanengestalt). Dem MA. durch d. Troja-Dichtg. bekannt (*Helena filia Helenae* 1275 Hbg.). Auch Heil. N. (ungar. *Ilona*). KF. *Leni,* Lenchen.

Helf, Helff, Helft (obd.): mhd. helfe »Helfer, Gehilfe«. Vgl. Spathelf! Desgl. **Helfer** (Helfert), obd., und **Helfmann.** Uolrich der *Helfer* 1293 Baden/Aargau. Vgl. Nicl. *Helflos* 1436 Villgn.

Helfenbein meint den Elfenbeinschnitzer, -drechsler (vgl. mhd. helphant »Elefant«). Frenczel *Helfant* 1378 Prag, auch als Hausname: her Cunrat Bletz *der Helfrand* = C. Bletz *zem Helfande* 1290 Rottweil.

Helfenschneider (Mchn.): wohl nicht Elfenbeinschnitzer, sondern wie Helfenberger, -brunner, -steiner (alle obd.-bair.) zu e. ON. (auf -schneid, -schneit, »Schneise«). Desgl. Helfensteller wie Obersteller, Winterstaller, -steller zu den bair.-österr. ON. auf -stall.

Helfer (obd. = ndd. Helper: mhd. = »Helfer, Gehilfe«, s. Helf!) W. *Helfer* 1361 Iglau. Vgl. Spathelfer, Nothelfer. Ein ON. Helfern b. Osn.

Helferich, Helfreich (obd., md.): ein Nachklang der Heldensage, wo H. ein Manne Dietrichs v. Bern. Vgl. auch *Chilperich* (westfrk. König)! *Helferich* (Johanniter) 1315 Wetzlar, *Helpfrich* Dinkel 1364 Württ., *Helfrich* Kuse 1426 Hessen. Ndd. vgl. in Hbg. 1262 *Helpwin (Helpo),* 1271 *Helperad* Koevoet.

Helf(t) s. Helf! Vgl. auch ON. Helfe b. Hagen u. Helfta b. Eisleben.

Helf(s)gott: vgl. Jürge *Hilfmirgott* 1412 Pirna.

Helgenmacher: Schnitzer hölzerner Heiligenbilder, Peter *Helgenmacher* 1504 Zürich. Dazu Hans *Helg* (Heiligenmaler) 1526 Basel, vgl. *Helch* (Elsaß). Zur Form vgl. ON. *Helgenberg* (Hessen), *Helgenstein* (Elsaß).

Heling (Hbg. öfter): ON., vgl. Hehlingen/ Wolfsbg.

Helk(e) s. Helck!

Hell, Helle (vgl. Hellmann): allg. verbreiteter Flurname (mhd. helle »Höll«, wilde abgründige Gegend). Jacob *von der helle* 1382 Lg., Lippoldt *von der helle* 1437 Bonn, Hannos *in der helle* 1369 Brsl., Cunr. *in der helle* 1288 Tirol. Berthold *zur hellun* 1270 Straßbg. Als Teufelsnamen des MA.s seien genannt: Helbock, **Hellgrebe** (Höllengraf), **Hellgoth** (mhd. hellegot), **Hellevoigt, Hellewart** (Höllwarth), **Hellriegel** (Höllriegel), **Höllenfeger** (hellefeger), dazu **Hölldampf, Hellfeier,** -faier (*Hellefeuer* 1383 Lg.), *Hellenstrick, Hellebock, Hellemeister, Hellekopf* (Brsl., Prag, Worms) wie *Hellefuß, Helltritt.* **Hellpape, Hellhund,** *Hellewirt, Helleschlüssel, Hellekrapf* (Türangel, Haken), als Hausname 1322 in Worms; *Hellebrandt* (mnd. Schelte: »he is billich ein hellebrandt«); vgl. aber Hillebrand. *Hellfahrt* (Höllenfahrt).

Hellberg (Hbg.) s. Helberg!

Hellbut s. Heilbutt! – **Helldorff:.** ON./ Hann.

Helldritt: ON. nö. Coburg. Hans *von H.* 15. Jh. Bay. – **Helle** s. Hell.

Hellebardt, -part (obd.): »Hellebarde«. Vgl. Bardenwerper!

Hellenberg, -kamp (Westf.) s. Hellenbroich!

Hellebrandt s. Hell! (Höllenbrand), aber auch Hildebrand! Vgl. Nic. fil. *Hellebrandi* = Nic. *Hildprandi* 1303 Prag.

Hellenbrecht s. Helmbrecht! – **Hellenger** s. Helmger!

Hellenbroich (rhein.-westf.) wie Aschen-, Haken-, Hucklenbroich. Vgl. Hellbrock b. Hbg. (Bahlow, ON. S. 207: *hel* ist altes Sumpfwort. ON. Helle im Moor der Hase hieß Hallithi, zu *hal* desgl.).

Heller (obd., md.) meint die Münze aus Schwäb.-Hall (seit 1208 dort geprägt), auch **Haller.** Deutet wie Dreiheller, Achtzehnheller u. v. a. Münznamen auf Abgabenpflicht (bäuerl. Zins oder städt. Steuer). Rudolf der *Heller* (Bauer) 1302 b. Zürich, Joh. *Heller (Haller)* 1378 Görl. aber auch: her Hannus v. D., der *Heller* geheißen ist 1353 Glatz, her Volkhart der *Heller* 1278 Freiburg. – *Hellerwert* (1387 Frkf.) meint den Krämer wie auch Pfennigwert. – Beziehung zur Münzstätte ist deutlich bei Ulr. *Haller* (gen. Obulus), Münzmstr. 1280 Bamberg.

Hell(e)rich, Heldrich: s. Hilderich! Vgl. auch Höllrich b. Gemünden/Frkn. Hans *Hellrich* 1451 b. Günzbg.

Hellermann (obd.) s. Heller! Heinr. *Hellerman* 1299 Tauber.

Hellfahrt: »Höllenfahrt« (s. unter Hell! Desgl. **Hellgot**).

Hellfeuer, -feier, -faier (Schles.) = »Höllenfeuer«, s. unter Hell! Heinr. *Hellefeuer* 1383 Lg. Auch als Spielmanns.-N. bezeugt.

Hellfritz, -fritzsch, -frisch, Höllfritsch: sächs.-frk., = Fritz von der Helle (Flurname). Vgl. Langfritz, Hoffritz.

Hellgarth, -gardt: wie *Hillgarth,* s. Hildegard!

Hellgrebe s. Hell! Obd. vgl. Hainr. *Hellegrave* 1265 Radolfzell.

Hellhammer (bair.): zu den ON. auf -ham = -heim in Bay., wie Kohlhammer, Hund-, Forch-, Werthammer. Schon 1342 Ulr. Heilhamer/Augsbg.

Hellig(e) = Heilig(e); auch Hellge. Vgl. Helg! Mhd. heilige auch = Heiligenbild.

Helling: mhd. hellinc = helbling »halber Pfennig«. Joh. *Helling* 1414 Konstanz. *Sparhalling* 1289 Hbg., *Hellingus*/Lüb. Aber **Hellinger:** aus Hellingen b. Coburg.

Hellmann (schles. auch Hallmann) s. Hell! (Bahlow, S. 86). **Hellmer(s)** ndd. s. Hillmer! **Hellmair** (Mchn.) wie Hellmann.

Hellmich, -ig; Helmich: von Westf. bis Meckl.-Pommern urkdl. als Schleifform zu Helmwig (»Helmkämpfer«) bezeugt. *Helmich (Helmwich)* v. Horst 1257 Westf. UB. 3. *Helmicus (Helmwicus)* Remensnidere 1258 Hbg. In Schles.-Sa. aber jüngere Variante zu *Helwig, Helbig:* Joh. *Helmich* 1454 Berka. Vgl. Bahlow, Schles. Nbch. S. 41. Mundartl. schles. **Halmich** (wie Halbig). – In Lippe noch 1600 *Helmich* Sibolt. Geogr. Satistik b. Brech., S. 691.

Hellmund(t): germ. Pers. N. auf -mund »Schutz« (vgl. Vormund), wie Siegmund, Edmund, Reinmund, Richmund, Germund, Kunimund, Ratmund. *Helmundus* (Domküster) 1309 Kolberg. Vgl. ndld. Helmont.

Hellmuth (Franken, Sa.): als VN. im MA. nicht bezeugt, daher wohl auf Heilmut beruhend, wie Helwig auf Heilwig. S. auch Helmut! Andr. *Helmut* 1478 Radolfszell (Buchführer aus Basel), Hinr. *Helmut* 1491 (Univ. Lpz.), Barthol. *Helmut* 1494 Brandis/Sa.

Hellner s. Hillner! – **Hellpap, Hellriegel** s. Hell!

Hellrich (obd.): Hans *Hellrich* 1451 b. Günzbg. S. auch Hellerich, Heldtreich!

Hellrung: aus Heldrungen a. d. Heldra/Unstrut (prähistor. Flußn.: Bahlow, ON. S. 209). Vgl. Bodungen a. d. Bode, Madelungen a. d. Madel u. v. a. (Über die N. auf -ungen grundsätzlich: Bahlow, Ndd. Korresp. Blatt 1961.)

Hellvogt, Hellewart s. Hell!

Hellwege (Hbg. oft): ON. im Wümmemoor östl. Bremen. Auch Hellwegen. Vgl. Hellwinkel, Hellbrock u. ä. *(hel* ist altes Sumpfwort: Bahlow, S. 209).

Helm, Helms (Hbg. oft) nebst **Helm(e)cke** ist ndd. KF. zu Helmold, Helmbold, Helmwig, Helmrich, Helmbrecht, Helmbern. Noch 1528 in Hann.: *Helmeke* Dethmering. Dazu patr. **Helmker** (westf.) wie Öhlker, Ötker u. **Helmsen** (Helmsing) wie Wilmsen, Almsen. **Helmchen** ist md., **Helmel,** Helmle obd. *(Helmelin* 1270 Württ., *Helmlein* = *Helmhart* 1380 Kremsmünster). Im obd. Raum mag Helm (als Kopfschutz) auch den Helmer oder Helmschmied bzw. den Krieger im Helm meinen; vgl. Joh. *underm Helm* 1350 Stuttg., Ritter Albrecht gen. *Helm* 1273 Baden; Elbel *Helm* 1395 Eger, Andr. *Helm* 1404 Prag, wo gleichzeitig *helmer, helmsmid, helmschrot!*

Helmberg(er): aus Helmberg/Bayern.

Helmbold(t): die altd. Pers. N. auf -bald, -bold »kühn« sind vor allem obd.-frk. Zerdehnt *Hellenbold* 1348 Brsl. (wie *Hellenbrecht* ebda.).

Helmbrecht: als frk.-bair. Pers. N. berühmt geworden durch die mhd. Erzählung vom Bauernsohn »Meier Helmbrecht« (v. Wernher dem Gärtner) um 1250. Vgl. ON. Helmbrechts/O. Frk., O. Pfalz. Zerdehnt *Hellenbrecht* 1254 Brsl., Arnold *Hellenbrecht* 1349 Lg. (auch Görl., Prag, Freiberg, Pirna, Pößneck); schles. später **Hellbrecht, Hilbricht** (Görl.)! auch Halbrecht. – **Helmburg** *(Hellenborch* 1280 Strals., Lüb., Hbg.): vornehmer weibl. VN.

Helmdag, -dach (Hann., Brem.): niedersächs.-fries. Pers. N. auf -dag (strahlend wie der lichte Tag), schon 1322 in Bremen. Vgl. Heildag, Aldag (Oldach), Reddag, Siddag. Zerdehnt Helme(n)tag (vgl. Allentag); s. auch Aldag!

Helmer: obd. (Bay., Ö.) = Helmschmied. Conr. *der helmere zumftmeister* 1290 Basel, Henr. Freiberger *helmer* 1404 Prag. Aber ndd. = Hilmer (Hildemar)! *Helmer* Seeger 1602 Flsbg.

Helmerding: ndd.-westf. Patr. wie Elverding, Humperding. Deterding usw., zu Helmward. Vgl. *Helmeke Helmerdinges* 1452 Hann. Verschliffen **Helmering** wie Hilbering (Hilberding). Zu **Helmert** vgl. auch obd. Helmhart!

Helmers, Hellmers (ndd., Hbg., Bremen oft) ist jüngere Variante zu **Hilmers** (Hildemars), wie **Hel(l)mer** zu Hilmer, s. dies!

Helmger: seltener obd. Pers. N. wie Bernger, Engelger; Ritter *Hellenger* 1224 Elsaß, Heinz *Helnger* 1373 Württ.

Helmhart (obd.): seltener altd. Pers. N. *Helmhart (Helmlein)* der Anhanger 1380 Kremsmünster/Ö.

Helmhol(t)z, berühmt geworden durch den Physiker Herm. v. H., beruht auf dem altd. Pers. N. *Helmold* (s. dies!) wie Arnholtz auf Arnold, – Huhnholtz auf Hunold, – Weinholtz auf Winold, alle im nordd. Raum; *-old* wurde um 1500 zu *-hold, -holt* umgedeutet u. mit dem Vordringen des Hochdeutschen (zur Lutherzeit) zu *-holz* »verhochdeutscht« (wie z. B. in den Kirchenbüchern um 1600 zu beobachten). S. auch Weinholtz.

Helmich s. Hellmich! – **Helm(i)chen** (md.) s. Helmecke!

Helming (ndd.): Patr. zu Helmrich u. ä. Thid. *Helminges* 1273 Hbg.; ON. *Helmingdorp* 1369 Lippe.

Helming(er): Mchn., ON. Helming/Bay. mehrf. – **Helmkampf** i. W. = Hellenkamp wie Bremen-, Gallenkamp = sumpf. Feld.

Helmke (Hann., Hbg., Bremen) s. Helm(s)! Desgl. Helmker.

Helmle, Helmel (Württ., Baden) s. Helm, Helmhart!

Helmold: im ndd. Raum einst beliebter Pers. N. (um 1250/1350 oft in Lünebg., Hbg., Lüb., Rostock), bekannt durch Pfr. *Helmold* (12. Jh.) in Bosau am Plöner See u. seine »Chronik der Slawen«! *Helmold (Helmerich)* v. Warne 13. Jh./Rostock, *Helmold* Reders 1356 Lünebg., *Helmold* Thureke 1306 Hann., *Helmold Helmolds* 1440 Hildesh.; *Helmholt* Schomaker 1586 Meckl. noch 1612 *Helmold* Schnemann Göttgn.; auch *Helmlott* neben *Helmold* im Meckl. UB. Bd. 17, vgl. Humblot (Humbold). Im meckl. Adel noch um 1800 als VN., danach offenbar unser VN. Helmut, s. dies!

Helmrich, Helmrichs, obd. Helmreich: altd. Pers. N. (rich »mächtig«). *Helmerik (Helmold)* 13 Jh. Rostock, *Helmerik Helmeriks* 1309 Strals.

Helms, Helmsen, Helmsing s. Helm!

Helmschmied (obd.): Conr. *Helmsmid* 1338 Prag (auch Freiberg, Brsl.), vgl. **Helmer;** dazu ndd. *helmsleger* (Barth, Greifsw., Lüb., Ro.).

Helmschrot(t): mhd. schrôten »mit d. Schwerte zerhauen«, schrôt »Hieb, Schnitt«, ÜN. des Haudegens. Enderlin *Helmschrot* 1359 Iglau. Vgl. *Schildeschroter* Alt-Brsl.

Helmstedt: urkdl. *Helmenstede,* z. Flußn. Helme *(Helmana);* Bahlow S. 210.

Helmund s. Hellmund! – **Helmut** s. Hellmuth! Im MA. als VN. nicht bezeugt. Erst 1390 ein *Helmet* Moltmeker in Lünebg., wo *Helmold* üblich war! Dann 1598 in Wodarge/Meckl.: *Helmut* Schomaker. Wahrscheinl. liegt Anlehnung an *Helmold* vor (s. dies!), im meckl. Adel noch um 1800 als VN., daher dann *Helmuth* v. Moltke! Vgl. *Helmut* Schröder. meckl. Dialektdichter. (Bahlow, Unsere Vornamen S. 47.)

Helmwig s. Hellmich!

Helpap (ndd.) s. Hellpape!

Helper (ndd.) s. Helfer! Ein *Helpere* 1256 in Hbg.

Helweg(e) s. Hellwege! **Helwert** s. Hilwert!

Helwig: beliebter Pers. N. des MA.s, s. Helbig! *Helwig* v. Bunzlau 1264 Brsl., *Helwig* u. Hannus, Söhne des Hentschel *Helwig!* 1375 Lg.; *Helwig* Hase 1387 Frkf., *Helwig* glaswrechte 1290 Ro.; *Helwig* Hassenpflug 1549! Hessen. Patr. Hs. *Helwiger* 1468 Görl.

Hemberle s. Hemmerle: Hammer! – **Hembs** = Heimbs, s. Heimes!

Hembold s. Heimbold! Vgl. ON. Heimboldshausen/Hersfeld.

Hembrecht s. Heimbrecht!
Hemer: vgl. ON. Hemer b. Iserlohn (urkdl. Hede-mere), aber auch den hess.-westfäl. Flurnamen »bei den Hemern«, »im Hemerach«, = sumpf. Wald- u. Wiesenstellen (Bahlow, ON. S. 206). Joh. *Hemere* (dominus) 1297 Strals.
Hemesath s. Heimsoth!
Hemfler s. Hanf! – **Hemke(n)** s. Hemme(ke)! Hemke ist auch ON. b. Bramsche (: Hem-beke).
Hemkhaus, Hemminghaus: westf. ON. (Heminghus).
Hemleben, gekürzt Hemmleb, Hemlep: ON./Unstrut (mit Memleben ebda.: Bahlow, ON. S. 206). Vgl. Memleb, Briegleb, Witzleb; Hartleb, Hartlepp; Ortlepp, Uthlepp usw. (Übersicht: Bahlow, Dt. Nbch. S. 93).
Hemling (Hbg.): ON. Hemelingen b. Bremen. – **Hemm:** ON. b. Stade, doch s. Hemme!
Hemmann (obd.): urkdl. = Hanmann = Johannes, so am O.-Rhein (Baden, Elsaß). *Hemman (Johan)* Löselin 1350, *Hemman (Haneman)* v. Liebeck 1391, *Henman (Haman)* v. Offenbg. 1379 (Nied., S. 20). Aber in Alt-Brsl.: *Henman (Heinman)* v. Woycesdorf 1295. – Zu nordd. Hemmann (Hbg.) vgl. ON. Hemme: Fred. *Hemman* 1333 Bremen neben Herbord *von Hemme* 1299 Bremen!
Hemme, Hemmecke, Hemmes, Hemming (Hemmingson), Hemmenga: alle fries., zu *Hemmert, Heimbert* wie *Remme, Remmert, Reimbert. Hemmeke* Bremering 1428, *Hemke* Hyllerdes 1542, *Hemmeke Hemminges* 1428, *Hemme* Frerykes 16. Jh. Friesld. Ein ON. Hemme in Holstein. Vgl. Thid. *Hemeke* 1347 Hann.
Hemmer: vgl. ON. Hemmern/Möhne. – **Hemmerath:** rhein. ON. auf -rode, wie Beckerath, Hilberath.
Hemmerding (westf. Patr.): zu Hemmert, -ers = Heimbert, wie Remmerding zu Reimbert.
Hemmerich: aus Hemberg bzw. Heimberg mundartl. umgewandelt, s. Hammerich! In Franken urkdl. *der Heimberge, Heimburge* = Dorfschulze (mhd. heimbürge). Nied., S. 68. Ein ON. Hemmerich im Rhld!
Hemmerling, Hemmerle s. Hammer!
Hemmersam: aus Hemmersheim/Frank.
Hemming (fries.) s. Hemme! Vgl. ON. Hemmingstedt. Aber **Hemminger** (obd.): ON. Hemmingen/Württ.
Hempel, Hempler, Hemprich, Hempe, Hemp s. Hampe(l)! Vgl. *Hempe* Rote 1366 Brsl., *Hempel* Mechthilt 1390 Dux.
Hempfer (obd.) s. Hanf!
Hemptenmacher, Himptemacher (ndd.): mnd. hemete, ndd. Himten war ein (hölzernes) Getreidemaß.
Hems (ndd.-fries.) s. Heimes! Zu **Hemsen** (Hbg.) vgl. auch ON. Hemsen b. Soltau.
Hemshorn (Hbg.): vgl. ON. Hemsloh b. Diepholz, ON. Hemslar (Hemschlar) b. Berlebg., Hemslingen/Wümme (*hem* »Sumpf, Moor«: Bahlow, S. 206). Auch Hem-moor a. d. Oste.
Hemsoth, Hemsath s. Heimsoth! – **Hemstedt:** s. Hemshorn!
Hen(c)ke, Hincke: ndd.-westf. KF. zu Henrich, Hinrich. *Henke* Hermen 1410, *Henke* Druden 1488 Lippe. Dazu Grotehenke, Brokhinke usw. Patr. **Henkken(s), Henking,** Henker, Henkeler, Henkmann, auch Hinken(s), Hinksen. In Schlesien ist Henke mundartl. Variante zu Heinke (Heinrich): *Henke (Heinke)* Dresden 1362 Brsl., s. Hincke!
Hen(c)kel s. Heinkel! Ndrhein. ist Henckels (Solingen), westf.: Henkelke, **Henkelking.**
Hendel, patr. Hendler, s. Händel! – **Hendeschuch,** Hendschug s. Handschuh! – **Hendewerk** s. Handwerk!
Hendrich, patr. Hendrichs, Hendricks (rhein. Dricks!) ndd. Form von Heinrich (s. dies!). Vgl. ostd.-slaw. Hendriock, Hendrischke.
Henf(t)ling, Hempfling: ÜN. des Vogelhändlers. Vgl. Stieglitz, Zeisig, Goldammer usw. Nicol. *Henffling* 1419 Zittau. – **Henfler** s. Hanf!
Hengehold (ndd.-westf.) meint »sumpf. Gehölz« (wie Hengewood/Engld.); vgl. Hengelo, Henge-lar, Hengeford, die Hengschlade (b. Meschede) usw. Dazu ausführl. Bahlow, ON. S. 196 u. 211.
Heng(e)ler (Hbg.): vgl. ON. Hengeler b. Dorsten wie Henglarn b. Paderborn u. Hangelar b. Bonn (s. Hengehold!). Obd. **Hengel,** Henglein wohl (wie mhd. hengel) = Henkel, Hängsel, Haken. Vgl. auch **Henger** = Henker. *Hengelhut*/Alt-Brsl. meint Schlapphut. **Hengel-, Henkel-**

haupt: mhd. hengelhoubten »den Kopf hängen lassen«. In Böhmen 1377 Nic. *Hengel (Henkel)!*

Henggi (Schweiz) s. Hänggi! – **Hengvoß** (ndd.): wie Acker-, Dick-, Sandvoß nach d. Wohnstätte, s. Hengehold!

Hengst, Hengstmann, ndd. **Hingst,** Hingstmann: auch Hengstmeyer, -wirth, wohl der Hengstbesitzer (Züchter). Vgl. auch **Kaphengst,** Drücktenhengst, Hengstler. Zuweilen ist Hengst auch ON. (Anhöhe) u. Hausname (zum Hingst; domus Hengst). Heile *Hengest* 1337 Speyer, Cünzel *Hengist* 1385 Budweis; Ebbert *Hengstmann* 1476 Hann. Zu den ON. Hengstbeck, Hengstlage, Hengsthorst, Hengstey, Hengstwerth (Hengsten), Hengeslar u. Hengster *(Henges-hor* 1289), sumpf. Wald b. Offenbach. s. Bahlow, ON. S. 211!

Hengstenberg (Dortmunder Patriziergeschlecht): ON./Ruhr. Im 19 Jh. bekannt durch Ernst Wilh. H., Berliner Kirchenführer.

Henjes (Hbg.) = Hennies = Henniges, Hennigs: s. Hennings!

Henke, Henkel s. Hencke, Henckel!

Henkenhaf (Karlsruhe), Henkenschuh meinen den Hafner (Töpfer) bzw. Schuhmacher, v. Aushängen ihrer Erzeugnisse. Vgl. auch *Henkemantel* 1313 Ingelheim, 1369 Hdlbg., wohl der Mänteler, Trödler.

Henle (obd.) s. Hähnel u. Händel! Vgl. Heinr. gen *Henli* 1280 Spaichgn. Der Erfinder d. Taschenuhr, Peter *Henlein,* Nürnberg um 1500, heißt urkdl. auch (verschliffen) *Hele* (daher FN. **Hehl!**). *Henlin* Menczel 1409 Würzbg., *Henlin* Hildeger 1352 Glatz.

Henne (Hessen, Westf.): im MA. in Hessen die übl. KF. zu Johannes; vgl. *Henne* Gensfleisch zum Gutenberg = Joh. Gutenberg/Mainz, *Henne* Glyme 1387 Frkf., *Henne* Eschewege 1485 Kassel, *Henneman* Weichebrod 1427 ebda. Heinkel *Henne* 1398 Frkf., Bernh. *Lybehenne* 1489 Kassel. – Aber Komposita wie *Hennenkopf, Hennenflügel, Hennenfuß* (Alt-Brsl.) *Hennheppel* (Mähren) sind ÜN. des Geflügelhalters: *mit der hennen*/Brsl. Ein *Hennfeynt* 1397 in Prag. *Hennenfind* in Brsl.

Henneberg: ON. b. Meiningen (alte thür. Grafschaft).

Hennefahrt (thür.-frk.): entstellt aus Heinefrid, -fert wie Rennefahrt aus Reinefrid, -fert; vgl. Hennemuth neben Heinemuth.

Henne(c)ke (ndd.): von Bremen bis Danzig um 1300/1400 beliebte KF. zu Johannes (vgl. auch Henning!). *Henneke = Henning = Joh.* Wulf 1442 Ro., *Henneke = Joh.* Ertmars 1304 Strals., *Henneke = Joh.* Elmars 1310 Greifsw.

Hennemann s. Henne (= Johann)! *Henneman* Weichebrod 1427 Kassel.

Hennen: ndd. Patr. zu Henne (Johann), s. dies! Vgl. fries. Mennen.

Henner (Baden, Pfalz) = Heiner = Heinrich. Vgl. Hofhenner, Schmitthenner (Schriftsteller Adolf Schm., Baden).

Hennies, Henjes, Hennigs (ndd. Patr.) s. Hennings!

Hennig (Henning): in Schlesien u. Lausitz urkdl. = Johannes, zuweilen = Heinrich. Siehe Hannig! Nitsche *Hennyng* 1389 Lg., P. *Hennig* 1421 Görl. Weiteres: Bahlow, Schles. Nbch. S. 60.

Henning: im ndd. Raum (Hannover, Hbg., Holstein, Meckl., Pommern) um 1300/1500 wie **Henneke** beliebte KF. zu Johannes, mit ndd. -ing, das eigtl. patronym ist; ausgehend von Adels- u. Ritterkreisen. *Henning = Joh.* Older 1290 Strals., *Henning = Joh.* Brunswik 1305 Kolberg, *Henning = Joh.* Dotenberg (Ritter) 1326 Greifsw., Graf *Henning* v. Irkesleve 1330 Haldsl., *Henninck* Mertzel ein edelman 1374 b. Hbg., *Henning Henninges* 1426 Greifsw.; noch im 17. Jh. (in Holstein noch heute VN.): *Henning* Ruscheplat, Landdrost/Hameln, *Henning* Woyke, Bgmstr. 1681 Neustettin. Dazu **Hennings, -sen** (Hbg. oft).

Henninger (obd.): oft in Württ.-Baden u. Franken zum ON. Henning bzw. Heiningen (vgl. Henner: Heiner); unmöglich aus Königheim (so irrig Nied., S. 70, u. Brech. S. 699), das im 14. Jh. Kennenkeim lautete (einmaliges Hennenkein 1371 ist Schreib- oder Lesefehler!). Joh. *Henninger* 1489 Vaihingen. Vgl. Hans *Hemminger* 1486 ebda.: ON. Hemmingen.

Henrich(s), Henrichsen, Henrici s. Heinrich! Vgl. Möhlenhenrich (Westf.).

Hensch, Henschel, Henschke s. Hentschel! – **Henschenmeker** s. Handschuh!

Hense, Hensen, Hensing (ndd.) = Hans (Johannes) mit Umlaut.

Hensel, Hänsel (vgl. Hänsel u. Gretel): volkstümlichste KF. zu Hans: Johannes (s. unter Hans!) im obd.-schles. Raum, mit schles. *a* für *e* auch **Hansel;** mit -old erweitert: ostmd. **Hensolt** (wie Petz-old). *Hensel* mit den liben owgen = *Hannus* m. d. l. awgen 1372/85 Lg., Bauer *Johannes* gen. *Hänsel* 1363 Isny. Patr. *Henseler:* Hans der *Henseler* 1364 Württ.

Hensiek: westf. ÖN. (siek = feuchte Niederung; z. Sumpfwort *hen,* ndld. heen »geul, vliet«, vgl. *Hen-schlade* i. W.: Bahlow, ON. S. 212).

Hentig (Lausitz) s. Hantig!

Hentrich, Herntrich (Eichsfeld, Thür.): wie Hendrich = Heinrich urkdl. auch mit Heidenreich verwechselt, so in Jena 1519: Nickel *Hentricht* = *Hendtrich* = *Hentreich* = *Heindtreich* = *Heidenreich!*

Hentschel, Henschel (O. Lausitz, Schlesien), auch Hen(t)schelmann: um 1300/1400 beliebte KF. zu Johannes (Hensel). *Hentschel* = *Hensel* Pechman 1369 Brsl., *Hentschel* = *Hensel* stellemecher 1382 Lg., *Hentschel* = *Hantsche* Grofeenderlin 1411/24 Lg., Dazu **Liebehenschel.** Patr. **Henschler** (wie Hensler): *Henczeler* 1392 b. Eger. Vereinzelt auch = Heinrich: *Heynel (Henczel)* 1372 Iglau.

Hentscher s. Handschuh!

Hentsch(ke), Hensch(ke): Schlesien, Lausitz, wie Hentschel = Hantsch = Johannes, seltener = Heinrich. S. auch Hanschke! *Henczke* = *Heynczke* = *Heinke* v. Öls 1370 Brsl., *Heynczel (Heinrich)* Kiczinger 1346 Brsl.

Hen(t)ze: wie Hintze bes. ndd. beliebte KF. zu Heinrich. *Hence* = *Heinse* = *Henricus* Vöge 1270 Strals., *Hence (Henricus)* Bitterolf 1273 Ro. **Hen(t)zen** ist ndrhein. Patr. Obd. vgl. *Henczman* Lustel 1369 Iglau, *Hentzman* Harperg 1384 Britzgn./Baden, heute **Hentzmann.** Obd. auch **Henzel(mann), Henzler.**

Heper, Hepermann: westf., zum ÖN. Hepern b. Büren (vgl. Heppern/Waldeck). Eine Heppe fließt b. Meschede, vgl. ON. Heppen u. Heepen i. W., Hepstedt b. Bremen. Zu *hep* »Moder, Moor«, s. Bahlow, ON. S. 212.

Heppe, Heppel, Hepp(l)er (obd.): ÜN. des Winzers oder Arbeiters im Weinberg, zu mhd. hepe, heppe, happe »(krummes) Winzermesser« (vgl. heppenguot »Frongut«). Auch Hepperle (wie Seuterle). S. auch Happ! Herman *Heppe (Hepe)* 1328 Mainz, Heilo *Heppele* 1351 Rheinhessen, Sitz *Heppel* 1390 Tauber, Nikodemus *Hepper* 1583 Reutl. Jos. *Hepperlin* 1527 Kürnbach, Auberlin *Heppeler* 1503 Stuttg. – Zum ON. Heppen b. Soest: P. *van Heppen* 1300 Soest.

Hep(p)ner: obd.-schles. entrundet aus Höppner »Hopfenbauer«, seltener **Heptner** (Höptner). Langehannus der *heppener (hoppener)* 1429/26 Lg.

Hepting, Hepding, Hebding (obd.): schwerlich = Epting (ON. Ewattingen/Baden, so Nied., S. 35, Brech., S. 700). Vgl. in Ö. den ON. *Hebeting,* heute Höbeting. Im MA. in Württ.-Baden kein Hepting, erst 1602 in Rohrbach.

Herb (obd.): der Herbe, s. Herbsleben! Jesco *Herb* 1375 Olmütz.

Herbel s. Herbord!

Herbener (Hbg.) dürfte (neben **Herben**) westf. Patr. sein, wie *Drudener* (neben *Druden)* u. *Figener* (neben *Figen)* in Lippe (Preuß S. 34).

Herber(s) s. Herbert u. Harber(s)! Herpers!

Herberg, Herberger: der Herbergswirt (mhd. her-berge eigtl. bergendes Heerlager, dann Nachtherberge für Fremde; in Schlesien mundartl. Herberich, Herbrig, daher FN. Herbrig, Herbricht ebda.!) Ein Niclos *Kaldeherberger* 1387 Brsl. (nach e. Wirtshaus). Valerius *Herberger* (Fraustadt), bekannt als Kirchenlieddichter.

Herbert (altd. *Heri-berht* »im Heere strahlend«): als FN. obd. **Herbrecht,** rhein. **Her(i)bertz** (heil. Erzbischof v. Köln), ndd. **Harbert,** Harbers (patr. Harberding, Harbring/Westf.), s. dies! Auf ndd. Boden vgl. auch **Herbord!** Beide Namen gehen urkdl. zuweilen durcheinander: *Herbertus (Herbart, Herburdus)* de Stuterslo 1401 Werden/Ruhr. **Herbart** ist berühmt durch den Philos. J. F. H. aus Oldbg. Zum VN. Herbert (um 1900 Mode) s. Bahlow, Unsere Vornamen S. 48. Obd. Patr. ist Haintz *Herbrechter* 1360 Reutlingen.

Herbig, Herbing s. Herwig!

Herbold (Baden). Herpoldt (obd.): seltener altd. Pers. N. Vgl. Bertold *Herbolds* Sohn 1209 Lochheim/Nassau, Ritter Walther *Herbolder* (patr.) 1252 Lindau. Auch im

ON. Herbolzheim (Franken, Baden mehrf.).

Herbord, Harbord (ndd.): germ. *bord* »Schildrand, Schild«. Von Westf. bis Pommern im MA. beliebter Pers. N., ndld. Heereboord. KF. *Borde(ke), s. dies! Herbord,* Sohn des *Herbord* 1300 Lüb., *Herbord* Meibom um 1250 Ro., *Herbord Bordeken* 1408 Hann., *Bordeke* v. Brakel 1350 Stettin. Md. Form war *Herbort:* Ein Herbort v. Fritzlar dichtete am Hofe d. Landgrafen Hermann v. Thür. um 1220 sein »Lied von Troie« (Troja). Vgl. *Herbort* Clemme 1371 Brsl., Herbort 1297 Mähren, Fridel *Herbart* 1395 Eger, z. Form vgl. Schubort: Schubart. Als rheinhess. KF. beachtet: *Herbelin (Herbord)* zum Lamme 1342 Mainz, *Herbel* Hiltwin 1347 Algesheim/Bingen, *Herbelo fil. Herbelonis* 1315 Mainz.

Herboth, Harboth: entspricht dem germ. Pers. N. *Hario-baudes* (Heri-bod), Alemannenkönig um 400; »Heeres-Gebieter«, vgl. Sig-bod (Sibot: Seibt), Mar-bod (Merobaudes): Mirbt.

Herbrand bair. Hörbrand ndd. Haarbrandt: vgl. »Hiltibrant *Heribrantes* suno« im Heldenlied um 800 *(brand* = flammendes Schwert).

Herbrecht s. Herbert! Vgl. ON. Herbrechtingen/Württ.

Herbrig, Herbricht (schles.) s. Herberg!

Herbst: wie Sommer u. Winter aus berufl. Gebundenheit an die Jahreszeit erklärbar; man denke an Zinsverpflichtungen des Bauern oder Winzers (mhd. herbesthuon, -schaf, -garbe, -vronde, -bete) (Steuer); mhd. herbest auch = Weinernte. Vgl. Herbstmeister, Herbstmayer. Marquart *Herbst* 1220 Würzbg., Nitsche *Herbist* 1372 Lg., *Herbisthane* 1320 Wetzlar. S. ndd. Harfst *(Harvest)!* **Herbster** demnach wohl = Winzer, Weinleser.

Herbstleb: = ON. Herbstleben/Unstrut, vgl. Memleb, Hemleb, Witzleb. S. aber Herbsleben!

Herbsleben: Hensel *Herbsleben* 1363 Prag, Anderl *Harbslaben* 1411 Budweis (vgl. Herbsweter 1414 Mähren). Ähnlich Freiesleben, Sanftleben. S. aber Herbstleb.

Herbstritt, -rieth, -reuth, -reith: ON. Herbstreuth b. Bayreuth (vgl. Herbisried, Memmingen). Chuno *Herewisriute* 1109.

Herburg, Herborg: Metronym, im MA. bes. im ndd. Raum beliebter (vornehmer) weibl. VN. Vgl. domina *Herborg (Hereborch)* 1285 Strals. Cristian filius *Herburgis* um 1300 Hbg. Im selben Raum: *Gerburg, Eilburg, Hildburg, Walburg, Lutburg, Titburg, Alburg, Heil-, Helburg, Wendelburg, Fredeburg, Helmburg, Otburg, Wiburg, Siburg, Swaneburg.*

Herch, Herche, Herch(n)er (Sa., Laus., Böhmen) s. Hürche u. Hirche! Vgl. N. *Herche* 1381 Friedld./Böhmen, Henr. *Herch* 1357 Saar/Mähren.

Herchenröder, Hergenröther: aus Herchenrode bzw. Hergenroth/Hessen. Vgl. Allmenröder, Blumenröder, Bleichröder.

Hercks, Hercksen (fries.) s. Harcks, Harcksen!

Herde (ndd.): Hbg. oft, s. Harde! Vgl. Herdemerten(s): Martin der Hirte. Anders der ON. Herda/Werra (wie Herde/ Westf., alt Herithi: Bahlow, S. 213; har, her »Schmutzwasser«).

Herdecke: ON. b. Wetter a. Ruhr (Bahlow s. 213). Vgl. auch den ndd. VN. *Herdeke (= Herdrad)* 1358 Lüb. bzw. = *Herdeger.* Wulveke *Herdeke* 1320 Lüb.

Herdegen (ndd. Hardegen, s. dies!), Heerdegen (Thür., Franken), Hördegen (Bay.), verschliffen **Herden,** Herdein (von Hessen bis Schlesien): altd.-frk. Pers. N., mhd. *degen* = junger Held (vgl. unser Haudegen), s. unter Degen! Degenhard! Urkdl. ein Breslauer Ratsherr *Herdegen (Herden!)* 1266 (Bahlow, Schles. Nbch. S. 41); ferner *Herdegen (Herden)* Faltzner 1394 Prag (1408 Nürnbg.), *Herdeyn* 1311 Erfurt, *Herdein (Herden)* 1277 Bay., *Herdan* schuwurcht 1348 Brsl., *Herdan* der koch 1383 Frkf., Heyle *Herden* 1365 b. Worms, Petsche *Herdan* 1383 Lg. S. auch **Hardegen!** Zu bair. Hördegen vgl. Hörmann.

Herden s. Herdegen! Vgl. aber Hans *(von) Herden* 1603 Thür.: z. ON. Herda/ Werra.

Herder: Wie der Dichter J. G. Herder (aus Ostpr.), so ist auch sein N. im nordd. Raum beheimatet, als einst beliebter fries.-ndd. (ingwäonischer) Pers. N., mit ndd. Lautwandel *er: ar* seit ca. 1300 auch **Harder** (Harders), so oft in Hbg.-Bremen (noch 1562 in Flsbg. *Harder* Vake). Vgl. auch den *Hirdir* der Thidrek-Saga (Bruder des Hertnid; beides sind »Hardinge«).

Herder Hokeman 1288 Strals., *Herder(us)* auch Greifsw., Ro., Lüb., Holstein. Patr. *Herdering, Hardering.*

Herderer (obd.), gekürzt Herder (Breisgau): aus Herdern (Baden, Thurg.), Gotfrid *von Herdern* 1291, Rüdiger *Herderer (Herder)* 1324 Württ. Zuweilen ist obd. Herder mundartl. Variante zu mhd. herter »Hirt«, vgl. Herdrich = Hertrich. In Württ. auch Flurname »auf den Herdern« (1455): Brech., S. 702.

Herdle, Herdler (schwäb.) s. Härtel!

Herdrich, Hördrich s. Hertrich!

Herdt (obd.): mhd. herte, hert »hart, grob«. Joh. gen. *Hert* 1378 b. Zürich. Sonst (z. B. in Frkf.) auch KF. zu Hertwig, Hertwin: *Herte* Hasenstaup 1387, *Herte* Goltstein 1387 Frkf. (Vgl. Orte für Ortwin). Aber für ndd. hert »Hirsch« steht heute Hardt, Hart (vgl. *Hert, Hart* = cervus 1262 Ro.). Den Feuerherd (Hausname) meint Hs. *hinder dem herde* 1380 Lg.

Hereth, Höreth, Hiereth (Bay., Ö.) = Herold, s. dies, bzw. Herrand; vgl. Geretsberg/Ö.: 1120 Geroltsperg; Heretsried/Lech.

Herfa(h)rt, Herrfardt, -forth, -furth, -fert (von Thür. bis Schlesien) = mhd. *hervart* »Heerfahrt, Kriegszug«, also Teilnehmer daran; vgl. Merforth für mhd. mer-vart »Meerfahrt«. Deutlich z. B. »1/2 mark (Löhnung) *von der hervort«* 1408 Görl.; Heinrich *hervart* 1392 Freiberg/Sa., N kel *Herffart (Herfort)* 1487 Jena, Hans *Herferth* 1465 Kr. Neiße. Hans *Herfurt* 1446 Jena. Ein C. *Heregelt* 1340 Lüb. Auf nordd. Boden meint **Herford** die Stadt in Westf.: Albertus de *Hervorde* 1359 Greifsw.

Herfert s. Herfahrt! Desgl. **Herfurth.** Aber *Herfer* (Brsl.) = obd. Herpfer »Harfner«.

Herff (von): zum Bach- u. ON. Herfa bzw. Herpf b. Vacha/Werra bzw. Meiningen 779 *Herifa* »Sumpfwasser« (Bahlow, ON. S. 213).

Hergardt (Ndrhein.) s. Hersel!

Herger, Hergert (obd.): *Heri-gêr* meint »Speerkämpfer im Heer«. Uns bekannt als N. des fahrenden Spruchdichters *Herger* z. Zt. Spervogels um 1150. Dazu ON. Hergersdorf, -hausen/Hessen. Zu **Hörger** (bair.) vgl. Hörmann für Hermann. Ein *Hergerus* 1300 in Bremen.

Hergesell (obd.) = Heeres-, Kriegsgefährte, ritterl. Kampfgenosse. Ulrich der *Hergeselle* (Adliger) 1287 Württ.; in Ö. Hiergesell.

Herglotz s. Herklotz!

Hergt, Herget (frk.) ist kontrahiert aus Her(r)gott, wie Weigt aus Weigand oder Seibt aus Sibot, – Mirbt aus Merbot. Ein Geistlicher *Hergothilf* 1363 b. Prag; *Hergot* faber 1373 Iglau, Hrch. *Herregot* 1284 Frkf. Frommerhergot hessen.

Herhahn: ON./Eifel, -hahn = -hain. – **Herholdt,** -holtz s. Herold!

Herich, Härich, Hörich (ostmd.) siehe Hering!

Hering: meint allenthalben meist den Heringshändler (mhd. heringer), vgl. Hensel *hering (heringer)* 1352/60 Brsl., Ruland der heringer 1435 Lg., Nic. *Heringer* = Nic. alleca vendens 1410 Prag (vgl. Willibald Alexis, eigtl. Häring!) In Alt-Brsl. begegnen 4 Personen namens Hering: unterschieden als »der weiße, der blinde, der kahle, der geschlagene *Hering«.* Anschaulich ist **Heringlake.** Dazu **Brathering** (oft auf Fischland/Meckl.), Sauerhering, alles Berufs-ÜN.; auch **Höring** (bair.), **Haring** (ndd., s. dies!) mit *Haringweschere* (Lüb., Hbg. um 1300), *Haringmester* (Ro., wo schon 1290 Joh. *Haring).* Vereinzelt auch als Hausname: Hertwig *zum Heringe* 1314 Oppenheim.

Herke(n) (ndd.-fries.) s. Harcken! Desgl. **Herking.**

Herkel, Herkle (obd.): unklare KF., vgl. Herkelmann. *Herklin* von Lurunge 1409 Würzbg. *Herklin* 1351 b. Waibl.

Herkelmann: s. Herkel.

Herkenrath: ON. b. Köln (-rath = -rode), wird deutlich durch Herkenbusch, Herkenstede, Herkensee, Herkensen am Herksbach/Hameln, Herkeloo/Holld., Herkstrot u. Bach Herk/Brabant; »In der Herke«/Westf., die Herken-Berge i. W. (*herk, hark* »Schmutz«! Bahlow, ON. S. 214).

Herker, Herkert s. Herkner!

Herklotz, Heer-, Härklotz, Herkloß, Heerklotzsch; Herglotz: sächs.-thür., ungedeutet, offenbar slawisch.

Herkner: wohl entrundet aus **Hörckner** (Görl.), vgl. ON. Horka b. Görl. (alt Hörcke). Nitsche *Hörkner* 1381 Friedld./Böhmen, wie M. *Hurkner* (Olmütz), vgl.

ON. Horka a. March (1363 Hurken); Cuncz gener *Herkner* 1381 Iglau. Vgl. auch ON. (FN.) *Herkewitz.*

Herkom(m)er: aus Herkheim/Bay., wie Vollkommer, -kammer u. ä.

Herkt s. Hergt!

Herlein, Herl(e), Herrle (patr. Herrler): obd. KF. zu Hermann. *Herlin* servus 1315 Lg., *Herlin* Rübner 1362 Mies/Böhmen. Desgl. **Hierl** (Ö.). Bair. **Hörl,** Hörlin (1388 *Herel).* – **Herlet** s. Herold!

Herling, Herrling (obd.), auch **Hörling** (bair.): wohl patr. zu Hermann (KF. Herle) wie Gerling (Görling) zu Gerold u. ä. Schwerlich zu mhd. herlinc »Kreuzkraut«. Zu Herrling vgl. auch ON. Herrlingen/Ulm.

Herloff, Herleff (vgl. Herlufsen): altd. Pers. N. *Herolf,* wie Gerloff, Gerleff für Gerolf. Schon um 500 ein Burgunder *Hari-ulf* (»Heer-Wolf«).

Herlt, Herlet s. Herold!

Hermann, Herrmann, bair. Hörmann, österr. Hiermann, ndd. Harmen: berühmter altd. Pers. N. (Bahlow, Unsere Vornamen S. 49), vgl. den Sachsenherzog *Hermann* Billung um 950, den Landgrafen *Hermann* v. Thür. (Mäzen der mhd. Dichter um 1200) u. v. a.; als VN. erst durch Klopstock u. die Romantik wieder belebt. (Vgl. Goethes »Herm. u. Dorothea«). S. auch unter Herms! Hesse! Menzel!

Hermannutz (Württ.) = Uotzeherman (1342) = Ulrich Hermann. Vgl. Fleschutz, Schmid-utz.

Herms (Hermes), **Hermsen** sind ndd. Patr. zu **Herm** = Hermann, mit ndd. Lautwandel *er:ar* auch **Harms,** Harmsen, wie **Herm: Harm.** Dazu die KF. **Herm(e)ke** (ndd.): Luder *Hermeken* 1457 Oldbg., *Hermeke (Herman)* Travemünde 1278 Strals., patr. Hermeking (Westf., wie Gödeking, Lüdeking); auch Hermeling, Hermeler (1595 Lippe); Hermichen. **Hermle,** Hermel ist obd.

Hermuth, Herrmuth: seltener altd. Pers.-N.; *Hermodus* (Ratsherr) 1309 Kolberg (vgl. König *Heremod,* Däne, im Beowulf).

Herntrich s. Hentrich!

Herold: war im MA. beliebter VN. (germ. *Hariowald* »im Heere waltend«) von Tacitus als Bataverführer erwähnt. Vgl. dän. Harald. Zuweilen mag mhd. heralt »Herold« hineinspielen. Entstellt Herholdt, Höhrold, Hierold (österr.), Herholz, Hörholz; mit *r*-Metathese: **Herl(e)t** (frk.-thür.) wie Berlet, vgl. in Lg. 1491 »Petern dem herlat«; bair. Hörldt. In Friesld.: Hajo *Harelda* 1383 (Harrelt, wie Gerold: Garrelt). Als VN.: *Herold* Reinfrid 1323 Franken, *Herold* Hengestberg 1417 Sa., *Herold* Hock 1343 Würzbg., *Haroldus* 1251 Hbg.

Herpel: obd.-mrhein. KF. zu **Herpold,** Herprecht, Herport. Vgl. *Herpe* Kappus 1352 Frkf., Phil. *Herpel* 1537 Worms. S. unter Herbel! Ein ON. Herpel (Harpelo) b. Olpe, wie Herpen (Harpene)/Holld. **Herpers** (ndd.-ndrhein.) neben Herperts (= Herberts) wie Alpers, Volpers (Volkberts). – Aber **Herpfer** (obd.), Härpfer, md. Herfer = Harfenspieler: Rüdeger *Härpfer* (bair. Spielmann 1220), *Herpher* Jekel 1377 Iglau.

Herpich (Lpz.) s. Herbich!

Herr, Herre (obd.): im Dienste eines Herrn stehend, daher auch Bauernname, so am O.Rhein Peter *Herre* (Bauer) 1329. Vgl. Herren-becker, -müller, -schmied, -knecht, -schwager. Mitunter auch ein wirklicher »Herr« (Cuonr. plebanus nomine *Herre* 1235 b. Lörrach). Desgl. **Herrle** (soweit nicht wie Herrel = Herle = Hermann, Herrmann), Gotfried *Herrelin* 1296 Würzbg., auch **Herrlein,** Heerlein. S. auch Grundherr, Halbherr, Selbherr, Schönherr, Liebherr. Zuweilen gedehnt Heer, Halbheer, Eigenheer.

Herrad: vornehmer weibl. VN., berühmt durch die Äbtissin H. v. Landsberg (Elsaß) u. ihren »Brockhaus«: Hortus deliciarum, um 1170. In Rostock 1275 als Metr.: Joh. longus *Herradis,* auch in Hann. 1315: Thid. *Herradis.*

Herrand (obd.-österr.): seltener germ. Pers. N. wie Bertrand (ahd. *rand* »Schildrand, Schild«, vgl. Randolf). Bekannt durch den Steiermärker *Herrand* v. Wildonie (mhd. Dichter um 1260), Ministeriale. Im UB Kremsmünster mehrere Herrand (schon 1140). In Mähren 1414 Hans *Herrant.*

Herrgott s. Hergt! – **Herri(n)g:** vgl. ON. Herringen/Westf. bzw. Herrig/Ndrhein. Herrgen, **Herrchen** (md.) entspricht obd. Herrelin »kl. Herr!«: Arnold *Herrichen* 1295 b. Gießen, Herrigel (Württ.) s. Igel!

Herrle, -lein s. Herr! – **Herrlich** s. Herling! (Vgl. Gerlich, Sperlich).

Herrling s. Herling! – **Herrmann** s. Hermann!

Herrnbrodt: bei e. Herrn im Brot oder Dienst stehend, Gegensatz: Eigenbrodt!

Herrnring: wohl wie Güldenring ein Ringmacher, Goldschmied.

Herrschaft, Hirrschoff: mhd. hêrschaft »Herrenwürde, Stolz«, aber auch »Dienstherrschaft«, also wohl dienst- oder zinspflichtiger Mann. Nic. *Herscheftel* 1341 Prag, Heinr. *Herschaft* 1293 O. Bay.

Herrscher (obd.): wohl = Harscher, s. dies! Vgl. Herster neben Harster, Cuntz der *Herscher* (Zinsbauer) 1383 b. Tüb. Auch Herrschner.

Hersch, Herschel, Herschmann: soweit nicht = Hirsch, Hirschel, Hirschmann (auch jüd.), kommt die tschech. KF. Heresch (Hersch) = Hermann in Frage, vgl. *Hermannus alias Hersso* 1397 Olmütz, *Heresch* Arunger 1413 ebda, *Herscho* Herborth 1400 b. Brünn, *Herusch*/Alt Brsl., Dietel *Herusch* 1365 Brünn; *Herseman (Herman)* lebküchler 1362 Prag.

Herschleb wie Hirschleb(er): z. thür. ON. auf -leben. Vgl. Hem-, Mem-leb. **Herschhorn** wie Hirschhorn; Herschthal (jüd.); Herschtritt.

Herse (ndd.) = Hirse, ÜN. vom Beruf, vgl. *hersemüller*/Haldsl., Hennig *Herse* 1367 Hann.

Hersel: ON. b. Bonn a. Rh. (wie *Her-sele* 977 Flandern = sumpf. Niederung: Bahlow, ON. S. 214; vgl. auch Hergardt: Hergarten/Aachen, *Herigarda* 864).

Hertbrich, Hartbrich (schles.): aus Hartenberg/Eger (1265 Hertenberg) wie Weißbrich: Weißenberg.

Herteisen s. Härteiß!

Hertel (ostmd.-obd.) s. Härtel! Patr. Hertler.

Herter (obd.), Hörter (bair.) = mhd. hertaere »Hirt« der Gemeindeherde, Hans *Herter* 1414 Mähren, Hainr. der *Herter* 1353 Württ., Ritter Frid. *Herter* 1267 ebda.

Hertig, Herting (ostmd.) = Hertwig, vgl. ON. Hertigswalde/Sa. neben Hertwigswalde.

Hertling: wie Hertlin, -lein zu Hertwig, Hertwin; vgl. ON. Hertlingshausen/Pfalz. Ein *Hertwin Hertlich* 1387 Frkf., wo auch die KF. Hertle mehrf.: *Hertle* oleyer 1387. Vgl. Andreas *Reichling (Reichlein)* 1450 U.-Frk.

Hertnagel (obd.) s. Hartnagel! – **Hertneck:** obd. ON. auf -eck. – **Hertnid** s. Hartneid!

Hertrampf, Hartrampf (Hartrumpf): schles. entstellt aus **Hert(e)ranft** (mhd. herte »hart«, ranft »Rand, Brotrinde«, schles. Ränftel »Brotkanten«, ndd. Knust). Also ÜN. des Armen. Vgl. Hartebrodt (Glatz) u. Ranft, Rampft; im Simplicissimus: Nagenranft. Nicl. *Herteranft* 1437 Görl., N. *Ranft* 1400 Glatz, Hs. *Renftel* 1397 Lg.

Hertrich, Härttrich (obd.): altd. Pers. N. Am O. Rhein: *Hertrich* (Ritter) 1296, Joh. *Hertrich* (sutor); in Mähren: Tilo *Hertreich* 1365 Brünn.

Hertweck (obd.) meint »harte Wecke (Semmel)«, ÜN. des Bäckers, wie Spitzweck (-weg), Altweck, Butterweck.

Hertwig s. Hartwig!

Hertwin (Hartwein): altd. Pers. N. wie Hertwig (win = Freund), vgl. Baldwin, Berwin, Gerwin, Trutwin, Goswin, Ortwin. *Hertwin* Becker 1302 Wetzlar, *Hertwin Hertlich* 1387 Frkf., Joh. *Hertwin* (Ritter) 1366 Lorch a. Rh.

Hertz- s. Herz-!

Herwarth, Heerwarth, Herwerth s. ndd. **Harwardt!** Obd. nur als FN. (wechselnd mit Herwort, Herbort!). Conr. *Herwart* (Domherr) 1251 Augsbg. Berchtolt *Herwart (Herbort)* 1376 Eßl.; vgl. die Augsbgr. Patrizierfamilien Herwarth v. Bittenfeld u. H. v. Hohenburg.

Herwig, Herbig (ostmd.), Herbing, Harbig (Glatz): s. Harbig! Zum Lautwandel *rw:rb* vgl. Gerwig: Gerbig: Gerbing. Auf ndd. Boden **Harwig** (seit ca. 1300): *Herwich* Slippenese 1301 Ro., *Herwich* kolere 1285 Strals. Jüngere Variante: **Herweg** (urkdl. z. B. in Quedlb. 1739 für Herwig 1623), vgl. Hartweg! Aber Herweger (Hierweger) wie Dietweger wohl »am Heerweg (Heerstraße) wohnend«. Rud. *Herweger* (Bauer) 1228 b. Zürich.

Herxemer: aus Herxheim/Pfalz (vgl. Bokkemer, Stockemer usw.).

Herz, Hertz: mitunter wohl »Mann mit Herz«, vgl. Frommherz, Gutherz, Hochherz (Hogeherte), Idelherz (1352

Worms). Sonst aber = Hirz »Hirsch« wie in Herzberg, Herzfeld, Herzsprung! – Z. T. jüd. wie Herzel, auch Hersch, Herschel bzw. Hirsch, Hirschel. Vgl. *Herzel* (Vater u. Sohn) 1310 Mainz. Martin *Hercz* 1383 Iglau.

Herzer, Hertzer, Härzer: in Thür. »aus dem Harz«, obd. (nebst Herzner) = Harzsammler (herzen = auspichen).

Herzig (ostmd.-schles.): unterm Schwachton aus **Herzog** (s. ndd. Hartog!) abgeschwächt, wie Knoblich, Weihrich; vgl. *Herczigenwalde* 1425 (Herzogswaldau), Hans *Herczigen* (Dativ) = H. Hertzog 1561 Lg., Nikel *Herzing (Herzog)* 1533 Jena. Als Bauernname wohl auf Zinsverpflichtungen deutend: Berchtold *Herzog*, Bauer in Muspach/O. Rhein um 1200.

Hesch s. Heesch! Aber Heschredder (Flurn./Hbg.) entspricht Morredder/Hbg. – **Heschele** s. Höschele!

Heschold, Heschel s. Hetschold! – **Heseke** s. Heesch!

Hesebeck (Hbg.): Moorort b. Bevensen; auch Heisebeck/Weser hieß 1151 *Hesebike* »Moorbach« (Weiteres: Bahlow, ON. S. 208). Vgl. Hese(mann).

Hesekiel: der Prophet Ezechiel »Gott ist stark«. Bekannt durch die Pfarrer u. Dichter Fr. u. G. H./19. Jh.

Heseler, Heßler: obd.-md., Herk. N. zu den ON. (ÖN.) Hasel, Hesel bzw. Heßlar, Heßler, Häßler (Thür., Frk., Westf., Hessen). Nic. *Hesler* 1343 Brünn, Cunr. v. *Heseler* (Ritter) 1287 Glatz, Cunad *Heseler* (Bgrmstr. in Lg. 1339), adl. Geschlecht: nach Burg u. Ort Heßlar/Thür. (Bahlow, S. 201). Ein Heinrich *Heßler* ist als Dichter des 14. Jh. bekannt.

Hesmert entspricht den bergischen ON. Edemert (Ihmert), Ludemert usw., alle verschliffen aus -bracht, -brecht (sumpf. Dickicht, Gehölz), wie auch Plettmert für Plettenbracht (-berg). Zu *hes* s. Hesebeck!

Hespe (Hbg.): ON. b. Bückebg. Vgl. ON. Hesepe »Moorbach«/Ems.

Hespeler (obd.): vgl. Walther *Hespler (Haspelar)* 1278 Schwäb.-Gmünd, Andreas *Hespelin* 1625 Breisach, *Haspel* 1359 O. Bay., Joh. *Haspl* 1380 Böhmen. Der Haspelmacher. Vgl. aber auch mhd. haspelspil »Possenspiel«.

Hesse, Heß: im allg. der Stammesname, wie Franke, Bayer, Schwabe, Sachs, Fleming, Friese, Böhm, Pohl; mitunter auch nur Beziehungen andeutend. Vgl. Markgraf Rudolf v. Baden, »dem man sprichet *Hesse*« 1325. Am Oberrhein auch KF. zu Hermann! Auch **Hessel, Hetzel:** *Hesso (Hesselin)* in der Apteken 1281 Straßbg., *Hesso (Hezo)* miles um 1100, *Hesso* Sydelin 1426 Schlettstadt/Els., *Herimannus qui et Hezelo* (Bischof v. Straßbg.) um 1050, *Hesso und Hezelo* (m. Sohn *Herman!)* waren die Gründer d. Klosters St. Georgen. *Hetzel* Marx (v. Eckwersheim) Straßbgr. Ratsfamilie 1339 (Nied, S. 3).

Hesselbacher: ON. Hesselbach mehrf. von Franken bis Hessen.

Hesselbart, Hässel-, Höselbart (Thür., Sa.): Bedeutung unklar (Hessel = Hasel; zu Hösel vgl. Höselhurst, -wang).

Hesselbein s. Hesselbart! – **Hesselschwerdt** = Hesselswerth (ON.).

Hesselmann: Hbg., aus Hesseln a. d. Hessel/Ems, wie Hamelmann aus Hameln a. d. Hamel. Auch zu Flurnamen wie Hesselkamp/Westf.

Hessemer: aus Heßheim/Pfalz bzw. Hessenheim/Elsaß, vgl. Herxemer, Bullemer, Mannemer, Hegemer, Hattemer, Reinemer (dazu: A. Götze S. 36; Bahlow, Dt. Nbch. S. 88: -heim). Cunr. *Hesseheimer* 1304 Worms.

Hessler, Heßler s. Heseler! Vgl. auch Hentze *Heßeler* 1494 Grünbg./Hessen (z. ON. Heßlar/Hess.). Aber Henr. *Heseler* 1302 Baden z. ÖN. Hasel (Heselicht), desgl. Heinr. *Häseler* 1328 Stuttg.

Hessling: aus Hesslingen b. Rinteln. Aber Heßlinger (obd.) aus Heßlingen/Tauber.

Hester, Hestermann (Westf.) s. Heister! Desgl. Hesterberg. Heinr. *Hester* 1403 Paderborn.

Hetling (Hbg.): aus Hetlingen b. Wedel/Hbg.

Hetsch, Hetschel, Hetschi (obd.) = Kröte.

Hetscher, Hätscher, Hatscher s. Hädscher!

Hett (fries.) s. Hedde! Vgl. **Hettema** (fries. Patr.) wie Ubbema, Edema, Herema. Auch **Hetting** wie Hedding.

Hettel (obd.) = Geiß, Ziege, noch heute in Baden mundartlich. Fridel *Hetelsprung* 1386 Iglau. Dazu **Hettler** »Ziegenhalter, -hirt« (Hans *Hättler* 1446 b. Überl., mit Ziegenkopf im Wappen).

Hetterich s. Hedderich.

Hettich, Hättich (Stuttg. oft): Hänsli *Hät-*

tich 1430 b. Balingen. Beruht auf altem Pers. N.: KF. *Hattich* (Württ. UB.), zu *Hatto*, s. Hatt!

Hettinger (obd.): aus Hettingen (Baden-Württ.), oft in Karlsruhe, Mannheim, Hdlbg.

Hettlage: westf. ÖN. wie Rett-, Sett-, Schnettlage, Harplage, Amlage, Hiltlage, lauter feuchte moorige Gefilde (Bahlow, ON. S. 216).

Hettler s. Hettel! – **Hettling:** ON. Hettlingen/Thurgau, auch b. Dillingen.

Hettmann (O/S., Mähren): Mundartform für Hauptmann, Heupt-, Heiptmann. Vgl. **Hettfleisch** = Hauptfleisch, s. dies!

Hettmer, Hettemer: aus Hettenheim, s. unter Hessemer!

Hettner (obd.): verschliffen aus Hettinger (s. dies!) wie Usener aus Usinger (Weiteres unter Defner!).

Hettrich s. Hedderich! – **Hettwer** (Neustadt/OS.): gebildet wie Hegwer (1538 b. Lg.), Quägwer, Regber, offenbar undeutsch.

Hetzel: obd. KF. zu Hermann, Belege unter Hesse!

Hetzer (obd.): mhd. = Hetzjäger. Vgl. Friedr. der *Windhetzer* 1498 Fulda. *Hetzehase* 1400 Straßbg. Frenczel *Heczer* 1362 Mähren. **Hetzbold:** mhd. hetzebolt »Hetzhund«, ÜN. des Hetzjägers. So hieß auch e. Minnesänger a. Thür. 1325.

Hetzger (Württ.): Joh. der *Hetzger* 1347 Villingen. Angeblich zu schwäb. hätzgen »rülpsen«. Für die Deutung als *Hetzinger* (15. Jh. ebda) ist der Beleg etwas zu früh.

Hetzold, Hetzschold, Heschold (Sa., Böhmen): offenbar KF. zu Hermann, wie Hitschold zu Heinrich, Nitschold zu Nikolaus, Petzold zu Peter. Vgl. Mikess *Hessold* (Nik. *Hesolt)* 1405 Prag. Vgl. auch *Hetschick.*

Heu meint den Heubauer (vgl. Stroh) oder Heumader (Mäher) s. dies! Vgl. *Heu Nikkel* 1356 Brsl. Anschaulich sind *Heuleiter, Heureufel, Heubüschl, Heuteuer, Heugadem* 14. Jh. Böhmen-Mähren, *Heurechen* 1400 Zürich. *Heutreter* (Spottname wie Schollen-, Klutentreter). Auch **Heuer** (mhd. höuwer) = Heuschneider, Mäher (soweit nicht = Hauer), entrundet Heier, Heyer (wie Heyleyter, Heischreck/Mähren). *Hauwemenger* 1387 Frkf. = Heuhändler, desgl. **Heumann** wie Strohmann, Salzmann (soweit nicht = Heymann = Heinrich!) Der *Heumaier* (vgl. Strohmaier) überwachte die Ablieferung der Heuernte. S. auch Hatheyer!

Heubisch: ON. b. Sonnebg./Thür.

Heubner, Heubler, Heubel, Heibl s. Hauber!

Heuch(e)le (Württ.): kann nichts mit »heucheln« zu tun haben, da dies md.-lutherisch gegenüber obd. »gleißen«. Auch als Variante zu Heugle (Hugo) nicht erweisbar. Naheliegend sind die württ. ON. Heuchelheim (Heuchlingen), Heuchelberg, Heuchelbach (Zufl. des Kochers), urkdl. *Huchelheim* usw., auch Heuchstetten, die alle ein Wort *huch, huchel* für Moder, Moor enthalten (Bahlow, ON. S. 217). Vgl. aber mhd. phathûche »Wegelagerer« (hûchen »kauern«), wie mûchen u. meucheln. Ein C. *Heuchelin* 1592 Lauingen.

Heuer s. Heu! (z. B. 1372 in Konstanz: im Wappen Rechen u. Heugabel!). Cunrat der *Hewer* 1329 Württ. usw. Aber ndd. (Hbg. oft) = Hauer bzw. Hoyer.

Heugel (obd.), Heugle: = Hügle, Hügli = Hugo, s. dies! Als VN. *Heugel* 1357 in Görl., 1403 in Ravensbg. (dort auch *Hügli, Hügel);* als FN. 1383 in Lg. 1385 in Budweis: Andr. *Heugel (Hauglini);* in Tirol 1519 U. *Heigl.*

Heuke, Heuck(e): Hbg. oft, Ro.; = Hoike/Flsbg., d. i. mnd. hoike »Mantel (mit Kragen)«, vgl. in Haldsl. 1330ff.: *hoyke* und *vrowenhoyke* »Frauenmantel«; *Schönehoyke* 1431 Barth; *Wendehoyke;* Herm. *Hoyke* 1336 Strals., Albert *Hoyke* 1336 Lünebg., Tuke *Hoike* 1562 Flsbg. Anderseits spielt der (fries.) Pers. N. *Hoyke (Hoyco, Hoyo)* hinein: *Hoico* Swindrivere 1271 Hbg., *Hoyco* Pramvorer 1276 ebda., 1250 in Ro., Thid. *Hoyken* 1290 Hbg.

Heumann s. Heu! Ostmd.-frk. auch gerundet = Heimann (Heinemann) (wie Reumann urdkl. = Reimann; Heuder = Heider: Bahlow, Studien S. 124). Vgl. FN. *Hewman* 1372 Lg., 1415 Zittau.

Heun, Heune (obd.-sächs.): z. T. = mhd. hiune »Riese«: Jakob der *Hüne* 1324 Schaffhausen; z. T. aber = Heine (Heinrich), so ostmd.; daher **Heunisch** (Lpz.) = Heinisch. Mertin *Hewne* 1427 Görl. Nickel *Hewne (Hüne)* 1458 Chemnitz. Sypel *Hune* 1359 Frkf.

Heuprecht (obd.-frk.) = Heiprecht (Hagin-berht) wie Reuprecht = Reiprecht (Ragin-berht). KF. **Heupel.**

Heusch, Heuschmann (obd.) s. Heuschkel!

Heuschkel (Lpz. oft): s. Hauschke, Huschke!

Heuser, Häuser, Hauser (obd.) s. Hauser!

Heusinger: obd. Herk. N., vgl. ON. Heising/Allgäu. Hs. *Heusinger* 1393 Brünn.

Heusler, Heisler s. Häusler!

Heuß, Heussi (alem.-schwäb.): mhd. hiuße »munter, frech«. Hainr. der *Hiuße* 1293 Kempten.

Heußner s. Haußner!

Heuteuer (obd.), mundartl. Hei-, Hai-, Hatheyer (Ö.): Heyndl *Hewtewer* 1388 Iglau, Matheis *Heytheure* 1546 Allgäu; *a* für *ai, ei* wie in *Halayter* neben *Hey-, Heulaiter* »Heuleiter« 1371 Böhmen (E. Schwarz, S. 140). Zur Deutung vgl. Kornteuer, Mehlteuer: der Wucherpreise nimmt.

Heuvel (Heuvelmann): ndrhein. für Hövel, Hübel »Hügel«.

Hewecke(r) s. Habeck(er)!

Hey, Heye, Heyen, Heyenga (fries.) s. Hay! Obd. Hey, Hay s. Hei!

Heyck (fries.) s. Heick! – **Heyd-** s. Heid-!

Heydenaber (von): Mchn., vom Flüßchen Heide-Nab, zum Unterschied von der Wald-Nab/O. Pfalz. (Zur Naab s. Bahlow, ON. S. 345).

Heydolph s. Heidloff!

Heyer (obd.) s. Heuer (Heumacher) und Hauer!

Heyken s. Heick! – **Heyl,** Heylmann s. Heil! **Heyland** s. Heiland!

Heym s. Heim! – **Heymann** s. Heinemann! Heimann!

Heyn(e), Heynen, Heyns(en) s. Heine!

Heyrath, Heyroth entspricht Baurath, Bauroth u. ä., ist also ON. auf -rode (Hessen, Thür.) bzw. -rath (Rhld.). Vgl. ON. Heyerode (Hess., Thür.) u. Großheirath, Kr. Coburg.

Heyse s. Heise! – **Heyseler** s. Heisler (Heusler)!

Heyser s. Heiser (Heuser)! – **Hibler** s. Hiebler!

Hibbe, Hibben (Friesld.): KF. zu Hilbert (Hildebert), wie Hibbel zu Hilburg. Vgl. fries. Ribbe = Rikbert; Abbe = Albert; – Wübbe = Wülber usw. Patr.: **Hibbing.**

Hick(e), Hick(e)l, Hickmann, Hickisch: im böhm.-mähr.-sächs. Raum um 1300/1400 als VN. bezeugt, offenbar KF. zu tschech. *Hinek* für Heinrich (wenn nicht zu Nikolaus)! Zu *Hickisch* vgl. Nickisch, Mickisch für Nikolaus, zu *Hickel: Nickel,* zu *Hickmann: Nickmann.* Belege: *Hickel* Reppenitz 15. Jh. Freiberg, *Hik* Hübler 1399 Chrudim, *Hykman* Füger 1399 ebda., Nicoman *Hikman* 1375 Kolin, K. *Hickmann* 1523 Schleus.; Patr. *Hykuscher* 1385 M.-Trübau, wie Pinkuscher, Petruscher. S. auch Hitschold! Hinke! Hieke! – Aber fries. Hicke(n) = Hilke!

Hickler (obd.): zu mhd. hickeln »springen, hüpfen«. Hans *Hickeler* 1441 Rottweil.

Hidde: alte ndd.-fries. KF. zu Hildebert, Hildebrand, Hildeger u. ä. Schon 776 *Hidda = Hildiberga,* um 850 *Hiddi* (Sohn der *Hildiburch), 778 Hidde* Gauchen. In Lüb. 1298 *Hiddo* Blok, in Hbg. 1303 Wolder *Hidden.* Dazu patr. Douvo *Hiddema* 1500 Friesld.; auch **Hidding,** Vgl. die Insel *Hiddens-ö:* Hiddensee u. ON. wie Hiddesen, Hiddenhausen, Hiddingen.

Hi(e)bler (bair.-tirol.) = Hübler, nach d. Wohnstätte am **Hieb(e)l,** Hübel (Hügel). Hensel *Hibler* 1404 Iglau; Nykel *Hybel (Hübel)* 1379 ebda. Das obd. Wort ist vom ndd. Hügel heute restlos verdrängt. – **Hieber** (Mchn. oft) s. Huber, Hueber. – **Hiebner** s. Hübner!

Hi(e)dl (Mchn. oft): bair. Wort für »zeitweilig versiegender Wasserlauf«, dazu **Hi(e)dler.**

Hief (obd.): mhd. hiefe »Hagebutte«. Dietrich *Hieff* 1359 b. Stuttg.

Hieke (Mchn.) s. Hicke!

Hielscher (Lausitz, Schlesien): ein typisch schlesisches Metronym wie **Alscher** (Sohn der Adelheid), mit dem *-er* der Zugehörigkeit u. dem slaw. Suffix *-usch, -isch;* urkdl. *Helusch (Hilusch)* wie *Alusch.* Erstmalig gedeutet im Schles. Nbch. (1953) S. 60 als slaw. (wend.) KF. zu Elisabeth, mit wend. *H-Anlaut* (wie Helesch für Elias, Handrick für Andreas), heute Hylža. Belege: *Helusch (Hylusch)* di lange Cristaninne 1344 Glatz, Mertin *Helusch* 1397 Lg., Heynke *Heluscher* 1381 Friedld., George *Helischer* 1437 Görl., Elis. *Hylischerynne* 1491 Lg., Hans *Hylischer* 1490 Görl.

Hiemer (Mchn. oft) ist verschliffen aus

Hiebmer, urspr. *Hiebmeier, Huebmeier* (Besitzer einer Hube) wie Stromer (Bay.) urkdl. aus Strohmaier. Der Wiedertäufer Pfr. Balth. Hubmaier begegnet 1503 auch als *Hiebmayr* (Brech., S. 715). Vgl. J. H. *Hiemer (Hüemer)* 1594/1602. Heute auch **Huemer** (Meindlhuemer) und **Huebmer.**

Hien (Mchn.) s. Hühn!

Hiendl (Bay.) = Hühndl. der Hühnerhalter bzw. -händler (Hienler). Dazu Hiendlmaier: der die Ablieferung der Zinshühner überwacht.

Hient(z)sch (Lpz. oft): wie *Heintzsch* = Heinrich.

Hiepe, Hiepp (obd.) s. Hippe! Hans *Hiepp* 1527 O.-Günzbg., Herm. *Hypp* 1371 Eßl. Desgl. **Hiepler** = Hippler! (Hs. *Hiepplin* 1500 Stuttg.)

Hiereth (Bay.) wie Hereth, Höreth (Herath, Hörath).

Hiergeist s. Heergeist! – **Hiergesell** s. Heergesell!

Hierhammer, -holzer, -stetter (Bay.): = Hirnheimer, -holzer, -stetter; hirn = hürn »Sumpf, Schmutz«, s. Hirn!

Hierl, Hierlein, Hierlmeier (Ö.) s. Herlein! Vgl. Hiergesell, Hiermann (Hermann)!

Hiermaier (Bay.-Ö.), verschliffen Hiermer (Hürmer), meint Hirn-, Hürnmaier, nach d. Wohnstätte am Hürn, d. i. sumpf. Gelände; vgl. ON. Hierbach (urkdl. Hirnbach), Hierhammer, -holzer. S. auch Hirn!

Hiermann s. Hermann! – **Hiermer,** Hirmer s. Hiermaier! Vgl. Stromer für Strohmaier.

Hierneis (Mchn.) s. Hirneis!

Hierold (Ö.) s. Herold!

Hieronymus (Bayern, Rhld.): griech. »m. heil. Namen«; der heil H., Kirchenvater, berühmt als Schöpfer der lat. Bibelübers. (der »Vulgata«) um 400. Blütezeit des Kultes: 15./16. Jh. Als FN. auch Kronymus (aus Jeronimus) Ronymus, Ohnymus, verschliffen: Grolms, Schrom, Schrömbgen. Frz. Jerôme. Über den Wandel *J:G* vor der Tonsilbe vgl. Behaghel S. 231.

Hiersemann, Hiersemenzel s. Hirse! – **Hierundar:** ein Unsteter (Fahrender, Bote). Obd. *Hieunddo* 1425 Breisach.

Hierstetter (Mchn.): aus Hirnstetten/Bay., s. Hiermaier!

Hiertsiefer (Westf.) wie Hirzsiefen: zu den ÖN. auf -siefen »feuchtes Bachgelände«.

Hiesel, Hiesler s. Matthias! Vgl. den »bayr. Hiesel« (Matthias Klostermeier) Desgl. Hies, Hieß (Ö. oft); vgl. Heiß, Haiß! Hießmannseder.

Hiestermann (Hbg.) s. Heister! Desgl. Hiestrich. – **Hihn** s. Hühn!

Hietschold s. Hitschold! – **Hilarius** s. Klörs!

Hilbeck: ON. b. Werl/Westf. (wie Helbeck, Halbeck, Holbeck, lauter »sumpfigmoorige Gewässer«: Bahlow, ON. S. 218).

Hilber, Hilberer s. Hülber! – **Hilberath:** ON./Rhld. (-rath = -rode).

Hilbert, Hilbers, Hilber, patr. Hilberling (westf.-rhein.), Hilbertz (rhein.), Hilpert, Hilprecht (obd.): altd. Pers. N. *Hildeberht* (»im Kampfe glänzend«), auch Heil. N. S. auch Hibbe! Zu Hilbrecht s. auch Hilbrich! Zu Hilber(s) vgl. Wilber(s), Wolber(s), Alber(s), zu Hilbertz vgl. Albertz, Wilbertz, Wolbertz.

Hilbig (Laus., Schles.): Variante zu **Helbig,** s. dies! Desgl. **Hilbing** (Michel *Hilbing* 1458 Görl.), vgl. Gerbing; patr. **Hilbinger** (Chr. *Hilbiger* 1496 Görl.). – **Hilble** s. Hülb!

Hilbrandt s. Hildebrand!

Hilbrich(t), Hilbrig (Laus., Schles.) ist Mundartform für Helmbrecht, s. dies! Dazu ON. Hilbersdorf (Sa., Thür., Hess.), soweit nicht zu Hilbrecht (Hildebrecht): Lukas *Hilbrecht* 1515 Württ., *Hiltbrecht* 1280 obd.

Hilbring, Hilbrink = Hilberding (westf. Patr.); vgl. auch ON. Hilbringen/Saar.

Hilburg(er), -berg(er): obd., vgl. ON. Hilburg/Odenwald.

Hilck, Hilcken (fries.) s. Helck! Desgl. **Hilke(n),** Hbg. oft. Patr. **Hil(c)ker** (Hbg., Westf.), Hil(c)kert vgl. Öhlker!

Hild, Hildt, **Hildemann,** obd. Hilt, Hiltl, Hiltmann, Hilty: KF. zu Hildebrand, Hildebrecht u. ä. Vgl. fries. Hidde! Conrad *Hilde* 1329 Wetzlar, C. *Hilt* 1358 Friedbg./Hess.

Hildebold: nicht häufiger (vom Adel einst bevorzugter) germ. Pers. N. (bald »kühn«, hild »Kampf«). Ndd. **Hillebold** *(Hildeboldus* 1319 Bremen; Hbg. Lüb.), obd. **Hiltpold** (vgl. Minnesänger *Hiltbolt* v. Schwangau/Schwaben um 1200): *Hilt-*

bold Stahler 1425 Rottweil, Jordan *Hillebolt* 1363 Hann.

Hildebrand: der Waffenmeister Dietrichs v. Bern, volkstüml. Sagengestalt, noch im 15. Jh. im jüngeren Hildebrandslied besungen (Vater: *Heribrand,* Sohn: *Hadubrand*): brand »flammendes Schwert«, hild »Kampf«. Obd. Hiltebrant. Im Breisgau **Hildenbrand** (Hillenbrand, im 16. Jh. noch ohne *n*; vgl. Götze, S. 8). Ndrhein. Hilde-, Hilbrands, ndd. Hille-, Hilbrand, westf. Patr. Hillebrenner, obd. Hille-, Hüllebrand, entstellt Hiller-, Hüllerbrand. Weiteres unter **Brandt, Brendeke** (beliebte ndd. KF.) bzw. **Brant(l),** auch unter **Hild,** Hiltl, Hildemann, **Hille,** Hillmann.

Hildebrecht s. Hilbert!

Hildegard: gegenüber dem volkstüml. Hildegund (KF. Hille) war Hildegard im MA. ein vornehmer Frauenname (schon Karls d. Gr. zweite Gattin hieß so, dann auch die heil. H. v. Bingen um 1150). Vgl. Bahlow, Unsere Vornamen (1965), S. 50. In FN. daher selten; als Metr. vgl. am O. Rhein 1294 Henr. *Hildegardis (Hildegardere);* in Hessen 1334 Ludw. *Hildegerter.*

Hildeger s. Hilger! – **Hildegund** s. Hiller!

Hildemar s. Hillmer!

Hilden (Köln oft): ON. b. Benrath.

Hilderich: N. eines Vandalenkönigs um 500; im MA. selten, *Hildericus* 1270 Hbg., vgl. Georg *Hilderich (Helderich)* aus Brüx 1518 Görl. Wolf *Heldtreich* 1574 Ellwangen. Heute auch **Heldrich,** Hellrich, Hillrich(s). Wortsinn: »Kampf-Herrscher«.

Hilderun: seltener weibl. VN. (vgl. Gudrun: runa, »geheimes Wissen«, also etwa »zauberkundige Kämpferin, Walküre«); *Hilderun,* Fr. des Vogts Heinrich 1227 Freiberg.

Hildeward: »Kampfwart«, heute **Hildewerth,** Hillewerth, Hellwert; nur ndd.: *Hildewardus* 1266 Hbg., 1289 Bremen, auch Ro., Strals. 1277, dort auch patr. Bernardus *Hiltwording* 1348 wie in Westf. 1235 E. *Helpwording,* vgl. Helferding. Dazu Henneke *Hilwerdes* 1357 Hann., D. *Hilwardes* 1507 Oldbg.

Hildewig (obd. Heltewig): seltener germ. Pers. N. (hild wie wig = Kampf). *Hildewigus* 1275 Hbg.

Hildewin (win = Freund), obd. **Hiltwin,** Hildwein, Heldwein. Herbel *Hiltwin* 1347 Algesheim, Albrecht *Hiltwin* 1314 Brsl.

Hildleff (ndd.-fries. wie Detleff, Redleff: -lef = -leib »Sproß«). Selten, im Adel. Vgl. *Hildelevus* Bruchtorpe (Vater und Sohn), Ritter 1358 Lüb. – **Hild(e)mann** s. Hild!

Hildner (Bay., Ö.): vgl. Flurname »in der Hilden« 1377 Tirol.

Hilfarth: ON./Rhld.

Hilfrich s. Helferich! **Hilf,** Hülf s. Helf! Vgl. J. *Hilfli* 1454 b. Zürich, P. *Hilfdirselb* 1363 Prag, Jürge *Hilfmirgot* 1412 Pirna, Haman *Hilfreich* 1404 Schweidn., Ph. *Hülfreich* 1402 Brünn. P. *Hülfüber* 1359 Prag.

Hilgemann (ndd.): im MA. = Kirchgeschworener (Mnd. Wb.). Werner *Hylgheman* 1315 Greifsw. wo auch Hinr. *Hilghenbiter* 1349, Kersten *Hilgheghest* 1367 (wie Fricke de *heilighe gheist* 1340 Haldsl.), s. unter Heiligegeist!

Hilgenfeld: ON. wie Hilgenroth u. **Hilgendorff.**

Hilger, Hilgers (ndd.-rhein.) = Hildeger (»Kampf-Speer«). *Hildegerus* 1295 Ro.; Eylebracht *Hildegers* 1415 Schwalm. **Hilger(t), Hilliger** ist ostmd.-schles.: Henlin *Hildeger* 1352 Glatz, Adam *Hildiger (Hilliger)* 1453 Lg., Hs. *Hilliger (Hilger)* 1412 Dresden. Ndrhein. auch als Heil. N. (Erzbischof H. v. Köln 8. Jh.); dort auch **Heilgers;** *Hilger* Hardefust um 1300 Köln.

Hilke, Hilken, Hilker (ndd.-fries.) s. Hilck! Vgl. Clawes *Hilleken sone* 1317 Lüb., Joh. fil *Hilleke* 13. Jh. Hbg. Hille, Hilleke war ndd. vor allem weibl. VN.: KF. zu Hilde-, Hillegund! Vgl. Joh. maritus *Hilleken* 1274 Hbg., *Hyllike = Hildegunt* 1281 Strals., *Hille (Hildegunt)* de Rode 1295 ebda.

Hill(e), Hillen, Hill(e)mann: KF. zu Hillebrand, -bold, -brecht, -ger, -mar usw., aber auch zu Hillegund (!), Hilleburg u. ä., also mask. und fem., wie auch *Hilleke:* Hilke, s. dies! Vgl. Heinke *Hillen* hat ufgereicht derselben *Hillen* syner elichen husvrowen 1346 Brsl., Conr. *vorn Hillen* 1353 b. Kassel, Konr. *Hillen son* 1341 Canstatt. Bernardus *Hille* 1297 Ro., Herm. *Hille* 1362 Brieg. S. auch Hiller!

Hillebrand, -brecht, -bold, -ger, -mar s. Hilde-!

Hillenmeyer, Hillmeier (obd.): wie *Hüllmayer* s. Hüller! Vgl. Grashüller, -hiller; mhd. *hül* »Sumpflache«.

Hiller (Schlesien, Lausitz oft) ist Metronym z. KF. **Hille** für Hildegund (allenthalben volkstüml. durch die Sage von Walther u. Hildegund!). Beweisend ist die Form (Thomas gen.) *Vornhiller* 1313 Massow b. Krossen, vgl. C. *vorn Hillen* 1353 b. Kassel; Mertin *der Hille* 1381 b. Sorau, Merten *Hyller* 1547 Lg. Weiteres im Schles. Nbch. S. 42! S. auch Hille u. Hilke! – Aber ndd.-fries. **Hiller(s),** Hbg. oft (neben **Hillert**), entspricht Willers (Willert), Allers (Allert), ist also mask. Pers. N. (*Hyllert* Icken 16. Jh.). Vgl. auch fries. **Hillern(s).** Zu Hillermann (Hbg.) vgl. ON. Hillern/Soltau.

Hillesheim (Hbg.): ON. Hildesheim (urkdl. *Hildenesheim);* zur Deutung s. Bahlow, ON. S. 218.

Hillewerth s. Hildewart!

Hillgartner wie Höllgartner (Ö.): z. ÖN. Hellgarten.

Hillgrewe (westf.) = Hellgrewe »Höllengraf«, s. Hell!

Hillig (ndd.) = Heilig. – **Hilliger** s. Hildeger, Hilger!

Hillmann (ndd., Hbg. oft), patr. Hillemanns, = Hille (Hildebrand, Hildebert, Hildeger). Vgl. *Hildeman* 1320 Bremen, *Hilleman* 1348 ebda.

Hil(l)mer (Hbg. oft), Hil(l)mers, Hel(l)mer, Hel(l)mers = Hillmar = *Hildemar* (»kampfberühmt«): im ndd.-fries. Raum einst beliebter Pers. N. (noch heute als VN. Hilmar). In Lünebg. 1294 *Hillemarus* filius *Hildemari,* 1374 Joh. *Hildemers,* in Haldsl. 1350 her *Hilmer* v. Övisvelde; in Flensbg. 1602 *Helmer* Seeger. In Oldbg. 1466 Wübbeke *Hilmeringes.*

Hillner (Schlesien) s. Hiller! Nicclos *Hylner* 1397 Lg., Andr. *Hillner* 1540 Lg.

Hilmer (Mchn. oft): obd., verschliffen aus Hilmeier, wie Stromer aus Strohmeier. Vgl. Michel *Hilmer (Hilmar, Hilmayer)* 1583 Stuttg.

Hilpert (Mchn. Lpz., oft), Hilprecht s. Hilbert! Ein Frankenkönig *Hildibert* im 6. Jh. *Hiltbrecht* 1280 Möhringen. Ebenso assimiliert ist **Hilpold** aus Hiltbold, s. Hildebold! *Hiltpold* 1150 Konstanz, *Hiltbolt* v. Schwangau, schwäb. Minnesänger um 1200. Dazu als KF. **Hilpl.** Vgl. auch *Hilprant* Kerspamer 1474 Tirol. ON. Hilpertshausen, Hilpoltstein/Franken.

Hilscher s. Hielscher! – **Hilse** (obd.), Hilsbecher, Hilsenbeck, s. Hülse!

Hilt(e)l s. Hild! – **Hilten:** ON. b. Nordhorn, nebst Hiltenkamp (wo auch Haften-, Breklenkamp, alle auf »Moor« deutend, vgl. noch heute fries. *hild [held]* = Moor). Ein Hilten-Berg nö. Driburg. **Hiltermann:** aus Hilter (Ems u. Osn., 854 *Helderi),* vgl. *Salteri* (Selter), *Ickari* (Ikker), *Vanari,* lauter »Moororte« (Bahlow, ON. S. 219). Ähnlich Haltermann, Goltermann.

Hiltmann, -maier (obd.) s. Hild!

Hiltner (Mchn. oft) wie Hildner zum Flurn. »in der Hilden« (z. B. 1377 Tirol).

Hiltwein s. Hildewin! – **Hiltrop** (Ruhr): ON. (Bochum, Münster) zum Moorwort *hil* (Hilscheid, Hillmicke, Hilbeck) s. Bahlow, ON. S. 218!

Hilz (Mchn. oft) = Hils, s. Hüls! Auch in Hilzmann, Hilzensauer (wie Ramsauer zu »Aue«).

Himme, Himmen (fries.) s. Hemme! Pope *Hymmen* 16. Jh. Friesld.

Himmel: obd. Flurname, auch Himml; dazu **Himmler,** Himmelhuber, -bauer, Himmelmann. Am O. Rhein auch Hausname (so in Mainz); Burcardus *zem Himele* 1297 Basel (Socin 378). Auch **Himmelreich** begegnet als Flur- u. ON.: Ghereke *van me Hemmelrike* 1362 Lünebg.; in Frkf. 1402 auch als ÜN.: Herman Winsperger, der Man *mit dem Hymelreich.* **Himmelstoß,** Himmelheber, -stützer sind wohl Spottnamen für überlange Kerle: Meynrich *Hymmelstoeter* (presbyter) 1412 Werdener Urbar, Ritter Godefrid u. Frid. *Himelstoß* 1242 Braubach. Zu **Himmelseher** vgl. *Sternseher* 1333 Freiburg, *Sternenkiker* 1482 Bremen, der *Himmelseher* 1327 Ehingen. Ein J. *Hymeltau* 1474 in Görl., Dietr. *Hymelboge* 1339 in Eßl. (vgl. den Minnesänger Barthel *Regenbogen*). Aber **Himmelgeist** (Köln) ist ON. im Bergischen (alt *Hümelgise* »Moorgewässer«, wie Wider-gis u. ä.). Vgl. auch *Himmelischerküng* 1347 Franken, *Himmelischer Vater* 1380 Görl.

Himmer (Mchn. oft), Himmerer: s. Hümmer (Mchn. oft)!

Himmler (obd.) s. Himmel!

Himpe, Himpel (Lausitz) ist Variante zu **Hempe,** Hempel, s. dies! Nickel *Hympel* 1486 Görl., Hans *Himpe* 1492 Lechtal (Zuwanderer). Der Wandel *e:i* ist nasalbedingt, vgl. Henke: Hinke.

Himptemacher (ndd.) s. Hemptenmacher! Vgl. 12 *hympten* roggen 1438 Haldsl.

Himstedt (Hbg.): ON. ö. Hildesheim, Variante zu **Hemstedt** »Moorstätte«.

Hinck- s. Hink-!

Hindelang: ON./Allgäu, Berhtolt *Hündellang* 1361 ebda.; vgl. Hindelwangen/Baden.

Hindemith: der hinten mitläuft, vgl. Hindenôch/Alt-Brsl.; Hinde(r)mit/Neiße.

Hindenburg: mehrf. ON. (Ostelbien) neben Hindenberg. Der Feldmarschall hieß eigtl. von Beneckendorff u. v. H.

Hinder(er), Hindermann (obd.): nach d. Wohnstätte hinterm Dorfe. Vgl. Niederer, Oberer; Niedermann, Obermann. Auch Dahinden, Hinnen!

Hinderk(s), Hinnerk (ndd.) s. Heinrich!

Hingerl (Bay.), Hingerle: = Hüngerle, s. Hunger!

Hingsamer (Mchn.): zu den ON. auf -heim (bair. -ham), wie Greilsamer, Ulsamer.

Hingst (ndd.): Variante zu Hengst, s. dies!

Hinke, Hin(c)k: KF. zu Heinrich, s. Hencke! Im böhm.-sächs.-schles. Raum beruht Hinke auf slaw. *Hinek* = Hinrich, wie Hanke auf Hanek! (E. Schwarz, S. 141). *Hinco* Hut 1387 Brsl. *Hinke* Hlawacz 1401 Leipa. *Hynko* Bret 1414 Prag. – **Hinkel** s. Heinkel! Wenczel *Hynkelman* 1417 Leitomischl, Konr. *Hinkelman* 1289 b. Rothenburg.

Hinkeldey, -they: westf. Flurname, wie Dingeldey, Dauthendey usw., s. unter Dilthey! Arnold *Henkeldey* 1407 Paderborn. – **Hinkfoth** (ndd.): Hinkfuß. Joh. *Hinkende* 1324 Strals.

Hinneberg: ON., vgl. Hinnebeck/Bremen.

Hinnen (Zürich): »dahinten« wohnend; Cuni *Dahinden* 1440 Zürich, Cuni *Dahinnen* 1469 (später *Hinnen*), vgl. Tobler-Meyer, S. 134.

Hinners (Hbg.): ndd.-fries. = Hinnerks = Hinrichs.

Hinrichs, Hinrichsen (Hbg. zahlr.): ndd. für Heinrichs (Sohn). Vgl. KF. Hinke, Hintze, Hinsch!

Hinsch, Hinsche (Hbg. oft), patr. Hinsching: KF. zu Hinrich, urspr. *Hinse(ke)*.

Hinsel(mann): aus Hinsel b. Essen. – **Hinst** s. Hingst! Vgl. ON. Hinsbeck: 890 *Hengistbeki*.

Hinte, Hintmann (Hbg.): ON. b. Emden.

Hintel, Hintelmann (Hbg.): entspricht Fintel(mann), Rintel(mann); Hintel, Fintel, Rintel(n) sind »Moor-Orte« in Oldbg.-Hannover; s. Fintel!

Hinterthan (obd.) = Hinterthanner, nach b. Wohnstätte (mhd. der *tan* = Wald, so noch b. Uhland). Vgl. Hinterauer, -berger, -eder, -egger, -holzer, -kircher, -maier, -thür (ON.-thürn./Ö.).

Hintner (obd.): in Tirol Hofname »curia *da hinten*« 1415 u. FN. Hindner ebda.

Hintz(e), ndd. oft, **Hinz(mann),** Hintzke, patr. Hin(t)zer: einst beliebte ndd. KF. zu Hinrich. *Hinceke (Hinricus)* Eselsvot 1300 Strals. Dazu **Hintzpeter** (Hbg. oft).

Hinundher: 1366 in Iglau, 1389 in Nürnberg, wohl Bote oder Bedienter.

Hiob s. Job!

Hipp, Hippe, Hippel, Hipper, Hippler (obd.) meinen den Waffelbäcker (mhd. hipe, hippe »Waffel«), Hippmann den Waffelverkäufer; vgl. auch mhd. holhipe(r). S. auch Hiepp, Hiepper! *Hipp der Hipper!* Aber Hippenstiel = Heppenstiel, s. Heppe!

Hirber (obd.) s. Hürber!

Hirche (Görl. oft) s. Hürche u. Herche!

Hirl(er) s. Hürler! – **Hirmer** (Mchn. oft) s. Hiermaier!

Hirn, Hirner (Bay. oft): zum ÖN. Hirn = Hürn (Hur-n) »Sumpf, Schmutz«. Vgl. Flurn. »Im Hirn, Hirnrain, Hirnbühel« u. ON. Hirnbach, Hirnheim (1210 *Hurnheim)*, Hirnstetten *(Hirwin-)*. »Die Fluren dieser Sippe, die ich selbst sah, paßten alle zu *hurn* = Sumpf«, sagt der landeskundige N.-Forscher M. R. Buck (S. 110). Gerung *am Hirne* 1294 b. Linz. Eberh. *Hirn* 1416 Bambg. Aber Bleichs-, Freies-, Thumbshirn, Mucken-, Spinnenhirn, Hirnlos, *Hirnschedel, Hirnpoß, -stoß, -schrot* sind deutlich persönl. ÜN.; Henne *Hirnworst* 1434 Frkf. meint den Fleischer. Hirnschall = -schale. **Hirneiß** (Mchn.), Hierneis wohl = Helm (vgl. hirnhube, -gupfe).

Hirsch, Hirschel, Hirschle, Hersch, Herschel (z. T. jüd., 1. Mose 49, 21), schweiz.

Hirzel: in rhein. Städten oft durch Hausnamen vermittelt: Jacob *zum Hirze* 1304 Worms, dort auch »zu dem *Hirtzeshorne* (Hirschhorn ist auch ON.). Gasthäuser u. Apotheken »zum Hirsch« noch heute. Vgl. her Joh. *der Hyrß* 1368 Brsl. – Hirschbiegel (bair.) = -bühel, Hirschbichler = -bühler. Hirsch**brich** = Hirschberg. Hirsch**leber** (Thür.): ON. -leben (wie Fallersleber). Hirsch**bold** (Mchn.) wohl = -bol »Hügel«. Hirsch**vogel:** Heinr. *Hirsvogel* 1257 Tirol. Aber Hirsch**korn** = Hirsekorn, vgl. Hirschkrämer, Hirscher (urkdl. Hirser), Hirschmehl.

Hirse: der Hirsebauer, -händler, desgl. Hirsekorn; Hirsemeyer, Hiersemann, Hiersemenzel. *Hirsestemper*/Brsl. = Hirsemüller. Obd. auch Hirsch-korn u. ä. Ndd. **Herse!**

Hirter (obd.-mhd.): = Hirt, Hirth, Hirtl (Bay.); s. auch Herter (obd.) u. Herde, Harde (ndd.)!

Hirtler (obd.): z. ON. Hirtl/Bay. Vgl. auch Hürtler. – **Hirtreiter** (Bay., Ö.) wie Bärn-, Gamsreiter zu den ON. auf -reut.

Hirtz (obd.) = Hirsch, vgl. Schönhirtz. Desgl. **Hirzel** (Schweiz).

Hischke, Hischer = Hitschke, Hitscher (vgl. Nischke, Mischke = Nitschke, Mitschke).

Hi(t)schke, Hitzschke, Hitzke (Sa., Sud.), bisher ungedeutet, kann nur KF. zu slaw.-tschech. Hinco, Hinek, Hincek = Heinrich sein, analog zu Nitschke, Mitschke = Nikolaus; mit -old erweitert: **Hietschold** (wie Nietschold, Kitschold [= Christian], Hetzschold, Heintschold, Petzold). Patr. **Hi(t)scher** (wie Mitscher). Vgl. Bened. *Hitzscholt* v. Pegau/Sa. 1503, Thomas *Hitzsch* 1544 Sa.

Hiß, Hieß s. Heiß! – **Hitler** (Ö.) s. Hiedler (mit Vorbehalt)! Vgl. Hüttler (wie Hüttner: Hittner).

Hitz, Hitzel, **Hitzler** (Bay.): *Hicz, Hiczlo* pistor 1368 Mies/Böhmen, Nicl. *Hiczel* 1402 B.-Kamnitz.

Hitzeroth: ON. Hitzerode/Eschwege (Werra); ähnlich Hitzigrath, Hitzegrad (rhein. -rath = -rode), vgl. ON. Hitzgerode/Hessen.

Hitziger (obd.) neben Hitzinger ist alem. Besonderheit, wie Bessiger, Fruttiger, Schmutziger u. ä.

Hobbe (fries.) entspricht fries. **Habbe,** Hebbe: KF. zu Hadebert, heute **Habbert, Hobbert,** vgl. Robbert für Rodebert, Robert. Dazu patr. **Hobben (Habben), Hobbing (Habbing), Hobbema (Habbema).** Vgl. *Hobbe(ke)* Roben 1428 Oldbg., *Hobben Siveke* 1581, jetzt Hobbensiefken ebda., wie Henkensiefken. Joh. *Hobbe* 1425 Bremen. S. auch Hubbe!

Hobe, Hobemann: hess. für Hofmann, wie Grebe für Greve, Graf. Vgl. Gudele *imme hobe* 1350 Frkf., Arnold *Hobeman* von Vache 1351 ebda. Desgl. *Hobeherre* 1369.

Hobein (ndd.) = Hochbein. Vgl. Hobohm, Homann, Hogreve, Homuth, Hobusch. Hensel *Hochbeyn* 1368 Lg.

Höbel (Hbg.) meint ndd. hövel »Hügel«, vgl. Sturmhöbel neben Sturmhöfel.

Höber-, Höver-, mann: Hbg., aus Höver b. Ülzen bzw. Hannover.

Hoberg (Schles., Sa.) s. Hubrich!

Hobohm (ndd.), verhochdeutscht **Ho(ch)-baum,** nach d. Wohnstätte an e. hohen Baum; in Worms 1299 e. Haus »zum hohen boume«. Vgl. Hobusch.

Hobrecht = Hubrecht = Hubrich, s. dies! – **Hobusch** s. Hobohm!

Hoch: vgl. mhd. hôch »vornehm, stolz«; auch **Hochmann** (wie ndd. Homann). Vgl. Ulin *Hochherre* 1424 b. Augsbg.

Hochapfel: mhd. hôch »vortrefflich«, ÜN. des Obstzüchters.

Hochdanz: ÜN. für Tanzmeister; s. unter Tanz! Joh. *Hoche-, Hodans* 1323 Strals.

Hoche (sud.-böhm.): wohl = Hache (tschech. Hacha = Johannes), wie Joche = Jache, desgl.; bestätigt durch Pawel *Hochan* 14 Jh. Brsl. (wie Jachan, Pechan: Peter u. ä.). Vgl. Bahlow, Schles. Nbch. S. 61.

Höcherl (Bay.) wie Höch, Höchli nach hochgelegener Wohnstätte. Vgl. den Hof Höch/Tirol.

Hochgräber: umgedeutet aus Hochgräbe, -gräfe »Hochgraf« (ndd. westf.) wie Holzgräber (-gräwe), Diekgräber (-gräwe) »Deichgraf«!

Hochgürtel: wohl Prunkgürtel.

Hochherz: Hinr. *Hogheherte* 1323 Lüb.

Hochmuth, Ho(h)muth: mhd. = hohe Gesinnung, aber auch schon Hochmut, Übermut. Vgl. Hochtritt (Hoentritt), sofern nicht = Hochdanz.

Hochsang, Hochsänger: obd., durch Sengen gerodete Waldstelle. Vgl. Asang, Asanger; Feuersang, -sänger.

Höcht, Höchtl (Bay.) = Hecht, Hechtl, s. dies! Auch Staudenhechtl.

Hochtritt wie *Hochgang* (1372 Iglau) der Stolze oder Hochtrabende.

Höck (Mchn. oft) nebst Höckmaier wird deutlich durch Höckenstaller, -reiner; analog zu Heckenstaller, Heggenreiner: nach der Wohnstätte. Doch spielt mhd. höcke »Höker« hinein!

Hockauf: Satzname für den Hausierer, der seine Kiepe (Rückenkorb mit Hökerware) aufhuckt. Sekundär (im neueren Aberglauben) ein Nachtgespenst, das dem Wanderer aufhuckt. Eine Katherin *Hukufyn* 1400 in Dux/Böhmen. Vgl. den böhm. Hockewanzel.

Hocke (obd.-md.-schles.), auch **Hucke** = Höker, Kleinhändler, Krämer. Auch **Höcker, Höckner,** Heckner. Noch 1547 in Lg.: Hs. Koschwitz ein *Hocke;* 1397 ebda.: Nicclos *hökener.* Weiteres im Schles. Nbch. S. 107. Michel *Winterhoke* 1381 Sorau. Ndd. entspricht **Haack,** Haacker, s. dies!

Hodapp (Württ.): 1637 *Hochdapp;* dapp »täppisch« (vgl. Dilltapp).

Hodemacher, -maker (ndd.): der Hutmacher. Vgl. **Hodwalker,** -welker, Hotwarker, **Hotfilter; Hodemann** (Hutverkäufer), auch kurz **Hodt, Hoth.** S. auch Filter! Filthot. Henrik *Hod* 1361 Hann., nebst *Hotman* 1352; Joh. *Hodman, Hotman* 1320 Lüb., Rolf *Hotbindere* 1260 Ro. Dazu Joh. *Hotbant, Hudbant* 1330 Greifsw. *Hodwalkere* 1260/70 Hbg., Lüb., Ro., Strals. (auch *Hodwelkere*).

Hodermann (obd.): s. Hader(mann). »Lumpenhändler«! Waczlaw *Hoderer* 1399 Chrudim, *Hoder* 1354 Brünn.

Höding: ON. Hödingen b. Helmstedt (Bahlow, ON. S. 220: *hod* »Schmutz«). Vgl. von der Höden/Westf.

Hodler: bekannt durch den Maler Ferd. Hodler (Schweizer). Gemeint ist der Kleinhandel treibende Fuhrmann; auch kurz **Hodel.** Dytl *Hodler* 1359 Iglau, St. *Hödel* 1414 Mähren.

Höfel(mann) s. Hövel(mann)!

Hofer (obd., Bay., Ö., Tirol): berühmt durch den Tiroler Andreas Hofer. In den Berglandschaften mit Hofsiedlung = Hofbesitzer, Hofbauer. Auch mit Umlaut: **Höfer,** während **Hofner,** Höfner auch zu den ON. Hofen gehören kann. Seltener **Höfler,** Höfl(e), Höflmaier; Höfle ist auch ON. – Dazu viele Komposita auf -hofer, -höfer wie Ganghofer, Haushofer, Mayerhofer, Stadelhofer; Binzenhöfer, Schweighofer, -höfer; Ganghofner, Maihöfner.

Hoff (westf.-ndrhein.): auch »von Hoff«, Imhoff, Uphoff, ten Hoff (zum Hoff) u. ä. im Gebiet der westfäl. Einzelhofsiedlung. Dazu viele Komposita auf -hoff wie (am) Zehnthoff, Diekhoff, Eckhoff, Aschoff, Gillhoff, Küchenhoff (Käkenhoff), Lehnhoff, Moorhoff, Vietinghoff.

Hoffahrt: mhd. hôchvart »stolzes, hochfahrendes Wesen«. Geruscha *Hoffart* 1353 Prag.

Hoffendrunk: Fahrender, Spielmann, der auf e. Trunk hofft.

Hoffer(t), Hofer(t) s. Hofer! Zum Doppel-ff vgl. Frauenhoffer, Bonhöffer, Dörnhöffer. Hans *Hoffer* 1414 Mähren. P. *Hoffner* 1364 Prag.

Hoffgaard (dän.-schlesw.): ON., wie Möllgaard, Knudsgaard, Kierkegaard.

Höffgen, Höffken (ndrhein.) s. Hoff!

Hoffheinz: der Heinz im Hofe (Guts- oder Bauernhof), *Hoffull* 1414 Mähren.

Hoffleuchter (obd.) = Leuchter (Leichter) = Gelzenleuchter, Gelzer »Schweinschneider, Kastrierer« (an e. Herrenhof, Gutshof).

Hoffmann (Schlesien, Lausitz, Sa.): Nächst Scholz, Müller u. Schmidt war Hoffmann der häufigste Berufsname in Schl., etwa dem west- u. südd. Meier entsprechend, also Gutsverwalter an herrschaftl. Höfen, auch auf Landgütern von Patriziern; vgl. Eckehard, hern Otten Buzwoys *hoveman* 1383 Lg., Hs. Kosche *hoffman im weißen hoffe* 1558 Lg. Als FN.: Nickel *Hofeman* der gürteler 1425 Görl. Man beachte den Wandel der Schreibung! Die Form Hofmann ist südd.! Vgl. auch hess. Hobemann, ndd. Havemann: Hamann!

Hof(f)meister, ndd. Havemeister: mhd. = »Aufseher über die Hofdienerschaft, das Hofgesinde«, auch eines Klosters. Hans der *Hoffmeister* von (Kloster) Leubus 1560.

Hoffrichter (mhd. hoverichter): Vorsitzer

im Hofgericht, das die Rechtsverhältnisse auf dem Lande regelte (Bahlow, Schles. Nbch. S. 107). Nitsche Ungeroten *der hoverichter* 1394 Lg.

Hoffschläger (ndd.): der Hufschmied; *Hofslagere* 1268 Hbg., 1259 Ro., 1277 Strals., 1304 Bremen. Vgl. *Hofnagel* 1285 Ro.; Hs. *Hofschlag (Hofsmedt)* 1543 Brschwg.

Hoffsümmer (-sommer), ndd.-rhein.: urkdl. *Hopsomer, Hoffsömmer, -sümmer;* »hoff auf den Sommer!« (ÜN. des Landmannes oder Gärtners).

Höfler, Höffler, Höfflin, Höfle s. Hofer! – **Höflich:** mhd. hovelich »höfisch gesittet«. Peter *Höfleich* 1309 Budweis, P. *Heflich* 1382 Prag.

Höfling (obd.), Höflinger: ON. (Bay., Ö.).

Hofmann (vgl. unter Hoffmann!): obd., zu e. Bauernhof gehöriger Landmann. Ulrich *Hofman* 1275 Ehingen, Ullin *Hofman* 1340 Sarntal/Tirol.

Hofmeister, -richter s. Hoff-! – **Hofsommer** s. Hoffsümmer!

Höfs, Hoefs (ndd.-fries.) = Höfts (Höft, Hövet = Haupt), vgl. FN. Hövesbrunken (Oldbg.): 1693 Bruncke *Hövedes* = Bruno Haupts (Sohn).

Hofstätter, -stetter: aus Hofstetten/Bay. (mehrf.).

Höft, Hoeft (Hbg. oft): ndd. hovet = Haupt, vgl. Lamshöft, Bredehöft, Witthöft, Düvelshöft, auch in ON. wie Bornhöved (FN. Bornhöfft), Visselhöved (d. h. »Quellbezirk« der Vissel). Henneke *Hovet* 1335 Lüb. (ebda. *Hardehovet, Mildehovet, Schonehovet, Wittehovet).*

Hoge (ndd.): der Hohe, Vornehme, wie **Hogemann** (Homann); vgl. Ludeke *Hogheherte* 1358 Greifsw. Aber in ON. = hochgelegen: Hogehus, Hogeweg, Hogekamp, Hogebusch, Hogelücht, Hallig Hooge. Mit Umlaut **Höge** (Hbg.), Högemann. Aber **Höger** (oft Hbg.), wie Höjer s. Hoyer!

Högel (Flsbg.): ON./Husum.

Höger (Bay.) = Heger, s. dies! (Vgl. auch ON. Hög, Högen/Bay.). Dazu **Högerl** (Bay.), **Högl** (vgl. Hegel), Höglmeier, Höglauer, Höglberger, Högler (vgl. Hegler). **Högner** (Bay.) s. Hegner!

Hogetop s. Hotop! – **Hogrefe** s. Grebe!

Hogevel (ndd.) = »hoher Giebel« (Hausname), vgl. Joh. vom roden Gevel.

Högg, Höck (Bay.) = Hegg »Hecke«.

Hoh (vgl. ndd. Hoge) wie **Hohmann** (vgl. ndd. Hogemann, Homann) s. Hoch u. Homann!

Hoheisel (Neiße, Neustadt/OS. oft) nebst Hocheisel, Hochheiser, Hoheiser meint Herkunft aus Hochhäusl, Hochhaus (mehrf. ON. in Ö. u. Bay.) also »hochgelegenes Häusel«. Vgl. Neuhäusel/Böhmen. Zu Hochheiser vgl. Thannheiser. Daneben Hoheusel. Vgl. ndd. **Hohaus** (Hbg.): *vamme hoghenhus* 1320 Lüb.

Hohenester (Mchn. oft!) s. Ester!

Hohl ist als Flurname (»das Hohl«) bezeugt, mhd. hol »Höhlung, Senke«, vgl. Vohenhol »Fuchsloch«. Dazu **Hohler** (obd.).

Hohlbaum: ÖN., nach d. Wohnstätte »am hohlen Baum«? Borchard *Holebom* 1331 Lüb. Vgl. den Schriftsteller Robert H. (Ö.).

Hohlbein s. Holbein!

Höhler: zum ÖN. Höhl(e). Lotze *Hoeler* 1356 O. Hessen.

Hohlers (ndd.) s. Hölck!

Hohlfeld: ÖN., vgl. Concze *Holfeld* 1396 Frkf.

Hohlicke, Höhlke, Höhlich sind wendisch-tschechische Varianten zu Gohlikke, Göhlke, Göhlich: alle zu *holy, goly* »kahl«, Kahlkopf.

Hohlweck: »hohle Wecke«, ÜN. des Bäkkers, wie Spitzweck (-weg); in Württ. mag »Hohlweg« hineinspielen. Giselbert *Holewecke* 1159 Köln, C. *Holewegge* 1284 Ro. Vgl. *Holbecker, Holhippe.*

Hohlwein: Satzname für den Weinschenk (»hole Wein!«), vgl. *Holebier* (Brsl. Prag); *Holefleisch* (Hohlfleisch); *Holetappe, Holesten* (Ro.); *Holeschacht* (Barth: »greif z. Speerschaft«); *Holrat* (Greifsw.); *Holaus* (z. Schlage); vielleicht auch *Holebom* (Hohlbaum): bom = Balken, Pfosten, vgl. *Setzbaum,* ndd. Hahlbaum, wenn nicht ÖN. (auch Höhlbaum).

Ho(h)mann (ndd. u. obd.), **Hoh:** der Hohe, Stolze, Vornehme (mnd. homan). Hensgen *Homann* 1505 Lüdenscheid, Hinr. *Hogeman* 1320 Lüb. Vgl. Heinr. (der) *Hohe* 1278 Bamberg. Wohl auch nach hochgelegener Wohnstätte, wie **Hohmeyer** (Westf.), Höhmann.

Ho(h)muth s. Hochmuth! Evert *Homut* 1294 Rostock.

Hohn (ndd.) = Huhn, ÜN. des Hühnerhalters, -händlers. Auch Höhnke. Vgl. westf. Kluckhohn, Ketelhohn, Witthohn. Joh. *Hon, Honeke* 1319 Lüb. Joh. *Honesben* 1317 ebda. (Heute **Ho(h)nsbein,** -behn); Radeke *honerdreger* 1339 ebda. – Beachte aber auch das uralte Wort *hon* für »Sumpf, Moor«: der **Hohn** (Wald b. Osn.: silva *Hone*), die **Hohne** (Hochmoor am Harz), ON. *Hona:* Hahn i. O., ON. Hohn b. Rendsbg., Moorort Hohne b. Celle, *Honovere:* Hannover, *Hone-pol:* Hönnepel/Kleve, auch die Hohn-Äcker (m. Sumpfwiese) in Londorf/Hess. (Bahlow, ON. S. 197). Joh. *tor Hone* 1482 Osn.

Höhn(e): obd. zu mhd. hoene »schmähsüchtig, höhnisch«; Cuonrat gen. *Höne* 1303 Tüb., Hainr. der *Hön* 1388 Villgn. Aber die nordd. Höhne (oft in Hbg.) enthalten den geogr. Begriff für moorige Niederung (s. auch **Hohn**!): »Bei der Höhne« (nebst Höhnau), Moorort a. d. Oste/Bremervörde; Hönebach am Seuling.

Hohner (obd.) mag zu mhd. hônen »höhnen, schmähen« gehören; vgl. Broger, Schaller »Prahler«; urkdl. *Honer* 1439 Villgn. Vgl. aber ON. Hohn (mehrf.), ON. Honau (Reutl., Kehl): Joh. *Honouw* 1379 Rottweil.

Höhner s. Höner!

Hohnholt, -holz: ndd. ÖN. (»beim hohen Holze«).

Höhnke, Hohnsben s. Hohn! – **Hoier** s. Hoyer! – **Hoike** s. Heuke! – **Hoiß,** Hoisl s. Haiß!

Holbein (auch Hohlbein): der N. des berühmten Malers (Hans Holbein) ist in Ravensburg/Württ. seit 1250 nachweisbar. Er entspricht dem *Holschenkel* in Baden/Aargau: dessen Schenkel oder Beine e. Hohlraum bilden, also ein Krumm- oder O-beiniger. Ähnlich *Sichelbein* 1500 Württ.; ein *Holfueß* 1376 in Wien.

Holch, Holg (Württ., Franken): schon 1282 Herm. *Holge* in Salem, 1383 Heincz u. Albrecht (die) *Holche* in Öhringen/Württ., daher schwerlich gleich der heutigen ostfrk. Mundartform für »heilig« (so Brech.). Im Mhd. meint *holche* »Lastschiff« (vgl. ndd. holk). Vgl. auch Flur u. Bach *Holchen(bach)* in Baden.

Hölck (Hbg.) dürfte formell u. sachlich Variante zu fries. **Helck** sein (s. dies!). Beides sind alte Pers. N. (KF. mit k-Suffix). *Hole* (FN. Hohle, Holen) ist noch heute fries. VN. (Strackerjan, S. 24), vergleichbar mit *Bole,* wie *Holeke* (Hölck, Haalck!) mit *Boleke* (Bölck, Baalck!) u. *Holeman* mit *Boleman* (s. unter Böhlke u. Bahlke!) u. so auch **Holje** siefken wie Hobbiesiefken. Nur so wird auch **Holert** (Hbg. oft), patr. **Holers,** verständlich. Zu Holje vgl. Bolje, zu **Hohlers:** Wohlers, zu **Hohls:** Bohls!

Höld (Bay.) s. Held!

Holder(baum): obd., nach d. Wohnstätte am Holunderbaum, s. auch Hölderlin! In Worms 1290 Conr. *Holderboum.* Als Arzneibaum z. B. von Caspar Lohenstein um 1670 gerühmt.

Hölderlin, Hölderle: Wie der Dichter Friedrich H., so ist auch sein N. in Württ. beheimatet; das Wappen des Dichters zeigt e. Holunderstengel. Nach der Wohnstätte »am hölderlin« (Holderbusch) 1386, »hinder dem holderbusche« 1322, »zer holderstuden«; auch Hausname, so in Basel um 1300 *»zem holdern«,* in Straßbg. 1327 *»zem holderstock«* (Hans Holderstock 1405 ebda.); *»zum holderboume«* 1323 Mainz. Auch **Holder(er), Holdermann:** Heinr. der *Holderman* 1294 Eßl., Burkart der *Holder* 1319 Eßl. Cuonrat *Holderlin* 1314 b. Freudenstadt.

Holdmann (Hbg.) = Holtmann (Holzmann), vgl. Holdhoff, Holdschuh.

Holdorf (Hbg. oft): ON./Oldbg. Vgl. Holtorf!

Holdt (von): Hbg. oft, s. Holt!

Holert, Holers (Hbg.) s. Hölck!

Holger, Holgers: dän.-fries. Pers. N., vgl. Holger Danske, dän. Nationalheld. Bekannt ist Selma Lagerlöfs »Wunderbare Reise des kleinen Nils Holgersson mit den Wildgänsen«.

Holk, Holke (ndd.) meint den Führer eines großen Lastschiffes (m. flachem Boden), vgl. Prahm. S. auch Schnicke, Kogge, Krake! Henneke *Holk* 1350 Lüb., Jac. *Holk* 1398 Greifsw.

Holl (Holle): obd. häufig, teils z. ÖN Holl, teils aus Holde verschliffen, wie Holler aus Holder. Hiltbold *Holle* 1329 Meßkirch.

Höll (Hölldobler, Hölldampf, Höllriegl usw.): bair. Variante zu **Hell.**

Holland: z. T. = **Hollander** (obd.), Holländer; in Sachsen u. Lausitz spielt slaw.-wend. *Holan (Golan)*, zu *hol (gol)* »kahl«, hinein. Vgl. Hollack, Hollatz u. ä.

Holle, Hollmann (nordd.): z. ON. u. ÖN. Holle, Hollen (mehrf.), die das Moorwort *hol* enthalten (Bahlow, ON. S. 221); vgl. das Moor Hollen b. Lünebg., das Hollen-Moor in Württ. Henne *Holleman* 1367 Kassel. Albert *Hollekenbecke* 1397 Dorteur.

Holleben (von): ON. b. Halle (urkdl. *Hunleve* 1185, wie Billeben: *Beneleve: hun, ben* »Moor, Sumpf«). Vgl. Hollar aus *Hunlar*.

Holler (obd. häufig): aus Holder verschliffen, wie **Höller** aus Hölder, soweit nicht (wei Holl) zum Flurn. »Holl«: Berchtold *Holler* 1460 Marbach.

Holling (Hbg.): fries. Patr., auch Hollenga; vgl. Holje unter Hölck! Aber Hollingstedt/Holstein beruht auf Hollenstede (»Moorstätte«). **Hollinger** (obd.): z. ON. Hollingen (z. B. in Lothringen).

Hollmann, Hollmeier (Westf.) s. Holle! Joh. *tom Holle* 1507.

Hollnagel (Hbg.) s. Nagel! – **Hollstein** (Hbg. oft) s. Holstein! Vgl. auch ON. Hollstein/Werra.

Hollub s. Gollub!

Hollwede(l): ON. südl. Delmenhorst (»Moorfurt«), vgl. Marwede(l) u. ä. – **Hollweck** (obd.) s. Hohlweck!

Holm (Hbg. oft): ON. im Raum Hbg. u. ö., = »kl. Insel, Werder«, vgl. Bornholm, Dänholm, Engholm, Lindholm. Herman *Holme* 1350 Hann., Andr. *Holm* 1298 Strals.

Hölscher (Westf.) = obd. Holzschuher (Nürnbg.), Holdschuer, Holdschuh (!), Verfertiger von (ndd.) *holschen* (holsken), auch **Holschemacher.** Vgl. Herman *Holscher* 1491 (Gildemstr. der Schuhmacher zu Osn.); H. *Holschenmaker* 1393 Haldsl. S. auch Patinenmeker!

Holst (Hbg. oft): der Holste (Holsteiner), eigtl. *Holt-säte* »Waldsasse«, Diderik *Holtsete* 1266 Osn. **Holsten** = Holstein: Rabbert von *Holtzeten* 1367 Osn. **Holster** (Hbg.): wohl = Holst(en), sofern nicht vom ON. Holsten/Hann. (vgl. Broxter: aus Brokseten).

Holt, Holdt (von): ndd. oft = obd. Holz, ÖN. u. ON. (meist Holte); vgl. »von Holten« (Hbg.). **Holtmann,** -meier: nach d. Wohnstätte am Gehölz (obd. Holzmann), vgl. Tomholte, Tenholte, Vormholte: Bernt *vor dem Holte* 1380 in Lippe. Henneke *Anderhalfholt* (»auf d. andern Seite des Waldes«) 1357 Lünebg. In Westf. auch **Hölter,** Hölterling. Aber **Holtermann** (Hbg.) wie Haltermann (beide in Münster um 1580) z. ON. Haltern i. W. bzw. Hann.

Holtappel (ndd.) = Holzapfel (wilder A.). Joh. *Holtappel* 1319 Lüb.

Holtdreyer (ndd.) = Dreyer »Drechsler«: Henseken *Holtdregher* 1370 Greifsw.

Holtey: westf. ÖN. (mit Gehölz bestandene Aue, feuchte Flur, wie Hülsey, Espey, Effey, Wiedey). Theod. de *Holtoye* 1289; Everh. *de Holtey* um 1412 Werdener Urbar, Gertrud *uter Holtey* 1411 ebda., Schulte *in der Holtey* 1359. Vgl. Karl Holtei, schles. Dialektdichter.

Holtfoth, -voth (ndd.) = Holzfuß. Joh. *Holtvot* 1308 Greifsw.

Holtfreter (-freder): ndd. (Meckl., Hbg.), Spottname f. d. Holz- oder Brettschneider, den Sägemüller, wie Hoppenfreter urkdl. f. d. Höppner. Vgl. Speckfreter 1413 Anklam.

Höltge(n), Höltje (ndd.) = Holt, wie Büschgen = Busch, nach d. Wohnstätte. Desgl. **Hölting** (westf.) wie Büsching. Vgl. ON. Höltinghausen i. O. Höltgebaum = Holtappel.

Holtgrewe, Holzgrefe (ndd.-westf.) = »Holzgraf, Waldvogt«, s. Grewe! Bruno *Holtgreve* 1351 Greifsw.

Holthusen (Hbg. oft): häufiger nordd. ON., heute auch Holthausen, obd. Holzhausen.

Holtkötter (Westf.): wie Busch-, Heit-, Strotkötter, nach d. Lage der Kote (Kate) = schlichtes Gehöft, meist ohne Acker.

Holtmann, -meier s. Holt! – **Holtorf:** mehrf. ndd. ON., auch Holtorp, Holtrup/Westf.

Hölty (Hann.): Der N. des Göttinger Hainbunddichters ist verschliffen aus Hölting, wie Dörry aus Döring (vgl. ON. Dörrieloh für Döringeloh). ON. Zilly (Zilling). A. Lasch, § 144, 346.

Holtz- s. Holz-! – **Holwede** s. Hollwede!

Holz, Hölzl, Hölzle, Hölzer (alle obd.): nach d. Wohnstätte im »Holz« (Wald, Gehölz). Vgl. Heinr. *im Holz* (Bauer) 1355/Baden, Hans *im Hölzle* 1515 Meßkirch/Baden. Auch **Hölzler** (1301/ Württ.). Aber **Frühinsholz** meint den Waldarbeiter, Holzfäller, **Holzhauer,** desgl. **Holzmann** (mhd.), soweit nicht = Holzhändler, Holzmenger (vgl. Salzmann u. ä.; ndd. Holtköper). **Holzner** ist obd. Herk. N. (soweit nicht = Holzer). Dazu Holzfurtner, -gartner, -hauser, -hammer (-heimer), alle bair.; Holzwimmer s. Wimmer!

Holzapfel s. Holtappel! – **Holzhey** (obd., mhd.) = Waldhüter, s. Hei!

Holzfuß s. Holtfoth! – **Holzgrefe** s. Holtgrewe!

Holzlöhner (Bay., Ö.) = -lehner: Lehengut-Bauer.

Holzmann, -meier, -müller s. Holz! Holzmühle ist mehrf. ON.

Holzschuher (obd.) s. Hölscher! Bekannt als N. des Nürnberger Patriziers, den Dürer gemalt hat. Ein Friedr. *Holzschuher* schon 1376 in Nbg.

Holzweißig (Lpz. oft): ON. b. Mersebg.

Homann (Hbg. oft): ndd. = vornehme Standesperson, s. Hohmann!

Homeister, Homester (ndd.): in Hann.-Westf. = mnd. *Hovemester* »Hofmeister«, s. dies! Vgl. Hameister für Have-, Hovemeister. Sonst auch = Hochmeister.

Homeyer (westf.) s. Hohmeyer! – **Homfeldt** (Hbg.): ON. b. Verden.

Homm, Hommen, Hommes ist fries. Pers. N. (KF., Patr.) neben **Humm, Hummen;** vgl. die Vollform Hummer(s), **Hommer(s).** *Hummo Humminga* 1422 Friesld., Feddo *Hommius* 1514. Vgl. Momme, Mumme, Momke (wie Homke). Zugrunde liegt wohl *Hunibert (Humbert),* analog zu Munibert, Mummert.

Hommel = »Hummel«, ÜN. für unruhige, aufgeregte Menschen. Zum *u: o* vgl. Rummel: Rommel. Nickel *Homel* 1358 Kamenz, Hs. der *Humel* 1398 Württ. Latin.: *Homilius* (Lpz.).

Hommerich: ON. b. Lindlar/Köln. Vgl. Hammerich!

Homolka s. Gomolka, Gemoll! Vgl. wend. homola »Hügel«.

Hompel (ten Hompel): ndrhein. Flurname. – **Hompertz** s. Humpert!

Homuth s. Hochmut! Cöne *Homut* 1400 Haldsl. – **Honcamp:** westf. ÖN. –

Hondelmann s. Handelmann!

Höne, Hönecke, Hönemann (ndd.) gehören zu *Huno* wie Köne, Könecke, Könemann zu *Kuno* (Kunrad); s. Hünecke! Hunold! Desgl. **Hönk(s)** wie Könkes. – **Hönerlage,** -loh ist ÖN. in Westf. (loh, lage, »feuchte Niederung«).

Honegger, -ecker (obd.): z. den ON. auf -eck, -egg, vgl. Rosegger, Rienecker.

Höner, Höhner (ndd.-westf.) wie Hilgenhöner, Wellhöhner neben Wippenhohn enthalten eine Flurbezeichnung, vgl. »Bei der Höhne« nebst Hönau (Moorort b. Bremervörde); Höne i. O.; ähnlich Lohn, Löhne (Wiese b. Schieder i. W.). Dazu auch Honemeyer u. ä. Vgl. auch Hüner! Deutlich ist Joh. *tor Hone* 1482 Osn.

Honig ist Berufs-ÜN. des Imkers, Zeidlers bzw. Honigverkäufers (*Honigmenger:* lat. mango »Händler«). Desgl. Honigmann. Thid. *Honich* 1383 Kiel. Clawes *Benehonnich* 1353 Lünebg., Gerh. *Honic-büsse* 1350 Haldsl., C. *Honingesser* 1345 Frkf. *Honigmesser* (städt. Beamter) 1350 Brsl.

Hönig, Hönack, Hönatsch, Hönisch, Hönsch (Lausitz) sind dt.-wendische Varianten zu Heinig, Heinatsch, Heinisch, KF. zu Heinrich. – **Hönig(er):** vgl. ON. Hönig/Bay.

Honold (Bay., Württ.) s. Hunold! (Hans *Honolt* 1451 Kempten).

Honschopp, Hohnschop (ndd.): mit hohem Schopf, vgl. Breitschopf, Grauschopf. S. auch Hotopp! – **Honsbein** s. Hohnsbehn!

Hons(e)l (obd.-bair.) = Hansel (Hans).

Hoock (Hbg.) ist fries. Flurname wie in Hocksiel, Greetsiel u. ä. Aber **Hokema** ist fries. Patr. (z. Sippe der Hok), vgl. **Hocks.**

Hoog(e) s. Hoge! – **Hoof(e):** ndd.-rhein. = vom Hofe, Hove, van Hooven.

Hoop, Hoops (Hbg. oft): Hope, Hopen, Hoope, Hoopte sind ON. im Marschen- u. Moorgebiet von Friesland bis zur Elbe, etwa »erhöhte Stelle im Moor«, dann auch »Moor« selber (vgl. dung, donk im selben doppelten Sinne); s. auch Bahlow, ON. S. 223! Joh. *van dem Hope* 1352 Hann. Vgl. den Hop-See/Schleswig.

Hoor(mann) (Hbg.) s. Hormann! – **Hoose(mann)** s. Hose(mann)!

Höper (ndd.-westf.); **Hopmann:** z. ÖN. u. ON. Hop, Hope, s. Hoop!

Hopf, Höpfli, Höpfl (obd.) s. Höpfner! Desgl. Hopfensack, -stock.

Höpfner, ndd. **Höppner,** so auch ostmd.-

schles. nebst Höptner, Heptner, **Heppner;** bair. **Hopf(n)er:** der Hopfenbauer u. -händler, von dessen Bedeutung f. d. Bierbrauerei im MA. z. B. noch die Straßenbezeichnung »Hopfenmarkt« zeugt; auch Hopfenhäuser gab es in den Städten (Peter Rote »im hopfenhowse« 1387 Lg.), wo die brauberechtigten Bürger ihren H. einkaufen konnten; dazu oft Hopfengärten (ON. Hopfgarten, Hoppegarten) ÜN. des Höpfners sind: *Hoppenfreter* = *Hoppener* 1326 Barth, *Hoppensack* 1270 Rostock (in e. Verz. von Hopfenbauern), *Hopfenstock* (Brsl., Görl.: heute Hopfstock), *Hopferebe* 1275 Kirchheim, *Hoppestrunk* 1142 Köln; auch Hopf, Höpfl, Hoppe, s. dies!

Höpke(n), Höpcker (ndd.-westf.) s. Höper!

Hoppe: ostd.-schles. ndd., Berufs-ÜN. des Höpfners; urkdl. in Lg. 1417/33: Hannus *Hoppe* = Hs. *Hopphener;* in Glatz: *Höpfel* = *Hopfener.*

Hoppenrath (Bln. Ro.): ON. Hoppenrade (Brdbg., Meckl.).

Horand (selten): soweit nicht ostd.-wendisch [= Horan, wie Jwan(d)] dürfte der berühmte Sänger aus der Hilde-Gudrun-Sage gemeint sein. Belege: Helmbricht filius *Horandi* 1316 M.-Frk., Cunrat *Horant* 1323 Frkf., Cuonrat gen. *Horant* 1320 Meßkirch/Baden.

Hörath, Höret (vgl. ON. Hörezder) s. Herath, Hierath!

Horbach (ndd. Horbeck): »Sumpf-, Schlamm-, Schmutzbach«, mehrf. ON. (Pfalz, Rhld., Hessen, Württ.), auch Horbäche in Baden/Württ., Hessen (zu ahd. *horo*), Nik. *Horfürer* (»Kotfuhrmann«) 1365 Mähren. Vgl. Horbruch, Horburg (Harburg), Horlach, Horstedt usw. (Bahlow, ON. 223). Dazu auch **Hör** (Württ.), **Hören** (Rhld.), vgl. (die) Hörenkuhl (Horkohl), Auf der Hören (Rhld.), Bettnang »in der *Höri*« 1535 b. Konstanz. – Aber **Horbasch,** Horbahn, Horband, Horbank (Lausitz), Horbat (Lit.) sind KF. zu wend. Horban = Orban, Urban!

Hörbiger: Tiroler Geschlecht, vgl. Hans H. (Schöpfer d. Welteislehre) u. Paul H. (Schauspieler); auch Hörbinger (Hörbing ist Hofname ebda).

Horb(er): aus Horb/Württ. bzw. Horben/Breisgau; ein Horbgraben (»Schmutzwasser«) fließt z. Bibers/Kocher. Über Horb(en): kelt. Korb(en) s. Bahlow, ON. 223

Hörbrand (Bay.) s. Herbrand! – **Hörbst** s. Herbst!

Horch meint den **Horcher,** wie Brauch den Braucher (Genießer); Grein den Greiner; Gamp den Gamper (Springer), lauter obd. Nomina agentis. Vgl. der *Horch* 1336 b. Wolfach; *Horcher* 14. Jh. Brsl.

Horchemer: aus Horchheim a. Rh. (hork »Schmutz«).

Hördrich (Bay.) s. Hertrich!

Horger (Württ.): aus Horgen b. Rottweil. Frid. *Horger* 1324 Rottweil. Vgl. auch ON. Horgau (Schwaben, Schweiz): mhd. horec »schmutzig«, horgen »beschmutzen«. Aber **Hörger** (Bay., Mchn. oft) s. Herger! Horeis.

Hörhold (bair.) neben Herhold s. Herold!

Höring, Hörig s. Hering! (Hans *Hering, Höring* 1518/49).

Horkohl, Hörenkuhl (Bremen) s. Horbach!

Hörl, Hörlein (bair.) s. Herl!

Horlach(er): ON. Horlachen/Württ. oder Horlach/Bay. Eine Wiese *Horwelache* (Schmutz-, Sumpflache) 1287 b. Weilderstadt, vgl. ON. Horblach. Dazu **Horlohe** »Sumpfgehölz«, desgl. ON. Horla b. Mansfeld: FN. **Horl** (Quedlbg.), 1330ff. *Horle.* Horlebusch s. Hurlebusch! Vgl. Horlbeck, Hurlbeck!

Hormann (Hoormann): Hbg., Lüb. oft, ist assimiliert aus **Horn(e)mann** (dies heute selten) = der aus Horn (mehrf. ON. u. ÖN. b. Hbg., Bremen u. ö.).

Hörmann (bair.) s. Hermann!

Hörmle (schwäb.) s. Hermle (Hermann)!

Hormuth (obd.-alem.) = Harmuth = Hartmut!

Horn (überall oft): ist meist Flur- oder ON., im Südwesten (Rhld.) vereinzelt auch Hausname (Köln, Worms: 1352 Henlin *zu dem Horne; vam Guldenhorn).* Albert *Horn (Horneman)* 1296/1301 Hbg. (ON. Horn b. Hbg!). Auch **Hörnle** ist oft obd. Flurname: Berchtold *Hörnli* 1310 Württ., Cunr. *Hörnler* 1280 Freiburg, Hainr. der *Horner* 1333 Kempten. Vgl. auch Balhorn »Sumpfwinkel«.

Hornack: wend.-tschech. = Berger.

Hornbogen: ÜN. des Bogners oder Bogenschützen (zu mhd. horn-boge). Tylo *Horneboghe* 1363 Hann. – **Hornbostel:** ON. b. Celle.

Hornef(f): ist alte Form des Flußnamens Horloff (Wetterau), 948 *Hurnaffa*, zu *hor-n, hur-n* »Sumpf« (Bahlow, ON. S. 224).

Hörn(e)ke (ndd.) s. Horn u. Hornemann! – **Hornfisch:** ÜN. f. Fischer. *Hornvisch* 1279 Ro., Strals.

Hornel: ON. b. Sontra. – **Hornemann** s. Hormann! Vgl. auch Joh. *Hornke* (auch *Horneman* gen.) 1561 Friesld.

Horner, Hörner (obd.): z. ÖN. (ON.) Horn, s. dies! Vgl. Oberhorner. Mitunter wohl auch nach d. Beruf des Hornverarbeiters, so in Nürnberg, wo die Horner u. Kammacher eine Zunft bildeten. So kann auch **Horn** z. T. Berufs-ÜN. sein, auch für den Hornbläser. Heile *Horn* 1383 Frkf.; Rotcher *Horn* 1282 Ro.; Nitsche *Horn* 1372 Lg.; Berent *Horneken* 1482.

Horney(t), Brschwg. oft: ostfäl. für Hartneid! Horneyd Brakenhoff 1438 Flettmar, Hans Horneyt 1451 Haldsl.

Hornig: soweit nicht aus Horning, Hornung (s. dies!) abgeschliffen, dürfte (in Sachsen, Lausitz) tschech.-wend. *hornik* »Bergmann, Berger« hineinspielen; dazu auch **Hörnig** (-ing), **Hörnicke,** Hornicke, Hornicek, Hornicky. Zur Bestätigung vgl. **Gornig,** Gornick, Gornich: poln. *gornik* = tschech. *hornik* (*gora: hora* »Berg«). Petsche *Hornik* 1438 Lg., Gregor *Hornig* 1465 Görl. neben Hs. *Horning* 1412 ebda.

Horns (Hbg.): mit patr. *-s*, vgl. Hoops u. ä.

Hornschuch: wohl nach der Mode des Schnabelschuhes; -schuch ist obd.

Hornung: im MA. = Februar (patr. zu Horn = Januar). Als Zeitname wie April, Mai, Herbst zu beurteilen. Heinr. *Hornung* 1244 Gelnhsn. Nickel *Hornung* 1491 Graupen/Böhmen. Vgl. Walther v. d. Vogelweide 28, 32: »nu enfürhte ich nicht den *hornunc* an die zehen«.

Hörold (Bay.) s. Herold! – **Hörpel** (Hbg.): ON. b. Soltau *(Horp-lo):* holld. *horp* »Morast« (Bahlow ON. S. 225).

Horsch (Lpz. oft! nebst Horschel **Horschig!**) ist slaw. Vgl. ON. Horscha/Lausitz. Aber Bentz *Horsch* 1350 Stuttg. verrät die schwäb. Mundartform für Horst »Gehölz«, vgl. »hof zu dem *horsche*« 1351; desgl. »im Hürschle« Balth. *Hörschlin* 1494 Württ.

Hörselmann (Hörschelmann): Lpz., von der Hörsel b. Eisenach, 979 *Hursila*, mit d. sagenhaften Hörsel- oder Venusberg (Tannhäuser!). Zu *hur-s, hor-s* »Sumpf, Schmutz« s. ausführlich Bahlow, ON. S. 225 (Horsmar, Horsbach, Hörsingen, *Hures-lede*).

Horst(mann): nordd.-westf., z. häuf. ÖN. u. ON. Horst = Gehölz. Auch Von der Horst, Terhorst (ndrhein. = zur H.), vgl. *tor Horst* 1369 Gütersloh; Hörster (wie Büscher). Dazu viele Komposita: Brunkhorst, Habighorst, Scharnhorst (kotiges Gehölz), Mordhorst, Windhorst.

Hort, Horter (bair.-österr.) = Hart, Harter, also nach Wohnstätte oder Herkunft; vgl. in Mähren: Nic. *Hort* 1400 neben Jorig *Hart* 1414; ein Ort *Hortau* b. Aussig neben *Harthau* in Sa., in Alt-Brsl.: *von der Hart.*

Hört(e)rich s. Hertrich! **Hörter** (bair.) s. Herter!

Hörth: wohl ON. wie Hürth/Köln, Hördt/Pfalz. – **Hörtnagel** s. Hartnagel!

Horwege (Hbg. oft) entspricht Hollwege, Hornweg Hetzwege, Hellwege, lauter »Moororte« zwischen Unterelbe u. Unterweser (-wege = -wede »Furt«). Vgl. auch Luther Horwade 1344 Hessen (wade »Furt«).

Horwitz, Haurwitz (jüd.): ON. Horovitz/Böhmen.

Hosang (ndd.) kann nur Hochgesang, Festmusik meinen: Heinr. *Hosank* 1270 Ro., Georg *Hosank* 1300 Lüb.; deutlich ist **Hochgesang.**

Hösch (Hbg., Hann.): im ndd. Raum kontrahiert aus Hovesche »der höfisch Gebildete« (Ndd. Namenbuch S. 244). Dominus Conrad Hovesche 1227 Goslar, Wolter Hovesche 1272 Hbg.

Hösch, Höschele (Württ.) neben Hesch, Heschele dürften den Spötter meinen (mhd. hoschen »spotten«, hosche »Spott«, FN. Hosch/Basel; aber mhd. heschen »schluchzen«). Joh. *Hösch* 1345 Zürich, Heinr. *Höschel* 1405 Eßl., Hans *Hösch* u. Sohn Jodocus *Hesch* 1480/1500 Württ. Aber **Hosch,** Hoschek, **Hoschka** in Lpz. sind slaw. (vgl. Haschek, Haschke = Joh.): Peter *Hosche* 1390 Brieg.

Hose: Berufs-ÜN. des Hosenschneiders bzw. -strickers (Strumpfhose des MAs.!), seltener von persönlicher (auffallender) Tracht; vgl. Dietr. *in der Hosen* 1284 Basel, *Rodehose* 1321 Strals., *Grawehose* 1370 Brschwg., *Stuvehose*/Lüb., *Kortehose* 1411 Köln, *Bunthose* 1497 Fulda, *Linenhose* 1342 Wetzlar, auch Ledder-, Lodder-, Schlotterhose; anschaulich ist Hinr. *Kerehose* 1343 Strals.; dazu *hosemekere* 1324 Lüb., *hosenmacher* 1389 Prag, *hosennestler* 1404 ebda. nebst Dytl *hosler* 1378; *Hosebendel* 1346 Lg.; *Hosenbüßerly* = Hosenflicker. Heinr. *Hosenmecher* goltsloer 1375 Brsl. nebst *Hosenstricker*.

Hosemann [nebst Ho(o)se] sind in O/S. (Neustadt, Neiße) so häufig, daß offenbar der tschech. Pers. N. Hos hineinspielt; vgl. Hoske, Hosena/Laus. Franz *Hosman* 1381 Kuttenberg, *Hoseman* 1349 Meißen.

Hösle (obd.) s. Hose! Liutfrid *Höselin* 1228 Schwaben. Dazu **Hösler.** Aber **Hößler** (obd.) mitunter = Häßler, s. dies! Vgl. Hößelbart!

Hoßbach: vgl. ON. Hosbach b. Sontra. Hoßfeld. – **Höß** = Heß, **Hössel** = Hessel.

Hößelbarth (Thür., Sa.) = Häßel-, Hesel-, Hesselbarth, s. dies! Vgl. Höselwang, Höselhurst. – **Hospe** (1333 Kempten): mhd. *haspe* »Garnwinde«.

Hostrup (Hbg.): ON. b. Schleswig.

Hoth (ndd.) = Hotfilter, Hotwalker, s. Hodemacher! S. auch Hauth (Filthaut)!

Hothmer (Hbg.): entspricht dem ON. Hötmar i. Westf. u. dem holld. *Hotmar, Hottemere* »Schmutzsee«; vgl. die *Hotepe* (Hoppecke) b. Brilon. Weiteres unter Hottenrott.

Hotopp (ndd.), Hotopf beruht auf *Hogetop* »hoher Zopf«, wie Homann auf Hogemann. Vgl. Gratop (»Grauzopf«), Siedentop (»Seidenzopf«). Hautop ist westf. wie Hauschopp: -schopf. **Hottelmann:** ON. Hotteln/Hildesh.

Hötte(mann) s. Hüttemann! Vgl. Hötmar, Hottenrott.

Hottenrott: hess. ON. auf -rode; **Hottenbrauk** (Westf.), Hottenbach b. Idar, Hotten-Berg b. Seesen deuten alle auf »feuchten Schmutz« (vgl. holld. *hot* »geronnene Milch«, *Hottendegel* 1486 in Hann. = Tiegel dafür). Ein See *Hottemere* 1329 in Holld. (Bahlow, ON. S. 226).

Hotze, Hotz (obd.): bezeugt mit Berchtold *Hozzo* 1284 b. St. Gallen, Conr. *Hozzo* 1221 b. Würzbg., *Hotze* 1320/Tauber, Peter *Hoccz* 1414 Mähren. Vgl. mhd. hotzen »schnell laufen«. Aber Hotzan (Lpz.) ist slaw.

Hotzel(mann) s. Hutzel(mann)!

Houten (van), holld. = v. Holten; Houtman = Holtman.

Hove, Howe (Hbg., Kiel oft): nach Wohnstätte oder Herkunft.

Hövel, Hövelmann (ndd.) s. Höbel! Auch **Höveling,** Höveler.

Hövermann (Hbg. oft); Höver: aus Höver b. Hannover bzw. Ülzen (urkdl. *Hovederen*). – **Hövet** (ndd.) »Haupt« s. Höft!

Howaldt, Howoldt (Hbg.): ndd. ON. wie Howedel, Howindt.

Höxter: ON./Weser (urkdl. Huxori), nach sumpf. Gelände: Bahlow, ON. S. 226. *Huxer* 1388 Grfsw.

Hoyer (Bay.) s. Hayer!

Hoyer (Hoger): alter ndd. Pers. N., im Adel einst beliebt. Graf *Hoyer* v. Mansfeld, gef. 1115; Graf *Hoyer* v. Falkenstein usw. *Hoger(us)* 1275 Ro., 1265 Hbg., Hannes *Hoyeres* (Sohn: *Hoyer*!) 1350 Haldsl. Auch ON. Hoistorf/Holstein hieß *Hoyerstorp*, vgl. Hoyershausen/Leine, Hoyershagen/Aller.

Hoyler (schwäb.) s. Hailer!

Hoym: ON./Ostharz. – **Hoymann** (Hbg.): aus Hoya a. Weser. Hans *van der Hoye* 1379 Hann., Nik. *van der Hoya* 1554 Hbg.

Hubach (westdt.): ein Ort Hubach lag 1140 b. Ahrweiler. (Vgl. »Deutsches Geschlechterbuch«, Bd. 153 (1970) Seite 247 u. 289). Wie Huscheid »Moorort«.

Hubatsch: tschech. = »Großmaul«.

Hübbe, Hübben (ndd.-fries.) verhält sich zur Vollform **Hübbers** wie **Lübbe,** Lübben zu **Lübbers** (s. Hubert u. Lubbert!). Rheinische Patronymika sind **Hübgen(s)** wie Lübgen(s). Ohne Umlaut: **Hubbe, Hubbert** wie Lubbe, Lubbert; rhein. Hubbertz.

Huber (obd.-bair.), auch Hueber (mit Diphthong wie mhd. huober!), meint den Bauer als Besitzer einer Hube (Ackerland von 60 Morgen, ndd. Hufe). Vgl. Heinr. *in der Huobe* (Bauer) 1301 Thurgau. Ostd.-schles. ist **Hübner,** frk. (selten) Hüfner. Ein reicher Huber war offenbar Hartman *Hubenrich* 1390 b. Karlsruhe. Dazu viele Komposita: Bach-, Hinter-, Mitterhuber, Halbhuber; Anderhub, Vierhub, Schönhueb, Hueb, Hube,

Hubl usw. S. auch Hubmaier, Hubschmid u. ä.!

Hubert: bekannt als St. Hubertus, Patron der Jäger, rhein. Heiliger, Apostel der Ardennen, daher im Rhld. oft als FN., bes. **Huppertz,** mit KF. Hübgen(s), Hüpgen(s) u. ä. Vgl. ndd.-fries. **Hübbe,** Hübbers. Germ. *Hugi-berht* meint »durch Denk- u. Gedächtniskraft glänzend« (noch mhd. hügen »denken, sinnen, sich freuen«); vgl. KF. Hugo. Umlaut zeigt rhein. **Hübert,** Hübers.

Hübethal: ON. Hübenthal/Werra, wie Hübenbach b. Göttgn. (1032 *Huvina*) zu e. prähistor. Bachnamen; vgl. Hüven am Hümmling; Hüvede/Ems.

Hübler (obd.) nach d. Wohnstätte am **Hübel,** s. Hiebler, Hiebel! Vgl. Hirsch-, Gießhübel. Ndd. Hövel!

Hubmaier, -meier (obd.-bair.), verschliffen **Huebmer,** Huemer (Meindlhuemer), meint den Maier als Hubenbesitzer, vgl. Hubschmid, Hubmüller. Über den Wiedertäufer Dr. Balthasar Hubmaier (1528) s. Bahlow, Buchdruck zu Lg. (1928), S. 7.

Hübner (Lausitz, Schlesien oft) entspricht dem obd.-bair. **Huber,** s. dies! Hempel *Hübener* 1381 Sorau, Chunrat *Hübener* 1334 Budweis. Andreas *Freyhube* 1547 Sprottau. Weiteres b. Bahlow, Schles. Nbch. 108. In der Schriftsprache gilt für Hube seit d. 15. Jh. (Einfluß d. Sachsenspiegels) die ndd. Form Hufe (vgl. frk. Hüfner).

Hubold s. Haubold!

Hübotter (Hann., Mgdbg.): Hans *Hugebottere* 1431 Hann., ÜN. des Butterhändlers, wie Sötebotter, Farsch-(Frisch-)botter; ndld. hui, mnd. hoie »Molken« (vgl. engl. whey). Weiteres: Brech., S. 746; z. Bergwald Huy b. Halberstadt u. Fluß Huy (Hogia)/Maas s. Bahlow, ON. S. 226.

Hubrich, Hubrig, Hubricht, Hu-, Hobrecht (Schles., Laus., Sa.) ist Mundartform für **Hoberg** (heute ON. Hohberg b. Goldbg. bzw. Hohburg/Sa.) wie Herbrich f. Herberg, Vorbrich f. Vorwerk, Hirschbrich, Weißbrich, Zeißbrich usw. Joh. *Hoberch* 1339 Lg., Caspar *v. Hobergk (Hubrik)* 1558 Glatz, Cunrad *v. Hoberch* 1185 b. Meißen.

Hübsch, Hübscher, Hübschmann meint den »höfisch, fein gebildeten Mann« (mhd. hövesch, hüvesch, hübesch, ndd. auch hösch). Ritter Cuonrat v. Ysenburc, gen. *der hübische* 1280 Pfalz; Nickel *Frauenhöbscher* (»galanter Hofmacher«) 1476 Glatz, C. *Hübeschman* 1284 Freiburg. Dazu Hübschle, Hübschhans, Hübschwerlin (= Werner). Ndd. *Hovesche* (1265 ff. Ro., Strals., Hbg.).

Hubschmid (obd.) = Schmied als Besitzer einer Hube (– vgl. Hubmüller, Hubmaier), z. T. zu Hufschmied umgedeutet! Urkdl. *Huobschmid.*

Huch (ndd.) = Hugo, s. dies! Huch unde Henning 1378 Stendal, Huch (Hugho) Pisker 1368 Halle, Hughe Bukstock 1385 Ro., Hughensone/Krempe.

Hucht(mann), Huchthausen, Huchtkötter, Huchting (ON./Bremen) enthalten ein Wort für Dickicht. Zu Huchtkötter (Westf.) vgl. Marsch-, Pohl-, Schlaut-, Meerkötter, lauter Synonyma; *uf der Hülshucht* 1617 Lippe.

Huchzermeyer: z. ON. Huchsen/Westf.

Huck (Hbg.) wird deutlich durch nordwestd. Flurnamen wie (die) **Huckriede** (Westf., Oldbg.) entsprechend der Seckriede, Schlickriede. Im Huckland b. Remscheid, die Hückschlage (Hukes-lage) b. Iserlohn, oder ON. wie Hückeswagen, Hüxholl, Hücker/Herford, Hückstedt, **Huckfeld,** Huckingen, alle auf »Moor« deutend (Weiteres: Bahlow, ON. S. 227). Desgl. Huckenbach, Hückel(hoven), Huckelriede, Huckenbeck, Huckendieck, vom Huck. Aber obd. Huck (Mchn., Lpz.) meint Hocke »Höker«!

Huckauf s. Hockauf! – **Hucke** (Lpz. oft) s. Hocke!

Huckfeldt (Hbg.): ON. s. Huck! – **Hückstädt:** ON. wie Lückstedt (huck »Moor«, luck »Sumpf«).

Huckstorf (Ro.): ON. b. Rostock.

Hüdding: ON. Hüddingen/Eder.

Hüde, Hude (Hbg.) sind ndd. ÖN. u. ON. (wohl = Hüte-, Weide-Platz), in Holstein, Oldbg., Hann.; dazu **Hudemann** (Hbg.). Albert *Hudepol* 1340 Lüb. (ÖN.) auch Hüttepohl; *apud Hudam* 1269 Ro.; Eilard *von der Hude* 1590 Verden.

Hudetz, Hudeczek (Mchn.); Hudy, Hudasch: zu slaw. hud-»elend«.

Hudler, Hudel (obd.): Lumpen(händler). Dazu Hudel-, Huttelmeyer. Konrad *Hudeler* 1295 Eßl.

Hudtwalcker s. Hodwalker! Hodemacher!

Hufeisen, Hufnagel sind Berufs-ÜN. des Huf-Schmiedes.

Hufeland: berühmter Arzt u. Goethefreund, aus Thür.; wohl ÖN.: »Ackerland«.

Hüffel (obd.): mhd. = »Backe, Wange«; Reinhold *Hüffelin* (Ritter) 1324 Straßbg.

Hüffmann, Hüffer(mann): z. ON. Hüffe/Westf.

Huffziger: ungedeutet, vgl. Siebmachersches Wappenbuch, Taf. 39. Der Form nach alemannisch, wie Fruttiger, Schmutziger, – Abl. von ON. auf -ingen. Seit 17. Jh. b. Merseburg.

Hufnagel (Huffnagel): Nbg., Mchn. oft, ÜN. des **Huf(f)schmidt.** Vgl. Andreas *Hufnagel* (faber!) 1280 Bay., Martin *Hufnagel* (faber!) 1387 Prag. Joh. *Hofnagel* 1285 Ro. S. auch Hoffschläger (ndd.)!

Hüfner, Hüffner (frk.) s. Hübner, Huber!

Hug (obd.), Hugk, Hügle, Hüglin, alem. **Hüge** *(Hugin),* diphthongiert **Haug,** Hauck, Heugel, Heigl, meinen Hugo (s. dies!). *Hüglin* Haffner 1406 Kirchheim/Württ., vgl. »Ich *Huk der Huginsun* 1352 Wimpfen. Zu *Hugenbenz* vgl. Eidenbenz.

Hügel(mann), Hüggel(mann): ndd.-westf., nach d. Wohnstätte am Hügel, Hüggel. Auch md. **Hügler:** Hs. *Högeler* 1381 Friedld.

Hugo: uralte KF. zu Hug-bert (Hubert), Hug-bald, Hugold. *Hugin* und *Munin* (»Gedanke« u. »Gedächtnis«) hießen die Raben, die Wodan begleiteten; noch mhd. *hüge* »Geist«, *hügen* »denken, sinnen, sich freuen«. Durch westfrk. Könige (Hugo d. Gr. u. Sohn) wurde der N. auch in Frkrch. beliebt, in Deutschld. fast nur b. Franken, Schwaben, Alemannen, Bayern: mundartl. *Hug, Hüge, Hügle,* später *Haug, Heugle, Heigl.* Als VN. erst nach Jahrhunderten durch die Ritterromane um 1800 wieder belebt (wie auch Kuno, Benno, Bruno).

Hugold: seltener obd. Pers. N. (s. Hugo!). *Hugold* v. Slewicz 14. Jh. Auch im ON. *Hugoltes-:* Hugelshofen/Thurgau; jünger ist Hugoldsdorf/Meckl. Als FN. in Mühlhsn./Thür. seit 1311.

Huhle (Lpz.): Wahrscheinl. Variante zu wend. Juhle (Guhle) »Kahl(kopf)«, bzw. kahles Land, Heide, wend.-tschech. holy, poln. goly. Vgl. Hulke: Gulke. Aber **Hühler** (1508 *Hüler*/Reutl.) zu mhd. hüle »Pfütze«. Conrad *Hüler* (= *uff der Huel* = super palude) 1309 Eger.

Huhn: md. u. obd. = »Huhn«, ÜN. des Hühnerhalters, -händlers, so in Speyer 1311 Sigelo *Huon* (lat. Pullus); desgl. Huhnfleisch! Dazu **Hühnle:** Cuonrat *Huonli* 1284 Rottweil, Johel *Hünel* 1332 Prag. S. auch Hühner! Auf ndd. Boden (wo *Hohn* für Huhn gilt), so in Hbg., beruht Huhn auf der KF. *Huno* zu Hunold! Vgl. *Huno* v. Holstein 1175, Henr. *Huno* 1185 Köln, Nicol. *Huneken* (Huneconis) 1275 Hbg.; Joh. *Huneke* 1353 Hann., Werner *Huno* 1278 Lüb.; obd. heute Haun: Rüdi *Huno* 1270 b. Basel.

Hühn(e), Hüne, Hihn, Hien: mhd. hiune »Hunne, Ungar«, auch »Riese, Hüne« (*hun* »Kraft«, vgl. Siegfried der huneske: der hünenhafte). Ein König Hunimund schon bei den Ostgoten. Jakob der *Hüne* 1324 Schaffhsn.; weiteres unter **Heune!**

Hühner: mhd. hünerer »Hühnerhändler«; Wenc. *hünerer* 1378 Kolin, auch (Wigman) *huonermenger* 1197 Köln, 1387 Frkf.; s. auch ndd. Hohn! Dazu Hü(h)nerbein, -fuß, -kopf, -wadel. Der **Hü(h)nerfauth** (-vogt) – s. Fauth! – überwachte die Ablieferung der Zinshühner; desgl. *Hünergrebe.* **Hü(h)nerfürst** (Lpz.) = Hühnerhalter namens Fürst; Hühnerjäger = Rebhuhnjäger. Eine *Hünernestin* 1345 in Brünn.

Huhnholdt, -holtz (Pommern): beruht auf *Hunold* (s. dies!), durch Umdeutung von *-holt* u. Verhochdeutschung um 1550/1600, wie Weinholtz (Pomm.) auf Win(h)olt u. Helmholtz auf Helm(h)olt. Joachim *Huhnholtz* 1639 Pomm.

Hühnken (ndd.) s. Huhn! Vgl. Hünecke!

Huismann (ndrhein.) s. Husmann! – **Huke** s. Hucke!

Huk-, Huck-riede s. Huck! Vgl. das Hükker Moor b. Bünde i. W.

Hülber(t): obd., vgl. Hainr. *in der Hülben* 1294 b. Linz/Württ., Albr. der *Hülwer* 1331 Horb, wohnhaft an einer *hülwe* (ahd. huliwa) »Lache, Pfütze«, entrundet Hilber (Tirol), vgl. Pfützer; »bei der Hilb« 1693. Auch ÖN. Hülben b. Urach; Hülbenwasen; der Hülbenbach/Kocher.

Hülbrock (ndd.) s. Hüllen! – **Hülf** s. Hilf u. Helf!

Hulde (Hessen): mhd. holde »treu ergebener Freund, treuer Diener« (vgl. »Unhold«). Heyle *Hulde* 1346 Frkf. Vgl. Henning *Holdefrünt* 1631 Quedlbg; Huldermann wohl = Holdermann, s. Hölderlin!

Hulke, Hulka (wend.-tschech.) wie Gulke, Gulka, s. Huhle!

Hüllen: ON. a. d. Ruhr (*Hulini* um 1000), mit dem Hüllener Veen! *hul* ist altes Sumpfwort, vgl. ahd. huliwa »Sumpflache«. Dazu **Hüll(e)mann** (Hbg.), soweit nicht obd. = Hillemann. Deutlich sind ON. Hüllbrock, Hüllsiek, Hüllsiepen, Hüllhorst, Hüller (Bergwald b. Herford), Hüllstede i. O., Hülscheid, Hülsten *(Hulseten),* Hülm *(Hul-heim),* Hüllenhagen. Bahlow, ON. S. 228! Wie Hüllmann auch Hüllmeier (Westfalen). ON. Hüll b. Stade.

Hüller (obd.) meint Hüler, Hülwer: s. Hülber! Albert *Hüller (Hülwer)* 1343 Horb/Württ. Vgl. Eichenhüller: aus E.-hüll/Bay. Aber **Hüllweber,** Hüllenkremer (rhein.-obd.) enthalten mhd. hül, hülle »Kopftuch, Schleier«. Vgl. Hüllmantel (Württ.), Cunzi *Hültuoch*/Basel.

Hüls(e), Hüls(e)mann (Ndrhein, Westfalen oft): z. dortigen Flur- u. ON. Hüls (: von der **Hülß**), d. i. Walddistel (ndld. Hulst), in vielen ÖN. u. FN., mit Beziehung auf sumpf. Gelände: Hülsebrock, -bruch, -bach, -dunk, -horst, -busch, -wede (-weh, -witt), Hülshoff (v. Droste-H.!), Hülsberg, Hülsstrunk, Im Hülsen (auch ON. **Hülsen** b. Verden); Hülsey wie Elsey; Hülsdunk wie Elsdunk; Hülsede; Hülsing; Hülsmeyer. Bahlow, ON. S. 228. Dazu obd. **Hils**-berg, Hilsbecher, Hilsenbeck.

Hülst, Hülster (ndd.-westf.) s. Hüls! Albert *zum Hülst* 1619 Mstr., A. *Hulstere* 1318 Lüb.

Hultsch(er): frk. = ndd.-westf. Hölscher »Holzschuher« (s. dies!), vgl. Hentscher für Handschuher; ebenso als ÜN. **Hultschig** (frk.) für Holzschuh, wie Hentschig f. Handschuh u. Freundschig (frk.) neben Freundschuh u. Frauenschuh (Nied., Frk. FN. S. 51/52).

Humbach: (heute Montabaur/Westerwald) alt *Hunebach* »Moderbach«.

Humboldt (Humblot): durch die Brüder Alex. u. Wilh. v. Humboldt berühmt gewordener, seltener germ. Pers. N. *Hunibald,* vgl. *Hunimund* (Gotenkönig), *Hunirik* (Vandalenkönig), *Hunibert* (Humbrecht, Humperding), *Huniward, Hunold, Hunifrid* (Humfrid: engl. Humphrey). Der Wortsinn von *Hun-* ist »Stärke«, vgl. altnord. hûnn »Bär«; oder zu e. alten Volksstamm (so F. Kluge); in der Edda heißt Siegfried der *huneske:* hünenhafte oder hunnische. *Hunibald* 8. Jh. Lorsch. Ein (heil.) Bischof *Humbold* um 1100 in Burgund. *Hombold* 1300 in Westf., Hildebr. *Hunbolt* 1464 Lemgo; Joh. *Humpolt* 1497 b. Stockach.

Humbrecht, Humbert, Humprecht, Humpert(z): alle in Rhld. u. Franken, beruhen auf germ. *Huni-berht* (s. Humboldt!). Humbert war traditionell im burgund. Savoyen, daher ital. Umberto; westf. Patr. ist Humperdink (s. dies!), vgl. auch ON. Humprechtshsn./Frk.; *Humbrecht* 1390 Frkf., J. *Humprecht* 1389 Speyer. Noch 1646 im Elsaß *Humprecht* Mura. Zu Humbracht s. unter Allebracht.

Humke: ÖN./Lippe (nebst Humfeld b. Lemgo), vom Bach *Hunebeke* »Moder-, Schmutzbach« wie Humbach, vgl. Munebach: Mumbach. S. aber Hummen!

Humme, Hümme (Hbg.): vgl. Hans *van der Humme* 1394 Hann., d. i. die Humme b. Hameln (hum »Moor, Schmutz«: Bahlow, ON. S. 229); vgl. Hümme b. Hofgeismar u. Humme-lo a. Ijssel. Die Humme entspricht dem Hümmling wie die Gramme dem Grammling. S. aber auch Hummen! (fries. Pers. N.: *Hummo Humminga*).

Hummel (oft) s. Hommel! Dazu auch **Hummler** (obd.): Hensel *Humler* 1364 b. Budweis; Hs. *Humelman* 1390 Kg.-Grätz. Vgl. Nied., S. 58.

Hummen ist fries. Patr. zu **Humme,** vgl. *Hummo Humminga* 1422 Friesld., wie Hommen zu Homme, s. dies! Vgl. Hummers, Hommers. Mit k-Suffix: **Hummekke,** Humpke, Humke (Hbg.) wie Mummeke, Mumke.

Hüm(m)er (Mchn. oft): über Hüebmer, Hüemer aus Hubmaier (s. dies!) verschliffen. Vgl. Oberhuemer, -hummer.

Hummerich: ÖN. u. Bergname (verschliffen aus Humberg, wie Hammerich u. Hemmerich, s. diese!); vgl. Hümmerich/Linz a. Rh.

Hummitzsch (Lpz. oft): slaw. ON. wie Delitzsch, Panitzsch, Glebitzsch, alle im Raum Lpz.-Bitterfeld. Vgl. FN. Hummisch, Humbsch (Lpz.).

Hümöller (Wismar): ndd. verschliffen aus Hüdemöller, wie Peemöller aus Pedemöller, nach d. Standort der Mühle (s. Hüde u. Pede!).

Hümpel (Mchn. oft): der **Hümpler** (mhd.) »schlechter, langsamer Arbeiter, Pfuscher«. Aber **Humpeler** (mhd.) meint »Schiffer mit Humpelnachen« (ohne Segel); dazu **Humpl** (Mchn.), Humplmaier.

Humpf, Humpfer (obd.) wohl Flurname, vgl. Humpenöder. Herm. *Humpfer* 1396 b. Heilbronn.

Humperding, -dinck: westf. Patr. zu Humpert (Humbert), s. Humbrecht! Vgl. Detharding, Egberding, Borcherding, Sieverding; s. Alferding! Bekannt durch Engelbert H., Komponist d. Märchenoper »Hänsel u. Gretel«.

Humpke (Hbg.) s. Hummeke u. Humke! – **Hunäus:** lat. für Hüne.

Hunck, Huncke (ndd.) = Hunecke.

Hund(t), Hündl(e), Hündgen(s): im MA. beliebter ÜN. von Rittern (Dietrich v. Berlichingen gen. *Hunt* 1287 Württ., Ritter Henggi *Huntbiß* 1384 Ravensbg.), = bissiger, gefährlicher Mensch; z. T. wohl auch »Jagdhund«, vgl. Herte *mit den hunden* 1387 Frkf., Jacob *mit den honden* (Freigraf) 1498; Ritter *Hündelin* (Söhne: *Hündelin,* Dietrich, Heinrich) 1291 b. Schweinfurt. *Hundeman, Hundeknecht* = Wärter der Jagdhunde. *Hundesgugel* 1372 Iglau = Schutzhelm aus Hundeleder (so 1420 Lg.). Spottnamen sind *Huntvuoß* 1299 Ulm, *Huntbayn* 1392 Konstanz, *-houbet* 1267. **Hundgeburth** (Köln oft) ist ÖN. b. Bergheim-Köln, wie Junggeburth, Schwertgeburth wohl aus *-gebûr* »Bauer« entstellt. Ein Pecze *hundegasse* 1355 Brsl., desgl. Heinr. *Huntgesser* 1363 Worms. Bertold *Hundiken* 1268 Ro.

Hundertmark (oft Hann., Brschwg., Hbg.) wie Hundertgulden u. Hundertpfund auf Reichtum deutend, daher meist bei Handelsherren u. Patriziern. Henr. *Hundertmark* 1196 Köln, Godeke *Hundertpunt* 1209 Hbg. Vgl. Achtemark 1378 Göttg., Dusentmark 1290 Lüb., Drittichmark 1300 Halle.

Hundewadt (Hbg.): ÖN. auf -wade (obd. watt) »Sumpflache, Furt«, wie Hundepohl, -kuhle, vgl. Luther *Horwade* 1344 Hessen. Dazu Hundeloh, Hundelage. – **Hundgeburth** s. Hund!

Hundhammer (Bay.): ON. Hundham (-heim) mehrf. in Bay.

Hüne, Hünecke s. Hühne, Hühnke, Huhn!

Hünemörder: in Meckl., Brdbg., Pomm. verbreitet, niemals Hüner-, daher wohl nicht »Hühner-«, sondern »Hünen-, Riesentöter« (Kraftmeier). Schon 1375 Jakob *Hünemörder*/Brdbg. Aber stets mit *-r-: Hünerjeger, Hünermenger, Hünergrebe, Hünerfaut, Hünerfürst.*

Hüner (Hbg.) s. Höner! – **Hunger,** Hungar sagte man im MA. für Ungar, Unger, vgl. Hungerland = Ungarland. Im allg. aber wohl der Hungerleider, also Spottname; obd. auch **Hüngerle,** Hingerl (Tirol). Hensel *Hungerich* = *Hungriger* Hensel 1393 Prag, Godeke *Hunger* 1284 Ro.

Hünig (Lpz. oft), Hünisch, **Hünsch** (Lpz. oft) s. Hönig u. Heunisch!

Hüning (ndd.): Patr. zu Huno, s. dies!

Hunkel (Lpz.): wohl rheinhess. KF. zu Huno, wie Kunkel zu Kuno, Kuneke. Henne *Hunkel* 1388 b. Alzey. – **Hunnemann** (Hbg.): von der Hunne b. Essen (»Moorwasser« wie die Funne, Gunne, Munne). Hunnebrock/Herford.

Hunold: altd. Pers. N., s. Humboldt! *Hunold* 1275 Ro., 1329 Bremen, Lüb., auch obd.: Heinr. *Hunolt* 1300 Brsg. S. auch Huhnholtz! Auch im ON. *Hunoldshausen*/Werra.

Hunrichs (ndd.): vgl. den Vandalenkönig *Hunirik,* s. Humboldt! Desgl. Honrichs, Huhnrich.

Hünsch (Lpz.) s. Hünig! Aber Hunscha, Hunschok, Huntschka (Lpz.) nebst Honscha, Honschek sind slaw.

Hunte, Huntemann (Hbg.): von der Hunte (Moorfluß, z. Weser), wie die Honte in Holld. (Bahlow, ON. S. 230); vgl. *Huntelo:* Hüntel/Ems; Huntebrink, Huntebrück, Huntlosen, Hunte(n)burg. Daher oft in Bremen. Auch Huntermann (vgl. Huntercumbe »Moorkuhle«/Engld.); Hüntemann, Hünten. Jobst *Hunte (Huntemann)* 1653 Hann.

Hunwartsen (Holstein): Patr. zu *Hunward* (um 1300/Lüb.), s. Humboldt!

Hunzinger (Baden): aus Hintschingen (1497 Huntzingen); aber **Hunziker** aus

Hunzikon, Huntziken/Schweiz, wie Albiker: Albikon.

Hupe, Hüper (Hann. oft): vgl. ON. Hüpede b. Hann. Varianten zu Hope, Höper.

Hüpede(n): ON. Hüpede südl. Hann. (wie Hüpstedt = Moorort, Bahlow, ON. S. 230). Borchard (von) *Hupede* 1351 Hann.

Hupf, Hupfer, Hüpfer (obd.) wie **Hupp**, Hüpper (md.-ndd.) meinen den »Hüpfer, Springer« (auf Jahrmärkten); desgl. **Hupfauf**, Hüpauf, Hüppuff, Hüppop; Hippauf. Dazu **Hüper** (Lpz.). Peter *Huppauf (Hupfauf)* 1360 Iglau nebst P. *Hupper* 1359; Hannos *Hupfe* 1413 Braunau.

Hupfauer (Mchn.) wie Hopfauer obd. Herk. N.; vgl. Hupfeld: Hopfelde. – **Hupka**, Hopka (Lpz.): slaw. = Jakob, vgl. Kupka; desgl. Hopsch wie Kopsch; dazu Jopke, Joppich.

Hupfeld: »hupf ins Feld« ist nicht bezeugt, nur Springinsfeld, Eilinsfeld. Daher eher ON. (Elbel *Hupfinsgrübel* 1383 Eger meint den Grubenmacher, Totengräber); Joh. *Huppesadel* 1345 Hann. den Reitersmann. Vgl. Joh. *Huppeschuch* 1361 Ursel.

Hupp s. Hupf! Im übrigen wie **Huppmann** (Frk.) = Hupprecht!

Huppertz, Huppert, Huppers s. Hubert! Dazu obd. **Hup(p)recht** (vgl. Rupprecht). Heintz *Hupprecht* 1395 Memmingen. – **Huppold** s. Haupold! Ritter Burkhart *Hupolt* 1270 b. Überl.

Hurban s. Urban!

Hürber (Hirber), Hürbler, Hürbner (Württ.) nebst Hürbe, Hürbling deuten auf schmutzig-sumpfiges Gelände (mhd. hurwîn, hürbîn »schmutzig, kotig«), vgl. Grete *in der Hurben* 14. Jh./Ö. Dazu ON. Hürben, ÖN. Hürbel, Bach *die Hürbe*/Württ.

Hürch(e), Hürcher, Hurch, Hurich (Lpz.) wie **Hirche,** Herche, Horche dürften wend. Formen für Georg sein. Vgl. Jurich, Gurich, Jirik, Girik, Jerche.

Hürdler (obd.): mhd. hurdeler »Krämer« (in e. Marktbude). *Hördeler*/Alt-Brsl. Henni *Hürteler* 1350 Brsg. Aber Cune *von den hürden* 1345 ebda. nach d. Wohnstätte an geflochtenen Hecken.

Hurlebaus (Württ.) Geschütz zur Landsknechtszeit (mhd. hurren »sich schnell bewegen«); dann auch = Tumult, Lärm.

Hurlebusch (Hbg.), Hurlebrink (Westf.), Hurlbeck enthalten *hurl* = *hur* »Schmutz, Sumpf«; ein *Hurlebach* (Hörlebach) fließt in Württ., desgl. ein *Hurlebach* (Hirlenbach). S. auch Hurrel(mann)! Jost *Hurlebusch* 1533 Hann. Auch Hordel b. Bochum hieß 1160 *Hurle*. Vgl. obd. Hürler, Hirler.

Hürlimann (Schweiz), Hirlimann: d. i. *Hürnlimann,* z. Flurn. Hürnli. Vgl. Heinr. *Hürnelin* 1290 Rottweil. – **Hürmer** s. Hiermaier!

Hurnaus, Hornaus (obd.): mhd. hornuß »Hornisse«. ÜN. wie Bremse. Hainr. *Hurnaus* 1339 Augsbg. – **Hürner,** Hirner s. Hirn!

Hurrelmann (Hbg.): aus Hurrel (Moorort b. Delmenhorst), urkdl. *Hur-lo* »sumpf. Niederung«; vgl. Garrel(mann). Scharrel(mann). Bahlow, ON. S. 230. In Württ. u. Bay. vgl. ON. *Hurlach, -loh* »sumpf. Gehölz«.

Hurrer (obd.): »eiliger Mensch« (mhd. hurren »eilen«, vgl. hurrá »vorwärts«). Nic. *Hurrer* 1365 Brünn; Hans *Hurrenbain* 1469 Allgäu.

Hurst, Hürst (obd.) = ndd. Horst (s. dies!) = Gehölz, Dickicht: Wernher *(zer) Hurst* 1285 Altkirch.

Hurt(er): obd., z. ÖN. Hurt (mhd. = geflochtener Zaun, Hürde). Hürtler s. Hürdler!

Husche(n)beth (frk.-thür.): wohl ÖN., vgl. Susenbeth 1669 Quedlbg., ON. Maithenbeth/Bay. Herman *Huschenbet* 1423 Matr. Lpz. (1568 Wanfried/Werra).

Huscher (Lpz., Nürnbg.): s. Huschke! Vgl. Hascher: Haschke (Lpz.)!

Huschke, Huschek, Huschka (Lpz., Mchn.) sind wend.-tschech., auch Hauschke. Vgl. Juschke, Juschka u. Guschke.

Huse(mann), Hüs(e)mann (ndd.): nach Wohnstätte oder Herkunft; vgl. auch den Herk. N. (von) **Husen** (ON., z. B. b. Paderborn). **Hüseler** s. Häusler, Heusler! **Hüsgen** (ndrhein.) = Häuschen, S. auch Hause! **Hushahn** (Hbg.) wie obd. Haushahn (Gilko *Hushan* 1380 Budweis).

Hüsing (ndd.) = »Wohnung, Behausung«, also nach d. Wohnstätte: Hs. *Husing* 1403 Hann.; aber **Husung** (Lpz.) schwerlich zu mhd. husung »Wohnung«.

Husmann, Hußmann (ndd.) = obd.

Hausmann, Häusler: Lüdeke *Husman* 14. Jh. Lüb.

Hüsmert (Hbg.) entspricht Hesmert, Plettmert, Edemert, Ludemert, Hützemert, Effmert, lauter ÖN. im Lenne-Raum: -mert ist urkdl. aus -nbert, -nbracht verschliffen, so Ludenbracht »Modergehölz«; *Husenbracht* desgl. wie *Husenbeke:* Hüsmecke, vgl. *Hüsdonk; Hüsede;* zu *hus* »Moder« s. Bahlow S. 231!

Huß (Mchn., Lpz. oft), Hußlein, Hußla, Hussel, Husserl (alle obd.): vgl. tschech. *hus* »Gans«, aber mhd. hussen »hetzen«, C. *Husse* 1275 Württ.

Hust(e), Huster, Hustig: offenbar z. ON. Huste b. Melle bzw. Husten/Westf. (mehrf.) bzw. Hustwig (wie Horstick: -wig); *hust* meint »Moder, Sumpf« (Bahlow, ON. S. 231). Vgl. auch wend. *hosta* = Wald.

Hustedt (Hbg.): N. mehrerer Moor-Orte, b. Celle, Verden, a. d. Hunte. *Hu-stede* entspricht Al-, Hor-, Harp-, Wal-stede usw.; zu *hu* »Moder, Moor« (auch in Huscheid) s. Bahlow, ON. S. 231!

Husung s. Hüsing! – **Huth** (ndd. Hoth, Hodt) = Hutmacher, s. Hodemacher! Lüder *Hut* 1366 Hann., Albrecht der *Huot* 1309 Rottenbg. Desgl. Huthmann: *Hotman* 1352 Hann.; **Hut(h)er** ist obd. (mhd.): Hainr. der *Huoter* 1258/Württ., dazu **Hütel:** Hainr. *Hütli* 1329/Meßkirch. Vgl. Wünschhütl. Gelhut, Rauhut, Grünhut, Hochhut, Breithut, Anhuth (»ohne Hut«); Spitzhut; Stahlhut, Eisenhut (mhd. *hut* auch »Helm«).

Hüter (obd.): mhd. hüeter »Feldhüter, Aufseher, Wächter«. Baum-, Holz-, Sauhüter; z. T. auch mit Doppel-t: **Hütter,** vgl. Feldhütter, soweit nicht zu den ÖN. auf -hütte, wie Erdhütte(r)! Vgl. Hütte dich 1583 Bln., Widekind *Hüt dich* 1429 Frkf. – **Huther** s. Huth! In Wien noch heute Huterer: Hutmacher.

Huthmann (ndd.) = Hothmann, s. Huth! Hoth! Vgl. aber auch mhd. huotman »Hüter«.

Hütköper (Meckl., Hbg.): mnd. hüdeköper meint »Häuteaufkäufer«, der den Gerbern die Tierhäute, -felle liefert. Nicol. Dene *hüdeköpere* 1296 Strals. (auch in Lüb. u. Rostock 1270, wo eine Hütköperstraße). Vgl. auch *Garn-, Wullen-, Isern-, Holt-, Rep-, Perde-, Höner-köpere.*

Hutschenreut(h)er; Hutschreuter, -reiter: aus Hutschenreut/Franken, wie Kotschenreuther u. ä. (-reuth = -rüt »Rodung«).

Hutten: ON. b. Schlüchtern a. Kinzig/Hessen, Heimatort Ulrichs v. Hutten, kehrt mehrfach als N. von Moor-Orten wieder (Bahlow, ON. S. 231).

Hüttenheber (obd.): der Hüttenbewohner namens Heber; vgl. Grundheber.

Huttenlocher (Württ.): aus Huttenloh, -loch; vgl. Schottenloher.

Hüttenrauch meint den Köhler oder den Schmied in der Schmelzhütte, wie Stubenrauch den Badstüber, Bader. Vgl. Dietr. *Hütterouch* 1275 b. Mainz.

Hutter, Hutterer (obd.) = Huter, Huterer »Hutmacher«, s. Hut!

Hütter (obd.): nach d. Wohn- oder Arbeitsstätte in einer Hütte (Erzhütte, Schmelzhütte, Holzhauerhütte, Almhütte u. ä.); vgl. Erdhütter, Seehütter, Siebenhütter. Ähnlich **Hüttler** (in bayr. Schwaben auch = Zimmermann).

Hütteroth: aus Hüttenrode b. Kassel.

Hüttig (Lpz., Nbg.): wohl z. ON. Hütting/Bay., wie Mettig, Mödig zu Metting. Möding/Bay.; vgl. Hüttinger (Nbg.).

Hüttmann, Hüttemann (Hbg., Kiel): vgl. Hinrik Kordes oder H. *Hüttemann,* Pächter d. Glashütte in Hawechorst. Auch Hütten, von der Hütten. Viele ON. Hütten. – **Hüttner** (obd.): z. ON. u. ÖN. Hütten (zu der Hütten), entrundet (Ö.) Hittner, wie Hüttler: Hittler.

Hutwalker s. Hodwalker unter Hodemacher!

Hutzel, Hutzelmann, Hutzelmeyer, **Hutzler** (obd.): mhd. hützel, hutzel »getrocknete, verschrumpelte Birne«. Dazu *Hutzelbeck* (wenn nicht bair. Bachname, vgl. ÖN. Hutzlenbühl, Hutzlabrand). Herm. *Hutzel* 1350 Waibl. Aber Hutzelsieder wohl aus Hutzels-öd, vgl. Geißelsieder u. ä. Anders wieder Hutzenbach (ON. Württ.), Hutzenlaub (Württ.).

Hutzfeld (Hbg. oft): ON. b. Eutin.

Hüve (Hbg.): aus Hüven b. Meppen/Ems (um 800 *Huvinni*), wo auch das Kollektiv Hüvede; *huv* meint Moor (Bahlow, ON. S. 232).

Huwald (Hbg. oft) s. Howald!

Huwe: mhd. = Uhu, Nachteule; in Freiburg 1388 als Hausname: *zu dem hûwen;*

Hanman *zem huwen* 1460 ebda. Ein Sifrit *Huwenloch* (Uhu-Gehölz) 1292 b. Heilbronn. – **Hüweler** s. Hübler!

Huxdorff s. Hucksdorf!

Huxhold, Huckshold, neben **Huxoll,** Huxohl, Huxel: ON. Hüxholl/Westf., 1189 *Hukes-hol* (wie Medes-hol), d. i. »Moder-, Moor-Loch« (vgl. das Hücker Moor b. Herford). Dazu ausführl. Bahlow, ON. S. 227. S. auch Huckriede. Ein Ritter Godeschalk *Hukeshole* 1255 Rügen.

Huyop (mnd.) = »Antreiber«.

I

Iba: aus Iba a. d. Iba *(Ib-aha),* Nbfl. der Fulda, vgl. Ibra a. d. Ibra; z. prähistor. Wasserwort *ib* s. Bahlow, ON. S. 233.

Ibach: mehrf. Bach- u. ON. in Baden-Württ. Dazu Ibacher.

Ibe, Iben (Bremen, Hbg., Ro.): fries. Pers.-N., noch um 1780 Schiffer *Ibe* Rode (Ro.). Ein *Ybo* de Frisia 1301. Vgl. ON. Ibendorf/Meckl. Als weibl. N.: *Yba* 13. Jh. Hbg., *Ybika* 1275 Westf. S. auch **Iven(s),** Iwen! Patr. ist **Ibing:** Jacob *Ybing* 1266 Hbg. Zur KF. **Ibbeken** (Oldbg.) vgl. die Vollform **Ibbers.** Aber fries. *Eybe* (Heringa) meint Eilbert. Ein Godeke *Yben* (filius Ybonis) um 1300 Strals.

Iberg s. Iburg! – **Ibscher:** s. Übescher! – **Iblher** s. Übelherr!

Ibl, Ibler (Bay.) s. Übel! Übler! **Iblacker** s. Übelacker!

Ibsen s. Ipsen! – **Icheln** (Hbg.): ON. wie Schweicheln, s. Icker!

Iburg: Quellort im Teutoburger Wald; eine Iburg lag b. Driburg; *i* ist altes Wasserwort, auch in **Iborn, Ihorst,** den **Ibergen** (Westf.) u. im N. des **Ith** (I-ath mons). Bahlow, ON. S. 233.

Icke, I(c)ken: fries. Pers. N., 1298 in Holstein e. Ritter *Yco* de Ossehovede. Um 1260 öfter in Rostock, Hbg. usw. Noch 1571 *Iko* v. Kniphausen. Dazu patr. **Ickes** (vgl. Ackes).

Icker, Ickert (Hbg.): wohl zu ON. Icker/Osn. bzw. Ickern/Dortmd.; z. Wasserwort *ik:* Bahlow, ON. S. 234.

Ide, Ihde (Hbg., Bremen oft), patr. **Iden, Ihden,** Iding: ndd.-fries. Pers. N. (Wortstamm wie im weibl. *Ida;* dazu Bahlow, Vornamen S. 62). Metr. ist Herm. filius *Ide* 1295 Hbg. (wo auch eine *Ideke* 1248); obd. vgl. Idtensohn, Itte(n), Ittmann.

Iffert, Iffahrt: wohl aus Iferten (Yverdon)/Schweiz.

Iffland (Hbg.), **Iffländer** (Hbg.): dissimiliert aus Livländer. Bekannt ist Aug. Wilh. Iffland, Schauspieler der Goethezeit.

Ift: vgl. ON. Ifta im Ringgau/Werra, alt *Ipede* (Kollektiv z. Flußwort *ip,* vgl. die Ipf, wie Helfta: Helpede a. d. Helpe).

Igel, Igl: ÜN. f. »stachelige« Menschen; schon ein Gote (Geistlicher) um 500 unterschrieb sich Daniel *Igila.* Dazu Igelhaut sowie Feld-, Haar-, Holz-, Staudigel. Aber **Igler** (Kulmbach) u. Iglisch: aus Iglau/Mähren (vgl. Iglauer 1378 Olmütz). Zu Iglisch vgl. Leipisch, Glogisch, Krokisch. Ein ON. Igel b. Trier.

Ignatz, Na(a)tz (obd.-bair.): kathol. VN., nach d. Gründer d. Jesuiten-Ordens, Ignatius v. Loyola (gest. 1556), der sich nach d. Märtyrer I., Bischof v. Antiochia um 100, nannte. Im MA. noch ungebräuchlich.

Ihde (Hbg., Bremen, Ro. oft), patr. **Ihden:** s. Ide, Iden!

Ihle (Hbg.), Ihlemann: von der Ihle, die nö. Magdebg. (nicht weit v. d. Ehle) z. Elbe fließt; urkdl. Ilina, *Ilene* (»Schlammfluß«, prähistor. wie die *Imene:* Ihme: Bahlow, ON. S. 235). Vgl. Ihlbrock, Ihlpohl b. Bremen; ofm Il, nasse Wiese in Allendorf/Hess. Auch **Ihlenfeld** (Meckl.), **Ihlenburg.** Aber obd. Ihle = Ühle = Ulrich! Griech. u. slaw. il = »Schlamm«. Flüsse Ile auch in England u. Schottland. M. van dem Yle 1378 Ostf., »In dem Ylen« (ein Bruch b. Aderstedt).

Ihm(e), Ihms, Ihmke, Ihmels, auch Imcke, Imken, sind fries. Formen vom Pers. N. *Imo* (noch heute z. B. Ihmo Ihnen!), mit Doppel-*mm* auch **Imm(e),** Immecke, Immenga; zu germ. *Irmin-* »gewaltig, groß« (Beiname des Himmelsgottes). Vgl. *Imel* Kenesna 1372, Mamme *Ymmen* 16. Jh. Dazu auch **Immel;** Immelmann aber urkdl. auch z. Flußn. Imene: Ihme: Zufluß d. Leine b. Hannover (*Ymelman* = *Ymeneman* = *van der Imen* um 1400/ Hann.).

Ihns (Hbg.), **Ihne(n), Ihnken** sind fries. Patr. zu Ihne: noch heute als VN. (Ihno v.

Freden/Hbg.; Ihmo, Ihnen). *Ino* Cankena 1433, *Ine* Juelffs 16. Jh., *Yneke* Oneken 1527 (vgl. fries. Ihntje). Auch als weibl. VN.: *Ina* (Seidel), *Inken* (Sommer). Ihne ist auch e. Zufluß der Lenne; vgl. die Ihna b. Stargard; dazu ON. Ijnen/Holld. (993 *Ine*).

Ihr(c)ke (Hbg., Meckl.) dürfte Variante zu fries. Ehrke (Eerkes, Eerts) sein, vgl. **I(h)rens** neben Ehrens, – Irp neben Erp.

Iken s. Icken! – **Ilchmann,** Illichmann = Gilg(mann): Ägidius.

Ilg, Ilges, Illig (obd.-rhein.) = Gilg, Gillies, Gillig = Ägidius, s. dies nebst Gilg!

Ilgner, Illgner, Illner (Schles., Sa.): wie **Tilgner** (Tillner) Metronym zu *Ottilie (Odilia),* im MA. beliebte Heilige (Patronin des Elsaß: Kl. Odilienberg); KF. *Ilge (Tilge):* z. B. Frau *Ilge* v. d. Heyde um 1500 neben Frau *Ottilia* Logau u. v. a. (Bahlow, Schles. Nbch. S. 61; z. Wandel *lj: lg* vgl. Michels, Mhd, Elementarbuch, § 129). Dazu Hs. *Ilgener* 1444 Freiberg/Sa., wo auch Bartel *Ilgen* 1483 (vgl. aber Ilg!). **Ilge,** Ilgen auch in Görl., Ilgenfritz in Nbg. u. Neiße.

Ill(i)es, Illig, Illige, Illgen (vgl. St. Ilgen), Illmann (vgl. Gillmann) sind Sproßformen zu Ägidius, westd. u. obd.

Illing(er); Illiger: z. ON. Illing bzw. Illingen (Württ., Baden, Saar).

Illner s. Ilgner! – **Illguth** s. Ellguth!

Ilm: Nbfl. der Saale/Thür. (mit Ilmenau), urkdl. Ilmene (Bahlow, ON. S. 236). Vgl. die Ilmenau b. Lünebg., die Ilm b. Insterbg., den Ilmensee/Rußld. **Ilmer** (Tirol) ist Herk. N.: Pernhard *Ilmer von Ilmach* 1311.

Ilper (Hbg.): vgl. ON. Ilp b. Elberf., Ilpe b. Meschede bzw. Fluß Ilp/Holld.

Ilse, Ilsemann: vom Harzflüßchen Ilse (prähistor. *Ilsene,* m. Ilsenburg, z. Wasserwort *il-s,* vgl. il-m); Ilsemann wie Huntemann, Wesermann, Elsemann (alle zu nordwestd. Flüssen). Ein Ort Ilse b. Minden. Vgl. Ilsede b. Hann. Ilse als weibl. VN. (vgl. *Ilsebe:* FN. Ilsebey) wurde als KF. zu Elisabeth (s. dies!) aufgefaßt, war aber urspr. wohl (wie Else) eine mythische Wasserjungfrau (Nixe).

Ilsung, Illsung: ein Held der Dietrich-Sage; im »Rosengarten« ein Mönch Ilsan. Ein *Ilsungus* um 1320 in Lüb.; Ulrich *Ilsung* 1360 Augsbg.

Ilten (von): ON. b. Hann.; Jordan *v. Ilten* 1227.

Iltis: wohl ÜN. des Iltisfängers. Ein Haus *zu dem yltis* 1343 Freiburg. Thoman *Elteis* 1414 Mähren.

Imbeck (Hbg. oft): ON. wie Imstedt. – **Imcke,** Imken s. Ihmke!

Imhof: westf.-ndrhein., nach d. Wohnstätte, wie Imholz, Imhorst, Imkamp, Imsieke, Immoor, Imhülsen.

Imle, Immelen (Württ.): = Immo vgl. *Imli* Walburg 1325, Cunr. *Ymmeli* 1329 Württ.

Imme, Imm (Hbg. öfter) s. Ihme! Ein Gynäkonym ist (Henr. maritus) *Imme* 13. Jh. Hbg. Zum weibl. Imma (Emma) vgl. auch die Frau *Ymmika* 1150 Ruhr, *Immiche* 1345 Frkf. sowie Frau *Imel* Melber 1409 Würzbg.

Immel, Immelmann s. Ihme!

Immer(mann): aus Immer i. O. (alter Gewässername, wie Limmer: Bahlow, ON. S. 237). Der Dichter Immermann war Magdeburger.

Immisch (ostd., m. slaw. Suffix): wohl = Irmisch (wenn nicht zu Imislaw).

Immler: Joh. *Imeler* 1357 Limburg; dürfte Metr. sein zum weibl. VN. *Imel* (mehrf. um 1400 z. B. in Würzbg.). – **Imlauer** (Mchn.): ON. Imlau/Ö.

Inden: Ort a. d. Inde b. Jülich (prähistor. Flußname).

Ingber: mhd. Variante zu Ingwer; ÜN. des Gewürzhändlers. Dietmar *Ingeber* 1244 Speyer.

Inge(borg): Frauengestalt d. altnord. Frithjof-Sage; in Schleswig schon 1365 e. domina *Ingeburg.* Als VN. seit B. Kellermanns Roman »Ingeborg« (1906) bei uns eingebürgert. S. auch Ingebrand!

Ingebrand: germ. Pers. N. (selten, westf. auch Engebrand), z. N. des Stammgottes der Ingwäonen *(Ingwio),* wie auch Ingo, Ingold, Ingram, Ingmar, Ingward, Ingeborg; brand = flammendes Schwert. Vgl. *Ingebrandus* filius *Ingebrandi* 1311 Mainz, *Ingebrand* (Burgmann) 1255 Gießen (nebst *Engebrand,* Edelknecht, 1346 ebda.).

Ingelmann: aus Ingeln b. Hann., sofern nicht Variante zu Engelmann.

Ingen- steht mundartl.-ndrhein. für »In dem« ..., wie Angen- für »An dem«, so in Ingenfeld, Ingensandt, Ingenleuf, Ingenlath, Ingenbrock, Ingengarden, Ingenwerdt. Vgl. Ingerfurth = In der Furt.

Ingerl (Mchn. oft): wohl Engerl, Engerling (schweiz. Inger).

Ingram: germ. Pers. N. (ram = Rabe), wie in Wolfram, Sindram, Gundram, vgl. G. Freytags Roman »Ingo u. Inghraban«. Nur obd. (Elsaß 1190: *Ingram;* als FN. in Eger 1399: Niclas *Ingram,* b. Stockach 1240: Hainr. *Ingram*). Auch **Ingold** ist wesentl. obd. (auch in ON.: Ingoldingen/Württ.).

Ingrid: nord. VN. wie Astrid, Sigrid (rid »Reiterin«, Walküren-N.).

Ingwersen (Bremen, Hbg., Kiel, Flsbg. oft), auch Ingwers, Ingwertsen: Patronym z. germ. Pers. N. *Ingward* (vgl. Adalward, Agil-: Eilward, Volkward, Markward, Rikward, Hildeward, Sigward, alle im ingwäonisch-fries. Nordseeraum). Deutung unter Ingebrand!

Inselmann (Hbg. oft): aus Insel b. Soltau bzw. b. Stendal. – **Intemann** (Hbg.): aus Inte i. O.

Intveen wird deutlich durch Inhetveen (Kempen/Ndrhein.): »in dem Moor«.

Ipfelkofer (Bay.): ON. auf -inghofen.

Ipsen (Hbg. oft, Flsbg.); Ibsen: s. Iben!

Ipser (bair.) s. Gipser! – **Ipwege:** ON./Oldbg. mit Ipweger Moor (*ip* »Moor«), vgl. Marwege, mar »Sumpf«.

Irber (Mchn.) s. Erber! Vgl. Irlach = Erlach.

Ircher (obd.): mhd. = Weißgerber, der Bocksleder (keltisch *irc* »Bock«) verarbeitet; in Augsbg. 1344 *wiß-ircher;* in Brünn u. Nürnberg e. Irchergasse. Heynel *ircher* 1372 Iglau, Joh. *Ircher* 1303 Basel; Rich. *erchmekere* 1321 Lüb.

Irene (griech. Göttin des Friedens): als adl. VN. von Byzanz her importiert.

Iring s. Eyring! – **Irion** (Waldshut) dürfte Humanisten-N. sein wie *Farion, Herion* (Württ.).

Irle ist alte Bezeichnung für Sumpf, Moor; vgl. das Irle (Wetterau, Württ.); Irlahüll, Irlbrunnen/Bay., mundartl. = Erle, vgl. Irlach: Erlach, Irlbeck (Mchn.): Erlbeck.

Irmen (Rhld.): KF. zu den Pers. N. mit germ. *Irmin-* »gewaltig, groß«, Stammgott der Irminonen (urspr. Beiname des Himmelsgottes Tiwas); vgl. Irminrich (Ermenrich, Gotenkönig), Irminfrid (letzer Thüringerkönig), Irmingart, Irmintrud (Irmtraut). S. auch Irmler, Irmisch!

Irmer (Mchn. oft): = Irmaier (1367 Iglau), vgl. Sellmer, Stromer, Huebmer.

Irmgard (Ermgard) s. Armgardt! Näheres: Bahlow, Vornamen S. 54.

Irmisch, Irmischer s. Ermisch! Vgl. Alisch(er), Hielscher! Eine *Irmusch* 1352 in Brsl. Ähnlich Gerusch zu Gertrud.

Irmler (Schles., Sa., Sud.): Metronym zu *Irmel,* KF. zu *Irmeltrud* (Irmentrud). Hedwig *Irmeler* 1428 Lg., Peter *Yrmel* 1381 b. Friedland; *Irmeltrud* Weber 1384 Lg. S. auch Irmisch, Ermisch, Ermler!

Irmtraut (Irmentrud) s. Ehrentraut, Irmen, Irmler! Im MA. beliebter weibl. VN., im Unterschied zum vornehmeren **Irmgard** (Ermgart). (Germ. *trud* »Kraft, Stärke«, vgl. die nord. Walküre Trudr.; später an »traut« [mhd. trut] angelehnt). Vgl. Gertrud (Gertraut), Ortrud.

Irp(s): fries., s. Erp, Arp!

Ir(r)gang (ndd. Ergang): mhd. irreganc »unruhiger, zielloser Gang«, als N. eines »Fahrenden« z. B. 1392 in Bay.; Ulr. *Irrganch* 1300 Augsbg., Hannus *Irregang* 1437 Lg., Joh. *Erreganc* 1301 Hbg.

Irtenkauf (Württ.): mhd. ürte »Wirtsrechng., Zechgelage« (ürtenmeister: Zechmeister e. Zunft).

Isa(a)k (hebr., »er wird lachen«): im MA. als bibl. N. auch bei Nichtjuden; vgl. *Isaak,* Propst v. Weißenstein/Kassel 1181, aber *Ysaac* judeus um 1300 Brsl.

Isbarn (Hbg. oft), Isebarn (Isberner): fries. Pers. N. *Is-bern* (wie **Isbrandt**), vgl. fries. *Esbern* (1263 Ro., Greifsw.), *Osbern* (s. Ausborn!), *Albern, Wigbern, Wulbern;* -ber(n) meint »Bär«, is- = isen- »Eisen«, vgl. Isengrim, Isenhart, Isentrud. Ein Wulf *Isenbrant* war Führer der Dithmarscher Bauern in d. Schlacht b. Hemmingstedt (1500). *Isengrim* (FN. Isegrei), auch N. des Wolfs in d. Tierfabel, s. Eisengrein! *Isenhart* s. Eisenhard! *Isentrud* s. Eisentraut! Als KF. vgl. Isecke (1374 Bremen, Henne *Yseke* 1421 Kassel).

Isbrecht, Isbert ist obd.-rhein.

Ische, Ischen (Hbg.): KF. *Iseke,* s. Isbarn!

Ischebeck: ein Bach im Kr. Schwelm, eingedeutscht aus kelt. *Isca,* vgl. die Ijsche (zur Dijle/Holld.) u. die Isch (zur Saar). Bahlow, ON. S. 240.

Ise(c)ke s. Isbarn! – **Isele** (schwäb.-alem.) s. Eisele!

Iselstöger (bair.-öst.): der am Isel-steg, vgl. Hochstöger.

Isemann: auf nordd. Boden vom Fluß Ise (b. Gifhorn) mit Isenbüttel, wie Huntemann v. d. Hunte, Ilsemann v. d. Ilse. Vgl. die Isebek b. Hbg.

Ise(n)bart (Hbg., Ro.) s. Eisenbart! **Isenbrand,** -grim, -hard, -trud s. Isbarn!

Isen(n)ecker (obd.): aus Iseneck, vgl. Rienecker, Bernecker.

Isenflamm (wie Flamm): ÜN. des Schmiedes. – **Isener** (alem.) s. Eisner!

Ise(r)nhagen (Hbg.): ON. b. Hann. – **Isensee** (Hbg.): ON./Basbeck (Elbe).

Iser, Isermann (Hbg. oft) entspricht obd. Eiser(mann), s. dies!

Iserho(d)t (ndd.) = obd. Eisenhut (Helm), der Helmschmied; Eisen hieß altd. *isarn, isern.* – **Isey** ist westf. Bachname wie Elsey, Effey, Hülsey, Saley, Postey, lauter sumpf. Gewässer (Bahlow ON. S. 240).

Isfrid: germ. Pers. Name. Ysfred v. Lothere 1200 Lippe, Ritter Isfrid Balke 1370 Goslar. Godeke Isfert 1550 Reval, Conr. Isfrid 1535 Wehrheim; patr.: Isverding/Westf.

Ising (Hbg. oft), Isink: ndd.-westf. Patronym (wie KF. **Iseke**) zu den N. mit Is(en)-, s. Isbarn! Vgl. westf. ON. wie Ising, Isingheim, Isingdorf, Isinc-torp: Istrup. Obd. vgl. den ON. Ising/Bay.

Isler (Ißler): alem. = Eisler »Eisenwarenkrämer«.

Ismer (Ißmer): obd.-bair. verschliffen aus **Ismaier,** Ismar, wie Zellmaier: Zellmer, – Huebmaier: Huebmer, – Stromaier: Stromer.

Israel: hebr. »Gottesstreiter«, Beiname des Patriarchen Jakob. Im MA. mehrf. VN. von Nichtjuden, in Westf. auch von Rittern; *Israhel* 1189 Köln, 1301 Lüb., Peder *Israhel* schuchwert 1400 Frkf.

Issel(mann): von der Issel/Westf., vgl. Hesselmann u. ä.; ON. Isselhorst/Gütersloh, Isselburg/Bocholt, Isselbruch/Rees.

Isserstedt: ON. b. Jena.

Issle(i)b, Issleiber: aus Eisleben (urkdl. Islevo, -lebe, -leiben) bzw. Eßleben (Isileiba). Zu Issleiber vgl. Bubeleber, Fallersleber.

It(t)ensohn (obd.): Metronym, »Sohn der Frau Itta (Ida)«, auch Idtensohn; Eidenbenz (Itenbenz); vgl. Ellen-, Geren-, Guten-, Nesen-sohn, alle südwestd.-schweiz. Eidensohn; Arnold *Ittensun* 1300 b. Meersbg., Hertel *Idenson* 1375 b. Ravsbg. Dazu **Itt(en), Ittner** (Nbg., Mchn.).

Itter (von): Fluß und Ort/Waldeck; Bahlow, ON. S. 241.

Itzerott: hess. ON. auf -rode wie Ascherott usw.

Itzig (jüd.) = Isaak, s. dies! Auch Itzigsohn. Ein ON. Itzig in Lux.; ON. Itzing in Bay.

Itzke, Itzken neben Itze, Itzen ist fries. VN. u. FN., mit fries. *tz* für *k,* zu **Icke,** Icken (s. dies!). – **Itzwerth** (Hbg.) ist ndd. ON. wie Itzstedt; vgl. Berenswerth (wert = werder »Insel«).

Iven(s): fries. Patr. zu Ive (Iv), auch **Iwe(n);** vgl. **Iben(s).** Ein heil. *Ivo* (Flandern) galt als Patron der Juristen. Neben *Yweke* steht patr. *Ywekana.*

Iversen, Ivers (Hbg. oft): fries. Patr. (auch **Iwersen,** Iwers) zu Iver (noch heute nord. Ivar). *Iver* Petersen 1601 Flsbg.

Iwan: slaw.-russ. = Johann. Vgl. Iwansky, Iwanow, -off u. ä., auch Iwandt, Iwohn. Dazu z. T. Iban, vgl. den Russen *Yban* 1395/Schles. Ein »dominus *Iwan*« 1301 Brsl. dürfte jedoch den Artusritter *Iwein (Iwan)* meinen, deutlich b. adl. Brüderpaar *Iwan* u. *Walwan* v. Proven 1296 Schles.; urkdl. Zeugnisse zahlr. b. M. Kegel S. 44ff. Varianten sind *Iban, Eiban,* meist in Adels- u. Ritterkreisen: Ritter *Eiban* v. Pilstein 1312.

J

Jaacks (Hbg. oft), bisher unerklärt, wird deutlich beim Vergleich mit **Taaks:** beide setzen die fries. Form *Tjaaks* voraus, kontrahiert aus *Tjadeke(s),* KF. zu *Tjadebern, Tjadeward* (d. i. Dietbern, Dietward, vgl. *Tjaden:* ndd. Dieden); fries. Tjad- für Thiad- (Diot-) beruht auf Tonverschiebung. Ebenso fries. **Jabben, Jappen** für Tjabben (Tjabbern), – **Jarck(s)** für Tjark(s), d. i. *Tjaderik* (Diederich), – **Tjaards,** d. i. *Tjadeward* (Dietward). Vgl. auch *Jaleff Tyalffes* (16. Jh.) zu *Tjadeleff* (Detlef); *Tyade* Bogynks 16. Jh.

Jaap (Hbg. oft) meint fries. *Tjap-, Tjab-* (Tjabbern), s. Jaacks!

Jabbe(n) (Jeverld.) s. Jaacks! Vgl. Onno *Tyabbern,* Friese 1576.

Jabelmann: aus Jabel (Meckl., Prignitz).

Jablonski u. ä.: slaw. Herk. N. (Jablon- »Apfelbaumort«); vgl. Gablonz: tschechisch Jablonec.

Jabs (Hbg. oft) s. Jabben u. Jaacks!

Jach, Jachmann (Schles., Laus., Böhmen): tschech. KF. zu Johannes, vgl. *»Johannes alias Jacha«* 1377 Prag, Nicclos *Jachman* 1380 Lg., Merten *Jache* 1465 Freiberg, *Jachnig* v. Popschicz 1393 b. Grünbg.; ähnlich *Mach* für Matthias, Stach für Stanislaw. Zu **Jachan** (Lg.) vgl. Pechan (Pech-mann) f. Peter; zu Jach(t)ner: Machner, Hachner; Neben Jachmann auch **J**ochmann, zu Jachalke: Michalke.

Jachenholz: obd. ÖN. (»Moder-, Moorgehölz«), vgl. Jachenbach, -hausen, die Jachenau/Isar (Bahlow, ON. S. 243). Auch Jagenholz.

Jack, Jäck (obd.) = Jakob. Dazu viele Suffixformen: **Jäckel** (Laus., Schles., Böhmen): *Jekel (Jocob)* Bewgentancz 1381 Lg.; **Jäckl(e)in, Jäckle** (obd.-schwäb.), **Jackl,** Jöckl, Jockel (bair.), Jäggi, Jäggli (schweiz.-alem.); patr. Jackler. Mit slaw. Suffix: **Jack(i)sch** (Sudeten, O. Laus.), **Jockisch** (Schles.): *Jakusch (Jakobus)* Krösel 1397 Iglau, L. *Jokisch (Jokusch)* 1435 Lg. S. auch Kube, Kopisch und Köpke! Patr. ist obd. Jackner, Jackler; Jacke = Jack, vgl. aber *Jackensticker* 1438 Duderstadt (Jacke: um 1400 Lehnwort).

Jacob, Jacober, Jacobi, Jacobs, Jacobsen, Jacobsohn s. Jakob!

Jade: ON./Oldbg. (am Jadebusen, z. Fluß Jade), urspr. *Gade* »Schmutzwasser« (Bahlow, ON. S. 255).

Jäde, Jädecke (ndd.) = Gäde(ke) = Göde(ke) = Godefrid.

Jadwizak: zu poln. Jadwig = Hedwig (Hadewig). *Jadwiga* 1354 Brsl.

Jaffé, Jaffa: hebr. japheh »schön, angenehm«. Ein Rabbi Mardochai *Jafe (Jafa)* 1530/1612 in Prag.

Jaffke s. Jaffe!

Jagdspieß: ÜN. des Jägers, mhd. jagespieß; vgl. *Jaghethus* »Jagdschloß« 1409 Barth. Ein Schmiedegeselle *Jagysen* 1449 Heilbronn.

Jagemann: fraglich, ob »Jagdgehilfe« (vgl. Jagemeister). Zu Jage s. Jagusch!

Jagenlauf (Bay., Öst.): wohl ÖN. wie Jagenholz. Ulrich der Jogenlauf (Winzer) 1405 Regensburg.

Jage(n)teufel: ein Teufelskerl, Nicol. *Jaghendüvel* 1270 Rostock. Ein Bürgermeister v. Stettin um 1400: Otto Jage(n)teufel. Vgl. Biten-, Schieten-, Schrecken-düvel u. ä.

Jager: obd. Form von **Jäger,** bes. in Ö. (Tirol). S. auch Jagdspieß! Ndrhein. Jägers. Lat. Venator. Komposita: Gambs-, Hasen-, Hühnerjäger usw.

Jägg(l)i s. Jack! – **Jago(w):** ostd., slaw. ON. (Pomm., Brdbg.). Auch Jagau.

Jagusch, Jagosch: slaw. Pers. N. wie Bogusch, Jakusch. Vgl. Jagalla, Jagalski, Jagielski, Jagla u. ä.

Jahn: ndd. = Johann, auch **Jahns** (Hbg. oft). Ostd.-schles.-böhm. ist Jahn wie Jahnke das tschech. *Jan (Jana)* = Johann, bzw. *Janek.* Vgl. *Jano* de Beckern 1342 Lg. Ndd. Komposita: Fuhljahn, Grotjahn, Guderjahn, Mesterjahn, Schaperjahn, Strackerjahn.

Jähne, Jähnel, Jähnke, Jähnicke, Jähnichen, Jähnig, Jähnisch, Jähner (alle auch ohne h) sind schles.-sächs. KF. zu Johannes. Ohne Umlaut: Jahnel (Neiße oft) nebst Jahndel, wie Jähnel: Jähndel, vgl. Hähnel: Hähndel (Händel): Hahnel; auch Jahner neben Jähner (Görl.); Jahnisch, Jähnisch wie Hanisch, Hänisch. Vgl. auch ON. Jahna/Sa. (FN. Jahner).

Jä(h)nisch (Schles., Laus.) beruht auf *Janisch, Janusch,* slaw. KF. mit Suffix -isch, -usch zu slaw. *Jan* = Johann.

Jahn(c)ke, Jähnke, ostd.-slaw. = Johannes (tschech. *Janek*), auch **Jan(c)ke,** wie Stahnke, Stanke = Stanislaw; vgl. auch Hanke. **Jänke** s. auch Jenke!

Jahr (Hbg.), Jahre, Jahrmann; Jahrke: ndd.-fries. Varianten zu Gehr(e), Gehrmann, Gehrke, KF. zu den N. mit *Ger-* (*Gero, Gereman, Gereward, Gerbern, Germar,* schon um 1260 auch *Jermar, Jereward, Jerbern* usw.); *er: ar* seit ca. 1300.

Jahreis: Mundartform für *Gareis!* – **Jaißle** *(Joußlin)* s. Jauß!

Jahrmark(t): ein Jahrmarktskrämer oder Possenreißer (Springer). Ein *Jarmark* 1369 Iglau.

Jakob, Jacob, patr. ndd. Jakobs, **Jacobs,**

Jacobsen (Hbg. oft), obd. Jacober, lat. **Jacoby,** Jakobi: hebr. (»Fersenhalter«, seines Zwillingsbruders Esau b. d. Geburt: 1. Mose 25, V. 26). Als christl. VN. im MA. geht J. nicht auf d. Patriarchen, sondern auf d. Apostel *Jacobus* zurück, dessen Grab in Spanien z. Wallfahrtsort wurde: *Santiago* di Compostella (daher FN. Kumsteller!); die Wallfahrer hießen »Jakobsbrüder«. In d. Schweiz noch heute VN. (Jakob: Köbi). Dazu zahlr. Sproßformen: obd. Jack, Jäck, Jäckle, Jäckel, Jäggli, Jackl, Jockel, Köbi, rhein. Köbes; ndd. Köpke, Köppen u. ä.; ostd.-slaw. Jack(i)sch, Jockisch, Kopisch, Kupke, Kube usw., lit.-ostpr. Jakschtat, Jackstadt, Jakschies, Jogschies, Jacobeit, Jacobasch. Obd. Patr. ist **Jakober.**

Jalaß: wend. wie Golas, Hollas = Glatz-Kahlkopf. Dazu Jalan(dt) wie Golan, Holan(d); slaw. gol-»kahl«, auch kahle Heide. Vgl. Jalow, Jaletzky.

Jammer, Jammermann neben **Jambor** ist ostd.-slaw. wie Tschammer neben Tschambor: vgl. Jam(b)rowski.

Jäncke s. Jenke! – **Jand(e)l** = Janel (ON. Jandelsbrunn/Bay.), s. Jähne!

Jander: poln. Form für Andreas; *Jander* Bowlcze 1437 Lg., *Jandirke* Hamicz 1394 Lg. Dazu Jandrey (wie Wandrey), Jandrich (wie Wandrich, Handrich).

Jane(c)ke s. Janke! Jahnke! – **Janert** s. Jahner: Jähne!

Jänicke, Jähnke s. Jähne! Desgl. **Jänichen** (Sa.), Jänchen.

Jänisch, Jänsch wie Hänisch, Hänsch beruht auf slaw. *Janusch* = Johann *(Jan).* Oft in Schles., Laus., Sa. Vgl. auch unter Jentsch! Desgl. **Janisch.** – **Jankuhn** (lit.-ostpr.) = Janke, vgl. Steppuhn, auch Jankunas.

Jank(e) s. Jahnke! – **Jankowski:** poln. »aus Jankow« (Ort des Jan, Janko).

Jann (ndd.) = Johann; vgl. Steinjann u. ä. Dazu patr. **Janinng(s)**/Oldbg.

Jannasch, Janneck, -ack, Jannusch(ek): slaw.-ostd. = Jan = Johann.

Jannssen s. Janssen! – **Janotta:** poln.-oberschles. = Jan.

Janowski: poln., »aus Janow«. – **Janoschek** s. Jannuschek! **Jänsch** s. Jänisch, Jensch.

Jansen, Janssen (Hbg., Holstein oft) nebst **Jans:** Patr. zu Jan = Johann. Vgl. Hansen, Johannsen, Claussen, Petersen, Paulsen, Nielsen, Frenssen, Thomsen, Anderssen, Carstensen, lauter ndd.-schlesw.-holst. Patronymika zu kirchl. oder Heil.-Namen.

Jantke s. Janke (wie Hantke = Hanke).

Jan(t)zen (Hbg. oft) nebst **Jan(t)z** = Janssen!

Janusch(ek), Janus(ke): slaw. KF. zu Jan (Johann); auch Janoschek, Janoske (Noske).

Japp (Hbg. oft), Jappe, Jappen, Jap(p)sen, Janke: fries. KF. und Patr. statt *Tjapke, Tjabben,* s. Jabben! Vgl. Ummo *Jappen,* Friese 16. Jh. Zu Tjabeke: Japke vgl. Robeke: Röpke; Habeke: Hapke; Sibeke: Sipke.

Jarasinski: aus Jarasin (slaw. ON.).

Jarchow, Jarchau: ON. b. Standal.

Jar(c)k (Hbg. oft), **Jarks** nebst **Tjarks** ist fries. *Tyaryk* (1420) = Tiadrik = Diederich (Dietrich). Vgl. Tjaards für Tiadeward (Dietward): Tjart Jongama 1422.

Jarisch, Jarausch s. Jarosch!

Jarling: fries., = Gerling, Garling, – **Jarmatz:** *Ghermatze* 1356 Barth; angeblich = Jermas = Jeremias (so Witte, Wend. Zunamen).

Jarmer(s): ndd.-fries., = Germar(s), s. Garmer(s)! KF. **Jarmes** wie Garmes! *Jermar* z. B. 1270 Hbg. Vgl. aber slaw. *Jaromir.*

Jarmuth (Hbg.): ndd.-fries. für *Germod* (weibl. VN., um 1300 in Hbg., Bremen, Rostock, Lübeck), vgl. Jarpurg für Gerburg.

Jarnach, Jarnick, Jarnuszak: slaw. Pers. N.

Jarosch, Jarisch, Jarick: slaw. KF. zu *Jaroslaw, Jaromir.* Vgl. Borisch zu Borislaw; Bogusch zu Bogislaw; Jerosch zu Georg. bzw. Jeronymus.

Jarr(e), Jarren, Jarr(e)s, Jarsen: fries. KF. u. Patr. (vgl. *Jerre, Jerreke* 1250 Hbg., Lüb.) zu den N. mit Ger- (Gar-, Jar-), wie Gernand; Jarnand; Gering: Jaring; Gerold: Jerrolt, Garrelt (Jarrelt); vgl. Harr(e), Harringa zu Hero.

Jaschke (Schles.), Jaschek, Jasche ist Variante zu **Jeschke,** Jeschek, Jesche, KF. zu Johannes; desgl. **Haschke,** Hasche; vgl. Raschke. *Jaschke,* bruder des Derschke Laskowsky 1457. Desgl. Jaschan (wie Jachan), Jaschen, Jaschik, Jaschok.

Jasmund: Halbinsel Rügens.

Jasper, Jaspers, Jaspersen: ndd.-fries. Form von Kaspar (Caspers, Caspersen), erweicht aus Gasper. Noch 1560: *Jasper* Rantzow/Flsbg., *Jasper* Hiltrop/Dortmd.
Jaspis (sächs. Theol.-Geschlecht): ÜN. für Juwelenhändler.
Jass, Jasse, Jassmann, Jassinski, Jassny (Berlin): slaw. Herkunft, vgl. ON. Jassow. Aber Beste *Jass* 1530 Ulm = »Sant Jas«, s. Jost!
Jaster (fries., auch Jester) s. Gaster!
Jastram (Gastram), Jestram, slaw. ON., vgl. Jastremsky, Jastreu. ON. Kloddram, Pribram, Pausram u. ä.
Jatho, Jatow: slaw. ON., vgl. Gatow/Brdbg. – **Jatzke:** ON./Vorpomm., vgl. ON. Jatznik ebda., z. Pers. N. Jatz, Jatzek, Jatzke. Jatzwauk s. Wjatzlaw.
Jauch (obd.; Württ., Schweiz): zum Flurnamen mhd. juch, juchart, jochart (Ackermaß), vgl. 1564 »ein jauchart genant die *Jauch*«; C. *im Juche* 1330. Jörg *Jauchlin* 1479.
Jauck, Jauckens (fries.) s. Gauck! Vgl. Hidde *Gauchen* 15. Jh. In Hbg. auch **Jauche(n).**
Jauer, Jauert: slaw. ON. b. Lg./Schles. Nikol. Großer aus J. nannte sich N. Jauer (Prof. in Prag 1381). Wend.-tschech. *javor* = Ahorn. Vgl. Jaworski. Dazu auch **Jauernick,** -nig *(Javornik):* ON. b. Görlitz.
Jaufer, Jaufmann: Landstreicher, Gaukler (mhd. jûfer, jûfkint). Aber **Jaufner:** aus Hof Jaufen/Tirol (rätoroman. juf = lat. jugum »Joch«). Vgl. Juffner.
Jauschke. Juschke! – **Jaworski** s. Jauer!
Jauß (Württ.) s. Jos, Jost! *Jaus* Vochentzer 1520 Stuttg. Vgl. *Jausenhans, Josenhans.*
Jebe, Jeben, Jebsen s. Jepsen!
Jecht (ostd.) neben **Jech(e)** dürfte Variante zu Jach (slaw. KF. zu Johann) sein. Vgl. Pech, Pecht für Peter. Ein ON. Jecha a. Wipper.
Jeck (obd.), **Jeckel** (schles.) s. Jäck, Jäckel!
Jedamski (ostd.-poln.) ist Variante zu Adamski.
Jeddicke, Jedding, Jedde sind fries. Varianten zu Geddeke, Gedding, Gedde, s. dies! Vgl. Herm. *Gedde* 1437 Attendorn, *Gedeke* 1337 Stade. Zur Gemination *dd* vgl. Ede: Edde! Ein *Gedulf* aus Brügge im Bremer UB.
Jedemann (ndd.) s. Gedemann! Entstellt: **Jedermann** (Hbg.).
Jedele (schwäb.-alem.): beruht auf *Üedele* = Uodel-, Ulrich, m. Tonverschiebung vom *ü* aufs *e,* wie **Jehle** auf *Üele.*
Jeep (fries.) s. Jepsen, Jebe! – **Jeffke** s. Geffke (Geveke)!
Jeggli (schweiz.) s. Jack, Jakob! – **Jeglinski:** ON. Jeglinnen/Ostpr.
Jehle, Jehl (obd., Württ.-Baden) s. Jedele! – **Jehmlich** (Lüb.) s. Gehmlich!
Jehne, Jehnig (ostmd.) s. Jähne, Jähnig!
Jehring (ndd.-fries.) s. Gehring! – **Jeinsen** (von): ON. b. Elze/Hann. (urkdl. *Genhuson,* zu *gen* »Schmutzwasser«: Bahlow, ON. S. 161).
Jeitteles (jüd.): gebildet wie Pinkeles, Moscheles.
Jelinek (Jellinek), Jelonek, Jelinski, Jelen enthalten slaw. *jelen* »Hirsch« (lit. *eln-* »Elen-tier, Elch«).
Jelke: fries. VN. *(Geleke, Jeleke)* s. Gelke! Gelken (Hbg.). Reyneke *Jelike* 1300 Stade.
Jelle, Jellerichs (fries.): zu *Gelderich* bzw. *Geldolf* (dies um 1300 Westf., Ndrhein.; geld- »gelten, wert sein«). Noch heute VN.: *Jelle* Tjaden 1965 Hbg. *Geldericus* Crumminga 1614 Emden.
Jellinek s. Jelinek!
Jeltsch: slaw. ON. b. Ohlau/Schles. (*von Jelcz, Gelcz* 14. Jh./Brsl.).
Jendrich (Gendrich), Jendrach (Jendraszik), Jendrusch u. ä. sind wend. Formen für Heinrich (desgl. Wendrich). Auch **Jindrich.** Vgl. tschech. *Jindrzich* Binth 1324 Leitomischl, *Gündersich* Chalben 1494 Glatz.
Jenfeldt (Hbg.): ON. ebda. – **Jenichen** s. Jähnichen!
Jenisch (schles.) s. Jähnisch! Dazu Jenischewski.
Jenke, Jenkel (oft): ostd.-slaw. KF. zu Johannes, nebst Patr. **Jenkner,** auch in ON. wie Jenkau, Jenkewitz. Vgl. *Jenco* Pelca 1316 O/S. *Jenko* furman 1472 Görl.
Jenne: obd.-alem. KF. zu Johannes (*Jennin* = Joh. Ritter 1290 Basel), auch Jennemann; schweiz. Jenni (Fischerknabe im »W. Tell«).
Jenner (Jennert): obd. (mhd.) = Januar. Wernli *Jenner* 1406 Elsaß. Vgl. Jennerjahn.
Jen(n)ewein (Tirol), Genewein, Gendebien: der heil. (In)genuinus war Bischof von Brixen/Tirol, daher dort noch heute VN. (Ingenuin Koch 1800.)

Jenning (Hbg.): wie Henning ndd. Patr. zu Johannes.
Jennrich s. Jendrich!
Jens, Jensen (Hbg., Holstein oft), auch **Jenss(en)**: in Nordelbingen u. Dänemark beliebte KF. bzw. Patr. zu Johannes (vgl. auch Jansen, Johannsen). *Jens* Henningsen 1593 Flsbg. *Jens* Baggesen, dän. Dichter.
Jensch (Jenschke) s. Jentsch! – **Jentge(n)s** (ndrhein.): Patr. zu Johannes. Vgl. Johäntgen, Johäntjes.
Jentsch, Jentzsch (Sa., Laus.): slaw. KF. zu Johannes. Schon um 1300: *Jenscho* (de Gorlicz/Brsl). Vgl. auch Jähnisch!
Jen(t)z, Jen(t)zen (Hbg., Holstein oft): s. Jantz, Jantzen!
Jepsen (Jebsen): oft in Hbg., Holstein; Patr. zu Jepp, Jeppe, dänisch = Jacob. Vgl. Andreas Jacobesson (Jebson), Däne (1370 Lüb. UB 4). Dazu Jeppe Schroder 1446 Kiel, Carsten Jepsen 1593 Flsbg.
Jerchel: slaw. ON. (3mal: Altmark, Brandenburg). – **Jeremias** (Jeremies, Jermis, slaw. Jermas, Jarmatz): hebr. Jirmejahu »Gott schenkt«, der Prophet des ATs. Als bibl. VN. erst zur Ref.-Zeit in Gebrauch.
Jerg(er) obd. = Georg! *Jerg* Kächeli 1452 Baden.
Jerche (Jerke): slaw. Form für Georg, vgl. Jerchenthal = Georgenthal. Ritter *Jerke* von Mussyn 14. Jh./Schlesien.
Jericho(w); Jerichau: ON. b. Tangermde. – **Jering** s. Gehring!
Jerok (Gerok), Jeroch, Jerosch (Jeroschewitz); Jerisch, Jerich: wend. KF. zu Georg (s. Jerche!) bzw. Jeronimus (Jeromin): ON. *Jeroslawicz:* Jerasselwitz. S. auch Gerok!
Jerratsch s. Gerratsch!
Jerrentrup: westf. ON. auf -torp »Dorf«.
Jerrolt (fries.) s. Gerold! – **Jerxsen:** ON. Jerxen/Detmold, Jerxheim/Helmstedt.
Jersch(ke): tschech. KF. *Jerzyk* für Georg (*Jersik* Podiebrad, König v. Böhmen). Vgl. Kuba *Jersicke* 1596 b. Brieg.
Jeschke, Jaschke (nebst Jesche, Jäsche, patr. Jeschner): häufige slaw.-dt. KF. zu Johannes, auch Jeschek; oberschles. **Jaschke,** Jaschek, Jasche. Vgl. ON. Jeschkendorf b. Lg. *Jeschke* anezele (»ohne Seele«) 1372 Lg., *Jesco* Beme (!) 1372 Lg., *Jesco* Cerstani 1324 Lg., *Jesco* Dobirgost 1320 Brieg. Matthes *Jeschke (Jaschke)* 1420 Brsl. *Jesko (Joh.)* Piessek 1373 b. Zittau. Weitere Belege (auch z. Form **Jeschal,** Jeschar) bringt Eberh. Jeschal im Jahrb. d. Univ. Brsl. 9, 1964, S. 7–13). Zu Jeschonnek vgl. Skowronnek.
Jeserich: ON. Jeserig (2mal/Brdbg.), zu slaw. jesor »Teich«, vgl. ON. Jeseritz.
Jeske s. Jeschke! **Jesper(sen)** s. Jasper(sen)!
Jess, Jesse, **Jessen** (Hbg., Schlesw.-Holstein oft): dän. Variante zu Jens, Jensen = Johannes. *Jes* Jürgensen 1604 Flsbg., Erick *Jessen* 1599 ebda. Vgl. *Jes* Hardens in Storms »Schimmelreiter«. Ein ON. Jessen (2mal/Lausitz) ist slaw., vgl. Jessenitz. Dazu auch **Jessel.**
Jester, Jesterding (fries.) wie Jaster s. Gaster! – **Jestrich** s. Gestrich!
Jestram, Jestremski s. Jastram!
Jetzlaff (Pomm.): slaw. Pers. N. auch -slaw. (»Ruhm«), wie Retz-, Tetzlaff. Dazu Jetzkewitz, Jetschke, Jetschat, Jetschmann.
Jeuck s. Geuke! – **Jeurissen** s. Jörissen! – **Jeute** (Bay.) = Jüte: Jutta; *Jewte* 1463 Görl. Fr. *Jeutensun* 1293 Bay. *Jewtener.*
Jeve (Hbg.) = Geve (Gevehard), s. Geeve! – **Jeziorsky** s. Jeserich!
Jhering (fries.) s. Gehring! – **Jibbe** (Jibben): fries. VN., vgl. Jipp!
Jilek: tschech.-wend. jil »Lehm«, vgl. ON. Jilove/Böhmen.
Jindrich s. Jendrich!
Jipp (Hbg., Holstein) s. Jepp u. Jibbe! – **Jiptner,** Jüptner s. Joppe.
Jirzik (nebst Jirek, Jirak, Jirka, Jira): slaw. KF. zu Georg. Vgl. Herzog Georg *(Jirzik)* v. Podiebrad; *Girczik* v. Cunstadt 1556 Glatz. S. auch Jerschke!
Jittler (Jüttler) s. Jüttner!
Joachim (Joachimi), ndd. patr. **Jochim(s), Jochimsen, Jochens** nebst Jochem, Jochum; heute ndd. Jochen: bibl. Königsname (hebr. Jojakim »Gott richtet auf«), als christl. VN. erst im 15. Jh. mit den Kurfürsten v. Brdbg. (Joachim I. usw.) u. mit d. Reformation in Aufnahme gekommen (»Märker heißen Jochim«, wußte schon Joh. Fischart). In Prenzlau um 1600: *Jochim, Achim, Chim!* (also 3 versch. Betonungen).
Joas (bair., Mchn., Nbg. oft): Mundartform für Joos = Jost, wie im ON. Joasschwaig/bair. Schwaben; auch Joast, vgl. *Joas* Alpershofer 1427 ebda.

Jobmann, Job: der bibl. Dulder Hiob (so seit Luther, lat. Job, hebr. Ijob); Patron der Aussätzigen. Ndd. Jöbken, rhein. Jöbgen, Jöbges.

Jobst, Jobs, Jobske, Jöbstl: Mischform aus Job (Hiob) und Jost (Jodocus), vgl. Herzog *Jo(b)st* oder *Jodocus* von Mähren um 1400 u. den Hieronymus *Jobst* b. Wilh. Busch (»Die Jobsiade«); auch Luthers Freund *Jobst* Koch (Justus Jonas). *Jobst* = *Jodocus* Zenker 1471/83 Zwickau.

Joch (obd.) s. Jauch! Michel *Joch (Jouch)* 1565 Freiburg.

Jochens (ndd. Patr.) s. Joachim!

Jöcher, Jocher (obd.): am Gebirgs-Joch wohnend; Herman *am Joch* 1484 Tirol, Chuonrad *Jocher* 1367 ebda.

Jochheim: entstellt aus Jocham, Jochem, Jochim = Joachim.

Jochim(sen), oft in Hbg., Holstein, s. Joachim! Joachimsohn ist jüd., Joachimski, Joachimcek ist ostd.-slaw., desgl. Jochintke (schles.).

Jochmann (Lausitz) ist mundartl. Variante zu **Jachmann,** s. dies! Vgl. Lachmann: Lochmann; Hache: Hoche, Jacof: Jokof.

Jochum(sen) s. Joachim! – **Jockel,** Jöckl (obd.-bair.) s. Jakob! Vgl. **Jokisch!**

Jöde, Jödicke (ndd.) s. Göde, Göedeke! – **Jodeit,** Jodies (lit.) = Jodocus.

Joder (Jöderli): d. i. Theodor(us), Heiliger d. Westschweiz. Vgl. Wilhelm von *Sente Joder*/Basel 12. Jh. (Socin); *Jöderli* 15. Jh. Baden/Aargau. (Dazu auch Schweiz. Idiotikon III 12.)

Jodocus s. Jost! Jobst! **Jogschies** (lit.) s. Jokisch!

Johannes (griech.-lat. Form des hebr. Jochanán »Gott ist gnädig«): gemeint ist der Täufer (Matth. 11, V. 11); ihm wurden sämtl. Taufkapellen geweiht. Zahlr. KF. bezeugen, daß Johannes am Ende des MAs. der häufigste aller kirchl. Taufn. war (vgl. daher »*Hans* u. Grete«, wie vorher »Hinz u. Kunz« f. Heinrich u. Konrad). Weiteres: Bahlow, Vornamen S. 56. In FN. meist patr.: ndd. **Johannsen** (Hbg., Holstein), Johanning (Johenning, vgl. Henning), nd.-rhein. Johäntges. Dazu **Johann** (Lüttjohann, Stammerjohann usw.). Renkenjohanns (fries.) meint Johannes Renken (Reineken) 1681. Kontrahiert: ndd. **Jahn** (Strackerjahn), Harmjanz (Johannes Harmen 1681), patr. **Jansen, Jensen** (Schlesw.-Holst.), **Jantzen** (nd.-rhein.); auch **Hans** (Junghans, Elsenhans), **Hansen;** obd. Hansel(mann), **Hensel,** Hensler, rhein. Hensgen. Im übrigen s. die KF. **Henne, Henning, Henneke, Hähnel, Händel, Henle,** auch die ostd.-schles. **Hänisch, Jänisch, Hanke, Jahnke,** Jänicke, **Hentschel,** Jeschke, Jaschke, Haschke, Jach-, Jochmann, **John.** Obd. Hannemann, Jenne(mann), **Jenner;** rhein. **Jonen,** patr. Johnsen (schwed. Jönsson).

Johanning (westf. Patr.) s. Johannes (Johann *Johanning* 1590 in Lippe).

Johannser (obd.): z. ON. St. Johann (mehrf.).

Johler (obd.): urkdl. *Joheler, Jöheler* (Konstanz um 1200), zu *Johel* = Johann; Rud. *Joheli* 1225 Villgn., Sigmund *Johl* 1411 Iglau. *Johl* Hassel 1402 Mies.

Johlke (ostd.-slaw.) s. Gohlke! Vgl. Jühlke: Gühlke.

John (oft, meist ostd.-slaw., aber auch ndd.): vgl. **Johns, Johnsen** (Hbg. oft): = Johannes. Auch **Johnke, Jöhnk(e),** wie Sohnke, Söhnke, fries. auch Joontjes für Jonekes; ndrhein. **Johnen;** obd. (Baden) **Johner.** Vgl. schles. *Jone (Joh.)* v. Borsnicz 1351 Brsl. Peter *Jone* 1404 Lg., *Jone (Jenechin)* v. d. Rode 1330 Görl.; **Johnel,** Görl.

Johst, Joisten s. Jost! – **Jok(i)sch,** Jokusch (Schles., Laus.) KF. zu Jokof = Jakob m. slaw. Suffix, *Jokusch* Redlicz 1467 Öls, Lor. *Jokisch (Jokusch)* 1435 Lg. Vgl. auch Jack(i)sch! Lit. Jockschies!

Jolfs, Julfs: fries. Patr. zu *Jolleff* 1420, d. i. *Godlef* (vgl. Folef, Fulf = Folk-lef); zu Jülfs vgl. Lülfs (Ludlefs, Ludolfs).

Jöllenbeck: ON. (a. d. Jölle, Zufl. der Waser südl. Minden), als Bachn. (*Julenbeke* »Schmutzbach«) auch b. Bielefeld.

Jonas (hebr. »Taube«): als bibl. N. (Prophet Jona, im Walfischbauch) erst z. Ref.-Zt. gebräuchlich; als FN. z. T. jüd. (bes. in Wien) u. ostd., wo slaw. Jon- (Johannes!) hineinspielt: vgl. Jonasch, Jonischkeit (lit.) Joneleit, Jonescheit, Joneweit, Jonat (alle lit.-ostpr.), Jonietz, Jonatzki, Jonek, Jonentz u. ä., diese wohl alle zu Johannes! Jonasson ist skand. Aber Justus Jonas (Luthers Freund) hieß eigtl. Jobst Koch. Statistik d. Verbreitung: Brech., S. 777.

Jonathas (Jonathan, hebr. = Gottesgabe;

Sohn Sauls, Freund Davids): schon 1362 in Westf. dominus *Jonathas;* sonst reform.: Jonathan Krause (KiLied) 1701 Lg.

Jönsson (schwed. oft) = Johannsen, Johannsson; wie Erichson in der Neuzeit zugewandert. – **Joost,** Joos s. Jost!

Jopp (obd.) s. Joppich! Als VN. 1486 Augsbg.: *Jopp (Job)* Meutting.

Joppe, Juppe, Jüptner (Schlesien): ÜN. des Joppenmachers; vgl. Hensel *mit der yopen* = Hensel *yope* 1359 Brsl., wie Uotz *mit der juppen* 1335 Ertingen/Württ. In Brsl. auch *Sebenyope* (Siebenjoppen), vgl. Simrock (Siebenrock) u. Nitz *Yopener* 1385 (wie Juppener 1508 Mersebg.). Dazu Juppenlatz.

Joppich (Schlesien), auch Jopke, Jobke, meint slaw. *Jobek* = Jakob (so 1mal urkdl. 1424 in Sillein); *Job* = Hiob wurde erst mit d. Reformation Mode.

Jorbandt, Jorbahn s. Jurban (Urban)!

Jörck (Hbg., Ro.): fries. = Georg. Vgl. ON. Jork/Hbg. – **Jorczyk,** Jurczik (slaw.) = Georg.

Jordan (z. T. auch jüd.); ndd. Jordans, **Jördens:** der N. des heil. Flusses kam duch die Kreuzzüge als Pers. N. auf. Graf *Jordan* 1147 Öls, *Jordanus* 1159 Köln; um 1275 oft in Ro., Lüb., Hbg., Strals., *Jorden, Jordens* (Geistl.) 1426 Barth. Aber **Jordt** (Hbg., Kiel, Flsbg.) wohl fries. wie Gord (= Godert: Godehard).

Jores, Jöres, Jörs (fries.), Jorissen (rhein.), s. Jürs (= Georg)!

Jörg: obd. (alem.-schwäb.) Form des Heil. Ns. Georg, vgl. *Jörg* Frundsberg (Landsknechtsführer), »Junker *Jörg*« (Luther a. d. Wartburg), *Jörg* Wickram (Stadtschr. v. Colmar). Ndd. ist **Jörgensen** (Flsbg., Kiel, Hbg.) neben Jürgen(sen); **Jörges** s. Jürges! **Jörger** (obd.).

Jörn, Jörendt, Jöhrens (fries.) = Jörgen, wie Jürn = Jürgen (Georg). Vgl. »*Jörn* Uhl« v. Frenssen. Ebenso **Jörs** = Jürs, s. dies! **Jorre,** Jorritsma (fries.).

Jorsch, Jursch (wend.) s. Jurisch! Vgl. Jorczyk.

Josenhans (Württ.) s. Jost! Vgl. Elsenhans.

Joseph (hebr., »Gott vermehre!«): als N. des heil. Joseph (Gatte der Maria) erst seit d. Reformation in Gebrauch (als kathol. VN. erst seit d. 18. Jh., s. Bahlow, Vornamen S. 57). Der Patriarch des AT. (Sohn Jakobs u. der Rahel) ist dagegen jüd. VN. im MA. (daher jüd. FN. wie **Josephy,** Josephson, vgl. Jacobsohn). Obd. patr. Josepher, fries. Josefs, lit.-ostpr. Josupeit, Josuweit.

Jost (nd.-rhein. Josten, Joisten, Jostes, Jösting; obd. **Johst,** Joos, Jösel, Jostel; beeinflußt v. Job [Hiob]: **Jobst,** s. dies!) meint Sankt *Jodocus* (kelt. N.), Wallfahrtsheiliger der Pikardie (St. Josse sur Mer b. Calais), 7. Jh. Im MA. vom Ndrhein bis Süddeutschld. beliebt (bair. auch Joas, alem. Joos, schwäb. Jaus). *Jost (Jodocus)* Hosebendel 1346 Lg. *Jodocus vulgo Jos* Reichlin 1380 Konstanz. Vgl. ausführl. Jost Trier: Der heil. Jodocus (1924)! Komposita: Jostarndt (ndd.), Jobstmeier, Josenhans (Württ., nebst Jausenhans), Hackenjos u. ä. S. auch Just! – **Jovers** s. Govers!

Juchem(s) s. Joachim! Desgl. **Juchheim** (Jochheim).

Juch(h)off: westf. Hofname wie Braukhoff, Moorhoff usw.; z. Wasserwort *juch* s. Bahlow, ON. S. 244/45!

Juckoff (KF. **Jucksch**): wend.-schles. = Jokuff = Jakob. Vgl. **Juckel** (Mähren).

Jückstock: slaw. ON. wie Wittstock, Rottstock.

Jud, Judt u. ä.: obd. u. rhein., schon früh als ÜN., auch bei Nichtjuden (wohl auf Beziehungen zu Juden deutend), vgl. Sigebot gen. der *Jude* 1178 Bamberg, Emicho *Judeus* (Richter) 1198 Worms. Auch **Jüdl.** Komposita: *Judenbart, Judenfeind, Judenfraß, Judenhut, Judenspieß, Judenherzog, Judenkönig, Judenschwager.*

Judith (VN. u. FN.): wörtl. »Frau aus Jehud«; die bibl. Judith, die ihre Ehre dem assyr. Feldherrn Holofernes opferte, ihn im Schlaf tötete u. so ihre Vaterstadt rettete, war schon im 12. Jh. eine Lieblingsgestalt d. Dichtung (vgl. auch Hs. Sachs 1551, Opitz 1635, Hebbel 1840). S. auch Jutta, Jüttner!

Jugler (Sa. oft): aus Jugel/Erzgeb.

Juhl, Juhls (Hbg., Flsbg.): dän. Juul, Juuls.

Jühlke, Jülke, Julke (ost.-slaw.) s. Guhlke.

Jühne s. Jünemann! – **Ju(h)nke,** Junick: altslaw. *Junek* (tschech. *Jinek; Junosch, Jinosch).*

Juhre, Juhrke, Juhrich sind ostd.-wend. Formen von Georg (tschech. Juri). Vgl. auch Jur- und Gur- (Guhr-).

Jührend, Jöhrend (fries.) s. Jürn! – **Jührs** s. Jürs!

Jülfs, Jühlfs (fries.) s. Jolfs! **Jülke** s. Jühlke!

Jülich, Jülicher, Gülicher: aus Jülich/Rhld.

Julius (VN. u. FN.): als VN. erstmalig 1528 im Welfenhause, entsprechend dem Geist des Humanismus der röm. Geschichte *(Julius Cäsar!)* entnommen (vgl. Herzog Heinrich *Julius* v. Braunschwg.). Erweiterung dazu ist **Julian** (Christengegner Julianus Apostata).

Jumpfer s. Jungfer! **Jumpertz** (rhein.) s. Gumpertz!

Juncke, Jüncke, patr. **Juncken(s),** Jünken: ndd.-fries. (auch Jönk, Jöhnke), Pers. N. wie Sunken, Söhnke, Sönksen.

Juncker, ndrhein. Junkers: mhd. juncherre »junger (noch nicht Ritter gewordener) Adliger«. Martin *Junckherre*/Olmütz.

Jundt (Basel oft): oberrhein. Metronym (*Junta = Judinta, Judith:* dazu Näheres d. E. Schröder, S. 73). Vgl. Volmarus *vron Junten* = V. filius *Junta* 1290 Basel, Hamman *Jüntlin* 1434 b. Breisach.

Jünemann (Hbg. oft): aus *Jüne* (Jühnde) b. Göttgn.

Jung(e): der Junior zum Unterschied vom Senior, dem Vater. Obd. auch **Junk.** Lat. Jungius. Jungmann, Junghans, Jungnikkel, -nitsch, -claus, -hahn, -hänel, -henn (= Johann!), -andreas, -klaß (-glaß). **Jungbluth.** Jungverdorben (Früh-, Ganzverdorben). Auch **Junger,** Jungermann, **Jüngst.**

Jungfer, Jumpfer: verschliffen aus Jungfrau d. i. »junge (vornehme) Frau«, Edelfräulein! ÜN. für Leute, die im Dienste einer solchen stehen (vgl. *Jungfrauwendienst* 1495 Frkf., *Juncvrowendiner* (Brsl.), *Juncvroweczucht* (Brsl.) ein Meistersinger!), mitunter auch f. d. Sohn eines Edelfräuleins: Gotfrid *der juncvrowen sun* um 1200 O. Rh. Henne *mit der juncvrowen* 1343 Holstein. Dudo *zer Juncfrowen* (Hausname) 1293 Mainz, Albertus *Juncvrowe* 1180 Köln, Arnold *Juncvraue* 1284 Ro., Joh. *Juncfrowe* 1353 Hann., Vitze *Junckfer* 1545 Lg.

Junginger: aus Jungingen (Württ.). – **Jüngling:** minderjähriger Sohn, vgl. Hans Stoltz *Jüngeling,* etwan Jancke Stoltz nachgelassener Sohn (1497 Schles.). – **Junk** s. Junck u. Jung! **Junker** s. Juncker! – **Junt,** Jüntlin s. Jundt!

Juppe, Jüptner s. Joppe! – **Jur,** Jura, Juraschek, Jureit, Juretzka, s. Jurisch!

Jurban (wend.) s. Urban!

Jürgen, Jürgens(en): beliebte ndd. Form für Georg, s. dies! Auch **Jürr(i)e(n)s, Jürges;** fries. **Jürs, Jürn.** Die Genitivform auf *-en* stammt aus Verbindungen wie St. Jürgen-Hospital u. ä. **Jurgeit,** Jurgschat sind lit.-ostpr.

Jur(i)sch (Dresden, Cottbus), Jurick, Jurich usw. sind wend. KF. zu Georg; s. auch Jur(at), Jurinke, Jurkschat, Jurkat, Jurkuweit (lit.).

Jürjens s. Jürgens! Zur Form vgl. »St. *Jurian (Jurien, Jurgen)*«/Stettin.

Jürn (fries.) **Jürs** (fries., Hbg. oft) s. Jürgen, Georg! Vgl. *Gecrius, Ghorius, Jorius, Jurius* öfter um 1250 in Ro., Lüb. usw.

Jursch (wend.) s. Jurisch! Vgl. *Jursik* Haldan 1378 Prag. – **Juschke,** -ka, -kat, -kus, (Tilsit): lit. KF. zu Georg, s. Jurkat!

Just (Schles., Laus., Sa., auch obd.) ist mundartl. Form von **Jost** (Jodocus, s. Jost!); »eine vart czu zende *Just*« 1371 Glatz, wo auch *Just (Jost)* Witwer 1440, *Just (Jost)* Brunner 1491. Vgl. **Jüstel** (Bamberg). Die Humanisten machten daraus Justus (so *Justus* Jonas, Luthers Freund, eigtl. *Jobst* Koch); desgl. *Justus (Jodocus)* Trautvetter. Aber *Justus* Möser (1720) u. Justus Liebig tragen den lat. Pers. N. Justus (»der Gerechte«). Dazu *Justin(us),* Märtyrer, bei Pietisten (Justinus Kerner 1786). Der FN. **Justin** meint den ON. in Pommern.

Jüterbock: slaw. ON. Jüterbog/Brdbg.; vgl. slaw. ON. Mühlbock/Laus.

Jütersonke (O/S.): poln. jutrzenka »Morgenstern«.

Jutta, Jutte, Jütte (ndd. Jütteke): um 1200/1400 allbeliebte Variante zu *Juditha* (s. Judith!), bes. bei Rittern u. Adligen, dann auch b. Bürgern (: zahlr. Belege bringt E. Thielecke, Die alttestamentl. Pers. N. (1935) S. 43 ff.; f. Schlesien vgl. Bahlow, S. 62). *Jutteke* Sanders 1393 Drübeck, *Jutta* tunc meretrix 1341 Lg.; als FN.: Peter *Jütte* 1381 Sorau. Metr.: Hannus *Jütten(er)* 1438 Lg., (heute **Jüttner:** Schles. oft), Ratsherr Joh. filius (domine) *Jutten* 1264 Ro., vgl. *Juttenhans* 1512 Lorsch, Ebeling *Jutteman* 1451 Hann. (heute **Jüttemann**).

Jutz (Schweiz, Württ.), Jutzy, Jütz: obd.-

alem. für Jutte (s. dies!). Vgl. *Jutz* Federlin, *Jutz* Lamprecht 1357 (Frauen aus Friedingen/Württ.).

K

Kaa(c)k (Hbg. oft): ndd. Form für **Kock** »Koch«; Tyle *kake (kok)* 1461 Barth. ebda. 1490 Jacob *kakemester.* Vgl. Haack für Hoke u. Knaack f. Knoke. Ebenso Kaakschlief für koke-slef »Kochlöffel«!

Kaakschlief (Hbg.): mnd. *koke-slef* »Kochlöffel«, ÜN. des Kochs, s. Kaack!

Kaacksteen, Ka(c)kstein (Hbg., Ro.): mnd. *kâk-stên* »steinerner Schandpfahl, Staupsäule, Pranger«. ÜN. nach d. Wohnstätte: Heyse *byme kake* (u. Frau: de Kakeheysesche) 1348 Haldsl. Vgl. 1561 in Flsbg.: *»up dem Kake gestupet«* wegen der Dumen, so se den Deven afsniden leth und inth Ber hengede! – **Kaap(ke):** ndd. = *Kopeke,* s. Köpke!

Kabel (Hbg. oft): mnd. = Schiffstau, Ankertau, ÜN. f. **Kabel-,** Kawel**macher** (in Seestädten unentbehrliches Gewerbe). Joh. *Kavel (Kabel)* 1327 Lüb. Auch **Langkabel, -kawel.** Ein ON. Kabel b. Hagen.

Kabelitz: slaw. ON. – **Kaben** s. Kaven!

Käbernick, Käpernick: slaw. ON., s. Kopernik!

Kab(i)sch: ostd.-slaw., wohl wie **Kob(i)sch** = Jakob; vgl. Kabitzke: Kobitzke, Kabusch (lit. Kabuschat) wie Kobusch. – **Kabis** s. Kappus!

Kabold: im ndd. Raum als ÜN. bezeugt, Joh. *Kaboldus* um 1250 Ro. (vgl. ON. Kavelstorf/Meckl.: 1284 Kaboldestorp), Lod. *Kabold* 1288 Strals. 1475 Barth., 1512 Anklam; auch in Westf.: Heinr. *Kavolt* 1319.

Kaboth, Kabuth, Kabath (ost.-slaw.): vgl. Kabisch! Zum Suffix -at, -ot, -ut vgl. Borat, Borut (Borislaw) u. ä. Beachte auch tschech. Kabat »Rock« (kabatnik »Schneider«). Ein ON. Kabott b. Bromberg.

Kächler, Kachler (mhd. kacheler): alem.-schwäb. = Töpfer (noch im Elsaß, Schweiz, Tirol). Theodericus *Kachelere* 1290 Elsaß. Dazu **Kachel, Kächele** (mhd. kachel »irdenes Gefäß«): Jerg *Kächeli* 1452 Markdf./Baden.

Käckenhoff (ndd.) = Küchenhoff, s. dies!

Käck(en)meister (ndd.) = Küchenmeister. Vgl. **Käck** (ndd.) »Küche«. Henning *Kokemester* um 1400 Haldsl., J. *Kakemester* 1490 Barth.

Kä(c)ker (Hbg., Ro., Wism.): = mnd. Köker »Köcher, Behälter«. Vgl. Schittkäker (Schüddeköker). Henning Koker 1320 Ro., Henneke K. 1359 Hbg., Eler K. 1327 Köslin. Dazu lichtkaker »Kerzenbehälter«. S. a. Hermann Bothes ndd. Sentenzen-Sammlg. »De Köker« um 1520.

Kaczmarek, Kaczmarczyk: poln. = Kretschmar (Dorfgastwirt), zu poln. karczma »Dorfschenke«, Kretscham (schles.-böhm.).

Käding (Hbg. oft) s. Keding! – **Kadow:** ON. (Meckl., Pomm.).

Kadner: aus Kaaden a. d. Eger (Sudeten), Nic. *Kadaner* 1382 Dt.-Brod, Nitsche *vom Cadan* 1372 Lg. Desgl. **Kaden, Kadisch** (wie Leipisch v. Leipa, Glogisch v. Glogau) u. **Kade** (auch ON. b. Genthin). Vgl. auch ON. Kaden im Westerwald. – **Kadel** (obd.): mhd. kadel »Ruß, Schmutz« (a. d. Slaw.); Wenczlaw *Kadl* 1408 Mähren. Auch K(h)odl!

Kadolt (obd.): later Pers. N. (nach F. Stark S. 41 vermutl. undeutsch, kelt.), vgl. *Cadoldus* 12. Jh./Ö., 1354 Brünn, Jekl *Cadolt* 1363 Prag, Conr. *Kadoldus* 1271 Speyer.

Kaf(e)mann (bair.-öst.) = Kaufmann! – **Käfer,** Käferle: mhd. kefer. Vgl. *Kefermündl* 1366 Iglau. Rueßkäfer s. Rußwurm!

Kafka (Böhmen): slaw. = »Dohle«. Auch jüd. (Franz K., Schriftsteller).

Kaf(f)sack (Wuppertal): mnd. kaf »Spreu«, Spottname f. Bauern, vgl. Strohsack, Habersack, Hopfensack, Bohnsack.

Kaftan: langärmeliges Obergewand (türk. Wort).

Kage, Kag (obd.): »Krautstrunk«. Albrecht der *Kage* 1284 Elsaß. Alem. auch **Kägi** (Schweiz), Käglin (Württ.).

Käg(e)bein, Kege(n)bein: »Hinkfuß« (mhd. kegen »schleppen«).

Kagel, Kageler, Kagelmacher, Kagelmann: ndd. für älteres *Kogel, Kogeler,* obd. Kugler (mhd. gugler), Verfertiger von Kogeln, Kapuzen (am Rock oder Mantel), zu lat. cuculla. Wolder *Kogeler* 1388, Nic. *Kageler* 1380 Greifsw. Vgl. Linnekogel, Rief-, Rodekogel.

Kager, Kagerer (obd., Bay. oft): z. ÖN. Kag, Kagen, Kager (oft in Bay. u. Ö.). Auch Kagerbauer, -huber. – **Kagerah** (Hbg.): ÖN.

Kah, Kahe, Kahmann (obd., Baden): wohl ÖN.

Kä(h)ding s. Keding!

Kahl, Kahle (oft): der Kahlkopf, vgl. R. *Calekop* 1325 Lüb., *Kalefend* (wie Grotefend), *Kalheynrich* 1372 Lg. In Schlesien, Lausitz auch mit »starker« Endung: **Kahler,** meist **Kahlert** (m. sekundärem -t): Nickel *Kaler* 1384 Glatz, Frenczel *Kaler* 1434 Görl. Vgl. Kleiner(t), Rother(t) usw. (Bahlow, Schles. Nbch. S. 27!). Dazu *Vornkahl.* **Kahl(e)mann:** Kuncze *Caleman* 1381/Zittau.

Kahlandt: Mitglied einer Kalands-Bruderschaft: dazu A. Götze S. 11.

Kahlau: ON. Ostpr. auch Kr. Guhrau/Schlesien bzw. Calau/Lausitz. Mertin *Kalaw* 1417 Görl. Auch Kahler mag vereinzelt z. ON. gehören, vgl. Grunert u. Grunau.

Kahlbohm, Kahlbaum (Hbg.): nach d. Wohnstätte. (Vgl. Kahlbrock, Kahlfeld), soweit nicht = **Kohlbaum** (Köhlerstange z. Schüren), vgl. als zugehörig: ndd. **Kahlbrandt** (Hbg.) neben **Kohlbrandt** (*Kolebrant, Kalebrant* um 1300/Ro., Strals. usw.) u. **Kahlfeuer** (Hbg.) (= Kohlefeuer).

Kahlbetzer wie Kalbitz(er): aus Calbitz/Sa.; vgl. Kahlweit: Kalweit.

Kahler(t) s. Kahl! – **Kahlen** s. Kalen!

Kähler (ndd., Meckl.) = Köhler! Vgl. Käkenmeister, Gädeke, Däbeler u. ä.

Kahlisch s. Kalisch! – **Kahlke** (Hbg. oft): ndd. = Kahle!

Kahlstorff (Hbg.): ON. b. Ülzen. – **Kahlweit** s. Kallweit!

Kahn (Hbg. oft): ÜN. des Kahnschiffers, vgl. Joh. *Soltkane* 1307 Hbg. (»Salzkahn«) u. Bertram *Canere* 1255 Hbg. Tid *Kaneman* 1302 Ro., *Kanenvörer* 1345 Stettin, *Kanemaker;* »Kahn« ist ndd. Wort! Auch **Kahnke** (Hbg.), doch spielt wie bei **Kahns** (Kahnes) ebda. der fries. Pers. N. hinein: vgl. Hidde *Kaneken* 1442 Friesld. (Stark S. 170). S. auch jüd. Kahn = Cohn. Nic. Langhecane 1374 Meckl.

Kahnenbley, Kanebley (Hbg.): vgl. Kanenblok »Holz zu Kähnen«.

Kahrs (Hbg.) = Macarius, wie Lahrs = Hilarius.

Kaib (obd.), Keib, Kaibel, Keibel: (mhd. keibe »Gemeiner Mensch, Aas, Leichnam«), als Schelte. Otto *Kaib* 1286 Württ. Vgl. *Kaibengraben-, -loch, -acker.*

Kaifel, Kaifler (obd.) s. Käufel, Käufler!

Kainz (Tirol): Mundartform für Kuenz = Konrad, vgl. ebda. Kainzwalder: zu Kuenzwald; desgl. **Kaindl** = Kuenel, KF. zu Kainradl = Konrad.

Kaisen (Bremen): fries. Patr. zu **Kay** (Hbg. oft).

Kaisenberg: obd. ON.

Kaiser, Kayser (obd.), Keyser, Keiser, rhein. Keysers: allenthalben verbreiteter ÜN., auch bei Bauern (wie auch König, Herzog u. ä.), z. T. auch durch Hausnamen vermittelt: domus dicta *zume Keiser* 1320 Worms, wo auch Jacob *Keyser* 1279; dazu A. Götze S. 68. Menczel *Keyser* 14. Jh. Striegau, Elbel *Keyser* 1395 Eger.

Käker s. Käcker!

Kakerbeck (Hbg.): ON. (Stade u. Wittingen) = »Schmutzbach«.

Kakosch, Kakuschke (slaw.) wohl = Koschka, -ke »Hähnchen«.

Kaland, Kalander s. Kahland! Diderek *Kalander* 1346 Hann.

Kalb, ndd. **Kalf,** auch Kälble (schwäb.): Bauernname, wie Rind, Ochs, Öchsle. **Kalbfleisch** meint den Fleischer, Metzger (wie Rindfleisch), desgl. **Kalbfell** (Jerg *Kalbfell,* meczger/Reutl.). Dazu Kalbskopf, Kalbsfuß. Ein Metzger *Kelbertot* 1304 in Worms. Ein Gerber *Kalbleder* 1345 in Reutl. Aber *Calvesoge* 1310 Strals. (»blödes Auge«). Ein Ritter Erland *Kalf* u. Sohn Jacob *Kalf* 1372 in Holst. Ein Barthold *Sumerkalf* 1358 Lippe.

Kalbe, Kalben (von): ON. Calbe/Saale (urkdl. *Calver,* prähistor. Flußn.: Bahlow. ON. S. 247).

Kalberlah: ON. b. Gifhorn (-lah = loh »Gehölz«), vgl. Bahlow, S. 247.

Kalbitz(er) s. Kahlbetzer! – **Kalch-** (obd.) s. Kalk-!

Kalbreyer, Kallbreier (obd.): Breyer = Bräuer; Kall- wohl Flurn., vgl. Merbreyer, Wienbreyer.

Kaldaun: ÜN. des Kuttlers (Bere *Caldune* 1400 Haldsl.).

Kalde(n): aus Kalden (Calden) nö. Kasse; prähistor. Bachname, vgl. die Kalde/Spes-

sart, die Schmalkalde/Thür. usw. (Bahlow, ON. S. 248).
Kalder: ON. Kaldern b. Marbg. (Godebold *Kaldere* 1213 Aschaffbg.).
Kaldewey, -wei s. Koldewey! – **Kalefendt** (Hbg.) s. Fendt!
Kalen, Kahlen: slaw. ON. (Meckl., Pomm.). Desgl. **Kalo(w),** *kal* »Sumpf«, vgl. Kaliwoda »Sumpfwasser«.
Kalf(f) s. Kalb!
Kaliebe: Alb. *Kalibe* 1307 Strals. Otte *van Calliben* 1400 Haldsl. Also slaw. ON. (vgl. koliba »Bretterhütte«).
Kalinke (Kalina): slaw. »Schneeballstrauch, Wasserahorn«, daher schles. Kalinkenbeere. – **Kalisch,** Kalischer: slaw. ON. (Polen).
Kalkbrenner (ndd. -berner) ist am **Kalkofen** beschäftigt (Wilh. *zem Kalkoven* 1298 Basel), obd. auch **Kalker, Kalcher** (vgl. Kalchgruber/Tirol; im Kalch wie im Lett, im Lehm). Dazu **Kalklösch; Kalkoff.**
Kalkreuth (von): ON. (Schles., Sa.), zu den frk. N. auf -reut »Rodung«: Kalchreuth b. Nürnbg. (W. *Kalckreuter* 1520 Nürnbg.).
Kallbreier s. Kalbreyer!
Kallenbach: ON. (Thür., Westf.); auch Kalmbach a. Enz hieß 1110 Calenbach. Vgl. Kallenberg, -born, -hardt, -brock.
Kal(l)hardt: mhd. kal-hart »Schwätzer« (kallen »laut schwatzen«); »vil *kalhart* u. klapperleut zerstören manche guote freud« (Seb. Frank, Sprichw. 2, 192 b). Eberh. *Kalhart* 1387 Eger. Vgl. auch **Kaller(t):** Blasius *Kallert* 1570 (s. aber Kahler(t)!).
Kallies: ON./Pomm.
Kallmann (auch jüd.: nebst Callomon, Calmanowitz): schon 1376 in Baden/Aargau ein *Kalman* Jude. Vgl. Salman neben Salomon. Aber Herk. N. ist: Hermen *Kalleman* 1476 Bremen nebst Joh. *de Calle* 1313 ebda.; s. Kallmeyer!
Kallmeyer (Westf.): Kalle ist Gewässer- u. ON. (*Calne* »Schmutzwasser«; Bahlow, ON. S. 248).
Kallmorgen, Kollmorgen (Hbg.); Kaldemorgen (Essen): auch Flurname. Vgl. Albrecht *Kaldenacht* 1397 Frkf.
Kallweit (ostpr.-lit.); aber Callwey s. Kalde-, Koldewey!
Kalm (von): ON. Kalme b. Wolfenb. – **Kalo(w)** s. Kalen!

Kalteis (obd.): »Kalteisen« (Schmiedename), vgl. Gareis! Alb. *Kaltysen* 1265 Vaihingen, U. *Chalteisen* 1323 Eger.
Kalthoff, Kaldenhoff: westf. Hofname.
Kaltenböck (bair.) = Kaltenbacher. Vgl. *Kaldeherberger* 1387 Brsl., *Calderwirt* 1382 Kolin, *Kalderleytgebe* (Mostschenkwirt) 1409 Olmütz.
Kaltschmidt: der Kupferschmied, Kesselschmied, geht z. T. mit Kalkschmidt durcheinander, vgl. Hensel *Kaltsmid (Kalichsmit!)* 1385 Dt.-Brod.
Kalweit s. Kallweit! – **Kameke** (von): ostd.-slaw., auch Kamke.
Kamin: ostd.-slaw. ON., dazu **Kaminski.** – **Kambs** (Ro.) s. Kamps!
Kamlade (Hbg.): ON. wie **Kamlah** (s. Kalberlah!); *kam-* »Sumpf, Schmutzwasser« (Bahlow, ON. S. 249).
Kammann (Westf., Hbg. oft), Kammeyer ebda: verschliffen aus **Kampmann,** Kampmeyer (Kampfmeyer), nach d. Wohnstätte am Kamp = Feld, häufig im westf. Hofsiedelgebiet. S. auch Kamp, Kampf, Kämp(f)er!
Kammer (obd.) = **Kammerer** »Kämmerer«, soweit nicht = Kamber »Kammacher«. Weigel *Kammer* 1367 Iglau, Jehel *Cammer(er)!* 1396 Budweis.
Kämmer, Kemmer (obd.-schles.): soweit nicht = Kämmerer, ist der »Wollkämmer« (mhd. kemmer) gemeint. Vgl. Rütsch *kemmer* 1372 Lg.
Kämmel, Kemmel, Kemmle (obd.) = mhd. kembel, kemmel, kammel »Kamel«. Auch Hausname *»zum Kämbel«* (noch heute in Zürich). Burkart *Kämeli (Kemlin)* 1346/49 Konstanz.
Kämmerer, obd. **Kammer(er),** humanist. **Camerarius:** Verwalter der Einkünfte, der Schatzkammer (an Höfen, in Gemeinden u. Klöstern). Dazu Kammermeister, Kammerschreiber, Kammerknecht, Kammerwächter. **Kämmerling** (mhd. kemerlinc »Kammerdiener«).
Kammin: slaw. ON. (Pomm., Meckl.). – **Kam(m)ler,** Käm(m)ler (Brsl., Dresd.): s. Kamsetzer! Aber nach dem DWB 5, 133 = »Wollkämmer«!
Kamp, »verhochdeutscht« **Kampf:** in Nordwestdtschld., bes. in Westf. häufiger Flurname = »Feld«. Dazu **Kampmann, Kammann** (!), vgl. Distelkamm, Rohkamm (Rodekamp), **Kamschulte, Kamp-,**

Kampfhenkel (Henkel = Heinrich, Henrich), Kampfmeyer u. ä. Auch Komposita wie Surkamp, Kulenkampf, Kreuzkamm. Ebenso westf. Ableitungen auf *-er* (vgl. Büscher, Hölter): **Kamper,** Kämper, Kemper, Kämpfer nebst Bohnenkämper, Strotkemper, Holzenkämpfer. Ndrhein.-westf. auch Ingenkamp (»in dem K.«), Uppenkamp, Kempgen. Vgl. auch ON. Kampe i. O., Kampen/Schlesw.-Holst., Campen u. ä.

Kamp(f)rath = obd. (mhd.) kampradt »Kammrad in der Mühle« (vgl. Hans Müller der Junge, des *Kamprats* Sohn, 1438 Württ.).

Kämpf (obd.), Kempf, Kömpf (bair.); Kämpfl, Kempfle: »Zweikämpfer« (von Beruf: gerichtl. oder auf Jahrmärkten); s. Fechter, Schirmer! Friczsche *Kempf* 1392 Eger, Jacob *Kempf* 1259 Straßbg.

Kamps, Kamptz (von): slaw. ON. (Tessemar v. *Campiz* 1286 Meckl.), Kambs (2mal in Meckl.).

Kampstra, Camstra: fries. s. Deikstra! Take *Camstra* 1420.

Kamrad, Cammerath (ostd.) s. Gamradt! Vgl. Pesolt *Kamerat* 1368 Budweis.

Kamsetzer (obd.): »Kamin-, Herd-, Ofensetzer« (mhd. kámin, kémin, »Schornstein, Herd«). *Kamensetzer* 1349 Augsbg., 1455 Ulm, *Cammelseczer* 1417 Prag/Zwickau, *Kemelseczer* 1393 Iglau, 1569 Fulda.

Kändler, Kendler (obd.): mhd. kandel »Kanne«, *Kandlgießer* 1450 Nbg. Vgl. Kandlbinder. Thomas *Kandler* 1328 Außig. In Mähren *Kondler* 1400. Aber Kandelbächle (m. d. Kandel-Berg: mons Kanden) s. Bahlow, ON. S. 249. Dazu Kandelhardt. – **Kander:** ON. Kandern/Lörrach (Uli *Kander* 1312).

Kaneel (ndd.): »Zimt« (in Stangen-, Röllchenform), ÜN. des Gewürzkrämers, wie Muskat, Kardamom u. ä. (Hinr. *Kanel* 1341 Strals.).

Kanetscheider, Kantschieder (Tirol): Hofname, wohl zu ladin. cannecetum »Röhricht« (lat. canna).

Kaninck (Hbg.): fries. Patr., vgl. Hidde *Kaneken* 1442 (Stark, S. 170).

Kanitz: slaw. ON., vgl. Canitz/Sa. (J. *Canitz* 1409 Görl.) – **Kankel:** ON. Meckl. (1279 Ro.); vgl. lit. Kankeleit. **Kankelfitz:** slaw. ON./Stettin.

Kann(e)gießer, ndd. Cannegieter, -geter: z. Gewerbe der Zinngießer gehörig (vgl. obd. Kändler! schwäb. *Kantengießer* 1389 Augsbg., bair. *Kandelgießer* 1450 Nbg.). Eine Kannengießerstraße in Brschwg. *Kannengetere* 1339 Bremen, 1372 Greifsw., 1300 Strals.; Gebhard der *kannengißer* 1372 Lg., s. Bahlow, Lg. FN. S. 139: der Bleizusatz zum Zinn betrug etwa 8%. In Brsl. 1356 ein Cune *mit der kannen,* in Frkf. 1332 e. Wirt Henkele *zu der kannen;* Gerung *kanne* 1325 Augsbg. Dazu auch **Kann** (Hbg.) nebst **Halfkann** (Halbekann), Löse-kann (wie Lösekros, mit Tülle).

Kannewurf: ON. Kannawurf a. Unstrut. Albert von K. 1245.

Kanter, Kanther, Kanters (ndd.-obd.-rhein.): lat. cantor »Vorsänger« (Arnold *cantor* 1298 Ro.). Vgl. Singer! Andr. *Kanther* 1498 Stuttg.

Kantha(c)k: »Kanthaken«, eiserner Haken z. Kistenheben; ÜN. für Auflader u. dergl. Vgl. auch Dreikant, Vierkant, Kantwerk.

Kantler (obd.) nebst Kantel s. Kändler! – **Kant(h):** oft in Brsl. (Hensel *v. Kant* um 1320 usw.), z. ON. Kanth/Schles.

Kantner s. Kentner!

Kantzow: ON./Meckl. Bekannt durch den pomm. Chronisten Thomas K. z. Zt. Luthers.

Kanz (obd.): wohl Nackenmähne. Eberh. *Kanz* 1288 Tauber.

Kanzler, Kenzler: Vorsteher der Kanzlei (lat. cancellarius).

Kapaun, Kappuhn, Kaphahn (griech. kapón): »verschnittener Hahn« (mhd. kappûn, auch = »vir castratus«), angelehnt an »Hahn«; Henr. *Capûn* 1280 Ro., (auch Hbg., Greifsw.). Vgl. Kaphengst, Kaphammel.

Käpernick = Köpernick, s. Kopernicus!

Kapf, Kapfer (Kapferer): obd. (Württ., Baden, Bay.), d. Wohnstätte am Kapf (= Bergkuppe), vgl. ON. Biedenkapf (heute -kopf/Hessen). Hans *ab dem Kapf* 1381.

Kapfinger: ON. Kapfing (Bay., Tirol).

Kaphengst, -hingst (ndd.): »kastrierter Hengst, Wallach«, Berufs-ÜN. des Kastrators. Vgl. **Kapaun!** Kophamel.

Kaplan: eigtl. Kapellengeistlicher, Hinr. *Cappelan* Lüb.

Kapp (obd.), Kappe, Käppel(e): = Kappenmacher, -schneider, Kapplmacher (mhd. kappe = kogel »Kapuzenmantel, Reisemantel, auch Bauernkittel; Kappe, Narrenkappe«). Dazu Weißkapp, Hautkappe. Heintz *Kapp* 1351 b. Wiesloch. Heinr. *Käppli* 1358 Konstanz, Bertold *Kappenzipfel* 1304 Stuttg., Joh. *Kappentanz* 1496 Speyer. Vgl. aber auch mhd. kappe (mask.) »Kapaun«: kappengülte »Kapaunzins«.

Kappelmann: z. ON. Kappel, Cappel, Kappeln (bes. nordwestd.).

Kappler (obd.): lat. capellarius, auch Kappelherr: Geistlicher an einer Kapelle, auch wohnhaft bei e. K. (R. *bi der Chappel* 1272 Regsbg.).

Kappus, Kappes: ÜN. des Kohlbauern, zu mhd. kabeß »Weißkrautkopf« (aus lat. caput »Kopf«). Thid. *Cabuz* 1277 Ro., Heyleman *Cappuß* 1320 Mainz, *Kappsheupt* 1476 Glatz.

Karbe: mhd. karwe »Feldkümmel«.

Karch(er), Kärcher, Kercher (Württ., Baden, Elsaß): »Kärrner, Karrenfuhrmann«, vgl. Weinkercher; auch **Karrer,** Kärrler, (schwäb., Ochsenkärrler): Ulr. *Karreler* 1281. Cunr. *Karricher* 1248 Speyer. Mhd. karrech = lat. carruca.

Kardemom: ÜN. des Gewürzhändlers, -krämers. Joh. *Cardemoume* 1334 Lüb., ebda. Herm. *Kanel.*

Kardinal: vgl. Bischof, Papst u. ä. Schon 1135 in Köln: Hartman K.

Karge, Kärgel (obd.-schles.); auch **Karger,** Kerger (Schles.): mhd. karc »listig, schlau« (Berhtunc was listic unde *karc,* dann auch »knauserig, unfreigebig« (*karger vilz,* Schimpfwort im Fastnachtspiel). Hs Chr. Kärgel, schles. Dichter. Heinczel *Kergel* 1321 Prag, Nic. *Karger* 1361 Olmütz; Wigand *Karge* 1265 Hess.

Karius, Karies, Karges: Heil. N. (Macarius d. Gr., griech. »der Selige«). Im 15./16. Jh. als VN.: *Charius Balduf* 1504 Ravsbg., in Quedlbg. 1598 *Karries, Karges.* Vgl. Joh. *Keris (Karisii)* 1304 Worms (auch Charisius war Heil. N.). Aber ostd. Charisius (Danzig) urkdl. Karisse 1556: z. ON. Karisch/Schles. (vgl. Krokisius (Westpr., Schles.) statt Krokisch: aus Krakau).

Kar(c)k (ndd.) = Kerk, nach d. Wohnstätte: Biderkarken; *Bachterkarche* 1303 Lünebg.; vgl. Karkhoff: Kerkhoff. Karkmeyer (Westf.): Verwalter von Kirchengut.

Karl: Der N. Kaiser Karls d. Gr. (eigtl. = »Kerl, freier Mann«) war z. Zt. der Karolinger als Fürsten- u. Adelsname beliebt, aber volkstümlich nie im MA., daher heute selten als FN. (rhein. u. obd.). Als VN. ist er uns erst seit d. Ritterpoesie u. Romantik wieder geläufig geworden. (Bahlow, Unsere Vornamen, S. 59). Karlmann lebt als kathol. VN.

Karmann, Karer, Kahr (obd.): das Kar ist z. B. in Tirol = Talmulde als Weideplatz; dort auch der Karer Wald u. ä. Vgl. aber mhd. mnd. *kar* »Gefäß, Schüssel, Korb«: Alb. *Car* 1299 Ro., *Nadelkar* 1339 Wetzlar. *Karmecher* 14. Jh. Brsl.

Karnap: mnd. »Erker«. Auch Straße in Harburg und Gehölz b. Lauenburg; als ON. b. Essen. Markward Karnap 1340 Kiel.

Karnatz (Rostock oft): wend. ON. wie Kolbatz u. ä.; vgl. Karnin, Karnitz.

Karnöffel, Korneffel: ein Kartenspiel des MA.s. (Vgl. auch Hans *Kartenspiel* 1448). Heinz *Karnüffel* 1450 Stuttg. Ähnlich *Fifundetwe, Quaterdri.*

Karow, Carow (Stettin oft): wend. ON. (Meckl., Pomm., Brdbg.).

Karpf (obd.), **Karpe** (ndd.): »Karpfen«, ÜN. des Fischhändlers (*Karpe* 1257 Ro.), wie Bars, Stör, Stint, Schlei, Schlie, Schnäpel, Gründel u. ä. Dazu *Karpenkiel, Karpenvot, Karpenmaul;* (vgl. den Ritter Emecho *Karpe* 1270 b. Mainz).

Kar(ra)batsch: »Hetzpeitsche« (tschech.-poln., wie auch Peitsche, Knute, Kantschu slaw. Wörter sind).

Karrer (obd.): »Karrenfuhrmann«, Conr. *Karrer (Karrenknecht)* 1430/40 Württ. S. auch Karcher, Kärner, Kerner! Vgl. Stürzekarn (*Störtekare* 1300 Greifsw.); *Karrebuc* 1273 Ro. (u. Lüb.).

Karsch (ndd.): »munter, lebhaft« (vgl. *karschelewe!*). Joh. *Karsche* 1416 b. Rostock. Barth. Marie Luise *Karsch(in),* Dichterin 18. Jh.

Karseboom (ndd., Wismar) nebst Kersebom = Kirschbaum. Vgl. Cassebom 1300 *Kersebom* b. Rostock.

Karstedt: ON. Karstädt (Prignitz, Mecklenbg.). Aber obd. Karstadt.

Karsten, Karstens, **Kasten,** Kastens, auch

Carsten(s), fries. auch **Cassen(s),** zeigt den ndd. Lautwandel *er: ar* (um 1300), steht also für **Kersten,** d. i. Kirsten: Christian, s. dies! Gekürzt auch **Karst:** Grotkarst, wie Kerst, obd. Kirst neben Kirsten. Patr. auch Carstensen, Kastensen (Hbg., Holst.), Kasting (Westf.). *Kasten* Borgwaldt 1780 Ro.

Karsthans (obd.): Spottname f. Bauern (s. DWB 5, 232), auch Karschhans, zu karst »zweizinkige Hacke«. Cuntz *Karst* 1364 Mainz, R. *Karstman* 1240 Brixen.

Karter (Württ.): mhd. karter »Wollkrämpler« (karde, karte: Weberkarde, z. Wolle kämmen). A. *Karter* 1478 Stuttg.

Karthäuser: z. ON. Karthaus (mehrf.); auf Klöster des Kartäuser-Ordens deutend. Auch Carthus u. ä.

Käsbohrer (Württ.), Kösporer (Bay.): Nic. *Porinkeys* 1365 Brünn. *Käsborer* 1383 Kempten/Allgäu.

Kasch (ndd.) s. Karsch! Zum r-Schwund vgl. ndd. Kasten = Karsten, bost = borst »Brust«, Hostmann = Horstmann. Aber **Kaschke** (Schles.) beruht auf slaw. Lukáschek (Lukas), wie Maschke auf Tomáschek (Thomas).

Kaschub: der Kaschube (Kassube), slaw. Volksstamm in Pomerellen. **Cascorbi** (»Käsekorb«) s. Korb!

Käse, Keese (obd. **Käs,** bair, Kaas, Käslein; rhein. Käsgen): ÜN. des Käsehändlers (Käs-, Kees-, Caasmann) bzw. des **Käsers** (Keser), der Käsbauern; auch Kesemacher. Dazu Käsmaier, Käsbeitzer, Käsbohrer (s. dies!); *Käsewasser* (Molken); *Schabenkese, Rivekese, Schimmelkäse,* Hartkäse, Vierne-, Lotter-, Schönekäs, Siebenkäs, *Pfingstkes, Halbkes* 1343 Brünn; s. auch Käsebier! *Käsranft, -renftli* (Spottname) 1486 Zürich.

Käsebier meint »Käse und Bier« (ÜN. etwa f. Gastwirte, die nur kalte Speisen verabreichten), wie Käsebrot (urkdl. *Keseundbrot* 1345 Brünn). Vgl. Henr. *Kesebir* 1318 Horsmar/Unstrut. Ähnlich *Milchundprot, Wasserundprot*/Iglau.

Käser, Käsmann u. ä. s. Käse! (Ulr. *keser, caseator* 1345 Brünn).

Kaspar (der Mohr) kam wie Melchior u. Balthasar (als N. der heil. 3 Könige) erst im späten MA. als VN. auf (vgl. die Dreikönigsspiele); beliebt im 18. Jh. (Caspar David Friedrich), dann abgewertet durch die Figur des Kasperle. Als FN. auch **Casper,** Caspersen (Holst.), Caspers, Kesper(s) rhein.; fries. **Jasper(s),** Jaspersen, Jesper(sen). Caspary (jüd.). Kasparek (slaw.), Kaspereit (lit.).

Kassebohm s. Karseboom!

Cassens (fries.) s. Karstens! – **Cassirer:** jüd. (junger N.).

Castor (Caster): Patron von Koblenz, daher FN. im Rhld.

Kassner: ON. Kassen/Mähren.

Kasten (fries.) s. Karsten! – **Kastenholz** (Köln oft): ON./Rhld.

Kästner, Kestner, frk.-bair. Köstner, obd. auch Kastner (Glatz, m. mundartl. a für e): eigtl. »Verwalter des Kornkastens«, u. da aus den Getreideabgaben die Steuern sich entwickelten, schließl. »Verwalter aller Einkünfte« an Fürstenhöfen, Klöstern usw., »Rentmeister«. Dazu obd. Kastenhuber, -meier, -bauer. Heinr. *salzkastener* 1289 Würzbg.

Kassube s. Kaschube! (Hans *Kassube* 1411 Haldsl.).

Katharina (griech.-lat. »die Reine«): Märtyrin, neben Margareta u. Elisabeth eine Hauptheilige des MA.s, KF. **Käthe** (wie Grete, Else) obd. Kathi, Katherl, Katrin, Katrein (nebst Trine); schwed. Karin (St. Karin-Kirche in Wisby); russ. Katja. Der obd. FN. **Kathrein(er)** eher z. mehrf. ON. St. Kathrein. Vgl. aber das Metronym: Henneke *Katerinen son* 1336 Ingelheim; auch *Keterlin* 1366 Brsl. u. *Katusch* 1365 ebda. Obd. auch **Ketterl(er).**

Kathmann, Kathmeier (westf.-ndrhein.) neben Kothmeyer: Inhaber einer Kate (Kote, Kotte), Tagelöhner (ohne Acker, nur m. Garten), Kossäte (Kot-saete: -sasse, wie Holt-saete: Holste). Vgl. **Halfkath.** Katenbrink, -kamp. In Holld.: ten Cate, ten Doornkaat. S. auch Köther, Kötter! Ein ON. Kathen (1408 *Koten*) in Holst. Vgl. Herm. *Katheman* = Herm. *in den Koten* 1430 Lemgo.

Katte (ndd.) = Katze. Dazu Kattfuß, Kattenstert. Bekannt durch Leutnant v. Katte, Freund des jungen Friedrich (1704/30).

Katz: als jüd. N. aus Kahen-zedek »Priester d. Gerechtigkeit« kontrahiert. Sonst auch ÜN. (von katzenartigem Wesen oder f. Katzenfreunde, -schinder). Vgl. *Katzenhaupt, Katzenwadel* (»Schwanz«), *Katzenjeger* 1413 Prag, *Katzenschinder*

1332 Brsl., Hensel *Kacze* 1346 Prag, Nic. *Keczl* 1362 Mies, Jekl *Sibenkeczel* 1354 Olmütz. Dazu **Kätzler,** Ketzler (Schles., Böhmen): Ulr. *Keczler* 1363 Prag, Hanco *Ceczler* 1349 Lg.

Kaub (Rhld., Saar): ON. Kaub a. Rh. (Henne *von Cube* 1391 Frkf.).

Kauba, Kaube (Sa., Schles.) s. Kuba, Kube (slaw.) = Jakob!

Kauder(er) s. Kuderer! – **Kauer(t):** vgl. ON. Kauern/Gera (slaw.).

Käufel, Kaifel, **Käufler,** Kaifler (obd.-öst.) = (mhd.) »Kleinhändler mit Altwaren, Trödler«. Dazu **Käufer** »Verkäufer«: Eierkäufer; auch einfach **Kauf:** Luzze der *Kauffe* 1281 Elsaß. Vgl. Theuerkauf, Leykauf, Weinkauf, Irtenkauf. Mathias *keufel (keufler)* 1343 Brünn.

Kauf(f)mann, ndd. Koopmann, Kop(p)-mann, ndrhein. Koopmanns: im MA. = »Großkaufmann«, Kaufherr, im Gegensatz zum **Käufler,** Höker, Pfragener, Menger, dem Kleinhändler. Heinr. *kauffman* 1387 Lg. Am städt. Kaufhaus wohnte Peter *koufhous* 1343 Prag.

Kauffung: ON. Kaufungen/Kassel. Kauffung/Lg. (Bahlow, ON. S. 254!).

Kaul, Kaulen (ndd.-westf.) s. Kuhle!

K(a)ulbars(ch): ÜN. des Fischhändlers, wie Bars, Seebars. Reyneke *Culebars* 1356 Greifsw. – **Kaulbach:** obd. ON.

Kaulfers(ch): »Kaulferse« (Klumpfuß, vgl. Kaulfuß, Kaulhaupt); Hs *Kulvers* 1381 Böhmen. G. *Kaulverß* 1619 Friedeberg a. Qu.

Kaulfuß (Sa., Schles.): »Klumpfuß« (md. kûle = kugele »Kugel, Klumpen«). Nic. *Kaulphus* 1424 Prag. Vgl. Kaulhaupt (1413 Olmütz), Kaulfers, Kaulbars, Kaulquappe.

Kaumann, -meister s. Kohmann!

Kaupper: aus Kauppa/Sa., Kauppen b. Fulda. – **Kauruff,** Kauerauf: schon ca. 1380 *Kawirauf*/Lg.

Kausch, Kausche, Kauschke, -ka, Kauschen: ostd.-slaw., wie Kusch(ke), vgl. ON. Kauscha, Kauschen.

Kaut, Kaute: mhd. (md.) kûte = Flachsbüschel, Kaute; obd. »Täuberich«: Ruof *Kut* 14. Jh. Württ.

Kautzsch: slaw. ON. b. Dresden. – **Kau(t)z:** mhd. kûz »Kauz«.

Kauwertz: mhd. ka(u)werzîn »roman. Geldwechsler, Wucherer« (afrz. chaorsin: aus Cahors/Südfrkr., das wegen Wuchers berüchtigt war). Engelbert *Kauverzin* 1314 Frkf.

Kaven, Kaben (Hbg., Ro.): = mnd. koven, kaven »Koben, Bretterhütte«. (Vgl. Stoven: Staven: Staben). Kerstian de Coven 1313 Stettin, Joh. de Coven 1385 Ro., Alb. Kawen 1338 Hbg. Vgl. Joh. Schapekove 1382 Dortmd., Swinekove 1450 b. Ülzen.

Kay (Hbg. oft): fries. Pers. N. Vgl. Kai Uwe v. Hassel. Ein Kai (u. Gerda) in Andersens Märchen v. d. Schneekönigin. – **Kayser** s. Kaiser!

Kechler, Kächler s. Kachler!

Keck, bair. Köck, alem. Kech: »lebhaft, mutig«. (Ich Walther der *Keche* 1327.)

Keckeis(en): obd. Schmiedename; bair. Köckeis.

Keding, Käding (Hbg. oft): aus Kehdingen, Marschldsch. a. d. Elbmdg. Schon 1266 Peter *Keding*/Hbg., Joh. *Keding* 1310 Strals., *de Cadingia*/Ro.

Keek (Mgd.): mnd. keke »Kehle«, auch »Plaudermaul«; »mit der rughen (rauhen) keke«. Tileke Keke 1392 Hi., Herman Keke 1300 Riga.

Kees(e), Keeser s. Käse! – Kegebein s. Kägebein!

Keffel (Hbg.): mnd. kevel »Käfer«, Raupe. (Gärtnername). Heyne Kevele 1400 Ro.

Kegel = **Kegler** »Kegelschieber« (vgl. Schubkegel u. Kegelwerper), bair. **Kögel,** Kögler. Auch Kegelmann. Vereinzelt wohl auch »uneheliches Kind« (vgl. »mit Kind u. Kegel«): *Frükegel* 14. Jh. Brsl. Alvericus *Keghel* 1293 Hbg., Eler *der Kegheler* 1405 Bremen, *Kegelwerper* 1324 Stettin.

Kehding s. Keding! – **Kehden** (Hbg.): vgl. Kedenhoff, Kedenburg. *Kedeman* 1495 Bremen.

Kehl: ON./a. Rhein. Aber ndd. (Hbg. oft) wohl ÖN., vgl. Auf dem Kehl!

Kehnscherper, Kienscherf s. Kien-!

Kehr, Kehren, Kehrer (obd.): Flurname; Arnold *an dem Kere* (Bauer) 1300 O. Rh.

Kehrein: nämlich ins Wirtshaus. – **Kehrpfennig:** »Geizhals«, vgl. Drücken-, Wehrenpfennig. – **Kehrwieder:** auch ÖN.

Kehrhahn: wohl md. ON. auf -hahn = -hain (-hagen).

Kehrsten s. Kersten!

Keib (obd.) s. Kaib! – **Keicher** (obd.): »Asthmatiker« (mhd. kîchen »keuchen«). Martin *Keicher* 1485 Pforzh.

Keidel (obd.): mhd. kîdel »Keil«, grober Mensch. Vgl. G. *Kidel* 1135 Köln.

Keie (ndd.): mnd. = »Wurfspieß«. Arnold *Keye* 1291 Ro. – **Keifer:** »Zänker«, Thid. *Kyveler* 1306 Greifsw.; *Keyferer* 1571 Füssen. *Kivenicht*/Hann. **Keifel** s. Käufel!

Keil: »Keil, Pflock«, Grobian. Vgl. Hartenkeil, Keilhack, Keilholz, Keilhau (mhd. kil-houwe), Werkzeuge des Holzbearbeiters (Keilhau ad auch ON./Thür.). Dazu Keilpflug, Keilwagen. **Keilich** (Sa.) s. Keulich!

Keim (Württ., Bay. oft): mhd. kîme »Keim, Schößling«. Vereinzelt übertr. als VN.: Joh. *Kyme* (Söhne: *Kyme* u. Johans) 1329 Berkach/Württ. (Brech.). Auch **Keimel,** Keimle.

Keiper (obd.): mhd. = »Fischmeister«. – **Keiser** s. Kaiser!

Keitel s. Keidel! – **Keith** (obd.): mhd. kît »Schößling, Sproß«.

Kekelrehm, Kegelriem (Köln): mnd. kekel-reme »Zungenbändchen«, ein Sprechbehinderter. Albero Kechelrime 1187 Köln.

Kelbling (Württ.) verhält sich zu Kalb wie Helbling zu halb. Auch ÖN. **Kelble** s. Kalb! (Urkdl. *Kelbelin, Kälbelin*). Auch Kelberer, Kälberer.

Kelch: mhd. auch »Doppelkinn«. – **Kelber:** ON. Kelbra/Unstrut.

Kelker (obd.): wohl = Kälker, Kalker.

Kell, Kelle (Hbg. oft): nordwestd. Flurname (kel »Sumpf« wie in Kellendonk: Bahlow, S. 256). Vgl. Hs *up der Kellen* 1597 Lippe, ON. Kellen b. Kleve, Kell/Rhld. Dazu **Kellmann.** Ein ON. Kella b. Erfurt. Vgl. auch Celle (Kjellu).

Kelle (Hbg. oft): auch Schöpfkelle, bzw. Maurerkelle. Vgl. den Kellensnider 14. Jh. Quedlbg. Dazu Füllkell, Schaumkell.

Keller: mhd. kellaere, keller »Kellermeister, Verwalter der Einkünfte« (an Höfen, in Klöstern usw.), wie Kellner! Vgl. »Bruder Pöczel unsers Clusters *keller*« 1520 Trebnitz. Ostd.-schles. auch **Kellert,** mundartl. **Kaller(t):** Schles. Nbch. S. 108.

Kellermann: an e. Keller beschäftigt oder wohnend. Vgl. Everd *Kellermann* 1457 Bremen nebst Herm. *up den kellere* 1370 ebda.; Hinrik *Kellerknecht* 1502 Oldbg.; Nickel *im keler* 1382 Lg. Dazu **Kellerhals** (obd.), auch ÖN.: Nic. *Kellerhals* 1388 Saar/Mähren. **Kellermayer** (obd.) = Maier auf e. Kellerhofgut.

Kelling (Hbg. oft): ndd.-westf. Variante zu Kellmann, s. Kell! Vgl. auch mnd. kelling »Schmerz«. Diderich Keling 1290 Wismar, Jüries Kelingh 1385 Ro.

Kellinghusen: nordd.-westf. ON. (mehrfach), alt *Kelenhusen* (Bahlow, S. 256).

Kellmann (nordd.) s. Kell!

Kellner: mhd. kelner = Keller, Kellermeister (s. o.!). Cunczchyn *kelner* (*cellerarius* ducis: herzogl. K.) 1380 Lg., Joh. Wilhelmi *kelner* des Klosters Leubus 1409; Herm. der *Kelner (Keller)* 1314/33 bei Rottweil. Ein *Weynkelner* 1568 in Görlitz.

Kell(n)höfer (obd.): mhd. kel(n)hof »Gutshof, den e. Kellerbeamter (Kelner) verwaltet«, der Kellmayer, der auch das kelgericht abhielt.

Kelm (Hbg.): ON. Vgl. Kelmer.

Kelter(mann), Kelterer: in der Weinkelter tätig. Arnold *in der kelter* 1343 Württ. Dazu Keltermeister.

Kelting (Hbg. oft): wohl ÖN. (ON.).

Kemme (Hbg. oft), Kemm, Kemming: vgl. ON. Kemme/Hildesh.

Kemmer s. Kämmer (»Wollkämmer«), z. T. auch »Kammacher: Henselin *kemmer (kemmenmacher)* 1360 Franken. Vgl. Kemmler!

Kemmerling s. Kämmerling! – **Kemmler** s. Kämmler u. Kemmer!

Kemna(de), von; meist obd. Kemenater, Kemmater, Kemmeter: z. ON. (ÖN.) Kemnat(h) u. ä., s. Keinath! Vgl. Nic. *Kempnater* 1396 Eger. Vgl. Bernd tor Kemenaden 1395 Mstr. »Gemach mit Kamin«.

Kemnitz, Kemnitzer: z. slaw. ON. (Böhmen, Sa., Prignitz), Kamnitz, Chemnitz, Kemnitz; *Kempniczer* 1383, 1366 Iglau, Prag.

Kempa (Beuthen oft!): ON./O.S.; auch **Kempe** (Neustadt, Brsl. oft!). Vgl. ON. Kempen/Posen.

Kempe (Hbg. oft): ndd. »Zweikämpfer«, s. Kämpf! Herward *kempe* 1257 Ro.

Kempenich: ON./Eifel (Bahlow, ON. S. 258).

Kemper (Hbg. oft), Kempermann (Westfalen, Hbg.) = Kämper, s. Kamp!

Kempf, Kempfle (obd.) s. Kämpf! – **Kempfer,** Kempfert s. Kamp! Kempf.

Kempin: slaw. ON., dazu auch **Kempinski.**

Kempke (Hbg. oft), Kempgens (rhein.) s. Kempe!

Kempt(er): obd., aus Kempten/Allgäu, daher oft in Bay., Württ. (Bahlow, ON. S. 257), auch Kemptner. Conr. *Kempter* 1337 Ravsbg. Aber **Kempner** (Bln. oft) z. ON. Kempen (Posen), vgl. ON. Kempa (O./S.). Friederike Kempner/Posen!

Kemstädt: aus Kehmstedt a. d. Wipper (entspricht Sollstedt, Küllstedt usw. im selben Raum, denn *kem* ist ein Wasserwort).

Kennemann (Hbg.): s. Kenning!

Kenngott (Württ.) s. Könngott, Köngeter (zu Kunigund)!

Kenning (Hbg.): vgl. den fries. Pers. N. *Keno,* patr. *Kenesna* (1372 usw.), Reno Kenonius 1377.

Kentner, Kantner (Schlesien): ÜN. des Kellermeisters (zu poln. kentnar, tschech. kantnér »Kellergestell für Bier- u. Weinfässer«), als Beiname Herzog Konrads v. Öls überliefert (»herczog Cunradt gen. *Kentener, Kantener*« um 1412). Vgl. die Notiz: »zweene tische volle gäste fielen in den keller, schlug vom *kentner* 2/4 bier, eines lief aus« (Schles. Nbch., S. 128).

Ken(t)zler s. Kanzler! Vgl. kenczelschreiber/Schles.

Keppler, Kepler (obd.): »Käppel-, Kappenmacher« (zu mhd. keppel), also nicht = Kappler. Vgl. deutlich Henr. *Keppler* pellifex (Kürschner) 1365 Prag nebst Hensel *Kepel* (Kürschner) 1382 ebda. Bekannt durch d. Astronomen Joh. **Kepler**/Württ. Variante ist **Keppner** (Freiburg).

Kerber (Schlesien): mundartl. entrundet aus **Körber** »Korbmacher«.

Kercher (Württ.) s. Karcher! – **Kerff** (Hbg.): ndd.-obd. »Kerbe«, ndld. kerven »einschneiden, kerben«, wohl ÜN. des Schnitzers.

Kerfak (Meckl.): wend., vgl. Klafak! – **Kerger** s. Karge!

Kerk, Kerkhoff (ndd. wie Kark-): nach d. Wohnstätte a. d. Kirche (vgl. bi der kerken: Biederkarken, Andekerke, Bovenkerk bzw. am Kirchhof). Wolder *bi dem kerchove* 1356 Hbg. Vgl. Joh. *Kerkenbreker* 1343 Lüb.

Kerl, Kehrl, Keerl (vgl. Karl): »Mann« (in Ritterkreisen beliebt), aber schon mhd. z. T. abschätzig, vgl. Hassenkerl, Gripenkerl.

Kerler (Württ. oft) = Kärler, s. Karcher!

Kerling: Patr. zu Kerl (mhd. auch »Karlinger«, Franzose) Kerlingen = Frankreich.

Kern (allenthalben oft): ÜN. für Bauern (wie Korn). Ostmd. (O. Laus., Schles.) mag slaw. krn hineinspielen, vgl. ON. Kern b. Grünbg. (dort oft FN.), Kernitz b. Lg.; dazu FN. Kernicke, Kernke. Hensel *Kern* 1375 Lg.

Kerner (obd.) = »Karrenfuhrmann«, s. Karcher! Bekannt durch Justinus Kerner (Romantiker), Württ. Aber sächs.-schles. = Körner!

Kerp, Kerb s. Kerff! Vgl. Hs. Kerbelmaister 1536 Allgäu.

Kerpen: ON. (Rhld., 2mal), prähistor. *Carpina* (Bachname, wie Fluß Carpino/Italien).

Kerschke, Kerschek: ostd.-slaw., vgl. ON. Kerschkow (1353 Kersekow)/Pomm.

Kerschner (dt.-böhm.) s. Kürschner!

Kerschstein, Kirschstein s. Christian! Aber Kerschensteiner (obd.) ist Herk. N. wie Eggensteiner. – **Kersebom** (ndd.), Kersekorf s. Kirsch-!

Kersten (Hbg. oft) s. Karsten (= Kirsten, Christian)! Dasselbe ist **Kesten,** vgl. patr. **Kersting, Kesting** (ndd.-westf.): in Lippe 1590 J. *Kersting,* 1617 Frz. *Kesting.* Ndrhein. **Kerstgens.** Auch kurz **Kerst, Kest.** S. auch Karst, Kast; Kirst, Kist!

Kerzendocht, -dacht (mhd. tâht), *Kerzenstummel* (1374 Worms) sind ÜN. für den Kerzenmacher, obd. auch Kerzler, Kerzner. Ein Haus »Zur großen Kerze« in Alt-Freiburg. Ndd. vgl. *Kersengeter* (Lüb., Ro.).

Kesel, Keseling (ndd.) s. Kiesel(ing)! – **Kesper** s. Kasper!

Kesselhut, ndd. Ketelhot: ÜN. f. d. Helmschmied bzw. den Behelmten (mhd. hut = Helm, vgl. Eisenhut). S. Ketelhot!

Kessemeier (Westf., Lippe): wie ON. Kessebüren z. Bach Kesse (Kasse) in Lippe (vgl. ahd. *kes* »Sumpf«, auch *kers*).

Kessler, ndd. Kettler, bair-frk. Kössler: »Kesselschmied, Kupferschmied«; Nic. *kesselmacher* = Nic. *kuppersmid* 1408 Prag; Hs. *Kesseler* kleinsmid 1384 Brsl., Erbo *Kesseler* 1261 Straßbg. Dazu die

ÜN. **Kessel** (soweit nicht Flurn.: Talkessel! Vgl. Konr. *vam Kessel* 1280 Köln), auch *Kesselboden* 1381 Iglau. **Kesselhake, Kesselring** (über dem Herde); *Kesselring* 1249 Mainz, 1397 Straßbg., 1247 OÖ; in Speyer auch Hausname.

Kesten s. Kersten! Ein Ort Kesten b. Wittlich. – **Kesting** s. Kersting!

Kestner s. Kästner! Desgl. **Kestler** (vgl. *Kestelin* 1371 Straßbg., *Kestchen* ca. 1350 Brsl.). – **Kestenholz:** ON./Elsaß, Joh. *Kestenholz* in K. 1417; vgl. Kastenholz (Köln oft), zu mhd. kestene (lat. castania) »Kastanie«. – **Ketel-** s. Kettel-!

Ketels, Ketelsen (Hbg. oft): nord.-fries.-dän.-isld. Pers. N. *Ketil* (Kesselhelm).

Ket(t)el (ndd.) = »Kessel«, ÜN. f. d. **Kettler** (Keßler) bzw. **Ket(t)elböter** (-büßer = -besserer, Kesselflicker, vgl. Oltböter: Altbüßer!). Eine Kettelbötergasse einst in Magdbg. *Ketelböter* um 1300 in Hbg., Lüb., Ro., Greifsw., Strals. **Ketelhake** »Kesselhaken«. *Ketelrand* (Lüb.).

Ket(t)elhohn (ndd.) = Kesselhuhn. vgl. Kluckhohn.

Ket(t)elhot (ndd.) s. Kesselhut! Ein Ritter Gerh. *Ketelhot* 1254 Meckl.

Kettler (ndd.) s. Kettel! Joh. der *Ketteler* 1271/Westf.

Kettner (obd.): »Kettenmacher«. Conr. der *Ketner* 1340 Eger, C. *ketner (kethener)* 1351 Lg. Ein *kedenbißer* (»Kettenbeißer«, vgl. Eisenbeißer) 1340 Frkf.

Ketterer (Württ., Baden): urkdl. Kätherer, also Metronym zu Käther = Katharina; vgl. Keterlin! Obd. auch Ketterl(er).

Ketzler, Ketzel s. Katz!

Keuerleber (schwäb.): der »geheuer«, d. i. angenehm, lebt, vgl. Schön-, Wohlleber.

Keuk (van): ndld.-ndrhein., ÖN. *Koke* »Moor, Schmutz«, vgl. Kokelake, Kokelare (Keukelaer) wie Covelare (Ceuvelaer). Bahlow, ON. S. 270.

Keule: Schlagwerkzeug (auch Waffe) wie Schlegel, Kolben u. ä. Vgl. auch ON. Keula/Thür. (Cule, wie Keulbeck: Culbiki i. W. = Moderbach).

Keulich (Sa., O. Laus.) ist diphthongiert aus Kulich, s. Kulicke!

Keune(ke), Keunemann, Keuntje (nd.-rhein.) = Köneke, Könemann (ndd.) KF. zu Konrad.

Key (Hbg. oft) s. Kay! Vgl. auch Keie! – **Keyl** s. Keil!

Keyser s. Kaiser! Dazu (westf.) **Keyserlingk;** vgl. aber auch Kiessling!

Keyserling (ndd.): entstellt aus mnd. keseling »Kieselstein«. Wesseke Keseling 1294 Mgd. Joh. Keserling (Keyserling), Bgmstr. 1440 Herford. Beiname für steinharte Naturen (»wy synt gelyket den keserlinck steynen in unsen stryden«!).

Khodl (Ö.): mundartl. für Kadel, s. dies! – **Kiderlen** s. Küderle!

Kiebler, Kiebel (obd.) s. Kübler!

Kiechle (obd.) s. Küchle!

Kieckebusch: ON./Brdbg. (auch ÖN.). – **Kieckenap** (ndd.): »guck in den Napf«. **Kieckheben,** -häven (ndd.): »guck in den Himmel« (wohl ÜN. des Sternguckers), vgl. Sternkiker, Sternseher. **Kiekut** »guck aus« (aus ÖN.). **Kiekhöfel,** Kiekhefel (ndd.): hövel »Hügel«.

Kiecker (ndd.): kieken = gucken. **Kieck** ist auch ON.

Kiedaisch (schwäb.) = Kuhmist, Bauername; mhd. teisch »Mist«. Vgl. Daisch, Deischle!

Kiefer (obd.-schles.) s. Küfer! In Württ. beruht **Kieferle** wohl auf mhd. kifen »nagen, kauen«, wie z. B. Schwigger *Kifer (Kiferlin)* 1381, H. *Kiverli* 1293, Alb. *Kiver* 1265 (m. kurzem *i*). Vgl. dazu **Kief(h)aber** (obd.), Satzname: »kau Hafer«, ÜN. des ärmlich Lebenden bzw. des Haferbauern (»Wiltu kiffen Haberstro?« heißt es im Liederbuch der Klara Hätzler, Augsbg. 1471; »Du *kiffest* wohl noch Haberstro?«: Zimmersche Chronik, 1550). Hainr. *Kyffhaber* 1397 Augsbg.

Kiefler, Kiefer, Kief (ndd.): »Keifer, Zänker«. Herman Kyveler 1298 Ro., Jac. Kyvere 1318 Lüb., Joh. Kivenicht 1633 Wunstorf. Thideke Kyvenibbe »Keifschnabel« 14. Jh. Hbg.

Kiehl (Hbg.) s. Kiel! – **Kie(h)m** (Württ.) s. Keim! Desgl. Kiemle.

Kiehn(e): obd.-sächs. = Kühn(e)! – **Kiekheben,** Kiekebusch, Kiekenap, Kiekut s. Kiecke-!

Kiel (Hbg. oft), Kiehl, **Kielmann:** aus Kiel/Holstein (m. d. »Gr. + Kl. Kiel«: *kil* »stehendes Gewässer«, so noch holld.-fries., vgl. den Polder Kieldrecht; Bahlow, ON. S. 262). *van Kile, Kileman* um 1300/Lüb. usw. oft. Im übrigen vgl. mnd. *kîl* »Keil« (wie in FN. Kielblock/Hbg.). Der *Kil-, Kel-mester* (1291 Rostock) war »Schiffsführer« (mhd. kiel »größeres Schiff«, kielgesinde »Schiffsmannschaft«).

Kielwein, Kieltrunk s. Kühl-!

Kiem, Kiemle (Württ.): alem. Variante zu Keim, Keimle.

Kien, Kienappel, Kienbaum meinen das harzreiche Kienholz (von Kiefer u. Fichte), als Heizmaterial. Desgl. **Kienast** (Heinr. *Chienast* 1286 Württ.), aber in Schlesien (Lg. oft) neben Kühnast, Kynast spielt der slaw. N. des *Kynast* (Burgberg i. Rsgeb., auch Flurn.) hinein. Vgl. auch Kienscherf! Kienruß!

Kiencke s. Künicke, Kühnke! – **Kienle** (schwäb.) s. Kühnle! – **Kienöhl,** Kühnöl = Kühnel!

Kiene, -mann, -mund s. Küne-, Kühne-!

Kiendl (Ö.) = Kühndl (Kunrad).

Kienert s. Künert!

Kienscherf, Kehnscherper (ndd.) = »Kienspan«, vgl. Herm *kênrôk* »Kienrauch« 1328 Lüb.; Bartel *kynhewer* 1491 Lg. L. an dem *Kienmarkt* 1297 Wien. S. auch Kien!

Kientopf, Ken-, Kühn-, Köntopf: vgl. ON. Köntopf b. Köslin, Konitop/Westpr.

Kienzle (schwäb.) s. Künzel! – **Ki(e)rmaier** (obd.) = Kirchmaier.

Kiep, Kiepe (ndd.): »Rückentragkorb«, ÜN. des **Kiepenheuer,** der Kiepen fertigte (vgl. Bardenheuer u. ä.). Dazu **Kieper:** Hinr. *Kiper* 1310 Stettin.

Kierschner s. Kürschner!

Kiesel = Kieselstein, auch in ÖN. (Kieselbach, Kieselhorst). Dazu **Kiesler** (obd.).

Kieser (obd.): amtl. Lebensmittelprüfer (mhd. kiesen »prüfen«), dazu Weinkieser u. Kiesewein; Wölfel *Kiser* 1330 Eger. Vgl. Kiesewetter.

Kiesewalter (Schlesien): aus Kiesewald b. Schreiberhau, vgl. Langenwalter (Langenwaldau), Buchwalter (Buchwald), Lewalter (Lewald). Niclas *Kyszewalter* 1421 Lg., L. Wysner *von Kyswald* 1570 Görl.

Kiesewetter (oft in Schlesien, Sachsen): »prüfe das Wetter!«, Wetterprophet (vgl. Zeigswetter). »Fruote bi dem lufte *kiesen* do began« (Gudrunlied Str. 903), *Kysewetter* 1310 Görl., 1370 Dresden. 1437 Lg.; Henslein Herdegen *der Kysewetter* 1422 Bamberg. Auch Kiss-. Küssewetter (Wien).

Kiesinger (Württ.): Herk. N.

Kies(s)ler (obd.): Herk. N. wie Kiesslegg (beide in Württ.).

Kies(s)ling (oft): mhd. kiselinc »Kieselstein« (mnd. keselinc), in Saalfeld um 1600 mit Kiesel wechselnd; häufig in Schlesien, O. Lausitz m. d. Variante **Kies(s)lich** (Schles., Nbch. S. 129). Auch ON. (Bay., Thür.), dazu ON. Kieslingswalde (Görl., Glatz). Ndd.: Wesseke *Keseling* 1294 Magdbg.; entstellt Keserling, Kieserling, vgl. Keyserling!

Kietz (ostd.-slaw., bes. in Brdbg.): (»Fischer-)Hütte«, auch ON.; Kietzmann.

Ki(e)witt (ndd.): der Kiebitz. – **Kiffmeyer** (Westf.): kiff »verfallene Kate«.

Kilcher (alem.) = Kircher; Kilchmaier = Kirchmaier. Hans hinderm *Kilchhof* 1356 Lahr.

Kilian: Patron v. Würzbg., fränk. Heiliger (Kilian u. Coloman waren irische Missionare in Franken, 7. Jh.). Schon Joh. Fischart wußte: »Franken heißen Kilian«. Dazu **Kilius,** Kilgus, Kill u. ä.

Kimm(e), Kimmen (Hbg.): ON. Kirchkimmen b. Bremen.

Kimmel (obd.-sächs.) = Kümmel; ÜN. für Gewürzkrämer oder Kümmelbauer. Vgl. Kaneel, Zimt, Lorbeer usw. Alem.-schwäb. **Kimmich** (*Kümich* 1370); vgl. den *Kimigschlaher* 1511 Nürnberg.

Kimmer: der Böttcher (Kimme = Bottichrand); vgl. Kimme-slegel 1386 Lg. Eggert Kymer (bodeker!) 14. Jh. Hbg., Hans K. 1382 Ro.; M. Kymeker 1443 Bremen.

Kimpfler s. Kümpfler! – **Kinadeter** (Bay.) = Kinateder: z. ON. Kinat-öd.

Kind, Kindt; Kindel, rhein. Kindgen: z. T. der Minderjährige (vgl. Ludwig »das Kind«, letzter dt. Karolinger 893/911); aber auch »kindlich-einfältig, unverständig«. Vgl. auch Peter *mit dem kinde* 1385 Brsl. Dazu Gutkind, Herrnkind, Liebeskind, Stilleskind; Süßkind (bes. jüd.). Zum Genitiv Plur. **Kinder** vgl. Hans *der kinder* 1433 Eisleben.

Kindermann: Kindererzieher, Schulmeister. Vgl. Bethe *Kindermennin* = Bethe die Schulmeisterin, Witwe des Schulmstrs. K. Spechtshart 1395 Reutl. Heinr. *Kinderman* 1384 Greifsw. Vgl. *Kindelman, Kindelwirt*/Brsl.

Kindervater mag den Geburtshelfer meinen (so DWB). Joh. *Kindervater* 1325 Greifsw., 1452 Witzenhsn., 1341 Strals.

Kindsvater (1410 Iglau) wohl = Taufpate. Vgl. mhd. kindermuoter »Amme«. Ein *Kindermacher* 1385 in Ratibor, *Kindermaker* 1357 in Holst., *Kintmacher* 1396 Budweis. Nicht eindeutig ist obd.-schles. **Kindler** (Württ. um 1300, Lg. 1429, Görl. 1502), vgl. mhd. kindeln »Kinder zeugen« u. *Kindelman* 1397 Lg. nebst *Kindelwirt* (wohl Findel- oder Waisenhauswirt). Ein Ritter *Kindelman* 1344 Pfalz.

Kindler s. Kindervater! – **Kingeter** (Württ.) s. Köngeter!

Kindschuh: ÜN. des Schuhmachers, wie Knabenschuh, Frauenschuh. **Kindsgrab:** ÖN., Herm. *ufm Kindsgrab* 1650/Lippe.

Kinkel, Kinkele(in) s. Künkele! – **Kinne** (schles.) s. Künne!

Kin(t)scher (Schlesien), auch **Küntscher,** beruht auf *Künischer* (Metr.) = Sohn (oder Gatte) der *Künne* (m. slaw. Suffix *Künisch, -usch*), KF. zu *Kunigunde,* im MA. sehr beliebt (N. von Fürstinnen u. Heiligen). (Näheres: Schles. Nbch. S. 43). Auch **Künne, Kinne** leben als FN. Zur Form vgl. Alscher, Hielscher. Urkdl.: *Cunne (Kunegunde)* v. d. Tincze 1347 Brsl., *Cunne (Konusch)* 1384 Lg., *Kunusch* 1376 Iglau, *Konuscher* 1350 Brsl. In Württ. vgl. **Köngeter!**

Kin(t)zel (obd.-schles.) = Küntzel (Konrad). **Kiock** (Schles.) wie *Kiaske:* slaw. = Kirstan (Mucke, S. 50).

Kipp (Hbg. oft): ndd. = »Zipfel«, vgl. **Kipphaut** *(Kiphot)* »Zipfelhut«. In Westf. auch Flurname (»aufm Kippe«). Dazu **Kipping.**

Kirch (obd.): bei der Kirche wohnend (auch ÖN.). Auch Kirchl, von der Kirch. Vgl. ndd. Kerk, Kirk.

Kircheis(en): obd., wohl wie Pfarreisen ein Schmied im Dienste der Kirche.

Kirchenbeter, -biter: Verwalter der Kirchensteuer, mhd. bete »Abgabe«. In Lg. 1340/91 *kirchenbiter, -bether* (Bahlow, Studien S. 136, 156!); auch in Böhmen 1418 *kirchenpeter* (Schwarz, S. 162).

Kirchenknopf: vgl. Kirchenthurm u. Turmknauf. Jekel *Kirchenknauff (-knop)* 1365 Brünn.

Kircher (obd.): mhd. = Kirchner; zuweilen = Kirchherr (Pfarrer, Patron). Vgl. auch ON. Kirch (Unterkircher, Feldkircher u. ä.).

Kirchhof(f): nach d. Wohnstätte, s. Kerkhoff! Ähnlich **Kirchhübel** (Hübel = Hügel). – **Kirchmann** (ndd. Kerkmann): im Dienst der Kirche stehend, z. T. = **Kirchmeier** (Verwalter kirchl. Güter).

Kirchner: mhd. = »Küster, Mesner, Kirchendiener« (in Thür. noch heute gebräuchlich).

Kirchschlager: z. ÖN. Kirchschlag/OÖ. (mehrf.).

Kirchwehm (Westf.): ndd. wedem (widem) = kirchl. Grundstück. Vgl. ON. Wehm/Ems.

Kirdel: ON. im Bergischen (alt *Kirle,* wie Berdel, alt Berle); z. Wasserwort *kir* s. Bahlow, ON. S. 263.

Kirieleis: a. d. Liturgie (Kyrie eleyson »Herr erbarme dich!«).

Kirmer (obd.): verschliffen aus **Kirmeier** (Kirchmeier), wie Stromer urkdl. aus Stromeier. Martin *Kirmer (Kirmeiger)* 1484 Basel. Vgl. Kirgasser = Kirchg.

Kirms(e), Kirms, Kerm(e)s: mhd. kirmesse »Kirchweihmesse«, Volksfest z. Andenken daran. ÜN. f. Jahrmarktskrämer. Nic. *kirmesse* 1411 Zittau.

Kirn: ON./Nahe. – **Kirner:** Hans *Kirner* 1373 Eger, wohl = Kerner »Kern-, Dinkelhändler« (wie ebda. Hirner = Herner!).

Kirsch, Kirsche: ÜN. des Kirschenhändlers, wie *Kirschkorb* (1383 Koblenz), ndd. kersekorf, u. die Spottnamen *Kirschenbeißer, -esser, -fresser, -fraß.* In Schlesien vgl. auch **Kirschke** (slawisiert?) neben häufigem Kirsch. Vgl. Krischke, Krischek = Krischan. – *Kirschenfaut* = K.-vogt (Franken); *Kirschgaumer* (Bozen) = Aufseher. Ein *Kirsemânt* »Kirschmonat« (Juni) 1313 Pfalz.

Kirschbaum, ndd. Kirse-, Kersebom: nach d. Wohnstätte (Henr. *Kersebom* 1360 Grfsw.; in Basel 1297 e. Haus *zem kirseboume*; in Mainz 1333 e. Haus *im kirsgarten*).

Kirschner (Sa., Schles.) = Kürschner!

Kirschstein (oft) neben **Kirstein** (oft) meint Kirsten: Christian.

Kirsten, Kirstan (md.) wie ndd. Kersten, Karsten = Christian, in Schlesien auch **Kri(e)sten** (Glatz). *Kirstan (Kristan)* v. Kanth 1328 Brsl., *Kirstan (Cristan)* kuppersmid 1383 Lg. Die r-Metathese schon um 950 im Lorscher Bienensegen; *Kirst.* **Kirst** (Kierst) ist obd., desgl. **Christ;**

Kirstgen, Kerstgens, Kürstgens, Christgen ndrhein. Mit Schwund der *r:* Kisten, Kist, patr. Kisting (westf.), Kesting, wie ndd. Kast, Kasten, Kasting.

Kist: s. Kirst! – **Kister** (obd.) s. Kistner bzw. Küster!

Kistner (Kistler): obd. (mhd.) = ndd. **Kistenmacher** (Kistemaker) = »Tischler, Schreiner«. Eine Kistenmacherstraße in Rostock. Dazu *Kistman* 1175 Köln; *Kistenstoßer* 1379 Alzey; *Kistenbuk* (Bauch) 1262 Hbg. S. auch Arcularius (in Hessen = Kistner)! Aber **Kistenfeger** (Stuttg.) = Plünderer.

Kitschold, Kitschelt (Schles., Sa.): ist erweitertes Kitze, Kitto, wend. KF. zu Kittan: Kristan: Christian, analog zu Hitschold, Nitschold, Fritschold, Petschold (Petschelt), Heintschold u. ä. *Kiczold, Kitschuld* als VN. um 1300/1400 in Glatz, Lg., Brsl., Görl. *Kycze* Stoer 1367 Böhmen. Dazu Kitschke, Kitsch(mann).

Kittel: ÜN. des Kittelschneiders (vgl. Else *Kitelsneiderin* 1374 Iglau). Desgl. Siebenkittel (wie Sieben-: Simrock, Siebenschuh; Siebenbeutel, Siebenwurst, lauter Berufs-ÜN.); Weißkittel; Lohkittel. **Kittler** wohl auch = Kittelträger; auch **Kittelmann** (Schlesien): Hs. Borisch alias *Kittelman* 1460 Görl. Joh. *Kytil* 1330 Schweidnitz, P. *Kittel* 1433 Lg., Hs. *Kittel* 1436 Franken. Vecencz *Kitteler* 1435 Lg. Vgl. aber Kittlau/Schles., Kittlitz/Sa.

Kittner (schles.) = Küttner, Kuttenträger, Mönch (spöttisch im »Renner« des Hugo v. Trimberg um 1300. Nicze Küttener 1359 Brsl. Vgl. Büttner: Bittner.

Kitzler (O/S., Böhmen) neben Kitschler (beide in Neustadt) dürfte z. VN. *Kitze* (s. Kitschold!) gehören, wie Petzler zu Petz, Petzold. Nic. *Kyczler* 1383 Brüx. Andernfalls wie Math. *Kyczel* 1405 Mähren = Zickelhalter, -bauer. Vgl. Albr. *Kitzvel* 1367 Württ.: Kitzfell.

Kiwitt, Kiewitt (ndd.) = Kiebitz. – **Klaffer:** mhd. »Schwätzer«.

Klaas s. Klas! – **Klaar** s. Klar! – **Klabes** s. Klawes!

Klafehn s. Klawehn!

Klages (ndd.) = Klawes = Nikolaus; auch **Klage,** Grotklage, Klagemann, Klagge(s). Zum Reibelaut *w* bzw. *g* in der zerdehnten Silbe *au* vgl. ndd. Pawel, Pagel für Paul; auch Plagemann f. Plaumann.

Klähn, Klöhn (Hbg., Meckl.) wie **Klä(h)nhammer,** Klönhammer ebda. dürften Schmiede- oder Schlossernamen sein (ndd. klönen).

Klahn, Kla(h)nfuß (Hbg.): wohl »Klumpfuß«. – **Klähr(s)** s. Klares (Hilarius)!

Klahr s. Klar! – **Klaholt:** ÖN./Westf. (Stina *ton Claholt* 1592 Mstr).

Klaiber (obd.) s. Kleiber! – **Klaj:** = Nikolai, Sohn des Nikolaus.

Klais, patr. Klaiser (obd.-rhein.): KF. bzw. Patr. zu Klaus (Nikolaus). Auch **Kleis,** Kleiser.

Klamann (nordd.) = Klagemann (Klaus), vgl. Klaholt neben Klageholt.

Klambt, Klämbt (schles.) = Klemmt, s. Klemens!

Klamer (nordd., selten): beruht auf dem VN. *Clamer (Clamor),* im 16./17. Jh. bei Patriziern in Mode; vgl. *Clamer (Clamor)* Winkamp 1572 Münder am Deister; bekannter ist der Dichter *Klamer-Schmidt* Halberstadt (1746/1824): *Clamor* Eberhard Sch.

Klamfoth (ndd.), Klamfuß: »krallfüßig« (»eyn del der vogele de sint klamvotich«).

Klamm (obd.): Aufderklamm. Mhd. klamm »Bergspalte, Schlucht«. Ortolf v. d. *Klamm* 1140 Bay.

Klam(m)t, Klam(m)et, Klampt (O. Laus., Schles.) beruht auf *Clament,* Dialektform zu *Clement,* schles.-slaw. = Clemens. Vgl. auch Kliement: Kliemt u. Klement: Klemmt! Mit k-Suffix **Klampke** wie Klemke, Klimke. Weiteres im Schles. Nbch. S. 63.

Klampfer(er): obd.-bair. = Klempner; auch **Klampfl,** Klämpfl (klampf = Klammer, Haken, klampfen »verklammern« vgl. Chlamphest 1414 Mähren. Jurzik *klampher* 1413 Olmütz.) Vgl. auch Klemperer!

Klamroth, -rott: thür.-ostd. ON. auch -rode, wie Klapproth u. ä.

Klamt (schles.) s. Klammt! – **Klänhammer** (ndd.) s. Klähn-!

Klapfer (Tirol): wohnt am Klapf = Fels; dazu Niederklapfer.

Klapp (Hbg.): wohl = mhd. klapf, klaff »Geschwätz« (des Verleumders). Dazu **Klappauf** »schwatz los!«.

Klapper, Klappert: mhd. klapperer »Schwätzer« (Verleumder); ostd.-schles. (Glatz, Neiße oft) kann nur die Mundartform für **Klepper** vorliegen! Mhd. klepper = Lehnspferd; so in e. Glatzer Urkde. v. 1325: Lehndienste »mit 40 *kleppern*«; Nic. *Klepper* 1427 Kamenz. Dazu Jos. Klapper, Autor d. »Schles. Volkskde.«.

Klapperschink, -zahn s. Schenkel, Zahn!

Klapproth, -rodt: Wüstung Klapperode b. Pöhlde/Vorharz. Vgl. Klamroth, Billroth u. ä.

Klapthor, Klapdor: wohl wie Klapheck = dörfl. Gatter (mit Klapptür).

Klar: Schles., Laus. oft, = Sohn oder Mann der Clara (Heilige), vgl. das St. Klaren-Kloster in Brsl. Nicze *mit der Claren* 1387 Görl., Peczco *der Claren* 1369; Jorge *Clare* (schulmeister) = Jorge, Nitsche *Claren son* 1384 Lg.

Klar(e)s, Klähr(s); Cleres: rhein. = Hilarius (s. Klörs!), *sant Cleri.*

Klarmann (obd.): wohl ÜN. des »lauteren, edlen, herrlichen« Mannes (zu mhd. klâr, ehrendes Attribut). Paul *Clareman* 1435 b. Meißen, Peter *Clarman* 1446 Worms. Auch **Klar,** Klahr, soweit nicht Metr. zu Klara. Vgl. auch Nic. *Clarbuch (-bauch)* 1330 Prag. Lud. *Clare* 1307 Greifsw.

Klasen, Klasing: ndd.-ndrhein. Patr. zu Klas = Klaus. Auch **Cla(a)sen,** Classen neben Nicolassen, Niklassen. Dazu Jungklas, Poggenklas, Klasohm u. ä. Obd. **Kläs,** Kläsel s. Kleß!

Klatt, Klatte (Hbg. oft): ndd. »wirres Haar«, vgl. »Klattenkopp«, Clattevole »rauhes Fohlen«. In Schlesien aber Mundartform zu **Klette** (Schles. Nbch. S. 63).

Klau(c)k(e): Hbg. oft, wie **Klo(c)ke** »der Kluge«. – **Klauber,** Kleuber (1414 Mähren, Chlaubsalz): kluben = »pflücken, auflesen«.

Klaudius (Klodius): rhein. Heil. N. (Bahlow, Vornamen S. 19). Aber Matthias *Claudius* Holstein = Claussen! (Claudius Liedel 1520 Basel). Kloudgens. Aber **Klauder** = mhd. klûder (Wollgewicht): Heinr. *Kluder* (mit 34 kluder wollen!) 1387 Grünbg/Hess., Nickel *Klauder* 1465 Altbg/Thür.

Klaus (obd. oft): = Niklaus, Nicolaus. s. dies! – **Klausing:** westf. Patr. zu Klaus, wie **Klasing.** – **Klauser** (Schweiz): Patr.

Klausner (obd., md.) wie ndd. Klüsener = Einsiedler. Wolfram *Clusener* (Schulze) 1340 Goddelau, Heinr. *Clausner* 1323 Budweis.

Klaus(s)en, meist **Claus(s)en** (Schlesw.-Holstein, Dithm.): sehr oft, = Claus' Sohn, Patr. wie rhein. Clas(s)en; vgl. holst. Petersen, Johannsen, Nielsen, Jensen, Paulsen, Frenssen, Andersen, Thomsen usw.

Klawehn, Klaf(f)ehn, **Klawitter:** ostpr.-lit.-lett. (wohl klava »Ahorn«). Auch Klawohn, Klawunder u. ä. – **Kläwi** (alem.) = Klaus. *Cläwin* Blötzlin 1396 Brsg.; *Cläwi (Cläs, Claus)* Marschall v. Zimmern 15. Jh.

Klaws, Klaffs (ndd.) = Klawes = Klages: Klaus.

Kleb, Kleeb (obd.): Flurname (»nasser Ort«), vgl. »im Kleb« b. Künzelsau. Aber ndd. **Klebe** = Klewe, ON. (ÖN.) Kleve/Ndrhein. **Klebes** (obd.) = Klewes = Kläwi = Nikolaus.

Klebsattel, ndd. Klevesadel, Klevesahl, Kleesattel: ÜN. für den Reitersmann, vgl. Raumensattel, Deckensattel, Frettensattel. Egenolf *Klebsattel* 1438 Mosbach, Hannos *Clebesatel* 1383 Lg., Joh. *Klevesadel (Klevesal)* 1487/1502 Greifsw.

Klee: »Kleewiese«, ÜN. des Kleebauern. Vgl. Kleemeyer, Kleeschulte; Kleebauer, Kleemann; Springenklee (wie Springinsfeld); Wadenklee, Findeklee; Kleehaas (wie Kohlhaas); Kleeblatt; Kleefeld, -brink, -kamp.

Kleemann: urkdl. auch = Klemen(s)! *Cleman* Kuhefuß 1482 Altbg./Thür.

Kleen, Klehn (ndd.) = Klein, vgl. Lütt, Lüttke. So in *Klensmed, Klenedenst, Klenenbarg.* In Meckl. beachte den slaw. ON. Klein b. Rostock, umgedeutet aus Klene (»Ahorn«): *van Klene* 1270 Ro.

Kleesattel s. Klevesadel (ndd.): Klebsattel!

Kleffel (Hbg.) s. Kleve!

Klei (ndd.-westf.): »Lehmerde, Lehmboden«. Hermann *im Kleie* 1580 Lippe. Zumkley. Kleibömer, Kleikamp, Kleibolt (ÖN.), Kleibrink, Kleisiek; Kleibrak, Kleipohl; Kleimann.

Kle(i)ber, Klaiber (obd.), Kloiber (öst.): Bauhandwerker, der Lehmwände macht; Hannus *Cleyber* 1372 Lg. (ebda. 1389: »eine wand di gebouwet und *gecleybit* was«); noch 1569 Lg.: *dem kleber.*

Klei(e)nstäuber, -steuber, -stüber (Thür. oft): ÜN. des Müllers (vgl. den Müller Fäsenstaub Schweiz); im ndd. Redentiner Osterspiel (15. Jh.) verspottet der Teufel den Müller damit (daß ihm »die Kleie a. d. Nasen stäube«). Ein Hans *Klye* 1397 Straßbg. S. auch ndd. Kliefoth!

Kleim: wohl ÖN. (Lehmboden), vgl. ahd. kleimen »beschmieren«. ON. Kleimenhagen.

Klein, in Schlesien auch **Kleint** sowie **Kleiner,** Kleinert (Starkform wie Kahler(t), Brauner(t), Großer(t) usw.): Bahlow, Schles. Nbch. S. 27, 129. Nicht nur »klein von Körperwuchs«, sondern auch »jung« (junior) gegenüber dem älteren Bruder oder Vater! Dazu Komposita wie Kleinhempel, -hensel, -michel, -paul, -peter, -schmidt; Kleineidam, Kleinwächter, Kleinknecht usw.

Kleindienst: im MA. eine Abgabepflicht, z. B. 1325 in Bay.: Heinr. der Vorster hat gegeben einen *»chlainen dienst* ... und sint ze ostern 100 *aier,* 8 *chaes,* 6 *hüner,* 4 *gens«* (Mon. Boica 12, 165). Ulr. *Claindienst* 1266 Bay., Andr. *Kleyndinst* 1429 Lg., Joh. *Clenedenst* (Bischof) 1369 Lüb.

Kleingedank: mhd. gedank »Dank«, also der Undankbare.

Kleinkauf: der Kleinhändler. Vgl. Käufel, Käufler.

Kleinod (z. T. jüd.): »Schmuckstück«. Wigand *Kleynod* 1325 Wetzlar.

Kleinschmidt (ost- u. nordd.): seine Erzeugnisse waren kleinere Dinge des tägl. Bedarfs wie Nägel, Bohrer, Nadeln, kl. Schlösser, Schellen u. ä. (so in Schweidnitz 1369: Bahlow, S. 138). Elbel der *cleynsmyd* 1372 Lg. Vgl. dazu **Kleinhammer.** – **Kleinsteuber** s. Kleienstäuber!

Kleinwort, -worth (Hbg. oft) nebst Kleenworth (ndd.): wie Klindworth, Langeworth u. ä. = Wurtenbauer im Marschenland (mnd. wort, wurt »erhöhtes Wohngelände mit Gehöft«). Vgl. Wort(h)-, Wurtmann.

Kleiser (obd.): Patr. zu Kleis, **Kleisel,** Kleisle, auch **Klais, Klaiser** (Württ.), = ndd. Claussen »Klaus' Sohn«.

Kleist (Hbg., Ro. oft): preuß. Adelsgeschlecht (vgl. Heinr. v. Kl.). Wohl ON. (vgl. Kliest, Kliestow).

Klement: ostd.-slaw. Variante zu **Klemen(t)z** (rhein., obschles.), d. i. der heil. **Clemens** (lat. »milde«), Patron der Schiffer; auch Papstname. Vgl. »St. **Clemen** uns den Winter bringt« (23. Nov.). Kontrahierte Formen: **Klemz,** Klems, Klemps; ostd.-schles. **Klemt** (**Klemmt,** Klämbt), glätzisch **Klam(m)t** (Clament um 1400), s. dies! Desgl. **Klemke** wie Klampke u. Kliemke, s. Kliemt! *Clement* der snyder 1397 Lg., *Clemet* Schubart 1532 Lg.; patr. Nic. *Clementer* 1332 Böhmen.

Klemm, Klemme (obd.): mhd. klem »eng, knapp« (vgl. FN. Klemmschuh). Sighard *Clem* 1160 Regensbg., Sibot *Clemme* 1197 Seefeld/Bay. Mhd. klemelich »beklommen«. – **Klemmer** (obd.) s. Klemm! Peter *Klemer* 1388 Budweis, Ditl *Clem* 1348 Brünn, der *Chlemme* 1359 Eger. Sifrid der *Klemmer* 1350 Württ. (nebst H. *Klemmerlin*).

Klemp, Klempe, Klempel wohl ÜN. des Klempners, s. auch Klampferer! **Klemperer:** altschles. Form f. Klemp(t)ner (L. Fochs der *klemper(er)* 1532 Lg. neben *klempner*). Dazu **Klempert.** Vgl. **Klamp,** Klampe (ndd. ndld. »Klammer«). Aber **Klempau** (Hbg. oft) ist slaw. ON./Lüb., wie **Klempin** u. **Klempenow**/Pomm.

Klem(m)t, Klemz s. Klement! – **Klengel:** mhd. »Baumelndes, Glockenschwengel«. (Auch ON. b. Jena). Nickel *Clengel* 1460 Görl.

Klenk, Klenker, Klenkler (obd.): zu mhd. klenken »klingen machen, tönen«. Cuntz *Klenk* 1373 Württ., der *Klenkhans (Klenklin)* 1491 bzw. 1426 Württ., der *Clenker* 1324 Bodensee, Ulr. *Klenkler* 1456 Baden. Aber ostd. von **Klencke** (Klenicke) ist slaw.

Klenner (obd.) = Kleiber, s. dies! (mhd. klenen »kleben, verstreichen«, klenwant »Lehmwand«). Mich. *Klener* 1411 Budweis (aber Heinlin *Klener* 1345 Brünn wird als »Kleiner« [Parvus] vom Schreiber aufgefaßt). In Sa. vgl. auch ON. Klennen.

Klentze (Hbg.): aus Klenze b. Lünebg. Auch Klenzmann. – **Klepzig:** slaw. ON./Halle.

Klepper (Schlesien) s. Klapper! – **Kleppel** s. Klöppel! **Kleres** s. Klärs!

Kles, Kles(e)l (obd.), auch **Kleß** (Clessius), **Kleßl:** KF. zu Nikolaus (Klaus, Klas): *Cleßlin* Schoupp 1432 Stuttg., Martin *Cles (Claus)* 1512 Württ. Zu **Klesse,** Klessmann (Hbg.) vgl. auch ON. Klessen/Havel.

Klesper: vgl. ON. Klespen b. Wiedenbrück. Vgl. aber Klisper.

Klett (obd.): »Klette«, ÜN. des Aufdringlichen. Albertus *Klette* 1361 Baden, Hans der *Klett* 1345 Württ. In Mainz 1337 H. *Klettichen.* In Schlesien Hensel *Clette* 1349 Lg., mundartl. auch **Klatte!** (Beachte indes ON. Klattau/Böhmen.)

Klettke (ostd.-schles.): vgl. slaw. Kletka »Hütte«. Auch **Klättke.**

Kleuters (rhein.) = Klüter: Arnt *im Klüte* 1644. Kleudgen s. Klaudius.

Klever, Klewer: aus Kleve/Ndrhein. Dazu: Bahlow, ON. S. 266 (*kleve* wie in Clevemere, Cleveland).

Klevesahl (ndd.) s. Klebsattel (Klevesadel). **Klevesaat:** Kleesaat.

Klewi, Kläwi (alem.-schwäb.): KF. zu Nikolaus (Klaus). S. Kläwi!

Kley (westf.) s. Klei! – **Kleyle(in)** (Württ.): mhd. Kliuwelin »Klumpen, Knäuel« (1330 *Kleulin*), vgl. Bleyle (: bliuwel). – **Kleyser** s. Kleiser!

Klich(e), Klicher (Schlesien): slaw. KF. zu Kliment = Clemens, vgl. Pech (Pich) zu Peter, Mach zu Matthias, Stach zu Stanislaw, Jach zu Joh. (*Klich* u. Bernhart v. Thawraw 1456).

Klick (Klicker): ndd. »lehmiger Boden«.

Klie (Hbg. oft): ndd. = Kleie, Harmen Klye/Flsbg., vgl. Kliefoth, Spottname f. Müller. S. auch Kleienstäuber!

Kliebenschädel: »spalte den Sch.« (Haudegen, Landsknecht).

Kliefoth (Hbg., Meckl.): ndd., »Kleienfuß«, s. Klie!

Kliegel (obd.) s. Klügel!

Kliem, Kliemt, **Kli(e)mke** (Klimek: O/S.): schles.-slaw. KF. zu Kliment = Clemens, auch Klima, Klimsch, Klimczak (wie Tomczak). Vgl. Kliche! Dazu Kliemchen, **Kliemann** (Kliemen). *Clymke* Kobeliczky 1457; Alb. *Climke* 1352 Lg.

Kli(e)sch (Schlesien) s. Kliem, Klich!

Kliewe, Kliewer wie Klewe, Klewer gehören z. nordd. ON. (ON!) Klieve, Kleve (Bahlow, ON., S. 266). Vgl. auch mnd. klive »Klette«.

Kligge (westfäl.) = »Kleie«. Marten Klige (Kligge) 1446 Herford.

Klimke, Klimek, Klimmek (Schlesien) s. Kliemke! Desgl. Klima, Klimsch, Klimczak (poln.) wie Tomczak (Thomas) u. Klimkeit (ostpr.-lit.).

Klimpel s. Klempel!

Klinck, Klinckmann (Hbg., Rostock, oft): z. ON. Klink, Klinken/Meckl. (auch ON. Klinke b. Stendal u. Klinkow). Ein Henneke *Klynkeman,* Bauer in Spörnitz/ Meckl. 14. Jh. Ndld. *klinke, klenke* »Moortümpel« (vgl. den *Clincus* lacus in Anhalt). Dazu ON. Klinkum (-heim) b. M.-Gladbach, Klinksiek i. W. u. ä. Joh. *Klinkeman* 1324 Grfsw.

Klindt (Hbg. oft): ndd. »Steilufer«. Auch ON. Klint/Holst. Dazu **Klindwort(h),** Hbg. oft, s. Kleinwort!

Klingbeil, ndd. Klingebiel: ÜN. des Zimmermanns. *Klinkebiel* 1418 i. O.

Klinge: obd. häufiger ON. (»Gebirgsschlucht mit Bach«). Heincz *in der Clingen* 1409 Würzbg.; dazu auch obd. **Klinger:** Hugo der *Clingere* 1200 Breisgau. Vgl. Friedrich Klinger (Dichter) und Max Klinger (Künstler). Klinge, Klingen ist auch ON. (zum ON. Klinge/Holstein): **Klingemann** (Hbg.). S. auch **Klingner!** Heydeke *bi dem Clinghe* 1300 Quedlenburg.

Klingelfuß, Klingelhut sind Modenarren (1424 Aargau, 1318 Breisgau).

Klingenberg (Hbg. oft): ON. (Holstein, auch Sa., Franken, Württ.).

Klinghammer: ÜN. des Schmiedes. Joh. *Clinkhamer* 1341 Lüb. Vgl. Schellhammer. Dazu Klingseis(en). – **Klingenschmied** (Prag 1405) ist d. Messerschmied.

Klinghardt, Klinckhart: um 1300 für »Mann von Vermögen« gebraucht (so in Hugo v. Trimbergs »Renner«, V. 1600), vgl. die burgund. Goldmünze Klinkert. Ein Ritter Cunr. *Clinchart* 1292 Wertheim, Joh. *Clinchart* 1315 Brsl. Zur Form vgl. Kratz-hart »Geizhals«, Kalhart »Schwätzer«.

Klingler (obd.): z. ON. Klingle, wie Klinger zu Klinge, s. dies! *Clingeler* 1283 Württ., 1282 Tirol usw.

Klingner (obd.): vgl. ON. Klingnau/Aargau, Klingen/Bay., Pfalz u. ä., auch *in der Klingen.*

Klingseis: Schmiedename (»laß d. Eisen erklingen!«).

Klingsohr (-öhr): »kling ins Ohr!«, bekannt a. d. Wartburgsage als N. des Zauberers. Eigtl. ÜN. des Spielmanns od. Musikanten, (Wilh. *Clingesor* 1342 Lüb. H. *Chlingsor* 1345 Brünn), wie auch **Klingauf** (Lg. oft), Klinkauff.

Klingspor(n), Klinkenspor(n): der Reitersmann (Hensel *Clingensporn* 1368 Lg.).
Klingwort (Hbg.) s. Klincksiek u. Klindwort!
Klink- s. Klinck-! – **Klinkradt:** ON. Klinkrade (-rode) b. Mölln/Holst.
Klinkerfuß (Hann., Hbg.) = Klunkerfuß, »Baumelfuß« (schwäb. Klunkelfuß), vgl. Klunkerteig; *i: u* wie bei Klinder neben Klünder.
Klinner, Klinnert (Schles.) s. Klenner! Vgl. schles. Rinner neben Renner (Görl.). – **Klintworth** s. Klindworth!
Klipfel (obd.), Klippel (md.) s. Klüpfel!
Klipp(e), Klippgen = Klippekenmaker (1506 Bremen); mnd. klippe(ke) »Halbschuh« (overgulde klypken up den voeth).
Klipping (mnd.): »Packen Felle«, auch Schurwolle, mit der Klippe geschoren (»wulle, de ys geheten klippink«). ÜN. für Kaufleute. Später auch N. einer viereckigen Not-Münze. Heriman Klippinc 1200 Köln, Thid. Clippinc 1290 Ro., Conr. Cl. (Ratm.) 1316 Dortmd.
Klisch, Klischat: ost.-slaw. bzw. lit., wohl zu Klich = Kliment = Klemens.
Klisper (ndd.): Ludeke *Clispere* 1262 Hbg.; der Lispler; vgl. Stamere: der Stammler.
Klitzing (von): ON. – **Klix:** ON./Bautzen.
Klob, Klöble (obd.) »plumper Mensch« – **Klöber** s. Klüver!
Klockmann (Hbg. oft): wie **Klo(c)ke** (ndd.) = Kluge, westf. **Klauke.** Auch der Gewandte, vgl. Godeke *Clocvinger* 1292 Ro. Dazu patr. **Klöcking** (Mecklenbg.). **Klöckling** »Klügling« (Mecklenbg.). Aber **Klöckner** ist der Glöckner, ndrhein.-westf.-ndd., auch **Klöcker(s), Klocker** (dies auch südwestd.). Vgl. ndd. Klockentöger (»Zieher«), Klockreme (»Riemen«), Klockring, Klockgeter (»Gießer«). Hinzo *clockenvot* ca. 1320 Lüb.
Klockow: ON. (Pomm., Meckl., U.-Mark).
Klöden (von Klöden, Kläden): ON. Kläden b. Stendal u. ä. – **Klöfkorn** s. Klövekorn!
Klodius s. Klaudius!
Klodt (ndd.) s. Kloth! – **Klöhn** (Hbg. oft), **Klähn:** s. Klähn! **Kloock** (Hbg. oft) s. Klockmann! **Klooß** s. Kloß!
Klöpfer (obd.), **Klöpper** (md., ndd.): Handwerker, der mit dem **Klöpfel** (Klöppel) arbeitet. Vgl. auch *Cloppesac, Cloppe-roggen, Cloppeschild, Cloppekiste* (1378 Westf.), Kloppfleisch, Kloppstein (*Klopfsteyn* 1372 Lg.), Klopstock. Dazu auch kurz Klopp.
Klopsch wie **Klopke,** Klobke ostd.-slaw. (»Bäuerlein«?).
Klopstock: »Im Anfang wunderte man sich, wie ein so vortrefflicher Mann so wunderlich heißen könne, doch gewöhnte man sich bald daran u. dachte nicht mehr an die Bedeutung der Silben«, bemerkt Goethe. Er ist ein anschaulicher, aber nicht eindeutiger Berufs-ÜN., da *stock* mehrdeutig ist (mhd. auch »Amboßstock«). Als Satzname stellt er sich zu *Kloppstein, Kloppekiste* u. ä. (s. unter Klöpfer!). Ein Hans *Kloppestock* (Vorfahre des Dichters) um 1550 in Ratzebg.; aber schon um 1350 in Hann.: Arnold *Clopstuke,* Thid *Clopstuke.*
Klör(s), (Rostock oft) Klöres, Klärs, Klährs, Klähr, Klehr sind Sproßformen des Heil. N.s *Hilarius,* s. Glaris u. Glorius! Zum Wandel *i:j:g* (Ilarius: Glarius) s. Behaghel S. 231! Vgl. Hinr. *Kloers (Klaries)* 1780 Ro. Hinr. *Clorius* 1295 Ro. Zur Form **Klohr** vgl. *Clor* Schedin 1409 Würzbg.
Klose: in Schlesien u. Lausitz im MA. die häufigste KF. zu Nikolaus. S. auch Nitsche, Nickel! Nicolaus alias *Klose* 1444 b. Neiße, *Close* Reychloff 1406 b. Lg., Niclas *Kloseman* 1423 Lg., *Klösel* Epfeler 1373 Glatz, Nickel *Klösel* 1344 Glatz. In O/S. auch Klosa, Kloska, Klossek. (Bahlow, Schles. Nbch. S. 64). – **Klosner** s. Klausner!
Kloß (Kloßmann) ist im MA. volkstüml. KF. zu Nikolaus (Klaus) im obd. Raum; mit Umlaut **Klöß** (Württ./Rhld.), **Klösel** (Niklösel); patr. Kloser, Klöser, Klößer; rhein. Klösges u. ä. S. auch Klose!
Klostermann: obd. u. ndd. = Höriger (Zinsbauer) eines Klosters, seltener = Mönch. Alb. *Closterman* 1331 Greifsw. (1322 Lüb.). Vgl. Klosterhalfen, -köter, -meyer.
Klöter(s): ndrhein., s. Klüter!
Kloth, Kloot(h): ndd. = Kloß, Klumpen, wie Kluth; vgl. Schneekloth, -kluth, *Lemklot, Botterklot.* Übertragen plumper Mensch.
Klotz, obd. auch **Klötzel:** »klotziger, grober Mensch«. Vgl. Kloth!

Klotzsch(e): ON./Sa. (Paul Klotzsche um 1450 Meißen).

Klöver, Klöwer, Klöber (ndd.) = Holzspalter; Herm *Klöver* 1354 Greifsw. Vgl. **Klövekorn,** Klöfkorn »spalte Korn«; Klövenagel, -sand.

Kluckhohn, -huhn, -hahn (westf.): »Glukke« (*kluck* = Bruthenne), ÜN. des Hühnerhalters. Vgl. Wolter *Kluke* 1327 Strals.

Klüber (md., obd.), auch Klieber: = Holzspalter, der Holzscheite herstellt; vgl. Klubescheit, Klube-, Kluiben-, Kliebenschedel, Bretterklieber. Ndd. Klüver, Klöver s. dies!

Klüdemann: ON. Klüden b. Haldsl. (1386 *von Klude* = *Kludeman* ebda).

Klug(e), Kluger, obd. auch **Klügel** (Kliegel), ndd. **Klo(c)k** (mann), Klauck: der Kluge, Gewandte. Mertin *Kluge (Kluger)* 1397 Habelschwerdt; *Klugesheupt, Klugstirn* 14. Jh. Glatz, Nik. *Clügelin* 1353 Homberg, Conr. *Clügel (Kluger)* 1320 Prag, Nic. *Kligl* 1395 Mähren. Frühklug.

Klugkist: Kist begegnet als KF. zu Christian. Vgl. auch lit. Kisteit.

Klühn (Hbg.): ÖN., vgl. holld. kluin = veen »Moor«; das Kluhn (Waldhöhe b. Schlüchtern). Bahlow, ON. S. 267.

Klump, Klumpe (ndd. md.), **Klumpf** (obd.): »Klumpen«, plumper, grober Mensch. Vgl. Klumparndt, Klumpjan. Klumpfuß (1256 Basel) wie Kaulfuß. Auch *Clumping* 1319 Lüb. (= globus!). Aber *Klumpenmaker, -heuer* (ndrhein.) = Holzschuhmacher.

Klünder, Klünner (ndd. Hbg., Bremen, Rostock) = Polterer (mnd. klunderen »Lärm machen«); »Claus *Klunder*« ist als Schimpfname im Bremischen bezeugt. Um 1300 allenthalben *Clundere*.

Klunker: klunkern = baumeln; ein Troddel. *Klunkerfuß* »Baumelfuß«, vgl. *Klunkerteig* (Bäcker). Aug. *Klunker* 1404 Zittau.

Klupp (md.-hess.) s. Klopp! – **Klüppel** s. Klöppel (*Klüppelschit* 1200 Köln). Obd. **Klüpfel** »Holzschlegel« (1248 Speyer).

Klupsch s. Klopsch! – **Klüß** (Hbg., Meckl.), Klüßmann: ON. Klüß/Meckl., mehrf. Vgl. Klüssow/Pomm.

Klüß(en)dorf (Wismar, Hbg. oft): ON./Meckl.

Klußmann (Hbg. oft): z. ÖN. Kluß (norw. klussa »beschmutzen«) vgl. die Klusbeke i. W. Henr. *Klusseman* 1327 Hann.

Klut(h), ndd. oft, Klutmann, Klüt(mann): ndd. klut »Erdklumpen«, Flurn. Klüt. **Klutentreter** »Erdschollentreter«, Spottname f. d. Landmann. Vgl. auch Kloth: Schneekloth, -kluth. Dazu patr. **Klüting** (wie Klump-ing).

Klutterer (obd.): mhd. = Gaukler (Herm. *Clutterer* 1300 Pfalz).

Klütz: wend. ON. b. Wismar. Vgl. ON. Klützow/Pomm.

Klüver, Klüwer (ndd. oft): s. Klüber u. Klöver! Speziell der Büttel, der den Gefangenen in die Kluven (»gespaltener Holzblock«) legt. Nicol. *Cluvere* 1351 Barth. Henneke *Cluvere* 1339 Lüb. Dazu **Kluwe** (Holzblock), mhd. klobe, zum Festhalten, Klauen; vgl. **Kluvetasch** (wie Taschenbreker), der Taschendieb.

Knaa(c)k, Kna(c)k (Hbg. oft): ndd. für urspr. *Knoke* »Knochen«, wie **Kaack** für *Kok* »Koch« u. **Haack** für *Hoke* »Höker«. ÜN. des Knochenhauers (Fleischers), ndd. *Knoken-, Knakenhower.* Vgl. *Knoke* 1288 Ro., Lüb., *Rindesknoke* 1297 Hbg., *Halsknoke, Schulderknoke* 1301 Strals. Aber den Knochigen meint *Knakerügge* (Hbg. 13. Jh.), *Knakestert* (Hann. 1477); *Hardeknoke* (Hartknoch). – Knagge (ndd.) verhält sich zu Knacke wie Knigge zu Knick. **Kna(a)ckebein, Knackfuß.** – **Knackmuß** = Knochenmus. **Knakendöffel** (Hbg.): *knakedovel* 1438, der Drechsler von Würfeln aus Knochen, vgl. Döbeler!

Knabbe (ndd.) = **Knabe:** junger Bursche, Jüngling (z. T. = Knappe, vgl. Knabenknecht); zur Lautform vgl. Rabe: Rappe. Ndrhein. **Knabben,** Obd. **Knäble,** Knabl.

Knabenschuh: ÜN. des Schuhmachers, wie Frauenschuh, Kindschuh.

Knapp(e); Knäpple: obd. (mhd.), Variante zu Knabe (wie Rappe zu Rabe), = Jüngling, der Ritter werden will, vgl. Schildknappe; auch schlechthin »Geselle, Gehilfe« (im Handwerk): Tuchknappe, Bergknappe, Mühlknappe. Seidl *Knapp* 1365 Brünn.

Knap(p)sack (ndld.-engl.): »Vorrats-, Speisesack« (knappen »hurtig zulangen«). Vgl. ndd. **Knapworst,** -wurst.

Knauer (obd.-schles.): mhd. knûre »Knoten, Knorren«, bildl. »grober Kerl« (so in den Fastnachtsspielen: »grober Knaur« im Reim auf paur!). *Knuwer* 14. Jh. Striegau, *Knur* 1138 Bay., *Knawer* 1375 Glatz. Dazu **Knauerhase** (Schlesien), vgl. *Knourmuk* 1332 Prag. **Knauber** ist saarpfälzisch, Knauert (ostd.) wie Blauert, Blüchert.

Knauf, Knäufel (obd.) wie ndd. Knoop = Knopf (vgl. Schwert-, Turmknauf); übertr. »kleiner, rundl. Kerl«. J. *Knauf* 1353 Prag, H. *Kneufel* 1400 Dux, entrundet **Kneifel** (sudet. oft); *Knaufacht* 1387.

Knaup (obd.): mhd. knûpe »Knorren«, Grobian. *Knup* 1409, *Knaup* 1525 Württ. Aber westf. Knaup = Knoop.

Knaus, Knäusle, Kneußel, Kneißl (obd.): knûs »keck, hochfahrend« (vgl. »gegen den Armen ist er knuß«); Herzog Stephan v. Bayern 1380 hieß allg. »herzog *Kneißel*« (E. Schwarz, S. 168). Aber obd.-württ. dürfte schwäb. Knaus »Knorren« (vgl. Brotknäusle), schweiz. knûs, hineinspielen, schon wegen der Häufigkeit (Stuttg. 72mal), also »knorriger, grober Mensch«. Henslin *Knüßlin* 1381 b. Stuttg., *Kneusel (Knaisel)* 1380 Dt.-Brod. Vgl. *Knußbart* 1571 Hegau. – **Knaust** s. Knust!

Knaut(h): sächs.-schles.-sudet. Variante zu Knoten; kl. knorriger Mensch. Vgl. Henr. *Knaut* 1315 Prag neben M. *Cnot* 1405 ebda; Sydel *Knote* 1372 Lg. In Sa. die ON. Knauthain, Knaut-Kleeberg, Knaut-Naundorf.

Knebel (obd.-schles.) Knevel, Knef(f)el (ndd.): »grober Kerl, Flegel«, Bauern-N. wie Knauer, Knolle, Knote, Knorr (»wie Junker Filz u. *Knebel* auf dem Markt tut«, sagt Luther). Dazu Knebelbart, Knebelspieß.

Knecht, Knechtel, Knechtli, Knechtges, wie Knabe u. Knappe auch = Geselle, Gehilfe, vgl. Schmiedeknecht, Tuchknecht (-knappe); ferner Ackerknecht, Wagenknecht, Kleinknecht, Barfknecht, Gut-, Liebknecht usw.

Kneese: ON./Meckl.

Knef (ndd.), Kneif, Knief: mnd. knîf »Schustermesser«, ÜN. des Schusters, wie Knieriem u. ä. Detmar *Knif* 1293 Rostock (Strals., Grfsw.). Vgl. Kniep, Knieper, Kneipp!

Knef(f)el (ndd.) s. Knebel! Gerh. *Knevel* 1294 Rostock.

Kneifel (obd.) s. Knäufel! – **Kneile** (obd.) = Knäuel. **Kneip(p),** Kneib (obd.): mhd. knîp »Messer«, Knef! Der Naturarzt u. Pfarrer Seb. Kneipp war Bayer.

Kneißel, Kneisel s. Knäußel!

Knell, Knelle, Kneller (obd.): »Lärmmacher« (mhd. knellen »knallen machen«). Der lange u. der rote *Knelle* 1294 Meßkirch; vgl. *Knel-isen* 1544.

Knenlein (obd.) = Knan, s. Gnann!

Knepel, Knepler (bair.-mähr.) = Knöpfel, Knöpfler, Knöpfelmacher. Vgl. *Kneppl* = *Knephl* 1359 Iglau.

Knerlich, Knerich s. Gnerlich! – **Kneschke** s. Knese!

Knese, Knesch(e), Kneschke, Knösche, Kniesche (ostd.-slaw.): »Fürst, Herr«, knesik »Junker«, vgl. knesepole »Fürstenfeld«. Ein Slawe Dubbermer *Kneseke* 1301 Strals.

Knesebeck (von dem): ON. nö. Gifhorn. Wasmod K., Marschall 1248 Brschwg.

Knetemann, Kneten (Hbg.): ON. Kneten i. O. – **Knetsch(ke)** s. Kneschke!

Knevel (ndd.) s. Knebel! – **Kneußl** (obd.) s. Knaus!

Knibbe (Hbg.) s. Knubbe!

Knick, Knickmann, -meier: wohnt am Knick = Hecke, Gebüsch (kennzeichnend für die Wiesen- u. Weidelandschaft Holsteins, Mecklenburgs, Niedersachsens). Aber **Knickrehm** (Hbg. oft) wie Sturzrehm, Kneipriem, zu ndd. reme »Riemen, Gürtel«. Vgl. Cl. *Knickenzwey* 1433 Danzig.

Knicke(l)bein: vgl. Klunkerbein u. ä.

Knie: z. T. Flurname. Aber auch mit auffallendem Knie, vgl. Arm, Bein, Hals, Bauch usw. Dazu Komposita wie *Knyschibe* (1409 Würzbg.), Kniepändl (Böhmen), Kniehase (»Hose«): *Knyhösel* 1425 Mähren. Aber **Knieriem,** Knyrim meint den Schuster. **Kniebe(i)ß** (obd.) ist der ON. Kniebis (mehrf.). – **Knief, Kniep** s. Knef!

Knieper (Hbg.), Kniep(e): Handwerker, der mit der Knipe (Kneifzange) arbeitet (Schuster, Gürtler, Riemer u. ä.). Herm. *knipere* 1329 Lüb. Vgl. Knippscheer.

Kniesche, Knieschke, Kniese, s. Kneschke!

Kniffke s. Gniffke! – **Knigge** s. Knick! Zum ndd. *gg* vgl. Prigge: Pricke; Schnikke: Schnigge. Der Frhr. Adolf v. Knigge (»Umgang m. Menschen« 1788) stammte aus Bredenbeck/Hann.; dazu Hinrik *Knigge* 1427 Hameln, Peter *Knigge* (dominus) 1535 Stettin.

Knipping (Hbg.): schon 1305 in Hbg. (Hinr. *Knypping*); patr. Bildung zu **Knipper** (ndd.), Knippe, Knipp, der mit der Knippschere u. ä. arbeitet (vgl. Knieper, Kniepe), wie *Spising* (Hbg.) = Spieser »Speiser, Speisemeister«. *Knippeczu*/Brsl., *Knipphals, Knippschild* (Kiel) – **Knispel:** ON. (O/S.) = Kniespol (Knezopole) »Fürstenfeld« b. Olmütz; s. Knese!

Knittel (obd.) = Knüttel »Knüppel«, übertr. »Grobian«.

Knobbe, Knubbe (ndd.): »Knorren, Knolle« (*Knobbe* 1322 Quedlbg., 1369 Hann., *Knobbeken* 1434 Quedlbg., *Knubbe* um 1300 Kiel). Vgl. Knorr, Knoll, Knote, Knust u. ä.: »unverträgl. Mensch«. Vgl. Lessing: »nur muß der Knorr den Knubben schön vertragen«.

Knobel (obd.), Knobl: runde Erhöhung (vgl. mhd. knübel, ndd. knöwel »Knöchel«), auch in Flurn. (»uf dem Knobel« 1291). Heyne *Knovelman* 1350 Haldsl.

Knobloch, Knoblich (bes. sächs.-schles.): ÜN. des Gärtners bzw. Händlers mit Knoblauch (mhd. klobe-louch »Spalt-Lauch«), ähnlich Schnittlauch (Jacob *Snetloch*). Cunr. *Clobeloch* 1223 Frkf., *Knobelouch* 1292 Meißen, *Knobloch* 1352 Lg., 1304 Stuttg., *Knofloch,* **Knoflach** (Tirol). Ndd. ist *Knuflok* 1442 Barth. Jacob *Kluflokere* 1288 Bremen.

Knoch(e), Knöchel (obd.-md.): ÜN. des Knochigen, vgl. **Hartknoch.** Hans v. Schaumberg der *Knoch* 15. Jh. Nürnbg. Ndd. Knocke, Knaack, s. dies!

Knode, Knödel (obd.): mhd. knode »Knoten«, knotiger, derber Mensch. Peter gen. *Knode* 13. Jh. Bacharach, Ndrhein. **Knödgen,** vgl. Knothe. Joh. *Knodl* 1400 Brünn. Desgl. Knödler.

Knöfel, Knöffel (sächs.-bair.) wie mhd. knöufel = Knöpfchen, s. Knopf! Dazu **Knöfler** wie Knöpfler: *Kneufel, Knoufeler*/Brsl. Jacob *Knöfler (Kneufler!)* 1549 Lpz.

Knoll(e): »Knolle, Erdklumpen«, grober, plumper Mensch; alter Bauernname. Bauer Konrad *Knoll* 13. Jh.; Hannus *Knolle* 1426 Lg. Vgl. Knote, Knorr, Knauer, Knebel u. ä.

Knönagel (ndd.) s. Knövenagel!

Kno(o)p (ndd.) s. Knopf! (Mnd. knop auch »Knoten«: Joh. *Knop* = Joh. nodus! 1368 Hbg.). Reder *Knop* 1317 Lüb. Vgl. auch ON. Knoop b. Kiel. Zu md. **Knopp** vgl. Oswalt *Knopf (Knopp)* 1494 Jena. Ndd. **Knöpken.**

Knopf, Knöpfel, Knöpfle, -li (obd.); ndd. Knoop: z. T. = »kl. rundl. Kerl«, vgl. Ritter Joh. *Knop* 1368 Thür.; vielfach aber auch Berufs-ÜN. = **Knöpfler,** Knopfmacher, vgl. Michel *Knöpfle (Knöpfler)* 1476 Ravsbg. Dazu *Knöpfelman* 1334 Speyer; *Knöpfelschuch* 15. Jh. Reutl., Knöpfelmacher (Wien oft). *Knöpfelstricker* 1731 Bistritz. Aber **Knopfloch** (Wien) ist wohl umgedeutet aus bair. *Knoffloch* (1443 Allgäu) »Knobloch«.

Knör, Knöhr, Knörig (obd.): wie Knorz u. Knorr = »Knorren, Knoten«, derber Mensch; vgl. Knörnschild. Bentz *Knör* 1350 b. Stuttg.; *Knöring* 1305 Schwarzwald.

Knör(e)nschild (Bay., Sa.): »knuffe den Schild«, ÜN. für berufl. Zweikämpfer, Söldner u. dergl., wie Hauenschild, Knipperschild.

Knöringer: aus Knöringen (Schwaben, Pfalz, Elsaß).

Knorr, Knorn (obd.-sächs.-schles., auch ndd.), bair. Knörndl: »Knorren«, kurzer, dicker, knotiger Mensch, wie Knote, Knoll, Knorz, Knauer, Knebel, Knotz. Andres *Knorre* 1451 Lg., Heyno *Knorre* 1325 Arnstadt, J. *Knorren* 1298 Ro. Auch Knorrbein. Herm. Knorre 1188 Köln.

Knorz, Knörzel (obd.): = Knorren, s. dies! Vgl. mhd. knorzen »balgen«. Heintz *Knörczlin* 1393 Elsaß. Jodokus *Knortz* 1497.

Knospe, Knöspel (Sa., Schles. oft): mhd. knospe »Knorren«, knospecht »klotzig, plump«; wie Knorr, Knoll, Knote usw. = plumper Mensch; »he komm du *dölpel, knosp und filz«* heißt es im »Grobian« von Hellbach, 34 (DWB 5, Sp. 1495). Cunczel *Knospe* 1358 Glatz, Hs, *Knöspel* 1491 Lg.

Knot(h)e, Knötel (obd.-schles.): wie Knode u. Knauth = knotiger, derber, grober Mensch. S. auch Knospe! Sydel *Knote* 1372 Lg. **Knötig** beruht auf tschech. knotek »Knirps«.

Knotz, Knötzel (obd.): mhd. knotze »Knorren« wie Knote, Knorz, Knospe.

Fr. *Knotze* 1294 OÖ. Nic. *Knoczauf* 1365 Brünn = »knote es auf«?
Knö(ve)nagel (ndd.): »Nagel m. dickem Kopf«, vgl. *Knovelman* (Knobel). Christoph *Knövenagel* 1625 Rostock. Aber Heyne *Clövenaghel* 1400 ca. Haldsl., s. dazu Klövekorn, Klövesand!
Knubbe (ndd.) s. Knobbe! – **Knudsen** (Schleswig): Patr. zum dän. Königsnamen Knud (Knut); s. Bahlow, Vornamen S. 62.
Knüll, Knüller (obd.): mhd. knüllen »knuffen, stoßen«, also »Grobian«. Hans *Knüll* 1381 b. Stuttg. Vgl. den Bäcker *Knüllemel* »knete, knülle Mehl«.
Knüppel (Hbg. oft): ndd. Wort, = obd. Knüttel. Übertr. = grober Mensch.
Knüpper, Knüpfer (Netzknüpfer u. ä.). Vgl. *Knuppeczu*/Brsl. Ndd. Knütter!
Knür (obd.), Knürle (schwäb.) s. Knauer! Künzlin *Knürlin* 1366 Eßl.
Knust (ndd., Hbg. oft): wie Knubbe, Knorr, Knote usw. ÜN. für harte, derbe Menschen; der Knust (Brotkanten) entspricht dem obd. Ranft, Ränftel. Um 1600 auch verhochdeutscht **Knaust.**
Knuth (Hbg. oft), Knutsen, Knutzen s. Knudsen!
Knüt(t)el (obd.), Knittel, Knettel: = Knüppel; übertr. »grober Mensch«. Jesco *Knütel* 1378 Mies.
Knütter (Hbg.): ndd. = Knüpfer, Stricker.
Kob, Kobe, Köbi, Köbes sind wie Köbele, Köbli, obd. KF. zu Jakob, s. dies! (*Kobelin,* Jude, 1281 Würzbg.). Ostd.-slaw. ist **Kobus** (Brsl. 14 Jh.). Köbke s. Köpke!
Kobarg (ndd.) = »Kuhberg«. Vgl. Kobrink, Kobrock. ON. Koberg b. Mölln.
Kobbe: westf. Flurname, vgl. Kobbeloh, Kobbenrode, Kobbenacken i. W.
Kobel, Kobelt (Lg.): slaw. ON. (z. B. in Schlesien: Kobel, Koblau, urkdl. Kobola, Kobelow, slaw. kobyla, mhd. kobel Stute). Vgl. Koblitz, Koblow. Obd. Kobel s. Kobler!
Kober: obd.-mhd. »Rückentragkorb«. Ostd. mag slaw. kovar »Schmied« hineinspielen. Georg *Cober* 1372 Lg., Hensel *Coberman* 1372 ebda. (FN. Kovermann), Herm. *Koberl* 1343 Dt.-Brod, H. *Köberlin* 1370 Franken. Erweitert: **Koberer,** Köberer: Gerlach *Coberer* 1321, Worms.
Koberger: = Koburger. Anton *Koberger (Koburger),* Nürnberger Bibeldrucker um 1490. Zu ON. Koburg s. Bahlow, S. 268!
Koblank s. Kublank! – **Köbke** s. Köpke! – **Köbisch** s. Jakob!
Kobler, Köbler (obd.) = Tagelöhner, der in einem **Kobel** (Hütte) wohnt. Dazu Reichkobler, Kobelmüller, Kobelmann. Christan *Kobler* 1359 Iglau.
Kobold: der Kobolt, Hausgeist. Heinr. *Covolt* 1135 Köln, Joh. *Kovolt* (Patrizier) 1296 Lünebg., Nic. *Kobolt* 1369 Iglau.
Kobs, Kobes, Köbes (rhein.) = Jakob. **Kobus** s. Kob!
Koch, Köchle (obd.), Köchly (schweiz.), Kock, Koock (ndd.), Kocks (Kochs), Kox (ndrhein.), Coccejus (lat., humanist.), Magirus (griech.-lat.): Wie die Kochkunst ist auch der Name (lat. coquus) röm. Herkunft. In der Häufigkeit spiegelt sich die Wichtigkeit dieses Gewerbes im MA. ÜN. sind **Kochhaf(en)** = »Kochtopf« (humanist. frisiert *Chyträus,* berühmt durch David u. Nathan Ch. Rostock, aus Baden); auch *Kochlöffel, Schaumlöffel, Leckentwirl, Eierimschmalz, Pfankuch* u. ä. S. auch ndd. Kaack! Kakschlief = Kochlöffel!
Kochan, Kochanke (wend.-tschech.) = »Liebling, Liebhaber«.
Kocher (Heidelbg., Straßbg., Schweiz oft): wohl erweitertes Koch, soweit nicht = **Köcher** (mhd. kocher »Gefäß, Behälter« f. Pfeile, auch z. Fischtransport); vgl. Joh. *Cocer (Coquus)* 1296 Biberach; Cuncze *Kocher* 1395 Sa. Eindeutig den Köcher meint Mickelasch *Kochermacher* 1470 Dux, dazu Heinczel *chochrer* 1348 Brünn. In Württ. ist der Flußn. Kocher zu beachten (nebst ON. Kochen, FN. **Kochner**/Württ.); ein Kocherbach b. Heidelbg. (!), ON. Kochern/Saar. (Bahlow, S. 269).
Köchler, Köchl (Tirol, Bay.): z. Hofn. Köchel (mehrf.); in Bay. = »Erdhügel in sumpfiger Umgebung«.
Köck (Bay. oft) s. Keck! – **Kock** (ndd.) s. Kaack u. Koch!
Köckritz: slaw. ON. – **Kodl** (Bay.) s. Kadel!
Kofahl, Kufahl, Kowahl, Kophal u. ä. (Meckl.): wend. kowal »Schmied«. Bosse *Kuval* 1400 Haldsl.
Köfer s. Köver! – **Koefod** (Hbg.): ndd. = »Kuhfuß« (obd. Kühfuß).
Koffmane (schles.): wohl = Kaufmann. Jorge *Koffman* 1562 Lg.
Kofler, Köfler (Bay., Ö.): an einem **Kofel**

(Felsschlucht) wohnend. Ulreich *in dem Kovel,* Hainr. *abe dem Kovele* um 1300/1320 Tirol. Auch Eben-, Hoch-, Nieder-, Ober-Kofler; Kofl-egger.

Kogel (Hbg. oft), ndd. = Kagel, s. dies! Auch kontrahiert zu -kohl, vgl. Rodekogel: Rokohl; Riefkogel: Riefkohl; Linnekogel: Linnekohl. Auch Blakogel (»blaue Kapuze«); Feinkohl. Aber obd. = Bergkuppe! Vgl. den Hochkogel (-kogler).

Kögel, Kögler (obd.) s. Kegel, Kegler!

Kogge (ndd.) meint den *koggemester* (1262 Ro., 1294 Hbg.), Führer der Koggen (Kriegsschiffe d. Hanse). Eggert *Kogge* u. *koggenmester* 1324 Lüb. (1321 Grfsw.).

Kohfeldt (ndd., Hbg., Meckl.): »Kuhfeld«, ON.

Kohardt (ndd.) = »Kuhhirt« (H. *Koherde* 1423 Haldsl., nebst *Swynherde, Herde).*

Kohl, alem. **Köhl:** mhd. kôl, köl »Kohl, Kohlkopf«, ÜN. des Kohlbauern. Thimme *mittemkole* 1291 Rostock. Auch Mager-, Feißkohl, ndd. *Vettekol, Surkol, Slabbekol* (Schlapkohl). Dazu *Kolblat, Kolbuk,* Kolstuve, Kohlstrunk, Kohllöffel, Kohlmus, Kolsack.

Kohlbrandt, Köhlbrandt (Hbg.) s. Kahlbrandt!

Kohlbrenner (obd.-schw.): der Köhler. – **Kohleisen** (ÜN. f. Schmiede (Kohlenzange?), *Kolisern* 1293 Parchim; *Kolysen* 1489 Markdorf.

Köhler, alem. **Kohler** (Kohlbrenner), ndd. **Kähler** (Kahler): Hersteller von Holzkohle (durch Verschwelen von Waldbeständen im Kohlenmeiler); Steinkohle gab es im MA. noch nicht. Heute fast ausgestorbenes Gewerbe. Spottname: **Rußwurm** (vgl. den Köhler Rußbarthelmei, Sohn der Rußkathel, in Roseggers »Waldschulmeister«). Dazu Löschenbrand, Löschenkohl (mhd. der kol), Kohlschreiber!

Kohlhase, Kohlhaas (allenthalben häufig): offenbar Spottname des Kohlgärtners, Kohlbauern, s. unter Kohl! – **Kohlhammer:** ON. Kohlham/Bay. *Kolhase* 1248 Güstrow, 1321 Lüb. Vgl. Kleists »Michael Kohlhaas«. Ähnlich Krauthaas, Kornhaas.

Kohlhepp, Kohlepp (obd.): schwerlich = Kohlhopf (1175/Bodensee), vielmehr der Kohlgärtner (heppe »Gartenmesser«).

Kohlhoff (ndd.) s. Kollhoff! – **Kohlhund** (obd.): zu beurteilen wie *Mel-hunt, Kelhunt, Grin-hunt, Betz-hunt.* 1398 z. B. im Allgäu als *Kolhunt* bezeugt. Mnd. kolhof »Gemüsegarten«.

Kohlleppel s. Kohl!

Kohlmetz (Hbg.), s. Kollmetz!

Kohlmorgen (Hbg.) s. Kollmorgen!

Kohlrausch, Kohlrusch (Hbg.): wohl Kolderusch (zu rûsch »Binsicht«). Vgl. Kohlwey: Koldewey.

Kohlschreiber: in Olmütz 1420 *Kolschreyber,* d. i. Rechnungsführer im Kohlenhandel; vgl. Mühl-, Korn-, Salz-, Wein-, Grütz-, Küchenschreiber. Vgl. auch **Kohlschütter.** – **Kohlstädt:** ON. (oft).

Kohlwey (Hbg.): aus **Koldewey,** s. dies!

Kohmann (ndd.) = Kuhmann. Vgl. Kohardt (Koherde) = »Kuhhirt«. Kaumann (westf.).

Köhn, Köhne, Köhnen, **Köhnke;** auch **Kohn(e), Kohnen,** Kohnke: einst beliebte ndd. KF. zu Kônrad, dem altd. Kaisernamen; vgl. obd.-md. **Kühn,** Kühne, Kühnel, Kühnemann, Künzel, Kunz zu Kunrat (Kuonrat). **Ko(h)nert** (ndd.-westf.) = Kônrat, rhein. Konertz, Coners; patr. Conerding, Conring/Westf.

Kohrs, Kohrsen, Kohrding, Köhring Köhring (ndd.-westf.): Patr. zu **Kohrt** (Konrad), s. Kordes!

Koischwitz = Koschwitz: ON./Lg.

Kokosch(k)a, Kokott, (tschech.-wend.) = »Hähnchen«.

Koke, Kauke (ndd.-westf.): der Kokenbecker (1272 Ro.). »Kuchenbäcker«, vgl. Pankok (d. Koch). Aber *koke* »Moor« s. Keuck!

Kolb(e), Kölbel, Kölble: »Streitkolben, Keule«, vgl. *Kolbenschlag, Kolbendensel.* Ein Haus *»zum Kolben«* 1356 Straßbg. Ostd.-schles. auch »Haupt(haar)« (: »es beginnt ihm die Kolbe zu mengen«; Bahlow, Schles. Nbch. S. 131). **Kolbenheyer** (öst. Dichter) meint Kolbenhauer, der hölzerne Kolben fertigt. Ein Ritter *Litzelkolbe* 1244 Wetzlar; *Schwingenkolb* 1483 Augsbg.

Koldewey (Kohlwey): ON./Oldbg.

Kolkmann, -meyer: am Kolk (am sumpf. Wasserloch) wohnend; auch Vomkolk, Aufmkolk; Kolkhorst. Vgl. Kolkrabe.

Koll (Hbg. oft) Kolle: ndd. = Kopf (»he will de *kolle* nig bögen«), auch norw. *kol,* schwed. kulle. Ekehard *Colle* 1267 Rostock. Herm. *Kolle* 1320 Lüb., Gerh. *Kolleke* 1321 Grfsw.

Kollack, Kollas, Kollatsch, Kollaschek, Kollath: slaw. KF. zu Nicolaus. Aber *Kolaczer* waren tschech. Bäcker.

Koller (oft in Ö., Bay., Schweiz): mhd. nhd. »Halsbekleidung« (am Lederwams) auch Kummet der Pferde.

Kollhoff (ndd.-westf. ON.), urkdl. *Kildehove* (1331 Grfsw. u. ä.); vgl. holld. Coudenhove. – **Kölling** (Lippe): wie Köllisch »der aus Köln« (*van Cöllen* 1530). Auch **Kölsch,** *Köll(mann), Köllner, Köllen.*

Kollmann (Hbg. oft): wie Kollmeyer (1430 *Koldemeyer).* Aber obd. **Koll-, Kohlmann** (Ö.) meint den heil. *Coloman!*

Kol(l)metz: slaw. cholmec »kl. Hügel«. Vgl. Kolm, Kolmitz, Kolmsee.

Kol(l)morgen (Hbg. oft), Kohlmorgen s. Kallmorgen!

Kolrep: ON./Prignitz. – **Kolros** (obd.): »Pfingstrose«? (A. Götze S. 23). Cunr. *Kolrose* 1333 Kempten.

Kolshorn (Hbg.): ON./Hann. – **Kolster** (Hbg. oft): ON. wie Wilster, Falster.

Koltermann, Kolterjahn: kolter = Pflugmesser (lat. culter); mhd. »Steppdecke«.

Kolzer, Kolz: mnd. »Schwätze: Geschwätz«, auch Kols, Kohls. (»mit koltze wil wy de tit verdriven«). Henneke Kols (Bauer) 14. Jh. Meckl., Gercke Velerols (Vielgeschwätz) 1279 Ro. Aber mnd. kolse »Hose«: Herman Kolse 1369 Hbg; ein Bauer Kolsebüdel 14. Jh. Meckl.

Kölzow (Rostock oft): ON./Meckl. (vgl. Kolzow/Pomm.).

Kommelter, ndd. Kommdür: »Komtur« (lat.-rom. commendatore), Verwalter einer Komturei (Ordenshaus der geistl. Ritterorden).

Komnick: tschech. »Kaminfeger«.

Kompst = Kompost, s. Gumpost! Cunr. *Compost* 1306 b. Mosbach.

Köne(mann) s. Köhne! Vgl. Kühne(mann)! Desgl. **Kön(e)ke:** *Köneke* Redwisch 14. Jh./Meckl., *Coneke (Conrad)* v. Perun 1306 Strals., *Cone Conen sone* 1349 Haldsl. Vgl. Pfaffe *Könemann* u. sein ndd. Gedicht »Kaland« um 1250.

Konerding, Konring s. Kohnert (fries. Coners).

Köngeter (Württ. oft), Kingeter, neben Könngott, Kenngott: Metronym zu Kunigunde! Vgl. *Küngot,* Frau des Benz Türst 1412 Württ.; Haintz *Küngutman* (Bauer) 1350 Württ. Hans *Küngunt* (Bauer) 1345 ebda. Beachte in Reutl. 1547 Hans *Könngott,* Sohn: Hs C. *Kunigund,* Enkel: Hs *Kenngott!* (Brech., S. 89). In Schles. vgl. Künscher, Kinscher (Künne)!

König: wie Kaiser, Herzog, Graf, Fürst zu beurteilen (sei es als Bauer auf e. Königsgut, sei es als Schützen-, Zunft-, Spielmanns-König; Näheres im Schles. Nbch. S. 131). Vgl. auch Mohren-, Judenkönig als FN. – **Konkel** s. Kunkel!

Könnicke (ndd.) s. Köneke, Köhnke = Konrad.

Konrad ist die lat. Urkundenform des altd. Kaisernamens Kunrad = »kühn im Rat« (mhd. *Kuonrat,* die volkstüml. Form im MA.!), dessen Beliebtheit (neben dem Kaisernamen *Heinrich!)* sich noch in der Redewendung »Hinz und Kunz« (= Jedermann) spiegelt. Als VN. (Heil.N.) heute meist kathol. (S. auch Bahlow, Vornamen S. 61!). Als KF. sind heute nur noch **Kuno** (durch die Ritterromantik um 1800) u. **Kurt** (ndd. Cord) am Leben. Im MA. waren obd. *Kuon, Kune* nebst *Künel* und *Kunz* nebst *Künzel* gebräuchlich, daher die FN. **Kuhn, Kühn(e),** Kühnemann, entrundet Kiehne, sowie **Kühnel** (Kühndel), Kienle u. **Kunze, Künzel, Kienzle,** patr. Küntzler, Kienzler. Dem mhd. *uo* entspricht ndd. ô, daher die ndd. o-Formen: Ko(h)nert, Konertz (vgl. schles. Kuhnert!), patr. Konerding, kontrahiert **Cord, Cordes,** (Cohrs), Cordsen, Corssen; auch **Kö(h)ne, Kö(h)nke,** Könneke. Main-frk. ist **Kuhlmann,** Kullmann; hess. ist **Kunkel** (wie Heinkel, Henkel f. Heinrich); schles. ist **Kuhnt** (wend. Kunat).

Köntop(f): ON./Pomm.; auch Kühn-, Ken-, Kientopf.

Konvenz, Covenz: mhd. konvent, kovent »Klosterkonvent«, auch Klosterbier. (Radolf *Convent* 1298 Ro.)

Konzel(mann) wie Künzelmann (obd.) = Konrad. – **Koopmann** s. Kopmann!

Koop, Kopps (Hbg. oft): fries. KF. zu Jakob, vgl. ndd. *Kopeke:* Köpke! Aber Dürekoop = Teuerkauf.

Koos: ON. Koos/Pomm. (Henning *Kos* 1430 Barth.)

Köper (ndd.) = Vorköper »Verkäufer, Händler«: Cristanus *Koper* 1350 Grfsw.; vgl. Hütköper (Häuteaufkäufer), Perdeköper, Holt-, Isern-, Wullenköper.

Köpernick: ON. Köppernig (O/S.). Dazu der N. des Astronomen Nikolaus Copernicus, Sohn des Niklas *Koppernigk.*

Kopf, Köpfel, Köpfle, schles. Köppel, ndd. **Kopp** (s. aber Köppen): meint im allg. den Körperteil (nach auffallender Eigenschaft), wie auch Hals, Bein, Fuß, Bauch, Nase, Mund usw.; vgl. Breit-, Groß-, Hart-, Kraus-, Schön-, Schwarzkopf, Weißköppel usw., ndd. Wittkop, Rasekop, Hardekop. Das ältere dt. Wort war **Haupt** (s. dies!), Kopf meinte urspr. »Becher«, so noch in Glas-, Gulden-, Maserkopf, Holzkopp, vgl. unser »Tassenkopf«. Ein Haus »zem Kophe« 1292 in Basel. Deutliche Drechslernamen sind *Kopdreger* (Hbg.), *Köpfdrayer* (Kempten), *Kopfmacher* (Zürich). Der »Schröpfkopf« des Baders steckt in Köpfer, Köpper.

Kopfermann (rhein.), Koppermann (ndd.) = Kupferhändler, s. Kupfer!

Kophamel s. Kapphamel, Kaphengst! Vgl. Fleisch-, Feisthammel!

Kopisch (Kopsch): ostd.-schles. = Jakob, bekannt durch August K., Verf. der »Heinzelmännchen«, aus Brsl.

Köpke, Köbke: einst beliebte ndd. KF. zu Jakob; *Kopeke* Leydestern 1327 Strals., *Copeke, Copeking* um 1315 Greifsw., Stade, Hbg. usw.

Kopmann (ndd.) s. Kaufmann!

Köpp(e), Köppen, Koppen(s): ndd. KF. bzw. Patr. zu Jakob, vgl. Köpke! In Ostfalen vgl. *Koppe* Schulten 1412 Haldsl.: FN. **Koppe.**

Koppel(mann): Hbg. oft Koppelmeier, Koppelkamp: nach d. Wohnstätte an der Koppel (gemeinsame Viehweide). Aber **Köppel** (schles.) = Kopf.

Kopper(mann): wie rhein. Kopfermann, der Kupferhändler (vgl. Kopperschmidt, *Koppersleger, Koppernagel);* auch kurz **Kopper,** Koppers; aber **Köpper** (ndd.), Köpfer (obd.) meint den Bader, der Schröpfköpfe aufsetzt. Joh. *Copper* 1307 Hbg. *Copper* barbitonsor 1298 Bremen. Ein *Kopperbart* (kupferroter B.) um 1350 Brsl.

Koppmann (ndd.) = Kopmann »Kaufmann«, s. dies!

Körber, Kerber (Schlesien, Böhmen, Ö.): der Korbflechter, in Ö. auch **Körbler,** Kerbler, am Ndrhein **Korbmacher,** Körver, Körfer. Dazu als Berufs-ÜN. **Korb, Körbel,** ndd. **Korff,** rhein. Körfgen, nebst Kersekorf (Kirschenkorb), Rümekorf; Brot-, Käsekorb (Cascorbi) u. ä.

Kordes, Kording (meist Cordes, Cohrs usw.): ndd. Patr. zu Konrad, s. dies! **Kordvahr** (Westf.) = Kord Vader (Kurt der Vater). Auch **Kordt,** Kordtmann. Johann *Nabercord* 1459 Warburg (= Nachbar Kurt). Schon 1191 i. O.: Graf *Cord* v. Brockhusen. Siehe auch Körte und Kurt!

Kordewan: mhd. kurdewan, »Ziegenleder aus Cordova/Spanien«, auch Schuh daraus; kurdewaener »Schuster, der solches verarbeitet«. Vgl. *Kurdewener* 1289 Würzbg., *Kordewaner* 14. Jh. Lüb. Eine *Kurdewanergasse* um 1250 in Straßbg. u. Köln.

Korff (ndd.) = Korb, ÜN. des Korfmakers, Korbhändlers; ndd. **Körver** (Corvere 1352 Hann.), ndrhein. **Körfer(s)** = Körber. In Rostock um 1285 *korfmaker, korfwinder.* Ein Heinr. *Kersekorf* (auch einfach *Korf*) 1240 i. W. Dazu *Schüttelkorf* (Schüsselkorb), *Laskorf* (Lachskorb), u. die Satznamen Störte-, Schüdde-, Rühmekorf. **Korfmann** = Hausierer m. Körben.

Körner (obd.-sächs.-schles.): mhd. = Kornhändler; ein ON. Körner (prähistor. Cornari) in Nordthür. (dazu Bahlow, ON. S. 274): Hugo v. Korner 1256. Vgl. auch **Kornführer** (Neustadt O.S.), wie *weizenfürer* 1397 Lg.: Fuhrmann (Händler), der Getreide in die Stadt bringt (s. Bahlow, Lg. S. 110). Dazu **Kor(ne)mann** (wie Hirsemann), *Kornkaufer, Kor(n)manger, Kornmeister, Kornpropst, Kornmesser, Kornmutter* (»Kornmesser«). Auch einfach **Korn,** Körnle, Köndl, auch als Bauern-N. wie Kornsack, *Kornesse,* nebst Feist-, Fürn-, Fes-, Weiz-, Winterkorn usw.

Kornmutter = Kornmesser (amtlich vereidigter), vgl. Salzmutter, zu mhd. mutte (lat. modius) »Scheffel«. Nitsche *Kornmuter* 1383 Lg., Henne *Kornmutter* 1368 Friedbg./Hess. Desgl. *Kornstreicher:* der streichend mißt.

Kornprobst (Bay.): Verwalter (lat. praepositus) der Kornvorräte, vgl. Weinprobst, Holzprobst, Kastenprobst. *Kornwechter* 1381 Brsl.

Kornrumpf (Thür.): ÜN. des Kornmessers (Kornmutters), zu rumpf »hölzernes Gefäß, Scheffel«); vgl. Kornschütte »Kornboden«.

Korsch = md. korse, mhd. kursen »Pelzwerk«, vgl. Körschner = Kürschner, mnd. korsener.

Korst, Korsten, Corstgen(s): ndrhein. = Kersten, Kerstgens = Christian(s). Vgl. ndld. Korstiaan. Auch Körschges, Körschkes u. ä. Aber ON. Korschenbroich/Düsseldf. enthält wie Korsendonk/Ndrhein das kelt. *cors* »Sumpf, Röhricht«.

Körte, patr. Körting (Westf.) = Kort = Konrad. Aber **Korte** (ndd.): der Kurze (*Corteclawes* 1457 Kiel).

Korthase (ndd.): durch kurze Hose auffallend (Joh. *Kortehose* 1393 Hbg.). – **Korth** (Hbg. oft): teils = Kurz, teil = Kord.

Kortlang (Hbg. mehrf.): »kurz-lang«. Knappe Volkwin Kortelanghe 1371 Bremen. Vgl. Joh. Kurzlang 1474 Haubersbronn.

Kortüm (ndd.): »kurzum«, ein kurzentschlossener Mensch, s. Brem. WB. Bekannt durch den Dichter der »Jobsiade«, Karl Kortum.

Körver s. Korff! – **Corvinus:** Humanisten-N. für »Rabe«, vgl. Jakob Corvinus, Pseud. f. Wilhelm Raabe, u. Matthias C., König v. Ungarn.

Kosch, Koschke, Koschek wie Kusch, Kuschke dürften als slaw. KF. zu Mikusch (Nikusch = Nikolaus) bzw. Jakusch (Jakob) gehören.

Koschnik (slaw.) s. Kosch(ek) gebildet wie Jachnik (Jach = Jan).

Koschmieder, Kusmider: ON. in O/S. – **Kosboth:** slaw. ON. Cospoth/Thür. (*Kossebode* 1406 Jena, vgl. Kotzebue!).

Kosegarten (Meckl.-Pomm.): ÖN., vgl. Fr. Rückert »Ich kost' im Kosegarten«. Bekannte Dichter- u. Gelehrtenfamilie. Vgl. auch **Kosemund, Koser** (obd., wie Köseler): Cunr. der *Koser* 1382 Eger.

Kosmale, Kosmehl u. ä. gehören zu tschech. kosmač »Strobelkopf«.

Kossebau, Kossbü wie Kotzebue: slaw. ON. Kossebau (alt Kossebu)/Altmark.

Kossel (Meckl. oft): wend. wie Koss, Kossow (Meckl.).

Kößler (Bay., Ö.) s. Keßler! – **Kostenzer:** aus Konstanz.

Kostka (tschech.) = Würfel (kost = Knochen). **Köster,** Kösterke s. Küster!

Köstlin, Köstle (Württ. oft) neben **Kost** (ebda.) meint den Kostgänger (mhd. kost »Zehrung, Verpflegung, Lebensunterhalt«, köstelin »dürftiger Unterhalt«). Ein Knecht *Köstelin* 1279 Württ. Boye *Kost* 1321 Lüb. Vgl. *Anekost* (»ohne Unterhalt«). 1363 Prag, 1446 Duderst.

Kotelmann (Meckl.): Herk. N. (ON. Kötel), wie Metel-, Schwießel-, Viechelmann (alle in Meckl.): ON. Meteln, Schwiessel, Viecheln.

Köter, Köther, Kother, Kötter (westf.) Kather, Käther (ndd.) = Tagelöhner, der eine Kote (Kate) bewohnt, – ohne Ackerland; vgl. schles. Häusler. Dazu viele Komposita wie Busch-, Schliepköter, Strot-, Thiekötter. Vgl. auch kot-sâte »Kossäte«: FN. **Kotzte.**

Koth, Kothe (Hbg. oft) s. Köther! Joh. *kotere* 1320 Lüb.

Köth: aus Köthen/Anhalt. – **Kotta, Cotta:** ON. Cotta/Sa. (mehrf.).

Köttelwesch (obd.-rhein.) s. Kuttel-!

Kötter, Kotter (Westf.) s. Köter!

Kotterba: vgl. slaw. kotrba »Kopf«.

Kötz (ndd.) = Kothe: »der Kötze Michel Biberlingk dienet hertzog Ulrichen« 1573 Rowa/Meckl.

Kotze: obd., mhd. kotze »grobes Wollzeug«, kotzecht »zottig, grob«. Rud. *Kotze* 1295 Straßbg. (im Haus »zu d. Kotzen«).

Kotzebue s. Kossebau! – **Köver** (ndd.); s. Küver!

Kowal, Kowahl, Kofahl; Kowalke u. ä.: wend. kowal »Schmied«. S. auch Kufahl!

Kox (rhein.) s. Kochs! – **Kra(a)ck** (Wismar, Ro., Hbg.): ON. Kraak (Meckl.), vgl. Krakow. **Kraatz:** ON./Brdbg.

Krabat (Wien), Krawath, Crobath = Kroate.

Krabbe: ÜN. des Krabbenfischers, -händlers (wie Krebs, Stör, Stint u. ä.). Vgl. *Krabbenstriker* 1342 Strals., *Krabbe* 1290 ebda., 1268 Hbg., 1342 Lüb.

Kracht (ndd.): »Kraft«, ÜN. des Starken (*Kracht* 1268 Ro., 1328 Lüb., 1311 Grfsw., 1453 Haldsl.). Vgl. Schacht für Schaft. **Kraffzig** s. Krawczyk!

Krack(e) (Hbg., Hann. oft) mehrdeutig, vgl. mnd. krack »Krähe«, krack »Unterholz«, krake »gr. Handelsschiff«, kraken »Krach machen«.

Kraft (obd.): vgl. ndd. Kracht. Meist aber wohl der alte VN. (bei Rittern u. Adeligen beliebt): Graf *Kraft* v. Toggenburg, Minnesänger (Thurgau), Ritter *Craft* Schabe 1325 Wetzlar, *Kraft* Lentsidel u. Hans *Kraft* 1409 Würzbg. Aber Kleinkraft »geringe Kraft bzw. Vermögen«.

Kräft (ndd.) s. Kreft!

Krage: mhd. »Hals, Kragen«, auch »Tor, Narr« (vgl. Geizkragen wie Geizhals; FN. Dürrkragen, Reckenkragen). Ludolf *Krage* 1302 Rostock. Vgl. *Kraghere* 1388 Bremen: machte Panzerkragen (K. Carsten, S. 139). Aber rhein. (neben Krahe!) auch Krähe: Heilmann *Kragehals* 1324 Worms.

Krägelin (endbetont): wend. ON./Pomm.

Krahe (ndrhein.-westf.) = Krähe. Vgl. obd. **Kra** (Kravogl), ndd. **Krey.**

Krahl (Sa., Schles.): slaw. kral (krol) »König« (aus dt. Karl: d. Gr.!). S. auch Kralik.

Krahn (ndd.) = Kranich (mnd. md. krane ndl. kraan, woher auch der »Kran« (Hebekran), vgl. *Kranenmeister* 1593 Neuß. Willeke *Krane (Kraneke)* 1252 Hbg. FN. Kranke!

Krahnstöver (ndd.), Kroonstuiver (holld.): eine geringe Münzsorte (stuiver) mit d. Bilde des Kranichs.

Krail (Württ., Bay.) s. Kräuel!

Kraiß, Kreiß (Stuttg. oft): Lärmer, zu mhd. kreiß, kreisch »Schrei, Lärm«. Auch Kreißer. Konr. *Kraiß* 1387 Rottweil, Arnold *Kreiß* 1337 Mosbach.

Krakau, Krakow (Meckl., Pomm.): slaw. ON., mehrf.; in Schlesien kommt auch Krakau in Galizien in Frage, s. Krocker (Kraker!)

Kral(ik) (slaw.) s. Krahl! Oft in Wien. Auch Kralitscheck. Wenzel *Kralik* (Bischof v. Olmütz) 1380.

Krambeer (Hbg.): »Kranichs-, Kronsbeere«, englisch cranberry »Moosbeere«.

Krämer, Kramer (obd.-rhein., wie mhd. krâmer), Kramers (ndrhein.), **Kremer, Cremer:** der Krämer (in der Krambude: *in dem krame)* = Kleinhändler, Höker. Als Humanisten-N. Mercator (Kremer), berühmter Geograph a. Flandern. Dazu Eisenkrämer, Rohkrämer (Thür., 1460 Ruch-) schles.-obd. auch **Kromer,** vgl. Jörge *Kromschryber,* ratman 1406 Lg. (d. h. Buchführer der Reichkrämer: Bahlow, Schles. Nbch. S. 110).

Cramm (von): ON. Cramme b. Wolfenb. (Hinrik *[von] Cramme* 1400 Haldsl.).

Kramp(e): Hbg. oft, wohl ÜN. für (Tür)-Schlosser, vgl. *dornagel* u. ä.; Joh. *Krampe* 1260 Ro. (auch Lüb., Grfsw. usw.). Vgl. auch ON. Krampe/Pomm., Crampe/Brdbg.

Kranach: alte Form des ON. Kronach/Franken. Vgl. Lukas *Cranach* (Maler) neben Hinr. *Kronach* (1502 Lpz.).

Kraneis s. Kroneis!

Kranefoet (ndd.): »Kranichfuß«, vgl. Joh. *Kranfuß* 1428 Bay. S. Krahn! **Kranepohl,** -puhl, -pfuhl: ndd. ÖN. (»Kranichpfuhl«).

Kranewitter, Kronebitter u. ä. (Ö., Tirol oft): ON. u. ÖN. (ahd. kranawitu »Kranichgehölz, Wacholder«, vgl. daher Krammetsvogel: Kronabetsvogel), Hertlein *von Chranewit* 1288 Tirol.

Krangel (obd.): mhd. = Not, Mangel (Bentz *Krangel* 1383 Württ.).

Krangemann (Hbg.): aus Krangen/Neuruppin.

Kranich, Kranch, ndd. Krahn (s. dies!), Kranke: auf Schlankheit bzw. stolze Haltung deutend (»Hoffart die hat Kraniches Schritt« sagt der Dichter Freidank um 1220). Vgl. auch Krohn u. Krannhals!

Kranke: z. T. aus ndd. *Kraneke* »Kranich« entstanden, s. Krahn! Sonst = mhd. kranc. »körperlich schwach« (*Krankswager* 1467 Quedlbg., Nik. *Kranke* 1420 Lpz.).

Kran(n)hals s. Krahn u. Kranich! Desgl. **Krannich.**

Kranzler (bair.-öst.) neben **Kränzler** meint den **Kranzlbinder** *(krenzelmacherin* 1403 Prag), desgl. **Kränz(e)l,** Kränzle, Krenzle (Joh. *Crenzelin* 1288 Worms), **Kranz,** Krantz (z. T. auch ON.). Ein *Kranzemecher* 1583 in Wesel. Dazu Komposita wie Blumen-, Rosenkranz (auch ON.), Rautenkranz (auch Hausname, noch heute), Meienkranz, Goldenkranz, Seidenkranz. Vgl. auch den »Krug z. grünen Kranze«.

Kranzbühler (obd.) z. ÖN. -bühel »Hügel«. Mehrdeutig ist Kranzmayer (Bay., Ö.).

Krapf, Krapfl (obd.), Krappel (schles.): der Krapfenbäcker *(Krappenbacher* 1403 Prag; Bäcker *Krapfl* 1385 Budweis! Bäkker *Krappenhenger* 1425 Iglau! Vgl. den *Krapfenfeind* 1329 Tirol). Aber mhd.

krapfe, md. krape auch = Haken, Klammer, Angel (wie Krampf), vgl. den *Hellekrapf* (= Teufel). Ein Haus »zum Krappen« 1384 Worms.
Krapohl: ndrhein. ÖN. »Krähenpfuhl«, vgl. *Krakamp, Krahforst.*
Krasemann (Meckl.): aus Kraase/Meckl., wie Schwaßmann a. Schwaß, Metelmann a. Meteln, Plagemann a. Plau, Gnoiemann a. Gnoien usw.
Krathwohl (obd.) s. Grathwohl! – **Kratschmer** s. Kretschmar!
Kratochwil (Wien oft): tschech. »Kurzweil«.
Krattenmacher (obd.), auch Krettenmacher: »Korbmacher« (zu mhd. kratte krettelin); desgl. Kratt, Krättle, Krättler.
Kratz, Kratzel, Krätzel (obd.), Krätzig (schles.), auch Kratzius: = Kratzmann, Kratzke, Pankratz (Heil. N.), s. dies! Vgl. *Creczing* v. Czedelicz 1429 Lg., *Pancratius Kreczing (Kreczig)* 1453 ebda.
Kratzer(t): obd.-schles., Berufs-ÜN. (Wollkratzer u. ä., vgl. Kratzeisen); z. T. wohl auch patr. = Pankratzer (Prag). Vgl. auch ON. Kratzau b. Zittau (»zur Kratze« 1381)! Mhd. kratz-hart meint Geizhals.
Krau(e)l (ndd.), Hbg. oft: mnd. = Hakengabel, dreizinkige Mistgabel; obd. m. Umlaut Kreuel, Krail (mhd. kröuwel). Bert *Krouwel* 1357 Hildesh. (Wappen: 2 dreizinkige Kräuel). Hinceke *Krouwel* 1331 Lüb. (Ro. Grfsw.).
Krausch s. Krusch!
Krause (md.), **Kraus** (obd.), Kruse (ndd.) = **Kraushaar, Krauskopf.** Seltener ist **Krauspe** (mhd. krûsp), vgl. Krisp: Mich. *Crausphans* 1427 Zwickau.
Kraut(h), Krautblatt, Krautkopf, -stengel, -strunk, Krautwurm sind ÜN. für den Kräuter-, Krautgärtner, obd. auch Kräutle, Grünskräutl. Zu Krutsack 1236 vgl. Kohlsack, zu Kruthas 1340 vgl. Kohlhaas.
Krautwald (Neiße oft): aus Krautenwalde b. Landeck/Neiße; auch der Liegnitzer Reformator Valentin Kr. stammte aus N., wo 1475 ein Joh. *Krautenwalt* (Bahlow, Schles. Nbch. S. 88).
Krautwurst (Pfalz, Schles.): ÜN. des Wurstmachers, Fleischers; am Ausdruck »Kraut« als obd. erkennbar. Vgl. *Crut und Vleisch* (Brsl., 1348 Brünn). Peter *Crautwurst* 1375 Kolin.
Krawietz, Krawczyk, Kraffzig (O/S.): poln.-wend. »Schneider«.
Krawinkel, Krähwinkel: mehrf. ÖN. (ON.). – **Krawath** s. Krabat!
Kray = Krähe, vgl. ON. Krayenberg; dazu Kraifänger, Kraibühler. Auch ON. Kray b. Essen.
Krayl (Württ.): mundartl. für Kräuel, s. dies!
Kreber (1350 Württ.) = Körber, zu mhd. krebe »Korb«.
Krebs: wie Krabbe wohl ÜN. des Krebsfängers bzw. **Krebsers** (soweit nicht bloßer Vergleich). Vgl. Joh. *Spanincrebis* 1397 Schweidnitz. Ndd. **Kreft, Kräft,** Kräwt (Meckl.), mnd. krevet: *Krevet* um 1300 Ro., Lüb., Strals. usw. Auch Hausn.: *to dem Crevete* 1461, wie Erhard *zuo dem Krebis* 1371 Straßbg. Krebsscher = »Krebs-scheere«.
Crecelius: Humanisten-N. für Kretzel, Krätzel = Pankraz.
Krechting (ndd.-westf.) neben Krefting: patr. Bildung zu Kraft, Kracht.
Kreckel (Hbg.): vgl. Kreckelput, Kreckelbeek/Flandern für modrig-faulige Gewässer (Bahlow, ON. S. 277). Dazu Krekkeler.
Krecker, Kreeker (Hbg. öfter): wohl z. ÖN. Krek, s. Kreeck! Vgl. Gerd Kreker 14. Jh. Meckl., Reinert Kreker 1560 Brschwg.: wohl »Krächzer, Schreier« (kreke »Geschrei«).
Kreeck (Hbg.): ndd. Kreke (Kreike) = Pflaume, Hinr. *Crek* 1295 Lünebg. Vgl. aber mndl. krek = geul »stagnierendes Gewässer« (Kreekgors/Brabant, die Krekesbeke b. Herford, Krekenbeck b. Bielefeld). M. Schönfeld, S. 217/18.
Kreeter, Kreter, Kreiter, Krieter (Hbg.): mnd. kreter »Haderer, Streitsüchtiger« (Hinr. *Kretere* um 1320 Lüb.,) Ludeke *Cretere (Krytere)* 1350 Haldsl.
Kreft, Krefft (ndd.) s. Krebs! – **Kregel** (ndd.): »munter, lebhaft«. Wernher *Creghel* 1321 b. Kassel.
Kregelin (Hbg., Meckl.): slaw. ON./Pomm.
Kreher, Kreger, Kreiger (ndd.): der Kräher (mnd. kregen, kreigen »krähen«), Sifrid *Cregere* 1262 Hbg. Vgl. **Krehan** (Hbg.): »Krähhan« (Nicol. *Krege-, Kreilhane* 1250 Ro.).
Krehl (Stuttg. oft) s. Krail, Kräuel! Joh.

Creel (Craewel) 1507/28 Münsingen. Aber Joh. *Crele (Creyle)* 1301 Ro. deutet auf ON. *Crele* (Kriel b. Köln) bzw. Sumpf *Creil*/Holld.

Krei, Krey (ndd.): »Krähe«, wie in Kreien-, Kreyenbrink, -kamp, -berg; Kregenloh (mnd. krege, vgl. *Kregenkop* 1258 Hbg., *Kregenbrink* 1499 Barth). Dazu **Kreinacke** (Hbg.) »Krähen-Nacken«. S. auch Krey!

Kreibig: ON./Schlesien.

Kreidler, Kreidel: in Schlesien z. ON. Kreidel/Wohlau (urkdl. slaw. Kridel, Kridlo), vgl. Kreidelwitz; *Crydeler* 14. Jh. Brsl.

Kreidolf: bekannt durch d. Maler Ernst Kr. (Schweiz), z. ON. Kradolf Thurgau (A. v. *Kraidolf* 1370). – **Kreidweiß:** Thomas Kr. 1382 Budweis. Vgl. den Schneider Nic. *mit der kreid* 1341 Prag.

Kreie s. Krei! – **Kreiger,** Kreger (ndd.) s. Kreher!

Kreike, Kreke (ndd.) s. Kreeck! Kreikenbom (ndd.) = obd. Kriechbaum »Pflaumenbaum«, nach d. Wohnstätte. Dazu Kreikmeyer (Westf.).

Kreil s. Krail! – **Kreins** (Rhld.) wie Kriens = Quirinus (Heil. N.). Vgl. auch Krings (wie Frings). – **Kreimann,** -meyer s. Krei! Vgl. auch ON. Kreien/Parchim.

Kreischer, Kreisch: ON. Kreische, Kreischa, Kreischau/Sa.

Kreis(e)l: obd., mhd. kriusel »Kreisel« (kl., lebhafter Mensch). Heyne *Kreusel* 1382 Kamnitz. Mhd. kriusel auch »kraus«.

Kreiß (obd.) s. Kraiß! – **Kreiser** (Schles.): vgl. ON. Kreisau.

Kreißig, Kreyßig (Sa. oft): wohl slaw. ON. (wie Dreyßig).

Kreiter (ndd.) s. Kreeter! – **Kreith** (Bay.): ON. u. ÖN. = Kreuth, d. i. Gereut (mhd. geriute: durch Rüten urbar gemachtes Land). Dazu Kreither, Kreitmayer (vgl. Zach. Kreyter *[Kreutt]* 1594 Kempten).

Kreitsch, Kreitschik, Krejcik: tschech. *krejci* »Schneider«.

Kreitz: ON. b. Neuß a. Rh. – **Krekel,** Kreker s. Kreck-!

Kreling: ON. Krelingen/Hann. – **Krekler:** Hochfläche b. Höxter (Bahlow, ON. S. 278).

Krell (obd.): ein kratzbürstiger Mensch (zu mhd. krellen »kratzen«). Peter *Krelle* 1295 Rottweil.

Kremer (nordwestd.), Kremers (rhein.) s. Krämer!

Kremp, Krempe (Hbg.): ON. (Alten-) Krempe (Holstein, 2mal) Krempel/Hadeln.

Krempi(e)n: ON./Meckl. – **Krems(er)** (obd.): ON. Krems/Ö. (Bahlow, ON. S. 278). Vgl. auch ON. Krems/Böhmen (daher Kremser oft in O/S.!). Dazu ON. Kremsier/Mähren: Andr. von Cremsir 1347 Glatz.

Krempler, Kremp(e)l (obd.) = Grempler »Trödler«; dazu Krempelhuber, Krempel-, Grempelsetzer.

Krem(t)z (Hbg.): ON. Krembz/Gadebusch (*van Kremese* 1257 Ro.).

Kren, Krendl (öst.-bair.): der **Krenbauer,** Gemüsehändler (mhd. krên »Meerrettich«, Lehnwort a. d. Slaw.-Tschech.). Nic. *Chren* 1351 Brünn, Methel *Chrendel* 1414 Pausraum, Nic. *Krenel* 1415 Braunau.

Krengel (obd.): mhd. Variante zu Kringel, s. dies!

Krenkel, Kränkel (obd.): wohl »kl. Kranich« (mhd. kranch, krench), vgl. in Worms Nicol. *Crench* 1365 nebst Cunzel *Crenchilin* 1327, im Breisgau Clawes *Krencheli* 1361.

Kren(t)z (Hbg. oft): ostd.-slaw. wie ON. (FN.). **Krenzi(e)n** (Meckl.), desgl. **Krenzlin** (ON. Kränzlin). Vgl. ON. Krentsch (Schles.), alt Krencz.

Krenzer s. Krenz! – **Kreplin,** Kräplin (Meckl.): ON. Kröpelin/Meckl.

Krepp(meier), bair. (wie Greppmeier): der am Hohlweg (»in der Greppen«) wohnt. Auch Kreppner.

Kress, Kressel, Kröss (obd.): ÜN. f. Fischer, zu Kresse »Gründling«. Vgl. *Creßelin* das vischerlin 1350 Waibl., Erhard *zuo dem Kreße* 1371 Straßbg., Iring *Kresse* 1290 Würzbg. Auch Kresse, Kressmann.

Kreter (Hbg.) s. Kreeter! – **Kreth** (Hbg. oft): wohl ON., vgl. in Westf. Krede, Kreit.

Kretschmer, Kretschmar, Kretschmeyer, Kretschmann, sächs. Kretzschmar, mundartl. Kratschmer: in Schlesien, Böhmen, Lausitz, Sachsen die übliche Bezeichnung f. d. Wirt der Dorfschenke (Kretscham, auch Gerichtskretscham; Lehnwort a. d. Slaw.). Hannus Frederich *cretschemer* czu Arnoldisdorff 1384 Lg. Henczel *Krecz-*

mar (Hanczl *Kraczmar)* 1363/74 Jitschin; Bertelt *bey dem kreczim* 1381 Friedland. Weiteres: Bahlow, Schles. Nbch. S. 110.
Kretzer (obd.): mhd. kretzer »Einzieher von Gerichtsbußen«. Cuncz *Kreczer,* schultheiß des Klosters Amorbach 1445. Vgl. aber *Pankreczer* 1377 Prag. (Patr. zu Pankraz) u. mhd. kretze »Korb«; dazu Kretzmann.
Kreuchauff: Satzname »kriech auf!« *(Krichoff* 1469 Görl.).
Kreuder, Kreuer (Köln) s. Krü(d)er! (»Kräuter« = Gemüsegärtner).
Kreu(e)l s. Kräuel! – **Kreusel** s. Kreisel!
Kreusler, Kreißler (obd.): vgl. mhd. kriuseler »Schleier« bzw. Kräußle »kraus«.
Kreuter s. Kräuter, Kreuder u. Kraut!
Kreu(t)z: öfter ÖN. (Flurn.), auch ON. Vgl. Amkreutz. Eckehart *bime cruce* 1327 A.-Buseck/Hess. Auch **Kreu(t)zer** (vgl. in Tirol: Hof am Kreuz), soweit nicht schon der Münzname vorliegt; mhd. kriuzer auch = Kreuzfahrer, Wallfahrer.
Kreutzkamm (westf.) = Kreuzkamp (Kamp = Feld), vgl. Rohkamm: Rodekamp.
Kreuziger (obd.-schles.) meint den Kreuzfahrer (mhd. kriuziger), vgl. Joh. v. Frankensteins Dichtung »Der Kreuziger« um 1300; dann auch Mitglied eines Kreuzträgers-Orden (s. Bahlow, Schles. Nbch. S. 110). Beachte: Peter Kober *der crewcziger* = P. K. *der prister* 1386 Lg.
Krey, Kreye s. Krei! Werner *Kreye* 1371 Grfsw.
Kreymann, Kreimann (ndd.) s. Krey, Krei! Vgl. auch ON. Kreien/Meckl.
Kreykenbohm (ndd.) entspricht obd. Kriechbaum »Pflaumenschlehe«.
Kribbe (Hbg.): ON. nö. Perlebg.
Krick(e): Öls., Brsl., z. ON. Krickau Kr. Namslau (Petsche *Crik, Crikow* 1431/37 Brsl.). – **Krickhahn** -huhn: vgl. die Krickente (kleine Wildente).
Krick(e)l (obd.) = Krückel.
Kriebel (Schlesien, Laus., Sa.): urkdl. *Crebel* (md. *e* deutet auf kurzes *i,* später gedehnt), ungedeutet, slaw. wie Triebel (Trebl-), vgl. ON. Kriebelwitz *(Crebilwicz)* Kr. Brsl., auch Kreblitz/Luckau, wie Triebelwitz. Jokoff *Kribel (Crebil)* 1395 B.-Kamnitz; Nic. *Crebil* 1378 Lg. (Schles. Nbch. S. 64). Dazu **Kriebisch** *(Krebisch* 1392 Görl., m. slaw. Suffix) wie Triebisch u. Kriebler (patr.) wie Triebler.
Kriech, Kriechl (obd.) = ndd. Kreke »Pflaumenschlehe«; dazu **Kriechbaum,** ndd. Kreken-, Kreikenbom, nach d. Wohnstätte. W. *Krich* 1153 Maulbronn, Peter der *Kriechbaum* 1307 b. Bozen. Vgl. Ulr. *Krichenvoit* 1422 Franken.
Kriegbaum s. Kriechbaum!
Kriegk, Krieger = »Zänker« (zu mhd. kriege »widerstrebend, streitsüchtig«). Vgl. Hebenkrieg (wie Hebenstreit) u. Stillenkrieg. Joh. *Criec (Chrieger)* 1260. Dazu **Kriegel** (mhd. kriegel = kriege). Vgl. aber Krügel!
Kriemann (Meckl.) s. Krien!
Kriemhild (grîm »Maske«, hild »Kampf«) s. Bahlow, Vornamen! Als FN.: Hannus *Crymhilt* 1360 Glatz.
Krien, Krienke: ON./Vorpomm.
Kries(baum): alem. für Kirschbaum, nach d. Wohnstätte (wie Bier-, Birnbaum, Nußbaum, Kriechbaum); vgl. Bürkeli *zem Krieseboume* 1350 Freiburg. Ndd. Kerse-, Karse-, Kassebohm. Ein Wernher *Kriesenblust* (»Blüte«) 1441 Brsg.
Kriesten: glätzische Form für Kristen (Kirsten: Christian).
Krieter, Kriete (ndd.) s. Kreeter, Kreiter! Borchard *Krite* 1320/Lüb.
Krill(e) (Dresden oft): die Häufigkeit dort deutet aufs Wendische.
Krimpe: (Hbg.): ÖN. wie Krempe (s. dies!). Vgl. ON. Krimpen/Holld.; Krimphoff/Westf. (Bahlow, ON. S. 278). Aber md. krimp = krumm, geschrumpft.
Kringel (Krengel), Kringler: wohl ÜN. des Bäckers (sofern nicht ÖN.).
Krin(g)s (rhein.): der heil. Quirinus (Neuß), wie Frin(g)s = Severinus.
Krinke (ostd.) s. Krienke! Vgl. auch slaw. krinka »Topf«.
Krinne, Krinner (obd.): mhd. »gelockt, kraus«; Jorge *Crynnewebel* 1429 Braunau, Hensel *Krynner* 1396 Budweis.
Krip(f)gans = Kropfgans, auch Krüpfgantz.
Krisch(e), Krischke wie Krischan: slaw. Formen für Christian.
Krisp: mhd. krisp, krispel »Krauskopf« (lat. crispus), vgl. Hinr. Cruse (Crispus) 1258 Hbg. Aber **Krispien,** Krischpin (westd.) meint den heil. Crispinus (Patron d. Schuhmacher).

Krist, Christ, Christmann (obd. Pfalz) = Christian (s. Bahlow, Vornamen S. 18!). Vgl. auch unter Kirsten, Kersten, Karsten; Kirstein; *Christiansen,* Christensen ist ndd. Patr. (Schl.-Holstein). **Christlieb** ist N. getaufter Juden (vgl. Bleibtreu u. ä.). Gesamtübersicht der Sproßformen von Christian s. im Dt. Nbch. S. 61.

Kristeller, Christaller (obd., Allgäu) = Christler (patr. zu Christian). Vgl. Helene Christaller, Schriftstellerin.

Christoffer, Stoffer, Stoffel, Stöffel, Toffel, Töffel meinen den heil. Christophorus (»Christusträger«). Dazu patr. Christophersen (Schl.-Holstein), beliebt vor allem auf obd.-rhein. Boden.

Kröbel (Dresden, Lpz. oft): ON. Kröbeln/Sa.

Kröber: ON. Kröbern b. Altenburg u. b. Lpz.

Kröcher (von): slaw. ON. Kr. Wolmirstedt (Rabodo *de Crochere* 1184).

Krock, Krocke, **Krocker** (neben Kracker, Kraker): in Schlesien mundartl. für Krakau (einst bedeutende Handelsmetropole des Ostens), auch ON. in Sa. (auch Barschdorf b. Lg. hieß urspr. Cracow). Belege: Schles. Nbch. S. 88 (*Krokawer* neben *Kroker* 1451 Lg. usw.).

Kröger: ndd. Bezeichnung f. d. Besitzer oder Pächter des Dorfkruges (in Brdbg.-Nd. Lausitz **Krüger**). Dazu **Krog(mann),** Krochmann (auch nach d. Wohnstätte).

Kroh, Krohe: md.-obd. für **Krah(e)** = Krähe (mhd. krâ) wie Groh für mhd. grâ »grau«. Vgl. Krohwinkel = Krah-, Krähwinkel. Dietr. *Kro* 1411 Prag.

Krohm, Krö(h)mer s. Krämer!

Krohn (Hbg. oft): mnd. krân, krôn »Kranich«. Vgl. ndd. Krohnsnest (*Cronsnest* 1354 Hann.), Kronfoth, Kronsbein (*Kronesben*) u. ä. J. *Cron* 1297 Hbg. Auch obd. begegnet *o* für *a: Kronsnabel* 1280 Bay., *Kronfuß* 1337 ebda.

Kröhnert s. Kröner!

Krois (bair.) = Krebs (schon mhd. ist kreuß Variante zu krebeß): Thoman *Chrewß* 1414 Mähren. – **Kroitzsch:** ON. Groitzsch b. Lpz. – **Krok(er)** s. Krocker!

Kroll: mhd. krolle »Haarlocke«, krol »kraus, lockig«. (Vgl. ndd. Krull). Doch spielt ostd. das slaw.-poln. krol »König« (aus dt. Karl!) hinein (daher zahlr. in Berlin).

Kröll (obd.) s. Krell!

Kromer: md. obd. = Kramer »Krämer« (Peter *Cromer* 1381 Lg., Albr. *Cromer* 1350 Eger, Hainr. *Kromer* 1424 Schwaben). Dazu **Krome, Krömke** (ndd.): *Crome, Cromeke* um 1320 Lüb. **Krömer** (ndd.-westf.). – **Kromschröder** (ndd.): nach d. Wohnstätte an e. Krambude, vgl. Pohlschröder.

Kronast (Mchn.): ON./Bay. – **Kronbiegel** (obd.): »Kranichhügel« (auch ON./Bay.).

Kronberg(er): Bay., Ö., z. ON. Kronberg (meist »Kranichberg«), mehrf., vgl. Sigfrid de *Craneberch* 1150 Bay. Im Rhld. vgl. ON. Kronenberg: -burg (Joh. de *Cronenberg* 1277 Mainz). – **Kroneis(en):** obd. Schmiede-N.

Krone, Kron: soweit nicht die mundartl. Form für Kranich (alt Krane, Kron, s. Krohn!) hineinspielt, ist die Krone (lat. corona »Kranz«) gemeint, bes. als Hausname (Worms, Speyer, Basel, Straßbg.) (*zu der kronen, de corona*). Vgl. auch *Dancekron* »Tanzkrone« um 1320 Lüb.

Kronewitter, -wetter (Bay., Ö.) s. Kranewitter!

Kronfoth, -fuß s. Krohn! – **Kröner** (obd.): Herk. N. wie Kroner, vgl. Kronauer. Ein Hof Krönern in Tirol. Ein ON. Krönau b. Olmütz.

Kröner (ndd.): Hbg. oft: »Schwätzer, Zänker« (zu mnd. kronen). Nic. Kroner 1394 Hbg.

Kröning (Hbg. oft), **Krönke,** Kröhnke (ndd.) s. Krohn!

Kronreif, -raff (obd., Bay., Ö.): alt Kranreif, also zu »Kranich«; reif = »Reif, Ring«, vgl. Becherreif. **Kronschlager:** ON. Kron-: Kranschlag O/Ö.). **Kronschnabel** (Bay.) = »Kranichschnabel«. **Kronsnest** »Kranichsnest«: ON. (Hann. u. Holst.). Everd *Cronsnest* 1354 Hann. – **Kronymus** s. Hieronymus!

Kröpel, Kröpels (Hbg.): ndd. für »Krüppel«; mhd. krüpel, md. ndd. kropel. Lubbert der *Kröpel* 1412 Bremen.

Kröp(e)lin (Hbg., Meckl.): ON./Meckl. – **Krooß** (ndd.) s. Kroß!

Kropf, Kröpfl(i), ndd. **Kropp,** Kröpke: mit e. Kropf behaftet; auch Flurname (z. B. Kreienkropp b. Essen) u. ON. (z. B. Schleswig). Dazu **Kröpf-,** Krüpf-, **Kripgans;** Taubenkropp; Völlkropf (»fülle den Kr.«).

Krösche (Hbg.): ndd. krôseke = krôs »Krug, Krause« (1721 *Kröske*). Vgl. Gösche = Goseke. – **Kröschel** (obd.) = Gröschel, Groschen.

Krosigk: Adelsgeschlecht v. (Schwerin-) Krosigk; slaw. ON. b. Halle.

Kroß, Krooß, Krohs (ndd.): »Krug, irdenes Trinkgefäß« (heute »Krause«, mnd. krûs, kros, mhd. krûse), vgl. **Schwen(k)-kros,** Warnkros, wie Schwenkenbecher, Schwenkkraus (*Sweyfkrüsel: Swyefkrug*: sweifen = schwingen, in Hessen) auch Füllekrus, Leerenkraus, Steinkraus. *Krosemaker* 1354 Bremen

Krott, Kröttli: mhd. krot(t)e »Kröte«, nebst krotolf (als Schelte). (Vgl. Krotenöugl, -füßel 1414).

Kruck (ndd.) = Kruke (krugartiges Gefäß), ÜN. des Krukenmachers, Töpfers. Mechthilt *Cruke* 14. Jh. Haldsl., Eler *Crucdregher* 1388 Greifsw., *Krukenmeker* 1453 Bremen.

Krück, Krücke, Krückmann, Krückemeyer (ndd.-westf.): Krücke ist auch Flurn.

Krüdener (ndd.): Arzneihändler (Apotheker), der mit Heilkräutern (ndd. krude) handelt (1280 in Strals.: magister Bertoldus Phisicus *crudener, apotecarius;* auch in Ro. 1288, Hbg. 1266 usw.). Dazu als ÜN. **Krude** (Hbg.), Krüdewagen (Westf.).

Krüder, Krüer, Krüerke (ndd.) = obd. Kräuter, Kraut-, Gewürzhändler. Hennekrüder 1387 Frkf., vgl. rhein. *Kreuder.*

Kruft, Kruff, Krufter: aus Kruft b. Andernach (vgl. dazu Bahlow, ON. S. 280).

Krug, Krugmann: ndd. = Krog, Krogmann; vgl. Fahrenkrug, -krog (ÖN); obd. aber auf den Krug als Gefäß bezüglich, wie **Krügel,** Krügle (= Krug-, Geschirrhändler, -hausierer); vgl. Füllskrügel (der Schankwirt).

Krüger: auf ndd. Boden (auch märk.-laus.) = **Kröger** der Krug- oder Gastwirt (bes. auf d. Lande); Heidkrüger (v. Heidekrug). obd. »Krughändler« wie **Krügler** (nebst Krug u. Krügel).

Kruke s. Kruck! – **Kru(c)kenberg:** ON./ Bay.

Krull, Krüll (ndd.) wie Kroll = »Krauskopf« (mnd. krulle »Haarlocke, Haarschopf«). Vgl. Schlichtkrull, umgedeutet Schlichtegroll (»Glatthaar«, wie obd. Schlichthärle). Hinr. *Krul* 1325 Barth, Joh. *mit dem Crulle* 1353 Hann., *Sidenekrul* 1338 Strals. (nebst *Guldenekrol* 1323 ebda. u. *Smerekrol* 1340 ebda.); in Hbg. *Duvenkrul-, krol.*

Krumbhaar (bes. Thür.): mit gekräuseltem Haar (vgl. »ein isen, do man krump hor mit macht«, also Brennschere). Aber auf Mißbildungen beziehen sich **Krummbein, Krummfuß,** Krummauge, Krummfinger, Krummhals (*: mit dem krumen halse* 1386 Bay.; *mit den krummen Füßen* 1396 Frkf.); *Crumpfuß* 1388 Lg.).

Krumbholz (Sa., Bay., Ö.): alter ÜN. des Wagners (wie Nabholz); vgl. Adelung, Wb.: noch 1700 in Freiburg ein Wagner Martin Mutter *»Krumbholtz* u. Zünftiger« (Brech., S. 121, A. Götze, S. 71). Erpo *Crumholt* 1270 Hbg., Nikl. *Crumpholcz* 1392 Kuttenberg.

Krumbhorn (bes. obd.): wohl zu mhd. horn als Blashorn, ÜN. des Hornbläser (Jägers, Nachtwächters, Musikers). Ein Musicus u. Komponist Caspar *Krumbhorn* im 16. Jh.; Hannus *Krumphorn* 1417 Prag.

Krumbiegel (obd.: Ö., Bay., Sa. oft): ÖN., zu bühel »Hügel«, vgl. Hirschbiegel, -bühel, Nußbiegel u. ä.

Krummacher (Westf. öfter): meint wie Krumbholz den Wagner; ndd. ist auch der **Krummhauer,** -heuer. Aber *Crumbenagel* (1159 Köln) wie *Crumyseren* (1387 Osn.) sind Schmiedenamen.

Krümmel (Hbg., Barmen, Magdebg. Mayen oft): mehrf. ON. (Meckl., Schl.-Holst., Nassau), auch Flurname wie Krümmling (vgl. »an dem *Crümmelinge«* 1321 b. Frkf.). Aber **Krümel,** Krümling deuten auf die »Krume« (mhd. krume, krumme!), vgl. dazu *Kromeneter* 14. Jh. Haldsl., Ritter *Crumelin* 1299 Würzbg.

Krümmer (obd.): wohl zu mhd. krümme »(Weg-)Krümmung«, Flurn.

Krumpf s. Krump! (Joh. *Krumpf* 1487 Frkf.).

Krump(p): obd. = »Krumm«, von körperl. Mißbildung (Heinz *Krump,* Edelknecht, 1428 Baden, Joh. der *Crumbe,* Ritter, 1226 Straßbg.).

Krumrey (umgedeutet Krumreich), Krumreihn: nordd. Flurname, vgl. Ossenrey. Ein *Crumerey* 1313 in Stade. In Württ. vgl. **Krumrain,** zu mhd. rein »Rain, Akkergrenzstreifen«, wie Hoch-, Moosrain.

Krünitz, Krienitz (Sa.): slaw. »Kreuzschnabel« (Vogel).

Krüper (Hbg.): »Kriecher« (zu mnd. krupen, vgl. Krup-under u. *Kruput:* »kriech heraus«, e. Knecht in Meckl.).

Krupp (Essen, seit d. 16. Jh. dort): Heyno *Crup (Crupe)* 1265 Hbg. Vgl. Krüper!

Krup(p)ke, Krupka, Krup(p)a: slaw. (tschech. krupy) »grob, ungeschlacht«. Vgl. auch slaw. krupa »Graupe«.

Krusch, Krusche, Kruschke, -ka, Kruschel: schles.-laus., vgl. wend. kruscha »Birnbaum« u. ON. Kruschka/Westpr. nebst ON. Krusch(o)witz; auch ON. Krauscha/Görl. hieß *Crusche:* Peter *von der Crusche* 1427 Görl.

Kruse (Hbg. zahlreich): ndd. Form von **Krause,** nebst **Kruskopf** »Krauskopf«. **Kruspe** s. Krauspe! Aber die Krause (»Krug«) s. unter Kroß (Kruse)!

Krüsmann, Krützmann (ndd.): z. ÖN. (ON.) Kreuz (Krütz), vgl. Krützfeldt.

Krüß (Hbg.): vgl. ndl. kruis »Kreuz«.

Kube, Kuba, Kubisch, Kubasch, Kubatsch, Kuball, Kubek, Kubik, Kuban, Kubon u. ä. auch Kauba, Kaubisch sind ostd.-slaw. Formen für Jakob (Jokub), oft in O/S. Zu **Kubach** neben Kubatsch vgl. Hubach neben Hubatsch u. Lubach neben Lubatsch. *Kuba* Gomolka, *Kuba* Jersickhe (1596) usw. (Bahlow, Schles. Nbch. S. 65). Jan *Kuba (Jacuba)* 1599 Böhmen. G. *Cubach (Cubaeus)* 1608 b. Bautzen!

Kublank: ON./Vorpomm. u. Kublank/Prignitz.

Kübler, Kiebler (obd.). auch **Kübel** *(Pfisterkübel),* Kiebele: wie Scheffler ein Böttcher, der Kübel (kl. Holzfässer, Wannen) fertigt bzw. bindet, vgl. Satzn. Bintenkübel.

Kuchar(z): tschech. = »Koch«. Dazu ost.-slaw. Kucharski, Kucharczyk.

Küchenhoff (westf.) nebst Käckenhoff (ndd.) ist ÖN. im Gebiet der westf. Hofsiedlung.

Küch(en)meister, ndd. Käckenmeister (s. dies!): oberster der Köche, spez. ein Hofbeamter, daher auch Adelsname. Vgl. auch Bacmeister! Am Liegnitzer Hof 1385 ein »her Reynold der prister (!) unseres herren *des herczogen köchenmeister«.* **Kuchenbuch** usw. »Kuchenbauch« (der Bäcker).

Küchler (obd.): Bäcker, der Küchle (kl. Kuchen) herstellt. Dazu **Leb-,** Leib**küchler,** Lebküchner (wie Lebzeltner). Als Berufs-ÜN.: **Küchel, Küchle,** Kiechle; Lebkuche; in Satzform: Pustkuchen, Stopfkuchen, Eßkuche(n). Aber Eierkuchen, Pfannkuch(e), ndd. Pankoke, -kauke meinen den Koch. Spänkuch, Spenkuch (Bay.): s. (Schmeller-Bayr. Wb.). Opferkuch = Hostie.

Kuck (Hbg. oft): altes Moorwort, vgl. ON. Kucklar, Kucksiepen, Kuckmere, Kukkenbeke (Bahlow, ON. S. 269). Zu **Kück** (Hbg. oft) vgl. Kückhoven, aber auch Kücken: Joh. *kücken* 1303 Ro.; Kükenvogt. Kückelmann, vgl. Kückelmoor Hann.

Kuckuck: ÜN., aber auch ON. Nic. *Kukuk* 1365 Brünn. Vgl. obd. Gauch.

Kudenholdt (ndd.): schmutziges Gehölz, vgl. Kudensee, -beke, -kopf (dazu Bahlow, ON. S. 281).

Kuder(er), Küderle, Kiderlen (Württ.): der Kuder (Werg) verarbeitet; Kudermann: der mit Werg handelt. Auch Kauderer. Dazu *Kudersack* 1271 Brsg. *Küderlin* 1550 Engen; *Kuderer* 1277 Straßbg.

Kudernatsch, Gudernatsch: tschech. kudrna »Locke«, also Krauskopf.

Kufahl (Meckl., Brdbg.) s. Kofahl!

Küfer: mhd. küefer = Hersteller der Kufen (gr. Holzgefäße, bes. für Wein: lat. cupa), im südwestd. Weinbaugebiet beheimatet (ndrhein. Küpers, Küpper); auch **Küf(f)ner** (mhd. kuofener), Küfler (bair.). Entrundet Kief(n)er, vgl. Beiküfner, Beikiefer.

Kugler, Kügler (obd.-schles.), Kögler, Kogler, Kagler (ndd.) s. Kagel, Kogel! Dazu als ÜN. **Kügelgen, Kugel,** Leine-, Rot-, Wittkugel, ndd. Bla-, Rode-, Linnekogel u. ä. Ein *Kugelmaker* 1457 in Danzig.

Kuhardt, Kuhert (ndd.) s. Kohardt! **Kuharsch,** Kuhbein, Kuhfuß, Kuhbauch, Kuhzagel, Kuhhaupt, Kuhhorn u. ä. Spottnamen des Viehbauern bzw. Kuhhirten. Vgl. ndd. Kohbeen, Kofoth usw. Obd. sind die Umlautformen: **Kühfuß,** -kopf, -treiber, Küh-, **Kiedaisch** (»Kuhmist«)/Württ. Kü-, **Kuhfahl** s. Kufahl! Kiekopf ebda. Aber **Kuhbier** ist ON./Prignitz.

Kühl, Kühle, Kühlen: wie **Kühlmann** auf

Wohnstätte (ÖN.) deutend, analog zu (nordd.) **Kuhl, Kuhlmann** (an einer Kuhle); *kul* ist auch alte Gewässer- und Geländebezeichnung, vgl. *Culbiki:* Keulbeck i. W., *Cule:* Keulen/Eichsfeld, *Cule-mere, Cule-fenn*/Engld., *Kulehusen:* Kühlsen i. W., Kühlhorn (horn »Winkel«). Zu Kühler (Westf.) vgl. Busch-, Lehm-, Sand-, Steinkühle(r)!

Kuhlbars(ch): ndd., s. Kaulbarsch!

Kühlewind, Kühlwetter: Leute, die in Wind u. Wetter unterwegs sind (sei es beruflich, sei es stromernd: vgl. Schneidewind, Sausewind u. ä.).

Kühlke, Kühlich, Kuhligk, Kulicke (ostd.-slaw.): kula, kulika »Kugel, Kügelchen« bzw. KF. zu Nikolaus.

Kuhlmann (ndd.-westf.) nebst Kuhlmeyer, Kuhl, Torkuhl, Zerkuhl, Zerkaulen: an der Kuhle (Grube) wohnend. Vgl. Lehmkuhl, -kühl, -kühler; Mergelkuhl; Stein-, Steenkuhl (»dar man sten ut brak«). Auch **Kuhlenkampf,** Kulenkamp (Westf.): kamp »Feld«; Kuhlenkenke: Heinrich a. d. Kuhle. Ein Joh. *Kulengraver* 1495 Bremen. Vgl. aber Kullmann! Kulemann!

Kühlsen (Hbg.): ON. b. Driburg (Kulehusen), vgl. Bahlsen (Balehusen).

Kühme (ndd. obd.): mhd. kûme »schwach, gebrechlich«. Hinr. *Cume* 1322 Strals. Reinhart *Kume* 1266 b. Bühl. Desgl. **Kuhm.**

Kühn, Kühne, **Kuhn** (obd.), **Kühnel, Kühnemann:** KF. zu *Kunrat* (Konrad, s. dies!); vgl. ndd. **Köhne,** Köhnke, Köhnemann. Entrundet obd. Kienlein, **Kienle** (schwäb.), Kiehnelt (schles.), Kiehne. Mit Dentaleinschub: **Kühndel** (1391 Iglau), Kiendl (Ö.), *Küne* Gleczer 1356 Sagan, *Künel* Czegenwürgel 1363 Glatz, *Cuneman (Cunrad)* von Mogelyn 1386 Lg., *Cuneman* Bettenbecher 1314 Rüdesheim.

Kühnapfel, Kühnast s. Kien-!

Kühnemund (ndd. Könemund): alter seltener VN. in Adelskreisen (z. B. in Thür., UB Erfurt); -mund »Schutz« (wie in Vormund); Achim v. Arnim nannte um 1813 s. Söhne: Kühnemund, Friedemund, Siegmund, Freimund.

Kuhnert, Kunert (Schles., Laus.), entstellt Kuhnhardt: beruht auf einst beliebtem (Kaisernamen) *Kunrat,* dt.-wend. *Kunat* (vgl. Kuhnt!); z. T. mag der ON. Kuhnau, Kuhna, Kunern (Schles.) hineinspielen.

Kuhnke (Sa.): KF. zu Kunat = Kunrad; Dietrich *Kuneke (Kuncke)* 1313 Freiberg (schon 1241 ebda. *Cuneko).*

Kühnöl (Sa.): entstellt aus Kühnel!

Kuhnt (Laus., Schles. oft) auch **Kundt,** Kunth: beruht auf Kunat, dt.-wend. Form von Kunrat, vgl. auch **Kunath!** *Cunad (Cunrad)* Hezler 1339 Lg., *Cunot (Cuncze Cunrat)* Vüchsel 1361 Brsl., Hs. *Kunat* 1417 Gö., P. *Kunet* 1491 Lg., J. *Kunt* 1479 Dresden.

Kuhr (Hbg. oft): mnd. kure »Späher, Wächter, Turmbläser« (vgl. FN. Thurnbläser). Bertolt *Kure* 1335 Strals. (auch Ro., Lüb., Hbg.), Tile *Kure* 1561 Flsbg. – **Kuhröber** (Rathenow): ndd. röver = »Räuber«.

Kührmann (Hbg., Meckl.): ON. Kühren/Preetz.

Kuhrt (Hbg. oft): teils = »Kurz«, teils verhochdt. aus ndd. Kord, Kurd = Konrad. Schon 1297 Joh. dictus *Curt* Hbg. S. auch **Korth!** Aber Wilh. *Kurtenase* 1205 Köln.

Kuhs(e) s. Kuse! – **Kuhtz:** ON. Kuhz/U.-M.

Kuiper(s) s. Küper! – **Kuick** (von): ON. Kuyk i. W. (*Kudewik* »Schmutzort«, s. Kudenholt!).

Kuklik: vgl. tschech.-wend. kukol »Unkraut«. – **Kukuk** s. Kuckuck!

Kulas, Kulack, Kulicke u. ä. s. Kühlke u. Kollas!

Kulb(e), Külbel: hess. Variante zu Kolbe, Kölbel. Ludw. *Kulbe* 1463 Kassel.

Kulemann (ndd.) s. Kuhlmann! (Nicht zu verwechseln mit Kullman!) Vgl. *Kuleman* 1415 Barth neben Nik. *Kule* 1311 Grfsw. (d. i. »an der Kuhle«).

Kulick(e), ostd.-slaw., s. Kulas u. Kühlke! Desgl. **Kullick.**

Kullmann, Kull (Rhein/Main, Frkf. oft): um 1300/1400 dort beliebte KF. zu Kunrad, wie Heilmann zu Heinrich ebda. *Cuoleman (Cuoneman, Cuonrat)* v. Offenbach 1300 Frkf., *Culman (Cunrat)* vor der Brück ebda., *Culo* Meyge 1344 Mainz. Auch **Kuhlmann** gehört z. T. hierher, soweit nicht nordd. (dann zur Kuhle).

Külpe (obd.): »Rohrkarpfen« (?). Joh. *Külpe* 1450 Schlettstadt/Elsaß. Aber **Kulp(e)** (Hbg.) ist ÖN., vgl. ON. Kulpin b. Ratzebg. vgl. *»von Cülpen«* um 1340 Strals., auch ON. Kulpin u. Kölpin. Gerlach *v.*

Culpe 1312, Luthco *v. Kulpe (Culpen)* 1336 Brsl.
Külsen s. Kühlsen! – **Külz:** ON./Pomm., vgl. auch Külzow.
Kumbst s. Kompst (Kompost), Gumpost!
Kumm (obd.): nach d. Wohnstätte in e. Senkung (vgl. »ab dem Kumben«).
Kümmel (mhd. kümin, lat. cuminum): ÜN. für Gewürzkrämer (wie Zimt, Kanehl, Lorbeer, Kardamom usw.). S. auch Kimmel, Kimmich!
Kummer (obd.), Kümmerle, Kimmerle (schwäb.): mhd. kumber »Not, Bedrängnis«. Ulr. *Chumber* 1288 Augsbg., Berschi *Kümerli* 1329 Württ., *Kümmerlyn* 1344 Glatz. Kummer ist auch ON. (Sa., Meckl.). – **Kümmer(ling)** = Kummer.
Kummerfeld(t) (Hbg. oft): ON. b. Pinnebg./Hbg.
Kümper (ndd.): ein Böttcher, der *kumpen* (Holzgefäße) herstellt. Giselbert *Cumper* 1296 Lünebg., Albert *Cumper* 1392 Bremen. Vgl. obd. **Kumpfer,** Kümpfer, Kimpfler. Dazu **Kumpfmüller** (in e. oberschlächtigen, mit Kumpfen (Schöpf -rädern) versehenen Mühle). Auch **Kümp-fel,** Kümpel. In Westf. auch ON. Kump.
Kumst, Kumbst s. Kompost, Gumpost!
Kumsteller: der (zu Sühnezwecken) e. Wallfahrt nach Santiago di Compostella/ Spanien (Grab d. Apostels Jacobus) gemacht hat; schon um 1250 in Rostock ein *Cumpstelle,* nebst Henr. *Jacopesvar* sutor 1278 ebda. u. Bernardus de Cröpelin »ad sanctum proficiscens *Jacobum«* 1260 ebda. Eine Herberge dieser Pilger in Frkf. hieß *Kompostell.*
Kunath, Kunadt (Lpz., Dresd. zahlr.) s. **Kundt!** desgl.
Kunde (Hbg. oft): mhd. kunde »Bekannter, Einheimischer«. – **Kundert** (alem.) = Kunrad.
Kündel (obd.) s. Kühndel! Fridusch *Kun(d)el* 1386.
Kunder (obd.): mhd. = Untier (als Schelte); der helle kunder = Teufel.
Kunert s. Kuhnert! Desgl. Kunhardt. – **Kunick,** Kunisch s. Kuhnke!
Kunigunde (germ. kuni »Geschlecht, Sippe«, vgl. kuning »König« und gund »Kampf«): im MA. durch die heil. K. (Gattin Kaiser Heinrichs II.) allenthalben beliebter VN. (KF. **Künne**), im schles.-böhm. Raum auch durch die böhm. Königin K. (Wenzels Gattin) verbreitet. (Bahlow, Vornamen S. 63). S. auch Künne, Küntscher, Küngott (Köngeter! Vgl. Heincze *Kunegunt* 1387 Frkf. H. der *Küngunder* 1430 b. Bregenz.
Kunisch (ostd., m. slaw. Suffix): wie Kuhnke, Kunath = Kunrad (Vgl. ON. Kunischdorf: Kunsdorf/Schles.).
Kunke s. Kuhnke! – **Kunitz:** mehrf. slaw. ON. (Schles., Thür., Brdbg.).
Kunkel (obd.), Künkel, Kinkel, Künkler = Kunkelmacher, Spindler (mhd. kunkel, mlat. conucula »Spindel«). *Kunkerl* 1379 Pilgram. Dithart *Kunkele (Konkel)* 1356 Gießen. Joh. *Kunkelman* 1488 Mersebg.
Künne (Görl.), **Kinne** (Neiße): um 1300/ 1400 in Schlesien usw. beliebte KF. zu Kunigunde (Schles. Nbch. S. 43); Peter *mit der Künne* 1393 Görl. Dazu *Künusch,* metr. *Künischer:* **Küntscher,** Kintscher, s. dies! Auch in Mähren: *Kunusch* Steynprecherin 1376 Iglau. Deutliches Metr. ist auch Cone *(vorn) Kunnen* 1350 Haldsl.
Kuno, Cuno: als FN. vom ON. Kunow (Pomm., Brdbg.); als VN. erst mit der Romantik um 1800 in Mode gekommen als archaische KF. zu Kunrat, Kunibert u. ä. (s. Bahlow, Vornamen S. 63). – **Kunoth** s. Kuhnt!
Künsemüller: z. Mühle a. d. *Künsebeck* (ON. b. Bielefeld).
Kunst, Künstle, Künstlin: meint den Kenntnisreichen, Kunstfertigen (wie auch mhd. **Künster,** Künstner); vgl. Hans *mit der kunst* 1494 Württ. Auch (mit der) **Gute(n)kunst** (Württ. oft). Heine *Kunstenrike* 1363 Hann. Tiderik *Kunst* 1378 Barth. Dazu **Kunstmann.** Den Kunsttöpfer, -hafner meint *Kunsthaff* (1628 Überl.), vgl. Kochhaf.
Kün(t)scher s. Kintscher! – **Kunz(e), Künzel** u. ä. s. Konrad! Vgl. *Cuntz (Cunrat) der Küntzel* 1382 Kempten, *Cuncze (Cunrad)* v. Cracow 1388 Lg., *Kinczel* Koch 1357 Eger.
Küper, Küpers, Küppers, ndrhein. Kyuper(s), s. Küfer! Ostfries. Küpker. In Düren auch **Küppenbender** (wie Büddenbender).
Kupfer, Küpferle, ndd. **Kopper:** md. Kupper. ÜN. des Kupferschmiedes (ndd. Kopperschmidt), auch Kupferschläger (ndd. Kopperslager: 1309 Hbg.); bzw. des

Kupferhändlers: Kupfer-, Kopfer-, Koppermann. Desgl. **Kupfernagel** (Koppernagel). Ein Godefrid *Cupferhelbeling* (Münze) 1201 Würzbg.

Kupke, Kupka (Schlesien): slaw.-poln. KF. zu Jakob. Vgl. Kuba, Kupsch.

Kup(p)rion: Ein Nachklang der altdt. Heldensage, wo ein Riese *Kuperan* als Hüter des Drachensteins (m. d. geraubten Kriemhild) vom jungen Seyfried erschlagen wird. Winand *Copprian* 1333 Lüb., Conr. Meier gen. *Kupprion* (Bauer (1404 b. Tüb. S. auch Asprian! – **Kürbs,** Kürbis: Bauern-N.

Kurdewan s. Kordewahn! – **Kurfeß,** Kurfiß (obd.): »Gesichtsschorf bzw. Mundfäule«. **Kürner** (obd.): zu mhd. kürn »Mühle« bzw. »Kornlager«. Vgl. auch ON. Kürn/Bay.

Kurnoth (Schles.) s. Kunoth!

Kurrer (obd.): mhd. kurren »grunzen« (Martin *Kurrer* 1449 Württ.). Vgl. Henrich *Kurremurre* 1187 Köln.

Kürschner, Kürssner, Ki(e)rschner (obd.-md.-schles.): zu mhd. kürsen (md. kurse, korse) »Pelzrock«; ndd. entspricht Pelzer. Vgl. Ortlip *harm* (Hermelin!) *der kürsener* 1360 Brsl.; Heyseke *Korsenmeker* u. Hs. *Korsenwerchte* 14. Jh. Haldsl.

Kürsten (md.) = Kirsten = Christian; rhein. Kürstgens.

Kürten (Köln, Düss. zahlr.): daher wohl nicht nur zum ON. Kürten b. Köln, sondern auch z. Pers. N. Kurt (als Patr.).

Kurt(h): kontrahiert aus Kunrat (Kuorat) = Konrad, auf ndd. Boden verhochdeutscht aus **Korth** (Kord, Cord): auch »kurz« (ndd. kort, kurt) spielt hinein. Schon 1297 in Hbg. Joh. dictus *Curt.* S. auch **Kuhrt!** Komposita: Groß-, Klein-, Magerkurth u. ä.

Kur(t)z, Kur(t)ze (latin. Curtius); ndd. Korte: von kurzem Wuchs, klein; vgl. Kurzbein, Kurzhals, Kurzmaul. Dazu Kurzrock, Kurzmantel neben Langmantel; Kurzweil (Possenreißer) neben Langweil; Kurzweck, Kurzfleisch (Spottn. f. Bäcker bzw. Fleischer). Kurzleb(en) wohl umgedeutet aus Kutzleb (ON. Kutzleben/Thür.), schon 1295 Ch. *Churzlebon*/Ö., 1600 J. *Korteleben*/Brschwg.

Kusch, Kusche, Kuscha, Kuschel, Kuschke, Kuschnik (ostd.-slaw.) dürften gekürzt sein aus Jakusch, Mikusch (Nikusch), wie Nusche, Nuschke aus Janusch(ke).

Kuse (Hbg., Dortmd.) mnd. kuse »Keule«. Aber Kusen, Kusenack deuten auf ostd.-slaw. ÖN., vgl. ON. Kusey/Altmark. Zu ON. Kusenhorst i. W. vgl. Musenhorst (kus wie mus = Schmutz, rhein. kusel). Auf hess.-obd. Boden gab es auch e. weibl. VN. *Kuse* (= Kunne, Kunigunde?), vgl. *Kusa* Walbrun 1337 Wetzlar, Peter *Kusen son* 1344 Mainz, *Kuse* Durikam 1433 Ulm.

Küsel, Küseler, auch Kusel, Kuseler (Hbg. oft): mnd. kusel »Küsel, Kreisel« wohl auch ÜN. für kl. bewegl. Menschen. Mas *Kusel* 1333 Strals. (1290 Hbg., 1319 Lüb.). Aber z. ON. Kusel a. d. Kusel (Nahegau) gehört Dilman *Kusel* 1348 Rüsselsh. u. Cunr. *Kuselman* 1341 Algesh.; ein Ort Küsel b. Magdebg.

Küseler (ndd.) auch urkdl. = Müssiggänger, Herumtreiber.

Küssen-, Küsten-, Kistenpfennig (obd.) meint den Geizhals; vgl. Schimmelpfennig u. ä. – **Küssewetter** s. Kiesewetter!

Kußmaul: bekannt durch den Arzt Adolf K.; ist schwerlich wörtl. zu nehmen, sondern aus tschech. *kosmaly* umgedeutet, wie ON. Dürrmaul b. Eger aus tschech. Drmaly; vgl. auch ON. Kosmova (Goßmaul)/Böhmen. Dazu FN. Kosmale, Kosmahl, Kosmiel, Kosmehl, -möhl, Kußmähly! Alle zu kosma »Haarzotte«, kosmac »Strobelkopf«. Anton *Kußmaul* 1478 Außig!

Küster (Küsters), ndd. **Köster** (Kösters), fries.-ndld. Coster: der Kirchendiener (md.-thür. Kirchner, obd.-alem. Meßner u. Sigrist; hess.-rhein. Opfermann, Oppermann), aus lat. custos »Hüter« des Heiligtums. Dazu Küster-, Kuster-, Köstermann; westf. auch patr. Köstering. Aber **Küstner** auch = Kistner, wie Küstenmacher für Kistenmacher.

Küter, Küther: ndd. = Schlachter bzw. Wurstmacher im Küterhause (in Hbg. z. B. am Küterwall), der Eingeweide, Kaldaunen (ndd. *kut*) verarbeitete. Vgl. die Notiz »den *kutern* 8 schilling für schlachten u. wurstmaken«. Henneke *küter* 1334 Barth. Ein Kütertor in Strals., ein Küterhof (ältestes Schlachthaus) in Bln. Dazu FN. Kuthe: *Kuteke* 14. Jh. Haldsl. Obd.-md.-schles. entspricht **Kuttler,** Küttler (zu mhd. kutel): vgl. Steffan der *köteler (im kötelhove)* 1372 Lg. Im Rhld. auch **Küttel-, Köttelwesch** (Kuttelwascher).

Kutsche, Kutschke, Kutschka, Kutschker, Kutscher, Kutscha, Kutschale, Kutschmann (alle ostd.-schles.): deutlich slaw. Herkft., wobei dt. *u* offenbar auf slaw. *o* beruht (wie im Lehnwort »Kutsche« aus ungar. Kocsi, Ort b. Raab). Vgl. auch mundartl. Gutsche, Gutschke für Gotsche (Schles. Nbch. S. 39).

Kutscher(a): vgl. tschech. kucera »Locke«.

Küttner, Kuttner (obd.): mhd. kuttener »Kuttenträger, Mönch«. Cunr. *Kuttner* 1356 Eger Ort Kutten in Sa.

Kuttruf, Kuttrof, Guttruf, Guthruf, Guttropf (obd.): mhd. *kuterolf* (guttrel) war e. gläsernes Trinkgefäß (m. engem Halse), schwäb. kutter, gutter »Gütterle« (lat. guttarium, zu gutta »Tropfen«). Vgl. in Brsl. die Notiz »kotrolff vel gamerate«. Joh. *Kuttrolff* 1418 Erfurt Matr.

Kutz (Stettin, Bln.): slaw. ON., z. B. Kuhz/Prenzlau.

Kutzleb: ON. Kutzleben/Thür. – **Kutzner** (sudet.-schles.) ist schwerlich Verfertiger von »Decken« (mhd. kotze, kutze »grobes Wollzeug«), sondern slaw. Ursprungs. Klose *Kuczner* 1408 Braunau, A. *Koczner* 1393 Landskron. Vgl. ON. Kotzenau, Kotzau, Kotzen.

Küver, Köver (Hbg.): ndd. Variante zu obd. Küfer, ndrhein. Küper = Böttcher, Faßbinder. Vgl. *kuvenbinder* 1386 Lünebg., *kuvenmaker* 1583 Flsbg.

Kuyper(s): ndrhein. für **Küper(s),** s. dies!

Kynast (ostd.-schles.) s. Kienast!

L

Laabs (Hbg. oft): wend. ON. wie Labes (Hbg., Ro.), vgl. Labes/Pomm.

La(a)ck(mann): Hbg. oft, nach d. Wohnstätte in feuchter Gegend (ndd. Lake »Wasserlache, Tümpel«, auch öfter ON. Laak). Biederlack, Auf der Lake.

Laade s. Lade! – **Laage** s. Lage! – **Laarmann** s. Lahrmann.

Laasch (Meckl., Hbg.): ON. Gr.-Laasch/Meckl., ON. Laasche b. Lüchow.

Laase: ON. b. Bützow u. b. Lünebg. **Laas:** ON./Sa., dazu **Laaser,** soweit nicht = Lazarus.

Laatz (Meckl., Hbg.): wend. ON. wie Laatzig/Pomm. – **Laatzen:** ON. b. Hann., urkdl. *Lathusen,* vgl. ebda. Weetzen (Wet-husen) u. Peetzen (Petehusen); lat, wet, pet = feuchter Schmutz, Morast, Sumpf (Bahlow, ON. S. 285).

Labahn (Pomm.): slaw. ON. wie Labehn, Labuhn/Pomm.; vgl. Lebahn. Ähnlich Labann; **Laband** (ON. in O./S.): Dietrich *v. Laband* 1401 Ratibor.

Labengeier *(Labengyr* 1350 Stuttg.) ist Schelte im Sinne von Aas oder Galgenvogel; ähnlich **Labenwolf** (Pankraz L., Nürnberger Erzgießer um 1550).

Laber(er), Labermair: z. Flußn. Laber (Laaber), Nbfl. der Donau (Bay., prähistor. *Labara* »Schmutzwasser«, wie die Naber/Span. u. Brit. u. die Taber: Zaber/Württ. (Bahlow, ON. S. 285).

Lab(e)renz (Hbg.) = Laverenz = Laurentius (Lorenz); vgl. Lewerenz (Meckl.)

Labes, Labs (Meckl., Pomm.): slaw. ON. Labes/Pomm.

Lach, Lache (Schles., Laus., Sa.) ist tschech. KF. zu Ladislav, wie Jach (Jacha) zu Jan (Johannes), Mach zu Matthias, Stach zu Stanislav.

Lachenicht, Lachnit (obd.): vgl. das Gegenteil **Lachmund** (Cunr. *Lachemunt* 1311 Hann., auch 1274 Ro.).

Lachmann (obd., schles., laus.): an einer Lache (Sumpfwasser, Tümpel) wohnend (Heinr. *in der lachun* 1280 Württ., Henzi *ze der lachun* 1306 Waldkirch; auch *Lachenman* 1409 Reutl., *Lachenmaier* 1452 Leutkirch). Die Häufigkeit in der Lausitz (Görl., auch Neiße) erinnert aber auch an die slaw. KF. Lacha (s. Lach!) zu Ladislav. Bahlow, Schles. Nbch. S. 65. Vgl. Lach: Lachmann wie Jach: Jachmann im selben Raum.

Lachner (obd.): z. häuf. ON. Lachen (Bay., Ö., Württ.), auch an e. Lache wohnend (wie Lachmann); Variante **Lacher:** Burkhart *Lachner (Lacher)* 1434/51 Freiburg.

Lack(e)mann (Hbg., Meckl.) s. Laackmann! – **Lackner** (obd.): ON. Lacken (oft Bay., Ö.).

Ladage (1510 Lemgo) dürfte ON. sein, vgl. die Bessage 1513 in Lippe; bess wie lad sind Sumpfwörter.

Lade, Lademann (Hbg.): = Lode(mann) = Lodewig (Ludwig), vgl. Ladewig, teils auch z. ON. Lade u. ä. (Westf. usw.); vgl. Ladebeck, Ladebusch. Ladeberg (lad, lod »Schmutzwasser«), S. auch Lademacher!

Lademacher (obd.), Lademaker (ndd.): der Tischler (der Laden, Truhen fertigt). Vgl. Hs *mit der guldeyn lad* 1413 Iglau, Nic. *Ladmacher* 1365 Brünn, Jasper *Lademaker* 1572 Flsbg., Joh. *zur Laden* 1395 Mainz. H. *Lade* 1387 Frkf.

Ladendorf (Hbg. oft): ON. Latendorf b. Neumstr. (um 1300 *Latendorp).*

Lade(n)gast (Satzn.): ÜN. für Gastwirte. Vgl. Schirmen-, Schrecken-, Rupfen-, Nagen-, Zerrengast.

Lad(e)wig (Hbg. oft): ndd. Variante zu (älter) **Lodewig** (Ludwig). Vgl. *Ladhewich, Lodhewich* um 1300 Strals.; noch 1592 in Lippe: *Ladewig* Heipmann; um 1600 *Ladewig* v. Pfuel (Ahne Bismarcks).

Ladiges (Hbg. oft): *Lodiges* 1472 Brem.

Laffert (von): z. ON. Lafferde (Groß-L.) b. Peine (Heinr. *v. Lafferde* 1303).

Lafren(t)z (Hbg., Holst. oft) = Laverenz (Laurentius); gekürzt **Frentz.** Noch 1569 *Lafrentz* Friederich (A. Bukow/Meckl.). S. auch Frenssen!

Lage(mann): Meckl., Hbg., z. ON. Lage (öfter im nordd. Raum), auch Laage b. Ro.: Joh. *Laweman* 1304 Ro., *van der Lawe* um 1270 oft ebda.

Lages, Loges s. Ladiges, Lodiges = Lodwiges (Sohn): Bartram Lodiges (Lodewiges) 1493 Brschwg.

Lahl (Meckl., Pomm.): Herm. *Lale* 1344 Stettin, Thid. *Lale* 1346 Strals. (Lale = »Narr«, vgl. das *Lalenbuch* oder das Schildbürgerbuch 1597). Ein ON. Lalendorf in Meckl.

Lahmann (Hann., Hbg. oft) = Lohmann, wie **Lahmeyer** = Lohmeyer (loh, lah = Gehölz: Hinrik *van dem La* 1433 Hann., dazu **Lahann** = Johann im La., vgl. Johannimloh, ähnlich Kerstenhann, Junghann). Vgl. ostfäl. ON. wie Kamlah, Kelverlah u. ä.

Lahme: *Lame Johannes* v. Siggen 1369 Holstein; vgl. Peter *Lamhant* 1351 Lg. Aber **Lahmer** (obd.) zu ON. Lahm (mehrf. Bay.).

Lahn (nordd.): ON. b. Meppen/Ems (entspricht Lohn, mehrf. in Westf.-Oldbg.: lon »Sumpf«). Aber **La(h)ner** (obd., Tirol) z. ÖN. Lan: Egno *an der Lane* 1379 Passeir, C. *an der Lane* 1369; Mairanderlan. Michel *Laner* 1557 Tirol.

Lahr (van der), **Lahrmann** (nordd.): z. häuf. ON. Lahr, Laar, Laer.

Lahrs, Larius: ndrhein. = Hilarius, s. Klörs! Vgl. alem. Lähr, Lehr(le). In Schlesw.-Holstein aber ist Lahrs = Lars dän. = Laurentius, vgl. patr. Lahrsen, Larssen.

Lahtz, Lahts, Lahrtz (Meckl., Pomm.): slaw. ON., vgl. Laatzig/Wollin.

Laible, Laiblin (Württ.) wie **Laib:** ÜN. für Bäcker (mhd. leip »Brotlaib«); z. T. auch schwäb. entrundet aus **Läuble,** »kl. Laube«: Peter *Löublin* 1390 Reutl. Vgl. *Schaible: Schäuble.*

Laicher, Leicher (obd.): mhd. = Spielmann (leich = Lied, Gesang, Melodie), auch Betrüger. Auberlin *Laicher* 1442 Reutl. S. aber Leichner!

Laig, Lajus (westf.-ndd.) = Nicolajus, vgl. *Laig* Vosse 1590 Lippe, *Lag* Bote 1654 ebda., *Lajus* Hagedorn 1783 ebda.

Laim- s. Leim-!

Laiser, Leiser (obd.) Leiseder, Leismüller: z. ÖN. Leis, Lais, **Laist** s. Leist!

Lakenmacher, -maker (ndd.): »Tuchmacher«, wie *Lakenscherer, Lakensnider.* Ndrhein. auch Läkemäker. – **Lakemann** s. Laackmann!

Lambeck (ndd.): alter Bach- u. ON., vgl. die *Lambeek* b. Hückeswagen/Wupper. Obd. ist **Lambach(er).**

Lambert (ndd.) nebst Lamberts (rhein. Lambertz) u. Lambertsen meint wie **Lambrecht** (Lambrich) u. obd. **Lamprecht** den germ. Pers. N. *Land-berht,* der als Heil. N. beliebt wurde (bes. durch Bischof Lambertus v. Maastricht um 700); noch heute kathol. VN. (Lambert Schneider Verlag); *land* (auch in Landholt, Landfried) meint wohl »Eigenland« (der Sippe), *berht* »glänzend«. Auch die Umlautformen **Lempertz, Limpertz** (rhein. Patr.) gehören dazu. Assimiliert sind aus Lamber(t)s: **Lammers** (Hbg. oft) neben Lammert, Lammertz, mit Umlaut **Lemmers,** Lemmertz. Patr. Lammer(d)ing (westf.), Lammenga (fries.). KF. ndd. **Lampe,** Lampke, Lamke, **Lempke,** Lemcke, Lemme; obd. **Lamp(e)l.**

Lambrich (schles.): mundartlich für Lemberg = Löwenberg!

Lamcke(n): ndd. KF. zu Lambert; Gerke

Lammeken 1428 i. O. **Lamers** s. Lammers!

Lameyer = Lahmeyer, s. Lahmann! – **Laminit** (obd.): »laß mich nicht.«

Lamm, Lämmle (obd.): ÜN. u. Hausname. Cunr. *das Lamb* 1281 Württ., aber Godebolt *zum Lamme* 1305 Mainz, Joh. Wyße *zum Lemchen* 1434 Frkf., Hug *vom Lemble* 1296 Basel. Lamm ist heute auch jüd. FN.

Lammers, Lammerich s. Lambert! – **Lämmerzahl** (obd.): zahl = zagel »Schwanz«, vgl. Hasenzahl (-zagel), Rübezahl u. ä.

Lamparter (obd.): mhd. = Geldwechsler a. d. Lombardei (die Lamparten hieß), Lombarde (vgl. die Lombardsbrücke/ Hbg.). Heinr. der *Lamparter* 1329.

Lamp(e) ist KF. zu Lampert, Lamprecht; *Lampe* Spisse 1469 i. O. (F. Stark, 124). Desgl. ndd. Lampke, Lamke nebst Patr. **Lamps,** Lamping; obd. Lampl.

Lampert (ndd.) = obd. **Lamprecht,** s. Lambert! S. auch Lombert!

Lampenscherf (ndd.): scherf = »Schale, Topf, Gefäß«.

Lampolt: Pers. N. wie Lamprecht (bolt »kühn«) Peter *Lampolt* 1316 Alsheim.

Lancken (von der): pomm. Geschlecht (z. ON. Lancken b. Saßnitz/Rügen); dominus Pritbur *de Lancken* 1285.

Land, Landt: meint nicht immer den vom Lande; Land, Landen ist auch ÖN. u. ON. (nebst Harde-, Har-, Nie-land u. ä.). Komposita: Landmann, Landschade (mhd. »Straßenräuber«), Landöse (-eß) »Landverwüster« (1295 Württ.), Landsiedel (»Landsasse, Hintersasse«, ndd. Landsedel, Landzettel), Landschoof (ndd. schoof »Strohbund«), Landschreiber (b. Landgericht): *Lantschriber* 1341 Worms; Landvogt; Landzwinge (1312 Zimmern/ Württ.); Landgraf (hess. Landgrebe, umgedeutet Landgräber wie Teichgräber z. T. = Diekgrebe); Landwehr, -wer (ÖN.): an der L., am Grenzgraben wohnend; Landfahrer »Pilger, Landstreicher«: Hinr. *Lantfarer* 1397 Grfsw.; Landreiter (Hinr. *Lantrider* 1398 Barth).

Landahl (Hbg. oft): slaw.-ostd. wie Pufahl, Kufahl.

Lander(er): nach d. Wohnstätte (mhd. lander »Latte, Stangenzaun«; in Tirol vom Landerhof), dazu Landerkasper.

Landfried (obd.): alter Pers. N. wie Landolt, Landbert (Lamprecht). *Lantfridus* (Kanonikus) 1150 Regsbg. Westf.-rhein. Lenfers, Lenferding, obd. Lempfert.

Landolt (obd.): alter Pers. N. *(Landolt* Schrot 1367 Württ.). KF. Lanz!

Landschoof s. Schoof!

Langbehn (ndd.) neben **Langbein:** der Langbeinige (vgl. Hoch-, Hohl-, Krummbein usw.), doch spielt auch die ndd. KF. Bene = Beneke (Bernhard) hinein. Joh. *Langben* 1293 Hbg. (vgl. Röreben 1459 Hann.), Gerolt *Lancbein* 1270 Eßl. Vgl. **Langhals,** Langohr, Langkopf.

Lang(e), Langer: ein langer Mensch (Gegenteil **Kurz**). Tyle *der Lange* = Tyle *der Große* 1356 Glatz. Zur »starken« Form *Langer* (oft in O./S.) s. Schles. Nbch. S. 131! Dazu viele Komposita: **Langhans, Langhein, Langmaack** (ndd. Maack = Markward, wie Wittmaack,) Langlotz (hess. Lotze = Ludwig), Langnickel, Langdietrich usw. Langelütje: H. *Langelüdeke* 1528 Hann. vgl. Langehenneke 1464 ebda.

Langen (von): ON. (mehrf., Ems, Weser usw.)

Lang(e)loh (Hbg. oft): ON. b. Trittau nö. Hbg.

Langenscheidt: westd.-rhein. ON. auf -scheid.

Langewiesche: ndd. wiesche = Wiese.

Langkabel, -kavel (ndd.), Langhabel s. Kabel!

Langmaack, Langlotz s. Lange! – **Langhagel** = Langhage(n).

Langner (Schlesien oft): z. mehrf. ON. Langenau ebda., wie Reichner aus Reichenau. Vgl. »zween *Langnawer«* 1374 Görl., Hentschel *von Langenaw* 1399 Lg., Francze *Langener* 1438 Lg.

Langnese (ndd.) = Langenase (obd.). Petrus *Langenese* (cum longo naso), e. Wende, 1329 Rostock.

Langohr: vgl. Hs. v. Gumpenberg »mit den langen Ohren«. Copke Langh-ore 1359 Hbg.

Langrehr (Langreder): ON. Langreder b. Hann.

Langwost (Hbg.): der Wurstmacher. Kath. Langworst 1596 Hann.

Lanken (s. Lancken!), Lankau, Lankow, alle zu slaw. lonka »feuchte Wiese«. Vgl. ON. Lanken Kr. Guhrau, Lankau Kr. Namslau/Schlesien, auch b. Mölln.

Lankisch, Lanksch (Schlesien): KF. zu slaw. Pers. N. Lankomir (Miklosich Nr. 211) wie Lubisch zu Lubomir. Paszko filius *Lankomiri* 1396 Kosten, Nikel *Lankusch* u. Stephan *Lankisch* gebrüdere 1437 Lg.

Lanner (Tirol) wie Laner s. Lahner! – **Lanser,** Lans (Tirol): Hofname Lans.

Lant(z)sch (Sa. oft): slaw., vgl. **Lantschke,** Lanzke, Lanzig u. ä. Joh. *Lantzeke* 1372 Grfsw.

Lanz, Lanzl, Lantz (obd.): KF. zu Landolt, Landfried, Lamprecht. *Landefredus* qui et *Lanzo* 985; *Lambertus* qui et *Lanzo* 958, *Lampaldus* qui *Lanzo* vocatur (Socin). Mertt *Lanncz* 1414 Nikolsbg.

Lapp(e): mhd. lappe »einfältiger Mensch, Laffe«. Joh. v. Zimmern, gen. *Lapp* um 1440 Württ. Dazu Schwaderlapp (mhd. swaderer »Schwätzer«). Rolappe (ndd., d. i. Rodelappe) meint wie *Lappeschuch* (1387 Frkf.) den *Lapper,* Flickschuster: mester Hermen *de Lapper* 1369 Lünebg. S. auch Lepper!

Larcher (Tirol): nach d. Wohnstätte am Lärchenbaum oder -gehölz (mhd. larche, lerche, lat. larix). Perchtold *Larcher* 1379 Tirol. Auch Lerch(n)er, Lerchbauer. – **Lardschneider:** Hof Lartschneid, Tirol.

Larisch (O./S. oft), Larsch: KF. zu Laurentius (Laurisch). G. *Larisch* 1538 Brieg.

Lar(s)sen (Hbg., Schl.-Holstein), auch Lassen (vgl. Nilsen: Nissen): Patr. zu **Lars** (noch heute dän. VN.) = Laurentius; auch Lahrs(en). S. auch Lassen! Aber **Larius** = Hilarius, s. Klörs!

Lasch: mhd. lasche »Lappen, Fetzen«. Vgl. Junker Wernher u. Gotfrid (Brüder), geheißen *Lasche* 1366 Rohrbach/Hess.

Laschke, -ka (Glatz u. O./S.) = **Laske,** -ka (O./S.) = Laslaw: *Ladislaw,* eigtl. *Vladislaw,* slaw. Königs- u. Heil. N. Vgl. Raschke, KF. zu Ra(d)slaw. Kunik *Lasla (Laslaw)* v. Böhmen 1452. *Lasla, Laske* 14. Jh. Brsl. **Lasker** (jüd.) z. ON. Lask/Lodz.

Laser, Lasar = Lazarus (hebr. Eleasar. »Gott ist mein Heil«).

Laspe: prähistor. Bachname *Las-apa* »Sumpf-, Schmutzwasser«, z. B. die Laspe b. Remscheid, analog zu Aspe, Maspe, Raspe; dazu auch ON. Laasphe a. Lahn (Bahlow, ON. S. 285). – **Lass** (Ro. oft): = Lachs (Lachsfänger). Vgl. *Lascorf* »Lachskorb« 1314 Hann.

Laß (ndd.): »Lachs«, ÜN. für Fischer, Fischhändler. Henning Laß 14. Jh. Hbg. Bernd Las-snider 1387 Bremen.

Lassa(h)n: ON./Pomm. Meckl. (Ludw. v. Lassan 1274 Grfsw.).

Lassalle: frz. frisiert aus slaw. Lassal (Heyman *Lassal,* Jude, Vater des berühmten Ferd. Lassalle), wohl z. ON. Loslau (O./S.).

Lassen (Hbg. oft): assimiliert aus Larssen, Sohn des **Las,** Lars, s. Larssen!

Lasser s. Lausser!

Lassmann, Lasse, Lassig, Lassing (O./S.) s. Laschke!

Last (obd. u. ndd.): wohl ÜN. des Lastträgers, bes. in Handelsstädten. Aber **Lastig** (ostd.) ist slaw., vgl. Lastowsky.

Latendorf (Hbg.): ON./Holstein.

Lathwesen (ndd.) Lattwesen, Latwäs: »laß es sein« (wie es will)! Ähnlich **Lategahn** »laß es gehn«! ÜN. für Gleichgültige, Unbekümmerte. Aber **Latföhr** (nordd.) = ON. Latförde, wie Lehm-, Lentföhr.

Lattke, -ka, **Lattisch** (O./S.), auch **Latton** (Ratibor): = slaw. Vladka, Vladon (Miklosich, Nr. 40), KF. zu Vladislav, Vladimir (vlad »Besitz, Herrschaft«). Vgl. unter Laschke! Lattich = Vladiko.

Latt(e)mann (Hbg.): vgl. Lattenkuhle, Lattenkamp, Lattenberg, Latt-Berg, alle zu norddt. *lad, lat* »Nässe, Moder, Moor«. Vgl. Lattorff!

Lattner (obd.), Lattenbauer, Lattenmayer; nach d. Wohnstätte (am Lattenzaun).

Lattorff: westf.-ndld. ON. (Lattrop/Holld., Latrop/Rothaar), zu *lad, lat* »Nässe, Moor«, wie Hattorf (Haddorp) zu had, hat, desgl.

Latzke, Latze, Latza, Latzel: KF. zu slaw. Ladislaw. S. auch Laschke!

Lau (Hbg. zahlr.) neben **Laue** (Hbg. oft): = Löwe (mnd. lauwe), wie in ON. Lauenburg, Lauenberg, -brück, -förde, -stein. Vgl. auch ON. Lauen b. Ratzeburg (»von der Laue« 14. Jh.). In Schlesw. (Flsbg.) war Laue auch KF. zu Laurentius (deutlich im Patr. **Lausen!**): vgl. Lorenz oder *Laue* Fabricius, Pastor b. Apenrade 1725, *Lowe* Dreier 1589 Flsbg. Aber: Claus *Lowe* (»Löwe«) um 1400 Haldsl., Joh. *Lawe* (Leo) 1655 Hildesh. *Wildelouwe* 1326 Strals., *Lauwenkopp* 1413 Hann.

Laub, Lauber (obd.): z. ON. Laub (mehrfach). Bentz *Laub* 1386 Eßl.

Laube (Schles., Sa.): zu slaw. ON. wie Lauba, Lauben/Sa. (alt Lub-), vgl. ON. Laube/Böhmen u. Lauban (Luban). S. auch Laubner, Laubisch!

Laubender: aus Laubend b. Bamberg.

Laubengeier s. Labengeier!

Lauber (obd.): s. Laub! Cuonr. *Louber* v. Loubegge 1274 b. Stockach. **Laubert** (Sa., Schles.) s. Laube! Aber: Marg. *unter der Louben* 1289 Basel.

Laubisch, Laubsch (Schles.): KF. *Lubisch* z. slaw. Pers. N. *Lubislaw, Lubomir* (ljub- »lieb«, tschech. lib-, vgl. Liebisch!). Peter *Lubisch* 1381 Sa., Georg *Laubisch* 1593 Görl. (Weiteres: Schles. Nbch. S. 65.)

Laubmann (obd.): z. ON. Laub. Vgl. in Eßl. 1450 Nicol. *Loubman,* 1386 Bentz *Laub.*

Laubner (Laus.): aus Lauban, wie Sagner aus Sagan. Hannos *vom Luban (Lubaner)* 1345/59 Brsl., Nikel *Lubner* 1371 Glatz.

Lauchert, Lauche (Lpz. oft): z. ON. Laucha (Thür., Böhmen), luch-»Sumpf«. Vgl. Lauchstädt. Ähnlich Tauchert, Tauche, zu Taucha. Ritter Heinr. *von Loucha* 1373.

Lauck, Laucka, Lauckenmann (Hessen): KF. zu **Lauckhardt** (urkdl. *Luke, Lukart,* d. i. Lutgard, *Liutgard,* vornehmer weibl. VN. [liut »Leute, Volk«]; so hieß Kaiser Ottos d. Gr. Tochter u. Karls d. Gr. Gattin). Vgl. die Metr. *vern Luckarde* 1347 Wetzlar, Luder *Lutgardis* 1327 Bremen. Dazu Phil. *Lauckhard* 1565 Echzell/Hessen u. der Magister Fr. Chr. L. (bek. durch s. Memoiren 1792). Obd. entspricht **Leuckart** u. ä., md. auch **Luckard;** KF. auch **Lückel** (obd.-hess.): *Lückelin.* Zur KF. Lucke vgl. die FN. Henne *Laucke* 1531 Frankenbg./Eder, Henr. *Lauck* 1600 b. Hanau. Beachte auch ON. Lauken/Taunus (z. Bachn. Luca).

Lauda(h)n (Hbg. oft): slaw. wie Lensahn, Lassahn, Rogahn, Moltzahn, lauter ON. im Raum Ratzeburg/Wagrien. Vgl. auch Laudon, Laudien, Laudehr, Laudi. In slaw. Pers. N. wie Ludmilla, Luda ist der Stamm ljud- »Leute, Volk«. **Laudert** (Rhld.): ON. (Luderode) im Hunsrück.

Laue s. Lau!

Lauer, Laur (obd.): z. T. = mhd. *lûre* »schlauer, hinterlistiger Mensch« (Der Bauer ist ein Lauer, obd. Redensart), so Frid. *Lûr* 1343 Michelfeld, *Luerlin, Laur* (Brsl.); aber mhd. lower = Lohgerber, vgl. die Lauergasse in Speyer (dazu Heinr. *cerdo,* id est *lowere* 1280 Wetzlar). Ein Bach (u. Ort) Lauer in Franken (*Lure* »trübes Wasser«).

Lauf(f)er (obd.): aus Lauffen/Württ. (mehrf.), bzw. Laufen; Lauf. Vgl. »von Lauffen«, später »Lauffer«/Schweiz. Aber **Läufer,** Vorläufer = laufender Diener, Bote (Eilbote), ndd. Löper, bes. in städt. Diensten. Hans Behaim *lauffer* 1392 Nürnbg.

Laufkötter, Laufhäger (Westf.): s. Lindloff!

Lauks = Luks: Lukas!

Läule, Laulin: alem. KF. zu Nikolaus! *Louwelin* Scheffer 1448, Schotten*lawel* = Claus Schott 1434 Elsaß. Vgl. *Surläuly.*

Laumann = Lo(h)mann, vgl. Imlau = Imloh, »im Gehölz«.

Laun, Launer, Launhardt (obd.): wie Lohn, Lohner, Lohnhardt z. ON. Lohn u. ä.

Laupichler, -bichler (Bay., Ö.): am Lau-, Lohbühel wohnend.

Laupp (Württ.) s. Laub! – **Laur** s. Lauer!

Laurich, Laurisch (ostd.-schles.) = Laurentius. Vgl. Larisch! Lauruschkat. Benisch *Lauring* 1532 (O./S.).

Lauritzen (Schleswig): dän. = Laurentius' Sohn. Vgl. Laverenz, Lafrenz.

Lauryn (Hirschbg., Brsl., Görl.): darin lebt der Zwergenkönig *Laurin* a. d. Tiroler Dietrichsage fort (Schles. Nbch. S. 44). *Lauryn, Laureyn* um 1350 Brsl., 1408 Görl., Heinr. *Lauryn* 1373 Frkf., Lutz *Lauryn* 1335 Wetzlar, Walther *Laurin* 1277 Schw.-Hall.

Lauschke, Lauschmann = Luschke, Luschmann (wend. luscha. schles. Lusche »Pfütze«). Vgl. ON. Lauschka/Sa.

Lausen (Schleswig) s. Lau! Carsten *Lowsen* 1580 Flsbg.

Laußer (obd.): mhd. lûßer »der dem Wilde auflauert« (Ruod. der *Lûßer* 1294 b. St. Gallen). In Württ./Bay. aber = mhd. laßer »Aderlasser«: Zunft der Bader u. *Laußer* 1331 Eßl. (Herm. der Lâßer 1320 Augsbg., *Laßer* neben *Laußer* 1393 Rottweil).

Laußmohr, Lausberg u. ä. enthalten das Sumpfwort *lus* (südwestd. u. rhein.) s. Bahlow, ON. S. 312.

Lausterer, Laisterer (obd.) = mhd. lusterer »Laurer, Horcher«.

Lautenschlager, -schläger: mhd. lutenslâher (daher obd. ohne Umlaut), der Lautenspieler, Spielmannsname. Vgl. **Laute, Lautensack.** Ndd. md. mit Umlaut: Geseke *Ludtensleger* 1351 Bremen, P. *Lutensleger* 1405 b. Meißen.

Lauter, Lauterer (obd.): z. Bach- u. ON. Lauter (oft); vgl. Lauterbach.

Laux, Lauxmann (obd.): um 1500 für Lukas (Luks) üblich. *Laux* Eninger 1510 Heilbronn, *Lux Laux* (Lukas, Laux Laux!) 1568 Stuttg. Vgl. Marx (Markus) S. auch **Lux!**

Lavater (lat. lavator »Wäscher«) in Zürich Láfater gespr.

Lawrenz (Hbg. oft) wie Laverenz = Laurentius; s. Lafrenz! Noch 1535 in Stettin: *Laverenze* Brandenborch.

Lax, ndd. Lass = Lachs, Fischer- oder Fischhändlername. Vgl. Stör, Stint, Bars, Hecht, Hering usw. Dazu Lax-, Lachsgang (gang = gänger »Händler«).

Lax, Layer, Layh, Layher (obd.): z. ON. Lay (mehrf.) bzw. z. Flurn. Layh. Aber in Ulm 1550: *Lay = Löw = Lew* »Löwe«!

Lazar, Lazer, Lazary (z. T. jüd., vgl. Leser, Löser): bibl.-lat. Form für hebr. Eleazar, Elieser »Gott ist mein Heil«.

Leander: Humanistenname (griech.) für Volkmann, s. dies! Auch Pseud. f. Richard V. – Leander (»Träumereien an frz. Kaminen«).

Lebart, Lebert (obd.): mhd. lêbart »Leopard« (in Mainz 1300 als Hausname). Vgl. Ekkard *Lebart* 1295 Würzbg. – **-leb(en)** als ON.-Endung in Thür./Hess. s. Bahlow, Dt. Nbch. S. 93 u. H.-C. S. 321. Auch unter Auleb, Briegleb.

Leber (obd.): wohl ÜN. des Fleischers (vgl. Leberwurst), soweit nicht = ahd. leber »Binse« (vgl. Abgaben an »leber und har (Flachs)«. Ein Fluß Leber im Elsaß (prähistor.). Schon 1350 in Stuttg. Wölfelin *Leber.* Vgl. aber Schön-, Wohlleber unter Keuerleber!

Leberwurst: ÜN. des Wurstmachers, Fleischers (Henr. *Leverworst* 1303 Hann.).

Lebkuch(er) s. Küchler! Vgl. Lebzelter.

Lebsanft (obd.) wie *Lebschön, Lebfromm, Lebwohl, Lebgern:* vgl. Sanftleben, Schön-, Wohlleber.

Lebzelter (obd.) = Lebküchler (mhd. lebezelte »Lebkuchen«). Cuonrat der *Lebzelter* 1293 Ulm. Vgl. Zelter, Zeltner.

Lechler (obd.): der Lächler (mhd. lecheln auch »auf hinterlistige Weise freundlich tun«). Walther der *Lecheler* 1280 Villgn.

Lechner (obd.), Variante zu **Lehner:** Besitzer eines Lehen (Lehn- oder Bauerngutes); dazu viele Komposita (bair. u. österr.) wie Bachlechner neben Bachlehner, Mooslechner neben Mooslehner.

Leck (Hbg.): ON./Schleswig.

Leckband (Holstein): ÖN. wie Bracbant, = nasses Land.

Leckler (obd.): »Schmarotzer« (Ritter Dietrich der *leckeler* 1240).

Ledderhaas (ndd.) = Lederhose.

Ledebur (Westf.): Bauer auf der Lede (Lehde), westf. Flurname. Hinrik *Ledebur* (Knappe) 1452 Hameln. Dazu *Ledemann, Ledemeier, van der Leden.*

Leder = **Lederer** (obd.) »Gerber« bzw. **Ledermann** »Lederhändler«; vgl. auch Sifrid der *Ledergärwe* 1302 Schorndf. Dazu **Lederle,** *Lederbiß* (1302 Hess.), *Lederbalg* (1252 Hbg.) u. ä. Heynke *lederer* 1372 Lg. E. Ledererstraße in Mchn.

Leeb (Wien, Mchn.): mhd. lebe = lewe »Löwe«, vgl. Nikel *Lebe (Lewe)* 1453 Lg. S. auch Löbe!

Leenderts s. Lennarts!

Leesch (Hbg. Ro.): mnd. *lêsch* »Liesch, Riedgras«.

Leese(mann): ON./Hann., Westf. (Bahlow, ON. S. 292); v. Leesen.

Lefarth (ndd.) entspricht obd. Liebhard. Vgl. *Lefhardus* 1358 Grfsw. 1303 Bremen (1360 *Lefert,* 1444 *Leffert*). Patr. (westf.) **Lefering,** Lefers; s. auch Lefholz!

Lefeber, frz. Lefèvre: der Schmied.

Leffel, Leffler, (schles.) s. Löffler! Heincke *Leffel* 1414 Gö., Nic. *leffeler* 1354 Lg.

Leffern (von): ON. Levern i. W. (Bahlow, ON. S. 299).

Lefholz, Leif-, Liefholz: ndd. Patr. zu *Levold* (vgl. *Levold* v. Northof, Chronist). Auch Lefholdt, Liefhold (*Livold:* Lüb.). Ndd. lev, altsächs. liof »lieb«. KF. ist *Leveke,* daher FN. **Lefken,** Leefkens, Leifke.

Lefknecht (ndd.) = Liebknecht. Vgl. *Lefhovet, Levekolle* (Kopf) 1268, 1294 Rostock. **Leffmann** (ndd.): *Liebmann.*

Leg(e)ler, Lägeler, bair. Lögler: ein Böttcher, der kleine Holzgefäße (mhd. laegel, legel), bes. Fäßchen f. Wein, herstellte; auch Legel, Lägel. Joh. der *Legeler* 1291 Freiburg; *Lägelentrager* 1448 Rottweil.

Leggewig, Legewie: nordd. ON. wie Leeswig, vgl. Leggelo/Drente u. das Legemeer/Holld. (*leg* »Sumpf«: Bahlow, ON. S. 292). Dazu **Lege** (Hbg.).

Lehe (von): ON. (Oldbg., Emsld., Dithm.). **Lehm-** s. Leim-!

Lehmann (Sa., Schles., Lausitz, zahlr., s. Schles. Nbch. S. 111, Brech., S. 165): mhd. lêhen, lên »Lehngut«, lêheman, lenman »Inhaber von bäuerlichem Lehngut« (vom Grundherrn auf Lebenszeit, z. T. als Erblehen, verliehen: vgl. Walthers v. d. Vogelweide Freudenruf: »al diu werlt, ich hân min *lêhen!*«); häufige Formel: »der richter, *der leman,* der schultis (Landregister Sorau 1381).

Lehment s. Klement!

Lehne(mann): nordd. Herk. N.

Lehnen (Rhld.): Metr. »Helenen Sohn« (wie Feyen: Sophien Sohn). Vgl. Henne *Lenen sun* 1356 Mainz.

Lehner (obd.) s. Lechner! – **Lehnert** (Schles., Sa.) = Leonhard, obd. vgl. Lienhard. *Lenhard* 1396 Brsl., *Lenhart* Fochs 1508 Lg.

Lehnhoff: westf. Hofname.

Lehr(er): Mchn. oft, wie Lehrhuber, Lehrbach, z. Flurn. »im Lehr« (Leermoos, Leerstetten, Leerfeld, sumpf. Gegend).

Lehrenkrauß: »leere den Krug!« Zechner-N. Vgl. Füllekrus, Lehrenbecher.

Lehrmann: ON. Lehre.

Lehsten: slaw. ON. (Meckl., Thür.).

Leibbrand (s. Leipprand!) **Leibfahrt,** -fried s. Leipfert!

Leibengut (Schweiz, Elsaß) = Leibundgut (Ulr. *Lipundguot* 1293 Basel), Hörigen-N. (mhd. lîp »Leben«). – **Leibküchler** s. Lebküchler!

Leibholz s. Leipolz!

Leible, Leiblin (Württ./Baden) s. Laible! Hans *Laybel* 1414 Nikolsbg. Vgl. *Leubel!*

Leibni(t)z: slaw. ON. Leubnitz/Sa. (mehrf.), alt Lubenice; auch Leipnitz. Berühmt durch den Philosophen L. aus Lpz.

Leiboldt, Leibelt s. Leipoldt! – **Leicher,** Leichner (obd.): mhd. leicher »Spielmann« (zu leich »Melodie«), aber auch »Betrüger« (vgl. leichenîe »Betrügerei«). Aber bair. Laichner, Laicher = Lach(n)er, *laich* = *lach, loh* »Gehölz«: Lengleicher, -laichner/Tirol. Zu **Leichert,** Leichardt vgl. auch Leickart.

Leichsenring (Sa. oft) s. Leuchsenring! Vgl. Leixner!

Leicht (Pfalz, Baden, Franken), **Leichtl(e)** (Württ., Bay.): der Leichtfertige, Leichtsinnige, Unbeständige (mhd. lîht), urkdl. Aberlin *Lichtlin* 1381 Württ. Vgl. ndd. Lichtfoth »Bruder Leichtfuß«.

Leichter (obd.) = Gelzenleichter u. ä.: mhd. lihten »kastrieren«. Variante: Leichtner (Nic. *Leichtner* 1411 Budweis). – **Leickard** s. Leikert!

Leidecker(s) s. Leiendecker! – **Leichtweiß** = Leuchtweiß »leuchtend weiß« (vom Haar, vgl. Schneeweiß).

Leidenfrost 1351 Olmütz, nebst *Leidenhunger* 1453 ebda.); vgl. Leidenschaden, *Lydenkumber* 1378 Brschwg., *Leidemit* 1403 Iglau wie Harremit.

Leider: ostmd. für Leder, s. dies! Paul *Leyder* 1413 Dux; Heyne *leyderman* (Lederhändler) 1372 Lg.; P. *Leyder* 1584 Barth. Aber mnd. leider »Führer«.

Leidgast s. Liebgast!

Leidholdt s. Leuthold!

Leiding(er): obd.-bair. Herk. N., auch Leidiger. Übersicht der N. auf *-ingen:* Bahlow, Dt. Namenbuch (1932) S. 90/91.

Leidl (bair.): KF. zu Leidolf, Leidolt, s. Leuthold! Vgl. **Leidloff.**

Leidner (bair.-öst.) = Leitner! – **Leiendekker** s. Leyen-!

Leifheit (westf.-hess.) wie Liefheit, Liebheit: weibl. VN. (»liebes Wesen«). vgl. Adelheit. In Wetzlar das Metronym *Verlipheit* (ver = Frau).

Leifholz, Lefholz (ndd.) s. Lefholz! *Levold, Livold* war um 1250/1350 von Westf. bis Pomm. als VN. gebräuchlich. Vgl. **Leifert,** Leffert, Lefarth (= Liebhart): *Leffardus filius Lefardi* um 1320 Lüb. Noch heute ist *Leffert* fries. VN. KF. ist **Leifke,** Lefke.

Leikauf, Leykauf (obd.): mundartlich f. Leitkauf (mhd. lîtkouf »Gelöbnistrunk b. Abschluß e. Handels«), wie **Leikeb** (Eger, Iglau f. Leitgeb) mhd. litgebe »Schenkwirt«, lit. »Most«. Hensl *Leykeb* 1350 Böhmen, Martin *Leychauf* 1349 Prag.

Leikert, Leickart (Bay., Ö.): entrundet aus Leukart (Liutgart), s. Lauckhard! Eine *Leukart* 1330 in Eger, 1306 Krems/Ö.; Andr. *Leikart* 1418 Pilsen.

Leimbrock, Lehmbrock, Lehmbruck, -bruch (westf.-ndsächs.): altd. leim, md. lêm »Lehm«. Vgl. westf. Leimkühler (Leimkuhle, -kohl!); obd. Leimgrübler. Thid. *Leimencloth* 1242 (Lehmkloß); Joh. *Lemvörer* 1276 Hbg. (Lehmfuhrmann).

Leinemann: von der Leine (Fluß), wie Hunte-, Weser-, Wippermann.

Leiner(t) z. ON. Leina a. d. Leina b. Gotha; vgl. die Leine (zur Mulde) u. die Lein/Eichsfeld. (Bahlow, ON. S. 293); in Bay. die Ammergauer *Lein.*

Leinha(a)s = Leinenhose, vgl. Korthase, Kniehase, Weithase, Mehlhase, Lederhaas, Trillhaas (-hase ist ndd.-ndrhein.). Vgl. ndd. Linnenhose 1300 Hbg.

Leins (Württ., Baden): alem.-schwäb. nasaliert für Leis, ÜN. f. Leisetreter (vgl. Leisegang, Leisentritt); noch heute z. B. in Pforzheim »leins« = leise (mhd. linse, lîse). Hainr. der *Linse* 1296 Reutl., *Linsgang* 1437 Augsbg.

Leinung: ON. Leinungen a. d. Leina/Thür., wie Fladung(en), Kauffung(en), Wechsung(en) usw. (Bahlow, Ndd. Korr.-Bl. 1961).

Leinwater (obd.): mhd. lînwater »Leineweber«, Leinwandhändler; Leupold *leinwater* 1348 Brünn. Mhd. wât »Kleidung, Zeug«.

Leip: leibeigen. **Leipfert** (obd.) beruht auf *Liutfrid* (Heinrich filius *Liutfridi* 1211 Konstanz), vgl. Göpfert = Gotfrid. Desgl. **Leibfarth,** Leibfried. Joh. *Lüpfrid* 1356 Tettnang. Vgl. auch Leipprand, Leipold!

Leipner (Schles., Sa.): urkdl. *Lipener, von der Lipe* (Nickel *von der Leipe* 1438 Lg., Andr. *Leippener* 1437 Görl. nebst *Leipisch,* wie Glogisch), z. ON. Leipe, Leipa, mehrf. in Schles. u. Böhmen (slaw. *lipa* »Linde«, vgl. Leipzig: Lipzk).

Leipold(t), Leipelt (obd.-schles.-sächs.) s. Leupold!

Leipprand, Leibbrand (Württ. oft) beruht auf *Liutbrand* (»Leute, Volk« + »flammendes Schwert«), berühmt durch den Langobardenkönig L. (712/44) u. den Chronisten Bischof L. v. Cremona. Vgl. in Villingen 1439 *Lütbrand,* später *Lüprand, Leuprand, Leiprand.*

Leiprecht (obd.) wie Leuprecht beruht auf *Liutberht* (»im Volke glänzend«), vgl. Hans *Lüprecht* 1345 Leutkirch.

Leirer, Leyrer, Leyerle (obd.): Spielmannsname (mhd. lîre »Leier«). Heilman *Lirer* 1299 Worms, vgl. Hans *mit der lyren.*

Leischner s. Leuschner!

Leischnig (Sa.), Leisching: ON. Leisnig/Sa. (alt *Lisnik*).

Leisegang (ndd. Liesegang), **Leisentritt:** der Leisetreter; s. auch Leins! (Linsgang). – **Leisering** s. Leuchsenring!

Leiß (obd.) = Leise, Leisegang. Hans *Leis* 1414 Mähren. **Leiser,** Leiseder s. Laiser!

Leis(s)ler (Hessen, Frkf.): ÜN. des Wagners, bair.-schwäb. Leuchsner, Leixner, zu Leuchse (Leuxel, Leißel) = Runge, Stemmleiste am Leiterwagen, mhd. liuchse. Auch Leusler (1570 Alsfeld). Vgl. Leißenring.

Leißner (Schles., Sa. oft): aus Leißen b. Außig (1491 Lg., 1483 Würzbg.). Vgl. auch ON. Leisenau/Sa. (Jocoff *Leysner* 1518 Görl., *Lysener*/Brsl.).

Leist: ÜN. des Schuhmachers (vgl. Leistenmacher, -schneider), Herm. *Leiste* 1165 Köln; auch *Schuhenleist.* Vgl. Pfriem, Knieriem, Ahlenstiel. Obd. sind Laistner, Leist(n)er; *laister, laistmacher* 1380 Eßl. *Laistsniczer* 1345 Brünn. Ein ON. Leist b. Strals.

Leitgast (obd.): »unliebsamer Gast« (mhd. leit »widerwärtig, unlieb«), im Gegensatz zum *Liebgast* 1390 b. Biberach; Cunr. *Leitgast* 1222 Franken, Heinr. *Leytgast* 1324 Kaub a. Rh., Dithmar *Leythgast* 1258 Lauterbg./Harz. Arnold *Loidgast* 1293 Zürich (vgl. Herzeloide).

Leitgeb, Leitgeber Leutgeb(er), Leutgäb, Leitgebel; alem. Ligibel: obd. = mhd. litgebe »Schenkwirt«, s. Leikeb!

Leithäuser (obd.): vgl. ON. Leitenhausen/Bay., wie Tannhäuser u. ä.

Leitlauf s. Leutloff!

Leitner, Laitner, Leuthner, Leiter (Bay., Ö.): mhd. lîte »Leite, Berghang«, vgl. Nickel *an der leyten* 1451 B.-Kamnitz; auch in vielen ON. Leiten, Leithen, daher Achleit(n)er, Achleuthner, Hausleit(n)er usw.

Leitsch (obd.): entrundet aus **Leutsch,** s. dies!

Leitwein s. Leutwein!

Leitz, Leitzmann (obd.): entrundet aus Leutz(mann), alt (Albert) *Liuzman* 1250 UB Enns/Ö., wo auch *Leuzmanspurch* 1257.

Leitzke: aus Leitzkau b. Magdebg., vgl. Koischke aus Koischkau/Schles.
Leixner, Leixenring s. Leuchsner!
Lejeune (frz. = »der Junge«): Hugenottenname. Vgl. Hellenbrecht *de Junghe* 1383 Göttgn.
Lell, Läll (schwäb.): »schiefer Mund«. Herm. *Lelle* 1387 Frkf.
Lemb(c)ke (Hbg. zahlr., Meckl. oft): ndd. KF. zu Lambert, s. dies! *Lemmeke* Münter = *Lambertus* Monetarius 1335 Strals., *Lambrecht Lemmekens* 1461 Barth, *Lemmeke Lemmekens* 1480 Barth. Vgl. Gerke *Lammeken* 1428. ON. Lemke (Hann.) beruht auf Lembeke »Lehmbach«.
Lemberg (Laus., Schles.) ist Mundartform f. Löwenberg a. Bober, wie Lemprust f. Lewenprust: Bartsch *Lemberg* = Bartusch *Lewenberg* 1495 Görl.
Lemm, Lemme, patr. Lemmen: ndd.-fries. KF. zu Lambert, vgl. Lem(me)ke!
Lemmers wie Lammers s. Lambert! – **Lem(m)erich:** = Lammerich! – **Lemmle** s. Lämmle!
Lempel(ius): obd. KF. zu Lamprecht, auch **Lämpel,** Lampl (bair.).
Lempertz (Limpertz), rhein., meint Sohn des Lempert = Lampert, Lambert.
Lempfert, Lempfried (obd.) = Landfried, s. dies! Heinr. fil. *Lempfridi* 1271 b. Worms, Hans *Lentfrid* 1415 Kempten.
Lempke s. Lembcke! – **Lempp** (Württ.): Bertoldus dictus *Lempe* 1279 Eßl., Heinr. *Lemppi* 1400 Freiburg. Vgl. Lempel!
Lendener (ndd.): »Hosengürtel«. Petrus *Lendener* 1385 Ro.
Lender, Lenders (wie Landers): rhein.-westf. zu Lendrich (patr. **Lenderking,** zu Lenderke, vgl. Frederking zu Frederik); vgl. ON. Lendringsen, Landringhausen.
Lendle, Lendel (Württ., Baden): KF. zu Landolt, Landolf; *Lendlin* 1383 Urach.
Lendner (obd.) = Lentner!
Lenfer, Lenfers, Lenferding (westf. Patr.) = Lentfer, *Lentfrid (Landfrid).* Vgl. Gert *Lentfrid* 1368 Osn. S. auch Lempfried, Lempfert, Lentfer!
Lengefeld (Lengenfelder): mehrf. ON. Vgl. Charlotte v. L., Schillers Gattin. – **Lengemann** (nordd.): z. ON. Lengen (vgl. Lengener Moor i. O.). – **Lengenlaichner** (Tirol) wie Lengendobler, -feld(n)er, -lacher, womit auch Laichner (Leichner) deutlich wird. Auch **Lengle(r),** Lengner, Lenger beziehen sich auf (obd.) Flur- u. ON. Hans Buotz gen. *Lengeler* 1543 b. Meßkirch, Heinr. *Lengelin* 1285 Worms. Vgl. aber auch ON. Lenglern b. Göttgn. u. *Lenglere* i. W.
Lenk, Lenck, Lenke (obd.): mhd. lenke »gelenkig«, H. *Lenke* 1379 Eger. Lenker: vom Lenkhofe (Tirol). – **Lenkeit,** Lenkas (lit.) = Pole.
Lennartz (rhein.) wie Linnartz = Leonhards. Auch Lennerts, Lehnertz, vgl. fries. Leenderts.
Lennemann: von der Lenne/Sauerland (auch ON). Bahlow, ON. S. 296.
Lennepe, Lenneper (vgl. Enneper): aus Lennep b. Remscheid (*Len-apa* »Schmutzwasser«, vgl. Lenne!); ebenso **Lennefer** aus **Lennefe.**
Lensch (Hbg. oft), Lentsch: beruht auf *Lenzeke,* ndd. KF. zu Laurentius, wie Fensch auf Fenzeke = Vincenz; vgl. Fölsch: Volzeke. S. auch Lenz. Urkdl. *Lenceke (Laurentius)* pistor 1351 Stettin *Laurencius Lenseke* 14. Jh. Haldsl. – **Lenschow:** ON./Meckl.
Lensing, Lenzing: wie Lenseke = Laurentius, s. Lensch!
Lentfer (Hbg. oft) erweist sich wie Lenfer (s. dies!) durch das Patr. Lenferding als westf.-rhein. Pers. N. (Landfried).
Lentföhr (Hbg.): ON. Lentförden nö. Hbg., wie Latföhr, Lemföhr, lauter Furtorte, vgl. Fluß Lent (mit Lenteworth) in Engld.: (Bahlow, ON. S. 305).
Lenthe: ON. b. Hann. (alt Lenete, wie Benthe am Deister: Benete; len, ben = Sumpf, Moor). Olrik v. L. 1226. – **Lentsch** s. Lensch!
Lentner (Tirol) wie Lendner: Herk. N.; Hofname Lenthof ebda.
Lenz, Lentz: einst übl. KF. zu Lorenz (Laurentius), selten = Frühling. Auch Roseggers Vater hieß Lenz. Vgl. *Lenz* Horlacher 1553 Cröffelbach/Württ., *Lenz (Lorenz)* Fladerer 15. Jh. Freiburg, *Lenze (Laurentz)* Albrecht 1586 Angermde. –
Leo: als FN. für Löwe (Lebe) latinisiert, Niclas *Leb (Leonis)* 1413 Iglau.
Leonhard(t): roman.-german. Zwitterbildung aus lat. leo »Löwe« u. germ. hard »kühn«; der heil. L. gilt als Patron der Landleute u. der Pferde (vgl. den Leonhardi-Umritt in Bayern). S. auch Lennartz, Lehnhard, alem. Lienhard!

Leopold(t): gelehrte Form für germ. *Liutbald, (Liutpold, Lüpold:* FN. Leupold, Leupelt), »im Volke kühn«; als Heil. N. (Landespatron von Österreich) mit der KF. Poldi in Ö. beliebt; bair. ist **Luitpold.**

Lepach, Lepack (Schlesien; Brsl. oft) ist poln. Herkunft. Vgl. Liepach.

Lepel (ndd.) s. Leppler! Ein Ritter Werner *Lepel* 1314 Grfsw. (pomm. Uradel *von Lepel*). – **Leppelt** s. Lippelt!

Lepper, rhein. Leppers: mnd. lepper »Flickschuster«, der Lappen aufsetzt; Hartmann *Lepper* sutor (!) 1344 Wetzlar.; vgl. Schulepper (M.-Gladbach). Dazu obd. **Lepple,** Läpple.

Lep(p)ler: mnd. lepeler »Löffler«, der hölzerne Löffel schnitzte; vgl. Hinrik *Leppeler (Leppelsnyder)* 1404 Brschwg. Dazu als ÜN.: **Lepel(l),** Läpel, Kortlepel; Kohlleppel (dies wohl der Koch).

Lerch, Lerchel, Lerchenzagel (Lerchengsang) meinen den Vogelhändler, deutlich bei Pesco *Lerch* = Pesco *miterlerch* 14. Jh. Olmütz. S. auch ndd. Lewark! Ein ON. Lerche (Lerike) in Westf. (ler »Sumpf«, wie in Lerbeck, -bach). Dazu FN. Lerich, Lerke, Aber **Lerch(n)er** (Tirol) s. Larch!

Lerner (obd.), Lörner (bair.): z. ON. Lern b. Freising. Vgl. auch mhd. lerner »Schüler«. *Lernesbas* 1368 Lg.

Lerse: mnd. lerse, ndld. leers (leer = Leder) war e. langer Lederstrumpf, den der **Lersner** herstellte. Ein Ludw. *Lersemacher* 1499 Marbg., dessen Sohn: Jakob *Lersner* 1527; in Kassel 1526 Joh. *Lerse.* Vgl. auch **Lersch.**

Lerz (obd.), Lorz (rhein.) = mdh. lerz (lorz, lurz) »link« (linkisch) Wernher *Lerz* 1280 b. Worms. Joh. *Lorz* 1471 Amorbach. **Lerzer:** mhd. lerzen »stottern«.

Lesch (obd.), später Lösch, Löschle (Württ.): vielleicht zu schwäb. lösch »weich, milde«. Ritter Cunrat *Lesch* 1299, Württ., Rüdiger der *Lesche* 1345 b. Gerabronn, Gerlach *Lesche* (Burgmann) 1266 b. Wetzlar. (Dazu E. Nied., Frk. FN. S. 96.)

Leschke, Löschke: ostd.-slaw., wie Löschnik (wend. leschnik »Waldbewohner«, zu *les* »Wald«). Vgl. Lessing!

Les(s)er, Löser (z. T. jüd.) = Lesar = Lazarus, hebr. Eleazer, Elieser.

Lessmann (Hbg. oft): ON. Lesse/Hann., Flur »uppen Lessen« Lippe, Fluß Lesse/Maas (*les* = Sumpf).

Lessing: wie der Dichter L. wurzelt auch sein Name im obersächs.-wend. Raum, eingedeutscht aus *Lesnik* (FN. **Leßnick**) »Förster«, vgl. Leschnik »Waldbewohner«, zu slaw. *les* »Wald« (-nik: -ing wie in Leisching neben Leischnig); vgl. auch ON. Leisnig/Sa. (Lisnig). Im 16. Jh. die Ahnen Michel *Lessigk* 1518 Jahnsdorf, Sohn Clemens *Lessig* usw.

Letsch, lätsch (Württ.): schwäb. »schlapp, latschig«. Bauer Berschi der *Lätsch* 1333 Engen. Auch Letschmann. Gerlach *Letsch* 1389 Frkf.

Lette: ON. (Coesfeld, Wiedenbrück). Vgl. die Lettmecke »Lehmbach« i. W., den Lett-Berg/Iserlohn usw. – **Letter**(mann): ON. Letter b. Hann., Luder *van Lettere* 1308 Hann. Auch obd. Flurn., s. Lettner!

Lettner, Letterer, Lettenbauer, -bichler, -mayer (Bay., Ö.): z. Flur- u. ON. Letten (oft), im Letten (mhd. lette »Lehm«, Lehmboden); ein acker... in dem Letten 1296 usw.

Lettow: slaw. ON./Pomm., vgl. ON. Lettau/Ostpr. Dazu Lettow-Vorbeck.

Letz (obd.): mhd. letze »verkehrt«, vgl. *Letzouge* 1296 Elsaß. *Letzkopf* (Narr b. Grafen v. Zimmern um 1500: »ain wunderbarlicher, verkerter Mensch«; Brech., S. 178).

Le(t)zius, Letzgus (Württ. oft): Humanisten-N. für Letz, s. dies! Georg *Letzius (Letzguß)* 1584/1606 b. Rottenbg./Neckar.

Leu, Leue, Lau, Laue: der Löwe, auch als Hausname (s. Löwe!).

Leube, Leubner (Sa.): z. ON. Leuba, Leuben (Sa. mehrf.).

Leubel (bair. Loibl): KF. zu Leupold *(Leupolt der Leubel* 1301 Prag; *Lewbel* Pleczel 1352 Brünn, *Liubl* velkeufel 1345 Brünn).

Leuchsenring (obd.), Lei(ch)senring (sächs.), verschliffen Leisering (thür.): eiserner Ring an der Leuchse (Runge) des Leiterwagens. Vgl. den schwäb. Spruch: »Gottlob daß ich kein Bauer bin, so bricht mir auch kein Leuchselring« (Brech, S. 179). S. auch Leuchsner!

Leuchsner, Leuxner, Leixner (obd.-bair.): Wagner, Stellmacher, der Leuchsen (Rungen) herstellt, d. s. die hölzernen Stützleisten am Leiter- oder Kastenwagen. S. auch Leuchsenring!

Leucht (obd.), Leuchtle s. Leicht(le). **Leuchter** (obd.) s. Leichter.

Leuffer s. Läufer! Henchyn *leuffer* 1387 Frkf. – **Leuffgen** (rhein.) = Leufried, Luitfried. s. Leibfried, Leibfahrt, Leipfert, Lüpfert! Vgl. *Lüffrid*, Burggraf im Ahrtal um 1400, Ritter Peter *Lüffrid* 1299 Heppenh., Henne *Leufrit* 1368.

Leukert, Leuckart s. Leickert! Lauckhard! (Eine Bauerndirn *Liukart* b. Neithard um 1250.)

Leunenschloß s. Lünenschloß!

Leupold(t), Leipoldt, Leibhold, Leipelt: obd.-öst.-schles., diphthongiert u. entrundet aus *Lüpold (Liut-bald)*, in gelehrter Form **Leopold,** s. dies! *Liutpold* (Markgraf v. Österreich, gest. 1136), galt als Landespatron von Ö. Vgl. *Lüpold* der becker 1371 Brsl., *Lewpold* Sontag 1325 Glatz, *Leupold* Meczner 1343 Brünn, Hensel *Lewpuld* 1369 Lg., Caspar *Leupolt (Leupel)* 1515 Penig/Sa., Joh. *Leypolt* 1472 Bayreuth.

Leuprecht (obd.) s. Leiprecht! War auch Heil. N.: »das fromme Bäuerlein *St. Luitpert* in der Göge«/Schwaben (Linnartz, S. 78). Ruff *Luiprecht* 1451 b. Kempten, *Lupertus* Mersche 1387 Brsl. Vgl. rhein. Luppertz.

Leuschner, Leischner (Sa., Laus., Ndr.-Schles. oft): beruht auf urkdl. *Lüschener* (wie Tscheuschner auf Czüschener), Metronym zum weibl. VN. Lusche (bzw. Czusche), mehrfach bezeugt; in Brsl. um 1350: *Lusche = Gerusch* (Gertrud) Loseckinne (Reichert, S. 33); eine *Luscha* 14. Jh. Kamenz. Als FN.: Nic. *Lusche* 1361 Ratibor, Nic. *Luschener* 1381 Sorau, Henschel *Lüschener* 1378 Freiberg, Cunczel *Leuschner* 1356 Leitomischl. (s. auch Bahlow, Schles. Nbch. S. 66).

Leußen-, Leißenring (Thür.) s. Leuchsenring! Vgl. Leisering!

Leußler (Frkf.) s. Leisler! – **Leutbecher:** ON. Leutenbach/Nürnbg. Vgl. Mersch-, Rohrbecher. Leut-, Leit-**häuser:** ON. Leitenhausen/O. Bay.

Leuthard, Leutert, Leitert (obd.): germ. Pers. N. Liut-hard »im Volke kühn«. Ulr. *Lüthard* 1414 Cannstatt. Auch Luithardt (schwäb.), Luthard.

Leuther, Leither (obd.): germ. Pers. N. Liut-her (»Volk« + »Heer«), bes. im Adel im MA., vgl. *Luther (Leuther)* 1350 Lg., *Lewther* Lemberg 1408 Schles.

Leuthold, Leidhold, Leitelt, Leidl (öst. Loidelt): germ. Pers. N. Liut-old (vgl. Leuther, Leuthard), alem.-bair.-öst. im MA. bes. beim Adel beliebt (schweiz. Lüthold, KF. Lüthi). Patr. Leutholz. Ein Minnesänger zu Walthers Zeiten war *Liutold* von Seven (Säben/Tirol). Vgl. *Lüthold* 14. Jh. Brsl., Nikel *Leutolt (Leutel)* 1414 Mähren. Ruprecht *Leutl* 1509 Tirol.

Leutloff, Leidloff, Leitlauf (obd.) sind Varianten zu Leudolph, Leidolph, alem. Lütolf: germ. Pers. N. Liut-(w)-olf. Schon um 1300 auch in Schlesien: Erbvogt *Lütolf (Lütke, Leutke)* 1371 Schweidn.; *Lütelof* um 1350 Brsl., Hs. *Löutulf* 1381 Friedld.

Leutram, Leutrum (Württ.): seltener germ. Pers. N. Liut-ram (hraban = »Rabe« Wodans). *Lütram,* Ammann 1292 Biberach, Markw. *Lütram* 1366 Eßl., Wernz *Leutrum* 1358.

Leutsch (obd.): KF. Lütschi zu Lütold, vgl. *Lütschi* Resch (Bauer) 1341 Endingen, Henny *Lütschi* 1407 ebda. Vgl. Leuth = Lüthy. Aber **Leutzsch** (Sa.) ist ON. b. Lpz. **Leutz** s. Leitz!

Leutwein, Leitwein, Leidwin (obd.): germ. Pers. N. Liut-win (win »Freund«). Auch im schles. ON. Leutmannsdorf (wie Göswins-: Gießmannsdorf). *Lütwin* 1249 Linz/Ö. *Leutwin* Gamaret 1296 Mchn., Hans *Lütwin* 1359 Heilbr.

Levedag (ndd.) wie **Liebetag** (»angenehmer Tag«), vgl. Liebezeit; auch Schöntag. Vgl. ON. Levedagsen b. Elze. (Ein weibl. VN. *Liebetaga* um 1200 O. Rhein.)

Leveke, Leweke (ndd.): KF. zu Levold, s. Lefholz! **Leven** s. Lewen!

Leverenz, Lewerenz (Hbg., Meckl.) wie Laverenz = Laurentius, s. Lafrenz! Vgl. die KF. Frenz, Lenz! Patr. Frenssen (Holstein).

Levermann (ndd.) = Liebermann. – **Leve(r)knecht** = Liebknecht. **Leverkühn;** -köhn: zu Konrad.

Levern (von) s. Leffern! – **Levers** (ndd.) s. Lefhard! Vgl. Liebers. Patr. **Levering,** Lefering (Westf.).

Levetzow: ON./Meckl. (auch Lewetzow/Pomm.). Vgl. Ulrike v. L. (in Goethes Leben).

Levy, hebr. Stammesname, »Anhänglichkeit«. Auch **Levinsohn** u. ä. S. auch Löwe! (Levi war e. Sohn Jakobs u. der Lea: I. Mose 29, 34.)

Lewalter (obd.): aus Lewald, wie Kiesewalter, Buchwalter.

Lewark (ndd.) meint den Vogelfänger: mnd. lewerk »Lerche« (ags. laeverce, ndld. leeuwerik). – **Lewen(s), Leven(s):** der heil. Lefwin, fläm.-ndrhein. St. Lieven (Patron von Gent), ags. Mönch (Missionar); lev = lieb, win = Freund. – **Lewerenz** s. Leverenz!

Lex, Lexl, patr. **Lexer** (bair.-öst.): der heil. Alexius, volkstüml. durch die Legende, wonach er unerkannt als Bettler im Hause s. reichen Vaters lebte.

Ley, Leyh (obd.-rhein.) = Eley, wie Loy = Eloy: der heil. Eligius (Bischof v. Noyon um 650), Patron der Goldarbeiter, Schmiede u. Pferde (Nied., S. 68).

Leyen, von der (rhein.): ley meint »Schiefer« (Fels), wie in **Ley(en)decker** (rhein.). – **Leykauf** s. Leikauf!

Leykeb s. Leikeb: Leitgeb! **Leyrer** s. Leirer!

Leyser, Leiser: Herk. N. (vgl. ON. Leisa/Eder, am Leisebach); z. T. = Leser, Löser, s. dies!

Lezius s. Letzius!

Libbertz (Rhld.) ist Patr. zu Libbert, *Libbrecht* 1278 Ro., Lüb.: Sohn des Libert (schon 1165 ein *Libertus* in Köln), s. auch Liebert, Liebers! Desgl. Libbers. Vgl. Livert, Lievertz.

Liborius s. Börries! – **Lich:** ON. ö. Gießen (Bahlow, ON. S. 300).

Licht: nicht eindeutig; wohl öfter als Flurname deutbar (Waldlichtung), vereinzelt auch Hausname: Egelolf *zem Liehte* 1275 Basel. In Thür. beachte man den ON. Lichte u. Lichta (z. Fluß Lichte). Z. T. ist der Lichtgießer (1463 Ölsnitz/Sa.) oder Lichtzieher gemeint, ndd. *Lichtwerk* (heute Lichtwark). Auf ndd. Boden kann Lîcht (m. langem i) dem obd. Leicht entsprechen: Joh. *Lîchte* 1295 Ro., vgl. *Lîchtefinger* 1283 Strals. **Lichtfoth** (1270 Hbg.), Leichtfuß. **Lichtsinn** (»Leichtsinn«).

Lichter(s): rhein. = Leichter (Viehkastrator), s. dies!

Lichthard, Lichtherz (Hbg.): »Leichtherz«.

Lichtner: z. ON. Lichten bzw. Lichtenau (obd.); auch Lichtenauer. Nik. *Lichtener* 1381 Böhm.

Lichtwark (Hbg., Ro.): mnd. lichtwerk »Lichtwirker, Kerzengießer« (vgl. sarwerk: Sallwürk: Panzermacher). Auch Lichtwerk, -wert, -wart. Gerh. *Lichtwerk* 1328 Lüb. Vgl. Kersengeter (Alt-Rostock, Lüb.). Auch **Lichtwaldt** = *Lichtwardt* 1780 Ro.

Lickefett (1385 Ro., 1368 Hildesh.): Spottn. f. d. Koch, zu ndd. licken »lekken«; vgl. **Lickepenning:** der Geizhals (wie Küssenpfennig), *Lickteig:* der Bäkker, **Lickleder** (Lückleder, wie Lückefett): der Schuster. **Licker** (Liecker, wie Lieckefett): der Schlemmer, Leckermaul. Auch **Lickedick:** »lecke oft«.

Lieback, Leibach, Liebock (Laus.) s. Liebisch!

Liebaug: vgl. Hensel *mit den liben Augen* 1368 Lg.; *Libesauge* 14. Jh. Brsl. Weiteres unter Auge!

Lieb(e): der liebe, angenehme Mitmensch (Bernh. *Lieb* 1290 Württ.); Gegensatz: Ritter Ulr. v. Büttikon gen. *der Lieblose* 1308 b. Zürich. Komposita: Liebehenschel, Liebehenne. Selten ist der weibl. VN. Liebe: z. B. in Mainz: Eberh. filius *Lybe* 1320. Ostd.-laus. Liebe (Görl. oft) s. Liebisch!

Liebelt, Liebel (Laus., Schles.) = **Liebolt** (auch Liebhold umgedeutet); schon 1208 als VN.: *Liboltus,* Sohn der Sbyzlawa; P. *Liboldi* 1346 Ratibor; Hs. *Libolt* 1453 Görl.; Jac. *Liebl* 1391 b. Budweis. S. auch Liewald! Ein ON. Liebel/O. Laus.

Liebeneiner: wohl für Liebenhainer (ON. Liebenhain/Sa., wie Geysenheyner aus Geisenhain/Sa.).

Lieb(en)werth (Sa.): aus Liebenwerda. – **Lieberenz** s. Leverenz! – **Lieberkühn** s. Leverkühn!

Lieber (obd.): »Schmeichler« (Rud. qui dicitur *Lieber* 13. Jh.).

Liebermann (vereinzelt auch jüd.) wie ndd. Levermann: lieber, angenehmer Mensch; vgl. Liebersohn, Liebergesell, Liebergast, Lieberherr; Liebernickel, Lieberkühn (Leverköhn: Kunrad).

Liebert: vgl. Liebhard, wie Ebert: Eberhard, – Eckert: Eckehard. **Liebers:** patr. wie *Levers.*

Liebetruth (ndd.-md.) wie **Liebetraut:**

weibl. VN., wie *Liebheid, Liebmut, Liebgart.* Entstellt Liebentraut, Liebetrau.

Liebhar(d)t: obd. VN. (Dippel *Liphard* 1362 Kassel, Henczel *Libehart* 1392 b. Eger); Liphard, Lippert.

Liebheit s. Leifheit!

Liebhold: umgedeutet aus Liebold, s. Liebelt! Patr. Liebholz.

Liebig: markanter schles.-laus. FN. (Görl., Lg., Hirschbg. zahlr.), beruht auf dem tschech.-wend. Pers. N. *Libnik* (s. Schles. Nbch. S. 66!), vgl. *Libniko (Libincko),* Richter v. Stephansdorf/Mähren 1275/80, Petrus *Libnik* 1337 Schlesien. In dt. Munde dann stets *Libing,* wie Lessing für Lesnik, – Jaching f. Jachnik, – Melling f. Melnik: *Libing* Landeskroner 1353 Glatz; als FN.: Nicclos *Libing* 1392 Lg. (1372 Neiße, 1416 Schweidn., 1375 Glatz, 1403 Freystadt, 1440 Görl., 1417 Prag)., um 1500 *Libigk.* Libing kann auch dt. Ursprungs sein, da ein Liebing schon 1288 in Gmund/Schwaben und ein Vogt Libingus 1289 in Guhrau.

Lieb(i)sch, Liebscher, Liebschner (O. Laus./Schles.): KF. zu den slaw. (wend.-tschech.) N. mit Lib- (altslaw. Ljub-: Lub-) »lieb«, wie *Liboslav, Libomir:* vgl. Priebisch zu Pribislav; desgl. **Liebe** (Görl.) wie Priebe! *Libuscha* hieß eine (sagenhafte) tschech. Herzogin im 9. Jh. Belege: *Libusch* cromerinne 1357 Brsl., Peter *Libusch* 1367 Neiße, Lorencz *Libuscher* 1414 Nikolsbg., P. *Libischer* b. Prag 1406.

Liebknecht wie ndd. Leveknecht (Joh. *Leveknecht* 1328 Lüb.).

Lieble, Lieblein sind urkdl. obd. KF. zu Liebhard. Jacob *Liebl* 1391 b. Budweis.

Liebner (Sa., Schles.): aus Liebenau (mehrf. ON.: Schles., Sa., Böhmen). Vgl. *Libenawer* 1392 b. Eger, Jost *Libenaw* 1387 Lg. wie Langner aus Langenau.

Liebhold(t): Sa. oft, s. Liebelt! – **Liebock** = Lieback!

Liebrecht, Liebrich: alter dt. Pers. N. – **Liebsch(er)** s. Liebisch!

Liebwerth s. Liebenwerth!

Liebzeit: wie Guttzeit. Hensel *Libeczit* 1399 Chrudim.

Lie(c)k, Lieke (Hann., Westf.): wird deutlich durch **Liekfeld,** Liekwegen (ON. b. Bückebg.), wo *liek* »Nässe« bedeutet.

Liedemit (ndd.) wie Leidemit meint den Mitleidigen. *Lydemete*/Brsl.

Lieding: ON. Liedingen/Brschwg., wo auch ON. Gleidingen (beides »feuchte« Orte).

Liedloff: Mundartvariante zu Leidloff, s. Leutloff! Vgl. Liepold = Leupold 1352 Bay. KF. Liedel (obd.).

Liedt (von der), auch Lieth (v. d.): nordwestd. Flurname = feuchte Gegend. (Bahlow, ON. S. 306.)

Liedtke (West-, Ostpr. oft, von dorther auch im Ruhrgebiet durch Industriearbeiter): entrundet aus Lüdke (Lüdeke = Ludolf), diese Form oft in Pomm.

Lieffering: westf. Patr. zu **Lieffert** (Lieferts, Lievertz, rhein.) = obd. Liebhard, ndd. Lefert, Levert, s. Lefarth! Vgl. **Liefhold,** Liefholz (patr.) wie Leifhold, Leifholz = Levold, Lievold; s. Leifholz!

Liegnitz: ON./Ndr.-Schlesien; vgl. Striegnitz (urkdl. Stregnicz, wie Legnicz, – beides »sumpf. Ort«: am Bruchgelände des Schwarzwassers).

Liehr s. Lier! – **Liek** s. Lieck! – **Lienau** (Hbg. oft): ON. nö. Hbg., vgl. Lienow (Linow), zu slaw. lin »feuchter Schmutz«.

Lieme: ON./Lippe, *lim* »Morast«.

Lienemann: aus Lienen i. W. (auch b. Elsfleth nö. Bremen): m. d. Sumpf *Linebroch* palus; zu idg. *lin* »Schmiere«, vgl. lat. linere »beschmieren«; ein Lien-Berg b. Ilfeld/Harz. Dazu Lienhop, Lienenbröker.

Lienhard: obd. alem. Form von Leonhard, s. dies! Auch der Dichter Friedrich Lienhard war Alemanne (Elsässer). Vgl. Pestalozzis »Lienhard u. Gertrud«. KF. Lienle, Liendl. Patr. Lienharter. *Lienhart* Lory 1556 Konstanz. *Lienhart (Liendel)* Hamer 1414 Mähren, *Liendel* Wildmoser 1424 O. Bay.

Liepe: slaw. ON. (Brdbg. mehrf., Pomm.), zu lipa »Linde«.

Liepelt (Sa.) wie Leipelt = Liepold, Leipold (Leopold): *Liepold* = *Leupold* 1352 Bay. – **Liepert,** Liphard, Lippert s. Liebhard! *Liphart* 1383 Prag.

Lier (van): z. ON. u. ON. Lier; *lir* ist altes Sumpfwort (Bahlow, ON. S. 301). Vgl. den »Liergau« zw. Fuse u. Oker, *Liere* 1150 b. Lengerich, *Lir-apa:* Lierop/Brab., Lierschied/Taunus, Lierloch/Hess.

Liermann (Hbg. oft): ndd. der Leiermann, Spielmann, s. obd. Leirer! Joh. *Lireman* 1288 Ro.

Liersch: ostd.-slaw. (m. Suffix-isch), vgl. Lierack, Lierke, -ka.

Liesche: s. Leesch! (ahd. lisca, mhd. liesche »Riedgras«). Vgl. ON. Liesch/Trier. Joh. der *Liesche* 1343 Württ. Aber **Li(e)schke** ist ostd.-slaw. wie **Liesching** (urkdl. Lieschink), vgl. ON. Lieschow/Rügen; desgl. **Lieske** (ON./Laus. mehrf., auch Lieskau/Brdbg.).

Liese (Hbg.): soweit ndd., entspricht es dem obd. Leise, wie *Liesegang:* Leisegang. Im übrigen ist Liese (zu *lis* »Sumpf, Ried«, vgl. Liesch) mehrf. Bach- u. Flurname: vgl. die Liese/Eder, mit ON. Liesen; Liesebach, Lieseberg, Liesenfeld, Liesbüttel, Liesborn, Liesgraben, auch ON. Ließem/Rhld. (Lisheim, wie Üdem, Bachem). Liesemeyer/Westf.

Lieth (Hbg., Bremen) s. Liedt! Dazu **Liethen** (Düss.), Lithmann.

Lietzmann: wie **Lietz** zu den slaw. ON. Lietzen/Brdbg. Lietzau, Lietzow, Lietzkow u. ä. Auch Lietzke.

Lieven, Lievenbruck: z. Fluß-N. Lieve b. Gent bzw. Lieven/Holld. – **Liewald** (Görl. oft): = Liebold (wie Gottwald für Gotbold).

Ligger s. Licker! Wubbeke Liggers 1444 Oldbg.

Lilje, Lilge, Lilie: im MA. auch als Hausname verwendet, so in Freiburg 1393 »zem gelwen Giligen«, in Konstanz 1522 »zur Gilgen«. Vgl. Gilgenschein, Gilgen-, Lilgenfein, Lilgenweiß, Lilienzweig (wie Rosenzweig); Lilientritt (wie Blumen-, Rosentritt): *Lylgentrit* 1369 Iglau, wo 1372 auch *Lilgenstamp,* vgl. *Lylgenfeynt, -feyn* 1377 Iglau, 1377 Prag. Ulein *mit der Lyligen* 1381 Nürnbg.

Lill, Lille, Lillmeyer (Hbg., Westf.): *lil* (ndld. = Gallert) ist altes Wort für weichen, schleimigen Schmutz (vgl. oberhess. die Lille »Speichel«).

Limberg(er), Limbach(er): obd. Herk. N. (die ON. hießen urkdl. *Lintberg, Lintbach,* auf weiche, sumpfige Natur deutend).

Limmel (obd.): mhd. limbel, limmel meint »Schuhflecken, Lappen«, also ÜN. für Flickschuster, Lepper, oder aber für schlappe Menschen; unser »Lümmel« erst im 17. Jh. bezeugt. Vgl. Friedr. *Limbel* 1275 Württ., Wernher der *Limmel* 1311 Württ. Dazu Faullimmel (Metz).

Limmer (Hbg., Hann.): ON. b. Hann. (*Limmer* 1369 Brschwg.). Aber in Bayern (Mchn. zahlr.) verschliffen aus *Lindemer, Lindmaier,* wie bair. Wimmer aus Widemaier, Hummer aus Hubmaier, Sellmer a. Sellmaier, Stromer a. Strohmaier.

Limmroth: ON. auf -rode (»Rodung«), thür.-hess., wie Billroth, Klapproth usw.

Limpertz: rhein. wie **Lempertz** (Lampertz), Patr. zu Lampert (Lempert, Limpert); vgl. **Limprecht,** Limprich(t).

Lind, Lindt (obd.): der Sanftmütige (Hainr. gen. *der Linde* 1254 Konstanz). Vgl. **Lindemuth** (Sa.).

Linde: ostmd. zu den ON. Linda (Thür., Sa., Schles.).

Linde(c)ke, Lindecken (Magdbg., Hann., Bln.): ON., vgl. Lindchen/Lausitz.

Lindekugel s. Linnekogel!

Lindemann (nordd.-ostd.): z. ON. Linde (mehrf.), auch Linden b. Hann. (vgl. Herm. *Lindeman* 1335 Hann.); z. T. zu ÖN. (s. Lindner; van der Linden, Terlinden, Beiderlinden). Vgl. **Lindeboom** (Hausn., ÖN.).

Lindemer (obd.) = Lindheimer, wie Mannemer, Bockemer usw.

Linden (van der): oft am Nrdrhein (Köln, Düss.), nach der Wohnstätte beim Lindengehölz, unter Linden; bzw. vom ON. Linden. Auch Terlinden, Zurlinden sind ndrhein.

Lindenschmidt: wie Lindenbauer, Lindenmayer (alle obd.) nach der Wohnstätte bei oder unter Lindenbäumen.

Linder: teils obd. (für Lindner: Hans *Linder* = Hans der *Lindner* 1377 Ulm), teils nordd. (z. ON. Lindern/Oldbg. u. Ndrhein.: Joh. *van Lynder* 1528 i. O., dazu auch **Lindermann**).

Lindert (Hann.): aus Linderte südl. Hann.

Lindig (Sa., Thür.): ON. im selben Raum. – **Lindle,** -lein: Württ. ÖN.

Lindloff (Hann., Magdebg., Hbg.): offenbar ndd. ÖN. Lindelôf = obd. Lindelaub (Joh. *Lindelaub* 1460 Dillgn.). Auch Lindelof, Lindenlauf.

Lindner (Schles., Sa., Thür., Bay., Ö.): z. T. zu den vielen ON. Lindenau (wie Weidner: Weidenau; Langner: Reichner: Reichenau) bzw. Linden, Linda; z. T. nach d. Wohnstätte »unter Linden«, vgl. Henczel *under der lynden* 1383 Freiberg/Sa., Hannus *von der Linde* 1440 Görl.,

Cunad *Lindener* 1372 Lg. Rüpel *ze den Linden* 1369 Tirol, Jacob *Lindner* 1348 Tirol (heute auch Lintner, Lindtner).

Lindpaintner (bair.-öst.) s. Baintner!

Lindwurm: Hausname (Clesel *zuo dem Lintworme* 1368 Worms, Nickel *Lintworm* 1429 Freiberg).

Linge(mann), Lingebrink, Lingel, Lingwedel enthalten das alte Wasserwort *ling* (altndld. lingene »Schlamm, Modder, Sumpf«), vgl. *Lingebrok, Lingewood/* Engld., die *Linge* (z. Maas), *Lingen* a. Ems.

Lingg (obd.) = Link. – **Linicke** (ostd.-slaw.) s. Lienau!

Lingner = Lindner, wie Lingenau (Vorarlberg) = Lindenau (so 996). Hannus *Lingener* 1406 Prag. Zum mundartl. Wandel *nd:ng* s. Behaghel, S. 208.

Linke, obd. **Link,** Lingg: der Linkshänder, auch allg. der Ungeschickte. Francze *Lynke (Lynkehand)* 1397 Lg.: FN. **Linkhand;** ndd. s. Luchterhand! Ein Herm. *Lynkfuß* 1381 Sorau.

Linkenheil (Ludwigsbg.), Lingenhöhl (Lindau): ON. Lingenhöl/Allgäu; höulin = hau »Wald-, Holzschlag«, vgl. Hans *Höwli* 1484 Württ.

Linkmann: ON. Linken i. W. In den Linken b. Iburg (*link* = nasse Flur). Bahlow, ON. S. 303.

Linnartz (rhein.) wie Lennartz = Leonhards (Sohn).

Linnekohl (ndd.) entstellt aus **Linnekogel** »Leinenkapuze« (s. Kogel!). Auch Linne-, Leinekugel, Lindenkohl. Vgl. **Linnehose** 1300 Hbg.

Linne(mann): ndd. = Lindemann, s. dies! auch aus Linne b. Bohmte. Aber **Linneweber** = Leineweber, wie Linnehose = Leinenhose, Linnekogel = Leinekogel. **Linneweh** (m. ndd. Dentalschwund) meint *Lindewede* (wide, wede = Wald, wie Brickweh = Brickwede). Vgl. Lindwedel (wedel »Sumpffurt«). **Linnepe** s. Lennepe! **Linn(e):** vgl. *von der Linn.* ON. Linn b. Krefeld (Linden b. Bochum u. Linde b. Dortmund sind übrigens umgedeutet aus *Linniun, Linni* a. 890), z. Sumpfwort *lin* wie Linnepe. **Linnich:** ON. b. Jülich (beruht auf kelt. Liniacum, vgl. Ligny, wie Lonnich b. Koblenz auf Loniacum: Loigny).

Linner (Bay.) s. Linder!

Lins(e) ist ÜN. des Linsenbauers; vgl. Erbse, Bohne. Desgl. **Linser** 1345 Brünn (obd.) wie Bohner, Erbisser. Auch Linsenbarth (Thür.), Linsenbauch; Lins(en)-mayer, -mann. Der ON. Linse/Weser (alt Linisi) ist prähistor. Gewässername (Bahlow, ON. S. 304); **Linshöft** (Hbg.) meint Quellort (Haupt eines Lins-Baches (*lin-s* = *lin:* Linnepe!), wie Visselhöft a. d. Vissel, vgl. Lins-wede: Linswege i. O. (wie Aschwede: Aschwege i. O.). Heyne *Linseman* 1481 Bremen: z. ON. Linse!

Lintfer(s) s. Lentfers! – **Linthe** (Hbg.): ON./Brdbg.

Lintner (öst.) = Lindner! – **Lintzel:** ON. westl. Ülzen, *Lines-lo* »sumpf. Niederung«, wie Munzel (Munes-lo), Menzel (Menes-lo), lauter Synonyma.

Lipke, Lipka, Lipkat, Lippke, Lippek, Lipsky ostd.-slaw., vgl. ON. Lipke Frkf./O., ON. Lipnice, Lipin (:FN. Lipinski), Lipova, Lipschitz (:Lippschütz), wo *lipa* = Linde (vgl. Leipzig: Lipzk). Auch ON. Lippen/Lausitz.

Lipp, Lip(p)s, Lipsius, obd. auch Lippl, rhein. Lipgen(s): KF. zu Philipp. Auch **Lippmann** (z. T. jüd. wie Lipmannsohn). »Myn lewe Lips« z. B. meint Landgraf Philipp v. Hessen, 16. Jh. *Lipp* Guldein 1414 Mähren.

Lippe (Hbg. oft): z. Flußn. Lippe (b. Tacitus *Lupia:* Bahlow, ON. S. 305). Auch ON. in Westf. Vgl. Arnold *Lipper* oder *von der Lippe* 1222. Dazu Lipperheide.

Lippelt s. Lippold! – **Lippens** s. Lipp!

Lippert (obd.), auch Lipprecht, = *Lüprecht* (Liut-berht), s. Leuprecht! Vgl. ON. Lippertsweiler (1296 *Lüprehtwiler*), Lippertshofen, -reute, -grün; Lipprechterode usw. – **Lippke** s. Lipke!

Lippmann s. Lipp! Auch: v. d. Lippe, vgl. Lippmeier. In Bremen urkdl. *Lipman* = *von der Lippe* (Carstens S. 65). – **Lippner:** ON. Lippen Lausitz/Böhmen.

Lippold: im MA. vom Rhld. bis Pommern als VN. nicht unbeliebt; entspricht dem obd. Leupold (Leipelt), alt *Lüpold (Liutbald),* mit offenbar rhein. *i für ü.* Vgl. *Lippold* v. d. Helle 1437 b. Bonn, *Lippoldus (Lupoldus)* Bere 1298 Grfsw., *Lippold (Lupold)* v. Bredow 1394, *Lippoldus* um 1300 auch in Strals., Hbg.

Lips s. Lipp! Desgl. Lipsius (Kiel, Düss.),

vgl. Joest *Lips* (Brabant), als Humanist Justus *Lipsius.*

Lipstreu, Lipstreich: ostd.-slaw. wie Millstreich, Milstroy; Dohmstreich, Dohmstrich (Domstroy). S. auch Lipke!

Lisch, Lischke, Lischak: ost.-slaw. wie Liss, Lissek, Lissak, *Liske,* vgl. Lischewsky wie Lissewski. Auch Lisko(w): ON. (Meckl./Pomm.). Vgl. den Satiriker Christian *Liscow,* Meckl., 1701/60.

Lissel (Lg.) = Lissek.

Lissner: z. ON. Lissa (Sa., Laus., Schles.). Vgl. Leipner zu Leipa.

List, obd. Listl, auch Listmann: wird deutlich durch Cunad *mit der lyst* 1399 Chrudim; auch **Siebenlist,** Tausendlist; *Nünlist* (Schweiz). Es ist der Tausendkünstler (mhd. list »Klugheit, Schlauheit, Zauberkunst«). Heinr. *List* 1250 Budweis, Benz *Listli* 1418 Württ. Listmann auch z. ON. Liste/Hann.: Hs. *Listeman* 14. Jah. Haldsl.

Litfaß: »Obstwein-, Mostfaß« (mhd. lît »Most«), also ÜN. des *lîtgeb:* s. Leitgeb! Bekannt durch den Erfinder der Litfaßsäule.

Littkopf (Stettin): mnd. Lit-kop, s. Leikauf! Reynold Lit-kôp 1289 Str., Henr. Lit-kop 1272 Wismar.

Littmann (Schles.): slaw. wie Littig (Littek), Litten, Littner, Littau (ON./Mähren), wohl zum Pers. N. *Litomir, Litoslav, Litobor* (vgl. ON. Leitmeritz: Litomerice), altslaw. ljutu »grimmig, wild«. Hannus *Litman* 1427 Lg.; *Litman* Jude 1472 Glatz. Auch **Litt:** Mathis *Litte* 1491 Lg. – **Littwin:** poln. = Littauer. **Litzel** s. Lützel!

Litzmann (vgl. Lietzmann!): ostd.-slaw. wie **Litz** (vgl. Lietz!), Litzcke, Litzow.

Löb (obd.) nebst **Löbe:** urkdl. Leb, Lebe, Lewe (mhd.) = Löwe Mensch mit Löwennatur; vgl. P. *Lebenprust* 1411 Prag, *Lewenbrust* 1320 Württ. Nikel *Lewe (Lebe)* 1453 Lg., Hensel *Lew* 1397 Budweis, Steph. *Leb* 1413 Olmütz. Auch **Löbel:** *Lewe (Lebel)*kürsener 1345 Brsl. Hensel *Löbel, Lebel (Leo)* 1387 Budweis. Auch als Judenname (für Levy) schon früh: z. B. 1494 *Lewe* in Glatz S. auch Leu u. Lau! *Rotlew, Rotleb* 1338 Prag ist Hausn. (u. Wappen).

Löbbe, Löbbert = Lübbe, Lübbert! **Löbbecke** (von) = Lübbecke!

Lobedanz (Sa.): Reigenführer, Tanzlehrer. Hennel *Lobetantz* 1362 Freiberg. Vgl. Preisendanz u. ä.; *Schüwentanz* »scheue den T.« 1391 Freiberg. Ähnlich Lobenwein, Lobenherbst, -sommer.

Löbert: aus Löbau/Sa.

Lobmüller, -miller (obd.): Lohmüller, der aus Eichenrinde Lohe für die Gerber mahlt. Dazu auch obd. **Lober,** Löber (mhd. lôwer »Gerber«, lôwen »gerben«). Hans *Lober* 1447 Kempten.

Lobner, Löbner (Sa., Schles.): ON. Löben (Torgau, Neiße), Löbau/Sa. u. ä.

Lobwasser neben Lohwasser ist obd. ÜN. wie Stobwasser, Stowasser. Der Psalmendichter Ambrosius L. (1515/85) war Sachse. Vgl. Lob-, Lohmiller.

Loch(mann): nach der Wohnstätte in e. Loch = Kuhle, vgl. ndd. Kuhlmann. Pecze *im loche* = Peter *loch* 1352 Brsl. (nebst Hof, »der do heißet *in dem loche*«); Henne *Lochmann* 1357 Astheim/Hess. u. Herm. *in dem Loche* ebda. Für Schles. u. die Lausitz vgl. auch Lachmann (wie Jachmann: Jochmann ebda.): Bened. *Lachman (Lochman)* 1565 Lg. Obd. auch **Löchl,** Löchler: Pesco *Lochl* 1375 Kolin, Frid. *Löcheler* 1280 Mengen, Burchard *Locher* 1270 b. Basel – **Lochner** (Stefan Lochner, Maler, stammte a. Meersbg.) ist Herk. N., z. häufigen ON. Lochen (Bay., Ö.) bzw. Lohen (Loh »Gehölz«): vgl. Kammerlochner neben Kammerloher, Pernlochner neben Bärlocher. Desgl. **Löcher,** vgl. Haslöcher, Rosenlöcher.

Lochte (Hbg.): vgl. van de Locht, also Herk. N.; dazu ON. Lochtum/Goslar. Vgl. auch Luchte-, Lochtemaker um 1400 Mstr. (Vgl. A. Lasch, § 153).

Lock, Locke, schwäb. **Löckle:** der Lockenkopf (auch von künstl. Locken!). Vgl. ndd. Krull, Kroll. Dazu Gra-, Grolock; Mahr-, Morlock.

Lockemann (nordd.): Herk. N., zu Lockhausen, Lockstedt, -feld, -hoff, -wisch, wo *lok* »Sumpf« meint; vgl. Loxten i. W. (Lok-seten, wie Laxten: Lakseten u. Bexten: Bek-seten): Bahlow, ON. S. 306.

Lockenvitz: ON./Rügen (wie Thesenvitz). Urkdl. auch kurz **Looks:** Hans *Lokevitz* um 1730 s. Sohn Hans *Looks* in Zicker/Rügen.

Locker: »Verlocker, Verführer«. Lorencz Locker (Bgmstr.) 1400 Glatz.

Lodde (ndd.): vgl. den Loddenbach b. Warendorf i. W., zu lodde (ndld. lode) »Schmutz, Morast«. Dazu Lodenkämper (Westf.), zu kamp »Feld«, Lodholz, Loderstedt wie Loderbach.

Lodder (ndd.), Lodders (ndrhein.) = Lotterbube, Taugenichts.

Lode, Lödel (obd.): der Lodenweber (nhd. lode, lödel »grobes Wollzeug, Loden«). *Lode* 1378 Eger, *Lödel* 1414 Pausram. Auch nach d. Kleidung: *der lödechte husman* 1381 Friedld. Dazu **Loder(er),** Lodner: eine Lodergasse in Nürnberg. Vgl. Hans der *Lodenweber* 1346 Riedlgn., Heinr. *Lödenler* 1482 Stuttg. (wie Häfenler: Hafner).

Lödeke (ndd.): vgl. *Lodisch* Wulfhagen 1447 Hann. (KF. zu Lodeweg).

Lödige (Hbg.): mnd. lodig »vollwertig«, vgl. Nic. *Lodegemark* 1303 Rostock.

Löding (Hbg. oft): vgl. ON. Lödinghausen. Patr. zu Lodewig, wie *Göding* zu Godefrid.

Loferer (Tirol): ON. (Bach) Lofer.

Löffers (Löffert), Löfken, rhein. Leuff(gen): wie Luffgen = Lüffrid, Lütfrid.

Lof(f)ing s. Lohfink! – **Logau:** slaw. ON., vgl. den schles. Dichter Friedr. v. L. Dazu Logisch (wie Glogau: Glogisch).

Löffler, Leffler (obd.-schles.), Löpeler (ndd.): mhd. leffler, der Hersteller hölzerner Löffel; Zinnlöffel waren eine Ausnahme. Löffelmann = Hausierer mit Löffeln. Dazu als ÜN. **Löffel,** Leffel, ndd. Lepel; auch *Löffelholz* (wie Nabholz: der Wagner); Koch-, Schaumlöffel, Löffelstiel meinen den Koch. Hans *Löffelin (Löffler)* 1447/62 Stuttg.

Loge(mann): Hbg., Bremen, nach Wohnstätte oder Herkunft *(log* meint sumpf. Gelände, vgl. auch ON. Loga, Logum b. Leer/Friesld.; in Oldbg. oft Flurn.: Joh. *Logheman* 1428 Oldbg.).

Loges, Lages (Hann., Brschwg.): = Lodiges, Lodwiges! Curt Loges (Lages) 1585 Hann.

Lohde, Löhde = Lode, KF. zu ndd. Lodewig, wie Gode, Göde zu ndd. Godefrid. Patr. **Löding.**

Loheit: wie Grünheit zu »Heide«, vgl. Loholz.

Löher (obd.) wie Löhermeister = Lohgerber; ndrhein. **Löhrer** (in Köln eine Loregasse; Reinhold *Lore* 1142 Köln, Henneke *Lore* 1285 Strals., zu ndd. *lorer* »Gerber«, vgl. in Strals. lorer = riemer, noch nhd. *lör* »Riemen«). Dazu **Löhr** (Hbg. oft). Vgl. Lohkittel.

Lohfink, Loffing: der Wald-, Buschfink; vgl. Buchfink. – **Lohkittel:** Spottn. f. d. Lohgerber.

Löhlein, Löhle (obd.-schwäb.): nach d. Wohnstätte am Gehölz (Loh); Gebehart *Löhelin* 1253 Bozen. Vgl. *Hamlöhlin, -löchlin* 1490 Eßl.

Lohmann, Lohmeyer: der im Gehölz wohnt, wie Johannimloh. Zu **Löhmann** vgl. auch ON. Löhe.

Lohmar: ON. ö. Köln.

Löhmer: ON. Löhma b. Schleiz. Vgl. Wencz, *Lömer* 1390 Iglau (ON. Loma Böhmen).

Lohner (obd.) = mhd. lôner »Tagelöhner« Peter *Loner* 1345 Brünn; in Tirol auch z. ON. Lon, Lona. *Löner/*Brsl. Vgl. auch ON. wie Lohn i. W.

Löhner, Löhnert (obd.-bair.) = Lehner (Lehenbauer), s. dies! Zu Löhnert, Löhnhart vgl. Lehnert, Lehnhart = Leonhard.

Löhneysen (obd.): Schmiede-N. S. unter Findeisen!

Lö(h)ning (Hbg.): ON. Löningen/Weser. Aber Löhninger (obd.) z. ON. Löhningen/Baden.

Löhr, Löhrer s. Löher! – **Lohr,** Lohrer (obd.): z. ON. Lohr: im Lohr, Anderlohr (Lohr, Lahr, Zufl. des Mains: Bahlow, ON. S. 307). **Löhrl** (obd.) her Niclas *Lörl* 1421 Littau, Hs. *Lorlinus* 1348 Prag; »Narr«. (E. Schwarz, S. 196 DWB 6, 1151). – **Lohse** s. Loose!

Lohstöter (ndd.): der Gerberlohe im kleinen verkauft, wie Splettstöter, der mit Holzscheiten u. Schindeln handelt; vgl. obd. Kraut-, Öl-, Salzstößer. **Lohstampfer** ist der Inhaber einer Lohmühle, die Eichenrinde zu Gerberlohe verarbeitet; e. Stampfmüllerstraße in Ro.; vgl. in Geislingen 1431 »aus der Ledergärber *Lowstampf«*, in Brsl. 1385 Nic. *Lostemper* (textor), Pauel *Lostamp* 1396. Ähnlich Gerstenstampf u. Preinstampf = Grützmüller.

Loibl (Bay.) s. Leubel!

Loidl (bair.-öst.) s. Leidl! – **Lölhöffel:** ndd. hövel »Hügel«; *lol* ist Wasserwort, wie in Löhlbach, Löllbach, Lüllbach, Lollschied.

Loitz: ON. (Pomm. Meckl.). – **Löll** (obd.): einfältiger Mensch, Hainr. der *Lölle* 1336

b. St. Gallen. S. auch Lülle! – **Löloff** s. Ludloff, Ludolf!

Lombert, Lompert, Lumpert, Lumbert, s. Lamparter! Petrus *Longobardus* 1198 Köln, Heinr. *Lumbardus, Lambardus* 1295 Mainz, Joh. *der Lumbarder* 1376.

Lommatzsch: slaw. ON. b. Meißen. Vgl. Lommetsch: slaw. lomec »Steinbrecher«.

Lommel (Bay., Schles.) = **Lammel,** s. Lamm! Hans *Lomel* 1305 Eger, Joh. *Lamel* 1413 Olmütz.

Lönnecker, Lönicker: ON. Lonnecker b. Enschede; *Lonekere* 1268 Ro., 1331 Lüb. Henne *Loniker* 1391 Pfalz. Vgl. ON. Franeker/Holld.; Vesekere 1320 Lüb.

Lönnies (rhein.-westf.) wie **Plönnies** = Apollonius, Heil. N. (Vielgelesen war der A.-Roman). *Lonyes* Wolter 1410 Werdener Urbar. *Plonyes* Stal (Knappe) um 1320 Lüb., dom. *Appollonius* 1324 Stettin. Auch der N. des Dichters Herm. **Löns** gehört hierher.

Loo (van de): ndld.-nrdhein. = Loe, Lo, Loh »Gehölz, feuchtes Gebüsch«, vgl. auch *lo* »sumpfige Niederung«.

Loo(c)k ndd.) = **Lauch,** ÜN. des Kräuterhändlers, wie Knoblauch, Schnittlauch. **Looks** s. Lockenvitz!

Loof (Hbg.), Lohff (Meckl.): ndd. = Laub (Gebüsch), auch ON.; vgl. Lindeloff (Lindenlaub). Dietrich *Lof,* Graf v. Cleve 1265; Joh. u. Liborius *Lof* (Brüder) 1300 Lüb. **Looft** (Hbg. oft): = Loof, soweit nicht der ON. Looft b. Itzehoe hineinspielt.

Loohse s. Loose! – **Looks** (Rügen) s. Lokkenvitz! Look s. Loock!

Loop (Hbg. oft): ON./Holstein; vgl. ON. Loope/Sieg. Aber *botterlop* »Butterfaß«.

Loos(e): Hbg. oft, dürfte nebst **Loosmann** im allg. Herk. N. sein, vgl. ON. Loose/ Schlesw., ON. Loosen/Meckl. Aber **Lose(ke), Losemann** sind als KF. zu Lodewig bezeugt: *Lozeke (Lodewig)* v. Loysin (Knappe) 1313 Pomm., *Loseman filius Lodewici* 1277 Lünebg., *Losek* Schütte 1330 ebda., Hilmer *Loseke* 1423 Hann., *Lose* v. Osthem 1416 Werden/Ruhr. Obd. ist Lose auch KF. zu Nikolaus (vgl. Klose): *Lose* Rychenawer 1385 Freiberg/Sa., *Löselin (Nicolaus)* 1275 Straßbg.

Löpel (ndd.) s. Lepel, Lepler! – **Löper** (ndd.): der Läufer, Bote.

Lorbe(e)r: der Gewürzkrämer. Godeke *Lorbere* 1295 Ro., Herm. *Lorbere* 1312 Hann., Otto *Lorberer* 1345 Brünn.

Loren(t)z, patr. Lorentzen (Holst.): eingedeutschte Form von Laurentius (Heiliger, Roms berühmtester Märtyrer). Auch Laurent, Laurenz, Laverenz, Lafrenz, Lewerenz, Lohrenson, Lornsen. KF. Lorikke, Lorek (ostd.), Löhrke, Lorck; lit. Lorat, Loreit; s. auch Lenz, Frenz, Frenssen! Vgl. Wabersinke: tschech. *Wavrzinek!*

Lorinser; Lorünser: aus Lorüns/Vorarlbg.

Lornsen (fries. Patr.) = Lorenzen; Frödde *Lorensen* 1666 Sylt, Sohn: *Lorens* Frödden.

Lortzing, Lörtzing: Patr. zu Lortz, Lörtz = Lorenz, S. aber Lerz!

Losch (Hbg. oft) dürfte den Loschmacher meinen: mnd. losche = kostbares (rot gefärbtes, rückseitig weißes) Leder; in Rostock 1290, Lüb. um 1300 *Loschemaker, Losmaker,* in Frkf. 1377 *Loschmecher,* Prag 1399 *Lossverber.*

Lösch (obd.) s. Lesch! – **Löschke** (ost.) s. Leschke!

Löschenbrand, 1358 *Leschenprant,* dürfte wie Löschenkol Berufs-ÜN. sein; mhd. brant »Feuersbrunst«; vgl. die gegenteiligen *Heben-, Schüren-, Rakebrand* für Brandstifter. **Löschenkohl** meint den Köhler (bzw. den Schmied).

Lose, Loseke, Losemann s. Loose! – **Lösekann** s. Kannegießer! Vgl. *Losenaph* 1228 Hdlbg.

Losehand (Hbg., Ro.): mhd. lose »freundlich, schmeichelnd«, aber auch verschlagen (vgl. loser Bube). S. auch Gradhand, Gringhand, Linkhand.

Löser s. Leser!

Loss(e): Hbg. oft, auch **Lossmann:** zu dem Sumpfwort *los* wie *Lossebrok:* Loßbruch/ Lippe, vgl. auch ostd.-slaw. ON. Losse/ Altmark, Lossa/Unstrut, Fluß Losse im Kaufungerwald (Bahlow, ON. S. 309). Aber ndd. *loss* = Luchs (wie Voss: Fuchs).

Loth (Hbg. oft): urkdl. z. ON. Lothe bzw. Lathe i. W., vgl. in Strals. um 1300 mehrere *van Lot(h)en,* desgl. in Ro. Im übrigen vgl. Lot als Gewicht: Joh. *Sevenlod* 1348 Strals. **Lotheisen** ist Schmiedename.

Lothar, Lother: germ. Hlod-hari (»Ruhm«, »Heer«), einst Königs- u. Herzogsname (vgl. Lothringen: Reich Lothars II.); Lot- ist archaische Urkundenform, vgl. Hlod-wig (Ludwig). S. auch Luther!

Lotichius: Humanistenname f. Lotke, s. Lödeke, wie *Ratichius* f. Ratke. **Lotte** s. Charlotte!

Lotter, Lötterle (obd.) = Lotterbube. Taugenichts, auch Gaukler. Desgl. *Lotervuoß* 1272 Stockach, *Lotterhos.* **Lottermoser** (Ö.) ist Herk. N. wie Heigermoser (Ö.) u. ä. (moos = Sumpf). **Lotthammer** (Bay.) = Lottheimer (vgl. Moos-, Riedhammer), *lott* = feuchter Schmutz (vgl. Lottstetten).

Lottmann (Hbg.): ON. Lotte/Osn., ON. Lotten/Meppen; vgl. die Lottbek (»Schmutzbach«) z. Alster.

Lotsch (obd.): = mhd. lotz »einfältig, schlampig« (Benz *Lotsch* 1454, C. der *Lotz* 1352).

Lotze: hess. KF. zu Lodewig. *Lotze (Ludewich)* Habichnase 1379 Fritzlar, *Lotze* Smeling 1377 Kassel, *Locze Loczen son* 1360 Frkf., *Lotz* Muntbur 1390 Fulda.

Löwe s. Löbe! Vgl. ndd. Lau, obd. Leu. Ein Löwentöter (Gerardus qui leonem occidit) 1187 Köln; Hinr. *Lowenkop* 1413 Hann., Paul *Löwensprung* 1480 Solothurn, *Lewenbrust* 1320 Württ., *Karsche-, Wildelowe.*

Loy (obd.-rhein.): volkstüml. Form des Heil. N. Eligius (vermischt mit Eulogius), frz. St. Eloy, Patron der Goldschmiede u. Pferde; e. Eulogius-Kapelle in Bingen. Vgl. Balthasar *Loy (Eligius)* 1541 Salzbg., *Loye* Seng 1441 Rottweil; *Eulogius* Kiburger (Schweizer Chronist, 1506). S. auch Ley, sowie Gloy, Gley!

Lübars: ON./Brdbg. (3mal). – **Lubach,** Lubatsch s. Lubisch!

Lübbe, Lübben, Lübbing (ndd.-fries. gehören zu **Lübbert, Lübbers** sehr oft), *Liut-bert* (»im Volke glänzend«), zuweilen noch VN. (Lübbertus Backer, Osn.). Vgl. rhein. Lüppertz, obd. Leuprecht, Leiprecht *(Lüprecht).* Dazu auch **Lüb(k)ke** *(Lübbeke),* (selten z. ON.: Nicol *de Lubbeke* 1318 Bremen). *Lubbeke (Lubbert)* platensleger 1311 Stettin; *Lubbe* Lüders 16. Jh.; *Lubbert* Leyst 1294 Ro. *Lubbert* Widow 1297 Flsbg. Lübkemann, -meier (westf.), Lübking, **Lübker** (westf. Patr., vgl. Ötker, Gödeker, Beinker, Siefker), nebst Lübkert. Zu **Lübberding** (verschliffen Lübbering) vgl. Eggerding, Humperdinck u. ä., westf. -ing = zur Sippe gehörig. **Lübren** (fries.) meint *Liutbrand, Liutbern,* vgl. Dibbern, Sibbern (Bahlow, Strals., S. 4). S. obd. Leipprand! – **Lübéß:** wend. ON./Meckl., vgl. Lübárs!

Lubetsch (obd.): mhd. = einfältiger Mensch (Joh. *Lubetsch* 1378 Aargau).

Lubisch, Lubitsch, Lubig, Lubka (Laus., Schles.): KF. z. slaw. Pers. N. Lubomir, Luboslav, wie Liebisch, Liebig zu Libomir; vgl. Lubomirsky. *Lubigk* öfter im Lübbener UB. Weiteres unter Laubisch!

Lubrich (md.) = **Lubrecht,** Lubricht, Lubert; s. Lübbert u. Leuprecht! *Lúbrecht* 1565 Bln. In Würzbg. 1385 her *Lubrich,* 1322 Heinr. *Lübrich,* 1212 H. fil. *Luverici.* – **Lübs:** ON./Pomm. Brdbg.

Lucas, patr. Lucassen s. Lukas! Auch Lux u. Laux!

Luchs: der Scharfäugige (»Wegen seines scharfen Verstandes u. Gesichts ward er der Luchs genennt« um 1550 Schweiz). In Basel auch als Hausn.: Hugo *zem Luchse* 1300. Siehe auch Lux!

Lucht (Hbg. oft) nebst Luchtmann: z. nordwestd. ÖN. Lucht, vgl. Burchardt *von der Lucht* 1595 Wesel a. Rh. Dazu **Lücht,** soweit nicht ndd. lüchte »Leuchte, Laterne« gemeint ist, vgl. Thid. *Luchte*/ Lüb., Nic. *Luchte* 1290 Grfsw. neben *Luchtemaker, Luchtenmeker* Grfsw., Strals., Ro., Lüb., Hbg. (sie machten hölzerne u. eiserne Leuchten); »eine kamere mit schorsteenen und *luchten* (Fensteröffngn.)« war das Meisterstück der Maurer in Holstein 14. Jh. – **Luchting** = Lucht. Lucht kann auch wie Luchterhand den Linkshänder meinen, vgl. Diderik dey Luchte 1377 Dortmund, Ritter Gobel Luchte 1331 b. Stettin, Bauer Joh. L. 1400 Rogahn/Meckl.

Luchterhand (ndd.) = obd. Linkerhand (»to der luchteren hand« 1363 Lünebg.).

Lucius s. Lutz! – **Lucke** (Sa., Schles.): z. ON. Lucka/Sa., Sud., Luckau/Laus. Desgl. **Lucker.** – **Lückel** s. Lauckhard!

Lück(e): Hbg. oft, ist kontrahiert aus *Lüdeke* (= Ludolf), s. dies! Patr. dazu ist westf. **Lücking** *(Lüdeking),* vgl. Göcking (Gödeking). **Lücker** wie Göcker. Desgl. ndd. **Lücken,** Lückens, wie Göcken(s).

Luckenbach: meint »sumpf. Bach«; Lukkenbäche im Westerwald u. in Württ., ein

Lücke-Bach südl. Gießen. Vgl. Lückerath (Luckenrode»/Rhld.; **Lückstedt**/Altmark (wie Hückstedt); Lucklum (Luckenhem) b. Brschwg. (wie Ahlum: Adenhem). Auch Luckfeldt, Luckwaldt: ON. Lukkenwalde a. Nuthe/Brdbg. – **Lückfett** s. Lickefett!

Luckhardt s. Lauckhardt! – **Lücking** s. Lücke! **Luck(mann):** Hbg. oft, *Lukeman* 1341 Bremen (wie Kuleman!): ndd. *luke* »Loch«.

Luckner (Sa.): aus Luckenau b. Zeitz; vgl. auch ON. Luken, Lukau/Iglau. *Lukner* 1343 Brünn, 1397 Prag, 1414 Nikolsbg. In Tirol aber ist Lucke (= Lücke, Loch) ON.: Gänsluckner; Wolfsluckner (Hof »in der Wolfslucken« 1371); vgl. Bruckner für Brückner.

Ludat (lit.), Luda, Ludek (slaw.): z. slaw. Stamm Lud- (ljud, ljut-), wie Ludmilla.

Lüdde, Lüddeke, Lüddeman s. Lüde(ke), Lüdemann!

Lude (md., obd.): KF. zu Ludewig; Cunr. *Lude* 1298 Mühlh./Thür., Junker *Lude (Ludwig)* v. Krotzingen 1460 Brsg. Obd.-bair. **Ludl:** Frenczl *Ludl* 1415 Iglau.

Lüde(c)ke, Lüdemann (Hbg. oft): im MA. beliebte KF. zu Ludolf, s. dies! Auch Lüd(t)ke, Lüddeke, Lüddemann; oft verschliffen Lühmann. Vgl. *Ludeke (Ludolf)* Röver 1351 Lünebg., *Lüdeke (Ludolf)* Hörnken 1504 Friesld. *Lüdeman = Ludolf* um 1300 Strals.

Lüder, Lüders (Hbg. oft); auch **Lüdders,** kontrahiert **Lühr, Lührs,** patr. Lührsen, auch **Lüer(s),** Lü(e)rssen; **Lühring,** Lührig: im MA. beliebter ndd. Pers. N., entspricht obd. *Liut-her: Leuther,* md.-thür. **Luther** (Martin Luthers Vater schrieb sich *Luder).* Vgl. auch Lothar (Hlod-hari); germ. hlod (lud) »Ruhm« u. liud (liut) »Leute, Volk« lassen sich in den Namen kaum noch sondern, vgl. »hertoghe *Luder* von Sassen, den me *Lotarius* ok het« (Mnd. Wb. 2, 747). Als KF. galt (wie zu Ludolf!) Lüdeke: *Luderus (Ludeke)* Northman 1300 Stade, *Luderus (Ludeke)* Rufus 1289 Lüb. *Luderus (Ludolfus!)* 1280 Strals.

Luderer (obd.): mhd. luoderer »Schlemmer, Weichling«, Bechtold *Luderer* 1387 Frkf. – **Ludl** s. Lude, Ludwig!

Lüdert (westf.) = *Liutward,* vgl. ON. Lüerdissen: 1142 *Lutwardessem.*

Ludger s. Lüttgert!

Ludolf, Ludolph, patr. Ludolfs, mit Metathese Ludloff (wie Radloff), *Ludeleff, Luleff:* **Lülf,** Lülfing, Lühlfsmann (vgl. fries. Fülfs = Folkolfs): im ndsächs. Raum einst äußerst beliebter Pers. N., vgl. das Herzogsgeschlecht der *Ludolfinger* (Kaiser Heinrich I., Otto d. Gr. usw.). KF. **Lüdecke, Lüdemann** s. Lüdeke! Obd. entspricht *Liutolf:* Leutolf, Leutloff, Leidolph usw.

Lüdtke (Stettin oft) s. Lüdecke! **Lüdt** s. Lüth!

Ludwig, Ludewig: durch Könige, Fürsten u. Adlige berühmt gewordener N. (frz. Louis): germ. Hlôd-wig, der »Ruhm« und »Kampf« liebt; westfrk. Chlodovech, Gründer des Frankenreiches 486. Weiteres: Bahlow, Vornamen S. 67. S. auch ndd. **Ladewig** für *Lodewig* (fries. Lodewykes) sowie KF. **Lutz,** hess. **Lotze,** bair. **Ludl.** Dem frk. Charakter des Ns. entspricht die Verbreitung des FNs. in Thür. (Otto Ludwig! Ludwig d. Fromme), Sa. u. Schlesien (viele Herzöge L.).

Lüer (Hbg. oft), Lürssen s. Lüder!

Lueger (obd.-bair.-öst.): z. ON. u. Hofn. *Lueg*/Tirol, mhd. luoc »Höhle, Versteck in den Bergen, aus dem man lugt, späht« (um dem Wild aufzulauern). Vgl. auch *Luginsland* 1406 Prag, wie Hensel *Lugindstat* (= Turmwächter) 1382 Mähren. Dietel *im Lueg* 1414 Mähren. *Lugenwolf. Ziechzumlueg.*

Luft, Lüftl, Liftl (obd.): mehrdeutig, am ehesten ON. (vgl. Hoheluft, Zeißluft »liebliche Luft«) auch **Luff** (md.) Joh. *Lufftter* 1403 Mähren Hs. *Lufftel* 1414 ebda. Hs. *Lufft,* berühmter Drucker/Wittenbg. In Basel auch Hausn.: *zem Luft* 1451.

Luger(t): in Bay. = Lueger, wie Huber: Hueber; sonst vgl. ON. Lugau (Sa., Brdbg.). – **Luhde** (Hbg.): ON. Luhden/Weser, soweit nicht = Lude!

Lühder(s) s. Lüders! – **Lühe** (von der): Fluß b. Stade (lu »Schmutz«), vgl. die Luhe b. Winsen.

Lühle, Lüling, Lülmann (ndd.): urkdl. = Ludolf; Lule = Lulof 1286 Riga.

Luhm: ON. Luhme nö. Rheinsbg.

Luhmann: von der Luhe (Fluß b. Winsen; s. auch Lühe!).

Lühmann (Hbg. oft): ndd. kontrahiert aus

Lüdemann, s. dies! Vgl. Thiemann für Thiedemann (Dental zw. Vokalen schwand ndd. oft). Vereinzelt mag die Lühe hineinspielen, s. Luhmann!

Luhn (Hbg.): Fluß Luhn/Ostfriesld. u. Fl. Luhnau (m. Luhnstedt) b. Schleswig (lun = lu »Schmutz«, s. Bahlow, ON. S. 311!).

Lühnen: ON. Lünen a. d. Lippe. Vgl. Lünemann! **Lühning** s. Lüning!

Lühr, Lührs (Hbg. oft): ndd. kontrahiert aus Lüder(s), s. dies! Dazu patr. Lührsen, **Lühring,** Lührig. – **Lührmann** s. **Lürmann!**

Lühwink (Hbg.): auch Luhdefink, Löhdefink: wohl = Lühlfing = Ludolfing. Vgl. Lubbert Loedelvynck 1438 Mstr.

Luise: Ableitung aus frz. Louis (Ludwig), daher früher Louise geschr. Seit der Rokokozeit in Mode gekommen, berühmt durch Preußens Königin Luise. Weiteres: Bahlow, Vornamen S. 67.

Luitpold (bair.): so nur als dynast. VN., s. Leupold!

Lukas: erst um 1400 als VN. aufgekommen, begünstigt durch den Patron der Maler (Lukas Cranach!). Als bibl. N. (des Evangelisten) z. Ref.-Zt. sehr beliebt, kontrahiert Lucks, **Lux** (Laux), wie Marx aus Markus; Patr. Lukasen, Luxen. Ostd.-slaw. Luk(e)sch, **Lukaschek.** Vgl. Markus und *Lukas* 1369 Brsl.

Lüke (Hbg. oft) s. Lücke (Lüdeke)! Desgl. Lüker. – **Lukner** s. Luckner!

Luley: ndd. »Faulenzer«. Vgl. Cramers »Leiden u. Freuden Jacob Luleys« 1796 u. Glasbrenners Eckensteher »der jebildete Lulei« (Brech. S. 215).

Lülf, Lülfing s. Ludolf!

Lulle, Lülle: vgl. lullen »einschläfern«; obd.-schwäb. Lulle meint »schläfriger, einfältiger Mensch« (z. B. in Rohrdorf/Horb. a. 1500: »ein einfeltiger mentsch, hieß Heinrich Klenger, ward nur der *Lulle* genannt«, Zimmersche Chronik 2, 314). Hans *Lülli* 1349 Saulgau. Zu ndd. Lülle vgl. ndd. **Lüllepop** »Lullpfaffe« (Schimpfwort), mhd. lolle-, lullebruder, lol-hart »Lollharde, Begharde« (Laienmönch). Lüdeke *Lulle* 1252 Hbg., 1324 Strals.

Lüllemann (Hbg.): z. ON. Lüllau bzw. Lulle! (Bahlow, ON, S. 311). Simon *Lulleman* 1514 Bremen, Hartlib *Lulleman* 1264 b. Mainz.

Lumbeck: westf.-ndld. Bachname, zu *lum* »feuchter Schmutz, Schlamm« (vgl. Rumbeck i. W.).

Lumme, Lumbe: mhd. lumbe »Lende, Weiche« (lat. lumbus), dazu lumbel, lummel »Lendenfleisch« (noch heute südd.). Peter *Lumme* 1348 Ingelheim.

Lummer, Lummert: wohl zu e. ÖN., vgl. ON. Lummerschied/Saar. Vgl. aber Lummerding (patr.) u. Lummertz, Lommertz/Rhld., offenbar rhein. Varianten zu Lammertz, Lammerding (= Lambert), analog zu Lumbard = Lom-, Lambard!

Lumpe: mhd. = Lumpen, Fetzen; der Lumpenmann, -sammler. Peter *Lumpe* 1336 Frkf.; *Lumpenhans* 1511 Ohrdruf. Vgl. Lumphose.

Lund(t), Lundmann: aus Lunden/Dithm. Laur. *Lundt* 1603 Flsbg. Auch z. ÖN. Lund (vgl. Krawelund 1603 Flsbg.), dän.-schwed. = »Gehölz«. P. *Lundeman* 1257 Ro.

Lünemann: aus Lünen a. Lippe; vgl. Bünemann. S. auch Lühnen, Luhn!

Lünenschloß wie Scheurnschloß sind ÜN. des Schloßmachers, Schlossers, auch Leunenschloß.

Lunge, Lungmuß: wohl ÜN. für Köche; vgl. Pfannmus, Morgenmus. In Köln 1266 e. Haus »zur Lunge« u. eine Lungengasse.

Lüni(n)g: (ndd.): »Sperling«. Herm. *Luning* 1290 Meppen (1277 Strals.). Vgl. den *Plückedelüning* (Vogelhändler).

Lunkenbein: Sperlingsbein.

Lünsmann s. Lünzmann!

Lünstedt (Hbg.) wie Lünstroth enthalten den Bachnamen Lüne (lun »Schmutz Morast«, also »sumpfiges Gebüsch«). S. auch Luhn! Lüneburg.

Lünzmann (Lünsmann): Hbg. oft, aus Lünzen b. Soltau. – **Lunz(er):** ÖN. Tirol.

Lüpertz (rhein.), auch Lupertz, s. Leuprecht, Leiprecht! Vgl. Hupertz.

Lüpfert (alem.) = *Liutfrid,* s. Leipfert! Vgl. Claus *Lüpfrid* 1385 Aargau. – **Lüpke** s. Lübcke!

Lupp: KF. zu ndrhein. Luppertz (Lüpertz), vgl. Luppker, Lüppen u. ä.; analog zu Hupp = Huppertz. Aber mhd. luppe »Salbe, Arznei«: Mertein *Lupp* 1462, A. *Lupper* 1392 Bay.

Lüri(n)g, Lürich (Hbg.) s. Lühring!

Lürmann (westf.): z. Flur- u. ON. Lür *(von Leur:* Westf. UB. 3), vgl. das *Lür* b. Rattlar/Brilon, den *Lürwald* zw. Lenne u.

Ruhr, die *Lür-beke:* Lürbke/Iserlohn, In der *Lüre* Kr. Höxter, das *Lürfeld* b. Soest, alle zu *lur* »sumpf. Wasser«. Alff *Lürmann* 1426 Iserlohn.

Lürssen s. Lührsen! – **Lürtzing** s. Lörtzing!

Lurz, Lorz: der Linkische, mhd. lurz, ndrhein. lorz. Vgl. Bernger *Lurz* 1293 Karlstadt, Hainr. *Lurze* 1280 Überlgn.

Lürzer: »Betrüger« (zu mhd. lurzen).

Lüsch, Lüschen (ndd.): nach Wohnstätte oder Herkunft, zu *lüsch* »Riedgras« (mhd. liesche, ndld. lisch), schweiz. Lüscher. Vgl. auch ON. Lüsche (Celle, Vechta). S. auch Liesch!

Luschka, Luschke, Luschmann (ostd.-slaw.): zu wend. luscha »Pfütze« (schles. Lusche), tschech. luschi »sumpf. Wiese«.

Lüs(s)enhop (Hbg.) meint »an sumpfigem Riedgrashügel wohnend« (s. Lüsch). Vgl. Lüssenhoff, **(Lüs(s)mann,** Lüsse, Lüssen, Lüsing, Lüsebrink, Lüß-Berg. ON. Unter-Lüß.

Lust, Lüstl, obd.: mhd. luste »anmutig, lieblich«, lust »Wohlgefallen, Vergnügen, Begierde«. Auberli *Lust* 1451 Württ., Henczman *Lustel* 1369 Iglau.

Lütge, Lütgen(s), Lüttgens, Lüthge, Lüthgens, Lütje, Lüthjen(s), Lüth, Lüthke, Lütke(ns) sind häufige ndd. bzw. ndrhein. Sproßformen mit k-Suffix zu den altd. Pers. N. mit *Liut(Lüt-)* »Leute, Volk« bzw. *Lud-* »Ruhm« wie bes. Liudolf, KF. *Lüdeke,* s. dies! Vgl. auch Luthard, Luther, Lutmar, Liutbert (Lübbert), Liutfrid, Liudger.

Lüth (Hbg. oft), Lüthe, Lüthens u. ä. s. Lütge! Desgl. **Lüthje,** Lüthjen(s), im MA. *Lüdeke, Lüdeken:* ndd.-fries. *tj* für *dk* wie in Gäthje(ns) für Gödekens.

Luthardt, schwäb. Luithardt, obd. Leuthard, s. dies! Vgl. *Lutard* 1170 Köln, 1262 Ro. Lüb., Alerd *Luterdes* sone 1273 Oldbg. Clas *Luthard* 1421 Württ.

Luther s. Lüder u. Leuther! – **Lüthi** (alem.-schweiz.): KF. zu Lüthold, s. Leuthold! *Liutinus (Lütoldus)* Höwaer 1307 Konstanz, Cuoni *Lüti* = Cuoni *Lütold* 1381 Württ. – **Luthmer** s. Lüttmer!

Lütke, Lütkens (ndd.) s. Lüdeke)! **Lutsch, Lütschi** (obd. bzw. alem.) s. Leutsch u. Lutz! *Lütschi* Resch 1341 Württ.

Lütt, Lütten (Hbg. oft) beruht auf Lüdde, Lüdden, s. dies!

Lutter, Luttermann: z. ON. Lutter (auch Flußn.), mehrf. im Raum Brschwg.-Hann.-Eichsfeld, nebst Luttern/Celle, Lutterbeck/Solling (*lut* = »Schmutz«: Bahlow, ON. S. 313). Bernh. *v. Luttere* 1323 Hann.

Lutteroth: ON. auf -rode (Thür.) wie Germeroth, Klapperoth.

Lüttge, Lüttgens, Lüthge s. Lütge! – **Lüttjohann** (ndd.): der kleine (junge Johann), neben Grotjohann (dem Vater). Vgl. **Lüttschwager** (1587 Lüttkeschwager/Köslin). **Lüttich,** Lüttig, Lüttick ist märk.-pomm. für Lütteke, urspr. Lüdeke (Ludolf), s. dies! Vgl. Peter *Lüttich (Lüttike, Lütke)* 1581 Stolp. **Lüttmann** (ndd.) s. Lütt(en)! Auch ndd. lütt »klein« mag hineinspielen, vgl. *Lütkeman* 1441 Barth., Gottfr. *Lütke (Lüttike)* 1457 Dülmen, *Lütteke* Make 1357 Lünebg.

Lüt(t)gert, Lüt(t)ger, patr. Lüdgering (Westf.) = *Ludger (Liudger),* westf. Heil. N. (Bischof v. Münster 8. Jh.), daher noch heute dort als VN. Ein Sachsenfürst *Liutger* im Nibelungenliede. Streckform ist: her *Ludingherus* van dem Sande 1273 Lünebg. (vgl. Rodingher = Rüdeger).

Luttner (Bay.) wie Suttner: *lutte, sutte* = Schmutz, vgl. Luttengraben, Luttenbach.

Lutz: obd. KF. zu Ludwig, noch heute als VN. Dazu Lutzmann, Lutsch.

Lützeler (obd.): z. T. z. ON. Lützel u. Lützeln (Kr. Siegen, daher in Düss. mehrf.), in Württ. aber zu lützel »klein, wenig«: Heinz Winmar der *Lützler* 1360 Echterdgn., vgl. Hans *Lützelman* 1350 Bottwar. Ein Ort Lützel auch im Els. *Lützel-, Litzelkolb* (kl. Streitkolben) ist ÜN. von Rittern 1244 Wetzlar, 1336 Kassel.

Lützelschwab: »kleiner Schwab«, mhd. lützel »klein«.

Lützow: wend. ON./Meckl.

Lüttmer(s), Luthmer: germ. Pers. N. Liutmar, Hlodmar. *Lutmer (Lutmarus)* 1244 Bremen, 1255 Hbg., 1309 Grfsw., Strals.

Lux, Laux (obd.) s. Lukas (Lucks) u. Laux! (Vgl. »auf St. Lux Tag, des heil. Evangelisten«, a. 1356 Bern). *Lux* Lütholt 1542 Geisingen.

M

Maa(c)k (Hbg. zahlr.): ndd. KF. zu Markward, s. dies! Patr. **Maacken(s).** Dazu Wittmaack: der weiße (flachsblonde)

Markward. *Make (Markward)* Strus 1348 Lüb., *Make (Markward)* Parkentin 1349 Lüb., *Make* Grim 1297 Hbg. Auch *Langmaack.*

Maag (Schweiz oft, Baden, Württ., Franken); selten Moog, Mogk: mhd. mâc (mâge) »Blutsverwandter«. Heinr. dictus *Mag* 1281 Weilderstadt, Seidel *Mag* 1366 Eger, Lienhart *Mag* 1512 Konstanz.

Maas, Maaß, Maßmann: nordd. KF. zu Thomas (Apostel), patr. **Maassen** (oft ndrhein.). *Mas* Rode = *Tomas* Rode 1397 Ro., *Mas* Kusel 1333 Strals., *Mas Mases* 1412 Grfsw. – **Maasch** (Hbg.) = Maske = Thomas!

Mach (Schlesien), Mache, in O/S. Macha (nebst Machotta, Macholla, Machule, Machura, Machnik, Machon, Machoi), ist tschech. KF. *Macha* zu Matthias, wie *Stacha, Lacha, Jacha* zu Stanislav, Ladislav, Jan (Johannes). Vgl. *Mach (Matheus)* Budischer 1362 Iglau, *Mach* holczheger 1374 Mies, *Macho* Snyder 1432 Glatz, Heinr. *Mache* 1370 Glatz. Zu **Machner** vgl. Jachner, Hachner, zu Machnik: Jachnik, Hachnik; Macholl ergab eingedeutscht Machold, dann Macholz, analog zu Racholl: Rachold, Racholz (gach = Radislav).

Mach(e)leidt, -let, -lit (obd.): einer, der Leid zufügt. Sifrit *Macheleit* 1352 Worms. Ähnliche Satznamen vom Beruf: *Machemalz, Machemehl, Machewurst, Machenwagen, Machenpflug, Machemist.* S. auch ndd. Macke-! – **Macher(t):** aus Machern/Lpz., wie Teucher(t) aus Teuchern. – **Mach(h)old,** -holz s. Mach!

Machleb (Thür.) gehört zu den thür. ON. auf *-leb(en);* s. Briegleb, Memleb, Witzleb usw.

Mächler (obd.): = mhd. mecheler »Mäkler, Unterkäufer«. Michel *Mächler* 1396 Mähren, Hs. *Mächler* 1476 Konstanz.

Machner, Machnik, Macholl u. ä. s. Mach! Desgl. **Machold,** -holz, -hals (Joh. *Macholt* 1598 Thür.). Aber **Machthold** s. Mechthild.

Machtolf, Magdolf (obd.): germ. Pers. N. (Hainr. *Mahtolf* 1296 b. Stockach). Auch im ON. Machtlfing/Bay.

Mack, Macke, patr. **Mackens** (Hbg. oft) s. Maack! Maackens! Aber obd. Mack(el) ist KF. zu obd. Mackart, Mackert = Markhart!

Mackel, Mäckle (obd.): KF. zu **Mackart,** Mackert = Markart, Markhart, Markwart. Vgl. 1620/24 in Tauber-Bischofsheim: *Mackhart = Marckhardt;* in Villingen *Mack, Mackli* um 1500; in Ansbach: *Makel* Neugebaur.

Mack(en)roth, -rott: ON. Mackenrode (3mal/Göttgn., Nordhsn.).

Mackensen: ON./Hann. (alt Mackenhusen). Vgl. Mackendorf/Helmstedt, Makkenrode/Göttgn.; **Mackenthun** (Hbg.): ON./Hann.; Mackenstedt.

Mackeprang (ndd.) = »mache Streit!«, vgl. obd. Hebenstreit; auch kurz Prange. Ähnlich **Mackedanz** (Magdanz), *Makedust* (mach Staub), *Makeblide* (mach froh).

Mackerey (Ratm. 1400 in Malchin): »Reigenführer«.

Ma(d)daus, Maddey, Madey (wend. wie Mattausch) = Matthäus; auch Maduschke.

Mader, Mäder (obd.): mhd. = »Mäher«, auch Mahder, Mähder; Heumader, Grasmeder. **Meder(le).** Meinhart *Mader* 1380 Eger, L. *Mäderl* 1453 Tirol.

Madler, Mädler (obd., Bay., Ö.): zu ON. u. ÖN. wie Madl, Madlau/Bay. Vgl. Flurn. Madlach/Württ.; Sybot *Medler* 1374 Mähren, z. ON. Meedl (1344 *Medel*); Henni *Madler* 1385 Breisach. Desgl. Madl, Mädl (Ö.). In Thür. vgl. den ON. (Flußn.) Madel (heute Magdala!) südl. Weimar: dazu Andr. *von Madela* 1392/Erfurt, Hs. *von Madel* 1533 Jena.

Madlung, auch Magdlung: ON. Madelungen a. d. Madel/Thür.; vgl. Hellrung: Heldrungen a. Heldra. Zu *mad* »Nässe« s. Bahlow, ON. S. 315; zu den N. auf *-ungen:* Bahlow, Ndd. Korr. Bl. 1961.

Madsen (Schlesw.) = Matzen. Siehe auch Matthäus!

Maffert (Schlesien) s. Meffert! – **Magdanz** s. Mackedanz!

Magdalena: die bibl. Maria M. »aus Magdalä«, s. Bahlow, Vornamen!

Mä(g)defessel (Thür.) s. Methfessel! **Mägdefrau:** wohl Gebieterin einer Mägdeschar. – **Magdolf** s. Machtolf!

Magens (Hbg.): fries.-dän. Pers. N. *Mage,* in Stade um 1330 patr. *Maghens, Maghensone.*

Magerfleisch (Wismar). Spottn. des Fleischers, wie Magersupp: der Koch.

Mägerl(ein) (obd.) wie Megerle meint den

Mageren: = **Mager,** vgl. Magerkurth, Magerhans, Magermann (Lüb.); *Mageramhals* 1349 Augsbg. Auch *Magerhals* 1279 Rostock. Abraham a Santa Clara hieß eigtl. Ulrich *Megerle.*

Magg, Mägglin: obd. für Mack, Mäckle, s. dies! *Magg* der Truhtlieb 1373 Ulm, *Mäggel* Schnider 1359 Herrlgn./Württ. Vgl. Sigg neben Sick!

Magirus: Humanistenname für Koch; Joh. *Magirus* = Joh. *Koch* 1544 Württ.

Magnus, Magnussen (Hbg., Schlesw.): dän.-schwed. Königsname, nach *Magnus,* dem Sohne des heil. Olaf v. Schweden, der Karl den Gr. (Carolus Magnus) z. Vorbild nahm. Z. T. auch Hum.-N. für Groß, Grote. Für Süddtschld. s. Mang (hl. Magnus, Apostel des Allgäus)!

Magsame (mhd. mage »Mohn«) s. Mohnsame! ÜN. des Mohngärtners oder Ölmüllers? Hanman *ze dem Magsamen* 1388 Freiburg (Hausname).

Mähl, Mählmann (Hbg. oft): ndd. Form wie Möhl, Möhlmann für Mühle, Mühlmann, nach Wohnstätte bzw. Beruf. Vgl. Tormählen: Zurmühlen. Mählen-, Möhlenbrock. Auch Burmähl; Mählen. – **Mahlau** s. Mahlow!

Mähler: rhein. Form für **Mahler,** der Maler. Im MA. waren Maler u. Glaser verwandte Berufe (Zunftgenossen), insofern sie auch bunte Glasfenster malten. Vereinzelt steht Mahler jüd. für Levy.

Mählich: ndd. neben Mölich = mhd. müelich »mit Mühe beladen«, auch »schwer umgänglich«. S. auch Mölich, Mülich!

Mahlke (ostd.-slaw.) wie Mahlich = Malek, Malicke, Malke »der Kleine«. Vgl. *Malekendorp*/Lüb. Desgl. **Mahle, Mahling,** Mahley (= slaw. Maly); Mahlan(d).

Mahlmann: der Müllergehilfe wie Mahlknecht gegenüber dem **Mahlmeister.** S. auch Mählmann!

Mahlo(w) wie **Mahlau:** ostd.-slaw. ON. Malow, Mahlow wie Ba(h)low (mal »Schlamm, Morast«, bal »Sumpf«). Vgl. **Mahlstedt** (Malstede), Mahlpfuhl, die Mahlmecke (Malenbeke) usw. (Bahlow, ON. S. 316).

Mahn, Mahn(c)ke (ndd.): im MA. beliebte KF. zu Manegold, s. Mangold! Ritter *Mangold* v. Estorf hieß auch *Maneke* mit der barden (14. Jh.). Patr. **Mahnken.** Desgl. **Mahns,** Mahnsen.

Mahner: vgl. ON. Gr.-Mahner/Salzgitter (*Manari,* wie Fahner: Vanari: *man* wie van = »Sumpf«) (Bahlow, ON. S. 315).

Mahnkopf, -kopp s. Mohn-! – **Mahr** wird deutlich durch Andermahr: = am Sumpf; vgl. die Maare im Rhld. (Eifel); mndld. *mare* »See, Sumpf, stagnierendes Wasser« (s. M. Schönfeld, Waternamen S. 192). Ndd. *mar* beruht z. T. auch auf *mer* »Sumpfsee«, vgl. Marwede *(Merwede).*

Mahr(en)holtz: ON. Mahrenholz/Hann. (Heinr. v. *Marnholte* 1407 Hameln). Zu **Mahrhold,** Marold, Marloth, vgl. auch den (seltenen) Pers. N. *Marold(us)* in Lüb. 1223, Hensel *Marolt* 1402 Prag.

Mahrlock s. Morlock!

Mai, May (allenthalben oft): zum Verständnis sei verwiesen auf **Maibaum** (Maibohm), Maiblüh, Maibusch, Maidorn, Mayenschein, -reis- -zweig, -thau, -rose, -blum, -blust, -kranz, Mayendanz, Maienknecht, meist auf die Freuden des Wonnemonats deutend; z. T. (am Rhein z. B.) auch auf Hausnamen, Hauszeichen zurückgehend, vgl. Joh. *zem Meigen* 1344; deutlich ist Henzel *Mayenpreys* 1398 Prag (vgl. Lobensommer), wo 1343 auch Otto *May*; Niclas *Meye* 1429 Lg. Auch gab es eine Zinsabgabe »meienbete« (z. B. an Maihühnern). In Württ. nannte 1295 e. Ritter s. Söhne *Mai* und *Herbst!*

Maichle (Württ.) s. Mauchle!

Maier: Mayer (obd.) neben **Meyer, Meier** (so bes. in Westf.-Hann.): urspr. der *major villae* oder *villicus,* im alten Frankenreich der Beauftragte des (adligen oder geistlichen) Grundherrn, der den Haupt-Gutshof bewirtschaftete, später auch die Verwalter bzw. Pächter kleinerer Höfe, mit Aufsicht über das bäuerl. Abgabenwesen; schließl. auch Erbpächter. Hessen kennt nur *Grebe* (Graf), der md. Osten (von Franken bis Schlesien) nur *Hofmann, Hoffmann.* Dazu zahlr. Komposita (gute Übersicht b. H-C. S. 346): Linsen-, Haber-, Gerstenmaier; Bichel-, Loch-, Pfitz-, Lettenmaier; Brink-, Brock-, Lohmeyer; Bege-, Dütenmeyer wie Laber-, Vilsmayer (nach Flüssen). In bair. N. ist *-maier* auch zu *-mar, -mer* verschliffen, so Stromer, Sellmer, Wimmer, Hummer, Hiebmer, Hanselmar. Daher auch Kretschmar, -mer zu Kretschmaier verballhornt, Dittmar zu Dittmaier.

Maierhofer, Mayrhofer: Salzburger Emigranten-N. (soweit ostpr.), z. ON. Maierhofen/Ö., auch der »auf dem Maierhof«: Berchtold *ze dem Maierhof* 1369 Tirol. – **Maifahrt** s. Meifert (Meinfrid)!

Maierl, Mayerl (Ö., Tirol) = Maier.

Maindl s. Meindl!

Maisel (obd.) s. Mäusel! – **Maisenhölder:** ON. Maisenhälden/Jagst.

Maiser (obd.): aus Mais/Tirol; s. auch Meiser! **Maißl** s. Meißl!

Maiwald (Schles., O. Laus.): aus Maiwaldau Kr. Schönau/Katzbach, urkdl. Meyenwalde, daher auch Meiwald, Mehwald, Möhwald.

Malcher(t), Malcharek (O/S.) s. Melchior!

Malchow: ON. (Meckl., Pomm., Brdbg.). – **Malicke,** Malek, Malke, Maluck, Malottke s. Mahlke!

Malkomes(ius): aus Malkomes/Hersfeld.

Mall (obd. Mchn. oft): wohl »wunderlich, verschroben«; der *Malle* 1310 Mchn., Cunr. *Mall* 1341 b. Durlach. – **Mallmann** (Mallknecht), s. Mahlmann!

Mallon, Mallasch, Malluschke, Mally, Mallach (ostd.-slaw.) s. Mahlke!

Malsbender, Malzbenden (Düss.): aus Malsbenden am Kermeter/Rhld. (»sumpfige Wiesen«, *mal-s* wie in Malsen/Gelderld., Malseca/Fland.).

Malsch: ON. (Wiesb., Karlsr.), *malsk* »mulschig, morastig«, vgl. Malsbenden! Aber **Malschner** ist ostd.-slaw., vgl. ON. Malschwitz/Sa., Maleschau/Böhmen, Malschendorf/Sa. – **Malskat:** ostpr.-lit.

Malter(er): obd. »Malter(macher)«, zu mhd. malter »Getreidemaß«. Konr. *Malterer* 1303 Freiburg; vgl. Henneke *Malderleip* 1330 Wetzlar.

Mal(t)zahn (Hbg., Meckl., Pomm.), auch adl.: ON. Molzahn/Ratzebg. bzw. Moltzahn/Pomm., vgl. Molzow/Meckl. Ölegart *Moltzahn* 14. Jh./Meckl.

Mälzer, Melzer (bes. schles.-sächs.): mhd. melzer »Malzbereiter«, Verwandter des Brauers; vgl. Henlin *Machemalcz* 1416 Görl., auch **Quellmalz, Malz(korn).** Näheres im Schles. Nbch. S. 112. Obd. auch Melzner, Melzler, Melzl. Ndd. vgl. Molter, Multer, oberpfälz. Mulzer. – **Mamero(w):** ON./Meckl.

Mammen, Mamminga: fries. Patr. z. Lallnamen Mamme; vgl. mhd. mamme, memme (lat. mamma) »Mutterbrust«, mammende »sanftmütig«; Memme »Feigling«. In Friesld.: *Mamme* Ymmen, Tyark *Mammeken* 16. Jh. Obd. vgl. Heinr. *Mammo* 1185 Würzbg., *Mammenknecht* 1383 Urach.

Mammertz (rhein.): der heil. Mamertus (Eisheiliger).

Mampe, Mampel, Mempel (obd.): KF. zu Memprecht (Memprechtshofen!) = *Magin-, Megin-, Meinbrecht* wie Hampe, Hempel zu Hemprecht u. Rampe, Rempel zu Remprecht!

Mandel: mehrdeutig, vgl. ON. Mandel b. Kreuznach u. Dortmd., ON. Mandeln b. Dillenbg., Mandelkern (1312 Hann.) ist Krämername (wie Muskat, Kanehl, Zimt, Ingwer, Kardemom usw.), auch Mandelmann (1336 Ingelheim). Obd. **Mandl** = kl. Mann oder Hermann: *Mandel* Rubeyn 1408, Peter *Mandl* 1399 Mähren. Vgl. auch *Mendel* wie Randel: Rendel!

Mander: ON. Mandern (Hess., Rhld. mehrf.), z. prähistor. Flußn. *Mandra* (Belg. Frkrch.: Bahlow, ON. S. 318); vgl. Manderscheid, -bach, -feld. ON. Mander/Holld. hieß 797 Man-heri »Sumpfgehölz«.

Mandler (Bay., Thür.): Patr. zu *Mandl,* wie *Meindler* zu *Meindl;* aber mhd. mandeln »auf der Mangel glätten«. Hannes *mandler* 1408 Prag.

Mandt, Mandtke s. Mante! – **Manegold** s. Mangold!

Manecke s. Mahnke! – **Manesse** (Zürich): berühmt durch die Minnesänger-Hdschr. des Züricher Ritters Rüdeger v. Manesse um 1300; wohl wie **Manfraß** (-frast, -frost) u. Manbiß als Mann-Vertilger (kriegerischer Wüterich) zu deuten. Ndd. entspricht Lodewig *Maneter* 1507 Stemmen/Lippe. Vgl. Rinder-esse, Bohn-esse, Eisen-, Für-(Feuer)esse. Mamphrasius ist Humanisten-N.

Mang (Baden, Württ.): Mundartform f. St. Magnus (Mangnus); *Mang* Kraft 1451 Rottweil, *Mang* Machenschalk 1474 Füssen, m. Umlaut: Jakob *Meng,* Sohn des Paulin *Mang* 1570 Freiburg.

Mangels (Hbg. oft) wie Mangholz = Mangold's (Sohn); vgl. Mangelsdorff (Hbg. oft), ON./Brdbg.; **Mangelsen** (Hbg.). Mangelshorst/Brdbg.

Manger (rhein. Mangers); meist **Menger:** mhd. mangaere (lat. mango) »Händler,

Krämer«. Dazu Eisen-, Stahl-, Fett-, Fleisch-, Fisch-, Futter-, Honig-, Stroh-, Tuch-, Wad-, Pferde-, Ziegenmenger. S. auch Menger!

Mangold (Manegold): »der über Viele waltet« wie griech. Polykrates (ahd. manag, mhd. manec »manch, viel«, vgl. mannigfaltig). Im MA. in Süd u. Nord beliebter VN. in Adels- u. Ritterkreisen, mit KF. **Manz** (obd.) u. **Mahnke (Mahn)** (ndd.), s. diese! *Maneguld,* Kraft u. Rorich (Gebrüder) v. Grifenstein (Ritter) 1274 Wetzlar, Graf *Manegolt* 1174 Württ., *Mangold* Wielant 1448 Württ., Ritter *Manegolt* v. Ostheim 1261 Bay., Ritter *Manegolt* v. Estorp (auch *Maneke* mit der barden) 1314 Hann., *Manegoldus* filius dom. *Manegoldi* Slichten 1301 Lüb.

Manke (Hbg. oft) s. Mahnke! Doch vgl. *Maniko* 1410 b. Glatz u. Manikowski.

Mankmus: slaw. ON./Brdbg., auch Mankmoos/Meckl. (Nik. *Mankemuß* 1372 Grfsw.).

Mann (allenthalben oft): teils »tüchtiger Kerl«, teils »Lehnsmann, Vasall, Ministeriale« eines Herrn, vgl. Niclas Gotke, unsers herren *des Kuniges v. Bemen man,* 1372 Schlesien; Heincze v. Waldau, *Man* gen. Hauptmann v. Ottmachau 1472.

Männel, Männle (obd.): von kleiner Gestalt (Nic. *Mennel* 1348 Brünn, Alb. *Mennelin* 1292 Württ.).

Mann(e)s (Hbg.) = Hermannes (vgl. fries. *Manno* u. Lutet *Manninga* 1428).

Mannhardt: im MA. beliebter obd. Pers. N. (seltener ndd.). Uolr. gen. *Manhart* (Bauer) um 1200/O. Rhein, Merklin *Mannhardt* 1342 Eßl., Wilh. *Manhart* 1293 Hbg. Auch in ON. wie Mannharts-Berg, Mannersdorf. Verschliffen: **Mannert.**

Manssen (Manssen) = Hermanssen, wie Frenssen = Lafrenssen (Laurenzen). – **Mannfras(t)** s. Manesse!

Mansfeld(t): ON. b. Eisleben (auch Prignitz).

Manske, Manski, Manntschke (ostd.-slaw.) = Schimansky, wie Monski = Schimonski: = *Simons!*

Manstein (von): altpreuß. Adel. – **Mantel** s. Mäntler!

Mante: vgl. in Hildesh. 1590 Mante Spelking. S. auch Mente!

Manteuffel (von): pomm. Adelsgeschlecht, urspr. ndd. *Mandüvel* (so 1322 Strals. u. noch 1590), ein »Teufelskerl«.

Manthey: wohl ostd.-slaw. wie Mantyk, Mantot.

Mäntler, Mentler (obd.-schles.): Trödler, Händler mit alten Mänteln; in Brsl. eine Mäntlergasse. Hensel Bösewort der *menteler* 1348 Lg., Berchtolt *menteler* 1297 Böhmen. Uolr. *Menteler* 1279 Eßl. Dazu als ÜN.: Joh. *Mentelin*/Straßbg. Drucker; Conr. *Mantel* 1350 Böhmen; Hainr. der *Langmantel* 1292 Augsbg.; *Sibenmantel* 1460 Freiburg (wie Sibenrock); auch Kurz-, Roth-, Weiß-, Regen-, Wintermantel. Aber *Zuckmantel* (auch ÖN.) meint den Wegelagerer, Räuber (mhd. zucken = entreißen, rauben; zucker »Räuber«). Vgl. ndd. *Tückemantel.*

Manz (obd.): im MA. beliebte KF. zu Mangold, s. dies! *Manz (Mangolt* v. Hornstein 1305 b. Sigmargn., *Mantz* Schnellysen 1471 Freiburg, *Manz (Mangolt)* der Offenburger 1316 Riedlgn.; Henni *Mantz (Mentzelin)* um 1300 O. Rhein. Aber ostd. **Manzke,** Mantzeck, Mantze sind slaw., vgl. ON. Man(t)zow.

Manzel, Manzelmann (ostd.) s. Menzel!

Marahrens (Hbg.), Marheineke, Marhenke, Mahrkordes s. Ahrens usw.! *Mar-* ist in ostfäl. Mundart = *Meier-!* Mehrf. urkdl. in Hildesheim: Hans *Marheinecke* 1558 = Hans *Meigerheine* 1556; Hs. *Meyerheinen (Marheincken)* Witwe 1635/55 (R. Zoder, in: »Alt-Hildesheim«, Heft 17, 1938, S. 61).

Maraun s. Maruhn! – **Marb** (obd.): »mürbe, zart« (Jörg *Marb* 1484 Augsbg.).

Marben (Hbg.) beruht auf *Merwin* wie Garben auf *Gerwin,* mit ndd. Lautwandel *er: ar.* – **Marckmann** (Hbg.) s. Markmann!

Marcks = Markus, s. dies! Vgl. **Marx.** – **Marcus** (z. T. jüd.) s. Markus!

Mardag (1291 Hbg.) s. Aldag!

Marek: ostd.-slaw. Pers. N., KF. zu Maroslaw. Vgl. Maresch, Marschner!

Marg(g)raf(f) s. Markgraf!

Marheineke, -henke (Hbg., Hann.) s. Marahrens! – **Margret** s. Grether! Auch Bahlow, Vornamen S. 70.

Marien: Metronym, auch nach der Wohnstätte »bei St. Marien«. Hinrik *Marye* 1473 Bremen.

Märker s. Merker!

Markert (obd.) = Markhart bzw. Markwart, s. Mackert!

Markgraf, Marggraff: ein markgräfl. Beamter; mitunter auch (unehelicher) Sohn e. M., so urkdl. Heinzman *Marggraf* 1371 Schopfheim. Vgl. auch Cuntz *des margraven sun* 1358 O. Rh. Ndd. Markgräfe: Joh. *Marcgreve* 1308 Grfsw.

Märklin, Mark(e)l (obd.): KF. zu Markwart bzw. Markhart u. Markolf. Vgl. *Märklin = Marquard* Bernauer 1338 Ravensburg.

Markloff (obd.-md.) = Markolf (*Markolf* Rudel 1348 Wetzlar). Vgl. die mhd. Spruchsammlung »Salomon u. *Markolf*« u. das Fastnachtsspiel »Marcolfus« (Luzern 1546).

Markmann (Hbg. oft): der »aus der Mark« (Hildebrand *Markman* 1300 Ro., 1325 Grfsw.).

Marks s. Markus! – **Markscheffel** wird deutlicher durch die Variante *Marktscheffel* (1406 Jena), ein Getreidemaß.

Markus, kontr. Marcks, Marx, auch Marcus, patr. Marcussen: der Evangelist, wie Lukas erst im 15. Jh. aufkommend, als bibl. N. zur Ref.-Zt. in Mode. *Marx (Marcus)* Elsener 1558 Lg. Obd. auch Merx: *Merx* Gyser/Württ. Vgl. slaw. Markuske, Kuske, Kuschke.

Markward(t), nordd. oft, auch Markword(t), dissimiliert Markwald (selten); auch **Marquardt** (oft); patr. Marquardsen (Schles.-Holst., Hbg., Bremen): »Grenzhüter«. Vgl. auch obd. Markhart! KF. ndd. **Maack** *(Make),* s. dies! Obd. **Märk(lin), Merkel:** *Merklin (Marquard)* v. Niuvar 1327, *Märk (Marquard)* v. Schellenberg 1400, *Merk* Glungk 1523 Württ. (Nied, S. 10).

Marl: ON. (am Dümmer und a. d. Lippe: urkdl. *Mer-lo* »sumpf. Niederung«).

Marner (obd.): mhd. = Schiffmann (mlat. marinarius). Auch ein mhd. Spruchdichter um 1275 nannte sich der *Marner.* (A. Götze in: Ztschr. f. dt. Phil. 53, 1928). – **Marolf** s. Moroff! In Wetzlar 1319 Henr. Marolf, wepling.

Marschall, Marschalck: eigtl. Pferdeknecht (ahd. marah-scalh, vgl. unser »Mähre«). dann Stallmeister, im MA. ein Hofbeamter (wie Truchseß, Schenk u. Kämmerer), mit Aufsicht über Marstall u. Hofmannschaft. Vgl. Luther v. Lemberg (Löwenberg), *Marschalk* Herzog Heinrichs, 1401 Lg. Slawisch frisiert: Marschallek, Marschollek (O./S.). Mundartl. **Marschlich** wie Gottschalk: Gottschlich. – **Marsteller** = Pferde-, Stallknecht: Peter *marsteller* 1372 Lg., Herm. *marsteller* 1409 Würzbg., Elbel *Marstaller* der kürsner 1378 Eger.

Marschmann s. Maschmann!

Marschner (Schles., Sa., Böhmen): Patr. zu tschech. *Maresch,* KF. zu Maroslav bzw. Metr. zu *Marusch* (Margarete). Hensel *Marschner* 1383 Prag, Joh. *Marschner* 1490 Crimmitschau. In Brünn 1365 *Marscho, Merschl,* in Prag 1397 *Maresch* Schenk. Zur Form vgl. Machner (Mach = Matthias). Dazu auch Marschler, **Marschke,** Marschel (wie Porschke u. ä.).

Marsteller s. Marschall! – **Martag:** Pers. N. *Mardag, Martag* 1291 Hbg. (wie Adaldag, s. Aldag!).

Marth: ON./Leine (südl. Göttgn.), soweit nicht = Marthen (= Martin). Vgl. das Martfeld, die Martbäche usw. (Bahlow, ON. S. 344).

Marth(e), Marte, Marti s. Martin!

Martin: der heil. Martinus (Bischof v. Tours, 4. Jh., westfrk. Nationalheiliger), der s. Mantel mit e. frierenden Bettler geteilt haben soll. Durch Martin Luther (geb. am Vorabend des Martinstages, 11. Nov.) auch bei Protestanten beliebt geworden. Weiteres: Bahlow, Vornamen S. 71/72. Volkstüml. war obd.-schles. die Umlautform **Mertin.** Ndd. **Marten, Martens(en),** mit patr. *-son, -sen,* ndrhein. **Marti(e)ns(s)en.** Lat. Patr. (humanist.) ist **Martini** (obd.). Dazu viele Mundartvarianten: **Merten(s)** Mehrtens, Mertgen (rhein.), **Märtl**(huber) obd., **Marti,** Marty (schweiz.); Marthe(n), Morthe; Mörtl (bair.). Vgl. Martschke, Martschick, Mertsching (ostd.-slaw.). **Martius** s. März!

Martsch(ke) Martschick: böhm. KF. zu Martin (*Marzik* salczmesser 1376 Prag).

Maruhn, Mahraun (Ostpr.): lit.-altpr. Pers. N. (Miklosich 73), auch in ON. wie Maraunen, Mahrunen. – **Maruschke** s. Marek! Maresch, Marschke!

Marwede(l) (Hbg.), ON. östl. Celle, entspricht formal u. begrifflich den ON. **Barwedel** b. Gifhorn u. **Harwedel** a. d. Oker: urkdl. *Meri-widi, Beri-widi, Heri-widi* 888, lauter »sumpf., morastige

Wälder«. Dazu auch **Marwege** (wie Ipwege i. O., ip = Moor).

Marwitz (von der): ON. (Pomm., Brdbg.).

Marx s. Markus! (Vgl. Lux: Lukas). Patr. **Marx(s)en** (Hbg.), vgl. auch ON. Marxen südl. Hbg. (alt Markhusen).

März, Merz: allg. d. Monatsname; vgl. Mai, Jänner. Lat. Martius. Dazu Märzkorn als Bauern-N. (Hs. *Merzkorn* 1370 Eßl.).

Marzahl s. Morlock! – **Marzahn:** slaw. ON. (2mal b. Bln.).

Marzolf: dt.-elsäss. Form für Marcellus (»kl. Marcus«), Heil. N. Marzell, vgl. elsäss. »Marzolf der bobst«; entstellt Marzluff, **Merzluft!**

Masbaum (Hbg.), Mastboom: ndd., Eiche oder Buche für die Schweinemast, bezeugt z. B. 1536 mit e. Streit »umme de *mastbome,* de by eren walde stahn und de de Buerschap mede geneten wolde« (Mnd. Wb.).

Masch, Maschmann (ndd., Hbg. oft): verschliffen aus **Marsch(mann)** wie Kasch (ndd.) aus Karsch, vgl. Maschmeyer neben Marschmeyer; nach der Wohnstätte »Auf der Masch« (Marsch = feuchtes, fettes Weideland in Flußniederungen u. am Meer). Dierck *uffr Masch* (auch *Maschmann)* 1653/81 Ammerld. Auch in ursprüngl. Form: Mersch(meyer), Merschjohann, Mesch(mann), Vandermersch (Herman *op der Mersch* 1380 Lippe). Vgl. auch ON. Masch/Westf., Maschen/Hann.

Maschke (ostd.) = Tomaschke (Thomas), wie **Maschek** (slaw.) = Tomaschek. Vgl. Kaschke = Lukaschek. Desgl. **Maske,** Masek. – **Mäschle** s. Mästle!

Maser(kopf): mhd. maser »Becher aus Maser-, Ahornholz«.

Masius = Thomasius (*Masius* Nortich 1416 Köln). – **Maspfuhl,** -pohl (ndd.): pfuhl verdeutlicht den Sinn von *mas,* nämlich »Sumpf, Moor, Schmutz«, vgl. die Maslinge i. W. (wie die Gropelinge: grope »Schmutz«), *Mas-fen, Mas-lar, Mas-apa:* die Maspe (zur Aller).

Maßelter, Maßholder (obd.): an Ahornbäumen wohnend, mhd. maßal-ter.

Massing: ON./O. Bay.

Maßmann, Maß, Mas, Maßens, Masius u. ä. sind nordd. Formen zu Thomas, s. Maas! Auch Masmeyer (Westf.).

Mästle, Mäschle (Württ.) = **Mast:** ein »gemästeter«, wohlbeleibter Mensch. Vgl. Ritter Heinr. *Mestelin* 1238 Württ. Dazu ndd. *Vodermast, Bokmast* (Futter-, Buchenmast).

Masu(h)r, Masurek: z. Volksstamm der Masuren in Ostpreußen.

Matern, Mattern, Mathern (Schlesien oft): der legendäre Heilige Maternus (»der Mütterliche«). *Maternus* grüczenschryber 1380 Lg.; noch 1532 *Matern* Weygker Lg.

Mathilde s. Mechthild!

Matschke, Matscheck (schles.): KF. zu Matthias, m. slaw. k-Suffix. *Maczke* czydeler 1387 Lg. *Maczke = Matthias* 1360 Brsl. Dazu poln. Matschuck, Matschoß, Mattschas. – **Matt(a)usch** s. Madaus.

Matt, Matte, Mattlin (obd.) werden deutlich durch Andermatt »am Wiesenhang wohnend«. Dazu **Matter,** Mattler, Mattner, Mattmann, Mattenmeyer, -müller; -schläger (Holzschlag, Flurn.!). Riedmatter; Dürrenmatt (Schweiz).

Mattenklodt (ndd.): »Quarkkloß« (*Mattenkloet, -kloth* 17. Jh. Hann.). Vgl. Botterklot, Schneeklot, Lehmklot.

Mattern s. Matern!

Matthäus, Mattheus: der Evangelist, Patron der Zöllner, von Matthias nicht immer zu scheiden u. oft vermischt. Dazu **Mat(t)hes** (oft), lat. Matthesius (Luthers Tischgenosse), **Matthäi;** Matthesen, **Matzen, Madsen** (patr., Schleswig), **Mattheessen** (ndrhein.), Matthesing (patr., ndd.), Matthäser (bair. Patr.); zerdehnt Matthewes, Mathebus. Mit Abfall des Anlauts: **Thewes,** Tews (ndd.), patr. **Thewissen** (ndrhein. Genitiv), Theus(sen), Deus(sen); ostfries. Thees, Theesmann, Theessinga. Obd.-md. Thebus, Thebes(ius), Debes, Dewes. Ostd.-schles. **Matz(ke),** Matschke, Mätschke, Metzke, Metzi(n)g; wend. Mattausch, Madaus; Mattke, Mattek, vogtländ. Motthes, Mottes, Modes. Obd. **Matz(e)l** auch zu Matthias.

Matthias (hebr. »Geschenk Gottes«): der Apostel (nicht zu verwechseln mit dem Evangelisten Matthäus). Kultzentrum war Trier, daher oft im Rhld.: patr. **Matthies(sen), Thieß(en),** Tyssen, Theißen; Thywissen (Aachen); ndd. Thies(ing); obd. Theis(mann). Deiß(mann). In Bayern volkstüml. Hias, Hiesl (Räuberhiesl), Heisel. Obd. **Matz(e)l,** ostd.-schles. **Matzke,** Metzke, wend. Mittasch, Mittak.

böhmisch **Mach,** s. dies! (Vgl. Matthias, König v. Böhmen.)

Mattke, Mattausch, Mattuscheck u. ä. s. Matthäus u. Matthias!

Mattner (obd.) s. Matte!

Matz (obd.-ostd.) = Matthäus, Matthias; auch **Matzke** (schles.), Matzat, Matzeit (ostpr.-lit.), Matzkeit. **Matzner** (schles.): patr. zu Matz. Vgl. aber Metzner **Matz(e)l** (böhm.-bair.): Nic. *Maczel* 1359 Böhmen, P. *Motzl* 1412 Mähren.

Mau (ndd.): ÜN. für Modegecken (Stutzer), zu mnd. mouwe »weiter Ärmel« (aus kostbarem Stoff, mit Zierat); vgl. Kretschmer, Trachten der Völker, S. 159, 221, dazu die fläm. Dichtung »Riddere *metter Mouwen*«. Auch »Blau-, Grün-, Rotärmel« usw. sind bezeugt: *Blawenmouwe* 1282 Strals., *Gronemouwe* 1388 Hameln, *Rodemouwe* 1472 Kiel, *Kortemouwe* Holstein, *Langemouwe* 14. Jh. Meckl.; *Scuddemouwe* »Schüttle d. Ä.« 1383 Xanten. *Mouwe* 1319 Demmin, 1334 Lüb., 1398 Westf., 1348 Barth, 1375 Lünebg.

Mauch, Mauchle, Maichle (Württ.): offenbar »Schlemmer, Genießer«, wie Brauch, Brauchle. Schon 1317 in Villgn.: Rud. *Mouch,* 1347 Joh. *Mouch.* Anderseits hieß *Muchen-,* Mauchenheim/Pfalz (zu much »Moder, morsch«, schweiz. mauch) schon 1312 Mouchenheim. Dazu **Maucher:** ON. Mauchen a. d. Mauchach *(Muchach)* = Faulwasser. Vgl. auch Michel *Muchel, Mauchel* 1414 Mähren (mhd. mûchen »heimlich tun«).

Mauder(er), Mauderle (obd.): wohl = Griesgram, verdrießl. Mensch; vgl. maudrig »verdrießlich«. Joh. *Mauderle* 1634 Gr.-Bottwar; *Maudrer* 1414 Mähren. Ulr. *Muderer* 1400 Durlach. Aber **Maudrich** wohl = wendisch Mudrik »Besserwisser«.

Mauer, Mäuerle wird deutlicher durch Andermauer, Aufdermauer, nach der Wohnstätte. Mauermann auch = Maurer.

Mauke, Maukisch sind ostd.-slaw. wie der ON. Mauken/Elbe.

Maul, Mäule, Maile (schwäb.): mit auffallendem Mund (mhd. mûl), vgl. den Maulbertsch, *Maulhans* 1550 Württ. (»von wegen seins übergroßen Mauls«, Zimmersche Chronik 3, 380), u. die Tiroler Herzogin Margarete *Maultasch* um 1340 (FN. Moltaschl/Wien). Dazu Breit-, Krum-, Frosch-, Karpen-, Rindsmaul, schwäb. Hasenmaile. Ndd. ist **Muhl** (Hbg. oft): Herward *Mule* 1262 Ro., nebst Joh. *Scardemule* »Schartenmund«.

Maurenbrecher: mhd. mûrenbrecher »Belagerungsmaschine z. Brechen d. feindl. Mauern« (vgl. auch Blide). Ein Geschütz *Maurfell* in den histor. Volksliedern. – **Maurer** s. Meurer! Mührer!

Mauritz, Mauritius s. Moritz!

Mäusel, Meusel, Meisel, Meißl (obd.) = kl. Maus, ndd. Mu(u)s. Ulr. *Müselin* 1147 Bambg., Chunr. *Meusel* 1381 Tirol (1573 L. *Meisl* ebda.).

Mauser: »Mäusefänger«, auch Meuser, Muser (alem.). Goßwin *Muser* 1268.

Mäusezahl = Mäuseschwanz (mhd. zagel, vgl. Hasenzahl, Rübezahl). Dazu *Mus-ouge, Mus-or, Muse-nibbe* (ndd. = Mäulchen), *Mus-tüttel* (Zitze), *Musenest, Muse-dot, Muse-küttel* (Kot), *Mus-hund* (Mausehund), Mauskönig (*Musekuninc,* e. Ritter, 1231 Ulm), *Musejeger* 1257 Ro.

Maushack, Mußhack = Mäusebussard, vgl. **Meißgeier** (Ö.).

Mausolf: ein Listiger oder Betrüger (zu mhd. mûsen »listig schleichen, betrügen«, wie mhd. triegolf: zu triegen »betrügen«).

Maut(n)er (bair.-öst.) = mhd. mûtaere »Maut-Einnehmer, Zöllner«. Dazu **Mauthe.** Auch in ON. (»Mautstätte«): Hohen-Mauth, vgl. Sibot von Mautern 1264 O/Ö. Nik. *Mautel* 1414 Mähren, Wernusch *Meutner* 1355 Böhmen.

Max: = Maximilian (altchristl. Märtyrer, Apostel Kärntens, Kultzentrum Passau; nach ihm auch Kaiser Maximilian 1459 benannt. Dargestellt v. Dürer. Weiteres: Bahlow, Vornamen S. 73.

May, Maybaum s. Mai! – **Mayer** s. Maier!

Mayffarth s. Meinfried, Meifert. – **Maywald** s. Maiwald!

Mebes, Mebus, Mebius (obd. md.) wie ndd. Mewes = Bartholomäus (»Sohn des Tholmai«, aram.), Patron der Metzger, Gerber u. Winzer. S. auch Mewes, Möbus, Bartel, Bartsch!

Mechler (obd.) = ndd. Mekeler »Makler, Unterkäufer«.

Mechtold meint *Mechthild* (noch heute kathol. VN., Heil. N., vgl. die Mystikerin *Mechthild* v. Magdebg. um 1230). *Mahthild* (»Macht« und »Kampf« liebend), im MA. in dynast. Gebrauch stets lat. frisiert

Mathilde: so die Mutter Kaiser Ottos d. Gr., die Gattin Heinrichs des Löwen usw. (s. Bahlow, Vornamen S. 72). Als Metronym: Thielman *ver Machtilden sone* 1293 Dordrecht, Hadeward filius *Mechtildis* 1302 Bremen, Joh. *Mechtildis* 1300 Ditfurt a. Bode; vgl. *Mechtold (!)* filia fratis Brunsteni (um 1320 Lüb.). In Quedlbg. um 1589: *Mechthold, Mechteldt, Mechtild, Mechtels* als FN. Ndd. KF. war *Mette,* vgl. Vermette, obd. *Metze,* deren Häufigkeit dann zur Entwertung (»Dirne«) führte.

Mecke, Meckes, Mex: fries. Pers. Name; Mecke Rummena 1418 Oldbg., Nommo Meckena 1464 Emden.

Meckel: in Hessen (Wetzlar, Frkf.) als KF. zu Mechthild bezeugt. *Ver Meckel* (= Frau Mechthild) 1345 Wetzlar, *Meckel (Mechtild)* 1282ff. Frkf. Vgl. auch ON. Meckel b. Bitburg/Eifel.

Mecker (obd.): z. ON. Meggen (Württ., Schweiz), alt *Mecken,* wie **Mecking** z. ON. Möggingen, alt Meckingen (Joh. v. M. 1275); vgl. Hainr. *Mecker* 1508 Aarau (1525 Rottweil).

Mecklenburg, auch Mäckel-, Mekelburg, Mechlenburg: Herk. N., aus Land bzw. Dorf Mecklenburg (dies »to der mekelen Borch«: zur großen Burg) b. Wismar. Schon 1387 in Osn.: Franko *Mekelenborgh.*

Meckler: ndd. mekeler »Makler« s. Mächler! Joh. *mekelere* um 1325 Lüb.

Meden (von der) wie **Meede** (van der): z. ndd.-ndld. Gewässerwort *med* (Variante zu *mod*) »Moder, Moor« (s. Bahlow, ON. S. 325) in *Medebeke, Medebach, Mede-lo, Medefeld, Medenwald, Medingen* usw. Eine **Meede** fließt zur Oste b. Zeven. Kontrahiert **Meeh,** vgl. Mede-: Mehfeld, wie Mehdorf. Meeden/Holld. Vgl. Tile *v. Medehem* 1383 Göttgn.

Meder, Mederer (Grasmeder) s. Mäder! Hainr. *der Meder* 1314 Donaueschgn. – **Meding** (Hbg.): ON. Medingen b. Bevensen, s. Meden!

Meemken: fries. Patr. (KF.) zu Megin-: Meinbert (Tade *Memeken* 16. Jh.), vgl. Memmo, Memmen!

Meene, Meenen, Meenken, Meenenga, Meents, Meendsen, Meenzen sind fries. Varianten zu **Meine(n),** Meinken usw., s. Meinhard, -ward!

Meer (van der), Ter Meer, Vermeeren (ndrhein., ndld.): nach Wohnstätte bzw. Herkunft; *meer* = See, Sumpf, vgl. unter Marwedel. Dazu Meerkötter (westf., wie Marschkötter, zu kotte = Häuslerkate). Aber Arnd *Merkatte* (1491 Hameln) = **»Meerkatz«,** wohl Hausname, wie Rulman *Merswin* (»Meerschwein, Delphin«), Straßburger Mystiker um 1350. *Merochse* 1348 Lg.

Meerbott, Meerbothe (obd.) s. Merbt! Vgl. Meerbodenreut.

Meerländer: aus Mähren.

Me(e)rsmann, Merskämper (westf.) s. Maschmann! H. *Merseman* 1380 Grfsw.

Meerwein (obd.): Ritter *Merwin* v. Sickingen. Vgl. Merbt!

Meese (ndd.) = Meise; zu **Meeske** (Meseke) vgl. ON. Mesekenhagen/Grfsw., Mesekendahl. Bei Mesenbrink, -brock, -holl dürfte aber das alte Sumpfwort *mes* vorliegen, wie in Mesenhusen, Mesenhard, Mesenbeck, Mesewinkel, Mesehem (s. Bahlow, ON. S. 332). **Meessen** ist ndrhein. = Bartholomäus' (Sohn). – **Meester** s. Meister!

Meetz (Hbg.): vgl. ON. Meetzen b. Gadebusch.

Meffert (schles., Laus., Sa., Thür., Hessen), mundartl. **Maffert** (ON. Meffersdorf/Lauban u. Maffersdorf/Böhmen), beruht auf dem altdt. Pers. N. *Mahtfrid, Mechtfrid, Meffrid* (in Hessen oft v. 8.–13. Jh.). Auch e. Meistersinger hieß *Meffrid* um 1400. Peter *Meffried* 1348 b. Bingen. H. *Meffridi* 1347 Wetzlar, *Mechfrid* 1197 Gotha, K. *Meffard* 1520 Römhild, P. *Meffert* 1572 Lg.; noch 1543 in Hadamar: *Meffard* Loenstein.

Megerle s. Mägerlein!

Meggers (Hbg.): ndd.-westf. Mundartform für Meijers, vgl. eggere für Eier (1385); s. A. Lasch, Mnd. Gramm., § 347.

Mehl: ÜN. für den **Melber** oder **Mehlmann,** Mehlführer, Mehlstöter, »Mehlhändler« bzw. für den Müller. Dazu **Mehlsack, Mehlhose,** -hase, Mehlstäubl; Mehltretter (Spottn. wie Blumen-, Rosentreter). Auch Machemehl, Kaufmehl, Steub-, Stobmehl. *Melhant, Melhöupt.*

Mehlkopf: mnd. Mel-kôp »Mehlhändler«, vgl. Littkopf, Wienkopf!

Mehlan (ostd.-slaw.) s. Mihlan! – **Mehle** ist ON. b. Elze (*Mede-lo:* Moorniederung,

s. Meden!). **Mehlem:** ON. b. Bonn (*mel* »Schmutz«).

Mehler (rhein.-hess.) s. Mähler (= »Maler«), mit Umlaut wie Bäder für Bader. Vgl. Heincze *meler* 1378 Frkf. Zu **Mehlert** vgl. auch ON. Mehla b. Greiz u. Mehler (Mehlra) b. Mühlhsn.! – **Mehles** (ndrhein.) = ON. Mehlhus, wie Backes, Berges, Ohles usw. – **Mehlhose** s. Mehl! – **Mehlhop, Mehlhorn** sind nordwestd. ON. (horn »Winkel«, hop »Hügel«; mel »Schlamm, Schmutz«), vgl. Mehlbeck, Mehlen-Berg, Mehlbusch (Bahlow, ON. S. 326). Analog: Ahlborn, Uhlhorn. – **Mehliß:** ON./Thür. **Mehlich,** Mehlig s. Mehlan u. Mählich! – **Mehlmann** s. Mehl!

Mehnert (Hbg. oft): ndd.-fries. = Meinert, Meinhard (s. dies!), wie Ehnert für Einhard. Dazu als KF.: **Mehne, Mehnke** (Meine, Meinke), vgl. *Mene* Hyllers (Friese). Ebenso **Mehner** (Hbg.) = Meiner (Meinher). Aber obd. **Mehner(t)** = mhd. mener »Viehtreiber«.

Mehr (Hbg. öfter) ist mehrf. ON. (wie Meer, s. dies!). Auch Mehre b. Ülzen. Dazu **Mehrmann.**

Mehrens (Hbg. oft): offenbar fries. Patr. (vgl. Mehrings, Mehrke, Mehrkens) zu Merolf, Merbod u. ä. Harrynk *Merynges,* Friese 16. Jh.

Mehrer: mhd. merer »Vermehrer«. Nickel *Merer* 1395 b. Eger. Vgl. Mehrenschatz! Merenschaden.

Mehring: ON. Mehring (Bay., Rhld.), Mehringen (Hoya, Aschersleben). Aber Mehrings (Patr.) s. Mehrens!

Mehrle(in) s. Merle!

Mehwald (Schles.) s. Maiwald! (Thammo *Meynwald* 1367 Lg., später: Tobias *Mewalt (Mehewaldt* 1575 Lg.). – **Meibo(h)m** s. Maibaum!

Meiche (Sa.): aus Meucha b. Altenburg, wie Beiche aus Beucha. – **Meichelbeck** (Bay.): d. i. Müchelbach = »Moderbach, Faulwasser«, vgl. die Muchelgruben 1305 Württ.; Bentz *Müchelbeck* 1373 Füssen (später Meichelbeck). – **Meichner:** aus Meuchen b. Lpz. – **Meichsner** s. Meißner!

Meick s. Meyke!

Meier, Meijer s. Maier!

Meif(f)ert, Meiferts, Meivers (ndd.) = Meinfrid (Magin-, Meginfrid »Kraft« u. »Friede«). Vgl. Burggraf *Maginfred* v. Magdebg. 1080. Md.-obd. heute zu **Meyfarth,** Mayffarth, Maifahrt entstellt, wie Seifried zu Seyffarth. Herm. *Meyfahrt* 1590 Gießen. *Meginfrid* öfter 800–1150 im Raum Fulda.

Meimerding (westf.): Patr. zu Meimbert (Magin-, Megin-, Meinbert: »durch Kraft glänzend«); vgl. die ON. Meimerstorf/Kiel, Meimbressen/Kassel, Meinbrexen/Höxter. Genau so Reimerding zu Reimbert. Vgl. auch *Meimbern: Reimbern* (Lüb., Ro., Bremen). Fries. ist Memmert: Remmert; dazu Memmen, Mehmen, Meemken, wie Remme, Remken.

Meinburg s. Mey(en)burg!

Mein(e)cke, Meineken, patr. Meineking nebst **Mein(e),** Meinen, Meins, Meinssen: ndd. Sproßformen zu **Meinhardt, Meiner(t), Meiners,** wie obd. **Meinel** (vgl. auch Meinhold!). Fries. ist **Menke,** Mehnert usw. nebst Mens, Menssen, Mensing. *Meyneke (Meynart)* Schulow 1300 Strals., *Meineke (Meynardus)* 1311 Stettin, *Meyneke (Meynold)* Gosoghe 1285 Hbg., *Meyneke* (Sohn der *Meynburg)* 1332 Lüb., *Meyne Meynen* 1415 Barth.; Henr. *Meyneking* 1311 Hann.

Meinders, Meinertz (ndrhein.) = Meinhards. **Mein(d)l, Meinel:** obd. KF. zu Meinhard, Meinhold, wie Reindl zu Reinhard, Reinhold u. Weindl, Weinel zu Weinhold. Peter *Meindl* 1418 Pilsen, patr. Nicusch *Meindler* 1386 Dt.-Brod. – **Meinfrid** s. Meiffert!

Meingoß (Mengôß), verschliffen **Menges:** obd. Pers. N., eigtl. germ. *Magingaut, Megin-gôt (Meingòt),* d. i. »Kraft« u. »Gote«; *Meingotus,* Ministeriale, 1143 b. Kassel, *Meingôß* dictus Goße 1344 Worms, Hans *Mengoys (Menges)* 1360 Speyer, Pesl *Meyngôß* 1353 Prag, C. *Mengôß* 1297 Meßkirch. S. auch Adelgoß, Algoß! *-gôß* auch appellativisch in mhd. wuote-gôß »Wüterich«.

Meinhardt, ndd. **Meinert, Meiners:** germ. Pers. N. *Magin-, Meginhard* (»Kraft« u. »kühn«). Oft b. d. Grafen v. Tirol um 1250/1350. *Meinhart* Swindel 1317 Eger, *Meinhart* messerer 1360 Brsl. S. Meineke, Meins u. Meinel!

Meinhold ist umgedeutet aus *Meinold,* germ. *Magin-, Megin-wald* (»kraftvoll waltend«), wie Reinhold aus Reinold: Ragin-, Reginwald. Vgl. *Meynold (Meyneke)*

Gosoghe 1285 Hbg. Um 1600 erfolgte »Verhochdeutschung« zu **Meinholz** (wie Reinhold: Reinholz; Weinhold: Weinholz).

Meink(e) s. Meineke! Desgl. Meinking. – **Meinlef** s. Melf(sen)!

Meinlach, -loch (wie Gerlach, loch): nur in Württ. als VN. u. FN., so beim Minnesänger *Meinloh* v. Sevelingen um 1200. Vgl. *Meginlach* v. Obrigheim 1142, auch Menczel *Meynloch*/Schwdn.

Meinolf, Menolf: germ. Pers. N. (z. B. im westf. Adel 9. Jh.; 1250 in Hbg.).

Meinrad, Menrad (nur alem.-schweiz.): Heiliger der Ostschweiz (Grafensohn des 9. Jhs.); germ. Magin-, Megin-rad (»Kraft« u. »Rat« der Götter). Noch heute VN.: Meinrad Inglin, schweiz. Dichter. *Men-* für *Mein-* ist alem.-schwäb., vgl. *Menold, Menolf, Menhart, Menwart.*

Meinrich (selten): germ. *Magin-, Meginrich* (»kraftvoller Herrscher«) vgl. dom. *Meynricus* Vredelant 1367 Lüb., dom. *Meinricus* 1270 Ro.

Meins (Hbg. oft), patr. Meinssen: ndd-. fries., zu Meine (Meinhard), s. dies. Auch **Meinz** (Hbg.): vgl. Joh. filius *Meinzen* 1266 Hbg. *(z = s.).* S. auch Menssen, Mensing! Meints, Meents (fries.).

Meinward (selten, ndd. mit Meinhard zus. gefallen): germ. *Magin-, Meginward* (vgl. Megenwart als Bauernname b. Neidhart um 1240; Wernher *Meinwart* 1245 Brsg.; *Meinwardus* 1242 Bremen, 1325 Lüb.).

Meis(e): der Singvogel, wie Zeisig, Stieglitz, Fink, Wachtel, Vogel z. T. ÜN. des Vogelhändlers. In Saalfeld/Thür. im 16. Jh. öfter *Meyse, Meys, Meyße, Meiß.* Dazu **Meisenzahl** *(-zagel)* »Meisenschwanz«, wie Hasen-, Lämmer-, Enten-, Mäusezahl, ndd. Meßenzahl: zu ndd. Meese.

Meisel (obd.) s. Mäusel! Vgl. Meisgeier.

Meisen (Köln, Düss.): Patr. zu **Meis** = Remigius (Romeis), wie Theisen zu Theis = Mattheis, Matthias. – **Meisenbug:** hess. Rittergeschl., bekannt durch Malwida *v. M.:* schon 1305 e. Knappe Guntram *Meisenbuc,* d. i. »Meisenknie« (mhd. buoc »Bug, Knie«) In Brsl. *Meysenkny.* Ndd. Knappe *Mesenbuck* 1492 Hameln.

Meiser: vgl. Ritter Berthold *Meiser* 1196 Mainz; nicht eindeutig, ob zum Vogelnamen oder zum Flurnamen Meis. S. auch Maiser! **Meißer** (obd.): z. Flurn. Meiß (mhd. = »Holzschlag«, meißen = »hauen, schneiden«); desgl. **Meiß, Meißl** (soweit nicht = Meisel) meint wohl den Meißler; mhd. meißel auch = penis.

Meißner, Meisner, bair. **Meichsner,** Meixner, glätz. Mechsner, Mexner: aus Stadt oder Fürstentum Meißen (slaw. *Misna* »Sumpfort«, vgl. die Meiße, *Mißaha,* im Harz u. b. Celle). Auch appellativisch = »Tuchhändler«. Jacob *Mysener* 1372 Lg. (1408 Görl.); *Meyßner* (Tuchmacher!) 1402 Leitomischl; aber Mertl *Meyxner* 1411 Budweis. Vgl. die Karte b. E. Schwarz, Sudet. FN. (1957) S. 207: »Meißner: Meixner«.

Meister (lat. magister): meist = Handwerks-, Zunftmeister; auch (wie urspr.) Anrede, Titel für Gelehrte, bes. Ärzte (*meister* Peter der bader 1399 Lg.; *meister* Jorge der schulmeister 1397 Lg.; Nitsche *Vrümeyster* 1372 Lg.). Ndd. **Me(e)ster.** Dazu Meister-, Mestermann. Meister-, Meesterknecht (Obergeselle). In Westf. **Meistering** wie Möllering, Meyering. Auch viele Komposita: Bacmeister, Küchenmeister, Gildemeister, Baumeister, Hage-, Hof-, Burmeister, Bürgermeister, Bliedemeister, Werkmeister. Ein Henr. *Mestersang* 1340 Hann.

Melber (obd.): der Mehlhändler (mhd. melwer), in Bay. noch heute. Peter *melber* 1395 b. Eger, P. *melwer* 1304 Worms, *Brimelwer* 1295 Überl., *Habermelwer* 1504 Zürich. Auch **Mölber** (bair.), Melbert, Mölbert. S. auch Mehl!

Melcher(t), Melchers = **Melchior** (hebr. »König des Lichts«), einer der heil. 3 Könige (Kaspar, Melchior u. Balthasar); als VN. erst um 1500 beliebter, heute noch kathol.; mit schles. *a:* **Malcher,** Malcharek (O/S.), *Malchior* burger 1491 Lg.

Melde (obd.) wie **Melder** = Angeber, Verräter (mhd. melde »Angeberei, Verleumdung«, auch Pomp; vrou Melde »die alles meldende Fama«). Conr. *Melde* 1279 Ravsbg., Ritter Albertus *Meldelin* 1271 Württ.

Melfsen, Mellfs (Hbg.): fries. Melf = *Meinlef* (Magin-, Megin-leib »kraftvoller Sproß«) bzw. Meinolf; vgl. Lülf (Ludelef: Ludolf), Jalff (Tjadelef: Detlef: Dietleib). *Meleff* 1435 Friesld.; s. auch Melle!

Melis(s): als VN. am Ndrhein bezeugt, wie

Mellies, Melius = *Amelius* (1250 Brsl., 1320 ca. Lüb.), im MA. als N. des Märtyrers Amelius nicht unbeliebt (Freundschaftssage von »Amicus u. Amelius«!). Henne u. Clese *Melius* 1387 Frkf. Weiteres unter Millies!

Melk (ndd.) = Milch: der Milchhändler bzw. Melker (Joh. *melkere* 1303 Ro., Joh. *melcfole* »Milchfohlen« 1316 Lüb.) Vgl. *Sötmelk, Kernmelk.*

Mellahn (Meckl.) s. Millahn! – **Melle** (von), **Mellmann** (Hbg. oft): aus Melle b. Osn. (urkdl. *Mene-lo,* wie Mellage: Menelage »sumpf. Niederung«, s. Bahlow, ON. S. 328) bzw. Mellen/Lenne. Aber Sicco *Mellema* 1443 ist fries. Patr., vgl. *Mello* Synada 1427, s. Melfsen!

Mellwig, Mellewigt: ON./Westf.

Melms (Hbg.): wohl ON., vgl. melm »Staub, Sand«.

Meltz, Meltzian, Melz, Melzig sind ostd.-slaw. wie die ON. Melz/Meckl., Melzow/U.-M.

Melzer, Meltzer; Melzner, Melzler (obd., nebst Melzl) s. Mälzer!

Membold (Württ.) ist der seltene germ. Pers. N. Magin-, Megin-: Meinbold. (Bernh. *Memboldt* 1580 Ehingen). Vgl. Memprecht, Mempel: Meinbert.

Memleb: aus Memleben/Unstrut, wie Hemleb: Hemleben. Zu den ON. auf *-leb(en)* s. Bahlow, Dt. Nbch. S. 93! Zum Wasserwort *mem, mim:* Bahlow, ON. S. 328.

Memling: ON. Mömlingen b. Aschaffenbg., Heimat des Malers Hans *Memling* 15. Jh. – **Memmen,** Memmert (fries.) s. Meimerding u. Meemken!

Memmler, Memmel (obd.): vgl. ON. Memmelsdorf/Bamberg. Ohne Umlaut: Menloch gen. *Mammel* 1432 Württ. (wohl »weichl. Mensch«). Vgl. *Mem(me)ler* 1396 Brsl. nebst *mit der memmen* (Mutterbrust!) H. *Memmenslik* 1378 Kolin.

Mempel, Mämpel (obd.) neben **Mampel, Mampe,** dürfte KF. zu Memprecht (ON. Memprechtshofen/Bühl), d. i. Magin-, Meinbrecht, sein, wie Hempe(l), Hampe(l) zu Hemprecht (Hagin-, Heimbrecht). S. auch Meimerding! – **Men(c)ke** s. Menke!

Mende (Sa., O. Laus., Schles.): deutbar als »am Ende (des Dorfes, der Straße) wohnend«, da im selben Raum ähnliche Fälle bezeugt sind, vgl. z. B. Heyno *Moyes* (= vom Oyas) 1354 Liegnitz, Peter *Moywyn* (= vom Oybin/Zittau), ON. *Mohorn*/Sa. (= zum Ohorn). Dazu Michel *am Ende* 1438 Lg., Peter *Amende* 1381 Friedld., Vicenz *Mende* 1559 Lg., (de) *Mende* 1452 Meißen. Aber Mendach, **Mendisch,** Mendausch, Mendyk, Mendrzik deuten aufs Slawische.

Mendel: im mähr.-bair.-öst. Raum um 1300/1400 beliebter VN., teils urkdl. = Meindel (Meinhard), wie Rendel = Reindel, teils zu Hermann (vgl. Joh. der *Hermendel* 1363 Aspern/Ö., aber Peter *Mendl [Meindl]* 1418 Pilsen). Mundartl. auch **Mandel** (wie Rendel: Randel; Hendel: Handel): *Mandel* Rubeyn 1408 Mähren neben *Mendel* Spieß 1414 ebda., *Mendel* tendler 1365 Brünn, *Mendel* Swellenpeck 1381 Linz. – **Menden:** ON./Ruhr (Mene-dene »feuchte Niederung«: Bahlow, ON. S. 329).

Mendelssohn (jüd.): Mendel meint Manuel, Emanuel.

Mendt, Mendte (Hbg.) s. Mente! Vgl. ON. Mendt b. Siegburg.

Menge (Hbg. oft, Bremen, Hann. oft, auch Sa., Schles.): Herm. *Menge,* Joh. *Menge* 1340 Lüb., Mathis *Menge* 1384 Lg. Vgl. Haufe, Schar; aber viell. = menger »Händler« (lat. mango), vgl. stalmengere, iserenmengere (Lüb., Ro.); ähnlich steht Koop (Kauf) neben Köper (Käufer). Obd. (bair., fränk., hess.) steht **Mengel** neben **Meng(e)ler** für Menger »Händler«: Hencze *Mengel* 1361 Kassel, aber *Mengelo* de Nuenheim (Nauheim) 1288 Hess. (vgl. *Mengotus* ebda.). Stephan *Mengler* 1465 Bernheim. Im Rhld.: **Menges** (Fettmenges, Pferdmenges), das aber südwestd. (Speyer) auch für Meingoß steht (s. dies!). **Meng** jedoch ist alem. Variante zu Mang (Heil. N. Magnus), s. dies! **Menger** »Händler« s. **Manger!** Conr. *Menger* 1433 Memmgn.; auch nordd.: Radolf *yserenmenger* 1267 Ro., Ditmar *stalmenger* um 1330 Lüb. Vgl. auch die Satznamen: *Mengebir* 1443 Görl., *Mengwein* 1633 Ohrdruf, *Mengwasser* 1423 Köln.

Menhardt, Menrad, Menward s. Mein-!

Menk(e), Menken (Hbg. oft), auch Menck(e): s. Meineke! Vgl. Renke, Renken. *Menke* Koylenberg 1355 Kassel, Henne *Menken* 1403 Kassel.

Menn, Menne, **Menne(c)ke,** Menneking, Menning, Mennenga (fries.-ndd.) gehören wie Menke, Meinke zu Meinhard (Meinward, Meinold, Meinrich).

Menn(e)rich (Hbg.) s. Meinrich! Zu Menneking (westf.) vgl. Enneking, zu Menno (Meinhard): Enno (Einhard). Ein *Menno* Simons (Friese) gründete die Sekte der Mennoniten (Wiedertäufer).

Mensch, Menschel (obd.): mhd. mensch, bes. in dienender Stellung, Leibeigener und Knecht. Joh. dictus *Mensche* 1350, Hs. *Mentsch* 1400 Württ. Aber ndd. **Mensch** (Hbg.) beruht auf *Menseke* (Meinhard), wie Hinsch auf Hinseke (Heinrich), Lensch auf Lenseke (Lorenz). Dazu patr. ndd. **Mensching** (= Menseking), Hann. oft!

Mense, Mensing (Hbg. oft), auch **Menssen,** Menssing, ist KF. bzw. Patr. zu Meinhard, Meinward, Meinrich, s. auch Meins, Meineke, Menn! *-s* ist fries. Vgl. *Menso* Alting (Friese) 1595. Zu Mensing vgl. Rensing. *Menseke* (1322 Grfsw.) ist heute Mensch, s. dies!

Ment(e), Menth(e): ndd.-fries. KF. zu Meinhard, Meinrich, wie Bent(e) zu Bernhard; vgl. ohne -t: Meno, Beno. S. auch Mante!

Mentlein, Mentel, Mentler s. Mäntler!

Men(t)z (Hbg. oft), auch Menze, Menzen: ndd. KF. (vgl. fries. Mense!) zu Meinhard, Meinrich, wie Hentz(e), Henzen zu Heinrich, *Menzo, Mentzeke* 1305 u. ö. in Grfsw., *Mence, Menso* 13. Jh. Ro. Aber z. märk. ON. Menz: Joh. de Mentze 1321 Pomm. Auch Mainz hieß im MA. Mênz: Heile *von Mencze* 1387 Frkf.

Menzel, Mentzel, patr. Menzler; auch Menzelmann: schles.-sächs.-böhm. KF. zu Hermann, wohl unter Einfluß von tschech. Hermanec (-etz) – in Böhmen war Hermann auch Heil. N.; mit Anlehnung an Wenzel u. Stenzel. Vgl. Urbanzl neben Urbanietz. Urkdl. Gleichungen: *Hermenczel* 1363 Brsl. neben *Hermenchen, Hermanchen* (Reichert, S. 14); Joh. *Hermenczel* 1344 Lg.; *Menczel* Habelust 1351 Brsl., *Menczel* Meynloch 14. Jh. Schweidnitz, *Menczel* Meyssener 1426 Lg.; Henlin *Menczel* 1409 Würzbg., Donat *Menczel* 1429 Freiberg. Vgl. Hiersemenzel. **Man(t)zel** (mann) ist Mundartvariante, wie Wantzel neben Wenzel: Achim *Mantzel (Mentzel)* 1592/86 Meckl.-Strelitz, Marx *Mantzel (Mentzel)* 1569/81 ebda. Obd. ist seltenes Mentzelin = Mantz = Mangold, s. Manz!

Menzer, Mentzer, Meinzer: aus Mainz (früher »Mentz«, kelt. Mogontia [Magenza]: Bahlow, ON. S. 316). Auch Joh. Fischart nannte sich »Mentzer«. Syfrit *Mentzere* 1321 b. Darmstadt.

Menzing(er): obd. Herk. N. (ON. Menzingen Kr. Bretten, Menzing b. Mchn.). **Menzemer:** = Menzheimer, obd. Herk. N., wie Bansemer Herxemer.

Meppen: ON. a. Ems, auch in Drente, vgl. Heppen, Beppen, alles »Moororte«. Dazu Meppen-siefen, Meppelhop usw. (Bahlow, ON. S. 330).

Merbold: altd. Pers. N., vgl. Merbot! (*Merbolt* 1350 b. Stuttg.).

Merbt, Mörbt, Mirbt: von Franken bis Schlesien kontrahiert aus *Merbot,* wie Seibt aus Si(g)bot; obd. **Meerbott,** Meerbothe. Schon um 300 frk. Königsname; berühmt durch den Markomannenkönig *Marbod: Merobaudes.* Auch in ON.: Meerbodenreut; *Meribodonhagen:* Merten-, Martinhagen/Hess. Im schles. Adel: *Merboto* v. Czettritz 1242, v. Hugwitz 1369, v. Czedlitz 1439. Ein Graf *Marbot, Merbot* v. Bregenz um 1100. Ein Wenczel *Merbot* 1385 Budweis.

Mercator (lat.) = Kaufmann, Krämer. Berühmter Geograph: Gerhard M., eigtl. Kremer (1512/94). – **Merck** – s. Merk-!

Merfort(h), Merfert, Merfart, Mehrfert (Neustadt i. O./S. oft): entstellt aus mhd. mer-vart »Seereise«, Pilgerfahrt ins gelobte Land, Kreuzzug; also ÜN. eines glücklich Heimgekehrten. Vgl. Herforth, -fert = her-vart! »Der Wiener *mervart*«, bekanntes mhd. Gedicht. Ein Lazarus *Übermer* 1400 Lg.

Mergard: im MA. weibl. VN., so 1258 in Ro., 1293 in Hbg., 1279 in Westf., 1196 in Worms (Sifridus *Mergardis* filius), 1214 b. Würzbg. (Cuonr. filius *Mergardis*).

Mergel, Mergler (obd.): z. Flurn. Mergel (Mergelkuhle), lat. margila »Kalkerde«; mhd. mergeln »düngen«. Heinz *Mergeler* 1396 Frkf.

Merian (Basel, Zürich, Bern): berühmt durch den Kupferstecher Matthäus *Merian* aus Basel, dessen Ahnherr aus *Muriaux*/Jura stammte.

Merk, Merck, Märki: alem. KF. (wie Marck) zu Markwart, s. dies! *Merk* Doschenschein 1542 Württ., *Märk* Sonderdorf 1473 Isny.

Merkel, Merkle, Märklin (obd.-schwäb.-alem.) s. Markward! Vgl. *Märklin* Berolf 1356 Eßl., *Markele* (Vater *Marquardus*) 1350 Wetzlar, *Merkel* Grasevinger 1298 Brsl., *Merkel* Röder 1395 Eger. Komposita: Brotmerkel, Daubenmerkl.

Merken(s) s. Mehrkens!

Merkenschlager: obd. Flurname Merkenschlag (Schlag = Holzschlag u. ä.), vgl. Weiden-, Feichten-, Gersten-, Luttenschlager; *merk* = weicher Schmutz, vgl. Merkenbach.

Merker: obd. = mhd. »Aufpasser« (auch im Meistersang) aber auch »in der Dorfmark wohnend« (vgl. »von dem Gemein Merke«). Aber **Märker,** Neumärker! S. auch Markmann, Markgraf! – **Merkwirth** s. Markwart! (*Marckwirt* 1558 Lg.).

Merl(e), Merlin, Mährlen, Mehrlein (obd.): KF., wohl zu Merbot, Merwin u. ä. (*Merlin* Pragel 1428 b. Rottenbg., ebda. FN. *Merlin* 1570, heute Mährle); Vgl. Herlin, Herle zu Hermann. In Brsl. 1371 ist *Merlin = Margarete.* Ein Zauberer *Merlin* in der Artussage. Vgl. aber auch mhd. *merle* = Amsel (lat. merula); P. *Merleke* 1340 Lüb.

Mers(ch)mann, -meyer, -kämper (ndd.-westf.) s. Maschmann!

Merten(s): ndd.-rhein. = Martin! **Mertin** (md.-schles.) desgl. Dazu Mertgens (rhein.), Mertel, Martl (obd., Pelzmärtl, Märtlhuber), Mertke, Mertig, Merting, **Mertsch,** Mertsching (ostd.-slaw.). S. auch Methner!

Mer(t)z s. März! – **Merx,** Märx s. Marx!

Merzler (obd.) = Kaufmann, Krämer (mlat. mercellarius).

Mesch (ndd.) = Mersch (wie Kasch = Karsch), s. Maschmann!

Meschke (ostd.-slaw.) wohl = Metschke, wie Peschke = Petschke (Peter).

Meseck(e), Mesech: ostd.-slaw. Pers. N. (vgl. Mesekenhagen/Pomm.) s. Mieske!

Messer (obd.) = **Messerer** = **Messerschmitt, -schmidt,** vgl. Niklaus *Messer (Messerer)* 1369 Freiburg. Auch **Messerle.** Peter *messersmidel* 1385 Iglau. Joh. Melczer *der messer* 1370 Brsl., Fricze *messerer (messersmit).*

Messing: der Messingschläger (Kaltschmied), wie Kupfer = Kupferschläger, -schmied. Auch **Messinger** (so in Alt-Brsl. neben *messingsloer).* Vgl. Fricz *messinkcziher, -slaer* 1378 Prag, Rolf *missingslegere* 1317 Lüb. – **Messikommer** (obd.): = Messingheimer, vgl. Vollkommer.

Meßmer, Mesmer (alem.-schwäb.) = **Meßner,** Mesner (mlat. mansionarius): der Küster, Kirchendiener; bair. Mößmer, Mößner. Die Form mit *m* beruht auf Analogiewirkung der Herk. N. auf *-mer* für -heimer, vgl. Mannemer (Mannheimer), dann auch Stettemer (z. ON. Stetten/Lörrach), bes. in Baden (A. Götze, S. 36). Heinr. *Mesmer* schon 1180 Ottobeuren.

Meßwarp, Meßmacher s. Mestwarb, -werdt! – **Mester** s. Meister! Mesterharm (ndd.) = Harm (Hermann) der Meister, vgl. Mesterjahn.

Mestner (obd.-schles.): der *mit der mesten* hantiert (so in Alt-Brsl. neben *mestener*); mhd. meste »Hohlmaß« (Salzmeste, Mehlmeste, noch heute mundartl.); also wohl Hersteller solcher Maße oder Maßprüfer.

Mestwerdt (ndd., werht = worhte »Wirker«) = Messerschmied, vgl. glasewerte, bekerwerte, stenwerte (Lüb.); aus *Mestwarte* (1415 Hameln) wurde **Mestwarb** (Wirkung der Labiale) bzw. Meßwarp. Daneben **Mestemacher** (*mestemaker* 1393 Bremen, noch 1602 Flsbg.). Vgl. *mestwert* 1278 Hbg. (1430 Lemgo) nebst *mestwerkere* 1269 (wie salwerkere, lichtwerk: Lichtwark). Ndd. *Stekemest, -metz* »Dolch«.

Metelmann (Hbg. oft): aus Metel b. Wunstorf bzw. Metelen b. Ahaus. Vgl. Hamel-, Rintel-, Uffelmann. Joh. *de Metele* 1344 Hann.

Methfessel (obd.), umgedeutet Mä(g)defessel (Jena), meint den **Methsieder** oder Metgeb (*metgeb* 1357 Regsbg., *metsider* 1343 Brünn), mhd. auch *metbriuwe* »Metbräuer«, Metbreyer (*medebruwer, medemecher* 1263 Frkf.). Dazu Methsaft, Methschnabel. Ein Schenkwirt »zum Methfäßlein« 1775 in Wörd/Franken. In Saalfeld *Methfessel, Metfessichen* 16. Jh., in Nürnbg. 1580 Veit *Metfeßlein.* Vgl. Albert Methfessel, Komponist. Ähnlich Schön-, Noldenvessel. Aber **Meth,** Meht

(Lausitz) wie **Methe** (Lübben) dürfte nebst **Methner** (Schles., Laus.) zu sorb. *Mjeto* = Mertin gehören. Vgl. auch ON. Methau/Sa.

Methler: ON. b. Dortmund (819 Metlere, wie Mit-lere, Wit-lere, = feuchte Niederung). Vgl. Metelen a. d. Vechte, FN. Metelmann.

Methling (Hbg., Meckl.): ON. Gr.-Methling/Gnoien (Meckl.).

Metje(n), Mettjes s. Mette! Luder *Metken* 1509 i. O., ON. Metjendorf i. O.

Metschke (ostd.-slaw.) wie Matschke = Matthias; vgl. ON. Metschkau/Schles. u. lit. Metschies (wie Jokschies: Jakob).

Mett(e), Mettke: ndd. KF. zu Mechthild, s. dies! Noch 1595 in Flsbg.: *vor Mette* van Alevelde, vgl. FN. **Vermette** (wie Vernaleken). *Mette (Mechtild)* filia Joh. Papenhagen 1334 Strals., *Mette Metteke* oft in Rostock um 1275. Joh. *vern Metten* 1358 Hann. Zu **Metten,** Mettenius vgl. auch ON. Metten i. W. (*de Mette* 1277 Ro.).

Metternich: ON./Rhld. (2mal).

Met(t)ler (Görl., neben Mettner): wohl Patr. zu Metel, KF. zu Matthias. Niczek *Metler* 1404 Leitomischl, *Metlin* Maidvogel 14. Jh. Olmütz, *Methel* Chrenel 1414 Pausram. Vgl. FN. *Matel, Motel, Metel* neben *Matzel, Motzel, Metzel* in Böhmen/Mähren (E. Schwarz, S. 203).

Mettner (Laus., Schles.) wie Methner: patr. zu sorb. *Mjeto* (Mertin oder Matthias, vgl. Mettausch, Mattausch). Casper *Mettner* 1547 Lg.

Metz (Hbg. oft): zu metz (mnd. meste) »Messer«, vgl. Metzmacher, Stekemetz »Stechmesser, Dolch«.

Metze, Metzen: im MA. war Metze als KF. zu Mechthild so häufig, daß es entwertet schließlich (um 1500) auch Dirne bedeutete. Als Metr. vgl. Hainr. *Meczensun* 1323 Rottenbg., *Mecze,* Frau des Ramvold v. Gersdorf 1390 Görl. Vgl. ndd. Mette u. hess. Meckel!

Metzel (obd.): wie Matzel = Matthias, Matthäus. Eberh. *Metzel (Metzelin)* 1342 Bruchsal., Nic. *Meczlini* 1382 Mähren. S. auch Matzel!

Metzer (obd.): aus Metz/Lothr. Conr. *Metzer* v. Hagenau 1295 Straßbg.

Me(t)zger: allg. obd. Bezeichnung für den Schlachter oder Fleischer (mhd. metzjer, metziger, zu metzjen »schlachten«, metzje »Fleischbank«, neben metzeler: aus lat. macellarius u. macellum »Fleischbank«). Vgl. in Zürich 1258 Burch *vor der Mezzje,* in Konstanz 1259 Conr. hinder *der mezzje.*

Metzing (Hbg.): ON. Metzingen (Celle, Lünebg.). Aber **Metzinger** (1410 Reutl.) z. ON. Metzingen/Württ.

Metzke (ostd.): KF. zum slaw. Pers. N. **Metzlaff** (Miecislav), wie Tetzke zu Tetzlaff. S. aber auch Matzke (nebst Matschke, Metschke)!

Metzler (Württ., Mittelrhein: Frkf.) s. Metzger! (Auch *Hundemetzler* 1314 Frkf.).

Metzmacher: der Messerschmied (mhd. metz »Messer«).

Metzner (Schles., Sa. oft, auch Bay., Ö.): mhd. metze ist ein kleineres Trockenmaß für Korn, Mehl u. dergl. (gegenüber dem größeren Mutte oder Scheffel). Also Berufsname: Hersteller von Metzen; auch der Müllergehilfe, der den Mahllohn des Müllers mit der Metze abmaß, hieß Metzner (s. Bahlow, Schles. Nbch. S. 112). Ein Peter *mit der metzen* 1356 Glatz; Nic. Sander *meczner* 1397 Brsl., Petsche *mecznere* 1372 Lg. Ähnlich *Mestener* und *mit der mesten* Brsl. (meste = metze). Vereinzelt mag die KF. Metze (= Mechthild) hineinspielen, vgl. das Metr. Jüttner zu Jutte. Mundartl. *a* zeigt **Matzner.**

Meulen (Ter Meulen): ndrhein. = zur Mühlen. – **Meuer:** vgl. ON. Meura/Saalfeld. **Meurer** s. Mührer, Maurer!

Meumann (Westf.); vgl. Meubrink; meu = mö = möde, mod »Morast, Sumpf«. Vgl. Mödebek, Möde-: Möwick, Flur Mode; Modgau.

Meusel s. Mäusel! – **Meuser** s. Mäuser!

Meuslahn, Meislahn: ostd.-slaw. Myslan, vgl. Meuselwitz (Myslowitz), Meußließen usw. – **Meuter** s. Mauter!

Mew(e)s, Mev(e)s, Mevius: ndd. KF. zu Bartholomäus, s. dies und Mebes! *Bartelmewes* Buhrholdt 1652 Angermde, *Mewes* Sarnekow 1359 Grfsw.

Mey, Meybohm s. Mai, Maibohm! – **Meyboden:** erst 1907 neu gebildet aus Meyer u. Bodenbender!

Meyburg (Hbg.): in Hbg., Bremen, Lüb., Ro. um 1280/1330 mehrf. weibl. VN. (*Meynburgis, Meymburgis, Meyburgis:* zu magin, megin »Kraft«). Vgl. Reimburg, Wolburg, Wendelburg, Gerburg, Hildburg, Helmburg, Dietburg, Eilburg, Adel-, Alburg. – **Meyen** ist Patr. bzw. Metr. zu fries. **Meye,** Variante zu Meyne (Meinhard bzw. Meinburg), wie Heye, Heyen neben Heyne (Heinrich). Schon um 1320 Herm. *Meyen* in Lüb.

Meyenburg (Hbg.): ON. b. Bremen, auch b. Pritzwalk.

Meyer s. Maier! Als jüd. N. beruht Meyer auf hebr. *Me-îr* »erleuchtend«, schon b. Josephus a. 70 n. Chr. Vgl. Samuel *ben Meîr* 12. Jh. u. Meyerbeer. **Meyerinck,** -ing ist westf. Patr. zu Meyer, wie Möllering zu Möller. Vgl. Herm. *Meyerinck (Meyerman)* 1608 Mstr. – **Meyerding** (Brschwg. oft) dürfte einen ON. enthalten (vgl. Schneverding(en), wenn nicht jüngere Variante zu Meyering vorliegt).

Meyerhoff: westf. Hofname, s. auch Maierhofer (obd.).

Meyke, Meycke, Meik: fries. KF. wie Meye (s. Meyen!), als weibl. VN. *Meyeke, Meyke* 1282 in Ro. S. auch Meyburg! Vgl. Heye, Heyke!

Meyn (Hbg. oft), Meyne: wie Meineke ndd. (fries.) KF. zu Meinhard, s. Meineke! auch fries. Meene! Patr. ist Meynen u. **Meyns** (oft).

Meysel s. Meisel! **Meysenburg** s. Meisenbug! **Meyser** s. Meiser!

Meywald s. Maiwald, Mehwald! – **Mezger** s. Metzger!

Michael (hebr., wörtl. »wer ist wie Gott?«): Michael, Gabriel u. Raphael sind die 3 Erzengel des Alten Testaments. Als Satansüberwinder verdrängte M. im frühen MA. den germ. Wodan, daher viele Wodansberge (Höhenkultstätten) fortan Michelsberge benannt. Weiteres: Bahlow, Vornamen S. 74. Eingedeutscht **Michel,** bair. Michl, m. Patr. **Michels,** Michelsen (nordd.), **Michler** (obd.). Dazu (lat.) **Michaelis, Michahelles,** ndrhein. **Micheelsen.** Ostd.-slaw. Michalik, **Michalke, Michalski,** Michelk, Michlik, Michling, Michnik. *Michan* 1369 Iglau.

Micksch (Schles., Laus., Sa.): KF. Mikusch zu Mikolaj, slaw. Form von Nikolaus. Vgl. *Mikusch* vischer 1346 Brsl., *Mikusch* Schoppe 1414 Neiße, Niclas *Mikisch* 1490 Görl. Auch Nikusch: Nikisch. Dazu **Micka** (O/S. oft), Micke, Mick, umgedeutet **Mücke** (Laus., Schles. oft) nebst **Mükkisch** (Görl.); auch **Mickan** (wie Pechan: Peter); Mickat (ostpr.-lit., nebst **Mickeleit**).

Middendorf (Hbg.): ndd. ON., mehrf. in Westf. (Kort *Middendorp* 1461 Lippe). Zu *mid* »Moder, Schmutz« s. Bahlow, ON. S. 334; vgl. Myddenhull/Engld., zu midden »Mist«. Anders der ÜN. Hartmut *»mitten in dem Dorf«* 1340 Frkf. – **Miede(ke):** vgl. slaw. *Mydeteche* 14. Jh. Stralsund.

Miebe(s): ostd.-sächs. = Mebes (Barthelmebes), s. dies!

Mieg, Miege (alem.-schwäb.) = mhd. müeje »Mühe, Not«, urkdl. *Müe, Müg, Mieg* 15. Jh. Schlettstadt, Hans *Müg* 1441 Rottweil, *Müge* 1309 Eßl. Haintz *Mieg* 1396 Allgäu.

Miegel: ostd.-slaw. Schreibung für Michel. Bek. durch die Dichterin Agnes M. aus Ostpr.

Miehe s. Mühe u. Miege!

Mielke, Miehlke, Mielck: ostd.-slaw. KF. *Milek* zu Milo-slav, Milobrat (mil = lieb, gnädig), s. auch Miltzlaff u. Milbrecht! Auch **Miehle,** mit Suffix *-an: Milan,* Mi(h)lan, Milhahn, Mühlan u. ä., sowie **Mielchen** (schles.). Vgl. *Milike* 1292 Ro., *Mileko* (Bureslai) um 1300 Strals.

Mier(c)ke: ostd.-slaw. KF. *Mirek* zu Miroslav (miru »Ruhm«). Dazu *Mirusch:* **Miersch** (Mirisch 1483 Meißen). Vgl. ON. Mirikau/Böhmen.

Miermeister (Stettin): = Müremester 1326 Stettin: »Maurermeister«.

Mies, Mieser (obd.), Miesbacher: z. obd.-bair. Flurn. Mies »Moos, Sumpf« bzw. ON. Mies, Miesau, Miesbach.

Mieske: ostd.-slaw. wie Meske, s. dies. Vgl. Wladislav fil. *Mesiconis* 1186 Pomm., *Meseke* Crummedyk (Knappe) 1356 Holstein. Dazu auch (von) Miesitscheck.

Mießgang (Mchn.) s. Müßiggang!

Mießner: ostd.-slaw., s. Mieske! Desgl. **Mießnick** (poln. auch = Schwertfeger).

Mieth(e), Miethke, Miethner (ostd.-slaw.) s. Methe, Methner! **Miethsam** (Mchn.): mhd. *mite-sam* »umgänglich, gesellig«, in Alt-Brsl. *Metesam.*

Mietz(sch), Mietzner, Miets-, Mietzlaff s. Mitzlaff!

Mihlan s. Mielke! **Mihle:** vgl. slaw. ON. Mihla b. Eisenach.

Milbradt, -brodt, -bredt, umgedeutet Mildebrath, Mildbrett, Mühlbradt, -breth, **Mühlbrett,** auch Mill-, Mildebrandt, beruhen alle auf dem slaw. Pers. N. *Milobrat* (Miklosich, S. 289): milu »lieb«, brat »Bruder«. Vgl. *Milobrat* filius Nagos (1204), Höriger d. Klosters Trebnitz/Schles.

Milchsack: mhd. = Hirtentasche (Joh. *Milchsack* 1396 Prag/Zittau); vgl. Joh. *Milchtasch* 1511 Eisleben. Dazu Hs. *Milchraym* 1419 b. Eger. Auch **Milch,** Milchli (1293 Zürich), Milcher (1344 Prag) = »Milchhändler«, nebst Butter-, Fett-, Sauer-, Süßmilch (ndd. Sötmelk), Schlegelmilch (mhd. = Buttermilch). Aber **Milchling** meint deutlich ein junges Milchgesicht, so Wernher u. *Milchling,* Söhne des Wernher Cornygel, sowie Knappe Conr. gen. *Milcheling* 1308 b. Wetzlar.

Milde, Mildt meint den Freigebigen, Barmherzigen (in Thür. vgl. auch ON. Milda). Markward *mitdermildenhant* 1303 Grfsw. Markw. *Mildehovet* 1285 Hbg. – **Mildenstrey** s. Milstrey!

Mildner s. Müldner; vgl. Mildenau/Sa. (u. ö.). – **Milek** s. Mielke!

Milhan s. Millahn! – **Milkau:** ON./Sa.; zu Milke s. auch Mielke!

Millahn, Millha(h)n, Mi(h)lan, Mildahn, Mühlan: KF. mit Suffix -an (Milan) z. slaw. Pers. N. Miloslav, Milobrat (*Milan* um 1300 Strals.). Vgl. auch *Milek:* Mielke sowie Milbradt, Miltzlaff!

Miller (obd.) s. Müller! – **Millfahrt** (Sa.), s. Mühlpfort!

Millies wie **Mellies** = Amilius, Amelius s. Melis! Vgl. Hans *Milies (Milliges, Amylii, Millius)* um 1450 Duderstadt, wo schon 1273 Berchtold *Amilii,* Ratsherr!; *Amilius (Amelius)* um 1250 Brsl., *Amilius* (Knappe) 1302 Wetzlar; Köln schon 12. Jh.

Millöcker: z. ON. Mühleck, -egg/Ö.

Milosch, Milusch s. Milek, Mielke, Millahn!

Milse: ON. b. Bielefeld, vgl. den *Milsibach* b. Thulba, die *Milseburg* b. Fulda, *Milisungen:* Melsungen a. Fulda, zum prähistor. Bachnamen *Milsa, Milisa (Milsapa:* die Milpe/Ruhr, d. i. »Sumpfwasser«).

Milstrey, Miltztrey, Millstreich, Mildenstrey: slaw. Pers. N. *Milo-stroj* »lieb« + »Ordnung«, vgl. Dumstrey, Dohmstr(e)ich! Ein ON. Milstrich/Lausitz. Oder slaw. Milo-strij »lieber Onkel«.

Milter: vgl. ON. Miltern b. Stendal.

Mil(t)z: vgl. ON. Milz/Thür., Milzau b. Halle, Miltzow/Pomm. Aber Hartmud *Miltze* 1363 Frkf.! Vgl. Leber.

Miltzlaff (Pomm.): slaw. Pers. N. *Miloslav,* s. Mielke!

Minde, Mindemann: aus Minden i. W.; auch »v. Minden«. Entstellt **Mindermann,** soweit nicht = mhd. »minder bruoder« = Minorit oder = **Minderlein** »von geringerem Stande«. **Minnemann** (Hbg.) ist ndd. Variante zu Mindemann, wie Linnemann zu Lindemann. – **Mindt** (Hbg.) s. Mint!

Mink(e), Minck(e): fries. Variante zu Menke, mit Patr. **Minkema** wie Menkema, zum Pers. N. Meinhard, Meinward, Meinrich, s. Meineke!

Minners, Minnert (Hbg. oft): fries. Variante zu Mennert, Meinert, Meiners, s. Meineke! *Minnert* Jaben, Friese 16. Jh. Ebenso **Minning** zu Menning, **Minnich** zu Mennich (*Mynnyck* 16. Jh.), **Minssen** (patr.) zu Menssen (vgl. *Minno* Hilläus 1494, Dure *Minsen* 16. Jh.). **Minor** (lat.) = Kleiner, Minder.

Mint(e): Hbg. oft, nebst Minten (patr.): fries. Variante zu Mente, Meint = Meinhard, s. Meineke! Vgl. Rent, Rint, Reint: Reinhard.

Min(t)zlaff (Pomm.): slaw. Pers. N. auf -slav »Ruhm«, wie Miltzlaff, Mitzlaff, Wentzlaff, Tetzlaff, Retzlaff usw.

Minwegen (ndd.) = »meinetwegen«.

Mirbt, Mirbeth s. Merbt!

Mirsch, Mirek s. Miersch, Mierke! – **Mirow:** ON./Meckl. (2mal).

Misch, Mischke, Mische, Mischer, Mischok, -ak, -ek (Schles., Laus.): slaw. KF. zu Michael (F. Miklosich, Nr. 223, Bronisch, S. 181). Auch Mischan(ek), Mischner, Mischnik.

Misselhorn (Hbg.) meint »sumpf. Winkel«, vgl. die *Misselenbeke* (Mißmecke) b. Meschede, den *Misselberg* b. Nassau, das *Missefeld* b. Kassel; auch in Württ.: die *Missen* (Waldsümpfe), *Missenhardt* u. ä.

Misspagel (Hi.): »schlechtes Pferd«; Tilke Myspage 1598 Hi. Vgl. Rönnpage(l), Strohpage(l).

Mitgau: ostd.-slaw. ON., wie Repgau, Repgow u. ä.

Mitnacht = Mitternacht.

Mitscherlich, -ling (Sa.): schwerlich = »Wutschierling«, sondern slaw., vgl. **Mittschrik.**

Mitschke (Schles., Laus.) = Nitschke (Nikolaus), m. slaw. Anlaut; vgl. *Nitsche (Mitsche)* Ungeroten 1389 Lg., Peter *Mitschko* 1427 Lg. S. auch Micksch!

Mittag: im allg. wie Morgen u. Abend die Tageszeit (auch Himmelsrichtung: Süden), vgl. Nikol. *Mittag* 1461 Freiburg. Die Häufigkeit im sächs.-laus. Raum (Dresden über 60mal! neben Mittasch) beruht aber auf der wend. KF. *Mittak* (nebst Mittas, Mittasch) für Matthias! (Gottschald, S. 102).

Mittenzwey(g) neben Mittenentzwey ist ÜN. (Gesellenname) für Holzspalter, Brettsäger u. dergl. Ähnlich: Rammenzweig: ramme entzwei! Vgl. Concz *Mittenentzwey* 1449 Frkf., Bernh. *Middenentwey* 1302 Hann., **Mittendrein** wohl wie Haudrein = Haudegen, Landsknecht. Nicclos *Mittedryn* 1413 Görl. Aber Heinz *mitten im wege* 1409 Würzbg.

Mitter(er): oft in Bay., bedingt durch die Hofsiedlung; mhd. mitter »in der Mitte, der Mittlere«, nach d. Lage d. Hofstätte; vgl. Mitterhofer (Kuonzli *von dem mittern hof* 1430 Tirol), Mittermaier, Mittermüller (Bay. oft), Mitterreiter(-reuter), -wieser, -wurzer, -egger, -hueber, -kofler, -steiner, -rutzner.

Mitternacht, Mittnacht: mehrdeutig, wie Morgen, Mittag, Abend; sei es vom Beruf (Nachtwächter), sei es von d. Lage d. Wohnstätte (gen Norden); in Mainz 1347 e. »Hof zur M.« u. 1320 Peter *ze der M.*

Mittmann (Schles., Laus.): = Tagelöhner (mhd. mietman), der zur Miete wohnt; schles.-md. *i* entspricht mhd. *ie,* vgl. Dittrich = Dietrich. Merten *Mietman* 1497 Görl., Peter Rudolff *mittman* 1422 Lg. (Schles. Nbch. S. 112).

Mittwich = Mittwoch, wie Knoblich = Knobloch; s. Montag!

Mitzlaff, Mietz-, Mietslaff (Pomm.): slaw. Pers. N. wie Titzlaff, Witzlaff, berühmt durch Herzog *Miecislav* (966 getauft), Organisator d. poln. Kirche. (Wörtlich »Schwert« + »Ruhm«).

Möbius, Möbes (Sa.) s. Mebes!

Moch, Mocha: ostd.-slaw., wie ON. Mochau, Mochow »Sumpfort«.

Mock (obd.), **Möck(e)l:** plumper Mensch (mhd. mock »Klumpen«). Jeckl *Mock (Mockl)* 1359 Iglau, Hs. Trye gen. *Mock* 1478 Villgn.

Möcker, Mocker: z. ON. Möckern (Lpz., Magdebg.) bzw. Mockern a. Pleiße; slaw. *mok-r* »feucht, sumpfig«, wend. mokar »Sumpfbewohner«. Dazu auch Mockry, Mockroß. Vgl. auch hess. Mockegraben »Sumpfgraben«, Mocke auch für »Sumpfblume«.

Modeke (ndd.): KF. zu Lutmod, Hartmod (mod = Kampfesmut). So in Hbg. 1268 *Modeko (Modekinus)* nebst Patr. Joh. *Modekonis,* ebda. auch fem. *Modeka:* dort auch *Lutmodus (Lutmot)* 1264, desgl. in Strals. um 1300 Lutmod u. Modike. Vgl. auch Hartmod. In Westrum/Hann. 1471 Herm. *Moddeke.*

Mod(e)l (obd.-bair.), Modlmayer, -meier (Mchn.): mhd. model »Form«, modelen »formen«, ein Former, Formgeber. Aber **Mödl** (Mchn. oft) dürfte auf mhd. medel (madel) »Made, Würmchen« beruhen. Vgl. Käsmodel. Berthold *Model* 1291 Reutlgn.; *Model* 1307 Eger, 1357 Bamberg. Um Eger beruht *o* auf *a:* dort um 1395 *Mader, Moder, Moderl* als FN., also = Mader »Mäher«! Vgl. Flurn. Madl öfter in Bay.! **Modler** in Böhmen/Schlesien nebst **Model** (Görl.) mag zu den slaw. ON. Modlau (Kr. Bunzlau u. Glogau) bzw. Modlan/Böhmen gehören: Hs. *Model* 1381 Sorau, Hs. *Modler (Modlan)* 1328 b. Außig. – **Moder(h)ack** s. Murach!

Modersohn (ndd.) = Muttersöhnchen. Bekannt durch den Maler Otto M. aus Soest. Schon 1279 in Rostock: Herm. *Moderson.*

Möding (Hbg. oft): mnd. moding »elender Mensch, Schurke« (mit schelwort se sprak: »du modhing!« Herman Modingh 1497 Mulmsdorf.

Modschiedler: aus Modschied(e)l (Franken, Böhmen).

Möffert (Bay.) s. Meffert! – **Modrak** s. Mudrak!

Mögebier, ndd. Mägebeer: ÜN. für Zecher, wie Schwenkbier, Schluckbier, bzw. für Schankwirte; s. unter Bier! – **Mogk** s. Moog!

Mohaupt s. Mohnhaupt! Vgl. Mohappl/Ö.

Mohl (Württ.): bekannt durch Robert v. Mohl, Staatswiss.; mhd. mol »Molch«. Vgl. aber obd. *mohl* »faulig«, ahd. molwen »faulen«.

Möhl(e), Möhlmann (ndd.): der an der Mühle wohnt oder in ihr tätig ist; auch **Mähl(mann).** Vgl. Zur Möhle, Termöhlen, Tormählen. Ütermöhl; Möhlheinrich, Möhlenpage, Möhlendor; Altmöhl, Niemöhl.

Möhler (Mchn. oft): bair-frk. Variante zu Mehler = *Mohler, Mahler,* also der Maler. Vgl. *Meler* pictorius (= »Maler«) 1512, *Möhler* 1579 Tauberbischofsheim (F. Nied, S. 104). Lautgerechter wäre (weil Umlauts-*e* sonst nicht gerundet wird) Ableitung von »Mehl« (mhd. *mel*) bzw. »mahlen« (mhd. malen); vgl. den *malczmeler* 14. Jh. Brsl.!

Mohme (ndd.) = mnd. mome »Muhme«. Vgl. *Moymken* 1396 Hildesh.; Möhmking. S. auch Muhme!

Mohn, Mohns, Mo(h)ns(s)en (Hbg. oft), auch Mohnen **Mo(h)neke,** Mohnke: nordfries. Pers. N. (J. Winkler, S. 264), KF. bzw. Patr. zu *Mon-rad* (FN. Monradt/Schleswig oft); germ.-got. mun- »Gedanke«, vgl. Wodans Raben Hugin u. Munin. In Stade 1353 Bauer *Monik* (Henniken Sylemannes sone) meint wohl »Mönch«, vgl. Heyneke der Monike 1352 Hann. Als Patr. vgl. **Moning** (Henneke *Moningh* 1337 Barth). Auch Monne, Monnen, Monssen sind fries.

Moh(n)haupt, Mohnkopf, Mohnsam, Mohnkern, Mohnsack, Mohnbüchse sind Berufs-ÜN. des Mohngärtners bzw. -händlers, -krämers (vgl. Hopfenhaupt: der H.-händler); zu mhd. mâhen, mân »Mohn«, vgl. *Manhovet* 1518 Hann., *Mahinkorn* 1389 Fritzlar, *Mahenhaup* 1389 Eger. Ndd. **Mahnkopp.** In Freiberg 1362 *Manheubt,* 1429 *Man-, Monbüchse, Monsack,* in Schles. ohne Nasal: Mohaupt (*Moheupt* 1547 Lg.), in Mähren: *Magheupel* 1365 Brünn (mhd. mâge »Mohn«), wie *»zem Magsamen«* 1375 Freiburg. Vgl. Mohappel/Ö. **Moherndl** (Mähren) = Mohnhörnchen (Bäckern.), aber **Mohorn** ist auch ON. b. Freiberg: 1350 Ohorn, Ahorn (= vom Ahorn!).

Mohr (oft), **Möhrle** (obd.), **Mö(h)rke,** Möricke (ndd.) meinen den Mohren, wie auch **Mohrenkopf,** Mohrenhaupt, Mohrenkönig, (d. i. einer der heil. 3 Könige), z. T. durch Hausnamen vermittelt, z. T. durch Reisen ins Mohrenland (vgl. Russ: Reuß, Preuß). Sonst wohl auch »schwarzhaariger Krauskopf«. Ndd. s. aber Mohr(mann).

Mohrbotter, -butter (ndd.): e. Buttersorte (ÜN. des Butterhändlers), wie ndd. Söte-, Farsch-, Hübotter. – **Mohrenstecher** = Kastrator (mhd. môre »Zuchtsau«), vgl. »Bärenstecher«.

Möhrenschlager (Mchn.) wie Merkenschlager, s. dies! **Mohrenweis(er):** ON. Moorenweis/Bay.

Mö(h)ring (Hbg. oft): Patr. zu Mohr, Möhrke. Vgl. auch ON. Mö(h)ringen (Stendal, Stettin). Obd. Möhringer z. ON. Möhringen (alt Meringen) in Württ.

Mohr(mann): Hbg. oft, auch **Moormann,** der im Moor Wohnende, von dort Zugezogene. Vgl. Joh. *van deme More* 1367 Ladecop. Dazu **Mohrdieck,** -holz, -hoff, -beck u. ä.

Möhwald s. Mehwald!

Mo(h)winkel (Hbg.): ndd. ÖN. *Modewinkel,* wie Glenewinkel, Mieswinkel u. ä. (*mod* = Modder, Morast, vgl. die Mode, Modgau, Modehorst, Modebeke, Modewik: Mowick).

Moje, Mojen (Hbg. oft): vgl. *Moyekop* 1282 Ro., *Moyfink* 1474 Barth (moie »schön, schmuck«).

Mokroß, Mokrosch s. Möcker!

Mölber (Bay.) s. Melber! – **Molch** s. Mohl! – **Moldt** s. Molter!

Moldenhauer, Mollenhauer (Hbg. oft): ndd. Vertreter des Holzgewerbes, der Mulden zuhaut, verfertigt, bes. die längl. Back- u. Fleischtröge. Desgl. **Möldner** (*moldener* in Hildesh.), s. auch Müldner! Dazu **Moll(e),** soweit ndd., siehe aber obd. Moll!

Mölders s. Mülders!

Molfenter (obd.): d. i. »zum Olfenter« (alter Hausname, mhd, olbent, olbentier »Kamel«); vgl. auch mhd. olifant »Elefant«. Happel *Molfentere* 1344 Wetzlar.

Molitor (lat.) = Müller. – **Mölk(e):** ON. Mölke bzw. Mölkau/Lpz. – **Molkenteller:** ÖN. Molkental, wie Diefenthäler, Blumendeller (alle obd.).

Moll (obd.): dicker, plumper Mensch, vgl. schwäb.-alem. Mollenkopf, Mollenschädel. Junker Stefan *Mollenkopf* 1436 Baden, Sifrit *Molle* 1233 Konstanz. Vgl. aber nordd. **Molle** (= Mollenhauer).

Möllendorf, Möllenbeck (ndd.): = »Mühlendorf, Mühlenbach«. Vgl. Johan tor Möllen 1540/Osn.

Mollenhauer s. Moldenhauer! – **Moller,** Möller, (ndd.) s. Müller!

Möllering: westf. Patr. zu Möller, vgl. Meyering!

Möllmann s. Möhlmann! – **Möllrich:** ON. b. Fritzlar (Conr. *Melderich* 1400 Kassel); vgl. Mellrich b. Lippstadt: *Meldrike,* zu meld- »weich, morastig«.

Molsen (Hbg.): nordd. ON. auf -husen, -sen, wie Holsen u. ä. (mol, hol = Moder, Moor); vgl. Mulsum b. Stade.

Molt(mann): ndd. wie **Molter,** Mölter, auch Multer = obd. Mälzer, Melzer »Malzbereiter«. Bertoldus *Moltere* 1300 Hbg.; Conr. *Molt* 1281 Ro., Joh. *moltkorn* 1327 Lüb. Vgl. *moltmetere* **»Malzmesser«** 14. Jh. Lünebg.

Moltke: wie der Feldmarschall Helmuth Graf v. M. (geb. in Parchim), so ist auch s. Name im Ostseeraum daheim, offenbar wie Molt, Moltkorn als ÜN. des Molters, Moltmeters aufzufassen, zumal um 1350/59 neben Vicke u. Henneke *Molteke* (Wokrent) auch Otte *Molte* erscheint; ein *Molteke* piscator (Fischer) um 1320 Stralsund. (F. Witte dachte an slaw. moltek »Hammer«). Vgl. ON. Moltekow/Stralsund.

Möltner (Tirol): Hainz *Meltner* auf dem *Meltenlechen* 1406 (z. ON. Melten/Etsch).

Mol(t)zahn s. Maltzahn! – **Mol(t)zen** (Hbg.) vgl. ON. Molzen b. Ülzen.

Mombert, Mommert s. Mummert!

Mommsen, Mummsen (Hbg., Schlesw.-Holstein) ist fries. Patr. zu **Momme,** Mumme, nebst **Mommen,** Mummen, **Momke,** Mumke. Bekannt durch Theodor Mommsen (Historiker) aus Schleswig. Vgl. Nik. *Mumme (Mummonis)* 1290/1305 Hbg.

Moneke s. Mohn! – **Monhaupt** s. Mohn!

Mönk(e), Mönkemöller, Mönkemeyer, Mönkeberg, Mönkediek enthalten ndd. Mönk *(monik)* = Mönch, obd. Münch (mhd. münich; lat. monachus = Einsiedler). S. auch Barfoth! Gerardus dictus *Monik* (Priester) 1320 Demmin, Gobel *Monik* 1307 Grfsw. Vereinzelt wohl auch = Sohn eines Mönchs. Auch *Mönnich:* Nikol. *Monnik* 1399 Grfsw.

Monne, Monssen s. Mohn!

Monschein, Mondenschein: vermittelt durch Hausnamen, vgl. in Wöhrd b. Nünrbg. 1690 den Wirt »zum guldenen Mondschein«, in Görl. 1493 Nikol. *Mondenschein,* in Breisach 1398 e. Haus »z. Monen« (mhd. mâne, mône). Haintz *Mone* 1350 b/Stuttg.

Montag (Thür., Sa., Schles. oft): wie die übrigen Wochentagsnamen wohl von zeitgebundener Tätigkeit bzw. Dienstleistung (Gespanndienste z. B.) oder Zinsverpflichtung. Ndd. Herman *Mandach* 14. Jh. Ro.

Moog, Moogk (Thür., Hess.) = obd. Maag! »Blutsverwandter«. Andres *Mog (Mogk, Mag)* 1406 Jena. – **Moormann** (Hbg.) s. Mohrmann!

Moorlüder, -lühr (ndd.) = Lüder (Ludolf) im Moor.

Moos(er), Moosmayer, Moosbauer, -bichler, -brugger, -eder, -hammer (-heimer), -lechner, -leitner, -rainer, alle obd., zu moos »Sumpf, Moor«. Dazu Deutel-, Enne-, Heiger-, Rohrmooser usw.

Mooshake s. Möser!

Morand (Schweiz): Heil. N. (Apostel d. Sundgaus). Vgl. die mhd. Dichtung »Morand u. Galie«.

Morath (obd.): ursprüngl. Morhart, (wie Erath für Erhart) s. dies!

Moratz: slaw. ON./Pomm.; vgl. auch Moratschke.

Morawa, Moravek, Morawietz, Morawski: z. slaw. Namen Mährens (Morawia). Vgl. dt. Mähr-, Mehr-, Meerländer.

Morche: mhd. Form für Möhre, Mohrrübe; auch = Morchel: vgl. Morcher = Pilzsammler.

Mörder: allenthalben als ÜN. von gelegentlichen Totschlägern, auch von Raubrittern, Mordbrennern u. dergl. Vgl. Gothan *Mordere,* Ritter 1243 Pomm. u. Gotan *Mortberner,* Knappe 1322 Rügen. Hannos *Morder,* meyster Joh. v. Rothenburg des arztes son, 1364 Brsl. Im übrigen meint mhd. mörder auch allgemein Missetäter. *Mordebier, Morderanft, Morderogge* sind Spottnamen in Satzform. Vgl. Hasen-, Hünemörder.

Mordhorst (Kiel zahlr.) deutet auf dortigen ÖN.

Morell (Schweiz, Württ.): der heil. Maurelius, vgl. **Orell** (Schweiz): der heil. Aurelius. Andres *Morell* 1565 Freiburg.

Morf(f), zahlr. in Zürich, könnte wie **Moroff** aus dem Pers. N. Morolf (aufs Mohrenland bezüglich) kontrahiert sein; dagegen sprechen aber das frühe Vorkommen (Konlin *Morff* 1467/Nagold) u. die KF. **Mörfel.** Ein Wilh. dictus *Morolf* 1295 in Basel, C. *Morolf* 1402 b. Biberach. Vgl. das mhd. Spielmannsgedicht »Salman u. *Morolf*« um 1190.

Morgen: Flurname bzw. Bauernname, vgl. Siebenmorgen. **Morgenbrot,** Morgenmus: bäuerl. ÜN. f. d. Morgenmann, Morgengesellen (: morgendl. Kostgänger, Früharbeiter). **Morgenrot** (oft), **Morgenschweiß** (Siegerländer Bauerngeschlecht), Morgenschein, Frühmorgen meinen den Frühaufsteher (Bauer, Landarbeiter, Knecht). **Morgenstern** (oft) ist auch als Hausname deutbar. *Leydestern* 1327: Polarstern (Schiffername). **Morgenbesser,** Morgenweg s. Mornebesser, Morneweg!

Morhard(t): Baden, Württ., seit den Kreuzzügen als persönl. N. gebraucht, vgl. *Morhart* u. Albrecht, Brüder 1251/ Baden, *Morhart* Citvogel 1286 Stuttg., Joh. *Morhart* 1238 Freiburg. S. auch Morath!

Möricke, Mörke s. Mohr! Vgl. Wicboldus socer *Moreken* 1339 Hann.

Möring s. Möhring!

Moritz (auch jüd. f. Moses), patr. Moritzer (obd.) Moritzen (Schlesw.): auch Mauritz, d. i. der heil. Mauritius (ein christl. Maure), soll b. St. Moritz/Schweiz gefallen sein. Mauritius-Kirchen in Köln, Münster, Magdebg. usw. Als VN. in Sachsen dynastisch bedingt (Kurfürst M., 16. Jh.).

Mörl (Bay.), Mörlein: s. Mohr! Vgl. auch Merl! (Simon *Mörl* 1420 Tirol, *Morlein* 1386 Bayreuth).

Morlock (Baden, Württ.) dürfte wie *Morschoph* (1294 Augsbg.) u. *Morhaupt* (1573 Schw.-Hall) nebst *Morhoved* (1350 Haldsl.) einen »Mohrenkopf« meinen, = schwarzhaariger Krauskopf. Vgl. Konr. v. Mindelheim gen. *Morlock* 1465 Neuneck/ Schwarzwald. Aber **Mahrlock** wie **Marzahl** (zagel »Schwanz«) meint den zottigen Haarschopf, zerzaust von den Mahren (= quälenden Nachtgeistern), mhd. mar (engl. nightmare »Alpdrücken«), poln. mora »Alp«. Vgl. Heintz *Marlock* gen. Isenbiß 1426 b. Konstanz. Noch heute heißt in westd. Mundarten der Weichselzopf »Marlocke, Mahrzotte, Mahrzagel«.

Mornebesser, heute meist **Morgenbesser** (spez. schles.): ein Satzname aus der Zunftstube (Gesellentaufe), »machs morgen besser«! (wie *Lernesbas* 1372 Lg.). Hans *Mornebesser* 1433 Lg., Mich. *Morgenbesser* 1589 Brieg. Ein M. schrieb die Geschichte Schlesiens.

Morneweg, Mornewey, Morgenweck: »morgen wieder weg«, ÜN. des Unsteten, Fahrenden. Jacob *Mornunwech* 1270 Uri, Heintz *Mornenweg* 1350 Württ., Hs. *Morgenweg* 1420 M.-Trübau, *Morneweck* um 1300 Brsl. Vgl. P. *Schnellenwegk* 1430 Augsbg.

Morolf, Moroff s. Morff!

Mörsch(ner): obd. Herk. N., vgl. ON. Mörsch (Baden, Pfalz), Mörschenhart (Baden), Mörschwang/Ö., alle urkdl. Mersch- »Sumpf« (lat. mariscus) enthaltend, vgl. Wiesen »an dem *mersche*« 1307 Württ. – **Mosapp:** aus Mooshappen/Bay.

Mortensen: dänisch f. Martensen (Martins Sohn).

Mörtl, Mörtlbauer (Bay.) = Mertl, s. Merten!

Mösch, Möschl (obd.), Möschler: vgl. Möschelbach »Sumpfbach«. Ulr. *Mösche* 1264, *Möscheli* 1290 O. Rh., Hans *Mösch* 1381, Hainr. *Möschlin* 1441 Württ. (angebl. = geringes Pelzwerk). Vgl. aber Mös, Mösl, Mösler.

Mösch (Hbg.), Mösche, Möschke: s. Müsch!

Moser (obd.) s. Mooser! Dazu **Mösbauer** (Bay. oft), **Mösl,** Mösler: im Mos (= Moos, Sumpf, Ried) wohnend; Rud. in dem *mose* 1269 Württ., Hainr. *in dem Mos* 1379 Tirol.

Möser (ndd., Hbg., Bremen) = Gemüsehändler: Radolf *Môsere* 1363, Hinr. *Mûsere* 1372 Bremen. Desgl. **Mo(o)shake** (ndd.) »Gemüsehöker«, mnd. *môskorf* »Gemüsekorb«. (Justus Möser stammte aus Osnabrück.)

Moß, Moßbeck s. Moos! – **Mosse** (jüd.) = Mose (Moses).

Mößmer, Mößner s. Meßmer, Meßner! – **Möst** s. Most! Aber die Hohe Möst/Thür. ist e. sumpf. Höhe.

Most (obd.) meint den Mostbereiter; desgl. Sauermost, Mosthaf »Mosttopf«, vgl. Ölhaf, Schmalzhaf. Auch Mostert, Mustert; Mößt(el). Bentz *Most* 1399 Villgn. Nic. *Möstl* 1358 Brünn.

Mötefiendt (ndd.), entstellt Medefindt: »tritt dem Feind entgegen« ÜN. des Mutigen (zu ndd. möten, engl. meet »feindl. begegnen«). Vgl. den Ritter *Mötemedüvele* um 1300/Holstein (1294 auch Hbg.), Bertram *Mötepape* 1254 Hbg.

Moth(e)s, Mottes, Motl (obd., Vogtld.), auch Modes (Valten Modes: urkdl. 1644 = Valentin Matthesius) s. Matthäus! Auch Mothejus. Mit slaw. Suffix: Mottek, Mottig. – **Motschiedler** s. Modschiedler!

Motsch(mann), Mötsche(l): wie schweiz. Mötsch, Mutschi = Dickkopf. Hans *Motsch* 1396 b. Sonthofen.

Motz (obd.) wie **Motzer,** Motzler = schmuddeliger, träger Mensch, zu schwäb. motz »Schmutz«, motzen »im Schmutz herumrühren«. Vgl. auch Mozart! Gebhard dictus *Motze* 1314 Würzbg., Eberh. *Mötzlin* 1353 Eßl., Fritz der *Motzler* 1350 b. Stuttg. Aber Heintz *Motzenesser* 1350 b. Stuttg., Albr. *M.* 1409 Cannstatt meint spottend den Bäkker (wie *Fladenesser* 1386 Eßl.): Motzen, hess., Mutzen ist e. längl. Brot.

Moykop(f) (Hbg.): »Schönkopf«. Herman Moyecop 1282 Ro, Mogekop (Ratm.) 1300 Malchin. Mnd. moie »schmuck«; s. Moje.

Mozart: im Augsburger Raum beheimateter N. (wie auch die Sippe des gr. Komponisten). Dort schon 1331 Heinrich *Motzhart,* 1551 Stoffel *Motzhart.* Aus Ehingen 1522 Lorenz *Mozhart (Motzer),* Sohn des Michel M. Vgl. Nic. *Moczer* 1365 Brünn. Hensl *Muczhart* 1359 Iglau. Also entweder = Schmutzfink, wie Plunzhart: plumper Mensch, oder Flurn. wie Ramhart, Lußhart, Murhart »sumpf. Gehölz« (s. auch E. F. Schmid, Ztschr. f. Musik 1951, S. 634).

Much: ON. im Siegkreis (much »modrige Feuchtigkeit«, vgl. Muchensiefen i. W., die Muchriede [wie die Seckriede] »modriger Wasserlauf«. Weiteres Bahlow, ON. S. 323). Auch Muche. Aber **Mucha** ist slaw. wie ON. Muchau, Muchow/Meckl.

Mücke (allenthalben oft): wohl ÜN. für lästige Menschen. In Schlesien, bes. O.-Lausitz spielt die slaw. KF. Micka = Michael hinein, vgl. Mückisch neben Mikkisch, auch ON. Mücka/O.-Laus. Obd. ist **Mucke, Muck,** Muckle, Muggli (ohne Umlaut wie Rucksack, drucken usw.), ndd. ist **Mügge** (vgl. Müggenbusch, -burg, -dorf, -hausen). Dazu Komposita wie *Muckenhirn, -bein, -fuß, -schnabel, -schweiß: Mückenfenger* 1340 Frkf. **Muggensturm** ist ON. (Baden, Thurg.).

Müddepenning (ndd.): 1430 Soest, 1342 Dortmund, auch Midde-, Metdepenning; zu mnd. *müdde* (lat. modius) »Scheffel«, *Müdder* s. Mutter!

Mudrack, Mudrach, Mudrich: wend. = Klügling, poln. medrek: Medrack. Vgl. Barth. *Mudrach (Modrach)* 1596 Bautzen, Thewes *Modruch* 16. Jh. Stettin, *Muderich, Mutterich, Muthreich(!)* 1569/82 Berlin (daher FN. **Muthreich, Müttrich**!) Auch **Moderhack, Modrach,** Modrak, Maudrich. Mudra, Mudrow.

Muff, Muffel, Muffler (obd.): mürrischer, muffiger Mensch (mhd. mupf, muff »Hängemaul«). Nik. *Muffel* 1387 Nürnberg. **Müffelmann, Müffling.**

Mügge (Hbg. oft) s. Mücke! – **Mugler** (Bay., Württ.), Mugele: rundlicher Mensch (Erasmus *Mugler* 1551 Dettingen, Werndl *Mugel* 1367 Budweis).

Mühe s. Miehe!

Muhl (Hbg. oft), Muhle, Muhlke: mnd. *mule* »Maul, Mund«, s. Maul!

Mühl, Mühle wie ndd. Möhl, Mähl (s. dies!) nach Wohnstätte oder Tätigkeit; vgl. »von der, aus der Mühlen«, »zur Mühlen«. Dazu **Mühlmann** (Mühlmeister) wie Möhl-, Mählmann.

Mühlbrett s. Milbradt! **Mühl(h)an** s. Milhan!

Mühlensiepen (Westf.): ON. (siepen »sumpf. Bachniederung«, vgl. Schade-, Schmie-siepen u. ä.). – **Mühleis(en):** Mangolt *Mülîsen* 1342 Augsbg.

Mühlfahrt s. Mühlpfort! – **Mühlfenzl** (Mähren) wie Schwarzfenzl (Budweis 1391): Fenzel = Wenzel, vgl. Fenzlaff für Wenzlaff.

Mühlich: mhd. müelich »beschwerlich, lästig, schwer umgänglich«. Cunr. *Mülich* 1211 Mainz, Heinr. *Mülich* 1328 Dresd. (Brsl.), Hensel *Müleich* 1345 Prag. Aber schles. **Mühl(i)chen,** Mülchen (Lg.) neben Mielchen (Lg.) dürfte wie **Mühlke** neben

Mielke auf Eindeutschung beruhen (vgl. Kliemchen neben Kliemke: Klemens); md.-chen also für slaw. -ke (-ek); zu slaw. *mil* »lieb« s. Milbradt (Mühlbrett)! Ein ON. Mülchen Kr. Namslau.

Mühl(p)fort, Mühlfahrt, Milphorth (Sa.): der an der Mühlenpforte (vgl. Mühlgasse) wohnt.

Mühmel, Mume: mhd. muome »Mutterschwester, weibl. Verwandte«, muomelin »Freundin«. S. auch ndd. Mohme! Ein Peter *Mumenson* 1390 Böhmen.

Muhr (Bay. oft): = mhd. muor »Moor, Morast, Sumpf«, vgl. Muhrbeck, Murböck.

Mührer, Mührmann (ndd.) = Maurer. Gherd *Mureman* 1443 Bremen; *murmester* 1428 Oldbg.

Mülbe: Herk. N., vgl. Dietrich *von der Milbe* 1402.

Müld(e)ner, Mildner (Schles., Sa.): der Muldenmacher, s. ndd. Moldenhauer! Schon früh FN.: Hensel *muldener* 1372 Lg., Söhne: Nicclos u. Matern *muldener* 1389; Peter *muldener* noldener 1385 Brsl.; Simon *muldener* 1495 Crimmitschau; *Muldenhans* 1482 Görl.; Henr. *Muldenbrecher* 1288 Erf.; Bertold *muldenmecher* 1299 Worms. Entrundet: Hans *Mildener* 1478 Görl., Georg *Mildner (Müldner)* 1565 Görl. Aber *Mildenower* 1350 Brsl. zum ON. Mildenau.

Mülders, Mölders (ndrhein.) = Müllers, Möllers.

Mulert (ndrhein.-ndd. ÜN. Mulart): wohl zu *mul* »Maul«, also »Maulheld«. Ein Ritter Nic. Lembeck gen. *Mulert* 1361 Südtondern; e. Ratsherr Jakob *Mulaert* in Brügge um 1300; Henr. gen. *Mulart* 1291 Ro., Herm. *Mulart* 1299 Grfsw., Heinr. *Mulert* (fürstl. Rat) 1510 Stettin.

Mülhens (Köln) wie Mühlhans = Hens (Hans) in der Mühle. Vgl. rhein. Henssen, Hensmans.

Müller, obd.-bair. **Miller,** ndd. **Möller,** Moller, mit urspr. *n* auch **Müllner** (Wien), Milner, Molner (holld. Molenaer), aus mlat. molinarius, ahd. *mulinari,* mhd. *mulnaere,* ostmd. molner: die Häufigkeit des Namens ist durch zahlr. dörfl. u. städt. Mühlen bedingt; auch (städt.) Mühlenbesitzer u. Pächter konnten Müller zubenannt werden, vgl. auch den Ritter Conrad v. Husen, gen. Müller (1282 Schwaben), der e. Mühle zu Lehen hatte. Nach d. Art d. Mühle vgl. Grütz-, Weitz-, Loh-, Pfannmüller u. ä., nach d. Standort: Brock-, Heit-, Teichmüller, Künsemüller. Weiteres: Schles. Nbch. S. 112/113; H.-C. S. 358.

Mülling (Hbg.): aus Müllingen/Hann. (Henr. de Mullinghe 1336 Hann.).

Multer (ndd.) s. Molter! (*Multer* 1295 Ro., Tid. *Multere* 1262 Hbg.) S. auch Mulzer!

Multerer (obd.-bair.): zu mhd. muolter »Mulde« oder zu mhd. multer »Mahllohn«. Hans *Multerer* 1530 Nürnbg., Ulr. *Muolter* 1334 Lindau.

Multhaup(t) (ndrhein.-ndd.): umgedeutet aus ndd. *Multhop* »Hügel aus lockerer Erde« (dazu ON. Multhöpen b. Hameln); vgl. molt-werf = Maulwurf.

Multscher, Multscherre (Württ.): mhd. mult-schere »Maulwurf«. Hans *Multscherre* 1405 b. Leutkirch, Hs. *Multscher* (Maler) 1427 Ulm. Vgl. aber muolt-scherre = *Trogscherre!*

Mulzer (O. Pfalz): frk. (mhd.) Variante zu Mälzer. Elbel *mulczer* 1382 Eger.

Mumm (Hbg. oft) nebst Mummsen s. Mommsen! Nach Christian *Mumme* (1492 Brschwg.) heißt das gleichn. Braunschweiger Bier, (vgl. Jochim Mumbrauer 1602, Mumme-, Mommekater 1548 b. Brschwg.). Ein Jakob *Mum* 1334 Lüb., ob zu ndd.-ndld. mum, mom »vermummte Person«? Aber Nik. *Mumme (Mummonis)* 1290/1305 Hbg. ist fries.

Mumment(h)ey, Mommendey (nordd.): Flurname wie Dauthendey, Dillendey, Doneldey usw., s. Dilthey!

Mummer, Mummert, Mummers, Mommer(t), Momber(t): mhd. muntbor »Vormund« (der die Hand [munt] schützend über einen hält), lothr. momber. Lotz *Muntbur* 1390 Fulda; Cune v. Falkenstein, *Mompar* 1345 b. Worms; in Jena seit 1557 *Mumber, Mummer, Mommer.* Aber Henr. *Mummart* 1259 Köln läßt an ndd. *mum* »vermummte Person« denken.

Mumpf, Mümpfer (obd.): aus Mumpf a. Rh. b. Säckingen, ebda 1290 Peter *Mumphe.* Vgl. aber *Mupfer* (Württ.), zu mhd. mupfen »den Mund spöttisch verziehen«.

Münch, Mönch, **Münnich,** Mönnich, Minnich (s. auch dies!), ndd. **Mönk,** Münk: der Mönch, Klosterbruder, auch zeitweise im Kloster Gewesener; mitunter nur auf

Beziehungen dahin deutend (vgl. Klosterbauer, Klostermüller), vgl. Bauer Albr. *Münch* 1204 Württ., zumal auch Ritter so heißen: vgl. den Basler Ritter Hugo dictus *Monachus (Münich)* 1286 u. das Rittergeschlecht der *Münche* von Rosenberg. Der **Münchmeyer** (ndd. Mönkemeyer) ist der Verwalter eines Mönchs- oder Klosterhofes; vgl. Münchbauer.

Mund(t), Mündel: von auffallendem Munde. Vgl. Hals, Nase, Öhrle, Bein, Fuß usw. Friedrich *mittenmunde* = Friedrich *Munt* 1160/90/Bay. Dazu Lachmund, Guldenmund, Rotermund, Kosemund, Sötemund, Rabbel-, Schlatermund; in Satzform: Weggemund, Rürmund.

Münder (Hbg.): vgl. ON. Münder am Deister. In Hameln 1260 *Mundere.* **Munderloh:** ON. i. O.

Mundigl, Mundigler (Bay.): aus Montiggl (Muntigl)/Ö. (lat. monticulus »kl. Berg«). – **Mundhenk(e),** westf. = Henke (Henrich) Mund, vgl. Bier-, Düwel-, Strothenke. – **Munding:** ON. Mundingen (Baden, Württ.).

Munk, Münk (ndd.-fries.) = Mönch, vgl. ON. Munkmarsch, Münkenwarf/Friesld. Münx = Müncks. Aber obd. Munk (Bay., Württ.) meint den Verdrießlichen (1350 der *Munke*). – **Münnich** s. Münch!

Munker, Munkert: aus Munker/Böhmen (Hanusch *Munker* 1399 b. Außig).

Münker (Siegerland): s. Dt. Geschlechterbuch, Bd. 154.

Münsig: ON./Bay.

Münsing: aus Münsing oder Münsingen.

Munster(mann): a. Munster (Lbrg. Heide).

Münster(mann): aus Münster i. W. **Münster(er),** obd.: aus einem Orte Münster (lat. monasterium »Klosterkirche«).

Munte, Münte, patr. Muntinga: fries. Pers.-N. wie Bunte, Bünte, Buntinga. Aber Muntenbruch enthält wie *Muntelo* Kr. Hamm u. der Bach *Munte*/Holld. das verklungene *mun-t* »Schmutzwasser«.

Münter (ndd.) = Münzer, Muntmeester = Münzmeister. Henning *Muntmester* 1294 Magdebg., Herm. *Montere* 1350 Hann., Hildeward *Muntere* 1352 Bremen.

Munz (Mchn. oft): vgl. Utz *Muntz* 1383 Urach.

Mün(t)z: ON. Müntz b. Jülich.

Munzel: ON. b. Hann. (urkdl. *Munes-lo,* wie Menzel: Meneslo u. Lintzel: Lineslo, lauter »moorige Niederungen«; vgl. die Munne b. Mörs).

Münzer: s. ndd. Münter! Der Münzpräger, Münzberechtigte u. Geldwechsler. Desgl. Münzmeister. Sein Buchführer ist der *Münczschreiber* (1395 Kuttenberg); vgl. Thomas *Münzer,* Wiedertäufer u. Bauernführer (1525). Zu Münzer vgl. Melz(n)er!

Mürdter s. Mörder! (mhd. mürden »morden«), vgl. *Mürdochse* 1339 Württ., *Mürdigel* 1298 ebda, *Mürdisen* 1309 ebda; *Mürtdengast* 1378 Baden.

Mürmann (ndd.) s. Mührmann, Mührer!

Murner (obd.): Thomas Murner, der Satiriker u. Gegner Luthers, war Elsässer; die Zeitgenossen deuteten s. Namen als »Kater« (entsprechend der Tierfabel), mit Anlehnung an »murren« (Kater Murr); vgl. aber ON. Murn u. Murnau, auch den Straßburger Patriziernamen *Murnhart* (zu *mur-n* »Moor«, hart »Wald«, wie Murrhard z. Fluß Murr).

Murr (Mchn. oft): der Mürrische, vgl. Murrhaupt. Auch Mürrle. Ulrich der *Murre* 1320 Eger, Appel *Murre* 1345 Würzbg. (*Murrelinus* 1231 ebda.), Nic. *Murrecht* 1369 Iglau. Aber **Mur(r)hardt** gehört z. Fluß Murr (b. Marbach z. Nekkar): Bahlow, ON., S. 383. Hartman *von M.* 1301 Eßl.

Mursch, Murschel (obd.): der Morsche, Schwache (*Mursche* 1286 Württ.). – **Musaeus:** Humanistenname f. Meusel, so bei Prof. Simon Meusel/Jena um 1550. Berühmt ist Joh. Karl A. Musaeus (Jena/Weimar) durch s. »Volksmärchen« (ill. v. L. Richter).

Müsch (ndd.) = »Moor, Sumpf«. ON. Müschen, Müschede i. W., Müsch/Eifel.

Muschick, Muschka, Muscholl, Muschalla, Muschallek sind ostd.-slaw. (*musch* ist mehrdeutig). Vgl. auch Mutschal, Motschal (tschech. = Sumpf). – **Muschler,** Muschweck s. Mutschler!

Müsebeck (ndd.) »Sumpfbach«. Andr. *Musebeke* 1415 Köln. Vgl. *Müsing.*

Muskat: der Gewürzhändler, vgl. Kanehl, Zimt, Saffran usw. Ein Meistersänger *Muskatblüt* um 1500/Bay.

Muskulus: wie Musaeus latinisiert aus Meusel, vgl. Pfarrer Andr. Musculus (eigtl. Meusel) um 1550/Meißen u. Wolfg. M. (Mäußlin), Ref. v. Bern um 1550. – **Musolf** s. Mausolf!

Mussehl (Hbg., Meckl.): slaw. wie Possehl u. ä.

Mußgnug (Bay.): mhd. muos meint »gekochte Mahlzeit, Brei, Gemüseeintopf«, vgl. Elze *Mußintopp* 1433 b. Zittau. Ein *muoßmelwer* (Mehlmacher) 1361 in Ulm; *Mußmel* 1615 O. Pfalz; *Muoskorb* (Gemüsekorb) 1450 Villgn.; *Müßli* 1463 b. Balgn. *Mußhafen* (Mustopf); *Morgenmus, Pfannmuß* usw. A. Muosaffe 1245 Brixen.

Müßigbrod: der sein Brot in Muße ißt, vgl. Müßig(mann), **Müßiggang** (gebildet wie Irrgang), entrundet (bair.) Mießgang.

Muß(mann) s. Muuß! – **Muth:** ÜN. des Mutigen, Entschlossenen; mhd. muot auch = »Begehren«, daher **Muther:** der Begehrliche. Hartmut *Muot* 1312 Durlach, Cuonr. *Muoter* 1297 b. Ravsbg. (mhd. muoten »begehren«).

Müt(h)er (Hbg., Lüb.): der Meuterer. Henneke Mutere 1400 Hbg., Helmich Mutere- (dominus) 1300 Riga.

Muthorst (nordd.) = Mudhorst (»modriges Gehölz«).

Muthsam (Mchn.): mhd. muotsam »anmutig, wohlgemut, munter«.

Mutschler, Mütschler, Mütschel, Mutschelknaus (Württ.) meinen den **Mutschelbäcker:** mhd. mutsche, mutschel, mütschelin, mutze, mützel = längliches Weißbrot, Brötchen. Aberlin *Mütscheler* um 1350 Württ., *Mütschelin* 1447 Stuttg., *Mutschelbrei* 1363 Baden, *Mutschelbeck* 1516 b. Eßl. Vgl. Haintz *Motzenesser* 1350 b. Stuttg.

Mutter, Mutterer, Mütter (obd.): mhd. mutte, mütte »Scheffel, Kornmaß« (lat. modius). Dazu Anzo *modiarius* 1318 Mainz, Konrad *Mutter* 1383 b. St. Blasien, als (amtlich bestellte) »Messer«; es gab auch Salzmesser u. Kornmesser: Salzmütter u. Kornmütter, s. dies! Vgl. ndd. Müdder!

Mutz, Mutzl (obd.) ist nicht eindeutig: z. T. wohl = mhd. mutze »Weißbrot«, s. Mutschler! Aber Wernher *Mutzhart* 1366 Eßl. (1359 Iglau) wohl zu mhd. mutzen »schmücken«, wie smielhart zu smielen »lächeln«. **Mutzenbecher** neben Mutzenbach (»Schmutzbach«), vgl. Isselbecher: -bach. Dazu Mutzenhardt (hard = Wald). Vgl. im Mutzig (Motzach): motz, mutz »Moder, Sumpf«.

Muus, Muuß (Hbg. oft) = ndd. mûs »Maus«, s. auch Mäusel!

Mylius Humanistenname für Müller (zu griech. myle »Mühle«).

N

Nab(e)l (obd.): wörtl., auch Flurn. Hartman *Nabel* 1442 Kaufbeuren.

Näbelung (ndd.) s. Nibelung!

Naber: ndd. = »Nachbar« (Nabur), vgl. Nie-naber, Niggenaber (Westf.), dazu Joh. *Nabercord* 1459 Warburg; ebenso **Nieber** = Niebur (Neubauer). Vgl. auch ON. Nabern/Küstrin sowie Nabermann. Südwestd. (Lothr.-Elsaß, Baden) meint **Naber,** Näberle den Heil. N. (Märtyrer) St. Nabor (auch ON. im Elsaß); in Württ. mag der ON. Nabern (prähistor. Flußn. *Naber*) hineinspielen. Aber Peter *Naber (Näber)* 1415 Braunau/Böhmen dürfte den »Bohrer« (der Radnaben«) meinen (mhd. nabeger, heute »Naber, Näber«), dazu **Nabert,** s. auch Nabholz!

Nabholz (obd.): ÜN. des Wagners, Stell- oder Radmachers, der die Radnaben (aus härtestem Holz) mit dem *nabe-gêr* fertigt, auch **Nabenhauer,** Nabenmacher, **Nahmmacher** genannt; dazu **Nabe.** *Nabholz* oft in Zürich; desgl. in Ravensbg. (1295 ff.). S. auch Nebiger! – **Nachbau(e)r** (obd.): mhd. nâchbûr »Nachbar« (der nahe wohnt); ndd. Nachbur, Nabuhr, Naber (s. dies!). Vgl. obd. **Nachpaur** 1395 Eger.

Nachtigall (galan »singen«): muß nicht den Sangesfrohen, kann auch den Vogelfänger, -händler meinen, wie Fink, Amsel, Stieglitz usw. Thideman *Nahtegale* 1293 Ro. – **Nachtrab(e):** mhd. Nachteule. Vgl. *Nahtrebel* 1396 Eger; Evert *Nachtraven* 1265 Ro.

Nachtschatt (mhd. nachtschade): der nächtlicherweise Schaden anrichtet. Happe *Nachtschade* 1387 Frkf. – **Nacht(mann):** wohl wie Nachthirte (mhd.) = Nachtwächter. Vgl. Kaldenacht, *Kortenacht* (Ro.), *Langenacht* (1368 Lg.) nebst *Slofflang.* S. auch Faßnacht, Mittnacht. Aber **Nachmann** (jüd.-hebr.) = »angenehm«.

Nachtsheim(er): aus Nachtsheim/Voreifel. **Nachtwey** (Hbg.): ÖN. wie Koldewey, Marwey.

Nack(e): ÜN. wie Hardenacke, Harnack: der Hartnäckige. Vgl. auch *Schapesnacke* 1369 Lünebg., *Voßnacke* 1341 Lüb.

Nader s. Näher (wie Seidennader: -näher).

Nadler (obd.): der Nadelmacher, s. auch Noldner! Dazu **Nädele.** Cunrad *Nadler* 1320 Eger, Wenczel *Nodler* 1384 Olmütz; *Nadelcziher* 1369 Iglau. Vgl. ndd. Knopnadel. Nehnadel.

Nadol(ny) = Grundmann (wend. nadol »im Grunde«). Vgl. Nagora, Nagorny »auf d. Berge«. – **Näf** s. Neff!

Nafz(er), Nafzger, Nefzger (Württ.): schläfriger Mensch (mhd. nafzen »schlummern«).

Nagel: verbreiteter ÜN. des Nagelschmiedes, wie Hufnagel f. d. Hufschmied, Kupfernagel f. d. Kupferschmied. Auch **Nagler,** Nagelschmidt. Obd. **Nägele(n),** Nägeli, kontrahiert **Nail,** Neil: vgl. *Stancznayl*« Brsl., *Hauennayl* 1380 Lg., *Zwikkennagel* (Bay.) Ferner Bruchnagel (1369 Lg.), Hert-, Haar-, Dör-, Kolde-, Platen-, Faß-, Noth-, Roß-, Runk-, Schar-, Silber-, Spitznagel. Obszön sind offenbar: Reck-, Spann-, Stülp-, Geng-, Wackernagel. S. auch Nahl!

Nagengast u. ä. s. Gastgeb! Vgl. Göczel *Nagengast* 1320 Eger. »Ich waere baß bi dem *nagengaste*« heißt es im »Renner« des Hugo v. Trimberg um 1300. – **Nahl** siehe Nagel! Ritter Diderich *Nal* 1362 Alzey.

Nahmer (von der): die Nahmer (prähistor. *Namara*) ist e. Zufluß der Lenne (Bahlow, ON. S. 347). – **Nail** s. Nagel! P. *Nayl* 1372 Lg.

Nahmmacher s. Nabholz! – **Nähler** s. Nagler! **Näh(e)r, Näger** s. Näther!

Naiser (Bayreuth): aus Naisa/O. Frk.

Nakath, Nakaten(us): oft in Düss., wird deutlicher durch Nakotte, Nakötter, to Nakat(en) = Häusler in e. »nahen Kate (Kotte)«/Westf. In Gladbach 1430 Engelbert *Nakaten.*

Nakel, Nakler: aus Nakel (slaw. nakuli »sumpf. Boden«), z. B. a. d. Netze, auch Nackel am Rhin-Luch/Brdbg. – **Nalbach:** ON. a. Prims/Saar.

Namsler: aus Namslau/Schlesien. – **Namsen** (Flsbg.) s. Nommsen!

Nanker, Nenker: assimiliert aus Nandger (Nant-ker), seltener altd. Pers. N. (obd.), Umkehrung von Ger-nand »speer-kühn«; vgl. Nantwig neben Wignand. In Brsl. 1367/82 e. Ratsheer *Nanker (Nenker)* v. Lemberg (Löwenberg); dazu ON. Nenkersdorf/Sa.; in Württ. vgl. Albr. *Nänker* zu Nenkersweiler 1349. **Nancke(n)** ist fries., s. Nanne!

Nanne, Nannen, Nanneke (Nenneke), Nanning(a), Nansen sind ndd.-fries. Sproßformen (KF.) zu Wig-nand, Gernand, Sig-nand u. ä., wohl auch Lallnamen (in AltHbg. auch weibl.: Nanna, Nanneka). *Nanne* Ryntflysch 1303 Hbg., *Nanno* Schinkel um 1300 Lüb., Joh. *Nannensone* 1318 Lüb., *Nannike* 1282 Strals. u. Ro., *Nanneke* (fem.) um 1300 Strals., 1376 Bremen, Gerlacus *Nannink (Nenning)* 1352 Barth. 1275 Ro.

Nan(t)z, Nentz (obd.): KF. zu Nantwig (Nentwig) bzw. Nantger, wie Lanz zu Lantfrid, – Manz zu Mangold, – Anz zu Arnold. *Nanz* Böggeli 1311 Württ., Heinr. *Nanzo* 1279 Speyer.

Napp (ndd.) wie **Napf** (obd.): ÜN. des Napfmachers, des Drechslers hölzerner Schüsseln. Vgl. *Naptregere* 1307 Hbg., *Tredenap* 1343 Strals., *Kiekenap, Rümenap* u. ä. S. auch Glasenap! Obd. vgl. Aberlin *Napf* 1488 Schopfloch, *Näpflin* 1407 Eßlingen, *Schmalznapf* 1525; Nic. *Bei(s)nap* 1357 Prag.

Narjes (rhein.) = Apollinaris (Heil. N.; A.-Brunnen b. Remagen).

Narr: närrischer, törichter Mensch. Hans der Sporer gen. *Narr* 1441 Rottweil. Wohl auch der Possenreißer auf Jahrmärkten; bekannt ist Klaus *Narr* als Hofnarr des sächs. Kurfürsten um 1520. C. *Niemantznarr* 1408 Basel.

Naschold (Württ.): der Näscher, Genießer, Lüstling, vgl. mhd. roubolt »räuberischer Mensch«.

Nase, Nese: wie Mund, Öhrle, Hals usw. nach auffallender Besonderheit, vgl. im Märchen »Zwerg Nase«. In Greifsw. 1386 Heinr. *Neseken* = H. cum naso. Dazu **Langnese,** -nas; Spitznase usw.; *Ruwenese* »Rauhnase« 1299 Lüb. *Halfnase* 1376 Aachen, *Nasenlos* 1379 Kolin. Bauernnamen sind Bertschi Triefnas, Maier Nasentropf, Uli mit der Nasen.

Nast (obd.): mhd. Variante zu Ast (= Asthauer).

Nathan (hebr. »Geschenk«: Gottes) wie Jonathan u. Nathanael; schon 1309 in

Augsbg.: Ulr. *Nathan:* auch Nathansohn (jüd.). Vgl. Nathan; d. Weise (Lessing).
Näthbom (Meckl.) s. Nottebohm, Nußbaum! Dazu **Nätebus(ch).**
Nät(h)er, Nether, Nather: mhd. nâter »Näher« (Ull *Nater* 1414 Mähren, neben *Noter* und *Neter),* Walther *Nater* 1409 Würzbg. Peter *Netner* 1399 Chrudim. Reymer Nater 1361 Brem. Auch Seidennater, -nader, -näher; **Näher,** Neher, Neier; Nader, Näder.
Nathusius: lateinisch frisierter slaw. Pers. N. *Natus(ch),* wie Nethusius: Netusch. Vgl. Michel *Natusch* 1460 Görl., Joh. *Netusch* 1548 Priebus, E. *Nathusius* 1607 Priebus! Auch Natuschek, Netuschek.
Natorp: ON. Natrup b. Osnabrück (vgl. Egistrop: Eistrup ebda.); -trup = -dorp »Dorf«. Na- ist verschliffen aus Nade-, Node-; *Node-dorp:* Natorp entspricht *Node-lope:* Nalop i. W., zu *node* »Sumpf« wie Nodevoort, Nodenaken, Noderath u. ä. (Bahlow, ON. S. 354).
Natter(er): Tirol, zu e. ON., wie Fulterer, Gatterer, Riederer.
Natzer: der heil. Nazarius (Kultzentrum Lorsch a. Rh.) bzw. Ignaz: Natz!
Natzmer (Pomm.): slaw. vgl. Marschall Antonius *v. Natzemer* 1530 Stettin.
Nauber wie **Naubuhr:** md. Form für Neuber: Neubauer.
Nauck(e): ostd.-slaw., wie ON. Naucke/Öls.; wohl = lit.-ostpr. **Naujock,** Naujoks, Naujokat »Neuling«.
Naue: aus Nauen b. Bln. (Peter *Nawen* 1587 Bln.). Aber Hans *Naue* 1592 Altbg. wohl »der Neue«, vgl. Naumann!
Naumann: md. Form *(Nûweman)* für Neumann (Niuweman); md. *û* = obd. *ü,* in der Lautverbindung *uw: ûw,* vgl. »traun« (Luther): md. trûwen = mhd. triuwen. Ebenso Nauheim, Nauborn, Naundorf, Naumburg.
Nauroth (Hess.): ON./Nassau (auch Naurod), d. i. »Neurode«, mit md. *û* für *ü* (s. Naumann!). Vgl. Joh. *Nûrode* 1318 Mainz.
Nauschütz: ostd.-slaw. ON. auf -itz, wie Nautschütz, Wildschütz.
Näve, Näveke s. Neff! Neve! – **Nayer,** Naier s. Neyer, Neier!
Neander: griech. Übersetzung von »Neumann«, Humanistenname; auch für »Bekehrte«, so beim Kirchenhistoriker Aug. Neander (1806), jüd. Herkunft. Auch Joachim Neumann aus Bremen, 1650–80, nannte sich als Kirchenliederdichter J. Neander.
Nebbe (Husum): ndd. = »Schnabel«, s. Nibbe! Vgl. Lasch § 328.
Neben, Nebe (Hbg.) s. Neffe! – **Nebel:** wohl wie Nebelthau u. Nachtnebel aufzufassen; bei »Nacht u. Nebel« unterwegs. Berchtold *Nebel* 1279 Württ. Vgl. Nebelritter, -krähe.
Neber(t): vgl. ON. Nebra/Unstrut; s. aber auch Nebiger! – **Nebermann** s. Nevermann!
Nebiger, Negwer: mhd. nabe-, nebegêr, negeber »Bohrer« (s. unter Nabholz!), vgl. den *negwersmit;* in Bobingen 1442 *Neber-, Napperschmid,* im Allgäu 1613 *Nebermacher;* in Schlesien 1536: »eyn Rynnenloch, mit ein Kammennegber, so in den Odermölen gebraucht, geporet«. Nic. *Nebeger* 1372 Lg., Henne *nebeger* 1387 Frkf.
Neblich (Schles.) s. Nibelung!
Neckel(mann): Meckl., Hbg., Herk. N. Vgl. Nückelmann u. Nickelmann!
Necker(mann): vom Neckar. Heincze *vom Necker* 1387 Frkf., Dyme *am Neckar* 1343 Eßl.
Neddermeyer, -mann (Neermann): ndd.-westf., nach tiefer gelegener Wohnstätte, wie Darnedden, Tornedden.
Nedler s. Nadler! – **Neeb, Neef** s. Neffe! – **Neels** s. Nehls! – **Neese** s. Nese u. Nase!
Neemann, (ndd.) s. Niemann! Desgl. Neekötter (Westf.).
Neermann (ndd.) = Neder-, Niedermann.
Neffe: mhd. mnd. *neve* = Neffe, Schwestersohn; auch Mutterbruder, Oheim; dann allg. Verwandter (neve-schaft »Verwandtschaft«). **Neef(f)** ist südwestd. (Württ. oft), **Näf** schweiz., **Nebe** (Neebe) hess. (Henne unser *Nebe* 1372), **Neeve** (Neeven) ndd., **Neefken,** Nefgen (ndrhein.). Vgl. Wittnebe: *Witteneve* 1396 Hild.
Nefzger s. Nafzger! – **Negenborn:** ON./Hann., mehrf., wie Negenharrie, Negenmeerten (negen = nien = neuen). Aber **Negendank** (Henneke N. 1340 Lüb.) meint »neunfachen Dank!« (Gegenteil: Schmaldank), vgl. ndd. nägenklauk »neunmalklug«.

Neger, Näger (obd.). = Neher, Näher, zu mhd. naejen, naegen. Heinz *Neger (Neyer)* 1391, Hans *Neger (Näher)* 1513 Württ., Albr. *Negbütel* 1350 b. Stuttgart.

Negwer s. Nebiger!

Nehlep, Nehlipp: vgl. ON. Nelep/Köslin.

Nehl(s), Nehlsen (ndd.) = Cornelius' Sohn; wie **Corne(h)l,** Cornels, Cornils, Corneljes (fries.), **Neljes** (fries.), Nellies, Nelius, Nelles, Neels; am Ndrhein Cornelissen: Nelissen, Nellessen, Nellsen, (vgl. Nelson); auch Cornill, Nilges, Nilles. Kultzentrum des heil. Cornelius war der Wallfahrtsort Cornelimünster b. Aachen. Bekannt sind die Künstler Peter Cornelius (Maler bzw. Komponist).

Nehmann (ndd.) s. Neemann (Niemann)!

Nehmitz, Nemitz: slaw. ON., z. B. Nemitz im Wendland.

Nehri(n)g, Nähri(n)g, Niering (alle schles.): schon 1372 in Lg. Francze *Neryng.* Offenbar = mhd. nerung (narung) »Nahrung, Unterhalt« (-ung: -ing wie in Nebelung: Nebeling, Niebling). Vgl. *Nersichgern.*

Nehrkorn wie Feistkorn = fettes Korn, ÜN. des Kornhändlers bzw. Bauern; vgl. mhd. ner-swin »Mastschwein«. Dazu **Nehrhaupt:** fettes Haupt, vgl. Nic. *Nersichgern* 1405 Prag/Budweis. Aber **Nehrmann,** Neermann (ndd.) s. Nedder-, Nedermann!

Nehrlich s. Nerlich! – **Nehse** s. Nese! – **Neht** s. Neth!

Neideck (obd.): ON. u. Burgenname (E. Schröder S. 162, 190); mhd. *nît* »feindl. Gesinnung«. Ein Haus *»Nydecke«* 1412 Görl. nebst V. *Nidek* 1383. Bekannt wurde Burg Nideck/Elsaß durch Chamisso's »Riesenspielzeug« (1831).

Neidhard(t), Niedhard(t): altd. Pers. N. *Nît-hart* (*nît* »feindl. Gesinnung, Haß«), auch appellativisch. Bekannt durch den Minnesänger *Nithart* von Riuwental (Neidhart v. Reuental) um 1230, Vertreter d. höf. Dorfpoesie in Bay./Ö.; ein *Neythart* Scherer 1414 Mähren. Als FN. beim Feldmarschall Aug. Wilh. Graf Neidhardt (v. Gneisenau, nach e. Gute in Ö.). Dazu **Neidel,** Neidlein. Aber **Neider,** Neidert: aus Neida b. Coburg.

Neiffer, Neiffert wie Neuffer aus Neuffen/Württ., urkdl. Nîfen, bekannt durch den Minnesänger Gotfrid v. Nîfen (Neifen). Vgl. Hensel *Neyfer* 1352 Prag wie Truhliep der *Nifer* 1320 Reutl.

Neigebau(e)r (Mähren) s. Neugebauer! – **Nei(g)er** = Näher.

Neigefind (ndd.) wie Niefünd = Nie-, Neufeind. Vgl. Henning *Nyghevient* 1422 Quedlbg. – **Neil** s. Nagel! **Neils** s. Nehls!

Neiper, Neipper (Mähren, Ö.): mundartl. für Neuper = Neupauer, -bauer. Hansel filius *Neuper* 1386 Budweis. (E. Schwarz, S. 219).

Neis, Neißen (rhein.) = Nies, Nießen = Dionys, s. Denys!

Neißer, Neisner (Schles.): aus Neiße (Otto *von der Nysse* 1372; Tylo *Nysser* 1365 Glatz) bzw. von der Görlitzer Neiße (*by der Nyße*).

Neitzel: ostd.-slaw. wie Neitzke.

Neitzsch (Sa., Schles.): aus Neutzsch b. Lpz., wie **Neitz** aus Neutz b. Halle.

Neldner, Nellner (md.-schles.): entrundet aus Nöldner, wie Geldner, Gellner aus Göldner, s. Noldner!

Nelius, Neljes, Nellies, Nellessen = Cornelius, s. Nehls! Desgl. **Nelken.**

Nell(e), Nellen (ndrhein.-westf.) wie Nellessen = Cornelius' (Sohn). Aber obd. Nell(e) = mhd.: »Spitze, Scheitel«. Bertold der *Nelle* 1357 Bretten, Peter *Nelle* 1358 Worms 1245 Brixen. Aber ndd. Nelle = Petronella (siehe Peternell!). Vgl. Nelle (Petronella), Frau des Herman Carpentarius 1280 Wismar, Nelleke, Frau des Herwig Lowenwold 1435 Hbg.

Nembhard (obd.): mhd. nem-hart »der gerne nimmt«, vgl. smielhart »der gerne lächelt«.

Nemeth, Nemetz, Nemetschke s. Niemetz! – **Nemitz** s. Nehmitz!

Nemnich: ON. Nemmenich/Rhld. (kelt. Naminiacum).

Nendert: ON. Nenderoth/Herborn, verschliffen wie Laudert, Hattert usw. ebda.

Nenker s. Nanker! – **Nenneke, Nenning** s. Nanneke, Nanning!

Nennig, Nennich: ON./Saar. – **Nenninger:** ON. Nenningen/Württ.

Nentwig, Nentwich (Glatz, Schweidn. oft): altd. Pers. N. (nand »kühn«, ahd. nendan »wagen«, wig »Kampf«), Umkehrung von Wignand. Am O. Rhein 1186 e. Ritter *Nantwigus,* im Elsaß e. Bauer *Nentwigus.*

Nepomuk (Nepomucky, Nepomutzky/

Wien): ON./Böhmen; dazu der Landespatron Böhmens, der heil. N. (aus Pomuk), Brückenheiliger.

Nepper, Neppert s. Nebiger! – **Nerchert:** aus Nerchau/Grimma.

Nerger (Schles.): wohl »Ernährer« (mhd. neren, nergen »heilen, gesund machen, nähren«), wie mhd. nerer »Ernährer«.

Nerlich, Nerling, Nierlich, Nierling (Schles. oft): viell. zu mhd. närlich »spärlich, notdürftig, gering«. Zur Endung -ing für -íg s. unter Helbing (Helbig)! Hans *Nerlich* 1576 Lg.

Nernst: ndd. = Ernst (A. Lasch, Mnd. Gramm. § 270).

Nesemann, Neesemann: aus Neesen b. Minden, wie Seesemann a. Seesen. S. auch Nesen!

Nesen, Neesen (auch Neese, Nehse) ist Metr. wie schweiz. Nesensohn = Sohn der Agnes (vgl. auch Nesemann!). Mit obd. -er: Neser, Neeser. Ndd. Nes(e)ke, ndrhein. Nesgen. Belege unter Agnes!

Nespler: nach d. Wohnstätte am Nespelbaum (Schweiz); mhd. nespel = Mispel. Hensi *Nespler* 1504 Zürich.

Ness(mann): Hbg., Husum, z. ON. Nesse (Oldbg., Friesld.), vgl. »von Nessen« u. Nessenius.

Neßler (obd.): z. T. = Nestler, sonst auch z. ON. (ON.) »in den Nesseln«. Herm. *Nesselere* 1315 Mosbach b. Dieburg. Vgl. ON. Neßlau b. Aalen/Württ.

Nestler: lieferte die Schnürbänder (mhd. nestel) für Mieder, Haube und Schuhe; auch **Neßler.** Vgl. Haubennestel, Nestelmann. Dazu auch **Nestle,** Nestel, vgl. Knöfler u. Knöfel, Bendler u. Bendel. Conrat *Nesteli* 1290 Konstanz; *Nesteler* 14. Jh. Brsl.

Neth, Nethe (Hbg.): wohl z. ON. Nethen i. O.; eine Nethe fließt b. Höxter z. Weser, eine Nethen (Natina) z. Dijle. Sonst ist **Nethe** auch = Agnethe, Agnes (so in Lg. 1383, in Brsl. 1352). Metr.: H. *Agneter* 1382 Mähren. Joh. *Nethen* 1402 b. Brieg.

Neth(e)ler: ndd. für Nadler (s. dies!). Joh. *netelere* 1287 Ro., Conr. *natelare* 1274 Hbg.

Nether (obd.-schles.) s. Näther! (Peter *neter* 1372 Lg., H. *neter* 1375 Erlebach).

Netsch, Netusch, Net(t)ke, Netek sind ostd.-slaw. KF.

Nette, Nettemann: gehört wie der ON. Nette b. Hildesheim z. prähistor. Flußn. *Nette* (im Harz, im Rhld.: b. Gladbach u. Neuwied, usw.), s. Bahlow, ON. S. 351.

Nettelbeck: ndd. Bach- u. ON. (»Nesselbach«), bekannt durch den Verteidiger Kolbergs 1807. Vgl. Nettelhorst, Nettelkamp, Nettelstruck, Nettelmeyer, Nettelmann. **Nettelbladt** (vgl. das Nesselblatt als holstein. Wappen u. die Adelsfamilie v. Nettelbladt; die Nessel diente auch als Heilmittel, vgl. FN. Nesselträger = Hausierer m. N., wie Hefenträger).

Netter (auch jüd.) = Näther.

Nettling: ON. Nettlingen b. Brschwg.

Netz(e)band(t): slaw. ON. (Meckl., Pomm.).

Neuber, Neubert (Sa. oft): verschliffen aus Neubauer, wie obd. (öst.) Neuper, Neupert aus Neupauer, soweit nicht Neuwirt (Nüwirt) zugrunde liegt, vgl. Schubert aus Schuwert. Bekannt durch die »Neuberin« (Schauspielerin in Sachsen).

Neuenhahn: md.-thür.-sächs. Mundartform für Neuenhain, -hagen, wie Falkenhahn, Tautenhahn, Langenhahn, Lindenhahn.

Neuffer, Neufert, Neiffert s. Neiffer! – **Neunfindt** s. Neigefind!

Neugebauer (sächs.-schles.): der neu zugezogene Bauer, s. Gebauer! Vgl. auch Neukomm u. Neumann. Nickel *Nügebuwer* 1381 b. Friedld.

Neujahr (ndd. Niejahr): schwerlich den Tag der Geburt meinend, sondern auf terminbedingte Leistungen (Abgaben, Zins) deutend; vgl. Weihnacht, Pfingsten, Herbst usw. *Nüjor* 14. Jh. Brsl., *Neujar* 1359 Brünn.

Neukomm, Neu-, Naukamm; Neukumm; Nekam (Ö.): der Neuangekommene. Henr. *Nükome* 1266 Württ., Hein *Neukum* 1380 B.-Kamnitz. *Neukam* 1592 Arnstadt, Herm. *Neuwekomen* 1362 Glatz.

Neumann (obd.), **Naumann** (md.), **Niemann** (ndd.): der neu Zugezogene.

Neumeister: der neu zugezogene Handwerksmeister. Herman textor aus Saarburg, *der nüwe meister* zu Straßbg. 1334. Peter *Newmeister* 1393 Kolin. – **Neunaber** s. Naber!

Neumeyer, -mayer, -maier, ndd. Niemeyer: s. Meier!

Neuneier: aus Neuenau, vgl. Haseneier, Felkeneier u. ä. (alle sudet.-öst.).

Neuner, Neiner (obd.): wohl Mitglied eines Neuner-Ausschusses (so 1344 im Rhld.). Vgl. Heinr. der *Nüner* 1347 Cannstatt. In Augsbg. gab es e. »Zwölfer«-Ausschuß, in Köln e. »Vierundvierziger«-A. Auch die N. nach Abgaben spielen hinein, vgl. Neunzig(er): Ulr. *Neuncziger* 1397 Znaim, Neunzehn: Nic. *Neunczehenschok* 1387 Dt.-Brod. Neu(n)heller usw. **Neunherz:** ein »beherzter Mann«, vgl. Nünlist. (Joh. Neunherz, Pfr./Hirschbg. um 1700.) – **Neuper(t)** s. Neubauer, Neuber!

Neurath: ON. b. Köln, = »Neurode«.

Neureiter (obd.) = Neureuter: aus Neureuth (Bay., Ö. mehrf.) = »neue Rodung«.

Neuscheler, Neuschl (obd., Württ.): s. Nüscheler!

Neusüß (obd.): zu den ON. auf -süß, -seß, -sieß (ahd. sioßa) = Niederlassung, Weidegut. Vgl. Angsüßer (ON. Angesieße). Auch Neuseß.

Neuwirt: der neue Wirt (mhd. wirt »Hausherr«, dann auch »Gastwirt«). Nic. *Nüwewirt* 1328 Schweidn.

Neve, Neven s. Neffe! – **Neveling** (ndd.) s. Nibelung!

Never(mann): aus Nevern/Meckl., wie Krase(mann), Viechelmann usw. Zu den N. auf -mann s. Bahlow, Meckl. Monatshefte 1934.

Newe s. Neve: Neffe! – **Newiger** s. Nebiger! – **Ney:** ON. b. Boppard. Aber nordd. Ney, Neye (Neyen) wohl = Nige, Neyge: der Neue. **Neyls** s. Neils = Nehls (Cornelius). – **Neyer** s. Näher!

Nibbe (ndd.) = Schnabel, Mäulchen; auch **Nibbeke** 1312 Stade. Komposita: *Wittenibbe* 1346 Strals., *Kreghenibbe* (Krähenschnabel); *Musenibbe* (Mausemäulchen) 14. Jh. Holstein. Hs. *Nybbe* 1455 Haldsl. S. auch Nebbe!

Nibelung: »Sohn des Nebels, der nebligen Unterwelt.« Ein Nachklang der germ. Heldensage, wo Nibelung der erbl. Beiname für den Besitzer des Nibelungenhortes ist. Als Taufname seit d. 8. Jh. bezeugt, oft um 1100/1200 am O. Rhein (Socin, S. 568/70). Vgl. auch *Nibelungus* filius Driutkindi 1235 Dornberg/Hess., ndd. *Neveling* v. Hardenberge um 1412/Ruhr. Als FN.: Joh. *Nibelung* 1369/Main, Nitsche *Nebelung* der bötener 1381 Lg., *Niebli(n)g* 1558 ebda. (heute **Niebli(n)g,** Nieblich, Neblich); *Nevelung* 1289 Grfsw. (heute ndd. **Neveling,** Nebeling, Näbelung).

Nichelmann: aus Nichel b. Treuenbrietzen; vgl. Viechelmann.

Nicht: vgl. Nichtesnicht (= »nichts«) Taschner 1365 Nbg.

Nick (obd.) = Nikolaus, vgl. Fränznick. Jodocus *Nick* 1450 Füssen.

Nick(e)l (obd. u. md.-schles.) = Nikolaus. Auch Alt-, Jung-, Lang-, Mühlnickel u. ä.; *Nickelman* 1374 Glatz; *Nickel (Nitsche)* im keler 1382 Lg. Ndd. Patr. ist **Nickelsen.** Ostd.-schles. ist **Nicksch,** Nickusch, Nickisch: *Nikusch* v. Öls 1327; auch **Nicklisch;** ostpr.-lit. **Nickeleit** (-eit = Sohn), Nicoleit. Seltener ist die Vollform **Nick(o)laus,** Nicklas, obd. Nücklaus, rhein. Niklassen, Nicolassen. Häufig ist die lat. Genitivform **Nicolai** (nordd.) nebst Patr. **Nicolaisen.** Slaw. Nikolowski begegnet lat. frisiert als **Nicolovius.** Der heil. Nikolaus war Patron der Schiffer u. seefahrenden Kaufleute, auch Schutzherr der Kinder (6. Dez.!); nächst Joh. u. Petrus im MA. der häufigste VN. Weiteres b. Bahlow, Vornamen S. 61; K. Meisen, Nikolauskult u. Nikolausbrauch im Abendlande (1931). S. auch Klaus, Kläwi, Claussen, Klose, Läule, Klages, Nitsche, Nigg, Nielsen!

Niebel, Nübel s. Nebel, Nibelung! Georg *Niebel* 1414 Überl. Ein Ort Niebel (slaw.) b. Treuenbrietzen. In Württ. floß einst eine Nibel (mit dem Nibelgau)! – **Niebelschütz** ist ostd.-slaw. ON. Nibloschicz.

Nieber, Nieberle (Württ.) = Niefer(le), wie Nuber urkdl. = Nufer, Nüferle.

Niebergall (obd., bes. alem.): urkdl. *Nievergalt* um 1300 Basel, ÜN. des »nie vergeltenden«, nie bezahlenden Schuldners, des Zechprellers. Vgl. auch *Nyevergalt* 1395 Bay., *Niefergalt* 1467 Zürich (dort noch heute 60mal **Nievergelt**), *Nievergolt* 1460 Salzbg., *Nievergalt (Nievergelt)* 1519 Jena, *Nievergalt* 1351 Augsbg., 1414 Nikolsbg., *Niforgalt* 1433 Lg.

Niebling, *Nieblich* s. Nibelung!

Niebuhr (ndd.) = obd. Neubauer. Joh. *Nyebur* 1264 Hbg. Auch Niebur, Nieber (rhein. Niebers), Niegebur (vgl. *de nigge Buer* 1571/Lippe).

Nied, Niedt (obd.): aus Nied a. d. Nidda b. Höchst a. Main (Joh. *v. Nied*, de Nyde, 1380 Mainz), s. dazu E. Nied, Frkf. FN. (1933) S. 108; z. Flußn. Nied s. Bahlow, ON. S. 52! Vgl. aber auch mhd. niet »Eifer, eifrig« u. niet(e) »Niete« (breit geschlagener Nagel): Heinrich *Niet* 1414 Schwäb.-Hall (Berger, S. 523).

Nieden (zur Nieden): verhochdeutscht aus ndd. Tornedden, ter Nedden, nebst Darnedden (1590 Hans *dar nedden* »dort unten«/Lippe). **Niedenführ** (Schlesien), entstellt Niedenvier: nach d. Lage d. Wohnstätte, wie **Niedenzu** (Neiße oft).

Niedergesäß (Schles.): ON. Kr. Glogau (daher dort u. in Lg. FN.); mhd. gesaeze »Wohnsitz, Niederlassung«, vgl. ON. Geseß (Neiße u. Saalfeld). **Niederlein** (Schles.): *Niderlin* 1397 Lg., 1408 Görl., 1382 Olmütz, *Niderl* 1400 Iglau. Der niederwärts Wohnende. Desgl. **Niedermann,** Niedermaier (ndd. Neddermann, -meyer). **Niederegger** (Tirol) wie Hohenegger, Rosegger usw. (-egg = -eck): Peter *Nideregger* zu *Nideregg* 1548. Vgl. Niedergruber, Niederstraßer, Niederreiter (= -reuter) usw.

Niedhardt (ndd.) s. Neidhardt! *Nithardus* 1256 Hbg., 1290 Ro.

Niedlich, Niedling: mhd. nietlich »Verlangen erweckend, eifrig« (zu niet »Eifer, eifrig«), vgl. **Niedt.**

Niedner: aus Niedenau u. ä.

Niedung, Nieding: die altertüml. Endung *-ung* verrät Herkunft a. d. Heldensage (vgl. *Nidungr, Nidhad* in der Thidreksaga); *nid* = Kampfeseifer, Zorn, Haß. *Nidung* 1193 Würzbg., 1206 Krems/Ö., Hartung *Nidung* 1347 b. Oppenh., Gerh. *Niding* 1300 Lüb. S. auch **Nudung!** E. *Neydung* 1397 Nbg.

Niefer: aus Niefern/Pforzh. (1091 Niferun), auch im Elsaß; zu e. prähistor. Bachnamen (Bahlow, ON. S. 353). Vgl. Niefernheim/Pfalz. Aber Nieferlin (Lahr) s. Nüfer!

Niefünd (ndd.) s. Neigefind! **Niegisch,** Nieglas s. Nikolaus! – **Niehu(u)s** (ndd.), halbhochd. **Niehaus:** ndd.-westf. Hofname, wie Brock-, Grot-, Steenhus u. ä. Desgl. **Niehoff.** – **Niehenke(r):** westf. Patr. zu Henke = Henrich, wie Heinker, bzw. Henke mit Umdeutung zu »Henker«.

Niejahr (ndd.) s. Neujahr! – **Niekerke(n),** Nienkarken: aus Nienkerken (»zur neuen Kirchen«), mehrf. nordd. ON., heute meist Neuenkirchen (Dithm., Hadeln, Oldbg., Hann., Meckl., Pomm., Rügen). Hildebrand *van Nienkerken* 1322 Grfsw. – **Niekrenz:** slaw. ON. b. Rostock.

Niel, Nielen: westf.-rhein. ÖN., vgl. Henrich *achter dem Nielen* 1650/Lippe. ON. Niel b. Wesel, Niehl b. Bitburg (urkdl. *Nila*); nil meint »Morast, Sumpf«, feuchte Gegend.

Nieland(t): Hbg. oft, in neu erschlossenem Marschland wohnend; vgl. Peter *Nienland* 1373 b. Krempe/Holst. Auch Nieländer.

Nielsen (Hbg., Schlesw.-Holstein oft): Patr. zu **Niels** (dän. Nils) = Nikolaus. *Nils* Hansen, Carsten *Nilsen* 1602 Flsbg.; vgl. ebda. 1598 *Nicolaus* Heldewaderus (Pastor) = *Niels* Hansen.

Niemand: zu beurteilen etwa wie Namenlos, sei es = Findelkind (*Niemandskind* 1374 Herbstein), sei es Phantasiename der Gesellentaufe; auch ein Fahrender (Schwankdichter) um 1400 nannte sich »Niemand«. In Olmütz um 1350 *Nymandus* u. Joh. *Nymandi,* in Zürich um 1400 e. Chorherr Peter *Nieman(d).*

Niemandsfreund: *Niemandsfründ* 1260 Ro., 1400 Ulm. Vgl. *Niemansgnôs* (-genosse) 1414 Aichach (heute Niemansgnus/Wien). *Niemansfug* 1400 Zürich, *Niemanschnecht* um 1350 Bay., *Niemantznarr* 1408 Basel.

Niemann, Niemeyer (ndd. oft) = obd. Neumann, Neumayer. **Niemöller** (ndd.) = Neumüller (in der neuen Mühle).

Niemetz, Niemitz (O/S. oft): ostd.-slaw. (poln. niemiec: der Stumme, der nicht slaw. spricht, dann = der Deutsche). Auch Niemsch, Niemtschke, vgl. Nikol. Frz. **Niembsch** Edler v. Strehlenau: als Dichter Nikol. **Lenau.** S. auch Nimptsch!

Nienaber (ndd.) s. Naber! **Nienkarken** s. Niekerken!

Niepage: = mit dem nieen page: neuen Pferd, s. Page!

Niepel(t), Niepold s. Nippold! – **Nieri(n)g** s. **Nehring!**

Nierlich, Nierling s. Nerlich!

Nier(mann), Nierbauer, Niermeyer, Nierhaus: kontrahiert aus Nieder-, wie ndd. Neermann aus Nedermann.

Niese (Hbg., Meckl.): KF. zu Dionysius (Nisius), wie Thiese zu Matthias. *Nisius* Hemerer 1565 Freiburg. Patr. Niesen. Vgl. aber auch Bach Niese/Lippe u. ON. Niesen/Warbg. In Schlesien war *Nise* KF. zu Agnise (Agnes), s. Bahlow, Lg. S. 115.

Nieß, Nißle, Niesel (obd.): KF. zu Dionys (s. Denis!). Vgl. *Nisman (Dionys)* Schiller 1480 Grunbach/Remstal, Michel *Nieß* 1466 Rottw.; rhein. Nießen, Neißen, Niesgen, Nüßgen; auch Nys, Nisius, Niesing, Neising. Zu Nieske vgl. auch ON. Nieska b. Riesa. Ein M. *Nysy* 1523 Württ.

Nies(e)wand(t) (Hbg.): offenbar ON.

Niethammer (Bay.): aus Nietheim/Schwaben, vgl. Hund-, Moshammer.

Nietsch(mann), Nietz(sche) s. Nitsche! Desgl. **Nietzel,** Niezold.

Nievergalt, -gelt s. Niebergall! **Niewiesch:** »neue Wiese«, vgl. Niediek, Niehage (alle ndd.) **Niewöhner** (westf.) der neue Anwohner (mhd. *woner*).

Nigg, Niggli (alem.-schweiz. oft): KF. zu Nikolaus. Desgl. **Niggl** (Bay., Ö.).

Niggemann (westf.) s. Niemann. Vgl. Nigetiet »neue Zeit«.

Nik(o)laus, Nikolai s. Nickel! – **Nilges,** Nilles s. Nehls!

Nils(son) s. Nielsen! – **Nimbler:** aus Nimlau/Olmütz (Hensel *Nimler* 14. Jh. Olmütz).

Nimmer, Nimmermann: aus Nimmer a. d. Nimmer *(Nimara),* Zufluß der Nahmer *(Namara)* i. W. (nim, nam sind prähistor.; vgl. Nimmendonk, was auf »Sumpf« deutet: Bahlow, ON. S. 354).

Nimmervoll: ein Vielfraß bzw. Säufer. Nic. *Nimmervol* 1357 Brünn (auch Budweis, Iglau, Olmütz). Vgl. Nimmersatt (auch ON.). **Nimmergut.** *Nimmerteuer* 1418 Prag.

Nimp(t)sch: ON./Schlesien b. Schweidnitz, einstiger Mittelpunkt des Silingengaues (Nemci = Ort der Deutschen). Hans *Nymptsch* 1494 Glatz, Hannus *Nymptscher* 1423 ebda. S. auch Niemetz, Nim(t)z!

Nimsgern: »nimm es gern!« Vgl. **Nimsjahr** (*Nimsgar* 1742 Quedlbg.): »nimm es ganz!«

Ninebuck: wend. ON.

Ningel(gen): rhein., KF. zu Benignus (Märtyrer, Apostel Burgunds), lat. »der Gütige«. Zur Form vgl. Mang für Magnus.

Nipperdey: nordwestd. Flurn. wie *Kipperdey* 1378 Lünebg.; s. Dilthey! In Hann. 1305 Wilbrand *Nipperney.*

Nippold, Nippelt (obd.) deuten auf urspr. *Nit-bold* (vgl. Nit-hard) = haßerfüllter Mensch; vgl. Lippold. Desgl. **Niepold,** Niepel(t). Zu **Nippert** (für Nit-berht?) vgl. auch ON. Nippern/Schlesien. Zu **Nipp(e),** Nippa vgl. in Mertschütz/Lg. 1461 Nickel u. Hempe *Nippe,* Bauern. Zum Wasserwort *nip, nep* (ON. Nippes, Niepenberg/Rhld.) s. Bahlow, ON. 353.

Niß (Hbg., Schlesw.) nebst **Nissen** = Nils(sen), s. Nielsen! *Nis Nilsen* 1599 Flsbg., Knut *Nissen* 1589 ebda.

Nißle (schwäb.): Kf. zu Dionys, s. Nieß! Toma *Nißly* 1530 Ulm. Vgl. Nüßle!

Nitsche, Nitschke (Schlesien) war im MA. neben Nickel (s. dies!) u. Klose (Nicclos) die beliebteste schles. KF. zu Nikolaus. Vgl. *Nitsche (Nickel)* im keler 1384 Lg. Dazu **Nitschmann,** Nietschmann, Nitsch(k)er, sowie **Nitschold** (analog zu Fritschold, Kitschold, Heintschold, Hensold, Petzold usw.). In Sachsen entspricht **Ni(e)tzsche,** Nitzschke, Nitzschmann, Nietzschold usw., auch Niezold.

Nix: ostd. neben Nicks = Nikolaus. Obd.-rhein. aber vgl. die Ritter Joh. *der Nixe* 1327 u. Agilwardus dictus *diu Nixe* 1285 b. Pforzheim (zu mhd. nickes, nickese, nixe »Wassergeist, Nixe«).

Nixdorf (Schles., O. Laus. oft): ON. ö. Sebnitz, alt Niklasdorf (vgl. *Nicclosdorf* wollensleer 1369 Lg.); auch Georgendorf/Goldbg. hieß *Niklasdorf.*

Noack s. Nowack! – **Noah,** Noä, rhein. Noé: als bibl. N. des »Stammvaters« der Menschheit (hebr. Noach »Ruhe, Trost«) erst im Ref.-Zeitalter gebräuchlich, aber selten. *Noe* Rennhaas 1607 Erding/Bay. – **Noback** s. Nowack!

Nobbe, Nöbbe (Hbg.) wird durch **Nobbers** als fries. KF. zum (seltenen) Pers. N. Notbert verständlich (vgl. Clauwes *Nothbrecht* 1495 Barth). Ähnlich fries. Obbe zu Obbert (Otbert), Lubbe zu Lutbert, Wobbe zu Wolbert, Habbe zu Hadbert. In Stade 1315 VN. *Nobe.*

Nobel (obd.-alem.) dürfte Mundartform

für **Nabel** sein (erst 1465 b. Sinsheim ein Hans *Nobel*), wie **Nober** urkdl. für **Naber** (St. Nabor) bezeugt ist (1643 Donaueschgn.). *Nobel* auch in Brsl. 1350. Vgl. auch mhd. nobel: e. Goldmünze (frz. noble).

Nobis, Nobes erinnert an die Nobiskrüge (Wirtshäuser) in entlegener Gegend.

Nöbl (Bay.) s. Nebel! **Nöbeling** s. Nebeling (Nibelung)! Zu **Nöbel** vgl. ON. Nöbeln/Chemnitz.

Nock(e), Nöckl (obd.): bair.-öst. meint der »Nock« einen rundl. Hügel, so 1406 in Ritten/Tirol: der Mayer *ab dem Nock* und Hof *Nöckl*. Vgl. Nockenberg u. Nockenhaupt. Aber **Nocker, Nöcker** im Alem. ist der alte Pers. N. *Nôtkêr (Nôt-gêr)*, Umkehrung des üblicheren *Gêrnôt* »Speerkämpfer« (not = Kampfgedränge), bekannt durch die gelehrten Mönche der Klosterschule St. Gallen, *Notker* (Labeo u. Balbulus), im 9./10. Jh. Vgl. magister *Nöggerus (Nocher, Noge)* 1254 Klingenau a. d. Aar, *Nögger (Nögge)* v. Littau/Luzern 1296/1328. *Nogger* v. Hürrlingen 1092, *Nogge* v. Lienheim 1094. In Bretten 1283 Heinr. *Nocke (Nocge)*. Im Egerld. 1395 Elbel *Nockel* (= »Hügel«).

Noderer: aus Nodern/O. Bay. – **Noffz** s. Naftz!

Nodler, Nödler, Nödli, Nödel (obd.) s. Nadler! Nädeli. Wenczel *Nodler* 1384 Olmütz.

Noggerath: rhein. ON. auf -rode, wie Beckerath u. ä.

Nohl (Württ.): wohl = Noll, s. dies! Vgl. Mohl: Moll.

Nöhr(e), Nöhren, Nöhres, Nöhring (ndrhein.) = Apollinaris (Märtyrer), urkdl. auch St. Pollenoris, Bolinoris. S. auch Narjes! Zu **Nohr** vgl. auch ON. Nohra (Nor-aha »Sumpfbach«)/Thür., 2mal. In Holstein bedeutet das »Nohr« (mehrfach) stehendes Gewässer, Binnensee.

Nolde, Noldt, **Nöldeke,** Nöldechen: ndd. KF. zu Arnold, s. dies! Auf Nöldeke beruht westf. **Nölke,** Nölken, mit patr. -er: Nölker. S. auch Arneke! Ein *Noldeke* Raetgever 1438 Werdener Urbar. Sonst auch **Nolte,** s. dies! In Brsl. 1338 *Noldel (Arnold)* v. Krüczeburg.

Noldner, Nöldner, Nöllner (Schles.) = obd. Nadler. Noch 1566 in Lg.: Thomas e. *Noldner*. Auch *Noldenvesser* 1372 Lg. (Drechsler von Nadelbüchsen).

Noll: obd. mag die Bedeutung »dicker, plumper, einfältiger Mensch« (so Schweiz, Bay.) zutreffen; vgl. mhd. nol »Hügel«. Hans *Nolle* 1391 Würzbg., Herm. *Nolle* 1387 Frkf. Im übrigen spielt ein Gewässerwort hinein, vgl. den Noll-See b. Salzbg., die Nolla in Graubünden, die Nolle (zur Schwalm), auch ON. Nolle Kr. Iburg i. W., zu dem die nordd. FN. **Nolle,** Nollmann, Nollmeyer (s. Nullmeyer!) gehören mögen.

Nölle (Westf. oft): das Gehölz *Nöllenhorst* im Hils deutet auf ein altes Wasserwort *nol, nul*, vgl. auch die *Nölenbeke* 1682 Kr. Lübbeke, die *Nolbeke* b. Schötmar, die *Nüllbeke* (Steinhuder Meer), *Nolbek* Kr. Melle usw. S. auch Nolle! Sonst aber ist Nölle = Arnold, siehe Nolde, Nöldeke. Dazu auch Nölling.

Nöllner s. Nöldner!

Nolte, Nölte, Nölting, Nolting: ndd. KF. bzw. Patr. zu Arnold. Noch 1564 in Anklam: *Nolte* der Kinder = *Arnd* der Kinder. *Nolte* Hasenjäger 1542 Vlotho/Weser. Dazu patr. **Nolten** (westf.) u. Noltenius (lat.); Noltemeyer, Nolterieke. Arnd *Nolting* 1507 Lippe. Zuweilen auch obd.: Arnold *Nolte* 1284 Brixen. *Nolt* Geyling 1375 Franken, Hensel *Nöltel* 1379 Böhmen. S. auch **Nolde!**

Nommensen, Nommsen (Hbg., Bremen): Patr. zum fries. Pers. N. **Nomme** (F. Stark S. 173); dazu auch **Nommel(s),** Hbg., Holst. (u. der weibl. VN. Nummelke. Mit k-Suffix: *Nomke* 1260; *Numke* (Helgold.).

Nonn(e), Nonnen, Nonnsen (Hbg.): fries. Pers. N., vgl. *Nonno* Reinkena 1443, *None* Ynnen 16. Jh., auch *Nonke*: s. desgl. **Nanne,** Nannen! S. aber auch Nonnenprediger!

Nonnenmacher, Nunnenmacher: der Schweineverschneider, Kastrator (mhd. nunne, nonne »verschnittene Sau«). Vgl. Gelzer, Heiler, Bärstecher. Desgl. **Nonner** (mhd. nunnen »kastrieren«). Hans *Nunner* 1392 Eger, Nitsche *Nonner* 1415 b. Lg.

Nonnenprediger (Pyritz): der im Nonnenkloster zu predigen hatte. Vgl. auch *Nunnenbeck* (Bäcker des N.-Klosters). Zum FN. **Nonne** (Konr. *Nonne* 1305

Württ.) vgl. in Brsl. 1354 Pauel *mit der nonnen,* in Görl. 1366 Heinrich *mit der nonnen;* oder Cunr. *der nunnunsun* 1294 Reutl., Culman kesseler *der nonnen son* 1341 Frkf.; ein Heintze *Nonnentrost* 1359 Mainz, dazu der derbe Joh. *Nunnenklepfl* 1399 Chrudim. **Nonnemann** (obd.) = Höriger e. Nonnenklosters (*Nunneman* 1350 Württ.).

Noodt s. Noth!

Nopper: e. Gehilfe des Tuchmachers, der das Tuch von Noppen (Wollknötchen) reinigt; rhein. **Noppers.** Dazu **Nopp, Noppel.** Mhd. nop, noppe auch »Wollflocke«, bildl. »gar nichts«: vgl. Ritter Wilh. *Noppe* 1345 Straßbg. Albr. *Nopp* 1350 Eßl., der *Noppel* 1329 Ravsbg. In Freiburg auch *Goldnopper.* Im übrigen gab es auch mhd. noppen = »stoßen«.

Nora (= Eleonora, s. Bahlow, Vornamen S. 26): seit Ibsens Schauspiel *Nora* modisch.

Norbert: kathol. VN., nach d. heil. Norbert, Erzbischof v. Magdebg. um 1130, aus Xanten; eigtl. *Nordebert* (wie e. frk. Hausmeier um 700 hieß).

Norden (Hbg., Bremen): ON./Ostfriesld.; z. T. jüd.

Nordenflycht, von (Hbg.): schwed. Adelsn. für Andreas Nordbohm 1727.

Nordhoff: ndd.-westf. Hofname wie Sudhoff u. ä. **Nordhold** (Bremen): vgl. ON. Nordholte i. O.

Nordmann (Hbg. oft) wie **Normann** (Hbg. oft): vgl. Norbert für Nordebert. Nach nördl. gelegener Wohnstätte, wie auch **Nordmeyer.** Z. T. auch aus ON. mit Nord- hergeleitet (Carstens, S. 67). In Hbg. 1256 ein *Nortmannus* (als Pers. N.), auch in Ro., Grfsw., Strals. In Köln schon 1172 Gerard *Norman.*

Nörenberg (Stettin): ON./Pomm. Jürgen *Nörenberg* 1539 Stolp. – **Norf:** ON. Norf a. d. Norfe/Neuß (*Nor-apa* »Sumpfwasser«; sie fließt noch heute durch sumpf. Gelände; als synonym vgl. die Lorfe/Eder u. die Sorpe/Ruhr: Bahlow, ON. S. 355).

Norkus (ostpr.-lit.): vgl. die ON. Norkitten, Norkaiten.

Northe (Magdebg., Hann.): aus Northen b. Hann.; auch Northmann (bzw. = Nordmann). Vgl. *Nortmannus* de Herslo 13. Jh. Hbg. Vgl. **Nörtemann:** aus Nörten/Hann.

Nörz: mhd. = Fischotter (u. sein Pelz) heute »Nerz« (slaw.); der Otternfänger oder auch Pelzhändler.

Noske (ostd.-slaw.): KF. zu Janosek, Hanoske = Johannes; vgl. Nossek. Ähnlich Notka = Janotka. – **Nößel:** noch heute e. kl. Flüssigkeitsmaß (mhd. noezelîn); Martin *Nößelin* 1330 Kuttenbg.

Noster, Nuster: noch heute südd. für Paternoster gebräuchlich, s. dies! ÜN. des Betschnurmachers. Auch Ternoster, Nosterer, Nusterer.

Nostitz (von): ON./Sa. (Uradel d. O. Lausitz).

Notha(a)s (Mchn., Nürnbg.): ein »Hase« in Nöten, in Bedrängnis. »Angsthase«.

Nothaft (obd.-mhd.): der Notleidende. Desgl. **Noth.** Mhd. »mir ist nôte« = sorgenvoll zumute. Vgl. Joh. *Not* 1357 Zürich; Ritter Hans *Nothaft* 1362 Stuttg.; Ott *Notangst* 1338 Regensbg.

Nothdurft: der Hilfsbedürftige, dem es an Lebensunterhalt gebricht. Vgl. Haimer *Notturft (Nothaft!),* schwäb. Edelmann (1525); Albrecht der *Nothaft* 1340 Eger.

Notheis(en): obd. Schmiede-ÜN., wie **Nothnagel.** Wichman *Notisen* 1322 Augsbg., Cunr. *Notnagel* 1285 Augsbg.

Nothelfer (obd.): ein hilfreicher Mensch. Heinr. der *Nothelfer* 1326 b. Waldshut.

Nothelm: seltener altd. Pers. N. (nôt = notvolles Kampfgedränge). *Nothelmus filius Nothelmi* 14. Jh. Lüb. Vgl. Nôtger (Nôtker). Ebenso selten: Henneke *Nothbrecht* um 1499 Barth.

Nöthen (Rhld. oft): ON./Eifel, wo 846 eine *Notinna* floß (*not* meint Sumpf, Schmutz).

Nöthlich: mhd. = »Not habend, kümmerlich«; aber auch »in Not versetzend, gefährlich«. *Notleich* 1414 Pausram, *Nötlich* 1288 Ulm. Joh. *Notleke* 1356 Grfsw.

Nottbeck: ON. b. Wiedenbrück (1088 *Nutbiki* = »Sumpfbach«); vgl. die sumpf. Flur »in der *Notte*« (16. Jh.) b. Dissen, das Siek *Nötte* 1773 b. Schiplage i. W., *Nottebrock, Nottloh, Nötten* (Bahlow, ON. S. 356). Zu Nottuln bzw. Nutteln i. W. u. Holstein (*Nut-lohun* »z. sumpf. Gehölz«) gehört FN. **Nottel-, Nuttelmann,** vgl. Uffelmann: aus Uffeln.

Not(te)bohm (ndd.) = Nußbaum, nach der Wohnstätte; auch **Näthbom** (Meckl.);

halbhochd. Nottebaum, Nuttebaum. *Hans Nottebom* 1418 Riga.

Nöttger (alem.) = Nöttinger: aus Nöttingen/Karlsruhe, wie Öschger aus Eschingen (Bahlow, Dt. Nbch. S. 90, A. Götze, S. 32).

Notzing (obd.): ON. b. München. Vgl. Notzingen/Württ.

Nötzold, Nötzel(mann), Notz(mann) sind ungedeutet: schon 1278/1320 in Regsbg. Bernold *Nötzel,* in Kempten 1438 Haintz *Notz,* in Würzbg. 1108 Heinr. filius *Nozelonis.*

Novot(t)ny (slaw.) = Neuling, Neumann. Vgl. auch Novak.

Nowa(c)k (ostd.-slaw.) = Neumann.

Nuber (obd.) s. Nufer! – **Nüchte(r)ntrunk:** Trunk schon am frühen Morgen (so mhd.). Vgl. *Nüchterndrung* 1347 Frkf., *Nüchtentrunk* 1414 Mähren.

Nübling (obd.) = Niebling, s. Nibelung! (Jakob *Nübling, Nibling* 1570 Freiburg.) Ebenso **Nübel** = Niebel. Ein ON. Nübel b. Schleswig, ON. Nübbel b. Rendsburg.

Nückel(mann): aus Nückel b. Geestemünde. Joh. *Nuckelman* 1325 Lüb. – **Nüdling:** ON. Nüdlgn./Kissgn.

Nudung: so hieß der Sohn des Markgrafen Rüdeger (Nib.-Lied), auch im mhd. Epos »Die Rabenschlacht« genannt. Vgl. *Nuodung* 1350 Stuttg., herre Hainr. *Nüedunk* 1272 Augsbg.

Nüf(f)er, Nieferlin (alem.): schweiz. nuefer »munter, lebhaft«. Auch Nüferle. Konr. der *Nuofer* 1354 Cannstatt; *Nüferli(n)* um 1400 Aargau u. Württ. Zu **Nuffer(t)** vgl. auch den Heil. N. *Onuphrius.*

Nuhr: ON. Kl.-Nuhr (slaw.-ostd.). – **Nülle,** Nulle, Nullmeier (Westf.): nach de. Wohnstätte wie Flörke »auf dem Nulle« 1700/Lippe (zu *nul, nül*), vgl. die *Nüllbeke* (am Steinhuder Meer), wie die *Süllbeke* b. Rinteln: nul, sul = feuchter Schmutz, Morast; also wohl nicht = noll, null »Hügel«. S. auch Nölle! In Mainz 1294 P. *Nulle,* 1338 *zum Nullen!*

Numms(s)en (Hbg.): fries., s. Nommsen! Lauerens *Numsen* 1604 Flsbg.

Nünlist (Schweiz) wie Siebenlist, Tausendlist s. List! Ulr. *Nünlist* (Edelknecht) 1345 b. Luzern. Vgl. Neunherz! – **Nuntzmann:** z. ON. Nuntz b. Haldsl., wo 1405 Clawes *Nuntzman* = Cl. *van Nuntz.*

Nunner, Nunnenmacher s. Nonner, Nonnenmacher!

Nürnberg(er): mitunter auch nur auf Handelsbeziehungen deutend.

Nuschke, Nusche, Nuscha (wend.): wohl KF. zu Janusch(ek) = Johannes (Schles. Nbch. S. 69). Aber **Nuscheler** (obd.) meint den Hersteller von Spangen, Schnallen (mhd. nusche, nüschel), vgl. auch Heinr. der *Nusche* 1404 b. Bretten. Mit Diphthong **Neuschl, Neuschler.** Hans *Nüschler* 1389 Hundersingen/Württ., Ottmar *Nuscheler* 1557 Füssen/Allgäu. Vgl. Hentschel *Hengenüschel* 1381 B.-Kamnitz. Ulr. *Neuschel* 1370 Nürnbg.

Nüske, Nöske, ostd.-slaw., s. Noske u. Nuschke! In Barth/Pomm. um 1450/1500 begegnen 7 Personen (Hans, Andreas usw.) *Nuske, Noske, Nöske.*

Nüß, Nüßen, Nüßgen s. Nieß (Dionys)! – **Nusser** (obd.) wie **Nüßler** beziehen sich eher auf Nußhändler als auf Flurnamen. Nic. *Nusser* 1399 Kolin. Vgl. mhd. nussen »Nüsse pflücken«.

Nußbaum (obd.), Nottebohm (ndd.): nach d. Wohnstätte; auch Hausname, Ulr. *zum Nußbaum* 1281. Vgl. Birnbaum. Obd. auch Nußbaumer, -bamer (Ö.): Lienhard *Nußpamer* 1497 Tirol. Dazu ÜN. Nußkern, Nußschal, wohl f. d. Nußhändler, auch Nüßle(in). Vgl. Henseli *Haselnuß* 1356 Lahr.

Nussemann: aus Nusse b. Lüb. Vgl. Herman *Nusseman* (Bruder: Hinricus *de Nusse)* 1305 Strals. (Bahlow, in »Teuthonista« 9, 225). Vgl. ebenso Nützmann: aus Nützen nö. Hbg.

Nüßl(e)in, Nüssel s. Nußbaum! Nikel *Nüssel* 1359 Iglau u. Eger.

Nuster, Nusterer (obd.) s. Noster, Paternoster!

Nuttelmann (vgl. Nottelmann): Hbg. öfter, z. ON. Nutteln (Holstein, Westf.) bzw. Nuttel (Oldbg.) Vgl. Joh. *to Nuttele* 1483 Oldbg.

Nutzhorn (Bremen, Hbg.): ÖN./Oldbg., urspr. Utzhorn (Ernest *Utzehorn* 1344, Diderik *Utzehorn [Nutzhorne, van den Nutzhoren]* 1513/31).

Nutzinger: alem. Herk. N. (ON. Nutzingen), wie Benzinger, Vaihinger.

O

Obbe, Ŏbbecke (fries.-ndd.): KF. zu **Obbert** (d. i. *Od-bert,* urkdl. lat. Otbertus. Obbertus; von Friesld. bis Pomm. beliebt um 1200/1350, in Rostock z. B. 18mal im 13. Jh.). In Bremen 1339 *Obbo,* 1313 *Obeke;* nebst *Otbern* 1234 Bremen, 1248 Hbg.; dazu als fries. Patr. Taco *Obbema* 1494. S. auch **Odebrecht!**

Obenauf, Obenaus sind als Flurnamen bezeugt; vgl. *das Obenuff* 15. Jh./Schweiz u. den Acker (campus) *obenûß* 1327 Dornh./Hess. Ein Hans *Obenûß* 1453 Elsaß; ndd. Hans *Bovenuth* 1460 (= oben hinaus wohnend, vgl. Darboben). Ein *Obenüber* 1328 Augsbg. Zu **Oben** vgl. Nieden. – **Obenhaupt** dürfte gleichfalls Flurname sein, vgl. ON. Obenstrohe/Oldbg., Obendeich/Elbmarsch; -haupt = ndd. -höved oder -hop »Hügel«.

Ober, Oberer, Oberst: nach d. Lage der Wohnstätte. Vgl. Nieder, Niederer, Niederst. Albr. Hans gen. der *Oberhans* 1411 b. Eßl., Albr. der *Ober* 1312 Neuffen, R. gen. *der Obere* 1292, B. *ze oberost* 1284 O. Rhein, Fridr. *zem obersten* 1333 Tirol. Auch Obrist, Zobrist (Schweiz.) Zu **Obermann** vgl. ndd. **Overmann** (Avermann) nebst Neder-, Niedermann; auch Oberbeck beruht auf Overbeck (*over de beke* 1422 »jenseits des Baches«), Oberdieck auf Over-, Averdiek (jenseits des Deiches). Zu Ober vgl. auch ON. *Over*/Harburg.

Oberdörffer: aus Oberndorf (öfter in Thür., Hess., Bay. usw.).

Oberdrevermann (Westf.): aus Ober-Drever, s. Drever!

Oberkampf ist »verhochdeutscht« aus westf. *Overkamp* (kamp = Feld).

Oberländer: aus dem Oberland (mehrf.)

Oberlin: der Elsässer Pfarrer u. Philanthrop Joh. Friedr. *Oberlin* 1740ff. ist schon am Namen als Alemanne zu erkennen, vgl. den Beleg *Oberlin = Aberlin = Albrecht* Röder um 1380 Elsaß. S. auch Obrecht, Oberth!

Oberlindober (Tirol): aus Oberlindau/Tirol, wie Schinober aus Schönau.

Obermeit = Abromeit, lit. Form für »Abrahams Sohn«.

Obermüller: der Müller oder Besitzer der Obermühle. Gert *van der Overenmölen* 1528 Hann.; Lienhard *Obermüller* 1500 Tirol.

Obernetter (Ŏ.): = Obern-eder, -öder (Ŏd »Einöde«).

Oberschelp: ON. Schelp b. Bielefeld (vgl. die Schelpe [*Scilipa* 1280] b. Höxter).

Oberthür (obd.): ŎN. bzw. ON. (Tür = Pforte), vgl. ON. Hinterthür(n).

Obertop(p): ndd., s. Topp! – **Obesser** s. Obser!

Obiger: obd. Herk. N. (aus Obing/O. Bay. wie Stübiger, Villiger u. a.) – **Obitz** (Sa.) s. Abitz! – **Obram** s. Abraham!

Obrecht (alem.) s. Abrecht (Albrecht)! Vgl. Oberlin! Oberth! *Obrecht* Flache, *Obrecht* Huser 1356 Lahr. *Obrecht = Oberlin = Aberlin = Albrecht* Röder 1367/98 Baden.

O'Brien: irisches Patr. »Sohn des Brien«, wie O'Connel, O'Gordon u. ä. Vgl. im Schottischen MacPherson, Macdonald, MacMahon; im Normannischen Fitzmaurice, Fitzgerald (aus frz. fils »Sohn«).

Obst (Schlesien oft): Berufs-ÜN. des Obsthändlers, Ŏbsters, mhd. *obeßer.* Auch **Obster,** Obsner, Obsler, Ŏbser, Obesser, Waczlaw *Obser* 1357 Prag, Cunr. *Obeßer* 1312 Mainz, Heincz *Obßer* 1409 Würzbg., Ulr. *Ŏbsler* 1333 Allgäu. Das schließende *-t* nach *s* ist sekundär, wie in Pabst (mhd. bâbes). S. auch Schles. Nbch. S. 45.

Och, Ochmann (obd.-schles.) = Ach, Achmann, s. dies!

Ochs (obd.), Osse (ndd.): ÜN. des Ŏchsners, des mit Ochsen pflügenden Bauern bzw. des Viehhändlers, vgl. *Hundertosse* 1400 Hameln; z. T. auch urspr. Wirtshausname (so am O. Rhein: Joh. *zum Ochsen* 1408 Hdlbg., wo noch heute e. Gasthof »z. roten Ochsen«). Desgl. *Ŏchsle* (neben Ŏchsler), Ŏxle (schwäb.), Ŏchslen, -li, entrundet **Echsle,** Exle (neben Exler). Zu Bauerochs vgl. ndd. Burosse. Dazu Ochsenbein, -fuß, -bug (vgl. Meisenbug), -kopf (ndd. Ossenkopp), -maul, -horn usw. Auf e. Schuhmode deutet wohl Martin *Ochsenschuch* 1365 Brünn. Aber **Ochsenreither:** aus Ochsenreuth (vgl. Hutschenreither, -reuter). Ndd. ist *Ossendriever* »Ochsentreiber«.

Ochtendung: ON. b. Andernach (s. Bahlow, ON. S. 359).

Ockel(mann): Hbg. oft, aus Okel b. Syke/

Bremen, wie Brockelmann aus Brockel; *Ok-lo* = *Brok-lo* »sumpf. Niederung« (Bahlow, ON. S. 359: Ockenbrock, Ockhorst, Auf der Ock usw.). **Ocker(mann):** von der Ocker/Harz (dazu ausführl. Bahlow, S. 362).

Ocke(n), Ockens, Ockinga: fries. KF. bzw. Patr., verschliffen aus *Odeke* (s. dies!); vgl. Gocke, Gockinga aus Godeke!

Ockenfuß, Oggenfuß (alem.): wohl »Unkenfuß« (mhd. ouke); Cuni *Okenfüß* 1357 Rümlang/Zürich.

Ockert: alt *Ocker* (14. Jh. Brsl., 1400 b. Rastatt), vgl. mhd. ocker = penis. Ähnlich Fiesel u. Zumpf, S. aber Öckermann!

Öckl (Mchn.), **Öckler:** = Eckl, Eckler: am Eck wohnhaft.

Ode, Ohde (ndd.): KF. zu Odebert (Obbert), Oderich, Odewin, Odeger u. ä. Vgl. *Odo* filius Ingelsindis 11. Jh. *Odo (Otto)* ist berühmt geworden durch Kaiser Otto d. Gr. aus dem ndsächs. Herrschergeschlecht der Ottonen (bzw. Ludolfinger), 10. Jh. (*ôd* = Erbgut, Glück). Dazu **Oden, Odemann, Odinga** (fries. Patr.), m. k-Suffix Odeke: heute Otke, Oetken, Oetjen (fries.), auch **Ocke,** Ockens (fries.), s. dies! (*Odeke* 1252 Hbg., 1270 Ro., 1329 Brem.). Zum fem. *Oda* (mhd. Uote: Ute) das Metr. *Vernoden.* S. auch Ötker!

Odebrecht, ndd.-fries. Obbert: germ. Pers. N. (od »Erbgut, Glück«, berht »glänzend«), s. auch Ode! Obbe! *Otbertus (Obbertus)* um 1250 oft Ro., *Otbertus* 1300 Strals., 1355 Barth. Entstellt: **Odebrett,** vgl. Eckbrett!

Odefey (Hbg.): wohl ÖN. wie *Ode*-lo, -born, -stede (*od* = Wasser).

Odenthal, -dahl (Düss. oft): ON. ö. Köln (alt Udendar, *Udandra,* prähistor. Bachn. wie *Helandra:* Hellenthal (Bahlow, ON. S. 494).

Odenweller = Odenwälder, vgl. Schwarzweller.

Oder (Hbg.): im nordd. Raum alter germ. Pers. N., s. Ode! *Oder(us)* 1296 Bremen, 1257 Ro., 1301 Hbg., 1308 Stade (nebst *Odericus:* heute **Oderich**). – **Öder,** Eder (obd.): z. häufigen ÖN. Öd.

Odermann: von der Oder, vgl. Neckermann. In Brsl. 1351 Tile *Oderman* neben Peter *von der Oder* 1399, auch P. *Oderer* 1352. Vgl. H. *Oderwaldt* 1539 Lg. – **Odewahn** (Ro.): entstellt aus Odewin (1300 Gr.), wie Boldewahn aus Boldewin.

Odiliae s. Ottilie! **Öding** (Hbg. oft) s. Ode! Vgl. Göding, Löding!

Off, Offe(n), Hbg. oft, auch **Offt:** alter ndd.-fries. Pers. N. (*Offo* Pram 1309 Hbg.). S. auch Uffo!

Of(f)ener, Öf(f)ner (obd.): mhd. ovener »Ofensetzer« (Andr. *Ovener* 1370 Mähren, Conr. *Offener* 1395 Frkn., Herm. *Öffener* 1350 Württ.). Dazu als ÜN. **Öfele** (schwäb.): Berth. Ovenli 1251 (vgl. Hävenli = Hafner); *Ovenstake* (ndd., z. Schüren): im Märchen Klas Avenstaken; **Ofenloch** (Brsl., Erfurt). Ein Bäcker *Guckinofen* 1350 Olmütz.

Offeney (Hann.): weibl. Vorname Offenie (= Eufemia); so hieß die Mutter des Joh. Luchte 1353 Hann. (siehe Zoder, FN. in Ostfalen).

Offermann, Offergeld s. Oppermann!

Ofterdinger (Württ.): z. ÖN. Ofterdingen. Bekannt durch Heinr. v. O., mhd. Dichter (vgl. den Sängerwettstreit auf der Wartburg).

Ogenböter (ndd.): der Augenbesserer, -arzt (Willeke *Oghenböter* 1334 Ro.). Vgl. Oltböter!

Öggl (Bay.) s. Öckl! Vgl. Lichtenögger, -öcker, -ecker, -egger.

Ohde, Öhding s. Ode, Öding!

Ohe, von der Ohe (Hbg.): ndd. ÖN. u. ON. (Ohe, Oha b. Hbg., m. d. Ohe-Moor), meint »Aue«, feuchtes, sumpf. Wiesenland; vgl. Ohage: Auhage. **Ohff** (ndd.) s. Off!

Oheim s. Ohm!

Ohl, Ohls, Ohlsen (Hbg. oft): KF. bzw. Patr. zu **Ohlerich** (Ulrich), **Ohlbrecht,** Öhlbracht (Ohl- beruht auf Odal- = Od- »Erbgut«). Vgl. hertoch *Olerich* v. Meckl., sente *Odelrik (Olrik)* 1318. Varianten sind **Öhlrichs, Öll(e)rich,** nebst Patr. **Öhler-, Öllerking** (Westf.), wie Frederking u. ä. Zur KF. **Ö(h)lke** gehört patr. **Ö(h)lker(s).**

O(h)landt (Hbg.): vgl. ON. Oland (Hallig) Kr. Husum.

Ohle, Ohlmann (ndd.) ist der »ôle«, olde, alte Mann (Oldemann), wie **Ohlmeyer** der Olde-, Altmeyer; z. T. auch KF. zu ndd. Ohlerich: so in Stade 1304 *Olemannus* Clint = *Olricus* Clint, *Olemannus* de Byhusen = *Olricus* de B.; vereinzelt mag der ON. (ÖN.) Ohl, Ohle (Westf., ol = Sumpf) hineinspielen. Vgl. *Ingenohl:* »in dem Ohl« (Bahlow, ON. S. 360). Ebenso **Ohlberndt** neben Oldebehrendt; **Ohlrogge:** Olderogge; **Ohlhaver:** Oldehaver; **Ohlhoff:** Oldehoff; **Ohlen-:** Oldenbostel, -dorf; **Ohlhorst:** Oldehorst. – **Ohles** s. Backes!

Ohlen (von): ON./Holstein.

Öhler (obd.): der Ölmüller (mhd. öler). Auch **Ohleyer** (mhd. oleier, vgl. lat. oleum »Öl«): Joh. *Oleier* 1291 Frkf. Dafür ndd. **Ohlenschlager, Öhl(en)schläger,** ndrhein. **Ohligschlager,** -schläger. Ostmd.-schles. vgl. Herm. *öler* neben Nitsche *olsloer (olsleer)* 1380/85 in Lg. Auch in Württ. galt neben öler zuweilen *ölschlaher, Ölschleher.* **Öhlschlegel** ist obd., Ohligmacher westd. So wird auch **Ohlig(er),** Öhlig, Ohling verständlich. **Öhlmann** (wie ndd. Öhlstöter) meint den Ölhändler, vgl. Salzmann, Biermann usw. Ndd. **Ohlwerter** ist wörtlich »Ölwirker«, vgl. ndd. Mestwert, Radwert, Bekerwert (werhte = mhd. worhte: vgl. schuwort: Schubert). Fries. ist Ölge-, Oljeschlager. Zu alem.-schwäb. **Ölhaf** (Ölkrug) vgl. Kochhaf, Schmalzhaf, Mosthaf.

Ohlfest, Oldefest (Hbg.): der alte Fest (fries. Pers. N.), vgl. Festesen, Fester, Festing. S. auch Fast!

Ohl-, Öhlgart: urkdl. *Odel-, Olgard,* im nordd. Raum (bes. Holstein) einst in Adels- u. Patrizierkreisen beliebter weibl. VN.; in Meckl. noch 1752 Gräfin *Ölgard* v. Bassewitz, *Ölgard* Böteführ 1735 usw. In Kiel 1528 *Ölegardt* Rantzau. In Quedlbg. 1470 Bernd *Odelgarde.* In Ro. 1281 Henr. *Olgardis,* in Grfsw. 1300 Joh. *Oldegardis,* in Meckl. 14. Jh. *Olegart* Moltzan.

Ohlig s. Öhler! (Ohling ist sekundär, vgl. Henr. Ledi(n)ghe 1272 Hbg.).

Öhlke, Öhlker(s) s. **Ohl!** – **Öhlmann** s. Öhler!

Ohlmann, Ohlmeyer s. Ohle (Olde)! Aber *Olemanus* um 1325 Lüb. gehört zu *Olerik,* vgl. Öhlke!

Ohlmer (Bremen) = Odal-mar, s. Ohlerich! Vgl. Ohlm(s). **Ohlwein** = Odalwin (win »Freund«).

O(h)loff, Ohleff, **O(h)lf** (ndd.-fries.): = *Odolf, Odlof,* wie Ro(h)lf, Roloff = Rodolf.

Ohlrich, Öhlrichs s. Ohl! – **Öhlschlegel** s. Öhler!

Ohlrogge, Ohlhaver s. Ohle!

Ohlsen s. Ohl! – **Ohly** (Düss.) s. Öhler! – **Öhlstöter** (Brschwg.): »Öhlhändler«. Hillebrant Olestotere 1331 Brschwg.; mnd. stôten »in Behälter stoßen, im Kleinhandel verkaufen, vgl. Mehlstöter u. ä.

Ohmann s. Odemann u. Ohe!

Ohm (Hbg. oft), Ohme, Ohms, Ohmsen; **Öhm(e),** Öhmke, Öhms: ndd. Form für obd. **Oheim,** Öheim (Öheimb), md. **Öhmichen.** Im MA. = Mutterbruder, Oheim, überhaupt Verwandter. Dazu ndd. Kasperohm, Hansohm, Klasohm. Herm. *Ome* 1277 Ro., Lubbert *Omeke* 1344 Lüb., Joh. *Om (Omike)* 1278 Strals. Siehe auch obd. Eham, Ehem, schwäb. Eha!

O(h)meis s. Ameis! – **Ohmsieder** (obd.): aus Omes-, Ameis-öd, vgl. Geißelsieder u. ä. (H. *Omes-eder* um 1650 Wrebach/Ö.).

Ohmer (Mchn.): Visierer, Eicher, (mhd. âme, ôme »Eichmaß«); s. auch Ahme! Liutfrid *Omer* 1074 Salzbg.

Ohnemus, Ohnymus (Schweiz, Baden, Württ.) = Hieronymus, s. dies! *Onimus* Schantz 1492 Freiburg. – **Ohnen** (fries.) s. Onnen, Oncken!

Ohnesorge s. Ahnesorge! (Auch Ahnhut, Ahnsele, Anacker, Anekost!)

Oh(n)macht (Baden, Württ.): mhd. â-macht »Schwäche«.

Ohorn s. Ahorn! – **Ohr,** Örle, Öhrlein: nach auffallendem Ohr wie Langohr, Schmalohr, Breitohr, Weibel-(»Wackel«)-Ohr, Hasenohr; Gutöhrlein, Rothöhrl. Vgl. Hs. v. Gumppenberg *mit den langen oren* 14. Jh. Bay.; *Hangsörl* 1365 Brünn, *Clingsor* 1345 Brünn (wie Meister Klingsor v. Ungerland, sagenh. Dichter u. 1200).

Öhr, Öhrns, Öhrens, **Öhring** (Hbg.): ndd.-fries. Pers. N.

Ohremann: von der Ohre (b. Ohrdruf/Gotha u. b. Ohrdorf/Drömling); z. Wasserwort *or* s. Bahlow, ON. S. 361.

Ohr(en)schall (Thür.): wohl »ohrenbetäubender Lärm« (vgl. mhd. ôr-slac »Ohrfeige«, ôr-blase »Trommelfell«). Ein ON. Öhrnschall in O. Ö. (wo das Echo ins Ohr schallt). Vgl. auch **Ohr(en)waschel,** der »Schwätzer« (mhd. waschen auch

»schwatzen«), wie unser »Gewäsch«, Gegensatz von »Ohrenschmaus«.
Ohrlepp: zu den nordthür. ON. auf *-leben,* wie Uthlepp, -leb; Hemmlepp, -leb; vgl. ON. Urleben, Ohrsleben.
Ohrt, Ohrtmann (Hbg. oft) s. Orth, Orthmann! – **Ohse,** Öhse, Ohser, Öhser, siehe Oser! Osbahr!
Oje(mann): fries. = von der Oje (fries. ôg »Aue, Wasserland, Insel«, wie Wangeroog, Langeoog u. ä.) – **Olandt** s. Ohlandt!
Okrent (Meckl.): wend. ON. wie Wokrent.
Olaf: der heil. O., König v. Norwegen, brachte s. Lande um 1100 das Christentum; dän. Form: **Oluf.**
Olbers (Hbg., Bremen) neben **Olbert(z)** ist (wie Olrich, Olward) altd. Pers. N. *Odalberht,* s. Ohlbrecht! in Hbg. 1250 *Olbertus.* Vgl. Olber-, Olvermann.
Olböter (ndd.) s. Altbüßer! Dazu *Oltmakenie* (Flickschneider, -schuster) um 1300 in Ro., Lüb., Strals. – **Olbrich,** Olbricht (Grafschaft Glatz oft) ist schles.-sächs. Mundartform für Albrecht, s. dies! Weiter verdumpft auch Ulbrich(t), s. dies! Belege im Schles. Nbch. S. 51 (z. B. *Olbrich* Strachen 1398 Brsl., *Ulbrecht* = *Albrecht* Gryfstete 1379/86 Görl.). – **Oldach, Oldag** (Hbg. oft) s. Aldag! Vgl. *Aldagus* 1268 Ro., Bremen, 1248 Hbg. (nebst *Adaldagus*).
Olde (ndd.), verschliffen **Ohle:** der Alte (oft = Senior, = Vater!). Auch patr. Olden, Oldsen, s. Alde! Dazu **Oldekop,** Ohlekop; **Oldevend** (s. Grotefend!), **Olderogge,** -rock, **Oldhaver,** -haber, Oldewurtel (»Wurzel«) usw.; Herm. *Oldewif* 13. Jh. Lüb. s. auch Ohle-!
Oldenschläger: aus ndd. Ohlenschläger!
Oldermann (ndd.) = »Ältester, Vorsteher« einer Körperschaft: *olderman* unses godes huses 1415 Haldsl.
Older(s): der Ältere, Ältermann (Henr. *Older* 1283 Ro.).
Oldschwager s. Altschwager! **Oldrich** s. Altrich! Oldeland s. Altland!
Olearius: Humanistenname für Öhler (Öhlmann), Ölschläger, s. dies! Vgl. Bähnisch S. 87).
Olesen: Patr. zu dän. **Ole** = Olaf (vgl. Ole Olesen/Flsbg. u. den Maler Ole Jensen). – **Oleyer** (1439 Mainz) s. Öhler!
Olf(f), Olf(s)en (Hbg. oft), **Ölfke(n)** (Bremen)s. Ohloff! Vgl. Rolf, Rolfsen!
Olfenius: lat. frisiertes Olfen, ndd. Patr., s. Olf, Ohloff! Vgl. Tilenius für Thielen. Zum ON. Olfen i. W. gehört Bernt *van Olffen* 1552 Hann.
Olga: russ. Form f. Helga.
Ölgart s. Ohlgart! – **Ölhaf** (obd.) s. Öhler!
Olischer s. Alischer.
Oliver (frz. Olivier): Rolands Waffengefährte gegen die Mauren in Spanien (778). Ein heil. O. begegnet in der Ursula-Legende (Köln). Vgl. *Oliferus* 1262 Ro. Als VN. noch im 16. Jh.: *Olivier* van der Vink 1583 Wesel, *Olivarius* Bock 1565 Hdlbg.; vgl. *Oliver* Cromwell 1599/Engld.
Olk: ON. b. Trier (vgl. Olkenbach/Mosel = »Schmutzbach«: Bahlow, ON. S. 363).
Ölker(s), Hbg. oft, nebst **Ölke** s. Öhlkers, Öhlke! (*Olike* 1324 Bremen).
Ölkuch (obd.): in Öl gebackener Kuchen, ÜN. des Bäckers. Oswald *Ölkuoch* 1558 Schw.-Gmünd. – **Ölkrug** s. Öhler!
Ollenhauer = Ollenschläger.
Ollenschläger (Hbg. oft) nebst Ohlenschlager s. Öhler! **Öller** (Mchn. oft) s. Öhler! Vgl. Öllbrunner.
Öllerking: westf. Patr. zu Öllerik, **Öll(e)rich** (Ulrich), s. Ohlrich.
Olles, Ohles (ndrhein.) = Ol-hûs wie Bakkes: Backhûs, Brockes: Brok-hûs.
Ollmann (ndd.) wie Ohlmann = Oldemann, s. Ohle! – **Ollrogge** s. Ohlrogge!
Olm: ON. b. Mainz (1092 Ulmena, alter Bachname, zu *ul-m* »Moder«, noch mhd. mnd. olmich, ulmich »modrig«). Auch Ollheim/Köln hieß Ulma. Dazu FN. **Olmer** (Goßelin *Olmer* 1170 Köln). Eine **Olmes** (prähistor. *Ulmisa*) fließt zur Schwalm.
Olms (Hi.) hieß 1560 Odelem(s), Olem(s), zum ON. Oden(h)em: Ödlum/Hi. (Zoder, FN. in Ostfalen).
Ölmann, Öhlmeyer s. Öhlmann, Öhler!
Oloff(s) s. Ohlf! Zu Olofsson vgl. Olaf, Oluf! – **Ölpers** s. Olbers! – **Ölrich(s)** (Hbg. oft) s. Öhlrichs!
Olpp (Württ. oft): wohl ÖN. (= Alp, wie Olber für Alber »Pappel«). Hans *Olpp* 1442 Niebelsbach.
Olrog(ge), Olrock s. Ohl-, Olderogge (der Roggenbauer)!
Olschewsky: slaw. Herk. N., vgl. ON. Olschewen/Ostpr.; s. Ölschner!
Ölschlägel, -schläger s. Öhlenschläger!
Ölsch(n)er, Ölsner: zu den schles.-sächs.

ON. Olschen, Olscha, Ölsa u. ä., die alle slaw. *olesna* »Erle, sumpf. Erlicht« enthalten; s. Elsner.
Olsen (Hbg. oft) s. Ohlsen u. Olesen! Desgl. Olsson (Hbg.).
Oltermann (Hbg.) = Oldermann, s. dies!
Olters s. Olders!
Oltmann(s), Hbg. oft, = Oldmann, Altmann, s. dies! Vgl. fries. **Öltjen** (Oldeken), patr. Ölting. **Oltrich,** Oldrich s. Altrich!
Ölund: schwed. lund »Gehölz, Hain«, ö »feuchte Aue«, vgl. Öland.
Olvermann, Olfermann, Olbermann (westf.): = Olber(t) s. dies; vgl. Alver-, Alfermann = Alber(t).
Olwig (Hbg.): wohl = Oldewig, Oltwig, seltener altd. Pers. N.
Ölze (Hbg. oft): als ndd. KF. mit s-Suffix zu *Olerich* (Ulrich) gesichert durch *Olze (Olzeke, Olrick)* van Rodensleve um 1400 in Haldsl., wo der VN. *Oltze, Olse* beliebt war: *Olze* Bornevorer, *Olse* Jordens, *Oltze* u. Vricke (Brüder) usw.; *Olseke* 14. Jh. Lüb.
Omasreiter = Amesreiter (Bay.): ON. auf -reut. – **Omeis** s. Ameis!
Omland s. Umland! (*Umbelant* 1265 Ro.).
Ommen (nebst Ummen) ist fries. Patr. zu *Ommo*; auch Ommena, Ommenga. Vgl. *Ommo* Wiarda 1422, *Umme* Jabben 16. Jh.; Memmo *Ommena* 1355. Mit t-Suffix: *Omt, Umt: Umtet, Omptet* (wie Aptet, Siptet), **Ompteda** (von O., fries. Adel, schon 1317 genannt, b. Groningen).
On(c)ken (fries. Patr.) s. Onnen! Bekannt durch die Gelehrten August, Hermann u. Wilhelm Oncken. – **Ondra,** Ondrusch s. Wandrey (Andreas)!
Onimus s. Ohnemus (Hieronymus)!
Onnen: fries. Patr. »Sohn des Onno«; auch Unnen. Schon a. 716 bezeugt; noch 1576 *Onno* Tyabbern, 1400 *Onne* Onstema; 1422 Evert *Onnema* (patr.); mit k-Suffix *Oncke* Snelgers 1397, Lubbe *Onneken* 1435, Ineke *Oneken (Onken)* 1527, s. **Oncken!** Auch Onkes. Vgl. Ohnen, Ohning.
Onuphrius (griech. = Eselshüter): Heiliger, ägypt. Einsiedler um 400; in Rom St. Onofrio. Nur südd.: in Salzbg. 1543 *Onufferus,* in Konstanz *Nofferus,* in Freiburg 1597 *Nuffer.* FN. **Nuffer(t).** In Württ. 1525 *Onophrius* Setzstab.
Oomens, Oomkens s. Ohm!
Opel: Mundartform für **Apel,** s. dies. – **Opatz** (O./S.) s. Opitz!
Opfermann s. Oppermann!
Ophüls (Westf.) wie Im Hülsen: hüls = Walddistel; vgl. Hülshoff, -strunk.
Opitz (schles., O. Laus., Böhmen oft): im MA. *Apecz,* mundartl. *Opecz,* beliebte schles.-böhm. KF. zu Albrecht, s. dies! In Thür.-O. Sachsen galt dafür *Apel,* noch heute dort **Apel** oft. Urkdl. Zeugnisse: *Apecz (Albrecht)* Berngers 1310 Görl., *Apecz* der müncemeister = *Albertus* monetarius 1298/1315 Görl., *Apecz (Albertus)* Pistor 1297/1311 Dresden, *Apecz (Opecz)* v. Bancz 1345 Brsl., *Opitz* Czirnaw 1445 Glatz, Hanco *Apecz (Opecz)* 1381 Lg. Berühmt ist der N. durch Martin Opitz aus Bunzlau, Dichter (1597/1639). S. auch Olbricht, Ulbricht!
Öpke (ndd. KF.) s. Öbbeke (Odbert)! Vgl. Röpke zu Robeke (Rodbert).
Oppel (Mchn. oft): teils = Appel, s. dies! teils z. slaw. ON. b. Löbau (Werner v. *Oppal* 1261); vgl. auch ON. Oppeln/Schles. (poln. Opole), dazu FN. **Oppler.** Zu **Oppelt** vgl. Appelt, zu **Oppold** vgl. Appold! In ON. wie Oppoldshausen/Hess., Oppeltshofen/Württ. liegt der altd. Pers. N. *Ot-bold* zugrunde (vgl. **Oppert** aus *Ot-bert*). *Opold* 1100 Regsbg.
Oppermann: ndd.-westf.-nordhess. Bezeichnung des Küsters (Kirchendieners), der das Kirchenopfer einsammelt, – das **Opfer(geld),** vgl. Opferkuch. Daneben hochd. **Opfermann,** rhein. **Offermann(s)** (Offergeld). In Frkf. 1387 Henne Wener *opperknecht;* Heinr. *Opperkuche* 1291. In Wetzlar 1312 Conrad *Oppermann* pistor. S. auch Kirchner, Köster, Mesner, Sigrist.
Oppers (Hbg.), auch Öppers, neben Oppert beruht wie Obbert auf *Od-bert,* s. Obbe! Vgl. Goppert: Gobbert. – **Oppitz** s. Opitz! **Oppold, Oppel(t)** s. Oppel! Vgl. Goppold, Goppel(t).
Orb: ON./ö. Gelnhausen, a. d. Orb (*Orbaha,* Zufluß d. Kinzig, prähistor. Flußn. wie die Orbe/Frkr.).
Orbahn (ostd.) = Urban, s. dies! Dazu **Orbach** (mit wend. Suffix).
Ordel(t) s. Ortel! **Ordolff** s. Ortolf! Vgl. Herzog *Ordulf* (Ndsachs.) um 1050; *Ordo* v. Fritzlar 1170; *Ordike Ordemari*

(Ratsherr) 1351 Warburg. **Ordung** s. Ortung!

Ordemann (ndd.): nach der Wohnstätte am Orde = obd. »am Ende« des Ortes oder der Straße, wie Uffenorde, Bur am Orde, vom Orde, auch Örder (westf.) wie Büscher.

Orelli, Orell (Schweiz): der heil. Aurelius, Patron d. Klosters Hirsau. Noch heute als VN. beim Züricher Verlag *Orell* Füßli. Vgl. ebda. Morell: Maurelius.

Oremus (lat. = laßt uns beten!): aus der Liturgie, ÜN. für Geistliche, so in Eschenstruth/Kassel 1398: Syfrid *Oremus,* Pfr.

Orf(f): angebl. Fischname. In Rüdern/Eßl. 1355 »der *Orf*«. Vgl. auch ON. Urff b. Kassel (1184 *Orpha).* **Orfgen** ist ON. im Westerwald.

Örgel (obd.): gerundet aus **Ergel;** in Waldshut 1778 Franz *Örgele* neben Conrad *Ergele;* auch 1659 ebda. J. L. *Ergele;* schon 1294 b. Baldingen Walther *Ergelin;* als VN. 1397 in Rottweil: *Ergelinus* Schaffrat, *Ergelinus* Rohart, 1384 in Ensisheim/Els.: *Erkelin* Keller. Zugehörigkeit zum Pers. N. *Erkenbert, Erkenger* (so Brech. S. 413) ist nicht erweisbar. Vgl. auch *Argo:* Ärge (der Böse; mhd. arc, *erclich*), B. *Argelin* 1274, E. *Ärgeli* 1363 Reutl.!

Orgeldinger (Württ.) wie Nageldinger: ON. auf -ingen.

Orgler = Orgelmacher, -bauer: Diederich *urgeler (urgelmecher)* 1406/1413 Frkf., Henne *orgeler* 1400 ebda.; Heinr. *orgler* 1366 Augsbg., Engelbert *Orgelmacher* 1442 Hbg., dazu auch *orgelmeister* 1402 Frkf., 1443 Mainz.

Orner s. Arner!

Ornitander (griech.): Humanistenname für Vogelmann.

Orschel: vgl. ON. Ndr.-Orschel/Nordthür.

Örtel (obd., auch schles.), entrundet **Ertel** (Ertl: Bay., Ö.): im MA. beliebte KF. zu *Ortolf, Ortwin, Ortlib* (ort = Spitze des Speeres, Schwertes). Mit sekundärem *-t:* Örtelt, Ertelt (ostmd.-schles.), mit mundartl. *a:* **Artelt** (Mähren), s. dies! Auch **Ordelt** (wie Ordolff für Ortolf). Vgl. *Örtlein* = *Ortolf* (Maier z. Öblarn/Ö. 1376); *Örtel* Seubelperger 1422 (UB ob der Enns); *Örtel* 1365 Brsl., 1316 Schweidn., 1338 Görl., Nic. *Örtl (Ertl)* 1386 Prag. Wölfel *Örtel* 1395 Eger, *Örtel* der mauter 1293 Passau.

Ortgies, Oortgiese(n): seltener germ. Pers. N. *Ort-gis,* wie Adal-gis, Amal-gis, Heri-gis (obd. heute Heergeist, Adelgeist, -geiß, s. Gies)! Desgl. obd. **Ortgeiß.** In Bremen 1319 *Ortgisus;* im Oldbgr. UB 1324 *Ortgis* Klenke.

Orthmann, Ohrtmann (Hbg. oft): der am Ort, am Ende (des Dorfes, der Straße) wohnt, wie auch Ordemann, s. dies! Desgl. **Orth, Ohrt** (Hbg. oft): Opdenort(h), auff'm Ordt, Amort, Imort; **Ortjohann.** Sonst ist Ort(h) mitunter auch KF. zu Ortwin, Ortlieb u. ä.: *Orte* = *Ortwin* Bissigel 1364 Württ., *Orto* zentgrebe 1300 Wetzlar, *Orto* v. Mondfeld 1260 Wertheim a. M. S. auch Örtel!

Ortlepp s. Ohrlepp! Wohl Variante zu **Otlepp** (ON. Ottleben). Auch **Ortleb,** Ortlipp (wie Garlepp, Garlipp). Zu den N. auf -leben (-leb, -lepp) s. Bahlow, Dt. Nbch. S. 93!

Ortlieb (vom O. Rhein bis Schlesien im MA. beliebter Pers. N., s. Örtel! Auch Kriemhilds u. Etzels Sohn hieß so. Vgl. auch Socin, Mhd. Nbch. S. 29 u. 156. Ndd. selten: *Ortlev* 1257 Ro. Vgl. Detlev. In Brsl. 1360 *Ortlip* harm der kürsner; in Zürich 1209 her *Ortlib.* **Ortloff** s. Ortolf!

Ortmann s. Orthmann, Orth!

Ortner (Tirol): vom »Ort«, d. h. vom Ende oder am Ende; Ludwig *am Ort* 1406 Tirol. Dazu **Ortler** ebda.: vom Ortlhofe.

Ortnid s. Hertnid! (G. Wenz, Die germ. Welt, § 347).

Ortolf: Örtloff, Ortlauf, Ordolph (obd.), im MA. bes. in Adels- u. Ritterkreisen (Bay., Ö., O. Rhein) beliebt: *Ortolf* der Blumenknecht 1359 Ö., Ritter *Ortolf* v. Rinechenburg 1222 Württ., *Ortolff* v. Bayerland um 1400, *Ortolf* 1339 Würzbg., 1365 Görl., 1294 Brsl. nebst *Ortlouf* Harig 1372 Brsl. Noch 1424 in Kissing/Bay.: *Ortolff,* Vater u. Sohn. S. auch *Örtel.*

Ortrud: durch Wagners Oper »Lohengrin« (1847) ist O. (als Gattin d. Grafen Telramund) nebst Elsa (v. Brabant) als VN. aufgekommen. Vgl. **Ortrun** (Hartmuts Schwester i. d. Gudrunsage) u. **Ortwin** (germ. *ort* = Spitze d. Speeres).

Ortwin: heute **Ortwein** (obd.). Ein Nachklang der Nibelungen-Gudrun-Sage, wo

Ortwin von Metz am Wormser Hofe u. *Ortwin* als Gudruns Bruder begegnet; deutlich ist der Bezug auf die Sage z. B. bei *Ortwin* und *Gernot* v. Loufahe 1182 Aschaffenbg. (Socin 569). In Regsbg. um 1100 *Ortwin*, in Würzbg. 1311, in Württ. 1364 *Ortwin (Orte)* Bissigel; als FN.: Fridl *Ortweyn* 1365 Brünn. Auch in Lüb., Ro., Strals. um 1260/1300 mehrf. *Ortwin* als Pers. N. Als frk.-württ. Sonderform vgl. *Wortwinz:* Wortwein, Würthwein! S. auch Ørtel!

Ørtzen (von): meckl. Uradel, viell. zum ON. Ørzen b. Lünebg. (:Tidericus *de Ordessen* 1260). – **Osang** s. Asang!

Osann: alte Variante zu Susanna (s. dies!), bezeugt 1541 durch Witzel (Onomasticon ecclesiae): »Susanna, darfür etliche Osanna sagen«, wohl mit Anlehnung an das liturg. Hosianna. In Brsl. 1351 *Osanne* vischerinne; 1359 *Sanne:* in Lg. 1388 Andrebis v. Syfridisdorf, Frau: *Sanne,* 1380 *Osanna!* Noch 1526 in Jena: *Osanna* Reumesattel.

Osbahr (Hbg. oft, Kiel) nebst **Asbahr** (Hbg.) s. **Ausborn** (Hbg. oft)! Vgl. Joh. *Osbar* 1636 Kiel. Neben *Os-bern* auch fries. *Es-bern* (beide um 1250/60 in Ro.). **Osbarth,** Asberth beruhen auf *Os-bert* (Lüb. um 1300). Vgl. auch *Osger* (Oskar), *Os-lev* (Osloff), *Oser* (Øser), *Osmund, Osmers, Osper, Osprand,* Oswald (Oschwald).

Oschatz: ON./Sa., desgl. **Oschätzchen.**

Oschwald, Oschmann, Øschlin s. Oswald! – **Øschhey** s. Esch! – **Øschger** s. Nöttger!

Øsenbrei s. Aisenbrei! Øsen-, Esenwein!

Øser (Hbg. oft) = **Oser;** auch Øhser, Oser: ndd.-ingwäon. Form für germ. *Ans-her* (s. Anselm!); vgl. unter **Osbahr!** Pers. N. *Oser(us)* 1265 Hbg., 1320 Stade. Dazu **Øse, Ø(h)sen, Øs(e)mann** (soweit nicht z. ON. Oese b. Hemer), patr. **Øsing.** Aber Bertold der *Øser* 1352 Eßl. s. Øsenwein!

Osiander: halbgriech. Humanistenname. für Hosemann. Vgl. Andreas O., Reformator Nürnbergs.

Oskar: seit der Ossian-Schwärmerei für Macphersons »Barden-Gedichte« um 1760 hat die Heldengestalt des Oskar in Deutschland Eingang gefunden (Bahlow, Unsere Vornamen S. 80). Die Form ist ags.-nordgerm. für ndd. *Osger,* obd. *Ansger* »Speerkämpfer im Schutz der Ansen (Asen), der gnädigen Halbgötter«. Vgl. Oswald (Answald), s. auch Osbahr!

Osloff (ndd.): urspr. *Os-lev* 1252 Hbg., Hardolfus *Oslevi* 1266 Hbg. (wie Osbern, Os-ger usw., s. Osbahr, Oskar, Ausborn!); vgl. Det-lev: Dethloff; -lev entspricht obd. -leib »Sprößling«. Dazu ON. Oslebshausen b. Bremen.

Øsmann (Hbg. öfter) s. Øser!

Osmer, Osmers (Bremen oft): ndd.-ingwäon. Pers. N. *Os-mar* (mar = berühmt). Vgl. ON. Osmarsleben. S. Oser, Osbahr, Ausborn (Osbern), Osloff, Oskar!

Osmund (s. Osmer usw.): germ. Pers. N. *Ansemund* (um 500 bezeugt), »dem Schutz (mund) der Ansen (Asen) anvertraut« (nord. As-mundr). Als VN. 1288 in Erfurt, wo auch Heinr. u. Dietr. *Osmund;* in Hann. 1505 Diderik *Ozemunt.*

Ospald, Ospelt (obd.): Mundartform für *As-bald, As-bold* (bald = kühn), wie *Onsmer:* Ansmar; vgl. Anshelm: Ashelm; auch Asbrand; dazu in Cham 1396 *Osbolt Gruber,* in Glatz 1391 *Osprant* Drescher, 1333 *Osprant* (voit), 1412 Matern *Osprand;* im 12. Jh. *Asprant*/Bay. (brand »flammendes Schwert«).

Ossenbrügge, auch Ostenbrügge, meint Osnabrück = Brücke über eine *Asna* (1025 Asnabrügge) bzw. Osna; vgl. den Osning. **Ossenkämper, -fort, -brink** sind westf. Herk. N. (kamp = Feld), ndd. Osse = Ochse, vgl. **Ossendriver** »Ochsentreiber, Viehhändler«, **Ossenkopp, Burosse** (Bauerochs), **Osse** (Ochse), **Ossmann** (Ochsmann, Viehhändler), **Ossenrey** (Flur).

Øsselmann (Bremen): z. ON. *Os-lo* (Ossel), wie **Esselmann** zu Essel *(Es-lo)* u. **Asselmann** zu Assel *(As-lo),* lauter »Moor-Niederungen« im Raum Bremen-Stade. Zu *os, es, as* s. Bahlow, ON.

Ossig: slaw. ON./Schlesien (mehrf.), z. B. b. Striegau, b. Lüben (Geburtsort Kaspar v. Schwenckfelds, 1489/1561). In Böhmen vgl. ON. Osseg.

Ost, Øst, Østing, Østmann (ndd.-westf., ö = oe, mit Dehnungs-e): nach der Wohnstätte. Auch Ohst, Oest, van Oest, von der **Osten** (pomm. Uradel): Lippold *von der Oesten* 1254 Pomm.; Joh. *Ostink* 1291 Grfsw.

Osterhild, Oesterhelt: im MA. als vornehmer weibl. VN. bezeugt, vgl. *Osterhild(is)* 1350 Brsl. (auch Lg.), *Osterhildis* uxor Conradi de Rodena/Schlesien, um 1300; auch i. d. Schweiz; als Metr. in Witzenhausen 1421 Gele (Gertrud) *Osterhilden,* 1495 Hans *Oesterhilt.* Obd. Fridl *Osterhilder* 1359 Iglau. Vgl. auch die Lichtgottheit Ostara (nebst Ostern; der VN. ist »christl.« Schöpfung).

Österle(n), -lein (obd.): wohl gleichbedeutend mit Östermann, Österer, dessen Hof nach Osten hin gelegen ist. Berchtold *Österli* (Zinsmann) 1485 Oberhausen/Württ.

Osterloh (Bremen oft): ndd. ÖN. (oster »nach Osten hin gelegen«, loh »Gehölz, Wäldchen«); Radeke *Osterlo* 1423. Vgl. Oster-brock, -brauk, -brink, -feld, -hues, -kamp, -holt, -wiesch u. ä. Dazu auch **Ostermann** (westf. Austermann) nebst **Oster** (Auster), »patr.« **Osterling** (Austerling). **Ostersehlte** (Bremen öfter): vgl. ON. Seelte südl. Bremen (*Selete,* zu *sel* »Sumpf«, wie Culete: Külte, Volete: Valthe; Bahlow, ON. S. 442). **Osterwind** (Düsseldf. oft) enthält das prähistor. Wasserwort *wind* »Moder, Moor«, wie Windebrock, -bruch b. Olpe u. die Winde in Brabant (vgl. Bahlow ON., S. 540). Obd. ist **Ostermaier,** -mayer, -meier, Osterhuber, Osterrieder u. ä. Auf *Osterwik* beruht westf. **Oestrick,** vgl. Westerwik: Westrick.

Ostermann s. Osterloh! – **Ostertag** (Württ., Bay. oft): mhd. ostertac meint das Osterfest, bildl. die höchste Freude! Vgl. Graf Friedrich (von) Zoller *der Ostertag* 1315; Sifrid *Ostertag* 1393 Stuttg.

Ostler (Mchn. oft), auch **Ostner:** dessen Hof nach Osten hin liegt. Vgl. Ortler u. Ortner.

Oswald: germ. *Ans-wald* (vgl. Oskar: Ansger) in ags. Form; als Heil. N. (König O. von Nordhumbrien, gest. 642) mit der iro-schott. Mission nach Süddeutschland u. Tirol gelangt; vgl. die Oswald-Legende in der Spielmannsdichtung u. den Minnesänger Oswald v. Wolkenstein/Tirol. Als FN. auch zu **Ostwald** entstellt (vgl. Os(t)born Ratte 1345 Strals., Osborn, -bern/Lüb.). Alem. **Oschwald** (Südbaden nebst **Öschlin, Ösch,** Ös: noch 1613 im Allgäu *Ösch* Gerung, *Osch* Daucher; in Württ. 1464 *Oschlin* Mogk, 1493 Claus *Oswald gen. Oschlin;* 1392 Hans *Oschwald; Oschwalt* Groß 1398 Freiburg. In Glatz 1412 *Oswald, Osprands* Sohn. Dazu die vielen ON. St. Oswald in Bay. u. Ö.

Otfried: selten im MA., daher nicht FN.; als VN. erst um 1820 von der Romantik wiederentdeckt. Bekannt durch den Mönch *Otfrid* im Kloster Weißenburg/Elsaß (gest. 884), der mit der ahd. Evangelienharmonie (»Krist«) den roman. Endreim (statt des germ. Stabreimes) in die dt. Dichtung einführte!

Othmar, Othmer, Ottmar: alem.-obd. VN. (germ. Pers. N. »Erbgut u. Ruhm«); der heil. *Otmar* war Abt v. St. Gallen, v. d. Legende z. Weinheiligen gemacht. Der ON. St. Omer b. Calais geht auf den westfrk. Bischof Audomarus (Omar) zurück, vgl. ON. Ootmarsum/Holld.

Ötker, Öcker: patr. ndd.-westf. Form zu **Ötke,** Ötken, Ödgen, Ötjen (fries.), urspr. *Odeke,* KF. zu den N. mit *Od-,* s. Öde! Vgl. Lütker (Lücker) zu Lütke (Lücke) = Lüdeke (Ludolf); Thielker zu Thieleke, Ölker zu Ölke. **Ötken,** Ötjen oft in Bremen (ö ist eigtl. = ōe, mit Dehnungs-*e*). Zu Ohter(s), Öters s. **Oder!** (Vgl. den Langobardenkönig Aut-hari um 590, in der Spielmannsdichtung = König Rother.) Germ. *aud,* altsächs.-ndd. *ôd* = »Besitz, Glück«.

Ottacker (Allgäu) ist ON. ebda. Vgl. aber unter Ottokar!

Otte, obd. **Ott, Ottel,** Öttel, Öttle, Öttli, Ottmann, sind die volkstüml. Formen des altd. Kaisernamens **Otto** (ndd. *Odo, Ode*), berühmt durch Otto d. Gr. (10. Jh.); im dt. Osten gefördert durch den Apostel Pommerns, Bischof Otto v. Bamberg. Vgl. auch Otto v. Wittelsbach/Bayern. Als VN. erst durch die Romantik wieder in Aufnahme gekommen (wie Hugo, Kuno usw.), dann auch durch Bismarck. Weiteres b. Bahlow, Unsere VN. (1965). Dazu Brech., Der FN. Otto: Ott (Stuttg. 1940). **Ottler** ist obd. Patr. zu Ottl (Jekl *Otler* 1367 Iglau). Ndd. patr. sind **Oden(s), Otten(s),** Ottsen, Otzen.

Otter (obd.) meint den Otterfänger (mhd. oter-venger, oter-jeger; oter »Fischotter«). Cuontz der *Otter* 1357 Friedgn./Württ. Dazu Otterbein. Vgl. Nörz!

Ötterle(in) s. Etterle (»Vetter«)! Anton *Ötterli (Etterlin)* 1441 Schaffhausen.

Ottilie: beliebte Heilige des MAs., Schutzpatronin des Elsaß (Kloster Odilienberg!); als Tochter des Herzogs Eticho (7. Jh.) blind geboren, erlangte sie durch das Gebet des heil. Erhart das Augenlicht; daher Patronin bei Augenleiden. KF. *Tilige,* s. Tilgner u. Ilgner! *Odilia* ist lat. Frisur für germ. *Odila* = *Oda:* mhd. Uote. Als FN.: Ottilige, Ottiliae, Odiliae, Uttilie, auch Dilie, Dilg, Ilg, Dilger, Tilger, Tilgner, Ilgner.

Ottilinger (Mchn.) s. Ottilie!

Ottnand: sehr seltener germ. Pers. N., vgl. Wignand, Gernand, Signand, Herinand, Volknand; *nand* »kühn«, *ôd* »Glück«. Hiltebrandus filius *Otnandi* 1240 Würzbg., Herm. *Ottnant* 1392 ebda.; Herm. *Otnand* 1360 Kolin.

Ottokar (obd.): als VN. erst seit der Romantik wieder aufgekommen, vgl. Grillparzers »König O. s. Glück u. Ende« (1825); gemeint ist der Böhmenkönig O. (eigtl. Pribislav), Gegner König Rudolfs v. Habsbg., 13. Jh. In der volkstüml. Form *Otaker (Otacher)* begegnet der N. in Adels- u. Ritterkreisen Österreichs, bes. der Steiermark, um 1200/1300 öfter (vgl. Markgraf O. von Steyer) nebst *Gundacher;* ein deutlicher Nachklang der Heldensage u. der Dietrichepen von König *Odoaker (Odowakar* »im Glücke wakker«), 5. Jh., b. Ravenna (»Rabenschlacht!«) v. Theoderich d. Gr. besiegt u. ermordet. Noch 1325 ein *Odacker* Bleisch in Annweiler/O. Pfalz.

Ottomar: erst durch die Romantik (Ritterromane um 1800!) aufgekommener VN., vgl. Ottomar Enking (Schriftsteller). Im MA. galt nur die Form *Otmar* (Heil. N.), s. Othmar!

Öttwein, Ettwein (Württ.) ist der altd. Pers. N. *Ot-wîn* (»Glück« u. »Freund«). Vgl. her *Ötwin* v. Homessingen 1290, *Etwin* Sengli 1371 Wildenstein. Benz *Ötwin* 1356 Seedorf.

Otzen, Outzen (ndd.-fries.) = Ott-sen (Ottos Sohn), wie Matzen = Mat-sen = Matthesen. Laurens *Otsen* 1586 Flsbg.

Ouvrier (frz., Hugenotte) = »Arbeiter, Handwerker«.

Ovelgönne: ndd. ÖN. (öfter), övel = »übel«.

Ovens (Hbg., Holstein): Patr. zum fries. Pers. N. **Ove,** heute auch modisch. Vgl. auch Uwe! Urkdl. in Ro. 1257: *Ove, Ovo,* in Holstein 1369: *Ove* v. Sigghen, in Flsbg. 1580: *Owe* Festersen, ebda. FN. *Ovens (Owenius);* Lauerens *Owsen* 1582.

Over(mann), Avermann: ndd. = oberhalb bzw. jenseits wohnend, vgl. **Overbeck** (urkdl. *over de beke),* auch ON. in Rhld., Westf.

Overdieck: oberhalb, jenseits des Teiches oder Deiches.

Overstolz (Rhld.): ndd., der Überstolze, Hochmütige. Schon 1205 in Köln: Richolf *Overstolz.* Vgl. die Gerburg *Stoltuperstrate* um 1325 Lüb.

Ow (Frh. von): alte Schreibung für »Aue«, vgl. Vonderau, Hartmann v. Aue. Dazu Eberli *Owli* 1406 Württ., auch ON. wie Owen/Teck, Owingen/Überlgn. u. ä.

Öxner s. Exner! Desgl. **Öxle:** Exle!

P

Paap(e), Paapke s. Pape!

Paarmann (Hbg. oft): urkdl. Hinr. *Pareman* 1442 Barth.

Paasch (Hbg. oft), Paasche: mnd. pâsche »Ostern« (griech.-lat. pascha); entspricht dem obd. Ostertag. Auch **Pas(ch)edag,** Pasche(n). Schwerlich auf die Zeit der Geburt, sondern auf berufl. oder soziale Beziehungen z. Ostertermin deutend. Joh. *Paschedach* 1293 Hbg. (1300 Lünebg., 1325 Lüb.).

Pabel = slaw. Pavel (Paul), wie Habel = Havel (Gallus). Desgl. Pabelick = Pawelik, wie Hawlik: Gawlik.

Pabst s. Babst! Ndd. vgl. H. *Paves* 1322 Lüb.

Pach, Pacher (obd.) nebst Pachmann, Pachleitner, Pachmayr, Pachelbel s. Bach! Vgl. Peter *im pach* 1395 Eger.

Pacholl, Pacholke, Pacholek, Pachaly: slaw. pachol »Knabe, Bursche«; aber die Parallele Pacholl: Pachura: Pachnik – Macholl: Machura: Machnik (zu Macha: Mach = Matthias!) lehrt, daß vielmehr e. Pers. N. zugrunde liegt, näml. Pawel, vgl. *Pache* Kesczik 1439 Haldsl., Ludmilla *Pachonis* 1376 Olmütz. Daher FN. **Pach(e)** in O./S. u. O. Laus. neben **Mach(e)** ebda. sowie Bache (Bachnik, Bachura), das zu Bartholomäus (Bartsch, Partsch) gehört.

Packebusch: ON./Altmark. – **Pack(h)eiser,** -häuser (obd.): z. ON. Packhausen, vgl. Hoch-, Stein-, Thannhäuser, -heiser.
Padberg: ON./Waldeck; vgl. den Pad-Berg b. Horn in Lippe (pad »Morast«) wie beim Sumpfort Padhuis (palus ton *Pade*) im Moorgau Drente.
Pade (ndd. Padde »Kröte«, wohl zu pad »Sumpf«): vgl. Berthold *Padefuß* 1342 Saulheim.
Pader, Päder (obd.) s. Bader, Bäder! Vgl. Patschdieber.
Paff, Paffen, Päffgen (rhein.) s. Pfaff! Vgl. Paffenholz. Ebenso Peifer für Pfeifer. – **Paffrath:** ON. (auf -rode) b. B.-Gladbach.
Page: ndd. = Pferd. Dazu Blinde-, Mölen-, Nie-, Rönnpage; **Pagenkopf, Pagenstert** »-schwanz«, wohl der Pferdehändler wie Bütepage (mnd. buten »tauschen«), vgl. Bimpage, Bindpage; **Pagendarm** (der Roßschlachter, wie *Pagenworst* 1330 Quedlbg.); auch *Pagenschoke* (Roßschenkel); in Lüb. 1327 *Buntepage, Valepage.* Vgl. *Pagenhardt, Pagenstecher!*
Pagel (ndd.): im MA. *Pawel* = Paul, wie Klages für Klawes = Klaus. Auch patr.: Pagels (Pagelsen) neben Pawels. Vgl. *Pawel* Glasenap 1518; Joachim *Pawel* 1535 Stettin; Joh. *Pawel* 1317 Lüb.; *Pagel (Paul)* Dobrenze 16. Jh. Pomm.
Pägel s. Pegel! **Pägelow** s. Pegelow!
Pagelûn, Pagelôn (ndd.) = Pfau; s. auch Pau(e)!
Pagenhardt (ndd.) = Pferdehirt, s. auch Harde!
Pagenstecher (ndd.) Pferdekastrator, vgl. Barensteker! In Warendorf/Westf. schon um 1300 FN.: Jochem *Pagensteker,* Bürgermeister.
Pahl (ndd.) = Pfahl, ÜN. des (in Seestädten unentbehrlichen) *Palstöter,* der das Einrammen von Pfählen bei Wasserbauten besorgte (»eyn rat wolde laten *de pale stoeten*«). Eylard *Palstotere* 1273 Hbg. (1280 Ro.). Bernard *Pal* 1328 Lüb. Auch **Pahlke** (Hbg.), Pahlmann.
Pahlen (von der): ON./Holstein. – **Pa(h)meyer** (Westf.) = Pademeyer (s. Padberg!), wie Brock-, Modde-, Pohlmeyer; vgl. Pee-, Pehmöller für Pedemöller. – **Pahner:** ON. Pahna/Thür.
Pahnke (ostd.-slaw.) = kleiner Herr (Panek), Junker.
Paintner (Lindpaintner), Peintner, Pointner s. Baintner!
Pakusch, Pakosch, Pakull(is), Pakulat, Pakschies: slaw. bzw. lit. Sproßformen zum Pers. N. *Pakoslaw.* In Brsl. 1328 *Pakusch* v. Lobin.
Palfner (Tirol): in Bay., Tirol, Kärnten meint Palfen e. überhängenden Felsen (Tarneller, S. 90).
Pallauf (obd.) s. Ballauf, Baldauf!
Palleske, Pallaske, Pallas(ch), Palluschek u. ä. sind ostd.-slaw. Sproßformen zu Paul, vgl. Juraske (Georg), Nicolaske.
Pallmert (obd.) = Ballmert = Baldemar (vgl. Pallmertshofen). *Palmar* Adelzhuser 1350 Bay.
Pallwein (Mertt *Paldwein* 1414 Mähren) s. Baldwin! **Paltram** (1294 Wien) s. Baldram, **Palzer** (obd.) s. Balzer!
Palm, Palmer (obd.) s. Balmer! Aber **Palmtag** = Palmsonntag. Vgl. Heinr. *Palmedac* 1252 Nidda, Regel *Balmtag* 1408 Zürich.
Pamer (Tirol), Pirpamer = (Birn-)Baumer.
Pamp(e)l (Sa., Vogtld.): »schlapper Mensch«; in Saalfeld um 1550 *Pampel, Pompel, Pömpel, Pempel.*
Panholzer (Bay., Tirol) s. Banholzer!
Panitz, Panitzsch: ON./Sa., Vgl. Panitzki.
Panke, Pank s. Pahnke! – **Pankok(e),** -kauke (ndd.) s. Pfannkuch!
Pankow wie Penkow sind »Sumpforte« (zu slaw. pank, penk).
Pankra(t)z, kurz Kratz, Kratzel, Kratzke, Kretzing, Krätzig, Kratzmann, einer der 3 Eisheiligen (Mamertus, Pancratius, Servatius), Märtyrer unter Diokletian. Auch Ponkratz, Bongratz, Baumkratz (!), Bankratz, Bangratz u. ä., alle obd. bzw. südwestd.-rhein.
Pankuweit (ostpr.-lit.): Patr. wie Endruweit.
Pann (ndrhein., ndd.) = obd. Pfanne, meint den **Pannemaker, Pannebecker** (ndrhein., = bakker ndld.), der Pfannen bzw. Dachziegel herstellt. In Neuß 1620/24 Wilh. *Pann* neben Joh. *Pannenbekker.* Auch Pannenschläger, Pannenschmied (vgl. die Pfannen u. Kessel der Brauer). In Lüb. 1318 *Panne* und *Pannenbrot,* in Grfsw. 1302 *Pannenslegher.* – **Pannasch,** -ach s. Bannasch!
Pannes, Pfannes (ndrhein.) = Pannhus (In het Panhuis/Viersen), wie Backes, Berges,

Baues, Ohles usw. – **Pan(n)horst:** westf. ÖN. (Gehölz).

Pannicke (ostd.) s. Pahnke (Panek)! Ein ON. Pannecke im Wendland.

Pan(n)ier (ostd.-slaw.) wie Bernier, Polthier, Pritzier, Studier, Bannier, Hallier, alle endbetont. – **Pannkoke** s. Pankok u. Pfannkuch!

Panning: vgl. ON. Panningen b. Venlo/Maas.

Pannwitt (Ro.): vgl. ON. Pennewitt/Meckl.

Pannwitz: slaw. ON., heute Bannewitz/Dresd. (vgl. Ritter *Wolfram* v. Panewicz 1291).

Panse, Pansold, Pansow sind ostd.-slaw.; dazu wohl Pansegrau.

Pant(e)l, Pantelmann (obd.): der heil. Pantaleon, s. Bantle! Auch Pantleon, Bantleon, Pantlen u. ä., bes. südwestd. u. rhein.

Pantel (mnd.) = »Panther« (auch Hausname). Hans Pantel 1416 Anklam.

Panten: slaw. ON. b. Lg./Schlesien, alt Pantenow; Hensel *Pantenow* 1359 Brsl.

Pantermähl, -mühl (ndd.): = Pantermühle (-möhl), ihr Inhaber ist der **Pantermöller** (»Panter« wohl nach dem Vorbesitzer). **Pant(h)er** ist als alter Hausname (»zum P.«) bezeugt; mhd. panter auch ein (gefleckter) Edelstein! Vgl. Detlev *Pantyr* 1297 Ro.

Panzer (Mchn. oft): Berufs-ÜN. des Panzerschmieds; obd. auch **Ban(t)zer,** Panzner (1368 Kolin). Edelknecht Konr. *Bantzer (Panzer)* 1377 Württ. Hannus *Panczer* (Koch d. Herzogs) 1372 Lg. Dazu *panczermacher* 1431 Arnstadt u. *panzerbieter* (-Ausbesserer), wie ndd. Ketelböter, Altböter.

Pape (ndd. oft) = Pfaffe (obd. Pfaff); auch **Paap(e), Pa(a)pke** *(Papeke),* **Päpke** (Meckl. oft). Dazu **Halfpape,** -paap (»angehender Geistlicher«, vgl. mhd. halppriester); rhein. **Paff(e),** Paffen. Auch (von) **Papen.** Als Spottname: **Papenfoth,** -fuß. Kirchen- oder Klostergut bewirtschaftete der Papenmeier, Papmeier; **Papmöhl,** -mehl meint den Müller der Pfaffenmühle; Klosterbauer war der Papenbur. Vgl. ON. Papenbrock, -dieck, -dorf, -hagen.

Papp (Bay., Tirol), schwäb. Bapp: mhd. *pap* »Kinderbrei«, vgl. ndld. pap »Brei«.

Papproth: wend. ON./Cottbus; vgl. Paprot(ta), Paprosch (tschech. bzw. wend. = »Farnkraut«). – **Papsch:** tschech. papesch »Papst«.

Papst s. Babst! Meist Pabst geschrieben. Vgl. auch Parbst!

Paradies, Paradeiser: z. ÖN. u. Hausn. (noch heute z. B. die Saalewiesen b. Jena: »Paradies«). In Marburg 1451 Ludwig *zum Paradies* (Ratsfam.). Vgl. dafür ndd. Hemmelgarn (»Himmelgarten«). **Paraker** (Mchn.) s. Parucker!

Parbs(t) (Schwerin oft) s. Pabst!

Parchenter: 1390 Wien, der Barchentleinwand webt, verkauft; Hensel *parchaner* 1391 Prag.

Parchmann: z. ON. Parchim/Meckl. bzw. Parchen u. Parchau b. Genthin.

Parduhn, Pardohn, Parthun, Barduhn (west-, ostpr.): wohl lit. Herkunft. Vgl. auch Pardey, Bardey.

Parey: slaw. ON. (b. Genthin u. Rathenow).

Paridom (Hbg.): VN. fremder Herkunft, nur b. Rittern u. Patriziern. *Paridam* v. Wacholte (Wachholtz), Ritter bzw. Knappe (Vater u. Sohn) 1272/1312 Pomm.; *Parridum* Vake (Ratsherr) 1598 Flsbg.

Pari(e)s s. Bareis! Vgl. Par(r)isius. Henr. dictus *Paris* 1266 Tribur; Jeckel *Paryser* 1362 Rheinhessen. Vereinzelt mag sich der literar. VN . *Paris* (der Entführer der Helena) a. d. »Trojan. Krieg« erhalten haben, vgl. im Adel: *Paris* v. Hugwicz (15. Jh. Schlesien), Graf *Paris* v. Wolkenstein (Tirol).

Parkmann (Kiel): Hinrik *Parkeman* 1441 Bremen; mnd. *perk* »Pferch« f. d. Herde.

Parler (schwäb. Baumeister- u. Bildhauerfamilie d. 14. Jhs.), berühmt durch d. Erbauer d. Prager Doms: Peter P. (1372 »magister *Parler* olim *Perler*), also Berufsn. wie *Perlhefter, Perlsticker, Perlmeister:* z. mundartl.-böhm.-schles. *a* für *e* vgl. glätz. Harbig für Herbig, Herwig.

Parnemann (Pinnebg.): vgl. Parnewinkel b. Zeven (*pern* »Moor«, vgl. die Perne/Livld.).

Parpart, Parpert (Stettin): ON./Pomm. (3mal).

Parr (ndd.) = Pfarre; **Parrmann:** im Pfarrbezirk wohnend, Pfarrkind.

Parrisius, Parrhysius s. Paris! – **Parsch** (obd.) s. Barsch!

Parschalk (obd.) = Barschalk (mhd. bar »nackt, offenbar, kund«, schalk »Knecht,

Schalk«). Vgl. *Hochschalk* 1386 Kolin, *Urschalk* 1359 Iglau. Partlme *Parschalk* 1537 Tirol.

Parseval, Partzefall, Percival: Der N. des Gralsritters aus dem Epos »Parzival« des mhd.-bair. Dichters Wolfram v. Eschenbach wurde um 1250/1350 beliebter VN. u. Zuname in Adels-, Ritter- u. Patrizierkreisen, ein Zeuge f. d. Verbreitung höfischer Lektüre allenthalben, vom O. Rhein bis Schlesien, von Kärnten bis zur Ostsee. Viele Belege b. E. Kegel, S. 64ff., z. B. Ritter *Perseval* v. Bremen 1316, *Parcifal* v. Prostibor 1436 Nordböhmen, *Perzeval* v. Eltz (Kanonikus) 1324 Trier. *Percival* Annenberger 1431 Dortmund, *Parsifal* Marschall v. Donnersberg 1428 bair. Pfalz, *Parcifal* Zenger 1551 a. München. Dazu als Zunamen: Henneke *Pertzeval* 1343 Strals., Cuonr. *Parcifal* 1296 Wimpfen, Clawes *Partscheval* (Ratsherr) 1393 Arnstadt/Thür., Simon *Parseval* 1577 Ritzebüttel.

Parthey: ostd.-slaw., wie Fluß Parthe.

Partsch s. Bartsch! – **Partl** (Bay.) s. Barthel! Vgl. *Partlme* Parschalk 1537 Tirol.

Partschefeld s. Parseval!

Parucker, Barucker, Paraker (obd.) u. ä.: der Perückenmacher (zu lat.-ital. parucca). Achatz *Parucker* 1764 Aschau/Bay.

Parzer (OÖ.): z. ON. Parz (öfter in Ö.), vgl. Grillparzer.

Pasche, Paschen, Paschedag s. Paasch!

Paschke, Paschek, (O./S.): ostd.-slaw. KF. Paschka zu Paul (s. auch Pawel!); urkdl. in Lg. 1394 *Paschke (Pauwel)* Hamycz, in Posen 1437/39 *Paschke (Paulus)* Wynter. Vgl. Haschke für Johann.

Paschmann(s): z. rhein.-westf. Flurn. Pasch.

Paschold (ostd.-slaw.) s. Paschke! – **Pasewaldt:** = Pasewalk, slaw. ON./Pomm.; vgl. Pasenow ebda.

Paske: ostd.-slaw. KF. zu Paschasius (Heil. N.), urkdl. *Paske (Paschasius)* v. Rosenow (Deutschritter) 1385, *Pasco* v. Swencz (Ritter) 1372 b. Lg. Vgl. auch *Paschalis* (»der Österliche«, frz. Pascal); *Pasco = Paschalis* 1327 Lg.

Passarge: ON./Ostpr. – **Paßbrich:** sächs.-schles. Mundartform für Paßberg, Paßburg, wie Weißbrich, Zeißbrich, Hirsbrich, Hubrich (Bahlow, Schles. Nbch. S. 87).

Passehl: ostd.-slaw. wie Possehl, Staffehl. – **Paßlack:** ON./Ostpr.

Paßmann, Passemann: z. rhein. Flurn. Paß, vgl. Rütger *ingen Paß* (in dem Paß) 1607 Wesel. – **Paßler,** Päßler s. Peßler!

Passow: slaw. ON. (Meckl. 2mal, U.-Mark).

Past (Bay.): der mit Bast arbeitet, Bastmatten flicht. Aber **Paster** = Pastor (Hirt).

Pasterna(c)k, Pastinak: eine Wiesen- u. Heilpflanze; ÜN. des Kräuters. Vgl. Petersilie u. ä.

Pästle s. Bästle! – **Pastohr** (ndrhein.): Pastor, »Hirte«.

Patein (Hbg.): Hersteller von Pantinen, Pantoffelmacher. Gerwin *Patine* 1289 Ro., *Patinenmeker*/Lippe, *Patinere* 14. Jh. Stettin.

Paternoster: »Vaterunser«, meint den Hersteller von Rosenkränzen (Betschnüren); gekürzt **Ternoster;** auch Nosterer, Nusterer (obd.). *Paternosterer* 1304 Basel, 1295 Wasserburg/Bay.; als Gewerbe auch in Lg. 1396 (nebst Ottel *Paternoster* 1372): Bahlow, Studien S. 147; in Rottweil 1323: Albr. *Helbeling der Paternoster;* in Brsl. 1397 Sigmd. *Paternoster paternosterer!* In Lüb. um 1300 *Paternostermakere.*

Path, Pathe: vgl. Alb. *de Pate* 1379 Brsl., Hs. *Pate* 1586 Görl. **Patschdieber** (Ö.) s. Badstüber!

Patschke, Patzschke: z. ON. Patschkau (O./S.) bzw. Patzschkau (Sa.).

Patzelt (Glatz): Mundartform für Petzelt = Petzold (s. Pätzold!) bzw. z. KF. *Peczel* 1370 Brsl., J. *Paczel* 1397 Prag.

Patzer: z. ON. Patzau/Böhmen (Hans *Paczer* 1414 Mähren, Frenczel *Paczawer* 1348 Budweis).

Patzke: ostd.-slaw. KF. zu **Patzlaff.** Vgl. Patzig (auch ON./Rügen), wie Putzig: Putzke.

Pätzold (Schlesien, O. Laus. oft), auch **Petzold,** mundartl. auch Patzelt (Glatz): im MA. beliebte Erweiterung zu Petz = Peter, vgl. Kitschold, Nitschold, Fritschold, Heintschold, Hensold u. ä. Urkdl. *Peczold (Pecz)* Kölbel 1347 Lg., *Peczold* Adelar 1354 Brsl. *Peczuld (Paczult)* Gründeler 1383/97 Lg., Jacob *Patzelt* 1631 Glatz. Dazu patr. Hans *Patzler* 1528 Görl.

Patzwahl, Patzwald: ostd.-slaw. ÖN.

Pauder(er) s. Bauder!

Paue (ndd.) = Pfau. Sander *Pauwe* 1466 Einbeck, Alb. *Pawe* 1431 Erfurt.

Paufler (obd.): urkdl. *Pufler, Bufler* (1409 Allgäu), *auf dem Puvel* 1288 Tirol, also ÖN.

Pauker, Paukert, Paukner (obd.) s. Peukker(t)!

Paul (lat. Paulus »der Kleine«): Die Verehrung des Apostels Paulus (er hieß vor seiner Bekehrung Saulus!) kommt in der Namengebung erst im 15. Jh. (nach der des Petrus!) zur Geltung; auch die Peter-Paul-Kirche in Lg. hieß im 14. Jh. nur Petri-Kirche. Von der einstigen Beliebtheit in der Ostkirche zeugen zahlr. ostd.-slaw. FN., auch das sprichwörtl. »Pawel u. Gawel« (Paulus u. Gallus) für »Hinz u. Kunz«. Zu Pawel vgl. Pawlick, Pawellek, Pavlitschek, Paulig u. ä. Ndd. ist die zerdehnte Form **Pagel** (älter Pawel). Lat. Genitiv zeigt **Pauli,** Pauly. Dazu die Patr. **Pauls** (fries. Pauels, Paugels), holst.-fries. **Paulsen** (Paulsohn, wie Heinsohn), obd. **Pauler,** in Tirol **Pahler**. Zum Pole Poppenspäler b. Th. Storm vgl. schon 1359 *Pole* Partzow (Knappe). S. auch Pabel, Pavel, **Paschke.** Alem.-frk. begegnet mundartl. auch **Pa(h)l,** vgl. »an sant Pals gassen«/Würzbg. Ostpr.-lit. sind Paulat, -eit: »Paulsohn«.

Paulini: rhein. Heil. N. Paulinus (Bischof v. Trier, 4. Jh.); vgl. Kloster Paulinzella/Thür. Dazu rhein. Paulin, Peulen.

Paulitschke (ostd.-slaw.) = Pavlitschek, s. Paul! **Paulisch,** Paulusch (m. slaw. Suffix, -isch, -usch) sind gleichfalls ostd., für Pawlusch, wie Paulack für Pawlak u. Paulick (Sa.) für Pawlik.

Paulmann (= Paul) ist häufig im Raum Hann./Brschwg.

Paulsen (Schlesw.-Holst.) s. Paul! Vgl. Petersen, Thomsen, Claussen usw.

Paulu(h)n: ostpr.-lit. zu Paul, wie Steppun zu Stephan.

Paumann s. Baumann! **Paur** (Bay., Ö.) s. Bauer!

Pausch s. Bausch u. Bauschke! – **Pause:** ON. Pausa b. Plauen.

Paus(e)wang wie Pauseback: der Pausbäkkige. Vgl. Kolbenheyers Roman »Meister Joachim Pausewang« (1936). Caspar *Pausewang* 16. Jh. Löwenberg/Schles. *Pusback* um 1400 in Bambg., Würzbg., Schweinf.

Paust (ostd.-slaw.) neben **Pust** (Stettin oft) beruht auf wend. *pûst,* poln. *pusty* »wüst, öde« (vgl. ON. Pustar, Pustow/Pomm. u. ä.). S. aber auch ndd. Püst!

Paustian, Baustian s. Bastian! – **Pawel,** Pavel, Pawelke, Pawlik u. ä. s. Paul!

Payr (Bay., Ö.) s. Bayer!

Paysen, Paisen (Schlesw.-Holst., Hbg.): dän. Patr., vgl. Jens *Paysen* 1588 Flsbg.

Peccatel: wend. ON./Meckl. (Peckatel, 2mal).

Pech, Peche, Pecht, Päch(t), Pechan, Pechmann gehören im schles.-böhm.-laus. Raum zur tschech. KF. *Pech (Pecha)* für Peter. Vgl. *Pecha* Halayter (Heuleiter) = *Pesco* Halater 1371/74 Mies, *Pecho* v. Nogabczicz 1404, *Pech* (Bauer) 1410 Chrosczina, *Pech* kmet Gemilnic 1463. Zu Pechan vgl. Jachan (Jacha = Joh.), Michan u. ä., zu Pechmann: Jachmann, Lachmann u. ä., zu Pechatschek: Machatschek. Zu **Pech(h)old** vgl. Mach(h)old (Mach = Matthias). Neben Pechan auch Pichan, vgl. **Pechel:** Pichel, Pechmann: Pichmann.

Pecher, obd.: der Pechsammler, -brenner, vgl. Pöchtrager (mhd. becherer); nicht zu verwechseln mit Becherer »Bechermacher«, s. dies! In Kolin 1385 Wenczl *Pecher* neben Nic. *Pecherer* 1368; dazu als Spottname: Nic. *Pechindertaschen* 1382 Dt.-Brod; in Brsl. 1363 Nic. *Pechwinkel* (dort gab es 6 Pechhütten), in Lg. 1374 Her Fredr. vom *Pechwinkel,* vereinzelt wohl auch *Pechman* (1240 Prag, 1347 Lg., 1363 Brsl.). **Pechlöffel** meint den Pecharbeiter, bzw. den Schuster, vgl. Pickendrat. – **Pechstein** s. Bechstein! – **Pechtold** s. Bechtold! **Pechül:** ON. Pechüle b. Jüterbog.

Peck (obd.) s. Beck!

Pedersen (dän.) s. Petersen!

Pee(c)k, Peckholz: ndd. (mnd. pêk) = Pike, Spieß, (*Peke* 1419 Barth) also ÜN. des Spießmachers (vgl. auch Schacht!). Deutlich ist Hence *Pekeschacht* 1263 Ro. (»Spießschaft«) u. Sifridus *Pekholt (Pikholt)* 1252/66 Hbg. Vgl. »ein pek von 16 voeten«, »harnisch, *peyke,* bussen, armborste«.

Peel: mnd. pêle »Kopfbinde der Jungfern«, Kranz; »parlede pêle«. Hinrik Peel (Bgmstr.) 1441 Wismar.

Pe(e)möller, Pehmöller (Hbg. oft): der Inhaber der *Pedemühle* (ndd. *pede* »sumpf. Niederung«), m. Dentalschwund zw. Vokalen wie Peheim: Pedeheim. Vgl. die Pede b. Brüssel u. die Pedemecke (Pedenbeke) i. W. Als Synonym vgl. Brockmöller. Dazu Bahlow, ON. S. 369.

Peer, Peers, Peersman (ndd.-fries.) = Peder(s): Peter(s).

Peetz (Hbg. oft): ON., wie Peetzig/Pomm.

Peest (Hbg.): ON. b. Köslin.

Peffgen (ndrhein.) s. Paff (Pfaff)! – **Peffer** (rhein.) s. Pfeffer.

Pegel (ndd., ndld.): Wasserstandsmeßmarke. Auch **Pägel** (Hbg.).

Pegelow, Pägelow: ON./Meckl. – **Peham** (Ö. Ö.) s. Böhm! **Pehlemann:** ON. Pehlen/Detmold.

Pehlgrimm, Pälegrimm (ndd.) = Pilgrim: Pilger (aus lat. peregrinus), auch als Pers. N. gebraucht: *Pelegrim* hoppener 1298 Strals., Lude *Pelegrim* 1317 Lüb. – **Pehmöller** s. Peemöller! **Pehrs,** Pehrsson s. Peers!

Pei(c)k (Hbg.) s. Peeck! – **Peicker(t)** s. Peucker(t)!

Peidtler (Ö.) s. Beutler! – **Peiffer** (rhein.) s. Pfeifer!

Peil s. Pfeil bzw. Piel! – **Peiler(t):** aus Peilau/Schlesien.

Peimann = Peinemann: aus Peine/Hann., desgl. **Pein(e).** Heineke *von Peyne* 1368 Hildesh., Herm. *Peyne* 1317 Strals.

Peiniger: »Folterer, Peiniger« (mhd. pîneger). Franz *peyniger* 1390 Kolin.

Peintner s. Baintner!

Peipe (Schles.): vgl. Hans *Beippe* v. Michelsdorf 1570 Lg., älter *Pype* in Ziltendorf/Guben; unerklärt, wohl slaw. wie **Peibst**/Schles.

Peiper(s): ndrhein., s. Pfeifer, Piper!

Peiser: slaw., vgl. ON. Peiser (de *Pyzer, Pyzerer* 1350 Brsl.).

Peisker (Schles.) wie **Piesker** (Laus.): ÜN. des Fischers, Fischhändlers, zu wend.-tschech. *piskor* (Fischname), auch in den ON. Peiskern Kr. Wohlau u. Peiskerwitz Kr. Neumarkt. Egidius *Pisker* 1498 Vogt zu Glatz, Hannus *Pisker* 1355 Kuttenbg.

Peißer (obd.): s. Beißer! Vgl. Steffen der *P.* 1387 Tirol, Dietmar *Peißer* 1213 Salzbg.

Peitz: ON. b. Cottbus., **Pelagius** s. Bolay!

Pelargus: griech. pelargos = Storch; vgl. den Gräzisten Prof. Christoph Pelargus um 1600.

Pelikan (selten): wohl zum Hausnamen vermittelt; ein Haus *zum Pelikan* 1260 in Speyer.

Pelka (O/S. oft), Pielka, Pelke, **Pelkner** (patr.): KF. zu *Swentopelk (Swantopolk)*, offenbar = *Svetopetre* »Sankt Peter« (vgl. Grelka = Gregor). Graf *Sue(n)topelc* 1270, Clemente *Swentopelconis* 1316, *Pelka* v. Weschow 1456, Jenco *Pelca* 1316 Schles.; Hs. *Pölkener* 1508 Lg.

Pelletier (frz.) = Kürschner, Pelzhändler. Auch Pelissier.

Pel(t)zer, Pel(t)z: nordd., = Kürschner; s. auch **Piltzer!** Vgl. obd. Beltzer, Beltzner, Beltz. Eine Peltzergasse in Hbg. Cord *peltzer* 1388 Barth, Hans *Peltzer* 1589 Flsbg., Burchard *Pelz* = B. pellifex 1170 Köln. **Pelzl** ist bair.-öst. für Belzl: Dietl *Pelczl* 1362 Kremsier. Vgl. ndd. Schüttpelz (»schüttle den P.«) u. Scherpelz.

Pemmerl (Ö.) = Bemmerl: wohl wie *Bemberlin* (1538 Tüb.) = Schlendrian.

Pemöller (Hbg. oft) s. Peemöller! – **Pempel** s. Pampel!

Pems(e)l (Bay.), seltener **Pensel** = Pinsel (mhd. pensel); Bemsel/Baden.

Pendele, Pendl (obd.) s. Bendel! Vgl. *Pendel, Pöndel* 1414 Mähren nebst *Knipendel* 1365 ebda.; Jost *Hosebendel* 1345 Lg.

Pengler (Mchn.) s. Bengler! (mhd. bengeln »prügeln«, aber auch »hin- und herschweifen«). **Pengel** s. Bengel!

Penka (ostd.-slaw.): vgl. Penke a. d. Pinka; Penkow/Meckl., Penkun/Pomm., Penkwitz usw., alle zu slaw. *penk* »Sumpf«.

Penner(s): ndd.-ndrhein. = Pfänner, Besitzer e. Salzsiedepfanne. Vgl. O. *Phenner* 1366 Kassel.

Penning (ndd.) = Pfennig, z. T. auf Abgaben (Steuern) bezüglich, z. T. auch ÜN. des Krämers, der mit Pfennigware handelt. Dazu Bedepenning (bede »Steuer«), Redepenning (»Barpfennig«, wie Redegeld, wohl der Geldwechsler), Wittpenning (»Weißpfennig«, kl. Silbermünze), Güldenpenning; auch *Endepenning* (»letzter Heller«) 1351 Stettin, *Teynpenninge* 1366 Lünebg.; *Müddepenning* (»Scheffelpfennig«) 1342 Dortmund; Schimmelpenning. S. auch Pfennig! Sammelpenning 1347 Hbg.

Pennrich: ON./Sa. – **Pensel** s. Pemsel! Dazu **Penseler** »Pinselmacher«.

Pentenrieder: ON. Pentenried b. Mchn., vgl. Pentlehner, Pentner (Tirol), wohl = Peintner, s. Baintner!

Pen(t)z: ON./Pomm. Auch Pentzke ist slaw.

Pen(t)zin (Meckl.): ON. b. Bützow.

Pen(t)zlin (Meckl.): ON./Neustrelitz.

Penz(e)l (obd.) s. Penzoldt!

Penzhorn: ÖN. wie Prinzhorn (horn = Winkel).

Penzig: slaw. ON. nö. Görlitz.

Penzoldt, Pensold (Sa.): erweitert aus Penz (vgl. Pentzke), wie Petzold aus Petz (= Peter), vgl. Hensold, Heintschold, Nitschold.

Peper, Pepper (ndd.) = Pfeffer, wie Peperkorn, Pepersack u. ä., ÜN. des Pfefferhändlers, Gewürzkrämers. Auch Schmeckpeper, Schellpeper (*Schelepeper* 1283 Lüneburg, = »schäle Pf.«). In Lüb. 1318 Bertram *Peper,* 1338 Herm. *Peperkorn, Pepersack.* Dazu auch Pepperling.

Peppler (obd.): zu mhd. pepelen »füttern, zärtl. pflegen«.

Perathoner (Tirol): z. Perathan-Hof (1550). Andre Perthaner 1515.

Perbandt: ON. Perbanden/Ostpr. – **Perchtold** s. Perthold!

Perdöhl: ON. Perdöl/Holst. u. Meckl. Vgl. auch Predöhl!

Perdt: to Perdt, te Peerdt (ndrhein.) »zu Pferde« (Gegensatz: Tovote). Vgl. Hinrek *uppenperde* 1479; Hinr. *Perdeke* um 1320 Lüb. (nebst Hartw. *perdekopere*); Luder *perdekikere* 1302 Lünebg.; Joh. *Witteperd* 1296 Ro.

Perfall (Perfoll): Hofn./Tirol. Dazu **Perfler** (Hof Perfl: 1420 Perval).

Pergamenter s. Permenter u. Bermter!

Pergande s. Bergande!

Peritz (z. T. jüd.: »und man hieß ihn *Perez*«, 1. Mose 38, 29; Ev. Matth. 1, V. 3). Sonst z. ON. Peritz/Sa.

Perizonius: griech., für »zum Vorbroek« (ÖN., fälschl. als »Hosenlatz« aufgefaßt!); z. Sumpfwort *Vor,* s. Bahlow, ON. S. 145! Vgl. Antonius P. alias *Voorbroek* 1593 Schüttorf/Hann.

Perl (obd.): z. T. wohl KF. wie Berl (zu Berold u. ä.), vgl. *Perlinus* 14. Jh. Brünn. Sonst aber wie *Perle* ÜN. des Perlenverarbeiters, vgl. in Iglau 1406 *Perlmeyster* neben Nicusch *Perl* 1386 ebda.; auch *Perlhefter, Perlsticker, Perler,* (Parler; s. auch dies!)

Perlet (obd.) s. Berlt! Vgl. Tile *Groteberlt (Grotenbertoldes)* 1457 Duderst.

Permann (Mchn.) = Berman = Bero, KF. zu Berold, Bernhard u. ä. Dazu **Permaneder,** Permanetter: zu den N. auf *-öd, -ed* (»öde Gegend«). Vgl. Ulr. *Perman* 1349 Kempten.

Permenter: im MA. die übl. Bezeichnung des Pergamentmachers (in Lüb. auch ndd. *Parmentere,* in Bremen 1294 *Permentere,* auch Strals. 1342, Ro. 1279, Brschwg. 1406, in Brsl. 1385: Nic. *Permynter* perminter). Permentergassen in Erfurt, Nürnbg., Augsbg., Reutl. S. auch obd. Bermter!

Permien: wend. ON./Meckl.

Perner (Bay., Ö.) = Bernher (altd. Pers. N.), s. Berner! Vgl. Pernhart, Pernold, Pernger. Aber auf ndd. Boden vgl. »her Bartolt *der pernere*« (= Pfarrer) um 1400 Haldsl. **Pernet** (obd.-schweiz.): urkdl. = Pernhart bzw. Pernolt. Dazu KF. *Perndl (Berndl).*

Perschke, Perske, Persicke, Persich, Persian (alle in O/S.) = slaw. Piersik = Petrus (s. Bahlow, Schles. Nbch. S. 70). Ähnlich *Jerschke* = Georg, *Werschke (Wiersich)* = Wirchoslaw. Vgl. Nikel *Persk* 1342 Lg. Auf ndd. Boden vgl. Joh. *Persek* (»Pfirsich«) 1347 Hann. Dazu H. *Perskern* 1346 Büdesh.

Persu(h)n, Perso(h)n, Presuhn (ostd.-slaw.), sonst = »Person«. Fricke *Person* um 1400 Haldsl., Gobelin *Person* um 1400 Westf. Aber **Persson** (dän.) = Petersen.

Perthes (Thür.): bekannt durch den Gothaer Buchverleger Friedr. Justus P. (18. Jh.). Ein Kaspar *Perthes* 1559 Noßwitz/Sa.

Pertramer (Bay., Ö.) s. Bertram!

Pertsch (obd.) = Bertsch = Berthold, s. Bertsch! **Pertl,** patr. Pertler (obd.-bair.) = Bertl (*Pertl* Vindenmantel 1414 Mähren) = Berthold, **Perthold,** s. Berthold! Bertolf!, germ. *berht* »glänzend«, -old = -wald »waltend«; vgl. *Perchtolt* Mülich 1369 Iglau, *Perchtolt* der mesener 14. Jh./ OÖ.

Pertuch s. Bertuch! **Perwein** (Bay., Ö.) s. Berwin! Nic. *Perwein* 1413 Brünn. – **Pertz,** Pertzl (Bay.) s. Pertsch! Bertz!

Pesch: am Ndrhein (Aachen oft) = Grasanger (lat. pascuum »Weideplatz«). Auch **Peschges,** Buckpesch, Eulenpesch, Humpesch (ON. Hompesch). Vgl. »Maria *im Pesch*«, Kölner Pfarrei. Auch ON. Pesch mehrf./Rhld.

Peschel (Ndschles., O. Laus., Sa.) ist eingedeutschte slaw. KF. *Pesch* zu Peter; dafür in O/S. mit slaw. k-Suffix *Peschek:* **Peschke,** Peschka. Desgl. **Peschmann** (s. auch Pechmann!). Sekundär ist Peschelt. Vgl. auch **Petschel(t)** zu Petsch. **Pischel** ist oberschles., **Pöschel** öst.-bair. Belege: *Peschel* Muchener 1369 Brsl., *Peschel* Osann 1389 Sa.; *Pesche* Slegel 1356 Glatz; *Pesch (Pesco, Peter)* Reiche 1361 Budweis, *Pessl (Petrus)* Reichhanczl 1375 Neu-Bidschow; *Peschke* Rücker 1343 Glatz.

Pesenecker (obd.) wie Pößenecker: aus Pößneck/Saale.

Peske s. Peschke!

Peßler, Päßler, mit mundartl. *a* **Paßler** (Schles., O. Laus.), ist Patr. zu **Pessel** = slaw. *Peß, Pessek,* KF. zu Peter, vgl. Peschel! Nicclos *Pezeler* 1390 Lg., E. *Peseler* 1434 Glatz; *Pazeler (Pezeler)* 1369 Brsl. Vgl. *Peß (Pecze)* Algart 1369 Glatz. Zur Erweiterung **Pes(s)olt** vgl. *Pesolt (Petrus)* Neupaur 1372 Iglau.

Pest, Pestlin (obd.) = Best, Bestle = Sebastian. *Beste* Jaß 1530 Ulm. Hans *Pest* 1473 Waibstadt, Blickard *Pestel* 1536 Plauen.

Pestalozzi (Zürich oft): berühmt durch den Pädagogen Joh. Heinr. P., dessen Vorfahren aus O. Italien stammen (im 16. Jh. nach Zürich zugezogen); ital. = »Knochenhauer«.

Petasch: slaw. KF. zu Peter, wie Petrasch.

Peter: Der N. des Apostelfürsten Petrus war im MA. der häufigste kirchl. Taufname, wurde aber im 14. Jh. von Johannes u. Nikolaus überflügelt. Der bibl. N. war eigtl. Simon (vgl. Ev. Joh. 1, 42: »du sollst Kephas heißen, das wird verdolmetscht: ein Fels« = griech.-lat. petra; u. Matth. 16, 18: »du bist *Petrus,* u. auf diesen Felsen will ich bauen meine Gemeinde«). Dazu zahlr. FN.: **Petri,** Petry, **Peters** (ndd., auch Petters, ostfries. Pieters), **Petersen** (schlesw.-holst.), Pedersen (dän.), Peer, Peers, Persson; obd. **Petermann,** Petermandl, Pietermanndl (Wien). Ostd.-slaw. **Petsch, Pietsch, Petz(old),** Pätzold, Petschel(t), **Peschel, Peschke,** Pessel, Pessold, **Pech,** Pechan, **Petrick** (Peterich), Petran, Petrusch, Pietruschka. Dazu viele Komposita: Klein-, Großpeter (Großpietsch), Grau-, Grün-, Krum-, Langpeter. Hinzpeter. Schmidpeter. Peterbauer, -meyer, -müller usw.

Peternell: Metr. zu Petronella, heil. Jungfrau a. d. röm. gens Petronia. Seltener VN. (b. Patriziern): *Petronella* Birolcz 1375 Brsl., 1458 Rendsbg. Herm. *Peternelle* (Domherr) 1389 Osn., Herr Jac. *Peternellen.* Ein ON. Petronell b. Bruck in Ö.

Peterolff (Mchn.): = Piterolf, s. Bitterolf!

Petersilie, Peterseil: ÜN. des Gemüsehändlers.

Petsch (obd.-schles.) nebst **Petschke, Petschel(t)** s. Peter bzw. Peschel! Patr. ist **Petschler,** Petschner, vgl. Pessler. *Peczel (Pecz)* Teppelwode 1370 Brsl.

Pettmesser (Mchn.): aus Pöttmes im Donau-Moos. **Pettenkofer:** ON. Pettenkofen/Bay.

Petz (Bay. oft) nebst **Petzl** s. Betz, Betzel! Ostd.-schles. vgl. Petz-old = Peter! Hierzu **Petzke,** Petschke (wie Matzke, Matschke, Matzel zu Matthias).

Petzold (schles.) s. Pätzold!

Peucker(t), Peickert (Schles., O. Laus., Sa.) meint den Paukenschläger (mhd. pûkaere), obd. **Pauker** (k hindert dort den Umlaut). Die Pauker gehörten mit den Pfeifern u. Fiedlern z. Zunft der Spielleute, der Stadtmusiker. Nickel *pûker* der stocmeister 1346 Brsl., Hensel *peuker* 1380 Lg., Michel *Peucker* 1513 Görl. Ein Dorf Peucker b. Habelschwerdt (s. Bahlow, Schles. Nbch. S. 113). Diterich *Pauker (Peuker, Peiker)* 1380 B.-Kamnitz. Joh. *Paukenstebl* 1396 Kolin.

Peutinger: berühmt durch den Humanisten Konrad P. (Augsburg), 1465 bis 1547; z. ON. Peiting/O. Bay.

Peyer, Peyerl (Mchn.) = Beyer, s. Bayer! – **Peymann** s. Peimann!

Pfab (Bay. oft) meint den Pfau (mhd. phâwe, lat. pavo), mit der Variante **Pfoh** (mhd. phâ). Cuncz *Pfab* 1409 Würzbg., Uolr. der *Phâwe* 1296 Zürich. Vereinzelt (am O. Rhein) auch alter Hausname: Conr. *zuo dem Pfâwen* 1302 Straßbg. Dazu *Pfabenczagel* 1378 Prag (*Pfobenczail/* Brsl.) = Pfauenschwanz, *Pfabenspiegel* (das Auge d. Pfauenfeder) 1403 Iglau, *Pfawentrit* 1328 Augsbg. (»dô gieng ich slîchend als ein pfâwe«), *Pfawenhals* 1256 b. Mergenth., *Pfabenhuter* (Pfauenfederhutmacher) 1483 Mainz. Auf Island hieß *Olaf pá* so wegen seiner Prunkliebe.

Pfabian, Pfabigan: oft in Wien, daher wohl = **Fabian** (Wien oft); in Alt-Brsl. vgl. *Pabyan* (wie Pabisch neben Fabisch).

Pfadenhauer (Mchn.) s. Pfattenhauer! Pfettenhauer!

Pfadler (Mchn. s. Pfaudler!

Pfaff (obd.) s. ndd. **Pape!** Auch **Pfäffle, Pfeffel,** Pfeffelin: Anderl *Pfeffel* 1396 Budweis. Zu rhein. **Paffe** vgl. in Lorch 1284 Wernher dictus *Paffe*. Oft nur Beziehungen zu Pfaffen oder zur Kirche andeutend: vgl. Sifrit *Pfaffenarzet* (Chirurg) 1312 Würzbg., *Pfaffenknecht, Pfaffenmülner* 1362/64 Iglau, *Pfaffeneydem* (-Schwiegersohn,!) 1365 Brünn, Ruef der *Pfaffensun* (!) 1361 Oberstdf. Derber Spottname ist *Pfaffenczagel* (mhd. zagel »Penis«) 1371 Prag. *Pfaffenlap* (Laffe) hieß 1412 e. Burggraf in Straßbg. *Pfaffenschläger* wohnte am Pfaffenschlag (Flur), vgl. Matten-, Frauenschläger.

Pfaffrott: ON. Pfaffenrod/Hess.

Pfahl: wie ndd. Pahl als Pfahl zum Einrammen deutbar, aber auch als persönl. Zuname, so beim Rittergeschlecht *Pfahl* 13. Jh. Franken; vgl. auch *Dürrepfal*. **Pfahler, Pfähler** (obd.): der Pfähle (z. B. für die Weinberge) herrichtet, vgl. 1483 »am *Pfälberg, da man pfälet*«. Zu Pfaller (Mchn.) vgl. Maller.

Pfalzer (obd.): z. Landes- u. ON. Pfalz bzw. Pfalzen (dies in Tirol: 1065 Phalanza). Heinr. *Pfalczer* 1417 Kempten. Auch **Pfälzner. Pfalzgraf** (vgl. Burggraf) meint Statthalter in einer Pfalz: mhd. phalenze, mlat. palatia »Palast, kaiserl. Wohnsitz«.

Pfänder, Pfender (obd.), mundartl. **Fender** (Schles.) wie Pfennig: Fennig: obrigkeitl. Beamter, der durch Gerichtsdiener von den Schuldnern Pfänder einziehen ließ; Gerichtsvollzieher. »si sullen allen leuten, reichen u. armen, pfandes helfen von gerihtes wegen; swenne das pfant gestêt sehs wochen, der *pfenter* mac denne das pfant verkaufen« (Nürnbgr. Pol.-Ordng.). Hensel *pfender* 1385 Lg., Hainr. *Pfendner* 1424 Kempten, Ditl *Pfander* 1348 Brünn.

Pfandl, Pfandler, Pfannl (obd.-bair.): ÜN. des Pfannenherstellers; s. auch Pfann u. ndd. Pann! Dazu **Pfann(en)schmidt** (1365 Brünn, 1408 Erfurt; als FN. schon 1352 Brsl.: Herm. *Pfannensmit* der garnczüger). Vgl. ndd. Pannensleger (Kupferschmied). Aber rhein. P(f)annenbecker = Töpfer, Dachziegler. – *Pfannenmeister* 1365 Brünn.

Pfann (Nürnbg. zahlr.): ÜN. des Pfannenschmiedes (Braupfannen u. ä.!) mitunter wohl auch des (Salz-)Pfänners. Fridr. *Pfan* 1391 Würzbg., Nickel *Pfennel* 1390 Dux, Hiltprand der *Pfandler* 1429 Füssen. Z. T. auch Flurn.: »in der Pfanne«, vgl. Fritz von Phann 1426 Tirol. Dazu wohl auch **Pfanner** (Ö., Schweiz): soweit nicht = Pfannenschmied! Nic. *Pfanner* 1363 Mies, Wilhalm *Pf.* 1415 Ravsbg.

Pfann(en)stiel (obd.): ÜN. des Pfannenschmieds bzw. des Kochs; auch als Flurn. bezeugt, nach der Gestalt, wie ndd. Schopenstel (Schöpfkelle der Brauer!) als Straßenname in Hbg. Vgl. Ditel *Pfanstil* faber (!) 1394 Prag.

Pfänner (mhd. phenner) = ndd. Penner »Salzpfänner«: Otto *Phenner* 1366 Kassel, Irmel *Pfenner(in)* 1378 Speyer. – **Pfannes** s. Pannes!

Pfan(n)kuch(e) wie Pfannzelt: der flache, fladenartige Kuchen herstellt, ndd. Pankoke. Henr. *Pannekuoche* 1197 Köln.

Pfannmüller (Darmstadt, Frkf.): Inhaber der Pfannmühle.

Pfannschmidt s. Pfandl!

Pfânzagel 1442 Wien, s. Pfab!

Pfanz (obd.): wohl = Fanz »Schalk« (mhd. vanz), wie Pfabian für Fabian.

Pfanzelt, Pfanzelter (obd.-bair., Mchn. oft): mhd. phan-zelt, zu zelte »flaches Backwerk«; s. Pfannkuche! Cunrat *Phanzelt* 1293 Biberach, Chr. *Pfannzelt* 1546 Tirol. Entstellt **Pfandzelt(er).** S. auch Zelter! Lebzelter!

Pfarr (obd.) = Pfarrer (mhd. der pfarre u. pfarrer). Chunrat, den man nennet *pfarrer* 1388 Eger. Vgl. rhein. mit Umlaut: Pferrer, Perrer.

Pfatten-, Pfaden**hauer** (Bay.) s. Pfettenhauer! Desgl. **Pfattner** (Tirol).

Pfattheicher (obd.): »Wegelagerer, Straßenräuber« (mhd. phat-hûche, zu hûchen »kauern«). In Breslau um 1350 *Pfadehuche*.

Pfau, Pfaue s. Pfab! – **Pfaude** (schwäb.) = Sumpfgras, sumpf. Grasfläche; auch Pfude, Pfudel, vgl. Haintz *Pfudler* 1396 Allgäu, Utz *Pfaudler* 1506 vom Allgäu: heute **Pfaud(l)er.**

Pfauser, Pfaus (obd.): ein Schnaufer bzw. Aufgeblasener (zu mhd. phûsen »schnauben, sich aufblähen«). Vgl. Bentz der *Pfûser* 1326 Horb, Hainr. der *Pfuser* 1400 Rottweil, *Giselbert Phûs* 1352 Worms, *Pfauslin* 1414 Nikolsbg., nebst Gilig Pfnaus.

Pfauter (obd.-schles.): *Pfûter*/Brsl., *Pfouter*/Lg. (um 1370), umgedeutet.

Pfeffel, Pfeffelin (1251 Eger) s. Pfaff!

Pfeffer, Pfefferle, -lein nebst **Pfefferkorn,** Pfeffersack, Pfefferblüth, Pfeffermann, Schmack-, Schellpfeffer sind ÜN. des Gewürzkrämers. S. auch **Peper!** Zu **Siebenpfeffer** vgl. Siebenschuh, Siebenrock, -käs, -wurst usw. (»sieben« hat steigernde Funktion). **Pfefferling** ist urkdl. = Pfefferlin (so 1542 Schw.-Hall) wie Häberling = Häberlin. »Pfeffersack« ist allg. auch Spottn. des Kaufmanns; der Pfefferhandel brachte Reichtum: das reichste Kaufmannsgeschlecht in Konstanz um 1300 hieß Pfefferhart. **Peffer** ist rhein.-nass., **Pföffer(l)** ist bair., **Feffer** schles.-böhm. (vgl. Nic. *Faffer* 1346 Neu-Bidschow). Dieterich *Pfefferkorn* 1291 Brsl., 1317 Lg.

Pfeidler, Pfaidler (Bay., Ö.), auch Pfeitler (wie Zeitler: Zeidler), böhm. Feidler (wie Feffer): handelte mit Hemden, Hemdrökken (mhd. pfeit, pfeitel, got. paida, Lehnwort aus griech. baite »Hirtenrock«).

Pfeif(f)er, rhein.-nass. **Peifer,** ndrhein. **Peiper(s),** ndd. **Pi(e)per(s),** ostfrk. **Pfeuffer:** zur Zunft der Spielleute u. Stadtmusiker gehörig, wie auch Pauker (s. Peucker!) u. Fiedler. Nickel *pfyfer* 1372 Lg., Hailman der *pfiffer* 1371 Villgn. (alem. noch heute **Pfiffer**). Kroll-, Grollpfeiffer (Kassel) ist der Pf. mit krausem Haarschopf, vgl. Schlichtekrull, -groll; ebda. 1422 Conr. *pfiffuff,* wie Fiedeluff.

Pfeilsticker, -stücker, -stöcker, ndd. **Pielsticker,** nebst **Pfeil, Piel** (Pyl), ist wie der **Pfeilschifter** (obd.) der Hersteller u. Befestiger von Pfeilschäften (mhd. scheften, schiften »Schäfte machen u. befestigen, an die Pfeilspitze stecken«, die der **Pfeilschmidt** schmiedet. Seiz *Pfeilschyfter* 1423 Augsbg. Dazu Jergl *Feilsniczer* 1428 Prag. Vgl. *Feierfeil* (ndd. Fürpiel »Brandpfeil«). Auch Spitzen-, Schnellen-, Schnorrenpfeil, **Schnurpfeil,** lauter Satznamen; die Pfeilschützen waren urspr. auch Pfeilmacher, vgl. die Bogner. Ein *Bitterpfyl* in AltBrsl. u. Mainz. Auch obd. **Pfeiler** gehört wohl dazu: Burkart der *Pfiler* 1299 Straßbg. Nach e. Pfeilspitze im Kopf hieß Otto *mit dem Pfeil,* Markgraf v. Brandenburg, Minnesänger. Siehe auch **Piel!**

Pfell (obd.): mhd. phellel, phelle »kostbares Seidenzeug« (lat. palliolum). Cuonrat *Phelle* 1291 Eßl., *Pfellil* 1382 Kolin. Ein Girald *Palliolus* schon 1050 bezeugt.

Pfender s. Pfänder! – **Pfendt** s. Fendt!

Pfenni(n)g s. Penning! Dazu Schimmelpfennig, Wucherpfennig (als Geizhälse), in Satzform: Druckenpfennig (1360 Steiermark), Küssen-, Kissenpfennig (14. Jh. Meran), Kehrpfennig, Zehrn-, Zöhrpfennig, Wehrenpfennig. Zu Barpfenni(n)g (1399 Straßbg.) vgl. ndd. Redepenning (»betalen mit reden [baren, bereiten] penningen«). Ein *Pfenningbütel* 1409 in Würzbg., *Pennigrîch* 1387 in Frkf.

Pfenn(ig)wert (mhd. pfennincwert »was e. Pf. wert ist, Pfennigware«) meint den Kleinkrämer, Höker. Zehn-, Zwen-, Zweipfennig u. ä. beziehen sich auf Abgaben, Steuern; vgl. in Lohr a. M. 1338 ein Acker gen. »zwenzig Pfenninge«. **Fennig** ist schles.-böhm.: Nic. *Fenykbrot* 1363 Jitschin.

Pferdmenges (rhein.) = Pferdehändler, Roßtäuscher. S. Menger! Ndd. *perdekopere.* Dasselbe meint Opecz *mit dem pherde* 14. Jh. Schweidn. *Pfertschinder*/Brsl. = Abdecker, vgl. Katzenschinder ebda. Obd. war (und ist) Roß die übl. Bezeichnung.

Pfersich, Pfersching (obd.) s. Pfirsich!

Pferrer s. Pfarr!

Pfertner s. Pförtner!

Pfettenhauer (westd.-rhein.-obd.): ÜN. des Zimmermanns, der »Pfetten« (Dachbalken) zuhaut. Obd. **Pfatten-, Pfaden-,** Pfoden-**hauer** macht aber wohl Zaunpfähle (mhd. vade, vate »Zaun«). Georg *Pfattenhauer* 1601 Nürnberg. Dazu auch **Pfattner, Pfettner:** Heinr. *Pfettner* 1300 Augsbg.

Pfetterer (obd.): mhd. (mlat. petraria) »Steinschleudermaschine«. Vgl. Bliedner.

Pfetzer (obd.) = **Fetzer** (Württ. oft): der mit Fetzen, Lumpen (mhd. vetze) zu tun hat, soweit nicht Fetze »sumpf. Grasfläche« hineinspielt (s. Fetzer!); vgl. mhd. vetzen »zerfetzen«, so in Peter *Fetzbrey* 1420 Schw.-Gmünd, wie Ösenbrei u. ä.

Pfeufer s. Pfeifer! – **Pfiebig** s. Fiebig!

Pfieferment, Pifferment (rhein.) = Pfefferminz. – **Pfifferling** (1396 Budweis): s. Pilz!

Pfingst(en), Pfingstner, Pfingstmann (obd.): z. T. wohl auf Zins- oder Abgabeverpflichtungen zum Pfingsttermin bezüglich, wie z. B. Conr. *Pfingstkes* 1343 Brünn. In Iglau 1367 *Pfingstochs.*

Pfinzing: bekannt durch Melch. Pf. (Nürnbg.), der 1517 den »Teuerdank« Kaiser Maximilians herausgab; schon 1250 in Nbg.: Sibot *Pfintzing.* Vgl. Fluß u. Flur *Pfintz.*

Pfirsching, Pfersching, Pförsching sind obd. Varianten zu Pfirsich, Pfersich (so mhd. zu lat. persicum (malum) »pers. Apfel«. ÜN. des Pf.-Züchters, Baumgärtners. Heinz *Pfirsich* 1374 Heilbr. Joh. *Persek* 1347 Hann. In Freiburg 1460 e. Haus »zum Pf. baum«, dort um 1800 Jos. *Pfirisch (Pfirsching).* In Büdesh. 1346 *Perskern.*

Pfister, Pfisterer (obd., Württ. oft): noch heute mundartl. = »Bäcker«, aus lat. pistor; wohl urspr. der Klosterbäcker. Im Rhld. Pister(s). Als Humanistenname **Pistorius,** Pistory, vgl. Sartorius für Schneider, Preetorius für Schulze. In Backnang 1480 auch Ulr. *Pfisterlin,* in Zürich 1357 *Pfisterli;* in Engen 1413 ein *Pfisterkübel.*

Pfitz(n)er s. Pfützner!

Pflanz, Pflanzl, Pflenzel: obd., der eine Pflanzung besitzt; in Tirol 1433 Hainr. *Pflanczer,* 1379 Hans *von Pflanze* (Flurn.).

Pflästerer (obd.), Plästerer, Plaster (ndd.): seltener Berufsn., da im MA. gepflasterte Straßen eine Ausnahme waren. In Zürich 1357 e. *»Pflastertriber«.* In Ro. 1268 Joh. *Plaster.* In Bremen 1334 *Stratenmakere* (»qui facit lapideas vias in plateis« 1298). Sonst auch »Besetzer« (Freiburg), *steinbesetzer* (1388 Lg.); *beleger* 1378 Prag.

Pflaum (obd.) meint den **Pfläumer** »Pflaumenverkäufer« (vgl. Pierer, Äppler, Öbser), in Ö. (Tirol) **Pfraumer** (vgl. ahd. *phrûma,* lat. prunum); ebenso Pfraumbaum neben Pflaumbaum, ndd. Plumbohm nebst Plummeyer, **Plümer, Plümecke** (*Plümekenleser* 1339 Lünebg.). Im Elsaß (alem.!) 1270 Heinr. *Phlûmli,* heute Pflimlin.

Pflegel (Württ.) s. Flegel!

Pfleger (Bay. oft): im MA. = amtl. Verwalter, meist Vormund. (Jacob Mulser, *pfleger* auf Aichach/Tirol 1402.)

Pflegha(a)r (obd.): vgl. *Pflegshärl* 1378/1414 Olmütz, Budweis, *Pflegehar* 1256 Baden, 1364 Würzbg.

Pfleiderer, Pfleuderer (speziell schwäb.): nur aus d. schwäb. Mundart erklärbar, wo altes *Fl-* heute bisweilen als *Pfl-* erscheint. Offenbar der Flatterhafte, Unstete (zu mhd. vlöudern »flattern«). Desgl. **Pfletterer** (mhd. vlederen »flattern«) nebst **Pflitterer,** Pflütterer (wenn nicht zu mhd. vlittern »flüstern, kichern«). Vgl. auch Pflenderer. Pfloderer (vlodern »flattern«).

Pflenderer (obd.) = Flenderer, zu mhd. vlandern »flattern, unstet umherschweifen«. Vgl. Flender u. Pfleiderer! Pfloderer!

Pfletterer, Pflitterer, Pfloderer s. Pfleiderer! – **Pflieger,** Pfliegl s. Pflüger! Pflügl!

Pflüger, Pflieger, Pflügler, Pflügner, Pfliegner nebst **Pflug, Pflügl,** Pfliegl (obd.-bair.) = Pflugmacher (Pfluger) und pflügender Bauer. Vgl. ndd. Plog, Plöger! Am O. Rhein vgl. Joh. *zem Pfluge* 1337 Freiburg, also Hausname. In Brünn ist Pflügler 1343 = Pflugmacher: »schreiner, *pflügler* ...«. Vgl. auch Scheuen-, Hassenpflug!

Pflughöft (-haupt) wie auch Plogstert (»-Schwanz«) s. Plog!

Pflumm, Pflomm (Württ.): vgl. den *Pflum-Gau* u. ON. *Pflummern* (plum »Moor«: Plumleg, -lund, -stede/Engld.).

Pflurer (schwäb.) s. Flurer!

Pfnaus: Gilig *Pfnaus* 1414 Mähren, zu mhd. phnûsen, s. Pfaus! Desgl. Kristan *Phnestl* 1390 Budweis (mhd. pfnesten »schnauben«).

Pfnür (Mchn.): vgl. mhd. phnurren »schnauben«; viell. = Pfnaus, s. Pfaus! Cuntz *Pfnurr* 1429 Nürnbg.

Pfob, Pfoh (obd.) s. Pfab (Pfau)! – **Pföderl** (Mchn.) s. Federl!

Pföffer(l), bair.: s. Pfeffer! – **Pfohl** (Franken) urkdl. = Pfahl!

Pforr, Pforrl (obd.): mhd. pforre, porre »Lauch« (lat. porrum).

Pförtner, Pfertner, ndd. Pörtner: »Tür- oder Torhüter«, bes. an Kloster- u. Stadtpforten; vgl. Joh. Körschner *pfortener* im Kloster Leubus 1409. Das schles. Adelsgeschlecht Pförtner von der Hölle geht auf e. Ritter Hinze *Pf.* (1274) zurück, dessen Nachkommen um 1400 das Vorwerk »zur Helle« Dorf Höllau b. Löwenberg erwarben. Vgl. auch »Von der Pfordten«.

Pförtsch (Bay.): vgl. Förtsch! Wohl zu mhd. verz, vorz »Furz«.

Pfost, Pföstl (obd.) = »Pfosten«, ÜN. des Zimmermanns, soweit nicht persönl. ein stämmiger Mensch gemeint ist. Berhtold *Pfost* 1280 Württ., H. *Pföstel* 1472 Tirol.

Pfotenhauer s. Pfatten-, Pfettenhauer!

Pfotz(l)er (Württ., nebst *Pfötzelin*) s. Fossler! Vgl. *Voczenfeint* 1382 Kolin, *Fotzenstecher* 1401 Eßl.

Pfragner, Pfrogner (Bay., Ö.), Fragner (Böhm., Mähren): mhd. phragener »Lebensmittelhöker«, s. auch Pfretzschner! Ulusch *Pfragner* 1343 Kuttenbg., Hannus *pfragener* 1372 Lg., Nic. *pfreyner* 1349 Lg. (vgl. wagner: weyner), Mertt *Fragner* 1414 Nikolsbg.

Pfrang, Pfrengle s. Pfrenger! – **Pfraumer** s. Pflaumer!

Pfreimter (Bay.): aus Pfreimd/O. Pfalz. Peter der *Pfreymder* 1399 Eger.

Pfrenger, Fränger (obd.), nebst Pfrang, Pfrengle: mhd. pfrenger »Bedränger, Bedrücker«, pfrang »Bedrängnis, Drangsal«. Th. *Pfrengle* 1543.

Pfretzschner, Pfrötzschner (O. Pfalz, Sa.), Fretschner, Fratschner = Pfragner! (mhd. pfretzner).

Pfreund(t)ner (Bay.) s. Pfründtner!

Pfreundschuh (Franken), mundartl. Pfreundschich, Freundschig (wie Hendschig 1573 Schw.-Hall für Handschuh), meint »Freundesschuh« (vriuntschuoch, wie vriunt-selde »Freundeswohnung«); mhd. vriunt auch »Verwandter, Standesgenosse«, auch »Geliebte(r)«. Die Deutung »Frauenschuh« ist unmöglich, da urspr. *Pfründschick* (1628, 1579); alle Belege im Raum Tauberbischofsheim. Auch **Pfreundt** meint »Freund«, vgl. Pflegel, Pflurer, Pfleiderer.

Pfriem, Pfriemer (obd.): »Meister Pfriem«, der Schuster (mhd. phrieme »Schusterahle«). Walther *Pfrimo* 1181 Würzbg., Hensl *Pfrym* 1405 Kuttenbg.

Pfrimmer (Mchn.): vgl. Flur »auf der Pfrimmen«; Pfrimmersbach/Baden; eine Pfrimm fließt b. Worms.

Pfrogner s. Pfragner!

Pfromm, Pfrommer (obd.) s. Fromm, Frommer!

Pfröpfer, ndd. Pröpper: ÜN. des Gärtners, auch Pfropfe, **Pfropfreis** wie Prüfreis, Buckreis (s. dies!). Hs. *Pfroppher* 1449 B.-Kamnitz.

Pfründer, Pfriender, Pfrundtner, Pfreundtner (obd.): Geistlicher, dem eine Pfründe (Amt mit Einkünften an Naturalien) verliehen ist; zu mlat. provenda, praebenda.

Pfuhl(mann), Pfuhler: nach d. Wohnstätte am Pfuhl, Sumpf, wie ndd. Pohl(mann). Vgl. Lachmann u. Pfützner. Dazu Lehm-, Kranepfuhl.

Pfülb, Pfülf (obd.): mhd. phülwe »Pfühl, Federkissen«, ÜN. des Polsterers, Kissenmachers (vgl. FN. Polster), persönl. wohl auch = Weichling; Joh. v. Luterburg, den man nemmet der *Pfülwe* 1347 St. Gallen.

Pfund(t): Gewicht u. Geldmaß (1 Pf. Silber = 240 Silberpfennige). Auch **Pfünd(e)l** ndd. **Pund.** ÜN. des städt. Wagemeisters oder auch des Großkaufmanns (vgl. ndd. Wollenpund). Auf Wohlstand bzw. Zinsabgaben deuten Zehn-, Hundert-, Tausendpfund, dazu *Zweypfund* 1454 Bambg., *Drittehalbpfund* 1327 Frkf., *Sechzehnpfund* 1488 Frkf. Dazu bair. **Pfundmay(e)r,** verschliffen **Pfundmer** (wie Strohmaier: Stromer, Hubmaier: Huebmer); wohl auch bair. **Pfund(n)er** (vgl. Pfrundtner). Zu **Pfünder** vgl. ndd. Pünder, Pünjer! In Prag 1327 Joh. *Pfuntel,* in Würzbg. 1350 Conr. *Pfund.*

Pfungst (jüd.) meint ON. Pfungstadt b. Darmstadt. Zum ON. Pfungen im Ried (Zürich) gehört Rud. *Pfunge* 1293 Zürich. Zum Sumpfwort *pung* (noch mnd. punge »Wasserpflanze«) in Pungenhorst, Pungelscheid, Püngels-Berg s. Bahlow, ON. S. 379!

Pfützner, Pfützer (obd.), entrundet **Pfitz(n)er** (Ö., auch Schlesien, wo auch **Fitzner**): der an der Pfütze (Lache) wohnt, vgl. Lachner, Lachmann. Dazu Pfütz-, Pfitzmann; Pfützenreuter, -reiter, Pfitzenreiter; Pfitzmaier. Vgl. Berhtold *in der pfütze* 1284 Birkhausen/Nördl., Konr. der *Pfützer (Pfützmaier)* 1344/54 b. Stuttg., Hannus *Pfüczener* 1437 Lg., Heyne *in der pfüczen* 1359 Brsl.

Philipp, Philippi, Philipps, Phlips, Flips, Flipsen, Philippsen (nebst jüd. Philippsohn), dazu KF. Lipp, Lipps (s. dies!): gemeint ist im MA. weniger der Apostel als der Vater Alexanders d. Gr., König *Philippos* v. Makedonien (griech. »Pferdefreund«). Als VN. zuerst bei Adel u. Rittern: vgl. König *Philipp* v. Schwaben um 1200, dann auch im dt. Osten: Ritter *Philipp* 1280 Strals., Marschalk Ph. 1315 Schles., *Philipps* Brockot 1388 Lg. Weiteres: Bahlow, Unsere Vornamen S. 83.

Piche, Pichan, Pichmann sind Varianten zur slaw. KF. Pech (= Peter, slaw. Piotr), s. dies! Vgl. auch **Piech,** Piecha, Piechnik, Piechulla, Piechotta, Piechaczek u. ä.

Pichler, Pichl, Pichlmaier, (Bay. Ö., Tirol oft) wie Bichler = Bühler, »am Bühel (Hügel) wohnhaft«. In Tirol öfter Hofname »auf dem Pichl«; Eberle *auf dem Pühel* 1489. Mit den Salzburger Emigranten (1732) kamen Lau-, Ober-, Raschpichler auch nach Ostpr.

Picht: »Mord«? Vgl. »pichte unde rôf unde brant«. Claus Picht 1286 Strals.

Pick (Hbg. oft): ndd. = »Pech«. Pickbrenner (Stettin): »Pechbrenner«.

Pick(e)l (obd.) meint wie Bickel (s. dies!) die Spitzhacke (mhd. bicke, bickel); dies aber auch »Knöchel, Würfel«, bickelstein »Würfel«, bickelmeister (»Aufseher b. Würfelspiel«). **Pickelhaup(t),** Bickel-, Beckenhaup meint den beckenförmigen Helm, die Pickelhaube, s. Beckenhaub!

Pickenpack (Hbg.) meint offenbar den Ballenpacker im Großhandel der Seestädte, wie jedenfalls Nic. *pac-slager* 1298 Hbg.; »Pack« (Bündel, Ballen) ist e. ndld. Wort des Wollhandels (um 1200). **Pickendrat** ist ÜN. des Schusters, der mit Pechdraht arbeitet. Vgl. Nic. *Picsten* (»Pechstein«) 1257 Ro.

Pickhahn (Hbg.) = Pech-Johann, auch einfach **Pick** (Hbg. öfter): ndd. = Pech, aber obd. zu mhd. bicke »Spitzhacke« (Georg *Picke* 1381 Böhmen).

Pick(h)ardt mag wie frz. Piccard den aus der Pikardie Zugezogenen meinen; in der Schweiz auch als jüd. N. Aber eher wohl = **Picker,** Pickert: der Pickende, Stechende; auch Joh. Fischart (16. Jh.) nennt sich zuweilen Pikkart (als Satiriker)! In Hann. 1334 Joh. *Pichkart.*

Pickströer (Westf., Hbg.): Wohnstätten- oder Herk.-N., verschliffen aus -ströder, zu *strôd* (mhd. struot) »Strut, sumpf. Gebüsch«, wie Widenströder; vgl. FN. Ströh (Holst., = im Strode) u. ON. Obenstrohe i. O. Zu *pik* »Sumpfgewächs« vgl. die *Piklede*/Holld., das *Pik-meer* ebda., *Pik-sedel* b. Gütersloh (: Pixel), Pekkeloh u. Pekkenhorst i. W. (1050 *Pikonhurst* »sumpf. Gehölz«, wie Freckenhorst: 851 Friccon-hurst), auch deutlich *Pickenbrock* i. W. (Bahlow, ON. S. 369, M. Schönfeld Waternamen, S. 152/53).

Piebe(s): fries. Pers. N. Vgl. *Pybo* Eelkema 1420.

Pieber (Mchn.) s. Bieber! Hans *Piber* 1391 Prag.

Piech, Piechnik u. ä. s. Piche! – **Piefke,** Piefky: vgl. Pifkowski.

Pieger (Mchn.) s. Bieger!

Piek, Pieck (ndd.) s. Peeck! – **Piehl** (Hbg.) s. Piel! – **Piehler** (Mchn. oft) s. Biehler!

Piel (Hbg. oft): ndd., wie **Pielsticker,** s. Pfeil, Pfeilsticker! Vgl. Ritter Berthold *Pil* 1257 Hildesh., dom. Gerh. *Pyl* 1325 Lüb. Joh. *Pileman* 1331 Lüb. (= Pfeilhändler), heute **Pielmann** (Hbg.). Evert *Pylesticker* 1475. Dazu **Fürpiel** (Feuer-, Brandpfeil); **Senkpiel** (*Senkepil* 1471 Barth), entstellt Sengpiel. Auch **Pielk(e),** Hbg. oft.

Pielka (O./S.) s. Pelka!

Pielmeier, -maier (Bay., Ö.) = Bielmeier: Maier am Bühel (Hügel).

Piendl (Bay., Ö.) = Biendl (Tirol): mhd. bînlîn »kl. Biene«; ÜN. des Imkers, s. Bienengräber!

Piening (Hbg. oft) gehört zu **Pien** »Pein, Qual, Strafe«, vgl. obd. **Peiniger** (mhd. pineger) »Folterer, Quäler«. Heyne *Piningh* 1364 Lünebg., *Pineke* (Kiel), Joh. *Pinlike* (»grausam«) 1320 Lüb., *Pinekrul* 1457 Barth (krul »Haarschopf«). Aber in Bremen 1363 B. *Pyneman,* 1425 J. *von der Pyne!*

Pi(e)per (Hbg. oft), Piepers (ndrhein.) s. Pfeifer! Piepereit (lit.-ostpr.). In **Piepenbrink, -brock** ist *pip* ein Wasserwort, wie in mehreren holld. Gewässernamen (Piep, Piepke) Schönfeld S. 32: bestätigt durch *Pipe-lo*/Holld., *Pipewell*/Engld. Ein Herm. *Pypman* 1223 Bremen.

Pierer (obd.) s. Bierer! (Heini Meigerli gen. der *Birer* v. Ebenöt 1343).

Piersig (slaw. Piersik = Peter) s. Perschke!

Piesch s. Pietsch! – **Piesker** s. Peisker!

Piesold (Schles., Böhmen): dt.-slaw. Sproßform zu Peter, s. Pesold! Vgl. Elbel *Pesolt* 1395 b. Eger, Hs. *Pesolter* (patr.) 1405 Iglau.

Pietrek, Pietruschka u. ä., s. Peter!

Pietsch, Pietschmann (Schles., O. Laus.): häufige dt.-slaw. KF. zu Peter (Piotr), in Sa. Pietzsch(ke). Vgl. *Petsche (Peter)* seiler 1372 Lg., Bartel *Pitsch* 1504 Görl. Auch Groß-, Reichpietsch. S. auch Petsch!

Pietz, Pietzke, Pietzker, Pietzner (patr.) schles.-slaw. = Peter (Pietr); vgl. Pietsch! Desgl. **Pietzsch(ke)** in Sa.

Pigge (ndd.) verhält sich zu Pick (s. Pikker!) wie Knigge zu Knick.

Piglhein (Ö.) meint Hein am Bühel; vgl. **Pigler** = Bühler.

Pigorsch (slaw.) = Bäcker. – **Pihl** (Hbg.) = Piel (Pfeil).

Pilar(tz), Pilarczyk: wend. bzw. tschech., = Brettschneider.

Pilbes (Bay.) = mhd. bilwiß »Kobold«.

Pilgram (Sa., Schles.) = **Pilgrim,** s. Pehlgrimm! Vgl. Pilgramsdorf/Schles. Ein Bischof *Pilgrim* v. Passau um 975 ließ die Nibelungensage in lat. Versen bearbeiten.

Piller (Ö., Bay.) nebst **Pillmaier,** Pillmann = Biller, Billmaier, s. Biller u. Bühler! Vgl. auch ON. Pill a. Inn/Tirol.

Pilling: ON. b. Straubing/Bay. Zu **Pillung** s. Billung! Vgl. C. *Pillunch* 1346 Tirol. – **Pillsticker** s. Pfeil!

Pils(l), Bay., s. Bilse!

Pilz, Piltz (Schles., Sudeten, Sa.): ÜN. des Pilzsammlers, -verkäufers; mhd. büleß (lat. boletus); dafür bair. »Schwamm«. Hannus *Pülcz* 1381 Friedld., Nicol. *Pilcz* 1399 b. Lg. Vgl. auch ON. Pilz b. Brsl. Aber ndd. **Pil(t)zer** s. Peltzer! In Bremen 1398 *Pylzer,* in Haldsl. 1366 *Pilsmeker.* Dazu auch ndd. **Pils.**

Pimpl, Pimperl (obd.): »Weichling, Schwächling«. S. auch Pampel, Pempel!

Pinck (Hann., Hbg.) s. Pinkepank! (ndd. pinken »hämmern«). In Flsbg. 1585 Hans *up der Pincken!*

Pinder (Bay.), Pint(h)er (Ö.) s. Binder! Henr. *Pinter* 1347 Brünn, Hupauf *pinter* 1382 Dt.-Brod. Vgl. Joh. *Pintlocker* 1418 Prag (Satzn.), aber Jindrzich *Binth* 1324 Leitomischl ist ÜN.: mhd. bint, binde »Band«. Neben Pinter auch **Pinternagel.**

Pingel (Hbg. oft, Ro. oft) nebst Pingelmann: mnd. pingel meint »kleine Schelle, Klingel, Glöckchen« (auch a. d. Kleidung), Pingelglocke (Brem. Wb. um 1770). Vgl. dominus Jordanus *Pingel* presbyter 1375 b. Bremen, Heyne *Pingel* 1406 Werdener Urbar; *Pingel* um 1300 Lüb. öfter.

Pink(e)pank (bes. nordd.: Hann., Nordthür.), obd. Binkebank: ÜN. des Schmiedes (nach d. metall. Klang der Hammerschläge: noch heute im Kinderspiel »pink pank, pink pank, unten oder oben?« Martin *Pinkenpank* 1491 Erfurt, Peter *Pinkepanke* 1695 Bln. **Pinkernelle** (Hbg., Hann. oft) ist Pinkernagel: der Nagelschmied, vgl. Wackernell: Wackernagel. In Eisenach 1386 *Pinkernayl,* in Erfurt 1419 *Pinkernagel.*

Pinkus, Pinkeles (jüd.): »Gemeindeschreiber?« In Bresl. schon um 1350 *Pynchas der jude.* In Olmütz 1358 Petrus *Pinkusser.*

Pinn(e) (Hbg.), Pinnecke (Hann.): ndd. pinne »kl. Nagel« (Berufs-ÜN.). *Pinne* 1266 Hildesh. *Pinnupe* 1331 Strals. Aber die **Pinnau** (m. Pinneberg nö. Hbg.) nebst ON. Pinnow (Pomm., Brdbg., Meckl.) meint Schmutzwasser (griech. pinos »Schmutz«) wie die *Pina* m. Pinsk/ Rußld,., vgl. das *Pinnenbrok* b. Lemgo, den *Pinnekamp,* die *Pinn-Ellern* b. Detmold. – **Pinter** s. Pinder! In Mähren 1380 auch *Pürstenpinter,* meist aber = Faß-, Büttenbinder.

Pinsel: Berufs-ÜN. des Malers, Anstreichers, bzw. des Pinselmachers (s. auch Pemsel!), wie Pürstl f. d. Bürstenbinder u. Quast (Bindequest) f. d. Rutenbinder bzw. Bader.

Pinsequât (1415 Werdener Urbar): »sinne auf Böses« (mnd. pensen, pinsen, frz. penser). Vgl. Redequât (Rehquat)!

Pintgen (rhein.): ndd. pinte (mlat. pinta), ein Flüssigkeitsmaß, Bier-, Weinkrug. Vgl. Nicolaus *Wittepinte*/Kiel.

Pinzer (bair.) meint Binzer, vgl. Uli *von Binz* 1357 (ON. Binz b. Zürich). Binze ist Variante zu Binse (Sumpfwasserpflanze), vgl. Binzkolben, Binzwangen, die Binzach/Württ., Pinzberg/Bay. usw.; **Pinzger:** vom Pinzgau/Ö.

Pioch: slaw. KF. zu Peter (Piotr: FN. Piotter, dazu Piotrowski). S. auch Piech!

Piontek: poln. = »Freitag«. Vgl. Hans Freitag alias *Piuntek* 1560 Thorn.
Piper (ndd.) s. Pieper!
Pirch, Pirch(n)er, Pirchegger, -moser, -staller sind bair.-österr. Varianten zu **Pirk, Pirkner** usw. nach Wohnstätte oder Herkunft von e. Birkenort, s. Birch, Birk! Hainr. *Pircher* 1317 Tirol, Sweiker *in dem Pirchach* 1369 ebda., Bertold *Pirkner* 1318 b. Wien. Dazu auch **Pirkl** (Bay., Tirol): Hainl *Pirck* 1395 b. Eger. Berühmt ist der Humanist Willibald Pirkheimer (Nürnberg), Freund Dürers.
Pirner (Bay. oft) = Birner, wie **Pirngruber** neben Birngruber; Herkunft aus Pirna kommt nur in Sa. u. Nordböhmen in Frage (z. B. Nic. *Pyrner* 1341 Leitmeritz, Heinr. *Pirner* 1362 Dresden, wo 1292 auch Andr. *von Pyrne!).* Anders wohl Hensel *Pyrner* 1385 Iglau u. Joh. *Pirner* pister 1387 Brünn: = Birnenhändler, wie *Pierer; Bierer:* vgl. Herman *mit der faulen pyrn* (obsmesser) 1397 Nürnbg.
Pirpamer (Ö., Tirol) = Bir(n)baumer (Sweicker v. *Pirpaum* 1288 Passeir).
Pirsch (Bay.): ÜN. des Jägers (mhd. birser, zu birsen »pirschen, jagen«).
Pirzer (Mchn.) s. Pürzer!
Pirzl (Bay., Ö.) = schwäb. Birzele = obd. Bürzel, Steiß (ndd. Stütz), bes. des Geflügels; auch Luther gebraucht Pirzel. Vgl. *Honpürzel.*
Pisarczyk: slaw. pisarz »Schreiber«.
Piscator s. Fischer!
Pisch(el) (O./S., Ö.) s. Peschel (Peter) u. Püschel! Desgl. Pischek, Pischke, Pischner.
Pischinger (Ö., Bay.): Herk. N. – **Pischof** (Ö.) s. Bischof! Eine Variante *Pischolf* 1348 in Brünn, Prag, Olmütz.
Pister(er) s. Pfister(er)! Desgl. **Pistor(ius).**
Pitsch s. Pietsch! – **Pittel** (Ö.) s. Bittel, Büttel! Vgl. Paul *Pitel (Pütl)* 1380 Mies. **Pittak** s. Peter! Vgl. Mittak: Matthias!
Pitterle s. Bitterle! Arnold *Pitterle* 1364 Tirol. **Pittermann** s. Biedermann!
Pittner s. Bittner! **Pittrich** s. Bittrich! Literar. bekannt wurde der Münchner Patrizier Jakob *Püterich* von Reichertshausen durch s. »Ehrenbrief« (1462) an Mathilde v. Ö.
Pittroff (Bay., Ö.) s. Bitterolf! Ein Meinhardus filius *Pitrolfi* schon 1220 in Ö. (ob der Enns). Der N. meint nichts anderes als Bitter (ein bitterer oder bissiger Mensch), erweitert m. d. persönl. Endung *-olf.*
Pitzl, Pitzer (Mchn.), Pitzner (Tirol): wohl z. ÖN. Pitz (ladin. Ecke, Bergspitze). Zu Pitzl vgl. auch Bützel (kl. Butz).
Plab (Bay., Ö.) wie Blab = Blau (s. dies!), mhd. blâwe (der Blaue); wie obd. Pfab für Pfau (pfâwe); vgl. *Plabhansel* um 1375 Budweis, *Plabsrucklin* um 1375 Olmütz (= blaues Röcklein), Nic. *Plabner* 1418 Prag neben H. *Plawener* 1396 Brsl.: aus Plauen. Ein *Blap* 1376 Vaihgn. Dazu auch **Plabst** (Mchn.). – **Plagemann** (Meckl. oft): aus Plau/Meckl. urkdl. *van Plawe* 1293, *Plawe-, Plageman!*
Plagge (ndd.) meint moorige Rasenscholle, vgl. »oppen Plaggen« (Holstein). Dazu Plaggemann, -meyer (Westf.). Ein Moor *Plagefenn* b. Chorin.
Plähn (Hbg.) s. Plöhn!
Plail, Plahl (Mchn.) ist bair.-öst. Mundartform für Bleuel (Bleil, Bleyle): mhd. bliuwel »Schlegel, Stampfmühle«, s. Bleyle, Pleul(er)!
Plambeck, -böck (obd.): prähistor. Bachname *(Blan-bach),* s. Bahlow, ON. S. 47.
Plan, Planer (obd.): zu ON. wie Plan/Böhmen (Henr. *Planer* 1306 Prag, Hensel *Planer* 1364 Iglau), in Tirol z. Flur- u. Hofn. Plan (mhd. = freier Platz, Ebene): Hainr. *Planer* 1429 Vilness, Frid. *vom Plan* 1306 Kastelrut.
Plangger (Tirol): zu mhd. plange (roman.) = Plan, Ebene.
Plank (Bay. oft) s. Blank! Berühmt geworden ist der N. durch Max **Planck** (Physiker). In Tirol auch Plankl. Nic. *Plank (Plenkel)* 1345 Brünn. In Ulm um 1460 Jörg *Blank* u. Ulrich *Plank,* Gebrüder. Zu Plankmann, Plänker vgl. auch mhd. planke »Plankenzaun, Pallisade«, eine Plankenmühle z. B. in AltLg.; »in den blanken« 1350 Eger. Hermen *van den Planken* 1426 Brem. – **Planner** (Tirol) s. Planer!
Plantholt, Plantebusch: ndd. ÖN. Vgl. Plantema (fries.), ON. Plantlünne. Planthafer.
Plappart, Plappert s. Blapphart!
Plaschke s. Blaschke! Bloschke, Bluschke! FN. *Plaschke* schon 1385 Lg.
Plaß (ndd.-ndld.) = Sumpf, *uppm Plasse* 1530 Lippe; *Plasmölen* a. d. Maas.
Plaster (ndd.) = Pflaster (s. Pflasterer), urspr. = »Wundpflaster«.

Plate, Platte: mhd. blate, plate »metallener Brustharnisch, Plattenpanzer«, löste um 1300 den früheren Ring- oder Kettenpanzer der höf. Zeit ab; ÜN. des *Plateners* (mhd. blatener); eine Platnergasse in Prag. Ein Ritter Otto cum plata 1255 auf Rügen; dazu »v. Platen«. Ndd. vgl. Mense *Platenslegere* 1382 Bremen (auch Greifsw. 1372, Strals. 1302). Joh. *Platennagel* 1399 Grfsw. B. *Platenmakere* 1323 Bremen (auch Hbg., Lüb., Ro.). Mit Umlaut *Plettner:* »pletener = harnischmester«/Pomm. Obd. vgl. Peter *Blattner (Plattner)* 1421 Basel.

Plath (Ro. oft): ON. Plath/Meckl.; zu **Plate** vgl. ON. Plate/Meckl. *(Plote).*

Plathner (Mchn.) = Platner, Blatner, s. Plate!

Plattfaut, -voet (ndd.), falsch verhochdt. **Platzfuß:** »Plattfuß«.

Plattner (Bay. oft, Tirol); auch **Platter:** z. Flurn. Platte = Felsplatte, auch Hofname; Egno *an der Platten* 1357 Tirol, Lienhard *Plattner* 1510 ebda., Swiglin *Platter* 1357 ebda. Bekannt ist der Basler Humanist Thomas *Platter* durch s. Selbstbiographie: »Die Platter haben ihren N. von e. Hause auf e. breiten Felsplatte ...« Vgl. den Konstanzer Bischof Joh. *von der Blatten (Zuoplatten)* 1440.

Platz, Platzer (Tirol oft), auch Platzmann: deutl. Wohnstättenname. Hainr. *an dem Platze* 1328 Tirol. Nic. *Platzer* 1365 ebda.; viele Höfe Platz/Tirol.

Platzbäcker: mhd. = »Fladenbäcker« (1387 in Frkf.).

Platzek, Platzke (slaw.): vgl. Wanko *Placzek* 1362 Prag (tschech. = »weinerlicher Mensch«).

Plaul (obd.) wie Blauel s. Bleyle! – **Plauert:** ON. Plaue (Sa., Thür.).

Plau(mann): Hbg. oft, aus Plau (Meckl., Brdbg.); zerdehnt Plagemann!

Pleger, Pleiger (ndd.) s. Pfleger! – **Pleier** s. Pleyer!

Pleibel (obd.) s. Bleyle! – **Pleiner** (Mchn.) ON. Plein/Böhmen. Vgl. Pleinfeld/Bay.

Pleiß: ON. Pleißa b. Chemnitz. Vgl. ON. Pleis ö. Bonn. **Pleißner:** von der Pleiße/ Sa., wie Neißner: v. d. Neiße.

Pleister (Hbg., Hann.): ndd. pleistern »m. Kalk verputzen«.

Pleitner (Bay.) = Bleidner, s. Bliedner u. Bleidemeister!

Plendl (Mchn.): vgl. Peter *Plöndel* 1414 Mähren.

Plener(t): Mchn., schon um 1350 Brsl. *Plener.*

Plenk (Mchn.): nach d. Wohnstätte an einer Blenke = kahlen Stelle, soweit nicht einfach = Plank (s. dies!), denn mhd. blenke ist Variante zu blank »glänzend weiß, schön«, vgl. Jos *Blenk* 1447 Allgäu. Ebenso Nic. *Plank (Plenkel)* 1345 Brünn.

Plenkner (obd.) wie Blenkner: wohl Herk. N.

Plerrer (obd.) = Blerrer (mhd. blerren »schreien, plärren«): der *Plerrer* 1360 Augsbg. neben Hs. *Blerrer* 1359 Überl., Paul *Plerrer* 1350 Brünn.

Plesch, Plesche, Pleschka, Pleschak gehören als KF. zu e. slaw. Pers. N., wie in Brsl. um 1350: *Pleskusch* und *Plessel* = *Plesko.* Vgl. ON. Pleschowitz (Böhmen, Mähren). Plescher, Pleschner (Bay.) ist e. Metallhandwerker (*Plescher* 1378 Iglau).

Pleß, Plesse, Plessen, Plessner (alle ostd.-slaw.) beruhen auf slaw. ON. wie Pleß (O./S.), Plessa a. d. Elster, Plessow b. Potsdam, Plessna/Böhmen usw. zu slaw. *pleso* »Sumpf«. Helmold v. *Plessen* 1275 (meckl. Adel).

Plessing (obd.) s. Blessing (St. Blasius)! Vgl. Fricze *Plessing* 1315 O. Frk. Nic. *Plessingi* 1406 Leitmeritz.

Pletl (Bay.): ÜN. des Plettners (Plattners), Mara *Plettelin* 1364 Prag, neben Hs. *Plat* 1416 M.-Trübau u. *Beynplat* 1387 Iglau.

Pletsch (obd.): s. Bletz! – **Plettner** s. Platte (Platner): Salomon *pletener* 1387 Frkf., Joh. *pletener* 1324 Kassel.

Pletschacher (Bay.) = Bletzacher, wie Rohracher (zu Bletze »Huflattich«).

Plett (Hbg. oft), auch Plette: vgl. ON. Plettau, aber auch Plettenberg.

Pletz, Pletzer (obd.) s. Bletz, Bletzer!

Pleuger (ndrhein.) wie ndd. Plöger s. Pflüger!

Pleuler (obd.) = Bleuler, s. Bleyle! Plail! (Stephen *Pleul* 1409 Mähren). Vgl. *Pleuefisch* (»Stockfisch pleuen«: Hs. Sachs). Deutlich sind *Wescheplewel* 1363 Nbg. u. *Flahsblüwel* 1318 Freibg.

Pleyer (obd., Bay., Ö.): In der Frühzeit = mhd. blîer (Bleyer) »Bleischmelzer«, vgl. *Pley-, Bleymann;* später z. T. = »Bläuer, Schläger« (mhd. bliuwer, zu bliuwen »schlagen«, vgl. Preyer für Bräuer). Bekannt durch den *Pleyer*, e. mhd. Epiker aus Ö. um 1250. Vgl. Ula *Pleyer* 1356 Prag, Hs. *Pleyer* 1414 Mähren. Dazu *Pleyfar, Bleyschwer, Bleynagel, Blîträger, Blîdecker, Blîgießer.*

Plicker, Plickert (Ö.) = Blicker: einer mit glänzendem Blick (mhd. blic »Glanz, Blick der Augen«). Peter *Plikker* 1374 Iglau, Nikel *Plikcher* 1414 Mähren, Conr. *Plick* 1341 Böhmen.

Plieninger: aus Plieningen/Stuttg. Vgl. Pliening b. Mchn.

Pliester s. Pleister!

Plischke (ostd.-schles.) gehört als KF. zu e. slaw. Pers. N. (auch im ON. Plischkowitz: Pliskovice/Böhmen, Pließkowitz b. Bautzen); vgl. ebenso Pleschke (ON. Pleschowitz/Mähren) und Ploschke, Pluschke (ON. Ploschkowitz/Böhmen, Pluschkowitz/O. S.). S. auch unter Bluschke, Bloschke, Blaschke, sowie Blieseke, Bliesemer! Vgl. aber auch tschech. plischka »Bachstelze«!

Ploch (obd.) s. Bloch! **Plochmann** s. Blochmann! Chunr. *Plochman* 1399 Eger.

Plock, Plöckl (Bay., Ö.) s. Block! Vgl. Hans *Plöckl* 1480 Schrobenhsn.

Plobner (Mchn.) s. Plabener (Plauener)! Schon 1417/1418 in Prag: *Plobner, Plabner* sutor; desgl. in Brsl. um 1350.

Plöderl (Bay., Ö.) meint mhd. blöde »gebrechlich, schwach, zaghaft«. In Budweis 1411 H. *Plodrl,* 1396 N. *Plodl.* Vgl. U. *Blödeli.* Vgl. aber **Ploder:** mhd. blodern »rauschen«. 1330 St. Blasien.

Plog, Ploog (ndd., Hbg. oft) meint den **Plogmaker,** Plögemaker, seltener den **Plöger** (Pflüger). Hinr. *Plogh* 1326 Lüb., Ludolf *Plochmakere* 1350 Bremen. **Plogsteert** u. Herm. *plochversworn* (1333 Lüb.) sind deutl. Bauernnamen. S. auch Pflug! Dazu Frenczel *Machepflug* 1377 Leitomischl. Auch Scheuen-, Scheibenpflug u. ä. **Ploghöft** = Pflughaupt.

Plohn: ON. südl. Zwickau, alt *Plane* (prähistor. Flußname).

Plöhn, Plähn (ndd.): aus Plön/Holst. (vgl. die Plöne b. Pyritz/Pomm.). Schon um 1250/1300 öfter *van Plone* in Ro., Lüb.).

Plönnies, (Plön(j)es (westf.) s. Lönnies (= Apollonius)! **Plönissen** ist ndrhein. Patr. (»Apollonius' Sohn«).

Ploog s. Plog!

Ploschke s. Bloschke u. Plischke! – **Ploß** (Bay.) = Bloß »nackt, ärmlich«: Egloff *Ploß* 1424 Bay., Hs. *Plößel* 1414 Mähren.

Plothe: ON. Plotha b. Naumburg, Plothen b. Schleiz. In Ro. 1275 *v. Plote,* in Lüb. 1319 *Plote:* ON. Plate/Meckl.

Plotz (Hbg.) deutet auf slaw. Herkunft wie Plotzky; vgl. ON. Plotzen b. Bautzen, Plötz u. Plötzkau b. Halle, Plötz b. Demmin. Für **Plötz** kommt auch der Fisch in Frage (ÜN. für Fischer wie Stör, Stint, Bars, Schnepel, Hecht), vgl. Rolef *Plotze* 1282 Strals.

Plückebaum (-bohm): der Obstbaumpflücker.

Plücker (ndd.): der Pflücker, *Pluckere* 1353 Bremen. Vgl. Plückebaum! Mnd. plucken »pflücken u. im Kleinhandel verkaufen«! Dazu ndd. **Plückhahn** (Hbg., Ro. oft): 1450 *Pluckenhan,* der Geflügelhändler. Vgl. Wolbero *Pluckevel* (»Fellhändler«) 1172 Köln. Ebenso *Pflückentwark* 1399 Chrudim (nebst *Pfücksbrot*). Plückthun (: = -zaun).

Pluckrose (Hbg.): »pflück die Rose« (Gärtnername). Gerh. Pluckebart (rupfe d. Bart) 1450 Hbg. Plückedelüning (1300 Stade, 1378 Br./Lbg.) s. Lüning!

Plüddemann (Hbg., Stettin): ungedeutet. Vgl. schwed. pludder »Schlamm«. Ein Pludder-Bach südl. Ro.

Pluder: pludern »sich bauschen«. Heyneke *Pluder* 1351 Hann., Herman *Pluderman* 1319 Lüb., Herman *Pluderworst* (Fleischer) 1331 Aken, Deneke *Pluderjacke* (Raubritter) 1410 Hi.

Plügge (Hbg.): ON./Holstein. Vgl. auch mnd. *plugge* als Variante zu *pluck* »Pflock«, wie Knigge zu Knick. Vgl. »de sadelbome vaste mit pluggen slaan«. Jac. *Plugghe* 1385 Ro., Pawel Plugge 1519 Riga.

Plümacher wie **Pluymaker(s)** ist rhein. Variante zu Plö(ge)maker »Pflugmacher«, s. Plog!

Plüm(e)ke, Plum(e) (ndd.) = Pfläumchen, ÜN. für den Pflaumenhändler: *Plümekenlesere* 1339 Lünebg., *Plume* 1335 Lüb., 1398 Grfsw. Der **Plümer** (Hbg. oft) entspricht dem obd. Pfläumer, s. dies! **Plumbohm** ist auch ON./Hann. **Plumhoff** (Hann. oft) ist westf. ÖN.

Plumleger (Goslar): »Flaumlager«.

Plump, Plümpe (ndd.): der Plumpe,

Schwerfällige. Hans *Plumpe* (Ratsherr) 1470 Barth. Obd. vgl. Jaclinus *Plumphel* 1363 Prag.

Plünnecke (ndd.): mnd. plunde, mhd. plunder »Hausrat an Kleidung usw.«, heute plattd. »plünnen«; ÜN. des Trödlers. *Plündekenmarkt* = Trödlermarkt. Vgl. Hs. *Plundrer* 1484 Stuttg.

Plunz, Pluntsch (obd.) s. Bluntschli! Vgl. Seydel *Plunczel* 1374 Iglau.

Pluschke, Plüschke s. Ploschke, Plischke!

Plüschow, Plüschau: wend. ON./Meckl.

Pocher, Pochert (Bay.) s. Bocher! In Sa. vgl. ON. Pochra b. Meißen!

Pochhammer: zu den bair. ON. auf -heim, -ham, wie Lotthammer, Kohlhammer, Hundhammer.

Pock, Pöckl (Bay., Ö.) s. Bock!

Pöck(h), Böck (Bay.) wie Peck s. Beck!

Pocker(t): z. ON. Pockau b. Chemnitz. – **Pockrandt:** slaw. ON.

Podbielski (Ostpr.): aus Podbiel. **Podewelz:** z. slaw. ON. Podewils/Pomm. (Venzeke *Pudwilz* 1347).

Podeyn, Podehl, Poddey u. ä. sind ostd.

Podgora: slaw. »jenseits des Berges«.

Podmer (Ö.) s. Bodmer! Martin *Podmer* 1413 Olmütz. – **Pofahl** s. Pufahl!

Pöferlein, Pöverlein (Mchn.) s. Böferlin! (Vgl. mhd. pover »arm«.)

Pogatsche(r), Pogatschnig (Ö.): »Kuchenbäcker« (zu slowen. pogátscha »Kuchenbrot, Striezel«).

Pogge (ndd.): »Frosch«. Dazu Poggemann, Poggemeyer, Poggenpohl (-Pfuhl), Poggensee (Hbg. oft: ON. b. Oldesloe). Auch **Pog(g)wisch** = Froschwiese (Joh. *Poggenwisch* 1274 Hbg.).

Pogner (Ö., Bay.) s. Bogner! Ulr. *Pogner* 1346 Brünn.

Pogrell (von): ON. Pogarell/Brieg (her Hencze *v. Pogrelle* 1417 Lg.).

Pohl (zahlr. in Schlesien) meint den Polen, mitunter auch nur auf Handelsbeziehungen nach Polen deutend (wie Preuß, Reuß usw.); urkdl. neben *Pole* meist *Polan:* (d. i. »Feldbewohner«), daher auch **Pohlan(d).** Mertin *Polan* 1429 Lg. S. auch Pollak! Näheres: Bahlow, Schles. Nbch. S. 92; E. Schwarz S. 236. Ndd. Pohl aber meint »Pfuhl, Sumpf« (vgl. Poggenpohl, Gausepohl, Kranepohl), dazu **Pohlmann** (Johan *am Pohle* = J. *Poilmann* 1546), Pohlmeyer, Pohlschröder, Pohlkötter, aber auch **Pöhler** (westf., wie Büscher, Bröker u. ä.), vgl. Rachenpöhler (rak »Schmutz«).

Pohley (Schlesien): slaw. wie Podey. S. aber auch Poley!

Pöhlmann (Hbg. oft): z. T. = Pohlmann (»am Pfuhl wohnend«), s. dies! Z. T. aber von der Insel Poel b. Wismar: *»de Pole«* 1267 Ro., Lüb., Joh. *Poleman* 1320 Lüb. Detmar *Poleman* 1348 Bremen.

Pöhls, Pöhlsen (Hbg. oft): holstein. Form für Paul (Paulsen), vgl. *Pole* Partzow (Knappe) 1359 Boizenburg, Pole Poppenspäler (Th. Storm). Dazu als Patr. **Pöhling;** vgl. aber ON. Pöhlingen i. W.

Pöhner (Bay., Ö.) = Böhner, Bohner: »Bohnenbauer«, s. Bohne! Michel *Poner* 1414 Nikolsbg., Heinr. der *Böner* 1317 Asperg/Württ. Dazu **Pöhnl,** Pöhnlein (Bay., Ö.): als ÜN . des Pöhners (Hs. *Pöndel* 1414 Pollau/Mähren).

Poiger (Ö., Bay.): Sigmund *Peuger* 1443 Tirol. Hs. *Peuger* 1414 Mähren; vgl. *Peugenast* 1397 Prag: biege den Ast!

Pointner (Ö., Bay.) s. Baintner! – **Pokrantz:** slaw. ON. wie Dobrantz/Pomm.

Pokorny (zahlr. in Wien): tschech.-poln. »demütig, untertänig«, umgedeutet **Bockhorny.** Aber **Pokern** (Ostpr.) ist (lit.) ON., vgl. ON. Pokirren/Ostpr.

Pold(l) (Ö., Bay.): KF. zu Leopold (eigtl. Liutbald, Luitpold, Leupold), Landespatron Österreichs. S. Leupold!

Polenz, Pohlenz: slaw. ON. (3mal in Sa.).

Poley: ostd.-slaw. ON., auch Pohley, wohl zu polje »Feld«; vgl. aber obd. Boley, Bolay (Pelagius).

Polk(e), Polka, mundartl. **Pulke:** schles. KF. zu slaw., *Boleslaw,* mehrfach schles. Herzogsname, vgl. *Polko* dux Slezie 1335/36 Glatz, herczog *Bolke* von der Sweydenicz 1359, *Bulcho* v. Biberstein 1288, *Bulko,* Herzog v. Oppeln 1443 usw. Herzog Boleslaw v. Lg. heißt urkdl. auch Bolko u. Bonczlaw; Vgl. *Bolko* Boemus 1356 Brünn. Als FN.: Nickel *Polke* 1320 Schweidnitz. Vgl. auch ON. Bolkenhain u. die Bolko-Burg. Dazu auch ON. Polke, Polkau/Schles.

Poll, Pollmann(s): soweit nordd. (Hbg. oft), verrät uns »van de Poll«, daß eine Variante zu Pohlmann vorliegt (pol = Pfuhl). Auch in ON.: Poll/Rhld., Polle/Weser, Pollhagen, Pollhöfen/Hann.

(Hence *Polleman* 1270 Ro.) Auf obd. Boden ist Boll, Bollmann zu vergleichen (boll = runder Hügel, übertr. auch = rundl. Kerl), vgl. Berchtold der *Polle* 1364 Ö.

Pöll, Pöllmann, Pöller (Bay., Ö.) s. Boll, Bollmann, Boller!

Polla(c)k, Pollag, Pollok (alle in O./S.) s. Pohl! Desgl. **Polland,** Pollender.

Pollauf (Ö.) s. Pallauf! (*Poldauf* 1386 Budweis).

Pollehn, Pollähne: der Pole (poljane »Feldbewohner«), wie Pommerehn (Pommerene): der Pommer. Vgl. mhd. polênisch »polnisch«.

Pollex (lat.) = Daumen. – **Pollmann** s. Poll!

Pollmer, Pollmar s. Palmer!

Pölsterl (Bay., Ö.) wie **Polster,** Bolster (s. dies!) ÜN. des Polster- u. Kissenmachers. Herm. *Polster* 1351 Prag (1290 Regsbg.), Herm. *Pulster* (fischer) 1349 Wetzlar.

Pölt(l) (Bay., Ö.): KF. zu Hippolyt(os), griech. »Pferdelöser«, legendärer Heiliger. Vgl. St. Pölten/Ö. u. Kloster St. Bild (Pilt) Elsaß (Sant Pölti). Auch **Pollit, Polte(s).** In Mähren ON. Pöltenberg.

Polthier (ostd.-slaw.) s. Hallier, Pritzier, Bernier, Bannier usw.

Poltz s. Boltz! Ein ON. Polz b. Dömitz/Meckl., vgl. Polzen b. Torgau.

Pölzig: ON. b. Altenbg./Thür. – **Polzin:** ON./Ostpomm.

Pölzl Pelzl (Bay., Ö.): = Bölzel, Bolzen, ÜN. des Bolzenmachers, s. Bolz! Vgl. Wencz. *Pölczel (Pelczel)* 1383 Dt.-Brod, Joh. *Bolcz* 1402 Olmütz. Ritter Joh. *Bolcz* 1380 Prag. Auch **Polz** (Mchn. oft), Polzmacher (Mchn.).

Pomarius (lat.) = Baumgartner, urkdl. 1581 (Brech. S. 180).

Pommer (Mchn. oft) meint obd. nicht den aus Pommern, sondern entspricht alem.-schwäb. **Bommer** (oft in Zürich); wohl »Polterer«; vgl. auch ON. Pommersfelden/Bay., Ulr. *Pomer* 1353 Brünn, Nic. *Pömerl* 1352 Prag, C. *Bömerle* 1250 Isny.

Pommerenke (Hbg. oft), Pommerening, Pommerehne: alte Bezeichnung f. d. Pommer, wie Pollehne f. d. Polen. Henneke *Pomerence* 1332 Strals. (1311 Greifsw.).

Pommerschein (Hbg.) meint den »pommerschen« Zuwanderer. Desgl. Pommeresch. Die Endung *(Pomorzyn)* ist slawisch. »Pommern« ist wörtl.: »po more« (Land) am Meere.

Pomp, Pompe (Mchn.): mhd. pomp(e) »feierl. Gepränge, Pracht, Pomp« (lat. pompa).

Pomplu(h)n, Pumplün: Lüdeke *Pumpelun* 1300 Strals.; offenbar slaw. ON.

Pomrehn s. Pommerenke!

Pongratz, Ponkratz (Bay., Ö.) s. Pankratz!

Pongs: ON. b. Düsseldf.

Ponholzer (Bay.): aus Ponholz b. Regsbg. – **Ponkratz** s. Pankratz!

Pönsgen, Pöntzgen (rhein., Düss. oft) wie **Pon(t)z** (Aachen, Köln): schwerlich z. Eifeler Heil. N. Potentin.

Pon(t)z (obd.) s. Bontz! Vgl. Albr. *Ponze* 1290 Weilderstadt.

Poo(c)k (Hbg.): ON. b. Stettin. Ein Bach *Poke (beke)* b. Gent, wie Pokensele/Osn., Pokebrok/Engld.

Popp, Poppe s. Bopp! **Poppinga, Popkema** sind fries. Patr. Es handelt sich um e. alten Lallnamen (viell. für Roppo, Roppke = Roppert), vgl. fries. *Pope* Hymmen 16. Jh., *Popke* Feddama 1422. In Hbg. 1277 Joh. filius *Popponis,* 1307 Nik. *Poppeke:* heute **Popken** (Hbg.) nebst **Poppen.**

Pöpp(e)l (obd.) wie Böppel (obd.) s. Bopp! »der *Böppel«* 1451 Allgäu. *Pöppl (Popplinus)* 1390 Budweis, *Popp* der vischer 1330 Eger, Ulr. *Poppe* 1345 Brünn. Traditionell war Poppo vom 9. bis 14. Jh. im ostfrk. Raum bei den Henneberger u. Babenberger Grafen, den *»Popponen«.* In Schlesien vgl. als Adligen *Poppe* v. Hugwicz 1349.

Pöppelmann (obd.) ist bekannt durch den Dresdener Barockbaumstr. Vgl. Ritter Ulr. *Poppelman* 1341 Elsaß.

Porr, Porrmann: der Gemüsehändler, zu mhd. porre »Lauch«, s. auch Pforr! Niclas Peterwicz alias *Porreman* 1451 Lg.

Pors: Sumpfpflanze (Pors-See/Holst. Ludolf *Pors* 1292 Ro.).

Porsche, Porschke (Sa., Schles.) s. Borsche! Heinr. *Porsche* 1432 Löbau.

Porst (obd.) = mhd. borst »Borste«, ein borstiger Mensch. Vgl. Peter *Pörstlein* 1416 Wessobrunn. S. auch Bürstel!

Port(h) (Bay.) wohl = Part, Bart, wie Portenschlager = Bartenschlager, Portenkirchner u. ä. Vgl. Portisch = Partusch (Bartholomäus): Wenczlaw *Partusch* 1393

Böhmen; Portik = Bartik, desgl. Bei Port(h) konkurriert freilich der ÜN. **Borte** (s. dies!).

Portenlänger (Bay.): aus P.-läng. – **Pörtner,** Portner (ndd.) = Pförtner.

Portmann (ndd.) »an d. Pforte wohnend«, vgl. von der Porten, Verpoorten/Ndrh., Holld. In Strals. 1342 *Portman* u. Joh. *de Porte.*

Pörtzgen (ndrhein.) = »Pförtchen«, nach d. Wohnstätte; vgl. ON. Porz/Rhld.

Porzel(t) (Bay., Ö.) wie Parzl u. **Porzer** wie Parzer z. ÖN. Porz (Parz), vgl. Grillporz: -parzer. Mit lat. Endung: Porzelius.

Porzig = Borzig, Borzik (Borislaw) wie Burtzig (Burislaw), Burtzlav. Aber *Burtzius* (Portius) 1550 Altenbg. meint Tiburtius.

Pösch(e)l s. Peschel! – **Poschinger,** Poschacher, Poschenrieder sind bair. Herk. N. Zu **Poscher** vgl. ON. Poschau/Karlsbad. **Posch(mann)** s. Pusch(mann)! **Poschner** (Bay.) s. Puschner!

Poser: aus Posa bzw. Poserna südl. Mersebg. (hierzu **Posern:** Tyme v. *Pozerne* [Truchseß] 1281 Schles.) – **Posewang** s. Pausewang!

Pösl (Mchn.); Pößl: der Böse, wie Plößl = der Bloße. Vgl. Pösmülner, Pösflaisch, Pöspir, Pösleder, Pösgelt (Böhmen/Mähren 14. Jh.): mhd. böse auch »schlecht«.

Pospiech, Pospischil (Böhmen, Schles.): zu tschech.-poln. *spiech* »Eile«.

Poss(e), Possa (ostd.-slaw.) = **Possek** = Peter. (*Posse* 1456 Pohlwitz b. Lg., auch Brsl.).

Possehl (Hbg. oft): an der Endbetonung als slaw. erkennbar, wie Staffehl, Baggehl u. ä.

Possel (von): Hbg. öfter, vgl. Posseel, Possehl, Postel! Posselmann.

Posselt (Schles., O. Laus., Böhmen): urkdl. *Possolt,* erweitert aus slaw. *Posse (Possek)* = Peter, vgl. Nitschold, Kitschold, Petzold usw., ebenso *Pessolt* zu *Pessek* (Peter). In Eger 1370 *Pesolt, Possolt,* in Brünn 1269 Rud. *Possoldi* filius, in Schweidn. 1417 Hs. *Possuld.*

Pößnecker: aus Pößneck/Saale.

Post (Hbg. oft): ndd.-ndld. post = »Pfosten«, ÜN. des Zimmermanns wie Pahl, Stender, Balke u. ä. Joh. *Post* 1343 Lüb., Eylard *Post* 1422 Bremen, Peter *Post* 1554 Flsbg. Ein Sumpfwort *post* steckt in ON. wie Posthorst, Postey (Bach), Postlo (Westf., Flandern), Postcumbe/Engl., Postmoor b. Buxtehude, Postbruch b. Lenzen usw. (Bahlow, ON. S. 378).

Post(e)l (Bay., Ö.): schwerlich aus Apostel gekürzt, sondern slaw., vgl. ON. Postelitz, Postlin, Postlow; Postelberg (Böhmen); bestätigt durch ON. Postel b. Militsch/Schles., nach dem sich 1600 e. Adliger Nickel Postolski *von Postel* nannte. Dazu auch **Postler.**

Pöthe: ON. Pöthau bzw. Pöthen/Anhalt; vgl. Pötenitz, Pötewitz; Pöthke, Pöthig.

Poth(mann) (Düss.): zu ndd. pôt »Pfütze, Pfuhl« (vgl. Forschepoth, Kranepoth). Willeke *Poteman* 1403 Bremen.

Potratz: ostd.-slaw. ON., vgl. Potreck.

Pötsch(ke), Pötzsch (Sa. oft) s. Petsch(ke)! **Pötschel** s. Petschel! **Pötzscher:** z. ON. Pötzsch, Pötzscha/Sa.

Pott (Hbg., Düss. oft): ÜN. f. d. ndrhein.-westf. **Pottgießer,** -gieter (ndd. pott »Topf«) u. f. d. **Pötter** (Pöttker, Pöttger, Pöttjer), auch Pottbecker, den »Töpfer«. Hinrik *Pottker* 1466 Bremen, Herm. *Potgieter* 1463 Essen. Vgl. auch den Gropen-, Grapengießer. **Pottlepper** meint den Topfflicker.

Pott(h)ast (Westf.-Ndrhein.): mnd. potharst, westfäl.-holld. Eintopfgericht aus Rindfleischstücken m. Grütze u. Wurzeln, später durch die Kartoffeln verdrängt. Vgl. die Drohung: »ick will dy to potthast hacken«! *Pottha(r)st* 1397/99 Bocholt.

Potthoff: westf. Hofname, wie Althoff, Brockhoff, Diekhoff, Moorhoff. **Pottkämper:** der auf dem Pottkamp (Westf., kamp = Feld).

Pötzl (Bay.) s. Petzl! **Pötzsch** s. Pötsch!

Pöverlein (Bay.) s. Pöferlein!

Poweleit (lit.-ostpr.): Sohn des Powel (Paul).

Praast s. Prahst! – **Pracher** (Bay., Ö.) s. Bracher! Perchtold *Pracher* 1369 Tirol, Walchun *Pracher* 1313 O./Ö. Vgl. *»auf der Prach«* 1400: Hof Pracher/Schönau O./Ö.

Pracht (obd.): mhd. braht »Lärm, Prahlerei«, brahten »lärmen, prahlen«. Vgl. Jörg *Brächter (Prächter)* 1527 Kempten. Doch begegnet Bracht (Pracht) auch als Wald- u. Gewässername (vgl. ON. Pracht b. Wissen/Sieg: Bahlow, ON. S. 58): dazu die Flur »zem Bracht« (heute Pracht) b. Stötten, wo 1429 ein Hans *Bracht* (Brech. S. 196). Aber **Prächtl** s. Prechtl!

Prack (obd.) s. Brack! (mhd. bracke »Spürhund«). Auch **Präckl** (mhd. breckelîn).

Pradl, Pradler (Tirol): z. ÖN. Prade, Pradl (ladinisch prado, lat. pratum »Wiese«). Hainr. *von Prade* 1346. Vgl. Pradl/Innsbr. Aber schles. **Pradel** s. Predel! Bei böhm. **Prade** (Hannus *Prade* 1381 Friedld.) denkt E. Schwarz an tschech. brada »Kinn, Bart«.

Präfke (Hbg., Meckl.) beruht auf slaw. *Praveke* wie Schläfke auf Slaveke (prav- »Recht«, vgl. prawda).

Präg s. Bräg! – **Prager:** im Sudetenland einst verbreitet, z. T. nur auf Handelsbeziehungen zur böhm. Metropole deutend. Herm. *Prager* 1362 Kuttenbg. Karel der *Prager* 1272 Regsbg.

Prägler s. Brägler! (Friedr. *Prägler, Pregler* 1598 Kempten).

Pragst (ndd.) s. Prahst!

Prahl (Hbg. oft), Prahle: mnd. prâle »Pracht, Prunk«, auch Lärm, prâlen »prunken« (vgl. »Prahlhans«!). Dazu *Pralevot* 1324 Barth, 1339 Lüb.

Prahm (Hbg. oft): ÜN. des Prahmschiffers; mnd. prâm ist e. geräumiger Lastkahn (ohne Kiel), in Hamburger Fleeten noch heute z. Transport v. Kohlen u. dergl. benutzt; der ihn mittels e. Stake (Stange) »schiebend« fortbewegt, ist der *Pramschüver* (FN. **Pramschiefer,** Pramschüfer!), vgl. den Ekenschüver 1494 Bremen; auch **Pramführer, Pramann** (Hbg.). Die Prähme pflegten v. d. Stadt verpachtet zu werden (so in Ro. 1280: Rodolfus *pramman* dedit 24 solidos). Vgl. Offo *Pram* 1309 Hbg., Peter *Pram* 1275 Ro., Crispus *Praman* 1284 Strals., Hoyco *Pramvorere* 1276 Hbg.

Prahst (ndd.), seltener Praast, Pragst, beruht auf ndd. *pravest* für *provest* »Probst« (obd. Propst), lat. prae-, propositus »Vorgesetzter«, Aufseher; vgl. Kornprobst: der über die Abgaben an Korn an (kirchl.) Gutshöfe zu wachen hatte. Thomas *praest* to Wener = Thammo *provest* ... 1460 Ostfries. UB. Henneke *Provest,* Bauer, 14. Jh. Rövershagen/Ro.

Prait(er): in Tirol z. Flurn. Praite (die Breite); Praitwiese. Vgl. *Praitkopf* 1372 Eger, *Praitfuß* 1381 Dt.-Brod, *Praitschuch: Pratpart* 1399 Chrudim, Niclas der *Prayte* 1391 b. Eger.

Prall(e): mhd. pral (pralles) »Lärm«. – **Pramann,** Pramschiefer s. Prahm!

Praml (Bay., Ö.): zu mhd. brâm »Dikkicht« in Flurnamen, vgl. »ze der Brame« 1272 b. Lörrach. Dazu Pramböck (= Brambach), Pramberger usw.

Pramstaller (Tirol) wie Premstaller = Bram-, Bremstaller: zu den ÖN. auf -stall (Stelle).

Prandl, Prantl, Prändl (Bay., Ö., Tirol): KF. zu den Pers. N. auf *-brand* (»flammendes Schwert«), wie obd. Hiltprant, Liutprant, Gisprant, Heriprant u. ä. S. auch Leipprand, Hillebrand! Auch Brändle, Brandt, Brant! Joh. *Prändel* 1340 Mchn. Ulr. *Prandl 1395, Fridl Prentel* 1320 Böhmen.

Prang(e) (Hbg. oft, Meckl.): ndd., der Streitsüchtige, der Prügler; deutlich im Satzn. **Makeprang** »mache Streit«. Joh. *Pranghe* 1329 Strals. Vgl. *»pranger,* wranger, worsteler, ringer«. Mit Umlaut. Gerh. *Prenger* 1295 Ro.

Prank(e)l, Pranke, Pranckh (obd.): der Prunksüchtige (zu mhd. pranc, branc »Prunken, Prangen«). Vgl. aber P. Pranker 1325 Prag (pranken »bedrängen«).

Prantner (Bay., Ö.): wie Brandtner aus Brandten/Bay. u. ä. (vgl. Brandner, Heubrandner); z. Flurn. *»auf dem Prant«* u. ä. (1325 O.Ö.). = durch Brand urbar gemachte Waldstelle. Jacob der *Prantner* 1340 Eger. Ulin *Pranter* 1369 Tirol.

Pran(t)z (obd.) wie **Pranzner:** wohl ÖN.

Prasch (Mchn. oft), auch Praschl: der Prasser (mhd. bras »Schmaus«), s. Prasse!

Prasse, Prasser: = Schlemmer (mhd. bras »Schmaus«). Willeke *Prasser* 1344 Bremen, Hans *Prasser* 1395 Füssen; »Pfaff *Prasser*« hieß der Kaplan des Herzogs Ulrich v. Württ. (Seb. Wortwin) um 1519 (Brech. S. 201). Zu **Prassler** (Mchn.) vgl. *Brasseler* 1344 Ravsbg., aber auch schles.-böhm. Bressler, mundartl. Brassler, Prassler = Breslauer! Zu **Prassel** vgl. *Brassel* 1398 Füssen.

Prassek (Schles.) ist slaw. = »Ferkel«.

Prast: auf ndd. Boden = Praast, Prahst (Propst), s. dies! Aber obd. = Brast: mhd. brast »Prunk, Prahlerei«.

Prasuhn s. Presuhn! – **Pratsch** hieß urkdl. in AltBrsl. *Pratusch, Bratusch,* d. i. slaw.

Bratoslaw, s. Brattke, Bratsch! Vgl. Bartsch, Partsch für Bartusch (Bartholomäus).

Praten-, Braden-, Prottengeier (Bay.) ist Satzname »brate den G.«, wie Schoißengaier »schieß den G.«. Eberh. *Pratengeyer* 1513 Nürnberg. Anders Labengeier (»labe den G.«, näml. am Galgen, also grobe Schelte).

Prätorius, Preetorius: Humanistenname für Schulze (Schultheiß) bzw. (schles.) Scholz, auch Richter (zu lat. praetor »Vorsteher, Statthalter, mit Gerichtsvollmacht«); so nachweisl. beim Komponisten Michael Pr. um 1600, beim Pädagogen Abdias Pr. (eigtl. Gottschalk Schultze) 16. Jh. usw.

Praun, Praundl (Bay., Ö.) s. Braun! Dietel-*Praundl* 1391 Bay. (neben *Prundlin* 1387 Mchn.). Hanco *Preunel* 1365 Brünn. Entrundet auch **Preindl** (Tirol). Nic. *Praunhard* 1381 Prag, vgl. Braunhard. Nic. *Praunnickel* 1390 Iglau.

Prauschke: aus Prauske/O. Laus. (2mal).

Prauser (Schles.): z. slaw. ON. Praus Kr. Nimptsch bzw. Prauß Kr. Reichenbach (alt *Prus*), vgl. *von dem Prus* 14. Jh. Brsl., Hs. Borsnicz *von Prauß* 1484 Neiße, L. *Prauser (Praußitz)* 1547 Lg. Auch ON. Praußnitz Kr. Jauer (1370 *Prusnicz*) u. ON. Prausitz (*Prus*) b. Riesa/Sa. (1206 im Besitz des Tammo *de Prus*). Zum selben Wortstamm gehört FN. **Prause** (Glatz, Lg., Beuthen), auch Prausner.

Praxl (Bay., Ö.) »Aushelfer, Tagelöhner«. Hans *Prachsel* 1427 Eichstätt.

Praxmarer (Tirol): z. ON. Praxmar ebda. Entstellt wohl Praxmaier, vgl. Kretschmaier für Kretschmar. – **Precht** s. Prechtl!

Prechtl (Bay., Ö. oft) weist als KF. auf einen beliebten Pers. N.; in Betracht kommt vor allem der heil. Ruprecht, erster Bischof von Salzburg, Apostel des Christentums in Bayern; s. auch Ruppel, Rüpel! Vgl. auch Leuprecht (Liutprecht), Reimprecht, Heimprecht, Simprecht, Amelprecht, Helmprecht, lauter bair.-öst. Namen; weniger Albrecht, der nie als Alprecht erscheint. *Prechtel* under der Louben 1293 Wien, Hainr. *Prechtel* 1369 Tirol, Hensel *Prechtl* 1386 Prag.
Im übrigen vgl. auch **Brechtel**, Brechtle, Brecht u. Precht: *Brechtel* Frisprecher 1366 Speyer. *Precht* und *Brecht* wechseln in Saalfeld um 1590 bei derselben Person. Vgl. auch mhd. brecht »Lärm«.

Preckel (ndd.): Werkzeug der Aalstecher (s. auch Prigge!). In Ro. 1296 Henr. *Prekel.*

Predel: ON. b. Zeitz, Dazu Ritter Heinr. *v. Predel* 1287 Hirschbg., Herr Diterich *Predel* 1383 Lg.

Prediger: war im MA. bes. Bezeichnung der Prediger- oder Dominikaner-Mönche, die sich der Ketzerbekämpfung widmeten. Beneke *Predeker* 1348 Lüb., Pesco *Prediger* 1366 Brünn, Joh. Rücker (Rügger) gen. *Brediger* 1324 Schw.-Hall.

Predöhl (Hbg.): wend. ON. Preddöhl b. Pritzwalk. S. auch Perdöhl!

Pregler (Mchn. oft): »Schwätzer, Murrer« (zu mhd. breglen »schwatzen«).

Prehm (Hbg.): (ndld. priem) s. Prehn!

Prehn (Hbg. oft, Meckl., Holst.): mnd. prên »Schusterahle«, also ÜN. des Schusters (wie Pfriem). Robeke *Pren* 1319 Strals. (1292 Ro., 1332 Lüb.). Iver *Preen* 1600 Flsbg.

Preibisch s. Priebisch!

Preidel (Bay., Ö.): mhd. brîdel »Zügel, Zaum«, ÜN. des Fuhrmanns. Jekel *Preydel* 1378 Iglau, Nikel *Preydler* 1414 Tracht/Mähren.

Preidt (Mchn.): wohl = Breit; vgl. aber in Kremsmünster 1316 »ver Preyd (Prid)« = Frau Bride (Brigitte). S. auch Briede!

Preim (obd.) vgl. ON. St. Preims/Ö.: (hl. Primus).

Preimesser (Mchn.): wohl wie Kornmesser, Salzmesser, ein städt. Beamter, der Maß u. Gewicht zu kontrollieren hatte; mhd. brî »Brei«, aber auch wie bair. brein »Hirse, Korn, Grütze«, vgl. Breimelwer, Breimüller.

Preindl (Bay., Tirol) s. Praun!

Preinstampf (Bay.) s. Brein(stampf)! Dazu auch **Preinfalk** (Bay.), *Brifalk* 1409 Würzbg., *Preinfalk* 1414 Mähren. *Preinesel, Preinreich, Prein* 1414 ebda., auch *Preiner:* **Preiner.**

Preisendanz (obd.), auch Preißen-, Preußentanz (!): »preise den Tanz«, wie Lobentanz, Lobedanz; ÜN. des Tanzmeisters. Vgl. **Preisensinn** (Preußensinn!): den sinnreichen Einfall, klugen Gedanken; wohl Spielmannsname.

Preiser (obd.-bair.) = mhd. brîser »Schnürsenkel-, Bortenwirker«, dazu

Preiswerk, Preisschuch (mhd. brîsschuoch »Schnürschuh«). Auch **Preißer, Preiß** (alle in Bay. u. Ö. oft). Bei Preiß mag mhd. prîs »Lob, Preis« hineinspielen (vgl. Mayenprys 1398 Prag, Wonnenprys/Brsl.). Belege: Albr. *Briser* 1381 Württ., Konr. *Briseli* 1329 Eßl., Hans *Brißwerk* 1477 Freiburg, Ulr. *Prîsschuch* 1336 Augsbg. Vgl. schwäb. Hosenbreis.

Preisker (obd.) s. Breisger! – **Preisigke** (ostd.-slaw.) zu bres-, bris- »Birke«.

Preister (ndd.) s. Priester! – **Preißner** s. Preußner!

Preit(n)er (Bay.) s. Breitner!

Prell (obd.), Prelle: mhd. prelle »Schreier«. Auch **Preller** (obd.) neben Breller u. **Pröller** neben Bröller (mhd. brellen »brüllen«); vgl. Brell-, Bröllochs. Zu mhd. prellen »hervorprellen« gehört preller = Penis. Hemman *Breller* (Edelknecht) 1384 O. Elsaß, der *Bröller* 1381 b. Stuttg., Joh. *Preller* 1361 Kolin.

Prem (Bay.) ist wie **Brem** mehrdeutig (vgl. mhd. breme, brem »Bremse, Stechfliege«, *Premunsnabel* 1330 Augsbg., breme »Dornstrauch«, bzw. sumpf. Gebüsch, u. brem »Verbrämung, Randfassung«); in O. Bay. auch e. Ort Prem. Vgl. auch Prem-, Bremstaller!

Premke (ostd.-slaw.): KF. zu Premislaw, Priemke, vgl. *Premizl* (qui et Odockarus rex Boemorum 1222) u. Herzog *Przemko (Przemislav)* 1477. Auch **Premyslav.**

Premstaller (Tirol) wie Bremstaller s. Pramstaller! Vgl. Pock-, Bockstaller. Jacob *von Premestalle* 1408 Tirol.

Prendel s. Prändel!

Prengel (Düss.): ndd. »Knüttel«. **Prenger** (Düss.) s. Pranger!

Prenner, Prenn (Bay., Ö.) s. Brenner! Meinhart der *Prenn* 1420 Tirol, des *Prenneres* hof 1288 Inzingen/Tirol. Aber Eberl *Prenswürstel* 1397 Prag meint den Bratwurster, wie A. Brenwurst 1582 Eßl.

Prenzel (O. Laus., Schles., Böhmen): KF. zu slaw. **Prenzlaff** *(Premislav),* s. Bahlow, Schles. Nbch. S. 71! *Prenczl* 1415 Dt.-Brod. Vgl. auch Prenzlau.

Presch, Preschel, Prescher, Prescha, Preschke (Breschke), alle in Böhmen, O. Laus., dürften wie der ON. Preschen b. Cottbus slaw. sein, s. auch Bresch! Vgl. Hensel *Preschel* 1386 Dt.-Brod, Nic. *Prescher* 1397 Bensen/Leipa.

Presser (obd.) = »Bedränger«.

Pressler, Press(e)l s. Bressler, Bressel! Vgl. Cunczl *Presslaber* 1359 Iglau. Ein Ort Pressel b. Torgau.

Prestel, Prestle (Bay., Schwaben): der Gebrechliche (zu mhd. brest »Gebrechen«), sofern nicht mhd. brast »Prunken, Prahlen« hineinspielt; Konr. *Prestli (Prastlin!)* 1440/54 Biberach, Hans *Brästel* (Bauer) 1525 Schwaben, Hs. *Prestel* 1592 Allgäu, M. *Prestel* 1453 Haldsl.

Prester (ndd.) s. Priester! – **Pretorius** s. Prätorius!

Pretl (Bay., Ö.) meint wie **Preter** den Bretterer oder Brettschneider, seltener den Brettspieler. Nicl. *Pretel* 1385 Budweis. Jac. *Pretsneyder* 1374 Iglau, Nic. *Pretspiler* 1343 Brünn. Ulr. der *Pretterer* 1379 Ö., H. *Preterchleuber* (-Spalter) 1376 Wien.

Pretz(e)l meint, soweit obd., wie Bretzel den Bretzler (Bäcker), vgl. Jos. *Pretzell* 1482 b. Ulm. Im ostd.-slaw. Raum kann KF. zu **Pretzlaff** vorliegen, vgl. Pritzel: Pritzlaff.

Pretzner: ostd.-slaw., vgl. *Preczner* 1356 Eger, P. *Pretzschner* 1538 Dresden. Dazu ON. (FN.) **Pretzsch**/Elbe (Torgau), Pretzschendorf/Sa., Pretzien usw.

Preu (Bay.), Preuer wie Breu s. Bräuer! In Bay. noch heute »Bräu«. Ulr. *Preuer* 1349 Brünn. S. auch Prey! Preyer!

Preusch, Preuschl (Bay.) = Brüsch »sumpf. Gestrüpp«, vgl. ON. (ÖN.) Brüscheren/Schweiz, die Breusch/Elsaß (Bahlow, ON. S. 59), Preuschdorf b. Wörth. – **Preußker** s. Preisker!

Preuß (ostd. oft); ndd. **Prüß,** entrundet **Preiß** (O./S. oft): deutet nicht nur auf Herkunft a. d. Ordensland Preußen, sondern auch auf Geschäftsbeziehungen u. Reisen dorthin; so 1389 in Lg.: Heynrich *kauffman* hat Gut »czu *Preußen* ym lande« hinterlassen. Peter *Prüße,* Nicclos *Preuße* 1382/85 Lg. Dazu auch **Preußner,** Preißner (Neiße oft), *Prüßener* (Bruthenus!) AltBrsl. (wie Reußner: Ruthenus), L. *Prüßner* von der Nyße 1413. Zu **Preußler,** Preißler (Schles.) vgl. Hannus *Preuseler* 1416 Schweidn., *Preusl (Preysel)* wogner 1387 Iglau.

Zum selben Wortstamm *prus* vgl. ON. Preußnitz/Belzig u. Preußlitz/Köthen.

Prevôt (Saar, Elsaß): frz., = Propst, auch Prevost (lat. praepositus »Vorgesetzter«).

Prey (Ö.) meint den **Preyer** »Bräuer«, vgl. Preu, Preuer; **Preyherr** neben Breuherr, Bräuherr. In Augsbg. 1403 Gerstenprey. Erhard *Prey* 1526 Tirol, Jac. *Preyer* (presbyter) 1411 Prag.

Preyel, Preyell (obd.) = mhd. prîol, Variante zu prior (lat.) »Klostervorsteher« (nächst dem Abt). Vgl. ON. *Priolsdorf:* Preilsdf./Striegau. Heinr. der *Priol* 1351 Ulm. Evtl. entrundet aus Breuel: mhd. briuwel = briuwer »Bräuer« (Conr. *Brüwel* 1350 b. Stuttg.).

Prick s. Prigge!

Priebe (Pomm., Schles.): ostd.-slaw. KF. zu Pribislav (s. Pritzlaff!), slaw. Adels- u. Fürstenname; auch der Böhmenkönig Ottokar II. hieß ursprüngl. so. *Pribe* Gawarn (Knappe) 1316 Rügen. Dazu auch (mit Suffixen): **Priebke** (Pribek, Pribil), **Priebisch** (Preibisch), Priebsch, Priebatsch u. ä. Vgl. *Pribeke* v. Schaprode 1300 Strals., *Pribeke* 1270 Ro. Priebsch war um Gablonz-Reichenberg verbreitet: Martin *Pribisch* 1560 b. Reichbg., Hs. *Pribisch* 1413 Lg. Vgl. ebenso Bogisch zu Bogislav.

Prieff (obd.) s. Brief! – **Priefer(t),** Priefer(t) s. Prüfer! **Priefke,** Prieve s. Priebke!

Priegl (Ö., Tirol) wie Briegel = Brühl (»sumpf. Wiese«), s. dies!

Priehn s. Prien! – **Prielmayer** (Bay.) = Brielmayer, Mayer am Brühl: (sumpf. Wiese), auch Prill-, Brillmayer u. **Prieler,** Priller, Briller. – **Prielip** s. Prilipp!

Priemke, Priemsch s. Primke! – **Prien,** (Hbg. oft) Priehn s. Prehn! In Bay. vgl. ON. Prien!

Pries, Prieß (Hbg. oft): die Häufigkeit verbietet, an prîs »Preis, Lob, Ruhm« zu denken; auch die Verbreitung im ostd. Elberaum deutet auf Zugehörigkeit zu den slaw. ON. mit *bris- (bres-)* »Birke«, wie Priesen, Prießen, Prießnitz. Vgl. auch **Priese(mann). Priesemuth** (schles.-böhm.) wie ON. Prochomuth (Prachemety)/Böhmen. ON. Priesen b. Kaaden: tschech. *Bresno* »Birkenort«.

Priester, Priesterjahn, ndd. Preister, Prester: urspr. »Gemeindeältester« (griech.-lat. presbyter). Vgl. Pfaff (Paap), Pfarr, Prior usw. Ein slaw. ON. Priester nö. Lpz. Vgl. ON. Prester b. Magdeburg: Heyno *(von) Prester* 1400 Haldsl. – **Priestapp,** Priestab s. Pristaff! **Prietke** s. Pritbur! – **Prietzel** s. Pritzel!

Prigge (Hbg. oft): Variante zu ndd. **Prik-k(e)** »Stechwerkzeug«, sei es zum Aalfang (âl-pricke), sei es z. Stechen der Torfsoden; ndld. prikken (prikkelen) »stechen, sticheln«, prikkel »Stachel«, engl. prick(le). Vgl. den *Prikkewacker* (»stich wakker«), Ratsherr in Kolberg 1226. *Prikke* 1305 Hildesh. Zum ndd.-westf. *gg* für *ck (kk)* vgl. Knigge, Schnigge, Wrigge. Zuweilen ist prigge auch = »Neunauge« (Fisch), vgl. Arnold Priggenkok 1356 Hi., Nic. *Prigghe* 1354 Hbg.

Prignitz (Hbg. oft): Landschaft zw. Elbe u. Havel. Herm. *Prigenisse* um 1420 Haldsl. – **Prilipp,** Prielipp: slaw. ON. (Pomm., Hann.). Hinrik Schulte *van Prelep* 1404 Haldsl., Heyneke *v. Prillep* 1393 ebda.

Prill (Hbg. oft) s. Brill! – **Priller** (Mchn. oft) s. Prieler!

Prillwitz: slaw. ON. (Pommern, Meckl.).

Primke (ostd.-slaw.): KF. zu Primislaw. Die Herzöge *Primislaw* von Teschen u. von Troppau (15. Jh.) begegnen auch als *Pr(z)imko;* dazu die schles. ON. Primkenau u. Prinkendorf (Nitsche *Primkendorff* 1369 Lg.). Vgl. Briccius *Primcke* 1594 Görl. u. Hans *Princke* 1597 ebda. Auch **Priemke. Pri(e)msch** beruht auf Primosch, wie Kliemsch auf Klimosch (Klement).

Prinz, Printz (allenthalten öfter): mhd. prinze »Fürst, Statthalter« (frz. prince, lat. princeps).

Prinzhorn: nordd. ÖN. wie Penzhorn (horn = Winkel).

Prinzler gehört (patr.) zu Prinzel wie Prenzler zu Prenzel, s. dies! Vgl. ON. Prinzlau, Prenzlau. Nickel *Prymszel* 1460 Görl. (= Primislaw).

Priol (schon mhd. neben **Prior**) s. Preyel! (Heinr. *Priol, Prior* 1303 Augsbg.).

Pristaff, Priestapp: slaw. = »Meier«.

Pritbur (»verhochdeutscht« **Pritzbuer**) ist slaw.Pers. N. Vgl. Herr *Pritbur* von Lanken 1288 Greifsw.

Prittwitz: ostd.-slaw. ON.

Pritzlaff (ostd.-slaw.: in Pomm. u. Schles.): ist alter slaw. Pers.- N. wie Pribislaw, m. d. KF. **Pritzel,** Prietzel. **Pritzke** kann auch zum ON. Pritzkow gehören. *Priczlaus, Priczel* um 1300 in Brsl.; dazu *Preczlaus* Kuschmalcz, bischöfl. Vasall 1404 Schles. Lit.-ostpr. sind Pritzkat, Pritzkoleit (-atis, -aitis bezeichnet die Sohnschaft).

Proband(t), Profand mag den Proviantmeister meinen (mhd. profant, md. probande = Proviant. Schon in Alt-Brsl. *Provant* 14. Jh.; ein Kunnot *Profandis* 1381 b. Sorau.

Probeck ist obd. Mundartform für Brotbeck; auch Brobeck. Vgl. Rüdi *Probeche* 1300 O. Rhein, Burkh. *Brobech* 1290 Württ.

Pröbstl (Bay. oft) = Probst, s. Prahst!

Pröbsting (westf.) meint den zur Propstei gehörigen oder zinsenden Bauern; ist auch ON. Kr. Hamm. **Pröbster** ist obd. in gleicher Bedeutung. Vgl. in Mähr.-Kromau 1379: »dem geistlichen manne pruder Hansen genant *Probstel,* die zeit *prior* des klosters ...«

Prödel s. Predel! Vgl. ON. Prödlitz/Aussig: 1398 Predlicz u. ON. Prödel b. Zerbst. Nic. *Prödel* 1359 Iglau, Nic. *Predel* 1385 Budweis.

Pröfrock: »prüf den Roggen«, Marktbeamter. Vgl. Brackrock, Schönrock!

Proft (Schles.) steht als sekundäre Form neben älterem **Profe** (Schles.), das zum ON. Profen Kr. Jauer gehört (auch b. Lpz. ON. Profen). Vgl. Conr. *von Provin* 1329 Lg., Merten *Profe* 1573 Görl., Hs. *Profe* 1619 Neumarkt. Prove ist auch N. einer slaw. Gottheit.

Prohaska, Prochaska (tschech., wörtl. »Spaziergang«): bekannt durch die Kriegsfreiwillige von 1813, Eleonore *Prohaska;* Vorfahren saßen in Mähren.

Prohl s. Pröhl!

Pröhl (Hbg. oft): offenbar ON.

Prohn: (Hbg.): slaw. ON. b. Strals., wo um 1290 mehrere Familien *»von Perun, Peron«* begegnen.

Proksch (Wien zahlr.) urspr. Prokisch, auch Broksch, ist dt.-slaw. KF. zum Heil. N. **Prokop,** beliebt einst in Böhmen, als N. des Landespatrons; auch Prokopf, wend. Brokof (wie Jakob: Jokof). *Procop* Mölner 1447 Glatz, *Procoff* Funcke 1532 Görl., *Brocuff* Rotbart 1505 *Freystadt.* Merten *Prokusch* 14. Jh. Dazu auch **Prox:** *Prox (Progkisch)* vom Berge 1446 Freiberg/Sa. Mit mundartl. *u:* **Bruck(i)sch.**

Proll(ius): obd. = Broll (Württ.) = »dikker Mensch«? Ulr. *Broll* 1484 Weilderstadt. – **Pröller** s. Preller!

Prömmel (obd.) wie **Brömmel** meint den Prommer, Brommer, den brummigen Menschen. Vgl. den *Brummeli* 1370 Mengen.

Pröpper s. Pfröpfer! Ndd. auch Propp, Pröpping.

Prosch, Proschke, Proschek, Prosek, Proske (O/S. oft) entspricht **Brosch,** Broschke, Broschek, Broske, alle = Ambrosius, s. dies! Der slaw. Pers. N. Prosimir ist viel zu selten, Prosch, Brosch aber sehr häufig. Zu *Prösl* (1395 Eger) vgl. Brösl (Bröselmayer), zu Prosy: Brosy.

Prost, Prostke, Prostak (Schles., Böhmen): zu tschech. prosty, prostak »schlicht, einfältig«. Vgl. ON. Prostibor/Böhmen.

Prötel (obd.): ÜN. des Bäckers, Otte *Prötlin* 1339. Vgl. *Protwurm, Protkörbel; Protsorge.*

Proter s. Pruter!

Prott (Hbg.): mnd. prot »protziges, lautes Wesen«, vgl. *Protefink.*

Prottengeyer (Bay.) s. Pratengeyer!

Protz (obd.) meint in Bay. seit alters »Kröte«, vgl. protzig »aufgebläht«. Seydel *Procz* 1369 Iglau. Aber slaw. sind Protzek, Protzke, Protsch(ka), (ON. Protschkenhayn Kr. Schweidn.), ON. Protzen.

Prötzel (obd.) s. Pretzel! – **Prötzsch** s. Pretzsch!

Pröwrock (ndd.) s. Pröfrock! – **Prox** (Schles., Böhmen) s. Proksch!

Proxauf (Tirol): »brock es auf!« (Satzname, wohl f. d. Nimmersatt oder f. d. armen Schlucker?). Perchtold *Prokhesauf* 1393 Teis/Tirol.

Pruckner, Prückner (Bay., Ö., Tirol) s. Bruckner, Brückner! Desgl. **Prucker,** Prugger = Brucker. Auch **Prückler:** Hensel *Prückler* 1418 Pilsen, Hans *am Prucklein* 1402 Ö.

Prüfer(t), Priefer(t): oft in Schles., der amtl. bestellte Waren- u. Münzprüfer. Niclos *Prüfer* 1410 Freystadt, Petsche *Prüffer* 1482 b. Grünberg/Schles. (dort bis 1945 oft). Der ON. Prüfern/Sa. ist eingedeutscht aus Priwor (so in Böhmen). Arnold *Prüfriis* 1387 Frkf. meint den Gärtner (wie Pfropfreis).

Prügel: mhd. brügel »Knüttel«. Aber **Prüglmeier** (Mchn.) neben Prieglmaier meint den *Brügel-, Briegelmayer* 1443/56 in Württ.), den Meier am Brühl (= sumpf. Wiese).

Prukop s. Prokop, Proksch! – **Prüll(er):** Mchn., z. ON. Prüll/Bay.

Prüm: ON./Eifel.

Prumbaum, Prummenbaum (Düss., Köln). »Pflaumenbaum«, nach d. Wohnstätte, wie Bierbaum (Birnbaum), Nottebohm (Nußbaum). In Köln 1170 Rudinger *Prumbom.* S. auch Plumbohm!

Prummer (Bay.) s. Brummer! Ein Nic. *Pruminsörl* 1382 Prag.

Prunner (Bay., Ö.) s. Brunner! Nach der Wohnstätte (»bei dem Prunn«) bzw. aus Prunn (Brunn), häufiger ON. in Ö. u. Bay. Nic. *Prunner* 1345 Brünn; Chunzo *aus dem Prunne* 1390 Passeir/Tirol, Andre *Außerprunner* u. Dorothea *Innerprunner* 1614 Afing/Tirol.

Prünst(n)er, Prinst(n)er (Ö., Tirol): nach d. Wohnstätte auf einer durch Brand gerodeten Waldstelle (ahd. brunst). Jaclin *uß der Prunst* 1357, Eberlin *Prünster* 1317 Tirol.

Prüser (Hbg., Bremen): schon um 1350 in Bremen Gebrüder Diderik u. Arnd *de Prusere.* S. auch Brüser! Lambert *Brüser* 1306 Grfsw.

Prüß (Hbg. oft); auch Prüße, Prüßmann, Prüßing, s. Preuß! Godeke *Prûceman* 1266 Ro. Ein Dietr. *von Prûßen* 1384 in Überlgn.! Den N. hat das Deutsche Ordensland Preußen von den balt. Vorbewohnern, den *Prûßen,* die im 13. Jh. vom Deutschen Ritterorden unterworfen wurden.

Prüßhaber s. Brüsehaver!

Prüter, Pruter (Meckl. oft, Hbg., Holst.): in Schlesw.-Holstein meint *Pruter* heute einen »Pfuscher im Handwerk«, *prutern* »nachlässig arbeiten, pfuschen« (Mensing, Schlesw.-holst. Wb.). Ein Hinr. *Prutelen* 1292 in Lünebg.

Prutz (Pomm.): = Pruße, Preuße. Der Dichter Robert Prutz war Stettiner.

Prütz(mann): aus Prützen b. Demmin/Pomm. bzw. Prüzen/Meckl.

Przybill(a), Przyba, Przibisch (O/S.) wie Pribil, Pribisch s. Priebe!

Pscheidl (Bay., Ö.) s. Bescheiden! Niklas *Bescheide* 1414 Olmütz.

Pscherer (Bay., Ö.): der Haarschneider, zu mhd. beschern »scheren«.

Pschorr, Pschorn (Bay., Ö.) s. Beschorn! Ditterich *Beschorne* 1294 im Meißnischen, Frana *Pschorn* 1418 Saar/Böhmen. Auch stark flektiert: Beschorner (Schles.), Nic. *Beschorner* 1369 Iglau.

Ptak, Pitack (tschech.-poln.) = »Vogel«. Dazu Ptakowski.

Pucher (obd.) s. Bucher! (Sweiglin *Puocher* 1394 Tirol). **Puchner** s. Buchner! (Andreas *Puchner* 1370 Tschaslau). **Puchler,** Püchler wie Puchel, Püchel (obd.) = Büchler (am Buchenwäldchen), soweit nicht = Pühler, Bühler (am Bühel = Hügel). Johel *Puchel* 1396 Budweis (nebst *Puchler* 1377 ebda.).

Puchta s. Buchta, Buchka!

Puck (Hbg.): als nordd. N. nicht eindeutig, mnd. puck »Stoß, Schlag«, vgl. den Hausgeist, Kobold (engl. Puck). In Greifsw. 1361 Joh. *Puk (Puch).* Vgl. auch ON. Pukenberg, Pukentorp (Meckl.); in Strals. um 1300 FN. *Pukenberg.* ON. Puckholt/Holstein.

Pückler, bekannt durch Fürst Pückler zu Muskau. Vgl. Enderlin *Pukler* 1366 Iglau. Sigelin Schilt dictus *Buckeler* (Junker) 1326 Straßbg.; s. Böckler!

Pudewill, Pudwell: slaw. wie ON. Podewils/Pomm. (Venzeke *Pudwilz* 1347). **Pude,** Puda, Pudich (slaw.) s. Budach, Budig! Auch Pudensky, Pudenz, Budenz.

Puderbach (»Schmutzwasser«) ist mehrf. ON. (b. Laasphe u. Selters/Hess.).

Pudor: viell. latinisiert für FN. Scheu, wenn nicht slaw. wie Pudey u. ä.

Pufahl (Meckl., Pomm.): slaw. wie Kufahl, Drefahl u. ä., auch Pufall.

Pufe (Görl.) wie Bufe (Görl.): md. Variante zu »Bube«, s. dies! Dazu **Pufendorf,** sächs. FN. u. ON. (berühmter Jurist des 17. Jh.).

Püffel = »Büffel«: Wölfel *Püffel* 1363 Prag, wo 1405 auch Hs. *Püffelmeister.*

Pufpaff: wenn alt, zu mhd. buffen »stoßen«, baffen »laut schelten, bellen«.

Pügge (Meckl.): vgl. ON. Püggen b. Salzwedel. Aber viell. nur Variante zu **Pück** (Hbg.) wie Plugge zu Pluck: vgl. **Puck** mnd. = Puff, Schlag).

Pühler, Pühl s. Bühler! Vgl. Hans *am Pühel* 1414 Nikolsbg., Hs. *Pühelman* 1392 Eger, Hs. *Pühler* 1355 b. Eger.

Puhl(mann): ndd. wie Pohlmann, am Pfuhl (sumpf. Lache) wohnend, wie Kuhlmann an der Kuhle. Joh. *Puleman* 1414 Barth; W. *uf dem pule* 1360.

Pulke (Schles.) s. Polke!

Pullem (Düss.): ON. Pulheim/Köln. Vgl. ebda. ON. Horrem, Üdem u. ä. (-em = -heim), *Pul* = pol »Pfuhl, Schmutzwasser«, vgl. Pul-mer/Holld., Pul-ford/Engld. Dazu auch **Pullmann.** Zu **Pulm** (Düss. oft) für Pulheim vgl. Belm, Bilm für Bel-, Bilheim; so erklärt sich auch **Pulmer** wie Belmer, Bilmer. Vgl. auch ON. Polmer i. W.

Puls (Hbg. oft, Meckl. oft): mnd. puls (puls-stock) »Stange m. Holzklotz, um Fische ins Netz zu treiben«. In Holstein auch e. Ort Puls/Itzehoe. Gerd *Puls* 1347 Hann., *Pulseke* 1340 Lünebg.

Pulster s. Polster! Desgl. Bulster wie Bolster.

Pulver (Bern oft): ÜN. f. d. **Pulvermacher, -mann, -müller** (vgl. ÖN. Pulvermühle öfter). Mhd. (lat.) pulver meint »Asche, Staub« (pulvern »zu Asche brennen«), erst im 15. Jh. auch »Schießpulver«! Apel *Pulvermeker* 1460 Duderstadt, Kaspar Hettenbach, *Pulvermacher,* 1493 Heilbronn. Vit *Bulferstampfel* 1504 Basel.

Pülz s. Pilz!

Pump (Hbg. oft) ist ÜN. des *Pumpenmaker* (Hbg. 14. Jh.) oder *Pumper* (Strals. um 1300): **Pümper;** vgl. die *Pumperstrate* in Strals., Greifsw., Ro. (heute Pümperstraße). Ein Vertreter des Drechslergewerbes. Aber obd. **Pumpel** (vgl. bair. Pumpf »Lümmel«) meint »kleiner, untersetzter Kerl«: Nicusch *Pumpl* 1380 Kolin, Hs. *Pümperl* 1414 Mähren, Heinz der *Bumpel (Bümpli)* 1371 Eßl., Jörg Landrer gen. *Pumph* 1536 Allgäu.

Pumplün s. Pompluhn!

Pundsack (Bremen, Hbg.) s. Pfund u. Pundt! – **Pünder** s. Pünjer!

Pund(t): ndd., s. Pfund! Joh. *Punt* 1355 Greifsw., Herm. *Puntroggen*/Lüb., Alb. *Puntharing* 1289 Ro., Joh. *Puntstötere* 1293 Ro., *Wullenpunt* 1285 Strals., Lüb.

Pündtner (obd.): mhd. büntener »Kürschner« (zu bunt »gestreiftes Pelzwerk«).

Püngeler (Eifel) wird verständlich durch ON. Pungelscheid/Lenne u. den Püngels-Berg b. Horn/Lippe nebst Pungenhorst, Pfungen, Pfungstadt, die alle das verklungene *pung* (Wasser- oder Sumpfpflanze) enthalten, mnd. punge (:eyn krut, waterponge). Bahlow, ON. S. 379.

Pünjer (Hbg., Holst.) ist seit ca. 1700 als mundartl.-holst. Variante zu ndd. Pünner, **Pünder** bezeugt, meint also den Wägemeister an der großen Stadtwaage. (Mensing, Schlesw.-holst. Wb.)

Püning: ON./Westf. (pun »Moder«).

Puntschuch (Ö.) s. Bundschuh! Hensel *Puntschuch* 1343 Brünn (1430 Glatz).

Punzel (Ö.) s. Bunzel! Niclas *Punczlaw* 1379 Prag (zu Bunzlau/Schles. bzw. Jungbunzlau/Böhmen). – **Puphal** s. Pufahl!

Pupke, Puppke, Poppke: ostd.-slaw. popke »Pfaffe« (auch »Schinder«, so H. Reichert S. 103).

Purfürst (obd.) = Burgfürst (wie Burperch 1321 für Burgberg u. Purgraf für Burggraf oder Purstain für Burgstain/Tirol).

Purgold (Ö.) s. Burgold! – **Purkhart, Pürkerth** (Bay.), Pückert (Kulmbach) wie Mackert für Markhart, s. Burghard! Nicusch *Purkhart* 1382 Kolin. Dazu KF. **Pürk(e)l** (Bay., Ö.): Andr. *Pürkel* 1407 Bay.

Purgstaller, Burgstahler (Ö.): z. ÖN. Burgstall. Vgl. Premstaller u. ä.

Pur(r)mann s. Porrmann u. Bormann! Vgl. Purwin für Borwin, Burwin.

Pursch(ke) s. Porschke, Borsche!

Pürstl (Bay., Ö.) s. Bürstel! (ÜN. des Bürstenbinders.)

Purtscheller (Tirol): z. Hofn. Purtschell.

Purucker (Bay., Ö.) s. Parucker! (Vgl. Purtscheller neben Partscheller/Tirol.)

Purwin s. Burwin, Borwin!

Pürzer (Bay.): wohl Jahrmarktsgaukler, zu mhd. bürzen »purzeln«.

Pusback (ndd.) s. Bausback, Pausewang!

Pusch, Puschmann (obd.-schles.) mag dem westd. Busch, Buschmann entsprechen, also den im Busch oder Gehölz Wohnenden meinen (s. Busch!), vgl. Bergmann, Grundmann. Doch spielt der slaw. Pers. N. Puscho, Puschke, Püschke hinein! S. dazu Püschel!

Püschel (Schles.): der N. ist so typisch schles., daß schwerlich der im Pusch gemeint sein kann, wofür auch jeglicher Nachweis fehlt. Analog zu Peschel (Pöschel, Pischel) neben Peschke (Peschek = Peter) hat Püschel die Form Puschke, Püschke neben sich, als KF. zu Puscho, analog zu Pescho. Vgl. *Puscho* v. Lybental um 1340 Lg., Woytko alias *Pusch* 1392 Kamenz/Schles., *Pusche* Prüfer 1482 Grünbg., Johlinus *Puscho* 1330 Kuttenbg.; *Busko* walker 1365 Prag; *Püschel* v. Brüx 1391 Dux, Nic. *Püschl* 1369 Iglau, *Püschel* u. *Puschman* 1327, 1372 als FN. in Lg., bes. in Görl. sind die Puschmanns zu Hause: vgl. den Görlitzer Meistersinger Adam *Puschmann*.

Pust, Püst s. Paust! Soweit es ndd. ist, kommt mnd. pust »Polster, Kissen« in Betracht (als ÜN. des Polstermachers bzw. des Weichlings), vgl. den *Püstemacher* 1590 Harz; e. Ritter Didr. *Püsteke* 1246 Hildesh., e. Ratsherr Godefrid *Pust* 1303 Paderborn; auch in Lüb., Greifsw., Strals., Stettin um 1300 mehrere *Pust*.

Pustkuchen: ÜN. des Bäckers (*Pustekoken* 1411). Vgl. Stopfkuchen, Eßkuchen. *Pustinthorn* (1378 Brschwg.) meint den Hornbläser; in Göttgn. 1344 e. Ratsherr Tile *Pustindebüssen*. – **Püster** (ndd.) = »Blasebalg«: Lambert *Puster* 1324 Stettin.

Putlitz: ON./Meckl. (nö. Pritzwalk).

Pütter, Püttmann (ndd.-westf.): nach d. Wohnstätte an e. Pfütze, Lache, vgl. holld. »van Putten« (ON.); auch Pütthoff, Püttkamp/Westf. Zum ON. Pütte b. Franzburg/Strals. gehört Thideman *v. Putten*. 1300 Strals. Jan *ten Pütte* 1528 Ndrhein.

Puttfarken (ndd.): »Pfützenferkel«, in Holstein heute Schelte für schmutzige Kinder. Frederik *Putferken* 1372 Kloster Reinbek/Hbg. Vgl. Lüdeke dictus *Putklot* 1285 Ro. (1399 Barth).

Püttjer (fries., Hbg.) s. Pöttker, Pöttjer!

Puttkammer, pomm. Adelsgeschlecht (Jesko *von Putkamer* 1240), umgedeutet aus poln. *Podkomor(zy)* »Unter-Kämmerer« (subcamerarius), ein Hofamt.

Püttner (obd.-frk.) s. Büttner! Über die Verbreitung der Büttner und Binder im Sudetenraum unterrichtet die Karte 12 b. E. Schwarz S. 20. S. auch Pittner: Bittner!

Püttrich s. Pittrich, Bittrich (Büttrich)!

Putz, Putzer, Putzgruber, Putzenlechner (alle in Tirol, Ö., Bay.): zum Flur- u. Hofn. Putz (lat. Puteus), s. Pütz!

Pütz, Pützer, Pützmann (rhein.): zum Flur- u. ON. Pütz (lat. puteus »Brunnen, Pfütze«). Vgl. ON. Pützchen/Bonn, Pützborn u. ä.

Putzke, Putzig (ostd.-slaw.): ON. Putzig (früher Putzke)/Danzig bzw. Putzkau ö. Dresden. Vgl. **Putzier** wie ON. Pritzier/Meckl. u. ON. **Putzar**/Pomm. **Putzek,** Putschek deuten auf e. slaw. Pers. N., s. Butzke, Butzlaff! – **Putzker:** zu Putzke bzw. Putzkau.

Pyhrr (Freiburg): älter Pirr neben Birr. Im Elsaß vgl. Christoph *Birr* 1599 Morschweiler u. Peter *Byrre (Birri)* 1516 Thann, viell. undeutsch, da schon im 13. Jh. am O. Rhein *Pirrinus (Pirri, Birri)* gallicus! (Socin, Mhd. Nbch.)

Pyl (ndd.) s. Piel!

Q

Quaa(c)k ist im nordwestd.-ndld. Raum alte Bezeichnung für Moorwasser oder schlüpfrig-morrigen Boden, enthalten auch im ON. **Quakenbrück** a. d. Hase (wie Bersenbrück a. d. Berse), in *Quackebeke* (Quabbek/Brabant) u. in *Kwakpolder*/Holld. (mit dem Kwakjeswater) b. Dorf *Quakc* (1623). Vgl. auch engl. *quagmire* »Sumpfland«, *quaggy* »sumpfig, moorig«.

Quaas (Hbg.): ÜN. des Schlemmers (mnd. quas »Schlemmerei«), s. auch Quas! Ein Lehnwort a. d. Slaw. (DWb. 7), daher bes. auf ostd.-slaw. Boden: Ritter Herbord *Quas* 1301 Öls, Rüdeger *Quaß* 1206 Bautzen, Hinzeke *Quaaß* 1316 Strals. Im Wendischen meint kwas »Sauerteig, vergorenes Getränk«. Vgl. auch Quoos!

Quack s. Quaack! – **Quaddel:** »Pustel«; e. Quadlen-Berg ö. Driburg.

Quade (Hbg. oft), Quadt (Düss.): mnd. = »böse«. Lutter *Quade*/Ndrhein. Ein *quade Röver* raubte um 1390 b. Ratzeburg. Dazu **Quadejacob, Quadflieg** (Düss. oft), ndld. Quaedtvlieg »böse Fliege«, **Quadfuß, Quadvasel** (entstellt Quardfasel) »schlechtes Zuchttier«, **Quadfaß** *(Quadevat*/Ro.), **Qua(de)-beck** wie Quodbach = Schmutzwasser (mhd. quât »Kot«), z. B. b. Schwelm. Vgl. ON. Quaden b. Paderborn, ON. Quadrath (Quaderode) b. Köln (wie Mödrath: Moderode).

Quadflieg s. Quade! – **Quägber,** Quäckber, Quägwer (Schles.) ist offenbar slaw., gebildet wie Hegwer, Regber, Hettwer.

Quak, Quack s. Quaack! – **Qualeck,** Qualusch (14. Jh. Reichenbach) sind slaw. KF. (chwala »Ruhm«).

Qualmann (Hbg., Kiel): aus Quaal b. Segeberg. Vgl. Markold *de Quale* 1306

Strals., Detlev *van Qualen* 1359 Holstein; heute auch FN. Qualen (Kiel). **Qualitz:** ON./Meckl.

Quan(d)t (Hbg. oft): mnd. = »Schelm, Schalk«, noch heute ostfries. »pfiffiger Kerl«. Vgl. »een drollig *quant* ut Franckryck«. Gotfr. *Quant* 1284 Ro., 1308 Greifsw., Heiseke *Quant* 1345 Hann., Frans *Quante* (Ratsherr) 1570 Ro.

Quantz: bekannt durch Friedrichs d. Gr. Flötenlehrer. Offenbar slaw.

Quappe (ndd.): junger Frosch oder Fisch, vgl. unser »Kaulquappe«, Aalquappe u. ä.

Quardfasel s. Quadfasel! **Quardux** (kassubisch): = Quardocus = Twardocus, slaw. Übers. von Firminius, Heil. N.

Quark, Quarch, Quarg (Brsl. oft): ostmd., spätmhd. aus slaw. *twarog* »Weichkäse« entlehnt. ÜN. des Käsehändlers, -herstellers. Mathias *Twark* (Bauer) 1426 Tschechnitz, her Joh. *Twark* 1392 Görl., Hensel *Phlukkentwarg* 1387 Littau (pflücken »im Kleinhandel verkaufen«).

Quart, Quardt: mhd. = ein Viertel (Maß bzw. Gewicht), a. d. Lat.; vgl. dt. Vierdung. In Brsl. um 1350 FN. *Quart, Silbenquart, Quartschriber.*

Quarz: wohl ÜN. des Bergmanns. Frenczel *Quarcz* 1370 Iglau (auch Brsl.).

Quas(s) s. Quaas! – **Quaschny,** Quaschning: poln. kwasny »sauer«, vgl. *Quassne* Jona »saurer Johann« 14. Jh. Brsl.

Quast (Hbg. oft, Ro., Düss.): ÜN. des Baders (Badstöwers), der mit dem Büschel, Laubwedel (mnd. quast) die Badenden bearbeitete, bzw. des Quastbinders (vgl. *Bindequaste,* zu mhd. quest); in Ro. 1314 Arnold *Quast* (nebst *Swarenquast* 1297), in Lüb. 1331 Joh. *Quast.* Dazu Dornquast, Rosenquest, mit Ablaut nord. quist »Zweig«. Bei Wilh. Busch e. Malermstr. Quast (= Pinsel). Ein ON. Quast in Meckl. u. Anhalt. Vgl. Quasten-, Questenberg.

Quatember (mhd.) = kirchl. Vierteljahrsfasten (quatuor tempora), wohl nach e. Abgabepflicht. Nik. *Quatemper* 1428 Görl. Zu lat. quatuor, frz. quatre »vier« gehört auch *Quaterdry*/Lg. (4+3), ÜN. des Würfelspielers, wie ndd. *Fifundetwe* (5+2).

Quatländer (Württ.): z. ÖN. Quâtland (»Kotland«); vgl. Hackländer u. ä.

Queck: mhd. (wie Quick) »munter, lebendig«, vgl. Queck-, Quickborn. Der ON. Queck b. Fulda ist alter Bachname: *Queckaha.*

Quedenbohm, -baum (ndd.) s. Quittenbaum!

Quednau, Quednow: ON./Ostpr. (zu quid, qued »Kot, Morast«, wie ON. Quedarna/Lit., Quedelake/Engld., Quedenfeld/Harz, Quiderne/Holst.

Quehl: md. Form für obd. Zwehl »Handtuch« (mhd. twehele, zwehele).

Queißer, Queißner (Görl. oft): z. Fluß Queiß, vom Isergebirge her östl. Görl. zum Bober fließend; Michel *Queißer* 1381 b. Zittau. Ein Ort Queißen Kr. Steinau/Schles., ein Queis b. Halle. Zur Form vgl. Neißer, Neißner.

Queitsch: ON./Schles. – **Quell(e):** das MA. kannte nur Brunn bzw. Born! Z. T. jüd. Aber schon 1423 in Fulda: Fricz *Quelle.* – **Quellmalz:** ÜN. des Mälzers, s. dies!

Quensell: »bauchiges Gefäß«?

Quenstedt: »Sumpfstätte«, Ort b. Aschersleben, wie Quenbach, Quenhorn (Bahlow, ON. S. 380).

Quentel: Ort b. Kassel (alt Quental); ebda Flur Quentelberg, s. Quentmeier!

Quentin: ein »Quentchen« (mhd. quintîn: 1/5 Lot). Paul *Quentîn* 1390 Lg., Frenczel *Quentein* 1366 Prag.

Quent(meier)/Westf.: entspricht Rethmeier, Ruschmeier ebda., denn *reth, rusch, quent* deuten auf sumpfiges Gelände, deutlich in *Quentsiek* (Flur in Grastrup/Lippe), analog zu Hach-, Höll-, Sus-siek. Vgl. auch den Quentel(berg) b. Kassel.

Quenzer (obd.): Conr. *Quenzer* 1481 b. Mergentheim, Hs. *Quentzler* 1610 ebda. »Kartenspieler«.

Querchfeld: nach d. Wohnstätte, querch = mhd. twerch »quer«, vgl. Nic. *Twerchsfeld* 1387 Dt.-Brod, Nic. *Twerch* 1390, Hensl *Quer* 1360 Iglau.

Querfurth: ON. b. Eisleben, = »Furt über die Querne« (Zufluß d. Saale).

Querling (Düss. oft): wohl ON.

Quern(er) (Düss., Hbg.): Quern(e) ist alter Flur- u. ON. (vgl. Gr.-Quern b. Flensburg), auch in *Quernhorst, Quernbach, Querenbeke, Querneford, Quernemoor* u. ä., wo schwerlich immer ahd. quirn (mhd. kürn) »Mühlstein, (Hand-)Mühle«

zugrundeliegt, wie etwa beim *quernemöller* 1438; s. Näheres b. Bahlow, ON. S. 381.

Quest (mhd. queste) s. Quast! Auch Questl (Bay.), Quester, Rosenquest, *Bindequest!* Questen-Berge gibt es b. Schmalkalden u. Hann.-Münden.

Quetscher: mhd. quetzer »Münzpräger«, vgl. *Quetzpfennyng* 1442 Trier. Christoph *Quetzer* 1480 Schweidnitz. Aber Joh. *Quetz* 1561 Halle meint den ON. Quetz nö. Halle; vgl. ON. Quetzin/Pomm., Ein *Queczebein* (Folterer?) um 1350 in Brsl.

Quetschke: md. Form für obd. Zwetschke (Pflaumensorte), wenn nicht slaw., vgl. Schwetschke u. ä.

Quick (Düss. oft) s. Queck!

Quicker(t): Martin *Quiker* 1415 Lg. Vgl. mhd. quicker »Erquicker« u. ON. Quickau/Eger.

Quidde s. Quittenbaum!

Quint: ON. b. Trier. Vgl. auch FN. Quinten, Quintes z. Heil. N. Quintinus (St. Quentin/Frkr.!) – **Quirin(g):** rhein., meint den heil. Quirinus (röm. Märtyrer); auch Quirini, Quiri, obd. Quirein. Zur rhein. Gutturalisierung vgl. Severing für Severin(us).

Quintern: mhd. = Laute mit 5 Saiten, vgl. Dile *quinterner* 1396 Frkf.

Quirl: md. Form für mhd. twirl, vgl. *Leckentwirl,* ÜN. des Kochs.

Quirling (Hbg.) s. Querling!

Quistorp (Quistorf, Hbg. oft): nordd.-meckl. Gelehrtengeschlecht. Vgl. ON. Quisdorf b. Eutin.

Quittenbaum: nach d. Wohnstätte, wie Birn-, Bierbaum, Nußbaum u. ä. Vgl. *Quiddebom* 1345 Frkf., auch Quidde; ndd. Quedenbohm. *Quittenblüt*/Brsl. wie Rosenblüt.

Quitzow (Quitzau): slaw. ON./Prignitz. Bekannt durch die Quitzows, brandenburg. Raubritter um 1412, dramat. behandelt durch E. v. Wildenbruch (1888).

Quo(o)s (O. Laus., Schles.): ON. Quoos nö. Bautzen; z. T. auch mundartl. für **Qua(a)s** (wie **Quosigk** neben Quasig), s. dies! Vgl. Quode neben Quade, Quodbach neben Quadbach.

R

Raab(e) s. Rabe! – **Raack(e)** (ndd.) s. Rakke! Vgl. auch ON. Raake/Schles. (mehrf.). – **Raaf** (ndld.) = Rave »Rabe«.

Raap (Hbg. oft), Raape: mnd. rap »schnell«. Hinr. *Rape* um 1325 Lüb. Vgl. Rappregen!

Raasch (Hbg. oft), älter Raasche: wie **Rasch,** Rasche = der Hurtige, Gewandte; Joh. *Rasche* 1277 Strals. (1353 Hann.). Die Vokaldehnung erfolgte in offener Silbe (Ra-sche) wie bei Raa-pe.

Raban(d): ostd.-slaw. wie Laban(d), Graban(d) u. ä. Desgl. Rabausch neben Rabusch (Rabuschke); vgl. Mattausch, Mattusch.

Rabanus (Düss., Hbg.) ist der lat. frisierte VN. Raven, Raben (Rabano), bekannt durch den gelehrten Abt v. Fulda um 830: Hrabanus Maurus.

Rabbe, Rabben: ndd. KF. zu Rabbert, Rabbold, Rabbod, d. i. der germ. Pers. N. Rad-bold (»im Rate kühn«) bzw. Radbert, Radbod; vgl. Habbe = Hadbert. Joh. *Rabbe* 1485 Bremen, dom. *Rabbeke* 1347 Osn. H. *Rabbeking* 1428 Oldbg., *Rabbert* v. Holtseten 1367 Osn. (vgl. rhein. Rabbertz), *Ratboldus* 1286 Ro. (*Rabboldus*/Lüb.), heute Rabbold; *Rabodo* 1288 Ro. (Lüb., Greifsw.), schon im 7. Jh. ein Friesenfürst *Radobod* (»im Rate gebietend«); Koning *Rabbodes* Weg 1514 Friesld.

Rabbermann: z. ON. Rabber ö. Osn. (urkdl. Red-bere »sumpf. Ort«, wie Schwöbber: Swek-bere); Bahlow, ON. S. 387.

Rabe, Raab(e), ndd. **Rave,** bair. **Rabl** (Mchn. oft), zielt wie Krähe, Geier u. ä. auf Aussehen u. Eigenschaften des Vogels. Vgl. *Rabenhaupt, Rabenkropf, Rabenspise* (»Galgenvogel«). Nachtrab, vgl. *Nachtrebel* 1396 Eger (wie Kuncz *Rabl, Rebl* 1385 Prag).

Raben (Hbg. oft) ist der altd. Pers. N. (germ. Hrabano »Rabe«, vgl. den Fuldaer gelehrten Abt Hrabanus Maurus um 830!), ndd. **Raven.** Vgl. den Vollnamen Wolf-raben: Wolfram; Wolf u. Rabe waren Wodans ständige Begleiter. Als VN. vereinzelt noch heute (beim Adel). Ein Ritter *Raven* Struß 1259 Holst. Vgl. in Strals. 1317 *Raven* (Kinder: *Raven* u.

Metteke), u. Hinr. *Raven* 1338 ebda., nebst Joh. *Walraven* 1340; Joh. *Raven* 1270 Ro. Z. T. mag auch der ÜN. »Rabe« vorliegen: mnd. raven! Werner dictus *Raven* 1297 Hbg.

Rabener: z. ON. Rabenau (Sa., Schles.), wie Langener zu Langenau. Vgl. FN. »von Rabenau«; Ritter Apecz v. *Rabenow* 1311; Donat *Rabenau* 1425 Freiberg. Auch die Dichter Gottfried u. Gottlieb Rabener (17./18. Jh.) waren Sachsen.

Raben(h)old, Rabenalt ist altd. Pers. N.: *Ravenolt* Lowere 13. Jh. Erfurt, *Ravenolt* 1220 Konstanz, *Rabenolt, Rabenalt* um 1300 Schwäb. Hall.

Rabenstein: mehrf. ÖN. u. ON. (Sa., Bay., Böhm.). Hensel R. 1381 Prag.

Raber, Rabert: vgl. Conr. *Raber* 1366 Melbach/Hess. (mhd. rabe »Rübe«).

Räbiger (Sagan, Grünbg./Schles. oft): Nikkel *Rabiger (Rebiger)* 1515 Sprottau, Hs. *Rebiger* 1461 Görl., Mathias *Rebing(er)* 1440 Freystadt.

Rabitz (Sa.): slaw. ON. Vgl. auch Rabatz, Raband u. ä.

Rabke, Rapke: beide Formen in AltBrsl. (14. Jh.), s. Raban! Rabsch!

Rabl (Bay. oft) s. Rabe! – **Raboldt** s. Radebold, Rabbold! Vgl. ON. Raboldshausen in Hess. u. Württ.

Rabod s. Rabbe!

Raboisen: slaw. ÖN. (in Hbg. e. Straße!). Vgl. Henneke *van der Raboysen* 1367 Holst., ON. Raboistje/Ungarn.

Rabsch neben Rabusch s. Rabausch! Desgl. **Rab(u)s** (Mchn.).

Rabsilber (ndd.) s. Rapsilber!

Rach (Mchn.): vgl. mhd. rach »rauh, steif«. Wahrscheinlich liegt aber die slaw.-tschech. KF. Rach zu Radoslav (Raslav) vor, vgl. Stach zu Stanislav, Mach zu Matthias, Lach zu Ladislav, Jach zu Jan (Johann), zu der auch **Rachen, Racholl** gehören. In Budweis 1396 *Rach* (Gerber), in Iglau 1378 *Rachen (Rachein,* wie Pichein für Pieter). Zu **Rachel** vgl. ON. Rachel b. Kaaden (slaw. rochl).

Rachfahl, Rachvoll (Schles.): offenbar slaw. Umbildung von Raphael.

Rachl (Mchn.) gehört wohl zum Flurnamen Rachel, oft in Bay., auch Rachelwiese, Rachelsee, Rachelbach u. ä.

Rachner (Schles.): schon im 14. Jh. *Rachener* (Brsl.) neben *Rachenow* d. i. ON. Rachenau/O. Laus., wie Reichner aus Reichenau. Vgl. Glockrian *von Rachenow* 1394/1409 Glatz.

Rachold(t), Racholtz, Rach(h)als (Schles., Sa.) beruhen auf slaw. Racholl (Rach = Radslav), wie **Machold** auf Macholl (Mach = Matthias); vgl. auch *Rachut* wie Machut, – Rachui wie Machui, – Rachulla wie Machulla.

Rachow (Hbg., Ro. oft): slaw. ON. in Meckl. wie Rackow/Meckl., Pomm.; vgl. Rackwitz/Sa. Hinrik *Rakowe* 1258 Greifsw.; *van Rachowe* 1281 Ro.

Rachwin, (*Rahewin Rahwinus* 1150/1250 in Bay. oft VN., ungedeutet) bekannt durch d. Geschichtsschreiber Barbarossas.

Rack (Hbg.) meint wie in **Rackhorst**/Oldbg., **Ra(c)kebusch** u. ä. ndd. *rak* »feuchter Schmutz«; vgl. Rackenford/Engld., Rakinghem/Flandern, Rachenpol i. W. Joh. *Rake* 1325 Pomm. (vgl. tom Rake: ON. Rak/Westf., ON. Raak/Holst., dazu FN. **Raa(c)kmann**).

Räcker, Räckers (ndrhein.-westf.): kontrahiert aus Rädeker = Rademaker »Wagner, Stellmacher«. Vgl. Spinnräcker!

Rackl (Bay. oft) wie Raggl (Tirol) dürfte Flurname sein, wenn nicht = Rack(e) »Krähe«; Dietr. *Raggilin* 1293 Ulm; Heyle *Racke* 1319 Worms.

Radack, Radach, Radatz, Radusch, Radoll u. ä. sind Sproßformen z. slaw. Pers. N. Radoslav bzw. Radovan (rad- »gern«, slav. »Ruhm«).

Radau: ostd.-slaw. ON. (Joh. *Radaw* 1425 Marienwerder). Eine Radau im Harz.

Radber(t), Radwer: mhd. rade-ber (noch schles.) meint »Schiebkarre« (mit einem Rade). Der ndd. Pers. N. Radebert lautet heute Rabbert!

Radbruch: ON. b. Winsen a. Luhe, eigtl. ndd. **Radbrock** (auch ÖN.), wobei brock den Sinn von Rad (Sumpf, Moor) verdeutlicht; vgl. die Moorflüsse Radde im Hase-Gebiet/Hann.

Rad(d)atz, Raddach s. Radatz, Radach! Desgl. **Raddoch, Raddusch** (auch ON./Cottbus).

Radde (Hbg.): N. mehrerer Moorbäche (Bahlow, ÖN. S. 383); vgl. Radbrock! Doch deutet daneben **Radden** (als patr. Genitiv) auf die ndd.-fries. KF. **Radde** (zu Radebert, Radebold, Radeward), analog zu Hadde(n): Hadebert, Hadeward!

Rade (Hbg.): z. mehrf. ON. Rade (Holst., Oldbg., Hann. usw.), mit ndd. *a* für *o;* von dem Rode = v. d. gerodeten Waldstelle, soweit nicht das alte Moorwort *rad* zugrunde liegt, vgl. Radebeck, Radebrok! Dazu **Rademann,** soweit nicht im Osten der slaw. Pers. N. Radewan (s. dies!) hineinspielt: Joh. *Rademan* 1429 Lg. Vgl. auch *Rade-, Rodekopf!*

Radegast: mehrf. slaw. ON. (Meckl., Anhalt, Hann.)

Radehose (ndd.) meint »rote Hose«, vgl. Radekopf (Düss.).

Radek (slaw.) s. Radack! Aber **Radecker** (obd.) gehört z. ON. Rad-eck (Bay. usw.): Hans *Radecker* 1395 b. Eger, Heinr. *v. Radekke* 1256 OÖ.

Radeke, Radecke (Hbg. oft): im MA. beliebte KF. zu Radolf (Radloff), germ. Pers. N., in Ro. um 1250/1300 55mal bezeugt! *Radeke (Radolf)* repere 1290 Strals.; dazu patr. *Radelf Radeking* 1401 Hann. (wie Gödeke: Gödeking: Godefrid).

Rädeker (ndd.) s. Redeker! **Rädecke** s. Redecke (ON./Osn.).

Radelfahr: westd. Flurname wie Anzefahr b. Marburg; meint »Moorfurt«, vgl. die Radelenbeke i. W. rad = Moor, s. Radbruch!). Eine Flur *Radele* b. Rostock. – **Radeloff** s. Radloff!

Rademacher (neben älterem **Rademaker**) ist die ndd. Bezeichnung f. d. Stellmacher oder Wagner, kontrahiert: **Ra(h)maker(s), Ramacher(s),** mit Umlaut **Ramekker(s),** Rademächers (ndrhein.): Giseke de *Rademeker* (auch *radewerchte*) 1395 Brschwg., Joh. *rademakere* 1286 Ro. (auch Hbg.). S. auch westf. Redeker (Rädeker)!

Rademann (Hbg.) s. Rade! Auch Rathmann (Hbg. oft)!

Raden (Hbg.): ON., z. B. Raden b. Rinteln, Rahden (Westf., Oldbg.).

Räder (Hbg.) s. Reder! **Rader(s):** VN. *Rat-hard* 1269 Ro., 1309 Osn.

Radespiel, Radspieler (Bay., Ö.): z. ÖN. Rades-bühel (»Hügel«), wie Dinkelspiel, Singlspieler u. ä.

Radestock, Radewald = Rodestock, Rodewald.

Radetzky (Ö.): slaw. wie Ossietzky u. ä. (ON. Radetz).

Radewahn, Radewagen, Radwan (Schles.), auch Radwanski (O./S.), beruht auf dem slaw. Pers. N. *Radowan* (vgl. Schirdewahn: Srdowan, auch Moldowan u. ä.). Ein Truchseß *Radwanus* 1252 am Liegnitzer Herzogshof. Auch Ransdorf b. Glogau hieß 1310 Radwansdorf, 1490 Radmansdorf (Schles. Nbch., S. 72). Joh. Rademan 1429 Lg.

Radey, Raddey: ostd.-slaw., S. Raddatz, Radack! Vgl. Rattey.

Radigk, Radicke ist ostd.-slaw. KF. zu Radoslaw (Ratzlaff) wie Budig zu Budislaw. Desgl. **Radusch,** Rädisch, Rädsch (lit. Radischat). Vgl. auch ON. Radisch/Böhmen, Mähren (alt Gradisch, Hradisch), dazu Hensel Redischer 1343 Brünn.

Radke (Hbg. oft) s. Radeke! Rathke!

Radl, Radlmaier, Radlmann, Radlbrunner, **Radler,** Radlbeck, Radlspöck (-bach), alle in Bay., enthalten den mehrf. ON. (ÖN.) Radel/Bay., Ö., wohl auch **Radler, Rädler** (Bay.), vgl. Madler, Mädler! Joh. *Radler* 1420 Znaim, Cuncz *Redler* 1259 Iglau.

Rädle, Rädlein sind ÜN. des Radmachers. Vgl. Nic. *Guldeinradel* 1380 Dt.-Brod, Hs. *Radel,* A. *Redel 1407* Böhm. **Rädlhammer** (Bay.) meint Rädlheimer, vgl. bair. Hundhammer, Kohlhammer u. ä.

Radloff (Meckl., Hbg. oft) mit KF. **Radeke** (Rathke), s. dies! Vgl. Rahlfs! Die Form zeigt Metathese des l, urspr. **Radolf** (germ. Râd-wolf), wie Rudloff für Rudolf, Adloff für Adolf, Hardeloff (Harloff) für Hardolf. (*râd* meint »Ratgeber; weiser Ratschlag«, bes. der Götter).

Radmann s. Rademann! – **Radmer** (Hbg.), fries. Redmer, ist der germ.-altd. Pers. N. Rad-mar (mar »berühmt, Ruhm-«): *Rademar(us)* 1261 Ro., *Ratmarus* 1264 Hbg. (Lüb.).

Radöhl (ostd.): slaw. ON. wie Predöhl u. ä. – **Radspieler** (Bay.) s. Radespiel!

Radtke (ndd. oft) s. Radeke! – **Radü(g)e** (ostd.): slaw. ÖN.; desgl. **Radüchel** (Raduchla). **Raduhn:** ON. b. Parchim/Meckl., vgl. ON. Radaun/Mähren (Henr. *Raduner* 1375). **Radusch** s. Radack!

Radvan, Radfann s. Radewahn! – **Radzuweit, Radzuhn** sind lit. Patr. zu Radslaw (Ratzlaff, Radack!) wie Baltzuweit, Benzuweit zu Balthasar, Benedikt, bzw. Radzuhn wie Baltzuhn u. ä.

Rafe s. Rave (Rabe)! Vgl. Hafe für Have! – **Rafeiner** (Tirol): z. Flurn. Rafein, ladinisch rovina »Erdrutsch, Geröllhalde«. Martin *Rofeiner* 1548.

Raffay, Raffey: deutet aufs Slaw., wie Rattay, Rattey.

Raffl, Raffler (Bay., Tirol) wohl z. Flurn. Raffl, vgl. Rafflbach. Aber mhd. raffeln meint »lärmen, schelten«.

Raffel(t): obd. = Raphael (der Erzengel); slaw. Raffalski. Vgl. in Bay.: Raffelsbauer (wie Gangl-, Michelbauer).

Raff(en)sack: »raff in den Sack!«, ÜN. des Plünderers, des Raffigen, Habgierigen. Vgl. *Raffesallesuff* 1319 Schweidnitz, *Rafsuf* 1379 Brsl., *Raffsauff* 1402 Olmütz, Hs. *Raffer* 1410 M.-Trübau.

Rafflenbeul ist bergischer ÖN., vgl. Fredebeul (Frithebugel, wie Swanesbugel). Zugrunde liegt *raven* »Schmutz-, Moorwasser« (lett. rava »Stinkwasser«), wie in Raveneswade, -lo/Holld., Raveneswurth/Engld., bestätigt durch FN. **Rafflsieper** (westf.), wie Balen-, Broksieper (siepen = sumpfige Stelle); frid, swan sind Synonyma. Zur Form vgl. Radelenbeke (rad = Moor).

Rafoth (Hbg.), **Rahfoth** (Meckl.): ndd. = »Rauhfuß«, s. Rahardt!

Ragaller (Mchn.): z. ON. Ragall/Österr.

Rager (Mchn.): vgl. ON. Ragen/Tirol.

Ragna: modischer VN., KF. zu nord. Ragnhild (vgl. *Ragnahilda,* Königin der Westgoten [*ragin* = weiser Rat, *hild* = Kampf]).

Ragnitt: ON./Ostpr. – **Ragosch(ke)** wie Rogosch: zu wend. rogoscha »Binse«.

Rahardt (Hbg.): mnd. *Rahert* (1271 Lüb.) = rauhes Herz (rach, rahes = rauh), vgl. Rafoth! Dazu **Rahe** (Hbg.), der Rauhe, soweit nicht aus Rade (s. dies!) verschliffen.

Rahaus (Westf.): beruht auf Radehus »Moorhof« (wie Brockhaus), vgl. Rastede (Radestede), Rascheid (Radescheid), Radebeke, Radebrok. – **Rahde** s. Rade!

Rahe s. Rahardt! – **Rahfoth** s. Rafoth!

Rahl, Rahlke, Rahlmann, Rahls (Hbg.) beruhen auf der KF. *Role, Roleke, Rolemann* zu Roloff = Rodolf, wie Bahl(ke), Bahlmann, Bahls auf *Bole, Boleke, Bolemann* (Boldewin). *Roleke* = *Rodolf* Goldoghe 1290 Lüb., *Role, Roleke* 13. Jh. Ro.

Rahlenbeck: ON. b. Iserlohn; eine *Ralenbeke* b. Schwelm. Vgl. Rahlstedt/Hbg. a. d. Rahlau (»Sumpfwasser«).

Rahlf (Hbg. oft) nebst Rahlf(e)s, Rahlwes, Ralfs ist kontrahiert aus Ralef, Ralof = **Rahloff** = Radolf (Radloff), s. dies! Vgl. Rohlf(s) aus Rolof, Rodolf. Beide N. gehen durcheinander, vgl. Joh. *Roleves* 1333 Barth, Alverik *Raleves* 1406 Friesld., Kurd *Roleves (Raleves)* 1667 Hann., Hinr. *Radeleves* 1390 Bremen.

Rahm (Mchn. oft): mag auf mhd. roum, frühnhd. rom »Rahm, Sahne« beruhen, vgl. *Romkessel* 1390 Dux, Mich. *Romerer* 1375 Budweis, also Berufs-ÜN. Aber mhd. ram(e) ist der Webrahmen (Wandrahm!). In Ulm: »Unter den Rahmen«. Am Ndrhein. vgl. den ON. Rahm (2mal). Aber obd. **Rahmer** wohl zu mhd. râmen »trachten, streben«: Ritter Joh. der *Ramer* 1313 Brsg.

Rahmann (Hbg.) s. Rademann! Vgl. Rahmöller, Rahmaker!

Rahmede: Zufluß der Lenne i. W.; *ram* meint Schmutz-, Moorwasser wie in *Rame-lo, Ram-siepen.* Weiteres: Bahlow, ON. S. 383.

Rahm(e)low: slaw. ON. Ramelow.

Rahmöller (ndd.): der Rademöller, wie Pemöller: der Pedemöller; *rad* wie *ped* meinen »Moor, Sumpf«, nach d. Standort der Mühle. Vgl. Nic. *Rademöl* 1368. Ein Ort Rahmühle b. Aachen.

Rahn (Hbg. oft) nebst **Rahncke** (Meckl.) deutet wie Rahnsch (Ranisch) auf die KF. *Ran, Ranek* z. slaw. Pers. N. *Ranislav,* wie Stahn, Stahnke zu Stanislav. Aber obd. (mhd.) *ran* meint »schlank, schmächtig« (ndd. rank). Vgl. Peter *Ran* 1364 Eßl., *Ran* 1395 b. Eger. Auch mnd. rone, rane »Stubben, Baumstamm«!

Rahn(en)führer (Königsbg. oft): wohl Fuhrmann mit Baumstämmen (mnd. rone, rane); vgl. Rahnschläger. (Weichselkähne (Bordinge), die auf Sandbänke, Holzrahnen oder Stubben anrennen: Hirsch S. 209).

Rahner(t) (Bay.): aus Rahn/O. Pfalz, bzw. Rahna b. Mersebg.

Raht s. Rath! **Rahtkens** s. Rathkens! **Raiber, Raible** s. Räuber!

Raichle (Württ., Allgäu) s. Räuchlin, Reuchlin!

Raid(t), Raidl (Bay.), Raidle (Württ.): der Locken- oder Krauskopf wie *Raidlok* 1363 Znaim, *Raidheppel* (: Häuptel) 1414 Mähren; Pesco *Rayde* 1393 Olmütz,

Wenc. *Raidl* 1413 ebda. Von »reiden Lokken« singen Neidhart v. Reuental u. der Tannhäuser mehrfach.

Raiffeisen: obd. Schmiedename, *Rayffysen* 1428 Konstanz, *Reyfeysen* 1592 Freiburg (mhd. reif = Faßreif, Tonnenband bzw. reifen = biegen). Bekannt durch den Gründer landwirtschaftl. Kreditgenossenschaften Friedr. Wilh. R.

Raimund, Raymund (Ö.): obd. Schreibung für Rei(n)mund, germ. Pers. N. *Ragin-, Regin-mund* (»Rat« u. »Schutz«), bes. in Burgund beliebt gewesen (frz. Raymond). Bekannt durch den Wiener Dichter Ferd. Raimund. **Raimann,** Raymann (Wien oft) s. Reimann! **Raimer** s. Reimer! Schon 1399 Peter *Rayman*/ Böhmen.

Rainals (Ö.), Rainalter s. Reinhold! **Raindl** s. Reindl!

Rainer (Ö., Tirol, Bay.): im allg. = Reiner (Pers. N.), s. dies! In Tirol auch Wohnstättenname wie Achenrainer: Ulr. *am Rain,* Alb. *unter dem Rain* 1357, Hainr. *uf dem Rain* 1357 Tirol. S. auch Amrain! Rain ist auch ON. in Bay., vgl. Wilh. der *Rayner aus Rain*/Straubing.

Raischle (Württ.) = Reischle (entrundet aus Räuschle), s. dies! Aber **Raisch** (Württ.) = Reisch (Räusch): vgl. Flurn. »im Reusch, Reisch, Rüsch« = im Binsicht. Zur Schreibung *ai (eu: ü)* vgl. Baintner für Beuntner, Bündner. Conr. *von Reisch* 1392 Franken.

Raiser (obd.) = Reiser (mhd.) »Krieger, Reisiger«. Andreas *Raiser* 1437 bair. Schwaben. Da aber auch *Raisle* neben Reisle steht (wo reis »Reisicht, Gehölz« meint), kann angesichts der Häufigkeit auch Herk. N. vorliegen. S. auch Reißer!

Raith (Bay. oft), **Raith(e)l** (Bay.): mehrf. Flurname; auch Raithelhuber, Raitelheck. Vgl. ON. Raitenbuch (Bay.), Raitbach u. ä. Dazu Flurn. Raitenau u. FN. Raitner.

Rake, Rakemann s. Rackebusch! Dazu Rakelbusch, **Rakelmann.**

Rakebrandt (ndd.) ist synonym mit **Schürebrand;** vgl. »dat *für* to hope *raken*«; ÜN. des Fürböters, des Heizers, erst später auch im übertr. Sinne von »Brand-, Unruhestifter« (vgl. Hebebrand, Stokebrand). Ähnlich *Rakestro* Strals. (Lüb.), *Rakescherf* 1338 Lünebg.

Rakow (ostd.-pomm.): ON. b. Grimmen/ Pomm. u. Doberan/Meckl. (Bruno van R. 1293 Strals.).

Ralf(s) (ndd.) s. Rahlfs! **Raloff** s. Rahloff!

Rall, Ralle (Württ. oft, Bay.): Burchard *Ralle* 1284 Weingarten; rallen = lärmen, auch mnd.: Robeke *Ralle* 1428 Oldbg., Luder *Rallen* 1403 Bremen. Vgl. ON. Rallenbüschen b. Varel.

Ram, Raml (Bay.) = mhd. ram »Widder«; auch Ramb, wie Lamb (Lamm). Vgl. Ramskopf, Ramshorn. Ein *Rambil* 1250 Isny, *Ramili* 1300 Waibl.

Rama(c)ker(s) s. Rademacher!

Rambold (ndd.-fries.) = Rembold (Reimbold: germ. Ragin-, Regin-bald »im Rate kühn«): Herm. *Rambold* 1323 Lüb., vgl. *Rambod* 1356, auch *Rambt* (fries.). Ähnlich **Rambert** (ndd.), vgl. ON. St. Rambert b. Lyon. Aber fränk. Rambold enthält *ram* »Rabe« (Wodans): *Rambold* v. Eunow 1245 Sa. (s. Schles. Nbch. S. 46!).

Rambow (Hbg. oft): wend. ON./Prignitz.

Ram(c)ke (Hbg. oft) ist fries. Variante zu Remke, KF. zu Rembert (Rambert) bzw. Rembold (Rambold), s. Reimbert, Rehmke! (Harmen *Remco* 1554). Patr. **Rameken.** Vgl. Hamke: Hemke! Vgl. auch *Rammeth* Ulrykes 16. Jh. Friesld., neben *Remet (Reemt).* F. Stark, S. 179.

Ramdohr (Hbg.), Ramthor: wohl ÖN. wie Klapdohr.

Rameckers (ndrhein.) s. Rademaker!

Ramer (Mchn.), Ramert: s. Rahm! vgl. Peter *Ramer* 1346 Budweis.

Ramforth: westf.-rhein. ÖN. auf -furt, wie Dümforth, Schüttforth; zu *ram* s. Rahmede!

Ramft s. Ranft! **Ramhapp** (Ö.): »Rabenhaupt« (Mert *Rabenhap* 1420 Znaim).

Ramhorst: ON. b. Lehrte/Hann. **Ramhart:** Waldname b. Rottenburg/Neckar. (zu *ram* s. Rahmede!): Kunz *Ramhart* 1443 Württ.

Ramin (Ramien): slaw. ON. westl. Stettin.

Ramisch, Ramsch (Sudetenld.): Hannus *Ramisch* 1436 B.-Kamnitz. Slaw., auch Remisch (wie Samisch, Semisch). Jesco *Remisch* 1386 Dt.-Brod.

Ramke (Hbg. oft) s. Ramcke! – **Ramler** s. Rammler!

Ramm (Hbg. oft) nebst **Ramme** (so urspr.) meint den Widder bzw. die Ramme, den Rammbock zum Einrammen von Pfählen oder als Sturmbock gegen feindl. Mauern, vgl. den Satznamen **Rammenzweig** »ramm' entzwei!« (wie Mittenzweig »mitten entzwei«) oder den Joh. *Rambalke* 1258 Hbg. Beachte aber fries. Remme: Ramme, wie Remke: Ramke!

Rammelt s. Rambold u. Remmels!

Ram(m)ler: mhd. rammler, rammel = Widder (während der Brunstzeit).

Rampel s. Rempel! *Ramprecht* (1416 Württ.) s. Reimprecht!

Rampf(t) s. Ranft! – **Ramsauer** (obd.): z. ON. Ramsau, mehrf. in Ö., Bay. u. Württ. (urkdl. Rames-owe, 790 auch b. St. Gallen); auch Ramseyer/Ö.

Ramsch s. Ramisch!

Ramser (Kulmbach): z. ON. Ramsen/Pfalz bzw. Ramsau (s. Ramsauer!).

Ramspeck (Bay.): z. ON. Ramsbach, vgl. Erlspeck: Erlsbach.

Ramthor s. Ramdohr! – **Ramthun** (Pomm.): wohl ÖN. wie Ramten.

Ramung (obd.), Raming: im MA. von Konstanz bis Brsl. bezeugt, Pers. N. aus der Heldensage (Mone, Heldensage, 1836, S. 72), worauf schon die altertüml. Endung *-ung* deutet; s. dazu unter Adelung, Amelung! *Ramung* v. Leamerstain 1235 OÖ., Conr. *Ramung* 1240 Konstanz (Joh. *Roming* 1537 ebda.), Hs. *Romung* 1424 Württ. (auch Brsl. um 1350), Dietr. der *Ramunger* 1396 Württ., *Ramung* Blümelin 1257 Wetzlar, Sifrid *Ramung* (Bürgermeister) 1310 Fraustadt.

Ranald, patr. Ranalder (bair.) = Rainalter, Reinhold.

Ranck, Rancke, Rancka s. Rank, Ranke!

Randebrock (ndd.): ÖN. in Westf., enthält wie Randerath/Ndrhein., Rande-, Rannewig u. Randewurth/Engld. das prähistor., verklungene Wasser- oder Sumpfwort *rand* (Bahlow, ON. S. 384), vgl. auch den Randen (bewaldeter Höhenzug zw. dem Klettgau u. dem Hegau).

Randel (Hbg. oft) deutet auf altes Randelo (s. Randebrock!), soweit nicht identisch mit bair. **Randl** für Rendl (Reindl).

Randolff: germ. Pers. N. (rand = Schildrand, Schild, vgl. Bertrand, Herrand). Ein *Randolf* um 1250 Werdener Urbar. Simon *Randolf* 1518 Würzbg. Vgl. in der Dietrichsage *Randolt* v. Ancona. Hans *Randolt* 1409 Eßl.

Randow: Zufluß der Ücker/Vorpomm., m. d. Randowbruch (Vicke *Randow* 1290 Strals.).

Randt (obd.): mhd. rant meint den Schildrand, auch den Schild selber. Heinr. *Rand* 1373 Bamberg.

Ranft, Ränft(e)l (obd.-schles.), auch Rampft: = »Brotrinde, Brotkanten« (ndd. Knust); deutlich in Hartrampf (»harter Ranft«, ÜN. des kümmerlich Lebenden). Vgl. im »Simplicissimus« die Geizhälse »Filz u. Nagenranft«. Dazu *Merkenranft* (»gib acht ...«!) 1395 Eger u. *Morderanft* 1268 Worms (wie Mordebir). Nic. *Ranft* 1400 Glatz, P. *Renftel* 1363 Olmütz, Hs. *Renftel* 1397 Lg., *Kesranft, -renftli* 1486 Zürich.

Range (ndd.-md.), **Rang** (obd.) = mhd. range »böser Bube, Range«. Vgl. Wernher *Rangge* 1298 Kassel, Hermen *Ranghe* 1360 Barth.

Ranger (obd.): z. ON. Rangen (Bay., Elsaß, Hess.), soweit nicht zu mhd. rangen »ringen, begierig streben«. Rangger/Tirol: z. ON. Rangen.

Ranisch, Ränisch, Ranusch (ostd.-slaw.): KF. zu Ranislav, desgl. Ranek, Ranke. Ranisch ist auch ON., desgl. Ranitzsch/Sa.

Ranke, berühmt durch den Historiker Leopold v. R. (Thür.), 1795/1886, verrät sich durch Ranka u. ON. Rankwitz (Usedom) als ostd.-slaw. KF. *Ranek, Ranko* zum Pers. N. Ranislav bzw. Ranimir (»früh berühmt«), analog zu **Stanke** (Stanislav), Wanke u. Hanke (Wanek, Hanek): Johannes. In Brünn 1348 e. tschech. Gerber *Ranko* cerdo boemus, in Olmütz e. Peter *Ranko;* in Budweis 1385 Hanko *Ranklinus* (wie Borschlinus zu Boresch, Borschek; Boruslav u. Peschlinus zu Peschel: Petrus); in Lüb. 1339 Hinr. *Ranke* (vgl. ON. Rankendorf ö. Lüb.; nordd. rank = »schlank« ist viel jünger, zu »ranken«, sich entlang winden). Zum sekundären Rantke vgl. Wantke, Hantke.

Rann (obd.) gehört z. Flur- u. Waldnamen *Ranne* (silva 1295), *in der Rannen* 1297; in Bay. vgl. ON. Ranna, Wildenranna, Rannaried. **Rannewich** = Randewich: ON. i. W., vgl. ON. Randwijk.

Ranni(n)ger: obd. Herk. N. (ON. Randing?), vgl. Stübiger, Winniger. Fridel *Ranning* 1414 Mähren. Vgl. Randetsberger u. Rannetsperger.

Rantsch: ostd.-slaw. KF. vgl. *Ranczko* 1350 Brsl., *Rantzeke* 1411 Barth.

Rantzau (Rantzow): slaw. ON. b. Lüchow/Wendland (Ranzau) u. in Pomm. (Ranzow). Bekannt durch die holst. Grafen v. Rantzau. Vgl. ON. Ranzig/Spree, Ranzin/Pomm.

Ranz (obd.): mhd. ranz (fem.) meint »Mutterschwein«, aber ranz (masc.) »Ungestüm, Streit«; vgl. auch mhd. rans »Bauch, Wanst«. Ein Ritter Burkhart gen. *Ranzin* 1255 Württ., Wernher gen. *Ranze* 1299 O. Elsaß.

Raphael (hebr., »Heilender ist Gott«): mit Gabriel u. Michael zu den 3 Erzengeln des AT. gehörig. Als FN. heute auch jüd. (Raphaelsohn). S. auch Raffel! Ein Ritter Reinhold *Raph(a)el* 1241 b. Langensalza; *Raphael* Goltberg 1394 Brsl. – **Rapke** s. Rabke!

Raphohn, Raphan (ndd.) s. Rebhun!

Rapmund meint *Rat-mund* (munt »Schutz« wie in Vormund), vgl. Dorpmund für Dortmund. Hermen *Rapmund* 1545 Hornburg.

Rapp (obd.), auch Rappe, Rappl, Räppli, meint im MA. stets den Raben (als Variante zu md. Rabe), auch zuweilen als Hausname: Joh. *zem Rappen* 1359 Freiburg; als »schwarzes Pferd« ist Rappe erst nhd. üblich geworden! Mitunter mag mhd. rape (rabe) »Rübe« hineinspielen. Deutlich sind *Rappenfuß* 1380 Aargau, *Rappenkopf* 1320 Freiburg, *Rappenschnabel* 1531 St. Gallen. Joh. *Rappel* 1382 Mies, Stephan *Reppel* 1363 Znaim, Hainr. *Räppeli* 1283 Württ. S. auch Rappold!

Rappert, Rappers (ndd.) meint den germ. Pers. N. *Rat-bert* »im Rate glänzend«, vgl. Paschasius *Radbertus,* Abt v. Corbie um 850. Ein *Rabbert* von Holtzeten (Holstein) 1367 Osn., nebst dom. *Rabbeke* 1347 ebda., vgl. H. *Rabbeking* 1428 i. O. Und so auch Happert neben Habbert (Hadebert). Vgl. ON. *Raprechtswil:* Rapperschwyl/Schweiz.

Rappold ist Variante zu ndd. **Rabbold** (KF. Rabbe, Rabbeke) s. unter Rappert (Rabbert)! Urkdl. *Rat-bold (Rabbold)* 1268 Ro. u. Lüb. (nebst *Rabbeke),* »im Rate kühn«. Auch in ON.: Rappoltsweiler/Elsaß (759 *Ratbaldovillare*). Dazu *Rappolt* v. Ortenberg 1200 Württ., Hs. *Roppolt* 1469 Allgäu (vgl. Roppoltsried 1464 ebda.). Auch Rappholdt, patr. Rappolder (Ö.). **Rappelt** (frk.) s. auch Rapp(el)!

Rappot (obd.): = *Rat-bod* (»Gebieter im Rat«), wie Sipot (Sigbod). Graf *Ratbod* 1020 Klettgau. Ulr. *Rapoto* 1293 Kempten, Hans *Ropot* 1414 Mähren (*Roppot* 1333 Lg.).

Rapsch (ostd.-slaw.) s. Rabsch!

Rapsilber (ndd.), auch Rabsilber, meint den Geldgierigen, urkdl. *Rapesülver, -silver* um 1250/1350 Ro., Lüb., Strals. (ndd. rapen »an sich raffen«). Aber **Rappregen** meint wie ndd. Stoffregen »Platzregen«, zu *rap* »schnell«, vgl. Raap *(Rape)!*

Rasch (Hbg. oft), **Rasche** s. Rasch! (Joh. *Rasche* 1277 Strals.). Obd. Cunrat *Rasch* 1361 Allgäu, H. *Räscheli* 1294 Baden.

Rascher (Bambg., Nürnbg.), sekundär Raschert: z. ON. Rasch/Nürnbg. bzw. Raschau/Sa., vgl. Raschauer. In Urach/Frk. 1300 Ruel *Rascher.*

Raschke (Schles., O. Laus.), auch Raschka, Raschek (O./S.): KF. z. slaw. Pers. N. *Radslav (Raslav),* wie Laschke zu (V) Ladislav. Raschek, Raschko ist noch heute slaw. VN. Um 1300 in Böhmen e. Ritter *Razslaus* Dremelik, in Lg. 1319 *Radslaus* Ramswalt, 1352 *Raschco* de Bartuschdorf, 1397 Pawel *Raschke.* Zu **Rassek** vgl. Lassek. S. auch Ratzlaff!

Raschpichler (Ö.) wie -bichler s. Bühler!

Rase: Bach Rase (Rose)/Göttgn. u. ON. Rasehorn deuten auf *ros, ras* »Sumpf«.

Ras(e)kop (ndd.): »Hitzkopf, zur Raserei neigend«. *Rasekop* 1304 Ro., 1317 Lüb., 1322 Strals. (nebst *Rasendepeter* 1340). Vgl. Joh. *de wötende* 1347 Strals.

Rasem s. Erasmus! Raßmann!

Rasmus, Rasmussen (patr.) ist bes. holst.-dän. (oft in Flensbg., Hbg.): = Asmus, Asmussen = Erasmus. S. auch **Raßmann!**

Rasner (Tirol): wohl z. Hof Rasen (Rasenhof 1536); Wölfel *Rasner* 1514. Vgl. ähnlich Rofner am Rofenhof/Tirol.

Raspe meint den Habgierigen (: mhd. raspen »zusammenraffen«), bekannt durch das thür. Rittergeschlecht des Heinrich *Raspe,* des letzten Landgrafen v. Thür. Ein Ritter Heinr. *Raspe* 1333 auch in Lg., wo 1450 Mertin Buzewoy, *Raspe* gen. Zum ON. Raspenau: Nicl. *Raspener* 1429 (Lg.), Herbort *Raspe* 1271 b. Worms,

Purgold *Raspe* 1350 Nürnbg., Bertold *Rasper* 1300 Eßl.

Raß (obd.): Ein »*Rasso* qui et *Ratho*«, Graf v. Andechs, ist um 950 bezeugt, offenbar KF. zu *Ratold* (»im Rate waltend«). Aber 1556 *Rasso* Zepf Wessobrunn meint *Erasmus*, desgl. *Rassl.* – **Räß** (Baden, Württ.) = mhd. räße »beißend scharf, wütend«, vgl. Kriemhilt »das *mortträße* wîp« (mordgierig); *ruomräße* »ruhmgierig«. Rudolf *Räße* 1303 Württ., Walther der *Reße* 1329 Tauber.

Raßmann ist wie **Aßmann** (s. dies!) KF. zu Erasmus. **Raßloff** s. Ratzloff!

Rast (obd.): z. ON. Rast/b. Meßkirch, vgl. Hainr. *von Raste* 1244 Überl.; vgl. den Gewässernamen *Raste:* in Brabant e. Sumpf »Rasta palus«, in Ostpr. Rastenburg a. d. Raste.

Rastpichler, -hofer (Tirol) = Rastbichler, -bühler, s. Bühel! **Rastner** (Tirol): z. Hofn. Raste, Rasten (»Raststätte«: auf der Rast/Tirol, wo z. B. ein Lehnhof Haselraste 1369); mhd. rast auch = Wegmaß, Meile.

Rat(h): mehrdeutig. Im Rhld. vgl. den ON. Rath (= Rode »Rodung«), FN. vom Rath! Sonst kommt mhd. *rât* »Ratgeber«, auch »Vorrat, Vermögen«! in Frage: Hainr. gen. *Rat* 1289 St. Blasien, Nic. *Rath (Roth)* 1371 Tschaslau; Joh. *Rat* 1285 Ro.

Rather, Rathert: vgl. mhd. râter »Ratgeber« (Nic. *Rather, Rater* 1358 Prag). Zum altd. Pers. N. Rât-hard (»im Rate kühn«) gehören *Rathardus* 1309 Osn., Heinr. *Rathart* 1322 Allendf./Werra. Ein adl. Franke *Rat-her* um 900.

Rathgeb, Rathgeber: Henczel *Rotgeb* 1371 Leipa, Nic. *Rathgever* 1300 Strals.

Rathje, Rathjen(s): Hbg. oft, ndd.-fries. KF. bzw. Patr. zu Radolf, auch **Rathgen(s),** urspr. ndd. *Radeke,* s. Rathke!

Rathke (vgl. fries. Rathje) ist ndd. KF. zu Radolf (Radloff), urkdl. Radeke: *Radeke (Radolf)* remensnider 1294 Strals., *Radeke (Radolf)* Vink 1300 Stade, *Radeke (Radolf)* Aspe 1351 Kiel, *Radeke Radelif* 1384 Bremen, *Radeke Radelaf* 1406 Greifsw., *Radeke (Redeke)* Friso 1300.

Rathloff (s. Radloff!), **Rathlev,** Radleff ist ndd. Pers. N. wie Detlev, fries. Redlefs (Reelfs): -lev = obd.-leib »Sproß«.

Rathmann (Hbg. oft), ndd. **Rademann,** meint im allg. den Ratsherrn, auch Ratgeber. Vgl. Peter cromer, *ratman* 1381 Lg., Nic. *Rotman* sutor 1399 Brsl., Herm. *Ratman* 1332 Kassel. **Rathmer** s. Radmer!

Rathsack: ostd.-slaw. = Ratzack (Raczak), KF. zu Ratzlaff; zur Schreibung vgl. **Roothscheck** für Ratschek.

Rathsam (Bay.): Conr. *Ratsam (Rotsam)* 1327 Würzbg., Heinr. *Ratsam* 1321 Augsbg.

Rating: aus Ratingen/Düss. (Joh. *Ratingen* apenteger 1430 Osn.).

Ratjen(s) s. Rathjens!

Ratmund (assimiliert Rapmund, wie Dortmund: Dorpmund): altd. Pers. N. (mund = »Schutz, Schützer«, wie in »Vormund«, aber schon um 800 nicht mehr verstanden, wie die Übersetzung »consilium oris« zeigt). Ein Abt *Ratmund* 1040 Ndr. Altaich/Bay.

Ratold (obd.): altd. Pers. N. »im Rate waltend«. Rempel *Ratold* 1387 Glatz. Ein Erhard *Ratdolt* aus Augsbg. 1476 war Venedigs erster Buchdrucker.

Ratsch: ON. Kr. Ratibor, ostd.-slaw. wie ON. Ratschow, Ratscha u. ä.

Ratte: ÜN. wie Maus, Katze, Marder usw.; Henneke *Ratte* 1302 Strals.; dazu *Rattenzagel, -zahl* (1305 b. Kassel) wie Hasenzagel, -zahl u. *Rattenwedel* (mhd. zagel u. wedel = »Schwanz«). *Rattenpfiff* erinnert an den Rattenfänger v. Hameln. (1446 Schweiz).

Rattey: ON. ö. Neubrdbg. Vgl. auch slaw. rataj »Bauer, Knecht«.

Ratward (heute offenbar nicht mehr): ndd. Pers. N., 1237 Bremen, 1250 Hbg.; vgl. Ratmund, Ratbold, Ratbert, Radolf. S. auch Reder(t)! Die N. auf *-ward* sind ndd.-fries., vgl. Eilward, Alward usw.

Ratz: obd. = mhd. ratz »Ratte«, wie in Ratzkopf, Ratzenschenkel; Rud. *Ratzlin* 1399 Elsaß. Vereinzelt begegnet Ratz als VN. (= Ratold?): *Ratzo* Ebermannesdorf 1123, *Ratz* Bünde 1448 Freiburg.

Ratzlaff (Pomm.) ist der slaw. Pers. N. Ratislav, vgl. Retzlaff, Gützlaff usw. Andreas *Raczlaw* 1395 Budweis meint Radoslav. Dazu als KF. **Ratzke,** Ratzka, Ratzek. S. auch unter Raschke!

Rau, Rauh, Rauch (mhd. rûch, rûh, rû) meint den »Rauhhaarigen«, übertr. auch den »Rauhbeinigen, Groben«, vgl.

Rauchfuß, -bein, -bart, -back, -maul, -haupt. »Esau ist rauch u. Jakob ist glatt« (Lutherbibel); vgl. noch »Rauchwerk« = Pelzware. Ndd. ist **Ruge:** der Rauhe, auch **Ruhe,** nebst Ruhkopf, Ruhfuß.

Rauber (obd.) = **Räuber,** entrundet **Raiber** (Ö.), ndd. **Röver,** Röwer: der Straßenräuber, auch ÜN. des Raubritters (Ritter Conr. *Robere* 1223 Basel; Ritter Joh. *Raubesack* 1270/Pfalz, Rüdiger *Raubtasch* [Dt.-Ordenskomtur] 1303). Vgl. die ÜN. Stürzenwagen, Haltaufderheide u. ä. Auch **Raubold** meint im Mhd. einen räuberischen Menschen. Schwäb. ist **Raible** (Joh. *Röubelin* 1365). Und dazu auch **Raubentisch:** 1368 Lg., 1379 Eger, 1386 Kolin/Prag, um 1350 Brsl., um 1400 Frkf., 1525 Fulda. Entstellt: Rebentisch!

Rauch s. Rau! S. aber auch Räuchlin!

Räuchlin, in der Schreibung **Reuchlin** bekannt durch den Humanisten Joh. R. aus Pforzheim, meint nichts anderes als den Rauch der Schmiedeesse, also ÜN. des Schmiedes, direkt bezeugt durch »meister *Röuchli*« ein Schmied in Zürich 1468. Auch **Räuchle,** schwäb. Raichle. Vgl. auch Hüttenrauch (Hütterôk 1365 Hildesh.): von der Erzschmelzhütte. Stubenrauch meint den Badstüber, Bader.

Raudenkolb, Raudenbusch siehe Rautenkranz!

Raue, Rauer(t), dies oft in Sa., Schles., s. Rau! Desgl. **Rauh!**

Rauhut (Schles., Glogau oft): = »Pelzmütze« (Schles. Wb.), ÜN. des Kürschners oder Hutmachers. Vgl. Heinr. Hut 1387 Brsl.; *Rauchemütze.*

Raulf(s): Hbg. öfter, s. Rohlfs! Hans *Raulfs (Ralefes)* 1695 Hann.

Raumer (Sa.): vgl. ON. Raum (2mal in Sa.). Dazu auch **Raum** (Nürnbg. oft), soweit nicht auch Flurname. Vgl. auch mhd. roum (so noch thür.) für heutiges Rahm, Sahne.

Raumschüssel wie Raumsattel, Raumenrock, Raumenhafen, Raumensack, s. Reumschüssel!

Raun: ON. b. Plauen/Vogtland. Zu Raun b. Nidda s. Bahlow S. 404! Dazu auch **Rauner** (Sudeten), soweit nicht mhd. rûner »Verleumder« vorliegt: Heinr. *Runere* 1275 Ehingen, Nic. *Runer* 1348 Brünn, Hs. *Rauner* 1395 b. Eger.

Raupach: Die Verwurzelung im schles. Raum (Lg., Görl., Hirschbg., Schweidnitz oft) – auch der Dichter Ernst R. stammte aus Straupitz b. Lg. – legt Herkunft a. d. Slaw. nahe (vgl. tschech. *rupak* »Steinmetz« bzw. hrubak: hruby »groß, grob«; s. Bahlow, Schles. Nbch. S. 93!). Peter *Rauppach* 1423 Lg., Stenzel *Raupach* 1594 Lg.

Rauprich (Schles.): offenbar sudet. Mundartform für Ruprecht, da bei Eger beide Formen bezeugt sind; Kunrat *Rauprecht* 1392 b. Eger nebst Kunczel *Rupprecht* 1395 ebda. (E. Schwarz S. 246).

Rausch, ndd. Rusch, nebst Rausche, Rusche, meint »geräuschmachender, lärmender, ungestümer Mensch« (mhd. mnd. rûschen »Geräusch machen«). Vgl. mhd. rûsch »rauschender Helmschmuck«. Dazu *Reuschel, Raischle, Reischle!*

Rauschenplat s. Ruschenplat! – **Räuschel** s. Rausch! Jacob *Rauschel* 1397 Znaim.

Rauscher, Rauschert meint wie Rausch (s. dies!) den geräuschvoll oder lärmend Daherfahrenden, im Unterschied zum Schleicher (»Hüte dich vor dem Schleicher, der Rauscher tut dir nichts!«). Nic. *Rauscher* 1369 Iglau. Ndd. ist **Ruscher,** s. dies! Vgl. auch ON. Rauscha!

Rauschkolb: wie mhd. tutelkolb = »Schilfkolben«. Jodoc *Russkolb* 1463.

Rauschnick, Rauschning: ostd.-slaw. wie Rauschan, Rauschek, Rauschke (Ruschke), vgl. ON. Rausk (Rusk)/Schles., Rauschwitz/Sa. Vgl. Quaschny: Quaschning.

Rautenkranz: alter Hausname (Gasthäuser »zum R.« noch heute). Hans Arberg (Hann.) nannte sich seit 1350 nach seinem Hause Hans *Rudenkrantz.* Dazu Rautenstengel, Rautenstock, Rautenstrauch, Rautenbusch, Rautengarten, wohl alles ÜN. für Gärtner. Der Pflanzenname Raute ist Lehnwort aus lat. rûta (mhd. rûte). *Rutenstruch* um 1530 Brsl.

Rauter (Tirol) = Reuter, zu Reute (mhd. riute) »gerodete Stelle«, auch ÖN. u. ON. Auch Hochrauter, Neurauter. Veit *Rauter* 1676 Tirol, Ullin *am Raut* 1363 Tirol. Dazu Rauthmann wie Reuthemann.

Raveling, Rabeling (westfäl.): wohl ÖN. (od. Patronym?).

Raven (ndd.), **Rave** (Hbg. oft): = »Rabe«, auch als alter Pers. N., s. Raben! Ein Ritter **Raven** Strûs 1359 Holstein; *Raven*

Speigele 1270 Kassel. Urkdl. ist *Raven* auch als KF. zu *Walraven* bezeugt.

Rawe (Hbg.) s. Rave! – **Raydt** (obd.) s. Raidt! – **Raymund** s. Raimund!

Rebber (Rebbermann): nordd. ÖN., vgl. ON. Rebberlah nö. Celle (sumpfig), wie Haverlah, Kalberlah; lah = loh »Gehölz«. Vgl. ON. Rabber (Rebber), urkdl. Red-bere (red »Sumpf«).

Rebentisch: urkdl. neben Rabendisch (Frkf. um 1400), sonst meist Raubentisch, s. dies! – **Rebentrost:** Kilian *Rebentrost* 1520 Böhmen. Vgl. Ammentrost, Blumentrost.

Reber (obd.): wohl = Weinreber »Weinbauer« (wie **Rebmann**). Joh. der *Rebere* 1292; Walter *Reber* 1367 Freiburg. Vgl. auch Rebstock, Rebholz, Reble, Rebhans.

Rebhuhn, Rebha(h)n meint den Rebhuhnjäger, vgl. FN. Hühnerjäger. Dietr. *Rephun* 1347 Lg. Ein Haus *zum Rephun* 1480 in Freiburg. Ndd. ist **Raphohn:** Hinr. *Raphon* 1371 Kiel.

Rebschläger s. Repschläger!

Rebstock: ÜN. des Weinbergbauern (Rebmann, Reber). Am O. Rhein mehrfach als Wirtshausname (so in Straßbg., Worms, Mainz im 13. Jh.) Heinr. *zum Rebestocke* 1310 Mainz, Rembold (Böldelin) *Rebstock* 14. Jh./Straßbg.

Rechenberg (Schles., Sa.): ON./Sa. (Dietr. *von Rechenberg* 1376 Lg.).

Rechenmacher (Bay. oft): Berufsname (mhd. reche »Rechen, Harke«, bes. für die Gras- u. Heu-Ernte). Dazu Hans *Rechenstil* 1498 Allgäu.

Rechlin (Hbg., Meckl.): ON. (Müritz/Meckl.). **Rechner** (obd.): mhd. = amtl. Berechner, Steuerbeamter; Burkart der *rechener* 1326 Vaihgn., Hans *rekener* 1390 Hann.

Recht (Hbg. oft): wohl nicht der »Gerechte« (so nie bezeugt), sondern zum ÖN. (Gewässer u. Ort z. B. im Rhld.); vgl. die Rechtebe nebst Rechtenfleth i. O. Sinn: Moorwasser.

Rechter(n): Hbg. öfter, ON. Rechtern im Moor von Diepholz, auch in Holland; gebildet wie Lechtern, – recht und lecht = Moorwasser. (Bahlow, ON. S. 387). S. auch Recht!

Reck, Recke (Hbg. oft): soweit nordd.-westf., kommt das Wasser- bzw. Moderwort Recke in Frage; vgl. Flur »Auf der *Recke*« und die *Recke* b. Gütersloh, ON. Recke am Vinter Moor, Reckum i. O., **Reckesieck** (i. W., siek »Sumpfstelle«), **Reckewell,** Reckeweg, **Reckmann** (Hbg. oft), Reckemeier/Westf. (wie Kuhle-, Lake-, Müssemeier). Aber obd. **Reck** meint mhd. recke »Flüchtling, Verbannter, herumziehender Krieger, Recke«: Jesco *Reck* 1409 Mähren, Ulr. *Reck* 1280 Stuttg. Otte *Recke* 1391 Lg.

Recker(s), Reekers (ndd.-fries.) s. Rikker(s)! Vgl. Rekelofs: Ricklefs.

Reckling (Hbg.), mit ndd. *e* für *i*, dürfte auf dem Patr. *Rikolding* beruhen, vgl. Recklinghausen. Ein *Rekerding* 1336 in Lüb., wo *Rekelind* Rikelind. Vgl. Reckwert für Rickward; Reckels f. Rickels!

Reckmann (Hbg. oft) s. Reck! Vgl. Reeckmann!

Recknagel (Thür.) kann Schmiedename sein wie Reckseisen, *Reckenczeyn* (1475 Freystadt), kann aber auch obszön gemeint sein, da Nagel u. Zein (»Stäbchen«) auch = Penis, vgl. Stülpnagel. Ähnlich Zagel »Schwanz«: *Reckenczail.*

Reckner (Hbg.): mnd. »Berechner, Steuerbeamter«; Hans *Rekener* 1390 Hann. (1450 Kiel).

Reckwerth (ndd.) s. Rickward!

Reckze(h): Grünberg/Schles. oft, wohl ÜN. des Folterers, wie *Reckfuß* (auch Streckfuß), **Reckschenkel** (vgl. Reckenschindt 1667 Salzbg. = »reck und schind!« und *Reckenkragen* 1371 Olmütz), oder aber des Reiters. Aber Rekkars 1402 Dux = Faulpelz.

Reckziegel (Görl.) wird deutlich durch **Reckzügel** (Glatz), also der Reitersmann.

Reclam: aus dt. Wortgut nicht erklärbar; die Buchhändlerfamilie stammt aus Savoyen (1532 in Genf noch *Reclan*).

Reddehase (Westf.-Ndrhein.) bezieht sich wie Dunkhase auf die Wohnstätte in sumpf. Gelände; vgl. den Reddekolk, die Reddenbeke usw. (Bahlow, ON. S. 387). Dazu auch **Redd(e)mann.**

Redder(s) s. Reder(s)!

Reddig (Hbg. oft), auch Reddich: mnd. redik »Rettich«, ÜN. des Gemüsehändlers *Reddich (Riddich)* 1325 Strals., 1303 Greifsw. Aber **Reddag** (Reddach) ist fries.-ingwäon. Pers. N. (fries. *e* wie in Reder, s. dies!), analog zu Aldag, Oldag, Eldag, Mardag, Siddag u. ä.; -dag meint

»strahlend wie der lichte Tag«. *Reddach* cum naso 1300 Strals., *Redagus* 1254 Hbg., Henneke *Reddagi* 1325 Lüb. – **Redding:** ON. Reddingen/Soltau. Eylbert *de Reddinge* 1383 Hbg.

Red(d)öhl: slaw. ON. wie Predöhl.

Redegeld (ndd.) meint »bereites, bares Geld«, wohl ÜN. des Geldwechslers, wie **Redepenning.** Herm. *Redegelt* 1318 Dortmd.

Redeke: fries. Variante zu Radeke (Radolf). *Redeke (Radeke)* Friso 1300 Strals.

Redeker (verschliffen Reker!) ist westf. = Rademaker »Wagner, Stellmacher«; »de *redeker, mollenhauer, schöttelndreyer«* 1510 Lippe. Joh. *Redeker* 1636 Herford. Zu Reker vgl. Spinnräker. – **Reden** (von): ON./Hann.

Red(e)mann (ndd.) = Reddemann! Vgl. Joh. *de Rede* 1293 Hbg. ON. Redehorn i. O. »Sumpfwinkel«, Rhede, Rheden.

Redenbacher (Bay.) s. Rettenbacher!

Redepenni(n)g (Hbg., Stettin oft) s. Redegeld und Penning!

Redequat s. Rehquate!

Reder, Rehder (Ro. oft, Hbg.), auch Redder (Hbg.), patr. **Reders,** Redders: im MA. an der Waterkant beliebter Pers. N. (m. fries. *e* für *a*, wie *Red-dag, Redward, Redmer, Redlef*). Vgl. *Reder* Knop 1317 Lüb., *Reder(us)* fil. Anken 1300 Hbg., *Reder* Smalow 1359 Lünebg., Helmold *Reders* 1356 ebda., her Conrad heren *Reders* 1300 Strals., Remet *Redersna* (Reersna) 1460 Friesld., *Redert* Beninga 1442 ebda. (d. i. *Redward*). Zu obd. Reder(er) vgl. mhd. reder, rederknecht »Mehlsieber, Mühlknecht«. Hans *Rederer* 1396 Eger. Ein adl. Geschlecht »von **Redern**« in Sa./Schles.: Ritter Goslaus *v. Redern* 1292 b. Neiße, Tamme *v. R.* 1380 Lg. – **Redler** s. Rädler! **Redl** (Bay. oft) s. Rädl!

Redlefs, Redlefsen (Kiel): fries. Patr. (germ. Rad-lef), wie Detlef(s); -lef (obd. -leib) »Sproß, Nachkomme«. Joh. *Redeleves* 1456 Bremen. S. Reder u. Redeke!

Redlich: mhd. redelich »beredt, verständig, rechtschaffen«. (Auch Täuflings-N. f. Juden, 1773 Meckl., 1782 Halle).

Redmann (Hbg. oft) s. Redemann!

Redmer, Redmers (Hbg.): fries. Pers. N. (= obd. Ratmar), vgl. unter Reder! *Redmarus* 1293 Lünebg., *Redmer* Alma 1499 Friesld.

Redslob (ostd.-slaw.): entstellt aus Retzloff (s. Retzlaff!), slaw. Pers. N. auf -slav; urkdl. in Berlin 1533 ff.: *Retzloff, Retzelow, Retzlob, Redtslob.* – **Redward** (fries.) s. Redert!

Reebs (Lüb.) s. Reps! – **Reeck** (Hbg.), Reecke, Reeckmann: z. ON. Reecke b. Lüb. bzw. ON. Reken i. W., vgl. FN. von Reek(en). S. auch Recke! – **Reefschläger** s. Repschläger!

Reeh s. Reh! – **Reekers** s. Reckers! Rikkers!

Reelfs (fries.) s. Redlefs! Vgl. Raalfs für Radlefs.

Reemer (ndd.) s. Rehmer (Riemer)!

Reemtsma: fries. Patr. auf -ma (= mann), zu **Reemts** (Reemtsen), Reemt (noch heute fries. VN.: Reemt Eenboom) ist der Pers. N. Rembert (Reimbert = Ragin-, Regin-bert): urkdl. *Remet* Redersma 1460 Friesld.

Reendels (fries.) = *Rendolt* 1422, d. i. Reinold!

Reents (Hbg. öfter) ist fries. für Reinerts = Reinhards, wie Eents für Einerts = Einhards. Vgl. patr. Reintsema. **Reenen** s. Rein!

Reer (Hbg.) ist kontrahiert aus Reder (s. dies!), fries., wie Freer aus Freder.

Reese (Hbg. oft): ndd. Form für Riese. Auch **Rehse.** Ulr. *Rese* 1291 Hbg., Joh. *Rese* 1283 Ro., Henr. *Rese* 1277 Brschwg. (= Henr. gigas), *Rese* 1592 Quedlbg. (jetzt Riese u. Gigas!). Aber der ON. Reese/Hann. lautete 1167 Redese (zu red »Sumpf, Moor«).

Reetz (Hbg. oft): slaw. ON./Prignitz u. ö.; **Reetze:** desgl. b. Lüchow.

Refardt (Westf.) s. Reinefarth! Reinfried! Auch **Refer(t).**

Reff, Reffle (obd.): mhd. ref(f) »Kiepe, Rückentraggestell« des Hausierers. Vgl. Hafenreffer (Topf-, Geschirrhausierer); Apel *refftrager* 1396 Eger.

Reffler (obd.): mhd. reveler »Schuhflicker« (revelen »nähen, flicken«); vgl. 1354 in Brünn: renovatores antiquorum calciorum, qui dicuntur *refler.* Nic. *Reveler* 1365 b. Brünn, Peter *Reffler* 1351 Olmütz, Cl. *Refeler* 1392 Dux. Eine *Refflergasse* 1384 in Kuttenbg. **Refrath** siehe Reifenrath!

Regber (Reigber): Öls, Brsl., offenbar slaw. wie Quägber, Quägwer, wenn nicht

= altschles. regeber, mhd. reynber »Beifuß«.

Regel s. Regler! – **Regenbogen:** im MA. bekannt als N. des Meistersingers (Spruchdichters) Barthel R. z. Zt. Frauenlobs. In Schlettstadt (1418) u. Freiburg (1460) auch als Hausname. Ein Maler Peter *Regenpogen* 1391 in Prag.

Reg(e)ner (Bay. oft): z. ON. Regen am gleichnamigen Fluß (vgl. Regensburg).

Regenfuß (Nürnbg. oft): »rege den Fuß!« ÜN. des Flinken (Gesellenname, wie Herman *Regenarm* 1368 Lg.) *Regentanz* s. Rehdanz! *Regenwürfel* (1399 Dux) meint den Würfelspieler.

Regenhardt: altertümelnde Urkundenform für Reinhard (germ. Ragin-, Reginhard), wie **Regenbrecht** für Reinbrecht u. **Regenold** für Reinold. Vgl. in Greifsw. 1305 *Regenhardus,* in Lüb. *Regenbertus,* in Ro. 1269 *Reghenbodo.* Herm. *Regenolt* 1275 Ravsbg.

Reger (Bay. oft): schwerlich = mhd. reiger »Reiher« (FN. Raiger!), sondern der Lebhafte, Unruhige (zu mhd. regen »sich regen; erregen«). Vgl. Henni der *Reger* 1391 Rottweil, Hans *Reger* 1492 Ulm. Bekannt ist der Komponist Max Reger aus Bayern.

Regler (obd.): mhd. regeler »Mönch, der nach der Regel (des heil. Augustinus) lebt«, zu lat. regula »Ordensregel«. Vgl. regel-gelt, regel-pfennig »Geldabgabe an die Mönche«. Dazu auch **Regel.** Marcus filius *Regleri* 1363 Znaim.

Regner (Bay. oft) s. Regener!

Regorz: = tschech. Rehorz = Gregor. Vgl. *Rzehorz* Polak (Falkner) 1410 Prag, *Rzehors* Ledrer = Gregorius Cerdo 1402 Brünn. S. auch Rehork!

Rehaag, Rehak (obd.): ÖN. (mhd. hac »Hag, Gebüsch, umfriedeter Park, Gehege«). Vgl. nordd. Rehagen, md. Rehahn: ÖN. Rehagen 1280/Strals.

Rehbein (oft), ndd. **Rehbehn,** Rehbeen: ÜN. des Flinkfüßigen. Ebenso **Rehfuß** (*Refüßel*/Brsl.). Vgl. *Reschinkel, Reschoke* 1263/81 Ro. Gerh. *Reschenkel,* Edelknecht 1329. Dazu **Rehkopf.** Heinr. *Rezagel* 1248 Basel (»Rehschwanz«), viell. ÜN. des Rehjägers (Lüdeke *Rejeger* 1353 Greifsw.), wie auch **Rehbock.**

Rehbinder: unklarer Berufsname (P. *Rhebinder* 1633 Lüb.); vgl. unter Repwinder!

Rehdan(t)z (ndd.): entstellt aus Regendanz »rege den Tanz an!« ÜN. des Vortänzers, Tanzmeisters, wie Hebetanz, Schicketanz. Borchard *Regedantz* 1248 Pomm.

Rehden (von): ON. b. Diepholz, s. Reden! – **Rehder(s),** Hbg. oft, s. Reder(s)!

Reher (Hbg. oft), Rehermann: ON. Reher b. Itzehoe u. b. Hameln (Joh. *von Reher* 1580 Lippe, s. Rehrmann!).

Rehfuß, Rehkopf, Reschenkel s. Rehbein!

Rehl(e), Rehlein (obd.) = Reh, s. Rehbein!

Rehling, Rehlinger: ON. Rehling/Bay., Rehlingen/Württ., Saar.

Rehm (Hbg. oft), Rehme: mnd. reme »Riemen«, ÜN. des Riemenschneiders (remen-snider, -maker, -sleger); deutlich in *Rodereme* 1289 Ro., *Bredereme* 1386 Greifsw., *Schiltreme* 1360 Brschwg., *Brocreme*/Ro. (»Hosengürtel«); Hedenrik *Reme (Corrigia)* 1261 b. Köln; Andreas *Reme* 1267 Ro., Joh. *Bintremen*/Lüb., Helmicus *remensnidere* 1258 Hbg.; Joh. *remensleger* 1400 Hbg. Aber obd. **Rehm** (Mchn. oft!) beruht auf mhd. *reme* (Variante zu *rame*) = Stütze, Gestell, Webrahmen! Berchtold *Rem* 1294 Augsbg.

Rehmann (Hbg., Ro., Düss., Essen) s. Redemann! (Hs. *Reman* 1506 Bremen). Vgl. auch Reimann!

Rehmer, Reemer (ndd.) = obd. Riemer, s. Rehm! Christ. *Remer* 1586 Flsbg. S. aber Remer(s)!

Re(h)mke, (Hbg.) ist die fries. KF. *Remko* zu Re(i)mbert: Upco *Remconius* 1494. S. aber auch **Rehm!** (*Remeke* 1299 Hbg. neben *Reme* = »Riemen«).

Rehn (Hbg. oft) ist ndd.-fries. KF. *Reno* für *Reino* = Reinhard, wie **Rehner,** Rehnert auf *Rener, Reiner* = Reiner(t) beruht. Vgl. patr. **Rehnen** (Reenen) neben Reinen. S. auch Reents. Zum *e* für *ei* vgl. urkdl. *Reneke, Rener(us), Renward, Renfried* usw. Ebenso Mehn, Mehnen = Meino = Meinhard.

Rehor(k) ist tschech. Form (Hrehorek) für Gregor; s. auch Regorz!

Re(h)penning, Rehpenn (ndd.) s. Redepenning! (Reymer *Redepenning* um 1350 Kiel.)

Rehquate (Hbg.): = *Redequat* 1530 Lippe; »rede quât« = rede Schlechtes! Vgl. Sivert *Redewel* 1357 Lünebg., C. *Redwol* 1681 b. Ulm. *Setzerede* 1368 Lg.

Rehr (Hbg. oft), Rehren (Hbg.), Rehrmann: z. ON. Rehren (b. Rinteln u.

Wunstorf), urkdl. *Rederen,* wie Ehren: Ederen; zu *red* »Sumpf« (Bahlow, ON. S. 387). S. aber Reer!

Rehrbehn: wohl = Röhrbein, »rühre d. Bein«, ein Hurtiger.

Rehse (ndd. oft) s. Reese! – **Rehwinkel** ÖN. (ON. in Pomm.). Schon 1475 Joh. *Rehwinkel,* Bischof v. Samland.

Rehwoldt (ndd.) = Rehwald; auch Rehwohl (ndd. Wohld »Wald«).

Reibe, Reiban(d), Reibke, Reibchen (Sa., Schles.) sind eingedeutscht aus slaw. *ryba* »Fisch«, *ryban* »Fischer«, *rybka* »Fischlein« bzw. *rybak* »Fischer«. Vgl. auch Riebe, Rieban(d), Riebartsch! Ribback! Riebicke (*Ribeke*/AltBresl.). Reibisch wie Riebisch.

Reibeisen, Riebeisen: ÜN. des Schmiedes, der Reibeisen (Küchengerät) herstellt. Hans *Rybysen* 1366 Ensingen/Württ. Vgl. *Rybholcz* 1342 Lg.

Reiber (obd.): mhd. rîber »Reiber, Baderknecht«, auch »Bube« (Jörg *Ryber,* Baderknecht 1420 Kempten).

Reibetanz (Sa. oft, wie Lobetanz): ÜN. des Vortänzers oder des zum Tanz Aufspielenden; mhd. rîben auch »tanzen, sich drehen, mit der Fidel geigen«. Vgl. Reibenspieß (obd.) »dreh den Bratspieß!« (oder Schmiedename), Reibenschuh (wie Wendeschuh: der Schuster). Obszön ist wohl *Rybisdran, -drin*/Alt-Bresl.

Reibiger (Freystadt) s. Räbiger!

Reibke (Sa., Schles.) s. Reibe! – **Reible** (Raible), Reibel (obd.-schwäb.) = Räuble, Raub »Räuber«, wie Scheible, Scheibel = Schäuble: Schaub. – **Reibold** s. Reinbold! (*Reyboldus* neben *Reymboldus*/ Alt-Lüb. wie Reybern [Reymbern] 1294 Stade).

Reiboth s. Reinboth!

Reibrich (Brieg) s. Reiprich!

Reich (obd.), **Reiche** (md.), Rieke (ndd.) meint den »Reichen«. Dazu **Reichpietsch** (Schles.) = Reichpeter. Apecz *Ryche* 1383 Lg., auch in »starker« Form: Peter *Rycher* 1389 Görl. (wie schles. Langer, Rother, Kleiner), Wentzel *Reicher* 1385. Peter *des reichen* Niclas sun = Pesco *Reiche* 1351/69 Budweis, Heinrich gen. *der rîche Heintze* 1330 Franken. – Spottname ist **Seltenreich:** Joh. *Seltenreich* 1300 Straßbrg., Heinz *Seldenreich* 1403 Bamberg (mit mundartl. *d,* wie Hans Seldenswig 1387 Frkf.). Ein *Pfennigrich* (Krämername) 1339 Frkf. Vgl. die Reichkrämer in Alt-Lg.

Reichardt (Sa., Thür., Bay.): d. i. Richhard (»kühner Herrscher«), s. auch dies! Hantsch *Richard* 1372 Lg., Hans *Reichart* 1381 Friedld. Desgl. Reichert, s. dies! Reichhardt (Bay.) ist eine jüngere Schreibung.

Reichelt (Ndschles., Sa. oft) ist jüngere Variante zu **Reichel** (dies mehr in O.S.), KF. zu Richolf (Reichloff) u. Richard (Reichert). Zum sekundären *t* vgl. Weigelt: Weigel, – Eckelt: Eckel, – Härtelt: Härtel usw., alle in Schles. u. Sa. (Vgl. Bahlow, Ztschr. »Teuthonista« 3, 1926/27, S. 35). Hensel *Rychel* neben Nitsche *Rychulff* 1372/83 Lg.; *Reichel,* Henczel, Wenczel, Kinder des Nic. Schönhals 1401 Brsl.; *Rychel,* Sohn des *Rychwin* 1331 Wetzlar; *Rychelin,* Sohn des Götze *Rychelin* 1327 Merkl./Württ. **Reichl** (Bay. oft, Reichlmair) bezieht sich mehr auf Reichard (Richard).

Reicheneder (Mchn. oft) gehört zu den bair.-öst. ÖN. auf *-öd,* »öde, unbebaute Flur«. **Reichentrog** (Ro.): »reiche den Trog«, urspr. *Rekentroch* (1355 Strals., 1593 Ro.).

Reicher: obd., *Richer* v. Steyr 1200/OÖ., *Richerus* 1343 Brünn; altd. VN. »mächtig im Heer«.

Reichert: von Württ. bis Ostpr. verbreitete jüngere Form (seit etwa 1500) von Reichard (s. dies!), vgl. Weichert für Wichard. Reichartz, Reicherz ist rhein.

Reichhelm: d. i. Rich-helm (rich »mächtig«), Sifridus fil. *Richelmi* 1253 Bingen.

Reichler (Sa., Bay.), alt *Richler,* ist Patr. zu Reichel (s. dies!) wie Seidler zu Seidel, Hensler zu Hensel usw.

Reichling: ON. b. Schongau/Bay. u. ö.; sonst auch = Reichlin: Andr. *Reichling (Reichlein)* 1450 Frkf.

Reichloff (obd.-md.): entstellt durch Metathese aus Reicholf, Richolf (wie Rudloff aus Rudolf, – Gerloff aus Gerolf), im MA. beliebter Pers. N., vgl. die KF. **Reichel!** Close *Reychloff* 1406 Lg., vorher Nitsche *Rychulff* 1383; Heinr. *Richolf* 1308 Württ., *Richolf* 1050 Konstanz, *Richolf* Kessel 1347 Wetzlar.

Reichmann (obd.): Haynel *Richman* 1380 Mies. Deutbar als der Reiche (wie Gutmann, Großmann) bzw. als KF. zu Richwin (wie Gösmann, Gießmann zu Goswin), Trautmann zu Trutwin. Vgl. Richmannus 1382 Bremen.

Reichmuth: *Richmut* ist im MA. als VN. bezeugt. Nic. *Richmut* 1348 Lg.

Reichner (Schles.): urkdl. aus Reichenau (mehrf. in Schles. u. Böhmen) wie Langner aus Langenau u. Rachner aus Rachenau. Pecz *Rychenower* = Pecz *Reychener* 1368/72 b. Glatz; *von Rychenow, Rychener*/Alt-Brsl.

Reichold, Reichhold (Bay. öfter): altd. Pers. N. *Richold,* wie in den bair. ON. Reicholdsgrün, Reicholzried, Reicholzheim. Vgl. *Richolt* 1153 Württ., Joh. *Reicholt* 1572 O. Pfalz. Dazu **Reichholz.**

Reicholf s. Reichloff! – **Reichrath:** vgl. ON. Richrath/Rhld.

Reichstein (Schles.): ON. Reichenstein Kr. Frankenstein.

Reichwagen: offenbar umgedeutet aus *Reichwan, Reichwein* (s. o.!), da in md. Mundart Wagen *wein, wân* lautete! Vgl. die Umdeutung Radewagen (-wahn), Schirdewagen (-wahn) aus slaw. Pers. N. auf -wan.

Reichwald: mehrf. ON. in Schlesien usw.

Reichwein (obd.): altd. Pers. N. Rîchwîn (»mächtig, vornehm«, »Freund«). *Richwin* u. Sohn *Richel* 1331 Wetzlar. Heinr. *Richwin* 1374 Hessen; Nickel *Reichweyn* 1411 Braunau/Böhmen (wie Trautwein 1393 Mähren).

Reicke, Reike dürfte wie Reikat, Reikowski ostd.-slaw. sein. S. aber ndd. Riecke!

Reide, Reidt (obd.) = Raide, Raidt »kraus, lockig« (mhd. reite). Reithaar = Kraushaar, Lockenkopf. Vgl. aber auch Reit(h)!

Reidel: vgl. mhd. reitel »Knüttel« (Sygel *Reydel* 1281 Wörrstadt).

Reidemeister = mhd. reite-meister »Rechnungsführer« (d. Stadt), zu reiten »berechnen«; **Reider** = mhd. reiter »Berechner«. Hentzelin *Reitmeister* 1381 Pforzh.

Reielts (Hbg.): ndd.-fries. für Reinelts = Reinholds.

Reif, Reiff (Mchn. oft): gehört als »Faßreifen« zum Böttchergewerbe (= Hersteller von Faßreifen), vgl. Setzereif, Treibenreif, *Treffenreyff* 1389 Lg., *Wyndenreyff* 1497 Görl. Auch Becherreif, Reifsteck (1419 Straßbg.), Reifschneider (1372 Iglau). Ein Haus *zu dem Reyfe* 1325 in Worms. Als Böttcher *(büttener)* sind bezeugt: *Swenkenreiff* 1365 Brünn u. *Setzenraif* 1370 Nbg.; *Schrotenreyf* 1492 Altenbg.

Reifegerste (Hbg.): verhochdeutscht aus ndd. Riepegerste, Bauernname, s. dies! –

Reifeisen s. Raiffeisen!

Reif(en)rath ist entstellter rhein. ON., vgl. ON. Refrath b. B.-Gladbach, Riferath u. Reifert (alt Riferode), z. Wasserwort *Rif, Reef* (Gewässername z. B. in Holld.); ähnlich Mödrath, Rosrath (Bahlow, ON. S. 388).

Reifenstuel (Mchn.): ÜN. des Stuhlmachers (mhd. reifen = biegen, winden). Georg *Reiffenstuel* 1540 Mchn.

Reifert, Reifarth s. Reinfried! Ein ON. Reifert (Riferode) im Rhld.

Reifke: urspr. ndd. Riepke, vgl. Nestriepke »flügge« (riep »reif«, vgl. Riepegerste: Reifegerste). **Reifkogel:** urspr. ndd. Riepkogel, auch Riefkohl, wie Leinen-, Linnekogel, -kohl, Rodekogel, Rokohl, Feinkohl u. ä., zu *kogel* »Kapuze«, s. Kögler!

Reifschläger s. Repschläger! – **Reigbert** s. Regber!

Reige, Reie: mhd. reige »Reigen, Tanz«, ÜN. des Reigenführers; aber Rei(g)entanz ist Satzname, s. auch Rehdantz! Fridebracht *Reige* 1354 Wetzlar, ebda. 1266 Conr. *Reye;* Rulo *Reyge (Reye)* 1295 ebda., Nic. *Reyenfürer* 1347 Lg.

Reigel, Reigl (obd.) = mhd. reigel »Reiher«, desgl. **Reiger.** Vgl. B. gen. *Raiger* um 1275 Mengen/Württ. Dazu **Reiher** (Hbg. oft): Willeke *Reygher,* Andr. *Reygher* 1339 Lüb., Rüdel *Reiger, Reyer* 1373 Mähren.

Reik(e) s. Reicke!

Reil(e): Bay. oft, Württ., beruht (durch Entrundung) auf Reule, älter Rühelin, Rülin, = Rauh, der Rauhaarige (mhd. rû); vgl. Otto *Rühelin* 1244 Grünsfeld/Tauber, Conr. *Rüwlin (Reulin)* 1471 Markdf.; Ruod. *Reuwelin* 1286 Nd. Lahnstein; vgl. *Riuwental:* Reuental: = zum rauhen Tal. Ein ON. Reilhof hieß 1510 Riuwental! Vereinzelt mag mhd. riuwe (riuwelin) »Reue, Bußfertigkeit« hineinspielen, vgl. riuwer »Büßer« (Aberlin *Riuwer* 1439). Aber **Reil** (Oldbg., Hbg.) beruht urkdl. auf Reylie 1627, Reyling 1428.

Reiling s. Reil! Aber obd. Reilinger: z. ON. Reilingen.

Reim (obd., Mchn. oft), Reime: vgl. Hans

Reim 1444 Weinsberg/Württ.; als KF. zu Reimar (Reinmar): *Reimo* 1283 b. Eßl., ndd.: *Reyme = Reymburg* 1372 Äbtissin v. Harvestehude/Hbg.

Reimann (Schles., Sa. oft, auch Ostpr.) ist verschliffen aus **Reinmann** (so nur noch selten): d. i. urkdl. der vom Rhein Zugewanderte! In der Häufigkeit (s. Bahlow, Schles. Nbch. S. 94) spiegelt sich der Anteil der rhein. Siedler an der Eindeutschung u. Kultivierung Schlesiens; vgl. dazu auch W. Jungandreas, Besiedlung Schles. (1928), S. 162ff. Meister Hensel *vom Ryne* 1397 Lg., Anshelm *von dem Reyne* 1367 Glatz (wo schon 1325 Herr Herman *Rynman,* 1281 Conr. *de Reno*), Wilhelm gen. *fomme Ryne* (de Reno) 1226 b. Dobrilugk, Nickel *Rymman* 1354 Brsl., Frenczel *Ryman* 1409 Görl., Bartusch *Reyman* 1426 Görl. Cunczel *Reyman* 1334 Prag, Simon *Reyman (Reynman)* 1458 Freiberg. Auch in Bay.: Heinr. *Rynman* 1342 Karlstadt, Hans *Ryman* 1385; Hans *vom Ryne* 1409 Würzbg. Ndd. ist Riemann, Rehmann!

Reimar(us), bekannt durch den Hamburger Bibelkritiker Hermann Samuel Reimarus (1694/1768), s. Reimer!

Reimbern (Regin-bern) war im MA. von Köln bis Hbg., Lüb., Ro. als ndd.-fries. Pers. N. verbreitet, auch als Rem-bern; urkdl. auch verschliffen zu Reibern, vgl. in Stade um 1300 *Reymbern (Reybern)* Runge, *Reymbern (Reybern)* Tasteke. S. auch Reim-bert, Rembert, heute Reimert, Remmert, Reimerdes, fries. Reemts(ma) u. ä. sowie Reimbold, Reibold!

Reimbert war wie Reimbern und Reimbold auf ndd. Boden beliebter Pers. N. (germ. Ragin-, Regin-berht »im Rate glänzend«), heute in FN. Remmers, Reimerdes, Reimert, Reemts usw. fortlebend, s. diese! Obd. ist Reim-, Reiprecht! In Bremen 1297 *Reymbertus (Rembertus),* in Ro. 1280 Joh. *Reymberti,* in Hann. 1393 Ludeke *Reymbertes:* heute **Reimerdes** (so in Hameln).

Reimbold (germ. Ragin-, Regin-bald »im Rate kühn«) war um 1300 auf ndd. und obd. Boden gebräuchlich, heute in den ndd. FN. **Reimelt,** Reimels, Rembold, **Remmels,** obd. Reimbold fortlebend. *Reymbold* Spurteke/Lüb., Ritter *Rembold* 1399 Werdener Urbar; Fedde *Reymels* 1484 Bręmen; in Straßbg. um 1300: Ratsherr *Reinbold hern Reinboldes sun,* ebda. *Rembold (Böldelin!)* Rebstock, vgl. schwäb. **Römbold.**

Reimelt s. Reimbold!

Reimer (ndd. und obd.) ist verschliffen aus **Reinmar** (germ. Ragin-, Reginmar »im Rate berühmt«), im MA. beliebt (bes. an der Waterkant): *Reimer* Starke 1317 Lüb., *Reymer* perdekoper 1304 Strals., *Reymer* Mantzke 1435 Pomm., bei den Friesen noch heute: *Reimar* Hobbing, zahlr. als Patr.: **Reimers** (Hbg., Kiel, Bremen) neben **Reimer.** Schon 1293 in Bremen Joh. *Reimers.* Auch **Remer(s).** Auf obd. Boden waren berühmt die Minnesänger *Reimar* der Alte u. *R.* v. Zweter. Vgl. Nikel *Reimar* 1350 Eger, H. *Raimer*/Olmütz.

Reimpell (obd.) ist nebst **Rempel** KF. zu Reimprecht (s. Reiprecht!), wie Heimpel (Hempel) zu Heimprecht.

Reimuth ist Variante zu urspr. **Reinmuth** (Ragin-, Regin-mut), wie Reimar zu Reinmar. *Reinmut* neben *Reinmund* 1278 Ro. *Reyne* (VN.) 1387 Frkf.

Rein, patr. **Reinen** (wie Rehn, Rehnen), ist im ndd.-fries. Raum KF. zu Reinhard, Reinhold, Reinward usw.; vgl. Reineke! In Bremen 1350 *Reyno.* Ebenso Meyn, Meineke zu Meinhard usw. Auf obd. Boden tritt neben Rein häufig (bair.) **Reinl** nebst **Reindl** (mit sekundärem *d* zwischen *n-l,* als Gleitlaut, auch Rendel), vgl. Heinl, Heindl, Hendel. *Reinl* Probst 1353 Brünn. Peter *Reinlinus (Rendlinus)* 1399 Saar/Böhmen. Heinli *Reinli* 1459 Waldshut. Vereinzelt mag der Flurname Rain (mhd. rein »Ackerrain«) hineinspielen.

Reinalter (Ö.) ist Patr. zu Reinhold.

Reinartz ist ndrhein. = Reinhards.

Reinbeck (ndd.) ist Bach- u. ON., z. B. b. Hbg.

Reinbold(t) s. Reimboldt! – **Reinboth** (Ragin-, Regin-bod »Gebieter im Rat«) ist z. B. als N. eines mhd. Epikers *Reinbot* von Turn (Legende v. heil. Georg um 1240) bemerkenswert. Heinl *Reynboth* 1333 Böhmen. *Reynbode* 1344 Bremen, Cuncz *Reynbot* 1409 Würzbg.

Reinbrecht (Regenbrecht) s. Reimbert (ndd.) und Reiprecht (obd.), auch Reimpell! Rainprechter ist obd. Patr.

Reincke s. Reinke, Reineke! – **Reindl** (Bay.) s. Rein!

Reinders ist fries. Patr.: = Reiners (= Reinhards Sohn), wie Meinders (Meiners) zu Meinhard. Dedde *Reinders* 1618 Friesld.

Reine(c)ke (Hann., Hbg. zahlr.) ist ndd. KF. zu Reinhard usw., bekannt durch das Tier-Epos Reineke Voß (Reinhart Fuchs). Patr. Reineken, westf. **Reineking** (wie Gödeking zu Godefrid). *Reineke* (filius) *Reineken* 1301 Strals.

Reinefarth, Rennefahrt s. Reinfried!

Reineking s. Reineke! (Volkmar *Reyneking* 1438 Hbg.) Vgl. Meineking, Gödeking, Sieveking.

Reinelt (Schles.) ist Reinolt (Reinhold), wie Weinelt = Weinolt (Weinhold), z. T. auch = KF. Reinel + t, wie Weinel + t. S. auch Rein! Mundartl. auch **Renelt:** Nikel *Känolt* 1414 Nikolsbg.

Reiner (häufig), obd. auch **Rainer,** ist der germ. Pers. N. Ragin-hari, Regin-her, Rein-her (»Ratgeber im Heer«), urkdl. oft am O.-Rhein (Socin, Mhd. Nbch. S. 31), mitunter auch für Reinhard gebraucht. *Reiner(us) Reynberti* um 1280 Ro., *Rein(h)erus (Renerus, Reinike)* luscus um 1275 Hbg.; *Reinher (Reinhart!)* v. Reuthen um 1300 Württ.

Reiners (Hbg. oft) = Reiner's bzw. Reinert's Reinhards) Sohn.

Reinert (ndd.) = Reinhard, wie Meinert = Meinhard. Dazu Reinerding (westf. Patr.).

Reinfried (Reginfrid): seltener alt. Pers. N., in FN. auch entstellt zu Rein(e)farth, Rennefarth, Rönnefahrdt, Rennpferd. *Reynfrid* Menlein 1374 Mähren, *Reynfrid* v. Münicheim 1157 Bay., *Reinfrid* um 1300 auch in Lüb., Ro. Dazu ein mhd. Epos »*Reinfrid* v. Braunschweig«. In Franken Herolt *Reynfrit* 1323. In Westf. vgl. **Renfert** u. patr. Reinferding; auch **Refardt,** Refert.

Reinhard(t), obd. auch Reinhart, germ. Ragin-, Regin-hard »im Rate kühn«, war neben Rein(h)old und Reinher (Reiner) im MA. beliebter Pers. N. (Bahlow, Unsere Vornamen, S. 85!). Vgl. die KF. Reineke (ndd.) u. Reinel, Reindl (obd.), auch Reintsch, Reinisch (schles.), Rein. S. auch ndd. Reinert, Reiners, fries. Reinders, Rehn, Reints u. ä.

Reinhold(t), häufig, im MA. volkstümlicher als Reinhard u. Reinher, ist der germ. Pers. N. Ragin-wald (Regin-old, Reinolt) »mit klugem Rate waltend« (Bahlow, Unsere Vornamen, S. 85). Umdeutung des -old zu -hold erst im 16. Jh., wie bei Mein(h)old. Vgl. her *Reynold* Kaczbach der prister 1380 Lg., meister *Reynolt* 1303 Strals. Ernst *Reinolt* 1532 Glatz. Auf ndd. Boden erfolgte Umdeutung zu **Reinhol(t)z,** vgl. Meinholtz, Weinholtz. S. auch **Reinelt,** Reindl, Reinisch!

Reinick(e), Hbg. oft, s. Reineke! (*Reineke Reineken* 1301 Strals.). **Reinichen** ist md. Form für ndd. Reinecken; vgl. Heinichen.

Reiniger (obd.): z. ON. Reiningen, wie Meiniger z. ON. Meiningen. Der altd. Pers. N. Rein-ger ist stets zu Renger verschliffen, s. dies!

Reining (Hbg.) ist ndd. Patr. zu Rein (KF. zu Reinhard usw.), s. dies! **Reininga** ist fries. Patr.: Taleke *Reining* 1428.

Rein(i)sch, Renisch, Reintsch, Rentsch(ke): schles.-sächs. KF. zu Reinhold bzw. Reinhard, mit slaw. Suffix -isch (-usch). *Renczco* = *Reynhard* v. Gausk, Hofrichter, 1353 Lg., *Reyncz* Koch 1372 Brsl., Enderlein *Reynsch* 1445 Görl., Fridl *Reinisch* 1348 Brünn. Vgl. Heinisch zu Heinrich.

Reinke, Reinken(s) s. Reineke! Desgl. Nonno **Reinkena** 1443 (fries. Patr.), **Reinker** (westf. Patr., wie Öhlker, Ötker u. ä.). **Reinking** s. Reineking!

Reinl(e) s. Rein!

Reinmann s. Reimann! Vgl. auch Rai(n)mann (Ö., Tirol), offenbar zu Rainhart, Rai(n)mund u. ä. gehörig: *Raymannus* de Vollano 1366 Tirol, Chuonrad *Rayman* 1357 ebda., Lienhart *Raynman* 1476 ebda.

Reinmuth s. Reimuth!

Reinold, Reinolt, Reinelt s. Reinhold! – **Reinpold** s. Reimbold!

Reins (Hbg.): Patr. zu Rein (s. dies!), wie Meins zu Mein. S. auch fries. Reints (Reinerts) wie Meints (Meinerts).

Reinsch (schles.) s. Reinisch! – **Reinschöttel** s. Reumschüssel!

Reintanz = Reien-, Regentanz, s. Rehdanz! (A. *Reientanz* 1604 Eisenach, Th. *Reigentantz* 1655 Prenzlau, B. *Regedantz* 1248 Pomm.). Zur Satzform vgl. Regenfuß, Regenarm, Regenwürfel.

Reintjes (fries.) = ndd. Reinkens (Reinekes Sohn).

Reint(s): fries., verschliffen aus Reinert(s),

wie Meint(s): Meinerts. Vgl. *Reint* Garmes = *Reinert* Garmes 1538. Ebenso Eints: Einerts.

Reintsch (schles.), Reintzsch (sächs.) s. Reinisch!

Reinwald(t): Reinwold (ndd.): aus Reinwalde, wie Meinwald aus Meienwalde, – Ringwald aus Ringenwalde (alle ostd.).

Reinwarth, Reinwerth (obd.): d. i. Ragin-, Regin-ward (ragin »Rat«). Conr. *Reinwart* 1410 Horkheim. Ndd. Reineward, **Renward**: *Rein-*, *Renward* um 1250 Hbg., Lüb., Ro. Vgl. ndd. Meinward (Megin-ward). In Friesld. 1422 Wilke *Rewerda* (Patr.).

Reiprecht, Reiprich (obd.-schles.): ist verschliffen aus Reimprecht (germ. Ragin-, Regin-berht »im Rate glänzend«), s. Reimbert (Reimpert: **Reipert**)! Ausführl. Bahlow, Schles. Nbch. S. 47. *Reymbrecht (Reynprecht)* v. Ebersdorf 1451 Ö., *Reiprech* Bolcze 1393 Brsl., Mattis *Reiprecht* 1520 Schweidn. Zur schles. Form *-prich* vgl. Rupprich, Harprich, Hemprich usw. Rainprechter ist öst. Patr.

Reipschläger (ndd.) s. Repschläger! – **Reis**, Reisle (bair.-alem.-schwäb.): urkdl. *Ris*, *Risle*, also = mhd. rîs »Zweig, Gesträuch«. Vgl. auch die Gärtnernamen Pfropfreis, Buckreis, sowie Maienreis. S. auch Reiß! Zacharias (Ein Jude *Reis* Zacharias 1701 Hainstadt).

Reisch, Reischer (vgl. Reusch) beruhen auf mhd. rîsch bzw. rûsch »Binsicht, Röhricht«, nach der Wohnstätte. Sifrit *Reysch* 1341 Leinach, Conr. *von Reisch* 1392, Contz Reischer 1380 Königheim. Weiteres unter Reusch, Reuscher! Dazu auch **Reischach** (alt *Rischach*), Reisch(en)beck, -böck (bair. = -bach). Vgl. ON. Reisch/Bay.; *Rischwang: Rischenau, Rischenhart*. **Reischle** (Württ.) = Räuschle, Reuschel, s. Rausch!

Reise (Hbg. öfter) ist z. T. ÖN., vgl. Reise(n)-Moor b. Bleckede/Elbe. S. aber Reißmann u. Reiser! Auch ON. Rees/Ndrhein., Reesen b. Höxter, Reselage b. Vechta, Ris-lo i. W. enthalten das alte Sumpf- und Moorwert *ris, res*. Weiteres: Bahlow, ON. S. 390/96. Auch wer viel auf Reisen ist. Siffrid mit der langen *Reyse* 1311 Harz; Cone *Reyse* 1330; Gudereise; Ummereyse (Ritter) 1350 Ro.; *Beholdene Reyse* »wohlbehaltene Reise« 1378 Grfsw.

Reiser (Bay. oft, Württ., Baden): soweit urkdl. *Riser*, liegt der ÖN. Reis (mhd. rîs »Zweig, Reisicht, Gesträuch«) zugrunde, s. Reis! Ein »Holz gen. Rys« 1454 b. Lauffen. In Bay. wurde *s* auch für *ß* geschrieben, daher kann öfter auch der **Reißer** »Zeichner, Holzschneider« gemeint sein (mhd. rîßer): »Ich bin ein *Reißer* früh und spat«, heißt es b. Hans Sachs zum Holzschnitt v. Jost Amman. Vgl. unser »Reißbrett, Reißzwecke«. Leonhart *Reiser* 1443 Nürnbg. ist auch als *Reißer* bezeugt. Dazu *Hauben-*, *Scheidenreißer!* Zuweilen mag mhd. reiser »Krieger, Reisiger« hineinspielen, vgl. dazu Hinr. *Reyseghe* 1320 Lüb. (1371 Greifsw.). Zu Gudereise vgl. Arnold *Beholdenereise* (»wohlbehaltene Reise«) 1378 Greifswald.

Reisinger (Bay., Ö. oft): z. mehrf. ON. u. ÖN. Reising, Reißing (meist zu Reisig »Gesträuch«, vgl. »in dem Rîsech« 1287 (heute Hof Reisinger/Urfahr). S. auch Reißig!

Reiske ist ostd.-slaw. wie Reiseck. – **Reisland** s. Reis!

Reismüller (obd.): nach der Reismühle (im Reisicht, im Gehölz), vgl. die Reismühle b. Überlingen (1383 Rißmüli, 1514 Reysmülin).

Reisner, Reißner (Schles., Böhmen, O. Laus., Bay.) neben **Reus(s)ner** dürfte zu den ON. Reisen (Bay., Schles. usw.) bzw. Reißen (Thür.) u. Reußen (Saale) gehören; vgl. Hanke *von Reysen* 1348 Glatz, Peter *von Reysen* 1456 Tschechnitz, *Reysener* 1453, Lg., *Reisner* 1348 Brünn, 1386 Kolin, 1399 Chrudim, *Risener* 1383 Würzbg. (vgl. ON. *Risun:* Reisen am Erdinger Moos u. die Reisenbäche/Bay. u. Ö. zu *ris* »sumpf. Wasser«); *Reyßener* 1465 Freiberg; daneben *Reusener* 1461 Görl., 1546 Lg. Mitunter mögen bei Reußner Beziehungen zum Lande der Reußen (Russen) vorliegen (vgl. »Moskau im Land *Reißen*« 1560 Wien), wie bei Preußner, Preißner z. Lande der Preußen (Prußen).

Reiß, Reiße s. Reis bzw. Reuß, Reuße! (Cleße *Reyße* 1444 Mainz.)

Reißenkittel (obd.) meint wie Zerrenkittel den Raufbold bzw. Räuber: Peczolt *Reysenkytel* 1379 Königgrätz. Vgl. Reißeisen wie Zerreisen; Reißhelm wie Zerrhelm (zerren = zerspalten).

Reißenweber, ndd. Riesenweber, meint den Schleierweber; in Duderstadt 1434 *Risenwever;* zu mhd. *rîse* »Schleier«. In Eger (auch Brsl.) 1330 eine *Risenwäscherin.* Vgl. FN. Schleierwäscher, -weber.

Reißer (obd.) s. Reiser! – **Reißig,** Reisig ist obd. ÖN. (mhd. rîsach »Reisicht, Gesträuch«, vgl. »in dem Risech« 1278). Leo *Reysech* 1372 Iglau. Aber Hinr. *Reyseghe* 1320 Lüb. meint den Reisigen, berittenen Krieger.

Reißmann = mhd. reis-man »Kriegsmann«, auch reitender Bote, zu reise »Heereszug, Reise«. Nikol. *Reyseman* 1325 b. Mainz, *Reisman* 1237 Franken. – **Reißner** s. Reisner!

Reit: auf ndd. Boden s. Rethmann!

Reitel (obd.) s. Reidel! – **Reiter** (Bay. oft) wie Unterreiter u. ä. s. Reuter (z. ON. Reit, Reut, »Rodung«); seltener = mhd. rîter »Reiter« (Joh. u. Hainr. *Rîter* 1326 Ravsbg.). Aber Reitermacher = Siebmacher.

Reith, Reithmaier, -meier (Bay. oft), Reithmann, **Reit(h)er** beziehen sich alle auf obd. Reut (ahd. riuti) »gerodete Waldstelle«, in vielen ÖN. u. ON. wie Reuth, Reith nebst Hutschenreuth, Herbstreith usw. Dazu FN. Hutschenreuther, -reither; Pfützenreuter, Pfitzenreiter; Bärnreuter, -reiter; Hinterreuter, -reiter usw. S. auch **Reuther, Rauter!** Im Fränkischen (Nordbayern) vgl. auch die ON. auf -richt (alt -rüchti) wie Schmellenricht u. ä.

Reitsch: ON. b. Kronach. Dazu auch Reutsch.

Reit(t)erer (Ö.): z. ÖN. Reiter, Reitern; Jörg *Reiterer* 1538 Tirol, Nic. *Reyterer* 1365 Brünn.

Reitz (Hbg. oft): slaw. ON./Pomm. Als VN. war Reitz um 1500 in Hessen KF. zu Heinrich: *Reitz (Ritze, Henritze!)* Grebe 1525 Homburg. – **Reitze:** ON. b. Lüchow.

Reitzenstein (von): bekanntes Adelsgeschlecht; vgl. ON. Reitzendorf/Sa., Reitzenhain/Taunus.

Rekate, Rekotte (Westf.-Lippe) entspricht Brokate, Nakate, Horkotte, Pohlkotte usw., lauter Wohnstättennamen für Häusler (Kleinbauern), die nur eine »Kate, Kotte« (ohne Ackerland) zu eigen haben; Re meint Rede- (Sumpf, Moor) wie in Rehe/Lenne (1253 Rede), Rehorn i. O. (1059 Redehorn), Redebeke (Rebbeke) i. W., Redemoor/Engld.

Relling (Hbg. oft): ON. Rellingen westl. Hbg.

Rellstab (Schriesheim/Hdlbg.) neben Rödelstab (ebda 17. Jh.), bekannt geworden durch den Schriftsteller Ludwig R. (1799/1860), meint offenbar mhd. riutel-stap »Stab z. Beseitigen der am Pflugbrett sich anhängenden Erde«.

Remagen: alte Römerstadt a. Rh., gehört wie Dormagen, Marmagen, Neumagen zur Hinterlassenschaft der Kelten; kelt. *Rigo-magus* meint Wasserfeld (lat. rigare »bewässern«), s. Bahlow, ON. S. 391!

Rema(h)ne (slaw.) s. Schles. Nbch.!

Remarque: der Schriftsteller Erich Maria R. (»Im Westen nichts Neues« 1929) hieß angeblich eigtl. Kramer. Zusammenhang mit d. Heil. N. Remaclus ist unerwiesen.

Rembold s. Reimbold! – **Rembot** s. Reinbot!

Rembrandt (fries.-ndld.) = Reim-, Reginbrand, vgl. Rembern, Rembert, Rembold.

Remde: ON. Remda (a. d. Remda) b. Rudolstadt/Saale; altes Kollektiv auf -idi z. Wasserwort *ram, rem,* vgl. Renda, Scherbda, Röhrda.

Reme (Hbg.) s. Rehme! Vgl. aber auch ON. Rehme/Weser (a. 800 Rimi, zu rim »Moor« wie Remstädt: 796 Rimistede): Herbord *de Reme* 1299 Bremen.

Remer (Hbg. oft) nebst Remers s. Rehmer und Reimer(s)!

Remigius s. Remy!

Remke, Remken s. Rehmke! – **Remling:** ON. Remlingen/Wolfenb. u. Würzbg.

Remlein, Remele (obd.) s. Remmele!

Remmer(t), Remmers (Hbg. oft) nebst **Remme** (KF.) ist ndd.-fries. verschliffen aus Rembert (Reimbert, s. dies!). *Remmer* 1514 Friesld. neben Rembert. Addek *Rembers* 1428. Zu Remme vgl. Lemme! **Remmels** = Rembolds.

Remmler (obd.) ist mhd. remler, Variante zu Rammler, s. dies! Ebenso gehört obd. **Remmele** als Umlautform zu Ramm (mhd. ram) = Widder: Heinr. *Remli* 1354 Reutl. auch *Remmli* 1363 ebda.

Rempage (ndd.) s. Rennpage!

Remp(p): schwäb. = Zuchtstier (Berchtold *Remp* 1250 Pfullingen). Dazu **Remplein** (Wilh. *Remplin* 1402 Elsaß).

Rempel (Schles.) begegnet im MA. als

VN.: *Rempel* Ratold (*Rampel* Radolt, mit mundartl. *a* wie Hampel neben Hempel) 1387 Glatz, *Rempel* v. Nymancz (= Ramfold v. N.) um 1350 ebda., Matern *Rempel* 1347 Brsl. Zu Ramvold, Rambold s. Bahlow, Schles. Nbch. S. 46! **Remppis** s. Rimpiss!

Rempt (fries.) meint Remet (Reimbert), s. Reemtsma! Vgl. Folpet = Folpert.

Remstedt (Hbg. oft) s. Reme! – **Remus** s. Remy!

Remy, Remmy (obd.) meint den heil. Remigius, Bischof v. Reims (!), Apostel der Westfranken; im MA. auch Remeis (Romeis), vgl. Jerg *Remiß* 1579 b. Stockach, Clewin *Remy* 1415 Freibg./Schweiz.

Renate: die (d. die Taufe) Wiedergeborene.

Renck (Hbg.) s. Renk! – **Rendel** (obd.) s. Reindel! Vgl. auch ON. Rendel/Wetterau (Conrad Rendelere 1316/Hess.).

Renders (fries.) s. Reinders! – **Rendtorff:** ON. Rentorf/Lippe.

Renelt = Reinelt, s. dies u. Reinhold! **Renfer(t),** Renfarth s. Reinfried! Vgl. auch ON. Renfrizhausen/Württ. u. Hans Reyfersdorf 1398 Lg. **Renftle** s. Ranft!

Renger, ndd. auch **Rengers:** urkdl. Reinger, d. i. der altd. Pers. N. Ragin-, Reginger (ragin »Rat«, ger »Speer«), auch in ON. der frühen Zeit: Rengersdorf Kr. Glatz, Kr. Lauban, Kr. Sagan, Kr. Rothenbg./O. Laus., auch in Bay. Dazu ON. Rengers/Württ. (vgl. curia *Reingeri, Rengeri* 1250 Württ.). Cunr. *Reinger (Renger)* 1175 Köln, Heintzman *Renger* 1393 Breisg., Nikel *Renger* 1461 Görl. Am O. Rhein: *Reingerus, Rengerus* (Socin S. 31). In Hbg. 13. Jh. *Reingerus.* Dazu ON. Rengershausen (Hess. usw.).

Renk (Hbg. oft), Renke, patr. **Renken** (Hbg. oft, Bremen oft) s. Reinke, Reinken! Vgl. Menke, Menken = Meinke, Meinken. In Oldbg. *Renke* Sievken.

Renkl (Mchn. öfter) ist Variante zu **Rinkl:** mhd. rinke »Spange, Schnalle« zu Gürtel u. Schuh; vgl. senkel neben sinkel; u. so wohl auch **Renker** = **Rinker** »Rinkenmacher, -feiler«. Vgl. Hannos *Renkel (Renker)* 1390 Brsl., Sifrid *Renker* 1303 (Erbvogt v. Löwenbg.), Heinr. *Renker* 1386 Brüx, Henne *Renker* 1358 Reiskirchen/Hess. Zum md. *e* für *i* s. Behaghel § 166! Ebenso *Renkenberg* neben *Rinkenberg.*

Renn, Renne, Rennen, Rennsen (patr.): fries. KF. zu **Renner(t)** = Reinhard; mit k-Suffix: **Rennecke.** Vgl. ebenso Menne, Menneke zu Mennert (Meinhard). **Renning(s)** ist Patr. wie Menning. Vgl. auch ndd. Rennefarth für Reinfried.

Rennebohm, -baum: mnd. mhd. = Schlagbaum; auch ON./Westf. **Rennebecher:** aus Rennebach (Franken), wie Reichenbecher, Leutbecher (Leutenbach) usw. Ein Pfr. Barth. R. (Eisleben) taufte Luther.

Rennefarth, Rönnefahrt s. Reinfried! Vgl. Rennebarth, Rennemuth.

Rennenkampf: »renn' in den Kampf«, vgl. Wendenkampf. Ähnlich Hans Renneintlant 1424 Hi.

Rennepage (ndd.), Rempage, Rönnpage(l) = Turnierpferd; vgl. **Rennspieß,** Rönnspieß »Turnierlanze«, rennekleit »Turniergewand«.

Renner, obd. oft, auch ndd.; in Schles. neben Renner auch **Rinner:** = mhd. rennaere »gewappneter Reitknecht, reitender Bote«; vgl. in Görl. 1399: »den knechten u. den rinnern, die mit den weppnern geritten haben ...«, 1419: »in den herfarten zu nuwem gewande ...«. Hanke *Renner* 1357 Brsl. (1369 Lg.), Ysac *renner, rinner,* ein Jude 1409 Görl. Konrad *Rennert* 1328 Schweidn. (vgl. Rinnert: Grünbg.), Ruod. der *Renner* 1336 Pforzheim. Henneke *rennere* 1347 Lüb., Herm. *renner* 1307 Strals. Auch ein berühmtes mhd. Epos (Lehrgedicht) des Bamberger Schulmeisters Hugo v. Trimberg um 1300 nennt sich »Der Renner«, noch 1549 im Druck ersch.

Renning (ndd.) s. Renn! – **Rennspieß** s. Rennepage!

Rensch s. Rentsch! **Renschler** s. Rentschler!

Rensing: ON. b. Itzehoe. Auch fries. Patr., vgl. Mensing! – **Rente, Renting:** fries., zu **Renet** = Reinhard, wie Ment, Bent (Bentink) zu Meinhard, Bernhard.

Rentel(mann): z. ON. Rentel (vgl. Rentilo 855/Veluwe), wie Rintel(mann) zu Rinteln. *Rentle* 1333 Lüb.

Ren(t)sch s. Reinisch! Desgl. **Rentzsch** (sächs.).

Ren(t)schler (Württ. oft): offenbar = Schlendrian, lässiger Mensch. Ulrich *Rentschler* um 1600 Kr. Calw.

Renz (Bay. oft), Rentz: in älterer Zeit mag KF. zu Reinhard (Reintz) vorliegen, später kommt vor allem die KF. zu Lorenz (Laurentius) hinzu, auch auf nordd. Boden (*Rentze, Rentzeke* 1383/91 Barth, *Renseke* 1319 Strals.). Vgl. auch Lentz! In Württ. vgl. Hainr. *Renz* 1331. *Renz* Hanfstengel 1401 Eßl.

Renzel (von), Renzelmann: aus Renzel/Hann. (Walther *Renzelman* 1527 Oldbg.). Zu Herm. *Rentzel* (1392 Nbg.) vgl. Renz!

Repen (Hbg.) nebst Reepen: ON. Reepen/Hann. Eine Reepe fließt z. Lenne. Dazu Bahlow, ON. S. 392.

Repenning (Hbg., Kiel, Stettin): zeigt ndd. Dentalschwund zw. Vokalen, s. Rede-, Rehpenning (»Barpfennig«)! (Reymer *Redepenning* 1350 Kiel).

Reper (ndd.) s. Repschläger!

Repohl (ndd.) statt Redepol s. Rekate!

Repp, Reppe, Reppa, Reppich, Reppchen sind ostd.-slaw. (rep »Rübe«), wie die ON. Reppist, Reppin, Reppinichen, Reppichau, Reppen u. ä. Zu Reppenstedt, Reppenhard (Reppener), das Reppich (rep = Sumpf, Moor) s. Bahlow, ON. S. 392! Aber Repke (Bach u. Ort b. Dassel) beruht auf Red-beke = Sumpfbach.

Repple, Reppel (obd.) s. Räpple! Rapp! – **Reps(ch)** ist ostd.-slaw., auch Rebs.

Rebschläger, Repp-, Reef-, Reipschläger ist wie **Reper** die alte ndd. Bezeichnung für den Seiler, nur in Seestädten (noch 1790 in Rostock als Beruf); er machte die großen, geteerten Schiffstaue; vgl. die Reep-, Reifschlägerbahn in Elbing u. Königsberg, die Reeperbahn in Hbg., die Reiferbahn in Ro. Belege: Richard *Repsleger* 1265 Hbg., Hinr. *Repsleger (Repwinder)* 1280 Ro. (vgl. Selschlager, -winder); Peter Jörgensen, *Repsleger* 1581 Flsbg.; auch Sifrid *Repere* 1296 Ro. (Lüb., Strals.); Heinr. *Repwinder* 1430 Hameln.

Repsold (Hbg.): vgl. ON. Repsholt i. O.

Requard (ndd.) s. Riquard, Rickward!

Resch (obd. oft), gerundet **Rösch** (s. dies!), meint mhd. resch »lebhaft, munter, rührig«. Otto *Resch* 1252 Bühl, Joh. *Resch* (Velocianus) 1530 Ulm, Sifrid *Reschelin* 1280 Speyer. Mathias *Resch* 1359 Prag, Henel *Reschel* 1397 Dux.

Reschke (ostd.-slaw. schon um 1350 in Brsl. *Reschka)* dürfte auf slaw. *Reschek, Reschka* beruhen als KF. zu *Rehor* »Gregor« (vgl. Greschek = Gregor), analog zu Peschek: Peschke für Peter u. Jeschke für Johannes. Vielleicht liegt aber nur Variante zu **Raschke** (KF. zu Ratislav) vor, analog zu Jaschke: Jeschke.

Rese (ndd.) s. Reese! – **Res(en)höft** (ndd.) stellt sich zu Wiedenhöft, Muschenhöft, wo höft (höved) »Haupt« den Sinn von Anhöhe mit Quellbezirk hat (E. Schröder, S. 308); res (ris), musch u. wide deuten auf feuchtes Gelände. Vgl. Reselage (Moorort b. Vechta). Reeswinkel: sumpf. Winkel.

Reß, Reßmann (nordd.) deutet auf den ÖN. (ON.) Resse, Reß. Vgl. Dankmer *vam Resse* 1485 Hann. (d. i. ON. Resse b. Hann.); ähnlich Greß(mann): z. ON. Gresse. Resse b. Buer hieß a. 900 Redese »Sumpfort«. Ressen/Laus. ist slaw.

Ressel (Reßel), **Reßler** s. Rößel, Rößler!

Rest (obd.), Restle: = mhd. reste, rest »Rast, Ruhestätte«. Hans *Rest* 1396 St. Blasien, Hs. *Rästlin* 1385 Biberach. Dazu **Rester** (Mchn.).

Rethmann, Rethmeyer (ndd.-westf.) wie Reth(e) (ON. Rethen b. Gifhorn!) deuten auf Wohnstätte am Reth = Schilf, Röhricht. Dazu auch **Rethwisch** »Schilfwiese«, Rethfeld, Rethmar, **Rethorn** »Schilfwinkel« (wie Balhorn, Gethorn usw.). Aber Rethschlag, Rettschlag s. Retzlaff! Vgl. Reit-Moor u. ä.

Rettenbacher (Rettenbeck, -böck), auch Redenbacher (Bay.): Rettenbach (mehrf. Bach- u. ON. in Bay. u. Ö.) meint wie Betten-, Detten-, Etten-, Getten-, Letten-, Metten-, Petten-, Wetten-bach »Sumpf- oder Moor-Bach«, vgl. Retten-moos (wie Anken-, Atten-, Tetten-moos). Eine Flur »*In den Retten*« 1332 b. Eßl.! Dazu **Rett,** Rettmann, Rettenmeier. Retthas (Schweiz) wie Mutzhas ebda. (mutz: im Mutzig = »Sumpf, Moor«). *Retthaber*/Württ.

Rettig, Rettich ist ÜN. des Gemüsehändlers, des Rettichbauern. S. auch ndd. Reddig, Reddich! Ähnlich Knoblauch, Pasternak, Kümmel. Aber **Rettke** ist ostd.-slaw., vgl. ON. Rettkau b. Glogau.

Rettmer (Hbg.): ON. b. Lünebg., d. i. »sumpfiges Quellgelände«, wie die Synonyma Bettmar, Wettmar, Tellmer u. ä.

Retz, Retzer (Mchn. oft) ist Herk. N., vgl. Joh. *Reczer* = J. *von Recz* 1360 Brünn. Ein Ort Retz in Ö. Dazu obd. Retzbach,

Retzgraben, (Retschengraben), Retzenbruch, alle auf sumpf. Wasser deutend; aber zu *Retsch(er)* vgl. mhd. retschen »schwatzen«.

Retzlaff (Pomm.), Retzloff u. ä. ist der slaw. Pers. N. *Ratislav* (rati »Krieg« wie in Ratimer, Ratibor; slav. »Ruhm«). Vgl. Tetzlaff, -loff, Jetzlaff, Götzlaff, -loff, Butzlaff, Mitzlaff, Pritzlaff, Ratzlaff, Watzlaff, Wentzlaff, Stentzlaff (Stanislav) usw. Zur Form **Rettschlag** (Retzlag, Redschlag) vgl. Brettschlag (= Vratislav, vgl. Breßlau!), Darfschlag (Dargeslav), Siedschlag (Sitschlaff). S. auch **Redslob!** Ein *Ratislavus* de Pawelstorp 1303 Pomm.

Reuband s. Reiband! – **Reuber** s. Räuber! Hannos *Reuber* 1394 Brsl. Vgl. Breuer: Bräuer. **Reudelsterz** (Köln): ON. b./Mayen (wie Plogstert) s. Rellstab!

Reuchlin s. Räuchlin! – **Reukauf:** mhd. riuwe-kouf »Reuekauf, Entschädigung bei Rücktritt v. Vertrag«. **Reuland** (Köln): ON. b. St. Vith (d. i. »Rodeland«).

Reule, Reulein (obd.) s. Reile! – **Reumann** (frk.-md.) meint Reimann (s. dies!), vgl. Heumann für Heimann. Conr. *Reuman (Reyman)* 1506 Thür.

Reumschüssel, Reim-, Reinschüssel (Schles., Ö.), ndd. Ru(h)mschöttel, »räume, leere die Schüssel!«, ist ÜN. für Diebe und Plünderer, wie Rümenap(f), Rümekorf, Rümkasten, Rümerock, Rühmstall: (Raubritter, der das Vieh forttreibt) wie die Räubernamen im »Meier Helmbrecht« lehren. Conr. *Reumeschüssel* 1406 Jena, *Rumeschottel* 1382 Ro., 1343 Lüb., 1178 Köln. Zur Form *Ramschissel* (Graz), mit bair. *a* für *au*, vgl. *Raumschissel* 1377 Budweis.

Reuprecht, Reupert (ostfrk.) s. Reiprecht! Vgl. Reumann: Reimann.

Reusch (obd.-rhein.): im »Binsicht«, vgl. Reisch! Ruod *Riusch (Rusch)* 1279 Württ.; auch Flurnamen wie »Im Reusch«, Rusch-, Reuschried; Rusch-, Ruschen-graben. S. auch Rausch, Rauschkolb! **Reuschel, Reischle** (obd.) s. Rausch, Räuschel!

Reuß (obd.) = mhd. riuße, altriuße, »Flickschuster«, wie Altreuß, Altreiß, s. dies! (»daß die *Reußen* keinen neuen Schuh machen sollen«, bestimmt z. B. das Bamberger Recht). Konr. der *Rüße* 1324 Eßl., C. der *Reuße* 1272 Franken, Th. *Reuße* 1511 Freiberg. Als Beiname von Rittern ist aber wohl der Russe (mhd. riuße »Reuße«) gemeint, d. h. einer, der im Lande der Reußen war; vgl. um 1250 urkdl. Vogt Heinrich v. Plauen dictus Bohemus (Böhme) u. sein Bruder Heinrich dictus *Rußo:* Heinrich Reuß!: so »her Arnolt *der Rüße«,* Ritter, 1298 b. Lahr. Jacobus *Reuß (Ruthenus)* 1360 Brünn.

Reußner s. Reißner! – **Reut(h)** s. Reith! Desgl. Reuthemann.

Reuter (obd.): meist auf ÖN. oder ON. wie Reut(h), Reute »gerodete Waldstelle, urbar gemachtes Gelände« bezüglich, wie Hutschenreuter (-reiter) auf ON. Hutschenreut; vereinzelt auch = mhd. riuter »reutender, rodender Bauer«. Trutman *Rüter* 1320 Sendelbach. Engel *Rütimenni in der Rüti* 1451 Allgäu. Volmar der *Rüteler* 1301 Horb (Rütli »kl. Rodung«). Auch *Rütner:* **Reuthner.** In Tirol: Rauter! Ndrhein. **Reuters** neben **Rüters** meint ndld. Ruiter, Ruyter, berittener Krieger, Reiter« (urspr. Wegelagerer, vgl. ndld. ruiten »plündern«). S. auch **Rüt(h)er!**

Reutling: mhd. riutelinc »Dolch«. Burkh. gen. *Rüteling* 1279 Reutl., Conr. *Reutling* 1365 Brünn (1387 Iglau).

Reuver s. Röver!

Reuwsaat (ndrhein.) = ndd. Röwesaat »Rübensaat«, der Rübenbauer.

Rewohl (ndd.) s. Rehwoldt! Vgl. Rowohlt.

Rex (lat.) = König. Ein ON. Rex b. Fulda.

Rexrodt, Rexroth: ON. Rexerode (heute wüst) in Hess. bzw. Thür.

Rey(e) s. Reige, Reie! – **Reyelts:** fries. für Reinolts, wie *Eyelt* für Einolt.

Reyer (Hbg. oft) s. Reiher!

Reymann s. Reimann! – **Reymers** s. Reimers! – **Reynders** s. Reinders!

Rheden (von) s. Rehden!

Rhein: z. Flußnamen. S. aber auch Rein! – **Rheine:** ON. i. W.

Rheinbolt s. Reinboldt! – **Rhenius** s. Rhein u. Rein!

Rhine: z. mehrf. Flußnamen Rhin u. ä.

Rhinow: Zufluß der Havel, auch ON. ebda. Auch ON. Rhina a. d. Rhina (980 *Rinaha*) b. Hersfeld. Eine Rhyne fließt zur Warme/Diemel, ein Rhin b. Fehrbellin (mit Rhins-: Rheinsberg u. dem sumpf. Rhin-Luch). Vgl. auch Rhynern b. Hamm (a. 900 Rin-heri); *rin* meint »Schmutzwasser« (s. Bahlow, ON. S. 393/94).

Rhode (Hbg. oft) s. Rohde, Rode!

Ribbe (Hbg. öfter) nebst **Rippe** ist urkdl. fries.-ndd. KF. zu Ribbert, Rippert (Rikbert »glänzender Herrscher«) bzw. zu Ribbern (Rik-bern) u. Rik-bod, Rik-bold. Vgl. Wibbe, Wippe zu Wibbert, Wippert; Sibbe, Sippe zu Sibbert, Sibbern. In Bremen 1339/42 e. Ratsherr *Ricbernus* campsor = *Rippe* campsor! Ebda. *Ribbeke* 1421 u. *Rippeke* 1347, auch e. Frau *Ribbeke* 1353 als KF. zu *Ricburgis* 1301. In Lünebg. 1369 *Rippe* van Soltwedele. In Frieslد. 1422 patr. *Rippert Ripperda.* S. a. Rippen, Ripping, Riepen, Riepena!

Ribbeck, Ribback, Ribbach meint slaw. rybak »Fischer« bzw. ON. Ribbeck, s. Reibe! Bekannt ist Fontanes »Herr von Ribbeck auf Ribbeck im Havelland«.

Ribbelding ist ndd.-westf. Patr. zu Ribbold (Rik-bold »kühner Herrscher«). Diderick *Ribeldinck* 1523 Hann., Cort *Ribbeldes* 1480 ebda.

Ribbentrop: ON. Ribbentrup (in Lippe, 1564 *Ribbrachtincdorp,* also z. Pers. N. Rik-bert, s. Ribbe!).

Ribbert s. Ribbe! (Heinr. filius *Ricberti* 1265 Hbg.).

Ribke (Hbg. öfter) nebst **Ribken** (patr.) s. Ribbe, Ribbeke! Bernt *Ribbeken* 1502 i. O.

Ribler (Ö.) meint den Rübler oder den vom Rübelhof/Tirol.

Richard: als VN. bei uns erst seit der Begeisterung für Shakespeares engl. Königsdramen u. Walter Scotts Romane im 19. Jh. wieder gebräuchlich geworden; vgl. Richard Wagner, R. Strauß, R. Tauber, R. Dehmel; aber im MA. allgemein üblich; vgl. Richard Löwenherz, Richard Ohnefurcht. Daher die häufigen FN. Richardt, **Richert** (Richers), ndd. oft neben **Rickert,** Rickers, obd.-md. diphthongiert zu **Reichhardt, Reichert! Richar(t)z** ist ndrhein. – **Richels(en)** s. Rickels! **Richelmann** s. Riechelmann!

Richey: bekannt durch das Idiotikon Hamburgense (1754) v. M. Richey, ist Metronym Rikheit: Hans *Richeidt* 1487 Hann. (vgl. Horney für Hartneid).

Richrath: ON. im Bergischen, wie Mödrath, Rösrath (-rath = -rode). S. Bahlow, ON. S. 395!

Richt, Richten ist ostfries. für Richert; auch Rigts.

Richter war in Böhmen-Mähren, Schlesien, der O. Lausitz, Sa. die übliche Bezeichnung für den Dorfschulzen, daher die Häufigkeit, zumal das Amt erblich war. (Näheres im Schles. Nbch. S. 114; dazu die Karte der Verbreitung: E. Schwarz, S. 22 u. 253.) In Iglau 1376 Wenczl *Richterl,* in Dux 1482 Girge *Rychterchen.* **Richters** ist ndrhein., **Richtering** westf., ein Joh. *Richteschriver* 1536 in Münster. S. auch Hofrichter!

Richthofen (von): schles. Adel, geht zurück auf Joh. Prätorius, der 1661 als »Pr. v. Richthofen« geadelt wurde.

Richtsteig: ÖN., nach der Wohnstätte (am »geraden Wege«); ndd. vgl. in Lüb. 1321 Hinr. *Richtestich* u. 1345 Joh. *Crummestich.*

Richwin (ndd., urkdl. Rikwinus, Riquinus in Strals., Ro., Lüb. öfter) s. Reichwein!

Rick (Hbg. oft), Ricken(s) s. Rickert!

Rickelt(s) (ndd.) meint **Rickolts** (Sohn), vgl. obd. Reichold! Rickolt ist noch heute fries. VN. Vgl. *Rickolt* 1268 Bremen, *Rickolt* Specht 1342 Strals., Ebbeke *Ryckels* 16. Jh. Friesld.

Rickert, Rickers (Hbg. oft) ist die ndd.-fries. Form für obd. Richard (Reichard, Reichert); s. auch Richert! Dazu das Patr. **Rickertsen** (Schlesw.-Holst.): *Rickert* Karstensen nebst Carsten *Rickertsen* 1561/96 Flsbg. Varianten sind Riggert, Riggers; auch **Reckers** (wie Requard für Rikward). S. auch die speziell fries. Form **Ritzer(t),** Ritscher, KF. Ritzke! Zu Rickert bzw. Rickward, Rickleff, Rickold, Rickmer, Rickwin gehören die KF. **Rick** (Hbg. oft), Ricke, Ricken(s), fries. Rickena, Rykena (patr.). Aus Rikke(n)s wurde Ricks, **Rix,** s. dies! *Ricke, Rickese* war weibl. KF. (zu Rickelind u. ä.).

Rick(h)eit s. Richey!

Rickleff, patr. Ricklefsen (Holst., Hbg.) ist noch heute fries. VN., urkdl. (lat.) *Rickolfus* (Hbg., Bremen, Lüb., Ro., Strals.) für *Ricklof, Ricklef* (die Endsilben -olf u. -lef gehen oft durcheinander).

Rickmers (ndd.-fries.) meint *Rik-mar's* Sohn (rik »mächtig«, mar »berühmt«).

Rickwardt, Riquards, Requardt, Requards: fries.-ingwäon. Pers. N., wie Agil-: Eilward, Adal-: Alward, Volkward usw., noch heute als VN.; vgl. Rickert, Ricklef usw. Auch Rickert, Rickers sind mitunter aus Rickwert(s) verschliffen, wie Folkers aus Folkwert(s).

Rickwin (ndd.-fries.) s. Richwien, obd. Reichwein! *Riquinus (Requinus)* öfter um 1300 Ro., Strals., Lüb.

Ridder (ndd.) s. Ritter! Riddering ist ndd.-westf. Patr. dazu, vgl. Möllering, Meyering u. ä. *Halfridder* 1277 Strals., s. Halbritter!

Riebartsch (slaw.) s. Reibe!

Riebe (Hbg. oft) ist ndd.-fries. KF. zu Rikbern, Rik-bert, Rik-bod, vgl. Riebold für Rikbold; ebenso ist Siebe = Siebert (Sigbert), Wiebe = Wiebert (Wigbert). Nic. *Ribe* 1371 Greifsw., *Ribo* 1275 Lüb. Patr. **Rieben** (wie Sieben, Wieben): *Riben* 1329 Stade. S. auch Ribbe!

Rieb(e)ling ist ndd.-westf. Patr. zu Riebe, s. dies! – **Rieb(e)l** s. Rübe!

Riebesahm (obd.) s. Rübsamen!

Riebesell, Riewesell, Riefesell, Riebesehl (alle oft in Hbg.): meint »freigebiger, verschwenderischer Geselle«, urkdl. Hans *Ryveselle* neben *Ryvegeselle* 16. Jh. Hbg.; vgl. Grimmeselle: Grimsehl. Siehe auch Riewe!

Rieboldt meint Rik-bold, s. Ribbelding u. Rippold! KF. Riebe! **Riebeth** (fries.) meint Rik-bod, Rik-bert, analog zu Siebeth: Sig-bod, Sig-bert u. Wiebeth: Wigbod, Wig-bert. Vgl. Hermen *Ricboden* 1283 Ro. S. auch Riebe!

Riebschläger: entstellt aus Repschläger!

Riechel(mann) entspricht obd. Reichel-(mann), s. dies!

Riechert, Riechers (Hbg. oft) s. Rickert, Rickers! Rieckers! Richers! **Ri(e)cher** s. Riecker!

Ri(e)chling wie Rickling ist ndd. Patr. zu den Pers. N. mit Rick-, vgl. Diderik *Rikkelinges* 1401 Hann. Beachte auch ON. Rickling/Holst., Ricklingen/Hann.

Riechmann (ndd.) s. Rieckmann! In Bremen 1382 *Richmannus,* vgl. 1303 Wichmannus: Wiechmann.

Rieck (Hbg. zahlr.) neben **Riecke** (Hbg. oft), patr. **Riecken** (oft) s. **Rick,** Ricke, Ricken (vgl. Rieckers = Rickers!)! Doch spielt natürlich auch der Reiche (ndd. Rieke) hinein, s. Reiche! Nic. *Rike* 1370 Greifsw., *Rikehinse, Rikevicke* (der reiche Friedrich) 1415/1386 Barth.

Rieckers, Riechers s. Rickers! **Riecker** (zerdehnt Rieckeheer, wenn nicht »der reiche Herr«), auch Rickher, ist der ndd. Pers. N. Rik-her, s. obd. Reicher! Erweitert: Rickermann.

Rieckhof(f): westf. Hofname; schwerlich »reicher Hof«, sondern wie Diekhoff auf die Lage bezüglich; *rik* meint Sumpfwasser, wie in Rickbruch, Rikelo, Rike-stelle usw. (Bahlow, ON. S. 395).

Rieckmann (Hbg. oft) ist teils alter Pers. N. (*Richmannus* 1382 Bremen), teils = Riecke »der Reiche«, wie Klockmann »der Kluge«.

Riede (Hbg.) ist auf ndd. Boden = kl. Wasserlauf (u. sein feuchtes Gelände), vgl. die Eilenriede, die Hehlenriede, die Possenriede. Dazu mehrere Orte Riede, Rieda im Raum Hoya/Verden usw.; auch Riedebeck.

Riedel (Schles. oft, Sa., Böhmen), Riedl (Bay., Ö.): die Häufigkeit (s. Schles. Nbch. S. 48!) zeugt von der Beliebtheit dieses einstigen TNs., im MA. *Rüdel,* KF. zu *Rüdeger* (Rüdiger, Riediger, Rieger!), d. i. der »edle Markgraf« der Nibelungensage; s. auch Seidel (Sidel): Sigfried! Als KF. zu Rudolf schon 585 bezeugt (Ruodelo qui et Ruodolfus, Bischof v. Windisch). Belege: *Rüdel (Rüdiger)* Steinkeler 1344 Brsl., *Rüdel* Epfeler 1367 Glatz; *Ridel* Frauentrost 1400 Prag, Hannus *Ridel* 1438 Lg.

Riedemann (Hbg.) s. Riede! Vgl. auch Riedebusch.

Rieder (obd.): z. ÖN. u. ON. Ried (häufig!) u. Rieden, d. i. »mit Sumpfgras (Schilf) bewachsenes Gelände« (ahd. hriot, mhd. riet, ndd. rêt, reit). Vgl. ON. Her-rieden (Altmühl), um 800 Hasa-reoda, 995 Harra-riot. Ebenso FN. Bernrieder, Poschenrieder, Westenrieder, neben Bernritter u. ä. In Bayern steht -rieth auch für altes -riuti: -reut (»Rodung«).

Riederer: aus Riedern (Baden, Württ., Bay.).

Riederich: ON./Württ. – **Riedesel:** bekanntes hess. Adelsgeschlecht, das noch heute einen Esel als »Sympathietier« hält; meint wohl »Esel im Ried«, zur Riedmühle gehörig, s. Riedmüller! Schon 1226 ein Ditmar *Riedesel.* Vgl. auch Joh. *Riedgans* 1617 Treysa/Schwalm. Ein Edelknecht Rorich *Grauesel* um 1250 Wetzlar nebst Heinr. *Eselherz* 1339 ebda.; in Passau 1293 her Seifrit der *Frumesel,* in Bamberg um 1300 *Rotesel, Swarzesel, Esel.* Vgl. *mit dem esel* 1389 Eßl. (wie der *eseltreiber* 1426 Jena).

Riedhammer (Bay.): aus Riedheim, wie Forchhammer, Hundhammer, Kohlhammer; bair.-ham steht für -heim.

Riediger (Riedinger) s. Rüdiger! Vgl. auch ON. Rieding(en). **Riedl** (Bay.) s. Riedel!

Riedmann (obd.): der Mann im Ried, s. Rieder! Dazu **Riedmüller,** vgl. den Müller Berthold gen. *Rietmüller* 1327 Radolfzell, u. den FN. Riedesel! **Riedmaier** (: Maier im Ried 1451 Fischen/Allgäu) wie Pfitz-, Filz-, Schmelmaier.

Riedner: aus Rieden (Bay., Schwaben öfter). **Riefe** (ndd.) s. Rieve!

Rief(en)stahl (ndd.): Satzname (»reibe den Stahl«), für Stahlschmiede oder Schwertfeger; auch Riewestahl, Rübenstahl. In Ro. 1293 *Ribestahel,* in Quedlbg. 1589 *Rivenstal.* Vgl. Riefe-, Riebesel; Riefkogel. Auch *Rivekese, Rivekost.*

Rieffer(t) s. Rüfer! – **Riegamer** (Bay.) = Riegheimer; auch Rügamer (Rügheimer); vgl. Holzamer, Rottamer.

Riefflin (alem.) s. Rüfelin (Ruf)! **Rieffler** s. Rüfler!

Riege (Hbg. oft) ist ndd. Flurname (: Auf der Riege/Kr. Coesfeld usw.). **Riegen** (Hbg. öfter), stets »Von Riegen« (wie »von Appen«) gehört z. ÖN. bzw. ON. Riegen.

Riegel ist teils = Thürriegel (obd. Dirrigl), vgl. Zuckrigl wie Ruckenriegel als ÜN. für Diebe u. Plünderer; teils auch Flurname u. ON., vgl. Riegelmann, Riegelbauer, Riegelholz, Riegler (Cuonrat *der Rigeler* ein Ritter 1332 Württ.).

Rieger (obd. u. schles.), auch **Riegert,** s. Rüger, Rüdiger! Vgl. Riegersberger (1464): ON. Rügersberg/Bay.

Riegger (obd.) s. Rüger (Rüeger)! – **Riegler** s. Riegel!

Riegmann (ndd.): irrige Schreibung für Riekmann. – **Riehe(mann)** Osn. oft.: aus Riehe b. Wunstorf/Hann. – **Riehl,** Riehle s. Rühle! Im Rhld. vgl. ON. Riehl b. Köln (Heidenreich *de Rile* 1135 Köln).

Riehmer, Riehm s. Riemer! – **Riehn** (nordd.) s. Rhine! Vgl. auch den ÖN.: Hermann *uppen Ryne* 1553 Lippe, Jürgen *am Rienbach (Rienbeke)* 1620 ebda., heute FN. Rienmeier.

Riek(e), Rieken (Hbg. oft) s. Riecke, Riecken! **Rieker** s. Riecker! **Rieks** = Riekes, s. Rickert! **Riekhoff** s. Rieckhoff! **Riekeles** s. Rickels!

Riel s. Riehl! – **Rieland(t):** ÖN.

Riemann (Hbg. oft) ist Herkunfts- bzw. Wohnstättenname, verschliffen aus urkdl. Rin-man (vgl. Reimann: Reinmann!), z. Gewässer- u. Flurnamen *Rin* (vgl. Fluß Rhein!): W. *Rinman* 1342 Strals., Berent *de Rine* ebda.; s. Rhin! Z. T. mag Rigeman (ON. Riga u. Riegen) 1341 zugrunde liegen: vgl. Joh. *Rigeman* (bzw. *de Riga*) 1300 Ro., Gotfr. *de Riga* 1300 Strals.

Riem(e)kasten (ndd.) wird deutlich durch **Rüm(e)kasten** (1397 Duderstadt) wie *Reumekasten* 1417 Zittau, ÜN. des Plünderers. Vgl. Rümenap, Rümekorf, Rümeschöttel. Bekannt ist der Dichter Felix Riemkasten.

Riem(en)schneider: bekannt durch den Bildschnitzer Tilman R. um 1500/ Würzbg. (gebürtig aus Nordthür.), vgl. ndd. Remensnider (unter Rehm)! Obd. Form ist **Riemer** (ndd. Remer). Ein Tolde *Rymenschneider* 1449 Fulda. Dazu **Rie(h)m,** Fleschriem (obd.) »Flaschenriemen«, Binteriem; Knieriem (ÜN. des Schusters). Riemer u. Gürtler gehörten oft zur selben Zunft; über die Arbeitsteilung s. die urkdl. Nachweise aus Lg. u. Brsl. (Bahlow, Studien S. 142)! H. Gerhard *der rymer* 1397 Lg., Hs. Glöckner *rymer* 1494 Görl., Petzolt der *Rymer* 1407 Eger. In Wetzlar 1248 Godefrid *Streckerieme.*

Riemke (ndd. Bach- u. ON.) ist verschliffen aus *Rinbeke,* wie Liemke aus Linbeke, – beide = »Schmutzbach«. ON. Riemke b. Bochum. **Riemesch,** -asch ist ostd.-slaw. KF., vgl. Rymischdorf/Neiße.

Rienecker (frk.): aus Rieneck/U.-Frk., vgl. Mich. *Rinecker* 1459 Bambg.

Riensch: Joh. *Rinesche* 1298 Strals.: der Rheinische.

Riepe, Riepen, Riepena (fries. Patr.) wie Rippe, Rippen s. Ribbe, Riebe! Aber auch obd. **Riep(p)** ist KF. zu Rieprecht: *Ripe (Riprecht)* am Ort 1313/24 Überlgn., Bernh. *Riep* 1420 Saulgau, Rud. *Ripelin* 1229 Straßbg. Den ON. Riepe (Riepen) s. unter Riephoff! – **Riep(e)l** (Bay.) ist entrundet aus Rüpel = Ruprecht.

Riepegerste (ndd.), heute Reifegerste, ist Bauernname, betr. die Abgabepflicht: »veer last *ripe rogge, haver, korn, garst*«.

Rieper (Hbg. oft): *Ripere* 1521 Lüb., Peter *Riper* 1594 Flsbg. Offenbar Variante zu urkdl. *Reper,* s. Repschläger!

Riephoff: ndd.-westf. Hofname wie Rieckhoff, Hülshoff, Moorhoff, lauter Sinnverwandte; *rip* meint »Sumpf(gras)«, vgl. Rip-slade, Rip-ley/Engld., »Auf dem Riepen« b. Hameln, ON. Riepe b. Soltau, Riepen b. Wunstorf (Joh. *v. Riepen* 1572 Lippe), der Riepenbach b. Holzminden, Riepensell im Dreingau, Ripenlo (Reploh), Ripenhorst, Riepholm usw. (Bahlow, ON. S. 395).

Riepolt meint wie Rippold den altd. Pers. N. Rich-bold »kühner Herrscher«. Vgl. *Ripolt* Sygelman 1399 Hdlbg., Walther *Rypolt* 1331 Schwäb.-Gmünd. Dazu ON. Reipoltskirchen/Pfalz (um 900 Rihpoldeschirichon). S. auch Ribbelding!

Ries (Hbg. oft) dürfte wie van Riesen, **Riesbeck,** Riesdieck, Rieskamp, Riesland das Sumpfwort *ris* enthalten, vgl. Riessiek/Lippe, *Ris-lo:* Riesel i. W. bzw. Riessel i. Ö., »In den Ries(s)en« (feuchte Waldorte i. W.). Obd. Ries aber meint »Riese«, aber auch den ÖN. Ries, Rieß!

Riesch, Riesche: z. ÖN. Riesch (mhd. mnd. rîsch) = »Binsicht, Röhricht«. Vgl. obd. Reisch, Reischach (rîschach).

Riese, ndd. Reese, obd. auch Ries, meint den »Riesen«, von riesenhaftem Wuchs. Am Rhein auch als Hausname bezeugt: »zum Riesen« in Basel, Mainz, Worms usw. um 1300; sonst ÜN.: Cuonrat *der Rise* 1266 Klingnau, H. *der Rise* 1312 Villgn., Hans *Rise* 1380 Konstanz.

Rieser (Schweiz oft) ist alem. Form für obd. Reiser (alt Rîser), z. ÖN. Ries »Reisicht, Gesträuch«; ON. Ries b. Passau; s. Reiser! Vgl. Buchrieser. – **Riesner** (obd.) s. Reisner!

Rieß: ist obd. Landschaftsname, dazu **Rießer** (Heinr. *Rießer* 1270 Württ.). – **Riest** (Hbg.): vgl. ON. Rieste (b. Bevensen u. Bersenbrück). – **Riester** (obd.) = mhd. riester »Pflugsterz«: Cuonrat der *Riester* 1360 Württ. – **Riet(h):** obd. u. ndd. öfter ÖN. u. ON. Dazu auch Rietmüller, Riethmöller u. ä.; ndd. auch Rietbrock, van Riet. S. auch obd. Rieder u. ndd. Reth(mann)!

Rietsch, Ri(e)tschel (obd.) sind entrundet aus Rütsch, Rütschel, KF. zu Rüdiger bzw. Rudolf; vgl. *Rütsch* kemmer 1372 Lg., *Rütschli* Zündli 1397 Baden; *Rütschel* Rechenberg 1401 Lg. Vgl. auch Rütschle (Württ.) u. Rutschmann.

Rietz (Hbg. öfter): ostd.-slaw. ON. (mehrf.: Lübben, Jüterbog, Havel). Desgl. **Rietze:** ON. b. Peine. Vgl. auch Rietzke. **Rietzschel** (Sa.) s. Rietschel!

Rieve, Riewe, Riefe: mnd. rive »freigebig, verschwenderisch«, vgl. Riveselle, Rivekost. Folmar *Riwe* 1264 Ro., Herman *Rive* (Bgmstr.) 1331 Greiffenbg.

Riewesel(l) s. Riebesehl! – **Riewestahl** s. Riefenstahl!

Riewoldt: ndd. ÖN.

Riezler (obd.): aus Riezlern/Ö. Vgl. Jäk *Rietzler zu Riezlern* 1451.

Riffler s. Rüffler!

Rigbers = Richberts: Heinr. fil. *Ricberti* 1265 Hbg.; s. Ribbe, Ribbert!

Riggert, Riggers (Hbg.): fries. = Rikker, Rickers! – **Rihm** s. Riehm! **Rihn** s. Riehn!

Rilk(e): entrundet aus Rülke, Rüleke, ostd. KF. zu Rüdiger u. Rudolf; s. Rühle! Vgl. Samuel *Rülke (Rülich)* 1581 Wilsdruff/Sa.

Rimmele (Württ.) s. Rümmele! **Rimmler,** Rimpler, s. Rümmler! Rümpler!

Rimpiss (Württ.): urkdl. *Rintbiss* 1354 Eßl., wie Humpiss: Huntbiss.

Rinck- s. Rink-!

Rinck(h)art: bekannt durch Martin R. (Eisleben 1585/1649), Dichter (»Nun danket alle Gott!«). Kein altd. VN. Vgl. *Ringhardt,* wie Klink-, Klinghardt: ringen, »begierig streben«.

Rindelaub: ÖN. wie Lindelaub, Röschlaub.

Rinderer (obd.) wie **Rindermann** meint den Rinderbauern bzw. -händler, vgl. den *Rintmanger* 1326 Ravensburg. Dazu Ulrich *Rinderschenkel* 1285 Württ., Fribo *Rinderspieß* 1321 b. Konstanz, Joh. *Rindesfuoß* 1298 Straßbg., Alb. *Rindesmul* 1209 Bay., Konr. *zum Rindeszagel* 1259 Mainz (also auch Hausname). Nic. *Rindesknoke* 1297 Hbg. meint wohl den Knochenhauer, Fleischer, wie auch das häufige *Rindfleisch.* Heinr. *Rintfraß* 1152 Kassel erinnert an die Raubritternamen im »Meier Helmbrecht«. Ein Edelknecht Cunrat *das Rint* 1325 Hirschhorn/Pfalz.

Ring: häufiger ÜN., meint im allg. den Drechsler von Fingerringen (Hans *mit dem ringe* 1378 Frkf.) u. Paternosterkügelchen (*Ringmacher, Ringdreher, Ring-*

schmied, Ringler): läßt sich von **Rin(c)k** kaum trennen. Vgl. Stefan *Ring (Rinck)* 1575 Jena. Heinr. *Ring* 1364 Murnau/Bay., Ruodolf *Ringeli* 1285 Zürich. Zur Form **Ringe** vgl. mhd. ringe »gering, klein« auch »leicht, behende« (wie in Ringehand u. ä.). Zu Ringebrauck s. Bahlow, S. 397!

Ringel s. Ring u. Ringler! **Ringelholz** ist ÖN. **Ringeling** Raum Kassel/Hann.: wohl ÖN.

Ringelmann (nordd.): aus Ringel Kr. Teckl. i. W., wie Rintelmann aus Rinteln. **Ringlmann** (Bay. öfter): z. ÖN. Ringl, soweit nicht = Ringler. Hans *Ringeltaube* (1549 Grünbg./Schles.) meint den Taubenzüchter, Täubner. **Ringermut:** »geringer M.«, s. Gringmuth!

Ringhand meint »leichte Hand« (mhd. ringe), wie Franczke *Geryngehand* 1378 Lg. Ähnlich Gringmuth (Schles.), Ringhut, Ringshütl (»schlechter Hut«, ÜN. des Hutmachers), Ringsgewand, Gringsbier, Ringsviechel, Ringseis(en) usw.

Ringleb(en), Rinkleib, -leb, Ringklib: ON. Ringleben/Thür. (b. Erfurt u. b. Artern/Unstrut), urkdl. Rinkeleibe, -leve. Vgl. Ißleb, -leib; Hemleb, Wiegleb, Witzleb usw. Grundsätzliches über die N. auf -leben: Bahlow, Dt. Nbch., S. 93; sie sind uralt u. deuten meist auf Wasser, Sumpf, Moor u. dergl.

Ringleff (Rinkleff) s. Ringleb! **Ringolf** (Kassel), Pers. N., vgl. Nik. *Ringolff* 1461 Coburg; sonst nur in ON.: *Ringolfeshusen* 1123 (Ringelshausen/Kassel); *ring* = Panzerring, vgl. *Ringsmed* 1431 Hann.

Ringler (obd.): oft in Bay., = Ringmacher, -dreher, Verfertiger von Ringen aus Knochen, Horn, Elfenbein; 1347 sonderten sich in Mchn. die Drechsler in Würfler u. Beinringler! Vgl. Stefan *Ringler* 1449 Mchn., Hs. Klocker *der Ringler* 1425 Zürich, Hs. *Ringler (Ringel)* 1557 Jena.

Ringseis(en): obd. Schmiedename (= »geringes, schlechtes Eisen«, wie Ringshut, Ringsgewand u. ä.); Peter *Ringeisen* 1488 Basel.

Ringwald(t): z. ostd. ON. Ringenwalde (mehrf.), wie Krautwald zu Krautenwalde u. Mehwald zu Meienwalde; vgl. Hs. *Ringenwald* 1733 Neumark; auch der Dichter Barthol. Ringwaldt war Ostdeutscher (Frkf./O.).

Rink(e), Rinck(e): häufig, nebst **Rinkel,** meint den **Rinker,** Verfertiger von Rinken oder Spangen (aus Metall): *Rinchenmecher* 1432 Nürnbg./Frkf., *Rinkengießer* 1399 Prag, *Rinkenfyler* 1418 Görl. (daher FN. **Rinkefeil,** Ringpfeil!). Heinz der *Ringker* 1372 Tüb., Th. *Rinckler* 1565 Halle, N. *Rincklin* 1454 Ulm. Dazu auch Ringger (Schweiz), vgl. G. *Ringgli* 1635.

Rin(c)klake: ÖN./Westf. (lake = Pfütze, Lache).

Rinkle(i)b, -lieb s. Ringleb! – **Rinne:** ÖN., vgl. Ludw. *an der Rinnen* 1394 Tirol.

Rinner s. Renner!

Rin(n)insland = Renn ins Land, ÜN. des reitenden Boten (Renners) oder des Landfahrers. Entstellt **Rindsland.**

Rinser (obd.): entrundet aus Rünser (mhd. runse »Rinnsal, Bachbett«), vgl. in Tirol 1288 Rudger von *Rinse.*

Rintel(en), Rintelmann: aus Rinteln a. Weser; Cord *Rintelmans* 1421 Hann. (in lat. Text: *de Rintelen).*

Rippe, Rip(p)ke, Rippen(s) s. Ribbe u. Riepe! (Godeke u. *Ripeke,* Brüder, 1441 Oldbg.; *Rippe* = *Ricbern* 1339 Bremen, Hermen *Rippe* 1458 Oldbg.). Aber Rüle *Schafrippe* 1363 Hess.

Rippel (obd.) s. Rüppel! Rippl war im Egerld. verbreitet.

Rippert(s) s. Ribbert u. Ribbe! Ripperda (fries.) wie Ribberda.

Rippold s. Riepold! Vgl. ON. Rippoldsau.

Riquart(s) s. Rickward!

Risch (Hbg. oft) nebst **Rische** meint mnd. risch (ahd. risc) »Binsicht, Röhricht«, vgl. »das Risch« (Hessen) u. ON. Rischenau b. Pyrmont; analog lisc: lisch, denn ris, lis sind Sumpfwörter. Obd. vgl. Reischenhart (alt Rischenhart) a. Inn, die Reischenau (Rischenau) usw. Dazu Heinr. *Rischeman* 1380 Schwalm. **Rischmüller** (Hbg.).

Rischbieter, Rischbieth (ndd.): junges Weiderind, das Reiser abbeißt. Joh. *Risebite (Risbiter)* 1283 Ro.; Mehne *Riesebieter* 1730 Oldbg. Zur Form vgl. Stalbiter (1325 Greifsw.).

Risse, Rissmann (Hbg. oft): aus Rissen westl. Hbg., wie Disse, Dissmann, aus Dissen; *riss* meint »Sumpf, Moor«, vgl. Rissathorp 1088 i. W., Rissebrok, Rissewurth/Engld. – **Rissel** (Hbg.) wohl = Riessel i. O. *(Ris-lo),* s. Ries!

Rist (Hbg., Meckl.): bekannt durch Joh. *Rist* (Pfr. u. Poet/Hbg.-Wedel 1607/67, Gründer des Elbschwanen-Ordens). Wohl ÖN., vgl. ON. u. FN. Ristow, Ristau. Vgl. aber auch obd. Rist: Oswald *Rist (Rüst!)* 1451 Kempten/Allgäu.

Rister (Schles.): entrundet aus **Rüster** (beide in Grünberg). Vgl. auch ON. Rüstern b. Lg. – **Ritschl** s. Rietschel!

Ritscher (Hbg. oft), auch Rittscher, ist fries.-ingwäonische Form für **Ricker(t)**, s. dies! Urkdl. *Ritser* nebst KF. *Ritseke* um 1250/1350 in Stade, Ro., Hbg., Strals., Bremen usw., auch heute noch fries. gebräuchlich. Vgl. *Ritzeke* piscator 1342 Strals.; *Ritsart* ebda.; *Ritzer* Surbruwer 1601 Flsbg. Ebenso fries.: Joh. filius *Ritzhelmi* 1266 Hbg. (für Richelm: Reichhelm). Ein Friesenfürst *Ritzart* im 15. Jh. **Ritsch(e),** Ritschen (Hbg.) beruht auf der KF. *Ritzeke,* soweit nicht obd. (für Rütsch): vgl. Ulreich Ritsch 1428 Tirol. Ein ON. Ritsch nö. Stade.

Ritt: zu ahd, ritta »Rohr, Schilf«, vgl. den Rittebach am Bodensee, den Rittenhart (Rittnert) b. Durlach (wie Muchen-, Mörschenhart), den Rittegau um Northeim, ON. Ritte (*Rittaha* »Schilfwasser«) südl. Kassel; dazu Bahlow, ON. S. 398. Am O. Rhein 1283 Hugo dictus *Ritt.*

Rittelmeyer (Begründer der »Christengemeinschaft«) beruht wie Rittelmann u. Rittel auf e. Flurnamen. Vgl. Ritt u. Rittmeyer!

Ritter (häufig), ndd. Ridder (s. dies!), ndrhein. Ridders, Ritters; patr. (westf.) Riddering (wie Möllering): kann auch auf (soziale) Beziehungen zu e. Ritter deuten, evtl. auch unehelicher Rittersproß. Ein Bauer Cuonrat dictus *Ritter* um 1200 am O. Rhein, ein Fischer Nic. *Riddereke* 1301 Hbg.; ein Meyneke *Strateriddere* 1274 Hbg.

Rittgerodt: hess.-thür. ON. auf -rode (»Rodung«), wie Willgerodt u. ä.

Rittmeier, -meyer wie Rittmöller, -müller s. Ritt! Ried!

Rittner (obd.): Herk. N., s. Ritt! **Rittler** s. Rittel! (Pesco *Ritler* 1393 Olmütz, Hs. *Rittler* 1451 Schwaben). – **Rittscher** s. Ritscher!

Ritz, Ritze, Ritzen, **Ritzer, Ritzhelm,** s. Ritscher! Vgl. aber ON. Ritze b. Salzwedel u. Ritzau.

Ritzmann: s. Ritze (Henritze) unter Reitz! Vgl. ON. Ritze!

Rix (Hbg. oft), patr. **Rixen** (Hbg.) s. Rickert!

Roager (Schleswig, Hbg.): ON. b. Tondern (urkdl. *Rodeager*).

Robbe, Röbbeke ist ndd.-fries. KF. zu **Robbert** (Robbers) = Robert (Rodbert). Patr. **Robben.** Vgl. *Robbe* Berents 1677 Nordhorn, Lüdeke *Robbe* 1400 Haldsl. S. auch Röbke! Ähnlich Gobbe (Godbert), Lubbe (Lutbert), Habbe (Hadbert). Zu **Robbel** vgl. Gobbel. Patr. Röbbelen, Röbbeling.

Robe, Röbe, Röben s. Robbe! Röbke! (*Robe* 1379 Bremen, Hobbeke *Roben* 1428 Friesld.; *Robe* Deding 1502 Oldbg.). In Köln: **Robens, Robels.**

Röbel(mann): aus Röbel/Meckl. (Henr. *Robelman* 1304 Greifsw., Godefr. *de Robele* 1291 Strals., 1260 Ro., 1317 Lüb.). Vgl. Viechelmann: ON. Viecheln/Meckl., Metelmann, Schwießelmann, Rintelmann usw.

Röber (Hbg.) s. Röver, Röwer (Räuber)!

Robert, Roberts, Robertsen: ndd. Form für germ. (H)rod-berht »ruhmglänzend« (bair. Ruprecht). Als ndd. FN. auch Robbert, rhein. Robertz. Als VN. im 19. Jh. durch literar. Behandlg. der Normannenherzöge neu beliebt geworden (Robert Guiskard, durch Kleist 1803; Robert der Teufel, durch Meyerbeers Oper 1831): vgl. Robert Schumann, Robert Koch, Robert Bunsen.

Röbke, Röbken, Röbker, Röpke: ndd. KF. zu Robert. *Robeke (Robertus)* de Stenbergen 1343 Bremen, *Robeke* Botmakere 1293 Hbg., *Robeke* Preen 1319 Strals., Heyneke *Robeken* 1359 Hann. S. auch Röbbeke u. Röpke!

Robl (Bay.): mundartl. für Rabl = Rabe (vgl. in Budweis 1385 *Robel* nebst *Robenchroph,* in Chrudim 1399 Nic. *Rob).*

Robohm (ndd.): mit ndd. Dentalschwund zw. Vokalen, urkdl. Joh. *Rodebom* 1369 Greifsw.; vgl. Rowohlt für Rodewold.

Robotta: slaw. robot »Fronarbeit« (Robotke »Fronarbeiter«/Alt-Brsl.).

Robra(h)n (Hbg. öfter): endbetont wie Dobrahn (ON. Doberan/Meckl.), also wend. ON.; desgl. **Robra** wie Dobra.

Röchling: Bauernschelte (»ir pauren u. ir röchling«); H. *Röchling* 1397 Nbg.

Rocholl, Rocholt, Rochholz sind slaw.-ostd. wie Racholl, Rachols, Rachner, Macholl, Machholz u. ä. Dazu **Roch,** Roche, Rochau, Rochner.

Rochus (rhein.): frz. Pestheiliger. Vgl. Goethes »St. Rochusfest in Bingen«. *Rochus* Freudenvoll 1593 Kurpfalz; Rochus Frh. v. Liliencron, Volksliedforscher. Auch **Roch(s),** Rochussen (ndrhein.).

Rockefeller: 1734 aus Rockenfeld/Neuwied n. Amerika ausgewandert.

Rockel (Hbg.): ON. b. Coesfeld, urkdl. *Rok-lo* »sumpf. Niederung« (auch Rocklage), wie *Rokes-lo* Roxel u. Rauxel. Vgl. das Rockholl b. Pyrmont, In der Rocke b. Buer, Auf den Röcken Kr. Minden, ON. Röcke (Roke) b. Bückebg., Rockstedt usw. (Bahlow, ON. S. 398).

Rockstroh: »Roggenstroh« (mhd. rocke »Roggen«), ÜN. für den Rockenbauer (*Rockenmader*/Brsl.) Dazu Rockenbauch (ndd. Roggenbuk) 1276 Hbg., vgl. den Bäcker Arnold *Roggen-, Rockenbuk* 1325 Strals. Auch **Röckl(e),** Röckelein (in Kulmbach Bäckername!) meint wohl mhd. röckel, röckelîn »Roggenbrötchen«: Hensel *Röckel (Rückel)* 1395 b. Eger; zu mhd. rockener »Roggenbrotbäcker« vgl. FN. **Röckner,** Rockner. In Bingen 1235 Gernod *Ruckenbrot,* 1362 ebda. Heinr. *Rückenstroh.* S. auch ndd. Rogge, Ollrogge!

Rocktäschl s. Ruckdäschel! **Rockstuhl** s. Ruckstuhl!

Rodde meint in nordwestd. u. hess. Flurnamen »Sumpfgelände«; vgl. FN. Terrodde (Rhld.), Joh. *von dem Rodde* 1348 (Hess.). Concze *Rodde* 1387 Frkf. Dazu auch **Rödde, Rödder** (vgl. den Röddenberg b. Northeim, wie Gropen- u. Ruschenberg: Bahlow, ON. S. 394/399!): Joh. *Rodder* 1516/Hess.

Rode (Hbg. oft), Rohde, Rhode: meint auf ndd. Boden meist den Rothaarigen u. Rotbärtigen (obd. **Roth**, md. **Rothe**), lat. Rufus; vgl. **Rodekopp,** Radekopf; Rodejan (Rojahn), *Rode* Radolf 1355 Rendsbg., *Rodebart* (1319 Lüb.), *Rodeberend* 1382 Greifsw., *Rodehans* 1416 Barth; Joh. *Rode* 1302 Hbg. Eine Ratsfamilie *vamme Rode* um 1280 in Strals., Henne *von Rode* 1393 Frkf. aber z. ON. Rode. S. dazu den obd. FN. Röder!

Rodegast: ON. Rodigast b. Jena (slaw.). – **Rodegerdts** (ndd.) meint Rote Gerhards (Sohn). – **Rodehau** (Sa.): ÖN. (-hau = Holzschlag im Walde, vgl. Schreiberhau).

Rödel (lat. Rödelius) s. Rödler! – **Rod(e)mann** (Hbg.): z. ÖN. Rode. Ludw. *Rodeman* 1366 b. Kassel.

Rodemund (ndd.) = obd. Rothermund (Nic. *Rodemund* 1278 Ro.).

Roden (Hbg.): z. ON. Roden (mehrf.); auch »von R.« (her Wynke *v. Roden* 1410 Lg.).

Rödenbeck (Hbg.): nordd. Bach- u. ON., s. auch Rödde! (Herm. *Rodenbeke* 1330 Greifsw.).

Roder, Röder, Röders, kontrahiert Rohr, Röhr, Röer, Röher, Röhrs (Hbg. alle oft), beruhen auf dem altd. Pers. N. *Rod-her* (germ. Hrôd-hari »ruhmvoll im Heer«), obd. Rot-her, Ruther. Vgl. *Roderus,* pomm. Ritter 1254 *Rod(h)erus* 1282 Ro., Lüb., Bremen, Henr. *Roder* 1299 Ro., Nic. *Röder* 1385 Greifsw.

Röder, Röderer (obd.) ist Herk. N.: aus Rödern (Elsaß, Rhld., Sa.) oder Röderau (Sa.) oder auch Rode; Roda; vgl. Bert *Rodere* = Bert. *von Rode* 1257 Frkf., Eglof *Röder* 1484 Ortenau, Conr. *Röderer* 1300 ebda. Merkel *Röder* 1395/Eger. Zu Röderer vgl. Riederer (ON. Riedern u. ä.).

Roderian (ndd.) = roter Jan (Johann), wie Guderian = guter Jan.

Rodewald(t), ndd. Rodewoldt, -wohld: mehrf. ÖN. u. ON., z. B. Rodewald b. Nienburg/Weser.

Rödiger (Hbg. oft): ndd. Form für Rüdiger, mit der Variante **Rödinger** (Hbg.): urkdl. *Rodiger(us)* neben *Rodinger(us)* 1260 Ro., Lüb. (Obd. beachte den ON. Rödingen, Rödigen!) S. auch Röttger, Röttcher! Patr. ist ndd. **Röding,** Rödding (Hbg.): schon 1269 Petrus *Rodingus* in Hbg.

Rodler, Rödler: amtl. Schreiber (mlat. rotularius), bes. der Zinsrodel (rotula »Schriftrolle, Register«); Jungenickel *Rodeler* 1451 Lg., Joh. *Rodler* 1550 Baden. »fuit factum primum Rodell 1378 Lg.

Rodtgardt (Hbg.); Rottgardt: seltener weibl. Pers. N., *Rodghart* 1389 Hbg. Vgl. Ludgart, Odalgart (Ölgart), Hildegard.

Röer (Röher), ndd. verschliffen aus Röder, s. dies! Vgl. Lüder: Lüer.

Röfer (ndd.) = Röver (Räuber). **Röfke** (ndd.) = Röveke »Rübchen«, wenn nicht

= mnd. rôf »Decke« (Baderof, Wagenrof): Hinr. *Rôfmaker* 1418 Barth. Henning *Roof* 1360 Hann.

Rof(f)ka(h)r, Ro(h)kahr (Hann., Hi.): urkdl. Rovekar »beraube, plündere das Gefäß« (mnd. kar); Tideke *Rovekare* um 1450 Hbg. (1538 Hann.), Curt *Rovekar (Rokahr!)* 1592 Evestorf.

Rofler (obd.): Herk. N., wie Kofler u. ä.

Rogall(a), Rogalski sind poln. wie Kowall, Kowalski. Desgl. **Rogasner:** ON. Rogasen/Posen (rogose »Schilf, Binse«). Vgl. ON. Roggosen/Cottbus; tschech. Rohosen/Iglau.

Roger, Rogers (ndd.), auch Rogger, s. Rödiger! Vgl. *Roggerus* 13. Jh. Ro.; *Rogerus* v. Helmershausen (um 1100 Paderborn); Roger van der Weyden (fläm. Maler); auch die normann. Herzöge Roger I,II./Sizilien.

Rogge (ndd.) = »Roggen«, ÜN. des Roggenbauern bzw. Roggenbäckers; s. auch obd. Röckle, Rockstroh! Dazu ndd. **Olrogge** (Ohlrogge), urkdl. *Olderogge* »alter Roggen«; *Groverogge* 1325 Lüb.; Klein-, Brack-, Tapperogge. Ludeke *Rogge* 1295 Ro. (1320 Lüb.). Auch **Roggenbauch** (-bau): ein Bäcker Arnold *Roggenbuk* pistor 1325 Strals., vgl. FN. Roggenbrod; Roggensack; Roggenkamp (= -feld) **Rogg(e)mann** (Hbg. oft) ist der Roggenhändler, vgl. Behrmann, Soltmann, Wie(n)mann. Zu *Roggenkneder* (Göttgn. 1393 vgl. Knedewegge.

Rogner, Rögner (Bay.): Herk. N., vgl. ON. Rögen b. Coburg. Vgl. auch mhd. rogener »weibl. Fisch«. Otte *Rogener* 1409 Würzbg.

Rogowski (O./S.): aus Rogowo/Polen. **Rogatzki** wie Bogatzki.

Rohardt (Hbg. oft): wie Rohbohm, Rohbeck, Rohmeier, Rokohl, Rowohld verschliffen aus Rodehardt (d. i. »der rote Hirte«, vgl. Pagenhardt).

Rohbeck (ndd.) = Rodebeke. **Rohbohm** (ndd.) = Rodebom (= Schlagbaum).

Ro(h)brecht (Hbg.) = Robert, s. dies! **Rohde** (Hbg. oft) s. Rode! **Rohden** s. Roden! – **Rohe** (ndd.) = Rode! Vgl. Henning Rohenbostel aus Rodenbostel 1574 Hann.! **Rö(h)e, Röher** (ndd.) s. Röde, Röder! **Rohkamm** (westf.) = Rodekamp (kamp »Feld«), vgl. Distelkamm, -kamp. **Rohkohl** (ndd.) = Rodekogel (1264 Wismar), s. Kogel! **Rohland** (Hbg.) s. Roland (soweit nicht = Rodeland)!

Röhl, Röhle s. Röhlke!

Rohleder: ÜN. des Gerbers, der »rohes Leder« gar macht, gerbt. Vgl. Frisch-, Faul-, Rauhleder. Ein Gerber (cerdo) Fricz *Roleder* 1397 Prag!

Röhler: ON. Röhlau/Schles.

Rohlf (Rohlfs), ndd.-fries. häufig, ist kontrahiert aus der häufigen Vollform **Rohloff,** d. i. Rodelof: Rodolf, s. Rudolf! Desgl. Rolf, Rolfs, Roloff. Patr. Rohlfsen, Rohlfing (dieses s. u.).

Rohlfing: ndd.-westf. Patr. zu Rohlf (Rohlof). Arnd *Rolevink* 1368 Hann., Werner *Rolevinck* um 1450 Laer/Westf.

Röhlke (Hbg. oft): ndd. KF. Roleke zu Rolof (Rodelof: Rodolf), in Strals., Ro., Lüb. usw. öfter *Roleke (Rolekinus)* um 1300, desgl. in Pomm. *(Roleke = Rodolf* v. Elsholt 1320), in Lüb. 1290 *Roleko = Rodolphus* Goldoghe. **Röhling** (Hbg. oft) ist Patr. dazu, auch Rohling; dazu fries. **Rohls,** Rohlsen. **Röhl** (Hbg. oft), älter Röhle, ist urkdl. *Role* (= Roleke). Im Rhld. vgl. ON. Röhl. **Röhlig** (Thür., Sa.): *Roleke Roleken* 1400 Haldsl. Vgl. Caspar *Rolik* 1502/Meißen; A. *Rolick, Rulick, Rülck*/Freiberg/Sa.

Rohm: ÖN. (Conr. *v. Rome* 1387 Frkf.).

Röhm (Franken) s. Rehm!

Rohmann (Hbg.): ndd., = Rodemann! Vgl. Rohmeier = Rodemeier.

Rohn, Rohne, Rohner (Rohnert): ostd. zu den ON. Rohne, Rohna, Rohnau (Sa., Schles., Laus.). Vgl. auch **Rohnke,** Rohnig. Heinr. *Ronawer* 1342 Tschaslau. Aber *Roner* (1347 Eßl., 1309 Speyer) z. Flurn. *Rone.*

Rohr (oft): zum häufigsten Flur- u. ON. Rohr »Röhricht, Schilfdickicht«. Dazu auch obd. **Rohrer.** Albrecht *Rorer* = A. *von dem Ror* 1330 b. Eger (ON. Rohr). Vgl. auch **Röhrle** u. **Röhreke.** Peter *Rorhuon* 1330 Colmar. **Rohrbach(er), Rohrbeck** usw. **Rohrmann,** Rohrmaier, **Rohrmoser.** Auch **Röhr,** soweit nicht ndd. aus Röder kontrahiert, vgl. in Hbg. oft **Röhrs,** d. i. Röders, nebst Röhrssen.

Röhrdantz: »rühre den Tanz!«, ÜN. für Vortänzer, wie Rehdanz (Regedanz), Hebetanz, Lobedanz, Schickedanz usw. **Röhrbein:** »rühre das Bein!«. ÜN. des Hurtigen (Boten), auch Rehrbehn.

Röhrig (oft), Röhrich(t): Schles., Sa., Thür., Bay. usw. = sumpfiges, schilfiges Gebüsch, Schilfdickicht; s. auch Rohr! Conr. *Rorich* 1272 Bamberg, Hug *Rörich* 1332 Horb/Württ., Pauwel *Rörich* 1372 Lg. Ein VN. Rorich einst in Ritterkreisen: *Rorich* Grauesel (Edelknecht) 1300/ Wetzlar.

Röhrkasten: ON. b. Stadthagen (1185 Rotherkissen = Roderikshusen!).

Rohse s. Rose! – **Rohwed(d)er** (Hbg. oft): ndd., auf rohe, rauhe Gemütsart deutend, vgl. Bösewetter, Brausewetter, Schönwetter. Henr. *Roweder* 1302 Ro. (Lüb., Greifsw.). Verschliffen: **Rohwer** (Hbg.). Vgl. Wehrhahn = Wederhan.

Röhwer s. Röwer! **Rohwedel:** ON., s. Marwedel!

Roi(c)k: ostd.-slaw. (Rojek, altslaw. *roj* »Bienenschwarm«). Vgl. *Royke* um 1350 Brsl. ÜN. des Imkers, Zeidlers.

Rojahn (Hbg.): ndd. = Rodejahn »der rothaarige Johann«. Vgl. Ropeter. Weiteres s. Rode! *Rodejohan* 1452 Hann.

Rokohl (ndd.) s. Rohkohl (Rodekogel) u. Kogel!

Roland: Paladin Karls d. Gr. (Markgraf d. Bretagne), der 778 auf e. Zug gegen die Mauren im Paß v. Roncesvalles/Spanien, v. heidn. Basken überfallen, den Tod fand; v. d. Sage verherrlicht (»Rolandshorn«, »Rolandsruf«), auch im frz.-mhd. Rolandslied um 1130. Einhard nennt ihn *Hruodland.* »Roland« ist normann.-roman. Form für germ. (H)rodnand (»ruhmvoll« u. »kühn«), wie Robert f. (H)rodbert, s. E. Schröder: Ztschr. f. dt. Altertum 73, S. 196. Vgl. *Rolant* 1260 Ro., Bertold *Roland* 1337 Strals.; obd. meist Ruland (FN. Ruhland): Hensel *Rulant* 1399 Chrudim, Herr *Ruland* v. Pernwald 1393 Glogau. S. auch Bahlow, Unsere Vornamen!

Rolappe (ndd.): »roher, rauher Lappen bzw. Laffe« (Schelte). Conr. *Rolappe* 1235 Beichlgn., Evert *Rolappen* 1486 Ndrh.

Rolf (Hbg. oft) nebst **Rolfs,** Rolfsen ist kontrahiert aus **Roleff, Roloff** (Hbg. oft), s. auch **Rohlf(s)!** Rahlf(s)!

Rolk(e), Rolka: wend. = »Acker«, vgl. Rolnik »Ackermann«. Dazu **Rollik** (O./S.).

Roll(e): mhd. rolle, rulle »Aufgerolltes, urkdl. Verzeichnis, Liste«, auch »Glättrolle, Walze«, überhaupt Rundliches, Rollendes. Francz *Rolle* 1382 Kolin, Nic. *Roll* 1327 Prag, *Rolle, Rulle* nebst *Roller, Ruller* um 1350 Brsl. (s. Roller!), Bentz *Rolle* 1383 Württ., wo auch Conr. v. Hornstein gen. *Rolli* 1392; Lüdeke *Rulle* 1296 Ro. Aber *Rollinus* Schmid 1451 Ravsbg. wie *Rullinus* Spanner 1415 Straßbg. meint den VN. *Rüllin* (Lentzelin, 1398 Straßbg.), d. i. Rudolf. Vgl. auch ndd. Rolle(ns), **Röll(e),** Röllecke = Roloff, s. Röhlke! Patr. **Rölling** (Holstein). Bekannt ist *Rollo,* Herzog d. Normandie um 900.

Rollenhagen: ON./Meckl.-Strelitz. Berühmt geworden durch das Epos »Froschmeuseler« (1595) des Magdeburger Rektors Georg R.

Roller (obd.): mhd. = »Fuhrmann« des Rollwagens (Reisewagens), so auch b. Geiler v. Kaisersberg/Elsaß. Chunrad der *Roller* 1340 Eger, der *Roller* v. Gültstein (Sohn des Ritters Machtolf v. G.) 1315 Württ.; *Roller, Ruller* um 1350 Brsl.

Rollfink s. Rohlfing!

Rollmann (Hessen) ist Variante zu **Rullmann** = Rudolf: vgl. *Rullmannus (Rollmannus)* Hune 1544 Köddingen.

Rollwage(n): so hieß um 1400/1500 der Reisewagen; zur Unterhaltung der Reisenden schrieb der Elsässer Jörg Wickram die Schwanksammlg. »Das Rollwagenbüchlein« (1555; vgl. Reclam Nr. 1346). Georg *R.* 1560 Univ. Wittenberg.

Rolni(c)k, Rollik (O./S.) s. Rolke!

Roloff (Hbg. oft) s. Rohloff, Rohlf, Rahlf!

Romahn: ostd.-slaw. (endbetont!), oft in Ostpr., meint den ON. Romane, in Böhmen auch ON. Rimane, Remane (FN. Remahne); auch der Heil. N. Romanus mag hineinspielen, der aber (in Baden) in dt. Munde »sant Rumann« lautete! Vgl. auch poln. Romanski. In Prag 1408 Wilh. *Roman* sutor.-**Römbold** (obd.) s. Rembold!

Romeis (Remeis) meint den heil. Remigius, s. Remy! (Nied, Heil. N. S. 67).

Römer (oft), Röhmer, Ro(h)mer meint gewöhnlich den Rompilger, auch wohl den Kaufmann, der nach Welschland reiste. Romfahrten wurden auch als Sühne für Mordtaten unternommen: in Lg. macht sich 1386 e. Nicclos Klette davon frei durch Zahlung von »virdehalb mark«. Hensel *Romer* 1354 Lg., Joh. *Romanus*

(Augustiner) 1413 Glatz; am Oberrhein mag auch welsches Volkstum gemeint sein: Wernher der *Romer*, Bauer 1296 (Socin S. 555). Zuweilen auch Hausname, so in Mainz 1315 Cunr. *zum Romer*, vgl. den »Römer« in Frkf.

Römhild: ON./Thür., doch weist die Form Römhold, Römhelt, nebst **Römelt,** Röhmelt, Römmelt, Remhold, Riemheld auf Entstellung aus *Rumolt* (»Prahlhans«, wie Diebolt u. ä.), N. des Küchenmeisters im Nib.-Lied; m. Umlaut *Rümelt*/Sa.; Nic. *Rumoldus* 1393 Mähren. In Hann. 1314 Henr. Romoldi.

Römisch wie Remisch s. Rahmisch!

Rommel, Römmele, Römmler (obd.: Württ., Baden) sind Varianten zu **Rummel,** Rümmele, Rümmler = »Lärmmacher, Polterer« (mhd. rummeln, rumpeln »Geräusch machen, poltern«). Burkard *Rommel,* Bauer 1405 b. Eßl., Joh. *Rummel* 1348 Rastatt; Conr. *Romeler* 1293 b. Bretten, Cunr. *Rummeler* 1289 b. Vaihgn. Auch Feldmarschall Erwin Rommel war Württemberger.

Römpage (ndd.) s. Rönnpage! – **Rompf** s. Rumpf!

Römpler s. Rümpler! – **Romundt:** nur als FN. (Hensel *Romunt* 1341 Lg.), vgl. Ramundus 1170 Köln. – **Ronte** s. Runge!

Rönelt neben Renelt (Nickel *Ränolt* 1414 Mähren).

Rön(i)sch, Röhnisch, Röntsch (O. Laus., Sa. oft) s. Reinisch, Renisch (KF. zu Reinhard, Reinhold)! Vgl. Bö(h)nisch für Benisch (Benedikt). Das Schwanken zwischen *ö* und *e* ist die Folge der mundartl. Entrundung im sächs.-schles. Raum.

Rönn (von), **Rönne** (von): Hbg. oft, z. ON. Rönne b. Winsen u. b. Kiel, auch b. Bielefeld (alt *Rune*), vgl. Rönnebeck. **Rönnau** (Hbg. oft). **Rönnfeld(t),** Hbg. oft. Rönnberg (Ro.).

Rönnefahrt, Renne-, Reinefahrt s. Reinfried!

Rön(n)page (ndd. oft) s. Rennpage! Auch Rönnpagel, mit Anlehnung an Pagel = Paul (da man page »Pferd« nicht mehr verstand).

Rönnspieß s. Rennspieß!

Röntgen, Röntjen: fries. KF. wie Böntjen, Büntgens! **Ronymus** s. Hieronymus!

Roo(c)k (Hbg. oft): ndd. rôk = »Rauch«, wie Hütterôk »Hüttenrauch«; ÜN. für Schmelzhüttenarbeiter oder auch Schmiede, wie obd. Rauch, Räuchle, Reuchlin (auch Stubenrauch: der Bader). Herm. *Rook* 1333 Barth. Thid. *Düvelesrok* »Teufelsgestank« 1287 Rostock Ndd. rôk »Kolkrabe« ist wohl jünger (»de kreyen und de rôke«).

Roolf(s) s. Rohlf(s), Rolfs! – **Roon** (von) s. Rohn!

Roos, Roose s. Rose! **Roosen** s. Rosen!

Röpe s. Röpke!

Röpenack (ndd.): »rauf den Nacken!« ÜN. des Raufbolds. Vgl. Raufenbart. Gerh. *Ropenacke* 1325 Lüb., Thid. *R.* 1277 Strals., Bernh. *R.* 1287 i. W.

Röper (Hbg. oft): ndd. = Ausrufer. Joh. *Ropere* 1291 Ro. (auch Lüb., Bremen, Greifsw.).

Ropers (ndd.), Ropertz (ndrhein.) = Roppers, Roppertz (»Robert's«).

Röp(c)ke (ndd., Hbg., Meckl. oft) wie **Röbke** (s. dies!) = Robert, Ropert. Joh. *Ropeke,* Sohn des *Ropeke* v. Tribsees 1325/32 Strals.; noch 1535 in Stettin: *Ropeke* Graßhorn. Auch Röpe, Röpkes, Röpking (patr.).

Röpling (ndd.) s. Röbbeling, Röbling!

Ropp, Roppel: obd. KF. zu Roppold: *Roppo* v. Eßl. 1304. Vgl. Goppel zu Goppold. **Roppold** (obd.) ist mundartl. Variante zu Rappold (Ratbold), s. dies! Desgl. **Roppot** (1345 Lg., Brsl.) = *Ratbod.* **Roppert** (ndd.) ist Variante zu Robbert: Robert, s. dies! (*Roppert* v. Dielingen 1347 Osn.).

Rördanz s. Röhrdanz! **Rörup** (Rührup) ist der Unruhstifter. Vgl. Conr. *Rörebrand* 1375 Lüb. (wie Hebe-, Stokebrand). **Rorwolf** ist der Wolf im Röhricht. – **Röring** (ndd.) = Röhricht (Joh. *Roring* 1288) bzw. = *Rörup.*

Rorich war rhein.-hess.-obd. VN. in Ritterkreisen! *Rorich* v. Greifenstein 1274 b. Wetzlar. *Rorich* Grauesel (Edelknecht) ebda.

Rosbander (m. bair. b für w) meint Roswander, wie Graswander; nach d. Hofstätte an e. Felswand. Vgl. Rosacker, Rosegger.

Rösch (Bay., Württ. oft!) neben **Resch** (s. dies!) meint wie Zanger den Lebhaften, auch Heftigen, Aufbrausenden (mhd. resch u. rösch, vgl. rasch). Lucz *Rösche* 1319 Ulm, Cunrat der *Resche* 1294 Brsg.;

desgl. *Röscheli* (Bauer) 1329 neben Cunrat *Rescheli* (Bauer) 1280: **Röschlein.** Vgl. 1435: die *rösche* u. die *fûle* Magd.

Röscheisen (Württ., Bay.): Schmiedename wie Frischeisen, Keckeisen. S. Rösch! Ebenso Röschnagel: der Nagelschmied.

Roscher (obd.) dürfte mundartl.-frk. = Rascher sein (s. dies!), also Herk. N.: aus Raschau oder Roschau, vgl. Roschow.

Röschlaub: ON./Bay.; auch Roschlaub. – **Roschke,** Röschke sind wie Roschek ostd.-slaw., vgl. Roschkowski, Roschow. S. auch Roseke! Rotzlaff!

Röschmann (ndd.) meint den »in den Röschen«, d. i. in den Binsen oder im Röhricht (siehe Rüsch!): vgl. »op den Rosch«/Ndrhein.

Rose (obd. Roos) nebst **Rösle(n),** rhein. **Rösgen,** läßt sich wie Rosenblatt, Rosenblüt, Rosenstengel, Rosenstiel, Rosenstock, Rosenzweig als ÜN. des Rosengärtners deuten, vgl. Rosenplänter; auch Rosenwurm (1508 Hann.) analog zu Rußwurm, dem Köhler; vielleicht auch Rosentreter, s. dies! Belege: Heinrich *mit der rosen* 1396 Brsl., Nicol. *Rose* 1317 Frkf., Bentz *Rose* 1350 Stuttg., Herm. *Rose* 1267 Ro. Radolf *Rosa* u. Thomas *Roseke* 1339 Lüb. (doch ist *Roseke* auch als VN. bezeugt: *Rosiko* de Bredow 1311 Stettin), Petrus dictus *Roseken* (Rosekini) 1262/71 Hbg. Vgl. auch ndd. Blome, Blömeke. Am O. Rhein gab es auch Häuser »zur Rose«: so in Basel 1273, Mühlhsn./Elsaß 1295 (Burchart *zem Rosen*). In Mchn. 1481: Ulr. *von der Rosen.* In Böhmen öfter *Rösel* als FN. Vgl. *Rösler!* In Gotha 1269 domina *Rose* u. ihr Sohn Heinr. *Rose!*

Röse: vgl. ON. Rösa b. Bitterfeld. – **Rosebrock:** ndd. ON., mehrf., wie die Roosbroeken b. Gent (sumpfige Gründe), z. Sumpfwort *ros;* vgl. auch Rösebeck (Rosbeke), die Rospe u. Rosphe (Ros-apa): (Bahlow, ON. S. 401). Dazu ON. Rosa (a. d. Rosaha) b. Meiningen.

Rosegger: z. öst. Hofnamen Ros-egg, wie Rohregger, Heidegger, Defregger, Niederegger. Der Dichter Peter R. war Steiermärker.

Rosemann (bes. häufig in Schlesien): schon 1367 in Lg. Nic. *Roseman,* neben Nic. *Rose* 1380; in Görl. 1427 *Rosenickel;* in Brsl. 1396 Heinr. *mit der rosen,* in Würzbg. 1409 Hs. *Roseman* in der Rosengasse! Weiteres unter **Rose!** In Schlesien mag auch der altslaw. Pers. N. *Roso* (KF. zu Rosomil, Roslav) hineinspielen; s. Bahlow, Schles. Nbch!

Rosemeier (Hann. oft, schon 1406): wie Blume-, Gras-, Diestelmeier.

Rosen (von): ist mehrf. ON. (z. B. in Schlesien).

Rosenbaum, -bohm, -boom (mhd. = »Rosenstock«) u. ä. s. unter Rose! Auch Hausn.: Jacob *zum R.* 1293 Mainz. H. *Rosenbom* 1350 Haldsl.

Rosengart(en) s. Rose! Erinnert an Zwergenkönig Laurins »Rosengarten« in Tirol (mhd. Spielmannsgedicht). Ein Ritter Cunr. *vom Rosengarten* 1387 Thür.; Clemens *Rosengarten* 1438 Lg. Auch Hausn. 1324 Worms.

Rosenkranz (häufig): weniger der Kranzlbinder (Ö.), vgl. Hensel *Rosenkrenczel* 1379 Böhmen, als vielmehr Hausname, wie Rautenkranz, Meienkranz; auch ON.

Rosenlöcher, -lecher (obd.): z. ON. (ÖN.) Rosenlach bzw. -lôh, wie Haslöcher zu Haslach, -loh. Götze *Rosenlecher* 1344 Algesheim, Jacob *Rosenlacher* 1398 Mies.

Rosenträger: in Alt-Frkf. als Rosinenverkäufer bezeugt; Anshelm *rosendreger* 1359 Frkf.; vgl. Hefenträger, Bierträger.

Rosentritt, -treter s. Blumentritt, -treter! Wohl ÜN. des Rosengärtners, vgl. Meltreter, Leittreter, Schollentreter, Brüggentreder; ein Gärtner Godeke *Rosentredere* 1290 Strals.; Heincze *Rosentrit* 1305 Neumarkt, Bartel *R.* 1489 Görl., Peter *R.* 1372 Lg., wo auch Nitsche *Rosenczwig* 1385.

Rosenwater (ndd.): eine Patrizierfamilie *Rosenwater* um 1275 in Strals., Ro., Barth.; in Wetzlar *Rosenwasser* 1264.

Roskamp, -kampf, -kam (Westf.) meint »sumpf. Feld« (wie Ruskamp); vgl. Rosvlet, Rosbeke, Rosbruch unter Rosebrock!

Rösler, Röseler (häufig im sächs.-schles.-böhm. Raum, wo auch **Rösel** begegnet): wohl wie **Rose** (s. dies!) ÜN. des Rosengärtners bzw. Blumenhändlers. Vgl. in Basel das Haus »zem Rosen« um 1273, später *Rösler-, Reslerhus!* Cunrat *Röseler* 1284 Villgn., Nic. *Röseler (Reseler)* 1408 B.-Kamnitz, Jörge *Röseler* 1425 Lpz., Joc. *Reseler* 1434 Görl., Chr. *Rösler* 1349 Tirol.

Rösner (Schles., O. Laus., Böhmen): z. ON. Rosenau (öfter in Schles., Böhmen, Mähren), wie Reichner, Langner z. ON. Reichenau, Langenau. Vgl. *Rosnower* 1343 Brünn, Henr. *Rosener* 1330 Aussig, Pawel *Rosener* 1399 Lg., *von Rosenow* 1453 ebda.

Rosprich (Oschatz/Sa.) beruht urkdl. auf Roßberg, vgl. Hirschbrich u. ä.

Roß, Rößke, Rössel: z. T. ÜN. des Roßhändlers (s. Roßtäuscher, -deutscher!), Roßbauern, Roßmäßlers, z. T. auch Hausname: (»z. weißen Rößl«, »z. schwarzen Roß« u. ä.). Dazu auch **Roßmann** (wie Ochsmann, Viehmann u. ä.), Ein Ritter Bertold *Rössel* 1256 Württ.

Roßdeutscher (Schles.), Roßteutscher: umgedeutet aus Roßtäuscher (mhd. rostiuscher »Pferdehändler«, und tûschen »Tauschhandel treiben«). Vgl. Joh. *(mit dem) Roß* 1351 Königgrätz (wie Opecz mit dem pferde/Schweidn.); Hensel *Rostüscher (Rosteuscher)* 1368 Lg. Michel *in der Roßhaut (Roßhäutel)* 1414 Mähren.

Rößger (alem.) = Rössinger, wie Nöttger, Öschger u. ä.; s. Bahlow, Dt. Nbch (1932) S. 90.

Rössing (Hbg. oft): ON. südl. Hann. (Ludeke *van Rossinge* 1413 Hann.).

Rößler (m. langem *ö*!) s. Rösler! Vereinzelt mag der ON. Roßla b. Weimar oder Roßlau/Anhalt hineinspielen: vgl. Andr. *von Rössel* 1424 Sa.

Roßmann s. Roß!

Roßmäßler, Roßmeisl (Bay.) = Roßschlachter. Vgl. Steinmaßler, Schindelmeißer: zu mhd. meißen »schneidend hauen«. Roßtäuscher s. Roßdeutscher.

Roßnagel (obd.) = Hufnagel (Hufschmied).

Rößner s. Rösner! (14. Jh. *Rosener,* später auch mit *ß*: A. *Roßner* 1498 Borna/Sa.).

Rost (oft): meist = mhd. rôst »Rost, Glut zum Rösten« (vgl. Röstpfanne; Rosthafen: FN. im Allgäu). Als Hausname in Freiburg 1460: »zum großen Rost« u. »z. kl. R.«! Auch der Minnesänger Heinrich der *Rost* (1313 Zürich) hat im Schild e. schwarzen Rost. Dazu Jac. *van dem Roist* 1389 Trier. H. *Rost faber* 1287 Ro.

Rostek ist ostd.-slaw.: vgl. ON. Rostek/Ostpr.; desgl. **Rostig:** ON./Sa. Vgl. Rostow(ski). **Rostock:** slaw. ON., meint »Breitling« der Flußmündung (so b. Rostock a. d. Warnow/Meckl.). Reineke *van Rostock* 1298 Strals., Henning *Rostock* 1405 Haldsl.

Roswitha: lat. frisierte germ. *Hrothswith* (»ruhmvoll u. stark«), berühmt durch R. von Gandersheim u. ihre lat. Komödien (10. Jh.).

Roth (obd.), **Rothe** (md.), **Rother** (schles.) meinen den Rothaarigen bzw. Rotbärtigen; zur »starken« Form Rother vgl. Schwarzer, Weißer, Langer, Kleiner, alle bes. schles. (Statistik: Bahlow, Schles. Nbch. S. 135). S. auch Brech. »Der Sippenname Roth« (Stuttg. 1939). Ndd. ist Rode! In Lg. 1413 »der *rote* czymmerman = *Rotenitsche* der cz.«. Da rotes Haar sich leicht vererbt, ist Rothe schon früh FN.: vgl. die Brüder Jeckel u. Tilke *Rote* 1350 Brsl. Im übrigen spielt wohl auch der häufige ON. Roth (Rode »Rodung« bzw. Rotaha »Rotwasser«) hinein; **Röthe** z. B. kann z. ON. Rötha b. Lpz. gehören. Vgl. auch die Komposita **Rothaug** (wie Grünaug), **Rothbart** (Barbarossa!), **Rothhaar, Rothermund** (1330 Lüb.), Rothmund, Rodewange (Mette *mitten roden wangen* 1400 Haldsl.).

Röthel, Röthlein, Rötchen: der Rothaarige, entrundet Rethel! Nic. *Rötel (Retel)!* = Nic. Rufus 1351 Brünn; Hs. *Rötchen* 1352 Lg.

Rothenbücher s. Rottenbücher!

Rothermel: erinnert an die farbenfrohe Kleidung bzw. Modetracht des MAs. (14./15. Jh.); Peter *Rotermel* 1340 Lg. (1283 Freiburg, 1361 Iglau), vgl. Gelermel 1350 Brsl., Wysermel 1412 Görl. S. auch ndd. Mau!

Rothert (schles.) = Rother; vgl. Kleinert, Schwarzert, Braunert.

Rothgänger (obd.): gang = Pfad, Fußweg.

Rothgeb: mundartl. für Ratgeb (Henczel *Rotgeb* 1371 B.-Leipa, J. *Rotgebe* 1439 Straßbg.).

Rothgerber: ist gegenüber dem Weißgerber, der Alaun verwendete, das ältere Gewerbe, insofern das Garmachen der Häute mit Lohe (Eichenrinde) althergebrachte Sitte war; vgl. den Lohstampf.

Rothgießer meint den Kupfergießer, ein sehr altes Gewerbe; vgl. Volckmann S. 141 f.; Peter *Rutgißer* 1431 Görl.

Rothgordt, -gardt s. Rottgardt! – **Rothhardt** (Sa.) beruht auf älterem Rothert =

Rother (: der Rothaarige) bzw. Rothaar, vgl. Gehlhardt (Sa.) für Gelhar; Schweickhardt für Schweicker u. ä.; Seifarth für Seifert u. ä., s. aber auch Ruthardt (Rudert)! – **Röthig** deutet auf ostd. ON., wie Droißig, Weißig (Sa. mehrf.) u. ä.

Rothkegel, Rothkehl ist entrundet aus **Rothkögel** (*Rotkogel* um 1350 Brsl.) = rote Kapuze, s. Kögel! Ndd. Rodekogel, -kohl. Vgl. *Rotrock*/Brsl., *Rotmantel*/ Pforzh.

Rothmaler: ein Beruf aus der Handschriften- u. Frühdruckzeit des MAs.; ihm blieb es vorbehalten, die farbigen großen Initialen (Anfangsbuchstaben) in die vom Schreiber ausgesparten Räume einzumalen. Arnold *Rotemeler* 1383 Mühlh./ Thür., *Rotmoler* 1350 Brsl.

Rothmann (Schles., Sa.): mundartl. für Ratmann, wie Rotgeb f. Ratgeb; vgl. *Rotman* = *Ratman* carnifex 1365 Brünn, Nic. *Rotman* sutor 1399 Brsl.

Rothmund (wie Rothermund): 1373 Kreuzlgn.; 1343 Brünn; *Rotmündel* 1262 Prag.

Rothschedl (Bay.): der Rothaarige, vgl. Weiß-, Braun-, Dir-: Dürrschedl.

Rothschild: alter Hausname am O. Rhein; Hartmut *zum Rotenschilte* = *Rotschilt* 1313 Speyer, aber auch in Lüb. 1338 *Rotscilt.*

Rothut: Rupertus *Rothut* 1577, griech. *Erythropel!* Vgl. *Rothütl* 1369 Böhmen.

Rotpletz (obd.): mhd. bletz »Flicken«. Hainr. *Rotplez* 1403 Villgn.

Rötsch, Rötschi s. Rütsch! – **Rotscheidt** (Rhld.): ÖN. (ON.) wie Breit-, Meer-, Rohrscheidt u. v. a.

Rotschuh s. Schuh! (*Rotschuch* 1493 Görl., *Rotschühel* 1380 Eger): aus Corduanleder, vornehm!

Rotteck: obd. ON. wie Brauneck, Waldeck, auch Rottegger (Ö.). Aber **Rötteken** (ndd.) ist KF. zu Röttger: Hermen *Rotteke* 1403 Hann.

Rotter (Bay. oft): zu den ON. (ÖN.) Rott (mehrf., auch Flußname), Rottau u. ä., vereinzelt auch mhd. rotter = »Harfenspieler«; Märklin der *Rotter* 1307 Eßl. **Rott** (Mchn. oft) ist z. T. irreführende Schreibung für **Rot(h):** der Rote, auch bei **Rottmann,** -maier, -müller, -schäfer, -moser sowie **Rottenfußer** (Mchn.), Rothenfußer, Rottenkolber, -steiner, -höfer, -bücher (Rothenbücher!), Rottegger u. ä., soweit nicht *rott* »Moder« hineinspielt!

Rottgardt, Rothgardt, -gordt (alle Hbg.) dürfte ÖN. sein, wie Rotthoff, Rotthausen, Rottorf, Rottleben; doch begegnet vereinzelt auch e. VN. *Rodghart* (1389, *Rutgert* 1408 Bremen).

Röttgen (Köln oft): ON./Rhld. mehrf., desgl. Rüttgen.

Röttger (Hbg. oft), Röttgers, Röttcher ist ndd. Form für Rüdiger. *Rodiger* v. Malchow 1259 Ro., *Rotgerus filius Rotgeri* 1286 Ro., *Rotcher* Sniter 1302 Greifsw., *Stolterutgher* 1291 Strals.

Rottluff: ON. b. Chemnitz. Bekannt durch den Maler Karl Schmidt-Rottluff.

Rottmann s. Rott! – **Rottsahl** s. Saal! (rott = Moder).

Rötz, Rötzer: ON. Rötz/O. Pfalz. – **Rotzlaff:** ostd.-slaw. Pers. N., s. Retzlaff!

Roux (frz. = »Rot«): Nachkommen des Réfugié's François Roux.

Röver, Röwer (ndd. oft) = Räuber. Joh. *Röver* carnifex 1294 Ro.; vgl. *Scutenröver* 1262 Hbg. (Schute »Lastkahn«); *Roveketel* Kesselräuber u. ä.

Röwe (ndd.) = Rübe; Bauernname, wie Röwesath (ndrhein. Reuwsaat), Rövenstrunk; Röve-, Röbe-kamp (westf.) = Rübenfeld. Joh. *Röve* 1325 Lüb. – **Rowedder** s. Rohwedder!

Rowohl(t), Rowold(t): ndd., s. Rodewald! Thid. *Rodewold* 1353 Hann.

Rubach meint slaw. Rubak, wie Liebach: Libak, Riebach: Ribak; slaw. rub- »hauen« (rupak »Steinmetz«). Dazu auch Rubahn, Ruban(d), Rubehn, Rubisch. – **Rubart** (Hbg.): ndd., der Rauhbärtige (*Rugebart* 1442 Barth/Pomm.); s. auch Ruge!

Rübartsch, Riebartsch = slaw. ribarz »Fischer«.

Rub(b)ert (Hbg. oft), Rubberts = Rudbert (obd. Ruprecht), wie Lubbert = Ludbert; s. auch Robbert, Robbers! Dazu KF. **Rubbens** (vgl. Rubens). Vgl. Joh. *Rubeken (Robeken)* um 1300 Strals., s. Röbke! Rüpke! Zu **Rübcke** (Hbg. oft) vgl. ON. Rübke b. Buxtehude (: -beke), im allg. = Rüpke.

Rübel, Rüble, Riebl (obd.) = Rübe, ÜN. f. d. Rübenbauer: **Rubenbauer** (Bay. oft). Vgl. Scherrüble, Siebzehnrübel. Heinr. *Rübeli* 1293 Baden. Hs. *Rübel* 1414 Mähren. Auch Rübenstrunk, Rübendunst,

Rübenkropf *(Ruobenkropf)* 1388 Budweis). Rübsamen, Rübezahl (s. dies!). Setzerübe.

Rübenach (Köln) ist der ON. R. b. Koblenz (kelt. *Ruvenacum*), vgl. Kolbenach, Lentenach, Wassenach, alle auf Wasser bzw. Sumpf deutend. Dass. ist Rövenich (Ruviniacum, vgl. Ruvigny) u. Rivenich (Riviniacum 748). – **Rubenow:** ON./ Vorpomm. (Everh. *v. R.* 1300 *Greifsw.* Ein R. stiftete um 1450 die Univ. Greifswald). – **Rübener** wie **Rüber** meint den Rübenbauer: Herlin *Rubner* 1362 Mies, Herbort *Ruber* (Raparius) 1250 Worms.

Rübenstrunk, ndd. Rövenstrunk, s. Rübel! Auch *Rübendunst* ist alter Spottname für Bauern (so z. B. bei Hans Sachs »Säubayer und Rübendunst«!). Auch bei Seifrit Helbling um 1290: »meister *Rüebentunst*« u. bei Heinr. v. Mügeln um 1350. Ein Peter *R.* 1370 Olmütz, Heintz *R.* 1450 Nürnberg. (Brech. S. 442.)

Rüber (Köln): ON. b. Koblenz (964 *Ruver,* prähistor. Bachn.). Aber obd. **Ruber** = Rubner, Rübner, s. dies!

Rübezahl, der N. des schles. Berggeistes, bedeutet nichts anderes als »Rübenschwanz« (mhd. zagel: zâl, zail = »Schwanz«, wie in Hasenzahl, Lämmerzahl, Schafzahl, Seidenzahl); eindeutig bei den Brüdern Cuonrat u. Berhtold *Rübezagel* oder *Ruobeswanz* 1262/82 b. Überlingen; dazu die Brüder Herman, Heinrich u. Wortwin *Ruobezagel* 1230 Würzbg.

Rubin: mhd. rubîn meint den Edelstein, so in Brünn 1240 e. Richter *Rubynus,* 1343 Nic. *Rubein (Rubin),* (auch in Mchn. 1377). Auch ein mhd. Dichter in Tirol nannte sich *Rubîn.* In Brsl. 1327 ein *Rubinus* Gallicus. Vgl. auch jüd. Rubinstein. – **Rübke** s. Rüpke u. ON. Rübcke!

Rublack ist ostd.-slaw., wie Pawlack (Paul), Paßlack (ON.) u. ä.; vielleicht wie Rubel zu slaw. wrobel »Sperling«. S. auch Rubach!

Rubner (obd.) s. Rübener!

Rübsam(en), Riebesahm: ÜN. des Rübenbauern, vgl. Rübenstrunk, -dunst, -kropf, -zahl, Rübel, Setzerübe. Ähnlich Mohnsam; Schüttensam. Wolzo *Rubesame* (Bauer) 1298 b. Mergenth.

Ruch (ndd.) = Rau(h)! **Ruchhöft** (ndd., Ro., Hbg.) = obd. Rauchhaupt: »rauhhaarig, struppig«. Vgl. Ruchholz »rauhes Gehölz«. S. auch Ruhfuß, Ruhkopf, Ruhe, Ruge!

Ruck (Bay.): = mhd. rucke »Rücken«, obd. ohne Umlaut wie Rucksack; vgl. obd. drucken für drücken. Dazu Breitruck. Auch in ÖN.: Gras-, Har-, Steinruck (-rucker). **Rückbrodt** (obd.) = »Roggenbrot« (mhd. rückin »von Roggen«): Gernot *ruckenbrot* 1235 (als brotbeck 1428 in Rottweil). Vgl. **Rückle,** Rükkel: Conr. gen. *Rückelin* 1230 Starkenburg, Hensel *Rückel (Röckel)* 1395 b. Eger. – **Ruckenbiel:** obd. ON. wie Gukkenbiel: bühel = Hügel.

Ruckdäschel, -deschel, -täschel, -teschel, Rockteschel: obd. Satzname, ÜN. für den Handwerksburschen auf Wanderschaft. Auch Rocktasch. Hans *Rucketasche* 1603 Brschwg., wo 1534 auch Hs. *Ruckenstol:* heute **Ruckstuhl,** Rockstuhl. – **Rückriegel** meint wie Zuckenriegel den Einbrecher, **Rückbeil** den Zimmermann, **Rückmesser** den Metzger o. ä.

Rückert (Franken, Schles.) ist die jüngere Form gegenüber **Rücker.** Die Ahnen des Dichters Friedrich Rückert aus Schweinfurt schrieben sich Rücker. Es verbirgt sich dahinter der »edle Markgraf« Rüdiger des Nibelungenliedes! Vgl. auch ON. Rückersdorf/Schles., Rückersberg/Fulda: 980 Ruotgeresberg, Rückers/Fulda: 1160 Rutchares. *Rucker* Kirchdorf 1387 Frkf., Betz *Rücker* 1388 Schweinfurt. Peschke *Rücker* 1343 Glatz. *Rücker* = *Rüdger* auch im Aargau urkdl., nebst KF. *Rücki, Rüggi.* Zu **Rückhardt** (erst im 16. Jh. für Rückert) vgl. Schweickhardt für Schweikker(t) = Swîdger!

Rückfort (ndrhein.) ist ÖN. auf -furt wie Reckfort, Ramfort u. ä., alle auf sumpfige Lage bezüglich; zu *rück, rick, reck* s. Bahlow, ON. S. 403!

Ruck(h)aber, Ruggaber (Württ.): wohl ÜN. des Unsteten, der sich »abermals« fortbegibt, weg-»ruckt«; umgedeutet Ruckhaberle.

Rückleben: ON./Thür. wie Witzleben, Hemleben usw.

Rückoldt, Ruickold meint den ndd. Pers. N. Rickold, vgl. Rückwarth für Rickward!

Rückriem: wohl wie Ruckdäschel ÜN. des Wanderburschen; vgl. aber mhd. rückrieme »Rückgrat«. – **Rückwarth** s. Rickward!

Rudat, Rudek ostpr.-slaw., vgl. Ludat u. ä.

Rüde, Rüdt = mhd. rüde »großer Jagdhund«, vgl. FN. Schweinrüde; daher auch ÜN. von Rittern: vgl. Eberh. *Rüde* v. Kollenburg, Ritter (1349), mit Hundekopf im Wappen; Peter der *Rüde* 1283 Breisgau; in Waldshut ist auch e. Wirtshaus »zum Rüden« bezeugt. Ein *Rüdenhain* 1350 Württ., Wernlein *Rüdenwirt* 1408 Breisgau, Hs. *Rüdenknecht* 1400 Schweiz. S. auch Brack (Prack)! Aber *Rüdi* war alem. KF. zu Rüdiger bzw. Rudolf: *Rüdi* Künzi 1329 u. ä.

Rüdel, Rüdlin s. Riedel! Rüdiger! **Rud(e)l,** Rudelt ohne Umlaut ist bair.

Rudeloff s. Rudloff! – **Rudemann:** z. ON. Ruden (Hans *v. Ruden* 1435 Haldsl., Henr. *v. Ruden* 1305 Greifsw.); sonst auch VN.: Mertl *Rudmannus* 1336 Prag.

Ruder (Mchn. oft): ÜN. des Schiffers; Diether *Ruodere,* Ritter, 1277/Bühl.

Rüder (ndd.): vgl. *Rüdebusch, Rüdemesser.*

Rudert (Sa., Bay.) = Rudhart (Bay.): Nik. *Rudert (Ruthardus)* 1545 Adorf/Sa. Noch heute ist Ruthard (»ruhmvoll« u. »kühn«) als VN. (Heil. N.) gebräuchlich. Ein Graf Ruthard 8. Jh. Amorbach, Jekel *Ruthard* 1377 Prag. Vgl. *Ruthardis-:* Ruttershausen/Hess.

Rüdiger (»ruhmvoller Speerkämpfer«), kontrahiert **Rüger,** entrundet **Riediger, Rieger** (Schles., Sa.), nebst KF. **Rüdel, Riedel** (Schles., Sa.), s. Riedel! Bis ins 15. Jh. war der Held des Nib.-Liedes beliebt; s. Bahlow, Schles. Nbch. S. 48/49! Auch in den ON. Riegersdorf, Röhrsdorf steckt sein N. Dasselbe ist urkdl. **Rüdinger:** Conrad *Rüdiger* 1579 = C. *Rüdinger* 1588 Tauberbischofsheim. *Rudinger* Prumbom 1170 Köln. Rudisch: *Rudisch* = *Rudiger* Angel 1348 Eger, *Rudusch* = *Rudel* vischer 1350 Brsl. S. auch **Rükker(t)!** Röttger!

Rudloff (Thür., Sa., Schles.) ist die Mundartform für **Rudolf** (als FN. meist Rudolph geschr.), wie ndd. Roloff (Rodelof) für Rodolf u. Radloff für Radolf. Vgl. *Rudeloff* herczog in Slezien 1446. Durch König Rudolf v. Habsburg wurde der bes. alem. beliebte altd. N. (germ. Hrôd-wolf »Ruhm-wolf«) in Ö., Böhmen, Schles., Sa. beliebt. Obd. Patr. ist **Rudolfer.** Alem. KF.: *Rüdi, Rütschi, Rutschman, Ruof* (FN. **Ruf!**). S. auch Rühle u. sächs.-sudet. Rietschel *(Rütschel)!* Als VN. erlebte Rudolf im 19. Jh. von Wien aus (Habsburger!) wie Ferdinand e. neue Blüte (KF. Rudi).

Rudnick (ostd.): slaw. Berufsname (»Erzgräber«, zu *ruda* »metallum«, Miklosich S. 310) vgl. Rolnik »Ackermann«, soweit nicht der ON. Rudnik hineinspielt (vgl. Rudnicki). Klang hat der N. durch die Kirchenmusiker Wilh. u. Otto R. (Lg.).

Rudwig (»Ruhm« u. »Kampf«): *Rudewich* Tuntzebach 1394 Kassel.

Rüegg (alem. KF. zu Rüdiger): Vollform **Rüegger** (Bentz *Rügger [Rüdger]* 1350 b. Stuttg.; Welzlin *Rüegg* 1412 b. Nagold).

Ruf(f), Ruffmann: alem. KF. (Ruof) zu Rudolf, im MA. beliebt. Auch **Ruoff, Rüeffli,** entrundet Rief, Rieflin. Vgl. *Ruef (Rudolf)* v. Reischach 1374 Württ., *Rüfelin (Rudolf)* v. Nüwenstein 1400 Württ., *Ruf* Guderman 1467 Ravsbg. Ein Schweizer war der Dramatiker Jakob *Ruof (Ruff)* 16. Jh. (»Wilh. Tell«). In Bern auch e. heil. R. (St. Rufs-Altar).

Ruffer, Rüffer, sekundär Ruffert, Rüffert (obd.-schles. s. Schles. Nbch. S. 114!), meint den Ausrufer (z. B. der verkäufl. Weine: in Zürich 1357 Eberli *Winrüffer* nebst Rüdger *Rufwin,* in Augsbg. 1406 *Rüffenwein*). Vgl. ndd. Röper! – **Ruffian** (mhd.): »Lotterbube« (Örtel R. 1367 Mies).

Rüffler (Riffler): im Raum Waldenburg/ Schles. einst beheimatet, meint wohl den Rüffel-, Riffelmacher (FN.), zu mhd. riffeln »durchkämmen, durchhecheln« (nämlich Flachs, Hanf).

Rügamer, Rügemer (obd.): aus Rügheim/ Franken, wie Rottamer, Herxemer u. ä.; zu -heimer: -hemer: -hamer s. Bahlow, Dt. Nbch. S. 88!

Ruge (Hbg. oft): ndd., = der Rauhe, Rauhhaarige; auch **Ruhe.** Henr. *Rughe* 1293 Hbg., Herborg *Rughe* 1327 Lüb.; *Rughebart* 1467 Barth. **Rughase,** Ru(g)-haas (Hbg.) = struppiger Hase. S. auch **Rauh!**

Rüger (Schles., Sa., Frk.) s. Rüdiger! In Eger 1297 Ritter *Rüger (Rüdeger)* Angel, wo auch *Rudusch (Rudeger)* Angel 1348; vgl. *Rudusch (Rudel)* vischer 1354 Brsl.

Rügge, Rüggemann, -meier (westf.): vgl. Cort *Rügge* 1507, Herm. *Knakerügge* 1287 Hbg. ON. *Ruggeberg*/Westf.

Rugger s. Rüegger!

Ruhbaum (Raubaum), ndd. ÜN. wie Ruhwedel, Ruwold, Rubrauk.

Ruhe (Hbg.): ndd., s. Ruge! Dazu **Ruhkopf, Ruhfuß,** Ruhaas. – Luder *Rukop* 1400 Hann.

Rühe, Rühen (ndd.) beruhen auf Rüde, Rüden (ÜN.); vgl. ON. Rühen b. Vorsfelde u. Rhüden a. Harz. S. Rühmann!

Rühl, Rühle, Rühlemann, Rühlke gehören als KF. zu Rudolf, bes. hess.-alem.: *Rule* Reye 1300 Wetzlar, *Rule* Schafrippe 1363 O. Hess. *Rulman* Merswin (Straßburger Mystiker, 14. Jh.); noch 1539 in Marbg.: *Rülman* Niedernhofer, 1544 *Rullmann* Hüne. Entrundet **Riehl,** vgl. Rüdel: Riedel. Mit k-Suffix: *Ruleke,* Sohn des *Ruleke* 1315 Hess. Rühle ist auch ON. (b. Meppen u. Holzmdn.).

Ruhland s. Ruland (= Roland)! – **Rühling** (Sa.): älter Rühlig (vgl. Helbing für Helbig) = Rühlke, s. Rühl! Samuel *Rülich, Rüling* 1581/87 Sa.

Rühmann (Hbg. oft) ist verschliffen aus Rüdemann, wie **Rühe(n)** aus Rüde(n). Vgl. ON. Rühen u. Rüden. Desgl. **Ruhmann** aus Rudemann: (Christoph *Ruhman [Rudeman]* 1614 Brschwg., Thilo *Ruman* 1438 Northeim). Aber obd. ist der Heilige »sant Rumann« (St. Romanus) gemeint: *Rumann* 1378 Waldshut; vgl. ON. Ruhmansdorf/Bay. – **Rühmer** wie **Ruhmer:** der Prahler (Joh. *Ruomer,* Bauer 1338 Baden). Desgl. **Ruhm** (mhd. ruom).

Rü(h)mke (Westf., Hann.); Rümeke, Rümckens: Cort *Rumeke* 1530 Lippe.

Rühmkorf (ndd.): »räume den Korb!« ÜN. für Plünderer, wie Rümpenap, Ruhmschöttel, Rümekasten (Riemkasten). Weiteres unter Reumschüssel!

Rü(h)mland, Rumland (ndd.): »räume das Land!« ÜN. für Fahrende, Unstete. Zwei Dichter des 13. Jh.s nannten sich so: *Rûmelant* von Schwaben u. Meister *Rûmslant* aus Sachsen, der an nordd. Fürstenhöfen vom Rhein bis Rügen ein Wanderleben führte. Giseke *Rûmeland* 1290 Hbg.

Ruhmschöttel (ndd.) s. Rühmkorf u. Reumschüssel! In Westf. 1420 e. Freigraf Rodolf *Rümschöttel*; dazu *Rûmeschöttel* 1382 Ro., 1343 Lüb., 1178 Köln.

Ru(h)nau: ostd. ON. **Ruhnke** (Hbg.), Ruhnken: Conr. *Runke* 1288 Ro.

Ruhnstruck (ndd.): »zum rauhen Gesträuch«.

Ruhr(mann): von der Ruhr, wie Wesermann, Huntemann, Wippermann.

Rühr (Hbg., Kiel) = Rüder, wie Röhr = Röder. – **Ruhwedel:** ndd. »Furt durch rauhes Gelände«, ÜN. wie Marwedel, Hollwedel u. ä.

Rührmund: der Geschwätzige. Albr. *Rüremund* 1343 Württ. Vgl. ndd. Rörbein.

Ruland (Köln oft), Ruhland (Mchn. oft), im MA. die übl. Form für Roland, s. dies!

Rulf(f), Rulffs (ndd.) s. Rolf(s)! – **Rulle** s. auch Rolle! Ein ON. Rulle b. Osn. **Rullmann,** Rüllmann s. Rühle! – **Rumbler** s. Rummler! **Rümenap** s. Rühmkorf! **Rumland** s. Rühmland! – **Rüm(c)ker** s. Rühmke!

Rummel, Rummler, Rümmler s. Rommel! Vgl. Gerung *Rumbele* 1300 Konstanz. Johel *Rumler* 1396 Prag. Auch **Rümmelin** (Württ., Baden) gehört dazu: Erlewin dictus *Rummelin (Ruomelin)* 1295 Pforzh., vgl. den *Lümelin* (Lümmel) 1515 Reutl.

Rummenigge: westf. ÖN. (Romania!). Herman *in der Rumenie* 1390 Dortmd.

Rumohr (Hbg. oft): ON. b. Kiel (Scacco de Rumore 1245).

Rumolt, Rümelt, s. Römelt! – **Rump** (ndd. oft), Romp (ndrhein.) wie obd. **Rumpf** meint den Kurzleibigen, Klobigen, Grobschlächtigen, ähnlich wie Stumpf; auch obd. **Rümpfli** wie Stümpfli, oder *Rumpfhart* wie Stumpfhart (15. Jh. Württ.); vgl. »mit Rumpf u. Stumpf«! In Köln 1139 Tidrich *Rump,* in Vaihgn. 1350 Rümpflin. Vgl. aber Schüttrump!

Rumpel, Rumpelt (Schles., Sa., Bay., Ö.) meint den **Rumpler,** Polterer wie auch **Rumpold** (mhd. rumpeln, rummeln »poltern, lärmen«, daher auch **Rummel,** Rummler, s. dies!); auch das Rumpelstilzchen im Märchen ist ein Poltergeist, Kobold. Heinrich IX. v. Glogau hieß 1395 herzog *Rumpolt; dazu Otte v. Kittlitz gen. Rumpolt* 1438 Laus., Ritter *Rumpolt* v. Grifenstein 1216 Reutl. Hs. *Rumpler* 1414 Mähren, Mertt *Rumpel* ebda., *Rumpelhans* 1537 Württ. Wernher *Rümpelin* 1347 Eßl. Mit Umlaut **Rümpler,** Rimpler (Görl.).

Rumpen (Köln): ON. nö. Aachen, meint

unwirtliches Gelände, wie Rumpen-sel, Rumpe-venne.

Rumschöttel s. Reumschüssel u. Rühmkorf! – **Runde, Rundt** (Westf.) s. Runte!

Runge meint die Stemmleiste am Leiterwagen, also ÜN. des Wagners oder Stellmachers; vgl. auch Leuchse. Bekannt durch Phil. Otto Runge, Maler der Romantik. Volkwin *Runge* 1280 Ro., Wilreich *Runge (Ronge)* 1487 Neiße, Hartmut *Runge* 1283 Spay/Rh.

Runke: mhd. wie Runze = »Runzel«. Conr. *Runke* 1288 Ro., J. Runke 1347 b. Mainz. In Lg. Ronke neben Runke. – **Runkel** (Köln oft): ON./Lahn. Heinr. *Runkel* 1290 Ndr.-Olm., Sifrit *von Runkel* 1309.

Rünser s. Rinser!

Runte, Runten (Barmen, Dortmd., Bielef.): ist alter Flurname, wie in Runtenberg, auch Runtesloh b. Gent. Der ON. Rünthe ist alt Runete (wie Bünthe: Bunete), zu *run* »feuchter Schmutz«; vgl. »im Rune«/Westf. (Bahlow, ON. S. 404).

Rummenigge: westf. ÖN. (Romania!). Herman in der Rumenie 1390 Dortmd.

Runz, Runzmann: mhd. runze »Runzel« (vgl. die Runze im mhd. »Eckenliede«, e. runzelige Unholdin). Hensel *Runcze* 1369 Lg., Henning *Runtze* 1369 Hann., Uli *Rüntzi* 1518 b. Waldshut, Hs. *Runtschi* 1567 Kempten.

Ruoff (obd.-alem.) wie Ruf (s. dies!) = Rudolf. – **Rupe** (ndd.): »Raupe«, ÜN. des Gärtners. – **Rupp:** vgl. *Ruppenmaul* 1419 Nbg. (Rupp: Fisch m. dickem Kopf, so Hans Sachs).

Rupp, Ruppel: obd.-rhein. KF. zu **Ruprecht** (germ. Hrôd-berht »ruhmglänzend«), vgl. ndrhein. **Ruppertz, Ruppert,** ndd. **Robert.** Den speziell bair. Stempel verdankt der N. dem Apostel des Christentums in Bayern, dem heil. Rupert oder Ruprecht, Bischof v. Salzbg., der auch im weihnachtl. »Knecht Ruprecht« fortlebt (in Schlesien einst Rupprich); an dessen grobe Züge erinnert unser »Rüpel«. Dazu auch **Rüppele** (schwäb.), Rüppeli(n) (alem.). Rüpprecht. Ruprechter (obd. Patr.). Ruperti (lat.). **Rüpke** (Röpke, Reupke) ist ndd. KF., wie auch **Rübke** (Röbke). **Rüsbüldt** (Ro.) s. Rußbült!

Rusch (Hbg. oft) wie **Rüsch** (Hbg. oft) ist verbreiteter Flurname = feuchtes, binsen- oder schilfreiches Gelände (obd. Reusch, s. dies!); rhein. Ruschges, Ruischgens. Dazu Ruschenbusch, Ruschewald, Ruschepol, Ruschebrock, Ruschwedel, Rüschkamp, In den Ruschen (Lippe), **Ruscheweyh** (Hbg.) wie Koldewey (Oldbg.), Ruschen-, Rüschenberg, Ruschhöft, Rüschhaus i. W. (Schloß der Droste-Hülshoff). Rusch-, Rüschmeyer (Westf.), Rüscher (Westf., wie Büscher). Vgl. Meinhard *Rusche, Ruscheman* 1399 i. O. Lüdeke *uppen Rusche* 1388 Bremen, Radolf *Rusche* 1285 Ro. Aber **Ruscher** (ndd.) wie *Rauscher* = Lärmer (Ruschere 1277 Hildesh.).

Ruschke, -ka ist ostd-slaw. – **Ruschpler** (obd.): mhd. riuspeln »räuspern«. – **Ruscheplate** (Rauschenplat, von): ÜN. für Ritter, die im Panzer daherrauschen (mhd. rûschen »geräuschvoll anreiten, stürmen«). Ritter Herm. *Ruscheplate* 1396 b. Duderstadt, Patrizier Herder *R.* um 1300 Strals.

Rüsken, Rüsgen (rhein.) s. Rüschgen! – **Rüß** (Hbg. oft) = Rüsch! Vgl. ON. Rüsfort, ÖN. Rüskamp i. W., Rusbend u. ä. Dazu FN. **Rußbült** Hbg. öfter) = binsenreicher Hügel im sumpf. Gelände.

Ruß: bisweilen auf persönl. oder geschäftl. Beziehungen (Reisen von Kaufleuten) z. Land der Russen deutend; s. unter Reuß! Ähnliches gilt für Preuß! Obd. ist **Rußmann** vereinzelt als VN. bezeugt (vgl. Rutsch-, Rutzmann = Rudolf): *Rußman* Stralenberg 1494 Württ. – Ndd. vgl. auch **Rußbült** (wo ruß = rusch »Binsicht«)! Dazu auch **Rüssel** (ON. b. Bersenbrück, wo auch ON. Rüsfort; also *Rüs-lo* feuchte Niederung), sowie ON. Rüssen i. O. (Joh. *v. Russene* 1294 Bremen). Auf obd. Boden beachte mhd. *rus* (bair. Rusch) = grober Bengel: Jac. *Russ* 1385 Budweis.

Rußwurm: frk. ÜN. für den Köhler; auch der »Ruß-Barthelmei« in Roseggers »Waldschulmeister« ist ein Köhler! Bekannt ist Schillers Urenkel Alex. Frh. v. Gleichen-Rußwurm. Schon 1180 in Bamberg: Bero *Rußwurm*; 1317 her Wernher der *Rußwurm.* Vgl. auch Kohlruß.

Rust (oft) ist im wesentlichen der Flurname Rust = Röhricht, Schilficht, deutlich in Rustlake/Holld., Rustenbach/Leine,

Rusteleben/Unstrut, Rüstungen/Eichsfeld (wie Holungen, Faulungen, vgl. Rusten-, Holen-, Faulenbach), Rüstenhart/O. Elsaß, Rüstenbach/Rench. Vgl. Walther zu dem *Rüste* 1272 Breisach. Ein Ort Rust südl. Lahr. Mhd. rust ist Variante zu rost, mnd. rust = rast. Joh. *Rust* 1275 Hbg. Seltener ist **Rüst:** vgl. dazu ON. Rüst b. Parchim, aber auch mhd. rüste »Ausrüstung, Rüstzeug«, Joh. *Rustemester* 1491 Hameln, H. *Rüstmester* 1546 Kiel.

Rüster s. Rister!

Rüth (Köln) enthält wie ON. Rüthen/Möhne, Rütenbrock, Ruitenveen eine Flurbezeichnung, vgl. »aus den Ruthen«; Ruthenbeck, -kolk, -mühle. Dazu auch **Rüther,** Rühter, soweit nicht = ndld. ruiter »Reuter«. Nic. *Ruter* 1375 Greifsw.

Ruthard s. Rudert! – **Ruth:** bibl. VN., nach der frommen Moabiterin, der Ährenleserin. – **Ruthe:** schles.-sächs. Mundartform zu Rothe; wie **Ruther** zu Rother; Hans *Ruthe* 1550 Görl. (wo auch Rutgißer), Michel *Ruther* 1510 ebda.; in Thür. vgl. ON. Rutha. Aber der *Rutherus* Schürpsack 1405 Schlettstadt erinnert an den VN. Ruot-her (vgl. »König Rother«).

Rüting (ndd.) = Dolch: Petrus *Rutinc* 1281 Ro.

Rutsch, Rutschmann, Rütschel: obd. KF. zu Rudolf. *Rutschman = Rudolf* v. Reinach 1384 Aargau; *Rütsch* kemmer 1372 Lg., *Rüczschel* 1381 Dittersbach, *Rüschi* Herbest 1345 Baden. S. auch Rietschel!

Rütten, Rütt (Köln) s. Rüth, Rüthen!

Rüttgers (ndrhein.) wie Röttgers s. Röttger! (*Rutgert* von der Werne 1408 Bremen).

Rutz (obd.) s. Rutsch! Vgl. Junker *Ruotzman (Rütsche)* Pulster 1373 Neuenburg a. Rh., wo 1401 auch Rudolf *Rützlin.*

Rutzner (Tirol): z. Flurn. Rutz in Rutzenmoos/Ö., Rutzgraben (wie Retzgraben = Schmutzwasser, vgl. Rotz).

Ruwoldt (ndd.) = »rauher Wald«. Vgl. Ruwisch »rauhe Wiese«.

Rybak, Rybarz (slaw.) = Fischer, s. Reibe!

S

Saacke (ndd.): »Streitsache, also Rechtsanwalt; in Lippe 1507 *Sake.*

Saal: verbreiteter ON. bzw. ÖN. (Flurname), zu idg.-europ. *sal* »feuchter Schmutz« (noch mhd.), auch in Gewässernamen wie Saale, Saalach u. ä. Ein Sumpfsee *Sala palus* a. 840. Vgl. auch »das **Sahl**«/Hessen, das »Grot Sahl« b. Rissen/Hbg. (Näheres: Bahlow, ON. S. 409). Dazu auch **Saalmann,** Sahlmann, soweit nicht Salomon (Salman) hineinspielt (: *Salman* Senger judeus 1345 Frkf.). In Haldsl. vgl. um 1390: Conrad *Saleman* = Cone *bi der Sale*; in Bremen 1317 M. *de Sale.*

Saar: z. Fluß- u. ON. Saar (öfter); Henr. *de Sar* 1357 Lg. (meint Saar in Böhmen). Dazu Saarmann, Sahrmann.

Saathoff: westf. ÖN., Hofname wie Moorhof, Potthof u. ä.; dazu Saatmann.

Saatz: ON./Sudetenld.; bekannt durch Joh. v. Saaz, Verf. des »Ackermann aus Böhmen« (Streitgespräch m. d. Tode) um 1400. Dazu FN. **Saatzer** (Martin *Saczer* 1385 Mies).

Sabel: slaw. ON. b. Rostock; dazu **Sabelmann** (Michel *Sabel* 1426 Barth). Es spielt aber auch e. slaw. VN. hinein, s. Zabel!

Sabine: heute modischer weibl. VN., urspr. altröm. Gentilname, nach d. Landschaft nö. Rom, den Sabinerbergen, wo der Dichter Horaz sein Landgut hatte; Neros Gattin z. B. hieß Poppaea *Sabina.*

Sabisch (Brsl. oft) s. Sobisch!

Sachau: ostd.-slaw. ON., mehrf., s. auch Zachau!

Sacher (Wien oft, auch der Konditor Sacher war Wiener): die Häufigkeit dort ist wohl durch jüd. Sacher (hebr. sochér »Wanderhändler«) bedingt; vgl. Peter *Socherer* 1367 Böhmen. Im übrigen spielt der VN. Zacharias hinein, vgl. FN. **Sachers.** Hans *Sacherlen* 1498 Bay. Auch mhd. saher »Riedgras« kommt hinzu (s. **Saher!**): ON. Sacherbach, Sachrach u. ä.

Sachs(e), Sax (z. T. jüd. wie Preuß u. Fränkel), ndd. Sasse, Saß: vom Volksstamm der (ndd.) Sachsen, aber oft wohl nur Beziehungen dorthin andeutend.

Sachtleben (Sachteleber), ndd. = obd. Sanftleben, s. dies! Um 1300 *Sachtelevent* (Hbg., Hann., Lüb., Ro., Strals.). Vgl. Levold *Sachtemot* 1293 Ro.

Sack: meist z. Flurnamen (aber in jüd. N. = Isaak), vgl. »Sackgasse«; Walther *in dem Sacke* 1280 O.Rhein; auch Hausname (zum S.) 1320 Worms. Sonst wohl auch = *Sackträger, Sackhalder, Sackweber.* Vgl. die Komposita Bier-, Bohn-, Haber-, Hopfen-, Milch-, Strohsack. Aber mhd. **Sackmann** meint »Troßknecht«, auch »Plünderer«; vgl. in Brsl. 1418 beim Aufstand: »Gotschalk wold *sackman* machen«. **Sacker:** z. ON. Sacka/Dresden (vgl. Böhler: Böhla ebda.).

Sadebohn (ndd.): angebl. »Wacholder«. Aber **Sadewater** (-wasser) wie Sadenbeck/Meckl. = schmutzigsumpf. Wasser, vgl. Sadenhorn/Holld., Saddebeke/Ypern.

Sadler, Sadelmacher = Sattler: vgl. Gerh. *Sadelnagel* 1299 Ro., Herm. *Klevesadel* (ÜN. des Reiters) 1419 Köln, Bernh. *sadelere* 1260 Hbg.

Sadowski: aus Sadowa/Ostpr.

Saffer, Saffert (Schweinfurt, Nürnbg., Mchn.): z. Flurn. Saffer »feuchte Niederung«, vgl. in Württ. Saffermoos, Safferwiese, in Bay. Safferstetten. Oswald *Saffer* 1441 Kempten, W. *Safferman* 1511 Göppgn.

Saffke (ndd.) = Sophie; vgl. *»veren Saphekenhof«. Saffe, Saffige* als VN. 1452 Haldsl.

Saffran: als Bäckername 1371 in Lünebg. bezeugt. Gelber Farbstoff a. d. Krokuspflanze, im MA. viel verwendet; vgl. den Kindervers »... Saffran macht den Kuchen gel«. Ein Ravensburger Kaufmann J. Humpiß setzte 1430 34000 Pfund Safran um! Vgl. *mit dem Saffaran* 1350 Brsl., G. Melber *safranschauer* 1357 Nbg.

Säfkow, Sewkow: ON. Sewekow b. Mirow/Meckl. – **Sage,** Sagemann (Hbg.): aus Sage i. O. (872 Sega »Ried-, Sumpf-, Schilfwasser«). Vgl. **Sagehorn** b. Bremen u. die Sage, Bach b. Pyrmont.

Sägebarth, -brecht (Hbg.): ndd. breite Aussprache für Segebrecht (Sigbert), s. dies! (KF. Sägelken).

Sagebiel (Hann., Brschwg.): Flurname wie Sagewiese, Sagehorn (sage = sege: segge »Riedgras«; eine Sage fließt b. Pyrmont. Hans *Sagebeul* 1585 Esperde. Vgl. das parallele Besenbiel (bese = »Binse«)!

Sager (Hbg. oft, Lüb., Ro.) ist ndd. Form für obd. **Säger** (Seger), den Brettschneider bzw. Sägemüller. Joh. *sager* 1307 Lüb., 1298 Ro., aber Heinr. der *seger* 1284 Basel. Doch die Umlautform Säger herrscht im Raum Magdebg.-Brschwg. – **Sägesser** s. Segisser!

Sagner (Schles.): aus Sagan, wie Laubner aus Lauban, Kadner aus Kadan. Nitsche *Sagan* 1372 Lg., *Saganer* 1502 Görl.

Saher s. Sacher! Dazu Steffen *Säherlin* 1477 Stuttg.

Sahling (Hbg. öfter): z. Flurn. Sahl (vgl. das Groot Sahl b. Rissen/Hbg.); s. aber auch Saling(er)!

Sahlmann (Hbg. oft): teils z. ÖN. (ON.) Sahl (= feuchtes, sumpf. Gelände), auch Gewässername (Cone *bi der Sale* = Conrad *Saleman* um 1400 Haldsl., Jekel *in dem Sale* 1387 Frkf.), teils z. bibl. VN. Salomon (*Salman* senger judeus 1345 Frkf.), auch christl.: Hainr. gen. *Salman* 1274 Bodensee. Vgl. das mhd. Gedicht »Salman u. Morolf«.

Sahm (Ostpr.): slaw. Pers. N. Samo (KF. zu Samobor), vgl. Samosch, Samsch, Samek, Zamek. Ein *Samo* laicus 1203 Würzbg. S. aber auch Sohm! (»Samenhändler«: Henr. *Same* 1314 Wetzlar; vgl. Rübsamen!). **Sähmisch** s. Sehmisch!

Sahr, Sahrmann: z. ON. u. ÖN. Sahr bzw. Saar. Vgl. auch Sahrhage (nordd., wie Rehage). Heinr. *von Sar* 1357 Lg., z. ON. *Saar*/Böhmen (FN. Sahrer v. Sahr).

Saier (alem.) = Säer, Sämann. Cunr. *Saier* 1284 b. Überlgn.

Sailer (obd.) s. Seiler!

Salb (obd.): ÜN. des Salbenkrämers. Kraft gen. *Salbe* 1391 Württ.

Salbert (Salwert): wohl entstellt aus Salwerk (mhd. sar-worht = Harnischmacher), wie Schubert aus Schu-worht »Schuhmacher«. Vgl. in Zeitz 1553 Balth. *Salbert (Salwert)*, in Hdlbg. 1445 *Salwürt.*

Salch(er), Salchner, Salchegger (Tirol) u. ä.: zu mhd. salhe »Salweide«. (Otto *Salche* 1274 Frk.)

Salden: ON. – **Saldern** (von): ON./Brschwg.

Salewski: westpr. Herk. N. – **Salfner** (Tirol) s. Salvenmoser!

Salge (ndd.): der Glückselige, zu mnd. salec; *Salege, Salegekop* 1252, 1309 Hbg.; vgl. *Lutsalege* (der Leutselige) 1298 Lünebg. S. auch Selge! Aber **Salger:** z. ON. Salgen/Bay.

Saling, Salinger: z. T. junge Bildungen zu Salomon; ein Salomon Levin nannte sich Saling, ein Jakob Salomon um 1820 Saaling.

Saliter: mhd. (lat. sal nitrum) saliter, salniter »Salpeter«; der ihn siedet bzw. damit handelt. Jöslin *Saliter* 1461 Freiburg. Ein ON. Saliter b. Regensbg.

Saller: z. ON. Sallern/Bay. bzw. ÖN. Sall; der Hof Saller/OÖ. hieß »ze dem Salchen« (also feuchte, mit Salweiden bestandene Gegend).

Sallmann s. Sahlmann u. Salomon!

Sallwürk (obd.), Sallwerk meint den Harnisch-, Panzermacher (mhd. sarwürke, -werk, -worcht, zu *sar* »Rüstung«; Hildebrand u. Hadubrand »iro *saro* rihtun«). Zur Bildung vgl. Lichtwerk, Mestwerk. In Zürich 1252 Dietr. Sachs *sarwürk*, in Augsbg. 1373 B. *Salwürk* (neben *Sarwürt*, heute Saalwirt), in Brsl. 1408 *Sarworchte* (desgl. in Ro. 1292), in Hbg. 1274/94 *Salwerkere (Sarwertere)*, in Frkf. 1387 *sarwerte*, in Hdlbg. 1455 *Salwürt*!

Salm: der Lachs (lat. salmo), südwestd.-rhein. (daher dort viele Wirtshäuser »zum Salmen«); ÜN. für Lachsfischer bzw. vom Hausn. her: Nic. *zem Salmen* 1293 Offenburg; *Salmensnidere* 1307 Mainz. Der ON. Salm/Mosel ist prähistor. Bachname: *Salmana!* Vgl. auch Salm/Elsaß: Stammburg der Fürsten Salm.

Salomon (hebr. »der Friedfertige«): wie David schon um 1200/1300 bei Geistlichen u. Bürgern mehrf. gebräuchlich, mhd. Saleman, Salman (s. Sahlmann, Sallmann!). *Salemon* (Probst) 1186 Jerichow, Hinr. *Salmon* 1382 Ro. (Thielecke, Pers. N. S. 60, 71), *Salomon jude* um 1350 Brsl., *Salman* Unkel jude 1284 Basel.

Salphie (Hbg.): mnd. salvîe »Salbei«, vgl. in Kiel die Wiese *Salvigenblad*, heute entstellt »Sophienblatt« (Straße)! In Köln 1196 Herm. *Selvinblatt.*

Salzer (obd.) meint wie **Salzmann** den Salzhändler (ndd. Solter, Soltmann), zuweilen auch den **Salzsieder.** Der **Salzmutter** (vgl. Kornmutter) wie der **Salzmesser** (ndd. Soltmeter, vgl. Kornmesser) maß bzw. verkaufte Salz scheffelweise (mhd. mutte, lat. modius »Scheffel«), der **Salzstößer** (auch -stößel) im Kleinhandel, desgl. der **Salzgeber** (südwestd.). Hensel *salczlader* (1383 Iglau) ist wie H. *salczschütter* (1348 Brünn) beim Salzversand tätig. **Salzleit** (mhd.) = Salzfuhrmann. Nic. *salczschreiber* (1405 Iglau) = Buchführer im Salzhandel; Apel *Salzkastener* 1296 Würzbg. = Amtmann. Dazu als ÜN. **Salzl** (Bay., Ö.), **Sälzle** (Württ.). Salzkern, Salzfaß (Ritter, 1254 Württ., vgl. Salzherr). Zum *Halbsalcz* (1289 Sprottau) vgl. Halbbrot »minderwertiges Brot«.

Samel (Samelsohn) s. Samuel! – **Samhaber** (obd.): wohl ÜN. des *samner* (mhd.) = Einzieher bäuerlicher Abgaben; mhd. sam(n)en »sammeln«, vgl. Hs. *sammentopel* 1382 Eger (»sammle die Würfel auf!«). Hensel *sammer* 1359 Iglau. Ähnlich Sammhammer (= Sammenheimer).

Sammann (Hbg. oft): assimiliert aus **San(n)mann** (Hbg. oft) = Sand(e)mann! Vgl. Hammann aus Hannemann u. Dammann: Dannemann.

Samm(e)t, Sambeth: der Sammetweber (FN. Samweber) bzw. -händler, zu mhd. samît, samat. Sander *Samyt* 1338 Lüb., Joh. *Sammat* 1464 Gefrees.

Samrei, Sammereyer: ON. Sammerei/O.Bay. – **Samson:** Variante zu hebr. Simson (»kl. Sonne«), Herm. *Samson* 1350 Lüb.

Samstag: bair.-schwäb.-rhein. Wort für md. ndd. Sonnabend; got. sabbato-dags, griech.rumän. sambat-, aus hebr. sabbat. Vgl. slaw.-poln. Sobotta; ndrhein.-ndld. saterdag, engl. saturday (= Saturni dies). Perhte (Bertha) die *Samßtagin* (Klosterfrau) 1306 Mchn. Wie die übrigen Wochentagsnamen im allg. auf Arbeits- oder Abgabenpflicht deutend.

Samter: ÖN./Posen; oft in Bln., z. T. jüd.

Samtleben, Samptleben (Hbg.): ON. Sambleben b. Helmstedt, vgl. *van Sampleve* 1377 Brschwg.

Samuel, Samel (hebr. Schemuêl: »von Gott erhört«) nebst Patr. Samuelsen (Schleswig), Samelsohn, Samuelsohn (jüd.). Samuleit (lit.). Auch Schmuel (jidd.). Im MA. auch christl. VN.: *Samuel* 1177 Schwerin, 1295 Pestlin/Meckl. Vgl. unter Salomon, Saul, David!

Sand, Sandmann: nach d. Wohnstätte auf sandigem Gelände bzw. z. ÖN. (ON.) Sand, Sande, vgl. »von der Sande(n)«. Verschliffen (nordd.) auch **San(n)mann, Sammann** (Hbg. oft)! Diterich *uf dem sande* (Sandinsel) 1345 Brsl. Dazu **Sandgruber** (Joh. *santgrube* 1366 Brsl.), Sandbichler (-bühler, ndd. -hövel), Wessel *Santkröger* (1378 Greifsw.). **Sandhaas** (b. Hans Sachs Spottname f. d. Nürnberger), vgl. Kohlhaas, Kleehaas. **Sandvoß** (ndd., Hann. oft). **Sandführer** (Fuhrmann): Hensel *santführer* 1399 Chrudim. Berühmt ist der Tiroler »Sandwirt«: Andreas Hofer. **Santner** ist obd. (Tirol, Ö.) neben Sandner.

Sandel(mann): ON. Sandel i. O.; auch obd. ÖN. sowie Fischname.

Sander (oft), **Sanders,** Zander, Zanders s. Alexander! Im MA. zuerst in Adels- u. Patrizierkreisen als VN. (Lektüre der A.-Romane!). S. dazu Bahlow, Schles. Nbch. S. 73! **Sandersen** (Alexandersen), **Sandering** sind ndd. Patr. Vgl. *Sander* der schenke 1383 Lg., *Sanderus* Samyt 1338 Lüb., *Sander* Clem 1566 Lippe.

Sandhack: dürfte wie Dornhack, Rehack (neben Dorn-, Rehag) ÖN. sein; **Sandhop** (ndd. = Sandhügel), **Sandkamp,** -kamm (westf. = Sandfeld), Sandkaulen, -kühler (westf.: an der Sandkuhle), vgl. Zerkaulen. **Sandleben** s. Samtleben! **Sandmann** (oft) Sandmeyer desgl. **Sandner,** Santner, Sandtner (obd.) s. Sand!

Sandring s. Sander!

Sandrock: = Sandrogg (Kassel, Mgdbg.) = »Sandroggen« (Bauernname); Nickel *Santrocke* 1456 Jena (mhd. rocke »Roggen«). Vgl. Brackrock!

Sanftleben, ndd. Sachtleben (s. dies!): der ein sorgenloses, angenehmes Leben führt, vgl. Lebsanfte; mit Umlaut **Senftleben** (auch ON./Mähren): Nic. *Senfteleben* 1397 Lg. (auch 1314 Friedbg./Hess.). Auch Senftleber (obd.) wie Wohlleber, Schönleber, Keuerleber.

San(g)kuhl = Sandkuhle. – **Sang-** s. Seng-! **Sangmeister:** »Gesanglehrer, Vorsteher e. Sängerschule« (Heinr. *Sanckmeister* 1449 Hess.).

Sanne s. Osann (Susanne)! Vgl. auch ON. Sanne (2mal Raum Stendal); dazu zuweilen **Sann(e)mann,** meist aber = Sand(e)-mann!, s. Sand!

Sannwald (obd.): im Raum Schwäb.-Hall verbreitet, alter Wald- u. ON. (Brech. S. 469).

Santifaller (Tirol): z. Hof Santifall ebda.

Santner s. Sandner! – **Saphir** (z. T. jüd.): ÜN. des Edelsteinhändlers, Juweliers; schon 1172 in Köln Heinr. *Saphir.*

Sapper (obd.): der Schwerfällige, wenn zu mhd. sappen »plump daherschreiten« (aber auch »zusammenraffen, erwerben«: der Raffgierige). Heinr. *Sapper* 1293 Biberach (1382 Eger).

Sarcander (griech.): Humanistenname für Fleischmann »Fleischer«. Joh. *Sarcander (Fleischmann)* 1589 Dumbach/Baden.

Sar(r)azin (frz. Sarrasin): der im Land der Sarazenen, im Morgenland geweilt hat (Kreuzzugsteilnehmer?); ein Geistlicher Rud. v. Mülhusen, gen. *Sarracin* 1246 O.Rhein. Eingedeutscht mhd. Serze »Sarażen, Heide«; dazu Henkinus dictus *Sertzin,* Bauer, 1349 b. Bingen.

Sartori(us): Humanistenname für Schneider (lat. sartor). Vgl. den Liegnitzer Drucker Nicolaus Sartorius (Schneider) um 1600 (Bahlow, Die Anfänge d. Buchdrucks zu Lg., 1928). **Sarwürk** s. Sallwürk!

Sarwey (Württ.): erst um 1600 als Zuwanderer aus d. Romanischen (Frkr., Savoyen) greifbar. Nicl. *Sarwey* 1606 Tüb.

Saß, Sasse (ndd.) s. Sachs(e)! Vgl. Osse für Ochse. Patr. **Sassen** (ndrhein.), auch Conr. *Sassenson* 1257 Walkenried.

Sattel: im MA. am O.Rhein mehrf. als ÜN. für Ritter bezeugt (z. B. Ritter Sigfrid gen. *Satel* 1257 b. Reichenau); schwäb. **Sättele** als ÜN. für Sattler: Hans *Settelin der Sattler* 1452 Freiburg. Hartung *Setteler* (FN. **Sättler**) 1445 Jena. S. auch ndd. **Sadler!** Dazu auch Satznamen f. d. Reitersmann: Frettensattel (fretten = strapazieren), Raumensattel (»räume d. S.«), Klebsattel; Deckensattel (1297 Bay.). *Huppesadel* 1345 Hann.

Satz s. Saatz! Vgl. Satzke (ostd.-slaw.). Aber Eigen-. Hinter-, Neu-satz z. obd. ÖN. Satz, bzw. »Siedler«.

Säuberlich: von sauberer, vornehmer Erscheinung u. Art; Peter *Süberlich* 1381 Friedld. Auch **Seuberlich,** Seiberlich. Desgl. **Saubert.**

Sauck(e), Saucken, Saukel sind ostd.-slaw. Herkunft.

Sauer (oft), ndd. **Suhr,** schwäb. Säuerle, Seyerlen (s. dies!): ein böser, grimmiger Mensch; auch Sauermann, Suhrmann. **Sauerbier,** ndd. Suhrbehr, s. Bier! Vgl. **Sauerwein,** Sauerzapf, Saueressig, **Sauerbrey** (s. Brauer!). **Sauerteig** ist 1389 in Brsl. als Bäckername bezeugt! *Sûrdêch* pistor 1314 Stettin. *Surhebel* s. Hebel! **Sauermilch:** der Milchhändler (wie Buttermilch, Süßmilch).

Sauerbruch ist der ndd.-westf. ÖN. *Sûrebrok* bzw. *Sûderbrôk* 1353 Hann.
Sauerland (oft): alt Sûrland, d. i. »feuchtes, sumpfiges Land« (Bahlow, ON. S. 412).
Saul (Hbg. oft): wie David u. Salomon als bibl. N. schon im MA. bezeugt: hebr. Scha-ul »der Erbetene«. Auch Saulsohn (jüd.).
Saum (obd.): z. Flurnamen (= Grenze); in Tirol 1346 Chunrad *ab dem Saume*. Sonst auch »Traglast des Saumtieres«; dazu **Saumer,** Säumer.
Saupe, Sauppe (ostd.-slaw.) = wend. **Sûpan.** S. dies! (Georg *Saupe* 1566 aus Cotta/Sa.). *Saupan* 1524 Altbg.
Sausel(e) (Württ.): Andr. *Sausele (Suselin)* 1522/48 Tüb. entspricht wohl dem Ulr. *Suser* 1296 Basel (ein »Sausewind«): FN. Sauser/Schweiz, *Suser* 1348 Brünn. Vgl. in Brsl. 1350 *Susemite,* wie Harremit, Leidemit.
Sauter, Sautter, Seiter(le) (schwäb.) wie Sutter, Sütterle, Sütterlin (alem.) = Schuster (lat. sutor, mhd. sûter »Näher«, auch Schneider, vgl. Ber-sauter »Schweinschneider«).
Sauthoff: westf. Hofname (Hermen *Suthof* 1416). Dazu **Sautmann.**
Sautreiber (Mchn.): der Schweinehändler (»In Bayern zeucht man vil der Schwein, der treibt man vil hinab an Rhein«, 15. Jh.; Brech. 475), vgl. *Swindrivere* 1271 Hbg. **Säuschneider** meint den Kastrierer, vgl. Bersauter, Heiler, Nonnenmacher, Suböter, Gelzer, Leichter! *Sautrog* meint den Saufütterer. Vgl. Hensel *seuhaut* 1383 Lg.
Savigny (von): Hugenottenfamilie aus Metz, in dessen Nähe ein Ort Savigny liegt (häufiger ON. in Frkr., ca. 80mal, kelt. *Saviniacum,* z. Gewässerwort *sab, sav* »feuchter Schmutz«; vgl. Sevenich/Eifel).
Sawade: ON./Schles. – **Sax,** Saxl (obd.) s. Sachs! **Saxer** (Schweiz): z. ON. Sax.
Schaab (obd.) = Schabe (mhd. = Schabeisen, Hobel, auch Abfall); vgl. Raab = Rabe. Crafft *Schabe* 1394 Merlau/Hess. Auch **Schäble,** Schaberl, Schaber(t). Ein ON. Schaab in Böhmen. *Schabseckel* 1372 meint den Geizhals; desgl. *Schabenkes* 1343 Brünn (»ich reiß nit sehr nach Gut, als mancher Schabenkäs tut«). – **Schaade** s. Schade! **Schaaf** s. Schaf!
Schaack (ndd.) = Schoke, Schake »Schenkel«, vgl. *Krummeschoke, -schake* 1472 Lüb. **Schaak** s. Schack!
Schaal(e) (Hbg. oft): z. ON. Schaala/Thür. (888 *Scalaha* »Schmutzwasser«) bzw. z. Schaal-See/Ratzebg.: a. d. Schaale (Zufluß d. Elbe). Aber auch als ÜN. für den *schalenmeker* (1294 Ro.) denkbar: also Trink-, Eßschale, Waagschale. Heyno *Schale* 1395 Hbg.; dazu *Sur-, Swepe-, Tome-schale* um 1500 Ro.
Schaarschmidt (oft): mhd. schar »Pflugschar«; dazu auch **Schaar** (Hbg. oft), wie Schacht = Schachtschneider. Vgl. auch Schaarwächter, Mitglied der Scharwache (Polizist). Obd. mag mhd. schar »Frondienst« hineinspielen, vgl. den Hörigen Ulr. gen. *Schar* 1331/Konstanz.
Schabbe: mnd. = »schäbig«, armselig. Joh. *Schabbe* 1438 Lüb. Vgl. das Schabbelhaus in Lüb. u. Heinrich Schabbelt 1563 Wismar.
Schabbehard: ON./Westf. (1147 Scapaharde; hard = Wald).
Schabbel (Hbg., Lüb., Ro.): bekannt durch das Schabbel-Haus in Lübeck; deutet auf ÖN. *Schabbe-lo* »sumpf. Niederung« (analog zu Babbe-lo). Vgl. Schabbehard!
Schachenmayr (obd.), Schachenhofer, Schachner, Schacher, Schache: nach d. Wohnstätte an e. Schachen = einzeln stehenden Waldstück, Waldsaum (mhd. schache). Vgl. Dannschacher (ON. Tannschachen). Hainr. *vom Schache (Schacher)* 1288 Salem.
Schächer = Räuber (mhd. auch *schach, schachman*).
Schacht (Hbg. oft): ndd., ÜN. für den **Schachtschneider,** der die Schäfte f. Speere u. Lanzen zuschnitt. In Hbg. 1286 Herm. *Scacht* (= Herm. hastifex), in Bremen 1327 Brant *Scachtsnider.* Vgl. *Schaveschacht* 1295 Brabant, *Holeschacht* 1402 Barth, *Pekeschacht* 1263 Ro. Entstellt **Schattschneider** (Hbg.): schon 1262 in Hbg.: *Scatsnidere*; vgl. A. Lasch, Mnd. Gramm. § 357. Aber Herm. *Schacht* 1292 Brsl. meint den *Schachtgreber* ebda.
Schachtrup: ON./Westf. (890 *Scafthorp:* scaft, ndd. schacht »Schilfrohr«, Röhricht, Schäfticht; vgl. Schachtenbeck).
Schachtschabel, Schachtzabel meint den Schachspieler (mhd. schachzabel »Schachbrett«, zu lat. tabula: Brett, Tafel).

Schack (Hbg. oft): im MA. als VN. in Ritterkreisen Holsteins u. Meckl'.s bezeugt, urkdl. als KF. zu Godschack-Gotschalk (Meckl. Urk. Buch Bd. 17). Noch 1562 in Meckl.: Ritter *Schacke* Rantzau/Damekow. In Holstein 1245: *Scacco* de Rumore; 1368: her Wasmut *Schacke* en ridder. Zur Assimilation *lk:ck* vgl. Focke für Folko. Aber mnd. schacke »schachbrettartig gemusterter Stoff«!

Schackelocke, Godefrid (Patrizier) 1265 Ro.: mnd. (altsächs.) schacken (scacan), engl. shake »schütteln« (Shakespeare!).

Schade (oft), Schaade, obd. Schad: ein Schadenstifter, mehrf. ÜN. für (Raub-) Ritter, vgl. **Schadeland, Landschade**! Ritter Dietr. *Schade* 1230 Worms; Ritter Blikker Lantschad v. Steinach (auf Burg Schadeck/Neckar). *Schadeland* (Brschwg., Hann., Lüb.), Henr. *Schade* 1283 Ro., Happe *Nachtschade* 1387 Frkf., *Tuenschaden* 1414 Mähren, *Schadehering*/ Lüb., *Schadewacht* um 1300 Stettin, *Schadewulf* (: Jäger) 1486 Kassel, *Schadegast* 1270 Schwaben, *Schademirnicht* 1377 Brsl. s. u. *Schadewald.*

Schädel (obd.): von auffallender Kopfform, wie Breit-, Groß-, Rot-, Weißschädel, Trumpenschedel (1356 Lahr), Dirschedl (Mchn.), Bock-, Bern-, Gens-, Sauschedel (1414 Mähren); Klieben-, Raufen-, Treffenschedel (Landsknechte). Bekannt ist durch s. Weltchronik (1493, 2000 Holzschnitte) der Nürnberger Humanist Hartmann *Schedel.*

Schadewald: Herk.N.; Nic. de *Schadewalde* 1357 Dzg. **Schadewald(t):** wohl ON.; z. ON. Schade (Bach Schad-aha/ Thür.) s. Bahlow, ON. S. 413!

Schadow: ON./Spreewald. Auch der Bildhauer Gottfried Sch. war Märker.

Schäd(t)ler, Schedler, Schödler (alem.-schwäb.) entspricht dem Kübler, der kleinere Holzgefäße (mhd. schedel) herstellte. Berhtold der *Schedeler* 1292 Freiburg. Auch Bindschädler. Vgl. Lägler, Fäßler, Schäffler.

Schädlich s. Schade! Vgl. mhd. schedelich man: der das Land unsicher macht. Desgl. wohl **Schäder:** Heinr. der *Schader* 1309 Krems/Ö. Ein Bergwald »der Schäder« b. Goslar (zu schad – »feuchter Schmutz«).

Schaf (Schaaf), Schäfle, ndd. Schaap, meinen im MA. nicht den Dummen, sondern als Berufs-ÜN. den **Schafhirt** (ndd. Schapherder) bzw. **Schäfer** (ndd. **Schaper,** Buerschaper, **Schäper**); vgl. in Worms 1384 Conr. *Schefelin* = Cüntzel *Schefer* (faber). In Brsl. 1350: *mit den schafen!*, in Lüb., Ro., Strals. *Velescap* (: m. d. vielen Schafen). Dazu *Schapeshovet* 1300 Lüb., *Schapeschulder* 1221 b. Meppen, *Schafrippe* 1363 Hess. Vgl. den Hausn.: Th. *zum Guldenschaff* 1392 Frkf. Das schles. Grafengeschlecht **Schaffgotsch** heißt nach Gotsche *Schoff (Schaff):* Unterhauptmann zu Brsl. um 1400; vgl. *Schoffnickel* 1455 Glatz.

Schaffer: im MA. der Verwalter öffentlicher, bes. kirchl. Anstalten, Stiftungen u. Spitäler, der für das Hauswesen zu sorgen hatte. Mertyn der *schaffer* u. vorweser uff des bischoffs hove 1382 Lg.; herre Niclos, *schaffer* des Cartheuser ordens 1451 Lg. Dietreich *Schaffer* ein Bayer 1327. Dasselbe meint obd. **Schaffner,** Scheffner, **Schäffer,** Scheffer, Schöffer. Bei Schäffer kann *ff* mitunter bloß graph. Wert haben, dann = Schäfer. **Scheffers** ist ndrhein.

Schäffler, Scheffler, Schöffler (obd.) = Faßbinder, Schaffmacher, Böttcher, noch heute in Bay. gebräuchlich; vgl. den Schäffler-Brunnen in Mchn. Desgl. **Scheffel,** bair. **Schöffel:** Joh. *Scheffel (= Schöffel = Scheffeler = Modius)* 1515 O.Frk. Haintz der *Schöffeler* 1347 Eßl. Vgl. *Dryschöffel* 1483 Tüb. *Mark(t)scheffel* 1406 Jena. Im Rheinhess.-Alem. spielt auch der »Schöffe« hinein: R. Hüffelin, Ritter u. *scheffel* 1320 Straßbg.

Schafflützel, -litz(e)l (obd.): mhd. lützel »wenig«. Ulr. *Schaffelützel* 1338 Frkf. Ähnlich **Schaffnicht** (Schaffernicht, beide Formen in Quedlbg. um 1500): »schaffe nichts«. Obd. Schaffnit.

Schaffrath, -roth: ein immer Rat Wissender. Joh. *Schaffenrat* 1288 Ro., Hennel *Schaffrot* 1353 Glatz.

Schafheitl(in) (obd.): entrundet aus Schafhäutl(e), urkdl. *Schafhütlin,* ÜN. des Schaffellhändlers, analog zum Säuhäutel (1413 Olmütz), gewöhnlich zus. geworfen mit Schaffickel (Hans Sachs) für »Uhu« (vgl. ital. civetta).

Schaible (Württ.) = Schäuble, s. Schaub!

Schaidl s. Scheidl!

Schäkel (Hbg.): ON. Schäkeln b. Sulingen.

Schale s. Schaale! Vgl. ON. Schale Kr. Teckl./Westf.! **Schaich** s. Scheu!

Schalhorn s. Schelhorn!

Schalk: mhd. = »Leibeigener, Knecht, Mensch in dienender Stellung«, später auch »von knechtischer Gesinnung, böser, loser Mensch«. Auch **Schalch,** Schalkl, Schälkle. In besserem Sinne: »der edle Konrad *Schalkeli*« 1287 Schwäb. Alb. Aber **Schalke** ist alter ON. b. Gelsenkirchen, urkdl. *Schadelike* (= feuchte, sumpf. Stelle, vgl. Schade-: Schasiepen: Bahlow, ON. S. 413). Vgl. FN. »van der Schalk«.

Schallehn: an der Endbetonung als ostd.-slaw. ON. erkennbar.

Schaller (obd.): mhd. schaller = Prahler. Marquart der *Schaller* 1340 Eger. Desgl. **Schall** (Konr. *Schalle* 1319 Eßl.). Ein Seifrid *Schalluff* 1459 b. Calw.

Schaltenbrand (obd.) = »schüre den Brand«, ein Unruhestifter; vgl. Hebenbrand, Schürenbrand, Rake-, Stakebrand. Conr. *Schaltenbrant* 1248 Basel.

Schamel (obd.): mhd. schamel = scham »schamhaft, züchtig«. Bert. *Schamel* 1270 b. Villgn.

Schamp, Schampel, Schamper (mhd. schampf) s. Schemp, Schimpf!

Schander, Schandert: aus Schandau/Sa., wie Böhler aus Böhlau.

Schandel, Schändle: mhd. schandel (frz. chandelle) »Kerze«. Conr. *Schändeli* 1327 Ravsbg. Aber Albr. der Schantwerke 1344 Eßl. deutet auf schändl. Treiben wie der schantgenôße.

Schäning (Hbg. oft) s. Schöning!

Schanz, Schänzle, Schanz: mhd. schanz = »Bauernkittel« (Heinr. *Schanz,* Bauer). **Schanze** ist ÖN. 1289 O.Rhein. Anderl *Schancz* 1391 Dt.-Brod, Ulr. *Schenczlein* 1427 Bambg. Die Dichterin Frida Schanz stammte aus Sachsen.

Schäpe, Schäpke, Schepke (Schles.): slaw. KF. zu Czepan »Stephan«, s. dies! Anthon *Czepe* 1465 Freystadt (heute auch Tschäpe, Tscheppe), Caspar *Schepke* 1561 Görl., Chr. *Schepan* 1414 Mähren. Zu **Schapke** (mit mundartl. *a* für *e*) vgl. auch ON. Schapkow. Aber Siffert *Scheppe* 1479 Kassel = »Schöffe«.

Schaper, Schäper (ndd.) = Schäfer. **Schäpers,** Scheepers, Schiepers sind ndrhein. **Schaprian** meint Schäfer Johann. In Lüb. um 1320 *Schapere, Schepere, Veleschap!* S. auch Schaf!

Schapf, Schapfl (Bay.): obd. Variante zu Schaff »Holzwanne, -kübel«, vgl. Wasserschaff; s. Schäffler, Scheffel! Ndd. **Schapp** (Hinr. *Scappe* 1303 Greifsw.).

Schappel, Schappeler (obd.) ist der Schappelmacher (auch FN.): mhd. schapel (frz. chapel) = Kranz von Laub oder Blumen als Kopfschmuck. Heinr. der *Schappeller* 1376 Eßl. (auch Rottweil 1446, mit Kranz im Wappen); Hainr. *Schappel* 1305 Meßkirch. Mit Umlaut: Scheppel, Scheppeler (A. *Scheppeler* 1400 Durlach). Aber mhd. schapeler »Schulterkleid« d. Geistl.

Schär (Schaer): obd. = Schärer, s. Scherer! Vgl. aber mhd. scher »Maulwurf«. Hs. *Schärlin* 1424 Rottweil

Scharbe: mhd. = »Schwimmtaucher, Scharbe« (Vogel). Edelknecht Konr. v. Bernhausen, gen. *Scharbe* 1359 Stuttg. Zu **Scharber** (1283 Württ.) vgl. ON. Scharben ebda.

Schardelmann (Hbg.) s. Scharrelmann!

Schardt s. Schart!

Scharf, Scharfe, obd. auch **Scharpf:** schneidend scharf, forsch, vgl. Zanger. Sigehard *Scharf* 1160 Bay., Hainr. *Scharpf* 1330 Württ. Ndd. **Scharp(ing),** Schärping (1501 Anklam).

Scharfetter, -itter (Ö.) meint *Scharf-eder* (1407), wie Mos-etter, Obern-etter u. ä.; zu *öd* »Ödung, unbebaute Gegend« (Wolfhart an der Öd 1388 Passeir).

Scharlach: mhd. scharlach(en), mndd. scharlaken, umgedeutet aus mhd. scharlât (mlat. scarlatum) = rotfarbiger, vornehmer Stoff; vgl. den Ritter Peregrinus *Scharlât* 1271 Alzey; in Lüb. 1332 Th. *Scharlaken*; in Brsl. um 1350 Gotfrid *(mit dem) scharlachsmunde,* schriber.

Scharle(mann) s. Scharrelmann! – **Scharlibbe,** Scharlipp (Hbg.): ON. b. Stendal.

Scharmacher s. Schaarschmidt! Desgl. **Scharmann.** Vgl. **Schareis(en),** Schoreis (Brsl. um 1350); **Scharnag(e)l,** Schornagel (obd.): Bay., Schles., Heinr. *Scharnagel* 1340 Eger.

Scharmer (Hbg.): s. Schermer! vgl. auch ON. Scharmer/Holld. (urkdl. *Scher-mere, Schir-mere,* d. i. »Schmutz-, Sumpfwasser, -see«: Bahlow, ON. S. 419).

Scharnberg s. Scharnhorst! **Scharner** (obd.): mhd. scharne »Fleischbank«.

Scharnhorst (Hann. oft): ON. (Hann., Westf.) meint »schmutzig-modriges Gehölz« (altd.-ags. scarn, fries. skern »feuchter Schmutz«, wie in Scharnebeck, Scharmbeck »Schmutzbach«, Scharnhausen, Scharnhop, Scharnberg usw.: Bahlow, ON. S. 415). Vgl. Scharnweber.

Scharnke (Schles.): der Schwarzhaarige (zu poln. czarny »schwarz«); auch Tscharnke. Desgl. **Scharnack** (Schornack). Vgl. Tschernke, Tschernak, Schernig: zu tschech. czerny »schwarz«. Dazu ON. **Scharnau,** Scharnow.

Scharnweber (Hbg. oft, Lüb., Kiel, Bremen): nach d. Wohnstätte in feucht-schmutzigem Gelände, vgl. Bodenweber, Eckenweber, mnd. scharnewever »Mistkäfer«. S. auch Scharnhorst!

Scharp (ndd.) nebst **Scharping** s. Scharf! Desgl. **Scharpf** (obd.). **Scharpenack:** z. ON. Scharpenacken/Rhld.

Scharrel(mann): aus Scharrel, wie Garrelmann aus Garrel u. Varrelmann aus Varrel, – lauter »Moor-Orte« im Raum Hann.-Oldbg.-Emsld., urkdl. *Scor-la, Gor-la, Vor-la* (Bahlow, ON. S. 415/16). ON. Scharrel 3mal! Dazu der Dichter Wilh. Scharrelmann (Bremen).

Scharrenberg, -broich, -weber s. Scharn-!

Scharrer (obd.) meint wohl den Geizhals, zu mhd. scharren »kratzen« (vgl. kratzhart »Geizhals, Wucherer«). Aug. *Scharrer* 1407 Prag; Heinr. *Scharrer* 1318 frk. Alb, dort auch ÖN. »die Scharr«! Vgl. daher ON. Scharr/O. Pfalz, ON. Scharre/Sa. In Nürnbg. auch »Pechscharrer«: wer scharret oder pechet!

Scharsach(s): mhd. scharsa(h)s »Schermesser«. Arnolt *Scharsas* 1249 Flörsheim.

Scharschmidt (Sa. oft) s. Schaarschmidt!

Scharschuch (Sa., Schles., Thür.): wohl = »Heeres-schuh, Kriegsstiefel«, vgl. mhd. schar-genôȥe, scharmeister. Um 1350 in Lg. *Scharschoch,* in Brsl. *Schorschuch*; in Altenburg 1489 Georg Scharschuch. **Scharstein** (ndd.) s. Schorstein.

Schart (Schardt), Schartl; Schartner (obd., Tirol): letzeres z. Flurn. »uff der Scharten«; vgl. auch mhd. schart »schartig, verletzt« (vgl. *Scardemule:* mit Hasenscharte). Didr. *Schart* 1197 Köln, Seidel *Schart* 1396 Böhmen, Hensel *Schartlzand:* (-zahn) 1408 Prag.

Scharwächter: Mitglied der Scharwache, die für nächtl. Ruhe in der Stadt sorgte. Hannos *Schorwachter* 1415 Zittau.

Schasiepen (urkdl. Schadesiepen): ÖN. im Bergischen, wie Schmie-siepen (sumpf. Stelle); zu *schad* »schmutzig-sumpf. Wasser« s. Bahlow, ON. S. 413!

Schatt (Hbg.): mnd. schat = »Schatz«, Geldschatz; vgl. schatgever »Geldverleiher«. Joh. *Schat* 1305 Hbg. Aber **Schattka** ist slaw.: vgl. Hanke *Schatko* = Hanco *Cunczatke* 1390 Brsl., ähnl.: Czetczatka.

Schättler s. Schöttler!

Schattschneider (Hbg.) s. Schachtschneider!

Schatz (ndd. Schatt): der es mit Geldschätzen zu tun hat; vgl. den Satzn. Mehrenschatz. Ein Heinr. *Schatzverliese* (-verlierer) 1154 Regsbg. Dazu **Schatzer,** Schätzer »Steuereinnehmer, Taxator« (Ev. Lukas 2, 1: »daß alle Welt geschätzt würde«). Obd. Schatzl, Schätzle, soweit nicht = Schätzler! In Brsl. 1350 *Schacz, Scheczel, Scheczler* (dazu heute mundartl. **Schatzler**). **Schätzler** (ostfrk. mit Schätzle urkdl. wechselnd) ist wohl der Liebhaber (vgl. Liebschatz: 1349 Bay.), wie Liebler, Trütschler u. ä. **Schatzmann** (= Schatz, Schatzer) ist schweizerisch.

Schau s. Schaumann! Zu **Schaue** vgl. ON. Schauen/Nordharz (wie Naue zu Nauen).

Schaub (Schaupp), **Schäuble,** Scheible (obd.) = mhd. schoup »Strohbund, Strohwisch« (in Worms auch Hausn. »zum Schaub«); als Rittername in Straßbg. 1293, wo auch Joh. *Schoubenhout* 1324 (FN. **Schaubhut** »Strohhut«, nebst **Scheibelhut**). In Frkf. 1422 *Schaubdecker* »Strohdachdecker«.

Schauenburg: mehrf. ON. u. Burgn.; s. E. Schröder S. 190!

Schauer (oft): mhd. schouwer »amtl. Beschauer, Prüfer« (z. B. Brot- u. Fleischbeschauer), Beamter der Marktpolizei. In Nbg. 1357 *safranschauer,* 1396 *heringschauer.* Otto *Schauer* 1343 Brünn. Sekundär auch **Schauert.** Obd. auch **Schauber:** Jac. *Schauber (Schouber, Schouwer)* 1595/1619 Villgn. Dazu alem. **Schaulin,** Schaile (1265 *Schouwelin).*

Schauf(f): schwäb. für Schaf. **Schäufele,** Schäuflen (Württ.) meint den **Schäuf(f)ler** = Schaufelhersteller, -schmied, bzw. den mit der Schaufel (mhd. schûfel) Arbeitenden. Eberh. der *Schûfeler* 1349 Brie/

Stuttg. Pawel *Schüfeler* 1381 ö. Zittau. Entrundet Schaifele, Scheifele. Ndd. Schüffelgen, Schüffler.

Schaufuß: urkdl. Nic. *Schowe(n)fuß* 1291 Alsfeld, also Satzname wie Regenfuß; mhd. schouwen »beschauen, prüfen«.

Schau(i)nsland: mehrf. ÖN. (auch ON. in Baden) für hochgelegene Aussichtspunkte u. Burgen. Vgl. Luginsland.

Schaumann (ndd.-westf.) = Schomann, Schumann: der Schumacher, -händler. Auch einfach **Schau** (wie Schuh). Desgl. **Schaumäker** (ndrhein.), Schauknecht, Schaubüßer (»Flicker«).

Schaumkessel, ndd. Schumketel, ist anschaulicher ÜN. des Kochs, wie **Schaumkell, Schaumlöffel.** Heydenrik *Scûmeketel* 1267 Ro. (1297 Hbg.).

Schaup(p): obd., s. Schaub! (Joh. *Schoup* 1300 Straßbg.).

Schauwecker: ON. Schaubeck!

Scheck, Schecke, Scheckel, Schegg, Schöck (obd.): mhd. schecke »gesteppter Leibrock«, auch »Panzerhemd«, daher auch als Rittername: Ritter Cuonrat *Schecke* 1209 O.Rhein. Hans *Schecklin* 1517 Riedlgn. Dazu Schecken-, Scheggenmacher.

Schecker (ndd.) = obd. Schächer: »Räuber« (Alb. *Scheker* 1325 Lüb.).

Schede (ndd.) = Scheide, sei es als KF. für den *schedemeker* »Scheidenmacher«, sei es als ÖN. (z. B. Schee b. Barmen, alt *Schede, Scheid*; Meerscheid: 1325 Merenschede). **Schedemann** = Scheidemann »Schiedsrichter« Hinr. *Schedeman* 1342 Lüb.

Schedler, Schedel (obd.) s. Schädler, Schädel!

Scheef(e), Scheif, Scheff, Scheve, Scheewe (ndd.) = schief (gewachsen). Vgl. Nic. *mit dem scheven munde; Schevenacke* 1308 Greifsw., *Schefvot* 1284 Ro., *Schevejohan* 1403 Barth, Willeke *Scheve* 1315 Greifsw., Herm. *Schefben* 1374 Brschwg.

Scheel, Scheele (Hbg. oft): ndd., der Schielende (vgl. obd. Schelch, Schelb, Schilcher, Schiller!); auch **Scheil,** Scheile, Hunold Vittinghof gen. dei *Scheile* 1325 (Westf.: heute Scheel). Joh. *Schele* (auch *Goldoghe*) 1281 Strals., Nic. *Schelepape* 1300 Hbg.

Scheemann s. Schedemann u. Schede! – **Scheeper(s):** rhein., = Schäfer.

Scheer (Hbg. oft) = **Sche(e)rer,** d. i. der Bartscherer (Herm. *Bartscherer* 1365 Greifsw., *Scherebard* 13. Jh. Ro.) bzw. der Tuch- oder Gewandscherer (FN. Tuchscheer, Wandscheer, Bartscheer): Thid. de *Wantscherer* 1392 Bremen. S. auch Scherer!

Scheeßel (Hbg.): Moorort a. d. Wümme.

Scheewe s. Scheefe!

Schefe (Hbg. oft) s. Scheefe! Scheff (Göttgn.) desgl.

Scheffbuch (Württ.): ÖN. auf -buoch »Buchenwald« (Hs. *Scheffbuch* 1470 Pfullgn.).

Scheffel, Scheffler (obd.) s. Schäffler! **Scheffer** s. Schäffer! (vereinzelt = Schäfer). Scheffers ist rhein., wie Schnieders u. ä. **Schefferling** ist patr. erweitert aus Scheffer, Schefferlin. **Scheffner** ist jüngere Variante zu Scheffer (wie Schaffner zu Schaffer).

Scheffold (Scheffelt): alter obd. Pers. N. (Bertoldus et *Schevoldus* milites 1273 Württ.). Eberh. *Schefolt* 1287 Ehingen. – **Scheftel** (obd.) s. ndd. Schacht! **Schefuß** ist verhochdeutscht aus ndd. Schefvot, s. Scheef!

Schegg s. Scheck! – **Schehr(er)** s. Scherer, Scheer!

Scheibe: häufiger Flurname (mhd. schîbe »Scheibe, Kugel; Walze, Rad«), vgl. Dietrich *in der Scheiben*/Bay., e. Wiese *in der schiben*/Württ., Hainr. *aus der Scheiben* 1369 Tirol. Dazu ON. Scheiben/Böhmen (FN. *Scheibner*) u. Scheibau/Schles. Vgl. FN. **Scheiber** (Tirol). Scheibmaier/Bay., Scheibengruber, -bauer. Scheibert.

Scheibel (obd.-schles.): z. T. = Scheibe, s. dies! (E. *Schyblin* 1450 Württ., Hensel *Scheybel* 1379 Dt.-Brod.) Dazu **Scheibler.** In Schlesien/Böhmen spielt der slaw. Pers. N. Schiban hinein: KF. *Schybl* faber 1392 Prag, auch *Schibekin, Schibchin*; vgl. *Schibanus*/Brsl., *Schiban* v. Widemar 1323 Strehlen. ON. *Schibansdorf:* Scheibsdf.!

Scheibenpflug s. Scheuenpflug! – **Scheibner** s. Scheibe!

Scheible, Schaible (Württ.) = Schäuble, s. Schaub! (Hs. *Schöüblin, Schaibli* 1476).

Scheid(e): z. Flur- u. ON. Scheide (ndd. Schede); z. T. auch »Schwertscheide«, also ÜN. für den *Scheidemecher* (1326 Mainz, wo 1283 ein Eberh. *zur Scheide*). S. auch Scheidt!

Scheidemann (s. auch Schedemann!) = Schiedsrichter; Heinr. Sch. 1344 Hess.

Scheidemantel, -mandel (Ö.): ÖN., wohl zu mhd. mantel »Föhre«, vgl. Kitzmantel (Einöde/OÖ.). **Scheidereiter** (Ö.) wie Bernreiter, Daffenreiter usw. zu den ÖN. auf -reut »Rodung«.

Scheidenreißer (Münchner Humanist u. erster Übersetzer der Odyssee um 1550) meint den Gravierer der Schwertscheiden, wie Haubenreißer den der Pickelhauben (Helme); mhd. rîßen »einritzen«.

Scheider (obd. oft): wie »Scheider vom Scheid«, Nieder-, Lor-, Lug-, Wegscheider, alle in Bay. u. Ö., zu den ÖN. auf -scheid. Selten = mhd. scheider »Schiedsrichter«. Hanke *Scheider* 1379 Littau.

Scheidle (Württ.): wohl = mhd. scheide, scheider »Vermittler, Schiedsmann«, sofern nicht zum ÖN. Scheide. Dazu **Scheidler.** Vgl. »der *Schaidli*« 1392 Binzwangen. S. auch Gscheidle!

Scheidt: z. häufigen westd.-rhein. ÖN. u. ON. Scheidt. Vgl. Vomscheid, Imscheid; Reifferscheid, Langen- u. Manderscheid.

Scheiff (ndd.) s. Scheef! – **Scheifele** s. Schäufele! – **Scheil** (ndd.) s. Scheel!

Scheimann (ndd.): z. westf. ON. Scheie (alt Scheide, Schede).

Schein: mhd. schîn »heller Schein«, Glanz, Leuchten, wie in Rosen-, Maien-, Morgen-, Abendschein, auch in Flurnamen (Joh. *von dem Scheyne* 1450 O.Rhein). Dazu viell. **Scheiner(t),** sofern nicht mundartl. (frk.) für Schöner(t), vgl. Scheinhütte neben Schönhütte, Scheinhut (1352 Frk.) u. Schönhut, Scheinleber u. Schönleber. Stephan *Scheiner* 1414 Mähren. Hans *Scheiner* 1363 Nbg.

Scheinpflug s. Scheuenpflug!

Scheithauer = Holzspalter; auch Holzscheiter, **Scheiter(er),** obd. (Conr. *Schiter* 1324 Rothenbg.), KF. **Scheit** (Jos. *Schyt: Scheitrer* 1451 Kempten). Heinz *Schitrer* 1417 Konstanz.

Scheiwe (ndd.) s. Scheewe, Scheef!

Schelb, Schelble (obd.-schwäb.): der Schielende (mhd. schel, schelwes; vgl. gelb: mhd. gel, gelwes). Dazu **Schelber(t),** wie Melber(t). Desgl. auch **Schelch** (Conr. *Schelch* 1270 Eßl.) u. Schelcher (Wernh. *Schelcher* 1340 Freiburg); gerundet **Schölch** (Bay.). Vgl. auch mhd. schelch »Nachen, Kahn«.

Scheld: ON. b. Dillenburg; vgl. Schelden b. Siegen (Bahlow, ON. S. 417).

Scheler (obd.): wohl »Rindenschäler« (zur Gewinnung von Gerberlohe). Otte der *Scheler* 1329 Konstanz.

Scheliga, Scheleske, -oske, Schelenz u. ä. sind ostd.-slaw.

Schelkshorn, Schelz-, Schölzhorn (Bay.): Horn des Schelchs (Hengst der Wildpferde).

Schell (Bay. oft, Württ., Rhld., Ö.): der leicht Auffahrende, Wilde, Lärmende. Auch **Schelle** (soweit nicht ÜN. des Schellenschmieds!). Herold *Schelle* 1215 Würzbg. Gegenteil: Erhart *Unschell* 1477 Bay. Mit frk.-bair. Rundung **Schöll.** Desgl. **Schellig,** Schöllig (mhd. schellic), **Schellkopf,** Schöllkopf, **Scheller,** Schöller (= lauter, lärmender Mensch, mhd. schellen »lärmen«): Albr. *Scheller* 1340 Eger, Benz *Scheller* 1350 b. Stuttg., Cuonrat *Schellekopf* 1241 Eßl.

Schellack, -ach (slaw.). wie Schillack = Schilling!

Schellenberg: mehrf. ON., z. B. b. Chemnitz (daher dort oft FN.).

Scheller s. Schell! – **Schellhammer:** ÜN. für Schmiede (so z. B. in Zürich 1517). Vgl. Schelleisen, Schellnagel; Schellflegel (= Drescher): mhd. schellen »erschallen lassen«, vgl. Schellenczeter/Brsl. (laß Zetergeschrei erschallen!). Nic. *Schelhamer* 1378 Iglau.

Schellhase, -haas: vor Schreck aufspringender, aufgescheuchter Hase.

Schellhaus: westf. Hofname (Scelhusen), wie Brockhaus (Brok-husen); *scel* »Moder, Schmutz«.

Schellhorn, bair.-frk. auch Schöllhorn: mhd. schelle-horn »Posaune«. Wohl ÜN. des Hornbläsers (Jägers, Nachtwächters u. ä.). Ein ON. Sch. in Schleswig, auch auf Rügen. Arnolt *Schellhorn* 1300 Strals.

Schelling (Württ., Schweiz, Bay.): bekannt durch d. Philosophen Friedr. Wilh. Sch. aus Leonberg/Württ.; wechselt urkdl. mehrf. mit (dem Münznamen) **Schilling!** (Georg *Schelling [Schilling]* 1505 Riedl., Nik. *Schelling [Schilling]* 1595 Bair. Schwaben. Ein Cuonrat *Schelling* schon 1204 b. Tüb.) – **Schellkopf** s. Schell!

Schellpeper (ndd.) s. Peper! *Schellepeper* 1278 Strals. (auch Lüneburger Patrizier 1283).

Schellschmidt = Schellenschmied, auch **Schell(en)schläger** = *Schellenmacher* (1408 Prag), Fritsche *schellensmid* 1386 Lg., Erhard *Schellenslaher* 1383 Kempten. Als ÜN.: Henne *Schelle* 1365 Frkf. S. aber auch Schell!

Schelm: mhd. = »Aas«, als Schelte (Bösewicht). Ein Ritter Wernher *Schelme* 1274 Frkf., Hensl *Schelm* 1360 Iglau.

Schelper, Schilper: wohl z. ndd. ÖN. Schelp, = Schilf, Röhricht; vgl. ON. Schelploh b. Celle/Ülzen.

Schelten: Patr. zum fries. Pers. N. *Scelto.* Vgl. *Skeltko* Roorda 1456, Sippo *Sceltama* 1473, Jacob *Sceltinga* 1413. Dazu **Scheltema,** westfries.-holld. FN.

Schelter (obd.): »Schmähdichter«; vgl. aber Schilter.

Schelzel (schles.-böhm.) = Schölzel = Scholz. **Schemann** s. Scheimann!

Schemm (obd.): mhd. scheme, schem »Larve, Maske«, vgl. Schembart. Eine Flur Schemm »Moder« im Bergischen.

Schem(m)el: meint den Schemmeler (mhd. schemeler), Krüppel, der sich mit e. Schemel fortbewegt. Henneke *Schemeler* 1302 Strals.

Schemmerer (obd.): aus Schemmern b. Biberach (schemmer = Schilf, noch schwäb., zu *scam* »Sumpfwasser«, vgl. Fluß Scamander/Troja u. Südfrkr.; Bahlow, ON. S. 418). Ein Schemmern auch b. Eschwege (alt Scamber-aha »Schilfwasser«). Hans *Schemmer* 1481 b. Biberach.

Schempp, Schempf (obd.) wie Schimpp, Schimpf: der Spaßmacher, Prahler, Spötter (mhd. schimpfer, zu schimpf »Spaß, Kurzweil, Spott«, auch ritterl. Kampfspiel). Emercho *Schemp* 1330 Mainz.

Schendel, Schendler (obd.), Schändle: der es schändlich treibt (vgl. mhd. schant-, schentlich). Hensel *Schentel* ca. 1375/Olmütz, *Schendl* 1385 Budweis. Vgl. **Schendesland** (wie Geudesland, Schade-Land, Landschade, Landöse, lauter Landverwüster, Raubritter).

Schenkbehr (ndd.) = Schenkbier: *Schenke-ber* 1291 Strals. Gobele *Schenke-byr* 1366 Kassel. *Schenkunddrink* 1466 Straßbg.

Schenke, obd. **Schen(c)ke:** mhd. schenke »einschenkender Diener«, später auch Hofamt (»Mundschenk«), bei adligen Geschlechtern mit Hinzufügung des Stammsitzes (Schenk v. Stauffenberg, Schenk zu Schweinsberg usw.); e. Minnesänger war Ulrich Sch. v. Winterstetten. Als bürgerl. N. meint Schenk den Gastwirt, vgl. Bierschenk, Weinschenk: Witche *der schenke* 1383 Lg.

Schenkel (s. auch Schinkel!): nach auffallendem Schenkel; vgl. Gut-, Faul-, Lang-, Kurzschenkel, Bären-, Hasen-, Rindschenkel u. ä.; Holzschenkel wie Holbein. Klapperschenkel, -schink wie -bein 14. Jh. Böhmen.

Schenker (obd.) = Schenk »Schankwirt«.

Schepe, Schepke (ostd.-schles.): KF. zu **Schepan** (slaw. Czepan = Stephan); *Czepan* Raschke 1472 Glatz; s. Schäpe!

Scheper(s): ndd. bzw. ndrhein. = Schäfer.

Schepp(e): ndd.-md. = Schöffe, Peter *Schepp* um 1375 Olmütz, Siffert *Scheppe* 1479 Kassel. Vgl. md. Schöppe, obd. Schepf, Schöpf!

Schep(p)ler (ndd.) = Scheffler (Scheffelmacher): Herm. *Schepelere* 1282 Ro., Bernard *Schepelere* 1298 Lünebg.; Joh. *wichscepel* 1262 Hbg. (heute Wispel, Getreidemaß, also ÜN. des Kornmessers). Aber obd. Scheppeler s. Schappeler! Desgl. Scheppel (Schappel). – **Scheps** s. Schöps!

Scherb, Scherbel (obd.): Topfscherbe, ÜN. des Töpfers. J. *Scherbe* 1304 Worms.

Scherbarth s. Scheer! (Bartscheer).

Scherer, Scheerer (s. auch Scheer!): meint häufig den Tuch- oder Gewandscherer, seltener den Bartscherer (Barbier, Balbierer, Bader). Tilke Sachse *der scherer* = T. S. *der gewandscherer* 1368 Brsl. Nicclos *scherer* 1383 Lg., Nickel *scherer* u. Thomas *scherer,* Söhne des Heyneman *scherer* 1346 Brsl., jeder im Besitze e. *schergadems!*

Scherf, Scherff meint gewöhnlich die Münze (= 1/2 Pfennig), vgl. das Scherflein der armen Witwe! Eler *Scherf* (Obolus) 1290 Hbg. Thid. *Scherf* (Ratm.) 1277 Strals., Alb. *Dre-scherf* 1290 Ro., H. *Drückescherf* 1343 Barth (»Geizhals«), wie Drükkenpfennig. Ndd. auch Scherfke, Scherfgen (rhein.): Herm. *Scervechin* (Obolus) 1182 Köln.

Scherg (Schörg), Schergel: Gerichtsdiener, Büttel, Liubman der *Scherge* 1296 O.Bay. Auch Scherghuber.

Scherk: wohl ostd.-slaw., vgl. Scherkus.

Scherl (obd.-bair.) = Schere, ÜN. des

Scherenschleifers (*Schersleifer* 1381 Olmütz) bzw. Scherers. Joh. *Scherl* 1387 Budweis; H. *Scherlin (Schärlin)* 1424 Rottweil. Vgl. *Makeschere* 1375 Lünebg., *Schere, Schereke* 1351 Hann.

Scherling: mhd. »Schierling«.

Schermer (wie obd. Schirmer): ndd. = Fechter, Spielmann; Gerlach *Schermere* 1310 Hann., Fred. *Schermere* 1365 Bremen; auch obd.: Nic. *Schermer* 1332 Prag.

Schernbeck (ndd.): »Schmutzbach«, ON. Schermbeck bzw. Schermcke; Scherne-beck/Stendal. Vgl. Scharn-, Scharmbeck. (Bahlow, ON. S. 420).

Scherner: zu mhd. scherne »Fleischbank«, sofern nicht z. ON. Schernau/Bay. Vgl. Cöne *bi den schernen*/Haldsl.

Scherpe, Scherpel s. Scherbe, Scherbel!

Scherpeltz s. Peltzer!

Scherping (Hbg.) wie **Scharping:** ndd. KF. zu Scharp, s. Scharf! (Achim *Scherpink* = Joachim *Scharping* 1501/02 Anklam). Marquard *Scherping* 1269 Hbg., Henning Sch. 1369 Hann.

Scherr (obd.) = **Scherrer** = Scherer. Hug der *Scherr (Scherer)* 1266/1300 b. Breisach.

Schertel (obd.): wie Schärtlin, Schartl, Schart nach auffallender Scharte (vgl. ndd. Scardemûl), z. T. auch Flurname. Ein *Schertelczan* 1281 Brsl. (wie Schartlzand 1408 Prag). Erhart *Schertel* 1404 Prag. Vgl. den Ritter (Landsknechtführer) Seb. *Schertlin* v. Burtenbach um 1540. Ein Schulmeister Ulr. der *Schärteler* 1355 Rottw.

Scherwath (Hbg.): mhd. wât »Tuch« wâtschere »Tuchschere«, vgl. Scherwolle.

Scherz, Scherzer: »Spaßmacher«, Gaukler, Possenreißer (Ulr. *Scherczer* 1311 Iglau).

Schetter (obd.); Schetterle: mhd. scheter »feine (Glanz-)Leinwand«. Heini *Schetter* 1351 Breisach, Joh. *Schetterlin* 1302 Tüb. Vgl. mhd. scheter-hemede.

Schettler s. Schittler, Schüttler.

Scheu, Scheuch, Scheich (obd.): »scheu, schüchtern«, auch abschreckend, scheußlich (mhd. schiuhlich, mhd. schiuhe, schiuwe »Scheu, Abscheu«). Auch **Scheucher,** Scheicher, Scheuhing (*Schiuhinc* 1283 Eßl.), *Scheyhing* (1334 Giengen).

Scheuber(t) wie **Scheiber(t),** Sa., s. Scheibe!

Scheu(ch)enpflug: »scheue den Pflug!«, verbreiteter Bauername (für träge oder dem Pflug entlaufene Bauernsöhne); Gegenteil: Plochversworen (ndd.). Entstellt Scheichenpflug, Scheuben-, Scheibenpflug, Scheun-, Scheinpflug, Scheen-, Schönpflug! *Schüchdenpfluog* 1290 Basel, *Scheuwenpflug* 1387 Lg., *Scheuen-, Scheinpflug* 1386 B.-Kamnitz. Ähnlich Scheuen-hammer, -wagen, -kram, -stock 14. Jh. Böhmen (E. Schwarz S. 275); auch Scheuenstuhl, Scheichen-, Scheibenbogen (der faule Bogner), Scheibenzuber (Eimer), Scheichn-ast, Scheibenreif (der faule Böttcher), Schüchdenstich (Schneider oder Schuster), Schüchen-, Schü-, Scheudienst, Scheunflegel, Scheinbecher, Schüchenwîn (Scheiwein), Schüchewörfel.

Scheuchzer (alem.): ein Scheu Empfindender (zu mhd. schiuhezen); vgl. Nafzer (zu nafzen »schlummern«). Konr. *Schuchzer* 1433 Thurgau.

Scheuer(mann): obd., in der Scheuer (Scheune) beschäftigt oder bei ihr wohnend (Sigebot *zer Schüren* 1297 Straßbg.), nordd. Scheunemann (ndd. Schünemann); auch *Scheuerle* (Merk *Scheuerlin*, Bauer, 1319 b. Überl.). Cunr. *Schürman* 1272 b. Lörrach. **Scheuermaier** und **Scheurer** (alem. Schürer, frk. Schairer) meint den Verwalter der Scheuer (mit den bäuerl. Abgaben). Vgl. bair. Stadler!

Scheuernschloß: Wüstung b. Marbg.: Ritter Rud. *Schurensloz* 1363 Mbg.

Scheuf(f)ler, Scheufelen (Württ.) s. Schäufler!

Scheunemann (Hbg. oft), ndd. Schünemann, s. obd. Scheuermann! Nickel *in der schünen* 1364 Brsl., Kuncze *Scheuneman* ebda., *Schünemeister* ebda. Auch **Scheumann** (ndd. Schümann); vgl. Heimann (Heinemann).

Scheuner(t) s. Scheiner(t)! – **Scheurer** s. Scheuermann!

Scheurenbrand s. Schürenbrand! – **Scheurich** (im Fränkischen): wohl = Scheuring (ON. am Lech).

Scheuthle (obd.) = Scheitle.

Scheve, Schewe (Hbg. oft) s. Scheef!

Scheven: ON./Rhld., alter Gewässername. Vgl. Schevenriede/Bersenbrück.

Scheyer: aus Scheyern/O.Bay. (alt Scira: s. Bahlow, ON. S. 419!).

Schian (Schles.): an der Endung als slaw. erkennbar, vgl. Schiban, Michan, Pechan,

Petran. **Schiban** ist slaw. Pers. N. auf -an: *Schiban* v. Widemar 1323 Strehlen, Schibanus/Brsl., auch im ON. Schibansdorf: Scheibsdorf/Lg., Schiebsdorf/Lübben. Zu **Schiebe** vgl. ON. Schieben.

Schichau: ostd.-slaw. ON (Schichau-Werft/Danzig). Vgl. FN. **Schiche, Schichhold,** -holz (Schicholl, wie Zuchol: Zuchhold), Schichner u. ä.

Schick(e), Schick(e)l (obd.): mhd. schick »schicklich, geschickt«, schicken »ordnen, zurüsten«. Ritter Herm. *Schicke* 1244 b. Frkf., Nic. *Schikl* 1385 Budweis. **Schikker** »Ordner, Organisierer« (1395 Egerld.), vgl. »ordner u. schicker«, sekundär Schickert. **Schicketanz** »Tanzordner, Tanzlehrer« oft im schles.-sächs. Raum: Hs. *Schickentancz* 1399 Chrudim, auch Schücktanz (Ö.). Vgl. Regen-, Loben-, Preisentanz. **Schickfuß** (schles. Chronist): wohl Botenname (»mach zurecht, rüste zu«: den Fuß!); vgl. **Schickhelm,** Schickesisen (1421 Görl.). In Villgn. 1439 Nik. *Schicklin*; in Lg. 1369 Nitsche *Schicker.*

Schickhardt ist sekundär entwickelt aus **Schicker(t).**

Schickram ist slaw. wie Gendram, Jastram, Pausram, Pribram, Kloddram, lauter ON. bzw. ÖN. – **Schie:** mhd. = scheu. Ein Gewässer Schie (mit Schiedam, Schieland) in Holld. – **Schiebe** s. Schiban!

Schiebel (obd.) kann mhd. schübel »Büschel (von Stroh), Stöpsel, Riegel, Haufen« meinen. Jesco *Schübel* 1380 Mies. Joh. der *Schiebel* 1450 Leutkirch. Dazu **Schiebeler.** Vgl. aber unter Scheibe! **Schiebe** s. Schiban! Desgl. Schiebold. Zu **Schiebeling** vgl. mhd. schübelinc »Bratwurst«.

Schiebner: z. ON. Schieben.

Schieck (obd.), auch Schiegg: mhd. schiec »schief, verkehrt«. S. aber auch Schick! Heinr. *Schiegg* 1409 Württ., Bert. *Schiek* (Bauer) 1300 ebda.

Schieder: ON./Teutoburger Wald (889 Scidra, alter Gewässername). Dazu Schiedermeier. – **Schiedung:** ON. Schiedungen/Harzvorland, wie Scheidungen/Unstrut; scid »Schmutzwasser«.

Schiefelbein s. Schievelbein! **Schiefke** = ndd. Scheveke, s. Scheef!

Schiefer-, Schifferstein (1170 Köln) meint den **Schiefer-, Schifferdecker.**

Schiefler (Hbg.): ein Wankelmütiger (mnd. schivelen »gesinnungsmäßig schwanken«). Herman Schiveler 1410 Soest.

Schiegl (Ö.) = Schühel = Schuh! ÜN. des Schusters.

Schiek, Schieke s. Schieck!

Schiele (schwäb.), Schieli (alem.) = Schühle, Schuh: vgl. Hans *Schielin (Schülein, Schüchlin)* 1474 Ulm.

Schi(e)lke (ostd.-slaw.) s. Schülke!

Schiemann (Hbg.) = Schiedemann!

Schiemen(t)z (ostd.-slaw.) = Simon.

Schiemer (Württ., Bay.): Ulr. *Schiemer* 1290 Reutl., Hs. *Schymer* 1378 Eger. Vgl. mhd. schieme »Schemel, Bank«.

Schien (Ö.) s. Schön! – **Schienagel** (Ö.) = Schinnagel.

Schienbein: wohl als Teil der Rüstung, Wigand *Schinebein* 1268 Hess.

Schiepan s. Schepan!

Schien(e)mann = Schönemann.

Schiener s. Scheiner! Werner Schiner 1376 b. Zürich.

Schienke s. Schinke!

Schier: soweit nordd., z. Flur- u. ON. Schier (b. Ülzen), »das Schier«, »die Schiere«/Westf., »der Schieren« (Wald a. d. Schunter/Ocker); *scir* »Sumpfwasser«, dazu Schierbeck (Schierenbeck, mehrf. i. W.), Schierbrock, Schierenberg, Schierholt, -holz, -horn, -horst, -loh (Bahlow, ON. S. 419/20); **Schiermann,** -meyer. Auch **Schiering** (Schering): vgl. das »vliet Schieringe«/Holld., Joh. *Schiring* 1280 Ro., Gerh. *Schering* 1279 ebda.

Schierach, -ack s. Schirach!

Schierer (obd.) = Schürer! – **Schiering** s. Tscherning!

Schirsch s. Tschiersch!

Schießer, Schießl (obd.): wohl wörtlich, der gern schießt; vgl. Schießinwald, Schießwohl, bair. Schoißwohl. Gernot *Schießer* 1319 Würzbg.

Schiestl (1386 Budweis) s. Schüstel (= Schuster)!

Schietendüwel (ndd.) »schieß den Teufel«.

Schi(e)velbein: ON./Pomm. – **Schiever, Schiewer** (ndd.) = Schieferdecker.

Schiff (heute auch jüd.): z. T. Hausname (Hans *zum Schiff* 1451 Basel).

Schiffelholz meint feuchtes Gehölz, vgl. Schiffelbach, Schiffenberg/Hess., Schivelberg/Rhld.; zu *scif, sciv* »Moder«.

Schifferdecker = Schieferdecker.

Schiffmann (obd.) = Schiffer. Vridel *Schifman* (Kürschner) 1385 Brsl. – **Schifter** s. Pfeilschifter!

Schikaneder (Bay., Ö.): z. ÖN. Schickanöd (öfter).

Schikkus: vgl. hebr. schikkûz »Greuel«.

Schikorra, Schikorski u. ä.: ostd.-slaw., wie ON. Schikorren/Ostpr.

Schilbert, Schilbers (rhein.) = Gilbert (mit roman. Sch-! vgl. Schils [Lothr.] für Ägidius); auch in Wolframs »Willehalm« begegnet e. Graf *Schilbert (Gilbert)!*

Schilcher s. Schiller!

Schild(t): meist ÜN. des Schildmachers, Schildhauers, sonst auch Flurname, am O.Rhein auch Hausname (Joh. *ze dem Schilte* = Joh. *Schilt* um 1300 Winterthur). Joh. *Schilt* = Joh. *Schildere* 1296 Hbg., Henr. *Schilt* = Henr. Clippeator 1305/19 Bremen. **Schildgen** ist rhein.

Schilde (oft in Sa.): z. ÖN. Schilda, Schilde, Schildau ebda.

Schilder (ndd.) wie obd. **Schilter** = Schildmacher (zuweilen auch [Schild-] Maler: vgl. Joh. *Schildere pictor* 1296 Hbg.). Goswin *Schilder* 1270 Ro., Henr. *Schilder* (Clippeator) 1350 Brsl.

Schildfatt (Hbg). s. Stuhlfauth, -fatt, -vogt!

Schildknecht: Diener (des Ritters), der Rüstung u. Roß besorgt. Henneke *Schildknecht* 1328 Lüb. Vgl. dazu Schildriem: Luder *Schiltreme* 1360 Brschwg. Satzname ist Fathschild (ndd.): »faß den Sch.« *(Vateschild 1355)*; desgl. Flicken-, Hauenschild, Cloppeschild.

Schildmann (Dortmd., Bielefeld oft): wie Schildmeyer, Schildmüller, -möller z. Flurnamen Schild. In Schildhorst, Schildfeld, Schildesche (Westf.), Schildmeer (Holld.) meint *schild* »Sumpf«, so holld.!

Schilke (ostd.) s. Schülke! – **Schilgen** (rhein.) s. Ägidius, Gilgen.

Schill: bekannt durch den Freiheitskämpfer Ferd. v. Schill (Sudetenld.); älter Schille, wohl z. ÖN. Schille; im Harz Flüßchen Schillau, zur Leine eine Schille.

Schiller (obd., Württ., Bay., Ö.) meint den »Schieler«, urkdl. *Schilcher* (mhd. schilchen »schielen«), wie Schmeller für Schmelcher. Albr. v. Rechberg *der Schilher* 1343 Bay., A. Blarrer gen. *Schilher* 1416 Württ., Elbel *Schilher* 1346 Brünn; der *schilnde* schröter 1360 Brsl., der *Schilhans* 1378 Zittau.

Schilling (rhein. Schillings): Münzname, wie Zwei-, Drei-, Fünf-schilling auf Zinsverpflichtung deutend. S. auch Heller, Pfund, Mark, Pfennig, Scherf! Slaw. Form: Schillak, Schillok, Schiloga. **Schilter** s. Schilder!

Schil(t)z (Mosel, Pfalz) = Ägidius, mit roman. Sch-: *Schiltz* Wabe = *Ägidius* Wabe 1430 Lehmen/Mosel.

Schimank, Schimon(ek), Schimann, Schimanski, Schimaschke sind slaw.-poln. Formen von Simon. Auch Schimek. **Schimke** (Schles.), Schimpke; Schimkat, -kus (ostpr.-lit.): *Schimko* v. Kalkow 1381 Kr. Neiße. *Schimon* Schillink 1377 Prag.

Schimmel meint gewöhnlich den Grauhaarigen (mhd. schimel-grâ, -var, -har): Hensl *Schimel* 1369 Iglau. Desgl. Schimmelmann (1363 Prag). Ndd. ist **Schimming** (auch weißes Pferd): Lambert *Schimminch* 1296 Ro.

Schimmelpfen(ni)g, ndd. -penning: der Geizhals; vgl. Wucherpfennig.

Schimmeyer (Westf.): der »upm Schimme« wohnt (Schimm, Schemm »modrige Nässe«, vgl. das Scim-mere/Holld.). Vgl. Rusch-, Siek-, Bentmeyer.

Schimmler (Ro. öfter) s. Schemmler!

Schimpf, Schimpfle (obd.) ist wie **Schimpfer** der Spaßmacher, Gaukler (mhd. schimpf »Scherz, Kurzweil«); desgl. **Schempf.** Bekannt ist des Elsässers Joh. Pauli Schwanksammlg. *»Schimpf u. Ernst«* (Straßbg. 1522). Vgl. *Hebenschimpf!* – **Schimpke** s. Schimke (= Simon)!

Schindegart, Claus 1441 Halle.

Schindhelm (Thür., Sa.): Satzname für Haudegen, vgl. Schickhelm, Feghelm, Schüttenhelm. Dazu *Schindenkerl* (1483 Hameln, wie Hauenkerl). *Schintenschelm* 1396 Dt.-Brod. Henning *Schindekopf* (Deutschordensritter, 14. Jh.). **Schindewolf. Schinder** = Abdecker, tätig in der **Schindehütte** (vgl. mhd. schinthûs »Schlachthaus«): Kassel öfter (schon 1465). *Jodenschinder* 1363 Hild.

Schindler, Schind(e)l: obd.-schles., der Hersteller hölzerner Dachschindeln; Dachziegel gab es im MA. bei Privathäusern kaum. Schles. Nbch. S. 114/15. Bernh. *schindeler* 1397 Lg., Elgast *Schindel* ebda. Wolfg. *Schindeler (Schindel)*

1496 Ellbogen/Böhmen, Joh. *Schindelere* 1335 Bremen. Auch Schindelmeißer, -hauer.

Schinhärl (Mchn.) = »Schönhaar«, »Schönkopf«, **Schinleber** = Schönleber (Jerg *Schinleber* 1508 Württ., wo auch viele Schönleber, d. i. »ein schönes Leben führend«).

Schinkel = Schenkel, bes. ndd.: berühmt durch den Baumeister K. F. Sch. aus Neuruppin. Vgl. *Reschinkel* 1263 Ro., Joh. *Schinkel* 1285 Hbg. Obd. Variante ist **Schink** (mhd. schinke »Schenkel, Schinken«): vgl. *Klapperschink, -schenkel* 1343 Brünn/Kolin; *Eisenschink;* Hs. *Schink* 1412 Prag.

Schinle (obd.) = Schönel, Schönlein. Vgl. Schinober für Schönauer. S. auch Schinhär! (Schenel neben Schönl 14. Jh. Mähren).

Schinner (Ö., Bay.) = Schinder! **Schin(n)agel,** Schienagl (Ö., Bay.): ÜN. des Nagelschmieds: Nic. *Schin(n)agel* 1400 Olmütz. *Schinstab* 1363 Nürnbg.

Schinzle (Württ.) = Schünzle, Schünzel.

Schippan(g) (O./S.: Ratibor) = Scheppan, slaw. für Stephan; KF.: **Schip(p)ke:** (Öls. oft), Schipek, Schippig, vgl. ON. Schipkau/Laus.

Schipper, Schippmann (ndd.) = Schiffer, Schiffmann. Herman *Schipman* 1262 Ro.

Schirach, Schirak, Schirok: wend., offenbar = Georg, wie Schurok u. ä.; vgl. Schirk, Schirch.

Schirdewa(h)n (O./S.), auch Tschirdewa(h)n, Schirrwang: ein slaw. Pers. N. auf -owan (Miklosich S. 222), wie **Radewa(h)n** (Radowan), Budewan, Moldowan. Zur Stammsilbe vgl. den TN. Srdn, zu srudu »Zorn«.

Schirk (Schirch, Tschirch), **Schirks:** ostd.-slaw., s. Schirach!

Schirmer (Schürmer), auch Schermer (s. dies!): »Fechter, Fechtmeister« gehörten zu den »Fahrenden«, die ihre Kunst auf Jahrmärkten für Geld ausübten (Schaer, Die altd. Fechter u. Spielleute [1901], S. 33ff.). Reinhard *Schirmer* 1384 Lg., Nic. *Schirmer (Schermer)* 1401 Prag; in Sa. aber spielt der ON. Schirma b. Freiberg hinein! (Görge *Schirmer* = Görge *von der Schirme* 1396 Freiberg, Henr. *von der Schirme* 1390 ebda.). ÜN. des Vormundes oder Fechters ist **Schirm** (»Schild«): 1307 Konstanz; in Brsl. *Schirme wîslich! Schirmengast* ebda.: der dem Fremden Schutz gewährt.

Schirner s. Tschirner! (Hs. *Schirner* 1560 Brieg).

Schirr, Schirren, Schirrholz: andere Schreibungen f. Schier-, s. dies!

Schir(r)macher (obd.-schles.): Gerät-, Werkzeug-, Geschirr-macher, zu mhd. schirre (geschirre), vgl. Schirrenwagen; das Pferd »anschirren«. Hannus *Schirremecher* 1381 Lg. (auch der Historiker Sch., Hrsg. des Liegnitzer Urkundenbuchs, stammte aus Lg.). Dazu **Schirrmeister. – Schittenhelm** s. Schütten-!

Schittkäker (ndd.) s. Käcker!

Schittler s. Schüttler! – **Schlaack** (Hbg.) s. Schlafke! – **Schlachter** (nordd.): J. *de Slachtere* 1381 Bremen.

Schladerer s. Schlatterer! **Schladermund** s. Schlattermund!

Schladot(h): »schlag tot«. Vgl. Cord Slâvêl »schlag viel«. **Schlawiedt** (Hbg.): »schlag weit«, ÜN. für Haudegen.

Schlaf, Schläfin: der Schläfrige oder Langschläfer. Vgl. Meienschlaf, Hasenschlaf, Schlafmunter, Schlaflang *(Slofflang, Langsloff*/Brsl.*)* wie Langenacht (Lg.); Hs. *Sloff* 1381 Friedld.; *Slafeli* 1277 Ravsbg.; Henr. *Slap* 1306 Greifsw. Clawes *Slaap* 1361 Lünebg.

Schlafhorst meint *Slavehorst* »morastiges Gehölz« (wie Slave-dene, Slave-leg/Engld.). Vgl. dän. slaf »Modder«.

Schlafke, Schläfke (ostd.) = Slawe, mit ndd. k-Suffix, im MA. als VN.: *Slaweke* v. Schaprode 1297 Strals., Joh. *Schlageke* 1566 Stettin. Kontrahiert: *Slacke* Adebor 1558 Kolbg. Slawekestorp: Schlagsdorf!

Schlag (obd.): gewöhnlich Flurname (»Holzschlag, kahl geschlagene, lichte Waldstelle«, daher oft in ÖN. u. ON.). Dazu obd. **Schlager,** Feichten-, Matten-, Merken-, Weiden-schlager. Vormschlag. Sonst wohl auch Berufs-ÜN. wie Hammerschlag, Seltenschlag. Nitsche *Slag* 1386 Lg.

Schlage (Hbg. oft) s. Schlageke unter Schlafke! Vgl. ON. Schlage/Ro.

Schlagenhauf: bair.-österr. Satzname für Draufgänger (Haufe = Heerhaufe), vgl. Schlagenteufel, **Schlagintweit** (Bay., Ö.). In Brünn 1365 *Slahinhaufen.* Auch e.

Tischgenosse Luthers hieß so. Mit Umlaut *Slehinhauf:* Schleehauf/Württ.

Schläger (Wismar): Berufs-ÜN. T. *Slegher* 1378 Haldl.

Schlageter: aus Schlageten/Schwarzwald wie Segeter aus Segeten. Auch Albert Leo Schlageter stammte a. d. Schwarzwald.

Schlamilch (Hann.) s. Schlegelmilch!

Schlamp: mhd. = Gelage, Schlemmerei; slampieren »schlemmen«. **Schlamper** »Schlemmer«, mit Umlaut **Schlempp, Schlemper** (Ritter Reinh. *Slemper* 1293 O.Rhein).

Schlanbusch wie Schlanstedt (am Huy) deuten auf feuchte Gegend (slan = van »Sumpf, Morast«, vgl. ON. *Slanare* wie Vanare).

Schlange: mhd. = Drache. Ein Ritter Wilh. *Slange* 1275 b. Mainz. Aber **Schlangen** ist ON. (zw. Detmold u. Paderborn).

Schlaphoff (Westf.): entspricht Moor-, Plum-, Seelhoff (*slape* »schlüpfriger Boden«, wie in Slape-wath/Engld.).

Schlapkohl (ndd.): wie Rodekohl, Linnekohl, mit schlapp herabhängender Kapuze (kogel); vgl. Schlapphose. Auch mhd. slappe ist eine Kopfbedeckung: Chuni *mit der slappen* 1357 Zürich, C. *Slappe* 1336 b. Lörrach.

Schlarb, Schlarp (obd.): wohl »nachlässiger Mensch«, vgl. schwäb. schlarpen »schlürfend gehen«, mhd. slarfe »Pantoffel«. Aber ON. Schlarpe am Solling ist alter Bachname (Slar-apa »Schlammwasser«), vgl. Schlarbohm, wie See-, Schnatbohm!

Schlätel (Hbg.) = Schlötel »Schlüssel«, ÜN. des Schlossers (Sloters). Hs. *Schlötel* 1530 Hbg. Vgl. Dethard *Slotmekere* 1325 Dortmd.

Schlatermund (Hbg. oft): wohl = Schwätzer (wie bair. Schlotterer, zu mhd. sloteren).

Schlatter (obd.), auch Schlatterer: z. Flur- u. ON. Schlatt (häufig), mhd. slâte »Röhricht, Sumpfwiese«; vgl. Schlatt am Randen, auch Schlettstadt/Elsaß (778 Sclatistat).

Schlauderaff, Schlauraff = Schlaraffe, Faulenzer, Schluderer.

Schlaug (ndd.) = Schlue (Hbg., Kiel) »schlau«, Hans *Slughe* 1433 Haldsl., Cord *Sluwe* 1516 Lippe.

Schlawiedt s. Schladoth!

Schlawig, Schläwicke s. Schlafke!

Schlebusch (Düss., Mstr.) wie **Schledorn** (ebda.): nach d. Wohnstätte am Schlehengebüsch. Vgl. Schleebohm, -baum, Schlehmeyer, Schleevogt, Schlehkern, Schleh. Auch Schlech (Bay.), ON. Schlech-, Schlehleiten/Tirol.

Schlecht: mhd. = »gerade, schlicht, einfach« (Gegenteil: krumm).

Schlede (ndd.) wie Schleede: = Schlitten (Marquard *Slede* 1252 Hbg.). Aber Schledehausen (Hann.) meint »sumpf. Siedlung«, vgl. die Schledde (zur Lippe b. Gesecke) u. Schledenbrück.

Schlee, Schleebohm, s. Schlebusch! Dazu **Schleemann,** Schleemeier-, -müller, Schleevogt. Obd. auch Schleelein (*Slehelin* 1344).

Schleef (ndd.): »Holzlöffel«, also ÜN. des Löffelmachers; Joh. *Slef* 1293 Hbg., Nic. *Slef*/Lüb. Vgl. ndd. Kaakschlief (Hbg.) = »Kochlöffel«.

Schleehauf (Stuttg. oft): entstellt aus *Schlehinhauf* (so 1560 Stuttgt.), umgelautet aus *Slahinhauf*, s. Schlagenhauf! (Sebastian *Schleehauf* = Seb. *Schlahenhauff* 1614 Stuttg.). – **Schleer** (obd.): urkdl. *Sleher, Sleer* = Schläger, vgl. Ölsleher 1344 Glatz. Ulr. *Sleher* 1379 O.Bay.

Schleemilch s. Schlegelmilch!

Schlefke s. Schläfke!

Schlee(n)vogt, Schleevoigt (Thür. oft): entspricht dem Kriechenvogt; Schlehe und Krieche sind Plaumenarten.

Schleg(e)l, Schlögl (obd.): »Schlägel«, Werkzeug z. Schlagen. Vgl. Schwingenschlegl. Bruckschlägl (Wien, 1265 Brugenschlegel). Born-, Mühl-, Wollschlegel. Also Berufs-ÜN. Ein Ritter Herman *Slegel* 1309 Bay.; Sifrit *Slegel* 1247 Ö., Wolbero *Slegel* 1142 Köln. Am O.Rhein auch Hausname: 1331 Worms, 1317 Basel (Joh. der Wirt *zem Slegel*). Berühmt ist der N. durch die Romantiker Wilh. u. Friedr. Schlegel.

Schlegelmilch: mhd. = Buttermilch, ÜN. des Milchhändlers; auch Schlege-, Schlee-, Schlömilch (obd.).

Schleh- s. Schlee! – **Schlei,** Schley: ÜN. für Fischhändler u. Fischer (vgl. ndd. **Schlie!**): Heinz *Sley* 1356 Hohenlohe.

Schleich (obd.) = **Schleicher.** Hertwig *Sliche* 1293 Mainz. Herm. *Slicher* 1147 Bambg. Vgl. Schlichenach 1451 Württ.;

Slichinsfeld: Slichinslehen. Ndd. ist Schlieker! Eine bekannte Malerfamilie Schleich stammte aus München, dazu der Stettiner Carl Ludwig Schleich (»Besonnte Vergangenheit«).

Schleier, Schleyer, Schlayer (obd.): mhd. sleier, sloier »Kopftuch«, ÜN. des **Schleiermachers,** -webers, -händlers. Nickel *sleuwerer* 1372 Lg., Frenczl *sloyer* 1378 Kolin, Agnes *Schloier* wäscherin 1376 Ulm.

Schleif kann, soweit obd., den Inhaber der Schleifmühle (mhd. slîfe) meinen; ndd. vgl. aber Schlef! **Schleifstein:** ÜN. des Schleifers, *Schersleifer* 1369 Iglau. Ndd. Schlieper! Peter *Slifsteyn* 1368 Lg.

Schleimer (obd.): mhd. slîmer »Hersteller v. Klebstoff, Vogelleim«. Seydel *Slymer* 1365 Brünn, Hs. *Slyme* 1379 Eger.

Schleindl (Bay., Ö.): der es eilig hat, zu mhd. sliune »Eile, schleunig«. Hensl *Sleyndl, Slaundl* 1401 Iglau. – **Schleinkofer** (Bay.): zu den ON. auf -hofen, wie Pettenkofer u. ä.

Schleipfer, Schlaipfer, Schleipfner (obd.): mhd. sleipfe »Schleifspur, -weg« (vom Fortschaffen der Baumstämme). Otmar *Schlaipfer* 1447 Württ.

Schleiß, Schlaiß (obd.): mhd. sleiß »Holzspan«, sleißen »spalten«. B. *Schlaiß* 1329 b. Ulm, Hensel *Sleißer* 14. Jh. Olmütz vgl. aber Schleuß.

Schleißing (Sa.): ON. Schleußig/Lpz. (alt Schleußing). Schleisner s. Schleusner!

Schlemm, Schlempp wie Schlemmer s. Schlamp!

Schlender (ndd.): der Schlendrian.

Schlenger (obd.) = **Schlenker,** vgl. *Schlengentaig, Schlenkendaig* »schleudere, schwinge den Teig« 15. Jh. Württ.; *Schlenkenrück* 1550 Erbach/Odenw.: mhd. slenger, slenker »Schleuder«. **Schlenke** ist als Flurname bezeugt, vgl. Konr. *Schlenke* 1341 Württ. Die **Schlenkrich** stammen allesamt aus dem Raum Zittau-Dresden.

Schlensog, Schlensok = »Schlesier«, desgl. Schlenzka (poln.). **Schlenz** ist ON./Schles., desgl. **Schlenzig**/Pomm. Obd. W. *Slentz* 1372 Eßl. wohl zu mhd. slenzic »träge«. Auch *Schlienz* ebda.

Schlenther: siehe Schlender! zu ndd. slentern »müßiggehen«; vgl. D. *Schlenter* 1344 Ro., Gerh. *Slenther* Tribsees (1344 Ro.), Markw. *Slenter* (Adliger) 1324 Rügen.

Schleppegrell s. Grell!

Schlereth, Schlörit (Franken): ON. Schleerieth (Elgast *von Sleheried* 1241).

Schlesinger (Wien oft, z. T. jüd.): aus der »Schlesing« = Schlesien.

Schlesmann (Hbg.): aus Schlesen b. Kiel. – **Schleßelmann** (Hbg.): aus d. »Moorort« Schleeßel/Wümme. – **Schleth** (Hbg.): mnd. slêt »Holzspan« (mhd. sleiß), s. Schleiß! Vgl. Borghart *Sleter* 1450 Bremen. – **Schlett(er):** vgl. ON. Schlettau (Sa., auch b. Halle) u. Fluß Schletta/Eger; Schletterer (Tirol) = Schlatterer.

Schlettwein (Thür.): ON./Thür.

Schleu s. Schlei! – **Schleupner** (Schles.): Herk. N., vgl. ON. Schlaup, Schlaupitz (Slup, Slupitz).

Schleuß: ON./Prov. Sa., van Schleuß s. Schlüß(mann)! Auch **Schleus(e)ner** ist Herk.N., vgl. ON. Schleusingen/Thür., dazu Schleußinger. Aber **Schleußer** s. Schließer!

Schleuter s. Schlüter!

Schlewecke: ON. im Harz (2mal, auch Flur: die alte Schlewecke am Morl-Berg b. Ocker). Vgl. aber Schlefke, Schläfke.

Schley s. Schlei! Auf ndd. Boden für Schlie; vgl. auch Fluß Schlei!

Schlich ist alte Variante zu »Schlick« (Schlamm), auch ON. b. Aachen, vgl. Schlichhorn »Schlickwinkel« b. Düren, Schlichem u. Schlichenbach, Gewässer in Württ.; s. auch Schlick, Schlickum!

Schlicht (oft), Schlichte: Vredebern *Slichte* 1387 Greifsw. »von geradem, schlichtem Wesen« (obd. *Slichtelin*), auch Schlichtmann (Hbg.); beachte auch ON. Schlicht (Meckl., O.Pfalz). Schlich(t)enmaier (in Schillers Ahnenreihe) enthält den Flurnamen Schlichte (mhd.) = »Ebene«; dazu **Schlichter** (Tirol), während **Schlichtner** z. ON. Schlichten (Württ.) gehört.

Schlichtegroll, -croll, Schlichtkrull (ndd.): mit glattem Haarschopf (ndd. krull, kroll »Haarlocke«, vgl. FN. Krull, Kroll!). Obd. entspricht **Schlichthaar,** -härle. Petrus *Slichtekroll* 1577 Pomm. Mhd. harslihter »putzsüchtiger Mensch«.

Schlichting (oft): im ndd. Raum wohl = Schlicht, s. dies! Thid. *Slichting* 1288 Strals. Obd. vgl. mhd. slichtinc »der zu schlichten sucht«. Ein ON. Schlichting i.

Holst. Hainr. *Slichting* 1227 Württ., Nic. *Slichting* 1366 Brsl.

Schlick (Hbg. oft), auch Schlicke, Schlickmann: ndd. schlick = »Schlamm, Schlick«, vgl. ON. Schlickum, Schlicken, Schlickelde, Schlickau, ÖN. Schlickriede. Obd. ist Schlickenrieder (ried »sumpf. Gegend«). Aber mhd. slic (Schlick) meint den, der unmäßig ißt oder trinkt, zu slikken »schlingen, schlucken, fressen« (»ir sît ein *slit unde slunthart*«); vgl. die Satznamen Schlickenbrei, Schlicksupp, Schlicksbier, *Schlickespise* (1295 Bruchsal), *Schlikkenpraten* (1386 Budweis). Heinr. *Schlick* (1394 Eger), Stammvater der Grafen Schlick.

Schlie(mann): Hbg. oft, ndd., ÜN. des Fischhändlers (mnd. slîc »Schlei«) wie obd. Schlei; vgl. Stint(mann) u. ä.; berühmt geworden durch den Entdecker Trojas, den Mecklenburger Heinrich Schliemann. In Hbg. 1249 Esselinus *Slibroger,* der gekochte Schleie feilhält (brogen »brühen«).

Schlieben: ostd.-slaw. ON.; vgl. Otto *v. Sliben* 1144, meißn. Uradel. Derselbe Wortstamm in **Schliebs,** Schliebitz, Schliebow.

Schlief (ndd.) s. Schleef!

Schlieffen: ostd.-slaw. ON. (Schliewen), bekannt durch den Feldmarschall Graf v. Schlieffen (1833/1913).

Schlieker, Schliecker (ndd.) = »Schleicher«, s. dies! Henr. *Slikere* 1293 Bremen.

Schliemann s. Schlie!

Schlienz s. Schlenz!

Schliep, Schlieper (ndd.) = »Schleifer«. Joh. *Slip* 1279 Hbg. Tid. *Swertsliper* 1392 Greifsw. Dazu **Schliepha(c)ke** (Hbg., ndd. hake »Höker«) u. **Schliepköt(t)er** (westf., zu slip-kote »Schleifkate«).

Schlier(er): obd., s. Schlierf!

Schlierf: ON. Schlirf b. Fulda, um 800 *Slir-afa* »Schlammbach«, Schlierbach.

Schließer (obd.-md.) = ndd. Schlüter, ndrhein. Schleuter, halbndd. Schlieter; vgl. Schlietuppe! Joh. *Schließer (Schlüter)* 1514 Magdbg./Lpz.; md. Schleußer (ein Schlüsselamt): Joh. *Sleußer* unser hofeschreiber (= J. Claviger) 1312 Lg.

Schliewe (ostd.-slaw.): sliva »Schlehenpflaume« (vgl. den Slibowitz). Schliewen s. Schlieffen! Vgl. Schliewenz.

Schlifter (obd.) = Schlufter.

Schlimper = Schlemper »Schlemmer«, s. Schlamp!

Schlindwein (Karlsr., Mannh.): der Weinschwelg (mhd. slinden »schlingen«); Ulr. *Slintenwein* 1313 Augsbg. Vgl. slint »Schlund«. Joh. *Slindewater* 1317 Lüb.

Schling(er), Schlingmann, Schlingensiepen (Westf.): z. Flurn. »Im Schlinge«. Desgl. **Schlink,** Schlinker (Henning *Slincman* 1360 Hann.). Joh. *vor dem Slinge* 1571 Lippe.

Schlinsog (O./S.) s. Schlensog! – **Schlippe:** westf.-ndrhein. Flurname, *slip* »schlüpfriger Boden«; vgl. den Barmer Schlippen, den Schlippen-Berg b. Pömbsen, Slipen in Fldrn., Schlip-siek, Slipedorp: Schleptrup i. W. Obd. ist **Schlipf:** Landschaft b. Zürich, »schlüpfriges Gelände«.

Schlitt(e): obd. Flurname wie Schlipf (slid, slit »glatt, schlüpfrig«), vgl. rhein. Schlittgen. Dazu obd. Schlittenlacher u. ä., vgl. den Wald Schlittenhart/Württ. (wie Muchen-, Morschenhart). Auch die **Schlitz** b. Fulda gehört dazu (822 Slidesa).

Schlobohm (Hbg.): ÖN. wie Schlumbohm, Schlar-, Schnat-, Seebohm.

Schlocker, Schlockebier s. Schlucker!

Schlodder (ndd.) = »Schlampe«.

Schlodtmann, Schlode s. Schlottmann!

Schlöffel, Schlüffel (Thür.): »schlaffer, träger Mensch.« – **Schlögl,** Schlögler, Schlögelmann (Bay., Ö.) s. Schlegel! – **Schloh** (ndd.) s. Schloo!

Schlömer (ndd., Hbg. oft) = Schlemmer; vgl. den »düdeschen Schlömer«.

Schlömpp (Bay.) s. Schlempp! – **Schlömilch** s. Schlemilch!

Schloo, Schloh (ndd.) meint feuchtes, sumpfiges Gelände; vgl. ndld. sloi; auch *slon:* Name von Sumpf- oder Schlamm-Seen (Holld., Westf.: heute Schlaun; Schlön/Meckl., Schloon-See/Pomm.). Cord *von den Sloen* 1409 Minden. Dazu auch **Schlömann,** Schlomann.

Schlör (ndd.): »Schlendrian« (de olde slor); Otto *Slore* 1291 Strals., Thid. *Slore*/Lüb. Dazu Schlörmann. – **Schlorf(f);** Schlorpf: der träge daherschlürft. Vgl. Herman *Slurp* 1395 b. Basel.

Schloß (meist jüd.): nach Frankfurter Hause »vom Schloß«; oft Frkf., Nürnbg., Wien, Bln. Aber **Schlöss(e)l** meint den **Schlosser, Schloßmacher,** Schloßhauer (ndd. slotmeker, sloter), mit Umlaut

Schlösser (Schlesser/Ö.). In Brsl. um 1360 e. Schlosser Cunrat *mit den slossen,* desgl. 1368 Michel *slösel,* Schlosser. **Schlößmann** ist obd. = Schlosser. Ältere Bezeichnung des Gewerbes war bis ins 13./14. Jh. »Kleinschmied«.

Schlote (ndd.-westf.) s. Schlottmann! – **Schlötel** (ndd.) = Schlüssel.

Schlotter, Schlotterer (obd.) ist Variante zu Schlatter(er) u. Schletter(er), wie mhd. slot zu slat (slet) »Schilfrohr«. Bei Schlotterer mag zuweilen mhd. slotern »schwatzen«, sloterer »Schwätzer« mitspielen; **Schlotterhose,** -nagel, -beck mögen den Begriff des Unordentlichen enthalten.

Schlot(t)hauer (-hauber, -häuber, -heiber): Thür., Hess., auch **Schlotzhauer** (-heuer, -heier) im Rhöngebiet, meint den Schilfrohrschneider (: »in den Weihern sollen die *Schlotten* abgemäht werden« 1673 Ansbach); vgl. die *Schlotwiesen* u. ON. *Schlotzau; slot(z)* wie blot(z), mot(z).

Schlot(t)mann (ndd.-westf.-hess.) deutet auf Wohnstätte in sumpf., schilfigem Gelände (mnd.-mhd. slot, vgl. slat, slut). Der Schlotten-Boden in Londorf/Gießen ist e. sumpf. Wiese, vgl. die Schlotwiese b. Tabarz/Thür., Schlotheim/Thür., Schlotfeld b. Itzehoe; auch ON. Schlüsselbg. a. Weser ist altes *Slotesborch.* Dazu Schlotzau/Hünfeld. In Münster vgl. Dirck *tom Schlote* 1576 u. Herm. *Slotman* 1605. Heute FN. **Schlote,** ndrhein. Schloots.

Schlö(t)zer (Nürnbg. oft) s. Schlot(z)hauer!

Schluchter (obd.): aus Schlucht/Allgäu bzw. Schluchtern/Württ., desgl. Schluchterer, Schlüchterer; vgl. ON. Schlüchtern/Hess. u. die Schlücht (Schlüchtsee)/Schwarzwald; Joh. *Sluchterer* 1365 O. Rhein; *slucht-r* ist altes Sumpfwort: Bahlow, ON. S. 425.

Schluck: der Vielfraß, Schlemmer (mhd. slucken »schlingen«, vgl. Schluckspeck, **Schluckebier** (*Sluckeber* 1327 Ro., Lüb., Wismar, Strals.). Auch **Schlucker** (Dider. *Sluker* 1421 Bremen). Ein Hince *Slup-up* »schling auf« 1302 Strals.

Schluckwerder (Schlock-): aus Schlackenwerth?

Schluder: »schluderig, schlampig«; Joh. *Sluder* 1340 Mchn., Rich. *Sluderich* 1288/Buchen. Cord *Sluwe* 1516 Lippe!

Schlue (Hbg., Kiel): ndd. = »schlau«.

Schluft (obd.) = Schlucht. **Schlumbo(h)m** (ndd.): vgl. engl. slum »Schlamm«; ähnlich See-, Schnatbohm!

Schlump: »Schlampe, unordentl. Mensch«; in Hbg. auch alter Flurname. Godeke *Slump* 1325 Lüb. Hugo *Slump* 1286 Mainz. Vgl. Schlumprecht.

Schlund(t): mhd. slunt, slunthart »Schlemmer, Schwelger«; Heyndl der *Slunt* 1397 Znaim. – **Schlünder:** ON./Westf., vgl. Schlüntker in palude b. Detmold, also sumpf. Ort.

Schlunk: mhd. = »Schlund« (wie Schlink, vgl. slunt: slint).

Schlünz, Schlünzen (Schlüns, Schlünsen): Ro. oft, Hbg., ostd.-slaw. ON., vgl. ON. Schlunzig b. Glauchau. Aber in Hessen 1286: Herm. *Slunz,* wie *Schlenz* = Faulenzer.

Schlup(p)er (ndd.) = »Schleicher« (Joh. *Slupere* 1456; *Slupwachter* 1399 Grfsw.) **Schlüschen** (Hbg.): Alb. *Slusike* 1294 Ro. Vgl. engl. slush »Schlamm«. Auch slaw. Sluschow.

Schlüsselburg: ON./Weser s. Schlottmann!

Schlüssler (obd.): mhd. = »Schlüsselträger, Beschließer«. Hug. v. Leustetten der sog. *Slüsseler* 1256/Bodensee, meister Hinrik *mit dem slützel* 1366 Haldsl.; aber Michel *slössel* 1368 Brsl. ist Schlosser; ein Claus *zum Schlüssel* 1460 Elsaß.

Schlüßmann: *Slüsemann* 1311 Stade, vgl. van Schleuß (»Schleuse«).

Schlütemann (Hbg.) aus Schlüte i. O.

Schlüter (ndd., von Westf. bis Pomm. häufig), ndrhein. Schleuter; Schlieter, = obd. Schließer (Schleußer): meint weniger den Torschließer als den Verwalter häuslicher Vorräte u. Schätze, den Beschließer oder Kämmerer (fürstl., kirchl. oder städt.). Henr. *Sclutere* 1311 Bremen. *Slutekiste* 1321 Greifsw., *Slutedore* 1330 Strals.; *Bomsluter* (Schlagbaumschließer) 1345 Stettin. Heute auch **Schlütter** geschrieben.

Schlutt(er): obd., z. Flurnamen Schlutt (Schlott) = »Schlamm«, vgl. Schluttenbach, Schluttenwiesen. Vgl. auch ON. Schlutter i. O.

Schmacht: mhd. = »Geruch«; vgl. den Bergwald »die Alte Schmacht« am Solling; ON. Schmechten (Smahtiun), Schmachthagen (Bahlow, ON. S. 425).

Schmack(e), Schmäckle: mhd. smac »Gelüste«, vgl. smackezen »schmatzen«.
Schmackpfeffer s. Schmeckpeper, bei Schmeck! Vgl. ndd. Smackharing.
Schmaddebeck (ndd.): »Schmutzbach« (ndd. schmadder »Schmutz«), vgl. ON. Schmadebeck/Meckl.
Schmädecke (ndd.) = Schmedecke zu Smed »Schmied«, vgl. obd. Schmiedel.
Schmage, Schmager (ndd.) wie obd. Schmäh = »klein, unansehnlich, schmählich, verächtlich«.
Schmäh, Schmeh, Schmäch (obd.).
Schma(h)l = »klein, schmächtig«. **Schmaljohann, Schmalmack** (ndd.: Markward), Schmalbauch, Schmalfuß; Schmaldienst u. ä. Schmalhoffart (1528 Görl.): *mit der smaln hôchvart* 14. Jh. Brsl. (mhd. hôchvertelin »armselige Hoffart«). **Schmalstich** (ndd.) wie Schmalstieg (am schmalen, kleinen Stieg wohnend). Schmähling s. Schmeling!
Schmal(t)z, Schmalzl, Schmälzle: vgl. Jean Pauls »Feldprediger Schmelzle«; ndd. Schmolt, Schmalt: ÜN. des Fetthändlers; e. Fleischer Conr. *Smalz* 1287 Meißen; vgl. *Aneschmalz* (wie Anefleisch, Anetasche: = »ohne ...« die Ärmlichkeit verspottend). Dazu **Schmalzhaf** (obd. = -topf), **-napf.** *Smalcztasche* 14. Jh. Brsl. (wie Schmertasche 1670 Lpz.). In Brünn 1350 Joh. *Smalcz (Smelczl)*; in Znaim 1397 e. *smalczig Hensel;* in Ulm 1546 u. ö. **Schmalzigaug.** In Württ. **Schmalzried.** S. auch Eier(im)schmalz u. Affenschmalz! *Smalczbuch* 1425 Lpz.
Schmandt: mhd. smant »Milchrahm, Sahne«. Auch Schmandtke. Ein *Schmantberg* b. Höxter; thür. = »Schmutz«!
Schmarbeck: ON. ö. Celle (*Smer-beke* »schmieriger Bach«), vgl. ebda. das »Schmarloh« (»schmieriges Gehölz«). Dazu obd. Schmerbach.
Schmarje (Hbg.): der Schmierige; Gerh. *Smereghe* 1285 Ro. (1280 Wismar), Vicke *Smereghe* 14. Jh. Hbg.
Schmarl (ndd.): smerle »Goldammer«; vgl. aber ON. Schmarl/Meckl. (urkdl. Smerdele 1278 Ro., zu smerd, slaw. smord »Schmutz, Gestank«, wie ON. Schmardau); s. auch Schmerl!
Schmatz: der Schleckerhafte, vgl. in Zittau 1412 *Smaczenteig* (Bäckername); Smaczenpir 1380 Mies.
Schmauch: mhd. smouch »Rauch, Dunst«, s. ndd. Schmook!
Schmeck, Schmecke(r)l (obd.): ein Genießer (Conr. *Smecke* 1311 Grünbg./Hessen); vgl. Schmeckebier, Schmeckeworst, Schmeckebotter, Schmeckpeper, Schmekkenbrei, Schmeckenbecher, Schmecksküchel. *Smekker* 1415 Iglau.
Schmedecke (Schmädicke), Schmedtje, **Schmed(d)ing, Schmedemann** sind ndd. Formen für den Schmied, ndd. **Schmedt** nebst fries. **Schmedes,** Smets; auch Smeddinck (westf.). *Smedeke* 1262 Hbg., 1388 Greifsw.
Schmeelk(e), Schmelk(e): ndd. wie Schmeling, s. Schmahl! Godeke *Smeleke* 1306 Strals.
Schmeer (oft): ÜN. des Fetthändlers, vgl. Schmerschneider (*smersnider* 1322 Frkf., ca. 1350 Brsl., 1378 Kolin). Hensel *Smer* 1378 Iglau. Gerh. *smeremenger* 1178 Köln (menger »Händler«). Winant *smerer* 1390 Freiberg/Sa. (vgl. aber Schmierer). Kunz *Smerwer* (mit e. smerbank) 1379 Eßl. (heute **Schmerber**). Dazu die Spottnamen **Schmeerbauch** *(smerbuch)*, Smerleib (mhd. Fettklumpen!), Schmerfaß, Schmermund, Schmertasche.
Schmeh(e) s. Schmäh! **Schmehrsahl** s. Schmersahl!
Schmeichel = Schmeichler.
Schmeidl(er): obd. = Geschmeidler, »Schmuckhändler«.
Schmeil s. Schmiel!
Schmeißer (Hbg. oft): auf ndd. Boden verhochdt. aus **Schmieter,** s. dies! Vgl. Ballschmieter. Aber **Schmeiß** ist obd. wie (G)schmeißner, vgl. mhd. smeißen »cacare, schmutzen«, gesmeiße »Unrat« (Peter *Smays* 1367 Jitschin); e. Waldhöhe »Schmeißing« ö. Morschen a. Fulda, zu *smîß* »Schmutz«.
Schmeker (ndd.): »Schmeichler« (smêken = mhd. smeichen »schmeicheln«). Vgl. *Smekere* 1270 Greifsw.
Schmelcher s. Schmeller!
Schmeling (ndd.): wie Schmahl, Schmal = »klein, schmächtig«, auch »gering, kärglich«. Hinrik *Smeling* 1273 i. O., Gerh. *Smeling* um 1300 Ruhr, Lotze *Smeling* 1377 Kassel. **Schmelk(e)** s. Schmeelke!
Schmeller (Bay.): Wie der Verf. des »Bair. Wörterbuchs«, der Oberpfälzer Joh. Jakob Schmeller (1785–1852), so ist auch

sein N. im Bairischen verwurzelt; urkdl. *Schmelcher* (wie Schiller: Schilcher) enthält bair. Schmelche, Schmelle »Riedgras, Schmiele«; vgl. ON. Schmellenricht/O. Pfalz (-richt = rüt, -reuth). Ein Caspar *Schmelcher* 1531 Tirol, Junker Hans *Schmeller* 1458 Riedlgn./Württ.

Schmelter (ndd.) = **Schmelzer** (vgl. Birner, Berner) »Metallschmelzer«. Dazu Peter *Smeltzîsen,* Schmied, 1390 Freibg./ Schweiz. Joh. *Smelzer* 1342 Ravsbg. Cuncz *smelczer* 1357 u. Hensel *smelczmacher* 1364 Prag, Wenczel *Smelcz* 1385 Budweis. Schmelzpfennig, **Schmel(t)z** (Bay., Frk., Hess.): vgl. auch ON. Schmelz (Saar) u. Schmölz (Bay.).

Schmelzle (Württ.) s. Schmalz!

Schmer(schneider) s. Schmeer! Desgl. **Schmerber** (Ulr. *Smerber* 1345 Brünn).

Schmerler, Schmirler (Sa., Vogtld.): vgl. Joh. *Schmerler, Schmirler* 1602 Ölsnitz.

Schmerböck (Bay.): ON. Schmerbach, s. Schmarbeck!

Schmerl, Schmirl (obd.): vgl. mhd. smerl »Gründling« (Fisch). Ulr. *Smerli* 1254 Konstanz (wenn nicht = Smer »Schmeer«). Auch Schmerling.

Schmerold: ON./O.Bay., mehrf.

Schmerse: slaw. ON. Schmersau b. Stendal, vgl. Schmarsow u. ä. – **Schmertmann** (Hbg.): vgl. ON. Schmertheim i. O.

Schmersahl (Hbg. öfter): ÖN. (»schmieriges Gelände«), s. Sahl!

Schmettau (Schmettow): ostd.-slaw. ON. – **Schmetten** (slaw.) = »Sahne, Rahm« (Smetana): *Smetentopf* 1384 Budweis.

Schmetzer (obd.): mhd. = »Schwätzer«, auch »Verleumder«.

Schmicker: »Feinschmecker«. Henning *Smicker* 1489 Ülzen.

Schmidt: Von der Wertschätzung der Schmiedekunst schon in ältester Zeit – sie galt als göttl. Ursprungs – zeugt z. B. die Wieland-Sage. Vom Wandalenkönig Geiserich wird berichtet, daß er e. geschickten Schmied zum Grafenrang erhob. Die reiche Gliederung der Schmiedezunft im MA. spiegelt sich in den FN. Kupfer-, Eisen-, Stahl-, Gold-, Silberschmidt, Grob-, Kleinschmidt, Hammer-, Hauben-, Helm-, Kessel-, Klingen-, Messer-, Nagel-, Schaar-, Scheer-, Schellen-, Hufschmidt usw. **Schmid, Schmitt** sind obd., **Schmitz** ist rhein., **Schmedt** ndd.; KF. **Schmedeke, Schmiedel.** S. auch Funke, Hammer, Pinkpank, Nagel, Eisen u. ä., auch viele N. auf -eisen.

Schmiede(c)ke (ndd.) s. Schmedeke! Vgl. ON. *Smydekendorp*/Pomm. **Schmiedekampf** (westf.): mit -kamp (»Feld«), wie Mühlenkampf.

Schmiedel, Schmiedle (obd.) = Schmied: vgl. *Messersmidel* 1385 Iglau, Henne *Smydele* (= Joh. faber) 1344 Wetzlar, Nickel *Smidel* (Bruder des Ulr. *Smit*) 1349 Tirol.

Schmieder (Schwarzwald) ist alem. Variante zu Schmied (bzw. = von der Schmiede): Hainr. Rotpletz der *Schmider* 1403 Villgn. Erweitert Schmiederer. **Schmieding** s. Schmeding! Herk. N. ist Anton *Schmiedern* 1387 Brsl.

Schmiel: ostd.-slaw. wie Schmielau, Schmielewski, Schmielinski. – **Schmiemann** (ndd.) = Schmiedemann.

Schmierer (obd.) = Lächler (Herm. *Smierer* 1285 Heilbr.).

Schmieter (ndd.) = Schmeißer. Mnd. smiten »cacare, Schmutzmachen«. Joh. *Smyter,* hovetman to Hadeln 1406. Hinrik Gowesmiter 14. Jh. Holstein. – **Schmill** s. Schmiel! **Schmilling** s. Schmölling!

Schmin(c)ke: der Schminke- oder Salbenmacher.

Schmirler s. Schmerler bzw. Schmirl, Schmerl.

Schmithals »Schmutzhals« (zu mhd. smitze, ags. smitte).

Schmitt (obd.) s. Schmidt! **Schmittner:** aus Schmitten (O.Bay., Tirol).

Schmitthenner, bekannt durch den Heidelberger Volksdichter Adolf Schm., meint Schmitt-heiner (= -heinrich), vgl. Hofhenner.

Schmitz (rhein.) s. Schmidt!

Schmock (Hbg.) s. Schmoock! **Schmöcker** (ndd., Hbg.): smöker = »Räucherer«, etwa ÜN. des Köhlers. **Schmö(c)kel:** Volrad *Smugkele,* Knappe, 1361 Holst.

Schmodde (ndd.) = Schmutz, vgl. ndld. smoddern »besudeln« (alt-engl. bismudden). – **Schmöger:** der sich gern anschmiegt (zu mhd. smogen = schmiegen); pfaff Abreht der *Smögerer* 1338 Öschelbronn, W. *Smögerli* 1350 b. Stuttg., Arnold *Smugere* 1287 Ro. Aber **Schmogrow** (ON. b. Cottbus) enthält wend. smogor »Torf«.

Schmoldas: slaw., wie ON. Schmoldow/

Pomm., Schmolde/Meckl., Schmölde-See/Spree (slaw. smold, idg. smeld »Weiches, Schmiere«).

Schmoldt (ndd., Hbg. oft): = Schmalz, s. dies! (Henneke *Smolt* 1317 Lüb., nebst Herm. *Smolteke* ebda.; Henr. *Smoltebake* »Schmalzbacke« 1329 Greifsw., vgl. Fettbacke). *Smaltappele* 1400 Haldsl.

Schmolke, Schmolck, Smolka: ostd.-slaw. wie Schmöle, Schmölau, zu wend.-poln. smola, smolka »Pech, Teer«; bekannt durch den Kirchenlieder-Dichter Benjamin Schmolck (Schlesien). Dazu auch **Schmolling,** Schmölling: urkdl. Schmolnig, d. i. smolnik »Pechsieder«; Smolnik ist auch ON. Aber ndd.-westf. **Schmolling** ist der Schlemmer (ndld. smullen): Didrik *Smolling,* Droste, 1409 Cleve, Bernt *Smullink* 1480 Soest.

Schmoll: soweit obd., = Fettklumpen, dicker Kerl (Ulr. *Schmolle* 1293 Bay.). Vgl. aber slaw.-ostd. Schmolla »Pech«.

Schmoller (obd.): der (aus Unwillen) Schmollende; bekannt durch den Volkswirtschaftler Gustav Schm. (Vgl. Henr. *Smoller* 1330 Aussig).

Schmöller (Bay.) s. Schmeller!

Schmolz(l), bair. für Schmalz, schon 1385 in Mies *Smolcz.*

Schmoo(c)k (Hbg.): ndd. für Schmauch »Rauch, Dunst«. S. auch Schmöcker, Schmock! – **Schmorr** (ndd.): wohl = mhd. smurre »Hieb, Wunde, Schmarre« (Hinr. *Smorre* 1343 Barth/Pomm.).

Schmorde: ON. Schmorda/Pößneck (slaw. smord »Kot, Gestank«).

Schmuck (Hbg. oft): mnd. smuck »schmuck, zierlich« (schmiegsam). Auch **Schmücking.** Aber obd. **Schmucker, Schmückle:** der Anschmiegsame. Hans *Schmukker* 1399 Füssen, Herm. *Smukkel*/ Olmütz. Desgl. **Schmücker** (md.). **Schmurr** s. Schmorr!

Schmugge (ndd.) = Schmuck! Vgl. Knigge = Knick.

Schmu(h)l = Schmohl (Sa.), zu slaw. *smola* »Pech«, s. Schmolke! (wie Guhl: Gohl; gol »kahl«). Aber Schmuel s. Samuel! (Smoygel judeus um 1350 Brsl.).

Schmüser (Hbg. oft) meint den verschmitzt Lächelnden, Schmunzelnden, vgl. mnd. *smuserlachen* »schmunzeln« (wie mhd. smutzerlachen, zu mhd. smutzen »schmunzeln«).

Schmütsch (Schles.): ON. Schmitsch b. Neustadt (O./S.), v. *Smecz* 1350 Brsl.

Schmutter(er): z. Fluß Schmutter/Bay.; auch Schmuttermaier. – **Schmutzer, Schmutzler** (obd.) = »Schmunzler« (mhd. smutzen, smutzern) »schmunzeln« (smutzerlachen); auch Schmützle. W. *Smützerlin* 1338 b. Stuttg., Conr. *Smutzerer* 1331 Frkn., Bertolf *Smuzzel* 1216 Worms, Erhard *Smuczel* 1395 b. Eger.

Schnabbe (ndd.): Flurname (feuchtes Gelände), vgl. Schnabschieb b. Düss., wie Sohr-, Schlierschied.

Schnabel, Schnebele: ÜN. des Geschwätzigen bzw. Gefräßigen, vgl. Kron-(Kranich)schn., Rau(ch)schnabel, Dürrschnabel; Berenger *Snabelvrâß* 1135 Köln; Hs. *Sperrschnabel* 1409 Würzbg.

Schnack (Hbg. oft, Kiel oft): wird deutlich durch Joh. *Wortsnake* 1282 Ro., also »Schwätzer«, zu snacken »schwatzen«; auch mhd. snacke = Schwätzer, auch snatersnacke. Joh. *Snake* 1340 Lüb. Aber Henr. *Snakeben* (1298 Ro.) = Stechfliegenbein; dazu obd. **Schnôck:** Gernot *Snôke* 1222 Lorsch/Hess. **Schnackers** ist rhein. (Schwätzer).

Schnaible, Schnaiber (Württ.) = »Schnaufer«, urkdl. *Schnöuber* 1350, zu mhd. snouwen.

Schnäkel (ndd.): mnd. snökel »Hecht«, ÜN. des Fischhandels; her Albert *Snökel* 1374 Holstein.

Schnalle: der Schnallen- oder Spangenmacher; mhd. snalle auch »geschwätziger Mund«, snabelsnalle »Schwätzer«. **Schnaller** (Tirol): z. Hofn. Schnall, auch Gschnaller; vgl. Fischnaller ebda.

Schnap(p)auff: »schwatz los!« (mhd. snappen »schwatzen«), ndd. Schnappup. Dazu **Schnapp(er).**

Schnardthorst s. Schnathorst!

Schnarr (Hbg.): mnd. mhd. snar »Schnur«, snarmeker »Seiler« (Willeke *Snarremaker* 1302 Grfsw., Sifrit *snarmecher* 1348 Lg.)

Schnarz (obd.): der Spötter; auch *Schnertzer* 1435 Württ.

Schnat(meier), -mann (Westf.) wie **Schnathorst,** -baum, -ford, -hagen ebda. enthalten altes *snat* »modrige Feuchtigkeit«. S. auch Schneedhorst! Vgl. auch ndd. snâtbôm »Grenzbaum«.

Schnau, Schnauer (Lüb.): Tile *Snouwe* 1401 Haldsl. Ndd. snau »Schnabel«.

Schnauder (Bay.): der Schnaufer; alberner Mensch, Tor (mhd. snûder). Vgl. Schnauffer, Schneuber, Schnaiber. Rud. der *Snûfer* 1310 Württ.

Schnede (Hbg. öfter), Schneede, kontrahiert **Schnee** (ON. b. Stade u. Dortmd.: urkdl. *Snede*), nebst Schneedhorst, Snedwinkel enthalten *sned* (vgl. snad) »Feuchtigkeit, Moor«; vgl. die Schnedicke b. Minden. ON. Schneeren *(Snederen)* wie Rehren (Rederen: red »Sumpf«), *Sneder-ebroch* 786 (Moor der Wümme).

Schneebeli (Schweiz oft), auch Schneewlin: zu mhd. snê(w) »Schnee«, = Schneeweiß: »weißhaarig«, vgl. *Schneehaar* 1233 Basel! *Snewelin* 1239 Freiburg.

Schneegans (Thür., Hann.): wandernde Wildgans, wohl Schelte (»Alt wie e. Sch.«); entstellt **Schneegaß** (Thür.), Schnögaß. Vgl. Hagelgans!

Schneekloth, -kluth, -gluth (ndd., Hbg., Kiel oft) = Schneeklumpen, wohl ÜN. für dicke, unbeholfene Menschen. Joh. *Sneklot* 1326 Strals.

Schneele, -li (alem.-schwäb.) s. Schneebeli! (*Snewli, Sneli* 1419 Aarg.).

Schneemann (Göttgn. oft, Hann., Hbg., Essen): urkdl. z. ON. Schneen b. Göttgn. (alt *Snawidi, Snewede* »feuchter Ort«) bzw. ON. Schnee (alt *Snede* desgl.) b. Dortmd. u. Stade. Helmold *Schnemann* 1612 Göttgn.! F. E. *von Schneen* 1611 Göttgn.! Vgl. Bahlow, ON. S. 427.

Schneemilch (Hann., Thür.) für Schleemilch, s. Schlegelmilch! Schneemelcher.

Schneermann (ndd.) = Schnedermann: aus Schneeren (Snederen) am Steinhuder Meer, s. Schnede! – **Schneevo(i)gt** s. Schleevogt!

Schneeweiß (Lpz., Dresd., Wien oft): von weißer Haarfarbe, vgl. alem. Schneebeli, Schneeli. Nitsche *Snewys* 1372 Lg., Gerh. *Snewitte* 1300 Lüb. (vgl. Schneewittchen). **Schneewolf:** vgl. Schneegans! Hensel *Snewolf* 1359 Iglau.

Schnegel (obd.): alte Variante zu »Schnekke«, auch »Blutegel«, vgl. Schnegelsberg(er). Desgl. obd. **Schnegg** (Schneck vgl. Schegg: Scheck): Perchtold *Snekke* 1160 Bay., Hans *zum Snecken* (Hausn.) 1418 Freiburg; *Schneckenbart* 1593 Ilm/Thür. – **Schneiber** = Schnaiber = Schnaufer, s. Schnaible! – **Schneid(t);** Schnaidt: häufiger obd. ÖN. u. ON. = »durch den Wald gehauener Weg« (als Grenze). Dazu **Schneitter, Schnaiter** Hinterschneiter, Aufschnaiter, -schneider (Mchn.).

Schneider, Schneiders (rhein.), **Schnieder(s)** ndd.-fries., **Schnier(s)** ndd.-rhein.; Schneidereit (ostpr.-lit.); lat. Sartor(ius). S. auch ndd. Schröder! Älter ist Näther! Näheres (kulturgeschichtlich): Schles. Nbch. S. 115!

Schneidewind (-wendt, -win); Schnödewindt, ndd. **Schniedewind,** Schniewind, Schneewind: Satzname (*Snyt den Wynt* 1366 Frkf.) für unstete »Fahrende«, Wanderburschen, Landstreicher, Vaganten u. ä. Heinr. *Snydenwynd* 1383 Lg., Bertold *Snidewint* 1289 Ro.

Schneier, Schneyer (Coburg, Kulmbach), mit frk. Rundung Schneuer: aus Schney südl. Coburg.

Schnell(e), ndd. Snell: der Behende, Muntere, Eifrige, Tapfere, Streitbare; desgl. Schnellhardt, Schnellmann; Schnöll (bair.), Schnelleke (ndd.). – **Schnellbügel,** -bögl (Bay.): Satzname »schnelle den Bogen!«, ÜN. des Bogenschützen; vgl. **Schnellenpfeil** (wie Schnurrenpfeil) u. **Schnellboltz.**

Schneller, Schnöller (Tirol, Bay.): »Läufer« (mhd. snellen »eilen«). Auch Schnellert. Der Tiroler Christian Sch. schrieb e. Innsbrucker Namenbuch (1905). Vgl. aber mhd. *sneller* = Penis, auch Fallgatter, Schnellgalgen.

Schnepel (ndd.): e. Fisch m. schnabelartigem Maul. Nic. *Snepel* 1350 Greifsw. Vgl. Wiard Schnepel (in: »Die Heimat« 1970). – **Schnepf,** ndd. **Schneppe:** Vogelname (f. Jäger?). Hs. *Snepf* 1423 Mchn. – **Schnepper,** -le (obd.) wie Schnapper = »Schwätzer«. Vgl. den Nürnberger Dichter Hans *Schnepperer* gen. Rosenplüt, Vorläufer Hs. Sachsens.

Schnetz(er): obd. = Schnitzer; desgl. Schnetzger (1382 Elsaß). Heinz *Snetzer* 1357 Zürich; in Freiburg 1652/61 *Schnetz, Schnetzer* für dieselbe Familie! Mhd. *snetz* auch »Hecht«. – **Schneuer** s. Schneier!

Schnibbe (Hbg.) s. Nibbe! (Ndd. auch *snebbe* = »Schnabel«).

Schnickmann (ndd.): Führer einer Schnikke, e. kleinen Schiffes; in Rostock noch e. Schnickmannstraße u. -brücke, ebda. 1268 Arnold *Snickeman.* Aber Schnigge, Schnicke ist mnd. = Schnecke. Conr.

Snicke, Snigge, 1222 Strals. Vgl. Knigge; Knicke.

Schnidder (ndd.) wie Schnieder s. Schnittger! **Schnieber,** Schniefer = Schnaufer, vgl. *Schniber* 1350 Brsl.

Schnieder s. Schneider! Schniedewind s. Schneidewind!

Schnierl (bair.), Schnierle (schwäb.) meint den Schnürer (Schnierer).

Schnigge s. Schnicke! – **Schnittger,** Schnittker, Schnittcher (nordwestd.) = Tischler (Holzschnitzer), auch Schnetger, -ker; urspr. *Sniddeker* (»schniddeker unde disker« 1560). Bekannt ist Arp Schnitger, Orgelbaumeister. Vgl. *bretsnidghere* 1257 Ro., Alb. *Snitker* 1302 Bremen. **Schnidder** (ndd.) ist »Schnitter« und »Schnitzer« (*bildesnider* 1321 Lüb.).

Schnitz(l)er (obd.) nebst Schnetz(l)er u. **Schnitz,** Schnetz, Schnitzlein meint den Holzschnitzer schlechthin (z. B. Armbrustmacher), auch Bildschnitzer. Vgl. Schnitzspahn, Schnitzendöbel. Wedelsniczer 1360 Brsl. (»Fächer«).

Schnock (ndd.) = Hecht; e. Gasthaus »zum Schnock« in Wernigerode (dort auch FN.); Joh. *Snok* 1286 Strals. S. auch Schnäkel (snökel)!

Schnöll(er) s. Schnell(er)! – **Schnoor** (ndd.) s. Schnur!

Schnorr s. Schnurr! – **Schnudt,** Schnudt, Schnuth, Schnute (ndd.) = Schnauze. Vgl. Swartesnud. – **Schnupp,** Schnupf = Schnupper »Schnaufer«.

Schnur, Schnürchen (md.), Schnürle (obd.), Schnoor (ndd.) meinen den **Schnürer** (Schnurmacher, -dreher); entrundet Schnierl/Bay., Schnierer. Vgl. Seidenschnur (sidensnôr). Riquart *Snor* 1284 Strals. Herm. *snurer* 1333 Lg., A. *Schnürlin* 1435 Württ.

Schnürpel, Schnörpel, Schnerpel (Sa. oft): nicht gedeutet.

Schnurr(e) meint den **Schnurrer** = Possenreißer (vgl. »schnurrig«); desgl. **Schnorr** (Schnorrer). Rüdiger *Snurre* 1298 b. Mergenth., Hainlin *Schnurrer* 1404 b. Stuttg., Joh. *Snorre* 1304 Ro.; *Snorrebein* 1350 Brsl., 1415 Lg.

Schnur(r)pfeil, Schnorpfeil: Satzname (*Snorrenpfiel* 1396 Pirna, *Snurrenpfeil* 1345 Tirol) für Bogenschützen wie Schnellenpfeil, (mhd. snurren »sausend fahren lassen«).

Schnuth, Schnütgen s. Schnudt!

Schöbel, Schöble (Württ.) s. Schaub, Schäuble! (B. *Schöbeli* 1300 Württ., *Schöbel* 1382 Böhmen).

Schober (obd. oft), Schobert (Bay.) nebst **Schöberl** (Bay.) ist bäuerl. ÜN., deutlich in Heuschober. Auch Schobermann (1350 Brsl.) wie Scheuer-, Scheunemann: der im Schober Tätige. Leutolt der *Schober* 1289 Ö. Mit Umlaut **Schöber(t).** Vgl. in Lg. 1383/97 Petsche *Schobirczan (Schober),* 1423/33 Francze *Schobirczan (Schobir, Schöbirleyn!).* Vgl. unter *Schertelczen!*

Schobloch (obd.): Flurname.

Schoch (Schochmann); Schöchle, -lin: obd. = mhd. schoche »Heuschober« (s. auch Schober!) Alb. *Schoch* 1282 b. Stuttg., Joh. *im Schoch* 1508 u. ä.; Alb. *Schöcher* 1344 Eßl. Vgl. auch Schachen. – **Schock** (obd.): mhd. = »Haufen«, auch »60 Stück«; bäuerl. ÜN., von der Abgabepflicht. Aber **Schöck** s. Scheck!

Schockemühle (Westf.): *schok* ist altes Sumpfwort, vgl. Schokebrok/Engld., Schokland/Holld. Aber mnd. *schoke* (FN. **Schocke**) meint Schenkel! Vgl. *Reschoke* »Rehschenkel« 1281 Ro. (wie Reschinkel 1284 ebda.), *Pagenschoke* »Pferdeschenkel«/Lünebg., *Knickschoke*/Ruhr. Detmar *Otterschoke* 1299 Westf., *Pampelschoke* 1400 Soest (pampeln = hampeln), *Vulschoke* 1299 Riga; Lambert *Schoke* 1260 Westf. (Ritter); dom. Nic. *Schocke* 1406 Hbg. (1300 Lüb.), Joh. Sch. 1290 Strals.; mundartl. westf. schocken = »Bein«.

Schoder (Schoderer): Bay. oft, auch Schöderlin: »im Wachstum verkümmert«. Joh. *Schoder* 1337, Dietr. *Schöderlin* 1424 Württ.

Schödl (Bay. oft) s. Schedel! **Schödler** s. Schedler!

Schodüvel: mnd. = »Teufelsmaske«. Joh. *Scodüvel* 1288 Riga, Hinse *Schodüvel* (Riemer) 1366 Dortmd.

Schöer (Hbg.): »Beschuher«. Nic. *Scoghere* 1300 Stade, Hans *Schoer* sartor 1500 Hbg. Heyne *Ossenschoger* 1381 Lbg. Vgl. gropen schogen: »den Gropen Füße ansetzen«.

Schöfer (Bay.), s. Schäfer – **Schöffel** (Bay. oft) s. Scheffel! – **Schöffer** (obd.) = Schäfer; der Buchdrucker Peter Schöffer/Mainz (Mitarb. Gutenbergs) schrieb sich Schoiffer, Schoyfer, Scheffer, Schäfer; vgl.

auch Zach. *Schöffer* (Scheffer, Schäfer) 1591 Württ. – **Schöffler** (Württ.) s. Scheffler! – **Schöffmann** (Bay. oft) = Scheffmann, Schiffmann = Schiffer (mhd. schif u. schef!); vgl. Scheffmacher.

Schohl (ndd.): Thomas *in der schole* 1424 Xanten; Joh. *Schole* 1368 Grfsw. Vgl. mnd. schole »beweglich, schwankend«.

Schoißengaier, Schoißwohl (Bay.): »Schieß-«. Vgl. *Praten-, Labengaier.*

Scholder(er), Schölderle (obd.): leidenschaftlicher Glücksspieler (mhd. scholde-r[er]). Aber rhein. Scholder = Schulter: *Vettscholder* (Köln). – **Schöler** (Bay.) s. Scheler! **Schöler** (ndd.), Schölermann (westf. wie Köstermann): = Schüler, Student. Ludeke der *scolere* 1350 Haldsl.

Scholhölter (Westf.) wie Schlathölter: im Gehölz wohnend.

Scholl (obd.) wird deutlich durch Ackerscholl u. Schollentreter: ÜN. für Bauern. Heinr. *Scholle* 1207 b. Bretten. – **Scholler** (mhd.) = Scholder! – **Schollwer,** Schulver: mnd. scholver = Kormoran (Vogel). Ludeke *Scholver* 1326 Lüb. – **Scholtis** (sächs.-schles.) = Scholz (Schultheiß).

Schöll- (Bay., Württ.) s. Schell-! (Schöller, Schöllhorn, Schöllkopf.)

Scholten (ndrh.) s. Schulte!

Scholz (Schölzel, Schelzel) ist die schles. Form von mhd. schultheiße: Schulz(e) = Vorsteher der Dorfgemeinde, der die Abgaben der Dorfsassen an den Grundherrn einzu»heischen« hatte; sudet.-sächs. war dafür »Richter« üblich, wegen seiner richterl. Befugnisse. Die Form Schultes, **Scholtes** (mit md. *o*) schon um 1300, Schulcz, **Scholcz** schon um 1400. (Bahlow, Schles. Nbch. S. 116, E. Schwarz S. 289.)

Schomann, Schomaker, sind ndd. Formen für Schumann, Schumacher; westf. sind die au-Formen **Schaumann,** Schaumäker, Schauseil. **Schoknecht** = Schuhmachergeselle, -gehilfe. Vgl. den ÜN. Gutschogeken »gutes Schuhchen« 1462 Haldsl.

Schömann: s. Schönmann!

Schömer (Bay.): der Schmähsüchtige (mhd. schemen »schmähen«).

Schomerus (hebr. schomêr »Wächter«, lat. custos): Humanistenname f. »Küster, Köster«, so beim Augustiner Joh. *Köster* um 1525 Geseke i. W.

Schön(e), Schön(e)mann nebst obd. **Schönle(in),** ndd. Schöneke, **Schöning,** auch in zahlr. Verbindungen, meint (mhd.) nicht nur »von schöner Erscheinung«, sondern auch »fein, sittig, freundlich«. Dazu **Schönherr** (Gegensatz: Übelherr): her Burchard der *Schoneherre* 1292 Württ.; *Schone juncherre* 1305 Strals.

Schönthan (österr. Dichter): = »schön gestaltet«, mhd. getân; **Schönkopf,** -haupt (ndd.-höved), -hals, -haar (Harald *Schönhaar:* Harfagr, König v. Norwegen um 900), -zopf, -aug (-äuglin), -bein, -fuß. Vgl. Nitsche Gerneschone 1367 Neiße. Schinhärl, -kopf ist österr.

Schönberner (sächs.-schles.) ist entrundetes Schönbörner: aus Schonborn (Sa., Schles.). K. *Schonenborner* 1381 b. Sorau.

Schönbrodt, -fisch, -fleisch, -käs, -mehl, -weiß (Weizen), -rock (Roggen) sind ÜN. vom Beruf.

Schönduwe, -dube (-taube): ndd., ÜN. des Taubenzüchters (Teubner), s. Duwe!

Schön(e)cke, -icke (ostndd.) s. Schön! (*Schoneke* 1325 Lüb.).

Schöner(t), Schonert (Schles., S.): starke Form für Schöne, wie Kleiner(t), Kahler(t) u. ä.; doch spielt auch der häufige ON. Schönau (Schöna, mundartl. Schöne!) in Sa. u. Schles. hinein: Lorencz *von Schonaw* 1381 Lg.; *von Schone* 1543 Görl., vgl. Gruner(t): Grunau. In Vollform: Schönauer.

Schönheit (Thür.): z. ON. Schönheide (Thür., Sa.), vgl. Bertl *Schonheide* 1455, Caspar *Schonheid* 1488 Arnstadt. Dazu Grünheid, Kleinheid.

Schöning (ndd. oft): der Schöne (s. dies!), analog zu Klöcking, Stölting u. ä., z. T. aber auch z. ON. Schöningen/Brschwg.

Schönlebe(r): obd., wie Senftleber, Wohlleber, Keuerleber, der ein angenehmes Leben führt.

Schönmann: s. Schön! Ndd. auch **Schömann** (wie Rinmann: Riemann, Peinemann: Peimann, Wienmann: Wiemann). Diderik *Sconeman* 1264 Ro. Vereinzelt mag schwed. Sjöman hineinspielen, so beim Prof. Schömann/Greifsw.

Schönnagel: der Nagelschmied.

Schönrock: auf ndd. Boden (Hbg. oft) = Schönrogg(e), also Bäckername, bzw. ÜN. des Roggenbauers (wie Alde-, Ollrogge, -rock); vgl. obd. Schönweitz (Wien). Urkdl. *Sconrogghe* 1497 Barth.

Schönthan s. Schön!

Schönthür, -thier: wohl ÖN. (mhd. türe »Pforte«).

Schönwälder (Schles.): aus Schönwalde (-waldau), mehrf.; Peter *Schonwelder* 1419 Glatz.

Schönwandt (Hbg.): ÜN des Tuchmachers bzw. Gewandschneiders (vgl. Wandmaker, Wandscheer, Wandrahm, Seidenwand). Arnold *Sconewant* pannifex (Tuchmacher!) 1371 Greifsw.

Schoof (Hbg. oft): = obd. Schaub »Strohbund, -wisch«, vgl. ndd. doof = taub. Henning *Schof* 1367 Greifsw. Auch Landschoof (Hbg.): Übertr. »dürrer Mensch«.

Schoon (ndd.-ndld.) s. Schön! Vgl. Schoonebeek, Schoonhoven, von Schoonen, Schoonlo (im Moorgau Drente), Sconelo/Westf., Schoonbroek von Flandern, Sconelar (Schöller/Ruhr), wo indes e. altes Sumpfwort *scon* hineinspielt (Bahlow, ON. S. 431).

Schoop (Hbg. oft): Reimbern *Scope* 1269 Hbg., ÜN. des Schopenhauers, s. dies! Zur Dehnung des kurzen *o* vgl. Knoop neben Knopp »Knopf«.

Schöpe, Tschöpe, Schöpel, Schöpke (Schles.) s. Schäpe!

Schopenhauer (Hbg. oft): ndd. Berufsname aus dem Holzgewerbe, »der Schopen (Schöpfkellen der Brauer) zuhaut«; *Schopenstel* (-stiel) ist N. einer schmalen Straße in Hbg., wo schon 1269 Reimbern *Scope* bezeugt ist (heute FN. **Schoop,** oft). Auch Schoppenhauer. Vgl. Büdden-, Molden-, Tunnenhauer. Der Philosoph Arthur Sch. war Danziger. Kurzform neben Schoop auch **Schopp** (Hbg.), Schoppe, soweit nicht der Haarschopf gemeint ist; vgl. Honschop, Hauschop.

Schopf, Schöpfle, -lin (obd.): mit auffallendem Haarschopf. Vgl. Breit-, Grau-, Rührenschopf. **Schöpf** (Bay.): mhd. *schepfe* »Schöffe«.

Schopfer (obd.): z. Flurn. Schopf. Ulr. *de Schopfe* 1210 Zürich (»Schuppen«).

Schoppe (Tschoppe), Schoppa (O./S.), Schoppan (Scheppan, Schippan) sind Varianten zu Scheppe (Tscheppe), Scheppan (Tschepan), alle zu slaw. Czepan »Stephan«, s. auch Schäpe (Schöpe)! Mikusch *Schoppe* (Bauer) 1414 b. Neiße.

Schopper (Württ., Bay.): Merklin der *Schopper* (Schöpper) 1345 b. Stuttg., Heinr. *Schopper* 1391 Eger. Wohl zu mhd. *schoppen* »stopfen«; aber obd. Schoppen »Schilfdickicht« und Schoppengraben/Baden.

Schöps, Scheps (Schöps, Schäbs): slaw. Bezeichnung f. den Hammel (tschech. *skopec*, zu skopiti »kastrieren«); z. T. wohl ÜN. des Schafzüchters. Jocop *Schebzinfleisch* 1374 Glatz meint wohl den Fleischer; *Schöneschopcz* 1379 Görl. Ein ON. Schöps im Kr. Görl. (vgl. C. Stübener vom *Sch.* 1593 ebda.). Ein Husarenoberst Schöps mußte auf Befehl Friedrichs d. Gr. diesen N. ablegen.

Schorbach: Bach u. Ort b. Alsfeld/Schwalm (»Schmutzbach«), vgl. Schorbrock, -stedt, Schorbeke: Schrobke (Bahlow S. 429).

Schorkopf (Hbg.): Joh. *Schorekop* 1383 Hann., Herm. *Scharkopf* 1650 Brschwg.

Schorlem(m)er: Wüstung b. Beckum i. W. (890 Scurilinges-meri).

Schorlepp, Scharlipp: ON. Scharlibbe b. Stendal.

Schorler (Obd.): Cuonr. der *Schorler* 1304 b. Stuttg.; von Vicke Sch. stammt e. große Stadtansicht Rostocks um 1600. Schorle ist Flurname. Vgl. Heinr. *Schörlin* 1323 Basel. – **Schorling** (Hbg.) ist westf. ÖN., s. Schorlemer!

Schormann (Lippe): z. Flur »der *Schoren*« b. Detmold; s. auch Schorbach!

Schörmer (Bay.) = Schermer!

Schorn: obd. Flurname, auch ON./Bay., vgl. Rud. *Schorne* 1243 Thurg. Dazu **Schorner:** Joh. *Schorner* 1477 Tüb. – **Schörner** (Kulmbach) = Scherner: ON. Schernau/Bay.

Schornack (ostd.-slaw.): der Schwarzhaarige; dgl. **Schörnig,** -ich (Neustadt/O.S.).

Schornagel s. Scharnagel!

Schorp(p): mhd. schorpe »Skorpion«, schorpelin »kl. Schildkröte«. Joh. *Schorpe* 1296 Basel, J. *Schorpli* 1337 Säckgn.

Schorr (Hbg. öfter): Ludolf *Scorre (Scurre)* 1289 Hbg., Jac. *Scorre* 1294 Ro. Nicht eindeutig (vgl. schurren).

Schorstein: alte Form für »Schornstein« (Hinr. *Schorsten* 1351 Kiel, 1329 Hann.). ÜN. für Maurer u. Sch.-feger. **Schortmann** (Erfurt, Halle): von der Schorte, Zufluß der Ilm/Thür.; vgl. den Schorzgraben b. Säckgn. u. Scortegrave/Engld. (»Schmutzgraben«). Aber *Scortebüdel*

1282 Ro., *Scorteveddere* 1341 Lüb. s. Schurzfleisch (schurz, engl. short = kurz).

Schösser (obd.): Schoß-, Steuereinzieher.

Schostag: eine poln. Silbermünze.

Schott, Schotte (oft): Schotten hießen im MA. die durchs Land ziehenden Hausierer (urspr. vielfach aus Schottld.). Beachte aber auch mhd. schotte = »Quark (von süßen Molken)«, dazu obd. Schöttel, Schöttle: Hensel *Schöttel* 1393 Dt.-Brod, wo 1385 auch *Hebenschotten!* Herm. *Schöttelin* 1329 Eßl. S. aber ndd. Schöttel unter Schöttler!

Schött (Hbg. oft), Schött-ke, -ker, Schött-ge(n), Schötter: s. Schösser! (mnd. *scot* »Schoß«, Steuer). Aber ON. Schötmar u. die Schötte/Diepholz: zu *scut, scot* »Schmutz«.

Schottenloher (Bay.): wie Eisen-, Eschen-, Schrottenloher zu den ÖN. auf loh »Gehölz«. Bekannt geworden durch den Erforscher der Buchgeschichte Otto Sch. (Staatsbibl. Mchn.). – **Schötensack** = »schüttle den Sack!«.

Schottke (Schottek): ostd.-slaw., vgl. ON. Schottkau/Schles.

Schöttler (ndd., oft) meint den **Schüßler,** Drechsler der hölzernen Schüsseln: **Schötteldreyer,** auch kurz *Schöttel* (latin. Schottelius). Ludolf *scotelere* 1282 Ro., W. *scoteler* 1364 Münden.

Schöttner (obd.): Schotten-, Quarkmacher, -händler; s. Schott! Vgl. *Schötner* 1325 Prag, 1395 b. Eger.

Schrade: vgl. ON. Schraden b. Lauchhammer. Aber Nik. *Schrade* 1455 Württ. (nicht eindeutig).

Schrader (Hbg. oft): ostfäl. Variante zu Schröder (mnd. schroder), s. dies! Albert *Scrader* 1379 Lünebg., Hs. Swider *schrader* 1453 Hann., H. Jackensticker *schradere* 1438 Duderstadt.

Schrage (obd.-ndd.): »Gestell für Markttische« (mit »schrägen«, gekreuzten Beinen). ÜN. für Stellmacher oder Tischler; vgl. Hensel *Leymschrage* 1386 Kolin (wie Leimenstoll: Stolle »Gestell«), Nic. *Seczenschrag* 1402 Mähren; Egelolf *Schrage* 1273 Württ., *Schräglin* 1359 Eßl., Marquard *Schrage* 1347 Lüb. *Schragfuß* 1300 Württ. **Schrägle.**

Schramm(e): mit auffallender Narbe (vernarbter Hiebwunde); Hs. Breitbeck *mit der schrammen* 1459 Stolberg, *schramecht* Hensel 1396 Budweis, Peter *Schramme* 1381 Lg.; auch **Schrammel,** Schremmel (obd.): Otte *Schram (Schremmel)* 1353 Glatz. S. auch Schrempf, Schrimpf! **Schramke** ist ndd.

Schrank, Schrankl, Schranker (obd.): an einer Schranke (Gitter, Zaun) wohnend. Joh. *Schrank* 1384 Prag. Mhd. schrancboum = Schlagbaum.

Schranner (Bay.): by der schrann 1424 Augsbg. (= Brot-, Fleischbank).

Schranz, Schränzel (obd.): junger Geck (m. geschlitztem Kleid: mhd. schranze).

Schrape (ndd.): Schabwerkzeug, Hobel; ndld. schrapen »schaben, abkratzen« (engl. scrape). In Brschwg. 1480 e. Haus »zur Schrape«. Did. *Schrapemeyer* 1412 Hann. **Schräpfer** (Bay., Ö.) s. Schrepfer!

Schratz (obd.) = Schratt »Kobold, Schreckgestalt«: Pfaff Bertold *Schratz* 1326 Urach. – **Schraudolph** (Bay.): urkdl. *Scrûtolf,* alter Pers. N., vgl. *Scrutolf* v. Pilsach/O. Pfalz 1147, *Scrudolfus* 1093 Heiligenstadt, *Schrutolf* 1340 Allgäu.

Schraut(h) (frk. oft): mundartl. für Schroth, vgl. Schrauten- neben Schrotenbach. Schrauthahn (frk.) meint Truthahn (in Brsl. um 1360 *Schruthan*). **Schreber** (sächs.) s. Schreiber.

Schreck, bair. **Schröck:** der Schrecken einjagt (vgl. Mannschreck); mhd. schrecken »springen« u. »springen machen, aufschrecken« (vgl. Heuschrecke); zu **Schreck-, Schröckhaas** vgl. Schell-, Schöllhaas. Schreckenfuchs ist Jägername, Schreckengast Wirtsname. Schreckfuß: der Springer, Gaukler. Schreckeisen: der Schmied.

Schreep (Hbg.): mnd. schrepe »Striegel«.

Schregel, Schregle s. Schrage! – **Schrei** = Schreier »Ausrufer«. Auch »Schreihals« (vgl. Hensel *Schreinicht*/Olmütz).

Schreiber (Schreber, sächs.), Schriever, Schriefer (ndd.): mhd. schrîber, des Schreibens kundiger Mann im Dienste geistlicher u. weltlicher Herren, Hofschreiber, Stadtschreiber, Landschreiber, Kanzel-(Kanzlei-)schreiber, schließl. auch Rechnungsführer der Großkaufleute und wohlhabenderen Einzelgewerbe, z. B. der Reichkrämer in Brsl. (Kromschriber); Näheres im Schles. Nbch., S. 116. Die Form **Schreib** (obd.) beruht auf mhd. schrîbe (lat. scrîba)!

Schreier s. Schrei! Vgl. Schreijägg, -hans, -vogel. Auch Schreiert.
Schreiner (obd. u. rhein.) für »Tischler«, wörtl. »Schreinmacher«, rhein. Schreinemakers, Schrînemeker. Vgl. die Kölner Schreinsurkunden. Sekundär Schreinert (frk.). Heintz *Schryner* 1405 Frkn. Dazu ÜN. **Schreindl** (Bay., Ö.).
Schreiter (obd.): wohl z. Flurn. Schreit bzw. zu »schreiten«; vgl. Schreitmüller (Württ.).
Schremmel s. Schramm!
Schrempf, Schrempp (obd.) s. Schrimpf! – **Schrenk** (obd.): = »schräg, verschrenkt«, mhd. schrenken »über kreuz, quer, schräg setzen«; vgl. *Schrenkenspan, Schrenkenschlüssel.* Schrenkhammer. Jerg *Schrenk* 1397 Znaim.
Schrep(f)er (mhd.) s. Schröpfer!; desgl. ndd.-md. **Schrepper.**
Schreter s. Schröter.
Schretz s. Schratz! (D. *Schretze* 1323 Rottw.).
Schreuer (frk.) = Schreier. – **Schreyer** s. Schreier! **Schreurs** s. Schröder!
Schrewe (Hbg., Hameln): mnd. »Richtschnur«, aber westf. schrêf »mager«. Godeke *Screwe* 1355 Dortmd.
Schrick, Schrickl = mhd. schrick »Sprung, Schreck«; aber auch Flurname: Op dem *Schricke* i. W. **Schricker:** der Schreck einflößt, aufscheucht, jagt (mhd. schricken »jagen«).
Schridde (Hann., Brschwg.) »Bettler, Landstreicher« (Schiller-Lübben, Nachtr. Band). Herman *Schridde* 1323 Salder.
Schriewer (ndd.), Schriever, Schriefer, Schrieber s. Schreiber!
Schrimpf (mhd.) = Schramme (Hiebwunde); auch **Schrempf,** Schrempp, md. Schrimp. Ritter Wolfram *Schrimpf* 1351 Bay., Diele *Schrimpp* 1387 Frkf., K. *Schrempf* 1382 Tirol. Vgl. auch schrimpfen »schrumpfen«, engl. shrimp »Zwerg«.
Schröck s. Schreck! Der ON. Schröck b. Marburg hieß urkdl. *Schrickede,* vgl. Flur »Op dem Schricke« i. W. **Schrock(e)** ist wend., vgl. ON. Schrocko.
Schröder (ndd. oft), **Schröer,** Schrörs, Schreurs (ndrhein.), auch **Schrader** (ostfäl.), meint im allg. den Schneider (ndd. schrôden »schneiden«, wie md.-obd. Schröter zu schrôten). Marburg z. B. war im MA. eine »Schneider«-Stadt, Kassel aber (an der ndd.-hochd. Sprachgrenze) eine »Schröder«-Stadt (E. Schröder S. 102). S. auch Schrader (Belege!) u. Schröter! Daneben galt auch die Bedeutung »Bier- u. Weinschröder«, der den Transport von den Brauhäusern zu den Kellern der Verbraucher ausführte: »den wein ... ut *schroden*« (Köln 14. Jh.); C. Kind der *Wynschroder* 1347 Wetzlar. Dazu Komposita wie Brink-, Kamp-, Pohlschröder (Westf.).
Schröfel, Schrofner, Schrofenegger u. ä. (Bay., Ö.): wohnt an zerklüfteter Felswand (mhd. schrofe). Vgl. Burg Schroffenstein/Tirol. Fridel *Schröfel* 1369 Iglau, Hs. *Schröfel* 1428 Lg.
Schroll (obd.): mhd. schrolle »Klumpen, Scholle«, plumper Mensch; als Schimpfwort z. B. in den Fastnachtspielen: »du Knebel, du *Schrol*«. Vgl. bair. *schrollhaft* »grob, vierschrötig« (Schmeller, Bair. Wb. II, 601). *Schrolchen* 1350 Brsl., L. *Schroll* 1407 Prag. Dazu *Schroller* (1395 b. Eger). *Schrollentrit*/Nbg.
Schrom (Schles.): ON./Kr. Frankenstein.
Schröpfer: Badergehilfe, der mit dem Schröpfkopf zur Ader läßt (mhd. schrepfer). Heute in Bay. u. Ö. **Schräpfer** (oft), md.-ndd. **Schrepper:** Nitsche *schreper* 1397 Lg., H. *Schrepher* 1383 Urach.
Schropp, Schröppel (obd.), Schrupp (ndd.-md.): wohl ÜN. für rauhe Menschen. Joh. *Schrope* 1312 O.Hess., H. *Scrupe* 1350 Stettin. Lienh. der *Schroppe* 1375 Tirol. Bair. Erdhaufen: Schroppen (Buch).
Schröter (Schrödter), oft in Schlesien, Sachsen, Thür., entspricht dem ndd. **Schröder** (s. dies!); meint wie dies sowohl den Zuschneider des Tuches (in den Tuchkammern) als auch den Verlader von Bier- u. Weinfässern (so noch b. Luther, Jeremia 48, 12: »daß ich ihnen will *Schröter* schicken, die sie *ausschroten* sollen u. ihre Fässer ausleeren u. ihre Krüge zerschmettern«). Vgl. in Stuttg. 1393 *Schrötenwin,* in Würzbg. 1350 Herm. *winschroter,* in Lg. 1351 J. Hofman *birschroter* neben Nic. *schroter* 1384; *birschröter* 1501 Görl. Aber Helwig *Schroter* = Helwicus *Sartor* (Schneider) 1362 Dresden.
Schroth (Bay., Württ., Baden, Ö., Sa. usw.): mhd. schrôt »Hieb, Schnitt« (schrôten »schneiden«), vgl. Helmschrot (Ritter *Schrot* v. Niuwenstein 1308); meist

aber = »abgeschnittenes Stück« (Holz oder Metall), Klotz (vgl. »vierschrötig«; »von echtem Schrot u. Korn«). Heinr. *Schrot* 1288 Württ., Ulr. der *Schrot* 1299 Bay. Auch **Schrötel:** C. *Schrötel* 1349 Bay., Hs. *Schrotlin* 1426 Heilbronn, M. *Schrötel* 1395 b. Eger.

Schründer (obd.): an e. Felsspalte wohnhaft (mhd. schrunde »Riß, Spalte«, schrinden »Risse bekommen, sich spalten«, vgl. Schrindisen, Schrintwecke). Vgl. »ze dem Schrundler« (Inglikofen).

Schuback, Schubach: ostd.-slaw., wie Rieback, -ach, Ruback, -ach, Lieback, -ach.

Schubart(h) s. Schubert!

Schübel: mhd. schübel, schubel »Büschel« (z. Verstopfen), Haufen, Menge. Alb. *Schüblin* 1457 Villgn., Jesco *Schübel* 1380 Mies. Im Bair. = Stöpsel, plumper Kerl (Schmeller, Wb. II, 438). Aber auch als Flurname: Schübelberg 1326 (mons Scubilo 868). Dazu **Schübler.**

Schubert (Sa., Schles., Ö.): im ostmd. Raum wurde mhd. schuochwürchte, -worchte »Schuhmacher« (eigt. »-wirker«) zu schuwort, schuwert (schubort, schubert); in Lg. z. B. Hs. Virczigmark *schuworcht* 1361, Heynman der *schuwort* 1417, Matis *schuwert* 1451; in Glatz 1415 Close *Schubert,* in Dux 1390 Waczlab *Schubort.* Jünger ist die Schreibung **Schubart** (16. Jh.), vgl. Seifert: Seifarth.

Schubring (sudet.) scheint auf Schubrich = mhd. schuochwürke, -werk, -berg »Schuhmacher« zu beruhen (vgl. Vorbrich für Vorwerk): Frana *Schuchbrich* 1408 Saar/Böhmen.

Schuch (obd.) = Schuh (H. *Schuch* 1409 Würzbg., 1388 Eßl.).

Schuch(h)ardt, Schuchert, Schuckert: hess.-thür. Form für mhd. schuochworhte (ostmd. Schubert!) »Schuhmacher«. Auch Schuchart, Schuchmacher, **Schuchmann** ist obd., desgl. **Schucher** neben **Schuher,** vgl. Buntschucher neben Holzschuher. Zur obd. Form **Schüchler** (zu Schüchel »kleiner Schuh«) vgl. Küchler (Küchel-, Kuchenbäcker): Peter *Schuchler* 1404 Feldkirch.

Schuckert = Schuchert! **Schuck** = Schuh! (Vgl. in Grimms Märchen: »Rucke die Guck – Blut im Schuck«.) Dazu **Schuckmann** = Schuch-, Schuhmann.

Schuckelt s. Zschuckelt!

Schüddekopf (ndd.): »schüttle den Kopf!« Auch Schüdekob. Vgl. auch **Schüdderump** (ndd. rump »Holzbottich, -kasten), Schüddehelm, Schüddebüdel, Schüddelock, Schüddewürfel, Schüddedüvel, Schüddesper.

Schuder: ON. b. Köthen. Lorencz van Schuder 1443 Aken.

Schüder (Hbg. oft) meint ndd. Schüdder = obd. Schütter (z. B. Korn-, Kohlschütter); Jac. *Scudere* 1307 Hbg.; zur Schreibung vgl. *Scudeloc* 1150 Köln, *Scudebüdel, Scudewürfel.*

Schuffenhauer (Dresd., Lpz. oft): sächs. Variante zu ndd. Schoppenhauer. Dazu **Schüffner** (obd.-sudet.): mhd. schuofe »Schöpfgefäß« (Hentsch *Schüfener* 1381 b. Friedld.).

Schug, Schugard (obd.) s. Schuch, Schuchard!

Schuh, Schuch, Schuck: ÜN. des Schuhmachers; obd. **Schühle(in),** Schüle, Schiele (!), auch Schüchel, Schügl, Schigl (Ö.). Vgl. urkdl. Jakob *Sibenschuh der schumacher!* (heute FN. Siebenschuch, -schuck). Auch in vielen Kompositis: Frauen-, Knabenschuh, Gulden-, Breit-, Roth-, Holz-, Schlipp-, Trippschuh, Bundschuh, Handschuh, Knöpfelschuh u. ä. – **Schuhbißer,** Schuppiser (obd.) = mhd. schuochbüßer »Schuhflicker« (vgl. Altbüßer).

Schuhardt s. Schuchardt!

Schu(h)knecht = Schuhmachergehilfe, ndd. Scho-, Schauknecht, vgl. Schu-, Schaumann, Schu-, Schauseil. S. auch Leist!

Schuld(t) (Hbg. oft) s. Schulte!

Schulenburg (von der): nordd. Burg- u. ON. (im MA. mehrf.), zum ÖN. Schulenburg (mehrf.), wird deutlicher durch die *Sculenbeke* (1083 Holld.), *Sculebrok*/ Engld., *Sculhop* u. ä., z. Gewässernamen *Scula* (Westf., Engld.) »Schmutzwasser« (wie scal, scol, scel, scil); die Schulen-Berge (Harz) entsprechen daher den Schlippen-, Gropen-, Rödden-Bergen. Schon 1135 in Köln Werner *Sculinburch.*

Schuler ohne Umlaut (für **Schüler**) ist obd.-alem.: Dietschi *Schuoler* 1270 b. Basel. Ursprüngl. »Kloster-, Kirchenschüler, angehender Kleriker, Student, Scholar«. Ndd.-westf. **Schöler,** Schölermann.

Schülke (Hbg. oft): Joh. *Sculeke* 1309 Strals., wohl = mnd. schule »Versteck«;

dom. Hinr. *Scule* (Ratm.) 1262 Ro.; Arnd *Schuling* (Ritter) 1300 Westf.

Schüll: mhd. schülle »Lümmel«; Hainr. *Schülle* 1291 Bodensee.

Schulle: mnd. = »Plattfisch, Scholle«, Fischername; um 1300 Lüb. Vgl. Joh. *Schullenfenger* um 1500 Hbg.

Schüller, Schuller (Schullerus) mag z. T. = Schüler, Schuler sein; vgl. aber auch ON. Schüller/Eifel (wie Schüllar/Rothaargeb. u. Schöller/Ruhr; alt Scun-lar »sumpf. Flur«). Die Schreibg. mit *-ll-* ist obd.: schon 1393 Joh. *Schuller*, 1406 Procop *Schuller*/Mähren.

Schult(e), rhein. Schulten, ndd. Form für obd. Schulz(e), urspr. schulthete (Schultheiß), Bartolt *de Sculte (de Sculthete)* 1350 Haldsl., schles. Scholz, s. dies! Schülting ist westf., auch die Beifügung eines ON. (ÖN., Hofn.) ist typisch westf. Brauch der Großbauern, wie Schulte vom Brühl, Sch.-Kemminghausen; Kamp-, Brinkschulte u. ä. sind Wohnstättennamen.

Schultheß (obd.) = Schultheiß; s. auch schles. Scholz, ndd. Schulte.

Schul(t)ze, Schul(t)z: kontrahiert aus Schultheiß, schon um 1400. Belege unter Scholz!

Schulver s. Schollwer!

Schumacher s. Schubert! Schreibung ohne *h* ist in FN. die übliche, ebenso **Schumann** (Schuhhändler, wie Salzmann, Biermann u. ä.). Vgl. ndd. Schomann u. Schomaker, westf. Schaumann.

Schümann (ndd.) s. Schünemann!

Schumm (Schles.): ON./O.S.

Schüm(m)er, Schummer (Hbg.): mnd. »Taugenichts, Landstreicher«; Werner *Schumere* 1330 Lüb.

Schünemann, Schümann (wie Peine-, Peimann): ndd., wie Scheunemann, obd. Scheuermann, der an der Scheune wohnt oder in ihr tätig ist. Joh. *scuneman* 1287 Ro.

Schunck(e): mundartl. = »Schenkel«, bes. bair.-österr., mhd. schinke: *Schungke, Schingke*/Altbg., aber *(T)schunke* (tschech.) »Ferkel«. Appel *Schunkenloch* 1373 Würzbg. – **Schunter(mann):** von der Schunter b. Brschwg. (prähistor. Flußname, auch die Schondra/Südrhön hieß Scuntra; scunt = scut »Schmutz«: Bahlow, ON. S. 428). Vgl. Wipper-, Wesermann u. ä.

Schünzel (obd.): Conr. *Schüntzlin* 1408 b. Biberach. Vgl. *Schenzel: Schanz!*

Schüpfer: z. ON. Schüpf/Baden; vgl. Fluß u. ON. Schüpf/Tauber, alt Schipf »Schmutzw.«.

Schuppan, Supan (Sa.): slaw. = »Vorsteher e. Gerichtsbezirks, Vogt«.

Schüppel (obd.) wie **Schuppe,** Schuppius: ÜN. des Fischhändlers, Fischers, von der Fischsuppe; vgl. den Fischer (piscator) *Schuoppe* 1266 Schwarzwald; Werlin *Schüpelin* 1370 Elsaß.

Schuppen-, Schüppenhauer (md.) wie ndd. **Schop(p)enhauer** = Verfertiger hölzerner Schöpflöffel; vgl. md.-ndd. schüppe »Schippe, Schaufel«.

Schuppiser (obd.) s. Schuhbißer! – **Schurbohm:** ndd. ÖN.

Schur, Schure (ndd.) = Schauer, Unwetter. Vgl. *Schureweder* 1308 Wetzlar.

Schürenbrand, obd., Scheuren-, Scheuerbrand (Satzname): ÜN. des Unruhstifters, wie Hebenbrand (vgl. Hebenstreit); vgl. Aberlin *Schür(en)brant,* Bauer, 1383 Entringen/Württ., Sifrit *Schürebrant,* Vogt, 1255 Gernsbach/Murg. Vereinzelt mag der Kleiderstoff mhd. *schürbrant* (mlat. scurum), erwähnt im Parzival, hineinspielen, vgl. den Dominus Joh. *Schürbrant* 1300 Basel.

Schürer (obd.-alem.) s. Scheurer, Scheuermann!

Schürge(r) (Schweiz oft): »Antreiber« (mhd. schürgen »stoßen, treiben«, schurge »Angriff«). Heinr. *Schürge* 1276 Zürich, Hs. *Schürger* 1478 Bödigheim.

Schurig, (Schuricht), Schuricke, Schuhrke (Dresden: Schurig oft!) = wend. Schurek = Jurek »Georg«, vgl. Schurach (Jurak) neben Schirach (Jirak). Desgl. Schuran wie Juran.

Schürmann (ndd.): z. Flur- u. ON. Schüre, Schüren, vgl. Schür-siepen, Schürkamp (-kämper, -kötter, -meier), Schürhoff in Westf.-Rhld.; to der schuren 1352, Gert *van der Schüren* 15. Jh./Aachen (Verf. des »Teuthonista«, deutsch-latein. Glossar). Herm. *v. Scure* 1301 i. W. (vgl. ON. Schüren b. Meschede u. Dortmd.), Joh. *Scureman* 1281 Strals.; ndld. *scuer* = »Pfütze« (scheur »geul«). Vgl. Schürenbruch. Aber *schur,* »Wetterdach«, *schüre* »Scheuer«.

Schürpf(er): mhd. = »Schinder« (schürpfen »schürfen, ausweiden«, vgl. Schürpfensack, Schürpfisen, Schürpfdarm). C. *Schürfe* 1333 Kempten, B. *Schürpfer* 1387 Pfullendf. – **Schürstab:** Stange z. Schüren (vgl. Für-, Feuerstake); Hensel *Schurstebel* 1374 Iglau.

Schurr, Schurrer (obd.): wohl Flurname Schurr, Gschurr »Geröllrutsch«. Tirol. schurr »hitziges Wesen« ist sekundär. Conr. *Schurre* 1301 Frkn., L. *Schurr* 1530 Ulm.

Schurz (Schurzmann): »gekürztes Kleidungsstück« (ahd. schurz »kurz«, engl. short). Vgl. **Schurzfleisch,** ÜN. des Fleischers. S. auch Schorte! *Schurtzkittel* 1507 Altbg.

Schüssler, Schüssel s. ndd. Schöttler, Schöttel! Noch 1525 in Meßkirch Jörg *Schüsselndreher* (»Drechsler«). S. auch Reumschüssel!

Schuß(mann): obd., wohl ÜN. des Schützen. In Tirol 1378 Äblin der *Schuß* (u. Hof »zum Schuß«); in Brünn 1343 Conr. *Nachschuß.* S. auch Schießer!

Schuster (obd.): verschliffen aus mhd. schuoch-sūter, Schuochster »Schuhnäher, -nähter« (zu lat. sūtor), d. i. Flickschuster. Dazu bair. Schüsterl, Schiesterl, **Schüstl,** Schiestl (Nic. *Schüstel* 1387 Iglau, W. *Schiestl* 1386 Budweis).

Schüte, Schüthe, Schuth (Hbg., ndd.): = »kleines, flaches Schiff« zum Warentransport (ndld. schuyt). Ein Schutenräuber 1262 in Hbg.: Nikol. *scutenrövere.*

Schüttauf (Sa., Schles.): ÜN. des Korn-, Salz- oder Kohlenschütters; *Schüttuff* 1437 Görl. Ähnliche Satznamen (zu mhd. schütten »schütteln, schwingen«): Schüttenhelm (Schittenhelm), Schüttensack, Schüttensam, Schüttenlock, Schüttenschenkel, Schüttenhaber, Schüttenwein, Schüttenwürfel, Schüttpelz (Schüppelz). Ein Ritter Diderich *Schuzcesper* 1316 Hess. (heute FN. von Schutzbar/Hess.) wie ndd. Reimbert *Schudesper* 1174; vgl. engl. Shakespeare! Zu Schutz vgl. auch mhd. schutzen »mit Schwung schleudern«! S. auch Schüddekopf!

Schütt(e): ndd. häufig, = obd. **Schütz(e)!** Meint im allg. den Flurschütz, Flurhüter; vgl. auch obd. Flurhay. Wölfel der *schütze* 1320 Eger, L. *Schüczel* 1419 Prag, B. *Florschücz* 1477 b. Lg. Joh. *Scütte* 1319 Lüb., Joh. *Scutteke* ebda. Dazu **Bogen-, Büchsen-, Feuerschütz.** Schützendübel ist irrig verhochdt. aus ndd. Schüddendüvel »schüttle den Teufel«.

Schüttler (ndschles.): ON. Schüttlau Kr. Guhrau. Fried. *Schittler* v. Lg. 1596.

Schüttrumpf (Hess., Thür.): ÜN. des Müllers oder Kornmessers (mhd. rumpf, md. rump »gr. Holzgefäß«, schütten »schütteln«).

Schutzbar (von) s. unter Schüttauf! **Schuver** (ndd.) = obd. Schieber; vgl. Gereke *Scuvere* 1309 Strals., den *Ekenschuver* (Bootschieber) 1494 Bremen (Carstens S. 110!). Aber auch *Fladenschuver* 1397 Duderst.

Schuwirt s. Schubert! (Appel *Schuwürt* 1409 Würzbg.).

Schwäble, Schwabel = Schwab, der Schwabe. Auch Schwebel, Schwob, ndd. Schwaf. Vgl. Bayer, Sachse, Franke. Chr. *Swabel* 1414 Mähren. Ch. *Swebl* 1365 Brünn.

Schwabroh (Hbg.): entstellt aus **Schwab(e)row** (ON./Meckl.).

Schwaderer (obd.): mhd. = »Schwätzer«. Dazu Schwaderlapp. Evtl. auch z. Flurn. Schwader (Kollektiv zu *schwad* »Sumpfstelle«), wie Schladerer zu Schlad(er). Vgl. ÖN. Schwaderloch, Schwaderau. – **Schwaf** (ndd. = Schwabe): Hinr. u. Joh. *Swaf,* holst. Ritter (1361).

Schwäh(e)r, Schweh(e)r: mhd. sweher »Schwiegervater« (noch heute hess.-frk.: Hentze *Sweher* 1366 Rohrbach/Hess.); vgl. als Fem.: Schwieger. **Schwägerl** (Bay. oft) = Schwager (*Swegerl* 1363 Znaim).

Schwaiger (Bay. oft), Schwei(g)er, Schwaier: mhd. sweiger »Bewirtschafter einer Schweige« (Rinderhof, Sennerei, Käserei); mhd. sweigen »Käse bereiten«. Auch viele ÖN. Schwaig nebst Schwaigern. Dazu Schwaighofer, Schwaighauser. Gotfrid v. *Sweigere* 1203 Würzbg. (= ON. Schweigern ebda.), Konr. *Sweigere* 1223 Würzbg., Fridel *Swaiger* 1414 Mähren.

Schwake, Schwaak (ndd.): »von niedrigem Stande, armselig« (wie obd. **Schwach:** mhd. ein swacher man); Henr. *Swak* 1301 Ro.

Schwalber (Mchn.): Fluß Schwalb/Bay., ON. Schwalb/Saar. Ein Gehöft *Schwalber* b. Salzbg. (z. Wald Swalewe).

Schwalke (Hbg., ndd.) = Schwalbe. Vgl. obd. Schwalb, Schwälble. Auch Rauchschwalbe: ndd. *Rokswale* 1298 Ro. Ein *Swalewenswank* 1307 b. Limburg (»wie e. Schwalbe beschwingt«, evtl. auch Flurname). Rüdiger *Swalwe* 1350 Stuttg.

Schwall: obd. ÖN. u. ON. (Nassau, Rhld.). Dazu **Schwaller.**

Schwalm, Schwalme: von der Schwalm (Fluß u. Landschaft/Hessen), Deutg.: Bahlow, ON. S. 434. Auch z. Schelde u. z. Maas fließt e. Zwalm; mndl. swalm = »Kolk«. Vgl. auch mhd. swalm »Bienenschwarm«.

Schwan, Schwahn (oft): z. T. durch Hausnamen vermittelt, »zum Schwan« 1300 Mainz, 1472 Kolmar, »z. weißen Schwan« 1460 Freiburg. Eine Patrizierfamilie v. *Schwanenflügel* seit 1331 in Göttgn. Deutlich ist Joh. *vom Swan* = Joh. *Swan* um 1300 Lüb. Vgl. Joh. *Swanenmester* 1342 Strals.

Schwand(t), Schwand(n)er, Gschwandtner u. ä. (alle obd.): z. Flur- u. ON. **Schwand** (Schwanden), wo der Wald geschwendet, d. h. durch Feuer zum Schwinden gebracht ist; vgl. Höchenschwand/Schwarzwald. Dazu Neuschwander, m. Umlaut Schwend(n)er u. ä.

Schwaneger s. Schwenger!

Schwank(e): Hbg. oft, ist kontrahiert aus ndd. **Schwaneke,** mit Umlaut **Schwenneke, Schwenke;** ist als ÜN. = Schwan, s. dies! Vgl. Gerardus dictus *Swane* (cignus) 1295 Hbg., Herm. dictus *Swane* 1274 ebda., Joh. *Swanke* 1324 Lüb. Zum ndd. k-Suffix vgl. in Hbg. urkdl. *Crane, Craneke* (heute Krohnke, Kranke). Nur vereinzelt als persönl. N.: *Swane* v. Pölchow pomm. Edler 1274, *Swaneke* de Lechtingen 1347 Osn. Als weibl. VN. (KF. zu *Swanhild, Swanburg*) dagegen öfter: *Swaneke* 1340 Bremen, mehrf. in Ro. um 1270; vgl. noch fries. *Swaantje* als weibl. VN. Den Germanen galt der Schwan als heiliger Vogel, vgl. das Schwanenhemd der Walküre.

Schwankl, Schwank (Bay.) = mhd. swank(el) »schlank, geschmeidig«. Desgl. **Schwankhart** (Bay.).

Schwanneke, Schwenneke s. Schwanke! – **Schwantes,** Schwantus: KF. zu slaw. Swantoslaw; vgl. *Swantke* 1348 Brsl. (swant- »heilig«, vgl. die slaw. Gottheit Swantewitt/Rügen). ON. Schwantus/Wollin.

Schwantke, Schwantje (fries.) beruht auf Swaneke, Schwanke, wie Antje auf Anke (Anneke). – **Schwänzle,** Schwanzl: mhd. swanz »Schleppe«, vgl. Seidenschwanz! Ritter Cuonrat *Swenzeli* 1275.

Schwarck (Hbg., Ro., Wismar): ndd., urkdl. Swerk »finsteres Gewölk, Kummer«; vgl. ÖN. Schwerkholt (finsteres Gehölz). Hinr. *Swerk* ca. 1325 Lüb.

Schwar(d)t, Schwarte, Schwarten (Hbg. oft): ndd. Form von **Schwar(t)z, Schwarze** (schles. **Schwarzer,** wie Langer, Rother). Dazu ndd. patr. **Schwarting** (wie Lütting, Klöcking). Vgl. Willeke *Swartepape* 1288 Ro.: 2 Brüder »der *schwarze* u. der *weiße* Ewald« wirkten im 7. Jh. als Missionare in Westf. Dazu Schwartekopp: wie **Schwar(t)zkopf,** -haupt, -bart. Obd. **Schwärzel.**

Schwarm (Hbg.): ON. Schwarme südl. Bremen. Alt Swerme »Sumpfwasser«.

Schwärzer meint den Tuchfärber (Hannus *Swerczer* 1372 Lg.). – **Schwärzfirm** s. Schwertfirm!

Schwarzlose: ON. Groß-Schwarzlosen b. Stendal (alt Swardelose, slaw. wie Gorlosen).

Schwarzweller = Schwarzwälder, vgl. Odenweller.

Schwaß(mann): Ro. oft, z. ON. Schwaß b. Rostock, urkdl. slaw. *Swers,* vgl. ON. Schwersenz/Posen. Hans *Schwaß(mann)* 1583 Ro.

Schwebel = Schwäbel (Schwabe), soweit nicht mhd. swebel »Schwefel«. Ch. *Swebl* 1365 Brünn, Ch. *Swabel* 1414 Nikolsbg., Ulr. *Swap* 1322 Prag.

Schweckendieck: ON. Kr. Herford (*swek* »modriger Geruch«, wie *swec-lo*: Schweicheln/Herford, Schweckhausen; eine Zweeke in Holld.).

Schweder, Schweer (Schweers), auch Schwidder, Schwieder, Schwier, alle ndd.-fries., beruhen auf dem Pers. N. *Swider, Sweder* (im MA. von Westf. bis Pommern beliebt: *Swiderus* 1135 Magdebg., Petrus filius *Swideri* 1284 Hbg., *Sweder* Ruddes 1302 Ro., noch 1582 Flsbg.: *Sweder* van Apen. Dazu das westf. Patr.: Lambert *Swedering* 1283, heute **Schwering,** Schwiring nebst Schwietering.

Schwedhelm (Hbg. oft), Schwet-, Schwit-, Schweißhelm: »blutiger Helm« (ndd. *swêt* »Schweiß, Blut«!).

Schwedler, Schweidler (Schles., Sa., Frkn.):

angebl. »Mantelsack, Jagdtasche« (?). Heinke *Sweidler* 1352 Lg., Mathis *Sweydeler* 1482 Mersebg., Joh. Chr. *Schwedler* 1672ff. Friedebg. a. Queis (Kirchenlieder-Dichter).

Schwedt(mann): aus Schwedt a. O. – **Schwee** (Kiel): ON. i. O., s. Schweig-! **Schween** (Hbg. oft) s. Schwenn!

Schweer, Schweers, Schweeren (ndd.-fries.) s. Schweder! – **Schwefe,** Schwefer: z. ON. Schwefe b. Soest (alt *Sweve* »sumpf. Stelle«, wie Sweve-sele/Belgien, Schwefingen b. Meppen).

Schwegler (obd.): »Flöter, Pfeifer« (auf der Querpfeife des Hirten aus Holunder oder Knochen, mhd. swegele, noch bair.-österr.). Heinr. *Swegler* 1289 b. Vaihingen/Enz, *Swegler* der schröter 1306 Waldkirch.

Schweher s. Schwäher! – **Schweidler** s. Schwedler! *Schweifkrug, -krusel* (1367, 1346 Hessen): mhd. sweifen »schwingen«.

Schwei(c)ker, Schweickert, Schweickhardt, Schweiggart, Schweighart u. a., oft im frk. Raum (Bay., Württ.), beruht auf dem ndsächs. Pers. N. *Swîdger* (eigtl. *Swindger* »gewandter Speerkämpfer«), der mit Bischof Sw. (Papst Clemens II.) 1041 nach Bamberg kam u. seitdem als VN. beliebt wurde, – in assimilierter Form *Swîcker (Swîgger):* Bauer *Swîker* 1260 Ö. ob der Enns, *Swigger* Storre 1181 Württ., diphthongiert *Sweicker, Sweigger* (so um 1500: »Bischof Schweigger v. Bamberg«), mit -t: *Schweickert* (wie Rücker: Rückert f. Rüdger), im 16. Jh. *Schweickhardt* (wie Pleickhardt für Blikker, Bligger): herr Schweiggart (Schweigger) v. Gundelfingen. Dazu als KF. *Swigklin* 1383 Württ., *Sweiklin* Fuller 1418 Tirol, auch *Sweiggelin* ebda.: heute Schweiggl.

Schwe(i)dler (Hbg. oft): siehe Schwedler! Auch mnd. = »Mantelsack, Reisetasche« aus Leder, daher Produkt der Büdeler: »hanschen, sweydeler, hosen« ... 1459 Lüb.

Schweiger s. Schwaiger! Vgl. Unterschweiger.

Schwe(i)gmann (Hbg.): z. ÖN. u. ON. Schwege (Westf., Oldbg., vgl. Schweigfeld i. W.), auch Schwei (Jadebusen), Schwee i. O., alle = »Sumpf«, vgl. den Schweibach b. Schieder, das sumpf. Zweijland/Holld.

Schweigstill: Gegensatz *Swîgenicht* 1399 Barth u. *Seltenswig.*

Schweim (ndd., obd.), Hbg. oft, Meckl., nebst **Schweimer:** mnd. mhd. sweimen »umherstreifen«, also der unstet Umherschweifende. Lutbert *Sweime* 1275 Ro., Ritter Dietmar *Sweyme* 1336 O.Hessen, Alb. *Sweimer* 1243 Haßfurt. Heute auch **Schwemer** (Hbg., Ro.), Schwehm.

Schweinichen (von): slaw.-dt. ON. b. Bolkenhain/Schles., bekannt durch Hans v. Schw., Ritter am Liegnitzer Herzogshofe um 1590/1600, u. seine Memoiren (1230 *Swina:* vgl. ON. *Swinebrod* »Sumpffurt«: Schweinebraten b. Glogau).

Schweinschneider meint den Kastrator der Schweine, wie Sauschneider; s. auch Behrschneider, Barensteker, Gelzer, Heiler, Leichter. **Schweinhardt** ist ndd. = »Schweinehirt« (wie Lemmerhardt, Pagenhardt »Pferdehirt«): Hs. *Swynherde* 1439 Haldsl., vgl. Kohardt: Koherde ebda. Auch **Schwein,** Schweinle, ndd. Schwien, ist Berufs-ÜN. für Schweinehirten, -züchter, -händler, -fütterer, vgl. *Swindriver* 1271 Hbg., *Swineköper* Lüb. u. ä. Herm. *Swineke* 1284 Strals.

Schweißhelm s. Schwet-, Schwedhelm!

Schweizerbart: »Knebelbart«, vgl. Schlitz-, Spitz-, Sterzbart.

Schwelgengräber (Ro.): nicht eindeutig; vielleicht entstellt aus *Swellengrebel* (1420 Jena), *Swellgrübel* (1357 Ulm), N. des Teufels (schon im »Renner« Hugos v. Trimberg um 1300).

Schweller (obd.) = mhd. swelher (Schwelcher) »Säufer, Schwelger«, wie Schmeller = Schmelcher, Schiller = Schilcher; Bert. *Swelher* 1292, Hs. *Sweller* 1383 Württ., *Sweller* 1365 Brünn.

Schwemer s. Schweimer! – **Schwende(mann):** obd. z. Flurn. Schwend(e): »geschwendete, gerodete Waldstelle«, s. Schwandt (Schwender)! Gernot *Swende* 1206 Worms, E. *Swende(man)* 1448 b. Alzey. **Schwendler** = »Verschwender« (Klaus der *Swendler* 1365 Waldshut); einen *Swendeler* (allegorisch) nennt der Minnesänger Herman der Damen um 1280. – **Schwengber** (Glogau!) = Schwenkbier!

Schwenger (Württ. oft) beruht urkdl. auf dem dortigen Pers. N. Swaneger, Sweneger: vgl. *Swanegerus* (Sweneger, Swenger)

v. Lichtenstein um 1290; *Swaniger* v. Werdnow 1440/Konstanz; Bert *Swaneger* 1266 usw.

Schwenk(e) (Hbg. oft) ist kontrahiert aus **Schweneke** (Schwaneke), in Quedlbg. im 16. Jh. nebeneinander *Schwaneke, Schweneke, Schwenke*; s. auch Schwank(e)! Swaneke, Sweneke als weibl. VN. einst beliebt (KF. zu Swanhild, Walkürenname): eine *Swaneke* wyntappers 1404 Bremen, e. *Sweneke* olifex 1325 Lüb., *Sweneke* filia Willekini 1346 Stettin. Dazu Nic. *Sweneken* (Metr./Lüb.) Aber obd. **Schwenk(e)** (Württ., Schles., Bay. oft) gehört zu schwenken »schwingen machen, schleudern«, vgl. Schwenkenfuß, Schwenkenbecher, -bier, -flegel, -reif (e. Büttner!). Cuontz *Swenk* 1383 Kayh/Württ., Nik. *Swenker* 1284 Schaffh.

Schwenkel: mhd. = »Schwengel«.

Schwenkfeld ist schles. ON., bekannt durch Kaspar v. Schw. z. Zt. Luthers, Gründer der Schwenckfelder-Sekte (heute in Pennsylvanien). Vgl. Ritter R. v. Swenkenfelt 1300 Schweidnitz.

Schwenk(k)ros (ndd.) = »schwenk den Krug«! Vgl. Warnekros, Füllekrus.

Schwen(n) (Hbg. oft) nebst **Schwennen,** Schwenn(e)sen ist das dän.-schwed. *Sven* »Knabe, Knappe« (vgl. Sven Hedin). Ein *Sven* faber 1326 Strals. nebst Peter *Swenesson* 1323 ebda.; in Flsbg. 1579 Owe *Swensen,* auf Sylt 1713 *Schwen* Peter *Schwennen.*

Schwennecke s. Schwenke! – **Schwen(n)inger** (Württ.): z. ON. Schwenningen/Württ. (2mal), Baden, Bay. (*Sweninger* 1320 Villgn.).

Schwentner s. Schwendner, Schwandtner!

Schwenzfeier (Sa.) meint Schwenksfeuer! (Schmiede-N. 1429 Freiberg).

Schwenzke: ostd.-slaw. Pers. N., KF. zu *Sventoslav*, wie Wenzke zu Wenzlav; in Pomm. 1316 *Swenzka,* Enkel des *Swenzo;* svent »heilig«.

Schwenz(n)er: Herk. N., vgl. Heinr. *v. Swencz* 1359; Frz. *Swencz* 1415 Lg.

Schwep(p)e (ndd.): ÜN. des **Schwepenheuer,** des Zimmermanns, der die Schräglatten für die Dachsparren zuhaut (»de *swepe*«, damit de sparte verswepet sind«). S. aber Schwippe!

Schwere (Hbg.): mnd. swere »Geschwulst, Geschwür« (Schwäre). H. *Swere* 1318 Lüb.

Schwerer s. Schwörer!

Schwering (Westf.) s. Schwedering! Vgl. ON. Schweringen/Weser! – **Schwerk** s. Schwark! **Schwers** (ndd.) = Schweers s. Schweder!

Schwermer: »Schwärmer«; Joh. *Swermer* 1286 Ro., Heinrich der *Schwermer* 1569 Lg.

Schwertfirm, Schwärzfirm (obd.): entstellt aus mhd. *swertvürbe* = **Schwerdtfeger,** Waffenschmied (vürben = fegen »putzen, reinigen, pflegen, blank machen«). -firm beruht auf dem Genitiv: Uolrich des *swertvürben* hûs 1315 Tüb. Auch Schwertschlager, *Swertsliper* (1392 Greifsw.). Dazu die ÜN.: **Schwerdt,** Schwertl (Bay.), Breit-, Scharfschwert (*Scarpeswert* 1296 Ro.), *Langeswert* 1307 Stettin. **Zuckschwerdt** (Zugschwerdt) = zücke das Schw., 1300 Straßbg., (ndd. *Tuckeswert* 1248 Hbg.). *Swerteke* 1413 Barth.

Schwerting (Hbg.) = Schwarting (Hbg.): der Schwarzhaarige. Alard *Swertingh* (Swarte!) 1389 Hbg., Hinr. *Swertinch* (Niger!) 1301 Riga.

Schwertner (Görl. oft): z. ON. Schwerta ö. Görl. – **Schwetschke:** KF. zu Swietoslaw (*Sweczko, Sweczan* 1380/90 Lg.).

Schwerzel (obd.) s. Schwärzel!

Schweyer (Bay.) s. Schwei(g)er!

Schwibbe (1708 Quedlbg. neben **Schwippe** 1601 ebda., **Schwöppe** 1605 ebda.) meint mhd. (md.) swippe, sweppe, swope »Peitsche« (dies erst aus slaw. bitsch); auch westf. swippe, mit ndd. k-Suffix: **Schwippke;** ndld. zweep. S. aber auch **Schwep(p)e!**

Schwibbert, Schwippert (ndrhein.) = *Swît-bert* (eigtl. Swind-bert »stark, geschwinde« + »glänzend, ruhmvoll«), ags. Missionar am Nd.-Rhein. Vgl. Wibbert, Wippert = Wigbert. **Schwiebert** wie Wiebert. *Wibertus* 1165 Köln; noch 1647 *Switbert* Seißenschmidt.

Schwicker, Schwiecker, Schwickardt (westd.-hess.) beruhen auf dem ndd. Pers. N. *Swidger* (Swindger »starker Speerkämpfer«), s. unter Schweicker! Vgl. ON. Schwickartshausen b. Nidda (1020 *Swigereshusen*), auch Schwickershausen b. Limburg u. b. Meiningen. In Weinheim 1365 *Swicker* Kreys.

Schwidder (ndd.) s. Schweder! Dazu

Schwidde, Schwidden. Auch *Schwieder,* Schwiede. Patr.: *Swideking* (zu Swideke), wie Gödeking zu Gödeke. Kontrahiert: **Schwier,** Schwiers (= Schwieders).

Schwieger (Hbg. oft): ndd. = Swideger, s. Schwiecker u. Schweicker! Vgl. ON. Schwiegershausen b. Göttgn., auch *Swigershusen* 1020/Hess. Obd. aber vgl. mhd. swiger »Schwieger(mutter)«: Peter *mit der swiger* 1408 Iglau (wie »mit der muter, mit der swester« in Brsl.), vgl. Wenczlawa *swiger* des Hanke grüczener 1346 Brsl.; G. *Schwieger* 1520 Sa.

Schwien (ndd.) = Schwein; dazu **Schwieneke.** Sifrid *Swyn,* Knappe, 1375 Holstein, Herm. *Swineke* 1284 Strals. Auch Schwinefoeth (Westf.).

Schwier, Schwiers, Schwiering, Schwiermann (ndd.): kontrahiert aus Schwieder, patr. Schwiedering; s. Schweder! – **Schwi(e)ßelmann:** ON. Schwi(e)ßel (Meckl./Holst.).

Schwietering (Westf.) patr. zu **Schwietert** (Swîd-hart), s. Schwieder u. Schweder! Zu *swîd* für *swind* vgl. auch Roswitha!

Schwind(t) (obd.); auch Schwindl (Mchn.): mhd. swinde »ungestüm, heftig«. Der Maler Moritz v. Schwind war Wiener. Vgl. Conr. *Swinde* 1362 Gründbg./Hessen; Nic. *Swindel* 1364 Mies.

Schwinge (Hbg.): Fluß u. Ort b. Stade; auch Zufluß der Peene. Vgl. Ritter Joh. *van der Swingen* 1292 Meckl.

Schwingenschlögl (Bay.) meint den Büttner, Faßbinder; **Schwing(en)hammer,** -nagel, -eisen, sind als Schmiedenamen bezeugt!

Schwippe s. Schwibbe! Auch Schwippl (Bay.).

Schwippert (Düss.) s. Schwibbert! – **Schwitter(s):** ndd.-fries. für Schwidder(s), s. dies! Vgl. ON. Schwittersum/Ostfriesld. – **Schwöbber(meyer):** ON. Schwöbber b. Hameln (urkdl. Swec-bere »modriger Ort«: Bahlow, ON. S. 435).

Schwob: mundartl. Form für Schwab; **Schwöbel** (Bay.) = Schwebel.

Schwögler (Bay.) s. Schwegler! – **Schwo(o)n** s. Schwan!

Schwöpe s. Schwepe u. Schwibbe!

Schwörer (Baden, Schwz.): = **Schwerer** »Verschwörer« (Joh. *Swerer* 1434 Aargau).

Schwozer = Schwazer: aus Schwaz/Tirol bzw. Böhmen.

Scipio: Humanistenname für Staab, Stäble, Stebel, Stäbler. In Friesld. angebl. auch für Sipke (= Sigbert). – **Scriba** (lat.): Humanistenname für Schreiber; hess. FN. – **Scultetus** (mlat.) = Schultheiß.

Sebald (Bay. oft): frk. Heiliger, Schutzpatron von Nürnberg (Sebaldus-Kirche!). Schon Joh. Fischart (16. Jh.) wußte: »Nörnberger heißen Sebald«. Eigtl. *Sigbald* (bald »kühn«), ndd. *Sege-bold:* Sebald; vgl. Se(ge)bert, -band, -brand. Gekürzt: Baldus. Auch der Holzschnittmeister Hs. *Sebald* Beham um 1540 war Nürnberger.

Sebastian (griech. Sebastós, lat. Augustus: »der Ehrwürdige«): Märtyrer, dessen Kult um 1500 bes. in Bayern (Württ., Baden) blühte. Dazu Seebaß, **Bastian, Bastl,** Baschtl, Bäschele, Bästle, Bestel, Best, Bestgen. Vgl. *Sebastian* Brant, Satiriker des »Narrenschiffs«, geb. 1457.

Sechter (obd.): = Sester »Scheffel«; Nic. *Sechter* 1363 Znaim.

Seck, Secker, Seckerdieck (nordd.-westf.) deuten auf feuchte Wohnstätte (*seck* »feuchter Schmutz«, mhd. seich »Harn«); vgl. die Seckriede i. W., die Seck (*Seckaha*)/Westerwald, mit Ort Seck.

Seckler (obd.): mhd. = »Säckel-, Schatzmeister«, evtl. auch = Beutler. Vgl. *Bruchseckler.* Joh. *Seckeler* 1324 Basel, Eberh. *Seckel* 1316 Rottweil.

Seddig (ndd.): fries. Pers. N. Sideke, KF. zu *Sidebern* (Hbg.), *Siddag* (vgl. Reddag). Patr. *Sedeking* 1428 i. O. wie Wedeking. Vgl. auch Sedemund. Joh. *Sedecke* 1317 Lüb., *Sedico* 1313 Bremen, *Sideke* 1310 Stade.

Sed(e)lmair, -mayr, -meier (Bay. zahlr.): mhd. sedelmeier »Pächter eines *sedelhoves,* e. Herrenhofes; seltener Settelmaier.

Sedlak, Sedlag (Wien zahlr.): tschech. = »Bauer«; Sedlatschek »Bäuerlein«.

Sedler (ndd.) = »Sattler«. Bernh. *Sedlere* 1332 Lüb.

Seebade, Seebode (ndd.) = Segebade, -bode = *Sigebod* »Sieg-Gebieter«. Ebenso **Seeband** = Sigeband; **Seebrand** = Sege-, Sigebrand; **Seebarth** = Sege-, Sigebert; **Seebald** = Sege-, Sigebold (vgl. unter Sebaldus!); **Seemund** = Sege-, Sigemund; **Seegert, Seeger** = Sigeher, -hard. Alle ndd.-fries.

Seeber (obd., Mchn. oft): wie Seewer

z. ÖN. See (mhd. sê, sêwes), vgl. Hinterseeber (Tirol) aus Hintersee! Conrad *vomme Sewe* 1336 u. ä. Cunz *Seber* 1390 Tirol. Vgl. auch ON. Seeba/Thür., Seeben, Seeb.

Seebode, Seebade, Seeboth (ndd.) s. Seebade! *Seghebode* Krummedich (Knappe) 1360 Holstein. *Segebode* (Sigbot) war um 1300 beliebt von Bremen bis Pommern; dazu als KF. *Bode, Bodeke,* s. Baade! Vgl. Gerbode. **Seeband** (fries.): urkdl. *Segeband* (Bremen, Stade, Hbg., Kiel), d. i. »Siegesbanner«, begegnet als *Sigeband* (König v. Irland) in der Hilde-Gudrun-Sage. Als VN. häufig im Adelsgeschlecht v. Estorff. Noch 1538 in Meckl. *Segebant* Bulleman, Bauer. Auf obd. Boden als *Sîbant* (Bauer b. Neidhart v. Reuental), FN. Seiband.

Seebo(h)m (ndd.): ÖN. wie Schnatbohm, Schlumbohm, Schlarbohm, Schlobohm, Synonyma für Wasser, Sumpf, Schlick.

Seebrand(t) s. Seebade! Vgl. Siebrandt, Siebern, Sibbern!

Seeck (Seeckt), Hbg. öfter, mit fries. z.: **Zeeck,** ist ndd.-fries. KF. zu den N. mit Sig- (Seg-). Bekannt ist Generaloberst v. Seeckt aus Schleswig.

Seefried (obd., Mchn. oft): Mundartvariante zu Sifrid. *Sefridus (Sefrit)* faber 1297 O.Rhein. Aber ndd. ist Seevers für Sievers (= Sifrids). Vgl. *Seghefridus filius Seghefridi* um 1300 Strals.

Seegebrecht s. Segebrecht! **Seegelke** s. Segelke!

Seeger (Hbg. zahlr.), um 1300 *Seger* neben *Siger,* ist der germ. Pers. N. *Sigi-her* (her = »Heer«), noch im 18. Jh. im Jülicher Lande als VN. Seger, Sieger; patr. **Seegers** (ndrhein.), Zegers (ndld.), neben Seegert. Vgl. Sieger, Siegers, Siegert. Auf obd. Boden ist Se(e)ger andere Schreibung für den Säger (Sägemüller)! Joh. *Seger* 1374 Rottweil. Erweitert Seegerer. Ein Ort im Allgäu.

Seehafer, -hawer: am See wachsender Hafer, Strandhafer. Clawes *Sehehaver* 1568 Thurow/Meckl.

Seehase (Hbg. oft): nach d. Wohnstätte am Wasser, wie Dunghase am Sumpf.

Seel (Hbg. oft), = ndd. für Seil, ÜN. des Seelmekers *(selemeker, selslagere,),* Seelwinders = »Seiler«, ndd. **Seeler.** Dazu **Seel(en)binder** (Hinrik Lindeman, *selewinder* 1453 Hann.; vgl. ndd. *Repwinder* 1280 Ro., nebst Reper).

Seel(e)mann (ndd.) wie **Seelmeyer** enthalten den Flur- u. ON. das *Seel* (im Seelen) = feuchte, sumpf. Niederung (Bahlow, ON. S. 441). Albert *Seleman* 1339 Bremen. Vgl. *Selebeke:* Seelbeck, Seelhorst u. ä.

Seelig(er) s. Seliger!

Seel(l)os (obd.): mhd. sêl-lôs »gottlos« (vgl. Anesele). Heinr. *Sêllôse* 1280 Württ.

Seemann (oft): der am See Wohnende; Conrad *vomme Sewe* 1336, vgl. Seemaier, Seemüller, Seeholzer, Seehuber. Mitunter als persönl. N.: *Seman,* Sohn des Edelknechts Heinr. Sterne 1296 b. Lahr. Ritter *Semannus* 1298 Königheim, Ege *Seman* 1380 ebda. Auf ndd. Boden auch = Segemann = Sigemann!

Seesemann: aus Seesen/Harz.

Seeßelberg deutet wie Seßelgraben, Seßelbach auf sumpf., riedbewachsene Gegend; zu seß (seßel) s. Bahlow, ON. S. 445.

Seeth: mehrere Moororte Se(e)th in Holstein. Vgl. ON. Set-lage/Ems (wie Hett-, Rettlage). S. auch Seth!

Seevers (ndd.) s. Sievers! – **Seewald** (Mchn. oft): ON./Bay.

Seffer(s) (nd.-rhein.) = Seevers = Siefers = Sievers!

Seffrin, Seffring (rhein.) = Severin(us), Heil. N. (Bischof v. Köln); s. Frings!

Sefke (Hbg.) = Seveke = Sieveke (Sievers).

Segebrecht (ndd.) = Siegbert. Vgl. Segeband, Segefrid, Segebode. Varianten sind **Seg(e)bart,** Seebarth, Segbers.

Segelke, -ken (Seggelke): fries. KF. mit k-Suffix zu Segel-, Sigelbert u. ä.; um 1300 in Stade u. Bremen. Patr. ist Seggeling.

Seger (Hbg.), **Segert,** Segers: ndd. für Sigher, Sig-hard; s. Seeger! Desgl. **Seeger** (Hbg.). Aber **Seggern** (von) ist ON. wie Finnern (beide im Raum Hbg.): zu *seg* »Sumpf-, Riedgras« (mnd. *segge,* engl. sedge), deutlich in Seggebruch/Schaumburg, Seggemoor/Engld., dazu ON. Seggerde/Aller, Seghorn i. O. u. ä. (Bahlow, ON. S. 440).

Segisser, Sägesser (obd.) = Sensenschmied (mhd. segense »Sense« ndd. seiße, dazu ndd. Seißenschmidt); der *Segenser* 1250 Isny.

Segl (Mchn.) = »Segler, Segelschiffer«.
Segler (ndd.) = Segelmacher, Wilken *Segelmaker* 1583 Flsbg.; Henr. *segelere* 1287 Ro.; s. aber Siegler!
Segner (obd.): mhd. »Zauberer« (der den Zaubersegen spricht).
Segschneider = Sägemüller, Brettschneider; ndd. Sagenschneider.
Seher (obd.), wie Seewer, Seeber, = am See wohnend; vgl. Unter-, Eichen-, Würmseher!
Sehl, Sehlmann, Sehlmeyer, v. Sehlen gehören zum (nordd.) ÖN. bzw. ON. Sehl, Sehlen, Sehlem, Sehlbach, Sehlde (*sel* »Sumpf«: Bahlow, ON. S. 441). Vgl. aber Sehl-, Seilmacher!
Sehm (ndd.) = **Seim** »Honigseim«, ÜN. des Imkers oder Honigkrämers.
Se(h)misch, Zehmisch, Sämisch: wohl nicht zu mhd. saemisch »fettgar« (Leder), sondern slaw. (mit Suffix -isch); Petrus *semisch*, ferber 1380 Prag. Vgl. auch Samek, Zamek. Pers. N. *Sam-bor.*
Sehorsch = Rzehor(sch), tschech. für Gregor; s. Rehors!
Sehr (Mchn.) s. Seher! – **Seib,** Seibel, Seible (obd.): KF. zu Seibold.
Seiber (obd.): Heinel *Seiber* 1377 Prag, Jörg *Seiber* 1509 Ingolstadt = Seibert.
Seiberlich (obd.) s. Seuber-, Säuberlich!
Seiband (obd.): = Sigband, s. Seeband! Vgl. *Sîbant* (Bauer) bei Neidhart.
Seibert: *Sybrecht (Sybertus)* 1320 Brsl. = Siegbert. **Seib(i)cke** = Siebecke (*Seibke* Gelhor 1396 Brsl.).
Seibold (obd.) = Sibold: Sig-bald (bald »kühn«); KF. Seibel, Seible. Auch **Seipold,** Seipel. Patr.: Seibolter (Ö.). Seubold, Seubel ist fränkisch. S. auch Sebald! Siebold! Dazu ON. Seibelsdorf/Bay.
Seibt (Schles., Sa., Thür., Franken) ist kontrahiert aus **Seibot,** Seibet, urkdl. *Sibot* = Sigbot (germ. Sigi-boto »Sieggebieter«). Ritter *Sibot* Schaf 1242 Hirschbg., *Sigebot* v. Minkwicz 1168 Sa., Hentschel *Sybot* 1372 Lg., N. *Seybot* 1448 Glatz, C. *Seybeth* 1566 Görl. Dazu ON. *Sibotendorf*, heute Seitendorf/Schles. (5mal).
Seichert: z. ON. Seichau/Nd.Schles.
Seidel (Schles., Sa., Sudeten, Bay./Ö.: Seidl): im MA. *Sidel*, beliebt als KF. zu *Sîfrit* (Seifert); auch Seidelmann, patr. Seidler. *Sydel(man)* = *Siffridus* Brockotendorff 1346 (1328) Lg., *Sydel* = *Siffrid* wemmener 1351 (1345) Brsl., *Zyfridus* alias *Zeydl* 1399 Prag. Nitsche *Sydelman* 1397 Lg. *Sidel* Goppolt 1320, *Seidel* Öttel 1356 Eger. P. *Sydeler* 1345 Görl., N. *Seydeler* 1431 Lg., *Sidelman* Snider 1400 b. Durlach.
Seide(mann): s. Seidenfaden! Vgl. auch ON. Seyde/Sa., Seyda/Jüterbog.
Seidenader, -nather (Mchn.) = Seidennäher!
Seidenfad(en) ist ÜN. des Seidenstickers, -hefters, -nähters, -webers, -spinners. Desgl. **Seidenschnur.** Nitsche *Sydenvadem* 1372 Lg., Herm. *Sidenesnor* 1321 Lüb. nebst sidenwerker 1326 ebda.: Seidenwerk.
Seidenschwang (Bay.) = -schwand, -schwann: ÖN. (*schwand »Rodung«)!*
Seidenschwanz, Seidenzahl, Seitenzahl (mhd. zagel, zal »Schwanz«) meint den Vornehmen oder Stutzer, der in seidenen Kleidern einherstolziert: Heinr. *Sidenswantz* 1310 Eger, Herm. *Sidenczal* 1412 Arnstadt. Vgl. Seidenfuß, Seidenwand = »Seidengewand«. S. auch Siedentop!
Seidenwerk (Hbg.) s. Seidenfaden! – **Seidenwinkel:** ON./Sa.
Seider (obd.): in Villgn. 1472 Ulr. Aubrecht *der Seider*, also Berufsn. (Seidenmacher, -händler). Vgl. aber ON. Seyde/Sa., Seiderau/Bay.
Seidler, Seidl (obd.-bair.) s. Seidel! Aber Dreiseidl (Ö.) meint das (Bier-)Seidel.
Seidlitz nebst Seydlitz: ostd. ON.
Seier, Seyer (obd.): Jörg *Seyer* 1497 Herrenbg./Württ., vgl. Hs. *Seyrer* 1549 Reutl.; wohl = Seiger, Seigerer!
Seierlen, Seyerlen: oft in Eßl./Württ., beruht auf Sürlin = Sûr »der Saure, Herbe«, wie Beyerle auf Bürlin = Bauer: Hans *Sürlin* 1414 Eßl., Henr. *Surlin* 1290 U.-Elsaß. Hans *Seyerlin* 1545 Eßl.
Seifart(h), Seyffarth: jüngere Form für Seifert wie Mayfarth für Meifert.
Seiferheldt (Württ.): beruht urkdl. auf *Siferhilt*, d. i. »Frau des *Siferlin*«; so in Schwäb.Hall 1403/25: Katharina *Siferhiltin* (auch *Siferlinin!*); -hilt als weibl. Endung ist Analogie zu den weibl. N. auf -hilt. Siferlin meint Sifrid. Später auch Seufferheld (wie frk. Seuffert neben Seiffert): Jörg *Seufferhylt* 1519 Schwäb.-Hall. Näheres b. Fr. Berger (Tüb. Diss. 1927: Die FN. v. Schw. H. S. 76).

Seiferlin(g): obd. = Seifert, Seifer (Sifrit). *Sygfferlin* Sitze 1393 O. Schefflenz., *Syferlin* Leyster 1409 Würzbg.; s. auch Seiferheld! **Seifritz** ist »Seifried's Sohn«.

Seifert, Seiffert, Seyfahrt u. ä.: obd.-ostmd.-schles. für ursprüngl. Seifried = Sîfrit »Siegfried«; mit ostfrk. Rundung **Seuffert.** Vgl. den »hürnen Seyfried, Seufried« (16. Jh.). Die Häufigkeit auch der KF. **Seidel** spiegelt die Beliebtheit des Nibelungenhelden noch um 1400 lebendig wieder; auch im ON. Seifersdorf: *Sifridisdorf* 1280 (Schles., Sa.). *Seiffrit* Trithalbe 1328 Schweidn. neben *Syffert* schultheiß 1319 ebda.; *Syffart* Peczschen 1470 Lübben; U. *Seyffarth* 1547 Lg.

Seif(f): obd., ÜN. des Seifensieders; vgl. Nic. *Seyfmacher* 1402 Olmütz, Hs. *Seiffensider* 1457 Görl. Vgl. auch mhd. sîfe »sumpf. Bachgelände«, in ON. wie Schmottseifen, Dornseif usw.

Seifüßl (Mchn.) meint Säufuß.

Seiger: mhd. seiger »Waage« (dann auch Uhr); vgl. Seygermaker, Seigerschmidt; mhd. seigerer »Prüfer der Münzgewichte«: *Seygermeister*/Brsl.

Seiler (obd.-md.-schles.): Hersteller von Seilen, Schnüren, Kordeln aus Hanf- oder Flachsgarn im Seilergang-Verfahren, d. h. rückwärtsgehend auf der langgestreckten Seilerbahn (ndd. Reper-, Reiferbahn); ndd. **Seeler** (bzw. Reper), auch Seelmäkker, Sehlmacher, Seelwinder (Seilwindergasse: Hildesh., Hann.). Dazu als ÜN.: Bindseil, Spannseil, Wagenseil, Schu-, Schauseil.

Seilkopf (Hbg.): entstellt aus ndd. *Selekop* (1262 Ro.) »Seilaufkäufer«, wie Weinkopf aus Wînkop »Weinaufkäufer«. – **Seilnach(t)** (Freiburg): obd., ÖN. auf -ach (1683 *Seelnach!*), wie Küß-, Ruffnacht.

Seim s. Sehm! – **Seip(p), Seipel** (Bay., Ö.) = **Seipold,** bzw. Seiprecht, s. Seibold! *Sipel* Streckbein 1409 Frkf., Sifrit *Sypel* 1349 Worms.

Seis, Seiser (Bay.): Herk. N., vgl. ON. Seis/Tirol. Dazu Seisrainer, Seisenberger.

Seißenschmidt (ndd.) = »Sensenschmidt« (zu mnd. seisene), vgl. obd. Segisser!

Seitenzahl = Seidenzahl (-zagel) »Seidenschwanz«, s. dies!

Seiter, Seitner (Oberseitner): z. obd. Flurnamen Seite; Berchtold *Seiter* 1295 O. Rhein, Benz der *Syter* 1402 Kempten.

Seit(t)erle (Württ.) ist entrundetes **Seuterle,** -lin = Seuter = Sütterle, -lin = Sutter (lat. sutor »Näher«) = Schuster (schuochsuter); zeugt von der Berührung mit röm. Kultur, vgl. das heimische schuochwürchte, schuwort: FN. Schubert!

Seitz (obd., Bay. oft): im MA. beliebte obd. KF. zu Seifried (Sitz: Sifrit). *Sytz* Heberlin = *Sifrit* der H. 1370/74 Schw.-Gmünd, *Sytze* Sagtreger 1376 Würzbg., *Seitz* Welcz 1354 Rothenburg.

Selb: ON./Bay.; dazu auch **Selber,** Selbert (Bay.): Nic. *Selber* 1350 Böhmen. Aber **Selbmann** (Mchn.) wie **Selbherr** »eigenwilliger Mensch«: Ritter Hainr. *Selbherre* 1264 Konstanz.

Selcher, Selchert (obd.): »Fleischräucherer«, bair.-österr. »Fleischer« (von mhd. selhen »trocknen«). Vgl. aber ÖN. Selchen, Im Selch, ON. Selchenbach »Weidenbach« (mhd. selhîn = v. d. Salweide).

Sel(c)k, Selke, Selken (Hbg. oft): offenbar fries. Pers. N., aber auch ON. (Selk am Selker Noor/Schleswig, Selka/Thür.; Selkentrop i. W.: selken »tröpfeln«) u. Flußname (die Selke im Harz; dazu **Selkmann**). Selckau ist ostd. ON. wie Selka. S. auch Zelck!

Selke (Hbg. oft): = Selleke »Geselle, Freund«; Tile Selleke *(Selke!)* 1425 *Hi.*

Selder, Seldner (obd.) = »Häusler, Tagelöhner« (ohne Acker, nur mit Gartenland), Bewohner einer *selde* (Bauernhütte). Auch Söldner, **Sellner,** Söllner. Dazu **Seld-, Seltmann** (bair. Allgäu) u. **Seldt(e), Seld** (von).

Seldschopf (Hbg.): entstellt aus Sellschop, s. dies!

Selge (ndd.-md.): der Glückselige. Vgl. *Lutselge (Lutsaleghe)*, der Leutselige, 1298 Lünebg., Joh. *Seleghe* 1307 Greifsw., Herm. *Selge (Selege)* 1316 Wetzlar.

Selig (Seelig), **Seliger** (Seeliger): obd.-schles. = »glücklich, wohlgeartet«; ein *Immerselik* 1370 Glatz. Seliger (Schles.), stark flektiert wie Großer, Langer, Kleiner, begegnet auch als VN.: nobilis vir *Seligerus* de Höllstein/Lörrach, *Seliger* Reydeburg 1417 Ottmachau. Vgl. Godefrid *Selicheit* 1196 Worms. Dazu auch **Seligmann** (heute auch jüd.): Merkl *Seligman* 1365 Brünn, *Seligman* (Jude) 1464 Oppenheim.

Sell(e): mhd. = Geselle, Gefährte, Freund; Conr. *Selle* 1330 Frkf., auch ndd.: »wilkome, leve *selle* min.« Heinr. *Selle (Geselle)* 1274/80 Reutl. Vgl. aber auch ON. Sella Kr. Hoyerswerda; dazu FN. **Seller** (Brsl.) u. Sell(e)/Lg., Görl., u. ON. Sellen i. W.; dazu FN. **Sellmann** (Hbg. oft), wie **Sellhorn** (Hbg. oft) »feuchter, sumpf. Winkel«, ON. Sellstedt im Moor der Geste, Sellbrink, Sellengraben, das Sell! (Bahlow, ON. S. 441). Sellenböhmer (Westf.).

Sel(l)mer = **Sellmaier** (-mayer, -meier), oft in Bay., wie Stromer für Stromaier, Huemer für Hubmaier.

Sellner s. Seldner! – **Sellschopp** (ndd.): Mitglied oder Vorsteher einer Gesellschaft, Genossenschaft; entstellt Seldschopf.

Selm: ON./Westf. (urkdl. *Seleheim*, wie Belm: Beleheim; *sel, bel* »Sumpf«).

Selmer s. Sellmer (Sellmaier)! – **Seltenreich** ist wörtlich zu verstehender Spottname; mit mundartl. *d:* Heinz *Seldenreich* 1403 Bambg. neben Joh. *Seltenrich* 1300 Straßbg.

Seltmann (Allgäu) s. Seldmann!

Seltner (obd.): aus Selten, bzw. = Seldner! Zu **Selter** vgl. auch den Bergwald Selter (urkdl. Salteri: salt »feuchter Schmutz«) b. Freden a. Leine. Aber Thid. *Selter* 1400 Ruhr = ndd. Solter!

Seltz: ON./Pomm. **Selz** (obd.): ON./O. Rhein, auch Flußn. (Salantia).

Selzam wie **Seltsam:** fremdartig, wunderlich.

Selzle (Bay. oft) s. Sälzle!

Selzer s. Sälzer! – **Sembdner** (obd.) meint *Semdener*, vgl. dazu Hannus *in semden* (1381 Dittersbach), d. h. »in den Binsen, im Röhricht«, zu mhd. semede »Riedgras, Binse«, bair.-böhm. auch semme: FN. **Semm(e),** Mchn. öfter. – **Semisch** s. Sehmisch!

Semler (obd.) s. Semmler! **Semmelhaa(c)k** (ndd.) ist der Semmelhöker (mnd. hoke, hake), s. unter Haack!

Semmler (obd.), alem. auch **Simmler,** nebst **Semmel, Simmel,** meint den Semmelbäcker, Weißbrotbäcker (ahd. semila: Lehnwort aus lat. simila »Weizenmehl«). Nickel *Semler der beck* 1452 Eger. Vgl. Dietl *mit der semeln* pabulator 1365 Brünn. **Semmelweis** (bekannter Gynäkologe): mhd. *weiß* »Weizen«.

Semprich s. Simprecht! Aber **Semper,** Semperl (bair.) meint »Wanst, Dickbauch« (so Hans Sachs), auch Kobold; H. *Semperlein* 1400 Nürnbg. – **Semrau:** ostd.-slaw. ON.

Sendelbach: b. Lohr a. M. u. Oberkirch/Baden; e. Sendelbächle zur Rench; s. Bahlow, ON. S. 444! – **Senden** (van): ON./Westf., dazu auch Sendemann (1423 Hann.), bzw. zu Sende b. Wiedenbrück; vgl. ON. Sendenhorst »sumpf. Gehölz«. Hans *van Senden* 1566 Flbg.

Sendker (Westf.-Lippe): urkdl. Sendeker (Senneker); z. Form vgl. westf. Brendeker; sen(d) ist altes Gewässerwort: Sende-, Sennebeke.

Sendler (obd.-sudet.): offenbar wie Sendelhofer, Sendlmaier, Sendel, Sendelbach e. Flurnamen enthaltend; Sendlbeck (Bay.) = -bach. **Sendner** (obd.): z. ON. Senden/Württ.; vgl. Th. Sentner 1483 Bay.

Senf(f), Senft, Sempf nebst Sauersenf (*Suersenf*/Brsl.) ist Berufs-ÜN. des Senfmachers (*Senftmacher* 1400 Rottenbg.; *Senffer* 1483 Altdf./Hess., vgl. *Senffmacher* = *Senffer* 1483 Aargau). Heinczel *Senft (Senif)* 1343 Brünn. Ndd.: *Senep* 1531 Lippe, *Senepgrope* 1303 Ro. (»Senftopf«), *Senepmöle* 1411 Hameln, *Senyffmenger* 1387 Frkf.

Senftleber (obd.) s. Sanftleben! – **Sengebusch, -wald,** -stock (»Baumstubben«) = »rode durch Absengen, Abbrennen«; dazu wohl (als Flurn.) **Seng,** Sengl(e), Sengler (obd.). **Sengelmann** (Hbg. oft) gehört zu ON. wie Sengel-, Sengscheid, Sengelbach, Sengwarden.

Senger (oft) meint wie **Singer** den Sänger, Kantor (Musiker), vgl. mhd. senger-, singer-meister; sengerîe »Pfründe des Kantors«. Nicclos *senger* 1385 Lg., Joh. *sengher* 1363 Greifsw.

Sengmüller (Mchn.): Pächter der Sengmühle. **Senghaas** (Württ.) wird verständlich durch Feldhaas, Sandhaas, Kohlhaas; Seng »brandgerodete Stelle«, s. auch Sengebusch! – **Sengpiel** s. Senkpiel!

Sengstack(e) (ndd. Satzname): *Senghestake* 1426 Barth, meint wohl den Heizer, der das Feuer mit der Stake (Stange) schürt, vgl. Für-, Feuerstake. *Senghebalke* (1346 Lüb.) = Brandstifter? *Sengenweicz* pistor (1402 Prag), Spottn. des Bäckers; vgl. *Sengsbratl* 1434 Bay.

Senkpiel (Sengpiel): ndd. »senke den Pfeil!« (*Senkepil* 1471 Barth). Vgl. *Senkenayl*/Brsl. um 1350. Entweder wörtlich, als Berufs-ÜN. des Pfeilschützen bzw. Nagelschmieds, oder obszön! Vgl. auch **Senkbeil!**

Senn(er): Alpenhirt, Melker, Käsebereiter. Eberlin der *Senner* 1368 Württ. Heinr. der *Senne* 1256 Baden. **Sennhenn** = Henne (Heinrich) der Senne, vgl. Süsterhenn.

Sennewald (Hann., Hbg.): mnd. senewolt »rund«, übertr. »unbeständig« (»dat gelucke dat is senewolt«). Thid. *Senewolt* 1282 Hameln, Joh. *Sennewelle, -wolt* 1357 Dzg.

Sens, Sense: wohl zu sense »Riedgras«, vgl. »Im Sensach«.

Senst: ON./Anhalt.

Sepp, Sepp(e)l (Bay. oft) s. Joseph!

Seraphim, -in: in der Vision des Jesaja (Kap. 6, V. 2) 6flügelige Engelsgestalten am Gottesthron (»Heilig ... ist der Herr Zebaoth!«); aus der kirchl. Liturgie, vgl. die Cherubim. Richard *Seraphin* 1288 Basel.

Serbe: ON. Serba/Thür. – **Sercander** s. Sarcander (Fleischmann)!

Serg(e)l, Sörgel (Bay.) s. Sorge!

Serries, Sörries = Cesarius (Märtyrer, s. Linnartz, FN. S. 20). Vgl. her *Series (Söries)* Stalbiter = dominus *Cesarius* St. 1370 Reval. *Serius* v. Plettenbg. 1381 Soest; Godeke *Zeriusson* 1340 Str.

Serva(e)s, Servatz (ndrhein.) = **Servatius,** Eisheiliger (wie Mamertus u. Pankratius); Hauptpatron v. Maastricht (Bischof v. Tongern, 4. Jh.). S. auch Zerfas, Zierfaß, Zerwes, Zirbes, patr. Vaasen, Vaeßkens.

Sesemann s. Seesemann!

Seßler, Sessel(mann), Sesselmeier (alle in Bay.): z. ÖN. Seßel; aber Seßlin wohl = Sesselmacher (Claus *Seßlin* 1435 Württ.). In Znaim 1363 *Seßler*, Chr. *auf ein seßl*, in Kolin 1391 N. *Wenigsessel.*

Sester(er): obd., ein Böttcher, der Sestern herstellt; mhd. sehster (lat. sextarius) war e. Trocken-u. Flüssigkeitsmaß. Vgl. Sifrit *Halbsestere* 1290 Offenbg./Baden, Cunr. *Sesterer* 1298 Rappoltstein. Auch Sisterer. Vgl. Sester-, Sister-, Süsterhenn, – Henn = Heinrich.

Sethe, Seeth (von), Sethmann: z. ON. Seth a. d. Oste bzw. Seeth/Holst., vgl. in Bremen 1362 Engelb. *de Sethe* u. 1379 Tyleke *Sethman*; set »Sumpf, Moor« (Bahlow, ON. S. 439).

Setje, Setjeeilers (fries.) = *Sedeke, Sideke* (1428 Sedeking wie Wedeking zu Wedeke).

Sett(e)gast: ndd. (Ro., Wismar, Hbg.), »setz den Preis für Gerste (ndd. Garst, Gast) fest!«; ein Marktbeamter, wie **Settekorn** (Setzkorn); u. **Setter,** obd. Setzer.

Settele (obd.), Setterl (Bay.) s. Sättele!

Settemeyer (Hbg., Westf.): Herk. N., vgl. van **Setten.**

Setterich: ON. Kr. Aachen.

Sett-, Sethmacher: Hersteller von Setten (mhd., = Körben, Schüsseln).

Setzentribl: ÜN. des Böttchers (mhd. tribel »Böttcherhammer«); desgl. *Setzraif* (1340 Eger). *Setzenschragen* (1402 Mähren): ÜN. des Marktkrämers. *Setzerede* (1368 Lg.): der Redner oder Anwalt. Vgl. *Seczenslag* 1350 Brsl. Setzensack (Mchn.), vgl. sakhalder 1385 Lg. Setznagel, Setzerübe usw.

Setzepfand: ein Verschwender, der Hab und Gut verpfändet; e. Ritter Albero S. 1209 b. Überlg., e. »ehrbarer« Ritter Cunr. *Setzpand* 1336 Wetzlar. **Setzer** (ndd. Setter) s. Settegast! (Ortlieb der *Setzer* 1290 Regsbg., Nic. *Setzer* 1373 Iglau.)

Setzke (ostd.): KF. zu **Setzlaff,** slaw. Pers. N. wie Retzlaff, Tetzlaff.

Seubert, Seubelt (ostfrk.) s. Seibert! Seibold! Vgl. ON. Seubersdorf, Seubelsdf.

Seuf(f)ert (ostfrk.) s. Seifert!

Seuf(f)erheld (Württ.) s. Seiferheld! Desgl. Seuffer (Württ., Frk.) = Seuffert!

Seume (ndd. Suhm): der Säumige, vgl. Hensel *Seumeswerk* 1368 Lg., Herm. *Sume* 1352 Heidingsfeld; Joh. *Sume* 1352 Stettin, H. *Sumege*/Lüb. Vgl. ndd. Sümenicht (**Seumenicht**/Hbg.) Bekannt ist Joh. Gottfr. Seume: »Spaziergang nach Syrakus« 1802.

Seupelt, Seupt (ostfrk.) s. Seipelt! **Seuß** (Mchn.) s. Seiß! – **Seute(mann):** ndd. wie Söte = der Süße, d. h. Angenehme, Freundliche, Gütige.

Seut(t)er (Württ.), Seuterlin = Suter, Sütterlin »Schuster« (seltener »Schneider«); s. auch Sauter! Bentz der *Siuter* 1361 Württ.

Sevecke (ndd.) s. Sievecke (Sievert)! Vgl. Severt, **Severs** neben Sievert, Sievers.

Seven- (ndd.) s. Sieben-! (Vgl. *Sevenpenning, Sevenhar, Sevenbröder*).

Severin, Severing (Vrings, Frings, rhein.), auch Seffrin, Siffrin, Siffring, alle ndrhein.: der heil. Severinus (Bischof v. Köln, 4. Jh.). S. auch (dän.) Sören! Aber das häufige **Severi(e)n** in Meckl. u. Hbg. deutet auf den slaw. ON. Severin ö. Schwerin! – **Severus** (lat.: »der Strenge«): rhein. Heiliger, Patron der Weber; vgl. den Verres-, Weres-Tag; dazu FN. Sever (*Severus* Jagel 1571 Flsbg.), Vehres, Wehres, Verres, Werres. – **Sewald** s. Seewald!

Sewerin(g) = Severin(g)! – **Seyb** s. Seib! – **Seybold, Seyboth** s. Seibold, Seibt! – **Seyda:** slaw. ON./Jüterbog. **Seydel** s. Seidel! – **Seydholdt** (Hbg.): vgl. ON. Seidfeld i. W. **Seyderhelm** (Hbg.).

Sewing (ndd.) = Siewing, westf. Patr. zu Seveke, s. dies!

Seydlitz (Seidlitz): ostd.-slaw. ON.; schles. Uradel, bekannt durch den Reitergeneral Friedrichs d. Gr. – **Seyerlen** s. Seierlen! **Seyer** (Ro., Hbg. oft): der Säemann (mnd. seyen »säen«). Herman *Seyer* 14. Jh. Ro., Andreas *Seyer* 1548 Hbg. Vgl. Simon Röveseyer (Rübensäer) um 1400 Hbg.

Seyfarth, Seyferth, Seyfried s. Seifert! **Seyler** s. Seiler!

Seymer = Siemer = Sigmar.

Sibbelt (Friesenfürst) s. Siebels! *Sibbele* 1333 Bremen.

Sibbert (Hbg. oft): ndd.-fries. Form für Siebert, »sieg-glänzend« (bekannt als germ. Königsname); patr. Sibbers, Sibbersen. Dazu fries. **Sibbern** (Sigbern, wie Dibbern: Dietbern), patr. Sibberns: -bern »Bär«. KF. ist **Sibbe.** S. auch Siebe (Siebert)!

Sibylle (griech.-lat.) = »Wahrsagerin, Prophetin«, modischer Frauenname; Näheres: Bahlow, Unsere Vornamen S. 91!

Sichardt ist Variante zu obd.-bair. Sighart, wie Wichardt zu Wighard. Desgl. **Sichert.** – **Sichler** (obd.) meint den **Sichelschmidt;** Berchtold *Sicheler* 1284 Villgn.; vgl. Sichelmann, -stiel, -korn. **Sicherer** ist obd. (mhd.) = Vormund.

Sichter(mann), westf., wohnt in feuchter, sumpf. Gegend; vgl. die Sichter(heide) in Lippe u. Sichti-goor i. W.; ags. sichter »sumpf. Wiese«.

Sick (Hbg. oft) nebst patr. **Sicks** u. fries. Patr. **Sickama** meint fries. Sigfried, vgl. a. 988 *Sicco* = *Sifridus*/Friesld. (Stark S. 20). *Sicke* Fricksma 1422 Friesld., *Sicco, Sicke* 1257 Ro. Aber auch obd.-alem. begegnet **Sick** (Baden, Württ.) als KF. zu den Sig-Namen: *Sifridus* cognomento *Sicco* 998, *Sikko* = *Sigmarus* 11. Jh., vgl. Eberh. *Sikke* (Straßbgr. Ritter 1299) u. Sohn Joh. *Sickelin* 1324; dazu FN. **Sickel. Sickinger** (obd.) z. ON. Sickingen, vgl. den Ritter Franz v. Sickingen. *Sicke* v. Albestat 1264 Wetzlar.

Sicker(mann) = Sieker(mann), westf.: zu Siek »sumpf. Stelle«, vgl. Sickmöller = Siekmöller. **Sickert** s. Sichert!

Siddag: ndd.-fries. Pers. N., wie Reddag, s. dies! Dazu als KF. **Sidde, Sidden** (Eggerich *Syddeken* 1542 Friesld., *Siddagus* 1266 Hbg.). *Sideke* 1310 Stade, *Sidebern*/Hbg.

Sieb(e), Sieben(s), Siebs: fries. KF. bzw. Patr. zu Siebert, Siebrand, Siebeth (Sigbot), s. auch Sibbe, Sibbert! *Siebe* Jarich fries. Chronist. **Siebeck(e)** s. Siebke! **Siebel(s):** fries. = Siebold(s), d. i. Sigbold; Gumme *Sybels*, Friese 16. Jh., vgl. Sibbelt!

Siebeneich(n)er, -ler (obd.-schles.): z. ON. u. ON. Siebeneich(en), ndd. Seveneken (ON./Lauenburg). Vgl. Siebenbaum, ndd. Sevenbom (ON. Siebenbäumen/Lauenburg).

Siebenha(a)r, -härl, -hörl (obd.-md.) wie ndd. *Sevenhar:* Spottname wohl für spärlich Behaarte. Die Sieben-Zahl ist eigtl. bibl. Ursprungs gegenüber der germ. Neun-Zahl. In Namen ist Sieben ein allgemeiner, z. T. verstärkender Begriff, vgl. **Siebenlist** (der Neunmalkluge), Siebenauge (der alles sieht), Siebentritt (trit »Tanz«, vgl. Siebensprung); oft in Berufs-ÜN.: **Siebenrock** (auch Simrock!): der Schneider, Siebenmantel, Siebenkittel desgl.; **Siebenschuh** (Jakob *Sibenschuh der schuomacher*/Donaueschgn.), Siebenbeutel: der Beutler, Siebenstich: der Schneider, Siebenwurst: der Wurstmacher, Fleischer, **Siebenkäs** (Bay. oft): der Käser, **Siebenhüner** (Thür., Sa.): der Geflügelzüchter; *Sibenstrüczel* 1350: als Bäkker in Schweidn.! **Siebenheller** (wie Drei-, Vier-, Neunheller), Siebenmark, Siebenpfund, *Sevenpenning* u. ä. deuten auf Zins- oder Abgabeleistungen. **Siebenfreund** (wie Tausendfreund: der viele Freunde hat), vgl. **Siebenwirt** (der viele Gäste hat). Auf Kinderreichtum deuten

Siebenkinder, Siebenkegel (kegel »unehel. Kind«), *Sevenbröder:* Siebenbrüder.

Sieber (obd.-ostmd.) = **Siebmacher,** vgl. Siebrath. Ulr. der *Siber* (Bauer) 1323 Schweiz, Heinr. *Siber* (Cribrator!) 1367 Chemnitz. Herm. Ortlib *siber* 1363 Nbg. Andris *Sebir* 1381 Sorau, Micolasch *Seber* 1475 Neiße.

Sieberg, Sieburg (Rhld., Westf.): ON. Siegburg a. d. Sieg (alt Siberch) bzw. Hohen-Syburg!

Siebert (Hbg., Hann. oft): ndd. Form für Sigbert, nebst KF. **Siebeke, Siebke** (oft) u. Siebken; s. auch **Siebe,** Siebens! Patr. Siebers, rhein. Siebertz, m. hochd. *ei* Seibertz, Seibers, Seibert, Seibicke. Auch **Siebrecht** (Hann. oft).

Siebeth (fries.) = Sieboth bzw. Siebert: vgl. *Siebeth* Papinga, Lübbe *Siebeths,* fries. Häuptlinge 1418.

Siebler (Bay. oft) = Sieber.

Siebold (fries. Ziebold), Siebolds, Siebholz, Siebelts s. Siebel u. Seibold! – **Siebrand,** Ziebrand(s): ndd.-fries. = Sig-brand (brand »flammendes Schwert«).

Siebs (fries.) s. Siebe! – **Siebzehnriebl** (Bay. öfter): Spottname des Rübenbauern. Vgl. Rübenstrunk u. ä.

Sieden (von): z. ON. Sieden (u. Siedenburg) a. d. Siede (*Sidene:* Flußn.!). Bahlow, ON. S. 447!

Siedenkampf (Westf.) = Siedenkamp »niedrig gelegenes Feld«. Vgl. Sieden-Bollentin, Sieden-Dolsleben.

Siedentop, -topf (ndd.) = »Seidenzopf«, ÜN. des vornehmen Stutzers; vgl. im »Wigalois« um 1200: »über die mentel hiengen ir *zöpfe* hin ze tal, wol bewunden überall *mit borten und mit sîden*«. Ähnlich *Sidenekrol* 1326 Lüb. (krol »Locke, Schopf«). *Sidenliv* (-leib), *Sidenesnor* (Seidenschnur) 1321, *sidenwerker* 1326 ebda.; *Sidentop* 1397 Hildesh.

Siedschlag (Stettin) neben Sitschlaff, Setzlaff, ist slaw. Pers. N. auf -slaw »Ruhm«, vgl. Rettschlag: Retzlaff. – **Sieder** meint den Salzsieder (W. *Sieder* 1287 Schw. Hall).

Siefert s. Sievert! **Siefers** s. Sievers! **Siefke,** -ker (ndd.) s. Sieveke, -ker! **Sieferle** s. Seiferle!

Sieg (Hbg. oft): andere Schreibung für **Siek!** Vgl. Buddensieg, Krumsieg!

Sieg(e)l, Sigl (Bay. oft): einst beliebte KF. zu **Sieghard** (Bay. oft: heute auch **Siegert!**), auch zu anderen Sieg-Namen wie Siegmund, Siegward. *Sigel* Sparwenzagel (»Sperlingsschwanz«) 1274 Worms, *Sigel (Sigismund)* Botteling 1412 Glatz, *Sigel (Sifrit)* Houbet, Ritter 1237/23 Pfalz. Erweitert **Siegelmann:** *Sigelmannus* Guntrammi (Ratsh.) 1300 Speyer. *Sigel* Purghart 1502 Tirol.

Siegert (Bay. oft) = **Sieghart** (*Sighards-*, Siegersdorf): *Sighart* Bavarus 12. Jh.; *Sighart* Sentlinger 1295 Mchn. **Sieger:** = Sig-her (sieghafter Heerkämpfer«); Herm. *Sigeher* 1323 Mainstockheim; zuweilen wohl auch = »Sieger«: Berman der *Syger* 1359 Eger. Vgl. ndd. Seeger!

Siegfried: heute landschaftlich in vielen Formen fortlebend, s. Seifert (nebst Seidel), Seiffahrt; Seufert; Sievert, Sievers (nebst Sieveke) usw.

Sieghard (bair.) s. Siegert! – **Siegler:** »Siegelbeamter (sigillator), vgl. ndd. Segler. Tetmarus *Sigeler* 1263 Stettin, *Sigler* 1383 Würzbg. – **Sieglinde:** als VN. seit Wagners »Walküre« (1870). Siegmund u. *Sieglind* waren Siegfrieds Eltern. **Siegloch** (obd.): »nasses, sumpf. Gehölz«. Vgl. Siegmaier. – **Siegmann** (obd.): jüngere Form für Siegwin, Sieghard u. ä. (wie Gößmann, Gießmann f. Goswin). Conr. *Sigeman* 1383 Hopferstadt/Frkn. – **Siegmeyer** s. Siekmeyer! Auch obd. **Si(e)gmaier** deutet auf Wohnstätte am *Sig* = »nasse, sumpfige Stelle« vgl. »uff dem *Siegen*« 1420 (Buck, S. 256).

Siegmund (mund = »Schutz« wie in »Vormund«): als VN. erst seit der Romantik, im MA. nicht volkstümlich; im Nibel.-Lied ist König *Sigmund* der Vater Siegfrieds. Einen *Segimundus* nennt schon Tacitus (Annalen 57) als Sohn des Cheruskerfürsten Segestes. Als FN. auch **Siemund:** *Symunt* Büssener 1440 Straßbg. Am Ndrhein.: **Simond(s).** Ndd. Segemund, Seemund. Die Form **Sigismund** ist erst seit Kaiser S. um 1400 gebräuchlich, der so nach dem Heiligen (Burgunderkönig um 500) hieß; vgl. gotisch *sigis* »Sieg«. *Sigismund* Atze (Dompropst) 1451 Liegnitz neben *Sigmund* Koschwicz 1357 Lg.

Siegnand (heute selten): -nand »kühn« wie in Wignand; ndd. *Segenand* 1266 Ro.; in Hessen *Sigenand* 1265 (Schultheiß zu

Marburg), *Synand* v. Buseck 1306; **Siegrist** s. Sigrist! **Siegroth** (Schles.): ON./Nimptsch.

Siegward (obd.), Siewerdt, Seward (ndd.), Siewets: Siuts (ostfries.): altd. Pers. N. wie Markward, Adalward, Agilward (Eilward). Ulr. *Sigwart* 1325 Eßl.

Siegwein: im MA. Sige-win (win »Freund«): *Segewin* 1251 Hbg., *Sigewin*/Lüb.; Hans der *Sygwein* 1380 Tirol.

Siehard (Hbg.) nebst KF. **Sieh** meint Sighard (1252 *Silhard*/Hbg., vgl. Wilhard ebda.).

Siehl s. Siel! – **Siehler** = Sieler (»Sielenmacher«).

Siek, Sieke, **Sieker, Siekmann,** Siekmeier (Siegmeier!): alle ndd.-westf., nach d. Wohnstätte in feuchtem, sumpfigem Gelände (mnd. *siek*), vgl. ON Siekholz »feuchtes Gehölz« b. Schieder/Pyrmont, Sieker b. Bielefeld. – **Siel, Sielmann** (nordd.): *siel* (idg. *sil*) meint wie *sal, sel, sol, sul* »feuchter Schmutz«, daher Sielholz = Siekholz, dazu Sielbeck, Sielfeldt, Sielhorst; Sielen a. Diemel; aber der **Sieler** (1370 Nbg.) machte Sielen fürs Zugvieh.

Sielaff (Hbg. oft), auch Sieloff, Sielopp, Sielipp: ostd.-slaw. wie Gieloff, Gielaff, Gielap, Gielopp. Vgl. auch slaw. Trielaff, Trieloff (Pomm.). Doch deutet *Silevus* 1257 Ro. auf fries. Sig-lef, vgl. Gerlevus (Gerloff), Durlevus, Eilevus u. ä.

Siel(c)k (Hbg.), Sielken: das patr. -ken deutet aufs Ndd.-Fries., vgl. fries. *Silo* u. VN. **Silke!** Aber **Sielisch** ist slaw. KF. zu Siloslaw.

Sielfleisch, auch Ziel-, Sühl-, Süllfleisch: ÜN. des Fleischers, zu mhd. sul, sül »Salzbrühe«, vgl. Sülze.

Siem, Siems, Siems(s)en (Hbg. zahlr.) nebst **Siemen, Siemens,** Siemensen gehören als KF. bzw. Patr. zu **Siemer, Siemers** (Hbg. zahlr.), d. i. *Sigmar* »siegberühmt«. *Syme* neben *Symer* schon im 9. Jh. in Westf.-Friesld. *Simer* mehrf. um 1250 Ro. (Ernest *Symers* 1262). Auch **Siemann** (= Sigeman): *Siman* schon im 10. Jh. Bisweilen mag auch Simon (Simons) hineinspielen. Zu Siemsglüß (Hbg.) s. Glüsing! **Siemon(sen)** s. Simon! – **Siemt** (Hbg.) ist fries. Siemet für Sigmut, -mund (vgl. *Symut* 1264 Hbg.), wie Garmt, Helmt.

Siemantel, Siemandl (Bay.) = Simon; vgl. Hermandl, -mantl.

Siemke s. Siem! Vgl. *Symke* 1289 Ro.

Siemund (ndd.) = Sigmund, s. Siegmund!

Siepke, Siepkes s. Siebke!

Siepmann (ndd.-westf.), auch Siebmann, Siep, aus dem Siepen; van der Zypen; **Sieper** (Brocksieper), Siepermann: alle ndrhein.-südwestf., zu mnd. *sîpe* »feuchte, sumpf. Niederung« (an Bachläufen). Vgl. Wevelsiep, Mühlensiepen, Brocksieb; auch Schlingensiefen, Schöneseiffer, Dornseif(er); Siepenkötter usw.

Si(e)rach, Sirack ist ostd.-slaw., wie Schirach, -ack. Vgl. Sierau, Sieroks, Sierakowsky.

Sier(c)k, Sier(c)ks (Hbg. oft) s. Sierich!

Sierich (Hbg.) ist fries. wie **Sierk,** kontrahiert aus Sîge-rik (»siegreicher Herrscher«), in lat. Urkdn. *Siricus*; im 13. Jh. von Bremen bis Strals. bezeugt: *Syrich*, Sohn des Gotschalk friso 1297 Ro.; Joh. *Siricus* 1275 ebda.; *Sirik (Zirik, Siricus)* 1290 Strals., *Siricus* Hofslagere 1268 Hbg.; *Sirck (Siricus)* Mellama 1422/43 Friesld. Patr. ist **Sierks, Sierksena:** Edsardt *Zirckzena* 1441 (Stark, S. 135). Emeke *Syrckes* 1446 Kiel. Zur Form (Sirik, Siricus) vgl. Wirik, Wiricus (Friese) 10. Jh. Bisweilen tritt Verwechslg. (durch den Schreiber) mit Cyriacus (Siriacks) ein, so in Hbg. 1264 Zillis (Syricus faber). Vgl. auch die Schreibung Cirks, Cirksena, Zirk, Zierck, Zürks.

Siering ist ndd. Patr., auch Syring, Siehring, neben Siehr.

Siert, Sierts (Hbg.) ist fries. Pers. N., kontrahiert aus Sigward: urkdl. *Siurt* Wiarda 1398 = *Siwerd* Wiarda 1419/22. Dazu patr.: Sivert *Sirtema* 1191.

Siese: vgl. den Siese-Berg b. Driburg, die Siseke i. W., Sisbeck; Sis-sele/Flandern; *sis (ses)* meint Sumpf, Ried.

Sieß (Mchn. oft) = Süß.

Sieß(en)büttel (Hbg.): ON. wie Wolfen-, Eddelbüttel, s. Siese!

Sieste (Hbg.): seltener fries. Pers. N., alt Sigest (mit st-Suffix zu Sigward u. ä., vgl. Meynest 1321 Stade: zu Meinward); in Lüb. 13. Jh. 2mal *Sygest(us)*, in Ro. 1295 *Syst(o)*, desgl. in Hbg. 1274.

Sietas (Altes Land): urkdl. *Sivetasche* 1510, *Sietasch* 1631, *Sietas* 1676.

Sietz (Hbg. oft) meint fries. **Siets,** Pers. N. Sito, vgl. patr. Taco *Sitema* 1495. Auch patr. **Sytsema.** Schon 1422 fries. *Sitze*.

Sieveking (Hbg. oft): Patr. zu ndd. **Sieveke** = Sievert. Vgl. Gödeking, Gereking, Reineking u. ä. Vgl. G. H. Sieveking, Geschichte u. Stammtafel der Hamburger Familie S. (1933). Clawes *Syveken* 1356 Lünebg. Auch **Siefke(n)** geschrieben: Hobbensiefken (Hobben *Sieveke* 1581 i. O.). Variante ist **Seveke** (Hbg. oft) nebst Severt.

Sievers (Hbg. zahlr.) nebst Sieversen ist Patr. zu **Sievert** (oft), = Sivrit, Sigfrid; auch **Sieverts,** Sievertsen. *Sivert* Clot 1321 Lüb. Auch **Siefert,** Siffert, Siefers geschrieben. Vgl. Seifert! Dazu als westf. Patr. Sieverding, Sievering, Sieverling, Süverling.

Siewers, Siewert (Hbg. oft) nebst Siewertsen ist Schreibvariante zu Sievers, Sievert, Sievertsen, soweit nicht ndd.-fries. Siewert, Siewets = Sigwart gemeint ist, vgl. *Sieweld* Heinema 1422.

Sifferle s. Seiferle! – **Siffrin** s. Severin! **Sigismund** s. Siegmund!

Sigg (obd.) meint Sick, vgl. Magg für Mack. Hug *Sigge* 1300 Rottweil. Ebenso **Siggel** (obd.) = Sickel, s. dies!

Siggelkow: ON. Parchim/Meckl. – **Sigl** (Bay. oft) s. Siegel!

Sigrid s. Ingrid!

Sigrist, Siegeris(t): alem. für »Küster, Mesner« (ahd. sigristo, aus mlat. sacrista); Heinr. der *Sigrist* 1316 Klingnau/Aargau.

Sikor(r)a: slaw. = »Meise«. Vgl. Sikorski.

Silber: Berufs-ÜN. des Silberschmieds bzw. Silberhändlers, Silbergräbers (im Silberbergwerk), Silberprüfers (*silberprenner* 1368 Brünn, *sülverberner* 1365 Greifsw.), vgl. Ulreich *Silberwage* 1408 Eger; Michel *mit dem silber* = Michel *Silber* 1389 Brsl. Dazu **Silbernagel:** der Silberschmied, desgl. Silberdraht, Silbereisen; Silberbort, *Silverbuk* (1262 Hbg.) deuten auf modische Silbergürtel. Vgl. obd. *Silberer* (1279 Eßl.). Silbert (ostmd.) zeigt junges *t.*

Silbermann: Nickel *Silberman* 1412 Görl. (»Silberhändler«), vgl. Goldmann, im MA. beide noch nicht jüd.; aber **Silberstein** ist jung (jüd.).

Silcher s. Selcher! (Albr. der *Silcher* 1358 Württ.). Aber **Silchmüller** wie Sulchmüller (obd.) zu mhd. sülch »Pfütze, Suhle«. – **Silex** (lat.) = »Kiesel«.

Sill ist ÖN. wie auch **Sillen** (Sil-heim), Sillens(en), Sillenstede, alle nordd.; zu *sil* s. Siel! **Siller** (obd., Mchn.): Herk. N., vgl. Hof Sill/Tirol. Sill/Salzach.

Silljacks (ndd.) wie Ciliax meint Cyriacks, Zieriacks, Siriax = Cyriacus (Märtyrer, einer der 14 Nothelfer). Vgl. urkdl. *Tzyliakes (Cyriacus)* Emersleve 1390 Haldsl. Zum Wandel *r:l* vgl. A. Lasch, Mnd. Gramm. 140.

Silvester: Heil. N., nach Papst S. (314/35), Held vieler Legenden; wörtl. (lat.) »Waldmann«. Auch Vester, Fester u. ä.: *Fester* Ludewig 1538 Bln. – **Silvia** (lat. »Waldkind«): als VN. erst seit der Idyllendichtung des 18. Jhs. (Gellert). – **Silz** (Hbg.): ON./Meckl.

Simböck, Simbeck, Simbach (Bay. oft): aus Simbach/Bay. (mehrf.). Valtan *Simpeck (Sibenpeck)* 1464 NdBay. – **Simmank** s. Simon!

Simmel, Sim(m)ler (obd.) s. Semmler! Joh. *Symeler (Symelman)* 1311 Elsaß, C. *Simelbek* 1419 Allgäu. – **Simmermacher:** mhd. *sümmer,* ahd. sumbir, noch heute Simmer meist ein Hohlmaß (urspr. Korb). Dazu **Simmerlein** (Henneke *Sümmerlin, Symerlin* 1336 Ingelheim).

Sim(m)eth (Bay.) nebst ON. Simmetsreut/Bay. erinnert an die Simmetswiesen, zu mhd. semide »Binse, Rohr«, vgl. Simmets-, Zimmethalde. Simmenberg/Hess.: (Semidenberg!).

Simon (Siemon), ndd. patr. **Simons,** Simonsen (oft): N. zweier Apostel (hebr. Schimeon »Erhörung«), Simon Cananäus u. Simon Petrus. Auch Simmon, rhein. Simmgen, ostd.-slaw. Simke (Schimke), Simmank (Schimmang), Simmig; lit.-ostpr. Simoneit. *Symko (Symon)* Stoyan 1412 Posen, *Schimko* v. Kalkow 1381 b. Neiße. S. auch Siemens!

Simprecht (germ. Sind-berht, zu ahd. sint »Weg, Reise, Heerfahrt«, gisindi »Begleitung«): nur bair., da Ortsheiliger von Augsbg., von wo auch der Buchdrucker *Simprecht* Sorg (gen. Froschauer, 1528 in Lg.) stammte. Über ihn: Bahlow, Buchdruck zu Lg. (1928). Auch *Simpertus* Morenhaupt (kaiserl. Notar 1554) war Augsbgr. Dazu ON. Simprechtshsn./Jagst. Merten *Semprich(t)* 1532 Lg.

Simrock: verschliffen aus Siebenrock, wie Simpeck a. Sibenpeck; ÜN. des Schneiders, vgl. Siebenschuh: der Schuhmacher, Siebenwurst: der Fleischer usw.

Simson (hebr. Schimschon »kl. Sonne«): der volkstümlichste »Richter« Israels (Buch d. Richter Kap. 14/16), Vorbild der Stärke u. Tapferkeit (als Bezwinger der Philister); s. auch Samson! Als FN. südwestd.-schweizer.

Sinapius: lat. frisierter Senf (ndd. Senep; lat. sinapis).

Sindermann (Sündermann): in Schles. mehrf., umgedeutet aus urkdl. Sinderam (Wodansrabe als Reisebegleiter), Sagengestalt um Dietrich v. Bern (Socin S. 570). Vgl. ebenso Gundermann (Gunderam), Bertermann (Bertram). Heynke *Synderam* 1372 Lg. (1415 Neiße); *Sintram* 1409 Würzbg. Heute auch **Sinram, Zindram, Sindram,** Sündram. Als KF. vgl. Sinz: *Sinderamus* qui et *Sinzo* 1104. Vgl. auch Simprecht u. Sindold: Conradus *Syndoldi* 13. Jh. Erfurt, ON. Sindolsheim/Frkn. (Sindolt ist e. Held Dietrichs).

Singelmann (Hbg.): oft z. ÖN. Singel.

Singenstrüh (Hbg.): ÖN. wie Obenstrohe i. O. (strud, strod »feuchtes Gebüsch«, vgl. Ströh; sing »Sumpfwasser«, vgl. Singendonk!).

Singer (bes. obd.) s. Senger! In Baden vgl. auch ON. Singen. Obd. **Sing, Single, Singler** z. Flurnamen Sing(le) (vgl. Sengle, Sengler); e. Ort Singeln lag b. Waldshut. **Singewald,** Sengewald: ÖN. bzw. ON.

Singlspieler (Ö.): vom Singelsbühel.

Singrün: »Immergrün« (Pflanze), wohl Flurn., vgl. Singriener, Sigrüner (Bay., Ö.). Hans *Singrün* 1433 Reutl.

Sinhuber (Ö.): z. ÖN. Sinhub/Ö. (mehrf.); vgl. Sinnegger, -ecker.

Sinke (Hbg.), **Sin(t)jen** sind fries., (Joh. *Synke* 1335 Lüb.) vgl. *Sineke* 1496 Farmsum, Aylt *Synedes* 1461, Caspar *Sinada* 1442, *Sinelt* 1466, *Sinold* 16. Jh., alle in Friesld. Der religiöse Dichter Balth. **Sinold** (um 1700) war Hesse, vgl. dort *Sinand* v. Buseck 1306 u. Contze *Sinand* 1313, d. i. Signand (wie Winand, Winold = Wignand). Ein Ph. *Synolt* 1477 Odenw.

Sinn, Sinne ist mehrf. Fluß- u. ON. (Bahlow, ON. S. 449); dazu Sinnemann.

Sinner (obd.): mhd. = »Eichmeister, Visierer«; Mikesch *Synner* 1368 Jitschin, Peter *Sinner* 1427 Straßbg. Aber Hohensinner: z. ON.!

Sinnig: mhd. = »verständig, weise«, vgl. *Sinnigshauptel* 1348 Brünn, Joh. *Sinneghe* (Sensus) 1285 Strals. Aber **Sinning** ist Herk. N.: ON. Sinning/Bay., ON. Sinningen/Westf.

Sin(n)wel(l): mhd. sinwel »rund«, von rundlicher Gestalt. Heinr. *Sinwel*/Freiburg. – **Sinz** (obd.): z. ON. Sinz b. Saarburg (vgl. Burkh. der *Sintzer* 1294 Meßkirch), soweit nicht KF. zu Sindram, s. dies! (Burkh. *Sintz* 1265 Eßl.). Der ON. ist kelt. (Sentia) wie auch **Sinzig** a. Rh. (Sentiacum a. 762).

Sinold s. Sinke! – **Sinram** s. Sindram, Sindermann!

Sintenis (ndrhein.) = Sinte (Sanct) Dionys, frz. Saint Denis.

Sinther, von Sintern: ON. Sinthern b. Köln. Vgl. auch mhd. *sinter* »Metallschlacke«: *Sinterhauff*, heute FN. Sünderhauf! Auch mhd. sinder: Ulr. *Sinder* 1340 Eger. **Sintram** s. Sindram!

Sipp (fries.) = Sibbert (Sigbert), wie Ripp = Ribbert (Rikbert). *Sippo* Sceltama 1473, Friese. Vgl. auch ndd. **Sippold** (Sigbald) u. KF. Sippel. Aber obd. **Sippl** (Bay.), Sipple (Württ.) = Süppel, -le.

Sirch (obd., Mchn. oft) = mhd. sürch »Mohrenhirse, Sürch«, ÜN. für Hirsebauern. Dazu Sürcher (1381 Württ.).

Siriax s. Silljacks! – **Sisterer** s. Sesterer!

Sisum (Hbg. öfter): ndd.-fries. ON. auf -um (-heim), wie die Synonyma Lesum, Dutum, Lutum, Sustrum usw., s. Siese!

Sittard: ON./Ndrhein. **Sitte** (Hbg. öfter) = Sidde (fries. Pers. N.), vgl. fries. **Sittjes** = Siddeke(s), s. Siddag! Vgl. auch Taco *Sitema* (Friese) 1495. – **Sitterle** s. Sütterle!

Sittig: mhd. sitich »wohlgesittet«; zuweilen = mhd. (p)sitich »Papagei, Sittich« (lat. psittacus). – **Sittl, Sittler, Sittner** (obd.) = Süttl(er), Süttner, zu sütte »Pfütze«. Vgl. auch ON. Sitten.

Sitzke: ostd.-slaw. KF. zu Sitzlaff, Sitschlaff s. Siedschlag!

Six(t), Sixl (Bay. oft): Sixtus (lat. »der Sechste«) hießen mehrere Päpste; gemeint ist der Märtyrer Sixtus II., gest. 258. Vgl. *Sixt* Beckmesser, Meistersinger.

Sjurts: fries. für Sigward, Siewerts, s. dies! (*Siurd* = *Siwerd* Wiarda um 1400). Dazu **Siursen** (Sigwards Sohn).

Skowronnek (O./S. oft): poln. = »Lerche«.

Slevogt (Thür.) s. Schleevogt!

Sloman (Hbg.): ndd. *slo* »Sumpf«, Hennig *Sloman* 1454 Haldsl., vgl. Schlobohm.

Smed(es), Smets (ndd.) = Schmieds (rhein. Schmitz).

Smetana s. Schmetten! Vgl. **Smend** u. Schmand!

Smol(k)a s. Schmolck! – **Snell** s. Schnell! – **Snedker,** Snitker s. Schnittker!

Sobbe, Söbbe (ndd.) = »Säufer« (Schiller-Lübben, Mnd. Wb. 4, 908). Werner *Subbe, Sobbe* 1300 Ro., Goswin *Sobbe* 1401/Ruhr.

Söbenbohm (Hbg.): ndd. *Sevenbomen* 1360 = ON. Siebenbäumen/Lauenbg.

Sobisch (vgl. Sabisch): ostd.-slaw. KF. zu Sobieslav (sob- »Kampfgenossenschaft«, slav »Ruhm«), böhm. Herzogsname (12. Jh.). *Sobeslaus* Wacker 1319 Brsl. Dazu auch **Sobek.**

Sobotta, Sobottka (slaw.) = »Sabbath«, oft in O./S., deutet auf den Sonnabendmarkt. – **Socher** (Ö.) s. Sacher! Aber Sochor ist wend. (»Stange«), desgl. Socha (»Pfahl«). – **Socin** (Schweiz.): Autor des Mhd. Namenbuches (1901). Ein Italiener *Sozzini* wurde 1560 Bürger von Basel. – **Söchting,** Süchting (ndd.) »kränklich«.

Sodemann (ndd. öfter): z. ÖN. Sode »Pfütze, sumpf. Gelände« (vgl. »Grassoden«). Hilbrant *vamme Sode* 1341 Hann. Vgl. »von **Soden**« (mehrf. ON.). Dazu **Söder** (ndd.): vgl. ON. Söder b. Hildesh. (*von Soderen*/Alt-Lüb.) u. **Soder** (obd.); zu schwäb. Sod(ach) »sumpf. Wiese, Ried«; Henne *Soder* 1437 b. Lörrach. **Söding:** ON. Sodingen i. W. **Södring** i. O. **Södel** (ON./Hessen).

Söf(f)ker: ndd.-westf. Patr. zu Sieveke, Seveke: Sievert, mit mundartl. ö wie Söwenhaar für Seven-, Siebenhaar; vgl. Siefker (1507 *Sieveker*/Lippe). Dazu auch **Söffing** wie Seefing, Siefing.

Soffner (Neustadt/OS., Ratibor), Suffner: offenbar Metr. zu Soffe: Sophie wie Eitner zu Agathe, Tilgner zu Tilge: Ottilie. Vgl. Soffler 1394 Brünn: zu Soffel 1358 Brsl.; auch Soffeier 1395 b. Eger. **Sofka.**

Sohl, Sohler (vgl. Wiedensohler): z. häufigen ÖN. (ON.) Sohl »Sumpf, Schmutz« (idg. *sol*); mhd. sol-grube »Kotgrube«; vgl. den Sohlgraben, Sohlgrund, Sohl-Berg, den Sohl, den Sohler usw. (Bahlow, ON. S. 451). Dazu ndd. **Söhl** (Hbg. oft), Söhle, Söhler, Söhlmann; **Söhling:** z. ON. Söhlingen/Wümme. Aber *solemeker* (1345 Lüb.) der »Sohlen-, Sandalenmacher«; *solensneider* 1386 D.-Brod.

Sohm (obd.): mundartl. für **Sahm** (mhd. sâme »Samen«, auch »Saat(feld)«); ÜN. des Sämanns oder Samenhändlers; vgl. das *Somenmendlin* 1491 Stuttg. S. auch Rübsahm! Schüttensam! Hs. der *Som* 1364 Tannheim.

Sohnrey (Hbg.) dürfte noch nordd. Flurname sein, wie Krumrey, Moorrey, Ruschrey, Riesrey, bes. in Holstein; zu *son (sun)* »Sumpfwasser u. ä.«, vgl. Fluß (Sona/Brabant, ON. Sonscheid, Sonlar usw. (Bahlow, ON. S. 452).

Sohns, Söhns (ndd.-fries.): oft Raum Hbg.-Hann., Patr. neben **Sohn, Söhnke,** zum Unterschied vom **Vater** (Vader). Joh. *Sone, Soneke* 1318/23 Lüb. **Söhngen,** Söhnchen ist ndrhein.-westf. (oft in Barmen, Düss., Hagen). **Söhnker** ist westf. Patr. zu Söhnke. **Söhnlein** ist wie Söhnle obd., desgl. Söhndl = Söhnel. Vgl. auch **Modersohn,** Trautsohn, Gutersohn; *Vadersun* 1308 Wetzlar.

Sohr, Sohre (Hbg.) ist mehrf. ÖN. (ON.), zu *sor* »Sumpf(wasser)« (Bahlow, ON. S. 454), vgl. Sohren, Sohrschied, Sohr, Sohrbach, die Söhre (feuchter Wald), Söhren/Holst., Söhre/Hildesh., dazu FN. **Söhrmann.** Zu Sohr vgl. auch ON. Sohra/Sa. Aber **Söhren** (Hbg.), Söhrnsen s. Sören!

Sohst (Hbg. oft) = Soest, urkdl. Sosat, z. Wasserwort *sos, sus* (vgl. die Söse im Harz, die Soeste/Ems). – **Sökeland** (ndd.): »suche Land«, ÜN. für Seefahrer, Schiffer, in Strals. auch für e. Kogge. Thid. *Sokelant* 1277 Ro. (1325 Lüb., 1474 Barth). Vgl. Sökedrunk. Aber obd. Suchsland ist als N. e. Fahrenden bezeugt. – **Sokolowski** (poln.): zu Sokoll »Falke«. – **Solbrig,** -brich: ON. Solberg, wie Hubrich, Hirschbrich u. ä.

Sölch (Mchn. oft) s. Selch!

Soldan: mhd. = »Sultan« (ital. soldano); auch Suldan.

Soldat: mhd. = »Sold, Lohn« (mlat. soldata, zu lat. solidus, e. Münze). Vgl. mnd. solder »Söldner«: Joh. *Soldere* 1297 Hbg. Desgl. *soldner* 1359 Eger, in Bay. aber = Seldner, Sellner, s. dies!

Soldtwedel s. Soltwedel! – **Solf:** angebl. e. Karpfenart.

Solger (obd.) s. Sulger! – **Solheid:** ÖN. (»sumpf. Heide«), vgl. Grünheid, Schönheid, Strunkheid.

Soll (Solle), **Soller,** Sollmann: z. ÖN. (ON.) Soll, Solla s. Sohl! Vgl. auch mhd. solre, soller »Balkon, Söller«. In Tirol mehrf. Sollhöfe u. Sollerhöfe. Dazu **Sollfrank** (Bay. öfter), nach d. Wohnstätte, wie Saalfrank (a. d. frk. Saale). – **Söllner** (Bay. oft) s. Sellner! – **Söll** (Mchn.): ON./ Bay. bzw. = Sell!

Solms: ON./Hessen, prähistor. Flußname *Sulmissa* (sul-m »Schmutzwasser«). Vgl. die Sulm z. Neckar. – **Soltau** (Hbg. oft): ON. (a. d. Böhme), wie Soltwedel, Soltholz, Soltbeke, Soltern; Solterbeck; Soltwisch; *solt* nicht »Salz«, sondern »Sumpf-, Moor-, Schmutzwasser«!

Sölter (ndd., Hann., Hbg. oft) = obd. Sälzer »Salzhändler«; desgl. **Soltmann,** Soldmann: Nic. *Soldman* 1335 u. Hence *Soltman* 1260 Ro.; Hermen *Soltere* 1337 Hann. Dazu **Soltkahn:** Joh. *Soltkane* 1307 Hbg. *Soltmetere* »Salzmesser« 1284 Hbg. nebst *Soltmester* v. Lünebg. 1294 Hbg. *Saldsieder* (FN./Stettin).

Soltwedel, heute ON. Salzwedel (*saltwidele* 1160: zu *salt* »Schmutz, Sumpf«, s. Bahlow, ON. S. 443); vgl. Marwedel u. ä., alle = »Sumpffurt«.

Solvie (Hbg. öfter auch Salphie): ndd. »Salbei« (mhd. salveie, mlat. salvia). Die Straße Sophienblatt (Kiel) hieß urkdl. *Solvienblatt!* Vgl. Herm. Selvinblat 1196 Köln.

Somann, Soomann (ndd.) s. Sodemann!

Somfleth (Hbg.): ON. Sumfleth/U.-Elbe.

Sommer (sehr häufig): wie Winter mehrdeutig. Vereinzelt auch als VN., so 858 am Ob.Rhein, wenn e. Willehelm seine Söhne Willehelm, Willihar, *Sumar und Wintar* benennt, offenbar e. Zwillingspaar! Öfter mag berufl. Beziehung z. sommerl. Jahreszeit gemeint sein, vgl. Sommer- u. Winterbäcker, Sommer- u. Winterhöker, wie auch *Hoffsümmer (Hopesomer)* vermuten läßt; auch Sommerschiffer (ags. Sumerlida) ist bezeugt. **Sommerwerck** »Sommerarbeit«! *Sumerkremer* 1354 Worms, *Sumerknecht* (Saisonarbeiter) 1353 Brünn! **Sommerlatte:** mhd. sumerlate »e. Sommer alter Sprößling«. Gärtnername. **Sommerhalter** (obd.) = -halder: an der Sommerseite (Sommerhang) wohnend. **Sommerer** (Bay. oft): z. T. = Sommer, z. T. = Sommerauer, ON. Sommerau mehrf. (Bay., Baden usw.). Vgl. Nic. *zur Sumerwonne* 1300 Mainz.

Sommersell: ON. (b. Höxter, Lemgo usw.), urkdl. *Sumer-sele* »feuchte Niederung«) (wie Leder-, Over-, Wetersele); vgl. den Bach *Sumere* b. Höxter!

Sonder, Sondermann, Sonderhoff wie **Sunder,** Sundermann, alle in Westf.-Hann., gehören z. Flurn. »Im Sonder«, »Sunder«, d. i. »sumpfig-schmutziges Gelände« (Bahlow, ON. S. 452!). Vgl. auch ON. Sondern b. Olpe, Sundern mehrf. i. W.; e. Sonderbach zur Vechte, e. Sondernwald i. Thür., e. Sonderkopf b. Vaake/Weser. Sondershausen!

Sonja: russ. KF. zu Sophie (wie Katja zu Katharina).

Sönksen (Hbg. oft) ist ndd.-fries. Patr. zu **Sönke** »Söhnchen«, bei den Friesen auch als VN. gebraucht; noch heute z. B. Söhnke Petersen; vgl. **Sönnecken, Sönnichsen** (Hbg. oft). Viell. spielt auch got. sunja »Wahrheit« hinein. In Flsbg. 1583 *Sonnick Sonnicksen.*

Sonnabend s. Freitag!

Sonnemäker (ndd.) = Sunne-, Sundmäker »Gesundmacher«. **Sonnemann** (Hann., Hbg. oft): wohl z. Flurn. Sonne. Vgl. auch Sonnemare, Sonnebeke/Flandern, Sonneborn usw. Zum FN. **Sonne** vgl. auch den Hausn. »zur Sonne«, noch heute: Hugo *zer Sunnen* 1290 Basel.

Sonne(n)kalb (Thür., Sa., auch O.Rhein): volkstüml. = Marienkäferchen, Glückskäfer. Otto *Sunnenkalb* 1275 Straßbg. **Sonnenschein** = sonniger Mensch, aber auch Flurn. – **Sonnenstuhl** (Ostpr.): dort ÖN. **Sonnleitner** (Bay., Ö.): häuf. ÖN. Sonnleiten (Leite = mhd. lîte »Halde, Hang«). – **Sonner** (Bay.): mhd. sunnen »bleichen«, eher z. Hofn. Sonne ebda.

Sonntag (oft, bes. in Sa.): z. T. durch sonntägl. Berufsarbeit bedingt, vgl. Hensel *Suntag (Suntagspek!)* 1393/88 D.-Brod, M. *Suntagsknecht* 1332 Prag.

Soost, Sohst s. Soest! Dazu »von Soosten«.

Sophie (griech. sophia »Weisheit«): Die heil. Sophie, gest. unter Kaiser Hadrian, war Mutter der Märtyrinnen Fides, Spes u. Caritas (Glaube, Hoffnung, Liebe). KF. Soff, Sofferl (Wien), Fye, Fey. S. auch Soffner! Weiteres: Bahlow, Unsere Vornamen, S. 93.

Sopp(e): obd. Soppen = »Sumpf«, vgl. Soppensee, Soppach, Riedsoppen. Hainr. *Sopp* 1326 Württ. – **Sör(e)nsen** (Hbg., Holstein oft) nebst **Sörens** ist Patr.: »Sohn des *Sören*«, d. i. dän. Form für *Severin* (Heil. N.), s. dies! Bekannt durch d. dän. Theologen Sören Kierkegaard. Vgl. die St. Severins- oder Sörens-Kirche in Alt-Hadersleben. Auch **Söhren,** Söhrnsen.

Sorge, obd. **Sorg, Sörgel** meint den Sorgenbeladenen im Gegensatz zum **Sorgenfrei** (Hbg. oft), Ohnesorge, Ansorge, Sondersorg. Vgl. Kleinsorge, Frühsorge. **Sorgenicht.** *Sorgenfînt* »Sorgenfeind« 1350 Brsl. Belege: Detmar *Sorge* 1325 Greifsw., Nic. *Sörgel* 1364 Iglau, Frick *Sörgel* 1383 Kempten, *Sorgenfrey* 1364 Prag. Auch **Sorger** (mhd.-obd.). Vgl. auch ON. Sorge/Harz, Sorga/Hersf., Sorgau/Sa.

Sostmann s. Soost, Soest! – **Sötebeer,** -behr, -bier (Hbg. oft): ndd. = »Süßbier«, ÜN. des Bierbrauers bzw. Schankwirts. Vgl. Suhrbeer, -behr! Ähnlich *Söteboter* 1289 Ro., *Sötevlesch* 1305 Greifsw. (Sötefleisch), Söthmelk. *Sötemund* 1261 Hbg., 1282 Strals., *Sötelif* 1269 Ro. **Söth** (Hbg. oft, ndd.) = obd. »Süß«.

Sothmann (ndd. öfter): am Brunnen wohnend; vgl. *Sotgraver* »Brunnengräber« 1300 Ro., *Sotmeker.* Vgl. auch **Soth,** von **Sothen, Sottorf** (Hbg. oft): ON. b. Lünebg.

Soyer (Bay.): z. ON. Soyen/Bay. (= Seon, Seewen: zu den Seen).

Soyter (Bay.) s. Seiter! (Vgl. Schloifer für Schleifer).

Spaarschuh: ÜN. des Barfüßigen.

Spach(mann) mhd. spach »dürr, trocken«; vgl. **Spachholz** (ndd. Spakholt): »dürres Reisicht, Brennholz, Holzspan« (mhd. spache): *Spakholt* 1301 Hann.; Spachtholz (Mchn.).

Spade (ndd.) = »Spaten«; vgl. aber ON. Spaden »Moorort« b. Geestemde., Spadenland, -teich (Hbg.). Reyneke *Spadakker* 1392 Hann.; **Spading.**

Späh (obd.): mhd. spaehe »scharfsichtig, schlau«. Herm. *Spähe* 1296 b. Weingarten.

Spahl: ON./Rhön (852 Spane-lo »feuchte Niederung«, vgl. Spanbeck, Spanbroek: Bahlow, ON. S. 455).

Spahn, Spähnle, Spohn wird deutlicher durch Schnitzspahn, Schrenkenspan, Sponholtz (Spönhölzel = Holzspan, Kienholz), also Berufs-ÜN., vgl. Spenlehauer. Aber der ON. Spahn am Hümmling meint Moor, Moder, s. Spahl! Auch Sponholz ist ON. (Meckl.). *Spanvarch* (Nürnbg. 1400) = »Spanferkel«, zu *span, spen* »Muttermilch«.

Spa(h)r: »Sperling«, vgl. Sparkuhl (Hbg.) und Nickel Sparnest 1433 Lg. Dazu ndd. Spark: Nic. Spareke 1290 Hbg. Vgl. Sparvögli 1500 Meßkirch, neben mhd. Spervogel.

Spalckhaver (Hbg., Hann.): »spitzer, stechender Hafer« Bauernname. Hinr. *Spalkehavere* 1398 Wismar, Caspar *Sp.* 1571 Ro.

Spalder, Spaller (ndd.) = Holzspalter; vgl. Spalteholz!: Henneke *Spalder* 1386 Bremen, Joh. *Spaller* 1476 ebda. Aber **Spalding** ist ÖN., vgl. in Engld. Spalding-Moor u. die alte Moorldsch. *Spalda! Spaldeford, Spaldewick, Spaldington* ebda. (spald »feuchter Schmutz«). – **Spalteholz:** Berufs-ÜN.; Spaltenwind (1337 Freiburg, wie Spaldewind 1567 Görl.) s. Schneidewind! **Spalteisen:** Schmiede-ÜN. (Spaldysen 1350 Brsl.).

Spamann s. Spachmann! Vgl. ON. Spabrücken/Kreuznach und Spachbrücken!

Spamer (Thür., Hess.): urkdl. *Spanemer* um 1650 Schotten/Vogelsbg. Schwer deutbar.

Spandl, Spändle (obd.) = Spahn, Spähnle, s. dies!

Spang(e) = **Spangemacher.** – **Spangenberger:** ON./Hessen. Auch Berg-N. am Hils. Vgl. die Spange/Holld., die Spangenbeke/Holst. Zur Deutung: Bahlow, ON. S. 456.

Spanjer: »Spanier« (englisch: spaniard); Albert *Spanyerd* 1376 Hbg.

Spangler (Bay.) s. Spengler!

Spänkuch, Spenkuche (Bay.): bair. Kuchenart, wohl hobelspanförmig, vgl. spänen = (das Haar) ringeln. Vgl. ON. Spänfleck/Bayreuth.

Spannenkrebs: viell. ÜN. des Krebsfängers; mhd. krebs meint auch e. Belagerungsmaschine. Joh. *Spanencrebis* 1397 Schweidn., 1461 Dresden. – **Spanner** (Bay. oft): mhd. = Ballenbinder u. Auflader. Nik. *Spanner* 1371 Straßbg. – **Span(n)hake** (nur ndd.: Bremen, Hbg., Brschwg., daher wohl = -hoke »Höker«

mit Holzspänen); vgl. Sponhake 1608 i. O. Andernfalls = Haken zum Spannen der Armbrust. Vgl. »isernhoed, spanhaken unde sweydeler«: Helm, Armbrust u. Satteltasche. Ein *Spanhake* 1451 b. Lbg. **Spannagel** s. Sponnagel! **Span(n)rad** (Bay.): ÜN. des Wagners (Stefan *Spansrat* 1452 Mchn.). **Span(n)ring** (Bay., Ö.): ÜN. des Schmiedes (so 1490 Nürnbg.); Otto *Spanryng* 1397 Lg. **Spannseil:** der Seiler. **Span(n)uth** (ndd.) = **Spannaus,** Fuhrmannsname wie **Spannan.** – **Spanruft** (Bay.): bair. ruft = »Rinde«.

Sparbier, Spahrbier: Spottname f. d. Schankwirt. Joh. *Spareber* 1381 Soest, Heinr. *Sparbyr* 1369 Glatz, Jost *Sp.* 1451 Lg. Vgl. **Sparbrot,** *Sparfleisch* (1350 Brsl.), Sparkäse, Sparrenftlein (»Brotkanten«), Sparschuh, Sparwasser (der Bader?), **Sparlützel** »spare wenig« (1455 Eßl.), *Sparenicht* (1368 Hann.) »spare nichts«. *Sparndinst* 1397 Lg. *Sparhelbling* (der Geizhals). *Sparpuchs* (Sparbüchse) 1382 Kolin.

Spardel (Hbg. öfter): wohl ÖN.

Spark (Hbg.): mnd. sparke »Funke«, Hinr. *Sparke* 1477 Oldbg. Vgl. aber mnd. spar »Sperling«: Nik. *Spareke* 1290 Hbg.

Sparmann, Spaarmann (Hbg.): s. Spohrmann!

Sparr(e): Hbg. oft, = Dachsparren, -balken, ÜN. des Zimmermanns. Vgl. Sparreboom: Detlev *Sparbom* 1363 Greifsw.

Sparrer (Mchn.): ON. Sparray.

Spath = **Späth,** Späthe, Späthmann: wird deutlicher durch **Spätauf,** (Gegensatz: Frühauf, Früh, Frühinsfeld) bzw. **Spathelf,** Spothelfer; *Spatwirt* (1390 Budweis, Gegensatz: Frühwirt). Vgl. aber mhd. spât »Splitter« (*Spadindemouge* 1381 Freiberg).

Spatz (obd.) s. Spar u. Sperling! Dazu *Spaczman* 1390 Böhmen, wie Sparmann!

Spatzier: »Lustwandler«; *Spatzir(er)* 1363 Nbg., 1382 Eßl., krämer(!), vgl. dazu Michel *spetzirer* (= M. kramer!) 1478/80 Ravsbg. (»Spezereihändler«).

Specht (allenthalben oft): mhd. speht »Schwätzer«, spehten »schwatzen«. Der »Baumhacker« spielt im Volksglauben eine Rolle, insofern er die »Springwurzel« zu finden weiß. Auch als Hausname, so in Freiburg. Volzeke *Specht,* pomm. Edler 1255. Aber *Spechthauer* 1328 Hann. ist wie *Speyckhowere* (1343 Lünebg.) u. Speckenheier e. Holzhauer.

Speck, Speckle meint den **Speckesser** (ndd. Speckäter) bzw. den Speckschneider (*Specsnider* 1290 Hbg.), also Berufs-ÜN.; dazu Joh. *Spechals* 1341 Lüb., Ulr. *Speckbraden* (Ritter) 1342 Mainz. **Speckha(h)n** (Bremen, Hbg.) meint Speck-Johann, vgl. Drenckhahn. **Speckbötel** (ndd., in Göttgn. schon 1380) urkdl. = Speckbeutel (ndd. -büdel).

Specker, Spöcker (obd.): z. ÖN. (ON.) Speck (Spöck); Cuonr. der *Specker* 1337 Württ.

Speckmann (ndd.): z. ÖN. (ON.) Specke, Specken (Hann., Westf., Holld.), vgl. Torspecken (»zur Sp.«), ON. Speckenbüttel, Speckhorn, Speckbrede, Speckenwald, Speckenbrink, Spek-ven usw., alle auf sumpf. Gelände deutend. Auch FN. Specken. **Speckhardt** (Nürnbg.) = sumpf. Wald, bzw. = Specker, Speckert. Auch **Speckner** (Bay., Ö.) ist Herk. N.

Speckter (Hbg.): bekannt durch den Hamburger Zeichner Otto Speckter, vielleicht für *Spector* (Hbg.): lat. spector »Beobachter, Prüfer«.

Speer (oft) = Speerschneider, Hersteller der Speerschäfte, wie *Sperheckel*/Iglau. Joh. *Sperschnider* 1448 Ettenheim. Aber *Sperisen* (1279 Thür.): der Schmied der Speerspitze. In Sa. u. Schles. (dort oft) beruht Speer wie **Spehr** vielfach auf Spe(h)rer, entrundet aus Spörer = Sporenmacher; vgl. Meister Hans ein *Sperer* 1560 Lg. u. Nic. *Spörer* 1369 ebda., Georg *Spöhrer (Sper!)* 1593 Görl. Heute auch **Spehrer.** Aber der frühe dominus Herman *Sper* (1307 Ratibor) meint die Waffe, wie Berhtolt *Sper* 1328 Villgn. Vgl. auch *Schüttespeer, Schluderspeer!*

Speetzen (Hbg., Kiel): ÖN.

Spegel, Speigel (ndd.) s. Spiegel! – **Speh** (obd.) s. Späh! – **Spehr(er)** s. Speer! – **Speich** (obd.) = Speichel, feuchter Schmutz, vgl. den Spaichbühl u. Wald Speicheshart. Cunr. *Spaich* 1383 Urach, soweit nicht = *Spaichenhaur* (1752 b. Biberach).

Speicher(t): mhd. spîcher »Kornspeicher«, auch ON. Vgl. ndd. Spiecker!

Speidel, Speiel, Speil (obd.): »Holzkeil«, Pflock; vgl. Wurstspeil; übertr. »Grobian«. Hainr. der *Spidel* 1350 Württ.,

Hs. *Speidelholz* 1424 Augsbg. C. *Spideler* 1336 Ravsbg.

Speiser (ndd. Spieser): der Speisemeister, Speisenausteiler, e. Hof- u. Klosterbeamter, auch in Spitälern (mhd. spîser); vgl. Alb. *Brotspyser* 1372 Lg. Sifrit *Spiser* 1318 Würzbg. – **Speith:** ndd. wie Speth = Spieß: Fr. *Spet* 1300 Lüb. – **Speldrich:** wohl ON.

Spelling, Spilling (ndd.) »gelbe Pflaume«: Bertram *Spelling* 1277 Strals.

Spelmann (ndd.) = Spielmann – **Speller:** z. ON. Spelle Kr. Lingen (890 Spinoloha: spin »feuchter Schmutz«; Bahlow, ON. S. 456). Obd. vgl. spellen (mhd.) »schwatzen«.

Spelt(mann), Spelz(mann): mhd. spelte, spelze »Spelt, Dinkel« (Getreideart), lat. spelta. Vgl. Speltacker. – **Spemann** (wie Klugmann): der Schlaue, s. Späh, Speh! – **Spender** (mhd.-obd.): Almosenausteiler; spender-ambet »A.-Amt«). Frid. *Spendere* 1224 Kloster Schwarzach/Els.

Spencker (Ro.): = obd. Spenler, Spener. Vgl. Spenke 1334 Barth.

Spener (obd.) = Spaner, Sponer »Span-, Spänleschnitzer«. Vgl. den Elsässer Ph. J. Spener, Pietist. Vgl. *spensetzer, spenlehauer.* Ritter Frid. *Spenlin* 1245 Breisach. Ditel *Spener* 1392 b. Eger. Vgl. auch mhd. *spenen* »locken«! spenkar Gefäß mit Lockspeise. (Dazu: Gespenst!). Aber **Spen(d)ler** = Hersteller von Stecknadeln, mhd. spenel, spendel (*Spenler* 1395 b. Eger). – **Spengemann:** aus Spenge b. Herford. – **Spengler** (obd., Bay. oft): »Klempner, Flaschner, Blechschmied« zu spange, spengel. Dazu **Spengel** (auch = Spangenmacher): Joh. v. Eptingen der *Spengelin* 1334 Basel. **Spenger** (Mchn.): mhd. spengen »m. Spangen versehen« (in purpur spengen »kleiden«). Ritter Heinr. *Spengere* 1208 b. Hdlbg.

Sperber (allenthalben, zahlr. in Nürnbg.): im MA. auch als Jagdfalke benutzt. In Basel 1290 auch Hausname (zem Sperwer). Auch **Sperb:** mhd. sperw.

Sperk (Ö., Bay.): mhd. sperke »Sperling«. – **Sperl** (Ö., Bay., auch Spörl): = **Sperling** (dies ostmd.: Sa., Schles.) u. ndd. S. auch Spahr (mhd. spar)! Ulr. der *Sperl* 1383 Cham/Bay., Joh. *Sperling* 1285 Ro., Peczuld *Sperling* 1382 Lg. **Sperlich** (Schles., Sa.) = Sperling, vgl. Freiling: Freilich, Dreiling: Dreilich, Beinling: Beinlich. Sperling war auch Beiname Herzog Heinrichs VIII. v. Schles.

Sperner (Sa.) s. Spörner! – **Sperr** (Bay. oft) nebst **Sperrer** mhd. sperre »Riegel, Klammer«, sperrer »Verschließer«. Walter *Sperrer* 1303 Württ. Vgl. den Geizhals *Sperrenbütel, -sack* (Brünn).

Spervogel: mhd. = »Sperling«; Heinr. *Spervogel* 1287 Eger. Bekannt durch den mhd. Spruchdichter (12. Jh.).

Speth, Spethmann (Hbg. oft, Mchn. oft) s. Späth, Späthmann! Aber ndd. Speth, Speith meint auch den »Spieß«: Fred. *Spet* um 1325 Lüb. Dazu Spettnagel (Hbg.) »Spießnagel«. – **Spey:** ON. Spay a. Rh.

Spie(c)ker (ndd.) = »Speicher«, wie **Spie(c)kermann** (Hbg. oft) ÜN. des Aufsehers über den Kornspeicher. Dazu Spiekerkötter (Westf.). Joh. *Spiker* 1304 Greifsw., H. *Spikerman* 1383 Oldbg. Aber **Spi(e)ckernagel** meint den Nagelschmied (ndld. spijkersmid), mnd. spîker »eiserner Nagel«.

Spieg(e)l, Spiegler, ndd. Spegel: der Spiegelmacher. Am Rhein auch Hausname: Peter *zem Spiegel* 1281 Basel. Vgl. *Frauenspiegel* (Alt-Brsl.). Joh. *Spigeler* speculator 1396 Brsl. H. *spegelere* 1257 Ro.

Spiegelhalter (Württ.): vgl. Jacob *an der Spiegelhalden* 1543, wie Buchhalter (von der Buchenhalde).

Spielmann, Spillmann, ndrhein. Spielmanns; ndd. **Spelmann:** im MA. »fahrender Sänger, Musikant, Spaßmacher, Gaukler«. Vgl. Dieterich *Spilman (joculator)* 1241 Elsaß. Dazu auch **Spieler** (obd.): Nitsche *speler* 1372 Lg. – **Spieleder** (Bay.): ÖN. Spielöd. **Spielbichler** (Bay.): z. ÖN. Spielbühel, vgl. die Spielberge. **Spieles** (Ndrh.) = »städt. Spielhaus«, vgl. Backes! *Spelegerne* 1389 Hald.

Spielvogel: »Geliebter Buhle«. Vgl. Hinrik *Spelevogel* 1430 Rüstringen.

Spier, Spiering (Hbg. oft): vgl. den Moorort Spier (mit Spieringmeer) in Drente, Spierenbrock/Flandern, Spier am Spierenbach u. ä., z. Wasserwort *spir:* Wurzel *spi* »Schmutz«. – **Spierling** (Hbg. öfter): ndd. = Stint (kl. Seefisch); sonst = Sperling (mhd. spirling). Auch Spiering ist = Spierling! Hinrich *Spiring* 1451 Hbg.

Spieser (ndd.) s. Speiser! – **Spieß** (oft), ndd. Speth (Speith): = Spießmacher, Spießschmied. Vgl. Schleifenspieß; Reckenspieß; Reitenspieß wie Wendenspieß: (den Bratspieß).

Spieth (Württ. oft): urkdl. Ruf *Spüt* 1373 Eßl. (mhd. spuot »hurtig, erfolgreich«); aber mnd. = »Torf« (H. *Spiet* 1586 Ro.).

Spill(e): mhd. mnd. = spinele »Spindel«, meint den **Spiller** »Spindelmacher, Spillemacher, -drechsler, -dreher, auch Spillner: *Spilndreer* 1410 Lg., *Spillendregere* 1278 Strals., *Spilnere* 1325 Kassel, Conr. *Spiller* 1311 Zürich, Hs. *Spiller* 1381 Sorau. *Spiller* war auch ON. Kr. Löwenbg. Ndd. ist **Spilleker, Spilcke(r):** Thid. *Spillekere* 1371 Bremen. – **Spilling** s. Spelling!

Spindler (obd.-schles.): mhd. spinneler »Spindeldrechsler«, Hensel *Spinler* 1372 Iglau, Nic. *Spindler*/Böhmen. Vgl. die Spindlerbaude/Rsgb. S. auch Spille(r)!

Spinn(en)hirn: obd. Spottname. Vgl. *Spinneben* 1326 Hann. **Spinnräker** (ndd.-westf.) = -rädeker »Spinnradmacher«; vgl. Redeker! **Spinner** und Seidenspinner sind obd.

Spitta, Spittka: ostd.-slaw. (nach Miklosich, S. 99 zu spyt- »behende«).

Spittler Spittel (obd.): mhd. spitaler, spittler »Verwalter eines Spitals, Krankenhauses«, auch »Krankenpfleger, Johanniter«. Jekel *Spitler* 1372 Iglau. Auch als ÖN.

Spitzer (Bay., Ö. zahlr.): z. häufigen ÖN. Spitz vgl. der spitzige Acker 1391: »spitz zulaufende Flur, spitzer Winkel«. Jordan *ab der Spitze* 1364 Amberg, Liendel *im Spitz* 1492 OÖ. Auch **Spitzner,** Spitzler, Spitzeder (-öder).

Spitzfadem (Schneidername) s. Faden! **Spitzhüttl** (1383 Dt.-Brod) = Spitzhut. **Spitznagel:** der Nagelschmied, vgl. Alb. *Spitzenagel* (consul) Besitzer e. Schmiede, 1270 Ro., *Spicznayl faber (!)* 1375 Brsl. **Spitz(en)pfeil** (Satzname): der Pfeilschmied, vgl. Schnellen-, Schnorrenpfeil (= Bogenschütze). Aber Ringpfeil wie Rinkefeil meint den Rinkenfeiler, Spangenmacher. Mit md. *f* für *pf* vgl. *Spiczfeil* 1491 Halle, *Spitzvil faber (!)* 1340 Frkf., *Feilsniczer* 1428 Prag. **Spitzhirn:** »mit spitzigem Verstand, spitzfindig«; e. Ritter Berhtold *Spitzighirn* 1290 b. Eßl. – **Spitzl** (Bay.), Spitzli: = Spitz, s. Spitzer!

Spitzweg: irreführende Schreibung für *Spitzweck*, vgl. Hans *Spitzwegg* 1435 Augsbg., wie Schlitzwegg neben Schlitzweck (Freiburg), Butterwegg, -weck, Hebelweck, lauter obd. Bäckernamen, also »spitzförmige Semmel«. Ein *Spitzweckl* 1320 in Prag.

Splettstößer (Hbg., Hann., Stettin): ndd. »Kleinhändler mit Holzspänen, Brennholz, Schindeln«, mnd. split, splet; urkdl. *Splitstöter*, wie Melstöter, Salzstößer u. ä. Auch Splittstößer, Splitt, *Splett* 1309 Strals. Hinr. *Splyt* 1307 Hbg.: heute **Splieth,** Spliedt. **Splittgerber, Splittgarb** (ndd.) meint den Hersteller von Splitt. Vgl. auch *Splitaf* »spalte ab!«. Obd. vgl. C. *Spleiß* 1384 Füssen (mhd. splîȥe). Splisteser (Hbg.).

Splinter (Hbg.): ndld.-engl. = »Splitter«. Heyne *Splynter* um 1350 Haldsl. – **Splitter,** Spletter s. Splettstößer, Splittgerber! – **Spoddig** (ndd.) = »eilig, sich sputend«. Vgl. aber **Spode:** ON./Westf., wie Spade, Spede = »Moor«!

Spohn s. Spahn, Spohner s. Spahner! Obd. auch **Spöhnle.** Vgl. **Sponholz,** Spönhölzel. – **Spohr, Spöhrle,** Spörl meint den Sporenmacher (**Spohrer, Spörer**), mhd. sporer; vereinzelt wohl auch ÜN. von Rittern, vgl. Klingspor (der Reitersmann): e. Ritter Alb. *Spörlin* 1238 Freiburg, Ritter *Spor* 1257 Weinheim. Auch **Spehr, Spehrer** (Schles., Sa.) ist urkdl. = Spöhrer! Dazu **Spörner,** Sperner (Sa.), Spörndle, Spo(h)rmann (ndd. Sparmann), **Sporleder** (Sparleder). Vgl. ndd. *sparmeker: spormaker.* **Spoldener** (mnd.): inneres Schulterstück der Bekleidung Gewappneter; Thid. *Spoldener* 1345 Strals.

Spo(n)nagel, Spannagel: ÜN. des Nagelschmieds. Sifrit *Spannagel* 1237 Bay.

Sponner (Bay., Ö.) s. Spanner! Vgl. Thonner für Thanner. Ebenso **Sponsel** (Nürnbg. oft) = Spannseil, der Seiler (C. *Spanseil* 1206 Sa.).

Sporbert (Sa.): Sporenmacher; Joh. *Sporwert* 1532 Frohburg. Vgl. dazu Schubert!

Spörhase (ndd.): Jägername.

Spör(c)k, Spörcke, Spor(c)k: Der Spörck b. Dülmen u. ON. Spork i. W. nebst **Sporkhorst, Sporkfeld, Sporkebeke** deuten auf »feuchten Schmutz« (vgl. lat. spurcus, rumän. spurc »Unflat, Kot«). Deutlich auch: Spörkel (Spurc-lo) Ruhr nebst Spörkelnbruch; mhd. spurkel »Februar, Kotmonat«! – **Spoth** s. Spath, Späth! Vgl. Pesold *Spotl (Spetl, Spatl)* 1312 Mies.

Spörl (Spörrl), Bay., Ö.: z. T. = Sperl, Sperrle (Sperling), s. dies! Im übrigen = Spohr (Spörlein), s. dies! **Spörer** s. Spohr!

Spöttel, Spott: beides mhd. = »Spötter«; mhd. spot auch »Spaß«.

Sprandel (obd., Württ.): der Eingebildete, Hochmütige. Joh. *Sprandel* 1518 Urach. Vgl. Spranz!

Sprange (Hbg.): ON./Brabant: vgl. Theod. *Sprange*, Pfr. i. O. 1578, aus Brabant!

Spranger (Lpz. oft): schon 1421 in Plauen Nic. *Spranger*, in Ravsbg. 1522 Barthl. *Spranger*; bekannt durch Eduard Spr. (Pädagoge); meint dasselbe wie Springer: »Gaukler, Tänzer«, mhd. sprangen »springen«. *Springentancz* 1382 Lg. Desgl. **Sprenger** (ndd., Hbg. oft): Herm. *Sprenger* (saltator) 1283 Ro. (1328 Lüb., 1385 Bremen).

Sprank (ndd.): kol-spranke »Heuschrekke«. Herm. *Spranke* 1427 Hameln (1396 Hildesh.). – **Spranz** (obd.): mhd. »Stutzer, Geck«, der gespreizt einherstolziert, auch **Sprenz(el),** Sprenzler, Sprenzing (mhd.): 1348 Brünn.

Sprecher: mhd. = »Schwätzer«, auch »Reimsprecher, der Gedichte vorträgt«, vgl. den Sprichwerter (Württ.); Hs. *Sprecher* 1349 Prag.

Spreckelsen, Spreckels (beide oft in Hbg.): vgl. ON. Spreckens a. d. Oste b. Bremervörde, alt *Sprecken(hu)sen*, wie Waddens(en), Roddens(en) i. O., lauter Synonyma; *sprick* = »morsch«.

Spreen, Sprehn (ndd.): der Vogel Star (Starfänger?); *Spren* 1326 Strals.

Spreng (Hbg.): ON. Sprenge ö. Hbg. u. in Hadeln.

Sprengel (Hbg. oft): ON. nö. Soltau. Vgl. mnd. = Heuschrecke, mhd. = Weihwedel. **Sprenger** s. Spranger! **Sprengpfeil:** »laß den Pf. springen«, ÜN. des Bogenschützen, vgl. Schnellen-, Schnurrenpfeil! **Sprengeisen, -nagel:** Schmiedenamen. – **Sprenzel,** Sprenzler, Sprenzing s. Spranz! Äberli *Sprentzing* 1383 Württ. – **Spreth** (ndd.): (Segel)stange, vgl. Bugspriet.

Sprick (Hbg. öfter): ndd. = »mürbe«, Sprikke »Reisig«; dazu Sprickmann. – **Spriegel:** »Bügel« (aus Ruten) für Wagenplanen. – **Spring:** »wo ein Quell entspringt«, ÖN. (Im Spring); vgl. ON. Lamspringe a. d. Quelle der Lamme; auch ON. Springe am Deister. Dazu **Springmann:** Geseke *Springman* = Geseke *van dem Springe* 1111. Henr. *vamme Springe* 1308 Hann. Vgl. Sprung(mann)! **Springborn** (Stettin, Ro. usw.) ist mehrf. nordd. u. md. ÖN. u. ON. **Springer,** Sprenger (obd.-schles.) s. Spranger!

Spring(in)sgut: im MA. beliebter (Gesellen-)Name »komm rasch zu Vermögen oder Besitz!«, wie *Platzinsgut* (1379 Prag); Heinr. *Springinsgut* 1325 Brüx (1368 Lg.), Ludolf *Springintgot* (Ratmann) 1276 Anklam. Vgl. allenthalben auch **Springinsfeld, Springinklee, Springenschmidt:** Diebold *Springindieschmid*, Hufschmied, 1555 Straßbg.

Springstubbe wie obd. Springstumpen: ein Draufgänger, der über Stubben springt! – **Springup,** -op (ndd.): »leicht auffahrender Mensch«, vgl. Hensli *Springuff* 1445 Freiburg/Schwz. Oder einfach = Springer, s. dies!

Sprinzel, Sprinzler, Sprinzing sind Varianten zu Sprenzel, Sprenzler, Sprenzing, s. diese! *Sprinczl* mehrf. 14. Jh. in Böhmen.

Sprockhoff: westf. Gehöftname, vgl. Sprockhövel: urkdl. Spurc-huvel »kotiger Hügel«, vgl. Sporkel-, Sprokkel-Monat »Kotmonat«, s. Spörck!

Spröde: vgl. ON. Spröda b. Delitzsch; das Adj. spröde ist zu jung! **Sproll** (schwäb.) = »Karpfen«, vgl. Sprollfischer. **Sprömberg:** ON. Sprembg./Laus.

Sprotte (Hbg. öfter): ÜN. für Fischhändler; Gerh. *Sprote* 1250 Ro. In Schlesien ist der ON. Sprottau (mundartl. Sprotte) gemeint: Georg *von der Sprotte* 1547 Lg.

Sprung(mann) s. Spring(mann)! (mhd. sprung »Quell«). W. *Sprung* 1372 Württ. Auch **Sprüngli** (alem.). *Hebensprung* 1431 Halle **Spruth,** Sprutke (ndd.): Hinr. *Sprute*, Reimbold *Spruteke* 1320 Lüb., = Sprosse.

Spuler (obd.): Spulendrechsler (mhd. spuole »Weberspule«), aber mhd. spuol »Federkiel«: Schreibername, vgl. Uolrich *scriba dictus Spuol* 1245 Konstanz, *Spuler* 1413 Saar/Böhmen.

Spundflasche: ÜN. des Flaschners. Vgl. Herm. *Spunder* 1416 Hameln. Timme *Berspunder* 1392 Hbg.

Sroka, Srocke (O./S.): poln. »Elster«.

Staab, Staap: meint den Stab als Zeichen einer Amtswürde. Vgl. Stäble, Stäbler (mhd. stebeler »stabtragender Beamter«). Hs. *Stebler* 1347 Brünn; Hs. *Stap* 1375 Brsl.; Herm. *Staf* 1189 Köln. Ein ON. Staab b. Pilsen. Joh. *mit dem Stave.*

Staa(c)k (Hbg. oft), auch Staake (ndd.) = lange Stange (vgl. *Stakenhauer*), wie obd. Stange, Stangl, Stängle. Berufs-ÜN., wie Feuersta(c)ke: *Fürstake*, zum Schüren des Feuers oder Einreißen von Feuerbränden; vgl. *Sengestake* 1426 Barth; *Grutstake* (z. Bierbrauen) 1341 Lüb. **(Sta(c)kebrand** wie Rackebrand: der Anschürer, Brandstifter; auch Stockebrand. Aber *Stakelange* (1287 Strals.) ist ein langer Kerl.

Staar s. Stahr! – **Staas(en):** rhein. Patr. zu Eustatius, *Statius* van den Brinke 1360 Osn.

Staat(s) Hbg. oft, Staatsmann: fries.-ndd. KF. zu Eustatius, Märtyrer u. Nothelfer. Syo *Staetsma* 1420 Friesld.

Stabe (Hbg.) meint ndd. **Stave** (Hbg. öfter), wie Rabe: Rave. Vgl. Joh. *mit dem Stave.* **Staben** (Hbg. oft) entspricht ON. Staven/Meckl. wie **Stabenow** (Hbg.) neben Stavenow!

Stach, Stachl, Stächelin (obd. bzw. westd.) meint den heil. Eustachius. *Stachly* Giger 1439 Frkn. Im schles.-böhm. Raum ist **Stach** (O./S. oft) u. **Stache,** Stacha slaw. KF. zu Stanislaw (vgl. Stenzel!), dem poln. Nationalheiligen wie Wach (Wache) zu Waczlaw, Mach(e), Macha zu Matthias, Jach(a) zu Johann, Jan. Auch **Stachan** wie Jachan, Machan; **Stachnik** wie Jachnik, Machnik. Vgl. ON. Stachow (Stachowiak).

Sta(c)kebrandt (1415 Kiel) s. Staake! – **Stackelberg** (von): ndd.-balt. Adel. Gerland *Stackelberg* 1298 Pomm.

Stäcker (Hbg. oft): ndd. = »Stecher« (Ludeke *Steker* 1250 Ro.), bes. = Kastrator, wie Barensteker, Pagensteker; aber auch Torfsteker.

Stackmann (ndd.): s. Staake! ÖN. ist Stackfleth.

Stade (Hbg. oft), Stademann: ON. Stade/Unterelbe, Marschenort; auch in Westf.-Hann. vgl. ON. Stadum/Holst. Eberh. *van Stade* 1362 Stettin, Radeke *v. Stade(n)* 1300 Strals. **Staden** (von): ON./Wetterau.

Stader (obd.): der am Stad (Gestade, Ufer) wohnt; Herm. *am Stade* 1307 Schweiz, dort auch FN. Amstad. Aber Stadermann (Hbg.) = Stademann.

Stadler (obd. oft), Stadtler, Städtler = mhd. stadeler »Verwalter des herrschaftl. Stadels« (der Vorratsscheune), auch Inhaber e. Stadelhofes (Herrenhofes). Dazu **Stadel(mann),** Stadelbauer, Stadelmaier, -hofer. Vgl. Manegolt *vom Stadel* 1295 Steierm., Nic. *Stadler* 1378 Iglau. Mit Umlaut **Städele** (Württ.).

Staffehl: ostd.-slaw. wie Possehl, Baggehl u. ä. (1590 *Stafehl*, Meckl.).

Staffeldt (Hbg., Meckl.): ÖN., wie **Staffhorst** (b. Sulingen/Hann.), 1069 *Staphorst* (wie Staphorst/Holld.), u. Stafflage/Hann., auch Stafstedt/Rendsbg., alle zum Moorwort *stap, staf* (Bahlow, ON. S. 460).

Staffler (obd., Tirol): vgl. Hs. *Staffler* auf dem *Stafflhof* 1486. Mhd. staffel »Stufe« (im Gelände), auch »Stapelplatz, Schuppen«. In Weißenburg/Elsaß 1327 »her Niclaus *in dem Staffelhove*«. ON. Staffel (Limbg., Darmst.).

Stage (Hbg., Holst.): urkdl. = Stake »Stange«! Ratzlevus *Staage (Stake)* 1359 Lügum/Schleswig.

Stagel (alem.) = Stange, Stock; Zaunstekken: *»stangen und stageln«.*

Stahl, obd.-alem. auch **Stäheli(n):** meist Berufs-ÜN. für Schmiede (Stahlschmiede) bzw. Stahlhändler (urkdl. *Stalmenger, Stalseller*, vgl. Riefenstahl); vereinzelt wohl auch N. für Ritter (da mhd. stahel auch = stählerne Rüstung), vgl. Ritter Frid. *Stahel* 1285 Frkn. Ein Schmied *Sta(a)l* (faber) 1346 Kiel, desgl. 1031 Straßbg.: Dietericus dictus *Stahel faber! Stalmenger, Stalseller* 1262/73 Ro. *Stalbreker,* heute Stahlenbrecher, *Stalbiter* (ndd. = Stahlbrecher, -beißer). *Stalbuc* »Stahlbauch« 1260 Ro.; Stahlkopf, Stahlhut (Helm) wie Eisenhut. Obd. auch **Stahler, Stähler** »Stahlhändler«: Conr. *Staler* 1343 Brünn, Volker *Staheler* 1282 Rottenbg. Bertold *Stähellin* 1244 Villgn.

Stahlbuhk, -buck, -bock (Hbg. öfter): ndd. = »Stahlbauch« (*Stalbuk* 1260 Ro., Lüb.).

Stahlkopf (Stettin oft): urkdl. *stal-cop* 1290 Lbg.: »Stahlkäufer, -händler«. Vgl. Mehlkopf, Wienkopf.

Stahmann (ndd.) = Stademann, vgl. ON. Stahe/Ndrhein.: alt Stade; ebenso Stühmann neben Stüdemann.

Sta(h)mer, Sthamer (Hbg. oft): ndd. =

»Stammler«, auch **Stammer(johann),** Stamerheyne, Stamereylers. (Godeke *Stamer* 1270 Ro., H. *Stamernde* 1291 ebda.

Stahmleder (obd.): zu den ÖN. auf -öd, wie Bichleder, Schließleder.

Stahn, Stahnke: häufig auf ostd. Boden, KF. zu Stanislaw, poln. Nationalheiliger, vgl. Stenzel! Auch **Stand(t)ke.** Slaw. *Stanek.* Vgl. Handke neben Hanke (Johannes). *Stanke* Hamicz 1410 Lg.

Stahr, Staar: Vgl. Star; wird deutlicher durch **Starfänger.** Vgl. Fink, Stieglitz, Vogel; Singvögel galten auch als Delikatesse. In Sa. u. Schles. (dort häufig!) spielt slaw. stary »alt« hinein.

Staib, Staible, Staiber (obd.-schwäb.) = Steib, Steible, Steiber = Steub, Steuble, Steuber (Stoiber): »Staubaufwirbler«, ÜN. des Müllers! Ein Müller Ulr. *Stübuff* 1467 b. Ravsbg. Ein Müller *Fäsenstaub* 1408 b. Zürich.

Staiger, Staigmüller, Staigmaier: mhd. steige »steile Anhöhe«; Hainr. *an der Staige* 1286 Württ., Cuno *an der Steige* 1279 Horb.

Stake s. Staak! – **Stalder** (obd.) mhd. stalde »steiler Weg, Steilhang«, vgl. ON. Stalden/Schweiz. Heinr. *Stalder* 1279/Waldshut, Wernli *am Stalden* 1504 b. Zürich.

Stallbaum, Stal(l)bohm (ndd.): »Stellbalken« z. Baugerüst, ÜN. des Zimmermanns, Lemmeke *Stalbom* 1342 Strals. – **Staller** (obd.): z. ÖN. (ON.) Stall »Stelle, Sitz«, vgl. Bremstaller, Heckenstaller, Pirchstaller u. ä. Vgl. auch H. zum Stalle 1357 Mainz. – **Stalling:** ON. **Stallmann** (Hbg. oft): vgl. Joh. uppen Stalle 1405 Bremen neben Joh. *Stalman* 1452 (wo freilich mnd. stalman »Stallknecht« konkurriert); die Häufigkeit deutet aber auf den ÖN., vgl. *Stalbrock, Stalsiepen, Stalförden,* alle zu *stal* »feuchter Schmutz« (vgl. stallen »urinieren«, von Pferden). Auch **Stahlmann,** wie Stall-, Stahlbaum.

Stamer (Hbg. oft) s. Stahmer! Desgl. **Stammer! – Stamitz** ist österr. Mundartform für Stain-, Steinmetz; so hieß der Großvater des Komponisten Joh. Stamitz (aus Dt.-Brod). N. *Staymecz* 1355 Prag.

Stamm (oft): meist Flurname, zuweilen persönl. = »Baumstamm«, wie Stotz, Klotz, Klump, Stoll u. ä. In Westf. öfter ÖN. Stamm u. FN. Stammann, Stammeier. Zu **Stamme** vgl. ON. Stammen a. Diemel, zu Stammel: ON. Stammeln b. Düren.

Stammer (Hbg. oft) wie Stamer s. Stahmer!

Stammhammer (Bay.): z. ON. Stammham/Bay. (bzw. Stammheim/Frkn.).

Stammler (obd.) nebst **Stämmler,** Stemmler ist der Stammelnde. Im Kloster St. Gallen um 900 e. Mönch u. Dichter Notkar Balbulus, d. h. der Stammler. In Starkenbg./Hess. 1222 Gotefried *Stamelere (Stemelere).*

Stammwitz (Schles.): ostd.-slaw. ON., vgl. Stane-, Stanowitz/Striegau.

Stampe (Hbg. oft): ON. b. Kiel; im übrigen = mnd. stampe, ÜN. des Stampfmüllers; eine Stampfmüllerstraße in Ro. Eler *Stamp* 1331 Lüb. Obd. entspricht **Stampf,** Stampfer: Wernher *ze der Stampfe* 1299 Basel. Vgl. Breinstampf, Gerstenstampf, Lohstampf (lostempfer).

Standauf: mhd. standen »sich hinstellen, entgegentreten«, vgl. **Standfest;** Kunze *Standauf* 1399 Chrudim.

Standhard (Hbg.): mnd. = »Standarte«, der Fahnenträger; Jakob *Standard* 1297 Hbg.

Stand(t)ke s. Stahnke! Desgl. **Stanek,** Stanisch (1419 Lg.).

Stange (oft), obd. Stang, Stangl: mehrf. ÜN. von Rittern, Adligen, also wohl = Speerstange, soweit nicht = Stangenmacher oder »langer, steifer Mensch«. Vgl. *Stange* miles (Ritter) 1290 Greifsw.; e. Grafengeschlecht *Stange* um 1290 in Altenbg./Thür. u. Schles. Aber **Stanger** (obd.) wohl z. ÖN.: Eberlin *uf der Stang* 1381 Württ.; vgl. »Von Stangen«.

Stanke (Stanislaw, Stanitzke u. ä.) s. Stahnke u. Stenzel! Stanzel!

Stapel (Hbg. oft): ndd. = Ständer, Block, auch Stapelplatz (des Kaufmanns); mehrf. ÖN. (ON.), wo aber stapel = stap wie wapel: wap »Sumpf, Moor«: vgl. **Stapelfeld** (Hbg. oft, ON./Holst. u. Oldbg.) wie Wapelfeld, Stapelhorst wie Wapelhorst; Stapelkamp, Stapelmoor!

Stappen (Terstappen, ndrhein.): an der Stappe (Pfad, Furt) wohnend. Auch **Stapper.** Aber *Stappenmaker* (1333 Bremen) machte hölzerne Bottiche (z. B. f. Butter). Obd. vgl. **Stapf,** Stapfer. Clese *Amstappe.*

Star(c)ke, Star(c)k (allenthalben oft), obd. auch Stärk, Stärkel, Stärkle: der Starke,

Tapfere, vgl. »der *starke* Knappe Hartwig van Bühlow« 1403 Lüb., »der *starke* Boppe« 1270 Kolmar. In Schles. auch Starker (wie Langer, Rother); in d. Lausitz (wo Starke häufig) mag slaw. stary »alt« hineinspielen, also Starek: Starke, wie Borek: Borke, Klimek: Klimke; Stargard = »Altenburg«. Vgl. auch *Starkhand* v. Ahaim 1220 Bay.; im Kl. St. Gallen schrieb um 930 Mönch Ekkehart den Waltharius *manufortis*. Ein *Starkelif* 1358 Greifsw.

Starkloff (obd.), Starklauf: der Starke, entstellt aus *Starkolf* 1127 Württ., vgl. ON. Starklos/Hersfeld: urkdl. Starkolfs, wie ON. Machtlos: Machtolfs.

Starost(a), Staroske (Laus., Schles.): slaw. = Gemeindevorsteher, Ältester (zu stary »alt«), Vogt, Starost.

Starz (obd.): Wurzelstock, Stubben, Ritter *Startz* 1241 O. Rhein.

Stasch, Stascheck, Staschke (Schles.): KF. zu Stanislaw, s. Stahnke! *Staschke* videler 1362 Brsl. Vgl. Raschek, Raschke = Radslaw, – Paschek, Paschke = Paul, – Jaschek, Jaschke = Jan.

Stassen (rhein.) s. Staassen! – **Statz** (obd.) wohl wie **Statzger** = Stotterer (mhd. statzen »stottern«). Werntz *Statzger* 1377 Württ., Bentz der *Stätzel* 1396 Allgäu.

Staub s. Staib! Desgl. **Stauber,** Stäubel, Stäuble. Lauwlin *Stöuber* 1423 Lahr. Vgl. Steubmehl u. Mehlstäubl: der Müller. Ein Müller *Fäsenstaub* 1408 b. Zürich.

Staubesand s. Stövesand! – **Stauch(e):** ON. Staucha (nebst Stauchitz) b. Meißen. Obd. vgl. das mhd. stûche »weiter Frauenärmel«, auch »Kopftuch« (in Franken um 1500 Stauchenmacherin); **Steichele:** Uolr. *Stüchelin* 1350 Eßl.

Staude (Lg. öfter): in Schles. vgl. slaw. FN. Staudak, Staudke u. ON. Staude/OS. (slaw. Stamm *stud-*). Aber **Staudt** (obd.) nebst **Stäudle,** Steudle, Steidle u. Stäuder nebst Staudenmayer: nach d. Wohnstätte in den Stauden = Gebüsch, Gesträuch, alem. Stüder (Schweiz). Joh. *Stud* 1346 Villgn. Dazu Staudacher, mhd. stûdach »Gebüsch«; auch ON. **Staudigl** (*Studigel* 1284 Würzbg.): vgl. Feldigel, Holzigel; *Studengast* 13. Jh. im Alem. = Buschräuber.

Stauffer (obd.), Staufert: z. ON. Staufen bzw. Stauf. Franczl *Stauffer (Stauff)* 1402 Mies, wo 1366 auch Adam *de Stauf*. Mhd. stouf »hochragender Fels« (eigtl. »Becher ohne Fuß«), daher mehrf. Bergname: der Hohenstaufen! ON. Staufenberg, ÖN. Staufenbiel.

Staupitz: ON. b. Torgau; Joh. v. Staupitz, Augustiner z. Zt. Luthers.

Stauß (Sa.): mhd. stûʒ »Steiß« (in Lpz. 1350 *Stûß*, 1324 *Stauß*).

Stave (Hbg. oft) s. Stabe! Stavemann: aus Staven/Meckl.

Stavenhagen (Hbg. öfter): ON./Meckl. Bekannt durch d. Hbgr. ndd. Dramatiker Fritz Stavenhagen.

Stavenow (Stabenow): ON./Meckl.

Staveren (van): ON. Stavoren/Holld. bzw. Stavern am Hümmling.

Stebens (Hbg.) = **Stevens** (ndd.-fries.) = Steffens!

Stecher, ndd. **Stäcker:** der Viehkastrator; sekundär **Stechert** (Sa.) **Stech(e)** ist ostd.-slaw. wie die ON. Stechau, Stechow, Stechlin u. ä. (so in Quedlbg. im 16. Jh. Steche neben Stechau). Vgl. slaw. *stek* »Pfütze«. Auf ndd. Boden vgl. ÖN. auf *-stek* wie Emstek i. O. Kipstek/Belg. u. ä. – **Stechmann** (Hbg.): s. Stegmann!

Steck: »Stecken, Stichel«. Arnold *Stek* 1301 Ro., Cl. *Steeke* 1603 Flsbg.

Stecker (ndd.) s. Stäcker! **Steckhan** (Hbg. öfter), Stechhahn; wohl wie Drenkha(h)n, Broiha(h)n, Griphan zu -han = Johann! (steken = kastrieren). Vgl. **Steckmeister** (Hbg. oft). – **Steckmetz,** Stekemest (ndd.) = »Dolch«, Stechmesser. Rederus *Stekemest* 1359 Lüb., Ludeke *Stekemes* 1252 Hbg. (1340 Strals.).

Steder (Hbg.): mehrf. ON. (nordd.), heute auch Steer (*sted* = Moder, Stumpf).

Steding (Hbg. öfter): aus dem Stedinger Lande/Untere Weser. Joh. *Steding* 1285 Anklam. – **Steeb,** Stäb (obd.): urkdl. Hans *Stebe, Steb, Stäb* um 1750, s. Staib! Vgl. Stebenhaber 1631 Württ. = Stöben-, Stäubenhaber!

Steen (ndd. oft) = Stein, nebst **Steenke(n):** meint zuweilen den **Steenbicker** »Steinhauer« bzw. **Steenwarber** (Steenwert, -werker), vgl. Mestwarb (Messermacher). Öfter aber liegt der häufige ÖN. (ON.) Stein (Steen) zugrunde: vgl. Cornelius *van den Steen* (bzw. de Lapide) usw. S. auch Steensen!

Steenfatt, -fadt (ndd.) = »Steinfaß« (vgl. Steinkrauß), irdenes Gefäß, also ÜN. des

Töpfers. – **Steenken** s. Steen! Vgl. Hinr. *Steneke* 1274 Lüb. Zu *Steneke* Rotter (1305 Stettin) s. Steensen!

Steensen (Holstein) ist ndd.-fries. Patr. zu **Steen** (alter VN.!): Stein als Waffe (vgl. Thors Steinhammer). Carsten *Stensen* 1603 Flsbg., Mette *Stens* ebda., *Sten* Petersen desgl.

Steenwarber (Hbg.) = »Steinmetz«, s. Steen! Desgl. **Steenwerth** (*stenwerte* oft in Lüb.) (wie Mestwert). Vgl. auch Stein-, Steenbicker »Steinhauer«: *Stenbicker* 1307 Hbg., 1349 Lüb., 1288 Strals.; *Stenhauer* 1382 Grfsw.

Steer (ndd.) = »Stier«, auch **Stehr** (oft): Hinr. *Steer* 1393 Grfsw.

Steffen, Steffens, Steffensen (ndd., Patr.) = Stephan (s. Sohn). Ndd.-fries. auch **Steven(s),** Stebens! **Steff,** Steffl, patr. **Steffler,** sind obd., Steffke (Staffke) ist schles. (*Stafke* = *Stefan* v. Swenkenfeld 1345 Brsl.).

Steg(e)mann (Hbg. oft), euphonisch entstellt **Stegelmann** (Hbg., Kiel oft), wie mnd. stegelrêp »Stegreif«, wohnt am Steg = schmaler Pfad, kleine Brücke. Vgl. (vom) **Steeg,** Steege, Tersteegen (ndrh.: ter = to der, zu der), Herman *an der Stegen* 1323 M.-Gladbach. Kersten *by dem steghe*, Laur. *Stegeman* um 1390 Bremen. Üli *zem Steg* 1384 Konstanz. **Stegmaier, Stegmüller** sind in Bay. u. Württ. häufig, **Steger** oft in Bay., Cuonrat der *Steger* = C. *zem Steg* 13. Jh. (O.Rhein); desgl. **Stegner:** ON. Stegen/mehrfach i. Bay. – **Steglich,** Stäglich: ostd.-slaw. wie Steglitz, der in der Stieglitz (Lehnwort aus tschech. *stehlic*). Auch Stehlich, Stehling.

Stegerwald s. Steigerwald!

Stegreif = »Steigbügel«, Berufs-ÜN.; vgl. in Brünn 1343: Sattler, rinker u. *stegraifer*. In Freiburg 1308 Joh. *Stegereif*. Wessel Stegerep/Lüb.

Stehli (alem.) s. Stählin (Stahl)! (her Bertold *Stehelli* 1244 Villgn.)

Stehling: ostd. = Stehlig, -ik, -ich: slaw. = »Stieglitz«. **Stehmann** (Lippe) = Stehn-, Steinmann.

Stehn, Stehnke s. Steen, Steenken! Vgl. Steinke, Steinicke!

Stehr (oft) = mhd. ster »Widder«. Bekannt durch d. Dichter Hermann St. (Glatz). Vgl. Logau, Sinnsprüche I 4,39: »der Mann setzt Hörner auf u. stellt sich wie ein *Stehr*«. – **Steichele** s. Stauch!

Steidle (schwäb.) s. Ständle! (Clewi *Stüdeli* 1350 Brsg.). Vgl. Griensteidl neben Grünständl. – **Steidtner** (Sa.) = Steudtner: ON. Steudten/Lpz.

Steifensand: s. Stövensand! – **Steigentesch** s. Deigendesch! – **Steiger** s. Staiger!

Steiff: mhd. stîf »starr, aufrecht, wacker«.

Steigerwald: mehrere bewaldete Höhenzüge in Franken.

Steigleder: mhd. stîg-leder »Steigbügelriemen«, also Sattlername. Rud. *Stigleder* 1437 Konstanz. Vgl. Wernher *Stiginsattel* 1467 Württ. *Stig in himel* 1350 Brsl.

Steimann = Steinmann, vgl. Heimann, Reimann!

Steimar, Steimer (obd.) = Steinmar, alter Pers. N. (stein = »Steinwaffe«, mar »berühmt«); vgl. Reimar, Reimer = Reinmar! Ein Minnesänger (Berthold) *Steinmar* v. Klingnau/Schweiz um 1277. Zu **Steim(le)** vgl. aber mhd. steim »Gewühl, Gedränge«. Joh. *Steimelin* 1353 Pforzh., H. P. *Staim* 1644 Württ. Steimel ist auch ÖN. Aber **Steimcke** (nordd.) meint ndd. *Stên-beke* »Steinbach«!

Stein (zahlr.): meist z. häuf. ON. Stein, daher auch »vom Stein«, vgl. den Freiherrn »vom u. zum Stein«. Zu **Steinle, Steindl** vgl. auch Pers. N. Steinhard, Steinmar. S. auch ndd. Steincke, Steen!

Steinbeiß, -biß (obd.): Hainr. *Stainbîß* 1248 Eßl.; der »auf Stein Beißende« ist z. B. der Steinhauer, Steinmetz! Diesen meint auch der Satzname *Riefenstein* (wie Riefenstahl). Vgl. Eisenbiß »Prahler«! Steinbiß ist auch ÖN./Württ. **Stein-, Steenbick(er)** s. Steenbicker, Steenwarber! **Steinbild** (Hbg.): ON./Emsld., urkdl. Thid. *de Stenebille* 1270 Strals. **Steinböck,** -pöck (Wien oft) = Steinbach.

Steinbrecher, ndd. -breker: »Arbeiter im Steinbruch«.

Steinbrich (Schles.): mundartl. neben **Steinberg** (ON. u. Bergname in Schles. usw.); vgl. Hirschbrich, Hubrich, Weißbrich!

Steinbring = Steinbrink (»steiniger Grashügel«), westf.

Steindecker (westd.-rhein.) = Schieferdecker. Vgl. Lehmdecker.

Steiner (obd.-schles. oft), sekundär **Steinert:** zu den häufigen ON. (ÖN.) Stein,

Steine, Steinau. Vgl. in Brsl. 1354/69: Hannos *von der Stynow* (= *Stynower*), in Glatz 1366/71 Hennel *Steyner (Stynawer).*

Steinfatt s. Steenfatt!

Steinführer = Stein-Fuhrmann; vgl. Kornführer, Mehlführer u. ä.

Steinhard: alter Pers. N., vgl. auch Steinle, Steindl!

Steinhauser (Ö.): z. ON. Steinhaus/Ö., aber auch: Peter *im Steinhaus* 1404 Eger, Ul *von Stainhus* 1285 Tirol. Auch Steinhäuser. Entrundet: **Steinheiser** (Ö.), wie Thannheiser. Ndd. Joh. *vamme Stenhus* 1347 Hann., Hinr. *Stenhus* 1294 Hbg. Steinhäuser konnten sich damals nur Reichere leisten, vgl. in Strals. 1302: dominus Thid. *Stenhus* u. »sua hereditas *lapidea*, in qua moratur«.

Steinhilber (Württ.): aus Steinhilben; urkdl. *Steinhülwer* (mhd. hülwe, hülbe »Sumpflache, Pfütze«). – **Steinheil** (Württ.): entrundet aus Steinhäuel »Steinhauer«. Bekannter Humanist war der Ulmer Arzt Heinr. *Steinhöwel* 15. Jh. (im Wappen 2 gekreuzte Steinhauen).

Steinhöfel (ndd.): ÖN. (»Steinhügel«), westf. wie Sandhöfel, -hövel.

Steinig (Schles., Sa.): wohl ÖN. wie Röhrig. Vgl. Steinigtwolmsdorf/Sa.

Steiniger = Steininger, vgl. ON. Steinig/Bay. – **Steinkampf** (westf.) = Steinkamp, -feld. – **Steinkohl** (Hbg.): = Steenkuhl »Steinkuhle«, wie Leimkohl, -kuhl »Lehmkuhle«. Desgl. **Steinkühler** (westf.) wie Lehmkühler.

Steinke (ndd. oft), Steine(c)ke, Steinicke: wie obd.

Steinle, Steindl, s. dies sowie Steenke!

Steinkopf: irdenes Trinkgefäß (mhd. kopf »Becher«! – für »Kopf« sagte man Haupt, ndd. hoved). Desgl. **Steinkrauß** (kruse »Krug, Becher«, vgl. Füllekrus, Lehrenkrauß). In Brsl. 1350 *Steinkop*, in Ro. ndd. *Stenkop* 1262. – **Steinkröger** (ndd.): der Wirt z. Steinkrug (auch ON.): in Greifsw. 1375 *Stenkröger* neben *Sandkröger!*

Steinl(e), Steindl (obd.): weniger KF. zu dem seltenen Pers. N. Steinhard als vielmehr Berufs-ÜN. (wie md. Steinchen u. ndd. Steinke), zu Steinhauer, Steinbicker, Steinmetz, Steinbrecher, Steinwürker, Steinschneider, Steinmann; vgl. auch mhd. steinler »Edelsteinhändler«.

Steinmann (oft), Steinemann: im allg. wie **Steinmeyer,** -meier, -maier z. ÖN. Stein, Steine; vgl. Sandmeyer, Sandmann. Obd. mag zuweilen mhd. steinman »Steinmetz« gemeint sein. Assimiliert ist Steimann, vgl. Heimann, Reimann, ndd. Stehmann: Steenmann. **Steinmüller:** Inhaber der Steinmühle, dies auch ÖN. **Steinmeißel,** -maßl (obd.) = **Steinmetz,** -metzel, österr. Stamitz: Nic. *staymecz* 1355 Prag.

Steinschneider: vgl. Stephan St. 1569, Wappensteinschneider am Stuttgarter Hof.

Steinway: engl.-amerikan. frisiert aus **Steinweg** (so hieß der Begründer der bekannten Firma).

Steinwedel: ON. b. Lünebg. (wedel = »Furt«, wie Marwedel). **Steinwehe** (Hbg.): ÖN. Steinwede (mnd. wede, ahd. widu »Gehölz, Wald«), vgl. Brückweh (Brickwede), Ahlschweh (Alswede).

Steinwerker, -würker wie ndd. **Steenwerth** = Steinmetz, s. auch Steenwarber! In Lüb. um 1325 oft *Stenwert* (wie Mestwert).

Stekemest (ndd.) s. Steckmetz! – **Stelle** (Hbg.): ON. (Hann., Holst.), dazu auch **Stellmann:** Ebeling *van dem Stelle* 1396 Hann.; Joh. *Stelleman* 1330 Lüb.; zum Moorwort *stel* s. Bahlow, ON. S. 462! Dazu auch **Stelling:** ON. Stellingen b. Hbg. – **Steller** s. Stiller!

Stellmach, Stallmach (O./S.) = **Stellmacher:** ostm.-schles. neben Wagner (s. dies!); Hempe Andreas *stellemecher* 1380 Lg. Ndd. *stellemaker* 1329 Grfsw. Vgl. **Stellwagen:** Wittigo dictus *Stellewagen* 1262. **Stelly** (Hbg. oft) beruht auf *Stellie, Stellinge,* wie fries. Setty, Settie auf Settinge; vgl. **Stelljes** wie Settjes, **Stelck,** Stelkens wie Settke, alle fries.

Stel(t)zer (ndd. **Stelter**), auch Stelzner: der Krüppel mit dem hölzernen Stelzfuß. Peter *stelczer* = Peter *uf der stelczen* 1360 Brsl. Wigand *uf der stelzen* 1327 Münzenbg./Hess. Nickel *Stelczner*/b. Meißen, Gerh. *Steltere* 1281 Ro. Aber **Stelzle** s. Stölzle!

Stemmann (Hbg. oft) wie **Stemm** (von) aus Stemmen (mehrf. in Hann.), lauter »Moor«-Orte (Bahlow, ON. S. 463), wie auch **Stemmer** (Hbg.): ON. Stemmer b. Minden u. Stemmern b. Staßfurt. Stemmwede(l).

Stemmler s. Stämmler! – **Stempel** (md.-ndd.), Stempfle (obd.): mhd. = »Stößel, Prägstock, Münzstempel«, stempfen »prägen«. Hans *Stempel* der »Ingesiegelgräber« 1390 Mainz; vgl. H. *Ingheseghel* 1338 Strals.

Stemshorn: ON. am Dümmer.

Stendel (nordd.): aus Stendal; Stendell ist ON. b. Passow/U.-Mark.

Stender (Hbg. oft): mnd. = »Pfosten«, ÜN. des Zimmermanns (wie Balke, Stallbom, Pfost). Als Meisterwerk der Zimmergesellen wird genannt: »eyn dubbelt *stenderwerk,* twe *stender* hoch«. Joh. *Stender* 1322 Lüb.

Stengel, Stingel, Stengl(ein): der wie **Stengler** (beruflich) mit Stengeln zu tun hat, vgl. Hanfstengel, Bohnenstengel, Blumen-, Rosen-stengel, -stingel, Hammerstengel. **Stenger** (wie Stanger): wohl z. Flurn. »in der Stang«.

Stenner (ndd.) s. Stender! Vgl. Klünner für Klünder!

Stenzel (Schles., Sa., Böhm. oft): dt. KF. zu Stenzlaw, Stanislaw, poln. Nationalheiliger; schon Joh. Fischart wußte: »Polen heißen Stenzel«. S. auch **Stahnke** u. Stache! Mundartl. **Stanzel,** wie Wenzel: Wanzel. *Stenczel* Reintsch 1453 Lg., *Stanczel* v. Frobelin 1419. Mertin *Stenczlaw* 1427 Lg. Auch **Stenz(ig)** wie Wenz(ig). Vgl. noch 1562 *Stenzel* Scheffler, Vater des Angelus Silesius.

Stephan (griech. stephanos »Kranz, Krone«): Heil. N., erster christl. Märtyrer (Apostelgesch. 6, 8 u. 7, 58); auch der erste Ungarnkönig hieß so (ungar. Istvan). Vgl. den Wiener Stephansdom. S. auch **Steffen, Steff(l),** Steffler! Slaw. ist Czepan: Scheppan(g); Czepe: Tscheppe, Schepke, Schipke. *Czepan* Raschke 1472 Glatz.

Steppan, Steppke (ostd.-slaw.) s. Stephan! *Steppke = Steffke = Steffan* Thader 1513 Schles. **Steppuhn** ist lit.

Stern (oft, heute auch jüd.): z. T. durch Hausnamen vermittelt, vgl. Walther *zem Sterne* (ad Stellam) 1255 Basel; ähnlich Abendstern, Morgenstern, Güldenstern, Wenckstern (»schweifender« Planet), Sevenstern; in Strals. 1327 Copeke *Leydesterne* (»Leit-, Polarstern«); z. T. wohl auch ÜN. für **Sternkiker, Himmelseher,** Sternseher.

Sterr(e): obd.-mhd. = »Widder«, Stehr! Vgl. in Villgn. 1420 C. *Sterre.* – **Stettner** (obd.): aus Stetten, häufiger ON. (Württ., Bay.).

Stert, Sterdt, Steert (ndd.): »Schwanz, Stengel, Stiel«, vgl. Pagenstert (Pferdeschwanz), Plogstert, Gauk-, Gokestert (Kuckucksschwanz). Obd. **Stertz,** Sterzel: Örtel der *Stertzel* 1366 Füssen. Vgl. aber 1330: Gelfrad *von der Stercz/* Böhmen.

Sterzenbach (ON./Rhld.): sterz = stert »Schmutzwasser«, vgl. in Westf. Stertenbrink.

Sterzer, Störzer (mhd.) = »Landstreicher«, auch Sterzel, Störzel. Vgl. Ulr. *Sterczer* 1377 Prag.

Steuber (Stäuber, bair. Stoiber, schwäb. Steiber, Staiber) s. Staiber! Vgl. auch Steubmehl, Stöbmehl; Steuben-, Stöbenhaber; Steubesand, Stöbe-, Stövesand. Mhd. stiuben »stieben, Staub aufwirbeln«, davonrennen, vgl. in Straßbg. 1295: her Reimbold *Stübenwec* »stieb hinweg«. S. auch Stüber! **Steubing** wie Stübing! Der General v. **Steuben** stammt aus e. Heldraer Familie Steube, vgl. Hartrad *Steube* 1363 Friedbg./Hess.

Steudel s. Stäudle, Steidle! **Steudtner** s. Steidtner!

Steuer, Steuerlein (obd.) kann den Steuereinnehmer **(Steurer),** mhd. stiure, stiurer, wie den Steuermann (ndd. Stührmann) meinen. **Steuernagel** (lat. urkdl. clavus) = Griff des Steuerruders, ahd. stiurnagal, also ÜN. des Steuermanns.

Steus(le), bair. Stois = »Steiß« (mhd. stiuz).

Steußloff, Stoisloff (Meckl.): markanter wend. Pers. N. *Stoislav* (stoj »standhaft«, slav »Ruhm«), im MA. öfter in Meckl. (dominus *Stoyslef* 1325 Strals., Ghoeten *Stoyslaf* 1350 Ro.). Vgl. auch Stoy, Stojan.

Steven(s), ndd., s. Steffen(s)! – **Stever:** aus Stevern/Münster bzw. von der Stever (Stiverna) »Moorfluß« (prähistor.).

Steyreiff s. Stegreif! – **Sthamer** s. Stahmer!

Stich: der berufl. Stiche macht, z. B. der Schneider, urkdl. Ulr. *Stich* sartor (Schneider) 1453 Zürich; vgl. *Schüchdenstich* »scheue den St.« 1443 Zürich; Faulstich, Seltenstich, Vielstich. Aber Alenstich = Schuster, vgl. *Fliczstich* sutor 1383 Prag. Joh. *Stich* 1355 Kempten hat 3 Spieße im Wappen (mhd. stich auch »Speerstechen«).

Sticher, Stichert: »Stecher, Messerheld«. **Stichler** s. Stickler! **Stichel** auch = Stachel, vgl. **Stichling** (ndd. Steckeling): Fisch mit Stacheln.

Stichnoth (ndd.), Stichtenoth, Stichternath: »Stiftsgenosse«. Hinr. *Stichtenote* 1352 Bremen. **Stichter** (ndd.) = »Stifter«, Gründer.

Stichweh (Hbg.): ÖN. wie Brick-, Brückweh, Ahlschweh, Steinweh, s. dies!

Stickforth: ON. Kr. Bersenbrück (auch in Engld.; vgl. sticky »schleimig«. Dazu ON. Stickenbüttel, Stickhausen, Stickgras, alle »sumpfig«. Auch **Stick, Sticken** (Hbg.). Zu **Sticker** vgl. sowohl Seidensticker als auch Pfeilsticker! (Stickenbolz, zu sticken = stechend befestigen). Aber **Stickler** (obd.) wie Stichler: mhd. stichel »steiler Pfad, Hang«, Hainr. *an der Stickel* 1357 Tirol. **Stickel,** Stickle auch = »spitziges Ding, Stachel«: Besti *Stickly* 1530 Ulm.

Stiebe = Stieve! Aber obd. = **Stieber:** der davonstiebt, vgl. Ritter Cunr. *Stieber* 1307. Vgl. auch Badstieber: Badstüber; Stiebner, Stübner! **Stiebritz:** ON./Thür.

Stief (Hbg.): mnd. = »steif, unbeugsam, starr«, Stiefboldt »steifnackig, starrköpfig«. **Stief(ke)** (Schles., O. Laus.) = Stefke, Steffek: slaw. = Stephan. **Stiefel** = Stiefler »Stiefelmacher«: Alb. *Stival* 1283 Württ. – **Stiefvater** (Hbg.): mnd. *Stefvader* 1397 Greifsw. (wo auch Kindervater). Vgl. *Stiufsun* 1265 Radolfzell.

Sti(e)gler, Sti(e)glmayer, -bauer: der am Stiegle (kl. Treppe, Stufen am Flurzaun: mhd. stigele). **Stieger** (obd.), Stiegert: der am Stieg, am steilen Fußpfad; Volkhard *Stieger* 1565 Tirol.

Stieglitz: wohl ÜN. des Vogelhändlers wie Zeisig, Fink u. ä., Lehnwort a. d. Slaw. (durch slowak. bzw. tschech. Vogelhändler).

Stiehler, Stieler wie **Stühler,** Stüler = Stuhlmacher, -flechter, -drechsler; aber **Stiehl** ist Berufs-ÜN., vgl. Hammerstiehl, Pfannenstiel, Birnstiel, Blumenstiel.

Stiehr = Stier. – **Stiemer** (ndd.) wie Stümer = Lärmer, Polterer. – **Stieler** s. Stiehler! – **Stielf(s):** fries. Pers. N. *Stidolph(us)* 1220, in Ro. um 1270 5mal! (mnd. stîde, fries. stith »steif, unbeugsam«). Vgl. *Stidhard* (Stitters), wie Fasthard, Fastolf. – **Stienes, Stienen,** Stienke: ndd.-rhein. = Augustinus.

Stieper (Hbg. öfter): Borchard *Stieper,* Knappe, 1358 Holstein (= »Stützholz).

Stiepel(mann): ON. Stiepel b. Bochum (Stipe-lo »feuchte Niederung«, vgl. Stipeholt, Stipedonk). – **Stier** (häufig): deutet auf Stiernatur; z. T. wohl auch »Stierhalter« (vgl. Habenstier, Stierschneider!). Dazu Stierle (schwäb.), Steer (ndd.).

Stieve, Stiewe (ndd.): der Steife, Unbeugsame, vgl. Stief.

Stifter (obd.): zu e. kirchl. Stift gehörig; Paul *an der Stift* 1357 Tirol. Der Dichter Adalbert Stifter stammte a. d. Böhmerwald. Pesco *Stifter* 1365 Brünn.

Stilke (Hbg.): = Stilleke; der Stille, Heimliche. Vicke *Stilleke* um 1500 Hbg.

Stiller (Schles. oft) ist die stark flektierte Form von **Still(e):** ein stiller, ruhiger Mensch; vgl. Langer, Großer, Kleiner, Kluger, Rother; sekundär Stillert, wie Kleinert, Rothert, Kahlert. Nic. *Stille* 1354 Lg., Hannus *Stiller* 1402 Habelschwerdt, Jac. *Stiller* 1411 Prag. Vgl. auch Fluß u. Ort Stille/Thür., Fluß u. Ort Still/Elsaß.

Stimm, Stimmann (Hbg.) s. Stemm, Stemmann! Vgl. auch Fluß Stimme/Harz.

Stimmer (obd.): mhd. »Bestimmer, Taxierer«. Vgl. Tobias Stimmer, schweiz. Zeichner um 1550.

Stimpfl (Tirol) s. Stümpfel!

Stingl (obd.) s. Stengel! – **Stinnes** (ndrhein.) = Augustinus.

Stint(mann), Stindt(mann): ÜN. für Fischer, Fischhändler, wie Stör, Störmann, Schlie, Schliemann. Obd. ist **Stinze** (Clas *Stintze* 1397 in Nied.).

Stippkugel, Stippekohl (ndd.): mit gesteppter Kapuze; s. Kögel!

Stirn: mit auffallender Stirne, wie Bein, Hals, Nase, Mund u. ä. (Nic. *Stirne* 1298 Elsaß). Aber **Stirner** (obd.-mhd.) wie Stirnstößel = Landstreicher, zudringl. Bettler. (Vgl. über diese Tobler-Meyer, S. 88). Ein ON. Stirn in Frkn.

Stißer s. Stößer! (mhd. stießen = stoßen). – **Stobbe** (Hbg. oft) s. Stubbe! Zu **Stobbäus** (1638 Graudenz) vgl. ON. Stobben/Ostpr.

Stöber (Hbg. oft) s. Stöver! **Stöbesand** s. Stövesand! **Stockebrandt** s. Stacke-!

Stöcker, Stocker (obd. oft): z. häufigen ÖN. (ON.) **Stock,** Stocken, Stöcken, Stockau, vgl. Stockach, Stöckach, Stökkicht, Waldstelle mit Wurzelstöcken, Baumstümpfen. Ebenso **Stöckel,** Stöckle, **Stöckler,** alle nach der Wohnstätte bzw. Herkunft. Stock, Stöckle ist bes. in Württ. sehr häufiger Flurname. Zuweilen auch ÜN. für steife, starrköpfige Menschen, vgl. Klotz u. ä. Bei Stocker mag vereinzelt der »Stockmeister, Gefängniswärter« hineinspielen. Vgl. in Freiburg 1294 Hug der *Stockwertel.* In Frkf. 1350 ein Henrich *by dem stocke.* In Brünn 1365 *Stocktrager, Stockfürer* (Fuhrmann mit Baumstämmen). Der Abt Nic. *Stocker* zu St. Blasien hat im Wappen e. Baumstumpf! Auch nordd.-westf. **Stockmann,** Stöckmann wird deutlich durch Hans *op den Stocken* 1599 Halver. Vgl. ON. *Stöcken* (Hann. oft).

Stockfisch (Hbg.): ÜN. des Fischhändlers wie Schlie, Stint, Stör. Schon 1287 in Hbg.: Thid. *Stocvisch,* desgl. in Ro. 1278, Strals. 1338. **Stockfleth** (Hbg. oft): einst Ort in der Wilstermarsch.

Stödter (ndd.) s. Stöter!

Stodtmeister s. Stottmeister!

Stoffer, Stoffers, Stoffersen (nordd. Patr.) = Christoffer. Obd. sind **Stoffel,** Toffel, Stöffel, Töffel. Aber **Stöffen** ist bair. = Steffen, wie **Stöffler** = Steffler.

Stöf(f)haas, Stöwhaas, Stöwahse, latin. Stoephasius: ndd. Satzname f. d. Jägersmann (– »wo de hunde den hasen *stoveden*«, d. h. aufstöberten). Joh. *Stövehase* 1276 Hbg.

Stoffregen (ndd. oft): mnd. stôfregen »Platzregen, Wolkenbruch, Regenguß« (zu stoven »stieben«); vgl. Hiob 36, 27: »unde utstörtet de *stoffregen* alse strame«. Joh. *Stofregen* 1327 Lüb. (1307 Hann.) Ähnlich *Gusregen* 1345 Brünn. *Slegeregen* 1372 Nassau, *Rappregen.* ÜN. für Jähzornige.

Stöger (Bay.) s. Steger! – **Stohldreyer** (ndd.) = »Stuhldrechsler«, auch **Stöhlker** (westf. *stoleker,* vgl. Redeker!) u. **Stöhlmacher** (*stolmakere* 1370 Bremen). Auch **Stohl,** Stohlmann. – **Stohp** s. Stoop!

Stö(h)r (Hbg., Stettin): ÜN. für Störfischer, -händler, Thetlef *Store* 1340 Hbg. (1297 Ro.). Dazu Ertmar *Store-slegher* 1382 Hbg. *Storecop* (Störkopf um 1400 Meckl. Seltener von der Stör/Holstein: Helrich *van der Store* 1345 Hbg.

Stoldt (Hbg. oft) s. Stolt(e)!

Stölken (Hbg. oft): vgl. Stülcken (Hbg.)!

Stolk: ON./Schlesw.

Stoll(e): mhd. mnd. stolle »Gestell, Stütze, Pfosten«, z. T. wie **Stollwerk** (Köln. Aachen oft) ÜN. des Zimmermanns oder Tischlers, vgl. *Leimenstoll* (Gesellenname); z. T. auch übertr. = steifer, stämmiger Mensch. Schon 1180 i. O.: Siboto *Stolle,* 1200 in Württ.: Heinr. *Stolle.* Dazu auch **Stollfuß** (Rhld., Westf.) = »Steif- oder Klumpfuß«. Gerh. *Stollenheuer* 1311 Kuttenbg. ist der Bergmann!

Stoller (Schweiz, O. Rhein): vgl. Sifrit *an dem Stollen,* auch *Stoller!* (1341 Endingen).

Stollreiter (Bay., Ö.): zu den ON. auf -reut »Rodung«, wie Bärnreiter; vgl. Stollnried/Bay.

Stolp(mann): aus Stolp/Pomm., Stolpe/Meckl./Brdbg. **Stolper** (Schles.): wie *Stolpener, von Stolpen*/Breslau z. ON. Stolpen/Sa.

Stolt(e), patr. **Stolten, Stölting** (ndd. oft): der Stolze, Hochgemute, dann auch Hochmütige, Hoffärtige. Auch **Stoldt** (Hbg. oft), Stolting, **Stolte(r)foth:** Hinr. *Stoltevot,* pomm. Ritter 1248, Ludeke *Stoltevot* 1267 Ro. (auch Lüb., Hbg., Strals.), wie *Pralevot*/Barth. Joh. *Stolte (Stolteke)* 1322 Lüb. Vgl. anschaulich: Gerburg *Stoltuperstrate*/Lüb. Dazu **Stolter** (mnd. stoltern »stolz tun«): Thede *Stolter* 1289 Hbg.; vgl. Heyne *Stolte(r-)heyse* 1450 Duderstadt.

Stol(t)ze, Stol(t)z s. Stolte! **Stöl(t)zel** ist häufig in Sa. u. Bay. Vgl. auch Stolztritt, Stolzherz, Überstolz (wie ndrhein. Overstolz). Aber **Stölz(n)er** (Sa.) s. Stelz(n)er!

Stoob = **Stoop,** Stop, Stohp, Stoph (alle ndd.): Nic. *Stop* 1366 Lünebg., = mhd. stouf »Becher« ohne Fuß. Vgl. stopber »Becherbier«.

Stoof (ndd.) s. Staub!

Stöphasius s. Stöffhaas!

Stopper = »Ausbesserer«, vgl. Aberlin *Stoploch* 1532 Pforzh.

Stoppsack: der Plünderer, Albert *Stoppesak* 1410 Reval, Herm. *St.* (Bgmstr.) 1430 Gadebusch.

Storbeck (Hbg. oft): nordd. ON. (Meckl., Brdbg. usw.) »Faulwasser« (vgl. norw.

stor »modern, faulen«); desgl. Störpke/ Altmark.

Storck (ndd.-md.) = **Storch,** obd. Störchel, Störkel; vgl. auch Kranich, Krohn! Zuweilen auch Hausname »zum Storch« (Levin *zum Storcke* 1349 Frkf.). **Storke** (ostd.): wohl = slaw. Storek, bzw. mundartl. für Starke.

Storjohann (Hbg. oft): der starrköpfige, steife J. Dazu **Storr,** auch obd. (Swigger *Storre* 1181 Speyer), *Storrekittel* »Steifkittel« 1390 Lg., vgl. mhd. storre »Baumstumpf«.

Storm, Störmer (ndd. oft): e. stürmischer Mensch. Vgl. Theodor Storm (Husum). Arnold *Storm* 1283 Ro., M. *Stormere* 1302 ebda. S. auch Stürmer! Aber Ludolf *Stormeclocke* (1257 Ro.) meint den Türmer bzw. Glöckner.

Störtebecker (Kiel): der N. des Hamburger (Wismarer) Seeräubers Klaus *Störtebecker* wird deutlicher durch hochdt. **Stürze(n)becher,** Seidel *Stürzenbecher* 1390 K.-Grätz, ein Zechkumpan. Vgl. Störteglas, Störtekorf, Störtekarn.

Storz (obd.) = (Kohl-) Strunk, Knorren – **Störzer,** Sterzer (mhd.) »Landstreicher«.

Stosch, Stoschek s. Stasch, Staschek!

Stoß (obd.): bekannt durch den Bildhauer Veit *Stoß* aus Nürnberg; mhd. stôȥ »feindl. Stoß, Streit«. Heyle *Stôß* 1347 Frkf. – **Stößel:** der mit dem Stößel arbeitet, auch = **Stößer** (mhd.), der Waren in Gefäße (Säcke) stößt, Kleinhändler (ndd. Stöter), wie *Salzstößer, -stößel, Krautstößer* u. ä. Gunther *Stôßere* 1197 Augsbg. Aber Stirnstößer = »Landstreicher«.

Stöter (ndd.) s. Stößer! Dazu Melstöter, Lostöter, Splitstöter: Splettstößer, s. dies! Auch *Stotenpeper* (Strals.), *Stoterogge* (Lüb.).

Stötter, -ner (obd.-bair.) s. Stett(n)er! Vgl. Brandstetter, -stötter.

Stottmeister, Stodtmeister (ndd. stôd »Pferdekoppel, Gestüt«); Joh. *Stotmester* 1393 Haldsl.; auch Stut-, Stautmeister. aber Stottmeyer, Stodtmann wohl eher z. Flurn. Stodt, vgl. Stot-lo: ON. Stotel im sumpf. Vieland nö. Bremen, Stotese: ON. Stötze. Stodmersch. In Ro. 1299 Arnold *Stote (Stotte),* in Lüb. 1348 Hartwig *Stoot.*

Stotz (obd.), Stötzel: mhd. stotze »Stamm, Klotz«; vierschrötiger Mensch.

Stötzer wie Stützer = Amstötz, Amstutz (Stutz, Stotz = steiler Hang). Hs. *Stotzer* 1395 Rottweil.

Stöver, Stöber, Stöwer (ndd. oft) meint den *Badstöver,* wie obd. Stuber, Stüber, Stieber den Badstuber, -stüber, -stieber, den Bader oder Badestubeninhaber, s. unter Bader! Joh. *Stovere* 1354 Lünebg., Peter *(Ba(d)stover* 1435 Kiel. Vgl. auch Wasserzieher!

Stöv(e)ken, Stöffken (ndd.): ein Stübchen (Bier), Maß (vgl. »*1 stoveken ber* um 1 penning«); wohl ÜN. des Eichmeisters. **Stoverock** (ndd.) wie Stuve-, Stovehose; stuve »stumpf, kurz«.

Stövesand, Stöwsand (ndd.): der Sand u. Staub aufwirbelnde Reitersmann; Hinr. *Stovesand* 1332 Strals. Vgl. Stöffhaas! In Osn. 1412 Joh. *Stoffekalk.*

Stowe (Hbg.): ON. Stove (Harburg u. Gadebusch); *von Stove* 1273 Ro. – **Stowasser** (Ö.) wie Stob-, Staubwasser: ÖN.

Stoy, Stojan s. Steußloff! (Gotscalcus *Stoye* 1287 Ro.). Vgl. Trojan!

Straatmann s. Stratmann! – **Strache,** Strach(h)an, Strachon: KF. z. slaw. Pers. N. Strachomir. Vgl. ON. Strachow, Strachwitz. *von Strach* 1350 Brsl.

Strack, Stracke (ndd. oft): der Steife, Unbeugsame. Dazu Strackbein, Strackhaar. **Strackerjahn** (= -johann), Friesld.

Strahl meint »Pfeil, Rohr«, vgl. Flur- u. ON. wie Strahlenkamp, Strahlfeld, Stralau, Strahlungen. Straelen (FN. »von Stralen«) (Bahlow, ON. S. 467). Dazu Strahlmann. Hans *im Stral* 1386 Regsbg. Heinr. *Stral* 1366 Kolin.

Strähler, Strehler (obd.): mhd. = »Kammacher«; Rüfel *Streler* 1369 Speyer.

Strang, Strengel: »Strick« (Seel-, Siden-, Glockenstrang); *Strengel* 1397 Lg.

Stranz (obd.): mhd. »Prahlhans, Schlendrian«; Heinr. der *Strantz* 1330 Bambg.

Straßer (obd.) wie Straßmann meint den an der Straße Wohnenden. Joh. *an der Straße* (Bauer) 1275 Blotzheim. Vgl. Langen-, Hoch-, Unterstraßer; auch **Straßner,** Sträßner, Sträßler; Bergsträßer usw. Ndd. entsprechender **Strat(h)mann,** Stradtmann, **Straeter,** Breiten-, Winkelstraeter; van Straaten, Straatmann, thor Straten.

Straßgütl (Bay., Ö.) s. Streisgut!

Stratz (obd.-schwäb.) = aufgeblasener Mensch; Bernh. *Stratz* 1530 Kürnbach. Rudolf Stratz, Schriftsteller (Hdlbg.).

Straub, Straube (obd.), Sträuble, Straibl, wird deutlicher durch **Straubhaar:** der Rauhhaarige, Struppige, mhd. strûben »rauh emporstehen, sich sträuben«. Vgl. ndd. Struve! Desgl. Strobel! Struwelpeter!

Strau(mann), Strausack (westf.) s. Stroh! – **Strauch:** nach der Wohnstätte; vgl. ndd. Struck. Auch ON. (Sa., Böhm.): K. *von Struch* 1344 Glatz.

Strauß (obd. auch Sträußle, Streißle/Schwaben), ndd. Struß, ndrhein. Strüßgen: im allg. der Vogel Strauß (»wer dan wackerlichen sicht mit großen ougen, der haist ain *strûß*«!); aber als N. von Rittern wohl = mhd. strûß »Streit, Strauß«, vgl. Ritter Raven *Strûß* 1359 Holstein, Ritter Konr. *Striußelin* 1248 Württ., soweit nicht nach der Straußenfeder (im Helmschmuck). Z. T. auch Hausname: Ulr. *zem Strûß* 1425 Konstanz; in Brschwg. nannte sich e. Cord van Scheppenstede 1467 Cord *Strûß:* nach s. Hause »zum Strauß«!

Strebe, Strebel (obd.) mhd. = »Streber«, strebsamer Mensch.

Strecker mag den Folterer meinen; ostd.-schles., wo auch sekundär Streckert, Streckhardt, mag auch der ON. Streckau b. Zeitz hineinspielen. Aber **Streck(e)-bein, Streck(e)fuß,** Streck(den)finger sind wohl Spottnamen für Faulpelze, daher sowohl bei Rittern (1345 Leypold *Streckfuß*/Frkn.) als auch bei Bauern (Conr. *Streckefuß* 1295 Württ.). Ein Schmied *Streckeisen* 1495 in Görl.

Streeck (Hbg.) ist ndd. Flurname (»Strich« Landes); vgl. ON. Streek i. O. u. FN. Streckmann.

Streese wie Strehse u. Striese beruhen auf ostd.-slaw. ON.; vgl. Streesow/Mark; Stresemann! Auch **Streetz** ist ON. – **Strege:** slaw. ON. Strega/Lausitz.

Strehl(e), Strehlke sind ostd.-slaw., vgl. ON. Strehla a. Elbe (Sa.), Strehlen/Schles., Strehlau u. ä.; zu **Strehler** s. auch Strähler.

Strehmel, Strähmel (ndd.) = »schmaler Streifen« (z. B. von Tuch), mhd. streimel, auch Flurname. – **Streible** s. Sträuble! **Streiber** (Sa., Frkn.): entrundet aus Streuber = »Streuer« (zu mhd. ströuwen »zerstreuen«!); vgl. Heiber für Heuber.

Streich (Hbg. oft): verhochdeutscht aus Streeck, s. dies! (soweit nicht = strîch »Streich, Schlag«: e. Ritter C. *Stryck* 1276 i. W.). **Streicher:** mhd. strîcher war e. behördl. Prüfer, sei es Kornmesser oder auch Tuchprüfer (»laken stryker up dem wanthuse«). Vgl. **Kornstreicher** und **Streichholz** (z. Messen des Korns im Scheffel): *Strîchholcz* 1329 Brsl. Ndd. Form ist Striecker. **Streich(h)an,** -hahn: vgl. Drenkhahn!

Strein (Ö.): der umherstreunt (Ulr. der *Streun* 1355 Ö.).

Streisguth (obd.): »zerstreue das Vermögen!« = »Verschwender«. Auch mundartl. Straßgütl (Mchn.): Peter *Strasgütel* 1397 Znaim, Fr. *Stresgütel* 1414 Nikolsbg. – **Streisand** (obd.) = »Streue Sand«.

Streit: ein Streitsüchtiger. Deutlich ist Hebenstreit, wie Hebenkrieg. Burkh. *Strît* 1263 Konstanz, Nickel *Streyt,* Marschalk 1466 Schles. Beachte auch ON. (Nieder)-Streit/Striegau.

Strempel, Strempfel: mhd. = »Stößel« (z. B. Butterstrempel), also Berufs-ÜN.; Chr. *Strempel* 1435 Lg., Utz *Strempfel* 1417 Kempten.

Stresemann s. Streese! S. auch Bresemann!

Streu: ON./Frkn., a. d. Streu (Strewe), Zufl. der frk. Saale; auch e. Oderarm b. Stettin u. ein See in Ostpr. heißen Strewe. Vgl. auch **Strey,** soweit nicht = Strege (Herm. *Strege, Streye* 1324 Barth.).

Streubel s. Sträuble! – **Streuber** s. Streiber!

Stricker, Strickert: mhd. auch = Seiler; stricken eigtl. »knüpfen«. Vgl. Seiden-, Hasen- (Hosen-), Haubenstricker (Hubenstricker), Hans *Strickenfaden* 1398 Brsg. In Tirol auch Strickner, Strickmaister. Auch e. mhd. Dichter nannte sich »der Stricker«.

Strickrodt, -roth, -rott: thür.-hess. ON. auf -rode, wie Bendrodt, Hottenrott, Klapproth, Billroth usw. – **Strickstrack:** lautmalend wie *Strickstramm* (Alt-Lüb.), *Trictrak* (Alt-Kiel); vgl. unter *Schnickschnack* u. FN. *Pickenpack.*

Stridde (ndd.): wohl zu strîden »Streiten«. Zur Form vgl. Schridde.

Striecker (ndd.) s. Streicher!

Striedl (Bay.), Striedlmeier: Alb. *Strüdel* 1277 Brixen, wohl ÖN.

Striegel, Strigl (obd.): persönl. wohl »kratzbürstiger Mensch«, vgl. in Bambg. 1386 Heinr. *Wolfstrigel* u. sein Vetter der *Strigel.* Mhd. strigel auch »Penis«.

Striepe, Striepke (ndd.) = »Streifen«, wohl an der Kleidung: Herm. *Stripe* um 1325 Lüb.; *Stripederok* 1260 Ro. (Lüb., Greifsw.) »mit gestreiftem Rock«; *Stripedehut; Stripedepape*/Meckl.

Striese: slaw. ON. Striesa (Striesen, Striesow).

Stri(e)tzel (Schles., Sa., Ö.): mhd. strützel »längl. Kuchenbrot, Stollen«, heute bes. als Weihnachtsgebäck (Christstollen); schles. auch Mohnstriezel. Als Bäckername bezeugt, so in Schweidn. um 1325 Bäckermstr. *Sibenströczel* (vgl. Siebenschuh u. ä.); in Görl. 1377 Nicze *Monströczel,* in Tölz/O. Bay. 1467 O. *Strüzel, Strizel.* Spottnamen f. Bäcker sind auch *Fressenstrüzel* 1367 Iglau, *Slickenstrüczel* 1399 Chrudim.

Strittmatter (Basel oft): ON. Strittmatt, nö. Säckingen.

Stritzke (Brsl. oft): slaw., wie Striesche u. ä.

Strob(e)l: mhd. = »struppig« (wie Straub, Struve, Strubel, Struwelpeter); schon zur Römerzeit e. Germanin *Strubiloskalleo* »strubelköpfig« u. ein *Strobilus.* Auch Ströbele (Württ.) – **Ströde** (ndd.), Strödecke: = »Gebüsch« (feuchtes, sumpf.); dazu **Ströder** (Westf.), verschliffen **Strör**(mann), wie **Ströh,** Ströhemann neben Ströde (vgl. ON. Ströhe nö. Bremen u. Ströhen b. Sulingen). **Strodtmann** s. Strothmann!

Stroh, Ströhlein: bäuerl. ÜN., bes. für Strohhändler (: **Strohmann, Strohmenger,** Strom-menger!), Strohschneider, Strohhecker. Dazu Strohsack, Strohhalm, Strohband, Strohseil (im Elsaß 1345 auch e. Ritter Anselm *Stroseil*); *Strokorf* (1402 Hann.); **Strohschein** (= Strohbund, -schaub). **Strohbehn** (Hbg.): der Stroh-Bernhard, vgl. Langbehn, Behn!

Stro(h)pagel, Strohpahl (Hbg., Ro.): = Strohpage »Stallpferd«. Vgl. Rönnpagel »Turnierpferd«. Maes *Stroperd* 1400 Ribnitz. **Stro(h)karck,** -kirch: ON. Strohkirchen/Meckl. (*Strokerke* 1352). **Stro(h)meyer** s. Stromer!

Strohscher(r): »Strohschneider« (*stro-snider* 1547 Peine).

Stroifer (Bay.): mhd. stroufen »die Haut abstreifen, schinden«.

Stromer (Nürnbg.): dort urkdl. Ulman *Strômer* = Ulman *Stromaier* um 1390, Patrizier, berühmt durch s. Papiermühle (die erste in Dtschld.); der Strohmaier hatte die Strohzehnten einzuziehen. S. auch Sellmer, Huemer.

Strömer (Hbg.): Thid. dictus *Stromere* 1348 Bremen (1396 Barth), mhd. = »Landstreicher«.

Strömpl (Bay.) s. Strempel!

Stropp (ndd.) = »gedrehter Strick«, wie Stripp.

Strothmann, Strodtmann (ndd.-westf.) wohnte »in der Strodt«, »auf der Stroth«, d. h. in feuchtem Gebüsch. Desgl. **Ströder,** Ströter, Strör(mann), Strohrmann. – **Strötzel** (ostmd.) s. Strietzel!

Strube (Hbg. oft) s. Struve, Struwe! **Strübing** (Hbg. oft) s. Strüving, Strüfing! **Strubel** (vgl. Struwel!) s. Strobel! Vgl. Gerung *Strubel* (Ritter) 1240 b. Waldshut, ebda. 1280 Ritter Gerung v. Ofteringen u. s. Söhne Hartman, *Strubel,* Ulrich u. Friedrich (Brech, S. 693).

Strübich ist md. für Strubel. Berhtolt *Strubich* 1186 Speyer; vgl. H. *Strovic* 1345 Strals.

Struck (ndd. oft) = Strauch, nebst **Struckmann,** Struckmeyer: im Gesträuch wohnend. Desgl. **Strücker** (westf.) wie Bröcker.

Strufe, Strüfing (ndd.) s. Struve!

Strümpel(l): md. Form für obd. Strümpfel, wie Strump für Strumpf, d. i. »Strumpf, Stummel«, kl. untersetzter Kerl. Eberh. *Strumpel* 1319 Mainz.

Strunk (ndd. oft) nebst Strunkmann, Strunkheide: z. T. ÖN., Flur mit Baumstümpfen, z. T. auch übertr. »Stumpf, Stummel, kl. Kerl«. Henr. *Strunk* 1209 Köln. Vgl. *Röverstrunk* »Rübenstrunk«.

Strun(t)z: (mhd.) strunze »Stumpf« (strunzel »Lanzensplitter«); »ain wilder, wüster *Struncze*« heißt es bei Michel Beham (Meistersinger um 1450). Elbel *Strunczel* 1395 b. Eger.

Struß (ndd. oft) s. Strauß! Dasselbe meint **Strutz** (ndd.): Robert Strutz, Dichter.

Strutwolf: der Wolf im Dickicht (mhd. struot). Vgl. Struthmann wie ndd. Strothmann. ON. Eschstruth u. ä. – **Strützel** s. Strietzel!

Struve, Struwe, Strube (ndd. oft), auch **Strufe, Strüfing** neben **Strüwing, Strübing** (Ro. oft), meint wie obd. Straub, Sträuble u. Strobel, Strubel den »Straubhaar« oder Rauhen, aber auch den »Gestrengen«, vgl. 1314 »her Manegold van Estorpe der *Struve,* der ridder«. Radolf *Struve* 1297 Stralsund, Clawes *Struveke* 1443 Kiel, J. *Struving, Strubing* 1368 Greifswald.

Stubbe (ndd., Hbg. oft) = Baumstumpf, »Stubben« (vgl. »wrede [wilde] stubben«): auch persönl. »kl. untersetzter Kerl«, Stummel. Dazu Stubbemann, vgl. ON. Stubben (Segeberg u. Bremen). Springstubbe (wohl ÖN., spring »Quelle«). Joh. *Stubbe* 1389 Greifsw., Herm. *Stubbeke* um 1320 Lüb., *Stubbenhauer* 1425 Anklam.

Stübe s. Stüve! – **Stubenrauch** (Stumrauch) dürfte den Bader in der dampferfüllten Badestube meinen, wie Hüttenrauch den Köhler oder auch Erzhüttenarbeiter; auch die Bedeutung »Stubenheizer« ist bezeugt (Urk. d. Dt. Ordens). S. auch Reuchlin, Rauch! Später auch Schimpfname: »Junker *Stubenrauch,* du Eselskopf, du stinkender Gauch« (1625). Lutz *Stubenrouch* 1346 b. Stuttg. Vgl. *Stubenruß!*

Stubenvoll, Stummvol u. ä.: der seine Stube voll hat, d. h. seine Gaststube; auch der Bade- und Trinkstubenwirt. Hensel *Stubenvol* 1365 Brünn, *Stubenvol* der hirt 1383 Eger.

Stüber s. Stüwer!

Stübich: ON./Frkn., vgl. Walther der *Stübich* 1374 Bambg. Auch **Stübiger** ebda: ON. Stübig (mhd. stubich »Reisig«, vgl. aber mhd. stübich »Kännchen«, s. *Stöveken!*).

Stübner (Ö., Bay., Sa.) meint oft den **Badstübner,** desgl. obd. **Stuber** = **Badstuber.** – **Stucke,** Stucken (ndd.-westf. oft) nebst **Stuckmann:** wohnhaft an e. Waldstelle mit Baumstümpfen. Vgl. ON. Stukkenbrock, Stuckenrodt/Westf., Stuckenborstel/Hann. – **Stückler** (obd.) meint den Flickschuster oder -schneider (mhd. stückeln »flicken«), vgl. *Stuckewurchter sutor* 1381 Brsl. **Stückle(n):** mhd. »Stück, Tuch«, vgl. Gutstückli, Berufs-ÜN.

Stüde(mann), Stühmann (ndd.) nebst **Stüder,** Stüer: nach der Wohnstätte am *stude* = Staudicht, Gebüsch. Vgl. das Gehölz »der Stüh«. Stüde ist auch ON. (Gifhorn). Alem. ist **Stüder** (Studerus: Schweiz): Lüti *Stüder* 1499; Joh. *zum Studen* = *Studer, Studigel, Studengast* s. Staude! Auch **Stüdle,** Stäudle, Steidle.

Studemund (Meckl.) s. Studebaker: Stut!

Studier (ostd.) gehört zu den slaw. N. auf -ier wie Hallier, Bernier usw. Vgl. ON. Stüdenitz/Prignitz, Studnitz/Mähren u. FN. **Studniczka** (slaw. studnice »Brunnen«). Auch **Student** ist ostd.-slaw., vgl. Studentkowsky, Studinsky.

Studt (ndd. oft), Studte: s. Stut(h), Stut(h)e! **Stüer** s. Stüder!

Stüfen s. Stüven! – **Stühff** (obd.) = mhd. stüef »fest, stark, wacker«: Herm. *Stüef* 1375 Munderkgn.; ndd. vgl. Stüve!

Stü(h)ler (obd.) = **Stuhlmacher,** -flechter (*stulmecher* 1332 Mainz), ndd. Stohl-, Stuhldreyer (»Drechsler«), s. Stohl-! Entrundet **Stie(h)ler.** Friedl *stüler* 1365 Brünn. Diderich *stuler* 1387 Frkf. Zu Alb. *Stulfuoß* (1286 Württ.) vgl. Tischbein, Berufs-ÜN.

Stuhlfauth (rheinhess.-pfälz.) = »Gerichtsvogt«, s. Fauth! Joh. *Stuhlfaut* 1595 Dudweiler. Vgl. *Stulschreiber* (1482 Lpz.). Auch Stuhlfatt.

Stuhlmann (Hbg.) s. Stohl-!

Stühmer, Stühm (ndd.), Hbg. oft: entspricht dem obd. Rumpler, vgl. »*stümen* oder rumpelen« = wüten, poltern. – **Stühmann,** -meyer s. Stüdemann!

Stuhr (ndd., sehr oft) = »steif, unbeweglich« (von Gemüt); Lutbert *Sture* 1293 Strals.; auch Stuhrmann (wie Klockmann), **Stührk** (Hbg.): *Stureke*; **Stühring, Sturhahn** (*Sturhan:* der sture Johann). Vgl. auch ON. Stuhr i. O.

Stü(h)rmann (ndd.) = Steuermann. Vgl. auch ON. Stühren/Bremen. Dethard *Sturman* 1294 Ro. (Lüb., Hbg.), Herm. *Sturman* 1295 Strals.

Stü(h)rwold, -wohld (Hbg.): ON. Stürwold i. O., ON. Steuerwald/Hann. Ein Schloß *Stürwold* zitiert Schiller-Lübben, Mnd. Wb., als »steure der Gewalt!«.

Stuht s. Stuth!

Stuke, Stüker s. Stucke! – **Stül(c)ken** (Hbg. öfter): vgl. Stulleke um 1375 Hbg., Joh. *Stulle* 1394 Hbg. Zu Stölcke(n) vgl. Herman *Stolleke* 1318 Soest.

Stulle s. Stolle!

Stülpnagel: offenbar obszön (Nagel = Penis), wie Reck-, Spann-, Wackernagel; stülpen ist ndd. Wort.

Stulz (obd.) = »Stelzfuß« (vgl. Stelzer!):

Conr. der *Stulz* 1303 Rottweil, Hs. *Stülzlin* 1413 Füssen. – **Stümann** s. Stühmann! **Stümer** (Hbg., Kiel) s. Stühmer! – **Stummer:** ostmd. »ein Stummer«, wie Kleiner, Kluger, Rother; sonst auch **Stumm(e):** Alb. *Stumme* 1360 Osn. In Bay. vgl. aber Andr. *Stubmer* (d. i. Stubmaier) 1403 Passau, wie Hubmer, Hummer für Hubmaier. **Stummvoll** s. Stubenvoll!

Stump(e): ndd.-md. wie obd. **Stumf(e),** nebst Stümpel, Stümpfel, meint (Baum)-stumpf, übertr. auch »untersetzter Mensch«; auch »stumpf von Sinnen«; z. T. auch Flurname: »uf dem Stumpe« 1315 Drais b. Mainz. Hs. *Stumpf* 1393 Glatz, Joh. *Stumpel* 1300 Greifsw., H. *Stumpeke* 1324 Lüb. **Stumpfner** (Schles.): aus Stumpfenau; in Glatz 1375 A. *Stumpfener* nebst Nickel *Stumpfenauer (Stumpfener).*

Stun(t)z: mhd. = »stumpf, kurz«, vgl. Bauer Rud. *Stuntzhaber* 1341 b. Bern; mhd. stunze »kl. Zuber«. Vgl. *Stunzichen* 1519 Jena. *Stünzelvot.*

Stupperich: ON. Stupferich b. Durlach (alt Stutpferrich »Stutenpferch«). – **Stürken** (Hbg.) s. Stührk!

Sturm, Stürmer, ndd. **Storm, Störmer,** s. dies! Obd. auch mit Umlaut: **Stürm** (Sturmi), Stirm, Stürmle (Sturmli). Vgl. mhd. stürmen »lärmen, wüten, streiten«. **Sturmfeder** meint den Kampfspieß, vgl. Saufeder = Sauspieß. Ritter Burkh. *Sturmveder* 1288 b. Backnang. **Sturmhöfel,** -höwel, -höbel (ndd.) = obd. Sturmbühel, ÖN. (hübel, hövel »Hügel«). – **Stürmann** s. Stührmann! **Sturmfels** (1353) ist heute ON. Stornfels/O. Hessen.

Stur(t)zel, Stürzel (obd.): mhd. = »Strunk«, persönl. »kl. Knirps«, auch Sturz: »Baumsturz«! Berchtold der *Sturzel* 1313 Riedlgn. – **Stürwohld** s. Stührwold!

Stürze(n)becher s. Störtebecker! – **Sturzrehm,** Sturzrehm, Stutzriem (alle Ro.) s. Rehm! **Sturzkober** (kober = Korb). **Sturzkopf:** kopf = »Becher«!

Stut(e), Stuth(e): ndd. oft, meint schenkelförmiges Weizen- oder Kuchenbrot. Vgl. ndld. *Studebaker* »Stutenbäcker«. *Stutenbernt*/Münster. Alb. *Stute* 1183 Köln, Joh. *Stute* 1338 Lüb. Dazu auch Ludolf *Semelstute* 1289 Ilsenbg., Arnd *Stutenbrot* 1377 Dzg., *Stutenbecker* 1466 Bremen.

Stutenmeister (Kiel): entstellt aus Stut-, Stotmeister, auch Stautmeister (ndd.-westf.) s. Stottmeister! – **Stutmund** s. Studemund!

Stutz: obd. z. T. wie Stutzer und Amstutz (Schweiz) = der am Stutz (am Steilhang) Wohnende (urkdl. *Stutzer = Amstutz* um 1600 Kl. Engelberg). Vgl. aber mhd. stutze »Holzgefäß von stumpfer Form« bzw. »Stutzbecher« u. mhd. Stutz »Stoß«.

Stüve (Stübe), **Stüwe** (Hbg. oft), patr. **Stüven** (oft) = mnd. stuve »Stumpf«, vgl. kol-stuve »Kohlstrunk«; persönl. »Stummel, kl. Kerl«. Auch **Stuve, Stuwe.** Joh. *Stuve* 1256 Hbg., Eilmar *Stufe* 1267 Hbg., Martin *Stuve* 1275 Strals. Vgl. Alb. *Stuvehose* 1230 Lüb.

Stüwer (ndd.), auch sekundär **Stüber** (Hbg. oft), ist Variante zu Stöwer (Stöber): Badstöver, soweit nicht der Münzname Stüber (mnd. stuver, ndld. stuiver) hineinspielt (20 Stüber = 1 rhein. Gulden), vgl. ndld. kroonstuiver: FN. Krahnstöver. Lubbert *Stuver* 1303 Grfsw. (1277 Strals.).

Subbe (ndd.) s. Sobbe! – **Subbert** (Hbg. öfter): fries. Variante zu **Sibbert** (Sigbert), wie Dubbert zu Dibbert! Vgl. *Suffridus (Siffridus)* aurifaber 1275 Strals.

Sube (Hbg. öfter) neben **Suwe** (ndd.) = Sau. Vgl. Sumann, Sukopp, Suböter, Suh! **Subke** ist slaw. KF. Subek zu Subislaw, wie Dubke zu Dubislav! Vgl. unter Sobeslav! – **Süberkrop(p),** Sieber-, Sieverkropp, Süverkröbbe, -krübbe, Süberkrüp, -krüb, alle in Hbg. (nebst Süvelkrop in Ro.), meint entweder »sauberer Kropf« oder »saubere Krippe« (ndd. Krübbe). **Süver,** Süwer, Süber (ndd.) = »sauber«, vgl. obd. Säuberlich.

Such, Suche, **Suchan,** Suchanek, Suchantke, **Suchy** sind ostd.-slaw.: *such-* meint »trocken, dürr« (vgl. Zuche: die Zauche, Landschaft b. Belzig). Dazu auch **Zuchhold** (Schles.), vgl. Zuchantke. **Suchardt:** sekundär für Suchert, Sucher, vgl. ON. Sucha, Suchau (ostd.-slaw., s. Such!). Dazu Suchorski, Suchatzki u. ä.

Suchenwirt (Wien): so nannte sich e. mhd. Spruchdichter u. Fahrender in Ö. (Peter *Suchenwirt* um 1380): »ich bin geheißen S., weil Sinn u. Dank (= Denken) zum Wirte führt« (d. h. zur Herberge). Vgl. die Fahrenden *Suchensinn* u. *Suchendank* ebda., auch *Suchentrunk* 1376 Wien. – **Süchting,** Söchting (ndd.) = »kränkelnd, siech«.

Sucher, ndd. **Söker:** »Sucher, Forscher, Ahnder«. Andres *Sucher* 1451 Lg., Henneke *Sökere* 14. Jh. Hbg.

Such(s)land s. Sökeland! ÜN. e. Fahrenden, vgl. Rumsland!

Suck (Hbg. oft): vgl. Suckau, Suckow; dazu **Sucker,** Suckert (Brsl.).

Sucker (Stettin) ist ndd. = »Zucker«; Vgl. Suckerbecker 1500 Bremen.

Sudeck: ON. b. Korbach.

Südekum, Sydekum, Siticum: ndd. ÖN. = »Siehdichum!« (Jost *Südikumme* 1588).

Sudermann (ndd.-westf.): der südwärts (mnd. *sûder*) Wohnende. Vgl. Oster-, Westermann. Ebenso **Sudhoff,** Sudmeier, Sudhölter usw.

Suffert: fries. Form für Siffert (Sievert); *Suffridus (Siffridus)* aurifaber 1275 Strals. Desgl. **Süfke** (Hbg.) = Siefke, Sieveke. – **Suffner** (Schles.) s. Soffner! – **Suhk** (Hbg.) s. Suck!

Suhl, Suhle: der an der Suhle (Sumpflache) wohnt. **Suhling:** ON. Sulingen.

Suhr (Hbg. oft) nebst **Suhrke:** ndd. = »Sauer«. **Suhrbier** »Sauerbier«, Berufs-ÜN. für Brauer. Vgl. Sötebeer u. ä. **Suhrkamp** (westf.): kamp »Feld«, sûr ist mitunter auch verschliffen aus sûder »südlich«, vgl. Surborg, Surdiek, Sürbostel u. ä.; zu *sur* »feucht, sumpfig« s. Bahlow, ON. S. 412.

Sühri(n)g, Sü(h)rie = Suhr »sauer, verdrießlich«. Joh. *Suring* 1313 u. Joh. *Sureke* 1315 Hann.; Bartold *Süring* 1631 Hi. nebst Sohn Henning *Süry*! Die Schwächung -ing zu -ie ist ostfäl. (A. Lasch, § 144 u. 346).

Sukop(p): ndd. = »Saukopf« (Herm. *Saukopf* 1664 Hann.). Vgl. *Saurüssel* (1396 Frkf.). Weiteres unter Sautreiber. **Sumann** (Hbg.) = »Sauhändler«, Tyle Kok alias *Sueman* 1460 Barth. **Suböter** (ndd.) = Säuschneider, Kastrator (*Suböter* 1291 Hbg., auch Lüb., Bremen: Carstens, S. 100). Auch **Suh** (Suwe, Sube), ndd., meint »Sau«.

Sulberg, Süllberg (z. B. b. Hbg., mit dem Wase-berg!) – vgl. Sülbeck! – meint »suhlen-, pfützenreicher Berg« (Bahlow, ON. S. 469). **Sulchmüller** s. Silchmüller!

Sulke, Suhlke, Sulek, Zulek, Zülke, Schülke: KF. z. slaw. *Sulimer* (beide in Ro. 1270). *Sulus* v. Wedel 1288 Pomm.

Sülter (ndd.) = obd. (mhd.) **Sulzer,** Sülzer »Sülzenmacher, Kuttler«, vgl. Sültenfuß »gesülzter Schweinsfuß« (ÜN. für Garbrater oder Fleischer, vgl. den Fleischer *Sülzfuß* im Redentiner Osterspiel). Aber **Sültmester** (*Sultemester* 1384 Greifsw., 1452 Bremen) zu mnd. *sulte* »Saline« (z. B. in Lünebg.). Vgl. Werner *Sultepenning* 1248 Hbg. (Abgabe an die Saline). **Sültmann,** Sültmeier z. ÖN. u. ON. Sülte, mehrf. (*Sülteman* = *van der Sülten* 1368 Hildesh.), d. i. »versumpfte, morastige Flur«!

Sülvesherr (ndd., Selbstherr/Stettin): ein Selbstherrlicher. Nic. Sülvesherre 1280 Strals. (1345 Parchim). Desgl. Gerbert Sülfwolt 1307 Lünebg.

Sulzer, Sulzner (obd.) s. Sülter. Vgl. aber auch ON. (ÖN.) Sulz, öfter (= versumpfte Stelle): Sifrit *an der Sulz* 1299 Eßl.; *in der Sulzen* u. ä.

Süme (ndd.) s. Seume! **Sümenich** (ndd.) s. Seumenicht!

Sumfleth (Hbg. oft) s. Somfleth! – **Sump** (ndd.) = Sumpf, Flur- u. ON. – **Summe-r(er)** s. Sommer(er)! Vgl. aber auch mhd. sumberer »Trommler« u. mhd. sumber, sümmer »Getreidemaß, gefl. Korb«.

Sunder(mann): ndd.-westf., z. ON. Sundern (mehrf. in Westf.), auch Sondern, vgl. Sondermann, u. Sunder a. d. Meiße/Celle; auch Waldorte »Im Sonder« (Werra), der »Sonderwald«/Thür., der »Sonderkopf«, der Sonderbach (zur Vechte) usw.; vgl. mnd. sunder »Schlacke«: dazu **Sünderhauf** (ON. Sinderhauf i. W.) u. ä.

Sundmacher, -maker, -mäker »Gesundmacher« (ndd., Hbg. öfter; auch Sund).

Sünkens (Kiel) s. Sönken!

Sup(p)an (slaw.-mhd.): »Bezirksvorsteher, Vogt, Gutsverwalter« (Sa., Ö.). Thömel *Supan* 1365 Iglau. – **Supt(h)ut** (ndd.) = »sûp-et-ût!« (so 1300 Hildesh.). Der Säufer oder Schlürfer, Schlemmer, wie Slicketup 1357 Grfsw. Claus *Super* 1319 Strals.

Supper (Württ.): z. Flurn. »in der *Supp*« = »Sumpf«.

Supprian meint den heil. Cyprian: so in Quedlbg. 1624 *Zupperian* neben *Zipperjahn, Ciprian.*

Surläuly (alem.): der »saure Läuly«, d. i. Claus, Nicolaus, urkdl. Schottenlauel =

Claus Schott 1434 Elsaß, s. Läuly! Desgl. *Laulin* Schlöderlin 1356 Lahr, *Laulin* Lenczelin 1387 Frkf.

Susanne (Suse, Susette): hebr. »Lilie«; Sinnbild der Keuschheit; s. Bahlow, Vornamen!

Susemihl (Meckl.): wend. Pers. N. *Susomil* »der die Fremde liebt«, wie *Bogumil* »der Gott liebt« (Belege bei K. Witte: Meckl. Jahrb. 1906).

Süß: mhd. = »liebenswürdig« (Gegenteil: Sauer), vgl. ndd. **Söth** (Sötemund, wie obd. **Süßmund;** Gegenteil Suremund: Ritter Hinr. Surmund 1276 b. Hann.). **Süßmuth** (Schles., Sa.): »von liebenswürdiger Gesinnung«. **Süßmilch** s. Milch! **Süßkind, Süßmann** sind auch jüd. (in Würzbg. schon 1218 *Süßkind judaeus,* 1328 *Süßman judaeus*). – **Süßenguth** ist ON./O. Frkn.

Süsterhenn s. Sester! – **Sütterlin,** Sütterle, Sitterle (Württ., Baden) neben **Sutter(er), Saut(t)er,** Sutter-, Sautermeister meint den schuoch-sûter »Schuster« (lat. sutor »Näher«). Auch Seut(t)er, Seuterlin, Seitterle, s. dies!

Sütel (Kiel, Hbg.): ON. (= Sut-lo: Sumpfstelle).

Suttner (obd.): nach d. Wohnstätte bei der Sutte (mhd. = Pfütze, sumpf. Stelle); auch z. ON. Sutten. Vgl. Bertschi *in der Sutten* 1329; H. *Suttner* 1336 Bambg.

Süverkröbbe s. Süberkropp! – **Suwe** s. Sube!

Suwel, Sugel: mnd. = »Schusterahle«, auch Ahle schlechthin. Vicke *Suwel* (Knappe) 14. Jh. Meckl., Siffridus *Suwel* 1406 Hbg. Vgl. Hattensohl!

Svennson (Hbg. oft) s. Schwenn!

Swantje (fries. VN.) s. Schwaneke! Näheres: Bahlow, Vornamen.

Swoboda (Ö. oft, Schles., Sa.): poln.-tschech. = »Freiheit«, ein Freier, nicht Leibeigener. S. auch Ellguth!

Sy, Sye, Sieh (Hbg. oft) ist fries. KF. zu Syurt, Sihard bzw. = Siewert (Sigwart): *Syo* Staetsma 1420, *Sye* 1067 Friesld. Auch **Syamken** (Hbg.) ist fries. KF. bzw. Patr.: Siem-ke (zu Siemer: Sigmar), wie Tiamke 1721 zu Tiem-ke (Dietmar), vgl. *Siammo* Boyen 1447 (Stark, S. 135). – **Sydicum** s. Südekum!

Sybel (von): fries., s. Siebel! – **Sylvester** s. Silvester!

Symanczyk, Syma u. ä.: poln. = Simon.

Syring s. Siering! – **Syrup:** angebl. aus Süderup/Schleswig? Aber schon im MA. war das Wort (mhd. *syrup* »süßer Saft«, Arzneimittel) als Lehnwort aus dem mlat.-ital. bekannt.

T

Taaks (Hbg.) s. Tack!

Tabbert (Hbg. öfter) könnte wie Jabbert auf fries. *Tjabbert, Tiad-bert* = Tiedbert (»im Volke glänzend«), beruhen, wie auch die KF. **Tabbe,** Tabe, Tabke, Tapke, vgl. Jabbe, Japke unter Jaacks! *Tabe = Tiabe* 1428 (Stark, S. 127, 144). Bezeugt ist *Tabbert* nur als ÜN. (mnd. = »langer Mantel«, s. Taphart!): so *Tabbart* 1278 Strals., Joachim *Tabbert* 1572 Flsbg.; s. auch Tappert!

Tack, Tacke beruht auf fries. *Tjadeke* für ndd. Tiedeke, KF. zu *Tjadebert, -bern* (Tiedebert, -bern: Dibbern) bzw. *Tjadeward* (Dietward) oder *Tjadelef* (Detlef). *Thiad-* ist die alte ndsächs.-fries. Form für älteres *Thiod-* (germ. Theud- »Volk«). *Tacke* war noch im 17. Jh. als VN. auf Sylt gebräuchlich: *Tacke* Blecken 1658, Inge *Tacken* 1658. Vgl. *Tiacco* Tiddinga 1391, *Tacco (Take)* Meggama 1473, *Taco* Ubbema 1499.

Täckner (obd.): Hersteller von Strohmatten (mhd. tacke); Hs. *Tekener* 1383 Lg.

Taddik(en), patr. meint fries. *Tjadeke* (ndd. Thiedeke), s. Tacke! Dazu **Thaden,** Thadden für *Tjaden*; patr. **Tadsen.** Aber **Taddye** s. Thaddäus!

Taferner (obd.) = Schankwirt, Gastwirt (mhd. taverner, zu lat. taberna »Schänke«). Heinr. der *Taferner* 1282 Weingarten. – **Taffner** s. Deffner! – **Tafel** meint mhd. auch Tafelgemälde, daher Hans *Tafler* 1326 Augsbg. auch Hs. *Maler* genannt; sonst auch = Tisch, Spielbrett, vgl. Cunz *Tafelmacher* 1400 Zürich, Nic. *Tavelmaister* 1348 Brünn. Aber Tafelreiter (= -reuter) z. Flurn. Tafel.

Tägder s. Tegeder! Tägetmeier desgl. – **Täger** (Tägert), Hbg. oft: s. Tegger (Brech.).

Taiber (schwäb.) s. Daiber u. Täuber!

Tamcke (Hbg. oft) = *Tammeke,* ndd.-fries. KF. zu Thankmar; desgl. **Tamm, Thamm** (Hbg. oft) nebst Tamme, Tammen, **Tam(m)s,** Thams, Thamsen (patr.), auch Tamminga (fries.). In Hbg. um 1300 *Tammeke, Tammar(us)*. Schon im 10. Jh. ist *Tammo* = *Tankmarus* bezeugt (Thietmars Mersebgr. Chronik). In Friesld. 1391 *Tammo* Gockinga, *Thammo* provest to Wener 1460, Abel *Tamminga* 1424. Auch sonst vereinzelt bei Patriziern, so in Lg. 1367 *Thammo* Meynwaldt (nebst Hs. *Tamme* 1383), daher FN. Thamm oft in Lg.

Tan(c)k, (Tanke), Hbg. oft, fries. Pers. N., *Tanko* 1324 Lüb., Grfsw., wohl = Tamkke, s. dies! Vgl. dazu Oncke (Omke) Snelgers 1397, Wylmet *Tannen (Tammius)* 1387, auch Didde *Tansen* 1550 u. FN. *Tamsen.*

Tändler, Tandler (obd.) s. Dandler!

Tang(e), Hbg. öfter, ist ndd. Form für »Zange«, ÜN. des Schmiedes. Herm. *Tange* 1337 Lüb. Ein ON. Tange i. O.: Gerd *Tangeman* 1417 Bremen. **Tangelmann:** z. ON. Tangeln/Altmark. **Tanger(mann):** (Hbg. oft), z. Fluß Tanger (mit Tangermünde). **Tangl** (Bay.) s. Dangl! – **Tank** (fries.) s. Tanck! – **Tanner,** Tannert (obd.) wie Thanner, Thon(n)er s. Danner! – **Tannheiser** s. Thannhäuser! – **Tannigel** s. Staudigel, Feldigel! – **Tapke(n),** Tabke (fries.) s. Tabbe!

Tanz: im allg. ÜN. für **Tänzer** (Tenzer, Tanzer), sei es »Gaukler« oder auch »Vortänzer« (*Tanczmeister* 1377 Prag); in Straßbg., Freiburg, Basel usw. um 1250 auch als Hausn. *»zem Tanze«*. Oft in Thür. In Lpz. 1295 e. Ratsherr Heinman *Tancz*, 1307 e. Priester Wilh. *Tancz*. Dazu die Satznamen Hebe-, Mache-, Schicke-, Regen-, Loben-, Preisentanz, aber auch Scheuentanz (*Schüwentancz* 1391 Freiberg). In Lg. 1375 *Beugentancz* (später Bogentanz). Urkdl. auch *Fleugimtanz, Eiertanz*. S. auch Dantz! Variante ist **Tänzler** (oft in Thür.). Zu **Tanzmann** (Schles., Sa.) vgl. auch ON. Tanz b. Glatz. – **Taps** (obd.): tapsiger Tolpatsch; Albr. *Tapse* 1393 Württ.

Tanzen s. Tansen!

Tapp(e), ndd. = »Zapfen«, wohl ÜN. für Bier- u. Weinzapfer **(Tapper),** vgl. Sifrid *Haletappe* 1301 Ro. (»hol den Zapfen«!), Hinrik *Tappe*/Lüb. 1325. FN. Wientapper. Obd. Weinzapf, Zapf, Zapfer.

Tappert (obd.-md.): mhd. taphart (mlat. tabardum) »Langer Mantel«; den Mönchen auf der Kölner Synode 1281 verboten. Als ÜN. eines Schneiders z. B. in Lg. 1352: Henricus *Taphart* sartor. Hs. *Taphart* 1496 Füssen. Vielleicht auch Werner *Tabbart* 1367 Ndrhein, s. auch Tabbert!

Tardel (Hbg., Meckl.): wohl ÖN.

Tarnow: slaw. ON. b. Güstrow, bekannt durch Fanny T. (Schriftstellerin) aus Güstrow. – **Tartsch** s. Dartsch! – **Taschner,** Täschner s. Teschner u. Daschner! Obd. auch Taschler, Teschler, Däschler.

Taschenbrecker (ndd., Meckl.): der Taschendieb, vgl. Kluvetasch. **Tasche** ist der Taschenmaker (1375 Greifsw.).

Taßler s. Daßler!

Tatje (fries.) s. Tadeke! – **Tatter:** mhd. = »Tartar«, Tattermann: mhd. = »Kobold, Gliederpuppe«, wohl ÜN. des Puppenspielers.

Tatzel, Tatzelt s. Tetzel! **Tatzner** s. Tetzner!

Taube, obd. Taub, Taubmann: der Taube (vgl. ndd. Dove: doof), mhd. auch »von Sinnen, närrisch«; *Towbenickel* 1397 Lg., Hensel *Tawp* (Hluchy!) 1413 Prag. Seltener ist die Taube gemeint (s. Teubner!), mhd. tûbe, vgl. Taubenkropp, -nest, Schöntaube (-duwe), auch als Hausname: Konr. *zer Tuben*, Ratsherr, 1248 Speyer. S. auch Daube! Duwe!

Tauber (Taubert): Sa., Sudeten, = »Taubenzüchter« (s. Teubner, Taubner!), vgl. mhd. tûber, tiuber »Täuber, Täuberich«. Wenczlaw *Tauber* 1380 Kolin. Westmd.-obd. Dauber, Daubert (s. dies!): Hennel *Dubere* 1356 Worms. Burkh. *Tuberflug* 1473 Konstanz.

Taucher(t), Tauche: z. ON. Taucha b. Lpz. bzw. Tauche/Spree; desgl. Tauch(mann), wie Glauchmann zu Glauchau; vgl. Tanz-, Tinzmann. Zum selben slaw. Wortstamm *Tuch-* vgl. **Tauchnitz** (Lpz. oft): ON. *Tuchonice*/Böhmen. S. auch Teuchert! Ein Nicclos *Towchan* 1397 Lg. (slaw. Pers. N. *Tuchan:* dazu Tuchans-, Tauchsdorf ebda., wie Schiban: Schibans-, Scheibsdorf).

Tauentzien: slaw. ON., bekannt durch den Verteidiger Breslaus 1760, General T. – **Tauer,** Thauer, Tauermann (Schles.): ON. Tauer, Thauer mehrf. ebda.; B. *von Thauraw* 1456 Lg., Hs. *Tauer(er)* 1425 ebda. – **Tauler** (Elsaß, bekannter

Straßbgr. Mystiker, 14. Jh.): in alem. Mundart = Wipfel.

Täumer (Mchn.), Thäumer: wohl Herk. N., vgl. Theumer: ON. Theuma/Vogtld.

Taupadel: slaw. ON./Thür., wie *Tupadly*/Böhmen, vgl. Tampadel b. Schweidnitz.

Tausch (Mchn. oft): mhd. tûsch »Schelmerei, Täuschung«, aber auch Tauschhandel, so daß letzten Endes wohl = **Tauscher** (Mchn.), vgl. Roßtauscher (Bay.); mhd. tûscher, tiuscher (Täuscher). S. auch Dausch! Zu **Tausche** vgl. ON. Tauscha. **Tauschek** ist slaw. (Tuschek).

Tausend, Tausendschön, Tausendfreund, Tausendteufel, Tausendlist, Tausendpfund s. Dusend (Dausend)! Dazu *Dusentherze* 1298 Mainz, 1354 Frkf. Desgl. (mundartl.) **Tausig,** Taußig, eher aber slaw., vgl. ON. Taus/Böhmen. – **Taut(e),** Tauth: fraglich, ob z. alten Pers. N. *Tuto*, der um 1200/1300 nicht mehr üblich. Vgl. *Tuto* v. Honstetten 1050 Württ., *Tuto* v. Wagenhsn. 1085 ebda.

Tautphöus: Humanistenname für Dautphe (ON.), s. dies! Auch Datphäus.

Tautz (Böhmen): ON.

Tebbe, Tebben, Teebken, Tebje ist fries. KF. zu *Det-, Thetbern* (Dietbern: Dibbern bzw. Dietbrand); dazu Tebbenjohann/Oldbg. Auch patr. Tideke: *Tebbing* 1428. Urkdl. auch weibl. VN. (wie Tibbe) für Dietburg (1405 Kl. Preetz).

Techen (Meckl.) ist slaw. Pers. N. *Techan,* wie **Tech** *(Tech)* u. **Techel** KF. zu *Techomir, Techoslaw* (tech- »Trost«, mir slaw. »Ruhm«). Vgl. Techenmarus 1349 Greifsw., *Techen, Techel* 1297 Ro. ON. Techentin.

Techt(meier) s. Tegtmeyer! Techter s. Tegeder! – **Tecius** (Decius) s. Tech u. Dietz! Vgl. Ferd. Bahlow, Wer war Nic. Decius (Tech von Hof?) (Archiv f. Ref. gesch. 4, 1907).

Tecke ist mehrf. Flurname in Westf. (»In der Tecke«, »Auf der Ticke«, »Teckbusch« u. ä.), auch in ON. Teckentrup (wie Finnentrup), Tecklenburg (alt Tekeneburg), alle auf feuchte, modrige Gegend deutend (Bahlow, ON. S. 475). Dazu FN. Teckemeier/Westf. (wie Klütemeier u. ä.).

Tede, Tedsen s. Thede! **Tedden** s. Theden! **Tedrahn** (Meckl.): slaw. Vgl. Dobberahn. (1590 *Tederahn*).

Teege, Teegen (Hbg.): ndd. = »Zehnt« (»keinen tegen geven«); vgl. lemmertege »Lämmerzehnt«. Desgl. **Tegge:** Joh. *Tegge* 1479 Bremen, und **Tegger** (= Tegder): Joh. der *tegger* 1400.

Teegler s. Tegler! – **Teetz** (Hbg. oft): slaw. ON./Prignitz.

Teevs s. Tews! – **Tegeder** (ndd.-westf.) entspricht dem obd. Zehender, dem Verwalter bzw. Einzieher des Zehnten (Naturalabgabe der Bauern). Hans *Tegheder* 1382 Brschwg., Tönnies *Tegender* 1606 Lippe, T. *Tegt* 1653 ebda. (daher FN. Techt, wie Techtmeier). Vgl. auch **Teg(e)tmeyer** (oft) u. Tegethoff, auch Tägetmeyer, Tägeder, Tegtmann, Tegtbuhr: -bühring (Westf.). Joh. *Teghdevoghed* 1369 Lünebg. – **Tegen** s. Teegen!

Tegler, -eler (ndd., auch Teigeler, = Ziegler, Lehmziegelmacher, *Tegelberner.* Vgl. Hinr. *Rodetegele* um 1325 Lüb., Joh. *Tegelke* 1302 Greifsw., Nis *Tegelmeister* 1580 Flsbg., dazu Tegelmann, Tegelhütter, Teigelkötter, Teigelkamp(f)/Westf.

Teichler (obd.-schles.) ist Variante zu **Teichner,** wie Eichler zu Eichner, also = Teicher(t), Teichmann, s. dies! Zu Teichner vgl. auch ON. Teichenau/Schweidnitz, vgl. Reichner zu Reichenau, Rachner zu Rachenau, Langner zu Langenau. Zu Teichler, Teichel vgl. auch ON. Teichel b. Jena. – **Teichgräber** (Sa., Laus.), auch Teuchgräber: Martin *Teichgräber* 1437 Görl. – Aber **Teichfuß** meint Teigfuß, ÜN. des Bäckers (*Teigfuß* 1396 Zittau, 1362 Jitschin, *Teygfüßel* 1383 Dt.-Brod).

Teichmann, Teicher(t): oft in Schles. u. Sa. Der Reichtum der schles. Ebene an Teichen hatte im MA. eine blühende Fischteichwirtschaft zur Folge. Nickel *von dem tiche* 1366 Görl., Wenczla *teichmeister* 1380 Kolin. Heinr. *Teicher* 1374 Glatz. Vgl. aber auch ON. wie Taicha, Teichau u. die Parallele: Teucher(t) aus Teuchern sowie Tauchert aus Taucha!

Teifel (Mchn.) s. Teufel!

Teigeler (ndd.-westf.) s. Tegeler! – **Teige, Tei(c)ke** (Schles.) wie Teucke sind slaw. – **Teiler** (obd.-schles.): im MA. städt. Beauftragter für das »Teilen« (Zurechtschneiden) der Tuche in den Kaufkammern (Arnold *teyler* 1372 Lg., Jekel *tayler* 1379 Kolin), s. Bahlow, FN. Lg., S. 151!

Teimer (Mchn.) s. Täumer! – **Teiner** (von Tein) s. Theiner! – **Teiwes** s. Tews!

Teipel (obd.) KF. zu Tiepold, Diebold! Vgl. unter Teupel!
Telemann (ndd.), berühmt durch den Komponisten Georg Phil. T. aus Magdebg., s. Thelemann! – **Tell(e), Teller,** Tellmann, Tellkamp (Westf.): z. Flurn. Telle bzw. Telge. – **Teltscher:** z. ON. Teltsch/Mähren (Ulr. *Telczer* 1378 Iglau). – **Teml** (Ö.) = Thömel: Thomas.
Telge (ndd.-westf.) = Zweig, junges Gesträuch; dazu Telgenhauer, Telgenbrökker, -büscher, Telgmann. Vgl. ON. Telgte i. W., dazu FN. Telgheder.
Teltmann: tor Telt (Westf.), zu *tel-t* »Moder, Moor«.
Temme (Hbg. oft) ist ndd.-fries. KF. zu Thetmar (Dietmar), *Temme* Hudepoel 1415 Westf., wie Tamme zu Thankmar; patr. **Temming** (Hbg.). Auch **Temmel,** Temmelmann ist als fries. KF. bezeugt. Ein ON. Temmen in d. U.-Mark.
Tempel (Hbg. öfter): Flur- u. ON., mehrf.; Rutger *ten Tempel* 1486 i. W. auch Tempelmann (1284 Strals., ON. Tempel ebda.!).
Templin: ON./U.-Mark.
Tenbrock, Tenbrinck, Tendahl, Tendam, Tendyck, Tenhaeff, (ten Hoff) u. ä. sind ndrhein., neben Tombrinck, Tomdieck, Tomforde/Westf.: d. i. »wohnend zum Brook« usw. Vgl. auch Ter- = »zu der«.
Tendler, Tändler s. Dandler! Auch in Brsl. gab es e. *Tendelmarkt.* Jesco Grebel *tendler* 1377 Prag. – **Tenge** (ndd.): Flurname (teng, ting »feucht«), vgl. ON. Tengern b. Herford. – **Tenk** s. Denk! (Jekel *Tenk* 1414 Mähren).
Teneke: mnd. = »Zahn«. Gerwin Teneke 1269 Hbg. (1268 Ro.), Hokeltene 1385 Ro., Eghetene 1397, Holetene 1450 b. Lünebg., Meckl.
Teng(e)ler (obd.) s. Dengler! **Tengel,** Tengelmann.
Tenner (Thür., Frkn.): = Tanner, Thanner, s. Danner! Denner! (Hencze *Thenner* 1406 Jena, Götz *Tenner [Tanner]* 1358 Hohenlohe).
Tenzer, Tenzler s. Tänzer! – **Tepel(mann)** s. Töpel(mann)!
Tepp (Hbg. oft), Teppe, Tepe, Tepke (ndd.-fries.) s. Tebbe! Deppe, Depke!
Tepper (Schles.) auch Tepfer, = Töpfer; A. Close der *tepper* 1508 Lg. Variante: Teppner.
Teppich, Töppich: der Teppichmacher (Nic. *Tepich* 1366 Mies).
Terboven s. Derboven, Darboven! – **Ternes** s. Mattern! – **Terpe:** ON./Spree. – **Ternoster** s. Paternoster!
Tersteegen (ndrhein.) s. Stegemann! Ter- = »zu der« auch in Termöhlen, Terschüren, Tersmeden, Tervooren (Furt), Terheggen (Hecke), Termeer, Terveen (Moor, Sumpf), Terbeck, Ternedden (zur Nieden), Terbrüggen, Terstappen u. ä. Auch Gerh. Tersteegen (Kirchenliederdichter) stammte vom Ndrhein (Mörs).
Tesch (Hbg. oft), Tesche, Teschen, Teschke, s. Teske!
Teschner (Schles., Sa., Thür., Hess., Frkn.): der Taschenmacher; auch Täschner, Täschler, Teschler. S. auch obd. Deschner, -ler, Daschner u. ä. Die lederne Tasche pflegte am Gürtel getragen zu werden. Nic. Löben der *teschener* 1383 Lg., M. Graupe der *teschner* = M. Greupner der *Frautaschner* 1568 Lg. Nic. *Taschner* 1345 Brünn. Dazu als ÜN. *Anetasche, Veltaschen*/Brsl. u. ä.
Tesdorp(f) (Hbg.): ON. Testorf b. Bevensen (alt Testorp).
Teske (Pomm., Meckl., Hbg. oft): KF. zum slaw. Pers. N. *Tesmar,* s. Techen! Vgl. *Tesseke Slavus(!)* um 1300 Strals., oft auch in Ro. (13. Jh.). Desgl. **Teß, Tessen** (*Tessen* miles 1298 Greifsw.). Belege zum häufigen **Tes(s)mer,** Tesmar bei H. Witte (Meckl. Jahrb. 1906, S. 262). Vgl. *Tessemarus* de Campiz 1286 Meckl. Auch in ON. wie Teschenhagen/Pomm. (1426 *Teskenhagen*), Teschendorf/Meckl. Auch **Tessmann** ist häufig für Tessmer. Dazu **Tessloff** neben Tetzloff, s. dies! Vgl. Gustloff, Stoisloff (Meckl.)!
Tetens (Hbg. öfter): fries. Variante zu Tiedens, Sohn des Tiede (Tede). Aber Tettens (alt Tetten(hu)sen) ist ON. i. O. – **Tettenborn:** ON./Harz. **Tettau:** ON./Kronach.
Tetzel: bekannt durch den Ablaßprediger Joh. *Tetzel* aus Pirna; im sächs.-böhm. Raum einst verbreitet, wie **Tetzner** (Tetzler), mundartl. *Tatzel, Tatzner,* als KF. zu Tetzlav, wie *Wetzel* als KF. zu *Wetzlav.* Peter *Teczel* 1361 Iglau, Chr. *Taczel* 1397 Znaim, Joh. *Teczler* 1342 Klattau, N. *Teczner* 1384 Prag, H. *Taczner* 1369 Mies. Auf nordd. Boden vgl. **Tetzke,**

Tetzmann, **Tetzlaff** (Pomm. oft); s. unter Techen! Auch Tessloff. Vgl. Retzlaff, Setzlaff, Mitzlaff u. ä. *Teslaus* Hakenvot um 1400 Kolberg. *Tetze* vedeler 1348 Lüb.

Teuber (Teubert, Täuber[t]): oft in Schles., vgl. auch Tauber, meint wie **Teubner** den Taubenzüchter bzw. -händler. Vgl. bei Hs. Sachs (16. Jh.): »Ein *Teubner, Vogler* ich auch bin« u. in Brsl. um 1350: *»mit der tuben, tube, tubener«*; in Glatz 1342/47 Rudel *Tuber (Teuber)* in Görl., 1427 Michel *Teubener*, in Jena Thomas *Deibener* 1612. Dazu *Taubenslag* 1385 Dux, Taubenkropf, Taubenesser usw.

Teuchert, älter Teucher (Schles., Sa., Thür.), wie Tauchert für Taucher u. Teichert für Teicher, beruht (soweit nicht Variante zu Teichert) auf dem ON. Teuchern ö. Naumburg, alt *Tuchern.* Vgl. Hans *von Tuchern* 1466 Freiberg/Sa., J. *(von) Tucherde* 1519 Jena, Jak. *Teuchert* 1526 Jena, nebst Greger *Teucher* 1559 Lg., Joh. *Teucher* 1532 Freiberg. S. auch Teichert! Meist ist Teuchert = Teichert! Vgl. Teuchgreber = Teichgreber; *Reuchert* (1560 Eger) = Reichert! eu für ei ist ostfränkisch, vgl. auch Seuffert für Seiffert.

Teuer- s. Theuer-!

Teuf(f)el, obd. auch Teifel, Toifel (bair.), Deifel, Deufel, Deibel, Deubel, ndd. Düwel: auch in Satznamen wie Fressen-, Jagen-, Hassen-, Schlagenteufel, Bitden-, Schrecken-, Schietendüwel. Mandüwel: Manteufel, Dusendtüfel, Neunteufel (Neinteifel), Tüfelsele, Tüfelbeiß, Deubelbeiß usw.

Teuf(f)ert (obd.), älter *Teufer (Tüfer* 1351 Villgn.): z. ON. Teufen/Neckar bzw. St. Gallen. Vgl. den Minnesänger Wernher *von Teufen.* – **Teuke,** Teike (O./S.) ist slaw. wie Zeuke, Zeike.

Teumer, Theumer (Bay.) s. Täumer! – **Teupel,** Teipel (obd.): KF. zu Teipold = Tiepold: Diebold, s. dies! Vgl. Leupel, Leipel.

Teuscher (wie Roßteuscher) s. Tauscher! (Andr. *Teuscher* 1487 Jena). **Teuschler** (obd.) s. Deuschler!

Teuthorn, Teuteberg sind ndd.-westf. ON., auch Töteberg, Teute, Töte: *töt, teut* meint Moder, Moor; vgl. Nolte in dem Toyte 1380, Tötemeier Teuthenrich 1650 u. ä.

Tew(e)s (ndd. oft) = Matthewes: Matthäus, wie Mewes = Barthelmewes. *Tewes (Matheus)* Schekel 1421 Barth; noch 1626 *Tewes* Reetz in Prenzlau. Vgl. md.-obd. Thebes (Thebesius): *Tebes* Kistener 1494 Kassel. S. auch Debes!

Textor (lat.) = Weber; vgl. den Großvater Goethes: Joh. Wolfgang *Textor*, Bürgermstr. v. Frkfr. – **Teyfel** (obd.) s. Teufel!

Thaddey: Sohn des Thaddäus (Heil. N., Apostel Judas Thaddäus (hebr. »der Beherzte«). *Thadeus* 1366 Brsl.

Thaden (Thadden): s. Taddiken! (Vgl. *Tade* Memeken, Friese 16. Jh.). Vgl. auch ON. Thaden b. Itzehoe (FN. von Thaden).

Thaler (Dahler), obd.: nach d. Wohnstätte im Tal, wie Berger: auf dem Berge; Lutz *uß dem Tal* 1370 Füssen. Vgl. Marchthaler, Lechthaler usw.: zu ON. auf -thal. Auch Thaller ist dasselbe.

Thamm, Thams, Thamsen s. Tamm! – **Thanner** s. Danner!

Thate (Hbg.) = Thade = Tjade (fries.), s. Taddiken! Thaden! Tatje!

Thater (Hbg.): vgl. ON. Tatern b. Ülzen (tat = Moder, Moor). Aber Tatter = »Tartar« (*Tatere*/Lüb., *Tartere*/Ro.).

Thau: vgl. Maienthau, Nebelthau usw.; Morgenthau ist jung (jüd.).

Thaysen: »Sohn des Thais« (= Matthias), vgl. Theis(s)en! **Thediek:** ndd. ON.

Thede, Theden(s): Hbg. oft, ndd.-fries. = Thiede (Dietrich). Auch **Theede, Theeden,** verschliffen **Thee.** Patr.: Thedinga. *Tedo* Mencama, Friese 1422. **Thedmers** = Thiedmers. – **Theeck** (fries.) = Thedeke, wie Thieke = Thiedeke. – **Theel,** Theele, auch **Thele,** Thelen, **Theil,** Theile, nebst **T(h)elemann** (Thälmann), Theilemann (ndd.-westf.) = Thiele, Thielemann = Dietrich. *T(h)eleman* 1341 u. ö./Werden a. Ruhr. Theilengerdes = Gerd, Sohn des Theile. – **Theiler** s. Teiler!

Theiner(t): z. ON. Thein/Böhmen usw. (1396 *vom Teyn*), FN. *Teyner* 1399 Chrudim. Aber **Thein(d)l** (Ö.) wie Deinl = Theinhardt (Degen-, Deinhardt; vgl. Meindl = Meinhard).

Theiß, Theißen (ndrhein.) wie Thieß, Thießen = (Sohn des) Matthias, vgl. Matthießen. *Theiß* Leimdecker 1563 Neuß. **Theisel, Theiser** (patr.) sind obd.

Theismann s. Deißmann! **Theising(er):** vgl. ON. Teising/Bay. Cuno *v. Teising* 1295 Salzbg.

Thekla: wie Laura durch Schiller als VN. aufgekommen; im »Wallenstein« heißt so die Tochter des Feldherrn. Theokla »Gottes Ruhm verkündend« hieß e. Urchristin zu Pauli Zeit.

Thele(mann) s. Thede!

Themann s. Demann! – **Themar:** ON./Werra (Thür.), auch Themer; urkdl. *Taga-meri*, prähistor. Gewässername (Bahlow, ON. S. 479).

Theml (Bay., Ö.) = Thömel (Thomas), s. Dehmel!

Thenen (von): vgl. ON. Theene b. Aurich u. Thienen b. Bramsche (tin, ten = Moder, Schlick). S. auch Thienen! **Theng** s. Deng! Vgl. *Thengius* Landy 1513 Brsg., *Theng* Rupffis 1483 Freiburg. – **Theobald,** -bold, -pold (obd.) s. Diebold! Als VN. um 1800 von der Ritterromantik in Aufnahme gebracht. **Theodor** (griech. »Gottesgeschenk«, russ. Feodor), Heil.-N. (nach Bischof Th. v. Sitten/Schweiz, dort als *Sante Joder [Jodel]* beliebt gewesen); als VN. bei Protestanten seit dem Pietismus, volkstüml. seit Theodor Körner (1813): vgl. Th. Storm, Th. Fontane. Die weibl. Form **Theodora** (russ. Feodora) ist durch Dorothea verdrängt, s. diese! **Theophil** (»Gottlieb«): N. altchristl. Bischöfe; im MA. bekannt durch d. faustartige Legende vom Magier Theophil.

Thesenvitz (-fitz): slaw. ON./Rügen. – **Thesing:** Patr. zu **Thes, Theßen,** ndd.-fries. = Matthäus; auch Theesinga, Theesmann.

Thetens s. Tetens! **Theuerkauf** s. Dürkop!

Theune, Theunissen (ndrhein.) = Thöne, Thönissen = Anthonius (Sohn).

Theuner(t) (ostmd.) s. Theiner(t) u. Deuner(t)!

Theurer (obd.): Hans *Türer (Theurer)* 1398 Schwäb.-Hall mag den Taxator meinen (mhd. tiuren »im Werte schätzen«); auch in Brsl. 1350 ca. *Tuerer (Teuerer)*; vgl. aber auch ON. Theuern (Bay., Thür., Schles.)! S. auch Thauer!

Theuring, Theurig (obd.) = Thüring (Hs. *Thüring [Teuring]* 15. Jh. b. Konstanz).

Theuß, Theußen (ndrhein.) s. Deuß, Deußen! – **Theut,** Teudt s. Teut! – **Thevs,** Thevessen, **Thew(e)s,** Thewissen s. Tewes! Auch Theuws, Theuwissen (ndrhein.). – **They** (Hbg.) nebst They-, Thevagt ist fries. VN. = Thede, wie Thye = Thiede. – **Thias** s. Thies! **Thie** (Hbg. oft) s. Thiede! (Tönnis *Thie* 1575 Hann.).

Thiebes s. Thebes!

Thiede, Thiedemann, Thieding, Thiedke (Thieke, Tieck), Thiedt u. ä. sind ndd. Sproßformen von Dietrich (Diederich). *Tidemannus (Tidericus)* filius Lamberti 1262/65 Hbg.

Thiel, Thiele, Thielmann (ndd. u. ostd.) nebst ndd. **Thiel(e)ke:** im MA. sehr beliebte KF. zu Dietrich; noch 1643 in Goslar *Tile* Reineken; in Hess. 1567 *Tilemann* Sangmstr.; westf. auch Teleman, Thele, Theile; schles. auch mit Suffix -usch, -isch: **Thielsch,** patr. Thielscher, -ner, mit k-Suffix: **Tilke** (s. Bahlow, Schles. Nbch., S. 50). In Holstein patr. **Thielen(s),** Thielsen, in Westf. **Thielking** (wie Sieveking, Gödeking) u. Tielker (wie Ötker). Vgl. rhein. Tillmann(s)! hess. Die(h)l!

Thielbeer (Hann.): ON./Altmark, vgl. Jak. Thielbeer 1730 Salzwedel! Aber **Thielbar** meint mnd. *tile-bere* »Zeidel-, Honigbär«, auch tapsiger Kerl.

T(h)iemann (Hbg. zahlr.) ist meist verschliffen aus Thiedemann, s. dies! Vgl. **Thie** für Thiede, mit ndd. Dentalschwund zwischen Vokalen, wie auch Lühmann für Lüdemann. Schon 1377 Greifsw.: *Tyman* Haken; 1290 Strals.: *Tyo.* Sonst vereinzelt auch »am Tie« wohnend, d. h. am Thing- oder Dorfplatz, vgl. urkdl. *Tige-, Tiggemann* (Hann., Westf.). Heyse *von den Ty* 1399 b. Quedlbg. Joh. *Tyman* = Joh. *uppem Tigge* 1518 Westf. Vgl. westf. Tiemeyer, Tiekötter! Aber noch 1617: *Timan* Weimding in Mstr.

Thieme (nebst ndd. Thiemeke) ist als KF. zu Thiedmar (Dietmar) urkdl. bezeugt, so mit Bischof *Thietmarus* oder *Thiemo* 1017 Mersebg.; vgl. »her *Thieme* v. Colditz« 1331 Teplitz, *Tyme* der melczer 1369 Lg. Auch im ON. Thiemendorf (mehrf./Schles.). Obd. ist **Diem,** s. dies! Ndd. ist **Timm,** s. dies! Weiteres unter Dietmar!

Thiemig: ON. Groß-Thiemig nö. Dresden. – **Thiemt** (Schles.) zeigt sekundäres -t. – **Thien** (von), **Thienen** (von), **Thienemann:** z. ON. Thiene b. Bramsche (1037: tin »Moder, Moor«). Ghiso *de Thyne*

1321 Greifsw. Vgl. auch westf. Thienhaus, wie Brockhaus, Haarhaus. S. auch Thünemann u. von Thünen!

Thienelt = Augustin: *Tynel* Sosyk 1555 Röhrsdorf; *Tyne* Brauchacz 1457 Lg.

Thienger (obd.): aus Tiengen (Waldshut, Freiburg). **Thiepold** (Ö.) s. Diebold!

Thier: mhd. = »Wild« (Reh, Hirsch), als Jägername, s. Dier! Vgl. aber ON. Thier b. Waldbroel. **Thiermann:** »Wildhändler«? (Vgl. *Tyrman* 1350 Brsl.)

Thierauf s. Thierolf! – **Thierfelder:** obd. Herk. N. (ON. Thierfelden), wie Hirschfelder u. ä.

Thiering s. Thüring! Düring! Auch Thierig, -ich (md.). Thieringer (obd.): z. ON. Tieringen. – **Thierolf,** Thyrolf, Thierauf: auf obd.-md. Boden war *Tyrolf* im MA. als Pers. N. verbreitet, 1275 Würzbg., 1288 Erfurt, 1474 Nürnbg., 1161 Worms *(Dyrolf),* 1401 Boxberg (*Dirolf* Krankkenstein); *Tierolf* v. Grünsfeld 1282; als FN.: Conr. *Dyrolf* 1257 Worms, Fricz *Tyrolff* 1409 Würzbg., Jeremias *Tieroff* 1560 Auma/Thür. Vgl. dazu Bahlow, Der N. Tyrolf u. das mhd. Gedicht vom König *Tirol:* Ztschr. »Teuthonista« 8, 1931, S. 54. – **Thiersch** s. Dirsch!

Thieß, Thies, patr. **Thießen,** Thiesen, auch Thiese, ist ndd.-rhein. beliebte KF. zu Matthias (Matthies, Matthießen). Auch Thiesing. **Thilo** (ostd.) s. Thiel! – **Thimian:** ÜN. des Kräuters oder Gewürzkrämers.

Thimm (ndd. oft), auch **Timm,** Timme, Thimmann: wie md. Thieme als KF. zu Thiedmar (Dietmar) bezeugt, so im 11. Jh. mit dem Bischof v. Hildesheim »*Thiadmarus* ... barbarice *Tymme* vocabatur« (Stark, S. 112). *Tymmo filius Tymmonis* 1293 Hbg.; noch 1593 in Flsbg.: *Timme* Stampe. Aber **Thimmel** (Sa.) s. Thümmel!

Thinius s. Thien! – **T(h)obaben** (ndd.) s. Babendererde!

T(h)ode (Hbg. oft): im ndd.-fries. Raum einst beliebte fries. Variante zu **Thede** u. Thade als KF. zu den N. mit Thied-; ein isländ. Skalde *Tiodo* (vgl. Thiodolf) um 1000. Noch 1524 b. Stade: *Tode* Lüders. Dazu *Thodo* Bokinga um 1270 Hbg., Bruneke *Toden*/Lüb., Ertmar (filius) *Thodonis 1307.* Patr. ist **Todsen,** Thoden. **Thofern** s. Taferner!

Thöl, Thöle, Thölen, **Tholen:** Hbg. öfter, Jeverld. oft, ist fries. Variante zu Thele, Thiele, wie Thode zu Thede, Thiede. Dazu *T(h)oleman* um 1325 Greifsw., Strals., Barth (*Toleman* Kummerow 1476, Arndt *Toleman* 1485 ebda.). Auch **T(h)ölke(n);** vgl. aber Töldeken.

Thomas (hebr. »Zwilling«) meint den Apostel Th. (Ev. Joh. II, V. 16), im MA. einer der beliebtesten Heil. N., als Patron der Bau- u. Zimmermstr. Daher in zahlr. FN.: ndd. häufig **Thom(s), Thomsen** (Holstein) nebst **Maas, Maasen** (ndrhein.), s. dies! Auch **Maßmann.** Obd. **Thoma(n),** Thumann, Themann (Cuntzli *Thoman* 1383 Urach, Tilusch *Thoman* 1413 Olmütz). Ostd. **Thomke** (O./S.), bzw. **Maschke** (Thomaschke: slaw. Tomasek), poln. Tomczak, Thomzig u. ä. schles.-laus.-böhm. **Thömel** (heute meist **Dehmel,** s. dies!). Mit lat. Endung **Thomasius** nebst Masius. **Thömen,** Thömsgen: ndd.-rhein., patr. Thöming.

Thon (Hbg. oft) meint Antonius, s. Tönnies! Desgl. **Thöne,** Thönes, Thönnessen u. ä.

Thorbahn s. Urban! – **Thordsen** (Hbg. öfter): nord. Patr. (Sohn des Thord). Vgl. *Thord* Jenssen 1361 b. Lügum/Nord-Schleswig.

Thormählen wie Tormählen (ndd. oft) = zur Mühlen (Tormöhlen), nach d. Wohnstätte; vgl. Mähl für Möhl (Mühle), wie Kähler f. Köhler, Bädeker f. Bödeker.

Thormann (Hbg. oft): am Tor wohnend, vgl. Thorwart(h)! Dazu Thormeyer. S. obd. Dormann, Dörle, Thörl. **Thörmer** Thörner (ndd.) = Thürmer, Thürner: der Turmwächter (mhd. türner); dazu **Thorn** (ndd.) = Turm (mnd. torn, mhd. turn). – **Thorsen,** Thors, Thorson (dän.): Patr. zu Thor (nord. Gottheit), vgl. Thorwald(sen), Thorbjörn, Thorbrand, Thorsten (altnord. Thor-steinn »Steinhammer des Gottes Thor«).

Thorspecken (Bremen) s. Speckmann!

Thorwart(h): vgl. Franczke *der torwarte* an dem breczlawischen thore 1386 Lg. Hensel *Swydnicztor* 1387 Brsl. Nach d. Wohnstätte vgl. Thormann, Dohrmann, Amthor, Amdohr: Herm. *vor dem Tor* (Ritter) 1284 Kassel; Joh. *zem Tor* 1300 Waldshut; Hans *Thor von Thörlin* 1165 Mchn. nebst Konr. *Thorer* 1253 ebda. –

Thorwest(en): ndd. = zur Westen; Harbrecht *thor Westen* 1492 Hornburg.

Thoschlag (ndd.-westf.) = »Zuschlag«, wie Nieschlag = neu angelegte Siedlung.

Thoß (Sa. oft): Peter *Thoße* 1398 b. Meißen, Jodocus *Toß (Thost)* 1491 Adorf/Sa. Eberh. *Tosso* 1298 Eger. Vgl. ON. Thossen (nebst Thoßfell) b. Plauen. **Thost** (Schles., Sa.): vgl. ON. Tost b. Oppeln; Paul *vom Tost* 1404. Zu Tostmann vgl. Tinzmann: Tinz.

Thräner(t): aus Thräna nö. Altenburg (vgl. Thränitz b. Gera). Samuel *Thräner* 1647 Freiberg.

T(h)räxl (Ö.) s. Drechsler! – **Throm** (Frkn.): mhd. trâm »Balken, Holzklotz«, grober Mensch; vgl. Tremel, Tröml (Bay.).

Thudi(ch)um, ndd. Duedecum, schwäb. Dudium: ein rühriger Mensch (Gesellenname); vgl. Siehdichum (Südekum). **Thumernicht** »tu mir nichts!« 1368 Iglau, (1460 Lpz.; 1446 Nürnbg.: *Tumernit*). Vgl. Thußnit (Württ.), Donicht (Pomm.), Daunicht (Hbg.). *Tusdermayt*/Brsl. Thusbaß (»tu es besser!«, wie Lernesbaß). Thunichtgut. *Tuesgerne* 1372 Lg.

Thumann (obd.) s. Thomann (Thomas)! Vgl. Rumann für Romann!

Thumb (obd.) wie Thumm = »dumm« (vgl. das »tumbe Brüderlein«), mhd. tump = »unerfahren, unverständig«. Vgl. Thumbshirn. – **Thümmel** (Sa. oft) meint wie **Thümmler,** im selben Raum häufig, einen lebhaften, lauten, unruhigen Menschen (vgl. den Fisch Tümmler!), zu mhd. tumel »lauter Schall, Lärm«, tumelen »sich lärmend tummeln« (Luther: tummeln »Getöse machen«); vgl. »Getümmel«. Entrundet Timmel, Timmler! Belege: Thomas *Thümmel* (Ratsherr) 1405 Lpz., Nik. *Thömmel* 1478 Freiberg (ö für ü ist md.!); Hans *Thümler* 1493 Püttlch./Bay., Eberh. *Tumler* 1456 Tirol, Niklos *Tymler* 1428 Zittau.

Thumer, Thümer, Thiemer (Sa.): vgl. ON. Thum/Erzgeb.; aber mhd. *tüemen* »prahlen«.

Thünemann, von **Thünen:** z. ON. Thünen Kr. Ahaus (tun = »Moder, Moor«), wie Thienemann (von Thienen) z. ON. Thiene. Gerwin *van Thunen* 1382 Ruhr. Ebenso **Thunemann** (von **Thun,** Hbg. oft) z. ON. Thune b. Brschwg. bzw. Thune a. d. Thune (Zufl. der Lippe) oder auch ON. Thun/Hann.; vgl. auch Barthold *by dem Thune* 1568 Schötmar/Westf. = »beim Zaune«! Dazu **Thunecke.**

Thurau, Thura, **Thurow:** z. wend.ON. Thurow (Meckl.-Pomm.), zu slaw. turu »Ur, Auerochs«? **Thurbahn,** Thorbahn s. Urban! Durban!

Thürck: junger N., da die Türken erst im 16. Jh. bekannt wurden; Christoph *Turkke* 1537 b. Lg. Hermann Hein *der Türcke* 1603 Flsbg.; z. T. auch Hausname: so in Freiburg 1585 e. Haus »zum *Dürken,* so Bartlin Scherer genannt *Dürck* inhat«. Im Elsaß ist vereinzelt Kürzung a. d. ON. Thürkheim bzw. Thürken bezeugt, so bei Joh. *Türk* 1624 Straßbg. (Vater: Nik. *v. Türckheim*): Brech., S. 364. – **Thürkow:** wend. ON./Meckl., vgl. Türkwitz/Schles., Turkowitz/Böhm.

Thüring s. Düring! (Vgl. auch Herrn *Thüring* v. Ringoltingen, Schultheiß zu Bern um 1450).

Thurloff (Hbg., Wismar) s. Duhr-!

Thurm, Thurn: nach d. Wohnstätte; Hainr. *an deme turne* 1254 Thurgau, Ritter Friderich in dem turne 1290 Konstanz. Die Familie »v. Thurn u. Taxis« (aus Mailand) hieß urspr. »della Torre« (lat. turris »Turm«). Thurner (obd.): auch z. ON. Thurn (z. B. in Ö.), vgl. Unterthurner/Tirol. Zu **Thurmayer** (so hieß d. bair. Chronist Aventinus) vgl. Thur(n)müller, Thurnbichler (-bühler): Ulr. *Turnmaier* 1410 Kempten. Ebenso **Thurmann:** *Thurnman* 1384 Württ. Vgl. Thurnbläser (Bay.). Aber Burkh. *Turner* 1273 Freiburg = mhd. turner »Türmer«; s. auch Thörmer! – **Thürnagel:** der Nagelschmied, vgl. Hufnagel u. ä. – **Thurneysen:** bekannt durch Leonhard *Thurneyser* (Alchimist, 16. Jh.), aus Tournois, d. i. Tours/Frkr.; auch e. beliebte Silbermünze hieß so, vgl. »22 alde Tornoß« 1387 Hess.

Thusnelda: bekannt als Gattin des Arminius, des Befreiers Germaniens von den Römern, u. als Mutter des Thumelicus. Als VN. vereinzelt in nationaler Hochstimmung gebraucht. KF. **Nelde.**

Thye, Thyen: fries. = Thiede; *Thyo* um 1290 Ro., Strals.

Thymian, Thimian: ÜN. des Kräuters; Hans *Tymmejan* 1380 Brschwg.

Thyssen (ndrhein.) = Matthießen, Matthias' Sohn. – **Tiarks,** Tiaden s. Tjarks! Tjaden! – **Tiburtius** (Tiburzy): Heil. N., *Tiburtius* Meiell 1589 Pfalz. – **Tiburg** (Hbg.): ndd. *Titburg, Tibburg,* als weibl. VN. öfter um 1250 (nebst KF. *Tibbeke*) in Hbg., Ro. usw. Vgl. **Tibbe, Tibke:** zu Titbern (*Thibeco, Tibbekinus* 1259 Ro., *Tiepco* Fortema [Friese] 1099).

Tiebe, Tiebes, Tiebing (ndd.-rhein.) wird deutlicher durch **Matiebe,** Matiewe = Matthias. – **Tieck** (ndd.) s. Thiede! **Tiede, Tiedmann** (Hbg. oft) nebst **Tiedt(ke), Tiedge(n),** Tiedchen, Tietje, Tietjen(s) s. Thiedemann! **Tiedebohl** s. Tietböhl! – **Tiefel:** mhd. tievel neben tiuvel = »Teufel«.

Tiefert (obd.): z. ON. Tiefen, z. B. in Baden; Albert *Tyffer (Tyffert)* 1578/O. Rhein.

Tieg(e)s, Tigges (ndd.-rhein.) = Matthiges = Matthias.

Tiel(e), Tielemann, Tielecke, Tielsen, Tielsch s. Thiele! T(h)ielsch, patr. Thielscher, ist schles.: *Tilusch* Boydan 1346 Brsl., Mertin *Tilusch* 1413 Olmütz.

Tiemann (Hbg. oft) s. Thiemann! Desgl. Tiemeyer, Tiekötter (nach d. Wohnstätte am Tie). – **Tienke(n):** ndd. KF. zu Martin bzw. Augustin.

Tiessen s. Thyssen! – **Tieste** (Hbg.): ON. Tiste (am Moor der Wümme), mit ndd. Dentalschwund für *Ti-stede,* wie Fleeste (Fleestede), Einste (Enstede) usw. (Bahlow, ON. S. 484), *ti* = »Moor«.

Tietböhl, Tiedebohl (Hbg.): fries. für Tiedbold (s. Diebold!); vgl. fries. Bohle, Böhlke! **Tietchen** s. Tiedgen! Desgl. **Tietge(n), Tietjen(s).** – **Tietze** (schles.), Tietz (obd.) nebst Tietzel, Tietzmann: KF. zu Dietrich: *Ticze (Theodricus)* Mertschicz 1348 Lg. Vgl. (lat.) Titius! Obd. Dietz, Dietzel!

Tietzen: Patr. zu Tietze, wie Atzen zu Atze. – **Tiggemann** s. Thiemann! **Tigges** s. Tieges! **Tiggeler:** Tegeler!

Tilgner (Schles. oft) ist Metr. zu **Tilg(e),** KF. zum Heil. N. Ottilie (s. dies!): *Otilge (Otilie)* 1370 Görl., wie **Ilgner** zu **Ilg** desgl. Auch **Tilger** (obd. Dilger) u. **Tilch** (Hirschbg. oft). Belege: Petrus *Tylie* 1315 Schweidnitz, Bartusch *Tilge* 1436 Görl., Peter *Tilgener* 1409 Lg., Hs. *Tilgener* 1489 Jena. Weiteres Bahlow, Schles. Nbch. S. 75. Vgl. die Parallele Zilgner, Zilch zu Cäcilie!

Tiling (ndd. Patr.) s. Tiele! – **Till,** Tille (ndd., bekannt durch Till Eulenspiegel aus Kneitlingen/Brschwg.) ist KF. zu Dietrich, wie auch **T(h)iel** (s. dies!); **Tillmann(s)** ist ndrhein., vgl. Thielmann. H. *Tilleken* 1388 Haldsl. **Tilke** (Schles.) = Tile: Tylke Regel 1391 Lg.

Tiller (obd.); Tillert: Hans *Tiller* 1524 Füssen/Allgäu, Onimuß *Tiller aus dem Tyll* 1580 ebda. – **Til(l)essen** (ndrhein.) = Sohn des Tillies (Tilges), d. i. St. Illies = Ägidius, analog zu Gillessen (Gillies = Gilius: Ägidius) u. Zillessen (Zillies = Cilius = Ciliacks: Cyriacus). **Tillich,** Tillig s. Tilke! – **Tillner** = Tilgner, wie Illner = Ilgner. **Tilschner** s. Thielscher!

Tilse, Tilsen, Tilsner: St. Elisabeth: Else, Ilse; aber Hans *Tilsen* 1580 Flsbg. wohl = Thielsen, s. dies!

Timm (ndd.) s. Thimm! Auch **Timme,** Timman (Hbg. oft). Mit k-Suffix: Heyne *Timmeke* 1341 Lüb. **Timcke** (Hbg.) ist auch Moorort b. Zeven (wohl *Tin-beke*), vgl. Timbeck/Brab. = **Timmel** = Thimmel (Sa.) s. Thümmel! (Rulo *Timel* 1353 Freiberg). Vgl. Timmler! Aber nordd. Timmel (Hbg.) z. ON. Timmel b. Leer (Time-lo »Moorniederung«, wie ON. Hammel: Home-lo).

Timmermann (oft von Bremen bis Königsbg.), ndrhein.-westf. vielfach verhochdt. zu **Zimmermann.** Dazu als ÜN.: **Timmer** (ndd.-westf.) u. **Timmerbeil** (Hagen oft). Mnd. timber wie mhd. zimber, zimmer = »Bauholz, Holzbau«. Aber **Timmerlah** (ON. b. Brschwg. wie Timmerloh b. Soltau), 1350 *Timberlaghe*/ Haldsl., enthält wie Lutterlah, Rebberlah ein Moorwort, vgl. timber-slade, -cumbe u. ä. Vgl. auch ON. Timmern (mehrf.).

Timmler (Sa., Schles.) s. Thümmler! – **Timpe** (ndd.) = »Zipfel«, auch Flurname; vgl. *kogeltimpe* »Kapuzenzipfel«, wie obd. kogelzippel. Nientimp »am neuen Timp«; **Timpfler** (obd.) s. Dimpfl! Vgl. md. *Timpler* (Sa.).

Tinnemann, Tinnemeyer (ndd.): z. ÖN. (ON.) Tinne (Westf., Hann.), auch *Tinney,* vgl. »van der Tinnen« sowie den ON. Tinnen/Emsld. (Moorort wie Tinnum/ Sylt, *tin* = »Moder, Moor«). – **Tinngeter** (ndd.) = Zinngießer: Joh. *tingetere* 1265 Ro.; dazu Volkmar *tyn,* 1285 ebda.; vgl. obd. Zinn, Zinner.

Tintelnot (Westf.): Variante zu Tintelot(t)e, vgl. Tintelhenne (-henrich); tint, tent »Moor«!

Tintner s. Dintner! – **Tinz(mann):** aus Tinz Kr. Lg./Schles., wie Tanzmann a. Tanz; *von dem Tincze* 1381 Brsl., Gregor *Tincz(man)* 1451 Lg. – **Tipke** (Hbg.) s. Tibke!

Tipp(e), Hbg. öfter, ndd.: ÜN. des **Tippenhauers:** ndd.-rhein. tippe, tibbe = hölzerner Kübel, kl. Bottich, auch Tubbe (bottertubbe) s. dies! Chr. *Tibbenhauer* (Böttcher) 1657 Hann. S. auch Depenheuer!

Tippelskirch (von): obd. ON., enthält den Pers. N. Tippold, s. Diepold!

Tippmann (Westf.): z. Flurn. »auf dem Tippe«.

Tirpitz, Türpitz (Schles.): ON. Türpitz (1288 *Tirpiz*) Kr. Strehlen. Der Großadmiral A. v. Tirpitz stammte aus Küstrin, dort auch e. ON. T.!

Tischbein: Berufs-ÜN. des Tischlers; berühmt ist der Porträtist Goethes.

Tischer: war bis ins 17. Jh. im Ostmd. die übliche Form für heutiges (ostd.) Tischler, von Goethe dem westd. Schreiner gegenüber als meißnisch bevorzugt. Seltene Variante ist Tischner, vgl. Töpfer, Töpfner. S. auch Tischbein u. Raubentisch! Nic. *tischer* 1372 Lg., Hensl *tischer* 1359 Iglau.

Tismer, Tismar s. Tesmer!

Titius (latin.) = Tietze: Martin *Titius (Tietz)* 1506 Jauer/Schles.

Tittler (obd.): entrundet aus Tüttler »Schmeichler« (mhd. tütelen »schmeicheln«); Konr. der *Tütler* 1343 Eßl. Dazu wohl **Tittel** (vgl. mhd. tütel »Zitze«, Brustwarze): Andr. *Tittel* 1519 Lpz., Burkh. *Tüttel* Reutl.

Tittmann (Sa., Thür.) s. Dittmann!

Titz(e) s. Tietz(e)! Auch Titzmann, Titzl. Zu Titz vgl. den ON. Titz b. Köln. Titzke ist schles.: *Ticzko* clericus 1350 Lg.

Titzlaff (Pomm.) s. Tetzlaff! In Strals. um 1300 *Titislaus.* Vgl. Mitzlaff!

Tjabbens (fries. Patr.) s. Tabbe! **Tjaden** (fries.) s. Taden, Tack! **Tjadeleffs** (fries., = ndd. Detleffs) s. Tack! **Tjarks** (fries.) = ndd. Dierks, s. Jaacks! **Tjarts** (fries.) = ndd. Dietwards, s. Jaacks!

Toaspern (Hbg.) = »zu Aspern« (ON./Holstein). **Tobaben** (Hbg. öfter) s. Babendererde! **Tobe,** Toben (Töbe, Töben, Többen, Töbing), fries. wie Tabe, Tebe, s. diese! Vgl. Tode neben Tade, Tede!

Tobe(r): vgl. ON. Tobe/Thür.

Tobias (hebr.: »gütig ist Gott«): als bibl. Vorbild der Frömmigkeit im Ref.-Jh. beliebt; vgl. Tobias Stimmer, Holzschnittmeister. Dazu Tobis, Tobey, alem. Töbi, schles. Tobisch, Tobusch, österr. Topsch, Dopsch (vgl. Kopsch für Jakob), bair. Döberl. Nic. *Tobsch* 1366 Iglau, Heini *Töbi* 1308 Freiburg.

Tobringer s. Bringeto!

Tobler, Tobel (obd.) s. Dobler, Dobel!

Tochtermann, Dochtermann: noch heute in Baden-Württ. übliche Bezeichnung für Schwiegersohn (wie im Mhd.); Hans des Vogtes *tochterman* 14. Jh. Vgl. Eidam.

Tockhorn (Hbg.): nordd. ON. (»feuchter, mooriger Winkel«), wie Balhorn, Durchhorn usw.; vgl. auch **Tochtrop** (Westf.): Tocktorp; Tockhausen, Tockhole u. ä.

Tode (Hbg. oft) s. Thode! **Todsen** desgl.

Todt: Die Häufigkeit im Raum Hbg. entspricht der Häufigkeit von **Tode** (fries. = Tede), vgl. aber auch obd. Todt, das z. T. ein Moorwort ist (ON. Todtmoos am Todtbach nebst Todtnau), z. T. auch ÜN. (»leichenblaß«)?: vgl. den Mönch Berchtolt, »den man nennt den *Tod* von Pfullingen 1331; herre Herman der *Tote* 1329 Augsbg.; viell. auch »Schrecken oder Todesfurcht einjagend«; seltener wohl = mhd. tot(t)e »Pate«, Beschützer wie z. B. Benz der *Tötli* 1355 Rottenbg.

Tödt (Hbg. oft), patr. Tödten, s. Tode (Todt), Toden; z. Umlaut vgl. fries. Tole, Töle. – **Tödtmann** (Westf.) nebst Tötmann, Tötemeier enthält offenbar den Flurnamen *Töte,* wie der Tödtberg; vgl. Nolte *in dem Toyte* 1380, *Toytman* 1488 Lippe, *Tötherman* 1563 ebda., zu *tot* = »Moor«? **Tödter** (Hbg. öfter) wohl wörtlich zu nehmen wie Mörder, von gelegentlichem Totschlag; vgl. auch Hasentödter, Hirschtödter.

Todtenhaupt (ndd. Dodenhöft): wohl von e. Flurnamen oder Hauszeichen, vgl. Totenkopf. Hensel *Totenhaupt* 1401 Iglau. – **Tödtloff:** entstellt aus Detloff!

Tofaute (ndd.) wie **Tovote** = »zu Fuß«: der **Foethknecht,** vgl. Topeerdt »zu Pferde«. **Tofern** (ndd.): nach d. Wohnstätte, vgl. **Tobaben.** – **Toffel** = Christoffel.

Tögel (Bay.) = mhd. tegel »Tiegel«, auch **Tegel.** Heinr. der *Tegel* 1300 Eger.
Tohde s. Thode! **Tohmfor** s. Tomforde!
Töl (Jeverld. oft), auch **Töhl,** s. Thöl!
Told (= Berthold) s. Dold! Vgl. *Told* an der schepfe 1379 Tirol, Albr. *Tolde* 1392 Eßl., Tile *Toldeken* 1400 Kassel: *Tölke(n),* wie Noldeke(n): Nölke(n)!
Tolkmitt: ON. Tolkemit/Ostpr., dort auch FN. **Tolk** u. ON. Tolks. Aus d. Slaw. stammt mhd. tolke »Dolmetscher«. Ein ON. Tolk b. Schleswig.
Tolle, Tölle, Tölke: = Bertold. *Tolle* Segebode 1413 Dud., *Tölke* Bartram 1653 Lippe, Hs. *Bartöldeke* (-tölke) 1631 Lippe.
Toll(e), Hbg. oft, meint wohl den **Tollgreve** »Zollaufseher« oder **Töll(n)er** »Zöllner«. Herbord *Tolle* um 1325 Lüb., Gerh. *Tolle* 1451 Barth. Auffallend ist der Umlaut von **Tölle** (Hbg.). Joh. *Tölner* 1345 Ro. Vgl. Henrich *Tollhuys* 1554 Wesel.
Töllner (ndd.) = »Zöllner«. Johannes *Witte* oder *Töllner* (1283 Ro.) war landesherrlicher Zöllner. Vgl. Tollgreve »Zollgraf«.
Tollkühn: entstellt aus **Tolkiehn,** slaw. ON. auf -in!, vgl. ON. Tolkemit b. Elbing. **Tolzien** (Meckl.): slaw. ON., vgl. Tolz/Pomm.
Tomforde, Tomfort, Tohmfor (ndd.-westf.) wie Beimfohr: Beimforde; nach d. Wohnstätte an der Furt. Vgl. Tombrink, Tombrock, Tombreul (= bröl »Sumpf«), Tomhave (= zum Hofe) usw. In Lippe 1783 P. *im Fohre.*
Tom-, Thomschläger (ndd.) = »Zaummacher«, der Pferdezäume herstellt, zoumer »Zügelmacher«. Hans Busch, *Tomsleger* 1579 Flsbg. (1563 Kiel).
Tomczak, Tomczyk, Tomzig (poln.) = Thomas. Vgl. auch Tomek, Tomisch; Tomescheit (lit.), Tomasek: Thomaschke.
Tonagel (Ro., Hbg.): ndd. = »Zunagel«, ÜN. des Nagelschmieds; Bertold *Tonagel* um 1300 Strals. (1390 Greifsw., 1572 Riga).
Tonn(e), Hbg. oft: = Tonnemacher, der Böttcher oder Faßbinder; vgl. Helmeke *Tunnenhauer* 1378 Lünebg., M. *Tunnenbinder* 1519 i. O.; *Tönnekenbender* 1660 Lippe; ein Ritter Volceke *Tunneke* um 1300 Strals. Nitsche *mit der tonnen* 1397 Lg. – **Tonner** (obd.) = Tanner, s. Danner! In Tirol 1595 *Obertonner!* In Thür. vgl. ON. (Gräfen-)Tonna b. Gotha: Dietr. von Tonna 1310 Mühlh.
Tön(n)ies, Tönniges u. ä. (ndd.-westf.) = Antonius; *Tönnies* (Alberdes 1571 Lippe; patr. Tönnissen (bes. rhein.) nebst Theunissen (ndrhein.). Auch **Töns** (Tönns), Tönsmann, Tönsmeyer, patr. Tönsen, Tönsing; vgl. Löns (Apollonius: Lönnies)! **Thon** (Hbg. oft), Thonissen. Thons, Thonjes.
Toop (Hbg.): ndd. = **Topp** (Hbg. oft), wie Knoop = Knopp »Knopf«; vgl. Alard *Top* 1269 Hbg. – **Töpel(mann):** aus Töpeln b. Lpz., vgl. Tepl/Böhmen (slaw. topl, tepl »warm«, von Quellen). Töppeln b. Gera.
Töpke (fries.) = Tobeke, wie Röpke: Robeke. S. Tebke!
Topp (Hbg. oft): ndd. = »Zopf«, vgl. Siedentop, Gragetop (»Grauzopf«); s. auch Toop! – **Toppel:** mhd. top(p)el »Würfelspiel« (vgl. auch ON. Toppel a. Havel), **Töppler** (mhd. topeler) »Würfelspieler«; Hensel *Topler* 1387 Iglau. **Töppel** (md.-schles.) = Töpfel = **Topf,** Berufs-ÜN. des **Töpfers:** md.-ndd. **Töpper** (Sifrid *Töpper* 1300 Freiberg, Georg *Töpper* 1400 Prag), schles. entrundet auch **Tepper,** Tepfer, s. dies! »Töpfer« ist ostmd. gegenüber obd. »Hafner«, westf. »Pötter«, hess. »Eul(n)er«. S. auch unter Döp(f)ner: Töpfner u. Döppler!
Töpperwien, Tepperwein (1649 Topperwin/Quedlbg.): e. besondere Weinsorte? **Töppich** s. Teppich!
Torbeck (ndd.): »zur Becke« (zum Bach), vgl. Beckmann (Bachmann). Ähnlich **Torkuhl, Torborg, T(h)ormählen** (zur Mühle), T(h)orwesten, T(h)orspecken usw.; s. auch Ter-!
Törber s. Törper! – **Torfstecher** (ndd.) Joh. *Torfsteker* 1305 Greifsw. – **Torge:** aus Torgau. – **Torkler:** mhd. = »Kelterer«, in Tirol auch z. ÖN. (Hofn.) Torkel »Kelter«: Erhard vom Torkelhof 1394, Hans *Torkgler* 1473 ebda.
Torner (Hbg. öfter), Törner s. Thörmer, Thörner! – **Torney** (ostd.) slaw. Flur- u. ON., z. B. b. Stettin; torn- (poln. tarn-) »Döricht«, vgl. ON. **Tornow,** Tarnow. – **Tornquist** (Hbg.): Zuwanderer aus Schwed. (quist »Zweig«). Vgl. Lundquist.
Törper: mhd. = »Tölpel, bäurischer Mensch«. – **Törring** (obd.): ON./Bay.

Tospann (Hann.): der es mit jemandem hält; Joh. *Tospan* 1599 Hann.
Tost(mann): vgl. ON. Tost/OS. s. Thost! **Töteberg** s. Tödt!
Töter s. Tödter! **Toth** s. Todt! **Totok** = »Slowake«.
Toussaint (frz.) = »Allerheiligen«. **Tovote** s. Tofaute!
Töws s. Tews! – **Trabandt:** mhd. »Fußsoldat«, auch Drabandt.
Traber, Trabert: vgl. Drabsanft, der geruhsam dahintrabt; der *Traber (Draber)* 1290 b. Bregenz. **Trabold(t),** Drabold, Trapold (obd.) ist wie **Trabot** alter Pers. N.: *Trageboto* de Krensheim 1169 Frkn., *Trabot* Gotschalk 1378 ebda., *Traboto* famulus 1318 Romrod/Hess., Benz *Trabolt (Dragbot)* 1329/53 Vaihgn.; Burkart *Tragbold* 1396 Überlgn., Hainr. *Tragebotte* 1278 ebda.; zu *trag* vgl. got. thragjan »laufen«, ags. dragan »wandern«.
Trache (obd.) s. Drache, Drack! (Pessl *Trach [Draco]* 1360 Prag). **Trachsel,** Traxl (Bay., Ö.) s. Drechsel!
Tracht(e): mehrdeutig, ON. Tracht/Mähren, vgl. mhd. trachte »Fischzug« (lat. tractus), »die tiefe Tracht« 1339 (ÖN.), Trachtweg u. ä. Ulr. *Trachter* 1390 Füssen. Aber Pessl *Trachtensack* 1382 Mähren ist der Beutegierige (sackman = Plünderer). Vgl. *Raffensack.*
Träde(r) s. Trede(r)! – **Trage** (obd.): mhd. = »Träger«, Last- oder Warenträger; Hans *Trage* 1484 Sindelfgn., Albr. *Träglin* 1367 Eßl. (mhd. tregel »Träger«). **Träger** (ndd. Dräger, s. dies!), auch **Trager:** im MA. sowohl »Last-, Sackträger« als auch »Hausierer«, der die Bedürfnisse des tägl. Lebens zutrug, bes. auf dem Lande; vgl. Brot-, Bier-, Hefen-träger. Bornträger = Wasserträger.
Trage (ndd.): »träge, mißmutig«. Conrad *Traghe* 1370 Hann., Godeke *Trage* 1385 Rostock.
Trageser: aus Trages b. Lpz.
Trainer (obd.) z. ÖN. Train/Bay. – **Tralau** (Hbg.): ON. b. Oldesloe.
Tramm (Hbg., Meckl.): ON./Meckl. (2mal); Alb. v. *Tramme* 1304 Strals.
Tramp(e): ON./U.-Mark (dort auch FN.); Andr. *Trampe* 1631 Prenzlau, Peter *Trampe* (Ratsherr) 1530 Stettin, Willeke *(von) Tramp,* pomm. Ritter 1280. **Trampler** (obd.): ein »Trampel« (Ulr. *Trampler* 1375 Kolin). **Trampner:** vgl. Trampenau (FN. u. ON./Danzig).
Trams, Trahms (Hbg., Ro.): = Bertrams, vgl. Brahms: Abrams; Tramsen (Flsbg.); dazu Tramsmeier (1530 noch Hans Bertram, in Humfeld/Lippe) wie Tönsmeier.
Tränkle, Trenkel (obd.): der Trinkfreudige, dem Trunk ergebene; vgl. Fräßle (Fraß); beide im bad. Oberland. Dazu Wientrank, Tieftrunk. **Tränkner** (Sa.) s. Trenkner! – **Transfeldt:** ON. Dransfeld b. Göttgn. – **Traphan** (Trephan, Triphan): vgl. Trap-, Trip-gans; -ha(h)n freilich kann auch Johann meinen, vgl. Drenkhahn; **Traphöner** ist westf., z. ÖN. Traphon, vgl. Wellhöner, Kamp-, Wemhöner.
Trapp, Trappe: mhd. = »Tropf, einfältiger Mensch« (Trappgans), vgl. »Ackertrapp« als Bauernname in Fastnachtsspielen des 15. Jhs. Hs. *Trapp* (nebst *Trappl*) 1388 Stetbach, Cuncz *Trap* 1409 Würzbg. Dazu **Trappendrey** (1625 in Dillingen *Trappentray, -traier:* entstellt zu -dreher; in Rosenheim/Bay. 1712 *Trappentreu!*): zu mhd. trei »Tanz«! Auch **Trappschuh** (vgl. mhd. trappen »derb auftreten«). Aber Joh. *von der Trappen* 1347 Essen (wie Dreis *op der Trappen* 1420 nebst Henke *Trapman*) deutet auf e. Flurnamen; dazu auch **Trapper.**
Trattner (Holztrattner): obd., zu mhd. trat »Viehtrift, Weide«.
Tratz (obd.): mhd. = »Trotz«; Hans *Tratz* 1474 Freiburg.
Trau, Traumann, Traufetter = Traut(mann), Trautvetter!
Traub, Traube, Traubel, Träuble, nebst Weintraub, häufig im alem.-schwäb. Weinbaugebiet am Oberrhein: ÜN. des Träublers, des Weinbauers, auch durch Haus- (Wirtshaus-)namen vermittelt; Reinbolt *zum Trübel* 1403 Straßbg., Joh. *zem Truben* (Schultheiß) 1335 Kl. Basel (mit Traube im Wappenschild), Hans *Trübler* 1407 Eßl., Hs. *Trübelber* 1509 Freiburg. Vgl. auch Trübner (mit alem. *ü*). Entrundet: **Treibel,** Treibler: Joh. *Treubler (Dreibler)* 1580 Nördl., A. *Treubel* 1441 b. Lahr.
Trauch (obd.): mhd. drûch »Wildfalle, Drauche«, M. *Trauch* 1562 Füssen/Allgäu, wo auch ON. Trauchgau, Trauchburg, was e. Lokalbegriff näher legt (etwa

»Sumpf, Moder«, vgl. ON. Druchireod 9. Jh. b. Würzbg., wie Hasareod: »Ried«).
Trauernicht: der nicht trauert, e. Feind des Trübsinns; vgl. Swigenicht. Ndd. Hinr. *Trorenicht* 1327 Strals., Henning *Trorenicht* 1460 Hann., Hs. *Trurnicht* 1590 Flsbg.
Traun, Trauner (Bay.): z. Fluß- u. ON. Traun (Ö., Bay.), um 800 *Truna* (trun »Moder«).
Trautloff (Hbg.) wohl = Drodtloff, (s. dies!); dazu auch Ritter *Druchtolfus* Botmer um 1350 Oldbg.
Trautmann: vom Oberrhein bis Schlesien war *Trutman* im MA. als Pers. N. u. Zuname gebräuchlich; mhd. trût »traut, lieb«. Auch im ON. Trautmannsdorf (in Ö. mehrf.). Vgl. auch Trautsohn, Trautvetter (Traufetter), Trautkind, Trautherr, Trautgesell. *Vrowentrut*/Brsl.
Trautner: aus Trautenau/Böhmen; Henczel *Trutenauer* 1364 Prag.
Trautschold (Sa.) neben Trautsch, Trautz(sch) erinnert an Hitschold, Kitschold u. ä. im selben dt.-slaw. Raum, wo dt. und slaw. Wortstämme gern mit der dt. Endung *-old* versehen wurden. Vgl. auch Trausold, Trauschke, u. ä. In Böhmen vgl. Hensel *Trouschel* 1343 Prag, Walter *Treuschel* 1397 Bensen, s. dazu unter Trütschler!
Trautwein: im MA. als *Trûtwin* »trauter Freund« vom Elsaß bis Schlesien beliebt. Auch **Treutwein,** wie Traut-, Treutmann.
Trax(e)l, Trachs(e)l s. Drechsel! – **Traziger** s. Drath!
Trebschuh, Treppschuh s. Trippenmacher!
Trebst (Sa.) = **Treb(e)s** (lat. frisiert: **Trebesius**), zum slaw. Stamm *treb-* wie die ON. Trebitz, Trebitsch, Trebs, Trebus, Treben, Trebnitz.
Trede (Hbg. oft): ndd. = »Tritt, Stufe, Pfad«, **Treder** (ndd. oft) = obd. Treter (auch Tänzer, zu mhd. treten »tanzen«: »nach der gîgen treten«). Vgl. Blumen-, Rosentreder; Klütentreder und Schollentreter (Spottn. für Ackerleute). Vereinzelt wohl auch »Bälgetreter«, Kalkant. **Tredup** (ndd.) = »tritt auf!« *Tredenap* (Strals.) »tritt in den Napf«.
Treffkorn (Satzname): wohl ÜN. für Drescher; vgl. Klöwekorn, Mahlkorn. Ähnlich **Treffeisen** für Schmiede, *Treffenreif* (1389 Lg.) für Böttcher, **Treffenschedel** für Haudegen, Landsknechte. Dazu ndd. *Drepenicht* »triff nicht«.
Trefz, Treffs (obd.): mhd. trefze »Trespe, Unkraut« (vgl. schwäb. »elender Trefz« = elender Kerl), ÜN. für Landleute; auch Trefzger.
Treibel: mhd. tribel »Schlägel« (des Böttchers z. B.; Setzentribl!); der minne tribel = Penis. S. aber auch Treubel unter Träub.
Treiber = Viehtreiber, speziell Sautreiber (Schweinehändler), Kühtreiber, Eselstreiber, ndd. **Driever:** Ossendriever. *Treibenreif* (wie Treffenreif): der Böttcher. **Treibler** s. Träubler!
Treichel, Treichler (obd.), Traichel, Treuchel: »Kuhschelle«?
Treidler, Treudler (obd.) wohl = Treutler »Schmeichler, Liebhaber«. Vgl. um 1720 *Treutler, Treudler, Treidler.* Aber **Treide:** mhd. = »Getreide«, der Kornhändler; Thoman *Traide* 1414 Mähren, wo auch P. *Traidglet* »Getreidekammer«.
Treiros s. Dreiros! (*Trairus* 1414 Mähren, *Treygeros* 1388 Haldsl.). her Joh. *Treros* 1454 Riga.
Treisch, = ndd. Dreesch, Driesch, s. dies! Ein Treisch-Berg b. Welsede/Hameln.
Treitl (obd.) = Treutel (mhd. triutel »Geliebter«): Cuncz *Treutl* 1359 Iglau, Burkh. *Treitlin* 1607 Baden. **Treitschke** (Sa.): berühmt durch den Historiker Heinrich v. Tr. aus Dresden; vgl. Georg *Treitzschke* (auch Dreitzschkau) 1527 Sa., also wohl slaw. ON.
Treller (Hbg.) wohl = Triller »Dreher« (Joh. *Trillere* 1209 Köln).
Trem(m)el (Bay. oft) s. Dremel! Vgl. Johel *Tremel* 1385 Budweis.
Trendel (obd.): mhd. = »Kreisel, Kugel«; s. aber Tröndle!
Trendel(en)burg: ON./Hessen. – **Trenner** (Bay.): W. *von der Trönne* 1366 Tirol.
Trenkner (Sa.): beruht offenbar auf e. ÖN., vgl. auch Trenckmann, ON. Trenk/Ostpr.; von der Trenck; in Tirol »in der Trenk« (Hofn.), dazu FN. Trenker. S. auch Drenker! In Brsl. 1397: *der trenker:* wohl »Viehtränker«; vgl. *Tränketrog,* heute Trenktrog.
Trense (Meckl.): ndld.; Teil des Pferdezaumes.
Treppen- s. Trippen-! **Trepte** wie **Treptow,** Treptau: ostd.-slaw. ON., desgl.

Treske, Treskow. – **Trescher** s. Drescher! – **Trespe:** md. Form von Trefze, s. dies!

Tressel, Tresselt (Thür., Frkn.) = Dressel »Drechsler« (Sifrit *Tresseler* 1270 Mühlh.) urkdl. z. B. in Saalfeld um 1600. – **Trester** wie Treber: Bodensatz, Rückstände beim Keltern bzw. Brauen; mhd. trestern »keltern«; ein *Treberfürer* 1387 Kolin, vgl. »1 Scheffel Treber u. ½ Eimer Gutbier« (1679 Rosenbg./Böhm.).

Treter s. Treder! Heutreter u. Mehltreter sind spottende Berufs-ÜN. **Tret(t)ner** (obd.) s. Trattner! Hans der *Tretner* 1362 Riedlgn.

Treu, Treue, Treumann: mhd. triuwe »zuverlässig, treu«; Chunrad der *Trüwe* 1358 Meßkirch; Wenczel *Treuleitgeb* (Schankwirt) 1411 Iglau, P. *Trüwdienst* 1493 Württ.

Treutler (obd.): »Liebhaber, Geliebter« (Treutlerwochen, schweizer., = Flitterwochen); dazu **Treutle(in):** Konrad *Trütlin (Trütler)* 1427 Villgn. Entrundet Treitel, Treidler. **Treutmann, Treutwein** s. Trautmann, Trautwein!

Treviranus: aus Trier (nach den kelt. Treverern).

Treyse: ON. Treysa/Hess. (Happel *Treyse* 1401 Fritzlar).

Triebel (Schles., Böhm., Sa.) ist slaw. wie Triebe, Triebusch, Triebsch, Triebke (vgl. Priebel, Priebe, Priebusch, Priebsch, Priebke). Auch in ON. wie Triebel (Sorau, Ölsnitz), Triebelwitz b. Lg., Triebsch u. ä. Zu **Triebs** vgl. ON. Triebes b. Greiz.

Tri(e)bsees: slaw. ON./Vorpomm.; e. Ratsfamilie v. *Tribeses* 1275 Strals.

Triegel (obd.): mhd. = »Betrüger«, auch triegolf; Kuno gen. *Triegel* 1255 b. Bruchsal. – **Triene(n),** Treinen: Metr., vgl. Peder *Katerinen son* 1354 Ingelh.

Trier (heute auch jüd.): ON./Mosel (das röm. Augusta Treverorum). Heinr. *Trier* (Geistl.) 1345 Würzbg. – **Trieschmann** s. Driesch-!

Tril(c)ke (Hbg.): Heyne *Trilleke* 14. Jh. Hbg. (trillen = drehen). **Triller** (Mchn.) s. Trüller! Im übrigen aber zu trillen »drehen«. Otto *Triller* 1271 b. Hall. Auch **Trill** (offenbar auch Flurn., vgl. Drillbühl). **Trillhaas, -hose,** Drillhose: aus Drillichstoff? Trillich.

Triloff, Trie(g)laff (Pomm., Stettin): N. e. wend. Gottheit, vgl. N. *Trigelave snyder* 1535 Stettin. Ein ON. Trieglaff/Pomm. – **Trimborn:** ON./Eifel. – **Trinkaus** s. Drinkuth! **Trinkl** (Bay.): der Trinkfreudige.

Tripp(en)macher, -hauer: Trippen waren Holzschuhe (Sandalen) m. Riemen u. Stelzen, z. Überqueren ungepflasterter Gassen oft unentbehrlich; in Danzig 1416 e. Trippenmachergasse; in Prenzlau noch 1623 als Beruf. In Bremen 1406 Godeke *Trippenmakere,* in Iserlohn 1500 *Trippenheuer,* in Jena 1304 *Treppenhauer,* in Lg. 1387 *Trippenmecher,* in Brsl. *Trippner:* **Trippner.** Auch **Tripp(schuh).** Abbildung einer Trippe bei Bahlow, Ndd. Namenwelt (1973).

Trißler (Württ.): mhd. triseler, treseler »Schatzmeister«.

Tristram (Dristram): wie Isolde (vgl. Eisolt!) als VN. bei Adel u. Patriziern im MA. nicht unbeliebt; zeugt von höfischer Lektüre. *Tristram* v. Redern 1409 Lg., Hs. *Tristram* 1412 Vogtld.

Tritschler s. Trütschler! – **Tröbs(t)** s. Trebst! Vgl. ON. Tröbes/Pfalz.

Tritten-, Drittenpreis (Mchn.): Tritenbrîs 1267 Eßl. (»tritt auf den Saum«). Vgl. Preiser!

Trockel(s), westf.-ndrhein.: KF. zu Patroclus (Soester Heil. N.); *Patroclus* Bastwinder 1519. – **Trog(e),** Trogmann: am dörfl. Brunnen- oder Viehtrog wohnend bzw. beschäftigt; *zem Troge, Trogeman* um 1200 am O. Rhein. Vgl. **Trenk(e)trog** (Viehtränke). Den Backtrog meint wohl *Trogscherre* (Alt-Ro., Brsl., Prag). Vgl. *Taigscherre.*

Tröger (Sa., Vogtld. oft): z. ON. Trogen ebda. (Nachweis: Gottschald, S. 117); Andr. *Tröger* 1530 Plauen. Aber **Troger** (Tirol): am Brunnentrog.

Troidl (Mchn. oft) s. Treutel! – **Troier,** Treuer, Treyer (Tirol), auch Niedertrojer, Obertreuer: Hainr. *an dem Treyen* »am Viehweg«. Aber ndd. ist troye »Wams«: *Langetroye* 14. Jh. Meckl., Alb. *troyenstickere* 1348 Strals. (1353 Lünebg.). – **Troit(z)sch:** slaw. ON.

Troja(h)n: slaw. Pers. N. auf -an, wie Stojan, Wojan; auch Trojandt, wie Iwan(dt). *Troyan* Engelbrecht 1404 Leitomischl. Der Dichter Joh. Trojan war Danziger. – **Troll:** mhd. trolle »Unhold, Kobold, Tölpel«; latin. Trollius; C. *Trolle* 1286

Ravsbg.; vgl. Trollfuß; **Troller** s. Trüller! (A. *Troller* 1322 Bilin/Böhm.).
Tröltsch s. Trültsch, Triltsch!
Trommer, Trummer s. Drummer! (Concze *Drummer* 14. Jh. Frkf.). Desgl. **Tromm,** Trumm, Drumm. – **Trömel** (Bay.) s. Tremel!
Tröndle (Württ., Baden): urkdl. Trenlin »Träne« (weinerl. Mensch); Wernher *Trehenlin* 1244 Basel, Werni *Trönli* 1436 b. Waldkirch.
Tropp = »Tropf«, einfältiger Mensch: Michel *Tropp* 1385 Iglau. **Tropper:** aus Troppau/Mähren; P. *Tropper* 1413 Olmütz; F. *Troppauer* 1385 Prag; auch Hensel *Troppisch* 1363 Znaim, wie Glogisch: Glogau, Leipisch: Leipa.
Tropschug (Ö.) s. Trappschuh!
Trösch(er), alem.-schwäb., s. Drescher, Trescher; Uolr. *Trescher* 1284 b. Bretten, Heinr. *Tröscheler* 1288 Pforzh.; auch kurz **Trösche:** Cuonrat der *Trösche* 1291 Freiburg (wo auch e. Haus »zum tröschen, z. tröscher« 1460, 1565). – **Troschke:** ostd.-slaw. (B. *Troschke* 1512 Berlin). (Vgl. lit. Troscheit, wie Broscheit, Broschek).
Trößler (Thür.) s. Drechsler!
Trost = **Tröster** »Helfer, Schützer, Bürge«. Fred. *Trost* Hbg., Waczlaw *Trost* 1375 Prag, Fridel *Tröstel* 1359 ebda.
Trotha (von): slaw. ON. b. Halle. – **Trötsch** (Tretsch): schwäb., »unentschlossener Mensch«? Aberlin Tretsch = Albrecht *Trötsch* 1553 Stuttg. Wohl eher zu mhd. tretzen = tratzen »trotzen«.
Trott, Trotter, Trottmann (obd.): in Konstanz u. Freiburg auf Wohnstätte oder Tätigkeit bei der *trotte*, der Kelter, bezüglich; vgl. Petrus *in der Trotten* 1284 Basel.
Trübger (obd.): zu den alem. ON. auf -ingen, vgl. Götzger, Nöttger, Öschger = Götzinger, Nöttinger, Eschinger; also = Trübinger.
Trübner (alem.), bekannt durch den Straßburger Verleger Tr., wie Trübler: s. Traub! Desgl. Trube. (Otto *Trübner* 1382 Württ.). – **Trucksäß** s. Droste! (Sibot der *Truchsäße* 1296 Reutl.). – **Truchtlieb** s. Drucklieb! (*Truhlieb* Rintflaisch 1381 Eßl.).
Trüller (obd.): mhd. = »Gaukler, Possenreißer«; trüllen »gaukeln, betrügen«; Martin *Truller* 1418 Pilsen, J. *Trüller* 1573 Schw. Hall. Desgl. Trull, Trüll: Hans *Trulli* (Bauer) 1283 b. Überl.
Trülsen (Schlesw.-Holstein): in Flsbg. um 1590 mehrf., wohl dänisch.
Trültzsch, Triltsch, Tröltsch (Württ./Schwaben): Ernst Tröltsch, Rel.-Philosoph, war Schwabe. Vgl. Trüll unter Trüller!
Trumann = Trutmann, wie Traumann = Trautmann. **Trumm(er)** »Trommler« s. Trommer! Hentze *Trumme* 1407 Kassel, Dietel *Trummer* 1373 Buch/O. Bay. S. auch Drummer! **Trümper** (Hbg. öfter): ndd. = obd. **Trümpler** »Trommler« (mhd. trumpen »trommeln«); *trumper, trumpeke* 15. Jh. Hann. Cuonrat *Trumpeler* 1318 Zürich. Auch **Trump** (Bay.): mhd. trumpe »Trommel« (Fritz *Trump* 1434 Musdf./Bay.). **Trummeter** (mhd.) = Trompeter.
Trumpf: »verhochdt.« aus Trump.
Trunk: dem Trunk ergeben; vgl. Tieftrunk; auch *Trünkel* 1365 Brünn. *Trunkenheincze* 1350 Brsl. *Vroverdrunken* 1323 Hann. – **Trunz** (Königsbg. oft): ON./Westpr. Vgl. aber mhd. *trunze* »Speersplitter«.
Trüper: vgl. ON. Trupe b. Bremen.
Trurnicht (ndd.) s. Trauernicht!
Trütschler, Trötschler, Tritschler, auch **Trutschel,** Trötschel (Württ., Thür.): meint den »Liebhaber« (mhd. trutschel »kokette Gebärde der Augen«; vgl. aber auch trütscheln »Brettspiel«). Heinr. der *Trütschler* 1347 Eßl., Alex. *Tritschler* 1566 Eßl., G. *Trutzschel*, Joh. *Trötzschel* 1566 Eßl., G. *Trutzschel (Treuschel)* 1590 Arnstadt, Joh. *Trötzschel* 1589 Greußen/Thür., *Trütschel* 1439 Villgn.
Tschammer: ostd.-slaw. Pers. N. Czambor; vgl. Ritter *Schamborius* Stange 1326 in Balow b. Stuhm/Danzig; Peter *Tschammer* 1423 Petersdf./Lg., Peter *Tschambor* 1397 Lg.
Tscharnke, Scharnke (Schles. oft): der Schwarzhaarige (poln. czarny, tschech. czerny: Tschernke). Vgl. auch ON. Tscharnikau (alt Tscharnke).
Tschaschel (Görl., Lg.): KF. z. slaw. Pers.-N. Czaslaw; *Czaslaus* judex 1252 Lg., N. *Tschaslaw* 1372 Lg., W. *Tschaschel* 1509 Görl.
Tschech, Tscheche, Tschäch(e); Czech (dies in O./S. oft): erst mit den Hussiten-

wirren um 1420 taucht der N. häufiger in Schlesien auf; Nic. *Tscheche* 1454 Schweidn., *Tschech* 1372 Lg.

Tschentscher, auch Schenscher (Lg., Hirschbg.), **Tschensch,** Tschenschke, Tschenschel: slaw. wie die ON. Tschentschitz/Böhmen, Tschanschwitz/Strehlen. – **Tschepe** (Schles.) = slaw. Czepe, Czepan: Stephan.

Tscherner: ON. Tscherna b. Brünn; desgl. Tscherne, wie Tschirne(r) zum ON. Tschirn(au). Nickel *Czirne* = N. v. *Czirnau* 1413 Lg.

Tscherning: vgl. Andreas Tscherning, schles. Dichter, Opitzschüler; entstellt aus Tschernig, d. i. tschech. *Czernek:* der Schwarzhaarige; s. auch Tscharnke! Dazu Tscherne, Tscherny, Tschernack, Scherni(n)g, Schörnich.

Tschersich (Schweidn., Lg., Görl.): slaw. wie ON. Tschersing b. Leitmeritz; z. Form vgl. Persich (= Peter), Jersich (= Georg); da slaw. *J* im Anlaut bisweilen als *T(sch)* erscheint, kann Tschersik für *Jersik* stehen; der Böhmenkönig Georg Podiebrad heißt in lat. Urkdn. *Jersikus.* Vgl. die Variante *Jursik* (Jurisch, Jursch, Tschursch).

Tscheuschner (Lg., Görl.), Tzscheutschler, Tschauschner: slaw., urkdl. Hildebrand *Czüschener* 1350 Glatz (*Czeuschner* 1372 ebda.), Peter *Czüschener* 1381 b. Sorau; wohl zur KF. *Czusche* (vgl. Wenczusch 1345 Brsl.) wie Leuschner (Lüschener) zu Lusche! Vgl. C. *Zusche*/Glatz. Dazu ON. Tschausch b. Brüx u. Tschauschwitz.

Tschich(h)olz: entstellt aus Tschichol(d), slaw.-ostd. wie Machol(z), Machol(d); vgl. Schichau, Schichard u. ä.

Tschierner (Schles.): ON. Tschirn(e), Tschirnau mehrf., vgl. Tscherner. **Tschöcke:** ostd.-slaw. wie Tzschöckel, Zschöckener (Sa.), vgl. ON. Zschocken/ Sa. u. FN. Zschockelt.

Tschi(e)rsch(ke), Tschirschky, Tschierske, Tschierse, Tschiersch, Schiersch (Schles.) mit der Variante **Tschursch** sind dt.-slaw. Formen für Georg, tschech. Jirek (Jirschik), wend. Jurik u. ä., mit Wandel *J: Tsch,* siehe Tschersich! Vgl. ON. (Tschi(e)rschwitz, Schirschowitz, Tschirschnitz, Schierschnitz, Tschierschkau. Desgl. **Tschirch** (Görl. oft), nebst Tschierisch, Schierisch, s. auch Schierach!

Tschirdewan s. Schirdewan!

Tschöpe (Glatz, Schweidn.), Tschöpel, Tschöppe wie Tschepe, Schöpe u. ä. = slaw. Czepe: Czepan: Stephan. Paul *Tschope* 1416 Schweidn., A. *Czepe* 1465 Freystadt.

Tschorn (Hirschbg. oft), Tschornig, Schornack u. ä.: der Schwarzhaarige (wend. czorny), vgl. Tschern-, Tscharn-! Dazu *Schornechyn* 1381 Lg. (Czornchin/ Brsl.). **Tschörner,** Schörner s. Tscherner!

Tschudi (Schweiz oft): Joh. *Schudi* 1256 Glarus, Jost *Tschudi (Schudi)* 1440 ebda.; Heinr. *Schudi* 1220 Basel; wohl zu alem.-obd. Tschaude »Mensch mit wirrem Haarschopf« (vgl. Marlock!) oder »läppischer Mensch«; vgl. Schweizer. Idiotikon, Bd. 8, S. 281.

Tubbe, Tubbeke meint den Tubbenhauer, siehe Tippenhauer! Hs. *Tubbeken* 1570 Halberstadt.

Tubbesi(n)g: westfäl. ÖN. Vgl. Dünsing!

Tuchel: slaw. ON./Westpr. (Tucheler Heide), vgl. ON. Tuchen, Tucheband, Tuchlowitz, Tuchomerice (Pers. N. Tuchomir, vgl. Leitmeritz: Ljutomir). Dazu auch **Tuchen** (slaw. Tuchan, wie Jachan, Pechan usw.): s. unter Tauchan!

Tucher (obd.) = mhd. tuocher »Tuchmacher, Tuchhändler«. Reinhart der *Tucher* 1310 Tüb., Wölfel *Tucher* 1363 Prag. Sekundär **Tuchert.** Händler ist der **Tuchmanger,** -menger. Dazu **Tuchscherer** (vgl. Gewandscherer).

Tuchtfeld (Hbg.): ON. b. Holzminden/ Weser. **Tüchsen** s. Tychsen!

Tückmantel (ndd.) = obd. Zuckmantel, ÜN. für Wegelagerer.

Tügel (ndd.) = »Zügel, Pferderiemen«, s. auch Tom- (Zaum-)!

Tümmler, Tümmel s. Thümmler! – **Tümpel** s. Dimpfel!

Tüngel, Tüngler, von Tungeln (Hbg.): Moorort Tungeln (Tung-lo) i. O.

Tünker (Rhld.) = »Tüncher«, vgl. ndd. Dunker. **Tünneke** (ndd.) wie **Tunn** (ndd.) = kl. Tonne, s. d.; (*Tunneke* 1300 Strals.).

Tünnermann (Lippe): dort Tünnerbernt, Tündernolte; vgl. ON. Tündern b. Hameln (»Moderort«, wie Tunderfeld). **Tür-** s. Thür-!

Turban s. Urban! **Türck,** Türcke s. Thürck! **Turloff** Thurloff (Hbg., Wismar) s. Duhr-! Vgl. ON. Turloff/Meckl.

Türmer s. Thörmer! **Türpitz** s. Tirpitz! Vgl. **Türpe,** Turpisch!

Turner s. Thurner! **Tursch:** mhd. turse »Riese« (Haug v. Lichtenfels, gen. der *Turse* 1296 b. Linz/Ö.).

Tüttler s. Tittler!

Tüxen s. Tychsen! – **Twachtmann** (Westf., Holstein): wie Tweetmann an engem Durchgang wohnend, dörfl. N.

Twardokus (ostd.): slaw. Heil. N. (= Firminius); Paul *Twardocus* 1648 Stargard. Vgl. ON. Twardowa/OS. u. FN. **Twardy.**

Tweer (ndd. Flurname): vgl. »von der Tweer«.

Twele(mann), Twele-, Twellmeyer (Westf.): Bartold *upper Twele* 1528 Lippe, nach der Wohnstätte an der Gabelung zweier Bäche (?, wenn nicht *twel, twil* = »Moor«); vgl. das Twell-Siek b. Vlotho, die Twellenbeke in Lippe: Twelbke, die Twilbeke b. Damme i. O.; Godeke *Twilenvlet* 1322 Strals.: ON. b. Stade. – **Twesten:** urkdl. Form (1425) für ON. Zwesten a. d. Schwalm. – **Twi(e)ßelmann:** aus Twießel a. d. Hase (1234 Twis-lo, »Moorort«), vgl. die Twißmecke/Lenne, den Twißbach/Weser.

Twietmeyer (ndd.-westf.): ndd. twiete, tweete »Durchlaß« an Hecken.

Tychsen, Tüchsen, Tücksen (Schleswig, Flsbg.): dän. Patr., »Sohn des Tuke«, vgl. Jacob *Tukesson* Strals. (wo auch Thordesson, Jonesson). In Flsbg. 1562 *Tuke* Hoike, Catrin *Tuckens* 1594, Jasper *Tuxen* 1591. Berühmter Orientalist um 1790 Oluf Gerh. Tychsen (Univ. Rostock) aus Schleswig. Vgl. auch Tycho Brahe (Astronom) u. Tycho Mommsen/Kiel.

Tyedmers = Tiedmers (ndd.-fries. Patr.: Dietmars Sohn).

Tymann s. Thiemann! **Tyssen** s. Thyssen!

Tzsch- in slaw. Namen s. Tsch- bzw. Zsch!

U

Ubben (Hbg.): fries. Patr.; Ubbe ist KF. zu Ul-brand, Ul-bod, Ul-bert (Uodalberht), wie Wubbe zu Wul-bert u. ä. *Ubbo* Emmius, fries. Chronist. Dazu **Ubbing** (Übbinck): Menolt *Ubbinga (Ulbinga)* 1422, u. **Ubbema:** Taco *Ubbema* 1499, Bebbo *Ubbema (Ubbinga)* 1273/77. Vgl. ebenso Abbe(n) zu Albert.

Ubbelohde meint Ubbelohe, vgl. Bokelohe: Buchenlohden b. Helmstedt. Dazu auch Abbeloden (1752 *Appelöhen*); vgl. ON. Ubbenlo b. Osn. (ub und ab sind Wasserwörter).

Übelhör (obd., bes. bair.) = **Übelherr** »böser, übelwollender Herr«, auch **Iblher** (Ö.): Conr. *Übelher* 1282 Winterthur. **Übler** ist mhd. übeler »Übeltäter«: Enderl *Übler* 1378 Iglau. **Übelacker** s. Yblagger!

Uber (obd., Reutl.) = mhd. uober »tätig, geschäftig, unternehmerisch«, zu uoben »ausüben, tätig sein«. – **Überreiter,** -reuther (obd.): aus Überreuth.

Überschär (Schles., Sa.): Anwohner einer Überschar, des bei der Dorfanlage nicht aufgeteilten Flurrestes; vgl. mhd. überscher »überzählig«. Ein Dorf Überschar im Kr. Goldberg. Vgl. »dy *öberschar,* dy czinset 1 mark« 1451 Lg. Herdan *Überschar* 1332 Glatz, Francze *öberscherer* 1419 Lg., der *öberscherer* 1427 Zittau.

Überweg (urspr. Overweg, ndrhein.): jenseits des Weges, wie Overbeck (over de beke), Overwater: Überwasser, Überrhein; der Philosoph Friedr. Ü. war Rheinländer. **Überzwerch:** in Nürnbg. 1469 e. Liederdichter Heinz *Übertwerch* (mhd. = »schräg, verkehrt«).

Uchtmann (Hbg.): aus Uchte a. d. Uchte (»Moorwasser«) nö. Minden; eine Uchte fließt auch durch Stendal; vgl. Bahlow, ON. S. 493. Albr. *van der Uchte* 1411, Joh. *Uchteman* 1472 Bremen.

Üchtritz: ON./Weißenfels (Ritter Luppold v. Ü. 1349 Lg.).

Uckeley: Fischname. Vgl. den Uklei-See/Holstein.

Ücker(mann) (Hbg. öfter): von der Ücker (Hauptfluß der Uckermark) bzw. aus Ükkern/Westf. Dazu Ückert, Uckert.

Ude (meist **Uhde**), patr. **Uden:** Hann., Magdebg., Hbg., Brschwg. oft, im MA. beliebte ndd. KF. zu den N. mit Ud- (Od- »Erbgut, Besitz«), vgl. Herzog *Udeloff* v. Holstein; Germarus filius *Udonis* 1291 Hbg., Craft herrn *Uden* sun 1303 Wetzlar. Patr.: *Üding* (Joh. *Üding* 1582 Münster). Vgl. auch Ohde (Odo, Otto).

Uder, Udert: ON. Uder/Eichsfeld (alter Bachname: Bahlow, ON. S. 494), vgl. Udern/Lothr. Auch **Uhder.**

Ufer (Ufert), Ufermann, vom Ufer: nach Wohnstätte oder Herkunft; vgl. ON. Ufer b. Köln, auch 2mal in Ö. (daher FN. Ufert/Schles.).

Uffelmann, von Uffel: aus Uffeln (6 Orte in Westf., urkdl. Uf-lohun »z. feuchten Gehölz«; s. Bahlow, ON. S. 494), wie Affelmann: Affeln.

Uffen, Ufken: ndd.-fries. Patr., zu Uffe = Ulf; Uffo (Uffico) begegnet schon im 9. Jh. als KF. zu Liudolf; auch Offo genannt, s. dies! *Uffo* Wobbonis, Friese, 12. Jh. *Uffe* Iken, 16. Jh. In Hbg. 1255 Sifridus privignus (Stiefsohn) *Uffekini.* **Uftring:** ON. Uftrungen a. d. Thyra/Harz. **Uhde** (Hbg. oft) s. Ude! Desgl. Uhder u. **Uhdolph. Uhe,** Uher, **Uhink** (Hbg.): verschliffen aus Ude!

Uhl, Uhle, **Uhl(e)mann** (oft): KF. zu Ulrich, vgl. **Ullmann: Ullrich. Ühlin** ist alem. (heute auch Jehle, s. dies!): *Uli (Uolrich)* Egli 1419 b. St. Gallen. **Uhlig,** Uhlich ist sächs.

Uhland: wie der Dichter Ludwig U., so wurzelt auch sein N. im obd.-schwäb. Raum; ein Bauer *Uolant* (d. i. Uol-nand) schon bei Neidhart v. Reuental um 1230, vgl. Uol-rich; *nand* »kühn« wie in Wignand, Gernand.

Uhlenbrock (ndd.): öfter Flurname, wie Uhlenhorst, Uhlenbach, Uhlendahl, Ulensiepen, zum alten Moderwort ul, später an ndd. ûle »Eule« angelehnt, – die Eule ist aber kein Sumpfvogel! Auch **Uhlenhorst** a. d. Alster/Hbg. ist als modriger Bezirk bezeugt; auch am Ulen-Berg Kr. Melle fließt eine Ule, vgl. den Uhlenbach b. Harzgerode. **Uhlhorn** (Hunte) entspricht Ahlhorn, Druchhorn, Gifhorn, Balhorn, lauter »sumpf. Winkel«. Anders **Uhlenhut,** -haut (Hbg.): »Eulenhut«. Derik *Ulenhod* (1437 Brschwg.) wohnte im Hause *tor Ulen!* Ein Remmert *Ulenhut* (1442 Lüb.) reiste als Kundschafter nach Island. Vgl. auch Ulenspiegel: Eulenspiegel; *Ulenoge* 1591 Münster, *Ulenbeckere* 1259 Lüb., 1486 Hann.

Uhlig, Uhlich (Sa. oft) = Ulrich, wie Heinich für Heinrich: *Ulich* v. Czeschau 1381 b. Sorau, Caspar *Ulich* 1559 Görl.

Uhmeyer, Uhmann (ndd.-westf.) = U(h)de-meyer, vgl. **Uhe** für U(h)de!

Uhr (Hbg.): ndd. wie mhd. = »Ur, Auerochse«.

U(h)rbrock (ndd.): mehrf. ÖN. in Westf., usw.; *ur* ist uraltes idg. Wort für »schmutzig-sumpfiges Wasser« (so schon b. Plinius: urium), vgl. schweizer. ur »Feuchtigkeit« (Kanton Uri!). Dazu Ur-beke (Urbke/Iserlohn, obd. Auerbach), Ur-lage, Ur-sele; Urleben (Uhrleben/Thür.); Urenflet, Uridi (Ührde), Ur-afa (die Urfe/Schwalm). Bahlow, ON. S. 499.

U(h)rhahn (ndd.) = Auerhahn. – **U(h)rhammer:** wie Kohl-, Hund-, Froschhammer zu den bair. ON. auf -heim, -ham: (-heimer); auch Auerhammer.

U(h)rig, Urich, Urech (obd., Ö., Sa.) = Ulrich; vgl. ON. *Sent Urich* = St. Ulrich/Ö. – **U(h)sadel:** ON. Usadel/Meckl.-Strelitz. – **Uhse:** z. Flußn. Use (z. B. im Taunus, ON. Usingen), vgl. die Usepe (Us-apa »Schmutzwasser«) 1236 bei Teckl.; Useborn, Useflet, Us-hol; Us-lo: Usseln/Waldeck, Uslar/Solling, u. **Usemann** wie Hunte-, Weser-, Leinemann.

U(h)tenwoldt (ndd.): »aus dem Walde.«

Uihlein (obd.) = Ühlein, Ühlin = Uhl (Ulrich), s. dies!

Uken, Ukena: fries. Patr., vgl. Focke *Ukena,* fries. Häuptlg., wie Wubbena, Hinkena, Denkena u. ä.; Uke (Ucko) für Ulke (*Ulco* Tiepken), d. i. Ulrik, Eike für Eilke (Eilward), Hicke für Hilke (Hildemar).

Ulbrich(t): häufige sächs.-schles. Mundartform für **Albrecht,** urkdl. **Olbricht** (dies bes. glätzisch u. sächs.), um 1400/1500 zu *Ulbricht* verdumpft; auch im ON. Ulbersdorf/Schles. u. Sa. Vgl. *Ulbrecht (Albrecht)* Gryfstete 1379/86 Görl., *Olbrich* Strache 1398 Brsl., *Ulbrecht* Geißeler 1482, *Ulbricht* Bock 1556 Hermsdf., Merten *Ulbrich(t)* 1546 Lg. S. auch Albrecht! Zu Ulbrig vgl. Hilbrig (Hilbricht). – **Ule** s. Uhle!

Ulf(f): nord. KF. zu Ludolf, Thiedulf u. ä. Ein isländ. Skalde *Ulf* Uggason um 900. Vgl. die fries. Form *Uffo!* – **Ulfer(t)s** (Hbg.): wie Olferts ndd.-fries. Patr. zu Odal-, Ol-frid. – **Ulisch** (Schles.): KF. zu Ulrich, m. slaw. Suffix, vgl. *Ulusch (Ula)*noldener 1383 Lg. (wie Heinusch, Dietusch).

Ulke (Schles., Sa.): KF. zu Ulrich, vgl. auch Ula, Ulusch (Ulisch), mit slaw. k-Suffix wie Heinke, Hanke, Tilke. Vgl. auch fries. *Ulco* Tiepken 1494. Merten *Ulke* 1502 i. O.: heute **Ulken,** Uulkes (Oldbg.).

Ul(l)rich, Ullerich, KF. **Ullmann,** Uhlmann: obd.-schles.-sächs. oft, ist der altd. Pers. N. *Uodal-rich* (Odal-rik): ôd(al) = »Erbgut«, rich »mächtig, Herrscher«; die Beliebtheit im MA. ist bedingt durch den heil. Ulrich, Bischof v. Augsbg. (Sankt Ulrich: ndd. sente Olerik, Odelrik, s. FN. Ohlerich!). Vgl. *Ulman* wayner 1372 Glatz. Weiteres: Bahlow, Unsere Vornamen, S. 99. S. auch **Uhle, Uhlig,** Ulke, **Utz,** Jehle! VN. **Uli** ist alem. (vgl. »Uli der Knecht« v. J. Gotthelf). **Ulrike** ist um 1800 in Mode als weibl. Neubildung, wie Friederike zu Friedrich; vgl. Ulrike v. Levetzow (Goethe!). Zum lat. Genitiv **Ulrici** (für Ulrichs) vgl. Heinrici (Heinrichs).

Ulmer: aus Ulm (Württ. u. Baden), prähistor. Flußn. Ulmana, zu ul-m = »Moder«, noch mhd. ulmich, olmich »modrig, faul«, also = »Faulwasser«. **Ulms** s. Olmes! – **Ul(l)ner,** Üllner s. Eulner! – **Ulpt,** Ulpts (fries.) = Ulbert, wie Volpt = Volpert: *Ulbet* Walta 1420.

Ulsamer (Bay.) = **Ulsheimer;** vgl. **Ulshöfer.**

Ultsch, thür.-sächs. = Ulrich, auch Ultzsch, Ultz, Ulze: Jörge *Ult(z)sche* 1570 Arnstadt; vgl. ostf. *Olze(ke)* = *Olrick* van Rodensleve um 1400 Haldsl.

Umbreit, Unbereit (Thür.): mhd. unbereit »ungeschickt«. **Um(b)scheid(en),** Unbescheid: mhd. un-bescheiden »ungebührlich, rücksichtslos«.

Umland (Hbg. oft): *Umbelant* 1265 Ro., Gotschalk *Ummelandesvarer* 1311 Greifsw. ÜN. des Schiffers, der dem Handelsverkehr um Skagen herum diente. (Hans. Urkbch. I, S. 411).

Umlauf(f), Umlauft (Schles., Sa., Thür., Hess.): ÜN. des städt. Polizeidieners, so in Görl. 1391: »den knechten u. dem bötel, die *umblieffen* uf dem tanczhuse u. in der stat durch fredes willen, 12 gr.«, desgl. »den speern u. knechten, die *umbliefen in der stat,* suchten die börner (Mordbrenner), 1 schilling« ebda. Hans *Umelouf* 1390 Kassel, *Ummelauf* 1372 Lg., Peter *Umlauf* 17. Jh. Köln (eigtl. P. Urdenbach, vom Rat zum »Umlauf« gewählt)! Nic. *U.* 1356 Brünn, 1362 Prag.

Ummen, Umken (fries.) s. Ommen! – **Umundum** (obd.): der Unruhe stiftet, geschäftig ist? Vgl. auch Umlauf! H. *Umbundumb* 1466 Straßbg., 1414 Nikolsbg.

Unbehagen: mhd. = »unbehaglich, unmutig«; vgl. Behaghel!

Unbehau(e)n: »ungehobelter Mensch.« Heinczel *Umbehauen* 1365 Prag. **Unbereit** s. Umbreit! (Vgl. Nic. *Umbereit* 1318 Kolmar). **Unbescheid** s. Umscheid! **Unbild:** mhd. = »Frevel, Unbill« (1365 Brünn, 1350 Stuttg.). **Unchrist:** »gottloser Mensch« (Nickel *Uncristen* 1355 Brsl., Joh. *Uncristan* [Priester!] 1443 Thurgau).

Underberg: ndrhein. ÖN. **Undeutsch** s. Deutsch! – **Undine** (lat. unda = Woge): Nixe (Lortzings Oper, 1845).

Unertl (Bay., Ö.): mhd. = »von schlechter Art, bösartig«. Vgl. Landgraf Albrecht der Unartige (Thür., 1277).

Unfried, Umfried: e. friedloser Mensch, der Unfrieden stiftet; Hs. *Unfrid* 1395 b. Eger. – **Unfug:** mhd. = »Frevel« (1539 Brsl.). **Ungebauer:** der nicht zu den Gebauern, den vollberechtigten Dorfgenossen gehört. **Ungefehr:** mhd. un-gevaere »nicht hinterlistig, ohne Falsch«. **Ungefug(t):** »ungeschickt, ungeschlacht« (vgl. ndd. Vöge »geschickt«). **Ung(e)lenk** desgl. **Ungemach,** Ohngemach: »ungestüm, rücksichtslos« (Ulr. *Ungemach* 1279 Ravsbg.), ndd. **Unmack** (*Ungemak* 1330 Quedlbg.). **Ungenannt:** »namenlos, unbedeutend« (vgl. »Hans Ungenannt«: einer aus der Masse).

Ungelahrt: »ungelehrt« (des Lesens und Schreibens nicht kundig). So nannte sich um 1300 der Stralsunder Schulmeister »magister Unghelarde«, den Fürst Wizlaw III. v. Rügen in seinen Liedern als Dichter lobend erwähnt. Dazu Heyno *Unghelarde* 1377 Dzg. Ein Reyneke *Unghelucke* 1331 in Soest.

Ungelter, Umgelter: Einnehmer des Ungeltes (Verbrauchssteuer von Lebensmitteln); Gerold *Ungelter* 1270 Eßl., Herm. *Ungelter* 1322 Bambg.

Unger: der Ungar, z. T. auch Hunger, Hungar; auch der Geschäftsbeziehungen nach Ungarn unterhält (vgl. Preuße, Reuße, Pohl, Böhm); Thilo Steinrucker · *der Ungar* 1310 Zittau, Rucker *Unger* 1337 Butzbach, Nik. *Ungermann* 1366 Neiße, Joh. *Hungar* (Pfr.) 1381 Leschwitz/Lg. Erweitert **Ungerer,** Hungerer. Auch Ungerland, Hungerland.

Ungerath(en), Ungrad(e): mhd. = »ungeratener Sohn, verschwenderisch«. Nitsche

Ungeroten der hoverichter 1383 Lg.; Gegensatz: *Wolgeroten*/Brsl. **Un(ge)reit:** mhd. = »ungerüstet, unfähig« (Brun *Ungereide* 1135 Köln).

Ungethüm: junges Wort, daher aus dem MA. kein Beleg.

Unglaub(e): mhd. = »ungläubig«, vgl. Unkristen; Cunr. *Ungeloube* 1209 Mainz. **Unglert** (Bay.) = »ungelehrt, ohne Schulbildung«. **Ungnad(e):** mhd. = der kein Erbarmen kennt; ungnädig auch »unglücklich«; Wolfhard *Ungenad* 1381 Budweis. In Pomm. auch ON.: Petrus *de Unghenade* 1319 Strals. – **Unholz(n)er:** unholz »Abfallholz«.

Unkel (Hessen, Rhld.): ON. a. Rh., Unkelbach ebda. **Unkert:** vgl. mhd. unker »Penis«. – **Unland** (Hbg.): »Ödland«. Vgl. Onland b. Aurich. – **Unmack** (ndd.): s. Ungemach! **Unmate** (ndd.) = Unmaß (obd.): der Unmäßige (*Unmate* 1286 Hildesh., *Ungemaße* 1135 Köln).

Unnen (fries.) s. Onnen! (Joh. *Unnen* 1304 Hbg.). **Unna** (Hbg.): ON./Westf., wo auch eine Unne fließt! – **Unold** (Württ.): fragl., ob = Hunold.

Unrat: mhd. »Not, Unheil« (unrat sagen »seine Not klagen«); Ritter Sifrit *Unrat* 1240 Koblenz; aber auch »unnützes Naschwerk«, vgl. *Unroter, Unreter* 1350 Brsl., *Unraterin* 1365 Brünn.

Unruh (ndd. Unrau), auch geadelt: von Unruh: ein Unruhstifter (Nicclos *Unru* 1390 Lg., *Unrowe* 1368 Hildesh.) – **Unschlitt:** »Talg-, Unschlitt-, Seifenhändler«, Albert *Unsliter* 1359 Prag, Nitsche *Unslitsmelczer* 1381 Lg.; er war auch Hersteller von Talglichten und von Brenn-Näpfen (Heyne, Das altd. Handwerk III, S. 276).

Unshelm, Unzhelm (Solgn., Barmen): wohl ON. wie Vorhelm (Furehelm) b. Ahlen i. W.

Unsöld (Bay.) nebst **Unselt** meint wohl mhd. un-slet, s. Unschlitt. (Mit mhd. unsaelde »Unglück« lautlich kaum vereinbar, und mhd. selde »Häuslerkate« gibt keinen Sinn). – **Unser** (nur Karlsr., Hdlbg.): viell. Variante zu mhd. unzer »kl. Schnellwaage« (zu Unze), vgl. *Untzner* 1440 Breisg.; Barth. *Unsener* (ndd. Form) 1418 Hameln.

Unterbichler = Unterbühler.

Unterhalter (obd.) wie Buchhalter, Winterhalter neben -halder: an der unteren Halde (Abhang) wohnend; vgl. **Untermann.**

Unterlercher (Tirol): am Lärchengehölz bzw. vom Lerchhof.

Unteutsch s. Undeutsch, Deutsch! – **Untiedt** (ndd., Kiel oft): »Unzeit, schlechte Zeit«, auch alter westf. Hofname »tor Untiet«. **Untucht** (ndd.): ein Ungesitteter, »Gewalttätiger«.

Unt(h)an: mhd. ungetân »unschön, ungeschlacht«, Gegensatz: Schönthan!

Unverdorben (1387 Iglau, 1392 Frkf.); vgl. Jungverdorben, Ganzverdorben.

Unverfehrt, Unverfähr, Unferfert (ndd.): »unerschrocken«, David sloch den resen *unvorvêrt*; noch heute in Meckl., Hbg. usw. »sich verfieren« = sich erschrecken. Alard *Unververde* 1309 Hbg. (1277 Strals., 1344 Stettin); ein Thedel Unverferd in »Des Knaben Wunderhorn«. – **Unverhau** (Hbg., Göttgn.): mnd. unverhouwen »unverletzt«; Hans *Unverhauen* 1380 Brschwg. – **Unverricht** (Schles.): mhd. = »unordentlich«; Hs. *Unvorricht* 1404 Iglau. – **Unverzagt** (1465 Stuttg., 1441 Oldbg.). **Unversucht:** »unerfahren«. **Unwerth:** Heute auch schles. Adelsgeschlecht: ein Verachteter, Elender; vgl. Baltzer *Unwirde* 1535 b. Lg., aber auch Peterman *von der Unwerde* 1381/Sorau.

Unzelmann (Hann.): Herk. N. wie Rintelmann; vgl. ON. *Unzen* b. Verden.

Unz(n)er s. Unser! – **Upahl,** Utpadel: ON. Upatel (Meckl./Pomm.). – **Up(p)legger** (ndd., Ro., Hbg. usw.): »Auflader«, für die See- u. Handelsstädte bezeichnend; vgl. mhd. ûfleger; urkdl. in Strals. u. Greifsw. um 1300 *Upp-, Opplegger.*

Urban: Der heil. Urban (Märtyrer um 230) galt als Patron der Winzer; lat. urbanus »städtisch, gebildet«, Gegensatz: rusticanus »bäurisch«. Mehrf. auch Papstname. Um 1400/1500 bes. ostd.-schles. (*Urban, Orban* kürsener 1358 Brsl., *Urban* Göbel 1451 Lg.), daher auch in slaw. Formen: **Urbanek** (O./S.), Urbanke, Urbaniak, Urbasch, Urbisch, Urbich(t), lit. Urbat, Urbschat; wend. Hur-, Horban, Horbasch, Hurbank, Wurbank, Jur-, Jorband, Jorbahn. Auch **Urbach** (Schles., Sa.) zeigt slaw. Suffix: -ak, -ach, vgl. Lieback, -ach; zu Urbich (auch ON. b. Erfurt) vgl. Fabich (Fabian). Auch **Turban** (= St. Urban) s. Durban!

Urborer: mhd. = Zinseinnehmer (urbor = Grundzins); Nic. *urborer* 1369 Lg.

Urbrock, Urhahn, Urhammer s. Uhr-! **Urff:** ON. b. Kassel (Ober- u. Ndr.-Urff, eigtl. Bachname, vgl. die Urfe/Schwalm u. die Auroff/Taunus) (Ur-afa »modr. Wasser«, s. Uhrbrock!). **Urner:** aus Urnau. **Urmetzer:** aus Urmitz/Neuwied a. Rh. Siggo *Urnower* 1296. (Überl.). **Ursprung:** mehrf. ON. (mhd. = »Quell«). – **Urschall** (obd.): »großer Schalk« (Heynczl *Urschalk* 1359 Iglau).

Ursula (Ursel, Urschel, Urschi, **Uschi,** Ulla): wörtl. »kl. Bärin«, zu lat. ursus »Bär«; als VN. beliebt geworden durch die Legende von der heil. Ursula (v. Köln) u. ihren 11000 Jungfrauen (darunter Cordula). Im MA. selten (daher kaum in FN.). Heinr. *Urseler* 1325 Rheinhess. meint den aus Ursel im Taunus, wie Werner *von Ursele* 1324.

Usadel s. Uhsadel! – **Usbeck, Usemann** s. Uhse u. Uslar!

Uschold (Mchn.): ostd.-slaw. wie Schichold, Machold, Zuchold.

Usener (Nassau) = **Usinger:** aus Usingen a. d. Use/Taunus, wie Hettner = Hettinger, Deffner = Deffinger. Henne *Usener* 1478 Echzell. Dasselbe Wasserwort steckt in **Uslar** (Ort am Solling, wie Aslar, Maslar, Goslar: Bahlow, ON. S. 500), bürgerl. **Ußler,** adelig »von Us(s)lar«. Dazu auch **Usbeck** u. Us-lo: ON. Usseln/Waldeck, FN. **Usselmann,** vgl. Asseln: Asselmann, Uffeln: Uffelmann.

Uster(er): aus Uster b. Zürich; auch Usteri.

Ute: als VN. erst seit den 20er Jahren in Mode; im MA. als *Uote* in Adelskreisen beliebt, bes. in der Heldensage: auch Kriemhilds Mutter heißt so; nordd. entspricht *Oda* (Thidrekssaga), vgl. ndd. Odo: Otto! (*ôd* »Erbgut, Besitz«); ndd. Ode, Ude, Udeke. Den histor. Hintergrund bildet e. markante Frauengestalt d. dt. Geschichte, näml. *Oda,* die Stammmutter der Ludolfinger, des ndsächs. Kaiserhauses, gest. 913 (107 J. alt). Bekannt ist Markgräfin *Uta* v. Meißen (Naumburger Dom).

Utech, Utecht, Utesch, Uteß (Meckl., Pomm.): slaw. Pers. N., s. Tech, Techen, Teske! (KF. zu *U-Techorad, U-Tesimer,* vgl. H. Witte S. 269). In Barth 1471 *Uteske,* in Wollin 1551 J. *Utech.* Ein ON. Utecht b. Lüb.

Utermarck (Hbg. öfter): ndd. = »aus der Mark«. Vgl. **Utermöhlen:** »aus der Mühle«. – **Utke** = Udeke, s. Ude! – **Utpatel** s. Upahl!

Utz, Utzmann, Ützle (obd.): im MA. beliebte KF. zu Ulrich (Udelrich), vgl. unser »utzen« *Utz* Ulricher 1398 b. Füssen, *Utz* Bracher 1424 b. Günzbg. Auch Herman-utz, Schad-utz, Flesch-utz: *Utz* Brästel gen. *Fläsch-Utz* (1415 Bay.), vgl. fläschheckel (1375 Augsbg.) = »Fleisch-«.

Uwe: fries.-dän. VN. Vgl. den »Heideschulmeister *Uwe* Carsten« v. F. Rose. Vgl. *Uwe* Cuper 1494 Campe Emden, Ulbet *Uwen(a)* 1495 Larrelt, Nonno *Uwinga* 1325.

Uxküll (von), balt. Adel, ON. b. Riga.

V

Vaas, Vaassen s. Faas, Faassen! **Vaatz** s. Faatz!

Vach s. Fach! – **Vack** s. Fack! – **Vad(d)er** (Vaders): ndd. s. »Vater«. (Joh. *Vader* 1296 Ro.).

Vagel (ndd.) s. Vogel! Vgl. »Vagel Grip« (Vogel Greif).

Vagt (Hbg. oft), Vagts, Vagd, Vagedes: ndd. = Vogt.

Vahl (Hbg. öfter): Joh. *Vale* 1274 Hbg. (= der Fahle, Blasse), vgl. *Valepage*/Lüb.; der Wandel *o: a* im Mnd. beginnt erst um 1350/1400, daher kann nicht mnd. vole »Fohlen« gemeint sein. **Vahldiek,** -bruch, -kampf u. ä. sind ndd.-westf., s. Fahl-!

Vaihinger (Stuttg. oft): ON. Vaihingen (Rüdiger der *Vehinger* 1301 Calw).

Vaith, Vaitl (Bay.): der heil. Veit (Vitus); Joh. *Faytl* 1388 Prag. Th. *Veit (Vaiter)* 1590 Freiburg. – **Valente,** -a, -ik (Wien oft): tschech. Form für Valentin.

Valentin (z. T. jung, soweit jüd.), Valtin, Faltin, Valtl; im MA. meist mit Umlaut **Velten** (Felten), fries. Veltjes: Heil. N. (Märtyrer, Patron gegen Gicht u. Fallsucht). Zu Valentiner vgl. ON. Valentin (mehrf.). **Valerius** (altröm. N.): Heil. N. nach d. Bischof v. Trier; vgl. *Valerius* Diependale, ndld. Maler (1590). Auch **Valeria** ist Heil. N.

Vallender: ON. Vallendar b. Koblenz, prähistor. Bachname Val-andra »sumpf. Wasser«, wie ebda. Mallendar (Malandra, desgl.); s. Bahlow, ON. S. 317!
Vandenhoeck (ndld.): hoek (sprich huk) = »Winkel, Ecke«, vgl. Indenhuk, Vom Huk; ON. Hoek van Holland. – **Vandrey** s. Wandrey! **Vanek** s. Wanek! – **Vangerow** (Fangerow): ON./Pomm. **Vanselow** (Fanselow): ON./Pomm. – **Varnbühler** (obd.): z. ON. (ÖN.) Vahren-, Fahrenbühl/Bay. öfter. **Varnhagen:** ON./Oldbg., bekannt durch d. Schriftsteller Karl August V. von Ense. **Varner** s. Farner! Vgl. in Wismar 1275: Radeke *Varnere (= de Varne).*
Varrelmann: aus Varrel (mehrf. im Raum Bremen), wie Scharrelmann u. Garrelmann; urkdl. Vorla (Scorla, Gorla) = Moorort (Bahlow, ON. S. 503).
Varrentrapp: ÖN./Westf. **Varsbotter** s. Farschbotter!
Vasold s. Fasold! **Vasel** s. Fasel! – **Vasmer,** Vasmers: fries.-ingwäonischer Pers. N. s. Fastert! (Vgl. Knappe *Vasmar* Bollant; J. F. *Vasmar* 1842 Schleswig). Desgl. Vasterding.
Vater, ndd. **Vader,** Vadder: vgl. Altvater, Kindervater.
Vath (ndd.) wie Fath = Faß, ÜN. des Faßbinders, s. dies! Vgl. Quadevat, Verdevat. Auch Vathke, Vathje. Aber frk. Vath s. Vauth! Vgl. Stuhlfath, Stuhlfauth! – **Vatterodt,** -rott: ON. Vatterode b. Mansfeld.
Vatheuer, Vatebender *s. Faßbender!*
Vaupel, Vaubel (Hessen): mundartl. für **Vopel,** KF. zu Volprecht, d. i. Volkbrecht (»im Volke glänzend«); vgl. hess. Vauth, Fauth für Vogt. In Kassel 1336 *Volpert* Lützelkolbe, 1373 *Vopel* Wagenknecht; 1494 K. *Foupel;* 1400 *Fopel* (Rühnde).
Vauth s. Fauth! – **Vavra** (tschech.) = Laurentius! Vgl. Vavrsinek: FN. Waber-, Webersinke! – **Vechner** s. Fechner! **Vecht** s. Fecht!
Vedder (ndd.) = Vetter. – **Ved(d)ler** (ndd.) = Fiedler! **Veeh** (ndd.) = Vieh, der Viehhändler, vgl. Viehmann. Weckedeveh!
Veelhauer (ndd.) = Feilenhauer, s. dies! Vgl. **Veelken.** Hinrik *Velehowere* 1369 Brschwg. – **Veen** s. Fehn u. Venn!
Veers s. Fehrs! – **Veeser** s. Feser!
Vegesack: ON. b. Bremen a. Weser. – **Veh** (Mchn.) = **Feh,** Fäh (obd.) = mhd. vêch »buntes Pelzwerk«, ÜN. des Kürschners; Hs. *Fehe* 1396 Württ., H. *Vech, Fech* 1448 ebda. – **Vehlbehr** (ndd.) = »viel Bier«, der Brauer oder Schankwirt. Vgl. *Velehaver, Veleschap, Velepenning, Velekols* (»viele Hosen«). – **Vehling** s. Fehling! Vgl. ON. Vehlingen/Ndrh. – **Vehlow:** ON./Prignitz. – **Vehn** (ter Vehn, ndrh.) s. Fehn! – **Vehrs** s. Fehrs! – **Vehse** s. Fese!
Vehslage (Veßlage): ndd.-westf. ÖN. wie die Amlage, Harplage, Hiltlage, alle = »moorige Flur«. Vgl. Veßbeck, Veß, Vesede, Veßra.
Veicht (obd.) s. Feicht! – **Veidt** s. Veit! – **Vei(e)l, Veig(e)l** (obd., Bay. oft) s. Feigl!
Veit(h), Veidt, Fei(d)t, Veitl: der heil. Veit (lat. Vitus), Patron gegen Feuer, Blitz u. »Veitstanz«. Vgl. den Veitsdom/Prag u. Bildhauer Veit Stoß. S. auch Vaith u. Vieth! Vix!
Velhagen: nordd. ÖN.; vel »Sumpf, Moor«, vgl. die Velepe, Veluwe, Velen, Veele.
Velkel s. Felkel! – **Vellguth,** Fellguth: ÖN.
Vellmer s. Fellmer! **Velmerig:** verschliffen aus Vellenberg? Vgl. Hammerich für Hamberg.
Velmede: ON. b. Meschede, vgl. Velmeden am Hohen Meißner; vel-m = »Sumpf, Moder«.
Velsen (von): ON. b. Warendf./Westf., vgl. Felsen b. Meppen, Velzen/Holld. (alter Bachname: Velisna a. 719, d. i. »Sumpf-, Moorwasser«).
Velten, Velte (obd.), Veltel u. ä. s. Valentin! Vgl. Trautvelte.
Veltheim (von): ON. b. Brschwg. u. Minden. **Venator:** lat. für Jäger. – **Vendt,** Venth s. Fendt!
Vennekohl, -kold (ndd.) s. Fennekohl (Fenchel)!
Vennemann: aus Venne/Osn., auch z. ÖN.: van der Venne; s. auch Fehnemann u. Fenn! Dazu Vennekötter, Vennebusch, Vennewald (alle auf Sumpf u. Moor deutend).
Venske, Ventzke s. Fensch! Desgl. **Vensmer,** Venzmer u. **Ventzlaff,** s. auch Wentzlaff! Vgl. Tesmer, Ziesemer u. ä.
Ventur, Venter = Bonaventura, Franziskanerheiliger; um 1500 als VN.
Venus (Mchn., Wien): »Frau Venus«, die Liebesgöttin, den Minnesängern geläufig, war auch im Volke bekannt; vgl. die Sage

vom Venusberge. In Görl. 1461 Hans *Venus*, in Tirol 1525 Hs. Järl gen. *Venus*, in Württ. 1396 ein *Venus*, 1350 Eberlin *Venis*. Vgl. übrigens als Herk. N.: Graf Rud. von Fênis, Minnesänger um 1200.

Venzmer (ostd.): slaw. Pers. N. wie Tesmer, Ziesemer, Gutzmer usw. Vgl. Ventzlaff u. die KF. Ventzke! Venske! S. auch Fenzl u. Fensch!

Vera (russ. Wera): slaw. VN. = »Glaube«.

Verde(n)halven (Lüb. Verdehalb: = 3½, als Maß- u. Münzangabe (»verdehalve Lübesche Mark jarliker rente«/Lüb.; oder »verdehalff mold roggen« 1425 b. Stade).

Verdendêl s. Fehrentheil! Ein Rotger *Verdevat* 1270 Ro.: ¼ Scheffel: z. B. »1 verdevat bonen« 1434 Haldsl. – **Verding** s. Fehring!

Verg, Vörg s. Ferg u. Fehr! H. Rode *de verge* 1334 Frkf. – **Verheyen** (Verhein) meint Van der Heyden; vgl. **Verweyden, Vermöhlen, Vermehren** (meer = See, Sumpf), Verhoeven, Verschuer, Verwohl (wohld = Wald).

Verleih, Verley (Hessen): Metr. = Sohn der Frau Leye (Lye), d. i. Elisabeth in hess. Patrizierkreisen; Gernand *ver(n)-Lyen* = Gernand *Lye, Leye* 1286 Urk. Wetzlar (Tochter: *Lye*); vgl. ebda. *vern Lucharde (frawen L.)* 1347 u. *vern Gudeln* 1347. S. auch Vernaleken! Verlipheit (unter Leifheit)!

Verlohr: = »verlorener Sohn« oder auch »Findelkind«; Hans *Verloren* 1396 Hildesh., *Halbverloren* 1429 Frkf., *Verlorensohn* 1509 Hann., *verloren kint* von Cöln 1536. Vgl. auch *Verlorenguot* 1300 O. Rhein.

Vermehren, Vermöhlen s. Verheyen!

Verinette s. Mette! **Verwiebe** s. Wiebe!

Vernaleken (ndd. Metr.) = Frau(en) Adelheids Sohn bzw. Gatte, s. Ahlicke! Vgl. *vern Aleken* 1376 Lünebg. wie Herm. *Vorn-alheyden* 1351 Stettin; ebenso *Vornabelen* (= Altburg); Bartolt *vorn Ebelen* (siner moder) 1350 Haldsl.; *Vernevessen* 1374 (Herm. *vrowen Evecen* 1266 Hildesh.); Wernher *Vernaben* (W. domine *Abe*) 1254 Kassel; *Vornhesen* (= Hedwig); *Vern-oden* (Oda = Ute); *Vern-asselen* 1340 Lüb.; *Vorn-eliken* (*Elike* uxor sua!) 1300 Strals. S. auch Verleih u. Leifheit!

Vernimb (Hbg.): mnd. vornim »Vernunft«. Ein Bauer Hence *Vornymm* 1312 Ivendorf/Meckl.

Veronika (Heilige), KF. *Vrone(li)*; vgl. die Legende vom Schweißtuch der V. Nicht zu verwechseln mit **Verena** (Heilige der Schweiz): KF. *Vrene(le)*. FN. Verener (Walther *vron Frenen* 1297 O. Rhein.).

Versen (von): ON. b. Meppen/Ems (prähistor. Flußname Versene), wie der Moorbach Veerse z. Wümme: FN. **Versmann;** e. Verse(ne) fließt auch im Elsaß.

Vertein (ndd.) = »vierzehn«, vgl. FN. Vierzehnnothelfer! Ähnlich Achtzehn, Vierzig usw., z. T. auf Zinsleistungen deutend. Vgl. **Verdenhalben** (ndd.) = dreieinhalb (urkdl. *Verdehalfde*); z. B. »verdehalve Lübesche mark jarliker rente«; in Brünn 1346 *Virdhalber*.

Verwohl s. Verheyen!

Verworn: »verworren, wirr«. – **Vesenmayer** (obd.) s. Fese!

Vesper: mhd. = 6 Uhr abends, Abendzeit (eigtl. = vorletzte kanon. Stunde). Vgl. *Vesperczeit* 1414 Nikolsbg. Dazu Vesperbrot, Vespermann. Zum ON. Vesper/Ruhr nebst Vesperde. Vesperfeld (wo vesp-r e. Wasserwort ist) vgl. Bahlow, ON. S. 507!

Vest, Vester s. Fest, Fester! Aber auch Fastert! **Vesting** (Hbg.) = Festing, wie **Vesterling** = Festerling, s. unter Fastert! Dazu auch Festesen (Flsbg.).

Vetter (oft), mhd. = »Vatersbruder, Vetter«; bair. **Vötter,** nebst Vetterle, Vötterl, Vetterling, Vetterkind, Vettermann, Trautvetter; ndd. **Vedder,** s. Fedder!

Vett, Veth s. Fett! – **Vey** s. Fey! **Veyel** s. Feigl! – **Viau** (Schles.): ON./Lg. – **Vibranz** s. Fibranz!

Vetting (ndd.): der Fette; Herm *Vetting (Pinguis!)* 13. Jh. Westf.

Vick (oft): s. Fick! – **Vidal** = Vitalis (Heil. N.).

Viebig s. Fiebig! – **Viebrock** (ndd.) s. Vieland!

Viechelmann (Meckl.): aus Viecheln b. Gnoien bzw. Hohen-Viecheln/Schwerin; Godeke *de Vichel* 1336 Strals.

Viedt s. Vieth! **Viechtl, Viechter,** Viechtbauer s. Ficht-, Fücht-, Feicht-!

Viehböck (Bay.) wie Viehbeck = Viehbach(er).

Viehmann = »Viehhändler«, vgl. Salzmann u. ä.

Viehweg s. Fiebig! – **Vieland:** sumpf. Landschaft a. d. Weser b. Bremen (*vi* = »Sumpf«). Vgl. Viebrock. Im Vieh: mehrere Moore in Holst. u. Hann. – **Viel** (Hbg.): Flur- u. ON., An der Viele b. Iserlohn, Viehle b. Bleckede/Elbe, Vielstedt b. Bremen, Vielsen, Vilsiepen usw. (vil ist altes Sumpf- u. Moorwort: Bahlow, ON. S. 507). Dazu auch **Vielbaum:** ÖN., *de Vilebom* 1257 Ro.

Vielhaben (Hbg.): entstellt aus **Vielhaber,** urkdl. Anderl *Vilhaber* 1386 Dt.-Brod, ndd. *Velehaver,* s. Vehlbehr! **Vielhuber** (Bay.): Bauer mit vielen Huben (vgl. Halb-, Gringhuber). Ähnlich Viellehner, -lechner. **Vielhauer** s. Hauer! Vgl. dazu *Vildrescher* 1369 Lg., *Vilhecker* 1398 Tiengen. **Vielstich** meint wie Seltenstich den Schneider. **Vielberth,** Vielwerth (Bay.): vgl. Keilberth, Keilwerth; -wert wohl wie in Schubert (-wert, -worht) = »Wirker«, vgl. Salbert: Salwirt, Salwürk.

Viemann s. Viehmann! Veeh! – **Vienenkötter** (Westf.) s. Kötter (»Häusler«)! (Vgl. Beisenkötter: beise = »Binse«). vin meint Moder, Moor, Sumpf, vgl. »op den Vinen«, Flur im Kr. Hoya, Vinbrock b. Höxter, Vining (Wald b. Lünebg.), Vinemere usw. Vienenburg b. Goslar, Vienhus/Westf.

Vierbaum, Vierbach, Viering enthalten ein verklungenes vir »Sumpf, Moor« (Variante zu ver, vor): Bahlow, ON. S. 508. Vgl. den Vierenbach/Lünebg., »In den *Vieren*« b. Melle, Vierde a. d. Böhme, Vierden am Wümmemoor, Viermünden/Eder.

Vierdig, Vierdich (Schles.) = mhd. vierdung, vierding »¼ Pfund« (ein Geldmaß!); ÜN. für Zinspflichtige: von Kl. Baudis b. Lg. z. B. verlangte der Bischof um 1300 nur die Hälfte des übl. Vierdungs als Zehnt; Hensel *Virdung* 1357 Brsl., 1397 Prag. Auch e. Weingarten b. Wetzlar zinst 1347 1 Vierdung.

Vieregge: ndd. = **Viereck** (Hbg. oft), auch ON./Uckermark. Mhd. vierecke »vierschrötig, grob, plump«, vgl. FN. Vierschrot; »schweig, du *vierecketer* Geldnarr!« sagt z. B. Hans Sachs. Obd. auch *Viereckel* 1375 Eger. In Holstein-Meckl. um 1350 Gebrüder Diderik, Otto u. Grube *Vereghede,* Knappen.

Viergutz (Meckl., Hbg.): wohl slaw. ON. – **Viering** s. Vierbaum!

Vierk(e), Vier(c)ke (Hbg. öfter); auch Fierk(e): verhält sich zu Vierow u. Vieritz wie Zierke zu Zierow u. Zieritz, ist also slaw. Herkft.

Vierkant, Vierkandt: »vierkantig«, wohl wie Viereck = »vierschrötig, grob«, oder Berufs-ÜN? (Zimmermann?). Kant(en) wie Kanthaken sind ndd. Wörter.

Vi(e)rley: Tänzername (»ob einer den virley trete«); *Virley* 1363 Nbg., 1409 Eßl.

Vierling: mhd. = vierter Teil e. Maßes; auf Abgabepflicht deutend; Henr. *Virlinc* 1178 Köln, C. der *Vierling* 1316 Bay. Vgl. Dreiling.

Vierneisel, Vierneusel (Württ., Frkn.): wohl zu mhd. virnîz »Firnis, Schminke« (Händler damit?); Hans *Vierneusel* 1639 b. Lauda.

Vier(n)korn, Viernkäs s. Firnkorn! – **Vierordt:** mhd. = »Viereck«, als FN. wohl ÖN., vgl. Klein-, Stein-, Scharfenort; s. Ort!

Viertel: mhd. ein Flächenmaß (daher Hofname in Tirol z. B., vgl. Viertler!), aber auch Trocken- u. Flüssigkeitsmaß. – **Vierth,** Vierdt (Hbg.): wohl ÖN. (e. Wald *Vierth* b. Gnutz/Holst.). ON. Vierde/Hann.

Viesel s. Fiesel! – **Viet(h),** Viett, patr. Vierten, Viets(en),: ndd. Form von obd. Veit: der heil. Vitus, s. Veith! Auch ndd. Vietken, Vietjen, Vietmeyer.

Vietense, Fietense (Meckl., Hbg.): ON. Vitense b. Grevesmühlen.

Vietheer (Hbg. öfter): wend. ÖN. wie Bargheer, Banneer (1500 *Foytêr,* 1650 *Veyther, Vietheer*). Schon 1316 Joh. *Feyteyr* in Hbg. **Vietinghoff:** ON. b. Essen; Henr. de Vittinghove 1230. – **Vietor** (lat.) s. Faßbinder!

Vietz(e), Vietzke s. Fietze! Ndd. Vietzen aber = Vietsen, s. Viet(s)! Vgl. auch ON. Vietz, Vietze, Vietzen!

Vieweg s. Viebig, Fiebig! – **Viezenz** (schles.) = Vinzenz! Vietze, Fietze! Der Breslauer Humanist Peter Vietz nennt sich lat. Vincentius. – **Vigelius:** lat. für Weigel, soweit nicht = Vigilius (Heil. N.); Heintz *Vigelius* 1403 Stockstadt/Hessen.

Viktor (lat. »Sieger«): vgl. Viktor Scheffel. **Viktoria** (lat. »Sieg«): als VN. seit Königin V. von Engld. u. Kaiserin Auguste Viktoria; engl. KF. Vicky.

Vilbig (Mchn.): wohl ÖN. Velbach, Velbich (mhd. velwe »Weidenbaum«).
Villforth: ON. Vilvoorden/Brabant (s. Viel!); FN. Villevort, Filfort schon um 1350 Brsl. (wohl vom Brabanter Tuchhandel).
Villiger: alem. Form für Villinger (ON. Villi(n)gen/Baden u. Schweiz). Vgl. Bessiger, Ediger, Leidiger, Steiniger usw.
Villwock (Stettin, Bln.): slaw. Herkunft. Vgl. Villmow.
Vilmar, Villmer (Hessen): ON. Villmar ö. Limburg/Lahn bzw. Vellmar nö. Kassel, beide urkdl. *Vilimar* (prähistor., mar = »sumpfiger Quellbezirk«, vil: altes Sumpfwort, s. Bahlow, ON. S. 507, 509).
Vilser (Bay.), Vilsmaier: z. Fluß- u. ON. Vils/Bay. (urkdl. Vilusa) bzw. Fils/Württ. (Filusa); vil »Moor, Sumpf«, vgl. Vil-mar! S. auch Filser!
Vilter (ndd.) s. Filter! – **Vin(c)k(e)** s. Fink!
Vinkemöller (Westf.): zur Finkenmühle (der Freiherren von Finke). Zu vink »Moor« s. Finkeldey! – **Vintler** (Tirol): aus Vintel/Tirol; Dietlin *Vintler* 1195, Hans *Vintler* (Tiroler Edler auf Runkelstein b. Bozen, dichtete um 1410 die »Blumen der Tugend«). – **Vinnen** ON./Meppen s. Finn! – **Vinzenz,** KF. **Vinz(el),** schles. Viezenz, Vietze, s. Fietze! Wörtl. lat. vincens »der Siegende«.
Vio(h)l, Vijohl, = mhd. viol, veiel (lat. viola) »Veilchen«; auch Vey(h)el, s. Feigl!
Virchow (Stettin öfter): slaw. ON./Pomm. (mehrf.); auch der Mediziner Rudolf V. war Pommer. – **Virnich:** ON. b. Köln.
Vischer s. Fischer! **Visser,** Vissers ist fries.-holld. = Fischer.
Vitense s. Vietense! **Vittinghoff** s. Vietingh.
Vitzthum (Mchn. oft) s. Fitzthum! Vgl. Ritter Wolfram v. Bomersheim, *vicedum* zu Aschaffenburg, 1383 Wetzlar. – **Vix** (obd.): = Vitus (Veit); in Brsl.: Fixsgasse; Stanisl. *Vix* 1375 Brsl.; *Vix* Volzenläulin 1570 Elsaß. *Veyx (Veyt)* Swerczel 1465 Sa. – **Vlögel** (ndd.) s. Flügel!
Vobbe (fries.) s. Fobbe! – **Voche(n)zer,** Foche(n)zer (obd., Württ., Allgäu): ein Feinbäcker (zu mlat. focatia); 1270 Ravensbg., 1398 Biberach, 1441 Rottw.
Vöbel s. Vöpel!
Vock, Vocke (ndd.-fries., Hbg., Bremen zahlr.) s. Fock! In Kiel auch Vockensohn. – **Vöckler** s. Föckler!
Vockerodt s. Fockroth!
Vöge (ndd., Meckl., Hbg. usw.): mnd. voge = »geschickt« (Hence *Voghe* = H. aptus 1270 Strals., Gerh. *Voge* 1293 Ro.), aber auch »klein« (Zachäus »was voge«!); vgl. die Variante »groß: plump«.
Vogel, Vögelein, Vögele, Vögeli, ndd. **Vagel:** ÜN. des Vogelfängers (**Vogeler,** Vageler, **Vög(e)ler**) bzw. Vogelhändlers: Henneke *Vogel (Vogelfang)* 1373/1355 Greifsw. Hensel *Vogel (Vogler)* 1363 Znaim. Joh. *Vogel (Vogeler)* 1297 Hbg. Vgl. Joh. *Valke (Valkener)* ebda. *Vogler* war bekanntlich Beiname König Heinrichs I. (»Herr Heinrich sitzt am Vogelherd« v. Joh. N. Vogl). Dazu *Vogelmeister, Vogeley. Vogelnest, Vogelbein, Vogelhaupt, Vogelsamen, Vogelwürger.* **Vogelsang** und **Vogelweid** sind öfter Flurnamen, vgl. Walther von der *Vogelweide.* Peczold *Vogelweyder* 1390 Dux. S. auch Brach-, Eis-, Sper-, Spiel-, Schreyvogel!
Voges (Hbg.): = Vogedes!
Vogt (zahlreich): mhd. voget (voit), aus mlat. vocatus (advocatus) = »berufen« (zur Verwaltung) = Statthalter, Landvogt, Stadtvogt, Gerichtsvogt (vgl. Stuhlvogt), Marktvogt, überhaupt Aufsichtsbeamter. Im ostd. Siedlungsgebiet auch = Lokator e. Dorfes oder e. Stadt, berufen vom Grund- oder Landesherrn (z. B. Volckmarus *advocatus* de Legnicz, vor 1241). Dazu Hentschel Walther *der lantvoyt* 1386 Lg., Hanco *der voyt* uff des bischofs hove 1385 Lg., Peczold *crut-, crowtvoyt* 1320 Lg., Hempel *Nunnenvoyt* 1369 Görl. Mitunter mag auch nur der Zinsmann eines Vogtes gemeint sein. Die ostd.-schles. Schreibung **Voigt** ist Kanzleiprodukt des 16. Jhs., die Mundartform war *Voit!* Obd. ist **Vögt(le),** ndd. **Vagd,** Vögting, frk. **Fauth,** s. dies!
Vohl s. Fohl! – **Vohland** s. Fahland! – **Vohrer** (obd.) = Fohrer, Forcher: am Föhrenwald wohnend; H. *Forer* 1435 b. St. Gallen. Vohren ist auch ON. – **Voht** s. Voth! – **Vöhringer** (Württ.): ON. Vöhringen bzw. Vehringen!
Vöhl: ON./Eder (prähistor.); ein Vöhler Bach nö. Weilburg. S. auch Föhl!
Vo(h)winkel wie Voßwinkel, beides ON. in Westf. (mhd. vohe = »Füchsin«).
Voige, Foige, Voike, Foike (Schles.): zu slaw. voj »Mann«; auch Woike.

Voit ist die ostmd.-schles.-böhm. Mundartform für **Vogt** (mhd. voget), vgl. Maid für Magd (maget). **Voitl** ist bair.-mähr.: *Voytl* 1361 Brünn, 1393 Landskron. **Voigt** s. Vogt! **Voigtländer:** aus dem Vogtland (urkdl. mundartl. Niclos *Foitlender* 1414 Zittau).

Volbeding (ndd.-westf.) meint Volberding, Patr. zu Volbert: Volkbert, verschliffen **Vollbring** (wie Alberding: Albrink; Wolberding: Wollbring). **Volbe(h)r** s. Vollbehr! **Volber(t),** Volbers, Volpers (ndd.) = Volkbert, s. Vollbrecht! (*Volbert* van Tontze 1509 Hann.). **Volbracht,** -brecht s. Vollbrecht! **Volbarth,** Volborth sind Varianten zu Volbert, wie Willbarth zu Wilbert. **Vol(l)brand** (ndd.) meint Volkbrand (brand = »flammendes Schwert«).

Volger: obd. Variante zu Volker; *Volger (Volker)* der Amman 1327/54 Reutl.; aber ndd. **Volger** (Hbg. öfter) s. Folger (»Begleiter«)! **Volgmann** ist irreführende Schreibung für Volkmann, wie **Volg** f. Volk.

Volk, Volke, Völke war im frk. Raum als KF. zu Volkhart, Volker, Volkmar beliebt: so in Würzbg. um 1300 *Volko* Bergheim, 1386 *Folk* Schuomecher, in Ulm 1431 *Volk (Völk)* Nithart, in Schwabach 1401 Heinr. *Volck*. Weiteres s. **Folk!**

Völkel: obd.-ostmd.-schles. KF. zu Volkmar, Volker u. ä.; entrundet **Velkel,** s. auch Fölkel, Felkel! *Völkel* Jerlingi 1332 Glatz, Heinr. *Völkel* 1473 Aibling/Bay.; schwäb. **Völkle.**

Volkenand (Volkland, Folknant, Folgnand, Follgenan): Volk-nand »im Volke kühn«; vgl. Wignand! Gernand! Entstellt *Volckgenannt* (wie Weickgenannt): 1620 Coburg. *Volchnand* Vögelin 1176 Konstanz, *Volknand* Horlaff (Edelknecht) 1354 Baden; Ruker *Volkenand(i)* 1300 Wetzlar.

Volkening (Hann., Westf.) beruht auf *Volkwin-ing,* ndd. Patr. zu Volkwin »Volksfreund«, vgl. Erdwining. Ritter *Volquin* Parsow 1372 Holst. Auch **Volkens** (Hbg.) meint *Volkwins* (Sohn).

Volker, Völker, ndd. auch **Volkers, Völkers** oft (s. auch Folkers!) ist der germ. Pers. N. *Volk-her* (her = »Heer«), vgl. »Volker der videlaere« im Nib.-Lied. Dazu Patr. (westf.) **Volkering;** Völkering. **Volkertsen** (Holstein) ist Patr. zu **Volkert** (= Volkhart) wie Rickertsen zu Rikkert; s. auch Vollert(sen)! H. *Volkerding* 1462 Haldsl.

Volkholtz, Volkhold, Volkelt: = Volkolt, germ. Volk-wald: »im Volke waltend«; entstellt Vollgold! Vgl. *Volkolt* v. Tanne 1360 Sulzbach. In Ö. auch Heil. N.: *Sant Volkolts tag.*

Volkland ist dissimiliert aus Volknand (s. Volkenand!), wie Gerland (Gernand), Siegland (Signand), Uhland (Uodelnand).

Volkmann (bes. ostd. u. ndd.) steht für **Volkmar;** vgl. ON. Volkmannsdorf/Neiße: 1371 *Volkmarstorf.* Ähnlich Gießmann (Gößmann) für Goßwin – Gießmannsdorf; Dittmann für Dittmar – Dittmannsdorf: 1372 Ditmarsdorf; *Volkman* Buleman 1386 Greifsw. S. auch Vollmann! Leander.

Volkmar, Volkmer (Vollmar, **Vollmer,** m. Umlaut Völlmar, Völlmer): »im Volke berühmt«; sekundär Vollmert, patr. ndd. Vollmers, Vollmering (*Volkmaring* 1356 Hildesh.), entstellt Volkmeyer (vgl. Kretschmer: Kretschmeyer!): der *Volkmeyer* 1459 Biberach. Ein *Volkmar* begegnet als Vogt (u. Lokator?) v. Lg. vor 1241; in Mainz 1295 Ritter *Volkmar* (u. Sohn *Volkmar*); in Straßbg. 1345 Ritter *Volmar* Völsch; in Hbg. 1269 Ludeke *Volkmers;* in Ro. 1250/1300 ca. 40mal Volmarus (*Vollmer*). Von der Beliebtheit zeugen auch die KF. **Volkmann** (Vollmann) u. obd. **Völkel,** s. diese! Mit slaw. Suffix: W. Volkusch 1389 Lg. Dazu ndd. **Völlmeke,** obd. **Völm(le),** schweiz. **Völmy: Felmy!**

Volkmuth, Folkmuth, Vollmuth: verhältnismäßig selten, auch weibl VN. (obd. u. ndd.) fries. Folkemeth 16. Jh. – **Völkner:** patr., vgl. Völke u. Völkening. – **Volkwarth, Volquardt,** Volquartz (ndd.-fries.) nebst Patr. Volquardsen (Holst.): Gerlich *Volkwersson* 1445 Kiel. Vgl. Rickwardt, Riquardsen; Markwardt, Marquardsen. Die N. auf *-ward* sind bes. ingwäonisch-friesisch. *Volkward* Tutike 1268 Hbg. Volquart Paulsen, Historiker, aus Holstein.

Volkwein, Folkwein: germ. Pers. N. Volkwin (win = »Freund«: vgl. Gerwin, Hildwin, Trudwin, Erwin). Oft in Alt-Lüb. u. Ro. Ritter *Volquin* Parsow 1372 Holst.

Vollandt beruht urkdl. auf Vol(k)nand, s. Volkenand! *Follandus* 1260 Ro., *Vollandus,* Abt zu Sinsheim 1270, *Volandus,* Abt zu Hirsau 1262; *Volnand,* Abt zu Michelfeld 1227; Sifridus *Volnandi* 1302 Bambg.; *Volland* Nithart 1400 Ulm; Joh. *Vollant* 1479 Leonberg = J. *Vollat:* heute **Vollath.**

Vol(l)be(h)r (Hbg.): beruht auf *Volkbero,* wie Ahlbeer auf Adel-bero u. Wolbier auf Wol-bero; bero (-bern) = »Bär«.

Vol(l)brecht (ndd. Volbert, Volbers, Volpert, Volpers) meint *Volkberht* »im Volke glänzend«. Auch Volprecht; Vol(l)bracht (westf.), Fulpracht, Fulbrecht (mit hess. *u*); Vollborth, Vollbarth (in Quedlbg. neben Vollbracht u. Vollbrod!) wie ndd. Harbort, Harbart für Herbert. **Vollbring** ist westf. Patr.: s. Volbeding!

Vollert, patr. **Vollertsen** (Holst., Hbg.), meint Volkhard (Vollhardt) bzw. Volkward, vgl. Allert, Allertsen! Noch 1584 in Flsbg. *Vollert* Schröder. Dazu **Vollers** wie Allers. **Vollring** ist westf. Patr. (Vollerding, vgl. Detering: Detarding; Vollbring: Volberding). – **Vollgold** s. Volkholt!

Vollgraf(f), Vullgraft neben **Vollgrebe** s. Graf, Grebe!

Vollhardt s. Vollert! – **Volling** s. Vollsen!

Vollmann s. Volkmann! – **Vollmer** (Vollmar), Vollmers, Vollmert (alle Hbg. oft) s. Volkmar! Auch Vollmering, Völlmeke. **Volquard** s. Volkward!

Vollrath (Hbg. oft), auch Vollrad, in Meckl. noch heute VN., meint Volkrat. Vgl. ON. Vollrathsruhe/Teterow. *Volradus* Smugkele (Knappe) 1361 Rendsburg. Um 1250/1300 in Hbg., Lüb., Ro. mehrf. *Volrad(us)*; Henricus *Volradi* 1293 Hbg.; *Fulrad* 1387 Frkf.

Vollsen (Hbg.): Patr. zu fries. **Voll(e),** KF. zu Vollmer, Vollert usw., auch Volles, Volling; vgl. Allo, Allen, Alles, Alling! Follenius s. Allenius!

Volmer, Volmert, Völmy s. Vollmer! – **Völpel** (obd.-hess.): KF. zu **Volprecht** (Volk-berht), Ritter *Volpert* Lützelkulbe 1336 Kassel; s. auch Vaupel! **Volper(t)s** ist ndd. = Volber(t)s, wie Alpers = Albers; *Volpertus* notarius 1304 Ro., *Folpe(r)t* Reindsena 1277, Friese; kontrahiert **Volpt(s),** fries.

Völsch (Hbg. oft): ndd.-fries. KF. zu Volkward, Volkolf, Volkwin u. ä. Vgl. *Volceko (Volcolfus)* fil. Jakobi um 1275 Hbg., *Volceco* Tunneco (Ritter) 1300 Ro., *Voltzeke* Voget 1389 Barth. Vgl. ON. Völschendorf b. Stettin: 1526 *Foltzkendorp.* – **Voltmer** (Hbg.) s. **Volkmer! Völter** (Ro.) s. Völker!

Volz, Voltz (obd.), Völzle (schwäb.): KF. zu Vol(k)mar, vgl. auch Völkel! *Volz (Volmar)* v. Neuneck um 1300 Schwarzw., *Voltze* v. d. kirchtorn 1330 Speyer, *Volcz* Spitzebart 1334 Frkf., Cüntzli *Völtzli* 1383 b. Tüb. Vix *Volzenlauwelin* 1570 Elsaß. Mit Umlaut **Völ(t)z;** auch **Völzer** (-er ist obd. Patr.-Suffix): Volmarlin *Voltzer* 1435 Württ.

Völzke (Hbg.) s. Völsch! Fölsch! – **Volster** (fries.) s. Folster!

Vömel (obd.) s. Fehmel! – **Vondrak:** slaw. = Andreas, vgl. Vandrey, Wandrey!

Vondran = Vorndran!

Vooth s. Voth! – **Vopel** (Hessen) s. Vaupel! Desgl. **Vöbel,** wie Vaubel neben Vaupel. Latin.: **Vopelius.** Aber fries. Vopp, Voppen s. Fopp(en)!

Vorbeck: ON. b. Altenau/Harz, aber Bachname (Fur-beke = »Moorbach«: Bahlow, ON. S. 152).

Vorberg, Vorbrich (Schles., Sa.) s. Forberg, Forbrich!

Vörg, Verg s. Ferg! Förg!

Vorhaben (Hbg.): ndd. = Vorhaven (»Hafen«), wie Vorhagen, Vorholt u. ä., nach d. Wohnstätte. **Vorhauer** (obd. Vorheier): Vorarbeiter; Hermen *Vorhauwer* 1506 Hornbg. **Vorkampf** (westf.-ndd.) = »vor dem Felde« (:kamp). Vgl. Imkamp, Uppenkamp, Erlekampf.

Vorkauf: mhd. vürkouf = wucherischer Vorwegkauf, Aufkäufer; vgl. mnd. *vorkopere: Fürkeuffel* 1387 Iglau, *Fürkaufer* 1377 Prag. *Vorkeufswol* 1394 Lg.

Vorlop (Hbg.): ndd. = »Vorläufer«, voran laufender Bote oder Herold? Bernh. *Vorlop* 1251 Hbg., H. *Vorlop* 1347 Lüb. **Vormann** (ndd.) = »Fuhrmann« (Radolf *Vorman:* auriga 1263 Hbg.).

Vorndran, Vondran: vgl. Vorneweg.

Vornefett s. Fornefett!

Vorpahl (Hbg.): ndd. »vor dem Pfahl«. Vgl. Vorkampf, Vorhaben, Vorholt, Vorwohlt. Vgl. auch mnd. vorpâl »Grenzpfahl«.

Vorrath: mhd. = »Berater, Vormund«: dominus Heinr. *Vorradus* 1250 Ro.,

Conr. *Vorrat* 1264 Hbg. (auch Lüb., Grfsw., Hildesh.); vgl. *Vorrot*/Brsl.

Vorsatz: wohl wie Hintersatz nach d. Wohnstätte (satz = Sasse bzw. Wohnsitz).

Vorsprech s. Fürsprech! (Thömel *Vorsprech* 1385 Kolin). Vgl. ndd. *Vorsprake*/ Lüb.

Vorster s. Förster!

Vortheil: der seinen Vorteil zu wahren weiß.

Vortmann, Vortmüller: s. Fortmann! – **Vorwerk** (Hbg.) s. Vorberg! Dazu Andreas *Vorwerk* 1352 Greifsw. – **Vorwohle** (ndd.) = vor dem Walde, auch ON./ Kreiensen. – **Voß** (ndd.) s. Fuchs! Vgl. »Reinke de *Voß*« (Reinhart Fuchs). Ndrhein. ist **Vößgen, Vossen;** lat. Vossius. Ndd. Patr.: **Vössing:** vgl. Ritter Joh. *Vossing* (Vulpes) 1260 Stavenhagen/ Meckl., dazu der meckl. Adel »von Voß« (Ritter Joh. *Voß,* Rat b. Fürst Nik. v. Werle). Auch der Homer-Übersetzer Joh. Heinr. Voß war Mecklenbgr. Ndd. auch **Vöske** (Heyno *Vosseke* um 1300 Hbg.). Dazu Joh. *Voßnacke* 1341 Lüb.; aber Vossenack ist ON. am Ndrhein.; desgl. Voßwinkel nebst Vowinkel, s. Vohwinkel! Voßkühler (westf.): z. Voßkuhle. **Voßgrag, -grau** (Lüb.) = »fuchsgrau«; Asmus *Voßgrave* 1604 Ro.

Voßler s. Foßler!

Voth, Vooth (Hbg. oft): ndd. = Fuß, s. dies u. Foth! Vgl. auch Barfoth, Hinkfoth, Holtfoth, Kliefoth, Lichtfoth, Kofoth, Rahfoth, Stolte(r)foth, Wittfoth. Henning *mit den voten* 1349 Haldsl. – **Vötter** s. Vetter!

Vries (Hbg. oft) s. Fries! – **Vrind** (ndrhein.) s. Fründ!

Vrings (ndrhein.) s. Frings! – **Vullgraft** s. Vollgraf!

Vullmahn (ndd.); Fullmahn: könnte »Vollmond« meinen; vielleicht aber nur Schreibermarotte für Full-, Vullmann = Vollmann (Volkmann!) Vgl. Claus Timmermahn 1583 Brunshptn.

Vulpius (zu lat. vulpes »Fuchs«): bekannt durch Goethes Frau Christiane Vulpius u. deren Bruder Christian August V. (Räuberromane!).

W

Waack (Hbg. oft, Ro. zahlr.): die urkdl. Form ist *Woke,* bezeugt als Pers. N. um 1337 in Stade (nebst *Woken*!), als FN. in Bremen, Hbg., Lüb., Strals., Ro., um 1300. Vgl. Ludeke *Woke* 1319 Strals., Thideman *Woke* um 1350 Lüb., Joh. *Woke* 1373 Segeberg.

Waage: der an der Stadtwaage Beschäftigte (vgl. Wäger: der Waagemeister). Nitsche *aus der wage* 1382 Lg., Drevs *van der wage* 1350 Lüb., Joh. *von der Waage* 1593 Schleswig. Dazu auch Wagschal, Wagenwertere, Wagemann. Aber obd. **Waag** (Woog) meint »stehendes Gewässer«, Conrat *am Wag* 1361/Konstanz; vgl. ON. Roßwaag (-wog).

Waas(e): mhd. wase »Grasland« feuchtes, einst sumpf. Wiesenland; ahd. waso »Sumpfboden«; vgl. das Waasland/Flandern (Wasia), den Wase-Berg (Teil des Süllbergs b. Hbg.), Wasungen a. Werra, auch Wasen-tune: Washington! Dazu obd. **Wa(a)ser** (Schönwaser): Jac. der *Waser* 1289 Basel, Wernher *of dem Wasen* 1318 Wörrstadt. S. auch Wasmer! Wasner!

Wabbel (Hbg., Kiel): fries. KF. zu Walburg (vgl. die heil. Walpurgis), wie Wobbel zu Wolburg; *Wabele* (fem.) 1390 Westf.; vgl. *Wabbo* (Friese) 1462; Weiteres s. Hebbel! In Bremen 1313 Joh. *Walburgis!* In Ro. 1296 Ludolf *Walburgis.*

Waber (Schlesien): Mundartform für Weber, vgl. Gerhart Hauptmanns Schauspiel »Die Weber« (urspr. »De Waber«).

Wabersich, Wabersinke, Webersinke (sudet., Gablonz): beruht auf tschech. *Wawrzek, Wawrzinek* (Wawra = Laurentius). In Brsl. 1374 *Wabirske* vorspreche, 1367 *Webirske* gleser.

Wäbs (Hbg. öfter): slaw. ON. Wöbs b. Eutin, als Wobes (FN. *Wobes* 1318 Lüb.).

Wach(e) (Schles., Laus., Böhmen) entspricht tschech. *Wacha,* KF. zu Waczlaw (Wenczlaw), wie Jache: Jacha (Johannes), Stache: Stacha (Stanislaw, Stenczlaw, Stenzel), Mach(e): Macha (Matthias); vgl. im Dresdener Urk. Bch. 1441 » *Wacho* behemisch u. czu deuczsch *Wenczel*«. Dazu auch patr. **Wachner:** *Wachna Beme* 1397 Glatz. Peter *Wache* 1418 Grünbg. In dt. Munde auch **Fache** (Lg.).

Wachenhusen, -hausen: ON./Northeim, wie Wachenfurt/Rhld., Wachenfeld/Hessen, Wachenbach (-beke)/Westf., wak (wach) »feucht, moorig«. Vgl. Wachholtz!

Wachholtz: *Wakholt* (ON. Wachholz b. Stade) meint »feuchtes, mooriges Gehölz«, vgl. *Wake-sele*/Brabant, *Wakenbeke* (die Wachmecke b. Iserlohn), Waake b. Göttgn. u. Eupen. Ein Patrizier- u. Rittergeschlecht »von Wachholte« einst in Pommern: so Paridam *de Wacholte* (Vater u. Sohn), Ritter um 1300; in Greifsw. 1291 Reymarus *de Wacholte*, in Barth um 1370 Ratsherr Petrus W. Vgl. auch **Wachhorst.**

Wachs: ÜN. des Wachsziehers, Wachshändlers (*Wachsmänger* 1254, Biberach, *Wachsziger* 1394 Straßbg., *Wachsgießer* 1343 Brünn, Prag, *Wachssleger* 1421 Thorn, *Wachswinder* 1463 Jena). **Wachsmann** ist meist KF. zu Wachsmut, s. dies!

Wachsmuth, Wassmut, Wassmann: altdt. Pers. N. bes. auf ndd. Boden einst beliebt, im Sinne »von scharfem Gemüt«; wird zu ahd. hwas, altsächs. hwat »scharf« gestellt. Vgl. Marschall *Wasmod* v. Knesebeck 1248 Brschwg., *Wasman* de goltsmid 1381 Bremen, her *Wasmet* Schacke en rydder 1368 Holstein; *Wasmodus filius Wasmodi* um 1325 Lüb. Dazu als ndd. KF.: Wasseke, Wesseke, so in Halberstadt 1423 *Wesseke (Wasmod)* v. Hornhusen, *Wesseke Wesseken* 1339 Barth; heute FN. **Wesche** (in Quedl. 1572 Wesche, Weschke); aber auch **Was(s)mann** (Hann., Brschwg., Brem., Hbg.) wie obd. **Wachsmann** (nebst ON. Waßmannsdorf/Bln., Wachs[manns]dorf/Sagan). Auf obd. Boden vgl. die Minnesänger »her *Wachsmuot* v. Künzich« u. »her *Wachsmuot* v. Mülnhusen«. Heinr. *Wachsmut* 1311 Mergth. In der Dietrichsage begegnet *Wahsmuot* als Wolfdietrichs Bruder! Entstellung ist **Wachsmund, Was(s)mund.**

Wachtel: ÜN. des **Wachtlers** (Wächtlers), des Wachtelfängers, wie Vogel ÜN. des Voglers. Vgl. C. *Wechtelin (Wachtler)* 1593 Württ. Heinr. *Wechteler* 1372 Lg., Bartel *Wachtel* 1465 Görl.

Wachter, Wächter: im allg. der Nachtwächter, vgl. »den *wachtern* alle nacht« 1414 Nikolsbg. Dazu *Slupwachter* 1344 Strals., 1399 Grfsw. (mnd. slupen »schleichen«); Scharwächter, Einwächter, Schild-, Thür-, Kleinwächter. Auch **Wach(t)mann,** Wachtmeister (Heilman *Wachtmeister* 1325 Gelnh.).

Wack(e) (Hbg.): aus Wacken b. Itzehoe. S. auch Waack!

Wackenhut (Stuttg., Pforzh., Karlsr.): mhd. wacken »wackeln«. Lenz *Wackenhut* 1494 b. Nagold, P. *Wackehütel* 1401 Chrudim.

Wackenroder: aus Wackenrode (wüst/Nordthür.), wie Hergenröder; vgl. Wakkenbeck, Wackenhusen, Wackenfeld u. ä. (zu wak, wach s. Wachenhusen!).

Wäckerle, Weckerle (Württ.), Weckerlein. Wackerl (Bay.) = **Wacker,** Wackermann. Vgl. auch **Wackerbart** (1299 Hbg.), Wakkerfuß, Wackermul, **Wackernagel** (nagel = Penis), Wackernell (obd., vgl. Spitzenel!), **Wackerzapp** (viell. auch dies obszön?, sonst tüchtiger Wein- oder Bierzapfer, vgl. Sauerzapp); *Wackerpfil* 1197 Worms.

Wadel: mhd. wadel, wedel »Schwanz, Wedel«, vgl. Hasen-, Hüner-, Katzen-, Ochsenwadel. **Wadler** (obd.): mhd. wadelen »unstet umherschweifen«, Hs. *Wadeler (Wedeler)* 1595 Villgn.

Wade(n)pohl, -puhl (ndd.): »sumpf. Pfuhl« (*Wadepol* 1418 Barth), vgl. die *Wadebeke* »Sumpfbach« 1350 b. Münster, die *Wabeke* am Vogler, die *Wadelache* 1080 Ndrhein; zu **Wadenbach** vgl. *Wadenbeke:* Wahnbeck i. O., wie Waden: Wahn am Hümmling. Dazu **Wademann.** Aber *Wadeschinkel* (1309 Wittstock) ist mhd. = »Wade«.

Wadenspanner: Netzfischer (mhd. wate, wade »gr. Zugnetz«). **Wadsack:** mhd. = »Reisetasche, Mantelsack« (wât »Kleidung«), Godeke *Wâtsak* 1290 Wism.; vgl. **Wadmenger** »Tuchhändler«, *Wâtgadmer* 1294 Regsbg. (desgl.).

Waffler (obd.) wie Wappler = Gewappneter, Knappe: Werli *Waffeler* 1378 O. Elsaß.

Wagemann: der an der Stadtwaage Beschäftigte, s. Waage! (Herm. *Wageman* 1415 Ravsbg., Petrus dictus *Wagheman* 1329 Lüb., Conr. *Wagheman* 1401 Barth.). S. auch Wäger u. Pünjer! Vgl. Wage(n)wertere (Librator). S. aber auch Wagenmann (= Fuhrmann)!

Wagenblast, -blaß (obd.): »wage den Zwist!« Vgl. Wag(en)trotz. **Wag(en)hals:**

ein Waghalsiger, Draufgänger (*Wagedenhals* 1389 Freiburg).

Wagenführ, -führer: der Fuhrmann (ndd. -vörer). Desgl. **Wagenknecht, Wagenmann, Wagendriver,** -driefer, (drîven »antreiben, in Bewegung setzen«). **Wagenseil** (1367 Augsbg.) (ÜN. des Fuhrmanns oder auch Seilers). Wagenschieffer (ndd.) = -schieber. Dazu die Satznamen: Schiben-, Scheubenwagen, Smerwagen, Stürzenwagen (Plünderer): *Störczewayn* 1383 Lg., Vellewagen, Zirlewagen (zirlen »zupfen, ziehen«), *Stellwagen* (Stelldenwagen 1705): der Wagner.

Wagenhorst, -feld (Westf. bzw. Hann.): »feuchtes, mooriges Gehölz« b. Wittlage bzw. Diepholz (wie Koden-, Kusen-, Musen-, Walenhorst); zur Wagenhart/Württ. vgl. Muchen-, Mörschen-, Schlittenhart.

Wagenschwanz (obd.): mhd. wagen »bewegen«.

Wagensonn(er): Bay., Ö., z. ÖN. Wagensonn.

Wäger: der städt. Waagemeister, s. Waage! Werner *weghere* = W. ponderator 1270 Hbg., Thid. *wegher* 1306 Grfsw., Joh. der *woger* 1382 Lg.

Waggerl (Ö.) s. Wacker!

Wagler, Wägler (Bay., Sa.) = Wagner, Wägner (H. *Wagenlär* 1378 Mchn.).

Wagner, Wagener (obd.: Württ., Bay., Ö., Sa., Schles.), mundartl. Wainer, **Weiner(t),** bes. schles., auch **Wehner(t);** Wähner, Wahner, Woiner (dies glätz.): der Wagenbauer, Stellmacher. Nitsche *wayner (wagener)* 1372 Lg., noch 1527 in Görl.: M. Posselt *wayner;* Henne *wener* 1387 Fkfr.; Barthel *Wehner* 1535. **Weg(e)ner** (s. dies!) ist ndd.; **Wegler** badisch; dazu als ÜN. **Wägelin, Wegele!** (Heinr. *Wägelin* 1281 Württ.). S. auch unter Wagenknecht (Fabian der *wagenknecht* im marstalle 1558 Lg.). Vgl. *Waynknecht.*

Wähe: mhd. = »schön, geziert« (Cunrat *Wäh* 1291 Überl.; Joh. *Wähelin* 1294; vgl. Nic. *Wehentrit* 1388 Iglau).

Wahl (Hbg. oft), **Wahle,** Wahlen, **Wahls:** bisher unerkannte KF. nebst Patr., urkdl. fries.-ndd. *Wole,* so in Stade 1323, wie **Bahl,** Bahls urkdl. *Bole* (= Bolde-, Bolewin); dazu als Vollform *Woler* (urkdl. *Wolder,* = Walter), heute Wohler(s), **Wahler(s)** (Gerd *Waler* 1406 Anklam). Vgl. auch **Rahl,** Rahls: urkdl. *Role.* Aber J. (de) *Wale* 1322 Grfsw.: ON. Kann auch den Welschen (als Kaufmann) meinen. Vgl. Winand *Wale* (Gallicus) 1328 Soest, Thid. *Wale* 1297 Ro., Nic. *Waleke* 1298 Hbg.

Wahl(en)feld, Wahlstedt (Holstein) enthalten das uralte wal = »Sumpf« (so noch am Ndrhein!); westf. Wahlweide = »Marsch«; zu Wahlenfeld *(Walefeld)* vgl. Wahlenhorst, Wahlenbach; zu Wahlstedt (Wal-stede): Malstedt (Mal-stede). Auch ON. Wahlscheidt *(Walescheid),* Wahlen, Wahle (FN. Wahlmann). Weiteres: Bahlow, ON. S. 516!

Wähling, Wähler (Hbg.) s. Wöhling, Wöhler! Wähl, Wählen s. Wöhl, Wöhlen!

Wahn (Hbg.): ON. am Hümmling (alt Waden: wad = »Sumpf«) bzw. Wahn b. Köln (alt Wande: wand »Wasser«). **Wähnel(t)** = Weinel(t), vgl. Wähner!

Wähner, Wähnert, Wahner: ostmd. (schles.-sächs.-thür.) u. westmd. (Frkf.) = Weiner, Weinert = Wagner, s. dies! In Fulda z. B. noch heute »der Wehner«! Henne *wener* 1387 Frkf., Henneke *wener* 1347 Mainz, Herburd *wener* 1351 Ursel, Erhard *Wehner* 1532 Hof, B. *Wehner* 1535 Schweidn.

Wahnschaffe, ndd. **Wanschap** -schaff mhd. mnd. = »mißgestaltet«. Vgl. in Flsbg. 1596: »wart ein *wanschapen Kind* gebaren, hadde ein Angesicht als ein Ape«. Entstellt auch Wahnschafft (Ro.). Vgl. Wohlgeschaffen; rechtschaffen!

Wahrendorf: ON./Westf., wo eine Ware fließt; war ist altes idg. Wort für »Wasser, Sumpf« (wie wer, wir, wor) vgl. Wahrstedt, Warfleth, das Waerland, den Wahr-Berg, die Warpe (Warapa). **Wahrenholz:** ON. b. Gifhorn wie Mahrenholz, s. aber Warnholtz – **Währer** (obd.) = Wehrer = Werner: *Werher* der Maier 1329 Württ. Vgl. Währli = Wer(n)li! – **Wahrlich** s. Warlich!

Wahrmann (Hbg.): Radeke *Warman* 1358 Bremen, ndd. für Wer-man. **Wehrmann,** vgl. Warmer(s) neben Wermer(s); aber Thid. *de Ware* 1314 ebda.

Wahrmund: urkdl. *War-mund* (»wehrhafter Schützer«), so im mhd. »Oswald« (Spielmannsgedicht), auch in Schles. 1228, dort mehrf. als Lokatorname in ON.: Warmunthau, Warmuntowitz (O./S.), auch Hochkirch/Lg. hieß so vor 1200; dazu Pasco *Warmundi* 1288 Schles., Gele *Warmundes* 1457 Kassel. S. auch **Warmuth!** Daneben FN. Wermund, Wermuth.

Waib(e)l (obd.), Waible, Weib(e)l: mhd. = »Gerichtsdiener, Büttel«, später Webel, vgl. »Feldwebel«. **Waidhaas** s. Weidhaas! Waidschreiber s. Weidschreiber! **Waigl,** Waigt s. Weigel, Weigt! **Wainer** s. Weiner (Wagner)! – **Wais** (obd.) = Weiß(haar): so in Mähren 1392 »Petrus der *Weiß* u. Hansel der *Waiß* sein pruder«! Sonst auch = »Waisenkind«, Uolr. *Wayse (Weise):* Orphanus, 1154 Württ.

Waitschies, Waitschat sind lit.-ostpr., vgl. Jokschies (zu Jakob).

Waitz (obd.) s. Weitz!

Walbeck: ON. ö. Helmstedt, wie Al-, Mal-, Sal-beck = »Sumpfbach«. Auch ON. b. Geldern. Bernt *v. Walbeke* 1378 Haldsl.; auch in Westf. *Walbeke, Walpke* mehrf. als Bachname: Bahlow, ON. S. 516 ausführl. **Walbröl:** ON. Waldbroel im Bergischen.

Walberg: vgl. ON. Walburg ö. Kassel, s. aber Walburg!

Walbert, Walbrecht (Hbg.): alter ndd. Pers. N. (*Walbert* neben *Wolbert* öfter).

Walbrun: obd. Pers. N. (Förstemann Sp. 1502), vgl. Bischof v. Avellino: *Waldebrun(us)* 1289 (Hess. Urk. Bch. S. 377); ferner *Walbrun* 1253 Mainz, Kusa *Walbrun* 1337 b. Wetzlar, Eberh. *Walbrun* 1350 Stuttg., 1344 Lg. Ähnlich Walkun, s. dies!

Walburg (Hbg.): Metr., z. weibl. VN. Walburg (Wolburg), auf ndd. Boden im MA. beliebt, vgl. in Ro. 1296 Ludolfus *Walburgis,* desgl. 1313 Bremen: Joh. *Walburgis.* Die heil. Walburg war Tochter König Richards von Engld., Äbtissin b. Eichstätt um 770, daher noch heute kathol. VN. (KF. Walpl, zu Walpurgis!). Vgl. Grete an *sant Walpurg* 1409 Würzbg.

Walch (obd.): mhd. = »der Welsche« (Romane: Italiener bzw. Franzose), meint z. T. auch nur Beziehungen zu Welschland, vgl. Preuß, Reuß, Böhm. Ritter Conr. *Walch* (Gallicus) 1286 Württ., Nic. *Walch* 1365 Brünn, Wilhalm *Walch* 1327 Tirol.

Walcher: obd. Variante zu **Walker** (Tuchwalker), vgl. in Brünn 1351 »präparatores pannorum, qui *walher* dicuntur«, ebda. Nic. *walcher* 1345; in Hechgn. 1367 Fricz der *Walcher.* Aber **Walchner:** z. ON. Walchen.

Wald(e): nach d. Wohnstätte (Hans *vorm Walde* 1474 Freiburg, Wernher *zu dem Walde* 1361 Baden) bzw. Herkft., vgl. ON. Wald, Walda, Waldau. Peter *Walde* 1464 Görl. **Walder, Waldner** (obd.): zu den ON. u. ÖN. Wald, Walden; vgl. Finsterwalder (Tirol), Hinterwaldner (Tirol). S. auch Wallner! Häufig ist **Waldmann** (mhd. auch »Waldhüter«).

Waldeck (Kassel oft): ON. (Stadt u. Land/Hessen); meint nicht »Waldecke«, sondern enthält das Wasserwort wald, urkdl. Form Waldegge, -ei! (Bahlow, ON. S. 517).

Waldemar: »ruhmvoll waltend« um 1200 dän. Königsname; um 1300 Markgraf W. v. Brdbg.

Waldeyer (obd.) = Waldauer, vgl. Horneyer (ON. Hornau), Ramseyer (Ramsau) u. ä.

Waldherr (Mchn. oft): z. T. = Walther! Vgl. Warnherr, Wohlherr.

Waldheyer, -heuer (obd.) = Waldhauer (mhd. = »Holzfäller«).

Waldraff (obd.) s. Wallraff! (Andr. *Waldraff [Wallraff]* 1580 Konstanz).

Waldrich (obd.): seltener Pers. N. (ndd. Wolderich); *Waldricus* Viti 1465 Ulm. *Woldericus* filius Abben 1252 Hbg. **Walger** (obd.) meint Waltger, vgl. *Walgger* v. Bisingen, Ritter, *Walger* Glogge (obd.).

Walke, Walkes (Hbg.): vgl. fries. *Walke* Bolen 1527, Hans *Walcksen* 1552 Husum.

Walker: der Walker im Tuchgewerbe; er war in der Walkmühle tätig. Obd. auch **Walcher,** s. dies! Ndd. auch **Welcker** (vgl. auch Hutwalker, -welker). Griech. (als Humanistenname) Gnapheus (Ostfriesl.). Dazu auch **Walk(e):** mhd. = »Walkmühle«! Vgl. aber o. Walke!

Walkun: seltener obd. Pers. N. (Waltkuon), nur in höheren Ständen. Vgl. magister *Walkunus (Walko),* Domdekan. 1277 Konstanz; Herm. *Walkunes* 1312 Villgn.; Sidel *Walkun* 1345 Lg.; Chunrat *Walchuon* 1379 Tirol.

Walkusch, Walkan sind slaw. KF.; Variante **Wolkan** (Böhmen).

Wall = Imwalle, vom Walle, van den Wall. Auch ON. Walle b. Verden, Ülzen usw. (*Walle* 1295 Ro.). Wallheineke. Wallmann, -meyer.

Wal(l)baum: mnd. wal-bom = »Walnußbaum« (welsche Nuß!). Kort Monnik *tom Wallbome* 1530 Lippe. – **Wallat** (lit.), Wallasch, Wallek, Walla (slav.) = Valentin.

Wal(l)berg (Hbg.): soweit nicht ÖN., = Walburg, s. dies!

Wallbott s. Walpott! **Wallbrandt** s. Wollbrandt! **Wallburg** s. Walburg! **Wallbrecht,** Walbert: altd. Pers. N. Vgl. unter Walpert!

Wallenstein: ON., urspr. Waldenstein/Böhmen, tschech. Grafengeschlecht (Waldstein), dem auch der Feldherr des 30jähr. Krieges Albrecht v. W. angehörte.

Waller (obd.): = mhd. waller »Wallfahrer, Pilger«. Hugo *Waller* 1289 Waldshut. Mitunter = Walder (vgl. Steinwaller, -waldner). **Wallert** (Frkn.) = Waller. ÜN. des Wallfahrers ist **Wallstab,** -staff (mhd. = »Pilgerstab«); aber die Häufigkeit in Magdebg. ist mitbedingt durch den ON. Wallstawe b. Salzwedel.

Wallner (obd.) = Waldner, vgl. Oberwaldner: Oberwallner. Zu den ÖN. auf -walden (Ö., Tirol); seltener = mhd. waldener »Waldaufseher«.

Wal(l)pott (Waldpott), Wallbott (obd.-rhein.): altd. Pers. N. Wal(t)-bot, vgl. Adal-bot, Sig-bot, Mar-bot; ndd. Wolbodo; -bot = »Gebieter«; *Waltpoto* 1137 b. Überl., *Walpoto* v. Bassenheim (rhein. Adel), J. *Walpodo* 1293 Mainz, Ritter Hartman der *Walpotte (Walbot)* 1316 Lahr.

Wallraff (Waldraff), Walrafen, Walrave(n), häufig am Ndrhein., als *Walraven* (»Walstatt-Rabe«) dort einst beliebter Pers. N. beim Adel, bei Rittern u. Patriziern. Detmar *Walraven* 1299 Lüb. Verschliffen Wallram (Erzbischof v. Köln um 1340). Auch Wallrabe, Wollrabe (in Sa. heute **Wohlrab**). S. auch KF. **Raven,** Raben! Zu Wallram vgl. Wolfram (Wolf-raban), Gundram, Sindram.

Wallrath (Rhdl. oft): ON./Rhld. **Wallroth** (Erfurt, Halle): ON./Hess., Thür., auch ON. Wallrode, -roda. – **Wallschläger** s. Wollschläger! – **Wallstab(e), -staff** s. Waller!

Walpert, Walprecht (obd.) = ndd.-rhein. Walbert, Walbrecht, s. dies! An der Ahr vgl. ON. Walporzheim (Walbrechtsheim). Dazu Walpersdorf (Siegen u. Schwabach), Walpershofen (Saar). Conrad *Walprecht* 1302 b. Waldshut. – **Walpurgis** (Heil. N.) s. Walburg!

Wals(e)mann (Hbg.): aus Walsen b. Diepholz (wie Winsemann a. Winsen); *Walehusen* meint »Sumpfhausen«, s. unter Walbeck u. Wahlstedt! Vgl. Hinrik *van Walsen* 1433 Brschwg.

Walser: obd. Herkunftsname, vgl. ON. Wals bal. Szbg., wie Welser zu Wels; sonst aber auch = Walleser: a. dem Wallis/Schweiz, daher im Alem.

Walsleben: ON. (Neuruppin u. Osterburg). Vgl. auch Walschleben/Erfurt. **Walstab** s. Waller!

Waltemath(e), Walde-, Wolde-mathe (ndd.): »wohl zu Maße«, der Maß zu halten weiß. – **Waltereit** (lit.-ostpr.) = »Walters Sohn«.

Walthard, Walthert war alem.-schweizer. beliebter VN.

Walt(h)er: »im Heer waltend«, »Heerführer«; altbeliebter germ. N. *(Walthari)*, bes. im alem. Raum, wo auch das *Walthari-Lied* (Heldensage von Walther u. Hildegund) im 10. Jh. entstand. Berühmt auch durch *Walther von der Vogelweide*. Als VN. erst wieder um 1800 durch Schiller (Walther: Wilh. Tells Sohn) u. die Romantik beliebt geworden. Obd. KF. waren **Walz(el),** Welz(el) u. alem. Wälti, Welti. S. auch ndd. **Wolter(s),** Wolder(s), Wohler(s), Wöldeke, Wöhlke usw.

Walterfang: ON. Wallerfangen/Saar, vgl. Wallerfing (-angen = -ingen).

Waltner (obd.) = Waldner! – **Waltraut:** Walkürenname in Wagners »Ring des Nibelungen« (wal »Walstatt«, trud »Kraft«).

Wal(t)z, Walzel, Wältz, Weltz, Welzel nebst alem. **Wälti,** Welti, Welte sind obd. KF. zu Walther. *Walz* vom Stain = *Walther* v. St. 1410 Württ., *Welczel* Kuncz Kal = *Walther* K. K. 1378 M.-Trübau; *Welczel* = *Walczel* Beler 1370 Brsl., *Walther* gen. *Walze* 1296 b. Tüb.; *Weltin* = *Walther* imme Hofe 13. Jh. Schweiz, *Weltlein* Wassermann 1437 Tirol.

Walzer (obd.) meint wohl den *Walzenmüller* (1481 FN./Freiburg), entstellt *Waldsen-*, *Waldseemüller* (Freiburger Kosmograph, 1507).

Walzgott = Waltsgott. Vgl. die vollere Form Ditel *Walczin-*, *Waltseyngot* 1375

Brünn; Hs. Eberhard gen. *Walzengott* 1505 Heilbronn.

Wambach: obd.-rhein. ON., mehrf., urkdl. *Wanebach* »Sumpfgewässer«, wie Banebach: Bambach, – Hanebach: Hambach, – Manebach: Mambach, lauter Sinnverwandte.

Wamp (obd.): mhd. wampe, wambe »Wanst, Bauch« (Wamme); schon im 7. Jh. ein Westgotenkönig *Wamba*. Dazu Konr. *Wampp* 1441 Rottweil. Mhd. wampenvlec meint »Kuttel, Eingeweide«. Aber *Wampman* (1397 Greifsw.) wie Herm. *de Wampen* (1325 ebda.) z. ON. Wampen.

Wamser, Wameser, Wambescher, Wamsler (obd.) = »Wamsmacher«: ein Goswin *Wambestepper* 1350 Trier. Heinr. der *Wambescher* 1328 Freiburg, Konr. der *Wamseller* 1321 Eßl., J. *Wambaser* 1356 Prag. **Wambsganz,** Wamsgans (obd.): zu Gans oder ganz?

Wanckel (obd.): mhd. = »wankelmütig, sittlich unfest«, desgl wankelbolt. Vgl. Joh. *Wanckelmot* 1742 Prignitz.

Wand(t): kann ÜN. des Wandschneiders, Wandmachers, Wandscherers sein, wie Seidenwand, Niewand, vgl. deutlich: Arnold *Sconewannt* pannifex 1317 Greifsw. (vgl. 6 ellen beydelwant: Gewandstoff, 1350 Haldsl.). Aber nach d. Wohnstätte: Joh. *Biderwant* 1351 Stettin, Gert *ab der Want* 1388 Tirol (= Felswand). Dazu dann **Wander** (wie Graswander: »an der Graswand«), soweit nicht = Wanderer, vgl. in Nürnbg. 1431 Cuntz *Wanderer,* Bote.

Wandel, Wandelt: ostmd.-obd. = Wendel, Wendelt, s. dies!

Wandersleb(en): ON. b. Gotha (alt Wandesleben, wie Ande(r)sleben b. Erfurt: and, wand = »Wasser, Sumpf«).

Wandrey, Wandrach u. ä.: wend. Formen für Andreas, wie poln. Jandrey, Jander. Dazu mit k-Suffix: **Wanderscheck** (Wandrasch), tschech. Ondrasch(ek).

Wandschneider (Hbg. oft), **Wandscher(er), Wandmaker,** -macher (alle ndd.): = obd.-schles. Gewandschneider, -scherer »Tuchhändler« (der Kleiderstoff im Schnitt verkauft bzw. zuschneidet) bzw. Tuchscherer, s. auch Scherer (Scheer)! Thid. *de wandscherer* 1392 Bremen, Ditbern *wandsnider* (pannicida) 1304 Greifsw.; *Wandemaker* 1569 Wesel, W. Hülsman *wandbereider* 1576 Münster, Ludeke *wandsnidere* 1283 Strals.

Wanfried, Wahnfried: ON./Werra; prähistor. Bachname (wie Wanfred/Engld.): um 860 *Wanefreoda* »sumpf. Gewässer« (dazu ausführl. Bahlow, ON. S. 519). – **Wang, Wanger,** Wangner (obd.: Württ., Bay., Ö.): z. Flur- u. ON. Wang, Wangen (= Wiesenhang, Grasfläche), vgl. Binswanger, Feuchtwanger. Auch **Wäng(l)er,** vgl. Furtwängler. Aber Bauschwängel (Olmütz 14. Jh.) u. Pausewang meinen den Pausbäckigen, vgl. Mette *mit den roden wangen* 1350 Haldsl., *Cziterwange* 1350 Brsl.

Wanke, Wanck, Wanka, Wanek, Wanjek, auch Wandtke (wie Hanke, Handtke; Stanke, Standke): slaw. (tschech. bzw. poln.) KF. zu Johann; Miklosich, Nr. 154. *Wanko* Placzek 1362 Prag, *Wanke* v. Hassicz 1402 Glatz, *Wanco* cerdo 1343 Brünn, *Wanek* Ownik 1400 Glatz. Aber *Wanke* = *Wenczel* Hering 1486.

Wanner (obd.): z. Flurnamen Wann(e), Talmulde, auch gewölbte Anhöhe; z. T. wohl auch = Wannenmacher (dies 1414 Freiburg): mhd. wanne »Getreide-, Futterschwinge« (vgl. wanner-lon »Lohn f. Reinigen d. Getreides«, Herm. der *Wanner* 1333 Markdf.; ndd. Thid. *Wannekere* 1357 Bremen). Zum Flurn. gehört **Wannenwetsch** (Württ.), vgl. Bom-, Bonwetsch; wetsch meint (nach Buck, S. 300) allerlei Wiesenkraut (ahd. wetesa).

Wannschaff, Wanschap s. Wahnschaff! **Wanschleb:** ON. Wansleben b. Halle bzw. Wanzleben b. Magdebg. **Wanscheidt:** ON. Kr. Schwelm.

Wanser, Wansner (obd.): aus Wansen.

Wäntig (Sa.) s. Wentig!

Wanzke, Wanzek, Wanzel s. Wenzke, Wenzel!

Wapenhensch (ndd.): »Waffenhandschuh« (vgl. Henschenmeker), zur Rüstung gehörig; Berufs-ÜN. (wie wapenbeen: Panzerschutz f. Schienbein), ähnlich Stahlhantsch. Wapenrock = Rock über dem Harnisch. **Wappner,** Wappler (obd.) s. Weppner!

Warbende: slaw. ON./Meckl.-Strelitz.

Warburg: ON./Westf. (auch als jüd. FN.). – **Warch** (obd.): mhd. »Eiter«. Aber *warc* »Wüterich«; H. *Warch* 1330 Baden.

Wardemann: nordd. Herk. N.; vgl. ÖN. Warde-lo, ON. Wardenburg, Wardenphul u. ä.

Warkenti(e)n (Meckl., Hbg.): slaw. ON.

Warmbier: ÜN. des Brauers, wie Frisch-, Dünn-, Sauerbier.

Warmbold (Hbg.), Warnebold (ndd.) ist der altd. Pers. N. *Werinbold (Warinbald)* »kühner Wahrer oder Schützer«, mit ndd. *ar* für *er;* vgl. Wehrenbold; in Ro. 1261 *Wermbold,* patr. Bruneke *Wermelding* 1428 i. O. Ebenso **Warmbert** neben Wehrenbrecht (*Werenbertus* 1277 Strals.). **Warmer(s):** ndd. Pers. N. *Wer(in)mar, Wer-mar(us)* 1300 Bremen; auch Wermer(s). Dazu als Patr.: **Warming,** für Werming (Westf.), vgl. ÖN. (FN.) Werminghoff; als KF. **Warmke** neben Wermke.

Warm(b)t (Warmdt, Wärmpt): schles. Form für urspr. **Warmuth.** Burgold *Warmut* 1398 Brsl., Niclas *Warmut* 1437 Lg. S. auch **Wa(h)rmund!**

Warmwasser: ÜN. des Baders; s. auch Wasserzieher! Hs. Kern gen. *Warmwasser* 1479 Württ.

Warn(c)ke, Warne(c)ke (Hbg. zahlr.): ndd. KF. zu **Warner,** urspr. **Werneke, Werner** (mit ndd. Lautwandel *er: ar* seit etwa 1300). Patr. Warnken, Warnkes, westf. Warneking (Werneking): Warnkönig! Herm. *Werneking* 1497 Hann., *Werneke (Wernerus)* de Hele 1309 Strals., *Wernike* cognatus *Wernheri* fabri um 1270 Hbg. Fries. ist **Warntje(n).** Vgl. Swantje für Swaneke.

Warn(e)kros(s): ndd. für *Wernekrôs* »hüte den Krug« (Zechername, wie Schwenkkrôs, Füllekrus, Lehrenkraus), vgl. Wehrenpenning.

Warner (Warners): Hbg. oft, ndd. Form für **Werner,** wie Warn(e)ke für Werneke, – Warning für Werning, – Warn(s) für Wern, – Warnkönig für Werneking. Entstellt **Warnherr** neben Wernher, vgl. obd. Waldherr für Walther. In Friesld. auch **Warnders** (wie Meinders für Meiners). – **Warnhol(t)z** (Hbg. oft): im 16. Jh. verhochdt. aus Warnholt, d. i. Wern-olt (wie Arnholtz aus Arnolt, – Helmholtz aus Helmolt, – Weinholtz aus Weinolt, Winolt). Zu Ahrenholtz vgl. aber auch den ON. b. Gifhorn.

Warning (Hbg., Ro. oft): ndd. Form für urspr. **Werning,** Patr. zu Werner, Warner: Herm. *Werninck* 1574 Münster, Gerrit *Warning* 1581 Wesel.

Warns (Hbg. öfter): ndd. Patr. zur KF. Warn, Wern = Warner, Werner. Vgl. Warning, Warneke. Wernes-, Warnshagen 1434 Barth. **Warnthe** s. Warnke!

Warrelmann (Hbg.): dürfte Herk. N. sein, vgl. Garrel-, Scharrel-, Varrelmann. In Greifsw. 1324 G. *Werleman:* aus Werle i. W. (Wer-lo). **Warrlich** s. Warlich!

Warrentjes (fries. Patr.) = Warntjes (Warnekes) = Werner. Zu fries. **Warring** vgl. Harring (Harro: Hermann); ON. Warringholz/Itzehoe. Dazu auch **Warren** (vgl. Warn). **Warremann.**

Wart(h)er (obd.): meist Herk. N., z. ÖN. (ON.) Warthe, Warth, Wartha, Vgl. Ulr. *von der Warte* 1317 Tirol, Peter *Warter* 1367 ebda. Dazu Hohenwarter, Wartbichler (-bühler) u. ä. Desgl. **Wartmann** obd., wohl auch = mhd. wartman »Mann auf der Warte, Wächter, Späher«. Bartold *Wartman* 14. Jh. Haldsl., W. Rische gen. *Wartman* 1345 Württ. Albr. *Wartman* 1400 Dux.

Warwey, Warwig (Westf.): Kolonat Warweg i. W. (Bernt *Warwey* 1488 Lippe).

Wäsche s. Wesche unter Wachsmut (Wasmut)! **Waschk(e),** Waschek: ostd.-slaw., KF. zum Pers. N. Vadislav, wie Raschke (Raschek) zu Radislav. Dazu Waschkau, Waschkies, Waschkuhn u. ä.

Wascher (obd., ohne Umlaut), Wescher, latin. Lavater (lavator), auch Hering-, Kuttel-, Faßwäscher, Schleierwäscher, Wäschle. Für die Leinweber arbeitete Marusch *wescherynne* (= Margaretha *bleycherynne)* 1382 Lg. Dazu Nic. *Waschkracz* 1365 Iglau (auch Brsl.); *Waschenpeutl* 1365 Iglau, *Waschenhals* 1494 Salzbg. (w. *Waschenkragen* 1397 Mähren).

Wasi(e)lewski (ostd.-slaw.): russ. Vasilij = Basilius (Bischof v. Cäsarea, Heil.); seiner Regel folgten die Klöster d. griech. Kirche (Basilianer). S. die dt. KF. Bäsecke!

Wasmer (obd.) = **Wasner,** s. Waase! Vgl. Katharina *an dem wasen*/1284 Basel.

Wasmund, Wasmuth (ndd.) s. Wachsmund, Wachsmuth! Vgl. auch Friedr. *Wachsmund (Wachsmuet)* 1434 Bayern. **Wasserer** (obd.) = Wassermann. Conr. *Wasserer* 1349 Pfullgn.

Wassermann: nach d. Wohnstätte am

Wasser, vgl. Hencze *am wasser* 1456 Arnstadt. Heinel der *Wasserman* 1396 Eger, Heincze *Wasserman* 1372 Lg.; in bair. Schreibung auch **Bassermann** (beide heute auch jüd.): Procop *Basserman (Wasserman)* 1377 Prag. Z. T. wohl auch: der berufl. mit Wasser zu tun hat, vgl. *Wasserfürer* 1426 Görl. (fürer = Fuhrmann) wie ndd. *watervorer* 1264 u. ö. in Ro., 1322 Hann., 1480 Bremen.

Wasserzieher: im MA. der Wasserschöpfer der öffentl. Badestuben, ein Baderknecht; Hannus *Wassercziher* 1397 Lg., Leuther *Wassercziher* 1417 Görl., Syckenand *bedder* (Bader) u. Lotze *wasserzuger* 1340 Frkf., Cuncz *wasserczieher* 1417 Iglau. Vgl. ndd. »Hs. *Waterintoger* in Plotzes stoven« um 1340 Haldsl. (nebst Herm. *Waterdregher* ebda.). *Watertogere* 1322 Lüb. Ein *Wasserschöpfer* wohnte 1357 in der Badstube zu Zürich.

Wassmann, Wassmund, Wassmuth s. Wachsmann!

Wastl (Bay.) = Bastl = Sebastian; dazu Wastlhuber, Wastler. Vgl. umgekehrt Bassermann für Wassermann (1377 Prag).

Waterhölter (Westf.): am Waterholt (»nassen Gehölz«) wohnend, s. auch Scholhölter! **Watermann** s. Wassermann! **Wätjen** s. Wethje!

Waterstra(d)t (ndd.) nach d. Wohnstätte; verhochdt. Wasserstraß; in ndd. Seestädten noch heute öfter »Wasserstraßen«.

Wathling: ON. Wathlingen b. Celle.

Watsack, Watmenger, -mann s. Wadsack!

Watterodt, -rott: thür.-hess. ON. auf -rode, wie Vatterodt u. ä. – **Wattenbach:** ON. b. Kassel u. Ansbach, wie ndd. Wattenbek; vgl. Wattenberg, Wattenscheid usw. (watt, ndd. wad, = »Sumpf«).

Watzke = slaw. Watzek, KF. zu **Watzlaw** (Watzlawik): »Wir *Waczlaw* ... kunig zu Behaim« 1388. Mit dt. *-l:* **Watzel,** soweit nicht Mundartform für Wetzel (dies = Weczlaw, aber obd. = Werner). Wätzold s. Wetzel!

Wawer (Wauer, Waurick) = tschech. Wawra = Laurentius; dazu **Wawrczek,** Wawrzyn u. ä. In dt. Munde: Waber, Wabersinke!

Webel s. Waibel! – **Wax-** s. Wachs-!

Weber (Wehber), Weeber, bair. Wöber, schles. Waber, ndd. Wever, Wefer (Wewers, Wefers, Weifers), lat. Textor, meint den Leine-, Linnenweber wie den Wollen-, Wullen-, Wüllenweber. Dazu Reißenweber = Schleierweber. **Weberling** s. Weferling!

Webersinke s. Wabersinke! **Wechmann** (Hbg.): ndd. = Wiechmann! **Wechmar:** ON. b. Gotha (wie Weimar, Vilmar usw.: mar = »sumpf. Quellgegend«); zu Wech »Feuchtigkeit, Moder« vgl. Wechelde, Wechele, Wechloy u. ä.: Bahlow, ON. S. 523.

Wechsel, Wechselbaum = Weichsel(baum). **Wechsler,** Wexler, ndd. Wesseler, = Geldwechsler, Lombarde. Hs. der *Wechsler* 1384 Eger, Ulr. *Wechselmeister* 1395 Kuttenbg. – **Wechsung:** ON. Wechsungen (alt Wessungen) b. Nordhausen, vgl. Gerstung, Fladung, Kauffung; ebda. ON. Bodungen, Faulungen, Holungen u. ä., lauter Sinnverwandte; wes »Moder«, wie in Wesseloh, Wesseln usw.

Weck (Hbg. oft), Wecke, Wecken, Weckes, Wecking sind ndd. verschliffen aus *Wedeke, Wedeking,* s. dies! Vgl. Decke (Dedeke), Göcke (Gödeke).

Wecker (Bay., Württ.): wohl = Weckler »Weckenverkäufer« (Weckemann), wie Hiper, Hipenman = Waffelverkäufer.

Weckerle (schwäb.) s. Wacker! Auch Weckherlin.

Weckesser (obd.) = »Semmelesser«, Spottname f. d. Bäcker (Weckbecker, Semmelbecker, Weckler), wie Fladenesser, Motzenesser u. ä. Zur Variante Wegesser vgl. Spitzweg neben Spitzweck! Somit auch Wegfraß (wie Brotfraß). Dazu Butterweck, Deigweck, Muschweck, Weckbrod, Spitzweck, s. dies! Auch einfach **Weck** (Stephel *Wekk* 1414 Mähren). *Hebelwekke* (alem. = Hefegebäck). Volker der *Weckler* 1345 Rottenburg. C. der *Weggeler* 1270 Basel, vgl. den Bäcker *Schußweggel* 14. Jh. Tirol.

Weckwerth (Hbg.) s. Wegwerth!

Wedde (ndd.) s. Wede! Weddel s. Wedel! **Wedderkop** (ndd.) = Widderkopf *(Wederkop).* **Wed(d)er** = Widder. **Wedderwille** (ndd.) = Widerwille, vgl. *Weddermode* 1331 Lüb. Wederspan s. Wehrspohn (wie Roweder: Rowehr)!

Weddingen: berühmt durch den U-Boot-Kommandanten Otto W. (1914), ist patr. Form des ndd. Pers. N. **Weddig(e),** urkdl. *Wedege (Widigo),* noch heute z. B. in der

Familie Von der Osten als VN. Wedig; vgl. *Widukind: Wedekind!* Wohl identisch mit dem vielbesungenen *Witege* der Dietrichsage, d. i. der gotische Stammesheld *Widi-goja* (altndd. Widugo, mhd. Witegouwe); vgl. die Gotenkönige *Widimer, Widi-rik;* zu widu = »Wald«. Belege: *Wedeghe* Gripe 1385 Brschwg., *Wedego* de Buggenhagen 1278 Grfsw. *Wedege* v. Wedel, pomm. Ritter 1311. Heyne *Wedege* 1580 Ro., Henr. *Weddige* 1542 Höxter. S. auch Wedekind!

Wedding (Hbg.): ON. Weddingen a. d. Wedde b. Goslar (wed = »Sumpf«, vgl. ON. Wedde im Moor Mussel, Weddewarden u. ä.).

Wedekind (kontrahiert **Wehkind**) ist die ndd.-westf. Form von *Widukind* (»Waldkind«), dem berühmten N. des Niedersachsenherzogs, des Gegners Karls d. Gr.; im MA. in vornehmen Kreisen beliebt: die *e*-Form schon 1266 bei Bischof *Wedekind* v. Minden; *Wedekind* v. Rordessen 1311; *Wedekind* vam Nigenhagen 1453 Hann.; ein Edelknecht *Widekind*, hern *Widekindes* v. Liechtenstein, des ritters (Sohn) 1343 b. Wetzlar; *Widekind* Wackermul 1303 Vöhl; noch 1526 in Kassel: *Widdekind* Rengeshusen. Als KF. vgl. *Wedeke (Wedekind)* Buckendal 1500 Brschwg. (d. i. altndd. *Widuko*); dazu als westf. Patr. **Wedeking, Wehking** (mit ndd. Dentalschwund zw. Vokalen, wie Göcking: Gödeking, Lückin: Lüdeking). Entstellt auch Wedekin(n).

Wedel (Weddel): Hbg. oft, meint »Furt durch Sumpfgelände« (z. T. mit ndd. *wede [wide]* »Wald« vermengt); s. dazu unter **Marwedel;** Brackwedel, Hollwedel, Soltwedel, Bleckwedel: Bleichwehl! Wedel, Wehdel u. **Wedde** auch mehrf. ON., urkdl. z. T. *Wede-lo,* dazu Weddelbrook/Holstein. Vgl. Wedege *v. Wedel,* Hasso *v. Wedel* pomm. Ritter 13. Jh. Arnold *Wedelstede,* pomm. Ritter 1302. Die Schreibung **Wedell** ist Kanzleiprodukt des 16. Jhs.

Wede(mann), Wedemeyer (Hbg. oft) ndd.-westf., auch **Wehmann, Wehmeyer,** nach d. Wohnstätte am Wede (altndd. *widu* »Wald«); Heyse *Wedemeyer* 1388 Duderstadt, Joh. *van dem Wede* 1386 Bremen, Joh. *Wedeman* 1473 ebda. Auch **We(h)de** (Hbg. oft) nebst **Weh(e)** meint dasselbe, vgl. auch **Wedde** (ON. u. FN. Brickwedde, Brückweh! Vogelwedde u. ä.).

Wedemer s. Wehmer! – **Weden,** Wehden ist nordd. ON., s. Wede(mann).

Wedewer (ndd.) s. Wittwer! Vgl. Lud. *der wedewen* 1432 Haldsl., A. *wedewensun* 1296 Ro., A. *wedewenfriger* 1298 Ro.

Wedler (obd.): der Hersteller von Wedeln, bes. für Bader; so in Frkf. im 14. Jh., nebst *wedelmecher;* Hensel *Wedler* 1387 Iglau, Cuncz *Wedeler* 1409 Würzbg. S. aber auch Wadler! (mhd. wadeln, wedeln »umherschweifen«). Ostmd. (Sa.) ist Wedler Mundartform f. Weidler, wie Zedler f. Zeidler! Vgl. auch Wedlich!

Wedlich s. Weidlich!

Weeger, Weger s. Wäger! – **Weeke(s)** s. Wedeke, Wedekind! (Auch Wehke.).

Weers, Weerssen (Hbg.): s. Wehrs!

Weese (Hbg.): ON. am Vinter Moor ö. Bramsche (urkdl. *Wisi* a. 1000) bzw. ON. Weesen b. Celle (urkdl. *Wesende,* wie Holende); wis (wes) ist altes Sumpfwort, daher Wiese = »feuchtes Grasland«; vgl. die Wis-apa (zur Maas), *Wisenbeke:* Wesembeck/Brab., *Wesendonk*/Ndrhein (wie Corsendonk, cors = »Sumpf«), die *Wese* (z. Eder) usw. Vgl. auch **Wesemann,** Wesemeyer.

Wefels, Wefeler s. Wevels, Weveler!

Wefer, Wefers (Hbg.) = Wever (ndd.) = Weber: Matthias *Wevere* sive Textor 1275 Hbg. Dazu westf.-ndrhein. mit patr. -ing: *Wevering.* **Weferling** (Hbg.): ON. Weferlingen b. Helmstedt (Cordt *Weferlinck* 1501 Hann.).

Wegbrod: mhd. wege-brot »Wegzehrung« (viaticum), desgl. Weckbrot.

Wege (von Wege): Hbg. mehrf. z. ON. (ON.) Wege, z. B. Kr. Syke (Weye), d. i. »Sumpf« (lokal bestätigt!), vgl. *Wege-sate* 942 (wie Hunesate, Voresate), Wegeleben, Wegenstedt, Wegebach, Weyhausen, Wega/Eder u. ä.

Wegehaupt (Satzname): »bewege das Haupt« (ndd. Weghöft), vgl. Schüddekopf. Ähnlich Wegemul, Wegenast, Weigekop (Weykopf), Wegemund.

Wegel(e), Wägelin (obd.) meint den **Wegeler,** Wägler = Wagner, s. auch Wagenführ! Cuni *Wegenli* 1409 Müllheim. – **Wegener** (Hbg. oft), ndd., s. Wegner, Wagner!

Weger (Hbg. öfter) s. Wäger! (Ulreich der *Weger* 1350 Eger; Apel *Weger* 1384 Würzbg.): dazu später FN. **Wegert,** vgl. Weiner(t), Wehner(t), ostmd. = Wagner.

Weg(e)rich (Thür., Sa.), Weyrich (Schles.): Pflanzenname, wohl ÜN. des Kräutersammlers. Joh. *Weyrich* 1391 Lg. (s. aber Weihrich, Weihrauch).

Wegert s. Weger!

Wegewitz: ostd.-slaw. ON.

Wegfraß (obd.) s. Weckesser! Desgl. Wegesser. Vgl. Spitzweg! – **Weggler** (obd.) s. Weckler!

Wegmann: am Wege wohnend; Heincz *mitten im wege* 1409 Würzbg., Göczlin *zwischen den wegen* 1404 Iglau; Welzli *Wegman* 1390 b. Bregenz. Nic. *Wegeman* 1346 Lüb.

Wegner, Wegener (Hbg. oft): ndd. Form für obd. Wagner (s. dies!). Joh. *Wegener* 1299 Ro. S. auch Rademaker, Stellemaker!

Wegst: Cunr. *Wegst* 1377 Bauer zu Laichgn. Vgl. auch »her Ticze *Wegiste* (v. Czedelicz) 1384 Lg.

Wegwerth, Weckwerth (Hbg.): wohl = Wegewart (Heilpflanze).

Wehde (Hbg. oft) s. Wede! **Wehe** (ndd.) s. Wede! – **Weheli** (obd.) s. Wähe(lin)! Dazu Walther *Wehelin* 1294 Elsaß, Joh. *Wähelin* 1294 b. Schaffh.

Wehking (Hbg. öfter) s. Wedeking!

Wehl (Hbg.) nebst Wehlmann: z. ON. (ÖN.) Wehl (mehrf.) = Wedel! **Wehlen** (Hbg. öfter), auch **Wehle:** z. ON. Wehlen Kr. Harburg, bzw. ON. Wehlen b. Pirna, zu dem wohl auch **Wehler(t)** gehört.

Wehling (Hbg. öfter): vgl. *Welingus* 1307 Strals., *Welinc (Welingus)* 1267 Ro., wo 1294 auch »de *Welinghove*«; auch in Hildesh. 1383 *Welinc.*

Wehmann, Wehmeyer (ndd.) s. Wedemann, Wedemeyer!

Wehmer (ndd.-westf.): d. i. *Wedemer* (obd. Widemer) = Bauer, der das Pfarrgut bewirtschaftet; vgl. Tile *up der Wedemen* 1388 Duderstadt, Kort *tor Wedeme* 1507 Lippe, Cort *tor weme* 1530 ebda., Joh. *im Wedemekampe (Wehmkampe)* 1644 ebda. Vgl. auch ON. Wehm i. O.

Wehn, Wehnke (Hbg., Bremen): ndd.-fries. Pers. N., KF. zu *Winemar (Wenemar)*; wini »Freund«, mar »berühmt«. *Weneko* friso 1252 Hbg., nebst *Weno* u. Wineko; s. **Wenke,** Wennemer! **Wenn!**

Wehner, Wehnert (oft): ostmd.-westmd. Mundartform für Weiner(t) = Wagner, s. dies!

Wehr, Wehrs (Hbg. öfter) wie Weer, Weers (Weerssen) deutet auf Kontraktion aus *Weder, Weders,* ndd. Form des Pers. N. *Wider (Wid-her),* germ. Widuhari (ahd. Witi-heri), KF. Widiko (ndd. Wedeke). Ein *Wider(us)* 1298 in Ro. Vgl. auch FN. **Weder** (Wieder), aber auch *Wer-mar:* Warmer!

Wehren (von): z. ON. Wehren a. d. Werre b. Detmold bzw. Wehren nö. Fritzlar. Vgl. auch ON. Wehre a. d. Wehre b. Goslar (wer = »Sumpfwasser, Wasser«). Wehr (Were)/Aachen. Dazu FN. **Wehrenberg,** Wehrhagen, Wehrbrink, Wehrstedt, Wehrbleck u. ä. Wehrholz ist öfter Waldortname in Hessen.

Wehrenbold s. Warmbold! Desgl. Wehrenbrecht.

Wehrenpfennig s. Pfennig! Vgl. *Werdenpfenning* 1525 Quedlbg.

Wehrhahn (ndd.) = *Weder-han* »Wetterhahn« als Hausname bezeugt in Köln 1135, Mainz 1316. – **Wehring** (Hbg. öfter): ndd. Patr. zu Werinbrecht, Wermar u. ä., vgl. den Pers. N. *Wering(us)* 1275 Strals.

Wehrle (alem.-schwäb.): KF. zu Werner, auch Wehrlein, Wöhrlin, Wöhrle. S. auch **Wernle!** *Werli (Wernlin) = Wernher* Gartner (sutor) 1300 Basel, *Werlin = Wernher* Stamler 1293 O.Rhein, *Werly = Wernli* Kob 1320 Villgn.

Wehrmann (Hann. oft, Hbg., Brschwg.): s. Wehren u. Wahrmann! Vgl. Staties *Werman (Werneman* 1538 Hi.*).*

Wehrs ((Hbg.) s. Wehr! **Wehrmeester,** -maker: der für Wasserwehre Zuständige. Obd. Wehrmeister (Hs. *Wermeister* 1408 Wangen).

We(h)rsig (Hirschbg.) s. Wiersig!

Wehrspohn (ndd.) = obd. Wiederspahn (mhd. widerspan = »widerspenstig«). Auch Wehrspann. – **Wehrt:** nordwestd.-ndrhein. = Flußinsel, vgl. Aus'm Werth, An der Werth u. ä. – **Wehtje** (fries.) = Wedeke!

Weibel, Weiblen (obd.-schwäb.) s. Waibel! – **Weibezahl** (obd.): zahl = zagel »Schwanz«, weiben »sich hin- u. herbewegen«, mhd. weibezegeln »schweifwedeln«.

Weich, Weiche (Bay.) verhält sich zu Weichmann, wie ndd. **Wiech** zu Wiechmann, altd. Pers. N. (wig = »Kampf«); urkdl. *Wicho* 1350 Brsl. *Wiche* von Evehe 1180 Bay. Auch **Weichlein,** Weichel (s. Weigel!).

Weichbrodt (Hbg.), ndd. Weckbrodt: Bäckername. Henneman *Weychebrod* 1427 Kassel, Diderik *Weykebrod* 1419 Hbg./Reval?

Weichelt (Dresden zahlr.) s. Weigelt!

Weichert (Schles., Laus., Sa., Bay.): urkdl. *Wicher* (Pers. N. Wig-her). *Wicher* v. Haselstein 1119 Sa., *Wicherus* de Benebure 1140 Sa. Nic. *Weycher* 1414 Freystadt (vgl. aber ON. Weichau ebda.).

Weich(h)ardt (Bay., Ö., Sa.) nebst **Weighardt:** altd. Pers. N. Wig-hard (Wichard) »kampfkühn«. Nic. *Wighart* 1365 Freiberg, Nic. *Weighard* 1420 Chemnitz, Matthias *Weychart* 1401 Mähren. Vgl. *Weichart,* Vitztum des Herzogs v. Bay.

Weichmann (Bay., Ö., Sa., Schles.) nebst **Weigmann:** altd. Pers. N. *Wigman (Wichman),* s. auch Weichert, Weichhardt, Weiche! Vgl. ndd. **Wiechmann!** Urkdl.: Heinr. *Weichman* 1326 Bay., H. *Wichmannus* 1280 Augsbg., *Wichman* v. Griesingen 1349 Ulm, *Wichman* (Ratsherr) Brsl. um 1300.

Weichsel (obd.): mhd. wîsel »Weichselkirsche«, dazu Weichsel-, Weixl-, Wechsel-, Weißel-baum (auch ÖN. wie Weichselgarten: -gärtner); Weichsel-eder (ÖN. -öd). Auch **Weichsler** z. ON. Weichsel, bzw. Weisel *(Wichsler)* 1498 Aargau, B. *Weichsler, Weißler* 1537 Kempten).

Weicht s. Weigt! – **Weicker(t),** Weickhardt, Weickmann s. Weichert, Weichhardt, Weichmann, auch Weighardt, Weigert! *Weyker Weykeri* 1413 Lpz. *Wykerus* 1335 Mainz, P. *Wyker* 1418 Lg., A. *Weikker* 1453 Lg., C. *Weicker* 1577 Bunzl., M. *Weickardt* 1547 Lg.

Weickgenan(n)t (Frkn.): entstellt aus Weiknand, d. i. *Wig-nand* »kampfkühn«; auch Weidgenannt, Weigenand, *Wikenand* Wernike 1350 Kassel. Sonst meist zu *Winand, Weinand* verschliffen s. Weinhold!

Weide (oft): nach Wohnstätte (an Weidenbäumen) oder Herkunft (ON. Weida/Sa., Thür.); mhd. wîde = Weidenbaum. Aber Vogelweidt, Viehweiden u. ä. zu mhd. weide »Weideplatz, Jagdgelände«, vgl. ndrhein. Terweide; wozu z. T. auch **Weid(e)mann** (mhd. = »Jäger«, aber auch »Fischer«), der das Weidwerk ausübt, gehört, soweit nicht die urkdl. Form Widemann lautet (Merkel *Wydeman, Weideman* 1386 Hdlbg.), vgl. Eichmann, Lindemann! Gleiches gilt für **Weidner** (schon aus Gründen der Häufigkeit): obd. mag vereinzelt der Weidmann (Jäger, Fischer, mhd. weidener) gemeint sein, ostmd.-schles.-sudet. entspricht vielmehr urkdl. *Wydener:* d. i. *bi den widen* wohnend bzw. aus *Widen(au):* Weiden(au), wie Lindner, Büchner, Birkner, Eichner: Nitsche *Wydener* 1372 Lg., Herbord *Widenere* 1291/Darmst. Nickel *von der Weydena;* P. v. Burg alias *de Wyden* (wo er Besitzungen hat) 1350 Brsl. Herman *sub salice* (»unter der Weiden«) 1350 Brsl. Am Ndrhein oft FN. »van der Weiden« (de Salicibus).

Weidel (obd.) nebst **Weidle** = mhd. wîdelin »Weidenrute«, kl. Weide.

Weid(e)mann, Weidner s. Weide! – **Weidler** = Weidner; vgl. Eichler: Eichner; Anselm *Weideler* 1285 Friedbg./Hess. Joh. *Widler* 1397 Aargau. Auch Weidtler.

Weidhaas (obd., thür., sächs.): wie Feld-, Sand-, Kohlhaas u. ä., wohl ÜN. des Weidmanns. Aber ndrhein. Weithaase = Joh. Weithose/Köln (wie Korthas »Kurzhose«). **Weidhals,** Waidhals (obd.): mhd. = »Futterhals«, wohl ÜN. des Gefräßigen oder einfach des Weidmanns; Nickel *Waydehals* 1368 Eger. Vgl. aber *Withals* »weiter Hals« 1340 Strals., *Weitsnabel* 1367 Baden.

Weidig = mhd. wîdach »Weidicht«, vgl. Röhrig: am Röhricht.

Weidlich (ostmd.-schles.), mundartl. Wedlich: mhd. weidenlich »frisch, keck, stattlich« (eigtl. weidgerecht); *Weidenlich* 1409 Würzbg., 1453 Lg., *Weidelich* 1478 Gö. Auch **Weidling,** wie Wunderling für Wunderlich!

Weidt (Ro. oft) = obd. *Weitz* (»Weizenhändler«). Vgl. Weitekamp »Weizenfeld«. S. auch Weiter!

Weier, Weyer (ndrhein. Weiers, Weyers), zahlr. am Ndrhein (Köln, Krefeld): vgl. »van de Weyer« (ndld. Wijer), im Sinn von »stehendes Gewässer, Sumpf, Kolk« (M. Schönfeld, Waternamen, S. 238).

Weifer(s), ndrhein., s. Wever(s), Weber! **Weif(f)ert:** vgl. ON. Weiffersdorf/Ö. o. d. Enns. In Tirol vgl. Gosman *Weifner* 1564 u. Hof *Weifen.* **Weiffenbach** (Kassel oft): ON./Hess.

Weigand (obd.-md., ndd. Wiegand): mhd. wîgant »Kämpfer, Recke« (oft im Nib.-Lied), dann auch gern als VN. gebraucht (bes. in Hessen, m. d. KF. Witzel); *Wigant* Cleynod 1325 b. Wetzlar, *Wigand* v. Büchleins 1328 Glatz, *Wiegand* Spieß, Buchdr. Eltville, *Weigandt* Zigler 1452 Freiberg, *Weigand* Puntschuech 1459 Tirol. Noch 1588 in Kreuznach: *Wigand* Spanheim. KF. sind Weigel u. Witzel; schles. ist Weigt! Entstellt ist **Weigang** (Hs. *Weigang* 1520 Grünbg.), öfter im Glatzer Land.

Weig(e)l (obd.), Weigle, ostmd.-schles. auch **Weigelt** (wie Reichel: Reichelt): einst beliebte KF. zu Wigand: Weigand, s. dies! *Wigel (Wigand)* Echzeler 1388 Hess., *Wigel* vern Guden 1338 Romrod/Hess., *Wigel* textor 1342 Lg. *Wigel (Weigel)* Zachenkirche 1398 Schweidn.

Weigert s. Weichert! **Weigmann** s. Weichmann! A. *Wygman* 1372 Lg., Hs. *Weigman* 1542 Görl. (1434 Lg.), Joach. *Weig-, Weichmann* 1556 Perlebg.

Weigold (obd.) = urkdl. *Wigold* (1150 Augsbg.); D. *Wigolt, Weigolt* 1550 Tüb. Sonst (in Sa.) = Weicholt: Weichelt = Weigelt!

Weigt (Schles. oft), Weicht (Sa., vgl. Weichelt: Weigelt): ist kontrahiert aus **Weigand** (Wiegand), vgl. ON. Weigsdorf b. Friedld.: 1381 Wigandisdorf. Vgl. auch Seibt für Seibot (Sibot).

Weihe (Hbg. oft), von der W.: ON. (Hann., Oldbg.), alt *Wege* »feuchter Ort«. Den Vogel aber meint Bruchwyhe 1345 Fkf.

Weiher (obd., Bay., Ö. usw.): ÖN. u. ON. (mhd. wîher, wîger, lat. vivarium »Fischweiher«). Erasmus *zum Weiher* 1539 Freiburg, Sweiklin *Weyer* 1369 Tirol.

Wei(h)nacht, obd. auch Weihnachter: wie Paschen (Ostern) u. Pfingsten nicht nach dem Tag der Geburt, sondern nach termingebundenen Verpflichtungen (Dienst- oder Zinsleistungen)! Dietrich *Winacht* 1384 Wangen/Allgäu, Georg *Winächer* 1491 Schongau.

Wei(h)rauch, ostmd.-schles. auch **Wei(h)rich:** wohl Berufs-ÜN. für den weihräuchernden Priester, vgl. den Priester Peter *Wyroch* 1418 Lg., neben Prediger Joh. *Weyrich* 1391 ebda. Nickel *Wyroch* 1428 Görl. Zur Form vgl. schles.-laus. Knoblich neben Knobloch. **Weirich,** Weyrich freilich kann sonst auch auf Wegerich u. auf (obd.-westd.) Pers. N. Wirich (Wîgrich »kampfmächtig«) beruhen, so *Wirich (Wigerich)* v. Schnellgn./Wolfach 1332, *Wiricus* Kropf 1343 Frkn., H. W. *Wyrich (Weyrich)* 1601 Weinsbg.

Wei(h)rauter, -rater (Tirol) neben -reuter, ist Ableitung vom ÖN. auf -reut (»Rodung«), wie Hochrauter, -reuter, Neurauter, -reuter bzw. Anrater neben Anreuter.

Weihtag dürfte nicht ndd. Wedag »Schmerz« meinen, sondern slaw. *Woitak, Woitek* (s. Woitzik!), vgl. Mortag für Mortak (Martin).

Weikert, Weikmann s. Weichert, Weichmann! – **Weil** (obd.): mehrf. ON. (Baden, Württ., Bay.); Jeckel *Weil* 1395 b. Eger; dazu der jüd. FN. Weill (vgl. Kurt Weills »Dreigroschenoper«).

Weiland ist jüngere Form für Weinand (Winand) bzw. für Wieland; vgl. in Plauen 1524 Blasius *Wiland (Weiland),* in Pirna Hs. *Wynand* 1352 (später *Weynand*). – **Weilepp** (Thür.): ON. Wegeleben, vgl. Uthlepp (Uthleben), Hemmlepp, -leb usw., alle thür.

Weiler (Weilert): häufiger südd. ON. (lat. vilare), »einzelnes Gehöft«.

Weimann ist assimiliert aus **Weinmann,** wie ndd. Wiemann aus Winmann, d. i. der Weinhändler; vgl. Biermann (ndd. Behrmann), Salzmann (ndd. Soltmann) u. ä.; ebenso Reimann für Reinmann, Heymann für Heynemann. Vgl. Hans *Wiman* (vorher *Winman!*) 1474 Rottweil. Lorencz *Weyman (Weynman)* 1453 Lg., »Nic. *eymewynman vor weyn* 6 schilling« 1406 Görl. Auch in Lüb. um 1325 *Wiman* neben *Winman.* Dazu **Weimeister:** *Wynmeister* 1417 Eisleben, Ulr. der *Weinmeister* 1408 Mchn. Das Verschroten des Weines (Verladen u. Zuliefern der Weinfässer) besorgte der *Winschroder* (1347 Lüb.), *Winschröter* (1406 Jena), vgl. Bierschröter. S. auch Weinrufer, -stecher, -zapf (Wientapper) u. ä. Rechnungsführer ist der *Weynschreiber* (1426 Lg.).

Weimer, Weimar meint nur z. T. den ON.

Weimar (Thür., Hess. mehrf. urkdl. *Wimar*) = »sumpf. Quellgelände«; entsprechend dem ndd. **Wiemer(s),** Wiemar ist wiederholt der Pers. N. *Wichmar (Wigmar)* als Ursprung bezeugt: so Heinr. *Wimar (Wigmar)* 1364 Heilbr., oder auch **Winmar:** so im Fränkischen urkdl. Weinmar, Weimar, Weimer nacheinander (Nied, S. 158), dazu *Winmar* v. Burgweiler 1258 Württ., Hs. *Winmar* 1378 Heilbr. (Brech. S. 769).

Wein meint im allg. den Weinschenk, Weinhändler, Weinbauer, wie Bier den Brauer, Bierhändler. Dazu Gut-, Kühl-, Sauerwein; Loben-, Hassen-, Schlinden-, Bausenwein; Mengewein wie Mengebier (menger = »Händler«). Im nordd. Raum spielt der ON. Weine/Paderborn hinein, alt *Wene,* d. i. Sumpfwasser: daher Eckehard *Weyne* 1420 Kassel!

Weinand (Weynands), oft im Rhld., entspricht ndd. **Wienand,** d. i. der im MA. beliebte Pers. N. *Wîg-nand* »kampfkühn« (Joh. *Winandi* 1307/Lüttich). Näheres unter Weinhold!

Weinaug, Weinäugel: ein weinerlicher Mensch, s. Auge! Heinr. *Winoghe* 1226 b. Oppenh., Herm. *Weinouge* 1502 Jena, Hs. *Weyneugel* 1495 Kitzgn.

Weinbe(e)r (Bay.): ÜN. des Weintraubenhändlers bzw. Winzers; Hensel *Winber (Weinber)* 1477 Freiberg, *Weynperer* 1368 Iglau.

Weinberg (Ö., Bay. zahlr.): häufiger ON. – **Weinbold,** -pold, **Weinbrecht** sind altd. Pers. N. *Winibold, Winiberht* (wini = »Freund«, bald »kühn«, berht »glänzend«). *Wîbold* 1262 Ro.

Weinbrenner (obd.): der Weinbranddestillierer (Dietr. *Winbrant* 1319 Brsg.); Heincz *Winbrenner* 1409 Würzbg., *Weynprenner* 1365 Brünn.

Weinel (hess.-frk.), **Weindl** (bair.-öst.), **Weinle** (schwäb.); KF. zum beliebten Pers. N. *Winand (Wignand),* s. Weinand u. Weinhold! Auch zu *Winrich, Winmar.* Vgl. Heinrich Weinel, namhafter Theologe, aus Kr. Büdingen/Hess. Zu Weindl vgl. Meindl! *Winlin* = *Winant* (Voyt) 1349 Brsl.

Weinelt (sudet.) = Weinel mit sekundärem *-t* wie Weigelt, Reichelt, Eckelt, Härtelt.

Weiner, Weinert (ostmd.-schles.) s. Wagner! Vgl. T. *Weinert (Weiner)* 1660 Görl.

Weingand: entstellt aus Weigand wie Wei(n)rauch! J. *Weingand (Weigand)* 1530 Weißenfels; desgl. Weingang! – **Weingardt,** rhein. Weingartz (wie Baum-, Bongartz): z. häufigen ÖN. u. ON. Weingart(en). Obd. ist die Form auf *-er:* Weingarter, Weingartner, -gärtner, z. T. auch = Winzer, vgl. Baumgart: Baumgärtner. – **Weinhardt** (Bay., Württ.): urkdl. *Winhart* (win = »Freund«); Conr. *Winehart* 1270 b. Weingarten (1470 auch Schw.-Hall), Simon *Weinhartt* 1492 Augsbg.

Weinheber (Ö.): bekannt durch den Dichter Jos. W. aus Ö.; wohl ÜN. des im Weinkeller Beschäftigten. Vgl. Faß-, Stahl-, Steinheber. Hinr. *Winhaber* 1210 O.Bay. (heben = schöpfen), vgl. hebevaß »Schöpfeimer«.

Weinhold (Schles., O. Laus., Sa. oft): durch mehrf. Lautwandel aus dem im MA. beliebten *Winand (Wignand)* hervorgegangen (s. Weinand, Weinelt); zunächst durch Dissimilierung der beiden *n* der schweren Endsilbe, vgl. Gernold für Gernand (1462 Görl.), also *Winald, Winold:* schon 1434 Thomas *Wynolt*/Lg.; dann diphthongiert zu *Weinold* (Caspar *Weinold, Weinald, Weiland!*) 1522 Chemnitz; Melch. *Weynolt* 1481 Löwenbg.; schließlich wie alle N. auf -old angelehnt bzw. umgedeutet zu *-hold:* vgl. Reinold: Reinhold, Meinold, Meinhold. Beweisende Gleichungen s. unter Weinholtz u. in Ztschr. »Teuthonista« 3, 1926, S. 38 (Bahlow). Zeugnisse für Winand: *Winandus Winandi* 1325 Brsl., *Winandus* Drydumen 1349 Lg., *Weinandus* Renesis 1347 Brünn, Heincze *Wynand* 1372 Lg.

Weinholtz (Pomm. oft): tritt im 16. Jh. mit dem Vordringen der hochdt. Luthersprache an die Stelle des ndd. **Wienholt,** in dem man -holt als »Holz« auffaßte, in Unkenntnis der älteren Form *Winholt* (der in Schlesien **Weinhold** entspricht, s. dies!); beobachten läßt sich dieser Verhochdeutschungsprozeß z. B. in den Stargarder Ki.-Büchern. Als Parallelfälle vgl. **Helmholtz** für *Helmolt,* **Volkholtz** für *Volkolt,* **Huhnholtz** für *Hunolt,* **Ahrnholtz** für *Arnolt. Winolt* wird im MA. oft dem beliebten *Winand* identisch gebraucht: *Winoldus* = *Winandus* Baggéle (Bürgermstr.) um 1400 Ro., *Winoldus* =

Winandus Droghehorn 1328 Strals., *Wineld* = *Winandus* de Reval 1388 Bremen. Dazu Tideke *Wynold* 1470 Lüb. Heute auch **Wienholtz,** Wienhold: vgl. *Winholdus* Winholdus 1594 Bremen, Hs. *Weinholtz* 1588 Bln., David *Weinholtz* 1625 Pyritz, vorher aber Hans *Wynholt* 1451 Stargard.

Weini(n)ger (Bay., Ö.): aus Weini(n)gen.

Weinkauf wie ndd. **Wienkoop** meint den Weinhändler, -ankäufer. Vgl. Kauf, Koop = Verkäufer; Kleinkauf, Kornkauf, Tuchkauf, Teuerkauf (Dürkop). Ortlip *Winkauff* 1417 Hdlbg., Bernd *Winkop* 1289 Ro. Umgedeutet: Weinkopf, Wienkopf. **Weinke** s. Wienke! **Weinknecht** s. Wagen-!

Weinmann (Bay., Ö., Württ.) s. Weimann! Berchtold *Winman* 1226 Überl. Vgl. ndd. Wie(n)mann! – **Weinmar** (Württ.): altd. Wini-mar »als Freund berühmt«, s. Weimer! – **Weinmayer** (Bay., Württ., Ö.): der über die Weinabgaben wachende Maier, Verwalter e. Weingutes.

Weinmesser (obd.): städt. Meßbeamter, wie Salz-, Kornmesser, vgl. Ulr. *Winmesser* um 1300 Würzbg.

Weinöhl (Ö.): entstellt aus Weinel! – **Weinoldt** (Nürnbg., Lpz.) s. Weinhold! – **Weinöse** (obd.): Weinvertilger, vgl. Landöse; Henlin *Weinöse* 1366 Worms. – **Weinpold** s. Weinbold! –

Weinreb(en): obd.-rhein., ÜN. des Winzers; aber auch Hausname: Jacob *van der Winreben* 1382 Trier. Vgl. **Weintraub!**

Weinrich, -reich: altd. Pers. N. *Wini-rich* »mächtiger Freund«. Ndd. **Wienrich.** Bekannt durch d. Hochmeister d. Dt. Ordens, *Winrich* v. Kniprode um 1350. Dazu *Winrich* Omelin 1147 Köln, *Winricus* 1324 Lg., K. *Winrich* 1425 Heilbronn, Hs. *Weinrich* 1410 Braunau, J. *Weinreich* 1349 Mähren.

Weinroth: thür. ON. auf -rode, -roth, wie Billroth, Klapproth usw. Vgl. Wienrode/Harz.

Weinrufer (obd.): der städt. Ausrufer der verkäufl. Weinsorten, in Zürich im 18. Jh. Zunftbeauftragter; dort 1357 Eberli *Winrüffer* nebst Rüdger u. Heini *Rufwin* im selben Hause. In Würzbg. 1409 Betz *Winruffer,* in Nürnbg. 1500 *Weinschreier.* **Weinschröter,** -schröder s. Weimann! – **Weinschenk** ist obd., entsprechend den Weinbaugebieten; dem **Weinzapf** entspricht aber der ndd. Wientapper. **Weinstein:** wohl ÜN. des Krämers, mehrf. als Krämerware bezeugt, so in Lg. 1318 »seyfe unde *winstein*«, in Schweidn. 1336 »allune, *winsteyn,* seife«. Mich. *Weinstein* 1397 Znaim. **Weinstecher** (wînstecher 1392 Straßbg.) = Weinmakler.

Weintraut (Frkf., Wien): »Metr.«, altd. VN. Winetrut (wini »Freund, Geliebter«), vgl. ahd. wini-liod »Liebeslied«. Herm. gener *Wintrudis* 1317 Frkf.

Weintritt (Ö., Schles.): wohl ÜN. des Winzers oder Kelteres, wie Blumen-, Lilien-, Rosentritt ÜN. des Gärtners; soweit nicht ÖN. (trit = Pfad). **Weinzettel** (obd.): vgl. Haberzettel, mhd. zetten = »(zer)streuen, ausbreiten« (Lienhart *Zettenwein* 1414 Mähren, wie Zettenwaicz ebda.; vgl. Zettentwark, Zettmist). **Weinzieher** (obd.): in Württ. im 18. Jh. = Weinschröter; Hans *Winzieher* 1350 Stuttg. Seifrit der *Czeugenwein* 1301 Prag (wie garnczeuger: -zieher).

Weinzierl (obd., Bay. oft) mhd. wînzürl »Winzer« (lat. vinitor). Martin *Weinczürel* um 1350 Olmütz. Auch als ON. in Bay. u. Ö. Spottname des Winzers (oder des Weinzapfers?) ist *Weinwurm* (1387 Budweis, 1393 Wien), vgl. Rußwurm (der Köhler od. Schmied).

Weip(p)recht, Wep(p)ert (obd., Württ., Bay.) ist der altd. Pers. N. Wig-berht (ndd. Wiebert) »im Kampfe glänzend«. Ohne Diphthong: Wieprecht, Wipprecht, Wiepert, Wippert. Vgl. *Wiprecht, Wiprechts son* 1332 Fellbach/Württ. Als KF. vgl. *Wipo.* Patr. (obd.) ist *Weipprechter* 1365 Prag. Verballhornt ist **Weitbrecht,** Weitpert (in falscher Analogie zu Harprecht für Hartbrecht), vgl. ON. Weitprecht/Waldsee: 1263 *Wiprechts!*

Weirauch s. Weihrauch! **Weirich** s. Weihrich!

Weischede (Westf.): ON. Veischede/Lenne, auf »Moorwasser« deutend, wie Leschede, Meschede, Müschede.

Weise, obd. Weis, z. T. als Weiß aufgefaßt: mhd. wîse »der Weise, Verständige, Erfahrene«, vgl. Kluge. Obd. (auch schles.) **Weiser,** mhd. wîser auch »Führer, Lehrer«, wie Kluge: Kluger, Lange: Langer, Kleine: Kleiner, Stille: Stiller. Dazu Weisemann. Burkhart der *Wîseherre* 1339

Rottweil. Auch **Weisheit** (lat. Sapientia), in sächs.-obd. Mundart vereinzelt = Weißhäupt (über Weißhoit), urkdl. Abr. *Weisheit (Weisheupt)* 1573 Schmölln; aber Hainr. *Wishait* 1299 Württ.; Nic. *Weiser* 1378 Iglau.

Weisel: mhd. wîsel »Führer, Oberhaupt« vgl. die Bienenkönigin: Weisel. Ein ON. Weisel/Wetterau hieß Wise-la = sumpf. Gelände, wie Aslar, Roslar.

Weiß (heute z. T. auch jüd.), **Weiße, Weißer** (dies obd.-schles.), auch Schneeweiß: der Weißhaarige, bes. zur Unterscheidung von gleichnamigen Schwarzhaarigen; so der *weiße* u. der *schwarze* Ewald (Brüder!), Missionare in Westf. (7. Jh.), Uodalrich der *wîße* u. U. der *swarze* 1136 Würzbg. **Weißert** (Sa.) = Weißer, mit parasit. *-t*, wie Kleinert, Kahlert, Schwarzert, Rothert. Dazu **Weißhaar,** wie Gehlhaar, Rothaar, Schwarzhaar; **Weißhaupt** (-häupel, -happl: Ö.): Nitsche *Wysheupt* 1385 Lg., **Weißkopf** (ndd. Wittkopp), **Weißschädel, Weißbarth.**

Weißärmel (*Wysermel* 1412 Görl.) kann Spottname des Müllers sein, wie Weißfuß (Wittfoth); sonst wie *Gelärmel, Rotärmel* an die farbenfrohen Kleidermoden des MAs. erinnernd. **Weißmantel** desgl. **Weißbrot** ist Bäckername, wie Roggenbrot; vgl. den Bäcker *Derpbrot* pistor 1362 Brsl. (mhd. weiße = »Weizen«). – **Weißel** s. Weiß und Weichsel!

Weißbrich (-bricht): ostmd.-schles. Mundartform f. Weiß(en)berg, wie **Weitzbrich** (Neiße) f. Weitzenberg (ON. b. Neiße!). Vgl. ON. Weißenberg b. Bautzen u. ö. In Wien oft FN Weißberg(er). Ebenso Zeißbrich (ON. Zeisberg), Hubrich (Hoberg), Hirschbrich (Hirschberg), Herbrich (Herberg). – **Weißböck,** -pöck (Bay., Ö.) = Weißbach(er), vgl. Aspöck, Rohrböck u. ä., soweit nicht = »Weißbrotbäcker« (Mitsch *Weispekch* 1414 Mähren; aber Hertel der *Weißenpekch von Weißenbach!* 1368 Mähren). – **Weißenborn** (Weisen-): oft in Sa.-Thür., z. ON. W. (öfter im gleichen Raum).

Weißflog, -pflog, -pflock, -flock, -flug, -pflug (zahlr. in Sa., auch Nürnbg.): wohl zu mhd. vlocke (Schnee)-Flocke, auch Wollflocke.

Weißgerber: mhd. wîßgerwer »der das Leder weißgar macht, mit Alaun gerbt«, statt mit Lohe (aus Eichenrinde) wie der Lohgerber oder Rotgerber. Elbel der *wysgerwer* 1370 Lg.

Weißhaar, -haupt, -kopf s. Weiß! – **Weißker** (Thür.-Sa.): urkdl. *Wisker* 1413, Bauer in Zipsendf./Zeitz, vgl. ON. *Wiske:* **Weißig** (mehrf. in Sa./Thür., slaw.): Paul *Weyßig* 1508 Lg.

Weißleder: der Weißgerber, vgl. Ulr. *Wisledergerwer* 1306 Straßbg.

Weißner, Weisener, Weischner: wohl z. ON. wie Weißen/Thür., Weisenau, Weißenau.

Weißpfennig e. Silbermünze, vgl. Weißheller; ndd. Wittpenning.

Weist (Schles.): vgl. Mertin u. Nitsche *Wyste* (Brüder) 1363 Brsl.; offenbar slaw., da der N. nur schles.!

Weitbrecht (Stuttg. oft) s. Weipprecht! – **Weitemeyer** (ndd.-westf.) = »Weizenmeyer«, wie Weitekamp »Weizenfeld« vgl. ON. Wethkamp/Holst.

Weiter, Weitert (bay.): mhd. weitaere »Blaufärber«, aber auch »Fischer mit dem *weit*«, e. Art Netz. Ulr. der *Weiter* 1266 Regsbg. Der Waid, mhd. *weit,* war die wichtigste Färbepflanze des MAs. Rechnungsführer des Waidhandels war der *Weitschreiber* (1389 Görl., 1399 Zittau), vgl. Kornschreiber, Grützschreiber usw. *Weitklöppel*/Brsl. 1350. – **Weithöner** (Westf.) gehört wie Well-, Wem-höner u. ä. zu den ÖN. auf -hôn i. W.

Weitling s. Weidling! – **Weitschat,** Weitschies (lit.) s. Waitschat, Waitschies! – **Weitz,** Weitze, Weitzmann meint den Weizenhändler, Weizenbauer, auch obd. **Waitz** (vgl. Waitzfelder), zu mhd. weitze. Hensel *Weycze* 1363 b. Znaim. Peter *weysenfürer* (Fuhrmann) 1397 Lg. **Weizsäcker** (obd.): Anwohner oder Besitzer des Weizenackers, vgl. Gerstäcker.

Wekwerth s. Wegwerth! – **Welbers** (rhein.) s. Wilbers!

Welchert: aus Welchau a. d. Eger. – **Welde(mann):** aus Welda a. d. Twiste/Waldeck (alt Walithi, Kollektiv zu wal »Sumpf«). – **Welge** (ndd.): der Muntere, Wackere, Thid. *Welege* 1270 Ro., 1310 Stade.

Welker, Welcker s. Walker! Vgl. Hudwelcker = Hotwalker (ndd.).

Welle (ndd.-westf.) = quelliges Gelände, Quelle« (engl. well). Dazu **Wellmann**

(Hbg. oft), Wellmeyer, Wellbrock, Wellsiek, Wellpoth, -pott (Pfütze), **Wellhausen,** Wellhöfer, Wellhöner, Wellenkötter (tor Wellen), Wellenkamp, -brink u. ä., »van der Well«, »im Wellen«. Heyne *von Wellen* (= Welleman) 14. Jh. Haldsl.

Weller: soweit westf., s. Welle! Vgl. Bröcker, Büscher. Aber obd. teils = Welder: am Walde, aus Welden, vgl. Schwarzweller, teils = Waller: Pilger (Heinr. *Weller* 13. Jh. Basel). Wigel *Welder* 1358 Frkf., Nic. *Weller* 1387 Lg.

Wellm s. Wilm! Vgl. Wellens = Willems. Zu **Welling** vgl. Wellinghofen i. W., Wellinghusen/Holst., Wellingsbüttel/Hbg.

Wellner (obd.) beruht auf Weldner (1395 Eger), wie Wallner auf Waldner; vgl. Gellner für Geldner. Ulr. Mair *aus den Welden* 1485 Füssen. **Welling** (obd.): z. ON. Wellingen/Württ., bzw. Welling/Mayen; Eberh. *Welling (Wällinger)* 1316 Villgn.

Wellpott (westf.) s. Welle! Vgl. Forschepott!

Welp (ndd.) wie Welf = »Jungtier«. Vgl. aber Bach Welpe (Welphope, Welplage u. ä.) und Evert *van Welepe* 1261.

Wels, Wells: Fischname, Berufs-ÜN. wie Bars, Hecht, Hering, Dorsch. Dazu ndd. **Welskop** (mit unförmigem Kopf). Aber **Welser** z. ON. Wels/Ö., berühmt durch das Augsburger Kaufmannsgeschlecht; Heinr. *Welser* 1246 Augsbg.

Welscher (westd.-obd.) wie Welsch: der Welsche (Romane). Burch. *Welschere* 1255 Neuenburg a. Rh., Sifrid *Welschelin* 1406 Elsaß.

Welte, Welti, Weltl(e): obd.-alem. KF. zu Walther. *Weltin (Walther),* Bauer 13. Jh. Oberwyl, *Welti* Rengger 1329 Zürich; s. auch Wälti! Aber nordd. **Welte** (Welten) gehört z. ON. Welte b. Coesfeld (bzw. Welt b. Husum): Gert *van Welten* 1300 Strals. Dazu auch **Weltmann!**

Welter, Welters, Weltermann (westf.-ndrhein.) = Walther. Dazu patr. **Welting.** KF. *Weltken.* Vgl. auch in Brsl. 1370: *Welter (Walther)* Ber. **Weltrich** ist obd. Umlautform von *Waltrich* (dies 1130 b. Passau), s. Waldrich! Vgl. »St. Weltreich« = St. Walderich in Widmanns Haller Chronik (Brech., S. 783).

Weltzien (Ro. oft): ON. (Meckl. u. Pomm.).

Welz: obd. häufig, teils = Walz (= Walther), wie Welzel = Walzel, teils z. Fischnamen **Wels,** teils z. ON. Wels/Ö. Bei der Häufigkeit in Schlesien (u. Sa.) spielt aber das Slawische mit hinein, vgl. *Welczek:* **Welzke,** Welzig, wohl z. Pers. N. Welislaw. Jekl *Welcz* 1380 Kolin, auch Brsl., Nik. *Welcz* 1440 Freiberg, Hans *Welz (Wels)* 1526 Jena, Seitz *Welcz* 1354 Rotenbg. Vgl. auch slaw. ON. wie Welzow, Welzin.

Welzel (obd.-schles. oft) wie Walzel = Walther, s. Walzel!

Wemmel (Hbg.): ON./Brabant, ÖN./Westf. Auch **Wemme** ist nordd. Flurname: »auf der Wemmen«/Hessen, die Wemme-Wiesen ebda., vgl. Wemmeworth/Engld. (wam, wem = Sumpf). Vgl. aber in Brsl. um 1530: Syffrid *Wemmener (wemeler)* = Sydle *Wemener.* – **Wemhöner** (Westf.): wem = wedem, s. Wehmer! hone ist ÖN., vgl. Wellhöner. Wemhoven = Wedemhoven.

Wemmer(s): ndd. Pers. N., nebst Patr. **Wemmering.** Vgl. Wimmer(s). In Friesld. vgl. *Wemme(ke)* als weibl. VN. (16. Jh.); dazu Hobbeke *Wemming* 1428 ebda. (heute **Wemmie**). Auch **Wempe,** Wempen ist fries. Pers. N., nebst *Wempeke* 1428 Oldbg.

Wenck (Hbg. oft) s. Wenk! – **Wende** s. Wendt!

Wendefeuer, Wendehake sind Berufs-ÜN. in Satzform. Vgl. Brühefeuer (»brenne F.«). Ähnlich Wendschuh; Wendepenning.

Wendelken (Hbg.): ndd. Metr. zu *Wendelke,* KF. zu *Wendelburg,* weibl. VN. wie *Wendelmod, -mut:* vgl. in Ro. 1283 Bernardus *Wendele(ken)* u. Henricus *Windelen; Wendele* Bilop 1294 Ro. *Wendele, Windele* war beliebter ndd. VN., in Hbg. im 13. Jh. neben Wendel-, Windelmod(is): heute FN. **Wendelmuth, Wendelburg** ebda. Auch **Wendeler** (Hbg.) gehört hierher, als männl. VN.: *Wendelerus, Windelerus* 1250 ebda. Der Stamm Wandel-, Wendel meint urspr. den germ. Volksstamm der Wandalen. In Barth im 14. Jh. auch *Wendelbern als VN. u. FN., heute (umgedeutet)* **Wendelborn** (wie Osbern: Os-born s. Ausborn!). Als KF. vgl. **Wendel** (Hbg. öfter), das aber im Obd. den heil. Wendelin meint (ON. St. Wendel, Wallfahrtsort): *Wendel* Raisch 1525 Heilbronn, *Wendel (Wendling)* Zimmermann 1518 Hagenau/Els., *Wendel* Spreng 1559 Fulda.

Wendemuth (Satzname): der seine Gesinnung leicht ändert. Vgl. »Wendunmut«. – **Wender** (obd.): wohl wie Steinwender (ÖN. Steinwand). Bernolph *Wender* 1438 Freiburg. Aber **Wender(s)** deutet auf e. Pers. N. (Rhld.). Wenderski (slaw.) wie Wendreis = Andreas.

Wend(e)roth: hess. ON. auf -rode, Gerlach *Wenderod* 1350 Fritzlar.

Wendisch (Sa. oft) wie Windisch: der Wende (Sorbe), Slawe.

Wendland(t): Hbg. oft, nebst Wendländer: bes. auf dem Lüneburger »Wendland«, wo sich die wendische (polabische) Sprache z. T. bis ins 18. Jh. hielt. – **Wendler,** Wendeler: im allg. wohl = mhd. wandeler, wendeler »Wanderer, Pilger«, so auch mnd. wendeler, daher oft in Hbg.; z. T. wohl auch patr. zum VN. Wendel, wie Hensler zu Hensel. S. aber auch unter Wendelbern (Ernst *Windelere* 1353 Hann.)! Dazu westf. **Wendling** (vgl. Wendlinghausen); obd. vgl. ON. Wendling/Bay./Ö.

Wendpap (Hbg.): ndd. Satzname »wehre dem Pfaffen«, wie *Mötepape* (1254 Hbg.): »tritt ihm feindl. entgegen!« Ein Ritter Cuonrat *Wendepfaff* 1260 Württ.

Wen(d)rich (Laus.): wend. Form für Heinrich (wie auch **Jendrich**), evtl. = Wandrich (Andreas). **Wendroth** s. Wenderoth!

Wendschlag (Pomm.): entstellt aus Wenzlaff, wie Redschlag aus Retzlaff; Siedschlag aus Sietzlaff. – **Wendschuh:** Schustername.

Wendt, Wende: häufiger ostd. FN., wie Pohl (Pole), Böhm, Unger. Hannus *Wende* 1380 Lg., Ritter Heinr. *Wende* 1336 Schles. S. auch Wend(t)land u. Wendisch, Windisch (Wünsch!).

Wenger (obd., Bay., Ö., Württ.): z. häuf. ON. (ÖN.) Weng/Bay. usw. (= Wang »Wiesenhang«), vgl. Wanger! (Frid *von Weng* 1278 Bay.). Desgl. **Wengner** (obd.) z. häuf. ON. Wengen (Wangen); **Wengler** s. Wängler! Dazu auch **Wengle(in):** »der *Wenglin von den Wengen*« 1424 Allgäu.

Weniger (Weninger), **Wenig** (Schles., Sa., Thür.): ein »Kleiner«, mhd. wênic (weinic »weinend«) = klein, schwach; der *Weningenickel* 1397 Lg., H. *Weninger* 1354 ebda.; Oswald *Weniger* 1453 Görl. Vgl. »hinder der *wenigen kirchen* um 1350 Brsl.; ON. *Wenigen-Jena* usw.

Wenk(-ck) (Hbg. oft), Wen(c)ke, Wen(k)ken(s): beruht auf ndd.-fries. *Weneke* (KF. zu *Wenemar, Winemar*). wie **Menck(e)** auf *Meneke* (= Meinhard) u. **Renck(e)** auf *Reneke* (= Reinhard). Vgl. *Weneko friso* 1252 Hbg. (neben *Weno* 1288 ebda.). Variante ist Wenneke, s. dies! Patr. ist *Weneking:* Joh. Wenkinck 1582 Münster. Aber obd. **Wenk(e), Wenklin** meint wie Wankel den Wankelmütigen (zu wenken »wanken schwanken«): Heinr. *Wenke* 1263 b. Überl., Joh. *Wenkelin* 1346 Württ.

Wenke: vgl. auch ndd. wenke »weites Wollkleid« (1 hoike [= Mantel] und 1 wenke). Dazu Joh. *Wenke* (Ratm.) 1358 Soest, Peter *Wenke* 1331 Lüb.

Wenkstern, (ck-) (von): = »Planet« (der »Schweifende«), Wandelstern, zu mhd. wenken »wanken, schweifen, in Bewegung sein«. Viell. ÜN. des *Sternenkiker,* wenn nicht durch e. Hausnamen vermittelt. H. *Wenkesterne* 1383 Hald.

Wenn (Hbg.) ist fries. KF. *Wen(n)o* zu Wen(n)emar, s. dies u. *Wenneke!* Vgl. Menn (Menno) = Meinard; Benn (Benno) = Bernhard; Renn(o) = Reinhard. Dazu patr. **Wenning,** Wenninga (fries.) wie Benninga; ON. Wenninghausen/Westf. S. auch **Wehn** (wie Mehn, Rehn, aber auch wie Behn, Benn [d. i. Bernhard], so daß Wehn, Wenn auch = Werner sein kann!)

Wennebeck (Hbg.) ist alter Bachname (»Sumpf-, Moorbach«), ursprüngl. wohl *Wendebeke* (mit ndd. *nn* für *nd*), vgl. die Wende (Ruhr u. Harz), aber auch die Wenne b. Meschede (alt Wene), gleichfalls = Sumpfwasser, wie die Henne, Menne, Glenne (Bahlow, ON. S. 529, 530). Dazu **Wenn(e)mann** (Nik. *Wenneman* 1576 Münster).

Wennecke (ndd.-fries.): KF. zu **Wen(n)emar,** vom Ndrhein. bis zur Ostsee im MA. beliebter Pers. N., urkdl. *Wenemar (Winimar)* »als Freund berühmt«. Vgl. *Wenemar* de Hecket u. Sohn *Wenemar* (Domherr) 1415 Westf., *Wenemarus* Nydinck 1325 Lüb., Henr. *Wenemar* 1293 Ro.; noch 1535 in Stettin: *Wennemar*

Schulte. KF.: Gerh. *Wenneke* 1300 Greifsw. S. auch **Wenck!**

Wenner (obd.) s. Wanner! – **Wennrich** s. Wendrich! **Wennmaker(s)** (Düss.) = »Wannenmacher«, vgl. *Wannekere* 1357 Bremen.

Wense (von der): ON. (mehrf. im Raum Soltau-Zeven-Brschwg.).

Wenske (ostd.) s. Wentzke! **Wensch.**

Wenscher (O. Laus.) wie Wintscher meint Wendischer, Windischer; vgl. Wintsch, Wünsch unter Windisch! Hans *Wenischer, Wenscher* 1399 deutet aber auf *Wenusch, Wenisch,* s. dies!

Wen(t)z ist speziell im Raum Worms-Speyer-Mainz beheimatet als KF. zu Werner, verschliffen aus **Wern(t)z** (obd.), wie **An(t)z** im selben Raum aus **Arn(t)z** = Arnold. Im ostd.-böhm. Raum ist Wentz vereinzelt neben dem häufigen Wentzel u. Wentzke (Wenczek) KF. zu Wentzlaw (vgl. *Wencz* Swerczel 1414 Nikolsbg.). Belege: *Wentz* Sweyfkrug 1367 b. Mainz, *Wentz* Leitermecher 1395 Worms, *Wentz* Claiß 1488 Rüdesh., Heinr. *Wentz* 1396 Spey a. Rh.; auch *Wenczel* Kudreg 1385 Frkf., *Wenzchen* 1486 Hanau.

Wen(t)zel (Sa., Schles., Böhmen, Bay., Ö.): die beliebteste dt. KF. zum slaw. Pers. N. *Wenceslaw (Wenczlaw),* wie **Stenzel** zu *Stenczlaw* (Stanislaw). Der heil. Wenzeslaus war Schutzpatron Böhmens. *Wenczel* Schickentanz 1365 Brünn, *Wenczlab* Speiser 1414 Mähren. *Wenczusch* 1345 Brsl. **Wanzel** ist Mundartform (vgl. Hockewanzel), wie Stanzel. **Wentzke** ist vor allem nordostd.-pomm.; **Wen(t)zig** (Neiße) beruht auf tschech. *Wenzek.* S. auch (tschech.) **Wach! Wen(t)zler** ist Patr. **Wentzien** (Meckl.): wend. ON.

Wen(t)zke s. Wentzel! (*Wenzko, Venceke, Venzlaus,* pomm. Ritter um 1260).

Wentzlaff (Pomm. oft) s. Wentzel u. Wentzke! Vgl. Stentzlaff, Retzlaff, Mitzlaff, Tetzlaff, Pritzlaff, Götzlaff, Butzlaff, Domizlaff, Natzlaff usw., alle ostd.-pomm.; -slaw = »Ruhm«. Auch Fenzlaff, Venzlaff, vgl. Fenzke, Venzke neben Wenzke.

Wenusch, Wenisch (Wien oft): bair.-öst. Form für *Benusch, Benisch* KF. mit slaw. Suffix zu Benedikt (tschech. Benesch); vgl. Wenedikter neben Benedikter!

Wenzelburger (Stuttg. öfter): aus Winzenburg b. Augsbg. (später in Friedberg ebda. aufgegangen); Pilgerinus *de Winzenburg* 1150; später *Winzen-, Winzel-, Wenzelburger* (Brech., S. 789).

Wepfer (obd.) = »Gaukler, Springer« (mhd. wepfen »hüpfen, springen«). Ull *Wepher* 1414 Nikolsbg. – **Weper** (Hbg.): vgl. den Bach Weper, vom Solling z. Leine fließend, mit gleichnam. Waldgebiet.

Weppen (von der): westf. ON., vgl. **Weppelmann** (Düss.): ON. Weppel/Münster (wepel »Sumpf«).

Wep(p)ner: mhd. waepener »Gewappneter«, in städt. Diensten; auch Schildknappe, im Dienste e. Ritters; auch **Weppler;** vgl. in Görl. 1399: »den knechten u. den rinnern, die mit den *weppnern* geritten haben«. *Wepener* 1388 Lg.

Werbeck (Hbg.): nordd. Bachname, vgl. Joh. de *Werebeke* 1286 Strals; wer ist uraltes Wasser- u. Sumpfwort, vgl. Weromeri 960 Holld. (»Sumpfsee«), Wer-mere 1147 Westf., die Wer-beke/Flandern, die Were/Minden, Were: Wehr b. Aachen. S. auch Wehren, Wehrholz! Werle!

Werber (Hbg. oft): vgl. Henrik *Wervere* 1135 Köln, P. *Werber* 1390 Kolin, meint e. Unternehmer, der e. »Gewerbe« betreibt. – **Werbig** (ostd.): slaw. ON. (Jüterbog, Belzig usw.), zu vrba »Weidenbaum«; vgl. auch Werban, Wirbs, Worbs.

Werch(e), Werchan (Werchhahn!), Werchner: ostd.-slaw., vgl. Wirchoslaw (Pers. N.) u. ON. Werchau, Werchow/Laus.; Simon *Werche* 1493 Dresd.

Werder(mann): ndd. *werder* »wasserumspültes Land, Flußinsel«, auch mehrf. ON. – **Werf, Werft:** ndld. werf = ndd. warf »erhöhtes Gelände in der Marsch, Wohnhügel« in nasser Umgebung. Vgl. Warfsmann, van der Werf (ndld. Maler).

Werfel: wie der Dichter Franz **Werfel** (Prag), so ist auch sein N. in Böhmen beheimatet, als mundartl. Form für *Wörfel, Würfel;* vgl. ebda. Perstl (= Bürstel), Ferst (= Fürstel), Welfl (= Wölfel). Gemeint ist der *Wörfeler, Würfeler* = Würfeldrechsler oder -spieler. *Werfel* schon um 1350 in Jitschin *Werfeler* 1377 in Iglau. S. auch Würfel.

Werfelmann (nordd.): ON. Werfel/Ruhr (urkdl. *Wirehuvel* »feuchte Anhöhe«).

Werkmeister: Handwerksmeister in leitender Stellung, bes. des Baugewerbes; so hatte z. B. die Lübecker Marienkirche um 1300 e. eigenen W. (Hartwicus magister operis); *Werkmester* 1266 Hbg., 1319 Lüb., 1383 Greifsw.; auch obd.: Rud. der *Werkmaister* 1360 Wangen. Ähnlich **Werkmann:** Handwerker, Bauwerker; **Werker** desgl. (oft in Köln, Aachen). **Werk** (Werks, rhein.): Arbeit, Erzeugnis; **Werkle.**

Werle(mann): aus Werl/Westf. (mehrf.), alt Wer-lo, wie Berl: Ber-lo; Herl: Her-lo; Merl: Mer-lo, lauter »sumpfige oder moorige Niederungs-Orte«. (Bahlow, ON. S. 531). Gerh. *Werleman* 1324 Greifsw. (neben H. *de Werle*). Vgl. auch ON. Werla a. d. Oker. – **Werlein** (obd.) s. Wehrlein! – **Werlich** (Hbg. öfter) wie Warlich (ndd.): mhd. werelich = »wehrhaft, tapfer«. *Werlich* pistor 1381 Prag.

Werm(b)ter, Warm(b)ter s. Warmbt! – **Wermeling** (Westf.): Patr. zu Wermbold (s. Warmbold!); vgl. Bruneke *Wermelding* 1428 Friesld.

Wermke (patr. Wermker): ndd. KF. zu Wer-mar, **Wermer,** s. Warmke! (Auch zu Wermann, vgl. Hermke: Hermann). – **Wermter,** Wermbter s. Warmbt!

Wermuth, Wermund s. Wahrmund, Warmuth! – **Werne** (von): ON. a. d. Lippe, auch b. Bochum, prähistor. Flußn. Warina; auch die Werre b. Minden hieß Werne, desgl. die Warne/Harz.

Wernecke, Wernicke (Hbg. oft) nebst **Warn(e)cke** (s. dies!) ist ndd. KF. zu Werner (Wernher): *Werneke* de Hele = *Wernerus* de Hele 1309 Strals. Dazu patr. Hermen *Werneking* 1497 Hann., auch Warneking (Warnkönig)! Vgl. **Werning,** Warning.

Werner: Im MA. äußerst beliebt, wie schon die mannigfachen KF. (obd. u. ndd.) beweisen, die heute ungebräuchlich sind, da der VN. erst um 1800 (durch Schillers Wilh. Tell u. die Romantik) neu belebt worden ist! Germ. Warin-hari: zu warjan »wehren« u. hari »Heer«. KF. obd. Wernlin, Werli (heute FN.) **Wernle, We(h)rle,** Wehrli, Wernlein, Werndl, gerundet Wörndle, Wöhrlin: vgl. *Wernlin* = *Werli* = *Wernher* Gartner sutor um 1300 Basel, *Werlin* = *Wernher* Stamler 1293 ebda. Seltener: **Wernz,** Wörnz (Werz, Wörz): *Werntz* Ortliep 1335 Pfullendf. Verschliffen: **Wen(t)z** (nur rheinhess.), s. dies! Dazu auch obd. **Wetzel** (*Wezilo* = *Wernherus* de Heidelbg. 1236 Thurgau). Ndd. ist **Werneke (Warnke),** s. dies! Ndd.-fries. ist **Wessel,** s. dies! In Brsl. 1369: *Wernusch* = *Wernher* v. Schönfeld. Vgl. Heinusch, Dietusch.

Werning (jünger Warning): ndd.-westf. Patr. zu Werner, s. auch Werneke! Belege unter Warning! **Werntjen,** Werntjes ist fries.-ndrhein. **Wernle** s. Werner!

Wernhart (obd.), Wörnhart (Tirol), Werneth (Baden). Vgl. Werner! – **Werntz** = *Wernher* Hägg 1393 Eßl. – **Werres** (Düss.) s. Severus!

Werremeyer (Westf.): von der Werre, Fluß in Lippe, alt Werne. Ebda. Kesse-, Begemeyer (Flüsse Kesse u. Bega).

Wersching, Wersich s. Wirsing! Aber **Wers(ch)ek** ist ostd.-slaw. wie **Wers(ch)ke,** Wierschke, Wersch, vgl. *Wirso* 1234 Mähren.

Wersebe (brem. Uradel): ON. (Wesermündung), wie Rechtebe ebda.; wers (wie *recht*) = »Moorwasser«, vgl. die Werse (Wersene) ö. Münster.

Werth (ndd.): »Wirt«, dazu **Niewerth:** der neue Wirt. Henr. *Wert* 1295 Ro., Hermen dem *wert* 1426 Göttg., Hans *Lütkewerdt* 1505 b. Strelitz.

Werth (von der): westd., Düss. oft, zu mhd. wert »Flußinsel«; dazu Werthmann, obd. **Werther** (Cunrat *Werther* 1324 Rottweil). **Wertheim:** ON. (Main).

Wertz (obd.) = Werntz = Werner, s. dies! Vgl. Wernher *Wertz (Werntz)* 1485 Füssen/Allgäu. – **Wesche, Wäsche** = Wachsmuth (Wasmod) s. dies! Dazu auch urkdl. in Magdebg.: *Wesseke* Kessling 1294, Busso *Wesseken* 1295 ebda.; auch **Weschke** (Quedlbg.).

Werwitz (Pomm.): slaw. ON. – **Werthwein** s. Wörthwein!

Wesel(mann): aus Wesel a. Rh., auch b. Lingen/Ems (Wese-lo »moorige Niederung«). Dazu **Weseloh** (Hbg.): -loh »Gehölz« (ON./Hann.).

Wesemann (Hbg.), Wesemeyer, Wesemüller: s. Weese! **Wesendonk** desgl.

Weser(mann): von der Weser; vgl. Wippermann, Leine-, Huntemann usw.

Weske: s. Wesche! Vgl. aber ON. Weseke b. Coesfeld.

Wesle (Württ.) meint wie **Wäßle** den am Wasen (Wäsle) Wohnenden: Rud. *Wäse-*

lin 1508 b. Eßl., Peter *Weßlin* 1474 b. Wangen. Vgl. ebenso Gräßle (Greßli). Desgl. **Wäßler** (E. *Wesler* 1440 Württ.), Wäßner, wie Gräßler, Gräßner. (In Quedlbg. 1592 *Weske* neben *Weschke, Wesche*). – **Wesse** (Hbg., Essen, Düss.): z. ON. Wessen (Wesnon 1150, wie Assen: Asnon), alter Bachname.

Wessel (Bremen zahlr., Hbg., Hann., Dortmd., Kiel, Strals., Danzig oft): ndd.-fries. KF. zu Werner; *Wessel* mit der vust = *Wernerus* cum pugno ferreo 1277/1306 Strals., *Wessel (Wernerus)* carnifex 1350 Stettin, Nic. *Wessels* 1325 Lüb., *Wessel Wessels* 1417 Brilon, noch 1612 Münster: *Wessel* Vifhueß. **Wesseling** ist Patr. dazu (Heinr. Wessel oder Weßling 1564 Wegenstadt); am Rhein spielt der ON. Wesseling b. Bonn hinein (Herm. de Wesselich 1391). Auch **Wesselmann** (Köln, Düss., Barmen usw.) ist z. T. = Wessel = Werner, z. T. aber auch Herk. N.: aus Wessel/Westf. bzw. Wesseln b. Hildesh. (Weslohun = Moorgehölz). Vgl. Hesselmann u. ON. Hesseln, – Asselmann u. ON. Asseln. **Wesseloh** (Hbg., Bremen): ON. b. Soltau; s. auch Weseloh! **Wesselhöft** (Hbg. oft): ON. wie Visselhövede (a. d. Vissel), Bornhöft (ON. Bornhöved) u. ä., ndd. hövet = »Haupt«, Quellbezirk! – **Wessig,** Wessing, Weßnig: ostd.-slaw., wie Lessig, Lessing, Leßnig (wesnik »Dörfler«, lesnik »Waldmann«). **Wessely** (tschech.): ON. b. Olmütz, u. mehrf. in Böhmen; vgl. auch tschech. vesely »fröhlich«.

Wessler (ndd.) = Wechsler, s. dies! (Joh. *Weslere* 1343 Strals., Walther *Wesselere* 1170 Köln).

Westarp (Westf.): ON. auf -torp »Dorf«, wie Westtorf b. Lemgo, Westrup u. ä.; Westarp liegt (nebst Natarp) b. Telgte ö. Münster: a. d. Werse, daher urkdl. *Wersetorp*. – **West,** Weste (Westf., Rhld.) nebst Westemeier kann auch auf den Flurn. »Im West« (südl. der Lippe) u. den Bach Weste b. Warstein Bezug nehmen; west hier offenbar = wes »Moder«. **West(e)rich:** ON. b. Soest. **Westerling** (nordd.): der westwärts Wohnende, vgl. **Osterling!** Desgl. **Westermann** (Hbg. oft) wie **Ostermann.** Westermeyer, Westerweller. Zu **Westing** vgl. fries. Osting. Auch **Wester** (Düss.) = westwärts.

Westfehling: patr. Form (auch Fehling) zu Westfahl, **Westphal** (Hbg. oft) nebst **Westphalen.** Z. T. auch nur Beziehungen zur Westfalen andeutend, wie Preuß, Reuß, Böhm, Sachs usw. Über den Anteil Westfalens an der Besiedlung Mecklenburg u. Pommerns u. am Handelsverkehr nach den Seestädten der Ostsee (auf Grund der Namen!) s. Bahlow. Der Zug nach dem Osten (Ztschr. »Teuthonista« 1933, S. 227, mit Karten!). Egbert *Westfal* 1294 Strals., Joh. *Westfeleke* 1350 Grfsw.

Westram = **Westrum** (ON. a. d. Hase), d. i. »Westerheim«; vgl. Sustrum, Sottrum u. ä.

Westrick (Westf., Ndrh.) beruht auf ON. Westerwick, wie Ostrick auf Osterwick (wik = Ort).

Wetegrove (Hbg.) entspricht *Wetecumbe* in Engld. (vgl. engl. *wet* »feucht, modrig«). Dazu ON. Wetvelde (Weetfeld b. Hamm), die lange Weth b. Goslar, m. d. Weth-Berg. Vgl. auch **Wette(born),** Wettmar, Wetten (Ndrhein.) usw. – **Wetjen** (fries.), Wäthjen: = Wedeke, s. Wedekind! – **Wetter** (von): z. ON. Wetter (b. Marburg, vom Fluß der Wetterau! bzw. a. d. Ruhr bei Nelle); prähistor. Flußn. Wedra (wie keltoligur. Cucra, Locra u. ä.), z. Wasser- u. Sumpfwort wed. Dazu auch **Wettern** (Hbg. oft): ON. wie Seggern u. ä. Aber obd. **Wetter(le)** ist wohl ÜN. des Wetterpropheten (mhd. wettersager), vgl. Kiesewetter (= prüfe d. W.): Cunr. cognomento *Wettere* 1244 Basel, Nik. *Wetterlin* 1343 Worms.

Wetterhahn s. Wehrhahn! **Wetterhold** s. Wiederhold! **Wettering** (nordd.): »von der Wettering, van de Wetering« = vom Entwässerungsgraben.

Wettig (Hbg.) s. Weddig! **Wettmar** (Wedemar): ON./Hann. (Echardus de Wetemere 1327 Hann.); z. Wortsinn s. Wetter! Vgl. Bettmar, Rettmar.

Wettwer (Hbg.): ndd. Wedewer, s. dies!

Wetz, Wetzig = Wetzek, Wetzke = Wetzlaw, slaw. Pers. N. wie Wentzlaw. Vgl. Wetzel, Wetzold.

Wetzel (häufig): im ostmd.-schles.-böhm. Raum = Wetzlaw, wie Wentzel = Wentzlaw, s. dies! Vgl. »her *Weczel (Weczlaw)* v. Schellendorf« 1424 Lg.; erweitert: H. *Weczold* 1447 Freiberg (FN. **Wätzold**/Sa.), vgl. Pätzold, Petzold zu

Petz (Peter). Im obd. Raum aber ist Wetzel als KF. zu Werner bezeugt (s. dies!): *Wezil* = *Wernherus* de Binnikeim (Hirsau); mit Rundung (bair.-schwäb.) **Wötzel.**

Wetzler = Wetzlar (a. d. Lahn). – **Wetzger,** Wetschger, Wetscher (obd.) mhd. = »Reisetasche, Felleisen«, wohl Berufs-ÜN. (Ruod. *Wetscher* 1250 Isny). – **Wetzstein** = »Schleif-, Wetzstein«, Berufs-ÜN. (Joh. *Wetzstein* 1290 Freiburg. B. *Wetzstein messerer* 1363 Nürnbg.). **Weuffkens** s. Wülfken! **Weuste** s. Woeste u. Wüst!

Wevelsiep (Düss.): ÖN. wie Ramsiepen, Mort-siepen, Schmie-siepen, Schade-siepen, lauter Sinnverwandte (im südwestf. Raum) für »sumpf. Bachniederung«. Vgl. die Wevelsbeke b. Dortmd., Wevelrusche (Wivelrus) 1189 Köln, *Wiveleshole* 1170 Gladbach, Wiefelspütz, Wewelsfleth, wie *Wivelslake, -combe* in Engl.; auch Wefelen nö. Aachen.

Wever (ndd.) nebst Wevers (ndrhein.) s. Weber! Auch Wewers, Wefer(s), Weifers. Dazu patr. Weverinck.

Wex: urkdl. Wechs, vgl. in Jena um 1550/60 Christoph *Wechs,* in Heidingsfeld 1315 Herm. *Wehse*; viell. ÖN., vgl. ON. Wiechs/Bay. – **Weyand,** Weiand (Düss.) s. Weigand! **Weyel** (Düss.) s. Weigel!

Weyer, Weyers (Düss.) s. Weier! Ebda. auch **Weyergraf** oft (Graf = Aufsichtsbeamter, vgl. Holzgraf, Deichgraf), auch Weyermann(s). – **Weyerstall,** -stahl (obd.): ÖN. wie Bremstall, -stahl, Bockstall, -stahl u. ä.; oft in Tirol; *stal* = »Stelle«.

Weyh(e) (Hbg.): ON. Weyhe b. Hoya (alt Wege, s. Weihe!); Erpo *v. Weyhe* 1241.

Weyke = Woyke (O./S.) = Woytke (KF. zu Woitslaw); vgl. Niclas *Weytke* 1425 Lg. Aber obd. **Weick** (Stuttg. oft) = Weickmann.

Weyland s. Weiland! **Weymann** s. Weimann! **Weymar** s. Weimar! – **Weynen** (ndrhein.) s. Wienen! – **Weyrich** s. Weyrauch, Weihrich, Weihrauch!

Wiarda, Wyerda, Wiards, Wiart, Wiert, Wierds(ma) sind fries. Formen von *Wi(g)hard, Wichard* »kampfkühn«. Ein Friese Tileman Dotias *Wiarda* hat sich um 1800 um die Namensforschung verdient gemacht. Belege: *Wiardus Friso* 1178 Köln, *Wiardus* (Abt, Kl. Belbuck 1265), *Wierd* (Friese) 1442, Adde *Wyersna* 1461 (Patr.); die volle Form zeigt in Hbg. 1298 *Wichardus (Wigardus)* Nagel.

Wibbelt: ndd.-fries. = *Wîg-bold* »kampfkühn«, vgl. Gernandus *Wicholdi* 1269 Hbg.; dazu KF. **Wibbe,** Wibben, Wibbelmann, Wibbeling (patr.), auch zu Wicbern, Wic-bert! Heute auch **Wiebold,** Wiebols, **Wickbold** (Ro.): *Wicboldus* 1259 Ro. (öfter), *Wicbolt* Knakenhour 15. Jh. i. O. **Wibberding** s. Wiebert!

Wichelmann (Hbg.): Herk. N. aus Wiecheln ö. Lünebg., wie **Wiechel,** vgl. ON. Wichelhausen, Wichelförth.

Wichern, Wiechern (Hbg. oft): beruht auf Wic-horn (»feuchter Winkel«), ON. i. Westf.

Wichert, Wiechert (Hbg. oft) nebst **Wichers, Wiechers** ist der altd. Pers. N. *Wighard* (»kampf-kühn«), mit ndd. Gemination auch **Wiggert, Wiggers** (wie Eggert, Eggers neben Eckhard, Eckert). Auch Wickert, Wicherts; ndrhein. **Wicharz** (wie Richarz), patr. Vgl. auch Barteld *Wicherding* 1458 Hann. Zu **Wicher** vgl. Wigger. S. auch fries. Wiard! Obd. entspricht **Weich(h)ard, Weichert,** Weickert, Weigert, s. diese!

Wichmann, Wiechmann (Hbg. zahlr.) war im MA. (neben Wichard) beliebter Pers. N. im nordd. Raum; obd. entspricht **Weichmann,** Weigmann, s. dies! Auch **Wie(g)mann** ist dasselbe, kurz **Wi(e)ch:** *Wichman* Nagel 1281 Oldbg.; *Wichman,* Erzbischof v. Magdeburg um 1175; *Wichman* Hengefoß u. *Wyche* Hengefoß (Bauern) um 1500/1550 Meckl., Hans *Wyche* 1538 Meckl. *Wighe* schon 1304 Hbg., Ro., Lüb.

Wicht: verächtl. Ausdruck »Kobold, Zwerg, Wicht«; in Brsl. 1350 *Tummerwicht!* Z. T. viell. sekundär für Wich (beide in Hbg. mehrf.) = Wichmann. **Wichterich:** ON./Rhld.

Wick, Wicke (Hbg. öfter): ndd.-fries. Pers. N., vgl. *Wicke* Onnama 1422 Friesld.; wohl KF. zu Wickbold, Wickbrand u. ä., wie fries. Sick, Sicke zu Sickert u. ä. (Sicke Fricksma). Dazu Wicken, Wicking!

Wickbold (Hbg. öfter) s. Wibbelt! **Wickbrand:** ndd. Pers. N. *Wig-brand* (wig »Kampf«, brand »flammendes Schwert«); Joh. fil. *Wyckbrandi* 1412 Werdener Urbar.

Wickede: ON./Ruhr, nebst Holzwickede b. Dortmd. Godeke *de Wickede* 1300 Strals.

Wickel, Wicklein (obd.): wohl z. Pflanzennamen Wicke (mhd. auch wickelin); Nicl. *Wiklein* 1347 O.Pfalz, Erhard *Wickel* 1500 Nürnbg.

Wicker (Stuttg. oft): mhd. = »Zauberer, Wahrsager, Gaukler«; M. *Wicker* 1476 Kirchh./Teck. Vgl. auch ON. Wicker b. Mainz (kelt. Bachname Wic-ra). – **Wikkert,** Wieckert (Hbg.) s. Wichert! **Wikking,** Wiecking: ndd. Patr. zu Wick, s. dies! **Wickmann** (Hbg.) s. Wichmann! – **Wickern** (van): Düss., s. Wichern!

Wickram, Wychgram: »Kampfrabe«, altd. VN. wie Wolfram, bekannt durch Jörg *Wickram* (Colmar) u. sein »Rollwagenbüchlein« um 1550.

Widdel (Hbg., Düss.): ndd. Variante zu Weddel, s. dies! Vgl. auch in Frkf. 1367 Lotz *zum Widdel* (im Hause »zum Wedel«). **Widdicke:** *Widdeke* Detleves 1488 Brschwg. = *Weddege* D., s. Weddigen!

Widder: wie Stier, Ochse u. ä. auch durch Hausnamen vermittelt; Humbrecht *zum Wider* 1265 Mainz (1270 Straßbg.). Vgl. Widderkopf, ndd. Wedderkop.

Widdig: ON. b. Bonn. Vgl. aber Widdikke! Weddig!

Widmann (obd.): in alem. Raum = Weidemann, am Weidengebüsch; vgl. Joh. *Widman* 1440ff. Maichgn./Württ. (der sich richtig »salicetus« übersetzt); vgl. aber auch Wittmann »Waldmann« (wie Widhopf: »Waldhüpfer«).

Widmer (obd.): mhd. widemer »Inhaber, Bewirtschafter eines Widem-Gutes, e. Pfründe der Pfarrkirche. Hainr. *Widemer* 1249/Überl. Verschliffen (bair.): **Wimmer** (Bay., Ö. oft!), auch als ÖN., vgl. Hof Wimmer/OÖ. (b. Petenbach): 1325 an der Widem! Hainr. *Widemer* 1357 Tirol; H. *von dem Widem* 1328 Tirol; H. der *Wimmer* 1294 Regsbg. Auch Hierl-, Hoch-, Hinterwimmer. S. auch ndd. Wehmer (Wedemer)! In Weinbaugebieten mag mhd. wimmer = windemer »Weinleser« hineinspielen.

Wiebe (Hbg. oft), **Wieb(e)ke** (Hbg.) nebst Wiebeking (patr.) ist KF. zu **Wiebert** (**Wiebers:** Hbg.), d. i. *Wigbert* »im Kampfe glänzend«, bzw. zu **Wie(g)bold** (Wiebelt, Wibbelt) u. Wigbern, Wigbrand. Auch **Wiepke,** Wiepking. Patr. **Wieben,** Wiebensohn, das auch Metr. sein kann; denn *Wiebe, Wiebke* ist auch weibl. fries. VN. (= Wigburg: *Wiburch*), vgl. Marquart *Wibenman* 1284 Strals. Beliebt war fries. *Wig-bern* (bern = »Bär«), heute Wibbern, Wippern, wie Sigbern: Sibbern. S. auch Wickbrand, Wickbold! **Wiebring** beruht auf Wibberding, Wigberding (westf. Patr.), vgl. Albring, Detering.

Wiebusch (Düss.) = Wiedebusch »Wiedenbusch«, vgl. Wie(de)meyer. Kort *im Wiebusch* 1617 Lippe.

Wiech, Wiechern, Wiechert, Wiechmann s. Wich-! Noch 1522 Hbg.: *Wichman* Wipeking.

Wieck (Hbg. oft): altnd. wîk = »Ortschaft«, auch in ON. (Bruns-wik!); z. T. wohl andere Schreibung für **Wick,** wie Wiecking: Wicking! Aber **Wieckhorst** meint modriges Gehölz.

Wieczorek (Wieczorke, Witschurke): häufiger schles.-slaw. FN., vgl. auch ON. Wieczorka u. ä.

Wiede(mann): ndd. oft, = obd. Weidemann, nach der Wohnstätte am Weidengebüsch; Gödeke *in den Wyden* 1406 Duderstadt. Joh. *van der Wyden* 1277 Strals. Verschliffen **Wiemann,** wie Wiebusch, Wiemeyer, Wiebrock, soweit nicht = *Winman* »Weinhändler«, s. Weimann! **Wiedemar:** ON. Kr. Delitzsch; Schiban *v. Wedymar* 1323 Strehlen. Vgl. aber den VN. *Widemar* 1150 Köln: heute FN. Wedemar. Obd. **Wiedemer** s. Widmer (Bentz *uf der wideme* um 1340 b. Horb/Württ.). (Sohn: M. der *Widmar*).

Wieder, Wiedermann (Lg., Brsl. oft): vgl. **Wiedera** (Brsl.) u. ON. wie Wiederau/Sa., Wiederitzsch u. ä. Bosse *v. Wedrau* 1415 Lg.

Wiederhold: im hess. Raum einst beliebter Pers. N. *Widerolt,* wohl im Sinne von »Widersacher« oder »Widerstand leistend«; bes. in Ritterkreisen; *Widerolt* von Linden, Ritter, 1264 Wetzlar, Heise *Wederholt* 1369 Duderstadt. Auch Wiederholz, Wetterhold. – **Wiedersich:** poln. Form *(Wiederzych)* für Dietrich.

Wiederspahn s. (ndd.) Wehrspohn! – **Wiedner** s. Weidner! – **Wiedstruck** (ndd.) = Weidenstrauch. **Wieduwild,** -wilt (ndd.) = »wie du willst«.

Wiefelspütz (ndrhein.) s. Wevelsiep!

Wi(e)gand(t): ndd. u. rhein. = obd. Weigand, s. dies! Entstellt Wiegank. Dazu KF. **Wiegel,** Wiegelmann (rhein. auch **Wiegels**), s. Weigel! (Vgl. *Wigel* Widenbusch 1398 Frkf.). – **Wiegard** = **Wieghardt,** Wig-hard, s. Wichert!

Wieger(s), Wiegert (Hbg. oft) meint Wighard bzw. Wig-her, s. Wichert! Desgl. mit ndd.-fries. Gemination: **Wigger, Wiggers,** Wiggert! – **Wieghorst** s. Wieckhorst!

Wiegleb: ON. Wiegleben bei Gotha, vgl. Briegleb, Hemleb usw.; wig ist altes Wasser- u. Sumpfwort (Bahlow, ON. S. 537).

Wiegmann (Hbg., Hann. oft): ndd. = obd. Weigmann, s. dies! Vgl. Wi(e)chmann!

Wiegner (obd.-schles.): wohl Wiegenmacher (mhd. wige »Wiege«); vgl. Schebek *Wigmacher* 1408 Prag; *Wigener* 1372 Lg. (auch Brsl.).

Wiegreffe, -gräfe, -grebe (westf.-ndd.): Vogt über das städt. Weichbild (wik = »fester Ort, Stadt«); Wulverus dictus *Wichgreve* 1344 Hann.

Wiehe (Hbg. öfter): ndd. = »Wiede« = Weidenbaum; dazu Wiehemeier. Vgl. Wiehenbrauk (Wiedenbrock). Aber auch ON. Wiehe a. d. Unstrut mag beachtet werden. Im übrigen vgl. fries. = ndd. *Wighe,* s. Wich! In Stade um 1300: dominus *Wigh (Wigmannus)* de Haghena.

Wiehl: ON. im Bergischen, a. d. Wila (1137); prähistor. Gewässername. Dazu **Wiehler.** – **Wiehr** s. Wier! – **Wiek** s. Wick!

Wieland: Die Sage von W., dem kunstreichsten Schmiede, war noch im späten MA. im Volke lebendig. Vgl. in Freiburg 1341: *Wieland der Schmied!* In Lg. 1333 Meister *Wiland* (Erbauer d. Peter-Paul-Kirche); in Eßl. 1301 Konr. *Wielant;* in Greifsw. 1374 Mathias *Weland.*

Wiele (Hbg.): vgl. ON. Wielen b. Preetz u. Wiehl a. d. *Wila;* dazu ON. Wieldrecht/Holld., Wielpütz (Willpütz/Ndrhein. usw.; wil ist altes Wasserwort, eine Wilapa (Wilpe) in Waldeck. – **Wielepp:** ON. auf -leben, s. Wiegleb u. Weilepp! – **Wiem,** Wiemschulte, Wiemhöfer (westf.): z. Widem »Pfarrgut«, s. Wehm(er)! – **Wiemann** (ndd.) s. Weimann! (d. i. Wien-, Weinhändler), z. T. aber auch = Wiedemann (am Weidengehölz), wie Tiemann für Tiedemann; vgl. Wiebusch: Wiedebusch. **Wiemeier** (ndd.) = Wiedemeier!

Wiemer (Hbg. oft) nebst **Wiemers** (Hbg., Düss. oft) entspricht Siemer, Siemers: d. i. Wig-mar »kampf-berühmt« bzw. Sigmar; (»sieg-berühmt«); urkdl. *Wichmer* 1266 Ro. Dazu als KF. **Wiemken** (patr. Wiemker): Conr. *Wymekonis* um 1325 Lüb., Edo *Wijmconius* 1408 Friesld.! Vgl. Wimod (Wigmod) 10. Jh. (fem.).

Wienand (Wienands, Wienandy): Köln zahlr., Düss., Barmen oft, s. unter Weinholtz! Dazu KF. **Wienke,** s. dies!

Wienbeck: ndd. Bachname (Winebeke), vgl. ON. Wiembeck/Lippe; das alte win »Wasser, Sumpf« auch in Wien-siek, Wien-siepen, Win-brok, Wine-pole, Wine-mere usw. (Bahlow, ON. S. 527), auch in Wiensen, Winsen (Win-husen), Wienberg (wo kein Wein wuchs!), Wienbarg, van Wienen!

Wienbreyer: in Quedlbg. 1677 *Wienbreier* neben *Wienbräuer* 1669 u. *Weinbreuer* 1635. Vgl. Kalbreyer, Kallbreier; Merbreier, Mehrbrei.

Wiencke s. Wienke! Desgl. **Wiene(c)ke.** – **Wiener:** aus Wien/Ö. (heute auch jüd.). **Wieners, Wienen** s. Wiens!

Wienhol(t)z neben **Wienhold** s. Weinholtz!

Wienke, Wieneke (Hbg. zahlr.); patr. Wienken, fries. Wient(jes): im MA. beliebte ndd. KF. zu Wienand (Wignand), s. dies u. Weinholtz, Wienhold! *Wineco (Winandus)* de Soltwedele 1295 Hbg., *Wineke* Makedust 1349 Lüb., *Wyneke* Tymmerman um 1406 Werdener Urbar. Die Vollform Wijnand ist noch heute VN. in Holld.

Wienkoop (ndd.) s. Weinkauf! Wienkopf ist (halbhochd.) umgedeutet.

Wienrich (ndd.) s. Weinrich! **Wiens** (Hbg.): ndd.-fries. KF. (Patr.) zu Wienand, Wieneke! Vgl. Wienen (Düss.). Wieners wohl zu Winihart. – **Wientapper,** -tepper: ndd. = »Weinzapfer, Weinschenk«; Swaneke *Wintappers* 1404 Bremen. Vgl. Sifrid *Haletappe* 1301 Ro. (»hole den Zapfen!«).

Wien(t)zek: slaw. KF. zu Vinzenz, siehe dies!

Wiepke, Wiepking s. Wiebke! **Wieprecht** s. Wiebe u. Weiprecht! Ein heil. *Wipertus*

(Wiprecht) war Bonifatius-Schüler (Fritzlar).

Wier (Hbg.) ist altes Wasserwort (wir), Bahlow, ON. S. 538! Dazu ON. Wieren b. Ülzen u. FN. **Wiermann.** Auch ON. Wierum/Holld.

Wierig, Wiering (Hbg. öfter): fries.-ndd. Pers. N. *Wiric,* schon um 900 bezeugt, wohl = Wig-rik, wie Sierich für Sig-rich; zu Wiering vgl. Siering. Dazu patr. **Wiers.** Fries. **Wiersma** ist patr. erweitert aus *Wiert: Wiard,* d. i. Wighard, s. Wichert! Vgl. Adde *Wyersna* 1461 Friesld.

Wierschke (vgl. Wierschowski) ist ostd.-slaw. KF. zum Pers. N. *Vrchoslav (Vrsek);* Miklosich, Nr. 49, Bahlow, Schles. Nbch. S. 77. Vgl. ON. Wierschoslawice b. Brombg. Dazu auch Werschke, Wersch(eck) u. ä. Ein Archidiakonus *Wirchozlaus* 1262 in Lg. **Wiersig** s. Wirsing!

Wiesch, Wiescher s. Wisch, Wischer!

Wiese (sehr häufig): nach d. Wohnstätte, also ländl. Herkunft; Hainr. *an der Wise* 1275 Bozen. Vgl. auch ON. Wiese, Wiesa (mehrf. in Sa.). Dazu **Wiesemann, Wieser** (obd.), **Wies(e)ner** (ON. Wiesen häufig), oft in Schles., Sa., Ö.: Mathes *Wisener (von der Wisen, zur Wisen)* 1456ff. Glatz (gemeint ist ON. Wiesau ebda.). Aber *»mit der Wise«* 1350 Brsl. = »Wiesenbesitzer, -pächter«. In Mainz 1333 Dile *off der wiesen.*

Wiesendanger: aus Wiesendangen b. Zürich (Wisuntwangon im 8. Jh.).

Wiesent: mhd. wisent »Wisent, Auerochse«; als ÜN. eines Knappen 1361 b. Oppenheim: Joh. *Wiesant,* armiger; in Strals. 1314 Joh. *Wesent,* auch Ro. 1259. Aber Heinr. der *Wisenter* 1294 Regsbg. wohl z. ON. Wiesent ebda.

Wiestner, Wiest s. Wüstner, Wüst! – **Wietek** s. Wittek!

Wietze: ON. b. Celle. **Wietzke** s. Witzke!

Wiewesiek (Westf.): ÖN. (siek »sumpf. Bachniederung«); Abeke *im Wiversieke* 1590 Lippe. – **Wiezorrek** s. Wieczorrek!

Wigand s. Wiegand! – **Wigge** (Westf.) s. Wicke u. Wigger!

Wigger, Wiggers (Hbg. oft), Wiggert ndd. Form für Wig-hard bzw. Wigher, s. Wichert! Vgl. Egger(s), Egger für Eckhard, – Riggers, Riggert für Rikhard. Schon 1157 e. Bischof *Wigge* (Brdbg.); 1257 in Ro.: *Wigger* hoke 1242 in Friesld.: *Wigger,* Vater des *Wigbold;* um 1300 in Strals.: Joh. *Wigger;* noch 1535 in Stettin: *Wigge Weggere.*

Wilberding: ndd.-westf. Patr. zu Wilbert, **Wilbers,** Wilbertz (rhein.) bzw. **Wilbrecht,** Wilpert, wie Alberding zu Albert. Ein »Willensstarker«. **Willbarth** zeigt ndd. *ar* für *er,* wie Volbarth (Volkbert), Albart, Siebart.

Wilbrand(t), Willbrandt (Hbg. oft, Meckl.); entstellt Wildebrand(t), vgl. umgekehrt Hilde-, Hillebrand: wie Adal-, Al-, Ahlbrand, Siebrand, Her-, Harbrand, Wolbrand usw. im Nord-Ostseeraum beliebter ndd.-ingwäon Pers. N. Auch der Dichter Adolf W. war Mecklenburger. In Ro. um 1275 als VN. 18mal!

Wilck(e), Wilcken(s) s. Wilke, Wilkens!

Wildt, Wildt, obd. **Wilde** mhd.-ndd.: mhd. wild = »wild, sittenlos«, aber auch »fremd, nicht heimisch«! Starkform **Wilder** (soweit nicht = Wilderer: Wernher der *Wilderer* 1350 Württ.). Dazu **Wildersinn** (Willersinn), **Wildermuth** (Württ.) *Wildsplut* der hirt 1386 Eger.

Wildbrett, -prett: mhd. wilt-braete »Wildbraten«, der Wildbrethändler, wie der *Wiltbreter* 1365 Brsl. – **Wildebrand** s. Willebrand!

Wildeis(en), obd.: Schmiedename, s. unter Findeisen!

Wildemann (vgl. Wilde): z. T. auch Hausname, so in Jena 1446 Hennel *zum Wildenmann,* desgl. in Straßbg. 1544. Die »wilden Männer« waren dem MA. fremdartige, unheimliche Wesen. – **Wildenbruch:** ON. in Pomm. u. Brdbg.; Hinr. *Wildenbroke* 1326 Greifsw. Vgl. Ernst v. W., Dichter, Enkel d. Prinzen Louis Ferdinand.

Wildenhayn (Sa.) = nordd. Wildenhagen; mehrf. ON. in Sa.

Wildfang: mhd. = »fremde Person«, seltener = wilt-ban »Jagdbezirk«. Thid. *Wiltfanc* 1300 Ro.

Wildfeuer (Bay., Ö.), ndd. Wildführ, Willführ: viell. ÜN. des Köhlers. – **Wildgans** (obd.): wie Wildhuhn, Wildvogel wohl ÜN. des Jägers. – **Wildgruber** (Bay., Ö.): z. ÖN. Wildgrube (Fridr. *Wiltgruober* 1365 Tirol). – **Wildtraut:** entstellt aus Wiltrud, s. dies! (*Wiltrudis* um 1325 Lüb.).

Wildner, Willner (Sa., Schles., Ö., Bay.):

aus Wildenau (2mal in Sa., auch in O.Frkn., O.Pfalz, O.Ö.); vgl. Ritter Heinr. *v. Wildenau* 1253 Württ. (Wüstung W. b. Tüb.); Hempel *Wildener* 1381 b. Sorau; Jocoff *Wildener* 1445 Freiberg/Sa. (Mhd. wildener »Wildschütz« war ostmd. ungebräuchlich!).

Wildschütz: ostmd. nicht = »Jäger«, sondern slaw. ON. Wiltschitz (z. B. b. Liegnitz b. Wurzen usw.); Herm. *v. Wiltschicz* 1392 Sa.

Wildung: aus Wildungen a. d. Wilde/Eder; Ludewig *Wildunge* 1409 Kassel.

Wildwerker (obd.): mhd. = »Kürschner, Pelzhändler«; vgl. meister Lutz der *Wiltwerker* 1355 Stuttg.

Wilfert, Wilfarth, -fahrt: ndrhein., meint den heil. *Wilfrid,* ags. Missionar bei den Friesen/Holld. (7. Jh.). Noch heute ist Wilfrid engl. VN.

Wilfling (obd.): z. ON. Wilflingen (Baden, Württ.).

Wilhelm (häufig), patr. Wilhelms, Wilhelmsen (Holstein), Wilhelmer (obd.), Wilhelmi (lat. Genitiv), auch **Wilhalm** (Bay., Ö.,), vgl. den »Willehalm« Wolframs v. Eschenbach/Bay.; gekürzt Halm (wie Helm); Wilharm ist dissimiliert (urkdl. schon um a. 1000 Willermus). S. auch fries. **Wilms** (nebst Helms), Wilmsen, KF. (ndd.) **Wilke** (Wilken). Wilhelm (»willensstarker, helmbewehrter Kämpfer«) ist alter germ., bes. normann. N. (seit Wilhelm dem Eroberer a. 1066 auch in Engld. häufig: William, Willy, Bill), frz. Guilleaume; b. e. Ritterfest in Bayeux wurden a. 1171 allein 117 Wilhelme gezählt! Bei uns sorgte im 19. Jh. das preuß. Königshaus für Beliebtheit des Ns. Vgl. auch »Wilh. Tell« u. »Wilh. Meister«.

Wilke, Wilken(s): häufige ndd.-fries. KF. zu Wilhelm. *Willeke* v. Tramp = *Wilhelmus* Trampo, pomm. Ritter um 1300; *Willeke* Stokvisch 1338 Strals., *Willeke* Schutenröver 1262 Hbg., *Wilcke* Rewerda 1422 Friesld. In Schlesien spielt der slaw. ON. Wilkau, Wilka, Wilk hinein.

Wille, Will (Hbg. oft) = Willeke, Wilke, s. dies! Aber auch obd. häufig: als KF. zu Willahalm u. ä. – **Willbrandt** (Hbg. oft) s. Wilbrand! **Willamow(itz),** Wilamowski (ostd.-slaw.): ON. Willamoven/Ostpr. **Willemer = Willmer,** Wilmar: altd. Pers. N. (»willensstark«, »berühmt«). – **Willenberg** (Lg.): vom Willenberg im Katzbachtal.

Willers (Hbg. oft) nebst **Willer(t)** war als *Willer* im Küstenbereich äußerst beliebter Pers. N., in Ro. um 1275 allein 16mal bezeugt; *Willer* de hoppenere 1320 Lüb., *Willerius* apud salinam 1291 Lünebg. Patr. (westf.): **Willerding** (wie Allerding: Wil-hard, Al-hard).

Willführ s. Wildfeue!

Willgeroth s. Willroth! **Willibald:** »willensstark u. kühn«. Der heil. W. war erster Bischof v. Eichstätt.

Willhöft (Hbg.) meint Wildehovet »wildes Haupt«. Vgl. Joh. *Wildelevend* 1467 Hbg. – **Willgôs** = »Wildgans«. **Willschrei** (Hbg.): wilder Schrei.

Willich: im Rhld. mehrf. ON.; sonst auch KF. zu Willehelm u. ä. Desgl. **Willig,** Willigmann. **Willing(s):** ndd. Patr. zu Willehelm usw., vgl. ON. Willinghusen b. Hbg., Willingrade/Holstein; Willingshausen, -hain/Hessen; Willingen b. Soltau u. ö.; Willing/Bay.

Willkomm (Dresden oft): ein willkommener, angenehmer Mensch. Ein *Willicumo* schon um 900.

Willmann (Willmanns, ndrhein.): KF. zu Willehelm u. ä.; *Willeman (Wilhelm)* Schedesalz 1303 Wetzlar; Richward *Willeman* 1320 Lüb., Claus *Willman* 1402 Schlettstadt, Peterman *Willman* 1333 Böhmen.

Willmer, Wilmers (Hbg. öfter) s. Willemer! (*Wilmarus* 1266 Hbg.).

Willmuth: seltener altd. Pers. N. (*Willemodus* 1285 Strals., *Wylmet* Tannen 1387 Friese, Heinr. *Wilmuot* 1295 Würzbg.). – **Willner** s. Wildner!

Willroth: ON. in Nassau (östl. Neuwied); auch Willrodt, Willruth; -roth meint -rode »Rodung«. – **Wil(l)rich:** altd. Pers. N. »willensstark u. mächtig«; *Wilricus* 1248 Hbg. (auch Lg. 1345), Nitsche *Wilrich* 1380 Lg. **Wilmanns** s. Willmann!

Wilm, Wilms (Hbg. oft), patr. auch **Wilmsen:** ndd.-fries. Form für Wilhelm(s), wie Alm(s) für Adelhelm(s). Auch Helms, s. dies! *Wilm* Lübben 1373 Barth, Wilke *Wilm* 1403 ebda.

Wilprecht, Wilpert s. Wilbrecht! (Joh. *Wilprecht* 1475 Mchn.).

Wilrodt s. Willroth! – **Wilster(mann):** Hbg., aus Wilster b. Itzehoe. **Wiltrud:**

Walkürenname. Vgl. *Wiltrud* und Helmtrud, Töchter Ludwigs III. v. Bay. – **Wiltsch, Wilschke,** Wilczek: ostd.-slaw., vgl. *Wilczke* von der Ölsen 1359 Brsl. – **Wimmel** (Hbg.): ÖN. wie Wemmel, s. dies!

Wimmer (Mchn. zahlr., Wien desgl.), s. Widmer! Aber nordd. (Düss.) **Wimmer(s)** deutet durch die patr. Form auf e. Pers. N.; Wimmer ist ON. b. Lübbecke/Westf.

Wimpassinger, Windpassinger (Bay., Ö.): z. ON. W. ebda. (mehrf.). – **Winand(s),** Winandy s. Wienand!

Winde, Wind(t) wie Windisch meint den Wenden, vgl. Wendt! (Theodericus *(Slawus)* qui dicitur *Wint* 1188/97 Köln; Nic. *Windman* 1363 Znaim. S. auch Windt!

Windeck(er): obd. Herk. N. – **Windeis:** obd. Schmiedename; s. Findeisen! **Windelband:** mhd. = »Windel-, Wickelband«, s. unter Bandel!

Windel, Windels s. Wendel! Windler s. Wendler! – **Winderlich** (obd.-schles.) s. Wunderlich! – **Windfuhr** (Westf.): ÖN. wie Wasserfuhr (Peter *Windfuhr* 1665 b. Kierspe, auf dem Gute »zur Windfuhr«); vgl. Windhorn, Windhorst, Windwehe (= Wind-wede »Moorgehölz«), Windhövel (»-hügel«), lauter Sinnverwandte. Dazu **Vanderfuhr,** Anderfuhr u. ä. Auch **Windgassen** ist ndrhein. ÖN. (vgl. »to Wintgaeten« 1486).

Windisch (Wendisch), **Winsch,** Windisch-, Winschmann, auch **Wündisch, Wünsch(e)** (Görl. 60mal!), Wünschmann: der Wende oder Sorbe, daher in der O. Lausitz am häufigsten! Vgl. »der *windische* Mertin« 1381 b. Sorau, »der *windische* Jorge« 1537 Görl., Hannus *Windisch* 1405 Lg., Nick. *Winsche* 1528 Görl., Paul *Wünsche* 1564 Görl.; dazu *Windischman* 1354 Lg., *Winschman* 1547 Lg. Vgl. Bemischman, Deutschman.

Windler (Hbg.) s. Wendler! – **Windrich** (Laus., Sa.) s. Wendrich.

Windrath (Düss.): ON. b. Düss. (-rat = -rode »Rodung«).

Windschügl, -schigl (Ö.) s. Schuh! **Windfried** (wini = »Freund«), so hieß der Angelsachse Bonifacius. – **Wingartz** (ndrhein.) nebst **Wingert,** Wingardt meint »Weingarten« (ÖN.), wie Bongartz, Bungert »Baumgarten«. Mhd. wîngerter »Weingärtner, Winzer«.

Windt = Wendt, s. Winde, Wende, Windisch! Vgl. aber Ulr. *Wint (Ventus)* 1280 Überl., Rud. *zuom Winde* 1331 Straßbg. S. auch Schneidewind!

Windweh, -wehen (ndd.) = Windwede ÖN. wie Brückweh: Brickwede, s. unter Wede! Zu Windwehr vgl. Brackwehr (= -wede).

Wingen (van der): Düss., ndrhein. ÖN.

Winkler (obd. u. md.), **Winkelmann** (mehr nordd.), **Winkel:** nach der Wohnstätte; Winkler auch zuweilen = Krämer, der e. Winkelladen hat, vgl. ndd. *Winkelhoke:* Winkelhake. In Görl. heißt 1305 Pezolt von der Aue nach s. Hof auch P. *in dem winkele;* vgl. Gerbod *zu dem winkel* 1343 b. Mainz (heute FN. Zumwinkel, zum Winkel westd.-rhein.); Nic. *Winkeler* 1397 Lg., Hs. *Winkelman* 1360 Brsl. (desgl. Mainz), Thilman *Winkelseßer* 1305 Limbg. Winkelsträter, -ströter (Düss.): strot »sumpf. Gebüsch«.

Winne, Winnen, Winneke = Wenne(ke), KF. zu Win(n)e-, Wen(n)mar! Patr. **Winni(n)g;** doch vgl. ON. Winningen (Koblenz). Winninghusen (Hann.). Ein ON. Winnekendonk b. Kevelaer.

Winnepenning (ndd.): »gewinne den Pfennig« (s. unter Pfennig!), Spottname f. d. Geizigen oder f. d. Kleinkrämer? Thid. *Winnepenning* 1259 Ro., 1333 Lüb., (1294 Hbg.). – **Winner(s):** ndd. = obd. Gwinner, s. dies! – **Winsch(er),** Winschmann s. Windisch!

Winsemann: aus Winsen a. d. Luhe bzw. a. d. Aller (Win-husen »Sumpfort«).

Winter (häufig), Winters (ndrhein.), Winterl(e), -lein (obd.): wie bei Sommer u. Herbst dürften oft berufl. (sozial bedingte) Beziehungen zur Jahreszeit vorliegen, vgl. Michel *winterhoke* 1381 Sorau, Winterbecker, Winterbier, Winterkorn, Wintergerste; Wintertag, Wintertanz; mhd. winterdiener, wintergelt (auf Abgabepflicht deutend: »die *wintergelt* gibt man zu St. Michelstag«). Auch ein Brüderpaar *Winter* und *Sommer* (Wintar u. Sumar) ist a. 858 am O.Rhein bezeugt. Vereinzelt mag auch der seltene VN. Wint-her hineinspielen: *Wintherus* Henlin 1311 Karlstadt; *Wynther,* Sohn des Emelrich v. Ryfenberg, 1331 Wetzlar; vgl. den Ostgotenkönig *Winit-hari* (»Wendenkämpfer«) im 6. Jh.

Winterling: mhd. = »wilder Weinstock«; Herm. dictus *Winterlinc* 1249 b. Überl. Vgl. ON. Winterlingen.
Wintermantel (Schwarzwald): wie Regen-, Langen-, Kurzmantel u. ä.; z. T. wohl ÜN. des Mäntlers. **Winterhalter** (1460 Freiburg) = Winterhalder, wie Sommer-, Sonnenhalder, -halter (halde = Abhang). – **Winzer(l),** Winzerling s. Weinzierl! **Winzig:** ON. b. Wohlau/Schles.
Wipfler (obd.), Wippler (md.): mhd. wipfeln = Baumwipfel kappen, viell. Gärtnername. – **Wippermann** (Hbg. öfter): von der Wipper, prähistor. Flußname, von Westf. bis Pommern mehrf. (2mal zw. Harz u. Thür.); auch die Wupper hieß einst Wipper (vgl. Wipperfürth u. **Wippern** an ihr); wip meint »Moder« (vgl. mhd. verwepfen »schimmeln«).
Wipprecht, Wippert, Wippold s. Wieprecht unter Wiebe bzw. Wiebold unter Wibbelt! **Wipke** s. Wiepke unter Wiebe! **Wippel** (von der): Düss., nebst Wippel(mann): ndrhein.-westf. Herk. N. – **Wippern** (Hbg.): = (Wig-bern), s. Wiebe, soweit nicht = ON. Wippern a. d. Wipper. – **Wippler** s. Wipfler!
Wirbs (Lg. oft), **W(i)rba** u. ä. (ostd.-slaw.) s. Werbig!
Wirick (ndd.) s. Weihrauch (Priestername). Vgl. wirik-vat »Weihrauchgefäß«. Clawes *Wyrik* 1414 Halle, Reimar *Wirek* 1373 Meckl. UB., L. *Wirok* 1498 Hann.
Wiring, Wirringa s. Wiering! – **Wirfler** s. Würfler! – **Wirndl, Wirnhör** (Ö.) s. Werner! Werndl!
Wirsing, Wirsig: schwerlich = mhd. wirsic »schlimm, übel«; der Wirsingkohl ist erst 1479 bezeugt, aber durch die Namen als Lehnwort des MAs (a. d. Ital.) erwiesen! Vgl. Ekkehardus dictus *Wirsing* 1306 Ichtershsn./Thür., Bertolf *Wirsinch* 1275 Ober-Wesel a. Rh., Reintz *Wirsinch* 1323 Altheim/Württ., Nic. *Wirsing (Wirsung!)* 1350 Brsl., Leuther *Wersing* (Kaplan) 1395 Lg., Conr. *Wersing (Wirsing),* Ritter, 1258 Walkenried/Harz., Wolfhart *Wirsinger* 1381 Eger. In Görl. auch **Würsig** (mundartl.) neben **Wirsig,** in Brsl. Wiersig, Wiersich; hier mag übrigens slaw. Vrsek (KF. zu Vrchoslaw) hineinspielen, vgl. schles. Wierschke, Wers(ch)ke, Wers(ch)ek, Wersch!
Wirth, Würth, Würthle (obd.), **Wir(t)z** (ndrhein. oft nebst Wirthgen, Wirths): der Gastwirt (vgl. schles. Kretschmer!), mhd. wirt auch »Hausherr, Ehemann«. Michel *wirt* von Ebersbach 1398 Lg., Hs. *Wirtchen* 1383 Lg., Steffel *Wirtel* 1414 Nikolsbg. Vgl. Bierwirt, Frühwirt, Gutwirt, Siebenwirt (Bogusch *Sebinwirt* 1350 Brsl.), Magerwirt; in Satzform: Findewirt, Suchenwirt (ÜN. des Fahrenden, der Herberge sucht), vgl. Peter *Suchenwirt,* mhd. Dichter (Ö.) um 1380.
Wirthwein s. Wörthwein! – **Wischer** (Westf.): der von der Wische (= Wiese), vgl. westf. Büscher, Bröcker u. ä. Dazu **Wischmann, Wisch,** Breitwisch, Aus der Wischen, Hegewisch, Gosewisch (»Gänsewiese«), v. Pogwisch (»Froschwiese«); Angewisch (ndrhein.) = »an der W.« Auch **Wiesche,** Wiescher, Langewiesche. Zu **Wischeropp** vgl. Sönderop u. ä. (-derop = -dorp). – **Wiske(mann):** fries. = Wischmann, s. dies!
Wislicen(us): Brsl., auch Wislica/Polen.
Wismer, Wismar: mehrf. ON. (Meckl., Hess.), Joh. *v. Wismer (de Wismaria)* 1287 Strals., H. *Wisemer* 1362 Hess. **Wispler:** mhd. »Flüsterer«. **Wispel** mnd. wik-schepel = Getreidemaß. Joh. *Wichschepel* 1262 Hbg., Hince *W.* 1272 Wism., Hinr. *W.* 1285 Str.
Wisser (Oldbg.) = westf. Wischer, s. dies! Vgl. Seggewiß (»Riedwiese«), Markwisse u. ä. Dazu **Wiss(e)mann** (= Wischmann, Wiskemann), soweit nicht z. ON. Wissen a. d. Wisse (Siegerld.); auch **Wissmeyer.** Zu **Wissing** (Düss.) vgl. ON. Wissingen a. d. Hase (auch ON. Wissing/Bay.).
Wissler (Hbg.): ndd. Variante zu Wesseler (Wechsler). **Wissel** = Wessel = Wernher! *Wessel (Wissel)* Olde 1287 Lüb. Tile *Wessel (Wissel)* 1450 Haldsl. *Wissel Wissels* 1478 Hi.
Witkowski (ostd.-slaw.): Herk. N. (aus Witkowo), vgl. ON. Wittkow/Ostpr., Witkow/Böhmen.
Witsch: vgl. *Wycze* Marschalk 1368 Froburg. **Witschurke** s. Wieczorek!
Witschel, Witzschel (Sa.): *Witschel* Jeger 1364 Löbau/Sa., *Wiczschel (Weczel)* v. d. Bobritzsch 1405/Sa., Volkmar *Wizschel (Wetzel)* 1537 Jena.
Witte, Witt (ndd. häufig) = »Weiß, Weiße«, der Weißhaarige, Hellblonde, wie **Wittkopp, Witthöft** (»Weißhaupt«). Da-

zu Wittjohann, Witthinrich, **Wittmaak** (oft: der weiße Markward). Auch **Wittke** (Hbg. oft): Herm. *Witteke* 1278 Ro. (in Schles. aber = slaw. Witteck!); patr. **Witting** (Hbg. öfter): Henr. *Witting* 1280 Ro.; vgl. auch ON. Wittingen/Ülzen; fries. **Wittje,** ndrhein. **Wittgen(s).**

Wittek (O./S. oft), auch Wietek: KF. zum slaw. Pers. N. Witoslaw: (Budiwoy u. *Vytoslaw,* Brüder 1316/Tinz b. Lg.); *Vitek* rzebniczco = V. nagler 1380 Prag; eingedeutscht: *Witel* Wüsthub 1380 Littau (vgl. Peschek: Peschel); *Wittel (Witkel)* krämer 1315 Brsl.; Ull *Witusch* 1414 Nikolsbg.; m. slaw. Suffix -an: Wittan (wie Petran, Pechan). Vgl. auch Wittkowski!

Wittekind, Widdekind s. Wedekind! – **Witten** (Hbg. oft): patr. zu Witte (»des Witten Sohn«). Vgl. auch ON. Witten a. Ruhr. **Witter** (Hbg. oft), Witters: altd. Pers. N. *Widuhari, Widher* (Widerus um 1260 in Ro.), vgl. den Quadenkönig Viduarius 4. Jh.

Wittern (Hbg. oft), von W.: ON. wie Seggern, Finnern (alle im Raum Hbg.); seg, finn, witt sind alte Wörter für Wasser bzw. Sumpf, Moor, deutlich in den ON. Wittmar, Wittlar, Witten (Wit-lo), Witterda u. ä.

Wittfoth (ndd.): Spottname des Müller: (»Weißfuß«). **Wittgerber** (ndd.) = Weißgerber. Bernh. *Witgerwer* 1300 Strals., 1257 Ro. – **Wittgen(s)** s. Witte! Desgl. **Wittje.** – **Wittgrefe** (westf.) = Holtgrefe: »Waldvogt«; auch Wiegreffe.

Witthöf(f)t (Hbg. oft): ndd. = »Weißhaupt« (Herm. *Wittehovet* 1345 Lüb., nebst Harde-, Milde-, Schonhovet). – **Witthohn, -huhn** (ndd.) = »Weißhuhn«, ÜN. des Hühnerhändlers, -züchters. – **Wittiber** s. Wittwer!

Witthot: »Weißhut«, noch bei Lauremberg um 1650 als N. des Müllers: »Herr *Wittehoet*«. Hinrik *Wittehoet* 1352 Hbg.

Wittig, Wittich (häufig): In der dt. Heldensage sind *Wittich* u. Heime bekannt als Recken Dietrichs v. Bern. Im obd.-schles. Raum im MA. als VN. beliebt: *Witche* der schenke 1383 Lg., u. v. a., *Wittich* Wieland 1463 Stuttg., Sigm. *Wittich* 1460 Görl., C. *Wittig* 1558 Lg., Niclos *Witche* 1419 Hermsdf. Patr. *Witicher* 1395 Eger. S. auch ndd. Weddig! Vgl. die böhm. Witigonen: *Witigo* Boemus miles 1341.

Witting s. Witte! – **Wittkamm** (westf.) = Wittkamp (kamp = Feld).

Wittke (Hbg. oft) s. Witte! In Schlesien spielt aber slaw. **Wittek** hinein, s. dies! – **Wittkop(p),** -kopf s. Witte! **Wittkowski** s. Witkowski! – **Wittkugel** (Hbg.): ndd. *Wittekogel* »weiße Kapuze«, s. Kogel! Vgl. Wittrock! – **Wittler** (obd.): wohl = mhd. witling »Witwer«; Cunz *Witler* 1407 b. Biberach.

Wittmaa(c)k (Hbg. oft): ndd. = »weißhaariger Markward«, s. Maack!

Wittmaier (obd.): nach d. Wohnstätte am *wite* = »Wald, Gehölz«, wie Wittmoser u. ä.; z. T. wohl auch entstellt aus Widemmaier, s. Wimmer.

Wittmann (Hbg. Witte! Obd. Wittmaier!

Wittmar, Wittmer: ON. b. Wolfenbüttel, wie Wettmar, Bettmar, Rettmar im selben Raum; Sinnverwandte für stehende Gewässer. Der Pers. N. *Widemar* (1150 Köln) spielt kaum noch herein. (Ein Ostgotenkönig *Widimer* im 6. Jh.). Vgl. Wiedemar!

Wittmund (Hbg.): ON./Oldbg. – **Wittneben,** -nebel (Hbg.): entstellt aus ndd. Witte-neve »der weißhaarige Neffe« (Joh. *Witteneve* 1325 Helmarshsn.). – **Wittpenn** s. Pfennig! (»Weißpfennig«). **Wittrich** (Widderich): altd. Pers. N., vgl. den Ostgotenkönig *Widi-rik* um 500; ein Wi-di-mer desgl.

Wittrisch: ostdt.-slaw. = Dietrich! Vgl. ON. Witrschkowitz: 1347 Dietrichsdorf!

Wittrock (Hbg. oft): ndd. = »Weißrock« (E. *Witterok* 1299 Hbg. [1443 Hann.]).

Wittvagel = »Weißling« (Schmetterling); Hans *Wittevogel* 1441 Husum.

Wittstock: ON. (a. d. Dosse/Brdbg.), mehrf. – **Wittwer:** obd. Wittiber, ndd. Wedewer, s. d.! (Hs. *Witteber* 1417 Lg.).

Witzel: im hess. Raum urkdl. als einst beliebte KF. zu Wigand (s. Wiegand!) bezeugt; *Witzel (Wigand)* Harnasch 1392/1401 Fulda, *Witzel (Wigand)* Eigenbrot 1495 Fulda, Ritter *Witzel* v. Rengelrode 1325 Eichsfeld, *Witzel* Steinmetz 1496 Fulda; noch 1936 gebrauchte man in der Schwalm *Witz* für Wigand! S. aber auch Witsch(el)!

Witzke ist ostd.-slaw. wie Witzki, Witzick, Witzkewitz; vgl. **Witzlaff** (*Wizlaw,* Fürst v. Rügen um 1300). Ein Ort Witzke b. Rathenow.

Witzleben: ON./Thür., auch Witzleb, wie Wiegleb, Kutzleb.

Wlodasch, Wlotzka (-ke): slaw. KF. zu Wlodislaw, Wladislaw bzw. Wladimir; vgl. Wlodiczek: *Flodiczke* 1350 Brsl.

Wloch (O./S.) s. Floch (Fluch) u. Bloch!

Wobbe (Hbg. oft), nebst Wobben (metr.): im MA. beliebte fries. KF. zu Wolburg (Walburg); urkdl. um 1300 in Lüb.: *Wobbe* Groperesche = *Wolburgis,* Witwe des Willehelm Gropere; Henr. *Wobbenman* 1305 Hann. *Wobbe, Wobbeke* einst allenthalben im ndd.-fries. Raum. Heute auch als FN. **Wöbb, Wöb(c)ke** (Hbg. oft), Wöbken, **Wöbbeking** (-kind), die aber z. T. auch Patronymika sind: zu Wobbe als KF. zu *Wolbert, Wolbod, Wolbern, Wolbrand,* vgl. *Wobbo* Luppens 1462 Friesld., Uffo *Wobbonis* 12. Jh. ebda. Daher auch **Wöbber** = Wölber, s. dies! S. auch die Variante **Wübbe** zu *Wulbern!*

Wobbermin (Pomm.): slaw. ON. ebda.; Hinr. *Wobermyn* 1352 Stettin.

Wober: mundartl. für Weber (Raum Frkf.-Speyer); Bentze der *Wober* 1313 Speyer, Clese *Wober* 1393 Frkf.

Wöbs (Lüb., Hbg.): slaw. ON. b. Lüb. (urkdl. Wobes). **Wobeser:** ON./Pomm.

Wobig (Stettin): slaw. ON. Vgl. Wöbs.

Wocke (Schles.): im schles.-böhm. Raum als slaw. Pers. N. bezeugt, vgl. *Wocco* filius Borutonis, *Wocco* filius Benesonis 1234 Mähren. Dazu ON. Wockendorf/Böhm.

Wockenfuß (Danzig, Bln., Hbg.): mnd. wocke »Spindel«. Barthol. *Wockenfoet* 1454 Jüterbog. Vgl. Nic. *Wokenstel* 1270 Hbg.

Wöck(e)ner (Hbg.): mnd. wokener »Wucherer«.

Wodarg(e): slaw. ON./Pomm. (Jac. *Wodarghe* 1358 Greifsw.).

Wodarsch = Wodarz: slaw. = »Wasserträger«; vgl. Wodka: dazu **Wodtke,** Wottke u. ä., auch Wodicke, Woedtke.

Wod(e)rich (Hbg.): ndd. = »Wüterich«.

Woeffkens (Weuffkens): ndrhein. = Wölfken, s. dies!

Wogram(m): ostd.-slaw. ON. wie Pulgram, Kloddram u. ä.

Wöhl, Wöhle, Wöhleke, Wöhlck s. Wöhlke, Wöhler! – **Wohlan(g):** KF. zu slaw. Wolimir, Wolisaw.

Wöhlbier, Wohlbier (ndd.): entstellt aus *Wol-bero,* s. Wölber! Vgl. **Wöhlbrandt** (ndd.) = *Wol-brand,* s. dies! **Wohlbrecht** s. Wollbrecht! Wolbert! – **Wohl-,** Wollbrück: vgl. Wo(h)lbeck (wol »Sumpf«).

Wohler, Wöhler (Hbg. oft), urkdl. *Woler,* beruht auf ndd. Wolder = Wolter, Walter (Walther); *Woler* neben *Wolder* schon um 1300 (z. B. in Lüb., 1423 Friesld.). Vgl. *Rodewoller* = *Rodewolder* 1375 Holstein; *Wolderus* Gropere 1275 Hbg. Dazu patr. **Wohlers** (zahlr.) (Wolderes), Wolderessone 1337 Stade. Weniger oft **Wohlert, Wöhlert** (Hbg.). KF. ist **Wöhlk(e),** patr. **Wöhlken(s),** Wöhlking, Wöhling neben **Wöhl(e),** auch **Wölke,** Wölken, urkdl. *Woldeke: Wöldeke* Wiltvang 1374 Lünebg., Lazarus *Wöldeke (Wölcke)* 1602 Boizenbg. Zu **Wöhling** vgl. Diedrich *Wolding* 1367 Oldbg. In Stade 1323 VN. *Wole* (fries.).

Wohld: ndd. = »Wald«, am Walde wohnend; auch **Wohltmann;** auch oft in ON.: Wohl b. Hildesh.: *(van dem Wohlde),* Wohld b. Celle u. ö.

Wohlfahrt (obd.-schles.-sächs.): umgedeutet aus *Wolfhart* (»wolfskühn«), so noch um 1500; gemeint ist der Nibelungenrekke (Neffe Hildebrands), beliebt einst vor allem in Adels- u. Ritterkreisen: Ritter *Wolfhart* Kopacz 1293 Schles., *Wolfhart* v. Czedelicz (Hauptmann zu Glatz um 1375); Joh. *Wolfhart* 1371 Brsl., Wolf *Wohlfart* 1484 Ölsnitz/Sa. Vgl. Magister *Wolffahrt* Spangenberg 1606 Straßbg. S. auch *Wölfel!*

Wohlfeil: ÜN. für Krämer, vgl. das Gegenteil Teuerkauf (Dürkop). Lambert *Wolveyle* 1363 Greifsw. (1334 Kassel), Hensel *Wolfail* 1364 Prag.

Wohlfromm, Wolfrum u. ä. s. Wolfram! – **Wohlgefahr(t):** mhd. wolgevar »wohl, schön aussehend« (gevar »Farbe habend«); Nic. *Wolgevar* 1380 Lg. – **Wohlgehagen** (Hbg.): wohl entstellt, neben Wohlgehaben, -gehoben »wohl angefangen«. – **Wohlgethan:** mhd. = »schön gestaltet«, vgl. Schönthan. – **Wohlgezogen,** auch Wolzogen: »fein gebildet, gesittet« (Heinr. der *Wolgezogen* 1308 Freiburg).

Wohlgemuth: »wohl gesinnt, wohlgemut«, verbreiteter ÜN.; Friedr. *Wolgemut* 1376 Mchn., Nic. *Wolgemuet* 1365 Brünn, Heinr. *Wolgemut* 1370 b. Pforzh.; später auch gekürzt **Wohlmuth** (wie

Wolgezogen: Wolzogen; Wien, Mchn. oft). Vgl. ON. Wohlmuting/Ö., Wohlmuthausen (Württ., Thür.). **Wöhlke** s. Wöhler!

Wohllebe(n): der e. schönes Leben führt; vgl. Sanftleben (Sachtleben). Auch Wohlleber (wie Senftleber, Schönleber), obd., nebst Wohleb, Wolleb. Vgl. Cuonrat *Wollebe* 1295; Herm. *Wolleben* 1235 Freiburg.

Wohlrab, -rabe (Sa. oft) s. Wallraff (ndd. Walraven)! Joh. *Wolrab (Walrab)* 1488 Reichenbach/Sa. Auch Wollrabe (1359 Danzig). **Wohlrich** s. Woldrich!

Wohltmann (ndd.) = Waldmann; s. Wohld! – **Wohlschlege** (obd.) s. Woll-! – **Wohlwill:** mhd. wol-wille »Wohlwollen«.

Wöhncke (Hbg.): fries. KF. wie *Wonno, Wunno, Wunnike* um 1280 Hbg. neben *Wunnerus* ebda; vgl. auch Wünneke Wüncke. *Wunnenson* 1312 Stade.

Wöhning (Hbg.): ON. Wöhningen ö. Ülzen; vgl. aber fries. Wöhncke!

Wöhren (Hbg.): wird deutlich durch ON. Wöhren/Lippe (1368 *to der Worden*): wie ON. Wöhrden b. Stade u. ö.; dazu Wöhrmeier, **Wö(h)rmann** *(Wördeman);* ndd. *word, wurd* = »erhöhter Wohnplatz« (Gehöftsiedlung in nassem Gelände, oft in der Marschen). Vgl. Sweder *tor Worder* 1471 Meppen/Ems.

Wöhrle, Wöhrlin (obd., Bay., Württ., Baden) = Wörnle = Wernle = Werner; s. auch Wehrle! Ebenso **Wöhrn** = Wern = Werner, Wörner. Benj. *Wörlin (Wehrlin)* 1625 Alpirsbach/Württ.

Woith(e), Woite (Schlesien) nebst **Woitke,** Woitek, Woitas u. ä.: KF. wie **Woiczech** z. slaw. Pers. N. *Woi(t)czlaw* (voj = »Mann, Krieger«). Belege: *Woytczlaff,* Probst d. Klosters Czarnowand 1431; ebda. *Woitke* Gogel, Bauer; in Kalisch 1426 *Woytke polan;* in Lg. 1384 *Woytke* Guldian, in Brsl. 1356 *Woytke (Woyczech)* vurman; patr. Barthol. *Woytkener* 1414 Kr. Neiße. **Woitzik** (O./S.) nebst **Woitschek** s. Foitzik.

Woker (ndd.) = »Wucher«; Gereke *Woker* 1433 Haldsl., *Wokerer* 1363 Strals.

Wölber (Hbg.), **Wolber** ist der ndd.-fries. Pers. N. *Wol-bero* (bero = »Bär«, wol = wolf, soweit nicht = walt); s. auch Wohlbier! **Wolbert** (rhein. Wolbertz), **Wolbers** (Hbg.): ndd. Pers. N. wie Wollbrecht; auch Wolpert, Wölpert, **Wolpers** (vgl. Albers: Alpers); urkdl. *Wulbertus, Wolbertus, Wolbrecht* um 1250 Hbg., Strals., Ro., *Wolbero* Plukkevel 1172 Köln. Patr.: *Wolberding:* Wollbring, Wolperding.

Wölbern (Hbg.): ndd.-fries. Pers. N. mit d. Variante **Wülbern,** urspr. wohl Wul(f)-bern (bern = »Bär«, vgl. Vasbern, Reimbern); urkdl. um 1250/1350 *Wulbern(us)* in Stade, Hbg., Ro. usw. Vgl. auch Wöbbe, Wübbe!

Wölbling, Wölbeling: ndd.-westf. Patr. zu Wölbert, Wölbern, Wolbrand.

Wolbrandt, Wolbrands wie Wullbrand, Wulbrands (ndd.-fries.) beruhen auf Wolf-brand (brand = »flammendes Schwert«). Urkdl. in Ro. um 1250 öfter *Wulbrand(us),* z. B. *Wulbrandus (Wulbernus)* humularius. Heute auch **Wöhlbrandt,** vgl. Wöhlbier neben Wölber. S. auch Wölbern! **Wolbrecht** s. Wolbert!

Wölck(e), Wolck(e) s. Wölke, Wolke! – **Wold(e):** ndd., s. Wohld!

Woldenga (fries.) s. Wöhling unter Wöhler!

Wöldicke (ndd.) s. Wöhler! **Woldert** (fries.) meint Wohlert, s. dies! Vgl. Aldert für Ahlert. **Wolderich(s),** Wohlrich: ndd. Form von Walderich (»mächtig waltend«); urkdl. *Woldericus* 1248 Hbg., 1294 Stade. Auch **Wolderk** (vgl. Hinnerk), Wölderks; fries. Wolerk.

Woldmann, Woltmann (ndd., Hbg. oft) s. Wohld! Desgl. **Woldt.**

Wolf(f): häufig, vielfach ÜN. für gefährl., grimmige Menschen mit Wolfsnatur; auch Rauwolf. Ndd. **Wulf.** Schon 1135 in Köln: Nivelung *Wolf;* vgl. Ortlof der *Wolf* 1300; Elbel *Wolf* 1365 Brünn. Dazu *Wolfshirn, Wolfskele* 1159 Köln (auch ON.), *Wolfsdarm, Wolfsdrüssel* (»-Rüssel, -Schlund«) u. ä. Z. T. auch Hausname: Heinr. *zem Wolve* 13. Jh. O.Rhein (apud Lupum); *Weißenwolf, z. grauen Wolf.* Ferner Strutwolf (»Buschwolf«), Rorwolf, Schneewolf, Heidwolf. Jägernamen sind: Dempewolf (ndd. dempen »würgen«), Schindewolf, Gripenwulf u. ä., auch Wolfangel. Schimpfnamen: *Labenwolf* 1388 Nürnbg. (wie Labengeier). Als VN. (KF. zu Wolfgang) wird Wolf erst im 16. Jh. üblich. Im MA. galt nur *Wölfel,* u. zwar als KF. zu Wolfhart, Wolfram, vgl.

Wolf Mitzel 1546 Lg., *Wolff* Clement 1513 Görl. Aber *Wolf* Zenebus, Ritter! 1424 Glatz. *Wolf (Wolfradus)* v. Stain, Ritter! 1291 Lorsch.

Wölfel, Wölfle, Wölf(f)lin (obd.-alem.-schwäb.): KF. zu Wolfhart, Wolfram. Vgl. *Wölfel* Isengretel 1356 Brsl., *Wölfel Wolferam* 1395 b. Eger, *Wölfelin* v. Heidenheim 1355 Würzbg.

Wölfer, Wölfert nebst **Wolfer(t),** Wolferts beruhen auf *Wolf-her, Wolf-hart.* Vgl. *Wolver* v. Altdorf 1274 Bay., Heinr. *Wolfer* 1350 Eßl. S. auch ndd. Wülfer, Wülfers! Dazu Wolfermann.

Wolf(f)gang: im MA. ungebräuchlich, – Wolfhart u. Wolfram waren die beliebten VN. mit Wolf-; erst als Heil. N. (Bischof W. v. Regensbg., gest. 994) fand er von Bayern aus Verbreitung im Süden; darüber hinaus erst durch Mozart u. Goethe! (Bahlow, Unsere Vornamen, S. 106!) *Wolfgang* Rüdel 1491 Lg.

Wolfgart, -garten: ÖN., vgl. Thiergart u. ä. – **Wolfger** (obd.): seltener altd. Pers. N. (gêr = »Speer«). – **Wolfgram(m)** s. Wolfram! **Wolfhart** s. Wohlfahrt! – **Wolffheim:** junger jüd. FN., wie z. T. auch Wolff. – **Wölfing** s. Wülfing! – **Wolfke(n)** s. Wülfke(n)! – **Wolfleib** s. Wulfleff! – **Wölfflin** (alem.) s. Wölfel!

Wolfram (entstellt Wolfrum, Wolfrom, **Wohlfromm; Wolfgram,** Wulfgram, ndd.): im MA. beliebt, berühmt durch den bair. Dichter Wolfram v. Eschenbach u. sein Parzival-Epos. Wolf u. Rabe (ahd. hraban: ram) waren Wodans ständige Begleiter; die Wölfe hießen Geri u. Freki (»gierig« u. »frech«), die Raben Hugin u. Munin (»Gedanke« u. »Gedächtnis«). *Wolfram* Cziterwange 1332 Glatz.

Wolfrath, Wolfradt (von): seltener altd. Pers. N., Ritter *Wolfradus* v. Stain 1291 Lorsch, vgl. ON. Wolfratshausen südl. Mchn. Aber Wülfrath ist ndrhein. ON.

Wolfring: ON./O.Pfalz; soweit nicht = Wolfer(d)ing, patr. **Wolfrum,** Wolfrom s. Wolfram! – **Wolfsen** (ndd.): Patr. zu den Wolf-Namen. Aber **Wolffsohn** ist jüd. (junge Bildung), vgl. auch Wolff u. Wolffheim!

Wolfskehl: alter ÜN. wie Wolfsdrüssel, Wolfsgurgel, Wolfsdarm, s. unter Wolf! Gerh. *Wolveskele* 1159 Köln. Ein ON. Wolfskehlen b. Darmstadt.

Wolfsteller, Wolfenstaller (Bay., Ö.): z. obd. ÖN. auf -stall »Stelle, Stall« wie Brem-, Premstaller, Obersteller, Wintersteller. Auch **Wolfslast** ist offenbar Flurname. – **Wolgast,** Wollgast (Hbg. oft): slaw. ON./Pomm. (Frederik *v. Wolgast* 1293 Strals.).

Wölk(e), Wölken (Hbg. oft) s. Wöhlke unter Wöhler! Desgl. **Wolke, Wolken** (Hbg.). Aber **Wolkan,** Wolkas sind slaw. (vgl. vlk »Wolf«), vgl. slaw. ON. Wolka, Wolkau u. FN. **Wolker** (Lg. 1316), auch ÖN. Wölkau: FN. **Wölker.** S. auch Wülker! **Wolkenhauer** (nordd., Hbg. oft): entstellt aus urkdl. **Wolkenhaar;** Cord *Wolkenhar* 1465 Oldbg., Dietr. *Wolckenhaar* 1564 Hann. Vgl. dazu in Strals. 1345 Godeke *Wolkenborst.* Die N. sind also wörtl. zu verstehen. Ein ON. Wolkenwehe (: wede) b. Oldesloe.

Wollbrand, Wollbrecht s. Wol-, Wohl-!

Wollburg, Wollberg (Hbg.) können gekürzt sein aus Wollenburg, Wollenberg (Hbg.): ON./Brdbg. (auch westd.); vgl. aber den weibl. VN. *Wolburg(is)* unter Wobbe! – analog zu Wallburg *(Walburgis).* Auch in Haldsl. um 1400: *Wolburgh,* Tochter des Vricke Kyritz, *Wolbergh,* Frau des H. Robbe.

Wollenbär, -ber (obd., Württ.): ÜN., vielleicht des Wollenschlägers (vgl. mhd. ber = »Schlag«); sonst etwa »wollig zottiger Bär«. Cuontz *Wolenber* 1350 Stuttg. Vgl. **Wollenhaupt** (Hbg. öfter): mit wolligem Haupthaar. – **Woll(en)schläger:** der die Wolle durch Schlagen reinigt u. lockert; sein Werkzeug: mhd. wollen-boge, vgl. (Conr.) *Wulleboghe* 1367 Hann. Auch **Wollschlegel, Wohlschlegel,** Wohlschlag (Baden), **Wohlschläger** (Bay.). S. auch obd. **Wollner!** Zu **Woll(en)weber** vgl. ndd. Wullen-, Wüllenweber, wie Wüllner neben Wollner, Wöllner. **Wolle,** ndd. Wulle, ist Berufs-ÜN. aus dem Wollmachergewerbe, desgl. **Wollensack** (für den Wollhändler: vgl. *Wollemenger* 1180 Köln); auch **Wollmann** ist der Händler (vgl. Bier-, Behrmann, Salzmann). Dazu auch ndd. *Wullenpund* (der Wollwäger, vgl. in Mainz 1327 *Wollenwiger*).

Woller meint obd. wie **Wollner** (beide mhd.) den Wollschläger: Ulr. *Wollsleger gen. Woller* 1445 Löffingen/Württ. Conr. *Woller* 1348 Brünn.

Wollerich s. Wolderich!

Woller(s) ist Variante zu ndd. **Wohler(s)** s. dies! Desgl. mit Umlaut **Wöller** nebst **Wollert, Wöllert** (alle Hbg.).

Wollgast s. Wolgast! – **Wollmann** s. Wollenweber!

Wöllmer (Hbg. oft) ist altd. (Indd.) Pers. N. Wol-mar: *Wolmer* 1278 Ro., Werner *Wolmers* 1458 Schwerin. Auch **Wol(l)mer,** Wollmar (vgl. aber ON. Wollmar b. Marburg!). Ein *Wolfmarus* de Lubec 1340 in Brsl. – **Wöllner, Wollner** (obd.) s. Woller u. Wollenschläger! Vgl. ON. Wöllnau. – **Wollrab,** Wollram s. Wohlrab! (Grave *Wollrave* 1532 Waldeck).

Wollseifer: z. ON. Wollseifen/Ndrhein.

Wollwerth, Wöllwarth (Hbg.) Wegwerth!

Wolpers (Hbg. öfter): Patr. zu **Wolper(t),** wie Alpers zu Alper(t), Volpers zu Volpert; mit Umlaut **Wölper(t).** Die Stammsilbe *Wol-* kann Wolf-, aber auch Wal(t)-meinen. Dazu patr. **Wolperding** (westf.), wie Humperding (zu Humbert), bzw. Wolberding: Wollb(e)ring. Zu Wölper vgl. auch ON. Wölpern ö. Lpz.

Woltemate, Woltemath (ndd.) = »wohl zu Maß«, der das rechte Maß zu halten weiß. Auch Woldemade, Waltemathe.

Wolter, Wolters (Hbg. oft): ndd. Form für Walt(h)er. Patr. (westf.) **Woltering** (Münster oft); auf Woldering beruht **Wollring** (s. Wolder, Wohler!). **Wolterke(s),** Wölterges ist ndrhein., **Wöltjes,** Wöltjen ist fries. (= Woldeke, Wolteke).

Woltmann (Hbg. öfter) s. Wold-, Wohldmann! – **Wolz** (obd.) s. Walz! Vgl. *Wolz (Walz)* v. Sinkingen 15. Jh. Württ., Fritz *Woltzlin* 1380.

Wolzogen s. Wohlgezogen!

Wömmel (Hbg.) ist der seltene fries. weibl. Pers. N. *Womele* (1315 Stade, auch Bremen u. Hbg. 1254), mit k-Suffix *Womelke(n)* 1288 Stade; offenbar Variante zu *Wemele* (Hbg. 1269), *Wimele.*

Wondraschek (eingedeutscht Wanderscheck) s. Wandrey! Desgl. Wondra (Ondra, tschech. = Andreas), Wondrich, Wandrich, Wandrack, -ach.

Woog s. Waag! – **Woost** (ndd.) s. Wost-! Vgl. ON. Woosten/Meckl.

Wopfner (Tirol): wohl = *Wopfinger.*

Wöpner s. Weppner!

Wöpp, Wöpken, Wöpking (ndd.-fries.) s. Wöbb, Wöbke, Wöbbeking!

Worbs, Wurbs (Schles.): slaw. ON. vgl. ON. Wurbis (Worbis) b. Bautzen u. Worbis im Eichsfeld. Dazu auch **Würbs, Wirbs** (Lg. oft): *Wirbis* 1374 Lg.

Worch s. Wurch! (Dietr. *Worch* 1339 b. Würzbg.).

Wördemann (Hbg. öfter) nebst **Wörmann** (Hbg.) s. Wöhren! Auch **Wordtmann,** Woortmann, Wurthmann, Würdemann.

Wörfel (frk., Kulmbach) s. Würfel! – **Woringer:** ON. Woringen b. Memmingen.

Worker(t): ostd. Herk. N. (ON. Workau).

Wörle, -len, -lein s. Wehrle! – **Worm** (ndd.) = Wurm; Joh. *Worm* (Vermis) 1269 Hbg. – **Wörmann** s. Wöhren!

Wörmer (Hbg. öfter): offenbar ON., vgl. in Holld. das Wor-mer.

Wörmke, Wörmbke (Hbg. öfter): ndd., »Würmchen«, vgl. **Worm:** Wurm. Mnd. mhd. auch = »Schlange, Drache«. Ein Fluß Wörmke (1005 Wermana) b. Lüdge/Pyrmont. **Wormuth** s. Warmuth! **Worms(er),** Wurms(er): aus Worms.

Wörner, Wörnhör (Bay.) s. Werner, Wernher! Desgl. KF. **Wörnle,** Wörndle, Wörn s. Wernle! Wörnhart s. Wernhart! **Wörnz** s. Wernz!

Wörpel (ndd.) = »Würfel«, Berufs-ÜN. für den Würfeldrechsler (oder -spieler); vgl. Herman *worpelmekere* 1338 Lüb. – **Worringer:** ON. Worringen b. Köln.

Wort(h)mann (Hbg. oft) s. Wördemann unter Wöhren! Vgl. Albert *up der Wort* 1586 Hann. – **Worst** (ndd.) s. Wurst!

Wörthwein (Würthwein, Wirthwein, Wertwein): alle im frk. Raum, urkdl. Wortwin, d. i. Ortwin, beliebter VN., vgl. *Wortwin* Riedesel = *Ortwin* R. 1262/Eisenbach/Vogelsberg, *Wörtwin* Laurin um 1350 Württ., *Wortwin* Steckrübe 1409 Würzbg. (wo schon 1221 Heinr. filius *Wortwini*).

Wörz = Werz, wie Wörnz = Wernz (= Wernher), s. dies!

Wösler, Wösner (obd.) = Wesler, Wesner, s. Wesle! Vgl. Michel *Wösner (Wesner)* 1680 b. Oberndf.

Wossidlo (Meckl.): eigtl. Wossidlow, ostd.-slaw. ON.

Wöst(e): ndd., = mnd. wôste »wüst, öde«, auch Wöstmann; Wösthoff, -haus, Wöstenberg, Wöstendiek, Wostbrook, Wöstefeld (Wüstenfeld). Vgl. Gerh. *Wostekop* 1328 Lüb. Vgl. auch Wüst!

Wottke s. Wuttke! – **Wötz** s. Wetz! – **Wötzel** s. Wetzel! – **Woyciech** s. Woiczech!

Woydt s. Woit-! – **Woy(ach,** -ak): slaw. voj »Mann, Krieger«. **Woyke** (Schles.) s. Woitke! (*Woyke* vischer = *Woytke* vischer 1356/67 Brsl.). **Woytas,** Woytek s. Woitke! – **Woywood,** Woiwood: poln. = »Statthalter«.

Wrage (Wraage): Hbg. oft, auch Wragge: urkdl. Thid. *Wrake* 1365 Hbg. (mnd. *wrack* »untauglich, schwach«).

Wramp(e): ndd. = »krumm, verdreht«. **Wrang, Wrangel** (ndd.): wrangen = »verdrehen«, vgl. Cord *Wrangoge* (»Schielauge«) 1454 Hameln. Mnd. wrange »gewundenes Ding« (Schiffsrippe, Krummholz), vgl. Werner *Dordewrangen* 1251 Hbg. Diderich *Wrange* 1135 Köln. Joh. *Wrangere* 1252 Hbg. = »Ringer« (Wringer).

Wrba: slaw. = Weidenbaum.

Wrede (ndd. oft): der Zornige, Wilde, Grimmige; mit ndd. Dentalschwund auch **Wree** (Kiel, Flsbg.), wie Schwede: Schwee; Reimer *Wrede* 1284 Ro., Herm. der *Wrede* 1380 Lippe, Godeke *Wredeloke* 1280 Strals. Auch **Wreth:** Thord Jenssen dictus *Wredth* 1361 b. Lügum.

Wrege s. Wrige, Wrigge! – **Wrenger** (ndd.) = »Wringer, Ringer«, wie Dwenger neben Dwinger; vgl. Wranger! – **Wreth** (ndd.) s. Wrede!

Wriede (ndd. oft), Wrieth, **Wriedt** (oft): auch **Wriedstruck** = Gestrüpp, Buschwald; »Absalon wolde rönnen dör enen *wryt*«.

Wriefpenning (ndd.): »reibe den Pfennig«, = Geizhals. Vgl. Timmo *Wriver* 1358 Lüb.

Wrig(g)e, Wricke, Wriege (ndd.): der Verdrehte, Eigensinnige, Trotzige. Conr. *Wrighe* 1279 Ro., Clawes *Wrighe* oder *Wrichals* um 1400 Halle, Ewald *Wrigge* 1454 Danzig, *Wrege* 1343 Holst. Dazu **Wriggers** (Hbg., Lüb.).

Wrobel (ostd.-slaw.) = »Sperling« (oft in Brsl.); auch Wrobbel. Dazu **Wroblewski** (Herk. N.) – **Wrochem** (von): ndrhein. ON. auf -heim; wrok ist altes Sumpf-oder Moorwort, deutl. in **Wrocklage** i. W. »feuchte Niederung« (wie Harplage, Hettlage).

Wrona, Wronek, Wronka: slaw. wrona »Krähe«, vgl. ON. Wronke/Posen; dazu FN. **Wronski.** – **Wroost** (Meckl., Ro. öfter): urkdl. *Wrast,* so 1342 Nic. *Wrast* in Strals.; 1567, 1584 Meckl. (Witte S. 277: wend. wrac »Arzt, Zauberer«). – **Wroth:** mnd. wrot »Maulwurf« (Rud. Wrot 1255 Hbg.). – **Wruck** (Hbg. Stettin): auch Wruuk, Wrugge: nnd. = »streitsüchtig«; vgl. »een olen Wruck« 1753 Hbg. Hincz *Wruke* 1301 Hbg., Radolf *Wruk.*

Wröndel (Ö., Bay.): entstellt aus *Wörndl, Werndel* (= Werner), so im Münchener KiBch., seit 1761 meist *Wröndel.*

Wübbe (Wubbe, Wobbe): fries. KF. zu **Wülber(n),** *Wulbern, Wulbert, Wulbod, Wulbrand* (alle z. B. in Ro. um 1275, auch Hbg., Bremen, Lüb.), wie **Wobbe** zu Wolbert, Wolbod, Wolbrand usw., bzw. zu *Wulburg* (Wolburg), also sowohl mask. wie auch fem. Vgl. *Wubbeke* = *Wolburgis* 1482 Zeven wie *Wubbe* (fem.) 1370 Bremen, aber *Wubbeke* (mask.) 1428 Oldbg. Dazu patr. Haye *Wubbena* (fries. Häuptling) 1397. Vgl. **Wübbers** (d. i. Wulberts). **Wübbels, Wübbeler, Wübbeling, Wübbena, Wübken, Wübker.**

Wucherpfennig (Hbg. oft): der mit dem Pfennig zu »wuchern« versteht. Auch **Wucher(er),** ndd. Woker (s. dies)!, Wokerer, auch Wöckner; mhd. wuocher = »Zinsgewinn«; Albr. der *Wuochrer* 1290 Württ., Seidel *Wuchrer* 1383 Iglau.

Wüchner (obd.): = Wöchner, mhd. wochener »der zum Wochendienst verpflichtete Bauer oder Hörige« (mhd. wuche = woche); Klaus Brun gen. *Wuchner* (Bauer) 1525 Württ. – **Wucke** s. Wocke! Vgl. Hucke (Sa.): mundartl. für Hocke! – **Wudtke** s. Wuttke! – **Wühle** (obd.) = mhd. wuole »Wühlbache«; Uolr. *Wüle* 1300 Dürrheim/Württ.

Wühr(er): obd. auch Wuhrer, der am Wasserwehr wohnt (mhd. wuor, wüer); Wernlin *Wuorer* 1380 b. Rottweil.

Wülbern (Hbg.): ndd.-fries. Pers. N. urkdl. *Wulbern, Wolbern* mehrf. in Ro. um 1260 (nebst KF. *Wulbo*), desgl. i. Hbg. 1255; d. i. Wulf-bern (bern = »Bär«, vgl. Reim-bern, Rik-bern, Vabern). Patr. ist *Wulbering* 1428 Oldbg. S. auch Wölbern, Wübbe!

Wul(l)bieter (Hbg.): »Wolle-beißer« ÜN. des Wollhändlers, -webers, vgl. Stal-biter (1325 Greifsw.): der Stahlhändler.

Wulbrand s. Wolbrand!

Wulf(f): ndd. Form für Wolf; *Wulf* filius Wolberti 1286 Strals., *Wulf* Pudwills 1435 Pomm. Oft wie Wolf auch ÜN. Bernd *de Wulf* 1404 Ruhr. Ndd. **Wülfke(n),** häufig, entspricht obd. Wölfel, Wölflin, urkdl. Wulveke: *Wulveke* et frater eius Clawes *Wulv* 1413 Barth (hier deutlich = junior u. senior); *Wulveke* hudekoper 1300 Strals.; Sivert *Wulfeken* 1267 Hbg. Dazu patr. auch **Wulffen,** Wolfen; ndrhein. **Woeffen,** Woeffkens, Weufkens.

Wülfer, Wülfers, Wulfer, patr. Wülferling, wie **Wulfert,** beruhen im ndd. Raum auf urkdl. *Wulfhart: Wulfhardus* Surscale 1257 Ro., *Wulfardus Wulfard* 1423 Barth. Umgedeutet: **Wüllfahrt** wie obd.-md. Wohlfahrt. In Westf. patr. Wülferding. Auch *Wulverdessone* 1337 Stade. Ein ON. Wülfer b. Bielefeld. – **Wulfgrom** s. Wolfram!

Wülfing erinnert an die Heldensage, vgl. Herzog *Wülfing* (Held Ermenrichs), von Alphart erschlagen; »Wülfinge« heißen schlechthin die Mannen Dietrichs v. Bern. *Wülfinch* v. Chafenbergh 1179 Kremsmünster/Ö. Pulsab *Wölfing* 1411 Eger.

Wülfke(n) s. Wulf! – **Wulfleff** (ndd.-fries.) wie Wolfleff entspricht obd. Wolfleib (1256 Zürich): seltener altd. Pers. N.; vgl. Detleff: Dietleib; lef: leib = »Sprößling«. – **Wulfram** s. Wolfram!

Wülfrath: ON. b. Wuppertal; (-rath = -rode); s. aber Wolfrath, Wulfrath!

Wulk (ostd.-slaw.): vgl. ON. (FN.) Wulkow, Wulkau, Wulka. In Eger 1395 Elbel *Wulkener.* Dazu wohl auch **Wülker** (soweit nicht westf.).

Wullbieter (ndd.) s. Wulbieter! **Wullbrand** s. Wolbrand!

Wulle (ndd.) = »Wolle«, ÜN. des Wollhändlers bzw. -webers.

Wüllen (van): z. ON. Wüllen b. Ahaus (Moorgegend), wie Wullen (Kr. Hörde); wul, wol (wie wal, wel, wil) ist altes Gewässerwort, vgl. Wullenbruch.

Wull(en)weber (ndd. oft), auch Wüllenweber, s. Wollenweber! Berühmt durch den Lübecker Bürgermstr. Jürgen W. um 1530 (aus Hbg.); urkdl. *Wullenwever.* Dazu **Wull(en)schläger** (s. Wollen-!): Herm. *Wullensleger* 1390 Duderst. *Wullenkoper* (1268 Ro.), der Händler, Aufkäufer. Auch **Wülner,** Wöllner (obd. Wollner) gehört dazu: Kord *Wullner* = Konradus Lanifex (»Wollbereiter«) 1306 Lippe. Eine Familie *Wullenpund* (»dominus«) um 1290 in Lübeck u. Stralsund *Wullenferver* 1294 Stralsund.

Wullkop(f) (ndd.) = Wollkopf, vgl. Wollenhaupt. – **Wulsten** (Hbg.) beruht auf ON. *Wul-seten,* wie Bulsten, Hulsten auf Bul-, Hul-seten, lauter ndd.-westf. »Moorsiedlungen«. Vgl. Holsten (Holstein): zu den Holt-seten »Waldsassen«. – **Wulz** (obd.): »Baumstumpf«.

Wümpelmann: vgl. *Wumpelschewen* 1398 Greifsw. (mnd., »Wimpel, Schleier«). *Wimpeler* 1324 Stettin.

Wunder, obd. **Wunderl(e),** -li(n): = **Wunderer** (mhd.), der sich mit ungewöhnl. Dingen oder Ereignissen abgibt, Wundertäter, auch Neuigkeitskrämer; in der Heldensage ist *Wunderer* auch N. eines Ungeheuers, Menschenfressers, der e. schöne Jungfrau verfolgt u. von Dietrich v. Bern getötet wird. Jakl *Wundrer* 1363 Znaim, Heinczl *Wunder* 1397 ebda. Kunz der *Wunderer* 1345 Cannstatt. Herman *Wunder* 1262 Hbg.

Wunderlich (-ling), oft in Sa., Schles., Ö., mit Umlaut **Wünderlich,** entrundet **Winderlich:** mhd. = »reizbar, launisch, wunderlich«. Herman u. Wigant die *wunderlichen* gebrüder 1358 Frkf.; Hannus *Wunderlich* 1372 Lg., Wenczel *Winderlich* 1558 Lg. Herzog Heinrich der *Wunderliche* von Brschwg. 1279.

Wunderschütz (schles.): entstellt aus slaw. *Wondrasec,* wie auch Wanderscheck! Vgl. **Wundrack,** Wondrak, Wondra, Ondra u. ä. Auch **Wundram** ist ostd.-slaw., wie Gendram, Jastram, Kloddram, Pribram, Pausram.

Wündisch s. Wünsch u. Windisch!

Wundt: mnd. wunt = »verwundet«; Berthold der *Wunde* 1353 Leutkirch. Berühmt ist der Philosoph Wilh. Wundt.

Wünning (Hbg.) ist Patr. zu Wünn(e), Wunn(e) ebda., ein alter fries. Pers. N. (in Hbg. 1288/93 *Wunno, Wonno*), mit k-Suffix **Wünnecke, Wüncke** (in Hbg. 1266 *Wunnike,* nebst Vollname *Wunnerus* 1252: heute FN. **Wunner** (Hbg. öfter), soweit nicht sekundär für Wunder (Hbg. oft, vgl. Herm. *Wunder* 1262 Hbg.), analog zu Klünder: Klünner. Stade hat 1318 *Woneke:* heute FN. **Wöhnke.** Vgl. auch den heil. *Wunibald*, Sohn der *Wunna* (Gattin König Richards v. Engld., Schwester d. Winfrid: Bonifatius). Altd. wunne = »Wonne, Freude«. Asmes *Wunsen* 1562 Flsbg.

Wunsch (oft in Wien, Brsl., Danzig): vgl. den ON. Wunsch, Wunscha auf ostd.-slaw. Boden, auch On. Wünsch b. Mersebg.; nur selten mag es = Wunschel, Wünschel sein. Auch **Wunschik** weist aufs Slawische, desgl. die Erweiterung **Wunscholt** (Joh. *Wunscholt* 1540 Lg.).

Wünsch, Wünsche, Wünschmann, Wünscher (alle in Sa. u. O.Laus. oft) meinen den Wenden (Sorben), den Wendischen; s. Windisch! Winsch! Vgl. ON. *Wünschendorf* (»zum wendischen, windischen Dorf«) in Schles., Sa., Böhmen, auch Wünschensuhl/Thür., Wünschmoos (1482 Windischenmoos)/Hess. usw. Aber obd. **Wünsch(e)l** (vgl. Hans *Wünschlin* 1479 Dettingen) meint den Wunschhaften, Begehrlichen, vgl. FN. Wünschhütl; desgl. ohne Umlaut obd. **Wunschel.**

Wuppermann: Herk. N. wie Wippermann, Wesermann; auch die Wupper hieß urspr. Wipper; Nolde *by der Wupper* 1466, Tile *von der Wipper* 1434. Mit Umlaut Wüppermann. Aber das in Hbg. häufige **Wüpper** ist gerundetes *Wipper* (ndd.-fries. Berufs-ÜN), vgl. »en *wipper* un twe dregers«. Dazu Wüpperling. – **Wüpplinger** (obd.): Herk. N.

Wurban, Wurbank (wie Hurbank, Urbank, Urbanek): slaw. Formen von Urban.

Wurbs s. Worbs, Wirbs! – **Wurch(e):** ostd.-slaw., vgl. Worch, Werch, Werchan, s. dies! Vgl. ON. Werch-, Würchhusen/Thür.

Würdemann (Hbg.) s. Wördemann! Vgl. Verwürden (= von der Würden).

Würdtwein, Würthwein s. Wörthwein!

Würfel, ndd. **Wörpel** (s. dies!), entrundet **Werfel** (s. dies!), meint den Würfeldrechsler (mhd. würfeler) bzw. Würfelspieler (vgl. den Ratsherrn Herm. *Schütewörfel* 1315 Schweidnitz u. den *Zetenwürfel* 1337: zetten »streuen«). Michel *Würffel* 1365 Brünn, Hannus *Würfeler* 1385 Lg.

Würkert: obd., mit sekundärem *t,* = Würker (mhd. wirker, würker).

Wurlitzer: ON. Wurlitz b. Hof, Merkel *Wurlitzer* 1434 Eger. – **Wurm,** Wurmb. ndd. Worm, nebst **Würmle,** -lin, ndd. Wörmke: mhd. auch »Lindwurm, Schlange, Drache« (Heinr. *Wurm,* Edelknecht 1296 Bretten, hat im Wappen e. Lindwurm). Dazu Komposita wie Käswurm, Krautwurm, Rußwurm als Berufs-ÜN.; Wurmstich, -mehl, -nest, -sam (Samen); aber Wurmseher z. ON. Wurmsee (wie Egel-, Eichelseher, -seer), desgl. Wurmdobler (obd.): dobel = »Tal«, Wurmtausch, -er (ON. -rausch »Binsicht«/O.-Pfalz).

Würmeling (obd.) ist urkdl. = Würmelin: so in Bamberg 1185/94 Sifrit *Würmelin (Würmelinc)!* – **Würmer** (obd.): z. Fluß- u. ON. Würm (Württ., Bay.), alt Wirme, Wirmina (wir-m = »Wasser, Sumpf«). **Wurms,** Wurmser s. Worms! – **Würpel** s. Wörpel!

Würsig s. Wirsig!

Wurst, Würstle, Würstl, ndd. Worst: Berufs-ÜN. des Wurstmachers (obd. **Wurster**) bzw. Fleischers; vgl. den Fleischer *Dickwürstl* 1350 Olmütz, deutlich auch Engelbert *mitterworst* = Engelb. *worst* 1300 Lüb. Desgl. anschaulich Rörewurst, Machewurst, Schluck-, Schmeck-, Fretwurst! Dazu Siebenwurst, wie urkdl. Siebenschuh der Schuster, Siebenrock der Schneider. Wurstbendel, Wursthorn; Hirn-, Knack-, Knap-, Kraut-, Kodde-, Leber-wurst, Pagenworst (ndd. page = Pferd). Auch **Wurstler, -ner** (obd.) = Wurster.

Wurth(mann): ndd., s. Worthmann! – **Würthwein** s. Wörthwein! – **Würth,** Würthle (obd.) s. Wirt, Wirtle! Vgl. Albrecht der *würt* 1329 Immendingen.

Wür(t)z, Wurz (obd.): mhd. = »Kraut, Gewürzkraut«, Berufs-ÜN. des Gewürzkrämers bzw. Kräuterhändlers: **Würzer,** Würzner, Wurzer; Joh. *Wurtzkremer* 1488 Pforzh.; vgl. *Wurzegarten* 1297 Tüb., Pesco *Würczer* 1404 Olmütz. Zu **Wurzel** vgl. den *Wurzelgraber, Wurzelmann. Oldewurtel* (ndd.). Zu Wurzner vgl. auch ON. Wurzen/Sa.

Wüst: mhd. wüeste »wüst, wild, verschwenderisch« (vgl. um 1450 »ein wilder *wüster* Strunze«). Stark flektiert (ein) **Wüster** (wie Wilder, Starker, Langer, Kleiner), vgl. *Wüsterhund* 1645 Freiburg/Schwz. Fricz *Wüster* 1395 b. Eger, Nic. der *Wüest* 1369 Ö. Ndd. **Wöste,** Wostekop, rhein.-westf. Weuste. Z. T. spielt der ON. (ÖN.) Wüste, Wöste, Weuste hinein, vgl. C. *auf der Weusten* 1742 Schwelm, Fridrich *aus der Wuoste* (»Einöde, Wildnis«) 1369 Tirol. Told *Wuster* 1350 Tirol, Fricz *in der Wüst* 1394 ebda. Dazu **Wüstner,** Wiestner (obd.). Wüstney; Wüstehube (Schles.), Wüsthoff (Westf.). Wüst(e)mann: z. ÖN. Wüste (nordd.). Zu nordd. **Wustmann** vgl. ON. Wust (2mal/Brdbg.).

Wustrow: slaw. ON., öfter auf ostd. Boden (Meckl., Brdbg.), auch Wustrau (wie slaw. Ostrowo, Ostrau), = »Inselland, von Wasser oder Sumpf umgeben«, vgl. die Halbinsel Wustrow/Fischland (Meckl.).

Wuth(e): vgl. ON. Wutha/Thür. u. Wuthenow/Neuruppin. Aber Volkart v. Ouwe gen. *Wutfuß* 1398 Württ. meint den **Wüterich** (mhd. auch wuotegôß).

Wut(t)ke (Schles. oft) nebst **Wuttge, Wuttig,** Wuttka zeigen mundartl. *u* für slaw. *o*, vgl. **Wottke** (Wöttke), Wottka, Wottek, Wotte: Michel *Wudke* der greupner 1568 Lg. Soweit nicht slaw. *woda (wodka)* »Wasser« hineinspielt (vgl. ON. Wodnitz, Wudike u. ä.), dürfte *Wotek* (Wottke) Variante zu *Woitek, Witek* (Woitke, Wittke) sein, also KF. z. Pers. N. Woitslaw, Witoslaw. Ebenso **Wutzke, Wuttschke,** Wutschik Variante zu Woitzik; Woitschek bzw. Witzek (Witzke); vgl. auch Wutkowski neben Witkowski. Aber **Wutz** (bair. oft) s. Wutzer! Vgl. Jean Pauls Schulmeisterlein *Wutz.*

Wutz(l)er (bair.): »unruhiger Mensch« (wutzeln »unruhig hin- u. herfahren«); Chunrad *Wuczler* 1395 b. Eger, Rüdel *Wuczer* 1406 Mähr.-Trübau.

Wybert s. Wiebert! **Wybrands** (rhein.) s. Wickbrand! **Wychgram** s. Wickram! **Wyneken** s. Wienke! **Wypkema** (fries.) s. Wiebke!

Wyr(r)wa (slaw.) wie Wrba »Weidenbaum«; vgl. ON. Wirrwitz.

Wyß (Schweiz oft): alem. Form für **Weiß** (Purchard *Wyß* 1153 Zürich).

X

Xander(s), ndrhein. neben Zander(s), Sander(s), s. Alexander!

Xaver: kathol. VN., beliebt in Bay. (seit etwa 1700), nach d. heil. Franz Xaver(ius), Missionar Indiens u. Japans im 16. Jh.; Xavier ist span. ON. Vgl. den Münchner *Franz Xaver* Gabelsberger (1789), Erfinder der Kurzschrift.

Xell(er): obd.-schwäb., = Gsell(er); vgl. Hans *Gseller* 1441 Rottweil. – **Xylander** (griech.): Humanistenname für Holzmann; vgl. Dryander = Eichmann, Sarcander = Fleischmann, Neander = Neumann, Chrysander = Goldmann.

Y

Yblagger (Ö., Bay.) = **Übelacker,** Bauer m. schlechtem Acker. Vgl. mundartl. Iblherr neben Übelherr.

York (von): pomm.-kassub. Adelsgeschlecht (Jork, Jark), vgl. Feldmarschall York v. Wartenburg (Näheres: Heintze-Cascorbi, S. 525).

Z

Zaar (slaw.) s. Saar! **Zabe, Zabka,** -ke, Zapka, -ke: slaw. zaba = »Frosch«.

Zabel (Pomm., Meckl., Brdbg. öfter) ist im MA. als VN. (slaw. Herkunft) bezeugt, vgl. *Zabellus* Zeghevryt 1432 Strals., noch 1548 *Sabellus* Kemnitz (Gen.-Sup.)/Altmark; *Tzabel* Rannow 1393 Haldsl., *Zabel* Preleken ebda. Hans *Tzabels* 1382 ebda. Vgl. auch Zobel (z. T. slaw. Sobol = Sobieslaw). Aber obd. Zabel (FN.) meint mhd. zabel (lat. tabula) »Brettspiel«, schachzabel »Schachspiel«: Peter *Zabel* 1441 Neidlgn. Ndd.-ndrhein. Zabel ist Variante zu Zobel (: Pelz!), vgl. Hinr. *zabelsnidere* um 1325 Lüb., Thid. *Zabel* 1187 Köln.

Zach (Zacha, Zache, Zachen) nebst **Zachmann** begegnet schon um 1300 auf ostmd. Boden (Sa., Schles., auch Ö.) als VN., als Zacharias noch kaum gebräuchlich war: *Zachmannus* de Casow miles 1262 Lausitz, *Zachmannus* 1310, Schöffe in Brsl., *Zachman v. Czabelticz 1393 Neustadt (O./S.), Joh. Czach* 1409 Brsl.

Zachäus, Zachei (selten): hebr. »der Gerechte«; N. des Zöllners in Jericho, der Jesus aufnahm; als bibl. N. erst spät VN. (Joh. *Zachei* 1467 Weida/Sa.). – **Zader,**

Zadera: wend. zadora »Hader«. Enderl *Czader* 1402 Böhmen. Zu **Zad(d)ach** (slaw.) vgl. slaw. Raddach. **Zadel:** mhd. »Nahrungsmangel«, verzadeln »verhungern«; B. *Zadel* 1254 Nbg. – **Zaffke** s. Saffke!

Zacher, Zachert: obd.-md., meint **Zacharias** (den Propheten des ATs., bzw. den Vater Joh. d. Täufers: hebr. »Jahwe [Gott] gedenkt«); *Czacherys* Rulke 1347 Brsl., Hs. *Czacher* 1400 Habelschw. In Bay./Ö. **Zacherl.** Auch Sacher, Sacherl, s. dies!

Zachri(e)s, Zachreis (obd.) = Zacharias, s. Zacher! Vgl. Chunrat *Zachreis* = Ch. der *Zächerlein (Zecherlein)* um 1400 Passau, Sigmund *Zacharias (Zacherer)* 1508 Schrobenh./O.Bay. In Haldsl. um 1400 auch als weibl. VN.: *Zacharia* nebst KF. *Zachele, Zechele!*

Zagel, Zägelein (obd.): mhd. = »Schwanz«, z. T. = Penis; auch Flurname; Hensel *Czagel* 1382 Kolin. Kontrahiert **Zahl,** s. Hasenzahl! Rübezahl! Dazu **Zahler** (Lahr), alt *Zageler,* z. Flurnamen; vgl. in Tirol 1518 Hans *Zagler* am Zaglerhof, 1379 Told von *Zagel.* – **Zager:** ON. b. Wollin. Joh. *Zager* 1287 Strals.

Zähler: Berufs-ÜN., vgl. Nickel *czeler* 1361 Brsl. = N. *czigelczeler* 1358 ebda.; in Frkf. 1424 Henchen *eyerczeler.*

Zahn (häufig): ÜN. nach auffallendem Zahn (oder Zahnlücke: Simon *Zanlücke* 1348 Bingen). Vgl. Ritter Burchard v. Bodman gen. *Zan* 1235/Salem. In alter Form auch **Zandt** (mhd. zant): Stephan *Czant* 1362 Iglau. Hensel *Schartlzand* 1408 Prag wie Wernher *Schertelczan* 1281 Brsl. Auch *Breitzahn, Scharfzahn, Weibezahn* (Wackelzahn), *Klapperzahn.* Obd. auch **Zähnle,** Zehnle. *Reisenzahn* ist der Zahnarzt, Zahnbrecher, Zahnleiter (obd.) s. Hauslieter! (Leite: mhd. lîte »Berghang«).

Zahner: z. ON. Zahna b. Wittenberg. Vgl. Zahnow (ON. u. FN.).

Zahren (Hbg. öfter): vgl. ON. Zahren/Meckl.-Strelitz, ON. Zahrensdorf (Meckl. 2mal), ON. Zahrensen *(Zarenhusen)* nö. Soltau. In Wismar auch Zahrens. Vgl. auch **Zahrn(d)t** (Hbg.).

Zaiser (obd.), auch Zeiser: der Wollzupfer (mhd. zeisen »zupfen«), übertr. »Streitsüchtiger« (mhd.: mit einem zeisen); Ruod. der *Zaiser* 1314 Stuttg., Hans *Zeiser* 1414 Mähren. **Zainer** s. Zeiner!

Zajac(ek), Zajec(ek): Wien oft, slaw. = »Hase, Häschen«.

Zamek (ostd.-slaw.), auch **Samek:** KF. z. Pers. N. *Samobor;* auch Samosch. Zama, Zamjahn, mit Suffix -an, wie Bursian u. ä. Zu **Zamel,** Samel s. auch Samuel!

Zander (häufig), ndrhein. Zanders: wie **Sander** (Sanders) u. Xander = Alexander, s. dies! Vgl. *Tzander* Goltsmed um 1400 Haldsl. neben *Sander* Schöteler ebda. – **Zandt** s. Zahn! (2mal auch ON./Bay.).

Zang(e); Zängel, Zängle(in): obd. Schmiedename; vgl. Hammer, Amboß, Eisen, Nagel u. ä. Landolt *Zange* 1309 Rottenbg. Dazu **Zangemeister** (Bair. Schwaben). Hans *Zenglin der schmid* 1431 Eßl.

Zanger (obd.), auch Zänger(le), Zangerl mhd. zanger, zenger »munter, lebhaft, forsch« (eigtl. »beißend scharf«). Jac. *Zengerlin* 1250 Allgäu.

Zank, Zank(e)l (obd.-bair.) = **Zänker(t):** »zänkisch, streitsüchtig«; Herzog Heinrich II. v. Bay., gen. der *Zänker* 10. Jh. Aber **Zanke** mag mhd. zanke »Zacken« meinen. *Zanke* v. Rotkirch 1362 Lg., Wenczlab *Czank* 1398 Dt.-Brod. S. auch **Zenker,** Zenkel, Zenk.

Zanner (obd.): zu mhd. zannen »knurren, heulen«, zanne »Heulen, Keifen«. Also der Keifende. Ruod. *Zannare* 1225 b. Villgn., Hs. *Zannenbentz* 1545.

Zantke (Grünbg.): aus Zantkau/Schles. Vgl. (Burg) Zantoch/Warthe; v. Zanthier. – **Zanzig:** ostd.-slaw. ON., vgl. Danzig.

Zapel (Hbg.): slaw. ON. Hagenow/Meckl. Vgl. slaw. czapla »Reiher«, dazu *Czapel* v. Zschepelitz 1302. **Zäpernik** s. Zepernik!

Zapf, Zäpfel und Zäpfle (obd.) wie md. **Zapp(e),** ndd. Tappe, meint den **Zapfer,** ndd. Tapper = Schankwirt, vgl. den Sauerzapf, Weinzapf; Wackerzapp (obszön?). Zuweilen = »Trunkenbold«: so im Fastnachtspiel 1548 Bern (»Fritz Seltenleer, e. voller *Zapf*«). **Zapfner** (mhd.) »Weinschenk«. Aber **Zapke** (slaw.) s. Zabke!

Zarges = Nazarius (Heil. N.). Aber *Zarries (Zacharias)* Tappe 1573 Hildesh. **Zarncke** (Tscharnke), Zarnack (Scharnack): ostd.-schles. »der Schwarze« (poln. czarny, tschech. czerny: vgl. Tschernke,

Tschernack, Tscherning). Auch der ON. Tscharniku hieß mundartl. Tscharncke.

Zarp (Hbg.): slaw., vgl. ON. Zarpen b. Lüb., Zarpentin u. ä. Desgl. **Zars** (Hbg.), Zarse, Zarske, -ki. – **Zart(mann):** mhd. auch »Liebling, Geliebter«; vgl. *Frauenzart* um 1350 Olmütz; Heinr. dictus *Zarte* 1307 Mainz; *Czarczhauplin* 1397 Znaim; *Czartesgertel* 1350 Brsl., Heinr. *Zartsun* 1318.

Zastrow (Pomm.): slaw. ON. (Vorpomm.); als FN. auch adlig: Conradus de Zasterow, miles 1270 Greifsw., Adelgunde v. Zastrow um 1850.

Zauber: der Zauberer. Ndd. Tover: Conr. *Tover* 1344 Strals., de olde *Tovererschc* 1459 Haldsl.

Zauch(e): aus der Zauche (Zuche), Landschaft b. Belzig, auch e. Wald b. Lpz. (1334 *Zuche*), (slaw. suchy »trocken«), bzw. ON. Zauche/Kr. Trebnitz/Schles. (*von der Czuche* 1350 Brsl.). Joh. *Czauchman* 1498 Mersebg. Auch **Zaucher.** Vgl. Zaucke (Sauke), Zaucker. Ohne Diphthong: **Zuche,** Zuchke u. ä., ON. Zuchen/Köslin. ON. Zauchwitz/Brdbg.

Zaudtke, Zaudig: slaw. Pers. N. (Czudek), vgl. *Czudemar* 1350 Brsl. **Zaudner:** in Schlesien der altpoln. Zaudenrichter (Walther *czudener* 1339 Lg.); in Lg. vereinigt der Herzog 1324 die *zude* mit dem Hofgericht (»jus polonicale, quod vulgariter dicitur dy *zude*«: Urk. Bch. Lg. S. 48, Nr. 75).

Zauer (obd.): mhd. zouwer = Tuchweber (Walther der *Zauwer* 1359 Frkf.).

Zaumseil: Berufs-ÜN. des Seilers bzw. Zaummachers, vgl. **Zäumer,** ndd. Tomschläger, s. dies! Nic. *czaumstricker* 1359 Prag, V. *Zaumseil* 1526 Jena.

Zauner (obd.), mit Umlaut Zäuner, Zeuner: der Zaunmacher (mhd. zûner, zûnmacher); Nic. *Czuner* sutor 1399 Brsl., mhd. zûn »Dorfzaun, Hecke«; auch der daran Wohnende (wie Zaunmüller, Zaunmayer), vgl. Mechthild *zum zûne* 1297 Mainz. In Tirol 1534 auch Hofname *»am Zaun«*, 1347 »hof *zu dem Zäuner*« ebda. Zaunbrecher: ein Gewalttätiger. Zaunschliefer = »Zaunschlüpfer« (mhd. sliefen »schlüpfen«), vgl. mhd. zûn-slüpfel »Zaunkönig«.

Zausch (Lpz., Halle oft): ostd.-slaw. (alt *Czusche*), vgl. ON. Zuscha (Tschausch) b. Brüx, ON. Tschauschwitz b. Grottkau; Conrad *Zusche* um 1350 Glatz; Weiteres unter Tscheuschner (Tschauschner: Pesco *Zouschener* 1360 Glatz).

Zeberer: entrundet aus Zöberer (Vogtld.): z. ON. Groß-Zöbern b. Plauen.

Zeberlein (Zöberlein): obd., vgl. Hs. *Zäberlein* 1413 Kempten, Jerg *Zeberlein* 1559 ebda.

Zebernick s. Zepernick! – **Zebisch** (Sa.) = Zöbisch, d. i. slaw. *Sobisch,* KF. zu Sobieslaw. Vgl. auch Sebisch, Sabisch!

Zech (Laus., Sa. oft): slaw. wie Zoch, vgl. ON. Zechau, Zochau.

Zecherle, Zechel (obd.) = Zacharias. In Haldsl. ist um 1400 *Zachele, Zechele* auch weibl. KF. dazu! C. *Zecherlein (Zachereys)* 1404 Passau.

Zechetmayer, Zechetner s. Zehetmayer, Zehetner!

Zechlin: slaw. ON. b. Wittstock. Vgl. ON. (FN.) Zechlau, Zechin, Zecherin.

Zechmeister: Vorstand einer Zeche (Zunft, Bruderschaft); Chunr. der *Zechmaester* 1295 Schönanger/Bay. Heinczel *Czechmeister* 1383 Iglau. Zuweilen auch »Kirchenökonom«: procurator ecclesiae, qui vulgariter *zechmaister* dicitur (1377 Bay.). **Zechmann:** mhd. = »Mitglied einer Zeche«. Desgl. **Zecher:** mhd. auch »Anordner«; Bentz *Zecher* 1395 Füssen. Dazu Zechbauer, Zechmayer (Ulr. *Zechmayer* 1478 Bay.), Zechner (Lienhard *Zechner* 1490 Tirol, Gall *Zöchner* 1580 ebda.).

Zeck (obd.): mhd. zecke »Holzbock« (Herolt *Zecke* 1213 Rimpar).

Zeckzer (obd.): »Raufbold, Plünderer« (mhd. zeckezen, zecken »scharmützeln«).

Zeddies (Hbg.): wohl fries. für Seddies (= Sedinges), vgl. fries. Sedeke, Ziddick.

Zedler (Schles., Sa.): mundartl. für Zeidler, s. dies! Ein ON. Zedel: Laus.

Zedlitz (von): altes schles.-sächs. Adelsgeschlecht; slaw. ON., vgl. Zedtlitz/Sa. – **Zedlach** s. Sedlak! – **Ze(e)be** s. Zehbe!

Zeeck nebst **Seeck(t)** fries. KF. zu Sigfrid, Sigwart u. ä.; vgl. urkdl. *Zegevrit, Zeger* (Segefrid, Seger), *Zeggert* (Segert), *Zeckwart.*

Zeeh (obd.), Zeh(e): z. T. = »Zehe«, Kralle, z. T. = »zäh«. Götz der *Zehe* = Gotfridus dictus *Zehe* 1322 Bamberg; Cuonrat *Zehe (Zähe)* 1290 Ehingen, Otto miles dictus *Zehe* 13. Jh. Bödigh. Vgl. Reckzeh.

Mundartl. obd. ist **Ze(h)be, Zeeb(e),** noch heute henneberg. u. mrhein. (Konr. *Zeb* 1456 Reutl.). Heinr. *Zwelfzehen* 1330 Eger.

Zeggert (Hbg.): ndd.-fries. Variante zu Segert (Sighart), vgl. Seggelke, s. auch Zeeck! Seeger! – **Zehden,** Zeeden: ON. Zehden/Brdbg.

Zehender (Bay., Ö., Württ., Schweiz oft): der für den Grundherrn den »Zehnten« erhebt, e. bäuerl. Abgabe von Vieh, Korn u. Früchten; Heinr. *Zehender* 1265 b. Bühl. Lucz *Zehender* 1409 Würzbg. Auch Zehnder, Zender, Zehnter, Zehner, Joh. *Zener (Zehender)* 1498 Au/Bay. Dazu Zehe(n)tner. Zehetmaier, Zehetbauer, Zehetgruber, Zehethofer; Heinr. der *Zehentherr* 1347 Eßl. Märtl der *Zehentner* 1380 Tirol. Vgl. ndd. Tegetmeier, Tegethoff, Tegeder.

Zehl(e), Zehlicke: ostd.-slaw., vgl. Zehlendorf (Brdbg., Meckl.).

Zehm(e), Zehmer: z. slaw. ON. Zehma/Altenbg. bzw. Zehmen/Lpz. Zu **Zehmke, Zehmisch** vgl. auch den slaw. Pers. N. Zemislaw.

Zehne (Hbg.): ON. Zehna b. Güstrow. – **Zehner:** obd. im allg. = Zehender, (Zehntenerheber), s. dies! Ein Zehnerausschuß ist offenbar nicht bezeugt, dagegen Zwölfer (in Augsburg), 44er in Köln, Zwanziger u. ä.

Zehnpfennig (Mchn. oft), **Zehnmark, Zehnpfund** beziehen sich auf Zins- oder Abgabeverpflichtungen; Hundertmark, Hundertpfund, Hundertgulden deuten wohl auf Reichtum. Vgl. ndd. *Teynpenninge* 1366 Lünebg., *Twepenning* 1308 Hann. S. auch Pfennig u. Penning! P. *Czehenschock* 1409 Böhmen.

Zehnt- s. Zehender!

Zehrer (obd.): mhd. zerer »der großen Aufwand (an Essen u. Trinken) macht«, sein Hab u. Gut verzehrt; vgl. den *Zerdasgut* 1560 Freiburg; *Zehrn-, Zöhrpfennig.* Ulr. *Zerer* 1393 Regsbg., Peczold *Czerer* 1359 b. Prag.

Zeiberts (ndrhein.) = Seibert(s) = Sigberts. – **Zeichner:** wohl nicht mhd. zeichener »der Zeichen u. Wunder tut«, sondern z. ON. Zeichen b. Pirna.

Zeichfießl (Ö.): Zeigfuß? Vgl. **Seifüßl** (Mchn.): entstellt aus Säufüßel (Saufuß), wie urkdl. Seuheutel, -haut.

Zeidler (obd.), mundartl. **Zeitler** (Ö.): mhd. zîdeler »Imker, der die Waldbienenzucht betreibt«, zîdelweide »Waldbezirk zur B.-zucht«. Auch Bienzeidler, Zeidelhack (Bay.). Maczke *czydeler* 1387 Lg., Pessko *Czeydler* 1418 b. Glatz, Mitschke *Zeitler* 1385 Böhmen. Entrundet: **Zedler** (soweit nicht z. ON. Zedel/Laus.). (Niclas *Czedler* 1403 Glatz).

Zeiger (Zeigert), Zeigermann (obd.-mhd. = »Anzeiger, Vorzeiger«, auch »Wegweiser«, »Aushängeschild e. Wirtshauses«. Heinr. *Zeigerli* 1270 b. Kleinbasel. – **Zeiher** (obd.): mhd. zîhe »Lästermaul« (zîhen »zeihen«). Jörg *Zeyer* 1546 Tüb. – **Zeigswetter** s. Kiesewetter! – **Zeil(er):** obd., z. ÖN. (ON.) Zeil (mhd. zîle »Reihe, Häuserzeile, Gasse« bzw. zîl »Dorngebüsch«); Nic. *Czeile* 1354 Brünn (»die Zeil war e. Siedlung i. d. Vorstadt v. Brünn«: E. Schwarz, S. 353). Vgl. ON. Zeil b. Haßfurt: I. *von Zile* 1366.

Zeimer, Zeimert (Sa., Frkn.): entrundet aus Zeumer, s. dies! Heincz *Zeimer* 1411 Bambg. (1506 Plauen).

Zeiner, Zainer (obd.): mhd. = Schmied, der Stabeisen herstellt, zeinen = schmieden, zuweilen aber auch »Flechtwerk machen«, denn mhd. *zein* meint eigtl. »Rute, Rohr« (auch Penis), dann Stab (vgl. Hensel *zainsniczer* 1340 Brünn), Metallstäbchen, -spange. Stephan *Czeiner* 1399 Brsl., Herman *Zeyne* 1350 Außig, Wernher der *Zainer* 1359 Eßl., Günther *Zainer* (Buchdr.) 1475 Augsbg. Für den Korbflechter sagte man im allg. **Zeinler** (zu mhd. *zeiner* »Geflochtenes«): Ulr. *Zainler* 1301 Konstanz; auch **Zeindl(er).**

Zeisbrich (Schweidn.): Mundartform zu **Zeisberg** (ebda.), wie Weisbrich zu Weisberg, Hubrich zu Hoberg, Hirschbrich zu Hirschberg; gemeint ist Dorf Zeisberg b. Fürstenstein, m. d. Ruine Zeisberg, wo 1389 der Ritter Nic. *von Czeisberg* (»her Nickel *vom Czyskberge*« 1371) bezeugt ist.

Zeise (mhd. *zîse*) nebst **Zeisel,** Zeisler (mhd. *zîsel*) meinen den **Zeisig** (mhd. *zisec,* aus d. Slaw.-Tschech.), ÜN. des Vogelhändlers, wie Stieglitz, Fink usw. Dazu **Zeisigbein** (Thür.): 1312 in Eisenach *Zysikbein.* Vgl. auch Ritter Albr. *Zeise* 1252 b. Bühl. Sekundär ist ostmd. **Zeising** (Sa., Thür.). **Zeisler** (obd.) ist von Zeisel abgeleitet, gleichfalls = Vogelsteller, -händler: Michael *Czeißel* 1405 Prag, Hensel *Czeiselmeister* 1364 ebda., Cunr. der *Zeysler* 1348 Regsbg. – **Zeiser** s. Zaiser! – **Zeißig:** ON. Laus.; vgl. aber Zeisig!

Zeiß, Zeiße; Zaiß, Zaißle (obd.): der Anmutige, Zarte (mhd. zeiz, vgl. *Engelzeiß* um 1300 Wetzlar); *Zaiß* der Suter 1318 Villgn., H. *Zaißlin* 1409 Ehngn. Erweitert **Zeißolf,** Zaisolf: Konr. *Zeisolf* 1307 Mannh., Ebelin *Zeizolf* 1234 Worms, vgl. ON. Zeizolfeswiler 1152 Württ. Aus Zeislof wurde **Zeisluft,** vgl. Marzolf: Merzluft (Elsaß)! **Zeiske,** Ziske (ostmd.) s. Zeisig!

Zeitler (Ö.) s. Zeidler! Dazu Zeidl-, Zeitlmayer. Vgl. ON. Zeitlarn/Bay.

Zeitner s. Geitner!

Zeitvogel: mhd. zîtvogel »Vogel, der flügge wird«; Morhard *Zitvogel* 1286 Stuttg.

Zeitz: Zeitzmann: aus Zeitz.

Zelck (vgl. unter **Selck!**): fries.-ndd. Pers. N., magister *Zelkinus* 1394 Xanten/Ndrhein. **Zelder** s. Zelter!

Zelger (obd.): mhd. zelge = »Pflugarbeit zur Saat; bestelltes Feld«, bei der Dreifelderwirtschaft als dritter Teil der Flur; im Gegensatz zum Brachland (mhd. egerte, s. unter Egerter!). Niclas *Zelger* 1535 Tirol.

Zeller (obd.), häufig: zu den ON. (ÖN.) Zell, Zella (lat. cella »Klosterzelle; Zweigniederlassung, Wirtschaftshof«, wie Paulinzella/Thür., Probstzella, Appenzell, Zell am See usw.). Ulr. *Zeller* 1282 Eßl. Appenzeller, Oberzeller. Zellhuber, Zellmeier (verschliffen **Zellmer,** wie Sellmeier: Sellmer). **Zellmann:** vgl. ON. Celle/Hann. (Dietr. *Czelleman* 1393 Mühlh./Thür.).

Zelt(n)er (obd.): Bäcker, der flaches Backwerk, Fladen (mhd. zelte) herstellt; vgl. Lebzelt(n)er (Lebkuchenbäcker), Pfanzelter. (Seb. *Zeltner* 1539 Nürnbg.). Auch Zelder, Beachte auch mhd. zelter = »Paßgänger, Zelter« (zeltenpferd).

Zemann (Hbg.): ndd.-fries. = Semann (Simon). – **Zembol** (Zembold), Sembol deutet aufs Slaw., vgl. Simbol, Sambol. Desgl. **Zemke, Zemplin:** slaw. ON. wie Zempin (Usedom). – **Zender** s. Zehender!

Zeng(e)l s. Zängel, Zange! Vgl. auch Zingel! **Zenger(le)** s. Zanger!

Zenk Zenke (ostd.-slaw. Pers. N.): vgl. tschech. Cenek »der Werte«; her *Czenk* v. Potensteyn 1350 Glatz, *Czenke* v. Pritticz; *Czenco* Dompnig 1350 Brsl.

Zenker s. Zänker! (Cünel *Czenker* 1368 Glatz, Lor. *Czenker* 1372 Lg.).

Zenner (obd.) s. Zanner! (Rud. *Cenner [Zanner]* 1292 Villgn.). Zu Zenner(t) vgl. auch ON. Zennern b. Fritzlar u. ON. Zenn b. Nürnbg. wo 1392 Merklin *von Zenn* nebst *Zenner!*

Zennig, Zennak (slaw. s. Zenk!).

Zens, Zensen (ndrhein.) s. Zenz!

Zentgraf, Zintgraf, Zinkgraf, -greff, Zinngrebe (westmd.): Vorsitzer des alten Zentgerichts (Zent = Hundertschaft, lat. centum, mlat. centa »Gerichtsbezirk v. 100 Ortschaften), später auch Dorfvorstand. Joh. *Zentgraf* 1463 Fulda, Concze *Cinggreffe* 1377 Frkf.

Zentner, Centner (obd.-schles., Centnerowsky) = Zehnter, s. Zehender! Mhd. zentener auch »Zentrichter«, s. Zentgraf! Aber *Drithalbescentner* (1333 Nbg.) deutet auf Abgabepflicht.

Zenz, Zentz, patr. Zensen (rhein.) KF. zu Viezentz, Vinzentz = Vincentius, Heil. N., s. dies! Urkdl. *Zentz* Brikan = *Vitzentz* Brikan 1545 Lübben. Aber **Zenzi** (bair. VN.) meint die heil. Crescentia.

Zepernick, Zebernick, Zäpernick, Zeppernick: slaw. ON. Zepernick b. Berlin-Bernau bzw. Zeppernick b. Magdeburg.

Zepp (Köln) wie **Zepf** wohl Variante zu Zapp, Zapf; vgl. winczeppe; zepfen = zapfen. Aber zepfe »Traube, Ähre«. Konr. *Zepf* 1375 Rottw.

Zep(pe)lin: slaw. ON. Zepelin ö. Bützow/Meckl.; Henricus de *Zepelin* 1286. Dazu Ferd. Graf v. Z., Erfinder des Luftschiffes.

Zerbe (Hbg. öfter): vgl. ON. Zerben/Magdebg. **Zerbst(mann):** ON./Anhalt (slaw. Cervest). Auch **Zerbich,** Zerbock ist an der Endung als slaw. erkennbar, vgl. ON. Zörbig nö. Halle. Zu **Zerck,** Zerche vgl. ON. Zerkwitz b. Lübben/Spreewald.

Zerfaß, Zervas, Zirfaß (ndrhein.) = Servaes = Servatius, s. dies!

Zerna: slaw. ON./Laus., **Zernitz,** Zernin desgl. – **Zernecke,** Zernik: slaw. wie ON. **Zernikow**/Brdbg. Vgl. erweitert **Zerning.** S. auch Tscherning, Tschernike! – **Zerrahn** = ON. Serrahn b. Güstrow. **Zerrath:** ndrhein. ON. auf -rath = -rode, -rade.

Zerrenner (obd.): mhd. zer-rennen »zerrinnen machen«, wohl = »Verschwender«. Fridericus *Zerrenner (Zerer),* Mönch, 1436 Michelfeld.

Zerr(er), Zörrer (obd.) = »Raufbold« (Bürklin *Zerrer* 1372; *Zerrer* 1585, *Zerr* 1672 Tauberbischh.).

Zerres (Köln öfter), Zerries, Zerges, Zarges = Nazarius, rhein. Heiliger.

Zerrgiebel, Zörr-, Zörn-, Zirr-giebel, Zirngibl: obd. verbreiteter ÜN. des Raufboldes (in Satzform; mhd. gebel »Schädel, Kopf; Giebel«); Hannus *Zerrengibel* 1404 Görl. (1312 Bambg.). Vgl. Fellgiebel! Ähnlich *Zerrenkittel* 1368/82 Lg. (1424 Allgäu), *Zernmantel;* **Zörn-, Zirnlaib** (*Zerenlaib* 1494 Tirol). **Zerreis(en):** der Schmied, **Zerrleder:** der Schuster, **Zerr(en)weck:** der Bäcker. *Zerrehelm* 1305 b. Bozen (mhd. zerren »zerspalten«, also »Haudegen«).

Zerssen (von): ON. Zersen am Süntel nö. Hameln (m. Zetazismus für urspr. *Kersen,* wie Zeven für Keven); prähistor. Bachname, vgl. die Kersenbeke/Lenne.

Zerwas, Zervas, Zerfas s. Servatius! – **Zesch:** slaw. ON./Laus., wie Zescha ebda., Zeschau/Sa. Vgl. auch Zeschke, Zeschmar.

Zessler: vgl. ON. Zessel b. Öls/Schles.; ebenso slaw. Zessner, Zessel, Zessak, Zeß; ON. Zessin/Pomm.

Zesterfleth, Zestermann: z. prähistor. Flußn. Seester (Sestra), mit Ort Seestermühe, südl. Elmshorn (im Marschenland der Unterelbe).

Zetsche s. Zetzsche! – **Zettel(meier)** s. Sedelmeier!

Zettler, Zettel (obd.): vgl. mhd. zettel(garn), viell. Webername; zettel aber auch Schriftstück, Urkunde, also Schreibername. S. auch Zedel! Merten *Zettelschreiber* 1560 Altbg.

Zettritz (von): schles. Adelsgeschlecht; z. ON. Zetteritz b. Rochlitz/Sa. **Zettenwein** (Ö.): »verschütte den W.«. Berufs-ÜN. wie *Zettentwark* 1382 Böhmen, *Zettenwaitz* 1414 Mähren. Jekli *Zettmist,* Bauer 16. Jh. Schweiz.

Zet(z)sche: z. slaw. ON. Zetscha bzw. Zschetzsch/Sa., vgl. Zetschowitz/Böhm.

Zeuch: ostd.-slaw., vgl. Zauch (Zuch) Zeuchfeld b. Naumbg. Auch **Zeuk** (Schles.) slaw., wie Teuke u. ä.

Zeumer s. Zäumer! – **Zeuner,** Zeuner s. Zäuner!

Zeuschner (Schles.) s. Tscheuschner. Vgl. **Zeutschel:** in Görl. 1589 Christoff *Tscheutschler.* Auch ON. Zeutsch b. Pößneck.

Zeyher (obd.) s. Zeiher! Zu **Zeyer** vgl. auch ON. Zeyern/Kulmbach. – **Zeymer** s. Zeimer!

Zeyn s. Zein! Aber **Zeyen** (Köln) meint »*Luzeien* Sohn«: *Lucia,* KiPatronin, Köln! Vgl. Feyen!

Zeyse s. Zeise! – **Zeyß** s. Zeiß! – **Zeyßig** s. Zeißig, Zeisig!

Zibell, Zieboll: mhd. zibolle (lat. cepulla) = »Zwiebel«, ÜN. des Landmanns oder Kräuters. Jakob *Ziboll* 1386 Basel, Ulr. *Zibel* 1372 Füssen. Vgl. slaw.-poln. cebula (Joh. *Czebol* 1330 Brsl): FN. Cebulla, Bulla (O./S.). Ein slaw. ON. Zibelle/Laus.

Zick, Zicke (Hbg.): fries., s. Sick(e)! – **Zicker(mann)** (Hbg., Ro.): ON. Zicker/Rügen, Beneke *von Zickere* 1295 Strals. Zu **Zickert** vgl. Zickra b. Greiz.

Zickendrath: »zieh den Draht«, ÜN. des Drahtschmiedes, Drahtziehers (humanist. zu Thraciger entstellt!). Hensel Köler der *drotcziher* 1381 Lg.

Zickler (Wien öfter): der Ziegen-, Zickel-Züchter. Vgl. Zickelbein!

Zickmantel (Sa.) s. Zuckmantel!

Zidden (fries.) s. Sidden! – **Ziebarth** (fries.-ndd.) s. Siebarth, Siebert! **Zieberts** (desgl.) s. Sieberts! **Zieboldt,** Ziebolz (desgl.) = Siebold (Sigbald). **Ziebe, Ziebke** (fries.) s. Siebe, Siebke! **Ziebell** (Hbg.) s. Zibell (soweit nicht = fries. Siebel!).

Zi(e)chner (obd.-md.): Heilman *Ziechener* 1350 Frkf., der Ziechenleinwand webt (mhd. zieche »Deckbett-, Kissenbezug«, auch Sackleinwand). Vgl. Bettziech, -ziehe, -züge! In Lg. 1348: Knothe *mit der cychen.* Auch **Züchner.** Zieche: Heinr. *Ziech* 1307 Frkn. **Ziechert** (Ulr. *Zicher* 1287 Regsbg.), vgl. aber Ziegert.

Ziedrich, Tschiedrich: slaw., vgl. ON. Ziddérich/Meckl.

Ziegann s. Zigahn! **Ziegenbein, -fuß, -barth, -speck, -hals** sind Spottnamen (Ziegenhals auch schles. ON. vgl. Peter *von dem Czigenhals* 1400 Brsl.). **Ziegenhardt** ist ndd. der Ziegenhirt (wie Pagenhardt »Pferdehirt«), urkdl. *Tzegenherde*

1466. **Ziegenbalg,** -balk: Berufs-ÜN. **Ziegengeist,** -geiß (beide Formen um 1475 im Vogtld.): ist mundartl. mißverstandenes *Ziechen-, Ziehengast* »nähre, pflege den G.« (Wirtsn.), wie ebda. *Nagen-, Nachengaist* für *-gast!* **Ziegenrücker:** aus Ziegenrück/Thür. (Nickel *Zcegenrücke* 1430 Jena).

Zieger, Ziegert (obd.-ostmd.): mhd. ziger »Quark« (ziger-käse). Auch Ziegerer: der Zieger herstellt (: e. Bauer *Zigerer* 1290 b. Lörrach). Nic. *Cziger (Czeger)* 1385 Lg., Peter *Cziger* 1378 Prag; Greger *Czegert* 1491 Lg.; Küni der *Zigerli* 1336 Schweiz. *Zigermanger* 1357 Zürich (Käsehändler). Aber schles. Ziegert wohl = »Ziegenhirt«!

Ziegeltrum, Zigldrum: wohl ÜN. des Maurers (trum »Trümmer, Bruchstück«). In Brsl. 1358 Nickel *czigelczeler,* nebst *czigelfürer* (-Fuhrmann).

Ziegler (ndd. Tegeler): der Ziegelbrenner, der Lehmziegel macht; vgl. Hensel *czigelstricher* 1372 Lg.; e. Nürnberger Verordnung (15. Jh.) bestimmt: »si suln auch alle ziegel machen in *ainem model* u. suln ain *sinwel* eisen (rundes E.) haben, da mit si si streichen, so si waich sint.« Ulreich der *zigler* 1340 Eger. In Frkf. 1440 Henne *Ziegeldecker;* b. Worms 1337 Joh. *in dem ziegelhof.*

Ziegner s. Ziechner! (Heinr. *Zigner* 1306 Bambg.). – **Ziehbold,** Ziebolz, s. Zieboldt (Sigbold)! – **Zieher** (obd.): mhd. »Pfleger, Vormund«. Niklas der *Zieher* 1362 b. Wien.

Ziehe, Ziehes (Hbg.) s. Siehe!

Ziehl(ke) s. Ziel(ke)! – **Ziehm(s):** Hbg., fries., s. Ziem(s), Siems! **Ziehnert** s. Zienert! – **Zie(h)r:** mhd. zier »prächtig, schön«. Vgl. Zierfuß, Zierhut, Ziervogel. Lorenz *Czyre* 1381 Friedld. Ein Ort Zier b. Düren. – **Zieler** (obd.): z. Flurn. Ziel »Ende, Grenze«.

Zielfleisch s. Sielfleisch!

Zielke (Hbg. oft), Zieleke, Ziele, Zielisch sind ostd.-slaw. KF. zu Zielzlaff (Pers. N. Ziloslaw); vgl. Mielke, Miele zu Miloslaw. **Zielinski:** ostd.-poln. Herk. N., vgl. ON. Zielen/Thorn, Zielonka/Ostpr.

Ziem, Ziems (Ziehm, Ziehms), Ziemssen; alle mit ndd.-fries. Z- für *S-*, s. Siem(s), Siemssen! Desgl. **Ziemer** (Hbg. oft) = Siemer (Sigmar): *Simarus* 1297 Bremen, *Symer* Werneman 1392 Bremen, Ernest *Symers* 1262 Ro. Ebenso **Ziemann** (Hbg. oft) = Siemann (Sigmann), wobei zuweilen auch Simon mitspielt: *Czymen* Ryke = *Simon* Ryke 1458 Haldsl., was auch für **Ziemens** neben Siemens gilt (Peter *Simensen* 1598 Flsbg.). Zu **Ziemke,** Hbg. (Ziemkendorf) vgl. Siemke: *Symke* 1289 Ro.

Ziener(t); Ziehnert: ostd. Herk. N., vgl. ON. (FN.) Zienau; Zienecke.

Ziepke (Hbg.): fries. Variante zu **Siepke,** Siebke, s. dies! Ein ON. Zipke (slaw.) b. Strals. (Boydeke *von Cippeke* 1280 ebda.).

Zieprecht, Zyprecht = Sieprecht (Sigbert), wie Zieberts = Sieberts.

Zier s. Ziehr! Dazu **Zierlein** (obd.). **Zierfaß** (rhein.) s. Servatius! **Zierfuß,** Zierhut, **Ziervogel:** mhd. zier »prächtig, schön«; Hs. *Ziervogel* 1385 Ö.

Ziergiebel s. Zerrgiebel!

Zieriacks s. Cyriacus! Auch Siliacks! (*Ciliacus* Ecke 1452 Haldsl., *Cyriacus* Spangenberg [Humanist]). – **Ziering** s. Siering!

Zierke, Ziercke (Hbg. oft) s. Sierk, Sierich! (*Ziricke, Siricus* 1290 Strals.). Vgl. auch ON. Zierke (slaw.) am Zierker See/Neustrelitz; dazu ON. (FN.) Zierau, Zierow, Zieritz, Zierahn, alle slaw. wie auch: **Zierold** (Zierhold, Zierholtz); vgl. aber Hans *Zcirold (Zcirholt)* 1481 Jena. Ein Prunksüchtiger, s. Zier!

Zierott, Zieroth, Zierrath: wohl nicht mhd. zierôt »Zierat, Schmuck«, sondern ON. auf -rode (vgl. Billroth, Aschrott u. ä.).

Ziervogel s. Zierfuß! – **Ziesche, Zieske:** ostd.-slaw., desgl. **Zieschang, -k.**

Zies(e)mer: ostd.-slaw. Pers. N. wie Blisemer, Tesmer usw. Dazu Zieske. **Ziese** (Hbg. öfter): slaw. ON., dazu Ziesemann (ebda.). **Ziesing** s. Zeising!

Ziethen, Ziethmann: z. slaw. ON. Ziethen (Brdbg., Meckl., Vorpomm.). Der Husarengeneral Hs. Joach. v. Z. war Märker.

Ziethen (nebst Ziethnitz) vgl. slaw. Sitno lacus, z. poln.-tschech. sit- »Binse«. Auch ON. Zieth.

Zietz (Hbg. öfter): ostd.-slaw. ON. (bzw. Pers. N.), s. Zitzlaff!

Zietzschmann: vgl. ON. Zietzschen b. Lpz.

Zifreund (Ö.): wohl soviel wie Zieher »Pfleger, Vormund, Ziehvater«.

Zigahn, Ziganek: »Zigeuner«; auch Czygan (slaw. Form). – **Zigldrum** s. Ziegler!

Zigra (von): ON. Ziegra/Sa.
Zilg (Zilch), **Zilg(n)er:** Metr., Sohn (oder Gatte) der Cäcilie, wie Tilg, Tilg(n)er: der Ottilie. Vgl. *Cilie* Tilgenerinne 1368 Brsl., *Cecilie* Öchslerinne 1356 Eger, Andr. *Czilger* 1406 Klattau, Wolfhart *Czilgner* 1386 b. Eger. – **Zilian** (ostd.) s. Zielke!
Zille (Sa.): bekannt durch d. Graphiker Heinrich Z. (Sa.); vgl. die Zille (mhd. zülle) »flacher Lastkahn« auf Flüssen: W. *Tzülle* 1557 Altbg.; s. Zülle! Aber: *Czylle (Cecilie)* Hohercz 1365 Brsl.
Zillies, Zillius, Zillessen, Zillken(s): alle ndrhein., zu Ziliacks, mundartl. für *Cyriacus* (Heil. N.). – **Zillmer:** slaw. Pers. N. (in Barth 1460 *Tzilmer*), vgl. *Ziloslaw* unter Zielke! *Czilmer* Barkholt 1535 Stettin.
Zilske: ostd.-slaw., KF. zu Zil(o)slaw, s. Ziehlke!
Zimansky: slaw. Ziman = Simon; dazu Zima (wie Sima); Zimek (Simek); vgl. Schimansky.
Zimdars: slaw. ON./Pomm., vgl. auch **Zimdahl.**
Zimmer, Zimmerle, auch **Zimmerling,** meinen den **Zimmermann** (ndd. Timmermann); vgl. mhd. zimber »Bauholz, Holzbau«. Cunrat *Czimerl* 1335 M.-Trübau. In Württ. spielt auch der häufige ON. Zimmern hinein: vgl. den Ritter Hans *von Zimmern,* der 1414 als Hs. *Zimmerlin* siegelt (Brech., S. 860). Dazu auch **Zimmerer.** In Görl. 1502 *Czymmerpeter,* 1506 *Czymmerhans.* Auch **Zimmerhäckel** (-hacker).
Zimmet(h), Zim(m)et: ÜN. des Gewürzkrämers, wie Kanehl, Lorber u. ä. Zu **Zimmat** (ostd.) vgl. Simmat (lit. = Simon?). Obd. Zimmethalde s. Simmet!
Zimpel: in Schles. als ON. deutbar, dazu Zimpelmann. Sonst aber ÜN. wohl = Zimper, obd. **Zimpfer** »zimperlich«. In Freiburg 1480: der *Zympher,* in Hayingen 1332: der *Zympherli.* In Böhmen 1359: Heinusch *Czimphel.*
Zimprich (obd.) s. Simprecht! (Hs. Socher gen. *Zimprecht* 1613 Allgäu).
Zind(e)l: obd. = mhd. zindal, zindel »Seidenstoff, Taft« (also Händler damit). Albert der *Zindel* 1297 Reutl. Aber ostmd.-schles. ist der ON. Zindel/Schlesien gemeint, dazu auch **Zindler.**
Zindram s. Sindram!
Zingel, Zingler (obd.-schles.): nach d. Wohnstätte an der äußeren Verschanzungsmauer der Stadt (mhd. zingel, lat. cingula); nordd. **Zingelmann:** Willeke *up der Cingelen* 1363 Lünebg. Conrad *Cingel* 1316 Lg., Andr. *Zingel* 1354 Augsbg. –
Zingerle (Tirol) = Zengerle! (Vgl. Zint- für Zent-). Conrat *Zingerle* 1319 Bozen, Hs. *Zingerlein* 1448.
Zink(e), häufig: mhd. zinke = »Zacken, Zinke, Spitze«; auch Flurname. Übertr. = Hakennase (so noch heute). Zuweilen auch e. Musikinstrument: den Zinken blasen; Joh. *Zinkenist* 1519 Württ. Obd. ist **Zingg.** Schmiedename ist **Zinkeisen** (Thür.): Eisen mit Widerhaken.
Zinkgraf, -greff (hess.) = Zint-, Zentgraf!
Zinn, Zinnkann meint den **Zinngießer,** obd. auch **Zinner:** Bertold *Cinner* 1275 b. Eger, vgl. auch ON. Zinna b. Torgau. Mit sekund. *-t:* Zinnert. Side *czingisser* 1343 Brünn, Leupolt *Czingießer* 1376 Wien. Vgl. ndd. *Tingeter* Zinngeschirr war in vornehmeren Kreisen üblich, der einfache Mann kannte nur Holzgefäße, Holzteller u. -löffel. S. auch Kannengießer!
Zinngrebe (hess.) wie Zinkgreff s. Zentgraf!
Zinser, Zinsser (obd.): mhd. = »Zinsbauer, Zinspflichtiger«; Cunrat der *Zinser* 1297 Urbach/Württ. Zuweilen auch = **Zinsmeister** (Bay., Württ.) »Zinseinnehmer«, wie **Zinsmeier.** Aber **Zinnsmann** = »Zinsbauer«. Dazu als ÜN.: **Zins,** Zinsli; Konr. *Zins* 1371 Biberach, Georg *Czyns* 1409 Prag. **Zinsler** (Wien oft) meint wohl den Schmeichler (mhd. zinzeln »schmeicheln, kosen«), soweit nicht = Zinsser, vgl. Zinselmeyer. Vgl. aber auch mhd. zinsel = zisel »Zeisig«. **Zinser-, Zinzerling** (Thür. öfter): mhd. zinzerlich »zärtlich, niedlich«; Hensel *Czinczerlincz* faber 1376 Brsl., Ortlieb fil. *Cincerlini* 1254 Württ., Wenczlaw *Czynczerlyn* 1399 Chrudim.
Zintgraff s. Zentgraf! – **Zintler** (obd.) s. Zindler! – **Zinzerling** s. Zinserling!
Zipfel, md. **Zippel:** »Kapuzenzipfel«, vgl. Bertold *Kappenzipfel* 1304 Stuttg. (ndd. entspricht Kogeltimpe), Jacob *Czippel* (Bauer) 1359 b. Lg., *Breitczippel* 1350 Brsl. Zuweilen auch Flurname. Alem. ist Zipfeli (entstellt Zipfehli!). **Zipfler** (schles. **Zippler**): vgl. auch mhd. zipfeler »Schmarotzer«. Mit lat. Endg.: **Zippelius, Zipf** ist

obd. Variante zu Zipfel, md. **Zipp(e):** »an der Zippen«, Flur Kr. Hanau 1334; Gerbold *Zippe* 1256 Worms, Gutelman *Zippelin* 1304 ebda.

Zipperjahn (1608 Quedlbg., 1606 Ciprian) = Cyprian.

Zipperlen (Württ.): vgl. mhd. zipperlin »Podagra, Fußgicht«. Peter *Cziperl* 1397 Eger. Zu **Zipperling** vgl. aber Sipperling, ndd. Patr. zu Sigbert: wie **Zippert** (Hbg. öfter) neben **Sippert, – Zippold** neben **Sippold** (*Zippoldus* de Hirtzberg 1162 Lübecker Urk. Bch.). Zu **Zipp(e)rich** (Hbg.) vgl. Zyprecht, Zieprecht = Sigbert.

Zips, Zipser: z. ON. Zips/Schles., bzw. Zips b. Pegnitz/Bay., auch aus der Zips (Ungarn); Martin *Czypser* 1475 Görl., 1402 Brünn.

Zirbes, Zirwes (rhein.) s. Servatius! – **Zircher** = Zürcher: Züricher. **Zirfas** s. Servatius!

Zir(c)k (Hbg.) s. Zierke! – **Zirjacks** = Cyriacus.

Zirkler, Zirkel: mhd. zirkeler »der die Runde macht«, städt. Wächter, so in Chemnitz um 1500, in Brsl. um 1350 *(Czirkeler);* Bernh. *Zirckler* 1525 Füssen; auch **Zürcklert** (Sa.).

Zirler (Tirol): aus Zirl b. Innsbruck. Vgl. aber in Brsl. 1350 *Czirler, Czirle* neben *von der Czirlow* (ON./Schweidnitz).

Zirlewagen (obd.): wohl ÜN. des Fuhrmanns (zirlen »zupfen, ziehen«): Jakob *Zirlewagen* 1543 Württ.

Zirngibel (obd.) s. Zerrgiebel! **Zirngast** (Ö.), Zierngast (Bay.) = »zerr den Gast«, Wirtsname. Aber **Zirnbauer** (Bay.), älter *Zürnbauer,* wie *Zürn(i)* = »zornig«. – **Zirwes** s. Servatius!

Zirzlaff (ostd.-slaw.): slaw. Pers. N. auf -slaw (»Ruhm«), vgl. Firzlaff, Zitzlaff, Mitzlaff, Tetzlaff usw. Dazu slaw. Zirz, Zirzow, Zirzevitz.

Zismer (ostd.-slaw.) s. Ziesemer! Vgl. auch ON. Cismar/Holstein.

Zistler (Bay.): »der Korbmacher« (mhd. zistel, lat. cistella »Körbchen«). *Zistler* z. B. 1414 Mähren.

Zithier: slaw. ON. wie Pritzier (ON./Meckl.), Putzier, Bernier, Polthier, Zanthier, Studier usw. – **Zitschke** (Schles.): slaw. Pers. N., auch Tschitschke; vgl. Zetschke: Tschetschke: C. *Czeczke* 1414 Rothkirch/Lg. (*Tschetschke* 1460 ebda.). –

Zitte: aus Zittau (mundartl. »von der Sitte«, wie »von der Biele«: Bielau).

Zittel (obd.): entrundet aus Züttel? Ulr. der *Zittel* 1412 Ulm, Alb. *Zittelin* 1392 b. Pforzh. – **Zitterbaum:** ÖN., vgl. Zitterwisch b. Melle, Zitterwald/Eifel; *Sitter, Zitter* = »feuchtes, modriges Gehölz«.

Zittwer: ÜN. des Gewürzkrämers oder Kräuters (mhd. zitwar, zitwan, arab. zedwar: e. Gewürz- u. Heilpflanze); in Brsl. 1350 *Czitwar,* in Württ. 1360 Joh. *Zitwan;* Hinrik *Zedewer* 1342 Hbg., *Cedvar* 1298 Strals.

Zitzlaff (Pomm.): slaw. Pers. N., s. Zirzlaff! KF. Zitzke! Vgl. ON. **Zitzewitz,** Zitzow, Zitz (FN. Zitzmann). Ein Slawe *Zitcebur* (bor- »Kampf«) filius Dummeslaw 1304 Strals.

Zobel: meint im allg. den Zobelpelz, also ÜN. des Kürschners oder Pelzhändlers, wie Hermelin, aus d. Slaw. (sobol) entlehnt. Wenczlaw dictus *Czobel* 1389 Iglau. In Schlesien auch e. Dorf Zobel Kr. Lg., urkdl. 1287 *Sobolow* (Mertin Czobelaw 1391), daher in Lg. über 50mal FN. Zobel (Nickel *Zobel* 1532 Lg.). – **Zobeltitz:** slaw. ON.

Zöbelein, Zebelein (obd.): mhd. zobelîn (Adj.), ÜN. des Pelzhändlers?

Zober (ostmd.) = Zuber (Gefäß mit 2 Handgriffen). Hensel *Czober* 1372 Lg. *Zoberbier* siehe Zuberbier!

Zobrist (obd.) wie Obrist: der zu oberst Wohnende: Clewi *Zoberist* 1471 Schliengen/Baden, Verena *z'Obrist* 1585 Aarau.

Zoch, Zocher (ostd.-slaw.): vgl. ON. Zochau/Sa.; Henczel *Czocher* 1407 Saaz.

Zöckler, Zöckel, Zöggeler, Zöggele (Tirol): der Holzschuhmacher (mhd. zockel »Holzschuh«); »das gut *zum Zöckelein*« 1412, *Zöckele* 1482 Tirol.

Zodel, Zodelmann, Zodler: ON. Zodel nö. Görl., urkdl. Michel *Czodelman* 1389 Görl., Steffan *Czodeler* 1455 ebda. Aber **Zodl** (Bay.) z. ON. Zodl (tschech. Sadlno)/Böhmen. Vgl. Zadel b. Meißen (FN. Zadler, Zadel: aber obd. = mhd. zadel »Mangel, Hunger« Kuonz der *Zadel* 1363, Hs. *Zadler* 1477 Stuttg.).

Zoder: s. Soder! Henning *van Zodere* (ON. Söder/Hildesh.) 1383 Hann. In Tirol begegnet Zoder nebst Zoderer.

Zogel, Zoglmann, -meier neben Zaglmann, -mayer (Bay., Ö.) s. Zagel!

Zoldahn, Zoldann (ostd.) s. Soldan! **Zöl(c)k** s. Zöllick! **Zolk:** ON. (O./S.): Czolka.

Zolg (obd.): mhd. zolch »grober Klotz« (Schimpfwort).

Zoller, Zöller, Zollner, **Zöllner** (Obd.): mhd. zoller »Zolleinnehmer, Zöllner«. Ndd. Töllner (urkdl. Tolner, Toller). Vgl. österr. Mautner! Hartman der *Zoller* 1329 Immendgn., Eberh. *Zollner* 1290 Eger, Joh. Vryenstat *der czölner* 1388 Lg. Dazu auch **Zollmann,** Zollmayer; *Zollschriber* 1488 Rastatt.

Zollikofer: aus Zollikofen/Bern.

Zöllich, Zöllick (Meckl.), auch Zölck, Zöllig: wie Zülke (Zulek), KF. zum slaw. Pers. N. *Sulimir* (Zulimir); Zülke, Sülke! Vgl. ON. Züllichau, Zollchow u. ä. – **Zons,** Zoons (vgl. jüd. Zunz): oft in Köln, Krefeld, z. ndrhein. ON. Zons.

Zöllmer (ostd.-slaw.): *Sulimir,* slaw. Pers. N. (vgl. ON. Zöllmersdorf, Laus.), soweit nicht bair. für Zellmer (= Zellmeier), vgl. Zollmer: Zollmeier.

Zo(o)zmann: aus Zoozen, mehrf. slaw. ON./Brdbg.

Zopf, md. Zopp, obd. **Zöpfl,** rhein. Zöpfgen: wird deutlicher durch Hensel *mit dem czopf* 1410 Kuttenbg. Peter *mit dem czoppe* 1394 Brsl. Dazu Güldenzopf ndd. Siedentop (»Seidenzopf«), s. dies! Vgl. Herzog Albrecht *mit dem Zopf* v. Ö. 1395. Aber Sauerzopf s. Zapf. **Zoppke** (Zuppke) ist ostd.-slaw.

Zorn (Zorndt), oft; obd. **Zörnle,** Zerndl, md. Zörnchen: der Zornige; mhd. ist zorn auch Adjektiv (»zornig«). Nicol. dictus *Zorn* 1252 Straßbg., Ritter Conr. dictus *Zornlin* 1283 Württ. Wenczl. *Czorn* 1381 Prag; Hanman *Czorner* 1376 Kolin. Aber ostd. **Zornig, Zörnig** ist slaw. wie **Zorneke,** Zschörnigk, Tschornig, Schornak, vgl. Zarnke, Tscharnke, Zscharnack, Tscharnack, Tschernig, Tschernke, alle = »Schwarz, Schwarzhaarig« (poln. czarny, tschech. czerny). Vgl. auch ON. Zornikau, Zornow u. ä.

Zör(n)giebel, Zörnlaib s. Zerrgiebel! – **Zörrer** s. Zerrer!

Zoschke wie Zoske sind ostd.-slaw., desgl. Zuschke, Zuske. Vgl. Hs. *Czoschwiczer* 1373 Eger, Niclas *Czoschel* aus Eger 1410 Prag.

Zott, Zotterl, Zottel, Zöttl wie **Zottmann, Zotter,** Zottmaier, Zottler (alle obd.) beziehen sich auf mhd. zotte, zote »zottige Wolle«, vgl. Nic. *Czotketel* (»zottiger Kittel«) 1361 Littau, *Czotenslaher* 1399 Chrudim wie Wolslaher, Nic. *Czotter* 1375 Olmütz; Jesco *Czötler (Czetler)* 1406 Saaz, Nic. *Czötel* ebda., Heynl *Czotner* 1362 Iglau.

Zotzmann s. Zootzmann! Vgl. **Zotz:** Hensel *Czocz* 1378 Iglau. *Czoczel, Czoczefsky* um 1350 Brsl.

Zschäpe wie Tschäpe, Tschepe, Schepke u. ä. (Schles., Sa.): KF. zu slaw. *Czepan* = Stephan; A. *Czepe* 1465 Freystadt. Vgl. auch **Zschepang.** Ein ON. Zschepe in Sa.

Zscharnack (ostd.-poln.) s. Zarncke! **Zschauer:** ON. Zschau/Brdbg. – **Zscheile** (Sa.): ON. Zscheila ebda. – **Zschetzsche** (Sa.): ON. Zschetzsch bzw. Zetscha. – **Zschiedrich** (Sa.) s. Ziedrich (Tschiedrich)! **Zschiesche, Zschieschan, Zschieschang** s. Ziesche! – **Zschirnt** (Sa.) = Tschirne, Tschirnau ON./Schles., s. dies! Vgl. Nickel *Czirne (von Czirnaw)* 1413 Lg.

Zschoche, Zschoke, Zschoker (Sa.): aus Zschochau oder Zschokau oder Zschokken (alle in Sa.) bzw. aus Tzscocha, Tschocke (Schles.). Vgl. Simon Zschocker (auch Zschockau) 1582 Pausa/Sa. Dazu auch **Zschöckener.** In Brsl. 1369 Jenchen *von Czockelow;* vgl. dazu (T)zschöckel; auch **Zschockel(t), Zschuckelt** (1476 *Czockolt*). – **Zschoppe** (Sa., Schles.), Tschoppe s. Tschöppe! (Vgl. Schoppan, Schoppe wie Scheppan, Scheppe: Stephan). Vgl. auch ON. Zschoppach, Zschopau/Sa.

Zschörnigk s. Zörnig! **Zschörner** z. ON. Zschornau u. Zschornau/Sa.

Zuber (obd.), Zober (md.): Holzgefäß (Schaff, Bottich) mit 2 Handgriffen; ÜN. des Zubermachers (Zuberers); Scheiben-, **Scheichenzuber** (obd. Gesellenname) = »scheu den Z.«, wie Scheiben-, Scheichenpflug« u. ä. Ulr. der *Zuber* 1301 Freising, Merklein *Zuberlein* 1372 Bambg.: heute **Züberlein.** In Basel 1298 auch Hausname: Wernher *zem Zuber.* **Zuberbier,** Zoberbier (md.): ÜN. des Schankwirts (vgl. »Eimerbier«); ähnlich mhd. zuberwîn »schlechter Wein« (f. Dienstboten).

Zubke (Zube) s. Subke (Sube) = Subislaw!

Zuch (Such), Zuche (Suche), Zuchke, Zuchantke (Zuchanek): ostd.-slaw. (suchy »trocken«, s. unter Zauche!). Dazu ON. Zuch, Zuchen/Pomm. usw. ON., Züchen/Schlesien. Aber **Züchner** s. Ziechner! Vgl. auch FN. **Zuch(h)old** (Schles.), Zuchowski u. ä. Jesco *Czuch* marescalcus.

Zucker kann die Zuckermacher (FN. 1555 b. Mergentheim) oder Zuckerhändler (FN. Zuckermann) meinen; in Bremen 1502 Gerdt *Zuckerbecker*. Obd. aber auch = mhd. zucker, zücker »Räuber«! Vgl. Zuckmantel! Mette *Zucker* 1428 Haldsl., Burchard dictus *Zucker* 1295 Überlgn.

Zuckermandl (Bay.) = Z-mann, vgl. Cunczmandl.

Zuckmantel: ÜN. des Wegelagerers (»zücke, raube den Mantel«); erinnert an die Unsicherheit der Landstraßen im MA.; auch mehrf. ÖN. für bes. gefährliche Stellen, auch ON. b. Landeshut/Schles. Nic. *Zukmantel* 1396 Kuttenbg., Fricz *Zuckemantel* 1376 Würzbg. Mit Umlaut Zückmantel, entrundet Zickmantel (Sa.). Ndd. **Tückmantel.** – **Zuck(en)riegel** (obd.) meint den Dieb oder Plünderer. Vgl. **Zuckwurst** (Zugwurst): »reiß die Wurst an dich!« *Zuckenranft* (1363 Füssen): ranft = »Brotkanten«. *Zucksack* (1163 Köln). Sifrit *Zuckeysen* (Schmiedeknecht!) 1431 Landau.

Zuckmayer (obd.): urkdl. Zugmayer: der am Zug wohnt; Zug ist Flurname.

Zu(c)kschwerdt (obd.): der schnell zur Waffe greift; mhd. zucken »zücken«, vgl. auch Zucker! Ähnlich *Zucksmesser* (1350 Augsbg.). Vgl. Wernher *Zuckeswert* 1300 Straßbg., ndd. Conrad *Tuckeswert* 1248 Hbg. Auch Zugschwerdt. – *Zuckendremel* (1508 O./Ö.): »zück den Knüppel«. *Zuckdenwürtt* (1577 Sulz/Elsaß): e. gewalttätiger Gast.

Zudener s. Zaudner! – **Zufall:** mhd. »was einem an Abgaben zufällt, Nebeneinkünfte«.

Zugehör (Schles.): gekürzt aus Zugehörer (Michel *Czugehörer* 1466 Görl.), ein Wort der spätmittelalterl. Rechtssprache für den Instmann, der neben dem Leibeigenen einem Gutsherrn »zugehört«. Vgl. »Bürger u. *Zugehörer*« 1550 Veringenstadt/Sigmargn. **Zugelder:** mhd. zuo-gelt »Heiratsgut, Mitgift«. Aber mhd. gelter = Schuldner, Gläubiger.

Zühlke (ostd.-pomm. oft) nebst **Zülck(e)**, **Zühl** u. ä., auch Zuleck, ist KF. zum slaw. Pers. N. Zulimir, Zulislaw, vgl. Zielke: Ziloslaw. (In Ro. 1270 *Zulimer, Zuleke, Sulimer, Suleke*). In Belgrad/Pomm. 1284 *Zulislaus*, Truchseß; in Grfsw. 1393 *Tzule(ke)*. Teetze *Czüleke* 1473 Rügen. S. auch Sulke, Schülke! Dazu ON. Zühlen, Zühlsdorf, Zülichendorf, Züllchow, Züllichau u. ä. (FN. Zühlken-, Zü(h)lsdorf: *Zulestorp* 1320 Lüb.).

Zulauf (obd.): ein Zugelaufener oder Neugieriger? (Mhd. zuo-louf »Andrang«, aber auch »Zuflucht«); Wernher u. Konrat *Zulof* (Leibeigener) 1278 Ruchenschwand.

Zuleger: mhd. = Beistand, Helfer.

Züllich (Zülch), Zülcke s. Zühlke! Andr. *Züllich* 1635 Belgrad (wo 1284 *Zulislaus!*).

Züllmaier (obd.): vgl. Züllenbühler (Allgäu). Aber mhd. zülle = »Flußnachen« (als Scheltwort: »du bodenlose zülle«). Endres *Czüllmayer* 1419 Eger.

Zumpf; Zump(t): mhd. = Penis, vgl. Fiesel u. Zers (Langzers). Auch **Zümpfel:** Enderlin *Czumpl* 1385 Prag.

Zumwinkel (zum Winkel), urspr. *tom Winkel* (ndrhein.-westf.), ist ÜN. nach der Wohnstätte, wie **Zumbrink** *(Tombrink)*, **Zumbroich** *(tom Brok)*, Zumbeck (-bach), Zumbusch, Zumdieck, Zumhoff (wie Imhoff, m. Ton auf der Präposition), Zumkley (*tom Kley:* Lehmboden), Zumholz *(tom Holte)*, Zumloh (desgl.). Obd. sind **Zumbühl, -bichl** (»Hügel«), **Zumtobel** (»Tal, Schlucht«), **Zumsteeg.**

Zundel, Zündel, Zundler, Zündler (obd.): mhd. zundel = zunder »Feuerschwamm, Zunder; Feuerbrand«; der damit handelt oder arbeitet (Feuermacher, Feurer, Anzünder, Heizer); vgl. Clewi *Zünduf* 1385 Breisg., Rütschi *Zündli* 1397 Neuenbg./Baden. Vgl. den Zundelfrieder b. J. P. Hebel, zündeln »mit dem Feuer spielen« (Schiller).

Zunke: obd. angebl. = Zinke (»Zacken«), s. dies! In Saulheim 1321 »der *Zunke*«. Aber **Zunker** ist wohl Herk. N.

Zunz (z. T. jüd.) = ON. Zons/Köln; Heinr. *de Zunce* 1180 Köln.

Zupan s. Supan! – **Zup(p)ke** s. Zoppke! – **Zürcher** = Züricher.

Zürch, Zirch: mhd. = »Kot«; Sifrit gen. *Zürch* v. Stetten/Württ., Wernher *Zirch* 1481 Nürtingen.

Zurek (Zurke), Surek (O./S.): slaw. Pers. N.

Zurhellen (westd.-rhein.): nach d. Wohnstätte, s. Helle! Berthold *zur Hellun* 1270 Straßbg., Joh. *zur Heller* 1616 Münster. **Zurkaulen** (Zerkaulen, urspr. *tor Kulen*/ Westf.), vgl. Kuhlmann! **Zurnedden** = **Tornedden** (ndd.-westf.) wie Zurnieden. **Zurwesten** (*tor Westen* 1492 Hornburg). S. auch Tor-, Tel-! **Zurmühlen** s. Tormählen, -möhlen.

Zürner (obd.): mhd. = »zorniger Mensch«; Joh. *Zürner* 1371 Straßbg.

Zuschke (ostd., Sa., Schles.): slaw. Pers. N. (Conrad *Zusche* 1350 Glatz (heute auch Zausch), Jurge *Czuschener* 1359 Glatz), s. Tscheuschner! Vgl. Zuschendorf/Pirna, Zuscha/Brüx.

Zuschlag (ndd. Tauschlag): Flurname. S. auch Schlag!

Zutavern (obd.) s. Taferner!

Züttel (obd.) s. Zittel! (Heinr. *Zuttel* 1376 Durlach). **Zutzel,** Zutzelmann (obd.): mhd. = »Sauglappen«; Frid. der *Zuzel* 1293 Württ., Götz *Cuczelmann* 1276 Spay a. Rh.; vgl. mhd. zitze = tutte »Saugwarze«.

Zuzok, Zuzan: slaw. Pers. N., vgl. Zutz (czucz »Hund«). Heinrich *Ccucz* 1349 Brsl.

Zwack (Bay. öfter): mundartl. = Zweck, kleiner Nagel; ÜN. z. B. für Schuster oder Nagler (Zweckschmied); mhd. zwac aber = »Biß«, zwacken »abzwacken, zerren«, vgl. aber auch ON. Zwackau/Ostthür.

Zwang, Zwanger: mhd. zwange »Zange«. – **Zwanzig(er):** Mitglied eines Zwanziger-Ausschusses; vgl. Dreißig(er) u. ä. Ein Zwanziger z. B. in Gerh. Hauptmanns »Die Weber« (als Parchentfabrikant). Albr. *Eynundczwenczig* 1406 Jena.

Zwarg (obd.) = mhd. twarc = md. Quark, vgl. twerc: Zwerg, md. querch.

Zweck, Zweckerl (obd.): kleiner Nagel, Zweck, z. B. als ÜN. des Schusters bzw. des Zweckschmieds. Aber auch als Flurname, dazu wohl **Zwecker** (obd.): Hans *Zwecker* 1429 Stuttg.

Zweckstetter: ON.-stätt/Bay. Vgl. Zweckham/Bay.

Zweers (fries.) = Sweers: Sweders.

Zweidorf: ON. b. Brschwg. (Fricke *Twedorp* 1390 ebda.).

Zweifel, Zweifler (obd.): ein Unentschlossener, Wankelmütiger, Verzagter (zu mhd. zwîfel; zwîvelmuot »Unentschlossenheit«); Herm. *Zwivel.* 1350 Fritzlar.

Zweig(le), Zweigler (obd.): ÜN. des Gärtners, mhd. zwîg »Pfropfreis«. Ndd. Twieg. Vgl. Maienzweig, Rosenzweig. Alem. Zwiglin.

Zweigert, Zweigart, Zweichard: vgl. Joh. *Zweigher* 1391 Baden/Aargau, B. *Zweigart* 1536 Bern. Chuonrat der *Zwiger* 1293 b. Zürich; wohl zu mhd. zwîgen »pfropfen, pflanzen«, also der Gärtner, vgl. unter Zweigle!

Zweiner (obd.): ein Unverträglicher, mhd. zweinen »sich entzweien«. Vergleiche Hs. *Zwaindel* 1395 Klettgau. Zu Zweynert vgl. auch ON. Zweinert/Frkf. an der Oder.

Zweinger: wohl alem. Herk. N., also Zweini(n)ger, vgl. Reinger: Reini(n)ger.

Zweipfennig, Zehnpfennig u. ä. s. Pfennig! Ein Bauer *Zwenpfennig* 1279 b. Zürich. Ndd. *Twepenning* 1308 Hann. Vgl. *Zweenschilling* 1357 Zürich.

Zwengel (obd.): mhd. twengel »Zwang«, desgl. twenge; Contz *Zwengel* 1426 Hdlbg., Hs. *Zwenge* 1519 Allgäu. Ein Gewaltmensch, Peiniger.

Zwenker: aus Zwenkau b. Lpz. – **Zwerg** (ndd. Dwerch): Herm. *Dwerghe* 1418 Lüb. Hensin Bapst *der Zwerg* 1480 b. Stuttg.

Zwerner, Zwernemann s. Zwirner, Zwirnemann!

Zwick (obd.): mhd. wie Zweck = »Nagel, Bolzen«; Heinr. *Zwick* 1436 St. Gallen **Zwicknag(e)l,** Mchn. öfter, (Satzname) ist ÜN. des Nagelschmieds: Walther Walpolt der Schmied, gen. *Zwicknagel,* 1405 Alpirsbach. Vgl. **Zwickenpflug** (Bay. öfter): Bauernname (mhd. zwicken »pakken, zerren«). **Zwicky** (Schweiz öfter) ist alem., **Zwickel,** Zwickle, Zwiggl auch = »Zwickel« als Flurname; dazu **Zwickler,** Zwickelbauer, Zwickelmair (Bay., Ö.), vgl. ON. Zwickl, Zwicklöd/Bay. Berchtold der *Zwickel* 1317 Augsbg.

Zwicker: auf obd. Boden im allg. Berufs-ÜN. (mhd. zwicken »einklemmen, pakken, zerren« usw., vgl. Zwickennagel, Zwickenpflug); der *Zwicker* 1350 b. Stuttg., Jos. *Zwicker* 1407 Ulm. Aber im ostmd. Raum (Sa., Schles., Böhmen) ist vor allem der Mann aus Zwickau gemeint, so urkdl. in Brsl. 1348 Herman *Czwicker (Czwickower)*, vgl. Hennel Steyner (Stynawer) 1371 Glatz; ebenso Breßler, Gloger, Schirmer, Pirner u. ä. Mit sekund. -t: **Zwickert** (Zwickart, Zwickhart), wie Steinert, Bielert, Tauchert u. ä., alle ostmd. Dazu auch **Zwicke** (urkdl. Mundartform für Zwickau, vgl. Kricke: Krickau).

Zwiebler, Zwiebelmann (obd.) = »Zwiebelbauer, -händler«; s. auch Ziboll! Bair. ist **Zwiefel,** Zwiefler (mhd. zwivolle, zwival): Jekl *czwifaler* 1362 Iglau, *Czwifoler* 1360 Prag.

Zwiesler (obd.): z. Flurnamen Zwiesel (»Gabelung«), vgl. Zwieselbach, -berg. – **Zwilcher** (obd.): Webername (mhd. zwilch »zweifädiges Gewebe«); Cunrat der *Zwilcher* 1333 Kempten. Vgl. in Zürich **Zwilchenbart** (Ludy *Zw.*, Bauer b. Lörrach 1483).

Zwingel, Zwingler: nach d. Wohnstätte am Zwingel (mhd. zwingelhof »Zitadelle«, zwingolf = zwinger, Teil d. Stadtbefestigung zw. Mauer u. Graben). – **Zwinkaug** (obd.) = »Blinzler«; vgl. Zwickaug = »Kneifauge«.

Zwinger = »Bedrücker«: Hugo Mönch gen. *Zwinger,* Ritter, 1303 Basel. – **Zwing(mann):** mhd. zwinc = Gerichtsbezirk.

Zwingly (alem.): bekannt durch den Züricher Reformator Ulrich Zw., meint **Zwilling** (mhd. zwinelinc), patr. Zwillinger; *Czwinling(er)* 1381 b. Friedld. Vgl. ndd. Dwilling.

Zwin(t)scher (obd.): »Blinzler« (mhd. zwinzen, zwinkezen). Peter *Zwintzer* 1390 Würzbg.

Zwirlein, Zwielein (obd.): wohl = Zwirnlein, ÜN. des Zwirners.

Zwirner (obd.): Hersteller von Zwirn, aus 2 Fäden (von Flachs, Hanf oder Seide) gedrehtem Garn. Auch Zwerner, nebst Zwirnmann, Zwernemann. Dazu als ÜN.: **Zwirn,** Zwirnlein, Zwi(e)rlein (vgl. Marx *Zwirlein* 1615 O.Pfalz, Hannus *Czwierl* 1382 Prag, wenn nicht zu mhd. zwieren »blinzeln«). Leutl *zwirner* 1412 Prag, Ulr. *Zwirner* 1424 Gunzenhsn. Cunrat *Zwernevaden* 1210 Bingen.

Zwölfpoth (Graz): mhd. zwelfbote »Apostel«; Hans *Zwelfpott (Zwalfbott)* 1599 Wien. Aber **Zwölfer** (Wien oft) = Mitglied e. Zwölferausschusses.

Zybarth ndd. s. Siebert (Sigbert)! **Zybrandt** s. Sie(g)brand!

Zygan (ostd.-poln.) = Zigeuner; auch Czygan, Zigahn; e. ON. Zigahnen Ostpr.

Zylmann (fries.-holld.) wird deutlicher durch »van der **Zyl**« und fries. **Zylstra** (wie Brookstra, Veenstra, Dykstra, Ekstra, Hoekstra), nach d. Wohnstätte am Zyl (Sil), altes Wort für Gewässer, holld. Zijl; vgl. in Holld. Zijlmaar (1309 *Silemar*); »in lacum vicino Rhenum, quem incolae dicunt *Sile*«; im Sinne von »schmutziges, mooriges Wasser«. – **Zypen** (von der), holld.-ndrhein., s. Siepen!

Zyprion s. Cyprian! (Ziprion Schenweger 1640 Tirol). **Zyprecht** s. Zieprecht!

Zyrus: ON. b. Freystadt.

Namenkundliche Literatur

(mit Abkürzungen)

Außer den *allgemeinen deutschen Namenbüchern* von **Heintze** und **Cascorbi** (zitiert J.-C., letzte Auflage 1933), **Gottschald** (1931, 1971), **Bahlow** (1932/33), **Linnartz** (1936/39) und **Brechenmacher** (1928 bzw. 1957/63, mit Häufigkeitsstatistik) u. Bahlow, Deutsches Namenlexikon (1967, 1980) sind als Ergänzung die *landschaftlichen Namenbücher* beachtenswert:

Bahlow, Schlesisches Namenbuch (Würzburg 1953).
Mecklenburgisches Namenbüchlein (Rostock 1932).
Mhd. Namenbuch nach schles. Quellen (Neustadt: Degener 1975).
Niederdeutsches Namenbuch (Wiesb.: Sändig 1972).

Finsterwalder, Familiennamen in Tirol (Innsbruck 1951). Nebst Tarneller, Tiroler F.N. (Bozen 1923).

Göbel, Niederdeutsche Familiennamen (1936).

Götze, Familiennamen im badischen Oberland (Heidlbg. 1918).

Kapff, Schwäbische Geschlechtsnamen (Stuttgart 1927).

Nied, Südwestdeutsche Familiennamen (Freiburg 1938).
Fränkische Familiennamen (Heidlbg. 1933).

Preuß, Die lippischen Familiennamen (Detmold 1887).

Schwarz, Sudetendeutsche Familiennamen I. II. (Köln 1957, München 1973).

Strackerjan, Die jeverländ. (ostfries.) Pers. Namen (Jever 1864, Oldbg. 1905).

Tobler-Meyer, Familiennamen d. Ostschweiz (Zürich 1894).

Zoder, Familiennamen in Ostfalen. 2 Bde (Hildesheim 1968).

Dazu *lokale Quellenarbeiten* (meist Dissertationen) für die Orte Altenburg (Grünert 1958), Barth (K. Müller 1934), Bremen (K. Carstens 1906), Breslau (Reichert 1908), Eßlingen (F. Berger 1961), Freiburg (Dziuba 1965), Glatz (Gräbisch 1935), Görlitz (Jecht 1892), Greifswald (Nüske 1928), Hamburg (Mahnken 1925), Köln (Hagström 1949), Liegnitz (Bahlow 1923/26), Lübeck (Reimpell 1929), Magdeburg (u. Hildesheim: Zoder 1923 bzw. 1939), Nürnberg (Scheffler-Erhard 1959), Ravensburg (Sauer 1956), Rostock (Brockmüller 1931), Schwäb.-Hall (Berger 1927), Stade (Zahrenhusen 1928ff.), Stralsund (Bahlow 1934), Liegnitzer Nbch (Bahlow 1975).

Für die Schweiz: Baden i. Aargau (Surläuly 1928), Freiburg i. Ü. (Studerus 1926). Grammatisch behandelt die Pers. Namen A. Bach (1952/53), Dt. Namenkde I. – Ein Taschenbuch der DDR ist: Fleischer, Die dt. Personennamen (2. A., Bln. 1968).

Nur eine Auswahl bietet Maas (DTV, 1964). Bekannte Quellenwerke sind Förstemann, Altd. Namenbuch (I: Pers. N. 1900, Neudr. 1966) u. Socin, Mhd. Namenbuch (1903). Die Kosenamen der Germanen behandelt F. Stark (1868). Gesammelte Abhandlungen bietet E. Schröder, Dt. Namenkunde (1938, 1944) u. H. Bahlow, Abhandlungen z. Namenforschung (1980). Für die *slaw. (wend.) Namen* vgl. Miklosich (Neudr. 1927) u. Witte (Meckl. 1906); für die Namen der Juden: Zunz (1876) u. Silberstein (Meckl.) 1929.

Für die *Vornamen* vgl. außer Wasserzieher (»Hans u. Grete«) u. Heimeran (1934) auch Wentscher (Die Rufnamen 1928), Seibicke (1976), Raveling, Die ostfries. Vornamen (2. Aufl.: Aurich 1972), Bahlow, Unsere Vornamen im Wandel der Jahrhunderte (1965) und Mackensen, 3876 Vornamen (München 1969), sowie Weitershaus (1978).

Für die Herkunftsnamen (ON.) vgl. Bahlow, Deutschlands geographische Namenwelt (Frkf. 1965).